国家社会科学基金后期资助项目（21FGLB015）

基于“四个自信”的中国管理理论

——人心双和管理

第一卷　心和管理学原理篇

徐井岗　著

中国财经出版传媒集团
中国财政经济出版社
·北京·

出版说明

后期资助项目是国家社科基金设立的一类重要项目，旨在鼓励广大社科研究者潜心治学，支持基础研究多出优秀成果。它是经过严格评审，从接近完成的科研成果中遴选立项的。为扩大后期资助项目的影响，更好地推动学术发展，促进成果转化，全国哲学社会科学工作办公室按照“统一设计、统一标识、统一版式、形成系列”的总体要求，组织出版国家社科基金后期资助项目成果。

全国哲学社会科学工作办公室

自　序

自小，便欣喜于洋气的东西，迷醉于新鲜的事物，只是保持时间不长，反而更愿意亲近乡土的事物——纯朴、自然、不加任何掩饰、也没有任何修饰的那种浓浓的土味——无论是儿时在井冈山的岁月、少时在老家的光阴，还是外出求学、工作的时光里，皆如是。自在、逍遥、流连忘返的，便是井冈山竹林里、山道旁的小草野花、清泉山石，以及竹笋、南瓜的味道；便是浙江东阳老街小巷里，左邻右舍的招呼、普通人家的嬉笑、少年玩伴的欢闹、此起彼伏的叫卖，还有老县衙后墙探出来的树枝上的鸟叫与知了声、北镇楼四方通道上来来往往的人车声、双井头主妇们洗涮交谈声与孩子们的奔跑声、狮子台门前生产队安排劳动的小黑板挂出后的热闹声以及开水房拎着热水瓶的人们热气腾腾中互相的寒暄声……我想，我就是个满身冒土味的“土老冒儿”，我也喜欢做个“土老冒儿”——这是人间地气。

大概是特喜欢这乡土的“土”、泥土的“土”，所以小时读到李白的“清水出芙蓉，天然去雕饰”时，便默默喜欢上这两句诗。求学年代读到“采菊东篱下，悠然见南山”，便十分地心向往之；再读到北宋周敦颐的《爱莲说》提及晋陶渊独爱菊时，为那句“予独爱莲之出淤泥而不染，濯清涟而不妖”而迷醉，顿觉心内空明，隐隐生出大欢喜来；明白雅与不雅，全在内心间。心雅，泥土也清雅，何须去崇洋；心雅，其物是土是洋不重要，只问物之土洋不问物之内涵，已染俗成妖了。相较于近代跨洋而来的一切洋事物（会有一段时间的喜欢），我似乎更迷醉于古代五千年留下的文化瑰宝。再后来，工作、生活，忙忙碌碌，每每回老家一次，心里便失落一次，因为儿时曾经的记忆、历史曾经的印痕，在一点点地失落、消散，看不到那景、听不到那声，乡土的味道，在一座座牌坊倒塌时遗落，在一条条老街改造中消痕，到最后，儿时的玩耍地，竟留不下分毫……土味原是本色，洋货只是引进，使用洋货应不改乡土本色。有人在外地水土不服，是因为离开了本乡本土；带一袋家乡的土、喝一杯乡土的水，不治而愈。接触外面的世界，带回外面比本土先进的事物；学习外面的长处，回乡建设自己的家园，这是一种美好，哪一处不是如此发展？学习借鉴都是为了充实自己、强大自己，而非失落自己、变成他乡。天下之理，莫不如此；世间大道，莫不如此。

本性原本狂放，生活逼迫收敛，收放之间也需要找到一个合适的度。离开家乡，求学谋生，免不了与人交往。心内最喜毫无心机之人，因为与其交往无须伤神，本心相处便是，惬意自在。可惜滚滚红尘浊浪涛涛，出水芙蓉难善其身，淤泥莲藕陷于池塘，起身四顾找不到篱笆墙院去种菊，南山只在想象中……狂放之心，该安放何处？和光同尘，心有不甘；随波逐流，逆己本心；期待伯乐，南柯一梦；踌躇彷徨，不过是蹉跎岁月。纠结彷徨、无奈焦灼，生出“我本将心向明月，奈何明月照沟渠”之感。从明月，想到月下荷塘，忽然联想濯清涟之爱莲，正是清水出之芙蓉。既然心向明月，何须为明月所照伤神！既然心中有梦有景，心中狂野何妨，心头豪放何妨，何必非得看他人眼色、步他人后尘，唯唯诺诺、卑躬屈膝而去求得学界或官场一席之地。做不到折腰，那就放下纠结，开心、静心做自己开创的学问便是。灵光一闪忽忽明理。于是，心绪一松，阳光灿烂；心情一宽，万事可商；心境一变，藩篱皆散；心智一动，地久天长。于是，笑盈盈“脚踩两只船”，一只脚校内教学研究，静心学问；一只脚校外兼职实践，热心探索。简陋书房里修心，时代潮流中炼心。

忽觉金庸《倚天屠龙记》里九阳真经的口诀太美：“他强由他强，清风拂山岗；他横由他横，明月照大江。他自狠来他自恶，我自一口真气足。”练不成“绝世武功”，那就养我心内一口“真气”。于是乎本色回归，乡土依然，风中不再凌乱，行我欢喜，藐视恶意；强权面前我是清风，霸道面前我是明月。无须为所谓的“前途”装模作样、虚情假意、奉承讨好；做不来的事不勉强，想做的事不放弃；不损公，不害人，不贪嗔；不攻击，不敌对，不媚人。这应该是中国文化风骨为基础的本土管理的初心、本心。于是外无争，内练气，致力于探索国学基础上的本土管理。教研西方经济与管理理论多年，洋货已在身，我心仍本土。

那时经济管理界西化风烈，与国际接轨呼号震天响，研究曾被“批倒批臭”的中国传统文化及里面深藏的中国管理，显然不合时宜。不过，心意已决，心境已宽，不去在意论文发表数量、课题申报级别、职称职务什么的，也就不去在乎别人看法及研究结果，心向明月、一切随缘。对于莫名其妙的无妄之灾，只求守住本心。沧海一粟、人间一叶，防不住时，听亚圣的“穷则独善其身，达则兼济天下”，学问我自研，山河我自行；留一身土味，洁一颗纯心——此即涤心之意愿、双和之追求；文人的风骨，不能在我们这一代失落。

1984～1990年，是积累与寻路，在国学领域与先贤对话着，在财经院校进行国学以及财经、经济与管理写作教学，兼任省财税系统培训、自考、函授等的教材编者、主讲教师。

1990～2000年，是管理文化探索阶段。在那个专业教师严重缺乏的年代，延续20世纪80年代工作的同时，因有第二学历“经济管理”，被安排开发经济学、金融学、营销学、管理学、文秘类等课程，这阶段开课课程多达64门，理论积累的广度与厚度，为经济与管理探索奠定了基础，加上企业兼职经理、广告策划的实践，在机关、企事业单位的培训等，将积累与探索成果写入论文、融入教材，也为后来的管理研究提供了素材，“人心管理突围三部曲”的主要内容就是这个时期的成果。作为国学传承与学习者，渐渐滋生经济与管理理论“为什么全是西化”的疑问，于是有了探寻中国管理文化、管理理论的主观意愿。

2000～2010年，是管理理论建构阶段。世纪交替时学校合并，新建经济与管理学院（从商学院、工商管理学院到中非商学院的加入）。从“人心营销”明晰为“人心管理”（含营销管理）的研究——从“心文化”探索，引入“和文化”内涵，提出“双和管理”思想，融合成“人心双和管理”理论。那时提中国本土管理思想、管理理论，属于“旁门左道”，酸甜苦辣咸自知。但“无意苦争春”，做不到完完全全“冰心一片在玉壶”，至少以悠然心见心中那座“南山”——要采菊，先种菊、养菊，做土里巴叽的“花农”——赤脚亲大地、风物放眼量；课堂洋教材，土味在市场。见证改革开放，思考国情化经济与管理。

2010～2020年，是心和管理学完善阶段。本土管理思路渐成熟、体系亦成形，于是申请去上海某经管学院访学。“西化”背景的导师不怎么待见，只能走“下里巴人”本土路；除了偶尔去听听讲座或MBA、EMBA课，就是在徐家汇老宿舍里写书稿。也曾想在该校学术期刊发表基于中国文化的管理研究，但数字化模型、工程化模式的论文范式既非己所长，也不适宜国学管理，就偃旗息鼓了。那年完成《人心管理论》书稿，感觉不够满意，一改改三年（未在规定时间发表论文或出版专著，访学费用自理）。但正是这部专著的修改历程，才明晰了中国管理理论之心和管理学的思路和框架——2020年夏完成这套书的初稿。

这条道，泥泞而坎坷，密雨狂风中，跌倒了爬起来，滑下了再续攀，蹒跚中坚定。也有阳光灿烂的日子，可以感受到泥土的芳香——接地气的泥土、乡土、本土，感觉自己牢牢站立在大地上。第一次看到“四个自信”的时候，怔愣老半天，嘀咕着“春天来了?!”中国特色，特就特在引进的思想理论与中国实情相结合，建立在本土基础和共产党人的初心使命上，特就特在引进的思想理论与中国文化相结合，建立在中华文明与红色历史的基础上。新时代中国特色社会主义管理道路、管理理论、管理制度和管理文化，是在管理领域践行着“四个自信”。“坚定文化自信的首要任务，就是立足中华民族伟大历史实践和当代实践，用中国道理总结好中国经验，把中国经验提升为中国理论，既不盲从各种教条，也不照搬外国理论，实现精神上的独立自主。”① 传统国学管理与时代红色管理，是中国管理的根脉，深透人心管理与谋取双和管理，是中华人文的接续。

从文化传承上说，本书挖掘国学管理与红色管理内涵，是《中国管理学》；从文化创新上说，本书提炼人心管理与双和管理内容，是《心和管理学》。因此可以概括为基于“四个自信”的中国管理理论：心和管理学，包括原理篇、理论篇、技法篇、学科篇。

泥土有芳香，本土出精粹。漂洋而来的洋派洋货，能感受惊喜、可品味新鲜、愿探索学习，但采用之、结合之，须先中国化，吸收其融于本土的精髓——乡土最亲、本土最美。没有平民意识的“贵族”是假贵族或暴发户，脱离本土质地的“理论”是伪理论或投机学。可以欣喜于未见过的洋，可以迷醉于未见过的鲜，但让人完全相融的、无怨无悔爱着的，是本土文化的一切、乡土文明的所有。喜欢到处旅游，但回家，是永恒主题。

芙蓉开了，莲荷笑了。2020 年初退休，在“人心管理”3 月 9 日微信公众号上发了一篇《双和小筑铭》短文，主旨与这里所论相关，特辑录如下：

本人的写作，大多在双和研究所完成。所址其实是家里的另一处住房，相当于家中衍生出来的书房或者工作间。自今始，研究所依然是研究所，研究重心依然是中国文化为根基的管理理论和管理实务，创立的理论名称依然是“心和管理”——人心双和管理。

只是，此后，这里更像是涤心的超然圣池、修心的诚意宝地、正心的

① 《习近平 2023 年 6 月 2 日在文化传承发展座谈会上的讲话》，引自《学习强国》习近平文化思想金句。

皎洁宽席；更多的是思想的天马行空、文化的风情万种、天道的阴阳和冲。于是，给这间物质的陋室、思想的宝库加上一个书房名号：双和小筑。双和者，与任何人、任何事彼此从心协和。这是中国文化的内核，也是本人不倦的追求。尽管达和的路上从不平坦、从不顺畅，但有条路走着，才是充实的，充实的人生才是幸福的，哪怕被误会、被边缘、被打击，我心风和日丽。知我者谓我心和，不知我者谓我求何。小筑者，小小的思想居室、心和之筑也；小小的百姓翰林、丽泽之兑也；小小的民间辟雍、讲习之所也。陋室何妨、平凡何妨、默默无闻又何妨，我自有精神小筑，富在心中。想过取个“庭”“阁”“馆”甚至“山庄”什么的，可陋室在普通住宅四楼，无庭院、无楼阁，不能成馆、更不能成庄院，普通一平民居室而已，“小筑”恰好——民间一居士，自在且逍遥；文化筑精舍、道德筑传统、心和筑世界。

小筑里思着、写着、论着，小筑外走着、看着、悟着，与先贤与先圣双和着，与文化与理论双和着，与同道与亲友双和着，与生活与风景双和着，与自然与世界双和着。格物致知的天地里欢喜着、思索着、研磨着；诚意正心的水火里修身着、养性着、滋润着；烟茶缥缈的风雷中碰撞着、警醒着、觉悟着；踏云驱雾的山泽中悟道明理得意着，为师为生相长着、布道论经潇洒着。在这双和小筑内外，独处，还是共享，随意着、随性着、随缘着。

斯是小筑，人心双和，无有门槛，惟有德馨。

故：谈笑有鸿儒，往来可白丁（非“无白丁”，而是“可白丁”）。

鸿儒，而今不只是儒学大家，而指有大德有高深学问的人；白丁，也不只是目不识丁者，而是非做学问者（文凭有高有低）。作为管理理论的研究者、实践者，人在哪里，哪里就是“双和小筑”；书房、写作地可更改，但无论在哪里，皆是心中的双和、心中的小筑，是永远的“心和”。学界鸿儒一起谈谈学问、聊聊思想，非常喜欢；各界人士一起谈谈建议、说说管理，也非常欢迎。此谓：谈笑有鸿儒，往来可白丁。

是为自序。各卷另有前言作简要说明，参考文献、后记一并集中到第四卷之后。

2020 年 8 月初稿

2023 年 11 月定稿

原理篇·前言

创建一套中国文化为根基的管理新理论、新学科，凡学界人士听说后都是沉默，然后打个哈哈，也有劝说别异想天开；凡表示支持的，一定是非学界人士，最广泛的支持者是企业界人士。原因，谁都明白。管理著作、教材已遍地皆是、唾手可得，何况学界主流已认定“现代管理”，搞个中国管理不是开玩笑嘛。只是，漫天管理学书籍的内容都是西方的，最多加几个本土案例而已。也有一些“东方管理”“儒家管理”“道家管理”“华夏管理”之类著作，但只在提出一种观念，而非建设管理新理论、新学科；媒体或培训市场上有一些讲中国式管理的大师、名家，是一种“从某某说管理”的模式，非管理领域，而是文史哲美学界的一些名家在振兴谈话类电视节目中的讲授，选一个国学点漫谈管理。

这种情况下创建本土管理理论，实在不受待见，难以申报课题、难以发表论文，千辛万苦写了书还得自己解决出版经费，也许终其一生不被学术主流认可，无名无利，只有单枪匹马。但也正因为如此，这个领域可以让人天高任鸟飞、海阔凭鱼跃。因为是汉语言文学、经济管理、教育管理等专业教育背景；因为热爱中国文化、熟悉经济理论、投身管理学界；因为在校内教学研究、又在校外兼职实践，常常需要综合多学科、多领域、多层次知识和技能的咨询培训经历。所以坚持不懈在这条路上探索着，逢山开路、遇河搭桥，开创中国管理理论之心和管理研究，从本土管理的基本内涵、缘由，从哲学性、思想性和人文性视角探索中国管理理论形成的文化基因、管理背景、管理观念及构成原理，总结而为心和管理学的基础原理，是不同于西式管理的中式管理理论概述、成因、基因、哲论、观念、人文特性等。

概述，是心和管理学作为一门基础学科建设的要义综述。比较而言，西方管理重“术”，更多地提供管理工具和方法，着眼于计算利益；中国管理重“心”，更愿意着重人心认同、主观能动，更多地着眼于双和共赢。心和管理学之管理，先是管与理的结合，三分管七分理；再是自我管理然后引导他人自我管理。管理的主客方、学科的内涵性、研究的方法论，都与西方管理学迥异——中国管理原理的本土性。成因，指心和管理学能够形成的思想和历史渊源，是心和思维与观念形成的人文风格与管理传承。从元气论物质观到人文始祖易道易理的感悟，从人心思安的家居模式、人心求稳的田园风格、人心谋和的民族诉求，证实心和管理源于农耕文明；从耕读传家的社会本原、吸纳优秀的容和特色、华夏传承的思维模式，养成心和管理思维。从红色革命、红色建设、红色经济、红色强国的管理，探索心和管理的传承线索。历史是无法改变的，地理是自然形成的，中和出来的人文精神与人文内涵，更是具有中华民族的特定性、中国人种的特定性和中国社会的特定性。

基因，是心和管理学与生俱来的管理文化基因、哲学思想基因和以儒道为核心的诸子百家传承下来的文化基因，天然的，无可更改的。易道、易理、易数，儒道为主的文化及发展，理学、心学，中庸之道、道器、道术致中和等，种植了中国文化基因。优秀部分，在一代代历史潮流的冲刷激荡中，成为金子一样的存在，融入中华民族的民族基因、文化基因中，成为社会组织不可或缺的标签、中国管理（国学管理、红色管理）不可磨灭的因子。哲论，是哲学之论、明人的学问论述、智慧者的思想宏论。心和管理哲学，包括易变原理、变通原理，简易、不易原理；商战哲学、文人风骨、中华思维、脊梁精神、协和思维、礼善文明等。儒学正统，道家哲学传递着“不争”“无为”观念，“明道”“悟德”哲学思想，以及“上善若水”的大道修为、包容和谐哲学风格（红色革命年代创新了反对本本主义、实践论、矛盾论等为代表的哲学理论，创新了新时代中国特色社会主义思想、文化思想等）。

观念，是心和管理学在国学基因下所形成的管理观念的总和。易学观念、协和观念、诸子观念、谋略观念，分别代表中国特色的宇宙观、社会观、价值观和行事观。易数哲理（如0：无极，1：太极，2：阴阳（两仪），3：三才，4：四象，5：五行，6：六合，7：七星，8：八卦，9：九宫等），包含着丰富的中国管理哲学观念。中国管理，深种着乾坤相协、阴阳相和的观念与内涵，具体体现在以德治国、德性管理上。中国管理讲究以圣德之光辉、协和之琼液，沐浴万邦、滋润四方、泽被天下，万变不离其宗：锤炼人心，协和天下。人文性，没有可以离开本土人文的管理，而心和管理是本土人文在中国管理中的集中体现。宇宙间有许多物象、社会中有许多事情，其中有许多道理不是可以解剖获得的。元气论之无中生有、有生万物，阴阳二气相冲以为和等表现在人类思维中，心灵的变化、协和形成的聚合力，以及协和的失落，解决失和的途径与方法，阴与阳两个方面对立统一、互为转换等，都不是实验、解剖出来的。西方追求理想国、中国设想大同世界，有共同的人文理想。没有清心洁心的大道修养、谐和协和的高德锤铸，就不是中国管理观念、不是中国管理本色。

研究中国本土管理理论，呼吁应用心和管理学学科，是对中华国学、中国管理的自信，不妨碍海纳百川。说本土，并不排斥洋货，“洋装虽然穿在身，我心依然是中国心”，学习越洋文化，是借鉴中取舍，提取中融合而为我所用。学问归本土，传承国学管理，提炼红色管理；文化讲心和，深入人心管理，谋求双和管理。

本土味，那是妈妈的味道——祖国母亲的味道，家中老娘的味道——国与家永在心中。

目　录

心和管理学·总论

一、文明差异决定了中西方管理差异

世界四大文明古国，三个在亚洲，一个在非洲，文明古国的诞生与海洋没什么关系，而与大陆大河有关系。古巴比伦文明（西亚文明）起源于两河即底格里斯河和幼发拉底河流域；古埃及虽在地中海边，文明却起源于尼罗河流域；古印度文明起源于印度河、恒河流域；中华文明起源于黄河、长江流域。古希腊文明，与中国春秋战国同时期，它不是原创文明，而是古巴比伦与古埃及文明在地中海的遇合。尽管在西方要把希腊文明称第五大文明古国，从原创性上讲只有四大文明古国。也许可以证明生命起源于海洋，却不能证明社会文化起源于海洋。文明古国，证明着社会文化起源于大陆（大河）文明。

欧洲文化，发轫于希腊文明；美、澳等国是借助大航海而进行殖民后的欧洲文化搬迁。近500年，率先大航海而殖民、工业化而殖民的一些面临海洋的西方国家，统称欧美列强，掌握了世界话语权后强调文明起源于海洋，严重削弱文明古国的价值和意义。然而，不是海洋国家就是海洋文明（况且社会文化起源于大河文明），否则就不应该有地理大发现后杀戮、掠夺、鸠占鹊巢的殖民史。葡萄牙、西班牙、荷兰三国，在地理大发现时代，通过战争侵略、资源掠夺、强买强卖、巧取豪夺式殖民最早崛起。随后英、法、德三国参与殖民活动，抢夺殖民地资源，“工业革命”生产力大解放后向殖民地倾销中成为强国；面向中国的重点是鸦片，通过鸦片腐蚀人口体量最大的中国，大量换取白银及丝绸、瓷器、茶叶等。俄、美、日三国，俄国是学习工业革命打开了海洋之门，美国是在第一次世界大战和第二次世界大战中发战争财崛起、称霸，日本是“去亚就西”工业化并参与征服世界的侵略者行列中成为列强。中央电视台《大国崛起》系列专题片中对这九个经济大国崛起方式作了介绍。它们都具有海洋性文化特征，但却不是海洋文明的代表。他们是最早从冷兵器转入热兵器、最早进入科技发达的近现代国家，这让西方偷梁换柱的“社会文化起源于海洋”之说盛行，也让一些“有学历无文化”的人误认为发达国家是通过海洋文明发展起来的，大唱“海洋文明优于大河文明”之歌。

不否认西方工业革命带来的科学进步，也不否认蒸汽时代、电气时代为人类带来的巨大改变。但是第一次工业革命是在18世纪60年代~19世纪中期，第二次工业革命是在19世纪下半叶~20世纪初，意味着此前的一两百年就是大航海时代、地理大发现时代（15世纪到17世纪），这就明晰了工业革命的社会基础。在这个西方冒险家风光的时代里，每发现一个岛屿、一块大陆，就是无偿占有、血腥镇压、疯狂掠夺、无情殖民，这才有西方列强的原始积累，也才具备工业革命的实力，有动机有能力通过新式机器扩大生产能力，将产品倾销世界各地。这些沿海国家陆地少，靠海吃海，物资匮乏，天性中有向外扩张侵略基因，以利攫取，展现出好战劫掠特征，遵奉海盗法则——丛林法则的翻版；但同时出海远征需要团队合作、规则共守、开放创新（相对家乡观念就淡薄些），商品交换中也有文明一些的，更有强买强卖的。各国列强欺辱、压榨、掳掠、屠杀了被殖民地、被侵略区域，但对强大了本国国力、福利了本国民众，且掌握话语权，故可获得本国民众支持，愚弄全世界。

中国式大陆性农耕文明，守着一亩三分地基本满足自给自足，广阔的陆地、丰富的水源让农人靠近江河湖海定居，遵循天时地利人和法则，有粮有猎有火有水，便保证了生存基本需求，于是研究出24个节气安排农耕活计，男耕女织中有浓郁家乡意识、故土观念、乡愁文化，也有定居意识、时令观念、耕读文化，代代相传形成耕读传家文化，不可能也不会像海洋民族那样海上漂泊、四海为家，有随遇而安的天然特性。这就是为什么西方人走到哪会把家安到哪，而中国人的故乡意识、归根情结、宗族文化十分浓郁的原因所在。中国“家文化”源远流长，中国人对“家”对“家乡”对“故土”有一种永远割不断的精神关联，外出绝不敢忘光宗耀祖、丢掉乡音乡思。“乡愁”也成了千古不息的中国文化源泉之一。

中华文明发展到春秋战国时，思想大解放形成了百家争鸣局面，构成了中国文化的新曙光、中国哲学的新体系；而这时候古希腊哲学诞生了，中西方在2500年前不约而同地展示出自己的文化特色，形成各自的哲学内涵。所不同的是，希腊文明断裂了千年，中华文明一脉传承。罗马帝国攻占希腊，后西罗马被日耳曼所灭，东罗马陷入了千年中世纪，拜占庭帝国没能让希腊文明醒来。直到“文艺复兴”，希腊文明才冲破宗教统治重见天日。显然，中华文明与欧洲文明形成了各自的人文体系，也就有了各自特色的人文管理体系。

中华文明在春秋战国之后，通过秦汉帝国、隋唐帝国以及大宋帝国、大明帝国、大清帝国不间断（元朝也未断）继承下来，且不断充实发展，成为世界古文明唯一不断层的文明、世界文化唯一光照古今的文化。中国人对中国文化完全可以充满自信和骄傲。从蛮荒走出来的中华文明，注重家和万事兴、家史、家道、家训世代传承的“家文化”内涵中，不知不觉注入以修养身心为特征的“心文化”，和以协和万邦为特征的“和文化”；锻炼人心、修养人心而使人心洁净、思想高尚，协和天下、世界大同而使家庭和睦、社会和谐——这就是人与人、人与组织、人与社会、人与自然之间的双向人心协和，宇宙万事、万物、万理之间的彼此阴阳协和。这就是从中国文化中归结出来的人心双和文化——心和文化。

从中可以看出，中国文化是从原始的、本能的大陆式“丛林法则”中走出来的文化，不再停留在弱肉强食的野蛮中，而是走向了心的悟道明德、人的彼此协和的境界，追求天道、人道、地道合一，所谓“大道之行也，天下为公”（《礼记·礼运》）——这才是真正的文明，而不是如一些所谓的“文明国家”至今捧着大陆式“丛林法则”、海洋式“海盗法则”不放，施虐弱者、劫掠世界、到处挑起战争。

二、心文化与和文化定型了心和管理

“心文化”是中国独具一格的文化标签。耕读的生活方式形成了定居方式，追求“家和万事兴”，自然形成“远亲不如近邻”，乡人抬头不见低头见，人与人之间的关系不像西方商业社会那样锱铢必较，有个什么事，你抬抬手、他帮帮忙就过去了；“人情”“脸面”，看得见，摸不着，却深切地感受得到。农忙时节各自忙，能搭把手就搭把手；农闲时候，办市集、过节假，没事也可以左邻右舍相聚、亲朋好友来往，一张八仙桌，几碗农家菜，一坛自酿酒便成酒席，若“有朋自远方来”，则“不亦乐乎”，会热情劝吃劝喝；文人间的酒令、百姓间的猜拳，是情绪的宣泄、是开心快乐和讲义气有情谊的人际关系的诠释，上了酒桌、饭桌，彼此间情分就会增加——酒桌文化自然形成。不了解基因里的耕读文化特征，不知道人情文化、脸面文化、酒桌文化的本质内涵就胡乱指责，是一种无知，是一种“只许州官放火，不许百姓点灯”的霸道。中国人的心里头，由人情之“情意”，表现出“脸面”之文化，“情”要真、“脸”须尊；面子，本是熟人、邻里、亲戚之间情分和威望的体现，获得人情、脸面，仍需红尘中修行，即在行为中修心、炼心、养心，修行高了便有修养，是对人自身道性德化，以悟出的道、修养的德来指导、匡正自己的言论与行为，于是而“德高望重”——修身养性以达心灵升华，此乃“心文化”的核心。周易原理、道家思想、儒学内涵都紧紧围绕着这一点而行，追求悟道明德、行道守德。这是中华文明能够万代流传的原因所在。

“和文化”是在心修中形成，存在于中国这样的大陆民族、农耕文化之中，成为中国文化的又一个明显的标签。“和为贵”思想深刻影响着这个民族、引导着这个民族追求人和、家和、国和、天下和，反映在国家、社会、组织、家庭的治理与人的治理中。所以国学原本不大用“管理”一词，而喜用“治理”一语。因为“管”是强制的、约束的，容易引起心理反弹；而“治”是防治、诊治、疗治，自水的初始处、基础、细小处开始，以水的特征为法进行的修整、疏通，是一种协和的方式，人心容易接受、认可。有这样和谐的“治”，自然就有和美的“理”，这两者之间更容易重合，中国古代因此更喜欢用“治理”一词。管中理，或管后理甚至是理中管，依然比治理更容易逆反，因为“和”的要义在“管”中被淡化了。西方社会崇尚弱肉强食、予取予夺，“管”的份量自然极重，所以西方管理中所有的模型、工具，其实都是在控制、约束人的思想和行为，以“管”为本，不注重“理”。对于商业社会下“四海为家”的生活方式（故土观念不浓）、商业交换锱铢必较的利益思考（数字观念特浓）下，也许能起作用。但在中国定居生活方式、耕读传家文化、修心谋和情义思量下，治理比管理更有适应性和可理解、可接受、可操作性，中国管理重管，但更注重理，以“理”为本，“三分管七分理”之说即来源于此。中国文化认为，博弈的最高境界是和局——中庸之和，双和共赢、彼此欢喜，谓之大欢喜、大实在、大圆满。

“心文化”“和文化”成为中国“家文化”的重要内涵；家的依恋、和的追求、心的升华，形成了中国式心和文化，并成为一种基因流淌在中国人血液里。中国社会的统治、管理（治理）、教育，与这样的文化基因密切关联，成效才能更好地体现出来。本书探讨的管理是心和文化的管理，即“人心双和管理”，简言之：“心和管理”。

彼此协和，双向相和谓之“双和”，人、事、物、理，都有阴阳两个方面。“彼”是问题的那一方面，“此”是问题的这一方面，彼此协和便是双和；“我”是这一方，“你”是那一方，与“我”关联的所有那一方双向协和，也是双和——阴阳协和。所以，中国人讲乾坤相协、阴阳相和、刚柔相济，讲中庸之道。天地（乾坤）、水火（坎离）、风雷（巽震）、山泽（艮兑）谓之八卦，本质是宇宙间两两对应的八个自然物象，四组相对的阴阳两方面，彼此协和便是风调雨顺、生机勃勃，世界大同，反之则天地变色、万象错乱。这一易之哲理，其实就是一种模型，核心是阴阳相和、八卦相协，三才、四象、五行、六合、七星等都是生生不息出来的，都是阴阳协和。如三才说，天与地和、地与人和、人与天和，天地人三和，是为高境界；若天降福、地供禄、人增寿，人得福禄寿，便有好境界。因此，人在社会中须遵循人伦八德，以达天下和，这是天道。而地道之协和原理，则体现在大地上木、金、水、火土五类基本元素的相生相克上，即易道五行，五行相协而生、相背而克，大道生一、生二、生三，而生万物，万物都有彼与此、阴与阳两方面，双向协和，万事能成。

心修人和，风和日丽。随着现代文明的发展，全世界都向陆地定居模式靠拢，海边民族定居了、游牧民族定居了，生活方式都与农耕民族一样了。漂泊者定居后也会在屋前屋后、阳台窗棂上种下绿植花卉，喜欢围起一个院子种菜种果——全世界人都有耕读文明特征了；人虽不再漂泊，而商业文化基因已深种，现代社会商业化态势下，一个选择题放在人们面前：是耕读文明屈从商业文明，还是商业文明屈从耕读文明；是遵循丛林或海盗法则，还是遵循修心及协和法则。商业社会不讲情面只讲利益，农耕模式一定有人情观、面子观，冲突无可避免。合适的做法就是中庸之——各自保持本色的同时合理吸收世界大同因子。

三、中国管理本色解决人心失和问题

无论是农耕模式还是商业模式、无论是游牧意识还是海洋意识，只要是文明形态，那么文明的内涵与本质不应该有变——核心是拉近人与人之间的距离，消灭陌生人类之间的敌意和怀疑，彼此和平共处、和谐共进。与此相违背的，就不是文明。这就是说，丛林法则之弱肉强食不是文明，海盗法则之欺压良善不是文明，唯利、唯强不是文明；彼此协和，既讲合理的利益，也讲各方的协和，才是文明。商业社会，须以道为先、为指导，需要耕读文明中的修心文化、协和文化中和商业的自私自利，然后可谋命运共同，天下一家。

管理领域出现的一些顽固性、根本性问题，西方研究尝试着修正了百年光景，却没能得到根本性解决，即使以为找到了解决办法，结果是摁下葫芦浮起瓢，老顽疾没除，新问题又来。其根本原因是不肯放弃丛林法则，不愿意协和天下。无论是物本管理还是人本管理，都没有触及问题的本质，反而抓住“零和博弈”的“你多我就少，有你就没我的”商业思维。西方经济学、管理学引入后的一个关键词是：竞争，竞争的结果必会有一方赢、另一方输，即分输赢、定生死。而农耕文明下的中国管理，其核心是心灵升华、彼此协和，比较喜欢的是竞赛。竞赛的最高境界为和局，是彼此双和共赢。商业竞争，依靠市场不可能实现良性竞争，利益会激发人性中恶的一面，走向恶性竞争。竞赛，不是淘汰模式，而是排序方式，今天你排在前，我有机会在明天超过你，彼此竞赛，从一个胜利走向另一个胜利。

不仅仅是竞争和竞赛，西学为主流，很多词就在翻译中把原本协和的路给走偏了，如团队与集体、均衡与平衡、人力与人才、统筹与运筹、战略与韬略等，导致出现管理有管无理、战略有战无略、营销有销无营、文化有文无化等；同理，竞争出现有争无竞、人力出现有人无力、统筹出现有筹无统等情况。更重要的是，这种文化上悄无声息的变异，还只是冰山一角，不引起重视，不进行改变，后果将很严重，前路会很危险。回归竞赛，注重集体、追求平衡，关注人才、运筹帷幄……这种结果的达成，是人心梳理、心灵相通的表现，是“心文化”“和文化”的作用体现。这样的管理观念，我们可以坚定地说，只有中华文明能够诞生出来——事实上，这的确也是几千年传承下来的中国农耕文明对世界的贡献，是中国传统文化对世界的贡献，是中国管理对世界的贡献。中国，有这份自信!

政体、党务、社会、组织、家族、家庭都需要管理，人与人、人与物、人与理之间，都离不开管理。那么管理之理论、之学科的适应性就显得特别重要。管理以人文为基础，不同人文环境诞生不同人文管理理论，中国需要有中国式人文管理学。

总结起来，西方社会人与人之间是利益关系，中国社会人与人之间是人情关系。利益关系讲究争夺，你死我活，人情关系讲究协和，你好我好。一“争”一“和”，就是西方与中国文化根柢的差异。即使历史发展过程中农耕文明增加了游牧文明的内涵，也无非在华夏“和”文化中注入了豪放之和、辽阔之和、勇敢之和。根本不存在“涯山之后无华夏，明亡之后无中国”之说。“和”，是中华文化之精髓；“和”，区别于西方文化之本质。这种“和”已经根植在中国文化中，指导着中国人的思维养成与行为固化。中国人既讲阴阳和合，又追求和而不同。国体是“共和”，管理达“双和”，和则天下安，人类共同维护和平、和谐相处。心和，是中华文化成为优秀文化的本质特征；心和，是人类文明追求的终极目的。管理，应该而且必须体现出这个本质特点，追求这一终极目的。

协和为了“和”，战争为了“和”，都是为自己一方掌握主动推动和睦共处——斗争是手段，和平是目的。自己的领地自己保护，必须赶走甚至消灭一切入侵者，和平不是等来的，而是自己争取来的。“和文化”的战是为了不战、斗是为了不斗。一切争斗的目的，都是为了达到由自己掌权来决定“和”的走向与“和”的结局（尽管掌权者都不会用“和”这一字来解释他们掌权后的行为，但不改变问题的本质是谋和，若不能谋和，则江山不稳、社稷不固）。任何争夺、战斗中既英勇顽强，也要学会必要的妥协、退让。不肯退一步，怎能求得海阔天空；无法忍一时，哪能等到风平浪静。总是战争不断，一定民不聊生。纵观历史，任何统治者在夺得天下后都会实施休养生息策略。任何领导者在掌权后都会谋求各方平衡，因为内斗不止，必然是耗尽资源。西式文化，把谋和的目标利益化，直奔利益争个你死我活。所以，无论是内涵还是形式，西式管理的根本点是“计算利益”。定规则而使求器过程尚能谋得一时安稳，但无法解决经济危机、管理危机、人文危机乃至社会危机、国家危机问题。列强们只不过是把危机转嫁到别国去而已——损害别国解决自家危机——也只是治标而不治本。

一切危机的根本是人心危机。不解决人心问题，危机永远存在。无论人性怎样假设，归根结蒂，人的本性是自私的，故需修心、炼心，需养心、清心；让人心清净、让人心安静、让人心升华，是中国文化永远的课题、中国管理永远的命题。西方把“利益”放在明面儿上，似乎是撕下了“人情面纱”，实则一切管理举措都在鼓动人们计利获益，加剧了自私心的膨胀，助长了人心的恶，那么无论多高级的管理工具、多深奥的管理模型，都不能解决问题。解决人心危机的关键，在中国文化——中国文化炼心、修心，中国管理聚心、洁心。

西方也对中国文化有认同，政界、学界的一些人努力在中国文化中探求解决方案。中国文化也追求利益，但首先是引导人修身养性、教育人求道讲德，所谓“格物、致志、修身”之后再“齐家、治国、平天下”，心和才能行事和，心到才能万事到，心顺才能事业顺……一切利益的获取与分配是为了谋求大家彼此的心和。也就是说，利益是心和之后的自然产物，利益是等值甚至超值贡献或服务的回报，而非巧取豪夺，也非死争来的。

四、中国管理文化闪耀人心双和光芒

有抹黑中华文化者，说西方文化直面血淋淋的逐利本质——人都是自私自利的，再掩饰也改变不了这点。但他们忘记了极重要的一点：文明进步是把不文明进化成文明。正因为人心是自私的，所以不能鼓励自私之心的扩大、深入；人可能自私自利（恶），也可能道德高尚（善），全在一念间。不修心、只讲利，恶不会自行变成善。所以应该修身养性，需要悟道、觉道、修道，应该立德、明德、遵德，通过管理教化天下，协和万邦，所谓“为天地立心，为生民立命，为往圣继绝学，为万世开太平”。中国人能够领悟“人生自古谁无死，留取丹心照汗青”，能够体会“苟利国家生死以，岂因祸福避趋之”，故可以为劳苦大众洒热血、献生命而无怨无悔。这就是中国文化的力量，这就是中国文化的风范。

中华文明源远流长，中华儿女是炎黄子孙、龙的传人，五千年灿烂文明只是谦虚的说法。历史战乱、焚书坑儒、皇家喜好，导致史料佚失。但霸道话语权让西方社会承认的中华信史大大缩短，炎黄尧舜禹一直被“传说”着，或被认定为部落首领而非国之领袖。尽管距今约五千年山东大波口文化中晚期的“陶文”，证明与商朝甲骨文有一脉相承迹象；尽管陕西、河南分别发现了黄帝时代的骨刻文字、平粮台古城遗址（包括青铜和文字）；尽管河图、洛书刻在龟甲上距今达五六千年，河姆渡遗址的文明程度也距今约七千年；尽管已有考古成果证明中国稻作农业文化存在一万年了①；甚至有通过大量材料推导出夏朝之前存在着前后达数百年的虞朝②，五帝是真实存在过的帝王……但国际上不承认，标准的话语权不在中国。

作为文化探索，作为管理研究，作为基于国学的管理学建设，是对文化的应用，而非史证。中国神话、历史传说也是文化内容、国学的一部分，国学为根基的管理研究，不在考古证明，而在应用中国文化探索管理内涵。这里不需要去论证女娲创阴阳、伏羲画八卦、周文王演化六十四卦（一说为姜子牙演化但贴了周文王的标签）而开创中国文化是否是史实，而只有对客观存在的阴阳学、八卦学等易学易理进行研究、作出探索——易学易理才是中国文化起源。东周诸子百家万变不离其宗，基本上源于以阴阳八卦为内核的《周易》本经（《易传》以此为源而写）。易理生诸子百家，为后世文化之基而开枝散叶。

诸子百家中，流传最广、影响力最大、最具代表性并长期成为主流文化的是儒家——以儒治国（以“仁”治国、以“孝”治国、以“德”治国等，根本点是以儒为核）；另外，影响力极广的是道家——以道养性（道家学说为本，东汉时以道立教，为纯中国宗教；两者皆为本土学问，其内涵无论是道学内容还是宗教教义，在中国都深入人心）；引进的最有

① 湖南省社会科学院研究员梁绍辉根据湖南永州舜帝文化遗址的新发现，证明仅中国稻作农业文化的历史可以推到1万年前；东北红山文化、江浙良渚文化、四川金沙遗址的新发现，也进一步澄清了中国早期文明的生存状态，中华文明绝不是五千年，而是1万年以上。

② 王树民：《夏、商、周之前还有个虞朝》，《河北学刊》2002年第1期。

影响力的佛学——以禅洗心（引进后成功汉化为三个分支，其中以汉传佛教影响最广、汉化最明显、教义更中国化，其根柢都是洗涤心灵），后世将儒、道、佛三家，并称中国文化三教九流中的“三教”。国学承续、延伸、创新、发展，越来越壮大，其中的道与术、取与予、常与变、利与害、方与圆、生与死（或破与立）等管理辩证法，形成重要的中国学问；识人、选人、育人、用人、留人等智慧，构成本土化的人才理论。

文化与管理殊途同归，都谋求人与人的双和、心与心的双和、人与心的双和，以及己与彼的双和、形与质的双和、人与自然的双和，所谓“人心双和”“天人合一”。

中华文化处处闪耀着“人心双和”的光芒。无论是“富”还是“穷”，无论是“争”还是“赛”，这种心和文化自然存在着，不离不弃；这种心和管理客观应用着，不变不移。它来自人类的生活，发展于社会的变化，积淀于历史的传承，充实于时代的进步。文化是“人文化成”的，管理是“管人理心”的，一方水土一方人文，一方人文一方管理，自然也就有了地域、国家、民族的特殊性。文化是文明结晶的写照，管理是国体或组织运行的手段，自身没有那么强烈的政治性，没有那么显明的阶级性。但运用文化、实施管理的人，会根据政治倾向、阶级特性和统治需要，有所选择、有所变动、有所综合，于是，评价就有好有坏、有长有短、有近有远。事实是，很多时候评价指向的是使用文化的人或阶级，而不是文化本身。朝代可以更替，时代可以前行，文化不变，管理依旧，中国仍在。

五、用中国文化的美创建中国管理学

中国文化有中国文化的美、西方文化有西方文化的美，中国管理有中国管理的强、西方管理有西方管理的强。不必厚此薄彼，更没必要失去文化自信、管理自信，失落民族自信、国家自信。可以有文化选择、管理应用，但对一种文化或一种管理的否定性评述，采取固执与狂热、傲慢与偏见的态度与方式，对它族、它国、它地域来说，是一种狭隘的排他主义；对本族、本国、本地域的人来说，则是奴化的表现，只是表现者不自知或不愿知而已。

一方文化适合一片土壤，一方管理适合一方区域，但“心”是一样的，全世界的人心都会跳动，但修不修心却不一样，对“和”的认知不一样。毕竟，全世界人民都希望和平、和谐、和美。任何一种文化，任何一种管理，都是将人心走向引导向真善美、引导向协调与协和的，是与己相关联的各方的彼此应和。心和，才是思想的最高境界！

从无序管理到粗放管理、到物本管理、到人本管理，是发展与充实，并非后者否定前者。以人为本的管理侧重于关注人的社会性，管理体现人文关怀，采取人性化管理，重在激发人的潜能，实现“人能”管理，较少关注到人的内心倾向、思维特点和心灵升华。相对物本而言，以人为本是一种进步，只因无论物本还是人本，着眼点仍在工具、设备与方法；人本管理对人重视了，但重视的方式方法或者说途径仍离不开以利诱导、计利为本、物利为上，并没有找到解决管理问题的根源——人心，发现解决管理问题的终极目标——协和。当然，相比较而言，工具化管理、模型化手段，容易传授、容易出成果，容易以“创新”名义提概念、出模型，短期内名利双收。而走心的管理、协和的达成，需长期努力、不断修炼，出理论去实施太过辛苦、太过遥远、太过困难。利益为本让人们做一切事都只图短期获益、快餐入腹，就如高校的“学分制”，不在专业体系的完整性与学生学习的有益性，而在如何快速获得学分得到学历学位；一如绩效考核，不在组织体系的长远性与组成成员的心和性，而在如何快速得到绩点绩分获得短期效益；也如一味追求 GDP，不在国家、区域发展的总体平衡性与物质精神发展的共同性，而在如何快速获得 GDP 值，一骑绝尘，留下一大堆社会问题让世人承受恶果、让后人烦恼。西方管理，脱离不了利欲化诱惑、物欲化管理。

管理不入心，治标不治本；管理不修心，管事不管心；管理不谋和，社会不文明；管理不协和，战争不停歇。解决管理问题，根本在心与和的管理，物本管理、人本管理是辅助、是枝叶。吸收世界上优秀管理，为的是完善中国管理。中国的心和管理是整体的、全局的、长远的，是修正的、发展的、自始至终的，目标是心正道、和天下，心和畅、行有德。

社会发展到今天，应进步到以心为本的管理，通过梳理人心疏通思维、通过修身养性升华心灵、通过管人理心协和人心，人的潜能激发是人内在动力的自然结果。管是铁律，是基础，以制度法规约束人的言行；理是修养，是方法，以协和包容引导人的思维。心之所思而有言行之所指，也就有管理之效果实现。更重要的是，以心为本，包含人文关怀、人性化管理，却又远不止于此。心好，才是终极人文关怀；心到，才是最高境界的人性化管理。

纵向考量，心和管理学体系包括心和管理学原理、理论、技法、学科四个方面；横向理解，包含心和管理文化、管理哲学、管理制度、管理理论。管理文化源于“心文化”“和文化”，及由此为核心组成的“家文化”。“家”既指人们的小家、组织之家，也指国之大家。管理哲学源于周易原理和诸子百家思想，既是中华文明的积淀升华，也是国学的基因传承。这是适宜于农耕文明的修心管理、协和天下的规矩管理，而非商业文明之计利管理、不讲情感之规则管理。管理制度，源于易理变动规律和中庸协和思想，在辩证的对立统一关系中致中和，追求道为先术为后、道为上器为下，管理制度指向世界大同、天下一家，制度建设在于通过心和管理让人心甘情愿去落实。心和管理学思想与实践，则是在百年红色管理中探索，总结红色革命与红色建设管理、红色经济管理、红色强国强国等内容。

中国管理，本土文化为根基，为世界提供价值；中国管理，人心双和为要义、为己任、为目标，创建中国管理学，成为世界文化的重要部分、世界管理的核心内容。

中国管理，展现心和文化的管理道路、管理制度、管理理论、管理文化。

心和管理，展示中国管理的道路自信、理论自信、制度自信、文化自信。

第一卷

心和管理学·原理篇

中华五千年文明绵延、光耀千秋。朝代更替、社会演变，但文化基因不变，源远流长而又与时俱进。文化、文明、学识等精神财富，东西方互通、世界融合、人类共同拥有。中国不会因为曾经全世界都学习中国文化而傲慢，也不会因为曾经国势羸弱遭受欺侮而对中华国学失去自信。所坚信的是，以中国人文为基础的管理才是真正的中国管理。

20世纪末结束计划经济后，中国转向商品经济再转市场经济，市场经济体制下的管理理论、理念是在20世纪八九十年代引进基础上建立的（那时说的引进，一定包括资金、技术、管理的引进）。只是实践领域摸索着、相融着、综合着，走过无序管理、粗放管理、物本管理和人本管理等阶段①，导致出现管理理论与管理实践两股道上跑的状况。管理学术界、理论界渐渐养成搬用西方管理理论的习惯，且在研究范式（研究内容、研究途径、研究方法）上出现“西化”倾向。曾有过“案例中国化”的努力，但换汤不换药；也曾有“管理学在中国”② 的探索，“中国本土管理创新”③ 的探寻，但前者侧重于管理学“在中国”的实践探索和理论研究，后者专注于“中国特色的管理理论创新”，都没有致力于创建中国本土管理学，是套上本土标签的西式翻版，脱离不了西式藩篱，研究目标仍停留在向西方靠拢以求获得西方学术界的认可——管理学术、管理理论，在一定程度上失去了中国自信。

中国文化重“生”，生生不息；西方文化重“分”，分门别类。古代没有独立的管理学学科，但国学中有着丰富的管理哲学思想、管理实践成果。如今学科分类已成趋势，就有必要创建基于中国人文精神的管理学——根柢是中国哲学思想，基础是国学管理文化，背景是中国人文环境，对象是中国职场组织，管理方法是中国人注重的人心梳理、心灵觉悟，管理目标是中国人追求的内心觉悟、彼此协和——跳出西方以利益为核心的管理体系，创建人心协和为内核的、基于“四个自信”的中国管理理论心和管理学。分析中西方管理文化差异、探索五千年文明传承人文基因和管理特性，研究中西方管理人文特征、内涵和精神差异、探索中国管理与西方管理异同，总结透人心、谋协和的中国管理思想与文化，探索超越外压而具内生性特点、重在解决人心畅通双向协和的管理原理，建立本土管理体系。

---

① 徐井岗：《中国企业管理史论——物本、人本、心本管理的演变与中国管理理论的建立》，中国财政经济出版社2017年版。

② 庞大龙、葛京、王磊：《新竞争环境下的管理理论创新——“管理学在中国2016年会（第9届）述评》，《管理学报》第14卷第6期，2017年第6期，第806页。

③ 钱晶晶：《探究中国特色的管理理论创新——2017中国本土管理研究论坛述评》，《管理学报》第14卷第11期，2017年11月，第1603页。

第一章　心和管理学概述

就民族而言，中华民族须复兴；就人民而言，中国文化须自信。因而建设管理学应走中国自己的道路，建设以国学为根基的心和管理理论和管理制度。建设中国特色的心和管理学，首先，要有管理文化自信，通过对世界文明古国的文明特性到国学源头的人文特征的探索，挖掘中国文化传承的独特基因及独特的形成原因，大陆（大河）文明之农耕社会的田园追求，并进一步探究观天象、察地理和人心形成的易理变通原理，诸子百家三教九流到独尊儒术的形成、家国思想村落文化到协和万邦观念产生，从而挖掘、提炼、升华早已凝结在中国人民血液与骨髓里的人心双和的管理文化。其次，要有管理理论自信，管理必以中国人文内涵为基础，目标指向人心通畅、人心认同，目的皆为双和共赢、各方协和，本质是人心协和彼此双赢，由此形成“人心双和管理理论”。最后，要有管理制度自信，即中国心和管理制度形成的文化背景，在于中国象理文化的渊源与发展，在于周易管理思想及其文化基因传承，因此须建立基于易理与德性的人心管理模型及制度体系，建立基于中庸协和思想的致中和管理原理及制度建设，由此形成心和管理制度及其相应体系。战与和、生与死的哲学问题，管理上体现的是常变之分、利害之选、方圆之道、取予之德，展现的是天下一家、世界大同理想。

第一节　心和管理的概念提出

中国文化气象万千，内涵深厚、内容丰富。管理涉及的文化，集中在“心文化”“和文化”“家文化”中——拥有人心，可拥抱事业；能够协和，便万事亨通。儒道佛法墨，仁义礼智信，归根结底是人心所向、人心思量、人心培育的问题。心到，一切都到；心顺，一切都顺；心和，一切都和——心好，才是真的好。本书中国管理学建设的人文基础，是“心文化”与“和文化”结合的心和文化进而构建心和管理学。

一、中华文明心和内涵提炼

（一）管理文化根基是以道驭器

心的管理，涉及思想、思维，精神、道德，倾向、态度等——是形而上的问题。“形而上者谓之道，形而下者谓之器”（《易经·系辞上》），“道”是一阴一阳之道，“器”是物质文明的成果。太极阴阳、五行八卦，大学中庸、尚书论语，儒道佛说、理学心学等，皆是“心文化”的范畴，皆是形而上的学问。和的管理，涉及哲理、哲学，治理、管理，目的、目标——阴阳两仪的对立统一问题，统一便是阴阳协调。世间阴阳协和，万事万物万理也便谐和；阴阳失调，万事万物万理便失和。“和文化”，同样是中国文化的核心内涵之一。

形而上或下，非高低之分，而是强调“道（心）”问题为上（先），“器（物）”问题在下（后）——所谓“朝闻道，夕死可矣”（《论语·里仁》）！将形而上与下之说，理解成重道轻器，应该是后人曲解了（也许是统治者管理需要），将道转向地位等级的高低。“道”属于思想、精神等上层建筑，“器”属于器具、财富等经济基础；这本是表达先后、主次，而非重轻。当然，古代过于“重道轻器”有失偏颇，但若走向只要“器”不讲“道”，也是走极端，显然也是不明智的。中国共产党大批先烈们，就是闻共产主义之道后，心中有信念、有责任，所以抛头颅、洒热血，前赴后继而义无反顾，这才有红色管理之高境界。

显然，中国文化是追求人心和谐的文化，中华民族是追求人心和谐的民族；“心”为中国文化之根，“和”为中国文化之本，心和文化，是中国管理之源、之基。所以中华国学强调修心为上、协和为要；心和文化的思想内涵成为中国管理的核心之道。在中国人看来，“器”为身外之物，“道”是内在心修，道在中国人心目中有至高无上的地位。不崇道、不懂道、不守道，就不是真正的华夏后裔、龙的传人。心中有道、道心协和，手中便有术、术下便有器。中华国学讲道器相通、道器协和，是道为先器为后，是“道”之思想精神引领下的“术”，而科学技术产生“器”。故道是心灵层面的上层建筑（形而上）；术是方法体系而连通形而上与下；器是物质层面的，属于经济基础。这是华夏文明的反映，也是农耕文明的选择，还是东方易理思想和儒道文化的坚持。这份坚持，决定了中国管理是走心达和的管理。

几千年来，虽然朝代更替，也有过非汉主政，但国学根基从未撼动，以道驭器、道明器长从未改变，这才有名扬世界的“四大发明”，更有领先世界的冶炼铸造术、美名传世的陶瓷艺术品、世界七大奇迹之一的长城和无数手工艺瑰宝，还有连通亚欧大陆的“丝绸之路”以及海上“丝绸之路”，先于西方大航海的“郑和七下西洋”等辉煌。如果说中国自古重道不重器，哪来这些举世闻名的巨大成就。重道轻器，更多的是一种等级观念。古代等级除官阶、富豪士绅外，还有三教九流之说，“九流”有多个版本，但每一个版本里，中九流、下九流基本是社会各阶层中的专业人员、服务人员，甚至在一些上九流的版本里也有农、工、商和百工从业人员。“行行出状元”就是各行各业技艺师们的默默贡献，古代劳动人民的辉煌奉献。在“劳心者治人，劳力者治于人”的社会现实下，贬低“劳力者”，是“劳心者”最愿意做的事。但能贬低职业或阶层的社会地位，却无法贬低“劳力者”创造出来的社会成果：所有这些成果，都是“道”指导下以中国原创的“术”创造出来的“器”——各种艺术作品、生活用品、代表人类社会发展的各种器具器件、神器宝器。

（二）管理人文修心乃元气协和

据历史传说，中华文明是在黄河中下游起源的（虽然有着漫长的海岸线），并以河南为“中原”（天下至中的原野）之核心，向周边发展而成中土、华夏，先后有20多个朝代、300多位帝王立都于此，故有“得中原者得天下”之说。事实上，长江中下游、珠江中下游及黑龙江等地都已经发展了文明。中华文明属于大河（陆）文明，有海洋文明的发生发展，但不连续，也不具有代表性，到明清时期更出现了闭关锁国及海禁行为。而明清时期恰恰是西方大航海大冒险、地理大发现时期，西方列强征战全球，工业革命器运大盛。而中国国势下行、国运下滑，直到低谷。这也说明，国势国运变动，不是文化惹的祸，不是中国之道惹的祸；腐朽的朝代会被推翻、无道的帝王也会没落，但中国文化的根基不会变动，中国阴阳相协谋和之“道”不会消亡。国家危难时刻，往往是道义精神、文化风骨成为国之脊梁、国之重器，挽狂澜于既倒。朝代亡不等于中国亡，只要中国文化在，中国就在。

中国先贤先哲不是面朝大海的思考，而是山中清修、水上逍遥、田里怡然情态下，“仰以观于天文，俯以察于地理”（《易经·系辞上》）的思考，见的是山脉走势、看的是江河流动，听的是风雨雷霆、经的是日月运行，了然于胸的是：地内金、山上木、江河水、人间火、脚下土构成阴阳五行为生存必须；天与地、水与火、风与雷、山与泽，构成阴阳八卦为模型的大自然协和之本。于是领悟到天地四方曰宇，往古来今曰宙，宇宙时空之内，从元气论物质角度任何事物皆可分为“阴”和“阳”两个方面。

从人类生存的地球上观察，将上升向天之气称为阳气，将下降入地之气称为阴气，于是得知“天地和而万物生，阴阳接而变化起。”换一种说法就是“天地感而为万物化生”（《荀子·礼记》）。宋代哲学家认为这两个方面比“气”的意义要广泛得多，是形而上的神秘能量，应该是诸子百家时就提出过，后为道家专用哲学概念的一个字来概括：“炁”（一种形而上的神秘能量）。从这个角度说，元气论应该是元炁论，“二炁交感，化生万物”（宋代周敦颐，《太极图说》）。中国的阴阳学说、五行学说、八卦学说等，都是这样从现实可感的观察、思考中总结、提炼出来的。

这就是说，中国人自有文明起始、文化诞生就追求阴阳协和，五行相生相克而协和，八卦相荡刚柔相摩而协和。反映在“人”身上，就是人心顺达，人心协和。所以中国人自古追求人心协和，有思想有文化的得道高人追求睦邻友好、协和万邦，彼此祥和；与人讲究谦和、宽和、谐和，与事追求婉和、融和、善和。正因为如此，逐渐地对人的教育与管理的基本方式定型为“心修”，修心所要达到的基本目标是“协和”——根据这样的原理而提出“心和”的管理观念。数千年传承与发展，中国文化的脊梁、中国文人的风骨便都集中在这“心和”两字中了；自然，中国教育的内涵、中国管理的要义也都落实在这“心和”两字上了。

这种文化基因，非同宗文化者有些难以理解；即使在现代中国人中，以接受西方教育为主的人，因为缺乏这种文化浸染也很难理解透彻。他们中多数没有像他们的留洋先辈那样在拥有雄厚国学根基后才出国去“师夷长技以制夷”的。他们除接触过中学课本里寥寥几篇文言文外，便对国学一无所知，“师夷”西方“长技”时顶礼膜拜后囫囵吞枣、全盘照搬。这种情况下是不可能真正理解、也无法真正接受中国的道、术、器的哲学思想与逻辑关系。对于他们不了解的领域，一口否定是最简单也最有效的做法，这就可以明白为什么总有人要反对、要阻止中国文化的崛起与回归。

（三）管理思想内核在自强不息

无论是从管理的理论还是管理实践角度看，除天时、地利之外，管理必然涉及“人和”问题，而且“人和”往往是重中之重，因为天时、地利不可更改，只可善加利用。而人和问题是可以通过努力加以改善的。所以人的问题，往往是管理的根本性问题。中国学术体系里，有关人性方面的思考，尤其是人之初是性本善还是性本恶，数千年争执不断。

中国智慧在于，既然争不清也就不争了，干脆跳出善恶之论，直接找到无论是本善还是本恶都无法回避的环节：搞清楚人在世上应该怎么活。这在今天来看，是个哲学命题。中国先民、中国先哲择居于山清水秀之地，日日夜夜上观天象下察地理，查探日月星辰变换的原理、天地风雷异动的规律，面对巍峨壮美的崇山峻岭、奔腾不息的滔滔江河进行思考，衍生无极生太极的联想，得出“太极生两仪，两仪生四象，四象生八卦”的认识，于是有了天地人合一的结论、阴阳五行相生相克的结论，天地四方位弥合的结论和八卦相荡万事万物皆易的结论等，懂得了天命不可违之理，心恶者必须修心至善，心善者继续修心至圣，善而至圣，和谐天下的道理。针对人为什么活着、该怎么活着的问题，先圣先哲作出这样的回答：“天行健，君子以自强不息”，“地势坤，君子以厚德载物”（《易经·系辞上》）；君子与小人相对，“君子和而不同，小人同而不和”（《论语·子路》）。故人生在世，须遵天道而阴阳相协、循地道而刚柔相济、行人道而有仁有义。如此才能“悔亡（没有后悔）”，若能守持正固、坚守正道，上则可以无咎、可以有利、可以亨通、可以吉祥；若守不住正道，则会吝、会厉、会咎、会凶。这就是中国最古老而深邃的旷世奇书《周易》所告诉我们的自吉而凶的九个等级：吉、亨、利、无咎、悔亡、吝、厉、咎、凶，这里的亨是通畅、利是适宜、咎是过失、吝是小疵、厉是危险。

心若和便趋向吉，心失和则趋向凶。从这个意义上说，管理的本质就是带领或引导大家趋吉避凶，以达人与事的和顺、和美、和畅、和睦——得心和。这是大陆文明农耕社会的重要特点，“道”为先“器”为后，“道”为形而上“器”为形而下，以道御器。

可以肯定的是，西方的道驾驭不了中国社会环境下的“器”之生产与流通。经济崛起的同时若德心失落，就会出现生活享受有了，健康安全没了；先进科技有了，人间真情没了；金山银山有了，青山绿水没了等问题。不仅仅是原本以道为先的中国出现这些问题，西方社会环境下涉及心灵失落的问题同样存在，只是在守规则的外衣下有些被隐匿了，私人可配枪情况下有些私了啦，财富增长情况下还有一些有意视而不见了——无论是西方还是东方，放纵物质的结果都一样，都是德性、德心的失落。心病还须心药医，解铃还须系铃人，解决之道在于回归中国文化所提倡的“道”，在于从国学中提炼、提升出来同时吸收世界上一切优秀文化充实的、适合中国国情而又对西方有一定启示、借鉴价值的“心和管理”，心到则道明，道明则人和，人和才有家和、国和，家和万事兴，国和天下强。这就是心和管理文化的内涵、本质，以中国优秀的心和文化为根基建设《心和管理学》，管理观念自然与人心意识、双和思想密切关联，也就是与中国文化、中华文明的内涵密切相关。

不同的文明传承、人文精神带来不同的文化表现形式，其形成的学说或体系在各自的系统内各有各的价值，但若交换套用到对方的人文环境下，则会出现水土不服。所以彼此都是好的东西，放到对方那里不一定就是同样的好。互相借鉴、互为启示，交流中学习，互动中提升，才是中国与西方理论的双向和谐，中国需要心和管理，世界也同样需要心和管理。

二、耕读文化心和思想升华

提出中国本色的“心和文化”，因势推导出本土的“心和管理”。心和管理概念、思想、理论和体系，是对心和文化、心和观念下的升华。心和文化、心和观念，成为“心和管理学”建设的文化根基，“心和管理学”形成的理论之源。

（一）商业人文是讲规则谋利益

西方的管理体系，在西方人文环境下具有科学性、先进性、适应性，但若不加选择地套用到中国，就会水土不服。这正如中国文化中的哲学思想及相应的管理体系，西方可以学习之、引用之，甚至是修正和充实其理论与体系，但无法全盘挪用到西方一样。因为各有各的文化土壤，各有各的人文精神，自然也就各有各的适应性。同样不可否认的是，中西方虽然文化根植与人文适应性具有差异性，却也都有一些人类共有的价值，如西方的“讲规则、谋利益”特点，中国的“谋和谐、得人心”风格——这是彼此不同的文明传承、文化印痕和人文精神所形成的，可以互鉴、可以在学习中充实提升自身理论体系，但不需要也不应该直接全盘套用。因此，非常有必要厘清中西方人文诉求差异。

前面已提过，靠近海洋，不等于就是海洋文明。当前西方各经济大国，虽然面临海洋，却并非海洋文明的代表性国家。它们中很多国家地域狭小，在国家形成过程中，无法如土地辽阔的中国农耕社会那样可以基本满足生活必需，而是依赖外扩式的开放思维、物物交换的商业思维，形成攫取和锱铢必较式的武力立国、商业立国模式，这也就很自然形成追求利益的人文诉求——西方利益文化的由来——其本质是侵略式取利，数字化精算。

利益至上的文化剥离了人与人之间的温情面纱，一切事物都归结为利益驱动，任何事物都可以量化、数值化，量化得清清楚楚，核算得明明白白。再者，海洋性生活方式，无论是面对浩瀚的大海、复杂的天气变化，还是进入陌生的岛屿，甚至地理大发现时代发现新大陆，一艘船上的所有人员、一个船队的所有船只，形成了一个个小团队、大团队，必须统一号令、统一思想、统一行动——西方团队文化的由来——其本质是组团去谋利、让个人获益。

向海洋谋利的欲望促进了航海业发展，航海能力的提高刺激了对海洋里面未知财富的渴求，于是，产生了寻找新岛屿冒险家，进一步地，形成希望寻找、发现新大陆的冒险团队。若在冒险中发现了有人类生存的新岛屿、新大陆，从土著那里抢掠、攫取大量财富后，就不仅仅行动要有规则、内部分配也需要规则的，这些财富拿回到文明社会来之后，需要通过交换获得其他需要的生活用品（包括奢侈生活），交易自然也是有交易规则的——西方规则文化的由来——其本质是无规则劫掠，有规则交换，交换也就形成了商业人文。

航海，追求直行以便距离最近；冒险，养成谁先到谁先得的思维；掠夺，奉行“我的是我的，你的也是我的”信条。事实上，海洋上曲线航行（正常状态下的航行，而非为了安全对礁群、冰山等的绕行）意味着消耗生命；各人各行其是、不讲规则，意味着拿自己和大家的生命开玩笑。航船深入海洋，上岸深入腹地，团队成了冒险者唯一的依赖，遵守规则等于在救自己的命——西方直线思维的由来——其本质是只要有利益，其他不在意。

海洋生活方式下产生商业人文，商业人文有其自身的社会规则与文化特色。

（二）耕读社会是求和谐得人心

中国处于亚欧大陆东部，文明起源于黄河流域、长江流域，地势从中国疆域的西部青藏高原往东逐渐降低而为中原、平原、沿海。青藏高原上的喜马拉雅山（藏语雪的故乡之意），既是世界屋脊，也是亚洲水塔（2.43 万条冰川孕育了黄河、长江、恒河等七条亚洲主要河流）。中国境内，在喜马拉雅山以东，从北到南依次是就是天山、昆仑山、唐古拉山等山脉。黄河发源于昆仑山系中的巴颜喀拉山脉，流经青海、四川、甘肃、宁夏、内蒙古、陕西、山西、河南、山东 9 个省区（山东省东营垦利县注入渤海），全长 5464 公里，有 13 条主要支流汇入黄河，黄河决堤、泥沙冲积，影响到河北、安徽、江苏等未流经的省份。长江发源于昆仑山脉与唐古拉山脉之间（唐古拉山脉的主峰格拉丹东峰），流经青海、西藏、四川、云南、重庆、湖北、湖南、江西、安徽、江苏、上海共 11 个省级行政区，于崇明岛以东注入东海，全长 6387 余公里；数百条支流延伸至贵州、甘肃、陕西、河南、广西、广东、浙江、福建 8 个省、自治区，流域面积达 180 万平方公里。

长江、黄河，名副其实的中华母亲河，孕育了名副其实的大河文明。

两条江河的上游是高原，山地为主、盆地为辅，中下游是兼有山地盆地，但以平原、丘陵为主。江河主干及支流又形成大量湖泊，还有数不清的小河小溪及冲积出来或人类有意引导积聚的池塘、水库。辽阔的中华大地，古代人找到水草丰美、向阳遮风的处所安身立命；山内有动物可猎、水中有鱼儿可捕，地里有庄稼可种，草木有用度可得。有田有水处即可农耕、有山有水地即可狩猎、有草有水处便可放牧，星罗棋布的江河湖塘，风情万种的山川原野，为人类提供了农耕狩猎生活方式——农耕文化的典型特征——本质是人类自给自足的生存方式。

对大地、对山水的依赖，诞生了四象文化。其中，左青龙、右白虎，意味着青龙入水、白虎奔山，有山有水便是人间美景，龙虎精神便是中华精神，至今不变；为了体现江河之水、连绵之山的重要，中国文化干脆把国家和政权称为“江山”。前朱雀、后玄武，前有朱雀神鸟可飞舞的开阔宝地，后有千年神龟可栖息的池塘蓄水，这就是好风水——神兽飞跃的风，带给人类期盼的一切美好；江山流淌的水，聚集生活必需的所有财富，四方居中、五行来土，起源了风水学说——本质是人类对安康生活理想的追求。

在平原、中原、高原，在山区、盆地、丘陵，中国的祖先们不断寻找、迁徙，最后在一个相对理想之处安定下来，因为农耕需要依时令季节而行。血缘关系下有了家庭，在一个地方一代代传承下来，就有了家族。不同的家庭或者大家族衍生出来的新的家庭，组合而成了一个个村落、寨子。随着社会交往的增多，村寨与村寨之间的交通便利处，因人流的歇息、过往而出现了物品交换，逐渐出现了乡镇。官府为了治理需要（分封制时代分封需要），划出了行政区位，确定了行政中心——农耕管理的出现——本质是中国式乡土文化的呈现。

自给自足的小农经济（农林牧各业并举）模式下，中国人民养成了一种风尚：艰苦奋斗，勤劳致富。如果没有压迫欺诈、没有算计剥削，这就是人们梦想中的田园生活。然而，“人心不足蛇吞象”，人类没有开化前的动物本能，是自然状态下弱肉强食的“丛林法则”，文明开化，只是让已经开化的人、修道明德的人文明行事。没有好好修心炼心者，会眼红别人勤劳致富的“富”，而不关注人家的“勤劳”。人心的变动，导致各种矛盾冲突。所以，农耕中国特别注重“教化”——耕读传家的由来——本质是人类对以文化育兴家的梦想。

阴阳原理、四象文化、五行学说、六合理论、七星学说（北斗七星）、八卦易理等，都来自农耕文明的认知。七星可定方向，不偏离正道；六合得上下东西南北（天地四方）各方协和。农耕文明不会如商业文化那样把人际关系都用利益衡量，邻里、乡里之间彼此互助互帮是一种常态。然而，过分关注别人家的事，也属于“狗拿耗子，多管闲事”，所以各过各自，各人自扫门前雪也是一种常态。两者之间如何把握好一个度，就出现了耕读文明的一种现象——双向协和观念的由来——本质是把握好自然与社会的关系。

农耕社会的固定居住方式形成了中国宗祠氏族文化，进而形成了故土难离或离了也要落叶归根的家乡观念，户、村、镇自然状态导致“远亲不如近邻”，大家抬头不见低头见，谁有了难处，愿意相帮之人越多越有面子，谁说的话越有份量越有面子，社会自然织成了面子观念强的人情网——人情社会的由来——本质是人在社会生活中地位的象征。

耕读人文崇尚社会和谐、家庭和睦，崇尚心灵洁净、心理健康，追求“小桥流水人家”的意境和含蓄内敛的和谐文化，农忙时男耕女织、辛勤劳作，农闲时呼朋唤友、家宴小聚。发明火药，是用于喜庆（红白喜事）时的鞭炮与烟花、建筑用料的炸石；发明罗盘是用于建房筑坟时看风水、定方向——协和文化的由来——本质是人们修养身心的自我管理。

（三）国学管理是本土性适应性

可以明确，西方是谋利文化，中国是协和文化，孰优孰劣，出发点不同、立场不同、目的不同便各有结论。然而从中庸之道看，谋利以创造财富的同时，应以协和为管理目标。用火药造枪炮，用罗盘强航海，是社会进步，本身没错。错的是利用这一“进步”为侵略的工具，通过地理大发现，殖民世界、掠夺世界，富了强盗、穷了顺民、死了土著。

近500年，西方列强凭借航海业、工商业及科技（即“术”）在物质财富（即“器”）上崛起，相继出现如葡萄牙、西班牙、荷兰等地理大发现初期的得益者，英国、法国、德国等地理大发现时期后起的且是最终的得益者，以及俄罗斯、日本、美国等瓜分世界的参与者。这些经济大国渐渐成为西方国家的代表，殖民地遍布全球，不仅武力征服各国，工业革命后生产力大幅提升，还把产品包括毒品鸦片倾销殖民地、半殖民地国家，在掠夺、殖民、倾销中富裕和强大起来，还要振振有词，强调强盗有理。堂而皇之的理由是“科学技术”的发展，生产力提高。事实上西方讲的人权、物权、路权，自由、平等、民主等所推崇的“道”是“逐器”富裕起来后才有的——器为先、道为后，以器引道。经济发展起来后，世界话语权掌握在强者手里……而恰恰是从西方地理大发现时期开始，中国王朝拒绝开放，闭关锁国，国势趋衰、国运渐弱，甚至于被他国殖民，最终原本一言九鼎的话语权旁落。

20世纪末开始，中国谋求改变，进行改革开放。因话语权关系，管理哲学、管理理论，甚至于研究范式西化了。当时中国适应改革开放需要的管理理论匮乏，引入了现成的西方管理理论，照搬套用中，出现了与本土市场脱轨的管理学，学科研究、教材使用、论文写作等明显西化。作为管理理论创建之初的捷径，本身没错。应明了的是学习是为了自己进步，模仿是为了创新与发展。当中国商业社会、社会主义市场经济逐渐形成后，仍然照搬套用西方理论就有了不顾社会现实，不管文化差异，不论人文环境之嫌。毕竟中西方文化土壤不一样、社会环境不一样，人文内涵不一样，职场思维不一样，管理理论与方法各有各的适应性。西方管理再好，是针对西方社会环境和人文特征的；这不是说西学理论或体系不好，只是人文土壤不适应。毕竟学习模仿只是过程，在此基础上结合中国国情创建符合中国优秀文化传承、适应中国国情特色的管理学，才是根本，才是要义。红色，才是中国色。

利益至上的商业文化引进后本应有本土之心修德和、阴阳协和之道作前置，推行“君子爱财，取之有道”的商业原则，才符合“规则是死的，人是活的”的圆润变通思维风格，而不至于出现没有规则约束的“利益至上”、一唯“弃道逐器”的情况。当管理哲学远离中国之道，管理理论适应商业文化而非耕读文化，管理方法适应西式人文而非中国人文时，管理就脱离了本质、背离了本原，导致阴阳失和，人心失去了宁静、失却了洁净、失落了德性。人们不愿追求、更不会痴迷于悟道、明道、得道，反而是追求财富欲望的极度膨胀；一切向“钱”看，社会道德、公共秩序、职业心理无法用道之修养护卫住了；就如希腊神话中的潘多拉魔盒被打开一样，在经济腾飞的同时邪恶的东西也飞了出来，挡也挡不住，某些方面怪象丛生，群魔乱舞；更严重的是一些本来懂道守德者也心绪乱了、心态变了、心境破了、心魔生了，心德跌落了，阴阳失和了，无法达到致中和。这是管理始终无法到位、始终无法理顺的深层次原因，也进一步证明，中国需要有适应于中国社会环境和人文特征的管理学，即文化是中国的，管理是红色的。中国管理谋心和，这是管理的学科基础、理论基础。

三、修心悟道心和管理提出

以国学内核和中国人文为基础，提炼升华出中国“心文化”“和文化”为内涵的心和管理观念，据此建立起来的管理学理论与体系，是中国的，无疑又是世界的。任何一国一民族之文化，皆是世界文化的一部分。

建设中国管理学，也是世界管理文化的一部分。

（一）元气为本总分结合管理论

心和管理学研究，重在提出中国管理学的基础理论，基础是本土的，基础至上的一切上层建筑，皆本土；本土是前提、是核心、是主体，吸收世界是启示、是补充、是互鉴。

中西方人文诉求的差异，形成了各自范畴、各显内涵的中西方哲学思想、文化底蕴、人文精神。那么管理理论和管理系统，都应该建立在中西方自己的哲学根柢、文化基因上，体现出各自人文特性、职场人际特殊性以及文化土壤、人文环境的适应性。

中国先贤认为，时空形成宇宙，寰宇之内物质为元气，混沌之时的元气为无极，无极生太极，如同“宇宙大爆炸”理论所说爆炸出了无数星球，地球为其中之一。地球上阳气升而阴气降，分出天地，谓之太极生两仪。显然，中国的物质观、生命观皆为“元气论”，元气本一，化生有万。中国文化非常注重这个“生”字，一生二，二生三，三生万物。反映在易理文化上，《易》为一，化生诸子百家，应用于万事万物万理。可见中国学问本不作分割，是整体的、全局的阐述、分析；同理，研究方法也是整体考量、全局把控。有流派之分，可观点辩论，但看待问题的方式、研究问题的思路，则是高屋建瓴、提纲挈领的。这也就是为什么现代任何一门学科都可以在中国古代典籍中找到源头或发现佐证的原因所在，也是中国文化注重“悟”的原因所在，领悟、体悟、透悟，顿悟、开悟、解悟，醒悟、明悟、觉悟，全在悟性高下，皆在慧性强弱；大彻大悟方得始终，执迷不悟无路可通。

儒家、道家、兵家、名家、墨家、阴阳家等流派，是哲学思想上有差异，治国思路上存不同，学问观点上各坚持。各家从总体上探索、综合性分析，形成各自理论体系、思想体系和行为体系，但创始之初的本体不变。如儒学，无论后世如何研究、如何发展，其源头是从易学中化生出来的、独立成形的孔孟仁义之道永远不变。治国、治军、治农、治世等道理，都在《论语》中，有“半部《论语》治天下”之宏论。而任何一个人、任何一个管理者、任何一个统治者，如何解读《论语》，如何应用其理，则全在各自的悟性、德性和实践能力。换句话说，中国文化主要提供一个总体性、原则性、规律性结论，学问走向、社会应用成果如何，首先看本人能悟出什么，所悟是否合天道地道人道，然后才是著书立说开宗立派或创学兴业、开天辟地。《周易》，就是只提供易理化生的原则与规律，如何易中化生、如何阴阳协和、元气如何由一生两仪、两仪如何再生四象、四象如何又生八卦，阴阳如何互动、五行如何生克变化、八卦爻理如何变动等，过程与结果就要看觉力悟性，看有否能力实现。

西方的物质观、生命观，是古典原子理论，认为万物的本原是原子和虚空，原子是一种最后的不可分割的物质微粒；在原子论的基础上建立起物理学和化学基础理论。西方学科分类的本原可追溯到此，现代原子论才有分科化。西方文化讲究“分”，一分为二，二分为四，依此类推。原子的基本属性是“充实性”，虚空的性质是空旷，原子得以在其间活动，它给原子提供了运动的条件——西方学问采用细分式，一切皆作类分。这与“生”区别就出来了，生者，生生不息也，总量可变；分者，固有细分也，总量恒定。

所以在西方，人分类、事分类、物分类、理分类、学问也分类。经济学里的“零和竞争”就是据此而来，总量恒定，你多了我就少了。而中国竞赛原理，就是“生”出无限可能，在竞赛中你比我、我赶你，总量在增加中。当然，西式“分”法将问题分开来研究，可以深入、可以细致。需注意的是，“分”要有个度，有些“分”可以无限分，有些“分”则要求适当。

学科应该分，“科学”原始本意之一就是“分科而学”，但过犹不及。目前，学科细分化倾向相当严重，如经济学，分宏观经济学、中观经济学、微观经济学，按领域又分政治经济学、产业经济学、区域经济学、公共经济学、经济管理学……细分细分再细分，管理学分离出来了，管理学又分成人力资源管理学、财务管理学、生产管理学、营销管理学、物流管理学……而这些学科又细分出更多学科，如财务管理领域分出财务、会计，账务方面再分几十门课、会计方面亦可分几十门课，加上研究生层面的专题，学科划分之细登峰造极。如此细分的结果，只能导致学习者陷入只见一斑不见全豹境地。是西学如此还是西化后果，这里不作分析，但肯定的是，分有分的价值，但过了就不合理。

（二）本土为基中西互鉴管理论

对西方的“原子论”与中国的“元气论”作谁强谁弱、谁对谁错比较，有没有结论都是无知的表现。中西方“先圣”认识世界有各自的方法和思路，数千年下来成为客观现实存在着，根植在各自的文化土壤里，深种在各自的人性特征中，各有各的优势，也各有各的局限。中国文化体系里，元气论宇宙观具有比较完整的思想体系，渗透到古代学问界诸多领域，成为古代说明、理解各种自然现象的思想工具，注重可生、可易。西方原子论亦已成为西方认识世界的重要工具，渗透到西方学术界诸多领域，注重可分、可算。

显然，中西方文化根源就不一样。元气论认识观把人类看作是一个整体、人与自然也是一个整体——命运共同体，更注重人与人之间的情感关系。西方原子论认识把人类划分为利益群体，万事万物皆可分类，更注重人与人之间的利益关系。所以中国人相对感性些、西方人相对理性些，中国思维讲谋略性一些、西方思维讲逻辑性一些，中国遵从“祖制”（祖脉传承、血脉关联的一体性）、西方推崇“个性”（个体独立性下追求计量归类）。

西方喜欢用数学语言表述，中国喜欢用文字语言表述。汉字本身有义、有母语精神，内含思想意识、思维方式、人文内涵，理性中含感性；西语之字母与数字一样本身不含意义、不带感情色彩，只有通过词句表述出来才有意义，内含理性。所以西语文化体现冷酷理性思维，汉语形成道义情理思维。汉语可直接表示理性的逻辑关系、感性的情感关系；中国文化中琴棋书画、诗酒花茶，有雅意、雅趣、雅味，风花雪月、天地山海有情感、情意、情爱。而西语在表示学术理论、逻辑关系时，需要依赖数学语言和字母，用数字公式（字母表述，运用最多的字母是西语的母语——“希腊字母”）代指某些复杂意义，然后对这些“代指”作专门说明；代指的内容，在不同情况下会有不同的表述，如最常见的 α、β，放在不同的经济数学模型、不同的管理模型中，意义完全不一样，必须作出标注。读者也必须先掌握每一个字母在这一模型里的意义，才可以读懂。汉语不需要这样烦琐，每个字、每个词或词组都已经表意，不需要字母来代指，也不太需要用数学公式方式来表述。

这是因为西语是表音代号，与阿拉伯数字、希腊字母在功能上具有一致性，一些复杂的逻辑关系通过数学公式以数学语言方式解析，能更直观一些。汉语则不然，数字是汉字书写的，有“小写”（如一三五七九）、“大写”（如贰肆陆捌零），引进阿拉伯数字（如 12345）后，为方便计，纯数字表述用阿拉伯数字，但在表述复杂意义时，汉语本身大多更简洁明了，无须什么都用数学公式表示、数学语言解析（当然不反对必要的数字表述）。

与外文互译，学术上最难翻译的是专有名词，文学上最难翻译的是中国诗词——西语表达不出汉语那样的诗意、境界；正如西画重逼真、国画重意境，这是母语精神内核所决定的。同理，中国逻辑模型直接用图式化表示即可（无须数学公式，数学语言解析），阴阳二气图、五行生克图、八卦运行图等；凡逻辑关系，汉语都可直接用文字表述、线条串联，不必列数学模型、不必对模型（公式）中字母解释。再如，汉语在表达数量参照值时，用“增长”“增加”、“提高”“提升（上升）”，或“减少”“减弱”、“下降”“下滑”，表意十分明确，近义词在不同语境中，其细微差别以汉语为母语的人很容易体会出来。西语无法区分这些词语之间的细微差别，只能引入数学正负概念，用“正增长”、“负增长”来表述……只是，西化把洋派正负表述盛赞为“科学”，把本土汉语表述贬低为“土味”，直接导致了中国学术界走向极端：唯数字、唯数学模型；管理领域更甚，干脆高数化、工程化，摒弃本土化。

中国引进西学，西方引入中学，是互学、互鉴、互为参考，都不应该也不适宜照搬照抄，而是应以自己的理论、体系为核心，吸收对方优秀的适用的部分充实和完善。在表述上，以本国母语表述方式为中心、为主体，适当引进某些值得参考或借鉴的表述方式。还是那句话：学习他人是为了充实自己，借鉴他人是为了完善自己，绝不是把自己改变成他人。

（三）悟道修德人心双和管理学

“现代经济学”“现代管理学”是改革开放中以西方理论为内容组合的，未经科学汉化，也未将西方学术理论与中国具体实践作深度结合，中国特色比较弱化，反而是全盘西化倾向较为严重。这是必须引起警惕、必须作出改变的（可以融合的也不必反对）。例如，学科类别化问题，从洋务运动开始一直至今，已渐渐为国人所接受、为学术所接受、为教育所接受；更重要的是，许多学科已建成体系，自然没必要“一刀切”回归中国古代整体把握而不分学科方式中——可保持“生”之本色，也适当“分”科而建。只是有两点需要注意：一是分科而建的学科，要保持中国特色，对于国际优秀的文化，或融入中国本土的学科内涵之中，或单独设立《国际××学》（或《西方××学》），作为国外学科系列专门介绍；二是分科之“分”，应该有个合适的“度”，不能无度细分。这里心和管理学科建设，是两者兼顾，既有对西方管理学科的部分吸收融合，也建议单列一套《西方管理学》，作专门了解、学习。

中国管理学，必然根植在中国文化、红色管理中。当然，在富国强民的路上，总会有一些牺牲，或者说缴学费，如商业发展过程中的受骗上当、工业化过程中的环境污染问题等。然而商道回归、污染治理等，中国比西方曾发生过的要更快、更准、更稳。同理，中国优秀传统文化的失落，在心修问题、在协和问题上缺乏关注，也只是暂时的、明面的。中华民国时期数次新文化运动，有正面价值，如政治、思想觉醒上和意识改变等；然而为了突出或强化“新”，就把“旧”的一切都否定，这种矫枉过正的文化否定行为也是从“新文化”运动开始的；1966 年前后的“破四旧”运动（破除旧思想、旧文化、旧风俗、旧习惯运动），因运动的扩大化，传统文化“一刀切”地被革去，文化人成“牛鬼蛇神”被“横扫”。改革开放后中国人民扬眉吐气，然而经济发展过程中出现西化倾向，中国传统文化躲过劫难留存的那一部分，却被挤到角落了。然而，文化力量两次显现，民间开始回归传统文化，主动做起了一些工作，如立牌坊、编家谱、问圣贤、学国学等。只是民间努力，难以有系统的文化复苏、规范的传统回归，没有复苏和回归，也就说不上传承基础上的创新。所幸无论是“破”还是“挤”，中国文化依然在；所幸，顶层开始让中华传统、优秀文化再见阳光。

人心双和管理学建设的本质内涵，就是从管理文化、管理哲学到管理理论、管理体系真正意义上的回归本土。“心文化”“和文化”，是中国文化的两个重要标签，是传统文化中最有价值最优秀的部分，是区别于世界文化重要的本质内涵；中国“心文化”与“和文化”的丰富内涵，需要不断挖掘、提炼，升华；心和管理（人心双和管理），是国学在管理理论中的应用。心和管理学，是引导和约束人们修心的管理、引导和辅助人们协和的管理。“心”是“以心为本”直透人心的管理，是比人性管理更进一步的管理；“和”，不是作为执政方式求“共和”，而是作为管理方式和管理目标达“双和”——管理方以己为圆心，与任何有关联的一方都达到彼此相协、双向和谐。中国文化，修养人心；中国人民，追求和谐；中国社会，适合心和管理。人心双和，是彼与此的心和，是阴与阳的协和。

总结起来，中国本土的管理，是乾坤相协、刚柔相济的管理；建立基于“四个自信”的中国心和管理学，其本质、内涵落实在管理的终极目标上：悟道修心，明德协和。

第二节　心和管理的管理双方

管理双方，一般指管理方（主动方）和被管理方（被动方）。心和管理学的管理双方，如果从自我管理和引导自我管理角度看，是指“本我”与“修我”的关系，即修心中的“我”管理着本性的“我”；然后是“修我”为主引导他人对“本我”进行管理。如果从管是硬件（法规强制）、理是软件（引导修心）、三分管七分理角度看，那么主被动双方之间需管、更需理。故心和管理的管理双方有两层意义，第一层双方是本我、修我，第二层才是主被动双方。而且心和管理双方，如阴阳一样，是协调统一又是相对相关的，还可以转换。

一、心和管理的主客双方

（一）红色管理人民江山人民管

西方管理学关于管理者和被管理者，是互相对应的两个方面，简单地说是管理者（主方）管理着被管理者（客方）。管理者是管理行为过程的主体，管理者一般由拥有相应的权力和责任、具有一定管理能力从事现实管理活动的人或人群组成。所以管理者是指有领导职务和在管理部门从事管理活动的人或人群。职务越高，职权越大、影响力越大，责任也越大。换句话说，管理者的职权、责任是由职务赋予的，因职务高低，有基层管理者、中层管理者、高层管理者之分。被管理者是管理者管理工作的对象，管理他们做出决策、分配资源并指导他们的活动，从而实现工作目标。有管理者就有被管理者，从这个意义理解，管理者一定是上级，被管理者一定是下级，管理者通过下级来完成工作。更重要的是，在西方管理学理论中，管理不仅仅是管理人，还包括管理财与物以及财与物产生、移动过程中每一个环节，所以就有财务管理、仓储管理、物流管理、信管管理、生产管理、质量管理及其相应的流程管理等——西方管理学所指的管理对象包括人、财、物、时间、信息五要素。

不可否认西方管理理论的贡献，但中国是中国特色的社会主义市场经济，与西方特色的资本主义市场经济有着本质区别。中国市场经济有三大特点：一是经济要让市场说话，这是市场经济的共性；二是市场经济有“中国特色”，即体现出中国自己的道路特色、理论特色、制度特色和文化特色；三是市场经济是“社会主义”的，就意味着社会拥有公共财富，管理和分配建立在人民利益上。从改革开放以来实践的市场经济来看，第一个特点是明显的，需要加强的是第二、第三个特点。“四个自信”践行着中国特色，建设本土管理理论在管理领域践行着社会主义。社会主义作为一种社会学思想，主张整个社会是一个整体，这一点与中国元气论观点、与中国传统学问模式具有一致性，所以在文化上就有着天然的契合性，很容易得到中国人民的理解和认同。只是我们在近几十年市场经济实践过程中，社会主义之路怎么走，也处在探索、寻觅之中。出现的一个问题是，做到了财富的增加、经济的发展，却让一线劳动者——劳动人民失去了主人翁意识——而这恰恰与所要探讨的“管理双方”有关联。因为中国管理，人民是主人翁。

随着私营经济重新崛起，中国社会一个新阶层即老板阶层重新出现。有老板就有雇工，新雇佣关系出现是正常的，不正常的是老板意识带来的“蝴蝶效应”，以老板为核心的企业管理层居高临下地管理着企业员工。如此情况下，私营企业的普通员工哪还有主人翁感觉，花再大的努力去“培育”员工的归属感，也只能是镜中花、水中月。显然，管理，在经济实现了必要积累后，失落了普通百姓的人心。应该回归人民是主人的意识，要由人民管理自己。

江山就是人民，人民江山人民管理。这是中国管理的要义，也是红色管理的本义。

（二）管理协和双方都当家作主

明晰管理双方，理解管理双方的地位，不仅仅是技术的问题，更重要的是意识问题、观念问题，归根结蒂是人心问题。人心一旦偏移正道，任何管理工具、管理规则、管理模型都难以让其“优秀”起来。改革开放初期，花大力气打破了集体大锅饭、部分铁饭碗，对于改革局面的形成具有正面作用，对于当时一部分“等、靠、要”者的冲击是有价值的。然而，一个不容忽视的现实是，对于黎民百姓、普通员工而言，原本旱涝保收的收益一夜之间岌岌可危，心理上的失落、担忧、恐惧，谁人理解。当这种保障没有了，人心恐慌成为必然，带来了思想变化、管理难度，引进的管理理论中也没有高效的解决思路和方法。

管理理论的西化，带来制度与现实的冲突。重视了器术之路，忽略了道义之行，管理方高人一等甚至数等，管理主客双方阶级鸿沟不可避免，甚至出现敌对局面。

西方的人文特征，体现在特别注重管理的“术”，相应地就会有许多管理的“科学技术”，并把这些“科学技术”固化成“数理模型”“管理工程”“管理模式”等，虽然在理论上说管理对象五要素中“对人的管理是最重要的”，事实上商业化社会本质决定了其理论体系中更注重方式方法的规范化，更关注数字的准确性，更看重利益的计算，管理的被动方——基层员工，会作为一种谋利得益的工具（物化）来衡量——提人本管理并没有放弃物本管理。故管理执行层面更喜欢表格式填写、数据式量化，业绩可以量化，效能可以量化，人的贡献值也可以量化——即使不能量化，也通过假设将其量化；绩效管理如此，生产管理如此，思想管理亦如此。归根结蒂，泰勒的把人工具化、物本化仍是西方认可的“科学管理”。基于此，西方理论以及西方理论的崇拜者认为西方管理理论具有“科学性、先进性和普适性”，并认为因为西方“超高”的科学技术才有他们强大的经济基础和经济规模、经济总量，而中国文化有“道”无“术”，所以如此落后。而且认为改革开放是学习人家的管理、人家的技术才得以创造如此巨大成就的，基本上抹杀了中国人民的价值、中国文化的力量、中国管理的实践——文化自信的失落，人心的失落。

总结起来，西方管理的管理双方，其一是上对下的管理。无论理论上怎样解释人格魅力大于职务权力，其本质仍然上级就是管理者，下级就是被管理者，被管理者执行上级的指挥和要求，必须“没有任何借口”。其二是管理工具化数字化。在以利益计算为核心的社会环境下，管理者对被管理者讲究契约性、追求制度化，数字化是最佳管理方式，管理可以变得简单而直接，其理性达到可以不考虑人的因素尤其是人心因素。其三是管理先“术”而后“道”。管理者认为怎样要求被管理者以最好途径达到管理目标，比用什么思想或观念去指导被管理者更重要。因此，“科学技术”之术为管理之法典，由“术”之应用而撰写的解释说明词演变成为“道”，用以指导“术”之应用。这种假设利益的最高数字不变情况下进行“术”的变动的管理，在西方理论体系下或许具有合理性。西方管理是在殖民化、工业化过程中一代代管理实践者和研究者为适应西方的人性认知、人文环境和职场特点渐渐成熟起来的理论体系，有其合理、规范和科学价值，但却不是放之四海皆准的真理。

中国管理应是中国历史传统与红色文化下的管理，是人民当家作主的管理。让管理双方都能心服口服、都能更文明更道德、都以“道”引领方式方法之“术”。

（三）本土管理人格平等得心和

中国文化讲的是太极生两仪，两仪为天地，地阴天阳。阴阳关系，有阴阳一体、阴阳对立、阴阳互根、阴阳消长和阴阳转化五个方面。同理，管理的双方既是一体的，也可以对立的，还可以是互根的；而且双方此消彼长，到一定的临界点位会发生转换。所以，心和管理学所指的管理者，既是管理团队中的上司，但更主要的是包括组织内部的所有成员。因为每个组织成员至少管理着（但不仅限于）三个方面：其一，管理好自己；其二，管理好岗位赋予的工作；其三，管理好与本人、本岗位相关联的各关系方。管理，是双向的、互相的。

在中国，根深蒂固的观念是协和万方，无论统治者如何治国，不变的文化根底就是阴阳相协、上下相孚。居高临下敌对状态的由上对下管理，森严的等级制度下培养的是奴性，不是真正意义上的服从；奴性与服从是两个完全不同的概念。奴性的产生，不是文化的结果，是统治者、管理者的原因。而现当代引进西方文化，把不适合中国国情的观念强加给了被管理者——双方地位固化、形成等级体系、强调数字管理、推崇以术为典等，这显然是在培育中国职场被管理者的新型奴性（好听一点叫“不自信”，如“民族不自信”“文化不自信”“管理不自信”等）。而开放的现实、互联网的时代，中国职场的被管理者不再被动，对于“没有任何借口”的管理，对于不带任何感情色彩的数字化管理，无论所谓的“专家”吹嘘得如何科学、如何先进，也无论老板或经理人们如何推崇，如何不遗余力推广，被管理者依然会本能地抗拒。即使“人在屋檐下，不得不低头”，也只是做给管理者看的。其结果就是导致管理双方的“斗智斗勇”，有的甚至演变成不可调和的敌对关系，出现越是底层员工对组织的向心力、归属感越弱的现象，越是层次较高的单位越是出现阳奉阴违、公司政治斗争的现象。另外，一些组织尤其是企业，都把优厚的待遇、受训的机会、成长的平台给了位高者（中高层），而基层管理者、基层员工往往被忽略，导致企业员工缺乏向心力。所以，在中国简单化地把管理双方理解为上下级显然是不合适的。

心和管理是实现管理者与管理对象之间的内心认同、彼此和谐的管理，追求的是“别把自己太当回事，别把别人太不当回事”的管理。所以，管理好自己是对自己进行道心管理——修身养性，明道守道；管理好工作是对岗位进行忠心管理——忠诚事业，勇挑重任；管理好关系是对各方进行人心管理——互为信任、双向认同。其中管理好各方关系，下级员工管理好与领导的关系，上级领导管理好与下属关系，是重中之重，上下相孚，彼此呼应，追求心和。在心和管理理论中，管理者与被管理者都是管理链上的重要环节，中国人最喜欢的还是那句话：职务有高低，人格无上下；只有分工的不同，没有人格的贵贱。心和管理还有一个重要原则：只有人的协和才有财务、事务、物务、信息、技术、时间、社会信用等一切资源的协和，人心不协和，工作对象工作内容都不能达到真正意义上的协和。所以，心和管理的管理双方首先是人，是人的内心；心和，才是人和；人和，才有万事万物和。

中国管理，不可能只重利益不讲人情，也不可能只要人情不讲利益，法理之外不外乎人情，人情的本质是彼此协和，没有利益的协和显然也无法久远。但人情无法用数字量化，只能用心理去感觉。讲人情不等于无原则，也不等于不要效益不讲利益，这涉及“道”的深植与“度”的掌控问题（后面心和管理学的理论阐述中将详谈）。

总而言之，心和管理学的管理双方，首先是人，是人格平等的人。所谓人格平等就是在内心里是感受到管理双方有职务差别没有人格高下。说得直白一些，就是人心中的一种感受，是彼此站在同一平台上的，给人以自尊自信自强的一种感受，而不是低人一等，不是被管理方藐视、蔑视、轻视之人。这恰恰是国学的优秀内涵之一，恰恰是心和管理的目标。

二、心和管理的组织双方

心和管理的管理双方，还指组织（等同于机关团体企事业单位，下同）的主客方，是指组织与组织之间的管理关系。当然，任何组织，都由具体的人来代表。对于这些能够代表组织的人来说，修心更为重要，因为一旦心思飘移，职务角色与个人角色就分不开了。同时，兵熊熊一个，将熊熊一窝；火车开得好，全靠车头带。

（一）组织的管理与管理的组织

组织，作名词用是指在国家法律框架内组建的集体，机关、团体、企事业单位；组织有大有小，大组织里有许多部门，也就有一级组织、二级组织、三级组织等子组织。这就是说，大大小小的单位就是各个管理的组织，单位里的部门就是一个个子组织，走入社会的每人，都是某个国家组织、社会组织中的成员，每一位组织成员，都接受组织的管理。

组织的管理包括内部组织管理与外部组织管理。内部组织管理一般指为了实现有效的管理而建立起来的组织结构，它可以是流程结构，侧重组织运行的线路与节点的管理；也可以是职权结构，侧重组织运营的职责与权力的管理。无论是流程结构还是职权结构，都是通过人（组织成员）来组织运作、实现目标。所以，心和管理学的管理双方，在组织层面是指组织与组织之间的彼此；在组织内部指上下级双方，如集团公司与集团各部门及下属子公司，集团部门内部的部、处、科等内部上下级，子公司与内部部门等的上下级。外部组织是指与本组织有事务往来的所有关联方组织，如企业，有政府管理部门、业务的上下游单位、公司所在社区及各相关机构、企业服务的对象（客户）等。

组织的效能，主要是通过经营和管理来实现的。其效能一方面是组织结构是否高效高能，在流程设计、规章制度、职权分配与管理的合理性、优越性中体现，这是组织系统的“硬件”，管理之“管”的层面；另一方面是代表组织的那些人的能动性在组织运营过程中发挥的程度、水平，也就是组织管理中人的作用。人的作用发挥在于人心管理，这是组织系统的“软件”，管理之“理”的层面。西方管理与中国管理的区别点，最重要的在这里，如果要用数字来表述，则中国管理“三分管七分理”，而西方管理与之相反。西方管理的侧重无论是哪种理论、哪些模型，核心仍然是物化管理，把人视作工具、设备，管理方法也围绕着管理工具、管理设备，重硬件的管；中国管理则重在关注人，人的思想、精神，比人本管理更进一步，以心为本，管理方法围绕着激发能动性、创造性，修心为本，重软件的理。

所以，组织的管理，首先是保证组织的纯洁性，然后是运行的流畅性、运营的能效性。设计组织架构须便于这样的管理。这是组织的管理双方在设计组织架构时就已经明晰了的，在一定时段内是相对固定的；必要时随着主客观条件的改变，可以对组织机构适时适情地加以调整、修正甚至重新设计，但管理的主客关系不会改变，只是组织革新、机构改革或结构重组，范围更大更广一些，可以称为体制改革，目的是组织更纯洁、更高效。

心和管理在管理思想、管理观念和管理理论与方法上，是根据中国文化、国家体制和社会机制确立的，既有优秀传统的管理继承，更有时代特色的红色创新，在世界上独树一帜。这种管理，与红色革命时代军民鱼水关系一样，红色军队"打铁还需自身硬"，同时作为人民自己的组织，与人民群众血肉相连——任何一个组织，得不到人民的拥护和支持就不能长久。这一点与西方管理中管理双方的关系是完全不同的，西方管理是在普罗大众身上不断薅羊毛而肥了自己，对所有"剩余价值"全部据为私有（剩余价值私有化还是公有化是分水岭），所以，管理双方极容易被激化为矛盾双方，甚至是敌对双方，无论是内部还是外部。

但需要明白一点的是，国家组织、社会组织终究是为便于管理而建立起来的一个系统，这个系统由人、物、流程、职责和信息等组合起来，管理双方的主方是代表组织的领导（他们在职责范围内有权以组织的名义开展社会活动或经营管理），客方是组织成员的下级部门、员工（包括领导或管理者自己），以及组织相关联的外部组织和外部人员。

汉语中，"组织"一词可以作动词使用，是指集合、安排、整顿等意义，如"组织大家加班""把青年们组织起来""组织班组活动"等。这时候，组织的过程就是管理的过程，组织的管理就是把各自独立或分散的人、事、物组合成为一定的系统或一个整体。"组"是组建这个系统、这个整体；"织"是织网，织出与组织纵横交错的行政关系、业务关系。组织的整体与系统构建出一个经营管理体系，安排组织的成员参与到每一个环节中从事管理工作，这时的管理，涉及人、财、物、流程等方面，但都由具体的人来实现，规定他们的职务、岗位，明确职责权关系，达到体系内所有环节互相协作配合、共同劳动，高效实现工作目标。这就是“组织的管理”。同时也出现另一个重要内涵：“管理的组织”。

“组织”一词当名词使用，组织是从事经营管理工作的单位和部门，是由具体的组织成员来代表，一把手代表整个组织行使职权，副手协助一把手在某一个领域代表组织行使职权，组织内的工作人员，在自己的岗位上代表组织行使岗位职责。这时候，一个单位的“领导班子”是管理的组织，这个班子领导的管理队伍也是管理的组织。这个组织纯洁与否、高效与否基本上决定着这家单位纯洁与否、高效与否；从这点上来说，管理队伍的心和管理是重中之重，因为人心是否纯洁与通畅、管理能否达到组织内部“家”一样的和谐、“家人”一般的和睦，是由这些大大小小的领导们所决定的。就员工而言，他们没有实力和底气去触碰组织制定的规则，若触碰了，多数是意外或不小心造成的，只有制订规则的人才敢主动去破坏规则、规定、规矩。管理的组织双方，主动权在管理者手中。

“组织”一词当动词使用，组织是针对单位的具体管理工作，无论是组建组织架构、组织流程，还是织出主管部门的网络、业务来往的网络，或是社会关系的网络，最后都是由这家单位的一把手、部门的局长、处长、经理们，或者是具体事务、业务操作的人员来落实的。因此，管理的组织，最终也还是着落在人身上。这种情况下，要保持组织的纯洁性，关键在职务与个人之间关系是如何处理的，监督机制、惩罚机制、晋升机制、激励机制等，都要有能力把权力“关”在法律许可、人民监督的“笼子”里。关不住，管理一定出问题。

（二）管理的职位与职务的管理

组织里，因为有着管理结构体系中的职务区别，每个人在各自岗位上从事管理或业务工作，所承担的工作内容和责任有区别，但最终都是殊途同归，都十分有效地为集体目标作出贡献。这如同一台机器、一辆汽车、一列火车、一艘船舰，每个零件、配件在各自的位置上发挥着作用，组合起来才能运行，任何一个点发生情况都会影响其健康正常运行。有的零配件在关键位置上，有的零配件在非关键位置上，有的牵一发而动局部，有的牵一发而动全局。位置不同，作用不同，价值不同。机器是固化的，本身没有情感、没有思想，全由人来设计和安排。而人是灵动的，既有丰富的情感也有复杂的思想，所以组织设计、组织安排不能像安排机器那样固化、那样数字化、那样统一和规则。从这个角度说，人才的配置不仅仅是业务胜任、专业对口，更重要的是彼此相和，互为肱股。这应该是组织结构设计的重要标准。正如有个寓言故事所说的：农夫养了 3 个动物，天鹅、狗鱼和虾。有一天，天鹅、狗鱼和虾，一起想拉动一辆主人装东西的货车，三个家伙套上车拼命用力拉，可车子还是拉不动。车上装的东西不算重，只是天鹅拼命向云里冲，虾尽量向后倒拖，狗鱼直向水里拉动，势均力敌车子还停留在老地方。如果不了解每一个参与者的优势、性格和彼此之间的关系，就配合不起来，即使每一个个体都是极其优秀的，也无济于事，甚至有可能是彼此消耗。

这样，在组织里，有的职位须统领全局、有的职位须关注局部，有的职位须贡献专业才华、有的职位须贡献协调能力，有的职位重在掌控、有的职位重在落实……各有各的任务。这就是说，职务决定了一个人在组织中的地位。这就需要合理有效设计组织结构中管理的职位。心和管理理论强调，当组织中大多数人感觉到管理架构合理高效、各个职位人适其岗、彼此之间融洽协和时，就意味着这个组织是健康的、职位设计是符合组织成员们心理期望的，大家在其中有存在感、成就感、幸福感。地位相对低的不会有失落感、自卑感、无助感，地位相对高的也不会有居高临下的优越感、傲慢感而导致被管理者有挫败感。

为此，心和管理学在第二册《理论篇》中，设计了本土化的五行性格分析模型，通过分析，每个组织的成员了解自己，以扬长避短，了解同事，以取长补短。不同性格类型的人组成一个领导集体或工作小组，彼此之间既有相生也有相克，生与克的变动中形成相对稳定的协和状态。任何一个正常的人，关键不是能力有大有小的问题，而是自己心修道正前提下，与什么样的人组成搭档的问题，搭档对了，能量就大了。

很显然，任何一个人都希望在组织里能够刷出浓浓的存在感，越是地位低的越是如此。而现实总是事与愿违，因为越到地位高位置数量越少，对于多数人而言只能对地位高者即职位高者仰望，仰望的结果就会产生心理不平衡——人人都有这种不平衡，只是不平衡的心理重一些还是轻一些的问题，对组织的心态是积极的多还是消极的多的问题，对工作和对同事关系的影响是多一些还是少一些的问题，还有，组织的管理者对这种不平衡的心理引导有效还是无效、高效还是低效问题。有些人的负面心理趋于小甚至是无穷小到可以忽略不计，有些人的负面情绪趋于大甚至是无穷大到破坏组织的程度。这时候起作用的就是组织的管理者了——能代表组织的是单位的管理组织者，能代表部门的是部门的管理组织者。大大小小的管理者（领导）决定着被管理者存在感的大小，由此起始渐渐升格到成就感、幸福感。心和管理原理体现出来：组织者的格局决定这家组织的格局高下；组织者的管理决定这家组织的效能和业绩水平。所以一般理论认为，权力之“力”来源于两个方面，一是职位职务赋予的行政管理权力；二是人格魅力带来的心理威力。但事实上，在“官本位”文化下，职务权力往往是根本性的，人们往往敬畏职务权力。

职务带来的巨大利益和荣耀，很容易让人迷恋和迷失，给职务管理带来困难，问题重重积累，管理就出现偏差甚至是危机了。脱离群众的解决之道是密切联系群众，让职务犯错、犯罪成本不断提高。

所以，心和管理学认为，设立管理的职位，须加强职务的管理。现实的问题恰恰是只有职务在管理其组织体系内的职位，极少或者没有对高权力职务作有效管理。这是管理存在的深度困难。人有贪念、人性有弱点，放任、放纵是管理大忌。心和管理，直指这一根本问题。

（三）管理的修心与协和的管理

一个组织，没有心和文化融入，没有心和管理指导，其结果是无所谓专业、无所谓能力，是“官”就可代表组织、就是管理者、就可以管理别人。而这“官”，既非“神授”，亦非“国授”，而是“人授”。于是“人治”就避免不了。号称“民主国家”天天喊“民主”也无济于事，只是用“民主”作幌子，将“血淋淋的虚伪面具”盖上一块遮羞布。

管理忽略修心，协和也就难以实现。西方管理以利益为核心的指导思想，即使高校这样被称为“象牙塔”的、本应是高雅之所，在教育产业化、学校官场化、教授市场化、管理行政化下，学术的思想独立也渐行渐远，高校的精神大厦则渐行渐斜。心不宁何以学问，心不净何以思想；心不和何以教育，心不和何以人才。管理需要讲讲政治，思想政治工作不可放松，远大的理想、洁净的思想、崇高的境界，能让管理得心和。

所以，心和管理学理论强调，代表单位的组织者，行使职权的管理者要修心炼心，心修至与己相关联的各方都能道德相协，彼此双和。中国管理追求共同富裕、让人民当家作主。心和管理的组织理论，须紧紧扣住这一最根本的目标。

虽然人人都想成为地位高者，但由于客观现实让大多数人不能如愿。这就对组织的管理提出了更高的要求。基本原则是要让所有人知道，只要努力，只要能为组织作出贡献，就永远会有一个上升的通道呈现在大家面前。现实虽然存在上升渠道与空间有限的问题，存在上升的机会和权力不可能掌握在自己手中、不是努力就能上升、不是做出了贡献就可以得到认可等等的问题。这就更需要有修心的管理、协和的管理。若是上升渠道被完全阻塞，组织成员看不到成功希望和发展前景时，消极怠工就会产生，牢骚、不满就会出现，虽不至于反抗，但当任何事物积聚到一个临界点时，量变会出现质变。古往今来，这是一个颠扑不破的真理，被无数事实所证明了的。所以，心和管理就更有必要也更有价值。在不同时期、不同社会环境和不同的社会趋势下，在不同的组织者的管理下，会有不同的方式方法呈现，红色管理之整风运动也好，思政教育也罢，都是在特定历史时期寻找到的最佳方式方法。

中国特色社会主义进入新时代，社会主要矛盾已转化为人民日益增长的美好生活需要和不平衡不充分的发展之间的矛盾①。这样一个定位，明确了国家管理、社会管理的核心是人民群众对“美好生活”的需求，这是红色管理极其重要的一个特点。所以，中国梦的要义是中华民族伟大复兴，中国文化的诉求是世界共建人类命运共同体。国家以人民为主体、管理以实现人民美好生活为目标，那么新时代所有中国的组织，其管理仍然是为人民服务。具体说，有组织的成员管理组织，管理的重点和主要方法，一是“修心”，即人心管理，二是“协和”，即双和管理；修炼修养与协调协和的过程就是管理，就是心和管理。

心和管理是从中国文化、人文特点和社会现实视角提出的一种探索。组织管理的内部，当权者当的权是组织赋予、为组织服务的，实现组织内部的归属感、向心力，在于打破宗派主义的小圈子，杜绝那种不被组织认可、不被组织喜欢或不被组织亲近的，就享受不到单位的公共资源和加薪机会、出人头地梦想被无情击碎这一情况。当组织成员的归属感缺失，久而久之在正式组织之外会出现非正式组织，直白一点，就是单位内部自发的小团体、小圈子。当然，谈得来、合得拢的人会自然走到一起，有共同利益诉求、爱好诉求的也自然会走到一起，这是一种自然现象。至于这样的非正式组织是好还是不好，就要看组织管理者们的思想和做法了。因为这种小团体、小圈子有可能是组织者带着形成的，也有可能是被排除在“组织”内的人走到一起来的。西方管理理论解决不了这些问题。心和管理学，旨在让组织内的所有成员都感受修心向善、向上的意义并努力之，实现上下左右内外六方面心和。

管理者因此就会努力对内部方方面面的人开展多种多样的管理与教育，一方面让大家的心宁静、稳定而凝聚；另一方面是温暖、振奋这些人的人心。正因为如此，“组织”可以是名词也可以是动词。当组织成为动词时，其意义与管理就有了交集，组织者成为组织的管理者。心和管理的

① 2017年10月18日，习近平同志在十九大报告中强调，中国特色社会主义进入新时代，我国社会主要矛盾已经转化为人民日益增长的美好生活需要和不平衡不充分的发展之间的矛盾。

组织者，就有了一个重任：让组织内的成员感受到平等、公正，体会到重视、认可。心和管理的管理者、组织者，需要有一个从内心思想到外在能力的全新改变。

任何组织，需要管理者懂道明心，谋和达顺。这是心和管理思想的重要内涵。

三、心和管理的角色互换

（一）管理层面角色互换的意义

一般认为，管理者与管理者的管理技能在组织管理活动中起主导性、决定性作用。管理者通过指挥、协调和监督其他人的工作来完成组织活动中的目标。管理者与被管理者之间，各有各的位置，按常规不存在角色互换。因为随意互换角色，就会乱了规矩，乱了管理规程。尤其是目前管理体系下，等级显明，上级不可能站到下级位置上，下级也不太可能站到上级位置开展工作。即使“换位思考”，也是思想层面，而非执行层面；即使“假如我是总经理”一类征集管理点子的“亲民”举措，也只是思想层面的假设，不是角色互换。

全世界的官场体系、管理体系里，有升迁也有免职，不太可能出现上下级角色互换情况。中国古代封建专制下，也不可能出现角色互动转换的情况。然而，在国学体系里，却一直有这样的思想和观念存在，并且在历史长河中，有官员实践过这种理想：最早的禅让制，包含中国先贤民主管理的伟大理想；微服私访，把自己放在一个普通人的位置感受被人管理的体验，体现了角色互换心理；自我降职，或主动体会管理体系的需要，或触犯了自己定的规矩后的自我惩罚，或组织体系革新后的管理需要而自我降职，实现与下属之间的角色互换；被动降职，也有惩罚性降职与工作需要的降职等。比较遗憾的是，自从家天下取代禅让制后，很难在管理体制上出现上下级角色互换，只剩平行的角色互换。但中国自古至今在用人机制中都是强调能上能下，虽然现实中，能上完全做得到，能下就说不定了。所以，核心问题、本质问题不解决，管理革新难度大。

心和管理理论，强调人格平等，提倡彼此协和，管理双方的角色互动、转换是成立的。这种角色换位，既是意识上的换位，更重要的是执行层面的角色互换。而且这种互换，是管理者主动的，被管理者被动的。位置高者换位到位置低者，可以极好地体验和体会到下级层面的工作状态、心理和做法，然后站在高位置进行管理就更有针对性。如果让低位者换位到高位者，其所掌握的信息量、其拥有的战略眼光、其不在其位的缺憾，都无法使其达到真正高位上应有思考。唯一可以起作用的，就是因“无知者无畏”而出现的异想天开（前提是有这种情况出现），可以给高位者带来启示。换位思考，适合于上对下，不适合下对上。

（二）心和管理角色互换的方式

传承历史的优秀文化内涵，探索红色管理的创新方法，心和管理角色互换方式主要概括为以下几种。

其一是心理层面的互换，也就是常说的换位思考。只是心和管理的心理层面的换位，更注重彼此的互相认同，不仅仅是人与人之间的互相认同，还包括对所在职位及其责任心的心理认可。换一个角度说，这种互换是心理意念或念想上的互换，相比于西方管理领域所提之换位思考，除将心比心、设身处地外，另有两点需要特别明晰，一是高尚的心灵，二是协和的心态。职务、地位、境界高的人与比其低的人在思想上角色互换，其前提是真善美的思维与方向、关键是自身的心灵纯洁与道德高尚、目的是彼此的协和共进。

革命战争年代红色管理建立统一战线，往往是以中国共产党的坦荡、真诚、救国救民和真正意义上的民主建国，与各民主党派、无党派人士进行心灵上的交流沟通，立足于人民愿望、民主人士的诉求提出方针政策，开展具体行为，所以能获得各方的真心认同与支持；对于广大的人民群众，直接就是“一家人”心理，一切都是为人民谋幸福，全心全意为人民服务；而对于革命队伍内部的管理，也是党员干部吃苦在前享乐在后，牺牲在前保护下属，没有军衔官兵一致，没有官饷奉献在前……一句话：真正的换位思考是能获得人心、谋得协和。

其二是职位层面的互换，也就是行政职位上的互动转换。第一方面是同等级职务的互换，如财务经理与销售经理，前者为了公司资金的运转和利益的需要总是扣着资金尽可能迟发给客户；后者为了与客户搞好关系以便获得更多业务量总是期望财务尽早划拨资金给客户，两者常常为此会闹矛盾，各有各的立足点，各有各的理，也各有各的坚持。互换角色，彼此体会对方的工作内容和心理特点，有利于彼此理解、彼此合作；当然这种角色互换，要有合理而通盘考虑，设计妥当。基层员工也可以角色互换（岗位互换）以谋彼此心和，技术、操作、管理等层面都可以如此。第二方面是上下层级的角色互换，上对下互换这里不再赘言；下级与上级，有临时性角色互换，以便于双向体验和体会；有临危式受命，激发下级员工潜能；还可以是就一项专业任务，让上级置于执行者角色，让下级员工站在管理者角色实施，已作为员工的上级必须无条件服从，已作为上司的下级员工必须独立处理一切事务。这已不是简单地示弱，而是有谋略地培养员工心态和能力，以便于在突发事件来临而上级不在位时也有员工（甚至不止一个）可以挑起大梁。角色互换，是培养人才的重要途径。

红色管理中，战争年代这种情况发生比较多，很多人会主动提出角色互换，是真正的职务上互换。因为革命事业容不得半点马虎，每个人有每个人的长处，一味按资历排位，很多时候会给革命工作带来损失。比如说原本长于政治的，却去做技术工作；原本长于技术的，却去指挥战斗。所以一些德高望重、资历深厚的前辈，往往把职务让给更适合的晚辈，自己处在协助甚至后勤岗位上。如果出现上级不同意职务互换，或现实不允许职务互换，也会在实际工作中做到互换。这样的现实案例，在红色管理中数不胜数。可以提供经验借鉴的，除了这种做法外，还有一点：上位者愿意与下位者角色互换，是一种高风亮节。所以，需要有伟大的理想、宽广的胸怀、美好的修养和敢作敢当的风骨。

其三是沟通层面的互换，也就是彼此的启发互动。这与换位思考、设身处地替对方思考略有不同的是，是彼此在思想认识上的互动，也就是必要的管理沟通，没有沟通就没有管理，没有沟通也不存在有效的思想上的角色互换。对方为什么那样想那样说，为什么那样做那样决策，这是一种启发式思考，这种思考的基础是心灵沟通而不是言语沟通，或者叫读懂对方而产生交流。当然若能面对面交心，可以从对方那里学到更多。这种思维层面的角色互换可以演化为两种形态，一是主动式的，也就是主动的积极地彼此互动，从中获得自己的成长养分和机会、成功土壤和条件；二是被动式的，可以理解为是一种物极必反的互换，是阴阳互动，阴至极转阳，阳至极转阴，也是“水能载舟，亦能覆舟”的写照。当上位的管理者失去员工的人心认可时，上级也就成了光杆司令，当低位的员工失去上司的认同和支持时，他也便连普通员工也做不成了；到了极致，对上群起而攻之，这角色已然互换了，或者上司无法容忍下属直接开除，那么也就不存在角色互换了。

当然，管理者若无能，普通员工却有能力，角色互换也必然出现，只是非主动的，而是被动的。角色互换，涉及上对上、下对下、上对下、下对上等多方面。思想层面的互换就像读一本书，要跟对方隔空“对话”，从对方的角度理解，然后才是自己的思考、生发。这给了思维沟通式互换一个重要启示：上位者主动。若是下位者主动，估计连原来的位置也坐不牢了。上位者能否主动，又与修养、思想境界有关。所以，修心炼心，无处不在。

（三）心和管理角色互换的本质

职场角色不是天定的，“王侯将相宁有种乎”，现代的管理者不可能不知道这个道理。所以，走正道者称有追求，走歪道者叫阴谋家。

有个词流行于社会，叫“职场政治”，或者叫“公司政治”“办公室政治”。这一说法总感觉把严谨的“政治”一词庸俗化了，政治应该是对行政、党政治理的思想和行为的总和，政治所代表的利益集团是宏观层面的利益集团，如代表一个阶级、代表一个民族之类的。职场或说公司政治的“政治”，充其量也就是单位内部几个人、几十个人，哪怕是几百、或成千上万，仍然不是可以与“政治利益集团”相提并论的。事实上，很多时候，所谓“公司政治”，往往是与尔虞我诈、勾心斗角、拉帮结派、打击报复等一系列令人不寒而栗的事情联系起来，说白了不过是企业从业者之间的人际斗争。政治需要韬略谋思，敌对关系的政治的确是残酷的，但绝不是小人之阴谋、争利之站队等并而称“政治”。公司、商场那点斗争，称不上政治斗争，只能算是职位之争、商利之争。处高位者做业绩、得成效，也需要有能力者，须得放下身段。但这本质上与政治无关。

一些企业老板，总认为企业是自己的，而忽略企业之所以成为企业的一个本原特质：一家企业面世，就已经是一个社会组织，它由投资者、管理者、执行者等共同组成的，合理合法的投资收益自然归投资者分配，但不等于这个组织完全属于投资者，没有员工其实也就没有企业本身，员工不能真心实意为企业也就没有企业的成功，投资者自己或安排人管理企业时，也须懂得得道多助。若是无道便无助，失道则寡助，被人吞并、被人挤垮、被人推翻是客观存在。所以，才需要心和管理，资本所有者、组织管理者、社会劳动者，彼此心和，才是社会得稳定、管理出效益、组织成大业的关键。但不应该把这些内容归结到政治上面，它属于职场管理、社会管理、组织管理的内涵。

归根结蒂，心和管理的对象是自己以及与自己相关联的人和事。自己都管理不好，就遑论管理别人。职场中与自己相关联的涉及三个方面：一是工作中发生关系的内外部人；二是与自己相关联的平行和同级关系人；三是代表组织与外单位发生关系的组织和相关人和事。与自己相关联的事则指工作、业务、专业上的那些事。所以，职位决定着工作面临哪些人、哪些事，承担哪些相应责任。在层级管理体系里，最基层的员工，是管理自己以及需要一起合作做事的人，服从上司的同时处理好与上司和同事的关系，既要获得上司对自己的认可、对自己工作的支持，也要争取同事对自己的认同、与自己愉快的合作。基层管理者，中层与中高层管理者以及高层领导，随着职务的提升，所承担的责任也越大；但相对来说，所管理的人员大体相当，即主要管理与自己职位工作发生直接关系的人（间接关系者会有他们自己的直接关系人，自己以协助为主）。举例说，车间班组长、商场班组长直接管理一线员工；高层领导直接管理副手和部门负责人及其部门；每一个中间层级管理对应的直接关系人。组织内所有成员会因职务的不同形成不同的职责、权限和内容，但每一个人在组织的人格地位是相等的，即只有分工形成的职务和职能不同，没有人格与尊严的区别。当然，职能中有下级服从上级的规矩，但那是工作内容，不是生活中，更不是人格上。规矩也好、规则也罢，只有执行人心甘情愿，才能达到最佳效果、获得最高绩效。

平等公道，才能让组织健康运行、健康发展。彼此心和是管理需要孜孜不倦追求的。

第三节　心和管理学学科要论

建设新型管理学，须明晰这门学科的内涵与特点、理论与体系。以西方理论为核心的现代管理学已经存在，还要创立中国本土化的心和管理学，可以预想到会遭遇批判和抵制。因为在没有考虑文化的兼容性、职场的适应性等问题的情况下，一般认为没有必要另起炉灶。而这里提炼出“心文化”与“和文化”内涵创建中国特色的心和管理学，恰恰是针对现实已经出现的否认中国文化、中国管理的言论，提出批判。批判不是目的，目的是作出心和管理视角思量、辨证、探析的同时，构建本土的中国管理学学科——心和管理学。

一、心和管理学思路与框架

（一）心和管理学立足点与对象

建设中国管理学，立足于“修心文明”与“协和文化”，这种心和文化是中华五千年文明的沉淀，那么，心和管理学便是立足于中国本土文化，在中国人文基础上创建、在中国职场实践中形成和建设起来，系统研究以心为本的人心管理、以和为贵的双和管理，综合而为心和管理理论，探索其在管理活动中的应用及基本规律和一般方法的一门学科。它由一系列独具中国特色的管理哲学、管理观念、管理法则、管理技法和管理制度等内容组成的科学体系。这一体系中，人是重点，管理的一切内容，都归结到人的身上。归根结蒂就是人的管理问题，其他如财、物、工艺、流程、信息、质量、安全、经营、销售等管理，都是人在运作运营。可以这么说，一切管理问题的产生，都是人的问题；那么解决管理的途径就在人身上。根据内外因理论就可以明白，人的事情的内因在人自身，核心是人的思想问题、思维问题、观念问题、主观能动与否的问题……一句话：人心问题。

人心顺，一切顺。“顺”，不是简单地顺从，顺心顺意才是真的顺，人心的归属、认同、支持才是顺的本质。以人为核心，以人心为要义的“顺”，目标直指中国文化另一个重要内容：以和为贵。彼此协和才是大家共同顺心如意。所以，国之治理，讲究协和天下；国之图谋，追求世界大同。由此，生出另一意义：人心齐，泰山移。在没有现代机械、现代科技支撑情况下，中国古代就敢喊出这样的口号，可见中国文化对人心凝聚的重视。彼此协和，心才能走到一块儿；各有各的小九九，哪来和平和谐和睦和悦。心和管理必从心开始而贯穿始终；心和管理必从心入手而以和为本。这样的管理，终极目标是建立人类命运共同体。

由此可以明晰，心和管理学的研究对象，一是组织的人和人心，二是职场人及其与职务相应的各关系方，三是保障人心双和的道心、德性及其相应的法规制度和伦理文化。

中国几千年发展史上，经历了起步、成长、发展、壮大直到成为世界大国强国的过程，即如乾卦所示的“飞龙在天”。汉唐风华、丝绸之路雨露世界——曾经的世界超级大国、强国，对世界的贡献、燮和天下的观念、不做霸主的政治风格，已为历史事实所证明。国势国运自有它的运行曲线，无法避免“亢龙有悔”后的跌落（一如抛物线顶点后的下行），15世纪后中国经历了500年的下滑运势。中国造纸术、印刷术传入西方，直接促进了西方文化发展。中国火药传入西方，西方发明了火枪火炮，中国罗盘传入西方，西方发展为指南针。关于火药传入西方，因为证据确凿，无法否定。于是出现了黑火药、黄火药之说，以否定西方的火枪火炮源自中国的发明。其实化学工业的真正发源应该是中国的炼丹业，丹药已经是炼化并经历化学组合而成的产品，或者说丹药就是现今说的化学之始、西药之祖。

炼丹过程中发明出中国火药，中国火药又应用于炸石取材；民间百姓则应用于制作烟花鞭炮以庆盛世和平。真正记载着大规模应用于军事的，应该是宋朝抗金战争，此后宋元明清皆有火器应用记载。而西方大航海时期的火枪火炮，仍然没有脱离黑火药范畴。直到19世纪的1884年，法国化学家、工程师P. 维埃利才制成了世界上第一种无烟火药；英国军队则在1892年才换装使用柯达无烟药的Mk. I步枪。中国火药对西方文化的贡献，不可否定，中国火药的原创性，不容否定。火药与罗盘，让西方大航海时代有了火器加持和航海方向；不过这一事实恰恰说明，中国以和为贵，火药大量应用于家园建设和歌舞升平的烟花爆竹，当然也有应用于保家卫国的宋金战争；而列强却是弱肉强食，深化并发展了现代枪炮侵略他国领土奴役他国人民。第二次世界大战时，弹丸小国日本也敢侵略中国，就在于他们经历了半个多世纪的武器战备，对武器十分落后的中国军队不屑一顾，自觉有“底气”而生狂妄之心。

“地理大发现”时期欧洲列强的所谓“伟大”“辉煌”，也是来自对大半个世界的殖民，美国没赶上殖民红利，就发战争财。可以这么说，所谓的列强，没有一个国家真正是依靠自力更生、艰苦奋斗发展成为强国的，基本上是依靠军事强盛而进行的掠夺。

（二）心和管理学总目标与框架

用中国的元气文化来解析，西方列强崛起的几百年间，恰恰是中国运势下滑的时段。此起彼伏，阴阳互动。也就是说，世界大势也符合阴阳规律，欧洲大国逐次崛起、美澳大陆后发制人，世界大势西移；而东方大国之中国，不再是强国，且在封建专制统治中逐渐演变为“沉睡的狮子”，逐渐成了侵略者眼中的“东亚病夫”。触底必然反弹，经历20世纪中后期“潜龙勿用”的蛰伏期，中国借助改革开放而“见龙在田”，与21世纪的曙光一同亮起于世界东方；紧接着开展了“反腐倡廉”的惕龙修德，中国再度凭借自己的内生性力量崛起于世界之林，东方跃龙，横空出世，新时代的飞龙在天，指日可待。

总结起来，卦理爻义，揭示了上下五千年、纵横全世界的变动与发展规律。《周易》八卦易道、64卦卦理、328爻爻义，其深刻内涵和深远思想，与天地宇宙一样广博无垠。心和管理学撷取先天八卦的基础内涵提出管理的八法原理——要达到心和，管理须实行八大法则，每一法则对应于先天八卦中的一卦，将卦理应用于管理法则，在组织里建设相应的管理机制，实现相应的管理目标，最终达到人心管理总目标：得人心者得天下。

由此，心和管理理论建设框架是，从中国社会的人文环境、中华文明的思想传承、中国文化的基因模型这三个视角入手，论证中国管理的核心在人与人、人与社会、人与自然的彼此双和，直达人心的双和，一切管理须以此为焦点——心和管理之渊源；而后通过人心管理理论体系、双和管理思想体系和周易八卦哲学体系，建立起人心双和管理理论体系——心和管理之内涵；以周易管理哲学为思想基础，以人心管理理论为基本脉络，以双和管理思想为目标体系，以周易八卦为文化模型，构建心和管理学体系。其构成框架如图 1 – 1 所示。

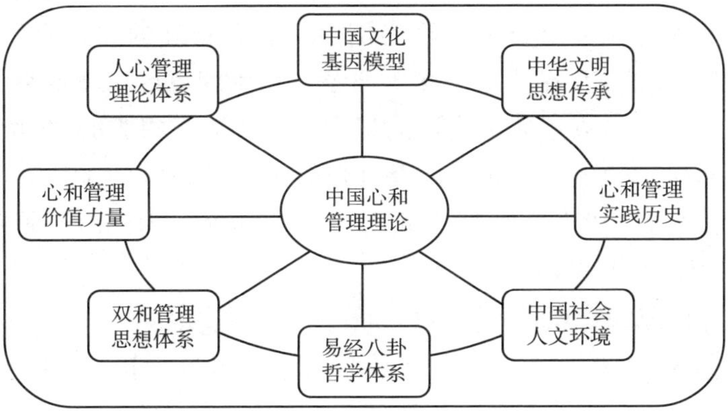

图 1 – 1　心和管理理论建设的基本框架

（三）心和管理学总思路与内涵

根据心和管理学构成框架，其建设的总体思路是，分析中西方管理文化差异基础上探索中华五千年文明传承的人文基因和管理特性，在研究中西方管理的人文特征、内涵和精神差异基础上探索中国管理与西方管理的异同，证明中国管理思想与管理文化是深入人心谋求协和的，中国管理体系与管理方法是超越外压而具有内生性特点的，中国管理重在解决人心畅通彼此协和问题。基于此，创建完全中国血脉、中国基因、中国元素、中国风格的心和管理理论，作为对世界管理的贡献、对中国自信的实践。相应的内涵、特点表述如下：

其一，以三易六学、诸子百家为心和管理哲学渊源。周易之“易”，有简易、变易、不易三易，管理就是从简单的易理开始，追求不断变动的易理，然后逐渐固化成不变的易理；循环往复，又大道至简，进入更高的变易境界，内在规律永恒不易。这种易与不易的变动循环，渐渐演化成“道与术、取与予、常与变、利与害、方与圆、破与立”六对对立统一哲学思想——这就是“三易六学”。红色管理之毛泽东的《实践论》《矛盾论》等哲学，以及几代红色领导人一以贯之的中国特色之论、强国之论等，是现当代哲学思想的创新与发展。

其二，以人心管理八大法则与八卦模型为基本内涵。人心管理八大法则与周易八卦两两对应，组合成八卦管理模型：欣赏管理对应乾卦，目标聚人心；品性管理对应坤卦，目标正人心；理解管理对应巽卦，目标顺人心；精神管理对应震卦，目标振人心；情绪管理对应艮卦，目标稳人心；心态管理对应兑卦，目标悦人心；满意管理对应坎卦，目标得人心；感动管理对应离卦，目标暖人心。八法八分支，综合而成人心管理方法与目标体系，以企业实践为例探索心和管理的“八目”“八德”与“八政”内涵。而聚人心、正人心是红色管理思政工作的核心；稳人心、振人心是红色管理队伍建设的根本；顺人心、得人心是红色管理事业奋斗的目标；悦人心、暖人心是红色管理为民谋福的本质。易理与管理原理后面详解，“人心管理”融入“双和管理”内涵后，管理法则又称“心和管理八大法则”。

其三，以双和管理思想展现心和管理根柢及其核心。中国文化是王道文化，不是霸道文化。王道文化就是“和文化”，中国人的宇宙观以“和”为本，伦理观以“和”为善，艺术观以“和”为美。对于中国人来说，信守和平、和睦和谐，是生活习惯更是文化认同，所以追求心和管理是中国职场应有之义、应有之义。致中和是中庸思想的核心，共认同是和谐文化的核心，和天下是中华民族的追求。国学管理剖析人性明人心管理，理顺思想达人心双和，这同样也是红色管理所关注的，但比国学管理具有更文明、更优秀的共产主义思想进行人心管理，有比天人合一、大同世界更进步、更切合的人类命运共同体和人与自然共同体建设的内涵进行协和管理。红色民族红色思想，红色文化红色人心，红色管理红色中国。

其四，以梳理人心对症下药为心和管理方法与应用。管理是攻心为上，争取民心，是谋求双和共赢、人心认同。中国职场管理，适宜于内陆文明下形成的悟道式管理体系，而不是海洋文明下形成的解析性管理理论。管理贵在“走心”，人心双和管理体系，提供梳理人心、谋取双和的管理模型、法则和途径，指导管理实践，必然以悟道式管理体系为基础，实现梳理人心对症下药管理模式，同时结合当代社会现实、中国职场人文特点，吸收必要的解析性管理观念，构成中国管理新坐标：心好人和。

其五，以中国文化为根完善心和管理学科价值体系。心和管理可以产生内生性力量，亦可治国平天下，还可让曾经辉煌的泱泱大中华再显风采。以心和管理为中国管理基础原理，可建立心和管理学科体系。如图 1－2 所示，其中的“决策韬略”，即现今常说的“战略”（谋略对应策略）；回归中华国学，建立中国韬略学、中国谋略学，非常有必要，古代的易理思想、韬略内涵、和文化观念都属于宏观的“韬略”层面；而生产力、沟通力、执行力、领导力等则是管理技战术，属于谋略。此外，人力资源、公务活动、管理文化等，皆是心和管理学学科体系之内容。由此，确立六大系列为心和管理学学科内容，分别是决策韬略智慧、人才开发管理、生产流通梳理、营销沟通谋略、信息财税治理、文化伦理正道。每一系列又有若干具体学科，传统与现代管理思想的优秀内涵亦对应进入系统。其中，人才的开发管理，是其他五大管理体系的基础，有人才才有一切事业。

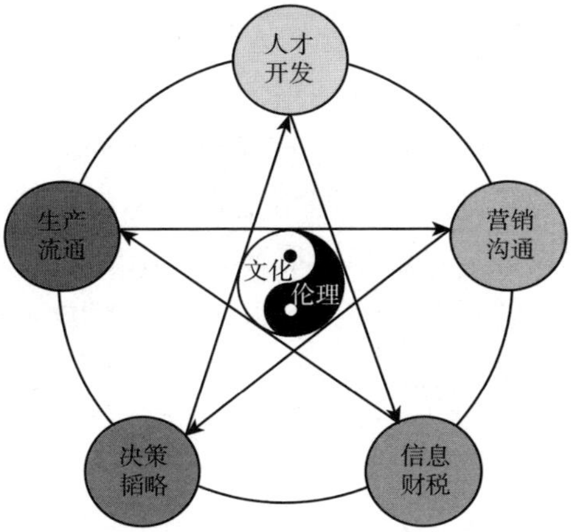

图 1－2　心和管理学学科体系

二、心和管理学内涵与体系

（一）心和管理学关键问题界定

根植于中国土壤的心和管理学理论，不排除世界上一切优秀文化。谋求和谐，获取人心管理观念，是从文明传承、职场需求与红色内涵中提炼出来的，具有显明的悟“道”特色。“谋和谐、得人心”中国管理思想对世界管理文化、世界管理理论也是一种贡献，因为人心顺一切顺、得人心者得天下的道理具有人类社会共通的普遍性。当然，心和管理也不排除逐“器”管理理论，管理一定是讲效益、讲利益的，也需要定标准、讲规则，这符合心和管理“三分管七分理”中“管”的要求。构建心和管理学科体系，不排斥“讲规则、谋利益”的人文诉求，但前提是规则要得人心、利益要共协和，体现出心和人文诉求。

立足现代中国，纵向融通古今管理文化，横向吸收世界优秀文化，提炼、融合、创新中国管理理论和体系。这就需要心和管理学的学科建设中界定清楚几个关键问题：

第一，中国文化传承的内容选择问题。中华国学浩瀚如海，考古发现数千万年之前中国大陆就有文化现象，被证明的文明传承亦至少五千年，国家管理历史十分悠久。国学，是中华民族在中国历史长河中创造、实践并综合出来、发展起来、传承下来的丰富的文化遗产，是中国人思维方式确立、共性人格养成的源头，是深邃哲理之融会、智慧精髓之生长的重要国库，世界文化之重要瑰宝。不否认随着时代发展、社会进步，有些内容不适应了。涉及本土管理学创建，为避免文化传承过程中出现的选择性解析、功利性取舍和部分文人的断章取义导致文化内涵的变异、变味甚至变质，心和管理理论选用国学内涵时，遵循三个原则：一是源头原则，即跨越数千年传承过程，直奔源头《周易》，其解析以忠实于《易传》为要。二是开派原则，即不论在《易经》之后如何开枝散叶，心和管理涉及的古代哲学思想只选取开宗立派的观点，重点是易学与先秦诸子百家。三是原创原则，即在后世延伸发挥国学内容时，心和管理关注的是那些带有原创性质的学派、流派，如兵家传承后世所原创的《孙子兵法》，儒学传承下来后再开创新流派的“理学”“心学”等。这部分内容即为“国学管理”。

第二，现实人文环境的体系适宜问题。不同的国家、民族、地理环境形成独具本土风格的文化特征，心和管理首先是针对东方思维、国学传承的中国的人文环境，其次才是对世界文化、对社会管理和各领域管理的贡献。管理之“管”是管辖、管制、管控、管束、管教至和顺讲理之“管”，这是强制性的部分、规则化的部分（硬件）；心和管理如何“管”至“心和”，就不能不考虑中国社会的人文环境特征；管理之“理”是梳理、调理、整理、处理、经理至和谐清明之“理”，这是内生性的部分、心源性的部分（软件），心和管理如何“理”出“心和”，就不能不考虑中国职场的人文精神追求。所以，心和管理的体系首先是适宜于中国的，其次才是对世界不同人文环境下管理的启示、融化合成。这部分内容一是“人心管理”，二是“双和管理”（内含历史传承的国学管理、百年创新的红色管理）。

第三，红色管理内涵的界限把握问题。作为学科建设、学问研究，不涉及政治敏感问题、意识形态问题。但管理必然涉及人文，管理学不可能只是学术研究、只作数字计算，其实验室就是社会、就是社会各组织，也就是说，管理必然有人文色彩、政治色彩，两者具有一致性，红色中国的管理必须是红色的管理。所以，创建中国管理理论，除中华文明、中国文化、中国人民精神的传承外，必然融合红色，体现中国共产党领导的政治意识、大局意识、核心意识、看齐意识，展现中国特色社会主义的道路自信、理论自信、制度自信、文化自信。百年红色历史中的党的思想、政治理论便是红色管理理论。故本书的研究是在“四个意识”下、基于“四个自信”的中国管理理论研究——百年创新的“红色管理”。

第四，国外管理借鉴的观念把控问题。中国心和管理理论，是立足中国管理的理论创新和立足国学的体系创建，不排斥借鉴、学习西方管理理论，但不是套用照搬，合适的汉化后可融合之。永恒不变的是，心和管理是中国的！其血液、其骨髓、其细胞，都是中国的。正如中国人走向全世界，但黄皮肤、黑眼睛、黑头发的外形和致中和的内心永远不变。

（二）心和管理学理论体系设想

“《周易》是一部理智观测与思维整合的大统一经典……是一座光芒四射、光彩夺目的灯塔，在洞引中华子孙乃至全人类、遵循自然大法，努力探索和解决面对的三大命题：大自然之和、大自然医药、大自然社会。”① 其易道易理，有着中国古老的认识自然、认识社会、认识国家的大数据，有着中国文化的基本模型——流传千古的国学基因。当西方用正负概念表达数值意义时，中国早就用阴阳包含了这种数值意义，并且“阴阳”的意义更丰富，包含哲学、国家、政权、军事、刑律、外交、经济、教育、道德伦理意义等，《周易》“集中反映了宇宙万事万物的现象和发展变化的规律。”② 所以以易理思想作为中国管理哲学思想，以阴阳五行八卦模型作为心和管理基本模型，以国学为心和管理之渊源，有其科学道理。易道而“生”出诸子百家，历代统治者从中选择了儒道为主的管理文化，历代术数专家从中悟出古代数理化。如果说《易经》定型了中国管理的文化基础、思想基础和自然法则，那么诸子百家发展了各流派的中国学问，代代传承代代创新，直到清末——国学管理的历史脉络。

辛亥革命，皇朝结束，民国开始，又军阀混战，直到巴黎和会的屈辱让一批知识青年奋起，逐渐引发了 1919 年的五四运动，马克思主义在中国传播。在寻找救国救民之路上，有一群思想开拓者选定了社会主义、共产主义之路，于 1921 年成立了中国共产党，踏上了红色革命之路，28 年后成立了中华人民共和国；而后，红色建设、红色经济一直到红色强国之路开启，中国共产党领导了百年红色路，构成了管理领域的红色管理。红色管理既有成熟的思想与理论，也有成功的实践与创新。无论是国学管理还是红色管理，都涉及中华“修心文明”、中国“协和文化”。五千年中

---

① 姬昌等：《周易全书》（林甫主编），远方出版社 2010 年版，第 4 页。

② 吴苏林：《品周易》（上），新疆青少年出版社 2008 年版，第 1 页。

华文明史，百年红色发展史，都紧扣着“心”与“和”。

然而，“人心最难捉摸，人心最难把握，人心几乎无法管辖、管束、管制、管窥蠡测。人心不能‘管’，但行为可以管，用制度、用规章、用法律规范和约束人们的行为；人心不能‘管’，但心思可以‘理’，梳理、清理、整理，理解、理顺、理疗。人心应该是可以梳理、整理的，应该是可以理顺、理清的。”① 基于这一认识，中国管理必须实施“人心管理”，这是“借助周易全息理论谋求各种社会交往中主客双方彼此和谐能动、协调共赢的一种管理艺术、管理模式。”② 其内涵“包括欣赏管理、理解管理、感动管理、满意管理、品性管理、心态管理、精神管理、情绪管理等和谐社会管理新思想”③ 从这个意义上说管理即修心，包括修炼、修养、修业，在炼心、养心、洁心、静心中悟道明德，这就是人心管理。

人心管理，本我是原始状态，有本然的欲望、本原的意识；进入社会，就会产生自我观念，自我会表现出自私，不加限制会成贪婪，所以需要“诚意、正心、修身”而“致良知”，需要明道理、有道德而“和为贵”。这就是，人心需要管理，朝着道德高尚、思想纯净方向引导，目标是达到“主客双方彼此和谐能动、协调共赢”，即双向彼此协和，“‘和’是中国人的心理认定、是中国人的文化血脉……《周易》中就贯穿着‘天下和平’的政治观念，《尚书》里也有‘协和万邦’‘燮和天下’的记述，反映着中国古代人们对普天之下芸芸众生‘协和’‘和平’生活的美好憧憬，对国家社稷安定繁荣的无限期望和对万邦归顺、诸侯称臣的和谐天下的向往。”“就中国管理而言，最难的便是心和，人心和、万事和；人心顺，一切顺。管理上‘和’的内涵，人心管理的最高境界，就是达到与己相关联的各方彼此双向和谐，是心的和谐、和顺、和美。”④ 协和文化诞生了中国管理的另一内涵：双和管理。

总结起来，纵向前有中国有五千年文明发展的“国学管理”，后有百年红色之路创新的“红色管理”。横向左有中国有修身养性、人间正道的“人心管理”，右有协和天下、彼此共赢的“双和管理”；由此构成心和管

---

① 徐井岗：《人心管理论——基于国学与东方思维的中国管理理论》，经济科学出版社 2013 年版，第 26 页。

② 徐井岗：《人心管理论——基于国学与东方思维的中国管理理论》，经济科学出版社 2013 年版，第 28 页。

③ 徐井岗：《人心管理论——基于国学与东方思维的中国管理理论》，经济科学出版社 2013 年版，第 31 页。

④ 徐井岗：《中国企业管理史论——物本、人本、心本管理的演变与中国管理理论的建立》，中国财政经济出版社 2017 年版，第 200 页。

理学纵横坐标，这一理论坐标体现出如下管理思想。

思想一，管理的本质是管人理心的人心管理。计划、组织、指挥、协调、控制需要人来执行落实，人的行动受内心思想的支配。所以，管住人的言行合规，理顺人的内心协和，是管理的本质；管是硬件，制度法规强制，理是软件，梳理人心谋和，即剖析人性明人心需求，理顺思想达人心双和。人心双和的文化，中国理论自信文化自信之根。

思想二，管理的目标是彼此共赢的双向协和。讲规则、谋利益也好，谋和谐、得人心也罢，竞赛的终极结果是为了彼此共进，胜败的终极结果是为了彼此双和。中华数千年人文诉求，形成了中国管理的哲学思想、文化底蕴、人文精神，所以管理的核心与目标不是“零和竞争”，而是双向协和的彼此共赢。人心双和原理，中国道路自信思想自信之源。

思想三，管理的价值是和谐平等的包容认同。中国是王道文化，王道文化就是和谐文化，和谐的关键在于大家平等，平等的同时体现有容乃大、虚怀若谷。心和管理追求宽阔的胸怀，尊重一切文明，欢迎一切优秀文化的交流互鉴。管理的价值在于体现和谐、平等、包容、认同，这就是中国管理的心和。人心双和管理，中国制度自信管理自信之本。

（三）心和管理学学术观点把控

心和管理，是中国管理历史的总结、中华心和力量的概括，是人生智慧幸福之源、中国文化自信之根、中国管理自信之本。管理以人文为基础，中国管理以中国人文传承与时代融合为基础，构成中国管理的新坐标：心好人和。即是治心、而非计数的管理，治心内核就是修身养性，理成道、管为德，心有道、行有德，道心德性管理，人的主观能动性胜却方法无数；是协和、而非利益的管理，协和内核就是彼此相协、双向共和，主客内心双和，才有管理具体工作（人、财、物、流等）的协和。上至一个国家的管理、中至各行各业各组织的管理、下至清洁人员的卫生管理，都为实现心灵相通、心境协和，实现“四个自信”。

其一，管理应该走心修与协和的中国道路——道路自信。新时代中国特色社会主义道路，“新时代”是中华民族伟大复兴的新时代，复兴的重要内容是中国人民创造的中华文明、中国文化；“中国特色”，从管理角度说，体现在管理的人心修养文化和双向协和文化上；“社会主义”，核心是为人民服务，是确立核心价值观。中国道路决定了中国本土管理所要走的是中国特色的人心协和管理之路，这是心和管理理论的根本，也是中国道路自信的表现。

其二，中国学问应建立自己的话语权体系——理论自信。五千年中华文明中诞生出来的中国学问，根深蒂厚。人文始祖种植的文化基因，历代圣贤“为天地立心，为生民立命，为往圣继绝学，为万世开太平”中产生的管理文化、理论和实践，定型了国学文化基因。中国共产党红色管理，让中华传统红色更为鲜艳；创建中国管理理论，须有中国的话语体系，既传承优秀文化，更探索红色管理内涵的自身话语权，构建有中国理论自信的心和管理。

其三，中国有必要建设本土特色管理制度——制度自信。中国有社会主义制度自信，建设本土管理学科，在社会主义管理理论基础上，创建与新时代中国特色社会主义市场经济相适应的管理制度。心和管理理论以思想通畅、让人从内心接受认同为要，“管”是必要的，重点是“理”；既有管的制度，更有理的制度，同样有悠久文化内涵和红色内涵在里面；管是为了更好地理，理是为了不管而管。这是中国的制度自信。

其四，管理须有相应管理文化与社会人文——文化自信。管理的人文规定性，中国管理须有本土的人文内涵和新时代特征，即传承即五千年中华文明，应用新时代中国特色社会主义红色经济、红色强国之思想与实践。中国修心文明与协和文化本质内涵从未改变，中国管理是言行、是管理基础，理的是人心、是管理重心。“人心齐泰山移”，无论古代管理还是红色管理，得人心者得天下。中国有这样的文化自信。

基于“四个自信”的中国管理理论的学术创新点也体现在四个方面。

其一，系统创建了中国文化为根基的本土管理学。中国传统优秀文化，自周易开化，到诸子百家，代代传承，创新发展出许多新学，先圣先贤经典名著中载着无数管理思想、管理方案、管理行为，构成中国特色的国学管理。20 ~ 21 世纪交替时，理论界出现了中国管理理论丛林的萌芽，却大多从一个国学点论开来，或是从一个名家、一本典籍说开去，有的又回归西方管理范式，未真正建立起中国管理理论。国学管理、红色管理，构建了本土化管理理论——以本土心和文化为根基的中国管理原理、理论、技法及学科。

其二，总结提炼出人心双和管理为本的管理理论。西方管理学建立在西方人文背景和环境基础上，中国管理学则须建立在本土人文背景和环境基础上。从《周易》《尚书》等百家经典名著中，挖掘出“民为邦本，本固邦宁”的民心与国家治理的关系。以“心文化”为中国管理之本，以“和文化”为中国管理之核，以红色管理为重要理论创新和实践总结，借鉴易理文化、中华心法、百家学说、大学之道等国学元素，构建欣赏管理、品性管理等八大人心双和管理法则，形成国学管理模型等，衍生出心和管理模型等，设计出心和管理目标体系，基于百年红色管理的重要内涵，建立人心双和的管理学理论体系。

其三，归纳中国优秀国学管理内涵建设管理学科。中国古代源远流长，自伏羲而有“龙的传人”，自神农、轩辕二帝而有“炎黄子孙”，谋略始祖鬼谷子、商界先贤计然、战国工商三杰，以及王亥驯马服牛开创商业，范蠡商贸三落三起融入商道称圣，管仲经济之战助齐成春秋霸主，白圭得鬼谷子《金书》成“治生之祖”，王莽改制展现出独到治国观念和管理新术，宋明清诞生十大商帮……中国心和管理技法在代代实践、传承、发展中成为中华文明的一部分，核心是人文修炼、人类协和。这些都是心和管理学的根基和重要内容。

其四，提炼百年红色管理内涵作为中国管理本色。百年来最伟大的事件是中国共产党诞生并领导中国人民、中华民族通过红色革命站起来、红色经济富起来、红色强国强起来。红色革命指国内革命战争、抗日战争、解放战争时期的建党、建军、建国历程，以毛泽东思想为指导。经继续革命和国民经济布局的30年过渡，进入改革开放红色经济时代，以邓小平理论为指导，走出一条中国特色的社会主义市场经济发展之路。红色强国指中华民族伟大复兴的光辉历程，包括反腐倡廉、全民脱贫、科技强国、经济强国、“一带一路”等举措，以习近平新时代中国特色社会主义思想为指导。红色管理成为心和管理学的灵魂和重要内容。

三、心和管理学论证与思辨

（一）建设中国管理学的必要性

创建心和管理学说，形成中国管理基本理论，与任何其他创新活动一样会遭遇责问、诟病，会引起强烈反对。这是可以理解的，习惯了已有体系，固化了思维定式，改变必然是艰难的、心底是强烈不愿的；拥有了西学理论，获取了学界成就，打破自然是痛苦的、要坚决抵制的。但是，泱泱大中华崛起，凭借的是自己的拼搏、自己的力量，学习、引进是手段不是目的，最终是要建立中国特色社会主义体系。管理学也不例外，没有自己的理论，只能是拾人牙慧，也只能是弱者的表现。强中国梦，要有适合中国国情和人文精神的管理学。

现有管理理论比较成熟，在西方被证明是有效的，有没有必要另搞一套？这就需要明白，这里创建的是适合中国国情、本土人文的管理学。在西方证明是优秀的，到东方不一定是优秀的；在此地成功的理论，到彼地不一定同样成功。恰如“橘生淮南则为橘，生于淮北则为枳，叶徒相似，其实味不同。所以然者何？水土异也。”① 一个省内、一条淮河之隔的潮安县内就有如此差别，更何况国与国之间、东半球与西半球之间？水土有异，文化有别，历史不同，成因不一，岂可一概而论。不否认西方理论，因为那是西方人文基础上诞生并发展起来的，适合西方设定的社会环境与社会组织，人家的事没必要去指责或批评；可以批评的是不加选择、不作中国化就照搬套用的行为、水土不服却不作更新的行为。

已有所谓的现代管理学，再建设中国管理学而被说长道短无须大惊小怪，兼听则明，偏听则暗；肯定的、反对的、建议的，都欢迎；但新的取代旧的、适宜的取代不合适的，是事物发展的客观规律。

中国式管理学探索中还遭遇过这样的讥笑：不就是在老祖宗那里找点零碎，不就是复古吗？这一说法不太厚道，学术研究，大多建立在前人成果基础上，中华有灿烂文明、中国有悠久文化，历经几千年而依然具有生命力和时代性的内容，自然应该传承、结合现实加以发展；何况，创新、创造的同时，也不是扔掉先贤优秀的有价值的成果。更重要的是，浩如烟海的中国文化不是“零碎”，传承历史中优秀的部分也不能简单称“复古”。中国古代没有细分学科，但却有极其丰富的思想精华、极为精辟的哲学内涵、极其广泛的社会实践（方式方法的应用），在现代各学科中，很多是中国先贤涉猎到过的，所以，人文学科、自然学科，往往可以在中国古代典籍中找到先贤的论述记载。

一直接受西方教育的人有这样的疑问，其实也没什么大惊小怪，因为他们不知道国学的浩瀚，不懂国学的精深。无知者无畏，所以敢乱评瞎说；不懂者趋避，所以就会抗拒反对；如果这样的人恰好还有很强的话语权，就会挥起大刀无所顾忌砍下——既得西学利益者，绝不放过自力更生者。只是可以砍掉一些研究者的探索平台，却砍不掉中国文化的客观存在。总有人会细想，总有人会明理：留学或访学国外的中国人，若没有学过老祖宗留下的文字、文化，出得去吗——无论受过多少海外教育，其母语永远是汉语，其根深蒂固的思维模式仍然是中国式的——接受过西方教育，改变不了国学是其知识基础的事实；另外，在国外学到的东西难道不是外国人的老祖宗留下来的？只认外国老祖宗留下的东西不认中国老祖宗留下的东西失之偏颇吧？可以用外国祖宗的知识学问武装自己，就不允许中国人用自己祖宗的知识学问武装自己？更何况，接受了西方教育留在西方可以直接应用所学，但若回国，就必须得考虑中国特色、中国元素，要

① 《晏子春秋·卷六·内篇·篇十》，古诗文网《晏子春秋》篇。

有必要的中国化过程才是学而有效的。

总会有对中国文化没有自信或有意抹黑中国文化的人发问：国学有好东西吗，有的话经济还会落后于西方，难道中国要靠所谓的“和谐”征服世界吗？其实，稍懂历史的人都知道，中国不是自古就落后的，先秦丰采、汉唐风骨，经济傲立全球之巅，那时候中国文化有没有好东西？地理大发现后一直到民国时期的近500年，中国经济在世界的排位下滑明显，也不是中国文化惹的祸。从历史的长河中去看，500年国运渐衰只是国势曲线的一种变动。20世纪末，国运触底反弹，这个过程中西风渐吹，中国传统文化被挤一隅，有了管理中许许多多问题的不断出现。解决之道，恰恰在中国文化的复苏、中国优秀传统的回归。

中国人、中国文化自古以来就是追求和谐，从来就没有想征服世界，只是追求万邦协和、世界大同，国家、民族、人民不受任何人的欺负，坦坦荡荡、堂堂正正。内部和、外部和，天地四方皆和。中国是大国，但中国从不以大欺小；中国成为强国，只会把和谐思想带给全人类。中国要有自己的文化自信，认识到只有民族复兴才有中华新风采！

（二）挖掘中华国学管理的意义

企图全盘西化者，在国家历史传承与文化发展问题上，不承认中华之夏朝、虞朝及三皇五帝。然而作为历史事实，再怎么设置障碍、重重阻击，那也是客观存在。于是，就从宏观的、中观的、微观的各个层面、各个角度抨击光耀千秋的中华文明、否定震古烁今的中国文化，尽其心力、才力、财力来打击中国的文化自信，而上当者，应该是蒙昧无知者，至少是对国学连一知半解都达不到的。比如发出这样的疑问：在连自然学科都没有的老古董那里，能获得现代的创新？这些人还会理不直气却很“壮”地说：国学只是一些不着调的思想，哪来真正意义上的管理方式方法？持或信这种观点者，不仅有糊涂者，还有所谓的学术大拿。中国古代确实有重文轻理、重道轻器现象，中国古代也确实没有用学科分类建立各相关学科，但不等于没有相关内容；西方建学科的时间从历史层面上讲也并不太长久。

农耕社会，主要是向植物寻求生存之本，是以自身的劳动实现种植、培育而获得粮棉等生活资料；而游牧与海洋民族，是向陆地与海洋动物寻求生存之本，是以野蛮捕杀为主要方式而获得肉、皮等生活资料。农耕方式下的人们以定居为主，侍弄土地为本，追求风调雨顺，手工业为农业服务、商业是农业的补充（认为不直接创造基础生活资料），“民以食为天”，一切都为了“吃”，民间自然而然形成以“吃”为中心的学问体系，其他的都是旁门左道、奇技淫巧。农耕为本的国家管理，为了政权的巩固和强大，就把原本只是四业划分的士农工商排成了序，读书当官第一、种粮务农第二，大多数民众都可以在这里找到一个定位，形成了耕读传家的人文特色。读书既然为做官，自然是求道的“文”为主，“理”与“器”则是工与商的事了，这是重文轻理、重道轻器的社会根源。但这种重轻之分，应该是以从业者社会地位为主，而且“轻”也不是要否定或取消“理工”。这也就是中国古代手工业和商业从业者社会地位低，但创造出来的工业成就和商业内涵，却是十分丰富和深厚的。

中国古代的学说是研究整体的、趋势的、自然的，是探索本质的、道统的、心灵的，所以一开始就有着哲学内涵，处在形而上学层面；不像西方人那样分类细化到极致，重在研究局部的、断面的、现实的，是探索学科的、创造的、现实的，处在形而下的器术层面。这种研究侧重和内涵的差异，使中国一直有着一个完整的政治治理模式、思想引导机制和内外管理体系存在，从而保证漫长的古代社会里有着一个稳定的管理结构和文化内核，支撑着历史变迁、朝代更替。无论政局如何动荡，无论是否出现内外交困，也无论是否会出现牝鸡司晨、非正统篡权、非汉族执政等情况，国家的核心版图不变，且国土越加辽阔；中国文化的核心不变，且内涵越加丰富。西方更关注现实层面的自然科学研究，这是商业社会的必然选择，商业的发展需要不断创新商品才有更多更大的机会获利。只是工业革命差不多从近代开始，科学发明、科学管理相应产生。大航海时代同时是大殖民时代，各列强国迫切需要极大幅度提升生产力，让产品倾销世界，蒸汽机的发明，意味着进入工业社会。

这个时期的中国处在明末到清代，国家动乱，虽然有过康乾盛世，也只是相对于农耕社会和动乱过后中国自身的纵向比较；横向比较，英法德在工业革命中崛起，美国废除了奴隶制不久后完成工业革命，经济实力大增，两次世界大战奠定了美国在资本主义世界中霸主的地位。俄国在16世纪末引进国外新式武器和战略技术，建立了一支强大的海军，彼得大帝执政后大力鼓励工商业的发展，开放国门而崛起……可见，西方崛起是因为抓住了大航海的时机殖民全世界和工业革命解放了生产力，甚至是世界大战中大发世界性的国难财而实力大增的。中国没能赶上趟是因为主观上中国追求“和文化”，协和万邦；客观上是当时的闭关锁国政策。到了20世纪末、21世纪初，中国时代重新到来，自然需要现代中国人，在传承基础上创新，既保留整体的研究视角，也增加学科的分类探索。我们不应该也没有必要失去民族自信、文化自信，不应该鄙夷中华传统、中国文化。就管理学领域而言，更应该有自信结合现代中国国情、人文精神和职场环境创建中国管理学，去发现中国经典中丰富的思想理论、丰富的操作规程与方式方法。这是在传承基础上的创新。

针对周易模型和易理思想的应用，也有“什么都往周易上靠，周易不就是迷信，甚至是伪科学吗”的质询。说周易是迷信，那是因为对周易的认识还停留在江湖术士算命、看相、看风水的层面上；说周易是伪科学，那是还没真正搞懂什么是科学。不了解周易，就人云亦云，不大懂国学，就大批特批，这在学术上是不严谨的。人类早期的第一个轴心时期，有三个人物分别成为三个轴心的代表，中国的孔子、希腊的苏格拉底、印度的释迦牟尼（那时犹太人世界已出现耶稣）。西学中，尤其是社会科学领域，谁也绕不过苏格拉底（公元前469至公元前399年）以及他的学生柏拉图和柏拉图的学生亚里斯多德（古希腊三贤）；在东方同样绕不过去的是老子，孔子（公元前551至公元前479年，比释迦摩尼大14岁），以及孔子的隔代学生孟子。孔子与他的学生们不仅完成了《论语》这部旷世巨著，他们还虔诚地为《周易》撰写了号称“十翼”的《易传》解析《周易》。双方共同创造了影响后世几千年的学说，被公认为世界级的思想大师，没有理由说西方的就是真科学，中国的就是伪科学；也没有理由说，中国创建管理学引用易传就是靠在周易上，西方创建管理理论引用先哲就是靠在“古希腊三贤”上。实际上，都是对祖先文化的传承与发扬。

（三）创设心和管理学价值所在

其应用价值：首先，心和管理理论为中国管理学基础理论。以中华历史悠久、生命力旺盛且能与时俱进的“修心文明”“协和文化”为根基，建立心和管理理论，为中国特色、中国元素的管理学基础理论。其次，心和管理法则为中国管理学管理技法。心和管理理论，总结了自三皇五帝以来的国家治理、组织管理的技术与法则，数千年经典著作、管理大师的管理案例、管理主张和管理方法中，洋为中用，创新发展，价值体现在形成中国本土的管理技术与法则。最后，心和管理体系为中国管理学学科内涵。建立心和管理的理论体系、思想体系和学科体系，其重要价值是形成了具有中国特色的“决策韬略之道”“人才开发之技”“生产流通之法”“营销沟通之谋”“信息财税之治”“文化伦理之学”等学科系统。

中华文明成果之美、中华国学之优，只有真正走进去，才知道有多广、有多好。撷取其管理文化、管理思想和管理技法的内涵创建本土理论，有重要学术价值。

价值一，融创并新建中国管理学之内涵体系。中国学问探究是知行合一，实践检验，重在领悟，真理说话，逻辑模型表述；西方学术范式是大胆假设，小心求证，重在验证，数字说话，数理模型表述。一如国画重意境、油画重逼真，中医重整体、西医重局部，各有优势与短板。只是西语由字母构成，无表意功能；汉字由形、音、意组成，表意功能丰富，内含母语精神。丰富的中国文化构建出以修炼思想、提升修养、纯洁心灵等特征的“心文化”，组成人心管理；探索出以和为境界、致中和为本质、和天下为目标的“和文化”，规划出双和管理。中国学问不排他，在独立自主前提下，愿学习、借鉴西学充实之。传统文化，正名并取舍之，构建国学管理；红色文化，继承并发扬之，组成红色管理。由此，融合优秀五千年文明、百年红色内涵，创建心和管理理论为内容的中国管理学。

价值二，将文化传承红色思想融入管理学科。农耕立国之得人心谋协和思想原则、与商业立国讲规则谋利思想原则益，留给后人不同的文化内涵和管理思想，各有各的制度、人文和社会环境的适应性。心和管理学继承耕读传家文化基因，将文明进步、先贤学问、管理历史、管理创新等内涵过滤筛选后融入心和管理学，内容分两大部分：一是传承传统文化，指国学中与管理关联的优秀理论（名家名学名典籍）和管理实践（名人名事名案例）；二是提炼红色管理，指中国共产党诞生至今百年的红色革命、红色经济、红色强国管理理论与实践。弘扬传统教育（文化自信）与思想品德教育（修心协和），创建本土本色管理学科。

价值三，将物本人本管理理论导向心本管理。西方从工业革命开始，中国自改革开放开始，都经历过粗放管理、物本管理、人本管理，留下了极其宝贵的经验，如物本的计量管理、人本的人性关怀等。但仅仅如此解决不了人心失和带来的巨大问题，如人心不聚凝力不足，人心不和贪心不止、人心不正底线跌落、人心不顺处事不稳、人心不振精神懈怠……所以，管理须深入人心、引导协和。而人心梳理、双向协和的管理文化，就在国学之中，人心美、致中和的管理就在中国管理之中。本书的成果把以人为本管理导向以心为本的管理，让管理走心、让管理洁心、让管理红心，心美心顺而万事和。

一门基于中国自信的管理学学科建设，其价值是立体而全景式的。心和管理，也许仅仅是抛砖引玉，但无论内容如何，中华本土本色管理学建设的方向，一定是正确而可行的。

第四节　心和管理学研究方法

原子论物质观，与元气论物质观，在研究方法上，既有共同和相通之处，也有不同和各自特色。但在管理学领域，由于改革开放后的研究者、教育者，大多在学习西方管理学、套用西方管理学中获得既得利益，他们先后都接受过西方教育（留学、访学、交流等多种形式），迷信西方理论、西方制度的同时，也迷信西式研究方法——从出版界到教育界，只认方法是否西式，方法成为关键，这显然不符合中国建设本土化管理理论的需求。心和管理学认为，在学习别人研究方法的同时，中国有中国自己的研究方法；不仅仅是研究方法，在其他任何领域，中国也有着无数经过实践证明是十分有效、十分科学的方法。

一、学术研究范式设立之辩

（一）学术范式设定的学术分析

范式，从字面上理解就是指一种主流的规范性模型或模式。研究范式，自然是指开展科学研究中已经形成的一种主流社会公认的具有规范特性的研究模型或研究模式。学术内容的体系、科学思想的坐标、开展研究的基本方式都要符合这一规定的模型或模式。

学术研究应该有范式吗？如果说学术思想不应该有限制，那么为什么开展学术研究、表述学术成果要有一个范式？这是西方“双标准”应用在学术领域所带来的疑问，很多时候总是高喊学术不能规约、研究不该限制，自己却又创造出一个“学术范式”，凡不按这一范式研究和表述的，都不行。有一段时间，在管理学领域，几乎所有的学术性杂志，都要求用数学语言解析，理论数模化、管理工程化、工具表格化，否则就是不合格。研究或表述范式不符合西方“学术范式”，就不合格，还居然成为共识，许多年来，“研究范式”“学术范式”成为理论领域“高大上”的专有名词。对此，这里从心和管理学之“国学管理”与“红色管理”视角，对学术研究的范式问题作出学术分析。

从国学管理视角看，中国古代的人才挖掘有一个重要做法，即科举考试，科考的重要内容之一就是引经据典写出一篇政论文章，南宋明清时期，政论文文体确定为八股文。“股”，有对偶的意思，由破题、承题、起讲、入题、起股、中股、后股、束股八部分组成，每四股之中，一反一正，一虚一实，一浅一深，写出微言大义。作为一种文体，无可厚非，而且历经 1300 来年科举制度下无数官场鸿儒、学界泰斗的打磨，是一种非常严谨而优秀的政治论文文体，八股文本身不应该被批判。应该批判是两点，一是政论文章范式化了，八股文只能在“四书五经”取题、只能按朱熹《四书章句集注》等规定的书中内容展开，文章体式必须按八股规定，前四项是点中题意、承意阐发、略作议论后进入自己所论之题，后四项展开论据进行论证并作出结论，每项都有两排排比对偶的文字，共为八股，所以称为八股文。问题在于义理内容规定，立论发挥不能超出诠经释书范畴，限定的太死，内容范式化了，也就少了学术自由的意义。二是取士方式单一化了，即选拔人才的方式方法，定型在一篇格式固定、内容限定的论文上，这是不妥的，束缚了人们的思想，扼杀了人们的聪明才智。所以，民国时期对科举制度和“八股文”有过严厉的批判。然而，管理学领域，却重新回归“八股方式”，学士论文、硕士论文、博士论文，在内容（结论预设，数据实证）和形式（数学语言、层次衡定），千篇一律，不得自由发挥，每届学生的第一稿，几乎就是把“师兄师姐”的论文在文字和数字上（数字可以随意调整，体式必须一模一样）改动到自己选题上就行。这应该是违背了学术自由、思想解放之意的。中国学问，不应作这样的限定。

从红色管理视角看，延安时期有两点值得一说，一是对八股风的批判，二是文艺提倡百花齐放。对八股的批判，因为一些五四后的知识分子搞出了洋八股，鲁迅在《透底》附录《回祝秀侠信》中批判说：“八股无论新旧，都在扫荡之列，……例如只会‘辱骂’‘恐吓’甚至于‘判决’，而不肯具体地切实地运用科学所求得的公式，去解释每天的新的事实，新的现象，而只抄一通公式，往一切事实上乱凑，这也是一种八股。”① 毛泽东在1942年2月8日延安干部会上作了《反对党八股》的讲演，肯定鲁迅先生反对新旧八股，指出党八股是洋八股的一种，“党八股是对于五四运动的一个反动”，重点落在形式主义、教条主义，与延安整风反对主观主义、宗派主义并列起来讲，并且列举了党八股八大罪状②：①空话连篇，言之无物；②装腔作势，借以吓人；③无的放矢，不看对象；④语言无味，像个瘪三；⑤甲乙丙丁，开中药铺；⑥不负责任，到处害人；⑦流毒全党，妨害革命；⑧传播出去，祸国殃民。毛泽东在这里批判了“洋八股”更批判了“党八股”，重点就是不要教条主义，不要让它成为主观主义、宗派主义的宣传工具，所以，非把它打倒不可。同是延安整风运动时期，毛泽东主持召开了文艺座谈会，提出了文艺工作方针是百花齐放，百家争鸣。

工作、文章不能“党八股”，而可以是“百花”、可以是“百家”，为

① 鲁迅：《鲁迅全集》第5卷，人民文学出版社1981年版，第103－106页。

② 毛泽东，《毛泽东选集》第3卷，人民出版社1991年版，第831－840页。

什么学术研究、论文方式反而要有“范式”只此一家呢？当然学术研究中，由于选题、机遇、研究价值，也由于文化特征和地域差异等多种因素的影响，一些研究者会渐渐汇聚到一起，形成一个类似共同体的研究圈子，他们的信仰、价值、技术甚至表现方式等大体接近或相同，形成了这个圈子的范式，也无可厚非。但若因其影响力、社会认可程度而有了较大话语权，就将其范式规范化为学术内容和论文形式的衡量、评价标准，这就又成了一种新八股，只能用西方范式，则成了新洋八股。百花齐放，应该包括研究方式方法的多样化，论文表述方式方法的各自适应性，而不是千篇一律、定型固化、不能更改的范式限定。

（二）研究范式衡定的研究解剖

在国际上，科学研究领域话语权还掌握在西方，其中最具话语权的是美国。由此美国学术研究范式就成了科学研究成果发表并获得世界范围内同行认可或者说官方认同的标准，衡量论文质量和层次的标准变成能否发表在 ISI 平台上的三大引文索引数据库内的期刊，即 SCI（Science Citation Index），美国《科学引文索引》的英文简称；EI（Engineering Index），美国《工程索引》的英文简称；ISTP（Index to Scientific & Technical Proceedings），美国《国际会议录索引》的英文简称。此外，还有 SSCI（Social Science Citation Index），美国《社会科学引文索引》的英文简称。美国在科研领域上强大的、绝对的话语权，让期刊能否入选 ISI 平台、SSCI 索引等，研究者能否在 ISI 平台、SSCI 索引期刊中发表论文，甚至于编辑质量、引文指标和专家评审三大选刊标准中最为客观的引文指标，也不是自己决定，而是被选择。

更为严重的是，中国管理学术界无条件地认可了这种方式，努力目标皆为进入这一系统。国内不为人知、不见经传没关系，只要在国外发表论文，那就是“国际”层面的大咖。一如歌手随便在哪个外国唱过歌（演员在哪个外国影视剧中露过脸），那就是“国际知名歌星（影星）”。于是出现两个倾向：其一，向国外投稿，争取在国外的众多列入 ISI 平台、SSCI 内的期刊上发表论文；其二，论文质量在更大程度上体现在美国式规范性上。这就决定了中国研究和不合西方范式的论文无法在上述平台登堂入室，西方研究范式成中国学术研究的规定性范本、规范化标准。学术界主动放弃了自信去适应这种“国际化”。

被批判的古代八股文形成的原目的，是寄望于人才懂历史经典、掌握国之大势，同时让科考标准化、规范化，最大可能消除人为作弊，也便于比较出文章水平的高下。今天从西方教育体系中学来的学分制、考试模式，同样也是标准化、规范化，这就问题来了：中国的标准化、规范化要挨批判，西方的标准化、规范化却是科学，这又是一种“双标”。

西方研究范式在研究题目、研究前提到理论概念和研究方法都固化了规定模式，形成了特定模型，比较典型地体现在研究的方式方法上，最好的表述语言是数学语言，最好的研究方法是数理推导，最好的成果形式是数化模型。管理学研究领域，除需要符合这三条外，还有一条：管理工程化，将信息论、协同化、系统论等结合进去；并且，需要运用概率论与数理统计的方法研究信息、信息熵、通信系统、数据传输、密码学、数据压缩等问题，应用数学来从事管理学的信息论研究；以系统论、信息论、控制论、突变论等为基础，吸取结构耗散理论的大量技术，采用统计学和动力学相结合的方法，通过对管理学不同的领域的分析，提出多维相空间理论，建立一整套的数学模型和处理方案的方式方法来研究管理学的协同论；需要用数学方法定量描述管理功能，寻求并确立适用于一切系统的管理原理、管理原则和数学模型来研究管理学的系统论。符合这些规范，才可以被西方学术界为代表的世界学术领域所认可。中国的学术期刊，无一例外以这样的范式为圭臬。

为了符合这样的研究范式，有着西方教育背景的教授、博士成为中国管理学领域的“香饽饽”，中国自己培养的硕、博研究生必须学会西式范式才有机会出成果，好在他们的导师都有西学背景，可以教他们西式范式，也好在他们还可以通过访学、短期学习等方式让自己有西方教育背景——形式远比内容来得重要，外来的远比本土高大上。“国际化”成为热词，一切都向西方靠拢，学术成就的重要标志就是是否得到所谓的“国际化”认同——虽然大家都知道此“国际化”非彼“国际化”，但“皇帝的新装”谁也不说破。于是造就了一大批“快餐学术成果”，花上几年著书立说是傻子行为，一个管理“新”概念、或一个管理“新”模型、或一个管理“新”工程，就可以编造出几篇甚至十数篇的论文，审稿者、编辑者都是同好、同仁甚至同学、同师或同伍。这样的研究才能融入学术主流的队伍，这样写出的论文才能得到学术主流的认可。而且在学术考核体系上，这样的论文抵过一部几十万字的专著（这里说的是真正有自己独立思想的专著，不是东拼西凑的编著），甚至远比一部专著的学术地位、贡献价值要高得多。于是量化论文不可避免地出现，同一作者、同一题材、内涵、结论的论文可以在不同的学术杂志以不同的标题形式不断地见到，毕竟这些人和他们背后的人掌控着论文发表阵地。变异现象因此不可遏止地出现：本人曾在某知名高校访学，对门有一位正在写毕业论文的管理学博士研究生，连续数天在电脑上修正着表中数据；与他聊起这一话题，他说为了保证计算结果是预定的，只能修改那些原始数据。还说，如果全部数据都要真实调查，再过一年他也毕业不了了，导师说了，方法的正确比数据的真实更重要。回自己学校与博士同事聊这话题时，此说法也得到他们的佐证；评论参加答辩的硕士研究生毕业论文时曾问：这些学生论文的研究结论早有定论，还需要大费周章实证研究吗？博士毕业的硕导们“义正词严”地说，学术范式比研究结论更重要，学会最“正确”的研究方法是硕士研究生最重要的任务，哪怕研究过程与研究结论牛头不对马嘴。

细察一下类似的论文、专著、课题获奖成果，大体如此；获奖者也都有官场职务或兼行政职，越是高层次奖项越明显；再细察一下学术界被称为“大师”“学科带头人”，能独立完成且有独立学术思想的专著（不包括主编、编著、翻译、论文集等）5 部以上的，已是难能可贵了，10 部以上的就凤毛麟角了；但是他们国内顶级杂志或在国外发表的独立论文或牵头的合作论文可以列出长长的一串。学术官场化、官员学术化，应该引起警惕。

（三）中西文化差异的文化特色

形式是为内容服务的，没有形式也就没有了内容呈现的载体，但若是形式比内容更重要，关注形式到可以忽略内容时，路一定是走偏了、走错了。西方的学术规范、研究范式有其西方的形成背景、适应特点和应用价值。中国有中国自己的学术风格、研究方式，并有中国的形成背景、适应特点和应用价值。中、西方各有各的侧重、各有各的内涵与形式，互相学习、互为借鉴，并非简单地照搬对方。现今研究生毕业论文，其标题方式、结构安排、语言表述、研究方法、研究过程以及研究结论，都有非常“规范”的规定，如“相关理论”成为重要的一章，其内容如教材式编辑，是否与研究有关不重要，有没有这项内容、是不是按“要求”撰写才重要。当思想的挥洒、意识的顿悟成为一种相对固化的所谓“规范”，论文的结构安排、表述的语言应用、研究的运用方法、成果的再现方式成为一种“范式”时，总让人感觉一种“新八股”——有浓重洋味的论文写作“新八股”味道。不知道西化的教授博士是不是感觉得出来这种形式已经是中国封建遗毒的翻版。

对于西方优秀的文化，学习、思考中融创，参考、借鉴中提升，这个过程就是中国化的过程，然后契合于中国国情，融合成中国文化，成为文化自信的一部分。比较、互鉴，就是深入了解彼此的相通与差异，才能明晰从哪里借鉴、从哪里融创。人文学科中，西方重雕塑，中国重诗文；西方追求音乐美术，中国讲究琴棋书画；西方喜欢咖啡文化，中国钟情茶道文化……各有各的人文特点和人文精神。即使相同的文化追求，其内涵也大相径庭。

以画为例，西洋画是油画，中国画古称丹青，近代以来为区别于西方输入的油画，将中国画称为国画。西洋画注重写实，中国画注重意境，是两种不同思想观念。西洋画画面类似摄影，描绘对象显得逼真可信，其审美趣味，在于真和美，追求对象的真实和环境的真实。为达到逼真的艺术效果，十分讲究比例、明暗、解剖、色度等科学法则，运用光学、几何学、解剖学、色彩学等作为科学依据。但从中国艺术的角度去衡量，西洋画了无意趣。因为中国画，无论是工笔还是写意，重在似与非似之间，其思想内容和艺术创作上，反映了中华民族的社会意识和审美情趣，体现了中国人对自然、社会及与之相关联的政治、哲学、宗教、道德、文艺等方面的认识。强调融化物我，创制意境，达到以形写神，形神兼备，气韵生动。懂画者要去感觉那种体现在画中的人文精神和中国传统知识分子的意趣追求。中国画可以夸张，可以只求神似不讲形似。从西洋艺术的角度去衡量，中国画缺乏质感。

那么，站在中国画的角度去批判西洋画，或站在西洋画的角度来批判中国画，都没有意义。中国绘画尚意，重表现、重情感；西方绘画尚形，重再现、重理性。中国绘画以线条作为主要造型手段，西方绘画则由光和色来表现物象；中国绘画不受空间和时间的局限，西方绘画则严格遵守空间和时间的界限。各有各的人文背景和社会适应性，各有各的艺术追求和表现形式，典型地体现出了中、西方文化的差异、思想追求的差异、艺术情趣的差异。兼容并蓄、各显神通，本质追求不变，技巧方法愿学就学、不愿学就不学，各凭己愿。

中西方在绘画艺术的内容与形式上都有着自己的特色和风格，这是正常的，也是世界艺术百花齐放的真实写照，那么在科学研究领域为什么只能有一种范式。

承认差异，保持自我。中华悠悠千万年，自有中华民族文化的优越性；中国红色一世纪，自有中国特色的先进性。人类文明进步，必然是心灵的高洁、世界的协和；国家之间、社会之中、组织之间及其内部的管理，同样是人心管理显高洁，双和管理和天下。

二、中国管理学问研究规律

中国特色，体现在中国所走的道路、所定的制度、所创的理论是中国本土的内涵、红色的内涵，涉及文化是五千年传承、近百年创新的。中国管理学，研究中国特色管理规律。

（一）心和管理的中华母语精神

中国管理，是研究中国管理领域的学问的。只是，从五四时期西学东渐，到改革开放国门打开，西方文化无论好与不好、合适与不合适，都一股脑儿进来了，商品经济、市场经济理论接踵而来，冲击着本土原有的计划经济理论，市场化管理理论冲击着本土原本的行政管理理论。经济发展成首要任务，且日新月异，引进的学术、理论来不及过滤、筛选和中国化，于是管理理论出现西化倾向；管理实践领域对新概念、新模式、新理论有过一段新鲜期，很快发现有水土不服问题，就在吸收西方管理的同时回归本土，在实践中摸索出适合自己的管理体系——工商界凡能做大做强的本土企业，都有这样的特点，展现了管理的第一个规律：适应本土。理论界却无这样的觉悟，因为正从西方管理理论中获得声名和利益，也就毫不犹豫、毫无顾忌地在西化的路上且行且远。管理领域出现学术理论与社会实践两股道上跑，学术论文的“洋八股”现象愈演愈烈，表述方式也越来越西化。

一拨又一拨有识之士对此有清醒认识，从不同角度探索管理中国化：文史界借助现代媒体进行“中国式管理”的观念传播，管理界则开始了中国本土管理学问的研究——无论是“中学为本，西学为用”的探究，还是以西式观念和方法诠释中国古代管理思想的尝试，或是模仿西式理论和体系建立中式管理学的探索，或是西方理论中国案例的混杂等，被统称为“中国式管理研究”，这是一种觉醒。遗憾的是，只着眼于国学的某个点，得出的结论仍与西方管理学相同或相类，研究范式仍是西式的，“汤”换了“药”依旧。

其实，一个人长大后无论学习了多少种外国语言，其基本的思维方式仍是母语化的，最关键的语言特点仍是母语风的；尤其以表意文字为母语的人，学了再多的表音文字的语言体系，可以用西语无障碍交流，但骨子里永远不变的就是母语带给他的文化意蕴、人文内涵和思想特点。同理，管理研究，不管是打着创新的名义还是国际化的名义的“全盘西化”，一定不是中国需要的，中国职场、中国管理，永远不能改变的是“中国”，最重要的风格、最重要的特色、最重要的内涵，也一定是“中国”。管理学领域最为典型的中国元素，与中国人文特征一样，核心点在两个字，一是“心”，不仅仅是中国心，还包括以“心修”为出发点的修身养性，以“去心魔”为切入点的礼义廉耻，以“得人心”为要点的仁义道德，以“心聚心顺”为终点的心理认同等等，即中国“心文化”内涵；二是

“和”，不仅仅是世界大同，还包括以“和美”为需求的和风细雨，以“和谐”为内涵的彼此双和，以“和顺”为核心的和衷共济，以“和平”为己任的协和万邦等等，即中国“和文化”内涵。

文化演变过程中衍生了与本族文化相应的各种学问，恰如前面所说的学问研究，其内容、其形式一定与其母语文化相适应，一定带有其母语精神，自然在研究学问的方式方法上也会带有本民族文化的特征。其基本的规律、常见的方式方法也一定带有本民族的文化印痕和母语风情，不可能只有唯一的排他性研究范式——管理的第二个规律：符合母语精神。

中国管理学的研究，没有必要只能应用西方管理学研究范式。内容中国化，研究形式也应中国化。心和管理理论坚持认为中国管理学研究应该突出中国思想风格、中国文化内涵、中国红色风格、中国管理风范，应该有中国自己的研究思路、方式和方法。

（二）心和管理的本土基本规律

在西化管理理论抢占滩头并成主流的情况下，文史界中国式管理的思想普及、学术界中国式管理研究终究未能成大气候，自身力量偏弱是一方面原因，散兵游勇的方式聚不成合力。另外，这一阶段的中国式管理研究，内容上只重在结合国学或历史上某一人物、事件、观点而提出某种观念、某种思路，并非体系性的学科建设、理论创建，脱离不了西学藩篱，也开创不了中国管理学新理论、新体系，更没有深入探索中国管理学应有的研究方法。

管理学的社会性和人文特质，决定了管理必然紧扣住“人”——特定社会环境的人及特定思维习惯的“脑”（即人心管理之“人心”），也紧密关联着“文”——特定国家特定民族的文化传承与人文内涵、人文环境。中国元素、中国文化的管理学研究，离不开中国五千年文明积淀下来的人种特质、人心共性，离不开农耕社会流传下来专有的人文风格、人文风情，离不开中国文化生生不息的文化思想、文人风骨。但是，林林总总的“中国式管理研究”似乎一直没有研究清楚中国文化的源流、中华传统的源流、中国人的思想源流，因为核心始终不是中国传统文化、红色思想，也非中国特色内涵。反对中国式管理研究的人，似乎也没有真正搞懂博大精深的中华传统文化的深刻内涵和对中国人的影响因素、影响力度、影响方式，以及中国人骨子里镌刻的、血液里流淌的、细胞中融合的华夏文化内核、东方思维方式、红色文化根柢，就抡起大刀乱砍一通。不懂，简单方便的方式就是粗暴否定；不懂，话语权人就限制懂的人发言；不懂，既得利益者不愿给懂的人让道——回到顺我者昌、逆我者亡的弱肉强食，还理直气壮，一句“国际化”万事大吉。这是中国式管理研究难成气候、西方管理学依然大行其道的深层次原因。历史进入新时代，中国管理不能只有舶来品，还应该有中国特色的人文管理学。

如前所述，中国的学问研究是大处着眼、宏观思考、全局探索。文化源头《周易》、诸子百家比如道家，站在宇宙的高度（无极生太极），时空的视野（太极生两仪）来探索人生哲理、宇宙真理。易理、道学成为中国“形而上”的哲学思想，建设中国管理学也是从宇宙高度和深度、整体的、全局的视角入手；管理观念、思想和方法上，又有儒学阐述，以仁立国，以礼治国，以义立信，以德服人，管仲就提出“礼义廉耻”国之四维。农耕社会，关注的重点一是生存，所谋皆为与天斗争、与地斗争、与人斗争中获得播种的土地及其他生存资料；二是思想，以聪明才智保证生存与发展基础上，仁义道德深入人心。故中国学问应着眼民之生存、国之生存，人间正道、社会治理等研究；几千年来，历朝历代正统学问都是治国之道、治理之法；道为形而上、器为形而下，道为器之先、器为道之后，治国平天下（为国、为民的所有工作）为正道学问，这也是重文轻理、重道轻器原因之一。

由此，中国人研究的基本规律或者说基本特点：

①大处着眼，不斤斤计较——方向性宏观式研究；

②有容乃大，中庸致中和——融合性吸收式探索；

③阴阳互动，元气论认识——整体性变通式研究；

④注重积累，尊崇不迷信——历史性经验式研究；

⑤综合把控，紧扣住大道——全局性求道式研究。

这是中国古代所擅长的研究特点和研究方法，或者说研究特色、研究特点。中国学问研究不会只有唯一研究范式，而是在保证结论正确前提下八仙过海各显神通，百花齐放各展风采。这是中国异于西方的研究特色，学问的中国特色。

（三）心和管理的中国学问特色

曾有批评中国的元气论虚无缥缈，不科学；说西方的原子论直透本质，很科学。所以，对西医的解剖式研究大加赞赏，对中医的五行学研究指责为虚妄、迷信、伪科学。西方的解剖学里找不到中医所说的阴气、阳气、经络，见血不见气，对中医之气血一词亦无法理解……西医以临床数为要，中医以历史经验为要。很典型的现实是，中国几千年历史经验竟不如一组数据有说服力，刮骨疗毒的壮举不肯认定是古代外科手术，补气养生不科学、阴阳平衡没道理。今天，这些问题已经无须再作辨析，中医的重新崛起明晰了结论。

西方商业社会背景、文字表音功能使其学术研究重数据，要么是实验数据的归总演算，要么是调查数据的分类推理，无法用数据说话的，也用假设代入数据，如效用理论用面包数代入，称其为实证研究。这里存疑于这样的研究是否适合一切领域，并认为人文差异应有不同的方式方法、路径途径。还可以追问：数字代入式研究真的很科学没有主观意识吗？西方表音文字无法表达的内容，通过数学语言和字母代入方式组成数学模型，真的是最佳研究范式吗？汉语用简单的语言就能表述清复杂的内在关系逻辑、顺次，却非得用数学模型才是正理？学术研究只能用数学语言表述才是研究吗？科学研究只此一途、学术表现只有一径，一定有问题。“全盘西化”之路在中国行不通，中国文化回归与创新是必由之路。学术自由，应体现在学问研究、本土管理建设，既要本色回归，也要时代创新，百花齐放才是真。

从中庸之道看，原子论有原子论的好，元气论有元气论的妙。正如道有道的必须，器有器的必要，术有术的适宜，不必厚彼薄此，更不必失落自信，适合的才是最佳的；中国有自己的底蕴、有自己的适合，更重要的是脊梁是用来挺的，不是用来弯的。西方立足西方文化传承、吸收东方优秀的文化，中国立足中国的文化传承、吸收西方的优秀文化，此属互相学习，互为借鉴，没有谁是谁的主、谁是谁的仆的问题。别人有别人的坚持，自己有自己的坚持，不为一时的高低定输赢，不为意气的相争分对错。就管理学研究而言，学习西方管理与建设中国管理并不矛盾。中国管理学自有中国学问研究的内容、研究的方式。

打破固化的并不适宜的研究范式和管理理论，尊重先人的智慧、学习他人的长处、创新自己的理论，这是心和管理学创立兼收并蓄的途径。源于中国文化、应用中国哲学，继承中国治理、适应中国职场，结合传统与创新，应用红色管理，从人心深处厘清管理之道、管理之法，谋求心谐管理、协和管理，便是心和管理——中国管理须走中国特色道路。

三、心和管理中国研究方法

（一）概数智慧与确数能量交融

管理理论研究，有过分依赖西方研究范式方面的问题，把西方系统科学的数理方法和管理观念，机械性地复制粘贴到中国管理研究上。中国管理哲学，是古典系统哲学的传承与红色管理哲学的创新。不了解中华文明史的人只知中国古代“重文轻理”，却不知中国先人对数字与数字使用的无限崇敬，同样也就无法理解这两者是如何紧密结合起来的。其实很简单，重文轻理是官场取士带来的社会现象，如同后世的“高考”“公考”指挥棒一样，本来职务并无高低之分，带来的利益不同就有了社会地位的差异，久而久之也就有了类似公共认知的结论；但天文地理、火药罗盘、建工工艺、制造技术等无不需要精密的数字文化，只是一方面数字文化掌握在上层官员、祭祀、炼丹师等极少数人手中，另一方面应用在不被社会认知的工艺技术者手中，外人很难得知，如易家卦爻学、墨家机关学、百工工艺学等。中国古代灿烂的文明，从来都是既有文史的光彩，也有数理的丰采，文字让人敬重、数字让人尊崇。

只是当社会强调要用西方文化来证明、来表示“国际”范时，就会出现让中国训诂学研究者无奈带着国内的资料跑到国外去写书写论文以证明自己的研究是“国际化”的荒唐事了。管理不是古代汉语（虽然也有国学管理中古汉语成分），但管理理论的应用却是在中国职场、中国社会环境和人文条件之下，管理需要国际化视野，但立足点是中国本土，咖啡有咖啡的制作工艺，茶叶有茶叶的炒制技艺，可以互为启示与互为借鉴，不能杂糅。管理领域，精确定量科学分析与模糊定性研究方法，同样不能杂糅，因为各有各的材料、用途、适应领域和方式方法，如同中西医、中西画都不能杂糅，只能不同情况选用不同治疗方法或绘画技巧一样。一个比较难以扭转的现实是，管理学界基本认定中国只有模糊定性法，没有西方精确定量法，所以根深蒂固地认为中国传统理论不科学，研究方法不科学。这是由不知道中国学问既有确数研究，也有概数智慧所导致的。

中国古代冠绝天下的冶炼术、丝织术、建筑术以及精准无比的百工技艺（木雕石刻的精细、石拱桥的技艺、中药药量的精准……），浩浩荡荡的万里长城、令世界动颜的四大发明等，都是中华文化的伟大成果。因为哲学世界观的差异，中国古代科学数术的概念和体系以及表现形式与现代西方科学并不相同。中国古代建筑、数学、天文、水利、医学等领域的经书、史书记载中，有古人大量严密精确的科学计算。中国不是只求“道”而不需要“器”——物质丰富，生活进步，也是中国人孜孜不倦追求的。只是中国人认为，任何“器”都是要有“道”引领的。有道之术造出来的器是人类的福音，无道之术、无道之器是人类的危害。任何器，包括武器、机器、器具、器材等一切成器的物件，掌握在有道之人手中，是和平、和谐、和睦的保障，掌握在无道之人手中，则是算计、害人、杀人的利器。红色革命让革命道理深入人心，“小米加步枪”也能打败飞机大炮，打出一个人民的江山。

西方的定量分析，寄托在这样两点上，一是商业社会的利益计算锱铢必较，求“器”甚于一切。器，就是物质成果，就是用科学方法精确计算所创造出来的现代科技产品。二是西语的表音功能适用数字语言、借助希腊字母表示，故西学研究注重数理模型，模型的重点在于可表达复杂内容。中国智慧在于实效，需要确数就确数，需要概数就概数，一切皆在使用环境、使用需要；表述也一样，需要文字就文字，复杂内涵清清楚楚，需要模型就模型，逻辑原理明明白白。中华概数之美，也是西学背景之人很难理解。

农耕社会，人与人之间不是商业利益关系，人情面子很重要，你借我的东西是“三四天”归还，我帮你的忙要走七八里路；友人相送送到十里亭，用的其实都是概数。汉语里有“大概”“也许”“差不多”“可能”这样一些非精确的词语，准确地说是“弹性词语”，借用西方表述方式叫“模糊语言”；而且所运用的大量副词、形容词甚至是动词，在数量意义上都属于这样的词语。如“很多”“相当满意”“漂亮”“努力”“认真”“落实”“执行”等，这些概数之词能表示数量多寡、满意程度、漂亮水准、努力或认真尺度、落实或执行力度，这是汉语的魅力之一，也是非精确化的魅力所在。迷信西学的人的振振有词是“科学是严谨的，不是模糊的”，结论是中国弹性语言表述不了科学严谨，西式数学语言及其数理模型才是精确的、标准的。事实上，这是对中国语言功能不清楚，对中国文字没有自信，对中国语言没有自信，对中国文化没有自信的表现。概数在汉语中的价值不是这里研究的方向，但仍须说明一点：有些人咬住某些推卸责任、模糊某些事情性质时用概数的情况来全盘否定概数的作用，这至少是因噎废食。对概数现象深入探究，其中另有乾坤。

中国运用概数智慧，发挥出中国特色的文化内涵，也同样体现在本土管理内涵之中。中国管理学，中国元素为本、中国自信为基，得人心为本、谋协和为要。中国管理研究的指导思想，仍以汉语表达方式为主而非数学语言方式为主，以中国特色为主而非西方特色为主，需要大多数时不排斥、应该概数智慧时不犹豫。中国管理，自有国学之美。

（二）学问方法与中国文化自信

中国哲学，先有形而上而后形而下。对中国学问，研究者需要诚意正心、悟道明德，研究内容、研究方法、研究形式、路径和方式，皆有“道”为指引。

反对中国管理的研究者，在于他们对博大精深的中国传统文化体系缺乏全面深入的系统研究，在于他们接触更多的是西方的知识与研究模式，只信西方而失去了对祖国的自信、失落了对祖国认同。他们总是用现代西方的系统科学来比较中国古代的思想体系，然后得出中国古人思想是朴素唯物主义、哲学原始粗浅，缺乏现代西方精确缜密的计量科学的结论；进而传播西方文化是人类智慧精华的最高层次，中国文化是落后、浅层的思想。这种荒谬说法很有欺骗性，有意忽略了用中国哲学之道与现代西方系统来作比较，是不同平台不存在可比性的事实。中国哲学之道针对人，直透人心；西方的系统理论针对事，直奔事理处事方式。前者是精神层面，后者是操作层面，更重要的是，中国的“道”，包括思想、精神等都是指导、引导“器”——科学技术及其创造的物质成果，而不是不要器只要道。“道”的平台自有道的比较内涵，“器”的平台也有器的自身长短，在各自体系里才有可比性。

中国几千年积累的“道”，历经岁月洗礼，精华传承不因历史变迁而丧失其价值，如兵家著作《孙子兵法》，无论战场武器、战争模式、对战方式发生什么变化，孙子兵法中的道理仍然具有极强的指导意义，不因为是冷兵器、热兵器还是核武器，地对地、地对空还是陆海空协同，飞鸽传书、电波传送还是卫星信息而削弱了兵法之“道”的价值，“器”却一定会被更新的产品所取代。所以中国古代的哲学思想在今天仍然具有指导意义，而古代的各种“器”基本都已淹没在历史长河中。中国有自己的管理之道，自然有对应的管理之法，现实存在的问题，在于只要“术”“器”之物质利益，放弃中国的“道”“理”之引导。

另外，把中国的无极之道、太极之道、阴阳之道等说成是朴素唯物主义，应该是西化论者的一厢情愿，没有经过他们所信奉的所谓“科学论证”；西化教育背景者却奉之为“圭臬”，接受了还言之凿凿帮助论证，丢失了文化自信、学术自信、精神自信。朴素唯物主义有两个特征：一是将世界的本原归结为几种要素；二是以直观经验和粗浅自然知识为依据的猜测特性。中国阴阳学说、五行说、八卦说不是这么“朴素”的，而是抓住世界本原之两方面、物质世界之五种人类生存要素、宇宙之中对人类产生直接影响的八种自然元素构建出来的中国哲学体系、认识世界的天文地理与人文体系，这早已超越所谓的“朴素”的范畴，周易也不是猜测性学问，更非缺乏科学论证和严密逻辑，而是世界上最早最严密的预测理论、天文地理学和人类学、社会学、心理学等的综合，恰恰是管理学科综合性的体现。

周易，演绎数字易理，0 为无极，1 为太极，2 为阴阳，3 为三才，4 为四象，5 为五行，6 为六合，7 为七星，8 为八卦，9 为九宫，每一个数字所代表的易理，都是一种逻辑关系。以五行八卦为例，五行选取了自然界五种人类生存必需的物象“木、金、水、火、土”，组成一个运动变化的自然关系图，要素之间存在相生相克关系，并由此变化出各方面无穷无尽的可能性，而不是简单的五种具体的物质表现。八卦由“四象生八卦”而选取天、地、水、火、山、泽、风、雷八种自然现象组成一个全息系统，经阴阳变动、八卦相荡而可以排列出 64 卦、384 爻，其中变化多端，涉及宇宙间万事万物万理。西方理论用假设条件组合模型是常态，中国用天文地理元素为假设组合成理论模型，更早也更科学。

国学用阴阳来表示包括正负数值意义的同时，包含了一切事物相对相应的两个方面。汉语中的对应、对比、相反的两类事物，都可阴阳表述，无论是具象的还是抽象的。不了解这一点，就无法理解阴差阳错、阴阳怪气、阴盛阳衰、阴惨阳舒、阴阳相隔、阴阳交配、颠倒阴阳、阳解阴阳、阴疑阳战、阳奉阴违、重阴必阳、损阴坏德等阴阳概念深入思想领域、生活领域的方方面面。“阴阳是迷信”本身就是迷信之人的认知。

再说五行八卦，都是根据农耕社会人们稳定化聚居需要而确定出来的。左青龙（木）指居所左侧要有水（东方居龙），右白虎（金）是指居所右侧要有山（西方虎啸），前朱雀（火）指的是前方需要开阔（南边鸟飞），后玄武（水）是指后边要有池塘（北边水神），中间就是居所（土）。而八卦就是选择上有天，下有地，附近能有水可饮而又能水聚成泽，有火可烧而又能有火源之柴，并且既通风又避雷之处作为生活场所。这些与农耕社会生活息息相关组成的系统理论，具有极高的思想智慧和完全接地气的学术思路，岂是一句“朴素唯物主义”可以涵盖的。周易的科学性需要努力去探索论证。就管理学而言，周易哲学是科学的。

学术的国际化应该是视野的国际化，兼收并蓄的国际化，而不是照搬套用式西化。更不是以国际化之名，行否定中国学术之实。正如某论文所说，“高校管理类专业教育无论是课程设置、教材选择还是讲授内容均以美国版本为马首是瞻。管理学主流学术刊物全盘西化现象更是严重，动辄以是否有高深的数理模型作为研究水平高低的判断依据，其中发表的论文绝大多数不是介绍或模仿西方管理理论和工具，就是在做艰深的‘真空’数学推理——最后所得到的结论要么是众所周知的事实，要么是难以应用的空洞概念；这一切都是中国管理学研究全面西化高潮的反映。”① 问题

① 罗纪宁：《当代中国管理学主要流派研究范式和方法评析》，《商业研究》，2006 第 12 期，第 86 – 87 页。

是，管理学全面西化还不仅限于此，MBA、EMBA、MPA 教育是比照西方模式开展起来的，结果“三不象”，既不是真正西方的工商管理教育，也不是中国的工商管理教育，更不是创新的工商管理教育。如果说教材还可以翻版，但培养模式根本没有翻新，MBA、EMBA，在中国不过是一种时尚消费，“目前国内各名牌高校的 MBA 和 EMBA 教育，与其说是硕士课堂不如说是老总经理们的关系联谊会，与其说是高校知名管理学教授给老总经理们上课，不如说是经理老总们给教授出难题——他们提出的中国企业管理实践问题，往往是那些深谙西化模型、擅长数理推导的教授们从未接触也难以解答的。对于这些参加 MBA、EMBA 教育的经理老总而言，他们最大的收获在于认识了一批同学并建立起了良好的关系，因为关系对于在中国从事管理和营销工作的经理来说永远是最重要的资源；他们在学期间从同学相互交流中而学到管理创业经验，要比专家教授传授的西方管理学理论更有实践意义。”① 当到 MBA、EMBA 教育蜕变到只是一个社交平台，其管理理论与管理实践脱节到教授与学生各行其是时，那么这类教育的价值，就值得深思了。

（三）心和管理研究的中国方法

与中国管理学术界“全盘西化”不同，在中国社会文化背景下摸爬滚打成长起来的企业家，并不怎么在乎让管理学术界奉之为圭臬的西方管理学，“他们以中国元素的管理为根基，吸收外来管理文化中一切有价值的部分充实自己，在企业管理中实践着自己的观念，书写着中国元素的管理理论，形成独具中国风格的‘傻子管理’‘华西管理’‘万向管理’‘娃哈哈管理’‘联想管理’‘华为管理’‘阿里管理’‘海尔管理’‘横店管理’等以及‘特区管理’‘开发区管理’‘温州管理’‘义乌管理’‘苏南管理’‘无锡管理’等管理模式。总结分析他们的管理实践和管理结果，可以找到中国管理的脉络、思想与内涵体系。”② 而且，无论在农业还是在工业领域，都有坚持社会主义管理，或坚持人民军队管理而获得成功的案例。中国共产党百年历程的成就也在证明着红色管理的优秀。显然，以心为本、追求协和的管理，才是最典型中国元素的管理——心和管理学及其理论体系就是纯中国的管理，有文化传承，有红色风格。心和管理学理论研究，不排斥西方研究方法，但以中国特色研究方法为主。

---

① 罗纪宁：《当代中国管理学主要流派研究范式和方法评析》，《商业研究》，2006 第 12 期，第 88 页。

② 徐井岗：《中国企业管理史论——物本、人本、心本管理的演变与中国管理理论的建立》，中国财政经济出版社 2017 年版，第 5 页。

其一，典籍解读文牍研究法。读书学习是一切研究的基础，本书的研究一是研读西方管理名著，既作比较也作借鉴；二是研读国学典籍，在与先圣先哲先贤隔时空对话中，感悟先圣人文创始之本，探寻先哲易道哲理之核，解读先贤管理理论和实践体验（官府管理、行业管理、宗祠管理等）；三是研读毛泽东思想、邓小平理论、习近平新时代中国特色社会主义思想等相关著作，深刻把握红色管理思想内涵与理论体系。

其二，史实论证系统研究法。实践是检验真理的唯一标准，溯五千年中华文明史、治国理政史，研100年中共党史、红色管理史。古人用观察法探索、实践中验证，几千年打磨而成系统的国学管理；中国共产党通过红色革命、红色建设、红色经济、红色强国的持续实践，创新出中国特色的红色管理。对国学管理、红色管理历经十年摸索寻路、十年理论建构、十年提炼升华，逐渐构建了基于四个自信的心和管理学体系。

其三，中西古今比较研究法。建立中国管理学，绕不开已有的现代管理学，比较中西方管理哲学、人文思想与人性特点就不可或缺；比较中必然涉及国学重悟，西学重算的差异。本书注重历史总结、理论提炼的同时也关注数据比较、模型差异；古今比较重探寻国学的管理精髓，中西比较重文化基因的道路差异，为创建本土管理厘清思路。比较中鉴别、比较中分析，比较中取长补短、扬长避短，突出中国特色。

其四，悟道明性思辨研究法。易文化、诸子百家之论、中华心法之管理思想、道德伦理、先贤实践等，都不是数理模型能分析、实验解剖可探索、仪器设备可检测的。中国学问探索之法、研究之道重“悟”，悟性高下决定明悟程度，理解能力定型深广水平。红色语言之“提高思想觉悟”，便是悟红色之道、明本性初心。引导领悟、觉悟，是为管理重心。

第二章　心和管理的成因

心和管理学的研究着眼于本土以心和文化为基础的管理理论，缘起于20世纪末中国因改革开放而经济腾飞时管理理论的西化现实。世纪新旧交替时，大创业轰轰烈烈高潮渐趋平稳，大变革浩浩荡荡浪涌渐趋正常，回归长江滚滚、黄河滔滔，虽暗礁还有、暗流仍显，但保持着水面辽阔豪情，气势坚定豪迈。市场经济下的管理领域，掀掉了西学“神衣”、拂去了迷信“蒙尘”，管理实践领域对理论界力捧的西学投以怀疑的目光，行动上已毫不犹豫作出变动：有效的继续应用，回归着耕读文化，不再盲目追捧，着力人心正道。

基于此，本研究在20世纪90年代即开始尊崇中华文明、自信中国文化视角的多层次、多角度、本土化探索，从“国学教育”发展到“谋略文化”“点轴经济”“母语精神”，形成本土管理文化的基础性探索。又经历20年探索而构建以本土人文为基础的心和管理学。其中，2001～2005年，提出本土“人心管理”概念，创立人心管理理论。主要成果为专著《民企老板管理突围》（2005）、《人心管理：生产力之新崛起》（2006）等。2006～2010年，完善人心管理理论（六大法则增设为八大法则）基础上，提出“双和管理”概念（2007年年初成立“双和经管研究所”）。主要成果为专著《人心管理理论建构与哲学思考》（2009）、《员工管理突围》（2008年）、《中高层管理突围》（2007年），论文集《创业创新的经济学思考》（2008年）等。并将两者融合为“人心双和管理理论”（仍称“人心管理”），探索管理与易道易理衔接，设计五行模型、八卦管理模型等。2011～2015年，确立中国传统文化内涵的心和管理模型、人才管理模型以及管理的技能模型、机制模型等。成果为专著《人心管理论——基于国学与东方思维的中国管理理论》（2013年），录制“人心管理智慧三部曲”（用智慧点亮企业）音像软件，《老板的管理智慧》12集，《经理人的经营智慧》12集，《员工的工作智慧》15集，共39集（2011～2012年），中国教育电视台《东方名家》栏目播出后由中国科学文化音像出版社出版发行。2016 年至今，确立并构建了“心和管理理论”。主要成果：《中国民营企业改革与发展实践》（辽宁教育出版社，2016 年）《中国企业管理史论——物本、人本、心本管理的演变与中国管理理论的建立》（中国财政经济出版社，2017 年），《心和管理论》（2023 年）。逐渐构成“人心管理理论三部曲”“人心管理突围三部曲”“人心管理智慧三部曲”“心和管理理论三部曲”等。心和管理学研究，从观念探索到体系形成，长达 30 余年。这只是作为本研究的成果呈现，心和文化的形成、心和管理的成因，却是中华文明史上浸淫了数千年的结果。

第一节　心和管理的文化渊源

无论管理理论添加了多少数学模型，管理是针对人和人所从事的工作内容的这一点永远不变，管理学的人文特性永远不变。西方管理学虽然提供了西式管理、数理模型，但对中国管理而言其理论永远缺少两个变量：中华民族特性的强度、中国文化因素的浓度。所以，创建心和管理学的重要前提，就是要充分考虑中华民族特性和中国文化内涵，以及由此产生的中华“心文明”与“和文化”内涵，探索中华人文背景下心和管理的思想根源、内涵要义。

一、元气哲学探索心和思想

（一）元气论与原子论差异析

中国春秋战国与西方古希腊文明差不多是同时期，中西方似乎都走过了神话时代而进入王朝时代，这要得益于那批先哲圣人，他们不约而同地探索着宇宙万物的起源，不约而同地将智慧与文化应用于现实，不约而同地用他们的思考与辩证成果解析世间之理。于是中国有了百家争鸣，开启了文化治国与教化育人之路；西方有了巴比伦文明与古埃及文明的遇合，开启了西方文化与宗教引导并行之路。中西方先哲们又不约而同地认定万物本原是虚空的；只是在虚静空旷的空间里，对其中物质的内涵属性的认知却不相同：中国的老子等认为虚空（太极）里物质的结构是气化，是阴阳二气交感互动而生万物。西方的德谟克利特等则认为虚空里物质的结构是原子，是原子运动形成不同序列结合而出现复合物。由此，世界分为两种物质观：中国元气论，阴阳协调、生生不息；西方原子论，排列组合、分门别类。

德谟克利特是继承和发展了他的老师留基伯的原子论。他们认为一切皆由原子（非现代意义的原子）构成，原子在数量上是无限的，在形式上是多样的。万物和变化，是因为在原子的下落运动中，较快和较大的撞击着较小的，产生侧向运动和旋转运动而形成。物体有不同，是因为构成它们的原子在数量、形状和排列上有不同。他们认为原子在本质上是相同的，它们没有“内部形态”，它们之间的作用通过碰撞挤压而传递。即使是人的灵魂，也是由最活跃、最精微的原子构成的，也是一种物体——所以德谟克利特认为人是一个小宇宙。原子论里，原子分离，物体消灭，灵魂当然也随之消灭，没有神存在的空间。他们还认为原子是最小的、不可分割的物质微粒。原子之间存在着虚空，无数原子从来就存在于虚空之中，既不能创生（不能无中生有），也不能毁灭，原子运动产生的任何变化，引起原子的结合和分离而构成万物。这一认知，恰恰是引起东西方学问差异的重要原因。因为中国的元气论，认为无极生太极，太极生阴阳，阴阳二气运动生出万物，所谓“无中生有，有生万物”。

原子论的核心观点是“不能创生于无”，元气论的核心观点是“本就无中生有”。

从现代西方科学角度看，原子是非常小的，不但肉眼看不出来，就是用显微镜也看不出来。两千多年前的古希腊，如何提得出原子论？这里须清楚：古希腊时的原子论不是后世所说的科学理论（它与中国元气论一样都是哲学思考），即非现代物理原子概念。中国的元气论，却与现代西方的“大爆炸宇宙论”吻合，该理论最早于1927年由比利时天文学家和宇宙学家勒梅特提出，1929年美国天文学家哈勃根据这一假说提出哈勃定律，推导出星系都在互相远离的“宇宙膨胀说”；1946年美国物理学家伽莫夫正式提出大爆炸理论，其主要观点是认为宇宙曾有一段从热到冷的演化史，这个时期里宇宙体系在不断膨胀，使物质密度从密到稀演化，大约140亿年前发生大爆炸而形成宇宙。这个理论与古原子论有一点完全相冲：古原子论的核心观点是“不能创生于无”，大爆炸理论则认为“宇宙并非永恒存在，而是从虚无创生”——到20世纪，西方的理论推测与中国古代元气论观点吻合。

元气论，元气团绕，变幻无穷，太极图用一条“S”曲线表示其不断变化的规律，是为“易”道，先人将其组合成卦，通过卦、爻表现出变化无穷而协和的易理思维。原子论，原子不变，排列不同，十字架用两条直线表示原子碰撞分裂物体毁灭（物体灭而原子依然在）的原理，这就是“零和”之理，有我无他，产生竞争中消灭对手的思维。

（二）不同认识论之不同思维

元气论认识论，有了“无极”概念，即无边无际无极限、无先无后无时空的原始状态，只有元气无序无踪变动；元气变化运动，元气凝聚而不知不觉有了核心点，也有了四方边际，即“无极生太极”；虚空之间有了星球与星球的边际极限，有了时间先后，谓之“太极”。地球为宇宙间一颗星球，另一星球太阳照耀，地球之上有阳气为天，故阳气上升，相应阴气下沉为地，“太极生两仪”，即阴阳二气；白天暖和生热气、为阳，夜里阴凉生冷气、为阴；即夜为阴、日为阳。依此类推，阴阳指世间一切事物所反映出来的两种相对、相类或相协的两个方面。有天有地，地球上阴阳交感而有人，人成万物之灵，天道、地道、人道产生天地人三道，天和、地和、人和构成天地人三和，先天之才、大地之才、人间之才构成了天地人三才，谓之“两仪生三才”。此所谓“一生二，二生三，三生万物”。

“生”者，“二炁交感，化生万物”（宋代周敦颐《太极图说》）之生也，天之阳炁下降，地之阴炁上升，相互交感，生命体得以产生。阴阳交感是生命活动产生的基本条件，而阴阳交感的最佳状态就是彼此协和。换个角度说，就是生命的本质意义在于阴阳相协，彼此相和，心和管理理论概括为“双和”——人或者事物的阴阳达和，即任何问题皆有相关、相对、相合、相间、相应、相反或相连的两个方面，两者“和”而“生”新事物，所以公母相和而生新生命，奇正相和而生新谋略，水土相和而生新植物，人与人相和而生新情义，事与事相和而生新效率……“和”才有万物生，“分”则彼此相争。生而趋和，从心开始。

西方千年中世纪，淹没了德谟克利特的原子论，直到 17 世纪文艺复兴才复活，只是，原子论从宏观的哲学思考转向物理学、化学的基本理论建设，不再关注世界是如何构成的。受当时力学思维（牛顿力学体系建立为标志）盛行的影响，法国哲学家、数学家、物理学家勒内·笛卡尔（1596 ~ 1650 年）否认原子的不可分割性，认为最初的宇宙由大小相同的粒子组成，这些粒子的性质可由质量、速度和运动的量等进行定量的描述。意大利天文学家和数学家博斯科维奇（1711 ~ 1787 年）则试图以没有大小、只有力学作用的原子模型来说明所有已知的物理现象，这为后来的气体分子运动论打下了基础。而大多数科学家对原子论的主要兴趣是在化学方面，他们认为原子本身不可发生改变，原子在被纳入更大的单元时，只是采取简单的并列方式。英国化学家罗伯特·波义耳（1627 ~ 1691 年）认识到组合而成的原子是以化学意义上的基本粒子的方式起作用；他也认识到世界是由气体组成的，这与中国的元气论何其相似；1661 年初波义耳出版了著名的《怀疑派的化学家》，用气体是像小弹簧似的粒子的聚集体的概念来解释气体的各种物理现象。英国化学家、物理学家约翰·道尔顿（1766～1844年），是近代原子理论的提出者；他认为原子在一切化学变化中是不可再分的最小单位，同种元素的原子性质和质量都相同，不同元素原子的性质和质量各不相同，这样就对物质不灭定律和定比定律作出了简明解释；他认为原子质量是元素基本特征之一不同元素化合时，原子以简单整数比结合，推导并用实验证明倍比定律：如果当一种元素的质量固定时，那么另一元素在各种化合物中的质量一定成简单整数比。

正是这样的认识，西方把原子论的哲学推测转变为自然科学概念，“分”的学问形式，得以定型为一分为二、二分为四的原子倍比定律。原子在被纳入更大的单元时，只是采取简单的并列方式，在化学反应后，原子仍保持自身不变。分而相争，谋利为本。

元气论、原子论，从不同视角探索宇宙起源、物质内涵，是中西方先哲先圣们的伟大发现（都有猜想成分）。中国的元气论观点，数千年来一以贯之，由此产生了一脉相承又不断充实发展的中华国学；西方的原子论在文艺复兴时复活发生巨大改变，演化出物理学、化学等，构成了西方的自然学科体系。换句话说，西方科学在时间上与经济大国崛起一样，是从文艺复兴后到如今的500多年时间里形成、发展起来的，是与他们征战世界、殖民世界的步伐一致。这说明，西方的经济发展与国力崛起，不是因为他们古希腊时期的原子论比中国春秋战国时期的元气论更伟大，而是因为大航海发现新大陆、征战全世界的殖民掠夺中积累原始资本，在转嫁本国危机向殖民地倾销积存产品中获得大量财富——跟文化无关。

中国传统文化并不弱于西方传统文化；在管理学领域，中国文化更有优势，也更有价值。“生”之文化与“分”之文化反映在管理上，就有了管理思维和方式方法的差异。

（三）不同文化不同管理哲学

原子论从出现到埋没千年到近代重现，都是猜想性质——西方学术研究立足证实猜想，因而确立了以假设为前提进行实证或其方法求证的研究范式，注重实验数据、讲究解剖数据、形成类比数据。沿此思路建立了数学、物理、化学等学科，既对学科内涵从“分”角度分解研究，也将学问分解成了若干个学科，并随着学习的需要、研究的探索、新理论的不断涌现，构成文科、理科体系，社会科学、自然科学体系（仍然是事物可分的思路，却与中国生阴阳哲学思想有了交集）；西方学科研究的科学技术之方法论，冲击了当时僵化的自然观，在学术与文化层面催化着工业革命，满足了地理大发现时代殖民世界的工商崛起需求。

元气论文化也在制器与建设领域大量应用数学与物理、在炼丹领域诞生古代化学。东西方在这点上殊途同归。只是西方重“分”，明确了学科、建设了学科，学科指导思想是科学内涵本身；中国追求学问的整体考察，所以有流派而不分学科，知识学识指导思想是超越物质自身的天地人之“道”。也就是说，西方是以学科研究的“科学结论”为指导思想，而中国无论科学技术怎样发展，指导思想永远是心灵高尚、人间正道。道正，则无论怎样先进科技的“器”，都会为人类进步服务；道不正甚至无道，那么器越先进越对人类社会造成破坏。这也是西方一些科学家、企业家甚至政治家们致力于学习中华国学的缘由。

元气论世界物质观，奠定了中国探索世界、认识世界的基本途径，其本质没有厚文薄理、重道轻器之意。而且中国古代的冶炼技术、炼丹技术、火药技术等（类似化学），桥梁技术、百工技艺、制造技术等（类似化学），术数、机巧、九宫等以及观天象察地理（天文学、地理学），按如今的学科划分也都属于自然学科、理科范畴，中国古代相当有成就。统治者为了封建统治需要而重文轻理、重道轻术，才使得中国的“器”之术没有很好归纳总结。重视经验、强调祖制不可违，追求循规蹈矩，是中国祖宗信仰的结果，合理继承、适度发展是相当必要的。与不能唯数字一样，也不能唯经验，这一个度的把握是关键。

西方分类法和实验法奠定了自然学科的范式，只是社会科学领域，形成遵循丛林法则的观念，近代不变，至今依然不变，这必将成为一种社会进步的桎梏。可以预见，西方文艺复兴结束了漫长的中世纪黑暗，开创了西方 500 年的崛起历程，中国的改革开放和民族复兴，同样能终结国运下滑贫穷挨欺的 500 年，引导中华民族复兴走向千年新辉煌！

当然，无论是元气论还是原子论，都说明人类先祖在思考世界是怎么来的、宇宙是怎么构成的。只是原子论的发展，让西方文化更注重“器”的研究与开发；元气论的发展让中国文化更关注“道”的觉悟与践行。中国元气观，追求“负阴抱阳，冲气以为和”。西方学问与中国学问的重要区别点，反映在管理上，先决条件是要不要炼心修心、求证大道。

中国哲学，“道”放在极高的地位，问道求道、悟道明道，是“治国平天下”的基础、前提。宇宙大道追求阴阳协和，人间正道追求协和天下，世世代代中国人追求协和天下，以和为贵，以和为美，以和为万事万物运动变化之最佳结果。中国向世界发出的善意的呼喊也是天下一家，世界大同——中国宇宙观的指向，是心的高洁、人的和谐。

二、人文初祖创建心和文化

（一）远古祭祀敬畏天地祖宗

从古至今，人们惊讶、惊喜、惊慌、惊恐等情绪产生时，无论哪种语言，都会不自觉地喊出“我的天!”或类似的惊呼。这说明是地球人类共有的对天的敬畏和崇拜，最终演化为对天神的崇敬。西方最重要的神，是耶和华，大多数西方人呼喊出心中大神时，脱口而出的就是“My god!”汉语翻译选了一个大体接近其意的称呼“上帝”，用于犹太教、基督教、天主教、东正教等西方诸教对创世神耶和华的称呼上。这就导致今天很多中国人也觉得“上帝”是西方专用词，是西方引进的。其实引进的只是“god”，不是“上帝”。

中国人对于最高神的称呼，更为丰富，并不限定在一个词上，如“上苍”“上天”“老天”“老天爷”“黄天”“青天”“苍天”（涉及“天”的概念时英语也会用 heaven 表述）……也称“帝”。在甲骨文中，“天”与“上”“大”字通借，所以帝又称“上帝”“天帝”“大帝”。“上帝”，也就上天之帝，是天的主宰，至高无上，而且将帝看作有意志的人格化的神这点也不变。所以基督教引入中国，其创世神耶和华就被译为“上帝”。而中国早在《尚书》《诗经》《礼记》等经典古籍中，早有“昊天上帝”“皇天上帝”之称。“帝”因方位不同而有东、南、西、北、中“五方上帝”,《周礼·天官》中就有“祀五帝”的记载（见唐贾公彦疏）。

远古的祭祀，一是对天地的敬畏，二是对祖宗的尊崇。孔子提到过“周因于殷礼”。事实上古文献记载虞舜、夏禹时已有昊天上帝。在殷商甲骨文中，称“帝”或“天帝”，并且“王”是承天命的，如《诗经·商颂·玄鸟》曰：“天命玄鸟，降而生商。”后世因儒家关系，继承的是商周的礼制，祭祀的神，就是天帝，即“恪谨天命”的先王。这就是说，秦汉及其以前，中国古人所信仰的“天帝”，其实是他们的祖宗、后来成为华夏民族先祖的远古帝王，“帝”还没有神化为天神。从这点上，敬天敬地，归根结蒂是敬祖宗。

东汉末年创立道教，以道为名，尊道家先祖为天神。但既然是宗教，自然不会从学问角度弘扬道学，而是根据天地人之学说，创造了天庭、地府、人间三界。天庭有神（有自然神、人格神、司职神）、仙（凡人悟道成仙，逍遥于仙境）；人间有好人、恶人；地府主要是鬼魂（好人死后上天庭，恶人死后入地狱）——显然是多神教，道学、佛学甚至儒学都可融入，只要符合追求长生不死、得道成仙、济世救人的宗旨就行。于是，儒家之“圣”，佛教之“佛”，都在道教神化的体系里，就连动物、恶人修炼成妖成怪，也在这个体系里，构成了中国三教合一的局面。另有一类，叫“魔”，这是神仙、人类心生贪嗔痴怨念过强而“走火入魔”，故谓之“心魔”，与鬼怪同伍，一般合称“妖魔鬼怪”。总而言之，道教教义所劝导的乃是让人们求道、悟道，提出“得道成仙”的观念，否则死后成魔成妖。归根结底，与儒家、佛教殊途同归，心修道、人谋和，自我管理、组织管理社会管理都为这个目标。

显然，中国文化敬天敬地是基础，建立心有所畏而行天道阴阳协和、行地道而柔刚相济，终极指向敬祖宗，行人道而仁义道德。中国文化本质是心和，中国管理本质是心和。

（二）初祖定型天地人和文化

三教合一的文化体系里，管辖天庭的是“玉皇大帝”，是众神众佛的领袖，神仙世界的最高神，天地间的主宰，道家尊号为“昊天金阙无上至尊自然妙有弥罗至真玉皇上帝”。这里，“昊天金阙”为天帝居所（黄金阙，大光明殿），“无上至尊”是指地位尊崇到唯一，“自然妙有”指帝乃天然而成，“弥罗至真”是包罗或者说布满最高真性的意思，“玉皇上帝”是职号（“玉”是天帝必备之物），上掌三十六天，下辖七十二地。这个尊号里，表达了中国文化对大道真理“自然妙有”的内涵，即道心来源，而“弥罗至真”是对权力无边的玉皇大帝定义为无一处不真的真理化身，管理天庭、哺育人间、掌控地府，达到天和、地和、人和境界；黄金阙议事厅则有“大光明”。中国心和文化内涵在神话世界里也尽露无遗。到隋唐朝廷礼典里，将最高神（至上神）的名称正式确定列入《周礼》中，即“昊天上帝”，其意与《诗经·黍离》中的“悠悠苍天”一致。《宋史·礼志》中归纳为：“元气广大，则称昊天。据远视之苍然，则称苍天。人之所尊，莫过于帝，托之于天，故称上帝。”① 上帝为天，天像君主一样统治世界。这就是天道治理人间的原始思想，源自华夏人文初祖始创的文化。

华夏人文初始之祖，当推“三皇五帝”，这是中国文化里被神化为天神、大帝的。这里的“三五”，来源于“三才五行”，推衍出天地人三皇（天皇氏、地皇氏、人皇氏）与“五方上帝”，其中东方上帝太昊伏羲，南方上帝神农（即炎帝），西方上帝少昊（即白帝，另说是黄帝长子），北方上帝颛顼（黄帝之孙），中央上帝轩辕（即黄帝）。但只有昊天上帝

---

① 《宋史·志·卷五十二·礼二·南郊》，古诗文网。

可称“天”，其余可称帝不可称天。文化发展过程中，渐渐把为人类发展、为后世做出巨大贡献的祖先都列为上帝，所以，中国人最早的认知世界里，帝是群帝，而非一人之称。古代王朝只能一人称帝，是人性欲望的膨胀，把“江山社稷”私家化所致，不是文化所倡导的。

祭天祭祖合一，“三皇五帝”既是天帝，也是华夏祖先，所以几千年来一直保持着敬畏、传承着祭祀。具体到先帝先祖之人，“五方上帝”比较统一，但“三皇五帝”之说时，出现多个版本。其中，“三皇”一说，《史记》中的天皇、地皇、人皇非具体人物；称皇的具体人物中，伏羲、神农没有争议，另一皇，《尚书大传》提燧人、《风俗通义·皇霸篇》提女娲，但据传燧人是伏羲之父，女娲是伏羲之妹兼妻子，一门三皇似有不妥。另还有《白虎通》祝融、《通鉴外记》共工提法，相对于皇者之尊地位而言，似乎略有不及。所以，本书采用先秦古籍《世本》之说，三皇为伏羲、神农、黄帝。“龙的传人”指华夏民族是伏羲的传人，“炎黄子孙”之说是指华夏民族是炎帝（神农）、黄帝（轩辕）的后代。“五帝”流传的版本有三个：一种版本指黄帝、颛顼、帝喾（少昊之孙）、尧、舜。第二版本指大皞、伏羲、炎帝、黄帝、少皞（少昊）、颛顼。第三版本指少皞（昊）、颛顼、高辛（帝喾）、尧、舜。既然前面已明“三皇”，“五帝”不再立此三人任何一人，故选择第三种说法。这些人其实应该都是中国人的祖先，是上古时候的部落首领而不是真正的帝王。

列出三皇五帝，一方面是对民族祖先的尊重，另一方面是崇拜中渐渐神化，天人合一为创始神，既有天地大道之和，也有人世美好之和，综合为中华心和文化，并成为中华文明、中国文化的起始内，成为不可违逆的国法家传，即治理、统辖、管理之原理与法则。列入三皇五帝者，一定是他们的治世之道符合修心之道、协和之本，可万世传承。

（三）初祖创始人心协和管理

伏羲、神农、轩辕三位“三皇”，为中华民族播下了光辉灿烂的文明种子。这里涉及他们探索华夏民族治理的思想意识、形成的文化内涵，具体管理技法将在第十三章另述。

伏羲氏（龙祖）创立八卦、始造文字、创设音乐、确立婚俗、发展渔猎、驯养家畜……更重要的是在管理上开创地域分而治之、任命官员的社会管理，是中国管理学无可争辩的始祖；在文化上不仅用卦画作符号出现文字起源，取代了结绳记事的形式，发明陶埙、琴瑟等乐器，创作乐曲歌谣，将音乐带入人们的生活，还取蟒蛇的身、鳄鱼的头、雄鹿的角、猛虎的眼、红鲤的鳞、巨蜥的腿、苍鹰的爪、白鲨的尾、长须鲸的须，创立了中华民族的图腾：龙，由此有了中华民族为“龙的传人”一说。这一切，每一项都与“和”相关。

神农氏（炎帝）制耒耜①、种五谷（奠定了农工基础），立市廛、首辟市场（开辟了市场贸易），结束了树叶兽皮遮体蒙昧、治麻为布民着衣裳，削木为弓、始创弓箭，制作陶器、改善生活……更重要的是炎帝教民开智而成教育始祖、神农亲尝百草而为中医始祖。据词语百科记载：炎帝管理部落，治理天下很有方法。他不望其报，不贪天下之财，而天下共富之。智贵于人，天下共尊之。他以德以义，不赏而民勤，不罚而邪正，不忿争而财足，无制令而民从，威厉而不杀，法省而不烦，人民无不敬戴。这一切，皆深透人心。

轩辕氏（黄帝）统一天下，奠定中华，肇造文明，惜物爱民。黄帝在炎帝之后，统一了中国各部落。他推算历法；教导百姓播种五谷；兴文字；作干支，制乐器，创医学。用甲子纪时（十天干配合十二地支而成六十年一周期）。他让仓颉造字而具六书之法（象形、指事、会意、形声、转注、假借），他让隶首（算盘发明人）作数而定度量衡之制；成就了后世的语言、数学之始祖。黄帝在管理上体现在两方面，一是国家管理，划野分疆，八家为一井，三井为一邻，三邻为一朋，三朋为一里，五里为一邑，十邑为都，十都为一师，十师为州，全国共分九州；设官司职，置左右大监，监于万国，设三公、三少、四辅、四史、六相、九德（官名）共120个官位管理国家。二是农业管理，实行田亩制管理：黄帝以步丈亩，以防争端，将全国土地重新划分，划成“井”字，中间一块为“公亩”，归政府所有，四周八块为“私田”，由八家合种，收获缴政府，还穿土凿井。对农田实行耕作制管理，及时播种百谷，发明杵臼，开辟园、圃，种植果木蔬菜，种桑养蚕，饲养兽禽，进行放牧等。其他还有发明机杼、纺织制衣，以陶制碗碟、以木制舟楫，以铜炼工具、同时制兵器——中华文明初期的原始工业管理体系，黄帝基本建立。由此，以心和文化开创管理之道、管理之术。

这三位华夏始祖，又被后人称为“上古三圣”，让中华民族的世世代代子民都可以自豪地说：我是龙的传人，我是炎黄子孙。三位始祖之所以能被后人称神称圣，就在于他们为中华民族的天人谐和奠定了基础，开启

---

① 耒耜，象形字，中国古代的一种翻土农具，形如木叉，上有曲柄，下面是犁头，用以松土，可看作犁的前身。“耒”是汉字部首之一，从“耒”的字，与原始农具或耕作有关。耒耜的发明开创了中国农耕文化。

了中华民族的文化之源。伏羲八卦中的“天人协和”思想，农业、渔业、狩猎业的农耕文明起始，原始工业、商业的开创，都为人们的安稳生活、谐和思想注入了基因；发明乐器、创作歌谣；结束群婚、男聘女嫁，一切都向着美好的方向发展；为了促使人们有规律地生活，按季节栽培农作物，还立历日，立星辰，分昼夜，定日月，月为三十日，十一月为冬至；教民使用工具，教民播种五谷，教民医药，教民制陶、绘画，教民弓箭、猎兽、健身，教民制琴、教民音乐、舞蹈，还教民智德，都是在教化人民安居乐业。在管理上，黄帝对各级官员提出“六禁重”要求（重：过分）：声禁重、色禁重、衣禁重、香禁重、味禁重、室禁重；最早提出以德治国，“修德振兵”，以“德”施天下，一道修德，惟仁是行，修德立义。深入人心，天道人和，安居乐业，以德服人。

可见，国学诞生之初，就注重洗心，注重悟道守德，讲究协和天下，部落管理追求心和，此后的一切组织管理、国家治理，皆追求心和。

三、周易原理感悟心和管理

（一）协和修心觉悟心和文明

无可争议，《周易》是百经之首、百经之源、百经之父，其哲学内涵、自然原理、天地气象等，宏观地解释了宇宙运行变化与万象更新原理、微观地阐述了人文奥妙之理和人生变动趋势，对国学发生发展、中国人的人格养成与相对固化起到奠基作用。其中阴阳、五行、八卦，更为后世各学问的产生发展和中国人的生存方式、成长方式、社交方式、职场方式和事业方式等，奠定了人种基因、文化基因。也就是说，中国的人文基因之种子是易理。正因为如此，几千年来，《周易》被中国人奉为《易经》。易道易理，觉醒了中华心和文明。

拂去蒙在《周易》上面厚厚的迷信尘埃，剔除后人演化过程中附加或曲解的非正统易理，回归诸子百家思想体系的核心本质，可悟出其中力透纸背的两个关键词：“人心”和“双和”。中国文化乃至世界文化，从诞生的那一天起就紧扣着“人”，人的生存、人的成长、人的思想、人的行为、人的期盼、人的追求……就追求着“和”，人和的观念、家和的期盼、天下和的目标以及和谐思想、和美愿望……中国文化注重的是学道悟道、懂道明道、守道得道。很显然，中国哲学、中国思想研究方法离不开“悟”，探索的核心是“心”的修养、“和”的协调，领悟心道、省悟和道，此乃明易理之本，也是中国文化“重文”的本原。这与西方文化“重理”的起因不一样，西方古典原子论是先有猜想，后有证明；商业社会的特点确定了不讲情分、不讲脸面，只讲利益，“计算”成为其研究方法的核心，除数学模式外，关注的重中之重是试验实验、化验测验、证验查验的“验”。验的结果是可见的，物质呈现；悟的结果是不可见的，思想呈现。数字里解读不出人心，实验中检测不出协和，直线思维者看不透曲线思维的心灵诉求，看不透就一口否决，不一致就坚决掀翻——直线思维的不二选择。

思维方式本身无所谓好无所谓不好，关键在于其结果是走向更文明还是更不文明，在于是否适应本土人文。“悟”的方式不受限制，鼓励主观能动性，可以在思想探索上深入、多样和有境界，却会出现不一样的领悟结果，无法证明哪种领悟成果更好时，以符合集体中多数人的利益为衡量标准的方式也就自然产生。“算”的方式精准而直接，鼓励统一而规则，可以在行为上有更强的约束力，但会出现显明排他性，以保障自身利益为根本，无法证明谁的方式更好时，以合约、法规定性的管理方式也就自然出现。不同的人文基因决定了不同的方式选择，可以互鉴，没必要照搬。毕竟元气论物质观决定了中华人文内涵。

中华人文传承、发展，逐渐形成一种管理特色：所有人的事情，都直奔人心、直透心灵，管辖治理的中心、提升修养的核心就是着重于心的思考、心的倾向、心的认定、心的认同、心和取舍……中国人特别注重修身养性、炼心修心，“吾日三省吾身”，从内心反省自身言行。修心反省的目的，是让自己的一切心中所思、反映出来的言与行等，都能与各关联方保持双向共和，彼此相协。这就是“人心双和”的观念来源。证明古代虽然没有直接提出这一观念，但这种思想观念事实上古已有之，而且是在中华创世之初就已有之，成为根植在炎黄子孙身上的人种基因、文化基因。同样，虽然没有学科式的人心双和管理学，但管理原理也是古已有之。心和管理理论是在国学土壤上生根发芽、成长壮大、发展创新起来的。

其实，“算”的方法，中国古代也在应用，只是西方讲计算，不相信数据之外的任何结论，重在计利；中国谋数算，综合运用所有主客观条件，包括数学结果、领悟结论等，重在计心。西方计利的最高结果是富可敌国，中国谋和的最高境界是天下和平。这在《易经》中都有体现，易之变通思想，关键是变而通之，变而不能通，不是易理。

（二）凝德向善领悟心和观念

从华夏始祖对宇宙的思考、对文化的探索中可以看出，中国的先祖们非常清楚，人类之所以为人类，就在于人类能产生思想、创造文化，这是区别于动物、脱离蛮荒而进入了人类文明的标志。中国先祖生活在陆地，面对山林、田野、江河，仰观天象、俯察地理，慢慢领悟星辰大海、江河池湖、木金火土的易动、变化原理，而后悟出万事、万物、万理，是为“三生万物”。“悟”成为中国人“格物穷理”的重要方法，观察、实践中感悟、领悟万象之变之理，理中总结出人类思想发展之道，道成而心中透亮、人间协和。

悟，是心中明悟、觉悟，也有量变到质变的顿悟。中国文化源于观察法，《周易·系辞上》说“仰以观于天文，俯以察于地理，是故知幽明之故，原始反终，故知死生之说。”① 易道在天地中，需仰头静观天文之象，俯首以细察地理之貌，从中掌握从幽暗到光明、从黑夜到白天的自然变化规律，从起始到结束、从事物发生回归到事物终结的人事运动规律，这样就能真正明白死与生的辩证统一，以及生而有死、死而有生的道理。从天象、地理、人心中体悟出社会原理、人事本质，进而探索出管理之途、管理之法。而这些哲学思想内涵，正是阴阳二气变动的基本规律。中国人是从观天象察地理中懂得了天地大道、人文大道。

因此说中国学问起于上观天象，下察地理，中测人心。用“中测人心”，源于“中知人事”一说，《黄帝内经》云②：“夫道者上知天文，下知地理，中知人事，可以长久，此之谓也。”这是从医者之道说治国之道。后文进一步说：“本气位也，位天者，天文也；位地者，地理也；通于人气之变化者，人事也。故太过者先天，不及者后天，所谓治化而人应之也。”即从医学角度解说“人事”，是“通于人气之变化者”，人之元气须恰当，过为气过盛、不及为气太虚，过与不及都不妥。所以应当对应不同人的气之盛虚情况，适当调和而治化。显然“中知人事”应该不是侧重哲学意义。因此，心和管理研究从人性分析视角把“知”明晰为“测知”而提“中测人心”。心中明白、心理认可，世事求和、人心谋和。

从哲学视角而非医学视角，从周易视角而非内经视角理解，“中测人心”比“中知人事”更能体现易理所要表达的思想。人的事是人自身思量的结果，涉及人心问题，知人心须测而有知，人心随时随地随情会有变化，也就需要随时随地随情测知才利于管理。《周易·系辞上》说“圣人以通天下之志，以定天下之业，以断天下之疑。”③ 圣人可以通达天下人的心志，成就安定天下的大业，决断治理天下的疑问。圣人通达天下人心

---

① 姬昌等：《易经》（王辉编著），云南人民出版社 2017 年版，第 411 页。

② 《黄帝内经·素问·气交变大论》，古诗文网。

③ 姬昌等：《易经》（王辉编著），云南人民出版社 2017 年版，第 422 页。

志，管理者通达管理范畴内人的心志，包括自己、下属和相关人员。“圣人以此洗心”，管理者亦以此洗心。

后天八卦研发后，周易预测功能得以更大程度发挥。算命看相，归根结底是预测人心中所思所想所期盼。现代破案理论中的“微表情”也是如此。无非西方将其归入“心理学”，让人们觉得高大上，很科学；而算命看相，成封建残渣，归入玄学迷信领域。但事实上，周易揭示出“死生规律”即万事万物从生到死的基本规律，所有预测都是根据其规律探求未发生的事。这跟现代西方预测学异曲同工，只是方式方法和表现形式不一样而已。

有一点却是西方预测学里所没有的：周易预测非常注重人心干净、道心善良、德心博大。所谓“风水”，最重要的是居地之道心、德心、人心。天地上下唯道独尊，大寰宇内唯德最贵，若要占测准确，唯有修道建德。吉宅，唯有德者居之；高官，唯有德者任之；财富，唯有德者拥之。这便周易预测及风水之说的追求。西方预测学不涉及人德问题，只涉及数据、运算方法问题，是假设某条件可变或不变情况下的相对预测。也就是中国预测讲道德，西方预测论计算。计算结果再准确，都无法衡量心之变动；只有道德相伴，才有美好未来。

而这一点恰是中西方管理的本质区别。中国管理之本，在于凝德向善。

（三）本土人文明悟心和管理

万象映照万事万物，事物变易归结人心所向。从这个角度思量，中国改革开放后出现的一些社会问题，如“一切向钱看”，如信仰失落（其实不是失落，应该是转向，转到“有钱就是大爷”上去了），又如员工凝聚力、主人翁意识失落，应该都与理论或体系一味引进而不加过滤、没有汉化有关；商业风气“全盘西化”，人心修养掉落山崖，商界并延伸到其他领域而出现底线不在、道义无影、德性不修，导致媒体、警察都在呼吁“不要与陌生人说话”，社会上彼此不再信任，所有住房变成自加栅栏的“牢笼”，不要说社区、小区，就连同幢楼、同个楼道都互不熟悉，老死不相往来，完全没有了农耕社会的那种温馨、那种谐和、那种安全感、那种稳定感，一切都商业化，什么都斤斤计较，任何付出都求物质回报。

乡下出来的“城里人”把父母接到城里，父母待不住，很少有人去思考那其实是对城市冷漠的拒绝、对人情淡薄的声讨、对中华美德回归的期盼。没有真正感受过农耕式的人间温暖、情义交往，永远不会明白明道修德之重要，不会明白人心失落的巨大危害。

西方商业规则是在西方社会下逐渐形成的，不适合西方人文的早就淘汰了；中国引进西方商业行为时，商业环境、人文背景却依旧是变通易理、人心谋和。这就如同咖啡伴侣扔进中国茶中，没有咖啡味、茶味也不正。单独分开来看，商业行为没什么大问题，西方也是这么做的，而且还成功了；中国社会、职场环境也需要国际化、需要随着新商业而发生变化，这也是一种变通。可是恰恰却忽略了最重要的一点：西式商业行为，中国社会环境，两者不兼容情况下，人心无所适从，必然会把欲望本能给激发出来，会在没有控制情况下，如野草一样疯长，最后，人心回不到原来的修养，心灵只愿意停放在无限制私利与无底线欲求上。西方用以制约私利膨胀的极其细微而过分复杂的法律体系，中国社会环境下是不适应，中国人对于“惹上官司”的排斥是根深蒂固的，而且法理之外的人情也不能不顾及。如此，行为不合法理、契约不合习惯、计利不合人情，当工商业迅猛发展时，也许经济增长的快乐掩饰了其中的成堆问题，但当经济刹车、谋求协同发展时，发觉这个过程中，人性中最重要的东西找不见了，人心里最美好的品质淹没在钱堆里，人际、组织关系、社会环境，好像都乱了，而最乱的还是人心。中国圣贤早就明悟，任何管理都需要与本土人文相适应。

如果批判古代“重道轻器”，实质是重精神文明轻物质文明，那么现代只求经济利益，不讲人心修养，岂非就是只重物质文明、不管精神文明了吗！如果计利方式产生的那些后果需要修心谋和来纠正，那么管理问题解决的根本之道，就在国学。管理必然是以人文内涵、人文诉求、人文精神、人文思想为基础的。忽略这一点，管理做不到“对症下药”，管理之效也就难以实现。如果说西方“文艺复兴”是复兴希腊文明，那么中国管理，需要中国元素的文化内涵，中国新时代的民族复兴就是传承中华文明。复兴，不是复古，而是传承基础上的创新、发展，真正向世界喊出：人心谋和天下一家，管理达和世界大同。复者，回复、回归是也；兴者，壮大、创新是也。创立完全中国风格、中国基因的管理学，不排斥西学，尤其是制器之术，即西方科技。学习是为了充实、提升、强大自己，根本是中国的“道”。没有自己的民族特色、国家风格，也就失去了中国管理的价值。中国管理之核心，就在于思想上本土文化与修心文明。

中国运用“悟”的方法论，从数千年灿烂文化的长河中，从中华民族的文化基因中，总结出了“中国文化崇尚和谐，中国‘和’文化源远流长，蕴涵着天人合一的宇宙观、协和万邦的国际观、和而不同的社会观、人心和善的道德观。”①

第二节 心和管理的耕读传统

中国传统文化反映在管理思想中，因“和文化”和“修身养性”文化的传承，因国家地理、民族特征、人种因素等，表现出阴阳和、得人心的哲学原理，故中国管理的根本特征就体现在“人心双和”，其人文精神的内涵、人文诉求的内容天然地表现在农耕社会、大陆文明的背书上：人心思安、人心求稳、人心谋和，即追求安稳、盼望和顺——这是中国人民代代相传永远不变的人心之愿、民族之根、国兴之魂——由此形成人心协和的管理思想。中国的农耕模式定型了中国人民的和谐思想根柢，定居方式定型了中国哲学的五行八卦基础，宗族祠堂定型了中国社会的基层管理模式，家国思想定型了中国国家的协和天下理想。

一、定居家国情怀：人心思安

一地一族一国的人文特性，体现在劳动方式、生活方式、社会方式上。华夏民族从文明起源到文明发展，逐渐形成了本民族特有的人种和文化基因，具体反映在劳动特点上是农耕方式，生活特点上是定居形式、社会特点上是宗氏乡邻，家国理念上是小家大国、先国后家。无论是统治者治理，还是为师者教化，或是传教者布道，都体现出让百姓忠君报国、让君王勤政爱民，让黎民安居乐业、在社会各安其位的主旨；而一旦有需要，“国家兴旺，匹夫有责”。这种忠君爱民的家国思想有一个重要的基础性特征：家园安居乐业、安居乐业者的人心普遍思安。

（一）农耕方式崇尚安详和美

世界文明古国，都是大陆（大河）文明，是以农业生产为主，狩猎、养殖等为辅的农耕文明。世界历史变迁，中华文明不断层，成为世界上最早种植水稻等农作物的国家，也是最早以五谷为主食的国家。“三皇”平定天下之后，社会以土地为本的农业（以粮食种植为主，包括瓜果花树等的种植）、以江河池湖（淡水域）为基的渔业、以狩猎驯养（山林平原

---

① 习近平，《在中国国际友好大会暨中国人民对外友好协会成立60周年纪念活动上的讲话》，《人民日报》2014年05月16日02版。

区）为要的家畜业同时发展，这是农耕社会的基本生活与生产方式，农耕文化因此产生。

四大文明古国是在江河长期冲刷形成的适宜灌溉种植的平原上崛起的，没有海洋特征的希腊文明什么事。尽管西方将希腊文明称为第五大文明，却是陆河文明在地中海遇合的文明，既非原创，而且从大河文明转向了地中海的风格特点，人文差异，生存方式、劳动方式差异显现。

农耕社会通过劳动生产能够基本满足生存需要，一些辅助性生活资料（如刚性需求的食盐）、劳动资料（如劳动工具），可以用简易方式自制解决；在没有专业性、条件具备情况下也会通过（商业）交换获得；总体可以自给自足。而依靠海洋生存的人们，需要通过海洋中获得的资源与农耕者进行商业交换获取生存资料，所以商业交换往往成为最重要的生存方式。显然前者是农耕立国，后者是商业立国，农耕文化与商业文化，差异就凸显出来了。

农耕社会逐渐形成“男耕女织”的分工模式，流传下来最美又最能体现中国特色的爱情故事，不是家族或阶级冲突却冲不破藩篱的凄婉故事，如西方的罗密欧与朱丽叶、中国的梁山伯与祝英台，而是明显体现农耕文明的“牛郎织女”天仙配，所以才有“鹊桥相会”的美丽，才有“七夕节”传承的情人节，才有“女儿节”的巧手期盼。牛郎织女是男耕女织的典型写照，儿女双全是最美好的追求。这就是中国式家庭，这就是农耕文化根植在中国人血液与骨髓里的种子。无论社会如何发展，工业化、现代化如何发达，这一基因种子不会磨灭。

这样，一户又一户的家庭，聚在一起形成村落，因物品交换需要交通要道处逐渐形成了集镇，农耕文明不断的开枝散叶，其生存方式让世世代代的中国人心态平和下来，崇尚家的安详和美、宗族的制约和庇护。农人“凿井而饮，耕田而食”（先秦《击壤歌》），形成了中国农村的典型风貌：小桥流水的村边、参天大树的村口、傍山靠水的居屋、袅袅升起的炊烟，以及围井而聚的村妇、田间劳作的汉子、门堂嬉耍的孩子、鸡飞狗跳的家畜，显示出一派温馨和睦的景象——这种农耕劳动与生存方式与西方的庄园制不一样，也与海洋性国家的城邦方式不一样。在中国农村这种环境中劳动、生活着的人们，平安即是福，健康便是寿，人丁兴旺就是最大的愿望，再怎么出外闯荡，都有着浓郁的怀乡情结——这便是“乡愁”成为中国文学亘古不变主题的缘由，也是闯荡世界终究要落叶归根的社会缘由。

农耕社会形成的人心思安心理，从管理角度说，是一件极好的事。任何统治者，最需要的是治下安全稳定——治下之民普遍思安是管理最好的基础。而海洋性民族，天性中有对外扩张的基因，海盗法则是原始追求，商业行为带来竞争意识，一拍即合，躁动因子由此而现。商业社会的人认为农耕社会的人是绵羊，只是因为他用商业法则丛林法则来看待农耕国家的协和法则，所以，每次这些自我感觉是狮子者对他们眼中的“绵羊”施暴时，初期也许会得到些许好处，但最后一定会被这些“绵羊”掀翻、打倒，甚至消灭，从无例外。

正因为如此，西方管理与中国管理在根基与文化基因上有着本质区别，农耕文化下的管理不会主动去侵略别国（东周诸侯国是争霸），但对入侵者也绝不留情；中国人民历来追求安全稳定，所以数千年间在选择着合适的社会制度。20 世纪初，帝制结束，民国探索又走上歪路，是中国共产党经过新民主主义革命、走上了社会主义道路，并且，坚持中国特色，无论引进什么样的理论，都将其与中国实际相结合，丰富中国特色社会主义理论。

若利益计算到没有人情，底线突破到不要脸面，那就一定不是中国文化，更不是中国管理。

（二）定居方式追求安居乐业

劳动方式决定了生活方式。因为农作物需要雨水、阳光，需要一定的周期，土地需要护理、加工，农人需要定居下来。与定居对应的是漂泊，漂泊之后更感受到定居的价值、家以及家乡的意义。定居，核心是有房有屋，择地而建居之。经历最初的洞穴（树洞、山洞）后而茅棚草舍，因其经受不住风吹雨打，发展到或挖地而居，或依山而建，或土山建窑洞；然后就地取材，或茅屋，或竹屋，或木屋，或石屋……直到砖瓦出现，凡适合建房的处所，依山傍水、平地而起建房舍、亭台、楼阁，发展到庄院。择地建居之屋（土），要有自然之物能挡风遮雨（山），要能就近取柴禾火、就地有工具（如石器时代的石头工具、之后的金属冶炼工具）（金），还能随时取到水。这就是落实在大地上之木火金水土五行的由来，也是农耕人类生存的基本自然元素，包括选地择居。如图 2 – 1 左图所示，居中朝南，结合星宿学，左青龙（有溪河，屋边有活水）、右白虎（纵山林，居地有山靠）、前朱雀（可翱翔，前面须开阔）、后玄武（隐池塘，后方有水聚），而后衍生出活水有财来、居家有靠山、子孙能飞跃、财聚保平安的五行风水。故所居之地最佳是水流淙淙山影动，前阳后阴龙凤腾。仔细探究，这些风水之意充分考虑到地基、采光、通风、交通、砍柴、用水等永恒的基础条件和居住之人的生活条件，核心仍是德厚心善。中国风水学之根本，是道德高尚。

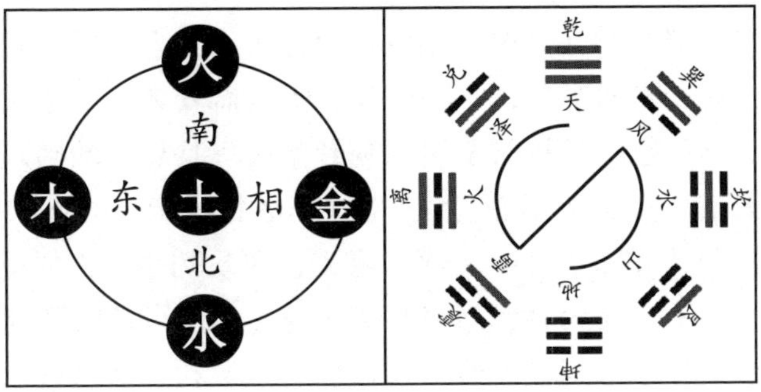

图 2－1　居屋选择五行八卦

这样的定居生活方式以及农业生产的自然需求，自觉与不自觉地就会敬天——有阳光雨露而非干旱水涝，敬地——谋田肥粮多，而非地瘠产寡，求个风调雨顺。同时还敬神（中国的神话人物主要是先祖）——对祖宗、祖制的敬意。生活于天地之间，享受着水火烹食，往来于山泽劳作，感受着风顺雷警。形成择地而居的标准，要向阳（阳）、要有水（阴）——原始的阴阳观念在农耕生涯中的朴素反映；把居地与耕作结合起来，既要通风接雨又要防风防雨（风、水），既要有蓄水之泽又要能倚山有靠（山、泽），既要柴禾可烧又要避雷警醒（火、雷），而这一切都是万物之父的“天”和万物之母的“地”所提供的（天、地），即所谓的靠天吃饭、靠地给粮。这样，中国人就认识到阴阳八卦的原始雏形：天、地、水、火、风、雷、山、泽，是为天地间的八个代表性自然元素、自然现象。于是，阴阳、五行、八卦融合一起为易理之初始。八卦如图 2－1 右图所示。

凭借依山傍水的定居生活和精耕细作的农业劳动来维持生计的方式，无须像牧民、渔民那样四处迁徙，而适宜日复一日、年复一年在同一地劳动，根据四时节气播种、管理。动荡的环境、漂泊的生活是这种方式的天敌，故中国自古思安，追求安居乐业。如果因此而批评农耕社会的人们不思进取、没有冒险精神，很不应该。农耕生产、定居生活，不重冒险，而重细心耐心的劳作；不重争斗、不需凶悍，而是静心侍候田地获得丰收。

西方海洋国度，高度依赖商业活动获得人们生存、生活的物品，需要冒险，也会不断的劫掠；海洋性生活方式与商业活动规律及购物讲究就近等特征，需要不断更换居所。这种空间不断变动带有冒险性的生活模式，相对而言对“安居乐业”就没有中国人那么强烈。这也就是为什么西方人对家的思念、对家园的依恋远不如中国人那么深切、远不如中国人对居所（房子）的渴求那么大的原因。中国人一生的努力、一生的积蓄都是为了建立一个美好的家，为了这个家，愿意付出一切。在中国人心目中，自己好不是真的好，家好才好。这一点也是西方人不大容易理解的。

国学鼓励这种安居观念，“是故君子所居而安者，《易》之序也。所乐而玩者，爻之辞也。是故君子居则观其象而玩其辞，动则观其变而玩其占。是以自天佑之，吉无不利。”① 说的就是君子能有居而获安定，遵循的是《周易》体现出来的一定卦序，喜爱而研玩的是各爻的爻辞。因此鼓励大家做君子，平日安居时就观察卦象研究爻辞，行动时则观察其变化探索其占卜法，这样会得到上天保佑，吉祥而无不利。这里启示的道理，就是想要获得人生之安居快乐的智慧，就要好好钻研《周易》，体验“生生不息之谓易”的易理，把握刚健有为而又应时谦退，安居乐业而又虚静自守的易道精神。

（三）宗族意识形成家国情怀

“日出而作、日落而息”的生活方式，让农人感觉安心踏实。居所稳定，家也安定，家成为农人劳动后的身体归宿，是亲人在一起的心理处所，是自家劳动力和生活的经济保障，是出外之人深深眷恋的心灵寄托。数代之后就会形成一些大家族，除爷奶公婆爹娘，上辈叔伯姑婶舅姨、平辈兄弟姐妹堂表、晚辈侄儿外甥男女济济一堂，和谐相处、和衷共济。由此可见中国人对“家”的眷顾、对“房屋”的看重。中国人最温馨美好的向往，就是“家”，一生追求的事就是“房”。有房，家便有了载体；有家，房便有了生气。“祖屋新居”是农耕特色，“含饴弄孙”是百姓渴望，“四世同堂”是国人骄傲。

为了这个家、为了这个家族，中国人故土难离，即使生活所需必须远离家乡甚至远涉重洋，心心念念牵挂的是故乡、家乡的那个家，出门在外为“游子”，“浪迹天涯的游子”总时不时地会思念“那故乡的风，那故乡的云”；不幸在外过世也要落叶归根。家、宗族，便是这个根，因为有家，才会有子嗣传承，代代外出的人永远不会忘记《把根留住》。又因为这个“根”，所以特别看重宗族宗祠，特别看重血脉传承，“不孝有三，无后为大”。

为了这样一个幸福安定的家、代代传承的根，中国人会不惜一切。“古道西风瘦马”是在外的“游子”孤单困苦写照，思念家乡的游子“断肠人在天涯”；家是“小桥流水人家”，孕育着勃勃生机，炊烟袅袅升腾告示着家园幸福。温馨、安宁的家，是中国人孜孜以求的。因为村落而

---

① 商·姬昌等：《全本周易》，北京出版社2006年版，第337页。

居，渐渐形成“远亲不如近邻”的邻里关系，这种关系下，不会像西方商业社会什么都换算为物质利益而算计得清清楚楚，而是一种脸面尊重的体现，一种情感倾向的反映，一种道德准则的实践；彼此之间互帮互敬，谢意差不多就行了；谁家有红白喜事，大家都会来凑凑热闹；逢年过节，家家户户敬天敬地敬神敬祖宗。中国特色的宗姓氏族制度、人情关系往来便是由此而来的，猜拳行令的酒桌文化也因此而自然产生。

宗族祠堂，成为古代中国最基层的管理模式。宗族族老会要求在家女子守妇德，所有男丁负责任；鼓励宗族子弟，奋发图强有出息，光宗耀祖兴家业。出外谋生者须守道敬德，顾家尽孝，要赡养子女，不得抛弃糟糠妻，否则会被祠堂处以惩罚（惩处的方式各有不同，在一些闭塞之地可能会比较野蛮），若是被处以不得入宗室、不得进祠堂，那就是犯了不可饶恕的大错甚至是罪恶了。从今天看来，这种祠堂管理模式，还是有一定的价值的。只是现在，这些已作为封建渣滓被扫进了“历史的垃圾堆”，在利益为先的社会风气下，即使家谱恢复，祠堂管理也已不复存在，也就无所谓剔除糟粕、汲取精华了。

内陆分散而广阔的户居、村庄模式，使得人们在遇到矛盾冲突时，一般都会自己先行解决，解决不了就吵，吵不过就开打，这个过程中，往往会请本地人情面子大的人——德高望重者调解，小事也许能调解成功，大事就难说，吵累打疲了，自然会要求再调解，而很多事情依靠民间是调解不了的，于是所有人不约而同会想到官府，并且期望官府能为自己讨回公道。所以，层层官府的一项重要工作就是断案。这就是中国民间敬畏官府、敬畏皇家的由来，也是老百姓从心底里盼望“青天大老爷”的由来，寄托着普通老百姓无限厚望的“包公”式人物应运而生，表达出中国人向往公正廉明以保平安的思想追求。而皇权思想的强化，国君成为老百姓最后的希望，世世代代中国人都希望遇到“有道明君”或者“时代包公”。

国家，有国而有家；家国，有小家而有大国，国稳家才安，“是故君子安而不忘危，存而不忘亡，治而不忘乱，是以身安而国家可保也。”①孔子在《易传》里就提出“居安思危”的观念，“保家卫国”的思想；也提出忠君爱民观念。“民本”思想存在于多家学说中。能不能做到不是文化的事，是君王之事。中国人、中国文化都思安。而家安的前提是国泰，所以，中国文化里有“小家与大家”的辩证思想，遇到国和家“两难”问题即忠孝难两全时，一定是国忠排前面，先忠后孝，先国后家。所以家

① 商·姬昌等：《全本周易》，北京出版社2006年版，第360页。

国思想，是期望国君爱民、百姓忠君，上下和谐，共同维护好国之大家、己之小家，归根结蒂是体现在“安”——安宁、安定的追求上。

二、农耕田园情结：人心求稳

（一）耕读传家种植田园梦想

农耕模式，让中国人从心里喜欢那种凉风习习、竹影幢幢，流水潺潺、月光莹莹的意境。那是乡下农村的记忆，或者说是祖先镌刻在我们脑海里的温馨浪漫。现在很多人把自己对这种喜欢理解成“小资情调”，其实应该是中国农耕文化的基因作用。

走出大山，离开农村，是年轻人的梦想；回归自然，感受田园，是老年人的梦想。这像是一个轮回，少时外出闯天下，老了不再眷恋城市的喧嚣与繁华，而渴望并追求乡村的自在、安详。中国人的心灵深处应该都有一个田园梦。无论世界发生了多大的变化，无论科技到了什么样的水平，这个田园梦，会在不经意时，突然就冒出来了。而真的年老时，就不再做梦而是努力去实现这个田园梦：农家小院，小桥、流水、人家；三分地、几畦菜、三两只家禽；没有池塘可以摆个大大的水缸，放点浮萍、养几条鱼……看着鸡飞狗跳，听着蛙鸣虫叫，洋房别墅、豪宅大院也不换。河湖边一栋木屋、竹海里一幢竹楼、山林里一间树屋，可以让都市人惊讶惊奇惊喜，更何况菊花筑篱笆、炊烟绕屋顶的农家小院，若是江河湖海的临水处有一家渔家庄园、山清水秀的村落边有一座农家庄园、风景如画的山腰间有一片休闲山庄，岂是城市里那些林林总总的别墅可以比拟的——最美田园梦。

不同层面不同需求，但田园梦是一样的。在古代，帝王的叫行宫，将相的叫府邸，富商巨贾、地主乡绅的豪宅等统称别业、别馆；一个“别”字道出了与普通民居的不一样，因为那已不是普通的草民之“家”，而是一个宽敞生机的庄园——山庄、农庄、渔庄或者集合体。这一个“庄”字，导出了中国人心底的渴望：宁静安详、与自然相融的村庄生活，“采菊东篱下，悠然见南山”的惬意——所以，到今天人们对居所的最高追求就是这样的：整个村是自家的房子，围起来是自家庄园——富起来的农人农户，自在轻松、无忧无虑。

西方，第一居所的房子叫作 house，第二居所叫 villa，villa 是国外独立庄园生活的代称。进入中国时翻译成三种名称，有时叫别墅（单体园林住宅），有时叫庄园（多重多间古屋），有时还叫城堡（堡垒式小城）。中国明代，别墅叫法已常见，当别墅多起来时，一个庄园和另外一个庄园连起来就成了庄园区，这是别墅区的原形。

历代著名别墅有唐代蓝田王维的辋川别业、明代苏州的拙政园、清代杭州的金鳉别业和北京的勺园等。号称“上有天堂，下有苏杭”的苏州园林（现保存完整的有 60 多处，对外开放 19 处），如拙政园、留园、网师园、怡园、沧浪亭、狮子林等，是中国古代流传至今最著名的别墅，或见“庭院深深深几许”，或见“柳暗花明又一村”，或见小桥流水、粉墙黛瓦，或见曲径通幽、峰回路转，或是步移景易、变幻无穷……联合国教科文组织世界遗产委员会第 21 次全体会议对苏州古典园林作出这样的评价：“中国园林是世界造园之母，苏州园林是中国园林的杰出代表”。这也从世界层面肯定了中国的田园文化，进而肯定了中国的耕读文化。当然，这是从文化遗产视角作出的评价，何尝又不是中国人心中的梦想。

国内一般把苏州园林定位为江南园林（包括南京瞻园、无锡寄畅园、上海豫园，扬州瘦西湖等古典园林），凝聚了古代知识分子、能工巧匠的勤劳和智慧，其艺术成就蕴涵了儒释道等哲学、宗教思想及山水诗、画等传统艺术。最豪华的是皇家园林，如北京的颐和园、圆明园、北海公园、畅春园，南京的煦园，河北的承德避暑山庄等，这些园林的规模已经超越了前面所说的田园梦，是皇家权力象征了。另外还有岭南园林，具代表性的是珠三角的广府园林，其中顺德清晖园、番禺余荫山房、佛山梁园、东莞可园最著名，称为岭南四大园林——园林追求自然化、艺术化园居生活，具有求实兼蓄、精巧秀丽的独特风格。

农耕梦想的根本，是风调雨顺、社会安定、家庭祥和……中国人，人心求稳。

（二）脸面人情隐含乡村管理

对于家的认知，中国人内心深处有一个永远不变的认知：有屋有眷才叫家——有与自己共同生活的家眷（亲人）和共同居住的地方（家屋），才符合“家”的定义。有能力改善这个“家”的居住条件，在古代一定是建庄园（或在老家建大宅院），而在当今则是买或建别墅，即建在郊区或景区供休养或享受生活品质的园林住宅，抑或是在乡下买地建庄园回归自然。所以，广阔的田野、山林、江河、湖泊等山清水秀之地，风景宜人的小桥流水之畔，那一个园林式美丽的“家”，是中国人心中的梦想，这才有微信群里流传的：拼尽一生，回归农家；奢华一世，最喜田园。人们成功后渴望的是田园风格的“家”的安稳宁和。

这种田园梦，是中国农耕社会条件下人心求稳的心理状态下形成的，无论是古代还是现代，人们的梦想仍然是有自家的别墅。虽然我国现今的别墅大多建设为欧美风格，但真正高档的仍然是中国传统的园林，如北京的四合院、苏杭的明清苑，而且这样的园林建筑因为占地比较广，越来越稀有，也就越来越珍贵。这种田园式庄院的情结，是对“家”的稳定性期望的延伸，是对中国式美好生活的寄托，也是身份地位的象征。

农耕模式让人口大量散落在广阔的农村，城镇也是因为交通运输和农产品交换而逐渐兴起，所以城乡都会形成户村街之间和睦的邻里关系，这种邻里关系不是商业关系，而是完完全全的人情关系，邻里、村里、乡里、镇里，谁的面子大谁就能办成事，依靠人情脸面建立起互帮互助关系——这是中国人情社会的由来。人情有、面子大，邻居、朋友、亲属之间就会在农闲时节、节庆或喜庆时候呼朋唤友聚一聚，而且总是会把最好吃最好喝的拿出来而成酒桌文化，这种乡村风俗典型体现了求稳心态下团圆相聚的美好追求。正是这样温暖的人际关系，展示了心修道德、谋求协和的文化风格、管理特点。

20 世纪末，引进西式经济与管理理论、经济模式与管理体系后，原本人与人之间的坦诚与信任一点点淡化了，原本讲究脸面的心理状态发生巨大变化了（典型用语“面子值多少钱”），原本酒桌文化越来越变味、越来越虚情假意、越来越讲排场，情意没了、温暖没了、红彤彤的酒脸上虽是豪情万丈或笑容满面，却谁也不敢相信那就是真性情。什么叫脸面，官大就面子在；什么叫人情，阔绰就人情浓……耕读文化的温馨纯净，让“利益”搅混了。

千年、万年积聚的农耕文明基因，不会因为社会体系、社会方式的变化而变化，因为中国自古追求的是心灵的层面、思想的层面，是哲学内涵的深种，外在的一切都会发生变化，心灵的、精神的才是永恒的。挣脸面、讲情份，从文化层面解读，是人性修养的成果。

人情脸面的风俗文化，本是华夏族人真性情的表现，无形推崇与制约，有利于管理。后世的变味不是文化造成，回归本意，却是心和管理最好的管理基础文化。

（三）男耕女织体现基层管理

农耕社会男耕女织的家庭、社会分工，是根据男女社会地位、性别差异、社会交际特点与事务处理需要确立的，是一种稳定的家庭管理、社会管理基础。男子田间劳作、女子屋里持家，一幅国家和平、社会和谐、家族和睦景象，男主外、女主内的社会基础也由此奠定。如此，家中矛盾不会推向社会，最多也就在家族宗祠里解决（虽然宗族制度也会有权贵式欺压甚至草菅人命，但不能因此全盘否定），家庭得以稳定，社会也就在一定程度上得以祥和。稳定祥和，是中国人最热切的思想追求，也是中国式管理制度与管理理论的重要基础。

国学对管理仍然具有极其重要的作用。男耕女织让女性在家，“大门不出，二门不迈”，再加上一句“女子无才便是德”，女子主攻女红，有钱有闲的在家里来点琴棋书画，没钱没闲在家里干一切家务活。中国人不喜欢战争，不愿意主动挑起争斗，女性在家不出门，会少了许多口舌和争端。而出门在外的所有事，都让男人们干，从管理角度说，又一句“识时务者为俊杰”，让男子在外服从管理——男子外出参与社会活动，挣得家庭生活所需钱财物资，识时务就是服从管理，不听话就是不识时务。

和平时期，国泰民安、海晏河清，皇家统治、官家治理又真正能落实“民本”思想，于是出现历史上所称的“开明盛世”。而历代王朝更替、内乱或外敌入侵，就会经历开国拼杀，或平叛或抗击入侵者，战争让百姓流离失所。所以战争结束后，创业拼搏的帝王，一般都会让黎民百姓休养生息，鼓励男耕女织、医治战争创伤、富裕民众强盛国家。从管理角度说，真正打破平衡的，一定是自我感觉有权有势者，平民百姓只有两种情况下才有可能去打破这种平衡，一是不小心出格了，二是被逼民反；破坏稳定也不是文化本身，而是使用文化的人。从王朝更替角度说，经历几代帝王传承，生来就是皇子、太子者，没有吃过苦，不知民间难，再没有“艰苦奋斗”“居安思危”意识，“败家”几乎成了一些纨绔皇帝、皇亲贵胄的必经之路。若出现皇族内斗、文臣武将叛乱或者边境危急战争爆发，一般出现两种情况：一是一位经历过无限苦难而雄才大略的皇家后人脱颖而出掌握了政权、稳定了局面，出现“王朝中兴”盛况；二是温室里长大的皇子上位，“家天下”观念根深蒂固，根本没有民本意识，国力会被一点点挥霍，忠臣良将会一个个远离（或死于阴谋），如此下去，王朝灭亡。

无论怎样否定男耕女织，无论如何抹黑华夏文明，也无论如何歪曲中国文化，皇家政体崩塌、男耕女织社会稳定被打破，是统治阶级的事，与平民百姓直接关系不大，更与文化内涵本身没有关联。换句话说，将社会人力进行社会分工，各司其职、各按本分，这是中国管理的创造，这种管理文化、管理方式，世代相传，成为农耕文化的重要部分。

作为文化基因，很多人是看不上“农耕基因”的（嫌太“土”）。所以，一些农村人进城后就不愿意承认自己是乡下人，一些二代、三代的“城里人”就干脆看不起乡下人，如果是“暴发户”那更是要冒充“贵族”；殊不知真正的贵族一定是有平民意识、民间智慧的，他们明白脱离了地基，大厦也就将倾。再说，“农耕基因”不是指古代农业生产方式，而是因为农耕生活方式所形成的文化根脉，男耕女织的社会分工确立所的管理思想与管理方式，更重要的是千万年积存下来的人心求稳心态养成而追求和谐社会的心理基础。当然任何阳面背后会有阴面，好的现象便会出现不和谐音。只是看待事物不可绝对，正向的能量必须传承、优秀的精华乃是宝库，对多数人有益的便是好基因——不能因噎废食。

用数学语言来表示，超过五成人赞成的就是多数。在当今，出现的那些不好的社会现象、不好的人所做的不好的事，是属于多数还是少数，是绝大多数还是极少数，明眼人都有正确的判断。一个国家如果有 1400 万人做坏事，这个国家的人口却不足 3000 万，那就是超过五成以上的人在做坏事。对于人口大国的中国来说，14 亿人口的基数下只是 1% （超过 50% 与只有 1% 的比较，意味着什么）。如果按概数表示，说九成人是和谐的，应该是相当和谐的社会；所以在中国“大多数人期望稳定、追求和美”的说法完全成立。不能因为少数人崇洋媚外、数典忘祖、破坏国家安定、社会稳定，就否定中国的稳定、否定耕读文化基因。

为了保障“农耕基因”之稳定祥和，中国人也从来不怕麻烦，谁要破坏这种稳定，必定毫不客气。这就是“客人来了有好酒，敌人来了有猎枪”的缘由。这也是数千年来，仁人志士总会在国家危难之际展现出他们的高风亮节，在民族大义面前展现出他们的铮铮铁骨的原因所在。而这种民族大义、国家精神，很多时候不是响应号召，而是深埋在国人骨髓、血液、细胞中的农耕文明培育而成的、国学淬炼而成的文化基因、民族基因在起作用。

田野的豪情与自在，园林的秀丽与洒脱，极为自然地融合在中国人身上。虽然在某个历史的横断面会出现不和谐音，但中华民族主体的精神风骨永远不会变，中国文化的“和天下”能量永远镌刻在堂堂正正的中国人心中。这是田园生活求稳心态所决定的，也是田园风格在国人心中的自然反映，更是田园文化内在本质的必然结果。谁要来破坏这种稳定安宁，就要跟谁斗到底，绝不妥协。

三、和谐民族诉求：人心谋和

（一）善良民族的发明为和谐

思安观念、求稳心态，最终表现在中华民族的和谐诉求上，体现在中国人之人心谋和的美好愿望上。《尚书·尧典》说“九族既睦，平章百姓；百姓昭明，协和万邦，黎民与变时雍。”意思是让家族和睦了，然后辨明百官的善恶；百官的善恶辨明了，再使各诸部落协调和顺，天下众人从此也就友好和睦了。中国文化讲究“家国天下”，走上社会参与“治国、平天下”的前提条件是“修身、齐家”，自身未修好，自家未理顺，何以治国、何以平天下。一个不能用自己的美德使家族亲密和睦的人，连家族都管理不好，何以做官；一个不能用自己的智慧辨明百官善良使各国诸侯协调和顺的人，连做官的基本条件都达不到，何以明辨善恶。以德服人、以德安邦，中国文化永远的主题。

《管子集校·兵法》中更明确提道：“畜之以道，则民和；养之以德，则民合。和合故能谐，谐故能辑。谐辑以悉，莫之能伤”，有道有德，民众就可以和而有合；人和心合，大家就能够协调一致；协调一致，就可以做到无敌于天下了。人心谋和的人文精神，是中国人民的文化印痕；追求和谐，是中国社会、中国百姓的最强诉求。

人心谋和的和谐内涵，首先体现在中国古代的四大发明。1550 年，意大利数学家杰罗姆·卡丹指出，中国对世界所具有影响的“三大发明”：是司南（指南针）、印刷术和火药，并认为它们是“整个古代没有能与之相匹敌的发明”（资料来源：《历史上二十四大发明》，学科网，高中历史）。1620 年，英国哲学家培根也曾在《新工具》一书中提道：“印刷术、火药、指南针这三种发明已经在世界范围内把事物的全部面貌和情况都改变了。”[①] 1861 ~ 1863 年，马克思和恩格斯更是将这些发明的意义推到了一个高峰，马克思在《机械、自然力和科学的运用》中写道：“火药、指南针、印刷术——这是预告资产阶级社会到来的三大发明。火药把骑士阶层炸得粉碎，指南针打开了世界市场并建立了殖民地，而印刷术则变成了新教的工具，总的来说变成了科学复兴的手段，变成对精神发展创造必要前提的最强大的杠杆。”来华传教士、汉学家艾约瑟最先在上述三大发明中加入造纸术，他在比较日本和中国时指出“我们必须永远记住，他们（指日本）没有如同印刷术、造纸、指南针和火药那种卓越的发明”。这个发明清单被后来的著名英国生化学家、历史学家和汉学家李约瑟发扬光大。这些资料说明，四大发明的概念来源于西方学者，之后被中国人接受。因为这一现实，一心唱衰大中华的某些势力通过某些所谓的“专家”非常“卖力”地证明科学与技术的差异，以说明中国古代最多有技术而没有科学。事实上，用现代科学解释，无论是罗盘还是火药，造纸术还是印刷术，都是物理、化学的科学范畴。

西方学者研究中国这四大发明时也许并不清楚，中国人是为了谋求社

① 英·培根：《新工具》，北京出版社 2008 年版。

会的和谐、人类的和谐而发明的：造纸术、印刷术直接就是文化的产物，也是记录、传承、发展文化的需要。指南针，原先叫罗盘针，是在掌握磁场、北极南极知识后发明出来的，因其磁针指南特性，所以又称司南针。主要用于祭祀、礼仪、军事和占卜与看风水时确定方位。

也就是说，中国人的发明没有任何攻击性本意，只是为了家庭的和谐、群体的和谐、宗族的和谐、社会的和谐、国家的和谐、人类的和谐……农耕社会的人本质是善良的。

四大发明传入西方后，指南针推进了航海业、火药技术（无论怎样说黑、黄火药之别，火药原理的共性必然存在）发展了枪炮业，才有了大航海时代西方国家地理大发现的荣耀。同样的发明成果，不同的社会思维与不同的文化基因形成不同的结果。

（二）文明管理的智慧在协和

人心谋和的和谐内涵，还体现在中国重道抑商的和谐意愿。中国文化“道”“器”问题上，一直认为是“道”为先“器”为后，后人曲解出现了“重道轻器”现象（把先后顺序误解成重轻程度）。农耕社会，谋利性交换被认为是不道德的，人与人之间的关系不能用商业利益计算得清清楚楚，若那样做就是不近人情，不讲面子，是会被大家看不起甚至鄙视的。靠山吃山、靠水吃水，农民的本分是种地，渔民的本分是打鱼，靠自己实实在在的劳动获得的收益被人认可和称颂，低价进、高价出，那不是实实在在的劳动，属于不务正业、不讲道德、不劳而获，自然会被人唾弃。

正因为有这种思想观念，所以中国社会自古有重农轻商、重道轻商现象。其根本在于引导大家凭自己的辛勤劳动过生活，而不是通过买进卖出靠投机取巧谋取暴利。从古代的生产力和社会认知角度说，这种观念不能“一刀切”粗暴否定。

人心谋和，是指每个人在自己的位置上做好自己的事以及融合好与别人有关联的事，人际和谐了，事务和谐了，社会也就和谐了。正如墨子认为“和合”是处理人与社会关系的根本原理，还指出天下不安定的原因在于父子兄弟结怨仇，而有离散之心，即“内之父子兄弟作怨仇，皆有离散之心，不能相和合”（《墨子间诂》卷三）。《国语·郑语》称：“商契能和合五教，以保于百姓者也”（据韦昭注：“五教，父义、母慈、兄友、弟恭、子孝）。这是说商契能把五教加以和合，使百姓安身立命。尽为人本分，无离散之心，各安身立命——中国人达和之朴素愿望。民之相处如此，国之治理亦如此，所以有协和天下之论。

人心谋和的和谐内涵，还体现在古代皇室和亲政策的和谐诉求。和亲，说白了是一种具有政治目的联姻，双方通过嫁娶公主来保持和睦相处的关系。当然史学上对“和亲”存在着不同的看法，这里不作分析评判。但不可否认，中国古代的和亲分为两个敌对政权之间的和亲、为孤立敌国结盟友国的和亲、为借外援平息内乱的和亲、对臣服者的和亲、为笼络羁縻边地民族的和亲等，任何一类和亲，其本质都是通过联姻和谐彼此，最终结果不一定尽如人意，有成功也有失败，这跟当时的政治形势、时代背景、主被动情况、参与人的原因等多种因素有关。然而，和亲过程中，缴纳聘礼、贡物、回赐及与之相关的互市等活动非常频繁，必然会促进官方贸易和双方经济的发展，出嫁公主在和亲过程中还带走了先进的生产技术、生产工具和生产工匠以及农作物稻种、农业器具等，农耕文明与游牧文明进行了很好交流，促进了彼此的经济发展，这些是不争的事实。举世闻名的唐代文成公主和亲吐蕃松赞干布就是其中的典型代表，汉族文明带入藏族，藏族文化也流入汉地。

以农为本，和亲相协，无论是主动还是被动，也无论是主观上认定还是客观上存在，其结果都反映出的中国农耕社会的谐和智慧，是中国式管理的创新。

（三）中和文化的落实在循道

中国文化中有两个字很重要，一是“中”，中国之“中”，中庸之“中”；二是“和”，协和之“和”，中和之“和”。中国讲协和，中庸达中和。没有“中”的概念的人不能算是真正的中国人，没有“和”的概念的人不能算是懂得国学的人，不能真正理解“中和”意义的人，也就不可能真正理解中华民族的和谐诉求。

汉语常常有两种角度的理解，一是词义的理解，二是文化意义的理解。就像“人心双和”中的“人心”，不能从词义角度理解，只能从文化意义上理解。“中”与“和”，则是既要理解其词义，也要理解其文化意义。“中”的词义是五方位之中间的“中”，有“在……里面”的意思；而文化意义则是左右相荡、上下相弹至合理、适宜的位置，在道德层面则是“中正”。“和”的词义相当广泛（具体别处再探究），词义或文化意义都只侧重于协调后的融洽、恰到好处的适中之意。而那种把“中和”词义解释为“相对的事物互相抵消，失去各自的性质”，显然不符合国学内涵。若解释为“互抵各自都保留一部分特性，同时也丧失一部分特性”，则勉强与文化意义接近；因为通过必要而适当妥协来达到彼此目的，是“中和”的文化意义，更准确地说，中和就是中庸之道，此“道”的理论基础是天人合一，基本主旨是通过务本、固本、乐本达到修养人格。

所以，中国人，“中”的思想根深蒂固，“和”的意念天长地久，致中和为本。

天人合一是人要循天道、合地道，即要达到天诚、地善而至诚、至善，所谓“致中和，天地位焉，万物育焉”。天地大道，是做人处世之根本，此为务本；悟道明道须坚定不移，达到厚德载物，此为固本；和合道义达到至善、至仁、至诚、至道、至德、至圣，此为乐本。故“致中和”，就是人们自觉地进行自我修养、自我监督、自我教育、自我完善，达到“太平和合”境界。这种天人合一达和的思想观念，深植在中国人心中，融化在中国自古以来千年积淀的内涵上，落实在日常用品、日常生活和常规仪式与一般行为之中。

幼子蒙学、学徒起始，有专门的“洒扫课”，把诚意、正心、修身文化融入洒水、扫地的基本行为，也切入格物之学的内涵之中，比如先贤发明衡量轻重之秤、丈量长短之尺时所赋予的文化意义，既是易道易理，也是古代科学技术。这就是只要生存在中国社会中，可以没有读过书，却不会没有中国文化的原因所在。“中和”的文化，已经融化为中国人的生活方式和处世原则，代代传承，万世流传，成为中国管理的文化营养和基本内涵。

综上所述，基本可以体现出中国人文环境的特点，也可以初步看出中西方人文精神的差异。这种情况下，管理哲学、管理理论、管理体系不可能天下一统。西方有西方的人文背景和管理特色，中国有中国的人文背景与管理特色。

虽然古代没有如今这样明细的学科分类，没有中国管理学之学科组成，但不等于没有中国管理思想、没有中国管理的具体方式方法。四书五经、先秦文学、诸子百家等经典著作中，有着丰富的管理哲学思想，古代商家的学徒培养机制中，积累了丰富的管理观念、方式、方法。针对西方已有的管理架构、管理理论、管理体系，我们可以学习、参考，甚至借鉴，但重点是建立中国的管理学、中国的管理学科体系。

这就是“中国心和管理”提出的历史原因。

第三节　心和管理的思维特色

中国是东方大国、强国，古时候政治、经济、文化等对整个东方乃至全世界的影响巨大。尤其对周边国家，无论是东亚、南亚还是西亚、北亚，不仅影响大，而且还具有融合甚至同化的倾向。所以，东方思维，在这里主要指受中华国学熏陶下的区域所形成的共性思维特点、共性思维模式。中国文化发源于农耕文明（中原、长江中下游）、融合进游牧文明（北方、西部），吸收了一定的海洋文明（沿海）。其中，农耕文明（汉民族）是核心，游牧文明（少数民族）是补充，海洋文明是拓展，加上丝绸之路带来的中外交流，本土的以易理传承和儒学教化形成的思维模式，充实了新内容，但这种充实并没有动摇国学与东方思维的根基，也没有撼动农耕文明形成的以“稳人心、谋心和”为基本要求的思维模式和心理定势，反而有了进一步的充实和提高。

一、农耕文明的天然思维

不同的自然环境，人们面对的生存环境就不一样，认识世界的途径也不一样，改造世界的道路与方式、方法也会迥异，自然创造的物质文明、精神文明各有各的特色与风格，文明成果自然也会各有各的内涵与表现形式。从自然环境角度看，生活在大陆上江河湖池边上的，形成的是农耕文明（大河文明）而教化之，于是发展为耕读文明；生活在海洋性国家的，形成的是地中海文明，教化的是商业文化，发展为市场文明。此外，还有游牧民族的游牧文明。随着历史变迁、社会发展，游牧文明渐渐同化于大河（陆）文明了。

关于农耕文明，词典作这样的表述：“农耕文明，是指由农民在长期农业生产中形成的一种适应农业生产、生活需要的国家制度、礼俗制度、文化教育等的文化集合。中国的农耕文明集合了儒家文化、各类宗教文化，形成了自己独特文化内容和特征，但主体包括国家管理观念、人际交往观念以及语言，戏剧，民歌，风俗及各类祭祀活动等，是世界上存在最为广泛的文化集成。”这个概念基本道出了农耕文明的三大思维方式。

（一）天时地利人和社会思维

农耕文明的天然条件，使得农民须“适应农业生产、生活需要”，这是农耕文明的基础。农民“靠山吃山、靠水吃水”，须因地制宜；农耕社会更需要靠“天”吃饭——足够的降雨量。按照现代科学说法是，年均降水量 400 毫米以上的区域才适应农业生产、生活需要；农业生产要按季节翻地、播种、养护、收割，紧紧守在田地上，稳定的居所、稳定的社会环境，是这种生活方式最需要的。前者是自然条件，后者是社会条件。

能满足自然条件的，在中国的版图上需要画两条线，一条东西走向的，就是沿长城画线的“长城线”，另一条线南北走向的，叫作“黑河—腾冲线”①。这两条线以南、以东区域，年降水量400毫米及以上，可以满足农耕条件；以北以西地区年降水量不足400毫米，人类无法定居，但凡有河流或地下水之处的，却有大片自然生长的草原，可以游牧。这是中华文明为什么会在黄河中下游发源的一个重要原因。长城线以南、黑河—腾冲线以东，是“天下至中的原野”——中原、江南和南方沿海地区，这是华夏文明之地。

能满足社会条件的，也必定与渔樵耕读为代表的农耕生活方式密切相关。中国古代社会关系是宗法制②的，官场擢升是科举制的，文化教育是儒道化的……而长城线以北、黑河—腾冲线以西地区，是或游牧或狩猎的地区，是部族的、血缘的、有着多元信仰和生活方式的非儒教中国。这些地方在古代中国被称为东夷、南蛮、西戎、北狄，为未开化之地。所以，讲农耕文明，一般不包含游牧狩猎民族。但不可否认的是，游牧民族的一些文化内涵多多少少也会融入农耕文明，尤其是北魏时期，这种融入与影响更加明显——中国农耕文明的根本却不曾改变。

先秦民间《击壤歌》）说“日出而作，日出而息，凿井而饮，耕田而食。”其中深植着农耕者在长期农耕生涯中养成的应时、取宜、守规、和谐的观念，所以，自古以来理想的家庭模式是“耕读传家”，以“耕”维持家庭生活，用“读”提高社会地位；耕是物质生活必须，是物质层面的收益，而读是精神生活必须，更是“学成文武艺，货与帝王家”（见元朝无名氏所写杂剧《庞涓夜走马陵道》“楔子”）的期盼。中国社会讲究仕农工商，仕是第一位的，“学而优则仕”，做官是最大的出息，最好的光宗耀祖；农是本分，是正道；工是凭手艺吃饭，也属正道。只有商非正道，低价进、高价出，被认为不劳而获、小人行径。

在这样的思想观念和社会环境下，中国社会讲究尊老爱幼、勤劳勇敢、吃苦耐劳、艰苦奋斗、勤俭节约、邻里相帮等，表现在思维方式上就是含蓄、内敛、懂礼、讲道。无论是游牧文明还是海洋文化，外族的影响都是择其优而融之，归根结蒂是道德教化、文明之光耀人间。

---

① 由中国地理学家胡焕庸（1901～1998）在1935年提出的划分中国人口密度的对比线，从黑龙江省瑷珲（1956年改称瑷珲，1983年改称黑河市）到云南省腾冲，大致为倾斜45度基本直线。所以又叫“胡焕庸线”。这条线不仅是人口的分界线、地理的分界线、气候的分界线、历史的分界线，它还是一条文明分界线。

② 宗法制度是由氏族社会父系家长制演变而来，是王族贵族按血缘关系分配国家权力以便建立世袭统治的一种制度。其特点是宗族组织和国家组织合二为一，宗法等级和政治等级完全一致。其起始发展于夏商周。

天时地利人和社会环境，体现出农耕特色的社会文化，构建出中国管理的文明思维。

（二）国制礼制人情曲线思维

农耕文明的社会化反映，体现在农耕文明上是“国家制度、礼俗制度、文化教育等的文化集合”。从国家层面看中国人自古以来就非常尊崇文化，国家制度，以文化的名义建立，如以礼治国、以孝治国的制度；礼俗制度，以文化的方式确立，如圣贤文化、礼教制度、民俗文化等；文化教育，自是以华夏文化为内容实施，如中国古代的蒙学教育、私塾教育、太学教育等。这样的制度、这种礼俗，自然反映着中国社会中的人伦情理。

“中国”作为一个国名或者一个王朝，在古代史中是没有的，直到现当代的“中华民国”才简称中国，“中华人民共和国”则将“中国”一词作为正式国称。在古代，“中国”是通过文化来定义的，也只有通过文化才把几千年的国家历史串连起来、传承下来。古代中国只有朝代名，即国号。因国之大，各个朝代名称前缀“大”，如大秦、大汉、大唐、大宋、大明、大清等。有了“帝国”的概念来形容帝制所统治国家的强大，再后缀“帝国”。

然而，不可否认的是，聚族而居、精耕细作的农业文明孕育了讲人伦、通情理的自给自足的生活方式、文化传统、农政思想和乡村管理制度。在这些周边国家和地区，政治上可以独立，但融通传承的农耕文化依然绵延不断、长盛不衰，即使到了今天，仍然处处可见这种文化印痕。游牧文明经常因迁移、战争而不断变动着，无法在中原固化下文化特征，而且因为无法适应环境的变化，会突然消失，然后又出现新族群继续游牧，所以游牧文明对农耕文明的影响力相对有限，只有在战争获胜情况下在占领地才会有些许影响力，一旦政权败退，其影响也随之散去。所以，中华几千年不变的依然是华夏民族的农耕文明。

在这样的文化背景下，农耕者的生活方式就有农忙农闲之分，农忙时互帮、农闲时共聚，这就出现了人情社会、面子社会、酒桌文化、待客之道，这时候面子不够就无话语权，无话语权就容易被欺负、生活就艰难。所以言语不可得罪人，“逢人只说三分话，不可全抛一片心”，孔子也说：“可与言而不与之言，失人；不可与言而与之言，失言；知者不失人，亦不失言。”① 闲谈莫道人是非，静坐常思己之过。这样的社会化情况下，

① 宋海峰：《论语·冲和．春秋·孔子原著》，内蒙古人民出版社2009年版，第214页。

中国社会、中国官场甚至于在民间，直线思维、直言不讳都是不受欢迎的。这是中国人会多点考虑、曲线思维形成的原因之一。而这种曲线思维，是中国管理的社会基础、人性基调、社会需求。

中国管理，需要适应和谐心正的社会需求，其本质对社会稳定有利。

（三）儒学佛学道学变通思维

农耕文明人文特征的养成，体现在它“集合了儒家文化，集各类宗教文化为一体”，中国传统文化以易为源，一分为三。这“三”，狭义是指儒、道、佛①三家，儒学渐渐成为历朝历代之国学，道学成为中国原创宗教，佛学引入中国而汉化后发扬光大。广义的“三”就是众多，包括先秦诸子百家。在中国，儒学宗教化，道教儒学化，道佛不分家，儒道佛三位一体化，成为一种文化景观。所以，有研究者在《论中国传统文化的“一分为三”哲学思想》② 一文中提到，儒家的无过、无不及的中庸之道，道家的无为无所不为的守中精神和佛家的取中道之不偏不执非有非无的境界，以及儒道佛三位一体所构成的天人合一的基本的价值取向和伦理道德，无不包含着丰富的一分为三的辩证思维。

首先是儒家之中庸。孔子认为，过、不及与中庸构成了事物的三分。认为“过”与“不及”都不符合中道原则，而且“过犹不及”。子曰：“吾有知乎哉？无知也。有鄙夫问于我，空空如也，我叩其两端而竭焉”（《论语·子罕》）。“叩其两端”即从正反两面入手，以期弄清楚矛盾的两个方面，最后明了问题的症结所在，解决矛盾。

其次是道家之守中。“中”即是“道”。“道”也是适度。所谓适度，是指一定区间里的数量与质量的统一。即：不能左右，不能上下，不能进退等等，适宜为度。老子说：“天地相合，以降甘露，民莫之令而自均。始制有名，名亦既有，夫亦将知止，知止可以不殆”（《道德经·知止》）。万物兴作就产生了各种各样名称，各种各样名称已经制定了，就得有个限度，凡事适度，就可以避免危险，生生之谓德。所以老子告诫弟子：“我有三宝，持而保之。一曰慈，二曰俭，三曰不敢为天下先……故能成器

---

① 佛教为古印度迦毗罗卫国（今尼泊尔境内）王子乔达摩·悉达多所创（参考佛诞）。故严格说来，佛教创始于尼泊尔，发展于印度，南传于斯里兰卡、泰国等地，后传入中国云南、文本等地，为南传佛教；汉传（大乘）佛教盛行于中国汉唐时期，世界佛教的中心渐转移到了中国，并进而传播影响到日本、韩国、越南、新加坡及中国的西藏等地。佛教至此成为世界性宗教。而印度佛教此后则日趋没落而消亡了。中国翻译收藏的佛教典藏是最全面、系统和完整的。另还有藏传佛教流行于中国藏族地区。

② 周德义：《论中国传统文化的“一分为三”哲学思想》，南华大学学报（社会科学版）2002 年第 3 期，第 15－20 页。

长”（《道德经·不徒》）。能慈能俭而不敢列于天下人之前，才是合适的。

最后是佛教取中道。释迦牟尼认为，贪欲是人生之苦最深层的原因，由贪欲的遮蔽而令人无明进而凭生许多的烦恼，因此解脱修持之第一要务在于戒贪欲，反对纵欲享乐。但他又反对苦行，而是主张“舍此二边，有取中道。”① 他强调指出，极端地放纵、追求自己的肉体欲望是邪恶的；但一味自我虐待、毁形残身也是对修道无益，只能加深痛苦。正确的方法是取其中间，专心修道，而不把心思放在纵欲或者禁欲上，消灭一切贪欲、无明和烦恼，最后达到与宇宙同一的精神境界。

可见在洗心、炼心、洁心问题上，儒、佛、道是相通、相连、互补、一体的，如同一个有机整体，缺一不可。虽然儒道两家是关于现世的生的立身的哲学，佛教是关于来世的死的身后的哲学；儒家是积极的向前的入世的哲学，而佛道两家是消极的向后的出世的哲学；儒佛两家是更加整体的群体的社会化哲学，道家是更加自我的个体化的哲学等等，但是三者共同构成了中国传统文化的基本的伦理道德、人文精神和价值取向。而这些正是中国人称其为中国人的思想理论基础和言行实践的特征。经过文化现象的萃取提炼，不难发现，“天人合一”是中国传统文化的基本精神。而西方文化的基本精神是“天人对立”“天人分离”。他们喜欢用一分为二的思想来解释和处理世界事务，非此即彼。这就形成了中西方思维的重要差异，中国人是“变通”的、“道统”的思维，西方人是“排他”的、“利益”的思维。

国学变通思维，体现在有容乃大，虚怀若谷，如大地一样可以厚德载物中；国学道统体现在正道一统的思想，适宜合度的思维方式。

二、外族带来的思维影响

（一）文明教化人世道德

中国的黄河、长江流域，诞生了华夏特有的大河文明——中华文明屹立东方千年万年而浩气长存，中国文化世代传承而不断充实发展。这是虽然朝代更替，有过外族入侵，中国，依然挺立于华夏大地，过去的几千年没有倒下，今后的万万年不会崩塌的原因所在。

文明之“文”，就是思想开化了，文化产生了，处事讲理了，有美丑、好坏意识了。有分辨美丑与好坏能力、有喜欢与痛恶倾向，文而有采、有德、有教、有治了；文明之“明”，就是光明之明，《易传·干·文言》：

① 《中国佛教文化研究所点校．中阿含经·卷五十六》，宗教文化出版社 1999 年版。

"见龙在田，天下文明。"意思就是阳气在田野中升腾而始生万物，天下因此而光明（一说文章昌明），让人思想明白了，道理清楚了，有明暗、阴阳意识了。光明而文有采、德有辉、教昌明、治教化，可明察一切、道理皆现。"文"与"明"结合在一起，就是文采光明、文德辉耀、文教昌明、文治教化，是文化现象中凝结成为认识客观世界之理、人类精神之道、发明创造之本的内涵；是懂易文之理，明易道之核，入德性之途，脱离了野蛮无序而进入有个人道德、公众秩序、符合公共利益的人类文化和社会发展的一个新阶段，是物质与精神协同谐和发展。所以，无论是农耕文明、海洋文明、游牧文明，还是阿拉伯文明、东方文明、西方文明、印度文明，文明重要特色就是从物质到思想，人类进步了，进步程度随历史发展步步升高、随人类进步的共性积淀成地域人文。

中国文化更注重思想或精神领域，即悟道，心灵层面的；在行为表现或处事方式方面，则是明德，成果层面的。"道"在心，自我管理重在修炼、修养，是梳理、整理为主的"理"，公众管理重在治理、清理为主的"理"；"德"在行，自我管理重在反省、警醒的"管"，公众管理重在约束、规范的"管"。从这个角度理解，文明之"文"，体现在精神和行动层面，就是道德，即文明程度反映在道德水准上，道德的高下则反映在管理能力上；管理之"管"在管住言行有规矩，管理之"理"在理清人心有道德。心中悟道明德见光明，言行守规合矩共协和，这就是文明，这就是道德，就是通过管理实现有道德、讲文明——心和管理之根本。

脱离蛮荒而为文明，但再光明的文采、再辉耀的文德，没有明察秋毫的能力、没有管人理心的努力、没有明道合德的实力，也是有"文"无"明"、有"心"无"力"。很多时候，文明与文化表达的是一个意思，因为"文"能够"明"，离不开教化，人文可"化"成人类创造的文明。但文明比文化更高一个层次，是文化现象升华的结果；而文化的外延更为广泛，人类所创造的一切现象都可以称为文化现象，所以有精华也有糟粕，文明却一定是脱离了低级趣味的、摒弃了弱肉强食丛林法则的、经过教化明晰道理讲究德性的。

文化，是社会现象，可以教化的；文明，是文以化成的成果结晶，能够明照人世。

（二）内外兼容文明相融并蓄

与原子论的排他性不同，元气论的最大优势在于兼收并蓄，所以有海纳百川、包容万象之说，这是中华民族的胸襟、中国文化的坦荡，无论历史上有过多少惊天大事发生，也无论有过多少势力想要改变或诱导华夏文明，中华民族根基从未动摇、中国文化本质从未变味。修身养性的“心文化”、协和天下的“和文化”一直都在，格物之学也一直创造着中华物质文明；达致知、修诚意、得正心，心和文化发展了中华精神文明。

曾有一种割裂中华历史的谬论，说中国被多个外族入侵过，早已不是“汉家江山”。这是毫无历史根基的人胡言乱语或别有用心人的污蔑——东周诸侯国成百上千，很多本是后来少数民族的祖先，春秋五霸、战国七雄在争战中强大起来，或不显，或被收服，或被打散的诸侯中的一部分隐居、避战乱而独成少数民族特色。秦灭六国一统天下，汉承秦业开疆辟土、强国富民而让世界、让历史记住了“汉人”。汉家江山的基础是汉朝打下来的，汉唐几代扩疆土、抗外敌，休养生息、对外贸易中经济繁华、国力强盛，包括周边邻国、西亚、西域乃至欧洲的人口涌入，多民族大融合，那时没有“民族”之说，汉朝子民——汉人，皆是龙的传人、炎黄子孙。后世所提少数民族，要么是纳入汉家王朝、要么是从汉民分离出去，因地理环境与文化风俗而自成民族体系——“汉家江山”是包含后世所有少数民族祖先的中华民族的江山。无论有过多少外族的文化、文明影响，中华文明内涵不变，中国文化之根不变。心和文化可以接受一切外来文化的营养补充，但永不改变中华民族本质。

这里所提“外族”，一是从民族角度看，二是从国家层面看。因为汉朝而有了后世所称的汉族，相对于汉族王朝而言，契丹、突厥、匈奴、蒙古、大金等是外族，这个“外族”，只是民族意义上还没融入，是汉族之外的民族，但现代意义上是中国范畴，而不是“外国”。外国，是国家层面的非中华民族的外国，在今天是中国承认的各主权国家。

因鲁国编年史《春秋》将公元前770年至公元前476年称为“春秋时期”；因西汉刘向所编著《战国策》而将公元前475年至公元前221年称为“战国时期”。“五代十国”，“五代”是唐朝灭亡之后依次更替的位于中原地区的五个政权，即后梁、后唐、后晋、后汉与后周（907～960年）；“十国”是在唐末、五代及宋初，中原地区之外存在过的那些割据政权，其中前蜀、后蜀、南吴、南唐、吴越、闽、楚、南汉、南平（荆南）、北汉等十余个割据政权被《新五代史》及后世史学家统称十国。这些称“国”的，都不是外国。

汉朝在世界上名气太响而有“汉人”一词传遍，后世汉人族往海外移民时自称华夏人而有“华人”一词。“华人”概念成为全体中华民族的共称。随着汉武帝派张骞出使西域开辟的以首都长安（今西安）为起点，经甘肃、新疆，到中亚、西亚，并连接地中海各国的陆上通道所形成的陆上丝绸之路，以及形成于秦汉时期，发展于三国至隋朝时期，繁荣于唐宋时期，转变于明清时期的最古老的海上丝绸之路，通向亚欧非大陆，汉族文化不可避免地带到所到之处，也把所到之处的文化带回来一些，这就是不同民族、不同国家文化的互鉴、互为交流。农耕文明不再纯一，游牧文化、海外文化随着商业交流、文化交叉而进入、而相融。

草原的辽阔、海洋的无垠，带来不一样的视野；游牧民族的粗犷豪放与好勇斗狠，海洋民族的坚船利炮与商业计算都在一定程度上与农耕文化相融。但只是有条件、有限度地影响，或者只是为中国文化提供了营养、增强了体质，不会改变也改变不了中华儒道文化为主、百家争鸣的文化现实。任何外族、外国文化进入中国，要么被华夏文化同化，要么汉化后适当吸收，从没有外族、外国文化取代华夏文化的可能。即便在元代、清代也做不到，更不要说外国文化了。故而“涯山之后无华夏、明朝之后无中国”的说法根本不成立。

（三）性格内敛喜欢平和相协

中国有漫长的海岸线，理论上讲应该与西方海洋性国家有着共通之处。但实际是，沿海岸线的省份，基本上仍然农耕为主。如果说有着有限的吸收，吸收进来的部分也仍然是中国化的。南方沿海地区，从广东到福建再到浙江，汕头人、闽南人、福州人、温州人、台州人、宁波人，这些人不能说是黄土地出来的中原人，而是地地道道的海边人、海岛人。但他们骨子里镌刻着的是汉文化印痕。如果说与海洋民族有相通的地方，也就是这些地方的人特别会做生意，爱冒险，而且有一种愿意出去闯的劲头。如闽南人、潮汕人、客家人下南洋，宁波人、温州人跨海做生意。他们中有渔民、出海捕鱼，具有海洋民族特性，也有农民，或农民兼渔民，到海外是去赚钱，赚了钱要寄回家，发达了要回家光宗耀祖，哪怕在外死了，也要叶落归根的。所以，美国建国初期的淘金者中有三万多中国人（人数最多的群体），其他各国的人都加入美国籍，他们却不愿意入美国籍——赚钱后要回归家乡。他们善做生意的特点也许具有海洋民族的共性特点，但骨子里仍然是农耕文化的传人、龙的传人。何况，出去做生意的人中，也有很大一部分不是渔民，而是地地道道的农民；何况，可以说汕头人、闽南人、宁波人是海边人，却无法说广东人、福建人、浙江人都是海边人。中国太大了，一个省份也可以分出海边与内地。中华大地，虽历经变迁，却一直幅员辽阔。

中国版图上看，从西北到东南，依次有游牧文明、农耕文明、海洋文明，其中核心是农耕文明、主体是农耕文明。相对来说，北部西部的人崇尚权力，喜欢政治；东南沿海的人崇尚自由，政治权利意识也许比北方弱，却非常清楚自己的商业利益，擅长和官府搞好关系，寻租能力是世界一流的。居中的农耕文明的重要特色，就是追求稳定、崇尚和谐。

表现在思维上，中国总体体现的仍然是大河文明、耕读文化下的含蓄内敛、曲线思维。外族、外国文化中优秀的部分，会学习、会借鉴、会吸收，但华夏民族基因、中国文化基因中已经定型，阴阳理论已经浸透在中国人的生活方式、思维体系中，和合在中国人的人种基因、血脉基因里，学习是为了更强大。外族可以影响，融和没有阻碍，本质永远不变，和而不同，中华至理。

农耕文明，是农业生产劳动、农村村落风貌、农民生活方式越来越文明，千万年创造出无数中国特色的文化现象，孕育了丰富的中华文明内容，累积了中国式思维模式，核心是种粮为本，解决吃饭问题，读书为根，解决出路问题，构成中国本色的耕读文明。“耕”是辛勤劳动，“读”是艰苦求知，无论世界发生怎样的变化，无论历史进入怎样的时代，这样的根本点永远不会过时、不会变，而同时又允许本质不变前提下有各自特色。

三、文化传承的思维固化

耕读文明的发展，让辛勤劳动和艰苦求知中形成的中国思维模式，固化为中国人的生活方式、行为习惯、乡土风俗，并且世世代代传承下来，引导或制约着课题探索、研究方式、决策思路和道路选择、制度规范、理论趋向、文化特色。

（一）中国元素定型中式思维

华夏文化逐渐形成的基本特征和精神内涵，定型了中国人思维的一般特性。例如，周易体现出来的宇宙观、天人合一思想、阴阳五行模型等，使中国人在看待问题时具有大局视野，会从问题的多个方面以及它们之间的相生相克等联系起来看，也就不会轻易下结论，而是多听多看多思索，心中有数后才会表达出来。久而久之，就形成了中国人综合思考、含蓄深沉、多向思维的特点，渐渐就固化成为曲线思维的一种模式。

再如，华夏文化一般不会把宗教神化，也不会把神话故事当作宗教，往往会接受不同宗教和文化的内容。这种宽广的胸襟，海纳百川，所以一般不会囿于某一教派或某一学派而故步自封、坐井观天，也不会出现宗教之间互相的大辩论①（往往是本教派之内鼓励大辩论，如佛教内部的“辩经”、道教内部的“论道”），更不会如西方宗教那样具有强烈的排他性，甚至为了宗教的不同发生战争。在中国人看来，儒家治世、佛教治心、道教治身，三教合一，对三教的圣人可以同时同地膜拜。这与西方宗教、西方文化的强烈排他性不一样，而一些人把排他的西方文化奉若圭臬，这不能不说是一种奇怪现象。

这就是说，中国人的思维不是对宗教的虔诚，而是对人伦亲情的重视和依赖，逐渐固化成中国人家庭本位的宗法集体主义文化，上下有序，内外有别，君臣、父子、夫妻关系定位明确（三纲五常中的“三纲”）。中国古代的这种社会设计，把每一个人定型在其固有的位置上，是管理的一种进步，因为即使在今天，一切管理，都是以这种设计为基础的。需要革新的，或者说需要打破的是阶级地位和社会财富分配的两极分化。

又如汉字所体现出来的汉字思维、母语精神。汉字以象形为基础、形意为主体，几千年来没有中断，对中国人的思维、阅读和书写，都产生了巨大的影响，形成了汉字特有的文化特点——农耕文明下形成的农业文化：重农、尚农、实用、经验，和思维模式——重实际求稳定，为人要方方正正，做事要务实求真，生产出来的产品要经久耐用等。

另外，崇和讲合的和合精神，人与自然和谐的愿望，居中而行的中庸之道等都体现出中国人的文化传承与思维固化特点。道家是中国本土真正意义上独立创建并发扬光大的，讲究与世无争、修身养性，非常契合农耕社会的思想追求和生活方式。加上农耕者散落于各个适宜于居住的地方，不像海洋国家会自然聚集在码头港口、交易场所，统治者对臣民的管理无法“一刀切”，不可能试图用一套整齐划一的规则统一化管理。

大江南北、长城内外的景致、性情、特产、风味大不相同，江南水乡与岭南河流、湖光山色与海岛情调展现的人文风貌各有特色，万里雪原与万里海疆、平原青纱帐与水域芦苇荡展露的风情各有风味，大漠戈壁、千里草原与山林绵延、丘陵叠翠表现的情趣也各胜风骚……中国辽阔的疆域

---

① 官府为政治目的强行要求佛道辩论不在此列，如元朝为打压道教组织的宗教辩论：第一次是1254年，蒙哥汗让阿里不哥在和林主持了一场宗教辩论会。佛教乘机与伊斯兰教、基督教徒联合对道教进行批驳。这实际上是一场针对全真道教有贬低倾向性的辩论会，全真道迫于当时压力，只能以沉默表示不服与反抗。辩论会后，道教不得不在寺观、财产、经文等方面，对佛教做出一些让步。第二次是1258年春天，蒙哥汗再次命忽必烈在开平府大安阁举行一场规模空前的佛道大辩论，规定双方各17人参加辩论，失败一方的17人要皈依对方宗教。结果自然是道教失败，忽必烈派使臣将道士17人带到龙光寺削发为僧，焚毁道教“伪经”45部。道教237处道观全部命归佛教所有。此后终元一朝，佛教始终对道教处于压倒性优势。

内，游牧民族的北方跑马几千里，当地方言都能听得懂，但在江南，只需翻过一座山，就什么也听不懂了。一方水土养育一方人，形成一方的人文环境，所幸中华国学一脉相传，所以其人文精神内核具有一致性，基本定型了中国特色的思维。

（二）文明差异固化本土思维

正因为中国文化中的所有元素都具有了显明的中国特色，若相较于外族、外国文化，就没有这种一致性，虽然其中也一定有人类共同的人文精神部分，但其核心内涵、与其他部分的组合结果及其表现形式，必然是各有各的特点、各有各的内涵、各有各的思维风格。

当西方的所谓“民主”遭遇中国式管理时，自然须考虑这其中的差异，因为“民主”所处的环境不一样，“集权”体现的价值不一样，简单比较，得出的结论只会贻笑大方。农耕社会的散居型、血缘关系的亲情化、地域风格的多元性特点，简单地套用西式“民主”，国家治理会成为一句空话。再说如前所提中国是幅员辽阔的农耕社会，人员散落在广袤的原野上，每一处风土人情不同，各地又有大中华范围内的南北之别、东西差异，若各地都让民作主的“民主”，那就违背了要求，各地争斗会没完没了，必要的集权是合理民主的前提。

另外，几千年帝王文化，积淀在“农耕者”潜意识里。容易被“西方民主”搅动起来蠢蠢欲动的，往往是由于在古代被称为南蛮、北狄、东夷、西戎之处尚未开化。这些地方，在中土教化下也一点点开化了文明，多数接受了华夏文化，思想意识里也就有求稳、唯和意识，不愿意好勇斗狠的。只有少数闹“独”者在一些别有用心者的挑拨和个人利欲的催情下闹腾不已。但毕竟那种社会基础已相当薄弱，终究闹腾不出大花样来。这个事实也证明华夏文化的文化魅力，千年沉淀的结果是思维模式的趋心顺化、趋和谐化，归根结蒂就是趋向于人心双和。

文明的世界，有依然蛮荒的国家；文明的社会，也有强盗式政治（或非政治）集团；文明的国度里，也会有野蛮的现象。但不因为有不文明存在，就否定世界进入了文明社会，并且进步了一个又一个文明形态；同样，不因为有不文明的人或事存在，就可以否定中华文明，就可以指责中国文化，就可以干涉中国事务。西方一些国家的物质文明发达，但仍然没有放弃丛林法则、海盗法则，那么也只能说在商业文明领域有所建树，而在精神文明领域有待改变、有待提高、有待自我革命，若不愿意自我革命，终有一天被革命。

西方的《圣经》，其《旧约》很难明确写作的时间，但有两点可以肯定，一是《旧约》诞生的文化背景是独特的神权文化社会，二是基督教从其犹太教母体中娩出是在公元1世纪30年代。《新约》书卷基本上于公元1世纪下半叶写成，最终在4世纪末定稿。而中国的《易经》，画卦应在七八千年前的伏羲时期，成书则在三四千年前的周文王时期（前1152年—前1056年），《易传》也在三千多年前的孔子时代（前551年—前479年）。这就证明《易经》作为中国原创的文明成果，比西方非原创的文明成果《圣经》要早得多。英语 Civilization 一词源于拉丁文"Civis"，意谓城市的居民，也就是说，西方认为的文明是人们生活于城市和社会集团中的能力（后引申为一种先进的社会和文化发展状态及发展过程），而"城市""社会集团"概念的出现，距今有多远？更重要的是，西方对文明的认定源于居住地的改变。这是外在表现上的考量。中国对文明的认定，重在人，重在心灵的开化。

（三）中国龙文化传承心和思维

前面提到"见龙在田，天下文明"，一个"田"指代江山社稷，体现出农耕文化的根本；天下文明，产生龙在大地上。无论是开天辟地的盘古还是人文始祖的伏羲，或是道教文化、皇家神化，都是"龙"文化的延续与发展，龙象征着祥瑞、权力、神旨……非常神圣。能称龙的都是顶级地位，在官家体系里是天子，在文化体系里是各个领域的最有才华、最有能力、最为出色的人，在星象学里是龙星。龙在田野，说明天子（龙）到其国度和老百姓中（田），意味着他的国家治理以民为本、天下文明；或者是最有才能的人（龙）出现在民间（田），即真龙关心百姓福祉、民间疾苦，预示民间新一轮辉煌将开始；在二十八宿星象学里，东方的七个星宿指"角、亢、氐、房、心、尾、箕"（角宿为龙角），七宿组成一个完整的龙形星象，这就是"东方苍龙"，"见龙在田"就是仲春时苍龙七宿在东方地平线上崭露头角，预示着新的一个周期的循环开始了，周期变易，万象更新，希望在前方。

显然，不管从哪个角度理解，《易经》所说的"天下文明"，是"龙"这样的领袖深入人民中间，带领他们开始新一轮的发展，是走上社会进步的新一个阶梯，是新希望的开始。民间对此有个非常贴切的说法：龙抬头。农耕中国的每年农历二月二就是龙抬头，这是春耕节、农事节，春耕（希望）由此开始。中国龙文化在告诉人们，一切都会变好的。

中国龙的文化意义，商业立国社会中的人很难读懂、更不理解。用西方认定的文明或者文化标准来衡量中国的耕读文明，既是不公正的，也没有多大意义。同样，耕读文化社会中形成的思维模式，与商业文化下形成的思维模式，有天差地别是正常的。

与龙文化一样，中国文化内涵丰富，从管理角度解读，都与人心修养与彼此协和主旨相关，即中国文化特点、中国思维模式，都是把管理重点放在人的心灵、心理、心态上，打开人的心扉、直透人的心底，进行净心洁心的洗涤、诚心顺心的疏通、宁心静心的修炼，谋求彼此协和、双方共赢。红色革命时期“地下党”的坚贞不屈，人民军队生死线上的不屈不挠，就在于党的教育与管理的成功，把心中理想红色化为视死如归的革命信念。

需要说明一点，思维的固化有利有弊，关于弊端，近些年各种“心灵鸡汤”已经解析得非常透彻，而且网络“标题党”让人不关注都不行，如吓人式的：《固化思维有多可怕》《害人不浅的固化型思维模式》《最怕是思维模式固化！这种底层思维，正在毁掉你的人生!》，语重心长式的：《别让固化思维毁了你》《只有告别这三种固化思维，你才不会自卑》《不怕年龄大，就怕思维固化》，连女性心理健康也谈《女性如何打破固化的心理思维模式》等等，并且将固化型思维与成长型思维对立起来，口诛笔伐。提醒人们不要局限自己的思维，自然是有道理的，但全盘否定，又从一个极端走向另一个极端，也是不可取的。

良好行为习惯的养成，是思维固化的一种表现；历史积淀的美德与良好风尚，是思维固化的一种表现；根植在民族基因里的独特内涵，也可以理解为是思维固化的一种表现……已经养成的一些思维模式，可以让人们节省大量时间，如果一律否定，那还有模型、模式、模板什么事，总结经验教训也就没有什么价值了。该做的不是简单地全盘否定，而是要认清什么是该扬弃的、什么是该继承的、什么是需要创新的、什么是必须和合的，什么是应当肯定或否定的。中庸之道的核心，是协调到适宜的、选择出合理的。

第四节　心和管理的思想观念

全局把控、宏观论述的中国学问，关注微观，重在领悟。心和管理学之心和观念根植在中国文化的深层次里，融化在中国人思想体系里，既有“心学”的思想，也有“协和”的内涵。当今企业管理经历西化理论“大扫荡”后，沉淀了内在本质，探寻适合本土的管理。

中国现代的企业管理，从红色革命管理起始，到行政化计划管理，到改革开放引进西方管理理论，再到红色强国管理，红色不变，但多数企业尤其是中小企业、没有外资背景的企业，经历过大变革时期的管理变迁，逐渐出现管理理论西化、管理实践实效化两股道上跑的情况。其中实践领域国学管理、红色管理、西方管理都有，一切在于实效，摸索中不知不觉回归中国人文环境的管理——根植在中国人心灵、骨髓、血液里的文化本源激活了。

一、管理新旧思想的碰撞

（一）观点瞬息变幻理论缺乏

20 世纪末改革开放的时候，“中国企业管理一直处在错综复杂的变化之中，传统管理（注：即本书提的国学管理）与现代管理相互渗透和交错，同时面临知识时代全新的管理规则挑战，既要补课又要创新，既要破旧又要立新，中国企业管理从茫然走到了一个重要的节点上”①，这个节点就是管理理论与管理实践急需融合一起的节点，因为当时管理理论是西方的，管理实践场所在中国最初西方理论引进时，心态还没从计划经济完全转过来的、那些赶鸭子上架般从事着企业经营管理的人们，还处在懵懂之中，而西方经济理论从重商主义开始到古典经济学，亚当・斯密、大卫・李嘉图、约翰・穆勒，以及后来的新古典主义时期的马歇尔，再到凯恩斯……一名名大咖、一个个模型、一套套理论、一种种主义，在国人毫无防备、没有任何思想准备时，就铺天盖地而来，把当时人们的思想冲击得七零八落、七上八下……而在管理学领域，则是从泰勒的科学管理、法约尔的组织管理、韦伯的行政体系以及当代西方管理理论丛林到当代的彼得・圣吉（Peter M. Senge）的《第五项修炼》（The Fifth Discipline）中提出的学习型组织理论、Michael Hammer 和 Jame Champy 提出的业务流程重组理论、密歇根大学的普拉哈德（CKPrahalad）和伦敦商学院的哈默（Gary Hamel）提出的核心竞争力理论等等，层出不穷地引进来，让国内企业界应接不暇，刚刚起步的管理学界除了越洋去照搬之外，就只能看着一本本、一套套洋书，东摘西编拼凑出所谓的“著作”“教材”“论文”，各种洋观念满天飞舞，各种新讲座四处开花。

那时候的中国，企业创办高潮迭起，“这是一个创业热情高涨的时代，同时也是一个经营上头脑容易发热的时代；这是一个企业数量暴涨的时

① 徐井岗：《中国企业管理史论——物本、人本、心本管理的演变与中国管理理论的建立》，中国财政经济出版社，2017 年 5 月，第 4 ~ 5 页。

代，同时也是一个企业管理懵懂的时代；这是一个改天换地做前人没做过的事的时代，同时也是一个盲人摸象认知看眼前的时代，是革新与守旧、东方与西方、传统与创新、循规与违法共存了的时代”①，在这样的背景下，人们的注意力集中在项目投资、车间生产、市场开拓、广告宣传等能够直接带来经济效益的事情上。而恰恰是产品稀缺时代，生产、生产、生产，销售、销售、销售，产量与销量掩盖了一切问题，对于管理，基本上是自然管理——企业走到哪步算哪步，只要能赚钱，管它那么多；随着商品化社会的发展，无序管理显然跟不上需要了，人们开始关注企业管理问题，当理论界还在照抄照搬西方管理时，非“三资”企业，无力或不愿意聘用外籍人士管理的企业，开始进入粗放管理模式。

这个时候，中国自身的管理内涵已经萌芽，毕竟中国传统文化虽然被暂时屏蔽，但国学文化基因流淌在国人的血管里、渗透在国人的骨髓和细胞里，老一代人的行为处世方式、脱口而出的谆谆教导深刻影响着当时人的思想和行为，也就是说，耕读文明的传承、定型的思维模式不知不觉在左右着“能人”的管理思想和管理行为。可惜当时的管理理论界、教育界、媒体界以及其他文化领域没有关注到这一现象，自然也不会去探寻这一现象背后的深层次原因，而是不假思索地继续做西方理论的“搬运工”。

当然，事实上当时的国内国际现实，一方面是在经济快速发展掩盖了各种问题，另一方面是既得利益者也不愿意让中国传统文化以及国学中蕴藏的中国本土管理思想、管理理论和管理实践重见天日，所以刚刚重新萌芽的中国本土管理，未能形成气候。

（二）个私经济推进本土管理

20 世纪八九十年代，邓小平同志的两次“南方谈话”，肯定了改革开放的探索；随后国家一系列经济政策出台，引起两次全国性的企业创办高潮。

第一次是 1984 年，一批时代的弄潮儿抓住机遇，纷纷创办公司，当时私营创办企业口子还没有放开，从而引起的“戴帽子”企业（挂靠政府或集体单位）大暴发，后来在国企改革和机关事业单位限制办企业政策下，大多转为私营或民营公司；1984 年也因此被媒体称为“中国公司元年”——虽然手工业古已有之，计划体制下也有全民所有制企业和集体企业，但社会主义改造后的公司化企业，这年才起步。“万元户”的出现，

---

① 徐井岗：《中国企业管理史论——物本、人本、心本管理的演变与中国管理理论的建立》，中国财政经济出版社，2017 年 5 月，第 104 页。

刺激着创业热情。

第二次是1992年，原个体私营经济继续发展，最大的亮点，是一大批在机关、科研机构、高校或媒体工作的体制内官员与知识分子下海，形成新一轮民营企业大暴发，并带动一股商业浪潮。这批智商高、情商高、有胆识、有关系的原体制内成长的群体，成为20世纪90年代中国经济高增长的主要动力，并且使企业管理从粗放管理转向人本管理，使市场竞争趋向激烈。这个时期，“造原子弹的不如卖茶叶蛋的”脑体倒挂也出现，所以有头脑的经营者也开始关注企业管理问题，因为无论是产量还是质量，无论是成本还是利润率，也无论是人力还是物力，都需要精打细算了，管理的重要性、管理的价值浮出水面。这时期是西方管理理论真正普及的时代，出国学习的浪潮掀起，没回国或不回国的大量推送西方经管理论、已经回国的大量搬运西方经管理论。

这就形成了中国与世界上大多数经济发展起来的国家不一样：中国的经济理论、管理理论是滞后于经济现实和管理实践的。也就是说不是先有管理理论指导企业管理，而是企业在运营过程中“摸着石头过河”，运用搬运来的理论一步一步尝试着、探索着。随着开放领导人出访西方国家，带回一些经济、管理类书籍，是市场经济与管理的启蒙；政府开办由西方国家专业人士授课的国有企业厂长经理培训班，带来了新观念、新理论，是当时企业运营与管理的不二法门；20世纪80年代外派或自费的留学人员陆续学成回国，形成了一个“海归派”，介绍进了欧美经济条件下的管理理论和企业管理模式，其中一部分还下海经商，学术、经商两不误。同时，文化交流放开，各种书籍、观念、理论再次蜂拥而至，各类讲座再现层出不穷景观，高校、职校的经济类专业、管理类专业如雨后春笋开出。

这是一件好事，学习经济、学习管理充实迅猛发展了人才队伍。只是，刚刚从计划经济转变而来，对物价放开都还没有完全适应下来的当时的人们来说，这样剧烈而快速的变化，无疑是眼花缭乱、无所适从的。西方市场理论一套套引进，有些内容还给一线管理者带来立竿见影的效果，只是对更多的理论是迷茫无措。就企业界而言，理论上带来没有见过的新概念、新思想，迷茫中老板粗放管理着、能人经验管理着、年轻人综合管理着，虽落不到实地却总有惊喜，那时候是卖方市场，企业能生产出产品就是好的，扔到商店里、商铺里就能卖空，管理者是什么出身就侧重什么管理，所以有社队式管理、家族式管理、国企式管理、部队式管理等，甚至有帮派式管理、拍脑袋管理……这个过渡性阶段经历无序管理、粗放管理阶段，渐趋向物本管理。有些制定的管理制度在今天很多人看来是不可思议的，如“不得在厂区内随地大小便”“不得在车间随处扔烟头”“不得随地吐痰”“不得随便离岗”等。

综上所述，从中国企业管理史角度说，改革开放后的30年左右时间，中国企业经历了“无序管理→粗放管理→物本管理→人本管理”，期间当然也出现过“能人管理”“关系管理”等，但要么时间不长，要么未形成大气候，从大的角度看，也就未能列入史册。21世纪初中国出现了一系列本土管理研究，在管理理论碰撞中，“心和管理理论”（那时称“人心管理理论”）诞生，“人本管理”开始向“心本管理”发展。

（三）管理流派呈现多元现象

“无序管理”以及“粗放管理”时期，企业是根据现实需要进行的本能管理，还没有主流认可的管理理论指导。高校刚刚开设经济管理、企业管理等管理专业，基于专业建设需要、教师研究和教学需要，急求经济与管理理论，在当时出现了两种情况，一是外籍书籍翻译后直接用作教材，二是把西方理论拼凑起来出版以解燃眉之急。研究者翻译、解读西方经济学、管理学书籍、文章被引进国内来。但令人无奈的是，本就是理论滞后于现实，一下子涌进各种版本、各种思想、各种流派，让学习者无所适从。企业管理人员这里听个一鳞半爪，那里看个一知半解，最后仍然不知怎么办。于是官员专家、海归专家讲座指导，咨询专家、培训专家鼓吹呐喊，一套又一套理论、模式、模型甚至体系引入企业，轰轰烈烈开始，稀里糊涂收场；炒观念、卖概念，点石成金的点子，轰动市场的策划，热热闹闹、熙熙攘攘之后，重归寂静。高校里面的管理课程却越开越多，脱离实际也越来越远。

最后的结果，是理论、实践“两张皮”，你敲你的鼓，我打我的锣，各不相干，渐行渐远。理论界你说你的，实践界我做我的，“西方特色的管理编程、管理模型甚至是数据实证，往往停留在学术论文的发表和课题申报上，而不是着落在管理应用实践上，两者之间的转换因缺少中国式的文化氛围、思维模式，系统不兼容，在管理领域形成了‘能出管理成果的一定是远离管理本身，以管理实践为实验室的出不了学术成果’的局面。”①

管理理论、管理观念走马灯似的来来去去、进进出出，对多数中小企业（无外资背景企业）的管理实践却没有起到管理的作用。这从现实的角度说明迫切需要有适合中国自己的管理思想、管理理论来指导中国的管理

---

① 徐井岗：《人心管理论——基于国学与东方思维的中国管理理论》，经济科学出版社，2013年12月，第3页。

实践。而事实上，真正能有成就的企业，都是结合实际探索中国本土管理模式而成长壮大的，他们在实践领域探寻着管理的继承传统。现实就是，结合企业实际、吸收西方理论，但以中国特色为本的企业，渐成气候在本土管理研究领域，20 世纪末到 21 世纪初出现了多流派现象，《中国企业管理史论》一书将其称其为中国管理理论丛林的萌芽①，大体有席西民的和谐管理（2001）、苏东水的东方管理（2003）、齐善鸿的道本管理（2007）、黄如金的和合管理（2007）、曾仕强的中道管理（M 理论，2007）、成中英的周易管理哲学（C 理论，1995）等。21 世纪初“人心管理”理论概念提出，2007 年年初创办经济管理研究所时将双和管理思想引入，称“双和经济管理研究所”，此后文章、著作中有了“人心双和”观念，开启了“人心管理突围三部曲”“人心管理理论三部曲”“人心管理智慧三部曲”以及“心和管理理论三部曲”之旅，强调人心双和管理是管理追求目标，“心和管理”是中国式管理之密钥。

二、本土谐和管理的思考

（一）本土化的和谐管理研究

查 MBA 智库 · 百科资料：“和谐理论”是席西民在其成为中国第一位管理工程博士的博士论文中提出的，作为西安交通大学的管理学教授、博导，他带领西安交通大学和谐管理理论研究团队对这一课题展开了深入的研究，他们起初“提出了和谐管理的基本思路为：‘问题导向’基础上的‘优化设计’与‘人的能动作用’的双规则的互动耦合机制”。

该资料还说，和谐管理可视为“组织围绕和谐主题的分辨，以优化设计和人的能动作用为手段提供问题解决方案的实践活动。”② 但后来还是转向与人本管理相联系的研究，“和谐管理是企业以人为本管理思想在管理实践中的具体体现。”认为“和谐源于中国古代丰富的管理思想和文化，是强调‘利’‘义’的对立统一和‘和谐’的哲学。和谐管理模式不但要营造‘人和’的气氛，还要最优化地达到‘刚柔并济’的管理。”并肯定“和谐管理的研究是本土化的管理创新，是借鉴引进西方管理科学的最新成果和结合中国管理现象、问题展开的具有中国特色的管理范式研究。”③

---

① 徐井岗：《中国企业管理史论——物本、人本、心本管理的演变与中国管理理论的建立》，中国财政经济出版社，2017 年 5 月，第 7 页。

② 席西民等：《和谐管理理论的提出及其原理的新发展》，《管理学报》，2005 年第 1 期，第 23 页。

③ 王大刚、席西民：《和谐管理理论研究评述》，《生产力研究》，2007 年第 6 期，第 142 页。

该资料表示，和谐管理是组织为了达到其目标，在变动的环境中，围绕和谐主题的分辨，以优化和不确定性消减为手段提供问题解决方案的实践活动。和谐管理的内容包括企业与环境的和谐、企业与社会的和谐、企业与市场的和谐、企业与政府的和谐、企业同职工的和谐等。和谐管理的性质主要是企业和谐管理是倡导企业经营者以和谐观念统领企业发展的一种管理哲学，企业和谐管理是旨在全面提升企业价值的一种管理方式，企业和谐管理是以关系管理为对象的一个管理子系统，企业和谐管理是重在落实企业伦理和社会责任的一种管理手段。并且强调，和谐因素正以一种稳定的不断增长的力量融于管理实践之中，影响制约着现代企业的活力和发展水平。和谐因素作为现代管理价值选择的核心要素，贯穿于管理过程中的计划、决策、组织、协调、控制等各个环节，渗透到管理的一切领域，在企业管理实践中担负着导向激励、均衡协调、内聚自约等功能。

和谐管理的研究，主要是西安交大的研究团队在做，成果也主要体现在论文以及团队成员所带的研究生的硕博士论文上，所以是在探讨之中，未见定型的理论体系和一致的概念界定。席酉民等（2013）发表的论文《和谐管理理论：起源、启示与前景》中总结说："该理论根植于中国组织发展的经验，以系统理论、有限理性学说、中国的传统智慧及对组织内耗的系统剖析为基础，其理论视角与支柱提供了解决组织与管理问题的新框架，从而为组织实践与研究提供了理论参照。……和谐管理理论尝试基于东西方文化优势整合来发展更具解释力的理论，这种努力有助于中西方组织与管理理论知识的交融，符合当前国际新趋势的要求。每个社会的商业实践都有其特定的优势与劣势，对管理者与管理学者而言，要求是相似的，就是发现他们如何按照每个文化都能理解、识别与受益的方式，从而有选择性地使用不同文化的思维方式与定位。"① 显然，和谐理论，一方面强调"中国的传统智慧"，另一方面努力"有助于中西方组织与管理理论知识的交融"。

（二）和谐和合管理思想述评

"和谐管理"研究的出发点是本土管理探索，开始了中国文化、中国哲学视角的探索，极其鲜明地提出了管理的目标是谋求和谐的中国式管理思想。无论其具体的研究过程及研究成果如何，毕竟旗帜鲜明地提出"根植于中国组织发展的经验"，将"中国的传统智慧"作为基础之一，在一

① 席酉民、刘鹏等：《和谐管理理论：起源、启示与前景》，《管理工程学报》，2013 年第 2 期，第 6 页。

定程度上说明国学的价值、国学管理的历史源头。遗憾的是，立足点依然是西式研究方法，研究目标仍然是达到或实现西方管理学术目标，鲜少对中国管理理论的引用、对国学管理专有名词的应用，也是西式假定、假设而后论证，论证之理论依据还是西方管理研究范畴，并且侧重函数关系。终究没有建立起中国管理的理论基座、理论体系，研究的方向仍然是要向西方管理上“靠”，而在中西交融方面亦未提出具体的理论框架、体系内容，其趋向性内涵始终脱离不了西方管理理论的藩篱。

“和”的思想，不仅有和谐，还有和合。和合学由中国当代著名哲学家张立文教授创建。“和合”是中国思想文化中被普遍接受和认同的人文精神，它纵贯整个中国思想文化发展的全过程，积淀于各个时代的名家各派思想文化之中，体现着中国思想文化的首要价值和精髓，也是中国思想文化中最完善、最富生命力的体现形式。

2006年黄如金在经济管理出版社出版了《和合管理》一书，提出“和合管理”观念，强调立足于中华民族五千年的历史文化扬弃，以中国和合哲学思想为基本指导原则，以中国传统的和合管理为历史借鉴，贯彻“古为今用”和“洋为中用”的原则，结合今天中国改革开放和市场经济深入发展的实际，同时吸收西方管理理论和管理实践中的有益内容，通过兼收并蓄中外管理思想和管理实践之精华，从而创新发展具有中国特色的管理科学。

相较于“心文化”视角的管理研究，现代研究“和文化”为基础的管理似乎更成气候一些。“和谐理论”从建设“和谐社会”角度探索“和谐”一词，但其内涵与研究方法与西学如出一辙；“和合理论”指“以中国传统的和合管理为历史借鉴，贯彻‘古为今用’和‘洋为中用’的原则，结合今天中国改革开放和市场经济深入发展的实际，同时吸收西方管理理论和管理实践中的有益内容，从而探索具有中国特色的管理理论。”①这说明，虽从传统文化着手，但所指的中国管理理论，是向西方管理体系靠拢，以便获得国内主流学术认可。

（三）和合文化构建和合管理

和合管理的基本策略原则就是在进行历史的扬弃中的无为无不为、刚柔相济、中庸之道等辩证思想。其认为中庸之道不应简单地被视为“和稀泥”和保守。中庸的本意是一种不偏不倚、刚柔相济、执中行权、与时屈

---

① 黄如金：《和合管理：探索具有中国特色的管理理论》，《管理学报》2007年第4（2）期，第135页。

伸的哲学方法和领导艺术。孔子把中庸之道看作是思想方法的极致，《论语·雍也》有曰："中庸之为德也，其至矣乎"。所谓"张而不弛，文武弗能也；弛而不张，文武弗为也。一张一弛，文武之道也。"《诗》曰："左之左之，君子宜之；右之右之，君子有之。此言君子能以义屈信变应故也。"这里，实际上也是道出了适时应变、刚柔相济、能屈能伸的修身处世的方法。

这一理论出自中国文化，认为和合管理精髓就是"和气生财，合作制胜"；"和"，即和谐、和睦、和平、谐和、中和；"合"，即合作、联合、结合、融合、组合。"和"与"合"联系在一起组成了一个充满哲理性的概念，表示了和睦共处、和气生财、合作聚力、协作制胜的管理观念和管理方法之要义。"和"是"合"的基础和出发点，是方法和前提，和睦共处才能和气生财；"合"是"和"的选择和结果，是手段和途径，合作联合才能取得最佳经济效益。"和气生财"的管理目标，以及"不战而屈人之兵"等管理策略的实现，都必须依赖于和合管理之实践。"和"与"合"相互依赖、相辅相成，"和"与"合"连用是今天的根本制胜之道。和合学提出儒学生命创新的五大原理：一是尊重生命的和生原理，二是和平共处的和处原理，三是共立共荣的和立原理，四是共达共富的和达原理，五是滋润心灵的和爱原理。儒学经和合学的转生，达到人和天和、人乐天乐，天人共和乐的境界。

该资料还提出，和合管理不仅是具有丰富历史和文化内容的观念，而且是具有完整体系的管理理论和高超技巧的管理艺术（意味着努力于靠拢西学）。和合发展战略，有利于联合一切可以联合的力量实现稳定、持续发展；和合人力资源开发，有利于调动各方面的积极因素和实现真正的人本管理；和合市场营销，有利于整合各种有用的市场力量顺利实现市场目标。坚持"以人为本"（西方）与"和合"观念（中国）原则，才会有双赢，才能克服现代公共管理理论和经济管理理论及实践上的缺陷，才有管理科学的创新发展。

于是，和合管理指组织为了达到其目标，在变动的环境中，围绕和谐主题的分辨，以优化和不确定性消减为手段提供问题解决方案的实践活动。其中和谐主题是指，"在特定的时间、环境中，在人与物要素的互动过程中所产生的妨碍组织目标实现的问题"。对于组织管理的认识而言，和合管理理论重在开辟一个全新的途径，而不是已经疲弱于解释管理现实的"计划、组织、领导和控制"（西学理论）。

值得认可的是，和合管理强调了"和气生财，合作制胜"的中国管理内涵，旗帜鲜明地对西学中的管理职能提出了质疑——这是一个了不起的进步。因为一直以来的中国式管理研究，都不敢或不想或不能对“西方管理”内涵提出质疑。

可惜的是，和合管理没能建立起独立的中国管理理论体系和学科体系。2019 年 3 月，中国城市出版社出版了熊小军写的《和合战略》一书，封面就标注“和合，是包容基础上的摒弃、传承基础上的创新”，从中国传统的《孙子兵法》、聚人心的“修道文化”视角，解读和合战略、归纳和合模型、探讨和合实践，从中国传统文化之兵家战略角度，探讨了“和合文化”与“和合战略”管理，应该是一个推进性成果。

三、中国管理思维的探索

（一）人心双和管理理论研究

中国文化推崇、中国百姓喜欢谋略与智慧。从伏羲、神农到老子、鬼谷子，从周文王、姜子牙到苏秦、张仪，从“汉初三杰”到历朝谋臣，从《孙子兵法》到《三十六计》，从朝堂高人到民间奇人，在史料、典籍、故事、传说中，谋略大家、智慧人杰层出不穷、数不胜数，成为中国管理的人文背景之一，是东方管理需要考量的重要内容之一。

在探索中国本土文化基础的岁月中，曾专门涉及“谋略文化”研究，发表了《论市场经济中的谋略文化》（当代财经，1997）、《第四产业与谋略文化》（浙江经济，1997）、《论网络营销与企业谋略》（发展，2002）等论文。2012 年 6 月由中国科学文化音像出版社出版、《东方名家》栏目播出的音像作品三部曲的总名也定名为《用智慧点亮企业》，三部作品分别为《老板的管理智慧》《经理人的经营智慧》《员工的工作智慧》。所以，最初创建中国管理理论时，曾想定名为“谋略管理”。但在研究中发现，谋略只是国学根基的一个点，以点虽然也可以带面，但总不是内涵的根本、管理的本质。

在探索中西方文化差异时，笔者也曾提出过一个“母语精神”的概念，读教育管理硕士时的毕业论文就是《语文教育呼唤母语精神的回归》（浙江师范大学，2003），认为“汉母语是汉文化的核心和生命，汉文化是具有人文主义特性的……其起积极推进作用的是汉文化、汉母语中的一种精神内核——蕴藏在语言中的一种人文精神——母语精神。”笔者还认为当代百年语文教育的失误，在于语文教育中母语精神的失落。并旗帜鲜明地提出“汉母语是世界上仅存的象意文字，有着数千年民族文化素养、精神素养的积淀，优秀的民族思想、民族文化、民族精神的圣殿就在汉母语中。”这是汉语区别于西语的重要特征。

由此，笔者开始思考具有国学内核的管理哲学、人文基础，中国学生生不息孕育学问万万千千，也“生”出“心和管理”。20世纪80年代笔者探索“语文教育”时就有所感悟，进而探索“母语精神”“谋略文化”时，因当时工作的需要兼及“营销管理”“点轴经济”等经济管理方面的思考。这所有方面综合起来，最终得出这样的思考结论：营销的关键在于人心接受，管理的核心在于人心认同，区域经济的重心在于人心所向；经营也好、管理也罢，在中国职场要学会合理变通。变者，“化而裁之谓之变”，因时、因地、因人、因情势而变易，变中求生、变中出机会、变中得发展，这是中国易理中的中国谋略；通者，“推而行之谓之通”，所推行的一切举措皆“为天下之民”，使民之心绪可稳、心结可解、心态得悦、心灵得正、心头有暖、心思有顺，此乃中国易理中的中国智慧。

基于此，新旧世纪交替之时，诞生了以“心文化”为根基的“人心管理”这一中国本土管理观念，而后进一步完善了人心管理要达到的目标，关注到中国文化重中之重的“和文化”，双向协和之和——“人心双和管理”概念应运而生，此后研究据此进行，最后明晰为“心和管理”概念，其理论、体系也在随后的研究中逐一完善。

这个过程，历经30余年。笔者从中体会到，一个思想或理论产生是漫长的过程，而且还要耐得寂寞、坐得冷板凳。任何一蹴而就的“研究成果”，任何直奔名利的“学术研究”，不是中国式的学问研究，充其量，也就是西式“快餐文化”的照搬而已。

（二）东方管理研究展现风采

在东方管理萌芽的理论丛林中，“东方管理”是影响力比较大的一个流派。综合各类资料可以发现，最早提出“东方管理”的，是1994年6月原浙江省社科联主席、原浙江工商大学校长胡祖光教授的专著《管理金论——东方管理学》；1998年，胡祖光教授又出版《东方管理学导论》；2002年再出版《东方管理学十三篇》，对东方管理学按用人、治法、纳言、决策、组织、激励、指挥、处事、考核、变革、修身、廉政、教化13个管理的重要事务来进行论述。这三部书奠定了“东方管理学”的思想基座。

1997年，复旦大学教授苏东水在世界管理大会（在复旦大学举办）上作了题为“面向21世纪的东西方管理文化”的报告。1999年，复旦大学东方管理研究中心成立，该中心是全国第一个明确以东方管理学术思想和实践活动为研究对象的科研机构。2003年，全国第一个“东方管理学”

二级学科博士点、硕士点在复旦大学设立，2005 年开始招收博士和硕士研究生。后复旦大学整合上述科研机构，成立了“复旦大学东方管理研究院”，系统研究“东方管理”。苏东水教授在东方管理领域的主要著作包括《东方管理文库》18 卷、《中国管理通鉴》4 卷、《中国管理学》以及《华商管理学》《东方管理学》《管理学——东方管理学派的探索》等，把这一领域的研究推向了一个高峰。

第十九届世界管理论坛暨东方管理论坛观点综述①说：“在本次东方管理论坛上，苏东水教授为大家详细介绍了东方管理理论的五大原创性思想：一是提出管理的哲学要素为‘道、变、人、威、实、和、器、法、信、筹、谋、术、效、勤、圆’等15 个要点。二是提出管理的精髓：‘以人为本、以德为先、人为为人’的‘三为’思想。三是提出管理的内容为‘三学’（中国管理、西方管理、华商管理）、‘四治’（‘治国、治生、治家、治身’）、‘五行’（‘人道、人心、人缘、人谋、人才’）。四是构建东方管理理论体系，提出了融合古今中外管理精髓，创新了中国管理科学理论体系的‘学’‘为’‘治’‘行’‘和’的‘五字经’。五是提出‘三和’思想，认为中国管理科学的主旋律及其目标是实现‘人和、和合、和谐’，构建‘和谐社会’同时指出，东方管理学研究发展的成就，集中体现为对世界管理学知识体系的突破和创新”。具体说来，体现为“五个一”。一是创立了一个学派——管理学的东方学派；二是创立了一个新体系——“三学”“三为”“四治”“五行”“三和”以及“十五哲学要素”；三是创立一系列论坛——1996～2016 年连续召开了 19 届世界管理论坛暨东方管理论坛；四是创立了一个新学科——东方管理学科；五是涌现出了一批精英——由学术精英，以及将东方管理思想运用于实践的政府管理者和企业经营者组成的多达 200 多人的学术团队。

显然，“东方管理”概念，是中国学者本土研究在学术界的一次亮相，说明世界管理理论不再是“西方管理”一统江山，无论是胡祖光提出的 13 个管理的重要事务，还是苏东水团队提出的 15 个管理的哲学要素，都体现出了中国传统文化和中国传统智慧。举办的“东方管理论坛”，很好地提升和传播了“东方管理”观念。总结出来的“三为”“三和”与“五行”“五字经”等内涵，具有典型的中国文化特征，中国式管理研究由此得以新发展。

---

① 赵晓康、杨宇弘、袁慧婷：《新常态下的东方管理理论思维与实践创新——第十九届世界管理论坛暨东方管理论坛观点综述》，《管理世界》，2016 年第 7 期，第 168 页。

比较遗憾的是，胡祖光先生因本人年龄原因逐渐淡出学术界；苏东水团队的研究，因《中国管理学》《华商管理学》《东方管理学》等名称的出现，冲淡了“东方管理”概念；所谓的“新体系”其实还没能成为一个学科体系，只是把一系列内涵罗列到了一起（其中有一些是重叠的）；从所提的“三学”内涵可知，其实也是将中国管理思想与西方管理理论融合，而没有独立创建中国本土管理理论的意图。更重要的是“东方管理”这个概念，心和管理研究者认为无法等同于“中国管理”，且不说环绕中国周边的这些东方国家的文化意识问题、管理理论的归属问题，就从文化传承来说，印度文化、伊斯兰教文化等都应该是“东方文化”，作为以特定人文内涵为背景的管理理论，“东方管理”从概念的内涵外延上说，应该不是完全意义上的中国管理。

东方，不像西方那样各国在政治体制、经济环境、文化传承等方面具有一致性、一体性，因此“西方管理”的概念可以成立，但不等于“东方管理”的概念也适合。

（三）其他本土管理理论述评

除上述各家外，中国式管理研究还有齐善鸿提出的“道本管理”，曾仕强探索的“中道管理”（M 理论，2007），成中英研究的“周易管理哲学”等，抓住中国传统文化中的某一个点提出一个管理新概念、新思路，并没有建立起中国式的管理学科或理论体系。其他零零散散还有一些提法，如于东辉《人心管理》（2005），从人性化管理视角提出中国式管理新思维，但只是一种概念的提出，并非提出一套理论体系，而且其内容不是理论性研究，只是一种鸡汤型的通俗书籍。论文如李强、胡宝荣《人心管理：社会管理的重中之重》（2012）、郑雅萍《〈管子〉“人心管理”思想的科学人才观》（2014）、王云《人心管理：社会管理新诉求》（2007）、谭小芳《刘备、曹操与人心管理》（2012）等，这些研究者各自为政，未能成一个中国本土管理理论流派；其他还有少量从《论语》《管子》《冰鉴》等书和王阳明“心学”中的解读性研究；总体散而少，着眼于从一个点引出一种思想或概念。

还有一点值得肯定的是，有研究者把中国共产党领导的革命历史和传统总结出来，提出了“红色管理”概念，虽然不是理论建设、学科架构，却展示出中国本土管理的一个重要分支。本书建设中国管理理论，引用了这一概念，以辛亥革命为界，把之前的中国本土管理统称为“国学管理”，而把“五四运动”的马克思主义传播作为启蒙、中国共产党成立作为起始的百年红色历史中的管理，总结为“红色管理”，并将前 90 年以 30 年为一个台阶，大体归纳为红色革命管理、红色建设管理、红色经济管理三个阶段，将新时代中国特色社会主义所进行的中华民族伟大复兴的努力，归结为红色强国管理，作为学科建设重要内容。

正是研究者的共同努力，中国本土管理研究渐成理论丛林的萌芽状态。不过，也正因为是一种“丛林”现象，也就没有形成研究的合力，没能创建中国管理理论。其中在组织上的重要原因，是各打各的“仗”、各出各的“兵”；而在内涵上的一个重要原因，是没有抓住中国管理的根本点：“人心”，没能从以心为本的视角提出符合中国国情与中国职场文化的管理思想、管理理论。不提“心”的管理问题而直接提“和”的管理，类似于树无根、楼无基。这才是本书提出“心和管理”、创建“心和管理理论”、设立“心和管理学”体系的原因所在。因为“和”的本质是人心，“和”的起点、“和”的归宿都是人心。

“心和管理”观念的提出，是抛砖引玉；建设心和管理理论体系，并发展成为《心和管理学》，是这一研究的一个成果，也是一种期盼。至少可以确定，中国本土管理正以星星之火播撒种子，将来形成燎原态势亦未可知。重新站起来的东方巨人，必定在全世界喊出中国声音，体现中国元素，展示中国红色，形成中国能量。

第三章　心和管理学基因

心和管理学的思想基因、文化基因来源于古典文化、国学管理。中国可以自豪地说，中华文明代代传承、不断发展，有着汉语的力、国学的美，中国文化的万种风情。希腊历史上先后三次被别的民族征服：先是公元前 168 年被罗马帝国占领，再是 1453 年被奥斯曼土耳其人征服（随东罗马帝国一起被征服，在强大的伊斯兰教的打击下，希腊文明差点灭亡）；第三次是 20 世纪第二次世界大战中被德国征服。严格说，希腊文明是被长期遗忘、被战争打乱打散了的、文艺复兴才挖掘出来的。

上古文字极其珍贵，能传承下来的每一个字、一个词都包含后人可无限领悟的哲学意义和思想内涵；汉语的象形、表意功能和母语精神，能清晰表达极复杂思维与极深奥的理论，学者明悟可生发新学问。而西语则与数字、符号一样要比汉语表意多一重信息转换程序——需要二度联想才产生语义。中国研究方式是站在时空高度、哲学深度、治国平天下和预见未来的经纬度，进行整体的、宏观的、高远的、高瞻远瞩和韬略视角的研究。凡研究必模型、必用数学语言，既脱离了中国本色，也是一种新教条主义。心和管理学渊源，深藏在国学的内涵里、汉语的表述里，是数千年文明“厚积”后的“薄发”。无论历史如何发展，“理心谋和”是中国传承下来的文化基因这一点永远不变；研究者在与先祖、先哲、先贤对话中，找到真理、真经、真基因，与时代融合、碰撞，激荡出创新的思想、理论与体系。

第一节　中华国学基因模型

中国文化以华夏人文始祖伏羲所创八卦为源，以文字产生后文王时代形成的《周易》为本，以春秋孔子时代《易传》为正统解释，发展到诸子百家、发展为众多学问流派。中国社会的方方面面、中国人的言行举止、国学所推崇或反对的一切，大多与易理文化、儒道文化基因有关。祖先们在伏羲八卦中演化出来的所有学问，深藏在一个个的文化模型里。

一、中华河图洛书模型

（一）易之源的河图洛书模型

如果说西方文化擅长模型，那么中国文化推崇象数。中国最早的“象”是“河图”“洛书”之图像。《周易》经部源于从“河图”“洛书”而来的八卦图。《易·系辞上》说：“河出图，洛出书，圣人则之。”这是说伏羲氏时期，传说有龙马从黄河出现，背负“河图”献给羲皇；另又有传说大禹治水时，有神龟从洛水出现，背负“洛书”。伏羲根据“图”“书”之显现画成八卦，这便是先天八卦。数千年后周文王姬昌，又依据伏羲八卦研究形成文王八卦（即后天八卦），并演化六十四卦。如图 3－1 所示，这就是卦图之图像由来。模型是固化的模式、样式，河图洛书一出现就是定型的，所以亦可称其为河图洛书模型。

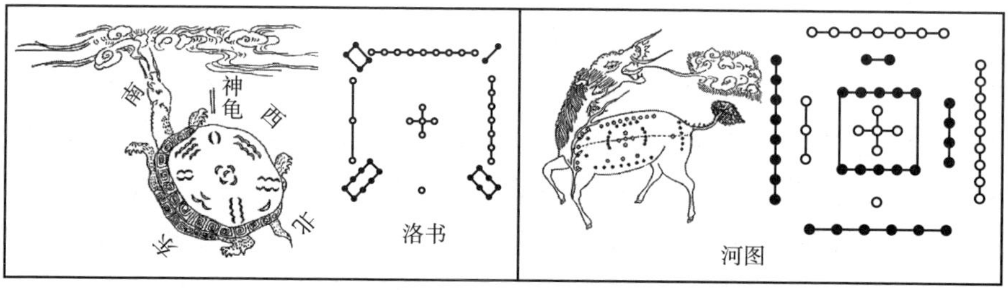

图 3－1　河洛文化模型图

大禹依此图所显示的易理，治水成功，并根据九宫之意将天下划为九州①。设定“九章大法”治理社会，流传下来收入《尚书》中，名为《洪范》，后世称其为“洪范九畴”，由此可见河图与洛书的价值。河图洛书是中国古代流传下来的两幅神秘图案，被认为是河洛文化的滥觞，开创了中华远古的文明，也开启了“天、地、人”和谐相处的大智慧。

河图洛书的传说，流传极为广泛且一直流传下来。事实上，希腊文明、《圣经》，也都是故事传说、神话传说；传说可能无力史证，却仍是文化现象，何况至今也找不到任何佐证来否定河洛文化传说。当然，河图洛

① 《尚书·禹贡》的记载，九州是：冀州、兖州、青州、徐州、扬州、荆州、豫州、梁州、雍州。《尔雅》中有幽州与营州，没有青州和梁州；《周礼》中有幽州与并州，没有徐州和梁州。九州等同于汉地。

书的起源，也是千古之谜。对此，本研究有两种猜想。

其一是伏羲作为圣人先贤，上观天象下察地理，日日在黄河边上思想，因河边或河中或河上某个因素（如河边饮水的马或是水中跃起的鱼）触动灵感而悟，或思虑久了幻化中出现类似海市蜃楼一样的景象，长久以来思考的结果反映在河图上了。

其二有可能是先民们共同智慧的结晶，先民们长期摸索形成了河图洛书中的模型图，通过一定的仪式敬献给羲皇和大禹，为了神化圣人，让人们更可信，就出现了传说中的故事，一代代传说下来，形成版本虽不同、中心意思却不变的河洛文化传说。

也许后一种猜想更接近事实，因为人类初始时期，圣人依据自然物象的一些特征，模仿刻在龟背和兽骨上（甲骨文之由来），以记载下来，并作为经验对人们生存于世起到一种警示、引导作用，这更让人可信。因为是经验所积聚（而经验其实就是历史数据的累积，只是用准确数字计算还是用经验积累认定的差别），所以往往比较灵验，在有效规避风险的基础上能使人们逢凶化吉，于是龟壳和兽骨逐渐被人们视为神灵祥瑞之物。从已出土的商代大量的甲骨文多刻在龟背和兽骨之上，内容又多为占卜之辞可以得到印证。“1987 年安徽含山县陵家滩原始社会末期墓葬中出土距今五千年的玉片和玉龟，据专家考证，是无文字时代原始先民把天地、北辰、四维、四时、八方、八节、八卦和洛书之数融为一体的宇宙图式，也是原始的洛书和八卦图。出土的玉版、玉龟的年代，比大禹治水还早 1000 年左右”。正因为如此，2014 年河图洛书传说经国务院批准列入第四批国家级非物质文化遗产代表性项目名录。

（二）数崇拜的河洛象数文化

中国象数的“数”是数字、是数学。中国先民对“数”十分崇拜，是国学的重要内容，数与运算，使人类意识到自己的智慧和聪明。数字与符号一样，都是文字起源的内容。黄帝时，“仓颉随帝南巡，登阳虚之山，临于玄泸洛讷之水。灵龟负书，丹甲青文以授之”。仓颉为黄帝史官。他依河图洛书造出一代象形文字，成为中国最早的计数文字（汉字）。

河图上排列成数阵的黑点和白点，蕴藏着无穷的奥秘；洛书上，纵、横、斜三条线上的三个数字，其和皆等于 15，十分奇妙。根据这一九宫格，中国商朝时期的商高就提出了“勾三股四弦五”的勾股定理（见《周髀算经》，比西方早了五百多年，在西方称“毕达哥拉斯定理”），如图 3－2 所示。中外学者对此格作了长期的探索研究，演化出许许多多的知识内涵。河图、洛书，其图的形式不同，但显示的本质相同，都表示历法和卜筮、四面八方、四时八节、八卦、九宫及五位统一的体系等知识。这是中国先民心灵思维的结晶，是中国古代文明的一个里程碑。

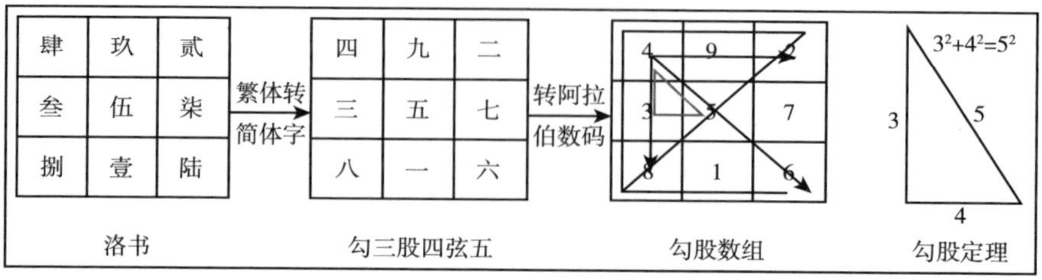

图 3－2　河洛九宫之勾股定理

进一步分析，“河图中的点数是五十五，其中一、三、五、七、九是天数，二、四、六、八、十是地数，天数累加是二十五，地数累加为三十，两数之和为五十五。河图中的天数是奇，是阳；地数是偶，是阴，阴阳相索。古代哲学家解释，河图中上、下、左、右、中五组数目分别与火、水、木、金、土五行有关。这五种物质基本形态的生成与转换，甚至万物发育都可以从这图上得到启示。由此定义这十个自然数中一、二、三、四、五为生数，六、七、八、九、十为成数。从而得出五行相生之理，天地生成之道”。

河图的数字性、对称性对八卦文化、周易易理以及后世的文化衍生发展都产生了巨大的影响。研究表明，河图之数有天地之数、万物生存之数、五行之数、大衍之数、天干交合之数、六甲纳音之数等。八卦的对称性也是从河图来的，乾坤即天地对应，坎离即水火对应，巽震即风雷对应，艮兑即山泽对应。还有五行理论中的相生相克原理等。河图洛书还与东方苍龙七宿、南方朱雀七宿、西方白虎七宿、北方玄武七宿之二十八星宿的星象学也有密切联系，与西方的黄道十二宫图也是相同自然规律的不同表述。

（三）筮数组合九宫八卦模型

显然，河洛文化是远古先民用神秘筮数的奇妙组合，也是中国图象文化、数衍文化的由来，由此象数概括出“天人合一”思想的宇宙图式与协和万邦的“世界观”。伏羲依此“图”和“书”作八卦而成为华夏文化的源头。也就是说，国学的根，是河图洛书，河图洛书的内涵成为华夏民族的文化基因，千古传承。

同理，中华文明、中国文化最初的文化模型就是河图洛书，这个模型简化为九宫图，产生了中国数学、机窍学、密码学等。更重要的是，直接诞生了八卦理论，如图 3－3 所示。而恰恰是这个八卦，在汉语中称为“图象”，以图显象，象中见逻辑意义、也见数学意义；汉语使用习惯，常以“图”一字表示，所以有“八卦图”之称。西式表述则是“模型”，模中亦有数、型中亦有义。中西文化交流，图像与模型意义大体接近，无非其模型是数理模型还是逻辑模型的区别。如果说数理模型侧重数学语言描述某个道理，那么逻辑模型侧重要素之间的关系来表示其理，当然也包括其中的数学关系。鉴于易理中所表现的所有图象，其实都是要素逻辑化、象数化的反映，如“五行图”就是大地上五种基本要素的逻辑关系表述，故也可称为“五行模型”。同理，“八卦图”，是以宇宙间八种自然物象为要素形成的关系图，故也可称“八卦模型”。其中，先天八卦两两相对，重点是蕴藏宇宙之道、人生哲理；而后天八卦，在于借位变动，透露事物规律，侧重预测推理。

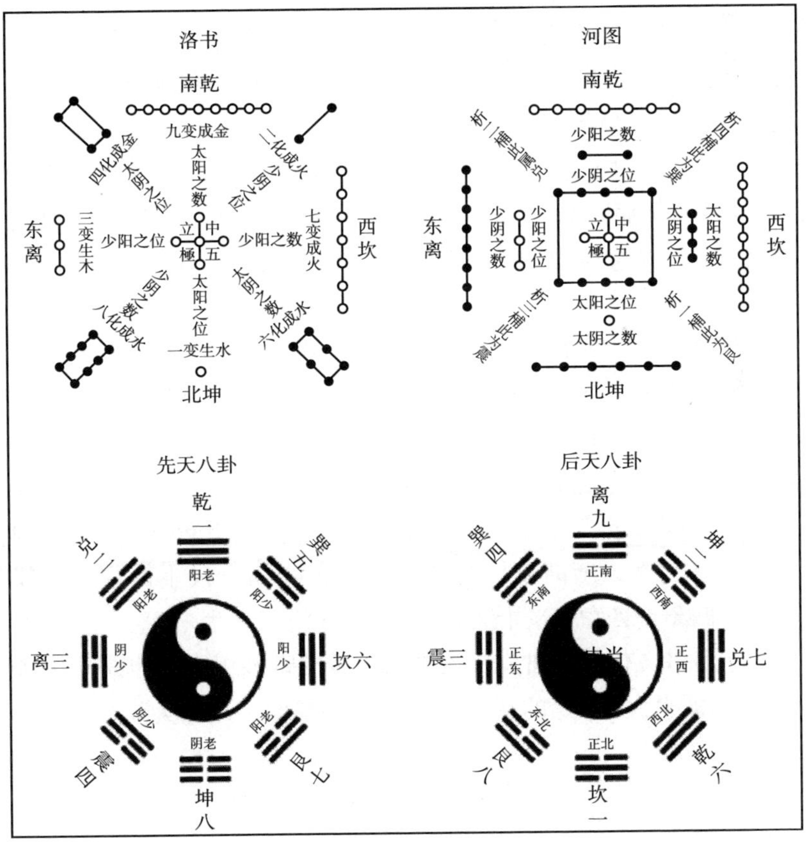

图 3－3　河洛九宫与八卦对应

二、周易文化八卦模型

（一）卦象启文字易理探宇宙

河图洛书是中国文化的起始状态，它像一个原始的规划，揭示了宇宙万象之关系、发生及运动原理，以具体的点数值，表达天地运转、水火起落、风雷激荡、山泽变动的自然之理，但还没有具体解读、也没有文化描述。

伏羲画八卦，是中国式模型的出现，也是中国文字的雏形。“太极生两仪”的阳爻“⚊”、阴爻“⚋”卦象画出来了，再进行排列组合，八卦卦象面世，开始了计数，开始了象形文字，开始了中国文化模型，开始了中国哲学思想，开始了中国人对宇宙万物的认识。炎黄帝时汉文字成形，文王演周易六十四卦，三爻卦发展为六爻卦，易文化面世。

起初画八卦显道理，一个“易”字表示，后人因其包罗万象而名《周易》（一说与周朝有关），孔子时列为“六经”之首。“经”是中国文化中最神圣的典籍、最权威的著作，是真理的源泉。伏羲画的八卦、文王推演的六十四卦（包括卦辞爻辞）以及孔子与弟子们的权威正统解读之《易传》，三者合一构成阐述天地大道、世间大理、人生道理之全本《周易》，因其经典性而尊为“经”。所以，《易》《周易》《易经》是同一本先古之书。本书系多数时候称《周易》，涉及“经”之意义时会出现《易经》一名。

宇宙包罗万象，变化莫测，人生机缘机遇，难以预料。最初探索宇宙之理、社会之象、人生之道时，通过对天文、地理、万物之观察研究，究天人之必变、所变、不变之理，通古今之知变、应变、适变之法，从而总结出宇宙大道、易道之理——浓缩为一个“易”字——变易之变动、变更、变化（“变”即“易”），是一代代圣人、贤人不断研磨、探究自然变易、人之变易之学，渐渐总结为“无极生太极、太极生两仪、两仪生三才、三才生四象、四象生五行、五行生六合、六合生七星、七星生八卦、八卦生九宫、九宫至十圆，十又生阳，阴即合，阴阳合成十二周天”（《老子之无极生太极》）的“十二”之数字易学，凝结为易数之卦象模型之中。

正因为如此，《易经》被尊为“群经之首，诸子百家之源”，世世代代奉为中华真经。

（二）先后天八卦的变易模型

八卦图的演进变化，从原形态的“三爻卦”起始。周易八卦，两两相对组成，其基本图形如图 3 –4a 所示，后人加太极图相融如图 3 –4b 所示，这是原始卦图，称“先天八卦”，传说伏羲所创又称“伏羲八卦”；周文王姬昌推演先天八卦，悟出卦象变动之理，发展出推导预测性价值，重新规划八卦图各卦方位，如图 3 –4c 所示，这就是“后天八卦”，又称“文王八卦”。

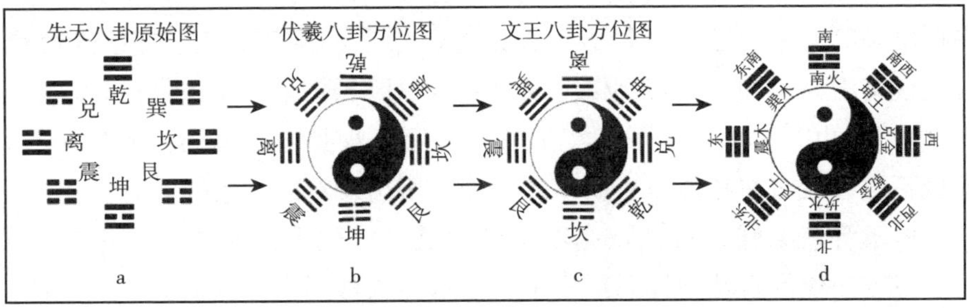

图 3 –4　八卦模型的演变示意图

心和管理学研究中探索易道、易理，重在其哲理和文化意义，重在对心和文化、心和管理的价值，重点是先天八卦，即如图 3 –4d 所示的八卦模型。解读这个模型，首先要了解八卦模型的图像意义。如果西方人来组图，很有可能会画出长方形或正方形，有棱有角、直来直去，因为西方人以齐整为美、注重规则。中国人也讲齐整，却是那种可以回环的齐整，有始有终、始终相接，以曲为美、注重规矩。规则为方，规矩为圆。大陆风情，山不转水转、水不转人转，圆润、圆通为好，不喜横冲直撞、霸道无边。太阳的起升降落，画出的就是圆弧的曲线，围绕中心不偏离，白天起晚上落，光照大地、沐浴众生。以此为规律，太极生两仪，画出图示就是一个圆，圆心不变，有黑白分立左右，白中有黑、黑中有白，两点分上下；围绕太极图，八卦每一卦的初爻朝圆心，如图 3 –4b 所示。

据此解读八卦，每卦三爻，靠里一卦叫初爻，然后依次中爻、上爻。看图中初爻，坤卦左行，表示冬至一阳初生，起于北方；乾卦右行，表示夏至一阴初生，起于南方，这一寒一暑，表示太阳在一年中的周期运动。看中爻，是阳爻那半圈，表示白昼太阳从东方升起，经南天而到西方；另半圈全是阴爻，表示太阳落山后的黑夜，是记太阳运行一日的周期图象。看上爻，半圈阴爻表示月亮运行的上半月，即朔；半圈阳爻表示月亮运行的下半月，为弦。伏羲八卦图像为统一年月日时周期。“先天八卦讲对峙，即把八卦代表的天地风雷，山泽水火八类物象分为四组，以说明它的阴阳对峙关系。……后天八卦图又称文王八卦图，讲流行，即阴阳二气在四阳卦四阴卦中的流行。阳气上行，越上越强；阴气下行，越下越强；按照先天八卦布局，阳气所行，震入离位、离入干位、干入艮位、艮入震位；阴气所行，兑入坎位、坎入坤位、坤入巽位、巽入兑位。于是先天八卦变成了后天八卦。”① 如图 3-4c 所示。

周文王为什么要改伏羲八卦，所创后天八卦与伏羲的先天八卦，区别在哪里等等这些问题，历朝历代有无数研究者想要弄清楚，却终未可得。有人说文王为避免“天机泄漏”而将后天八卦形成之因深藏，导致“千古谜团”；也有人认为孔子其实是清楚这后天八卦之玄奥的，但先人不说他也不说，最多在易传里有所暗示，能否悟出，看后人悟性。

但不管怎么样，有几点是明晰的，其一，先天八卦将一年中寒暑变化、昼夜变化的自然规律总结出来，显示在八卦图中；而后天八卦把阴阳二气的变动流行的方向与强度变动的高低给表现出来了。其二，先天八卦是总结规律，后天八卦是应用规律，所以后人认为先天八卦是“体”，后天八卦是“用”。其三，既然先天八卦是总结规律，那么后天八卦就是预测未来；事实上探索哲学思想时一般用先天八卦，星象占卜等预测时则常用后天八卦。心和管理理论应用的先贤的哲学思想，采用的八卦模型图是伏羲先天八卦图。

后天八卦图从地理方位、特征、气象角度来看，还是能找到其排列规律的。如图 3-4d 所示。北位为坎，冬季寒冷来自北方，代表水，为子月（11 月）、子夜；东北位为艮，代表山（大兴安岭、太行山脉），稳固，属土，为丑、寅月（12 月、1 月）、丑时、寅时；东位为震，春天雷起草木长（雷震、属木），为卯月（2 月）、卯时；东南位为巽，风吹草木盛，为辰月（3 月），巳月（4 月）及辰时、巳时；南位为离，烈日炎炎光高照，代表火，为午月（5 月）、午时；西南位为坤，夏秋之交大地收获，为未、申月（6、7 月），未时、申时；西位为兑，秋收时节，云雨来而多沼泽，自是喜悦，为酉月（8 月）、酉时；西北位为干，金属矿产丰盛，秋冬之交天气转冷，为戌、亥月（9、10 月）。

（三）三爻卦变动六爻卦模型

周文王姬昌创设“后天八卦”，在古代应用于祭祀、卜卦、堪舆等，现代表述就是预测；另根据易道生生不息的原理，将两个三爻卦上下叠

① 徐井岗：《人心管理论——基于国学与东方思维的中国管理理论》，经济科学出版社 2013 年版，第 93 页。

加、排列而成六爻卦：把原八个三爻卦，一一叠加到任意一卦上面，如此，每个三爻卦即可“生”出八个新的六爻卦，八个三爻卦“生”出八八六十四个六爻卦。叠加本卦组成的新六爻卦，叫同卦，又称重卦，故有干、坤、坎、离、巽、震、艮、兑共有八个同卦，如图 3 –5 所示。

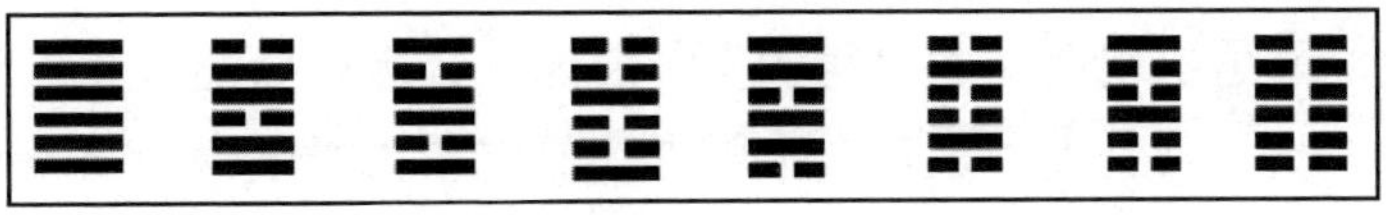

图 3 –5　六爻八卦（同卦）示意图

作为中国哲学原理，八卦即可将宇宙现象、人生百态归纳为对应的八大类。这是惊天的学识、超人的智慧方能做到的，所以伏羲、文王、包括写《易传》的孔子，皆被后人称为“圣人”。八卦本身所总结的自然规律和体现的哲学意义，以及根据八卦可推演出诸多事物的变化，可预卜事物的发展规律。因此说，八卦是人类文明的一个瑰宝，是宇宙间的一个高级“信息库”，实至名归。

一般地说，乾为天卦像：阳刚，刚健，自强不息；乾六爻皆盈满，故圆满、亨通，成功、重大；但刚多易折，含欠安之像。坤为地卦像：阴柔，地道贤生；厚载万物，运行不息而前进无疆，有顺畅之像；坤六爻皆虚，有破裂之像。震为雷卦像：重雷交叠，相与往来，震而动起出；震动，震惊鸣叫，惊惕，再三思考而动。巽为风卦像：柔而又柔，前风往而后风复兴，相随不息，柔和如春风，随风而顺；巽顺，顺从，进入而下伏。坎为水卦像：二坎相重，阳陷阴中，险陷之意，险上加险，重重险难，天险，地险；险阳失道，渊深不测，水道弯曲，人生历程曲折坎坷；绝顶聪明，“心诚行有功”。离为火卦像：离明两重，光明绚丽，火性炎上，依附团结；离散，离开，分离；虽比和，但内有冲突，谋事可成，却有周折。艮为山卦像：山外有山，山相连；不动，静止，停止，克制，沉稳、稳定，止其所欲，能挑重担。兑为泽卦像：喜悦可见，快乐照临人，口若悬河，善言喜说，如意悦心。

现在解读八卦，无论我们是否感到艰涩，它作为国学文化基因这一点改变不了，它所包含的哲学原理、认识世界的方式方法，一直在影响甚至左右着一代代中国人。正是基于这一现实，心和管理以先天八卦基础模型及其子模型如阴阳太极模型、三才六合模型、四象五行模型、七星九宫模型等为模板，建立起心和管理模型，包括人心管理模型、双和思想模型以及相关子模型。这与中国文化同宗同脉，与中国人思维同心同理。

三、传统阴阳五行模型

（一）五行模型相生相克变动

周易体系中，阴阳、五行、八卦深化的模型是重中之重。这里论述五行管理模型。

五行说最早出现在“黄老道家”① 学说中，旨在描述事物的运动形式以及转化关系。其基本原理来自中国古代的取象比类学说，将万事万物按照润下、炎上、曲直、从革、稼穑的性质，对应归属到水、火、木、金、土五个项目中（不是简单地说五种专属元素），其初始的含义是：木代表植物、火代表热能、土代表土地、金代表金属、水代表液体。而且这“五”是从东西南北四方位（四象）所代表的木、金、水、火加上“居中”之土构成的（即 4 生 5）。五行的五个自然元素之间存在着相生相克的关系，如图 3 –6a 所示。

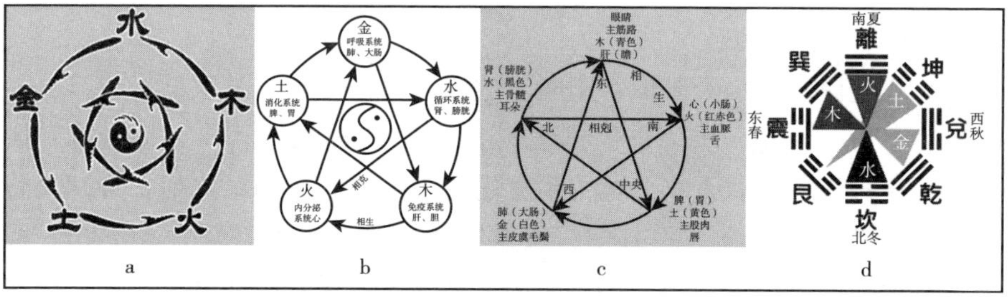

图 3 –6　五行模型的演变示意图

相生，指两类属性不同的事物间存在相互帮助、相互促进的关系：木干暖生火，火焚木生土，土藏矿生金，金销熔生水，水润泽生木；相克，指两类不同属性的事物间关系是相互克制的：木克土（专胜散，故木胜土；因为树木可扎根土里），土克水（实胜虚，故土胜水；因为堤坝可阻止水流），水克火（众胜寡，故水胜火；因为大水可熄灭火焰）、火克金（精胜坚，故火胜金；因为烈火可熔化金属）、金克木（刚胜柔，故金胜木；因为刀具可砍伐树木）。根据阴阳互根、阴阳转换的原理，里面蕴藏着一个道理：看似相克，实则相生。

中国文化的奥妙，在于走过万山见平川，透过现象看本质，生者克之，克者生之，“刚柔相推，变在其中矣”（《周易 · 系辞传下》）。当各种

---

① 道家学说的最大分支，盛行于春秋战国时期。因推崇黄帝和老子而得名，主张虚无为本、因循为用、采百家之长以经世致用治国安邦。黄老道家尚阳，与老庄尚阴相对。

要素发生变化时，就会出现雾里看花的可能，真作假时假亦真，假作真时真亦假，一切变数的破解，在于全局的把握与掌控。

“五行”是对宇宙间万事万物的五种不同属性的抽象概括，“五”不是指五种单一的具体事物；“行”是宇宙间万事万物的运动变化。生与克是一对矛盾的两个方面（阴阳），也是事物内部不可分割的两个方面。生与克又是相对的，没有生，就不存在克；没有克，也就无所谓生。有生无克，事物就会无休止地发展而走向极端，造成物极必反，由好变坏或由坏变好；有生无克，事物会因积聚过多膨胀而爆炸；有克无生，事物就会因被压制过分而丧元气走向衰败。在生克这一对立与统一的矛盾体中，无论是生的过分还是克的过分都会因对立力量失衡而打破相对平衡或统一，事物就会向一方倾斜发展，为维护相对平衡，生与克相互牵制着。否则平衡被打破，事物就会出现了新的变化。这些原理在现代科学中都已得到验证，古代则被广泛用于中医学，也应用在堪舆、命理、相术和占卜等方面。因为应用领域有偏差，阴阳五行学说被说成是阻碍科学的进步，是经验主义和神秘主义——以偏概全。

（二）注重变通的国情化模型

西方、东方探索学问都从观察开始，也都从经验积累中寻找规律，只是观察的视点、运用的方法、注重的方向有着差异。西方古原子论、中国元气论，便是从不同视角认识世界、探索宇宙、分析事理物理，没有孰强孰弱、孰对孰错；原子论讲究原子裂变的数值与量化，元气论推崇元气整体的变动与判断；加上汉语与西语的差异等都在证明，汉语研究方式下的经验总结，不是西语研究范式下的经验总结，两者有本质区别。中国无论是研究还是日常生活，都注重各种变化状态下的经验总结和演化，其实就是经验之量的积累，然后从量变到质变。这也是“祖制不可违”的原因所在。

医学上的临床试验，管理学中的案例分析，经济学、政治学的历史回顾和问题把控等，其实都是在累积经验。只是西学经验累积的表述，因西语符号功能的特点，适合客观记录、数字表述，要素之间的关系，用公式（模型）呈现比较清晰；而汉语对经验的总结，可以活灵活性地记载下事物发展变化的过程，如中医的病患的症状、用药的效果、药理的变化等，直观而清晰。这是中国重经验、西方重数据的重要缘由。从这个角度说，因为西方研究不重视经验主义，就认为中国研究也不应该重经验，是很没道理的。

中医五行理论被西医诟病甚至否定，也是因为不了解原子论与元气论之内涵差异、汉语与西语之功能差异，以及中医千百年经验总结的内在原理所致。中医理论来源于对元气精气之说、来源于医疗经验的总结

（如：“望闻问切”四诊合参的方法）、阴阳五行思想（人体机理、气血脉象、经络穴道）等。先秦诸子百家中有“医家”，中医经典有《黄帝内经》等。与中国研究范式一致的是，中医也是从整体观上来论述医学，呈现了自然、生物、心理、社会“整体医学模式”，其基本素材来源于中国古人对生命现象的长期观察、大量的临床实践以及简单的解剖学知识，如图3－6b和图3－6c所示。

中华医学，与所有中国文化一样，源远流长而光辉灿烂，内涵深厚而体系完善。

（三）五行衍生多种文化模型

作为一个广泛应用于国学的五行模型，其五行内涵又代表着中国文化多方面的内容，与人体界的方方面面，与自然界的方方面面都相对应，构成了内容极其广泛的五行系列，如表3－1所示。正是五行体系的这种广泛性，证明了五行模型的巨大价值。

表3－1　五行与自然界、人体界的关联特性

自然界								五行	人体界							
味	色	性	化	气	季	方	果		脏	腑	态	体	窍	声	液	华
酸	青	温	生	风	春	东	李	木	肝	胆	怒	筋	目	呼	泪	爪
苦	红	热	长	暑	夏	南	杏	火	心	小肠	喜	脉	舌	笑	汗	面
甘	黄	平	化	湿	长夏	中	枣	土	脾	胃	思	肉	口	歌	涎	唇
辛	白	凉	收	燥	秋	西	桃	金	肺	大肠	忧	皮	鼻	哭	涕	毛
咸	黑	寒	藏	寒	冬	北	粟	水	肾	膀胱	恐	骨	耳	呻	唾	发

所以，作为国学的关键性内容，尽管阴阳五行理论中存在一些主观意象和神秘倾向，但去粗取精、去伪存真之后，无疑对“心和管理”理论提供了哲学思想和基础模型。

五行生六合，六合同样是中国的一种哲学概念，六合从四象来（4→6），方位四象就是指东西南北，再加上方位（天）、下方位（地），就成了六合（又称六极）。合起来就是上、下、东、南、西、北，简称天地四方，泛指天下或宇宙。

六合思想的核心为天下规律，六合即六方位皆合，所以有知六合者知天下之说。六合思想是阴阳思想的灵活运用，天下之六合为阴阳合、天地合、男女合、时空合等。今天应用在心和管理理论中就是每一个职场人、每一个组织，都要修炼至与上合（上级）、与下合（下属）、与左右合（同事、客户）、与内外合（内部部门、外部关系户），达六合，得天下。

六合在太极图中的方位，若加上中心点，就构成了一个形似北斗七星的图形（6→7），于是产生了“七星命理学”，这是一门传统的命理预测方法，与四柱八字、紫微斗数等同为命理预测的一个分类。预测命理，不是逆天而行，而是预测基础上趋吉避凶的未雨绸缪，谋事在人、成事在天，事先的谋还是很必要的。

第二节　心和管理易理内涵

中华易道易理所包含的哲学内涵、自然原理、天地气象等，宏观解释了宇宙运行变化与万象更新原理，微观阐述了人文奥妙深理和人生变动趋势，对国学发生发展、中国人的人格养成与相对固化起到奠基作用。如前所述，阴阳、五行、八卦，为后世各学问的产生发展和中国人的生存方式、成长方式、社交方式、职场方式和事业方式等作出了巨大的贡献。可以客观说，中华易理养成了中国人特有的思维方式：养心思和。

《周易·系辞传上》说：“夫易者，圣人之所以极深而研几也。唯深也，故能通天下之志。唯几也，故能成天下之务。唯神也，故不疾而速，不行而至。子曰‘易有圣人之道四焉’者，此之谓也。”这里说“易”的道理包含四种“圣人之道”：穷极深奥事理，研判微妙机理，通明天下之志，能成天下之务。而且他们之间互有关联，穷尽事理方能通明心志，研判机理才能成就事务，易道通、易理明，不用急自能加速度，无须催自能达目标。可见学易读易有多重要。学了《周易》，“危者使平，易者使倾，其道甚大，百物不废。惧以终始，其要无咎，此之谓易之道也”（《周易·系辞传上》）。易道，包含宇宙人间的大道，易理，解释治理天下的至理，使危难深重者平安（造福黎民），让离经叛道者倾覆（改弦易辙者灭亡）；卦爻里面极其深广的道理，让百事百物都不偏废，让人们始终保持着警惧忧患心态（居安思危），让言行无过错，其中的易道易理，能悟多少，看各人的悟性与机缘。

一、周易来源及心和原理

（一）解读经典承续文化遗产

如前所述，中国学问重象数，“圣人有以见天下之赜，而拟诸其形容，象其物宜，是故谓之象”（《周易·系辞传上》）。圣人在察天观地测人中，发现了天下万事万物之奥秘，就以卦图来模拟万事万物之形态，以图像来表示具体事物相对应的意义。这就有了我们现在能见到的表示易之道理的“象”。对于几千年前画出的“卦象”，作出的卦辞、爻辞能以理解，现代人难以读懂，是可以理解的，自孔子以降的圣人贤达一直在努力解读，有些意义至今也不能完全确定。作为文化遗产，现代人须在传承基础上正确解读并与时代结合。

难以理解的原因，有年代久远、文字深奥、解释过多等。具体来说，其一，卦象初现时，还是无文字的远古，是先哲圣人贡献给人世的第一部也是至高地位的“无字天书”。既称天书，自然是非一般人能读懂，能读懂的学者也需懂卦象之由来，否则，即使到今天仍无法看懂这些被称为“鬼画符”的卦图。其二，卦辞爻辞出现时，是文字刚刚出现的中古时期，字字如金，不可能像现代语言那样详细介绍，每一字所要表达的意义何其多，这也是后来为什么会有那么多“通假字（或叫假借字）”和一字多义的由来；再加上有些字、词因其艰涩不好理解，后来不用或少用了，甚至于某些字、词在《康熙字典》都查不到。故而读不出看不懂也是正常。其三，后人看原著不懂，历朝历代的文豪、大儒就努力撰文予以解读，流派不同、时代不同，解析时再加上各自的领悟，导致各种经典著作之文字内容的解释汗牛充栋，发展为专门的训诂学、文字考古学；此外，江湖术士为了谋一口饭吃，衍生了算命、看相、风水、堪舆的职业，玄化甚至曲解了周易之本意。有了这种种缘由，读懂周易的确难。

对古汉语文字读不懂不要紧，对经典著作努力学习也是可以解决的。现在很多人无法解决，是因为对国学管理缺乏自信，没有深入学习，古汉语常识很少或几乎没有。不懂还要肆意贬低或否定，就不是严谨的治学态度了；不懂还不肯或不愿意学习，反而全面打压且盲目“西化”，这就不仅仅是态度问题了。到今天，给《周易》应有的治学态度、严谨的科学解读，已经十分必要。因为这毕竟是国学的文化源头，而且传承、发展了几千年，取其精华，中庸古今，融合中西，可以焕发出无限的生命力、无限的中国能量。

解读《周易》、解读各种经典国学著作，是文化自信者的基本能力，是本土学问研究者的常规工具。心和管理学，是基于“四个自信”的研究，古典文化探索是中就有之义，读懂古典汉语，方能探索中国人文诉求的本质内涵、人文精神的深厚容量，方能与当今学问结合起来进行融合创新，综合出人文学科特别是管理学学科的文化、理论基座。国学源于《周易》，发展于百家流派，诞生出新的学问，基本内容重在顺天命、谐地理、得人心。

这是中国的人文基因，中国管理研究的基础，传承之、理解之，创新中发展之。

（二）明白易理实施大道管理

解读《周易》，就需要掌握《周易》的基本构成。《周易》分为经部与传部，经部源自伏羲八卦图。后由周文王完善而成。文王重点做了三件事，一是将八卦图的内涵用文字保留了下来（卦辞）；二是把伏羲八卦（即先天八卦）演变为文王八卦（即后天八卦）。后人一般理解，伏羲的先天八卦重自然，体现哲学意义；文王的后天八卦重人伦，体现预测功能。实际应用中，先天八卦（为体）与后天八卦（为用）常常结合在一起。心和管理学重点是探索中国管理的人文内涵，一般侧重用伏羲八卦的原理解释。但也并不摒弃后天八卦，涉及一些预测原理、人伦思想的时候，仍然会用到后天八卦思想和原理。文王做的第三件是把伏羲八卦（原三爻一卦）演化为六十四卦（六爻一卦），并完善了卦辞、爻辞。

《周易》经部传到春秋时期，孔子和他的弟子们奉为圣书，以十分虔诚的态度写出 7 篇文章（其中 3 篇分上下）解释卦象、原理、道理，分别是《彖》（上下）、《象》（上下）、《文言》、《系辞》（上下）、《说卦》、《序卦》、《杂卦》，凡上下者拆分为二，故为十篇而称《十翼》，意思是有了这 10 篇文章，再看周易就像是插上翅膀可以自由飞翔了——这就是后世流传的《易传》。《周易》经部加《易传》，为《全本周易》①。但若打开《周易》原本，会发现《十翼》独立成篇的文章只有五篇，分别是《系辞》（上下）、《说卦》、《序卦》、《杂卦》，那么《彖》（上下）、《象》（上下）、《文言》这五篇到底去哪儿了呢？

孔子将这五篇文章拆解开来，融入周文王所演化的六十四卦卦辞和爻辞之后（流传的出版物中也有将这五文独立成篇列出来，与另五篇放一起合称“传”，这只是编者又将其从经部拎出来而已），六十四卦的每一卦里面的“彖曰”“象曰”“文言曰”，就是《彖传》《象传》《文言传》的内容。就是说，这五篇易传文章与周文王六十四卦、三百八十四爻浑然一体，后人若不知道这缘故，就不知道哪些是文王所作，哪些是孔子所作

---

① 这里“周”的含义有两种说法：一为“周代”，二为“周普”。前者因为《易经》为西周时成书，《周礼》云：“西周所用之书则冠以‘周’字，名为《周易》。”后者认为上古圣书不可能以朝代命名，而应是该字之本意，郑玄《易赞》云：“‘周易’者，言易道周普，无所不备。”“周普”解释更为人们所接受。

了。所以迄今为止，人们读周易，都是根据文王卦辞爻辞和孔子注解来理解的。孔子编纂的周易行世后，文王八卦所表现的预测功能被削弱，甚至遗忘，这有可能是后来的预测走偏到算命看相的原因之一。而伏羲八卦经孔子解释行世后，其哲学思想、管理原则以正道方式流传于世。

孔子赞《周易》，彼此奉为儒门圣经，列为六经之首（此为《易经》名称之由来），由此与原有的两支易学，形成了花开三枝模式，即儒学易、道家易、筮术易。历代儒学被列为正宗，孔子既不承认也不否定神的存在，是“敬鬼神而远之”，故以仁义礼智信为内涵的儒学，不敬神、不信鬼。可见孔子其实是“无神论”者，与现代唯物主义观点吻合。也正因为如此，筮术易难登大雅之堂，在民间也成了“装神弄鬼”之术。也许，儒学的“无神论”与中国人对宗教没有特别迷恋有着一定的内在关系。只是，鬼神是否存在不重要，但人的心中没有一个超自然力的“神”，不相信“头上三尺有神灵”，就失却了心法约束——法律只能管住人表现出来的言与行，不能管住内心。没有心法约束，就有可能让重血亲、重私情的利己主义膨胀而失去底线。法律法规，是对人外在行为的最低要求，没有修心炼心功能，这也许是“西化”现象出现后许多人没有了底线的深层次原因。道家易，作为出世清修流派，在朝堂与江湖之间或之外行走，其明道守德，洗心养心，修身修行思想，属正道。

无论后世怎么分流派、怎么传承演变，周易，为大道之源，这一点是不变的。也因为如此，本书所论《周易》不太涉及后世演变的部分，直奔《周易》源头，寻求中华大道。具体说，《周易》的经部分为上下两部，上部三十卦，下部三十四卦，每卦六爻，共计三百八十四爻；上部经书关注于世界万物的起始、发生、发展；下部经书着重在天地生成万物后的人、家庭、社会的交感、矛盾和变化。

（三）易传解析深植心和管理

《易传》7篇文章，侧重不同，各有各的任务，都是在帮助人们正确解读《周易》。

其一《彖传》，是裁断一卦之义的文辞（彖，即材，通“裁”，有裁断之义）。按照上下经部，《彖传》分为上、下，专释《周易》卦辞。“彖者，言乎象者也。爻者，言乎变者也。吉凶者，言乎其得失者也。悔吝者，言乎其小庛也，无咎者，善补过也”（《周易·系辞传上》）。这是告诉人们，彖辞，说的是这一卦象表现出来的总体意义；爻辞，是对每一爻变化的裁断；卦爻所揭示的吉凶，是对事情得与失的判断；悔吝，是事情会出现小的偏失；无咎，是行事善良能弥补过失（意指不会有事）。彖辞分列于每一卦本经中，不独立成篇。

其二《象传》，说明卦的物象意义。卦象取法自然之象，即指自然界事物所呈现的容貌、形态（如日月星辰所呈现的象称为天象，山川草木所呈现的象叫地象）。“是故《易》者象也。象也者像也。彖者材也，爻也者效天下之动者也。是故吉凶而生悔吝着也”（《周易·系辞传上》）。《周易》揭示自然之象所表现出来的意义，即将万事万物之象的意义解读出来，是为象辞。彖辞就是对每一卦内容与结构的裁断，而卦中各爻则是效法天地之间万事万理形成与变动的情况。所以，事理发生与变化生出了吉祥或凶兆，让人懊悔的小过失也显现出来。显然，《象传》揭示的是自然之哲理、事物发展之基本规律。卦象又可分为两部分：大象、小象。大象释卦象，小象释爻象。其也分为《象》上、《象》下两篇，同样分列于每一卦的本经中，不独立成篇。

其三《文言》，只对《乾》《坤》两卦作解释。《周易·乾卦第一》开篇说元、亨、利、贞：“‘元’者，善之长也；‘亨’者，嘉之会也；‘利’者，义之和也；‘贞’者，事之乾也。”是说乾卦提倡君子应该有四种美德：元，是众善的首领；亨，是众美的集合；利，是义理的统一；贞，是事业的主干。而《周易·坤卦第二》开篇则说“坤至柔而动也刚，至静而德方”，并提出了著名的“积善之家必有余庆，积不善之家必有余殃。”对《文言》一般作这样的评价：“阐发了天地阴阳变化之理，君臣上下、安邦治国、修心养性之道，它的注释，无论是从思想内容还是理论深度，远远超过了《乾》《坤》卦爻辞”。

其四《系辞》，是对《周易》的总说明，指系属在卦爻之下的文辞，即卦爻辞（系，系属；辞，文辞。意谓附在《周易》后面关于《周易》通论的文辞）。其分上、下篇，揭示《周易》的价值在于认识事物规律、预知未来、道德修养、安邦治国、观卦象制作器具；补充《彖》《象》之不足，说明《周易》体例，包括卦位、作用、爻位、爻德等。其中重要哲学贡献是提出“穷则变，变则通，通则久”，强调“刚柔相推而生变化”，对中国文化影响极大。

其五《说卦》，又称《说卦传》，是系统地解说八卦的专著。《说卦》被分为十一章，主要说明八卦产生、性质、功用、方位，以及八卦的卦序、卦理及其属性意义，以辅助占断吉凶。其中八卦的性质、基本卦象是分析《周易》卦象，进行筮占的基础。

其六《序卦》，对六十四卦排列及排列的客观根据进行总的说明，以“有天地然后有万物”说明乾坤居《周易》之首，又以因果联系、物极必反、相生相成观点，解释卦与卦之间的关系。以物不可以终穷解释《周易》未济为最后一卦，事物向反面转化的道理。

其七《杂卦》，杂糅六十四卦，分六十四卦为三十二对，简要地说明卦名之义。之所以称“杂”，是因为它打乱了《序卦》六十四卦的排列，错综六十四卦而进行解说卦义。

中国文化注重人心的认同、追求致中和的中庸，对世间万物万理皆求协和的思想，都与这文化源头《周易》有关。所谓“八卦定吉凶，吉凶生大业”，一切阴阳不协、矛盾冲突，最后都会走向谐和、大吉，所有大业，皆在这吉与凶的“易”过程中。管理，就是解决矛盾、谋求协和，获得认同。彼此心中认同，何愁大业不成。

二、卦象原理中心和文化

（一）卦爻原理尽显管理哲理

按照《四库全书总目》的划分，易学源流变迁最终形成“两派六宗”。两派，即象数学派和义理学派；六宗，即象数派的占卜宗、禨祥宗、造化宗和义理派的老庄宗、儒理宗、史事宗。用今天的学科体系来解读，象数学派属于自然学科范畴，象为卦象、自然物象，数为数术、数量计算，包括卦爻数与奇偶数，而后发展与四时、十二月、二十四节气、七十二候以及天干地支、五行八卦等结合，侧重于推导人事吉凶，发展出占筮求卦之术；义理学派属于社会学科范畴，义指卦爻象数关系中赋予的意义及提炼的概念，“理”指将卦爻象数意义及概念进一步发挥为命题和判断，赋予它整体、系统的道理。概而言之，象数派偏象数，重在发明各种象数体例；义理派偏义理，重在宣扬各自的哲理、伦理思想。

所幸的是“偏向”，没有“偏废”，言象数者未废义理，言义理者未废象数，宋代还出现合流、互补趋势。当今学习之，不是简单复古，是复兴，一个“兴”字乃代表着学习基础上的发展、创新而壮大兴旺。管理学应用周易易理，偏重义理，不排斥象数。而无论义理还是象数，都是卦象所显示的易道易理。易象易道易理之学问，就是易学。

老子“一气化三清”，羲皇“一本散万殊”，这应是太极生万物的原理，而前面所提的0～12数字易理，内涵十分丰富。国人耳熟能详的，大抵《周易·系辞上》中所说的“易有太极，太极生两仪，两仪生四象，四象生八卦”，这是卦爻卦图生成的基本原理，其中蕴含着心和管理的思想内涵。

伏羲八卦，两两相对，乾对坤、兑对艮、坎对离、震对巽。这八卦名称对应于自然界的八种自然物象，乾坤对天地，艮兑应山泽，坎离对水火，巽震应风雷。这八卦的创造，与中国先祖认识世界的“元气论”有关：宇宙原本是无极状态的，无极生太极，是指从混沌状态进入开天辟地时代。太极的代表图符用一杠显示，代表“一画开天”（亦阴亦阳）。这就是说宇宙原始的状态就是一种不分彼此的“和”，阴即是阳，阳即是阴，阴阳和合一起。由此，世界开始出现，用卦画表示，如图3－7①所示。

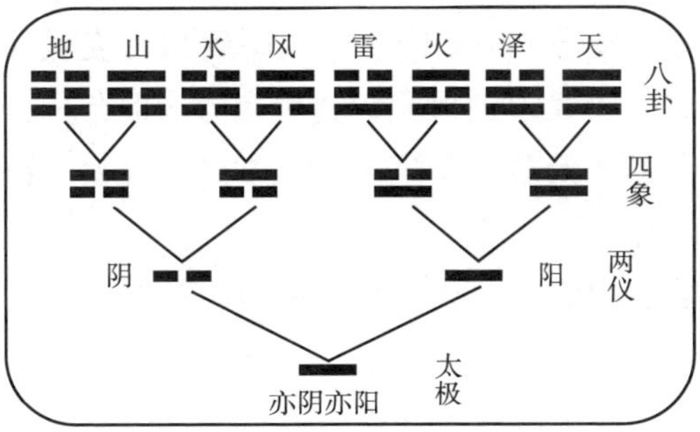

图3－7　卦爻生成原理图

（二）生生不息彰示治国之道

太极生两仪，是指“一画开天”开出天和地，上是天为阳、下是地为阴，所谓太极而生天地两仪、阴阳两仪。阴仪用中空的一条横线表示，阳仪用实心的一条横线表示，易学称为“爻”（结绳记事的两个绳结为“爻”）；从“爻”开始，中国有符号记事——文字起源。阴爻、阳爻两仪，代表着分出天地的世界有了日夜、公母、黑白等。显然，阴阳让宇宙世界不再单一，不再混沌，而是分出两仪，两仪相协、阴阳相和，交感而生万物，即“一生二（太极生两仪）”。天地之间有人，即“二生三”，天地人构成“三才”；“三生万物”——天地相协而育万物、阴阳相和而生子孙。乾坤相协则风调雨顺，阴阳相和则万事顺达。万物公母相配而生后代，所以人世间有男有女、有老有少，男女谐和、长幼有序为发自内心的“和”，自然界亦公母雄雌相配而育动植物。正是因为中国对世界的原始认识不同于西方的神话说、耶稣说、原子说，才会有不同于西方的中国文化出现。这就是为什么只有中国才会产生“男女搭配，干活不累”和“家有一老，如有一宝”的民间谚语，也只有中国

① 徐井岗：《人心管理论——基于国学与东方思维的中国管理理论》，经济科学出版社2013年版，第94页。

的王朝才会有“以孝治国”、把孝道当作治国良策的缘由所在——中国文化注重“家文化”。

两仪生四象，列出两个阴爻、两个阳爻，分别再排列阴爻、阳爻在其上（见图 3 -7 往上数第三行），有了四象：阴爻生出太阴⚏（老阴）、少阳⚎两爻，阳爻生出太阳⚌（老阳）、少阴⚍两爻。少阳为阴中有阳，少阴为阳中有阴，少阳、少阴代表着阴阳可以相协、相融，可以互相转化。具体说白天为阳，正午（12 点）阳气最旺——太阳；夜间为阴，子夜（24 点或 0 点）阴气最盛——太阴。由太阴到阴，凌晨（早 6 点）开始阴中显阳，是为少阳；从太阳到太阴，傍晚（晚 18 点）开始阳中显阴，是为少阴。如此，有了一天即一个昼夜中的四时对应：凌晨、正午、傍晚、子夜。

四象学说在国学中应用十分广泛。清晨太阳初升，万象更新，生机勃勃，恰如四季中的春天；中午红日悬头，光芒灼热，热火朝天，恰如四季中的夏天；傍晚夕阳西下，收工回家，收获满满，恰如四季中的秋天；子夜阴凉如水，万籁俱寂，夜封冻结，恰如四季中的冬天。于是四象又指春夏秋冬四季。日头东升，太阳南照，夕阳西落，夜凉北阴，四象与东南西北四方对应。东为木、南为火、西为金、北为水，是四象；星宿学里左青龙、右白虎、前朱雀、后玄武，是四象——青龙活水、白虎奔山、朱雀飞翔、玄武卧池。而所有四象内涵里，都有一个“和”字：四时和，耕读传家者晨作夜归、晨读夜写；四季和，时令和庄稼收、劳动和人心和；四方皆顺为和，四象合理为和……花有梅、兰、菊、竹四君子，文化和；音有平、上、去、入四声，音乐和；书有楷、草、隶、篆四体，文字和；文房有笔、墨、纸、砚四宝，书法和；经典有经、史、子、集四部，传承和……还有四书五经、四海升平、四海承风、四时充美、四方辐辏、四方之志、四海一家、四海鼎沸……“四”在中国文化中代表和而顺美。于是，四方取“中”、四象归中而“土”——四象生五行。

四象生八卦（见图 3 -7 最上面一行），将四象每一象单独列出各分二，每一象两个相同之象之上再排列阴阳各一爻，得三爻之卦图。一象生二卦，四象便可生出八卦——先天八卦。代表八种自然现象：天、地、山、泽、水、火、风、雷（即乾、坤、艮、兑、坎、离、巽、震）。此八卦涵盖宇宙万事万物万理，再衍生六十四卦六爻卦。爻可变，变化无穷。八卦因相错而“对”，万物因相应而“和”。乾对坤（天对地），坎对离（水对火），艮对兑（山对泽，）巽对震（风对雷），既两两相对，又两两应和，八卦组成一个全息系统。

这是中国式的模型图，或者说是中国文化的基因图。

（三）易理变通理出心和文化

易道易理表现方式，与西方数理模型异曲同工，也采用假设条件，假设八个自然现象代表万物生发的基础，它们之间互相联系又存在对立，互为交错又相互应和，牵一发而动全身，组成一个以卦表示的模型图，每一卦代表相应的内容（每一爻也代表相应意思）。这与西方用数理模型表示各相关元素之间的关系，用希腊字母代表相应的内容的表述方式方法，异曲同工。只是西方用数理方式表示，中国用卦象方式表述。

用今天的知识来解释，八卦是采用了数学中排列组合的方式一生二、二生四、四生八。这说明，中国祖先约在伏羲时期就已经纯熟运用了排列组合数学方法。这种以“生”为特征的排列组合方法至少可以让我们明白这样三点：

第一，周易之卦是三爻一卦，叠加的六爻卦，也分为上下两个三爻卦，即有上卦（外卦）、下卦（内卦）之分，六十四卦中有八个卦（原始八卦）一定是重卦，上下卦相同而重叠。

第二，读卦不能按照现在的左右上下阅读顺序来读，而是从最下面开始，一爻爻向上读；其中阴爻读作“六”，阳爻读作“九”。六爻卦最下面一爻一律为“初”，阴爻读“初六爻”，阳爻读“初九爻”；六爻卦最上面一爻一律为“上”，阴爻读“上六爻”，阳爻读“上九爻”；中间的根据阴阳爻和所处位置，分别读成六二、六三、六四、六五或九二、九三、九四、九五爻；解读任何一卦，从下往上解读，且先解下卦，而后解上卦。

第三，如图 3－7 所示，依照排列组合，应该可以看得懂如何排列出六十四个六爻卦，其基本原理就是将原三爻一卦的八卦每一卦上面，再加一个三爻卦而组成六爻卦，每一个三爻卦为基，可上叠八卦，八八六十四卦由此而来。如图 3－8① 所示。

为了便于记忆，古人根据卦象之形状，形象化地总结八卦的顺口溜：乾三连（☰）、坤三断（☷），震仰盂（☳）、艮覆碗（☶），离中虚（☲）、坎中满（☵），兑上缺（☱）、巽下断（☴）。这样看到任何一个六爻卦，都可以知道是由哪两个三爻卦组成的，下卦是什么卦，上卦是什么卦，解读就方便多了。八卦而六十四卦，其中变化无穷，所示

---

① 徐井岗：《人心管理论——基于国学与东方思维的中国管理理论》，经济科学出版社 2013 年版，第 96 页。

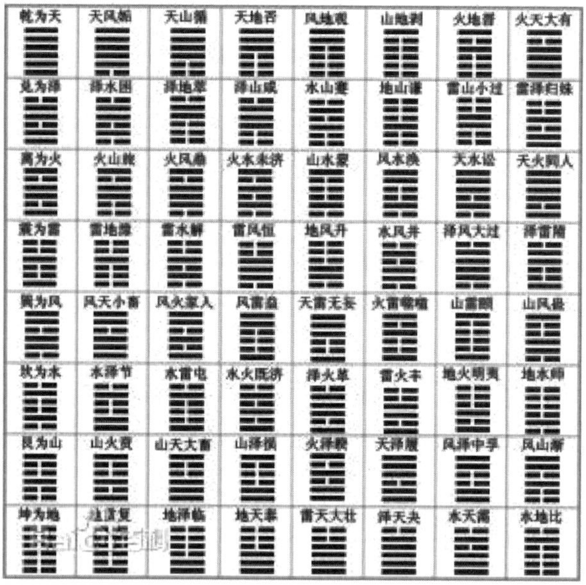

图3－8　八卦生成六十四卦原理示意图

易理亦变化无穷，此为“易”本意，直接解读卦之易理，谓之“简易”；确定某一静态时段解读卦之易理，谓之“不易”；移动卦之爻，爻变而卦变，易理也变，解读出来便是“变易”。六十四卦384爻，每变一爻即有新气象，易理无穷无尽。

三、易之象数的心和哲理

（一）奇数周易证道管理哲理

象数派注重数，事实上义理派也注重数。前面是用卦象排列组合法“生”出偶数数字0、1、2、4、8之无极、太极、两仪、四象、八卦周易数理。此处换成中国文化图腾“太极图”来解读奇数数字3、5、6、7、9易理。“两仪生三才”生3，“四象生五行”生5，依此类推，从太极图之阴阳两仪“生”出七星、九宫数字易理。

子曰：“万物负阴而抱阳，冲气以为和”（《道德经·冲和》）。背负阴，怀抱阳，阴阳二气互为激荡达谐和。阴阳代表两种相对而又互为变动的事物，如天和地，阳为天，阴为地；而天地之间，必有灵物，万物之灵就是人。天、地、人构成中国文化的“三才”学说。《易传·系辞下》：“有天道焉，有人道焉，有地道焉。兼三才而两之，故六。六者非他也，三才之道也。”天道说阴阳、地道论柔刚、人道讲仁义，如图3－9所示。

图3－9　易理居中意义示意图

天地之间本有物，植物、动物、其他物，客观存在。有人方才有事、有理。世间一切事理皆因人而出现，无人便无事，无事自是无理可言。故天地人，是这人世间最基本也是最重要的“道”所在，天与地和则万物皆生，地与人和则人间丰足，人与天和则福祉无限。故天地人三和谓之“天人合一”。知天道而明一切事物皆有阴阳两个方面，看问题就能全面；明地道则知一切事理皆有刚柔两面，刚柔相济方能成大事；懂人道而理解人间有正道、世上讲仁义。仰望天，人须有自强不息之天德；俯瞰地，人须有厚德载物之地德，天德地德具体化为孝悌忠信、礼义廉耻“人伦八德”。如此为人，天可降福，地能供禄，人则增寿。福禄寿，也是天地人三才之化育而成。上天赋人以才为“天才”，天才有福；大地赋人以才为“地才”（侍奉土地），地才有禄；人中之龙凤为“人才”，人才长寿。

太阴、少阴、少阳、太阳四象，放在太极图的位置如图3－9（右图）所示，分别代表东南西北四方位，对应四物象木火金水四行。中国人相信“天为圆地有四方，龙的传人居其中”，中即大地之中，其物象自然为土，故称中土——所以古代才有“中土人士”为“中国人”的代名词。木金水火土构成了周易“五行”学说，如图3－9（中图）所示。

（二）偶数周易探究管理哲理

阴中之阴，即阴到极处，谓之“厥阴”；阳中之阳，即阳到极处，谓之“阳明”。放在宇宙间考量，厥阴在地心极阴处，阳明在太阳极阳处。由此，阳明在天，为上；厥阴在地，为下，四象在方位上分别是东、西、南、北，组合而构成了易理中的“六合”——六方弥合之意，所以又可称为“六弥”。六个方位就是“天地四方”，如图3－9（右图）所示。

天地四方为“宇”，古往今来为“宙”，寰宇之间六方弥合而空间成。易理上说，从任何一个点出发，皆有六个方位可选；每两个方位的焦点为中心点，又产生六个方位的选择……易之卦有三阴三阳而谓之乾坤，阴爻阳爻组成一卦，可解释寰宇之内万物的关系，可见易理说明，乾坤宇宙之间一切物象、所有事理只需六个节点定可链接。显然，六合学说解释了天下规律，知六合者便可知天下。天下合而万物长，男女合而人类生，阴阳合而万理明，时空合而万事现。人生一世，草木一秋，皆须与天地、阴阳、时空相合。从管理学上说，管理所涉及的人、物、事、理皆有六方可选，六个节点接通一切；在这一切的变动之中，若能实现人物事理皆合，便是管理的最高境界。把这一易之哲理具象化到职场、员工，那么职场里每一个职工、每一个职工的工作内容，都有六个方向运行的可能，一切关系之间，最少只需六个节点便可关联起来。而要做到“合”，就须与上（上司）合，与下（下属）合，与四方（同行、同事、合作者与客户）相合。合者事业大成。

六合点而加居中点，便形成北斗七星方位。古代中国人把天上的七颗星星分别命名为天枢、天璇、天玑、天权、玉衡、开阳、瑶光（此为主流认可之名。古代算命式盘名称则分别是贪狼、巨门、禄存、文曲、廉贞、武曲、破军七星），将七颗星连成线，就构成了形如古人舀酒的器具：斗。天枢、天璇、天玑、天权组成为斗身（古曰魁），玉衡、开阳、瑶光组成为斗柄（古曰杓）。在古代气象学依靠肉眼观察情况下，可以在初昏时斗柄所指的方向来决定季节：斗柄指东，天下皆春；斗柄指南，天下皆夏；斗柄指西，天下皆秋；斗柄指北，天下皆冬。在二十八星宿中（另有东七星、西七星、南七星）正因为北七星有指引方向的功能，所以，易理特别注重这北斗七星，告诫人们心中要有方向、要有道德，不可偏废。

八卦列东西南北和东南、西南、东北、西北八个方位，加上居中便成九宫方格；参照河图洛书，衍生出道家的九宫学问。九宫即干宫、坎宫、艮宫、震宫、中宫、巽宫、离宫、坤宫、兑宫，其意义主要在两个方面：一是在晚间从地上观天的七曜与星宿移动，可知方向及季节等资讯；二是发展奇门遁甲之术，九宫为大地，是奇门遁甲之基而不动，奇门遁甲分为天、地、人、神四盘。此外，“九宫”之法用之多端。汉代时有“九宫占”“九宫术”“九宫算”“九宫八风”“太一下行九宫”“太一坛”等，在占、术、算、医、纬、建等方面应用。九宫意义在前面“河图洛书”模型中有详解。

两仪、四象生成八卦而有易之偶数 2、4、8，四象合阴厥阴、阳明生成六合而有易之偶数 6；“0”乃无极，是中国文化“无中生有”哲理来源。无极生太极而有奇数 1，以及三才、五行、七星、九宫而有奇数 3、5、7、9，因说其易理而有卦辞爻辞。0～9 十个数字易理，应该是学习易道、理解易理的入门内容，也是学习中国传统文化、理解华夏耕读文明的基础课程。数字易理，不仅仅有前面分析0～9每一个单数的易学内涵，两个及两个以上易数综合起来哲理意义更深远，对中国文化影响也更深刻，如“太极五行”“太极七星”“太极八卦”，还“阴阳五行”“阴阳八卦”“阴阳五行八卦”，再如“三才六合”“四象五行”“九宫八卦”等。可以这么说，易数0～9十个数字，可以任意组合而“生”出新的易学文化意义——这就是中国文化的“变通”特性、“有容乃大”特性、数象结合特性的体现，以及由这些特性而形成无穷大、无穷广、无穷深之中国学问的原因所在。包容万象的中国学问、中国文化，广至天地四方、纵横寰宇，深透古往今来、穷极世宙。

就以阴阳五行之易理而诞生的中医来说，不是医理不科学、不是医道不够高，也不是没有医方、医术，而是缺少钻研、缺乏传承，这才给反对中医者以可乘之机。中国学问之浩浩海洋中，文、理、工、商、农、医六科以及经管、教育、法政等科，都有极为丰富的内容体系，而且很多在今天仍然具有极高的价值，只是缺乏挖掘、缺少理解，缺乏关注、缺少重视，缺乏整理、缺少传承。中华民族复兴，优秀文化是其中重要部分。

（三）奇偶相融推导心和哲理

易数3、5、7、9皆因有“中”而从偶数易理中生出奇数易理之新学问。这与“中”的思想内涵有关，无“中”之概念，也就没有“中国”之称。《诗经》有云：“民亦劳止，汔可小康，惠此中国，以绥四方”（《诗经·大雅·民劳》）。这是最早出现“中国”一词的文字记录，但这里的意思是“国中”，尚没有国家的意义。战国诸子百家的文章如《孟子·滕文公上》云：“兽蹄鸟迹之道交于中国……陈良，楚产也，悦周公、仲尼之道，北学于中国”；《庄子·田子方》：“中国之君子，明乎礼义而陋乎知人心”……这些文献中所提“中国”已有国家的意思了，与后世的“中原”差不多（地域不及后世中原广，而相当于今山西、山东、河南、河北一带）。就当时而言，“中原之国”在人们看来已很大，这是“中国”作为国家意义的起始。

“中原之国”自然是居之正中，四方延伸出去而组成世界。所以，古代中国一直认为自己是世界之中，传承下来成为一种文化，一切事物都会“居中”考量，也在中国人认为最重要的“道”之文化中有“中庸之道”；所谓“中规中矩”就是遵守规矩，即居于规矩之中为合理、为正确。“中国”的意义更多的是文化意义，原有“中原之国”之意，但不是国家之名。因中国文化传承而称当时“中原之国”的族群为华夏民族，也就有了“中国”的别称“华夏”。两者相结合，方有“中华”之说。“华夏”一词，《尚书正义·卷十一》注："冕服华章曰华，大国曰夏，及四夷皆相率而使"。唐代孔颖达在《春秋左传正义》中说："中国有礼仪之大，故称夏；有服章之美，谓之华。"华是指汉服，夏指行周礼的大国，故中国人称自己为"中华""华夏"时，是说明我们是礼仪之邦、衣冠上国。

习惯上，称"中华"时往往指民族，即"中华民族""华夏民族"；称"中国"时则指由"中原之国"发展壮大起来的以汉民族为主的多民族的"东方上国"。如前所述，"中国"并非国名而是文化传承。虽然朝代不同、国号不同，但每个朝代都认同自己是"中国"。

显然，中土、中原、中国、中华之"中"，有其非常深广的文化意义，表现出宇宙之中、四方之中、万物万理之中的"中心"之意，也表现出心中之"中"、协和之"中"、中庸之"中"和道德中正之"中"的哲学意义。出现"天圆地方"的概念后（这一认知的缘由亦与周易有关，后面将提及），"中"就是指中国处于这"天圆"之天的正中、"地方"之地的正中。经历春秋战国的思想辉煌，到秦汉时期，中国成为世界文明之中心已成定局，四方皆是未开化之地。《左传·庄公三十一年》有"凡诸侯有四夷之功，则献于王，王以警于夷。中国则否"的说法，证明春秋前期，"中国"一词已经与"四夷"对举。《礼记·王制》也有云："中国夷戎，五方之民，皆有性也……中国、蛮、夷、戎、狄，皆有安。"所以后来有"东夷""南蛮""西戎""北狄"之说，此四夷在当时来说确实没有中原那么开化。

正因为这"居中"的原始意义，中国人本质上才有"中"的观念。华夏文化起源的河南一带，至今仍然用"中"或"不中"代表行不行、是不是、好不好、可不可等义。更重要的是，易理中有"居中为正"的哲学观念，有融合而和的哲理展示，内涵极为丰富（后面详解）。不了解"中"的文化意义，不了解"中"的观念根深蒂固在国人血脉里，就不算真正了解中国、不算真正理解中国人。自然，没有"中"的思想观念，也就算不上是中国人。

第三节　心和文化传承发展

近现代考古发现的金陵北阴阳营文化、高邮龙虬文化、嘉兴马家浜文化、余姚河姆渡文化、含山凌家滩文化、潜山薛家岗文化、天门石家河文化、巫山大溪文化等，分布于长江下游、中游和上游等地。三星堆遗址发现的古蜀文明，文明程度已相当高，距今5000～10000年。广袤的中华大地，长江流域、黄河流域等，处处有文明。三皇五帝成为传说，口口相传，《尚书》《山海经》《史记》等古籍皆有记载。只是因文明认定是西方"双标"，他们自己可以用希腊神话、圣经故事以及一些文学作品佐证历史，却不认可中国的远古神话、山海经记载、易经故事——虽然考古遗迹不断地在证明着华夏传说的真实性。

中国许多史证材料佚失，但到春秋战国（东周）易理思想仍得以传承下来，而且官学转向民间，百家学术萌发，人文思想开枝散叶，百家争鸣中，儒、道、墨、法及后来天竺传入的佛教五家的思想，成为后世中国最重要的五大学术流派，尤以儒道佛三教为尊。

一、诸子百家之源与发展

儒道之外，墨家代表底层人民，所提治国观念和文化思想，极具价值；但不为以"天子"自居、以"皇权"代替"神权"的皇室所喜，未能发扬光大（官方会有些许记载，民间会有传承）。从天竺传过来的佛教，历经近千年变迁，为王室、皇朝所喜，亦为民间部分人群所信，渐在汉化过程中为国学容纳、吸收而兼容于儒道，成为中国文化的一个分支。

（一）孔孟儒学发展而成正统

儒道两家，原本都不是宗教。儒家因其被皇权所认可而成为中国正统文化，地位甚高，一如宗教那样让人顶礼膜拜，为"三教"之首而有儒教之称；道家本也只是学问流派，公元二世纪，一个叫张道陵的人在四川鹤鸣山创立了道教，奉老子为祖，传承道学又开教立派，后世道学不太受官家追捧，在学问上又与儒学相融，纯道学渐渐式微，反而是道教兴盛。

"天地君亲师"的"师"道传承，以儒家为主，官家、富人、黎民百姓都对儒学深信不疑，尊崇备至，千年传承，儒家思想深入中国土壤、国人血液之中。儒学倡导血亲人伦、现世事功、修身存养、道德理性，中心思想是恕、忠、孝、悌、勇、仁、义、礼、智、信（核心是"仁"）。孔子立诗、书、礼、乐、周易、春秋为六经，后《乐经》失传（据传是焚书坑儒烧了）剩五经；东汉加《论语》《孝经》为七经；唐时加《周礼》《礼记》，《春秋》则传下《公羊传》《穀梁传》《尔雅》"三传"而成十二经；宋时加《孟子》并出版宋刻《十三经注疏》，儒家"十三经"自此传世。儒学经历代统治者的推崇，以及孔子后学的发展和传承，对国学发展起了决定性作用，传统的深层观念中无不打着儒家思想烙印。

儒家学说传承发展中有几个里程碑，一是“孔孟之道”——儒学根本；二是董仲舒“三纲五常”，以儒家宗法思想为中心，杂以阴阳五行说，把神权、君权、父权、夫权贯穿在一起，形成帝制神学体系；三是宋明“程朱理学”与“陆王心学”（这两项内容后面另论）。其中董仲舒不仅提出了天人感应、三纲五常等重要儒家理论，还因为“春秋大一统”学说，“推明孔氏，抑黜百家”的主张被统治者认可，儒学成为社会正统思想，影响长达二千多年。显然，后世传承的儒学、近现代批判的“孔孟之道”，更多的是董仲舒的观点，是统治者为统治需要选择了董仲舒传承并发展的儒学，强化了“三纲五常”（董仲舒也强调以德治国）。

儒道墨等流派都认为中国人生来没有分贵贱，“民本”思想一直贯穿在对帝王的劝诫中，儒学说“天民”、道家提“齐物”、墨家论“兼爱”，人生来应该是平等的。

反儒者说儒家只会柔不尚武，也是不懂儒学之人的瞎嚷嚷。儒谈“仁”说“礼”提“中庸”，只是教化人们守德爱人、仁礼一体、修养人性而致中和，不是不要道德约束，也不是没有血性不尚武。孔子提倡教授“礼、乐、射、御、书、数”的“六艺”中，礼、乐为国政书、数为学识，射、御（“射”为射箭之术，“御”为驾驶战车技能）战技；把战技作为儒家弟子必修课，不尚武？没血性？六门课尚武课程占了三分之一，现今学校教育，不要说尚武课程，就是“理论上强身健体、事实上打闹玩乐”，还常常被别的课程挤占的“体育课”，在整个课程体系中占多少比重？是儒学不尚武，还是王朝统治者不让百姓尚武，或是学习西方课程模式的学校教育不尚武，稍稍比较一下就有结论。

是否血性，能否尚武，是多种因素决定的，统治者治民思想之尚文尚武的倾向性，在其中起着重要作用，地方风俗、文化力量、社会认知也不可小觑。

（二）道家道教的关联与区别

道家是论道治德的文化思想、哲学学派，源于黄帝、成于老子，故称“黄老之学”“黄老道学”；以道家思想和道家方法治世的则称为“黄老之道”“黄老之术”。百家争鸣，庄子成为道家学说的另一代表人物，有“老庄道家”一说（魏晋时又产生“玄学道家”）。

老子少时师从商容，后入周守藏室为吏，博览群书，悟道入佳境，通礼乐之源，明道德之旨，升任守藏室史时，已是闻名遐迩，声播海内。西周末年姬猛（嫡长子）与姬朝（庶长子）争夺皇位，姬朝被赶出都城，反攻未成却将周朝典籍守藏室洗劫一空，逃亡中丢失；后有焚书坑儒，导致西周及之前的历史只有传说没有典籍。集天下之文、收天下之书而汗牛充栋、无所不有的守藏室空空如也，老子无言驾牛车西去；到函谷关无出关文牒，被敬老子为圣人的守关官员尹喜借由滞留，亲聆圣人教诲，老子留下洋洋5000 言出关而去，这就是流传千古的《老子》，后更名为《道德经》，为道家经典，后世这两个名称通用①。

老子所言之道，即因循自然之规律达致“无为而无不为”之境。老子说“国中有四大”，为道大、天大、地大、君王大。天、地、王须依循道来成就，道是根基、是母体，王作为国家的统治者治理国家，应循道，将道运用于国家治理、政治思想之中，体现在国家的法律、政策，社会的伦理、规则中。孔子曾亲赴周之守藏室，问礼于老子，并跟随老子进修周礼、学习道理。这也是后世儒道兼容的一个重要原因。无论是“老庄道学”，还是“黄老道学”，道家思想及治世之术对儒家学说和治国方略的影响是不言而喻的，儒中有道、道中有儒。前面提到的西汉董仲舒、东汉张道陵让道家学说发生巨大变化。

西汉初年“文景之治”，以道家思想治国，人民得以休养生息。西汉的第 7 位皇帝汉武帝刘彻，感觉先秦“师异道，人异论，百家殊方”局面不利于国家治理，遂采用董仲舒“罢黜百家，独尊儒术”的建议，统一了思想、统一了文字的同时，统一了货币，开拓了“丝绸之路，兴办了太学，强盛了皇朝；击匈奴、并朝鲜、诛百越、征大宛，开疆辟土，功业辉煌，创造了是中国历史上三大盛世之一的“汉武盛世”。董仲舒的尊儒术主张，也一直为后代帝皇重视。道学深刻影响着儒家，民间与文化界也并非真的丢弃道学；宋明理学时，名义上是发展儒学，实际上是儒道共存，道家思想仍然是国学的重要内涵。

东汉张道陵，从道学中得到启示创立了道教（正一道）。道教修持，出现了修道、修真、修为、修养、养生、卫生、长生术等文化概念，这些概念产生了现代认同的“修炼”“修持”或“养生”概念。道教在创教中有教义的独立性，却也在多方面继承并改造了道学内容。其中的区别是，道教以长生不老之道为最高信仰，用神仙不死之道教化信仰者，创造了一个仙人世界；而且巧妙利用人的敬惧、神秘和惊异等心理因素，劝人通过养生修炼和道德品行修养长生成仙，最终解脱死亡求得永恒。道家是学问

---

① 《道德经》，原称《老子》，战国时韩非子称《周书》，秦时《吕氏春秋·注》称《上至经》，汉初仍叫《老子》；《史记》说“老子著书上下篇，言道德之意”；汉景帝以黄帝、老子义礼改子为经；西汉末年的杨雄在《汉志·蜀王本纪》中说“老子为关尹喜著《道德经》”，至此《道德经》之名传世。

流派，不“营销”，影响力反不如后来的道教。魏晋以后，道家被道教取而代之，道家思想停留在文史资料里了。这也就是后世常常分不清“道家”之道学与“道教”之教义的原因所在。

道教医学、内丹学、养生学，经络穴道练内功、武术技击和健身术融为一体等都来自道教。易理中的刚柔相济、以柔克刚观念，道教加以发扬光大，从而强化了技巧性强的以气发力、借力打力，以静制动、避实击虚，以及灵活圆转等特点，衍生出太极武术。

道教有四个盛行时期：其一，南北朝道教得到统治者支持而跻身社会上层；其二，唐朝皇族与老子攀亲，自称李耳之后裔，政治上大力推行道教；其三，北宋真宗始用道教麻痹人民陶醉自己；其四，明代中期帝王迷信道教，总想成仙，发展到干预政治，参加权力争夺。明朝道教始衰，清朝皇室尊崇藏传佛教，对道教严厉限制，道教又只在民间。

（三）玄奘取经佛教兴盛发展

天竺佛教传入中国也在两汉之际，当时叫浮屠教，南北朝得以弘扬，至唐代鼎盛。经长期传播发展，形成具有中华民族特色的佛教体系。

根据《魏书》记载，佛教是在西汉末的汉哀帝元寿元年博士弟子景卢受大月氏王使伊存口授浮屠经——佛教进入中国最早的记载。元寿（或元受），是西汉时期皇帝汉哀帝刘欣的第二个年号，元寿元年指公元前 2 年，张道陵生卒是公元 34 至公元 156 年，时间上看，确实是先有佛教传入、后有道教创立。但有几点需明白，首先，道教传入民间在西域一带，且时断时续，直到魏晋时成体系；其次，佛学进入中原的初期只在王室内有信奉、不入民间；再次，张道陵是在四川鹤鸣山创立道教的，那时候中原入川“难于上青天”；最后，佛教与道教的内涵与形式上有一些相通之处，不在道教初创时期，更多是在唐朝以后。

说道教敌不过佛教，更是对中国本土宗教的亵渎。中国文化虚怀若谷，从来就没有不同宗教是对立关系的宗教观，而是“和文化”之三教合一，儒道和合、道佛和合、儒佛也和合，何来“敌”之说！教义本身不争，若有争，是宗教之人在争，是皇家喜好而引起地位、权力争斗。没错，无论是在古代还是在今天看来，信佛的人数更多，但这只是信教者的选择、文化的兼容性问题；道教立足于中国人文，道教也不大会派人到世界各地去传教，道教是根植于中国土壤的宗教。如果信教人数多就是“不敌”，那么，基督教、天主教、伊斯兰教，天下所有宗教都不敌佛教，因为佛教人数是所有宗教中最多的。

佛教传入的时间、途径、地区和民族文化、社会历史背景的不同，在中国佛教形成了三大系，即汉地佛教（汉语系）、藏传佛教（藏语系）和云南地区上座部佛教（巴利语系）。其中汉传佛教体现了中期的大乘佛教的思想，而大乘佛教提倡“发菩提心，行菩萨行”。“无缘大慈、同体大悲”正体现了这种利益一切众生的菩萨道——佛家之谐和精神。

释迦牟尼是在35岁开悟后创立的佛教，目的是引导众生了知宇宙人生的真相、苦乐的真谛，以及离苦得乐的方法，给人类以和平、幸福和智慧。汉传佛教强调应报四重恩——父母恩、众生恩、国家恩、三宝恩——属于炼心之学。而老子集古圣贤之大智慧，用道来探究自然、社会、人生之间的关系，主张清静无为，道法自然，无所不容而与自然和谐相处——应该是修心之学。儒道佛三教：儒学教人正心、道家教人修心、佛教教人炼心。入世，则红尘中炼心，以使己正心；出世，则清修中炼心，以增己修行。这些思想，与儒道思想完全一致，所以成为中华心学基本内涵的重要养分之一。印度古佛教在十三世纪初消亡，被商羯罗赶出了印度，唐玄奘取经带回的佛经，在中国成为“大乘佛法”，得以发展和创新。

儒道佛“三教”，在中国的土壤里同生共存，内涵里都有“心文化”与“和文化”思想，无论对朝堂、文化教育还是在民间，都常常刻印着心修治国、协和管理的思想与方法，并各自形成体系，教化世人。至于“三教”谁强谁弱，不是文化本身的事，任何文化内涵本身没有强弱之分，是使用文化作为治理或管理基础时，当时王朝皇帝喜欢什么，信奉什么，思想倾向什么。得到帝王贵族统治者的支持，就是正统、就是主流，风光无限。

二、程朱理学之理与发展

（一）理学重建人性修养学说

作为官方正统文化，儒学到了宋朝，发展出一个中国古代最为精致、最为完备的理论体系：理学。广义的理学泛指宋朝、明朝600年的儒学发展，内容包括以讨论天道性命问题为中心的整个哲学思潮（含各种不同学派），史称“宋明理学”；狭义的理学，专指以程颢、程颐、朱熹为代表的、以“理”为最高范畴的学说，即“程朱理学”。

程朱理学学派，发端于北宋周敦颐，他融合道学、佛学、儒学思想，初步建立了一套综合探讨宇宙本原、万物生成、人性、封建伦常等问题的理论体系，提出“无极而太极”“性”“命”“理”等范畴。这里要说明一点：自春秋战国百家争鸣之后的学问研究、深信流派产生，都跟周敦颐的学说形成方式一样，是融合多家学说思想（主要是儒道释思想）而成，虽然名义上仍然是儒学探索，但也只是为了学说能得以传扬，更何况儒学一开始就与道家学说紧密关联，佛学在中国圈子里是汉化了的。这也是在中国的文化界也好，民间百姓也好，孔子、老子、释迦牟尼同被敬重、同被膜拜的原因所在，甚至有“三圣庙”将这三位圣人的塑像放在一起，供世人供奉、祭拜、许愿。更进一步说，在中国土生土长者，即使信仰了某一宗教，也不排斥其他（西方传入之教除外）。

周敦颐的弟子程颢、程颐兄弟俩（简称“二程”）是理学这一学派的奠基人，他们开始以“理”作为哲学的最高范畴，提出了略为系统的“理气说”“人性论”“格物致知说”等。四传弟子、南宋的朱熹主要继承和发展了二程的学说，亦吸取了北宋其他理学家的某些观点，使“天理论”“性论”“格物致知说”“持敬说”等理论更加丰富和严密，完成了宋代理学集大成的历史使命。此派是宋代理学的主要代表，势力最大。

程颢、程颐早年受业于周敦颐，接受其道德性命之学的观点。但他们自称“学虽有所受，天理二字，却是自家体贴出来”。他们利用《周易·系辞》中“形而上者谓之道，形而下者谓之器”一语，提出理是“形而上者”，器是“形而下者”，形而上之理是“所以阴阳者”。认为天下只是一个理，就是君臣父子夫妇等人伦道德之理，这是“无所逃于天地之间”（《庄子·内篇·人间世》）的天下之定理。他们以理为最高范畴，建立自己的哲学体系。但程颢、程颐的思想倾向略有不同，程颢强调“仁者以天地万物为一体”（黄宗羲，《明儒学案·姚江学案·文成王阳明先生守仁》），和性无内外之说，提出“只心便是天”的观点；程颐则强调“性即理也”（黄宗羲，《明儒学案·河东学案上·文清薛敬轩先生瑄》）。这些不同倾向对理学的演变有着重要影响。

朱熹不仅继承、发展了二程思想，而且集诸儒之大成，对北宋以来的理学思潮进行了一次全面总结，建立了一个庞大的理学体系。他继承发展了周敦颐的《太极图说》，把太极之理作为哲学的最高范畴，并发展了“理一分殊”说；他批判地吸收和改造了张载关于世界统一于气的思想，系统地论述了理气的关系；他在二程思想的基础上，提出了系统的格物致知说和知行学说，建立起完整的人性学说和有关修养方法的学说。朱熹殁后，由于其哲学体系的内在矛盾和社会历史条件的变化，程朱学派在发展中也分化出了不同的理学分支。

（二）理学构建天道义理文化

理学之“理”，内涵十分丰富，虽有为封建统治服务的糟粕内容，但也有许多正面的文化意义、哲理思想、治国之道、管世之法在其中。其中之一是天道义理文化。

理学认为理即天理。理学至高神是礼乐文明中祭祀的上帝（皇天），天之本性，即皇天本然之理谓之天理。所以程颢、程颐二程之学以“天理”为最高哲学范畴，把“天理”提升为宇宙本体，把儒家的“天人合一”“天人一理”表达出来，理学的基础即“天理”。天理与天道在内涵上大体相近，用今天的语言表述是客观规律、自然法则。道家、法家都提过“天理”。庄子说：“夫至乐者，先应之以人事，顺之以天理，行之以五德，应之以自然，然后调理四时，太和万物”（《庄子·外篇·天运》）。韩非子也说过：“寄治乱于法术，托是非于赏罚，属轻重于权衡；不逆天理，不伤情性”（《韩非子·大体》）。“天理”，是指自然的法则。

理本身就是在说中华大道至理，就是说理即道理。理学以儒家学说为中心，兼容佛道两家的哲学理论，把“理”理解为产生世界万物的精神的东西，所以理学又称道学。“道理”一词由此而来。现代一般把“道理”解释为“道之理也，是非曲直也”，这是说“道”是内核，“理”是解说、理解、判断，这就让“道理”一词成了主谓结构，“道”是名词、“理”是动词。但原本，“道”是一个内核，指老子创立的“道”，中国文化的“道”；而“理”也是一个内核，是宋明理学的“理”，是天理、义理的“理”，且与道学关系深远，所以又称道学。“道”与“理”都是名词，都是思想学说，都是国学中的道德哲学，两者在内涵上有传承关系，有共同倾向，但又有差别，有各自的学问体系，所以“道理”，既道德又是天理。只是“道”与“器”组成一对哲学关系，而“理”与“气”组成一对哲学关系。

仁义是儒学之本，理学承之，与道家思想融合，提出理即义理。周敦颐作《太极图说》，提出一个系统的宇宙构成论。认为“太极”一动一静，产生阴阳万物，圣人模仿“太极”建立“人极”（“诚”），认为“诚”为阳气，“纯粹至善”。人们要通过学习和修养，使自己的一切言行都不违背仁义礼智，即要有义理。所以，《礼记·礼器》说：“义理，礼之文也。”合乎规定的伦理道德的行事准则之意，作为学问而言，须是普遍皆宜的人世道理或释经究义探索行事之理的一门学问。这是儒道合一的重要内容，也是理学发展的一个标志。

理学注重人性修养，理即心理。宋明理学研究人类的本然之性，所以又是性理之学。程伊川、朱子认为“性即理”，含有“本心即性”之“理”，与陆九渊、王守仁之“心即理”，异曲同工，既是“心性之学”，也是内心之理，心理。从“性即理”发展为“心即理”，是中国修心文化的大发展。千古圣贤一直苦苦追寻“理”在哪里，王阳明直奔人心：“心即理也。天下又有心外之事，心外之理乎?”天人合一，物我一体，身、心、意、知、物浑然一体，心的本体就是“至善”，但人心会受到外界的习染，所以需要不断修心。心中有一切皆有，心中无一切皆无，内心宁静方有强大，修己而安人。

（三）理学包含治世管理思想

无论是作为一种学说，还是一种文化，其本质都是开启了如后世所说一种主义、一种思想，形成了一种具有深刻哲理的管理思想。从这个角度理解，理学之理即哲理。

心性之学、内圣之学，是人自觉地作圣贤工夫、作道德的实践以完善自身之德行，圆满人格之学问。此乃成德之教，即道德哲学，哲理是也。所以，理是宇宙的根本原理与智慧，也是众生的根本原理与智慧，在人心中感悟出来，在人性中体现出来，宇宙与人生的目的、价值、意义、形态等都是理，哲理之理。在这个哲理中，还包括五千年传承、发展起来的中华伦理，也就是说，理学之理即伦理。北宋时期儒、佛、道并立，理学兴起、儒家人伦道德学说得到回归并进一步振兴。理学认为“天”是宇宙的本体，“人”是一个普遍性的精神存在，“天人合一”的天人关系由此确立；人性有二重，既是“天地之性”，也是“气质之性”。同时提出了“居敬”“格物致知”与“穷理”之说，阐明了理学中的义利、天理人欲问题；加上周敦颐的理学伦理思想，认为“惟人也，得其秀而最灵”，“以诚为本”的道德缘起论，“主静”的道德修养论。理学伦理思想理论形态基本确立，即可以说理即理论。朱熹在哲学上发展了二程的天理论、人性论和修养论学说，综合前辈理学研究，集理学之大成，建立一个完整的理学体系；奠定了理学的传授道统为“四书五经”；兼收并蓄、承前启后，以大量重要的著述完成宋代的学术范型而成独特的理论体系。

中国文化讲人情，这是被西式专家诟病的；但事实上中国的学问研究、国家治理、社会管理、组织运营都是非常讲究理性的，理学之理即理性。提出“太虚即气”的学说的北宋哲学家张载，自述心志为“为天地立心，为生民立命，为往圣继绝学，为万世开太平”，成为读书人的最高追求；张载认为事物总是“有两则有一”“若一则有两”，存在的对立矛盾是物质世界运动变化的内在原因，倾向于矛盾的调和。提出人和万物都是天地所生，性同一源，本无阻隔。故需理性认知、理性教化。与此同时，理学又强调国有宏愿、人有理想，即理学之理即理想。宋代理学中有一个浙东学派，是以吕祖谦为代表的金华学派、以叶适为代表的永嘉学派和以陈亮为代表的永康学派的总称。金华学派首倡经世致用，关注心学；永嘉、永康两派反对理学家空谈心性命理，更强调“事功之学”的重要。有争议有分歧，但吕祖谦在说心即天、心即神的同时也主张“明理躬行”，与陈亮强调“行”对“道”的作用、叶适强调“道”存在于事物之中，又有一定的关联性。共同表达出“经世致用”“公天下”“工商皆本”“民富先于国富”的理想，反对空谈义理，主张义利统一。

显然，理学之“理”内涵极为丰富，包含中国学问几千年的追索成果。前有“道”明，后有“理”现，中国学问之宇宙、人生道理皆在里面。因“理”而需修心炼心，因“理”而有天理协和。当然也不否认，理学是一种集权化统治思想，并且建立起了一个宗法等级制度，虽然竖着孔子牌位，却已经与民本思想相距甚远了，导致理学体系培养出来的知识分子，很多脱离了基层人民，成为统治阶级的附庸；而且科举制度只能以朱熹的《四书集注》，束缚了知识分子的心理。此外，理学为主科考下，政治、军事、经济等领域指挥权转向文人；在社会生活方面，基本形成了后世强力批判的“封建礼教”。事物皆有阴阳，有正面，也就有负面。今天再提理学，重点是正面的、向上的内容，该批判该扬弃的仍然批之弃之。

三、陆王心学之心与发展

（一）自心即理诞生陆王心学

南宋时，正当朱熹把理奉为最高哲学范畴时，陆九渊也从儒学出发提出“心即理”学说。针对朱派的“理”在人心之外，“即物”才可“穷理”的理论，提出“发明本心”“求其放心”的“简易”“直接”主张。断言天理、人理、物理只在吾心中，心是唯一的实在，“宇宙便是吾心，吾心即是宇宙”。本心即仁义礼智之心，是人心之理、宇宙之理。

陆九渊（1139—1192），号象山先生，字子静，南宋著名哲学家、教育家，心学创始人，江西抚州金溪人。与朱熹齐名，史称“朱陆”。陆九渊一生的辉煌在于创立学派，从事传道授业活动，受到他教育的学生多达数千人。他以“心即理”为核心，创立“心学”，强调“自作主宰”，宣扬精神的动性作用。他的学说独树一帜，与当时以朱熹为代表的正宗理学相抗衡。1145 年 4 月，他与朱熹在江西上饶的鹅湖寺会晤，研讨治学方式和态度。朱熹主张通过博览群书和对外物的观察来启发内心的知识；陆九渊认为应“先发明人之本心而后使之博览”，所谓“心即是理”，无须在读书穷理方面过多地费工夫。用今天话的评述，即一方持客观唯心主义观点，另一方持主观唯心主义观点，双方赋诗论辩。陆指责朱“支离”，朱讥讽陆“禅学”，两派学术见解争持不下。这就是史学家所说的“鹅湖之会”“鹅湖大辩论”①。辨认无所谓谁胜谁负，“理学”影响更大也只是因为朱熹权力更大。

陆九渊从不著书，他基本上是通过讲学的方式对他学生发生作用。其思想经后人充实、发挥，成为明清以来的主要哲学思潮，一直影响到近现代中国的思想界。陆九渊善于演讲吸引了不少学生，“弟子属籍者，至数千人”（《宋元学案》卷七十七《槐堂诸儒学案》）。这形成了颇有影响的学派，其及门弟子大体集中于江西、浙东两地，他们对“象山学派”的建树有所不同。江西的弟子着力于构筑学派门户，其中以傅梦泉、邓约礼、傅子云等为代表，史称“槐堂诸儒”；浙东的弟子折服于陆九渊的“本心”理论，着力于陆九渊思想学说的阐发，其中的得力人物被称为“甬上四先生”：杨简、袁燮、舒璘、沈焕。由于朱熹与陆九渊的多次争辩，“朱学”与“陆学”两派的弟子长期形同水火，门户之见极深。南宋中期后，从总的方面来看，“陆学”的势力和影响是远不能与“朱学”相提并论的。

到明中叶，在王守仁大力倡导下，“心学”重新获得了很大发展，并在晚明的思想界和学术界有压倒“朱学”之势。王守仁的“心学”尽管在源头及内涵上与“陆学”不尽相同，但由于它们之间有一定的关联，后世一般合称为“陆王心学”。

王守仁（1472—1529），汉族，浙江余姚人。字伯安，号阳明子，世称阳明先生，故又称王阳明。中国明代最著名的思想家、哲学家、文学家和军事家，陆王心学之集大成者，非但精通儒家、佛家、道家，而且能够统军征战，是中国历史上罕见的全能大儒。封“先儒”，奉祀孔庙东庑第58位。他说：“无善无恶心之体，有善有恶意之动，知善知恶是良知，为善去恶是格物”（黄宗羲，《儒学案·东林学案·端文顾泾阳先生宪成》），并以此作为讲学的宗旨。他断言：“夫万事万物之理不外于吾心”（黄宗羲，《儒学案·姚江学案·文成王阳明先生守仁》），“天理”即是“人欲”；否认心外有理、有事，有物。认为惟学得其心，“譬之植

① 南宋淳熙二年（1175年）六月，吕祖谦为了调和朱熹“理学”和陆九渊“心学”之间的理论分歧，使两人的哲学观点“会归于一”，于是出面邀请陆九龄、陆九渊兄弟前来与朱熹见面。六月初，陆氏兄弟应约来到鹅湖寺，双方就各自的哲学观点展开了激烈的辩论，这就是中国思想史上著名的“鹅湖之会”。后比喻具有开创性的辩论会。

焉，心其根也。学也者，其培壅之者也，灌溉之者也，扶植而删锄之者也，无非有事于根焉而已”（《悟真录之一·文录四－1》）。要求用这种反求内心的修养方法，以达到“万物一体”的境界。他的“知行合一”和“知行并进”说，旨在反对宋儒如程颐等“知先后行”以及各种割裂知行关系的说法。他论儿童教育，反对“鞭挞绳缚，若待拘囚”，主张“必使其趋向鼓舞，中心喜悦”以达到“自然日长日化”（《传习录·卷下·右南大吉录》）。

（二）以心为本发展心学文化

心修之学，儒道释都是极为推崇的，虽然各家教义不一、解释有异，但名副其实的是与心灵、心理、心性有关。东汉安世高翻译的《大比丘三千威仪经》中就已有“心学”一词，其义为佛家戒、定、慧三学中的“定学”，内心修定是也。隋唐佛教史书中的“心学”之意大体指“禅定”。道教关于“心学”一词的最早的记载，是在南朝陶弘景所著《真诰》中。这时期的“心学”，也还有儒家之学、道统之学、释道之义的综合，直到陆王心学，才渐渐明晰出一门相对独立的学问，但本质上与理学一样，是儒道在宋明的发展。

陆王心学与朱熹理学对一些重要概念的理解有很大不同。首先，对“理”的认识不同，理学是“理为天地、人物存在之本”，心学是“心即理”，“明心”须尊德，人的本心就是道德的根源。其次，对“气”的概念有异，理学的“气”与“理”是相对的，既指宇宙万物生成的基础，构成万物的物质材料（一草一木），又指形成人物（善恶贤愚）之别的内在因素；心学的“气”是“气质”，生理、心理意义上的概念，人的气质并不能决定人的善恶贤愚，并不能决定人的最后归宿，学习能变化气质。最后，对“心”的认知有分歧，理学将心分为“人心”与“道心”，道心是人心的主宰，人心受道心统领；心学认为人心道心不可对立，心是人的本质所在，是伦理本能。

王阳明的学说以“反传统”的姿态出现，他的“心外无物”“心外无理”的心本论，与“知行合一”的认识论，与当时理学道统是不一致的。明代中期以后，形成了阳明学派，影响很大，他的哲学思想，不仅在国内得以传播、发展壮大，而且远播海外，特别对日本学术界有很大的影响，日本大将东乡平八郎就有一块“一生伏首拜阳明”的腰牌。

理学与心学，是宋明时期的重要学问流派，只是因统治者重理学，理学成为主流，但近现代对理学批判远比对心学的批判要强烈得多。而心学，在民间的威望相当高，对许多为官之人的影响也相当大，王阳明的弟子与心学影响了很多人：徐阶、张居正、海瑞、陶行知等。

王阳明对自己的学说是身体力行的，为官平叛皆用其学得以成功。他去世后，其“王学”学说分化为左派和右派。右派主要形成七个流派，但同出一宗而各见其长，主要是明代中后期的江西王门后学，有“王学正宗”的称誉。而左派是指浙中王门学派，以钱德洪、王畿为代表，传承心学，倡导唤醒人心。其中还有王艮、颜钧、何心隐、李贽等人殊为有名，敢于反理学的君主专制政体、反封建礼教，特别是传承阳明心学衣钵的李贽，受泰州学派的影响，大力反对礼教、抨击道学，这在当时是被斥之为异端分子，李贽也是个妙人，干脆以“异端”自居。明末清初史学家、思想家黄宗羲、顾炎武、王夫之等反对君主专制，倡导治学经世致用，回归以气为本哲学观。顾炎武提出以经学取代理学、心学，喊出“天下兴亡，匹夫有责”。心学重新被重视，是在当代改革开放经济发展但道德有失时的民间愿望。

（三）心灵修养应用现实管理

以心为学，在西方哲学为主流、为话语权人的情况下，被评判为唯心主义，主流专家学者认同之。西方学术重“分”，“分”就是分门别类出一个个类别，哲学就一分为二为唯物主义与唯心主义，这个哲学体系里，人类思维成果，要么唯物、要么唯心。中国学问重“生”，太极生两仪；“生”的结果阴中有阳、阳中有阴，哲学思想不仅可以唯物、唯心，还可以唯物主义中有唯心主义，唯心主义中有唯物主义，你中有我、我中有你，互为变动、互为影响。阳明心学非常典型地证明了这一点，从王阳明的为官、为学经历中，可以明显看出是一种十分高明的实践心学，心学之“心”是思想层面的，却是来源于现实、指导着实践，讲究心之所想，力之所及，以出世心做人，以入世心做事。归根结蒂，实践心学的精髓是“知行合一”，是学以致用，所谓“此心不动，随机而动”，修心时不动如山，实践中随机应变。简单评定心学为唯心主义，实在有些主观主义色彩，这应该是名副其实的唯心了。

先说“此心不动”。心不动是相对于动心而言，动心，就是被外象所吸引甚至被左右，此为人之常情。而修心，就是修至可以不受外物诱惑，所谓“此心不动”。心不动，则可宁心静心，心静了，物欲纵横的繁世连过眼云烟都不是，是未见一物。“万花丛中过，片叶不沾身”，心中还是有花有叶，还是会被外境的物像所束缚、所牵引。何况，花儿与草，欣赏花，草就成了俗物、杂物；但若欣赏的是草，则花儿成了陪衬，或者见草不见花。“动心”便会比较、衡量、抉择。“此心不动”，即见物而不乱心，只是从中感悟真正的“理”、知晓世界的真实存在。王阳明曾两次会试落榜，友人安慰他时，他却说：“世以不得第为耻，吾以不得第动心为耻。”如此的“不动心”，是追求圣人的心灵境界了。

再说“随机而动”。人毕竟是感性的，不可能真的什么时候、什么事情都“此心不动”。何时可动、何时不可动，就需要捕捉到事物的本质，选择在恰当的时机，把握住最佳机会而“随机而动”，一举制胜。这当然需要以“此心不动”为前提，唯有做到“此心不动”，才能够有“机”时“随机而动”。这就是以静制动，对敌时在对方思绪混乱，精疲力尽抓住破绽，一击致命；对友时，在对方心绪不稳，面临某种困境时“随机而动”，可获得最佳效果。

“此心不动，随机而动”，既是王阳明实践心学的探索，也是他一生的行事准则。在今天，仍然具有指导人们修心实践的价值，仍然可以为心和管理理论提供借鉴。

第四节　儒学与致中和思想

从河图洛书到周易卦象，从易理思想到百家争鸣，从三教传承到理学心学，心和管理的源头、承续，脉络清晰。而“和文化”提出，亦与儒学传承、《中庸·天命》致中和思想有关。所谓“君子慎其独也。喜、怒、哀、乐之未发，谓之中。发而皆中节，谓之和。中也者，天下之大本也。和也者，天下之达道也。致中和，天地位焉，万物育焉。”① 君子需能“慎独”（君子之高境界），人的道德修养达到不偏不倚，不走极端，十分和谐的境界，就是“致中和”。致中和了，天地之间的一切便都各在其位了，世间万物都生长茂盛了。

而君子与小人的区别就在于能中庸还是违背中庸，仲尼曰：“君于中庸，小人反中庸。君子之中庸也，君子而时中。小人之中庸也，小人而无忌惮也。”② 中庸的关键点在随时做到合度适中（“时中”）。一个“时”字，说明中庸不是固定的中间线，而是随时、随遇、随性、随缘而变，目标是“中”——合度适宜。仅仅“中”，还只是保证事物在合理区间内运动，“中”而有“和”，事物朝着美好的方向发展。中国先贤，在此基础

① 曾参、子思：《大学中庸》（赵春辉编著），内蒙古人民出版社 2009 年版，第 100 页。
② 曾参、子思：《大学中庸》（赵春辉编著），内蒙古人民出版社 2009 年版，第 112 页。

上还专门提出另一个概念“正”，适中而协和，协和而位正，方是正道。只是，人间正道，必然历经沧桑。

一、中庸之道和文化内涵

（一）中庸内涵的考证与新解

对“中庸”的解读、释义有好几种说法，“调和”说是宋代才形成的，在此之前还有：其一，德行说，认为中庸属于道德行为的评价问题，也是一种德行；之所以在古代被如此重视，是因为中庸是最高的德行。其二，字义说，不偏不倚谓之“中”，平常谓“庸”；所以中庸就是不偏不倚的平常的道理。其三，中道说，“中道”就是不偏于对立双方的任何一方，使双方保持均衡状态。其四，中行说，认为人的气质、作风、德行都不偏于一个方面，对立的双方互相牵制，互相补充。总而言之，“中庸”是中国文化中非常重要的概念，先贤先圣将其列为中国文化体系里的“道”，一种教人修炼身心、入世处事的“道”——中庸之道。是“道”，那就是形而上的，可以据此为天下子民布道、传道。

朱熹，在主编“四书五经”时，选入《礼记》中子思的《中庸》一文，无疑是儒家经典思想。孔子提出中庸的本意，是反对走极端，反对为人处世过头了或达不到要求，合适、合理、恰当、适度才是最佳，这才是德之至高境界。这正是“和”文化所要表达的内涵。和稀泥式的“调和”之意，不是先哲所要表达的本意，是后人读歪或有意读歪，指责其“否定对立面的斗争”，没有什么说服力。左右移动或上下相弹达到适宜状态，阴阳对立而变易到统一状态，才是中庸之道。中庸的本意里写着浓浓的一个大字：和——是为中庸之和。

《中庸·行明》说：“天命之谓性，率性之谓道，修道之谓教。道也者，不可须臾离也；可离非道也。”① 这里的“性”，是指人的天性、人的本性，也就是说人的本（天）性应该是按自然规律做事的。这里的“率性”也不是任性，不是放纵自己由着性子来，而是“率真的本性”之意，就是人的自然禀赋里的按天道规律行事的才能、智慧，遵天命、循天性便是“道”——中庸之道的“道”。让人守住本性（不忘初心、牢记使命）的自我修行就是“教化”。这个“道”，是天性是本然融合在人身上，一时一刻也不会离开，如果可以离开就不是“道”了。显然，中庸之道是让人修行、修学，明道懂理摆脱迷惑，返璞归真、返本归元，遵天道规律、

① 曾参、子思：《大学中庸》（赵春辉编著），内蒙古人民出版社2009年版，第100页。

循天赋本性，有觉有悟有智慧——致中和是也。

《中庸·行明》还提到："道之不行也，我知之矣，知者过之，愚者不及也。"① 很明确地指出，大道不行，在于聪明人做过了头，愚笨的人做得不够。这显然不是说既不聪明也不蠢笨的"居中调和"叫作中庸之道，而是说，聪明是要的，但不能过了头。说白了，要想大道盛行，恰到好处的聪明最佳（蠢笨当然不行），这才是真正的中庸本意。

要达到既不过之又不会不及这样的中庸之道，需要有极高的道德修养，需要大智慧、大定力、大毅力，需要有谦让的胸襟、忍耐的精神、主动的妥协意识。这才是"喜怒哀乐之未发谓之中，发而皆中节谓之和。""中"，是各种情绪还没发出来的时候；情绪发出来了仍能用中的状态来节制情绪，那便是和。所以"中也者，天下之大本也，和也者，天下之达道也。"保持平静、安宁、祥和之"中"的状态，是天下万事万物的本来面目（基础）。而始终保持"和"的状态，则是天下最高明的道理。所以，中国文化强调人在任何时候都要能控制情绪，让情绪在一个合理的幅度内变化，不受情绪影响和左右，更不能不让情绪失控。

（二）解读孔子对中庸的理解

对于中庸之道，现代人都是从宋代大儒程伊川和朱熹的"权威"解释中认知是不偏不倚、折中调和的处世态度，也因为这个解释而被裁定为"中庸之道"者是老好人，理解为是和稀泥、是非不辨、两边都不得罪、过日子马马虎虎、得过且过。学界也据此认为孔子提"中庸"，揭示了事物发展过程中"调和与均衡"这一相对的、暂时的状态，在古代认识史上是有贡献的；但又认为任何情况下都讲中庸、讲调和，是否定了对立面的斗争与转化，当批评之。这个结论，让人有些生疑。既然中庸是和稀泥式的调和处世态度，何以能成为流传数千年的文化经典、传世真理呢！再说"任何情况下都讲中庸"这一说法不知从何而来，因为"中庸"是有条件的，是讲规则、循规律的。有此思量，才产生后人读《中庸》读歪了的判断，也许无意、也许有意把圣贤的这一真经读成歪经了。理由有三：

其一，孔子认为中庸是至德。《论语·庸也》说："中庸之为德也，其至矣乎！民鲜久矣"（《论语·庸也》）。这是《论语》唯一提及"中庸"的一段话，其意是：中庸作为一种道德，该是最高的了吧！人们缺少这种道德已经为时很久了。很显然，孔子是因为当时人们缺少这一最高道德"久矣"而强调中庸的。孔子的"道德"绝不可能是"和稀泥"，否定

① 曾参、子思：《大学中庸》（赵春辉编著），内蒙古人民出版社2009年版，第125页。

对立面的斗争与转化。若如此，也不会有“一阴一阳之谓道”了。阴阳本身就是对立面，阴阳转化是基本原理。孔子只是认为现实久缺“中庸之道”会很危险，所以提出来警醒大家。

其二，孔子认为中庸是恰到好处。孔子的学问是针对具体的人和事、具体的生活细节提出看法和解决思路的——孔子不是研究哲学，而是把哲学应用于现实。他不像老子那样是高度的理论抽象，是哲学思想的概括。《论语·先进》中有一段涉及孔子解决问题的思路与方法的对话：“子贡问：‘师与商也孰贤？’子曰：‘师也过，商也不及。’曰：‘然则师愈与？’子曰：‘过犹不及。’”师指颛孙师，即子张；商，是卜商，即子夏。这两人谁更聪明？孔子说子张聪明过头了，子夏不够聪明；聪明过头的和不够聪明的一样不妥（所以有“聪明反被聪明误”之说）。这意思，不及是不好的，过犹不及。这就可以理解孔子提出中庸的目的不是要折中调和，而是要人们明白无过也无不及，恰如其分最好。也就是说，首先须明白“不及”是不对的、落伍的，但若“过”则“犹不及”，过头了比不及还糟。

其三，孔子认为中庸是合理合适。《论语·述而》说孔子是“子温而厉，威而不猛，恭而安。”这是说孔子的形态、为人是合适的。孔子评价一首诗时说“乐而不淫，哀而不伤”（《论语·八佾》）。快乐而不淫荡，忧愁而不哀伤，这是掌握一个合理的度的问题。再看：“季文子三思而后行，子闻之，曰：‘再，斯可矣’”（《论语·公冶长》）。现代人引用先哲的话语经常用这句“三思而后行”，其实圣人并不赞成“三思”，孔子认为“再”，即两次就可以了。不思而行叫莽撞，思而过多叫犹疑，所以既有智谋，也要当机立断。孔子的学生子游也说：“事君数，斯辱矣；朋友数，斯疏矣”（《论语·里仁》）。跟君王来往太密切，就会遭受屈辱；跟朋友来往太密切，就会被疏远。所以，孔子感叹道：“不得中行而与之，必也狂狷乎，狂者进取，狷者有所不为也”（《论语·子路》）。这里的“中行”就是行为合乎中庸之道，没有可以与“中行”的人交往了，不是太张狂就是太拘谨，张狂的人太激进，拘谨的人有所不足。孔子的意思应该是不过于张狂又不过于拘谨，才是合适的。这就是说，儒家所讲的中庸是涉及阴阳各方面，过阳不行，过阴不行，阴阳协和为最佳。

（三）心和管理学的中庸管理

心和管理学研究，在理解孔子中庸之道本章基础上，认为可以从三个角度把握其内涵。

其一，中是不偏，庸是不易。重新解读“不偏之谓中，不易之谓庸”：不偏离天命叫作“中”，不改变天性叫作“庸”。中庸就是修养纯净善美之心、教化遵循天道规律之道理。换一个角度理解，“不偏”是人生的志向不偏离大道（不是居中无偏移），“不易”是不轻易变更自己的主张目标（不是固化不变）。心中不偏，主见不移。

其二，中为中正，庸为平和。喜、怒、哀、乐各种情绪都没有发出来，人处在自然本心的状态谓之“中”；如果情绪发出来了，能做到恰到好处不过分叫作“和”，中和是也。中而走正道，中正是也。“庸”有保持平常（不是平庸）之意，平常，就不会成“出头的椽”“出头的鸟”，人生不宜张狂；当然，也不是啥也不要出挑，让自己平庸，而是懂得恰到好处，明白行至适宜处、坐看云起时，通晓当行则行、当止则止，应是亮剑时毫不犹豫亮剑，该是低调时韬光养晦低调，这才是王道。

其三，中是适中，庸是可用。适中便是适宜合理，可用则是恰好有用（古汉语“庸”同“用”），中庸就是在适宜的时间、恰当的地点合理地使用或应用，如乾卦所说的该是潜龙时就要潜藏不用，努力学习提升自己，该是现龙时就要大胆现身展示自己的可用之才，该警惕时警醒着，该腾跃时飞翔着，方能成为人中之龙。所以，学中庸、讲中庸，须让自己拥有一技之长，做一个有用的人才；要能坚守自己的岗位，要在其位谋其职。一无是处者，何以“飞龙”！

总而言之，中庸之道是遵循自然法则、展示天然本性，保持一颗对天道的敬重、敬畏的心而让己心中正、平和，为人处世要找到最适宜最合理的角度位置和途径方法，不至于过左亦不至于过右，不至于过上也不至于过下。从这个角度理解，适宜便是中庸，恰当便是中庸。或者说，致中和便是中庸，中庸就是和谐；中庸之道，就是修心协和之道；必要的进取是为了致中和，主动的退让也是致中和。中庸，不是放弃斗争，也不是抹杀掉有对立面的事实，而是为了在斗争中获得双赢、双和，或者说是为了达到一种彼此的平衡。

西方经济学中有一个均衡理论也有这个道理；而所谓的价格弹性理论，也就是“弹”到一个买卖双方都认为适宜、合理的位置。均衡理论、价格弹性、“看不见的手”等都只是在市场领域中的经济学原理；而早其几千年就提出来的中庸之道，却是适用于政治、经济、文化、生活的方方面面，其哲理性、其适应面、其包含的意义更为深入、更为广阔。

中国文化非常注重各安其位、与时俱进，如前面所提的“君子之中庸也，君子而时中。”中庸，不是固定不变的，而是如阴阳之气左右上下波动、互为影响，终而达到“中”，实现“和”；达到“致中和”，不胡乱进一寸，不任意失一毫，则“天地位焉，万物育焉。”

人不犯我，我不犯人；人若犯我，我必犯人，也是另一种角度理解的中庸，因为“我必犯人”的目的是阻止他人犯我，达到双方共同和谐。所以，“犯我中华者，虽远必诛！”潜台词就是“不犯我中华，可以和平共处”。

二、道与器的致中和思想

赓续中华文脉，光耀复兴之路。中华自古有道器之论，“绪论”中对此有整体阐述；后面在论“对立统一”① 时着重在阴阳对立与转换的内容。这里主要谈道与器的本质内涵，是从道入心和天下、器在手富民众的“和文化”角度阐述求中达和的意义。

（一）重道轻器轻忽百姓智慧

从“形而上者之谓道，形而下者之谓器”之论已知，“道”是“形而上”的。无极生太极、生阴阳两仪，是乾坤变易之道、阴阳变易之法则。《周易·系辞上》进一步解释说“一阴一阳之谓道”，即形而上的具体内容是“阴阳”，“道”之核心是阴阳协调；所谓协调，协和调配是也，目标是达到中庸——阴阳变动中实现致中和，便是中庸。由此得出中庸是“道”的结论；反过来说，“道”是阴阳协和之适宜合理的中庸。“器”，是为一切通过制作、制造而产生的有形之物，物质层面的器具、器皿、器材。文明进步的标志，是人类可以用思想武装自己，所以才能创造文化、积淀文明。思想、精神、心理等“道”层面的东西，宇宙之间只有人类才拥有，是最为宝贵的，是卦象上提炼出来、升华而成的易理，自然是“形而上”。相比较而言，“器”是“道”指导下的产物，故“形而下”。

理论上讲，道与器应该也是符合中庸之道的，但细细体察国学思想发展史，在道与器的问题上，似乎没有达到过真正的“中庸”。“重道轻器”在古代中国几乎是一种常态。

这里需要明白，中国古代的“重道”之“重”是重视，是为主流社会所看重之“重”，而非只要道不要器之唯一的意思；“轻器”之“轻”只是不重视、不鼓励，不是禁绝。因为有重视与轻视之别，所以传承下来的典籍中，论道之书汗牛充栋，说器之文寥寥可数。修养身心、治国平天下之道，大家都在修；而在制器问题上，虽然古代中国制造业发达，能工巧匠举不胜举，冶炼业、丝绸业、四大发明、古代长城笑傲全球，但是从

---

① 见本书第六章第三节“对立统一人文观念”。

业者在社会行业地位中，都是不入流的，很多连下九流都排不到，只能算是“五行八作”中的“八作”，包括金匠、银匠、铜匠、铁匠、锡匠、木匠、瓦匠、石匠等，连获得者都是下九流。这就是说，道，高高在上为经典；器，无品无位不入流。道与器的文化地位、社会地位为什么差异如此之大？

道是可以论而传播的（即论道、布道），也可以觉悟而升华的（即悟道、得道），学道、懂道者是劳心者，学器、做器者是劳力者；劳心者治人，劳力者治于人，所以劳心者成为管理者，劳力者则成了被管理者。要想出人头地，就得读书，读书人是要做人上人的，故把“闻道”看得无比重要。穷人读不起书，统治者也不想读书人太多，因为读书人明白天下之理，会反对统治者的专制统治。那就采用“愚民政策”，让“好女人”在家守妇德，“好男人”在外识时务。而在这样的情况下，上等人因为有钱有势可以继续读书做官，可以一直是上等人，下等人只能乖乖地传承学器、制器。于是更加加深了重道轻器的思想观念。

囿于历史局限，千百年传承了这种思想观念，根深蒂固，民间没有文化不要紧，一代代口口相传、一代代地重道轻器下去。上等人为有话语权的那个阶层（特权阶层或者说权贵阶层），自然就只要“求道”而不必“求器”了，求器的事情就让下等人去做。作为劳动者的普通老百姓，负责学器、制器，不必学道、懂道。他们没有文化，见识有限，制器之技能、技巧只能靠“劳动人民的智慧”了，虽然千百年来这智慧的确不错，其发明创造为人类作出了巨大贡献，但因为没有权贵们的支持、劳心者的重视，常常湮灭在历史长河中，只留下一个个美丽的传说和口口相传的师徒制或传男不传女的“秘授”之中。偶尔机缘凑巧，文人介入有记载而流传下那么星星点点……因此“重道轻器”成为一种普遍的社会现象。这一切，不是文化本身有问题，而是当权者“断”什么“章”、“取”什么“义”的问题。

（二）重器轻道混淆中西文化

到了近代，西方工业化革命带来制器造器的“科学技术”，用洋枪洋炮轰开了国门，屠杀了国人、掠走了财富、瓜分了国土，冷兵器败在了热兵器下、传统农牧败在了工业经济下，这才意识到自己的“器”已远不如人家的“器”。可是思来想去，“道”没有错啊，而且几千年来一直很好，于是有“师夷长技以制夷”的主张，归根结蒂是要以中国之道驭西洋之器，即“中体西用”，这是一个进步。可惜的是“重道轻器”的本质未变，只是在制器上“师夷长技”而已，没有重器到自力更生、发愤图强。

直到红色革命的延安时期，才旗帜鲜明提出“自力更生，艰苦奋斗”主张，同时强调了“古为今用，洋为中用”传承和学习方法。显然，古也好、洋也罢，提出这些皆是强调“为我所用”，而非由此变成彼。其实，我们须明白的是，西方“文艺复兴”后的崛起，不是其“文艺”有多先进；彼长此消的中国在这个阶段的落后，也不是中国文化有多落后，是统治者坐井观天、闭关自守的问题。

改革开放在观念上的一个重大成就，就是终于从根本上改变了“重道轻器”现象，器被提升到了一个极为重要的位置，“逐器”的激情如同被压抑了几千年的火山一样爆发出来。从街边的“练摊人”到开小店的个体户，从“打工仔”到腰缠万贯的“老板”。但问题是，“道”被渐渐忽略，“器”被无限重视，结果就是社会上出现了“造原子弹的不如卖茶叶蛋”的脑体倒挂现象，一曲流行歌曲的收益抵过科学家一生拼搏的悬殊也出现了，刚从“臭老九”走过来的知识分子被眼花缭乱的变故搞得七荤八素，传统的求道者再无多少风光可言，社会走向了另一个极端“重器轻道”，甚至没有人来关注闻道、悟道了。

同时与闭关自守完全相反的一个倾向也出现了：器既然是西方的好，那么求器之道自然也是西方的好。在这种思想主导下，“西化”，乃至“全盘西化”倾向出现，中国之道被扔一边，西洋之道竟成圭臬——道器皆“西化”。结果就是无“道”求“器”，一切向“钱”看。

显然，“重道轻器”不合适，“重器轻道”也不适宜。从一个极端走向另一个极端，依然没有回归到真正意义上的中庸之道上来。况且在国学传承几千年的现在，改为西方所提倡的道，更让人无所适从。因为西方的道提倡的是实用主义，是利益主义，是个人主义，将其归纳起来，就一个字：“利”，两个字“取利”。大家都想取利，商业思维的结论自然是交换，强势逻辑的结果自然是掠夺，政治的延续、商战的终极、掠夺的反弹就是战争。竞争到最后，战争到最后，终究会坐到谈判桌上。于是能恃强凌弱的，就毫不客气地订立城下之盟；旗鼓相当的，就订彼此认可的合约。为了维护彼此的权利，契约化、规则化要求大家共同遵守。这种赤裸裸的商业文化、竞争文化、丛林法则、海盗逻辑，很不客气地将人与人之间含情脉脉的“人情”面纱给揭开来，显露出赤裸裸的自私自利和强取豪夺的人性恶之本质。

五千年文脉涵养了巍巍中华，其文化瑰宝，是刻在中国人骨子里的中国魂，中国传统文化因创新而辉煌，红色文化因发展而精彩。中华大道，与时代重器，共创新辉煌。

（三）道器并重自信中华国学

中华文明是从农业立国基础上建立起来的，不像西方通过海上贸易交换商品、通过殖民掠夺完成资本积累，人与人之间、村与村之间基本依赖自给自足式的小农经济生存，东家缺什么西家去借，西家有难处东家来帮，农闲时节约上三五邻居、村民、好友一起聚聚聊聊，你家一个菜我家一个汤的不分彼此，“有朋自远方来不亦乐乎”。生存法则中的重要一条就是一个（家）人在乡邻中的人情的大小。人情大则事好办，人情少则事难办，人情社会里最重要的就是人的脸面，乡邻中的大人物就是“有头有脸”，不得意者便是“灰头土脸”；出息了就是“长脸”，没出息就是“丢脸”，脸面文化出现了。在外混得好是“光宗耀祖”，为家族争脸；在外干了缺德事，那就无脸见列祖列宗，给家族抹黑了，严重的就不予再归宗祠。正是这样的一种人情脸面观，让国人做人做事都有所制约、有所顾忌。

从这个角度说，中国人讲脸面没有什么不好，撕裂了这张脸面，还有什么可顾忌的？脸面，就成了中国心理上认同的契约、合理的中庸之道。长脸，本来是好的，但若为脸面而脸面，为了脸面弄虚作假、损人肥己，甚至失了底线，那就不是争脸，而是毁脸，毁了自己的脸、家人的脸、家族的脸、祖宗的脸。丢脸，本来是不好的，但若因此知耻而后勇，发愤图强，拼搏奋进，把脸面给争回来了，那就是“浪子回头金不换”了。所以，长脸而不骄，丢脸而知耻，才是合适的、恰当的。千万不要长脸便猖狂，丢脸便破罐子破摔。所以，阴阳两个方面，可以协调谐和，可以彼此转换。阴阳协和，就是中庸之道。

换句话说，学习西方，重视制器，是好的、应该的，但不能因重器而轻道，更不能弃道。道是思想层面、精神层面的形而上学，具有文化的适应性、思维方式的契合性，尤其在有着几千年文化积淀的东方古国，应该继续传承以便适应，在继承基础上的创新才是有价值的创新、能适应的创新。引进西方先进的制器技术的同时，本应该保留中国哲学之道、思想之核为经济发展保驾护航，也就是学习西方是将其优势融合到中国的优势上来，强强联合，才是学习之道。但因为学习之初，没有经验，本来是向西方学习的事变成了照搬照套西方的东西，西方以“利”为始终、以“利”定规则的管理之道也毫无保留地套用进来了，恰好用在由于历史造成的穷怕了的一（几）代人身上，在物质严重匮乏的时代，突然打开了一条通往财富的大门，利益之上的思想迅速武装了头脑、占领了身体。在经济飞猛增长时，蓦然回首，“道”心失落，人心乖戾、底线突破，一些人为了求财不惜失去脸面……最终走向了“要器不要道”的另一端。从这个角度理解，中国社会、中国管理面临的许多问题，恰恰是“全盘西化”的结果、恰恰是不要心中的“道”只要身外的“器”之结果。

这就是为什么在道器问题上，中国似乎没有能够真正实行“中庸之道”的原因。管理，在“道”与“器”问题上没有一个适宜的掌控，管理遇到的所有问题，很难有一个根本性的修正与改变。中华哲学之道，历经几千年磨炼，已是炉火纯青；成器之科学技术，原本就有中国数千年的传承、传承中不断的创新，同时又有着对国外先进经验的学习与融合。所以，学习西方文化中的优秀部分为“我”所用，本身没错，错的是这个过程中放弃了在中国历经千百年传承依然有勃勃生命力的“道”。所以，在“道”与“器”问题上，应该有一个中庸之道，也就是既不能只要中国的“道”不学西方的“道”，更不能只要西方的“道”不要中国的“道”；既不能只要中国的“道”不学习西方的“器”，也不能只要西方的“器”不要中国的“道”；既不能只要中国传统文化的“道”，而不与时俱进学习世界上一切优秀文化充实“道”之内涵，也不能只是照搬西方的制器术而不要中国传承的工艺和创新的技能。而应该取其“中庸”，以达合适合理的“和”，即“道”与“器”的致中和。

我们必须记得，追逐利益到没有人情、底线突破到不要脸面，一定不是中国文化的内涵，一定不是正宗的中国管理的要求。我们提倡心和管理，其中之“管”是管人的言与行，以保证器之创造、制造；其中之“理”是理顺人的心与情，以保障“道”之引导、制约。一方面是软（道）硬（器）结合，管器理道，另一方面是求得道器之适宜（管理的中庸之道），管事理心——这也是致中和，管理上的致中和；这就是中庸，中国管理的中庸。

三、道与术的致中和思想

国学对于道、法、术、器都有专门论述。其中“法”是佛家之言，相当于道家之“道”，中国文化佛道可融，所以高僧可称“得道高僧”或“有道高僧”。道学是中国原创，所以心和管理理论主要涉及道与器、道与术的问题，不论道与法、法与术、法与器的问题。

（一）以道驭术制出正道之器

如果说，道与器的问题是精神与物质、形而上与形而下的问题，那么道与术的问题是方向与方法的问题、战略与战术的问题。道与术的致中和问题，就是方向与方法的有机融合、韬略与战术的恰到好处的问题。这“术”，在中国古代有“方术”“术数”“技术”等各个说法，相当于现代社会的“科学技术”之“术”，偏重“自然学科”领域。古代中国虽“重道轻器”，却不等于制器之术落后，商周时的制器术就已相当进步，汉唐更是世界称雄，冶金铸造、编织丝绸等技术相当发达，世界领先。诸子百家中的医家、农家、阴阳家等，军事领域的兵器制造、阵法布局、机关暗道等，还有陶瓷制作、玉石加工、桥梁建筑、居所建筑、各项手工业、工艺制作（如制伞、制扇、制镜、制茶、制香、制药、制盐、制酱、酿酒以及石器、木器、竹器、藤器制造等），中华制器之术，冠绝天下长达千余年。

只是因为正统文化以道学德士为尊，术数之类被蔑称为“奇技淫巧”或“雕虫小技”。这是因为中国文化讲究“知其然”，也讲究“知其所以然”，一切事物都包含在“道”之中；而“道”，“其大无外，其小无内”，包罗万象了。所以术数之类制器之技就等而下之了。《大学》说：“物有本末，事有始终，知所先后，则近道矣”。万事万物都有根本与枝末之分，有起始的因与终了的果。只要搞清楚本末、因果，把握住了道就可以了。

道是本，术是末，本末不能倒置。这个道理本身是对的，只是后人会把“经”念歪而已，或者统治者为了统治需要有意把“经”念歪而已。所以，我们回归圣贤本原的思想体系，就能准确把握住道与术的关系。《庄子·外篇》中提到的“天道”，与《周易》中提到的天地人三才学中提到的天道不一样：“天道运而无所积，故万物成；帝道运而无所积，故天下归；圣道运而无所积，故海内服”。分析其意，天道应该是自然之道，帝道应该是帝王之道（帝：德合天地曰帝），圣道应该是圣人之道；重点是“无所积”，人，生老病死；时，冬去春来；物，旧灭新生。万物皆在运动变化中新陈代谢而“无所积”。故按自然规律运行发展则万物成，按帝王之道治理国家则天下归，按圣人之道教化万民则海内服。这里，道是根柢本原，术是枝节末梢。按天道用农渔之术，皆有收益；按帝道用帝王之术，皆可治理；按圣道用教化之术，皆能服众。旧的、没落的、腐朽的、死亡的就“无所积”，这才能让新的、有生命力的产生。这是新与旧的“致中和”。

这就是说，道与术与器的关系，道是指导思想、是原则，术是制造技术、是方法；器是制造作品、是成果。道与术的关系是以道驭术，道术结合，本末有序，以术得道。

以道驭术，就是用道来承载术数，用思想来指导技术，用原则来统领方法。电视剧《一代大商孟洛川》中，用老师李士朋之口说道：“道是河，术是舟；道是舵，术是桨。无河无以载舟，无舟难以渡河；无舵则无方向，无桨则无动力。所以，道是方向，术是方法；道是法则，术是谋略。”显然，这里所要说的道理，也是说明道的意义、价值。孟洛川是商人，他的宏图大志是成为一个成功的有道大商。想做大商，就得先明道，懂得商道之本。所以李士朋在对孟洛川当头棒喝时说：“夫大商者，胸存纵横四海之志，怀抱吞吐宇宙之气；其学通于大道，其功接于社稷；其势籴入惊风雨，粜出泣鬼神。也正所谓良贾何负名臣，大商笑看书生。大商之经商，有如伊尹、姜子牙之于治国，孙子、吴起之于用兵，商鞅之于变法。其学问之精深，道法之玄奥，意气之闳远，境界之高明，岂是你这等空想妄论，俚谚俗语所能达到的。”这段话对今人而言也是有指导意义的，商人亦须懂商道之本。

知道、明道，才可以统领经商之法、管理之法，也就是如电视剧中言“还要善于审时度势，沟通权变。要善于联系各色人物，调和各种矛盾明辨祸福利弊；也要善于转输货物，商略价格，拓展市场”。这是中国特色的术、能够真正解决经营问题的具体的术。

（二）道术中和显出本末有序

道术结合，道是境界，术是技巧；道是说明为什么要管理，术是管理的具体方法，两者是知行合一的问题。所以心和管理的高境界是道术结合、内外兼修、内圣外王。德有善恶，才无好坏。有德之君子，拥有“术”之高才，是用来做好事、做善事、做有益的事；而无德小人拥有“术”之高才，会用来做坏事、做恶事、做有害的事。只有道与术结合，术才能落到实处；术有道引领，才不会偏离方向。这一点，中国文化也好，现代管理也罢，思政教育也行，都是共同的，所谓德才兼备，所谓又红又专，所谓精神文明、物质文明两手抓，说的都差不多一个意思，其本原就是道与术的有机结合。《一代大商孟洛川》中也提及，“无事如有事提防，才可弭意外之变；有事如无事镇定，方可消局中之危。”就是强调思想上重视，术业上讲究；原则上预防，方法上到位。韩愈在《师说》中云：“闻道有先后，术业有专攻。”① 更是提到无论在时间上是先是后，必须得“闻道”，同时在“术业”上必须有专攻，要不然，为师者何以传道、授业、解惑，学习者何以六艺经传皆通习之。

---

① 韩愈：《师说》，《中国古代文学作品选讲（中册）》，吉林文史出版社 1986 年版，第 305 页。

虽得道却无术或乏术，其道为空中楼阁，在任何竞争中，必败无疑；虽通术却无道或乏道，其术无用武之地，在各种斗争中，胜一时而不能胜一世。所以适宜的就是道术结合，明道精术。先“闻道”，后“术业”，这是本末有序，不可倒置。若术为先，则术业无思想指导、无规则遵守、无方向可明。为官者，置身于阴谋诡计、尔虞我诈、勾心斗角；为民者，陷入极端自私、为利益无所不用其极，则会造成社会缺乏诚信，人际缺少认同。有道无术，还可以专攻术业；有术无道，其术带来无限危害。《王阳明全集·与杨仕德薛尚谦书》说：“破山中贼易，破心中贼难。”破山中贼是用术，术到即可；破心中贼是明道，明心中道难。一个品德低下之人，术再高，何人敢用？孤芳自赏、恃才傲物，是为德品不高；阳奉阴违、两面三刀，是为品德低劣；阴险恶毒、落井下石，是为无品无德。由此可见，管理之道，在于治心，在于攻心，在于获得人心——让人心和，才是王道。

道是“大局观”，站得要高、看得要远；术是“一招鲜”，能力要强、水平要高。道是哲学论、是高瞻远瞩的战略，术是实践论，是攻城略地的战术。道为本，术为能，在一定条件下，术对道有一定反作用，可以术得道。以术得道，是指实践升华为理论。制订战略的基础之一是战术分析，方式方法中可提炼出原则和指导思想，所谓“无舟难以渡河，无桨则无动力”。“虽然，两点之间的直线最短，但是有的时候为了达到目的，却要迂回行动。”这体现出“陶朱商经明奥理，鬼谷六韬藏玄机。”研究术数、专攻术业，讲究因时因地因人因事而变，对其术反复学习，从中提炼本质、升华思想——道可从“术业”中参悟——把握规律后抽象化，在确定其具有相对稳定性前提下上升到一个新境界，就可总结出新的“道”。这就是现代意义上说的理论指导实践、实践升华理论的基本原理。

勿以善小而不为，勿以恶小而为之。善还是恶，就是得道还是失道；为与不为，是用术还是不用术。这全在人之一念间，即心中之道来把握。只讲道不讲术，无法成器；只求术不管道，无法成才。只有致中和，才是达到以道驭术，道术结合，本末有序，以术得道。

（三）大道中正能使万事既济

前面说到道与器须中庸，这里说道与术须中正。中庸有中正的意义，但就道与术而言，重点不在协和，而在中正——道需中正，方法亦需中正，正道是也。道家文化、儒家文化，都与易理密切相关。前面已有关于中国之“中”的概念阐述，这里重点从《周易》中探寻“中”的来源，“正”的本源，从而把握道与术都要中正的原因所在。

易学之卦象中，何为中？先天八卦三爻卦之中爻，处中位，这是易理“中”的意义。六十四卦之六爻卦，是两个三爻卦叠加而成，下卦（内卦）处中位的是二爻，上卦（外卦）处中位的是五爻。也就是说，六爻卦中的二、五爻是象征事物守持中道的，须行为不偏谓之“中”。从管理角度看，二爻在爻位上是“臣”位，五爻在爻位上是“君”位，君臣需相互为呼应，“中”，不是中间点的意思，而是合理的区间。若是阳爻居中位，象征“刚中”之德；阴爻居中位，象征“柔中”之德。仅仅得“中”，往往只是说其处理事情尚在合理的区间。还必须要“正”。何为正？六爻卦中，初爻、三爻、五爻这三个奇数爻为阳，即位处阳位；二爻、四爻、上爻三个偶数爻为阴，即位处阴位。阳爻居阳位、阴爻居阴位，叫“得位”，或者说“当位”，得位（当位）便是“正”。二爻和五爻，得中还当位，就是中正，象征着比较完美，指处事采取了合理的方法，使事情趋于完美。

这就表示，在适合的位置展开适合的行为，或者说在合适的当口安排对应的人或物，是中正，反之就是中而不正。若是不合适处放不合适人或物、用不合适之方法行不合适之事，那就是既不中也不正。这应该是中国管理思想极为深刻的道理所在。

《周易》六十四卦中，第六十二卦是小过卦，小过改正了以后就可以成功了（既，已经；济，成也）。坎离二卦相叠，则生成既济卦与未济卦。既济卦是全部当位，为第六十三卦；未济卦是全部不当位，为第六十四卦。这两卦排列在最后，是因为“有过物者必济，故受之以既济。物不可穷也，故受之以未济终焉”（周易·序卦传·下篇）。

既济卦离下坎上，水在上，火在下，六爻次序符合先阳后阴、阴阳交错的爻位次序，三阳三阴六爻全部归班就位，水火既济，自然是成功的，这是卦变结束、完事成功的象征。易理说的是变易之理，过于完整反而僵化，以致丧失积极奋发的活力，不能再有大作为，小事尚可亨通（亨小）。这是易理最后一个完满理想时代，物极必反、否极泰来，成功后跟着的是容易颓废松懈，所以既济后转入未既了。

未既卦离上坎下，也三阴三阳，阴阳六爻全部出班离位，火在上，水在下，阴阳不协调，阴差阳错，虽居中而不正，自然表示未成功、未完成或未结束。本来既济已经完美，但自然规律不可能一切圆满，必然有缺，所以易经六十四卦以未济卦结束。所幸，虽不当位，但刚柔两两相应，有同舟共济之象，预示着变化正在酝酿中，新的一代正在成长，使未来产生希望，如图 3 - 10 所示。

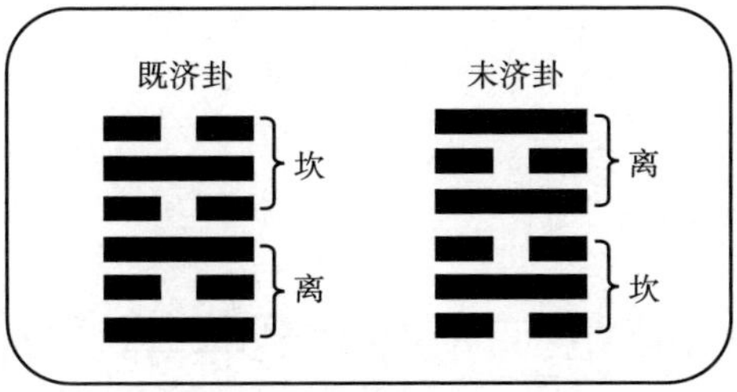

图 3－10　既济卦与未既卦

既济卦告诉我们盛极将衰，所以要小心谨慎；未济卦告诉我们物不可穷，事情尚未完结，还要向前发展，未来还有变数。显然，以“未济”而不是“既济”作为六十四卦的结束，是没有结束的结束，是对自然规律、自然法则有着清醒认识的表现。任何一种丰采，兆示着缺陷或遗憾的存在；而任何一项成功，也意味着新的起点即将开始。

人生有涯知无涯，明心见性术成器。
大道觉悟致中和，文脉赓续传真理。
千古之智民奋进，四海之慧国既济。
上下求索本土学，心和管理助奋力。

第四章　心和管理学哲论

心和管理理论以国学为根基，同时愿意学习或借鉴一切外来优秀文化，包括西方哲学思想。2006年出版的拙著《人心管理：生产力之新崛起》第三篇“人心管理理论之基座”中提到：“在思想大师的王国里，有着一长串令世人振聋发聩的巨匠的大名：培根、康德、尼采、黑格尔、斯宾若沙、叔本化、费尔巴哈、索绪尔、海德格尔、萨特、伽达默尔……”① 并用相当篇幅介绍了阿德勒、叔本华、尼采的哲学之路和哲学思想，也引用了阿罗不可能定理、镜中自我理论和卡西尔的《人论》中的哲学思想，以及个性与共性、个体与群体、激励与暗示和“紫格尼克效应”等的心理学论述，充实人心管理理论基座。这里阐述心和管理的思想体系，核心内容是国学中至今仍然具有强大生命力部分的哲学思想，包括易学、道学、儒学、汉佛学及其他相关思想如理学、心学等，择其优者，取其精者，用其适者，融合中建立心和管理的哲学体系。西方哲学这里简单带过，重在阐述本土管理哲学。

心和管理学之哲学，须打开中华文明密钥：中华“心文化”，体现出圣心（修身养性道德教化）、民心（人心所向民心可用）、情心（人情感性道德伦理）的东方特点；中国“和文化”展现出的协和天下治国观念、和衷共济管理模式、和谐彼此人际关系。这符合中国“家文化”内涵，追求人心协和，世界美好——心和管理学文化渊源，心和管理学哲学根源。

第一节　心和管理易理哲学

德国存在主义哲学家、神学家、精神病学家卡尔·西奥多·雅斯贝尔斯（Karl Theodor Jaspers，1883年2月23日—1969年2月26日），在

① 徐井岗：《人心管埋：生产力之新崛起》，中国教育文化出版社2006年版，第282页。

1949 年出版的《历史的起源与目标》中提出了一个著名的“轴心时代”概念。他认为，公元前 800 年至前 200 年之间，尤其是公元前 600 年至前 300 年，是人类文明的“轴心时代”，古希腊、以色列、中国和印度的古代文化都发生了“终极关怀的觉醒”，东西方宗教和哲学都在这个时期出现。古巴比伦文明与古埃及文明在地中海的遇合后（始文明消亡，留下了犹太教）的希腊文明，诞生了苏格拉底（公元前 469—前 399 年）、柏拉图（公元前 427—前 347 年）、亚里士多德（公元前 384—前 322）等精神导师；古印度文明诞生了释迦牟尼，菩提树下悟出了一粒沙三千世界、修心顿悟缘起性空（13 世纪佛教亦消亡）的心灵导师。中华文明则诞生了老子（公元前 571—前 471 年）、孔子（公元前 551—前 479 年）、孟子（公元前 372—前 289 年）等思想导师。

每当人类社会面临危机或新的飞跃时，东西方的共同特点就是回过头去，看看轴心时代的先哲们是怎么说的。全世界有识之士都会向古希腊哲学家、向诸子百家哲学思想中寻找答案。改革开放社会大变革，这里也回顾轴心时代中国精神和思想导师们怎么说。

一、心和管理易理哲学思想

（一）变与不变的三易六学易理

国学为根基的管理是以攻心为上、走心为主。心和管理学的管理思想、管理观念，必以中国根植的文化和传承的哲学为依据，以本土管理理论和管理体系为内涵和构成框架。当管理史走过粗放管理、物本管理、人本管理各阶段后，必然会走入心本管理，其思想体系体现在“心和”两字上。这是因为，管理的本质是文化，文化的本质是人文化成于人的内心，使人的思维与行动和平、和谐、和美，形成人与宇宙万事万物一切关联双方的彼此协和。人文化成植入内心，其思想成为国人的骨髓、血液、细胞，运转人的生理和心理之大周天、小周天，成为国人思维和行为的本能表现。中国管理，从心开始。

以心为本的管理反映在易学中，就是易之简易、变易、不易三种形态，而万物万事之变易，皆源于人心之变易。变易从简单的易理开始，谓之简易；人面对的事物、人心所思之道理，都会随时间、环境及其他相关因素的变动不断变易着；到一定程度会有不念旧恶相对稳定期，即逐渐固化了，此为不易。易理便是如此循环往复而回归简易，所谓大道至简；接着发展至更高一个境界，又经历“简易—变易—不变”的循环，无论万物怎么变，其内在规律总不变（不易）。每一易的过程经历一次心的觉悟，获得一次“和”的成果，循环攀升。而且这种变与不变的原理，被中国的一代代贤人延伸出一系列的对立统一关系，如“义与利”“忠与恕”等。但相对来说，最典型的对立统一是“道与术、取与予、常与变、利与害、方与圆、破与立”这六对哲学关系。这里，我们把简易、变易、不易简称“三易”，六对对立统一的哲学范畴简称“六学”，由此构成心和管理学的“三易六学”哲学理论体系。

周易意义玄奥，但不是玄学；周易涉及命理却不是迷信。周易道与理中那些有内在逻辑关系的哲学原理和科学模型，在数千年发展过程中，修正完善成为一系列富有哲理的思想体系。这些证明着《周易》是中国哲学之源、中国文化之核、中国管理之根，所以有百经之首、百经之父、百经之经等的美誉。无可争议，《周易》成为心和管理学的哲学源泉。

心和管理学探索易经之理、探寻易理哲学，与民间算命、看相、堪舆、风水的理解是不一样的，虽然也有人性分析，但那是中国式人才测评系统的挖掘与建立，是对元气论物质观的重新理解，从元气论起始而“生”无极原理、太极哲理、阴阳学说、三才思想、四象组合、五行生克、六合关系、七星天理、八卦模型等易理哲学思想，九九归一而上更高一个台阶，至大圆满后，又分阴阳两仪，周而复始，螺旋上升——与现代哲学殊途同归。

研究心和管理，建立心和管理学，须以中华易理思想为管理哲学内涵，在此基础上探寻适合中国国情的管理理论，创设适应中国人文环境的管理体系。

（二）修道炼心德性管理思想

前面说过，西方管理追求利益至上、求变创新、直线思维，在商品经济社会中强调统一的标准化管理，有“定标准、守规则”的人文特征与管理诉求。其并不适宜于以宗法亲缘关系为上、求稳循规、追求圆润变通、曲线思维的中国职场，因为在农业立国社会中是强调中庸的变通式管理，有“谋和谐、顺人心”的人文特征与管理诉求。

强行在中国职场推行西式管理，会造成文化冲撞、思维相左，国人求稳心态被打破，更为严重的是，原有的哲学理论被摒弃、原有的哲学思想被打破，而新的哲学理论与思想体系未能建立，虽然西化论者用尽心力推行西方哲学体系、哲学思想、哲学原理，但毕竟天性的不兼容性让这种“努力”付之东流。于是，道德教化抵不住利益诱惑，谋略变通扛不住金钱冲击，没有适合中国国情的哲学引导，人们的思想混乱，加上西方某些敌对势力别有用心地推波助澜、文化洗脑和利益诱导，谋利成为唯一追求。

从这个角度说，不是国人没有了信仰，而是缺少了“道”（中国哲学之本原）之引领，一旦那些拥有国家民族大义的、高洁奉献思想的、为国为民精神的一代代榜样人物，逐渐被金钱挤占、被名利抹黑，升腾起来的偶像，变成了“金主”“豪门”“首富”这些可以用金钱衡量的内容，思维失衡了、根基不稳了——管理失效了。

归根结蒂，社会无底线、人心出问题的原因，是哲学根基被挪移、是道心德性无修炼造成的。有了这样的认识，解决管理问题的途径、方法就明晰了。心和管理学一再强调，管理，必然以人文特性、民族特色、国家背景为基础；人文，必然以本土哲学思想为根基、本土民族文化为营养、本土职场背景为依托、本土管理内涵为内涵。管理思想，必定要考虑是否适合本土文化传承下逐渐固化了的哲学思想背景。离开了这一点，溪无源、房无基。

西化论者，常常要表述这样的观点：“人性是经不起诱惑的。只有规则和制度，才能让人性的阴暗无处发挥。”还有“不背叛，只是因为背叛的筹码不够大，这种利诱大到一定程度，人性阴暗的一面就会被诱发。”所以西方管理采用大量的数字、表格，以定规则、定制度。殊不知，丛林法则（或称海盗法则）的核心却在打掉规则、破坏制度，西方列强哪一个国家的发达缺少了这种打破规则的行为；总在别国领土上发动战争，又有哪一次是守规则、守制度的！而让“人性的阴暗”发挥的，恰恰就是那些有权制定法则、制定制度的人或组织。人性是经不起诱惑的，因为当人的内心脆弱不堪时，人性背叛是自然的事了。

所以需要诚意正心、需要修心炼心，也需要修身齐家。当人心修炼到强大无比时，还有什么诱惑能让人背叛。战争年代一大批坚贞不屈、视死如归的共产党员充分证明了这一点，要不然何来“带镣长街行，志气愈轩昂，拼作阶下囚，工农齐解放”“砍头不要紧，只要主义真。杀了夏明翰，还有后来人”这样的慷慨激昂，又何来“为革命，砍头只当风吹帽；为了党，洒尽鲜血心欢畅”这样的雄心壮志。“人性是经不起诱惑”“利诱大到一定程度，人性阴暗的一面就会被诱发”恰恰是为背叛者的意志软弱、利欲熏心背书的。管理，不可能让人性变得强大，却可以让人心变得强大——这就是心和管理最重要的价值体现。

（三）人心向道言行守德管理

人性，是人的本质属性，有天性与习性之分。天性是天然的，属于无条件反射，如趋利避害是人性；习性是后天习俗养成的，如走捷径习性。人性管理并不改变人的天性，管理治标不治本。所以，孔子说：“性相近也，习相远也”（《论语·阳货》）。人的天性禀赋差不多，后天习练而成的习俗、习性却会天差地别，因为后天所处的环境和所受的教育不同。作为管理，人的成长环境与所受教育也不能重来，简单提人性管理，也很难改变人的习性。故中国管理提出心和管理，建立人心与协和合一的心和管理学。

古代教育非常强调炼心、修心，现代教育专门有政治教育、品德教育、正气教育，也是修心范畴。心到，才能行为到；心到，才能超越人性。《世说新语》中讲了一个故事“周处年少时，凶强侠气，为乡里所患。又义兴水中有蛟，山中有邅迹虎，并皆暴犯百姓，义兴人谓为三横，而处尤剧。或说处杀虎斩蛟，实冀三横唯余其一。处即刺杀虎，又入水击蛟，蛟或浮或没，行数十里，处与之俱。经三日三夜，乡里皆谓已死，更相庆，竟杀蛟而出。闻里人相庆，始知为人情所患，有自改意。乃自吴寻二陆，平原不在，正见清河，具以情告，并云：‘欲自修改，而年已蹉跎，终无所成。’清河曰：‘古人贵朝闻夕死，况君前途尚可。且人患志之不立，亦何忧令名不彰邪?’处遂改励，终为忠臣孝子”（刘义庆等，《世说新语·自新》）。原本横行乡里的周处，被百姓列入害人最凶的“三横”。等他杀虎杀蛟后，人们以为周处也一起死了，大家开心庆贺。斩蛟龙而出的周处听到，才明白自己成了乡邻痛恨的祸害，萌生改过之意。于是求教于“二陆”（西晋名士陆机和陆云），“平原（陆机）不在，正见清河（陆云）”。陆云得知周处想改却担心自己不再少年后，就用“朝闻道，夕死可矣”的道理教导他。周处受教，“终为忠臣孝子”。这个故事的道理很明显，规则约束不了无视规则者，只有心修，才是正道。人性管理只能给予人性关怀，无法让人心明理、境界升华。所以，心和管理是正道。

心和管理的“管理”，是中国特色的管理、中国文化的管理、中国哲学思想的管理，具有鲜明的中国风。其内涵：一是“管”，管人言行不出轨；二是“理”，理顺思想得人心；三是“管”好“理”这点儿事；四是“理”清“管”这点儿事。结合先贤哲人告诉我们的易理哲学，中国管理的“管”，是管制、管辖、管教，带有强制性约束规范，是可以用职务赋予的权力和法规制度实现，体现的是“管”的水平，概括起来，“管”的是人的言行守德；中国管理的“理”，是梳理、清理、整理，带有疏导性引领治理，是需要管理者自身的人格魅力和管理艺术来实现，体现的是“理”的韬略，概括起来，“理”的是人的心中之道。这就是说，中国管理，是管“德”理“道”，通过管理，使组织成员有道德，心往一处想、劲往一处使，人心齐、泰山移，大家共同努力，有效率地实现组织的目标。这就要看管理者怎么样才能做到管住了德、理清了道，让大家心齐、心顺、有心气儿。人心没到，计划是纸上谈兵，组织是手捏散沙，指挥是颐指气使，协调是互相吵架，控制是自说自话……所以，中国管理哲学，是管理道德的哲学，是管理人心向“道”、言行守“德”的哲学。

人心，变动性强，很难直接去管，但适合“理”。只有形成特定的人文环境，通过梳理思想疏通人心，让大家心里透亮而达到自觉自愿。这就是“理”，也称为“人文化成”。

二、中国企业践行变易哲学

（一）改革开放践行变易哲学

中国管理哲学是用哲学思想管人理心、达到彼此认同和谐，是管好人的德性行为、理出彼此的道心协和。落实在企业管理，需用周易变易哲学思想作适当的变通、合理的调整。中国改革开放，是红色管理之第三块重要内容（第一是红色革命，第二是红色建设）。“开始”标志着一切都在摸索中；“改革”要改掉旧习、革去阻碍，所以国内政策松绑，让人民群众休养生息；“开放”，则是打开国门引进外商外资外国管理，让企业发展。进而理顺经济发展的脉络与通道，活跃经济发展的思想与实践。

实施改革开放后不久，外商独资、中外合资、外资机构、国有企业、股份企业、私营企业、小微企业等各种企业形式交互出现。海外带来的新管理观念、管理方法，企业自己摸索的管理和从当时国有企业带出来的管理，都进入改革开放后诞生的企业中来，各种管理理论、管理体系互相交错，到底哪是最佳的，哪是合适的无法明确。当时有句流行语：“不是我不明白，实在是世界变化太快。”没有经历过那个时代，很难体会到大变革带来的日新月异。“各种观念、思潮、舶来品、奇形怪状的‘新生事物’让人眼花缭乱、应接不暇。练摊人登堂入室了，小生意人腰缠万贯了；政策一会儿收、一会儿放让大家摸不着头脑；富起来的人欣喜中担忧，还在穷的人羡慕嫉妒发狠，各路官场人士迷茫中翘首待盼上头文件。”① 这种情况下，各方企业在管理上只能是八仙过海，各显神通，有海外背景的采用西方管理，引进管理思想的就融合西方管理，与海外不搭边的则自己摸索，还有国企式的不一而足。这是因为“管理现实中，许多民营企业已采用国学的管理观念和思想，而中国一直没有中国管理理论，没有中国管理体系。这就出现管理指导与管理实践‘两张皮’现象。实现中国梦，必须

① 徐井岗：《中国民营企业改革与发展实践》，辽宁教育出版社 2016 年版，第 87 页。

创立中国管理，用中国管理指导中国民营企业的继续发展。”① 各种管理形式的企业交互出现，没有一个统一的让各方共同认可的体系；企业界有本事的各显神通，有背景的比拼靠山；本事不强靠山不硬的，就退出江湖，江湖不相信眼泪。那个年代是典型“三三制”现象，三分之一企业活着，三分之一企业挣扎着，三分之一企业死了。

再强的西方经济理论、管理理论也解释不了这种现象，改变不了这种现实。因为这是摸索中的现实、探索时的起落。只有根植在中国人血液里的文化才能发挥出了巨大作用。没有先例、没有模板下要改变落后贫穷现实，让国家强盛起来、让人民富裕起来，必须有所改变，所谓变则通思维，这才有让黎民百姓发挥聪明才智去探索改革的举措，也才有选定区域引进外资、引进项目、引进管理的对外开放。在政策允许或时代洪流下，大胆探索，而不是一点变动就如临大敌，社会主义也需要探索，探索不改变社会主义颜色。易理从“简易”即个体的变开始，从中找到正确之路，以点带面，推出新政策、新举措让整个社会发生“变易”；改革开放最初出现的民间原始的“企业”即“作坊式”“小摊式”的个体工商户。别小看这不入流的个体户，中国几千年来的工商业都是从这样的个体户开始的，个体户是中国改革开放史上必须重彩浓墨描述的，后来的许许多多企业家都经历过个体户阶段，个体户户数是全国可以独立进入市场的市场主体中数量最多、整体体量最大的“企业”形式，说它是中国企业的摇篮也不为过，说它推进了中国民众走向富裕的桥梁也不为过。

（二）红色管理践行变易哲学

从管理上看，个体户的管理其实是家庭管理的翻版，可称“家长制”，也可称“直线制”。与个体户同时成长的，还有很多企业形式：那时的国有企业有央企、省企、县企等不同类型的国企；集体所有制企业也有省级、地级、县级、乡镇级甚至村级集体企业；承包制出现后，又有承包企业、转包企业，同时挂靠国企、事业单位、集体单位的“红帽子企业”。私营企业出现，开放进了海外独资企业、中外合资企业、中外合作企业，然后民营企业概念出现，有了私人民营、国有民营、集体民营、事业民营，甚至一度出现过机关民营（机关单位开办，民营模式经营，后政策要求一次性全部停办）。企业形式已经不是简单的多样化问题，而是各种性质企业交杂，享受着各不相同的企业政策。待遇最高的自然是“三资企业”，达到“超国民待遇”，最低的当然是底层百姓的私人企业、个体户。

---

① 徐井岗：《中国民营企业改革与发展实践》，辽宁教育出版社2016年版，第236页。

红色中国史，1949～1978 年，是中华人民共和国成立后的第一个 30 年，这是政治稳固、政权稳定、经济打基础的 30 年，也是消灭私有制建立国有企业体系的 30 年；这是打破了一个旧世界，建立起一个新世界的时期，新世界的秩序、走向“计划经济”的“红色建设”，30 年不变(不易)；1979～2008 年是中国改革开放经济腾飞的 30 年，也是中国私营、民营企业成为中国经济重要组成部分的 30 年，最重要的是从简易走向变易的 30 年，是“红色经济”的 30 年。在大变革的巨大变动中，出现企业性质繁多、企业类型混同、企业形式多样化的社会现实，几乎没有一种管理理论可以统领这些各不相同的企业，大家对层出不穷出现、让人眼花缭乱的管理思想、管理理论或是各取所需，或是各顾各的，一些企业稀里糊涂地倒在选择不慎中，成为那个时代企业管理必须付出的“学费”。

但不可否认，一些企业在变动不息、四面混战状态中，深谙不易中存在着变易，变易中一定有不易的哲学原理，审时度势、小心应对，虽步步艰辛，却依然脱颖而出。这些企业从来都不是照搬引进的理论进行管理的，而是在实践中自我摸索，以国学管理文化为内核，以谐和思想为企业文化，逐渐探索出自己的管理模式，总结出自己的管理思想。当然有吸收引进的理论养分，但内核和主体，是企业自身的，是中国特色的。

2009 年，“第三个 30 年开始了，应该是中国企业脱胎换骨的 30 年，是企业助推中国走向世界强国的 30 年。”① 这应该是中华民族伟大复兴的“红色强国”新时代，传承不变（不易）的国学管理文化内核起到了重要作用，企业界探索中寻找到符合中国国情、融合中国传统文化、体现东方风格的管理思想，并且运用阴阳五行八卦原理，研读《论语》《尚书》《大学》《中庸》等经书和《老子》《庄子》《管子》《墨子》等诸子思想，管理着企业。

这个时候开始，管理学理论界、教育界正在努力着本土化的探索，如人力资源本土化研究、企业文化融入本土化的研究、西方品牌理论本土化实践分析、某某模式本土化探索与实践等，而且用日韩企业将西方理论本土化的案例为引导。只是归根结蒂，这类“本土化”的实质是将西方理论应用于中国本土，即将洋学问本土化，而非创建本土管理理论。在企业实践中，其实无法套用这样的理论作指导，而是文化基因发挥了作用，从中国先贤先圣的著述中均找到合适的理论、方法应用于企业管理。

---

① 徐井岗：《中国企业管理史论——物本、人本、心本管理的演变与中国管理理论的建立》，中国财政经济出版社 2017 年版，第 194 页。

（三）国学管理践行变易哲学

中国传统教育，都是把悟道明德放在极为重要的位置，每一个内容的安排，看上去只是一些常识，实际上却包含着极为丰富的国学管理内涵、中华文明成果。现在很多企业致力学习原中国古代的幼儿启蒙、少儿学习的资料，因为其中有知识、有悟道有明德。

从“三百千”的古代幼儿三大启蒙读物来说，《三字经》表达了一些做人行事的基本道理，内容上包括中国传统的文学、历史、哲学、天文地理、民间传说等，思想上包括仁、义、诚、敬、人伦、义理、忠孝、节义等，形式上短小精悍、朗朗上口，弘扬了汉语三字词（或词组）的表述方式，自古就有“熟读三字经，可知千古事”美誉。《百家姓》看上去只是几百个姓氏（原收集姓氏 411 个，后增补到 504 个，其中单姓 444 个，复姓 60 个）的收集，事实上是中华民族的繁衍发展的缩影，里面包含人类从母系氏族社会到父系氏族社会的变迁与发展。如炎黄时期的姓氏，保留了母系氏族制度特征（女字旁或部首）：黄帝住姬水之滨，以姬为姓；炎帝居姜水之旁，以姜为姓；皇天以大禹治水有功，赐姓为姒。黄帝 25 子得姓者 14 人，祝融之后有“祝融八姓”等等。到父系社会，姓的基础上增加了氏（氏是姓的分支，出现了家族形态）。于是姓衍生姓、姓分支氏，夏商时主要王室和霸主姓氏，商代有条氏、徐氏、萧氏等十三个姓。周朝，中国姓氏获得了大发展、中华民族形成了一个大家族（据考证，一个“姚”姓就衍生、分支出 60 多个姓氏，王、陈、吴、孙、田、车、陆等都是）。可见背诵《百家姓》，其实就是在了解中华民族的历史，掌握龙的传人、炎黄子孙之说的缘由，树立中国自信。《千字文》从开天辟地到四时变化、从奇珍异宝到生活用品、从人类历史到时代变迁、从人文修养到处世原则、从统治管理到文治武功、从心境恬淡到田园生活无所不包，按现今学科说，短短千字涵盖了天文、地理、自然、社会、历史等多方面的知识（《三字经》创作深受《千字文》的影响，形式上从四言体例改为三字形式）。蕴含极丰的国学文化作品、哲学思想作品，融在幼儿启蒙教材里，古今中外，无出其右。

如今“三百千”的幼儿启蒙读物，成为企业管理的重要教材、管理实践的重要母本，不能不引起深思：我们自己有一段时间放弃了这些最美最好的教育内容（其中糟粕可以根据时代特点进行修正，或批判性学习），导致企业管理，需要从古代启蒙教材中开始学起——没有这样的启蒙，学国学、树立文化自信，也很难真正做到。

现在许多企业学习国学管理还有《弟子规》《了凡四训》《朱子家训》

《增广贤文》等少儿读本。以《弟子规》为例，这部以儒家学说为核心的书，出现在清朝康熙年间，至少说明清朝对汉学的重视；而当今职场人在家、出外、待人、接物与学习，也需要恪守弟子规规范。管理，必须启蒙养正，培养良好习惯，育成诚敬态度，使企业员工远邪小、走正道。而《了凡四训》融会禅学与理学，道出人应该有“立命之学、改过之法、积善之方、谦德之效”四训，仍以劝人积善改过、提倡记功过格为主旨，强调从治心入手加强自我修养。《朱子家训》是中国家道传承、家教传承的代表作，以“修身”“齐家”为宗旨，将儒家做人处世方法集其大成，劝人勤俭持家、安分守己；形式上名言警句式，可口头传训，可写成对联条幅悬挂家中，成为中国几千年道德教育内涵的浓缩，是中国治家育子最佳的座右铭。

这些只是蒙童、少儿教育中的部分内容（这里需要说明，古代启蒙教育，是在五六岁就开始的，早的在虚龄三岁时就进行了），就可以成为现代企业管理的经典，并在实践中卓有成效。国学管理文化底蕴厚重；中华文明，成果斐然。回到易理之说，如果说六爻为一个阶段，前一次变动谓之“简易”，那么下一阶段是在前一阶段基础更上一层，“变易”中事物发展前进着，完成这一阶段后基本上有一个时段的“不易”；然后又开始新的“简易”，如此往复而事物发展着、社会进步着。从管理角度说，当真正有生命力的，属于中国的管理哲学、管理文化、管理体系挖掘、整理、创新出来后，会在一定时期内固化为中国管理方式，这也是一种相对意义的“不易”。一个轮回后，九九归一，从新起点再次简易、变易、不易的新循环，中国企业管理走向更高更强。

值得欣喜的是，管理实践从国学中找到了新路，为红色管理充实了新内容。

三、回归中华易理的新思维

（一）改开浪潮中明管理思维

中国古代的许多理论、思想，在近现代或被批判，或被“扫进历史的垃圾堆”；而近现代国内没有建立市场化经济理论，改革开放时也就缺少市场经济和管理理论。就当时情况而言，引进理论是最便捷的，只是鉴于当时的国际国内形势，没有细细研究、深入揣摩后中国化，就在国门开放中涌进来，理论界来不及对西方思想、文化，以及观念、理论等作适应性筛选便囫囵吞枣、全盘吸纳了。这是一个令人欣喜万分的时代，欣喜于眼花缭乱的“新东西”接踵而来；目不暇接中会产生一种依赖、一种“外来的和尚会念经”“外国的月亮比中国圆”的心态。社会出现“洋”为优、“土”为劣的思想趋势，形成漂洋过海而来的东西是好的，本土特色的东西比不上的思维认定，不要说物件儿，就是人也如此，土硕士及不上洋硕士、土博士比不过洋博士，没有出国留学、访学的，都差不多算不上人才……

所有新鲜的事物，人们都会有一个“心理仰望期”；而人的内心又都有一个“心理快感期”，两者一结合，加上某些势力的有意引导或推波助澜或直接呼喊，洋流成主流、洋风变香风，出现了学术、理论界的一些现象：凡是洋的人与事物就是代表先进的，凡是洋化的人与行为就是杰出人才、优秀做法。如此企业实践领域不可避免地被牵引着、推动着，用西方的经济理论指导着经济行为、用西方的管理理论指导着企业运行、用西方的营销理论指导着市场行为……短时间内确实起到了一些作用，一些观念、理论概念也深入人心，“集体”不再喊“集体”，而叫“团队”，所以重点不再是集体主义思想培育，而是小“团队”建设；“减少”“下降”也不再“减少”“下降”，而是“负增长”，于是都“增长”着；“平衡”不再“平衡”，须“均衡”；“销售”不再“销售”，须“营销”；“人才”也不再是“人才”，是“人力资源”；“成绩”不再是“成绩”，须是“绩效”……名词的更改、概念的更换，成了“创新”的代名词，西方留学或访学经历成“国际化视野”标配。

然而，一方水土养育一方人，一方人形成一方文化，自然形成这一方独有的人文环境、人文精神。时间一长，西化导致不兼容的一些问题就显现出来，只是在“利益”驱动、“绩效”遮掩下，人们看不到，或不想看到，或装作没有看到。改革开放30年前后，总结取得巨大成效同时有了一些反思，对管理无法达到预期的现象及形成原因有了新理解，且慢慢体味出，那些层出不穷的“舶来”理论，可以参考、学习，却无法照搬在企业管理实践之中，强行应用，新奇感一过、新鲜味散后，就会出现不适应，严重的会有巨大损失（当时用“缴学费”掩盖了）。一些在“全盘西化”中倒塌的公司连反思的资格都没有，更不用说批判、声讨了。在活下来的企业中，有“外资”背景的组织结构西化了、工作方式西化了，甚至连思维方式西化了，所说语言中不时嘣出一两个外语词汇；但那些本土大企业则一定有这样的特色：在西化潮流中学习过西式经济模式、管理模式、营销模式，并在进步、发展过程中蹚过一次次危机、一个个困境、一道道难坎，悄然发觉度危、脱困、克难的，都不是西方理论的应用，而是在一线指挥、一线拼搏的企业内部上下自行摸索中，凭借自身的积累、敏锐的感知力和行动力达成的。

（二）本土实践回归管理文化

本土企业的一线指挥员、一线拼搏者的所有积累，源自中华民族的文明沉淀、国学的基因传承，源自国内职场的磨炼、本土市场的摸索。而且，这个过程中，必然受本国、本民族的文化背景、思想背景影响，把中国传统中的一些有生命力的优秀东西，从心灵深处召唤出来，从本能深处激发出来，老传统与新思维结合，形成适合企业自身发展的经济方式、管理模式、企业文化，并最终构成中国本土的、企业特色的理论体系。

很显然，本土背景的中国企业家和管理者，以中国元素的管理为根基，吸收外来管理文化中一切有价值的部分，在企业管理中实践着自己的观念，书写着中国元素的管理理论，形成独具中国风格的管理模式，它们中有"'傻子管理''华西管理''万向管理''娃哈哈管理''联想管理''华为管理''阿里管理''海尔管理''横店管理'等以及'特区管理''开发区管理''温州管理''义乌管理''苏南管理''无锡管理'等管理模式。"① 他们在中国化管理方面作出了重要特色，尤其在心和管理思想的具体实践方面颇有建树。

这就是中国企业自力更生、艰苦奋斗，古为今用、洋为中用过程中发展起来的红色管理新思想、新思维、新观念、新模式，是创建中国式管理新理论的实践先驱。

中国管理新思维，自然是在中国人文环境下的新思维，这就涉及了人心管理问题。"管理的对象最终都指向人，人是由心引导着自己的言与行的，所以一切组织管理的重点难点最终都是指向'人心'"②，可是，人心可以管理吗？人心能管住吗？"人心管理不是要管住人心，而是要理顺人心……人心管理的目标达成了，和谐社会则不远矣。"③ 显然，人心管理的重点在于"理"，"管"是"理"的基础。"一般情况下中国人只有在情义感动、恩德施授等情况达到了心理认同时，才会产生忠诚的思想和行为，所谓'士为知己者死'，'滴水之恩，涌泉相报'；只有在心灵觉察和体悟到某种思想、文化、观念的时候，才会对具有这种思想文化象征意义的物像产生崇敬和心服感，即所谓的觉悟。"④ 这种觉悟，才是引导人自我管理所要实现的目标，也是组织管理所要实现的目标。没有管理者和被

---

① 徐井岗：《中国企业管理史论——物本、人本、心本管理的演变与中国管理理论的建立》，中国财政经济出版社 2017 年版，第 5 页。

② 徐井岗：《人心管理：生产力之新崛起》，中国教育文化出版社 2006 年版，第 2 页。

③ 徐井岗：《人心管理：生产力之新崛起》，中国教育文化出版社 2006 年版，第 20 页。

④ 徐井岗：《人心管理：生产力之新崛起》，中国教育文化出版社 2006 年版，第 240 页。

管理者自身的觉悟，什么样的管理理论、管理体系都是空的。

回归中国管理，不是复古，而是延续与发展中华优良传统、中国优秀文化，并在此基础上，结合现实、借鉴学科创建思路，形成具有浓郁中国特色管理学学科及其相应体系。这是现代中国管理人应该做的，也是管理学科研究者应该努力的。

人心梳理，谋求通畅，是人心管理所要达到的重要一方面，但不够全面，所以才有心和管理概念的提出。因为通过管理要实现人心的和谐，最重要的是与己各关联方双向共同的和谐，这就是人心双和，而双和所要涉及的内容就广泛了。中国管理有概念自然也不够，建立一套理论体系，需要一个系统。撇开数千年文化传承过程的变化，国学有一套相当完善的理论系统——周易理论中的系统，其中的五行系统是借用自然界原始的五种自然物象的相生相克原理组成的系统，八卦系统则采取自然世界中互为关联的八个自然现象组成的全息系统，基于周易原理，结合中国人文特点，心和管理体系便具有了科学性。

（三）易理思想融合心和管理

天地人三才和，木金水火土五行和，天地四方六方和，周易八卦皆相和。《周易·说卦传》曰："天地定位，山泽通气，雷风相薄，水火不相射，八卦相错。数往者顺，知来者逆，是故《易》逆数也。"八卦对错相和，来往顺逆相和。伏羲的先天八卦，就是讲了一个"和"，其智慧的伟大之处，也就在"和"，如图4－1所示。

图4－1　八卦交错对应图

所谓"天地定位"，乾为天，坤为地，天在上，地在下，虽相隔遥远，却心意相通，遥相感应。恰如"三阳开泰"的地天泰卦一样："天地交而万物通也，上下交而其志同也"（《周易·彖传上·泰》），由于天地阴阳二气上下交感，于是天地之间便有了芸芸众生，天地和，三才和。

所谓“山泽通气”，兑为泽，艮为山，山怀抱着水，水环绕着山，山水依依，情意绵绵；虽一刚一柔，一高一低，一静一动，却也唯其如此，才构成了世间最和谐的山水画卷。

所谓“雷风相薄”，震为雷，巽为风，雷借风势，风传雷声，恰如杜甫在诗《大雨》中所说的“风雷飒万里，霈泽施蓬蒿”，一场风雨过后，万物草木得到了雨露的滋润，污泥浊物被冲刷洁净，世间万象更新。更有人“坐听风雷起空谷，卧看四面野云生”（宋·席羲叟，《风雷大作》），就连心中久久不散的阴霾也得以荡涤清爽，坐看云起云落，心中波澜不兴，这便是达到了心和的境界——人生的一种高境界，修炼者、修行者追求的境界。

所谓“水火不相射”，坎为水，离为火，水火虽不相射，但却兼容。世人都说水火不容，然而有一个极为风雅的汉字却明明白白地写出了水火交融的境界——淡。天地氤氲，水火交融，荣辱与共，祸福相依。多少人世间拼命追逐，到头来也只剩得一颗宁静淡泊的心灵。

因此“八卦相错”，“相错”，就是相反相合。“数往者顺”，往者为去往，由近及远，由一而至无穷，由一念而入无限美好，一如“春种一粒粟，秋收万颗子”（唐·李绅，《悯农》）。

“是故《易》逆数也”。“数”为往，“逆”为归，有去有来，有始有终，花开花谢，日升日沉，这是世间亘古不变的规律，是天地万物得以循环往复、和谐共处的根本法则；也是伏羲八卦的宗旨，是周易的灵魂——和。“一阴一阳之谓道，阴阳互根而能‘和’”，整部《周易》就是用大千世界万事万物“变动不居，周流六虚”（《周易·系辞专上》）的“永远在变而又永远不变”的规律，来阐释并演绎着人世之中、天地之内，乃至宇宙之间的和谐之美——现实如四季的更替，虚幻如六道的轮回。“万物各得其和以生，各得其养以成。”国与国和，家与家和，人与人和，心与心和。国不和无以兴，家不和无以宁，人不和无以安，心不和无以静。

中华易理告诉我们，唯有和谐的心灵，才有和美的人生；唯有人心的管理，才有和赢的组织；唯有和煦的社会，才有和平的世界。

第二节　心和管理精神哲学

管理领域的中西方比较，包括中西方高校关于管理学领域的合作项目中的西式管理与中式管理比较，基本不从哲学深层次探索，更不从人心视角探索，反而体现出两个特点：一是立足西方，拿“你”跟“我”比，还没比较便有了主次、高下，居高临下式的分析难以客观真实；二是不在同一平台，而是类似用大汉的腿劲与幼儿的手劲比，得出“你”的力量不如“我”的结论——都是身体力量的对比，似是而非下加上“学术”掩饰，失了公允，也极具欺骗性。甚至有用诸葛亮与苏格拉底作比较，得出中国是小聪明搞阴谋、西方是大智慧出哲学的结论，全然不顾这两个人既不同时代、更非同领域的事实。有一种重外在表现和管理现时影响的比较就如此，比较维度确定在个人发展、冒险精神、合作创建文化、管理变革的方式、反馈与同伴督导、鼓励与授权员工等，完全立足西方个性化而非中国集体性、拿海洋民族特性而非大陆民族特性来比较，比较结果在于“努力”凸显出中国人劣根性。

农耕文明并不否定商业运营，但在中国进行商业运作，不以丛林法则或海盗法则为本，而须商界有道、商人有德，遵循修心双和的中国管理哲学，既要有商业精神之道——仁义礼智信，也要有商人君子之道——温良恭俭让，还要有商业经营之道——恭宽信敏惠。

一、心和管理哲学之脊梁精神

（一）赤血丹心中华民族有脊梁

国家精神、民族精神、脊梁精神，深藏在一个国家、一个民族、一个时代之中，平时或许不显山不露水，一旦有必要、有需要，便展现出巨大的无与伦比的伟大力量。东方中国便是如此，往往在中华民族面临危难时、在国家和人民需要时，贯穿于中华民族数千年历史、积蕴于近现代中华民族复兴历程，特别是在中国的快速崛起中迸发出来的具有极强民族集聚、动员与感召效应的中国精神，便会展现出来，发挥出巨大的能量及作用。

商业亦如此，在中国，商人可以在市场上逐利也可以在合法合理范围内商战无情，只是逐利也好商战也罢，都有个度、有个底线，这个度、这条底线就是中华之道，当与社会进步、民族大义、国家兴亡有关联时，商业之逐利、之商战就需要让位，东方华夏的民族精神、中国天下为公的大道就会显现。几千年来，正是这种精神、这种风骨、这种大义挽狂澜于既倒，让中国五千年生生不息。无论战火如何蔓延，无论异族如何入侵，中华之魂不变，中华之根不变，中华之源不变；无论朝代如何更替，无论国运如何变化，中华之道不变，中华之德不变，中华之和不变。只要中国人还在，中华风骨就还在，中华精神就还在，中华人心就还在；只要华夏文化还在，中华魂魄就在，中华骨髓就在，中华血脉就在——因为中华国学、中国精神，永远不灭！这就是中国心和管理哲学之本：华夏精神，中国脊梁！

中华有祖训：仁义礼智信，忠孝廉耻勇。中国商人，遵循商业规则，在商海长袖广舞，不否认良莠不齐中有败类，社会变革时有迷失。但商人群体的总体仍然拥有中国精神，沧海桑田中仍显中国脊梁本色。这是因为，只要是中国人，骨髓里就镌刻着中国精神的基因：仁爱、忠义、礼和、睿智、诚信；仁者无敌、义者无私、礼者仁义，智者无恶、信者无诈、商人无算；同时，商人亦有忠心、孝悌、廉洁、羞耻、勇敢。而这一些，才是真正区别于西方商业只为逐利、不问道义的核心点、关键处。故中国自古就有“儒商”“义商”之说。

儒商，“儒”与“商”的结合体，既有儒者的道德和才智，又有商人的财富与成功，为儒者之楷模、商界之精英。义商，“义”与“商”的结合体，既有中国人的民族大义与社会公义，也有商者的聪明智慧和格局大气，以义生利，实现义利和。所以，真正的中国商人，必然是注重个人修养，以义得利诚信经营；必然是既有文化素质又有真情诚意注重合作；必然是既有强烈的商业责任感又有深厚的社会责任感、时代责任感。

所以，心中无道，规则无用；人心不和，无以守法。中华民族赤血丹心、脊梁坚挺，绵延五千年，中国精神仍然发挥出耀眼的光芒。

（二）百业俱兴中华国学有精神

中国古代把社会行业分为士农工学商五业，这五业原本只是“排名不分先后”，但“重农轻商”社会背景下生生将其排出先后来。但不管排不排名、怎样排名，国学文化下的商人是讲骨气的、是追求“有道”的，商人有浓郁的社会责任感，其他各业理论上应该更有。如果没有，那不是商道的问题，是人心的问题、统治者的问题、管理不当的问题。

西方管理是在现代企业出现后专门论企业责任的，而中国商道却是自古而然。这也是中国管理要建立以中华国学为基因、中国哲学为根基的心和管理学的原因所在。如若不然，将是一种无道竞争，而非有道竞技。引入以西方文化基因传承的商业规则，在心和文化下的中国，其理论不对应、其观念不合宜、其引导不适应——无道竞争不可避免。

事实上，中华古国不止五业，如同百家争鸣一样也不止百业，“百业”之“百”只为显示“业”之量多。以医药行业为例，古今对联比较中可窥见中华国学的精神：“妙手仁心书大爱，悬壶济世铸医魂”“仁心济世杏林茂，和气致祥橘井香”“惟贤惟德医者愿，亦院亦家此间长”“向世精诚怀悯恤，为医致力在仁和”……读这样的对联，只觉一腔家国豪气升，一片医者仁心起。医者仁心，医者德性，回肠荡气。这是古代医疗业的儒商丰采、义商品行。

再看药房对联：“妙手回春广施良药，童叟无欺普济众生”“天地无常时逢寒凉，人间有情春回送暖”“炮制虽繁必不敢省人工，品味虽贵决不得减物力”“杏仁桃仁柏子仁仁中求德，朱砂神砂夜明砂砂里掏金”……这是中国药业原本有的医药圣心、药者天下。

中国杏林自古要求医药者要有高尚的品德修养，世称“药王”“药圣”的隋唐医药大家孙思邈，在中医经典之《千金要方》（又称《备急千金要方》或《千金方》）开篇诸论中写了一篇《大医精诚》①，可称其为中医医道医德之宣言：精者，技艺精湛是也；诚者，优秀医德是也。不仅要求医者、药者“先发大慈恻隐之心，誓愿普救含灵之苦”，不论什么人皆“普同一等，皆如至亲之想”“见彼苦恼，若己有之”。一直以来，中国医药业，皆有商人风骨、医者风范、药者风貌，坚守着济世精神，所谓“修合无人见，存心有天知”。古代中国杏林中人不为自己扬名立万，只为世人幸福安康，正所谓杏林春暖。

今天，医药产业化，医务商业化。西方的营销管理、绩效管理进入中国医药领域，“医药代表”的疯狂之举，“无良医生”的失德之行，邪恶到令人发指的地步。不妨对比一下古今药店的文化氛围就可一见其痛。传统药店高悬：“但愿世间人无病，宁可架上药生尘”之对联；横批：“天下平安”，而今药店内外到处是：“今日药房促销特惠，购满百元赠米送蛋”；还有“买十赠五，多买多赠，购药满128元，送鸡蛋10个……”虽说仁者见仁、智者见智，但不可否认的是，在把西方商业文化搬进来的同时，却没有植入中国自己的“道”之魂、中国自己的精神内核和中国自己的经营管理观念与方法，才会导致上述现象的出现。更让人揪心的是，对于此类情况，人们渐渐司空见惯、习以为常了——潜移默化的影响，危害何其大。外国文化可以参考、学习，却需要有所选择、须中国化，是本土的补充，而非主流。而国学的内核，最重要的是汉语母语精神、中华民族精神，这是挺起中国腰杆的脊梁。

中国医药行业，要回归中国脊梁；中国百业俱兴，皆回归中国脊梁。

（三）天道地道人道铸造商道

商道，这个名词是国学独有的，外文很难准确清楚翻译。字面理解是

---

① 孙思邈：《千金要方·诸论·论大医精诚》，古诗文网《千金要方》篇。

商业运行的道路，从文化上理解，商业道德或企业文化也不能包含其全部意义，这就如同茶道不单单是喝茶的方法、剑道不单单是用剑的套路一样。中国商道，是中国文化的商业运营大道，其中包含着中华大道，最核心的是体现出中华民族的灵魂，体现出中国人民的归属，以及国家立场、人文化成的一种内心坚守、一种公理追求、一种文明闪耀。

具体在商业领域、商业活动中的商道，循天道、遵地道、守人道。天道阴阳，阴阳需协调相和，故商业往来不是霸道、更不是劫掠，而是双向协和、彼此共赢；地道柔刚，柔刚须同生共济，故商业运行不是守成、更非一味拼杀，而是当柔则柔、需刚则刚；人道仁义，仁义讲仁爱正义，故商业互动不是吃独食、更不是男盗女娼，而是宽仁慈爱、公正有信——这才是真正的中国商道。天道阴阳、地道柔刚最终落实在人道仁义之中，故也有这样的说法：商道即人道。西语产生不出与“商道”同义的词，自然没有商道之观念。

商战，是商业领域的商业活动，同样需要布局谋划，需要“开疆辟土”“攻城略地”，要在市场上与同行同业摆出“车马炮”，所以经商是“战”，但又不同于战场厮杀、刀刀见红、尸横遍野，而是在合法前提下商业范畴内的计谋运行与“商力”运用。这其中，商道是杠杆。从这点上说，商道，是中国商人的脊梁，是商人精神的核心。中华商道中有社会公德、职业道德、家庭美德，有企业文化、社会责任、人间公理，有道心明悟、底线守持、境界升华。如此商人之道才是正道，方能走得顺、走得远。中国商人坚信：君子爱财，取之有道；取之无道，必生祸殃。在现代竞争理论下，往往把规则与道德放在一起，西化的观点是规则第一，规则定了，道德就约束了，进而言之，认为规则可以培育道德。这应该是一种自欺欺人，因为规则只能约束愿意遵守规则的人，而这“愿意”便是心理活动，便是这里所说的人心。人心不到，规则只能是权贵破坏规则、奴役平民的一种工具。法律、制度、规章，十分必要，但有个前提，制定法律、制度、规章的人首先愿意遵守或执行法律、制度、规章；执法之人之执法做到人人平等，才能真正实现法律面前人人平等。

中国各行各业，自古极重视修身养性，此乃经商之本、管理之本；所修的便是中华商道。无论外来的商业法则怎样、无论竞争的本意如何，中国人的商道在告诉世界：

淌入中国商人血液的是中国文化，不因为强词夺理而更换了遗传基因，内核不变。

刻入中国商人骨髓的是中华传统，不因为喜欢与否而变动了造血组织，细胞不变。

融入中国商人心灵的是中国管理，不因为职场不同而更易了人文内涵，思维不变。

强中国梦，要有适合中国国情和人文精神的管理学。中国的发展、中国的强盛，依靠的是“中国能”——中国人自己的能量、中国人自己的智慧、中国人自己的文化、中国人自己研究出来的学问——中国国家之能、中国人民之能。“中国能”，不仅仅是中国能量，五千年文明厚积薄发的巨大能量，改革开放30年展示出来的伟大能量，还包括面临一切艰难险阻，针对一切存在问题敢于拼搏、勇于承担、乐于奉献、长于解决的国家自信、民族自信、文化自信——中国能，中国一定能。这也是中国红色管理的内涵所决定的。

有一首歌，叫《中国脊梁》。在那铿锵有力的唱腔和大气磅礴的歌词中，能够让我们感受到中国人钢铁脊梁，永不会折永不弯；正气浩然冲天地，中华民族万年长：

“中国人有脊梁/中国人有脊梁/我看到文天祥，在过零丁洋/我看到楚霸王，不肯再过江/我看到那张骞，独守大漠十一载/我看到左宗棠，抬棺纵马收复新疆/我看到南昌城，枪声密集/我看到邱少云，火烧在战场/我看到鲁迅说，救救孩子吧/我还看到马本斋，为了抗日顾不了亲娘/中国人有脊梁，千年万年把正气唱/从不惧烽火连天遮星月/也不会忍气吞声泪两行/中国人有脊梁，一腔热血越烧越旺/誓要让正气浩然冲天地/也要把/人间安定/来承当……纵然背起千座山，永不会折永不会弯/中华民族万年长，永不会折永不会弯/钢铁脊梁/中国人有脊梁”。

心和管理哲学之根本，是中国脊梁精神；脊梁精神，在红色管理中特别出彩。

二、心和管理哲学之和局智慧

（一）中庸之和中有中华血性

流淌在中国人血液里的中华文明元素很多，但一些不懂国学的人注意不到，中国人喜欢“和”，并非怯战，只是一种文化属性——战是为了不战，是以暴制暴，制暴是消灭恶暴，实现“和”——和平、和谐。中国人下棋，不一定非得战胜对手，下棋的最高境界是“和棋”；中国人争斗的最高境界不是打倒对手，而是把对手看作合作者，最高境界是“和局”。中国商人血管里流淌的就是这种“和文化”元素，商人为君子，君子有君子之道，那就是温、良、恭、俭、让，这是中华和谐文化的展示，中华礼仪在治理中的体现，也是中华与人为善传统美德的表现。温者貌和，良者心善，恭者内肃，俭乃节约，让而谦德。

谦逊，不是中国人没有血性，不是中国人软弱可欺。能理解《周易》坤卦所达的哲学意义，就知道柔顺不等于软弱，柔顺是一种美德。坤卦有如大地一样伟大的、元始的、亨通的德性，像一匹雌马那样能守持正固，所谓“元亨利牝马之贞”。《彖》曰：“‘牝马’地类，行地无疆，柔顺‘利贞’。”雌马属地上走兽一类，有在地面上无限奔驰的能力，而它却是性情柔顺祥和，能坚守正道。所以坤《文言》曰：“坤至柔而动也刚，至静而德主，后得主而有常，含万物而化光。坤道其顺乎，承天而时行。”这揭示出大地的德性是极为柔顺的，但只要一动便显示出刚毅坚强；母性是极为安静的，而柔美之德可以传播四方。坤在乾后，却主持着万物生长并遵循其固有的规律；大地包容万物，而促进其生长壮大。由此可见，坤道（大地的法则）是十分柔顺的，承载自然的本意而顺时运行。再结合坤卦是与乾卦对应的，乾为极阳而极刚、坤为极阴而极柔，阴阳协和乾坤和顺，柔顺，没有一点点软弱无能的意思，反而是“动也刚”是“利贞”的。可见，国学的柔顺，是柔而有韧性，顺而通大义；柔中有刚、顺中有强。更重要的是，这只是意义的一方面，另一方面乾卦的阳刚。乾坤相宜，刚柔相济。讲温良恭俭让，绝不是软弱无能无德可欺。无非中国人讲中庸，所以，血液里流淌着的是“和”的文化内核；输赢的最高境界是“和局”——中庸之和。

这就是“战者谋和”的中国文化。中国有“古代十大兵书”，分别是孙子兵法、孙膑兵法、吴子、六韬、尉缭子、司马法、太白阴经、虎钤经、纪效新书、练兵实纪。现存最早、影响力最大的是《孙子兵法》（“*The Art of War*”），被誉为“兵学圣典”，其内容博大精深，思想精邃富赡，逻辑缜密严谨。不仅仅在军事学术和实战中起到极其重要的作用，也在政治活动、商业活动中发挥极其重要的作用。正义之战的目的、目标，都为和平。

（二）孙子兵法中有协和智慧

从中国谋略兵书《孙子兵法》中，处处可看到心和管理智慧，这里略摘几处探析。

《孙子兵法·始计》中说要分析比较五个方面：“一曰道，二曰天，三曰地，四曰将，五曰法。”这里是说，战争不从战争起始，而从道开始。这道是“令民于上同意”的道，指君主与民众目标相同，意志统一，这是中国人追求的“道和”。然后才是自然条件，即天时的“天”，地利的“地”，然后涉及智信仁勇严的“将”、组织架构与资源调配的“法”。说白了，就是道和、天和、地和、将和、法和，“五和”之核是道和，这是中国战争观。中国不喜欢战争，但若遭遇入侵或损害国家民族利益，一定会也必须是上下一心，全国、全民同仇敌忾，对来犯者坚决消灭，对不利中华者，虽远必诛。这就是中国的“道”，首先是不战；若不得不战，运用天、地、人三才，应用智慧之法战之，而且，来之能战，战之必胜。

“五和”观念和思想，应用在组织管理和商业经营管理中，首先要考察的，在于组织目标、商业行为是否符合道义——得道多助，失道寡助，这无论是在国际、国家还是国内范围，无论是在政治、军事还是经济领域，无数的实践战例、组织沉浮、经营成败就已充分说明了这一点。道正而后讲天时、地利。天，乃阴阳变动及其变动规律，如昼夜、阴晴、冷热，以及四时变动情况等；地，亦如此，如地形高低、路程远近、环境险易、场地广狭、死路生门等；所以情报学、参谋团队等都要想方设法获取有用的信息，以求能得先机掌控天时地利。无论是在战争还是商场竞争，成功战例在中外都汗牛充栋。其问题的关键在于，为将者，“智、信、仁、勇、严”俱全，才能让自己指挥的“作战”合道、合天时地利，也才能用“法”获胜，有效组建组织框架、明确职权、合理编制规章制度、调配人力物力财力资源。这才有灿若繁星的元帅将领之丰功伟绩、有风起云涌的商界领袖的叱咤风云。

《孙子兵法·作战》曰：“车战得车十乘以上，赏其先得者而更其旌旗。车杂而乘之，卒善而养之，是谓胜敌而益强。”在车战中，能够获取十乘战车（一乘战车包括一辆战车、车上有主将、若干战士及若干附属步兵）以上的，就奖赏最先抢得战车的。而夺得的战车，要立即换上我方的旗帜，把缴获的战车编入己方车队。同时要善待俘虏，使他们有归顺之心。这就是战胜敌人而使自己越发强大的方法——也就是激励人心、攻心为上而得心和的方法。应用在交战实践中，现代中国人耳熟能详的一句话，就可以明白这一兵法之妙用：“缴枪不杀!”再回味《三大纪律八项注意》的内涵，想想当年红军、八路军（新四军）、解放军以弱胜强、从小到大的过程，其意不言自明。同理，改革开放后的商战中，中国民营企业也从无到有、从小到大、从弱到强，30 多年，就让一个积弱数百年的中国崛起于世界强国之林，其中的奖励之法、攻心之术，善莫大焉、功莫大焉。

《孙子兵法·谋攻》直言："夫用兵之法，全国为上，破国次之；全军为上，破军次之；全旅为上，破旅次之；全卒为上，破卒次之；全伍为上，破伍次之。是故百战百胜，非善之善也；不战而屈人之兵，善之善者也。"无论是举国大战，还是局部小战，"不战而屈人之兵"才是最重要的。能达到"不战而战"，不就是"无为而为"的最真实、最有效的注解吗，而这不也正是"和"的另一层意义吗！20 世纪 40 年代末的三年解放战争，"国军"整连、整营、整团甚至整师、整军的成编制"起义""投降"并迅速换装而成为人民解放军，出现"国军"兵败如山倒现象，正是"不战而屈人之兵"的最佳写照，也正是此"用兵之法"，保全了北平（现北京）、长春、昆明、长沙等古都、城市，成为"善之善者"的典范。商战中，企业的兼并案例也是数不胜数，为心和管理提供了最佳案例和最强注释。

《孙子兵法·兵势》又云："凡治众如治寡，分数是也；斗众如斗寡，形名是也；三军之众，可使必受敌而无败者，奇正是也；兵之所加，如以碫投卵者，虚实是也。凡战者，以正合，以奇胜。"这里先是讲部队管理，治理大军团就像治理小部队一样有效，关键在"分数"，即构建合理的组织、结构和编制；指挥大军团作战就像指挥小部队作战一样到位，重点在"形名"，即组建明确、高效的信号指挥系统；无论是治理还是指挥，部队的多少不是问题，如何让部队达到上下协和、多寡相和才是问题重点。与敌对抗时，则"奇正"相和、虚实相应。所以，作战既要正面交战，也要出奇制胜。"奇""正"的组合变化，无穷无尽。奇正相生、相互转化，不正是对立统一后的和文化体现吗？所以在《虚实篇》再次强调："夫兵形象水，水之形，避高而趋下，兵之形，避实而击虚。"

《孙子兵法·地形》指出："夫地形者，兵之助也。料敌制胜，计险厄远近，上将之道也。知此而用战者必胜，不知此而用战者必败。"能名流史册的将军，无不亲勘地形，料敌制胜。这是计谋与地形与敌我等各种因素的相和——有机关联、巧妙运用。商场即战场，何地何时做何种项目，这是需要综合考虑的。仅地形而言，范蠡以战略家的眼光，认为陶地为"天下之中，诸侯四通，货物所交易也。乃治产积居。与时逐而不责于人。"①，于是将陶地选为他再次做生意的最佳处所。这就是心和管理应用于商业贸易的典型案例，"天下之中"便是选地的要素，因为可以"四通"，交通便利，是货物贸易的必备条件。而且适宜治理产业，积聚货物，

---

① 司马迁：《史记·货殖列传》，古诗文网《史记》篇。

随时节变化而灵活应变，根本不必苛责求人来满足自己做生意的需要。范蠡既是兵家，助越灭吴；又是商家，在陶地成大贾。

（三）中华计谋中有心和追求

心和内涵在中国兵书中比比皆是，认真通读，可体会出中华民族不怯战、敢拼死但也有深藏其间的心和之味、心和之韵。很多反对中国文化、否定国学的人总是批评中国的谋略文化，殊不知恰恰是因为需要谋取和平、和谐，才要运用各种韬略策谋，以最少的牺牲获得胜利。将胜利握在自己手中，才有能力实现彼此协和、双向共和，才有可能对未开化者教化。若不然，只能是侵略者的俘虏、强盗们的奴隶，“和”是需要有能力争取、有力量保卫的。

事实上，各领域都涉及用计用谋（全世界如此），兵家、商家更是如此。除兵书外，古代经常使用的还有民间人士根据历史史实、战略演义和民间智慧归纳的“三十六计”。

民间有句谚语：“三十六计，走为上策”，三十六计中没有“走”这一策。原先只是有此谚语（南北朝），要表示的意思是：败局已定，无可挽回，唯有退却，方是上策。“三十六计”的三十六原非确数，而是指计策多多，其本意是说那么多计策都没有用，不如赶紧退却，“留得青山在，不怕没柴烧”。有心人据此谚语弄假成真，于明清时期编撰出《三十六计》，分六套计策：胜战计、敌战计、攻战计、混战计、并战计、败战计，每一套六计，为六六三十六计。又有人取其每一计中的一字，按序组成一首诗：

金玉檀公策，借以擒劫贼，
鱼蛇海间笑，羊虎桃桑隔。
树暗走痴故，釜空苦远客，
屋梁有美尸，击魏连伐虢。

诗中除“檀公策”“伐虢”外，一字一计，即：金蝉脱壳、抛砖引玉、借刀杀人、以逸待劳、擒贼擒王、趁火打劫、关门捉贼、浑水摸鱼、打草惊蛇、瞒天过海、反间计、笑里藏刀、顺手牵羊、调虎离山、李代桃僵、指桑骂槐、隔岸观火、树上开花、暗度陈仓、走为上、假痴不癫、欲擒故纵、釜底抽薪、空城计、苦肉计、远交近攻、反客为主、上屋抽梯、偷梁换柱、无中生有、美人计、借尸还魂、声东击西、围魏救赵、连环计、假道伐虢。

用计，只是手段，目的仍然是通过谋略计策获得最终的和平、和谐。

三十六计，无疑都是在实践的应用成果中总结出来的。翻开《三十六计》书，或打开网页看，任何一计的介绍说明、文章阐述，甚至各种演义，都有实践战例、案例。在此不一一举例。

红色革命时代的韬略思谋，实践了中国谋略文化并有创新；红色建设、红色经济时期，也在国际往来、生意往来实践中充实、发展了中华谋略思想；红色强国时代，回归文化自信，为实现人民幸福、中华复兴的时代梦，在世界舞台上展现了中国担当、中国方案。

三、心和管理哲学之重礼文化

（一）礼仪上国深厚礼仪文化

管理，无法回避政治因素形成的意识形态，无法回避历史传承形成的文明印痕，无法回避文化底蕴形成的人格差异。中国人有中国人自己的意识形态、文明印痕和人格人性特点，讲究的是人心的修炼，追求的是内心坦荡荡、思想清朗朗。中国文化的本质，是中和人内在的欲望，是引导人心灵的升华；中华传统的本质，是孝道中的厚德载物，是王道中的自强不息；中国管理的本质，是通过识人各安其位，是育人用人以心为本。

中华礼仪在《礼记·曲礼上》中有详尽记载。重礼而“定亲疏，决嫌疑，别同异，明是非也。”因为“礼，不妄说人，不辞费。礼，不逾节，不侵侮，不好狎。”这说明中国文化特别强调礼仪、礼节、礼貌。不仅仅有形式“礼”，更重要的是“礼”中有乾坤：“修身践言，谓之善行。行修言道，礼之质也。”修身文化重在修心，言行举止皆修炼、修行，依礼而为，是为“善行”；所作所为、所言所传，都是修道结果，这是礼的本质。故“道德仁义，非礼不成，教训正俗，非礼不备。分争辨讼，非礼不决。君臣上下父子兄弟，非礼不定。宦学事师，非礼不亲。班朝治军，莅官行法，非礼威严不行。祷祠祭祀，供给鬼神，非礼不诚不庄。是以君子恭敬撙节退让以明礼。”显然，中国文化有深厚的“礼”之哲学思想，有丰富的礼之规定（约定俗成），处处都讲礼、事事须行礼。古代有完善的中国礼仪文化，千百年来不断实践发展着，故自豪地向全世界宣称：中国自古就是礼仪之邦。

古代中国讲究的礼，还讲究每个人都要在自己应该在的位置上，不要错乱；人是有天赋等级的，每个人都在相应等级与人相处，对待别人——对于这一点的看法，可以仁者见仁、智者见智；但不可否认的是即使在现代，仍然人分三六九等，礼也分三六九等的，西方社会也如此，要不然也就不会有“上流社会”“官宦人家”“书香门第”之说，不会有“暴发户”之称，也无须出现“平民”“民间”等词。正因为强调不同位置、不同等级的人应该给不同位置、不同等级的他人施相应的礼，所以就有了君臣之礼、父子之礼、夫妻之礼之分，有了官场之礼、社会之礼、朋友之礼之别。所谓进得厨房、入得厅堂，主要就是家务做得、家人之间之礼懂得，同时也能“高档场合”适宜地待人接物、为人处世，能根据不同情况有礼有节，并且还能办得成事。行礼之本就是与人为善，讲礼而显善心，这是中华国学重要内涵，也是中国人处世本能。所以《礼记·曲礼上》特别说明：“是故圣人作，为礼以教人。使人以有礼，知自别于禽兽。”礼，是区别于禽兽而进入人类文明的重要标志；而且，礼也是双向的，“礼尚往来。往而不来，非礼也；来而不往，亦非礼也。”彼此礼尚往来才能获得双向协和，“人有礼则安，无礼则危。”毕竟社会是由人构成的，人与人之间“有礼”方能得到别人的理解、认可与支持，在社会上才能做成业、办成事，无论富贵还是贫穷，都一样，“富贵而知好礼，则不骄不淫；贫贱而知好礼，则志不慑。”这也就是人们常说的上位者须礼贤下士，下位者应不卑不亢的道理；也是真正的贵族首先是有平民意识的缘由之一，是寒门出贵子、将相出寒门之说、凡事要有仪式感的文化支撑、理论依据。

（二）传承中发展着中华礼仪

社会环境不同了，文明程度不同了，古礼不必全部继承，但“礼”之观念、思想，对今天仍然有重要意义；一些礼在今天不仅仍然有生命力，而且更具有大价值，如拱手礼、孝之礼、尊之礼，一些重大活动中的仪式之礼等。2020年节前后暴发的疫情，让中国人更加明显意识到中国式拱手礼（作揖礼）的重要价值。

礼，施在动作中，刻在人心中。心中有礼，方是真善。其中涉及心和管理哲学之要义的，深入人心的“礼”，是“恭宽信敏惠”。《论语·阳货第十七》：“子张问仁于孔子。孔子曰：‘能行五者于天下，为仁矣。’请问之，曰：‘恭宽信敏惠。恭则不侮，宽则得众，信则人任焉，敏则有功，惠则足以使人。’”这是说具备庄重、宽厚、诚信、勤敏、慈惠五种品德的人，就是仁者了；仁者，庄重则不会被人欺侮，宽厚则能得到众人认可，诚信则能得到他人任用，勤敏则工作有成效，慈惠则足以调遣他人（而不会被拒绝）。这是把“礼”融入文化中，刻进中国人骨髓里了，是儒家把“礼”文化上升到“仁”文化的标志。中国文化要求职场人、商场人，或者无论从事什么工作的人，都应该是仁者。

仁者拥五德，行事有品性。把恭、宽、信、敏、惠思想内核表现在言行上即为礼，需要讲礼貌、有礼节、行礼仪。中国职场、中国社会交往之间的礼仪，完全可以把中华传统礼仪、礼节中优秀的、生命力旺盛的、人们喜闻乐见的加以恢复、整理、优化后推广使用。中国改革开放过程中，曾经有一段时间，礼仪讲座、礼仪培训风起云涌。然而讲座、培训的内容却失去了中国风格、中国特色、中国元素、中国内涵。更多的是两种场合的礼仪礼节：一是外交场合的外交礼仪，二是西方贵族、上流社会甚至于是西方古代宫廷礼仪。

西方的一些礼仪礼节有西方独特的形成原因和用途，搬用过来没有多少实际意义。中华之“华”，华丽服饰是也，任何一个朝代的时尚服饰都具有浓郁的东方文化元素，汉服、唐装、旗袍，南方、北方、西部、东部，各有特色、各有风情，岂是西方古代上流社会的晚礼服可以相提并论的。

不了解西方公子少爷练习骑马击剑的初心，就传播鼓动之，实在没有必要。中国特有的拱手礼、作揖礼，应该不比人家的吻手礼、贴脸拥抱礼差，品茶文化也不会比品酒文化弱，更何况中国不品红酒，不等于不品白酒、不品黄酒（粮食酒）。

（三）礼仪之本塑秩序育厚德

泱泱大中华，乃礼仪之邦，其礼貌规则、礼节要求、礼仪文化，可以说全世界最发达的，哪怕只是古为今用汲取其中一部分在今天仍具有强大生命力的加以改善提高，应用于现实社会，也比从外族外国照搬套用进来的要丰富、要更适合中国国情和中国人的心理认知，也更都能体现出恭宽信敏惠的品德。

前面说过，恭宽信敏惠，做出来便是善行。“人性本善还是本恶”，严格意义上说是一个哲学命题，不应该是一种管理行为。一个领导者、一位管理者，如果在管理中首先把人性定位在“恶”的层面，其实就是对下属、对员工作了“有罪推定”，这样的领导人是不可能领导出一个清朗公允的组织的，因为它违背了国际通行的“无罪推定”基本准则。同理，这样的领导者、管理者，是不具备恭宽信敏惠五德的。中国管理，是深入人心谋求和谐的心和管理，是人心和谐下的公正公平公开的管理。中国管理，重在引导、创造、追求真善美，而阻止、惩处、反对假恶丑只是手段，目的仍然是弘扬真善美、传递真善美、让世界干净公道。

再说，无论人性本善还是本恶，都先把人放在善的层面加以引导，或者管理中努力让人们向善，这才是正确的做法。中国民间有句俗语叫“破罐子破摔”，罐子已经破了，又往破里摔，就是没有节制、没有底线，放任自流，甚至有意朝更坏的方向发展。如果把人性先确定为是“恶”的，对一部分未来不明晰、思想未成型、意志未坚定的人来说，更不应该把他往“破罐子破摔”路上引导。也许人们会说这是那些人自己的选择，是他自己走向堕落。一个旁观者，可以这样说；但一个管理者、一个教育者、一个上位者不可以这样说。中国社会既然是一个人情社会、脸面社会，那么，一个人的价值、一个人的能力水平等，就不是说他自己认为就可以，而必须是别人，尤其是身边人、组织里的人、系统里的人的认可。这也是中国与西方的社会现实中的重大区别之一。

乾卦所表达的意思是，优秀人才不是永远做潜龙的，一旦机会来了，就要“见龙在田”，这才“利见大人”；同理，即使做了飞龙在天翱翔，也需“利见大人”。乾卦的九二爻是雪中送炭的事业贵人、九五爻的“利见大人”是锦上添花的登顶强援。但若本身无德是做不成龙的；“龙”要自强不息，仍然需要有大德之人的提携。一个好的组织环境，一个重视自己的领导，是成龙的必要条件。任何一个人，在一个组织里，一开始就被这个组织和这个组织的掌权人认定为是“恶”的，按“有罪推定”来考量人，人撰怎么自处？可以说，任何“破罐子破摔”的行为，一定是两个方面的影响：自己的心志影响；组织或环境的作用。

正因为如此，才需要人在工作中、处事中遵循恭宽信敏惠五德。

恭、宽、信、敏、惠，在于能饶人处且饶人，懂得冤冤相报何时了。明朝冯梦龙《醒世恒言》卷五中说：“但行刻薄人皆怨，能布恩施虎亦亲。奉劝人行方便事，得饶人处且饶人。”另外，“红楼十二曲”也道尽了阴阳互变的原理：为官的，家业凋零（湘云）；富贵的，金银散尽（宝钗）；有恩的，死里逃生（巧姐）；无情的，分明报应（妙玉）；欠命的，命已归还（迎春）；欠泪的，泪已流尽（黛玉）；冤冤相报实非轻（秦可卿）；分离聚合皆前定（探春）；欲知命短问前生（元春）；老来富贵也真侥幸（李纨）；看破的，遁入空门（惜春）；痴迷的，枉送了性命（凤姐）。好一似食尽鸟投林，落了片白茫茫大地真干净！

很多事情就在于“钻牛角尖”而出不来，或不愿意出来。只有将守礼行善文化，浸融在人的细胞里，成为人的一种本能时，心和便实现了。

第三节　心和管理无为哲学

国学以“易”为源，春秋战国的诸子百家，经历史长河的沉浮变迁，有淹没的、有变异的、有融合的、有传承不息的，最后形成学问的“三教九流”。汉化后的佛教已与天竺佛教大相径庭，却与中国儒道文化紧密相融，符合中国人心理认知。与儒道佛“三教”，汇聚一个共同点，形成中国文化核心：修炼人心，教义和谐——心和文化。

中国文化的心和境界，也体现在“无为”思想及其这一思想在现实治理、组织管理中的应用里面。当然，如何理解“无为”本义、怎样体会无为思想才是关键，这将直接决定着心和管理的意义、价值及其在现实中的应用程度的强弱和应用效果的高下。

一、心和管理之无为哲学

（一）周易道德经之无为思想

道，是中华思想本源，《周易》有提到但不在本经中，而在《易传》中。《易传》是孔子和弟子们读《易》后的感悟与解析文章，他们对本经有领悟；但涉及“问道”，孔子又是向老子问的。可见“道”的观念源自《周易》，“道”的概念出自《道德经》，由老子提出，并加以完善和明晰界定。老子认为道“先天地生”，其表象是“周行而不怠”，其本质是“独立而不改”，简言之，道即“寂兮寥兮”（《道德经·混成》）的宇宙，含一切物质、一切精神、一切规律，探索世间奥秘、探寻事物本源、研究变易规律，便是“悟道”；万物一体，万物皆是宇宙之部分，悟道从“一切”入手，悟到“一”便是认识到宇宙这个“道”的一点，悟到多个“一”便是悟到多点，是为大才。老子悟道，“道之为物，惟恍惟惚。惚兮恍兮，其中有象；恍兮惚兮，其中有物。窈兮冥兮，其中有精；其精甚真，其中有信”《道德经·从道》。意为道是物体，其物象又是恍惚的，不是清楚固定的；恍惚的宇宙中含藏万物，深远幽暗的宇宙里也有最真最信的精神本质。可见宇宙万物皆在变易之中，人间精神也有变易原理，这便是易道，所谓“道可道也，非恒道也”。

一种思想的形成有一个过程，这个过程有长有短，在遇到某种契机，某个让人顿悟、让人有觉的契机时，就有可能出现思维豁然开朗的情况；一种思想出现，又经历充实、完善、修正，甚至有可能经过许多人、几代人的努力，完全有可能研磨形成一套理论体系。中国文化之本的“道”，便是由此而来的。改变宇宙本质和客观规律是不现实的，只有把握本质、运用规律，才是正确做法，故《周易》《道德经》都提到了“无为思想”。

无为思想在《道德经》写出来之前已经出现，至少在《周易》本经中已有涉及，到《道德经》时集其大成了。中国古代王朝的正统思想是儒学，但幸运的是，中国人文化上是儒道释相融，一般不会因儒学的正统地位而排斥其余。

《道德经》作为道家经典流传后世。宋朝定型“四书五经”后，在科举制度下，读书重在通读书经，不太会关注或强调易经乃百经之首、文化之根的情况，人们没有关注《易经》其实已经有无为思想，故认为无为思想起源于《道德经》也没什么不妥。

无为之“道”，在易理与道家理论中都有明确表述，是中国文化源头。

（二）儒道释内含的无为思想

从《周易》思想中探寻无为思想源头，可先看卦中体现的内涵。乾卦体现的是动、刚强、勇往直前，坤卦则表现出静、柔顺、德容万物。也就是说，坤卦揭示的是宁和、安静、顺其自然。在没有考证到《易》之前已有“无为”思想出现，那么可以理解为《易》是清静无为思想的起源。如艮卦有着当止则止的意义，讲究静如山岳，其知止思想已经展现出无为思想的曙光、不争思想的起源。其他像随卦、明夷卦、恒卦、谦卦、损卦、节卦、复卦等中，仔细探寻都有阐述“无为”“不争”思想的内涵。如谦卦的谦退思想、损卦的善损思想等。

春秋战国时期，百花齐放的诸子百家，多多少少受《周易》影响，最为著名、流传最广、影响最深远的儒、道、佛三教，其实也处处都有易理在里面。将三教特点、内涵、意义形成表4－1，就可以进一步明晰周易中显示的“无为”思想，如表4－1所示。

表4－1　　　　儒道佛三教哲学思想简易对照

三教	说禅	禅意要求	修心	修心侧重	内涵
儒学	有问必答	仁德教化，各安其位	道德心	德性立身、仁义为和、中庸为美	德
道教	答非所问	自参自悟，修身养性	自然心	自然清静、阴阳和谐、虚静守弱	道
佛教	问即是答	醍醐灌顶，有觉得悟	觉悟心	守戒持律、离相禅定、智慧度劫	悟
无为思想	自然问答	禅意之本在悟道修德	心为本	修行之法重在内动外不为	心悟

中国文化的重心在修心，修一颗道德心、修一颗自然心、修一颗觉悟心——修出一颗中国心。儒学重在以仁义道德教化众生，让人心甘情愿中安分守己；所以有问必答，引导大家修炼一颗道德心。道教重在以自然清静修身养性，让人虚静守弱里参禅悟道；所以答非所问，引导自家修炼一颗自然心。佛教重在以守戒持律智慧觉醒，让人离相禅定中去魔度劫；所以问即是答，引导人们修炼一颗觉悟心。归根结蒂，都是人们在心灵世界里寻找到一种宁静、一种和谐、一种心灵按摩，而后达到清心自在中去魔度劫，安分守己里参禅悟道。

从表4-1可以发现，儒学教化在于“德”，道家参悟在于“道”，而佛学重在让人觉悟。三教合一，就是领悟道心德性。“无为”思想，是老子对国家治理提出的一种方术（南面术）。那么国治，如何“悟道德”？春秋战国时期，五霸相争、七雄相斗，战争连续不断，社会动荡不安，面对这样动荡的社会局面，老子自然不可能向君王提出“没有作为”或者“不去作为”这样的思想，如若真如此，早就被砍头了。既然“无为”本意一定不会是“不作为”，又如何无为而治。老子曾说：“天下难事，必作于易；天下大事，必作于细”（《道德经第六十三章·元难》）。这与“治大国如烹小鲜”的意义，殊为相近。说白了，就是不要过多扰民，要充分发挥民众的自我能动性，让老百姓休养生息，民富而国富。

这种治国思想，应用在今天的组织管理之中，就是不要让组织成员心思浮动，不要朝令夕改，不要总是耳提面命，更不要喋喋不休、咄咄逼人；而要充分相信并且激发员工的主观能动性为其创造和谐的工作环境，创造自强不息、发奋图强的可能性。简单地说，就是以“无为”而达“有为”，让人心顺，让环境和。这是心和管理理论需要吸收的重要内涵。

这里，有一点必须明晰：“无为”，是指管理者在“管”的方面不必过多介入，确立规章、制度、法律等硬性的制约条件，并不打折扣地执行之就可以了；“理”却是不可或缺的。

（三）无为管理鼓励积极入世

管理的工作重心在“理”，管，应“无为”；理，可以“有为”。而理的重点，是修行——炼心修心、修养德行，修出美好品行、坚贞操行，并按道心、品德遵行之，行善积德。《庄子·内篇·大宗师》对理心、修心与德行、品行、操行之“行”的关系作了这样表述：“修行无有，而外其形骸。”修者，修道也；这里的“道”就是人品、道德、操守。“无有”，一般理解是“没有（修行）”。这是根据庄子在这篇文章中虚构的、结为挚友的子桑户、孟子反、子琴张三个人，在子桑户去世后，另二人却“临尸而歌，颜色不变”一事而解释的。被孔子派去吊唁的子贡很不理解孟子反、子琴张的挑脱行为，回来跟老师说起时感慨“这是什么人啊!”（“彼何人者邪?”）据此将“无有”解释为“没有”是可以理解的。但从修行意义上看，更合适的解释应该是“修行的内容是‘无有’”——修养虚空、无为之道并体现在行为上；展示在外的（别人可见的）只是形骸。所以，孔子认为自己派人去吊唁是“游方之内者”（世俗中），属于“陋也”；子桑户、孟子反、子琴张他们是“游方之外者”（世俗外），“游乎天地之一气”。内心修养好了，又何必在乎外在表现呢，放浪形骸又如何。

用今天的话语理解，修行就是通过长时间的思维活动、心理活动、行为活动、社会活动，让自己的境界更高、胸怀更广、视野更宽。

因此，这里可以说“无为”不在行为有什么表现，而重在内心要修炼到高尚。应用到管理上，要达到这一点，重要的不是管理能拿出多少规章制度、制定出多少考核表格，而重在能不能引导员工内心修炼，提高修养水平，让人品、德性、操守有道、有境界。

而这恰恰是中国管理区别于西方管理的最重要分水岭，中国管理重在人心，重在提升自己的道德品行而心甘情愿管住自己的言行，以发挥人的主观能动性为要；法则、规章只是一条警戒线，通过自己的修养不逾越，而不是依靠管理工具将其束缚住。西方管理重在工具，重在通过外在压力而使人不敢逾越法与制度，通过利益诱导让其发挥主观能动性，所谓“胡萝卜加大棒”。所以以西方管理让人守规则的前提条件是有利益可图、有束缚被绑；而中国管理让人守规矩的前提是让思想升华、让行为自觉。

从这个角度理解“无为”，并非消极的处世态度，也不是不主动有所作为，而是修炼人心，让人自然地用自己的修养去引导自己的行为，去克住不应有的作为；修养到，也就不需要强制、不需要“作为”，自然而然就心态好了、心绪正了、心魔去了。这是与中国文化的基因对应的、吻合的。所以，管理不加强人心修养，就等于没有管理。

二、道德经无为思想内涵

（一）道德经无为哲学的思想

先秦诸子提出的哲学思想，大多是为了给君王提供治国之道。无为的治国之道，是指国家或政权的治理、管理者，要放手让老百姓休养生息，民富而国富、民强而国强，如此，事无事，为无为，不与民争。从这一点上说，中国道家最初提出的“无为”思想，也不是不作为或没有作为，国家安定、社会进步、经济发展、教育落实、文化实施，让国人百姓老有所养、壮有所事、少有所教，人民幸福安康，管理国家要“为”的事多着呢。但对百姓，要顺其自然，让他们各安其位，安居乐业，而不是过多干涉他们的生活、不要过强干涉他们谋求家庭勤劳致富，也不要用手中权力掠夺他们辛苦努力的成果，更不要无休止地苛捐杂税、穷兵黩武。无为，在国家治理、社会管理中，就是既不要与民争利，也不要总是烦扰百姓。

老百姓得到清净了，才能全身心去持家、侍弄田地，让社会最基层的单元——家庭和睦、家族兴旺；家中有粮，心中不慌。中国20世纪末开始的改革开放，也证明了这一点，让基层百姓发挥出他们的强大的主观能动性和巨大的创造力，迅速从商品稀缺时代进入商品丰富时代；全国各个地区，凡是让老百姓大胆摸索、努力创新走出一条经济发展新路的区域，就能够率先发家致富；凡是老百姓脱离贫穷甚至富裕起来的区域，就是经济发展的区域。而凡是事无巨细都由政府管着的地区，往往经济发展不起来。

可见，正确理解中国文化之无为清静哲学思想非常重要。这里我们重温老子的《道德经》，重点是这部历史经典巨著中，关于“无为”哲学思想的阐述。据有关研究者统计，老子在《道德经》中，共有10次提到“无为”①：

1. 第二章：“是以圣人处无为之事，行不言之教。”

2. 第十章：“爱人治国，能无为?”

3. 第三章：“为无为，则无不治”。

4. 第三十七章：“道常无为而无不为。”

5. 第三十八章：“上德不德，是以有德。下德不失德，是以无德。上德无为而无以为，下德无为而有以为。”

6. 第四十三章：“天下之至柔，驰骋天下之至刚。无有入无间。是以知无为有益。不言之教，无为之益，天下希及之。”

7. 第四十八章：“为学日益，为道日损，损之又损之，以至于无为。无为无不为。”

8. 第五十七章：“故圣人云：我无为，人自化；我好静，人自正；我无事，人自富；我无欲，人自朴。”

9. 第六十三章：“为无为，事无事，味无味。”

10. 第六十四章：“是以圣人无为，故无败；无执，故无失。”

这里只是老子在《道德经》中10处直接提到“无为”思想的部分，老子的无为思想当然不止这些，他之所以称为思想家、哲学家，其著作《道德经》之所以成为中国古代哲学经典，是因为老子的思想在多方面对中国文化的形成有着巨大贡献。这样一位哲学大师、高瞻远瞩的大思想家，不可能只是从字面意义上简单理解“无为”是“无所为”或“不作为”。有无所为、不作为思想的人，不可能得出深邃哲学思想、展示深广

① 尹海清：《试论老子“无为而为”与“不争之争”的人生进取观》，《哲学史学研究》，2011年10月中旬刊，第93页。

中华智慧；更不可能让清净无为思想传承几千年还依然充满生命力，还依然给今天的人们以思哲之光。

圣人须无为治国，官员应无为理政，个人则修无为之德，人民可以自我教化、行路正道、富裕安康、朴实美好，达到“无败”“无失”。

（二）有所为有所不为的智慧

《道德经》之“无为”思想，首先可以读出无为而为、无为无不为的哲学思想，其文化意义、哲学思想应用在现实中，是中国智慧的绝佳表现。

其一，无为而为。《道德经》的核心内涵是“道”，“道”是不会表现在“为”的行动上的，而是表现在对“道”之规律的把握。所以，“道”是无为的，“道”之规律是有为的，这就是无为而为。“有物混成，先天地生。寂兮寥兮，独立而不改，周行而不殆，可以为天地母”（《道德经·混成》）。这里所说的“物”，就是“道”，是“大道”，他的特点是“寂兮寥兮”，寂静而空虚，即“虚静”，道一直存在，“周行而不殆”，可以成为天地万物根本。所谓“人法地，地法天，天法道，道法自然”（《道德经·混成》），无须刻意而顺应天命，最高境界就是自然而然。故，无为，是心灵虚静，无须刻意；有为，是掌握规律，顺应自然——这才是无为而为。

这里的无为，是顺天命、循自然，无须强行“摁着牛头喝水”；这里的有为，与现代“按客观规律办事”的思想殊途同归。所以传承下来的“黄老之学”，治国核心思想是“自然无为”，为政为官者要“恬淡无欲”，不然腐败就滋生了。有个成语叫“萧规曹随”（出自《史记·曹相国世家》）萧是萧何、曹是曹参，曹参是西汉开国功臣、军事家、政治家，原赐爵平阳侯，出任齐国丞相，辅佐齐王刘肥。汉惠帝时继任萧何为汉朝第二位相国，他所随的“萧规”，就是“休养生息”。曹参任齐相时，曾请教“黄老学说”的集大成者盖公，盖公答：“治国贵清净而民自定”。曹参用黄老之术治齐九年，齐国大治。为汉相后，依然以“清静”之方治国，同样大获成功。黄老之学也由此遂风行天下，成为“无为”治国的一个典范。

其二，无为无不为。有人可能会问：既“无为”又如何“无不为”?读古文不能望文生义。因为“道常无为而无不为”，无为是道，无不为也是道。道，是客观存在，“先天地生”，不是“为”能“为”生，所以它常无为；而“道”是自然的规律，遵循规律、巧妙应用是万事万物之常理，所以可以“无不为”的。无不为却不能妄为，对道“若能守之”，万物就会自我化育、充分发展而不至于产生贪欲。若产生贪欲必须用“道”镇之，达到“不欲以静，天下将自正”（《道德经·无为》）。一切都虚静安详、没有贪欲贪念了，天下自然而然就稳定安宁了。故无为就是不妄为，无不为就是静心而不起贪欲、循道而无所不为。依此理解，无为而无不为，是遵循“道”之规律顺其自然，静心平欲让天地万物自我化育充分发展。

如果人性本善，进入社会之后，尤其是“竞争”观念熏陶后、见识过社会黑暗面之后，没有道德修养的加持，就容易善念滑落、贪念上扬、恶性膨胀；如果人性本恶，人与人集合在一起，人人自私自利而产生的矛盾就无法调和，再加上没有人心修养的引领与规范，那就更可能乱象丛生。所以，要理解无为思想，须懂得虚静安详而稳定安宁的道理。汉语中有个词语叫“纨绔”，语出《汉书·叙传》，原意为细绢做成的裤子。古代能穿细绢料子的，一定是富贵人家，所以纨绔子弟就专指那些衣着华美的富家子弟。后来逐渐就指那些虽然出身富贵、衣着华丽，却内心鄙陋、只会欺男霸女、吃喝玩乐、不务正业的年轻人。这些有条件接受好的教育、过着优越生活的青年人，为什么会成纨绔子弟？就是因为他们生下来就有的优越感，他们在含着金钥匙出生后的富贵生活下，缺乏人性修炼、人心修养，就用胡作非为填补他们空虚的内心——心中无道，言行无道。无为做不到，无不为就成了没有什么不敢为的。

所以，心和管理学再三强调一个观点：没有平民意识的贵族不是真贵族。中国有句古语传下来：“富不过三代”（语出《孟子》），何以如此？第一代是创业者，最有平民意识；第二代是跟着父辈创过业、受过苦，还能保留一定的平民意识；到三代以后，就觉得天生高人一等，已经没有平民意识了，也就意味着败家的开始。所以，人可无为，却不可不修道；人可无不为，却不能胡作非为。必须有优秀的品行修养，强大自己的内心。

（三）不与民争而让民得幸福

“无为”不是什么都不作为，而为人民而当为之，否则皆不为，其关键体现在“能治”。清静无为，是老子对当政者的告诫，不与民争。所谓“以正治国，以奇用兵，以无事取天下”（《道德经·治国》）。显然，老子不想为政者伤害国之根本、民之生存。恰如“治大国，若烹小鲜”（《道德经·大国》），不能老是骚扰普通民众，而应让黎民百姓顺应自然休养生息。这其中的道理就是“我无为，而民自化；我好静，而民自正；我无事，而民自富；我无欲，而民自朴”（《道德经·治国》）。无为好静、无事无欲，这样的治国方略，才能让治下民众自我化育、自行正道、自然富贵、自在淳朴。当然，从今天的眼光来看，这样的无为而治的思想，只有当国家治理中没有政治因素、没有无道者出现时才有可能，这显然是一切皆向着普通民众，有明显的理想化成分，在阶级社会里几乎不可能实现。

但无论如何，这一思想的价值在于提出：为政者须以民为上。

这是治国之本，恰如前面提到的“富不过三代”的道理，中国历史上各个朝代，也基本上按这样三个阶段的规律发展着。第一代、第二代甚至包括第三代，几代君王打下天下，为第一阶段（打天下），此阶段君王懂得不扰民而鼓励百姓休养生息，国家就强盛起来。然后是没有参加打天下的几代君王，因父辈之艰、因边境之危、因治国之难，也还保持着一分勤奋，即使有的帝王无能无道，也会出现自家有能之人取而代之，依然秉持让百姓休养生息之法，于是有了王朝中兴之象（守天下）。但到一个朝代的后期，积弊难返，君王若再无道、无能，盘剥民众用于自己挥霍，最终断送了王朝江山（败天下）。

王朝如此，世上家天下的事业莫不如此，先是创出一份大业，后是守住这家业（有增大有减少，根据情况各有不同），最后则是败掉家业。也就是分别形成了创业阶段、守业阶段、毁业阶段三个阶段。清静无为的治国之法、管理之道，只有亲身经历过创业艰难、守业辛苦而将人民群众放在心中的人，其事业才不会夭折；而对于没有经历过创业艰难者而言，何其难也，这样的人永远不可能从内心里真心实意地喊出“人民万岁”的口号。所以，几千年来，只有红色管理，才会真正喊出“全心全意为人民服务”的口号，才会要求牢记为人民谋幸福、为民族谋复兴的初心使命；也只有红色管理，才能真正让人民站起来，富起来，强起来。

历朝历代天下既定、时局可控时，当政者就会采用“无为而为”策略让百姓休养生息。同时当政者、管理者自己做到并引导大家虚静以空，顺应天道，达到“无为而无不为”，这样，社会就能得以发展壮大了，国之百姓、组织之成员就能随兴而为、发散思维、创新求变而取得巨大成就，这便进入“无为而治”了。一个比较困难的情况是，在经济相对发展、社会比较繁荣时期，一般都会担忧思想太过活跃而冲击治理，尚未找到合适的无为而治之法，这是值得研究的重要课题。古之国之治理如此，现代组织管理之大道亦如此。

现代组织管理中，如何让员工心顺、心聚、心悦、心诚，心甘情愿发挥主观能动性，就在于管理者如何正确把握住“无为”管理之道。

三、无为哲学思想的发展

（一）远古无为而治治理实践

“无为而治”第一个成功典范是黄帝，他武功炬赫，文治成就卓著，是垂拱而治的榜样。尧、舜等也都是，所以《周易·系辞下》说：“黄帝、尧、舜，垂衣裳而天下治。”著名的“黄老之学”，既是道家文化的传承，也是中国文化的传承，广义是指战国到西汉初期的道家学说，狭义地仅指战国田齐稷下黄老之学和西汉初期的黄老政治。

最著名的应该是汉初的黄老政治，其内容主要有：一是重农抑商，恢复并发展生产；二是实行抑制政策，禁止商人们衣丝乘车，并加倍征收他们的赋税；三是轻徭薄赋，与民休息；四是除秦苛法，约法省刑，禁网疏阔，治民尚清静宽舒，以求百姓安辑；五是废除关卡和桥梁的过路费，又开放山泽，让人采掘垦殖，带来一个空前的发展机会；六是煮盐、冶铁等领域全面开放，甚至在冶铜铸币这样的货币发行领域，也都向私人开放。这些举措，无疑是不扰民的典范，是让百姓得以休养生息、发展生产、强大自身的治理之道。

黄帝以后，氏族制度渐渐崩溃，历史进入龙山文化晚期，黄河流域先后出现了几位杰出的部落联合体首领、华夏族最英明的帝王，他们就是唐尧、虞舜、夏禹、商汤。尧亲民、舜宽人、禹治水、汤善政，都因对百姓推行善政、减轻征敛、鼓励生产、安抚民众而流芳百世，尧舜禹汤在中国文化中浓缩为一个成语，表示着贤能之君的英明、世代人民的期望。

以舜为例，他的所作所为，让他成为世代相传后人心念的圣人。据传，在尧命他摄政时，他就巡行四方，除去鲧、共工、獾兜和三苗四凶，以惩罚奸佞保障了天下安全；他任贤使能，百业兴旺，开创了政通人和的局面，成为中原地区最强大的部落联盟首领；他咨询四岳，挑选贤人治理民事，并选拔治水有功的禹为继承人。这一切，其实都是一个君王应该做的事，他真正让后世感恩的是开启了中华道德文化，其精神之魂被称为“德为先，重教化”，所以《史记》不吝赞誉说：“天下明德皆自虞帝始”①。舜只是让老百姓可以安心休养生息，以圣心治理天下，因而得以成为华夏民族共同始祖之一，中华道德文化鼻祖。

无为思想，无疑是作为道家理论而闻名于世的，但事实上，这是中国文化所公共认同的哲学思想、治国方略。诸子百家许多学派都有相类似的论述，虽然用语不一样，但所要表达的内涵与意义却是大同小异，或者说是异曲同工。孔子提出的治国方略是“以德治国”，他说“为政以德，譬如北辰，居其所而众星共之”（《论语·为政》）。用德治理政事，便如北极星一样，只要在它应该的位置上，群星就会拱绕在它的周围，说的就是君王以德治国，老百姓就会自动围着你转，这与道家“无为”思想异曲同

---

① 司马迁：《史记·十二本纪·五帝本纪》，古诗文网《史记》篇。

工。所以孔子盛赞舜：“无为而治者，其舜也与？夫何为哉？恭己正南面而已”（《论语·卫灵公》）。无为而国家得以治理的人，也就只有舜了吧！舜有过哪些作为呢？他只不过自己恭敬端庄地正坐在王位上而已。在位而正身，无为而治下，理政之道。

也就是说，国家需要王者治理、组织需要领导管理，但君王坐君王的位置、做君王应该做的事，而不必要去做约束老百姓、盘剥老百姓、与老百姓争利的事，让老百姓放心快乐地去做老百姓应该做的事，创造社会财富、和睦家庭家族，如此方有盛世太平。

（二）无为而治的历代治理发展

汉朝实行黄老政治的结果，使社会生产很快得到恢复和发展，国家积累了大量的财富，出现了文景盛世，西汉封建统治得到稳定。在处理与诸侯王关系问题上，黄老之术的以柔克刚、以静制动观念也成为一种非常有效的“润滑剂”。汉初诸侯王的势力十分强大，其中尤以吴、楚、齐为最，其领地几近“天下之半”。汉初全国人口大约有 1300 万，而属于诸侯王国的就有 850 多万。这种政治格局，不仅使政府大量的纳税人口被剥夺，国家财政被严重侵蚀，而其存在及明显的独立倾向也使中央集权时刻面临着被分裂的威胁。汉初以静制动、以守为攻，吴楚七国之乱不过三个月即被镇压，黄老之术起了重要作用。

唐初贞观盛世也接受无为思想，垂拱而治（垂衣拱手而立，天下得以大治。意指让人民休养生息，国家就富裕起来了）。魏征在《谏太宗十思疏》中说：“文武并用，垂拱而治。何必劳神苦思，代百司之职役哉？”垂拱而治比无为而治更加进一步，更积极生动形象，含有“四两拨千斤”之意。垂拱而治与黄老政治一样，其本质都提倡“君无为而臣有为”。可以这么说，李唐一朝，“内用黄老，外示儒术”，成为国家政治基石。因此，唐朝在大尊道教的同时，也大力倡导道家无为而治的治国术，注重德治，一边轻徭薄赋，一边垂拱而治，所以有了唐初天下大治，边地蛮夷都来归服的局面，开创了“贞观之治”的太平盛世。

明初，明太祖力推“休养生息”政策，一直到宣宗，社会比较安定，经济得到发展，文化相对繁荣，国力强盛，史称“仁宣之治”。明太祖即位以来，迫切了解前代圣人的治国哲理，平生最恨的就是贪官污吏，最同情平民百姓。他曾经 6 次大规模肃贪，15 万贪官人头落地，驸马、侄儿、宰相等都成刀下鬼。但对待老百姓非常宽厚，他用政府奖励垦荒，召集流亡农民开垦荒地，免除三年的劳役和赋税；要各地驻军屯田垦荒，做到粮食自给。他还兴修水利，奖励植棉种麻。到明太祖后期，田地大量开垦，军队粮食基本自给，政府税收大大增加。明建文帝也是个爱民如子的仁慈皇帝，他一改洪武时期紧张的吏治气氛，对先朝的政治实行改革，重德省刑，锐意文治，均免赋役，精简机构，革除冗员，还选派 24 人分巡天下，兴办利民之事，为百姓和官吏创造了一个宽松的环境，使中国大地吹过了一阵清风。明仁宗效法文景之治，开始一系列的改革，废除宫刑，停船下西洋，停采珠宝；减免赋税，开放山泽供农民渔猎，宽待流民。生产力得到了空前的发展，明朝进入了一个稳定强盛的时期。宣宗即位后继续推行仁宗的与民休养生息政策，任贤纳谏，君臣关系融洽，经济也稳步发展，政治较为清明，出现了著名的“仁宣之治”的盛世局面。

很显然，“无为”“无不为”，关键是什么方面可以无为，什么方面应该无不为。纵观道家无为哲学思想在经世济邦上的治国实践，展示了一个规律，那就是朝代开国前期，统治者采取道家的无为而治、垂拱而治思想，采用休养生息、轻税减赋等举措治理国家，能取得很好的成效，特别是前面提过的汉初的黄老政治，成为后世效法的典范。

（三）无为而治的传承与创新

秦朝动辄杀人的严刑峻法，仅存 14 年，正如老子所说的，“民不畏死，奈何以死惧之”。进一步探寻：汉朝兴于道家，唐朝兴于道家，宋朝兴于道家，元朝兴于法制，明朝兴于道家，清朝兴于道家。似乎有了一个规律，凡道家兴国的可历数百年，非道家兴国的，则难以长久。而且，朝代灭亡时，一般也是不兴道教了。司马迁也曾提出道家是简单易行、事半功倍的治国理论，他在《史记・太史公自序》说道家“旨约而易操，事少而功多”。

这里不是要证明道家之学是治国良方，然后否定其他各学各教。中国文化各流派互为相通，“无为而治”治国观念也不是道家独有的，只是道家最为典型。乱世法家严典，创世道家振兴，盛世儒家治国，是有一定道理的。这也是在中国这些治国学问才能流传下来的重要原因。可见，国兴国亡，并非文化的事，而是使用文化治理国家的人的事，即与统治者对文化的倾向、选择和推崇程度有关。儒学曾为历朝历代正统文化、治国方略，所以被诟病也最多。但真是儒学的错吗？恐怕是应用儒学治国者如何真正理解儒学意义，选用儒学什么内容的问题。道教是中国本土正宗宗教，所以有“老子天下第一”之说。

心和管理学的观点，在今天复兴中国文化，没必要树一派打一派，诸子百家都是中国文化，儒中有道，道中有儒，儒道里面有佛家思想，名家、墨家、法家、兵家……只要对今天中国有价值的，都可以应用。我们复兴的是中国文化，不是哪一家哪一派；我们关注的是中国文化中在今天仍有强大生命力，仍能为治国治企、为管理理论、管理实践提供帮助的中国文化，传承基础上创新发展。也不必分离出来，说什么道家治国、儒家治世、法家治人，而应该是以当代红色管理为本，以人民幸福、民族复兴为任，融合国学管理优秀的成分，建设本土的管理学体系。这是基于“四个自信”的中国管理理论建设的重要缘由。

把无为而治用在企业管理上，是让管理者从琐事中跳出来，高层管理主抓企业发展战略和识人用人，中层管理主抓技术研发、工作协调、事务督导，基层管理主抓生产、销售等，要充分依靠员工。职责内大事有所为，小事有所不为，达到“君无为而臣有为”，如此，方能让员工充分发挥能动性、创造力，实现真正意义上的无为而治。红色管理第一个百年的管理内涵应总结提炼，融入中国管理学中，在强国新时代，继续创造着新的红色管理内涵，正确理解无为而治，仍有必要。红色中国不忘立党初心，也不忘文化初心，一切为了党和人民，一切为了祖国和民族。

第四节　心和管理善水哲学

中国学问研究观察法为始，通过观察世间一切，明悟各种道与理。也因此中国人讲道理，常常以物喻理、以景明心、以事释义，大自然中的一切物像都可以用以抒怀、明志，阐述哲学道理。木金水火土五行物像就是最常见的，“水”是描述、论述、阐述最多的物像之一。先圣先哲面对江河湖海，观察、思量、参悟，得“上善若水”哲学思想，既是治国观念，也是治国方略，既是中国管理的指导思想，也能从中领悟管理的具体方式方法和工具使用。

本节主要探索上善若水管理之道——本土重要管理哲学之一。

一、上善若水的大道哲理

（一）老子说水德为最高之善

上善若水一语，出自《道德经》。老子在察天观地中，对水的领悟别有深意。在他看来，天地间最善的是像水一样的品性，这种品性之善，善在水泽被万物却不争名不争利上。不往低处流，往往处在别人都不喜欢去的凹地、洼地和一些不引人注目的角角落落，静停在水草之间、深潭之中，不与外界争高低（寓意不与世人争长短），所以，老子在解释他提出来的天地之间那个最伟大的万物之始、万物之母，玄之又玄的“道”时，以水为喻，认为水最接近于道的本义：“上善若水，水善利万物而不争，处众人之所恶，故几于道”（《道德经·若水》）。“几于道”三个字，说明老子认为水几乎就是道，道就是水，而其中的关键，在于水德的表现就是善，而且是“上善”——最高的善。这是中国文化的重要内涵，也是区别于外来文化的重要方面，以物喻志、以物析理，是观察法、经验法的重要体现，是中国学问重要的研究方法，不因西方不重视而减弱价值。

理解上善若水，需要探索“水”究竟有哪些“善”德。根据水德之善，应用到心和管理，就是如水一样做到至善至柔，可以如水一般展现温柔清澈、潺潺而流；亦可以如水一样积聚成浪，汹涌万丈。水，与人无争却又容纳万物，能容天下难容之事之人之一切；水，滋养万物而不与万物发生矛盾、冲突，其胸襟和气度无与伦比。

人生大道，与水相仿；心和管理，上善若水。老子是道家始祖，孔子是儒家之祖，但他们俩在一起学习研讨过，所以在孔子创立的儒学中，就结合了老子思想——儒道产生之始，就互有影响，也互有融合，这是儒道不分家原始缘由。而上善若水思想，将老子与孔子的思想有机融合在了一起，道家求道，儒家修德，上善若水既是人生之道，也是入世品德。最高境界的善性、善行、善德，如同水的品性：避高趋下，显示出一种谦逊的美德；奔流到海，彰显出一种执着的坚毅；刚柔相济，揭示出一种自在的适应；海纳百川，表现出一种大度的胸襟；滴水穿石，显露出一种不屈的毅力；洗涤污淖，表达出一种无私的奉献。水，可以给人无限的启迪。所以，历史上的名人墨客，大多会面对水沉思，对大海、对江河、对湖泊、对溪流、对池塘……看水面的无风无波、看水面的微风涟漪、看水面的汩汩流淌、看水势的蹿高跳低、看水瀑的飞流倾泄、看水域的惊涛骇浪，惊讶于水既可以静如处子、柔情款款，又可以汹涌澎湃、张牙舞爪，既可以温润如玉、滋润万物，又可以积蓄力量、荡涤一切，从而引起无限思绪、生出无限感慨，吟出无限美文、留下无数哲理。

这便是水的魅力、水的风情、水的理性、水的力量……水，上升为一种道之理、德之性，在中国文化中独树一帜，展示出中国文化巨大魅力的同时，也把其中蕴含的哲学道理贡献给人类。

在《周易》八卦中，就有两卦涉及水：坎卦与兑卦，坎为水、兑为泽。

（二）对应坎卦德如水流不断

坎卦说的是面对危险的态度与做法，《象》曰：“水洊至，习坎。君子以常德行，习教事。”水流滚滚而来的时候，意味着危险重重。君子要能从中悟出一个道理：规避危险的最佳做法就是不断地做有德性的事、做教化人拥有美德的事。德行亦如水流不断，则危险可解。这从另一个角度道出“上善若水”之哲理。进一步从卦理上分析，先天八卦是两两相对的，与坎卦对应的是离卦，离为火。从卦象角度看，坎上离下是既济卦，水在上火在下，水浇火熄，所以是既济，事情已成，但须居安思危，当心死灰复燃、物极必反。坎下离上，则为未既卦，火在上、水在下，位置不对，水克不住火故未既。事情不能马上如愿，但可以稳步进取、耐心破关，持之以恒终能有所成就。这就给我们的国家治理、组织管理提供了一个启示：水不争不急，就在那儿，用得好是善行，用得不好，只须稳重耐心，仍可希望得逞——这也是一种水德。

换一视角，从中医角度看，坎为水，对应人体中的肾；离为火，对应人体中的心。心脏好的前提是肾脏好，心火过旺是肾水压不住，肾阳不足，心浮气躁。心里好色过盛，行为泄欲过度，便是伤肾。人有欲望是正常的，包括性欲，这是天性。但没有节制的欲望，以伤害别人为前提的欲望，就是不正常的。人区别于动物性的重要特征是控制欲望，合理适当的欲望才是最好的。所以，给我们的启示是，水德之善，善就善在水可降火，降急火、降邪火、降欲火，从而让我们不至于急火攻心，不至于邪火挠心，不至于欲火焚心；于是内心可以宁静、环境可以清静、生活可以恬静，身体安好、心理安好、一切皆可安好。这与乾坤两卦告诉我们的道理具有一致性，与易理之阴阳原理具有一致性。

人的精神层面，需刚柔相济。若是纯阳无阴，便会刚愎自用、走向极端，如所谓的武士道，刚性到底决不妥协，一旦失败，切腹自尽。若是纯阴无阳，便是明哲保身，宁愿什么都不做，也不犯一点点错误，最后是一事无成。过阴过阳，过盛过弱，皆不对。

再从人类性别角度看，男为阳是为离卦，女为阴是为坎卦。离卦上下两阳爻、中间一阴爻，性格特征一般是外刚内柔；坎卦上下两阴爻、中间一阳爻，性格特征一般是外柔内刚。同理，男主外女主内，男子在外刚强，到家听老婆的，女子在外柔弱，在家做主，这样的家族就稳定、安详而且幸福。否则，就是男子在外没本事，回家打老婆；女子在家啥事不会干，在外牛哄哄不给自家男人脸面，家族没法和睦，生活没法和谐。

中国老祖宗对这些现象，有一个词评价：阴阳失调。体内阴阳失调，身体病了；家里阴阳失调，家庭病了；组织阴阳失调，单位病了；社会上阴阳失调，社会病了。有一段时间，电视娱乐性综艺节目、电视偶像剧中，充斥着男性女性化，女性化男性，显然性别上阴阳失调了，电视娱乐病了。其实，大自然的规律，阴阳若失调，必然会有协和之力量，让人与事物回归协调。

做一个有担当的男人，不是拿钱可以砸出来的；做一个水一样的女人，不是憧憬就可以实现的。当女人对男人不满意时，就一句："你是男人啊！"或者感慨式地发问："你是男人吗?"男人便必须挺起胸膛，承担一切。男人的肩头必须扛得起男人的责任，男人的臂弯必须可以让女人依靠，男刚女柔既是一种自然现象，也是一种生存状态。而女人不仅仅是有温柔就可以的，更重要的是女人的本质内涵，是必须有水德。有水德而又温柔，才是真正的"水一样的女人"。当然，阴阳可以转换，只要彼此都达到了阴阳协调。世上稳定而和睦的家庭，一定是在夫妻磨合中彼此合理妥协中达成的。男主外女主内是常态，只要双方适宜，女主外男主外也未尝不可。只怕是两人都阳刚，那就火连火、火加火，最后烧得只剩下灰烬；或是两人都阴柔，那就水淹水、水连水，最后水漫金山淹没所有。

（三）兑坎相应展示水德上善

兑卦说的是面对喜悦的态度与做法。易有云："丽泽，兑。君子以朋友讲习。"泽水相连互通，显示的是喜悦的特征。所以君子会聚集朋友一起互相讨论学习，以求进步。喜悦要与人分享，更要上顺天意下应民情。这就是说出水要具有适应的特性，与什么样的人都可以交往，都可以成为朋友，都可以一起学习提升；水还要具有一定的运动性，欢快地向前奔跑着、荡涤冲刷的同时，带给人们希望、带给世界希望——这也是水德。

从卦象看，与兑卦对应的是艮卦。艮为山、兑为泽。泽水在上、艮山在下，山气水息，互相感应，吉祥如意；山中有泽，虚怀若谷，谦虚受教，无有不亨，故为咸卦。若倒过来，艮上兑下，山在上泽在下，泽水浸蚀山脚，多主不吉，故为损卦。若遇损卦，须坚守诚信，方可得解，有因祸得福之兆。这就是泽水之妙。

做人如水，做事如山。如水，则能适应一切环境，包容万物，纯净而宁静；如山，则像山一样的稳重，踏踏实实做事，给人以信任。做人如水，做事如山。如水，柔美、滋润，动中有静，静中有动，动静合宜。如山，山势挺拔，山形高峻，伟岸坚毅，给人以安心。做人如水，做事如山。如水，柔而适应一切环境，变而能成任何形态。瓶罐中是瓶罐之形，杯盘中是杯盘之形，池塘中是池塘之形，江河中是江河之形，海洋中是海洋之形……如山，定而安稳不动、矗而高立不晃，小山包是情怀、缓山坡是浪漫，独立高耸是风情款款、犬牙交错是重峦叠嶂，山道蜿蜒藏钟灵毓秀、山势连绵显气势恢宏，入山中有空谷幽兰，登山顶风江山如画。山水相连是高山流水、山高水长，是千山万水、湖光山色，是山清水秀、青山绿水。

水德“上善”，“善”是应用在现实社会的“道”，表现出来就是“德”。“道”的层面，没有“善”或“不善”，但“德”的层次，就有了“善”与“不善”的性质分别，而且还有量化区分，如“上善”“中善”“小善”。所以，水有水量多寡、水域大小、水势强弱、水形正奇，德有类型不一、内涵不同，天有天德，地有地德，君主有圣德，君子有仁德，教师有师德，武人有武德，艺人有艺德，社会讲公德、个人讲私德……衡量这些“德”之高下，就在于“善”与“不善”，是处在“上善”“中善”还是“小善”，若是走到善的另一面，那就是无道无德问题了。“德”与“道”的切合程度，就是“善”的高下、正反水平。

总而言之，“水德”是“上善”，就因为它“几于道”。这也是心和管理之“道”。

二、上善若水的不争观念

（一）水德不争展现中国哲理

水为最高的善，还体现在水的“不争”之德。水静默而在，不与世间万物相争，只默默提供人世与地理对水的需求，给一切需要水的人与物提供水能源；无论需要还是不需要，水总是静静在那里，不急不争；若堵水过分了，使水积多了，也不参与争上，只是默默向下、向外流动，遇到阻隔，绕道而行——你自争你的，我自流我的。到忍无可忍、流无可流时，积聚成巨大能量的水，会暴发出惊天动地的能量，但也只是本然反应，而非主动去争，是水对那些“争者”，尤其是“不良争者”的沉默回答。

老子道学思想非常注重“不争”，他认为“不争”同样是“上善”之水德。据统计，“不争”在老子的《道德经》中共出现过8次①：

1. 第三章：“不上贤，使民不争。”
2. 第三章：“夫唯不争，故无尤。”
3. 第八章：“上善若水，水善利万物而不争。”
4. 第二十二章：“夫唯不争，故天下莫能与之争。”
5. 第六十六章：“以其不争，故天下莫与之争。”

---

① 尹海清：《试论老子“无为而为”与“不争之争”的人生进取观》，《哲学史学研究》2011年10月中旬刊，第93页。

6. 第六十八章："古之善为士者不武，善战者不怒，善胜敌者不争，善用仁者为下。是谓不争之德……"

7. 第七十三章："天之道，不争而善胜……"

8. 第八十一章："圣人之道，为而不争。"

如果说"无为而为"是一种"道"之思想观念，那么水的这种"不争"就是对"道"的最佳注解。上善若水所表达的意思，有着不参与争，无论是竞争、斗争还是战争都不参与的意义。有人说竞争是社会进步的象征，水德说竞赛才是社会进步的象征；有人说斗争是获得利益的标志，水德说合作才是共同获益的标志；有人说战争是优胜劣汰的过滤，水说德性才是优胜劣汰的过滤。老子所定的"不争"之德，与"无为"异曲同工，核心点仍然在不与民争，在于不争中展现出中国智慧，显露出中国"不争而善胜"的哲理。

不争的哲理还包括：做人应如水，你高，我便退去，绝不淹没你的优点；做人该如水，你低，我便涌来，绝不暴露你的缺陷；做人须如水，你动，我便随行，绝不撇下你的孤单；做人要如水，你静，我便长守，绝不打扰你的安宁；做人长如水，你冷，我便凝固，绝不漠视你的寒冷；做人得如水，你热，我便沸腾，绝不妨碍你的热情。所以，不争，不是消极退让，而是一种积极的人生进取观。不争，还是一种艺术：我不争，你便找不到争夺者；我不争，或许就忽然涌入长江大河，成就无限未来。不争中，自有美好在里面。

（二）水德不争揭示管理根本

不争，就是不争。没有计谋、没有虚假、没有装腔作势，贵在真诚、真切。但所有的不争，都有一定的条件，而恰恰是这些条件，正是治国方略的内涵、管理组织的本原。

如"不上贤，使民不争"（《道德经·安民》）。这里的"上"是"尚"，不崇尚有才德的人，民众就不会去争夺这"尚德"之称。这原文后面还有几句："不贵难得之货，使民不为盗；不见可欲，使民不乱。"意思是不把难以得到的东西看得特别贵重，民众就不会去偷盗这些东西；不把可以产生欲念贪心的事物显现、炫耀出来，民众就不会为这些事物迷乱心性。这些道理非常明确地把老子"不争"的本意给表示出来。这个道理现实中也已经体现出来了，没有炫富之心，何来奢侈品之说；没有学术利益化，何来"砖家"之讥；没有货物紧缺，何来走私必要；没有私欲膨胀，何来食品不安全……官员、学者都"上贤"，特供、地位都"货贵"，教育、艺术都“欲见”，又如何“使民不争”！官炫权，商炫富，士炫识，无有“善若水”。

显然，这里说的“不争”，是真的不争。不争，而人少了欲念；不争，才会少树敌或不树敌，“夫唯不争，故无尤”。而更高一个境界是“水善利万物而不争”，只有默默地付出，滋润大地中的万物而不与万物相争。这样的水德，不仅仅是一种品行，更重要的是一种极其高尚的境界、一种无上的处世哲学和众生智慧。

再如“夫唯不争，故天下莫能与之争。”（《道德经·不处》）阐述的是“不争就是争”的道理，这从两个方面理解：其一，将“不争”看作是一种策略；其二，社会清明世道公平下的“不争”。所谓策略，是指在三方以上的竞争、战争中，主动以“不争”示人，即“曲则全，枉则直，洼则盈，敝则新”（《道德经·不处》）。这时候的委曲求全就是一种策略，在多方关系中，先让自己退隐，避免成为他人、他国的主攻目标。当然这需要极高的审时度势能力，不然很容易就先被人家联合清除。所以要有一个重要的前提，就是互相之间的牵制，即自己退隐，人家也因为互为牵制而无法针对自己，最后便可能渔人得利，达到“不争而争”。这就是屈枉便能直伸、低洼就会充盈、陈旧必然更新的道理。如果不是策略的运用，那么“不争”就适宜于在公平公正公开的环境下应用，唯其清明公道，“圣人抱一为天下式”（《道德经·不处》），才有天下人人都能“抱一”，即坚守“道”这一以贯之的原则。若不能把此作为天下处世的基本范式，小人出、奸人行，如何出现“不争而争”之清朗公允境况。若欲达到老子幻想的美好境界，就需要创造一个干净清明的社会环境、组织环境。这在组织管理中是有可能实现的。

归根结蒂，“不争”还是有“争”，但此争非彼争，是“以其不争，故天下莫与之争”，不争了别人怎么与你争，这个“争”表现出来的还是“不争”，是“善胜敌者不争”，而且“天之道，不争而善胜”，胜利属于“不争”者。这才是“不争之德”的自然结果。故，不争是水德，有水德之人善胜。

（三）水德不争成就事业大厦

“圣人之道，为而不争。”实现组织的洁净明朗环境以达“不争而争”，这需应用圣人的教化之道，让大家明白“信言不美，美言不信。善者不辩，辩者不善。知才不博，博者不知”（《道德经·右契》）的道理。花言巧语，既不真实，也不善良；卖弄学识，既是乏知，也是弱智。所以，帮助别人、给予别人才是真正的“为”，在这样的“为”中自己也积累更多、学识越丰，这才是“天之道，利而不害。圣人之道，为而不争”（《道德经·右契》）。“为”而得利，“争”必有害。

这里点出了“不争”哲学思想的主旨：可以不争，不能无为；为而不争，圣人之道。这里有两点需要明确：一是既说无为，何来有为；二是既然不争，怎样有为。前一个问题，是针对前一节提到的老子的“无为”哲学思想而言，明明说“无为”，这里又怎么提“为而不争”。所以要明白，无为是针对统治者、管理者管理百姓而言，有为是针对统治者、管理者的政权或组织责任而言，为该为之为，不作无为之为。从人的角度说，不去烦扰组织、国家也是无为，站好自己的位、做好自己应做的事是有为，所谓在其位谋其事。但在为自己该为之为时，又要谨记“不争”，“不争”方能“善胜”，此为“为而不争”。后一个问题，“不争”怎么有为。“不争”是不与人针锋相对、不与人争个高低，也就是不去争强好胜，而只“为”自己该为的事，所为的是事业、是善业，是走自己的路，让别去争吧。所以，不争是对的，但不能无为。当别人在争斗场上你死我活时，自己已经在事业路上走出一片天地。

总结起来，涉及“使民不争”“不争而争”“为而不争”。三层意思都有一个重要条件，就是有统治者、管理者的治理、运作，为该为之为，而不与民争利。然后逐层递进，先是“使民不争”，是真正的不争而专心于自己的事业或善业；因为不争，就少了许多牵绊，可以专心致志于自己的事业，终而成就事业，实现了“不争而争”。所以从哲学意义上讲，为而不争才能达到圣人之道。反过来说，很多人全力去争，争得一时小利，却失了一生大利。没有“争”的欲望，就不会有“争”的行为，也就不会分心。

举例来说，没有为官者的无上特权和以公谋私，就不会有社会的“仇官”；没有商人的黑心发迹和为富不仁，就不会有社会的“仇富”；没有学界的官学依附和五谷不分，就不会有社会的“拍砖”。“使民不争”的关键是能否管理出一个让民无须争、不必争的环境。更进一步说，就是管理者能否营造出一个干干净净的社会环境、组织环境，而不是强权横行、社会浮躁、极度自私、一切向钱看的社会或组织环境；当人人都担心“不争”吃亏、“不争”无路可走时，何来“不争”之可能，又怎能出现“不争而争”的结果。

所以，从管理角度看，组织成员须“有为”，只有人们真正意义的有所作为，才体现出管理者的“无为”功效。一个组织出不来成绩，很重要的原因在于管理者为在不该为的方面，导致组织成员不想为、不能为。而西方引进的“竞争”观念，让组织成员放弃了“竞赛”观念，人与人之间争了个水火不容，却未能在比赛中共同提高。以此来说，只有管理者懂得并落实“为而不争”，才有可能创造一个有“圣人之道”的美好社会环境、组织环境。

不争就是与人为善，是心和之高境界；官不与民争、上不与下争，就是发挥人们的主观能动性，是心和管理的高境界。这样，不争就是争，是健康的争、正能量的争。

三、上善若水的包容品性

（一）水德包容万物深含七善

上善若水，仅仅四字，却集四海八荒之力、容天地四方之宇，站在哲学最顶端，以水喻德，德被古往今来之宙。可见其容量之大、之广、之深，它是老子智慧结晶，道家哲学凝聚，中国文化宝藏；充分展示出中国学问之现实观察、心灵感悟、实践求证、经验积累的研究特色，加上全局把控、整体谋划、综合关联、阴阳协调之中国学问的研究本质，以及修行为本、攻心为上、协和为要、天下一家之中国学问的研究内涵。观察水、感悟水德、结合现实得出水德“上善”之结论，考察水形、水流、水势观察水面、水下、水动、探究水聚水散、水分水合，感悟水柔水刚、水进水退，都是从宏观上把握、关联中思量，最终归结到宇宙大道、天下至理，归结到自然之道、人生之理，体现在治理之道、管理之理。

现代科技表明，地球表面70.8%是水，水的包容性、承载能量更为巨大。老子所处时代还没能很好地掌握海洋知识，却已经能对“水德”进行如此高的概括，殊为可贵。

《道德经·若水》对“水”之德是这样说明的：“居善地，心善渊，与善仁，言善信，政善治，事善能，动善时。夫唯不争，故无尤。”这是将“水德”上升为“人德”了，以水无所不包的巨大包容特性，来展示人要胸襟广阔、包容一切。

这就是说，人需有水一样的德性，如水德那样不争而居善地，因为水的不争，所以水流无限；因为水流无限，所以天下无敌。心善渊是因为水德如此自然、如此清静、如此明慧，其渊之深透、其水之澄澈，清楚什么不能兼容，什么不能包含，此谓心之强大是也。

但只要需要，水可以是任何一种形状，可以是任何一种水能，可以是任何一种力量，所以与善仁，言善信。人有水德，就会笃信好学，纯朴、敦厚、诚信、好学既是仁的本意，也是言必信的品质；故人若善信，必信守承诺；有信之人，定信守不渝。

有水一样的包容心、包容力，文可容纳天下知识、武可包容世间力量，如此政可治；政治之本就在于包容之能，管理之力就在包容之为。水贵修养，养育正道之心，于是在任何领域、在任何岗位，皆可“善治”。如此事善能，能者勤奋、能者敬业，勇者无敌、能者无敌。如此，还有什么事是不能解决的。现代管理需要人家里汲取极其重要的内涵。

易道之乾卦有六龙，“跃龙”就在于临渊而不惧怕，适时腾跃而能成龙，故动善时，把握住时机，适时腾跃。如此，德性深广，方能厚德载物。

（二）水德七善管理哲学要义

“居善地”。低调，方有包容。这里的“善”是谦让能容之美德。“水”往低处流，不与万物争高低；所“居”之地，皆为低洼艰难，世人不愿处之地。而“水”却视其为“善地”，因为人往高处走，越高位置越少，势必要“争”，争而升级，后果殊为严重。“水”放低身段，低调微笑，谦和忍让。当大家争得头破血流、你死我活时，“水”依然清澈明亮，悄悄滋润万物。“水”坚定不移地宁静或前移，要么升华为气体，凝气成云、遨游蓝天，有朝一日再成雨露普洒大地；要么奔流到海，融入汪洋，再凝成汽而潇洒回归，荡涤污垢而保持纯净。

“心善渊”。清心，方有包容。这里的“善”是清心虚怀之美德。“水”乃谦谦君子，与世人万物皆恭敬有礼，仁义有德。其心“善”，善在如渊清泠，澄明宁静，不受任何诱惑或干扰，所谓清心静神；善在如渊深沉，深不见底，不受任何污染或冲击，所谓博大精深。做人，应像水那样始终不被环境所迷惑，始终保持住清明宁静的本心，不改变天然的本性和善良的初心。内心如潭，方能清澈洁净；清水回旋，方显虚怀礼敬；渊深无底，方有深邃渊博。既能够“善渊”，又何惧任何艰难之境、危险之地。心善，又何惧一切危险。

“与善仁”。宽仁，方有包容。这里的“善”是仁爱宽容之美德。“水”可至柔，什么物件都可以搅动，什么奇形怪状都能泰然；“水”又可至刚，既能滴水穿石，也能冲刷万物，还能掀起滔天巨浪摧毁一切坚固；“水”更是至净，无论抛入什么都能沉淀、无论怎样的藏污纳垢之所都能冲净。也正因为如此，“水”能容而仁爱，无论是宝物还是垃圾，都能接受，无有亲疏；无论是坦途还是险阻，都能相拥，无有远近；无论是名贵花卉还是无名小草，都愿滋润，无有厚薄。既不趋炎附势，也不故作清高，坦坦荡荡，显示其仁爱宽容的胸襟和气度。水能无敌，仁者无敌；水德兼容，万物不弃。水可大可小、可聚可散、可分可合、可动可静，可浩浩宽广、可荡荡无垠，可平静如镜、可汹涌奔腾，可涓涓细流、可澎湃长江，可池塘蓄水、可湖泊泽被，可滴水穿石、可巨浪滔天。所谓仁者无敌。

“言善信”。诚信，方有包容。这里的“善”是至信不欺之美德。你来，水在；你走，水还在。你喜欢，水笑笑；你厌烦，水依然笑笑。水用无声的语言告诉你，水之善，善在表里如一，信守一致，不哄不骗不诈不欺，溪流潺潺，净洁透明；山泉哗哗，清爽甘甜；雨声滴哒，滋润大地；春风化雨，润物无声；江河奔腾，坚定不移；海啸倾覆，惊天动地——一切都是水的本然。水从不欺人、从不骗人，对任何人一视同仁，表里如一、始终如一。有此水德，谣言无所遁形、谗言无处可施、谎言原形毕露、胡言出不了口。言一出口，便一言为定，且言而有信；君子一言，必肺腑之言、且言之凿凿；这是因为，水德之言，善信。国之治理，需取信于民；人之交往，需取信于人。

“政善治”。善治，方有包容。这里的“善”是无为而治之美德。为政者（包括管理者），更须应用水德之善治理辖区或和管理组织。“水”静，则湖面安详，顺其自然；“水”动，则依势而行，任意曲直。无所谓上者的气派，无所谓权者面子，无为而治便是“善治”。恰如李斯《谏逐客书》中所说“泰山不让土壤，故能成其大；河海不择细流，故能就其深”①。以水德善治者，还懂得水能载舟，亦能覆舟的道理。若不能令人心中有和，难免“覆舟”。这里，把水德应用到治国理政上来，那么自然也可以应用到管理领域。而众所周知，中国文化认定，凡治国平天下者，既能格物致知，也要诚意正心，更须修身齐家。

“事善能”。善能，方有包容。这里的“善”是勤奋敬业之美德。水可以滋润，可以溶解，可以清洗、可以冲刷。大者气势磅礴，如瀑布飞流直下，一泻千里，融入山川，滋养大地。小者，滴水能穿石，恰如坚持不懈的恒心，能突破一切艰难。生活中，一瓢饮，能解干渴；品茗一盅，去疲除忧；酷热难挨，冲凉解暑；又能涤尽污垢，常保环境清洁……如水处事，勤奋敬业，不为名不为利，默默无闻无所谓，只有勤能献世间。如是，处事之能“善”也，才能者有善、能干者有善、智能者有善、效能者有善。汉语称有本事的人为“能士”，有能力的官员为“能臣”、手艺好的人为“能工巧匠”、有特殊才华的人为“奇才异能”；于是选拔善能之人为“选贤任能”或“举贤任能”。天生我材必有用。

“动善时。”善时，方有包容。这里的“善”是审时度势之美德。水

---

① 司马迁：《史记·七十列传·李斯列传》，古诗文网《史记》篇。

起时，涓涓细流渗而行；水汇时，条条涡流相融合。进湖泊，蓄积而待有用时；入江河，汇聚而过任尔取。春暖花开时，春雨绵绵细水长流；炎夏壮万物，大雨潇潇满江河；秋高气爽时，秋雨瑟瑟不常来；冬冻大地，雪花飘飘难见雨。时节不同，水动有异。善之善者也，审时度势。水行能静能动，动时，一定紧紧把握住最佳机遇，而且勇往直前、绝不放弃，不弃涓滴之小，不嫌小涡之无力。该冲时冲击不息，故水中石亦能磨其棱而圆润；需奔时不惧悬崖，故飞流直下三千尺成瀑布，关键在这个“时”的把握。恰如其分、恰到好处，便是如此。

（三）上善若水的管理文化之力

文化是有力量的，善水文化力量无限，这是德性的力量，这是人心的力量。水甘居善地，其力量体现在谦逊包容之中，体现在善渊修心之中；这基本定型了中国人含蓄、谦逊、低调的价格特性，而这种特性的核心在于临渊而修心，修而得道明德。

如此，方有仁爱的内涵体现，信用的水善表示、诚信的荣誉入心，这便是仁义的力量、真爱的力量、信用的力量、信誉的力量，是水德的力量、善政的力量、修养的力量，归根结蒂，是善水的力量、道德的力量，最终凝结为一种管理文化，展示出文化的力量。

能人须有德方有力量，水动而善时方有力量，静水可聚能方有力量。这些力量，在不争中逐一展现。“夫唯不争，故无尤。”前面分析过，“不争”是上善若水之美德。清静的水面如镜，照映世景世物。有人看到了湖光倒影，一览无遗而情动意切；有人看见了湖光山色，美若仙境而寻幽探胜；有人走过了名山大川，锦绣万里而气壮山河。有人见波光粼粼而心向往之，有人见飞珠溅玉而诗兴大发，有人见水天一色而豪气顿生。然而，无论人们如何看水、如何感受，水依然是水，从不争。因为“不争”，所以“无尤”。

“水”，安然着无人来争、与人无争的善地，“善渊”而心清明宁静，“善仁”而心祥和慈爱，“善信”而心诚信义，“善治”而政循自然，“善能”而心专于事，“善时”而心随时动。“水”不刻意争权夺利、争功钓名，也就无内心之忧虑、忧郁，外界的忧患、忧难。因为不争，所以心态平、心绪宁、心思正、心意谐，心顺形和，不治而治。有水之宽广、水之坦荡、水之纯净、水之仁心、水之真诚、水之风情……宇宙间，便有了乾坤；人心中，便有了乾坤。易理八卦之乾坤双卦为首卦，其中的坤卦（离坎双卦之坎卦，必要时可代之）展示的就是水德之力、水德之能、水德之可纳百川的大海一样深广的包容力。坤者，厚德载物也，故大地，厚德载物是因为可以包容万物。坤为柔，柔可伸缩而有韧性，柔而不软、韧而不弱。

心和管理学，其心如海宽广、其思如宇宙无垠，方能融和天地一切，天地和，天地人三和，管理目标便实现了。水德“上善”，是管理引导修身养性，或者说修行修炼身心之必须。

上善若水的哲学意义、管理内涵，不断的觉悟便会有不竭的力量源泉。

第五章　心和管理学观念

念，是心中所思所想所虑。念一个人是思念、惦念，念某些事是思考、思虑，心中有思意，便为意念；对心中所念形成看法、态度，就成了观点；对观点确信无疑，就是信念；观点被证明是正确的，那就是观念；观念是上升到理性高度的观点，是正确的看法、正确的思想、正确的思维活动的成果，自然可以上升为一个体系、一个理论体系。因此有时候观念等同于理论。一些人使用“观念”常常有用错现象，特别是固执地认定“观念”是从西方引入的那些人。事实上无论是 concept 还是 idea，都无法完整表现出“观念”的意义。观念中的“理”既是道理的理，也是理性的理，还是理论的理，所以有理念一词；念便是念头、思想。

本章重点是国学管理的周易管理观念、诸子管理观念，治国平天下的安邦观念、谋略观念等，红色管理之红色思想、红色文化凝结的相关观念，以及这些观念应用于心和管理时所需要的传承基础上的创新，结合现实基础上的修正完善、提高升华。

第一节　无极太极管理观念

作为诞生最早、影响最深、传播最广的传世伟作，《周易》蕴藏着中华管理观念之源：无中生有、无极生太极、数字易理等，都是道；太极，极致极限也，意味着无限时空有了边际，出现宇宙；意味着地球上有天、下有地、中有人，三生万物。这种宇宙观与有天地观认识，基本与现代科技结论吻合。中华之理也就从中产生，渐成文化，成为非常重要的管理观念。

一、无极哲理太极管理原理

（一）中国初始哲学无极概念

中国先祖提出的“无极”“太极”概念，是极重要、极典型，也是极具东方特色的文化概念和思想内涵，是中国学问的重要源头。无极生太极、太极生阴阳，然后又生五行、生八卦、生六十四卦等。无极、太极概念及其思想提出来的时代，对星辰大海缺少了解，先哲们抬头看天、俯身观河、满目山川（观察大自然）中静心思考（综合关联和比较中感悟），得出元气理论、无极认知、太极思想，不能不说是中华文化的伟大奇迹。

百科对“无极”这样解释：“北宋周敦颐根据道士陈抟《无极图》①，在其《太极图说》中把道家‘无极’概念引入易学中加以改造，并作了新的解说。全祖望《周程学统论》：‘无极之真，原于道家者流。’《太极图说》以无‘极’为先天地而存在的实体，提出‘无极而太极’‘太极本无极’的命题，有‘有生于无’之意。以‘无极’作为万物之本源。‘无极之真，二五之精，妙合而凝’。周氏用无极观念，是取其虚静的性质，以静止为无极的本性。太极的运动，来于无极的静止，归于无极的静止；太极的运动是暂时的，相对的，而无极才是永恒的。他构筑了一个宇宙发生演变过程：无极 > 太极 > 阴阳二气 > 五行之气 > 万物和人类”。这显然是说，无极为原始的无边际无穷尽的虚静，这就是“道”的本义，也解释出了中国文化中“道”的起源。中国管理之道，与中国文化之道乃同道。

《庄子·大宗师》对“道”这样解说：“夫道……在太极之上而不为高；在六极之下而不为深；先天地而不为久；长于上古而不为老”。这是说“道”比太极还要高深、久远，在太极之上都算不上高，在六极（上下天地四方）之下也算不上深，比天地还早就存在了也算不上长久，比上古还要久远依然算不上老。可见，“道”的最初意义，应该是“无极”。只有无极，是无限的，开天辟地之前都是无限的，时间、空间上也是无限的。当无极上升到“道”，此“道”自然也不会局限于任何一个确定的时间、任何一个具体的区域，开天辟地之后，无极生成太极，但无极之道却依然存在。由此，我们可以理解“无极”之原始即“道”之元初的道理。天地间有了人类，才需要管理，所以，无极之道也是中国管理之道的元初。

与老子同时代的先哲关尹子如是说：“是道也，其来无今，其往无古，其高无盖，其低无载，其大无外，其小无内，其外无物，其内无人，其近

---

① 陈抟（871—989），字图南，自号扶摇子。生于唐末，亳州真源（今河南鹿邑县）人，举进士不第，隐居华山为道士，人称“陈抟老祖”，擅长气功，尤长于书法（无作品传世）。在陈抟以前未见有“太极图”，亦未形成太极文化形态及其理论体系。自陈抟创绘出“太极图”“先天方圆图”“八卦生变图”等一系列《易》图，并发表《太极阴阳说》后，才出现了有宋代大儒周敦颐的《太极图说》、张载的《太和论》、邵雍的《皇极经世》，程颢、程颐、朱熹等的《易传》，从而才有中华独有的太极文化形态和一系列理论的形成。

无我，其远无彼。不可析，不可合，不可喻，不可思。惟其浑沦，所以为道。”① 关尹子，实则名喜，曾为关令。先是受老子教诲而开发智慧，修证大道，后著《关尹子》九卷，而且，老子《道德经》五千言，也是应他的邀请而撰著。在道教中地位崇高，为历代文人推崇，号文始先生、文始真人。“文始”，文明之始、文化之初也。所著《关尹子》九卷被尊奉为“文始真经”（教内称《无上妙道文始真经》）。可见，无极之道，为初始本心。心和管理，源于本心，回归本心。

（二）太极管理基本原理探索

无极是没有中心、没有边界的极致，太极有了中心，有了极致有了边际。这中心，是人，或者说是地球上生存着的人类。以人为中心，上有天、下有地（阴阳），大地有四方（四象）。天地四方（六合）都围绕着人类（七星）。“从字面上说，‘极’是顶点、尽头、极限的意思，‘太’是高、大的意思，‘极’字上加上‘太’字构成的词，表现了无以复加的极限、极点的观念。”② 太极从无极限到有极限，是世界的本原，是大道的起始。

很多人提到太极管理时，本能地会想到“打太极拳”式的管理，这是误解。太极拳是太极阴阳圆润四两拨千斤原理在武术领域的渗入，而太极管理是太极哲学思想在管理领域的应用。以“知白守黑”阴阳哲学为例，当今管理领域出现的一些社会问题、思想问题、管理问题，都可以用这一哲学内涵解析，都是“知白”而守不住“黑”，忘了本心、失了初心。老子《道德经·常德》中有云：“知其白，守其黑，为天下式；为天下式，常德不忒，复归于无极。”知道什么是白（明亮、光明），守住本心不堕入黑（黑暗），这就是立身天下的基本定式，这样能保持永恒的德性不发生变化。这样做可以回归到初始的无极状态，即人之本心、初心的朴素纯洁。这里的知白守黑，可以进一步延伸出：知雄守雌，知进守退，知荣守辱，知强守弱……显然，知白守黑的定式，是阴阳理论的起始，道学最初的对立统一，即无极生太极（0→1），太极生两仪（1→2）之源头。太极之道即阴阳：知白守黑。

杨成寅在他的《太极哲学》一书中认为，太极具有无极性、创生性、变动性特点，他根据成中英概括的结论说，“太极的无极性包括无形性和无限性……太极之外，别无他物……太极成就事事物物，但本身却活动不

---

① 关尹子著，《文始真经·筹》，古诗文网《文始真经》篇。

② 杨成寅：《太极哲学》，学林出版社 2003 年版，第 1 页。

已，反复辩证地处于未完成的状态……从未定至确定，是创生性的本义……实有世界的创生使太极分身，同时又保持其不可分化的一体性。因此，太极创生之力绵绵不绝”① 而所谓的变动性体现在物极则变，变则化，所以变化之源是太极。很显然，中国早在无极、太极思想产生的时候，就已经明白：变是绝对的，不以人的意志为转移，所以中国哲学思想一开始就讲“易”，然后才有易道、易理。而在变易思想中，也肯定一定时期内的静态状况，所以易理中有“不易”一说，不易是相对的。东西方的差异在于，中国认为变易是阴阳相生相克而成，西方认为改变是原子微粒分割的结果。

中国的元气论，负阴抱阳，认为阴阳二气互为影响，阴阳合而“生”万物，所有的一切，生生不息。所以，中国文化不提西式的“竞争”，更不认可“零和竞争”，因为和合能生万物。这种哲学思想根深蒂固留存在中国人心坎里，不与人争而自创造。

（三）无极太极管理智慧原理

前面提过，德谟克利特认为万物的本原是原子在虚空中运动的结果，原子不可分割，永远运动于无限的虚空中（没有解释为什么原子会永无静止地运动），它们互相结合而有了不同的复合物，原子若分离了，物体便在虚空中消失了（包括灵魂亦如此）。他所提出的原子性质相同，数量无限、种类无限，“他们设定所受作用的本原就是浓聚和稀散”。这样就可以理解西方“零和竞争”出现的文化源头：原子消灭了，就没有了；竞争的本质就是消灭“你”的原子保存“我”的原子。而非元气那样可以阴阳相荡生出更多。

中国哲学，不仅把“太极”视为宇宙之“本”，而且也视为人世之大道。万物统一于“太极”，“太极”隐含着对立统一的因素，万物归一，多元统一，天人合一，天道人道统一，世间万物构成了一个大系统，生化发展，衍生演进，与时俱进。这一切，恰恰就是中国心和管理的思想根源，心和管理的管理内涵，管理目标便是多元统一，天道人道统一，“大一统”是中华民族和中华文明多元一体格局的核心价值观，作为文化思想观念传承下来。“大一统”之大，尊其大也；《公羊传·隐公元年》：“元年者何？君之始年也。春者何？岁之始也。王者孰谓？谓文王也。曷为先言‘王’而后言‘正月?’王正月也。何言乎王正月？大一统也。”这段话意思是说，“元年”是什么意思？是国君即位的第一年；“春”是什么

① 杨成寅：《太极哲学》，学林出版社2003年版，第10页。

意思，是一年的开始。谁可以称“王”，周文王是也；为什么要先提“王”再说“正月”？因为这是周文王的正月；为什么是周文王的正月？这是尊重周天子的一统天下。很显然，“一统”有两重意义，首先“一”是“元”，“统”是“始”，“一统”是“元始”，中华民族虽然多元（如多民族），却自此一体；其次“一统”指万物（包括政治社会）的本体，指政治社会自下而上地归依于一个形而上的本体，所谓“一统天下”。真正意义上的“大一统”多民族国家结构，自秦开始成为一种国家形态结构延续下来，多民族一统、国家政治一统，经济制度与思想文化上也高度集中。这种“大一统”无疑增强了中华民族的凝聚力。

从无极太极思想观念中，可以看出中国先贤研究学问时候的眼界之辽阔、立意之高远、思考之深邃。2500 年前的古希腊人创造的 Φιλοσοφία 一词是“爱智慧”（Philosophy）的意思，翻译汉语时用了“哲学”，其本意是智慧之学。西方崇尚的苏格拉底、柏拉图、亚里士多德等，与中国尊崇的老子、孔子、庄子、墨子等，分别在西方和东方开始了思想之学，西方认定为那是一种智慧之学，中国则更愿意认为是一门具有哲理性的思想之学，有“智慧”的意义在里面，但在中国，智慧学是另一门也是非常重要的学问，是中国之美的展现。

西方的学问研究离不开古希腊先贤的思想传承和继承者的发扬光大，很难再有更早的思想渊源；中国的学问研究也需要春秋战国诸子百家的思想传承和发扬光大，同时还有更早的先贤的思想传承和发扬光大。西方在千年中世纪宗教统治年代，束缚了思想发展，直到文艺复兴才有“复兴”；中国虽然也有封建统治的思想桎梏，但相对来说在思想领域从来没有过宗教独裁的时候，虽有制约也有发展，没有被切断，割裂过，元朝、清朝统治也不能。清朝的封建专制，只是让国力孱弱了。中国在思想领域的学问，从来就没有弱于世界上任何一个国家或民族的时候。中国文化，一直是世界上最有内涵也是显东方之美的文化。

今天，我们需要真正理解中国文化源头及其后世的延续发展，如此，才能真正理解无极、太极的管理原理，才能在纷繁复杂的理论纠葛、社会现实、思想诱导中知白守黑。

二、阴阳协和智慧管理观念

（一）正确理解阴阳两仪观念

两仪，首指天地，再指奇偶、刚柔、玄黄、乾坤、春秋，以及不变与变等一个问题的两个方面、一项事物的两种状态，可以相反、相对，也可以相类、相关——所谓阴阳。

作为中国文化的根基，作为思想哲学的根本，阴阳内涵在近现代屡屡被曲解、被抹黑，甚至被批判、被打倒。这有一定的历史原因。

首先，《周易》从一本无字天书发展为百经之首，在孔子时代列入“六经”，本身就非常神奇。汉字从这本奇书开始——卦爻符号是最初的汉字萌芽，每一个卦、每一条爻既有具象意义，也能表达复杂的抽象意义；无论其他的造字传说能否有史证，至少易道卦爻是可见的文字原始。

其次，春秋时孔子首创教育而整理“六书”为教材时，既担心弟子们读不懂《周易》，更担心后人曲解了这部伟大的哲学经典、文化奇书，于是亲自研究，也让弟子们在学习中讨论考证，然后写出解读文章。最终选定解释最到位、理解最深刻、表述最有代表性的七篇文章，其中三篇分上下两篇，合计十篇文章放入《周易》本经中，这就是《全本周易》中的《易传》。但即使这样，历朝历代对《周易》的理解还是会有出入，既可能是政治的需要，也可能是学术的流派原因，还可能是社会的需要、行业发展的原因，或个人理解的差异等等原因，确实有将《周易》读歪、曲解，牵强附会到某些领域中去。所以心和管理学研究时，一般会采纳最初的解读。政治角度解读，当这一政治势力瓦解后自然就不作数了，但有可能在民间流传下来了；学术角度解读，本就是争论性的，五花八门在所难免；而从社会角度看，由于中国古代读书人少之又少，虽说农耕文化发展为耕读文化，穷人真正读得起书的不多。也因为如此，大多数普通百姓并不能真正接触《周易》，即使有所听说或了解，也是口口相传、道听途说，人家怎么说《周易》，也就怎么听《周易》。文化人还好说，没有读过书的人是崇拜读书人，也崇拜书籍的，对中国文化之祖的《周易》崇拜更有一种莫名的敬畏，文化人、官场人都奉其为经书。凡此种种，对易理的解释也就让后人有些不知所从。而且，在古代生活中许许多多自然形象、人文现象、社会现象得不到一个合理的解释，自己又不识字，或虽然识字却读不懂《周易》，唯一的途径就是听别人说（这也是以前的喜欢听书的原因所在）。于是，睿智者传睿智、糊涂者传糊涂，千百年来，如果没有文字资料传承下来，易理之本意可能都找不到了。幸好，中华文明从未断过。还有一种情况，对于解释不清的各种现象，人们会归咎于“天意”，也相信“天意”。即使到了现代，人在无法决定某事时，也会扔一个钱币，用落地时的正面或是反面来替自己决定。今人尚且如此，何况科技知识不发达的古代。由此祭祀、占卜、看相、算命行业应运而生——这是民间迷信易经的深入。而《周易》，恰恰具有预测未来的功能和体系，是一部奇妙的未来学著作，占卜故事、看相传说中一些残疾人如盲人（眼瞎者所谋求的生存之道）、书海官场落魄者（一无是用为书生，除了读书啥都不会）……把看相算命当作一种职业，为获得人们的信任甚至迷信，便努力将过程深奥化、玄乎化、神秘化——民间迷信易经的最终形成。渐渐地，阴阳五行八卦在民间脱离了学问的高堂、坠入了玄学的夸张。

所有这一切，导致对周易、对国学有诸多解析、诸多争议。这里，努力定位于本原的、初始的易道易理、国之正学；对历史发展过程中优秀的内容也结合之。

（二）科学解释阴阳协和观念

从历史发展角度看，汉语特有的表意功能、国学独特的学问方式，使中国文化在两个方面展现出极高的思想与艺术价值。一是论述治国之道的学问、即政论哲学十分丰富，“万般皆下品，唯有读书高”的社会情势推波助澜了这种趋向；二是朝堂与民间都推崇的诗词骈文文学，留下了唐诗、宋词、元曲、明清小说成为社会文化主流。

易理思想虽没有明文禁止，却有式微之现实。尤其是科举制度下只考儒学、“四书五经”，久而久之，对《周易》思想内涵关注少了，哲理思想、易理内涵之正道文化弱了，易道之学在风水堪舆、算命看相等领域形成了多个行业，蔚成大观，逐渐成为《周易》的专有标签，而“阴阳”两仪，民间听到更多的是那些“阴阳师”“风水师”“盗墓人”所说的意义，失了正解。或者说，易经之理被一定程度上异化了，近现代被批、成为“革命”的垫脚石。

今天，拂去玄学尘埃，剥离迷信外衣，可以发现“易经”之所以成为中国人的经书，“阴阳”之所以成为一种理论，就是因为易理内在所包含的哲学思想、智慧原理和无限可能的预测价值，因为阴阳的哲学原理、哲理的指导价值。

正是因为历史上出现易理异化现象，“阴阳”一词被曲解为差不多与“迷信”等同的概念。事实上，对现当代人来说，用另外的词来表达“阴阳”的本义，多数人就可能理解并接受了，如用正负，正为阳、负为阴；又如把“太极生两仪”用“一分为二”来解析。只不过，阴阳要比正负所表达的数值意义深远广泛得多，“一分为二”的“二”只是简单的数值意义，不如“两仪”那样具有相反、相对、相类、相关等的意义。事实上，中国文化中的“阴阳”，要比“正负”、要比“二”更加有内涵、有意义，它说明宇宙间一切事物都是由互相对立又互相依存的两个方面构成的。阳代表事物具有正向的、阳光的、活跃的等属性的一方面，例如，动、刚强、活跃、兴奋、积极、光亮、无形的、机能的、上升的、外露的、轻的、热的、增长、生命活动等；阴代表事物的具有反向的、阴冷的、静止的等属性的另一方面，例如，静、柔和、不活跃、抑制、消极、晦暗、有形的、物质的、下降的、在内的、重的、冷的、减少、肉体等。当两件事物发生一定联系时，就存在着阴阳，万事万物皆阴阳。所以阴阳成为学说，成为医学、天文、地理、数术、哲学等学科的根基。

阴阳具有相互制约、相互依存、此消彼长、相互转化的特点。而这些正是中国古代辩证唯物主义哲学思想的基本内容。当西方提出“均衡理论”时，中国在阴阳学说里早就有了阴阳平衡的理论，达到阴阳平衡便是和谐。这才有“阴阳协调”“阴阳协和”的说法。心和管理学中的“和”，就是阴阳协和、彼此双和的意义；也是这里提出“双和管理”观念的依据所在。修养人心，彼此双和，阴阳相协，管理就是要让组织达到这样一种力量平衡的状态。

只是这种平衡又不是绝对的，所以和谐不可能是永恒的，总在发展变化过程中，要么阴盛阳衰，要么阳盛阴衰，这种变动是肯定的、绝对的，而且阴中有阳、阳中有阴，阴阳“冲气以为和”（这与西方理论当中的“弹性理论”异曲同工）。而“和”的状态，则是相对的，当有关因素发生改变时，原有的“和”必然失去，于是再出现新一轮的阴阳协调谋求平衡的过程，如此循环往复，每一个循环就上一个台阶，每一次往复，就是从头再来。

（三）中国阴阳协和管理观念

阴阳相和是中华民族的智慧精华。平常人们见到的静态太极图，一半阴、一半阳，阴中有一个阳的圆点，阳中有一个阴的圆点，一条S形曲线分割，泾渭分明。事实上阴与阳是二气，自然状态下是流动的，形态是变化的。也就是说，将其文化观念抽象化，事物的两个方面阴与阳是互缠互绕不断变化着，位置与区域在不断改变着，总是在周而复始运动变易着，故称“易”；在这种变易中，阴阳阵营分明，却又是你中有我、我中有你，而且在一定的条件下阴阳转化，既可以部分转化，也可以整体转化，关键是转化变化的条件是否具备。其中所展示出来的哲学原理、思想观念，几乎可以在任何一个现实领域里找到对应的具象。了解这一原理、领会这种观念，可以帮助我们更好地认识世界，而非机械套用。现代电脑技术，可以让原本只有平面的、静态的太极图，画出立体的、动态的太极图，把这种抽象观念具象化，让人们可以更直观地掌握太极原理、变易观念。当然，任何一种立体而动态的太极图，只是一种图示，并不能完全准确无误地表达出阴阳运动变化的路线、力度和规模。

我们所能看见或感受到的事物，一般是阴内阳外，这就是聚合生成阳居于上的正物质，反之则为反物质，类似黑洞；正反、奇正等类似观念的产生，都与这样的阴阳规律有关。所有事物的形成及结构，应该而且必须符合其规律。就像人出生是聚合，死亡是消散，这就是阴阳的规律；人的体内阴阳失衡或阴阳所在的位置不对，就会生病，这也是阴阳规律。关于这一点，德谟克利特的古典原子论，是认为原子分离、物体便消失，所以人的灵魂也是由（最精细的）原子构成的，这种最精细的原子分散了，生命就灭亡，灵魂就消失。很显然，在生死问题上，元气论认为元气聚合，人就健康；原子论认为原子集聚，人就活着。这其中的共同点与差异点，十分明显。这些都是古代先贤对生命思考后的一种认识，褒此贬彼，既不科学也没有任何意义。阴阳之学，是中华文明的成果，是中国文化对世界的贡献。

正是这种阴阳学说，深刻影响了中国人的世界观和人生观。只要是中国人，也无论意识中如何不待见“阴阳”理论，它深藏在中国人的心坎里、刻印在中国人的骨髓里、融化在中国人的血液里，时时刻刻对中国人认识世界、改变世界、创造世界起着重要作用。这是文化基因，这是思维模式，不因为一切人为因素而有所改变。所有的人、事、物、理，都可以从两个方面来看待、来解读、来理解。事实上，当西方逻辑学产生并大谈特谈逆向思维、创造思维时，中国的阴阳理论早在几千年前，就包含这一深刻的哲学原理、逻辑思想、文化内涵。虽说没有必要躺在祖先的功劳簿上得意，却也没有任何必要妄自菲薄。

所以，今天研究中国管理学，创建中国管理本土理论，开展中国管理体系建设，不可能不了解阴阳学说，也不可能撇开阴阳观念。阴阳协和，就是人的内心思想与外在表现的协和，就是自己与他人、他物、他事的协和，就是欲望与现实的协和、就是斗争与谦让的协和，就是增长与发展的协和……万事万物都可以显示阴阳协和，万思万理最终都表现为人与己、人与人、人与社会、人与自然的阴阳协和：人心双和。

中国管理，自然也就是人心双和的管理——心和管理观念油然而生。

三、三才四象大道管理观念

（一）开创二生三之易道哲理

如果太极是生成两仪的基础，那么“三才”“四象”，包括易之数理的五六七八九等，都以阴阳为前提、为基础。正如一画开天而有天地（两仪），有天地，阴阳合而有生命而“三才”，“三”之后的一切，都从两仪而生，故有阴阳五行、阴阳八卦之说。道生一，才能生二、生三、生万物。故阴阳学说与理论很重要，体现了中华民族的处世观、人才观、自然观等。当然传承过程出现的一些神话鬼怪之说，让人们对太极阴阳理解出现误差。这并不奇怪，历史局限引起的认知局限，没有什么好指责的。后人学习，本应在扬弃中应用，在应用中创新。有糟粕剔除之，挖掘其精华可以给后人更多启示与理论基础。

传承需要勇气与力量，学习需要虔诚和庄重，创新需要基础和智慧。有历史与文明可以传承的民族，是值得自豪的。西方人说罗马不是一日建成的，中国传统文化之高山大海，又岂止是百个、千个罗马可以堆成的。中华文明丰碑之多、中国文化浩瀚之广，岂是那些不知阴阳、不明天和地和人和、不懂四方和而中间稳的人可以理解一分半分的。

阴阳生三才（由 2 而 3）原理。初始的阴阳，是指自太极开天辟地后出现的天与地，天地之间阴阳合而有生命、而有人类。大自然与人类和谐相处才有这世界的美好、这社会的公道。天地之间必有灵物，而所有灵动、灵气、灵性的灵物，加在一起也不如人。人，才是天地之间最具代表性的灵物，有人，才有真正意义上认识世界、改造世界。所以两仪生三才，最重要的是人类带来了思维、由思维而形成的思想、由思想而构成对世界的认知，这才有天道、地道、人道。是人类，才能真正体悟出“道”，传递出“道”，才能引导着大家明道、守道。所以《易传·系辞下》云：“有天道焉，有人道焉，有地道焉。兼三才而两之，故六。六者非它也，三才之道也。”这是天道、地道、人道的由来，“三才学”的根本，六爻卦的本义（也是解读六爻卦的诀窍）。三才六爻，意谓解读六爻卦，须先明三才学，每一个六爻卦都是由上下（或称内外）两个三爻卦（原始三爻卦，每一爻各代表天、地、人）组成。所以“六”既是“四”再加“二”（四方加上下而六合）组成、“五”再加“一”（五行之中分出上下）组成，同时也是而且更要注意的是两个“三”（两个三才）组成。

中国文化中，如果说“一”在于“一画开天”而诞生人世结界，“二”在于确定阴阳哲学基础而让万事万物可以抽象，那么“三”的伟大贡献就在于把“人”放在与天地同等重要位置上，虽然后来的统治者把这一地位据为己有，只让君王成为“天子”，但仍然不能否认中国先哲对“人”的重视、仍然不能否认中国文化几千年前就认定人的伟大作用的思想价值。“一”在开创，无中生有；“二”在易理，承前启后；“三”在生发，天人合一（世间所有皆与人有关）。于是，中国人做任何事先喊

“一、二、三”，其代表的意思：喊“一”，表示“请注意，要开始了”；喊“二”，表示“请全神贯注准备好”；喊出“三”，表示“出发或者行动”。可见，中国之道、万事之理、人类之行，皆在“一二三”中，由此而有一切。

（二）三才三和三德三生万物

三生万物，哲学观念上也由“三”而有天地人三道、三和、三才。在中国古老的预测学里，“命数”也是由“三才之道”组成的。天有“天干”，代表天机道；地有地支，代表地脉道；中有藏干，代表人间道。这个命数的出现，核心是要说明：如果天命不能变，而地脉道（地理环境）变了，个人努力了（人间道变了），就有三分之二改变了，就大了天命即天机道的三分之一；如此，人的命数就可以改变。所以中国人喊出“人定胜天”，不是破坏天道规律，而是在人心修炼、环境改变中人通过后天的努力，在一定程度上改变“天命”。这不是空想，更不是抗天命（违背客观规律），而是循天道、遵地道、行人道。

天机道优秀者称为“天才”，地脉道优秀者称为“地才”，人间道优秀者称为“人才”。显然，“天才”是天生的才华，“地才”其实也是大地自然赋予的才华，这一点上与“天才”同义；只是人接触不到天，却是实实在在生活在大地上的，所以通过后天努力的“人才”，可以遵循自然规律的基础上合理应用规律。因此“地才”的意义，自然的部分“天才”表示了，努力的部分“人才”表示了。现实中“地才”一词也就甚少使用了。

从应用文化观念上分析，还存在另一种可能导致“地才”一词少见或不见使用的结果：天为阳，阳性为男；地为阴，阴性为女。男为天，天才一词用之无可厚非；女为地，本来用“地才”一词也无不可。统治阶级为了社会统治需要，充分利用“男耕女织”的分工，让女性不要走上社会，使用一句“女子无才便是德”，让天下女性“大门不出，二门不迈”，乖乖在家做女红——这一半人（女性）就不用官府去管理、不用社会去容纳，而把这个重任落实给了家庭——“齐家”也因此显得更为重要。女子为“地”，既然女子无才为德，这“地才”一词不用也罢。主外的男子们，另有一语教导之：“识时务者为俊杰”，听话、服从官府管理自然就是识得时务者。在外男子识时务，在家女子做女红，优秀者便是“人才”。当然，“三才学说”体系里没有“女子无才”之观念。一般对“三才”之理解是天生有才为“天才”，后天努力成才为“地才”，人中龙凤为“人才”（男女通用）。

“三才”观念在《周易》出现之前，“还只停留在天、地、人各行其道的水平之上。到了《周易》出现后，人们终于发现：人可以向天、地学习，人道可以与天道、地道会通，通过法天正己、尊时守位、知常明变、知白守黑，以开物成务，建功立业，改变命运，成就了‘三才之道’的伟大学说”。正因为如此，就可以进一步理解老子所说的“人法地，地法天，天法道，道法自然”（《道德经·混成》）。人和自然在本质上是相通的，故一切人事均应顺乎自然规律，达到人与自然和谐。即“天人合一”，与先天本性相合，回归大道，归根复命。

“天人合一”的思想基础，正是天地人三才学说。“天人合一”概念最早由庄子阐述，后被汉代儒家思想家董仲舒发展为天人合一的哲学思想体系，并由此构建了中华传统文化的另一重要体系：宇宙自然是大天地，人则是一个小天地。董仲舒的理论体系为统治者所喜欢的重要原因是他把儒家宗法思想中杂以阴阳五行说，把神权、君权、父权、夫权贯穿在一起，形成了一个帝制神学体系。他在著名的《举贤良对策》中系统地提出了“天人感应”“大一统”“三纲五常”学说，提出“罢黜百家，独尊儒术”政策，使儒学成为中国社会正统思想，影响长达2000多年。他还巧妙掌握人的心理，讲学时，在课堂上挂起帷幔，他在帷幔里面讲，学生在帷幔外面听；或者干脆叫他的得意门生（如吕步舒等）转相传授。这样，很多人跟他学了多年都没有跟他见过面，形成了一种神秘色彩，对传播他的学问很有帮助。

把天地人三才学说应用于商业活动、工商管理，自古就有。中国工商界就认为，天道以之诚，地道以之信，天地之道应用在人间便是诚信之道、人伦八德。天地人三才学说告诉人们，天诚、地信、人德三者需一体化，不然便是欺天、害地、缺人德；欺天者损福，害地者少禄，缺人德者减寿。于是，“三才之道”又与中国人追求的福禄寿对应。

（三）两仪四象五行取象类比

两仪生四象（2→4），三才亦生四象（3→4）。两仪生四象比较好理解，在阴阳两个爻上，分别再组合阴与阳两爻，就由二生成四个二爻卦，分别为老阴、少阴、少阳、老阳。三才生四象理解需抽象化，天地乃老（太）阳、老（太）阴，人们日出而作、日落而歇。日出标志着由黑夜到白天，阴中显阳，处于老阴至老阳中间，是为少阳；日落标志着由白天到黑夜，阳中显阴，处于老阳老阴中间，是为少阴。也就是天地人三才中，因为农耕文明中人类的生活方式而生成少阴、少阳，加上阳之极老阳、阴之极老阴，也生成四象。

秦汉以后，这四象逐渐指代源于远古星宿信仰中的青龙、白虎、朱雀、玄武四星，四星之命名乃中国神话传说中的四神兽（神灵）。于是汉代之后易传四象与星宿四象融合，青龙代表少阳，白虎代表少阴，玄武代表老阴，朱雀代表老阳；四星在方位上又分别代表东、西、南、北四个方向，几种体系杂糅，四象之东方为苍龙象，北方为玄武象，西方为白虎象，南方为朱雀象。而风水学袭用之，就出现了左青龙、右白虎、南朱雀、北玄武之说。

人的居所位中，符合五行学之土为中的土建规律，四象按四方位环绕，东木青龙、西金白虎、南火朱雀、北水玄武。如此之地，便是“左活、右通、前聚、后靠”的好风水之处，房舍左边要有溪河（青龙需活水）树木葱葱（湿地可长植物），右边要有金衢大道通山林（白虎居山林）连外界（大道通财富），前面（南边）要开阔（朱雀需飞舞）且阳光普照（人旺财旺聚财富），后面（背面）要有池塘蓄水（玄武来聚财）表示蓄财蓄富人长寿，四周一派生机勃勃的吉祥景象。事实上，中华古建筑中，无论皇宫还是民房，都朝南坐北、依山临河、面阳背水。这种南北向通透的建筑及床铺南北向的布局，也符合南北极磁场理论。

虽然今天的建筑引入西方的建筑观念、建筑风格，但不可否认的是，古人的风水学，实际上是本土建筑方位学的理论基础（现已融入学科）。为了节省土地和空间，现代住房建设向高楼化、套房化发展，但区内总体规划仍然会考虑到中国的建筑方位学原理，许多真正高档的别墅和庄院，仍然是古色古香的风水四象五行建筑。而且如前所说，生活在大都市里的人们，心灵深处仍然有一个回归自然的梦想、有一种“田园牧歌”的情怀——精神层面对“心和”的渴望与追求。现代管理理论不能不注意到中国人的这一文化特性。这些思想体系，运用到了中国学问体系、社会生活的方方面面。在天文阴阳学说中，四象指春夏秋冬四季；军营军列中，四象之位是行军打仗的保护神；风水堪舆，今天发展成为建筑方位理论。

“象”，是指认识取象手法（即今天所说由观察法而得物之形象），以“象”去类比天地之间的各种事物状态，是《周易》最重要的探索世界的手段（方法）。四象从阴阳中生来，从元气论角度看，阴气与阳气既互相平衡制约，又相互对立斗争，同时彼此依靠生存。前面所说三才生四象原理已说明，人在一天之中，早晨阳气初生，是为少阳；正午阳气最旺，是为太阳（阳气太旺盛而不可持久，故又称老阳，即阳已至极致）；傍晚阴气来临，是为少阴；子夜阴气极盛，是为太阴（阴气盛极而同样不可持久，故又称老阴，即阴已至极致）。而后少阳再临，循环往复。四季变换亦如此理，春天为少阳，夏天为老阳，秋天为少阴，冬天为老阴，形成一个周而复始的循环。这是世界或者说是宇宙间万事万物的运行规律。

在漫长的历史发展过程中，人们给四象加入了各种各样的含义，星宿学、方位学、风水学等。各种文化内涵非常典型地表达出了中国内敛风格、含蓄文化、隐忍思想的根源，万事不可过分，适可而止、恰如其分，以免至阴至阳。至阴则“龙战于野”，穷途末路之象也；至阳则“亢龙有悔”，极限回落之象也。同时学会对万事万物要有预见性，可适当收敛、会合理含蓄、能必要隐忍，少阳而知“潜龙勿用”，且须“终日干干，夕惕若”；少阴而懂“履霜”便知“坚冰至”，并要“含章可贞”。所以，中国人知“或跃在渊”，随时做好准备腾跃。时机不到便不跃；中国人懂“括囊”而财不露白、才不露外。一旦时机成熟，则不惧“飞龙在天”，翱翔九霄。这些，显然与中庸之道异曲同工，易道哲理与儒道思想，皆有关联。这也说明，“三才之道”“四象理论”，都不是某些人们浅层理解的那样只是虚幻飘渺的玄学，更不是简单的一声“迷信”否定得了的。哪怕被蒙尘，但总有拂去尘埃明珠见光的时候，展露出中国文化中极为重要的哲学思想本质。

这些学问、思想可以让我们在今天研究中国管理理论时明白，无论是企业运营还是人的管理，市场没有绝对的好与坏，人员没有不变的优与劣，运势没有绝对的吉与凶，了解其本质，理解其思想，掌握其方位，循规律而动企业的命数会朝着大吉的方向运行，组织内部的人员会朝着优秀的方向发展。这就是阴阳转换、易理变动的因由，也是万事万理皆有解的原因所在。易者，变也，万事皆在易变中。

三才学、四象学说告诉我们这样的道理：大道必定重于方法，方法永远多于问题。

第二节　协和万邦管理观念

本土管理理论少不了《周易》易数之理，有第一节所论的零一二三四，还有五行、六合、七星、八卦、九宫等——零到九这十个易数中，阴阳协和观念贯穿始终。心和管理学，研究的是达到彼此相协、心灵双和而激发主观能动性和客观管理力合一的学问。

“天下”的概念，广义指全世界；狭义则指中国自己治理、管辖的国土和人民。“协和万邦”的“协和”是彼此共同和谐、和睦、和平。“万邦”，东周指“各诸侯国”，后含战乱时各分立的大小“王国”；今天，既是世界各国、各地区（广义），也指国内各省区市（狭义）。国家层面讲“协和万邦”，组织管理说“协和各方”。现今管理学，一方面是管理学基本原理，另一方面是组织行为学、企业文化学与公共关系学、企业伦理学的综合。众多学科内涵中国只要“协和万邦”（协和各方）四个字就可以了。协和万邦，一方面是国家层面的外交管理协和，即国与国之间彼此双和；另一方面是各组织之间的管理协和，即组织与组织之间彼此双和。中国不怕任何挑衅，但无论对内还是对外，本质上都以和为贵。

一、尊重差异阴阳双和

（一）不同文化管理观念有异

已有西方管理理论，且已成主流，那么研究心和管理理论和体系，必然会涉及中西方文化差异、历史差异、心理差异、思维差异等基础上的管理差异比较。差异的存在是客观现实，不以人的意志为转移。承认差异、尊重差异，是本应有的态度；并非因为有差异而否定本土的理论、学说。事物都有阴阳两面，既互相对立又在运动中实现互相转换，所谓阴中有阳，阳中有阴。心和管理就是在了解这些差异及它们之间的关系和变动规律后，谋求彼此双和。一切管理皆如此，人的管理更是如此。

心和管理学研究，尊重差异，谋求双和。中西方文化差异、管理差异在许多方面才有表现。西方的学术研究，侧重实验和解剖，包括实验室实验和现场实验、生理解剖与逻辑解剖；不能直接数字化表述的，则设置假设条件将其转化为数据，如效用递减规律中的“效用”；用实验、解剖和转换的数据进行数学计算，并据此建立数理模型。西学分类分学科分得太细，细到互相之间有大量重复重叠，细到“只见一斑，不见全貌”，细到只见数据不见数据之然、之所以然。这与古典原子论物质观有关，这一观点认为原子只有数量的区别，没有本质的区别，既不能创生，也不能毁灭，原本存在于虚空中。这是西学特别关注数量的文化源头，研究的重点也就在数量、形状和排列上有什么不同，而不考虑“内部形态”；只根据数量、形状分类，越往后的研究，细分越细，因为除了更加细的细分，无他途。再加上西语表音特点，也就形成了西方用数学公式（模型）表述学问成果的习惯。

中国学问，侧重经验（直接经验和间接经验）和分析（现实分析和逻辑分析），得出结论后进行实践的指导，并据此形成新经验。比较而言，西学优在精准性，固位性；国学优在整体性、方向性。但不等于西学没有方向、不讲趋势，也不等于国学没有准确、不讲定量。国学之学问研究，条分缕析都建立在总体、全局基础上，重在对其规律的探索、总体趋向的把握，可以借助数学语言辅助，但经验最重要、总体把握最重要。只是西学严重排外，不相信数据之外的一切结论；国学讲究取长补短，崇尚中庸之道。把排外描述为独立之思想、独立之学术，是真正的崇洋媚外；中国兼容各方、有容乃大的高洁，不容抹黑、污化。

西医通过检测、化验看病，以数据为依托；以高血压为例，西医用药后可以改变身体中血压数值，使之恢复正常，但不能停药，停药就反转。中医依据望闻问切，凭经验判断，治疗血压运用食疗、草药和适当锻炼相结合，慢慢调理血液循环，不依赖药物达到降压。西医立竿见影，效果明显，治标不治本；中医长期调养，见效缓慢，让身体强健起来。两者比较，孰好孰差、孰强孰弱、孰高孰低，仁者见仁，智者见智。

心和管理学的观点，取其中庸，两相协和，应该比较妥当：急性发作西医能治的西医治、中医可解决的中医解决；慢性病，需要先治标控制病情的先西医，然后介入中医调理。西医直接作用于病灶，治疗方式是直线型的，要么用手术刀切除病源、要么用药强行扭转偏离的参数；中医则根据身体的阴阳五行原理，从病灶的症状探寻病发的起源与病行的脉络，用草药（中成药）、用气理、用手按肘揉，甚至用千百年经验积累的偏方补亏降火、滋阴壮阳，通过调理，用自己身体的强盛克住病魔。西医的解剖学里是找不到中医所说的经络、脉象、气运的，所谓“肝气无依”“肾火过盛”“阴虚阳亢”“内热生风”“营卫不和”等中医专业术语，西医不仅无法理解，也不愿认同。西医往往就一个具体的器官、部位进行医治，中医则是根据全身的五行生克原理进行整体的把握。所以中医在学习西医的过程中，针对急性病采用西医医治法、结合中医调养；而慢性病则完全用中医调理、医治的方法。西医则不能接受中医理论，具有排他性。如同国学一样，中医更能海纳百川，有容乃大。

（二）不同观念的排他与兼容

学科的分类细化，细分到可容纳外在因素的空间越来越小，甚至没有了。例如，西医类别已细化到无可腾挪拓展的空间，不同科室，隔行如隔山，没有交集，而且离开仪器设备看不了病，诊断不靠水平，只看检测、化验结果。中医是整体设计的学科，其特性就如五行八卦一样，虽然表面看上去只是五种物质元素或八种自然物象组成的全息系统，事实上，其一生二、二生三、三生万物的功能，其生克关系，可以容纳一切。中医阴阳五行理论，自带巨大的扩容功能，凡有助于医学发展的，都可以融入里面。

正因为如此，学习西医要会看化验单、检测单，然后找到对应治疗方案，严格意义上说，西医是测（验）病，依赖医疗仪器设备，资格到了就可“主治”。中医是看病，用望闻问切，需要经验积累。中医一辈子都在学习中，一边学一边给人看病，所以有“西医看文凭，中医看年龄”一说。现今的中医西医化，既是被西医挤兑的结果，也是中医缺乏传承、缺乏话语权的结果，中医也细分科室，已经背离了中医之本，明明需要经验，却让本没有中医基础的学四五年理论——西医化学习中医，培养不出真正的中医。

中国文化一个“道”字，包罗万象，任何思想、智能，任何理论、学科，任何精神、物质，都融在里面；任何运动变化，任何对立统一，都融合在这两仪之中。这就是国学的长处、优势。红色实践也证明，红色管理理论既可以指导宏观层面，也可以指导中观与微观层面。其他领域也是同理，相对说教育领域更能说明问题，因为教育领域涉及学科的方方面面，涉及社会职业的方方面面，涉及教育层次的方方面面。中小学教育，每个年级、每门课程的考核（考试），其出卷的方式、特点和重点都着落在一个个被完全细分化后的所谓“知识点”。相对来说，理科这样的方式尚可好接受一点；文科课程，应该培养总体思考、全局着眼、逻辑联系、形象思维等方面。而现实却是受“细分”思维的影响，把知识点分解到极细，学生接触到每个知识点时，只要求死记硬背，只给予唯一答案，说白了就是机械性死读书、读死书就可以了，无须总体把握、纵横关联，最终把书读“死”了。

如语文课，有的地方虽然名义上仍然是“语文课”，事实上已经将其细分为阅读课、写作课、国学课、拼音课、写字课、书法课……对阅读课，重点不是对课文的总体把握和个性感受，而是列出一个个非常细化的知识点让学生陷入作业的汪洋大海之中。至于政治课、历史课、地理课等，无一不是将整体知识割裂开来，割裂得学生学习的时候都不知道这个“知识点”来自哪里、为什么要背诵这个“知识点”，多数时候考完也就扔一边儿了。

传统的数理化，也被瓜分得支离破碎，让学生一头栽进“知识点”而不知所终，每天就是海量做题。这种情况下，学生不是在提升触类旁通、举一反三的能力，不是在进行思维能力知识转换技能的训练，因为“唯一答案”不需要有独立思维，只需要无条件“听话”。

所以我们一直有怀疑，现在高校尤其是社会学科领域的高校，女生大大多于男生的原因与此有关，因为女生相对男生来说能静、能坐得住一些，更能适应无须发散性、创造性思维而只要“乖”一些的学习方式。

（三）尊重差异建设本土学科

管理学面向高校、专业院校，同样陷入学科的细分化越来越严重境地。将同一专业的课程数目与三十年前对比一下，可以发现，现如今的课程量几乎达到那时的一倍以上。而主干课程的周学时却下降到那时的一半以下，直接后果就是任何一门课程，都只是蜻蜓点水、浅尝辄止，无法学到深处、不能展开比较探索。而高校处在理论研究的最前沿，学科细分，意味着专业细分、研究方向细分，结果就是细分看一看“顶尖专家”越来越多，而学习者的学习内容却越来越散装化、碎片化，知识点模式导致整合力越来越弱。

这一结果的罪魁祸首，至少有两个，一是学科过于细分化，二是从西洋舶来的“高校学分制”。学分制说白了就是“学习机制市场化”，教育本是“事业制”，特定情况下改为“市场化”；学分制最令人窝心的就是人心变异，没有事业心，只有利益链，学生学习目的变异，一切为学分，其他无所谓。高校学分制的倡导者和话语权人，没有想过一个极为关键问题：西方高校是“宽进严出”，中国高校是“严进宽出”；而且，苏式教育体系打破后，教育大纲成了摆设，各校各专业可以任意调整课程设置，谁当“长”谁就有权确定设置哪些课程。若有私心作祟情况下，出现什么样的结果就思之极恐了。

经济与管理类学院，学科除了平台性课程不敢动以外（但可减少课时量），其他就完全随自己和“自己人”的需要而定。至于“上面的检查”，那也就是“闲看庭前花开花落，漫随天外云卷云舒”，另一种心思的潇洒了。恰好又遇学科分类细化是“大道正统”，于是，每门课程的周学时，主课二或三个课时，副课则只有一或半个课时，任何一门课程都只能尝个鲜，然后拿个学分，你好我好大家好。学习者走近一个学科类别，门口晃两晃完事，没有真正进入里面，既无法独立行走在该知识体系里，也无力对该学科探索深入进去，更无法跳出来全局俯瞰。任何一个独立的学科比一个迷宫还要繁杂，学习者无力分清东南西北，更无学习乐趣可言，反倒是厌学、逃学成风。毕业后，扔笔四顾心茫然。

高校的各专业、专业的各学科细分程度，也已触目惊心。以专业而言，企业管理专业与工商管理专业区别在哪？企业管理专业与旅游管理专业有多少重复？财务会计专业、财务管理专业与财务会计教育专业有多少相通处？市场营销专业与电商营销专业真的有必要如此细化吗（为什么不可以让市场营销专业与时俱进）？以课程而言，一门平台课或叫基础课程《管理学基础》或《企业管理概论》，都少不了企业战略、市场营销、企业财务、生产管理、质量管理、人力资源管理、物流管理、设备管理、信息管理这些章节，然后这些章节的每一项内容再单独开一门课程，称为专业课，每一专业课程又有若干章节。

例如专业基础课《市场营销学》，一定有消费者行为分析、市场调研与预测、营销战略、产品策略、品牌策略、包装策略、定价策略、渠道策略、促销策略、服务营销、国际营销等章节，而这些章节内容，每一章一定又开一门专业课程，而且还要细化到许许多多门专业选修课、通识课、实践课、专题讲座……再如专业基础课《人力资源管理学》，一定包含人力资源规划、工作分析（职位分析）、招聘与录用、培训与开发、绩效管理、薪酬管理等章节，每一章一定再开一门专业课，每一专业课一定还有选修课、通识课、实践课、专题讲座……学生在学习中，经常会出现同一个知识内容好多门课程里都有，同一个故事、案例，好多个老师都会讲到用到。重复劳动、重复学习，却没有深入、没有拓展，让每一个学习者学完若干门课程后，仍然不知道到底在学什么、有什么用、怎么用。

这一切就是学科过度细分化带来的后遗症，而且各高校、各学院、各专业乐此不疲。这应该是“现在的博士不如当年的硕士、现在的硕士不如当年的本科，现在的本科不如当年的专科，现在专科不如当年的中专”的重要原因，以至于很多人认为，现在本科、研究生不如当年的高中中专生。这里不争论这种说法有没有依据，有没有道理，但原本中国式总体掌控、全局把握的课程体系，西化后细分化所带来的不良后果，的确已经显现，却没有引起学界、教育界的重视，或者明明看到了也装作看不到。因为这是获得话语权和既得利益的基础，要不然，有多少学科带头人、学科团队将失去存在的土壤、存在的意义。

指出这种现象，是为了说明在中国“全盘西学”的不适应，并不是否定西学。这种过于细分的结果，在中国教育领域的不合理，相信谁都能看到。其实，在保持中国研究范式的同时，适当进行课程分类，即我们所讲的“中庸”化至一个合理、适宜的程度，那才是古为今用、洋为中用的最佳结果，而不是随心所欲、任意细化。任何领域都有它自身的规律，教育如此、管理如此，其他领域皆如此。违背规律的结果最终都会被规律惩罚。任何真正的研究，包括非常专业非常细化的研究，其前提都是对中国文化的一定了解和掌握的基础上的。真正能够成为某一领域大师的，一定可以跨学科甚至于是跨领域的，所以，研究天体物理的能弹奏一手好古琴，攻克数学世界级难题的同时又是国学大师，文学大师同时是医学高手，经济学家同时又是西方历史学家……西学可以而且应该融入国学中来，因为国学从不否定世界上一切优秀的文化，因为国学本来就是有容乃大的，因为国学具有协和万邦的条件和基础。

尊重差异，不否定人家的优秀；阴阳协和，成就中国自己的杰出。

二、协和万邦德性皆和

（一）协和万邦道德文明本质

关于“和”文化，中国古代有“协和万邦”“燮和天下”之训。“燮”与“协”音同、意同，声不同。“协”读 xié，“燮”读 xiè。“燮”也是协和、调和之意。《尚书·周书·顾命》云：“燮和天下，用答扬文、武之光训。”这里的“燮”就是协调和平的意思。《尚书·虞书·尧典》曰：“克明俊德，以亲九族。九族既睦，平章百姓。百姓昭明，协和万邦，黎民于变时雍。”这里协和万邦意思是：帝尧发扬大德（德和），家族成员就能互相亲密（家和）；家族之间亲密和睦的同时明察其他各族的政事（族和）；众族政事明，就可协调和睦众诸侯国，黎民百姓也随此变化而友善和睦起来。治理国家、管理家庭，其理都是一样的；而协和天下，则是中华文明区别于西方文明、也是区别于世界上其他文明最重要的方面。

“协和万邦”从广义上讲，是中国崛起经济后在世界上的政治话语权、外交话语权的应用问题，涉及国事的协商、协调、协定等行为，达到谐和、协和之目的。所以，中国外交的指导思想就是协和精神，中国外交的实践模式就是协和范式，中国外交的崇高目标就是协和万邦。这是中国特色的外交，是有几千年文化传统形成的外交观念论。

心和管理学理论重在管理问题，是组织内部的管理、组织与组织之间的管理，大到国家管理（自然也包含国家外交政策，协和万邦是软外交，其基础是中国实力，即硬外交，包括经济、军事、国防等的实力），小到团队管理、自我管理（人与人之间、人与组织之间、组织与组织之间的合作共赢，说服自己心理调适等），都需要通过协商、协同、协作与调适、调和、调整，达到彼此之间的双向和平、和谐。

心和管理学研究者认为，人类文明产生的重要标志，不是城堡、不是青铜器这些物化层面的东西，既然称为“人类文明”，首先有“人”的文明，然后才有“物”的文明，“人类”不文明，何来“人类文明”——这是显而易见的道理。人类能够从蛮荒走向文明，在于人类有思维，思维能力是人类区别一切动物的重要标志；思维能力的根本特征是语言，语言一定先于文字产生，没有语言也就不存在思维。语言的存在形式是文字，所以一般把文字的产生看作是文明的诞生标志，但仅此肯定不够，还不能从根本上证明“人”是一切文明的起源，“人心”才是一切文明之本。如果人类一直停留在野蛮的弱肉强食中，以兽性的本能，以屠杀、侵略为手段掠夺他人财物，物质成果再进步，也不能说是人类进入文明，更不能说社会的文明进步了。所以人类文明，首先是人的文明，人的文明表现在人心与行为上，人的行为懂得控制、平衡、尊重、协和，懂得判断对错、好坏、优劣，这才是文明的起始。

从这个角度上说，真正脱离野蛮产生文明，不但比文字诞生更早，也远比城堡、青铜器出现要早得多。中国祖先深知这一点，所以中国文化产生之初，就把关注点放在人心修养上，中国文化的一切内涵，都与修道、悟道、明道有关，中华文明的一切成果，都与立德、尊德、守德有关。自人与人交往的社会出现，管理，管言行是否守德、理心灵是否有道，应该是主要任务。

（二）协和修心中的慎独管理

有道而守德者，才是文明人，管理的本质就是做一个有道德的人。从这个角度说，管理，应该解决道德问题。不仅仅是组织行为、社会活动中，一人独处时，亦如此。

人常常会有矛盾时、脑海里有天人相斗之时，诸如思想冲突、处事矛盾、选择恐惧等，这导致一个人独处时会有自己跟自己的斗争，有时候还会非常激烈。中国古代先贤为此提出“慎独”这个观念、这种修养方法。意思就是一个人在独处的时候，在没有外力监督情况下，也能坚守道德信念，也会谨慎注意自己的言行，自觉按君子之德性规范严格要求自己。说得更直白通俗一些，就是在口渴饥饿时经过田间地头，也不会伸手摘果低头挖薯取为己有；就是在经历繁华与荣耀后，仍能回归本色而不迷失自己；就是在深夜无人无探头时过马路，亦能自觉在路口红灯停、绿灯过。一个人在这样的情况下做到了有道守德，那么，还有什么可以让他迷失的呢！通过管理让大家都做到了这样的慎独，协和天下的目标其实也实现了，从这个角度理解管理就是让人有道德。

西方管理与西医，都有让中国学习的方面，但西方管理与西医一样，在很多方面只是治标不治本。其原因就在于过度依赖数字，只关注管理工具，而不重视心的修炼、修养。规则，只有在人们心甘情愿遵守时是有效的，对无视规则的人而言，规则毫无意义。所以，人心出轨比行为出轨更可怕，管理先解决人心，治疗先让病人信赖，这是中国管理（中医）特色。

人前守德容易，人后正道艰难。慎独式自我协和，顶得住诱惑，让心境坦然，让行事自然，让生活淡然。明朝的焦竑《玉堂丛语》卷一中记载了一则“曹鼎不可”的故事：“曹鼎为泰和典史，因捕盗，获一女子，甚美，目之心动。辄以片纸书‘曹鼎不可’四字火之，已复书，火之。如是者数十次，终夕竟不及乱。”① 这是慎独的典型事例，也就是说慎独的过程是一种自我斗争的过程，艰难才显得出珍贵，“终夕竟不及乱”才是道德之高尚，因这种高尚，内心才得以协和。清朝雍正年间叶存仁的慎独做法，也颇为值得赞许：他为廉吏30余载，两袖清风离职。部属们为免坏老领导一世清名，都选择在夜深人静时前来送礼告别。显然这时候这种送礼才是真心的送礼，不是拍马屁式的送礼。叶存仁对此感慨万千，心存感激。但在赋诗一首后仍将礼品全部退回。诗的后两句是：“感君情重还君赠，不畏人知畏己知”②。一句“不畏人知畏己知”，道尽“慎独”真谛，也是中国管理真谛。

人与自己尚有斗争，更何况人与人之间？有人就会有矛盾、就会有斗争，此言诚不虚。问题是为了什么而斗争，斗争的目标是什么，这成了衡量斗争之德性高下的标准。协和，从字面上看与斗争似乎是对立的，事实上两者是互为关联、对立统一的。没有必要的斗争，无法达成合理的协和；斗争过了头或斗争扩大化，那就不是为了协和，而是为斗争而斗争，德品就低下了。当斗争到不可调和、无限扩大时，就不是斗争而是战争了。战争，是政治斗争的延续。管理，不会直接引起战争，但会引起斗争。斗争多了，组织内就没有了协和，人与人之间、人与组织之间、组织与组织之间就会出现剑拔弩张的局面。

（三）所有斗争皆为协和目的

作为个人，是人与自己、人与人之间有斗争；作为组织，是组织内部、组织与组织之间有斗争，这是不可抗拒的现实。心和管理就是有效引导斗争朝着健康、合理的方向发展，朝着德性张扬、和谐共赢的方向发展。协和，是一种平衡，各方面都平衡了，就“协和万邦”了。但任何协和局面的出现，都是必要的妥协与应得的利益之间的平衡，有适宜的让步才为“妥”，有诚意的商量才是“协”。妥当了，也就协和了，协和局面，

① 明·焦竑：《元明史料笔记丛刊·玉堂丛语》，中华书局1981年版。

② 转引自袁牧《随园诗画·补遗·卷一》，古诗文网。

可以保持一个阶段，却不会是永久的。因为协和平衡局面会因为出现新的利益关系、新的人员关系、新的组织关系、新的邦交关系而打破。于是，各方力量会出现高低强弱之分，就会有新的合纵连横，出现新斗争，最终成王败寇。成者努力实现新的协和。

人就是在这样的循环往复中修成正果，社会就是在这样的循环往复中进步发展，组织也是在这样的循环往复中或出局，或保持，或胜出。所以，提“协和万邦”“燮和天下”，不是不要斗争，不是限制竞争，更不是一团和气，而是引导和促使斗争的发展方向朝着进步、正道、合理行进，最终实现协和。管理的目标都不为协和，又何来世界之和。

这说明一个道理：管理中遇到的任何问题，不应该是简单地头痛医头，脚痛医脚，而应追根溯源到人的问题、人心的问题。人事不明，人心不到，无法让斗争有效健康。《涅槃经》说：“诸恶莫作，众善奉行，自净其意，是诸佛教。”这与儒家文化的“勿以恶小而为之，勿以善小而不为”① 异曲同工；而“自净其意”与“慎独”相应，目标都是通过修养德性节操实现为德、为善、为国、为民。这才是诸佛的教化，也是儒学的教化，道学的教化，即中国文化的教化。“协和”不只是协调和平、和顺，更重要的还有引导走正道。

刘少奇的《论共产党员的修养》，系统阐明共产党员的党性锻炼和修养的问题，强调要把维护党的团结、纯洁党的思想、巩固党的组织作为自己的最高责任，明确共产党员的个人利益要服从党的利益，个人利益融化在党的利益之中。这是红色管理在中国管理理论上的重要贡献。

中国文化认为“君子和而不同”，认可“求同存异”。心和管理学的内涵与体系，既不将自身意愿强加于人，更不会以霸道作风去主宰别人，其心和管理的观念，指导着国人勇于不惜一切保卫自己的家园、保护社会协和的局面，这才是心和管理认可的正道。

而协和万邦、天下和睦的管理内涵远不止如此，例如“达则兼济天下”（《孟子·尽心上》）；又如“大道之行也，天下为公”（《礼记·礼运》）；还如“德不孤，必有邻”（《论语·里仁》）等。圣贤古训告诉我们，要以天下为己任的胸襟，以仁德感召众人的品性，以中国正道思想、文化智慧和道德魅力，睦邻万邦，感召天下。不是不要“斗”，不是无原则逆来顺受，“斗”是手段，“和”是目的——正道之和须有达成的力量和保卫的力量。

心顺人和，心正人德，方能协和万邦，泽被天下。

---

① 《资治通鉴·魏纪·魏纪二》，古诗文网《资治通鉴》篇。

三、泽润四方天下协和

（一）强大中国自古和润天下

《易》传到商末周初，姬昌演化六十四卦，爻辞、卦辞皆以周朝治理为案例，从这个角度说《周易》之“周”是指周朝也有一定道理。但是，今人读易，须跳出周朝国家治理的束缚，才能体会出易文化成为中国文化之祖的缘由。易论世间万事万物变化异动的内容、过程、规律，形成中国历史上最早的文明雨露，润泽中原及四方。孔子敬《易》如神而与弟子写《易传》，定型了全本《周易》。其他如《诗》《书》《礼》《乐》等中国古代经典著作的编纂和整理，都是由孔子及其弟子完成的，还撰写了《春秋》① 一书。此六书被称为中国古代儒家典籍之“六经”，成为泽被八方的文化经典。

老子、孔子所处的春秋战国时代，称雄争霸战火不断，各路诸侯都急需人才，各家学派纷纷出山激扬文字、指点江山，思想得以大解放，人才得以大爆发（主臣双向选择），成为中国历史上最重要的思想活跃、文化繁荣阶段，名人辈出、典籍传世。

如果说东周是中国文化泽被八方的时期，那么“汉唐文化”则是大国崛起，文明润泽周边国家、丝绸之路所及国家的伟大时期。汉唐两朝，国家统一威名扬，文治武功天下知，国威远播，八方来朝。“文景之治”“汉武盛世”凸显汉朝无限风光，“贞观之治”“开元盛世”昭示唐朝绝代风华。汉代太学、唐代诗文，如璀璨繁星，光耀世界。这个时期中国向世界传播的文化内涵，就是“和天下”。中华文明，德威远播。那时候，中国皇室“德被八方”“恩泽天下”之“和”思想传播行为，从没人敢说是“软弱”“蠢笨”或“无血性”。

天下，除广义狭义之分外，还有内涵外延之别。内涵指普天之下的自然万物与人文环境内涉及的一切内容。“万物”即《中庸》所说的“万物并育而不相害，道并行而不相悖。”天下人、事、物“不相害”“不相悖”，自然“天下和”，此为仁义之道，即道行不悖。外延是说中国与四方共为“天下”，《礼记·月令》云：“凡在天下九州之民者，无不咸献其力，以共皇天上帝。”古代中国所说的九州，有三层含义，逐层扩大：其

---

① 即《春秋经》，又称《麟经》或《麟史》周朝时期鲁国的国史。《春秋》用于记事的语言极为简练，几乎每个句子又暗含褒贬之意，后人称“春秋笔法”“微言大义”。后来出现很多对《春秋》所记载的历史的补充、解释、阐发的书，称“传”。代表作“春秋三传”：《左传》《公羊传》《谷梁传》。

一为古代中国将区域划分成九个州（流传后世，分法不一）；其二泛指“天下”，即全中国；其三，指全世界共分九州，中国为其中之一州。可见，“天下”可以指全中国范畴，也可以指全世界范畴。

中国人的理想，是家和国和天下和，既是全中国的和，也是全世界的和。中国自古以来就是以“和”润泽天下，以“和文化”光照四方。

（二）两汉太学宏大四方来学

刘邦太祖一统天下开创汉王朝，西汉的文、景二帝推崇道家思想，以农为本，以教治国，休养生息，无为而治，推行“轻徭薄赋”“约法省禁”的政策，国家得以发展，国力得以增强。史称“文景之治”。到汉朝的第七位皇帝汉武帝采纳医理仲舒“天人三策”① 而兴太学，“置明师，以养天下之士”。

古代的太学，比现代“大学”的意义还要宽泛，还要深入（段王载注《说文》太学条云：“后世凡言大而以为形容未尽则作太”），正如董仲舒在“天人三策”中所说的：“太学者，贤士之所关也，教化之本原也。”② 其是真正意义上的高等教育，且是国立大学。这种高等教育据传五帝时期就出现了，叫成均，夏朝称东序，商朝叫右学，周代则叫上庠。“太学”之名也是在西周开始（汉贾谊《治安策》：“帝入太学，承师问道”）。太学入学的须是“贤士”，其根本性功能就是实现“教化”，从这个角度说，太学的兴衰直接关系到国家教化的成败。在此之前的太学以王室、皇家与王公贵族为主。

西汉末王莽时期太学曾零落，真正得以大发展的，是东汉光武帝（刘秀）时期。朱浮上书申请广选博士：“夫太学者，礼仪之宫，教化之所由兴也”③。汉末著名学者蔡邕直接说：“太学以为博士弟子授业之所”。东汉定都洛阳，戎马未歇，即兴建“洛阳太学”，遍访雅儒，广求典文，立五经博士，四方学士云集京师，呈现文化繁荣盛世。东汉是风尚最好的时代，洛阳是东方文明的中心。汉明帝刘庄，纡尊降贵亲临太学讲学，由此在全国兴起重儒学典的学风，教授经学的教职，成为万众敬仰的崇高职业，很多太学生卒业后，不愿为官，而是入学或设馆专心教授培养学生。

---

① 元光元年，汉武帝令郡国举孝廉，策贤良，在内外政策上进行一系列变古创制、更化鼎新。针对汉武帝的征问，董仲舒连上三篇策论作答，因首篇专谈“天人关系”，故史称“天人三策（或《贤良对策》）”。《天人三策》被班固全文收录在《汉书·董仲舒传》中。

② 东汉·班固，《汉书·传·董仲舒传》，古诗文网《汉书》篇。

③ 转引自郭炳洁：《“西京无太学”争论的思想文化史阐释》，《理论月刊》2009 年第 8 期，第 56 页。

不论博士或是议郎，只要开一家之说，即有徒众数百。据载当时的京师将士、王宫卫士、禁军成员悉通《孝经》。东汉的大部分文官皆饱学之士，许多官僚家庭同时又是以经学传家，“四世三公”① 美名传扬。汉朝，学风蔚然，成就非凡。

东汉的教育机构有三种模式：官办太学、郡办国学、私人讲学，三者相辅相成，互为推动。其中官办地位最高，私学学生数量最多。班固《两都赋》云：“是亦四海之内，学校如林，庠序盈门”②，而太学为其首。可以说，洛阳太学是中国第一所国立中央大学，自西汉至北朝，历经数百年，不仅仅对后世产生了深远的影响，而且由于洛阳太学汉文化教育广泛传播，有“汉魏文章半洛阳”，“洛阳多才子，才子在孟津”之说，甚至出现“洛阳纸贵”③ 盛况，中国出现了民族大融合态势，并深刻影响周边各郡、各国和丝绸之路上的国家。

东汉洛阳太学规模浩大，多时人数达 3 万人。汉时全国人口是 6000 多万（占当时世界人口的三分之一），就当时的教育水平，一个太学 3 万多人，规模相当惊人（与现今一所大学 3 万多人，不可同日而语）。故而东汉经学大师辈出，郑玄、马融、贾逵、服虔等是饮誉东汉和后世大师；还有与司马相如、杨雄、班固并称“汉赋四大家”的张衡，也是在洛阳发明了浑天仪、地动仪，开创了中国天文、地理学研究，是中国天文学、地震学奠基人，同时也是中国机械技术大家（韩国央行发行新纸币时，以中国的浑天仪为图案。发言人说“浑天仪是传世国宝，它的科学内涵、历史意义不能忘却，增加了民族的自豪感。”云云）。至宋代，著名理学家创始人二程夫子④亦出洛阳。洛阳太学人才济济，历史地位不可低估。有“万国朝天中，东隅道最长”（唐·储光羲《洛中贻朝校书衡，朝即日本人也》）之说，“天下会同之府，夷夏归心之地”之赞。

（三）汉唐文化光耀德被四方

汉时中国，是亚欧非经济、文化中心，是汉文化兼并天下的文明统一

---

① 《三国志·魏志·袁绍传》记载：汉代袁安在汉章帝刘炟时为司徒，儿子袁敞为司空，孙子袁汤为太尉，曾孙袁逢为司空，袁隗为太傅，四世居三公位，人称“四世三公”。另外《后汉书·杨彪传》也记载：“自震至彪，四世太尉，德业相继，与袁氏俱为东京名族云”。弘农杨氏与汝南袁氏皆为汉末四世三公的大族。

② 东汉·班固，《东都赋》，古诗文网《东都赋》篇。

③ 典故出于西晋，当时都城洛阳因大家争相传抄左思的《三都赋》，以至于一时供不应求，货缺而纸贵。

④ 二程夫子，即程颢和程颐，河南洛阳人，他们的学说也称为“洛学”，其理学思想对后世有较大影响，南宋朱熹正是继承和发展了他们的学说。后世并称程朱理学。

时代！当时的朝鲜半岛，极为推崇中国文化，大批学子进入洛阳求学，多时达3000来人。现在还有1500年前朝鲜半岛学生刻在书桌上的座右铭："日夜读书后，欲游洛阳天。为国立功名，芳名百世传。"是如今韩国家喻户晓的一首五言诗①。韩国建国时，国旗图案就是八卦太极图，虽然后来因为图案太过复杂将八卦简化为乾坤离坎四卦，但其文化内涵不变。许多地名亦具有强烈的中国传统文化意蕴，比如韩国首尔城，原名"汉城"，使用了600多年后于2005年才更名为首尔。正因为推崇汉学，千年来接受汉学教化，一直以来韩国才会把中国文化的先贤强行说成自己国家的，因为他们的祖先，接受和应用的都是汉学、也就是中国文化。韩国中医中药也依然沿袭旧名，虽然常常不承认"汉方"一说，却总脱不开这一内涵；虽更名为"韩医"，却改不了传承于"中医"的事实。

除朝鲜国外（那时朝鲜半岛一统），匈奴、西域、倭奴国等国亦遣人来洛阳学习汉文化。自汉以后至隋唐的长长岁月里，三国两晋、五胡十六国、南北两朝等，都以汉学为根基，都以汉文化为正统，北方各民族都把自己看成中华民族。南朝、北朝都称"中华"，北魏孝文帝汉学修养不亚于当今博导；治国方略、文化传承做到了百花齐放，为隋唐文化大放异彩，奠定了非常重要的基础。至唐朝，再定都到古都长安，丝绸之路更加辉煌。新老都城长安、洛阳，成为东方与世界各国文化交流、经济交往中心。中国文化随之传播四面八方，世界各地也带来了不同的文化。从北魏墓葬出土的罗马时代金币，到邙山古墓出土的唐三彩，都有着明显的西域文化特征，都可以从中看出当时经济文化交流的频繁。

唐代经济与文化都处于当时世界先进地位，长安是当时世界上人口最多、最为繁华、最为富庶的文明城市，为世界各国人民所向往。日本曾派"遣唐使"13次，留学生不计其数；鉴真东渡6次而达日本，传播了唐朝文化；日本在政治制度、城市建筑、文学风俗、日常生活方面深受唐文化影响，日本民族服装与唐装相似度极高。唐代与天竺、与亚欧国家的文化交流也十分丰富，彼此互派使者，中国向外传播丝绸、茶叶、印刷术、造纸术、火药等文明，从亚欧各国学习宗教文化、天文历法、文学艺术等。最重要的是，中国向世界各国传递了和睦友邦的意愿、泱泱大国的胸襟和礼仪风范。和也者，天下之达道也。

总而言之，为使"天下"有序，中国愿意"协和万邦"。中国的天下观是构建理想的"天下秩序"：上承"天命"者，以"天子"身份执政天

① 转引自《名扬海外话洛阳》，洛阳晚报2007年4月25日。

下（“天命”只落实在“天子”的位置上，而不是具体人上），“天子”保持有“天命”的唯一方法就是“敬德”；“和”是天下通行的道理，是天下各安其所的交往方式。这里的“天命”，乃符合自然规律之命，乃成燮和天下、万方太平之命；“天子”则是承此“命”代表公众（人民）管理国家的人。

第三节　诸子百家管理观念

前已提及，春秋战国是中华民族的一个大黄金时期，人类思想的一次大爆炸时期。那时候周王权衰落，各诸侯自立，执斧钺而有争雄之志，掌宝玺即有问鼎之心；于是群雄齐起、战火纷飞，逐鹿中原、风云激荡；进而“诸子争鸣，百家蜂起；握圣言故思仁育兆庶，知先贤则忧统御华夷”，名士纵横捭阖，宿将战场争锋，大量典故后世传诵：庄生梦蝴蝶、墨子破云梯，商鞅入西秦、孙武克楚国，苏秦说襄王不得用、荀子居兰陵郁郁而终……“阴阳纵横说东周、并六国，舆图一展，运乾坤于舌上；有孔墨老庄论齐身、平天下，礼坏乐崩，挽狂澜止逆施”（资料来源：大型古风音乐剧《诸子百家》）。这个时期英雄辈出、学术纷呈，“诸子”之“子”是当时对文化成就卓越之学问大家的尊称，皆各学派创始人或代表。《汉书·艺文志》载，春秋战国数得上名的学派有 189 家，4324 篇著作；而《隋书·经籍志》等载“诸子百家”实有上千家。

学派流传最广的是法、道、墨、儒、阴阳、名、杂、农、小说家、纵横 10 家。后去“小说家”成“九流”。这里选其与六家阐述诸子百家之心和管理观念。

一、儒道心和观念及其发展

（一）儒业到儒家之儒道文化

儒、道、佛三教，汉唐以道家为先，儒家为次，佛教为末。老子揭示了“比天还大”的是“道”，故“老子天下第一”；儒家创始人孔子，字仲尼，“仲”即兄弟排名老二（老大为“伯”，老三为“叔”），所以有“孔老二”之称；将佛法传入中国的达摩祖师原是南印度国三王子。这个排名顺序暗合了中国“三教”道一、儒二、佛三的排名。即使历史上排名有变化，也只是道、儒两家的变化。

儒，《说文解字》解释：“儒，柔也，术士之称。”这术士，最初是指专门为人料理丧葬事务的神职人员。中国自古就在长期实践中形成一整套十分规范的丧葬礼仪，因为太过专业，也就形成了专司丧葬礼仪的行业。这些从业者地位低微，收入菲薄，既无固定的财产与收入，还要看主人的眼色行事，且说到底属于服务业，虽然专业精通但行事方式比较柔和，当时这样的术士就被称为“儒”。因此，儒的原初本意是既柔且和，儒之职业的原初性质是一种术士。

当国家与社会越来越重视礼仪，规格逐步提升，仪式逐步庄重、礼节逐步规范，尤其是一些大型祭祀活动中，庄严神圣的礼俗程序，让参与者肃然起敬。于是，礼上升到礼教，并且上升到以礼治国。这些从事礼数工作或礼仪教育的儒士们，俨然成为相当有文化的一群人，成为社会结构中一个比较特殊的智者阶层。其中的优秀者期望成为政府的典礼官，或者成为助人君、顺阴阳、明教化的君子儒。这就使得原本只是一种工作的“儒工”，发展成为引领礼仪、教化众人的导师，他们越来越注重内涵提升，形成了特定的文化圈子。这样也可以理解中国的教育为什么会从儒家开始，从孔子起源。

“儒工”发展成“儒者”，再进一步是“儒士”。“儒”从丧葬礼仪的从业者，发展为以教习礼仪、文化为本的文人，并形成了一个智者集团。能从丧葬礼仪从业者发展而来，与中国文化根深蒂固的敬重祖先之祭祀之礼密切相关。而当整个社会重礼风气形成后，这批文人有继续从事礼仪司仪的，也有专门从事礼教、文化教育的，也出现专门研究相关学问的。

诸侯争霸的特殊时代里，文人有广阔的用武之地，有人才就有争霸的条件。最著名的是创立“大道”的道家学派，及从易理中找到理论与学术根源的儒家学派，那些卓尔不群的儒成了当时的“大儒”、那些有文化会动脑子的将领成了诸侯王们的“儒将”。其他各家，很多是在接触、学习儒道文化之后分离出去，然后探索特定领域，法家如此、墨家也是如此，名家、纵横家长于辩论，也是如此。从事儒业的人们及其学术思想一个流派后，一方面仍以崇尚礼仪、礼节、礼数为其基本特征，推崇“周礼”；另一方面，儒工、儒生、儒士都十分注重内心修养，以提升自己的儒雅之气，以获得更高社会地位。

逐渐地，“儒”的职业意义削弱了，学问之意、哲学之意、思想之意越来越明显体现出来了。在孔子、孟子、荀子等学问大家、思想大家的努力下，儒成为一家学术流派、一种政治力量。同时，形成这一批人的品质榜样，这就是“君子”，这成为所有儒者的修养目标。孔子告诫弟子，“女为君子儒，无为小人儒”（《论语·雍也·春秋》）。即希望自己的弟子能成为君子儒，而不要成为小人儒。百家争鸣时，儒还是儒家，其学问、思想叫作儒学；西汉董仲舒独尊儒学，儒学成为治国之学，读书人必读之学，到朱熹之后，尊称儒教，且置于道教、佛教之上。

（二）孔子儒学及其后世发展

孔子认为最好的社会应该是人人安分守己，互相关怀，恢复周礼，达至一个大同世界（这就是“克己复礼”《论语·颜渊．春秋》的由来），并给了这种理想一个非常重要的概念：“仁”（孔子曰：“安上治民，莫善于礼”《礼记·经解》）。“仁”包括伦理观、政治观、教育观、宇宙观等，是儒家思想的核心内容——仁义道德。其中，儒家的伦理观：伦理道德的总纲是“仁”。“仁”即“爱人”，君主要体民情、爱惜民力，反对苛政。实践仁德，需要“忠”“恕”（“夫子之道，忠恕而已矣”《论语·里仁．春秋》）。“忠”是尽自己的本份；“恕”是推己及人。提倡以“礼”约束人的行为，以“乐”陶冶人的性情。儒家的政治观：主张以礼义治国，恢复西周时期的德治。而社会各阶层人士应尽本份，以达致“君君、臣臣、父父、子子”（《论语·颜渊．春秋》）的和谐局面，这就是正名思想。儒家的教育观：孔子提出“有教无类”（《论语·卫灵公》）的主张，认为教不应分贵贱贤愚。他认为“因材施教”（见“子曰：‘求也退，故进之；由也兼人，故退之。’”《论语·先进》）是理想的教学方法。他又提倡“温故知新”（《论语·为政》）及“举一反三”（见子曰：“不愤不启，不悱不发。举一隅不以三隅反，则不复也。”《论语·述而》）等学习方法。儒家的宇宙观：对鬼神之说抱着“存而不论”（见“六合之外；圣人存而不论；六合之内；圣人论而不议。”《庄子·齐物论》）的态度，主张“敬鬼神而远之”（《论语·雍也》），但却十分重视祭祀祖先。

显然，儒家之学，的确有柔和的本意，讲究君子动口不动手；也有儒家重礼的本意，提出以礼治国主张，中国是礼仪大邦也源于此。儒学倡导“仁”“恕”“善”，强调“克己复礼”，都有儒的本原意义在里面。但儒作为一种治国方略，一种文化根柢，不可能只有柔，更有硬与强的一面，如“忠”“义”，更有为人处世的“信”与巧妙应用柔术与硬术（阴阳协和）的“智”。儒的内涵早就远远超越其本意，断不可断章取义，以其职业意义解释其学术意义、哲学意义、文化内涵、治国方略等。

孔子去世后，儒学曾一度削弱，后大儒孟子出现。孟子名轲，字子舆，又字子车、子居。孔子的孙子思的再传弟子。孟子在母亲的教育下（“孟母三迁”），用功读书，学成以后以孔子的继承者自任，招收弟子，并且游历列国，宣扬“仁政”“王道”的主张。孟子以“性善说”（“人性之善也，犹水之就下也。人无有不善，水无有不下"，《孟子·告子上》）论述"仁"，"人之异于禽兽者，几希。"（《孟子·离娄下》）。他认为人性本善，具备了恻隐、羞恶、辞让、是非四种善端，加以发扬，便可成为仁、义、礼、智的德行。他还将孔子仁的思想贯穿于政治，提出仁政理论体系，发展孔子为政以德的思想，倡导民贵君轻，强调人性善，重视人性自觉、自律。孟子因此被后儒奉为"亚圣"，在后世治学领域、文化领域、政治领域，其地位仅次于孔圣人。

荀子，名况，字卿，赵国郇邑人，战国后期著名思想家、教育家，继孔子、孟子以后最大的儒学大师。荀子没有盲目地将儒家学说全盘接收，而是将儒家学说融会贯通、加以发挥，提出了"性本恶"，认为人与禽兽无异，"人之性恶，其善者伪也"（《荀子·性恶》），若顺从人的本性而行，必会引起纷争。他主张通过教育改变人的本性，通过"礼治"维持社会秩序，为善去恶。针对自律，强调他律，主张隆礼重法，用礼的教化和法的惩罚来约束人的行为。他的学生李斯与韩非在动乱时代，强调法治，帮助秦统一天下，成为战国后期法家的代表人物。很显然，法家脱胎于儒家，归根结蒂，都脱胎于《周易》。后世往往将儒家与法家的主张中庸而后用之：乱世重典，盛世重礼；恶人法治，黎民礼治。

儒家学说所倡导的"仁、义、礼、智、信"，被历代统治者及学术界所尊崇，成为中国传统思想的核心及道德的主流。而这些思想之核心，基本上源于《周易》。《易传·说卦》云："和顺于道德而理于义，穷理尽性以至于命。"同时指出："昔者圣人之作《易》也，将以任性命之理，是立天之道曰阴与阳，立地之道曰柔与刚，立人之道曰仁与义。"这里的"立人之道曰仁与义"就是"和顺于道德而理于义"的具体的表达。"和顺于道德"的"道德"就是仁与义。而"理于义"也是"仁与义"之义，以道德为中心而已。在《周易》里，"仁"的范围更广：包括人要多和善（"积善之家，必有余庆；积不善之家，必有余殃"，《周易·坤卦》），人要有讲谦德（"地势，坤。君子以厚德载物"，《周易·坤卦》），人要讲礼（"物畜然后有礼，故受之以履"。"履者，礼也，履而泰，然后安。故受之以泰，泰者通也"，《周易·序卦》），人要诚信（"中孚以利贞，乃应乎天也"，《周易·中孚》，人要中和（周易的和合观）等，"礼不可废"。

（三）易理与道家之老庄道学

道家，直接脱胎于易学，"一阴一阳之谓道"，"形而上者谓之道"（《周易·系辞上》），"道"几乎贯穿于《易传》，仅《系辞》篇直接论道的就有："《易》之为书也，广大悉备。有天道焉，有人道焉，有地道焉……三才之道也”（《周易·系辞下》）。“天地设位，而易行乎其中矣，成性存存，道义之门”。“知周乎万物而道济天下”，“知变化之道，其知神之所为乎”（《周易·系辞上》）。“六爻之动，三极之道也”。还有前面说的立天之道、立地之道、立人之道。“天地之道，贞胜者也；日月之道，贞明者也。天下之动，贞夫一者也”。“阳一君而二民，君子之道也；阴二君而一民，小人之道也”（《周易·系辞下》）……还不包括“道”字虽没出现，道之义却满篇的许多论断。老子与庄子在此基础上创建道家学说，由此合称老庄学说。

道家观点认为，“道”是一切事物的根源，亦是循环不息。道家强调凡事均无须强求，应顺应自然，达至“道”的最高境界。道家精神在于精神上的超脱，不界限于形驱，只求逍遥及心灵上的开放。老子姓李，名耳，字伯阳，谥聃。老子修道德，其学主无为之说，以自隐无名为务。《道德经》一书上下五千言，书中广论道的形上学义、人生智慧义，提出一种有物混成且独立自存之自然宇宙起源论，也提出世界存在与运行原理是“反者道之动”的本体论思想。对于存活于其中的人类而言，其应学习的就是处世的智慧。老子也提出了众多的政治、社会与人生哲学观点出来，主张无为而治、“小国寡民”（《道德经·水德》）。庄子名周，字子休，宋国蒙人，他生活贫困，但淡泊名利，楚王闻其贤德，曾派使者赠以千金并请他作宰相，被他拒绝。遂终身不复仕，隐居于抱犊山中。著书十余万言，大多寓言。“作渔父、盗跖、胠箧，以诋疖孔子之徒，以明老子之术”（《史记·老子韩非列传》）。

老庄道家宇宙观：“道”是无形不可见，是超时空的“绝对精神”，是宇宙最高本体及一切事物的根源。道家政治观：战争不断，导致民生困苦，人们必须放弃逞才、逞智、逞强、逞力、回归朴素、无知的境界，以“无为”治理天下，天下才能和平安定。最终希望回归“小国寡民”的原始社会。道家人生观：万物都有对立面，物极必反。因此，人们必须“见素抱朴，少私寡欲”（《道德经·朴素》）、柔顺、不争、顺应自然，抛弃一切礼教的枷锁，才能避免灾祸。中国文化，儒道相通，柔而不软，顺而不弱，不争是争，无为有为。

二、法墨心和观念及其发展

儒学教化人心达心和，道学顺应自然达心和，法家定分止争达心和，墨家兼爱非攻达心和。有研究认为，周易的哲学思维是法家思想的源头（包括变动不居宇宙观、和谐思想），周易的政治统治观念是法家思想的价值渊源，周易中记载的大量犯罪与刑罚为法家对刑罚的适用提供了理据①。当然，这中间既有直接传承于周易，也有通过儒学的传承而传承。

（一）法家集权暴政的利与弊

法家起始于荀子，而让法家发扬光大的代表人物是他的两位弟子：韩非、商鞅。

韩非，韩国公子，口吃，不善于言说而好著书，终成为法家思想的集大成者。韩非痛恨治国不修法明治，不实行富国强兵，而重用那些没有实际经验好发空论的人。韩非著作中的思想，与秦始皇的个性特点及治国观念相当吻合，得到了秦始皇称赞。正在为秦始皇服务的李斯，却不以为然。秦攻韩，韩王派韩非出使秦国。李斯认为韩非有才而不为秦，于是建议秦王既然不能用之不如诛之，秦王以为然。李斯差人送韩非毒药，让其自杀。

商鞅，姓公孙，名鞅，号为商君。商鞅未被魏惠王纳用，向西入秦。秦孝公不欲仁政德治的儒家之道，而信霸道，与商鞅的法家思想相合。商鞅在秦国前后实行了两次变法，废除了旧制度，实行了新制度，使得秦国很快强盛起来，成为战国时期第一等强国。然而，霸道治理，引起仇敌无数，后商鞅本人遭到贵族保守派的诬陷，被处以车裂极刑。

两位法家代表人物都不得好死，是法家之“法”太过狠戾、树敌太多，还是法治强化了中央集权弱化了贵族利益而遭打压，抑或是两位法家代表不太会为人处世而遭嫉恨，或者是别的什么原因，这里不作评说。至少有一点是可以肯定的，就是两位法家代表虽能提出“法”治，却不能也不会以法保护自己。可见，法治很重要，但只用法治就陷入了暴政深坑。

而今分析法家主张“以法治国”，有进步意义。法家提出了一整套的理论和方法，为后来建立的中央集权的秦朝提供了有效的理论依据；汉朝继承秦朝集权体制以及法律体制，成为中国古代封建社会的政治与法制主体。法家重视法律，反对儒家的“礼”，反对贵族垄断经济和政治利益的世袭特权，要求土地私有和按功劳与才干授予官职。法家提出“夫法者，所以兴功惧暴也；律者，所以定分止争也”（《管子·七主七臣》），“兴功惧暴”是鼓励人们立战功，使那些不法之徒感到恐惧，兴功最终目的是富国强兵，取得兼并战争胜利；法律的作用是“定分止争”，也就是明确物件的所有权。法家反对保守的复古思想，主张锐意改革。他们认为历史是

---

① 钱继磊：《试论易经与先秦法家思想的渊源关系》，《华中科技大学学报（社会科学版）》，2012 年第 6 期。

向前发展的，一切法律和制度都要随历史的发展而发展，既不能复古倒退，也不能因循守旧提出“不法古，不循今”的主张。法家提出“时移而治不易者乱”（《韩非子·心度》），把守旧的儒家讽刺为守株待兔的愚蠢之人。然而只有法治而无中庸，战时能兴功惧暴、定分止争，但难以长效管理。

这样的法家思想已超出了荀子的思想范畴，动摇了坚持“复礼”，以“仁”治国的儒家根本。重战功本是好的，但容易演变成滥杀、以平民人头充数、草菅人命。秦始皇以铁腕统一七国，在历史上有进步意义，然而暴君之名也结结实实落在他头上。秦二世暴虐依旧，在赵高与李斯帮助下，杀死兄弟姐妹20余人，逼死长兄扶苏即位，自己花天酒地，让赵高掌握实权，其统治高压残暴之极，百姓苦不堪言。陈胜、吴广因人力不可抗拒的暴雨，所带900戍边士卒无法按期到达渔阳，按当时律当斩；去是死，不如揭竿而起拼一把。以此为始，各地义军风起云涌，六国旧贵族趁机复国，24岁的胡亥被迫自杀，秦朝短短十多年（前221—前207年）便因暴政而亡。法家“以法治国”没错，但只有暴虐没有怀柔，难以得民心。

法家的重要人物，还有慎到、申不害二人。比较而言，商鞅重法、慎到重势、申不害重术，各有优势；唯韩非集三人之大成，提出了将三者紧密结合的思想：法是健全法制，势是君主权势，应独掌军政大权；术是驾驭群臣、掌握政权、推行法令的策略和手段，其功能主要在于察觉、防止犯上作乱，维护君主地位，最后达到人人归位，上下和谐。可惜，韩非死于李斯之手，他的中庸法儒、和合法道之思想，唯有理论提出，未能在战国时应用，更未能为秦始皇采纳，令后人扼腕叹息。当然，国家治理未曾应用，思想原理却得以传世，这是文化的魅力，也是我们今天仍然能从其思想中汲取营养的原因所在。

中国几千年的王朝历史，朝廷可以亡，中国不会灭——背后有中国文化撑着。

（二）墨家平民观点且重实践

与法家不同，墨家提倡“兼爱”“非攻”“尚贤”等观点。《周易》节卦“是墨家节俭、节用、节财思想的最早渊头……节无论是作为一种道德规范，还是作为一种社会制度，还是作为天地宇宙的原理法则，同后来墨家所讲的，节用、节葬、节财、利民思想都是相贯通的。”① 尚贤尚同是墨家的基本政治纲领。墨家源于易，脱胎于儒，更接近平民阶层。

---

① 孙熙国文，《〈周易〉古经与墨家思想》，《周易研究》2001年第11期。

墨家的创始人、代表人物是墨子（翟 dí），春秋末战国初思想家、学者。墨子出身平民，他曾为宋国大夫，自诩“上无君上之事，下无耕农之难”（《墨子·贵义》），是同情“农与工肆之人”的士人；曾师从史角之后，传其清庙之法；又学于儒者，习孔子之术，称道尧舜大禹，明于《诗》《书》《春秋》，因不满儒家礼乐烦苛，于是弃周道而用夏政。宣扬非攻、尚贤、尚同、节用、节葬、非乐、天志、明鬼、非命，而以兼爱为核心。其为人如庄子所说的“以绳墨自矫，而备世之急”（《庄子·杂篇·天下》）。墨子上说“王公大人”，下教“匹夫徒步之士”，几乎“遍从人而说之”。行迹所至，东到齐，西游郑、卫，南至于楚、越等地。真正的读万卷书行万里路。

墨家在伦理观上提出“兼爱”，墨子认为天下之所以大乱，是由于人不相爱，故主张爱不应有亲疏、上下、贵贱、等级的分别；墨家在政治观上主张“尚贤”“尚同”，提倡选任贤才，消除阶级观念，使天下大治，主张“非攻”，反对一切侵略战争；墨家在经济观上反对奢侈的生活，主张节俭，提出“节用”“节葬”“非乐”的思想；墨家在宇宙观上提出“非命”，认为命运不能主宰人的富贵贫贱，强调只要透过后天的努力就可以改变。

墨子的先祖是贵族，但后代因故贬为庶民，到墨子时已是名副其实的普通农民，所以，墨子是真真切切的农民出身的哲学家——历史上的唯一。他周游列国，自创墨家，广收门徒，寻常亲从弟子数百人，形成声势浩大的墨家学派，在当时达到“非儒即墨”的程度。墨家是一个思想流派，相比较于其他学派，墨家有几个特征是独特的：一是墨家成员都是由有文化的农民、工匠——普通劳动者组成的，是中国最早的农工组织，也是历史上唯一一个代表农工利益的组织。二是判定墨家是一个组织，是因为墨家有自己的领袖、有自己的理论（学说）、有相对严密的组织；他们派往各国做官的墨者，必须推行墨家的政治主张（若无法执行下去可以辞职，但不得改变宗旨）；这些官员要向团体捐献俸禄（“有财相分”），可以称得上是最早有“共产”观念的组织；而强调当首领的要以身作则，人人要吃苦耐劳、严于律己。三是他们的政治主张、治国之道是仁政、是维护公理与道义，这是墨者义不容辞的责任。由此看来，如果把墨家看作是那个时代的一个政党，那么，这是一个代表着有知识的劳动者的政党，或者说是平民的政党，平民的科技践行者。墨家还有一个极其显明的重要特征，这是一个有着强烈社会实践精神的团体，他们所有的观念、思想提出，都会进行实践经验。可以这么说，墨家是历史上最早提出实践是检验真理的标准的学派。

关于检验认识和观念正确与否的方法，墨家提出“三表”之法：“有本之者，有原之者，有用之者。于何本之？上本之于古者圣王之事；于何原之？下原察百姓耳目之实；于何用之？废以为刑政，观其中国家百姓人民之利，此所谓言有三表也”（《墨子·非命（上）》）。这里是说“言必立仪”，即说出来的话（提出的认识、观念），必须订立准则（或者说标准）以作判别，这就是“三表”：有本原（原始出处）的、有推究（推导研究）的、有实践的。考察本原的方法，向上寻找古之圣人治理国家的做法；推究的方法，向下考察老百姓可闻可视的事实情况；怎么实践呢，暂停正在施行的刑法政令，看看国内这样的刑法政令下老百姓是否得到了利益。这“三表”，一是强调先圣经验，二是突出调查研究，三是观察实践效果。概括起来，曾经做过的、事实可见的、效果证明的——检验真理标准的途径，是实践。

（三）墨子善科技有历史贡献

墨子的伟大之处，除前述哲学观点和平民意识外，还在于他是一个全才，用今天的话来说文理兼修，政治、军事、哲学、伦理、逻辑、数学、物理、机械等，上天入地无所不晓，故有人称他为“科王”。用今天的学科分类来说，许多理工类学科，墨家都已经创立，如数学、几何学、物理学、光学、静力学等，在哲学领域，其认识论、逻辑论等学科对后世产生了极其巨大的影响。可惜，汉武帝“独尊儒术”后，墨家不被重视。

相对于其他学问，墨家的学习，要经历十分艰苦的训练、规则也相当严厉，为官还要捐俸、生活必须节俭，把自己放在劳动者的位置上，这一切，对官宦子弟、文弱书生而言，难度系数太高；而且“兼爱”比“仁爱”更难遵从。“非儒即墨”之说，显然对儒家正统有潜在威胁，明打明去抹黑墨子又非明智之举，所以当时社会主流一是冷淡墨家学说，二是暗地限制流传。另外，为了求福避祸，墨子主张“尊天”的同时要“事鬼”，也成为后人针砭的靶子。基于种种原因，墨家后世发展受限。作为中国历史上一座丰碑，墨家在历史进程中被有意无意地歪曲，最典型的就是以“墨守成规”成语抹黑掌上明珠墨家。

墨子是战国宋国人，得知鲁国要攻打宋国，鲁班为楚国制造了一种用于攻城的云梯。正在齐国的墨子连续赶路十天十夜，到达楚国郢城，力劝楚王、鲁班放弃攻宋计划。为此，墨子与鲁班以衣带围作城墙，用木片代武器，权作沙盘，双方模拟推演攻城守城。鲁班攻、墨子守，鲁班运用多种攻城之法，却被墨子——守住；最后，鲁班攻城的机械设备全部用完，墨子守城之计依然层出不穷。鲁班有些不服，言自己有办法对付墨子，但不能说；墨子笑笑也说知道鲁班会怎么做，只是也不说。楚王急了，要墨子说，墨子说公输子（鲁班尊称）的意思是杀了我就没人能帮宋国守城了；但事实我已有门徒三百守在那里，一样攻不进的。楚王叹气而取消攻宋。墨子善守之名大盛，后来就把善于守城叫作“墨守”。问题是，原本智计百出的墨子“守城”之举，被有人故意污化为“守旧”，称“墨守成规”，也叫墨守成法，成了固执地按老一套办事，一成不变，不肯改进的意义。“善守”与“守成”，完全是不同的意义。幸好历史没有污掉这一成语的真正来历。

但不管如何黑化、限制，“兼爱”的核心是倡导自食其力，建造和平，平息惨斗，反对侵略战争，这一正义思想依然得以传承；墨家固有的思想价值、学术贡献仍不能被淹没，其在中国文化史上、科学史上的伟大贡献，永远不能磨灭。

总结起来，法家是从儒学脱胎而来的，历史已经证明，法律是好的；但只有法、只有镇压，就显得过于狠戾。所以法也要讲“道”，无道之法，不是治国良方。同样，墨家以“兼爱”为核心，以节用、尚贤为支点，也是好的；但有兼爱还需有适当的法治。

中国文化的重要意义，在于把各家之优秀观念、思想提炼出来，创建成现代管理的思想观念，传承中创新、创新中发展。

三、兵医心和观念及其发展

按照春秋战国时期各家的影响力排名，似乎还应该也说说名家、阴阳家、纵横家。但一方面限于篇幅，另一方面阴阳家的思想在涉及易理时已有提及，而且医家这里主要是五行学说为基础理论，而纵横家与兵家有着必然的内在联系，所以此处重点选兵家、医家论之。

（一）兵家兵道之谋万世盛和

“《周易》在西周至春秋时期的军事活动中发挥着不可忽视的作用”，这得益于“《周易》在战争社会观、战争规律观、作战指导观等方面所取得的理论创获，对之后兵家诸子的理论都产生了积极且直接的影响。”①兵家代表有孙武、孙膑、庞涓等。第四章第二节已对孙子兵法的心和智慧有过分析，这里再对兵家谋和思想作综合简析。

孙武，字长卿，春秋时兵法家。曾以《兵法》十三篇见吴王阖闾，经伍子胥的推荐，被任命为将，率吴军攻破楚国。他认为“兵者，国之大

---

① 张涛、孙世平：《〈周易〉经传与先秦兵家》，《理论学刊》2014 年第 9 期。

事”，提出知己知彼，百战不殆，注重了解情况，全面地分析敌我、众寡、强弱、虚实、攻守、进退等矛盾双方，并通过对战争客观规律的认识和掌握以克敌制胜。他还提出“兵无常势，水无常形，能因敌变化而取胜，谓之神”（《孙子兵法·虚实篇》），强调了战略战术上的“奇正相生”和灵活运用。这些兵家思想基本反映在《孙子兵法》一书中，此为中国最杰出的兵书，深受世界各地所重视。

孙膑，孙武的后代，大致与商鞅、孟轲同时，为战国时兵法家。他曾与庞涓同学兵法，当庞涓作魏惠王将军时，忌其才能，把他骗到魏国，处以膑刑（即去膝盖骨），故称孙膑。后经齐国使者秘密载回，被齐威王任命为军师，协助齐将田忌，设计大败魏军于桂陵、马陵。

他继承和发展了孙武的军事理论，把“道”看作战争客观规律，提出了以寡胜众、以弱胜强的战法，主张以进攻为主的战略，根据不同地形，创造有利的进攻形势，重视对城邑的进攻和对阵法的运用。其著有《孙膑兵法》一书。

兵家是中国古代对战略家与军事家的通称，又特指先秦对战略与战争研究的派别。兵家的重要著作有《孙子兵法》《吴子》《孙膑兵法》《司马法》《六韬》《三略》和《尉缭子》等。如何从宏观上把握战争，是兵法的关键。战争是政治的继续，关系到一国或一民族的生死存亡或被人奴役的大事。兵法也可以将它看成既是一部如何统治国家，制定国家战略的指引；又是一部如何领兵打仗，制定战争战略与策略的书本。

很显然，中国自古崇尚的是“和”，谋求万世盛和，即使是兵家，总指导思想仍然是中国文化强调的“道”。兵者，诡道也，说的是能用谋略就用谋略，伐谋为上，攻城为下，以不战而屈人之兵为上上之上。这种兵家思想，能说是中国怯战吗？中国喜欢和谐、希望和平、追求和睦，谋的是世界大同、天下一家。但若有人要破坏这种“和”，那就战争见真章，中国的战争韬略、战场谋略、对敌战术，不怵世界上任何强敌；无论是古代战争，还是近代战争，或是现代战争，都在说明一个道理：武器不是最重要的决定因素，人、人心才是！只有中国的领袖，才敢代表中国人民向全世界宣布：一切反动派都是纸老虎！即使面对当时超级大国的咄咄逼人，也敢断言某帝国主义是纸老虎，扬眉吐气又信心满怀。

（二）兵家仁道医家救死扶伤

正因为中国爱好和平，所以兵家思想首先不是如何消灭敌方，而是追求以谋取胜、以最少的牺牲获取最大的胜利，不仅仅是己方牺牲最少，敌方牺牲也少（收为已用）才是兵谋之上。纵横家正是这种指导思想下的产物，导致春秋战国时代留下无数仅凭三寸不烂之舌横扫千军的佳话；例如苏秦、张仪们的“合纵连横”及反“合纵连横”，三国时代“诸葛亮舌战群儒”的故事等，都让人们津津乐道。传说纵横家的祖师爷鬼谷子诡秘通神，社会纵横、自然地理、宇宙天地玄妙无所不窥，诸门无所不入，六道无所不破，众学无所不通。门下弟子无数，翻云覆雨，惊世骇俗，大有作为。这位万圣先师，万圣之祖之能，技法篇另述。

兵家、纵横家，都让中国的军事韬略理论和思想源远流长。例如奇正之说，博大精深，诡道之谋，精彩纷呈。而更重要的是，“兵马未出粮草先行”的军事思想，更是深入人心，体现出中国本土未雨绸缪的备战思想，重道制胜的慎战思想，选贤任能的用将之道。而这一切，都体现在以“仁”为本、师出有“名”的战争观中。“仁”是仁道，“名”是正道，战是为了不战，赢是为了和平，这就是中国兵家之道的核心思想。而恰恰是这些思想，体现了管理学中的竞争思想，争是为了不争，竞争的最高境界是双和双赢。

战争，造成人的创伤；医家，治疗人的身心。中国医家，与兵家一样，成为独立的一门学问而发扬光大，也作为一个重要行业存于世间，故无须列入“三教九流”之九流。医家重点不在开山立派，而在悬壶济世、救死扶伤。其医学理论核心是“三阴三阳理论”“五行理论”，这些均直接来源于《周易》。《周易》与《黄帝内经》的关系早已有定论，无须说明。

春秋战国医家代表人物扁鹊，采取实事求是的态度研究医学，并能吸取民间的医疗经验，在医学上取得了很大成就，在人民群众中享有很高的声望。扁鹊长期在民间行医，走遍齐、赵、卫、郑、秦诸国。公元前 310 年，嫉妒他贤能的秦太医令李谧派人在崤山设伏，刺杀扁鹊，终年 97 岁。扁鹊善于首用望闻问切四诊。其脉诊和望诊之术，充分应用于诊断内、外、妇、儿、五官等科疾病，并且使用砭刺、针灸、按摩、汤液、热熨等治病之法，被尊为医祖。当然，也有一说，扁鹊是中国古代对所有名医、大医的尊称。

如果说神农尝百草是中国医药学最早记载，那么可以想见以草药治病的历史会更久远；中国早就认识到天地间万物皆有生物链，形成相生相克的关系。到春秋战国时期，医家已经趋向成熟，砭石、针刺、汤药、艾灸、导引、布气、祝由等治疗法形成；西汉时，用阴阳五行原理解释人体生理，中医理论成形。可见，中国医学理论的形成，是在公元前五世纪下半叶到公元三世纪中叶，共经历了七百多年。

公元前五世纪下半叶，中国开始进入封建社会。从奴隶社会向封建社会过渡，到封建制度确立，在中国历史上是一个大动荡的时期。社会制度的变革，促进了经济的发展，意识形态、科学文化领域出现了新的形势，其中包括医学的发展。医家泛指所有从医的人。

（三）医家贡献与中医价值辩

与其他领域一样，医家也是代有才人出。如东汉末年的张仲景、华佗、董奉，史称“建安三神医”。其中，张仲景人称医圣，确立的六经辨证的治疗原则，撰写《伤寒杂病论》，是中国医学史上影响最大的著作之一；华佗创麻沸散（临床麻醉药）、行剖腹术，精通内、外、妇、儿各科；而董奉隐居庐山，留下了脍炙人口的杏林佳话。后世还有唐朝的孙思邈，写《千金要方》，完成世界上第一部国家药典《唐新本草》，人称药王；明朝李时珍完成192万字的《本草纲目》，著有《奇经八脉考》《濒湖脉学》等，人称药圣。

需要特别强调的是，中国医学、医家、医疗行为，非常重视医德。《黄帝内经》就已把人的生命价值作为医学的基本原则，几千年传承发展，中医闪耀着璀璨夺目的人性光辉。而其中最为耀眼的是中医学也讲究“天人合一”“天人相应”，追求医理的和谐之道，其中的精气学说、阴阳五行学说、气血津液理论、经络原理和养生之道等，是中国贡献给世界的医学发明、医学创新。可惜，在近代国势弱化时开始，近百年来，中医遭遇从未有过的西医冲击，几近陷入绝境。21世纪初（2002—2003年）“非典”（非典型肺炎），也就是SARS肆虐事件（严重急性呼吸综合征）中，中医在扑灭疫情发挥了巨大作用，从而引起世界重新关注。而后，由于人们对养生之道的需求大幅增加，媒体推波助澜，中医再次崛起，世界关注。

一项几千年传承的学问，一定有其重要的价值所在。中医、中医学的遭遇，应该是中国自信失落、“西化”贻害的结果。目前，汉方之药风靡世界，已经证明汉医（中医）的价值。遗憾的是百年对中医的打压，传承出现危机，这是当今需要极力挽救的。

还需要说明，中医被诟病的一个重要原因，是有观点强调中医故步自封秘不外传。这显然是对历史不了解、对现实误导造成的。自神农亲尝百草，中医有着几千年的历史，而现代西医从产生到现在不过几百年；先于西医的几千年中医救死扶伤的时间里，是在古代社会，没有医学院、没有现代网络，自然无法让世人共享；在古代纸张、印刷极其困难条件下，许多医学大家还写出医学鸿篇巨著流传后世，何来故步自封之说。民间医者传徒不传外，与现代西方所谓知识产权保护没有本质区别。中医治疗方法需有经验积累，没有一教就会；中草药药方，与西药一药治所有（不管什么人，同类病用同样药粒）不一样，而是一人一方、千人千方，即使同样的毛病，也是针对个性化的病原、病体进行诊治，用哪几味药、多一味、少一味效果完全不同，用多大的量、多一克、少一克作用完全不一样，用什么药引、用什么火候、煮多少时间，其医疗原理各不相同。确定一个药方，对一些人一些病有效，同样的病不同的人就不一定有效，所以，中医有偏方；药方虽然具有一定推广价值，但师徒制社会，师傅留一两方关键药方傍身，此乃秘方，另有一些组织为组织利益而不公开药方，也成秘方。偏方、秘方只是适用范围与知情范围有限制。若故步自封，坊间何来偏方、秘方。再说针灸，如何用针（方位、朝向、力度、时间长短等），可谓差之毫厘失之千里，没有多年潜心训练难以能成。换句话说，中医并非故步自封，一些情况出现有其历史原因。

何况，百年遭屈的中医并没有完全断层，也没有把中医的思想内核和医理、医术、医德、医道灭绝，中医完全有机会重放光芒、再现辉煌。更重要的是，中国文化一直以来兼收并蓄，现代社会，中西交流，中医可以吸收西医的养分，发扬光大；中医人才的发掘、培养，也正在解决中，恢复古老中医的风采，展现现代中医的魅力，虽任重而道远，但前景光明。

综上所论，兵者，以战止战，“武”便是止戈，战争的目的是谋求和平，才会有“不战而屈人之兵，善之善者也。故上兵伐谋，其次伐交，其次伐兵，其下攻城”（《孙子兵法·谋攻篇》）之说。而医者父母心，对“心和”理论的贡献更是直接的、明晰的。

第四节　中国谋略管理观念

农耕经济规模小，分工就男耕女织；人文特点则是顺天应命、辛勤劳作、守望田园。这是一种平和自守的经济形式，不需要培养侵略、掠夺的战争技艺，只需要掌握争取丰收的农艺和园艺；农耕成果自给自足，大部分不用于商品交换，无须培养尔虞我诈的商战技巧。能够风调雨顺是最大的企盼，拥有人和环境是最美的憧憬。由此派生出的民族心理不是进攻、冒险型的，而是防守、稳妥型的。从管理上说，这更需要高级谋略。

谋略属于智慧范畴，但智慧不仅限于谋略；中国文化所说的“智慧”既体现在哲理思想上，也表现在韬略计谋上；而西方的智慧直接等同于哲学。本节阐述的是中国特有的谋略文化，着重于通过计策谋略表现出来的聪明才智，并由此构成的文化现象。

一、中国谋略理论与发展

（一）起源保卫家园的谋略文化

特定的人文性决定了国人注重后发制人的技艺、技能、技巧，盼望国君是有道明君、臣子是“青天大老爷”，崇拜有知识、有谋略、有智慧者。谋略，成为一种文化现象。民间认为，善用谋略之人是高智慧、高品位之人，是聪明人、有本事的人、有德性的人。对谋略高手，亦不吝给予“谋略家”的称号，其谋略故事也会不断被演绎、演义。而在演义化的传说中，谋略家也会渐渐被神化，达到无所不能的地步。其实，谋略是国家治理的重要内容，是中国智慧的重要内涵。无论是国家治理还是企业管理，其谋略的应用重在谋求顺人心、得人心，得人心才能得天下。人心和顺、人心和畅、人心和睦，是谋略管理的追求。

正是这样的文化传承，导致百姓最喜欢听谋略家运用谋略的故事，每每听到紧要之处，便会在心底热切盼望着想象中的计谋大师、韬略智圣出来解救危难于水火；而一旦期待中的谋略主角真的出场，便放心地松了一口气，坐等主角潇洒自如出奇计，谈笑风生献谋略，举手投足轻轻松松横扫一切牛鬼蛇神，让心中的抑郁之气一扫而空，获得预想中的“心灵快感”。所以，看《封神榜》，重点不在如何封神封了哪些神，而在渭水钓鱼的姜太公如何智计百出收服各方；看《三国演义》，重点不在三国鼎立的天下大势，而在诸葛亮隆中对出祁山奇谋不断羽扇纶巾。对兵家之圣孙武、帝王之师张良、破案高手狄仁杰、开国谋臣刘基……黎民百姓关注的重点从不改变，那就是他们神乎其技、鬼神莫测的用谋之能，机巧奇变、袖里乾坤、智计万端。对那些谋略大师，中国人愿意相信他们是有智慧的，智者有慧心、有道德心才可称智慧，心美才能让谋略智慧用在正道，才能创盛世之基业。

这也证明了一点，中国人重谋略，中国文化中有谋略文化的一席之地，根本原因在于中华文明不喜欢争斗、战争，中国文化是协和文化。能够通过谋略智慧解决问题，就不必金戈铁马、战火纷飞。毕竟王朝更替，不仅仅是“宫阙万间都做了土”，更重要的是“兴，百姓苦；亡，百姓苦”（张养浩《山坡羊·潼关怀古》），兵祸连结的结果是生灵涂炭、哀鸿遍野，兵荒马乱的结果是妻离子散、满目疮痍。中国人爱好和平，希望用计用谋解决争端；非打不可，也可以用计用谋以最小的牺牲换取最后的胜利。

然而，为了资源、为了地盘，远古部落征战不息；一直到今天，人类的战争起源仍然离不开资源、地盘这两点。这就形成了一个循环，想要获得安宁和平，就要拿起武器保卫自己的家园。纵观中国文明史，就战争整体和主流而言，都是卫国之战，春秋战国是东周诸侯间的战争，没有向外侵略。历史证明，中华文明的核心是以谋追求世界和平。

（二）古代经典名著中谋略理论

古代能被史记录下来的，原始社会中事是部落大事，人是部落首领或主要文武；国家出现后则是国家大事、国君及各领域顶尖人物，黎民百姓够不上资格载入史册。本土管理的研究，从古代传承下来的文献资料中探索治国观念、治国方略，探索管理观念、管理原则、管理方式方法，往往是那些手握强权的思想观念和做法。商业管理的探索，也是在有商业意识的国君、皇亲国戚、股肱大臣中去探寻，而他们的商业管理，或多或少地会与国家管理相关、相类，甚至相同。这也就是在中国治国谋略与经商谋略不分家、朝堂智慧与民间智慧相共存的原因所在。从夏、商、西周三朝，到春秋战国，是在不息的战火中探索国家治理的千年；此后生生不息的也是在大邦小国不断变换中发展着中国历史。

因此，中华谋略一开始就是用于治理国家平服天下的。中国谋略的经典专著，可以追溯到被称为上古之书的《尚书》，书中不仅有第八章详析的十六字中华心法，还在《大禹谟》《皋陶谟》《洪范》诸篇中阐述的中国最早的政治韬略、管理谋略思想。老子的《道德经》是中国文化的经典，也是道家学术的源头，但很多人也许不知道，它还是谋略学家的心爱之书，几千年来，其理论广泛应用于军事学、国家管理。当然，真正以“谋略大师”之称闻名于世的始于鬼谷子，他将中国的谋略艺术演绎得淋漓尽致，其留下的作品《鬼谷子》号称谋略宝典，享有“智慧禁果、旷世奇书”之美誉。《管子》一书，涉及经济、政治、文化、教育、军事、外交和个人修养、人际关系等各领域，其精言妙道、智谋韬略，蕴藏着极为丰富的哲理和智慧。儒家的《论语》《荀子》，兵家的《孙子兵法》，法家的《韩非子》等，即使在今天看来，仍然是谋略大家所留的旷世奇书。

此后各类谋略书籍不断涌现，例如，西汉的《战国策》，智言睿语，机锋敏锐，在政治谋略、军事谋略、外交谋略方面独步天下，堪称谋略大典，洋溢着令今人叹为观止的人生智慧。三国刘劭的《人物志》号称识人宝典，其中描述的识人、用人的智谋，天下无双，应该是中国人才管理者必不可少的办公室案头书。

唐时有两本书很重要，一是《贞观政要》，这是一部治国谋略经典之作，更重要的是可以称得上中国真正的领导管理学鼻祖；二是名气并不太大却是在谋略策略、知人善任、待人处世、整治时弊等诸多方面提供了经典案例和深邃思想的实用性韬略奇书《反经》（唐代赵蕤著）。宋朝的《资治通鉴》大家耳熟能详，是从政者案头必备之教科书，管理者的金科玉律，无上宝典。明朝也有两本书值得一提，一是洪应明所作的《菜根谭》，融合了中国先贤的谋略精华而创建了“菜根谋略”；二是冯梦龙所著《智囊》，这是一部真正的运用中国智慧排忧解难、克敌制胜的处世奇书、智谋锦囊、社会生活谋略之大成。

清朝时期，需要提一提曾国藩的《家书》《冰鉴》两本书，《曾国藩家书》435 封，涉及修身养性、为人处世、交友识人、持家教子、治军从政，堪称谋略学百科全书；《冰鉴》是一部纵横中外的人才学教科书，一部关于识人、相人的经典文献，是曾国藩总结自身识人、用人心得而成的一部传世奇书，是曾国藩体察入微、洞悉人心的心法要诀。

漫长的中国历史，谋略大家、谋略之作如汗牛充栋。择其一二，就可证中国谋略之广博、谋略文化之精深、谋略体系之完善。

（三）载入史册谋略大家案例

综上所述，中国谋略之学问，是从治国平天下开始的，论述最多的就是“权谋”，如道家权谋、纵横家权谋、法家权谋等。兵家在论权谋的同时，更直接的是战谋，后世的《三十六计》亦如是。渐渐延伸到国家治理、组织运行、社会发展、家庭生活、个人成长各个方方面面。中国谋略渐成一种文化现象，为社会所广泛认同。而应用谋略治国平天下的，不能不提周初谋略大师姜子牙、汉初谋略大师“汉初三杰”、明朝谋略大师刘伯温等等。

号称谋略始祖的是吕尚，但中国老百姓更熟悉他的另一个称呼：“姜太公”（本姓姜，名尚，字子牙，后从其封地“吕”为氏，故曰吕尚）。这是因为吕尚助姬发灭商立周，被封为齐侯，尊为齐太公。于是姜子牙又称姜太公。他的谋略主要体现在三方面，一是战谋，以军师之职辅佐周文王、周武王两代君王南征北战而成大业，征战立国过程中的计谋皆出自吕尚；二是人谋，麾下文臣武将云集，其识人、用人之道运用自如、独具慧眼，所以演义中有将各方人士封神一说；三是治谋，吕尚功劳卓著，武王将齐国分封给吕尚，建都营丘。太公治国，按国情风俗，精简礼仪，发展工商业，给鱼盐等以便利，所以各地百姓争相归齐。

张良，字子房，号称“千古第一谋臣”，以出色的智谋，协助汉高祖刘邦在楚汉战争中最终夺得天下。刘邦赞他“夫运筹策帷帐之中，决胜千里外，吾不如子房”（《史记·留侯世家》）。张良与韩信、萧何并称为“汉初三杰”。与张良有关的智谋故事千古流传，例如，举世闻名的“鸿门宴”中的斗智，入咸阳提出“杀人者死，伤人及盗抵罪”的“约法三章”（《史记·十二本纪·高祖本纪》），入汉中时明烧栈道，暗渡陈仓，平三秦夺关中，巧用矛盾用三人破楚的“下邑之谋”，还有造成“霸王别姬”千古绝唱的“四面楚歌”之计等等，把张良善谋能断之能表现得淋漓尽致。

刘基，字伯温，今属浙江省温州市文成县人，被朱元璋称为“吾之子房也。”民间有“三分天下诸葛亮，一统江山刘伯温；前朝军师诸葛亮，后朝军师刘伯温”之说。以神机妙算、运筹帷幄著称于世，在辅助朱元璋消灭群雄、推翻元朝、建立明朝的历史活动中发挥了智囊的作用，作出了巨大的贡献。也因为如此，在民间刘伯温被神化为神人，是先知先觉者、料事如神，有“前知五百年、后知五百年”之说。他也被后世称为“立德、立功、立言”三不朽伟人。

中国古代数不胜数的谋士，在本书第三篇“技法篇”中提到历朝历代的谋略实践，会有更详细的介绍。需要说明的是，古代谋士一如现在影视界的“北漂”“横漂”族，在成功人士的榜样下，趋之若鹜，但真正成功的毕竟不多。古代一部分“学而优则仕”而最终不能“仕”的那些读书人，就以“门客”“军师”“幕僚”等身份投入皇家、官府之中，为“主公”出谋划策、排忧解难。即使那些成功的谋略大家，也基本上只是皇家谋臣。成功后聪明的大都要去做隐士的，否则可能死得很难看。因为创业元老功高震主，因为“飞鸟尽，良弓藏；狡兔死，走狗烹”。所以，谋略者，还得会谋自身退路。

谋略容易谋心难，谋心至“和”难上加难；能谋善谋心和者，能立不世之功。所以真正的谋略大家，是把谋略贡献于治国平天下、贡献于为黎民百姓谋福祉，而不是阴谋诡计。

二、心和管理之中国智慧

（一）中国智慧基础修身齐家

谋略，直接解释是通过计谋策略运用而获取本方利益的一种积极的思维活动和过程。它涉及创造制胜条件所要动用的一切力量，包括物质层面如设备、物资、人力、财力等和精神层面如知识、文化、思维、交流等；它体现了智力水平，但不仅限于智力，还包括阅历、经验、社会关系、实践能力和综合分析应用能力等。当这些要素以及感知、记忆、理解、联想、情感、逻辑、辨别、计算、分析、判断、中庸、包容、决定等要素综合在一起，上升为智力体系、知识体系、方法与技能体系、非智力体系、观念与思想体系、审美与评价体系等，各种体系结合起来后，就不再是以点子、计策、图谋、策略为特点的谋略，而是升格为一个新的概念：智慧。从这个意义上说，智慧是谋略的升华。前面提到的政治家、谋略家、思想家们，皆已从一个师爷、谋士的角色，上升为有着大智慧的大家。

西方智慧的源头是柏拉图，印度智慧的源头是《奥义书》，中国智慧的源头是《周易》。《周易》的智慧关乎治国平天下的道理，是治国安邦、经世致用，体现着东方智慧的管理哲学。这个哲学用一字来解释就是：和；两个字来说明就是：心和。

西方文化，很难理解中国人关于家的概念、关于家庭的坚守、关于家族的传承。这既是商业文化与耕读文化的上的差异，更重要的是西方国家难以读懂中国人对“文明”的理解，中国人眼中的文明是做人要做“一个高尚的人，一个纯粹的人，一个有道德的人，一个脱离了低级趣味的人，一个有益于人民的人”（毛泽东《纪念白求恩》）。这是中国修身修心文化的概括，是中国文化对“人类文明”最好的注解。而修身后，方能齐家、治国、平天下，所谓“身修而后家齐，家齐而后国治。”“欲齐其家者，先修其身。”（《礼记·大学》）。“齐家”之“齐”，治理、整理之意，所以齐家即管理好家庭、家族，使家庭、家族成员能够齐心协力、和睦相处。所以，中国文化非常强调一点：要成为一个管理者，无论是管理家庭、家族还是管理机构、团体，或是管理军队、国家，都必须自我修养，达到自省自律，懂得有所为有所不为。家国天下，有家而有国、有国而有家，相辅相成。治国者，一定会先从家庭、家族着眼，设法把自己的家治理好，使家人族人和睦相处，齐心协力。

这个前提是修好品德，正心而使自己心无旁骛、心思端正；一切先从自己做起，用心完善自己的思维行为习惯，做一个有道德的人、心意诚实的人。这种文化内涵、这种文明本质，岂是非汉语为母语系的人可以读懂的；同样，用“心”与“和”概括中国本土管理的内涵，又岂是对本土文化不了解却敢大放厥词、一门心思跪舔西方管理理论的人可理解的。

中华家文化，《周易》先天八卦中有明示。如图5－1所示，八卦中乾为天，是纯阳之卦；坤为地，是纯阴之卦。乾坤两卦被看作是父亲和母亲，父母交合以后生出六个孩子，就是“乾坤六子”。震卦为长男，坎卦为中男，艮卦为少男。巽卦是长女，离卦是中女，兑卦是少女。八卦中每一个卦代表一个卦象。这样的一个家庭，是阴阳和谐、男女和睦、生活和顺的。因为他们符合阴阳相和的原理。所以，中国自古就有这样的观念：子女双全为“好”，子女各有长、中、少三人，这就是中国人对家庭成员的基本理解。而三子传承再各有三个家，为家族之基础，三女出嫁又各有三个亲戚，依此类推，大大小小家族就出现了。一个家庭需要有男有女，儿女双全，阴阳协调，故而龙凤呈祥。中华谋略，虽以战争而出名，在职场应用，却不从战争起始，也不在职场开创，而从“齐家”开始。

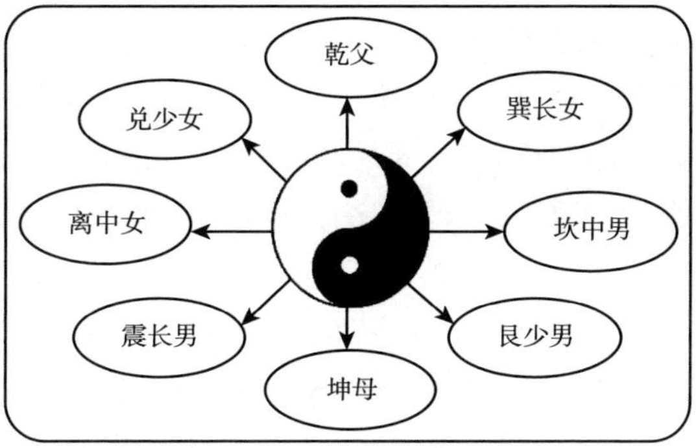

图 5－1　八卦家庭和谐图

家庭、家族之间，利益纠结、性格各异、认识各有各的偏差，治理家庭尤其是治理家族者，自身不正无以为榜样，身心修养不到难以公正大度，一碗水端平的“端”法，非常考验其谋略智慧，能力大小就在家之琐碎小事中表现出来。所以，中国文化对乡贤、对家族掌管者，有一个词衡量：德高望重。德品不高无以让人信服，威望不重无以让事顺畅。

（二）卦象变动易理展示智慧

中华谋略的真正内涵，离不开中国文化的之源头所提的阴阳。阴阳二气相冲，到一定程度达到彼此相和，是阴阳的基本规律。把握得住哲学上、管理上的“滋阴壮阳”方得始终。所以仍需分析易卦之理，如乾坤两卦相叠，就有了否卦、泰卦。

乾在上坤在下的组合叫否卦，乾在下坤在上的组合就叫泰卦。否卦是凶卦，因为乾在上是阳气上升，坤在下是阴气下降，阴阳背道而驰了；泰卦是吉卦，因为阳气下沉，阴气上升，阴阳交合，符合自然规律，当然是好的。所以，中国智慧中的重要一条就是天地交合而为泰，反之而为否。同时，六十四卦是一个相连的圆，泰卦排在第十一卦，否卦排在第十二卦，否卦绕行一圈，便到了泰卦，所以有否极泰来的成语，是说逆境达到极点，就会向顺境转化，也指坏运到了头好运就来了。这一物极必反的原理也成为中国智慧的重要内涵。

依此类推，周易六十四卦，卦卦暗藏机锋。如睽卦，离上兑下，火往上动，泽往下流，两相背离。这一卦就提供了“忍”的智慧，因为若不肯忍，消灭了一方，自己这另一方也没有了。最好的办法就是“求同存异”。

革卦，兑上离下，泽（水）火不兼容，于是提出了“变革”“革命”的概念：“天地革而四时成。汤武革命，顺乎天而应乎人”（《周易·革卦》），意思是天地的变革形成了四季变化，商汤、周武王的革命，顺从了天道规律又应合民众的愿望（所以取得胜利）。

晋卦，上离下坤，火为光明，坤为大地，光明普照大地。所谓“明出地上，晋。君子以自昭明德”（《周易·晋卦》，说的是太阳从地面升起，象征晋升增德，一个有为君子，自当效法，努力昭示自己的光明德性。而明夷卦坤上离下，“明入地中，明夷。君子以莅众，用晦而明。”夷，创夷，伤害的意思。光明藏入大地之下，应该明白伤害在应远离以避。有道君子管理众人时，应学会隐锋芒、大智若愚、韬光养晦，直到光明出现……

限于篇幅，不逐一介绍六十四卦，但每一卦中所揭示的中国谋略，直到今天仍然在启示着人们。《周易》每一卦都体现着中国人民和中国管理的核心智慧。

（三）修心谋和蕴藏谋略智慧

这就为中国智慧之库提供了宝贵财富，核心点仍然体现在两个字上。第一个字是“心”，人心的“心”，不是心脏的“心”。所谓修身，修的不是身体之“身”，而是自身之“身”，说到底是修心。心到一切都到，心好一切都好，不是唯心主义，因为心修的一切皆来源于社会生活、社会实践。谋略从何而来，归根结蒂是心谋，所谓智计百出，关键是有一颗“七窍玲珑心”，谋略智慧离不开心修，修德而正心，修智而灵心。一切谋略，不外乎心算、心计、心智、心谋，最佳的谋略也不外乎攻心、得心，让对方忧心、分心、疑心。这种情况下，一切谋略智慧的运用，全在于道心是否得悟、德心是否锤炼，谋可成事，亦可坏事，一念之差，可上天堂、可下地狱。修身炼心，何其重要。

中国智慧宝库的第二个字是“和”，彼此和谐之和的“和”，大家在一起和睦共处之和的“和”，停止争斗平息战争之和的“和”，治国平天下各方和好之“和”。这充分体现出中国智慧文化的终极目标：和。其“和”文化让中国传承几千年而愈坚强。21 世纪后提出的“两岸一家亲”两岸政策、“共商、共建、共享”的外交政策、“一带一路”创新合作经济带的国策、“命运共同体”的金砖合作政策、“构建创新、活力、联动、包容的世界经济”的2016 G20杭州峰会主题、“直面全球化与自由贸易的未来”的2017博鳌亚洲论坛主题……一系列国策的运用，无不体现出中国谋略的力量，“和文化”的力量。

心和管理，提倡、鼓励、践行这样的中国谋略，不仅能平天下，也能治企平市场，治家平环境，促进整个社会、整个国家、每个组织和平发展，和谐共进。

三、管人理心的谋略原则

（一）智者慧心管人理事谋略

谋略是智慧，智慧远不止谋略。谋略是计谋策略，智慧是才智慧明；谋略是成果体现，智慧是内在本质，这是谋略与智慧的关系。仅仅有谋略是“谋士”，有智慧才是“大师”，有智慧的谋略，是大师的谋略；大师的谋略既有心德，又有协和。而管理谋略，完全可以学习中国传统文化中的谋略文化，实现管人理心、协和天下之目的。

智为道家言，慧为佛家语，智慧为儒家词。“智慧”一词把中国文化最主要的三大学派融合到了一起，这本身就是智慧。智者能知阴阳判吉凶，能审时势明盛衰，能顺机理通成败。故而足智则多谋，但若贪利则智昏；智是否用得好、用得巧、用得准，在于是否有慧。达精明而看得深、看得远，谓之有慧眼；达真理而勘得破、悟得透，谓之有慧根；有智慧则照破一切而成就功德无量。佛家谓“六根”，即眼、鼻、耳、舌、身、意（心），慧根即意根，为念虑之根，故慧根即慧心。慧心决定“智”内在的本质、应用的方向，聪慧就是用“慧心”看清一切，如此才智才能用得最佳处。“智慧”一词的真正意义，便在于此。

所以智者用谋，不在于要要小聪明，没有一颗慧心，则道不明、德不清、慧心失落。智者知阴阳，慧者有慧心，一切谋略都分出阴阳。阴谋是见不得阳光，即在暗中做事，所出之计为诡计，其特点是以躲于暗中阴人为目的，令人防不胜防，但毕竟有破绽，遇高手或绝对实力碾压阴谋便难以得逞，还可能赔了夫人又折兵；阳谋是堂堂正正、光明正大的谋略，是随势而动、应势而发，其特点是对自己的各种资源进行有效配置，因势利导达到目的，无空子可钻；即使让对方发现这是阳谋也无可奈何。做到这一点难度极高、实施困难。现在的问题是，正义一方是不是只能用阳谋，可不可以用阴谋。其实，阴谋、阳谋是谋略的两个方面，很多时候的谋是不能放在阳光底下的，否则也就不是“谋”，而是明打明彼此比拼实力。

现实中阳谋往往不是主流也在于此，对敌之战，阴谋不可或缺。

只是中国文化强调，用谋需要有一颗慧心，懂得何时何事用阴谋、何时何事用阳谋；谋略显人心，人心才有正邪。阴谋阳谋只是所谋之法、要素不同，而非谋略本身没有正道、邪路之别，怎么用谋略才有正道、邪路之分。所以，谋略是治理人心的智慧，而这样的智慧，是有其原则的——谋略原则。不遵循这些原则的谋略是阴谋诡计。

（二）大道至简大智若愚哲学

治理人心用谋略的哲学原则：大道至简。

谋略用心，心中有道，道修人心，即以道治理人心，方是中国管理之本。道家后学概括《道德经》思想内涵时，有这样的说法：万物之始，大道至简，衍化至繁。这是一个循环，任何事物开始的时候都是最简单的，简单到就只是生活常识、平常道理；经过衍化后就纷繁复杂起来，繁复到极致就很少有人能懂了；所谓曲高和寡，是因为其曲不再通俗。所以《道德经·反覆》说："大方无隅，大器晚（一说'免'）成，大音希声，大象无形。"物方到极致（平常看上去）与没有棱角无异，器大到极致（平常看上去）与最后完成无异，声音强到极致（平常看上去）与没有声响无异，物象广到无边（平常看上去）与没有具体的物像一样。也就是物极必反，回归本原、找回初心，只是最简单，衍化至繁后，回归大道至简。完美常常是最简单的，悟在天成，精于心，简于形。红色管理，就是回归到人民需求的本原，如"打土豪、分田地""一人参军，全家光荣""缴枪不杀，优待俘虏"等，都是把深刻的道理、用最浅显直白的语言表述出来，将革命道理回归简约。

人生大道亦是至简。婴儿懵懂，笑哭随性；少儿无邪，天真烂漫。成年了，烦心事便越来越多。无他，原本的简单变繁杂了而已——少时简单，长大繁杂。简单，便是纯朴坦然；简单，便是真理之本；简单，便是慧根清静。江湖术士，文不能安邦，武不能定国，商不能富国，就是这"学"，也是半桶子水晃荡，窃得《周易》之一点儿皮毛，将简单的复杂化，把预测之学神秘化得玄之又玄，然后蒙骗他人得些许钱财，永远成不了真正的大家。这是把简单的复杂化了。还有现实中，常可见到原本简单的手续繁琐了，原本简单的知识繁杂了，原本简单的路径繁多了，原本简单的心绪烦乱了，所以规章制度越来越多、学生书本越来越厚、正常事务越来越不正常了。其中关窍只可意会，黎民百姓竟无法言传。管理者捧着一本本看不懂的书，对着一个个无效用的模型，不知怎么管理了。

最简单的常识：常常失眠，是因为想得太多；精神失常，是因为思维复杂；牢骚太盛，是因为欲望过多。佛云：放下。两个字里面多少佛家慧性。可惜，人人都懂的道理，却总是放不下。道理是简单的，做到才是难的。治理人心，诚意正心，回归初心。

治理人心用谋略的心境原则：大智若愚。

《道德经·清静》还有阐述："大直若屈，大巧若拙，大辩若讷。"宋代苏轼在《贺欧阳修致仕启》又提出："大勇若怯，大智如愚。"正直到极致（平常表现）与自然弯曲无异，灵巧到极致（平常表现）与迟钝笨拙无异，辩力到极致（平常表现）与讷口少言无异；英勇到极致（平常表现）与怯懦害怕无异，智慧到极致（平常表现）与敦厚愚钝无异。

真正有智慧的人，从不炫耀；真正的聪明人，平常看上去好像很愚笨无知，真本事从不在无所谓的情况中高调。这也是大谋略，可以治理人心。淹死的往往是会游泳的，出事故的往往是老驾驶员，走夜道多了总会遇上"鬼"，常在河边走怎能不湿鞋。经验可以让人少走弯路，但只信经验，经验会害死人。不如老老实实一步一个脚印踏踏实实地走，笨一点、慢一点没关系，总是在往前走着。古人有云："一屋不扫，何以扫天下"①，尚不会走路就想跑，一室之小都没治理好就想治国平天下，乃好高骛远。所以，真正有智慧有谋略的人不张扬、不猖狂，而是心态平和，遇事沉着，胸中自有丘壑，能藏百万雄兵；心境顺和，行事冷静，心内自有计较，深谙变化之道。大巧若绌，大事心中洞若观火，小事闭眼难得糊涂。懂得欲要取之、先要予之之理，明了彼此平衡双向和谐之道。红色管理在抗日战争时期、解放战争时期与敌、伪、顽各方势力的博弈中，充分落实了这一原则。

有一个基本事实：嚣张的人不靠智慧靠蛮力，狂妄的人不靠本事靠背景。大智若愚，那是需要有慧根、有定力，真正的才高八斗，却仍然谦虚谨慎的人才能做到的。中国人的含蓄内敛性格养成也与此有关，看不出深浅，甚至看上去很好欺负者，不一定可欺。

（三）有容乃大上善若水原则

治理人心用谋略的协和原则：有容乃大。

有容乃大，语出《尚书·周书·君陈》："必有忍，其乃有济。有容，德乃大。"这里是说有忍耐精神，才能让事情成功；有宽容胸襟，才能让德行广大。所以，包容、宽容的雅量是"有容"之本意。后人根据这一内

---

① 语出清·刘蓉《习惯说》，原为"一室之不治，何以天下家国为?"《后汉书》《陈王列传》《孟子》等都有记载。

涵，写出许多文章对联，如明代兵部尚书袁可立写自勉联：“受益惟谦，有容乃大”，就从修养视角勉励自己要谦虚谨慎，胸怀宽阔。清末，民族英雄林则徐在书室中悬挂八字联，写道“海纳百川，有容乃大；壁立千仞，无欲则刚。”表明自己“有容”“无欲”的心迹。于是有了“宰相肚里能撑船，将军额上能跑马”“有容德乃大，无求品自高”等联流传。这就是中国智慧谋略所要体现的“厚德载物”。

佛教五大菩萨中，有一个弥勒菩萨，大腹便便、笑容满面，以修慈心观及唯识观为其特德。文人给他写了一副对联：“大肚能容，容天下难容之事；笑口常开，笑天下可笑之人”。弥勒菩萨的形象是根据五代时期出现在江浙一带的高僧“布袋和尚”（自称“契此”，身世不详，居无定所、随遇而安）的特征塑造的。人们喜欢他，不仅在于身材圆胖可掬，更重要的是神情怡然自得，始终笑逐颜开，似乎从无烦恼，带给人快乐的同时，出语则或庄或谐、变幻莫测，能够准确预知天气晴雨干湿变化，更能只身躺卧于雪堆中，却不见片雪沾身。既是大智若愚，更是有容乃大。有一个故事：僧人向他求佛法，布袋和尚默默不语，然后又将肩上的布袋放下、叉手而立。僧人进一步追问：“放下布袋后，是否另更有向上事?”布袋和尚依然默无一语，却背起布袋，开步前行。对此现象，各种解读出现。然而人们更愿意相信这样的真意：放下布袋意谓“看破世间假相、放下染缘贪着”；叉手而立表示“冷眼观世相，去除执着妄想，身心得自在”；提起布袋则表示“勇往直前，荷担如来家业，践行‘不为自己求安乐，但愿众生得离苦’的菩萨行业”。

看破、放下是大智、大慧；提起、无畏则是大仁、大勇。看得破、放得下、提得起、无所惧，胸襟才能真正打开，纳百川、容万流。从人生角度说，大人物胸中有天下，手中亦有天下，这“有容”可以是“海纳百川”。从管理角度看，芸芸众生虽可以“胸中有天下”，但毕竟“手中无天下”。所谓容，既有“海纳百川”，也有“曲径通幽”。千山万壑固然云诡波谲，更显得出大智慧大谋略，然小院亭台亦有山水曲径，自能昭示出百姓平凡中的伟大智慧。职位有高低，平台有宽窄，心中有天下，曲径能通幽。有容”才是根本。红色管理将这一思想落实在“团结一切可以团结的人”，落实在广泛的民族统一战线上。

治理人心用谋略的德性原则，也是做人用谋之至高境界：上善若水。

人类选择居住地，皆有一个共同点：近水而居。水与空气一样，无法或缺，所以无论是东方还是西方，南半球还是北半球，人类选择居住的地方，一定方便取水、用水。于是，从古至今水成为人类所共同尊崇的大自然的赐予物。当人们都还在享受水在物质层面的恩赐时，中国文化祖先老子观水而见其德，从水中悟出极为深刻的水之德，而且断言，人类最好的品德，就是这水德。水有三德：其一，“利万物”，即水用自己滋润万物，使其生长——润泽天下的美德；其二，柔而“不争”，水柔顺而流，不与天争、不与地争、不与人争、不与万物争——谦让无争的美德；其三，“处所恶”，水流向人所不喜的地方，不占用好的处所——任劳任怨的美德。也就是说，水可以忍辱负重，尽其所能贡献自己帮助别人。于是，老子得出一个道家思想中极为重要的结论，即第四章第四节专门论述过的“上善若水”。

有水样美德的和善之人，所居之地，选择不影响他人为要；维持心静，保障心深如渊为贤；与人相处，保持仁爱无私为紧；与人言语，保持恪守信用为德；处理政务，保证治理好国家为先；办理事项，以能发挥能力为优；开展行动，以能准确把握时机为强。水有着不与万物相争的美德，所以“无尤”，即没有过失，没有怨咎。只着眼于谋略，可能会过多关注城府心计、注重非常规运作。久而久之，人心会失去敞亮。这就是中国文化延绵数千年而屹立不倒、护佑中华民族数千年依然坚强不屈的原因：用谋略、创物质、强国家、富民族……无论做什么，人是决定因素，人内在的道德品质是决胜的根本，所以，中国文化注重人心修养，追求国家和平、社会和谐、家庭和睦；无论朝代发生什么变化，无论时代发生什么改变，修养人心永远不变、上善若水永远不变，协和天下永远不变，大同观念永远不变；即使出现宵小之流暂时得意的情况，最终一定是正义战胜邪恶——文化基因的传承与修养身心的成果，总会在国家、民族、政治团体最危难的时候自然显现，挽大厦之将倾，挽狂澜于既倒。

五千年的中华文明发展史充分证明了这一点。红色管理将这一原则落实在共产党员的修养、批评与自我批评，全心全意为人民服务，为老区、经济相对落后地区精准扶贫上……

上善若水原则告诉人们，要把聪明才智放在慧根之上，既要有一双慧眼，更要有一颗慧心。管理，需要谋略；心和管理，需要因时因地因人因事有韬谋。但一切韬谋大略，都必须以德为先、以和为本。把握住这一大方向，方有渊谋远略、文韬武略，方可羽扇纶巾、指点江山，方能运筹帷幄之中，决胜千里之外。

第六章　心和管理人文性

“和文化”是农耕社会人文性的重要内涵。对于中国人来说，心灵清修是一种观念、也是一种修养行为，更是一种对“和文化”的追求和认定；心理认同既是一种思想情态、关系处理，也是一种生活方式和处事标准的认定。中国人共性的文化认同是以和为贵、以和为本，是与人为善、信守和平，是和睦和谐、合理适宜。“心和”是中国人的心理认定、是中国人的文化血脉。中国不是霸道文化，而是王道文化，即“心”的文明与“和”的文化的综合，“心和文化”是中国传统文化的核心。儒家思想是建构在“心”之“中”的观念、“心”之“和”的目标基础上的。北京故宫的核心建筑集中反映了中国传统文化以和谐为核心的价值观、伦理观、道德观。如三大殿的太和殿：意指天地祥瑞，喻人与自然和谐；中和殿：意为中庸平和，喻人世和谐；保和殿：乃心态和顺，身体安适，喻人的身心和谐。

这种人文性反映在管理上，是包容与认同的原理应用——管理的基础。管理涉及本人与他人、己方与对方两个方面，阴阳协和便是双方协和、彼此认同。一切的不协调源于失和，失和的缘由在于阴阳的对立冲突。解决的途径就是双向协和，和的关键在于求同存异基础上的彼此包容，最终实现天下一家、实现世界大同。

第一节　心灵认同人文风格

己所不欲勿施于人，这是中国文化中人与人之间心灵认同的基本原则，也是区别于某些霸道人文特性的重要内涵。你不想对别人好，却要求别人无条件对你好；你不想接受他人，却要求他人无条件接受你，便违反了这一原则。一切嚣张狂妄的根源，其实都是源于自我膨胀而超越公义、俯视众生，突破、违背、践踏了这一文明原则。文明，原本是没有的，人类还在猿猴时代，与其他动物无异，愚昧无知、弱肉强食；进化到猿人，解放了前爪（双手），懂得使用原始工具，是文明的萌芽；由猿人而人，有了思维，可以用语言交流，工具脱离原始而由人类创制，是人类文明的起始；人文成果可以彼此共同享受，才是真正意义上的人类文明的进步。换句话说，人文的本质特性，重要的是你情我愿，彼此认同。

一、无中生有才能有生万物

（一）无中生有展现管理哲学

中华文明无中生有后有生万物。历经千年万年的传承与发展，当地球上其他原创文明在人类无休止的贪婪争夺、肆意征战中消亡殆尽时，中华文明却护佑着华夏民族走过了历史坎坷，走到21世纪的今天，依然闪耀着人文光芒，为中华之国、中华之民照亮前方。

正是中华文明，为心和管理学创建提供了极其宝贵的思想财富、先贤经验和成功案例。心和管理，首须走心——中国文化传承和现代心和管理本质内涵。这是因为管理涉及更多的一定是人内心里面的思维、情绪和意念这些东西，如梳理心绪、解开心结、正和心态、调节心情、温暖心灵、树立心志、增强心识、稳定心念、打开心扉、明亮心灯，通过这些因心理疏导、梳理、引领等活动引起的心理成果，达到和通万方、和融万事、和谐万物，最终实现组织目标的人和心和的一种管理——中国管理，其方法是笼络人心、梳理人心、开导人心、疏通人心、平和人心、温暖人心等。这些方法若用西方哲学称量，应该会被归类到唯心主义层面，因为都是精神、思想层面的。西方在思想领域研究得出的结论，大多不是经验的总结提炼，而是先假设、后求证（通过数学及相关技术）得出的，用数学语言如定律、模型、效应表述；而中国在思想领域研究得出的结论，全部都是在实践经验中的理性升华，是在无数先辈、先贤、先圣实践基础上的认定、提炼，并经过千百年锤炼、打磨、验证的真理。

哲学一般分唯物主义哲学和唯心主义哲学，非此即彼、非彼即此。但中国学问认为，唯物与唯心是事物的两个方面，符合阴阳原理，阴中有阳，阳中有阴，一定条件下可以互相转化。说得明白点，唯物中有唯心，唯心里有唯物，至少在中国哲学思想体系里，不会是非此即彼那么简单。中国文化精华部分都是既有先贤的唯心成分，更有先贤的唯物实践，有两者分离的（即思想提出者与实践者不是同一人）的大家，也有两者合一的（即思想提出者与实践者同一人）大师，如“立德、立功、立言”三不朽的心学大家王守仁，既提出思想理论，又亲身实践验证，能文能武。毛泽东等一批红色领袖都是“三不朽”的伟大思想家。

心和管理理论，是在中国古典的、红色的思想体系、文化内涵中提炼、综合出来的。将人心双和观念落实在管理行为中，就是要把与已有关的各关联方达成双向协和、形式与内容共和、人类与自然相和。心和管理是让人从内心里开发、生发出新力量的一种管理观念、一种管理方法，需要激发人的“内生性力量”，也就是通过管理开发出来人的内在力量——从人的内心里激发出来的力量，人的思想顿悟后的一种精神力量、一种精神生产力的开发；这种精神生产力的开发是建立在前人实践经验基础上的，总结出来形成了“心和管理”知识体系，所以又可以说是一种知识的力量、科技的力量的开发。简单说就是：心生和，和生力。心和管理的价值就在生生不息中源源不断。

（二）闻道悟道无中生有管理

无论是《周易》还是《道德经》，都揭示着中国古代哲学思想源于道（无极生太极）。无极混沌一气，经时间推移、空间变动，气分阴阳，阳气上升而有星辰宇宙（天），阴气下沉而有苍茫原野（地），地生万物，人育众生。《道德经》说：“天下万物生于有，有生于无”（《道德经·闻道》）。理很深刻，且奥妙无穷。这是东方观念、中国哲学，其思想核心：天道彰彰，源于无中生有，有生万物——事物之间都有联系。

在历史长河中，在现代社会中，创新时需无中生有，发展时需有生万物。如何让人内生出无穷无尽的力量，用之于自己、家庭、家族、组织、社会、国家，中国哲学给出的答案是寻道、求道，在悟道、明道基础上遵道、守道。这一切的根本是让人心中有道。心中有道，肉身灭了何妨，自有道性留人间；心中无道，活在人世，也是祸害。

所以，就教育、管理而论，对于一个处在思想懵懂中的人，须“无中生有”让他闻道、明道；对于一个已经懂道、守道之人，则是通过“有生万物”而壮大他自己，为组织、社会、民族、国家作贡献。《道德经·闻道》又说：“上士闻道，勤而行之；中士闻道，若存若亡；下士闻道，大笑之。”是努力去践行道，还是对其将信将疑，或是对道哈哈大笑，就是上士、中士、下士的区别。啥也不懂的下士只会笑，是傻笑还是讪笑，是嘲笑还是调笑，不是重点，重点是下士啥也不懂，啥也不明，闻道而不知其所以，更不知其所以然，自然是懵懂未开化者。只有一听就明白的上士“勤而行之”。所以，要让下士“无中生有”，空白的大脑里生出道的概念、明了道的观念、懂得循道而行；让中士尽快明道，从“若存若亡”中走出来，不再一知半解，而是进入懂道、明道的上士阶层；让上士根据

"道"之所指引，竭尽全力，去努力发展。心和管理，就是要区分不同的人群，确立不同的管理方法。只要去努力，"大器晚成"又何妨，闻道不分先后，关键是能否通过"无中生有"而达"有生万物"。

所以，要让人达到内心能生出无穷无尽之力量，首要问题是解决思想问题、懂道问题。心中无道，便没有"一"，没有一，无以生二、生三、生万物。古代统治者在读到《道德经·大顺》中"古之善为道者，非以明民，将以愚之。民之难治，以其智多。故以智治国，国之贼；不以智治国，国之福"一段话时，如获至宝，对黎民百姓实施了"愚民政策"，这是一种极大的误解、误用（或许是故意误用）。前后文联系起来，这里的"明"与"愚"不是简单地"明白"与"傻笨"，当然也不是"心明眼亮"与"欺骗耍弄"之意，这里的"明"与"愚"要与后面的"智"相对应，"明民"即让黎民百姓明白什么是机巧伪诈，而"愚"则是敦厚、纯朴、老实之意，"愚"是要求没有机巧伪诈。意为善于用道的人，不是让黎民百姓掌握机巧伪诈之法去骗人害人，而是要让大家拥有敦厚朴实、善良忠厚之德，这才是这里所说的"道"之本意。"以智治国"，这里的"智"对应上文，就不是褒义的智慧智谋之意，而是贬义的机巧奸诈之意。所以，用机巧奸诈治理国家，必然危害国家；不用机巧伪诈治理国家，才是国家之幸。汉语任何一个字在不同的语境中有不同的解释，尤其是在褒贬义上要准确把握，不能望文生义，更不能断章取义。不以机巧伪诈而用敦实忠厚治国，这个"道"若不懂，生二、生三生出来的将会是什么结果，就可想而知了。

用什么思想武装人的头脑，是一切问题的关键。致力于让人用武力解决问题，致力于让人为利争来夺去，世界无法得以安宁，人民难以真正获得幸福。只有让人心灵高尚，心态平和，心思敦实，才是国之幸，民之幸。管理不应鼓励勾心斗角，不应助长阴谋诡计，而应创设心和环境，让人们在和谐中生发出力量、发挥出力量。毕竟多数人不在官场沉浮，不参与政治斗争，应该给业务人员、专业人员、从事劳动力工作者创造心美人和的环境。

（三）道在心中有生万物管理

管理，应该以正道正义为努力方向，无论是中国的管理，还是国外的管理，都须以正为引导，以道为引领（根据不同的人文内涵与特性，用不用"道"之名可另拟，但以思想有德、心灵美好为核心应不变）。偏离了这一点，组织管理往往"聪明反被聪明误"。因为聪明者为了彰显自己的聪明，以"智"治理，自觉不自觉地就会形成"自己人""非自己人"和

“智者”“非智者”等圈子现象。

当“组织文化”迫使新人必须“站队”、只能勾心斗角否则就举步维艰甚至寸步难行时，一定是这种组织文化出现变异、变味甚至变质了。具体到组织的管理，员工的晋升之路皆掌握在各派系的掌舵者（话语权、既得利益者）手中；而这些派别之间是倾轧敌对、互相斗争（普通职工难以自处），斗争到一定程度，有的派别倒下、有的派别崛起了，内部格局发生新变化，但派别本质未变；若出现势均力敌，互相间一定会有妥协，妥协中获得暂时平衡；一旦平衡又因一个故意的或意想不到的契机被打破，新的斗争又开始。

这样的背景下，即使小到在一个单位里，无门无派，无根基无靠山者，应该是永无出头之时的，不在随波逐流中迷失，就是在派别之争中倒下。这显然不是管理之道。

所以，提出心和管理，强调修身洗心，以道引路，以道规范，然后才通过知识智慧、方法技能等去实现协和的目的，由智慧技能再生出无限力量。关于这一点，老子说：“我有三宝，持而保之。一曰慈，二曰俭，三曰不敢为天下先。慈故能勇；俭故能广；不敢为天下先，故能成器长。今舍慈且勇；舍俭且广；舍后且先；死矣”（《道德经·大顺》）。慈爱、节俭二宝可以理解；不敢为天下先，很多人也许难以把握了，因为大家熟知的是“敢为天下先”，做前人未做过的事才是英雄豪杰的观念深入人心。可老子为什么说“不敢”呢？如果做天下人没有做过的事，而且其目的是为国为民，自然应该是“敢为天下先”，但老子所说的“不敢”是指不敢居于天下人的前面，即“不敢”出人头地，争风光于人前。如此，才能让他人有成长的机会；人人都给别人这样的机会，道就实现了。正如万物不争，万物得以自由生长。

因此说，真正的智慧是慈爱而让大家勇武，节俭而能蓄精积德推至广远，不出风头才能得到大家的拥戴。用现代语言翻译出来，有智慧的管理是慈爱、节俭、低调，以慈爱维护人使他们有勇气有能力，以节俭促进人使他们有德性有大气，以低调成万物之首（领导、领袖）。做不到慈爱、节俭、低调，就不能生发出内在力量，结果只能是“死矣”。

就企业而言，通过心和管理增强企业的运作效率，让企业有明确的发展方向，使企业财务清晰、资本结构合理、投融资恰当，可以向顾客提供满足的产品和服务，可以更好地树立企业形象、为社会多做实际贡献，最终提高企业效益。人，是一切事物的核心；心，是所有人的处世之灵魂；和，是事物处理的最佳结果。

二、阴阳冲和而融彼此合力

（一）对立统一达和管理哲学

元气生阴阳而生世界，于是宇宙有阴阳、自然有阴阳、社会有阴阳、人自身有阴阳、人心也有阴阳，阴阳存在于一切人事之中。阴阳既相和又互对，统一对立就是事物的对立面斗争中又可以相和。斗争是因为矛与盾的特性所决定的，斗争到一定程度矛盾可以转化，转换变化到一定程度，就可达到相和。一切斗争的终极，一定是“和”。

和，是对立过程中的“统一”结果。所谓矛盾论、所谓对立统一原理，早在阴阳理论提出时就已经明晰了。只不过一直以来用阴阳相对（即矛盾对立）、阴阳相和（即矛盾统一）表述。《韩非子·难一》中就有“以子之矛攻子之盾”的故事，“矛盾”概念出现，但“矛盾”之词仍然不能取代“阴阳原理”。直到近现代，一方面近代阴阳学说被边缘化，另一方面延安时期的毛泽东写了一篇25000字的《矛盾论》，结合中国革命实践，系统而深刻地论述了矛盾的特性和对立统一规律以及内在的转化规律。矛盾哲学论正式登上中国舞台。

毛泽东的政治理论（马克思主义在中国的发展）、军事理论、政党理论（共产党的理论）、哲学思想等及同时代其他领袖的思想，构成了“毛泽东思想”，既是中国共产党的指导思想，也是红色管理的指导思想。《矛盾论》一文严格说来是一篇哲学论文，是毛泽东为延安抗日军政大学作报告时的讲稿（一般称“哲学讲演”，事实上是开设《辩证唯物论》课程中讲义的一部分，为第三章第一节），此前，有一篇讲稿叫《实践论》。如果说《实践论》是阐述辩证唯物主义的认识论，那么《矛盾论》则是阐述辩证唯物主义的方法论，两者共同构成了“辩证唯物法”。最早是在1937年8月份油印讲义的，叫《矛盾论统一法则》，当时传播就极为广泛。1952年收录入《毛泽东选集》第二卷时，作了部分补充、删节和修改，再版时移入第一卷，1975年出版单行本。《矛盾论》是具有显明中国特色的哲学著作，也是红色理论的重要内容。

《矛盾论》的学术价值，第一是研究了“形而上学”问题，指出形而上学的基本特征是用孤立的、静止的和片面的观点去看世界，是简单地从事物外部去找发展的原因，否认了事物内部矛盾引起发展的观点。为此其特别强调了内因和外因的辩证关系，指出外因是变化的条件，内因是变化的根据，外因通过内因而起作用。第二是研究了“矛盾特性”问题，指出矛盾有其普遍性、也有其特殊性。说其普遍是因为矛盾存在于一切事物的发展过程中，且是自始至终的；说其特殊性，是因为相对于共性来说，事物具有个性；共性和个性相互区别、相互联结又相互转化。第三是研究了“矛盾主次”问题，规定了主要矛盾和次要矛盾方面的定义，说明了找出主要矛盾和次要矛盾方面的方法论意义，并论述了矛盾对立双方相互转化的根据和条件。第四是研究了“对立统一”问题，指出矛盾诸方面既有同一性也有斗争性，对立是绝对的，统一是相对的；有条件的相对的同一性和无条件的绝对的斗争性相结合，构成了一切事物的矛盾运动。第五是研究了“矛盾形式”问题，指出对抗性的矛盾和非对抗性的矛盾是矛盾斗争的两种基本形式，两者在一定条件下相互转化。

矛与盾，一个事物的两个方面，是矛刺穿盾，还是盾挡住矛，不在器具，而在人心。只是数字化研究的形而上学的确是静止的，且假设其他条件不变，所以是孤立的、带有片面性的。红色哲学则是整体的、发展的研究。

（二）矛盾转化之量变到质变

从毛泽东《矛盾论》中对矛盾双方的全面论述中可以发现，矛盾对立的过程是一个量变的过程，量变到一定程度会发生质变，即转向矛盾着的两个方面的统一。而这个质变，从阴阳理论上说，就是阴阳互动相冲而达到统一之和时，一种双重力量相合后的爆发出来的结果。比如雷电，现代科学证明，强大的冷气流（阴）、暖气流（阳）同时侵入某处，冷暖空气接触的锋面或附近即产生冷锋雷电，也就是冷暖（阴阳）两种气流发生对流，或云中出现的正负（阴阳）两种电荷形成的电位差，通过一定时间的量变而后发生质变成惊雷爆响、成闪电裂空。自然现象是阴阳冲和而爆发，人的思想也可以是这样。

人的思想观念的转变、矛盾对立的转化，很多时候就在一念之间，说出这一念非常容易，动出这一念非常难；因为动念的过程就是格物、致志、正心、诚意、修身、齐家的过程，是一个量变的过程，有了这个过程才有顿悟，这个顿悟就是阴阳相冲的合力爆发后的一种“天眼开启”、一种能力遽骤，于是有了“治国平天下”的能力，这就是质变，从量到质的转化。此种转化，一般是事物或现象总体属性的改变，即属阳者在一定条件下可转变为属阴，属阴者在一定条件下也可转变为属阳。换句话说，矛盾对立体的两个方面，其实是你中有我，我中有你，阴阳二气相冲而激荡，激荡到彼此转化了，也就到了冲和的境界了，即对立生统一。可见，阴阳两者之间又是相成的关系，就是阴阳互根，彼此依存、彼此依赖，无法脱离对方而独立存在，可以说是成为彼此存在的前提和条件，而且阴阳互相吸引。

从这个角度说，矛盾对立是客观存在的，不以人的意志为转移。在管理活动中，矛盾无处不在，对立时时发生，管理水平的高下就体现在能不能把这种对立的矛盾双方，在一定时段和一定条件下让他们相和，达成统一。过了时限，条件发生了变化，这种相和自然也就打破了，出现了新的矛盾斗争，然后又通过继续的管理活动，促成新的相和。如此循环往复，导致管理向更高一级的层面进发，组织也向更高的层面发展。这就是心和管理。

矛盾是客观存在的，斗争是不可避免的，而要在斗争中达到最后的和谐统一，重要的不是升级斗争形式，而是让人心干净。只有干净的人心才能容纳“和”的思想，也只有干净的人心才会以道修行、以德加持，从而达到心与心的相和，才能在斗争中、在对立状态中找到彼此相和的理由、彼此相和的做法、彼此相和的那个节点。否则，对立无法消除，统一难以产生。所以心和管理提倡心洁才是道，心和才是真；心和管理强调从本心开始到相和状态是一个过程，每经历一个过程，就是一次质的飞跃，元气凝聚、阴阳协调，合力产生。

（三）相生相克冲和而生合力

国学基础上发展起来的心和管理，反对者以虚幻评之，因为对无极、太极、两仪以及阴阳对立、阴阳互根、阴阳消长、阴阳转化等内容，感到玄之又玄，进而对心和管理的实施和效果产生疑虑。而这恰恰是没有理解中国文化根柢、没有掌握先贤思想的表现。老子用一篇《道德经》阐述了道家治国思想，说“治大国若烹小鲜”；孔子用一部《论语》解析儒学治国之道，留下“半部论语治天下”美誉。有人认为玄、认为不可能，是因为没有读或者不愿意真正读懂这些著作。读懂了就能明白，矛与盾也是可以相和的。

苏格拉底没有写过专著留下，他是在广场、庙宇、街头、商店、作坊、体育馆等场所，与青年人、老年人、有钱人、穷人、农民、手艺人、贵族、平民进行对话，没有现今西方流行的研究范式，却给世界留下了宝贵财富；他的学生柏拉图，则是假借苏格拉底与他人的对话，用《理想国》给后人展现了一个完美优越的城邦，同样也没有用数学语言解析。中国古代的老子与孔子，古希腊的苏格拉底与柏拉图，生活在差不多同一个时代，均成为东西方思想家的先驱。西方崇敬、继承、应用苏格拉底与柏拉图的学术是科学，为什么中国崇敬、继承、应用老子与孔子的学术是玄学？老子、孔子是在中国的土壤上诞生的思想家、哲学家、教育家，苏格拉底与柏拉图是在欧洲大陆土壤上诞生的思想家、哲学家、教育家，他们同样为人类、均为世界作出了巨大贡献。那个时代东西方的许多思想有着异曲同工之妙，东西方古先贤分别探索思想、哲理、道理，创造了那个时代的思想辉煌，并一直传承到今天，让东西方世界彼此可以交流、比较、融合、共存。从今天看，东西方古先贤的思想、学术并不矛盾，更不对立，为什么不可能统一呢！两者结合，优势互补、思想共享，没有必要非得非彼即此、非此即彼。

只有东西方思想、学术、方式方法更多一些融通交流，才是相和，才是统一。达到了对立统一，中西交融，道哲相通，人心凝聚，那么合力就自然而然产生，发展到一定阶段，出现质变，力量强大到可以暴发。易理也好、诸子百家也罢，东方也好、西方也罢，一切事物都有关联，有效结合可以产生巨大的能量，矛与盾亦如此。这种事物之意的联系，有一个重要条件（或前提）：和——彼此之间相生相克后的协和。

万事万物相和而生合力，没有量变的总“和”就没有质变的暴发“力”；同理，人与人之间是心和而生合力，没有量变的总“和”同样也没有质变的暴发“力”。管理的过程，就是有意引导人们朝着正确的方向量变的过程；管理的目标，就是达到质变的结果。

三、心和聚力而有主观能动

（一）强制不如情愿凝心聚力

心中舒畅了、平和了，做事就有劲了，这是常识。而这种常识恰恰证明了心和而力聚的道理。中国民间有句俗语说：“有钱难买人乐意，俗事勿扰我心情。”前一句流传甚广，说的就是人是否心甘情愿的问题，愿意了，啥都好说，不乐意了，啥都别说；所以才有后一句，别用俗事来破坏我心情。这里的“俗事”，其实就是人心里不乐意的事。心里不乐意，也就没有主动性要做事，强行指令去做，也不会发挥主观能动性，那么，表现出来的工作之“力”、创新之“力”、成就之“力”都只能一般般。所以，管理的一个重要功能，是激发员工的主观能动性，基本的方式方法是凝心聚力——先是凝心，而后才有聚力。

西方管理理论的重点不是在人愿意不愿意、乐意不乐意，而在有没有必要、应该不应该。有必要、应该的，你不乐意也得乐意。这就是西方管理会把西点军校学员针对任何一个教官的任何一句话都必须回答“Yes Sir”解释成“没有任何借口”而转移到管理领域来的缘由所在。因为西方管理只要求无条件服从，不允许讲道理、提理由而 Say No。

中国管理与西方管理最重要的区别点之一就在这里，中国管理谋求让员工自觉自愿去做、去遵守规矩。因为中国文化根植的不是无理由强迫，而是心理认同后的自愿。这就要求中国的管理需要通过心灵梳理、思想开导而让人心甘情愿、主动乐意。西方人习惯用制度定规则，理解了要执行，不理解的也要执行，要求在规则内行事，达目标为标准；中国人习惯用道理通思想，让人在工作中乐意去遵守制度、创造价值、提升效率和效益，不仅仅达成目标，还鼓励通过主观能动性的发挥，创造更多更大的价值。中国共产党创建红军之初，无论是朱德率南昌起义部队撤退路上还是毛泽东率秋收起义部队上井冈山途中，都有士兵逃离现象，按军规必须枪毙，但两位领袖说，革命全凭自愿，想走的放下枪发给路费让其走。

接触西学后常听到“军事化管理”，常听到的一个类比是“商场如战场”。于是，我们发现管理中，上司不仅要求下属无条件服从，还要求在商战中以消灭竞争者为目标。于是，本来应该是热火朝天、互竞互长的商场，变成了你死我活的斗兽场，残酷与无情、血腥与疯狂，成为商场常态。商战不需要完全消灭市场所有参与者，因为市场不允许绝对垄断，更因为市场可以一起做得更大，让各方都有利益可得，得多得少当然看各自的力量、能量，市场份额的大小是自身努力的结果。职场上人的管理亦如此，不是互相竞争到以打倒对方，让对方永世不得翻身为目的，而是以自己胜出为目的。如果以考试来类比，则战争是淘汰性考试，商战是合格性考试。

商战有没有需要“服从命令为天职”，即使有，也只是阶段性的、项目性的，或者说是特殊情况下的特定行为，不是管理中的常规行为。对于上司来说，“没有任何借口”的管理最简单、最方便、最轻松，还能享受到指挥别人、操控别人的快感，自然愿意接受。但问题是被指挥、被操控一方是不是愿意；更何况，即使要以“服从命令为天职”，也要先让人接受并乐意才能实现。没有人心管理，无所谓人心认可；人心不认可，什么样的管理规则、管理工具、管理观念，都只是纸上谈兵。

（二）激励重在让人心甘情愿

管理不能一蹴而就、一挥而成，是长期不懈努力，即管理是“润物细无声”的结果。这个细水长流的过程，才是管理工作最艰难、也最需要花费时间精力甚至财物的。“为什么人做事有时情愿、有时不情愿？为什么人在心甘情愿时能焕发出惊人的能量？为什么人在窝火不畅时便会成为阻碍者甚至于是破坏者？根源在哪？相由心生，人的一切外在活动都由心引起。”① 试想，一个人内心里窝着、堵着、咯着，他如何会在做事时畅快、

---

① 徐井岗：《人心管理：生产力之新崛起》，中国教育文化出版社2006年版，第6页。

顺和、专注而高效？有时候可能起的是反作用。所以，管理尤其是平时的常规管理，不适合简单的指令性（分配工作时除外），不适合战场式强制执行，更不适合对不服从者执行“战场纪律”。而应是从调查了解开始，和风细雨进行，圆满收官为要；只有对破坏者、敌对者、倒行逆施者，才毫不容情。

必要情况下的“杀一儆百”“杀鸡给猴看”，不是常规管理，只是特殊情况下的特殊处理。“棍棒之下出孝子”有没有道理？有一定道理。只有怀柔而没有刚性，不是教育也不是管理。但只是“棍棒教育”“大棒管理”也一定是错误的，西方也倡导“胡萝卜加大棒”管理。但什么时候是“胡萝卜”，什么时候应该“加大棒”，这是管理的关键。时机不准确，方式不对头，吃了“胡萝卜”依然故我，面对“大棒”直接反抗甚至对立。把“给胡萝卜”和“挥舞大棒”成为一种常态，效果一定不好，无论在西方还是东方，都一样。“给胡萝卜”是物质诱惑，“挥舞大棒”是物质惩罚，都不可能让人从心底里信服和认同。说到底，这种管理还只停留在物质层面，没有上升到精神层面。现如今“奖金”的工资化、“罚款”的制度化，在现实管理中没能起到预期的作用，甚至无作用或反作用，原因就在于此。发了奖金没有任何激励，不发奖金马上暴跳如雷；罚没了款项没有制约，反而怨声载道。

心和管理，就是要找到人内心愿意接受的方式，在合适的时间，用合适的方式方法提供“胡萝卜”或“加大棒”，结果要让人心悦诚服，最后都是为了达到心和。虽然这种管理要比提供几个模型、几样工具要难得多。

（三）红色管理优势是精神激励

如何让人从内心里产生自愿，这是管理艺术，更是管理科学，同时还是一种心理学的应用。激励机制，不是把理论直接应用就可以达到效果的。我们都知道激励有物质激励也有精神激励，很多人都觉得精神激励没什么作用了，就只剩下物质激励了。

美国心理学家赫茨伯格于1959年提出的双因素理论（hygienemotivational factors，又称“激励保健理论”），认为保健因素是指造成员工不满的因素，而激励因素是指能让员工感到满意的因素。他提出来的激励因素如工作表现机会、工作带来的愉快、工作上的成就感、对未来发展的期望、职务上的责任感等，都是精神激励层面的——这说明在西方管理学理论中也是承认精神激励的。我们讲物质文明与精神文明两手一起抓，其内涵与意义也大体是说要从精神和物质两个层面激励、两个层面抓文明建设。

红色革命的战争年代，共产党人是没有薪水的，人民军队打破了自古以来“当兵吃粮”的“天经地义”。没有饷银，却要提着脑袋干革命，士兵们还心甘情愿，简单说就两点：说透道理，激励精神。从“三湾改编”到“延安整风”，从“优待俘虏”到“土地改革”，都是在说透革命道理；而成为军属、能够入团入党，就是一种激励。红色军人都知道，自己是人民子弟兵，是在为父老乡亲而打仗牺牲。那时候遇到最危险、最困难的事，就一句话“共产党员，跟我上!”都不需要太多的战前动员，一股豪情、一种责任感就在战士们心底油然而生。这说明，精神激励的巨大作用，几乎是无限的，是可以拿生命、用热血来实现的。

红色管理实践破除了马斯洛的需求理论，革命战士、共产党人在温饱都没法保证的战争年代，豁出命来干革命，流血牺牲在所不惜；许多家资殷实的革命者散尽家财为革命，只为心中的理想，“砍头不要紧，只要主义真”——这就是共产党人精神激励的巨大作用和价值。如今温饱问题已基本解决，全民脱贫基本实现，更需要正确的思想引导、精神的激励。若是把人的思想引导到“逐利”为唯一目标，“钱”为唯一动力，“金主”为唯一偶像时，精神激励便失去作用了。这是没有底线的现象出现、员工缺乏有归属感情况出现的深层次原因。这种情况下，无论向如何伟大的管理学专家、学者请教，都是没用的；无论提供多少精准的管理模型、如何采用多少先进的管理工程，无论怎样的管理高手有过多少成功经验，都是没用的。把精神激励简单判定为唯心主义而否定，这本身也是偏颇的。

所以这里提出心和管理观念，强调人心要干净、思想要纯洁。只有在这个基础上，对应的激励才起作用。所谓的绩效管理，在中国并没能创造出西方发达国家的辉煌；西式的薪酬制度，在中国也没能出现西方发达国家的成功典范。“没有任何借口”的西式激励，亦没能在中国职场书写传奇，倒是中国式“心灵鸡汤”在职场发挥着西方管理理论无法企及的作用。说这些，没有否定西方管理理论的贡献与价值，只是说明适合的才是最好的。西方历史传承、人文环境，语境体系适合的，并不一定在中国适合。企业里员工奖金异化，荣誉称号自动取消，甚至被员工嗤之以鼻。人的内心不认同，再美的符号加持也会被剥离。

用欣赏管理，让员工感受到被尊重、被需要、被重视的“心灵快感”；用品性管理，让员工体会到心灵安宁洁净、品格高尚大气、德性积极向上的价值；用满意管理，让员工得到心灵合理满足、适度满意的心理美感；用感动管理，让员工激扬起心灵温暖、正道感染、前路光明的希望……心和管理，从心灵深处真正凝结起自觉自愿的巨大力量。

管理，需要补上凝心聚力这一课，让人心认同成为新的管理人文内涵和风尚。

第二节　双向协和人文土壤

“中”的观念与“和”的思想结合成“中庸”——人心双向协和。心和管理理解的中庸是致中和，是如阴阳二气相互运动到适中、合理，达到阴阳和谐、彼此双和的境界。阳为主方，阴为客方，阴阳双和就是主客双和。心和管理就是达到主方与客方双向认同、彼此和谐。也就是说，双和管理思想，其一是致中和，其二是共认同，最后达和天下。

管理问题层层叠叠、层出不穷，管理者忙于“救火”而收效甚微。其原因在于没有找到问题的根源，无论去西天取经，还是去南天求神，都无法得到真经，亦不能获得佛意或神旨，归根结蒂无法对症下药；若再加上“病者”不配合治疗，双方互不认同，那就只会不断累积问题，根本谈不上解决问题。管理的焦点，在于能否达到双方共同认同。

一、失和是管理缺失的根源

（一）人心失和出现管理问题

管理一个人的时候是自我管理。自我管理到内心没有矛盾，面对诱惑无须挣扎便坦然处之而片叶不沾身，便是自身协和了。人们走入社会，也就与他人有了交集，若是人际交往，则有了社交管理、社会管理；若在同一组织内就是组织管理，如学校管理、企业管理；无论是社交还是工作，只要是国家公民，又必须接受政府管理。人，区别于动物的根本点，就是既能做到自我管理，也能参与并接受组织管理、社会管理、政府管理。作为管理者，最优管理是引导他人实现自我管理，最高境界实现与己相关联各方，彼此双和。

管理多个人的时候就是集体管理。当多个人在某个组织的几个月时就需要组织管理。无论是个人的自我管理，还是集体的组织管理，出现了问题，甚至问题层出不穷、严重时危及组织的生死存亡时，管理无法达到预期，一定是失和了。这一点，不仅仅是中国管理界，包括全世界管理界，都一样。所以，管理缺失难到位的根源：失和。人心失和，一切便都不再协和了。那么，管理缺失是因为社会、单位、个人都失和了。

中国对内改革、对外开放政策，使经济获得巨大发展，让一个从500

年国运下滑、又在近现代战火中陷入贫穷落后的国家，一跃而成为世界第二大经济体①。巨大的成就背后，隐匿着一些随着潮流挟裹而来并积存下的问题。随着总结和反思，问题一点点拨拉出来。大改革、大转变时期，总会出现鱼龙混杂的情况，快速发展的潮流里，无法做到只有清流。所以每一个阶段都需要反思、需要自我检讨，都需要纠正、需要革除时弊。

管理领域失和了，就须了解并掌握是什么样的失和，分析探寻形成的缘由，找到对应的解决途径和方法。从管理角度看，家庭里、组织中、社会上的确存在许多失和现象，而且危害亦已显现，归根结蒂是人与人、人与物、人与社会、人与自然，失和了。例如，社会管理领域出现腐化堕落、官商勾结，甚至突破底线、卖国求荣等的问题；思想管理领域出现失去信仰、道德沦丧，甚至人心变异、数典忘祖等的问题；组织管理领域出现懒散懈怠、急功近利，恶意竞争、结党营私等的问题；学术管理领域出现浮夸急功、剽窃成果，践踏国粹、崇洋媚外等的问题……这所有种种，都是人心失和了，以“道”为上、为先、为原则的人文环境里，掉进来一个以“利”为核心的怪物，导致人心蒙尘、人心变异、人心失落——人心理不顺、人心聚不拢、人心稳不下来了——人心失和了。

失和之解决之道，是“中”“和”，若能实现致中和，问题就能解决。

（二）人心不失和道德须回归

谁都知道，人的欲望是无止境的。西方商业社会下的“唯利益至上”的思维模式，一直强调的是规则制约，否定中国的道德约束的价值。这显然又是“双标”作祟，如果规则能够起到他们说的那么完善的作用，那么为什么还会提出一个“心理契约”，并且成为人力资源、组织行为学和心理学等领域新兴课题？心理契约，顾名思义是彼此间心理上的一种不成文的约定，员工以承诺和感知为基础，自觉或者说主动承担自己与组织间彼此形成的责任和义务的各种信念。这在中国文化中早有提出，就是大道规范、品德约束。当西方学者对“心理契约”趋之若鹜时，他们其实已经在思想和行动上双重承认“唯利益至上”的商业观念无法依赖商业规则实现——挂着遮羞布承认：若没有道德约束、法律制裁，将会使人心滑入危险深渊、社会陷入危险深渊。道德与法律是一个问题的两个方面，但有先后，先有道德的觉悟与恪守，才有法律的效果与价值，便由德扶持

① 2010年8月16日公布的数据显示，历经30年飞速发展，中国在第二季度超越日本成为仅次于美国的世界第二大经济体。2014年GDP世界排名中国突破10万亿美元，超过排名第三的日本（4.8万亿美元）、第四的德国（3.8万亿美元）两国之和。2016年美国18.03万亿、中国11万亿、日本4.38万亿、德国3.36万亿美元。

法。有法无德，法也就成了权贵的玩具。

谁都知道，法律制裁属于事后惩罚；事先控制则是依赖道德约束的。换句话说，法律是高压威慑，道德是思想引导。我们需要明白的是，管理所要解决的问题，还没有达到法律制裁的程度，所以管理领域的规则制订，其实也就是我们常说的规章制度、公约守则，是企业文化中显现的那一部分。公司里如果有敢于无视规章制度、践踏规章制度的，会是什么样的人，应该是这家公司里的权贵阶层——规则的制订者与执行者。普通员工若出现违反规章制度的，往往是“一不小心”或“无可奈何”两种情况。社会若病了，组织（企业）也病了，又如何要求普通员工独善其身？应该是有权有势者以身作则才对。

所以，管理的重心首先在于管理者的道心修炼、德性回归，然后是引导员工实现道心修炼、德性回归。发展经济、提升效益是管理者的任务，但若组织只是一味“求利”而没有道德机制的配套发展，社会只是鼓励致富而没有道德约束，人心就会失和，管理就会失控。如果人们的眼中、心中只有利益、只有金钱、只有欲望，管理一定出状况了，组织已经危险了，社会已经在悬崖边上了。更可怕的是临渊而不知危——危中之危。

为官者贪墨，为商者奸毒；为学者钻营，为业者无德；为师者学术造假、为医者见死不救，谋官谋财谋名媚上欺下……组织里、社会上对这样的现象司空见惯、与光同尘……那将是一种怎样的结果？理论指导实践，面对可能出现或者已经出现的上述苗头，管理中的教育、教育中的管理，最重要的责任在于让人心协和，更进一步，则是实现各方协和。

其实，当人们指责某种罪恶现象时，当人们牢骚某种不公行为时，有一个衡量标准：问问自己是否在其中，问问自己如果有条件会不会深陷其中。例如，在指责贪污腐败时，自己有没有类似行为，不要说自己无权贪污百万千万元就没有贪墨，私用公车、上班办私事、单位打印机打印私人材料，把办公室的笔墨纸砚带回家让家人用……是职位成不了大贪，还是自己品德优决不贪？如果自己能享有特权，是放弃还是会享用……心态不正，思维不轨，自然失和。中国老祖宗谆谆告诫：“勿以恶小而为之，勿以善小而不为”，五十步不必笑一百步。这样的教育方式、这样的管理原则，唯有在中国文化中探寻。

只有这样的教育、这样的管理才是深入人心的教育，才是心和管理。心病还须心药医，“心药”须从中国文化的“道”中来，从中国文化的周易智慧中来，从中国文化理顺人心谋求双和的“治理”文化、“和”文化中来。人心在，一切在；人心失，一切失。所以，人心回归，人心宁静、人心重聚，让失和的人心和合，是中国管理所看重的。

（三）建本土化人心协和管理

中国作为世界第二大经济体，应该在各领域发出自己的声音，管理学领域也应有中国自己的话语权。更何况，真正能解决中国自己的管理问题的管理理论、思想、方式方法，才能为他国他人提供参考和借鉴，所谓“越是民族的才越是世界的”道理。心和管理学，思考研究的重点，是对管理问题的研究解决，用中国自己的管理理论指导解决管理存在的问题，包括管理学领域、培养管理人才和探索管理出路等的问题。用中国管理观念、管理之法解决出现的问题，就要先行解决中国管理最重要的“道”的问题，也就是指导思想、理论体系的问题，也要解决管理之“术”的问题，即管理运行方式方法、技术技巧问题。

西方文化和哲学思想下形成的管理体系，适宜于西方人文环境，适宜直奔经济利益的直线思维模式。心和管理不否定西方管理中有科学性、先进性。只是认为西方管理理论和体系并不完全适宜于中国文化和中国哲学思想下形成的职场管理。说不完全，是因为在人性方面总有一些是可以相通甚至是相同的，也就是总有一些内容是值得学习、借鉴的，总有一些是可以带来思考和启示的。中庸之道的重要价值之一也在这方面，外国好的东西是可以吸收，可以融合到心和管理理论中来的。只是重点不在外国的好东西哪些是可以学习的、哪些是可以借鉴的，哪些是可以融合的，而是先要建立起中国管理理论和管理体系，即建立起中国心和管理理论、心和管理体系。因为，中国的人文环境是中国文化传承下来并逐渐固化成为风俗习惯、思维模式和行事规范的人文环境，人与人之间的关系更看重宗法亲缘关系，思想上更倾向求稳循规，职场上更追求圆润变通的曲线思维模式。

这种背景下，在中国强行推行西式管理，国人求稳心态被打破，就有可能导致道德教化抵不住利益诱惑，谋略变通扛不住财富欲望的摧枯拉朽的情况出现，就有可能让西方崇尚的冒险精神在中国演变成投机取巧，一切的努力只为财富攫取的情况。

如果再有某些“恐华”“排华”“反华”势力别有用心地推波助澜、文化洗脑、利益诱导，职场中一些人就会私欲膨胀、道义失落，那些拥有国家民族大义精神的、高洁奉献思想的、为国为民观念的一个个伟大的榜样，在一些人心灵里逐渐陨落，而升腾起来的偶像只有一个：金钱；顶礼膜拜的只是赤裸裸的低级动物的本能：欲望快感。不仅仅是生理快感，更多的是金钱和官位带来的、所处环境优越感带来的高人一等的虚荣快感，踩人和践踏人带来的、物质欲望无节制满足的畸形快感。而非常不幸的是，这些可能正在一点点变成现实。

这种情况出现意味着管理出问题了，“全盘西化”的后遗症显现了。显然，“全盘西化”必然带来水土不服，彼此不适应，必然带来多方面失和，首先的是人心失和。

二、认同是解决问题的途径

（一）彼此认同解决失和问题

有问题并不可怕，失和现实已然存在，管理就是在发现问题的基础上分析问题，找到解决问题的途径并实施。这是管理的本原任务，是心和管理的长项。

当务之急是针对存在问题，进行深入剖析，从而找到解决管理问题的途径和方法。改革开放的30多年，基本上用西方管理学的原理和方法来谋求解决之途、解决之道，但未能如愿。原有的问题未解决，新问题又层出不穷。事实证明，西方理论对管理中的很多问题，尤其是非物质层面的问题，往往一筹莫展，找不到良好的解决途径和方法。

中国本土管理不循西方老路，另寻他途、另觅新法，中国式现代化建设需要中国式管理。关于人心的管理、走心的文化，恰是中国管理长项。所以有理由相信，管理新途径、新方法，就在中国文化中，就在中国特色的管理中。失和的解决之道是协和。其问题在于回归原有的“和”，还是创造现实的新“和”。回答这个问题，需要在回归中庸之道的基础上与时俱进创新；“和”的内涵与适应性不是一成不变的，优秀文化是传承、保留与融合，时代需求是创新、融合与发展，适宜最佳。

说到底，心和管理是谋求管理双方彼此协和的，是彼此舒适合宜。协和从心开始，人心是动态的，人与人之间的协和不适合“一刀切”，或一张纸令解决，而是从主要矛盾着手，提纲挈领，即在与己各关联方中，找到主要的关联方而谋求与其协和。协和管理不可能一下子所有方面都同时达成，必须从某一方面的双向和谐开始，带动与其他各方双和，核心是达到彼此双向的认同。心和管理，就是努力实现彼此认同，有认同就有各方面的双和，各方面都双和了，也就实现了共和。

心和管理理论，十分强调的是“认同”。认同区别于“认同感”，认同是理解基础上的认同，是认同者主动去认同。认同感往往是教育、外在因素影响下产生的感觉，具有被动性质。所以，在组织里，老板或者管理人员，都会要求员工对组织的文化、组织、产品，甚至于组织所规划的愿景产生认同感。但事实上，认同感不是培训出来的，不是要求出来的，而是通过人心梳理、协和引导让人从内心里产生出来的。所以，教育、管理的重点在于引导大家认同，这是一种心理行为，通过这种心理行为修补失和的部分，或者重构和谐的内涵和架构。有了心理认同，才能培养出认同感；更准确地说，这种认同感是认同行为后的自然产物。

心和管理八大法则，每一个法则的应用都是为了得到人与人之间彼此的互相认同。解决管理出现的问题，促进管理达到更好，最佳的途径就是运用人心管理法则达到彼此认同。

（二）天地合水火融双向认同

欣赏管理（乾卦，乾为天）法则是要说明，人的自强不息一方面是要自我欣赏，有成龙的欲望、成龙的能力以及成龙的方式方法，是“潜龙”就懂得“勿用”，是“飞龙”就能够“在天”；另一方面是管理者要创造成龙的环境、龙飞的平台，即要为“龙”提供自强不息的可能：欣赏他、认可他、赞美他、给他提供机会、陪他经历严寒酷暑春暖花开，助他青云直上龙飞九天。这就体现出了自我认同、组织认同两个层面。我们以往的管理，只强调了员工自己要“自强不息”，忽略了组织给员工提供“自强不息”的好环境。通过欣赏管理凝聚人心，不仅仅是自我欣赏，更重要的是组织欣赏（“龙”也必须能认同组织和组织里的人）。

品性管理（坤卦，坤为地）法则是要说明，所谓厚德载物，首先是要“厚德”，没有大地一样的宽厚，没有大地一样的容量，何谈“载物”，如何承载得住世间万物的生长、变化，如何承载得住人间七情六欲八苦。所以，德与物要匹配，能互为认同；而且德要厚，有多厚的德能承载多厚的“物”，德的厚度与“物”的多寡需匹配；德越厚，品越高；德越厚，人性的光辉就越美丽。德品高、人性美，可认同的世界就越大，能承载的“物”就越宽广。这就是说，“德厚”还包含对人的性格特征的包容。无论是怎样的性格，都能够认同，正因为人性的五彩缤纷，才有这世界的千变万化。认同自己的性格特征，可以扬长避短；认同队友的性格特征，可以取长补短。队友的美，正在于与我的不一样。

乾坤谐、天地合，欣赏管理、品性管理得认同。

感动管理（离卦，离为火）法则是要说明，火，可以给人光明，也可以给人温暖。同样，火，可以燃烧自己，也可以燃烧别人。关键就在于你如何认识火、理解火、使用火。火的价值，往往在于使用火的人的一瞬间念头下体现。给人光明的火，是照亮他的身体还是照亮他的心灵；是温暖他的身体还是温暖他的心灵。人，按其外形、性格、需求、职业等可殊分出很多类别，但仍能类聚其所同：都需要光明、需要温暖，无论身体还是心灵。当同样的光明之火、温暖之火普照时，又可以辨析其不同的身体感受、心理感受。简单地说，心和管理可以让不同的人都达到心理感动，也可以让被感动到的人根据自身情况内生出不同的能量，即所谓的“类族辨物”（与同人卦相谐）。前者为异中求同，后者为同中求异，其根本，还是认同。需要注意的是，火势、火候的适当。适合的才是最美的道理，感动管理也适用。

满意管理（坎卦，坎为水）法则是要说明，上善若水，水滋养万物生长，自己却不与争名夺利，这是满意的最高境界。人生会遇到无数个坎，太过斤斤计较、只愿遇利必争，困境与危险会如影随形，也就永远得不到满意。所以，是掉坑里，还是能过坎，全在人自己。若能真正做到“常德行，习教事”且能“作事谋始”（与讼卦相谐），即事先慎重考量、全盘把握，看清利与害，懂得趋利避害、明察秋毫，以免陷入险难；即使已入险，亦能觉着冷静、步步为营、谋求脱险，万不可操之过急。所以，什么才是真正的满意？不同阶段量力而行，以求适当满足；条件许可，仍须谨慎思考，只要合理满足。如果要求过分，图谋私心而轻举妄动，只会在危险与困难中越陷越深，导致最终的无法自拔。显然，合理的满意、适度的满足才是最佳的认同；毕竟人性不可测量，人心富有弹性。

离坎明、水火融，感动管理、满意管理得认同。

（三）山泽稳风雷动彼此认同

情绪管理（艮卦，艮为山）法则是要说明，人要如山一样稳实守信不出轨。人有喜、怒、忧、思、悲、恐、惊七情，并往往通过眼、耳、鼻、舌、身、意感受或表现出来，所谓情绪。平常人们所说的好脾气坏脾气、好心情坏心情、好性格坏性格等，以及嫉妒、惭愧、羞耻、自豪等情态，都是情绪的表现。中国文化传承、思维模式定型化的结果，就是形成中国人的国民情绪特征：含蓄内敛又适时奔放，言行控制又收放自如。常常以好心情面目出现、以好性格姿态示人，而且以好脾气圈内著称，这样的人往往有好人缘，为人称道。好人缘就是中国面子社会的产物，在西方应该就是高情商的意思。所以，中国社会讲究修养，而修养的表现形式最重要的就是能控制自己的情绪，用“不动如山”来概括这种稳重、沉着，能担大任的行为。而冲动是魔鬼，不理智是不成熟的代名词。管理中常常通过“裒多益寡”（与谦卦相谐）来平衡人们的情绪，而且中国人讲究“在其位谋其政”“思不出其位”。

心态管理（兑卦，兑为泽）法则是要说明，泽在山间，快乐也罢、不岔也好，就是山间之泽。泽有细流成活水，不愿泄出成臭泽。人的心绪凝结还是放开、心情变好还是变坏、心魔滋生还是消灭，外因只是诱因，关键是自己的心态。心态是自己可以通过定力控制的，即使因突如其来的冲击、刺激，出现一时失神、失控状态，也能因为良好的修养和积极的心态让自己尽快调整过来，不至于让负面心态影响自己的决策判断和正常行为，依然能清晰地"辨民安志"（与履卦相谐）。职场中，好心思、好心情、好心绪、好心态，可以通过自控实现自我认同，也可通过互相认同来实现。心态的调节，非常重要的一点是"自我暗示"，而这自我暗示的方向与内涵，就取决于一个人的修养高下、品性好坏以及性格阳光还是阴霾。中国人讲"近朱者赤，近墨者黑""物以类聚，人以群分"，所以才会有"孟母三迁"的故事千古流传。所以，要"丽泽相依""朋友讲习"，保持好心态以诚待人，谋求互为认同。

艮兑连、山泽稳，情绪管理、心态管理得认同。

理解管理（巽卦，巽为风）法则是要说明，惠风和畅，理解他人是管理的重要方法。人与人之间矛盾产生的原因，很多是因为沟通出现问题，或是没有沟通，或是沟通不畅。误会，往往是这样引起的，而误会没有解除，就只会增加误会程度，这是理解管理的第一关。解决之道只须两个字"体谅"。然而，体谅何其难也！难在面子放不下、情绪控制不了、心眼打不开。若误会能解除，接着要解决的是沟通不遗漏，然后才是获得认同。这就需要"申命行事"，了解自己要做的事、要面对的人，把握自己的使命，做好每一件事。风调雨顺、风和日丽、如沐春风，这"风"，便是让自己理解自己、让别人理解自己，同时更重要的是让自己成为理解别人的清风。千万不要出现狂风暴雨、山雨欲来风满楼，那就意味着无法认同。认同，是一帆风顺的金钥匙；理解，是乘风破浪的通行证。

精神管理（震卦，震为雷）法则是要说明，人要有雷警醒，更有如雷振奋。精神主要有两个方面含义：一是人的意识、思维活动和一般心理状态表现出来的情态、面貌；二是精气、元神在人身上所体现出来的精力、神气。前者更多地体现在心理因素引起的精神状态，后者更多地体现在生理因素引起的精神状态。所以，思想内涵、文件精要、人格神情等，是意识、思维层面的精神状态；风采神韵、精明机智、生气勃勃等，是身体、面貌层面的精神情态。无论是生理还是心理层面，精神除了内在的自我发奋外，更有外力的影响作用，即所谓的"恐惧修省"。当一个人什么都无所谓、无所惧时，他已经没有了对一切美好事物的敬重感，没有了对一切丑陋事物的畏惧感。精神管理，就是以雷震人，振聋发聩，及时警醒。人有精神，才容易被认同；人有精神，才愿意认同人。

巽震和、风雷动，理解管理、精神管理得认同。

三、双和是心和管理的核心

（一）心和管理落实人心协和

对于管理失和的现实，通过谋求彼此认同实现双和，这就是心和管理的核心，也是心和管理方向与目标。一切产量与销量，是由人来实现的；一切成果与结果，是由人来创造的。与其只关注数值，不如关注人心，通过人心协和而自然而然实现数值目标。所以，心和管理理论认为，与其说管理的对象是人、财、物、时间、信息五要素，不如说重点是人心；与其说管理目标是生产或销售的数值，不如说重点是谋和。

管理活动中，是人在运用财物、使用时间、享用信息。人，是所有要素的关键核心，而人自身的核心则是人心，人心追求的目标是人与人、人与物的彼此协和。“人心”一词，母语非汉语系的人比较难懂，因为它不是“The heart”，也不是“The cerebrum”，无法从生理学角度解释汉语中“人心”的意义。要了解“心和”的意义，必须懂“人心”一词，具体考证后面详谈，这里先简单说明，“人心”在汉语体系里，尤其是在中国文化中，是要从文化角度去理解的。“人心”最初是儒学、道家的术语（儒道都讲）道。相对于“道心”而言，道心越强，人心越善，代表着修道之业越高；反之，亦成立。儒道两家有时候也用“德心”表示，所以“道”与“德”常放在一起使用，这时候人心即为“道德心”。数千年使用下来，“人心”一词便慢慢定型固化，成为中国文化体系里的一个专有名词。

这就能理解心和管理学关于“管理对象是人心”的提法了。同样，“管理的目标是谋和”也是从“人心”一词来的，人心管理的目标当然不能简单用效率或效益的数值来表示，它也无法用数值来表示，因为用数学语言解释，这应该是一个变量，而且既是自变量，也是因变量，其变动情况因时、因事、因地、因情等而不同，也因自身的心境、心绪、心态、心情等而不同——即无一个确定的数值可表示——“心”不能数值化，“和”无法数值化，硬要数值化，不是自欺欺人，就是睁眼说瞎话。

心和管理目标，无法用“现代管理学”的任何一个表示管理目标的词来表示，而只能与“人心”一样从中国文化宝库中选择合适的词语来表示。于是“和”的文化概念便呼之欲出了，中国人、中国文化、中国政治、中国管理，孜孜以求的就是这个“和”字。“和”，从“口”声“禾”，

“禾”就是农作物，代表粮食；“口”是嘴巴。有粮食吃，是和睦、和谐、和顺了，“民以食为天”。这样，“和”的文化意义就明朗了：人人有饭吃，天下皆太平。

这太平就包含着和平、和谐、和气。《周易·兑卦》初九爻说：“和兑，吉”，就是表示人们和谐快乐了，天下便大吉大利了。《道德经·冲和》说：“万物负阴而抱阳，冲气以为和”这里说的是阴阳相合谓之和，只有阴没有阳，或只有阳没有阴，万物都无法生长，只有“负阴抱阳”，两者相合，平衡而为统一体，这叫和合；阴阳二气摇荡冲击（冲气）相混合，这就成和气。所以，平衡则和顺，和气能生财。

（二）管理内核旨在各方同和

心和管理谋求和谐，是人心里的协和。而这“人心”无法度量衡，“协和”也无法度量衡，勉强用假设条件形成度量衡，也只能衡量一时一角，无法全体总局衡量。可以表达的度量数值，唯有“和”的对应各方，无论有多少对应方，管理都必须逐一解决己方与对方（任何一个独立的对方）之间的彼此之“和”；“协和”之“协”，繁体字是“协”，会意字，多人同心合力之意，是彼此间的和合、和谐。

所以，在心和管理学中，“协和”是彼此双向皆和之意。管理不是国政，不适合用“共和”，数值表示方法也不是西语那种符号式，而是直接用汉语“双和”表示。“和文化”来源于阴阳双和，管理谋求与己各关联方的彼此和平、和谐、和乐……所以，心和管理目标的衡量标准就是能否达到管理主方与管理客方双方之间是否相和。这“双和”仍然是一种主观感觉，但有一个重要因素：双方共同认同。这成为一个非常重要的衡量标准，有了这个标准，即使需要用数学语言解释，也就不是一件难事了。

这样，这个理论概念就明朗了：人心双和管理——心和管理。

这也是中国文化注重整体效果，而不只是关注在具体数值上的一个文化原因。当然，我们应该明白，社会在进步，世界在发展；同样，文化在充实、科技在进步。今天的中国，强调文化自信，提出传承精粹，但也不会故步自封。在效果与数值问题上，自然会学习和借鉴数值表述的方法、关注数值的做法。我们反对的，只是唯利益论、唯数字论，不是反对谋利、不是反对数据化。同样，学习和借鉴别人的优秀，不会抛弃自己的优秀。

就管理而言，最难的便是心和，这一点，全世界都一样，人心和、万事和；人心顺，一切顺。所以，“心和”不一定数值化（如果需要，也是一种参考和分析依据，而非唯一），但不排斥在一些微观领域数值化。更何况，信息网络社会，大数据的价值也是应该认可的；毕竟电脑的数据处理能力应该而且必须利用起来，“网络+”时代的各种因素应该考虑进去。中国文化自古至今一直是有容乃大的文化。

心和管理就是达到与己相关联的各方彼此双向和谐，是心的和谐、和顺、和美。从人的角度说，是人与自己相关的各方人的协和，上司、下属、同事、搭档、合作者、客户（或服务对象）等；从事的角度说，本人要与自己的工作内容、管理涉及的设备器材，以及业务所涉及的一切事与物，实现人与事双和、人与物双和。这是符合中国文化所说的天和、地和、人和，符合天地四方六合理论的。一个组织的每个成员都能这样时，这个组织是强大的；一个民族或者一个国家的公民都能这样时，这个民族、这个国家是不可战胜的。这就是“和”的力量，中国文化的力量。这种力量，中华五千年文明已经证实了她的伟大。

（三）管理目标实现彼此双和

那么，紧跟着一个问题来了：中国崛起于世界之林，到底应该是以中国文化为管理内核、还是以西方文化为管理内核，到底应该是以中国文化为立国之本、还是以外来文化为立国之本。这个问题其实不应该是疑问句，而应该是反问句，因为答案在问题提出的同时已经明了了，所有中国人的心中，也十分清楚。中国管理是中华人文环境下的管理，当然以中国管理哲学为指导，以“管人理心”为内涵，“理心”为重，目标“双和”。

一方水土养育一方人，形成一方人文地理、人文精神，确立一方人文环境。代代相传、世世相承，其精神内核渗透在社会生活与职场生涯的各个角落，融化在人的思想与行为之中，成为一种相对固化的思维模式和本能行为。这才构成了这个世界的五彩缤纷，人们喜欢旅游，正是为了去感受去体味另一方水土上的人文地理、人文精神，寻找与自己习惯了的生活不一样的惊喜，并且愿意去模仿或学习，但旅游结束后还是回归本土，学习中充实了自己的部分在本土化后成为自己成长的营养，却不会变成另一方水土上的人。换句话说，世界一切优秀的东西我们都可以学习，也可以借鉴，但不能失了自己的根本；一个国家、一个民族，必须有这份自信与骄傲。我们可以自豪我们是中华民族，我们是中华人民共和国！

西方管理学的管理本质是“守规则，谋利益”，中国管理学的管理本质是“得人心，谋协和”。因为中国管理学是建立在中华民族的文化基础、地理基础和母语精神上的，中国管理的实质就是在中国人文环境下凝聚人心、争取人心的过程。中国文化的基因、中国地理的风尚与习俗、汉语言的母语精神，深刻地烙印着中国的“心文化”“和文化”。

全世界都认为汉语难学，唯其难学，才显得出汉语的价值，唯其难学，才显示出汉语内涵的丰富。学习汉语，不仅仅是会读能写，更重要的是能够体会到蕴藏在汉语中的母语精神。而要体会得出汉语母语精神，就需要深入学习中国文化，了解中国文化的产生、发展与创新的过程，体会其中每一个汉字、词语、词组、句子的意义，以及在不同语境下使用的意义，才能真正了解中国文化，了解这些难记难写的汉语背后的精神内涵。汉语写出来的诗篇，仅仅靠字面意义是很难理解其真情实感和内在意义的；汉语挥洒出来的书法，也不是懂得笔画和间架结构就能体会出其中的文化意义和历史风情的。

得人心者得天下。得了人心，意味着彼此协和；有第一个双和，就会有更多的双和，各方之间都两两双和了，也就实现了共和。达到共和时，天下已经得到了。

所以，彼此双和，是心和管理的目标。

第三节　对立统一人文观念

有非易学学者在提及周易哲学时，称其是“朴素唯物主义哲学”，并定型了中国古代哲学是唯物主义最初形态、这一形态对事物的认识带有神秘色彩的结论。这是对周易哲学认识缺乏深入，而把木金水火土看成五种（非五类）具体的物象所致；若把阴阳两仪看成是占卜算卦看相，则连朴素唯物主义也算不上。这个所谓的“科学结论”，成固化观念面世。

走出思维定式，从对立统一、量变质变、否定之否定的角度看阴阳两仪、五行生克，并会发现其符合辩证法规律。其中核心规律是对立统一规律，亦称矛盾规律。阴阳五行学说，深刻揭示了一切客观存在（自然界、人类社会和人类思维等）都包含着内在的矛盾性，都是矛盾的统一体。事物内部矛盾是事物发展变化的源泉、动力，推动事物发展。其总模型如图 6－1 所示。易道哲学之阴阳互动规律、相生相克规律，与对立统一规律在本质上具有一致性。例如，中国文化与管理之道与器、破与立、利与害、取与予、方与圆、常与变六对矛盾体，既是对立的又是统一的，广泛应用于政治、经济、军事、文化等领域，经营管理领域同样是对立统一的。所以，这一模型既是古代政商内部的对立统一，也是心和管理理论内含的对立统一。

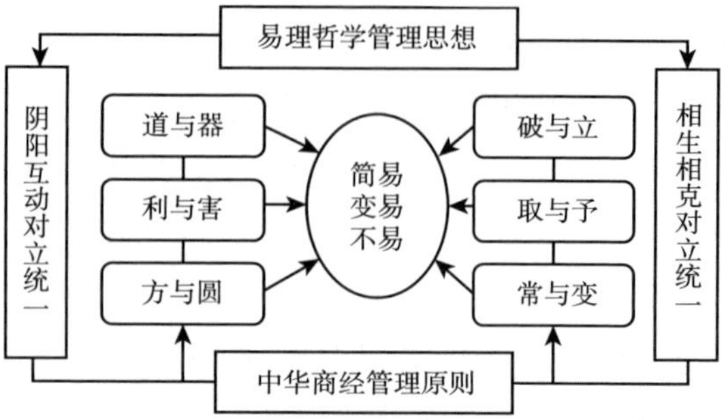

图 6－1　中华商经对立统一模型

一、道器与破立之理性心和

（一）道与器对立统一易理论

道与器的问题，是作为对立统一矛盾体最早被提出来的，《周易·系辞上》有云：“形而上者谓之道，形而下者谓之器。化而裁之谓之变，推而行之谓之通。举而措之天下之民，谓之事业。”这里所提变与通，与后面论述的常与变，有千丝万缕的联系。

依《周易·系辞上》所说之意，道与器中的“道”。是指乾坤的知白守黑定式、阴阳的相和与变易法则，故有“一阴一阳之谓道”之定论。这里的上下只是相对于“形”而言，并非主次之分。辩证讨论的重点，是两者并重并立，还是有先有后；若有先有后，则又应该是何为先何为后。显然，中国以“心”为文化核心，“道”为重是可以理解的，并不影响道与器有先后之别。中国文化基因传承下的中国人，对“道”有至高追求的。所以，中国人凡是正确的路、有德的思想、正面向上的观念都称为“道”，故而有道路、道德、道统、道义、头头是道、志同道合等之说，或者干脆就直截了当称为“得道”“有道”；对不合理、不正确、无德、负面消极的会用无道、旁门左道、离经叛道、惨无人道、道貌岸然、大逆不道等斥之，也就是得道多助、失道寡助，或者就干脆说“失道”“无道”。中国文人追求的修炼，修的就是这“道”。而“器”为有形之物、向外之物。人类要过上好的生活，需要器，只是中国文化从农耕而来，唯一可以超越“农耕”的，是“读”，读书可以知圣道，明道理，更重要的是可以做人上人。而器，最重要的是生活必需品，也就是常规的吃穿住用；其他的“器”，也需要，但不是“耕”解决吃穿那么重要，也没有“读”解决悟道明道那么重要。在中国文化观念中，所有非生存需要、修心需要的

“器”，都不太重要，无非增加一点生活色彩而已，生不带来死不带去，也就可有可无。因此，凡器之从业者往往不被重视，只有农耕与读书才是正道。这就是中国古代对器的认知，也就是中国文化特别注重思想层面的原因所在。

《周易》道器之论后面还有“化而裁之谓之变，推而行之谓之通。举而措之天下之民，谓之事业”的话语。这里“变通”“举措”不可忽略。道与器要能变通，在道指导下“化而裁之”“推而行之”制作成器，将器之妙用发挥极致、然后总结提炼上升之道，这就是变通，就是理论指导实践，实践上升到理论。将这变通之理形成举措施之于天下百姓，这就叫作“事业”。真正的事业是为民服务的，这事业要因事、因地制宜——变通。

从管理视角来看，这种情况似乎陷入另一个非中庸的情况，过分重视“器”而忽略了“道”。这导致无论是在管理理论领域还是在管理实践领域，现实依然问题重重。

《周易·系辞上》还说：“是故阖户谓之坤，辟户谓之干；一阖一辟谓之变，往来不穷谓之通。见乃谓之象，形乃谓之‘器’，制而用之谓之‘法’。利用出入，民咸用之谓之‘神’。”这里是说开门闭户就体现了阴阳变化生息的道理，因为开门迎纳光明疏通气流，为阳为乾，闭户则幽静阴暗空气不流通为阴为坤，乾坤可以是宇宙天理之大道，也可以是开关门户这样的小道。这门户一开一关便是变化，来来往往没有穷尽就是通达，这变通就是不能墨守成规而应变化通顺。一如道与器，不是一成不变，重要的在于变通以后显现出什么样的“象”让人看得到，在于能制作成什么样的“器”让人知其形，而这制造和使用器的理就是“法”。能让老百姓在出入进退之间就都可以利用其原理制造器并有效使用器，这便神了！可见古代圣人是希望用“道”开智、用“器”富民的。重道轻器是对道器关系的错误理解。

（二）破与立重生协和辩证法

道与器既是对立也是统一的，先用“道”武装思想，然后用“法”制造成“器”；再从这制器之术、之法中进一步总结提炼出新的道，更上一层楼。循环往复，这就是“道”不断升华，“器”不断增加的最佳之“法”。那么如何得法使道升器增呢？

这就不得不考虑另一对矛盾体“破与立”。对这一哲学问题，很多人都不陌生，能随口说出“破中有立”“不破不立”的道理。阴阳五行学说里，早就有这一提法，因为阴阳互转离不开这破与立，相生相克离不开这破与立。就是在风水学（建筑方位学）里也常用到这破与立。风水学的核心是“福地福人居”，有德有福之人，风水会随你转好，这叫福人立福地；无德无福之人，风水会随你转坏，这叫坏人破风水。中国人讲“人杰地灵”，说的是地是有灵的，地上万物都是有灵的。福德不够，镇不住好风水，就是破福地；福德够好，风水护佑你，在哪都是立福地。所以，这破与立，前提是是否有德有福去破与立。

显然，破与立的辩证关系问题的思考与讨论，在中国历史上也是十分悠久的。一直争论不清的，就在于想要“立”，就非得要“破”吗，“破”后一定能“立”吗？朝代更替，自然是破了前朝、立了新朝，是破而后立；成果创新，也需要破而后立。然而，文化传承与创新，必须破了原有文化，才能创立新的文化吗？科学创造，也只能破前面才能立出后面吗？显然不是，很多事情不是先破而后立，而是传承而后创新，或在前人肩膀上跃上新高层，属于承而后立、登而后上。何况，“破”后不一定能“立”，如巨鹿之战，项羽破釜沉舟一战成名，成为各路义军的领导人，似乎是破而后立。但从稍稍长远一点看，项羽最终在楚汉之战中自刎乌江，未能真正“立”起来。从古至今，也确有许多“破”后不“立”的事实。

所以，旧“器”旧“法”破之容易，得看有没有福德、有没有本事立起新“器”新“法”。其中的关键节点在于“道”——福德、能力。我们习惯了“破而后立”，显然有重了“破”轻了“立”之嫌。鉴于此，我们在这里强调，两者应该是相辅相成的，正如阴盛则阳衰，阳盛则阴衰，阴阳变动，恰到好处，便是破立之道。所谓的“价格弹性”理论不就是说市场这只看不见的“手”在调节着价格，使之上下波动，“弹”到买卖双方都能接受的合理状态。中国的“中庸之道”，不是简单地位处正中，而是左右变动到一个合理合适的相对居中位置。就如阴阳变动到合理位置而生四象、而生八卦、而生万物。所以，破与立不是简单的“不破不立”“破中有立”，而应该是“不破不立，不立不破；破为破中立，立为立中破”。为了破而破，为了立而立，不是真正意义上的破与立。破与立，是置之死地而后生，是凤凰涅槃，关键是要能重生。破除旧“道”的目的是要能立起新“道”，毁去旧“器”的目的是能重建新“器”。九九归一，不是掉头重来，而是更上一层楼的新起点。所以，先明确“立”，而后才可以“破”。

破，要有道指引，否则就是破坏；立，要能新器生，否则就立不住。同理，破，要破除旧器，否则就成换汤不换药；立，要有道为原则，否则就是无根之木难立住。故“立”是“和”，“破”也是“和”，破立之间，皆为实现“和”之最高境界：“心和”。

（三）道器破立九九归一协和

道与器的讨论，中国文化史上似乎没有停止过，并且在两者之间还加入了“法”、加入了“术”进行讨论，所以就有道与法、道与术的辩证关系的提出，历经数千年。这里重点不是探讨孰是孰非，而是探索这一对立统一的辩证思想带给我们的思考，告诉我们通过矛盾冲突、对立斗争后所能取得的“统一”——心和原理。

道与器的关系，应该是道为先器为后的道器并重，两者之间在一定条件下可以互为变通。可惜几千年来大概是为了统治需要，关注的视角在于“形而上”和“形而下”的抽象性。着眼于心修、德修，将道发扬光大，而忽略了具象的“器”，导致古代社会“重道轻器”思想根深蒂固。从而中国古代未能在“器”之问题上妥善解决，导致虽然中国古代制造业十分发达，却因不是“形而上”而没有在政策、思想、地位、收益上予以与“道”相当的重视。用今天的语言来表述，“器”是经济基础，“道”是上层建筑。经济基础不牢固，上层建筑将是空中楼阁。这是我们今天在道器问题上需要探索、需要解决的，而且改革开放的成果已经让经济基础得到飞跃式发展。故道与器应同样看重，当出现重道轻器，或重器轻道时，就需要“破”之，破而有立，立道先器后、道器并重之准则。

有此道与器、破与立的双和，管理也就有了指导思想和实践途径。中国哲学非常注重实践、看重经验。现代哲学总结出来的“两个飞跃”思想，是从社会实践到理性升华，再由新理论指导实践。从管理学角度说，实践，就是制器造器的物质生产活动，这个活动过程需要一定的理论指导，这就是道指导器。而当在制器的社会实践活动中有了更多的感悟、更多的提炼时，于是又进一步上升到理论层面，修正、充实、发展了“道”，这就是道升的过程。然后这个升华了的“道”又指导着制“器”实践。如此循环往复，实现了“道升”“器增”。如同易理所说的，从0到1，到2到3一直到9，步步升华；然后九九归一，在一个新起点上，再从1开始，进行一个新的从1到9的过程。中国几千年的文化就是这样一个阶段一个阶段、一个层面一个层面的递进上来；同样，中国的制造技艺也是这样一个阶段一个阶段、一个层面一个层面的递进，让中国成为制造大国、智造大国。

如此，道与器得到了统一，破与立也得到了统一。这是中国管理哲学的大智慧就在于此。

二、利害与取予之利益心和

（一）利与害深藏取与予之道

从人性本恶角度说，自私自利是天生的，为了获取利可以损害他人他事他物；从人性本善角度说，保护自己的利益不受损害是正确的。另外，若人性本恶，对有利的一切只取不予，对有害的一切只予不取；若人性本善，对有利的一切既取也予，对有害的一切不予不取。这也就是说，不管是本善论还是本恶论，利与害、取与予的问题是客观存在的。人性避不开利与害、取与予的关系，东方西方都是从古辩到今，虽然表述方式不同，其内涵大同小异。中国文化先人，在无数次实践上升为理论、理论指导实践的过程中，找到一个平衡点：得利者须予，损害者可取。这样，这两对矛盾体，在对立中得到了统一。

然而，随之而来的，不仅仅是数量、质量这些具体的问题，还有得利者既然得利了，愿意予吗，受损受害者甘愿一直受损害吗，取能真正弥补损害吗？更何况，利与害不是截然分开的两个阵营，会集中在具体的个人、集体，甚至民族与国家身上，那么对于个人，怎样取与予；对于组织，如何取与予。一连串的问题，现实给出的答案五花八门，有道无道、讲德不讲德全有，人心无法在这利与害、取与予的关系中协和。数学计算可以让等式两边相等，但无法放人心上天秤平衡、也无法协和，无论怎样精确的计算，无论使用怎样的高级模型，人心难以数值化，只有倾向性、取向性；人心会被“利益”迷失，也不能纯利益化管理。无论愿意与不愿意，无论出身显赫还是平庸，无论位高还是位低，人的一生似乎都是在努力实现趋利避害，这是人之天性。人生在世，永远无法避开利与害、取与予的问题。

不仅是人与人之间，社会中要把利与害、取与予对立的现象统一之，即使在其他所有领域都是一样的。所以老子说“天之道，利而不害。圣人之道，为而不争”（《道德经·右契》）。这里所要告诉我们的道理是，自然的规律是让万事万物都得利、有好处，而不是伤害它们。这样，即便不是自己直接得到利，也会让他人得利，全天下皆如此，何愁自己不得利。圣人的行为准则是做什么事都不跟人争，不争就不会有害，无害便是得利；不争就可以置身事外旁观者清，看透事情本质就知道自己该怎么做最佳，是为利。这就达到了利与害的统一。五行生克原理也说明，克之是为了生之，生之必有克之暗藏，事物就在这生克之间生生不息。参不透这克与生、利与害的关系，便会见利忘义，便会唯利是图，趋了利不一定得利，还避不开害；太在乎蝇头微利，得不着利还可能陷入了危害。事实上，有一利必有一弊，做不到知白守黑，只想得利必会有害。所以要想得利益，先要求得心和。心和则不争，不争则利来。

（二）利害与取予均衡之易理

利与害，取与予看起来矛盾对立，这其中的关窍，却在人之一念间。一念想对了，取利；否则，取害。予他人利，并不会自己取害，完全可能同样也取利，关键在于利与害之间，取与予之间，是否达到了彼此平衡。双向平衡了，对立的也就统一了，人心就相和了，万事就通达了。这就是中国的“均衡理论”，这就是中国的“矛盾对立”，这就是中国的“中庸之道”，这些内涵与其中的道理，远不是数字公式、数据模型可体现的。

倒是在《周易》中，对这一道理有着明晰说明。易第四十一卦是损卦，第四十二卦是益卦。说的就是益与损，也就是利与害的关系，如图 6－2 所示。

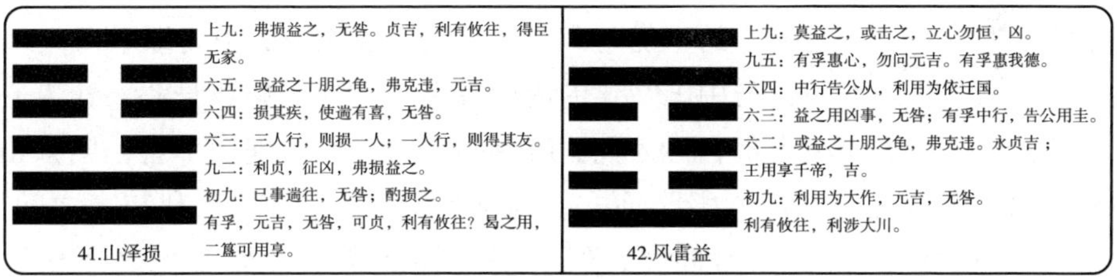

图 6－2　损卦、益卦卦图与爻辞

损卦初九爻说：“已事遄往，无咎；酌损之”，是说停下自己在做的事迅速前去帮助别人，哪怕自己有所减损也没有什么错。这就是中国文化所倡导的，通过修心克制人性之恶，主动辅助别人不用担心自己受损。六三爻进一步剖析人性：“三人行，则损一人；一人行，则得其友”（《周易·损卦》）。三人同行彼此间就会生疑，出现两人背地同谋而损害另一人的情况；一人独行才可以得到真正的朋友。而对于损益的矛盾对立关系，六四爻给出这样的明晰：“损其疾，使遄，有喜，无咎。”减损自己的过错毛病，这不是让人有欢喜的结果吗！不愿助人是一种“疾”，减损这一“疾”，方得美好。所以上九爻说：“弗损益之，无咎，贞吉。利有攸往，得臣无家”（《周易·损卦》）。其意是：（事实上）没有减损，反而从中得益了，无论是己方还是对方。故做人要“贞吉”，只要坚持正道吉祥，一切都能顺利，既能得辅佐者（得臣）帮助，又能让万民归心（无家）。一眼万年卦《周易·损卦·象》曰：“山下有泽，损。君子以惩忿窒欲。”解释其意：高山之下有水泽，（水流走象征）有损。君子者，一方面应该克制见别人得益就愤懑不平，另一方面要抑止自己过强（不想损只想无限止得益）的物欲、贪欲。

益卦也强调让治国者、管理者（拓展之所有人们）有益事多做，损益事划为，提倡“迁善改过”。即如《周易·损卦·象》曰：“风雷，益。君子以见善则迁，有过则改。”益卦卦象显示，风与雷互动互助，（风增雷势、雷增风势，象征都）增益。君子应该看见美好善良的德行就学习（效仿）之，而若有过错就要及时改正。这才是彼此都增益的事。

可见，处理利与害的关系，其实已经在处理取与予的关系；反之亦然。取是获取，予是给予；取是获利，予是失利（或者是给利）。取与予，不是给小恩小惠而获取利，更不是只取不予。只取不予有失天道，天道一失，便再无利可取。解决之道仍在中国的阴阳之道、中庸之道、五行生克之道。阴与阳两仪之间，五行的相生相克之间，在于中不偏，庸不易，保持中正、平和。用现代语文来解释，就是“平衡”，是取与予的平衡，是生意双方的和谐，是人心的平衡与和谐。从这个意义说，中庸即平衡。

中国管理的本质，与中国文化的内核具有一致性：修养身心，让人心洁净善美。中国先祖先贤告诉人们：唯利是图时，便已埋伏下害；明知山有虎偏向虎山行，是奔“害”而去，却又焉知没有“利”！利与害之间，虽然是一对矛盾体，互为冲突，但“祸兮福之所倚，福兮祸之所伏”，“塞翁失马焉知非福”。管理要让人的得失观、利害观、取予观统一。

（三）大商之道更须人心修炼

无论人性的本原是善还是恶，进入社会就会面临利与害、取与予的关系存在，只有提升了人的心灵修养，才能在利与害、取与予的问题上找到一个合适的答案，找到一个自己心安、他人接受的答案。中国文化的优秀，中国管理的文明，在于强调人应该炼心修心。

电视连续剧《一代大商孟洛川》，是一部以中华老字号“瑞蚨祥”创始人孟洛川为原型的古装商战剧，讲述了主人公孟洛川 18 岁起继承祖业“瑞蚨祥”商号，并凭借自己的胆识将其发展成为民族品牌的故事，展现了一代儒商的风范。其中讲到的一些经商的原则和道理非常经典，如以秤（十六两制古称）喻生意、喻人生一段中提道：“这秤上为什么要用十六进位呢，这是老祖上、古圣人给定的。十六进位制十六颗准星，一、二、三、四、五、六、七，这表示北斗七星，告诫人们在用秤时，心中有方向不可贪财迷钱、莫辨是非。一、二、三、四、五、六，这六颗星，表示东南西北上下六方，它告诫大家用秤时要心居中正、不可偏斜。这最后三颗星分别是福、禄、寿，你在给别人秤东西时，你要是亏一两，就是折寿；

亏二两呢，就是少禄；你要是亏了三两那就损福啦！如果你给人家多秤了几两呢，那不就是给自己添寿、加禄、增福嘛！为什么秤上这些星要叫做准星呢？以后给人秤东西时，一定要秤得准。所以说这秤虽小，可以秤人心呐！利益虽高，不取不义之财。”这里，把商场上的“利与害”通过一杆秤分析得十分透彻，这就是中国人的智慧，中国商界的道，中国人孜孜以求人心和谐。因此，剧中人谆谆告诫：“小伙子，要记住：秤东西的时候，不仅仅是在秤东西，还在秤自己的良心，秤自己的道德品行啊！得饶人处且饶人，错的不是秤，而是用秤的人。秤上的学问：这秤杆叫‘权’，这秤砣，叫‘衡’，‘权衡’一词就是打这来的。手拿这杆秤，要懂得权衡之道、用秤之道。你看，这秤上这些小星，叫定盘星，也叫准星。这杆秤上，十六钱等于一两，十六两等于一斤。”

这些道理，是中国老百姓几千年来一直坚守着的。利益为本思想只能影响一时，不可能长久起作用。剧中借助师生教学中的对话，把“取与予”辩证统一的这个道理给说得清清楚楚、明明白白：“生意的目的是‘取利’，但是，有的时候，取利之前，却需要给予，先予而后取，则是大智慧。‘取与予’这个道理是平衡。在经商的过程中，或是日常生活中，如果利益双方得不到平衡，那么就会产生矛盾和冲突，如果矛盾和冲突，得不到合理的解决办法，那么最终，谁的目的都达不到。予，就是合理解决这一矛盾冲突的最好办法。通过这一办法，解决了利益各方之间的平衡，最后达到了取的目的。”最后，从经商的角度总结了一个商人“取与予”之大道：“于己有利而于人无利者，小商也；于己有利而于人亦有利，大商也；于人有利、于己无利者，非商也；损人之利以利己之利者，奸商也。”所以，先予后取，取与予之间要达到彼此平衡，利益平衡了，心也就平衡了，心和目标就达成了。

三、方圆与常变之技法心和

（一）天圆地方内方外圆治理术

方圆的概念，最早依然出自周易中的阴阳学说、八卦演化——在对先天八卦的演化中，得出“天地运行图”，因其形状又称“天圆地方图”。外部环绕的卦象，代表天的运转规律；中间方形排列的卦象，代表地的运转规律。天是主，地是次，天为阳，地为阴——此为两仪。两者相互感应，生成了天地万物，其中人又正好是天地的精华物质所构成，因此被视为天地万物之灵，能够感通万物，最灵者也——此为三才。

所以，中国人“天圆地方”的认识是对“天圆地方图”的直观感觉，如图 6－3 所示①，并不是“天是圆的、地是方的”的简单理解。但的确又与先人对宇宙的抽象认识相吻合：称日月星辰组成的茫茫宇宙为“天”，称山川原野组成的辽阔世界为“地”；天体在周而复始、永无休止地运动，好似一个闭合的圆周无始无终；大地却静悄悄地在那里承载着人世万物，恰如一个方形的物体静止稳定（凡是圆形的物体，都具有好动和不稳定的特点，就像圆圆的日月一般；凡是方形的物体，都具有静止和稳定的特点，就像静静的大地一样）。所以，在中国古代的周易体系里，“方圆”并不局限于几何形状，而是一种哲学抽象：天是圆的，无边无际；地有四方，东西南北。这样就可以理解，为什么从汉代一直流传到清朝的浑天仪是圆形的。中国人从来就没有认为大地是几何意义上的方形。道家的基本观点是：“天圆”心性上要圆融通达；“地方”命事上要严谨条例。

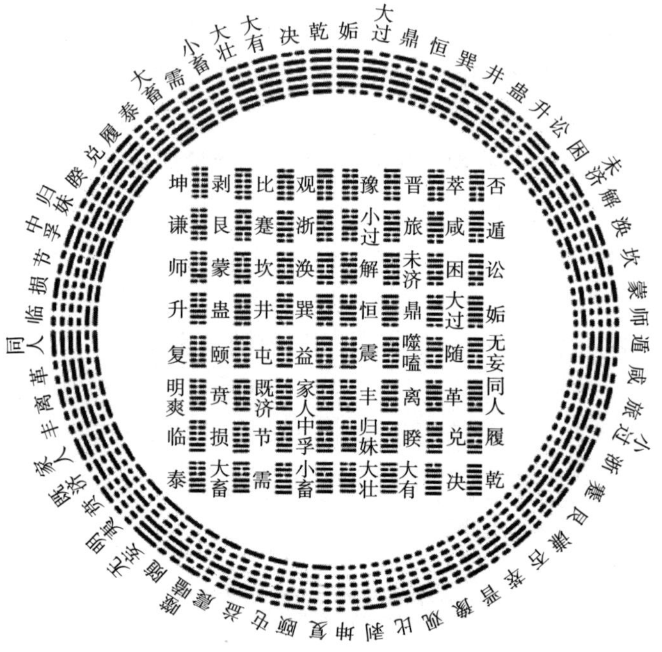

图 6－3　周易六十四卦天方地圆图

这就是基本的哲学意义，由此而将方圆应用在中国社会的方方面面，如建筑上的天圆地方应用、钱币上的天圆地方应用、文化内涵上的天圆地方应用等。

① 由道家修行者陈抟老祖传出。象数学是其重要成就之一，其中《先天图》是其象学代表，《易龙图》是其数学代表。陈抟的象数学对中国文化影响深远。

由“天圆地方”的观念发展到“内方外圆”的观念，再到“内圣外王”观念的提出，体现了中国文化智慧和哲学意义。首先是“天圆地方”，圆为运动，方为静止，动静须相宜；天圆为阳、地方为阴，阴阳须协和。如何相宜、怎样协和，一句名言中国人非常熟悉：“没有规矩，不成方圆”。此语出《孟子·离娄章句上》：“离娄之明、公输子之巧，不以规矩，不能成方圆；师旷之聪，不以六律，不能正五音；尧舜之道，不以仁政，不能平治天下。”即使有离娄那样好的视力、公输子那样好的技巧，如果不用圆规和曲尺，也不能准确地画出方形和圆形；即使有师旷那好的审音力，如果不用六律，也不能校正五音；即使有尧舜的学说，如果不实施仁政，也不能治理好天下。

（二）刚柔合动静宜阴阳协

“方圆”，看似说几何意义，实则以“方圆”体现目标：动静相宜、阴阳协和；要实现这个目标，必须有规矩。由此，方圆的延伸义就出来了。

最常见的就是被称为“孔方兄”的古代钱币①，方孔圆钱的形制正是受天圆地方这一哲学思想观的影响，而从环钱的形制演变而来的，如图6-4所示。这一“内方外圆”的形状，代表着自秦以来的宗法封建社会的统治思想：“外儒内法”。儒重仁政，统治者以仁德的面目行仁政；法讲法制，统治者要加强中央集权，重视刑法和进行社会改革。这两种思想秦汉时彼此糅杂，形成了互补的统治术。方孔圆钱，时刻为统治者施展这一统治之术作提醒。这种统治思想移植到个人身上，就是引入做人的道理。方，就是做人的正气、骨气和品德，坚持原则和独立的个性；圆，就是处世老练，圆通，“温、良、恭、俭、让”。

图6-4 外圆内方古钱币

① 中国古代货币在形制上除贝币外，主要有布、刀、环钱、方孔圆钱四个主要体系。其中方孔圆钱为货币史上最重要的一个体系，其形制被沿用长达两千多年，直到民国的民国通宝才终结其历史使命。

所以方与圆是刚与柔、中庸圆滑与正气品德对立的统一体，是两者完美而又巧妙的结合。“方”为人的内心、气韵、本质，“圆”为处事技巧、方法、手段，决定人生成败的却是品质。方圆之间，天地大道存焉。这里需要清楚的是，其一，“圆”不是圆滑、狡诈，而是一种圆融的处世态度，是一种随机应变的处世哲学。过分方正，不懂变通，不懂屈伸，容易折断。其二，什么事都有个度。“圆”过了头，过于八面玲珑、圆滑透顶，总想让别人吃亏，自己占便宜，必将为人所鄙弃。其三，两点之间直线最短，但有时候为了达到目的，需要迂回行动。因为直养无害，曲能有成；曲直之道，即方圆之道。这就是直中见曲，曲中见直，方中有圆，圆中有方的道理。最高境界就是达到“内圣外王”。

《庄子·天下》云：“是故内圣外王之道，暗而不明，郁而不发，天下之人，各为其所欲焉，以自为方。”“内圣”为人格理想，就是修身养德，要求人做一个有德性的人；“外王”为政治理想，就是齐家、治国、平天下。这一观点虽由庄子提出，但与孔子儒家思想有相通之处，故一直是儒家学者的最高追求。

（三）常变转方圆调对立统一

如前所说，方圆之道在于动静相宜、阴阳协和。只是这“宜”这“和”不常有，一切总在变动变化中，即“常”与“变”在推动着事物发展，发展到一定程度就有了这一阶段的“相宜”“协和”。“常”有恒久、不变、常则、常住的意义，和“静”即静止相通；“变”，为更、改、易、动、化、权（通权达变）等意思，指变易、变化，“变”和“动”，意义相通。常与变，是中国古代哲学中关于法则的恒定性和变化性与执行的原则性和灵活性的命题。对此，《孟子》中的一段对话说得非常透彻：“‘男女授受不亲，礼与?’孟子曰：‘礼也。’曰：‘嫂溺，则援之以手乎?’曰：‘嫂溺不援，是豺狼也。男女授受不亲，礼也。嫂溺，援之以手，权也。’”（《周易·萃卦·象传》）。此中的“权”，即为权变之意。由此可见，严格坚持礼法是原则性，针对实际情况和具体问题而采取灵活对策为“权”（即变）。

《周易》卦爻中也有提到常与变的辩证关系。例如，第四十五卦萃卦《象》说：“泽上于地，萃；君子以除戎器，戒不虞。”萃卦下卦为地，上卦为泽，所以是水集聚而成泽，泽在地上，乃是荟萃之意。君子要明白水聚泽是常态，处地上而再外流淌则是变，所以作为保卫国家的战斗者就须经常清理整治兵器装备，随时戒备以防意外之变。

再如四十六卦升卦的《象》中说：“地中生木，升。君子以慎（顺）

德，积小以成高大。”升卦风下地上，风扬而土地肥沃，大地上自然可生长出树木植物，象征着上升之意。君子应该顺应美德之风让自己的德性上升，人从一点点小的善事做起，积多了小善就能成就崇高伟大的德业。显然，“顺德”是常态，“积小”而有所变，方能得“高大”。

《荀子·解蔽》云：“夫道者，体常而尽变，一隅不足以举之。”意思是说，常与变是对立统一的，体常不变而能穷尽事物之变，事物之变又以体常为体。显然，这常和变与方和圆息息相关。就经商而言，天道以之诚，地道以之信，此为方、为常，不可变；善于审时度势，沟通权变，联系各色人物，调和各种矛盾，明辨祸福利弊。此为圆、为变。所以，《一代大商孟洛川》剧中利用一把尺子这样告诫员工：“这尺子两头，一头是天，一头是地，以天地之道寓意诚信之道，中间还有人伦八德。这样的尺子拿在手里，可以时刻告诫伙计们，如果在给顾客量布的时候短尺少料，那便是在欺天、害地、缺人德！这尺子还有一层意思，就是天诚、地信、人德三者一体，寓意天与地和、地与人和、人与天地和。天地人三和，好境界。所以，我们定制一批这样的尺子，作为瑞蚨祥的法定用尺，发给各分号统一使用。尺上的字虽然是有形的，但是关键在于融汇于行动之中，把这批特制的尺子，发给各分号，一年以后就不在柜台上使用了，而是作为布行的学徒和商务学堂练习量布时使用。柜台上仍然使用无字尺，手上使着无字尺，心中装把有字尺。”

那么，如何圆、怎样变？中国先人的智慧在任何领域都是极为卓越的，以商业为例，陶朱商经明奥理，鬼谷六韬藏玄机。陶朱公《陶朱商经十八法》中的三谋三略，即人谋、事谋、物谋，货略、价略、市略。这三谋、三略，不仅仅是陶朱商经十八法之要义，也是成功商人在商海立于不败之地的经商之法（“技法篇”将详述）。

第四节　大同世界人文追求

从部落到国家出现，人类就一直在探索，建立起一个怎样的社会才是合适的。中国先贤有了“大同世界”的期盼，西方社会则有了《理想国》的梦境，虽然几千年来仍是遥远的念想，但全世界人民都一样，念念不忘，孜孜以求着。人心，总体向着美好。

管理，就是让人心朝着美好的方向努力，这是心和管理学提出的重要意义。

一、柏拉图描述西式理想国

（一）苏格拉底与柏拉图哲学

世界思想史上，有无数莫名的巧合，让人细想下感觉不可思议，却又实实在在地发生着。例如，中国的先圣孔子描述了一个人人贤德、天下为公的美好蓝图“大同世界”，西方柏拉图构画了一个乌托邦式的理想政治社会《理想国》。孔子在世的时间是公元前551年至前479年，柏拉图在世的时间大约在公元前427年至前347年。也就是说，孔子在《礼记·礼运》中记载“大同世界”的时候，柏拉图甚至他的老师苏格拉底（前469至前399年）都还没有出生。孔子去世10年后苏格拉底出生了、孔子去世约半个世纪后柏拉图出生了。很显然，2500多年前的文化交流大约还没能让古代中国与古代希腊有交集，他们的哲学思想体系里却不约而同地有着世界大同的理想国之设想，不能不说是人类思想文化的一个奇迹。

研究比较还可以发现，虽然由于政治、经济、文化环境等的不同，“世界大同”和“理想国”描述的内涵也千差万别，也被人一同评价为“乌托邦”（Utopia）。但这几位人类思想的先驱者，对社会形成、国家构成都有着执着的观念：都追求以善为德，以和为贵。追求人善心和，这就是人类心中深藏着的对“国家”的期望、理解和追求。虽然乌托邦（Utopia）和世外桃源都只是一种空想。“大同世界”的最高观念是“和”，具备仁爱、德和、均匀、无乱四个条件；“理想国”的最高观念是“善”，具备智慧、勇敢、自制、正义四种德性。

苏格拉底与孔子一样，既是哲学家又是教育家，但都没有留下自己的著作。但他们又不一样，苏格拉底的道德善、智慧真思想，人们是从他的两个弟子柏拉图和色诺芬的记载中探索的，这两人记载的有关苏格拉底的内容很不一样，有很多是互相矛盾甚至是冲突的；因而后人很难确定柏拉图和色诺芬的记载，到底是苏格拉底的思想还是记载人的思想。而孔子不一样，他虽没留下自己的著作，但弟子及再传的弟子，把孔子与其亲授弟子的言行语录和思想记录下来，整理编成《论语》一书，是孔子本人的思想及弟子接受孔子教育后的理解和感悟；而且作为中国历史上第一位教育家，其修订了《诗》《书》《礼》《乐》《易》《春秋》六书，也展示出孔子的思想倾向。因此，研究孔子学说是有案可据的。说得更直白一点，苏格拉底的思想，有存疑处；孔子思想有完整的体系和文字记录，实打实而无争议。

（二）柏拉图理想国管理体系

柏拉图的《理想国》，是以苏格拉底与他人对话的形式表述出来的。也就是借助苏格拉底之口表述出柏拉图设想的“理想国”。显然，柏拉图的授业恩师是苏格拉底，书中以苏格拉底与人对话方式表述，应该只是一种写作方式，也许有苏格拉底教导或影响的成分在里面，但《理想国》设计的哲学王治理国家及国家形态，应该是柏拉图哲学思想的体现。

学界认为柏拉图的“理想国”是人类历史上最早的乌托邦，这个结论有点西方人自说自话。因为孔子修订《礼》的时候，已经提出了“大同世界”的设想，西学者常常批判孔子的这一思想是空想的乌托邦，却忘记了连柏拉图的老师苏格拉底都是在孔子离世后10年才出生的。那么“理想国”的乌托邦怎么可能比“大同世界”的乌托邦更早！所以，要么不要说“大同世界”是乌托邦，要么承认人类历史上最早的乌托邦是孔子提出来的——虽然中国从没想过要争夺这个“最早”，但历史事实不能歪曲或抹杀。

柏拉图在《理想国》认为，一个好的国家应该具备智慧、勇敢、自制、正义四种德性。前三种德性具备了，也就有了正义，所以这四种德性的关键是正义。“智慧”只有少数人才具有，因为它需要有治理整个国家的知识；“勇敢”的属性归于保卫国家的卫士们；“自制”是国家和谐的一种结果，因为当统治者与被统治者能够和谐一致时，就达到了自制。柏拉图认为智慧是属于哲学家的，哲学家是爱智慧的人，只有热忱于寻求真理的人才是爱智慧的人，他们才是哲学家，那种对任何事情都好奇的人算不得是真正的哲学家，治理国家应该由最高哲学者担当，就是哲学王。他认为哲学王为国王的国家是最理想的国家。

很显然在柏拉图的认知里，所谓智慧等同于哲学，智慧高者就是哲学家；哲学家中水平最高的是哲学王，理想的国家应该是由哲学王来统治和管理。这里的智慧内涵与中国文化智慧的内涵是有区别的，文化背景和文化土壤不同而产生差异，要注意的是不能用西方哲学思想来否定中国智慧；中国有独立的智慧体系，也有独立的哲学体系，两者有交叉但侧重和内涵不同。要清楚的是，“哲学王”由话语权人（掌握政权者）来认定，即“哲学王”治国与“天子”治国没有什么本质的区别，“礼教”治国与“智慧”治国同样都是封建制。

柏拉图根据智慧、勇敢和自我节制这三种品德，把国家分为三个阶层：一是有智慧之德的统治者，即受过严格哲学教育的统治阶层。二是有勇敢之德的卫国者，即保卫国家的武士阶层。这两个阶层可以拥有权力但不可拥有私产。三是有自我节制之德的供养者，即平民阶层，这个阶层可以有私产但不可以有权力。在上者治国有方，在下者不犯上作乱，三个阶层各据其位，各谋其事，就像一个人身体的上中下三个部分，协调一致，就达到了正义，就像一首完美的乐曲那样达到高度和谐。这与中国儒家“三纲五常”思想异曲同工。

（三）柏拉图理想国分析述评

柏拉图心中至善的城邦，是鄙视个人幸福的，却无限地强调城邦整体和他所理解的“正义”。所以，他认为，人的心境应该是平和的，强烈的肉欲会破坏这种平和，而肉欲是兽性的表现、是生物体的本性，作为高级动物的人，应该是人性节制兽性，人与人最美好的、最道德的交流应该是精神交流。这就是后来被称为“柏拉图爱情”的精神恋爱之来源。也正是因为这种观念，在柏拉图眼中，第三阶层的人民没有高智慧，不懂精神交流的美好，是低下的，可以欺骗的。他在《理想国》中赋予了统治者无上的权力，“为了国家利益可以用撒谎来对付敌人或者公民”。这是贵族高人一等的思想，以及等级森严制度的反映。

柏拉图以观念论为其思想核心，认为观念是事物的永恒不变的“范型”，是独立于个别事物和人类意识之外的实体。感性的具体事物只是完善的观念的不完善的“影子”或“摹本”，所以是不真实的。他给观念分了等级，最高的是“善的观念”。他认为观念来自灵魂，灵魂具有一种认识能力，由此提出了《理想国》的另一个重要思想：教育。教育是认识能力掌握正确的方向，促使其从黑暗转向光明，从现象的世界走向真实的世界。于是，《理想国》版图里有了一套理想的教育课程：初级课程为体育和音乐，专业课程为算术、平面几何、立体几何、天文学、哲学等。此外，柏拉图在文艺、美学等方面，也有成套的理论主张。

柏拉图的《理想国》，主要是构建了一个哲学思想体系所主导的城邦国家，设计了一个真、善、美相统一的政体，即可以达到公正的理想国。并没有对国与国之间的关系处理、道德标准、哲学思想有所涉及。这一点老子在《道德经·为下》中却有比较明晰的规划：“大邦者下流，天下之牝，天下之交也。牝常以静胜牡，以静为下。故大邦以下小邦，则取小邦；小邦以下大邦，则取大邦。故或下以取，或下而取。大邦不过欲兼畜人，小邦不过欲入事人。夫两者各得所欲，大者宜为下。”这里非常显明地提出国家之间的互相谦让，大国要像水流到下游处一样让百川交汇，这里应该是如母性之柔的位置。这种女性的柔顺以安静守定胜过男性的强悍。所以大国谦让小国，可以取得小国的信赖；小国对大国能谦让顺和，就可以被大国认可而兼容，大国不要想过于迫切地统治小国，小国也不用过于顺从侍奉大国。大小国家都可以各取所需，但大国应该特别谦让小国。从中可以看出，东西方先贤在许多思想问题上有共通之处，但也各有各的坚持、各有各的思想内涵。

其实，在西方，还有一个更美更和谐的理想国，这就是《圣经》中描绘的伊甸园，上帝为人类准备的美好家园：参天大树林立、鸟语花香遍野，四季常在，各种美味果子包括生命树上的鲜果垂挂满树，鲜花美景中，清澈的活水在生命水的河里源源不断的流淌……亚当、夏娃幸福快乐地生活在其中……这是人类共同渴望的美好的、理想的家园。而在这个理想家园中，我们仍然可以从中读出和平、和顺、和谐、和睦的，天人合一的大同世界的诉求。

《理想国》又译作《国家篇》《共和国》等书名，充分说明西方对国家“共和”思想的认定。这也说明西方与东方的思想先贤们，其终极理想在一定程度上相通。

二、孔子天下为公大同世界

（一）孔子期盼建立大同世界

对一个美好社会、理想家园的期盼，是人类共同的梦想。

传说早在远古大道盛行的时候就是一个和谐美好的社会，这个社会中的治理模式，成为一种美丽的传说，代代相传。孔子十分赞赏这样一个没有私心、没有罪恶，充满慈爱与秩序的理想社会、理想国家，于是便与其弟子一道，把当时这方面材料编纂成《礼》一书，期望能恢复这样完美的大同社会。孔子也开始周游列国，试图说服各国君王施仁政、用仁爱重建这样的美好社会。虽然这理想最终未能实现，但孔子及弟子们努力了，这大同世界的模式在《礼》中保存下来了。

孔子将《礼》作教授弟子的教材，那时文义古奥，孔子的七十子在跟随孔子学习中以作业形式撰写了大量阐发《礼》经义的论文，总称“记”。流传到东汉时，很多篇失传了，戴德的《大戴礼记》和戴圣（戴德侄子）的《小戴礼记》两种选辑本得以传世。《小戴礼记》得郑玄作注而畅行于世，即今人所称的《礼记》。关于建立人与社会公正平等、人人各得其所的以中华和文化为特征的大同社会的内涵，在《礼记·礼运》篇有所记载：“大道之行也，天下为公。选贤与能，讲信修睦，故人不独亲其亲，不独子其子；使老有所终，壮有所用，幼有所长，矜寡孤独废疾者，皆有所养。男有分，女有归。货恶其弃于地也，不必藏于已；力恶其不出于身也，不必为己。是故谋闭而不兴，盗窃乱贼而不作，故外户而不闭，是谓大同。”这就非常清楚地为我们描述了一个人类发展的最高境界——大同世界。

所谓大同，其国家观念就是：理想大道，顺达前行，天下为公，人人平等。

所谓大同，其管理准则就是：诚信和睦，选贤举能，四海之内，皆为亲朋。

所谓大同，其社会规则就是：幼少茁壮成长，青中效力社会，老人乐享天年。

所谓大同，其社会环境就是：鳏夫、寡妇、孤儿、独老、病残之人，皆得善养。男子就业理想，妇女婚配幸福。

在这个大同世界里，形成人人为我、我为人人，各尽所能、各取所需的社会关系；人民都不诈、不贪、不懒。在这个大同世界里，天下无贼，世间绝匪，家家户户路不拾遗夜不闭户。而要实现这样一个大同世界，就需要讲礼仪、施仁政，家国一体；大道行、贤能出，天下为公。所以，民本思想成为中国文人向统治者不断推荐的国策，“《诗经·商颂·玄鸟》云：‘邦畿千里，惟民所止。’”人民所居之处才是邦国，人民是国家存在的根本，民心是社会发展的决定因素。又“《诗》云：‘殷之未丧师，克配上帝；仪监于殷，峻命不易。’道得众则得国，失众则失国”（《诗经·大雅·文王》）。这是说，殷朝没有失去仁义之师之名（即未失民心）时，还是配做天帝之子的（即符合上天旨意）。所以，须以殷朝为鉴，固守天命不被替代。这非常明晰地说明了得民心者得天下的道理。正是这种大同世界的治国观念，中国人一直以德为重、以财为轻，也是中国社会一直以来可以重农、可以重学，但不会重商的政治原因所在。“德者本也，财者末也。外本内末，争民施夺。”① 国家管理者如果把根本的德表现在外做做样子，而内心里却只重钱财的占有，那就一定会与民争夺财富利益，所施手段也会失德，即巧取豪夺、不择手段之类的。这样是永远也不可能创建出一个大同世界的。

（二）大同世界与理想国比较

西方不承认中国孔子提的“大同世界”是乌托邦，是认为《礼》只

---

① 曾参、子思：《大学中庸·治国平天下》（赵春辉编著），内蒙古人民出版社 2009 年版，第 76 页。

是把“大同世界”作为一种思想、观念提出来，具体的国家模式并没有设计。而柏拉图的《理想国》概括和总结了柏拉图前期的哲学思想，在探讨哲学、政治、伦理道德、教育、文艺等等各方面的基础上，建立了一个系统的理想国方案。事实上，这本身也是一种错误的理解，因为在孔子的思想体系里，不仅仅有前面说的大同世界的具体特点、要求和表现形式，更重要的中国文化本来就是有实践经验为范本，才会提出思想、观念的。在孔子的论述中，“大同世界”绝不是一个空想，而是前人真实创建过的。特别是离他们所处的时代（东周）最近的西周，孔子研究历史后认为，那就是个以礼治国的美好的“大同世界”。孔子他们生活的时代（诸侯争霸）天下大乱，礼崩乐坏。正因为如此，诸子才探索恢复秩序、让国家安定的道路与模式。孔子所代表的儒家提出了以“礼”恢复秩序、以“仁”治理国家的方案。孔子的理想是回归礼制，以“礼”规范人们行为而恢复秩序。可见，“礼”远不是礼貌、礼仪、礼节那么简单，而是用于国家治理、社会管理的道德与法律。其本质是人人各安其位，社会秩序井然。

恰恰是儒家所提的礼制、礼教，被近代欲冲破“封建礼教”的人大力批判。其原因是儒家的“礼”认为人有天赋等级，每个人都要按等级与人相处，对待别人，所谓各安其位。而因为人与人之间有这种等级差别，这种“礼”的权利义务就是不对等的，导致人格不平等。古代社会正是根据这一“礼”之要求，从“君君、臣臣、父父、子子”发展到“父慈、子孝，兄良、弟悌，夫义、妇听，长惠、幼顺，君仁、臣忠”五对关系十条守则，要大家谨守，讲究尊卑有序，不能僭越、不能忤逆。而对“封建礼教”批判最凶的，其实不在这十条守则，而在男女不平等，以及官场职场的上下不平等。

不可否认，封建礼教中的特权思想、弱势者单方面的义务、男尊女卑、亲疏有别、专制主义等应该批判，但其礼制并非一无是处。其一，等级差别在柏拉图的《理想国》中也是十分明显的，也就是说，东西方在这一点上是一样的。其二，在五对关系十条守则中，前四对是家庭、家族里的事，符合先“齐家”后“治国”的说法。男女不平等应该不是文化的事，是统治者的事，因为只有有权有势之人才会把女人当作花瓶、玩具，贫穷之家女人可是家里的重要劳动力，理家的主力军；另外，女人不出门社会统治就少了一半阻力，符合统治者利益。其三，东西方社会等级差别本就从没解决过，没有理由指责两千多年前有等级差别。其四，若要剔除或放弃下级服从上级、晚辈遵从长辈的行为法则，就应该有更好、更合理的法则来取代这种管理，西方所谓的“民主”并没能让民做主，没能消除特权、消除等级、消除专制。

此外，"君君、臣臣、父父、子子"的本意，是做君王要有君王的样子，做臣子的要有做臣子的样子，做父亲的要有做父亲的样子，做儿子的要有做儿子的样子。以此理解，这个说法不应该简单批倒批臭了事，从道德层面说，父不慈、子不孝，君不仁、臣不忠才是应该批判的，父慈、子不可不孝，子孝、父不可不慈，君仁、臣不可不忠，臣忠、君不可不仁。在阶级没有取消之前，可以要求男女平等、人的人格平等，但下级服从上级、晚辈遵从长辈这一点仍然是最有效的管理。

（三）几千年世界大同桃源梦

建设大同世界的理想，需要一代又一代的人努力。2000 多年来，这个理想一直没能实现，但仍是一代又一代有识之士追求的理想。且不说《孟子·梁惠王上》所说"老吾老，以及人之老；幼吾幼，以及人之幼"的大同思想，也不说《孟子·尽心下》"民为贵，社稷次之，君为轻"的民本思想，有两个典故很有必要提及，一是"世外桃源"的梦想，二是"太平天国"的理想。

《桃花源记》① 记载："土地平旷，屋舍俨然，有良田美池桑竹之属。阡陌交通，鸡犬相闻。其中往来种作，男女衣着，悉如外人。黄发垂髫，并怡然自乐。"寥寥数语，描绘了一个没有阶级，没有剥削，自食其力，自给自足，和平恬静，人人自得其乐的社会，体现了人们的追求与向往，也反映出人们对现实中无法实现这样的大同世界的不满与反抗。

清朝后期在中国南方爆发的洪秀全领导的农民起义，叫"太平天国"，意图实现"四有二无"的大同理想社会（公有制社会），即有田同耕，有饭同食，有衣同穿，有钱同使；无处不均匀，无人不饱暖。这与康有为在《大同书》中提出要建立一个"人人相亲，人人平等，天下为公"的理想社会，在观念上是相通的。有研究者将太平天国印行的《天条书》中的"十款天条"（十首诗）概括出来，如第一天条诗曰："皇天上帝是真神，朝朝夕拜自超升。天条十款当切记，切勿痴呆昧性真。"概括为"一、崇拜皇上帝"，依此类推，概括出来的结果是："一、崇拜皇上帝；二、不好拜邪神；三、不好妄题皇上帝之名；四、七日礼拜颂拜皇上帝恩德；五、孝顺父母；六、不好杀人；七、不好奸淫乱；八、不好偷窃劫；九、不好讲谎话；十、不好起贪心。"② 这十款天条就是洪秀全们理想之国的内涵。

---

① 东晋陶渊明：《桃花源记》，古诗文网《桃花源记》篇。

② 王敬之：《上帝与中国古人》中国神学出版社，1999 年版。

《天朝田亩制度》作为太平天国解决生产资料与产品分配的革命纲领，体现了农民阶级要求废除旧有封建土地所有制的强烈愿望。取名“天国”，是源于当时的中国籍传教士梁发所写的《劝世良言》，但洪秀全其实对基督教一无所知。他的谋求“太平”的“天国”，名义上是结合西方基督教义，实际上却是中国儒家大同思想、农民平均主义的反映，这些思想都包含在《原道救世歌》《原道觉世训》《原道醒世训》等几本书中。

世外桃源是南柯一梦，太平天国也成一种空想。再加上中国历史、世界历史从没有真正能实现这样的大同世界。因此，很多人认为“大同世界”不切实际，不值一提；对此的研究根本不是学术探索，而是毫无价值的空想、幻想，没有任何实际意义。

其实，这才是最危险的。当人们对实现美好社会、创建理想家园的梦都不想做、不敢做、不会做时，人脑的联想就失去了意义，理想也失去了意义；自然科学领域鼓励幻想、梦想甚至是瞎想，社会科学领域应该也有梦想。“科幻”这一系列，似乎一直停留在自然科学领域，而且一些以前的科幻已成为现实成果，而社会科学领域却极少有“科学幻想”，这种情况值得深思。人类的生存环境、社会关系、政治体制、国家管理等的确存在着许多不确定性，无法像自然科学那样固化假设，但这一切不等于此路不通。何况，对于理想国、对于大同世界，可以把它当作一种远大的理想，朝着这个目标前进过程中可以分阶段进行、逐步迈进，最终实现这个大道之世。做梦都不敢，人类也就失去了希望。

这就是心和管理重提“大同世界”的缘由，而且，心和的目标，正是人类的大同。当中国出现红色管理之后，百年奋斗，中华民族伟大复兴的中国梦，一步步在实现着。

三、心和管理谋命运共同体

（一）弱肉强食式西方民主剖析

东西方哲学先贤、文化圣人、教育大家、影响整个世界的思想家，都不约而同地期望创建出世界大同的理想社会，至少说明人类最终的理想是相通的，那就是人人有德有识，个个敬老爱幼，家家安居乐业，社会融合大同的命运共同体。历经几千年，这一理想仍然没有实现，是因为弱肉强食的生存法则没有得到根本改变。山有高低大小之分，水有洪水涓流之别，这是自然法则。动物界没有思想、没有智慧，强者吃了弱者，这也是自然法则。所以动物界任何一个物种，必须找到保全自己的法门，找不到就得消亡；而存活下来的，就形成了一种生态平衡。然而，动物界的智者——人类，打破了这种生态平衡，自然法则也就被打破了。也就是中国先贤所说的天人合一法则被打破了，人类总在想尽一切办法攫取深藏在海陆空中的资源，也在想尽一切办法让自己变强，然后去掠夺别人的资源。

这种无耻的贪婪，导致矛盾不断、冲突不断、战争不断，谁强谁说话，弱者被打压，人类命运共同体的世界大同成了一种梦幻，一个人类不断追求、现实总难实现的梦幻。

依赖殖民和发战争财的列强，把自己的一切危机转嫁到弱国去，把弱国的一切不择手段地想要据为己有，把自己的思想逻辑强加到别国去。而在自己的国内，将不正当手段获取的财富给国民以高福利，一方面指责别国不讲人权，另一方面用手中的国之重器谋取本国之利。强者，用他自己规定的法则肆无忌惮压制别国政权、人权，压榨别国资源、利益，还要堂而皇之地用自己的话语权欺骗民众、践踏他国主权和生存权。如此狼子野心如何会想到给世界一个大同！已然在手的利益、已然习惯了的特权，怎舍得放弃。

民众的知情权掌握在强者的手中，所谓的民主是让“民”在“我”允许的范围内做“主”；更何况，“我”有话语权、“我”有征服世界的利器，一切便“我”说了算；民主，只是以“民主”的名义让民众按“我”的需要、按“我”的设想去做“主”。所以强国的民众自然按当权者的意志行事。毕竟，强国有实力让本国民众可以俯视弱国和弱国民众。很多人往往会被那些强国民众的所谓“素质”、所谓“教养”所迷惑，认为这样的社会制度是最佳的，却忘记一个事实，自大航海时代开始至今的500来年崛起的列强，哪一个不是靠掠夺别国财富、殖民别国政体发达起来的。也许有人还是会争辩，这些国家也是在自己发达起来有实力后才能去征服世界。那只能说明这样的人不了解真正的世界历史——这些国家基本上是面临海洋的，有的甚至是三面、四面临海，他们在出征海洋之前并不是世界强国，所谓的坚船利炮，中国早在郑和下西洋时代就已经拥有征服海洋的坚船，如果郑和时代到一个地方就插一面中国国旗宣布这是中国的，那还有这些国家什么事！利炮，更是在中国的火药技术传播过去后才发展起来。如果中国发明火药一开始就不是用于开山辟路、和平庆祝，而是应用于制造枪炮入侵他国，那世界会朝着一个怎样的方向发展！再回顾一下大航海出现的地理大发现时期，每到一地的那种血腥镇压、无情掠夺，何其残酷；梳理那时候开始的殖民历史、一些国家的国家诞生与发展史，何其无耻！那时候所谓的工业发达的强国，正是为了向殖民、半殖民国家倾销产品，甚至是倾销毒品而刺激出来工业革命、生产力提升的。

没有当初的掠夺式殖民作为物质基础，没有后来不断的资源和市场掠夺的财富作充实，所谓的发达国家是支撑不住全民的高福利的。强国居高临下制订的世界游戏规则、世界瓜分秩序，是永远也不可能在真正意义上达到世界大同的，他们所传承的文化，也只写着两个字：逐利。因为有了利，才能让自己得益。世界上能够走向大同的文化、能够共建人类命运共同体的管理，只有中国的“心文化”“和文化”、心和管理，别无他途。柏拉图的“理想国”也不行，因为并没有真正意义上的众生平等，仍然是高高在上的一种设计，只不过把主宰世界的人换上一件“有智慧”的外套，把自己塑造成“哲学王”，其实也无“民本”观念。

（二）封建社会人心不足的后果

为什么在有着和文化传统的中国，几千年来也没能再建成大同世界？人心，还是人心问题，与强国思想一样，强人们也没有如老子所说的“谦让”思想，大国不谦让小国，小国也不谦让大国。人人都觉得谦让就是示弱，示弱就是受人欺负。所以强者不谦让弱者，弱者想要改变弱地位，彼此都心比天高，都想成为霸主。人心没有平和，世界无法大同。

人性本善还是人心本恶，几千年来没能争出个结果。于是假设人性本善的从“性本善”角度提出治理国家、统治臣民的方略，假设人性本恶的从“性本恶”角度提出治理国家、统治臣民的方略。无论哪一种都无法真正治理好国家、管理好臣民。所以你方唱罢我登场，各领风骚三五百年。都说自己是承天命，是真龙天子，“普天之下，莫非王土；率土之滨，莫非王臣”（《诗经·小雅·谷风之什·北山》）。把国家、臣民占据为私有财产，到了清朝更甚，除皇室是主子外，余皆奴才。在这种情况下，如何达到“民为本”，怎样实现“和文化”？

显然，有一个人性劣根性阻碍着大同世界的创建：人心不足。《山海经·海内南经》有个人心不足蛇吞象的典故。这里说的“人心”是人的欲望。人的欲望无止境，总是这山望那山高。欲望，既成为人们奋斗拼搏的动力，却也成为人们迷失自我的毒药。人在欲望中奋起，也在欲望中沉沦，不同的人生阶段会萌生不同的欲望，水涨船高。所以，古人早就有告诫：“难得糊涂”，也早就有提醒：“知足常乐”，警示“祸莫大于不知足，咎莫大于欲得，故知足之足，常足矣”（《道德经·知足》）。更有警示“勿以善小而不为，勿以恶小而为之”①。老子的“无为而为、不争之争”、

---

① 这是一代代圣贤学习、研究者综合而成的中国道德观念，后在《三国志·蜀书·先主传》中正式出现。

孔孟的“克己复礼”其实都在说明一点：任何事物都有一个度，现代理论讲就是抛物线的顶点，过了就不行。“有君而为之贰，使师保之，勿使过度。”① 有了国君还要设置辅佐他们的人，让他们去教诲他保护他，以免他做事过分了。怎样才能不过度呢，这就需要建立一个机制，“是故天子有公，诸侯有卿，卿置侧室，大夫有贰宗，士有朋友，庶人、工、商、皂、隶、牧、圉皆有亲昵，经相辅佐也。善则赏之，过则匡之，患则救之，失则革之”② 不仅仅要有公卿大夫辅佐，还要有亲朋好友、各行各业的来帮助他，好的就赞扬，过了就纠正，有难就帮助，有错就革除。这样还不够，还可以用史书、诗歌宣传（即舆论监督），大夫、士庶、商工各色人等规劝、批评（即现实监督）等。可惜，君王们没有按照这样的思路去做，世界大同的人类命运共同体迟迟无法出现。

（三）世界和共建命运共同体

西方列强是一种强者思维，封建社会的“官本位”也是这种强者思维。所谓强者，在有国家之后，不一定是身体强悍者、武力值高强者，主要指拥有国家机器使用权的人，任何个人都无法与国家机器抗衡，当国器私用成为常态，而社会各界对这种现象司空见惯时；当人格被强行分成三六九等，而且等级与官职、财富成正比时，“和文化”便没有容身之地，或者只是要求别人对己和谐，自己可以对别人颐指气使。

在这种情况下，特权出现，而且特权也根据官位、财位分三六九等，更麻烦的是，享受特权的人习惯了这种特权，认为是天经地义。所有既得利益者把持朝纲、控制官场，形成了一张密不透风的特权网，黎民百姓屈居其中，所有规则自然为权者、强者服务，甚至一人得道，鸡犬升天，不要说官员的妻室、公子、小姐，就是官家的家奴，也可对普通大众吆五喝六，大耍威风。世界失去了公正、公平，大同世界自然渐行渐远。从这个角度说，建立人类命运相通的大同世界并不遥远。只是取消特权、取消等级何其难！

心和管理，就是提出人人先修心，心到一切才到，心和一切才和。公器私用、特权林立现象，就是没有很好地心修，或者心修不到家所引起的。而最主要的原因，在于特权者不需要心修——无人可以管得住他，自然没有心修之觉悟。所以，如何“将权力关到笼子里”，这是为政者急需解决的。当一个国家、一个社会、一个组织，人人都心修到以民为本，关注弱势群体到没有强势群体和弱势群体之分时；当民本思想真正落实在国

①② 左丘明：《春秋左传·襄公十四年》，中国戏剧出版社2007年版，第239页。

策（厂策、司策）和细节管理上，让普通民众享受真正的人格平等、公共资源共享时；当天人合一思想变成关注未来、愿意为未来牺牲当前利益作出必要付出时，大同世界便见到曙光了。

当今世界出现两种几乎对立的管理思想、治世观念。一种是霸道政治，我的是我的，你的也是我的，丛林法则弱肉强食，把战火引到有资源、能源的国家，还要用“双标”把自己放在道德或人道主义的制高点，指鹿为马，予取予夺。另一种是王道政治，你的是你的、我的是我的，必要时刻可以支持你帮助你，以协和法则互惠互利，让阳光照射到任何一个地方，在互不干涉内政的基础上，实现天下一家的伟大理想。后者就是中国管理，是中国新时代的红色管理，目的是一起创建人类命运共同体，一起爱护这个地球，一起创造和平、和谐。

古代提出世界大同，而今发展为共建人类命运共同体——世界春暖花开、风和日丽。

图书在版编目（CIP）数据

基于"四个自信"的中国管理理论：人心双和管理：全四卷 / 徐井岗著. -- 北京：中国财政经济出版社，2025. 5

ISBN 978 -7 -5223 -2834 -8

Ⅰ. ①基… Ⅱ. ①徐… Ⅲ. ①管理学－研究－中国 Ⅳ. ①C93

中国国家版本馆 CIP 数据核字（2024）第 047539 号

责任编辑：彭　波　　　　责任校对：胡永立

封面设计：王　颖　　　　责任印制：史大鹏

基于"四个自信"的中国管理理论

——人心双和管理（全四卷）

JIYU "SIGE ZIXIN" DE ZHONGGUO GUANLI LILUN

——RENXIN SHUANGHE GUANLI（QUANSIJUAN）

中国财政经济出版社 出版

URL：http：//www. cfeph. cn

E－mail：cfeph@ cfeph. cn

社址：北京市海淀区阜成路甲 28 号　邮政编码：100142

营销中心电话：010－88191522

天猫网店：中国财政经济出版社旗舰店

网址：https：//zgczjjcbs. tmall. com

涿州汇美亿浓印刷有限公司印刷　各地新华书店经销

成品尺寸：165mm×238mm　16 开　91 印张　1 488 000 字

2025 年 5 月第 1 版　2025 年 5 月河北第 1 次印刷

定价：276. 00 元（全四卷）

ISBN 978－7－5223－2834－8

（图书出现印装问题，本社负责调换，电话：010－88190548）

本社图书质量投诉电话：010－88190744

打击盗版举报热线：010－88191661　QQ：2242791300

国家社会科学基金后期资助项目（21FGLB015）

基于“四个自信”的中国管理理论

——人心双和管理

第二卷　心和管理学理论篇

中国财经出版传媒集团
中国财政经济出版社
·北京·

出版说明

后期资助项目是国家社科基金设立的一类重要项目，旨在鼓励广大社科研究者潜心治学，支持基础研究多出优秀成果。它是经过严格评审，从接近完成的科研成果中遴选立项的。为扩大后期资助项目的影响，更好地推动学术发展，促进成果转化，全国哲学社会科学工作办公室按照“统一设计、统一标识、统一版式、形成系列”的总体要求，组织出版国家社科基金后期资助项目成果。

全国哲学社会科学工作办公室

理论篇·前言

理论，用作动词时，是辩论、讲道理的意思，为了明辨是非。翻译theory一词时，则作为名词使用，表示“人们关于事物知识的理解和论述”。theory是古希腊语，由拉丁语theo-（神）转写而来，theory在西方本意是神派生出来的，“理论”也就是神论的意思。后世将其称为“科学理论”，是指一些人在长期研究和实践检验中形成，在一定范围（国家或世界）、一定领域内具有普适性的知识、道理的论述，如管理学理论。

“现代管理学”所指的管理理论，是“近代所有管理理论的综合”。“近代”一词，就把中国五千年文明积累的国学管理理论给排除在外了。近代管理理论是西方建立起来的，经历了科学管理、人际关系、系统理论及权变理论等阶段。前已论证广袤浩瀚的国学体系里，有中华先圣、先贤、先辈所创造的灿烂的中华文明，有着深厚的管理知识背景、久远的管理理论源头、坚实的管理文化根基和极为丰富的管理实践经验。国学生命力旺盛，不断汲取中华母乳的营养、天地万物的营养、外来吸收的营养，保留住中国管理。

所以，只需掀开国学一角，便有源源不断的丰富内涵和文化营养。本篇以“心”为核，以洗心、炼心、修心为手段，以让世人心静、心洁、心美为要义，以修身养性管理为本，形成人心管理理论；以“和”为贵，以太和、中和、仁和为手段，以让人心和平、和畅、和顺为要义，以协和天下管理为本，形成双和管理理论。两者结合构成了心灵升华、天下为公人心双和管理理论（心和管理理论）。百年红色历程创立了中国特色红色管理理论，伟大理想是凝聚人心和天下，建设人类命运共同体；组织管理的目标是协和关联各方，在内外共同努力下建立起组织命运共同体，实现组织的合理合法目标。心和管理学理论独具中国特色，指心和管理理论内涵体系、心法体系、识才体系、人才体系、管理体系、伦理体系六大体系。

中华学问与西方学术，各有各的起源和切入点，各有各的内涵体系和研究方法，各有各的文化特点、理论范畴。形象点说，像人脑与电脑，各有优势也各有短板。电脑的工具价值，代替了人类大量的繁重劳动，并且改变了人类的工作和生活方式；但电脑是由人脑设计的，人脑可以使用电脑，电脑只有固定的程序、系统，比较客观，却取代不了人脑的灵活性、心理的变通性。人脑的思维能力，在中国文化意义里就是人心思维。西方管理如电脑一样规范、理性和工具化；中国管理则是人脑（人心）的梳理、疏通和规矩化。

中国管理更强调“心和管理”，故有心法体系。从蛮荒走向文明的重要标志，是人类先有心灵思考，而人心思维法则是文明化过程中一点点清晰的。中华心法是治国法则，管仲心法是心术白心；孔门心法，是儒学发展的心学秘诀。电脑有强大的计算能力但计算不了人心，有大容量但内存限定，不像人脑那样有无限可能。西方制定的管理法则往往是外在的，中华心法才是从内而外的管理法则。易学五行识人管理体系，把附加的玄学成分剔除，看相、算命、解签便是综合各方面信息后的一种推理性预测。阴阳五行八卦理论都可形成中国式识人理论，这里重点是应用五行生克原理构建五行性格分析，由此也创建了易学五行人才管理体系，涉及对人才的识别、培育、选拔、使用和留住。西方“大棒加胡萝卜”理论，“大棒”是惩罚，手段是扣奖金、扣工资、扣工作机会或成长机会；“胡萝卜”是奖励，给予资金、奖品、职位或机会等，最终把所有人引向一个目标：利益。久而久之，社会衡量的价值核心只有一个字、一样东西：钱。中国文化有通俗说法：“百年育人”，“任人唯贤”，“量力而任之，度才而处之”；“留人留心”——人才管理不以“利”诱惑，而要看修心如何、贤德高下、才华对应、心灵认可。中国文化的人才管理智慧，从心始，入心成。

人心协和，归根结蒂是心与心的协和，是乾坤相协、阴阳相和的最高境界。这一体系，应用了易理八卦全息模型，将天与地、水与火、风与雷、山与泽八个自然物象，构建成心和管理理论体系，由此展示出欣赏管理、品性管理、满意管理、感动管理、理解管理、精神管理、情绪管理、心态管理八个重要管理法则，以及由此八大法则引申出凝聚人心、正道人心、获得人心、温暖人心、理顺人心、振奋人心、稳定人心、喜悦人心八个人心管理目标体系，人心和顺、人心和善、人心和平、人心和美、人心和爱、人心和谐、人心和煦、人心和悦八个协和目的体系。为心和管理伦理体系中“三纲八目”之八个条目，四维八德之八大德性，洪范九畴之农用八政等奠定了体系构架、模型内涵。

西方伦理观是利益为先，不太容易与中国人情为先的伦理观相融，更无法与国学中“留取丹心照汗青”“要留清白在人间”的意志相匹配，不能与中国的“苦其心志，劳其筋骨，饿其体肤，空乏其身”之论相提并论，西方文化也难以理解“动心忍性”之境、之妙。所以心和管理学伦理体系，是《黄帝内经》淬心炼体、《老子》明道悟德的天人合一、世界大同；是格物、致知、诚意、正心、修身、齐家、治国、平天下八个条目，是洗心革面、修身养性的自我心和，奉献社会、协和天下的心和；是国之四维、人伦八德的宏大愿景与心灵协和；是洪范九畴的治国平天下之道、农用八政管理方方面面的社会共和、人心双和。

六个体系构成心和管理理论基本内涵。原理明、理论透，国学管理兴，红色春风起。

目　录

第二卷　心和管理学·理论篇

| 第二卷 |

心和管理学·理论篇

心和管理学理论，是从中国国情、文化和思维特性着手，着重突出：其一，心和管理学理论基础具有深刻的国学基因和红色内涵，是彰显中国管理特色、突出中国管理风格、体现中国管理元素的管理学理论。理论基础不再是西方商业文明和古典原子论思维下建立起来的重商主义、古典管理和数学解析式管理，不是西式资本主义管理；而是基于中国农耕文明和元气论思维下建立起来的天人合一、阴阳协调与内涵性心和文化，以及近现代红色管理等，其理论基座是中国的先哲先圣、先贤先辈们历经数千年验证的管理哲学与管理文化、红色思想与红色理论，是基于中国特色的社会主义管理。其二，心和管理学理论内涵具有鲜明的本土人文传统。这是建立在中国职场系统、中国社会环境和中国人文诉求基础上的理论，其管理重点，并不停留在“物本”层面，不以所谓的“数学模型”“经济变量”“管理工程”为重点，而是以人为主要对象，以人的心理反应、心灵需求、心态表现为重点，从关注人的思想变动角度来提升财、物、流程、信息等的管理。其三，心和管理学理论体系具有典型的人心双和特色，重在表现人的思想梳理、人的言行协和，以人心顺畅而达工作自愿为前提，管理重心在彼此人心认同，管理目的在彼此双向协和，管理目标在于达到天地四方共谐、人心相通双和。双向心和，世间皆和；彼此心好，一切皆好。

西方管理学有数学化、精细化的一面，但重商、重物、重利导致了人心失和、社会失调，且无解决办法。心和管理学建立在中国本土文化基础上，谋思想尚红、人心归和、社会协调，也重视发展经济、创造财富。同时吸收世界上一切优秀文化——文明因多样而交流，因交流而互鉴，因互鉴而发展，发展中，中华国学、本土管理之核心不变。

第七章　心和管理学内涵界定

心和管理学理论的创建，经历了探索本土管理文化→创立人心管理理论→建设双和管理思想→建构人心双和管理理论→融合心和管理理论等阶段，在此基础上确定为中国本土的《心和管理学》。人心管理理论是中国修心文明之“心文化”基础上建立起来的管理原理、理论创新；双和管理思想是中国协和天下以和为贵“和文化”基础上建立起来的管理思想、目标体系，最后归结为家国天下“家文化”基础上的心和管理学理论和体系。

文明古国，只有中华文明无断层传承下来，一定有其合理性和屹立不倒的必然缘由。关注人心、探索人心，在廓清人心本原、本质、本性前提下追求协和天下，是中华文明创造的管理文化，其本质是获得人心、协和各方；中华文明追求符合人性需求、适合社会关系稳定和谐的讲人情、重脸面的社会体系，这种社会体系造就了血亲化“宗祠体系”、伦理化“组织系统”、道义化“人际关系”；中国管理是满足这样的人性需求、保障这样的社会关系的伦理道德和法统规则。有封建统治者曲解、违背过这样的观念，也有社会大变革时期出现过一些管理不当的问题，但都是暂时的，中国有自己纠错的利器——中国文化、中华文明。社会发展本就是试验中求证、摸索中发现、曲折中前行的，越是历史悠长就越是文化丰茂、文明深厚；修心文明、协和文化积淀了中国式人文诉求，证明一切有效的治理都是人心彼此协和的管理。人心不和，管理无效、事难成。文明根本在于修人心、谋事和。中国共产党百年红色历程，是自纠功能拨乱反正完成第一个百年重任，开启第二个百年的伟大征程。

具有中国元素、中国特色、中国符号的“人心”“双和”“管理”等概念及其内容需要明晰，“负阴抱阳冲气为和”“刚柔相摩八卦相荡”等管理思想需要界定与阐析，本章通过对中国管理基础知识、基本理论和哲学文化的整理、比较、取舍、汇总，提炼出中国本土管理内涵、思想体系和学科要义，形成心和管理学基础理论。

第一节　心和管理学心和内涵

人类从蛮荒走向文明，是从意识的觉醒开始的。没有意识的觉醒也就没有对自然的认知，在认知自然的过程中，学会用肢体动作加简单的语言声音表达愿望、要求和感觉，这是“人心”思考并表述出来的原始状态。动物有本能的亲疏，心理情感是天生的自然存在，灵长类动物开始懂得使用工具，进行互相交流，思维在这样的过程一点点成熟；对一般现象作出解释、把无法解释的现象神化或鬼怪化——文化出现了。能思想，并能把思想表达出来，情感升华、智力增长，人类有了文化意义上的“人心”——人脑思维及成果。

“人心”有了认识世界的欲望、有了改造世界的愿望、有了比食物更高更广阔的追求，文明就出现了。文明最重要的标志，不是人类对地球资源的利用和攫取，而是对“心”有了引导、有了制约、有了规范。为了生存，动物的本能是赶走一切争食者甚至于消灭一切争食者——本能的弱肉强食。文明发展到相对高级阶段，西方文化遵从弱肉强食的丛林法则，中国文化称弱肉强食为原始野蛮而强调修身养性，强调对“心欲”的克制、忍让、约束，让人类有道有德，进而诞生极重要“隐忍文化”。这种隐忍特性构成了中国人丰富的内心世界和表现特点，成为管理所重点关注的，并在关注中创造了修心文明。

一、心的意义及管理内涵

心和，主谓结构。“心”是人心，主语，主动者；“和”是协和，谓语，行为者。“心和”本义是主客双方彼此人心协和，即通过管理，让与己方相关联的各方中的任何一方，都能实现彼此的人心协和，或者说达到人心相通双向皆和。当通过努力让社会各界的主动者与每一与己的关联方都达成彼此双和时，也就实现了“共和”，这是管理的最高境界。对个人来说，人心和，则一呼百应；人心和，则事业可成。对组织来说，人心和，则内有凝聚力而无往不胜，外有公信力而天地广阔。对国家来说，人心和，天下归服；人心和，民众幸福；人心和，国泰民安。所以，管理，从“心”开始；管理，到“和”大成。

（一）修心文明心的文化意义

汉语的“心”既有生理意义，也有文化意义。生理上的“心”，汉语用双音词“心脏”表示，与英语“heart”同义。文化意义上的“心”是有思维的、有倾向的、有智慧的，但又不等同于“头脑”，不是英语中的“cerebrum”，也不完全等同于 mind、spirit、或 soul（心智、精神、灵魂）中的某个词语。因为这些词语只能表达“心”的某方面文化意义，而不是全部内涵。“心”在国学文化中是人之意识、思维、思想及倾向；“人心”在佛意中是禅意，是禅心说法，与“道心”相对，道心越胜，人心越善，道业越深；反之，亦然。

总结起来，“心”的文化意义既表达出人的感情、智慧、觉悟、境界等，也表示出人的心地，主要指善良的心地，即“良心”“良知”等，还表示人们共同的意愿、感情。

中国人用食指指着自己的脑袋说：“做事，要靠这个”，与用拇指、用拳头顶着胸口或用掌拍着胸口说同样的话，意义是完全不一样的；母语为汉语的人一听就明白，前者是说做事要靠智谋，后者是说做事要凭良心。英文“conscience”只表现出“良心、德心”意义，没有智慧谋略意义。一个人指着自己的脑袋、心口说“痛”，意义也截然不同：指着脑袋说“痛”十有八九是生理上的头痛；指着心口说“痛”十有八九是心理上的心痛，即涉及情感上的心痛。当然也有倒过来的个别现象，头痛是心理上的，指烦躁、烦闷、烦恼、烦心；心痛是生理上的，指心脏出问题了。确定是哪一种情况就要看具体语境了。但是当用“心病”一词时，一定是指文化意义上的，是指某件一直没能解决或某一件窝心的事堵在心中。

汉语词句“人心所向”“得人心者得天下”里面的“人心”，是一个词，或是一个词组，表达的是民意，或者指人的情感、愿望等意思，这方面意义英文可以用“the will of the people”；而“popular feeling”“public feeling”，则一般指民众、公众的主观感受方面的意义。“the mind”是“头脑”的意思，有理智、精神、意见、智力、记忆力等意思，也有专心于、照料、注意等意义。再如当人们说“你就把心放肚子里吧”，汉语语系的人一听就懂，让非汉语语系的人会嘀咕，心脏不放肚子里放哪儿，这需要说吗？

总而言之，“人心”在中国是一种文化意义（儒学意义），包含的内容相当丰富，任何一个英文单词或词组，都很难表现出“人心”的全部意义。建议翻译“人心”“心和”等词语时，用拼音，然后给予专门说明，或加注其国学文化相关的意义。

“心和管理”中的“心”与传统文化一致的是心愿、心思、心情等意，管理上有仁心、忠心、良心、民心等意。而所谓修心，则是修出一颗爱心、真心、道心，也要修出热心、尽心、诚心，世界上很多国家不理解中国文化中的“隐忍”，不懂中国人的含蓄、内敛，也无法全面把握良知、仁心的内涵，因为西方文化立足于鼓励个性释放、追求欲望。

仁心，不仅仅是仁者之心，还包括儒家所倡导的忠恕之心、义利之心。《论语》有云：“夫子之道，忠恕而已也”（《论语·里仁》）。这“忠”是尽心竭力、无私忠诚，是指一个人在自己内心中一种真诚地对人对事的态度，以及由此去诚实地为他人谋事、做事的行为，是规范人与人之间相互关系的范畴，是一种深入心灵的道德规范。“忠”是一方面，《论语》说“君使臣以礼，臣事君以忠”（《论语·八佾》），如何实现“忠”，《论语》提到“临之以庄，则敬；孝慈，则忠；举善而教不能，则劝”（《论语·为政》）。孔子对这个问题的回答非常重要，如果能孝顺父母，慈爱幼小，民众就会对你忠心而且会竭尽全力了。然而后人往往忽略这一点，只强调了下对上的“忠心”，不说明孝道与慈爱是其重要前提。而且更重要的是，“己所不欲，勿施于人”，《中庸·不远》也说“施诸己而不愿，亦无施于人”。道德规范不能只是规范别人，更重要的是要规范自己。

《论语·雍也》说：“何事于仁？必也圣乎！尧舜其犹病诸。夫仁者，己欲立而立人，己欲达而达人。能近取譬，可谓仁之方也。”这是儒学中“仁心”的另一个方面：“心恕”，朱熹在四书集注之《中庸章句》中提出：“尽己之心为忠，推己及人为恕。”推己及人、设身处地地将心比心，这就是“心恕”。儒家把“忠恕”作为“仁”的核心、“和”的内涵。

在“义”与“利”的关系上，儒学将“义”置于“利”之上，孔子说：“君子喻于义，小人喻于利”（《论语·里仁》）。这显然是提倡“以义制利”。孟子也有相似的论述，他对梁惠王说：“王亦曰仁义而已矣，何必曰利”（《孟子·梁惠王上》）。孔孟都是主张义利对立，尚义排利，甚至很多时候只论“仁”和“义”，提都不提“利”。这就形成了中西方在商业文化之核心内容上的差异：西方商业社会以“功利”为核心，中国农耕社会以“仁义”为核心。“心文化”，内涵极丰富。

（二）管理九经心的怀柔正义

正因为“仁心”，所以谋协和，而不单纯求利。“利”当然需要，却是“礼以行义，义以生利，利以丰民，政之大节也。”① 这是中国管理文化“以义生利”观点。生死关头，生死事小，取义事大，《孟子·告子上》说：“鱼，我所欲也；熊掌，亦我所欲也，二者不可得兼，舍鱼而取

① 左丘明：《左传·成公二年》，古诗文网《左传》篇。

熊掌者也。生，亦我所欲也；义，亦我所欲也。二者不可得兼，舍生而取义者也。”这既是中国社会道德深入人心的思想原因，也是区别于西方哲学的一个重要方面。

以仁为本的仁心管理，包含着“忠”与“义”。把心放在正中谓“忠”，存心居中，正直不偏，是谓“忠心”。《忠经·天地神明章第一》云：“天之所覆，地之所载，人之所覆，莫大乎忠。忠者，中也，至公无私。天无私，四时行；地无私，万物生；人无私，大亨贞。忠也者，一其心之谓也”①。一言以概之，天下至德，莫大乎忠。汉语词条解释说“忠”，是人对天地、真理、信仰、职守、国家及他人等都至公无私，始终如一，尽心竭力地负责完成份内义务的美德，原因即在于此。“义”，繁体字为“義”，会意字。从我，从羊；“我”是兵器，又表示仪仗；“羊”表示祭祀品。所以“義”的本义：正义，与“忠”的“正德”之意相应。可见，心和管理之“心”，有忠心、有仁义，是为正德，所谓“仁心取义”。

管理角度解读的“心”，还有比词义、文化义更大更广泛的意义，如治理理想、政治倾向、经济意义等。《中庸》说：“凡为天下国家有九经。曰：修身也、尊贤也、亲亲也、敬大臣也、体群臣也、子庶民也、来百工也、柔远人也、怀诸侯也”（《大学中庸·中庸·问政》）。这是说管理国家有九条经典的纲领，翻译成现代语言就是修养自身、尊重贤人、亲爱亲人、尊敬大臣、体恤群臣、爱护百姓、招纳百工、优待远客、安抚诸侯等。

这些经典纲领全都涉及心和管理，故将之称为“管理九经”，都是获得人心、理出心和的重要方法。第一经“修身”，心为导、身为行，要修养身心，博学于文是修身重要途径，择善而从、约之以礼是修身重要之法，归根结蒂是要达到陶冶情操、慷慨意志，以至于心修到一定境界，如此，养身也自然而成了。“修身”这一经是后面八经（八项具体管理方法与内容）的基础，这个基础稳固扎实，对贤、亲、臣、民也就做到了尊敬、亲爱、体恤，就可以招徕到技艺高超的百工，且让他们真心诚意贡献力量和才华；对远客、诸侯也达到了怀柔，他们心中就肯归附，就愿意各安其位，实际上也就管理达成管理目标，如此，国家安也。

显然，“管理九经”皆面向人的管理，重心都直指人心。如果说尊贤、亲亲是社会风气管理，那么敬大臣、体群臣、子庶民、来百工就是对人的

---

① 马融著《忠经·天地神明章第一》，夕阳晚晴网·孝行天下。马融（公元 79 年至 166 年），字季长。扶风茂陵（今陕西兴平东北）人。东汉著名经学家，东汉名将马援的从孙。

管理，包括人才管理与民众管理，而柔远人、怀诸侯既是礼仪大邦的文化，也是外交政策的体现。总之，国学管理是把“治国”与“齐家”放在同等重要位置，无论是社会风气管理还是国家管理、人才管理、民众管理，基础都是家庭管理、家族管理，家中尊老爱幼、尊贤尚学，家族成员之间“亲亲”，体恤一切家族成员，同时与社会各界保持良好关系。这些原理都可应用在管理之中。

比较东西方管理，“管理九经”极具中国特色，以“柔远人”“怀诸侯”为例，这里的“柔”是“安”的意思，以中华上国之礼让远方来客心安，这里的“怀”是指“来”，有归向、依恋之意，也有包容、心存思念的意思，让诸侯从内心愿意归顺我朝。所以，怀柔成为国学中极其重要的管理、治理方法，“朝聘以时，厚往而薄来。所以怀诸侯也”（《大学中庸·中庸·问政》）。怀柔管理方法，西方管理一般不会选用，因为觉得太柔软、太不够血性了。欧洲人在地理大发现后，每到一岛、一地，都是将其列为本国殖民地，通过武装占领、烧杀抢掠，疯狂攫取各种能源、原料，并把自己制造的商品甚至毒品，强行高价推销给殖民地。而中国人一方面是“柔远人”，对周边国家、对各诸侯国采取来时欢迎、去时欢送，优待远客、广洒德馨；对来朝见聘问的，皆用丰厚的赠礼来回馈对方菲薄的进贡。虽然在政治上以“我为主”，但在礼仪上却是一种平等交换、互通有无、礼尚往来。这体现了中国人在义利问题上的“以义制利”之道。这在那个时代的外族人几乎是无法理解的。当然，现代西方的政治管理中也学会中国的怀柔之策，努力用政治手段笼络其他民族和国家，使他们归附。

古代中国还把怀柔管理方法应用到与世界各国的外交上，彰显了中华上国的文明风貌。从这种中国式怀柔管理，可以理解历代统治选择儒家文化管理的原因。儒，柔也。当然，管理不会一种方法到底，怀柔是重要方法，但文明只对文明、怀柔只对正道，对一切歪门邪道者，无须怀柔，而须镇压。有怀柔的温暖手掌，也有捍卫正道的铁拳。

（三）郑和远洋传播德馨道义

从文明管理视角探索，汉唐德昭四方，宋明远洋海外，撒播的是德馨（道德文明）和物质文明、科技文明。明朝郑和七下西洋，到过30多个国家，最远曾达东非、红海和美洲；更有说法称郑和最早发现美洲、澳洲、南极洲。郑和下西洋创举在公元1405～1430年，比西方大航海要早半个世纪到一个多世纪，堪称“大航海时代”的先驱。

西方较早远洋的是瓦斯科·达·伽马（葡萄牙语 Vasco da Gama），他

1497 年 7 月 8 日出发，经过加那利群岛，绕过好望角，途经莫桑比克等地，于 1498 年 5 月 20 日到达印度西南部卡利卡特；克里斯托弗·哥伦布（Christopher Columbus）是在 1492 年到 1502 年在西班牙国王资助下四次横渡大西洋，到达了美洲大陆；斐迪南·麦哲伦（西班牙语 Fernando de Magallanes）是在公元 1519 ~ 1521 年率领船队完成环航地球；詹姆斯·库克，FRS，RN（James Cook）在 1768 ~ 1771 年第一次探索太平洋时发现澳洲。

两相比较显示出中华上国的和谐文明与西方的凶残与野蛮了。郑和到过那么多地方，只宣扬大明德馨，不但没有抢夺各地财富，反而带去大量中国珍贵物品、技术等华夏文明，帮助对方发展——这是中国怀柔政策、怀柔管理法在外交上的应用。

达·伽马第二次抵达印度把该国埃米尔（阿拉伯语音译：意为掌权者）扣押，威胁埃米尔臣服葡萄牙国王并进贡。在坎纳诺尔附近海面上，达·伽马捕俘了一艘阿拉伯商船，一名葡萄牙目击者叙述："……在持续了长时间的战斗之后，司令以残暴和最无人性的手段烧毁了那只船，烧死了船上所有的人（内有几百名乘客，包括妇女儿童）"（引自"名人简历"）。

委内瑞拉前总统查韦斯呼吁拉丁美洲人不要庆祝"哥伦布日"，称哥伦布 1492 年的地理大发现带给印第安人的是长达 150 年的"种族屠杀"。查韦斯在加拉加斯的美洲大陆印第安人代表大会上说："克里斯托弗·哥伦布是人类历史上最大的侵略与种族灭绝的先锋"（引自"名人简历"）。

麦哲伦环球航海时一路的烧杀抢掠，詹姆斯·库克的疯狂殖民，皆是历史事实。

他们的大航海、大发现"事迹"掩饰了他们的残暴，但不能改变的事实是：一个郑和，代表了东方大国对世界的和谐愿望，实现了柔远人、怀诸侯的管理之道；厚往薄来，体现了华夏民族的宽容与厚待客人的大国胸怀。而一群欧洲的冒险家，却把亚、美、澳、非四大洲变成了欧洲列强予取予求的殖民地，代表了西方的"强权管理"。西方这种管理思想，引起了至今也无法解决"以利诱惑"带来的管理问题。丛林法则强者为王，私欲不加制约，就会人人直奔利益，派发邪恶。西方人的无情、谋利，中国人无法理解、无法接受；中国人的隐忍、内敛，西方人很难理解、无法认同。无情、谋利文化助长了人本性中的贪婪，将无节制淋漓尽致得表现出来，剥离了人性中的情感因素，以无情到过度的法规来维持社会管理。

中国隐忍、内敛文化为彼此双和，展现文明本色；除非忍无可忍、退无可退。自古至今中国每当陷入绝境时，一定会有脊梁式的人物出现、一定会上下一心突破绝境走向胜利，这也是中华文脉永远不断、中国永远不会消亡的道理所在。战争，从来就不是大中华的首选，更不会是唯一手段，但谁胆敢挑衅国家尊严、民族尊严，那就灭了，毫不犹豫、干净利落、摧枯拉朽地灭了。人类协和，需要有保卫的力量。

那些所谓的发达国家，如果没有从世界各地掳掠来的财富兜底以保障国民的高福利，或者哪怕只是降低一些福利，民众就很难认同他们的政府，也很难保持国内稳定。历史证明，以“利”聚集起来的，面临绝境时就成一盘散沙；只有心聚、心齐、心正才能永恒。

中国企业管理须凝聚员工人心、国家管理须凝聚民众人心……人心齐泰山移，人心顺一切顺。人心，是一切管理所要争取、所要梳理、所要疏通的关键。

二、和的意义及管理内涵

（一）隐忍文化之和的礼让义

中国农耕社会，谋求天和、地和、人和，天人合一，彼此双协。反映在治国上是天下一家、世界大同的理想，反映在社会中是“和为贵”。发展到今天，这种“和文化”谋的是人和、单位和、社会和、国家和、自然和，天下和。从这个角度说，农耕文明创造了协和文明，诞生了协和文化。“和”，成为中国特色、中国元素的文化，是礼乐文化的发展。

中国的隐忍文化是周易坤卦内涵的体现，是厚德载物内涵的展示，是宽厚的胸怀、柔顺的脾性、合作的情怀的综合。柔不是简单地软，而是柔中有韧劲；顺不是一味地弱，而是顺而谋协和；柔顺不等于软弱，而是隐忍中辨明方向、积蓄力量，柔顺中看清本质、锤炼韧性；内敛不是怕事，含蓄不是没有主见，而是中国智慧的象征。隐忍，不是怯懦，不是奴颜婢膝、不会数典忘祖，只是为了“和”作出适当妥协、让步甚至牺牲。毛泽东在调查中国农民、中国国情后就说过：“哪里有压迫，哪里就有反抗”，而且“星星之火，可以燎原”。并不是像有些人说的中国农民奴性十足。毛泽东等领导革命事业获得成功的重要一方面就是发动农民，采用“农村包围城市”战略，走的是人和、家和、社会和，人民起来当家作主之路。

中国就是这样一个充满着“和文化”的美好国度。几千年来，无论是修身、齐家，还是治国、邦交，中国人从内心里奉行着“和”的价值观。“和”成为一个极其吉祥的文字，脱口而出的与“和”有关的词，多不胜数，如和暖、和顺、和睦、和婉、和悦、和风、和谐、和煦、和熙、和善、和畅、和美、祥和、暖和、平和、柔和、温和、饱和、醇和、和蔼可亲、和颜悦色、和气致祥、和睦相处、和衷共济、和平共处、家和万事兴……“和”，作为一种文化现象，几乎如长城、京剧、文房四宝、太极文化那样，是具有鲜明特征的中国元素。“和”的最高境界是心灵之和，心和是本质，人心达到和，管理便到位。

“和”，在汉语里是最常见的字，不仅发音多样化，词性多样化，字义也多样化。这里重点不作发音的考证，或词性意义的说明，而是从国学角度作文化意义上的探索，因为心和管理学对“和”本然意义的理解与“心”一样，主要是文化层面的。

“和”字最初是“龢（音 hé）”字，原始意义是一种古乐器，属于编管吹奏乐器，小笙的前身。《尔雅》云：“大笙谓之巢，小者谓之和。”①“龢”的构成，为“龠 + 禾 = 龢”，“龠”（音 yuè）象形，是用嘴吹管的形态，“禾”从声，如图 7 – 1 左图所示。随着历史演变，字的写法发生了多种变化，最后定型为“和”，如图 7 – 1 右图所示。

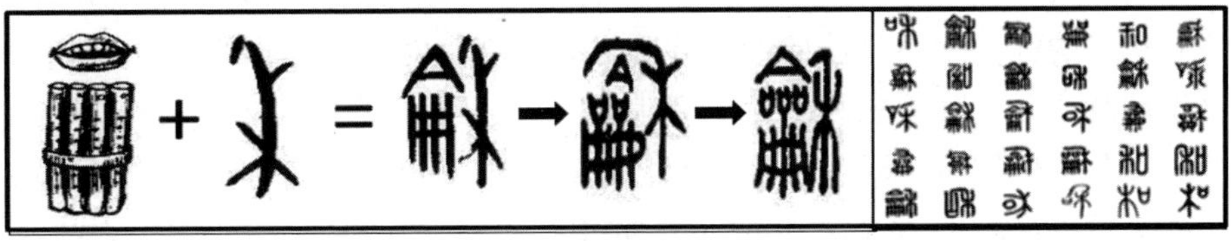

图 7 – 1 “和”的起源与演变

从“和”字的起源说明，“和”的本意是音乐的和谐、协调。“协”的繁体字是“協”，代表着多人“同心合力、多人一起演奏出美好音乐”的意思，故字的本义为“和睦融洽地共同合作”。用双音词时就将“和”“协”两个字合用，谓之“协和”——协和者，协同合作而达到“和”；其“和”之意，就把国家之和平、社会之和谐、家族之和睦，天地之祥和、万物之中和、万事之醇和都包含在里面。周时实行礼乐制度，其中宫廷音乐最为突出的，注重礼乐教化，就用“和”表达音乐的韵律和谐之意，并由此来表达政治上的和谐——国泰民安，管理上的和睦——协调合作。因而“和”所表达的文化意义，是极为丰富的，如平稳、和缓，协调、均衡，和解、媾和等，在社会学、哲学、美学等领域广泛使用。

---

① 《尔雅 · 释乐》，古诗文网《尔雅》篇。

"心和"本意是"管理活动双方让彼此的内心协和"，是管理方（主）与被管理方（客）的双向相和，即人心双和管理。这是中国管理的独特概念，也是隐忍文化中的礼让表现。

（二）协和文化之和的管理义

心和管理首先是自我管理，组织管理的要义也是引导大家实现自我管理。自我管理是通过自己的"慎独""内视"，以及格物致知、正意诚心、修身齐家的洗心、养心、炼心，达到外在表现与内心思想相和、谐和、和睦、和衷共济。组织通过管理行为，使组织内部、组织与组织、组织与社会各界之间，达到内心的相和、谐和、和睦、和衷共济的一种状态。社团如此、社区如此、企业如此、机关如此，各国家、地区和国际组织如此，国家与国家之间亦如此。由"和文化"而生"和管理"——西方很难在观念上认同。

例如，中国人讲"家和万事兴"，涉及国学文化中的"孝道"，中国人认为很正常，这是作为一个情感交往社会的必然，是亲情之和的重要体现；西方人不重在"孝道"，而重"人性"，父母儿女之间有亲情是人性，他们建立的社会关系是彼此的个体独立。西方人对儿女是尽义务，到达法定年龄就让儿女独立出去；对老人也是义务，可以管也可以不管。中国人也尽义务，但同时更讲究亲情，而且这种亲情不仅仅是真心流露，还要得到社会的承认。西方老人不帮儿女带小孩，孩子成年后不给孩子安排出路；同样老人也不依赖儿女赡养、照顾。中国人若是这样做，会不被社会认可，会被人指指点点。这是文化差异带来的结果。中国社会对说话不经大脑、办事按性子来的都被认定为不成熟、没修养；而西方社会对这种情况会认可，因为他们认为每个人都有选择生活方式的自由。西方语言里不太会出现"孝顺""修身养性"一类的文字。如果有，也是汉语翻译后形成的，如"Cultivate one's morality raises a gender"，不然将"raises a gender"翻译成汉语试试。"孝顺"也一样，即使翻译成"Filial piety"，也只能译出有尽孝之心，不能译出"孝而有顺"的"顺"意。国学的"和"有着深厚情感因素在里面，西方人如果也讲"和"，是完全理性的。

中国"和文化"与"心文化"融合在一起，中国的"和管理"也与"心管理"融合在一起——争取人心的目标是人心相和，行王道施仁政，以获取民众的认同、理解和支持。所以"和"在中国能够成为一种执政方式："共和"。西周周厉王暴虐，国人起义，厉王出逃，由大臣召穆公、周定公共同执政（公元前 841 年，另有一说是公元前 842 年），号共和，直至周宣王执政前（公元前828年），约14年。这是中国历史有确切纪年的开始①，也称为共和元年。但事实上，还有一次共和执政，是在西周之前、夏末商初的伊尹，他辅佐商初五代君主，在辅佐商汤长孙太甲时，曾将太甲置于桐宫（成汤墓地），自己与诸大臣代为执政，史称共和执政。区别在于这次执政是后人将其称为共和的，而穆公、周定公时是直接号“共和”的。

公元前509年，西方出现了罗马共和国，词义源自拉丁文 res publica，意思是“人民的公共事务”，翻译汉语时采用“共和”。可见，“共和”在东西方都是指执政方式。但西方更多地表现“公民公务”之意，中国则更确切地说是表示“共同维护和平、和平共处”之意。这也无可争议地展示出中西方在“和”问题上的文化差异。中国，全称是“中华人民共和国”，“共和”内涵就是共同和平，表现形式是人民代表大会制度。

这就是说，在中国，“共和”的原始本意是召公、周公二者共同代理执政，逐渐演变为共同和平、相约和谐之意。作为执政方式，作为在国体上的标志而表现出“共和”意义。但管理若直奔“共和”，显然不切实际，那是终极目标。心和管理理论提“双和”概念，是管理达成的双向协和，与己相关的各关联方中，一方一方的协和，全部协和方成共和。所以“双和”不是执政方式，而是管理方式，即“管理活动双方彼此协和（谐和）”，是管理要达成的目标。共和的“和”侧重于和平，双和的“和”侧重于和谐、协和。

（三）双和管理之和的哲学义

心和管理理论所提的“双和”，其文化意义在创办“双和经济管理研究所”所设计的商标（logo）中有详细说明。双和研究所对该商标的文化意义作注册申请（注册证第7899422号），如图7－2所示。

图7－2 “双和”商标

商标中间的字母“SH”，是“双和”拼音的首字母；其中“S”形状是太极图的中间线，代表着“太极生两仪”；而“H”是两个人相向而立，也表示阴阳的意义。这意味着“双和”就是阴阳协和的意义，一个事物两个方面的协和，一个方面与另一个方面协和的意思，无论是人还是物，或是事，皆为双向协和。和者，万事顺，事业皆成。

---

① 共和的由来，有两说：其一，因厉王出奔后召公、周公二相共同执政。《史记·周本纪》：“召公、周公二相行政，号曰‘共和’。”其二，因由共伯和代理政事。《汉书·古今人表》“共伯和”唐颜师古注：“共，国名也；伯，爵也；和，共伯之名也。共，音恭。而‘迁史’以为周召二公行政，号曰共和，无所据也。”

商标中的“S”，是用“人心双和”的前三个字“人”“心”“双”的变体组成（横向读）；“H”是由正反两个“和”字构成（古体“和”字）。“S”之“人”在上，“心”在中，“双”在下，代表着就人而言，“心”居中正，双方合作为基础，“人”能步步向上而成功；而且“心”在双方心中，心中有“和”才有真正意义上的“双和”。“和”也不是静止不变的，而是处在变动之中，如同阴阳二气相荡，有时候阴盛阳衰、有时候阳盛阴衰，在变动中趋向协和。管理，就是在不断的努力之中，努力协和，就是国学管理要义。

“H”作为“和”的首拼字母，其图像意义是两个人在和谐快乐地劳动着，既寓意“双和”——双方彼此和衷共济、和平共处之意，也寓意“协和”——大家一起协作劳动、和谐相处之意；两个人如同两支禾苗共同茁壮成长，中间的“口”表示言语沟通、心意相通，也可以表示共同的劳动成果共同享有，还可以表示彼此携手、和美共进。也就是说，这个“和”字里面包含国学中许多方面的字义、词义、文化义、象征义、引申义。显然，这个商标非常典型地展示了中国“和文化”的内涵，也揭示了“双和”的中国意义。

“和”在心和管理理论中指“双和”，有其文化意义和管理意义。“和”是一种思想、一种文化、一种国情、一种期盼、一种追求、一种理想；“和”是一种信念、一种使命、一种美丽。彼此协和为“双和”，是一种管理、一种治理、一种中国本土的真情；是一种基因、一种国魂、一种中国本土的风情；是一种境界，一种升华，一种中国本土的豪情。

中华文化的“和”，中国管理的“和”，体现了中国哲学的理想境界，包含着团结协调、和平相安、争端平息的意义，并非简单的一团和气。“和”既体现了顺应大众人心、谋求天下和平的中国思想文化，又渗透着几千年来内谐外交、待人接物的原则与智慧；既表露出彼此谅解、求同存异的宽广胸怀，又展现了雅正和平、开通豁达的含蕴深厚而含蓄委婉的精神。

《周易·咸卦·彖传》云：“天地感而万物化生，圣人感人心而天下和平”。万物能够化生出来，是因为天地交相感应；天下能够和平昌顺，是因为圣人感化人心。这是“心和”观念最早可见的文献记载。怎样才能达到这种“心和”理想？就在于“天地感”“圣人感”。天地交相感应就是管理要遵循自然规律、符合天道地德。圣人感化人心就是管理要用圣人之道感化人心、感动人心，《周易·系辞下传》说：“天志之大德曰生，圣人之大宝曰住。何以守位曰仁。何以聚人曰财。理财正辞，禁民为非曰义”。天地最伟大的德行就是让万物生生不息，圣人最伟大的宝物在于使大位稳如泰山。国家管理用“仁”（仁德、仁心、仁爱），凝聚人心用“心”（诚心、真心、用心）。管理好国家财物，端正好人心言行，禁止民众为非作歹，这就是“义”（道义、仁义、情义）。这就是中国式的心和管理。

“和”的管理，需要管理者“吉凶与民同患”（《周易·系辞上传》），方能顺乎天时、应乎民心而得和。“和”的管理，需要管理者“刑罚清而民服”（《周易·豫卦·彖传》），便是执法如山，公正严明而有和。“和”的管理，需要管理者“天地革而四时成，汤武革命，顺乎天而应乎人，革之时大矣哉”（《周易·革卦·彖传》），才有真正意义上的天下和平。

简而言之，“和”的管理，不是一团和气，更不是简单求和，而是治国之圣者（从管理角度看就是管理）能够与民同甘苦、共患难以凝聚人心，管理能够公正廉明、百姓心服，能够顺天应民地进行革命、进行改革，从而谋得心和、获得人心，得人心者得天下。

三、心和意义及管理内涵

（一）人心管理修心谋万事和

管理，从人的管理角度说，一定有管理方和被管理方、主动方和被动方。“双和管理”的基本意义就是管理活动的双方彼此双向协和。任何一个组织（单位），都会与自己相关联的社会组织和个人形成管理关系，管理者的责任就是让本组织与一切相关联的各方，逐一形成彼此之间良好的和谐的关系。所以，“和”的管理意义，就是谋求彼此双向协和，包括与己和、与人和、与社会和、与自然和等方面的双向协和。

管理，从事的管理角度说，必须明白一个基本常识，有人而有事，人是一切事的主宰。任何管理若是被“事”牵着走，一定意味着管理错了，事儿出问题了。是人生事，自然是人管事、理事，“人”才是让事情朝着美好的、预期的方向走的决定性因素。忽略了人的因素也就意味着事的不成功，管理把着眼点只放在事上必然是管理偏向了。心和管理的关键还是在“人”，还是在“人心”，人心和才有万事和。人与事的双和，是解决事情的本质。

管理，从物的管理角度说，“物”自身不存在管理问题，所涉及的关系方一定是人与物的关系。而在人与物的关系中，人是主动方，物是被动方，物被管理的好坏，全在人的行为中。而人的行为必然受自己的观念、观点、思想的影响，也就决定了人对物的态度。真正懂得管理的都知道，一切物都不是“死物”，物是有生命的，人对物好，物才会对人好；有人的道德品性，才有物的美好回报。所以“双和”是人与物的协和。

如此，就可以清楚中国管理理论关于“人心管理”与“双和管理”的文化内涵了。

人心管理，“人心”可以管理能够管理吗？“管”不容易，“理”却是必须的。所以，中国文化中的一个核心内容是炼心、修心，洗心、洁心……所谓的修养，就是对人心进行管理，首先是自我管理，然后是引导他人进行自我管理。

“人心”难捉摸，人心难测，为什么人心难以琢磨？因为人心总在不断变动着，内因或外力，任何一点风吹草动都会让人的心思发生变化，有时候变化的速度与强度让自己都觉得不可思议，尤其是反应快、敏感性强和一切“聪明人”，更容易出现这样的情况。管理之管，就是要对人心约束、限制；管理之理，则是对人心疏通、梳理和引导。西方人丛林法则的最高规则是强者为王，然后是尊重个性、自由发挥。中国人道德约束的最高规矩就是走正道，然后是尊重集体、鼓励自强。孰强孰弱，关键在于其适应性，人性的适应性、地域的适应、文化的适应性。西方没有全盘引进中国文化，所以没有文化冲突的现象发生，他们的聪明之处在于只是学习中国文化中对他们有益的、有启示的部分。中国在百年前、百年后都有人提出要“全盘西化”，改革开放时市场理论就出现过全盘引进西方情况，但水土不服也很快显现：让人们自由致富的时候，缺失了道德约束，后果严重。

至于社会上私欲膨胀、贪污成风现象，是权力失控带来的恶果，不是文化导引的结果。国学一直都有自我修养的内容，权力若得到有效的监督，个人若能加强修身养性、重视慎独，从管理上把好关，这些问题并不是不能解决。解决不了，不是文化问题，甚至也不是人心修养问题，而是既得利益者想不想愿不愿改变的问题。文化的话语权很重要，但永远敌不过权力的话语权。这就回到老问题，权力者选择怎样的文化、想有怎样的人心支持。

心，是人都有。把心导向阴还是导向阳，引向恶还是引向善，不同的宇宙观、不同的自然观、不同的伦理观，在管理上有不同的选择。中华文明、国学文化对“心”的解读，是元气论宇宙观下、导引的是善恶交战后趋向真善美，是明道守德。所以，中国管理讲究以道育人、以德服人，以心动人、以和容人。这不是软弱，更不是奴性，是中国的道义管理、中国的德化管理，也是中国的强盛之道、中国的“和服天下”。

只有中国的“心”的观念，才能真正解决大变革时期出现的人心变异、人心失落、底线突破、道德败坏等引起的一系列管理问题。才能真正解决西方管理学一直无法解决的“术”“器”发展后，即“科学技术”及“科技成果”发展后人心冷漠、人心唯利而导致的社会问题、组织问题乃至国家问题的困扰，才不至于出现智能机器人取代人类的假设与恐慌。

因此，管理解决的是人心修养得文明、聚拢人心得民意的问题，修心方能谋万事。

（二）双和管理协和得亿万心

双和管理，首先要明白国学中的含蓄、内敛，只是手段，不是目的。不懂国学，是根本无法理解中国人的隐忍是为了“和”，一切过程中的隐匿、退让、谦逊，不是怕事、不是无能，只是不想惹事，所以中国文化摒弃张牙舞爪，杜绝恃强凌弱。

当隐忍成为一种文化现象时，以非国学文化为根基的外人就会误认为是一种软弱，是好欺负的表现，就会一而再、再而三地嚣张猖狂、咄咄逼人。然而无论是国家大事、民族尊严还是组织行为、个人小事，历史已经证明，直到最后才发现对中国、中国人狂妄者，都是踢到钢板上，损害不了中国、中国人、中华民族，自己却踢断了腿。五千年的中国至今屹立在世界东方，而且越来越伟大，充分说明了中国追求和平、崇尚和谐观念的力量之强大。心和，是心中有和；谋和，是不惹事，但不怕事。国家治理，是为了和，组织管理，是为了和。从心里认可的和，是利益各方的双和，彼此的协和，才有最终的共赢。这就是双和管理。

首先，双和是与自己和。这是心和管理的根本，自己都不能管理好自己，自己的外在表现与内心观念都不能相协相和，也就不必谈与外人、外单位的相协相和了。人的焦躁、矛盾、痛苦，人的心理失衡、欲望过强及其他极端念头或表现，都是自己的人与心不能相协相和的结果。这些与己不和的心理和行为，如果是偶尔出现，还不至于失常，如果长期如此，一定是霉运当头照——这是符合现代心理学原理的。即使能够在过程中获得一些利益，也不过是昙花一现，其利或名，始终不可能真正意义上属于自己，只是临时保管而已。改变这一切的，只有让自己的内心放平、让自己的行为温和下来，让自己的言与行双和、灵与肉双和；实现的途径，就是修养——淬炼自己、提升修养。修养重在修道养德，有道德有涵养之人，才是德位相配，也才能让自己的内在与外在双和，即人与心双和。

因为如此，所以国学讲究内视，讲究慎独，讲究心灵修养。心净容天下！

其次，双和是与他人和。这是心和管理的基础，通过管理，让与自己有交集的人实现双和，即人与人之间的双和。任何组织、单位或团体，事实上都由具体的人来运行的，所以，与他人“和”，包括单位与单位、单位与内部人、单位与外部人，以及单位里的人与人、与单位、与外单位的人的“和”。所以，当一个人代表着单位与他人发生相关的联系后，就不是自己个人的事，不能由着自己的性子来，而必须是从谋求协和的角度争取彼此双和共赢。天马行空、独往独来在管理领域是不现实的，任何自在都是在没有涉及别人情况下的自在，没有涉及单位利益情况下的自在；更何况，即使想要任性而为，没有足够强的心理定力、没有足够强的实力支撑、没有足够强的背景支持，天马行空只能是一种幻想。

现实中，一个人如果有少量内心相和之人，便是芸芸众生中的普通一员，会有几个合得来的人往来，但难以有大成就，因为没有过硬的人脉、没有发展的关系网络，只能平平淡淡过一生。如果有较多内心相和之人，便是人们眼中的“好人”“能人”，用西方理论来解释，就是有较高情商的人，但还不足以成就大事业。如果有很多很多内心相和的人，各行各界、各层各方都有，那便隐隐具有领袖的潜质，具有一呼百应的基础，不鸣则已，一鸣惊人，不飞则已，一飞冲天。故将相和，天下平。如果人人都能内心相和，那便是成佛成仙之人，非凡人也！如果与己和属于心修、属于自我管理，那么与他人和，则属于目前管理工作的重中之重了，即组织管理。而这恰恰是令人担忧的，因为管理首先而且重点应该是让受管理者能够达到“自己与自己和”，这既是“心修”，也是一切管理之本。友不在多，真心就行。这是区别酒肉朋友、相识朋友、一般朋友、好朋友与知交好友的“试剂”。中西方管理的比较，只要看职场同事之间是一种什么样的关系，就可以分辨得八九不离十。

有此为本，才能使组织管理达到人与人相协相和。协和万众随！

再次，双和是与社会和。这是心和管理的职场意义、社会意义。如果人际之间相和仅仅是个人能量在个人修为上的表现，那么与社会和，就是个人能量与社会各方能量相交产生新的更大能量，从而逐步达到事业巅峰的关键。与社会和，第一方面是与自己所在的组织相和，在组织中，如鱼得水游刃有余，反之则一事无成；第二方面是代表组织与组织各关联方相和，在组织壮大的同时自己也水涨船高；第三方面是站在一定高度后，与社会各界相和，这便是事业成功的基石。管理的重要意义之一就是让组织境界升华、让管理者思想升华，真正懂得一家单位不可能独立存在，是社会的一分子，无论是私营企业还是政府机构，当以一个“组织”的名义出现时，就是参与到社会中来了，不可能也不应该独立于社会之外，而要与社会各界尤其是与本组织直接发生联系的其他社会组织，达到彼此的双向协和。这是单位的使命，也是管理的职能。组织管理的核心点，在于把组织看作是当权者的私有，还是社会的一分子。无论一家企业的股份如何分配，它是一家社会组织这一点不可变。

所以，人心双和管理就是要达到本方与关联各方共同和谐、和润、和美。与社会和的管理，便是社会管理的内涵了。社会，本就是由人与人、人与组织、组织与组织等构成的。

最后，双和是与自然和。这是人心双和管理的极高境界，是天时、地利、人和的集中表现，是中国传统文化追求的至高境界：天人合一。如果与社会和是一个企业管理者的社会责任，那么与自然和则是一个企业管理者的天道。天道阴阳，阴阳协和，万事万物万理皆可协和。如此，才有真正意义上的海纳百川，有容乃大。

大国谋和，追求世界大同、共建人类命运共同体，所谓协和中得亿万人心！

（三）管人理心之中有道德心

心和管理，重在达到人与自己、人与人之间，人与社会各方之间，人与自然之间的心灵之和。这时候的管理是心灵的升华，而不再是制度的约束。只是应懂得，形成管理理论都需要与本土、本民族之人文内涵接轨，脱离了这一点，相当于无根之木、无源之水。也就是说，人文环境是管理理论建立的土之壤、水之源，是管理实践的树之根、光之源。

中国自己的管理理论，诞生于中华大地，自然应该有中华本土的人文背景。所以，心和管理中的“管理”，并不局限在“Management”所要表达的意义，而是国学环境下的“管理”。为此，这里特别界定中国本土的“管理”的意义，以区别于现有西学界定的概念。

其一，管理是自我管理。管理就是要管住自己的言行，理清自己的心灵。管理他人的基本途径是促使他人实现自我管理，每个人自己的外在与内心相和，个人与他人双和。这就是说，管理，首先是自我管理，然后是引导他人自我管理。自我管理做到了，便是一个有道德的人；引导别人做到了自我管理，则是一个优秀的管理者。这就彻底颠覆了西方管理“我的就是我的，你的也是我的”的强权模式，导入了心灵梳理、自我修养的心和内涵。

其二，管理是“管”与“理”的结合。“管”是用法律法规、制度章程的“管”，“理”是清理疏通、整理修理的“理”。“管”和“理”都是一种观念，也是一类方法。“管”是前提、是基础，是“理”得以顺利进行的保障；“理”是目标，是结果，是“管”得以价值体现的保证。“管”将律法、规章落到实处，是“硬”的一面；“理”用文化、道义疏通思想，是“软”的一面。中国人吃软不吃硬（这一点应该全世界共同，只是中国儒家文化与这一特点更适应也就显得更显明），三分管七分理，理为重点以达致中和。

结合“心和”内涵，心和管理，就是管人理心、管德理道。从国家与社会视角看，法律负责“管”，道德负责“理”；而从组织管理视角看，规章制度负责“管”，道德（包括企业文化）负责“理”。“理”的任务，让人的言行不逾矩，符合德性要求；“理”的任务，让人的内心够敞亮，修行道性素养。“管”需要法律规章的同时，也需要方法工具，所以“管”既是一种强制同时也是一种艺术，符合人性的，而“理”的风格则可以多样化，以达成“管”之目标为要；“理”需要炼心修道的同时，也需要水土滋养，所以“理”既是一种教养同时也是一种必然，深入人心的，“管”的风格同样可以多样化，以达成“理”之目标为要。总而言之，心和管理与中国文化、中国思维相融相谐，与中国人骨肉相连、血脉相通的观念和方式，努力对组织内的成员管好其言行，理好其人心，实现彼此的协和。

心和管理的任务是以华夏文化为根、以华夏民族的风格为风格、内涵为内涵，真正体现出具有浓郁中国风的管理理论、管理体系、管理方法，以此作为中国向世界提供的东方古国的管理内涵、管理思想、管理文化，为世界学术作出贡献。周易为中华文化之源、“天下和平”为中国正道思想之宗。所以，心和管理理论以阴阳五行八卦为基础模型，正是体现了“得人心、顺人心”与“和天下、致中和”的人心协和理想，与中国正道文化相吻合。

第二节　心和管理学管理内涵

心和管理秉承国学内涵，在人与人关系上主张和而不同，寻求人与人之间在保持差异的基础上达成内心的统一与表现的和谐；在人与社会的关系上主张公正公平等，寻求建立人人各得其所的大同社会；在人的身心关系上主张加强修养，实现自我身心和谐。

作为一门学科，心和管理学的核心依然是“管理”，只是因为有“心和”的定语，那么管理内涵就倾向于中国本土的“心文化管理”与“和文化管理”。而在阐述这些内涵时，不可避免地与现有的管理理论、学科（即西方管理理论与学科体系）进行一些比较。所有的比较中，都不是为了贬低西学抬高中学，只是用于证明中国管理的本土内涵及其适应性。

一、管理概念起源与界定

（一）考证西语管理及汉译义

这里说的是管理的概念起源，不是管理起源（人类有群体劳动就有了管理）。作为一个概念，目前公开的资料都会显示，这是一个外来的概念，翻开管理学的任何一本教材，明说暗示的都西方引进的，讲的都是西方建设管理学或在西方管理学理论中有过重要贡献的管理大家，如称“科学管理之父”的弗雷德里克·温斯洛·泰勒（1856～1915年）、管理过程学派的创始人亨利·法约尔（1841～1925年）、诺贝尔经济学奖赫伯特·亚历山大·西蒙（1916～2001年），“现代管理学之父”的彼得·德鲁克（1909～2005年）等，都是近现代人物。

中国改革开放以来也广泛运用“管理”一词。在管理学界引进的管理理论都是以上述西方管理学家为代表的著作及理论，中国管理学界，即使一些所谓“权威”的博导、管理界的泰斗，因为他们的背景都是西方管理，几乎一致认定“管理”一词是西方引进的。一些“海归”“洋派”人士，在各种场合管理是不叫“管理”的，而是叫“manage”（动词），或者叫“management”（名词）。一般认为，“manage”，是从意大利文和法文两个词中演变而来的，其本意是训练和驾驭马匹。而据西方管理史学家摩根·威策尔（Morgen Witzel）的研究，“manage”（管理）以及相关联的“manager”（管理者）等词语应该是在16世纪晚期的莎士比亚时代出现的，认为“manage”来源于拉丁语“manus”，字面意思是“手”，但也有“权力”和“权限”的深层含义。研究者还发现，中世纪晚期时意大利词“maneggiare”逐渐取代了原来的“factore”（英语词“factor”，原意是贸易站和生产的地方），成为对主管贸易、制造企业的官员的称呼。法语词“manegerie”在16世纪也开始出现。

这样，摩根·威策尔的结论是，西语关于“管理”的语词出现在16世纪，在相当长时间里泛指对事务的控制和指导（个人事务、集体事务）。17世纪开始，成百上千本出版物的书名里都出现“management”一词了，但那时的意义主要在农业、林业、医疗保建、儿童教育到监狱等领域的管理。这个词应用到商业和金融事务，要到17世纪中期。作为动词，“manage”最初的意思是“去做”和“引起什么被做”。今天西方的管理活动及与之相关的活动——引导、领导、策划、控制、指导、协调等——仍保持了这个词的“引起什么被做”意思。这是西方“manage”一词的起源。据此分析，可以肯定一点的是，词语“manage”或者“management”是西方的，翻译时汉语用原有的“管理”“管理者”词语对应之。

有意思的是，中国最早出版的《辞海》（由私营中华书局创办人陆费逵于1915年发起，首任主编舒新城，1936年正式出版了两大册）以及到1979年上海辞书出版社出版的《辞海》，都没有出现“管理”一词的词条，这好像证明着中国本来是没有“管理”一词的。然而，稍懂翻译常识的人都知道，除了一些专有名词用译音外（如Sofa沙发；偶尔也有音译、意译相结合的，如New Zealand新西兰），意译所用的词一定是本国语系已有的，不可能翻译者从英语“manage”中创造出汉语“管理”一词。也就是说，“管理”“管理者”这样的词，一定不是从西方引进的，而是中国原有的词用于翻译外语。

（二）考证本土管理及古典义

管理是伴随人类社会产生而出现的一种活动。国家出现，国家政务也出现，对国家政务的管理，古代中国不叫“管理”，叫“行政”——行使政务。行使政务职能职权的官员就叫行政长官；鉴于皇家王室辅佐国政的需要，“行使”这个动词也会用“摄”来表示。《史记》中就往往把国家治理的意义用“行政”一词来体现，如“帝太甲既立三年，不明，暴虐，不遵汤法，乱德，於是伊尹放之於桐宫。三年，伊尹摄行政当国，以朝诸侯。①”为教育暴虐乱德的商汤之孙“帝太甲”，将其安置在桐宫，由伊尹“行政当国”。后来的“摄政王”也是一样的道理。事实上孟子就已经用过“行政”一词来表示父母官管理黎民：“为民父母，行政不免于率兽而食人。恶在其为民父母也?”② 发展到后来，除国家政务外，社会事务、组织事务也都可以用“行政”表示。计划经济时期，常用“行政”表示“管理”意义。

这一点在翻译领域中也可以体现出来。如“administrative”，既表示“行政的”，也表示“管理的”。“行政”和“管理”有时候很难截然分开。目前国家事务中，凡政治决策、立法与司法职能之外的政务、事务，统称“行政”，所以国家行使政务的机关就叫“行政机关”，“行政”的

① 司马迁：《史记·十二本纪·殷本纪》，古诗文网。

② 孟子等：《孟子·梁惠王章句上·第四节》，古诗文网。

"行"的行为包括组织、控制、协调、监督等，与"管理"的意义无二。

中国用"中华国学"（简称"国学"）或"中国文化"（本书系这两个概念大体一致）涵盖全部文化与学术内容的。西方近代始尚学科分类，所以1954年，被西方学界尊称为"大师中的大师"的彼得·德鲁克在《管理的实践》一书中提出了"管理学"① 概念。西学东渐传入西方学科分类法。20世纪80年代引进西方管理学，"管理学（Management Science）"一词出现在国人面前，大学里逐渐开设管理学专业，创建管理学学科。管理学细分后，"行政"一词在使用范围上更广了，几乎所有机关、单位、团体中，凡不涉及业务范畴的，都可称"行政"；而在内涵意义上却更窄了，它只涉及办公事务——单位里涉及人、事、物等的琐碎繁杂性事务。而且把"行政"与"管理"连接一起，组成了"行政管理"，指制度事务、办公事务（办公物品、公文文件、档案、会议等）、涉外事务，另外涉及出差、财产设备方面，只负责管理，不负责财务（财务部门），还有就是生活福利、车辆、安全卫生的事务性管理等等。并独立分设《行政管理学》，既有政务性行政管理，也有事务性行政管理。大体与其他各分支学科并立，如在企业领域有工商管理、人力资源管理、营销管理、战略管理等，在公共领域则有与行政管理并立的经济管理、社会管理、城市管理、卫生管理等。

这样细分化后，"行政"无疑等同于"管理"。现在需要清楚的，既然现代大量运用"管理"一词是在改革开放中引进西方管理的开始的，而中国古代（一直到现代）常常用"行政"表示"管理"的意义，那么，是不是"管理"这一概念真的来自西方？

检索中国四库全书，关于"管理"词条最早出自《旧唐书》卷十二："节度刘大使兼知节度，管理度支、营田、观察，押奚、契丹，经略卢龙等军使。"《旧唐书》成书于后晋天福五年（940年）到后晋开运二年（945年）。即使不去考虑《四库全书》以外的中国古籍有没有比《旧唐书》更早使用"管理"一词，也不必考证"管理"一词不会突然冒出来，之前就在使用，仅凭《旧唐书》就能够证明，中国在9世纪时的典籍中已经出现了"管理"一词。比西方考证出来的16世纪早了700多年。更重要的是中国9世纪出现的"管理"，初始意义就是对事务的控制与指导，

---

① 19世纪末20世纪初的西方古典管理理论是探索，第二次世界大战后加剧对管理学的需求，德鲁克提出管理学概念，启蒙了学科建设；20世纪70年代开始，西方用"系统理论"将"行为科学"和"管理科学"统一起来，把人、物和环境结合起来全面考察、系统分析，形成新的管理理论。十多年后，管理学引入国内。

这与现代管理的内涵要义已相当接近。虽然中国古代典籍可能没有密集使用“管理”一词（因为已经有“行政”一词，还有“管辖”“统辖”“治理”“清理”等双音词的使用），但“管理”概念无疑早就在国学中出现。

总结前述考辩与论证，“manage”或者“management”是西方词语演变的结果；而与现代“管理”一词意义接近的概念，全世界最早应用的至少是9世纪时中国的《旧唐书》。所以“管理”源自国学（当然，作为学科建设的所谓《现代管理学》是西方引进的内容为主）。“管理”概念在五代后各个朝代典籍中都有，只是使用频率不太高，这是因为古汉语以单音词为主，管理意义分别用“管”和“理”表达（后面“词义考证”时有详证）；此外，很多时候可以用“行政”等词来替代。但须明晰，“管理”概念在中国自古就有。

（三）本土化管理的中国特色

中国自古就有原创的管理概念及其内涵、思想、实践和应用的方式方法，且有大量经济与管理观念、理论、体系及实践案例。其中，春秋时期的齐国名相管仲，用自己的理论与实践，助齐国登上春秋霸主，以至于有一种观点认为，中国出现“管理”一词，是因为有“管仲理国”。管仲治国理政、经济之论、管理之道、具体方法与实践，后面将专节论述。

从这个角度理解，创建中国管理学，并非无的放矢，更不是没有积淀、没有传承。如若不去创建，在世界上至少是管理学领域依然没有真正的中国声音。而一个大国、强国，管理领域的发声应是首当其冲的，必须有中国本土的管理学。这就要从中国古代典籍、先辈先贤的实践经验中去钩沉、去探索、去发现，进而创建以国学为基础的管理学。目前管理学专著、高校教材里的管理概念、本质、特点、职能，甚至对管理思想史的演变与发展，管理的战略、策略，体系内的分设等，几乎都是西式的。也有些书在管理思想史发展时会加几页中国管理思想史的演进，但管理学具体内容，没有中国历史、没有中国元素、没有中国管理。所以，要厘清“管理”概念起源，探寻中国管理思想、管理理论内涵与管理技法。

任何国家把别国的管理观念、管理思想、管理行为当作正统和主流，意味着放弃自己本色，本身就不符合“管理”本义，更不符合“独立自主、自力更生”的基本原则。西方商业立国基础上发展起来，谋利、以利为核心是从人的自私本性出发的，形成社会风尚、治理方式、行为习俗以及法律规章等，都与之相适应。彼好不一定此好，这是基本常识。西式商业法则应用到农耕立国的中国社会，若是学习、借鉴，题中应有之义，但抛弃自有的、把西方的这一套全盘照搬过来，就不适宜了。中国必须有自己的管理理论。

以“利”为核心冲击以“和”为核心的社会，又没有必要的过滤、汉化，也没有把中国修心文化强化出来，不可避免地冲破了积存在思想深处对欲望的克制、对恣意心态的隐忍，现实冒出的许多问题，如机关里的工作懈怠、企业中的执行力低下，为谋利底线失落、人心变异，一切都向“钱”看等等，都是放弃修心、洗心，一切向“钱”看引起的。有人把此类问题归结为中国人素质低、管理落后，机制呆板、落实不到位等，这不是有意的张冠李戴，也是极其错误的认识。恰恰是不修心不谋和，过分推崇商业文化而形成的管理思想腐蚀了本应该有着道德修养的国人的心灵，才导致让正道人士痛心的问题出现。

西方文化标榜尊崇自然法则，而自然法则的直接体就是丛林法则；丛林法则又与海盗法则无二，其核心都是弱肉强食。所以，西方所谓的骑士精神，会在两个人同时爱上一个女人时，不是如中国文化这样要看女人喜欢谁，而是体现在两个男人的决斗上，败者死，胜者抱得美人归。这从中国文化的角度衡量，不仅仅是幼稚的，还是文明未开化的野蛮。然而从中世纪一直到大航海时代，西方人乐此不疲，并崇拜着。更麻烦的是这种无耻与野蛮“精神”，为西方津津乐道。前面提过大航海时代，西方侵略者每发现一块新大陆、一个海岛，全不管土著居民是谁，插上国旗就宣布是“我”的。不服从，杀；服从了，想杀就杀。你穷、你落后、你打不过我，就没有发言权，你的命运由“我”决定，这就是自然法则。

在这种所谓的没有人性的自然法则下确立的文化，核心是利益计算，形式是屠杀、劫掠、强盗作风显露无疑。于是，很“勇敢”地剥离了含情脉脉的人情关系，把一切都“理直气壮”地视作赤裸裸的金钱关系、利益关系，没有利益什么事都免谈。西方社会的管理，以及与管理相应的所有国家管理机器，包括法律体系都是为了保护这种利益计算关系的合法性，所有制定出来的管理规则都围绕着这一点进行。即使“你”不经同意到“我”家来，“我”可以拿起枪将黑洞洞的枪口对着“你”，法律还保护着，因为你侵犯了我私有财产。

西方文化不言自明的是，在利益面前，道德不值一提。这种管理内涵，在西方人文环境下，也许有它存在的土壤；在西方的法律体系下，也许有它应用的合法性。但把这种文化、这种法则下形成的管理内涵，当作一种放之四海皆准的真理，要全世界都照用，就是强盗逻辑；不加选择、不作汉化，就搬用到中国，更是不适合。

所以，就管理的概念内涵而言，就学科建设而言，中国应有本土的理论阐述。

二、管理词析及文化考证

（一）心和管理管与理的本义

“管理”这一词汇、这一概念，本身就是中国原创的，翻译外文时把这一词语与“manage”对应。这一概念有“manage”的相关意义，但不改变中国“管理”的本质。

同理，建设中国本土管理学，可以吸收西方“Management Science”中优秀的、能相融于中华国文化的有关内容，但不改中国本土管理学的本质，体现的是中国自己的管理特色、管理风格、管理元素。“心和管理”的观念，是纯中国元素的“心文化为内核的管理”及“和文化为内核的管理”，对“管理”的定语是“心和”，因此建立中国本土的《心和管理学》的大方向已然明晰：管理是为了实现彼此之间人心的协和是人心与一切事物的双向协和。

如此，便需要进一步解析清楚“心和管理”中的“管理”意义，界定清楚中国本土的“管理”内涵。这就有必要厘清并充分把握“管理”一词的本原意义。

前面说过，古代汉语习惯单音词，“管理”一词常常是“管”和“理”分别使用。

先说“管”。古代表示“管”的词有：治、统、总、纪、驭、御、乂、制、掌、执、摄、揆等单音词。其中，“统”“总”“纪”三个字，原义都是指由蚕成丝的生产过程。统的繁体字“統”是指从煮过的茧中有头绪地抽出丝，然后再把丝合在一起的过程。“总”的繁体字“總”也是“糸”字旁的，指把所有抽出来的丝聚合在一起。“纪”指缕出头的丝分扎缠束起来。后来都引申为“統領、總領、總統、總攬”等，与现代“管理”的意义大体接近。直接用“管”字的也不少，在古汉语里“管”原是指用竹管制成的吹奏乐器，后来由于古代钥匙像这种乐器，于是便把钥匙称作管。如《左传》提到“郑人使我掌其此门之管”（《左传·僖公三十二年》），就是郑国人让我掌管这个门的钥匙。又由于钥匙是开锁的关键，具有约束性，于是便引申为管理的意思。如《礼记·檀公下》中就有“管库之士”的说法。荀子也说“人君者”就是“管分之枢要也”，即管理分工的关键。他还认为，“不富不厚之不足以管天下”（《荀子·富国》）不让老百姓过上富裕的生活，就不配去管理天下。可见，这里的“管”

字，已与今天“管理”一词的含义没有什么区别。

无论“管”的本义是“竹管”还是“钥匙”，古汉语“管”，具有强制性、约束性，要求被管者在规定的范围内行事，不得逾越。再看看与“管”有关的汉词里就可窥见一斑：“統管”“總管”“掌管”“駕馭”“統禦”“管制”“執掌”“攝政”等，都有居高临下的把控意味，比较强势。这种强势大体与人性中某种特性接轨，例如只想管别人，不想被别人管的人性特点；又如喜欢颐指气使的感觉、不想不愿意逆来顺受的人性特点……人的劣根性中有霸道天性，只是会不会因某种诱因而激发出来。中国古代的统治者都明白这一点，所以想方设法压制住人性中这一方面，隐忍文化会被历代统治者所接受并推广，也有这个原因在。今天的管理，“管”的成分里虽然不支持高压政策，但也不会放任人性的劣根性自由自在，更不应该鼓励和诱导这种劣根性无限制发挥。所谓戾气，其实就是对人性中劣根性不加制约的结果。张狂无底线的人就是把法律规章踩在脚底下的人，无论敢于张狂的原因是什么，都是“管”不住的人。管理有导向，确定导向哪里的管理内涵十分关键。

相对来说，“理”的意义要柔和的多、感性的多。“理”字，原是指物质自身的纹路、层次，最初用在对玉的加工，指玉石条纹、纹理。后来引申为客观事物本身的次序，也有事物的规律、是非得失的标准之意，于是就有了“道理”之“理”；用在对臣民百姓的管理，那就叫作“治理”。《说文解字》因此把“理”字解释为“治玉治民为理”，引申为管理的意思，如“故礼（理）世不必一其道，便国不必法古”（《战国策·赵策二·武灵王平昼闲居》），“理国要道在于公平正直”（吴兢著《贞观正要·公平第十六》），这里的“理世”“理国”，都是指管理或治理世间或国家，也都含有管理、治理的意思。

汉语对“理”，既作名词也作动词。名词即情理、真理、道理之“理”，动词则是清理、梳理、整理之“理”。作动词使用时，还可与“和”相连而合用，谓之“和理”。《庄子·外篇·缮性》云：“古之治道者，以恬养知；知生而无以知为也，谓之以知养恬。知与恬交相养，而和理出其性。夫德，和也；道，理也。德无不容，仁也；道无不理，义也；义明而物亲，忠也；中纯实而反乎情，乐也；信行容体而顺乎文，礼也”。这里的“和理”，就是“和”出德、“理”出道，和理的方法就是“恬养”，既以恬养知（以恬静来调养心智），也以知养恬（以心智调养恬静），即修道需静心，静心养心智，但不用智巧行事（聪明反被聪明误，不如静心悟道让自己心智开窍而知理），于是人的情理之本性就“和理”

出来了。所以，德就是和，道就是理，中和其德其道，仁、义、忠、乐、礼也就和理出来了。

管理之“理”，相对于“管”而言，就温暖、柔顺、谦和了，而且理财、理事、理物的一切基础是“理人”，核心是梳理人心、疏通人心，引导或者牵引、助推人心的认同、认可，清理、洁净人的心灵升华、境界升华。就人的工作而言，“理”才是重心。所以，真正理解国学中的“管理”意义，首先是要明白，在国学体系里，“管”与“理”先要分开来理解。“管”是一方面，“理”是更重要的一方面，“理心”便是炼心修德。“管”有“管辖、管制、管教、管控、管束”等，“理”有“清理、梳理、修理、理财、理事、理货、理算”等。一方面要管人，另一方面要理心，管人管行、理心理事，是国学体系里“管理”的本义。管人要管到大家认同，理心要理到共同谐和，让人思有悟道、行能守德。

（二）本土管理管理意义演变

道德与法律的关系，一直有争论，争论来争论去，无非是想说哪个更重要。事实上这是没必要的，法律有法律的范畴，道德有道德的范畴，两者既有联系也有区别。西方有这样的观点：“法律是显露的道德，道德是隐藏的法律”（林肯语）。法律是必须的，是刚性的，不可触碰的；但法律也不是万能的，不仅有法律涉及不到的领域，还有“法律面前人人平等”的背后，在执行法律的人面前是否“人人平等”——执法人的职业操守，这就与道德有关了。同理，道德也不是万能的，需要心理认同，缺乏硬性规范。法律执行国家意志，由国之司法、执法部门负责；道德落实文化意识，是人们共同生活、社会行为的准则与规范。守法是公民的基本要求，守道有德既是公民守法的心理意识，也是提升修养、提升境界的基本标准。法律守住让人不犯法的底线，道德打开让人更高尚的通道；法律是治国理政，道德是社会管理。所以，凡是社会组织的成员、凡是公民，既要守法，又要有道德。社会管理、社会组织的管理，需管德理道，让人有社会公德、职业道德、家族美德，是管理的任务。

古代的官府管理，与现代西方管理学，在“管”与“理”的问题上有一个共同点，重“管”轻“理”。这在当今显然不适应了。现代管理最重要的是把“理”重视、强化起来，理出人心协和，这是中国“管”与“理”真实词义、本源意义。两者融合便是“管理”。

清代（也许更早，这里只是粗略考证），“管理”作为双音词普遍使用，如康熙十九年（1680 年）武英殿修书处就设置有管理官（即现代意义上的职位），乾隆十九年（1754 年）雍和宫也设置有管理官，之后管理街道厅（管理京城道路沟渠的机构）、管理三库（银库、缎匹库、颜料库）大臣、管理各部驿站员外郎、管理钱法侍郎（宝钱局的长官）、管理事务（总管部务的官，地位高于尚书）等官职和管理机构相继出现。管理一词的用法越来越与今天的用法相接近。如在《清会典事例、宗人府、天潢宗派、宗室觉罗册籍》中就有“管理宗人府（管理皇室宗族事务的机构）王公及族长”的说法。

需说明两点，其一，“管理”与“治理”辨。“治理”一般指官府管理中的治理，原意是指对水的治理。例如，“商君治秦，法令至行”（刘向《战国策·秦策一》），商君即商鞅，治秦就是治理秦国。“材技官能，莫不治理”（荀况《荀子·君道》），意思是任用有技术、有才能的人，没有治理或管理不了的。与现在行政管理的“管理”意义大体接近。而且这个词在行政管理领域仍在使用。其二，早期版本的《辞海》没有列入“管理”一词，但1960年中国台湾地区出版的《中文大辞典》已收集“管理”一词，并按汉语言习惯解释为“管辖办理谋事”（第10752页）；而大陆1983年出版的《现代汉语词典》（商务印书馆出版，第466页）所收集的“管理”一词则解释为“负责某项工作使顺利进行”。

这些，不是为了证明“管理”之词比外国早，而是要说明，中国对“管理”的理解，需要按国学特性去诠释、去理解。仅仅把“管理”之“管”理解为“管辖”，“管理”之“理”理解为“办理”，显然大大缩小了“管理”的功能、“管理”的内涵、“管理”的价值。建设心和管理学，“管理”的概念所表现的无论是文化意义还是工作意义，都要从中国本土出发，从中国文化、中国职场、中国人所适应的角度和方式方法入手。管理制度、管理体系、管理理论，都应该从“管理”的本土要义出发创建。

（三）易道管理修心协和内涵

古圣贤早就指出：君子内心高尚，仍应该时时警惕，就如雷阵轰隆、雷霆万钧，那是雷在警示，雷在提醒人心中有所怵然、有所转圜，而不是作为伤害，不是作为压力——周易“震卦”所表达的文化意义，如图7－3所示。管理，需时时警示人、警醒人。

震卦，说的是当巨大的震惊（天雷震惊或社会重大震荡）来临时，人们应该有的态度和行为。震卦六爻就是人们面对六种不同的震动时的不同表现。《彖》曰：“震，亨。震来虩虩，恐致福也。笑言哑哑，后有则也。震惊百里，惊远而惧迩也。不丧匕鬯，出可以守宗庙社稷，以为祭主也。”概括起来，面对大震动有四种处事态度、行为表现。

其一，“震来虩虩，恐致福也。”当巨大震动来临时，知道惶恐惊惧而

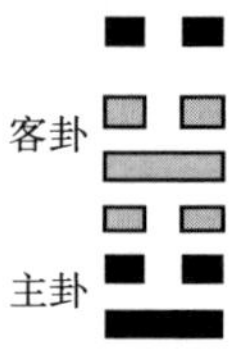

六阴：震索索，视矍矍，征凶；震不于其躬，于其邻，无咎；婚媾有言。
五阴：震往来厉，意无丧有事。
四阳：震遂泥。
三阴：震苏苏，震行无眚。
二阴：震来厉，亿丧贝，跻于九陵；勿逐，七日得。
一阳：震来虩虩，后笑言哑哑，吉。

震　亨；震来虩虩，笑方哑哑；震惊百里，不丧匕鬯。

图 7－3　震卦卦图及其本经

戒备慎行，可带来福泽。所以，人要时刻精神振奋，不被意外吓住，要静下心来，踏踏实实做事，明明白白思想，保持头脑清醒，多与人沟通，多听意见，这样一定会找到解决问题的途径。

其二，“笑言哑哑，后有则也。”两雷相叠，其震格外巨大，对世间万物都有强大的威慑力，同时也有震动、唤醒之意。六二爻也说明，巨震骤然而至，损失财帛是难免的，登高远避或可得解。所以，面对如此震雷，要不慌不忙，行事有度，心中有规则章程，从而坦然面对，处变不惊。一方面说明有定力，遇大事还能谈笑自如；另一方面被警醒后，一切便了然于胸，自然可以“笑言哑哑”。

其三，“震惊百里，惊远而惧迩也。”这是把六三爻、九四爻、六五爻的意义都包含在里面了。六三爻，震动时恐惧不安，但只要谨慎而行，将可无凶险；九四爻，地震般震动，碎裂形成大泥潭，凶险万分；六五爻，后续之震来来往往，也是急而令人震惊，应不会有大损，须长期做好祭祀之事。这三爻，不是阴爻居阳位，就是阳爻居阴位，居位不当，柔弱之美未展示、阳刚之德未光大，自然是“震惊百里”，震在远方惊惧、震在近处也惊惧。

其四，“不丧匕鬯，出可以守宗庙社稷，以为祭主也。”六五爻，已对祭祀之事作要求；上六爻，面对震惊畏畏缩缩瑟瑟发抖，两眼还迟疑惶恐惴惴不安，这一定是凶兆，殊不知这并非涉及自身的震动，只是涉及邻近之处；这个时候嫁娶沟通都可能带来闲言碎语。也就是说，听到发生意外事件之后，有惊惧恐慌是正常的，但应暂停，不要继续前行，不要总以为邻近发生的事总有一天会落在自己身上，只要吸取经验教训及时防备，可以转危为安。最终祭祀宗庙所用匕、鬯都不会失去，承大统者一出面仍可成主持祭祀，为社稷之主。

所以，生活中遭遇巨变，可以震惊，不用急躁，但要整好自己的心态，多向长辈请教，坦然面对，事情就会有转机；而不应震惊中畏缩，也不应震惊中暴戾，必须学会克制自己的急躁和暴戾。同时，人要有精神，既在心中有“有则”，可守宗庙社稷，也要在行动上表现出振奋的精气神，把一切震惊视作提醒、警告，这样都能真正达和。

从管理角度说，中国祖先告诫过，也提出了正确的解决办法，关键在于后人重视与否。心和的回归，是要守住道德底线，谨守中正之德，时时警惕，日日修身，遵行以和为贵，以和为美，让与己相关联的各方（天地四方），达到彼此双和。所以《象》曰：“洊雷，震。君子以恐惧修省。”人，需要连续不断地警醒（洊雷为相继而作的雷），君子是需要在雷震中常怀恐惧之感（心有制约），有恐惧而警惕，有警惕而自我修身，有修身而达和。

这是心和管理学强调的，周易八卦，蕴藏着中国管理八大要义，除震卦精神管理振奋人心外，还有乾卦欣赏管理聚人心、坤卦品性管理正人心、坎卦满意管理得人心、离卦感动管理暖人心、巽卦理解管理顺人心、艮卦情绪管理稳人心、兑卦心态管理悦人心。故中国管理先要自我管理，修心到心灵高尚，然后引导他人自我管理，最终，实现人心协和。

三、管理失落与心和回归

（一）管理文化演变及红色意义

文化，在中国历史上一直默默发挥着作用，无论主流社会欣赏她、喜欢她，还是批判她、冷落她，她总是无怨无悔地守护着华夏民族，护佑着中国人民。当门户开放、西风劲吹时，西式商业文化、利益至上的观念肆无忌惮地冲击了中国的“道”文化、中国人心中的“德”观念；社会大变革时西风吹进来的一切暂时无法辨识，人心不可避免出现动荡，中国文化在一旁静静地看着、默默地守着，不张扬，不强制，也不失落。

征战天下依靠武将，治理天下凭借文臣。春秋争霸、战国争雄，秦代统一以及汉唐的绝世风华，是文臣武将并重的成果。但后世战乱（如五代十国）中得天下的帝皇，会担心武将拥兵自重或功高盖主，怕出现“黄袍加身”情况，宋明各朝有意重文抑武——这里抑的不是武人武力，而是武将权力，而且抑制不是完全限制，只是军权有一部分转移到文臣手中，互相牵制。但这就足够让文人感受到“春天来了”，宋明的科举选士给了文人出人头地光宗耀祖的机会，宋明时期的文学得以光彩夺目。只是理学把文化集大成并加以发展的同时，也教条化了，后世抨击的封建礼教，更多的是理学规定，官家与宗祠进一步将其用于统治式管理。清朝是马背民族入关统治，担心汉人不服，在文化汉化的同时实现政治经济的闭关锁国。

总结而言，唐宋管理很亲民，休养生息国力强盛；明清愚民的同时奴化百姓，到清朝末年达极致。明末至清朝，西方大航海、大殖民、文艺复兴、工业革命等接踵而至。清朝陶醉于康乾盛世及后来的晚清中兴，中西方国力比已发生逆转，洋枪洋炮轰开了封建王朝的国门，旧时代谢幕、新时代开启。这时，中国文化又遭遇无妄之灾，“变法”也好“革命党”也罢，甚至到“新文化运动”，举起义旗的思想启蒙都是打倒封建礼教、封建文化。中国文化默默地“站”到了不被人注意到的角落，看世间云起云涌、花开花落。

文化被“革命”着，“旧”的一切被打倒着。当历史车轮进入经济快速增长、人们渐渐富起来时，中国文化没被提起，西洋文化在经济大潮中趁机卷入，经济理论上、文化应用上都出现“重洋轻土”现象，大变革带来的社会问题、管理问题积存着，被红红火火的增长数字掩盖着。逐渐地，管理失和现象慢慢显现出来，一些人戾气张扬、和气失落，恶性上升，善性失落——出口就骂，出手就打，一言不合，拔刀相向；人与人之间信任失落——产销毒食品、毒用品而无负罪感，讹诈敲诈他人而意气风发……有胆就行的同时，出现了有权就行、有钱就行的现实，在无所谓阴谋、阳谋、纵横谋，也无所谓有道、无道、讲不讲德，只要有利益就行的风气下，个人精神缺失导致信仰失落、集体精神迷茫导致贪婪膨胀、民族精神失却导致心灵堕落，于是商场杀人、机场爆炸、超市砍人、怒摔婴儿……血案发指、戾气肆虐。一些人似乎变得越来越狠，施暴成了解决问题和宣泄情绪的主要手段。

当熙熙攘攘的市井街头，成为血肉横飞的修罗场，意味着中国几千年奉行的“道”义被泯、“德”性失落、“和”文化消散……心魔无法有效缓解而暴戾……社会失落了“人和”。这些情况的出现，并非意味着是社会主流，也不等于这些现象一直可以如此，中国文化危难时刻总会显示巨大力量，更重要的是，中国共产党能百年辉煌，就在于强大的纠错能力——红色管理在新时代发挥着巨大的作用。

文化发挥作用，管理实施纠错，修身养性的文化不会一直被挤压，思想教育西方文化只是暂时，没有保持仁心爱心、没有做到以义取利，只是管理走偏的现象。而且思想偏离正道是因为管理错位了，关注了表象，忽略了本质。而偏偏有人故意引导思维走向，偏离甚至否定“和文化”轨道的现象，一些人开始批判农耕文明没有血性，中国人总是太过软弱，把协和与血性对立起来了，把豪气与戾气等同化。虽然历史早已证明，凡是好战分子一定给人类带来灾难，而且也一定没有好下场；但总有人要说中国的人种不行，不行就不行在软弱可欺，不行就不行在没有血性没有豪气，不行就不行在中国文化是“儒”——软弱的代名词。事实是否如此不重要，重要的以此为借口，就可以为消灭中国人而“师出有名”，消灭不了，就想方设法着异化、杂化、奴化……战争做不到就用外交，外交做不到就用政治，政治做不到就用经济，经济做不到就用文化，文化做不到就要流氓，流氓要不成就又战争……如此循环，社会失和、人心失和。

这说明外因在其中起作用了。首先是各种反华势力又老调重弹唱起了“贬华”之歌，否定中国文化、否定中国精神、否定中国历史，否定中华文明……并旧瓶换新酒，把“中国威胁论”注入有毒“酒精”往外大卖，不仅“双标准”衡量中国的一切，还贼喊捉贼，夸大其词，甚至无中生有，并把一切责任归结中国的体制、中国的人权、中国人的素质。这在新冠疫情蔓延时，把对中国的污蔑达到登峰造极，根本不顾中国努力拯救人类的事实。

然后内外一起发力，一些所谓的“精英”“公知”甘当洋奴，在一旁瞎起哄，内外狼狈，挑动一些西奴化者、不明就里者人云亦云对中国文化围而攻之，推波助澜地成为抹黑中国的急先锋。大变革社会，出现不和谐音也没什么奇怪。管理所要努力的，就是让人心回归。我们需要明白一个道理：无论东方还是西方，无论是喜欢三成熟甚至一成熟的“茹毛饮血”的肉食类人种，还是喜欢糯糯柔柔的面食米饭的人种，都不可能真正地永久地喜欢战乱的残暴、喜欢打打杀杀的血腥，归根结蒂人类喜欢和平、喜欢温暖祥和的美好；所谓的血性刚烈、好勇斗狠，是特殊人群、特别时段针对特定对象的，如军人、如危难时刻、如面对敌人时——这样的时候这些人若没有血性与刚烈，那才是危险的。

（二）管理失落案例深层剖析

挑动人们内斗，挑动人们互相仇恨，以“血性”之论否定中国的“和文化”，一定是别有用心，至少是在鼓励组织内部、人民内部、民族内部、国家内部、同一战线内部充满血性，充满暴戾、狠辣和好勇斗狠，显然其行可恶、其心可诛。只有用心险恶者，才会完全否定中华和谐文明。人的心理，是看到一个疯子在砍杀别人的时候，会升起一种侥幸：“疯子针对的不是我”。这种事不关己的侥幸，导致放任而不阻止，却忘记了一个基本事实，疯子是没有理智的、疯子是没有对错的、疯子没有“只有一个敌人”的概念。中国老祖宗告诫“城门失火，殃及池鱼”的真训，没有重视；“害人之心不可有，防人之心不可无”的古训，没有谨记。既然事不关己，也就高高挂起，人与人之间失和了。

商业本身没错，中国农耕社会的商业文化，以“君子爱财，取之有道”为核心，以“以义制利、以道得利”为引领，与商业立国形成的“利益至上”商业法则相比，在文明程度上，那就是云泥之别、天地之差。

（三）回归本土心和管理内涵

不喜欢世界和谐，不愿意地方安宁，或者希望一个单位里不稳定，一定是某些人、某个利益集团有不可告人的阴谋。为了实现这种阴谋，就会有人来破坏原本“和”的状态。中国经济发展起来了，国力强盛起来了，也就会有人担心自己霸主地位动摇、本国利益受损，或者某些人感觉到坐井观天的小老大世界无法承续，那就努力想方设法破坏这种“和”的局面。或以“财”诱惑，或以“利”引导，或以物欲文化潜移默化，导致一些人精神缺失、信仰失落、心态扭曲，有的人则迷茫暴戾，寻求发泄。这样，那些原本感觉遥远与己无关的暴戾发泄血案，那些所谓有仇报仇、有冤报冤的狠戾行为出现时，人们的惊慌、人们的恐惧，不知如何排泄。如此分析下来，从国家治理、组织管理视角看，在内部提倡血性、鼓励好勇是不正确的，不应该让中国人从“协和”状态中转入“狠戾”状态。

对内能戾，如何控制对外不戾？世界要和平、国家要和稳、社会要和谐，须消除戾气。“心”的失落是潜移默化的，是在痴迷于物欲的快感中不知不觉下沉、迷失、找不见的。当教育产业化越来越盛行时，象牙塔一样干净的校园里就会出现有“择校费”“赞助费”“用钱买分数”；“人类灵魂的工程师”就会让孩子们感觉到课堂里是不会把考试必需的“干货”拿出来的，只有在老师个人办的补习班辅导班提高班里才会“贡献”出来。当医疗产业化越来越盛行时，看病贵、看病难就成为一种常态，药店里充斥的都是让人们来高价买药的促销活动，全然没有了原有的“但愿世间人无病，宁可架上药生尘”的对联和“天下平安”横批所内含的中国文化内涵；“白衣天使”喜欢与“医药代表”密切往来，“天使的翅膀”在回扣、红包和大量有用无用的检查项目、医疗项目与药品上忽扇……最终也折翼了，事业不再事业，产业让心污染。更为严重的、更为痛心的是，类似的情况一些人司空见惯，没有感觉了。是麻木，是情愿，还是无可奈何，仁者见仁，智者见智。

人心失落了，唯一的解决之道是不忘初心、回归本心。奸臣贪官不是一开始就坏的，是在权力享受、利益诱惑中渐渐迷离了初心、失落了本心；纨绔恶霸也不是一出生就恶的，是在纸醉金迷、踩人快感中悄然忘却了初心、丢掉了本心。对于很多普通人来说，冷静思考这几个问题：如果给你权力，你要不要？如果你有特权，你用不用？你的牢骚、你的愤懑、你的不平，是因为你的正义、你的道德、你的理想使然，还是因为你没有那样的权力、没有那样的财富、没有那样的地位所致？你没有在欲望、财富中陷落，是你根本就不会陷落还是你没有机会陷落？当这些问题有了答案，再来设计如何才能“不忘初心、牢记使命”，在此基础上，再分析怎样的管理才能真正让人心洁净，或者说怎样才能让人心朝着洁净的方向行进，这时是真正理性的、客观的。中国先贤早就谆谆告诫：格物致知后需诚意正心，然后修身齐家，此为治国平天下前提；中国文化还有一个核心内容：己所不欲，勿施于人。

由此创“心和管理”、建设心和管理学。儒学并不否定“利”，也追求“食色，性也”（《孟子·告子章句上·第四节》）。谋利，获取美食、得到美丽，是人的本性。只是君子爱财，关键是“有道”，以正道获取财富利益，求道得仁、以道得义、以义制利，然后获得道义与利益的平衡谐和。所以中国商业文化有“利从义来”“利源自道”等管理思想。

心和管理学强调，管理的本质在于人心，“人心”是否“协和”是管理不应该绕开的命题。面对人和的失落，解决之道就在心和的回归。无论是常规管理还是在人心失落后补救的管理方法都一样：“管”为基础，对言行强制性管；“理”为根本，梳理心灵升华。在今天，更需要通过自省、修身，搞清楚有没有可能其实我们自己都已经在不公的社会现实面前习惯了不公、认可了不公，有没有可能我们其实在物欲横流的现实面前忘记了祖先文化、丢掉了圣贤告诫、无视了公正公理。更进一步思考的是，原本“路不拾遗”的社会风气，是在什么情况下转变成“物欲横流”的。西方商业文化冲击中国农耕文化，必须放弃道德文化、修心文化吗！这样，有一个问题不能不思考：发展经济，必须要牺牲道德吗？

建立中国自己的管理学，可以学习西方的一些观念、制器术，可以借鉴西方的一些理论、开发论，但不能以扔掉自己的文化为前提，不能以迷失国人的心灵为基础、不能以牺牲民族的利益为代价。中国管理，需要走中国的炼心修心之道，中国管理应该走不忘初心、回归本心之路。并非经济发达，就什么都发达、什么都是好的；在人家那里是好的，不一定到自己这里还是好的——适应与适宜才是好的，只有心不变质，才是真的好。而这一点，才是放之四海皆准的真理。中国应建设适合自己的本土管理理论，这是客观规律。

本土的“心和管理”，包括红色管理。红色革命年代的管理，无论是唤醒民众时的讲道理，还是激发阶级意识时的忆苦思甜，或者是鼓励英雄杀敌时的党员带头，或是动员参军时的宣传演说，以及敌占区做法、根据地做法的差别、各阶层力量的聚拢，都有一个非常重要的词：觉悟。有觉能悟，就是人心管理最重要的内涵，能够有效实现协和效果（即双和回归）。后来的红色建设、红色经济、红色强国时期，都有许多适合的管理经验值得总结提炼。

第三节　国学管理之心和内涵

管理学，是管理行为、管理实践的经验总结、理论抽象，是道德升华的成果。“实践是检验真理的唯一标准”，中国几千年管理实践，积累了极其丰富的管理经验与教训、留下了深刻思考的理论内涵，记录在中国文化的传承里、宗教传播的教义里、文化图腾的虔诚里、经济管理的政策里、日常生活的道理里……一句话，就在中华国学的体系里。

国学，是中华几千年文化的总和，包括狭义的国学（民族文化）、宗教文化与图腾文化等；广义的国学指上下五千年在中国大地上、中华人民生活中所有的文化，包括宗教文化、图腾文化。国学管理，涉及“心文化”“和文化”范畴的、反映管理涉及的方方面面，以及形成心和管理思维、管理结构及管理的理论与实践。

一、传统文化之人心协和

1. 古典国学传汉唐文化扬

国学，是中国传统文化与古代所有学问的统称，现代任何一门学科，都可以从中国古代典籍中找到源头，找到曾经有过的理论探索、经验总结。西学最近两三百年提出的一些定理、定律、原理、观念等，中国在更早几百年甚至几千年前就已经有过研究、有着正确结论。虽然表述方式不一样，也只是语言差异和习惯风格不同，其内涵要义仍然是真理。

中国元气论宇宙观是心和管理逻辑的基础。元气为总，变动为太极，中国学问是建立在总体把握、全局思考逻辑基础上的，把一切物象放在一起探索、思考。太极生阴阳生三才，物质世界由此人类繁殖、万物生长；学问领域一切以易道为祖，生诸子百家，发展三教九流学派，学问不断新生、文化不断深广，几千年积淀，皆为中国文化——国学。

中国学问是总体之下生学派，西方学术是裂变之后分学科，这是中西方在文化体系上的逻辑差异。中国的学问，秦朝之前统称“先秦文化”，秦之后，有两个朝代影响世界、万国来朝，一是汉朝，二是唐朝。汉唐文化，无论是在中国历史上还是在世界历史上，都是称雄世界，风光无两，光耀千秋。汉人、唐人，成为中国人在世界上的响亮名字。

汉代与世界往来频繁，丝绸之路崛起，所以世界上很多国家一直称中国人叫“汉人”，当时是汉代人之意，后世则是汉族人之义。中国古代最有名的服装，对世界都产生影响的服装，就叫“汉服”（又称“汉装”“华服”），本是汉朝服装的称呼，后成汉民族传统服饰的总称。除此之外，汉朝文化走向世界，尤其是对周边国家，影响力巨大，汉文化思维模式，逻辑形式也走向了世界。朝代变迁，“汉人”“汉族”之称流传下来，汉代之学的“汉学”名称也延续下来，当然文化内涵已不局限汉代，而是指汉代承继华夏文明而大成并一直延续发展的中华学问、国学体系。需要说明清楚的是，汉代汉族，是包括少数民族的。

秦朝结束了战国诸侯争雄一统江山，原各诸侯小国，有的就是后世所称的“少数民族”；汉朝拓展了疆域，拓展出去的部分在今天看来许多地方也是“少数民族”集聚地。这就是说汉朝确立的“汉民族”实际上已经包含后世所说的许多少数民族；汉时匈奴、唐时突厥、宋时契丹（包括女真）等都是中国北方马背民族，他们建立过“国家”政权，却仍是相对统一时期（宋）分裂出去的政权，从大中华角度说，依然是中国范畴，依然是汉民族。“民族”概念是近现代梳理出来的，汉民族本就包含少数民族，也有一些少数民族是从汉族分离出去的，即使少数民族建立过政权，仍是中国不可分割的一部分。

唐代，另一个中国历史上的伟大时代，公认的中国最强盛的时代之一。如果说汉朝努力维持着大汉民族的独立性，与外族联系的主要目的是宣扬大汉德威、促进交流；那么唐朝，却是一个民族大融合的时期，进入边塞内的各个民族都成了大唐臣民，与周边国家以及丝绸之路拓展出去的亚欧非各国也有极大的交流。作为当时全世界最先进的文化与技术发明、最富裕的经济与农耕模式，也因此大输出。唐朝是兼容并蓄的时代，“唐人”之称世界闻名、千古嘹亮。如同“唐三彩”“唐装”一样，如同中国文化一样，唐人的逻辑思维通过大唐文明之德威、通过丝绸之路之商业，传播四面八方，也影响着世界文化。

此后宋元明清各朝各代，中国文化依然发挥着其巨大的价值。一直到清末民初、“五四”时期，而产生“国学”之称，国学思维、中国逻辑。时至21世纪，国外称“汉学”居多，国内称“国学”为主，但其内容离不开中国文化、中国学问。中华文明、中国文化也因“汉学”“唐学”传播世界。

2. 儒家视野转崇天变重人

国学管理所涉国学，主要指中国传统文化与学问中在今天仍有旺盛生命力的、能够引导人们思维方式的、具有人文素养积淀的社会科学文化内涵，包括文学、哲学、语言学、历史学和对当世的经济学、管理学、艺术学、社会学、伦理学、教育学、心理学等学科有影响的内容。即经、史、子、集中浓缩中华国学、展示中国逻辑、体现中国管理的那部分内容。

儒家思想古代为正统，是国学主干，对中华民族的文化心理、风俗习惯、道德伦理、价值观、人生观影响极其深远。这种影响，直接决定了中国的思维逻辑。儒学是世界文化史上最早将视野从“天”转向“人”。儒学诞生之前的学问，皆以“天”为核心，那时思考人从哪里来会向哪里去，人是什么，人与自然是什么关系，解释不了而想象出现天命神学。殷商就是天命神学占统治地位，认为昊天上苍给予一切，王承天命管理天下。周时有了对“天命”绝对权威的怀疑，认识到“天命靡常”（《诗经·大雅·文王中有》），“皇天无亲，唯德是辅”（《尚书·周书·蔡仲之命》），意思是上天赋予的天命并不是固定不变的，上天只辅助有德行的人；“天不可信，我道惟宁王德延。”（《尚书·周书·君奭》意思是上天不可信赖，我只想把文王的美德加以推广）。因此，“不可不敬德”（《尚书·周书·召诰》）。显然，逻辑思维开始从崇天转向崇德，而德是人类的思想成果、精神境界。

真正“以人为本”是孔子，殷商以来天命神学逐渐解放了“人”。孔子进一步研究，认为人为万物之灵（此后成儒学之根本）。人来源于自然，超然高于自然，高于自然界一切有生命之物，人是宇宙中最具有灵性之物。《尚书》也证明了这一见解：“惟天地万物父母，惟人为万物之灵”（《尚书·周书·泰誓上》）。《中庸·第二十二章》在天人合一思想中，更详细阐述了人为宇宙中心的思想：唯有天下最诚心的人，才能完全认识到和实践自己的本性；能尽自己的本性，就能认识人有共有的本性；能认识到人的本性，就能认识到万物有本性；能认识到万物的本性，就能帮助天地间万物的变化发育；能帮助天地间万物的变化发育，就“可以与天地参”了。参者，叁也，即是三，也就是说，人与天、地并列为三，与天地同尊，并处于天地中心的地位。

正因为儒家把人们的视野从“天”转向了“人”，对“人”的研究着眼于“心”的接受，所以在西方着眼于“物本”内涵的时候（即使提出“人本”观念时也从未放弃过“物本”思想），中国学问一开始就着眼于“人本”——严格说来，中国文化认为一切“物”皆为“人”服务，

“物”为“人”之身外之“物”，而人对物的欲望，就是心的问题。这就是说中国人本思想，自始至终也不会与以物为本探究思维关联，而从来认定与人心相关。

所以儒家提出“仁”道、“仁者爱人”的思想主张和管理之道，说到底是人心中的思想问题。孔子所分析的，是己与人、人与人的关系，是一种将心比心、推己及人的精神。《论语·乡党篇》载：“厩焚，子退朝。曰‘伤人乎?’不问马”（《论语·乡党篇》)。孔子退朝，得知马厩被焚烧，马上就问人有没有伤到，没有问马。这是把人放在最重要位置的典型表征，所以后人用“伤人乎不问马”作为中国式人本主义，是为“仁”的典故。

而“仁”在管理上的重要价值，在于逻辑思维上紧扣人心，获得人心认可、人心支持是管理的要义。人心所向，方有政权稳固；人心升华，方有社会阳光。

3. 人本即心本礼乐即管理

如前所述，儒家“仁”的学问，就是一种人本主义思想，与西方人本主义的差异，在于西方引导人关注物的价值、物的欲望，儒学引导人关注人心所向、心灵升华。“仁”是孔子儒学的最高境界，“仁”的最高境界是“圣”，“圣”的目标是“博施于民而能济众”（《论语·雍也篇》)、“修己以安百姓，笃恭而天下平”（《曾国藩诫子书》)。这就是说，在柏拉图提出哲学王治国之前，孔子已提出了圣人治国、君子管理观念。圣人与哲学王，都有大智慧。但孔子（包括道家老子学说）等强调大智慧的前提是道德至圣；西方用智慧在于获利，充分激发人对利益的欲求。

孟子进一步发展了孔子“爱人”的思想，明确指出：“民为贵，社稷次之，君为轻”(《孟子·尽心章句下·第十四节》)，《封神演义》引用孟子的话说：“君之视臣如手足，则臣视君如腹心；君之视臣如犬马，则臣视君如国人；君之视臣如草芥，则臣视君如寇仇”（《封神演义第六回》)。孟子还特别强调“人”和“人心”在国家治理中的作用，提出“得道多助，失道寡助。寡助之至，亲戚畔之。多助之至，天下顺之”，“天时不如地利，地利不如人和”《孟子·公孙丑下》。《大学》则总结为“齐家、治国、平天下”，个人与家国天下密不可分，“治国在齐其家”。而西方，无论怎么喊“人本”，所研究出来的管理模型、管理工程，仍然离不开“物本”本质和数字表述；西方的“人本”与中国的“人本”在立足点上就不一样。所以盲目套用西方人性管理、人权思想，很难无缝兼容。

以人为本，从心介入，路径是复兴礼乐，不是简单恢复，而是将“礼乐思想”从形式转向精神。讲究“礼”是严于律己，宽以待人；追求“乐”是净化心灵、丰富精神；礼乐更重要的是向真向善向美基础上的心中之礼、心中之乐。在孔子看来，国家和社会的种种乱象其根本原因是“礼崩乐坏”，个人的种种不良行为和过失是因为“违礼”。所以他开出的社会管理和个人修为的药方就是“克己复礼”，即克制自己一切负面的欲望，把身心归附到规范制度上；“礼”既是国家管理的整套制度或法律，也是个人修养和行为的标准与规范。孔子云：“礼云礼云，玉帛云乎哉?”（《论语·阳货篇·春秋》）这是质问，礼仪仅仅是华丽的外表吗？限于形式是不够的，要注重礼的精神。那么礼仪的精神是什么呢？孔子曰：“人而不仁，如礼何?”（《论语·八佾篇·春秋》）首先是“仁”，如果缺乏仁，外在的礼节是没有什么意义的。其他方面如待人庄重的“恭”、对人真诚的“敬”、对待事物谦恭的“让”等，无不体现一个“情”字。这种情就是因尊重而引发的出于内心的关心、照顾，所以礼仪的实质最终要体现为“方便别人”，如果让人感到别扭，反而失礼。管理好“人心”，就是要能理顺人心，能够恰到好处地维护别人的自尊心。儒学非常重视人际关系处理，把互相尊重作为一个重要方面予以强化。

孔子欣赏的礼是“周礼”、乐是行周礼时配套的“音乐”。乐与诗词相配套，《诗经》之诗、《乐府》之诗都可配唱的，唐诗宋词也是配唱音乐；古八雅“琴棋书画、诗酒花茶”，琴乐为首，可见中国文化对“乐”的重视。可惜古代“六经”佚失了《乐经》，使得中华古乐少了极为重要的一个篇章。中华古典籍中有大量抚琴雅事和钟鼓竽瑟乐事记载，也记载了音乐的巨大力量，如“四面楚歌”，如“十面埋伏”、如“高山流水”，当疲惫的将领和兵士们唱起“岂曰无衣，与子同袍”，心中热血沸腾；但若听到“关关雎鸠，在河之洲；窈窕淑女，君子好逑”时，又心中充满柔情蜜意；连孔子听了齐国音乐后，“三月不知肉味”。中华礼乐，让人心有力量、让人心能高尚。礼乐力量在其本身即管理，建秩序明道理。

这样的文化内涵，决定了中国人的思维方式和逻辑推理，决定了中国人的心和管理才是真正意义上的以人为本、以心为本。也正是从这个角度理解，真正的谦谦君子体现的是以“仁”为内核的君子之风。中国君子（精神内核）绝不亚于西方绅士（风度表象）。

二、宗教文化之人心协和

1. 佛教禅修与汉式心悟逻辑

文化，离不开宗教；逻辑，自然也涉及宗教。儒道两家的思想和思维逻辑，几乎贯穿于中国文化的全部，佛教引进后能被广泛接受，是因为用儒道汉化了，儒道思想贯穿于国学的全部体系。因此这里探索宗教之心和逻辑内涵，暂不从儒道角度落实，毕竟儒学与道学已经有大量论述，这里仅以佛教（中国佛教）视角论述，说明中国化的宗教逻辑性。

古印度迦毗罗卫国王子乔达摩·悉达多，属释迦族；后世尊其为释迦牟尼，谓“释迦族的圣人”。释迦意为“能”，牟尼是一种尊称，可译作“文”，含有“仁，儒，寂默，忍”等义，与儒道文化相通。迦毗罗卫国今属于尼泊尔，所以尼泊尔民众认为他们那里才是佛祖圣地。只是西方社会普遍认为佛教起源印度，印度也努力塑造佛祖圣地形象。释迦牟尼佛祖“觉”后成“佛”而创佛教。所以“佛”即觉者；不知道的知道了就是“大觉”，有了“大觉”就是“佛”。所以，“佛”的本意就是明悟而觉醒，觉而有悟为觉悟。这与中国的悟道修德、修身养性文化具有一致性，故能汉化而相融于国学。

佛学是释迦牟尼菩提树下感悟出来的智慧，是释迦牟尼在功态下体验（神游宇空）出来的关于宇宙人生的根本认识。传入中国后，历经数千年传教与中国化，与中国文化紧密相融，成为国学的一部分而称中国佛教，与汉学方法具有一致性，即“悟”。修佛修禅，讲究领悟的三个档次：第一阶段：进庙门——学佛拜佛（烧香磕头有诚信，遵守戒规挺认真。皈依进庙常合十，五体投地求庇护。）第二阶段：进佛门——修心养性（念经悟佛颇认真，修心行善也力行。感悟因果悟前缘，放下凡思寻佛门。）第三阶段：进禅门——大彻大悟（初禅入静一身轻，禅中悟空智慧生。色空融通了因果，遨游禅境却忘形。）这与道教禅道、儒学禅理，有着相同的修佛修禅之理。悟，是基本的学习方法。“悟”之思维过程便是逻辑。可见，佛学就是从心里觉悟的学问，汉语理解就是心学，心中悟道之学，故王守仁有“龙场悟道”而创心学。心中有悟为“明”，心明则看路不会有错，故有“心明眼亮”成语。

佛教传入中国的时间，至少在秦始皇时期（公元前 221 ~ 207 年）。中国第一古刹、中国第一座官办寺院的河南洛阳白马寺，创建于东汉永平十一年（公元 68 年），也能证明秦汉时期已有佛教传入。只是印度佛教当初传入中国时，因文化背景全然不同，其宗教思维、逻辑模式很难被接受，故在那时是被视为与当时流行的黄老神仙方术同类，仅在少数王公贵族之间有出现。到汉末、三国时代，佛教逐渐开始从上层向民间引申，由少数人逐渐扩展了人数，弘化地区也由洛阳、长安往南方开展。但前面说了，汉朝是一个大汉民族的国家，完全铺开不太容易。

佛教真正盛行是在隋唐时期，原因就在于王公贵族、皇家尊崇佛教；大唐主要尊崇道教，但各民族互相融合，佛教弘法的基础具备了，所以当时也出一些名家。最著名、流传后世最重要的当属玄奘法师，于贞观元年始西行5万里，历时17年，带回佛舍利150粒、佛像7尊、经论657部。此举彻底结束了经典不同、师说不一的佛教传教局面，玄奘也因此成为一代高僧。中国关于佛教的解释，在汉传佛教中渐渐汉化。古印度没有文字，中世纪“一片漆黑”，古印度文已断层。13世纪时英、印两国的学者手持玄奘的《大唐西域记》的英译本，按图索骥才发现了古印度众多佛教圣地和数不清的古迹包括阿育王柱的柱头（印度国家象征）。印度依据玄奘等人的著作及遗存的佛教典籍于13世纪后重建佛教文化。

显然，汉传佛教的禅理清修，也渐渐汉化到心的觉悟、明悟。

2. 释迦牟尼悟出佛在心中

宗教与国学一样涉及三个层面：首先是学习，所谓格物（器术）致知（知识）；然后是修养，所谓诚意正心、修身齐家；最后是彻悟，所谓创新发展、治国平天下。就管理学而言，如果说改革开放红色经济的30年，是向人家学习的阶段，那么，进入新时代红色强国时期，就是修身正心基础上大彻大悟，创新发展中创立中国本土管理学的阶段。

分析各宗教可以发现，几乎所有的宗教，都会把教主包装成能够呼风唤雨、点石成金的“神”；这个神（或一群神）主宰着人类的吉凶祸福，操纵着万物的生死荣辱，人类只有匍匐在他的面前，赞美与讴歌，把一切成功与荣耀归于万能的神。佛教释迦牟尼自然也神化了，但他的珍贵在于倡导人生平等，他来到人间的第一句话就说：“天上天下，唯我独尊。”（王重民等编校，《敦煌变文集·太子成道经·第一卷》）这里的“我”字指全体人类的每一个人，而非个体之“我”。人在宇宙中是顶天立地的，每一个人都是自己的主宰，决定着自己的命运，而不必听命于任何人或任何超乎人的神。这与中国本土文化中的“天人合一”思想，“人定胜天”观念具有一致性。

释迦牟尼将他的觉悟、成就及造诣，完全归功于人的努力与才智。释迦牟尼认为，一个人的吉凶祸福、成败荣辱，决定于自己的行为之善恶与努力与否。没有一个人可以提拔“我”上天堂，也没有一个人可以把“我”推入地狱。赞美与讴歌不能离苦得乐，只有脚踏实地去修心养性，才能使自己的人格净化、升华，使自己享受到心安理得的快乐。这种逻辑思维与中国的逻辑思维同样具有一致性，是佛学能够在中国发扬光大的重要原因。

佛学认为人人皆可修炼成佛（与道教人人可修道成仙具有一致性），佛在心中莫远求，心中有佛任君修；所以佛学本质上是心学，佛在心中；若能进入坐禅境界，则佛在禅中：禅中有“佛国”，心静可攀登；而欲求心静，佛在静里：静里可悟空，静中生慧知净土；佛还在无为里：一切有为法，皆虚空，如雾亦如电，无为而后无不为。毕竟，佛心看人心，人心看行为，行为看德善，德善在悟性，悟性在“空”中（虚灵静空才有悟）；进入悟，则佛在悟中，悟在菩提树下，在如来手中，在西天道上，在六祖诗中，在红楼梦里，在为难之中，在虹化时刻，在选渡途中。心悟是思维的升华，是潜能开通，是智慧通道信息沟通，是天人感应，是立地成佛，是禅定虚空。这种思想方式严格说来也心和管理的内涵。所以，心和管理学提倡人人心中有佛、有神，强调人能开悟。其逻辑思维的模式是心灵明悟。

3. 三教合一共悟入心管理

印度与中国同属东方，印度佛教与中国佛教、印度文化与中国文化具有东方共通性，那就是从心向学、以心悟学。但同时，华夏民族孕育了华夏子民，不仅仅是黄肤色、黑发、黑眼睛等等外在的华夏特点，更重要的是还在于华夏子民的思想观念、思维方式，既与同是东方的印度文化有差异，更与西方文化有差异，包括价值体系、政治倾向与西方人有差异，文化风格、法律环境与西方人有差异，生活习惯、人际关系与西方人有差异，职场风格、处事方式与西方人有差异……但比较而言，佛教进入中国，既有玄奘法师在翻译过程中的汉化，也有在几千年传承过程中不断地汉化，所以能无障碍融入国学体系，成为儒道佛“三教”之一。西方的宗教、西方的学问，虽与中国有交流，却一直未能真正融入中国文化体系。

禅宗认为顿悟是大法，直指人心，其实讲的就是佛法，即心法，心外无佛，心外无法，修佛实为修心，修禅就是定心；修身和修心是一对阴阳，先从修身做起，讲孝道，做好人，行善事，敬菩萨——一旦悟性够高，将会转心修心，入禅，悟空……这样，中国的儒道释真正达到了三教合一，共悟得人心的管理。这是中国学问可以海纳百川的原因之一。

西方更多的是逐“器”求“术”，东西方有了各自风格。人的内心多变，在文化传承与发展过程中恰符合以变通为特征的中国多点曲线管理思维，而非如西方以直行为特征的两点直线管理思维模式。中国以广阔的内陆为舞台，山峦、丘陵、河道，形成了曲里拐弯的条条大路、曲径通幽的文化风格，谁变通性强谁就能走上捷径；而西方则以浩瀚的海洋为舞台，寻求的是直线抵达，形成了直奔目标的航道、本能释放的文化风格，谁执行力强谁就能更早到达彼岸。其实，印度思维在直线曲线问题上，也是东方式曲线的，只是因为孔雀帝国灭亡后外族入侵，印度教（非纯粹的佛教）和伊斯兰教兴起，文化开始变异。从1600年英国侵入建立东印度公司，到1757年，逐步沦为英国殖民地。1950年1月26日宣布成立共和国，同时仍为英联邦成员国。所以印度在文化上西化倾向明显，是以佛教为宗教为主、文化以西化为特征的国度，且非单一佛教，而是集佛教、伊斯兰教、基督教、犹太教为一体的宗教国家，文化上包含宗教文化、希腊文化、伊斯兰文化、波斯文化、西方文化和中国文化。

一般进行东西方文化比较时，是中国文化与西方文化的比较，不提印度。因为中国文化与几千年前一脉相传，是中华文明的承续；而印度文化的杂糅性、多样化，使其难以成为显明的东方文化代表。中国佛教（特别是汉传佛教）的思维逻辑也是人心协和。

三、图腾文化之人心协和

1. 十字架太极图文化差异

心和管理理论，以心为本，重在梳理心态尊重面子；不像西方的人性为本，讲究激发个性、尊重自由。中国管理以人心梳理为主、人性关怀为辅；西方管理以人性关怀为主、人心梳理为辅。“人心”与“人性”一字之差，管理侧重明显不一样：心和管理追求彼此和谐、人心认同；人性管理着眼个性解放、人性随己。相应的管理哲学、理论建构、思想观念、方式方法都会有所差异。同样，逻辑思维路径和推理方法上也会有差异。

这些文化差异，从东西方文化图腾中也能窥其一斑。原始的初民社会中，与人类生活最接近的是动植物，于是就把动植物作为解释人类起源和未知世界的物象，这就是图腾（totem）。图腾文化，是由图腾观念衍生的种种文化现象，即原始时期的人们把图腾当作亲属、祖先或保护神之后，为了表示自己对图腾的崇敬而创造的各种文化现象，这些文化现象英语统称为totemism。图腾是心理的一种外化，是内心敬畏尊崇的外化表现。

图腾表现形式多样，这里主要涉及比较有文化特征的宗教图腾，以揭示其思想体系。西方宗教以基督教及其派生的天主教、东正教、新教等为主流，共同的宗教图腾是十字架，如图7-4①（1）所示。中国发源并壮大的是道教和儒教（儒教非宗教，却有着宗教甚至更高的礼遇）。儒道两

① 徐井岗：《人心管理论——基于国学与东方思维的中国管理理论》，经济科学出版社2013年版，第77页。

家都非常讲究一个宗教图腾：太极图，如图7－4（2）所示。简单比较，在十字架中不见一条曲线，而在太极图中，没有一条直线。

图7－4（1）十字架　　图7－4（2）太极图

资料来源：作者自绘。

这种图示非常典型地体现了东西方文化的差异、思维方式的差异。十字架是耶稣为天下众生赎罪的象征，人有原罪，但耶稣为其救赎了。因此西方人心灵深处有一个精神寄托：向主忏悔！太极图是中国古代阴阳哲学思想的象征，宇宙万象皆为阴阳，变通之中一切皆有可能。因此中国人心灵深处也有一个精神寄托：否极泰来！西方人重说出来，东方人重意念化。十字架全部由直线构成，思维的基本规律是直来直去，直奔主题，不善于拐弯抹角，习惯于把问题放在明面上讨论。太极图全部由弧线构成，思维的基本规律是曲线圆通，含而不露，不喜欢直语伤人，习惯于把问题放在肚皮里思索。西方人强调展现自我、个性解放，东方人强调服从集体、克制自我。中西方逻辑思维差异在这两个图腾得到充分展示。

2. 图腾差异各显管理特色

太极图黑中白眼（少阳）、白中黑眼（少阴），是白中有黑、黑中有白，你中有我，我中有你，是阴阳两仪生出的四象：太阴——阴中之阴，少阳——阴中之阳，太阳——阳中之阳，少阴——阳中之阴。这四个构成了“四象”，四象对应于东西南北四个方位，并与五行学对应：东木西金，北水南火，又与道家的四象吻合：左青龙（东）、右白虎（西）、前朱雀（南）、后玄武（北）。四象对应的四个自然元素“木金水火”加上太极图居中位的“土”，构成了五行。中国人自古认为中国是大地上居中位置的（故古代中原人又称“中土人士”）。这种互为对应，又不断生发的现象，反映在思维里，就是各种现象综合思考，每个点都可以生发出其他的方位、内涵。外国人常常说中国人的思想很复杂，就是因为这种多重纠葛的思想传承影响的结果。中国人由此形成了七拐八弯的思维——曲线思维。

曲线是一种美，比直线有着更丰富的内涵，也就有着更复杂的反应方式。但同时，说简单也简单，世间一切皆阴阳，天地不过一阴一阳。所以中国人看问题常回归简单，只有“对”或“错”，“好人”或“坏人”。简单与复杂，巧妙结合在中国人的思维中，表现出更多的不简单曲线。

十字架外方内聚，思维方向如图7－4（1）箭头所示，是向心式的内聚，各自相对独立，从不同方向冲向核心：说明很多时候，西方人是直接地表述意见见解，心中有什么，嘴上说什么；说了就做，完全不顾旁人接受还是不接受。太极图外圆内曲，思维方向如图7－4（2）弧线所示，是你中有我我中有你，阴阳相协无法截然分开：说明中国人喜欢聚堆，喜欢保持一种人与人之间的和谐。任何事到中国人那里，就会有很多七拐八弯的思维线，外国人常常搞不懂中国人俗称的“肚皮官司”、搞不懂表达的意见到底是什么，原因也就在这里。西方人因自己认可的成就而成就，东方人因集体认可的成就而成就。中国人的思维因子中，会十分本能地从变通的角度寻找问题解决的新途径；同样，如果有意见也不大会直通通说出来。偶尔有人直截了当说出来，也往往会被他人以不通世故、不懂人情而斥之。心和管理是中国式的，是解决“肚皮官司”、通畅人心谋取心和进而达到共同实现组织目标的，所以心和管理是针对中国曲线思维而建立的一种管理观念、一种管理方式。

与十字架不同，中国社会、职场人与人之间的关系是错综复杂的，是你中有我我中有你，做生意、上学、坐机关、吃饭、行路、住房等，样样都离不了与别人发生关系。一些西方人一谈起中国人的复杂的人际关系，都表示不懂。其实，任何事物都有阴、阳两面，如每个人都有很多个社会圈子，每个圈子里的每个人都有很多背景，在这样复杂的人际关系中，既给管理带来极大的不便，但也可以给管理带来极大的方便，关键就看如何理解和处理这些复杂的人际关系。走对了，关系是阳光；走歪了，关系是阴霾。

中国管理在于让人从内心里感觉和稳、和康、和达、和顺、和居、和心，归根结蒂于“和”字，即心和管理。心和之道在于人心定、人心畅、人心向阳。所谓“修己以安人”。一个人先把自己管好，然后使在一起的人都感到很和安，管理就上轨道了。所以心和管理不是一味的严，太严会陷入残暴、让部属不安；当然也不能松，太松管理者不安、部属可能得寸进尺。不安了，人心就不和了。这个中庸之道如何把握，全在管理的观念、管理的水平上了。管理的最终目的就是心和，这是中国式管理最大的特色、最重要的风格、最丰富的中国元素。心和了，复杂的人际关系就不复杂了，众多的人际关系就成了办好事情的人脉。

3. 太极思维平和从容变通

人类是聪明的，如遇到困难、险阻或存在着问题，直线思维的选择是先解决了这个问题再走下一步，曲线思维先是寻找有没有可以绕过去的途径，如果不用去解决这件麻烦事也能过去，就不会也不愿意先解决问题而先绕过去再说。曲线思维的弱点是小聪明能解决的那些事情就用小聪明去解决。西方的企业里，上下级之间是权利义务关系，你是我的上级，我就会按照规定向你报告。中国职场却不这样，你虽然是我的上司，但我不认同你就不想向你报告，强迫我报告也会敷衍了事。但中国人有非常重要的一点优势，就是会将心比心，会设身处地、会投桃报李换位思考，这种处理方式与中国传统的报恩思想有关。

太极思维之太极图是一个圆，由一条曲线环绕；中间是 S 曲线。曲线思维处世方式与此不谋而合，绕着圆走、沿着线弯。这种曲线婉转思维方式表现在三个方面。

一是以平和为美。中国人的变化是不露痕迹的，不会剧烈变化，只会和缓地变化，是平和的，这种平和体现了中国人以和为贵的处世原则。因此，在中国人面前展示一种欲望或要求，不大适合以一种剧烈的方式而应以一种和缓的方式展示出来，否则，会导致失败。

二是以从容为美。心气平和是人生的最高境界。越是匆忙的事，越要以一种从容的心态来做。因为中国人认为心智是最重要的，如果乱了心智，那么就不可能很圆满地去完成一件事。处事不惊，能让你更冷静地思考，更好地运用你的智慧。如果一个人修行到随时随地都做到了心气平和，那么他是一个成功的人。这是含蓄内敛文化的重要由来。

三是以变通为美。一旦认识到某事物后，应该先逆向思维，理解“一个圆必须是用曲线画成”的，如果硬要坚持用直线，那么永远都不能回到那个起点，永远无法画成圆，然而用曲线，不管怎样艰难，最终都能完成，尽管它不一定很标准。

中国人的表达方式用两个场景很典型，一是示爱，二是求人办事。西方人可能直截了当，直奔目的，中国人却拐弯抹角，顾左右而言他，老半天了也没见切入主题。这是中国人的含蓄、内敛的文化特性所决定的。西方人之间建立信任靠的是法律的保障，双方在合作前会签订合同，只要稍有不轨，就会受到法律的制裁。中国人之间建立信任靠的是心意的传递，靠的是相互的了解。所以，中国人一见面就会“套近乎”，问东问西，见面寒暄是一门学问。这种经过各种各样关系拐着弯儿表达的方式，是中国传统文化传承的一个结果，“在家靠父母，出外靠朋友”是职场哲学。人们可以天天在骂思维曲线带来的危害，所带来的弊端，但却也在天天经营着这样的人际关系，羡慕着这样的人际关系，表情达意的时候都会学着婉转。一个不懂得收敛自己的人往往不被职场看重。其实就是国人的生活环境、工作环境也都需要人们学会曲线表达，以免与上司直接起冲突，与同事公开争高低。

心和管理承认这种现实，但并不一定鼓励。重要的是，要先融合进去，获得大家的认可，然后再想办法纠正或是深化或是更新。没有融合就没有可能革新，这才是心和管理。

第四节　红色管理之心和内涵

中国管理，横向是人心管理与双和管理，纵向是国学管理与红色管理。中国自古崇尚红色，无论远古时候对太阳的敬仰与崇拜、对火的敬畏和依恋，还是后来对万物成熟的喜庆、丰收的喜悦，到后来发展为国家权力象征、社会生活喜事的代表。红色，成为中国从官方到民间都认同的吉祥色。红色文化到现代又赋予了崭新的意义，如红旗是由革命先烈的鲜血染红的，建立的政权叫红色政权（1928 年毛泽东发表了《中国的红色政权为什么能够存在》，相应地，反动的国民党政权被称为白色政权，国民党军队也被叫作“白军”），从事的革命叫红色革命等。后来还出现革命歌曲叫红歌，重走革命之路叫红色旅游等。本节涉及战争时期“红色革命”、改革开放年代“红色经济”、创建习近平新时代中国特色社会主义思想时“红色强国”三个方面，按百年红色奋斗历程分别归纳为第一、第二、第三代红色管理。

一、革命战争的红色管理

1. 红色革命之毛泽东思想

中共一大到中共六大，是中国共产党的幼年时期，会议与会议之间间隔仅一至两年，到中共四大时也仅 994 名党员，中共五大时达到 5.7 万党员，但 1927 年大革命失败锐减至 1 万多人。1928 年年中召开中共六大时总人数达到 4 万，在莫斯科郊区召开，集中解决了当时困扰党的两大问题：其一，明确当时中国革命依然是资产阶级性质的民主主义革命；其二，党的中心工作不是千方百计地组织暴动，而是做艰苦的群众工作，积蓄力量。但遗憾的是，当时依然把党的工作重点放在城市。

中共六大与中共七大之间，从1928年到1945年，中间间隔了整整17年。这17年，红军壮大起来了，蒋介石组织国民党军对红军展开了五次大围剿，因路线问题导致第五次反“围剿”失败而进行了二万五千里长征；遵义会议遏止了错误路线，红军爬雪山过草地，到达陕北；西安事变后国共第二次合作，民族抗日统一战线得以建立，艰苦卓绝抗战到1945年，在日本侵略者宣布投降前夕，中国共产党在延安召开了中共七大。中共七大正式代表547人，候补代表208人，代表着全党121万名党员。这是一次承前启后、具有里程碑意义的大会，党的理论方面有了一项空前的历史性贡献：确立毛泽东思想为党的指导思想并写入党章。中共七大党章明确毛泽东思想就是马克思列宁主义的理论与中国革命的实践之统一的思想，就是中国的共产主义，中国的马克思主义。

毛泽东思想是由毛泽东倡导的、中国共产党人集体智慧的结晶，是马克思列宁主义基本原理和中国革命具体实际相结合的产物。正是因为以毛泽东思想武装了全党、全军、全国人民的头脑，所以取得了新民主主义革命、抗日战争等胜利，建立了中华人民共和国。我们这里所说的红色管理，就是中国共产党所形成的理论和实践成果的总和。所以，毛泽东思想是红色革命年代的红色管理理论，毛泽东、共产党领导的中国革命（包括党政军民的革命行为）的道路选择、方式确立、方法应用等，就是红色管理的实践。

早期毛泽东在1925年发表的《中国社会各阶级的分析》、1927年问世的《湖南农民运动考察报告》，形成了新民主主义革命的初步思想。土地革命战争时期，毛泽东、周恩来、朱德等中国共产党人，在反对国民党的武装斗争中，在创建革命根据地的实践中，探索着中国革命的新道路。其代表作是毛泽东的《星星之火，可以燎原》《反对本本主义》等，标志着毛泽东思想的初步形成。遵义会议后，毛泽东、刘少奇、周恩来、张闻天等同志，系统总结了土地革命战争和抗日战争以来的经验。其代表作是毛泽东撰写的《实践论》《矛盾论》，《〈共产党人〉发刊词》《中国革命和中国共产党》《新民主主义论》《论联合政府》等理论著作，系统地论述了新民主主义革命的基本问题以及统一战线、武装斗争和党的建设的基本规律。1938年10月，毛泽东在中共六届六中全会上明确提出了马克思主义中国化的命题，指出中国共产党必须“学会把马克思列宁主义的理论应用于中国的具体的环境”，要“按照中国的特点去应用它”，“使马克思主义在中国具体化”，并强调这是“全党亟待了解并亟须解决的问题”。

任何理论的引进，须中国化才能展现价值，这是一个真理。

毛泽东系统地解决了以农民为主要成分的革命军队如何建设成为一支无产阶级性质的、具有严格纪律的、同人民群众保持亲密联系的新型军队的问题，代表作主要有《中国革命战争的战略问题》《抗日游击战争的战略问题》《论持久战》《战争和战略问题》等军事著作。毛泽东还精辟论证了革命斗争中政策和策略问题的极端重要性，代表作主要有《目前抗日统一战线中的策略问题》《论政策》《关于目前党的政策中的几个重要问题》《帝国主义和一切反动派是不是真老虎的问题》，提出了许多重要的政策和策略思想。

毛泽东还十分注重文化工作，《在延安文艺座谈会上的讲话》是其杰出代表，阐明了马克思主义的文艺理论和党的文艺路线。在党的七大闭幕式上发言的《愚公移山》，与1940年底发表的《纪念白求恩》、1944年张思德追悼会上的讲演《为人民服务》，被合称为毛泽东思想的“老三篇”，从战争年代一直到和平年代都是红色管理之思想政治工作的重要文章；与建设年代树立的雷锋、铁人王进喜、人民的好书记焦裕禄等一起，为党和国家树立了正气、树立了精气神、树立了价值观，成为毛泽东时代人的人生坐标。事实上第二次世界大战后，毛泽东思想还输向了全世界，成为世界革命的法宝，这是毛泽东思想对世界的贡献。

2. 红色管理之组织结构

总体说，毛泽东思想是独创性的理论，丰富和发展了马克思列宁主义，创立了三条路线（也被称为毛泽东思想的活的灵魂）：实事求是，群众路线，独立自主。探索了三条道路：农村包围城市、武装夺取政权的中国式独特的革命道路；中国式的社会主义道路；中国式的社会主义建设道路。形成了三套理论：新民主主义革命理论；中国式社会主义改造理论；中国式社会主义社会矛盾理论。其中，实事求是党的根本思想路线，指一切从实际出发，理论联系实际，实践中检验真理、发展真理，毛泽东等领导集体基于对中国国情的认识，找到适合中国情况的革命和建设道路，就是实事求是路线的成果。群众路线是党的根本工作路线，是指一切为了群众，一切依靠群众，从群众中来，到群众中去。毛泽东等领导集体领导中国革命，集中群众的智慧，开展人民战争，创造了种种奇迹。独立自主是党的根本政治原则，是指坚持独立思考，走自己的路，坚定不移地维护民族独立、捍卫国家主权。毛泽东等领导集体领导党和人民就是独立自主实现了建党、建军、建国。毛泽东创立的新民主主义革命理论，是反映中国新民主主义革命客观规律的完备的理论形态，是毛泽东思想成熟的标志。

中共的管理工作与人心管理异曲同工，有一个专有名词叫“思想政治工作”（简称“思政工作”），军政都有两条线，军队里“政治委员”制度，行政上是“党委书记”制度。战争年代地方上的区、县、地、省委书记都是地下工作者（建立根据地才可以公开）。这就是红色管理党政双轨制管理制度，保证了战争年代从事革命事业者的党性和思想纯洁。

俄国建立苏维埃政权后于 1918 年建立了政治委员制度，对军事人员实行政治教育，参与一切行动决策，任何命令未经政治委员签署不得执行。1924 年初，孙中山学习这一做法在黄埔军校实行党代表制度，第二年起国民革命国中也开始施行这一制度。第一次国共合作时期有许多党代表是中共党员，是北伐战争取得胜利的思想保证。

中国共产党领导三大起义创建红色军队时，称政治指导员（南昌起义至红四军成立），后为党代表制度（1928 年至 1929 年古田会议），1929 年底开始，红军政工制度正式确立为政委制，红四军朱德为军长，毛泽东任政委；1930 年组成红一方面军时，朱德为总司令、毛泽东为总政委（2 年后周恩来接任）。国共第二次合作后，1937 年 8 月至 10 月红军改编为八路军、新四军时，原是同意取消政治委员和政治部的，但很快发现军内思政工作严重削弱，对建党、治军都不利，故同年 10 月就恢复军中政治机关制度，并于 1938 年颁发了《国民革命军第十八集团军政治工作暂行条例（草案）》，1942 年 10 月修订重颁《中国国民革命军第十八集团军（第八路军）政治工作条例（草案）》，规定政治委员是中国共产党在军队中的全权代表，有权执行革命法律，有过问军队的一切工作与一切行动的权力。同级军事主官与政委有分歧时，作战方面军事主官决定，其他由政委决定。1954 年 4 月中央军委颁布《中国人民解放军政治工作条例（草案）》，规定政委和军事主官同为部队首长，共同负责部队工作；政治委员又是党的全盘工作的主持者。

此后中国人民解放军先后于 1963 年、1978 年、1983 年、1991 年、1995 年、2003 年、2010 年多次修订颁布政治工作条例，都明确规定了政治委员、政治教导员（营）、政治指导员（连）的职责。

3. 红色理论之管理学宝库

军事主官以军事为主，当然也懂一定的思政工作，正如政委也会懂一定军事一样，只是在工作上有侧重，个人的工作研究内容也会有侧重，要不然军事主官也就不可能在下级官兵中有崇高威信，政委也不可获得下级官兵的认同。归根结蒂，思政工作的核心是凝聚人心、振奋人心。电视剧《亮剑》中的军事主官李云龙能带出敢于亮剑的军人，没有得人心之术是根本不可能的；政委赵刚能降住李云龙，两人成为最好的军政搭档，军事素养是一方面，懂人心、能隐忍，思政工作方式方法炉火纯青也是极重要的一方面。

细加分析，军政主官各有分工又合二为一，其形式虽最初为苏联红军所创，但人民军队的政委制却有自己独特的管理理论、管理技法，完全区别于旧军队，由此锻造出一支用小米加步枪也能打败拥有飞机大炮的日本侵略者、打败全副最先进美式武装的国民党军，红色管理之思政工作功不可没，更是充分证明“党指挥枪”的伟大与正确。

从得人心角度说，政委制保障了人心所向、人心凝聚和人心振奋。从更宏观的角度说，毛泽东思想活的灵魂和重要哲学基础，是人民主体思想。毛泽东承认领袖的作用，但其中有两点需要注意，一是领袖是从群众中来，也是群众封的，代表的是群众的利益，所以是人民领袖；二是人民才是历史的主体，最宏大、最伟大的力量来自人民，尊重群众、依靠人民，什么人间奇迹都可以创造出来。所以，毛泽东思想体系里把人民利益放在首位、主体地位，新中国成立后还要把两个地位交给人民：人民的授权主体地位、人民的监督主体地位。

也正因为毛泽东热爱人民，人民热爱毛泽东，全心全意为人民服务才获得人民最高的拥护。自 1976 年毛泽东去世后至今，人民从未忘记这位人民领袖，是因为全国人民记住毛泽东以天下为己任，为人民的利益殚精竭虑、呕心沥血。新中国成立时的国家几乎可以说是满目疮痍、一穷二白，连最后一点国家财产也被蒋介石、国民党或带到台湾，或破坏殆尽。就是在这样的基础上，硬是走出了一条中国建设和发展之路，布局了工业经济、国民经济，为后来的改革开放奠定了重要基础。毛泽东，一个时代的骄傲，中国人民永远的骄傲。他是红色管理的缔造者、理论引领者、实践成功者。

治国管理学毛泽东思想，思政管理学毛泽东思想，企业管理学毛泽东思想，而且组织理论学毛泽东思想、经营发展学毛泽东思想、市场谋略也学毛泽东思想。例如，1937 年毛泽东为延安抗日军政大学所提校训“团结，紧张，严肃，活泼”，内涵之丰富、道理之深刻、意义之深远，可以说超越了所有的组织管理理论。此外，毛泽东的战略思想直接应用于企业韬略，毛泽东的思想智慧直接成了管理哲学，连毛泽东的“一万年太久，只争朝夕”也成了提炼企业愿景的核心内涵。

所以，毛泽东思想是红色管理学的理论宝库，是心和管理理论的核心组成。

二、经济改革开放的红色管理

1. 各时期皆以人民为中心

中共十五大报告中，对20世纪中国历史作了一个概括："中国人民在前进道路上经历了三次历史性的巨大变化，产生了三位站在时代前列的伟大人物：孙中山、毛泽东、邓小平。"孙中山高喊"振兴中华"，领导辛亥革命结束了统治中国几千年的君主专制制度，"为中国的进步打开了闸门"；以毛泽东同志为核心的中共第一代领导集体，经过卓绝奋战，建立了中华人民共和国，让中国人民重新站立起来了，彻底终止了中华国运下滑趋势，并在新中国成立后稳步回升的同时，在国防、航天航空、经济布局以及综合国力等方面重新崛起打下了坚实的基础。以邓小平同志为核心的中共第二代领导集体，为了实现社会主义现代化，实施了改革开放，"成功地走出了一条建设有中国特色社会主义的新道路"，中华国运曲线悄然上扬。

三次历史巨变，让自古伟大的中国，重新以伟岸之姿站立在世界面前，实现民族振兴、国家富强和人民幸福。

从管理学角度探索，走过百年的红色管理也经历了几个重要历史阶段。习近平总书记在2012年时曾说："以毛泽东同志为核心的党的第一代中央领导集体，为新时期开创中国特色社会主义提供了宝贵经验、理论准备、物质基础。以邓小平同志为核心的党的第二代中央领导集体，成功开创了中国特色社会主义。"① 这里涉及两个阶段三个时期，即第一阶段的红色革命与红色建设两个时期，第二阶段改革开放的红色经济时期。第一阶段首创了马列主义与中国实际相结合的、符合中国国情的新民主主义革命与社会主义建设的重大理论：毛泽东思想；红色革命创建了人民当家作主的中华人民共和国，红色建设在稳固红色政权的同时完成了国民经济布局和国防建设，过渡到红色经济阶段。第二阶段"是马克思主义在中国发展的新阶段"，是"走自己的道路，建设有中国特色的社会主义"，通过改革开放发展了经济，创立了邓小平理论。邓小平是第一代中央领导集体中的一员，从中国共产党十一届三中全会开始，中国进入了改革开放时期，邓小平渐渐成为第二代领导集体的核心，领导全党全军和全国人民"走自己的道路，建设有中国特色的社会主义"。

---

① 习近平：《紧紧围绕坚持和发展中国特色社会主义学习宣传贯彻党的十八大精神》（2012年11月17日），《人民日报》，2012年11月19日。

红色管理的第三个阶段，是现在进行时，指的是以习近平同志为核心的党中央，为新时代中国特色社会主义思想，这是中华民族伟大复兴的红色强国阶段，站起来、富起来的中国正走向强起来的阶段。毛泽东思想的中国特色，将马列主义与中国革命具体实践相结合；邓小平理论的中国特色，将马克思主义、市场经济理论与中国经济建设具体实践相结合；习近平新时代中国特色社会主义思想的中国特色，将马克思主义与中华民族崛起、国家强盛的具体实践相结合。中国，再次走向世界舞台中央。

毛泽东强调全心全意为人民服务，曾写《为人民服务》、曾喊“人民万岁”。邓小平则说：“人民拥护不拥护、人民赞成不赞成、人民高兴不高兴、人民答应不答应，是全党想事情、做工作对不对好不好的基本尺度。”① 习近平说“江山就是人民，人民就是江山”②，提出以人民为中心的发展思想，坚持一切为了人民、一切依靠人民，把人民对美好生活的向往作为奋斗目标。三代领导人自始至终都把人民放在心中最高位置，要让人民满意。红色管理最重要的中国特色：以人民为中心。

从管理角度说，以人民为中心是指导思想，但不是指无限制满足人们的任何需求。因为“人民”与“人们”的概念不一样，满足、满意也有个“度”的合理性。何况，人心是变动的，每个阶段有每个阶段的内在需求；人心不一，不同时期不同人群的欲望也不一样。所以人心双和的境界不是定型、固化的，而是相对的，动态发展中的一个趋势，不同阶段人心出现波动是正常的。心和管理理论要求的是把握这些变动的缘由、内涵与趋向，然后加以正确的疏导、引领，经历原始的简单，到相对的固化，再到新阶段的变化。从这个意义上说，心和只有更好，没有最好。这一过程中，不是不要制度约束，而是朝着人心和谐不会触犯法规制度的方向努力。大家都不去触犯法规制度的底线，也就达到了“不治而治”的目的了。这也是坎卦之满意管理的本质内涵：人生之路、事业之路，总是会充满坎坷的，工作的乐趣、奋斗的价值就在于踏过一道道坎的过程中，就像水，时静时动、时快时慢、时柔时强，全在于适应，在于适合，在于恰当，在于合理。正如人的满意度，必要的必须的满意是任何管理都应有的，但满意不是无限制、更不是无规则，适度合理才是关键。

所以心和管理学的重点是寻找到一个合适的点，你赢我也赢叫“双

---

① 《邓小平文选》（第3卷）（中共中央文献编辑委员会编），人民出版社1993年版，第297页。

② 习近平：《在党史学习教育动员大会上的讲话》（2021年2月20日），《求是》2021年第7期。

赢”，你和我也和叫“双和”。只有一方赢，即使赢了也必不长久；只有一方和也必不是真和。所以，才会有“政治的最高境界是妥协”之说，同理，经济的最高境界是“双赢”，管理的最高境界是“双和”。即使微观到管理方法，心和管理并不排斥量化管理，更不是没有量化只有主观。应用中庸，把两者结合起来，形成最佳的研究方法和途径，该是定性判断的就定性判断，该是量化标准的就量化标准，该是两者结合的就两者结合，才是最佳的。

2. 改革开放之邓小平理论

毛泽东思想、邓小平理论、习近平新时代中国特色社会主义思想，是红色管理的三大理论，都具有中国特色，也都具有时代特征，都一脉相承地坚持走社会主义道路。毛泽东思想及其红色革命的提炼，另文专门论述；现迈步在红色强国之路上，强国需要实力，强国需要与新时代相适应的管理，这就有必要了解红色经济管理理论产生和发展的过程，以明了强国基础。

邓小平理论的形成经历了20多年，有四个形成过程①：

第一，基本理论命题提出的阶段（1978～1982年）。大体是中国共产党十一届三中全会到党的十二大前夕，以1981年十一届六中全会作出的《关于建国以来党的若干历史问题的决议》为标志，其中社会主义现代化建设之路的十点经验，成为邓小平理论的雏形。

第二，形成理论基本轮廓的阶段（1982～1987年）。大体为中共十二大到十三大期间。党的十二大开幕词邓小平首次使用了“建设有中国特色的社会主义”概念，确定了以经济建设为中心，“现代化”“高度民主”“高度文明”三位一体，经济、政治、思想文化三大建设一起抓的总路线和总任务。既坚持四项基本原则，又实施改革开放。理论框架基本形成的标志性文件，一是1984年的《中共中央关于经济体制改革的决定》，突破了把计划经济同商品经济对立起来的传统观念；二是1986年《中共中央关于社会主义精神文明建设指导方针的决议》，强调实行物质文明和精神文明两手抓。1987年党的十三大阐述了党的“一个中心、两个基本点”的基本路线，和“三步走”的现代化建设战略目标，邓小平理论初步形成。

第三，走向成熟并确立理论体系的阶段（1987～1992年）。大体在中

① 参考中共中央党史和文献研究院《邓小平小康社会理论：产生过程、主要内容及深远影响》《全面系统地把握邓小平理论的科学体系》等。

共十三大到十四大期间。1990 年党的十三届七中全会通过的《中共中央关于制定国民经济和社会发展十年规划和“八五”计划的建议》中，概括出建设中国特色社会主义基本理论和基本实践的十二条原则，阐明了邓小平理论的主要内容。1992 年初邓小平“南方谈话”发表，对经常困扰和束缚人们思想的许多重大思想理论问题，作出了鲜明表述，更加清晰了邓小平理论的主线和轮廓。改革开放的力度大大加强，掀起新的创业高潮。

第四，理论进一步丰富和发展的阶段（1992～1997 年）。把建立社会主义市场经济体制的基本原则加以系统化、具体化的是 1993 年的《关于建立社会主义市场经济体制若干问题的决定》（党的十四届三中全会通过），体制改革行动纲领有了。邓小平理论更丰富了。1997 年的中共十五大报告的标题就是《高举邓小平理论伟大旗帜，把建设有中国特色社会主义事业全面推向二十一世纪》，将邓小平理论正式与毛泽东思想一样，写到中国共产党的党章中；报告的第三部分，专题阐述了“邓小平理论的历史地位和指导意义”。

2013 年习近平在一次讲话中这样评价邓小平理论：“邓小平同志开创了中国特色社会主义，第一次比较系统地初步回答了在中国这样经济文化比较落后的国家如何建设社会主义、如何巩固和发展社会主义的一系列基本问题，用新的思想观点，继承和发展了马克思主义，开拓了马克思主义新境界，把对社会主义的认识提高到新的科学水平。”① 在肯定“中国特色社会主义”红色经济理论的同时，也标志着红色管理新理论：新时代中国特色社会主义思想的萌芽。此外，习近平在 2014 年还高度评价了“九二”历史贡献：“邓小平同志在一九九二年提出，再有三十年的时间，我们才会在各方面形成一整套更加成熟更加定型的制度。”② 很显然，中国特色社会主义的道路更坚定、制度趋成熟的同时，也透露出中国道路自信、理论自信、制度自信和文化自信的第三个红色管理新时代即将到来。

从红色管理角度分析，邓小平理论的历史性价值就在于迷局中吹散迷雾、指明方向。这里分析的重点也就放在这一理论是怎样让全党全军全国人民都从内心里认同、接受，并心甘情愿投入改革开放洪流中去的。

改革开放带来的第一个思想冲击，是允许私有化究竟是社会主义、还是资本主义？这个问题一直困扰着 20 世纪 80 年代人们的思想，所以那个

---

① 习近平：《在新进中央委员会的委员、候补委员学习贯彻党的十八大精神研讨班上的讲话》，(2013 年 1 月 5 日)，人民日报 . 2013 年 1 月 6 日。

② 习近平：《切实把思想统一到党的十八届三中全会精神上来》（2013 年 11 月 12 日），《求是》，2014 年第 1 期。

时候，政策收收放放，又放放收收，谁也不敢大步走，抓“投机倒把”的行动也让底层百姓的致富之路十分坎坷，用邓小平同志的话来说就是“改革开放迈不开步子，不敢闯，说来说去就是怕资本主义的东西多了，走了资本主义道路”，顾虑重重。于是邓小平指出：“要害是姓‘资’还是姓‘社’的问题。判断的标准，应该主要看是否有利于发展社会主义社会的生产力，是否有利于增强社会主义国家的综合国力，是否有利于提高人民的生活水平”①。这就一下明确了判断标准，这才有“允许个体经济发展，还允许中外合资经营和外资独营的企业发展，但是始终以社会主义公有制为主体”② 的论断，强调“计划和市场都是经济手段”，明确“一个公有制为主体，一个共同富裕，这是我们所必须坚持的社会主义的根本原则。我们就是要坚决执行和实现这些社会主义的原则。”③ “我们允许一部分人先好起来，一部分地区先好起来，目的是更快地实现共同富裕。”④ 过程中又有人浑水摸鱼，“全盘西化”论以“自由化思潮”方式出现，邓小平一针见血地指出：“某些人所谓的改革，应该换个名字，叫作自由化，即资本主义化。他们‘改革’的中心是资本主义化。我们讲的改革与他们不同，这个问题还要继续争论的。”⑤ “全盘西化”思潮得到有效遏制，却时不时沉渣泛起。但有邓小平理论在，终难成气候。

在学术研究领域，西化论者对于中国文化、中国管理是一直强力否定的，甚至抛出中国文化只有思想没有方法难以落实的论调，与中国共产党早年出现过的教条主义如出一辙的是，研究范式只能是西式的，研究方法必须是模型的、数学的。

对此，有必要廓清：其一，一切人为的事物都会有主观的成分，西学只是把主观意愿性事物转换量化而已，而且其量化过程许多环节仍然是主观的，比如“效用理论”，比如“弹性理论”，比如“行为理论”……其二，就管理本身而言，如果能让被管理者主观上感受到满意、快乐、成就和幸福感等，这样的管理应该不会比不上数据、模型、工程体系、方程理论的价值。其三，中国管理并不排斥量化管理、模型表述，关键在于是否需要，哪种更合理、更妥当；何况中国管理学并不缺乏量化管理的内涵，关键是因地制宜实事求是。

---

① 《邓小平文选》（第3卷）（中共中央文献编辑委员会编），人民出版社1993年版，第372页。
② 《邓小平文选》（第3卷）（中共中央文献编辑委员会编），人民出版社1993年版，第110页。
③ 《邓小平文选》（第3卷）（中共中央文献编辑委员会编），人民出版社1993年版，第111页。
④ 《邓小平文选》（第3卷）（中共中央文献编辑委员会编），人民出版社1993年版，第172页。
⑤ 《邓小平文选》（第3卷）（中共中央文献编辑委员会编），人民出版社1993年版，第297页。

邓小平曾指出，“现在中国反对改革的人不多，但在制定和实行具体政策的时候，总容易出现有一点留恋过去的情况，习惯的东西就起作用，就冒出来了”① 目前，学术界尤其是管理学界，也遇到的类似情况，习惯了西方管理学，对本土管理理论的崛起打压之。还是用邓小平同志针对1989年政治风波所指出的来表达中国本土管理理论研究者的态度：“动乱给我们上了一堂大课。多年来，我们的一些同志埋头于具体事务，对政治动态不关心，对思想工作不重视，对腐败现象警惕不足，纠正的措施也不得力。腐败现象很严重，这同不坚决反对资产阶级自由化有关系。”② 为此，告诫人们“资产阶级自由化泛滥，后果极其严重。”③ 一样的道理，管理理论，包括其他领域的理论，“全盘西化”很危险。

3. 新时代的红色管理思想

2009年在五四运动90周年、中华人民共和国成立60周年之际，习近平参加了中央党校秋季开学典礼，并作了重要讲话，其中提到：“这60年我们党在执政为民的全部工作中，取得了举世瞩目的成就。”“一百多年来中华民族苦苦求索的民族复兴，在中国共产党的领导下正在逐步变为现实”④，这预示着中华民族伟大复兴新时代正一步步走来。

2012年11月习近平在党的十八届一中全会与中外记者见面会上，把新的中央领导集体的使命概括为：对民族的责任、对人民的责任、对党的责任。2012年11月党的十八大确立了强国之路，红色中国进入发展新时代——民族崛起、国家强盛的伟大新时代。

新时代重大历史命题，就是该坚持和发展什么样的中国特色社会主义、怎样坚持和发展中国特色社会主义。经过理论探索、实践总结，深刻认识了共产党执政规律、社会主义建设规律、人类社会发展规律，系统地总结出这一重大成果，即“习近平新时代中国特色社会主义思想”。2017年10月，中共十九大将这一思想成果写入党章，2018年3月11日经第十三届全国人民代表大会第一次会议通过，这一思想成果又写入《中华人民共和国宪法》。百年红色管理，中国共产党把马克思主义与中国具体实践相结合，高度重视理论创新和思想建设，高度重视实事求是和实践检验，从革命战争到经济建设到新时代，与时俱进动态充实、发展着红色理论。这一红色新思想，有三个关键词：新时代、中国特色、社会主义，既有各

---

① 《邓小平文选》（第3卷）（中共中央文献编辑委员会编），人民出版社1993年版，第228页。

② 《邓小平文选》（第3卷）（中共中央文献编辑委员会编），人民出版社1993年版，第325页。

③ 《邓小平文选》（第3卷）（中共中央文献编辑委员会编），人民出版社1993年版，第380页。

④ 《习近平在中央党校2009年秋季开学典礼上的讲话》，中国新闻网。

自独特的意义，结合在一起成为新时代红色管理的新理论体系。

“新时代”，党的十九大定义“是承前启后、继往开来、在新的历史条件下继续夺取中国特色社会主义伟大胜利的时代，是决胜全面建成小康社会、进而全面建设社会主义现代化强国的时代，是全国各族人民团结奋斗、不断创造美好生活、逐步实现全体人民共同富裕的时代，是全体中华儿女勠力同心、奋力实现中华民族伟大复兴中国梦的时代，是我国日益走近世界舞台中央、不断为人类作出更大贡献的时代。”① 显然，这是国家强盛、人民幸福的强国时代，“红色强国”，中国进入新的历史方位，复兴中崛起于世界之巅。

“中国特色”，是五千年中华文明特色，百年红色管理特色。红色革命、红色建设、红色经济，都是引进国外理论，与中国国情相结合；红色强国，也是赓续红色根脉（基因）、传承红色文化（历史），不排斥西方理论，核心是新时代中国特色社会主义思想，体现在中国共产党的领导，坚持社会主义不动摇，“总体布局是‘五位一体’（指经济建设、政治建设、文化建设、社会建设和生态文明建设五位一体，全面推进）、战略布局是‘四个全面’（即全面建设社会主义现代化国家、全面深化改革、全面依法治国、全面从严治党），强调坚定（‘四个自信’）道路自信、理论自信、制度自信、文化自信。”所以，“必须坚持以人民为中心的发展思想，不断促进人的全面发展、全体人民共同富裕”，并且“建设一支听党指挥、能打胜仗、作风优良的人民军队，把人民军队建设成为世界一流军队”来保卫国家、保护人民，在世界上“推动构建新型国际关系，推动构建人类命运共同体。”②

“社会主义”，其社会制度是尊重人民诉求，在发展生产力基础上缩短并消灭两极分化，实现共同富裕。中国特色社会主义，是在中国共产党领导下，先是红色革命，把马克思主义与中国实际相结合，推翻旧制度、旧统治；然后红色建设，将马克思主义中国化，进行社会主义改造和建设；改革开放发展生产力，开展红色经济建设。建设有中国特色的社会主义，20 世纪 80 年代就提出来了，到 2017 年 10 月 18 日，习近平所作的党的十九大报告明确为“新时代中国特色社会主义”，“全面深化改革总目标是完善和发展中国特色社会主义制度、推进国家治理体系和治理能力现代化”，“全面推进依法治国总目标是建设中国特色社会主义法治体系、建设

---

①② 习近平：《决胜全面建成小康社会 夺取新时代中国特色社会主义伟大胜利——在中国共产党第十九次全国代表大会上的报告》（2017 年 10 月 18 日），中华人民共和国中央人民政府网。

社会主义法治国家”①。用事实昭示社会主义制度的优越性。

中华民族进入伟大复兴的强国新时代。“一带一路”，亚洲投行，G20杭州峰会中国亮相世界；中国GDP进世界10万亿美元俱乐部，高速公路12万公里（世界52%），高铁2万公里（世界60%），钢铁产量16亿吨（世界一半），中国基建之名扬全球；西气东输、南水北调、三峡大坝、西藏天路等宏伟工程，中国天眼、北斗卫星、神舟飞船、量子卫星等中国科技，辽宁航母、东风21D、中华神盾、万吨大驱等军事国防力量，无不展现着中国能量和威力；和平方舟、疫情支援的国际主义精神，青山绿水、蓝天白云的环境治理成绩；无不显示出新时代中国特色社会主义道路的正确性。中华走在民族复兴的强国之路上。

管理的对象是人，事是人的事，物是人的物，财务、流程、信息等都是人在主导，人的事务必与心有关，心如何能用数字来衡量，心的变动如何能用模型表示清楚。人心，是人世间最活跃的又是最不可捉摸的变量，而且除非本人愿意，否则永远无法计算出这个变量什么时候变、怎样变、变动力多大、会变出什么样的结果，无论计算能力多强、计算方法多优秀、计算工具多先进；更何况无论是组织管理还是社会管理，管理的一切手段不只是针对特定的一个人，人自身在变、成员在变、人数在变，自然环境、组织环境和社会环境都不会是固定不变的。显然，只依赖量化管理、迷信数学模型，一定不是管理的正道，更不会是适合中国本土的管理。当然，正因为人心的多变性、事物存在与运动变化的多变性，决定了管理的多样化、管理的时代性。所以心和管理并不排斥量化管理，毕竟一些事物可以通过量化管理减少工作量、促进绩效、规范流程，如仓储管理、生产管理、质量管理、销售管理等，当然，凡是涉及量化管理的，一定是较少或者不会受主观影响的那一部分内容。而人的管理、心的引导，必须以红色管理理论为指导，必须提炼红色管理的路径与具体方法。

红色革命，争取人心而浴血奋战，实现了以弱胜强，革命成功；红色建设，上下一心，全心全意为祖国、为人民作奉献；红色经济，全国人民一心一意发展经济；红色强国，不忘初心，坚持真理，实干兴邦。中华民族伟大复兴的中国梦，着眼于鼓人心、得民心，各民族团结一心，继续“以人民为中心”这一新时代思想灵魂，实现共和国目标。

---

① 1982年9月1日，邓小平在《中国共产党第十二次全国代表大会开幕词》中提出“把马克思主义普遍真理同中国具体实际结合起来，走自己道路，建设有中国特色的社会主义，这是我们总结长期历史经验得出的基本结论。”此后，各任领导人都有提及，从“有中国特色的社会主义”到去掉“的”，再到去掉“有”。

从管理学解读，这就是红色的人心管理，这就是红色的双和管理。

三、新时代的强国红色管理

孙中山领导辛亥革命终结了君主统治历史，开启了进步闸门，可惜未能遏止国运颓势，留下了“革命尚未成功，同志仍须努力”的遗训。在时局动荡的艰难时期，历史选择了中国共产党，仅仅一百年，中华民族、中国人民站起来了、富起来了，正走在伟大复兴的征途上。习近平说“经过长期努力，中国特色社会主义进入了新时代，这是我国发展新的历史方位。”① 经历红色革命让中华民族站起来，改革开放让中华民族富起来两次伟大的飞跃之后，已经迎来并进入了强起来的新时代——中国特色社会主义新时代，这是中国走社会主义道路的第三次飞跃，是科学社会主义在中国的强大生机活力，是充满自信的中国特色社会主义道路、理论、制度、文化，给世界贡献出的中国智慧，提供出的中国方案。

1. 习近平新时代中国特色社会主义思想简述

从管理角度说，能做让组织内的成员从内心里真正站起来、富起来、强起来，那是最符合人心的管理。学习红色管理，最重要的也是这一点。心和管理也讲利益，但不是个人的利益，不是巧取豪夺的利益，从执政党管理、国家管理的角度说是人民利益，是协和社会带给所有人的共同利益，这才是协和法则与丛林法则最根本的区别。管理是相通的，组织管理、家族管理皆如此，所以中国文化讲修身、齐家，而后治国、平天下。

在这个“强起来”的中国特色社会主义新时代，中国需要新的理论、新的思想指导。习近平 2012 年时这样说：“应该看到，中国特色社会主义制度是特色鲜明、富有效率的，但还不是尽善尽美、成熟定型的。中国特色社会主义事业不断发展，中国特色社会主义制度也需要不断完善。”新时代之“新”，一定包括“我们要坚持以实践基础上的理论创新推动制度创新，坚持和完善现有制度，从实际出发，及时制定一些新的制度，构建系统完备、科学规范、运行有效的制度体系，使各方面制度更加成熟更加定型，为夺取中国特色社会主义新胜利提供更加有效的制度保障。”② 党的十九大把“习近平新时代中国特色社会主义思想”确立为党必须长期坚持的指导思想，并写入党章，同时提出“八个明确”和“十四个坚持”。

---

① 习近平：《新时代中国特色社会主义思想学习纲要》，转引自中国共产党新闻网—理论。

② 习近平：《紧紧围绕坚持和发展中国特色社会主义学习宣传贯彻党的十八大精神》（2012 年 11 月 17 日），人民日报，2012 年 11 月 19 日。

这是新时代的道路、新时代的制度、新时代的理论，也是新时代的红色文化。

“八个明确”① 是指：明确坚持和发展中国特色社会主义，总任务是实现社会主义现代化和中华民族伟大复兴，在全面建成小康社会的基础上，分两步走在本世纪中叶建成富强民主文明和谐美丽的社会主义现代化强国；明确新时代我国社会主要矛盾是人民日益增长的美好生活需要和不平衡不充分的发展之间的矛盾，必须坚持以人民为中心的发展思想，不断促进人的全面发展、全体人民共同富裕；明确中国特色社会主义事业总体布局是“五位一体”、战略布局是“四个全面”，强调坚定道路自信、理论自信、制度自信、文化自信；明确全面深化改革总目标是完善和发展中国特色社会主义制度、推进国家治理体系和治理能力现代化；明确全面推进依法治国总目标是建设中国特色社会主义法治体系、建设社会主义法治国家；明确党在新时代的强军目标是建设一支听党指挥、能打胜仗、作风优良的人民军队，把人民军队建设成为世界一流军队；明确中国特色大国外交要推动构建新型国际关系，推动构建人类命运共同体；明确中国特色社会主义最本质的特征是中国共产党领导，中国特色社会主义制度的最大优势是中国共产党领导，党是最高政治领导力量，提出新时代党的建设总要求，突出政治建设在党的建设中的重要地位。这“八个明确”，是理论层面的高度概括和凝练，集中反映着中国共产党对科学社会主义在当今时代的理论思考和理论贡献。同样，也是新时代红色管理的指导思想和理论贡献，是中国本土管理学创建的提纲挈领式理论。

“十四个坚持”② 是指：坚持党对一切工作的领导，坚持以人民为中心，坚持全面深化改革，坚持新发展理念，坚持人民当家作主，坚持全面依法治国，坚持社会主义核心价值体系，坚持在发展中保障和改善民生，坚持人与自然和谐共生，坚持总体国家安全观，坚持党对人民军队的绝对领导，坚持“一国两制”和推进祖国统一，坚持推动构建人类命运共同体，坚持全面从严治党。这“十四个坚持”，是党的工作或者说是新时代红色管理的基本方略，是实践层面、方略层面的具体要求。其内容在布局上包含坚持党的领导和经济建设、政治建设、文化建设、社会建设、生态文明建设“五位一体”总体布局，全面建成小康社会、全面深化改革、全面依法治国、全面从严治党“四个全面”战略布局；在国防外交上包含国

①② 习近平：《新时代中国特色社会主义思想是党和国家必须长期坚持的指导思想》转引自共产党员网。

防和军队建设、维护国家安全、对外战略；总体来说，“十四个坚持”涵盖此前提出的党的基本纲领、基本经验、基本要求，是对党的治国理政重大方针、原则的最新概括，是实现“两个一百年”奋斗目标、实现中华民族伟大复兴中国梦的实践要求，处处体现出“心和”观念，包括党心、民心、军心以及人民利益、国家利益，包括“人与自然和谐共生”“构建人类命运共同体”之“和”，这是新时代红色管理的重要准则和行为方式。

2. 红色强国管理内涵提炼

新时代红色强国管理，从科学方法论说还需坚定“八个坚持”①，即坚持实事求是、坚持战略定力、坚持问题导向、坚持全面协调、坚持底线思维、坚持调查研究、坚持抓铁有痕、坚持历史担当。这是马克思主义思想方法和工作方法在新时代的应用，互相之间紧密联系、环环相扣，既有中国文化所擅长的观大势、揽全局的战略视野，又有红色管理实事求是强化问题意识的现实导向；既体现出协和文化、智慧文化的强调统筹协调、谋定后动，又展示出求真务实、低调内敛的强调空谈误国、实干兴邦；既是思想上的世界观、历史观，又是行动中的认识论、方法论；为推进党和国家事业发展提供了锐利思想武器，为新时代坚持和发展中国特色社会主义提供了科学方法论指引。也就是既讲是什么、怎么看，又讲怎么办、怎么干；既部署“过河”的任务，又指导解决“桥或船”的问题的“坚持”。

中国仁人志士几千年来孜孜以求的理想，也有为人民谋幸福、为民族谋复兴、为世界谋大同的。不同的是，古代贤人的理想一直未能实现，只有中国共产党一步步实现中。中国共产党98岁生日的时候，开展了“不忘初心、牢记使命”主题教育，“党的初心和使命是党的性质宗旨、理想信念、奋斗目标的集中体现，越是长期执政，越不能忘记党的初心使命”②。同时强调人民是历史的创造者、人民是真正英雄的唯物史观，彰显出以人为本、人民至上的价值取向，彰显出立党为公、执政为民的理念。总之，中国共产党坚守为人民谋幸福的初心，坚持人民主体地位，坚持一切依靠人民，这样的“民本思想”，洞察时代风云，把握时代脉搏，引领时代潮流，为推动构建人类命运共同体、维护人类共同利益和共同价值而努力。初心不变，是习近平新时代中国特色社会主义思想的一个基础点。

---

① 《深刻理解习近平新时代中国特色社会主义思想的科学体系》，《求是》2019年14期，转引自求是网。

② 《守初心不忘本 担使命做先锋》，《求是》2019年13期，转引自求是网。

从心和管理角度看，洗心、炼心、洁心，锻炼心志、锤炼品格，是红色管理永恒的主题，以永葆党的先进性和纯洁性。习近平总书记提醒说，“我们千万不能在一片喝彩声、赞扬声中丧失革命精神和斗志，逐渐陷入安于现状、不思进取、贪图享乐的状态，而是要牢记船到中流浪更急、人到半山路更陡，把不忘初心、牢记使命作为加强党的建设的永恒课题，作为全体党员、干部的终身课题”①。组织上入党一生一次，思想上入党须一生一世，要不断地诚意正心、不断地修身炼心，提升共产党员的修养，锤炼忠诚干净担当的政治品格。

红色革命时代，无论是自己人还是敌人，都承认共产党人是用特殊材料制成的，这特殊材料，不在形而在心，不在物质力量而在精神力量，是对初心和使命的执着坚守，是对马克思主义的信仰、对社会主义和共产主义的信念，是对中华民族、中国人民深厚的浓得化不开的感情，是对党坚贞不屈的忠诚。可是现在“一些党员干部理想信念动摇、信仰迷茫、精神迷失；有的对共产主义心存怀疑，不信马列信鬼神，甚至向往西方社会制度和价值观念，对社会主义前途命运丧失信心；有的是非观念淡薄，浑浑噩噩过日子，在政治性原则性问题上态度暧昧、消极躲避，等等。这些现象和问题，归根到底是在理想信念上出了问题，忘记了初心，丢了魂、忘了本。”② 为此，针对新时代红色管理的“四种危险”：精神懈怠的危险、能力不足的危险、脱离群众的危险、消极腐败的危险；明晰“四大考验”：执政考验、改革开放考验、市场经济考验、外部环境考验；培育“四个意识”：政治意识、大局意识、核心意识、看齐意识；以纯洁党员思想、提高党员质量，让共产党人继续拥有特殊材料。

这样的特殊材料才称得上是忠诚、干净、担当的政治品格。从数量上看，中国共产党已拥有450多万个基层组织，9000多万名党员，无疑是世界上最大的执政党。数量不等于质量，党建管理的永恒主题是锤炼党性、修养党性，保持党和党员的纯洁性。

3. 炼红心塑文化管理理论

加强红色管理，修炼一颗红心，重塑文化自信。建设管理学，脱离不了管理哲学、管理思想、管理观念、管理风格、管理技法等内涵。“意识形态工作是党的一项极端重要的工作，是为国家立心、为民族立魂的工

---

① 《守初心不忘本 担使命做先锋》，《求是》2019年13期，转引自求是网。

② 《锤炼忠诚干净担当的政治品格》，《求是》2019年13期，转引自求是网。

作"① 文化就是一个国家、一个民族的灵魂，故文化自信是一个国家发展进步的不竭源泉，是一个民族最动人的精神底色。中华民族有着悠久的历史，有着深厚的民族信念，文化积淀极为丰厚，这种悠久、深厚、丰厚是无可比拟的。有容乃大的中国文化不排斥世界上一切优秀文化，但根本不变、核心不变、文化基因不变，让中华民族站起来、富起来、强起来的文化根蒂不变，特别是社会主义、中国特色社会主义、新时代中国特色社会主义思想建设，既是对马克思主义在中国的运用，也是中华5000多年灿烂文化的厚积薄发，形成今天实现中华民族伟大复兴势不可挡的磅礴力量。也正因为有着这样的底气，习近平说："当今世界，要说哪个政党、哪个国家、哪个民族能够自信的话，那中国共产党、中华人民共和国、中华民族是最有理由自信的。"② 自信而实事求是。

习近平新时代中国特色社会主义思想还有一个重要内容：生态文明。有两个观点非常重要，一是坚持人与自然和谐共生；二是绿水青山就是金山银山。前一个观点与天人合一思想密切相关，后一个观点与农耕文化有一定内在联系。"天人合一"思想源于庄子说的"天地与我并生，而万物与我为一"（《庄子·内篇·齐物论》）。说的是人是自然的一部分的道理，易理则直接说明，天之道在于"始万物"，地之道在于"生万物"，人之道在于"成万物"；说得明白一点，天地生成，人来实现。而今，习近平说："自然是生命之母，人与自然是生命共同体，人类必须敬畏自然、尊重自然、顺应自然、保护自然。"③ 这就是国学，几千年前有说，几千年后有创新，核心具有一致性。尤其是经历过雾霾之害后再享受蓝天白云、天地洁净，更加证明了人与自然需要和谐共生的道理，中国辽阔的大地上，中国绿在不断拓展，美丽城市、美丽乡村遍布。绿色发展方式和生活方式成为中国人共识，建设绿色美丽家园成为各族人民的共同梦想。从农耕文明传承下来的文化，本就以土地为根、以绿植为本，"我们既要绿水青山，也要金山银山。宁要绿水青山，不要金山银山，而且绿水青山就是金山银山。"④ 把经济发展和生态环境保护的关系阐述得明白而透彻。新时代的中国乡村，美丽得让城里人特别喜欢"上山下乡"。

如果说文化自信、生态文明体现出新时代红色管理的文化内涵、文明

---

① 人民日报评论员：《建设具有强大凝聚力和引领力的社会主义意识形态》，《人民日报》2018年8月30日4版。

② 《文化自信是更基本更深沉更持久的力量》，《求是》2019年第12期。

③④ 习近平：《新时代中国特色社会主义思想学习纲要·十三、建设美丽中国——关于新时代中国特色社会主义生态文明建设》，《人民日报》2019年8月8日06版。

本色，那么强军强国防，就是具体的管理实践，一如红色革命时代的建军整军、红色经济时代的祖国卫士、红色强国时代的强军强国。无论实现祖国完全统一，还是维护国家主权、安全、发展利益，都离不开把人民军队全面建成世界一流军队。所谓“强国必须强军，军强才能国安”。其中“坚持党对人民军队的绝对领导”，是人民军队建设重要法宝，一以贯之于“枪杆子里面出政权”，让军队这一“国之大柄”牢牢掌握在党的手中、人民手中，以此建设一支听党指挥、能打胜仗、作风优良的人民军队。这就是说，军心与党心、民心一样，祖国为上、民族为本。军队思政工作，也在新时代发展与充实着，成为红色管理体系的核心内容、核心力量。

第八章　心和管理学心法体系

心和管理学，“人心”是关键，极为注重心法修养。心法，指通过本心感悟、深透事物核心的方法；佛教指以心相印证的传授之法（非经典传授）；儒家则指对文明始祖、文化先圣流传下来的经典如治国之道、修养之法、发展之路、成就之行等的用心感悟与把握，是谓心灵觉悟法。国学体系心法频出，儒学有“儒家心法”（孔子心法），道学有“道家心法”，佛教有“佛家心法”，武学有“武功心法”等。“心法”是显明中国特色的管理元素。

心法流传，说明国学对“心”的观念、“心”的认定、“心”的思维所要表达的方式方法的重视。心中有法，方向得明、行为有序、张弛有度。心和管理学重要理论之一就是心的法则、心的法度、心的法术、心的法宝之管理意义。本章侧重国学管理，着力于“十六字中华心法”、春秋“管子心法”、孔门“七证修心法”以及王守仁“心学四诀”等，构建心和管理学的心法体系。红色管理理论包含的心法，另行探索、提炼。

第一节　心和管理学中华心法

一、尧舜禹孔儒心法传承

1. 远古帝王传承中华心法

国学中有许多心法传承，佛学中，既有佛家心法，如心王法、心所有法等；也有佛家气功心法：“凝心入定，住心看净，起心外照，摄心内证。”但一般人们将这样的“气功心法”当作修养身心、以养生心法用之。从管理学上看，主要体现在定心、静心、净心上。而道学中，道家的精辟功法就更多了，如《道家心法十诀》《道家气功心法》《道家静坐十二心法》等。例如，《道家心法十诀》是“德、养、心、善、无、少、静、寡、淡、忘”，其中心字诀是说明“万法唯心”“万道唯心”；而其他虽未直接用“心”字，却字字与心字关联，“德”之德心仁厚、明心见性，“养”之养心蓄气、安心聚精，“善”之善心德行、清心善事，“无”之无法无境、无心无相，“少”之精心少虑、福心少漏，“静”之静心生慧、闹中得静，“寡”之寡言寡视、寡心寡欲，“淡”之心淡皆淡、皆淡皆安，忘之忘记万物、养心养性。道家心法，内容丰富，表述不一，大体内涵不变，归结为“修身养性”。

真正被称为“中华心法”的，是中国古代帝王尧舜推位让贤时相传的十六字心法：“人心惟危，道心惟微；惟精惟一，允执厥中”（《虞书·大禹谟》）。这十六个字，自尧开始，尧舜禹汤代代相传，一个个都成为有道明君。凡治国者对这十个字都有极高的评价与认同。在阐述其意义之前，须先了解一下这十六字心法的渊源，以便现代人深入理解心法意义。

此事与轩辕黄帝和尧舜有关。据传，自黄帝始，一代代传帝位时（或者说上古时期部落联盟首领传位，但后人统称这些先人为帝），都有心法传承。黄帝之后是少昊（白帝），再接班的是颛顼，颛顼传位帝喾，帝喾传位儿子尧，尧因封于唐地，故称“唐尧”。显然黄帝与唐尧中间隔着三代人：少昊、颛顼、帝喾，这三代不一定是直系祖、父、孙关系，但从黄帝角度说都是黄帝的后人。少昊是黄帝长子（说法之一），颛顼是黄帝孙子，帝喾是黄帝的曾孙。所以说，尧的高祖是黄帝，但曾祖是玄嚣、祖父是蟜极，未即位，到尧的父亲帝喾即位，再传于尧。所以，这一路传承下来，可以肯定的都是黄帝之后。

唐尧能越过他的几位先祖，与高祖黄帝并立而成为华夏圣君明君，除了他在位 70 年治理的丰功伟绩外，还有一个重要原因是他开创了帝位禅让制。他发现自己的儿子丹朱凶顽不可用，感到权柄不能移交给他，因此与四岳①商议拟禅让帝位。在远古皇族（王室）“父死子继、兄终弟及”的“家天下”观念下，这一行为是对“血统继位制”一个巨大的突破，后人评价非圣不可为也。事实上，这是一个渐进的过程，黄帝之前都必须是嫡长子继位，黄帝始则是在皇族（王室）中选择合适的人继位，而非嫡系长子继位，这是一种非血统的或称“拟血统”的王位继承制。到唐尧，就实现了禅让制。

四岳商议向尧推荐的接班人是舜。有人说，舜虽不是尧的后人，但也

① “四岳”有多种解释，一说是唐尧的臣子，一说是羲和四子，还有说是分管四方的诸侯。到底是指一人还是指四人，都没有定论，能肯定的，四岳是中国上古传说人物。

是黄帝之后，所以还是换汤不换药。这就有些强词夺理了，因为有虞氏舜，是颛顼的七世孙，颛顼是黄帝孙子，这样算起来舜距黄帝九世。即使按照亲戚算起来也已出五服（天子、列国侯服、绥服或宾服、要服、荒服，一服五百里；从宗系排列，是高祖父、曾祖父、祖父、父亲、自身五代）。显然，尧先舜接班，是真正意义上的禅让。如果说是黄帝后人，华夏民族都是炎黄子孙。

尧让舜接班，经历了一系列考察：先是将两个女儿娥皇女英嫁给舜，以考察其本性及“齐家”之道，获得了尧的首肯；然后再专门派舜负责推行德教的工作，以考察其德性，舜在这一工作中，用“五典”教导臣民——即用父义、母慈、兄友、弟恭、子孝这五种美德指导人们的行为，首开家庭美德与国家（部落）治理结合起来之先河，得到尧的赞许；尧又让舜总管百官，考察其处理政务能力（百事振兴，井井有条）；再让舜负责接待四方前来朝见的诸侯，考察其外交与容人能力，结果诸侯们皆能和睦友好，舜的管理能力得到充分展现；最后，尧让舜独自去森林中，考察其生存能力和意志力。舜做到了在暴风雨的森林中不迷失，以极强的生命力和坚定无比的意志力通过了生死考验。最终，尧对舜十分满意，将王位禅让于舜；禅让后退居避位，直至二十八年后去世。这应该是中国历史上最早的民主制度的反映。

唐尧禅让王位、移交权力的同时，也给虞舜传了四个字，即“允执厥中”。所以舜即位后，仍然亲身参与耕田、打鱼、制陶。国家大事，他仿照尧通过部落联盟会议，民主讨论，完善了社会管理制度。舜到晚年身体不好，于是也召开继位人选民主会议，大家推举禹来做继承人。而他自己则病死在去南方巡视的途中苍梧（今湖南省境内）。

舜帝在位六十一年，采用禅让制把君位禅让给禹，同时也传了为帝之心法，原本四个字扩大到“十六字中华心法”。据记载，虞舜禅让大禹时，除了《心法》，还有《心传》。所谓《心传》，就是对《心法》本义作解释，并将阐述自己的领悟和实践过程中的感悟成果。

2. 东周心法传承心传失落

作为国家治理秘学的心法传承，到了禹之后出现波折。大禹原本也是采用禅让制把君位禅让皋陶，但皋陶病死了，于是再定继承人为伯益。大禹死后伯益继位，结果大禹的儿子夺了伯益的君位。启的上位，标志着禅让制被废除，即自启开始而创世袭制。这一系列眼花缭乱的变化中，心法传承也随之发生变化。史书只是笼统地说禹又传商汤，再传至周文王、周武王、周公（文王四子）。这至少说明禹没能把心法传给启，夏朝被成汤

（帝喾十五世孙）所灭而建商朝，心法到商汤手中应该是王室资料的留存，西周文王应该也是如此得之。

周公后，由于历史资料散落、失佚，已无法知道是否在帝位传承时依然有心法传承，王室历史也不见记载。这“十六字中华心法”转了一个方向，从治国角度转入文化领域，周公传老庄（老子、庄子）、孔子，孔子传颜回、曾子，曾子传子思（孔子之孙），子思传孟子（史书的一个大体说法，没有具体传承过程）。也就是说，东周时是文化人继承了心法。当然，诸子百家传“中华心法”仍是从治国理政角度论的，但诸子非王权掌握者，只能是治国之道的论述而非最高权力者的传承，也就只是作为文化内涵流传后世。

东周天子有名无实，各诸侯称王立国，天子（包括诸侯）传位时无“心法”和“心传”传承。“十六字中华心法”周公时期应该还有文字记载，但所谓“周公传老庄”只是一个“传”法了，不太可能是本来意义上帝位传承时的心法相传。有可能是老子、庄子或孔子等学习时学到的，或在旧文稿中发现的，但也只是这十六个字，而没有具体“心法”解析的“心传”，如此，诸子百家的各位先贤们也只有各自领悟、各有所成而各传各的。

儒家学派自孔子始，各名家皆有心法，如“孔子心法”“孟子心法”“阳明心法”等。“孔子心法”重仁义道德之“仁”；仁，“二人是也，是彼此之间“心”的关系（真心、诚心、清心、孝心等谓之“仁”，反之为不仁），“人心双和”即此意。“孟子心法”重“持心养气”，持“四心”养“四气”：“恻隐之心，仁之端也；羞恶之心，义之端也；辞让之心，礼之端也；是非之心，智之端也”（《四书五经・孟子・公孙丑上》）。有仁、义、礼、智四端，便养出充天塞地、至大至刚的浩然之气。儒家心法不是“中华心法”。但“十六字”从孔子传弟子，弟子再传弟子，到孟子，“中华心法”成了儒家文化一部分。

故后人也有将“十六字中华心法”称为儒家“十六字心法”。这一古先圣的治国之心法（或者叫帝王之道），就成为五千年治国的哲学文化层面传承下来了。没有了“心传”的“心法”也就只是十六个字。孟子之后，真正领会此“心法”者越来越少，对此重视的也就越来越少，帝位传承时也不再有“心法”代代相传，这是一种遗憾。幸好，文化层面流传下来了，今人可以从中一窥古圣贤治国之本、管理之道，获得启示与借鉴。

3. 悟心法宋明创理学心学

距东周 1000 多年后的宋朝，科举制度完备，出身寒微者可通过科举而进仕；三国两晋时期涌现的门阀势力消失，经历唐朝文化灿烂之后，宋朝再次出现了文化繁荣昌盛景象。文学上有欧阳修、梅尧臣、苏氏父子、黄庭坚等名传千古的文人骚客，学问上出现程颐、朱熹等一大批官员兼学者创建、发展的“程朱理学”，陆九渊开创、明朝王守仁传承、集成、发展的“陆王心学”。中华心法也重新获得重视，宋儒们首次将之称为“十六字心传”，学问界称：陆王悟得一半“中华心法”而创心学；程朱悟得一半“中华心法”而创理学。

程颐认为“人心，私欲，故危殆；道心，天理，故精微。灭私欲则天理明矣”（《二程遗书》卷二十四）。朱熹说“道心”“人心”不是两个“心”，“只是一个心，知觉从耳目之欲上去，便是人心；知觉从义理（即仁义礼智）上去，便是道心”（《朱子语类》卷七十八），道心是天理，是“天命之性”；人心是天理与人欲相杂的“气质之性”，有善有恶，故要“革尽人欲，复尽天理”（《朱子语类》卷十三）。陆王心学后面另述，此不赘言。

国学本是“悟”的文化，儒家提倡“存心养性”，道家推崇“练心练性”，释家讲究“明心见性”。存之何心，练之何心，明之何心，在于“修”，在于“悟”；修为之高低，领悟之深浅，且看各人各时代之悟性。今天如何真正领悟出“中华心法”之新意，在各人的心德、心性和“养性”“练性”“见性”之中。有一点可以肯定，数千年来，中华心法成为了中华民族的至高文化理论，中华心法是华夏民族的密码，是中国文化的密码，它从人生哲学、教育哲学、创业哲学、健康哲学、国家哲学等多角度阐述了心法功能。

今天学习中华心法，当然不是复古，只是从中汲取有用的养分，为心和管理理论提供文化源头、理论依据，为心和管理学的创建，揭示中华文明的“心文化”内涵，为“人心管理”理论的构建，打开一条新的通道。在历史的肩膀上创新，可以站得更高走得更远。

这里，对“禅让制”作一点分析，有一种观点认为“禅让制”只是权力争斗的遮羞布。本书认为这种说法不妥。因为无论是尧舜禹汤本意是民主选拔接班人，还是权力争斗的结果，“禅让制”是客观存在。即使是因权力争斗不得不禅让，也说明哪怕是帝王，也有很多制约，不能随心所欲；在各种制约下实现了“禅让制”，那也是历史，何以说是遮羞布。启建立夏朝，意味着上古民主的结束，有阶级的社会出现。那也至少证明，上古时代是民主的，也就可以理解诸子百家为什么那么想着要“复古”、要“兴礼”。

另外，大禹之后启接位，还有一个说法，那就是大禹本意不想传位给启，因为涂山氏成亲四个月就生下了儿子启（意谓启不是禹的亲生儿子），所以才先立皋陶、后立伯益。那么那些推测禹立年纪大于自己的皋陶只是在为儿子启铺路的说法，也难以成立了。

二、“十六字中华心法”解析

1. 人心惟危感悟道心微妙

优秀的管理者、领导人，对“十六字中华心法”可以有自己独特的领悟，悟而正道，自是可以。中华心法前两句的八个字：“人心惟危，道心惟微”，字面直析，人心是十分危险的，道心是极其微妙的。解读这前一半心法，必须搞清楚这几个要义：一是“人心”“道心”的内在意义；二是为什么说“人心惟危”，危在哪里；三是为什么说“道心惟微”，微在何处；四是这两点表达了什么意义，何以能成为治国、存世之“心法”。

先理解“人心惟危”。人心，应该是人类面对世间万事万物而产生的本然心念。从这个角度理解，人之初，性本善还是性本恶已不是重点，而是人对待事物会产生什么样的心念才是关键，能产生善念便是“本善”，若产生恶念一定是“本恶”了。正因为善恶就在一念间，所以是“危”的。东汉·许慎《说文》是如此解“危”字的：“危，在高而惧也。”可见“危”的本义是因站在高处而感受到惧怕。“人心惟危”可直译为“人心居高思危”。

进一步理解，人心本身就是危险的，一念间，可善可恶、可高可低、可阴可阳，人往哪个方向行，行之快慢、远近，没有一个明确的标准。所以，最危险且最让人恐惧的是人心无法预计，人心不可掌控。而这种不可计、不可控包含着主客双方。“主”是本人、本方，面临不同环境心中欲望不一样，有时候连自己都无法预先掌控，对于容易受情绪左右的人、面临欲望缺乏自控力的人，其“危”就更高，这是中国文化为什么一直强调冷静潜心品质的原因之一。“客”在管理上有多方面，或是同事、下属，或是客户、合作者，甚至是对手、敌方，这本身已“危”，再加上人心不可把控，其“危”更高。居高思危有一定道理，因为心法本就是传授给帝位拥有者，身居高位不胜寒，心中有居高思危是基本要求，因为其无法预计、无法事先有效掌控的人心更广、危险性更高；高位带来的破坏力也是更为巨大。从这个角度说，一个领导者、高层管理者须懂得居安思危而收敛自心、保持谦虚，重视民心、真诚待人，谨言慎行、尽心尽职。对于管理的其他人，无论是管理者还是被管理者，也无论是管事为主还是管物为主，永远明白人心的变动性之强，从而也能居安思危。

再来看“道心惟微”。道心，则是人们修道、悟道中所获得的道法心念。“道”代表世间法则，“道心”就是追求世间法则至理之心，儒家将其概括为仁、义、礼、智、信“五常”。这就是说，道心，是人在社会生活与个人修养中体悟出来的那部分内涵，包括“道”——人世的法理法则，“心”——对道感悟、觉悟时的心念。若用儒学思想说明，就是对仁义礼智信的法则领悟及其心灵认定。领悟的深、领悟的细，还是领悟的浅、领悟的粗，全在人自身。而道心的真正价值，就在悟道的深刻细微处，即惟微也。

国学最为注重的就是悟道、明道、守道，“道心”是领悟、觉悟了多少道义，理解、明白了多少道理，坚守、落实了多少道行。“心”已经是无法预计、不可捉摸，再加上对这心中之“道”的多少、深浅、粗微的程度无法把握，“道心”之细微、之奥妙就更难把握了。而正因为“道”之“微”的程度，与前面“人心惟危”的“危”的程度，同样没有一条明晰的界线，只有看领悟之人的聪明水平、悟性高下及投入程度了。结果也只能仁者见仁、智者见智。可见，最细微最奥妙的道理，就在道的领悟、心的明白之中。不能悟道、明道，也就说不上懂道、守道；心中若无道，又何来道心；没有极其深入的参悟，怎能得道之微妙。

所以，“道心惟微”的真正意义，应该是人心悟道的深入程度、微妙程度，悟得越细越深越透，那么本人道行也就越高，所管理的单位就越优，所领导的国家就越强。那么，如何引导人心向善，也就在于道心是否得悟，道心能否深入细微处。

道心越胜，人心越善，道业越深；反之，亦然。

2. 危则精一秉持允执厥中

既然“人心惟危，道心惟微”，就须探寻解决之道。只提出问题而不给出问题答案，成不了传世绝学之心法。解心危、悟道心之途就在“中华心法”的后八个字：“惟精惟一，允执厥中”。这里“精”的本义指挑选过的好米，上等细米。所以，精，一方面是要选择过的，或者提炼出来的；另一方面是完美的，或是达到最佳的。气之最佳为精气，神之最佳为精神，诚之最佳为精诚，兵之最佳为精兵，意之最佳为精妙，依此类推，不一而足。

“一”，在中国文化中是非常奇妙的，既代表万事万物的起始，也表示“精”的最高境界，精到只有一，就很纯粹、很专一了。“一”之妙，就妙在不二，只此一，专攻一事或一物，决无旁骛；“一”之奇，就奇在以一起始、以一贯之，“一生二、二生三、三生万物”，而又大道惟一，大道归一。既然人心多变不可靠、人心难控藏危险，那么慎独很重要、内视很必要；自我管理中了解心之欲望是声色之欲，还是货利之欲，是盛名之欲，还是权利之欲……所有的欲望是合理的还是不合理的，是符合大道的还是违背大道的，很重要；而后“惟精惟一”，即找到最适合自己最完美效果的主攻方向，心无旁骛地、意志坚定地走下去。在治国理家对人的管理中，就要对人心作全方位的了解把握，之后“惟精惟一”，精挑细选出能悟透大道、其心专一、其攻精准的各种专业人才，安放在各个领域各个岗位上，使其发挥最佳最妙的作用，并且以道规范，使其可以专心在自己的领域发挥出最优价值。

既然道心极其微妙，而其细微奥妙的道义、道理，恰在自己内心的真正领悟、醒悟之中，那么，真正的国家治理、人员管理中，就要求“惟精惟一”，如《中庸》所讲的“博学之，审问之，慎思之，明辨之，笃行之。”这里的“之”，就是道心之“一”：博学此一，审问此一，慎思此一，明辨此一，笃行此一，只有如此专心一致，才能真正得悟其中之道。《大学》说的“八目”，即格物、致知、诚意、正心、修身、治国、平天下，讲的也是格此一物、致此一知、诚此一意、正此一心、修此一身、治此一国、平此一天下。修此“一”而达到“精”，于是，胸襟之间自有一股浩然正气，谦虚而不张扬，谨慎而不狂妄，好学而不吹嘘，自信而不张扬，清高而不傲慢，谦卑而不发飙。

人心再“危”，只要能聚精会神于“一”，便可文能安邦、武能定国；道心再“微”，只要能在细微处见奥妙，即可彰显真知，赢得人心。剩下要把握住的就是“允执厥中”。

从字面意义理解，“允执厥中”之“允”是一诺千金，表示诚信；“执”是抓住而坚持，表示遵守；“厥”本意是憋气而昏倒，这里是憋足全身之劲发力；尽全力，用于“中”，“中正”，中正之道、正确之路。所以，直白的解释就是真诚而守信地秉执遵守中正之道，从帝位禅让角度说，表示只有这样才能真正治理好一个国家。

针对人心是危险的，把握这一点的基础上修养道心，而修道至细微、精妙点，便是有得，一个微妙处一点得，十个微妙处十点得，心无止境、道无止境，修无止境，唯有把握住“惟精惟一”，修养境界才能高，如此再追求“允执厥中”，方有实现可能。

3. 中国诚信正道管理心法

《论语·尧曰篇第二十》有云：“天之历数在尔躬，允执其中。四海困穷，天禄永终。”这是尧帝首开让位制将帝位传给舜时说的话，意思是上天之命已落在了你身上，你就诚实地把握住中正之道，若是让天下百姓陷于困苦与贫穷，上天赐给你的禄位也就永远地终止了。这是传位时对帝王统治之道的谆谆告诫，“允执其中”与“允执厥中”的意义是一样的，所要表达的意思就是紧紧地守住一条治国基本原则：秉持正道。而“正道”的解释就在“四海困穷，天禄永终”上。一个统治者，不能为治下子民带来福祉，反而让他们陷入困穷，上天也不会再支持你。所以，人间正道在为百姓谋幸福。《论语》里，前面这段话后面还加了一句：“舜亦以命禹”，也就是舜在传位于禹时，也是这样谆谆告诫的。

显然，中国文化在任何方面强调的都是诚信、中正、守道，而且要一以贯之，坚持到底。无论是国家治理，还是个人修养，或是职场奋斗、社会往来。因此汉语留下了为官处事要明公正道（或明堂正道）的成语，个人要正己守道做有道德之人，社会要就正有道，要求人们走正道坦途，要能正道直行——这些都是“允执厥中”所要表达出来的意义。《管子·立政》就说：“君之所审者三：一曰德不当其位，二曰功不当其禄，三曰能不当其官……三本者不审……则明塞于上，而治壅于下，正道捐弃，而邪事日长。”管仲为齐相，这里的“君”是指君王、君主，君主对所用官员（臣子）要审查的也就三个方面：一是官员的品德与地位相不相称，二是官员的功劳与俸禄相不相称，三是官员的能力与官职相不相称。如果这三个方面审查不好或者不作审查，就上而言会使君主耳目闭塞，对下而言使得政令不通，如此正道会被抛弃，歪门邪道的事就一天天多起来。这里的“正道”显然是指有品有功有能之人，而品德显然在首位。所以人间有正道，正道之人品德高尚，能力越强越为人类福音。

从管理学角度理解，“君”可以是指单位的“掌权者”，或者说在单位里有管理权的人，领导者走正道，方能带领一家单位走上正道。而对每个领导者的基本要求，就是德当其位，功当其禄，能当其官，坚守正道，矢志不渝，概而言之，“惟精惟一，允执厥中”。

因此，中华心法虽原指帝王治理国家心法，在今天也应该是所有管理者的管理心法。道家认为，国家管理是“治大国如烹小鲜”，那么，一个单位、一个组织、一个区域的管理，就可以理解为是“小鲜”的范畴了。治理大国与烹调小鱼，都在不过分扰民，而是让百姓休养生息、调和各方、获得人心。只是管理者与统治者都容易滋生自己是“上位者”的感觉。当以此心态俯视众生、俯视属下之时，便已陷入“人心之危”；心态发生变异了，自然也不愿意修养身心，向道明德了；如此“道心之微”就难以明了、无法把控，自然不能“惟精”，也无法做到“惟一”，“允执厥中”也就成了一个美丽的肥皂泡。

心和管理学，崇尚“中华心法”，在同样是“人心惟危，道心惟微”情况下，追求“惟精惟一，允执厥中”，谋求领导者与被领导者、管理者与被管理之间彼此协和。

三、心法传承之管理领悟

1. 以心应心中华管理本色

从管理与文化层面看，尧舜禹禅让帝位，将天下与百姓托付于下一任，所以谆谆嘱咐、代代相传“人心惟危，道心惟微；惟精惟一，允执厥中”十六个字。自孔丘到孟轲，对此“心法”视若珍宝，原本口口相传的“帝王秘术”，转而成为孔门治理国家、教化人民的儒学思想主张、成为文化内涵以心印心、以心传心的儒家心性理论的重要内容，流芳百世。

“心法”相传，《尚书·大禹谟》中有记载、孔门《论语》里也有论述。历经悠悠千年、跨越多个朝代，宋朝朱熹集大成为理学，明朝王守仁发展为心学。至此，这一帝王术之心法、经典，经由儒者的重新阐释获得新鲜血液而成为管理思想。这也说明，要真正理解“中华心法”、读懂“陆王心学”，需要从上古尧舜禹汤的治国方略、《尚书》《论语》《孟子》中论述、《礼记》《道德经》《庄子》的思想内涵和相关文献如《诗经》《大学》《中庸》，以及春秋战国以后两千多年的中国文化、治理方略（包括注疏、文集等）中去综合思考。

“中华心法”这样浓缩的管理思想、管理文化的经典内涵，在有着五千年文明、万年文化传承的中国，不能简单地就字词解字词，就句子解句子，而要联系几千年的文化传承、上下之间的彼此关联，发展过程中的变动和变动因由，后人解析的情况和不同流派的分歧等，综合起来思考，才能得到一个相对正确和客观的答案。从近代引进西学开始，到反帝反封建的系列运动中，中国文化体系被打得七零八落，许多内容成为“阻碍社会进步”而遭遇批判甚至成为“封建毒瘤”而被打倒。但实际上无论什么时候，文化本身没有改朝换代的能量（若有就不会出现“百无一用是书生”“秀才造反十年不成”现实）。

至今否定、批判中国文化的人，一方面说“焚书坑儒”是维护专制统治、统一思想需要，另一方面又指责文化、文人是阻碍社会进步；一方面说《四库全书》保存了大量文献，另一方面又指责编《四库全书》为维护统治毁、禁了很多书。这两件事，一件远至秦朝、一件近至清朝，都与文化有关，却是统治者为了统治需要做出来的事。文化，是人类文明的创造、延续与发展的结果，哪方面文化被重视、哪方面文化被禁止，不是文化自身能决定的事，也不是文化人可以做主的事。文化供人们学习应用，文化人为政权提供服务，管理到位，文化不会成为进步的阻碍，反而推动了社会进步，文化人则是其中推动的重要力量。

所以，“焚书”并没能真正把书焚烧干净，“坑儒”也没能把儒生都坑死，只是破坏巨大罢了；编纂《四库全书》时被毁、被禁的书，大多通过各种途径保存和流传下来。就是在“破四旧”（破除旧思想、旧文化、旧风俗、旧习惯）时、“全盘西化”甚嚣尘上时，中国文化亦没有被阻绝，更没有消亡，它的生命力依然在。

这就可以理解“中华心法”的传承、失落、崛起、遗忘……但它依然还存世、必要时会出世的原因所在了；也可以理解，虽然有如此精辟、精粹的“心法”流传，各个朝代都没能遵循先哲先贤传承下来的“心法”思想治理国家、管理臣民，也没能使他们的朝代如他们所期望的那样万世相传。更重要的是，让后人明白：文化自身不会去改朝换代，但文化会作为一种基因，根植在民族以及族人血液里、细胞里、骨髓里，在需要时，文化的内涵、文化的功能、文化的力量就会挥发出来，挽民族于危难之中，救国家于水火之中，成为民族精神、国家脊梁。所以，中华民族每到危难时刻，都会有有识之士站起来、走出来，力挽狂澜于既倒，让中国一次次凤凰涅槃，这时候就不是统治者的力量，而是文化的力量了；这时候，中国的隐忍文化才会被人们真正理解。含蓄，不是逃避；内敛，不是惧怕；隐忍，只是不想让世道更加复杂化的一种策略，无须隐忍时就不再隐忍。

2. 人心惟危案例管理分析

因“人心惟危”，故需收敛自心、控制欲望，在细微处探索“道心”的精妙，精益求精、专心一致地修炼自己、提升自己，诚实有信地坚守住中正之道。这才是“上位者”真正意义上的“上位”，这才是管理者应该做的事：引导人们“惟精惟一，允执厥中”。而传承几千年的“中华心法”，大可治国平天下，小可修身养性、提升个人素质。

有一则消息《甘肃 19 岁少女跳楼，围观者为何鼓掌加油?》说的是 19 岁女孩李某某，在一栋 25 层公寓的 8 楼准备跳楼自杀，在楼下的围观者不仅不为其跳楼而揪心，而是为其不快点跳楼而焦急、不耐烦，甚至有人喊“跳啊，快跳啊”等。在她跳下后，有围观者吹口哨，表示“跳得好”。在这样的心境和环境中，一个年轻的生命消失了。

无视女孩的跳楼缘由，无视生命的价值所在……人间正道在哪儿呢！中国社会原本是充满人情味的，绝不应该、而且也不太可能会出现这样的状况。何时人心发生了如此巨大的失落，不正是鼓吹“全盘西化”、把利益至上当作全社会共同的思想，导致“一切向钱看”的结果吗！

人心如此之危，道心却无修，何来“允执厥中”？这是需要深思的，也是心和管理需要提出的原因所在。人心失和，是一切痛苦之根源。

这也应该是为什么要强调“文化自信”的一方面原因。“西化”者一直强调商业文明是讲规则的，规则可以消除唯利是图的商业化后遗症。可事实是，规则未能解决人心问题、思想问题、道德问题。

3. 本土管理规矩心法本义

洋为中用，也不必放弃中国古老的文化传承，国外的文化再好也是国外的，西式“商业文化”“利益文化”“丛林法则”，在商业立国之国度的文化基因里，也许有它的适应性，或者有一定的合理性甚至可能具备科学性，但在大河文明的农耕文化基因传承的国度里，其适用性就需要实践检验。一般地说，宏观的、思想性的、方向性的理论，才具备普适性，因为宏大而引导性的，不会限制思维、固化方式、定型模式，可以让实践领域、具体落实者有充分的创新与发挥余地。“全盘西化”者们鼓吹割断中国文化传承显然也不可能，如同要在千年茶养过的古典紫沙壶里煮咖啡，还寄希望于飘出纯正咖啡香味，这有些痴人说梦。

当“西化”者津津乐道于西式“规则”时，也许忘记了中国文化的另一个重要词语：“规矩”。规则与规矩，词义差不多，而这一字之差，文化意义、社会意义却有着巨大差异。“规”字偏旁为“夫”，“矩”字偏旁是“矢”，从汉字的形意特性角度看，作为偏旁“夫”和“矢”都是象形的“箭”。箭必然是有方向、有目标、有标准，所以“规矩”的第一层意义是方向要正确、目标要准确、标准要具体。“規”字中，“夫”是“大”（站立的一个人）上有“一”，男子束发插簪之意（象征成年男子），为“夫”之范式；而“見”，象形之意是一个站立的人头上有大眼睛（眼睁睁地监视监督），为“丈”之范式。“夫”与“見”合一，女子在丈夫可监督范围内谓之合“規”，引申为有法度的正圆之器，如圆规。“矩”字中的“見”，在西周早期时的字形是一人分腿站立，一手握着工形器具，表示拿着测量长度单位的工具进行测量。“矢”与“巨”合一，“矩”指可以画直角和方形、并能测长短、估角度数值的曲尺。所以“规矩”，本意是画圆形与方形的工具，其圆与方都有标准，引申为合乎标准、常理、习惯的行为，有端正老实的意义。

翻译外文单词“rule”（复数 rules）时，汉语对应的一个单词是“规则”，而非“规矩”；只是若要英译“规矩”，作为单词也只能是“rule

(The rules)”。换句话说，英语单词都是“rule”，但汉语单词“规矩”与“规则”是有区别的。规则往往指某一（某些）事项所制定的书面文件，而规矩是历史积累而成的公共约定。没有历史积淀的民族或社会就只能定规则；有历史沉淀的民族或社会，已经有约定俗成的规矩、人们心中认可的规矩。所以，中国规矩就是教养，中国规矩就是品性、德性。中国规矩是悟道明德之后形成的，是中国人心中需要遵循的法——规矩就是心法，心法的核心就是守规矩。而规则，只是外在强制。

放眼世界，当政治不能解决的问题时，就升级为战争；当战争也不能解决的问题时，就转向经济；当经济也不能解决问题时，就借助文化；当文化不能解决的问题时，又回到政治。社会就这样循环着、发展着或倒退着，最终还是螺旋式进步着。到底是规矩的力量大还是规则的作用强，历史自有公道、公正的答案。如团队与集体、竞争与竞赛之比较的道理一样，规则与规矩中的内涵要义，哪个更“惟精惟一，允执厥中”自有公论。中国文化能够传承下来的，一定有其生命力旺盛的原因所在。简单否定，只能是没有历史或不尊重历史的人的作为。不要说文化史、国家史、人类发展史，哪个个人成就不是积累的结果。

第二节　心和管理学管子心法

管理论著且最能显示道家思想底蕴的是《管子》，书中有《心术上》《心术下》《白心》及《内业》等道家心法四篇，直接阐述人心管理的内容，自古便称“管子心法”。管仲（约公元前723年至公元前645年），是中国古代著名的经济学家、哲学家、政治家、军事家，法家先驱，圣人之师；后世称“华夏文明的保护者”“华夏第一相”（齐相）。为相期间大兴改革（管仲改革），富国强兵；用人方面别出心裁，创立心术；提出经济政策（这些内容在后面商贸技法中涉及），开创官妓制度……管仲是治心理政理论的鼻祖。

一、管子心法之《心术上》①

1. 管子心法正道管理心术

《管子》疑托名管仲所作，大约在战国到西汉间成书，是稷下道家关

① 本部分引文皆引自《管子·心术上》，见古诗文网《管子》篇。

于管仲治国观念和管理心法的论文集结，因不时有佚失，汉初时有86篇，唐时又佚10篇（仅存目录），今本实存76篇。大多是黄老道家论述，次为法家（道家思想影响下的法家思想，18篇），余各家杂之，故此书内容庞杂，道、儒、法观点，阴阳家、名家、兵家和农家观点皆有，是各学派的综合，为先秦治国、平天下之大经大法。

管仲治国管理的技能与方法，本书第三部“技法篇”有专门阐述，这里就“心法四篇”阐述（《内业》篇论述伦理修养问题，重在论“心平”，此略），将“管子心法”基本要义概括为：人心有品，心术须正，内心圣洁，修养要好。

心术，汉语意义是用心谋划事情的方术，从道家角度论则是指修心体道之术，基本解释为心思或主意、计策。所以用心不忠厚、不正派的人，就叫心术不正。《管子·七法》这样解释心术：“实也，诚也，厚也，施也，度也，恕也，谓之心术。”很显然管仲所说的“心术”指人的品德，治国理政、官家管理所谋划的心思、计策，或所出的主意，须符合老实、忠诚、宽厚、施舍、度量、容让等品德者谓心术；与此不符便是心术不正。这成为中国管理伦理的重点，做人为政行事，能力很重要，曾经的经历、取得的经验和功绩也很重要，但更重要的，或者说能力、经历的前提是人品，是道德水准，处位要合乎道、行术要讲规律。

《心术上》开篇说：“心之在体，君之位也；九窍之有职，官之分也。心处其道，九窍循理；嗜欲充益，目不见色，耳不闻声。故曰上离其道，下失其事。毋代马走，使尽其力；毋代鸟飞，使弊其羽翼；毋先物动，以观其则。动则失位，静乃自得”（《管子·心术上》）。这简略概括了“心术”的几个重点：心所处之位，心所合之道，心应行之术，心动静规律。

2. 心修炼合大道统领九窍

人心统管身体各部位如同君王统辖各地各部门；心在正道则国之治理、政之管理皆有道，若心术不正同样也会上行下效，坏了管理风气、失了社会德性。故人心要修行，使之合大道。

心所处之位，即“心之在体，君之位也；九窍之有职，官之分也。”心在人体内，处于君王的地位；九窍（两眼、两耳、两鼻孔、口、前阴尿道和后阴肛门）各有自己的职能，犹如百官分别有不同的职务一样。这是以“人体”喻“官场”。人体的各个器官、部位，各有各的功能，就像官场上的各位官员，各有各的职能；而心，是核心，统领九窍。

管仲十分崇尚道家之理，其法家思想是建立在道家思想基础上的法家思想。他提出人心为君王，九窍为百官的本义。一方面，说明心的重要；

另一方面强调心有心的功能，九窍有九窍的功能，不能逾越。所以，“虚无无形谓之道，化育万物谓之德，君臣父子人间之事谓之义，登降揖让、贵贱有等、亲疏之体谓之礼，简物、小未一道。杀僇禁诛谓之法。”这里所要表示的意义是，“道”正如人的心思“虚无无形”，是以精神层面存在；道生一而生万物，能这样化育万物的叫人德。所以心有道，人有德，讲人心就是讲道德。（有道德的人能）摆正君臣父子这类人间的关系，就是“义”；尊卑揖让、贵贱有别以及亲疏之间的体统，叫作“礼”；繁简、大小的事物都使之遵守统一规范，并规定杀戮禁诛等，叫作“法”。

“心”之位，相当于国之君王之位，修心、炼心就是指君要有道、臣要有德。人人心中有道，言行有德，所有关于履职、处世、往来的事，皆要有义、有礼、有法。这里，关于“道”，“虚无无形”，“道也者、动不见其形，施不见其德，万物皆以得，然莫知其极。”这是说“道”这个物事，动作时看不见它的形体，布施时看不到它的德惠，万物都能得到它的好处，但不知“道”的意义究竟有多深、究竟有多广，那是无边无际无极限的。而无极限的，就是人心之大道——心思可以看不见，却必须让人世万物沐浴其德、享受其好。这是心术之本。

心所合之道，即“心处其道，九窍循理；嗜欲充益，目不见色，耳不闻声。故曰上离其道，下失其事。”这里强调的是心的价值，人的内心处在正道上，那么身体之九窍的各部位就能按规律、道理而工作；但人心若充满了无限的欲望，人的眼里就看不见五颜六色的颜色之美，耳中也就听不到除私欲之外世界上的其他声音。所以说，这样的人若处在上位的就是脱离了正道，若居于下位的就会荒怠职事。

这既提出了人心须合道，也解释了为官的“上位者”须“处其道”，否则人心不正行事歪，上梁不正下梁歪。为此管仲如是说：“耳目者。视听之官也，心而无与于视听之事，则官得守其分矣。夫心有欲者，物过而目不见，声至而耳不闻也。”所表达的意思，是君王做君王的事，百官做百官的事，各安其位、各行其是，这才是“心术管理”之本。就像耳目是管视听的器官，所以心就不要去干预视听的职守；这样，器官才能得以尽到它们的本分。心里若是有了嗜欲杂念，那就有东西也看不见，有声音也听不到。

这就要求人“虚其欲，神将入舍；扫除不洁，神乃留处。”也就是要让欲望欲念空虚，这样真正的思想精神的东西就会驻入人的心里；若欲望欲念扫除不净，这神识并无可留之处了。气概表达的意思，就是心智要放空，欲念要归零，不能逾矩越规。

对此，管子进一步说："洁其宫，开其门，去私毋言，神明若存。"意思是人要常常清扫心房，使心房一直保持洁净；思想要开放门户，能够接受各种思想和不同意见；人应该从心里排除掉私欲，从而让自己不会有主观成见；随时随地心中要有神明，如此才能守住正道，不至于心术不正。"纷乎其若乱，静之而自治。强不能遍立，智不能尽谋。"这世间，事物总是纷杂地好像很乱，但若让心静下来就自然有条不紊。一个人能力再强也不能把一切事情都包揽起来，智慧再高也不能把所有事情都谋划周到。所以，"必知不言，无为之事，然后知道之纪。"也就是必须知道什么话是不应该由自己去说的，什么事是不应该由自己去做的；如此，人们才会真正懂得"道"的要领。这就是心术所要表达的人心要合道之理。

3. 动静宜修养心分合管理

有职有权人处事时，权责明分，管该管的事、理该理的理，职责范围内行应行之术。行动时合规合法、干净利落，又能守住心静，冷静沉着、把握规律，达到动静相宜。

心应行之术，即"毋代马走，使尽其力；毋代鸟飞，使弊其羽翼。"这里是说，心术的要义是做自己应该做的事，不要代替马去跑，让马自尽其力（马不常跑就会渐渐失去马的价值）；不要代替鸟去飞，让鸟充分使用其羽翼（鸟不常常飞翔翅膀就会失去作用）。这里所要表述的，是人心有人心应该想的事，九窍有九窍必须做的事；不要混淆功能。推而广之，则君王有君王的治国之道，臣民有臣民的行为之德，不要越俎代庖。"故曰：心术者，无为而制窍者也。"这里的"制"是"管制""管辖"，真正是"管"的心术，同时也包含了"理"的心术，具体说就是用虚静无为来管辖九窍的，也就是放手让九窍去承担他们自己的责任，心不要取代九窍的功能，这就是在提醒君王不要去干预下面的具体操作，让他们自己去尽应有的岗位职责。这一点从另一个角度解释了道家"清静无为"的管理思想，对现代管理者的启示是十分重要的：人应各在己位，完成好自己的职责，上司不要干预过多。

在这个问题上，管子还提及："世人之所职者精也。去欲则宣，宣则静矣，静则精。精则独立矣，独则明，明则神矣。"这是说，世上的人们要记住的地方是聚精会神、心意专一。清除了欲念，那么心意就疏通了，心意疏通了，那么内心就虚静了。内心虚静了，就可以聚精专一了。心意聚精专一，思想就独立了，独立则明察一切，明察一切就到达神的境界了。神是最高贵的，所以馆舍不加扫除，贵人就不来居住了（心神不干净，则神明不入心田）。所谓“神者至贵也，故馆不辟除，则贵人不舍焉。故曰‘不洁则神不处’”。

这就要求人们修身养性，而认识外界事物、提升自己修养的主体，就是人心，“不修之此，焉能知彼？修之此，莫能虚矣。”不把心修养好，怎么能认识外界事物？修养心的最好办法，莫如使它处于虚的状态。进一步阐述“心静”的作用。

心之动静规律，即“毋先物动，以观其则。动则失位，静乃自得。”这里提出的是人心的动静要合乎规律，不要先物而动，而是观察事物的运动规律后遵行之。若是先物而动则是丢失为君之位自处其下了。只有心静，方可自然而然地掌握事物的运动规律。

前面是心须有位、心中有道、心动有术，这里要说明的则是人心的一个重要规律：动静相宜。首先是“毋先物动”，因为“摇者不走，趮者不静，言动之不可以观也。”即摇摆就不能镇定，躁动就不能平静，就是说“动”就不可能好好观察事物了。不仅仅如此，而且“动则失位”。这个“位”，就是心所处的地位。“人主者立于阴，阴者静，故曰阴则能制阳矣，静则能制动矣，攸曰，‘静乃自得’。”人主，即君王处于阴位，阴的特性是“静”这就是阴能制得住阳、静能制得住动的道理。所谓动静之道，“动则失位，”“静乃自得”。

对这个道理，《管子·内业》也说：“彼心之情，利安以宁，勿烦勿乱，和乃自成。”那心的情态特性，最需要安定和宁静，不烦恼躁动、不心乱如麻，心的和谐就可以自然形成了（“心和”的观念在管子所处的时代就存在了）。心若有损伤，一定是情绪变动无法安宁，“忧乐喜怒欲利”，都会让心不宁、不静。“心静气理，道乃可止。彼道不远，民得以产；彼道不离，民因以知。”心静而气不乱，道就可以留住在这里。道并不在远方，人们就是靠它生长的；道并不离开人们，人们就是靠它得到知识的。“所以修心而正形也；人之所失以死，所得以生也；事之所失以败，所得以成也。”道是用来修养内心和端正形貌的；人们失掉了道就会死亡，得到了道就能生长；事业失掉了道就将失败，得到了道就能成功。

二、管子心法之《心术下》

1. 人正心正意清静管理术①

《心术上》重在探索“管子心法”的基本内涵，提出国家治理或组织

① 本部分引文皆引自《管子·内业》，见古诗文网《管子》篇。

管理活动中，国之君主、管理层面的领导者，以“心法”悟道用术、发现规律，心中有道之后方可让自己居于治理或管理活动之中心，运用管理之“动”的手段，从全局着眼、从宏观把握，用心治天下。

《心术下》则专门针对“心合道”，着重强调了一个核心点、关键点：正。人心要正这是中国文化亘古不变的灵魂，人心正才能身形正、行为正。为此，《心术下》专门阐述了人心之正应该体现的四个方面，即正形、正气、正静、正平。

现代接受西学后，都认为自私是人的本性，无可厚非，言外之意没有必要干预人心自私。从管理角度说这是十分危险的。既然知道自私是人之本性，还不加管理约束，岂非让自私自由膨胀！管理的任务，就是让制度约束、用道理引导，让自私之心控制在规矩之内，从而发挥主观能动性创造与发展。管子虽为法家思想的先驱人物之一，但其内在仍然是以“道”为核心，而不是受事物所支配，讲求人心安则国家安，人心治则国家治的治国方略。这里的“治安”一词是指“治人心、安国家”，所以治国理政“道”才是最根本的，因为“道”可以达到至高的境界、虚无的境界，不是什么人都可以败坏它。大道不败，天下就不会乱。

《心术下》还强调为官行事须人正，心正则形正，形正而人正。坤卦说“地势坤，君子以厚德载物”，有“厚德”才能承载万物。这“厚德”，是“积德”至厚，“心正”者有一颗公正无私的心，才会行善积德。厚德才能承载万物，为政、为职、为商、为学，方能德位匹配。所以《礼记·大学》也说：“欲脩其身者，先正其心；欲正其心者，先诚其意”。修身、正心、诚意是也。心清静、意清静，心静极则智慧生，成大事者必有静气，静气催生智慧。养正气，谋公心，得正道；养静气，求平衡，营和谐。正静者，积底蕴，成境界。

总而言之，管理者（统治者）要去掉私心，不要被俗物诱惑感官，不要让感官欲望扰乱中正、宁静、平和的内心。私心过重终究会被发现，最终必定失去一切曾经的拥有。

2. 正道有德蓄正气统帅术①

承接上说，形正即人正，人正而有德，内德优则品德端正。故为官用权也好，职场管理也罢，心有正道方能心底无私，心底无私天地宽，管理时无欲则刚。

所谓心之正形，指的是人之内外合一的问题，人心正，则形象正；人

① 本部分引文皆引自《管子·心术下》，见古诗文网《管子》篇。

心恶，则形象邪。所以汉语中，看到相貌堂堂、正气凛然、光明磊落这样的词语，人们自然会联想到此人是正人君子，让人有亲近感；但若看到肠肥脑满、尖嘴猴腮、獐头鼠目这样的词语，人们自然会联想到此人心不正，给人疏离感。再如膀大腰圆、虎背熊腰，可见此人相貌堂堂，应该是赳赳雄夫；目光炯炯、神清气爽，此人乃一表人才，应该是清清俊男；明眸皓齿、冰清玉洁，可见此人如花似玉，应该是玲珑美女；螓首蛾眉、双瞳剪水，可见此人冰肌玉骨，应该是柔弱佳人……从这个角度说，以貌取人并非全无道理，而是人之常情。所以，全世界都有看相行业诞生。《管子》则可以列入中国看相文化的最早记载之一。相由心生，并非虚妄之说，后面会专门谈及中华易理的“算命”“看相”。

《心术下》提示了内德好、外形也好这样一个规律：“形不正者，德不来；中不精者，心不冶。正形饰德，万物毕得。”这是说，外表不端正的人，德性是养不成的；内里不聚精专一者，心是整治不好的。端正形貌，整饬内德，万物全都被掌握理解。所以，人必须有“内德”。“无以物乱官，毋以官乱心”（不让外物扰乱五官，不让五官扰乱心智）便是“内德”。有内德才有行为端正，才可服众。“是故圣人若天然，无私覆也；若地然，无私载也。私者，乱天下者也。”意思是圣人总是像天一样，不会以自私覆盖万物；像大地一样，不会以自私承载万物。自私之心，是天下大乱的根源；管理的重要功能，是有效遏止过度自私。

这就是说，心必须正，心正是为人为官、行走职场、商场之前提、基础。那么怎样才是心正？《心术下》说：“专于意，一于心，耳目端，知远之证。能专乎？能一乎？能毋卜筮而知凶吉乎？能止乎？能已乎？能毋问于人而自得之于己乎？”意思是说，人要专注于意、专一于心，如此耳目等外形就会十分端正，这是明了高远之理的征兆。（对于我们来说，要考察的就是）能专注专心么？能一心一意么？能不用占卦卜问就可知吉凶么？能要止就止么？能应完就完么？能不向人求问而依靠自己的内心感悟获得解决问题的方法么？所以，管子进一步强调，人有人心，那就必须会思考，“思之不得，鬼神教之。非鬼神之力也。其精气之极也。”这里所说的“鬼神”，不是指“乱力鬼神”，而是指人的精神、生命的本原之“精气”的最佳发挥。意思是只要心正，即使思考而得不到结论，冥冥之中也会让人有所感悟；这不是鬼神的力量，而是人的精气神发挥到了最高境界（应该指心正则神清气爽，有所悟）。

所谓心之正气，就是管子提到的人要有正道之精神气，即心中要有一口气，行事要有一种智，所谓“一气能变曰精、一事能变曰智。”这与

“中华心法”异曲同工，故《心术下》说：“执一之君子，执一而不失，能君万物，日月之与同光，天地之与同理。”这里的“执一”，与“允执厥中”的“执”同义，与“惟精惟一”的“一”同义。真正的君子，坚持“执一”而不放松，坚守正道，方能统帅万物。于是，“心安，是国安也；心治，是国治也。治也者心也，安也者心也。治心在于中，治言出于口，治事加于民，故功作而民从，则百姓治矣。”正气之心，在于心安，在于心治。内在有一颗安定的、治理好的心，嘴上说出来的就是治理过的正气之言，加在民众身上就是正气之事。故治国安民之功有了，治下民众服从管理了，百姓就算是管理好了。这就是说，国安国治，关键在于让老百姓心安心治。这样，法治就不是最重要的了，心治才最重要，心治到“正”，国也安了，民也安了。“所以操者非刑也，所以危者非怒也。民人操，百姓治，道其本至也，至不至无，非所人而乱。”意思是，真正能够操控百姓的不是刑罚酷政，真正担心危险来临也不应发怒高压。

这样看来，凡是治国、组织管理所实行的制度、办法，都不是道，只是手段。“圣人之道，若存若亡，援而用之，殁世不亡。与时变而不化，应物而不移，日用之而不化。”就是说，圣人之道，虽然若有若无，拿过来运用却是永世用不完。它帮助世时变化，而自身并不改变；允许万物发展，而自身并不转移。人们天天使用它也不会有所损耗。任何时候，道在心中，有道则正气在；心正者以不变之道治理天下、管理一切，社会进步、组织发展。

3. 坚贞刚毅心正平心和术

前面说动静相宜，这里则强调宁静致远，是上善若水的无为管理，内心静则外表显善。修道是基础，法则不可废，内外兼修方可达到心的中正平和智慧生。

所谓心之正静，正者，正道也；静者，宁静致远是也。正静，心宁静方能修道，修炼方能让心上正道，正道者可以致远。正静之“正”，心正在前，于是有人品正，道心正。

正静之“静”，心静是也，人心宁静，思不会乱，也就不会困于情、禁于欲。心静自然天地宽，心静才能真正意义上达到修身养性。心不静，无以修身，心不静，难以养心。

所以《心术下》说：“人能正静者，筋肕而骨强；能戴大圆者，体乎大方；镜大清者，视乎大明。”人如能达到“正静”的境界，修身可达到筋韧而骨强，就能头顶青天、脚踏大地，眼睛清澈明亮，观物如见日月。自心正，才能映出天地善良；自心静，才能映照虚空自然。心正则明、心静则清，心定则恒、心和则顺。只要不失掉这心之端正、心之清静，其德行将与日俱新，而且能将其德昭告天下，通达于四方极远之地。所谓“正静不失，日新其德，昭知天下，通于四极。”端正清静之心，就有爱民之心，就能德被四方。

这就在内在需要有一个坚贞刚毅之心不可藏匿，外在表现在形体容貌上，并且能从颜色上看得出来，即管子说的“金心在中不可匿，外见于形容，可知于颜色。”如此，若善气迎人，则亲爱如同兄弟；若恶气迎人，则如同用兵相害。“善气迎人，亲如弟兄；恶气迎人，害于戈兵。不言之言，闻于雷鼓。”这种不用自己说出来的语言，比雷霆战鼓还响亮震耳。这里充分说明，若要法治，须先道治。“昔者明王之爱天下，故天下可附；暴王之恶天下，故天下可离。”意思是：从前，明君之心爱天下，故天下归附；暴君之心恶天下，故天下叛离。财物并不代表爱心，刑罚并不代表凶恶。财物是爱心的末梢枝节，刑罚是恶行的微末表现，“故货之不足以为爱，刑之不足以为恶。货者爱之末也，刑者恶之末也。”

所谓心之正平，《心术下》曰：“凡民之生也，必以正平；所以失之者，必以喜乐哀怒，节怒莫若乐，节乐莫若礼，守礼莫若敬。外敬而内静者，必反其性。”管子认为，人的本性是中正平和的，民众在生命诞生时，必定是中正平和（心本善）。之所以会失去中正平和，必然是因为喜、乐、哀、怒等各种心态情绪导致人心失去中正、失落平和。如何让人不失中正平和？管子的理解与儒道思想是一致的，那就是建立良好的礼乐制度。节制忿怒，什么都比不上音乐；控制享乐，什么都比不上守礼；遵守礼仪，什么都比不上保持敬慎守德。外在表现为守敬慎守德，内心保持虚静平和，那就一定能恢复人中正平和的本性。

未遇好事，是因为自己没安好心；心绪不宁，是因为没有安宁之心。成大事者，必定心有正平。心能中正平和，才能接收到最大的能量，水安静则形象明，心正平则智慧生。“是故内聚以为原。泉之不竭，表里遂通；泉之不涸，四支坚固。能令用之，被及四固。”也就是说，心意的内部聚集才是生命的泉源。泉源不枯竭，表里才能通达；泉源不干枯，四肢才能坚固。能使人们运用这个道理，就有益于四面八方了。

三、管子心法之《白心》①

《管子·白心》之“白”，为“表白”义时，白心表示“表明心愿”；

① 本部分引文皆引自《管子·白心》，见古诗文网《管子》篇。

为“洁白”义时，白心表示“纯洁的胸怀”。旧时，四川各地有一种职业风俗，在除夕之夜，童工、学徒跪地向老板起誓，俗称“白心”。以“白心”为名，是管子作为一个政治家的心迹表白，着眼于革故鼎新而确立修身治国心法的原则、路径、诀窍的内涵上。如果说《心术》是修身治国的实践心法，《白心》则是解读《心术》，昭示管仲治理国家的心法与志向。

《管子·白心》开宗明义地提出“建当立有，以靖为宗，以时为宝，以政为仪，和则能久。”为政者，应当建常规立常道，即建立基本而长久有效的规矩、规范，遵循基本而长久的天道和治理之道。且须符合三项内涵：以守定虚静为本宗，以合于时宜为珍贵，以正确不偏为法度，三者协调一致，就能持久不败。为政者要使自己的言论不失效、事业不失败，就要合此常规、守此常道，“非吾仪虽利不为，非吾当虽利不行，非吾道虽利不取。上之随天，其次随人。人不倡不和，天不始不随。”意谓不合这个法度，虽有利也不去做；不合这个常规，虽有利也不推行；不合这个常道，虽有利也不采用。先是适应天道，再是适应人道。人道不提倡的事不去应和，天道不开创的事不去听从。

1. 圣人以靖为宗守定虚静

“建当立有”的“当”，繁体字是“當”，意即“常”；“有”，有形有质，可以理解为“有道”。所以“建当立有”解释为“建常规立常道”。“靖”，“静”的意思，“致虚极，守静笃”；也包括“平定”“安定”“恭敬”等意义，所以“以靖为宗”解释为“以守定虚静为本”。

为什么要以守定虚静为本？因为只有让人心安定、宁静，才可能静心追索事物的原始起源，研讨事物的实质内涵，而后才能探索事物如此生成的内在本质。即“原始计实，本其所生。”这样，就可以“知其象则索其形，缘其理则知其情，索其端则知其名。”清楚事物内在景象就可以探索事物的表现形体，探寻事物内在的机理就可以掌握事物的情形，探索事物内在机制变动的始末，就把握住事物的功能从而知道命其名的缘由。

“以靖为宗”是根本，有此根本，“天不为一物在其时，明君圣人亦不为一人枉其法。天行其所行而万物被其利，圣人亦行其所行而百姓被其利。是故万物均、既夸众百姓平矣。”老天不为某一种物的需要而改变其运行规律与时令特征，明君、圣人也不因为某一个人的需要而改变国家治理的法度。天按照它的规律运行，万物就自然得到它的好处；圣人也按照他的法度行事，百姓就自然得到他的好处。因此，万物均衡，百姓也安定了。古代中国的“均衡理论”，在政治、经济、管理、文化等领域都有涉及，这也可能是中国社会认为“万物均”才是最公平的原因所在。这就需要人们都能控制住自己的贪欲，平心静气，是为“以靖为宗”的内涵要义，所以“圣人之治也，静身以待之，物至而名自治之。正名自治之，奇身名废。名正法备，则圣人无事。不可常居也，不可废舍也。随变断事也，知时以为度。大者宽，小者局，物有所余有所不足。”圣人治世，总是安静地在那里等待着（让天下恢复自然运行的本来常态）。这种结果一到，也就是事物发生变化的运行规律掌握了并知道其名的由来，就自然地据此去治理它。其名正（事物名称正确地体现了事物运行规律）自然治理得好，其名不正自然会被废除。只要是其名正且法度完备，圣人可以安坐无事。名称与法度不可永远不变，也不可随便废除而不稳定；要随着事物内在的变动规律来裁断事物，要掌握时令变化规律来确定法度。格局大则偏宽裕宏阔，格局过小则被显得拘谨局促；（这是因为）事物变化发展一会儿有余一会儿不足而出现了参差不齐的现象。

所以，要回归“以靖为宗”，为政者能守定虚静，才是人民之幸、国家之幸。若自身做不到守定虚静，国家也无法安定，人民也无法虚静，随之而来的就是战争。“兵之出，出于人；其人入，入于身。兵之胜，从于适；德之来，从于身。”发动战争外出打仗，外出打击的是别人；但战争的结果也可能让他人反击进来，危及自身的安全。战争获得胜利，在于这是不是一场合适（即正义）的战争；大道之德的获得，在于自身是否应该发动战争。“祥于鬼者义于人，兵不义不可，强而骄者损其强，弱而骄者亟死亡；强而卑义信其强，弱而卑义免于罪。是故骄之余卑，卑之余骄。”凡是得福于鬼神者必行义于人，不义战争发动不得。强国如果骄傲就会损害国家的强大，弱国如果骄傲就会加速国家的灭亡；强国居安思危以谦卑心处之就可以让国家发展壮大，弱国时时警惕以谦卑心处事就能免于遭遇祸患。因此，骄横自恃，后果就是自己的跌落；谦卑不自以为是者，结果则是自身实力的提升。

做人处世，为官为政，心中有道。道，再多也不嫌多，多到平时用不上甚至是不值得用也没关系。因为一旦用到，就不会觉得道过多了，所有积累的道，都有可能用上。“此谓道矣。小取焉则小得福，大取焉则大得福，尽行之而天下服，殊无取焉则民反，其身不免于贼。”从道的体系取得小部分思想内涵用于治理管理，就能得到小福；取得大部分行之；就得大福；完全按道行事，就得到天下信服；毫不按道行事，则人民反抗，其身不免被害。那么，如何才能悟道、得道，并将道用之？无他，“建当立有，以靖为宗”。

有常道，能守静，才能“能者无名，从事无事”。即有才能的往往不求出名，真干事的往往显得无事；有常道，能守静，才能回答“孰能弃名与功而还与众人同？孰能弃功与名而还反无成？”做到放弃功业与名声回到普通人的地位，做到放弃功业名声回到尚无成就的状态；有常道，能守静，才能理解“日极则仄，月满则亏。极之徒仄，满之徒亏，巨之徒灭。”太阳到了最高之后，便走向偏斜；月亮到了最满之后，便走向亏缺。达到极限的都会转向，达到满盈的都要亏缺，过度膨胀的都会毁灭。“孰能已无乎？效夫天地之纪。”谁能把自己忘掉呢？学一学天地的运行法则吧。这天地之纪就是心静后感悟的常道。

2. 为人以时为宝法治管理

所谓“以时为宝”，是说我们（指自己，也指天地人整体，乃至宇宙整体）要以将节律性变化的时令特征及趋势、变化脉络，视为生命中最可宝贵的。简单说就是“以合于时宜为珍贵”。由此，可以理解民俗用语与人的气节用语结合的真正意义所在，如知时节、识时务，如知进退、有节操，如懂火候、守氣节，如有操守、能见机等，都是“以时为宝”。所以，“夫天不坠，地不沉，夫或维而载之也夫！又况于人？人有治之，辟之若夫雷鼓之动也。”天空不会坠落下来，大地不会沉没下去，那是因为正是有个什么东西在维系而擎载着它们的吧！何况于人呢？人也是有某种力量在管着他治着他，就像击鼓勉励他行动起来一样。这里所指的“东西”“力量”“鼓声”，就是道，随着需要而及时出现。

所以，道这样的存在，“视则不见，听则不闻，洒乎天下满，不见其塞。集于颜色，知于肌肤，责其往来，莫知其时。”视而看不见，闻而听不着，纷纷扬扬落下来充满了天下，却未见天地因此而堵塞。聚集表现在人的脸色上，可从肌肤的色泽中知道其价值；然而，探究事物背后来往运行的变化规律，没法知道在什么时间节点出现。这就是“道”这一存在的无限奥妙所在，摊薄了可以如大地，撴圆了则可如天宇。（然而）它又混沌得让人找不到进入的门径。即所谓“薄乎其方也，韕乎其圜也，韕韕乎莫得其门。”

那么为政者治理、为官者管理时，如何“建当立有，以时为宝”？《管子》曰：“置常立仪，能守贞乎？常事通道，能官人乎？故书其恶者，言其薄者。”这是表示人生无常，那么依据人生的“常”，确立处世为人的行为规范，能秉持中正一以贯之吗？通过悟道而通达人生大道并践行之，能做到这样吗？建当立有过程中把感悟到的不能“守贞”之“恶”（厌恶）记录下来，把认识到的不能“通道”之“薄”（浅薄）表达出来，这样才能真正懂得哪些不好、哪些浅薄，反过来说就是掌握了哪些才是真正的有深意的“常道”。什么时候感悟的到，什么时候认识清楚，都是要在无常的人生中自己去实践体验的，时候到了，便悟了。“故曰：济于舟者和于水矣，义于人者祥其神矣。”善于水中行舟者自然和谐于水而适应水性；擅长与人相处者当然祥和于天神而有益于人的。

这就是“事有适，而无适，若有适；觿解，不可解而后解。”办事情本有合适的方法，然而在人们尚未找到合适方法时，（那么就要坚定）如同有了适当的方法那样（的信念）。就如庖丁解牛那样，不断实践，待掌握了事物的客观规律，做事得心应手，运用自如时，“不可解”的一切事物都会有“解”。这是另一种意义上的“以时为宝”。

这种时节、时令、时机的准确把握，是得道之人才能做得到。“故善举事者，国人莫知其解。为善乎，毋提提；为不善乎，将陷于刑。善不善，取信而止矣。”善于做事的人，国人往往不知道他为什么要这样做。行善做好事，不可张扬彰显；做不好的事，必将受刑法拘禁制裁。所做事情的好与不好，取信于国人就行。

总而言之，“以时为宝”就是准确把握时机和内涵的适宜。“难言宪术，须同而出。无益言，无损言，近可以免。故曰：知何知乎？谋何谋乎？审而出者彼自来。”宣布一项政策法令是不容易的，它必须符合众人心愿才可以发布出来。不要随便说增加，也不要简单说减少，只要那法令接近民众心愿，那么没有什么事是不成的。所以可以这么说：掌握知识，要了解“知”的内容是什么，运用谋略，要明白“谋”的内容是什么。审核这些内容后，将那些符合人民意愿的法令发布出来，人民自然会投奔来。

这就从“道”转向了“法”，制定法令管理民众，以道为本，同时时机合适、内涵合理。

3. 为官以政为仪协和万邦

政，原是一个会意兼形声的字，从正从攴（pū）。正，指直对着城邑进发；攴，手持棍，即采取措施使之正确。所以“政”本义是使之匡正，基本义就是让众人之事正确，如国政、民政、邮政等。治理事务使之正确，谓之政治；做这样事的机构谓之政府，做这样事的人谓之政客。仪，左人右义。义，宜也；仪，指人的外表或举动要适宜。基本义就是每个人的言行举止符合公共认可的行为规范，如仪式、仪仗、司仪等。人的表现适宜合规，谓之仪态；人的外表适宜合规，谓之仪表；人的礼貌适宜合规，谓之礼仪。“以政为仪”，即以治理事务使之正确作为符合道义的行为规范。简单地说，就是做事要守道，以正确不偏为法度。

《管子·白心》曰："天之视而精，四璧而知请，壤土而与生。能若夫风与波乎？唯其所欲适。"从上天的视角看到的万物都是精华，从人的视角看自身都被四壁所围从而懂得向大地恳请，翻耕土地而获得生存的一切需求。（人在天地面前）能够像风与波浪一样吗？只是让那波浪随着风的吹向与力量起伏涌流，达到风向所指的目标。这里所要表达的意思是，为人要遵循天地规律，做正确的事；顺势而为，行正确的仪。所以，正常情况下"子而代其父，曰义也，臣而代其君，曰篡也。"即儿子承继父业，符合道义；臣子取代君主，那就叫作篡位了。但又不能一概而论，关键要看所做的事是否正确合宜。所以有此一问一答："篡何能歌？武王是也。"武王（姬发）虽为嫡次子（长兄姬考），却承继大统而被后世歌颂，就在于他做的是正确的事，是一代明君。

这就是为什么要有建常规、立常道的原因所在，一切皆在"以政为仪"。《管子·白心》还说："思索精者明益衰，德行修者王道狭，卧名利者写生危，知周于六合之内者，吾知生之有为阻也。"思索越精细的人会越明白自己的不足，德行越有修养的人会越懂得王道的狭窄，躺在名利簿上的人明摆着有生命的危险，知识智能已通达于天地四方的人，我相信他的生机就要受到阻碍了。因为"持而满之，乃其殆也。"固执而骄傲自满起来，那是非常危险的。所以管子告诫："名满于天下，不若其已也。名进而身退，天之道也。满盛之国，不可以仕任；满盛之家，不可以嫁子；骄倨傲暴之人，不可与交。"名满天下的，不如早些罢手。名声越大越要抽身而退，这才合于天道。在极盛的国家，不可以去当官；在极盛的家族，不可与其结亲；骄横倔傲暴戾之人，是不可与他交朋友的。这就是辩证法的运用，记载着"十六字中华心法"的《尚书·虞书·大禹谟》也有这一思想的表述："满招损，谦受益，时乃天道。"对这句话一般解释是骄傲使人受损、谦虚使人受益。事实上意义没有这么窄，应该是任何事物，过满就有损害，有缺才能受益，这是符合天道的，物极必反。

那么如何才能做正确的事呢？建常规立常道。道就在天地之间、众人中间，但人们往往不自知而舍近求远，"何道之近而莫之与能服也，弃近而就远何以费力也。"为什么道离人们很近而不努力实行呢？为什么弃近就远而浪费力气呢？所以管子告诫"欲爱吾身，先知吾情，君亲六合，以考内身。以此知象，乃知行情。既知行情，乃知养生。"即要珍爱自身求道，先要了解自身情况，自己要亲身观察宇宙事物，以此验证自身内在。以此来探索事物之象，于是知道所做事情的本质。既知可行之事的本质，自然掌握了休养生息之理。所以，对所做之事是否正确，要"左右前后，周而复所。”在方方面面一遍一遍探究之后，“执仪服象，敬迎来者。”这“来者”就是苦苦探寻的道，所以对其要恭敬有仪地迎接。“今夫来者，必道其道，无迁无衍，命乃长久。”这就是以政为仪。今天这个“来者”，一定会解说明白“道”的内涵要义，无须改变也无须拖延，（循道而行）生命便能长久。

既然道已来，那就“和以反中，形性相葆。一以无贰，是谓知道。将欲服之，必一其端，而固其所守。”也就是让心协和回归正中，让外在形体与内在本性保持旺盛生命力。专心一致而无二意，这就叫懂得了“道”。如果要适应其道，一开始就必须守元抱一，然后再坚定不移地坚守着道。“同则相从，反则相距也。”做任何事情，与道相同的就相从，与道相反的就远离。这就做到了“以政为仪”。

总之，“建当立有，以靖为宗，以时为宝，以政为仪，和则能久。”心中有道，守虚静、合时宜、匡正义，协和三者，道心长久；协和天下，事业长久。

第三节　心和管理学孔门心法

“六经”传承，文化开枝散叶。宋代朱熹集儒学大成，编辑“四书五经”，其中有孔子孙子子思“笔之子书，以授孟子”的《中庸》，是“孔门传授心法”之书（中庸之道此不赘述）；另有《大学》一书，是孔子讲授“初学入德之门”的要籍，由曾子整理成文，核心便是“知止而后有定，定而后能静，静而后能安，安而后能虑，虑而后能得”，这便是“孔门七证修心法”：“知、止、定、静、安、虑、得”。将其分为三层，第一层“知、止、定”，为炼心层；第二层“定、静、安”，为正心层；第三层“安、虑、得”，为修心层——“定”而有“安”，承上启下；炼心而悟道明心、正心而守道有德、修心而得道生慧。

对“四书五经”，有的人只在批判“封建糟粕”时听说过。文化，本身是祖先的智慧结晶，但若只准阅读、不准怀疑，只准遵行、不准发展显然不妥；而只有怀疑、没有解读，只有否定、没有学习，更是不妥。所以，“一刀切”否定易道易理、诸子百家（包括“四书五经”）及其他古代文化没有必要，而仍应遵循取其精华、剔其糟粕原则。真正的批判，应该是深读研透基础上的行为，不是为批判而批判，为否定而否定。所以，没有认真学习过国学，无权否定国学；不能正确理解国学，没有立场批判国学。

一、悟道明心知止而有定

心和管理与“心和文化”密切关联，重在领悟大道，明了己心，懂得行止有定、动静相宜、居安思危。儒道佛各家都讲修身养性，都直指心之本源，都离不开调整、调理、调适人的本心。儒家经典《大学》提出的修身养性七证法则，一方面是总指导思想：“在明明德，在亲民，在止于至善”；另一方面修炼至善至真的具体心法，先须从“知止而后有定”开始——知为明理前提，止为悟道反应，定为明心法门。知为心知，心中不知，无缘真知；止为心止，心中不止，难息欲念；定为心定，心中不定，无知无止。心和管理，无论自我管理还是组织管理，皆须“知止而后有定”，此为学道之入门心法，也是心和管理之基。

1. 格物致知开始明心悟道

“知”，是孔门入门心法之第一扇门。知，知道、了解、明了、有学识、有学问之意；何以能有学问，格物炼心是也。通过格物炼心而致知：即达到知觉、知识、知人、知心。从管理角度说，就是通过管理让自己也让组织内的员工有知识、明事理；从中国哲学角度说，就是通过炼心让自己也让团队内的成员能悟道、明心境。有知而后有理解，有知而后能顺人心。知之一字，悟道之始、入德之门、明心之根。

在八卦易理中，也有这一意义的表述。巽卦是上巽下巽、上下顺逊，《周易·巽卦·彖》曰：“重巽以申命。刚巽乎中正而志行。柔皆顺乎刚，是以小亨。”两个巽重叠表示上下顺逊，以此说明不断重复申请上命，奉命而行是被动，申命而行是主动，是因为学而有“知”所以敢主动申命。巽有刚柔，刚性一面是有中正之德，且能立志而行；柔性一面则谦逊而顺从刚者，柔顺从刚（同时亦能克刚）。有美德之刚、有顺逊之柔，不入“知”门难以做到。对应心和管理之法则，就是理解管理顺人心，通过格物而致知，在管理上刚柔相济，中正美德为基，和风顺畅为用，既懂得申命行事，也懂得理解管理。

进“知”门者，摆脱了愚昧，能知上下五千年，可以纵横千万里。有知之人便有了思想、有了明智、有了道心、有了德性。故“知”是一切精神、物质诞生、发展、壮大的基础。对所知有独特见解叫“知識”。“知”者，从矢从口，嘴上所出来的话如同箭射中靶子那么准确谓之“知”，即一语中的是“知”。“識”者，从言从戠（戠又从音从戈。“音”为军官发令之声及击鼓冲杀声，戈为兵器），意为随着军官之令整齐划一的前后左右列队行进、挥戈演练，表述的意思是“规则图形及其变换”；能用语言描述图案的形状和细节的谓之“識”。“知識”就是对宏观世界的事实、信息有了认知并进行规范的描述，包括在学习和实践中获得的认识与技能，是人类对客观世界认识的结晶。入得“知”门，就是有知识的人。

清末民初，西学东进，引进了一个概念“分子”（物质中能够独立存在的相对稳定并保持该物质物理化学特性的最小单元），就把整个知识阶层称为“知识界”，把这个阶层的人称为“学界分子”；或把“知识”与“分子”结合在一起叫作“知识分子”。1921 年中国共产党成立，在《中国共产党章程》中正式使用了“知识分子”与“知识阶层”两个词；1933 年中国共产党中央工农民主政府明确规定知识分子是一个社会阶层，属于“脑力劳动者”。由此，“知识分子”成为一个汉语专有名词，指从事知识相关工作的人，主要是从事脑力劳动者，如科技工作者、文艺工作者、教师、医生、编辑、记者等。

国外在文艺复兴后也有这样一个阶层出现，1860 年俄国作家波波里金（Boborykin）用“intelligentsia”专指 19 世纪 30 ~ 40 年代把德国哲学引进俄国的一小圈人物，而后法国一些学者用“intellectual”专指一群在学术上杰出的作家、教授及艺术家（他们批判政治，成为当时社会意识的中心）。逐渐地，“intellectuals”就指一群受过相当教育、对现状持批判态度和反抗精神的人，再扩展为受过专门训练，掌握专门知识，以知识为谋生手段，以脑力劳动为职业的人。为此，汉语翻译时，就将其直译成“知识分子”。

而中国古代，凡是“知”者，能够心中百万雄兵起，惊天技能藏袖底。所以，中国自古对有文化的知识分子是相当尊重的。无知，便有可能无所畏惧，无畏意味着没了制约，也没了下线，就易狂妄自大，最终因狂妄而走向灭亡。而且，无知者往往不懂礼，无知又无礼就会显示出骄横，流露出愚昧；骄横而愚昧，就有可能去行无耻之事，如现代社会中出现的“卖肾买苹果机”“卖卵赚一万五”的行为，就是无知的表现。进一步分析，色胆无限制、私欲无底线，是无知的疯狂。无知而自愚者，是自甘堕落；无知而不自知者，令人无可奈何；无知不求知者，便是无可救药了。无知中最可怕的是，无知还自作聪明，那就是在自掘坟墓。

但所有“无知”之中，最可怕也是最可怜的无知，是不知“止”，不知道什么时候该行，更不知道什么时候该止，就是行止无定。

2. 当止则止把握行止有度

“止”为孔门入门心法之第二扇门。止，停下、止住、不再行动、拦阻使之不前之意；为何要止住不前，炼心悟道是也。止住步，是需要充饥解渴；停下来，是应该抬头看路；控制住，是为了左右观察。不知止，就只有惯性滚动；不知止，就只会随波逐流；不知止，就只能无谓牺牲。知止，方能通过炼心悟道而明理，是懂得主动停止、禁止、阻止、防止，是为了更好、更准、更快前行。所以行止无定是极其危险的。

从心和管理角度说，知止，是让自己、也让组织内的员工了解必须的约束、应该的思考、适度的满意，从而不会出格、出错、出险；从中国哲学角度说，就是通过炼心让自己也让团队内的成员掌握任何事物的都有、应有的那个“度”，学会合理满足、适可而止。知止而后有合理满意，知止而后能得人心。知止，是理性、是知性、是掌控，能抗拒诱惑。

在八卦易理中，可以与坎卦对应。坎为水，水能载舟，亦能覆舟，所以需要懂得何时可“水行”，何时须“水止”，行止有定。心和管理理论体系中，可应用满意管理法则而谋获得人心。因为“满意”与人的欲望有关，是无止境的，必须有所克制、有所抑止。

进“止”门者，懂得适可而止，理解当行则行、当止则止；遵守禁止之规定、掌握阻止之关窍、把控防止之要义。联系坎卦之易理，就可以明白，行而不知止，沟坎中摔死；欲而不知止，欲海中淹死；狂而不知止，急奔中猝死。这里所要表示的意义，就是要懂得行止，只知行而停不下来，比一味勇猛冲杀更危险；知者，懂得“止步”，理解“停住”，如此能成长为智者。智者才能理解“止”的内涵，掌握“止”的方法、把控“止”的时机，从而获得合理满足、适度满意，而不是没有任何限制。

人，需要制约；人心，需要守道。现代社会物欲横流，一旦把控不住，便会陷入万劫不复之地。越是和平时期、越是物质水平较高时期、越是多多掌握资源之人，越需要“知止”二字。这不是束缚，懂得知止，乃是救命良药。

3. 平衡心理定性固本守元

“定”为孔门入门心法之第三扇门。定，是稳住、是守牢、是固本之意；固本守元，在于定神明心；定神明心，首先是定得住心神；定住心神，一个人的世界就稳定了。

从内心里懂得稳定、固定、决定、规定，所谓稳神明心，然后有定。定，便是平衡。平衡不是平均，也不是公平，更不是衡定。平衡，是彼此稳定的那一刻，是重量、力量、能量相等的状态。平均，是比较心理下的无奈选择，其实心不定；公平，是弱势阶层里的欲望呼喊，其实心雀跃；衡定，是心动状态中的梦想追求，其实心衡动。世界上没有绝对的平均、也没有绝对的公平、更没有绝对的衡定。天道本平衡，悟道在于让人心自衡；人心的平衡，是内心的自我平衡，即心理调节到平衡稳定的状态，是自我修养提升的结果；人与人之间的心理平衡，是彼此双和双赢时的状态，是获得暂时满足后的相对稳定。

如何通过管理让自己也让组织的员工稳定心神、控制情绪，是理解管理、满意管理、情绪管理的重任；从哲学角度讲，就是通过炼心让自己也让团队成员明心禅定。所以，中国的修身养性文化十分丰富，炼心而有“知”，炼心而知“止”，炼心而后得“定”；“定”后继续修炼，再上一个层次而新一轮“知”“止”“定”，循环往复，有“定”，方能稳人心。

八卦易理之艮卦的卦义中，艮为山，山稳而“止”便是“定”，所谓不动如山，稳固定心。人心若能与如山一样能稳定、能守定、能肯定，即可止欲，还能律己，能坚定心性、还能懂进退，能坚定理性、还能讲秩序。心和管理作大管理法则中，“定”字可对应情绪管理艮山稳人心。人心稳，行事稳；人心定，事业定。

进“定”门者，是已知“止”，也即有识有节奏、知性知先后，稳得住心神、守得住心魔，不至于心境失衡、心态失落、情绪失控。心定者，不会对事物内理外延失察，做得到山崩于前不变色，地裂于后不动颜，沉着冷静、稳定理智，于是能够凝静气、聚正气，把人与事的前前后后、方方面面都顾及，把社会关系处理好。

所以，孔门入门心法，须进三道门，理解管理巽风顺人心、满意管理坎水得人心、情绪管理艮山稳人心；通过格物而致知，通过知止而有定。人有知、行懂止，而后有定力。

二、定而后能静静而后能安

若“知”“止”“定”为孔门心法入门的三道门。那么“定”为承前启后，炼心修心从“定”开始，而后“静”，而后“安”，谓孔门心法修行的三道关卡。

1. 去念心定慧根生德性诚

有“知”而懂“止”，始有心“定”；如果说入门的“定”，是强制的修炼、是意识的控制，也就是说还是人的主观愿望的体现，相当于虽然修炼到“身是菩提树，心如明镜台”，但还需要“时时勤拂拭，勿使惹尘埃”的程度。

入心门后要过的第一关还是“定”，只是这个“定”无须强制，无须用心去控制意识，而是一种本然；如果仍然需要修行，修的不是定性（定性已天然在），而是慧性、德性，修到灵有慧、心有德。所以这时候的“定”是让意能诚、让心可正。有此“定”而后能“静”，心静到“菩提本无树，明镜亦非台”，即在菩提树下觉悟，进而感受不到菩提为树、明镜为台的“静”，即“本来无一物，何处惹尘埃”，如此方能真正的心“安”。

这就是说，欲进入诚意正心者，必须通过三道心灵修炼之关卡：能定、能静、能安。定力为静心之基础，静心为安神之基础；静心方能达诚意，安神才能有正心，“定而后能静，静而后能安”。孔门修心的诚意正心之心法以“定”为始，心定才有心静；以“静”为本，心静才有心安；以“安”为的，心安才有远虑。

作为孔门意正心法第一道关，定，是稳住心神，是守牢心志，是德性、德行的固化，是思想境界、人生目标的终极归宿。心可定方能心宁静，心能静才有欲念收，恰如艮卦，做到了当止则止、需定必定，从而喜、怒、忧、思、悲、恐、惊七情能控；眼、耳、鼻、舌、身、意六欲可定，七情六欲皆由心生，自然亦由心收。心收而无须刻意，心收而不必强行，便是心已有定，从而不会心浮气躁，不会犹疑困惑，不会情绪失控，如此便心和境界已达，再通过心和管理便是稳定人心。意诚，即意守而达心诚——意守是指将意念集中和保持在身体某一部位或某一事物上，通俗地讲就是集中心神于“丹田”，既指脐下二指处的丹田，更指道之所存、德之所修之丹田。抑制杂事欲念的过程是修炼，无须刻意便可达心意真诚专一，便是“定”。故，非得过了此关，才能排除杂念，才能意守丹田，事业途中才不会走岔，人生路上才不会迷失，情绪管理才能真正稳得住人心。

过“定”关者，已入孔门心法内里，达到了不急不躁，不动如山的水平。如修炼者，眼观鼻，鼻观心，精神集中，心无旁骛，谓之入定。入定者，才能内视；有内视，才能使意诚、使心正。如此，便为下一关“静”奠定了基础。

2. *虚空心静神稳固欲淡然*

“静”为孔门意正心法之第二道关。静，停止的、不运动的状态，没有声音的环境；从人的角度看，是人显得安详娴静、恬淡洁净的一种风姿；从心的角度看，是心灵虚静可容万物而依然自在的一种恬适。这就是“定而后能静”的静。当然，人之心静，其实也是一个相对的意念，因为事实上修炼再高境界的人，也不可能完全虚空无思无念，而只是让心远离滚滚红尘中、忽忽名利场，引导到悟道明德之正道上来，如同僧人一心向佛，道士一心悟道；但挑战性更强的是红尘中修行、名利场静心。无论是僧还是道，修炼到高境界，还是要去度化凡人不被欲望诱惑而入魔。所以，无论入世修炼还是出世修炼，修炼到高境界后依然要为尘世凡人做贡献，否则一切修炼皆无意义，这便是“天下一家”的本意所在。修炼自然需要静心，一心向学者，求学时心无旁骛，方能学得“一身文武艺”；学得经天纬地、经世济国之才，到底还是要“货与帝王家”、造福全人类的。换句话说，学习修炼时，须静，境静人静心静，远离欲望，只是静修。修到一定的高境界，潜龙出水、临渊腾空、飞龙在天。

心里若有杂念，就不能达到成功的境界。成功的前提，是专心致志，“非宁静无以致远”。虚静的“虚”，便是放空一切，以便容道纳德。从管理角度说，就是通过管理让自己也让组织内的员工静以修身，俭以养德；从中国哲学角度说，就是通过炼心让自己也让团队内的成员静心专注、诚意正心。国学追求心静致远，正心致道。

在八卦易理中，坤卦说的就是这个道理。坤为大地，厚德载物；心宁静、神稳定；若心神不定，则遇境便迷；迷易乱，乱易妄为。故坤卦有云：“先迷后得，主利”①。众所周知，坤卦与乾卦是相关联的，一天一地、一阴一阳、一柔一刚。天是广阔天空，龙翔其间；地是大地承载，德心仁厚，天地不能颠倒、阴阳必须协和、刚柔需要相济。坤若要争着翱翔九天，乾就失了厚德之基，方向、心智都会迷失；只有懂得静心修炼而有道有德，是为龙；坤有所得，乾之龙便有后续之能。这就需要人们刚时收敛欲望、明神静气而不坠入“迷”，有德支撑、有柔中和；这就需要知德守道、静心淡然，这样方能得到心“安”。

心能静者，方能守得住心性。过分逐利心难以安宁，过多欲望心不得宁静，心和管理理论将六十四卦之首卦乾卦坤卦，确定为欣赏管理乾坤聚人心，品性管理坤地正人心。

过“静”关者，才能因“宁静”而“致远”。处静地，心才有专属；有静思，心才有专注；能静心，心才有专为。一个心静的人，遇事从容不迫、不慌不忙，于浮躁处仍能心如止水、拿得起更放得下；一个心静的人，知道如何心平气和地与自己相处，沉淀烦恼；一个心静的人，不在于能笑着迎来多少获得，而在于能看淡多少失去。心静与不静，与环境无

---

① 见《周易·坤卦第二》。原文是：“坤。元亨利牝马之贞。君子有攸往。先迷后得。主利。西南得朋。东北丧朋。安贞吉。”断句另有几种断法：“先迷后得主。利西南得朋”“先迷后得主，利；西南得朋”“先迷，后得主，利”“先迷，后得主，利西南得朋”等。因此不同的人可能会有不同的理解。

关，最好的宁静，来自最宽广、包容的胸怀。心不能静者，无法意诚；心不能静者，无法淡定；心不能静者，无法超脱，反而总是累于名利，悲喜于成败，无法真正感受“行到水穷处，坐看云起时”。所以，过得了“静”关，方能在烦恼中了悟、红尘中恬淡。如此，心安也。

3. 融和心安居思危有底线

“安”为孔门意正心法之第三道关。安，心神宁、环境好、满足于现状皆为安，故有安稳、安心、安定、安全等词语表意。如果说“定”重在稳、“静”重在宁，那么“安”重在和，平和、醇和、安和，和睦、和谐、和美。

也就是说，从状态的定静之心进入综合的协和之境。能过此关，即三关已过，可进入心和境界。易理之中，可对应震卦。震卦，震为雷，有“雷”不时“震”之，方是对人们有所警醒。大自然有雷震，雷闪可视、雷炸可闻、雷震可感，电闪雷鸣营造出强烈威势，故能警示。然而，修养身心以何震动、怎样震撼、让谁震惊、震慑什么，这才是震卦所要表达的内在要义。天上有雷，地上有恶，天雷惩地恶。人世间所有的恶所应得的惩罚，就是提供给人们心中的“雷”，有震而有惊，有惊则有警，有警才会醒。深夜的万籁俱寂，是经历过白天的热闹繁华的“静”；心中真正的“安宁”，是经受过雷震的警醒。

醒而能居安思危，醒而能守住底线。有恐惧而修身，修身以诚意、正心为基础，震卦《象》曰：“震来虩虩（xì），恐致福也”。雷虽然雷霆万钧令人恐惧，但就因为有恐惧才会警惕自省、谨慎郑重，才会努力让自己镇定自若、兢兢业业，那么才会创业绩、出成就，这就是因为恐惧而致福了，有福而得安。“安”的前提是要有所限制、有所制约、有所警惕、有所害怕。当一切都无所畏惧，并不见得是好事，更不可能有真正内心之安。

心和管理理论法则中对应八卦是精神管理震雷振人心。人的精神包括两个方面，一是生理方面的精气神，主要是指人的生命体征，凡有精神者显得有生气活力，精神不振者神情意态恍惚昏庸；二是心理方面的精气神，是人的自我意识、意志的展现，一种内在思想观念的表示。心理上的精气神会反映在生理上的精气神，生理上的精气神会影响心理上的精气神，两者相辅相成。人是需要有精神的，人是应该能振奋精神的。从心和管理角度说，就是要时时给人以“雷震”，振奋其精神，使其精神矍铄、神采奕奕，自己心安，也让他人心安。

过得“安”关者，无论是遇见暴风骤雨还是诗情画意，无论是在车水马龙间还在广袤山水中，都能心如山溪清澈欢快，从容淡定，感受着、领悟着、思想着、睿智着，风雨人生不担心繁华落尽，笑泪交织不害怕寂寞烟云。心安，便不会羡慕高山的雄姿、流水的柔美；心安，便在脊梁里铸入铁骨，热血中融入魂魄。

所以，孔门意正心法，须过这三道关，定而后能静，静而后能安。过关者心意有境、心思能净，善待别人也善待自己，回归简单也醒悟初心。从而不艾不怨、不怒不惊、不嗔不奢，人生路上，闻一路花香，拥一路风景，修一路身心，而定，而静，而安。

三、安而能虑虑又而后得

“定”“静”“安”为孔门入门心法修行三道关。过关后，以“安”为承前启后，炼心修心从“定”开始，而后“虑”，而后“得”，此谓孔门心法三境界。

1. 心安方得家安族安国安

入得了心法门，过得了心法关，心法修行进入高境界。孔门心法，自然就是儒家心法。儒学是中华国学正统学问，不仅体系完善、内容深厚，更重要的是思想内涵基本上与心法修行、心灵升华有关。心修入定而心静，静而后安，如果说过三关时的“安”是心态平复、心绪祥和之后获得的一种心理安稳，那么进入中国文化的高境界的“安”，是一种修行成果的安，达到人心协和的安，心灵境界获得升华之后的安。所以，这个“安”是承上启下，心静后而安，安而有思虑、虑而得道明德。故“安、虑、得”中，“安”为“定”“静”之结果，又是“虑”“得”之起始。虑则虑修身，得则得齐家，修身得道、齐家得能，始可回归本心而“明明德”，方是上善若水而心安宁、止于至善而生智慧，达到这样的境界，自身已修行之得道，管理有齐家之经验，如此便可无后顾之忧，胸有成竹地去“治国平天下”。

“安”为心和管理之第一境界。安，不仅仅是个人安，还是家庭安、家族安、家国安。中国文化的奇妙之处，在于注重修身的同时，也注重齐家，家国天下，能治家者方可治国，能治家者才能平天下。这“齐家”，可以理解为家庭要素都齐备了，如家人齐了，父母兄妹妻儿及其他家庭成员都有，所以“家有一老，如有一宝”“不孝有三，无后为大”，周易八卦之位，就是一父一母、三儿三女的一个大家庭；再如家庭财富齐了，有吃有住、秩序井然，才能无后顾之忧地去报效社会、报效国家。“齐家”还可理解为家庭协和都达到了，所以有“父母在，不远游”“首孝悌，次谨信”“兄弟睦，孝在中”等古训。

关于齐家的内涵，《周易·家人卦·象》言：“家人，女正位乎内，男正位乎外。男女正，天地之大义也。家人有严君焉，父母之谓也。父父、子子、兄兄、弟弟、夫夫、妇妇，而家道正。正家，而天下定矣。”家庭成员之间，女主人在内居正位，男主人在外居正位，男女主人在家庭内外各有其正当的地位，这是天地之间须遵循的大道理。家庭中应该有严厉正道的长辈，这就是父母。父亲有其责，子女有其责，兄长有其责，兄弟有其责，夫尽夫责，妇尽妇责，家风自然就正了。这是中国“家文化”“和文化”的重要内容。家教严谨、家风传世，家道端正。如此，天下也就安定了。这就是家定国安的缘由。

达“安”境界者，心有定，神能静，对羡慕的、嫉妒的、爱着的、恨着的，都素心了、淡然了、放下了。高山不语，自是巍峨；月亮无言，自是高洁。诱惑面前能恬淡，困苦之中仍从容，这便是安。恰如“一念心清静，莲花处处开；一花一净土，一土一如来”。心不能安，则心会空，心会迷，是心邪还是心正，皆在一念间。所谓凡事皆心造，心安自解脱。

2. 谋定可解思虑顾虑忧虑

“虑”为心和管理之第二境界。虑，从思，从虍（hū），虍亦声。“虍”指“虎皮”，是用虎皮来代表老虎。虎为山中之王，因此虍和思合起来的意思是“思考王者的事情”。虑，思考、谋划、担忧之意，所以有思虑、谋虑、顾虑、忧虑等词语。因为心静神安，便能凝神专一，专注则可思虑周到细致；思而深刻，则可通道明理，所谋所虑便周到详尽；谋而有慧，是智者的谋划，得失顾虑皆为周全。中国是一个谋略文化发达的国家，最讲究“谋定而后动”。所以，安而后能虑，这虑便是全面积极思量后的智慧体现。虑而积极主动，思而全面谋划，从一个点开始，星星之火、燎原万里。

对应于八卦易理，恰如离卦。离为火，火有三大特征：燃烧、光明、温暖。思想可连片燃烧，锻造凝炼出崭新观念；谋划能柳暗花明，走出一条光明大道；忧患生警惕谨慎，寒冷中展现温馨温暖。这就是虑，是有意愿的主动虑，是有能力的智慧虑，虑而有所得。

心和管理中，让人心灵动、让光明开慧、让感动温暖，这就是感动管理离火暖人心。修行，心静的真正意义在于心随意动、收放自如，其中之“意”所动，并非完全断绝七情六欲，而是能随时随地、自在轻松地控制自己的七情六欲，尤其是一些美好的感情。三千烦恼丝事实上是剪不断的，修行是为了使其“理不乱”。“感动”便是有所感触、感悟而引起心动的反应，而这样的感触是因为遇到了值得歌颂、赞美，或者凄然、真切的人或事而使人在心理上激情涌动。这是一种善良美好的情感涌动，或感人心脾，或可歌可泣。这种感动让人心灵洁净、心思美好。这时候人心中所虑的便是奉献的、温暖的、光明的，值得肯定的。

虑，一方面是心中的思考，是正道的、美好的；另一方面是担忧，不是庸人自扰的空担忧、少不更事的无病呻吟，而是防患于未然的居安思危，深谋远虑的计划周详，所谓“凡事预则立，不预则废”，所谓“人无远虑，必有近忧”。安而有虑，有远大的眼光、周密的思虑，是成大事者的特性。反过来说，人之所以有近日之忧，是因为以前没有考虑得长远。

达“虑”境界者，懂得了人心本无染，心静自然清；也明白了“从古祸患来，每在思虑外”（清·黄遵宪《杂感》诗）。同时也懂得了人为何生病，皆因思虑多；明白了思虑若过多，气结易伤脾。所以虑者要有格局，大气而品位高；虑者要讲正道，德彰而惠众生；虑者须学会考量所有有利和不利因素主动谋虑，达到“威名动山岳，谋虑出鬼神”（元·揭傒斯《昭勇庙卷雪楼记》）。既要初生牛犊不怕虎，也要老谋深算、深思熟虑、深谋远虑。谋划周详，便有所得；谋划不当，必遭损失。有得有失，祸福相依。

3. 舍得才有利得悦得心得

“得”为心和管理之第三境界。得，获取、达成、有所收获的意思，所以有得到、获得、取得的意思。思虑而后得思想、谋虑而后得计策、顾虑而后得谨慎，归根结蒂，是心有所得、行有所得、利有所得；是修身有所得，明道悟德而能至善至真境界；是齐家有所得，家顺、族安、国富而社会纯净明德境界。有一点必须清楚：得，是付出之后的自然回馈，强求不来。如此说来，因为有远虑，所以可近得（解决近忧）。人生在世，在家家中有得、做人人必有得，是因为家庭也好，个人也好，都为社会、为人类作出了贡献，所以有所得。万物滋养苍生，所以得到阳光雨露润泽，万象装点江山，所以人类为之欢欣鼓舞。

易理八卦有兑卦。兑为泽，泽蓄水，福气财富凝聚储蓄，喜悦不尽。中国文化讲，财帛乃身外之物，得之可散之；悟道才是心内之物，得之而富之。凡有得者，必有失者，是否懂得得失之道，便可衡量出德性高下、道心明否。这说的也是“得”的道理、“得”的境界。《周易·兑卦·彖》说：“兑，说也。刚中而柔外，说以‘利贞’，是以顺乎天而应乎人。说以先民，民忘其劳。说以犯难，民忘其死。兑之大，民劝矣哉。”这里说兑卦是一个讲喜悦的卦。内刚而外柔，就是心中有所坚守但表现出来却是柔和温馨的，能让人喜悦的。而这个喜悦的获得，需要上顺天意、下应民心。能先让人民喜悦的，人民就会不辞辛劳（做贡献）；能让人民开心而不畏艰难，人民就会舍生忘死（去奋斗）。兑卦的内涵是十分丰富的，让人民喜悦就能发动起民众（为国效力）。这个意义很明显，想获得人民拥护，先让人民满意。

心和管理的管理要义，就是想有所得，先为民思虑。能为组织内的成员所思所虑所忧，他们会给组织带来巨大的贡献；能为社会民众所思所虑所忧，他们会给组织带来无限利益。管理就是多为与己相关的各方考虑，引导他们让心奔向光明、让心感受温暖、让心充满愉悦。修身修至己悦彼悦人人皆悦，齐家达家家稳定户户欢快，便是“悦”，便是“得”。

东西方文化比较中，很少有人对“盗贼文化”作比较。西方海盗法则与丛林法则一致，就是弱肉强食；而中国强盗法则有一条最后底线：盗亦有道。商业社会的自然法则也是弱肉强食，农耕社会的自然法则却是劳动所得。只有中国文化才会诞生出“有为在世间，无为在心间”的洒脱，用修身养性压制住对物欲的贪念，生出自信淡定，悟道证道的智慧。反对中国文化者批判中国文化就是认为这种道性道心为“虚伪”，却忘记了若是任凭人的贪念膨胀，才是最大的虚伪——为满足私欲却偏要用“科学”来遮掩。

达“得”境界者，懂得了“文章千古事，得失寸心知”（唐·杜甫《偶题》）；明白了得未必真得，失未必真失，患得患失中焦虑彷徨，反而失去的越多。人生本就是得失相伴的过程，得之无须得意忘形，失之不必大惊小怪。要学会有舍有得，大舍才能大得，小舍也有小得，什么都不想舍也就什么都得不到。所以“舍得”，是一种人生智慧和态度，是一种超越境界和情怀。天地阴阳，相辅相成，而又相生相克；把握住舍与得，方可达到人间的和谐和统一。现实中，不经意间就会有对“舍得”的感悟面世，如“有一种精神叫舍得”“有一种豁达叫舍得”“有一种智慧叫舍得”“有一种美丽叫舍得”“有一种境界叫舍得”；还有人说，舍得是选择、舍得是承担、舍得是忍耐、舍得是智慧、舍得是痛苦、舍得是喜悦……

心法，修心所必须。“知、止、定、静、安、虑、得”孔门七证修心法，分三个层次修行，锤炼人心；人心达到心识深厚、心胸宽广、心地纯净、心态安好、心志稳固、心机韬晦、心性德厚，则人心修为已入高境界。心不修，德不配，无以居高位、无以掌巨富。即使登上了高位，亦不可能真正为国为民（反而可能祸国殃民）；即使拥有了资财，亦只能是穷得只剩下钱（被批判为富不仁）。八卦相和，心法得修，人心管理修养好，双和思想境界高。

第四节　心和管理学心学四诀

人心治理之学，始于知易理测人心、先圣和天下得人心，春秋战国百家深入实践之道学道心、儒学儒心、佛学佛心……到孟子之后的心学心法一脉相承，源远流长。宋明时期儒学集大成而大力弘扬与发展，发展的“程朱理学”与“陆王心学”大放异彩。其中达成“立功、立德、立言”三不朽成就的王守仁（别号阳明），晚年致力于发展“阳明心学”。

明嘉靖年间，官场沉浮多年的王阳明回乡开设“心学大讲坛”，弟子们在绍兴府修建了“阳明书院”。但没多久，嘉靖六年（1527 年），年事渐高、身体渐弱的王阳明再受皇命赴两广平叛。出发时王畿、钱德洪两位弟子来送行，经过绍兴天泉桥，王阳明语重心长地对弟子说了一段话，大意是心性之学我研究了一生，现有四句话传于你们，你们谨记，用心领会，以此广大心学，为天下人谋福利：“无善无恶是心之体，有善有恶是意之动，知善知恶是良知，为善去恶是格物。”① 这便是后世所称的“天泉论道”，为“心学四诀”。

一、先天本源本心即天理

1. 理本论理学与心即理心学

21 世纪初，阳明心学被重新提起，哲学界给予高度评价。社会对此评论颇多，有人认为“心学四诀”没那么重要，价值没那么高，社会宣传和研究力度有些过了。有人认为远远不够，对心学研究的深度、广度和对今天的思想引导方面还没能与“立功、立德、立言”三不朽之评价相匹配。本研究认为，包括阳明心学在内的中华国学，应该不是对其重视度过强还是过弱、将其地位抬得过高还是过低的问题，而是理解得正确与否、与时俱进发展得如何、对社会进步发展的价值大小的问题。从这点上说，重视得远远不够，地位也远不够高。

王阳明的“心学四诀”，总结了心学的全部内容，代表了古代“心学”的最高成就。要理解其内涵要义，需要从当时理学的兴起说起，然后才有心学的观点相对应。

---

① 秦泉：《王阳明全集·第三篇传习录·钱德洪录·五十》，蓝天出版社 2015 年版，第 351 页。

理学又称道学，道理就是道之理，道之理者唯自然之理也，顺道者昌盛，逆道者衰亡，故道理为万事万物的是非曲直。北宋以后，“理”成为“程朱理学”的最高哲学范畴。周敦颐提出“理性命”，张载认为“万物皆有理”，他们把“理”看作是气化运动的规律。程颢、程颐则进一步把“理”作为最高本体，建立了“理本论”哲学。朱熹用“理”建立了以社会伦理道德为核心的“性理之学”的哲学体系，强调“性即理”。

理学，实质是儒学在南宋的发展。与朱熹同时代的还有一个人，陆九渊（1139～1193年），字子静、号象山，江西抚州人，南宋著名思想家。他也从研究儒家之理开始，但从“性即理”慢慢转向“心即理”。追根溯源，“理”是北宋周敦颐、张载提出来的；周敦颐有两个学生，是一对亲兄弟程颢、程颐，一同治学研究，一同成为大儒名家，但其在一些观点和教育人、为人处世方面又有分歧。朱熹的理学思想更多的是继承程颐哲学思想发展而来，被概括为“程朱理学”；而陆九渊更多的是继承程颢哲学思想发展而来，提出了“心即理”的命题，成为心学的开山鼻祖。就南宋时期而言，朱熹的官位、名声盖过了陆九渊，心学一直到明朝王阳明才得以发扬光大，所以，后世概括为“陆王心学”。但理学、心学，都是基于儒学而创立的哲学派系，同宗同源而发展方向不一，属于“和而不同”。当时因学术观点分歧，争论很大。为了调和两者矛盾，同是旷世大儒的婺州（今浙江省金华市）人吕祖谦，开创“婺学”（又称“金华学派”），浙东学派创始人，于1175年（南宋淳熙二年）邀集两派辩论，史称“鹅湖之会”。总结起来，朱熹天理说倾向格物致知，向外探求；陆九渊也讲天理，却是要“发明本心”，向内寻求。这次辩论双方依然水火不容，调和未成，但心学有了一次完美亮相。

2. *龙场悟道王阳明心外无物*

陆九渊的理论核心是“心即理也”。王阳明进一步强调“心外无理”，把主观精神和客观精神合一。王阳明一直在探索、思考心与理的问题。在他落魄时，终于有了顿悟。先贤的悟道，都有一个契机，都有一个顿悟的瞬间，很多时候，还有可能是逆境下的磨难导致的领悟。王阳明为官时因“刘瑾专政”遭陷入狱，被流放到贵州修文县的龙场驿站任驿丞，一个小得不能再小的官员。而龙场，是个隐匿在茫茫原始森林中的一个极为贫瘠落后的地方。恰恰是在这样环境恶劣甚至连书都没得看的龙场，让王阳明进入“静一”状态，他静坐冥思，“忽中夜大悟格物致知之旨，寤寐中若有人语之者，不觉呼跃，从者皆惊。始知圣人之道，吾性自足，向之求理于事物者误也。”[①] 这就是著名的“龙场悟道”，最重要的是悟出了“理”在哪里：“‘心即理’理也。天下又有心外之事，心外之理乎?”[②] 王阳明在顿悟中明了圣人所说的大道，应该从自己的内心中求得，以往在事与物中求“理”的方法是错误的，只有内心里最真实的觉悟才是大道至理。天下有人本心之外的事，人本心之外的理吗？所以，本心即天理。这就是“阳明心学”的本质内涵。

百家争鸣时，孔孟认为“人之初，性本善”，荀子虽以孔子继承人自居，但却提出“人之性恶，其善者伪也”的命题。自此，人性本善还是本恶，争论了千百年，各说各的理，也各有各的理。王阳明在“龙场悟道”后，在继承陆九渊学说基础上发展了心学，提出了“心学四诀”中的第一诀：“无善无恶心之体”。从个人本心角度理解，人之本性、人之本源无善无恶，心中有善便是善，心中存恶便是恶。从哲学角度理解，心与物同体，彼此不能分离，心乃最高的本体。万事万物没有被心感知，就是虚寂，就是空无，此为“心外无物”；既然无物，就不会被诱惑，也就“心外无恶”。心之本体无善无恶，这是天理，事有千千万万而“理”全在心中，故不必在每事每物上求理，故心即理也，此为“心外无理”；心中之理，自是应该修道至善，心内有善即是善，自然“心外无善”。

《薛侃录》记载了王阳明通过一次除草劳动[③]，讲明这个道理。弟子薛侃在花园里除草，发觉真正需要的花很难培育，要除去的杂草却偏偏肆意丛生，心有感触，于是问阳明先生：“天地间何善难培，恶难去?”先生曰：“未培未去耳。”少间曰：“此等看善恶，皆从躯壳起念，便会错。”对于天地间为什么善的好的事物难以培育、恶的坏的事物又难以除去的问题，先生的回答是“没有培育、没有除去而已”。弟子觉得太过深奥，不懂。于是先生说，像你这样从外在的表面的角度来看待善恶的问题，自然是错误的。这已暗示出看待善恶关键在内心，不在躯壳。然而弟子还是不明白，于是先生进一步解释说：“天地生意，花草一般，何曾有善恶之分?子欲观花，则以花为善，以草为恶。如欲用草时，复以草为善矣。此等善恶，皆由汝心好恶所生，故知是错。”天地之间万物皆生机盎然，花草平等，本身是没有善恶的，人的心中有了好恶感才会分出善恶。至此，阳明先生明确指出：善恶皆由心生。

---

① 秦泉：《王阳明全集·附录·年谱一》，蓝天出版社 2015 年版，第 365 页。

② 秦泉：《王阳明全集·传习录·徐爱录·四》，蓝天出版社 2015 年版，第 247 页。

③ 秦泉：《王阳明全集·传习录·薛侃录·七》，蓝天出版社 2015 年版，第 275－276 页。

针对弟子“然则无善无恶乎”的提问，先生曰：“无善无恶者理之静，有善有恶者气之动。不动于气，即无善无恶，是谓至善。”天理是静态的，本来就是无善无恶；意气动了，才会产生善恶感。所以，不因一己之私而生好恶之意气（无善无恶），才是善的最高境界。这一见解，颇有深意。初生婴儿无所谓为善，亦无所谓恶，白纸一张，初生的前六个月中是天性对这个世界的无意识感知，主要是让自己的身体适应这个世界；而后的六个月，便有了本能的好恶意识、亲疏之分；1～3岁，便有样学样。所以，父母是孩子的第一任老师，什么样的家庭养育出什么样的孩子；所以，国学强调齐家很重要，还说“三岁看到老”。

3. 循天理无善无恶心之体

王阳明和他的弟子们，还讨论了佛教所说的无善无恶与心学所讲的无善无恶两者之间的区别。王阳明指出佛学只分善恶，不能治天下；而心学圣人“自然遵循天理，便得至善”，从而可治天下（从这个意义上说，佛学重在出世修心，修养的是自身；心学重在入世修心，修养的是天理。自身有善无害于世间，天理至善功德于天下）。

王阳明师徒把讨论拉回到除草与除恶问题上来，薛侃曰：“草既非恶，即草不宜去矣？”先生曰：“如此却是佛老意见。草若是碍，何妨汝去？”薛侃曰：“如此又是作好作恶。”先生曰：“不作好恶，非是全无好恶，却是无知觉的人。谓之不作者，只是好恶一循于理，不去又着一分意思。如此，即是不曾好恶一般。”草本身不是恶，该不该除去，阳明先生的回答是，草若有妨碍，自当除去；这不是“不作好恶”，如果好恶全都不分，那就是没有知觉的人。所谓“不作好恶”，只是强调好恶之分要遵循天理，而不是以己心私意去强加。这样做才是没有区分好恶，即无善无恶。没有心中预先认定，就不会有人为善恶强加。

显然，王阳明认为，心的本体就是性，人性本就无善无恶，是为天理，为先天本源。人心与“物”与“事”皆相通，那么人心之理和万物万事之理也相通。心外无物，一花一叶一世界，你不来看花，花依旧在，只是花在人心中是以“静”的状态存在，只有亲眼看到了，才能对这朵花有明确的认识，有了具体的颜色、形状、大小的真实感觉。也就是说，万物都在人心中，只是显与不显、抽象还是具体的问题。这一方面说明了人的强大的主观能动性，也就是人生在世，在于自己愿不愿意、主不主动，你不去做，那些事物都在，不因你而有，也不因你而无，你若主观能动，便有更多机会、更多可能；另一方面说明了意识的巨大的认知能力，人类的知识能力、谋略智慧不一定是靠直接经验才能获得的，人的学习、人的思维、人的意念，的确具有巨大的能量，就看你自己能否掌握。

此外，“心外无物”还有超越道德的一层意义：把万物都囊括在人心中，当作人的生命个体的一个部分，即以天下万物（包括人自身）为一体，这“一体”中无须人为给其加上“善”或“恶”的标签，要以无善无恶为心之体，那么天下之事皆为“我”分内的事，天下之事皆可引导向“善”。这才是真正的大格局，有如此胸怀才是一种崇高的人生境界。

人若心中预先认定其物其事是恶的，那么此人的“心之体”已脱离先天本源，已是不净不洁，对待事物便无法公正。这与西方法学中的“有罪推定”之说是否吻合？我国虽没有明确规定“无罪推定”原则，但嫌犯未被法律宣判之前，都不叫“罪犯”了，而改称“嫌疑人”（或嫌犯、疑犯）。即使是在犯罪现场被抓，证据确凿，但未经依法判决之前，仍然是“嫌疑人”，其实已经遵循了“无罪推定”原则，“疑罪从无”也是从这一原则中衍生出来的。

阳明心学“心即理”“无善无恶心之体”，虽不是从法学角度提出来的，也很难用一句“唯心主义”予以否定。只要理解“无罪推定”原则提出来的根据就应该可以明白。

二、后天意动而知行合一

1. 心本无善恶而后天意动

如果说“无善无恶心之体”是先天本源的，那么“有善有恶意之动”则是后天意动的。也就是说，一个人对心外之物、心外之事的善恶判定，是人自身心意所动的结果。就像花与草，人欣赏花的美，那么杂草丛生便是人所厌恶的；但若此草对人而言是救命草药，此花对人而言是过敏诱源甚至是害人毒花，又当如何？人之好恶必将因心之意动发生变化。

由此看来，王阳明心学既非认为心本善，也非认为心本恶，而是认为“心之体”非善非恶、无善无恶。善恶的思想观念是后天人有意动而产生的。为什么会出现怀璧其罪的事？“璧玉”本身何罪之有？就因为人的贪念起、欲望动了，所以“有善有恶意之动”。

针对除草劳动中引起的话题，《薛侃录》还有王阳明与弟子对话的后半段。在明了“心即理”意义后，师徒进一步探讨了后天意动而引起“有善有恶”的问题。薛侃问：“然则善恶全不在物？”先生答：“只在汝心。循理便是善，动气便是恶。”薛侃又问：“毕竟物无善恶？”先生再答："在心如此，在物亦然。世儒惟不知此，舍心逐物，将'格物'之学错看了，终日驰求于外，只做得个'义袭而取'，终身行不著、习不察。"①

显然，针对善恶在不在"物"的问题，王阳明的回答是：善恶全在人的心中。遵循"心即理"就是善，动了意气就是恶。弟子终于有些明白了，问："总结起来是不是说外物本身是没有善恶的？"王阳明给予了肯定："在心是如此，在物也是这样。"很多人不明白这个道理，舍却了心的本源而去追逐物的欲望，将"格物"这一学问错误理解了，终日奔忙于外物中求理，只做得个"一次义举就想获得浩然之气"的不用心者，终其一生每天在行动却不知其然其所以然，每天的行为习惯中也察觉不出其中的道理。这里的"义袭而取"，是孟子在讲"浩然之气"时提到的，本意是说浩然之气是集义所生，而非义袭而取（袭，一次性获得）。这就是说，有善有恶是因为"舍心逐物"引起的，而"理"在心中不在物中，"终日驰求于外"，是舍本求末，永远找不到真正的"天理"，"终身行不著、习不察"。这里已经提到人类不仅仅需要"知"，也需要"行"，而且在知行中要会"察"。

2. 人无恶臭感悟知行合一

古代求学，常常是师生探讨模式。薛侃也是个好思考者，故用《大学》之语请教老师："'如好好色，如恶恶臭'则如何？"阳明先生回答："此正是一循于理，是天理合如此，本无私意作好作恶。"薛侃再问："如好好色，如恶恶臭，安得非意？"先生答："却是诚意，不是私意。诚意只是循天理。虽是循天理，亦着不得一分意。故有所忿懥好乐，则不得其正。须是'廓然大公'，方是心之本体。知此，即知'未发之中'。"② 此处，就如何理解"好好色"（喜欢美好的事物）、"恶恶臭"（厌恶浓烈的臭味）问题，阳明先生依据"心即理"观念解释说，喜好美色、厌恶浓臭，这正是完全遵循了人的心中之理，是天理应该如此，本身并没有私心里刻意地要分出好与恶。当薛侃追问难道没有意念在动吗？先生解析说，这意念都是真心诚意，不是私心刻意。诚意只是遵循天理（即天性如此）。即便是遵循天理，也没有一丝一毫的刻意在里面。所以说，心中有所忿懥怨恨、有所喜好寻乐，人就不可能得到中正。必须是"廓然大公"（心胸宽广大公无私，即心无私欲之意），才是心之本体。明白这个道理，就能明白中庸的"未发之中"，也就是我们心中产生的喜欢、愤怒、

①② 秦泉：《王阳明全集·传习录·薛侃录·七》，蓝天出版社 2015 年版，第 276 页。

悲哀、快乐等各种情感不会影响到我们对事物的观点、态度和看法，这种状态叫作“中”。

由是，可以发现阳明先生在这里提出了知行合一问题。《徐爱录》中有进一步解释：“见好色属知，好好色属行，只见那好色时已自好了，不是见了后又立个心去好。闻恶臭属知，恶恶臭属行，只闻那恶臭时已自恶了，不是闻了后别立个心去恶。如鼻塞人虽见恶臭在前，鼻中不曾闻得，便亦不甚恶，亦只是不曾知臭。就如称某人知孝、某人知弟（通“悌”，敬爱兄长），必是其人已曾行孝、行弟，方可称他知孝、知弟。不成只是晓得说些孝、弟的话，便可称为知孝、弟。又如知痛，必已自痛了方知痛；知寒，必已自寒了；知饥，必已自饥了。知行如何分得开？此便是知行的本体，不曾有私意隔断的。圣人教人必要是如此，方可谓之知；不然，只是不曾知。此却是何等紧切着实的工夫！如今苦苦定要说知行做两个，是什么意？某要说做一个，是什么意？若不知立言宗旨，只管说一个两个，亦有甚用？”① 显然，见闻为“知”，对所见所闻有了好恶（喜欢与讨厌）便是“行”；这种好恶是本来就有的，不是因见闻而专门“立个心去好”或“立个心去恶”——这是一种知行合一。再说孝与悌，不是说说就是知道了，只有去做过孝顺长辈、敬爱兄弟的行为，才能够称为“知孝”“知弟”——这又是一种知行合一。痛、寒、饥这些感觉，自己经历过（行）了，才可以称得上“知”。这样的“知”与“行”，是完全合在一起，无法人为割裂，不以人的意志为转移。

3. 知与行有善有恶意之动

对于“知”与“行”的关系，阳明先生还有进一步的解释，他说“知是行的主意，行是知的功夫；知是行之始，行是知之成。”② 有知必有行，有行自有知。有此可以理解，“意之动”后，善知有善行，恶知便恶行。霸权主义者为什么要霸权？欧洲“地理大发现”时期和之后崛起的葡萄牙、西班牙、荷兰、英国、德国、法国、俄国、美国、日本等所谓“大国”，无不是起了“殖民”“掠夺”之恶意，而后有屠杀、侵略、烧杀抢掠等等恶之行。尤其凭借两次世界大战成功占据世界首霸不动摇的美国，以执行联合国决议、维持和平、反对侵略、实施人道主义援助以及保护美国公民的生命财产安全等各种名义，20 世纪 50 年代发动朝鲜战争，60 年代发生越南战争，80 年代则出兵格林纳达和巴拿马；还有，两伊战争、

① 秦泉：《王阳明全集·传习录·徐爱录·四》，蓝天出版社 2015 年版，第 248－249 页。

② 秦泉：《王阳明全集·传习录·徐爱录·四》，蓝天出版社 2015 年版，第 249 页。

海湾战争、阿富汗战争、五次中东战争……先后对外出兵达30多次，几乎是年年都有战争，每届总统都发动过战争。可以说美国授意和亲身参与，打遍了全球。而这所有的战争，都有一个非常重要的共同点：全都在别国领土上引发战争，从不让本国领土遭受战火摧残。对此，美国公民皆称好，可是战火连绵的所在国人民呢？这一切，都在证明其恶“意动”向了能源、资源、市场和霸主地位等，于是有了发动战争之“肥了自己损了别人”的恶之行。

显然，“有善有恶意之动”，管理中所要做到的就是让人知善而起善意，并须有善行；让人知恶而避恶意，并有避恶之行。这才是阳明心学第二诀之要义，也是心和管理之要义。

就心和管理理论而言，知人心协和，必得有过人心协和之行。从未有过人心修养，怎么知道人品、道性、德行静好的价值；一心只想歪门邪道，哪里能够感受协和之美。只是相信丛林法则的弱肉强食，哪里能够产生“世界大同”“天下一家”的文化，又如何提得出“建立人类命运共同体”的思想，不要说提出，连人家提了也无法理解。

《古文观止·曾子易箦（檀弓上）》记载了“曾子易箦”故事：曾子病危，他的两个儿子与一个学生侍奉在旁，还有一个童子（童仆）举着蜡烛坐在角落。正是这个童子童言无忌，他发现曾子躺着的“箦”（zé，竹席）“华而睆”（华美而光洁），禁不住问：“这是大夫才可使用的竹席规格吗?”学生子春怕惊扰老师喝止了童子，但昏迷中的曾子却听到了，他马上回答那是季孙送的，还来不及换掉，并呼叫儿子赶快换掉，儿子劝阻，表示到天亮后就给他换掉。曾子说：“尔之爱我也不如彼。君子之爱人也以德，细人之爱人也以姑息。吾何求哉？吾得正而毙焉斯已矣。”意思是，儿子你还不如这个童子爱我。君子爱人就让他成就美好品德，小人爱人却是无原则地姑息迁就。我还有什么别的要求呢？只要让我合乎礼仪而死，也就足够了。在他的强烈要求下，儿子扶着抬起他的身体更换了席子。席子还没安置好，曾子就过世了。这个故事所要说明的，“知礼”而不行之不是真正的知礼，知行合一才是真正的“礼”，这是比生命还要重要的。知道用席子的规格礼仪，还应严于律己去执行。

后天善恶的产生皆因知其内涵与价值后而产生意动，管理从心着手的宝贵之处在于引导意动于善，遏止于恶。如果管理只重激发人的欲望，而不管其发展方向，等于不管恶念滋生与膨胀，知其恶还要行其恶，结果之危极其严重。故管理，必须也只能是引导向善。

三、心学实践须格物致良知

1. 顺自然格物本性致良知

先天“无善无恶心之体”，本心即是天理；后天“有善有恶意之动”，心有知意行动。心知而意动，两者合一即“知行合一”。善恶的来源，人生在世应该有的态度，在“阳明心学”的两个重要观点中表现出来，这就是“心即理”“知行合一”——心学四诀之二。

心学四诀的后两个法诀“知善知恶是良知，为善去恶是格物”。这两个法诀既是王阳明对《大学》中的格物、致知的创新性解释，也是阳明心学“致良知”所表达的重点内容。“知”是知道、明了、理解、掌握，懂得什么是“善”、什么是“恶”，谓之有良知。就是说，达到人有“良知”，需“知善知恶”。结合前面的思想，知要与行合一，这里的“行”就是“为善去恶”，具体的方法是“格物”。这就把“阳明心学”与《大学》的八个条目无缝对接的：格物致良知，修心致中和。这是国学的重要内涵，与心和管理理论是相通的。

良知，最早应该见于《孟子》：“人之所不学而能者，其良能也，所不虑而知者，其良知也”（《孟子·尽心上》）。这里的意思是人不用学习就能的是“良能”，不用思考就知道的是“良知”。显然孟子所说的良能、良知，是属于先天赋予的，是天生本然的，不用学、不用悟，属于天赋的良心意识（即道德意识、观念的总和）。王阳明是把《大学》“八目”中“格物、致知”的这个“知”，直接解释为“良知”。于是自孟子之后少有提及的“良知”一词，得以在明朝时“复活”，并且作为阳明心学的重要内涵流传下来，而“良能”一词就没有这么“幸运”了。

王阳明对格物、致知是这样理解的：“尔意念着处，他是便知是，非便知非，更瞒他一些不得。尔只不要欺他，实实落落依着他做去，善便存，恶便去，他这里何等稳当快乐！此便是‘格物’的真诀，‘致知’的实功。”① 这就是倡导还人心之本来面目、事物之本来面目，“是的还他是，非的还他非，是非只依着他，更无有不是处”② 因为，“人若知这良心诀窍，随他多少邪思枉念，这里一觉，都自消融。”③ 如此，当可善存恶去。所以顺其自然、无遮无掩地格物，唤醒其本然的良知，邪思枉念皆

---

① 秦泉：《王阳明全集·传习录·陈九川录·六》，蓝天出版社 2015 年版，第 326 页。
② 秦泉：《王阳明全集·传习录·钱德洪录·六》，蓝天出版社 2015 年版，第 340 页。
③ 秦泉：《王阳明全集·传习录·陈九川录·九》，蓝天出版社 2015 年版，第 327 页。

可销，稳当快乐自可生。

2. 行善积厚德修心显良知

“格物是致知功夫，知得致知便已知得格物。若是未知格物，则是致知功夫亦未尝知也。”① 所以，两者是相辅相成的：“格”得万事万物之现象，便知得现象中的善恶而产生感性行为，扬善惩恶为正道，欺善作恶为歪道；“格”得万事万物之本质，便知得本质中的善恶而产生理性行为，建立和维护人类、社会正常关系与道德秩序为正道，反之为歪道；格物过程中激活、激发了人本体的良知，便会引导人产生符合“良知”观念的本能行为，达到了知善知恶、为善去恶。这里，“知”的重点是知善知恶，善恶分得清、辨得明，如此便是良知；“格”的重点是为善去恶，人生多行善、不作恶，如此便是积德。中国文化、中国人非常讲究行善积德，也相信善有善报、恶有恶报。这一点也是中西文化的重要差异之一。

西方宗教中，人为恶，死了下地狱；人为善，死了上天堂。而在东方，天堂有九重天，地狱有十八层，根据在世时的善行或恶行程度，分别入不同的层级。所以，东方人根深蒂固的等级观念，也反映在死后的处所上。中国的宗教里，还有好人成仙、坏人成鬼之说，做好人、行善事，是为了积功德、求福报。所以有“积德修行，奈河桥易过。贪心造孽，尖刀山难逃”这样的对联。这里说的是在阴间有一座“奈河桥”，人死后的亡魂都要经过这桥，善者有神佛保佑顺利过桥，恶者将被打入桥下的“血河池”中受罪。作恶之人，阎王根据其恶行会判其上刀山、下油锅等惩处。“尖刀山”就是下地狱的意思。而且中国的鬼怪文化里，非常重要的一点是做好人可以重新投胎、重新做人；做坏人就只能投胎做畜生，甚至打入十八层地狱受尽折磨不得投胎。九重天、十八层地狱，就是根据积德行善或败德为恶程度给予的不同等级的死后奖励与惩罚，这给人以向善向德的诱导。

行善积德，不仅仅影响本人，更重要的是影响子孙后代，关乎十八代祖宗。所以中国文化传递的是这样的思想：一个人要想得到福报，无灾无难，就得心存善念，做行善积德之事，不做损人利己的坏事。心存善念、行善积德的好处：其一，为自己造一个好命；其二，庇荫儿孙享荣华富贵；其三，为父母消孽增福延寿。如果不能行善反而作恶，那就扰得祖宗都不得安宁，儿孙都遭天谴。所以，提供的思想观念就是风水只养积德人，行善才能得福报，或者荣华富贵不是争来的是积德积来的，还有积德

---

① 秦泉：《王阳明全集·传习录·答周道通书·五》，蓝天出版社 2015 年版，第 302 页。

行善可以改变命运，等等。

一些人仍然会把这一些归结到“迷信”之中去；或者把这种思想观念归结到中国人软弱没有血性的渊薮中去。而与此同时，又要说中国人没有信仰，因为没有信仰，所以中国人怕死，中国人病态、中国人软弱可欺……不同平台、不同标准，只说己差、却羡人好。这本身就是软骨病、洋奴病。其实真正的中国人是讲良知的，是推崇善行的，是鼓励积德的。

《周易·坤卦》坤卦有云：“积善之家必有余庆，积恶之家必有余殃”。知善知恶是本心，是天理，是良知。良知是人的生存之本、道德之本、理性之本。为善去恶是格物，格物的目的就非常明确了；而为善去恶即是“良知”唤起，所谓“格者，正也，正其不正以归于正也。”① 不正为恶，自当格去，而后归于正，也就回到了善。行善便是积德，“必有余庆”。

这样就可以明白：格物乃是“修心”，致知则是“中和”。修心修到中和，“心和”便实现了。王阳明说：“性无不善，故知无不良。真知即是未发之中，即是廓然大公，寂然不动之本体，人人之所同具者也。但不能不昏蔽于物欲，故须学以去其昏蔽。”② 性本善、知本良，致中和是谓真知、是谓大公、是谓本体，人人都有的。只是必须明白一个道理：人在物欲面前容易昏蔽，所以需要格物修心除去昏蔽。如此，良知自现。

3. *为善去恶随机动有良知*

王阳明“心学四诀”基本上代表了“阳明心学”的思想倾向及其内涵。其中，“格物”是学习、探究，是在实践中明悟，具体的方法是“为善去恶”。这一诀，既是起始，也是过程，还是终结，即以一颗“为善去恶”的心投入社会实践，在实践感悟善恶之理，上升为“知善知恶”的理论，如此循环往复，不断上升到更高一个境界。从这点上说，认定“心学是主观唯心主义”多少有些武断，因为心学的一切思想都需要“知行合一”，既有思想、有理论，更有实践、有行动，如此才让自心悟出“理”。由此可以看出，“阳明心学”的思想观念或者说学术思想，主要体现在三个方面：心即理、知行合一、致良知。

心即理，是指理在心内，外求不得。理不外求，那就需要专注于自己的内心，在格物、致知的过程中，诚意正心、修身养性，即专注于自我修行，修行中自我完善。自我完善达到成熟了，一切“事功”也就是水到渠

---

① 秦泉：《王阳明全集·传习录·徐爱录·六十六》，蓝天出版社 2015 年版，第 271 页。

② 秦泉：《王阳明全集·传习录·答陆原静书（二）·一》，蓝天出版社 2015 年版，第 304 页。

成的自然成果。这其实是中国“心文化”的基本内涵和进一步深入。人之本心、人之初心很重要，那是“心之体”，未产生善恶欲望。所以王阳明心学的最重要特点是“此心不动”，动则意生，意生后关键在是否能“知善知恶”，若能“知”，那就可以“随机而动”。如何“随机”，这需要在知行合一中体悟。王阳明表述过这样的意思，知行工夫，本不可离。这“本”是什么，用王阳明的话说应该是“真知即所以为行，不行不足谓之知”。行，行动也，用今天的语言表述就是实践，一切真知灼见都来源于社会实践，在实践行动中获得的“真知”，便是阳明心学所说的“理”；没有实践行动又哪来知，无知也就无理可得。事实上，一直以来解读阳明心学、心学四诀，似乎没有强调出心中之理来源与行，心即理则指人的本心明悟到的理，而悟的基础是行，行中方可知善与恶。所以心中所知之理，是心内悟得之理，这个所知，必得是良知，这才是致良知的真正本义：悟得内心之理，然后去行动，行动中体悟，让“理”知善知恶，这便是致良知了。

那么，“知善知恶是良知，为善去恶是格物”的意义就可以明了。这也就可以理解王阳明不仅立德、立言，还能立功而实行“三不朽”功勋的原因了。江西宁王造反，王阳明奉皇命作为负责平叛的最高官员。宁王作乱造反导致政局不稳、百姓受苦，是“为恶”；王阳明平叛，则“为善”（是正义一方平非正义一方），这就是“意之动”，分出了善恶。所以，当一个下属抱着一腔爱国热情来请战，欲与宁王决一死战，王阳明赞赏将领的奋不顾身，但他问此将兵法的要义是什么，这个下属答不上来。王阳明说了八字真言：“此心不动，随机而动”。心即理，理在我心中，我“此心不动”，心中就是一面空明的镜子，着急的是对方。对方起兵造反，已是心念妄动，对战时一着急，便失去本心，韬略或谋局、战术谋略便会失了水准，一旦错误出现，便映照在我心中的镜子上，将其错误扩大之就成了对方致使缺陷，于是己方便可“随机而动”，“为善去恶”了。

仔细研究各种战例，无论是战争案例还是商战案例，都可以发现，全歼敌方也好，以弱胜强也罢，都有一个重要因素在里面，那就是抓住对方心乱出错之机一举拿下。即使你心不乱，也要想方设法使其乱，乱而心动，心动而行动，失败命运已定。而自己则始终“此心不动”，以心镜明照一切，或等待机会，或创造机会，然后“随机而动”，夺取胜利。

天地有道义，人间有善恶，心中有良知，知行得事功。

第九章　心和管理学识才理论

西方却将人的管理设立为《人力资源管理学》，管理学其他领域一般不涉及人的问题。心和管理理论认为人的问题是管理核心，也可设立《心和人才管理》，但人的管理贯穿管理学所有分支学科。而识人、育人、选人、用人、留人等中，识人是前提、是基础。西方也有人性分析、人格分析等理论，归类到“心理学”领域。西化中西方性格分析法流行，游戏性、通俗性的“十二星座法”，成为最普及和流行的；西方也有人格特质理论、类型性格心理学等，进而产生 MBTI、DISC 分析法；培训界曾热衷“九型性格分析”。中国式的阴阳五行、算命看相、占星卜卦，却被归类到“命理学”，自百多年前与迷信、封建糟粕画上等号。

心和管理学拂去厚厚的历史尘埃，吹散浓浓的玄学迷雾，还原中国易理为基础的命理学本然，从中探索中国特色的人性分析之道、人才识别智慧；同时研究红色管理人才观。任何文化现象，都有其产生的缘由和存在的必然性；任何现象变异，都有其变动的起因和异化的或然性。百年红色管理创下无数惊天动地的奇迹，在人才管理方面自是精辟而独到的。

第一节　易道识人术与人性说

世界上都有用占星、用纸牌等手段推断吉凶祸福的方法。为了让人信服、让人崇拜，全世界的命理推算从业者，都会将方法神秘化、玄奥化，加入旁人看不懂的专门仪式、繁琐程序和古怪行为，加深这种行为的神圣、玄秘和怪诞。事实上，命理推算在今天看来与统计学、经验积累、多方面知识综合运用的推理与应变有关。而且都会用时间空间、自然物象或某种规律的总结，模拟出人生结构，并借助专业符号做成特定的模型、形成特定的格局，然后核算、演化、推导，再用具有行业特点的描述或解释方式呈现，诱人深陷其中。

《周易》为源，逐渐产生、发展了解签、占星、卜卦、算命、看相等术数业。尤其是民间常用的算命、看相、解签这三种传统命理推算方式具有普遍性，从中可了解到相士、术士、方士等职业、行业特点，总结对现代人才识别有借鉴价值的一些原理、方法。中国命理学有一个重要的共性特征即心和管理需要的“劝人向善”。好命、好相、好运，皆有德者居之；而改运、改命，解厄、解困，趋吉、避凶等等的基本方法，都体现出“积德行善”。

一、传统命理识民间之术

1. 剖析算命术解读识人法

客观地说，哲学在探索“我是谁”“人是什么”，命理学也在找同样问题的答案；全世界都一样，都想知道自己是谁、是什么样的人、会有怎样的未来。学问殿堂里的人把这样的思考上升为高雅学问，但古代的平民百姓，无所谓学问、学术、学科，直白而通俗地叫作“算命”“相命”，对一切宗教大能、大神的诉求，就是问人的命势、命运怎样，求签、解签业也就应运而生。掀开迷信剖析这些命理之技法，其实就是一种识人术的应用。

命，有生命、遵命、命运、命名等用法，不同用法，其意不同。算命的“命”，就是命数、命理、命运、命势的命，也就是生来就注定的贫富、寿数等结果。现代一般解释这个“命”时，往往会加上一个“迷信认为”，以示此“命”不科学、不可信。于是算命、看相、求签皆为迷信行为。其实，“命是注定的”这个说法，不完全是迷信。从识术角度看至少有三方面情况注定了一个人的命运曲线会是“注定”的：其一，生在什么样的家族、家庭环境中；其二，成长在什么样的教育、生活环境中；其三，本人是什么样的性格脾气。出身决定人生平台，环境决定发展方向，性格决定命运走势。当然还有另外的制约因素，这里不再列举。

算命，是根据人的出身、环境、性格等，可以通过一定的导算方式大体推测出一个人的运势、命格。需要说明的是，这种推算、预测，是类型性的、普遍性，不保证个别性、例外性，准确率达不到百分之百（一切预测性分析的结果都无法百分百准确）。这就需要推算者加上心理分析、技巧诱导、经验推导以及口才弥补。作为生意方式，“算命”者要是实话实说算命生意就可能泡汤了，所以就需要有一套说辞，让被算命的人相信。比如说，命运之运，有大运、小运，对应的就有大劫、小劫，并且确定为大运五年一更换，小运一年一更换，而这种“规律”是人为确立的，无非有大体的可能性，且一年、三年、五年的说法弹性度很大。算命人可以告诉被算者一年内改小运，五年内改大运，反正很难验证。而且算命行里总会想方设法暗示或明示地告诉你，只有相信我，才能让你有好运。大运、小运经历过的每一年，为流年。有运，就是流年大吉；运不好，就是流年不利。“你”若真的如“我”所算有好运，自是“我”算得准；“你”若没好运，也不是“我”算得不准，只是因为“你”不够虔诚、没有真正信“我”，所以运不找“你”（想要改运，得给钱）。

算命行当里直白地说一个人是什么命难以使人相信，一般会用两种方法体现其专业性、增加其可信度。一是命理、命格的模型建立，这是定数的来源；二是算命的媒介、平台的确定，就是变数的可能。由此，就出现了生辰八字（四柱八字、六柱预测）、紫微斗数、六爻纳甲、奇门遁甲、梅花易数、铁板神数、面相学、摸骨算命、称骨算命、星相学等，以及占卜术、青乌术、筮法、堪舆风水、太乙神术、大六壬等推算预测方法的运用。显然，“算命”二字，从广义上说，包含命理学涉及的全部，但一般人理解的算命是狭义的，即那种由“算命先生”大街小巷窜，铃铛叮咚响；生辰八字推，铁口算运长的行业。各种算命行当、算命技巧中，确有一些是故意玄奥、神秘化，是为了糊口糊弄人的，尤其是一些“半吊子”，他们虽然挂着周易的旗号，其实少有人研究易理，而是用传下来的、似是而非的几句看上去与周易有关系的话语。当然，其中也有真本事的，他们的“算命”准确度很高，这是因其观察推理、言语套话能力很强，或心理探测水平高。前提是知识面广、信息量大、经验丰富。

最早的命格模型是周易八卦，原是伏羲先天八卦，后因其不能适合后来的时间、气候、生活方式和社会环境等的变化，周文王姬昌进行了演化而有了后天八卦。流传后世的八卦占卜，就是根据后天八卦（三爻卦）和演化的六十四卦（六爻卦）而来的。最普及的算命媒介是生辰八字，生辰即人出生的年份、月份、日期、时辰，八字即将生辰与历法中的天干、地支对应而出现的八个字（所以又称八字命理）。但仅凭这八个字，无法推算出贵、贱、吉、凶，于是和阴阳五行纳配，使天干地支具有了阴阳五行的属性，具备了相生、相克的关系，衍生出刑、冲、害、合等多种关系。据此推测人的事业、婚姻、财运、学业、健康等。

算命行当，萌芽于先秦，发展于隋唐，泛滥于明清；汉代张良、三国诸葛亮、明代刘伯温、清代曾国藩等，不同时期的代表人物，都在手相、面相、八字、八卦中辨认着人类的命运。很显然，模型也罢、媒介也好，主要是给算命行当提供一个切入点和分析依据，归根结蒂还是与前面说的三个要素有关。从生辰八字了解一个人的出生情况、出身背景，从风水理论中了解一个人的家族传承、家庭情况，从命理或命格模型中探索一个人的社会环境、时代背景，从行事说话方式探索一个人的主观意识、处事方式。由此来推断一个人的命运。

2. 剖析看相术解读识人法

看相，也是算命的一种，同理，既有“相学”的合理性、科学性，也有相术的江湖性、欺骗性。其方式主要以人的面貌、五官、骨骼、气色、体态、手纹等推测吉凶祸福、贵贱夭寿的相面之术。一般可分为面相、骨相、手相、声相、乳相等，事实上有了文字以后，还有“字相”，现代研究将其命名为“笔迹性格分析”，刑侦领域也有字迹学的应用。其道理，就如古人所说的文如其人、字如其人一样，是从所写的文章、字体中解读折射出来的人的性格特征。同样，从人的外形、状态等角度，也可解读折射出来人的性格和行为习惯。心理学中也有这样的原理解析，叫作“投射”，刑侦领域也有这样的研究，叫作“微表情”。

所以，相学，不是空穴来风、无中生有，更不是简单地用迷信骗人就可以否定的。事实上，看的是面相，算的是八字，捕捉的是问卦人脸上不断闪烁的欲望：贪婪、虚荣、妒忌、恐惧、傲慢——人的命运，确实写在人的外形上，包括脸（眼、眉、耳、鼻、口）、手（手形大小、粗细，纹路长短、关系）、骨骼（头骨、九骨）等上。

许多国学专业著作对此都有研究，如《人物志》《观人学》《太清神鉴》《人伦大统赋》《月波洞中记》《玉管照神局》《冰鉴》等，均是通过观察分析人的形体外貌、精神气质、举止情态等方面的特征来测定、评判人的秉性和命运的学问。如果说相学的专门研究者重在识人、用人，那么江湖术士的看相则重在推测吉凶祸福、贵贱夭寿，其流传也十分广泛，如《麻衣神相》《柳庄相法》《相法全编》《水镜集》《相理衡真》等。

说命运是天注定的，正确；说自己的命运自己掌握，也正确。但要明白的是，有好的先天条件却无德性者，命运会走衰；同理，“天时”不好，但充分利用好“地利”“人和”，也可能在某些领域、某种程度上做到“人定胜天”。从这个角度说，命运是掌握在自己的手中的。此外，性格不同，心态不同，事发时的情绪不同，遇事的态度、做法也会不同，自然结果就不同，每一个人生节点（处事结果）形成的背景和要素不同。把这些节点连起来，就是人的命运曲线。所以，国学倡导修身养性，因为改天性几乎是不可能的，但通过修身养性可以平和心境，改变思维方式和处世方式，从而善念起、智慧生，冷静处事，于是便改变了对每件事情的处理结果，也就改变了人的命运曲线。从这个角度说，命运也是掌握在自己的手中的，关键就在于修身养性的结果是正向发展，还是反向发展。

那么，为什么会说算命看相是迷信呢？一方面是随着科学、文明的发展，玄奥化的不再玄奥，无法解释的自然现象能够解释了，那么继续玄化就跌入迷信泥淖了。另一方面，算命先生、看相师是一种谋生赚钱的职业，主要在于凭三寸不烂之舌哄人相信、骗人钱财，自然会用一些江湖之术诱之蒙之骗之，醒悟过来的人，会感叹一切都是假的、是迷信的。

看相的街头摆摊，算命的入室推演。算命或看相先生往往在人多处做生意，但一般不让他人旁听，你一言我一语，容易坏事。进入人家家里，便都是与算命一事有关的人，即使有邻居在，也是不会来坏了求算者的事的（邻居有反应反而可以提供给算命人更多信息）。

而看相、算命人所说的话都会留有余地的，不到肯定之时不会把话说死。如算命常规程序是“三步曲”：第一步，套话；第二步，说厄；第三步，解灾。开口一问生辰，手指舞动算出八字，这只是基本功，在如今看来没什么稀奇，无非就是排列组合的对应，现在的网络中，免费推演八字的比比皆是。重点是问生辰算八字过程中，利用已有的碎片信息开始了套话，比如问“请问主家要算什么?”“给谁算?”这透露的信息量就更大了。如果还不能把碎片化信息组合起来，那就继续套话，基本方法是要么引起对方兴趣，要么引起对方共鸣，要么引起对方惊讶，甚至可以先抛出一点可以肯定的推算信息诱导对方说出更多信息。举个例子来说，算命的是大娘、大妈，算命先生可以说这样一段话：“看起来你像个福太婆，其实在家里是老奴，家里十桩九桩到，一桩没有做还睡不着觉。”一般地说，愿意请算命先生算命者，心里已是信了几分的。听到这样一段话，产生心理共鸣在所难免。因为这样年纪的妇女，上有老、下有小，甚至可能已有孙子辈，在家劳碌奔忙是必然的，再加上对其手、脸、眼的观察，着装、行为及旁边人对其态度等，算命人心中对主家中一些人和事早就心中有看法了，现在被算命先生“算”出来，心理共鸣起，内心被打动，表情、语言就会透露出更多信息。即使你心中有警惕，在高手面前也是藏不住内心秘密，比如听人说话语速快、音调高，就可直言对方“一腔真情付流水，命里总有小人来。”反之，告诉对方“自身行善得人心，遇事总有贵人助。”基本上不用担心引不起对方认同。

套话成功是基础，也是最关键的一步，是“算命”行当的看家本领，“算”得准不准，就看“套”得对不对。套到话，碎片信息整合得起来了，也不急于说结果，因为那样就不神奇，也难以糊弄到钱财。所以，要在鼓捣到主家跟着算命人的思路走时，再次进行神乎其神的计算，然后惊讶、惊诧，然后欲言又止，或者故意顾左右而言他，有的甚至起身就走，连说“不算了！不算了！”主家见此异象，必不可能放人走，追问到底。

如此一波三折，然后才道出“天机”：你有灾厄。本来就是遇事者知道自己有事，是来讨解厄脱困之法的，自然就追问下去；原本无事者，谁能保证一直无事？自信满满者，谁没有个竞争对手、职场敌人的？算命先生总有办法让人入套。那么，其厄运、灾难为何？不外乎损财、病魔、事不成、有血光之灾等，根据各种信息，自可推算出主家最关注的方面。

为什么要算命、要看相？为了能预知吉凶而趋吉避凶。既然算出有灾厄，当然需要知道解灾避危脱困之法。但问题是算命看相人“泄露天机”是要遭天谴的、是要折寿的；而要帮你改运，那更是触犯天条的。算命看相人自然是不肯、不愿、不答应的。到了这份上，问题就好办了，除了常规的算命看相佣金外，根据各家的财力大小和个人的大气程度，奉上的钱财也就不在话下了。问题是解决办法到底在哪？有没有用？这在算命看相先生来说，已经是小菜一碟了。懂风水的可以帮你设风水局，不懂风水的，可以告诉你某某方向不可行；或祖坟那里上上香，或弄点小物件破局。屋外照妖镜、路上中药渣、行走奔东南、七天不显身等，都来源此。解决办法基本上是不可能现场验证的，必须过一段时间。很多算命看相先生都可以信誓旦旦，几天后你来找我，若算不准你砸了我的摊。事实上，大多数情况是“世上本无事，庸人多自扰”。过了那个时间，你无事，还不得称赞人家算得准、破局破得妙！

当然，只要敢做算命看相先生，一定会遇到各种拆台的事。所以，必须有一些江湖真本事，如算出对方在家排行老几、父母是否健在、子女有多少、子女成才情况、夫或妻的情况、财运官运等。这些都可以结合心理学、社会学等原理解决。历史上也的确留下过无数神算传奇，一些名人大家也都亲身邀请神算大师，或者名人自己就是算命高手。无他，在江湖猫腻背后，也掩藏着许多与科学吻合的知识内涵和深邃的古老智慧。心和管理学，就是要从中国智慧中探寻出人才识别的中国方法。

3. 剖析解签术解读识人原理

除了算命、看相外，人们主动参与命理学的活动还有一项：抽签。抽了签，自然需要专业的解签。所以解签成为许多专业人士的职业，工作地在宗教祭拜之所的边上。

具体说，解签是指宗教信徒、民众在庵、堂、寺、观神佛面前抽签并对所抽之签进行解析的一种占卜吉凶形式。所求的签每签均有诗或一段话相配，谓之签诗或签语。求签时持筒摇之，及签落，验其号数，以签诗决休咎。签诗分上签、中签、下签三种，每种又分上、中、下三等，共有上上、上中、上下、中上、中中、中下、下上、下中、下下九等。

抽签也是中国的民间习俗，当信徒、民众为某件事情的吉凶祸福难下判断，或对一些讯息象征感到疑惑时，一般会去抽签。抽签的一般有三种方式：其一，晃动签筒取待最先掉出的签条；其二，签筒供人直接随意抽取一支签条；其三，取签头排列位置比较高的那一支签条。现今绝大部分道观、寺庙会将签文（签诗）另外印在纸片儿上，抽签人抽取签条，由道观寺庙工作人员核对签条上的干支号码后，提供对应的签诗并作解答。

各地方民间抽签的签诗大部分都是28个签组成的（27个签加上1个站签），因为民间签以28星宿象来代表；庵、堂、寺、观则多以60签或100签进行占卜，因为或以60甲子表示，或以八卦中的64卦和6爻的总数演变而成：$8\times8+6\times6=100$；也有一说，灵签原是36签，后来推演到108签，因其中8签不是洪福就是恶祸，取消这极端的8签而留100签。过于极端的内容对双方都不好，取消是最佳做法。

灵签一般是道家签或佛家签（其实佛家原本是不鼓励抽签的）。道家签多一些，包括关帝灵签、黄大仙灵签、吕祖灵签、月老灵签、妈祖灵签等；佛家签主要是佛祖灵签（大显殿签）、观音灵签等。

抽签者须先行祭拜科仪，即替神佛点烛上香，行三拜九叩礼仪。烧完香后，在神像面前聚精会神地在心里默念出自己所祈求的目的和内容，然后从签筒中任意抽一根签出来。求签目的通常可分为求财、婚姻、六甲（怀孕）、占病、批信、花喜、问事、功名、月令（本月或下个月的运势）、灶君、阳居（住宅）、隐穴、寻人、出外、失物、求雨等。

抽完签，取得对应的签诗，然后根据签诗解惑答疑，这便是解签。签面一般是一首诗或一段偈语，内容大多会涉及某个典故和某种趋势。解签就是根据签面，结合观察和套话所获得的一些信息，予以解说。其方法与前面的算命、看相大同小异。

显然，求签、解签，归根结蒂是信徒、民众祈求神佛保佑，从严格意义上来说，不具备识别人才的功能，它只是随机抽取一条签，根据签诗解答诉求，心理安慰的作用更大。若是求得下签、下下签，反而是自讨无趣。所以，这里只是作为一种占卜形式，简单介绍。当然，有经验（道行深）的解签人，会如同前面所说的算命看相方式一样，通过察言观色，迅速抓住求签人的心理，提供相应的解厄脱困之法。

二、辩民性格解古代相术

1. 以偏概全妄论国民性格

国民性格分析，是一个很大的命题，很难作出全面的、权威的解析。

中国很大，人口很多，而且历史悠久。3000 年前的文化性格与 2000 年前的文化性格不太会一样，同理，与 1000 年前的文化性格也肯定有差异，与 500 年前、300 年前、100 年前同样大相径庭；南方人性格与北方人性格、西部人与东部沿海地区人的性格都各不相同。其实隔一座山脉、一条江河，性格特征都会有差异，如何来认定统一的国民性格？更重要的是，古往今来、大陆海外，很多学者进行了专门研究，所有结论似乎都是“盲人摸象”。

管理是与人文特性、文化性格密切相关联的，管理一定是针对特定文化性格的群体进行，没有可以脱离人的特性的所谓。为此，这里不是专门对中国人的群体性格、文化风格作出新研究，而是把着眼点放在与心和管理学内涵相关联的视角，就已有的各种中国人性格、中国文化性格结论，就国民性格、中国性格、中国精神等层面作出比较性分析、探索。其目的是针对国人公共的人格、性格特征，结合中国传统算命看相中合理的部分，探索人才识别法。

国民性格是一个大概念，中国性格同样是一个大概念。这个概念既有历史的积淀，更有时代的创新；既有民族的特性，更有国家的意志。中国国民在文明上的五千年积淀、在文化上悟道修德的基因，决定了中国国民性格整体上勤劳勇敢、坚韧刻苦、淳朴勤俭、深沉隐忍、聪明好学、求道守德、心顺人和的特点。当然，阴中有阳、阳中有阴，性格特征上都有一个合适的度，这个“度”是中国文化之中庸之道，恰到好处最佳，过犹不及。勤劳过了就是任劳任怨，显得软弱；坚韧过了就是不知进退，显得武断；隐忍过了就是胆小怕事，显得懦弱……中国人所要修行的一个重要方面，就是把握好这个度。从这个角度说，懂得修行、愿意修正，让自己和所处的社会符合大多数人的心意，这才是中国国民性格最重要的一个方面。

现如今经常有一些人偷换概念，把少数人甚至是个别现象强按到“国民性格”上，把一些特定的地方习惯、文化风俗（可能与西方社会格格不入）强按到“国民性格”上，自然也就毫不犹豫地把一些个别的不雅行为强按到“国民性格”上。任何一个国家的国民性格，都通过该国人民的行为表现出来，关键是表现的人、表现的事件是否具有代表性。如果用个案来表示，就相当于“盲人摸大象”，就相当于“一叶障目”，就相当于“以偏概全”。世界上大多数国家的人口数量在 5000 万以下，如果该国有 1% 的人不文明，总人数是 50 万（不足 5000 万的国家其比例数也就不足 50 万）；如果 14 亿人口的大国同样有 1% 的人不文明，总人数是 1400 万（相当于很多国家的总人口数）。如此有什么理由来说只有不到 50 万人不文明的国家的文明程度，要比有 1400 万人不文明的国家的文明程度高呢？

然而在今天，21 世纪的今天，这种“盲人摸大象”“一叶障目”“以偏概全”的现象比比皆是。网搜一下“丢人丢到国外去了”“中国大妈”这两个所谓“中国人素质差”的代名词，仔细阅读其中的信息就会发现，不仅仅是大量的消息经不起推敲，更重要的是那些所谓“有图有真相”的信息，无论是图片还是文章内容，都没有确实的证据证明那是中国人、那是一件“丢人”事件；更有甚者，居然标题是“疑似中国男人”“疑似中国大妈”，文中却言之凿凿为“中国人”。

我们承认，确实有一些素质不高的人发生过一些不愉快的事，确实有一些人的一些行为不雅观甚至不文明，但这就能代表全体中国人差吗？哪个国家没有低素质的人？哪个国家没有犯罪分子，用个案来代表全体，岂是客观公正的？难道没有外国人（包括那些所谓的发达国家，下同）在中国的土地上表现出无底线的无耻，难道没有外国人在中国坑蒙拐骗表现出极低的素质素养？这些国家有没有在国内的媒体上大肆渲染他们的国民“丢人都丢到中国去了”？好人堆里有坏人，坏人堆里有好人，这个谁都明白的道理，却为什么出现一些“疑似中国人”的行为就否定整个中国？中国人的性格行为，在中国自己人眼中，在世界眼中，真的有那么不堪吗？这应该是另一种形式的抹黑中国。

2. 抹黑历史阴谋黑化中华

还有一种行为，也是令人相当奇怪的。总是强调古代中国的中国性格是好的，然后借此来否定现代中国性格。因为古代中国的国人是有血性的，现代中国的国人是软弱的，而这一切的根源是儒道文化导致的。这即使不是一个弥天大谎，也至少是有意抹黑中国。

现在几乎成为一种公共认定的是，春秋时候的中国人品格清澈、唐宋时候的中国人雍容文雅，明清时候的中国人麻木懦弱。这里说明一点：现在的美国，是以英国为主，包括法国、德国、西班牙、荷兰等一系列国家的人跑到北美，以海盗法则（或丛林法则）建立殖民地进而宣布成立自治政府的。你争我夺中，1607～1733 年英国殖民者打败了先期到达建立势力范围的荷兰等国的人，先后在北美洲东岸（大西洋沿岸）建立了 13 个殖民地（英国人掌权，但欧洲各国的人混杂其中），这便成为美国北美独立最初的 13 个州。美国从这 13 个洲一直发展到 50 个洲，那么美国的历史是从 13 洲开始还是从 50 洲开始？他们应该是荷兰之后无美国，还是英国之后无文化？

有过元朝、有过清朝，中国没变、华夏依仍。如果元灭宋、清灭明就不是中国，那么汉时的匈奴族、唐时的突厥族、元时的蒙古族应该算中国的还是不算中国的？霸道的双标准应该休矣。从历史的角度说，汉朝抗击匈奴，唐朝抗击突厥，当时是为了自己王朝的安定。被打散分化以后的匈奴族、突厥族，包括后来蒙古族，跑出去的那部分攻入西亚、欧洲，那是那些西迁者的事，中国王朝从来都是“抵抗”，而不是“侵略”；另外，那些留下来的匈奴族、突厥族、蒙古族族民，都加入了华夏大家庭，成为中华民族的一部分。

且不去辩论华夏文明到今天还依然一脉相承，单说无血性、不尚武问题。若说崖山之战无血性，则说明南宋之前的中国是有血性且尚武的。而儒道文化是在春秋时期诞生的，大家都知道春秋时期的中国人“个个强悍好战，连吴越地区（今天江浙上海地区）都是非常尚武的土地。不论男女，皆以高大健硕为美。当时的贵族下马能文，上马能武，侠客遍地，武士横行，一言不合就拔剑相斗。”① 而众所周知的是，到唐朝时候中国仍然是侠士盛行，像李白、白居易这样的文人也是仗剑走天涯，更不要说明朝时候的王阳明，不仅仅在学问上创建了“心学”，还是平叛肃乱的名将。

两套标准，只是为贬低中国，狼子野心昭然若揭。

显然，对中国这样一个多民族国家、人口大国，妄言国民共性性格，是托大了。

3. 古代相术识人著述举例

中国古代传统识人术的学问情况，一般是两方面，民间相术与为官相术。前者难入学问领域，是民间学问的综合，如《麻衣神相》；后者则是官家、学界都认同的学问，如《冰鉴》。

《麻衣神相》，可以说是算命看相行业人人必读之书，即使不识字，师傅教的也以这本书为主要内容。《麻衣神相》又叫《麻衣相术》《麻衣相法》，是中国古代对人体相貌进行系统叙论的相术著作。一般认为是假借麻衣道士之名的相术著作。其主要内容是提出十二宫命理说：命宫、迁移宫、官禄宫、财帛宫、福德宫、夫妻宫、兄弟宫、子女宫、交友宫、田宅宫、父母宫、疾厄宫。其又分为相说、十观、五法、切相歌、论形俗、论气色。

具体到相说技法，《麻衣神相》指出先观骨骼，次看五行。量三停之长短，察面部之盈亏，观眉目之清秀，看神气之荣枯，取手足之厚薄，观须发之疏浊，量身材之长短，取五官之有成，看六府之有就，取五岳之归朝，看仓库之丰满，观阴阳之盛衰，看威仪之有无，辨形容之敦厚，观气色之喜滞，看体肤之细腻，观头之方圆，顶之平塌，骨之贵贱，骨肉之粗疏，气之短促，声之响亮，心田之好歹，俱依部位流年而推，骨格形局而断。

《麻衣神相》之“相”，一般讲“十观”“五法”。十观是指：一取威

① 张宏杰：《中国人的尚武年代》，《廉政瞭望》2012 年 12 期，转引自知网。

仪，二看精神，三取清浊，四看头圆，五看五岳三停（即左右颧骨、上额、下阁、印堂为五岳，额门、准头、地角为面部三停），六取五官六府（眉、眼、鼻、耳、口五官，六府者，天府、人府、地府各二），七取腰圆背厚，八取手足，九取声音心田，十观形局五行。五法是指：择交在眼，问贵在眼，问富在鼻，问寿在神，求全在声。读懂这些口诀，就会明白，其实就是根据“相由心生”原理，以表现出来的人的身体上的整体之相、部位之相，折射出性格特征与处世方式，结合现场的察言观色适时调整而看相。灵敏度、知识面、经验性、反应性、口才等缺一不可。具体相术，以及切相歌、论形俗、论气色等，都不在此一一介绍。有兴趣者网络可查，其各种书籍，亦可以在各种正规渠道购得，可以研究探索，不要陷入迷信即可。

要说明的是，中国看相术，的确有一些迷信的成分和人为的玄学化成分，但剔除其玄奥性，是具有一定识人价值的。我们今天重提这个内容，不是为了复古，也不是为了迷信事物喊冤叫屈。真正的迷信自然是需要剔除的，但相术，作为一种术数，虽然在名词上让人感觉有些虚妄，尤其在完全的唯物主义者面前，似乎没有科学道理。但这里强调两点要注意：一是心念的巨大力量，用现代心理学的术语说就是心理暗示力量，这也就是为什么直到今天，看相这个行业还存在原因之一。二是“相”作为名词是预测资料的集合，作为动词则是一种预测分析过程的表述；相术，其实是根据一些合适的资料运用一定的方法进行预测、分析的过程。如此理解，既不会陷入迷信的泥潭，同时又可以学得识人的一种技巧。

曾国藩写《冰鉴》，是曾国藩总结自身识人、用人心得而成的一部传世奇书，是曾国藩体察入微、洞悉人心的心法要诀。曾国藩，中国近代政治家、战略家、文学家，湘军的创立者和统帅；与李鸿章、左宗棠、张之洞并称“晚清中兴四大名臣”。奉行“为政以耐烦”为第一要义，主张凡事要勤俭廉劳，不可为官自傲。他修身律己，以德求官，礼治为先，以忠谋政，对清王朝的政治、军事、文化、经济等方面都产生了深远的影响。在曾国藩的倡议下，建造了中国第一艘轮船，建立了第一所兵工学堂，印刷翻译了第一批西方书籍，安排了第一批赴美留学生。他在怎样用人，特别是怎样用准人方面，学问极深。

其留下两部著作：《曾国藩家书》和《冰鉴》。《曾国藩家书》共收录曾国藩家书 435 通，涉及为人处世、持家教子、治军用人、战略战术等方面内容。《冰鉴》是一部关于相人识人的作品，“冰鉴”一词，取其以冰为镜，明察秋毫，知面知心之意，所以，书中提出了鉴别人才的各种方法和途径。其用人四法：做、省、学、禁；摸透人的精、气、神；任用智、言、劳三种人。其相术口诀是："邪正看眼鼻，真假看嘴唇；功名看气概，富贵看精神；主意看指爪，风波看脚筋；若要看条理，全在语言中。"

《冰鉴》真正遵循了"看透人之后再用人"的方法，该避则避、该提则提，显示出到位的领导才智和管理才智。全书共分 7 篇：神骨篇、刚柔篇、容貌篇、情态篇、须眉篇、声音篇、气色篇①。重神兼之以形，重常而辨之以奇，重礼而导之以术，就相论人，就神取人，从静态中把握人的本质，从动态中观察人的归宿。其中：

①由神骨相人。人之外表是内心的体现，人之形象是精神的表露。所以，观人须观"神"，相面须相"骨"。由其"神"而识人奸忠本性，由其"骨"而辨人雅俗品格。尽管人可以饰其容，伪其形，装其表，假其象，但内在的神骨不会改变。

②由刚柔相人。刚柔，来自人类生命力的先天遗传。刚柔之气在外，是谓"外刚柔"，表现为人的外貌特征；刚柔之气在内，是谓"内刚柔"，表现为人的情感世界。人无刚不立，人无柔不和。太刚易亢奋莽撞，欠缺考虑，做事必半途而废；太柔则拘谨畏惧，瞻前顾后，做事必缩手缩脚。刚柔相济，可成大业。

③由容貌相人。人之容貌，基于整个身体，有形无质。言行举止，表现的不只是人的情态。还有内在的心性与品质。人之容貌，显于面部五官，亦动亦静。耳目口鼻，反映的不只是人的长相，还有人的善恶与命运。

④由情态相人。这是人的内心的外现。人的情态有雅俗之别，有诚伪之差，有喜恶之分，有清浊之辨。人的不同情态，会通过不同的面部表情和不同的行为举止表露出来。当一个人真情流露时，虽然转瞬即逝，也往往会让人捕捉到其内心世界。

⑤由须眉相人。几乎集中了一个人所有的人生密码，在相人中至关重要。健康与财富，可从须之长短和疏密中得到启示；天资与性格，可从眉之浓淡清杂中找到答案；幸福与成功，可从须与眉的比例相称、均衡照应上发现秘密。因而，须眉当是一个重要参照物。

这一切，既是经验总结，也是观察入微。总而言之，善识人者，由神骨相人，不仅不会被表象所迷惑，而且能够一眼洞察人心；由刚柔相人，可以准确判人之性格，知人之长短。而以容貌观人，而不以衣着评人品，更不以美丑论人；观人识人，在于一个表情、一个动作中揭示人的内心秘密。此外，察验人性善恶，勘破命运福祸，由声音相人、由气色相人等，都是《冰鉴》相人的内容。

---

① 曾国藩著：《冰鉴》，古诗文网《冰鉴》篇。

三、国民性评论历史演变

1．西方评中国国民性之变

国民性格，是一个国家之民众的公共性格之谓。中国人民的勤劳而善良、勇敢却隐忍、聪明有才智等特性，自古为全世界所认同。只是国有大小，以中国之大、人员之众、人文之丰，非那些仅有中国一省甚至只有一县大小的国家可比，国民共性概括难度很大。

公元前8世纪左右的古希腊时期已有记载中西方的交往，其中丝绸成为西方贵族最高级的面料，有“从门阈直到内室，椅子上放着柔软的绮罗(丝绸)”（《荷马史》诗）的描述，古希腊人称那时的中国为“赛里斯国(Seres，“丝国”之意)，所描述的中国人形象很美，中国被神化为令人羡慕、充满魅力的东方神秘之国，并且认为：“东方文化是一切文化和一切智慧的摇篮”（古希腊哲学家希罗多德的《历史》）。公元4世纪，历史学家马尔赛林还这样评价中国人：“赛里斯人不喜欢进行战争，也不懂使用武器。他们最喜欢做的事便是安静的修身养性，赛里斯人非常容易相处。”13世纪末《马可·波罗游记》，中，仍然是浓厚的正面颂扬，将中国描述成一个流淌着黄金的美好国度，令人神往不已。

的确，汉唐的政治、经济、文化等综合实力成为世界顶尖强国后，西方对中国的评价一直是较高的。很多人认为到明清中国落后了，世界看不起了。事实上，明朝到清初中国经济仍然是世界之首，严格意义上说从清康熙到乾隆，是西方社会对中国认知的一个重要分水岭。康熙时期，西方仍然是仰望中国，如德国哲学家莱布尼茨写了一本《中国近事》，极为崇拜康熙，称他是道德楷模、圣贤之王，他赞美清朝的一切，认为中国的治理远远好于文明的欧洲，而西方只不过是“刚刚摆脱愚昧”。但1792年，英国外交官马戛尔尼代表英国前来庆祝中国皇帝乾隆的生日时，原有西方对中国塑造的形象崩塌了，他说“当我们每天在艺术和科学领域取得进步的时候，他们实际上正在变成半个野蛮人!”对东方神秘之国的崇拜与恐惧终于演变成侮辱与侵略，也许这时候就已经埋下了后来鸦片战争的种子。

中华古代的强大，让西方产生两种态度，一是因中国富庶而生觊觎之心，冒险家们总想踏上东方神秘国度发大财；二是华夏太过强大而充满恐惧，因恐惧而出现不断的贬华现象。

大汉帝国统一并且渐渐强盛起来时，边境匈奴为患，大汉派兵将其打得四分五裂。东汉初年，匈奴打散分裂为南北两支（南匈奴归降汉朝），北匈奴部分西迁，1756年法国《匈奴通史》一书推测生活在东欧、高加索和中亚地区的一支古代游牧民族匈人（拉丁语：Hvnnvs，英语：Huns）的先祖，就是汉代从中国西迁的匈奴。匈人连续击败阿兰人、日耳曼人，并入侵东西罗马帝国，被迫南迁的日耳曼人最终又灭了西罗马帝国。虽然匈奴人是被中国汉朝打出去的，推测匈奴人就是匈人也没有定论，而且灭西罗马帝国的是日耳曼人，但西方不时把这件事拨拉出来，作为“黄祸论”重要“证据”。第二个“证据”是隋唐时期，突厥被大唐打得分裂为东突厥和西突厥，都被唐朝所灭后部分西突厥人西迁，征伐东罗马帝国，引发十字军东征；最后突厥人建立的奥斯曼帝国灭亡了东罗马帝国。还有第三件“大事”，13 世纪成吉思汗带领蒙古大军西征攻占布达佩斯，前锋攻至维也纳附近的诺伊施达，主力渡过多瑙河，攻陷格兰城，若不是窝阔台大汗去世消息传来，大军紧急东归，西方的历史可能需要重写。这场蒙古西征，在欧洲大地引起对东方大国的更大恐慌。

白人的傲慢，接受不了长期对华的恐惧；清朝后期的软弱可欺让西方某些势力某些人把恐惧转换为憎恨。那时的底层百姓因清政府的长期奴化，对清朝之国家概念淡了，对与己无关的事麻木了，一些西方传教士抓住特定时期的特殊现象开始了对中国国民性的批判。

16 世纪意大利传教士利玛窦首先把中国的儒道佛三教统统诬为迷信、邪教、妖术，把占星家、风水师、算命先生一棍子打成骗子，从中国文明的源头《周易》、国学师祖儒学道教开始否定中国。此后，来自英国、美国、德国、法国的传教士、商人、旅行家、探险家、文物掠夺者、军人各色人等，如古伯察、皮列士、库克、林乐知、明恩溥们，开始陆陆续续唱响贬华之声，把骄傲、愚蠢、胆小、懦弱、撒谎、贪婪等等这些全世界各地的人都可能有的共性缺点，强加到中国人身上，成为中国国民性标签。1748 年，西方出版了两本书，一本是英国海军准将乔治·安森环球航行经历编著的《环球航行记》，另一本是法国启蒙思想家孟德斯鸠的《论法的精神》。前者是到过东方大陆的环球航行者，在书中用许多所谓的“事实”（片断裁剪、个案陈述，大都无从考证其真伪，只是写成看上去有那么一回事。至少，并没有按西方的数字量化研究法、或数理模型计算法进行“实证”）来说明中国人是贪婪的、欺骗性的；后者作为西方启蒙哲人，其书 31 章中倒有 21 章写道中国的状况、中国的弊端。而他久居欧洲、从没到过中国。两书皆具极强的煽动性，有意识植入丑化后的中国人印象，极大扭转了中国在西方人心目中原有的正面形象。

由是，西方居高临下地把中国国民性判定为奴性、愚昧、自私、麻木、欺骗……

2. 清末国民性评论的变化

到清末，以清朝奴化国民为蓝本，污化中国国民性在各领域铺开，如哲学（社会达尔文主义下认为劣等民族应该被自然淘汰）、人种学（从脑容量角度认定中国人脑容量不足，是劣等民族）、人口学（中国人口威胁论）以及生存空间论、地缘政治学等大肆贬低中国。

西方在史书上，突出“亚历山大铁门”。据犹太教、圣经传说，阿富汗开伯尔山口那边居住着被上帝遗弃的“半人半兽”的野蛮民族。以征服世界闻名的亚历山大大帝大军东征至阿富汗开伯尔山口时，为隔开山口外面的“野蛮地区”，亚历山大在此铸造了两扇巨大的铁门，以阻止“野蛮民族”入侵。这一传说一直根植在西方民众的潜意识里。

西方社会在文化上，通过小说《傅满洲》拟人化出一个“史上最邪恶的亚洲人”。《傅满洲》（Fu Manchu，英国作家萨克斯·罗默著，1913年出版，一百多年来，西方只要辱华、贬华、排华需要，就把这个形象拿出来，在小说、影视、漫画、电玩等等领域，铺天盖地使用。进入21世纪，总提傅满洲似乎不妥当，于是漫威世界中塑造出一个“超级华人英雄”Shang－Chi（音译商奇、上气），其基本主题和情节，是这个“上气”在“正派的白人”调教下大义灭亲，杀了自己的“邪恶华人”父亲（傅满洲），归顺了“正派白人组织”。这样的故事、这样的人物描述，其司马昭之心，路人皆知。

鉴于西方工业革命的成果和大航海的收获，清末民初的文化人，大量引进西方思想、理论、学术，冻僵渐成一种风潮，西方人批判中国人劣根性的内容，引起文化人的思考，有了一场轰轰烈烈的国民性改造运动。所谓“改造”，当然是改造被西方人总结出来的那些中国人的国民劣根性。从梁启超的《饮冰室文集》到康白情《论中国之民族气质》，到柏杨的“酱缸文化”“过滤性病毒说”，以及文化运动先驱们对当时国人劣根性的描述，基本上离不开西方人对中国国民性认定的范畴，如中国人是缺乏独立、自由思想，奴性、为我，缺乏公共道德观念，愚昧、胆怯、欺骗，武断、虚伪、不行动；自欺欺人、欺软怕硬、麻木健忘、自贱又自大、怯懦又残忍愚昧；脏乱吵、窝里斗、不团结、找借口、会掩饰、假大空、心狭窄、易膨胀等中国传统文化中的过滤性毒细菌等。

作为一场新文化运动的思想启蒙，中国人反思自己、剖析自己，是必要的；作为一种革命运动的思想唤醒，揭露人性之劣根性一面，也无可厚非。但把新文化运动的内容当作否定中华民族的工具而有意掩盖国民性中正面的内涵，那就需要警惕了。

任何文化内容，就看掌握在什么样的人手中、用作什么样的目的；一如同一把枪，就看握在谁手中，枪口指向谁。毕竟，同一个人用同样的文化内容，作用、价值不一样。

客观的角度说，清末民初的这一批文化人对国学、中国人劣根性的反思，是有其历史和现实的原因。他们目睹了清朝的无能与腐败，感受到列强入侵的屈辱，尤其是出国求学的经历，让他们思考救国之路、文化之路；思想深处有着改变现实、强盛国家的愿望。作为文化界、教育界的人士，他们能做的就是通过文化反思、人性反思来唤醒大清帝国的“奴才思维”。当改良者与革命者一次次“变法”“起义”时，推翻帝制，打倒列强成为最强的呼声。正在这样的大势下，苟延残喘的清朝历史结束了，民国开始了。但民国初年的国民毕竟还是大清遗民，思想意识不可能一下子改变过来，需要“新文化运动”。

中国崛起，对列强而言这个东方大国就成了天然威胁。“黄祸论”为其辱华、贬华、排华提供了理由或者借口。长期以来时不时出现否定国学、国史、国民人性和中国价值的行为应该是这种恐惧的延伸、这种思维的反映（也是在国内寻找这种思想代言人的反映）。

3. 世纪交替文化思想变动

20 世纪末的改革开放，中国经济发生了翻天覆地的变化，中国国力崛起。随着苏联的解体，中国再次成为为西方反华势力的共同敌人，于是借助中国对外开放之机，在政治上、经济上、文化上进行思想入侵、文化唱衰中国，喧嚣“中国崩溃论”“中国威胁论”，并制造领土、历史、经济等一系列摩擦或问题。

同时把人类共性的缺点和各国都有可能存在的问题，强按在中国头上，不断放大中国政府的缺点、强化中华民族的落后、指责中国人没有信仰。而且在文化冷战中实施灭偶像（抹黑雷锋、欧阳海、邱少云、焦裕禄、刘学保、草原英雄小姐妹等英雄人物）、换祖宗（把中国祖先劝人向上、向善的行为都有意转化为外国人的行为）、灭自尊（用虚假新闻、故事和所谓的国人行为归纳丑化中国人美化外国人）、反智识（设置辐射谣言、地球变暖骗局、雾霾放射工程）、唱衰你（包装大量政治、经济、国情数据论证中国将要崩溃的假成果）、亡历史（丑化中国历史、制造虚假历史事件和历史问题）、污政府（无限放大中国民生问题和西方食品安全，诱导国人不信任国产物品）、散鸦片（神化美国体制、丑化中国体制，把西方社会和官员包装成纯洁的天堂）等。对此需要有冷静的头脑、正确的思维作出分析的。

尽管在事实上中国的社会治安是全世界最好的国家之一，但仍会出现用现实中的个案来强化并灌输中国社会有很多的牢骚、戾气，把儒家文化完全否定、把道德信念彻底搞垮。这些贬低其实不需要太多驳斥，事实就可以回答：看看我们生活的周围，想想我们自己，我们的国人真有那么衰吗，我们的文化真有那么衰吗，我们的民族真有那么衰吗？“五四运动”后，是红色革命和红色建设让中华民族重新站起来，是改革开放与红色经济让中华民族重新富起来，百年红色历程让中华民族实践着伟大复兴，进入到建设中国式现代化的红色强国之路，国人是有着“四个意识”（政治意识、大局意识、核心意识、看齐意识）、充满“四个自信”（道路自信、理论自信、制度自信、文化自信）的国人，是有着新时代国民共性、中国精神的中国公民。

中国的“国民性格”，是有着中华文明传承、中国文化发展、中国精神展现的共性精神。中国人不否认自己有不完美，正因为不够完美，所以需要诚意正心，需要修身齐家，需要增强修养，这就是文明的进步，这就是国民追求的修养。儒道文化并不等于懦弱，农耕文明更不等于无血性。中国人及其中国文化，喜欢和平、钟爱和谐，朋友来了有好酒，但若是豺狼来了，迎接他的有猎枪。真正的中国性格，是天下一家，世界大同；是社会和平，人际祥和。在此基础上从来不怕任何挑衅，犯我中华者，无论远近强弱，必铢之！

总而言之，中国的国民性，中国人民最有发言权。对一切外来评判，可以参考，可以引起警惕，重要的是保持清醒，擦亮眼睛，既不在香风中发晕，也不在恶意中失去理智。

第二节　国民性格析与五行说

算命、看相、求签等中国传统的命理学，确实有一些封建糟粕的东西，但绝不是“迷信”两字可以全部否定的，其中的一些模型、思想、方法，即使在今天看来仍有一定的生命力，且与现代心理学、社会学、教育学、管理学等有一定的关联性，事实上中国易理本身，就有极高的思想价值、极强的预测功能，所以《周易》一书被称为最古老也是最奇妙的未来学著作。心和管理学结合中国人的文化积淀和国人特性，探索中国人才识别法，重点不论预测功能，而是在中国古老的命理学体系中，探索其合理的、在今天仍有价值的部分充实人才识别预测体系。为此结合国民性格，探索阴阳五行人格预测分析法，重在人才识别。

一、民族共性铸中国精神

1. 真国民性格是中国精神

中国国民性格，是正面为主、积极向上的。别有用心者无论怎样污蔑都改变不了这一事实——在绝对力量面前，一切技巧都是渣。中国有不足、有缺点、有问题，故需要改进、完善——这是最重要的华夏国民性格：自豪民族的伟大，警惕自己的不足；取长补短中提升，扬长避短中自信。

中华“国民性格”，永远可以放在太阳底下，坦坦荡荡，阳光灿烂中映照出其伟大、其高尚、其纯洁，即使有阴影，仍然改变不了万里晴空是主流、主体的本质。而中华“国民性格”中，最为美丽、最为豪情、最为让中国人回肠荡气的是中国精神。

什么是中国精神？哪个层面或哪类人能代表中国精神？保家卫国的军人精神、发明创造的科学精神，还是工业化时代的工业精神、农耕后人的农业精神、商业发展的商业精神，还是坚持革命的革命精神、一技之长的工匠精神、展现丰采的英雄精神，还是创造奇迹的蛇口精神、辐射全国的上海精神、时代同步的雄安精神……描述不尽的历史精神、民族精神、时代精神，都是中国精神的范畴。这样的“中国精神”，是中国文化下的国民性格的内容，也是体现中华民族精神、中国国家精神的内容。这里主要提及中国人民的卫国精神、民族精神、奉献精神、君子精神等。当然中国精神的内涵与外延都极为丰富，这里从五行角度，以坚韧顽强、勇敢善良的中国精神为本土之中，金之刚烈强悍的卫国精神、木之积极向上的民族精神、火之热情无私的奉献精神、水之协和蓄力的君子精神环绕四方，如图 9 – 1 所示。

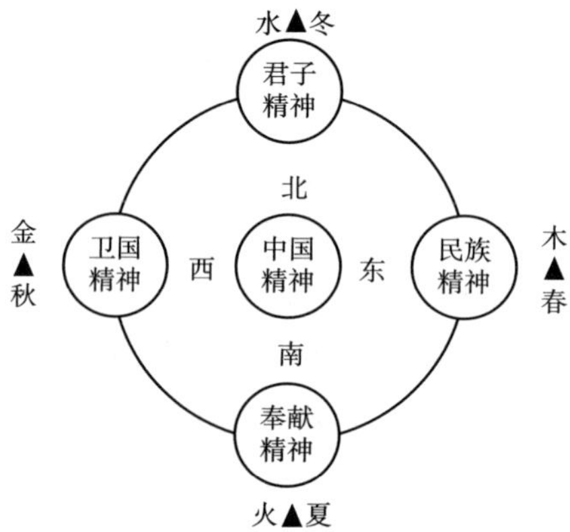

图 9 – 1　中国精神之五行模型

可见，中国精神是一个集合，任何一个个人，任何一个类别，都不能涵盖中国精神的全部（其中会有代表）。为此，心和管理学所论的中国精神，是在管理领域所要涉及的中国精神，是具有人心协和、天下一家思想观念的、心灵高尚的中国精神。

2. 四大中国精神内容解析

首先是保家卫国的精神。一个有内在精神的国家，首要条件是国和、政和、人和，而要实现国家和平、政治和协、社会和谐、人际和睦，在于这个国家的人对祖国的责任感、归属感、荣誉感、自豪感。所以，国人第一要有卫国精神。卫国精神是建立在对自己祖国无私热爱的基础上的，没有深刻在骨髓里对祖国的真爱，关键时候是不可能勇于担当、敢于拼搏的。这绝不是演了几部电影、电视剧，唱了几首歌的所谓“明星”的肩膀能够承担得起来的。卫国精神，是愿意用鲜血和生命保护守卫中国人民共同家园的精神。

英语翻译“国家”是“country”，“祖国”是“motherland”。国家是一国人民之共同家园；祖国是祖先开辟的疆土（生存之地）而构成的国家形式。这片家园、这片土地上的人，这片土地拥有主权、人民因共同祖先而形成骨肉同胞感情以及人们创造的灿烂文化等。综合起来，祖国所要表达的是祖籍所在的国家，人民自己的国家。所表达的不是政治意义，而是同宗同源的人们繁衍发展而形成的一片固定的疆土。而传宗接代依赖的是母亲完成，所以往往用母亲来比拟祖国。这也就可以理解英语用 motherland 翻译祖国的原因了——母亲的土地。而“国家”，在汉语里，才有国就是家，家就是国，家国合在一起才是天下的意义；在西方则只有“国”（the countrie）而没有“家”（home）的意义，中国人用“国家”概念的时候，国是家，“卫国”就是保家卫国；用“祖国”的时候，是一种全身心的认同：我们都是龙的传人，都是炎黄子孙；这时候的“卫国”就是保卫华夏留给后代的家园。

第二是民族精神。中华民族就是华夏民族，中国古代在说中国人时华、夏同义反复，华人即是夏人，夏人即是“中国之人”，所以华夏民族是包括所有中国人的、以汉族为代表的各民族大融合。凡能称为民族英雄的一定是爱国英雄，从卫青、岳飞、文天祥、于谦、戚继光、史可法、郑成功、林则徐、邓世昌到现代的赵尚志、张自忠、马占山、杨靖宇等，从红色革命战争年代的领袖群体、将帅群体、士兵英雄群体，到钱学森、邓稼先、袁隆平、杨利伟各领域英雄，都在他们所处的时代里，为祖国而战、为民族而奋斗。

5000多年的发展中，中华民族形成了以爱国主义为核心的团结统一、爱好和平、勤劳勇敢、自强不息的民族精神。而在现当代，则涌现出了井冈山精神、红军长征精神、延安精神、红岩精神、西柏坡精神等红色的中华民族精神，和平时期的“热爱祖国、无私奉献，自力更生、艰苦奋斗，大力协同、勇于攀登”的“两弹一星”精神，“万众一心、众志成城，不怕困难、顽强拼搏，坚韧不拔、敢于胜利”的抗洪精神；“特别能吃苦，特别能战斗，特别能攻关，特别能奉献”的载人航天精神等。这些为了民族的独立、解放、发展和强大而诞生的民族精神，是中国脊梁，体现的是中国精神。

第三是奉献精神（牺牲精神）。如果前面提到的卫国精神、民族精神是国家大义、民族大义，那么这里提到有奉献精神，是个人对国家、对社会、对集体、对事业的大仁大义。“苟利国家生死以，岂因祸福避趋之”，是奉献国家的精神；“鞠躬尽瘁，死而后已”，是奉献事业的精神；架桥铺路，抗洪抗震救灾，是奉献社会的精神；“春蚕到死丝方尽，蜡炬成灰泪始干”，是奉献人民的精神。所以，奉献自己的生命、奉献自己的才华、奉献自己的财富、奉献自己的能量，而致“天下为公”，都是奉献精神的体现、牺牲精神的写照。牺牲有刘胡兰、董存瑞、邱少云式的牺牲，也有雷锋、焦裕禄、孔繁森式的牺牲，还有孤独守卫边疆、海岛的战士奉献、默默坚守在工作岗位的职业奉献等的牺牲小家成就大家的牺牲精神。

中国人自古有“人生自古谁无死，留取丹心照汗青”的奉献精神，为了国家、为了民族，“粉身碎骨全不惜，要留清白在人间”，哪怕“出师未捷身先死，长使英雄泪满襟”，也愿意“衣带渐宽终不悔，为伊消得人憔悴”。所以，就有“捧着一颗心来，不带半棵草去”的无私，也有“捐躯赴国难，视死忽如归”的牺牲精神。奉献之“奉”，是“捧”，愿意“给，献给”；奉献之“献”，是愿意作为牺牲中“献祭”。所以奉献精神的最高境界是牺牲精神。这与中国修养文化一致，人生的真谛就在于心拥奉献之念，这是一种的象征。

第四君子精神。这是国学中的重要观念、重要思想。《周易·象传》对“君子”应用十分广泛，如“天行健，君子以自强不息”“地势坤，君子以厚德载物”，这就是最初的君子精神之内涵。后世儒家对“君子”有更多的规范和要求，如“四不”：其一，君子不妄动，动必有道；其二，君子不徒语，语必有理；其三，君子不苟求，求必有义；其四，君子不虚行，行必有正。“天下兴亡，匹夫有责”，也是君子精神的体现——中国的君子精神形成了“君子文化”，成为炎黄子孙共同推崇的理想人格，这种人格注重自我修养，博学好礼，不怒不愠，是中华文明道德精髓的集中体现；这种道德表现在独立健全的人格，决不随波逐流、人云亦云，强烈的忧患意识、爱国情怀和责任担当。所以，君子，德才兼备，文质彬彬，有所为有所不为，“达则兼济天下，穷则独善其身”，两千多年来中国人追求的理想人格。君子精神彰显着中华民族深沉的精神追求和独特的精神标识，所以“君子和而不同”“君子耻其言而过其行”“君子成人之美”“君子动口不动手”，君子是“为天地立心，为生民立命，为往圣继绝学，为万世开太平”。中国君子，人格修养、道德品质的典范。

君子精神，是自有中国文化始一直到今天永远不灭的诚信、道德、睿智、谦逊、大气等的综合写照，不需要专用的标签，有自信但绝不傲慢，讲儒雅但绝不懦弱，敢担当但绝不越位，自古而然，一脉相传。既可以是朝堂国君、文人鸿儒、武道儒将，也可以是世儒大家、精英大儒、成功人士，还可以是社会各阶层的正人君子、贤才君子、劳谦君子，没有阶级划分、不必身份地位，只要具有君子之风者，德高望者重、大公无私者、舍己为人者、高风亮节者、光明磊落者、冰清玉洁者、襟怀坦白者、鞠躬尽瘁者、克己奉公者、高情远致者、自强不息者、厚德载物者、忠心耿耿者、堂堂正正者、大义凛然者，皆为具有君子精神的人。

3. 中国精神坚挺起民族脊梁

一些人包括一些学者，很愿意把中国的“君子”与西方的“绅士”并列；把“君子精神”与西方的“骑士精神”并列，或者与西方的“贵族精神”并列。窃以为这是另一种形式的“崇洋媚外”，难道非得与西方的某个概念、某个说法挂上钩，才显得出中国自身的价值?

绅士更多的是风度、礼节和外表举止等外在表现；君子不仅仅是外在表现的涵养、气度、风韵、谦谦君子，更是品质、道德、节操等方面的内在素质素养的表现。骑士精神是西方漫长的千年中世纪的产物，是西方贵族阶层的产物，有着上流社会的荣誉感和尚武精神的体现，所以骑术、击剑成为骑士精神的标签，与贵族精神有着一定的内涵联系。在西方，骑士是捍卫帝国统治的中坚力量，有着无与伦比的骄傲、矜持与自信。后冷兵器时代，骑士精神转化成了绅士风度（或绅士精神）。西方文化的这些内涵都不如“君子精神”丰满。

中国的美、中国精神的美，如国土一样辽阔、如历史一样深远。走进来，才能一点一点感悟、一丝一丝体验、一分一分融合。中国精神，是中国脊梁。当今的青年，喜欢流行歌曲，照样也高唱《中国脊梁》，因为有历史底蕴、有民族自豪、有铁肩担当的青年，是中国青年：

我看到文天祥 在过零丁洋/我看到楚霸王 不肯再过江/我看到那张骞独守大漠十一载/我看到左宗棠 抬棺纵马收复新疆/我看到南昌城 枪声密集/我看到邱少云 火烧在战场/我看到鲁迅说“救救孩子吧”/我还看到马本斋 为了抗日顾不了亲娘/

中国人有脊梁 千年万年把正气唱/从不惧烽火连天遮星月/也不会忍气吞声泪两行/中国人有脊梁 一腔热血越烧越旺/誓要让正气浩然冲天地/也要把 人间安定 来承当/

纵然背起千座山 永不会折永不会弯/中华民族万年长 永不会折永不会弯/钢铁脊梁/

二、阴阳五行衍心理五行

1. 阴阳生成天地万物的理论

国民性格，体现一国国民之共性风情和精神。而个人又有自己的独特个性。管理上既要把握整体的、共性的性格，也要了解个人的特性，以便管理上有的放矢。

运用“阴阳”概念要明确两点：其一，古代提出阴阳，不等于阴阳只属于古代。阴阳概念、阴阳观念、阴阳思想、阴阳学说，几千年来一代代学人研究、探索，修正、发展，充实、提高，早已超越了原始本意，后人传承、应用，不因曾被诟病、被批判、被边缘化，就否定，或觉得只有古代而无现代意义了。阴和阳，你赞同，它存在着，你反对，它依然存在着，不因为人的主观意识而消亡；阴阳是中国哲学、中国文化不可或缺的范畴。其二，阴阳首先是“一”然后才是“两个”：一个事物的两个方面，如空间的天和地、时间的白天和黑夜、方位的南与北、人性的刚和柔……这是“一对”，是同一事物的两个方面，不能单独割裂出来；不理解这一点，会把阴阳“分”成两个事物，就难以理解阴中有阳、阳中有阴。周易六十四卦中的首卦，不指一卦，而是乾坤两卦，单指乾或单指坤都不对，因为它包含阴阳两方面，是“同一事物的两个方面”，以免混淆阴阳的内涵，出现错误理解。

西方重“分”，中国重“生”。分是分离、裂变，什么都分得清清楚楚，你就是你，我就是我。生是孕育、合成，一切都融合在一起，你中有我，我中有你。阴阳亦如此，阴阳不是完全隔离、分裂开来的，而是和合在一起。所以，有善也有恶，管理是扬善抑恶，彰显善性、掩藏恶性，即国学的修身养性讲究弘扬正面的、向上的、善美的，控制、约束、消除负面的、堕落的、丑恶的。不否认“分”的意义和价值，并且也学习这种

“分”的方法；但学习不是为了取代或否定。“生”的意义与思维方式，仍然是中国文化、中国学问的重点。形式上“分”成若干学科进行专向、深入研究，重点仍是“生”的内涵。

遗憾的是，以原子论为基础“分”出的自然观，崇尚谁强大谁说话的海盗法则、丛林法则，定型于弱肉强食，我的是我的，你的也是我的。以元气论为基础孕育“生”的自然观，是天地相协万物相和，崇尚天、地、人三道，定型于合作共赢、和谐共存。用原子论之西方管理法则，用于元气论之中国管理实践，掩藏起中国原本的修身养性，恶念少了遏制、恶性得以释放、膨胀——恶扬而善抑。当西方经济、管理、文化铺天盖地涌入后出现的系列问题，充分说明阴阳规律的价值所在。学习“分”，不等于抛弃“生”，中国有自己的文化自信。没有理由指责中国文化不行，也不会去指责西方管理不行。各有各的土壤和适应性。

学习、借鉴不能急功近利，不能把丛林法则应用到协和文化社会环境里来，更不能抛却了大道法则。社会财富、能源都应该是生生不息的观念，分的结果是你多我就少，你有我就无，这会导致私欲膨胀、戾气张扬，权钱狂野、良知蒙尘，人心失落、底线突破。而“生”者，彼此之间是和合共赢的，大家一起努力，控制过度开发和对地球的掠夺，通过人类自身的努力产生更多的财富与能源，故人类是一个“命运共同体”，需要大家共建。

2. 五行生克论与中庸理论

理解了阴阳的内涵与原理，不仅仅在文化诉求、哲学思想、管理实践等领域正确引入阴阳原理，还可以在人才识别方面正确预测人心、人格、人性。

这需要再提“中”的概念——与“大道”“中庸”有关，也与天地方位有关，与数字易理有关。方位有中而稳，思想致中而和，中国本“中原之国”，有中原自然有四方（边疆）；天圆地方的“地方”，也是四方——大地东西南北四个方位，故中原国土延及四方边界，就是“中土”的原始意义。四方位，东方太阳升起，草木郁郁，为木行；时间上为一天之早晨、一年之春天。南方太阳正中，阳光火热，为火行；时间上为一天之正午、一年之夏天。西方为太阳下山，金光万道，为金行；时间上为一天之傍晚、一年之秋天。北方为月起深夜，寒冷潮湿，为水行；时间上为一天之午夜、一年之冬天。在这四行、四时、四季中，对应的四行分别为木、火、金、水，加上居中的“土”，这便是演化出来的五行。木、火、金、水、土五行及其相生相克关系，构成世界基本物质的五行模型。

五行亦分阴阳，一方面是两仪生四象而成太阴、小阴、太阳、少阳，分别对应于四方、四时、四季等，四方加居中之土而生成的；另一方面木火金水土互相之意是相生又相克的关系。也就是五行指人类生存基本的五类元素基础，还可以“生”出更多的“和合”可能性。如金类物质“行”起来，既可以被土“生”，又可以“生”出水，既可以被火“克”，又可以“克”木。这样，任何一“行”有所变动，则其他四“行”相应发生变动，从而可“生”出无限可能。由此可见，“五行”之间不是分裂的、孤立的，而是协和而生、合作而克。

批判五行理论者，是说五行是唯心的、随心所欲的，五种物质岂能代表世间万象。这里解释两点：其一，比照三原色原理。三原色指色彩中不能再分解的三种基本颜色（有色光和色料两种），由三原色可以调配出其他各种颜色。同理，五行所代表的五类物质元素，是人类生存的地球上五类基本物质，相生相克产生了大地上的生态链，以此建立模型，与三原色在原理上具有一致性。其二，西方学问研究的方式，往往是先作假设然后求证，中国学问研究提出五行理论，可以理解为是一种假设，而这一假设在方位学、时令学、中医学等领域进行了论证，得到了正确结论才诞生出中国许许多多的学问，无可厚非。

由此，当把五行每一行的本原特性描述出来后，就体现了人类生活在这五种最基本的物质元素变动中而逐渐形成的五种基本性格特性。每一个人一般不太会相当明显地只对应于其中一种，人是复杂的，人心更是复杂的，这就需要应用五行相生相克原理，把这种复杂性表现出来。然后通过信息源，结合时代背景、社会现实、生活环境等因素，预测出一个人的个性特征、人格特点和思维风格，进而推导其行为方式、推演出人才特长与短板。

五行的文字意义，或者说表层意义是世间构成的最基本的五类物质，无论世界如何变化，科技如何发达，这五类基本物质不变。从元气论角度看，五行可以是一种思想“气”化的模型，也就是五种互为关联的“气”的运动。反映到人的内心活动就是思维运动，即“行”，运动行进中具有木火金水土五类思维特点的心理活动发生的作用，构成了人的思维轨迹以及因想法而形成的运动轨迹，行为折射出性格。对此预测要关注这五类思维方式及其这些思维方式产生的行为与结果，据此预测人生的轨迹，即命理学中所说的命运线。这种推理与测算，是合理的，有较高的可信度。这就是“五行性格分析”的基本原理。

故有研究者认为“五行模型是思维模型，而不是物质模型。”“五行表示的是关系实在、功能实在，而不是物质实体、形态实体”①，并认为“就‘五行’与‘气’的关系而言，‘五行’是‘气’的五种表现形式，‘气’是‘五行’的本质和基础。”② 这样，就可以从木、金、水、火、土的纯物质形态中跳出来，而从思维模型视角探索人的思维特性、个性特点。如此，五行识人就不是玄奥，而是心理学、逻辑学、社会学等的综合科学了。

3. 生理五行与心理五行论

前已说明，五行任何一行都与其他四行发生“生”与“被生”、“克”与“被克”的关系。五行中，唯一有生命活力的是木，所以木为东，希望的开始；植物生命的根基是土，人类生存的基础也是土，故土为中，其他一切环绕之；植物生命与人类生命一样都需要水才能存活；而让生命有质量的重要条件是工具，产生工具最重要的是金属以及对金属的锻造，锻造的必要条件是火，火还是人类生存不可或缺的重要元素。根据太阳照射的原理，南为火、北为水。而西部是连绵不绝的山脉，恰是“金”属物质的储存地，于是西为金，如表 9－1 所示。

表 9－1　　　　五行相生相克关系

	木	火	土	金	水
相生	木生火	火生土	土生金	金生水	水生木
被生	木由水生	火由木生	土由火生	金由土生	水由金生
相克	木克土	火克金	土克水	金克木	水克火
被克	木被金克	火被水克	土被木克	金被火克	水被土克

五行之五类物质有阴也有阳，彼此之间还形成了生克关系。生命需要有水滋润才能成长，故“水生木”。人类最早取得的人造火种是钻木取火，且木着火，即“木生火”，生命在于运动，生命运动过程亦即能量释放过程，亦即火的生成过程。“火曰炎上”指能量释放，在能量释放殆尽时，生命也走到尽头，只剩下一堆灰烬，生命归于一抔黄土，故“火生土”。土属中性，是向上、外向、扩张发挥到极致的转折点，蕴藏着各种矿藏，以及向下、肃杀、收敛之力，故“土生金”。“金生水”正解有二：一是古人从金属表面发现了冷凝水珠；二是月亮天干属庚，金为秋，为八月，古人认为潮水是因月亮而生，尤以申秋月圆之潮最甚。这就是“水生木、木生火、火生土、土生金、金生水”的循环状态。

① 张其成：《著五行识人》，当代世界出版社 2009 年版，第 16－17 页。
② 张其成：《著五行识人》，当代世界出版社 2009 年版，第 19 页。

大地需要植树（木），用大树的根来巩固土质，大雨来时才不会流失（土），大雨会造成水灾就必须用土来筑堵（水）保卫家园，古时家园的门口都要摆个大水缸，下雨时蓄水以备突发火灾时可灭火（火）；为保卫家园及家中煮饭生火，必须有刀枪斧头等器具，所以要提炼顽铁（金）；生火需要用锯子斧头来劈柴（木），这自然的相克制衡道理就是“木克土、土克水、水克火、火克金、金克木”的循环状态。有生必有克，有克就有生，生克之间，大自然的生态链、人类生存所必需的生态链就自然而然形成了。

从以上分析可知，五行的每一行既有被生又有被克两种状态。这说明天地间的万物产生之后，有相生必有相克制衡。五行与阴阳的关系，一方面，五行相生而为阳，相克而为阴；另一方面，五行是阴阳的不同的组合状态，也是阴阳交互运动的不同阶段。如果把太极图阴阳 S 曲线比作波浪运动，那么五行的每一行，是处在阴阳波浪运动时的不同波段处。阴阳相互作用产生了五种不同状态：阴消阳长状态；阳消阴长状态；重阳极限状态；重阴极限状态；阴阳平衡状态。前四个就是少阴、少阳、太阳、太阴四象，古人为了更加简洁明晰地表达阴阳，便将阴阳变化规律中的阴消阳长状态（少阴）以“木”的形象来替代表示，将重阳极限状态（太阳）以“火”的形象来替代表示，将阳消阴长状态（少阳）以“金”的形象来替代表示，将重阴极限状态（太阴）以“水”的形象来替代表示，然后再将阴阳平衡状态以“土”的形象来替代表示，这从另一个角度说明了木、火、土、金、水五行产生的方式、缘由和过程。这五行既是动态的又是相对静态的，所谓“五行即阴阳之质，阴阳即五行之气，气非质不立，质非气不行，行也者，所以行阴阳之气也”（张景岳《类经图翼》），这就是说，五行是阴阳二气交互作用的产物，阴阳才是五行变化的原动力。五行中的每一行有阴也有阳，朝阴向发展，或朝阳向发展，决定了事物的未来属性；阴中有阳，或阳中有阴，则表示出事物在生克过程中的内部变化，这样的变化，在一定程度上影响着事物发展的未来属性。

这样的五行关系，决定了五行系统不能割裂开来解析，任何孤立的一行所表现的内涵都是有限的，作为单项分析或作为一个横断面分析有一定价值，但从运动、变化、发展角度来看，必须考察每一行与其他各行之间的联系，既要考察正向联系，也要考察反向联系；既要考察相生的联系，也要考察相克的联系，还要把正反、生克的方式、方法、形态、状况及未来表现等整体考量，从而找出其中的规律、发现其中的奥妙、推衍发展的趋势。

这也说明五行是一个能揭示出世界构成全部信息的系统，用现代理论来解析，应该称为全息论或叫全息系统。全息论所要表示的是，宇宙是一个各部分之间全息关联的统一整体；宇宙整体里面，各子系与系统、系统与宇宙之间是全息对应的，一动皆动。五行之间也是如此，每一行是五行系统中的子系统，彼此之间互为关联、全息对应，牵一发而动全身；而每一行的内部又有各自的子系统，彼此之间也是互为关联、全息对应。这显然与中国的“天人合一”思想相吻合，所以从“天”到“人”，借助五行全息系统探索人的心理、性情、品格与处事特征等，从而了解人的优势长处，识别人才的才华所在和可持续发展的空间，这在理论上是可行的。所以，心和管理学研究，需要了解五行“天人合一”的人文特性，把握阴阳与五行的关系原理，从物质五行转向更多的领域，如生理五行、心理五行。中国医学即来源于“生理五行”。而中国古老的命理学的各行业，有阴阳五行推衍、也有阴阳八卦推衍，而五行八卦是可以相通的，所以可以归纳成易理推衍，从五行角度说就是“心理五行”。通过“心理五行”可以探索人格、人性的多元性及衍变发展的趋势。

“心理五行”，是指一个人先天的基因传承与后天的修行成果结合而成的结果，依照五行类型及其生克变化，在人的心理行为上的个性化表现。心理行为表现出来就是人的性格特征，现代语言一般叫“人格表现”或“性格特征”。所谓人格测试，或者说性格测试，其实就是依照一定规律，根据人在思维、行为上的表现所作出的推测、衍化。

三、阴阳五行性格测试法

阴阳五行性格分析，既可以是单独的阴阳性格分析、五行性格分析，也可以是阴阳与五行融合进行性格分析。阴阳性格分析，是初步的分析，类别化分析，应用“两仪生四象”原理所作的分析，适合于观察中判断、应用时对策。“四象生五行”，五行性格分析也可以独立分析，是以类别化分析为初步分析，然后是个性化分析为深入分析。

1. 据阴阳原理的性格分析

性格以阴阳分析，基本原理在于阴阳是平衡的，是一种“阴消阳长，阳消阴长”的动态平衡。先将性格分阴阳两大类，即内向型性格与外向型性格（或理性型性格与情感型性格）；再结合四象原理分为太阴（特内向）、少阴（较内向）、太阳（特外向）、少阳（较外向）四类性格。生命由于阴阳运动、阴阳气化所产生，性格也由阴阳运动、阴阳气化所产生。快乐、伤心，高兴、难过，热情、冷淡，主动、被动，积极的、消极的，活跃的、呆板的……所有个性的正反两方面，与人体一样，如果阴阳能够平衡，那么人的气血充足，精力充沛，五脏安康，人的气色就会非常好，表现出来的性格特征也会是向阳的。阴阳的孰主孰次就决定了人的性格主要倾向。内向性格有时候会表现出外向性格，外向性格有时候也会表现出内向性格。同理，理性性格也有情感性格的特征，情感性格的特征也有理性性格的特征。

易理性格分析中的这些原理，与现代医学的左右脑原理有着高度的一致性。两者结合，将左半脑设定为阴、右半脑设定为阳，根据左右脑优先接收或传递讯息的不同，可以列成阴阳性格分析表进行分析。其中左半脑是理性脑，右半脑是感性脑。人类在传递和接收外界信息时，是左半脑先传递和接收还是右半脑先传递和接收，显示了一个人思维习惯、思维风格、思维特征，表现出一个人的某些性格特点。所以，只要了解到一个人的信息传递和接收，是左半脑优先还是右半脑优先，就可以大体了解一个人的性格倾向和个性特点。

两仪生四象是阴阳生发原理，在人性人格中，还有一个性别阴阳，女为阴、男为阳，太阴、少阴、太阳、少阳四种类型性格，同一类别性格，会因性别不同而表现出不同特性，如同是坚强刚毅性格，男性表现出来时会侧重展示出果敢坚定、大气沉稳（也可能走向独断专行、盲目自负）性格，而女性则会更侧重果决坚韧、巾帼须眉（也可能走向偏执无理、不近人情）性格。如此，约等于四象生八卦，构成两组四象八种性格特征。在名称上，“太阴男”“太阳女”、“少阴男”“少阳女”这样的称呼不太雅致，所以根据其特性作了必要的调整，其对应关系：太阴——理性，少阴——浪漫，少阳——温馨，太阳——力量，虽然不一定十分妥帖，但相对比较能接受。据此订立阴阳性格分析对应表，如表9－2所示。

表9－2　　阴阳性格分析对应表

第一步属性 / 性别 / 第二步属性	阴（左脑优先接收讯息）		阳（右脑优先接收讯息）	
	男	女	男	女
阴（左脑优先传递讯息）	太阴：理性男	太阴：理性女	少阳：浪漫男	少阳：浪漫女
阳（右脑优先传递讯息）	少阴：温馨男	少阴：温馨女	太阳：力量男	太阳：力量女

这八种性格类型，归根结蒂是阴阳两大类，只是阴阳的协和关系构成四象，又因性别之阴阳再形成男女略有不同的性格裂分。这里只作整体描述，具体见下一节内涵分析。

太阴特性的理性者性格特征：左脑发达，理性思维，多数情况下接收和传递讯息都是左半脑（阴）先反应。这一类型人性格坚定执着，处事条理清晰，习惯于理性分析一切事情与现象。并且只相信自己的判断，不会被他人的意见所左右，有完美主义倾向；表现出一种果断、坚毅和绝不让步的性格，甚至于让人感觉有些固执己见。男女的共性特征沉着冷静、含蓄内敛。但相比较而言，男士更显得冷酷强势，女士更显得不近人情。

少阴特性的温馨者性格特征：左脑比右脑发达一些，接收讯息时左脑优先反应，但传递信息时容易右脑优先。左脑理性依然，所以接收到信息后会十分理性地进行分析；右脑想象相协，所以传递信息时会在理性内容中融入一些感性特质，左右脑结合，中和了固执；表现在行为上，会出现冷静的反应、温情的行为，与太阴性格相比相对好相处一些。男女的共性特征理性中有一丝感性，表现出冷中有温暖。男士显得木讷一些，女士显得慢热一些。

太阳特性的力量者性格特征：右脑发达，情感思维，多数情况下接收和传递讯息都是右半脑先反应。这一类型人工作中热情快乐、生活中阳光开朗，十分相信自己的感觉，愿意跟着感觉走，迅速行动起来，为自己预定的目标不遗余力地拼搏，愿意一路冲杀，行动力极强。是聚会时的号召者、集体活动时的鼓动者，甚至显得武断、冲动。男女的共性特征是坚强而有激情，冒险而敢行动。男士会更直觉反映颐指气使，女士会更感觉为先直言不讳。

少阳特性的浪漫者性格特征：右脑略比左脑发达，接收讯息时右脑优先反应，但传递信息时左脑优先。右脑接收信息时会，情感比较丰富，瞬间把相关的一切资料都调动起来，并进行综合比较后得出有一定倾向性的意见；而表述出来时，左脑理性会发挥作用，会对收集到的信息进行条分缕析，表现得有条有理，浪漫而容易做梦。男女的共性特征是先外冷内热，后热情洋溢。男士更有自信而艺术感强，女士更喜浪漫而有风情。

2. 五行性格分析法原理论

阴阳性格分析应用于识人，需重点把握阴阳之对立、互根、消长、转化等特性。

阴阳对立，指两者之间的相互制约、相互消长关系及对立运动至动态平衡。如果这种平衡遭遇破坏，从性格角度说就会出现性格分裂、性格扭曲、精神恍惚甚至精神不正常等。

阴阳互根，指阴阳既是事物相互发展变化的条件，又是阴阳转化的内在根据，即双方在一定条件下可以转化，这是左右脑分工依然有例外存在的原因所在，也是左脑发达的人形象思维也有可能很好、右脑发达的人逻辑思维很强的原因所在。万事万理没有完全绝对。

阴阳消长，指一方太过盛或太过衰，破坏了“阴阳协调”的动态平衡，生理上引起机体的不适。脑力发展就在大脑的运动变化中生生不息，越来越丰富，但若左右脑消长失衡就麻烦了。左半身与右半身的行为习惯或者说行动本能，会暴露出两个半脑之间是否“消长平衡”。

阴阳转化，必须具备一定的条件，即“物极必反”，这里的“极”是指事物发展到了极限、顶点，这个是促进转化的条件。所以，在极端情况下，人的性格会发生巨变，一直温文尔雅的人突然间青面獠牙，一向文质彬彬的人瞬间狂怒暴力；同样，本来冲动易怒者，一念之间平息下来，其冷静的反应令人费解；平常总是粗枝大叶的人，也会在恍然间心细如发。

五行性格分析，是深化的分析，从生理学、医学引申到心理学的一种分析。其原理，需要从“中医五行模型”的一般原理说起，如图9－2所示。中间五行关系图是说明相生相克的关系，生克过程阴阳相对平衡了，就是和谐状态。中医认为人自身就是个小世界，人的筋脉肉皮骨五体、目舌口鼻耳五窍、泪汗涎涕唾五液等都与木火土金水五行对应，五脏六腑也都如此。而五脏的状态对人的情绪直接产生影响：肝属木，由水（肾）而生，生理上主血液疏泄，心理上主情志疏泄，故怒易伤肝，但金可克木（故有肺肝洞烛一说）；木生火，而心属火，生理上主血脉，心理上主神志，肝火旺与否影响心火升与降，故喜伤心，但水可克火（故能令人心悦

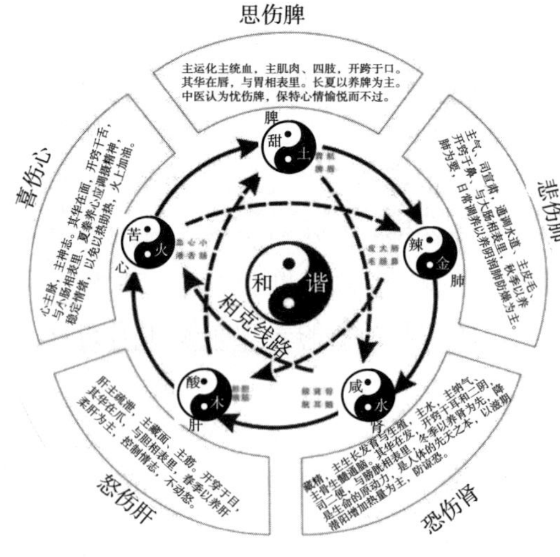

图9－2　中医五行模型图

诚服）；火生土，土属脾，生理上脾主运化、血流与肌肉，心理上主脾气，心气儿升脾气长，反之降，故思伤脾，但木可克土（故有凄入肝脾来形容）；土生金，金属肺，生理上主气、司宣肃，心理上主态度，故悲伤肺，但火能克金（故有肺气炸之形容）；金生水，水属肾，肾藏精，生理上主生殖发育，心理上主气顺脑清，故恐伤肾，但土可克水（故有滋阴壮阳之说）。

由此，“木曰曲直”。“曲直”，实际是指树木的生长形态，为枝干曲直，向上向外四周舒展。因而引申为具有生长、升发、条达舒畅等作用或性质的事物。木的方位为东，日出东方，也寓意为蓬勃生长。“火曰炎上”。“炎上”，是指火具有温热、上升的特性。因而引申为具有温热、升腾作用的事物，均归属于火。火性代表礼，就是为人谦让谨慎，敬上而不欺下。火的方位为南，南方炎热，寓意为热情。“土曰稼穑”。“稼穑”是指土有种植和收获农作物的作用。因而引申为具有生化、承载、受纳作用的事物，均归属于土。故有“土载四行”和“土为万物之母”之说。土居中，中原肥沃，寓意性情温厚笃实诚信。“金曰从革”。“从革”是指“变革”的意思。引申为具有清洁、肃降、收敛等作用的事物。金性代表义，就是崇善弃恶，事事都顺理。金居西位，日落于西，寓意霞光照耀，统领一切。“水曰润下”。“润下”是指水具有滋润和向下的特性。引申为具有寒凉、滋润、向下运行的事物，均归属于水。水位居北方，如水寒冷，寓意冷静，理性，足智多谋。

推导之，木、火、土、金、水五行对应仁、礼、信、义、智道德领域，对应于青、红、黄、白、黑的五色色彩，还对应于人的内涵或品质。木代表善良，是对事物的一种内心的反应；火代表真诚，是基于内心反应的一种行动；土代表分析，是在行动过程中的一种分析；金代表原则，是对事物的一种构想；水代表知识，是对事物的一种具体理解。

针对企业经营管理，有人提出了“金”代表着核心竞争力和目标力；五行缺金，即在职场上的表现是缺决断目标力。“火”代表着价值提升力和进取力；五行缺火，即在职场上的表现是缺提升进取力。“木”代表着学习创新力和学习力；五行缺木，即在职场上的表现是缺创新学习力。“水”代表着驾驭变化力和适应力；五行缺水，即在职场上的表现是缺协调适应力。“土”代表着资源整合力和整合力；五行缺土，即在职场上的表现是缺自控整合力。综合上述，就可以根据五行原理设计性格分析的工具与方式方法了。

3. 五行性格分析方法应用

“五行性格测试”方法，就是根据人的生理五行、心理五行是一个五行小世界原理挖掘人性特征，每一行都根据其独特的特性而表现出人的一种心理特征、性格表现。五行代表五种个性特征，然而这是第一步，是一种粗略的划分，先大体分为五种性格类别。

木性格，原指植物类，植物生长，带给大地绿色的美好，是一种真诚善良的表示；带给人类生存的果实，是一种积极向上的努力。植物可分为乔木、灌木、藤木等树木类植物，菊花、梅花、茶花等花类植物，藓纲、苔纲、角藓纲等苔藓植物，铁线蕨、鹿角蕨、肾蕨等蕨类植物，绿藻门、金藻门、硅藻门等藻类植物，板栗、樟树等种子类植物，等等。从器官角度看，植物又有根、茎、叶、花、果实、种子等，显然，以木为代表的植物能够关注到大地上任何绿植，且类别清晰、器官明晰，代表着一种条分缕析的个性特征。

火性格，火从现代科技角度说，不是一种物质，而是一种能量。但就上古时代的认知水平而言，火以木燃烧、烧后成灰（土），都是具体物质，火也是可视的（焰），理解成一种自然界的物质，也就无须太过较真。更何况理解五行，重在火表现出来的特色、特征。古人懂得用火时就知道，有可燃物、燃点，而且必须放在空气流通的地方（古时候无法知道那是因为空气中有氧气，即生火需要有氧化剂）。而火燃烧起来，三个特点非常明显，光、热、升腾，表现出来的人性特点，就是激情欢乐给人以光明，热情大方给人以温暖，而且热烈向上，具有热心、热爱、热忱的特点。这就把热情外向、可爱活泼型性格表现出来了。

土性格，土是吐生万物的土地、土壤，泥土、水土、沙土、尘土都是土。现代科技的解释，是地壳表面最主要的组成物质，是岩石圈表层在漫长的地质年代里，经受各种复杂的地质作用所形成的松软物质，是自然历史产物，土的种类也相当繁多。对于人类而言，大地上的泥土是最重要的物质，生存之粮食蔬果来自土，建筑物的主材料来自土……所以土是敦实的、稳重的、奉献的，虽默默无闻，却从不吝啬它的真诚、它的慷慨、它的适应性。

金性格，金是指金属类的一切资源，金、银、铜、铁、锰、锌等都属于金属物质，存在于山岩矿物之中。金质坚硬，金制作的器具，武器类锋利、工具类厚重、用品类坚固，表现出刚强和雷厉风行个性，体现出人的意志坚定、行动力强的特点，也强调果断而言出必行、行必有果的品性。金性格，可能是暴君，也可能是枭雄，还可能是街头恶霸。

水性格，本义是河流，引申泛指一切水域（江、河、湖、海的通称）。其物理意义是无色无味的透明液体，引申意则泛指某些液态物质；生理意义是指人体正常代谢所必需的物质。水是运动的、柔软的，适应一切环境，水可以是平静无波不争不抢，水可以是涓涓细流温柔欢快，水可以是浪涛汹涌洗刷一切……水的特性多，适应面广，个性特点十分明显。

总结起来，木代表善良，是对事物的一种内心的反应；火代表真诚，是基于内心反应的一种行动；土代表分析，是在行动过程中的一种分析；金代表原则，是对事物的一种构想；水代表知识，是对事物的一种具体理解。五行结合阴阳，既可以正向发展（阳），也可能反向发展（阴），正向还是反向，程度又有不同，从而产生无数种可能；五行的生克关系，互相之间都能发生联系。五行中任意两行之间，如金火、风水、水土、水木，生克间“生”出许许多多的性格类型；其他还有某一行对二、对三、对四发生的生克关系，就更多样化了。所以，五行性格分析相比于西式的类别化性格分析，在个性分析方面具有更强更优的能量。五行性格分析，既可以粗化的类型性格分析，也可以细化的个体性格分析，深入程度的不同视分析需要。细化的深入分析，是运动变化下的分析，动静结合、粗细相融，对分析人功力要求颇高。类型化分析则可量化，适用于相对粗化却量大的分析。

还可以往更多的方向深化分析，凡具有生长、升发、条理清晰等作用或特性，均归属于木行性格；凡具有温热、升腾、光明、热烈作用或特性，均归属于火行性格；凡具有承载、生化、受纳作用或特性，均归属于土行性格；凡具有清洁、肃降、收敛作用或特性，均归属于金行性格；凡具有寒凉、滋润、向下运行作用或特性，均归属于水行性格。五种大分类，再结合五行特征、五气运行和相生相克原理，便可开展人才分析。

第三节　心和管理人才识别论

命理，以易理为根基，以阴阳五行理论为根据的预测；相学是通过观察分析人的形体外貌、精神气质、举止情态等特征的一种预测。也就是见微知著识别人才。本节，从中华传统合理学中有价值的部分提炼出来，从易理学、心理学、预测学、管理学、社会学等学科综合的视角，探索新型中国传统文化提供给后人的识人智慧，开发阴阳五行性格测试的一般分析方法，作为构建心和管理学中国智慧之人才理论和体系（第十章）的基础理论。

一、识才智慧之典籍概要

1. 荣格心理学十六型分析

这里以荣格“类型心理学”为基础，介绍 MBTI 人格理论及其 16 型人格测试法。

西方重“分”，既总分类，又将个体分类到某一种类型里面。荣格的心理学理论就叫作“心理类型理论”。卡尔·荣格（Carl Gustav Jung，1875～1961 年），瑞士心理学家。1907 年与西格蒙德·弗洛伊德合作，发展及推广精神分析学说长达 6 年之久，之后与弗洛伊德理念不和，分道扬镳而创立荣格人格分析心理学理论。

荣格先把人的性格类型分为内倾型和外倾型两种，然后从四个维度即思维、情感、感觉、直觉再一分为二，构成了外倾感觉型、内倾感觉型、外倾思维型、内倾思维型、外倾情感型、内倾情感型、外倾直觉型、内倾直觉型八种心理类型。这一分类方法，与中国的阴阳八卦是否有联系，不作论证，虽然荣格公开承认自己的学术思想受到过中国周易原理和思想的深刻影响。这里只是说明，内倾型和外倾型两种性格类型，用易理来解释就是阴阳：阴性类型、阳性类型；荣格的八种心理类型，于“易学”中的先天八卦原理是一样的，即两两对应。从这个角度说，荣格的心理类型模型，可以直接代入八卦模型。

从形式上看，荣格遵循了太极生两仪（人分内外性格倾向），两仪生四象（思维、情感、感觉、直觉四个维度），四象生八卦（八种心理类型）（这里只是说形式上的相类，没有强调荣格就是按照易理八卦划分）。荣格心理学，只是突出了“分而有类”的特性，未体现出“生而和合”的特点。荣格心理类型学的四个维度，不是从内倾型和外倾型中“生”出来。荣格在设计心理类型时，坚持的还是西方学者固有的“分”的思维，所以八种心理类型是依照“一分为二”的原则的（1913 年国际精神分析大会上推出）。

美国心理学家布里格斯和她的女儿迈尔斯，在荣格四种功能的基础上，增加了判断和知觉两种类型组成“个性的四维八极”，即驱动力的来源：外向 E——内向 I；接受信息的方式：感觉 S——直觉 N；决策的方式：思维 T——情感 F；对待不确定性的态度：判断 J——知觉 P，两两组合，构成了16种个性类型，经20多年修正提高，编制成了《迈尔斯—布里格斯类型指标》，这就是MBTI（Myers－Briggs Type Indicator）人格理论。其类型指标如表9－3所示。

表9－3　　迈尔斯—布里格斯类型指标

维度	类型	相对应类型英文及缩写	类型	相对应类型英文缩写
注意力方向（精力来源）	外倾	E（Extrovert）	内倾	I（Introvert）
认知方式（如何搜集信息）	实感	S（Sensing）	直觉	N（Intuition）
判断方式（如何做决定）	理智	T（Thinking）	情感	F（Feeling）
生活方式（如何应对外部世界）	判断	J（Judgment）	理解	P（Perceiving）

MBTI人格测试法在西方应用，中国本土理论可以互鉴、交流、学习之，但更基础、更核心、更广泛的是比荣格、迈尔斯和布里格早几千年、几百年的中国识人智慧。中国文化的丰富多彩，往往是不了解国学的人无法理解的。可以这么说，现代任何一门学科，都可以在中国古代典籍找到渊源，许多西方在近300年发现、发明或总结归纳出来的定理、定律，在中国早几个世纪甚至千年之前就已经涉猎或者已经研究出成果。

在中国典籍的浩瀚海洋中，掀开其神秘的一角，略窥《吕氏春秋》的八观六验识人法、《庄子》的八验法、《人物志》的五行法、赵蕤的《反经》的识人智慧。

2. 吕氏春秋与庄子识人论

《吕氏春秋》成书于战国末年、秦始皇统一大业之前，是吕不韦组织门客们编撰的一部黄老道家名著（儒学为主干、道家理论为基础，集合诸子百家思想学说为素材），本意是构建秦完成统一大业后的治国之道，结果秦始皇执政后选择了法家思想。但仍俺不住这是一部闪烁着博大精深的智慧之光的著作。其中涉及识人方面的内容，应该是进入典籍的中国最早的识人智慧之一。这里仅摘其一点，即“八观六验”识人法论之。

《吕氏春秋·论人》有云：“凡论人，通则观其所礼，贵则观其所进，富则观其所养，听则观其所行，止则观其所好，习则观其所言，穷则观其所不受，贱则观其所不为。喜之以验其守，乐之以验其僻，怒之以验其节，惧之以验其特，哀之以验其人，苦之以验其志。八观六验，此贤主之所以论人也。”① 简单地说，“八观”就是从八个方面观察一个人后得出其性格特性：一个人处在顺境成功时，观察他的礼仪礼节方面的表现（是否

① 吕不韦等：《吕氏春秋·季春纪·论人》，古诗文网《吕氏春秋》篇。

保持待人有礼，礼遇的是哪些人等）；一个人处于显贵地位时，观察他接近进献的是什么人与事（往哪个领域进发，推荐的是哪样的人等）；一个人处在富豪阶层时，观察他豢养的是什么人与物（养什么样的动物花草，养的是什么样的门客等）；一个人处在倾听状态时，观察他所表现出来的行为（倾听时候的行为表现，采纳的是什么意见等）；一个人处于闲适居止时，观察他有哪些爱好（业余时间会追求些什么等）；一个人处于领导身边时，观察他会说出什么话（出的是什么主意，讲的是什么内容等）；一个人贫穷落魄时，观察他在哪些方面是不接受的（会不会接受非分之财，会不会接受嗟来之食等）；一个人地位卑贱时，观察他哪些事坚决不会去做的（会否做有损国格人格的事，会否做非义非信的事等）。

而“六验”则是从六个情绪方面考察一个人的作为：一个人兴奋时，可以考验出他安分守己的能力（是否得意忘形）；一个人开心时，可以考验出他有没有什么癖性（是否禁得住诱惑）；一个人发怒时，可以考验出他自我控制的能力（是否会失去理性）；一个人恐惧时，可以考验出他立场是否坚定（是否能守住节操）；一个人哀伤时，可以考验出他的为人特性（是否能自我调节）；一个人痛苦时，可以考验出他是否有志气（是否艰苦中崛起）。

“八观六验”观察方面，着重在观察一个人在与他人交往、在社会中的表现，重点是放在人的社会性方面进行考察；而考验方面，则着眼在人在独处时、人在七情六欲状态时的表现，重点是放在人的天性、本性方面进行验证。基本原理仍然是“近朱者赤，近墨者黑”，以及人在职场、社交活动中自然的行为表现所投射出来的人性、人品、人格。

《庄子》被道教奉为《南华经》，与《周易》《老子》并称“三玄”，其中的杂篇在庄子思想里面也掺杂了黄老之学。在《庄子·杂篇·列御寇》中，以孔子之口说“凡人心险于山川，难于知天”，正因知人心难，所以提出“九徵”（“徵”是“征”的繁体字），即从九个征兆中解读出人的品性、人的格局：“故君子远使之而观其忠，近使之而观其敬，烦使之而观其能，卒然问焉而观其知，急与之期而观其信，委之以财而观其仁，告之以危而观其节，醉之以酒而观其侧，杂之以处而观其色。”这里所表示的九个征兆及其验证结果是指：把一个人派到很远的地方去做事，（脱离直接掌控情况下）可以判断出这个人是不是忠诚。把一个人就近放在身边工作，（没有距离感情况下）可以看出这个人会不真心尊敬（懂不懂角色定位）。上司用繁重琐碎的事不断烦扰下属，（根据他对上司指示和对工作的态度）可以观察出这个人能力的大小。对一个人突然发问，（在其没有准备情况下的应答）可以发现这个人的知识掌握的深度与广度。对一个人紧急约见，（根据其态度和行为）可以看出这个人的信用情况。将大量财富委托给一个人管理，（财富面前）可以看出这个人是不是仁义。告诉一个人将面临着的巨大危险，（危难面前）可以看出这个人是否有节操。当一个人酒醉之后，（醉而向旁边歪斜的行为方式中）可以看出这个人的真性情。当一个处在混杂环境中时，可以看出这个人的本色（如复杂的人际关系里是不头脑清醒，男男女女在一起时会不会好色等）。

庄子强调人心比山川还要险恶，预测人心比预测天象还要困难，自然现象有规律可循，人心十分复杂还深藏着，“贼莫大乎德有心而心有睫，及其有睫也而内视，内视而败矣！……美、髯、长、大、壮、丽、勇、敢，八者俱过人也，因以是穷……知慧外通，勇动多怨，仁义多责。达生之性者傀，达于知者肖，达大命者随，达小命者遭。”① 翻译之：最大的害处莫过于有意培养德行却使其长了心眼（贼：害），有了心眼良心就会被遮蔽（睫：睫毛遮蔽）而只作主观臆测（这里的内视是以意度事之意），这会导致行事失败……人在外形上若有貌美、须长、高大、魁梧、健壮、艳丽、勇武、果敢八项长处胜过别人，就会恃貌傲人而导致困厄窘迫……自觉聪明的人就会炫耀自己的聪明，自觉勇武强悍的人总会怨恨生不逢时，自觉有仁有义的人经常指责别人。（而那些）通达生命本质的人能成就大事（傀：不平凡），通达真知灼见的人内敛低调（肖：渺小），通达天使大道的人懂顺其自然（随：顺利），通达生命真谛的人坦然面对挫折（遭：遇，有遇受阴，即不顺利）。庄子的意思，外貌可以折射出人的某些特性，但内心才是人真实的世界，见人须见心，识人应明心。

3. 刘劭识人与赵蕤知人术

三国刘劭所著《人物志》，是一部系统品鉴人物才性的玄学著作，一部辨析、评论人物的奇书。书中涉及的识鉴人才之术、量能用人之方，是对人性的深刻剖析。刘劭将人物分为兼德、兼才、偏才三类，透过德、法、术等三个层面，依其偏向，分成“十二才”，即清节家、法家、术家、国体、器能、臧否、伎俩、智意、文章、儒学、口辩、雄杰。才能不同，适合担任的官职也不同。该书把人的内在的材质与外在的征象联系起来，总结出神、精、筋、骨、气、色、仪、容、言等“九征”（相当于今天所说的九种气质）。

《人物志》还专门提出“八观”察人术：“一曰观其夺救，以明间杂。

---

① 庄子：《庄子·杂篇·列御寇》，古诗文网《庄子》篇。

二曰观其感变，以审常度。三曰观其志质，以知其名。四曰观其所由，以辨依似。五曰观其爱敬，以知通塞。六曰观其情机，以辨恕惑。七曰观其所短，以知所长。八曰观其聪明，以知所达。”①

一是观察一个人在救助穷困时的表现，以此可以明了这个人的错综复杂品质上的优秀之处；二是观察一个人感受外界时所反映出来的变化情况，以此可以搞清楚这个人正常的为人处世态度；三是观察一个人特有的志气志向、品质素质，以此可以知道这个人的名声是否符实；四是观察一个人行事处事的因由渊源，以此可以辨别这个人的倚仗（行事准则）及其相似的做法（处世方法）；五是观察一个人所爱所敬的对象或内容，以此可以了解到这个人社交中是通达顺畅还是闭塞受阻；六是观察一个人的情感倾向和机变能力，以此可以辨别这个人是不是善于宽恕、容易受惑；七是观察一个人的不足之处，以此可以知道这个人所擅长的方面；八是观察一个人的聪明智慧水平，以此可以知晓这个人最终能达成怎样的目标（即做出什么样的事业）。显然，这里所提的以行为观测人，是人才识别的重要方法。

刘劭还提出直接与金、木、水、火、土五行对应的，即通过人的筋、骨、血、气、肌五方面生理（身体）因素，显示出人的弘毅、文理、贞固、勇敢、通微五种人性特质；同时又与仁、义、礼、智、信“五常”对应，表现出“五德”。这里将自然的血气生命，具体展现为精神、形貌、声色、才具、德行，是非常有创见性的，为心和管理学设计“五行人才识别系统”提供了母本。《人物志》还说：“若量其材质，稽诸五物；五物之征，亦各着于厥体矣。其在体也：木骨、金筋、火气、土肌、水血，五物之象也。五物之实，各有所济。是故：骨植而柔者，谓之弘毅；弘毅也者，仁之质也。气清而朗者，谓之文理；文理也者，礼之本也。体端而实者，谓之贞固；贞固也者，信之基也。筋劲而精者，谓之勇敢；勇敢也者，义之决也。色平而畅者，谓之通微；通微也者，智之原也。五质恒性，故谓之五常矣。”② 这就是说，可以看人之态、观人之行、辨人之言，而识人之性、察人之质。

根据易理阴阳五行，参照上述先贤人才识别论著，这里设计“五行人才识别系统”，如图 9－3 所示。根据这一基本框架，融入现代心理学、管理学、社会学的学科内涵，结合国民特性、中国性格和社会环境等内容，

---

① 刘劭：《人物志·八观》，古诗文网《人物志》篇。

② 刘劭：《人物志·九征》，古诗文网《庄子》篇。

发挥中国智慧，通过价格分析有效识别人才。

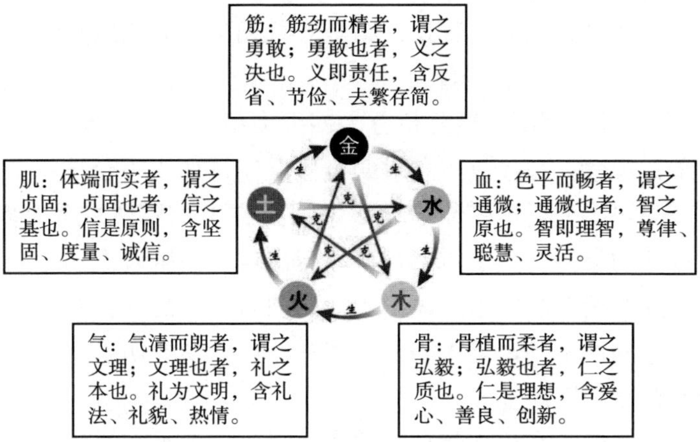

图 9-3　五行识人模型图

世人皆知唐朝诗坛双子星“李杜”，却可能不知道李白与另一人并称“蜀中二杰”，他叫赵蕤，唐代杰出的道家与纵横家，因“赵蕤术数，李白文章”闻名于世。赵蕤的代表作为《长短经》，又叫《反经》。集儒家、道、法、兵、杂和阴阳家思想之大成，其中《知人》一章，提到了孔子“凡人心险于山川，难知于天”① 的感叹后的识人心得，也记载了春秋战国时期其他诸子的识人、知人妙论。

赵蕤所写的《反经》，在“知人”一章中，对《人物志》所提之五行识人知人作专门解说，并有作者自己的思考。这里不单独列出，而将其内涵及管理学认可的部分结合到五行性格分析法中了。

中国历朝历代的识人智慧，无论哪个朝代，无论哪位大家，其学问的根源都在易理，很多内容就从阴阳五行八卦学说中来。只是每位研究者、应用者所取的角度、所结合的内涵、所经历的时代、所崇尚的文化各有侧重，或各有差异，故反映形式有所不同。

二、阴阳识才法内涵阐析

心和管理学结合中国先贤先哲们的研究，在传承的同时，加以创新发展，设计阴阳性格分析、五行性格分析两个互为关联的系统；这两个系统可单独使用，也可以先阴阳，后五行递进使用。阴阳分析，是相对粗放一

① 赵蕤：《反经·知人》，古诗文网《反经》篇。

些的类型化，然后根据其阴阳变动情况进行个性化分析。可以不用量表填写，通过观测或引导行为进行分析。五行分析，是相对细化一些的变动分析，通过量表测量，依据其数据，结合五行相生相克原理而细化分析。

1. 阴阳性格分析具体步骤

表9－2提过，阴阳性格分析分为四大类型，测试步骤具体分为三步：

第一步，观察人在接收讯息时的身体反应，如双手合十闭眼聆听时的动作中，若是习惯上会本能地“左手大拇指在上、压住右手大拇指”，这是左半边身体的灵活度高于右半身，显示出这人右脑较发达，阴阳特性中显示为阳；反之则左脑发达，显示阴性。前者对应的性格一定是太阳或少阳，后者对应的性格一定是太阴或少阴——第一步要明确的是在接收信息时，人的性格之阴阳属性。

第二步，观察人在传递信息时的身体反应，如人在说话尤其是激动时本能的是左手挥舞得厉害还是右手挥舞得厉害（或者说话时双手交叉，是左手抬起做手势助动说话还是右手抬起做手势助动说话等），左手挥舞得厉害，则右脑优先传递讯息；反之则左脑优先传递讯息。把两步观察结果结合起来，就可从表9－2中对应查到此人的阴阳性格属性——第二步要明确的是在传递信息时，人的性格之阴阳属性。

第三步，确定了信息接收与信息传递时其阴阳性格的属性后，判断其力量型、温馨型、理性型、浪漫型的主归属，再根据其性别对应确定性格属性，然后查阅其性格特性，并可以作出基本的性格分析了。若要更细致深入，就需要通过其他方法深化而综合得出结论。

这一分析法的难点在第三步。第一、第二步提供的是个人的基本信息，第三步要有一定的沟通交流，相当于“算命”中的“套话”，与算命不同的是，套的不是其不小心漏出的个人私隐性信息，而是他在遇到一些具体问题时的思维方式和处世方式，从中掌握其不同状态下的变化情况，然后作出结论性评述。这一步需要丰富的阅历和实践经验的累积。

特别说明，具体对人进行阴阳性格分析时，要注意大多数人的人性特征不会是单一的，尤其是这种测试时，是针对一个人当时的表现而言，所以既有先天的本性、也有后天的修养两者结合，所以表现的结果往往不是一种性格类型特别明显，而是两种类型或更多类型性格综合的。测试导师陈述时，既要说明其主性格，也要分析其副性格，还要提醒男女之间的差异。测试时，需要分清主次，需要考量阴阳对立、阴阳互根、阴阳消长、阴阳转化四种情况，然后再综合其人的性格反映。描述人格特点、行事方式时，要考虑被分析人接受的心理以及期望；描述不仅要把握分析的方向及准确性，还要照顾到被分析人的情绪。从中得出其人才识别、能力判断的分析结果，注意其动态反应。

判断出被测试人（或自我测试）的主要性格类型、次要性格类型，大体上其性格缺陷也已经明晰。然后就要根据其性格综合分析的结果，每种类型的参考特征如下所描述，一个人为整体的太极，生两仪确定其内外为主还是外向为主（理性为主还是研发为主），或者是中性略偏内，还是中性略偏外。对号入座，理性型（太阴）、温馨型（少阴）、力量型（太阳）、浪漫型（少阳），再根据男女性别再分。如果是两种或三种类型都比较接近，要分出主次；如果是四种情况都比较均衡，那么是中性性格无疑，平和型，属于五行性格中的“土”。

这里的阴阳性格分析的四种类型，与后面五行性格对应起来，那么，太阴为木行性格、少阴为水行性格、太阳为金行性格、少阳为火行性格。

2. 内向型性格阴阳分析法

内向的人比较理性，也比较温馨，男女表现略有差异，理性型、温馨型各有不同。

（1）理性女性格特征：心中会想事，想很多很多事，不是很烂漫的想象，而是按部就班地引申，是计划地预想，刚听说单位要组织旅行，就已经想到带哪些东西、在景点遇到下雨怎么办、应该买些什么礼品回来送人等等。因为会想，满脑子会是乱七八糟的东西，尤其遇到感情上的事时，常常不知所措，遇到死缠烂打的人，会被弄得心烦意乱而招架不住。这与工作中的反应截然不同，因为会想，所以常有思路、常有见解，让人感觉很有主见，凡事都能条理分明地说出一篇大道理，让对方哑口无言，让人觉得是女人中最有男人气概的类型。即使表现出来不是那么强烈的成熟干练、架势十足，至少在内心里会有自己的一定之规，对一些人来讲，只是囿于后天环境或寄人篱下式的感觉而有所收敛，不太具有冲击波，但只要有机会给她，她表现出来的干劲、毅力、果敢、严厉，甚至会让她自己的都吃惊。也正因为有这样的表现或潜力，所以会表现出一种冲动、急怒，爆发出来的咄咄逼人会让人有些接受不了，更强烈些的时候就出现神经质状态。对他人的过错绝不宽大，自尊心强，正义感特别强，看不过去的人和事，会出手去管。讨厌冗长乏味的交谈，善于说教和发表议论。

总体说来比较强硬，不容易一下子与人亲近；但毕竟是女性，有女性柔和的天然性，很多时候，她的理性让她明白，有些场合不适宜太强硬的态度，于是也会有处世灵活的一面。遇到可以让她倾服的人，或是现实需要的时候，能表现出一副惹人怜爱的样子。

（2）理性男性格特征：都用左脑反映现实的男性，少了些女性天性中的幻想和浪漫情怀，表现出来的是稳健、求实、一丝不苟、循序渐进的特性，所以个性上会晚熟一些，情感上的热情会比别人来得慢。理性的性格、理性的处世方式，表现出来的时候，平时不太喜欢说话，而注重行动。与这类人交往的女性，别太寄希望于他能给你惊喜、给你浪漫，他老是猜不出女人心，往往希望对方按自己的思路行事，否则会有不爽感、压抑感。

但他的最大特征是可以让你放心，不会用情不专。所以，理性男不大喜欢冒险，如果有财富也是渐渐累积而不是一夜暴富的那种。职业场中表现出敬业、勤恳、埋头苦干，但不是那种处事灵活、待人应变的人，对人对事，他基本上是心中自有一定之规，不管人怎么解释怎么表现他都按自己心中认定的，所以就个人而言，他买了东西也不会后悔，总有一条他自己的理由可以证明这是正确的。“这是正确的”，这就是他做事的准则，他认为不正确的事就不会去做，脑袋里总是条理分明，凡事都从正面着手研究，如果可能更喜欢用数据、讯息说话，分析能力强，做事讲究“步骤”。理想很高，现实常常很残酷，所以追求完美的心总是受挫，却不知变通，因此常常给人与众人步调不一致的感觉。

（3）温馨女性格特征：阴性的接收讯息状态下，具有冷静的思考与判断；阳性的传递信息状态下，则具有关怀人的温柔体贴。由于这种冷静理智的前导下思维和温情悦目的后续性行为相结合，使得少阴性女人很有男人缘，发展得好的可以达到八面玲珑的水平。锁定要进攻的目标后，则可以使尽浑身解数，冷暖柔刚交替着来，以将其俘获为最终。生活中注重财富的程度很高，甚至可以是以财富高下来衡量生活幸福指数；社交中擅长沟通，处世比较圆滑，懂得如何引起人的共鸣，时时警醒着权衡情势，既能沉着冷静，又能嬉笑怒骂。工作中铁面无私，能较快理清头绪，一二三的指令或处世，同时又能在行动上体谅他人，所以，能自然而然地吸引人靠近，形成紧密的人际；生活中，同样比较受人欢迎。

也正因为如此，少阴性格的女性很难拒绝别人，被人称赞和依赖是很开心的事，会全力以赴去帮助。甚至会出现关照过头、关心过线的情况，导致别人反感而不自知，所以常有热心、好心而无意间得罪人的情况发生。太好面子，因此就特别在意别人的看法、想法，很想了解他人会在背后怎样说自己，有时会陷入偏执，有时会迷失自我。

（4）温馨男性格特征：同样是左脑理性、右脑感性，但作为男性，接收状态下的性格反应因阴居阳位而导致这种冷静和理性不如女性那样有力量感，反而是一种柔弱性格的表示，喜欢平淡、自然的交往方式，不喜欢与人争高低。社交中注重对方是不是与自己内心设定相吻合，如果不吻合，可能对方各种条件再好也会不大在乎；如果吻合，那就决不含糊，全力投入，这时候随机应变、花言巧语都会用上。与人保持适当的距离，维持君子之交。财富观上喜欢略有积余，不喜欢月月光，但若遇到自己感兴趣的也会一掷千金而不计后果，对赚钱的兴趣很大。总体来说，温馨男性擅长筹划，谋求安稳，冒险性不强，不太喜欢决策型工作，也不太喜欢直接在前台亮相，愿意做别人的辅助者、参谋。工作中能够客观且正确地掌握情况，得出合理的结论。虽然沟通能力不错，但在坚持自己的意见或真正的想法方面并不在行。

因为这种理性而有些柔弱的性格，在男人世界里，就显得有些懦弱，因为大凡遇到困境、危险、矛盾冲突等情况时，温馨男往往会本能地选择绕开或避过，而且针对自己的工作、事业或人生之路，常试图走一条安全的、没有困难的路，解决事情的方式首选稳妥。

3. 外向型性格阴阳分析法

外向的人比较有力量，也比较浪漫，男女表现略有差异，力量型、浪漫型各有不同。

（1）力量女性格特征：对人的喜好不是冷静分析、谨慎判断后的理性结果，而是一见钟情式地凭着感觉就可以投入友谊、情感和热情。所以总喜欢寻求心动的感觉、意外的惊喜、与众不同的浪漫。人际交往中因依照本能行事，勇往直前，所以极具冲击力。对一切新兴事物或者自己不知道的事物有极强的好奇心理，有一定的冒险欲望，乐于接受挑战，也愿意寻找有挑战性的事儿做。临场应变能力较强，敏感而表现欲望强烈，感觉对了便能激发出热情和工作能量，感觉不对很难进入状态。从工作角度看，适合于外联方面的如营销、公关等工作，因为在团队里由于一直以来的是直觉做事的，在很多专业问题上深入不够，所以有心中没底的不自信表现，由于自己前冲能力太强、过快，身边人常常跟不上她的节奏。

团队合作中不是很擅长，更适合一个人的工作。情绪上属于敏感而变动较大的类型，对突如其来的指责或在自己兴高采烈时的反对或否定意见，会很难接受，情绪也会一落千丈。好在个性比较开朗，所以，不良情绪影响时间不会太久，遇到别的开心的事就能调整回来。总体上说，这是一种虽然能成就事业但往往会埋怨自己团队不得力的个性。

（2）力量男性格特征：作为男性，阳居阳位，右脑思维带来的就是爽朗、直接，与人交往中没有城府也没有戒心，很快能与别人打成一片，一般初次交往就能融入群体，对别人尤其是异性的来往中会有很乐观的估计，爱上他人的阈值比较低，因为他的重点不在是否赢得对方的心，而在不知不觉间自己常常不小心就迷上对方了。属于依循直觉式的意念或印象行事，专心一意地勇往直前，做事失败了，打牌输了，不会总结经验教训。整体属于率真型的人，为人比较老实，不大会算计，待客比较大方，常常会主动买单，多数时候属于乐天派。看待任何问题都是乐天、正面的，对工作、生活、娱乐中的气氛变化常常不以为意，失败了难过一下马上就没事儿了。就算因此背负巨大债务或面临在大多数人看来解决不了的困境，也不会气馁，依然勇于前行，所以在专业领域里可以成为优秀型人才。

对于自己感兴趣的事会很卖力地投入，如果有一个很好的适合这种个性的平台，可以发挥出他强大的指挥和领导能力，只是更擅长于总体指挥，不适合于细节到位。平时最易犯的毛病就是烦躁和不耐烦，当别人说的话不顺耳、外界对自己的评价不认同、工作没有自己乐趣等时，就会没有一丝劲头，而且容易烦躁。修炼静心，需陪伴他的一生。

（3）浪漫女性格特征：这是属于男人最喜爱的女性类型，不仅容易对其一见钟情，而且为了让对方关注自己、喜欢自己，会投入全部心力去维护，让人感觉温暖、有女人味，特别注重浪漫的事。在接收讯息方面有感性，所以一般能察觉对方的心情；而在传递信息时则善于思考最佳的应对方式，折中妥协。更重要的是，对男人而言，这样的女性不会强出头，而是在背后支持自己的，当然是称心如意。反映在工作上，则是不大愿意身居最前线，也不喜欢在指挥的位置上，而是擅长引导和沟通，多数时候能说会写，处理人际关系灵活有效。十分喜欢被他人所认可、听到别人的称赞是一件最美妙的事、最有成就感的事，而且会因为别人的称赞而不辞辛劳，即使承担额外的工作也在所不惜。对含蓄的概念不会太强，赚钱就是为了花钱，更注重生活质量、注重现实生活的美妙，但不会举债消费。温婉的个性、甘居人后的风格，会给人沉稳、可信赖的感觉。这是一种极好的可以一起合作的性格类型。

只是小资情调相对比较浓郁，常常把自己放在浪漫梦境中，喜听好话，喜欢在意外惊喜中迷醉。但也因为这种性格，情绪化比较明显，而且很难拒绝别人的托请。

（4）浪漫男性格特征：右脑的感性表现在人际交往上，比较注重情感的信任，没有爱情就没有生活的乐趣，一旦喜欢上一个人，会想方设法取悦对方，朋友交往亦如此，所以会很珍惜友谊。遭遇背叛或情感抛弃，受创极大。一般要求别人也要像自己对他那样的好，不如意则会猜忌、敏感而吵架。喜欢工作，能全身心投入工作，对工作成果要求相对完美。最好能从事很快体现成果的工作，因为看不到成果就没有成就感，没有成就感就没有兴趣。生活中不喜欢赌博，崇尚一切靠努力的信条，对投机取巧的事不会太热情，也不大会冒险投资。其人品相对稳定，与钱多钱少无关，钱财的大方程度随口袋里的钱的多寡而有所变化，紧缺时会节省开支，手头宽绰时会很大方。购物、投资等不会太过犹豫，比较果断干脆，认准就做。为人重感情，内心很纯真，交际圈里常常成为同性所依赖、异性所仰慕的大哥。好奇心旺盛，是个爱做梦的浪漫主义者。左脑表述，不会过火，理性思考、步步踏实。

天性中若是过于刚性，因条理清晰言语会咄咄逼人而不小心得罪人，自己感觉只是就事说事，而事实上话语已经冲人、让人不爽了。所以，既有钢铁一样的强势，却会在冷静下来后有所收敛；又有水一样的性格、火一样的温暖，让人如沐春风，却容易心情失落。

三、五行识才法内涵阐析

1. 五行性格测试量表设计

阴阳性格分析法与五行性格分析法，原理相通。这里，直接用五行原理进行人的性格分析。两者结合，归纳为“阴阳五行性格分析法”。具体的测试，是由被测者回答测试量表中的问题，然后统计，将结果交给测试导师即可。形式上有两种，针对不方便自己填写和统计的人员采用对话式测试方式，能自己填写的有填表式测试方式。

对话式测试方式，是一种沟通交流的方式。运用这一方式，需要测试导师熟练掌握《五行性格测试表》中的问题，巧妙引导受测者对所问的问题作出自然的解答；特别强调，导师引导，不能带有任何内容上的诱导性，而是让对方处于完全放松状态，以便受测者不受任何干扰而作出自然而本能的回答。即使有必要的追问，或者为了让对方放松而给予的某些合理的趣味性解析，目的都是形式而非内容。对内容的判断必须由受测者在没有干扰、没有诱导情况下作出。然后由测试导师或助手帮助统计得分，根据分值进行性格评述。

填表式测试方式，是由受测者自己对《五行性格测试表》进行填写的一种测试方式。受测者本人填表、本人计分，将五行得分提供给测试导师，导师无需原始测评表而只要得分统计表中的最后两列，即分值与五行对应的那两列即可。这样做的目的，是让受测者不用担心导师了解他对每一个问题的答题结果，导致在心理上有一种防备和本能的遮掩。所以，受测者填表前，测试导师或助理必须解说明白注意事项，让受测者没有后顾之忧，能够直观、本能（看到题目后的第一反应）地填写，不需要他深思熟虑，也不需要与别人比较或讨论。

《五行性格测试表》，共有 40 个问题，受测者填写量表，一眼看上去（也就是自然状态下的自然选择，而不是深思熟虑后的比较分析）认为非常符合的，在 5 分对应的方框内打钩，依此类推，“比较符合”的 4 分处、“一般”情况的 3 分处、“不太符合”的 2 分处、“很不符合”的 1 分处打钩，如表 9 - 4① 所示。

表 9 - 4　　五行性格测试表

序号	测试题	非常符合 5 分	比较符合 4 分	一般 3 分	不太符合 2 分	很不符合 1 分
1	你很愿意在团队里做一个辅助者或协从者					
2	你是个严肃的人，对人对己要求严格					
3	你处事果断、独立性强、喜欢自己做决定					
4	你善于和不同的人相处，交际广					
5	你觉得自己反应偏慢，所以不大会轻易发火					
6	你富有创造力而且喜欢研究					
7	你很会体谅他人，善于接纳他人的意见					
8	你做事目的性很强，喜欢雷厉风行					
9	你一般会喜欢僻静的环境，喜欢独处					
10	你热情开朗、有激情、有鼓动性					
11	你个性率真，愿意直接表达意见和看法					
12	你做事关注数字和细节，讲究精确					
13	你一般不会轻信他人，行事谨慎					
14	你做事时会觉得计划总不如变化快					
15	你对环境适应能力强，有耐心					
16	你觉得自己冒险性不足，喜欢稳扎稳打					
17	你充满活力，在团队中能调动或带动他人					
18	你追求完美和环境整洁					

① 徐井岗：《人心管理论——基于国学与东方思维的中国管理理论》，经济科学出版社 2013 年版，第 411 页。

续表

序号	测试题	非常符合5分	比较符合4分	一般3分	不太符合2分	很不符合1分
19	你很少向人直诉内心想法，情感不外露					
20	你对于自己和他人从不苛刻					
21	你会在承诺后才发现那是难以兑现的					
22	你与团队成员共事容易得到大家认可					
23	你常有矛盾心理，定不下来时索性随意					
24	你处事低调，不希望让自己担责					
25	你一不注意就会在无意中得罪人					
26	你话语强硬，反感不服从自己的人					
27	你喜欢稳妥的持续，不会轻言放弃					
28	你会担心被批评和被人误解					
29	当别人达不到自己要求时，你会发怒					
30	你知错能向别人道歉，也能很快原谅别人的过错					
31	你不大擅长肯定和赞美别人					
32	你不喜欢让自己来决断重要的事					
33	你常会反思自己，顺境时也不喜形于色					
34	你富有同情心，难以拒绝别人的请求					
35	你感觉自己情绪易波动，且易大起大落					
36	你总是能先看到事物不足之处					
37	你最不愿意被驱动、被要求					
38	你做事容易丢三落四，经常找不到东西					
39	你对突然的变革会比较担心					
40	你喜欢浪漫，但不会主动浪漫					

若是群体测试（比如导师讲座、培训时的班级化测试，或单位召开会议时的集体测试等），若受测者文化水平大体相当，可以在现场统一答题、规定时间内完成；若个人测试，让其独立答题，根据其文化水平缩短或增加答题时间，只要让答题人没有时间“补丁”即可。全部填写完毕后，无须复查，即统计分数。统计方法如表9－4①所示，根据该表，按五行对应的不同题号累积加分，总结出木、火、土、金、水五行中的每一行的分值。

① 徐井岗：《人心管理论——基于国学与东方思维的中国管理理论》，经济科学出版社2013年版，第414页。

表 9－4　　五行性格测试分值统计

项目	各小题得分统计								合计	五行
题号	1	7	15	20	24	32	34	39		水
得分										
题号	2	6	12	18	22	28	36	40		木
得分										
题号	3	8	11	17	26	29	31	37		金
得分										
题号	4	10	14	21	25	30	35	38		火
得分										
题号	5	9	13	16	19	23	27	33		土
得分										

任何回答若是在有“补丁”情况下，都不再是性格本然，而是在有思想倾向或展示修养情况下的答题。如果测试天性与后天的变化，可以作两次填写，第一次，本能填写，第二次允许“补丁”填写，然后比较分析。这种方式慎用，尤其阅历和综合分析能力没有达到一定层次时，尽量不作这一方式方法的尝试。

这是相对比较复杂、难度系数较高的性格分析方法。方法上先是单一的类别化分析，再是具体的个性化分析。类别分析是简单归类，个性分析是综合深入。

2. 五行性格测试具体步骤

根据得分结果，测试导师进行五行性格分析，其测试步骤共分四步。

第一步，倾向性性格确定。也就是说，先确定受测者在五行性格体系中属于哪一类性格，给其一个性格类型名称。其具体分两种情况：其一，针对大多数情况，找出五行分值中最高的两个分数，读出其对应的木、火、土、金、水中的两个。如某人检测的分数是水 18 分、木 25 分、金 27 分、火 21 分、土 23 分，最高是金、其次是木，两者分数相差只有 2 分，那么，此人的五行倾向性性格类型叫作“金木型性格”。其二，若排第一位的分数与排第二位及排其他位置的分数悬殊比较大，就是比较明显的单一性格。例如上例中，木及其他各行的分值都在 20 分以下，只有金行分值 27 分（或更高），高高在上，那么此人是比较典型的金行性格。依此类推，就会有各种组合类型的性格，或者是五行之一的单一类型性格。受测者也可以从其名称中大体明晰其性格的倾向性，如火金型性格是外向快乐型性格特征、木水型性格为中性灵活型性格类型、土木型性格为内向稳重型性格类型等。

第二步，阴阳性特质把控。阴阳，是一个特性的两个方面。在人的性格特征中，表现出来的也一定会有两个方向，一是正向（阳）趋向的，二是反向（阴）趋向的。例如，我们在说一个人聪明时，其实暗藏着狡猾的意义；说一个人果敢时，其实暗藏着独裁的意义；说一个人稳重时，其实暗藏着木讷的意义……人才一般都有两个方面的性格特征。一般地说，当其词性是褒义时，可以认定为阳性；词性是贬义时，可以认定为阴性。所以，水行性格，阳性性格是柔和、能适应、足智多谋，而阴性性格是无能、很懒散、消沉抑郁；依此类推，木者，阳性是正直、有主意、有担当，阴性是抗上、比较固执，不服人；金者，阳性是担当、有远见、敢冒险，阴性是逞强、爱计较、瞎胡闹；火者，阳性是热情、乐观、思维敏捷，阴性是急躁、虚荣、好高骛远；土者，阳性是诚实、稳健、厚道，阴性是迟钝、多疑、沉闷等。这些方面的把握，单靠测试数值是不准确的，一方面是测试导师要在沟通交流或其他获取信息的途径中探寻，另一方面还要看测试导师的经验和综合分析能力的高下。

第三步，生克性关系关联。在把握了前两点的基础上，再结合五行气化特征、全息特征和相生相克特征进行关联性分析。也就是每一个人一般说不太会是极端的一种类型特征，而是多元性格特征的综合，这也是阴阳五行性格分析可以比其他分析法更为个性化、更能分析出同类别者细化差别的原因所在，也是“生”的学问与“分”的学问的区别所在。前述“金木型性格”的得分结果，金在前、木在后，而恰恰金克木，所以此人金行特征明显，在冷静状态下木行性格会起作用，一旦激动起来，木行性格特征会被压制。而金生水、水生木，本来有“水”在中间，可以缓解金木的强势和不容分说，但此人恰恰水是最低分，只有 18 分，意味着靠他自己比较不容易冷静。导师就可以给他建议，需要有一个水行性格特征明显的人来跟他搭档，而且这个水行性格的人，要么是资格比他老，要么是背景比他硬，最不济也应该是能以柔克刚的那么一个人。否则，水行性格的人“制”不住他。

第四步，反向性问题思考。就是根据受测者低分值的部分进行分析，给其提供建议。仍以前述“金木型性格”为例，此人最低分是水 18 分，其次低的是火 21 分（土处中间，其性格特征几乎不起作用）。显然，给的建议至少是让他放缓节奏、学会等待队员上来、承认每个人都是有价值的，不要看轻任何一个人。同时学会与团队成员融洽相处，学会鼓动、鼓励团队成员，调动起他们的积极性，而不是只有指责、谩骂、轻视等。

如此综合结果，其分析的准确性比较高，无论是人性识别、人才选拔，还是对个人建议或领导带队伍，都是非常有价值的。对个人而言，有利于扬长避短，发挥特长彰显才华；对组织而言，有利于取长补短，完美团队显示合力。

补充说明，如果想要性格测试“产品”如同生产流水线那样批量“生产”，就须以“分”的方式进行类别化测试，分析结论形成标准化测试表格、标准化类别划分、标准化测试结论，甚至可制作成标准化软件，将相关资料输入，测试结果就出来了。目前网络上人格测试、性格测试都采用这一模式。比较而言，类别化分析简单易操作，但深入性、准确性、个性化偏弱；个性化分析能深入、针对个体，准确度比较高，但操作的难度系数较高，且取决于分析人的分析水平，尤其是对经验积累和评判能力要求较高，不太容易量化分析。

仍须重申，任何预测性的结论，不可能百分之百的准确。但作为识人分析，其性格的基本倾向、行为处世的可能方式和结果，还是可以获得的。作为选人用人参考，价值较高。

3. 五行测试量表评分解读

根据测试量表测试的结果得到五行性格分值，解读木、火、土、金、水五行性格类型。先是分清主次，某一类分值比较突出，被测试者的个性就比较分明；但事实上，人的个性大多比较复杂，所以一般是把分值最高的两项合一，如金木型性格、水土型性格、火金型性格等。而分值最低的，便是性格缺陷。分析时，五种类型综合解读。

其一，木行人性格特征。“木曰曲直”。曲直，实际是指树木的生长形态，为枝干曲直，向上向外四周舒展。因而引申为具有生长、升发、条达舒畅等作用或性质的事物。

木的方位为东，日出东方，也寓意为蓬勃生长。木的生长、木的绿色、木的层次，给了世间一种有生命的错落美。木行性格的人，本质上属于质朴清高，追求完美和环境整洁，有好华美倾向，且具有风雅的个性；木性代表仁，待人忠诚守信，对不守信用、没有责任感的人会反感，不愿交往；做事情严肃认真，坚持原则，性格倔强，对人对己要求严格，是那种宁愿站着死、不愿跪着生的性格，对认准的事有股犟劲和牛脾气；做事沉稳有主见，意志力比较强，善于逻辑分析，思维缜密，关注数字和细节，讲究精确，总是能先看到事物的不足之处，能三思而后行；富有创造能力，喜欢研究，愿意与有深度的人打交道；平常表现出来时有性情随和的一面，且感情丰富、举止洒脱，但一遇原则问题，就会显出执着认真的个性；有博爱、恻隐之心，感情专一，生活乐观，喜欢浪漫，但不会主动浪漫；善交朋友，富有很强的集体精神，但不喜欢粗心大意、没有原则的人，且常常表现出敏感的特性，不被欣赏和认可时，很容易情绪低落，对批评和被人误解心里会有恐惧感，因为太在意自己的与众不同。

木行人做领导，注重精细周密，喜欢有计划、有步骤地做事。对于不讲原则、不按规定做事的人很反感，讲究纪律性和做事的严肃性。但也有固执和心狠的一面。

其二，火行人性格特征。“火曰炎上”。炎上，是指火具有温热、上升的特性。因而引申为具有温热、升腾作用的事物，均归属于火。火的方位为南，南方炎热，寓意为热情。

火行代表礼，就是为人谦让谨慎，敬上而不欺下。火的光、火的暖、火的能量，赋予了“火”的美好特性。火行性格的人，情感丰富，富有浪漫主义情怀。火性代表礼，体现出为人聪明、待人彬彬有礼、有谦让之风、神采奕奕而富有自尊心的特点。一方面有着性情刚烈、性情急躁、性急如火，对人热情爽快的特性，同时又具有易动感情、待人耿直的品性，容易接纳别人，也乐于助人；另一方面见义勇为、逢恶不怕，尊老爱幼、见弱不欺，是个知错能向别人道歉，并能很快原谅别人的过错的人，同时又有着缺乏冷静、说话太急、语音激昂的特点，情绪易波动，且易大起大落，喜欢赞美别人，也喜欢被别人赞美。总体来说，是感性而外向的人，不愿意受到条条框框的约束，有灵气，想法多，富有创意；聚会时是中心人物，善表达，手势多，富有激情活力，说话时表情生动，有鼓动性；对新事物很有兴趣，热情开朗，拥有乐观积极的心态，善于和不同的人相处，交际广。需要注意的是，火行人情绪变动较大，做事情不稳，常常出现有始无终的情况，计划不如变化快；容易丢三落四，找不到东西是经常发生的事；说话直接、不留情面，往往以一吐为快，常常会在无意中得罪人。很担心不被他人认同，所以特别在意别人对自己的看法。

火行人当领导具有煽动性，有说服力，善于沟通，团队中开朗活泼、热情高涨，鼓动性强。对人真诚，从内心里反映出这种真诚。但往往被会强烈的情绪化所左右。

其三，土行人性格特征。“土曰稼穑”。稼穑，是指土有种植和收获农作物的作用。因而引申为具有生化、承载、受纳作用的事物，均归属于土，有“土载四行”和“土为万物之母”之说。土居中，中原肥沃，寓意性情温厚笃实诚信。

土行性格的人，性情温厚，做事细心，是个忠孝至诚的人；善于隐藏内心的想法，情感不外露，有敬神佛的特点。土性代表信，讲信守誉，诚实厚道，待人忠厚老实；言行一致，说到做到，处事说一不二。内里很自信，但谈吐会比较谨慎，会给自己留退路，有胆小怕事倾向，因而容易失去良机。土命人喜欢僻静的环境，讨厌强烈的刺激，不爱动，所以遇事沉着、冷静不易冲动，能忍且能屈能伸；一般情况下对人宽宏大量，只是对伤害过自己的人心中难以原谅，也不会激烈报复；有韧劲和耐力，做事总是坚持不懈，有始有终，懂得用最现实的方法去做事，同时为人质朴，勤劳节约，办事踏实肯干。土行人善分析，擅长于在行动过程中的一种分析。泥土、本土、乡土的一切，才是人间至美。

土行人当领导有大局观念，具有包容性，做事能够坚持不懈，有始有终，而且稳健。在顺境中也常反思自己，不得意忘形，会担心平庸、被别人误解及不信任。但确实不浪漫、反应比较迟钝，有时候会让人急死。

其四，金行人性格特征。“金曰从革”。从革，是指变革的意思。引申为具有清洁、肃降、收敛等作用的事物。金居西位，日落于西，寓意霞光照耀，统领一切。

金性代表义，就是崇善弃恶，事事都顺理。金具有力量、果敢而坚定，行动力极强，善于冲锋陷阵。金行性格的人，性情刚强，刚毅果决，有强烈的领导欲和支配欲，果断、独立性强，是喜欢做决定的人，自尊心也很强。金性代表义，有英雄豪杰之气，仗义疏财之行，敢于冒险并不怕挫折，具有讲究礼义廉耻、性格好强、刚愎自用的特点。金命人非常讲义气，重情重义，重视名誉，性格孤傲，坚持自己的选择，不在乎外界的评价，表现出不卑不亢的特点，率直，有意见或看法时能直接表达，针锋相对，因此也刚直易折。行动稳成，秉公执政，反感别人把意志强加给自己，讨厌拖拉、优柔寡断、低效率的人。外表严肃，内心热情，在团队中能调动或带动他人；待人耿直，办事认真，当别人达不到自己的要求时，会不耐烦或发怒；脾气有些古怪，反感和讨厌那些不服从自己的人；固执保守，说话语气强硬、咄咄逼人，吝于赞美。金行人讲原则，注重于对事物的一种构想，而让别人去落实。

金行人当领导，追求掌控大局，掌握主动权，做事目的性很强，讲究效率和效益，认为自己永远是对的，所以会刚愎自用；常因工作而不知疲惫，讨厌跟不上自己的下属。

其五，水行人性格特征。“水曰润下”。润下，是指水具有滋润和向下的特性。凡寒凉、滋润、向下运行的事物，均归属于水。水位居北方，如水寒冷，寓意冷静，理性，足智多谋。

水千姿百态，水滴、水流、水域，晨露、清泉、瀑布，小溪、池塘、河海，波涛、洪流、海浪……表现出适应于任何条件下的环境能力和巨大的创造力与破坏力。水行性格的人，聪明好学，有谋略，与他人观点不同时不正面冲突，善于接纳他人的意见。水性代表智，就是观察事物详细，对于任何事能预知前兆，善理权谋术。不愿张扬，喜欢平静而坦然自若地面对事物，团队观念强，能顾全大局，能刚能柔，软中有硬，以柔克刚，刚柔相济。好思索，坐不住，易变动，与人交流时喜欢调侃，语言轻松而自然。喜欢按照惯性做事，缺少有计划性，处理事情习惯低调手法，面对压力能保持稳定性。好动健谈，行动敏捷，灵活多变，体谅他人，怕给别人添麻烦，语言清和，天性和善，追求和谐的人际关系。对环境适应能力强，有耐心，但会反感没有诚信、飞扬跋扈的人。水行人做领导，有智慧，善于变化，处事灵活，协调能力强，对自己和他人从不苛刻，能宽恕那些伤害过自己的人。

水的特性是多面性的，有水多水旺时，反映在性情上，就会有急躁而不够冷静的现象，也正因为这一特性容易出祸端。同时，魄力较弱，勇气略欠，不够果断，不够担当。

五行性格分析，先是五个大类，然后是 2 ~ 3 类合一的综合分析，再是结合生与克的特性，同类别的人也会有许多差异。所以初级是类分法分析，深度是生克法分析。

第四节　红色管理人才识别论

心和管理学，是以国学为根基、红色文化为创新的管理，故有国学管理与红色管理两部分。红色管理，以五四运动传播马克思主义为萌芽、1921 年中国共产党成立为开始。按历史进程，红色管理划分为三个阶段、三大理论：其一，战争与战后重建年代的红色革命、红色建设管理；其二，改革开放时期的红色经济管理；其三，新时代中国特色社会主义的红色强国管理。其对应的红色理论分别是毛泽东思想、邓小平理论、习近平新时代中国特色社会主义思想。

一、红色革命时代的识才

1. 红色革命时选才重忠诚

红色革命，自五四萌芽，中国共产党成立起始，初期工作重心一是唤醒民众、组织工人运动；二是国共第一次合作，促进北伐战争。后自南昌起义、秋收起义等开始，进入红军时期（包括井冈山时期、苏维埃政府、长征时期），再后是延安时期（包括土地革命、抗战时期及解放战争初期）、解放战争时期。革命战争年代，人才识别的关键词是“忠诚”。不可否认，意志、纪律、能力甚至个性等，都是人才的核心词。然而，核心中的关键，是忠诚，对党的忠诚、对党的事业的忠诚。尤其是在血腥白色恐怖下，大批共产党人被杀、被拘等，只有真正拥有“忠诚”品质的，才敢继续革命、继续从事党的事业，一批忠诚于党的人都是在共产党最艰难时入的党，如贺龙、徐特立、彭德怀、乔冠华等。

战争年代，部队中共产党员也必须以“忠诚”为前提，那时候每一次冲锋，是一句“共产党员跟我上!”组织敢死队是一句“我是共产党员，我上!”而在敌占区从事地下工作的革命者，“忠诚”同样是核心要素。

秋收起义后的“三湾改编”把“支部建在连上”，实现了党对军队的领导，这一举措的核心要义，就是保证部队对党、对人民、对军队的忠诚。一支铁军，不是靠长官意志或体罚打骂培养出来的，而是靠从心坎里对党的忠诚、对革命事业的忠诚锻造出来的。

因为忠诚，党的队伍十分纯洁，部队也得到长足发展。红军时代红军队伍全国各地开花，后逐步合并，形成除南有琼崖红军（后琼崖纵队，唯一一支独立坚持到全国解放的部队）、北有陕北红军外的红一、红二、红四三个方面军。当时中央原本决定由彭德怀领导的红三军团扩编为红三方面军，但彭德怀觉得部队太少，搭那么大架子没意思，故这一番号一直空缺。而红一方面军（即中央红军）由红一、红三、红五三个军团组成。

回顾红军历史，说明真正能够成为大才的一定是有“忠诚”品质的人，否则即使坐上高位，迟早也会摔下来。任何事业都会有起伏、有曲折，重要的是人和人心，是对事业的忠诚，对组织、国家、民族的忠心。中国共产党领导的人民军队能将星如云，就在于铸造了这两个字：忠诚。有忠诚而党性强，有忠诚而队伍纯，虽艰苦卓绝，却坚贞不屈，这是红色管理极其重要的管理经验。

2. 抗战时全国人才奔延安

革命事业需要人才，延安时期革命事业人才奇缺。1937 年 5 月，延安召开了中国共产党全国代表会议，毛泽东在会议总结时作了《为争取千百万群众进入抗日民族统一战线而斗争》的报告，“我们党的组织要向全国发展，要自觉地造就成万数的干部，要有几百个最好的群众领袖。这些干部和领袖懂得马克思列宁主义，有政治远见，有工作能力，富于牺牲精神，能独立解决问题，在困难中不动摇，忠心耿耿地为民族、为阶级、为党而工作。”① 并且还对这些人提了“四不要”的要求：“不要自私自利，不要个人英雄主义和风头主义，不要懒惰和消极性，不要自高自大的宗派主义，他们是大公无私民族的阶级的英雄，这就是共产党员、党的干部、党的领袖应该有的性格和作风。”② 这是毛泽东的人才观，这里所说的干部、领袖的“性格和作风”，就是对党、对党的事业的“忠诚”。

延安解决人才问题途径，一是吸引全国知识青年，二是开展人才培养教育。

1939 年，中共中央作出《大量吸收知识分子的决定》，高举起团结抗战的大旗，建立最广泛的民族统一战线。延安民主清廉的解放区政权，尊重知识分子、吸收知识分子的政策，使得延安犹如一块巨大的磁石，强烈地吸引众多热血青年“朝圣”般地从全国各地涌来；延安也因此成为进步青年的“圣地”。延安有什么？毛泽东 1940 年在《团结一切抗日力量，反对反共顽固派》的讲演中这样回答：“陕甘宁边区是全国最进步的地方，这里是民主的抗日根据地。这里一没有贪官污吏，二没有土豪劣绅，三没有赌博，四没有娼妓，五没有小老婆，六没有叫花子，七没有结党营私之徒，八没有萎靡不振之气，九没有人吃摩擦饭，十没有人发国难财。”③ 而这“十个没有”恰恰是有理想、有信仰进步青年所向往的。1943 年 12 月，中共中央书记处工作会议上，任弼时的发言有一个大致的统计数据：抗战后到延安的知识分子总共 4 万余人。这些人初中以上占了 71%（初中约为 30%），这对于当时以大老粗为主体的革命队伍，无疑是一支有知识的生力军；而且这批奔赴延安的有志青年，家境殷实的比较多，有些甚至是“大家闺秀”和“豪门公子”，有不远万里归国抗日的爱国华侨青年。上海一批爱国青年，辗转 13 个月、跋涉一万多里到达延安，他们说“打断骨头连着筋，扒了皮肉还有心，只要还有一口气，爬也爬到延安城。”④ 其艰难程度、强大的向心力、冒着生命危险不改初心，都具有很强的代表性。丁玲也说“这是乐园”，革命者的乐园。

1939 年 1 月，边区工作会议召开，林伯渠提出要普及辖区国防教育，提高边区人民文化政治水平。这年底《关于发展边区教育提高边区文化的决议》出台，随后建立了抗大、女大、鲁艺、陕北公学、自然科学研究

①② 毛泽东：《毛泽东选集·第一卷》，人民出版社 1991 年版，第 277 页。

③ 毛泽东：《毛泽东选集·第二卷》，人民出版社 1991 年版，第 718 页。

④ 中华魂网，中共中央党校（国家行政学院）主管，中国延安精神研究会主办——百年百图忆延安。

院、马列学院、卫生学校等院校。随着抗战的深入，军队数量增加，各种人才更加紧缺。1942年中共中央作出《关于在职干部教育的决定》，干部培训工作如火如荼，对知识分子的重视程度也越来越高，各方面人才不断涌现。延安抗大成立后，又先后在西北、华北和华中根据地建立了12所分校和6所军事中学，前后培养了近20万人。毛泽东、张闻天、朱德、刘少奇等都亲自为抗日军政大学授课。毛泽东的《矛盾论》《实践论》，刘少奇的《论共产党员的修养》等著名文章，就是在讲课稿基础上整理出来的。当时的学制也比较灵活，坚持实践检验教学成果。如鲁迅艺术学院的“三三制”，就是先学习三个月，后实习三个月，再回校三个月，然后毕业分配。实训式教育让人才辈出。

延安时期也确立了党的干部路线和原则：“任人唯贤、德才兼备、五湖四海”，在毛泽东“德才兼备”的基础上，陈云同志提出“德才并重、以德为主”，进一步强调了德为先决条件的识人用人方针。在干部政策上，坚持全面考察识别干部，并成立组织系统，实现本级领导与上级组织部门双重领导的管理体制，大力吸收知识分子，并对专门人才如工程师、医生、军事家采取鼓励和吸纳、照顾政策。

从北伐开始到南昌起义再到延安初期，周恩来从事党政军的领导工作，在国民党党政军内埋下了无数伏笔（这批隐蔽战线人才，发挥了惊天地泣鬼神的巨大作用）。全面抗战爆发后一直到新中国成立，西安事变、皖南事变、重庆谈判、北平军调、南京记者招待会，几乎所有重大的谈判、外交事件中都留下了周恩来谦谦君子而又浩然正气的形象。他所领导的地下战线、统一战线、外交战线立下了举世瞩目的功勋，他是毛泽东的亲密战友，也是一位才华卓绝而又能识人用人的领袖。朱德，一位旧时代走出来的军人，南昌起义后撤退时负责殿后，梳拢了这支经赣南整编后的部队人心，井冈会师后，从红军到八路军再到解放军，一直是人民军队的首脑人物、军魂与凝心聚力者。从性格角度分析，毛泽东既具有金行性格的果决与强大，又具有火行性格的豪放与浪漫；周恩来则具有上善若水的水行性格，胸怀宽广、处事周到，适应各种情况，善于处理各种问题，毛泽东肯定他的理政之勤、之德、之能，坚定地认为“总理还是我们的总理”；而朱德如大地一般沉稳、坚定，思虑周详又不慌不忙，毛泽东评价他是“度量大如海，意志坚如钢”。毛泽东、周恩来、朱德三人组成一个牢固不可破的“铁三角”。刘少奇，毛泽东形容他是一针见血的医生，在领导群众斗争和处理党内关系方面有丰富的经验，称他懂得实际工作的辩证法，比较典型的木行性格特征。任弼时是“能坚持走一百步，就不该走九十九步”，叶剑英评价他是“党的骆驼，中国人民的骆驼”。很显然，他充满激情的工作责任心、对下属积极性的调动等方面体现出他的火行性格特征；而他任劳任怨、勤勤恳恳、骆驼一样的不辞辛苦，又具有土行性格特征，是一个火土型性格特征。这个集体，金木水火土性格都有，构成了极坚强极牢固的互补关系。

红色管理下，领袖集体人才杰出，知识分子心向延安，工农兵为事业基座与主体。

3. 解放战争红色英才显威

抗日战争结束后，经历战火蹂躏的人们关注着中国往何处去。人民都希望共同享受抗战的胜利果实，休养生息、和平建国，但结果会怎样，谁也无法预料。以蒋介石为代表的国民党统治集团于1946年6月最终撕毁《双十协定》，发动了内战，解放战争开始。

中共中央也在预估战局的变化，趋势如何还不能明晰，毕竟国共力量对比差距是相当明显的。但以毛泽东为代表的中国共产党及其领导的人民军队，在战局上韬略筹谋，战局外的努力卓有成效，首先是团结一切力量，让全世界都了解是国民党统治集团要搞独裁、要窃取全部抗战果实、要把历经磨难的中国再次推向战火深渊，在道义上占据高位，并争取全国的反对内战人士的支持，所谓得民心也。其次是把握时机动用各方力量瓦解敌方意志，其中最为出色的部分，是“地下党”的力量，根据国民党高级将领中的地下党、中共中央情报战线直接掌控的深入敌营的地下党、地方地下党或各纵向联系的地下党争取各方力量，以及国民党军中自己有意愿主动联系地下党的、迫于形势不得不与地下党联系的等等不同情况，有计划、有步骤地安排国军成建制阵前起义、临阵倒戈、和平解决、主动投降等形式，然后起义部队、投降部队军旗一换，成了中国人民解放军，削弱了敌方力量的同时在心理上动摇了国民党军心，解放战争中后期国军兵败如山倒。最后是用对人，将帅韬略、中微谋略出神入化，上下齐心，以人民战争模式，不仅迅速扭转战局，而且在打击敌方假和谈真内战方面节节胜利。掌握了民心军心，运用统一战线获得国际社会和无党派支持，得道多助，焉能不胜。

在识人用才上，毛主席党中央慧眼识才、知人善任、用人所长，而且任人唯贤、不拘一格、包容放手。鉴于解放战争是全国性的大战役，这里只能针对帅才、将才举例分析。事实上，几十万人的大战役，里面有多少场大大小小的仗、涉及多少中基层指挥员和战士们的浴血奋战，这里只能虔诚地向所有参战军民致以最崇高的敬礼，对牺牲烈士致以哀悼和缅怀。

解放军中的重要将领，可说是“数风云人物，还看今朝”。毛泽东、周恩来等赴重庆谈判时，刘少奇就提出了“向北发展，向南防御”的军事战略。

全面内战爆发后，向北发展的主要阵地是东北。就当时众多将帅而言，东北主帅选择余地很大，但分析天时地利人和，中央决断由林彪为统帅。林彪抵达沈阳时，东北军区已有20万人，后越打越强，经三大战役再从北向南，一路势如破竹。

当时关内六大军区，聂荣臻主持的晋冀鲁豫军区野战兵力7万人，打出了一片大好局面。胡宗南兵犯延安，彭德怀临危受命兼任陕甘宁西北野战兵团司令，先后从贺龙率领的晋绥军区抽调主力归彭德怀指挥，贺龙差不多成光杆司令却无任何怨言，后欣然转任联防军司令，总管粮草，充分显示出共产党人一切以党的事业为重的高风亮节。彭德怀不负众望，指挥西北野战军三战三捷，尤其是沙家店战役后，扭转了西北战局，形势大为改观。杨得志、罗瑞卿、杨成武率领的晋察冀军区以围点打援战术打出了经典的清风店战役。

抗日战争初，山东境内大大小小山头林立，各种“司令”70多个。许世友奉命横刀齐鲁，放言“太平我不来，我来不太平。”三下五除二，不多久齐鲁大地上只有一个司令：许世友。解放战争，粟裕率领华野横同样扫齐鲁大地，孟良崮战役，一举扭转华东战局。粟裕师范毕业，没上过军事院校，更没出国留学，却在解放战争初期就打出了苏中“七战七捷”。华东战场是解放战争中打得最激烈、战略规模最大的战场，一场宿北战役就奠定了人们对解放军、对粟裕的认知；遇到巨大压力和委屈之时，粟裕又以一场沙土集之战，扭转了人们的看法；而后，通过豫东战役一举扭转了中原战局。粟裕还领导了黄桥战役、苏中战役、鲁南战役、莱芜战役、济南战役、淮海战役、渡江战役。淮海战役显示出他高超的指挥艺术。

刘伯承，被毛泽东评价为“一条龙下凡”、朱德称“具有古名将风，是不可多得的军事奇才”，人称“独眼军神”。原是川中名将，1926年加入中国共产党，参与领导南昌起义，赴苏联先入莫斯科高级步兵学校学习，后入伏龙芝军事学院深造。1930年回国时，刘伯承已有丰富的指挥作战经验，有国内军事院校学习背景，又有留学苏联经历，回国就在中央军委工作，1932年1月无可争议地成为红军学校校长兼政委（新中国成立后他也是无可争议成为军事院校校长兼政委）。长征时，恢复红军总参谋长职务时兼任中央纵队司令（政治委员聂荣臻），指挥先遣部队强渡乌江，智取遵义。抗战时任129师师长，以高超的战略战术运用，打出一场又一场漂亮仗，神头岭战役连日军都称其为“八路军游击战的典型战术。”另有“猫盘老鼠”打歼灭战的平汉战役，“纵深闪电”打歼灭战的陇海战役；而鄄城战役用的是“拖刀计、回马枪”之计，滑县战役是“猛虎掏心”之法，在巨金鱼战役中又运用“釜底抽薪”，兵法应用之熟练与巧妙，炉火纯青、得心应手。

刘伯承识人用人、极重视人才。刘伯承曾与投奔延安的一位郭姓女大学生交谈，识基学识即力排众议起用其为八路军首个女参谋；为了根据地经济发展，他派人一路追踪原学经济的、被分配到外地的大学生；他不拘一格用人才，担任军事学院校长兼政委时，请廖耀湘来讲课。开国将领中一大批人是刘伯承的学生。这是一位实战型红色军事理论家、战略家。

二、改革开放时期的识才

1. 红色经济用人才重能干

红色管理，1919～1949 年是“红色革命管理”，1949～1978 年是“红色建设管理”，1979～2008 年是“红色经济管理”。改革开放 30 年，在人才问题上的关键词是“能干”，通俗一点说就是“不管白猫黑猫，能抓住老鼠就是好猫”，发展是硬道理。

当然，能干是忠诚前提下的能干，忠诚是思想红、立场坚政治性强，能干是有知识、有能力，专业水平高、能出成果，合起来为“又红又专”。“抓住老鼠”就是能够创造效益、能够发展经济。发展经济是改革开放的中心任务，“穷小子”块头再大也会受欺负，所以经济变革历史条件下，能干，成为重要标志。这与当时中国科技人才的稀缺有关，邓小平在 1977 年时指出：“现在看来，同发达国家相比，我们的科学技术和教育整整落后了二十年。科技人员美国有一百二十万，苏联九十万，我们只有二十多万，还包括老弱病残，真正顶用的不很多。”所以“抓科技必须同时抓教育。从小学抓起，一直到中学、大学。我希望从现在开始做起，五年小见成效，十年中见成效，十五年、二十年大见成效。”① 这是高考恢复的一个重要背景。邓小平明确提出：“一定要在党内造成一种空气：尊重知识，尊重人才。”② 为此，党中央一方面恢复高考培养人才，一方面恢复知识分子名誉、改善知识分子待遇、发挥知识分子作用；一方面强调知识分子要又红又专，另一方面又提出不能苛求知识分子。可以这么说，20 世纪

---

① 邓小平：《邓小平文选》，人民出版社 1983 年版，第 37 页。
② 邓小平：《邓小平文选》，人民出版社 1983 年版，第 38 页。

80 年代的中国，知识分子、科学技术、文化教育迎来了春天。

传统管理说的德才兼备，红色管理提的又红又专，说的都是重视人才的品质与能力。20 世纪 80 年代中后期，提出人才革命化、年轻化、知识化、专业化的“四化”标准；并且有了一个共识：是不是人才，关键是出政绩、重点是看贡献。在《前十年为后十年做好准备》（1982 年 10 月 14 日）中邓小平说：“人才，只有大胆使用，才能培养出来。”① 很显然，人才识别最直接也是最重要的方式是使用，在实践中看能不能出政绩、出业绩。当国力孱弱、经济贫困时，能创造财富就是人才。无论什么阶段，为政之要，首在用人；治国兴邦，人才为本。

邓小平人才观是邓小平理论的重要组成部分，邓小平在改革开放初期的三大举措：一是为知识分子平反，给知识分子用武之地，让“科学的春天”到来；二是重视教育，恢复高考制度，大力培养人才；三是倡导尊重知识、尊重人才的“两个尊重”。“两个尊重”是邓小平人才思想的核心内容和精神实质。邓小平主政时期，强调要破除论资排辈，大胆破格提拔，提出要废除领导职务终身制并付诸行动。正因为中央领导层面对人才的重视，创新了人才使用观念，把握住了人才的时代要求，反映了邓小平在爱才、识才、用才、育才等思想领域的真知灼见和高瞻远瞩，“开放型”“开明型”“开拓型”的有能力的人才不断涌现，满足了改革开放的需求，才使中国经济得以快速增长。1983 年干部人事体制改革开始，10 月中央组织部作出《关于改革干部管理体制的若干规定》，传递出“管少、管活、管好”精神，这无疑是一个创新，是干部管理权限下放的重要创新，分级管理、层层负责开始执行。

中国科协创新战略研究院的《创新研究报告》显示，1978 年至 1984 年中央政府颁布的科技人才政策文件，共有政策文件 189 件。具体是：“1978 年发文总数为 14 件，1980 年为 28 份，是 1978 年的 2 倍。1981 年，科技人才政策发文数量超过 30 份。1982 年发文数量达到这一时期的顶峰，为 37 件，约为 1978 年的 2. 7 倍。1983 年至 1984 年，发文数量有所下降，但仍保持在 20 份以上的水平。”② 这充分显示出对人才的迫切，对人才的重视，如图 9 –4 所示。

---

① 邓小平：《邓小平文选》，人民出版社 1983 年版，第 17 页。

② 黄园淅、赵吝加：《人才政策特点分析：改革开放迎来人才发展的春天》，《技术与创新管理》2016 年第 5 期，第 502 – 508 页，转引自中国科协创新战略研究院《创新研究报告》第 10 期 2017 年 1 月 19。

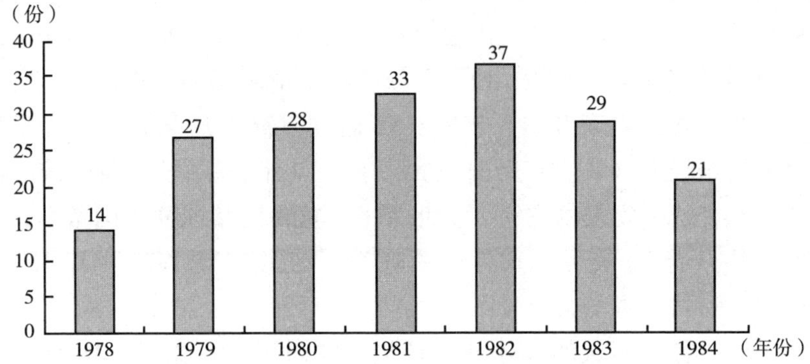

图 9－4　1978～1984 人才政策发文数量

正是因为改革开放大力发展经济的需要，需要一大批能干的人才，忠诚前提下的能干。1987 年党的十三大后，建立公务员制度成为一个突破口，逐渐放开了在人才管理、培养、就业、流动等方面的管理制度。到 1993 年，国家颁布了《中国教育改革和发展纲要》，其中毕业生就业制度改革的思路明晰为“改革高等学校毕业生‘统包统分’和‘包当干部’就业制度，实行少数毕业生由国家安排就业，多数毕业生由学生‘自主择业’的就业制度。”① 1996 年前后大学生国家统配基本结束；1993 年 8 月《国家公务员暂行条例》颁布，到 1998 年底，全国公务员制度入轨工作基本到位。

1995 年 5 月，中共中央确立“科教兴国”发展战略，《人事工作 1996～2000 年规划纲要》明确了“两个调整”：把适应计划经济的人事管理体制调整到与社会主义市场经济相配套的人事管理体制上来，把传统的人事管理调整到整体性人才资源开发上来。2000 年 6 月，《深化干部人事制度改革纲要》标志着“党管人才”工作的深入，人才强国成为共识。2003 年 12 月，全国人才工作会议召开，会后印发了《人才工作决定》，成为 21 世纪人才工作行动纲领。不唯学历、不唯职称、不唯资历、不唯身份的人才观，强调出两个字：能干。

这时期人才方面新创两个词：“海归”“人才市场”；一个典故翻新：“孔雀东南飞”。

2. 改革开放中留学风潮起

“海归”，是指从海外学成（留学、访学）归来，不是华侨回归，因

① 《十三大以来重要文献选编（上）》，人民出版社 1991 年 10 月至 1993 年 12 月版，第 74 页。

谐音被戏称“海龟”，相应的本土人才就成了“土鳖”。1978 年 7 月的一天，邓小平会见来华访问的美国总统科学顾问弗兰克·普雷斯博士，问能不能送中国学生到美国留学，博士无权回答，请示国内获得同意，关闭了十余年的留学之门重新开启。年末，52 名恢复高考后从第一批大学生中选拔出来的年轻人（其实年龄略偏大，有一点外语基础），身着统一配发的服装，拎着统一配发的皮箱，从北京出发辗转巴黎前往美国留学，领队口袋里一共只有 50 美元。这年中美建交（正式建交 1979 年 1 月 1 日）了，党的十一届三中全会召开了。

这一年，各个领域的人才开始冒尖。安徽凤阳小岗村，18 名农民签下“包产到户”契约，一次大胆的叛逆，撬动了农村改革；江苏华西村，偷偷摸摸把大队五金作坊作了改造，一个大胆的举措，孕育了中国乡镇企业的胚胎。易纲去美国学习经济及管理，林毅夫则在 2 年后被诺贝尔经济学奖得主舒尔茨看中，到芝加哥大学学习农业经济，海闻从北大毕业后，成了改革开放后北大“自费出国第一人”；10 年后，这三人创立了中国经济研究中心，后改为国家发展研究院，吸引一批留学欧美学者加入。1980 年，46 岁的陈春先与 14 位中科院研究人员，开始了“中国硅谷”中关村的征程；44 岁的钟南山留学英国，准备为“岭南父老”“争口气”……从撬开一条门缝开始，留学之门逐渐打开。

中国先后与英国、加拿大、意大利、日本、联邦德国、法国、澳大利亚等国政府达成交换留学生协议，留学生选派力度加大，同时鼓励自费出国留学，出现改革开放第一波“留学潮”。1984 年，国务院印发《关于自费出国留学的暂行规定》，中国历史最大“留学潮”到来。这年，王石正在倒卖玉米，张瑞敏到一家濒临倒闭的电器厂当厂长，柳传志告别清闲下海经商……这些人后来让“海尔”“健力宝”“苏宁电器”“联想”“万科”名扬四海。此后整个 80 年代中后期，越来越多的青年奔向国外，1985 年统计，出国留学生的总人数就达到 3.8 万人，其中自费留学生 7000 人。他们中的“海龟”，成为诸多领域的“领航者”。

开放引进外资，出现本土企业享受不到平等的“国民待遇”，而外企却能享受到“超国民待遇”待遇，这是历史原因，当时的中国需要外资、需要项目。与企业界一样，海外学成归来的留学生，所享受到的待遇，是“土鳖”无法企及的。整个 20 世纪 90 年代和 21 世纪初的几年里，是“海龟”们的黄金时期，也是没有海外学习背景的学者最难熬的一段时期。据 2002 年的一个统计，出国与归国人数之比一度达到了 6.94：1，差不多 7 名留学生只有 1 人回国。与此同时，一批批在国内红起来的明星，出国去了；还有一批批“美女”，嫁出去了……

于是“支持留学、鼓励回国、来去自由”被确立为留学海归政策的指导思想。那时候回来的人，大都成为“牛人”，他们中的先行者终于明白：世界上发展最快的地方都在中国，不来这儿，去哪儿呢？从2003年开始，出国与归国人数比不断缩小。进入新时代时，大多数人回来了。“海归”，成为一种特有的历史现象，而今出国归国已成常态。2007年，教育部、国家留学基金管理委员会启动“国家建设高水平大学公派研究生项目”，计划2007～2011年每年选派5000名研究生赴国外一流高校深造。2007年，全国出国留学人员达到14.4万人，其中自费留学12.9万人。截至2007年底，累计回国留学人员约32万，“海归”成为加快自主创新、缩短我国与世界先进技术差距的一支重要力量。

30年间，全国共有121.17万人出国留学，分布在100多个国家和地区。并按照“拓宽留学渠道、吸引人才回国、支持创新创业、鼓励为国服务”的要求，鼓励留学人员回国。

3. 人才开放活市场强经济

“人才市场”这个词，是改革开放后为了适应人才流动而产生的，指人才流动的交易场所，现已成为一种新的组织机构，隶属于人力资源社会保障局，主要提供适龄劳工供求需要的市场，目的是促进人才资源优化配置，实现人才管理体制机制变革。

1983年，全国第一家人才交流机构是“沈阳市人才服务公司”，开始时鲜有人问津。10年后1993年党的十四届三中全会作出《关于建立社会主义市场经济体制的若干问题的决定》，有了“劳动力市场”的概念，并且与金融市场、房地产市场、技术市场和信息市场并列作为重点发展的生产要素市场。1994年，中组部、人事部印发《加快培育和发展我国人才市场的意见》，明确提出了“人才市场”的概念。此后相关部门陆续推出《人才市场管理规定》《中外合资人才中介机构管理办法》等法规；2003年，中共中央发布《人才工作决定》提出“全面推进机制健全、运行规范、服务周到、指导监督有力的人才市场体系”；2007年，党的十七大提出“建立统一规范的人力资源市场”，明确人才市场统筹协调、科学发展方向。人才市场逐渐成为配置人才资源的主要平台，引导人才合理流动、推动人才管理体制机制变革的重要力量。2007年前后，全国人才服务机构达到6800多家，全国人才服务机构接待流动人员达到8000多万人次，1300万人通过市场找到了工作或转换了岗位。一个市场调节、政府宏观调控的良性互动局面和人才资源优化配置的良好社会环境正在形成。

从学术角度看，“人才市场”这个概念虽然简单明了，却容易产生歧义。原先提的“劳动力市场”应该比较准确。但大约是对“劳动力”这个词兴趣缺缺，以至于对“人力资源”这个词也不是太喜欢，用“人才”的概念才是满足了用人单位和求职者的心理状态，所以这个市场就不再叫“劳动力市场”，较少用“人力资源市场”，而是定型了“人才市场”。事实上，这一市场上所交易的或者买卖的或者说所做生意所标的“的”，不是“人”或“人才”，对用人单位而言需要的是凝结在人身上的“力”“能力”，对求职者而言，需要的是一个工作机会，一个展示才华获取报酬的机会。即使说人的资历、劳动能力是一种资源，它也不是一次性的买卖，而是确定了劳动关系之后长期的劳动付出与劳动报酬关系。更重要的一点是，“人才”是一种买卖关系进入某一组织的，潜意识里提供给人的思维，你买我的能力，人拿我的报酬，彼此之间是一种生意关系，那么所谓的“归属感”、所谓的“主人翁意识”从何而来，又如何要求“买”来的员工为企业考虑、为组织奉献。这显然与“心和管理学”理论的核心要义不相吻合。即使要用“人才”“市场”这两个词，全称也应该是“人才交流市场”，因为人才是交流，不是交易，是人才流向更合适的地方。

《孔雀东南飞》作为乐府诗的高峰之作，是一种象征意义，象征着人们追求恋爱自由和幸福生活的强烈愿望。而改革开放时人才的“孔雀东南飞”，是只用字面意义，以“孔雀”指代“人才”，中西部（一般称“内地”）的人才向着全国人才高地——改革开放最前沿、国内经济最发达的东南沿海“飞”。大体有这样几次，首先是奔往广州、深圳，而后是向珠海，接着是去海南，三者之间时间分隔不是十分明显；国企改革、乡镇企业崛起后，十万人才下江南，江浙沪成为人才高地，最终形成专业人才、农民工涌入长三角、珠三角、闽南三角的局面，“农民工”成为一个时代的专有名词。进入 21 世纪，中西部在努力让人才回归，国家政策也开始引导，口号就是让“孔雀西北飞”。新时代，内地揽才、聚才蔚成大观。

三、红色新时代人才识别

1. 红色强国强教育重创新

2009 年开始过渡到“红色强国”新时代。新时代对于人才问题的关键词是“创新”，忠诚、能干基础上的创新。

时代在进步、社会在发展，“创新”成为主流。人才培养也出现大发展，最明显的是大学生培养出现新形势，人才培养出现新情况。这要从

1998 年 11 月经济学家汤敏以个人名义向中央提交的一份建议书《关于启动中国经济有效途径——扩大招生量一倍》说起。建议被采纳，中央制定出以“拉动内需、刺激消费、促进经济增长、缓解就业压力”为目标的大学扩招计划。此后的 10 年中，大学扩招出现“井喷”现象。从恢复高考到 1999 年之前，高校招生每年增长在 8.5% 左右，但 1999 年招生人数一下增加 51.32 万人，增长率猛窜到史无前例的 47.4%（总招生数 159.68 万人），2003 年中国普通高校本专科生在校人数超过千万，2008 年这个数字再加千万，达到 2021 万人。具体增长数据如表 9－5 所示。

表 9－5　全国 1999～2008 年高校在校生、毕业生人数及高考人数和录取率

单位：万人

年份	1999	2000	2001	2002	2003	2004	2005	2006	2007	2008
高校在校生人数	409	556	719	903	1109	1333	1562	1739	1885	2021
在校生较上年增长	68	147	163	184	206	224	229	177	146	136
高校毕业生人数	85	95	104	134	188	239	307	377	448	512
毕业生较上年增长	2	10	9	20	54	51	68	70	71	64
参加高考人数	288	375	454	510	613	729	877	950	1010	1050
录取人数	160	221	268	320	382	447	505	546	566	608
录取率	56	59	59	63	62	61	57	57	56	57

数据来源：国家统计局年度统计报告。

此外，研究生教育也在扩招，硕士研究生从 1998 年的 7.2 万人，1999 年扩招 2 万人（9.2 万人）；到 2008 年扩招达到 38.7 万人。博士研究生，1998 年约 1.5 万人，1999 年扩招约 5000 人，总人数约 2 万人；而到 2008 年，总人数约 6 万人。

高校扩招，让更多学生圆了大学梦，整体国民学历和国民素质有了一定提升，实现教育的阶段性飞跃。从经济角度说，推迟了实效就业时间，缓解了就业压力；对教育的投资拉动了内需，发展了经济，这些都是正面的、积极的。但如此快速增长的招生规模，带来的问题也是非常明显的，原来培养精英的高等教育，大众化了，甚至普及化了，带来了师资力量跟不上、教育设施跟不上的情况，也就影响了教育质量。1998 年师生比（学生数和专任教师数的比例）是 1∶11，2001 年飙升到 1∶18.6（有的学校扩招后高达 1∶34.8），学生得不到教师近距离的传帮带。学生扩招，教师也需要扩招，但教师扩招的速度仍跟不上学生扩招的速度。更为严重的是，教师扩招带来的直接恶果是师资良莠不齐；扩招的研究生毕业后再来当老师，他们自身的质量就已经存在下滑问题，再去教学生，加上专业的市场化、课程结构的随意化，成就了“一代不如一代”的哀叹，随之而来的是大学生就业率和薪水的下滑。另外还有两个问题也暴露出来，一是高校扩建，掀起了高校基金热，导致高校背上巨额银行债务；二是教师考核市场化，高校急功近利明显，科研环境发生变化，逐利心态下大学越来越“大”，大师越来越少，学术快餐化现象越来越严重，甘于“坐冷板凳”研究越来越少。

这就是新时代面临的新课题，2009 年开始，扩招增长势头开始刹车，如表 9－6 所示。

表 9－6　　2009～2020 年普通高校招生数量及增长比例　　单位：万人

年份	2009	2010	2011	2012	2013	2014	2015	2016	2017	2018	2019	2020
招生数	640	662	682	689	700	721	738	749	761	791	915	967
增长%	5. 26	2. 34	3. 02	1. 03	1. 60	3. 00	2. 36	1. 49	1. 60	4. 00	15. 68	5. 68

数据来源：国家统计局年度统计报告。

很显然，12 年来，扩招人数虽仍然略有增长，但每年比上一年增长比，基本控制在个位数。有两个方向比较明显，一是在扩招导致教育规模过快发展的同时，关注到了教学质量问题，清醒地认识到：“高等教育质量还不能完全适应经济社会发展的需要，不少高校的专业设置和结构不尽合理，学生的实践能力和创新精神亟待加强，老师队伍整体素质亟待提高，人才培养模式、教学内容和方法需要进一步转变”① 为此，明确提出“人才培养是高校的根本任务、质量是高校的生命线、教学是高校的中心工作”。但是，高校合并潮后带来的高校同质化现象越来越严重，所以 2012 年《教育部关于全面提高高等教育质量的若干意见》（教高〔2012〕4 号）提出了“坚持内涵式发展、促进高校办出特色”等 30 条意见。二是扩招的方向重点转向了，2019 年国家的政府工作报告提出高职院校扩招 100 万人。

但不可否认的是，高校教育“西化”现象明显，许多问题没能从根本上得到解决，到 2018 年，教育部不得不承认，“人才培养中心地位未完全落实”“教学模式创新性不足”“学习过程管理总体不严格”“师德师风建设工作的统筹领导力度不够”。并且明确提到：“我国本科教育教学质量保

---

① 《教育部财政部关于实施高等学校本科教学质量与教学改革工程的意见》教高〔2007〕1 号，中华人民共和国教育部网——高考教育司。

障体系有待继续健全完善。评估制度设计需要着力解决重点难点问题，立德树人评估指标尚不够具体，高校分类评估有待进一步完善。高校在职称评聘、职务考核、激励奖励、资源分配等方面依然强调‘帽子’课题、成果、经费、奖项等指标，人才培养成效的评价标准尚未得到充分体现。”① 总体来说，高校人才培养尚不尽如人意。

2. 中国经济崛起人才回归

高校扩招带来的现实问题，引起中央重视，习近平同志在2012年的一个讲话中提道：“我要再一次强调‘空谈误国，实干兴邦’这个口号。这个响亮的口号就是邓小平同志在一九九二年视察南方途中提出来的。我国改革开放三十多年的实践充分证明了这个真理。面向未来，全面建成小康社会要靠实干，基本实现现代化要靠实干，实现中华民族伟大复兴要靠实干。”② 这传递出一些“砖家”的“空谈”可以休的信号，中华民族的伟大复兴需要实干。民族复兴包括文化复兴，文化自信的同时，要把中华传统文化中优秀的部分提炼出来，与新时代中国特色社会主义思想紧密联系，创新培养出中国特色的本土人才。

这是非常重要的一个方面，中国特色，必须有人才的中国特色，或者说必须有中国特色的社会主义建设人才，计划着建设中国特色社会主义市场经济，却依靠着西方教育背景、西式思维方式的人，那么，也只能停留在“空谈”层面。当然，中国特色，并非不要国际视野，更不是否定国外优秀文化。中国学习、借鉴、吸收都可以，但根底是中国元素、核心是中国文化、主体是中国学问、思维是中国模式，归根结蒂，中国特色是根本。

中国特色的人才，需要中国自己培养；中国特色的人才，胸腔里须有一颗中国心；中国特色的人才，心甘情愿把才华贡献给祖国。所以，中国高校改革同样不能空谈，作为人才培养的重要阵地，“全盘西化”更是要不得。红色管理，是高校管理的根本。

在中国特色为根本的基础上，向世界学习，让中国学子到全世界去学习，然后回来报效国家、强盛中华。这样的留学生才是中国特色人才所需要的。新时代，在全世界留学人员都知道一点，中国才是最好的用武之地。据参考消息网，2017年7月20日报道西班牙《国家报》网站7月18

---

① 教育部发布《全国普通高校本科教育教学质量报告（2018年度）》，中华人民共和国教育部网——工作动态。

② 习近平：《在广东考察工作时的讲话》（2012年12月7日至11日），《习近平关于实现中华民族伟大复兴的中国梦论述摘编》，中央文献出版社2013年版，第78页。

日文章称，过去15年来，海归的中国留学生比例从15%提高到80%。教育部数据显示，2016年中国出国留学人数为54.45万人，同年回国留学生人数为43.25万人。吸引人才回流的计划是从2008年开始实施的“千人计划”，这项工作已经取得一定成效。留学，鼓励；报效祖国，更值得鼓励。习得文武艺，报效大中华，是中国特色的人才。

为此，习近平同志提出，对外开放要着眼着力于人。“不拒众流，方为江海。当今世界，经济全球化、信息社会化所带来的商品流、信息流、技术流、人才流、文化流，如长江之水，挡也挡不住。一个国家对外开放，必须首先推进人的对外开放，特别是人才的对外开放。如果人思想禁锢、心胸封闭，那就不可能有真正的对外开放。因此，对外开放要着眼于人、着力于人，推动人们在眼界上、思想上、知识上、技术上走向开放，通过学习和应用世界先进知识和技术，进而不断把整个对外开放提高到新的水平。”① 所以需要实行更加开放的人才政策，这是符合中国文化、中华传统的。“习近平指出，中华民族历来具有尚贤爱才的优良传统。现在，我们比历史上任何时期都更需要广开进贤之路、广纳天下英才。要实行更加开放的人才政策，不唯地域引进人才，不求所有开发人才，不拘一格用好人才，在大力培养国内创新人才的同时，更加积极主动地引进国外人才特别是高层次人才，热忱欢迎外国专家和优秀人才以各种方式参与中国现代化建设。要积极营造尊重、关心、支持外国人才创新创业的良好氛围，对他们充分信任、放手使用，让各类人才各得其所，让各路高贤大展其长”②

3. 新时代人才强国唤贤能

改革呼唤人才，人才支撑改革。改革创新需要中国特色的人才，科技创新需要中国特色的人才，生态文明创新需要中国特色的人才，发展“一带一路”创新国际关系需要中国特色的人才，建立人类命运共同体创新世界格局需要中国特色的人才。党的十九大报告提出，聚天下英才而用之。吸引人才、培养人才，只有“进行时”，没有“完成时”；明确指出要，引导人们树立正确的历史观、民族观、国家观、文化观。从“打铁还需自身硬”更新为“打铁必须自身硬”；强调既要政治过硬（忠诚），也要本领高强（能干），更要能为解决“人民日益增长的美好生活需要和不平衡不充分的发展之间的矛盾”作出贡献（创新）。新时代要深化八大改革着力点：供给侧结构性改革、农村土地制度改革、金融体制改革、国家监察

①② 习近平：《中国要实行更加开放的人才政策》，2014年5月24日，解放日报评论。

体制改革，并推动形成全面开放新格局、改革生态环境监管体制、行政体制改革、完善干部考核评价机制，每个着力点都需要中国特色的人才来支撑、来落实、来实现。

在2013年全国组织工作会议上，习近平说："寻觅人才求贤若渴，发现人才如获至宝，举荐人才不拘一格，使用人才各尽其能。"2014年5月，习近平在上海同外国专家座谈时说："我们比历史上任何时期都更需要广开进贤之路、广纳天下英才。要实行更加开放的人才政策，不唯地域引进人才，不求所有开发人才，不拘一格用好人才。"2016年5月30日，在全国科技创新大会、中科院、中国工程院两院院士大会暨中科协九代会上，习近平强调，科技人才培育和成长有其规律，要大兴识才爱才敬才用才之风，为科技人才发展提供良好环境，在创新实践中发现人才、在创新活动中培育人才、在创新事业中凝聚人才，聚天下英才而用之，让更多千里马竞相奔腾。习近平总书记还强调三个"关键"："办好中国的事情，关键在党，关键在人，关键在人才。"① 这些均表达出党中央、总书记求才若渴。

党的十八大发出了"广开进贤之路，广纳天下英才"的号召，党的十九大则发展到"人才强国战略"的高度，"聚天下英才而用之"新时代需要新人才，新人才应有新要求。所以新时代的新人才，既要有爱国情怀，又要有国际视野；既要有青春梦想，又要有实干精神；既要有健康体魄，又要有学习热情。这样的人才是中国特色的人才，人才兴则民族兴，人才强则国家强。存在问题不可怕，可怕的是在错误的路上还要继续走下去，中国海纳百川，前提是中国心、中国魂的服务本土的人才。

归纳起来，红色管理之红色革命，是在马克思主义与中国革命具体实践相结合；红色管理之红色经济，是在马克思主义、毛泽东思想指导下，西方理论与中国国情相结合；红色管理之红色强国，是在马克思主义、毛泽东思想、邓小平理论、习近平新时代中国特色社会主义思想指导下，放眼世界、立足中国，让已经站起来、富起来的中国走向强起来，实现中国特色的中华民族伟大复兴；建立人民幼有所育、学有所教、劳有所得、病有所医、老有所养、住有所居、弱有所扶的大同世界，中国走向世界舞台，在习近平新时代中国特色社会主义思想旗帜下，充分发挥中国特色，建设现代化强国体系，共建人类命运共同体，从胜利走向更大的胜利。

---

① 本处引文皆引自新华网记者黄玥《敬才求才用才育才 习近平开时代之风》（2016-6-6），新华网——高层。

第十章　心和管理学人才理论

心和管理学的人才管理体系，指人才识别、人才培育、人才选拔、人才使用、人才留住的动态发展体系。人力资源管理把人当作劳动力资源，侧重“力”的量化；人才管理把人心力量和才华力量作为能量资源，侧重“能”的挥发，体现心智能量管理。前面的人才性格分析是识人智慧，是人才管理基础，这里是管理的主体内容，即育人智慧、选人智慧、用人智慧、留人智慧——“人才五行管理模型图”，如图 10－1a 所示。

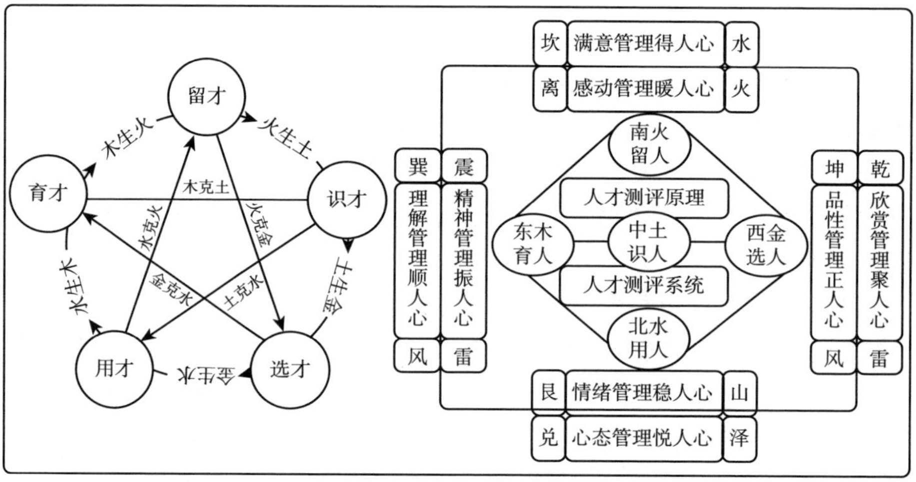

图 10－1a　五行人才生克关系图　　　图 10－1b　心和管理五行八卦模型图

五行有两种图示，即生克关系图如图 10－1a 所示。五行方位图以土为中，见微知著识别人才；东木育人，风雷叠用培育人才；西金选人，刚柔相济选拔人才；南火留人，冷暖有序留住人才；北水用人，进退有道妙用人才。坐镇中土的是人才测评原理与测评系统，环绕四方的是五行八卦与心和管理八法：东木巽震对应理解管理、精神管理，西金乾坤对应欣赏管理、品性管理，南火坎离对应满意管理、感动管理，北水艮兑对应情绪管理、心态管理，如图 10 - 1b 所示，内圈五行方位与识人测评，外圈八卦与心和管理八法则。

其中，土生金，识得人方有才可选；金生水，选得人方有才可用；水生木，会用人方能育出才；木生火，会育人方能留住才；火生土，能留人则可识人才。反之，土克水，不识人才就无才可用；水克火，无才可用就无人可留；火克金，无人可留就无才可选；金克木，无才可选就无人可育；木克金，无人可育就无才可识。人才关系在相生相克中变动着。如此，五行八卦易理，与人才管理体系有机构成了心和管理学之“人才管理体系”。

第一节　培育人才心和管理论

如果说识别人才是其他四方面的基础和前提，那么培育人才是一个组织可持续发展的重要保障。外部招聘十人，不如内部培育一才，对组织忠诚的重要前提是：组织成就了“我”。自己培育出来的人才，如同沐浴着东方初升太阳树木，是栋梁、是希望。

一、培育人才管理智慧概要

（一）东逢春木生火人才燎原

培育人才，五行方位为东，东为木、为春、为青色，代表向上、代表永远、代表和平。木喜水，能生火，所以培育人才先要有大量可用人才，谓之人才五行中的水生木，源源不绝；培育出优秀人才后，通过育人能帮助火留住人才，谓之人才五行中木生火，熊熊燎原。就人才类型而言，木型性格的人，与水型、火型性格的人是最佳拍档；但与金型、土型性格的人会相冲，容易被金型人压制，同时又会不自觉地压制着土型人。

管理过程中能不能培育出人才，是衡量一个组织有没有内在核心力量、有没有外在攻城略地能量的重要标志。组织管理观念和管理行为中的培育人才，与学校所说的培育人才有一定的相通性，都属于“育人”范畴；但又有着天差地别。学校教育是学历教育，在于培育出什么样学历水平的人才；即使是职业技术学院，也只是方向性职业技能的培育。所以，任何学校培育出来的人才，都需要一个试用期；即使通过了使用期，也只能说明具备入职的基本条件，而不是一定或完全具备了独立工作、独当一面的条件，更没有完全具备可以重用、能够信任的条件，没有完全具备用得得心应手、放在哪里都能创造价值或超价值的条件。使用了是相当一段时间后，经验也越来越丰富了，仍然需要知识更新和不断充电；更何况组织在发展，社会在进步，环境在变化，人员在变动，职务在调整……

培育人才，是一项永不停歇的工作，是一项与时俱进不断创新的工作，是一个组织、一个体系、一个部门得以成长发展的关键。现代很多人对诸葛亮的崇拜在减弱，不是因为他的计谋水平、智慧能力在人们心目中降低了，而是因为越来越多的人在质疑他的育人能力问题。无论是历史的真实还是艺术的真实中的诸葛亮，似乎都没有培育出新人才，他所能用的都已经是将才或谋才，如“五虎将”，所以才有后来的“蜀中无大将，廖化作先锋”。反观曹操手下，谋士成群，猛将如云。与其说蜀国之败是败在曹魏手中，倒不如说是败在无人可用之上；与其说阿斗扶不起，不如说孔明带不出人才。

管理者管理的重点是自己的队伍，队伍中有各方面岗位所需要的人才，互相之间可以取长补短、可以同生共死，也可能互相倾轧、勾心斗角，关键就在管理者（队伍领导人，下同）的管理水平。能不能带出人才，是衡量一名管理者水平的重要标志；一个优秀的、出类拔萃的管理者，都会根据需要，培育出胜任管理范围内所有岗位的必需人才。不能培育人才，就不可能是一名好的管理者，也就不可能有优秀的管理成果。

（二）理解管理通人心双协和

心和管理学之人才管理智慧，首要的是是否具备带人、带队伍的人才培育智慧。当把“智慧”一词只是用在出谋划策上的时候，已大大缩小了智慧的意义、智慧的价值。真正有智慧的人，不太会把自己放在操作层面、让自己停留在做具体事情的层面上，虽然有些时候也需要展露动手能力与应变能力。他可能表现出来的是自己做不到，但会有很多人甚至是整支队伍里的人都愿意豁出命来助他成事，这才是真正的具备育人智慧的智者。当然，自己做不来，也没有人愿意帮助，那就不是智慧，而是智残了。

根据心和管理八大法则的分工和周易八卦的基本原理，人才五行管理体系中的育人内涵涉及两个方面：一是巽卦之和风沁入——理解管理，二是震卦之雷声警醒——精神管理。不仅仅是对培育对象要用理解管理、精神管理，更重要的是培育出来的人才，也能运用理解管理、精神管理管理好自己、管理好工作、管理好工作所涉及的方方面面。

“理解管理就是通过沟通理解组织、理解上司、理解同事、理解客户、理解一切交往的人，谦和顺从……是指从人心是相通的角度出发，管理者在管理活动中有意识地、主动地去体会对方的心态、对方的思维方式及其结论，然后通过体谅、沟通、认同三个阶段，探索出对方乐意接受并能达到预期效果的解决途径和方法，从而在人与人之间建立起心灵融洽、心意相通的默契，最终达到心照不宣就能同心协力完成预期任务的一种管理思想和管理行为的总和。"① 显然，理解管理，就是在自己与各关联方建立起一种共同的心理认同，即"人心双和"。也就是说，在管理中，你能理解对方，万事就有一个好的切入点；不能也不想理解对方，则永远不会有彼此认同。没有双向的互为认同，所有的努力都是瞎耽误工夫。大到政治对立、经济互冲，小到家人吵架、朋友反目，归根结蒂就是认同没有了、沟通达不到效果了、彼此之间再也无法达到互相理解了。政治、经济的彼此怨怼，到一定程度会发展为战争；亲朋、工作关系的双方怨怼，到一定程度会发展为大打出手。事大事小，皆如此。

打过了，最后坐下来谈判。谈判的过程是彼此的让步、妥协到双方愿意接受的过程。所以这是沟通的过程，谈判能力实际上体现在沟通能力上，最终有三种结果：一是达成双方都认可的协议，即"双赢"；二是"城下之盟"，虽然勉强认可，却不是心里认同的，掩藏着矛盾再爆发的隐患；三是沟通失败，谈判破立。所以，理解管理，一是理解的平台要一致，谈判也好、沟通也罢，都在"理"的层面上让彼此得到应得的利益；若一方在说"理"，另一方重说"情"，就无法对接；若一方要求的是政治利益，另一方只跟你谈物质利益，难以彼此衔接；如果说一方要得到全部利益什么都不放手，结果只能是谈判破裂，"战火"再起。二是管理的目标要清晰，输赢的最高境界不是你死我活，而是和局——中庸之和。

（三）精神管理振士气志昂扬

"精神管理，就是让人保持旺盛的热情和斗志，常常警惕，遇到任何暴风骤雨、艰难险阻，都能沉着冷静，应对自如……所谓精神管理，是指管理者从人心是相通的角度出发，通过有效的心灵梳理式管理，使被管理者的意识、思维活动的内心有所依属（精神专一，直指事物精微并坚守）；使被管理者心无所累（有精力、有生气，心神光明守一）、轻装上阵，表现出一种昂扬的活力与热情；使被管理者的一般心理处于活跃有生气的状态，且能志存高远、心存高尚（有精气、元神），真正成为一个有精神内

① 徐井岗：《人心管理论——基于国学与东方思维的中国管理理论》，经济科学出版社 2013 年版，第 225－226 页。

核的人的管理观念和管理方法的总和。”① 这就是说，精神管理的“精神”，有两方面意义，一是生理层面的，指人的精气、元神，包括人的精力体气，用以形容人的生气、神韵、意态、风采等；二是心理层面的，指人的意识、思维活动和一般心理状态，用以表现人的哲学宗旨、思想属性和组织的机构活力等内在本质的形而上的层面。相对来说，前一个层面具象一些，后一个层面抽象一些。

显然，精神管理，一方面是通过管理实现人的精神面貌积极、乐观，另一方面是通过管理实现人的道德精神的振兴、奋发。人是需要有精神的，这两方面精神缺一不可，前者是作为一个个体的人所必须具备的，有好的精神面貌、精神状态；后者是作为一个社会的人所必须拥有的精神内核、精神力量。二者合一，就是人的形与质的精神合一。精神形态丰朗卓绝者，一般是精神内核坚毅刚强者，反之亦然。一个人身体有病，内含精神卓越、意志力坚毅，病体可以好得快；一个人思想生病、精神萎靡，那么其身体素质也会直线下降。从这个角度说，精神状态是精神内核的外在表现，精神内核是精神面貌的保障。

精神管理的重点在于人的内在精神的树立、激发、保持和营养充实。所以，一个革命者要有革命精神，一个职场人要有职场精神，一个企业要有企业精神……即使不考虑因素，只要是在社会上走动，就需要有自己拼搏努力的个人精神、一起合作的集体精神、为国为民的民族精神和国家精神。作为一个中国人，就必须具备前面提到的中国精神。物质享受是有限的、精神享受是无限的；物质生命是有限的，精神生命是无限的。所以精神管理的重要价值在于激发人内在的动力，鼓舞人奋发的勇气，振奋人战斗的士气。

总结起来，理解管理，若木型人为主导，与水型火型人才比较容易沟通；但与金型、土型比较难沟通。因为金型人比木型人更强势（强硬）、更冒险（冲动）、更果断（武断）。而精神管理，若木型人为主导，在精神上与水型火型人才比较容易相融，抱团振奋、互相鼓励；但与金型、土型比较难相处，因为金型人让人跟着他走，被他强制而产生不舒服感，不太愿意配合他，土型人会被嫌弃磨磨蹭蹭跟不上，生出“猪一样的队友”的感慨。

理解管理的危险来自管理冲突，精神管理的危险来自精神失落。管理

① 徐井岗：《人心管理论——基于国学与东方思维的中国管理理论》，经济科学出版社 2013 年版，第 240 页。

中有冲突是难免的，重要的是冲突产生之前的防范、爆发之时的控制、发生之后的补救，这是理解管理面临的重要课题，这个课题解决得好，理解管理就落实得好，反之就糟。管理中有精神懈怠也是难免的，所以需要激发；精神失落是危险的，所以需要激励。精神管理要结合时代特点，在理解的基础上加强精神激越、精神振奋。

二、培育人才卦理通义阐析

（一）巽震卦理沐春风自警醒

理解管理对应巽卦，精神管理对应震卦。卦象如图 10－2 所示。左图巽卦由一阴爻伏在二阳爻的下面，柔爻顺应刚爻，阴顺从阳，是自然的道理，故巽卦象征伏、顺，有入的含意。顺应自然，就容易进入事物之中；顺从他人，就容易被接纳而进入他人心中。因此，无大亨通却有小亨通，有利于达成目标，有利于有才华的人出现。即“巽小亨。利有攸往。利见大人”①，此为人才培育的卦理通义。此卦两巽相叠，巽为风，柔而又柔，前风往而后风复兴，相随不息，柔和如春风，随风而顺。

所以，人才培育的管理，需柔若春风，顺其自然。但又须有界限，也就是顺从而不盲从，柔应而有理性。优秀的人才愿意对真正的“大人”顺从，愿意对有伟大精神的人顺从。顺从，是择善而顺，选人而从，故培育人才，自身须让人信服——为人师表，自然须有可表率的内涵。

图 10－2 中右图是震卦，两阴爻在上，一阴爻在下，表示一种向上、向外发展的趋势，其正象为雷。雷下雷上，同卦相叠，震卦卦辞云：“震：亨。震来虩虩，笑言哑哑；震惊百里，不丧匕鬯”②。是说雷震，来如猛虎令人恐惧，而圣贤君子仍能谈笑风生泰然处之；雷声震惊百里振聋发聩，而圣贤君子仍能在宗庙里祭祀时不会因雷震而惊失祭器、失魂落魄。这是人的心态和涵养，是面对着自然之力的惧与不惧两种对立的心态情绪。人既应有恐惧畏惧之心，也有大无畏的坚贞不移，即震卦震的是主人之心，明的是主物之理。圣贤君子内心高尚，时时警惕，那么，雷阵轰隆、雷霆万钧便是一种警示，作为一种让人心中有所怵然、有所惕惧的监督机制。心中有怵惕，才会有警、有觉、有醒，才会有成就。震卦揭示的管理法则就是汲取教训，凡事戒慎恐惧，经常保持高度警觉，经常反省检讨，可防患于未然，如此则有法则可循，镇定从容应对，在灾难未到来之

---

① 姬昌等：《全本周易·巽卦第五十七》，北京出版社 2006 年版，第 303 页。

② 姬昌等：《全本周易·震卦第五十一》，北京出版社 2006 年版，第 276 页。

前，就可使其消灭于无形。

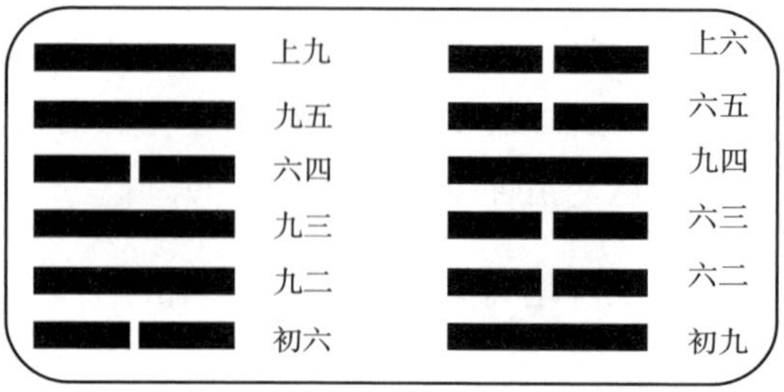

图 10－2　周易八卦之巽卦、震卦

故《象》曰："随风，巽。君子以申命行事。""洊雷，震。君子以恐惧修省。"真正如君子一样的人才，如和风吹拂般顺应天命主动行事，滚雷阵阵中心中警惧而修身反省。

（二）巽卦爻义守道顺从有担当

理解巽卦六爻、震卦六爻所表达的意义，进一步掌握理解管理、精神管理。

巽卦六爻爻辞："初六：进退，利武人之贞。九二：巽在床下，用史，巫纷若；吉，无咎。九三：频巽，吝。六四：悔亡，田获三品。九五：贞吉，悔亡，无不利。无初有终。先庚三日，后庚三日，吉。上九：巽在床下，丧其资斧，贞凶。"① 巽为风，风从顺，行要顺从、事要顺利，既要顺应天命，又不可随意盲从。所以巽卦六爻，从下初爻到上爻，标志着万事顺利成功有六个阶段的顺从，第一阶段的顺从就是如"武人"一样进退听命、心守中正；即顺从听命是必须的，但心中的中正之道不可抛。第二阶段的顺从是指顺应天命，从善如流；这是说要如在病床前服侍人那样谦卑，借助史巫进行卜筮以得天命，顺天道遵天意（在今天来说就是要集思广益、从善如流，要顺应潮流、纠偏纠错，要听得进意见、不违背自然法则），这样才会是吉祥的、没有危险的。第三阶段的顺从不能心无主见，一味盲从；"频巽"就是频频征求意见或频频接纳意见，意味着犹豫不决而盲从别人，那将是不利的。这里是下卦，听命，顺天，但不可盲从；如此，当可突破困境，走上康庄大道。

而后进入巽卦的上卦，即顺从的第四阶段，度过了"频巽"困境后，只要走正道、不亏心，便不会有后悔，而且能在田猎中获得"三品"（祭

① 姬昌等：《全本周易·巽卦第五十七》，北京出版社 2006 年版，第 303－306 页。

祀、家宴、家用的多种猎物，意为获得功绩）。顺从的第五阶段，就是坚持守住中正的顺从才是好的顺从，没有悔恨也没有不利；即使开始时不太顺利，固守中正最终还是会有好结果的，过不了多久就能吉；所以，这里的顺从是顺从正道。上卦的最后一爻，也就是顺从的第六个阶段是总结性提醒，九五爻那样坚守中正是好的，若一路过来只有盲从（一直谦卑地匍匐病床下），没有担当，那就一定会“丧其资斧”（损失财物）。反过来说，就是要固守中正防止风险。

根据卦爻之意，可明了理解管理有两个层面，第一层面是巽卦中下卦所示的意义，听命，顺天，但不可盲从。即，既要遵从法规公德、规章制度（听命，体谅别人），又要把握自然规律、事物发展规律（顺天，而明辨是非）。在此基础上慧眼识人辨事、处事干脆利落（不盲从，而获得他人认同）。第二层面是上卦所示的意义，守道，居正，须有担当。即不被各种言论所左右，心中有杆秤（守道基础上明辨他人），坚持正确地勇往直前（居正而认识他人），不是只会谦卑、一味盲从，而是心有正道、人有能力（能担当而理解他人）。

（三）震卦爻义慎警醒有精神

震卦六爻的爻辞：“初九，震来虩虩，后笑言哑哑，吉。六二，震来，厉，亿丧贝；跻于九陵，勿逐，七日得。六三，震苏苏，震行无眚。九四，震遂泥。六五，震往来，厉；亿无丧，有事。上六，震索索，视矍矍，征凶。震不于其躬，于其邻，无咎。婚媾，有言。”① 显然是六震而有六惧：初震，先惧而后“笑言哑哑”，是说震而有惊，始有谨慎而明辨是非；震惊是必须的，但不能被震惊吓倒，而要惕惧惊醒，成竹在胸，严阵以待，处事当可得心应手，遇难呈祥。再震，很凶厉，难免会有财富丧失，则要会登高避险，不要计较得失，惧怕失去，这样才有可能失而复得；所以，当第二震来临时，放平心态，放开心胸，不要急于求成，理解得失之道，当舍就舍，放远眼光。这样，第三震时，虽然“震苏苏”（因震动而惧，苏苏战傈），但只要去不正、行正道，则可“震行无眚”（震动中谨慎前行则没有祸患）；所以面对雷霆之震，不要以硬碰硬，以刚对刚，而要以柔克刚，鼓励人们走正道。至此，震卦下卦三震，一次比一次厉害，令人惊惧；关键是惊惧后，警醒自己心态要乐观、方法要得当、行为要正道。也就是在震惊中，可以惧怕，但不能没有精神。

进入震卦的上卦，即第四震。这一震危险了，雷震之声更响、更强，

① 姬昌等：《全本周易·震卦第五十一》，北京出版社 2006 年版，第 276 - 277 页。

能把道中硬路震碎成泥。然而，只要顺利度过下卦三震之人，对自己内心的恐惧已有把持，所以，虽然震惊加大，惊惧依旧，但人心把持住了，就能避免危险。避不开危险的，一定是不中不正之人，才会陷于四阴之间，才会被雷声震得坠落于泥沼之中，不能自拔，滞而溺之；所以，人要有内在精神，洁身自好，陷污泥而不沾，出污泥而不染，危险自会远离。到了这份上，第五震再来也不会有大事了，因为已是强弩之末的余震，再凶厉也不会有损失；人能如此保持警觉，虽然人生不如意之事十之八九，也能常自惕惧，有所醒悟，守得月明云开万事顺了。第六震既是上卦的结束，也是六爻的总结：震，是自然出现的，惧，是心理产生的，对雷震有惊惧不应该表现在神情上，若震来时畏畏缩缩，两眼惶惶不安，便是凶象之征兆，因为慌乱是没有内在精神的表现；但若其震虽不及自身而在邻近，仍能因此而心理上惊醒，则可“无咎”。邻里受震而已能有戒备之心是最好的，不要去谈婚论嫁，否则会被人说道。

震卦六震，每震皆有所“惧”，或内惧，或外惧，或致凶，或无咎，都是修省得吉之道。但是，修省之道，应是“内惧外不惧”为最佳。所谓“内惧”，是内心谨慎、警惕；所谓“外不惧”，就是表现在具体的言行上。内谨慎外大气，先恐惧后修持，震卦之意。这就把精神管理的两个层面都包含了，内里要有精神，包括卫国精神、民族精神、奉献精神、君子精神等；外在要有精神，包括精神抖擞、精神振奋、精神昂扬、精神焕发等。

三、培育人才管理方法探索

（一）理解与精神管理方法论

如前所述，培育人才的管理方法是理解管理、精神管理。既要培育人才懂得必要的顺从、合理的体谅、正确的沟通，申命行事，在理解的基础上让人心顺畅；又要培育人才内在有思想观念、有精神信仰，外在有良好精神面貌、奋进精神状态，时时刻刻恐惧修省、振奋人心。

理解管理的方法，说一千道一万，就俩字：“沟通”，体谅来自沟通，认同也来自沟通。没有沟通，其实也就没有理解管理。而“管理沟通的前提是彼此了解——“知己知彼百战不殆”在沟通中也是适用的，只有了解对方，才能实现沟通预期。管理沟通的基础是尊重理解——沟通不是强迫对方接受而要以“对等”的心态实现互相的心理认同。管理沟通的本质是换位思考——理解管理须有“设身处地”的胸怀才能实现。管理沟通的结果可以是求同存异——不是求得对所有认识整齐划一的一致，而是在取得预期认同的同时承认差异化的存在。”① 理解管理就是如春风化雨，滋润人心，就是让人如沐春风，通达顺畅。理解管理有三个层次，层层递进，清除三道障碍，实现三级目标，最终达到人心顺畅、人心和谐，如表 10－1 所示。理解的前提是认同，认同的前提是沟通，沟通的前提是体谅。

表 10－1　　　　理解管理的三个层次

	三个阶段	三道障碍	三级目标
初级层次	体谅阶段	误会（认识障碍）	心中有数
中级层次	沟通阶段	漏斗（思维障碍）	心领神会
最高层次	认同阶段	自欺（习惯障碍）	心照不宣

精神管理的方法，是“恐惧修省”。即要警惕精神滑落，提升精神境界，达到振奋人心、使人内心阳光，让人生四大境界逐次提升，“一是自然境界，即人的我行我素的本能精神世界，并无多大觉悟的一种状态，没有经过多少修养提升的最初境界。二是功利境界，即做人做事有了功利考虑的境界，主观动机是利己的，客观上可能有利于他人，不能说是不道德的人，但还未进入更高一级精神境界。三是道德境界，即把社会整体利益看得远远高于个人利益的思想境界，能够放眼社会、放眼世界，为社会工作不计得失和报酬，觉悟到做事皆为‘正其义不谋其利’。四是天地境界，即乾坤在胸、吞吐宇宙的一种大境界，可以把自己的一切都交给全人类的境界。”② 精神管理包括个人精神、集体精神和民族精神的培育与管理。从层次上看，体现精神管理的三级目标，如表 10－2 所示。

表 10－2　　　　精神管理三级层次目标

	三个阶段	三颗凡心	三道心结	三级目标
初级层次	个人精神	归属心	信仰失落	心有所属
中级层次	集体精神	平常心	贪婪膨胀	心无所累
最高层次	民族精神	事业心	心灵堕落	心存高尚

红色管理，无论是忆苦思甜的方式，还是思政工作的创新，中国共产党对参加革命的同志，都是让他们懂得道理、理解政治，知道自己在做什么、为什么而做（心中有数）；同志之间互相信任，可以把后背交给同志

① 徐井岗：《人心管理论——基于国学与东方思维的中国管理理论》，经济科学出版社 2013 年版，第 249－251 页。

② 徐井岗：《人心管理论——基于国学与东方思维的中国管理理论》，经济科学出版社 2013 年版，第 251 页。

（心领神会）；所有人全心一意为党工作，心照不宣为人民解放事业而奋斗终生，实现红色理解管理。党章、党的理论、党的目标以及革命道理，让每一个革命者心有所属，共产主义信念在心中；对每一个革命者纯洁党性、修养人品，让所有共产党人心无所累，一心革命；最终志存高远、心灵高尚，这就是精神管理。

（二）消误会强沟通而得认同

理解管理的方法如表 10 - 1 所示，落实在逐层递进的心理梳理上。

方法之一就是消除误会，使人心中有数。其方法是“体谅”。工作、生活中彼此不能理解，基本上是因为缺乏真诚的体谅，由此误会产生。而误会不消，和谐不能；误会不除，融洽难成。故消除误会，关键在体谅，体谅上司、体谅同事、体谅下属、体谅客户、体谅社会公众。而人们常常容易陷入认识的误区，自以为是，对道听途说的、捕风捉影的都当成真的而产生误会态度，并且变本加厉；甚至认为亲耳听到、亲眼看到的就是真相。所以，正确的做法是，彼此之间同担，化少误会；彼此之间理解，化小误会；彼此之间抚慰，化掉误会。理解是开启误会之门的钥匙，包容是划向成功彼岸的小舟。

方法之二是有效沟通，使人心领神会。其方法是“沟通”。通过有效的沟通，管理双方彼此默契，心领神会。所以需要避免无效沟通、破坏性沟通，尽可能达到有效沟通，至少是部分有效沟通。沟通要达到五个层次：让人愿听、让人听懂、让人开口、让人接受、让人愉悦。而沟通的最大障碍，是漏斗障碍，即传递信息时，遗漏掉一部分；接收信息时，一方表达另一方听到的会有遗漏；听到的能记住的，会有遗漏；记住的能理解的也会有遗漏。最后执行时，遗漏部分无法复原，于是出现下属明明表示听懂了、去执行了，结果却仍然达不到预期……解决沟通漏斗，其实很简单，就是复述，就是书面记录或交接。

方法之三是获得认同，使人心照不宣。所谓认同，是指管理的主、客体从相互感应到相互认知、再到达成共识的过程。它强调双向沟通和交流。没有良好的沟通不可能有认同。理解管理不是求人家理解，而是要每一个人自己先认同对方，只有认同了对方，对方才有可能认同你；而认同他人的思想、认同与他人合作的前提一定是先认同你这个人，这就像学生喜欢哪个老师，就一定会对这个老师教的课更有兴趣一样，如果不喜欢这个老师就连同对他教的课程也不喜欢。认同一定是先认同人，才会进一步认同这个人说的话、办的事、传递的信息。所以，工作中，我们不要自我欺瞒，给自己寻找一个借口、一种理由，虽错误不断却心安理得，用一句

“我以为……”掩盖了失败的事实。

（三）树信念止贪婪而洁心灵

精神管理的方法如表10－2所示，落实在一环扣一环的精神振奋上。

方法之一是培育员工信仰，使人心有所属。人的精神内核从归属心开始。员工的归属感需要企业、员工两方共同经营。从员工自身角度说，要主动融入组织当中去；从组织角度说，要有培育员工归属感的具体举措，即组织是否提供给了员工成就个人梦想的平台，成就事业的机会，人生价值是否得到体现。因此，福利待遇是吸引和保留员工归属感的基础，事业平台是吸引和保留员工归属感的重点，精神信仰是吸引和保留员工归属感的根本。员工有了精神信仰，心中就有了归属，有了精神支柱，才能成就真正大写的人。培育人才，就要培育人的精神，奉献精神、拼搏精神、敬业精神、创新精神、吃苦精神、合作精神、娱乐精神，甚至要有坚持真理的精神、不怕失败的精神等。

方法之二是遏制员工贪婪，使人心无所累。人都会有贪婪心，需要我们用一定的管理手段屏蔽住员工贪婪之心，生长更多的善良之心。“古来芳饵下，谁人不吞钩?”职场上总有一些欲壑难填的贪吏，不惜冒着生命之险去贪食“芳饵”，徇私枉法，自断前程、自掘死路。诚实的人和有修养的人，绝对不敢伸手拿取非分之钱财。只要伸手了，心中便有拖累了——心中无魂、无精神内核了。所以精神管理在于遏制贪婪心的同时，回归一颗平凡心，顺其自然，宁静致远。职场中，还要谋求一种集体精神，有大局意识、协作精神和服务精神，在尊重个人的兴趣和成就基础上协同合作，凝聚向心力，在单位集体中人与人关系融洽、互为信任、互为倚重，成员之间是无间的，是可以同赴艰难的、共享富贵的，一定是有着一种公共的精神内核支撑着信念、支撑着心灵的。

方法之三是清洁人类心灵，使人心存高尚。随着岁月迁移，尘霾飘浮，人的心灵里会挤满各种各样的“垃圾”。精神管理的任务之一就是要及时、随时清理人的心理垃圾。经常打扫和洗涤自己的思想，清除心灵里的垃圾，才不至于使思想和心灵灰尘积淀，人才才能更好地成长与发展，才能更好地享受生活的乐趣与幸福。如果不能将心灵的“垃圾”扫除，就会犯下意想不到的错误，干出不可理喻的蠢事、傻事或坏事，使以后的人生道路充满坎坷。震卦，很凶险，险在不警惕、不清洗，人性就有可能恶彰善抑。心灵腾空了，洁净了，才能装得下职场最重要的东西：事业心……要使员工心灵清洁，趋向高尚，应该把精神内核放到一个更高的层面上去理解，即放到民族精神层面去理解才有更高的人生价值体现。民族精神是一个民族在历史长期发展当中所孕育而成的精神样态。它是种族、血统、生活习俗、历史文化、哲学思想等所熏陶、融汇而成的文化结晶，也可说是一个民族的内在心态和存养。民族精神表现在一个民族的节操、气度、风范和日常行为上。尤其表现在一个民族处于逆境时所呈现出的镇定自若、奋发有为、自强不息、不屈不挠的气节和心情上。民族精神是一个民族的生命之魂；是一个民族的独特人格的彰显；是一个民族的慧根。”①

真正的人才，是能设身处地理解别人的，是有精神信仰内心有力量的。

第二节　心和管理学选人智慧

在很多人的心目中，当领导的就是那种气场强大、处事果断，一切事情似乎都能掌中握，所有人都听从指挥的人。这样的领导人是有，但只是五行性格类型中的金行性格之人。这一类型的人当领导强势而勇敢，做下属则敢顶撞上司。人才管理系统中，金行，人才选拔智慧：自强不息、厚德载物、乾坤相协、刚柔相济。选好人是做好事的基础。

一、选拔人才管理智慧概要

（一）西秋收金生水百炼成钢

西为金，金隐藏在岩石里，依附着山，津润而生，聚土成山，山必生石，故土生金；又因为少阴之气（金气）温润流泽，金靠水生，锻金也可变为水，则金生水。显然土生金、金生水，金与土、与水是相融相生，最佳拍档。与人才五行相应，人才类型方面，金型性格、水型性格、土型性格三种类型的人组合是“金三角”；相对而言，金型性格人与火型、木型性格人会比较相冲，金被火克同时又克木。在组织管理中，其相生关系则表现为因人才识别而有人才选拔，因人才选拔而有人才可用；而相克关系则表现为精胜坚，故火胜金，也就是能留下来的人才是最精的，胜过选拔出来的人才；而刚胜柔，故金胜木，即选拔人才（刚）可胜培育人才（柔）。由此可见，选拔出来的人才最终能留得住，才是最佳的。

---

① 徐井岗：《人心管理论——基于国学与东方思维的中国管理理论》，经济科学出版社 2013 年版，第 261 页。

选拔人才，是选拔一个组织（单位）中的关键岗位、重要岗位上的人才，或者是选出能进入接班梯队、承担职务的人才。选拔出什么样的人到这样的岗位或职位中任职，体现了这家组织的长远规划、组织文化和组织高层的管理观念，决定着这家组织的发展方向。

所以，在人心管理八卦体系里，选择人才极为重要。对应易理，金行之人才选拔管理，对应的是六十四卦之首卦：乾坤双卦。这是人才管理的天、人才管理的地；有天地才有万物生长，能选拔出人才才有事业振兴。从乾卦说，选拔人才，欣赏管理乾天聚人心，所谓“天行健，君子以自强不息”；从坤卦说，品性管理坤地正人心，所谓“地势坤，君子以厚德载物”。乾为天，坤为地，乾坤既是天地，天道阴阳，地道柔刚；天地相合，阴阳相协，刚柔相济。人才选拔便是如此，选拔出能刚能柔的优秀人才，是重中之重。人才若刚而不柔，容易夭折；人才若柔而无刚，又是软而缺韧。世间万物，需阴阳协调；而人才，更需要自身阴阳协和，还能与他人阴阳互补，即，既自身心态平稳，又要与他人彼此心和。

（二）欣赏管理激励飞龙在天

《周易·乾卦·文言》有云：“乾元者，始而亨者也。利贞者，性情也。乾始能以美利利天下，不言所利，大矣哉。大哉乾乎！刚健中正，纯粹精也。六爻发挥，旁通情也。时乘六龙，以御天也。云行雨施，天下平也。”元亨利贞，是乾卦为“天”的本原意义，从字面上理解，分别表示万物起始、亨通顺达、祥和有益、刚健中正。乾卦所表示的这四方面意义，说明天道是万物之始，可以亨通顺畅地发展；其内在的本性与外在的情感，是刚强劲健、居中守正。万物之美、万物之利都广施于天下。所以乾阳是十分伟大的，刚健中正，纯粹精微。乾卦的六爻变化无穷，触类旁通了一切情理；顺因时变而乘六龙，在海阔天空中驰骋翱翔。云随龙飞、雨随龙施，润泽于天下，由此天下太平、万物和谐。

可见，乾卦六爻分别代表处在不同时期的六条长龙（见图 10 – 3）。从“潜龙”跃升到“飞龙”的条件，其一是潜龙潜得住，不至于揠苗助长，过早“用”出来。其二是有巨龙起飞的平台（田野），慧眼识才的“大人”。这两个条件，不完全靠个人“自强不息”就可做到的，而需要有“大人”欣赏，有组织认可，方能“见龙在田”，所以，心和管理学中是对应“欣赏管理”。其三是龙自身能警惕。其四是龙敢腾跃。人或事中庸为佳，即最恰当、最适宜的才是最好的，宁可激流勇退，也不能太过圆满，因为“亢龙有悔”。

“欣赏管理，是指管理者从人心是相通的角度出发，在组织内部创造

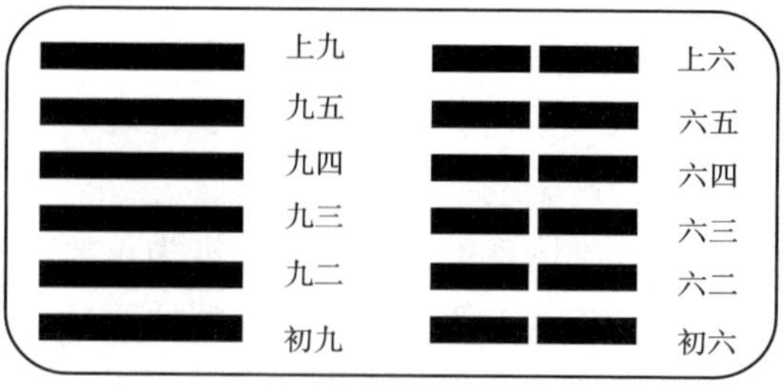

图 10－3　周易八卦之乾卦、坤卦

一种互为欣赏的管理环境，彼此之间善于发现和挖掘同伴的优势、长处和闪光点，对其给予肯定、认可、赞许，群策群力提供其能发挥个人优势、长处的岗位或平台，使其闪光点不断地有机会闪现并被大家认可的一种管理思想和管理行为的总和。”① 这里，特别重要的是强调了“发现”，不是自我发现（自我发现是修养，是自信的来源），而是组织层面的发现，是上司（领导）对下属（员工）的优势、长处的发现。然后是“认可”，对其能力、才华的认可，认可的重要条件是能够把认可、肯定表示出来，给予组织层面、领导层面的表扬、赞美、鼓励——被领导肯定是最好的鼓励。在此基础上，只要条件许可，就要想尽一切办法、用尽一切手段给予员工发挥才干的“平台”——被重用是最高的奖赏。在这样的组织里、在这样的领导手下、在这样的工作环境中，人才的“自强不息”才有意义、价值。

曾经的管理，在“自强不息”问题上过于强调个人的主观努力，着眼在“自”这一点上，忽视了组织环境“强”的作用。其实，在不欣赏的领导手下、在不和谐的队伍里面、在不公正公平的机制中，个人再“自强”也没有意义，甚至可能是反作用；若强行继续“不息”的“自强”，那就是没有眼力劲、是不知好歹，甚至是顽固不化。从这一点上说，很多领导人、管理者，包括一些学者在研究这一领域时，提倡“自强不息”，往往忽略了“天行健”——如大自然那样运行刚强劲健的大环境下，君子才效仿之而自强不息的这个前提，导致许多人在现实中头破血流之后，才发觉没有组织的正能量、没有组织的刚健强大为基础，盲目的“自强不息”只会害人害己。而在这样的组织中、在这样的领导手下、这样的管理环境里，是出不来真正意义上的人才，有的只是“马屁型人才”。

① 徐井岗：《人心管理论——基于国学与东方思维的中国管理理论》，经济科学出版社 2013 年版，第 116 页。

（三）品性管理厚德承载万物

如果说欣赏管理是突出了组织管理对人才自强不息的正向作用，那么品性管理则是强调了组织管理对人才的厚德载物的正向作用。"所谓品性管理，通过管理者对被管理者的心灵沟通、向善引导，辅之以必要的约束规范、教育警示，促使其在道德品行上自律，在性格特征上自省，自觉自愿地达到言行一致，心灵宁静的一种管理思想和管理行为的总和。"① 显然，这里重点展示的是人才的两个内涵层面，其一是"品"，品质、品格、品德，也就是人要有品，其品有质的好坏、格的高下、德的厚薄，由此体现出一个人的人品；其二是"性"，天性、人性、德性，也是一个人天然的特性、社会人的特性和进行了自我修养后的道德品性的表现状态。品德高、德性好，谓之德厚。品性管理，一方面是对组织管理的约束规范顺承之，另一方面是自身也要自律。德可修，性能撼，故管理的重要任务就是引导人们修德至厚，而"性"是修德之后品性的提升，如此，顺承其性而以德彰显，增厚美德；因美德厚重所以人心得以修炼，因美德厚重所以德性可以放光芒，也因美德厚重所以能承载得下万物。

《周易·坤卦·文言》有云："坤至柔而动也刚，至静而德方，后得主而有常，含万物而化光。坤道其顺乎，承天而时行。"坤是极为柔顺的，但其运动也是刚健的；其性格极为娴静但品德却是方正的；天道为主地道随后是符合自然规律的，包容得下万物才有生长化育、发扬光大。故坤道就是柔顺、就是顺承，就是接续自然规律、按时节运行。所以，品性管理，在于让人有品性，这就需要有柔顺娴静，柔顺才能合律、化育，娴静才能承受、续接。但柔不是软，顺不是弱，柔顺不是软弱，而是柔韧、顺应，如此方能"动也刚"；娴不是文弱，静不是无声，娴静是稳重、德方，如此方显庄重而不轻浮，文雅而不呆板。顺应规律承载万物，是坤的意义，也是品性管理的价值所在。

曾经的管理，在"厚德载物"的问题上过于强调了品德的增厚，流于形式主义的德育，着眼于"德"这一点上，而忽视了"性"的作用。也就是不管天性如何、不论人性怎样，只要求德性上升，其结果，与人的天性、社会的人性格格不入，导致德性没能真正意义得以"增厚"。德性不厚，又何以承载得了万物！这就是说，以往提倡"厚德载物"时，往往忽视了"地势坤"——如大地的气势那样宽厚柔顺，君子需效仿大地的这种

---

① 徐井岗：《人心管理论——基于国学与东方思维的中国管理理论》，经济科学出版社 2013 年版，第 143 页。

气势方能厚德载物——这个前提，导致许多人才虽既“知”也“行”，做到了“知行合一”（知识层面、科学技术层面“知”了“行”了，思想品德方面却未知亦未行），却未能“诚意”“正心”。人不宽厚无以德性深厚，人不柔顺难以承载万物。

总之，选拔人才，既要选拔出能掌乾坤大势、懂天地大义的人才，同时又能在天行健条件下的自强不息、地势坤状态下的厚德载物的人才，既有能力又有人品，刚柔相济、乾坤相融才是真正的大才。只会刚不会柔，是莽夫；只会柔不能刚，是“软脚虾”。

二、选拔人才卦理通义阐析

（一）乾坤卦刚柔相济出真龙

中国传统文化是期望皇帝是有道明君，上司是修为高尚的。若莽夫为君王，是为乾纲独断，遗害无穷；若莽夫为组织的管理者，是为霸道专横，众叛亲离。至于“软脚虾”，无论是为君王还是为管理者，皆为人欺，无以成大业。所以，过刚过强谓之莽，过柔过软遭人欺，必得乾坤相融、天地相合、刚柔相济、阴阳相协，方是人才选拔的要义。恰如乾卦坤卦卦义卦理，如图 10－3 所示，乾为六阳、坤为六阴。卦象之爻，一、三、五爻为阳位，阳爻居阳位，阴爻居阴位，恰如其分，反之，则位不当需谨慎；同理，二、四、六爻为阴位，阴爻居阳位、阳爻居阴位，亦需谨慎，反之，则恰到好处。故乾卦中二、四、六爻阳爻居阴位，坤卦中，一、三、五爻阴爻居阳位，更需固本守元、守持中正。

乾为天，是最强的拼搏，也是极致的刚健；坤为地，是最大的宽厚，也是最韧的柔顺。乾德刚健，坤德柔顺，二者兼备，兼具阳刚阴柔之德，方是尽善尽美。

周易六十四卦中，乾坤两卦是门户卦。其中，乾卦全是阳爻，坤卦全是阴爻。乾卦有“用九”，坤卦有“用六”，其他各卦都没有用九、用六。先贤哲人对此少有解释，可以理解的是，古语的文字量太少，使用时自然惜字如金（这也是古人对文字、文化和文化人特别敬重的原因所在）。正因为如此，后人几乎难以准确说出用九、用六的真正含义。

“用九，见群龙无首，吉”（《周易·乾卦·文言》）。“用”字何解？有解释为用心，有解释为使用；“见”字何解？有解释为看见，有解释为出现；“群龙”何解？有理解是一群龙，有理解是六条龙；“首”字何解？有认为是首领，有认为是首级（脑袋）。这些不同的解释作不同的组合，对“用九”“用六”就有多种不同的理解。更何况，现今成语“群龙无首”的意思是“一群龙没有领头的”，既有“没有首领”的意思，也有“无从统一行动”的意义，是一个带有一定贬义的成语。可“用九”是“吉”，吉祥美好，那就不会是贬义。

那么，“用九”中的“见”是见到，发现；发现乾卦所示的“群龙”包括潜龙、现龙、惕龙、跃龙、飞龙、亢龙，是分别处在不同时期不同位置上的龙，群龙无所谓首亦无所谓尾，该潜时潜、该现时现，需惕时惕、需跃时跃，即使成了飞龙仍要保持谨慎和发奋，不能亢奋过头、得意忘形导致陨落，而是再从新起点，更上一层楼（高境界），“九九归一”是也。“一”应该是上一个“九”之上的“一”。如此，“无首”就是无须有首之意，大家各安其位、各行其责，群龙都可以“上上大吉”。反之，各龙都想要出头，都去争个你死我活，其结果自然是潜龙潜着出不来、现龙无平台可现、惕龙把不住而陨落、跃龙跃不起而摔壁、飞龙受挫、亢龙有悔，群龙就都不“吉”而“凶”了。显然，“用九”只能是针对六爻皆为阳爻的情况。乾卦六阳，每一阳爻都刚健而奋发，在各自的岗位上，在不同的时段内发挥其最大最佳的作用，这才是最高境界的“和”，是六龙最“吉”的状态。

“用六，利永贞”（《周易·乾卦·文言》）。“用”字与“用九“意同；连用六个阴爻，“利永贞”。坤卦六阴爻到底，阴极而阳，静极而动，故应用阴爻，必须“利永贞”，也就是有利于永远守品德、走正道。若不守贞洁之正道，牝鸡司晨，则会出现“龙战于野，其血玄黄”，两败俱死伤的情况。和谐、和平就不复存在了。所以，凡用六，皆须利永贞，方能各方协和、心灵相通，从而德性张扬、万物生长。一个“永”字，说明应该永远、永久地利于守持正固。乾卦阳刚，需坤卦柔和之；乾天辽阔任龙翱翔自强不息，就需坤地厚德可承载万物，达阴阳协和。

（二）乾卦爻义守正固合天道

乾卦《象》辞在说明六龙的意义后总结曰：“用九，天德不可为首也”（《周易·乾卦·文言》）。什么是天德？自然之德，也就是自然界对一切皆一视同仁（万物为刍狗），自然“不可为首”。乾卦《彖》辞也说：“大哉乾元，万物资始，乃统天。云行雨施，品物流行；大明终始，六位时成，时乘六龙，以御天。乾道变化，各正性命，保合太和，乃利贞。首出庶物，万国咸宁”（《周易·乾卦·文言》）。博大的乾卦是万物本源，云飘雨落润泽大地而生育发展各种事物。日落日出，形成了白天黑夜各有六个时辰。六龙分别在六时的每个时辰中管理着大自然。此为乾天之本来意义。将此义上升为“道”，乾道即为天道，天道阴阳变化使得万物正其品性（物所受为性）、各具天赋（天所赋为命），从而呈现出在万物协调并济的相互作用而达“和”的最高层次：“太和”——最为和平和谐和睦的状态，这样就利于守持正固了。

天道首先是用于管理万物生产的，然后是管理各个国家长久安宁的。显然，天地无心人有心，天地无为人有为；天能生物不辨物，地可载人不治人，天人各有各的职责，最终实现天人合一。故天地相融、阴阳相协为天道，刚柔相济、仁义相合为人道。

乾卦六爻，“初九，潜龙勿用。九二，见龙在田，利见大人。九三，君子终日乾乾，夕惕若，厉无咎。九四，或跃在渊，无咎。九五，飞龙在天，利见大人。上九，亢龙有悔”（《周易·乾卦·文言》）。中国人自称龙的传人，父母望子成龙，职场渴望龙翔九天。一切有出息、成就事业的人和行为，都可概括为“成龙”。

学习阶段谓之“潜龙”，这时候要耐得住寂寞沉得住气、潜在“水下”格物致知而“勿用”，此为初九；就管理而言，此为培育人才阶段，要欣赏这些“潜龙”，鼓励他们成才成龙。九二的关键在于有“田”，即让潜龙有可展现才华的平台，这时候出现的“大人”——基层领导、行业前辈，愿意助潜龙一臂之力，让其“见龙在田”。九三爻是下卦的收尾，当才华爆发出来后，小有成就，这时候能保持头脑清醒，“终日乾乾，夕惕若”，不断警醒提醒自己，而不是得志便猖狂，分不清东南西北，方能“无咎”。这里除了自己的头脑冷静外，单位领导、前辈、同事的关怀、警示也是十分重要的。

进入上卦，九四爻意味着度过了骄傲自大的危险期，成为跃龙，可以临渊腾跃了，这时候关键的就是要有自信，敢于腾跃，所以单位、组织的鼓励、肯定、认可非常重要，也就是“龙”自身要能自我欣赏，单位、组织也能对其欣赏，欣赏管理便到位了，就敢腾跃了。只要敢跃，就不会有危险，即使跌入深渊也不可怕，渊为龙之家，龙入渊依然可“无咎”。于是，终于可成“飞龙在天”了，这时候进入事业顶峰，又“利见大人”了，只是此大人非彼大人，而是助你登上极处、展示辉煌的极其重要的大人物，是人生高度上的“贵人”，是能助登上“九五之尊”（因是达顶峰所以为帝王别称，而今意义要宽泛一些，可以指事业、人生顶峰）。至此，已是恰到好处，不可逾越，一当逾越，便成“亢龙”，过犹不及，必然坏事，迟早“有悔”。这个时候，组织的关怀、欣赏管理的合理性，可以起到相当大的作用。

这就是乾卦与欣赏管理的内在联系，欣赏管理既有自我欣赏——自强不息，也有管理欣赏——通过管理让人刚健、让人自信、让人内心里充满力量。

（三）坤卦爻义敛含蓄修坤德

坤卦的《象》辞说：“用六，永贞，以大终也”（《周易·坤卦·文言》）。意为：应用阴爻，永久地保持守持正固，可以实现最终的伟大目标。显然，阴爻可致六六大顺，但重要前提是德要厚、心中正，德厚才有承载力，心正才会走正道，如此方能与各方协和，实现人类的伟大理想。

坤卦六爻，“初六，履霜，坚冰至。六二，直，方，大，不习无不利。六三，含章可贞。或从王事，无成有终。六四，括囊；无咎，无誉。六五，黄裳，元吉。上六，战龙于野，其血玄黄”（《周易·坤卦·文言》）。坤为大地，大地为德厚，德厚才能承载万物；厚德是长年累月积聚起来的，非一朝一夕形成，故虚怀若谷有预见，是坤德的重要内涵。

所以，事情开始的时候，就要明白这些道理并达到预先规避，所谓“履霜”便知“坚冰至”，霜也好、冰也罢，都是慢慢形成的，“积善之家必有余庆，积不善之家必有余殃”，就在于这个“积”字，积才有“余”，所余是值得“庆”还是遭“殃”，就看是积善还是积恶了。从管理层面理解，预防远比亡羊补牢重要和有价值；真人才懂得“辩之”，而且是“早辩”。组织管理最重要的是培育人才有人品、有德性，长于积善而非积恶，此即品性管理。人才该有的品格与德性，六二爻提了“直、方、大”三点要求：品性正直、处事端方、胸襟宏大。有了这三条，其他的哪怕“不习”也不会“不利”，因为立身行事已有准则，不会疑惑不定。六三爻进一步说，有了这德性美就会懂得含蓄内敛，隐藏写得锦绣文章的满腹才华，守持正固、德性浑厚；如此而后，走正道、从王事，就算没有大成也会有好的结果。

下卦三爻，申明坤德的内涵、强调坤德的重要和拥有坤德的方法。

上卦三爻则进一步阐述了谨慎处世不张狂的道理。六四爻在前面要求含蓄内敛的基础上，强调“括囊”，收紧口袋，不露锋芒，以待明君、明主出现，恰如姜子牙渭水钓鱼以待文王。这样即使“无誉”，也能“无咎”。只是人性中总会有不安分因子，难以“括囊”而招祸，这就需要单位以组织的名义在管理中加强教育，在人才选拔时提供正能量榜样，未雨绸缪得“无咎”，即使“无誉”也能平安一生；若能有誉，则可“黄裳”加身，自始至终大吉大利。

六五爻“黄裳”之黄，为裳中至美，于是外形美；为五行之黄土，居正中，即美在其中，美德蕴存于内心，于是内心美；黄裳加身，为凰为后，荣登极权，于是事业美。人生有此三美，夫复何求，只要保持谨慎谦逊，并可“美之至也”。

上六爻暗示，人性需要监督、人性需要有制约，极权而无监管，野心便会膨胀、人性便会张狂。没有管制、不懂得收敛，“阴凝于阳必‘战’，为其嫌于无阳也，故称‘龙’焉。犹未离其类也，故称‘血’焉。‘玄黄’者，天地之杂也，天玄而地黄”（《周易·坤卦·文言》）。阴极则近似于阳，阳与阳对碰，是针尖对麦芒，必会引起争战，所以坤卦也出现“龙”，上六爻“龙战于野”；但此龙毕竟是阴到极之龙，“其血”为阴柔之血，“玄黄”为天地玄黄——苍天玄黑、大地本黄。战的结果必然是血溅天地，《象》曰：“龙战于野，其道穷也”（《周易·坤卦·文言》）。这也正是中国文化特别强调含蓄收敛、修身养性的原因所在。若龙战于野，何来和谐？

所以，西方的竞争理论不完全适合于中国国情，中国人更适合于“竞赛”。也就是说，人才选拔，在中国适宜于竞赛中发现人才，而不是竞争中陷入恶性循环。一个“争”，一个“赛”，导出了两种文化的重大差异，体现了“战”与“和”观念的巨大差别。

三、选拔人才管理方法探索

（一）欣赏与品性管理方法论

曾有一个论调，说国学只谈原则、只出思想，没有方法、不能操作。提出者也许别有用心，但反证了国学的思想性、人文性，反证了中国重视精神与思维的文化特征，那么也就间接证明中国人文条件下的管理应该注重人心管理。何况，提出这种论调是对国学的误解，或者说没有学习就批判，为批判而批判，领悟不到国学的奥妙。

“半部论语治天下”里面有没有方法？就看能不能从中感悟、醒悟、顿悟到治国方略、治世之道以及管理的方式方法、技能技巧的问题。“悟”是学习国学的重中之重，没有悟，原则、思想的“道”也“理”不出一二，何来“悟”中国管理的技术方法。有文化精英、商界名人曾批评中国“悟”的方法，说悟的结果就各有答案，没有统一标准。一句话道出了西方“民主”的实质：标准化统一答案。何况，国学之“悟”是在“道”之规范与发展、目标之正确可行、方法之与时俱进和创新基础上的“悟”，不是随心所欲无原则。乾坤管理法，卦辞爻辞中皆有暗藏，能否领悟、悟出多少，各人“造化”也。

坤卦《文言传》云：“阴虽有美，‘含’之以从王事，弗敢成也。地道也，妻道也，臣道也。地道‘无成’而代‘有终’也”（《周易·坤卦·文言》）。这里只是在讲道理吗？若能“悟”，至少可悟三种管理方法：其一，将坤之美德“含之”，也就是收敛内隐，“从王事”时不可居功——中国式隐忍与内敛之法。其二，“地道也，妻道也，臣道也”既是原则，也是法则，法则便是方法的规则，其法在于“地从天、妻从夫、臣从君”，为坤德之方法，人人各在其位，主事的主事，协作的协作，岗位清楚、分工明晰。其三，“地道无成，而代有终也”，居于从属位置者，自己可以“无成”，而需代“主”“有终”，这个“主”今天理解不是君王，可以是人民、民族、集体、组织、需要帮助的人等等。关键在自己不可居功，事业必须达成。当然，在具体的工作生活中应用，会有更深的悟，收敛内隐得恰到好处，分工协作到最佳程度等。

国学的宝库里，有着无数的管理方法，关键在于后人能从中领悟多少；在领悟出来的内涵中，能结合时代特征、国情特征、人文特征而创新管理方法的内容有多少。选拔人才，用欣赏管理、品性管理，那么具体的方法又有多少，心和管理理论之乾坤协和管理，只是本研究者领悟到的部分——乾卦欣赏管理涉及的管理维度与管理层次，如表 10－3 所示。

表 10－3　　　　　欣赏管理的三个层次

	三个阶段	三道心结	三级目标
初级层次	员工个体阶段	口服心不服	心服口服
中级层次	团队合作阶段	心服口不服	心悦诚服
最高层次	社会和谐阶段	口心都不服	心甘情愿

坤卦品性管理也分为三个层面，如表 10－4 所示。

表 10－4　　　　　品性管理的三个层面

	三级目标	三种人性	三种管理方式
初级层次	心地善良	本性美	锤炼本性
中级层次	心口如一	人品佳	修养人品
最高层次	心安理得	境界高	提升境界

（二）彰优势能赞美而得重用

如表 10－3 所示，欣赏管理落实在方法上，是发现员工优势并给予赞美与重用。

方法之一是发现长处，使人心服口服。任何一个领导、任何一个管理者，所管理的对象总是有限的。针对直接管理到的人，一个优秀管理者是要能发现他的职业优势、专业长处和独特闪光点。这可以让他人对管理者心服口服。人类喜群居，人心喜合拍，人杰需重用，每个人都期望从某个有利于自己的阶层里寻觅到让自己位列“上流”、可以满足自尊、可以获得心灵快感的个人长处来，可以焕发出前所未有的动力和痴迷。反之就会陷入自卑而不能自拔。人总是期望被自己所在的阶层、圈子认可、赞美、重用，如此方能心服口服、静心投入事业。故欣赏管理第一境界：让作为个体的被管理者心服口服。

方法之二是肯定优势，使人心悦诚服。被组织、被领导认可、肯定、赞美是每一个人渴望的，也是心服口服基础上的心悦诚服。营造一个良好的组织氛围，让人愉快、开朗、充满信心和活力，从而努力挖掘潜力，发挥作用，在集体中人格平等而有凝聚力的核心，使人在组织中能发挥出优势、长处、闪光点。故欣赏管理第二境界：让被管理者在集体的合作中心悦诚服。“悦”是开心、是自在，“诚”是真切、是纯情。

方法之三是亮点闪烁，使人心甘情愿。即创造或提供让每一个员工发挥优势、展现长处、闪光点的平台，给人一个得其所哉、展其才华的工作岗位，帮助他做出业绩，成为某一领域或某一范围内的佼佼者。管理目标是达到欣赏管理的最高境界——做事心甘情愿。“要想让人心甘情愿，第一，帮助他人成功——成就了别人等于成就了自己。组织环境内不再是唯利是图、不再为了成功钩心斗角，而是互相帮助、互为成功的基石。第二，位高者、年长者学会装弱，让他人表现——当一个人感觉一切都不如你的时候，没有他用武之地的时候，他是不可能心甘情愿的。第三，愿意当他人的配角，任何一个位高者、年长者、资历深者，如果愿意为新人、下属当配角时，下属才会感觉得到被重视，才有可能心甘情愿。第四，能够善用他人的长处，善于展现他人的优势。第五，是擅长特长组合，优势互补的组合。这就是说欣赏管理最高境界，是达到组织成员心甘情愿，最终实现社会和谐。”①

使女为悦己者容，让士为知己者死，欣赏管理的道理所在。

（三）锤本性修人品而提境界

如表 10－4 所示，品性管理的方法落实在自我管理、修养品德、提升境界上。

方法之一是锤炼本性，使人心地善良。日本医学博士春山茂雄在《脑

① 徐井岗：《人心管理论——基于国学与东方思维的中国管理理论》，经济科学出版社 2013 年版，第 126 页。

内革命》一书中提出了“自身脑”和“祖先脑”的概念，“右脑（祖先脑）中储存着人类近五百万年遗传因子的全部信息，里面总括着亘古至今我们生存所必需的重要本能，以及自律神经系统的道德、观念，乃至宇宙法则等人类过去获得的所有信息。另外，左脑（自身脑）也在不断地存储着后天所获得的各种信息，成为经验积累和记忆知识的宝库。”① 这就是说，左脑以后天获得的信息为主，右脑以先天传承的信息为主。右脑储存着的人类本能，是祖先们一代一代流传下来的取舍观在人类记忆宝库中的反映；人的本性储存在人的右脑里。那么品性管理所需要的锤炼本性，需从开发右脑开始。美国哈佛大学脑神经科专家、印第安纳大学医学院神经解剖学家吉尔·泰勒的《左脑中风，右脑开悟》一书，用亲身经历和科学论证间接证明了春山茂雄的见解。他说：“我们右脑能够侦测到超越左脑极限的能量”，“我们的右脑能感知大图像，知道我们周围、我们的本身、我们之间以及我们体内的所有事物，都是由交织成宇宙锦绣图的能量粒子所组成的。”② 心和管理学据此认为，性善性恶是人之初就在人的右脑里储存着的、祖先们代代相传积存在后人右脑中的两个方面，善恶此起彼伏、此长彼消。

故锤炼本性，使人心地善良，是管理可以做到的事情：善性得以张扬恶性即被压制，若善性不能被激发，则恶性就会彰显。若管理只是规定人们可以这样、不可以这样，没有注重开发人的右脑中本性美的部分，无论投入多少管理成本，都会是“竹篮打水一场空”。

方法之二是修养人品，使人心口如一。既然善恶只是储存在人类右脑中的两个“软件”，管理要在于唤醒或激发人的善性、使人心地善良，那么彰显善性后就是要修养好人品。可惜若是社会急功近利、物质至上，管理伦理会被淡化，中华历史上无数注重品德修养的文化传统、实践楷模会被边缘化，那些警示世人的名言警句譬如：“吾日三省吾身”（《论语》）、“满招损，谦受益”（《尚书·大禹谟》）、“从善如登，从恶如崩”（《国语》）、“玉不琢，不成器；人不学，不知道”（《礼记·学记》）、“得道多助，失道寡助”（《孟子·公孙丑》）、“博学之，审问之，慎思之，明辨之，笃行之”（《中庸》）等，会被打入冷宫。也许有人会挂在附庸风雅者的厅堂上，或出现在道貌岸然的训词里，但连写者、说者自己都没有任何印痕在心中。

---

① 春山茂雄：《脑内革命》（赵群译），凤凰出版传媒集团、江苏文艺出版社 2011 年版，第 136－139 页。

② 吉尔·泰勒：《左脑中风，右脑开悟》（杨玉玲译），海南出版 2011 年版，第 217 页。

修养人品首先是要心口如一，吐口唾沫都是钉。这是人心管理的基底，是如大地般厚重宽广的品德营养保证，是真正实现坤德和人心管理的基本保证。

方法之三是提升境界，使人心安理得。提升人的思想境界、精神境界、人生境界，最重要的是让人心中无鬼、无邪、无恶、无亏，而致天人合一，自在安详，心与天与地一样的宽广、厚重、无边无际，融合于天地之中了。因为不做亏心事，所以“半夜敲门心不惊”，心中坦然；这样的时候，任世间人欲横流，我自闲庭信步；任旁人随波逐流，我自岿然不动，潇洒“结庐在人境”，自在“而无车马喧”。

无欲、宁静、坦然，似与世无争，而励志教育却又在鼓励人们勇于拼搏、永不放弃。两者不矛盾，而是相辅相成、互为结果。宁静无欲是摒弃一切杂念、放下所有私欲，以专心致志于事业的追求、学识高峰的攀登；勇于拼搏是扫清一切懒惰、克服所有畏惧，以拼力奋搏于人生的价值、思想的境界。专心致志于事业学识是拼搏，奋力拼搏于人生境界是坦然。“没有境界而强调心安理得，事情会走向相反，偷了、抢了、骗了还心安理得，贪了、污了、贿了还心安理得，这就违背了品性管理的本质意义。管理的目的，是让要奸偷懒者、挑拨离间者、吃里扒外者无法心安理得，而是能让这样的人知耻而后勇。”①

人与人之间有理解，是一切合作的前提；缺乏理解，矛盾丛生，万事皆难。

红色革命年代，红军、八路军和新四军、解放军以及全国各地的地下党、革命者，都是在接受中国共产党的理论、主张、主义之后，用国民党的话就是“赤化”之后，事实上锤炼了党性、坚定了信念、提升了思想境界（品性管理），对共产党的理论、主张真心感到心悦诚服，所以才能无怨无悔、心甘情愿地抛头颅、洒热血，用自己的鲜血和生命从事党的事业。那时的部队没有军饷却比有军饷的国民党军能打仗、敢打仗，不怕苦、不怕死；那时候的革命者，不为官、不为钱，还把自己的私产贡献给党、把自己的一切奉献给党（欣赏管理），只要能成为共产党员，为党工作，一切都可以在所不惜。

红色管理与国学中的优秀内核，具有融通性，具有一致性。

---

① 徐井岗：《人心管理论——基于国学与东方思维的中国管理理论》，经济科学出版社 2013 年版，第 150 – 151 页。

第三节　使用人才心和管理论

识人、育人、选人，最终要落实在用人上。使用人才，是人才体系综合性智慧的运用。优秀的管理者，可以把一支“杂牌部队”锻造成正规“铁军”，可以把在别人眼中的“废才”使用得得心应手、如臂使之，发挥出巨大能量。这样的领导，上善若水，能接受任何脾性的人并恰到好处地使用之，培养其成为干才、将才，甚至帅才。其中的秘诀之一，就在于这样的领导能充分把握自己的情绪，让自己有一个好心态，也能调节别人的情绪，让跟随他的人也有一个好心态。这涉及人心管理八大法则中的情绪管理、心态管理。

一、使用人才管理智慧概要

（一）北润泽水生木绿化成林

五行中，少阴之气（金行之气）温润流泽，金靠水生，且锻金可变水——金生水；而水温润则使树木生长——水生木。可见，水与金、木组合亦是最佳组合之一。用人，不仅仅是人的才华问题，还有合作者的匹配问题。这种匹配，很多时候人才自身难以掌控，需要管理者（领导者）来把控。另外，实胜虚，故土胜水；众胜寡，故水胜火。水型人遇上土型人时，常叹奈何，因为土行性格者不吵不闹、不急不躁而固守心中认定；遇火行人，常可将其克制住，火型性格之人急无用、躁不得，跳脱之性被压制，难以奔放、无以激情，心中自是怨怼，不太愿意配合。可见，用人时，需注意集体的配合度。

水位北，居阳之背，其智慧在于不显山露水，却尽掌乾坤；平时但见水流潺潺、水域漫漫，供灌溉、能洗刷，还能水波荡漾、水草丰盛、景色宜人；有水往即能聚集人，水存处即见池潭湖湾；无处不在却收敛，无时不用却温顺。然若有必要，即可湍流激越、波涛汹涌。于是，有滴水穿石之耐力、也有摧枯拉朽之能量，有抽刀断水水更流之本能、也有水能载舟亦能覆舟之可怕。用人，如水一样无处不用，亦如水一样具备极强适应性，还要如水一样能凝聚人、能哺育人、能清洗人，给人以温馨也给人以欢乐，而不至于出现山呼海啸般的破坏力。反映在具体的人才管理中，需能稳得住心神、定得住情绪，此谓情绪管理；同时又能心境和美、心态欢乐，此谓心态管理。

情绪如水，起伏不定。管理情绪，如同控制水流，水行平缓还是急湍，是水泄千里还是小溪清流，全在手中之闸的收放；能否收放自如，全在情绪的控制能力。心态似水，动静自然。管理心态，如同把握水形，水面安详还是涟漪圈圈，是山泉欢腾还是泽潭阴森，全在心中之眼的青睐；是否随心所欲，全在心态的把握水平。

所以，在心和管理易理八大法则中，水行管理对应于情绪管理与心态管理；在易理中对应于艮卦和兑卦。艮为山，山静默的、停止的、稳定的、内敛的，与水相呼应，构成山水；兑为泽，泽本是水聚集地，因在日月光华下有反光故有光泽一说，水动而至泽地，自是欢欣。

心和管理学提出情绪管理艮山稳人心，心态管理兑泽悦人心。用人须有智慧，智者知何时行何时止，当行则行，该止就止；慧者懂怎样聚如何悦，聚时清越，悦者欢畅。故优秀的管理能控制情绪、快乐心态，如山一样稳定坚毅，似泽一般温润愉快。即便山重水复疑无路，也会柳暗花明又一村；哪怕“月出惊山鸟”，也会“时鸣春涧中”。一切顺达而逍遥。

（二）情绪管理稳情志静处事

“情绪管理是指管理者从人心是相通的角度出发，通过有效的心灵梳理式管理，使组织成员主动体察自己的情绪，有效把握情绪走向、变动程度和方式，让内心从紧张和高压状态下具有松弛、放泄的掌控水平，使成员个体可以从难过、委屈、伤心、害怕等为特征的负面情绪中进入开心、乐观、满足、热情等为特征的正面情绪上来，使组织成员共同达到心头宁静、洁净、无杂绪的心理阳光境界的管理观念和管理方法的总和。”① 人有喜、怒、忧、思、悲、恐、惊七情，也有眼、耳、鼻、舌、身、意六欲②，这几乎是人的生理需求或本能愿望。而人区别于一般动物的重要标志是思维能力，有思维便可以斟酌、便可以比较、便可以理性取舍。所以，人不能被七情六欲所左右，中医认为若情志过度、欲望过强，就可能导致阴阳失调、气血不周而引发各种疾病；情绪影响生理，这在西医中也是认可的。

心和管理学涉及这一领域，重点不在养生，而在情绪发挥的合理性对

---

① 徐井岗：《人心管理论——基于国学与东方思维的中国管理理论》，经济科学出版社 2013 年版，第 275 页。

② 此七情六欲按中医理论概括之。儒家认为七情是喜、怒、哀、惧、爱、恶、欲，佛家则是喜、怒、忧、惧、爱、憎、欲；六欲按《吕氏春秋》指生、死、耳、目、口、鼻之欲，佛教认为是色欲、形貌欲、威仪姿态欲、言语声音欲、细滑欲、人想欲；另有说是求生欲、求知欲、表达欲、表现欲、舒适欲、情欲。

管理工作的影响。“所以，情绪管理需从两方面着手，一方面是正面引导情绪并创设和谐环境，使组织成员工作在良好的情绪氛围中（这就是企业文化的一部分）；另一方面是梳理不良情绪（其中理清头绪是关键），释放职场压力，疏导心头郁积，使其心态阳光、精神焕发。对于不良情绪的控制，是一种修养，是一种能力，是一种文化。”① 而这两方面的共同点在于“和”，心境和谐、心绪和稳、心思和正、心态和乐、心愿和德、心理阳光。

“中国人的情绪控制表现在思维是曲线的、遇事是理智的，沉着、冷静是重要的标志，个中高手需要达到‘山崩于前不变色，地裂于后不动颜’。这就是情绪管理的本质，必要时能立即停止，关键时能化险为夷。”② 这是含蓄内敛的文化诉求，是心理意志沉着冷静的必需，是待人处事严谨庄重的必然。水是至柔之物，柔到可以融化一切；水又可以至刚，刚到可以摧毁一切。情绪管理，是在至刚至柔之间找到一个合适点，不至于柔到无骨、刚到失控。

（三）心态管理悦彼此学共进

年轻人初生牛犊不怕虎，但人老成精是中国人共同认可的。初生牛犊在于勇气和拼劲，但尚达不到收放自如，常常会被现实撞得头破血流，只是因为年轻，所以承受得住，这叫历练。历练到什么程度，其实就是人老成精，历练多了，见识广博了，明白什么时候需要勇气、什么时候需要隐忍，懂得该说的说、不该说的不说，该干的干、不该干的不干，这就是对情绪有了有效控制，不至于一喜便喜极而泣、情不自禁，一怒便怒火中烧、怒不可遏，一忧便忧虑过度、忧心忡忡，一思便朝思暮想、思潮起伏，一悲就悲痛欲绝、悲天悯人，一恐就惶恐不安、惊恐失措，一惊就大惊失色、惊魂不定；也不至于见财（色）起意（眼）、危言耸听（耳）、闻香下马（鼻）、油嘴滑舌（舌）、貌合神离（身）、一意孤行（意）了。所以，不得不承认中国老祖先的总结：“姜还是老的辣”“家有一老如有一宝”。

《周易·艮卦第五十二·象》曰：“兼山，艮。君子以思不出其位。”艮卦是两山重叠，其象征意义在于“抑止”。君子从中得到启发，思虑考量的是不让自己逾越本分、超越本位。

“所谓心态管理指管理者从人心是相通的角度出发，通过有效的心灵

①② 徐井岗：《人心管理论——基于国学与东方思维的中国管理理论》，经济科学出版社2013年版，第275页。

梳理式管理，使被管理者心情舒畅、心态愉快、全身心投入地融入组织里来，在一个和谐而坚强的团队里工作，并在本组织的平台里，展现自己、成就未来，从而达到心态平和端正，心情惬意顺畅，进而进入人心管理最高境界之心灵满足的一种管理思想和管理行为的总和。”① 如果说负面情绪会致人生病，那么快乐情绪会让人身体康健，医学也的确证明好心情、好心态有治疗作用。所谓企业文化，其实就是一种环境氛围，情绪是会感染、会传染的，坏情绪会、好情绪也会，那么谁都愿意在一种好情绪的环境氛围中工作、生活，因为可以快乐、可以愉悦，可以心情很好、心境很好、心态很好。山中之泽，蓄水流美。

什么是好心态？两泽相连、两水交流般上下相和、团结一致、朋友相助，便有欢欣喜悦，便是好心态。这种好心态的重要前提是坚持中正之道，动机纯正，是非分明，以诚心与人和悦，如此方能前途光明。快乐凝聚便有仁慈聚集，便可以有恩泽大地、人类。所以有“温润而泽”，用来比喻人的态度、言语温和柔顺；有“深仁厚泽”，特指深厚的仁爱和恩惠；有“泽深恩重”，专述德泽深远，恩情厚重；有“沐浴膏泽”，来指身受别人的恩惠；有“兰馨泽深”，来表达像气味芬芳的兰花草一样，恩情深远厚重。

所有的快乐、所有的恩泽，都需要有朋相聚、有友共欢。任何抑郁症，都离不开一个情况：朋友少，或不与他人敞开心房。人是群居型的，需要与人交往才会有好心态。尤其在网络社会，生活必需品可以送到家，更需要管理者懂得如何引导下属真诚交往。丽泽相连，友人相聚，共同学习，彼此欢乐，是心态管理重要的方法之一。

《周易·兑卦第五十八·象》曰：“丽泽，兑。君子以朋友讲习”，两泽相连相通，彼此相依相靠，象征喜悦欢愉，真君子从中得到启示，愿呼朋唤友一起讨论、相互学习。欢乐，来自人与人之间的相交相知而无间；相知容易无间难，只有彼此坦荡无私方能达到。

所以，“以喜悦、和谐、上进的心态面对人生，会让自己充满自信，会使自己赢得幸福，能助自己吸引财富，能让自己知足常乐，能促进自己正常地思考问题，可以自我激励和激励他人，面对人生的挫折，消除心理障碍。以喜悦、和谐、上进的心态立即行动，便可获得充实向上的人生。心态管理要求人们：以喜悦、和谐、上进的心态去面对朋友、家人、工作

---

① 徐井岗：《人心管理论——基于国学与东方思维的中国管理理论》，经济科学出版社 2013 年版，第 302 页。

和自己，并以感恩的心去面对生活中的每一天。据此可以达到原来无法企及的目标，冲破自己原来以为难以跨越的藩篱，带动我们追寻充实完美的人生。”① 给别人快乐也给自己快乐，给别人机会也给自己机会；所谓独乐乐不如共乐乐，你也赢我也赢谓之双赢。

二、使用人才卦理通义阐析

（一）艮兑卦行止有度有喜悦

山泽相伴，有静有动。静者安稳不动，或巍峨矗立，或淡然自在；动者瞬间跳脱，或一泻千里，或环绕潜移。静的表现或不动如山，或稳如泰山；动的表现或丽泽相连，或润泽万物。静而艮山止，动而兑泽喜。其卦象如图 10－4 所示。

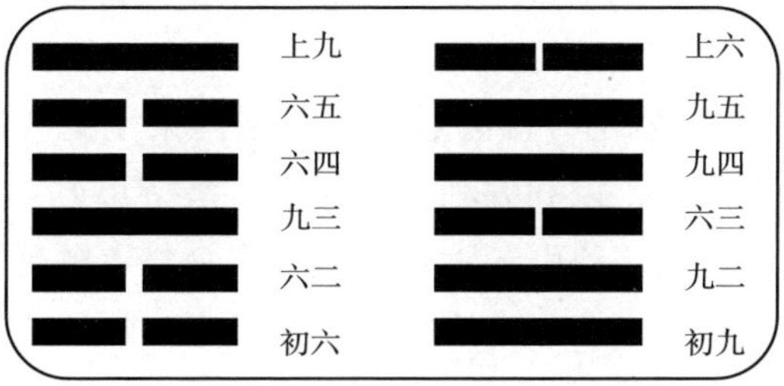

图 10－4　周易八卦之艮卦、兑卦

图 10－4 左图艮卦一阳爻在上，两阴爻在下，而右图兑卦一阴爻在上，两阳爻在下。艮为山，艮卦是两山重叠，稳定无比——阳爻在上面止住，不能再进，故其义为止；但中爻的九三、六四两爻，合成既济之象，为利于行。所以这个卦是止其所而利其行，行止皆宜，是在止的大框架下行，是有利的。兑为泽，兑卦是泽水两连，是欢欣喜悦——阴爻在上面开口，上下协和；且中爻六三爻泽水流向九四爻被堵住，聚集成泽潭，可滋润万物，也是喜悦之象。稳定而愉悦，使用人才的妙义所在。人才的稳定，不单单是在单位工作稳定，更重要的是心境的稳定；人才的喜悦，不仅仅感觉到工作着是美丽的，更重要的是与这个集体中的人在一起“讲习”的喜悦。用人才，稳定之德与快乐之德缺一不可。

艮卦《彖》曰：“艮，止也。时止则止，时行则行，动静不失其时，其道光明。艮其止，止其所也。”艮的意思就是“止”。以往的解读重点

① 徐井岗：《人心管理论——基于国学与东方思维的中国管理理论》，经济科学出版社 2013 年版，第 302 页。

在这个“止”上，但仔细分析，“止”的关键在“时”，“时”者时机也，时机就在于恰到好处，就在于适可而止，就在于适时而行。动也好静也罢，能“不失其时”，才能“其道光明”。所以，艮所要表述的“止”，不是盲目停止，而是在合适时候止，在适宜地方止。所以，做任何事情，把握时机、适时而止、适时而行，这是艮卦要点所在。心和管理强调“止行皆有时”，与情绪管理对应，只是强调出人才使用，一方面是用人要“时止则止，时行则行”，不能简单地“用人不疑，疑人不用”，用了就一成不变；另一方面是所用的人才既能掌控得住自己的情绪，也能掌控得住所管理的下属、同事的情绪，不至于因情绪失控而导致失败或挫折。所以，艮卦所表达的适时而止可以应用的各个领域，这里主要是情绪管理，让自己保持冷静沉着。

兑卦“彖曰：‘兑，说也。刚中而柔外，说以利贞，是以顺乎天，而应乎人。说以先民，民忘其劳；说以犯难，民忘其死；说之大，民劝矣哉！’其意是说：兑，就是喜悦的意思。君子内秉刚健之德，外抱柔和之姿，以团结协和为愿望，以利人利物为存心，坚持正道，所以能够顺乎天意而合乎人心。以悦民之道引导大众前进，大众将不顾劳累而追随，以悦民之道引导大众冒险，大众也会不顾生死而赴之。悦民之道的伟大作用就在于大众因此而劝勉奋进，共济时艰。”① 这与心和管理学管理宗旨相吻合，并对应于心态管理。因为管理的重要任务本就是导民向上，坚行正道，本就是要内秉刚健之德，外抱柔和之姿。同理，兑卦象征欣悦，表达的是刚正不失外悦，柔悦不失内刚，内外刚柔兼济，不谄媚，不暴戾，亨通畅达的意义。这一兑象有一个重要的前提条件：须动机纯正，使人喜欢才会有利。

应用于管理的方方面面，因为任何行为都应该动机纯正、真诚和善、光明正大。但为了指向的明确性、管理的针对性，心和管理学将其对应于心态管理，因为兑卦的喜悦更多地来自精神层面，是人的和善团结、心怀诚信而带来彼此的喜悦，这里所表达的重要一点，是拒绝巧言令色和刻意献媚。中国人认为的好心态，是人格平等状态下的开朗自在。

（二）艮卦义当止则止人敦厚

读懂艮卦爻辞，便有了一个好的基点。“初六，艮其趾，无咎；利永贞。六二，艮其腓，不拯其随；其心不快。九三，艮其限，列其夤；厉，

① 徐井岗：《人心管理论——基于国学与东方思维的中国管理理论》，经济科学出版社 2013 年版，第 311 页。

熏心。六四，艮其身，无咎。六五，艮其辅，言有序，悔亡。上九，敦艮，吉”（《周易·兑卦第五十八》）。人身体的六个部位，从下而上，是足趾、小腿、腰身、上身、嘴部、头脑。艮卦归根结蒂就是让人身体的任何一个部位都能恰到好处地立得稳、止得住。下卦是以人体下半身三个部位，上卦是人体的上半身三个部位。

下卦的“艮其止”之义：从其脚趾开始能“艮”住，便可“无咎”。因为脚能止，就不会行差踏错，利于永久坚守正道，方能如《象》所说的“未失正也”。初六爻取象为“趾”，六二爻取象为“腓（小腿肚）”，九三爻取象为“限（门限，中腰之意）”。六二爻的腿必然是随初六爻的足而止，而九三爻的股腰自身已是冒进并陷入困境（初六脚趾是止还是行是可控的，但腿与腰只能随脚而定，无法自控），故六二爻虽上承九三爻却无法想行就行，也即无力去解救（不拯其随），只能强行止住，自然“其心不快”（不当行而行）。九三爻以一阳而居四阴之间，有分裂之象，又为下卦之收，本应山道相连而行，却“艮其限”（不当止而止），属偏执冒进，强止，则“其夤（脊背）”撕裂，危险如烈火“熏心”；此二爻皆为动止失据之义。综上所述，下卦所要表达的卦义就是当止则止，当行则行，不可固执，当机立断。

上卦的“艮其止”之义：六四爻在吸取前面教训基础上，懂得了可控与不可控的差别，循规律而动静当止由止，于是心静守安，不急躁冒进、不刚愎自用，所以能让身体适时艮止，保持正道，从而“无咎”。六五爻与六爻一样柔顺谦恭，从而能“艮其辅（辅，上牙床也。此代指言语之口）”，管住嘴巴在于说话合乎义理、合乎时宜，不至于妄说，招致祸从口出，而且“言有序”，当说则说，不当说不说，说时先后有序、中节不乱，自然不会有悔恨。如此，上九爻时，已在兼山之上，按理，本应是物极必反，登顶有咎。然而，从人体角度说，嘴巴以上是鼻、耳、眼、发等外在部位；而从内涵角度说，敦艮，是止在敦厚笃实上，如果说眼睛是心灵的窗户，那么，“敦”应是人之心灵思维，即人的头脑中有而反映在外在的一种品质。由此，艮卦一反常态，上九爻因为停止在“敦厚笃实”上而表现出“吉”象。显然，艮卦上卦所要表达的卦义是在行止适宜的基础上，保持柔顺谦恭、坚持正道正义，且为人处世敦厚笃实，才是最好的。这就是中华国学，崇尚敦笃老实，不喜奸诈狡猾。

由此可见，艮卦强调行止有度，守住正道坚稳如山。应用于情绪管理，则是稳住情绪而敦厚不变，适当适宜合理才是美妙，即“喜怒哀乐之未发，谓之中；发而皆中节，谓之和”，致中和，是中华国学的核心内容之一，也是情绪管理所要追求的。

（三）兑卦义当乐便乐心诚服

中，对兑卦的爻辞作如是阐述："初九，和兑，吉。九二，孚兑，吉，悔亡。六三，来兑，凶。九四，商兑，未宁，介疾有喜。九五，孚于剥，有厉。上六，引兑。"显然，"兑卦之喜悦从初九爻到上六爻是一个循环过程，分别是和兑、孚兑、来兑、商兑、剥兑（'孚于剥'即'孚兑于剥'）、引兑'六兑'，即从谐和喜悦、到诚信喜悦、到外来喜悦、到言语喜悦、到剥脱喜悦、到引长喜悦，从吉到凶到厉最后回归吉，中间虽有跌宕起伏，到终究有好报，能喜悦、能得开心，心态能够调节回来。"① 这个循环仍然因两个三爻卦分成上下两节，即下卦三爻和兑、孚兑、来兑、上卦三爻商兑、剥兑、引兑。

下卦三爻之初九爻，是说协和彼此带来和谐和睦的欢喜愉悦，大吉大利。所以，人与人之间不要猜疑太多，要以和为贵、彼此和合，才是人情练达，恰如《象》曰："和兑之吉，行未疑也。"很多矛盾来源于误会，误会则来自猜疑过多，胡思乱想，用今天的语言表示就是用无数的"脑补"想当然造成彼此不和。那么怎样才能彼此信任达到和兑呢，九二爻答"孚兑"，孚者，使人信服也，诚信待人、真心交往而拥有的喜悦，是吉祥的喜悦，是不会有后悔的喜悦。可见，欢喜愉悦是外在表现，心志诚笃、为人信服才是内在的。高压是无法让人真正从内心信服的，所以六三爻说来兑为凶，"来兑"，是强加而来的喜悦，就是用武力、高压（也可能是小恩小惠诱惑）让人来归服为乐，这就显示出凶象。这一爻与前两爻从相反的角度思考，即不能和、不能孚的"来兑"是不可能有吉祥的。

在此基础上，进入上卦。九四爻显然看出了六三爻存在的问题，所以需要彼此共同协商，在协商中找到解决问题的路径方法，自然是喜悦的，此谓"商兑"；商而"未宁"，那就"介疾"（治疗清除此小疾），结果就"有喜"。"商"而有"兑"，商议之言语是诚信笃实的，让人喜悦。但若剥除脱离了诚实守信，一定会有危险，所以九五爻强调"孚于剥，有厉"。为此，上六爻提醒，要引导大家归于"和"讲究"孚"彼此有"商"，而且这样的时间越长越好，此所谓"引兑"。《象》曰："上六，引兑，未光也。"就是说，引导大家商而达和，不要剥离"孚兑"的事情，还没有光大，还须不断努力，最终让人们达到真正的欢喜愉悦。

---

① 徐井岗：《人心管理论——基于国学与东方思维的中国管理理论》，经济科学出版社 2013 年版，第 313 页。

如此上下皆兑，才适宜于“朋友讲习”；大家一起“商”而除“疾”，达“和”有“孚”，如此才“有喜”，如此才是“引兑”的意义所在。所以理解兑卦，应用心态管理，需要把握这样一些关键词：“刚中柔外”而让人心悦诚服，“民劝”而“顺乎天”“应乎民”，“丽泽”而宜“朋友讲习”，此谓兑之道，让人协和、让人信服、让人喜悦。

三、使用人才管理方法探索

（一）情绪与心态管理方法论

艮兑二卦之易理，对应于情绪管理、心态管理，主要是体现管理方法的对应性。其原理、其思想其实可应用于所有的管理。情绪管理重在如何“止”，心态管理重在怎样“悦”。情绪管理涉及情绪的三个层面、三个阶段、三级目标和三道心结，如表 10 –5 所示。

表 10 –5　情绪管理三个层次

	三个层面	三道心结	三个阶段	三级目标
初级层次	情绪不良	有心无力	定向阶段	心有所驰
中级层次	情绪失控	好高骛远	归真阶段	心无杂绪
最高层次	情绪压力	偏执狂妄	进取阶段	心理阳光

与情绪一样，所有的心态都会在人的行动中表现出来，管理要解开三道心结、经历三个阶段、实现三级目标，如表 10 –6 所示。

表 10 –6　心态管理的三个层次

	三个阶段	三道心结	三级目标
初级层次	宁神静气	挑剔急躁	心态平正
中级层次	赏心悦目	计较得失	心情舒畅
最高层次	情真意切	愤世嫉俗	心灵满足

心态管理既是一种内在心理的管理，也是一种外在行为的管理。心态本身看不见摸不着，是一种心理调节，是一种思维转变，是一种自我感悟。

红色管理一个最重要特色，就是让所有参加革命的人都成同志，让共产党员都成了特殊材料制成的，所以一个个都可以控制自己情绪，即使战斗在敌人心脏也不会有丝毫露怯，即使在敌人的屠刀面前也能从容，这是因为他们心里有崇高的目标（心有所驰），一心为党为人民（心无杂绪），心里每一个角落都充满阳光（情绪管理）。正是因为有着远大理想、有着共产主义精神，所以心态平正，能够为党的事业奉献终生，每个人就心情舒畅，这才有“砍头只当风吹帽”的豪迈，才有“砍头不要紧，只要主义真”的视死如归（心态管理）。

（二）明目标无杂绪而心阳光

情绪是一种心理活动的外在反应，一种心灵追求的成果展示；情绪管理是一种人心管理、协和管理，两者结合便是心和管理所用法则之一，如表10－5所示。

方法之一：确立目标，使人心有所驰。情绪管理的“止”就是止住不良情绪。“不良情绪是指一个人对客观刺激进行反应之后所产生的过度体验，如焦虑、紧张、愤怒、沮丧、悲伤、痛苦、难过、不快、忧郁等情绪表现。这里的“过度”，包括两个角度，一是时间过长，不良情绪持久地存在着；二是强度过高，狂喜、狂怒、过度激动、过分悲观等。对这样的不良情绪表现，如果不予重视，久积而成各种疾病，或者出现心理失控现象。”① 这是情绪管理的定向阶段，其方法是确立一个目标：心有所驰，既要所驰有方向，又要松弛（放松）心态，并以此解决情绪懈怠问题。管理者要让人明白，别人没有理由也无权为你的情绪买单。只有坚守目标，心无旁骛，专心一致，才能管理好情绪。

通过情绪管理让一家组织里的人，都懂得管理情绪，大家也都学会了沉着冷静处事，那么，一切具体物象的管理，就是组织成员自然的主观意愿和自觉行为，而非强制了。

方法之二：放下痴幻，使人心无杂绪。这似乎有些虚，这就看如何理解。痴幻的产生大多因为情绪失控从而无法克制地做出一些超越常规的事情，说出一些超越常规的过激言语，给自己和周边人以及环境带来一定破坏性的话语和行为。多数人冷静后后悔，少数人会陷入痴幻，变本加厉，走向极端。所以，需要进入归真阶段引导督促人放下执念、放下幻觉、放下痴迷，返璞归真，修身养性而达到心无杂绪，走向纯洁而止信好高骛远，这是人很容易犯的一种错误，尤其年轻的时候。心和管理的核心，是通过管理使人心达和。使用人才的核心，就是人才自身是否心和，是否有能力让其管理的队伍或者集体人心达和。

如果组织使用的人才都实现了人心管理的目标、协和管理的目标，那么管理所涉及的任何方面都可以通过使用这些人才来达到管理的目标。何况，情绪管理涉及的情绪，本就是内心的问题，不是具体的物流管理、储

---

① 徐井岗：《人心管理论——基于国学与东方思维的中国管理理论》，经济科学出版社2013年版，第280页。

运管理、生产管理、质量管理或财务管理等。

方法之三：笑看风云，使人心理阳光。这个方法主要是让人放开心怀，拓宽心境。因为当坏情绪积累到一定程度时，就成了一种情绪压力，这种情绪压力对个人的身体和职场的行为都会有很大的影响，间接影响组织的整体效应。如长时间抑郁寡欢、长时间悲伤不能自拔，别人的任何劝慰都起不了作用。唯一能解决的是自己心灵顿悟，心理解放让阳光照射进去，让内心得到了梳理或解放，从而主动进取阶段。迎着困难上，正视坏情绪、面对一直小心翼翼回避的那些事、那些人，不断地前进。后退的就成了坏情绪。

所以，要做到前路笑看风云变幻，我自闲庭信步心理阳光。重要的就是止住偏执狂妄，这是一种心理疾病，必须引起足够重视。所以，心和管理学作为管理学领域的基础原理，解决的就是心理问题。心的问题解决了，其他问题也就迎刃而解了。这就叫纲举目张。

（三）心平正人舒畅而意满足

心态管理，是心和管理让人心情愉悦的具体方法，如表 10－6 所示。

方法之一：宁神静气，让人心态平正。关于这一点，拙著《人心管理论——基于国学与东方思维的中国管理理论》有这样的表述："心态，就是指对事物发展的反应和理解表现出不同的思想状态和观点。世间万事万物，都可用两种观念去看待，一个是正面的，积极的，另一个是负面的，消极的。这就像钱币，一正一反；该怎么理解这一正一反的内涵，这就是心态，它完全取决于人自己的想法。心态平正，指的是脚踏实地、客观公正、平和谐趣、正直亲和的一种心理状态。我们的财富不断增加，但是快乐却越来越少；我们的沟通工具越来越多，但是心灵的沟通越来越少；我们认识的人越来越多，真正的朋友却越来越少。其实这一切很大程度上是因为我们的心态出了问题。每个人的职位不同，责任不同，心态也各异，但职场要求人人都有良好的心态，快乐的心态，这一点是共同的，好心态会给自己和伙伴带来工作的乐趣，给企业带来效益，给社会带来财富；有了好心态即使在繁忙的工作中也不会感觉疲劳。没有悲哀的工作，只有悲哀的态度，人变心则变，心变则态度变，态度变则思维变。思想决定了行为，心态决定了命运。职业场的打拼，是很让人心累的，所以心态管理的第一层次就是宁神静气。宁神静气、平和温良可比香茗，在品香茗中渐次达到心态平正的心态管理第一级目标。"① 好心态，心安宁、神守正、气

① 徐井岗著：《人心管理论——基于国学与东方思维的中国管理理论》，经济科学出版社 2013 年版，第 306－307 页。

平和，静中自在。

方法之二：赏心悦目，让人心情舒畅。“心态管理不是事已发生后的应急之法，而是一种修养的培育、思维方式的更新、心态修炼的潜移默化。有良好的心态，工作就会有方向；人只要不失去方向，就不会失去自己。……计较个人得失的人，心态一定不会太好，阳光般的心态，火一样热情的人，总收获着成果和幸福。所以，放开心胸，不必计较，让自己心情舒畅。这里的心情舒畅，特指豁达大度的胸怀、宠辱不惊的心态、内心阳光的表现、笑看风云的洒脱。”① 人就应该树立积极乐观和宽容豁达的良好心态，学会欣赏生命中的每个瞬间，当我们不能改变环境时就必须去适应环境，不能改变别人时就改变自己，不能改变事情就改变对事情的态度。人不能去等，要学会适应；要随着时间、地点、环境的变化不断地去调整自己的心态；要学会忘记、谅解、宽容，学会感恩、欣赏和给予。

方法之三：情真意切，让人心灵满足。“心态管理的关键是投入真情义、付出真诚意，达到情真意切。每个人的一生都有许多欲望……当这些欲望不能得到满足时，我们能以真诚的、坦然的心态去面对，心态好的人不以物喜，不以己悲，达观大度，坦然面对，知足常乐。因此，生活过得轻松惬意，快乐幸福，也就能达到心灵满足。心灵满足是人们在心灵上、思想上富有化的一种满足，是思想境界的升华。”② 表面的东西是浅薄的，而深层的东西才是睿智的，心灵的思考永远是人生命存在的标志……激励就是管理者的重要任务之一。心灵满足一定不会是物质层面的，而是思想层面、精神层面、心理层面的。“让心灵满足最简单、最直白的做法就是改变自己，就是调整好自己的心态。一是调整欲望，不要太高。欲望无止境，欲望越高，一旦不能得到满足，形成的反差就越大，心态就越容易失衡。二是调整思想，攀比心不能太重。如果盲目攀比，就会‘人比人，气死人。’如果跟下岗工人比待遇，跟农民兄弟比收入，跟先进人物比贡献，心态就能平衡，怨气就自然消了。三是要调整心情，学会忘记。不要对过去的事耿耿于怀，过去了的事就让它过去，这样才会少去许多烦恼，心情才能舒畅。”③ 真正高贵的心灵并不鄙视庸俗，但高贵的心灵绝不会在庸俗的泥淖中沉沦。高贵的心灵之所以高贵，是因为它即使是出污泥也不会有染。

---

①② 徐井岗：《人心管理论——基于国学与东方思维的中国管理理论》，经济科学出版社2013年版，第309页。

③ 徐井岗：《人心管理论——基于国学与东方思维的中国管理理论》，经济科学出版社2013年版，第310页。

情绪与心态，相辅相成，管理好是事业成功的前提。

第四节　留住人才心和管理论

人才能培育、人才可使用，是因为人才首先是人，不是无情物。打天下易守天下难，难在人心管不住。一个小乞丐，梦想是有口吃的；若被人收养，是莫大天恩；若收养之家是大富大贵，“宰相门前三品官”，那么一个养子（或养女）的心思、心境会超越大多数人（心理膨胀度高低，在于本人天性的善恶与后天修养的结果）。历史上养子谋逆、丫鬟篡位的例子不少。创业期拼搏努力时人才（骨干）的心态，与创业成功后发展时人才的心态会发生怎样的变化，取决于两方面：一是所在组织的行为做法，留住人才，需要火一样的温暖（关怀）与光明（前程）；二是人才自身的素质修养，经得住烈火的锤炼。

一、留住人才管理智慧概要

（一）南留人火生土奋不顾身

木性温暖，火隐伏其中，钻木而生火，所以木生火。火灼热，所以能够焚烧木，木焚烧后成灰烬，灰即土，所以火生土。显然，火与木、土相融亦能构成最强组合。

从性格视角说，火型性格之人外向、热烈、敢冒险，但随心所欲、情绪起伏，稳定性偏弱；木的目标性、计划性、细节化与土的忍耐性、稳定性、厚积薄发特性，恰恰是最佳补充，故能成其优秀组合，只是要求木能影响火。土型性格的人内向、敦厚、坚定，但反应偏慢，不会浪漫，只是要求土能稳住神。木到极致腾火苗——“生”出熊熊奋斗之火，火到极致归尘土——“生”出稳稳敦实之土；性格上看，木性格到极致也能热情澎湃，土性格到极致也能回归宁静。留住人才，须把握其性格特性与合理变动，给以温暖光明、稳实有靠。

另外，天地之间，众胜寡，故水胜火；精胜坚，故火胜金。换句话说，火性者，受不了水型性格之人，亦觉得金型性格太冲动而不会重用，其结果就是与水型、金型性格之人难以有很好的合作状态。在很多人感觉中，金行人太过武断、冲动、冒险，水行人太过软弱、和稀泥、无主见，在留住人才方面缺少先天条件。火行人的热情、大方、为朋友两肋插刀的豪爽，更能让人愿意结交。然而，火行人缺少长心、耐性，这就需要木行、土行之人弥补。

从组织管理角度说，任何管理都需要火行特性，给人以温暖、给人以光明、给人以亲近感。但在人才五行体系里，火行特性更适合留住人才的管理。五行之火，对应于人心管理八大法则中的满意管理、感动管理，故而南火留人。满意管理对应周易八卦体系中的坎卦，感动管理对应周易八卦体系中的离卦。坎为水（注意：非五行体系之水），离为火（注意：亦不能简单地对应五行体系之火），这里的水、火是卦象，即坎卦或称水卦，离卦或称火卦。

人生处处有坎，事业时时遇坎；人生的价值就在蹚过一个个不平坦的坎而走出一条康庄大道，事业的意义就在平复一道道有陷阱的坎而成就一份丰功伟绩。满意管理就是从许多的不满足中平复种种遗憾失落达成适度的满足，就是从无数的不满意中蹚平种种艰难险阻达到合理满意。让人满意方能留住人才，有了人才才有事业的千秋百代。只是，满意的“度”仍有一个中庸的问题，即管理者与被管理者之间须达到彼此协和的满意，而不是无限的、无节制的满意。只要是人，都有一个让自己满足的期盼，过坎是为了到达康庄大道；但若过分就破坏了管理，彼此要求中彼此谦让，达到一个合理的中庸之和。

物质满足与精神满足都是必须的，物质满足让生活无忧，精神满足让心灵充实。热情、真情最让人动情，而让人动情，只需诚意、只须以心换心，平平凡凡，点点滴滴，真诚的关怀、热心的帮助、无私的认同，感动就在。满意管理留住人才，感动管理也能留住人才。感动管理从感恩开始，进入感化感召，然后有所感悟，于是人能心平气和、真诚坦荡，然后激发善性、感受德性，最后人格升华而至心旷神怡。

（二）适度满意管理知足常乐

“所谓满意管理，是指管理者从人心是相通的角度出发，通过有效沟通、真诚关怀、适度满足的管理，使员工和顾客都可以通过努力逐步满足合理需求，对做出的贡献和获益的预期心明眼亮，从而心想事成、心口合一，进而从心灵上、利益上、成就上获得共同满足快感、达到心安理得境界的一种管理思想和管理行为的总和。”① 一切满意的重点，是心理的满足、心灵的满意，然后才是现实中的员工满意、客户满意、投资者满意、社会各方满意。而满意也就有了底线：适度、合理。相应地，无论心理上

① 徐井岗：《人心管理论——基于国学与东方思维的中国管理理论》，经济科学出版社 2013 年版，第 165 页。

还是心灵上都知足常乐。

其一，适度满足与合理满意。“满意管理是一种令人明智的管理方法，而不是无限制地满足人的超乎正常和合理的欲求。人的欲望是无止境的，而且不同阶段会有不同的欲望，人总是随着自己的地位、财富的增长而节节提升自己的欲望，马斯洛的层次需求理论，涉及的是人的正常需求，所以先物质后精神。而事实上，人的欲望膨胀，很多时候是没道理的，超乎寻常的，甚至于可能是不近人情的；因为人的心灵深处其实都有个角落，是专门存放梦想的，这些梦想有美丽的，也有下作的、肮脏的。平时，这些梦想是不显山露水的，可一旦有满足的机会，必定趋之若鹜。如果满足人的这些非正常需求，那就不是满意管理，而是助长恶行，甚至是违法乱纪。满意管理的‘满意满足’有个度，这个度就是人心的善、法规的杠，达不到这个度需要努力，让人们努力向善趋美、遵纪守法；过了这个度，就是犯罪。所以，满意管理需应用外柔内刚的方法，内心里应有这个‘刚’为‘度’，这是刚性的、制度的、法律的；人的欲望也是要切合实际的，过分了，就一定是凶险的。”① 所以，满足，并非无节制，而是适度满足；满意，更非是任意，而是合理满意。把握“度”，也是一种锤炼。

其二，心理满足与心灵满意。心和管理学，其核心在心与和，从满意管理视角说，也就是心理上得到必要的满足，心灵上获取愉悦的满意。满意管理与整个心和管理学体系一样，首先是满足适度的心理需求、合理的心灵期盼，然后才由这些经过心理满足与心灵满意熏陶的、已经“洗心”而完全“革面”（非贬义，而是以一种崭新面貌出现）的人才，去实现那些具体的满意管理内涵，如员工满意、顾客满意、股东满意、政府满意、社会满意等。其中心理满足主要包括因心理满足带来的生理满足，因心理满足带来的精神满足，因心理满足带来的物质满足；心灵满意包括因心灵满意带来的生活满意、因心灵满意带来的事业满意、因心灵满意带来的人生满意。于是幸福感油然而生，人生追求也就如此。

其三，精神满足与物质满意。有人说，不属于你世界的花，开着，终于也会凋谢，或因耗尽精力，或因水土不和，离开不属于它的世界，有心有力却又无效。有人说，没人能让所有人满意，所以让自己和你中意的人满意就可以。你所判定的一切，也许就是你自己内心的投影。人生就是一个不断接纳和抛弃的过程，就是一段迎接冷眼嘲笑孤独前行的旅途。打击

① 徐井岗：《人心管理论——基于国学与东方思维的中国管理理论》，经济科学出版社 2013 年版，第 175 页。

不了你的，也许让你更成熟，没让你倒下的，也许让你更强大。还有人说，岁月就像一条河，左岸是无法忘却的回忆，右岸是值得把握的青春年华，中间飞快流淌的，是年轻隐隐的伤感。世间有许多美好的东西，但真正属于自己的却并不多。看庭前花开花落，荣辱不惊，望天上云卷云舒，去留无意。在这个纷扰的世界里，能够学会用一颗平常的心去对待周围的一切，也是一种境界。这些说法，都想表达，不必太在意一切表象的东西，也不必在意一切生活的磨难。没有这些，也就无所谓追求；没有追求，也就无所谓精神满足；没有精神满足，金山银山又如何。所以精神满足是物质满意的前提，也是人生美满的前提。有了精神满足的物质满意才是真满意，没有精神满足的满意必然是伪满意、虚假的。

（三）感动管理有追求热爱美好

“所谓感动管理，指管理者从人心相通的角度出发，通过管理双方的感悟、感念、感恩、感召、感化、感受等互为感染的交流，和感人肺腑的真情行为，使人在感动中心平气和，心弦被拨动，心怀感恩、真诚坦荡；在感动中心花开放，善心被激发，德性感受、品行端正；在感动中心旷神怡，情操被触动，人性感悟、人格高尚。从而激发人的内生性力量，提升精神生产力的一种管理思想和管理行为的总和。”① 严格地说，感动管理是一种情感管理，情感投入能让人真正从内心里感动，那么这个情感投入才是有价值的，因为这个情感是真实的情感，不是商业利益所要求的情感，不是为了经济目标而投入的情感资源，而是管理者的真诚、关爱、无私付出让人们获得的“感动型心灵快感”，这样“感动他人的事甚至不需要我们额外付出多少，更不需要我们穷尽一生之力去做到。好多事情，只需我们举手之劳便可完成。平平凡凡的小事，在一点一滴地去做时，感动就开始潜滋暗长并扩散开来，然后滋润并浸漫到很多人的心灵底部，最终在不经意间完成了目标。”② 感动管理让人有了温暖、有了光明，也就有了努力奋斗的方向，人有追求，且能追求世间一切美好事物。

其一，因感恩而有所感念。中国人自古有“滴水之恩，当涌泉相报”的感怀情、恩德心。懂得感恩，是中国人最起码品格；学会感恩，是中国人最起码的道理；能够感恩，是中国人最起码的德性。施恩者，不是为了让别人报恩而施恩，而是真心、真意、真善、真美、真情的自然反应，所以帮助别人、拯救别人的施恩行为是出自自然的、保护对方的、从不张扬

①② 徐井岗：《人心管理论——基于国学与东方思维的中国管理理论》，经济科学出版社 2013 年版，第 192 页。

的——所有张扬的、宣传出来的“施恩”都不是真正的施恩，而是广告，或是沽名钓誉，或是有着更自私的目的。感恩观念是针对受恩者说的，受恩者要对别人的恩德有感激心、有恩义情，能自觉自愿感念、感怀、感谢。这里强调“自觉自愿”，而不是受施恩者的胁迫、投资者的回报性要求，这主要是考虑到人的尊严和隐私问题，不等于受恩人可以据此认为人家的施恩是天经地义的，自己受之是天公地道的。人家帮你是有德，不帮你是正常。感念他人的恩情，是人性中的美德。经得住火的锤炼，很重要一方面在于是否懂得感恩。

其二，因感化而有所感召。用言语和行动去感动和改变一个人，使其人性变善谓之感化，其目的是通过行动影响或善意劝导，使人的思想、行为逐渐向好的方面变化。例如，我们说感恩从孝道开始，就是用中国传统文化教导，用感恩父母，尽孝心、行孝道来感动自己、感动他人，使人性变善、思想变美、行为有礼。这就是孝道感化。另外，感化还包括对心灵施加影响，扫除迷惑，安抚创伤，引导内心的积极力量，塑造恰当的行为模式，维护尊严，让生命存在价值和意义。所以，感化还有对犯了错甚至犯了罪的人的心灵感化，这也是感动管理的内涵之一。感化行为若上升到人与人之间的心理交流，从而在交流中因某方面原因，如某种精神、某项对策、某种行为，使人在思想上受到触动而有所觉悟，这就是感召。所以，悟才是感动管理的内涵要素，能领悟、醒悟、顿悟，哪怕是悔悟，都是有价值的，也是“朝闻道，夕死可矣”的另一种解释。优秀的领导者、管理者，都须具备这种感悟力、感化力、感召力。感召力是个人具有的一种人格特质，尤指那种神圣的、鼓舞人心的、能预见未来、创造奇迹的天才气质。具有这种气质的人对别人具有吸引力并受到拥护。

其三，因感动而有所感悟。感动感动，自然是有感而动。这里的“感”，是感触、感应、感知甚至可能是感伤、感染或感奋；这里的“动”，是心动而非行动，即触动感情之弦，从而引起同情、支持或向慕，所以，可能是受鼓动、被震动或被牵动。所以，感动，一定是有某起因被感，于是而有结果的心动。如果遇到心动的却再也不会心动，应该愤怒的却再也愤怒不起来，面临悲秋时再也无力悲秋，那就意味着人的情感神经老化了，或出毛病了，或心死了，那么感动已离你远去，这才是最大的悲哀。有感动，就会让人有所感悟。因为有感动，人的情感就是充实而丰富的，就是一个热爱生活、热爱生命、热爱亲朋、热爱一切美好事物的人，所以，便可以从一片黄叶感悟到大自然的春华秋实、和风雨露，从一只小鸟，感悟蓝天白云、自由自在。人因感动而感受到心灵深处的暖暖感觉，这便是幸福；因这种暖暖的感动，可以让人感悟到生活的真谛、宇宙的奥妙，回归到祖先的观天象而有所悟，察地理而有所悟，测人心而有所悟。这便是感动管理的意义和价值所在。

二、留住人才卦理通义阐析

（一）离坎卦顺天理披荆斩棘

留住人才在人心管理周易八卦体系中属于满意管理坎水得人心、感动管理离火暖人心。坎卦上坎下坎，坎坎有险；上水下水，水域弥漫，险难重重。此卦为坎中满，外柔顺（阴爻）、内刚强（阳爻），一阳陷于二阴之中，乃坎穴之象，故为险难。坎为水，如果说上卦代表天上的水，即雨、露、霜、雪、云、雾等（也代表外来的灾难）；那么下卦则代表地中的水，即江、河、湖、海、泉、泊等（也代表内部引发的灾难）。可见坎卦是内忧外患，险难不绝。而离卦上离下离，美丽柔附；上火下火，光明温暖。此卦为离中虚，外刚强（阳爻）、内柔顺（阴爻），一阴于中二阳于外，为能量外放之象，有离散之意。离为火，上卦可代表天上之火，如太阳、惊雷、闪电等（也代表光明照耀、日照万物长）；下卦则代表地火，如地心火、地面火、点燃火等（也代表世间可以带给人类环境和思想光明的物象）。所以坎有难、离有亮；坎难考验人，离明照耀人，如图 10－5 所示。

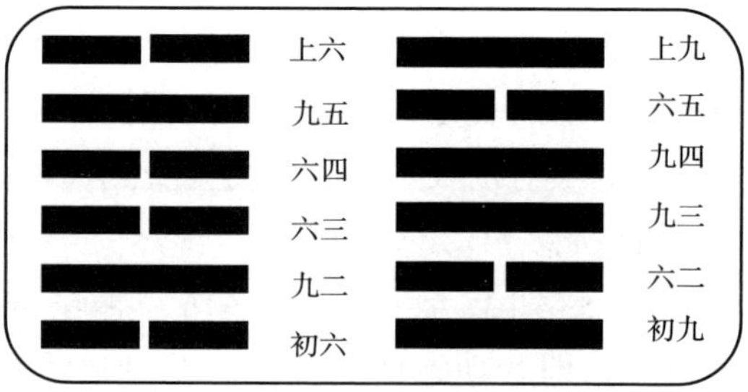

图 10－5　周易八卦之坎卦、离卦

离卦，内外皆离上下皆明，天下之人悦其照耀，自是光辉盛美，柔顺相依。所以离卦的象征意义在于离明照四方、温暖入人心，且火依赖火源而有柔顺依附之德。天下地上皆是火，乃是阳光普照，万物得其光明而茁壮生长；这世间是否光明正大，人们沐浴阳光生活幸福，享受光明感受温暖。另外，火在地面燃烧，都需要有附着物，故火有攀附之意，象征着人们需要有一个国家、一个民族、一个组织、一个群体、一个家庭作为依托才能安全。所以，首先是要依附的地方有火源、有光明，然后是依附者能团结、有贡献。没有梧桐树，引不来金凤凰，这是对管理领域的单位、组织而言，其光需如太阳一样照射所有而无私心；而依随者，应认清目标谨慎选择，柔顺中庸而时刻警觉，把握中正而非投机取巧，依附和被依附者都不会乘人之危，采取胁迫的手段，如此才能化险为夷。这也就是为什么把离卦放在留住人才中的原因所在。人才的留住，是双方共同的努力结果。所以，离卦卦辞说："离。利贞，亨。畜牝牛，吉。"离卦就是附丽，利于坚守正道，如此一切亨通；能够如饲养温顺的母牛一样去做，就可大吉大利。

坎卦既然有着重重险难，显然其象征意义在于攻克诸多坎坷，恰如唐僧取经，需经历九九八十一难，任何成功都需要付出百倍、千倍的艰辛与努力，经历风雨而见彩虹，这是一种经历，也是一种考验，更是一种磨炼。所以陷阱坎坷不可怕，可怕的是没有勇气去面对、去战斗、去迎接挑战、去蹚平陷阱坎坷而使前行之路变坦途。天堑变通途不是诗的浪漫，更不是不可实现，而是大无畏的战斗精神、战斗后的胜利果实。故而虽险难重重，却方显人性光彩。故坎卦卦辞说："习坎，有孚，维心亨，行有尚。"这里的"习"，既有"重复"之意，也有"习惯"之意，"习坎"即为重重险坎已成惯性。如此，其意就是坎坎重叠，险难重重，但水德讲诚信、有信念，能坚定地奔流向前，所以心中坚强而亨通光明，行为坚毅而直奔向前，必为世人所崇尚尊敬。战胜险难，便是大道。

（二）离卦爻义柔和美照四方

《周易·离卦·象》曰："明两作，离。大人以继明照于四方。"离卦的卦象，明亮的太阳一次又一次升起（因其高悬于天），象征着附丽（离，丽也，依附的意思），高德之大人效仿于此，自当连续不断地将太阳般光明美德映照于普天四方。这是对现代管理中的组织方的要求，也是对大浪淘沙后留下来的人才的要求。这也应该是"明明德"的具体表现。同时，附丽者要守正道而有柔顺之德，恰如《周易·坎卦·彖》曰："离，丽也；日月丽乎天，百谷草木丽乎土，重明以丽乎正，乃化成天下。柔丽乎中正，故亨，是以'畜牝牛吉'也"。日月依附于天空之上，百谷草木依附于土寺之中，上下两重光明依附于中正之道，于是以此教化天下。凡是柔顺地依附于中正之道的，就亨通顺利，所以畜养温顺的母牛是吉祥的。有了明德照四方，柔德附正道这个基础，离卦六爻爻辞就容易理解了："初九，履错然，敬之，无咎。六二，黄离，元吉。九三，日昃之离，不鼓缶而歌，则大耋之嗟，凶。九四，突如，其来如，焚如，死如，弃如。六五，出涕沱若，戚嗟若，吉。上九，王用出征，有嘉。折首，获匪其丑，无咎”（《周易·坎卦·象》）。

下卦三爻，地火升腾，循亮而行，以走正道。初九爻，刚刚起步，难免出错，只要怀着一颗恭敬而慎重的心，就可以“辟咎”而无危困。这是说，错误往往是粗心随意造成的，做任何事，一起步走就要有恭敬心、正道心，这是照亮心灵的光明之灯。所以，六二爻说可“黄丽”。黄色在古代代表皇权正道，黄丽即依附于正道，就一开始便得中正之道、光明之道。如若不然，依附于将要落山的日头，也就是进入垂暮年华，人老之后只能是嗟悲叹哀。意为夕阳西下，灯火亮起，大光明远去不可阻挡，夜色黑暗来临不可避免；心中无光明、行走非正道，凶也。日落时光无多、迟暮颓废嗟叹不可取，须年轻时便树正心、行正道。

上卦三爻，天火降落，可能是阳光普照，亦可能是电闪雷鸣。九四爻便是阳光被乌云遮蔽，如闪电突如其来，似雷击猛然焚烧，一切皆死寂燃尽“无所容也”。这是承上卦所言，不走正道，大势必去，在电闪雷鸣中一切消亡。到六五爻，只剩下泪如雨下，忧伤叹息；若能在忧伤中明理懂道，从而知道居安思危，从王事、行正道，依然可见阳光普照，获得吉祥。那么如何从王事、行正道，上九爻回答，随君王出师征战，这是“正邦”，属保家卫国，自是善的、美的、阳光灿烂的正道，应该嘉许。战斗中，应斩杀敌首，俘虏其兵卒（首恶必办、胁从不问，不滥杀无辜），也就是让光明照耀到敌人兵卒使其幡然醒悟，这样彼此都无咎。

留人，人心须正道，性情需柔顺。组织强管理，个人强修养。

（三）坎卦爻义行有德踏险行

《周易·坎卦·象》曰：“水洊至，习坎；君子以常德行，习教事。”水流滚滚，前后相继，潮涌而来。在重重困难面前，真正的君子是坚持不懈修炼和践行水德（上善若水），同时反复不断地开展教化人才、培育人才的事业。如此，有诚信，能克难，心相通，人才才会愿意留下一起“维心亨，行有尚”“常德行，习教事”。在此基础上进一步理解坎卦六爻爻辞，就有切入点和基础点了：“初六，习坎，入于坎窞，凶。九二，坎，有险，求小得。六三，来之坎坎，险且枕，入于坎窞，勿用。六四，樽酒簋贰，用缶，纳约自牖，终无咎。九五，坎不盈，祇既平，无咎。上六，系用徽纆，寘于丛棘，三岁不得，凶”《周易·坎卦》。

下卦三爻，初六是说坎坎相叠、险难重重，跌入坎中之窞（深坑），自是凶象；九二爻，坎中有危险，想要大成是不可能了，争取有小得吧；六三爻，来也是坎去也是坎，险关重重，此时不如安枕静待，就算陷在坎中深坑，也不要有所行动。如果用水来表示，就是不仅仅水漫大地、水灾频频，雪上加霜的是地泉奔涌、江河决堤，难上加难、险上加险，造成危机无限、重重叠叠。然而危险中有机会，不必好高骛远总想一蹴而就、一飞冲天、一举成名，而是安枕入眠般静待机会，能略有小成即可，万不可轻举妄动，因为即使有小成也还远未脱离危险，所谓“未出终也”；而且面对“来之坎坎”，不安枕以待也没用，不管怎么做，在险难中任何行为“终无功也”。

上卦三爻，是说在险关艰难中该怎么办。既然怎么做都不适宜，那就不去做无用功，而努力让自己做一个虔诚而有信的人。六四爻从字面意义理解，铜樽盛酒，圆簋盛饭，瓦盆盛水，从窗口送进去，如此，终究不会有咎难。对此一般有两种解释：其一是落难了（或国家有难），食物提供给王公或拿到宗庙进行祭祀，所以需要虔诚笃信；其二是本主有危难而坐牢，亲友将简单食物从窗口送入，谓之诚恳守信。显然，无论哪一种解释（结合上六爻的意义，后一种解释可能更对应），殊途同归，其象征意义都是：食物虽粗鄙，礼轻情义重；危难见真情，坦诚有信用。如此自能免遭灾祸。九五爻就可以做到虽然坎还没盈满，小丘却已经铲平，比喻虽未完全脱险，曙光已经显现（虽然身陷牢狱，脱困已可预见），当然是“无咎”的。上六爻说，被绳索重重捆绑，囚禁在荆棘丛生的牢狱中（古时牢狱周围种满荆棘），长达三年都无法脱困，万分凶险。其意思是说，身陷危难，强行挣扎只会陷入更大凶险，应如九二爻只“求小得”、九五爻“中未大”（居中而不自大），方可无咎。若以水喻之，就是不仅仅老天雨雪交加，甚至于云雾起、冰雹落，也是险上加险。此时唯有心中有正道、为人重情义，处事讲诚信，如此，危难中方有“纳约自牖”见情义，可见“祗既平”有希望。不然，难以渡过难关，而且“三岁不得”，凶险异常。

水之流，奔腾而向前；水之柔，过坎而温馨；水之力，荡涤而清洁。

火之焰，跳跃而向上；火之光，光明而耀眼；火之热，无私而真实。

三、留住人才管理方法探索

（一）感动与满意管理方法论

留住人才，既要让人才有成就感，使其能在本组织中有能力攻克一个个难关，踏平一道道险坎，从而获得事业成功的快感，体现人生价值的快感——让人满意的满意管理；同时，又要能沐浴着阳光灿烂，依附在“明君”（有上德且有能力）旁边能成就事业。这样的柔顺才是真的柔顺——让人心动的感动管理。

满意管理需解开三道心结，经历三个阶段，实现三级目标，如表 10－7 所示。

表 10－7　　满意管理的三个层次

	三个阶段	三道障碍	三级目标
初级层次	员工满意阶段	一叶障目	心明眼亮
中级层次	顾客满意阶段	三心二意	心口合一
最高层次	社会满意阶段	五花八门	心安理得

满意管理重在过自己的“心坎”，而感动管理重在让自己的内心被真善美打动。一般地说，感动管理须经历三个阶段，会遇到三道心结，要实现三级目标，如表 10－8 所示。

表 10－8　　感动管理的三个层次

	三个阶段	三层行为	三级目标
初级层次	真诚坦荡	拨人心弦	心平气和
中级层次	品行端正	激人向善	心花开放
最高层次	人格高洁	促人高尚	心旷神怡

管理，其实没有那么难，只要回归真诚、重现品德、人格高尚，就可以踏进心旷神怡的高境界。需要注意的是，五行性格相生相克的关系中，要注意主被动关系。如木生火木是主导，火生土火是主导；木被金克金是主导，火被水克水是主导。不能颠倒。

红色管理，无论是战争年代的革命者，还是改革开放时的弄潮儿，或是新时代强国梦的践行者都能做到心明眼亮；真正的胜出者，可以运用谋略，但不会突破道德和良心底线，都是心口如一的；初心在、使命感强，心底无私天地宽而能在任何时候都心安理得。这就是满意管理，合理的智谋的满意管理。同时，不为欲望所控制、不被私利所诱惑，面对一切都能心平气和；修身养性中促进人们向上、向善，在品德问题上都能理直气壮、心花开放；最后在心理上让人信服、心灵上促人高尚，时时刻刻保持着心旷神怡，这就是心和管理之感动管理在红色管理中的应用。

（二）明需求言行合得心安然

感动管理让人思想明、坎可过，心中无负累，全心全意干事业。

方法之一，清晰合理需求，使人心明眼亮。坎为水，水能四处流淌，显示其随遇而安的特性。但水无骨，这是坎卦凶险之一。反映在组织的员工管理中，即员工没有归属心，对企业缺乏认同、缺乏融入。一个组织中，如果员工不能汇成一股劲儿、形成一股力，心中没有主人翁意识、没有强烈归属感，这便是凶险。人的欲望是无止境的，有的人沉醉于仕途的，有的人迷恋于享受，有的人期望将世界踩在脚下，有的人渴望让世人匍匐脚下。无约束、无止境的欲求，这便是另一种坎卦之险。所以，管理者需要掌握万事之理，明理、懂理、讲理，从而走正道，心明则眼亮。最怕的就是一叶障目而“冲动”，受到“冲动的惩罚”。

让员工满意，首先就是要了解员工的需求、欲望是什么，并对其进行有效分析，搞清楚怎样才是适度的欲望，如何才是合理的需求，从而帮助其达成。

方法之二，明确目标追求，使人心口合一。坎是水，水可以无处不到，显示了水的适应性。但同时水哪儿都想沾，显出了贪婪的内在特性，这是坎卦凶险的进一步体现。反映在组织的员工管理中，显然是欲望太散太多，目标不专一。

这种现象在青年员工中比较普遍。心稳不下来，也很难达到对现实、对组织的满意。满意管理的“满意”，是相对的满意，是目标明晰后的满意。当一个人目标过多过乱，其实就是盲目在各个目标之间奔忙，属于三心二意。目标明确而集中，行动才能有正确的方向，才会在实现目标的道路上少走弯路。漫无目的或目标过多，都会阻碍我们前进。做一件事，我们漫无目的地去做可能会导致失败，然而目标过多也会导致失败。有雄心壮志是好事，可有的时候，如果不切实际地想得到太多，结果可能反而会一事无成。① 此方法的关键是扔掉过多的目标，让自己心口合一。

方法之三，扫荡污垢阴霾，使人心安理得。坎为水，“水可以荡涤一切污垢，水可以冲刷一切脏污，水可以让一切洁净。藏污纳垢、心态卑鄙是最大的凶险。人非圣贤，孰能无过？一个人应该善于及时清除心灵上的污物，以净化精神，保持心理卫生，而反省就是最好的清洗剂。”② 人在听到不合自己心意的话时，就会生起嗔恨心；看到别人受表扬比自己强时，就会生起嫉妒心。我们能从对方这面镜子中，照见到自己心中的嗔恨心、嫉妒心、争斗心、伤害心、报复心等种种邪恶心。有了这些心思，人就永远无法得到真正的满意，反而生出许许多多的牢骚、怨恨。从情绪管理视角看，发牢骚是纾解情绪的方法之一，但这种发牢骚应该是在一个公

① 徐井岗：《人心管理论——基于国学与东方思维的中国管理理论》，经济科学出版社 2013 年版，第 172－173 页。

② 徐井岗：《人心管理论——基于国学与东方思维的中国管理理论》，经济科学出版社 2013 年版，第 174 页。

正公开公平的平台上的发牢骚，是以不伤害他人为前提的发牢骚，牢骚、怨恨、悲伤等情绪都要能发泄出来，才不会导致郁结。从满意管理视角看，首先要解除人的邪恶心，使人正直、善良、心胸宏大，对邪恶的心思、曾经的邪恶行为进行反思、修正清除（做自我批评，改正错误），以清静心（平等心、包容心、慈悲心等）剪除自己多余的、过分的、不切实际的欲望，回归一个平常人、正常人的实实在在的生活模式——当人们这山望那山高时，殊不知，自己这儿才是最美的、最清爽的、最符合人性的地方，有多少人在羡慕。

平常人，其实就是最幸福的人的人群。如果不是，不是这个社会病了，就是人自己病了。要让自己心安理得，就看能不能蹚过这些心灵之坎，让心中无愧、心中干净。

（三）拨心弦心向善使人高尚

感动管理的方法，在于正道动人心、品德融心坎、脱离低级趣味。

方法之一，以真诚拨人心弦，使其心平气和。“真诚，即真实诚恳。是指真心实意，坦诚相待以从心底感动他人而最终获得他人的信任。真诚是沟通人们感情的桥梁，是开启心灵之门的钥匙，是获得知心朋友的必要条件。”① 实施感动管理，第一层次的要求就是促使组织成员能静下心来，不至于无谓烦躁、过分激愤。感动管理，以真诚作为管理基础，让组织成员在真诚的组织环境中，平息过分的欲望、平复躁动的不安、平淡争胜的急切。西方管理学理论中的绩效管理，有一个360°评估法，这一评估法在中国职场是否适用，不在这里评述，但从人的管理角度看，无论是理解管理还是本节涉及的感动管理，都应该而且必须建立起360°沟通渠道，把根植于企业细胞、血液、骨髓里的真性情挖掘出来、弘扬开来。以真诚的沟通建立信任环境，以真诚的沟通建立信任机制。

可惜的是，现实中最简单的上下沟通渠道，在很多单位里都是不畅通的，甚至是没有建立起来，反而去相信所谓的“没有任何借口”的管理，让员工感受不到组织的真诚、管理者的真诚。情绪没有宣泄口，普通员工、基层工作者的心里窝着、咯着、堵着，何来心平气和。

方法之二，以品德激人向善，使其心花开放。“品德亦称道德品质，它是个人依据一定的道德规范采取行动时，经常表现出来的一些稳定的特征或倾向。品德是由道德认识、道德情感、道德意志和道德行为有机构

① 徐井岗：《人心管理论——基于国学与东方思维的中国管理理论》，经济科学出版社 2013 年版，第 197 页。

成，简称为知、情、意、行的有机结合。感动管理，以品德作为管理内核。道德的定义可以概括为：对身边的人充满善意，对社会有所贡献。道德是以善恶为标准，调节人们之间和个人与社会之间关系的行为规范。品质指人的行为和作风所显示的思想、品性、认识等实质。道德总是扬善抑恶的。道德与法律不同，它是依据社会舆论、传统文化和生活习惯来判断的，主要依靠人们自觉的内心观念来维持。品质则是一个人内在的修养。与有品德的人在一起，会让人如沐春风。有品德的人，心中无愧坦坦荡荡；有品德的人，真心如花灿烂开放。"① 组织管理中有两件事不能忘也不能等：一是孝顺，二是行善。中国人的心灵深处，种植着孝敬长辈、孝顺父母的因子，感动管理的引导就是让人明白：对父母感恩的孩子最有福，子女让父母安心才能福。

感动管理是正向引导修德，心中须有公德，培育好人的公德心。能消除烦恼就是"慧"，能付出爱心就是"福"。静坐常思己过，闲谈莫论人非。"勿以恶小而为之，勿以善小而不为""己所不欲，勿施于人"。

方法之三，以人格促人高尚，使其心旷神怡。"高尚，指脱离了一般情趣的行为，或指脱离了人性中劣根性的，具备勤劳、朴实、大度、英勇、真诚、清廉等的优秀品德和美好情操。人格是人的品格操守，真正意义上的人格是人生格局养成与操守。格物、致知、诚意、正心、修身、齐家、治国、平天下就是人格发展过程的每个阶段。能够让别人对你真心拥护的，是高尚人格光辉映照的结果。"② 心和管理学承续中华传统，认为教育也好，管理也罢，归根结蒂是疏通人格障碍，培育优秀人格，展示人格魅力。

现实中出现一些非正常人格，如反社会型人格（报复社会）、偏执型人格（有毒食品）、分裂型人格（阴阳面）、强迫型人格（以我为尊）、自恋型人格（宅男宅女）、依赖型人格（啃老一族）、癔病型人格（暴戾之气）、循环型人格（情绪失控）等，有本人原因（包括本人的天性、生活环境、受教育情况等），也有社会原因。是社会管理、单位管理、学校管理、家庭管理都出问题还是部分出问题，也值得思考。随着社会财富的增加，人性的复杂性达到了一个新高度，管理理论、管理方式不能仍停留在一种模式上。

---

① 徐井岗：《人心管理论——基于国学与东方思维的中国管理理论》，经济科学出版社 2013 年版，第 198 页。

② 徐井岗：《人心管理论——基于国学与东方思维的中国管理理论》，经济科学出版社 2013 年版。

而且，当患上上述人格障碍的人，还未造成比较大的破坏力时，还没有到被送入医院治疗时，往往没有引起重视。可是，真到了那样的时候已经晚了。管理亦如此，当危害没有造成比较大的破坏力时，往往引不起重视，可对“利欲”的无节制追逐，会让人们心拧紧，不仅仅失去平常心，同时还忘却人之所以为人，在于有人格、在于人格的高尚；利益导向的管理让人自私了，以自己的喜好去主宰别人，需要想想别人是不是愿意。

解决这些问题的方法，也没有如何深奥，人与人之间、组织与组织之间、人与社会之间，不能少了人类最珍贵的一样东西：情感。国学传承，体现的正是这种人的温情、人的感动，因为温情与感动里才有真善美。

第十一章　心和管理学管理理论

中国特色心和管理理论及学科研究，从出版“人心管理理论三部曲”开始：《人心管理：生产力之新崛起》（中国教育文化出版社 2006. 12），《人心管理理论建构与哲学思考》（中国科学文化出版社，2009. 2），《人心管理论——基于国学与东方思维中国管理理论》（经济科学出版社，2013. 12）；实践中总结提炼，理论指导管理而出版培训书籍“人心管理突围三部曲”：《民企老板管理突围》（上海三联书店，2005. 4），《中高层管理突围》（黑龙江人民出版社，2007. 12），《员工管理突围》（黑龙江人民出版社，2008. 12）。“东方名家”栏目录播“人心管理智慧”音像作品三部：《老板管理智慧》《经理人经营智慧》《员工工作智慧》（中国科学文化音像出版社出版，2012. 8）。期间，融入“双和管理”理论（初时仍合称“人心管理”），并从现代管理史学角度探索改革开放后工商界从无序管理、粗放管理到物本管理、人本管理的变迁史，梳理企业史基础上撰写《中国民营企业改革与实践》（辽宁教育出版社，2016. 12；另出法语、英语版），《中国企业管理史论——物本、人本、心本管理的演变与中国管理理论的建立》（中国财政经济出版社，2017. 5）最后融合人心管理、双和管理，出版本研究最后一项阶段性成果《心和管理论》（浙江大学出版社，2022. 11）。

本套书系为总结性成果，理论体系纵向“国学管理”“红色管理”，横向“人心管理”“双和管理”，为基于“四个自信”的中国管理理论《心和管理学》。本章重心和管理学基础理论及管理目标体系。本书重在提出新建本土管理学，梳理中国管理理论来源、范畴与体系构成，更多内容有待后续研究，并抛砖引更多有识之玉。

第一节　心和管理学管理模型

国学源头《周易》有许多卦理模型，如五行模型、八卦模型等，古义新用，保留其全息性、道理性和逻辑性，结合国学之大道文化、德性文化与人性修养等，融入时代红色管理，组建成本土的管理模型。本章主要阐述心和管理之八目、八德、八法、八行等八卦模型。

八卦，在文化史上衍生八卦掌、八卦拳、八卦阵、八卦炉等八卦文化，从八卦方位又衍生八方、八面、八位、八荒等数位文化……与“八”有关的内容如八角、八股、八节、八绝、八斗，四平八稳、四通八达、四仰八叉、四衢八街、四至八道、四亭八当、四时八节、四邻八舍、四里八乡等，也十分丰富。但若要形成八卦为母本的新模型，则须深入把握八卦及管理的内在关系、内涵要义而无缝衔接。心和管理学理论体系之管理八大法则、八个管理目标，企业管理中八项德性、八种行为等，既符合易理，也符合全息性，因而构成系列八卦管理模型，丰富了心和管理理论的同时继承和发扬了国学文化。

一、易理智慧中的管理意义

（一）易数展示管理智慧内涵

先天八卦，乾与坤、离与坎、巽与震、艮与兑两两对应。太极图嵌入先天八卦，构成“太极八卦图”（也称“阴阳八卦图”）。0～9 十个基础数字构成的易理，是管理内核原理，排列组合出无限可能的管理的数字易理原理、数字易理模型——心和管理学所提“数字周易”表现出来的智慧管理，包含着宇宙万事万物之间互相联系的万理。

根据数字周易的探索、管理内涵的融合，结合中西方文化差异、思维差异，吸收西方管理原理，从本土人文视角提出中国管理理论体系——心和管理八卦体系，从中探索管理智慧、管理内涵和管理范畴，如表 11－1 所示。

表 11－1　　数字周易与管理内涵

周易内涵	数字	易理智慧	管理内涵	管理范畴
无极	0	无穷无尽无为而为	无极哲学思想	管理哲学
太极	1	万物化生生生不息	太极哲学思想	
两仪	2	元气运动对立统一	阴阳哲学思想	
三才	3	法天正己知常明变	天人合一思想	
四象	4	方位确立四时循环	阴阳互动原理	人性分析
五行	5	事物生克变动转化	五行性格理论	

续表

周易内涵	数字	易理智慧	管理内涵	管理范畴
六合	6	天地四方彼此和合	人脉弥合观念	管理系统
七星	7	命理探索趋吉避凶	谋变布局思维	
八卦	8	宇宙万象卦义推演	八卦全息系统	
九宫	9	洪范九畴治理天下	模型变动分析	

这里展示的周易原理、哲学思想与管理内涵，是一种动态关系。从管理理论创建的角度看，易理数字 0 ~ 3 展现出管理哲学的思想光辉，4 ~ 5 提供了识人智慧中的人性（人格）分析模型，6 ~ 9（包括 4 ~ 5）则显示了一个个具有国学内涵的管理系统。

易理管理哲学，是中国传统哲学思想的一个重要领域，无极哲学、太极哲学、阴阳哲学、天人合一哲学等，是华夏祖先探索宇宙、研究自然时抽象出来的极具哲理性的概念。直到今天仍然在深刻影响着中国人，是国学的重要组成部分。

从老子的“为天下式，常德不忒，复归于无极”（老子・道德经・二十八章）（永葆高尚的德行，成为天下人效仿的模式，长久传承而不出偏差，就能回归到无极即本原初心的至高境界），到列子的“无极之外复无无极，无尽之中复无无尽”（列子・汤问）（没有极限之外又没有“没有极限”，没有穷尽之中又没有“没有穷尽”。大意为万事万物是无穷无尽的），到庄子的“无极之外，复无极也”（庄子・逍遥游），提出了时空无极无尽的“道”思想，天地广阔无垠，道也广阔无垠，德性同样不可穷尽；表达出了“天地亦物”的宇宙观，由此奠定了中华哲学的核心观念：回归道之本原，不忘德性初心（返回到元初的终极状态就是道）。道生一，而有太极，周敦颐的《太极图说》将其与易理关联，实际上是回归《周易・系辞传》所说的太极意义，太极有两种新功能，一是“变易”，二是“中和”，于是万物化生，且生生不息，由此诞生了太极观念、太极哲学、太极思维，形成独具中国特色的太极文化。一生二而阴阳两仪，阴阳可变易、能中和，既对立、又互补，这种哲学思想让中国人既有居安思危、未雨绸缪的哲学思想，又有车到山前必有路、柳暗花明又一村的哲学观念。阴阳二气变易而天地生，中和而人类出，天地人构成了中国天人合一的重要哲学思想，强调了“法天正己”的修心文化，“知常明变”的哲学观念。

中国管理学，正是因为这样的哲学理论作为基础，所以形成了独具特色的人心“变易”认知，修道炼心的“心”管理文化、阴阳“中和”的“和”管理文化。“心文化”“和文化”而人心管理、双和管理，构建出“心和管理学”理论与体系。

（二）易数内涵八大管理机制

易理人性分析，分析中国古老命理学时已提及，作为心和人才管理系统，阴阳性格分析演化出来的四象模型，以及五行性格分析模型，是中国古代识人智慧基础上的创新智慧。这些模型远不止人性分析的应用，无论是从哲学意义还是从管理系统看，这两个模型都极为重要，并在建筑方位学、时令农用学、天象学、地理学、中医学、战争学等领域应用着。表 11－1 仅涉及四象、五行理论之管理应用的一个方面。

四象学说、五行模型、六合关系、七星阵营、八卦体系、九宫机变等，都是以易理为内涵的全息性管理系统，揭示出中国本土管理的基本理论和一般方法。例如，六合学说揭示的“天地四方”关系原理、哲学观念、事物关系、人脉建设等方面；七星学说在方位科学、阵法布局、机关设计等方面；九宫格在数学、机关学、密码学科、模型变动等领域都有着重要的作用。这些本土理论，在管理学领域有着极为重要应用价值：六合学在人才管理学中，不仅仅是处理上司、下属、同事、客户、投资者、合作者等方面关系的良方，即使在绩效管理中，也比 360 度考核法的评价维度更为广泛一些。八卦系统，应用更为广阔，如“心和管理八卦全息系统”，四组两两呼应或对立的矛盾统一体，按八卦运动发展的规律推演的宇宙万象、预测的无常变化、生化的无限可能，还有推演的心和管理各种现象变化，预测的管理活动先后和行动的常与变，生化的破与立的无限可能等，都是本土管理的重要内涵。

0～9 数字周易，每一易数都与其他易数发生关联，总体构成人心管理易理全息系统，即每一易数又是独立的全息管理系统，如阴阳五行全息系统、三才六合全息系统、五行八卦全息系统等。八卦两两互动矛盾统一而至阴阳协调、双向协和，如图 11－1① 所示。

八卦方位图，是中国传统方位，与地理学“左西右东、上北下南”恰好相反同是“上南下北，左东右西”。心和管理理论的管理八大法则，分别对应于先天八卦图。左图是心和管理学八个法则，与右图内圈的卦象逐一对应，也与外圈管理机制互为对应。

---

① 徐井岗：《人心管理论——基于国学与东方思维的中国管理理论》，经济科学出版社 2013 年版，第 104 页。

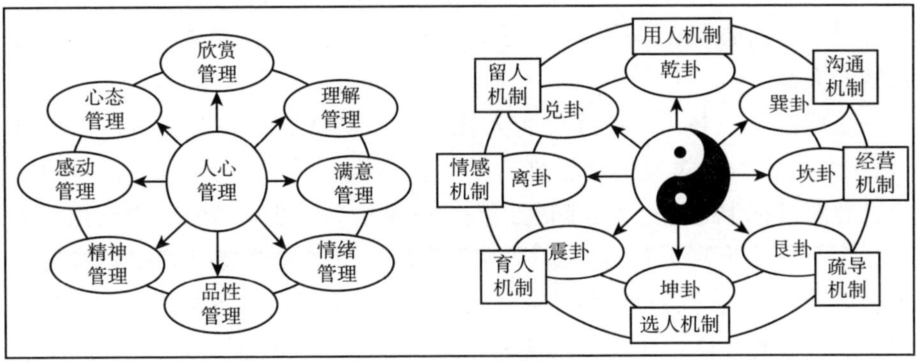

图 11－1　易理八卦心和管理之八大法则模型

（三）易理对应管理八大法则

解读易理八卦心和管理之八大法则模型，其管理特性尽在其中。

首先是乾坤双卦，天南地北，人之能量与德性管理皆包含在内。正南（上方）为乾卦，对应欣赏管理，与“天行健，君子以自强不息”呼应，解决分解目标中的凝聚人心问题，完善用人机制，所谓欣赏管理乾天聚人心；正北（下方）为坤卦，对应品性管理，与“地势坤，君子以厚德载物”呼应，解决分解目标中的正道人心问题，完善选人机制，所谓品性管理坤地正人心。乾坤双卦、两两相依，欣赏为本、品性为基，天地共存、互为对应，任用的人才能自强不息，选出的人才则厚德载物，这才能开天辟地创奇迹。

其次是离坎二卦，左东右西，人之情感与意愿管理包含在内。正东（左）为离卦，对应感动管理，与“火同人，君子以类族辨物”呼应，解决分解目标中的温暖人心问题，完善情感机制，所谓感动管理离火暖人心；正西（右）为坎卦，对应满意管理，与“善如水，君子以作事谋始”呼应，解决分解目标中的获得人心问题，完善经营机制，所谓满意管理坎水得人心。坎离双卦、两两相依，满意为本、感动为基，水火交错、互为对应，从事经营更要类族辨物，温暖人心也需作事谋始，这才能水长火亮成大业。

再次巽震二卦，风吹雷震，人之主动性与警示性管理包含其中。西南（右上）为巽卦，对应理解管理，与“随风巽，君子以申命行事”呼应，解决分解目标中的顺畅人心问题，完善沟通机制，所谓理解管理巽风顺人心；东北（左下）为震卦，对应精神管理，与“洊雷震，君子以恐惧修省”呼应，解决分解目标中的振奋人心问题，完善育人机制，所谓精神管理震雷振人心。巽震双卦、两两相依，理解为本、振奋为基，风雷激荡、互为对应，沟通人心而须申命行事，培育人才就应恐惧修省，这才能风顺雷警奔大道。

最后艮兑二卦，山稳泽安，人之心结与心绪管理包含在其中。西北（右下）为艮卦，对应情绪管理，与“艮山谦，君子以裒多益寡”呼应，解决分解目标中的稳定人心问题，完善疏导机制，所谓情绪管理艮山稳人心；东南（左上）为兑卦，对应心态管理，与“步泽履，君子以辨民安志”呼应，解决分解目标中的喜悦人心问题，完善留人机制，所谓心态管理兑泽悦人心。艮兑双卦、两两相依，稳定为本、喜悦为基，山泽相谐、互为对应，疏导心绪讲究裒多益寡，留住人才就得辨民安志，这才能山稳泽润筑事业。

八卦互动，八法相依，整个全息系统，牵一发而动全身，损一心而毁全局。特别要说明的是，创建中国本土管理学，应用八卦模型，不是知识复古或意识复古，而是更深层次的古为今用。八卦，无论作为一个模型，还是作为一个系统，都历经无数先贤先圣的探索、求证、应用，并在这个过程中不断修正、提升、完善，其应用价值和应用前景都是巨大的。

二、心和管理学易理模型析

（一）心和管理模型文化基础

在心和管理学原理篇，总结了讲心修、达协和的文化特征和管理风格，明晰了心和管理的“管理”，是具有国学元素、中国职场特色、中国管理风格的：管理是管人理心，“管”的任务在于管好人的言行，“理”的任务在于整理心的思维，管理的目标在于达到彼此之间从心而出的双向协和。心和管理之“人心管理”，是让人的言行守德而合规，让心的思维正道而顺畅；行与思两者之间，心是内在的、行是外在的，心动方有行动、心到行到，谓之人到。心和管理之“双和管理”，是探索与发展人与人、人与事物、人与社会、人与自然之间彼此协和的观念与行为方式，即主客方“双和”。有“心和”才能有真正的“人和”——心为根柢，人为树身；心为源头，人为河流；心为内涵，人为表象；求事和需先得人和，求人和需先得心和；心未到，树难活、河干涸、人无魂。所以，中国管理的重点会在如何实现人心协和。这是完全中国特色的管理，越是中国的才越是世界的。

大自然八卦相荡而定宇宙，人世间八法共赢而定人心。如此，心和管理之欣赏、品性、感动（或称情感）、满意、理解、精神、情绪、心态八大管理法则，与华夏祖先研究开发的八卦全息系统，得以无缝对接，把心和管理八个法则的“心”之管理目标、“和”之管理目标结合进去，就构成了中国本土管理理论体系的基础范本——心和管理易理模型。

这个逻辑严密、内涵丰富的易理系统“化”成的管理理论体系，是依据国学源头《周易》建立起以“阴阳系统”“五行系统”“八卦系统”为代表的一个体系。对国学不熟悉（学历与中国文化的掌握程度并非成正比）的人、受西方文化教育出来的人，也许认为“阴阳”“五行”“八卦”很土而且虚妄，因而本能拒绝，甚至斥之为“伪科学”或“迷信”，这是不懂、更是不尊重中国文化的表现。试想流传五千年上万年依然生生不息、充满生命力的中国文化，岂是虚妄无识的；更何况，这些文化还曾经是数千年来世界文化的顶端存在，许许多多的国家派遣留学生使团来中国学习这些文化。西方工业革命兴起“科技文化”，把这种科技文化与清朝封建体制放在一起比较来贬低中国文化，论据论证都是站不住脚的。

再说，西方理论是先建立假设，再在假设基础上建立模型，然后证之、修之、定之。中国学问五行说，就是用“金木水火土”五种元素假设为相互关联的、具有本源属性的大地上自然物质元素，由此建立起来的一个严密的系统，相生相克，然后生发开去，一生二、二生三、三生万物，万物之间又有互为制约的关系，这种内在相生而和，相克而攻的内涵系统，本身就具有极强的前瞻性、合理性和科学性。八卦，是自然界“天、地、水、火、风、雷、山、泽”八种自然现象为假设，建立起的一个具有“全息”特征的系统。这些系统经过几千年无数智者的修正、打磨、应用，已经锤炼成万古不灭的完整体系。

中西方只是建模的方法不一样，表达的方式不一样，得出的结论同样具有科学道理，同样具有建设本土理论的价值。人们想要到达一个目的地，可以从各个方向走，没有规定只能走一条道。中国易理数千年传承依然生命力旺盛，就有它的价值所在。

（二）心和管理模型易变原理

人心具有多样化、具有不确定性，恰如八卦相荡，阴阳互动——宇宙间的一种气流在运动变化，人心因时、因地、因人而不断变动着；也如太极生两仪一样，初生婴儿懵懂无知时并没有什么心思、心绪、心旌摇曳，当心海里有了感觉、意识、思想后，世界就分成好与坏、善与恶两界，如阴阳互动，善扬则恶抑，恶扬则善抑。再长大些，便明白好人中有坏人（或好人中有不完美的人），坏人中也会有好人（或坏人中也有比较好的人），这就是两仪生四象。成人了，就进一步明白，四象还可生八卦，八卦还能生六十四卦……所以心和的境界不是定型不变，而是相对的，是动态发展中的一个趋势，每一个阶段都会出现上下波动，都有可能你中有我、我中有你。从这个意义上说，心和只有更好，没有最好。

如图 11 - 2① 所示，心和管理理论总模型采用先天八卦图与心和管理八法组合而成，这是心和管理基础模型。卦图太极生两仪而乾坤、而阴阳，模型为心和管理“生”欣赏管理而聚人心、品性管理而正人心；卦图两仪生四象，模型则“生”乾坤离坎四卦，管理因得欣赏而内心感动、有品性而合理满意，于是有感动管理而暖人心、满意管理而得人心；卦图四象生八卦，模型在乾坤离坎四卦基础上再“生”艮兑巽震四卦，于是情绪管理而稳人心、心态管理而悦人心、理解管理而得人心、精神管理而振人心。

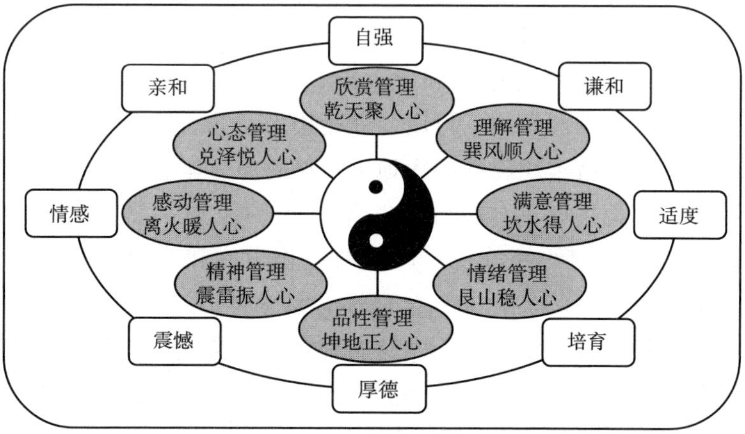

图 11 - 2　心和管理理论总模型

心和管理八大法则既是一卦一管理，每一管理法则内有乾坤，又是两两组合，结合使用；更是八法全息，牵一发而动全身，互相之间形成一个完善而坚固的管理体系。简单说，心和管理之一卦一法则就是一个独立的系统，两两对应则是两个相对独立的系统组成一个小体系（每一个法则都与对应的卦之间，在卦理上具有一致性，表现出来的管理意义与卦象意义具有相融性）；八卦八大法则是八个系统（或者说四个小体系）组成的心和管理大系统（每一卦的卦理与心和管理每一法则之间是无缝衔接的关系，卦理中包含着以国学为根基的管理之道，管理中包含着先天八卦

① 徐井岗：《人心管理论——基于国学与东方思维的中国管理理论》，经济科学出版社 2013 年版，第 106 页。

提示的宇宙大道之义）。凡涉及管理的内容，都涵括在这个大系统里面。图11－2是这个大系统的简化模型。

易六十四卦，以先天八卦为基础，经阴阳排列组合而“生”成，每卦六爻，共384爻。每一卦、每一爻的变动，都是易理之“易”，代表着世间万事万物与万理的变化规律，“变”中有得，“化”中有生；有人的地方就有江湖，有人的地方就需要管理，管理的本质是入人心，人心的变动难以琢磨，但皆在卦爻之变易范畴内。故抓住了心和管理总模型，就抓住了管理之本。了解这一点，是要明白，管理既有具体细化的内涵，但须在总局势规范内，个体服从整体，小局服从大局；点好不是真的好，以点带面实现共好才是真的好。

（三）心和管理八卦八法概要

心和管理总模型，既需全局总体把控，也需每一卦每一法则的具体运用。这里以两两对应为基础先作心和管理法则的简单概述，具体管理内涵在后面陆续铺展开。

乾坤双卦，彼此对应而天地和；乾为天坤为地，乾坤协天地和。能自我欣赏和能被领导（代表组织）欣赏，是燃起一个人奋斗拼搏意志的重要因素，也是使其有归属感的重要条件。作为管理者，欣赏自己的员工，凝聚员工的人心，是一切工作的核心，重中之重，将其理解为是单位（所在组织）事业与个人事业天地之“天”也不为过。凝聚人心而闯天下方能成功，这是硬性的、刚性的条件。所以从卦理上说“君子以自强不息”，从管理上说，聚得人心和顺事业。如此就可以这样解读：欣赏管理是乾纲，聚人心是天，管理的基本要求是自强不息，达成的目标是人心和顺。自我欣赏、上司欣赏，基点是道德水准高，而且，乾之刚，就有坤之柔相对；中国本土的管理，管的是德行、理的是品性（道），诚意而正心，欣赏才有意义。所以有天就有地，有阳就有阴，有刚就有柔，有自强就有好品性。大地宽厚，才能承载万物，成事业者须有一颗善良之心。所以管理好人的品性，可以说是一切事业获得成功的重要平台就是本土、大地。于是解读坤卦管理，就可以是：品性管理是坤德，坤为地要正人心，管理的基本要求是厚德载物，达成的目标是人心和善。

离坎两卦相应而水火和。水能浮木亦能毁木，火可让水沸腾，亦可让水熄灭，水火对应又互为作用；协则双和，克则双损。满意管理是道坎，过得了坎方有满意，懂适度满意都会有顺遂；坎为水能得人心，因为人满意才会交心，交心才会有得心；管理的基本要求是适度满足，达成的目标是人心和平。感动管理是离附（即依附、信赖），火需附着于物而燃烧，人需要有归属而认同；只有让人真正心属组织，依赖、信服组织才是真正的人心管理。让人感动而暖人心，是为感动管理，基本要求是情感升华而非做作，达成的目标是人心和美。

巽震两卦相应而风雷和。风助雷势神人动，雷随风裂鬼神惊，两两对应又互为增色。故情绪管理讲艮住，艮为山可稳人心，管理的基本要求是培育情商，达成的目标是人心和煦。

艮兑两卦相应而山泽和。高山峻峭而泽深，泽潭幽静而山险，两两对应又互为协统。故心态管理讲喜悦，兑为泽可悦人心，管理的基本要求是亲和柔顺，达成的目标是人心和悦。

如此，心和管理八卦与八个法则无疑融合。而心和管理的“管理”，也表现出两两对应的意义，即“管”与“理”双向协和，人的言行由制度法规“管”之，达到人们的自觉行动不会触犯法规；心的思维用文化精神“理”之，达到心中有道行为有德而一切成自然。故在管与理中，双和的要求是“三分管七分理”，理是心和管理的重点和核心。

三、心和管理易学理论体系

（一）易学是管理的基础学问

建立中国本土的心和管理学，需明白以下几点。

第一，易学，是探索天地万物易规律之学。古人观天象、察地脉、测人事，总结并发展易学，这是中华国学真正意义上的起源，故可称中国学问起源。基本原理是把自然中具有代表性的八种现象，组合成一种各自相对独立又互为关联、互为影响的一个系统，根据其每一种现象的演化变动规律和一种现象与其他现象之间发生关系后的演变规律，来探索中国文化的核心内容“道”，这个道中所显示的理，是卦理、是易理，以易理推及社会演变、人事演变规律，既显示了天人合一的哲学思想，又得出了人生在世为人处世应该有的基本道理。周王推衍先天八卦，探索自然与人事发展的基本规律应用于国家管理。显然八卦学本意，用现代学科分类划分，是哲学，也是管理学中的领导学、韬略学、人才学、文化学等的综合。

第二，易学，是国家治理及组织管理之学。如前所述，八卦之学原是只有符号的无字天书，周文王等创设后天八卦，演化六十四卦，有了卦辞、爻辞。如果伏羲时代以天地万物变易为主（隐含治国之道），那么文王时代则已经转向治国平天下为主了（同时开始了预测国运、国势，开发了人事预测），孔子等解析周易的《易传》，应该是探索宇宙规律、研究治国大道、预测人事发展三者合一了。汉代之后在文化上独尊儒术，民间对《周易》探索或应用，不敢也不能重视天地大道、治国方略，于是转向侧重预测吉凶，由此逐渐发展成了古代命理学。这就形成了普通老百姓接触到的易理八卦学，主要是用来算命看相预测吉凶的现实。但追根溯源，易学是哲学的同时，还是治国之学、管理之学。

第三，易学，是中国学问研究的基础之学。八卦、六十四卦、384爻，每一爻自身有变化、与其他各爻亦会发生变化，每一卦自身的变化、与其他各卦发生关联后的变化，基本上已经涵盖了天道、地道、人道的所有内容，可以说是包罗万象了，对中国文化的发展起着源头、引领、衍生的作用，几乎深入中国古代的所有学问与行业领域之中，充分体现其基础之学的作用。而正因为这种学问的基础性，建立中国本土的任何学科，也很难绕开易理、阴阳五行八卦之学。绕开了，就不是中国本土学问了。哲学不用说了，天文、地理、中医、武术、军事、宗教都是直接影响，还有文学、算术、音乐、艺术、建筑等，就是后世才有的社会学、管理学、心理学、经济学、信息学等领域都以看到易理之学在其中的重要价值。

（二）乾坤离坎卦理的管理义

管理学角度探索八卦之理，不在命理推导、吉凶预测，而是揭示管理哲理，掌握易理与管理的关联性，从而发展管理本土化理论预测分析、业务管理与行政管理等。

乾坤是阳极阴极两卦。乾卦为阳极之象，坤卦为阴极之象。乾卦元亨利贞，六龙显现，在无垠的天空中自在翱翔，开疆劈土，成就无限伟业。坤卦中空无底，上可承乾天，下可容万物，表现了坤地的广博；六爻中空相通，直贯到底，了无中梗，可见其柔，也见其顺。柔顺如此，恰可补乾之过于刚性，也为乾之自强不息，提供了以柔克刚的另一种方法。乾开疆辟土，龙飞九天；坤厚德守土，凤翔宇内。

乾坤二卦体现的是拼搏与德性的互为作用，刚强与柔顺的有机结合，两者各放光辉又合二为一，成就了世间五彩缤纷的深奥而实在的哲理。为人在世，须坚毅、刚强、有担当，同时，又能宽厚、柔顺、善合作。刚强不是蛮干，刚是刚直，刚硬而率直，坚定不移；强是强大，强势而宏大，摧枯拉朽。柔顺不是软弱，柔是柔韧，柔软而韧性，坚持不懈；顺是顺势，顺应而借势，巧劲取胜。这就是说，让人自强不息，不能简单地只要求其刚强，还要有自信，这是自我认同的内在条件，有欣赏，这是自强不息的外在条件。同理，期望其厚德载物，不能简单地要求其柔顺，而要有人品，是为高风亮节的气韵，有德性，此乃虚怀若谷的境界。一刚一柔，刚柔相济，才是最佳组合。故欣赏管理、品性管理二者合一。

针锋相对互不相让，很可能两败俱伤；管理有乾之雄健刚强，还需要有坤之柔性接应，夫已唱则妇相随，柔顺恰恰是刚强的对应，对己则是协调、是弥补，对敌则是克星。但非常重要的是，刚强不是盲动，柔顺不是盲从，刚中有柔、强中有顺。刚柔相济，人心相和。

离卦阴爻居中，上下各为阳爻，二阳护一阴；离为火、为明，两离相重，为光明接连升起，焰上有火，明上有光，光芒不断之表象。坎离揭示水与火两卦。坎卦阳爻居中，上下各为阴爻，一阳陷二阴；坎为水、为险，两坎相重，险上加险，险阻重重。所幸阴虚阳实，上爻相通，下爻亦通，上下德性、行为都相孚，则中间阳爻才能坚挺，也就是诚信可豁然贯通，可实现价值。

离，不是“分离”之意，而是通“丽”，附丽、依附，太阳依附宇宙而运动，光明与温暖依附太阳而出现，大地凭借阳光而万物生长，人性依附于德性光芒而使人感佩、动情，这就是“离德”——“丽德”——表现为一种温软依附令人心动的特质。人有一种极强的心理需求，即被温暖着、被依赖着、被关怀着、被信任着，如果有条件，那就是真心真意真诚真切。感动这于这种心理需求，心会聚拢、心会归属、心会中正。感动管理原理便在于此。所以，离卦昭示团结的力量、感动的力量。水润泽，火光明，感动管理暖人心。

坎卦六爻，有畅通、有阻塞，然毕竟是水，渗透迂回能力强，可以任意曲直，能化险为夷，显示出外柔内刚让人满意的特质。所以，人生路上，职场圈里，事业途中，虽常常遇险关重叠，却总能以水之韧性、水之适应性、水之滴水亦能穿石的毅力和能量，越过一个个险坎、冲破一道道险卡。而过关冲卡的成功感，才让人有奋斗的动力，让人不断有满足感。当然，满意不是让人无限制的欲望满足，而是引导或带领人登上一个个成功的高地，获得不同阶段的合理满意、适度满足。离卦虚实相间，虚的部分柔软，实的部分刚毅。该虚时虚（柔软），该实时实（刚毅），不断增加和充实内涵。

（三）巽震艮兑卦理的管理义

巽震是风雷，其中巽卦两巽相叠，由一阴爻伏在二阳爻的下面，象征伏、顺。顺从他人，就容易被接纳，进入他人的心中；同样的，顺从自然的道理，就容易进入事物之中，有入的含意。阴顺从阳，是自然的道理；所以前进有利。从这个意义上理解，巽卦是顺其自然，是水到渠成，没有刻意，也没有不及或过之。

震卦是两震重叠，两阴爻在上，一阴爻在下，表示一种向上、向外发展的趋势，其正象为雷。说的是秋冬之间潜于两阴之下的阳气，春天到来，震动其上之阴气，春天万物开始发生，驱阴邪震万物而萌发，如春之蛰雷。所以震卦讲的是人的一种心态和涵养，人有恐惧畏惧，也有大无畏的坚贞不移，这就是在“震卦”里面所反映的哲学精神。

巽卦象征顺从，小心柔顺可达小亨，谦虚服从可见明主；震卦象征警醒，震主人之心时时警惕，明主物之理戒慎恐惧。既要顺从融入——理解管理，又要谨慎振奋——精神管理。理解管理是通过沟通理解组织、理解上司、理解同事、理解客户、理解一切交往的人，谦和顺从。当人生遇到波折重重、起落浮沉不定时，应引导他们随机应变，心平气和，择善固执，助动事业发展。精神管理，是让人保持旺盛的热情和斗志，常常警惕，遇到任何暴风骤雨、艰难险阻，都能沉着冷静，应对自如。事业顺风、人生顺风，时时警醒，朝气蓬勃。

人是需要有点精神的。精神是人内在的、本质的东西，也会是一种本能的反应。有精神者，是神采奕奕的、是精气充沛的，可荡涤污浊、可冲破闷气，可去消阴霾、可达顺风顺水。

艮卦兑卦之卦理，及与管理法则的相通。艮兑是山泽，皆为同卦。艮卦是一阳爻在上，两阴爻在下，恰与震卦以一阳承两阴相反。阳爻在上面止住，是没有可能再升进的，所以其义为止。而以中爻的九三、六四两爻，合成既济之象，故利于行。止其所而利其行，当然是行止皆宜，这就是中国国学所说的人道之本。管理之道就在行止合宜。

兑卦是一阴爻在上，两阳爻在下，恰与巽卦以一阴承两阳相反。阴爻在上面开口，承接天泽雨露而润万物，显示出两泽相连、两水交流、上下相和、团结一致、朋友相助、欢欣喜悦的卦象。艮卦卦理反映在情绪管理中，是当行则行，当止则止，调控情绪婉转自如，既能调控好自己的情绪（人才之本），又能调控好团队整体情绪（领袖潜质）；既能有效清理负面情绪（调协情绪之能），又能自在传递正面情绪（情绪感染之力）。艮卦是二山相重，喻义为静止、不动如山；所以中国文化非常讲究人的稳重、内敛，具有山崩于前不变色，地裂于后不动颜的能力，低调不张狂。这就是情绪管理。把控情绪，冷静处事，是一种能力。

反映在心态管理中，兑卦卦理讲述与人相处应该彼此心情舒畅，气氛和谐，保持一种良好心态。兑为泽，丽泽依依已显悦象，泽中水，滋润万物，使万物喜悦，也是悦的象征。悦，是要有一种好心态，用喜悦的心态看待人世，用一份快乐的平常心、快乐的事业心接受思想培育、培植文化心态、提升价值观念；用一份快乐的归属心、快乐的学习心开展智力培育、实施技术培育、落实才能培育。这就是心态管理。开心就职、快乐待人，是一种品质。

总结起来，兑卦是论喜悦的卦，是丽泽相依，为喜悦、和悦心态。艮卦揭示出时止则止、时行则行、动静不失其时，其道光明的道理，把控好七情六欲，稳定如山。兑卦揭示的是同秉刚健之德，外抱柔和之姿，坚行正道，导民向上的道理。

此为根据先天八卦图展现的心和管理学理论体系。以此模型为核心，后面还会展示细化的易理管理模型，是结合时代管理（主要是红色管理）后形成新体系的中国本土管理模型。

第二节　心和管理学管理法则

1978～2008年是改革开放发展经济的30年。这30年走过了西方百年工业发展历程，经历了从私营经济复燃初期的无序管理，到企业创业之初的粗放管理，再到制度建设的物本管理，而后到引入人文关怀的人本管理四个阶段。在社会大变革、市场大变动情况下，对于许多企业而言经历了常人难以想象的困难，没有先例可参照，其间也采用过“胆量管理”“能人管理”“关系管理”“官商管理”甚至拍脑袋管理等，指令性管理仍然大行其道。这除了转型时期的特殊性原因以外，理论跟不上实践需要也是重要原因。

正因为如此，初时学习国外、参照一些现成的管理理论可以理解。但经历30年学习后，有必要创建符合中国国情、国学的管理：从以人为本转向以心为本、争利为准转向协和为准——千年国学管理与百年红色管理都为了实现人心协和。

一、人本管理转向心本管理

（一）人本与心本管理的差异

改革开放，意味着做以前没做过的事，是“摸着石头过河”。一般说，应理论指导实践，实践中升华理论，然后再指导实践。目标很明确：中国要强大，人民要富裕；但具体应该怎么做还不是很清楚，所以放手让人民群众发挥能动性、创造性。充满改革开放激情的中国人民，在政府的保驾护航和政策的支持下，实干、苦干、巧干，充分发挥出聪明才智，经济发展的速度极为迅猛。这几乎是在原来计划经济时代培养的能力和中国血液里流淌的文化基因诱导下的本能双重作用下的结果。说得明白一点，改革开放的管理学科理论体系还未建立，企业、市场的运行已经跑到前面去了。正是在这样猝不及防的情况下，一方面是中国人自己的智慧在管理实践中的四面开花；另一方面是开放国门引进项目资金的同时，一并引进西方管理思想观念、西方管理方法、思路，形成西方管理理论指导企业管理的现实。

这也便是这个阶段中国的经济理论、管理理论是西方的，职场环境、企业形式是中国的，而且理论往往滞后于实践的尴尬现象出现的原因，也是出现管理实践走自己的“路”、管理理论搬西方的“经”这样互不交集在两股道上各自跑的原因。现实还远不止于此，在管理实践领域，外商参与经营管理的“三资”企业，大体可以直接应用西方管理模式；先一步做大做强的企业，勉强也能建立起管理体系，这些企业大多是融合了西式管理，又有自己创新与特色，形成走自己的路管理，如“海尔管理”“联想管理”“阿里管理”“华西管理”“横店管理”等，从其名称中就可以发现是属于自己特色的管理模式。

但相对于总数超过九成的海量中小企业，当时情况下不可能自创管理体系。于是在引进潮流中，跟风而行，哪怕是盲目的。一段时间后发现，那真的不是自己需要的。在西式管理水土不服、中式管理理论没有出现的情况下，大家只有再次发扬“摸着石头过河”的精神，探索适合自己的、可行的管理之路。于是，就在管理学理论界（学术界）还在努力做西方管理的“搬运工”时，中小企业的注意力转向“国学与管理”领域。中国学问是在战天斗地讨生活的社会实践中总结、提炼升华出来的，最早是符号式的卦爻作记录，因为那时候还没有文字出现，汉学界认为八卦符号是中国文字的萌芽，而八卦提示的学问则指导着远古先民认识世界、改造世界，实践中又提炼升华理论，如此循环往复，社会在进步、在发展，学问在成熟、在发展。几千年文明发展，八卦学问已相当成熟，作为国学源头形成江河洪流。

一些文史界人士开展了国学与管理的引导、培训；一批管理学界人士开始了东方管理、中国管理、儒学管理等本土探索。在此背景下，“人心管理”“双和管理”理论相继诞生，在中国本土管理理论丛林萌芽的时候，融合成心和管理理论，着力于管理从“人本”到“心本”、“争利”到“双和”的研究。中国管理，率先迈进了管理第五阶段：心本管理阶段。

（二）修德性为基的心本管理

提出人心管理理论时，不理解者认为“以人为本”与“以心为本”实质内涵是一样的，甚至说“人心管理”不过是“人性管理”的换一种提法。这是没有深入了解的结果。

互动百科对“人本管理”这样解释：“人本管理，即‘以人为本’的管理模式，它不同于‘见物不见人’或把人作为工具、手段的传统管理模式，而是在深刻认识人在社会经济活动中的作用的基础上，突出人在管理中的地位，实现以人为中心的管理。”这应该是《现代管理学》的解释，重点是“人在管理中的地位”，相对于以物为本的管理，把关注的视点放在人身上，体现出对人的重视，也在一定程度上深入对人的心理满足。但关注的重点是人的表现、人的外在需求的满足，管理上侧重物质激励、利益满足。精神激励举措如职务提升、上司请客、培训机会等，也都与物质利益挂钩。即使给予员工心理上的满足，也是通过地位、待遇等所获得的生理、心理快感满足，归根结蒂还是利益满足。这与商业立国的内涵吻合、与丛林法则的文化传承相对应；但与中国文化推崇的“修身养性”“厚德载物”“民族气节”等在内涵上、做法上大相径庭。这是修心文化与利益文化的冲突。

且不说德性修养，亦不说气节培育，单就这“修身养性”四字，并不是“人本管理”能涵盖的。“修身养性”四字没有“心”字，其内涵却处处体现出心灵的梳理，心绪的审理、心结的清理、心情的整理、心态的调理。中国人非常讲究“心”的护理、修理、治理，心到，一切都到；心好，一切都好。这种文化特征，是“人性管理”无法涵盖的。以西方的人力资源管理理论两个十分重要的概念为例，人力成本和人力资本，“人力”物化为一种“资源”，作为企业的人力成本投入，其本质还是把人当作“物”；而成本投入，追求的是产出要远远大于成本的投入，其核心仍然是利益。而且，西方管理体系中，人力是作为资本使用的，其付出的任何体力或智力劳动，都以资本价值的形式体现，显然与中国传统中的伦理道德观念、礼义廉耻观念、修身养性意愿不相吻合。心和管理学认为，正是不相吻合的管理理论和思想体系，误导了人性的发展方向、人心的清纯也出现异化现象。这应该是社会转型时期经济上去人性下滑、物质丰富信任失落的深层的内在原因。

从周易的哲学思想，到儒学的“仁、义、礼、智、信”；从道家的“无为而为”“不争而争”及“人法地，地法天，天法道，道法自然”（《道德经·混成》），到佛家的生、老、病、死、怨憎会、爱别离、求不得“七苦”，及后加的一苦“五取蕴”①，体现出来的都是从外在的人到内在的心的教化、顿悟、觉醒、升华。佛家所讲的“八苦”为什么会苦，归根结蒂是因为心欲膨胀、是贪嗔痴的欲望问题——如果说生老病死是自然规律（其实若想长生不老、永远没病，那也是一种贪念、妄痴了），那么后面诸苦就皆为贪欲了。中国文化追求的就是“心”的修炼，“心”的醒悟。也许有人反驳说，印度文化也是炼“心”的文化，这又不是中国文化的唯一。且不说印度的佛教文化在13世纪时就因连续的宗教战争消亡殆尽，就说佛教的修心，一是修来世，二是修神心，三是朝堂修。只有中国文化的修心，修的是当下，修的是人心，不只在山上，也不只在庙里，更需要在社会中；即修行中生活、生活中修行——所谓红尘中炼心，人世间修心。

（三）中国管理本色修心协和

中国管理理论大厦的构筑，需要中国元素的内涵（其中最重要的是中国文化）为基本框架和基本材料，需要放在中国人文环境下，体现中国管理哲学思想、人文精神内涵。当这种思想内涵升华为心灵之学时，才可能对世界具有一定意义的普适性。没有中国特色、没有中国元素，也就无所谓中国管理，更无所谓对世界文化的贡献。

所以，从人本管理走向心本管理，既是中国管理的选择，也是管理史发展到今天的必然选择。管理，一切矛头归根结蒂一定指向人。人的问题，归根结蒂是“心”的问题，主方怎么管理、客方是否接受管理，全在“心”之一念间，管理的密码全在心动的脉搏中。而放眼普天之下，能紧紧抓住心脉密码的管理文化，舍中国文化其谁？有哪一种管理文化有中国文化这样以修心为上，又有哪一种管理文化像中国文化这样以走心为主？

一切管理从人心开始，一切管理以人心为终点，得人心者得天下。一切物的管理、财的管理、流程的管理、技术的管理等，关键点都在于对做或处理这些事的人的管理。西方是两点直线思维的管理，对应模式为“制度＋人本管理”，中国是多点曲线思维的管理，对应模式是“制度＋人心管理”；所以，即使同样提人本管理，以人为本中西方相同，但西方的人本管理重在对人的表现、个性激发的管理，中国的人本管理更着重于梳理心态、尊重面子。

---

① 所谓五取蕴，指色、受、想、行、识，其中色虽带有物质性但更重要的是一种贪念；受为感受，想为思想，行为意志，识为意识，这四种属于精神性的东西。总体说明人生痛苦的根本原因在于人自身。五蕴与贪取联结在一起，所以叫作五取蕴，五蕴与取的联结产生种种贪欲，贪欲才是苦的真正原因。

组织出来的欢乐不叫欢乐，布置出来的幸福不叫幸福。同理，演练出来的修炼不叫修炼，镇压出来的稳定不叫稳定。一个国家的公民、一家组织的成员是否有修养，关键看他们自己是否在进行自我修炼，而不是媒体宣传、口号呼喊出来的；一个国家的政局、一个组织的人心是否稳定，也不是高压管理或血腥镇压能够实现的，而是他们自身是否真心愿意、真心认可这份稳定。中国人一直用“大肚能容天下难容之事”和“宰相肚里能撑船”来形容所崇尚的海纳山川般的宽广胸怀。所以，以人为本，意不够到位、行不够彻底！真正高境界的管理，是以心为本，从人心入手达到人心顺畅、人心愉悦、人心凝聚、人心向上、人心认同。心，才是一切管理目标的根本；和，才是一切管理目的的终极。

这就是为什么要从以人为本进一步到以心为本的原因所在；

这就是为什么要探索以国学为核心的心和管理方法的原因所在；

这就是为什么把近百年红色管理内涵列入中国管理学的原因所在。

二、以心为本管理与八法则

（一）人心管理侧重心的梳理

如何解决人心问题，一直以来是任何时期、任何领域、任何阶层、任何领导人、任何管理者在任何情况下都试图能一劳永逸解决的热切盼望。无可奈何的是，这一问题却似乎永远无法一厢情愿、一通百通、一脉相承、一鼓作气、一致同意、一了百了……因为人心最难捉摸，人心最难把握，人心几乎无法管辖、管束、管制、管窥蠡测。人心管理需要“管”但重点不在“管”，而在“理”。“管”是用制度、用规章、用法律规范和约束人们的行为，“理”则是直奔人心的，是对人的欲望、人的需求、人的本能、人的倾向、人的认同的梳理与引导。人心管理的“管理”二字，管的是行为、理的是人心；“管”是为“理”打基础，“理”是让“管”落到实处；“理”为重中之重。这是与西式管理最重要的区别。

“管”几乎是人与生俱来的能力，是主观能动的，如同动物总想要在族群中成为控制者一样。所以，为了避免文明社会里出现有权力“管”他人的人脱离把控，才同样需要法规与制度；从这一点上说，法制不仅仅是管控、限制、约束别人的，也“管”着制定法规的人、执行法规的人、监督执行法规的人。这才是“法律面前人人平等”的真正意义。

“理”不仅仅是一种能力，还是一种科学、一种艺术、一种思维方式，更是一种心理表现、一种文化内涵、一种境界高度。理人心的能力不是靠天生的，至少不是凭借本然的行为能力能够解决的，尤其是在社会上、在组织中，面对不同的、形形色色人，理顺人心、凝聚人心、喜悦人心，最终获得人心的认可、拥护，绝没有那么简单。所以，管理能力培育、提升，重点在于“理”的能力。而目前西方管理理论体系中，研究的着眼点、核心点其实都是放在“管”上，即使提出了人性管理或者说人本管理观念，实际上依然没有脱离将人当作“物”来管理的藩篱，依然没有跳出以“利”作诱惑的范畴，归根结底就是“管”。“理”是需要自身修养的，所谓自我管理，就是先管理好自己，而恰恰是修养这一条，就不是现有的管理制度、管理模型能够解决，更不要说引导别人实现自我管理。没有对中国“心文化”“和文化”的深入了解，永远学不会心和管理，也就无法在真正意义上实现管理的高境界。以修心与协和为根基的文化、为目标的管理，必然而且只能诞生在中国。

随着社会发展，管理从“人本”走向“心本”是一种必然，一种人心洁净社会和谐的必然，一种人类文明进步与发展的必然，一种实现世界大同建立人类命运共同体的必然。

（二）心本管理学科的主要法则

心和管理学，包括人心管理与双和管理。人心管理，是一种中国职场以心为本的人力资源开发（Human Resource Development，HRD）模式，在心和管理学体系里，将其作为“人才管理学”的主体内容（同时也是管理学的基础思想和理论）；同时也是一种中国特色的以心为本的管理理论（Theory of Mind Management，TMM），简称“心本管理”。给人心管理一个基本的概念界定，就是指以开发人力资源为切入点，以法规制度为基本范畴，以中国人的公共特性为条件，以组织成员的心态平和正道、心境愉悦阳光、心灵纯净高尚为宗旨，以提升组织内外的精神生产力增强内生性能量为目标，着重通过各种有效的心灵梳理式管理方式，借助周易全息理论谋求各种社会交往中主客双方彼此和谐能动、协调共赢的一种管理观念、管理艺术、管理模式。

心和管理学涉及人心管理与双和管理理论，其中人心管理理论是以国学为根基、以心理学为养分、以中国管理哲学和思维模式为水源，以研究社会组织中与人相关的心理、心态、心情、心绪、心境变动规律，进而引导管理思想、管理手段为内核的一种管理理论，是提升生产力、提高管理效率和效益、发展经济、稳定环境、实现管理目标的一门科学。

人心管理方法既是一种心灵环保法，也是一种心灵洗涤法，还是一种心灵按摩法，同时是实现从内而外的内生性主观能动性的开发、激励、约束和促进的一种管理诉求的总和。其目标就是达到管好人、理顺心，达到人和心和万事和的目的。

基于此，我们可以这么说，中国管理，本是让人心协的和管理，是梳理人心的管理，是建立在中国人文土壤上的管理，是以中国职场为基准的管理理论与管理艺术的追求。强调“中国”，并不是排斥外国，更不是该理论只适合于中国，只是因为这种管理是在中国文化的土壤里、中华民族的环境里播种、生根、发芽、开花、结果的，具有显明的中国性，具有独特的国学管理与红色管理传承的文化意蕴。很中国，是这一理论的特色，特色显明，才能成为世界管理文化的一部分，也才能给世界以借鉴、以影响、以发展。为此，心和管理理论从尊重人出发，以人性善恶并存的假设为基础，以道德自律为核心，以阴阳互补为其方法论，以安民富民为其目标，建立起系统的注重人性特点和人心变动规律的管理模式，即心和管理理论之人心管理理论体系，重在实行以心为本，所谓心本管理。红色革命实现了以弱用强、以小博大，最终取得了革命政权，一个重要原因是在得人心问题上是历史上做得最好的。

具体管理方式方法，在心和管理理论体系中，是通过八个法则落实的。“人心管理的八大法则，即欣赏管理、品性管理、感动管理、满意管理、心态管理、情绪管理、理解管理、精神管理。这八大法则与周易八卦对应，乾坤离坎巽震艮兑八卦构成一个全息系统，系统内阴阳变动，互为作用，将人心管理工程形成一个有机的整体。”① 这就是说，人心管理是与中国文化基因相融的，同时又是现代和谐社会管理的一种新思想，一套用以指导管理实践的新理论体系，是为行政管理、教育管理、企业管理、社区管理、农村管理等各领域的具体管理提供的新的理论基础，是从人心根源上寻找到提升管理绩效、创建和谐社会的管理新思想，即根据时代需要具有创新特性。总而言之，处理人心不顺、人心不稳、人心不聚、人心不正、人心不古的方式、方法就是实现人心管理八大法则，目标是达到人心和畅、组织和谐、内外和煦、社会和美。

（三）心本管理修天地人三德

“人心管理”是心和管理学的核心体系，是建筑在一定的规范基础上的管理，既有对人心的约束和规范要求，更有对人心的梳理和引导要求。而约束规范，是粗放管理时期的重点，没有“管”作为基础，“理”会很艰难；“管”到一定程度，进入人心管理，更强调和引导人的自我约束和

① 陈小拉：《从“人本”到“心本”——访“人心管理理论”创立者徐井岗》，《世界经理人》2014 年 7 月，第 7 页。

自我规范。“理”的目的是解决组织中人的力量发挥问题，即人的内生性力量、人的主观能动性激发问题。所以，以心为本的管理，就是以人心为管理之根本，以心和管理学为指导思想，通过对人言行的管制约束、心理的沟通梳理，使心聚、心正、心暖、心畅、心稳、心愉、心振、心和，达到人与自己、人与世间万物之间双向和谐，实现人才开发、人才最优管理、人心最高支持和人心最高认同的一种管理思想和管理行为的总和。

所有事情皆由人做，一切财物皆由人管，人心到，万事成。

从企业管理角度说，在一味追求业绩的思想支配下，注重的是人的言与行的管理，忽略了人的心与思的管理；注重了对别人言行的管理，忽视了对自己心灵的梳理；注重了教条式的思政教育，疏忽了内生性的修身养性。其结果，就是导致人心散、人心浮、人心乱、人心冷、人心堵、人心苦，甚至于人心趋邪、趋恶。所以提出人心管理理论，强调以管为基础，以理为重心，管是理的前提，理是管的结果，管人是手段，理心是根本。三分管，七分理；管住言行使其符合社会进步需求，理好人心使其具备社会大同基础。

文明的重要特色，在于由猿而进化为人，人区别于其他动物的根本性标志，是有思想、是将思想用于交流，因交流需要而产生文化，因文化发展而促进文明进步，因文明的不断进步，人类能够利用自然资源、社会资源而获得越来越美好的生活。只是，在这个过程中，中国文化的一个重要思想必须体现，这就是“天人合一”。地球的资源、宇宙的资源，是人类共同的，更是宇宙之时空、大地之万物所共有的，一切资源的获得，必须符合天道、地道、人道，必须有天德、地德、人德，人与大自然是同生共存的。

这就是为什么人心管理理论的本质内涵，要与中国易理文化相融合的原因所在。脱离了这一本质，人心就会变异，变异的人心无法实现天人合一。知道要天人合一，还要落实在人类的具体行动上，这就是“知行合一”思想。所以，心要修，修到懂道、守道，修到有德、守德，有道德境界的人类方能实现天下一家的核心思想。这是一个循环的逻辑关系。

同时，天人合一，是指向一个重要内涵的：天下协和。这也就是为什么人心管理的所有理论、所有技能技巧都是为了一个目标：和——中庸之和、文化之和、世界之和。说得更为扩大一点：拯救地球、拯救人类、拯救世界的必经之路，是实现人心管理，世间人心协和，让全世界走向共同的心和境界。所谓人类命运共同体，是世界共同从心协和。这里，心和管理学理论，是从基础研究视角所进行的建设，故重在基础领域的特性发挥。

三、以心为本管理体系构建

（一）八卦八法之天地人三才学

心和管理，管理目标是聚顺正道人心，管理目的是与人共同达和；心为管理对象，和为管理意愿。在“心和管理”中，“人心管理”是理论与方法为主，“双和管理”是理论与思想为主，方法中有思想、思想中有方法，共同构成心和管理理论体系，有效把易理八卦与心和管理八大法则及其相关要素统领起来。

《周易·说卦传》曰：“昔者圣人之作《易》也，将以顺性命之理。是以立天之道，曰阴与阳；立地之道，曰柔与刚；立人之道，曰仁与义。兼三才而两之，故《易》六画而成卦。分阴分阳，迭用柔刚，故《易》六位而成章。”天地之中，因有人而有灵性；阴阳之间，因有人而趋完美。宇宙时空里，天、人、地构成中国学问体系里“三才理论”。八卦初画之时，充分体现出这一点，三爻一卦，一爻地、一爻人、一爻天。三爻分别为地道、人道、天道，地道讲柔刚，人道讲仁义，天道讲阴阳。如图 11－3① 所示，地道柔刚为管理之法——刚柔相济，人道仁义为管理之术——仁义相和，天道阴阳为管理哲学——阴阳协调。

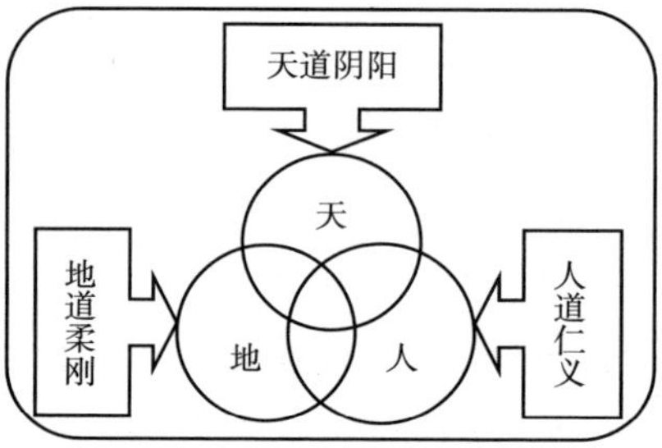

图 11－3　阴阳三才学管理模型

八卦演化六十四卦，原三爻卦“兼三才而两之”成六爻卦（下卦上卦两个三爻卦）。下卦（内卦）象征为人生或事物从起始到发展，第一爻从大地开始，是为人生或事物的开始阶段；第二爻经人为努力，是为人生

① 徐井岗：《人心管理论——基于国学与东方思维的中国管理理论》，经济科学出版社 2013 年版，第 91 页。

或事物的成长阶段，第三爻人生或事物发展壮大到一个高境界。上卦（外卦）象征人生或事物从优秀到卓越层面，第四爻为人生或事物在更高一个层面的起始，实际上是深度拓展达到优秀阶段；第五爻为人生或事物达到事业巅峰或者最辉煌的阶段，谓之卓越阶段；第六爻为人生或事物发展极致，即意味着到达顶点不可能再向上伸展而是在此转而下行的阶段。如此，一卦六爻，就是世间万物从诞生到结束的一个循环，许多人、许多事因种种原因其实无法走完一个循环，往往会在中途跌落回归起始点。而若能走完一个循环，则意味着进入了一个新循环。所谓“新”，既不再是原有循环的重复，也不是原地踏步，而是“更上一层楼”，是从一个新起点开创出一个崭新的时代。

（二）八卦八法易理管理机制

六爻卦，阴爻居阴位，阳爻居阳位，德才配位，为吉；反之，德才不配，阴阳失和，或过刚或过柔，为凶。所以，一个真正有才的人，必须是德与才相谐相和，合天道、合地道、合人道。这是人心管理理论的第一个原则：德才配位。

前面已说明心和管理的重要任务是识别人才、培育人才、选拔人才、任用人才并留住人才，这五项内容构成的是一种相生相克的关系。概括之，识别了人才就能选拔出人才，选拔出的人才就需要加以培育，人才培育好后则可任用人才，最后留住真正的人才成为组织的力量之源。而相克关系则可表述为，识别了人才就能减少培育人才的支出，培育好了人才也就不需要专门花精力留人才，留得住人才就不用担心人才的任用问题了（留下的本就是已任用的），有人才可任用说明已经能识别了人才。

“识才”是中心，是基础，也是前提，更是贯穿组织内的成员职业生涯的全过程。能否认识人的品德、性格、优势、弱点、亲和力、合作力等是人才工作的核心。然后进行合理的选拔——人才的招聘、选拔，精心地培育——人才的激励、培育；确定了本企业所必需的人才并纳入麾下后，则要进一步考虑如何用其所长——人才资源的有效开发与有效配置，如何留住人才——人才的物质保障、人心的认可与接受。

由此，得出心和管理第二原则：识人、选人、用人、育人、留人“五才机制”有机融合。

“五才”合一，实施心和管理，中式性格分析法识别人才，然后是心和管理八大法则与易理对应，实施八卦八法管理。易理、心管理、和管理及管理目标结合，构建出心和管理学理论体系，如表 11－2 所示。

表 11－2　　心和管理学理论体系基本构成

周易文化		管理原理		人心管理三级目标			心和管理目标	
八卦	易道之理	管理法则	管理机制	初级	中级	高级	心目标	和目标
乾卦	自强不息	欣赏管理	用人机制	心服口服	心悦诚服	心甘情愿	凝聚人心	人心和顺
坤卦	厚德载物	品性管理	选才机制	心地善良	心口如一	心诚意真	正道人心	人心和善
坎卦	常德行习教事	满意管理	经营机制	心明眼亮	心胸开阔	心满意足	获得人心	人心和平
离卦	继明照四方	感动管理	情感机制	心平气和	心花怒放	心旷神怡	温暖人心	人心和美
巽卦	申命行事	理解管理	沟通机制	心中有数	心领神会	心照不宣	顺意人心	人心和谐
震卦	恐惧修省	精神管理	育才机制	心志坚毅	心性忠义	心存高尚	振奋人心	人心和爱
艮卦	思不出其位	情绪管理	疏导机制	心驰神往	心无旁骛	心理阳光	稳定人心	人心和煦
兑卦	朋友讲习	心态管理	留人机制	心态平正	心情舒畅	心灵升华	喜悦人心	人心和悦

在这个体系里，八卦是管理文化，八大法则是管理核心内涵。八卦揭示易道之理——中华大道、本原初心——是管理行为方式和行为内涵、易道实践（知行合一）与管理机制的综合。乾卦之欣赏管理建设用人机制，坤卦之品性管理建设用人机制，坎卦之满意管理建设经营机制，离卦之感动管理建设情感机制，巽卦之理解管理建设沟通机制，震卦之精神管理建设育才机制，艮卦之情绪管理建设疏导机制，兑卦之心态管理建设留人机制。

（三）八卦八法管理目标体系

表 11－2 是心和管理理论综合性的内容表述，而管理是需要知行合一的，管理行为需要有明确的目标，从心着手，达和为本，因此其管理目标体系分为两个层面。

第一层面，人心管理分目标体系。心和管理是从人心着手的，实际的管理行为落实在人心管理的具体过程中，这就有了初级、中级、高级三级管理目标体系。

（1）初级目标。这是人心为本、双和为要管理的“初级”，不是物本、人本管理的初级，更不是无序管理或粗放管理时的初级。这个初级，是一半强制性的“管”加一半梳理式的“理”的管理；但现实之困难在于习惯了重“管”而少“理”，将一半及以上的精力、努力花在“理”，是现在很多管理人的难点，因为习惯了高高在上，习惯了颐指气使，习惯了被“马屁精”宠着、哄着，习惯了权力在手的“快感”。心和管理初级目标的要求就是放低姿态，以平等心“理人心”，这一级“理”的能力，事实上大多数从事管理工作的人都具备、都能够达成。初级目标在于通过八卦八法则管理让人心服口服、心地善良、心明眼亮、心平气和，让人们逐步达到心中有数、心志坚毅、心驰神往、心态平正。

（2）中级目标。初级目标的管理难在思想观念的转变，而中级管理则难在方式方法、管理技能的具体落实了。因为难度系数高，仅仅靠努力是远远不够的，必须有坚定的信念、纯洁的心灵、不折不挠的意志和毅力，还需要有极高的道德水准、极高的艺术水平、极高的“理”之能力。这个层面，“管”的作用在减少，因为管理对象的素质已经达到不完全依赖法制规章之约束就能自觉遵行的程度，“管”最多只要三分，甚至可能只需两分或一分就够了，主要的是“理”。中级目标通过八卦八法则管理让人心悦诚服、心口如一、心胸开阔、心花怒放，使组织成员对组织目标和精神心领神会，因而心性忠义、心无旁骛并且心情舒畅。

（3）高级目标。这是一种理想状态、一种高境界状态，对管理者的要求，是保证朝着这个目标努力，努力到什么程度，涉及天时、地利、人和与企业环境、社会环境及每一个体的修养等方面的综合因素。管理须有一个高远的理想，有个奋斗的方向，高级目标就是这个理想、这个方向，人心管理为此而努力着。这个层面，“管”的作用可以基本忽略，人们的素质和自觉性又很高，“理”是主要方法。高级目标要让人做事心甘情愿、合作心诚意真、就职心满意足、心境心旷神怡、沟通心照不宣、精神心存高尚、生活心理阳光、思想心灵升华。

第二层面，心和管理总目标层面。人心管理达到高级层面，引导向协和目标，人心管理与双和管理的总目标也就一步步实现了。所以从“心”开始，到“和”成功。

以乾卦欣赏管理为例，初级目标是心服口服，管理不是针对个人而针对大家的，口不服就会影响到别人，所以需要心也服——这是初步收拢了人心；中级层次就涉及更高的心理要求“心悦”，是愉快开心地接受、诚心诚意地信服，谓之心悦诚服——这是基本凝聚了众人之心；如此一步步走向人人干工作、做事情都心甘情愿，也就征服了人心、彻底凝聚了人心。如此，人心也一步步走到了和顺之境，谓之心甘情愿干事业，凝聚人心得和顺。

依此类推，其他七个管理法则也分别实现这样的总目标，概括之：品性管理心诚意真干事业，正道人心有和善；满意管理心满意足干事业，获得人心谋和平；感动管理心旷神怡干事业，温暖人心现和美；理解管理心照不宣干事业，顺意人心讲和谐；精神管理心存高尚干事业，振奋人心展和爱；情绪管理心理阳光干事业，稳定人心丽和煦；心态管理心灵升华干事业，喜悦人心得和悦。实现这样的心和管理目标，是对事业人长期管人理心的努力结果。

第三节　人心管理的目标理论

一、心和管理易理八德目标

（一）心和管理心法则易德目标

周易八卦，是中华祖先对宇宙时空运行、天地阴阳大道、人间世道变动规律的探索，所涉内容包罗万象。心和管理学关于心和管理目标的研究，只是挖掘“周易”这一条连绵不绝的巍峨山脉之中的“八卦”这一座高耸入云的“大山”山岩里面的一粒“小矿石”，解剖、测试、验证，从八卦象辞所展示的易理、易德，及对应的人心管理的八大法则角度，探索心和管理易理目标体系。这是国学管理目标的确定，如表11－3所示。

表11－3　　心和管理易德（象辞）目标

八卦	国学管理目标（象辞）	目标前提	易德目标
乾卦	天行健，君子以自强不息	天道运行刚强劲健	刚毅自坚，发奋图强
坤卦	地势坤，君子以厚德载物	大地气势厚实和顺	增厚美德，容载万物
坎卦	水洊至，君子以行德习教	水流滚滚反复而至	借势谋划，磨砺品德
离卦	明两作，大人以明照四方	太阳悬空持续照耀	光明附着，照于四方
巽卦	随风巽，君子以申命行事	风随风力随风前行	领命行事，顺势而为
震卦	洊雷震，君子以恐惧修省	雷声阵阵振聋发聩	因恐生惕，去恶从善
艮卦	兼山艮，君子以思不出位	山山相连山道难行	所思守矩，诚实本分
兑卦	丽泽兑，君子以朋友讲习	两泽相偎互为浸润	志同道合，互学互益

《周易》“象辞”对八卦卦象的表述，乾卦：天行健，君子以自强不息；坤卦：地势坤，君子以厚德载物；坎卦：水洊至，习坎，君子以常德行，习教事；离卦：明两作，离，大人以继明照于四方；巽卦：随风巽，君子以申命行事；震卦：洊雷震，君子以恐惧修省；艮卦：兼山艮，君子以思不出其位；兑卦：丽泽兑，君子以朋友讲习。为了表述的简明和记忆的方便性，在整理、归纳表11－2周易文化之“易道之理”时，对八卦“象辞”在文字上作了微调（不改变其本意）。“象辞”所表现的内涵，在很大程度上指明了心和管理的基本方式和方法，所以可认为是心和管理与周易八卦相对应的管理目标，这里简称“易德目标”。

八卦，每一卦皆是同卦（上卦下卦相同）。解读同卦叠加的意义，在于每卦都表示出重叠、反复以及加倍等的意义，这也就可以理解管理不是一“管”就灵，一“理”就通，而是需要反复努力，不断总结，直到易德目标的实现。在这样的基础上进行心和管理，那么就可以事半功倍了。为此，这里将八卦之“象辞”内容进行进一步描述，在“象辞”基础上掌握易德目标提出的前提和借助易理进行管理要实现的目标。

（二）易理八德德性管理解析

从易理与中国修心结合视角看，八卦是中国先贤借用八种自然现象提炼出的八种美德，谓之乾卦刚德、坤卦柔德，坎卦善德、离卦明德，巽卦顺德、震卦警德、艮卦止德、兑卦悦德。在心和管理学理论体系里，把从八卦中提炼出来的八个德性称为“易理八德”。其中的道理是要求人们能够在社会生活、事业拼搏中体现或应用这八种美德。这恰恰是中国本土管理所追求的，也就是心和管理之“心”德修炼所需要的。

乾德为天刚。这一德性要求，是循天道、合自然，每个人要在宇宙时空间，顺其自然规律发奋努力、勇往直前，刚强坚毅，运动不息。人道与天道一样，只有自身的不断努力与奋斗，才有蓝天白云的美丽与成就；不经历风雨，难以见彩虹。这是先贤观天象而得出的结论，天道运行可以如此坚强不屈、刚健有力，那么，有德之君子更要发奋图强，艰苦奋斗。这里表达的是心和管理的易理目标之一就是自强不息，具体表现为刚毅自坚，发奋图强。

坤德为地柔。这一德性要求，就是如同大地那样拥有宽厚柔顺之德。大地如此之宽，能够承载一切；大地如此厚实，能够容纳一切。有坤德者就是厚积薄发中的“厚积”，包括德性厚、知识厚、能力厚等，有如此厚重的积淀，方能举重若轻，也才能承受得住任何压力和艰难险阻。这是先贤察地理得出的结论，万物皆能包容，胸怀宽广；万事皆能承载，柔顺有力。心胸狭窄，容不下他人与他物；也就得不到他人与他物；德性浅薄，也就不可能与高位高福相匹配。所以，心和管理易理目标之二是厚德载物，具体表现为增厚美德，容载万物。

坎德为水善。水德，乃上善若水。水洊至，需顺应水的规律，抑弊扬利，以磨砺自身的操行品德。随水而行，行而不惧，且能习熟其性；水流过处，时有险坎，需履之如康衢。水，利用得好，为生命之源；利用不好，便是坎险重重。能从中顺利而行者，可以按水规律、循自然之常以行有德之事，不断实践，从而教育人们行大道之事，且习而不辍。故心和管理易理目标之三是行德习教（常德行、习教事），具体表现为借势谋划，磨砺品德。

离德为火明，火闪火光，光明之德即明德。太阳出来，光明普照，自是吉兆。凡光明者必有温暖，所以火德的关键是给人以光明、以温暖，而且能持续不断。日头挂天空，地火有源头。光明需有光之源，若要保持不断火，就要不断附着于天地，如此方能光照四方。人生在世，德性不能照耀，行事无法让人信服，就不可能创造成就。这就是心和管理易理目标之四，所谓明照四方（继明照于四方。继，接连不断之意），具体表现为光明附着，照于四方。

巽德为风顺。风送青云，顺达高效，乃做事随风、顺势而为之德，如此方能一帆风顺。逆水行船，很难成事。君子申命，向上申请得令，向下推行政令，都应顺风而行、顺时势而行。人生在世，同样要随顺成长发展的时节因缘，在此范围之内，该做什么事情就做什么事情。很多人不明白此理，好高骛远而不修德，随性而为而不节制，结果总是事与愿违，甚至人生失败。所以，心和管理易理目标之五是申命行事，具体表现为领命行事，顺势而为。

震德为雷警。惊雷呼起，是令人警醒之德，让人自我修身之德。因为雷声滚滚而来，一阵接着一阵，本身就十分吓人，在大自然的威力面前，谁能不感到恐惧。正是这令人心悸的震雷，对有德之君子来说，恰如醍醐灌顶，猛然惊觉，从而不断地自我反省、自我修养，远祸避害、趋吉避凶、去恶从善，使自己德性浑厚。不能警醒，没有自觉，一切成空。因此，心和管理易理目标之六是恐惧修省，具体表现为因恐生惕，去恶从善。

艮德为山止。不动如山，行止有度。群山相兼，山势曲折，万物静寂，山道难寻，山岳峙立，岿然不动。如山之德，需合规守矩，不可逾越。这便是大山告诉我们的道理，当行则行，该止就止，不要勉强，无须越位。为人则诚实本分，知道进退。当行时犹豫不决、该止时冲动胡为，必然遭遇危难风险，甚至可能是跌落山崖，万劫不复。这就是心和管理易理目标之七思不出位（思不出其位），具体表现为所思守矩，诚实本分。

兑德为泽悦。泽水交相浸润，互为滋益，彼此相依，共同和悦。两泽相连，如朋友相交，互相学习，互为依存，两相讲习，共同进步。这就泽水展示出来的道理，人需群居，相爱相守，彼此和谐，互为提高，这才是为人处世最快乐的事。如果对人不诚实、做人不本分，总是异想天开，总想损人利己，不愿意舍只要求取，最后就是什么也得不到，甚至陷入沼泽而不可救。所以说心和管理易理目标之八为朋友讲习，具体表现为志同道合，互学互益。

（三）修道明德德和管理目标

《心和管理学》与《现代管理学》在管理目标上的重大区别，在于心和管理重谋德和，西方管理重谋利益。也正因为此，有人讥笑中国文化虚伪：在利益面前，谁能德和。却偏偏忘记了一个重要事实：管理的目的是明晰前进的方向目标。正因为人性中有趋利的因子，才需要我们在管理中谋求德和，以德和管理要求，克制趋利的无底线追求。若管理也是鼓励谋求利益，那么求利之马就会脱缰而难以控制，修身之德也就难以实现。

“全盘西化”者崇尚西方规则，摈弃中国德修，比较典型的是“道德永远代替不了规则”论调，有一篇文章的标题就说：《你连规则都不遵守，还跟我扯啥道德！道德永远代替不了规则!》，这咄咄逼人的口气，站在评判制高点的责问，怎么看怎么可笑。最简单的反问是：“你连道德都不讲，还跟我扯啥规则！规则永远代替不了道德!”世界杯赛场黑哨，是规则还是道德？大国小国、强国弱国的不公正待遇，是道德还是规则？西方崇尚的丛林法则是放之四海而皆准的真理吗？没有受约束者共同的心理认可，规则只是一块遮羞布；没有心理认同，意味着没有大家认可的公德；不讲道德，何来规则的有效!

心和管理追求德和目标，即八卦对应的易理八德目标（为区别12章“心和管理学伦理体系”第三节之三“新时代之红色管理伦理”提出的“时代八德”，此处八德命名为“易理八德”）。如果说“易理八德”作为“君子”（西方人大约叫“绅士”，或实际已经消亡的“骑士”）应该遵循的天地大道，那么“时代八德”是公民应该修成的社会公德。

中国文化在《周易》出现的时代就注重悟道明德，几千年来始终没变，说明道德在中国文化中的重要价值，红色管理的关键点也是如此。

二、心和管理八大法则目标

“易理八德”是传承中华国学、体现中国圣德的修身养性之目标。修身之“身”，是“身心”，“养性”之性，乃“心性”。虽不着一“心”字，修养的却是货真价实的“心德”。易理八大心德，分别对应心和管理学之人心管理八大法则，每一法则的运用，须解决人心管理的八个分支目标中的一个，实现心顺人和，如图11－4所示。

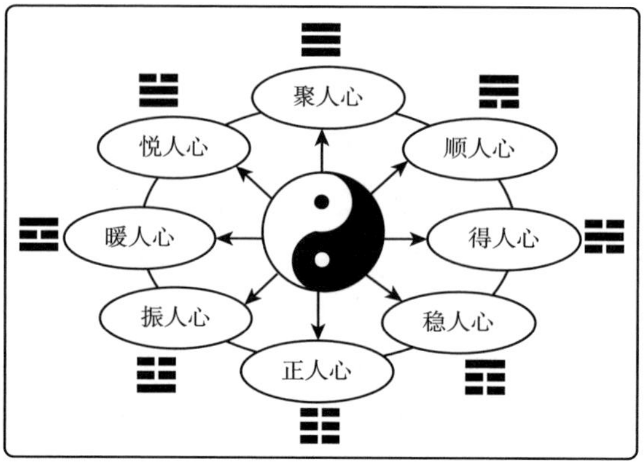

图 11-4　心和管理之人心目标模型

（一）欣赏管理心和正道目标

欣赏管理乾卦聚人心，品性管理坤卦正人心；故心中有乾坤，行事走正道。

乾位，自强中刚强，欣赏中坚毅。出身因所处阶层不同而不同，社会地位就有先天差别，所谓“子承父业”，所谓“龙生龙、凤生凤，老鼠的儿子会打洞”，所谓“含着金钥匙出生”（对应的就有含着黄连出生的人），就是这种先天差别引起的后天区别。但有一点却是不管什么样的出身都相同：期望等到关注、得到认可、得到支持、得到理解、得到欣赏。

中国老百姓从社会现象中总结出这样一句话：穷在闹市无人问，富在深山有远亲。人情冷暖，皆因人的内心发生了变化从而趋吉避凶，发展到趋利避害，有人就走向了趋炎附势、攀龙附凤，进而曲意逢迎、溜须拍马，最后如蚁附膻、卖身投靠。当然，有的人逆境中自强、失败中站起；有的人富贵不能淫，贫贱不能移，威武不能屈；有的人在歧视、谩骂、压榨中卧薪尝胆、韬光养晦。这是人自身的素养与骨气，对于他人的不理解、不认同、不欣赏只当作是一种磨炼。所以从自我管理角度说，提升人的修养十分重要。然而在组织管理中，作为管理者不能也不应该只要求别人提升修养而不给予组织层面的支持、欣赏。给予肯定的肯定者、给予赞美的赞美者不同，带给人的感觉与影响力也是不同的；事实上在职场、在工作中，得到上司的认可就是最高的表彰。有权肯定别人、赞美别人的人，也都会期望被比自己地位更高、权柄更重、财富更多的人看重，已所欲，也需给员工同样的欣赏与认可。

心同此心，人同此理，在“上下东西南北”六方关系中，关键一方就是上，当然也需要“群众基础”，不过那只是“需要”而已，而不是决定因素。这一点，全世界都一样，与国家体制、政治环境、社会风气无关，主要与人性有关。从人性上看，人的出身可以不同，起点可以不一样，但“期望被人欣赏被人认可”这一点是相同的。这就是为什么欣赏管理可以凝聚人心的原因所在。聚人心既是管理的重要目标，更是一位领袖者必须具备的基本能力。心和管理，就是要聚得拢人心，人心在，方能一呼百应；人心在，方能涉及其他。

坤位，柔顺中坚韧，厚德中正道。西方管理学有种种人性假设，很多研究者认为中国古代也有许多人性假设。其实，中国古代的人性本善、人性本恶的争论，应该不是假设，而是思想观念、学术流派之间的立场不同。一些人在进行国学与西学比较时，因为西方说的是“人性假设”，也就将本性善还是恶所持的观点不同，说成是“人性假设”了。人性本善是儒家学派的观点，人性本恶是法家学派的观点。这里并不纠缠在人性本善还是本恶上，善恶本就是如同“阴阳”；也不会考量经济人、社会人、自我实现人还是复杂人的问题，因为那不是重点。重点是管理让人阴盛阳衰了还是阳盛阴衰了，也即是通过管理实现了扬善抑恶了，还是抑善扬恶了，管理是让人走正道了还是走歪道了或是走岔道、邪道了。

所以坤道管理关键在于能不能正人心。人心正了，人才是有用的人才、有价值的人才；人心不正，其道就歪了、叉了、邪了，甚至是反了。这就是品性管理的内涵所在，也是意义所在：人品要好，人性要善。任何性格测试，可以在一定程度上测出其先天的特性，也能在一定程度上测出其后天的变化，但测不出性格的善恶走向。所以，五行性格的每一行，都有两个方面：是正方向发展还是负方向发展，即是积极的还是消极的。

欣赏不是无底线纵容，品性不是什么事都上纲上线，鼓励而扬起奋斗的风帆，修心而坚定心中的信念，才会让人心中有乾坤，也才是欣赏管理与品性管理的正确开启方式。

（二）满意感动理解管理目标

满意管理获得人心，感动管理温暖人心，理解管理顺畅人心；过坎而水盈，见光而火明，凌云而风顺，管理要让人感受到柔顺的满意、温暖的感动、春风的美好。

坎位，踏险而行，越坎而过，繁霜尽头满眼春。人皆有欲望，无非对欲望的强弱程度不一样，追求欲望的观念观点不一样，实现欲望的方法途径不一样而已。若没有了欲望，就是中国人说的“心死了”“哀莫大于心死”。但若欲望过大，贬义称之为有野心，且野心勃勃；褒义就是有雄心，就是壮志凌云。野心雄心的分野岭是走正道还是歪门邪道。

当欲望满足时，人会获得一个时期的满足感，但时间久了又会生出新欲望，所谓欲望无止境。作为个人追求，只要其欲望和实现欲望的过程不损害集体、他人的利益，不违背公民、组织的公德，就没有什么可以去指责的。但从管理视角看，个人的欲望要与组织的欲望相一致，组织要帮助成员满足合理的愿望。人在组织中能感受到组织的关怀和温暖，必要欲望可以得到适度满足，必要追求可以获得合理满意，意味着在组织里获得了成就感、满足感。那么，心灵深处那种“士为知己者死，女为悦己者容”的特性就会展示，会对组织有强烈归属感。这就是满意管理能够获得人心的秘诀所在，能得人心何愁事业不成。

离位，焰腾温暖，火光照亮，附丽美好而心动。人是感性动物，无论是中国人还是外国人，都有感性因素；再理性的人，也有感性的一面。尽管西方的社会发展是商业特性的、海洋性弱肉强食的，同样也追求情感世界的回气肠荡。人类对情意、情感、情爱的需求是共性的，只是表现方式不一样。当人们习惯了“没有任何借口”的文化，当人们认可了丛林法则或海盗法则时，也许会压制情感并渐成习惯或社会机制，就只剩下理性的利益计较。

农耕文明的种子，深种在中国人的心坎里，流淌在中国人的血液里，刻进中国人的骨髓里，融入中国人细胞里。无论工业化到什么阶段或后工业化时代还是互联网时代，中国人生活在亚洲大陆块的山川江河之间，文化传承、地理因素和人种特点，依然会把情感因素放在极其重要的位置上，若不是，很难说是真正的中国人。可以控制情绪、可以振奋精神，但心里本然的、本能的情感需求，永远不会变。这是人情社会不会消亡的原因所在。讲人情没有什么不好，好面子也没有什么不好，这说明中国人懂情感、讲情义，关键是掌握好度。

当情义感受、情绪感染、情分感悟时，激情是一种释放，感动是一种收获，流泪是一种温暖，欢笑是一种幸福。当人心感受到组织、职场、社会的温暖和幸福时，无疑，心理认可已经实现。这就是离火的光明照耀、温暖拥抱时人心得到温暖、温馨、温情的时候，暖人心者真性情。管理若能温暖人心那将是多么美好的管理。

巽位，沐浴春风，感受顺畅，人心相通双协和。“好风凭借力，送我上青天。”国学中对顺风而行非常有好感，许多诗文描写之，冬天之大雪“忽如一夜春风来，千树万树梨花开”，春天之美景是因“风雨送春归，飞雪迎春到”，其美让人感叹“等闲识得东风面，万紫千红总是春”，连节日的夜景也是“东风夜放花千树”；而借“风”抒怀、抒情，也是情意万千，有“我欲乘风归去，又恐琼楼玉宇，高处不胜寒”的感怀，有“昨夜西风凋碧树。独上高楼，望尽天涯路”，以及“莫道不销魂，帘卷西风，人比黄花瘦”的惆怅，也有“今宵酒醒何处？杨柳岸，晓风残月”的愁绪，都是风助情感深入；面对坎坷，也相信“长风破浪会有时，直挂云帆济沧海。”诗文无数，风美如是，风最解人之情怀。也许有人会说，这只是文学描述，是文学夸张。其实一切艺术手段，皆源于心意。有此心意便有此文学，有彼心意便有彼夸张。

风可送暖、亦可送凉，自然也可送喜、送愁、送意兴阑珊。一位管理者，给人春风送暖、夏风送凉，还是秋风送阴、冬风送冷在于这位管理者的素养和意愿；一位职场人是风中挺拔、意气风发，还是风中凌乱、心猿意马，既在自身的素养和意愿，也在代表组织的上司给的是什么“风”。被人认可和理解，那感觉是如沐春风；被人信任和支持，那感觉是春风送暖；反之，便是阴风、冷风、狂风。人与人之间的体谅、认同，是相当美好的感觉，让人心中畅快，人的管理实践中遇到的问题，几乎都在于没有让人心里顺畅而引起的。

人心顺，心态畅，人做事就会有主动性、积极性和责任心，如此就会有细心、倾心、全心去做事，那么可以把管理的问题减少到最少甚至没有。人心里不畅快、不舒服、不乐意，人在组织里不被认可认同，不被体谅理解，做事就无法顺畅顺利顺心。

满意管理、感动管理、理解管理，还需注意中庸之道，一切以适当为佳，否则坎卦之水既能载舟也能覆舟，离卦之火既能温暖也能烧炙，巽卦之风既能送顺也能毁坏。

（三）精神情绪心态管理目标

精神管理振奋人心，情绪管理稳定人心，心态管理喜悦人心；闻雷而警醒，遇山而知止，入泽而快乐，管理，要让人有精神振奋、心绪稳定、情感愉悦的获得感。

震位，震雷阵阵，惧而得警，雷雨之后见彩虹。一个组织内，如果没有好的企业文化，或者干脆感觉不到任何企业文化的印痕，那就意味着这家组织内没有了精气神，没有聚合力向心力。企业有没有精神、企业人有没有精神，企业有没有公德和社会责任、企业人有没有公德和社会责任，同样也是通过企业文化表现出来的。企业文化（或称组织文化）就是这种公德心、责任感为核心的个人精神、企业精神（或组织精神）的体现。

将这一观念进一步宽泛或者扩大，那么就是一个行业的行业精神，一个区域的区域精神，一个民族的民族精神，一个国家的国家精神。生理上，有精神者神采奕奕、精神焕发；思想上（心理上）有精神者意志顽强、力量充沛。也就是无论是实的还是虚的，精神都可以让人振奋，同样也可以让人萎靡不振。是振奋还是萎靡，全在管理者管理水平的高下、管理能力的强弱。精神管理的目标：让人的精神振奋，让人心振奋而充满正能量。

心理暗示、信仰力量，很多时候是通过精神管理达到的。只是有时候有些走偏了，成为一种空洞说教，或官僚镀金，或玄奥唬人，或诱惑歪邪……让人无法信服，也无法苟同，精神管理停留在口号式呼喊、标语式宣传上，振奋精神目标也就难以实现。

艮位，行止适宜、稳定如山，车到山前必有路。人心很难捉摸，极易变化。人心的这种不稳定性，是因为人心总会随着思想、环境、生活、工作的变化而变化，也会随着人心的思量、欲望、诱惑、境界的变化而变化。内在的、外界的任何刺激，都会造成人心的变动，或趋阴或趋阳。人们有时候都无法预知下一秒钟自己的心里会发生什么变化。

所以说人心起伏不定，人心容易被刺激。而这种心理、心灵的变化，总会在外在言语、行动上表现出来，这就是情绪。正因为人心容易变动，进而造成情绪出现冲动，中国文化才特别强调克制情绪变动、稳定心理状态。这是与西方文化有着巨大差异的重要方面——西方文化鼓励个体的独立性，注重个人力量，保护个人私产和私人思想；中国文化强调集体的融合性，注重集体力量，保护集体财产和集体智慧。在西方可以不考虑别人的感受，在中国则必须关注旁人的眼光。有时候自己怎么看不重要，别人怎么看才重要。对此有人批驳、有人指责，可遇到事这些批驳者、指责者也一样，他们也要脸面，也会让别人的看法来影响自己的行动。相对来说，西方人可以恣意挥洒情绪，中国人不允许，必须克制和压抑，不动如山。这就是心和管理学提出情绪管理的目标是稳人心的原因所在。

兑位，山泉汇聚，清流成泽，涓涓细流显欢快。人在什么时候会感到喜悦，人在什么时候会拥有快乐，人在什么时候会开心欢畅？是在有喜事的时候，人逢喜事精神爽。那么，在管理中，如何让人有喜事成为一个非常重要的内容。管理者常常批评工作中的精神懈怠，殊不知，这种懈怠来源于让人许久没有喜事了，感觉不到快乐了，动力弱了。

长期工作下来，总是没有喜事，却要求其开心快乐、全身心投入工作，纯粹是痴人说梦。所以，管理要调整人们的心态，使其对“喜事”的理解扩大宽泛起来，“喜点”降低让心态好起来。这就是心和管理学所说的心态管理达到喜悦人心的目标。

人心聚了、正了、得了、暖了、顺了、振了、稳了、悦了，人心管理的目标就实现了。

三、文化传承时代创新管理

（一）文化自信创新管理法则

人心双和管理目标的三个层次是递进的，初级目标指管理进入心和管理层面时实施阶段时的目标，重在建立起心和管理的组织文化和管理机制，使组织与员工个人都关注人心变动、着重人心修养、开展心和管理；中级目标指管理进入心和管理层面时提升阶段的目标，重在提升和完善心和管理的组织文化和管理机制的同时，把着眼点放在让组织内部的人心凝聚、正道的基础上，让人心悦、人心诚、人心宽、人心乐，人心开朗、人心有神、人心自在、人心纯洁，从而组织成员对组织有强烈归属感、责任感、使命感；高级目标指管理进入心和管理层面时理想阶段的目标，这是需要长远努力、不断奋斗的高阶目标，人们心灵洁净、大公无私、一切顺遂，获得了内部大同的理想环境和美好生活。

鉴于人心的变动性，心和管理的目标也是在不断追索中不断提高、不断升华的。

乾卦欣赏管理，其心和管理的目标是凝聚人心。聚起人心的管理目标是三级递进的，初级管理目标是心服口服，中级管理目标是心悦诚服，高级管理目标是心甘情愿。能让人们行事处事心甘情愿，就代表着管理凝聚了人心。以理服人可让人“服”，而使其心中愉悦地服才是“诚服”，一个管理者的最高境界是让人心甘情愿。

坤卦品性管理，其心和管理的目标是正道人心。正道人心的管理目标是三级递进的，初级管理目标是心地善良，中级管理目标是心口如一，高级管理目标是心安理得。若能心安理得意味着内心无愧，自然达到人心正道。心善为做人的本分，人们失之已久，故需要通过管理而回归善心，善者所思所言合一，如此时时心安理得。

坎卦满意管理，其心和管理的目标是获得人心。得到人心的管理目标是三级递进的，初级管理目标是心明眼亮，中级管理目标是心胸开阔，高级管理目标是心满意足。真正的适度合理的心满意足，才有真正的人心归顺。心明眼亮谓之聪明，然则成大事者还须有胸襟，额头跑马胸内撑船能容天下难容之事，于是可心意满足。

离卦感动管理，其心和管理的目标是温暖人心。暖和人心的管理目标是三级递进的，初级管理目标是心平气和，中级管理目标是心花怒放，高级管理目标是心旷神怡。让人心情愉快并且精神舒畅，方是从心里温润暖和。心静是一种能力，宁静而能致远，清静而能达深，风顺云飘花开叶落皆可让心花儿开放，自是心旷神怡。

巽卦理解管理，其心和管理的目标是顺畅人心。人心顺畅的管理目标是三级递进的，初级管理目标是心中有数，中级管理目标是心领神会，高级管理目标是心照不宣。彼此真正的默契无须说出来，如此才是真正得人心。因为懂得体谅所以事事心中有数，因为善于沟通所以能够心领神会，因为愿意认同所以无须宣示而心照。

震卦精神管理，其心和管理的目标是振奋人心。人心相通的管理目标是三级递进的，初级管理目标是心有所属，中级管理目标是心无所累，高级管理目标是心存高尚。人的高尚不在外显而在内心，心中洁净方是有精神。心有信仰、心有归属才是内心有精神，心中无所拖累方可精神振奋，身有神气心有精元可达到内心高尚。

艮卦情绪管理，其心和管理的目标是稳定人心。人心稳定的管理目标是三级递进的，初级管理目标是心有所驰，中级管理目标是心无杂绪，高级管理目标是心理阳光。心中纯朴无杂才可阳光普照，坦坦荡荡便得人心稳。心里有目标，又懂松弛有度，内心可稳定，进一步则心中没有杂质杂绪，才能让一个人的内心阳光灿烂。

兑卦心态管理，其心和管理的目标是喜悦人心。人心快乐的管理目标是三级递进的，初级管理目标是心态平正，中级管理目标是心情舒畅，高级管理目标是心灵满足。心灵满足的前提是心正情畅，如此的开心才真欢愉。内心里有平和正道，是快乐之源，能够让人心畅情舒，才是愉悦之道，开心的最高境界是达到心满意足。

（二）文明管理不会走狼性路

心和管理理论，意在通过管理让人们进入初级目标，完善中级目标，不断处在追求高级目标的境界中。只是在所谓的《现代管理学》主导下，这样的目标实现显然受阻。仅从自媒体一个视角，就可发现一些文章的恶意所在，提出的观念、道理、说法，危言耸听中与中国管理思想格格不入，很多人还在不断地传播。先看一些惊世骇俗标题：《鬼不可怕，可怕的是人》《互害式的中国人，惨烈的现状》《男人就该像狼一样活着》《愚蠢的人，才经营人脉》《优秀的老板都是骗子》《真正聪明的人，从不吵架》《老板越宽容，员工越没用》《中国男性，正在娘化》《中国式的富人，正在成为世界的笑话》……这些网文，看上去正在“思考反省”、正在“教导管理”、正在“忧国忧民”。而事实上无论是立足点还是证明材料都是在否定中国人的人性，在颠覆中国人的思想，在抹黑中国人的管理。当“坊间”的功能转移到网络、自媒体后，好事者、跟风者、围观者，加上处心积虑的诱导者、不遗余力的推波助澜者，这些文章便如病毒般蔓延。如此情况下，人心总处在被诱导状态下，进入初级目标都难，又何谈心和管理之目标递进。这是需要引起警惕的。

《鬼不可怕，可怕的是人》把人说得极其黑暗，人“笑着害人”“玩心眼”“虚情假意”，把人性的阴暗面特别强化且无限放大，而且只揭露且放大，只让人看见“牢骚”，却始终见不到正向人性和对存在问题的解决之道，显然是司马昭之心。《互害式的中国人，惨烈的现状》更是居心叵测，提到人与人之间的“互害”到了“惨烈”程度，还强化了这是“中国人”的现状，反复论证中国人这么可怕、这么毒辣、这么心中无善，而且只有中国人如此。其实，且不说文中那些琐碎的例子的真实性，就光光那几个例子是证明不了那样的人那样的事代表着“中国人”；更何况，既然人性这么“丑陋而残暴”，那就更应该修身养性、炼心修心，去恶弃暴而致人性向善。只是文章在这方面一字不提，胡说八道也好、胡乱联系也罢，反正能说中国人不行就可以了，这企图无疑路人皆知了。这样的“文章”（如果也算“文”并成“章”的话）让人不齿；不明真相的人还在不断转发，这是让人感到疼痛的——若无知、跟风、盲目，还有救；若是只要是抹黑中国、抹黑中国人的就转发，则病入膏肓了。

另一篇网文又强调《男人就该像狼一样活着》（对于“狼性管理”的提法，心和管理研究者一直不赞同，甚至认为是不能成立的无稽之谈）。狼给人的第一感觉，狼给人类的威胁，是狼的不分好赖，是狼的贪婪、狠辣、残暴，可以说狼在中国文化里是声名狼藉的，提到狼，中国人脑子里浮现的是鬼哭狼嚎、狼心狗肺、狼狈为奸，不好的世道用豺狼当道形容，形容好色者为色狼。至于什么狼的“锲而不舍、不屈不挠”、什么狼的“团队合作、忠贞不二”、什么狼的“追求卓越、双赢天下”，全都是人为强加的东西，根本不是狼的品性。若男人都像狼一样活着，女人们会怎么样？若一个组织内部所有的男性员工都具备狼的“野、残、贪、暴”特性，谁敢生活、工作在这样的一群“狼”中间！人需要敢拼敢搏，但绝不是狼性；从动物本能野蛮中走出来构建了文明世界的人类，不应该抛却文明再回狼性野蛮。

任何一个民族或者人种，都有其劣根性，任何一种文化或者文明，都有其历史性。说国民性中的劣根性是传承几千年依然存活且蒸蒸日上的文化造就的，显然无法成立；说保守、懒惰、循规蹈矩、忍辱负重的罪魁祸首是中庸之道，更是无稽之谈。再说提“男人就该像狼”的人，应该没有真正理解中庸之道。若人才不需要欣赏，不需要鼓励，不需要光明，不需要温暖，只需要野蛮难驯、弱肉强食、凶残贪婪、暴虐狠毒的狼性，没有人真敢用。

（三）修心悟道是真国粹管理

一些网文、段子常用似是而非的观念让人们放弃正常的行为准则，诱导大家去做与社会和谐完全相反的人、事。例如，《愚蠢的人，才经营人脉》真不知道这个观点来自哪里，西方学术界、社会上应该也不会堂而皇之说这样的观点吧。这是故意扰乱人们的思维，还是摧毁人们头脑中原有的观念体系，只有提出者自己知道。这篇文章用一些不知道真假的极琐碎的小事来证明：经营人脉的人是愚蠢的。且不说这种论调弄脏了“人脉”这个词，曲解了“经营”的真正意义，更重要的是，“人脉”是“经营”出来的说法本身就不可能也不应该成立。经营是一种投资性获取利益的行为，而中国文化中原本没有研究人脉（中医里有“人的脉象”一说）的，只说人缘，人缘是长年累月良好的为人处世积聚起来的，不是经营出来的。如果“经营人脉”的说法成立，那也是西学内涵，愚蠢的自然也不是中国人。

再如《优秀的老板都是骗子》，这是明目张胆地鼓励投资和经营企业的老板们做骗子。也许作者会争辩一大堆理由，但以“优秀的老板都是骗子”作标题，导向就有问题。无论是“标题党”作派，还是在论证一种观点，都是不适宜的。文中说“任何强大的公司都不会给下属安全感，用最残忍的方式激发每个人变得强大，自强不息!”不知道作者凭什么得出这样的结论，更不知道这个结论的准确性有几分、有什么数据论证，崇拜西洋的人认可的马斯洛理论都在说人们的基础需求是生理需求与安全需求，这篇文章居然“大逆不道”地暗示说“不给下属安全感”才能成为“强大的公司”。问题是，无论是东方还是西方，谁愿意在没有安全感的企业里工作，而且还“甘之如饴”。“用最残忍的方式”的本质还是狼性管理的那一套，如此“激发”绝不可能让员工“自强不息”，最多也就是让上位者对下属员工“理直气壮”地盘剥、压榨、蹂躏、欺凌而没有任何负罪感，且可以不用承担法律责任。

可以肯定，成了骗子的老板永远不是好老板；好老板一定有诚信元素。

既然要“狼一样”管理，还不要“经营人脉”，老板可以无休止地用

“残忍法”激发员工，那么《真正聪明的人，从不吵架》之说应该不能成立。聪明的人是脾气好不会像狼一样凶戾，还是如文中所说“吵架的双方一定都会输掉，只是看谁输的更惨”。吵架不是只有泼妇骂街一种方式，吵架也是有素养和层次之分的；中国文化讲究含蓄、修炼内敛，正是因为是人就会有不冷静的时候；而隐忍与冷静是为了能够后发制人，是为了必要时候能保持清醒的头脑，而不是没有情感、不讲人情。若一个人真的在任何时候都是冷静那就可怕了，没有吵过架的夫妻不能过到头，从不表露情绪的同事是不敢相信的。何况，有时候吵架只是一种情绪发泄，发泄完了，也就舒服了；有时候吵架只是诱惑对手失控，或者从对手那儿猎取重要信息，说这些人都不聪明，显然是武断的。人们一般有这样的认知：从不吵架的人一定是深藏不露的，从不吵架的人一定是阴险虚伪的，从不吵架的人不仅“聪明”而且“绝顶”。民间偏偏有“不吵不闹不是真夫妻”之说，也有“欢喜冤家吵不休”的结论。

管理，需要品性管理，需要情绪管理，需要和谐管理。《真正聪明的人，从不吵架》，那么《老板越宽容，员工越没用》就不成立，管理的“宽容”与人才的“有用”便对立。老板若心狠手辣、严苛凶戾，不可能培育出“有用”员工。《中国男性，正在娘化》现象，应该不是老板宽容造成的。偶像剧男主、综艺节目主持或嘉宾比较娘化，不能推论说所有剧男主、男宾乃至男人都娘化。正如泰国有人妖，不能说所有泰国男人都是人妖一样的道理。这些伪命题本身不成立，却在网络肆虐，本身值得思考；娘化的是文化入侵的表现，不是中国男性正在娘化，是引进的所谓“优秀综艺”喜用伪娘。中国从不缺顶天立地真汉子。

《中国式的富人，正在成为世界的笑话》也是同样的伪命题。哪些人代表了中国富人群体，什么样的富人是“中国式”的，应该有公论的。再说如果有“中国式”的，那么是不是应该还有美国式富人、日本式富人、法国式富人等等的说法，笑话中国式富人的是些什么人，说“正成为世界的笑话”的又是什么人。中国富人的作为不仅仅是中国的笑话，还是世界的笑话，这是一种怎样的思维导出的结果。退一步说，即使有中国的富人真的不堪，那也只能代表个人，而不是富人群体，更不可能涵盖所有中国富人。

中国管理是需要精神管理，需要满意管理，需要自信管理，需要快乐管理的。唤起人的奴性（按照“奴性论”者对奴性的定义，全世界人人都有这种奴性潜质）是一种倒行逆施。当需要用《一对情侣退房时，女服务员指着床上的洞说……》（公众号“经商智慧”的网文）之类的方式来体现，那么，这种管理、这种经商一定已经变味了、异化了。

不要中国自己的管理理论，没有中国自己的管理目标，是其心可诛的误导。

第四节　双和管理的目标理论

心和管理之“和”是管理主方客方双向的协和，与己相关各方都“双和”了也就是共同协和了。和的思想、和的观念、和的文化内涵，中华周易原理、儒家民本思想、道家修心观念、佛家阐理等，以及直指人心的王阳明心学、曾国藩《冰鉴》等“心文化”内涵中都有包含。无论国学流派有多少家、学问有多少分支，包含在其中的“修心谋和”这一点文化根本从未改变。“和文化”“和天下”“中庸之和”等的历史传承、文化基因，一直就承续在中国文化之中，镌刻在中国人的思想内涵中，也体现在红色管理中。

一、双和管理心灵目标内涵

（一）管理追求心灵双向协和

从探索本土管理，到形成人心管理，到综合双和管，再到确立为心和管理，是研究渐进、渐明的过程。初始源于对西学管理主导下的本土化思考，形成于社会对培训需求转向理论知识或者工作技能“落地”的要求；为了满足这种本土化、特色化、现代化管理培训需求，倒逼着培训课程开发时去研究管理观念、理论以及技能落地问题，进而不得不进行东方管理观念与西方管理理念之间的比较，寻找本土管理领域成功的案例，探索国学对管理的影响，逐渐创建了第一个管理概念：人心管理。在探索中国“心文化”过程中，感觉到中国文化中一直包含着“心修”之目的：协和，于是特意对中国“和文化”进行探索，逐步创建了第二个管理概念：双和管理。只是相对而言，“人心管理”更着眼于理论与方法，而“双和管理”更着眼于思想与目标。最后，形成“人心双和管理”，即“心和管理”。

这里说明两点：其一，提出“人心双和管理”概念时，为保持研究的一致性，相当长一段时间内仍用“人心管理”涵盖，阶段性成果也用“人心管理”表述。其二“心和管理”理论是一种时代创新，但其管理文化、管理思想古已有之。当代“中国式管理”研究成果如和谐管理、东方管理、人道管理、道本管理、和合管理、周易管理、儒学管理、心力管理等学派，也因古已有之而研究，从不同视角探索了中国管理思想的内涵。所以，心和管理学是在历史传承与红色基因基础上创新发展起来的，管理目的是人的内心双向协和。

心和管理学所指的管理者，不仅仅是“上司”“领导”“管理工作者”等等，而是指组织内部的所有成员，无论他是上司还是下属，领导还是群众，管理工作者还是专业工作者。这些成员，至少管理着（但不仅限于）三个方面的工作内容：其一，管理好自己；其二，管理好岗位赋予的工作内容；其三，管理好与本人、本岗位相关联的各关系方。

管理，不可能是单向的，不应该是居高临下的，更不会是敌对状态。我们总把管理理解为上对下的管理，其实，那只是管理之“管”的意义，管理之“理”还应该包括自己对自己的管理、自己对相关人员的疏导式梳理，以及管理者对事务的梳理、清理、办理。针对人，还针对人所负责的工作内容（财或物的理）。管理首先是管理好人，人的思想、人的心灵、人的思维、人的内心的真实追求，然后管理好与己相关的人及其思想、心灵、思维、内心的真实追求。这里说的管理“好”，就是彼此的和谐、和美。在此基础上，才由这些人去完成手头的工作。所以，心和管理的目标是实现人与人、人与万物之间的双向协和。

（二）彼此美好双向协和管理

和，当然不可能说一说就实现。很多时候，和的局面是“打”出来的，是通过争战来实现的。所以，需要柔性也需要刚性，两者结合乾坤双和、刚柔相济；管是硬件，理是软件，既天人合一，也软硬结合。只有上对下的刚性、硬性管理，在森严的等级制度中培养的只能是奴性（奴性与服从是两个完全不同的概念）。现实中，越是低层员工，组织的向心力、归属感越弱。所以，刚的同时还需要有柔、硬的同时还需要有软，这里的柔软不是怯懦软弱，而是坚毅、坚强中的韧性，逆境、困境中的坚持。刚的、硬的、乾天特性的内涵，适宜于用制度约束、规则约定；柔的、软的、坤地特性的，适宜于承载，适合于梳理、清理、整理。回到管理者与管理对象之间的问题上来，心和管理是实现内心认同、彼此和谐的管理。

所以，在中国文化中，管理好自己就是自我的道心管理——修身养性，悟道守德；管理好工作就是对岗位的忠心管理——忠诚事业，勇挑重任；管理好关系就是对各方的人心管理——互为信任、双向认同。其中管理好各方关系，下级员工管理好与领导的关系，上级员工管理好与下属关系，是重中之重，上下相孚，彼此呼应而心和。六合原理中，人在中间，上下东西南北六方关系，每一方都与中间之人协和——双向性的协和关系，六方共同组合而成一个立体的和合关系（360 度只是平面的）。必须强调的是，每个人都有这样立体的六合关系，通过这样的六合，几乎可以与世界上的任何一人都建立起关系，因为每个人都有这样的一个“虚拟立体六合图”，六方的辐射必然引申到世界上所有有人的地方。

理解了这一点，就应该明白“真正的贵族一定有平民意识”的道理，只是一些高高在上的人永远明白不了，在你眼里蝼蚁一般的小人物，恰恰是让你可以产生高高在上感觉的基础，古人都知道“水能载舟亦能覆舟”的道理。从这点上说，心和管理追求的是“别把自己太当回事，别把别人太不当回事”的管理，当靠欺负小人物而凸现一个人的存在感时，已经在用行动昭告天下：本人是没有修养的浅薄者。

所以，“管理好”的“好”，就是管理双向协和的“和”目标的实现。汉语里，和也好，好也罢，都是弹性词，弹性幅度的大小取决于共同认同也就是彼此协和的程度高低。心和管理衡量的标准，最重要的是彼此“和”的认同度。如果需要一个数值来表示，则需要对组织内的全体成员、相关联和各关系方进行一次认同度调查，设计心理、生理、业绩、合作，以及在单位的成就感、归属感、满足感等各方面的问题；并将对“和”的认同程度分为五个等级：“很高、较高、中等、较弱、很弱”，两者结合组成调查量表进行无记名问卷调查，从而得出某一组织在某一阶段内的共同认同度数值——即所谓的“数学语言”解析，而这数据也是主观的，但符合西方研究范式——国学用一个“和”一个“好”就能清楚表达。

每个组织在每个不同的时段，认同度是可以不一样的，不仅仅因为客观条件不同，还因为不同的人对心理认同程度的感受和描述不一样。中国研究范式不可能给出“一刀切”的一个数值，而是随时、随地、随情变动着的，所以用“和”“好”这样的弹性词来表述，甚为恰当。西方用数理模型固定化了后，都有一个前提条件“假设某某条件不变”，而事实上这个假设是不成立的，却要以此来推算得出结论告诉大家这是正确的，本身就让人存疑。

这里，我们的重点并不是对什么是管理之“和”、什么是管理之“好”给出一个具体的数值。而是要明确，管理的目的不是面上和了就行，而是要心里和，是要与己关联的各方人员都达到彼此双向共同的人心协和管理目标，包括人与己和、人与人和、人与社会和、人与自然和等多方面。每一个单项和，所起作用有限，只有各方都与己彼此双和，才是真正的协和。但是作为管理工作，事要一件一件做，管理要一方一方和，最终实现共同协和。

（三）五行模型系统性无息性

中国管理思想，与易理体系中的太极模型、五行模型、八卦模型等，有着密切的关联性。这些模型，自然不是指冯·贝塔良菲提出的一般系统论、维纳提出的控制论、申农提出的信息论、普里高津提出的耗散结构理论、哈肯提出的协同理论等。但异曲同工的是，心和管理理论中的系统原理，也是指由若干相互联系、相互作用的部分组成，在一定环境中具有特定功能的有机整体。中国易理道学推论出来的五行模型就是如此。

水曰润下，指水（居北）具滋润柔顺、流动趋下的特性；水往低处流，流过润万物，具有助物生长、助人成功之意。火曰炎上，指火（居南）有温暖、兴奋和向上向外发越之性；指热情、热烈、外向，高昂、喜欢往上走，不喜欢往下行的性情。木曰曲直，指木（居东）有升发、生长、伸展之性，又有柔和、屈曲之性；指条理清晰、能屈能伸、不畏艰险、蓬勃发展之意。金曰从革，指金居东，从有顺从的意思，革原指兽皮治去其毛，革更之；这就有顺应天道而改革，披荆斩棘而换新之意。土爰稼穑，指土有培育庄稼、长养万物的特性，即“土为万物之母”，居中而生发世间一切。其既体现出人与世界的关系，更体现出人自身的心理特征、人性特征；也正是这种关系与特征，才有管理意义的融合与管理方法的无缝衔接。

易理体系中的所有模型，都具有系统性特点、无息性特点，牵一发而动全身，窥一斑而见全豹。心和管理学的学科建设，也充分应用了这种系统性特点、学科性原理。这具有华夏血脉，也具有红色根脉，在文化基因上具有传承性、融通性、相合性。应用于本土管理理论建设与管理实践运用，也就更具有对应性、合理性和价值性。

阴阳需协和，水火木金土五行需协和（生克互动中获得一行与另外一行的彼此协和）。如水，由金而生，水金协和；水生木，水木协和；土克水、水克火，但若应用中庸之道，融合得恰到好处，或有选择性地加入新的元素，便有可能水土相合而元素和（如砖瓦、陶瓷等），水火互制而彼此和（如烧开水、灭火灾等）。五行每一行都有这样的特质。

二、双和管理八大法则协和

（一）人心管理两两协和原理

汉字表意的丰富性，让“和”有多层意义。不愿意接受中国传统文化的人，或者对中庸之和不了解的人，往往把“和”字（这里探索的是

"和"的实词意义，不考虑其连词、介词、量词、后缀等虚词意义。）的常规读音 hé，换成 hè 解释为"附和"，或者换成 huò 解释为"和稀泥"；即使愿意用 hé 读之，也是解释为"调和"。事实上，心和管理之"和"，更多体现出动词和形容词的实词意义，如动词的"和"，和平、和局、和解等；如形容词的"和"，形容温和柔顺的和顺、和蔼、平和，形容协调至十分融洽的和谐、和睦、和气，形容适当、恰到好处的中和、温和、和暖、和煦，还有形容开心美好的和悦、和美、和善等。

前面提到，心和管理的管理行为体现在心和管理八大法则上，每一个法则对应于先天八卦中的一卦，将卦理应用于管理法则，在组织体系内部建设管理机制，实现相应的管理目标，最终达到心和管理总目标：得人心者得天下——江山社稷的天下，事业成功的天下。这里重点说明的是，"心管理"内涵中已经有着"和管理"成分。管理八大法则，是八个重要的具体管理方法、管理原则，八个法则与八卦一样是一个全息性的系统，也就是说互相之间彼此协和，首先是对称的两两协和，即欣赏管理、品性管理协和，此为天地协和；满意管理、感动管理协和，此为水火协和；理解管理、精神管理协和，此为风雷协和；情绪管理、心态管理协和，此为山泽协和。这四对关系又两两协和，即天地与水火彼此协和，此为刚柔协和；风雷与山泽彼此协和，此为进退协和。刚柔相济、进退有度，便是阴阳协和。天道阴阳，地道柔刚，人道仁义，于是天地人三才协和，如图 11－5 所示。同理，"和"管理内涵中也有"心管理"成分。此不赘述。

（二）乾坤坎离管理法则协和

欣赏管理，需要有乾天的刚强意志，自强不息的龙行天下之志，不屈不挠的奋斗拼搏精神。有这样品质的人能在组织内建立起龙腾虎跃的平台、欣赏认同的用人机制展示出彼此协和的机理。通过这样的管理机制，让组织成员首先是心服口服之心和，这是欣赏管理的基础；然后是心悦诚服之悦和，就是让大家愉快地服从组织意志、组织安排，这是中级目标；最后向心甘情愿冲刺，实现灵魂相和。只有员工真正从内心里甘愿、诚意、用心，才是协和的高境界，如此便有效实现人心凝聚、人心和顺的欣赏管理目标。飞龙在天，需要天广地宽。

品性管理，是指要有坤地那样宽广而平和的胸怀，温柔和顺的情怀，厚实而和蔼的德性，厚德载物、心平气和容得下世间一切。德性高、品质好的人值得拥有，也就是在组织内建立起宽厚包容、职业道德高尚的选才机制。一切计划的制定、一切规划的掌控，唯一不变的前提就是德品高洁、人性谐好，出于公心、出于道德心做事，以谋共和。管理中通过选才

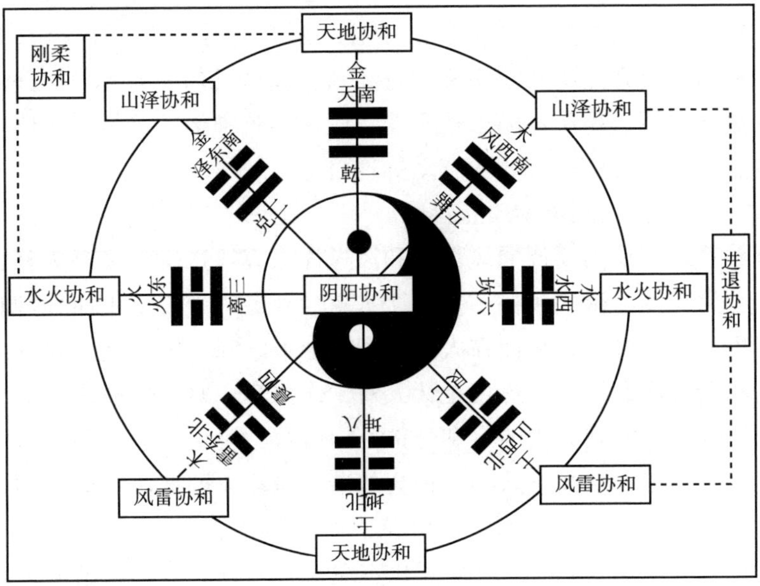

图 11－5　人心管理八法易理协和关系图

机制的有效运转，让组织成员首先达到心地善良之和善，这是职员能成为人才的基本要求；然后是心口如一之和诚；形成信任、虚怀、德厚的组织氛围，进而达到心安理得之协和境界，只有心底无私才能天地宽广，最终实现人心正道、人心和善的品性管理目标。

满意管理，对应坎水，暗指前进道路上坎窞重重，险难多多，只有正大光明、坚守正道、不畏艰险、坚毅刚强，才不至于完全失和、才能解除一部分困厄危难，以求小得而达和平。所以，要在组织内建立起合理合适的经营机制，克服困难，解决好生产、品质、流通、服务等领域的问题，让各个领域和气、和暖。当然，鉴于人心的深不可测，坎卦之满意管理时应该明白，永远不可能有永恒的满意，努力要做的是阶段性满意、阶段性和平，即使从长远看，也是实现合理满意、适度满足。而在人的管理问题上，首先要让大家心明眼亮，分得清美丑、善恶；然后要心胸开阔、和风细雨，而不至于好高骛远，在一定阶段一定程度上心满意足（知足常乐）境界，最终实现人心获得、人心和平之组织发展的满意管理目标。

感动管理，对应离火，既拥有火的光明，也拥有火的温暖，以光明照亮前进的道路，以温暖感动组织的成员和服务的对象，由此建立起感染心灵、感恩世界、感动彼此的组织（企业）文化，组织环境风和日丽下实施物质激励、精神激励。第一步是火之温暖晴和，让所有人心平气和，只有平和的心才能感受真诚的关怀、和煦的情感；在此基础上火势旺盛，融化周边的冷漠，让人心花怒放中激情洋溢；无论是团队合作还是营销推广，能让人从内心里开放出和谐幸福的花儿来，这是成功的前提。由此继续努力，如火势燎原，荡尽污垢以达和美、以达心旷神怡的境界，最终实现人心温暖、人心和美留住人才的感动管理目标。

（三）巽震艮兑管理法则协和

理解管理，是指要像巽风那样和风送祥、春风送暖、风顺人畅，彼此理解、互为关照、谦和顺畅，擅长于人际、组织与组织之间的协调管理、沟通管理、信息管理，从而在人际之间、上下之间、内外之间建立起畅通无阻的和谐的沟通机制。道德是让人对工作内容、对德性要求、对个人成长与组织成长等宏观微观的事和理都心中有数，避免或消除各种可能的误会，多一些体谅，从而进入心领神会的谐和阶段，即彼此和而不同、心有灵犀、协调默契；最后达到彼此相和、心照不宣的高境界，这时候协和，无须“一点”就能“通”，风顺人和实现人心顺畅、人心和谐的理解管理目标。

精神管理，是要像震雷那样居安思危，时时警惕、刻刻自省，不该伸手的绝不乱伸手，不该胡说的绝不胡说，警钟长鸣，如雷震惊，而后震撼修省、慎独自醒。尤其在会计事务、财务管理、伦理关系、道德行为中守得住底线、耐得住寂寞、顶得住诱惑。有雷震警示，方能心绪平和，否则就可能无底线。从这样的视角深入建立起组织的育才机制，才能育出有精神内涵、有精神志气的优秀人才，让他们心有所属而有爱，皈依正道而协和，“半夜敲门心不惊”；无欲则刚、无私则强，心无所累，才能心底坦荡、处事公道，最后达到心存高尚的天人合一的和境界。高尚不是做出来的、不是捧出来的、不是宣传出来的，而是内心清澈、一言一行振奋人心的本然力量。这就是精神管理所要达到的人心振奋、人心和爱目标。

情绪管理，恰如艮山稳而不呆板，有容而不杂乱，所谓和稳。这就是领导艺术的体现，也是组织机构稳重流畅简洁的要求，用西方管理学语言是培育高情商，用中国传统表述是建立好人缘。好人缘，在于与各方人士都是和睦的、友爱的、温馨的。所以，优秀的领导者、优秀的员工懂得建立良好的疏导机制，自觉有效清理垃圾情绪，树立正面积极和煦情绪。这就要求第一步是心有所驰，即既有所奔驰的目标方向，也有奔驰的动力行为，直上高峰；第二步则要心无杂绪，坦坦荡荡，稳如山岳；如此才能登上峰顶，沐浴朝阳，让心灵充满和暖、和煦的阳光，最终实现人心稳定、人心和煦的情绪管理目标。

心态管理，恰如兑泽丽泽相依、两水相连、朋友讲习，如山泉润泽，沁人心脾，亲和柔顺，愉悦相处。附丽而有彼此，彼此和而有双和，双和才能让真正的人才觞下来共创辉煌。这就是留人机制的建立。只有让人才真正感觉到在这个组织里是有价值（成就感）的、是快乐的、是能实现人生目标的、是可以为社会贡献力量的，他才愿意全身心投入组织里来，与组织共进退、共荣辱、共存亡。这就是说要通过良好的收入体系让人们心态正和，而这收入体系的重点是劳资双方都觉“物有所值”，彼此相协，员工因此不会出现这山望那好山高、心思波动不息的情况；通过建立良好的人事关系让人们心情舒畅，而不至于为一些琐事烦心忧虑而影响事业，从而达到心灵满足的境界，实现人心喜悦、人心和悦的心态管理目标。

八法相协、八卦相和，构建成一个完整的心和管理之“和”管理目标体系。红色管理，最终也是为实现聚人心、正人心、暖人心、得人心、顺人心、振人心、定人心、悦人心，最终得以和天下。可见，在管理内涵上，传统文化与红色文化具有一致性。

三、双和管理易理协和目标

（一）元气协和八卦易动原理

在一个单位里面，员工因得到组织欣赏而激发了主观能动性，心甘情愿工作且勤奋努力，从欣赏管理角度说已经凝聚了人心，是乾德天道的表现；员工因组织教育而升华了人品德性，心安理得心态中思想正道，从品性管理角度说是已经得到了人心，这是坤德地道的表现。同理，员工因组织重视而获得事业与利益双丰收，让人心满意足得人心，这是满意管理坎德水道的表现；员工因组织关怀感到心旷神怡，让人心中温暖得人心，这是感动管理离德火道的表现；员工因组织沟通顺畅上下默契，让人心照不宣得人心，这是理解管理巽德风道的表现；员工因组织警醒而使心存高尚，让人心中振奋得人心，这是精神管理震德雷道的表现；员工因组织警示教育心理阳光，让人内心稳定而人心，这是情绪管理艮德山道的表现；员工因组织沐泽浴恩心灵满足，让人心喜悦而人心，这是心态管理兑德泽道的表现。

根据卦象产生的原理，无极生太极而元气在乾坤之内，元气生阴阳两仪而协和（阴阳二气交感而生），两仪生四象而四象协和，四象生八卦而八卦协和，如图 11－6 所示。

太极生两仪而有阴阳二爻；简单地排列组合，在阴阳二爻上分别再加上阴阳各一爻，两仪生四象而有四个二爻卦；四象生八卦是在二爻卦上分别再加上阴阳各一爻，于是有八个三爻卦，为先天八卦的本源。周易六十四卦是六爻卦，为两个三爻卦相叠而成。

八卦的形成原理，与“元气文化”体系密切相关。元气论观点，源于老子的道气关系论，在《列子》《庄子》《管子》《荀子》《淮南子》《黄帝内经》等古典著作都有表述，但真正提出元气概念并作内涵界定的是战国时楚国的一位隐士所著的《鹖冠子》（作者生平不详，因常戴着用鹖羽毛装饰的帽子，故有“鹖冠子”别号）。《鹖冠子》继承老子的观点，直接说宇宙生成问题“有一而有气，有气而有意，有意而有图，有图而有名，有名而有形，有形而有事，有事而有约。约决而时生，时立而物生……莫不发于气，通于道，约于事，正于时，离于名，成于法者也……故所谓道者，无已者也，所谓德者，能得人者也……阴阳不同气，然其为和同也……故同之谓一，异之谓道”《鹖冠子·环流第五》。这里是说，有“一”而由原本空虚无形形成有形的东西叫作“气”，有“气”就有了世间万“物”，这个生成原理可以概括为“一→气→意→图→名→形→事→约→时→物”。而万物全都是“发于气，通于道”，“气”与“道”是相通的，“气”之运动不息所产生的一切东西叫作“道”，而能得到人民的认同与支持的叫作“德”（道是抽象的哲学，德是具体的行动）。

“气”从“一”始，谓“元”，元气是万事万物的根源。元气可分阴阳两种，但在运动过程中又混同相和在一起。阴阳二气混同就是“一”，分开就是“道”（所谓“一阴一阳谓之道”）。这里出现的“一气”概念、“道德”概念、“阴阳”概念（以及“意图”的概念）和“元气”概念，都成为中华国学、中华哲学非常重要的概念。更重要的是，这样就可以理解：太极为一，阴阳为道；进一步表述，则是：阴阳相和为一，一分阴阳为道。

（二）乾坤坎离变动协和目标

图 11－6 的八卦原理之始，就源自“一”（太极），一生二而阴阳。太极本身“和同”，阴阳两仪也可以相和而为“一”；两仪生四象，依然没有脱离阴阳之和，而四象生八卦，八卦皆同理，既可独立为一卦，亦可相和而成系统。也就是说，八卦本就是协和的，衍生出来的八个法则，所要建立的八个机制，所要达到的八个目标，都具有协和性。

乾卦之和在于自我欣赏和组织欣赏的协和，通过欣赏管理建立起一家组织内在的用人机制，管理的主客双方彼此协和，协和目标是达到人心和顺。和而有顺，从心和之，从心顺之，心和而行为协美，心顺而意志刚强，人心可聚。使用人才，须有乾德、须循天道，无论是人才自身还是组

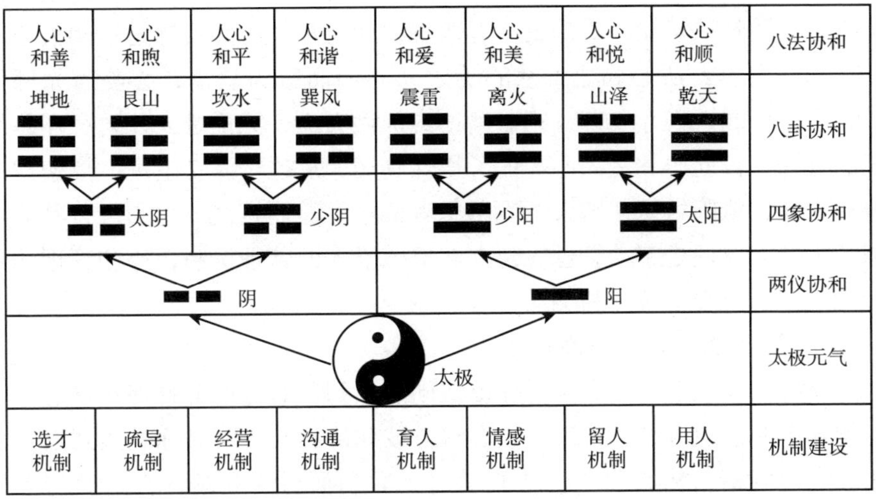

图 11－6　心和管理双向协和孕育管理机制示意图

织的管理，彼此协和之人心顺畅、德性刚健。从这个意义上说，乾德即心德；人才，修心为先；选人，心愿顺者选之。总而言之，乾为天，其应用与管理之大道便是欣赏管理，建立起人才使用的管理机制，心和管理的目标就是人心凝聚，彼此和顺。

坤卦之和在于修养人品和提升德性的相和，通过品性管理建立起一家组织适宜的选才机制，管理的主客双方彼此协和，协和目标是达到人心和善。和而有善，从心和之，从心善之，心和而行为正道，心善而心地温柔，人心可正。人才选拔，须有坤德、须循地道，无论是人才自身还是组织的管理，彼此协和之人心善良、德性纯厚。从这个意义上说，坤德即善德；人才，修善为先；用才，德性善者重用。总而言之，坤为地，其应用与管理之大道便是品性管理，建立起人才选拔的管理机制，心和管理的目标就是人心正道，彼此和善。

坎卦之和在于适度满足与合理满意的相和，通过满意管理建立起一家组织必需的经营机制，管理的主客双方彼此协和，协和目标是达到人心和平。和而有平，从心和之，从心平之，心和而行为谦让，心平而如水柔顺，人心可得。组织经营，须有坎德、须循水道，无论是人才自身还是组织的管理，彼此协和之人心平和、德性如水。从这个意义上说，坎德即水德；经营，适应为先；用人，心能平者擢升。总而言之，坎为水，其应用与管理之大道便是满意管理，建立起组织经营的管理机制，心和管理的目标就是人心获得，彼此和平。

离卦之和在于温暖人心与照亮前路的协和，通过感动管理建立起一家组织真实的情感机制，管理的主客双方彼此协和，协和目标是达到人心和美。和而有美，从心和之，从心美之，心和而行为热情，心美而光照人间，人心可暖。人才挽留，须有离德、须循火道，无论是人才自身还是组织的管理，彼此协和之人心美丽、德性真切。从这个意义上说，离德即恩德；人才，依附组织；留人，懂感恩者留之。总而言之，离为火，其应用与管理之大道便是感动管理，建立起情感投入的管理机制，心和管理的目标就是人心温暖，彼此和美。

（三）巽震艮兑变动协和目标

巽卦之和在于沟通交流与体谅认同的相和，通过理解管理建立起一家组织和谐的沟通机制，管理的主客双方彼此协和，协和目标是达到人心和谐。和而有谐，从心和之，从心谐之，心和而行为和丽，心谐而与人为善，人心可顺。人才选用，须有巽德、须循风道，无论是人才自身还是组织的管理，彼此协和之人心相通、德性大度。从这个意义上说，巽德即通德；人才，彼此相通；留才，心高尚者挽留。总而言之，巽为风，其应用与管理之大道便是理解管理，建立起沟通理解的管理机制，心和管理的目标就是人心顺达，彼此和谐。

震卦之和在于雷震警示与精神铸造的协和，通过精神管理建立起一家组织有效的育才机制，管理的主客双方彼此协和，协和目标是达到人心和爱。和而有爱，从心和之，从心爱之，心和而行不逾矩，心爱而人性高洁，人心可振。人才培育，须有震德、须循雷道，无论是人才自身还是组织的管理，彼此协和之人心精神、德性大爱。从这个意义上说，震德即爱德；人才，友爱为先；育人，会警醒者教之。总而言之，震为雷，其应用与管理之大道便是精神管理，建立起人才培育的管理机制，心和管理的目标就是人心振奋，彼此和爱。

艮卦之和在于当止则止及当行则行的相和，通过情绪管理建立起一家组织亲情的疏导机制，管理的主客双方彼此协和，协和目标是达到人心和煦。和而有煦，从心和之，从心煦之，心和而动静相宜，心煦而行止有道，人心可稳。情绪疏导，须有艮德、须循山道，无论是人才自身还是组织的管理，彼此协和之人心和睦、德性清朗。从这个意义上说，艮德即定德；人才，稳定为先；育人，有道德者育之。总而言之，艮为山，其应用与管理之大道便是情绪管理，建立起心理疏导的管理机制，心和管理的目标就是人心稳定，彼此和煦。

兑卦之和在于同志相聚而共学喜悦的协和，通过心态管理建立起一家组织温馨的留人机制，管理的主客双方彼此协和，协和目标是达到人心和悦。和而有悦，从心和之，从心悦之，心和而真情待人，心悦而传递快乐，人心可悦。培育人才，须讲兑德、须循泽道，无论是人才自身还是组织的管理，彼此协和之人心快乐、德性愉悦。从这个意义上说，兑德即乐德；人才，愉悦为先，育才，悦而欢喜培养。总而言之，兑为泽，其应用与管理之大道便是心态管理，建立起留住人才的管理机制，心和管理的目标就是人心喜悦，彼此和悦。

八方皆和，便是心和管理学想要达到的“和”之目的。可以这么说，无论是中华文明的传统还是红色管理的创新，管理的核心都是人心协和。得人心是永恒主题，谋协和是永恒目标。古有世界大同、天下一家的协和目标，今有建立人类命运共同体的协和目标。归根结蒂，不仅仅是中国得协和，而是让世界得协和，这才是中国之担当、中国之不变的方案。

第十二章　心和管理学管理伦理

高校、职校《职业道德》课程中本含伦理内容，“伦理”与“道德”在国学中一般也合在一起用；放弃苏式教育引进欧美教育体系后，两者分离了。

国学中的“伦理”是天伦之理、人伦之理、伦常之理的综合表述，包含着人在社会中各种关系确立并遵守的道理，以及保障这些道理得以指导人们思想和行为的规则、规定、规范或规矩。“道德”是天地大道、社会公理、人伦常德的综合表述，包含着人生方向、方法、技术（道）的选择，人的素养、品性、特质（德）的养成等。伦理是伦常传承为主，是关系处理和约束，更注重行为规范；道德是先天基因与后天养成的融合，是意识觉醒和领悟，更注重思想准则和行为方式；伦理包含了道德的一定规范和要求，道德融入了伦理的一定内涵与天理。两者各有侧重但又互为相融，伦理的“理”与道德的“道”，内含的是人内心的守则与社会公共的规范，是恒定在国人心坎里的人性约束，远超“精神契约”。

心和管理学的伦理体系，仍包含道德内涵，如《道德经》、中华养生、阴阳五行，五运六气之《黄帝内经》，《大学》之“三纲八目”、传统之“四维八德”，《尚书》之“洪范九畴”的“八政”、现代的“八德”等中国传统伦理道德的内容，也包含近百年创新的“红色管理”的政治伦理、思想品质等内涵。法律的前提、法律的保障，都是伦理道德。

第一节　黄帝内经与道德真经

中华国学把奉为典范的著作称为“经”，经典的经；宗教领域也把阐述教义的重要典籍称为“经”。“经”有常行的义理、准则、法制的意思，一个领域里具有代表性或总指导性的重要著作，也就有了这个领域公共的义理、遵行的准则和规范的法制的价值而称“经”。本节从哲学视角粗略扫描中国传统文化中的重要经书，并重点探索医学领域的经典之作《黄帝内经》和道德伦理方面的真经《道德经》两部奇经。

一、国学宝库两部传世真经

（一）中华经书儒道医的理论

国学说经论道，离不开儒道。儒道两家是中国传统文化的典型代表，儒家因其文化的统领和主导地位而经书林立；道家因汉代道教兴起从宗教视角确立了大量经书。

儒家是两千多年的政治、文化的正统，经典多。春秋时定“六书”，后世恭称《诗经》《书经》《礼经》《周易》《乐经》《春秋经》六经。焚书坑儒后《乐经》失传，东汉加《论语》《孝经》而称“七经”；唐时再加《周礼》《礼记》《春秋公羊传》《春秋谷梁传》《尔雅》而称十二经；宋代加《孟子》，宋刻《十三经注疏》问世，成为儒学基本著作传世。

“十三经”在国学中价值极高、地位极崇。其中《左传》《公羊传》《谷梁传》是“春秋三传”；《礼记》《孝经》《论语》《孟子》均为“记”；《尔雅》是汉代经师的训诂之作。宋代大儒、理学集大成者朱熹确立学子必读、科举必考之“四书五经”时，依然保留原六经地位，除已失佚的《乐经》外，将《诗》《书》《礼》《易》《春秋》列为“五经”，将《论语》《孟子》《大学》《中庸》列为“四书”。其中《大学》《中庸》虽非十三经序列，但其内容源于此。朱熹殁后“四书”被审定为官书（官方认定的必学之书，相当于读书领域的“国标”）；元代恢复科举考试后，一直到明、清，都把出题范围限制在朱注“四书”之内。宋始儒学经典“四书五经”是每个读书人的必读书。

道家是中国原创的宗教，比较著名的有《道德经》《黄帝阴符经》《周易》《周易参同契》四大经典经书，《南华真经》《通玄真经》《冲虚真经》《洞灵真经》四子真经。宽泛一些也跟儒家那样也有“十三经”之说，流行版本指《道德真经》《南华真经》《冲虚真经》《周易参同契》《抱朴子内篇》《老子想尔注》《老子中经》《黄庭经》《太平经》《玉皇经》《黄帝阴符经》《清静经》《悟真篇》。另一版本指：《道德真经》《南华真经》《冲虚真经》《通玄真经》《洞灵真经》《太平经》《太平经圣君秘旨》《抱朴子内篇》《阴符经》《常清静经》《度人经》《心印经》和《玉皇经》。无疑，老子的《道德经》、庄子的《南华经》、列子的《冲虚真经》最典型，合称“道家三经”。

国学中，医武不分家，医道更不分家。中医领域四大经典是《黄帝内经》《难经》《伤寒杂病论》和《神农本草经》。其中《黄帝内经》是中国医学总经书，《难经》是治疗疑难杂症的医学经书，《伤寒杂病论》则是临床医学经书，而《神农本草经》是药经。

此外，中国流传比较多的还有佛家经典如《金刚经》《般若心经》《法华经》《净土四经》，以及《佛说阿弥陀经》《观无量寿佛经》《佛说观无量寿佛经》《佛说八吉祥神咒经》《金刚般若波罗蜜经》等。佛家经书或是被国学认同的、汉化了的，大体可归入国学范畴。

对中国自古至今一直流传的经书作粗放的描述后，根据心和管理学理论和学科建设需要，这里重点论述道家、医家经书中的两部奇书：《道德经》和《黄帝内经》。

（二）传千古道德经历史变迁

《道德经》作者是老子。老子（李耳，谥号聃），春秋末年生人。他所在时的东周王朝已式微，各路诸侯争霸夺位战争不断；生于这样严酷的动乱与变迁时代的李耳，却特别静思好学，常常仰观日月星辰而思考，并向当时自己的老师商容寻根问底。这导致商容“实乃老夫之学有尽”，便推荐他入周都深造。李耳拜见博士而入太学，学业迅猛长进，博士又荐其入守藏室为吏（管理藏书的官员），于是入书海畅游而学识渊博，修养深厚，远近闻名。守藏室被烧后成名的李耳离开周室途经函谷关时，守关关令尹喜请其“为我著书”，于是，李耳以高瞻远瞩之视野、以广博深厚的学识和目睹民间疾苦的现实，以王朝兴衰成败、百姓安危祸福为鉴，著五千言《道德经》，提出了治国安民的一系列主张。

古时“老”和“李”同音，“聃”和“耳”同义，故李耳又老聃；“老子”是对道家学派创始人、大学问家的尊称。《道德经》原无书名，史料称春秋末期晋国师旷称其为《义经》，周太子晋说是“立义治律”，秦《吕氏春秋·注》称为《上至经》，汉时直接冠名为《老子》。汉景帝以黄子、老子义礼，改子为经而名《道德经》。流传至清代以前《道德经》版本有103种之多；唐开始有外文版（唐朝玄奘梵文版），16世纪后《道德经》陆续被翻译成了拉丁文、法文、德文、英文、日文等各国文字；截至2014年，世界教科文组织查到的各种外文版《道德经》1000多种，翻译外文版本为全世界仅次于《圣经》，而《圣经》的特殊性在于其教徒的全球性和布道时的赠送量。作为学术著作，无疑《老子》天下第一。

流传后世最广的《道德经》版本，是汉代河上公注本和三国曹魏时期的王弼注本。清代编《四库全书》，因“正统”及统治需要，将大多数版本毁掉，只留王弼注本（一直以来也是文人的主要读本）为唯一公开的流行本。1972～1974 年长沙马王堆出土两个西汉初年的抄本：帛书甲本、乙本，《德经》在《道经》之前，早王弼本 400 余年，只是版本不全，甲本缺字 1400，乙本缺字 600，无法刊行。目前最为原始、古朴的全版本，是 1993 年湖北荆门郭店楚墓出土的竹简《老子》。

老子提出“道”的思想，撰写《道德经》，但并没创派立教。西汉开国大臣张良的第八世孙、东汉张道陵（原名张陵）创正一盟威道（简称正一道、道教），尊老子为“道祖”，为“太上老君”“混元皇帝”“道德天尊”，宣称太上老君“授以三天正法，命为天师”，自称“三天法师正一真人”（后世尊称为“老祖天师”），故正一道又称天师道。

可见老子是道学创始人（代表人物还有庄子，其学问合称“老庄道学”，与黄帝养生思想异曲同工，又称“黄老道学”），不是道教创始人。道教传承道学，尊老子为教主，尊《道德经》为无上经典，对老庄道家学说做了直接的、系统性的继承，道家哲学成道教思想和修炼理论的根本源头，同时进行了宗教化发展，有些内容与老子学说没有关系。

不同的人对《道德经》的解读也不太一样，法家韩非子认为《道德经》是政体哲学，他以此为理论基础论述法家思想。而三国时期的王弼则认为《道德经》是管理哲学，流传后世的也以王弼注本为主要版本。此外，《孙子兵法》从军事角度解读《道德经》，河上公则主要从养生角度解读《道德经》，五斗米教从成仙角度解读《道德经》……这也是中国古老典籍的重要特征，后人读之是否有“悟”，悟而合情合理，悟而新思新意，便是新的“悟道”。本书涉及的所有中华经典包括《道德经》，都是在尊崇先人和历史基础上的传承与领悟。

（三）医学奇书黄帝内经流传

《黄帝内经》是华夏始祖“黄帝”养生思想论述，与道家的休养生息主张吻合，合称“黄老之学”“黄老之术”（道教“黄老教派”），是除“老庄之学”之外道家的最大分支。黄老学说重“修身养性”。黄帝书据《汉书·艺文志》记载有 21 家，但大多都已亡佚，只留下被称医学经典、养生奇书的《黄帝内经》，这是“一部中国最早的医学典籍”，事实上这也是世界上最早的医学著作，不仅仅是中医医之始祖，也是世界医之始祖。

作为中医四大经典之首，《黄帝内经》比较全面地阐述了中医学理论的系统架构、原则和学术思想，呈现了自然、生物、心理、社会“整体医学模式”，中医各流派和著名医家，都以《黄帝内经》为基础。心和管理学解读重点，是该书所涉猎的天文、地理、气象、社会、历法、阴阳五行、运气养生等内涵，尤其在阴阳五行、天人相应、生命之理、养生之道等方面内容，是心和管理学管理哲学、管理伦理和心理的重要思想渊源，将黄帝与伯岐等臣子用对话方式反映出来的国家治理、医者治病（包括官员治理社会病、管理病等）的原理与方法，融合创新为心和管理学重要的管理法则和方式方法。医者医治身体疾病，管理者治疗社会疾病或组织（单位）疾病，异曲同工，故管理咨询师有“企业医生”之称。

作为上古“三大奇书”（《周易》《山海经》《黄帝内经》）之一，《黄帝内经》不仅仅奇在其内容上，还因为是不是真的为黄帝所写，成书什么年代，成为自晋代以来一个聚讼不休、见仁见智的学术公案，两千多年来，无数学者争之论之考证之。其主要形成了四种说法，即黄帝时期写成、战国时期写成、秦汉时期写成、汉代时集其大成（非一时一人所写）。究其无法确认的原因，是因为考证缺乏直接证据，依靠推理，谁也说服不了谁。

按理，《黄帝内经》自应是黄帝所写。但事实上，代代学者考证，《黄帝内经》162 篇，各有各的主题，语言风格不一，今本《黄帝内经》有西周时语言风格，也有春秋战国时语言风格，还有秦汉时的语言风格，书中一些内容有人甚至认为是延后至唐宋时候增补的。可见，《黄帝内经》有黄帝思想与认识，但不太可能是黄帝写的。中国一直尊黄帝为始祖，一些文物制度、管理方法等，已有考证是当时官府、学者为了尽快推广其制度、学说，皆托名黄帝创造、黄帝发明、黄帝提出（也有托名炎帝、神农等的），用现代语言解说，就是借用“名人效应”推广。

依此类推，战国说、秦汉说自然也不成立，因为一方面考证认定《黄帝内经》的书名见于《汉书·艺文志》，而此书作者班固是根据西汉末年刘歆的《七略》写的，刘歆《七略》又是在其父刘向的《别录》基础上编校的。众所周知，刘向父子编校书籍时，除了勘误工作外，还进行了条次篇目、厘定部类、叙述源流等“辨彰学术、考镜源流”的学术工作。那么有可能《黄帝内经》书名是刘向父子所定；另外，《黄帝内经》中的一些内容，在学术观点上是有分歧的，甚至是相矛盾的，这至少说明书中内容非一人一时所作。

故《黄帝内经》应该是不同时期不同人员写成然后整理编纂、后有增补。大体有黄帝时代的文篇、西周时期的文篇、春秋战国的文篇，还可能有秦汉时的文篇。后人在解读或应用时有不断的新注、增补，准确的成书时间，无法准确明晰。一般认为，把上述文篇编辑成书的时间，应在先秦（具体是黄帝时期、春秋时期、战国时期还是商周时期尚无法明晰），最晚不会晚于西汉。此后对书中内容注疏、解读或重新修订时因修订而有细微变动。

介绍《道德经》《黄帝内经》成书的基本情况，是要说明，古籍在古代的传承不容易，一方面是书籍制作本身的条件限制，另一方面是皇家意识的决定性作用。在老子年代，5000 字已经是鸿篇巨著了。春秋时期书写文字用的是简牍、绢帛，用刀刻写、用那个年代的毛笔书写，5000 字（实际 5284 字）得用多少竹简！而几千年来，中国文化中的“道”理“德”性，都在这 5000 言中，后世流传的各种版本各有解读，各有注疏，有的甚至是千差万别，这就需要今天的学习去粗取精、去伪存真，应用心和管理学，结合新时代的内涵，作合情合理地解析；也需要与原始作者进行跨越千年的隔时空思想交流，还要与历代名家的注疏者、解读者、修缮者隔时空思想交流，从而让今天的人们更高远、更深刻的“悟道明德”。

心和管理学传承和应用的思想理论、原理方法，是先贤们一代代流传下来的。能流传的，一定是国学的宝贵财富。也许有解析的失误、传承的选择误差，但去其糟粕，取其精华，将具有中国元素和文化基因的、有益于新时代的内涵提炼出来，可充实心和管理学。

二、道德经之国富民强伦理

（一）道德定义及道文化意义

中国伦理建设、道德建设，从《道德经》始。《道德经》顾名思义是讲“道”与“德”的经典之书。心和管理伦理建设，需解决何为“道”、何为“德”、两者之间是什么关系、道德体系应该怎样构建等问题。即学道须修德，修德须悟道，道与德相辅相成。道是虚的，在茫茫宇宙中；德是实的，在滚滚红尘中。道在心念中，是思想，是理论；德在行动中，是行为，是实践。心指引、身行动，是为中国伦理。人在心中有什么样的观念，在行为中就有什么样的表现，所以人要闻道、悟道、明道、得道，然后有德美、德品、德性、德行；同理，人要有贤德、正德、上德、大德，同样也需要有天道、地道、人道、正道。

《道德经》由“道经”与“德经”组成，最伟大的贡献是创造了“道”“德”“道德”三个概念，并为这三个概念赋予了丰富而深刻的内涵，可以建立起具有中国特色、同时又为全人类提供参照的伦理道德体系，这里将其纳入心和管理学理论学科体系。

关于“道”，《道德经·第一章·观妙》说：“道可道，非恒道。名可名，非恒名”。似乎相当地玄妙，如果可以说出来，那它就不是一般的

“道”了；如果可以用词语命名，那也就不是一般地“名”了。这的确让人感觉“玄之又玄，众妙之门”了。难以言说、无法命名，那该怎么称之?《道德经·第二十五章·混成》又云：“有物混成，先天地生。寂兮寥兮，独立不改，周行而不殆，可以为天地母。吾不知其名，字之曰：道，强为之名曰：大。”老子日日夜夜仰以观日月星辰，俯以察山川河海，发现了一样比天地诞生还早的东西，存在于寂寞的时间里、虚寥的空间中，无须依赖任何外力独立存在而永不改变，循环运行而永不衰竭，老子认为这是天地之母、万物之根本。但老子不知道它的名字，就自作主张给定个字为“道”、给个名叫“大”。也就是取了个名字叫“大道”。老子在另一部著作《清静经》里对“大道”如是描述“大道无形，生育天地；大道无情，运行日月；大道无名，长养万物；吾不知其名，强名曰道。”①这无形、无情的“大道”，是客观存在，生育了天地，推动着日月运行，滋养着万物生长，本无名而称为“道”。这样就清楚地导入老子“道”的概念，第一层重要意义：天地大道。

《道德经·第二十五章·混成》中老子还说：“故道大，天大，地大，人亦大。域中有四大，而人居其一焉。人法地，地法天，天法道，道法自然。”宇宙“四大”中，“人居其一”，而这“四大”互相之间是关联的链条：人生活在大地上，需遵循大地法则；大地存在于天穹之内，需遵循天穹法则；天穹包含在大道之中，需遵循大道法则；大道生育了天地存于天地，需遵循天地自然法则。天地万物自身的本然状态谓之自然，可以发现人法天地而道法自然，人与道则皆须遵循天地自然法则。所以，有天道、亦有人道。

《清静经》也说：“夫道者：有清有浊，有动有静；天清地浊，天动地静。男清女浊，男动女静。降本流末，而生万物。”②这里解释的“道”，一是天地之清浊，二是男女之清浊。天空清净而大地混浊，天体运动而大地静止。男子是清阳之身，女子是浊阴之体；男子是出外行动的，女子是在内安静的。遵循自然法则，天（男）之清阳活动的根本下降至地（女）之浊阴流动的末端。则天地交、阴阳合，“而生万物”。

天道也好、人道也罢，都须循自然、守清静，此乃天理人为的根本之道。若非如此，则天地无道灾祸生，男女无道污秽生，世界就乱了。很显然，在老子的“天地大道”之外，可以读到“道”的另一层非常重要的

①② 《太上老君说常清静经》，原是口口相传，不记文字；东汉时由葛玄（164－244）笔录而成书，为道教经典之一。转引自瑞文网—古诗文—古籍。

意义：人间正道！

（二）道经天地大道人间正道

拨开云雾见明月，读懂《道经》中两个“道”，就不会感觉玄妙或虚无缥缈神秘之极了。“天地大道”和“人间正道”两者之间，前者是自然规律，须认识它、理解它、把握它、效仿它，然后应用于后者。什么是人间正道？“人”应该是怎样的？《道德经》认为是培养圣人，让圣人带领大家走上人间正道。而圣人之所以为圣人，在于他是得道高人，在学识和技能方面有着极高的成就的高人，他所领悟出来的道、传播出去的道、实践应用的道，谓之“圣人之道”。简而言之，《道经》所要表述的，就是效仿“天地大道”去实践“圣人之道”，通过圣人治理、管理，让人间条条是正道（晚于老子一个半世纪出生的柏拉图，设计的是哲学王治国，只是哲学王可以凌驾于黎民百姓并可愚弄之，非圣道也）。

《道经》共三十七章中，时不时会论述一下“天地大道”。如第一章说“道”之玄妙后，第四章又说“道冲，而用之或不盈，渊兮，似万物之宗”（《道德经·功用》）。解释“大道”是空虚无形的，然而它的作用又是无穷无尽的，意义极其深远，就好像万物的祖宗。所以第十四章进一步说：“迎之不见其首，随之不见其后。执古之道，以御今之有。能知古始，是谓道纪”（《道德经·道纪》）。意思是“道”，迎着它，看不见它的前头，跟着它，也看不见它的后头（说明道广远）。我们要做的就是把握着自古存在的这个“道”，来驾驭现实存在的具体事物。能认识、了解宇宙的初始，这就叫作认识“道”的规律。这就清清楚楚、明明白白地说出以道驭实的意义。如何做？第十六章言明：“致虚极，守静笃……知常容，容乃公，公乃王，王乃天，天乃道，道乃久，没身不殆”（《道德经·复命》）。尽力使心灵的虚寂达到极点，使生活清静坚守不变……认识自然规律的人是无所不包的，这样的宽容就会坦然公正，公正就能周全，周全才能符合自然的“道”，符合自然的道才能长久，终身不会遭到危险。显然，“天地大道”就是让人效仿的，而“人间正道”或者说“圣人之道”其实就是后面《德经》中所要强调的“德”的内涵。“道”是内涵，则“德”为形态，故《道德经·第二十一章·从道》言：“孔德之容，惟道是从”。其意思是大德的形态，是由道所决定的。如此，“大道汜兮，其可左右。万物恃之以生而不辞，功成而不有”（《道德经·第三十四章·成大》）。“执大象，天下往。往而不害，安平太”（《道德经·第三十五章·大象》）。“道常无为而无不为……镇之以无名之朴，夫将不欲。不欲以静，天下将自定”（《道德经·第三十七章·无为》）。这几段说的意思是，大道广泛流行，左右上下无所不到。万物依赖它生长而不推辞，完成了功业，办妥了事业，而不占有名誉。谁掌握了伟大的“道”，天下人便都来投靠，向往、投靠他而不互相妨害，于是大家就和平而安泰、宁静。道永远是顺其自然而无所作为的，却又没有什么事情不是它所作为的。用“道”的真朴来镇服，就不会产生贪欲之心了，万事万物没有贪欲之心了，天下便自然而然达到稳定、安宁。这实质上是中华心学的文化之源。

这也解析了“天地大道”的内涵和价值，效仿这样的“道”，可以引导人们做“圣人”，走“人间正道”。例如，“天下皆知美之为美，恶已；皆知善，斯不善矣”（《道德经·第二章·观徼》），此为道可以让人懂得美丑善恶。“不上贤，使民不争……是以圣人之治也，虚其心，实其腹，弱其志，强其骨，恒使民无知、无欲也”（《道德经·第三章·安民》），此为圣人治理原则是民不争则无不治。“天地不仁，以万物为刍狗；圣人不仁，以百姓为刍狗”（《道德经·第五章·守中》），此为不扰民，任百姓自长自消、自作自息……对正道的进一步要求是为人“上善若水”（第八章），处事“功遂身退”（第九章），做圣人须“为腹不为目”（第十二章），无须“宠辱若惊”（第十三章），而应“见素抱朴，少私寡欲”（第十九章），“圣人抱一为天下式”（第二十二章），要想“无弃人”圣人须得“常善救人”（第二十七章），“知其白，守其黑”（第二十八章），如此方能“柔弱胜刚强”（第三十六章），且“不欲以静，天下将自定”（第三十七章）。

（三）德经自然之德圣人之德

“德”是“道”在伦常领域的发展与表现，是人的行为规范，是社会秩序的保障。《道德经》里，论道时会涉及修德，论德也会论及修道，两者是融合在一起的。融合结果就是伦常表现。所以，《道经》第十章会谈“玄德”，《德经》四十章、四十一章、四十二章会提到“道之动”“道之用”，会分析上、中、下三士闻道之别，会直接谈“道生一，一生二，二生三，三生万物。”因为第五十一章说“道生之，德畜之”“道之尊，德之贵”，道与德的关系说得十分清楚，“道德”一词自然成为中国文化和哲学体系中重要的内容。在第七十七章，也详细分析了“天之道”与“人之道”的关系：“天之道，损有余而补不足。人之道则不然，损不足以奉有余”（《道德经·贵生》）。所以，从这个角度说，如果“道”是讲“天地大道”和“人间正道”，那么“德”所对应涉及的就是“自然之德”与“圣人之德”。

《德经》四十四章中，前面已经分析到其中的“不争之德”（六十八章等)、“无为之德”（四十八章等），也探讨过慈德、俭德、勇德（六十七章）等；众所周知的“治大国，若烹小鲜”（六十章)、“以德报怨”(六十三章)、“千里之行，始于足下”（六十四章）等德性与德行，也不再赘述，这里重点分析《德经》中其他的“德”之范畴与“德”之修法。

例如玄德，分别在第十章、五十一章、六十五章涉及，有两种表达、一个思想。其一，“生而不有，为而不恃，长而不宰，是谓玄德”(《道德经·第十章·玄德》)，意思是让万物自由繁育、生长而不占有、不依赖、也不随意主宰他们，叫作“玄德”(玄秘而深邃的德性)；其二，“玄德”是“故以智治国，国之贼；不以智治国，国之福。知此两者亦稽式。常知稽式，是谓玄德”(《道德经·第六十五章·大顺》)。国是前面曾涉猎过的，指出“智”不能简单理解为“智慧”，而是相对于“愚民”之“愚”而说，“愚”乃敦厚善良、朴实无华之意，即“民”是自然状态、不喜奸诈之民，国家应该遵循这种忠厚本性（不以智治国)，而不应该用计巧、奸诈之法治之人机使“民”也智巧心机、成奸诈伪善者（将“愚民”理解为愚弄、蒙昧百姓，是完全错误的理解)。前一种表达是顺其天性本然，后一种表达是顺其人性本然，归根结蒂是顺其自然的治国、治世之道谓之“玄德”，这种德性，在中国已经形成了一种管理模式、治理法式（稽式)。

“德”的内涵外延在其他地方也表现得淋漓尽致，如第三十八章、四十一章，提到“上德（崇高之德)”“广德（广浩之德)”“建德（刚健之德)”等“德”的范畴。有这样的德性，则可“大方无隅，大器晚成，大音希声，大象无形”。《道德经·第四十一章·反覆》提出静德：“清静为天下正”，《道德经·第四十九章·圣人》强调了善德、信德：“善者吾善之，不善者吾亦善之，德善。信者吾信之，不信者，吾亦信之，德信”，五十四章说明如何获得德真、德余、德长、德丰、德普……

总之，《德经》提出来的管理之德、治理或者说是统治之德，综合起来是让民自由自在地休养生息。为了实现这样的目标，五十一章讲玄德的同时，提出了要“蓄德”，这与五十九章提到的“积德”，异曲同工。只是这里的蓄德、积德，不完全是个人修炼，而是治国之道，管理之道，“是谓深根固柢，长生久视之道”(《道德经·第五十九章·长生》)。为此，五十五章提到要“含德”浑厚，《道德经·第七十一章·用兵》则说“知不知，上；不知知，病。”能够自知之明，也是修德应有的。所以《道德经·第七十四章·畏威》问“民不畏死，奈何以死惧之?”七十五章叹“民之轻死，以其上求生之厚，是以轻死。”统治者为了奉养自己，把民脂民膏都搜刮净了，人民也就“不畏死”“轻死”了。这里强调的是应该德治。最终通过修德、德治，建立一个“邻国相望，鸡犬之声相闻，民至老死，不相往来”（《道德经·第八十章·水德》）的准“大同世界”，实现“天之道，利而不害；圣人之道，为而不争”（《道德经·第八十一章右契》）。

由此可见，《德经》之德，对应于《道经》之“道”，“道”是“天地之道”“人间正道”。天道在于与民不争，任其为任其不为；人道在于修道达圣，不贪不嗔不痴。这样的“道”在国家治理、社会管理、组织运行、个人修身中，表现出来的“德”之性，是顺其自然，体现出来的“德”之行，是使民安康；还是遵循规律的“自然之德”和人心归服的“圣人之德”。如此，道德，即循天道遵天德，行正道沐圣德，是伦理教化、行为规范后的思想意识和行为标准。讲道德，就是合乎天性符合规律，就是走正道育圣德，就是国学伦理之本。

三、黄帝内经心和管理伦理

（一）古代经典传与黄帝内经

今人探究中国经典，难在读不懂文言文。《道德经》艰涩，《周易》艰涩，《黄帝内经》艰涩，《尚书》艰涩……中华古老的经典著作，都艰涩难懂，不仅仅文字难懂，体悟出个中三昧更难。读不懂没关系，只要愿意求真知，现代科技水平下总有办法。但若因为读不懂就简单否定，或无端批判，就不是科学态度了。事实上，这些经典著作，都是国学史上一座座令人仰止的高山，只有怀着一颗虔诚之心认真学习细细揣摩，方许可窥其一斑。

客观上，因为历史悠远、文明长久，有过无数次的文化变迁。古文字本就距今太过遥远，而且越是古文字量越少，任何一个字都是文化宝贝，在古人心中都很神圣，一字、一词、一句，都需要表达相当丰厚的内容（当然这种丰厚有一部分也许是后人解读的结果），因此就留给后人相当大的注释、解读的空间。正因为如此，不同时代、不同政治、文化的需要，就有可能解读出不同的结果。所以，一般古文化考证都会注明其注疏来源。当然，任何注疏、任何解读都不能违背其原始意义，也就是不能违背当时时代的语义、作者本身的表义，在此基础上合理地“顿悟”“领悟”“醒悟”，才是发现、创新。

自古至今，中国人口量在世界上占比都是庞大的（相对数大），但在古代还达不到以亿为单位，千万人口就相当大限。古代千百万人口中能学文识字的极少，能进行学术研究传播学问的更少；能登上学识领域顶端的凤毛麟角。远古大能、春秋诸子及后来开山立派者的思想很透彻、很高深，但也很孤绝，当时能理解的人也不太多。所以有条件的设馆授徒，无条件地埋没于历史长河之中，或者在民间以孤本形式传承。后人后学解读原著也就有一定难度。于是有体悟者也设馆授徒，或同好者聚会共论，或研究者潜心探索，出现种种注疏、解读和体会文章。一代代的注疏，加上一次次地失而复得的古本、孤本等古籍，经历了一次次修缮和变动，都加入了后学者的领悟。我们今天见到的，往往是如此多次往复的结果。

中国古代三大奇书，《周易》揭示了宇宙运行变动的规律与奥妙，《道德经》揭示了人心伦理变动的规律与奥妙，《黄帝内经》揭示了人身内理变动的规律与奥妙。它们共同回答了如何认识世界、认识人内心和人自身的问题，并认为人的心灵、人的身体是小宇宙。

《黄帝内经》是医学专著，却又不仅仅是医书范畴，同时是一部中国古代哲学书。中国对物质世界认识的基本观点，皆是“元气论”。《黄帝内经》对人身体的认识也如此，是将身体与心理作为一个整体来理解、一个小世界来看待，气、经、络、脉等等概念，是从生理五行、心理五行角度结合起来认识的，是整体的、全身心的，放在环境、时空和宇宙角度进行综合考察的，其价值远远不止医学专著那么简单。

（二）内经外经医理协同发展

医学上看，西医诊疗由仪器设备检测化验中获得病灶的参数，医者做的是开出检测化验单，解读化验单的检测结果，然后有针对性地修正参数或割除已经坏的“部件”。而中医需要医者丰富的经验积累，因为全靠自身的望闻问切能力诊断，然后提供医疗方案，并配药熬药，治疗原理以固本培元为主。这“元”就是生理上的元气，也就是人们常说的生命力。元气分阴阳，身体状况亦分阴阳；元气运动成五行生克关系，人体内在运行也分五行生克关系。反中医者认为中医的做法是在没有现代检测条件下的无奈之举，这至少是不尽实并有失偏颇的。中医望闻问切是医者直接面对患者的诊断，有仪器设备检测加持固然很好，但很多时候是来不及或没有条件仪器检测，更不要说在古代。对医者来说，依赖医疗仪器只能称为“工人”，通过机器完成医疗镜像、化验、检测，也不是真正行医水平，同类病症中的个性化病理就很难把握准确，医疗方式中强行扭转参数、割除器官、外物替代等做法，在急症中起到一定作用，但也在一定程度上违背了自然性，伤害了中医所说的“元气”，可以作为两害相权取其轻的选择，而不应该是唯一的治疗方式。仪器设备是检测不出经络、阴阳、元气等内容的，所以，西医排斥中医，而中医从不排斥西医。中西医结合，不是医理融合（这不现实），而是在诊断阶段“望闻问切”与“仪器检测”相结合，治疗阶段，急性病发作时，要看中医西医哪种治疗方式更适合，而慢性病，固本培元应该是根本性的。

对于《黄帝内经》的“内经”二字，我们赞同“内求”——往里求、往内求的解释，即内观、内视，内视五脏六腑运行与变化，内观气血怎么流动起什么作用，然后内炼，通过调整气血、调整经络、调整脏腑来达到健康。所以重点在于怎么样让生命健康，怎么样想办法用人自己的力去克身体上的毛病，或者说，中医重点不在直接面对“病毒”本身，更不是消除病毒，而是如何想办法把病毒、病源、病灶从人身体里赶出去，让人健康。所以《黄帝内经》不是讲要吃什么药来治什么病（事实上全书只有13个药方，看药方要找《神农百草经》），而用什么方法让你身体里的“病”没了，这就是中医治病。从这个角度说，中医的靠内观、靠体悟、靠直觉来内求的方法，即使在仪器检测时代也仍然有着巨大的价值。这一点，对心和管理是极有价值的，一家组织内部的健康是这家组织发展壮大的关键。

《黄帝内经》被公认为中医学的奠基之作，第一次系统讲述了人的生理、病理、疾病、治疗的原则和方法，为两千多年以来中华儿女战胜疾患、灾难，绵延至今作出了巨大贡献。欧洲在700年前鼠疫暴发，四分之一的人失去了宝贵生命；而中国近两千年的历史中虽也有瘟疫出现，却从未有过欧洲那样惨痛纪录。2002~2003年的SARS全球性传染病疫潮，中国许多地方依靠中医对疫情进行了有效控制和治疗，也证明了中医的巨大价值（详见央视60集大型纪录片《黄帝内经》）。《黄帝内经》的出发点，不是看病治病，而是如何让人长寿，在控制疫情方面，更有独到之处；而且其阴阳五行医学原理，既治人体之病，亦启示与管理“医治”社会之病、组织之病。对身体的管理目标是长寿，与管理学所要阐述的道理异曲同工，且殊途同归，这是心和管理学引用和探索《黄帝内经》的重要原因。

《黄帝内经》分上下两个部分，为《素问》81篇、《灵枢》81篇。《素问》是针对人体疾病发生和防治进行直白地问。《灵枢》，字面意义，是生理枢机的玄奥，但因其内容主要是针刺问题，故中医领域称其为《针经》。有内经，应该有外经（《汉书》也提到有《黄帝外经》，甚至还有《扁鹊内经》《扁鹊外经》和《白氏内经》《白氏外经》《旁篇》，但大多亡佚），只有《黄帝内经》流传至今。现在能看到的《黄帝内经》是后人编撰的，原叫《外经微言》，由明代陈士铎所传。这说明古代中医内科外科协同发展。

（三）中医循自然勤预防伦理

《黄帝内经》第一篇，轩辕黄帝“问于天师曰：余闻上古之人，春秋皆度百岁，而动作不衰；今时之人，年半百而动作皆衰者，时世异耶？人将失之耶？”① 黄帝时代所说的古人，都能过百岁而无衰老之象，而黄帝时代的人却在50岁左右就显衰老，所以《素问》第一问：这是那时候的情况与现在的情况不同呢，还是现在的人失去了养生之法呢？

岐伯在回答了古代人效法阴阳、遵循时令的一系列养生之道后，分别提到“真人”“至人”“圣人”“贤人”四种人，真人“提挈天地，把握阴阳，呼吸精气，独立守神，肌肉若一，故能寿敝天地，无有终时，此其道生。”②，这是灵肉合一、与道俱生者。至人“淳德全道，和于阴阳，调于四时，去世离俗，积精全神，游行天地之间，视听八达之外，此盖益其寿命而强者也”③，这是以德养生、适时聚神而延长寿命、身体强健者。圣人“处天地之和，……无恚嗔之心，……外不劳形于事，内无思想之患，以恬愉为务，以自得为功，形体不敝，精神不散，亦可以百数”④，这是安静乐观者可达百岁。贤人“法则天地……逆从阴阳，分别四时，将从上古合同于道，亦可使益寿而有极时”⑤，这是依自然规律而养生者，可有一定限制的长寿。这就非常显明地说明了《黄帝内经》是中华第一部养生宝典，养生重点在于修道养德、积极乐观、宁静安详并遵循自然规律。这正是心和管理的要旨。

《黄帝内经》第二篇，提出了两个重要思想：“从阴阳则生，逆之则死；从之则治，逆之则乱。反顺为逆，是谓内格。是故圣人不治已病治未病，不治已乱治未乱，此之谓也。夫病已成而后药之，乱已成而后治之，譬犹渴而穿井，斗而铸锥，不亦晚乎？”⑥ 第一个思想内容就是“阴阳原理”，提出要顺阴阳变动规律而不可逆之，顺则生、得以治疗，逆则死、出现混乱。正是因为要顺从阴阳变动规律，所以第二个重要思想顺势而出：“治未病”，即在病症未成之际去发现它并预防它，而不是乱象已现的时候再去消除它，若不然，就好像口渴了才去挖井，要打斗了才铸造兵器，晚了。这恰好体现了心和管理的本义，要在心顺心平时预防不顺不

① 秦泉：《黄帝内经·上古天真论篇第一》，汕头大学出版社2014年版，第1页。

②③④⑤ 秦泉：《黄帝内经·上古天真论篇第一》，汕头大学出版社2014年版，第3页。

⑥ 秦泉：《黄帝内经·四气调神大论篇第二》，汕头大学出版社2014年版，第5页。

平，而不是等心堵心乱之时去求得平和，那样已经晚了。

此后，《黄帝内经》分篇陆陆续续阐述人的身体健康与自然、与环境、与社会的关系，对每一种情况，从阴阳、而四方、四时、五行一一阐述机理、医理，又由木金水火土五行而对应分析五气、五化、五脏、六腑、五窍、五体、五志、五色、五味等，将天然现象与人之身体情况结合起来，从全局视角、宏观层面，分析病因、病症和病理，提出医治之道，重点仍然是回归“健康养生”，用自己的力克自己的病。由此“天人合一”的中医体系基本建立（见《心和管理学·原理篇》第三章图3-1）。

相对于《素问》，《灵枢》的哲理性要弱一些，医疗之意更浓些；主要涉及中医经络学、针灸学及其临床的理论。用针解结（解除疾病证候之结）之法在于疏通经络，扶正祛邪，调和阴阳，管理借鉴意义相当明显，不能疏通管理脉络、弘扬正气祛除邪气而使得阴阳协和，管理之“病”就难以“医治”。而论及致病邪气，则分为内因、外因、不内外因。外因方面以六淫为主，内因以七情为主，不内外因主要指房室伤、金刃伤、烫火伤、虫兽伤以及中毒等。这里的内因外因理论的提出，对中国哲学、对中国管理，乃至对中国文化才有着极为重要的启示。就是在今天，管理问题出现的原因分析和解决办法，都可以从中详加探查，获得启示和借鉴，这就是中国文化强调的“觉悟”。学古，在于有所觉悟。

第二节　经学之道及三纲八目

古代没有小、中、大学之分，只有童学（15岁之前）、大学之别。今人把古代童学划分为蒙学、小学两个阶段，即8岁之前的启蒙（又叫开蒙）之学，8~15之间的孩童（官塾、私塾）学习阶段；15岁以后为“大人之学”。西学东渐时期开办新式小学，定足岁7岁（按国人习惯虚龄是8岁）为入学年龄，这是按西方文字特点所确立的最佳识字时间。但中国传统教育认为，认识汉字的最佳年龄应该是在虚龄4岁开始（现代幼儿园小小班）。中国传统蒙学在识字之初，即在《三字经》《千字文》中已经切入经学之道，而到塾馆就学习经文了，大学则针对“四书五经”的内容进行经义、论策，即根据经书的语句、意义写出经学之道、理政之论、治国方略。科举考试考的就是治国理民的思路与能力，即治理、管理的思路与能力。本节论述《大学》之“三大纲领”和“八个条目”——合称“三纲八目”。

一、古典六经礼之大学之道

（一）六经的形成与大学之道

前面阐述“心法”时（第一篇第八章），论述过《大学》里提及的“孔门七证修心法”。这里分析伦理思想，仍要用到经书之《大学》的内容。中国文人以书中的“三纲八目”为读书之道、为伦理之源。为此先了解一下《大学》与“六经”的关系。

《大学》原是《礼记》中的第42篇①，《礼记》源于“六经”之《礼经》。“六经”是从远古留存下来的六篇著述，本是王室贵族的家学内容，大体有个范围，各家教学时由自家教书先生自选，所以比较散。孔子设教，带领几位入室弟子整理编纂“六书”作教材。战国后期学者谈论“六书”，转述孔子话语时有了“经”之评述，“六经”之说出现，“六书”的政治地位、社会地位、学术地位不断提高。如今看来，这六部教材应该是六门学科的总论兼基础原理，是中国教育最早的规范教材。

《易》为《易经》，从学科角度说，就是《周易哲学》，还可以开出《周易预测学原理》等。这是中国先贤的智慧学，为群经之首。

《书》为《书经》（即《尚书》），从学科角度说，就是《尚书政治学》《国家治理学》等，或者是《经济学尚书原理》《管理学尚书原理》等。《书》的内容本来就是周王室上行的奏议和下行的诏令为主，是周王室外史所藏的政治文件。后面提到的“农用八政”，就源自《尚书》中的“洪范篇”，“洪”为“大”，“范”为“法”，“洪范”就是统治大法。

《诗》为《诗经》，从学科角度说，就是《中国诗经》《中国古典诗歌》，还可以开出《诗歌音乐学》等。因为《诗》收集了从西周初年到春秋中叶500年的诗歌305篇，为中国历史上第一部诗歌总集。其中的作品都可以用乐器伴奏演唱，故《诗》也就成了中国古代第一部乐歌总集。有诗有乐，诗与歌才真正意义上相连。

《乐》为《乐经》，从学科角度说，就是《中国乐理学》等，《乐》集夏、商两代音乐精华之大成，由周公在洛邑整理而成，周王室历代乐官修订。只是《乐》已失传，中国的音乐学科无法从此传承，但中国音乐仍然是原创的，可以开设《中国古典音乐》等学科。

《礼》为《礼经》，从学科角度说，就是《中华礼仪学》《中华礼

---

① 《小戴礼记》原本46篇，其中的《曲礼》《檀弓》《杂记》三篇内容过长，后世相传的大多版本将其分为上下篇，于是有49篇之说。《大学》是49篇版中的第42篇。

制》，甚至可以开设《中华伦理礼仪学》。这里的“礼”，是天子、诸侯、大夫必须遵循的严格的等级制度，内容有建侯卫、宗法制、封诸侯、五服制；爵位、谥法、官制和吉、凶等礼。相传是周公在洛邑制礼作乐，从而奠定周礼的基础。所以《礼》又称《周礼》《周官》，是周王室的宗伯管理的典章制度。中国是世界著名的礼仪之邦，中国礼仪之源、伦理之道即来自于此。

《春秋》为《春秋经》，从学科角度说，就是《中华春秋通史》。东周前半段被史称“春秋时期”，为自公元前770年至公元前476年（一说公元前453年，另一说公元前403年）的时期。《春秋》就是鲁国史官把当时各国报道的重大事件，按年、季、月、日记录下来，一年分春、夏、秋、冬四季记录下来的编年史。

可见，“六经”涉及哲学、政治学、文学、音乐学、礼仪学、史学等学科，作为学科总论，从中又可以衍生出许多相关学科。中国伦理方面的理论除前节提到的经书外，大多是从《礼记》中来的。《礼》原书记载了周代的冠、婚、丧、祭诸礼的“礼法”，极少涉及仪式背后的“礼义”。“礼”的“义”不明就等于虚礼，只是形式而不具备内涵。

（二）四书五经编与大学思想

孔子七十子，即孔门七十二贤，习《礼》过程中，以作业方式撰写了大量阐述议论礼经之义的论文。后在焚书坑儒时有遗失，东汉戴家叔侄选辑整理，叔叔戴德辑录85篇，为《大戴礼记》；侄子戴圣辑录46篇（即扩充的49篇），为《小戴礼记》。小戴版因郑玄注而畅行并流传于世，后人简称其为《礼记》，内容主要记载先秦礼制，可分为四方面：其一，先秦儒家的哲学思想，如天道观、宇宙观、人生观等；其二，教育思想，如个人修身、教育制度、教学方法、学校管理等；其三，政治思想，如以教化政、大同社会、礼制与刑律等；其四，美学思想，如物动心感说、礼乐中和说。《礼记》所涉及的古代文化史知识及思想学说，涉及了儒学传承、文化传承、教育传承和德性教养的传承。后来“四书”中的《中庸》《大学》皆出自《礼记》。《中庸》阐述中庸之道，《大学》论述人生哲学。

《大学》在宋代以前，一直作为《礼记》中的一篇面世。西汉董仲舒将儒学由学派学问上升为国家意识形态和治国经略，由此大学之道成了一个完整而概括性的政治、道德教育的纲领和程序。东汉郑玄为《礼记》作注，使大学之道盛行于世。唐代孔颖达将《大学》文本分为两大段，为后来朱熹将《大学》分为经、传两部分做好了铺垫。韩愈把《大学》《孟子》《周易》视作同等重要的“经书”，提高了《大学》在儒家道统中的地位。

宋代程颢、程颐将《诗》《书》《礼》《易》《春秋》称作“大经”，朱熹则称其为“五经”；二程将《大学》《中庸》《论语》《孟子》称作“小经”，朱熹则合称为“四书”。自此开始“四书五经”成为科举考试的钦定科目，而《大学》为四书之首。

综上所述，《大学》流传了两千多年，在中国历史的各个时期都有其独特的学术特点、学术成就和社会地位。可以说，《大学》将个人的学习、教人、政治等几个过程自然地联系起来，以道德观念的认识（格物、致知）为起点，以道德信念的建立（正心、诚意）为中心，以道德自觉性的培养（修身）为根本要求，以齐家、治国、平天下为实践目标，使得八个条目实际上成为一个过程和整体，构成了儒家的道德教育体系。

《大学》的总体思想，既是儒家政治纲领、政治观念和伦理思想的有机结合，也是儒家人生观、道德观、仁政观、民本论的主要思想；《大学》还是儒家倡导个人修养、君子修德和古代鼓励学习者学以致用、诚意正心而得以治国平天下，阐述了培养良好的道德品质与治国平天下之间的重要关系。自汉始儒学成为国家治理的正统、政治统治的正统，所以儒家《大学》之内容，事实上也成为历朝历代的治国方略和人才培养的正统之理。

（三）大人之学与博学德慧学

需要说明的是，《大学》中的“大学”不同于现代学制中的大学（有一定的相通之处），而是与“小童之学”相对的“大人之学”。朱熹解释说：“人生八岁，则自王公以下，至于庶人之子弟，皆入小学，而教之以洒扫、应对、进退之节，礼乐、射御、书数之文；及其十有五年，则自天子之元子、众子，以至公、卿、大夫、元士之适子，与凡民之俊秀，皆入大学，而教之以穷理、正心、修己、治人之道”（《四书章句集注·大学章句序》）。也就是说，古人学习分为“童学”与“大学”两个阶段，童学主要学习“洒扫应对进退，礼乐射御书数”等内容。其中洒扫指洒水扫地为代表的家务事、应对为迎送酬答宾客的应对之礼、进退则指为人处世的进退之道等为内容的为生活常识、基本礼节等；同时学习礼仪、音乐、射击术、驾御马车术、书法、算数等文化知识和相关技能。这里礼乐是“大人”的礼节修养（不仅仅是礼节行为和音乐演奏能力，更重要的是礼乐中展示的德性道义），射御为战士的作战技能（“御”，不仅仅是驾御民用马车，更重要的是驾御战车），书数是文理双全的文化水平（书，其实是以书法为代表的文史知识）。十五岁后开始，可进入“大人之学”阶段，学习“穷理正心，修己治人”的学问。

显然，中国教育原本并不是不注重洒扫应对的生活技能的培育，不是不注重规则修养的学习，不是不注重保家卫国思想和技能的教授，只是没有得到很好传承并在传承基础上与时俱进创新发展而已，而是走入只要文化知识不要生活常识和修养技能的误区。

另外，“大学”也有“博学和德慧杰出之学”的意思。“大人之学”的“大人”，在古代汉语中，不是简单的年长之人的意思（当然必须是成年人），而是对高德高慧学问广博之人的尊称，与“君子”一词有异曲同工之妙。《诗经·小雅·斯干》中“大人占之”的“大人”应是较早出现这一词语的，其意为周代“太卜之官”，即执掌占卜的官员；《周易》里，“大人”一词与“君子”一词一样频频出现，都是对品德高、智慧高、学问高之人的称谓。若要分出这两个词语的细微差别，那么，相比较而言，“大人”一词更体现出先圣先贤之人品的宏大高远的特性，而“君子”一词更体现出先圣先贤之人品的敦厚柔顺的特性。

二、大学三纲八目管理伦理

中国古代，一直有“学成文武艺，货与帝王家”之说，所以，古人所说的“正道”，是指“治国平天下”之道。尽管封建统治者把国家私有化，“溥天之下，莫非王土，率土之滨，莫非王臣。”① 但事实上，无论是哪一种政治体制的国家，都需要有一个可以把“国家”具象化的管理机构，这就是国家机器、国家权力的代表者。所以，中国古代，“王朝”代表着国家，人们读书习能、穷理正心、修己治家，都是为了最终能够为王朝、为国家“治国平天下”。故人才选拔、科考制度，都是朝着“治国平天下”这个方向努力的，也是造成中国古代社会重文轻理的重要原因之一。这样，在《大学》里，“大人之学”的学习重点就在于“三纲八目”也便可以理解了。现代学习《大学》，在了解这一背景的基础上，需要对“三纲八目”注入现代的思想内涵、技能内涵和知识体系。

（一）大学三大纲领八个条目

《大学》全文分三个层次来解说大学应该学的“道”，即以“三纲八目”为主要内容的大学之道、诚意正心的修身之道、齐家治国的管理之道。

第一层阐述三纲八目的大学之道，从开始的“大学之道”至“此谓知之至也”。《大学》开篇就说：“大学之道，在明明德，在亲民、在止于

---

① 《诗经·小雅·北山》，古诗文网《诗经》篇。

至善。”① 儒家思想的主要追求，儒学“垂世立教”的目标，《大学》的纲领主旨，就在这三大纲领。

第一大纲领是“明明德”。这是将人的精神的弘扬和品德修养置于首位。“明明德”，第一个“明”是彰显、弘扬、发挥的意思，第二个“明”是光明、光辉、高尚的意思，“明明德”就是弘扬人的光明正大的品行德性，其用意在于激发求学者完善自己的自觉性、自醒性，在内心里明白自己应该有着光明的品质、光辉的道德、高尚的情操。

第二大纲领是“亲民”。若用“亲”字本义，有关系近、感悟好的意思，亲近、亲密、亲爱、亲热等，有不分亲疏之意，“亲民”也就是与民亲近，彼此相亲，与民本思想相近。但程颐、朱熹认为“亲民”当作“新民”，一是因为古语中“亲”“新”可通用，更重要的是“新民”符合早期儒学主张；而且就《大学》而言，“亲民”主要对应“齐家”“治国”，论述的重点是“德”“教”，这样“新民”就比“亲民”贴切了。当然，反对这种观点的也不乏其人，王阳明针对后世儒学“重教轻养”甚至“只教不养”流弊提出批评，认为“亲民”才是正确的。“新民”，就是使人弃旧迎新，弃恶扬善而成新生代之“民”，有引导、教化人民努力提高道德品质之意。这为治国平天下伟业奠定了精神基础。

第三大纲领是“止于至善”。直译就是停止在最高的善境界。也就是要将“明明德”“亲民”程度到达完善境界，并一直保持下去（“止”的意义引申）。对于每一个大学的求学者而言，就是要使自己的道德品质修养到完善、完美的程度，并用学到的知识技能促进社会、国家的治理提升到至善的地步，不达至善绝不停止。这实际上是一个无限的完善过程。这个过程中，“物有本末，事有终始，知所先后，则近道矣。”② 先学什么后学什么，先修养什么后修养什么，先掌握什么后掌握什么，都能清楚明白，就接近于大学之道了。

《大学》先明确三大纲领，再提出实现这三大纲领的八个条目：“古之欲明明德于天下者，先治其国；欲治其国者，先齐其家；欲齐其家者，先修其身；欲修其身者，先正其心；欲正其心者，先诚其意；欲诚其意者，先致其知；致知在格物。物格而后知至；知至而后意诚；意诚而后心正；心正而后身修；身修而后家齐；家齐而后国治；国治而后天下平。”③ 这里所提的格物、致知、诚意、正心、修身、齐家、治国、平天下，是朱熹所称的大学“八条目”，也是儒学所展示的人生成长的八个要素，同时

---

①②③ 曾参：《大学·第一章》，古诗文网《大学》篇。

还是中华古伦理学主要的学科内容。其中，“格物、致知、诚意、正心”四者，专注于心性修养，属儒家的“内圣”之学；“修身、齐家、治国、平天下”，系君子之行为规范及治政之事，属儒家的“外王”之学。将“修身、齐家”也立为“外王”之学，是因为这里的“修身”不单单是个人修身养性提升品德，这里的“齐家”不仅仅是个人小家成员能够齐心协力和睦相处，更重要的是修身齐家的修养、治理目标是培养治国平天下的素养和技能，所谓“身修而后家齐，家齐而后国治”，从而达到“道德转化为政治”，实现“为政以德”的儒学思想和目标。

八条目的排列次序，彰显出其中内在的逻辑关系：只有把家庭、封地管理得井井有条，才能获得经验，进而有资格治理国家；要治好家庭、封地，首先要以身作则，进行自我修养；要作自我修养就要端正思想，而不能只做表面文章，遵守外在的行为准则；端正思想就要做到真诚，心灵纯洁，排除种种私心杂念；而要意念诚实就要学习知识，提高认识，不至于陷入愚昧、偏执，从而避免盲目性；而掌握知识、提高认识能力，就要研究事物，以防止被他人之说误导。这说明《大学》全面地展示了同“明明德”和“治国平天下”相关的主要方面，深刻地揭示了它们之间的关系，儒家学说终成条理分明的思想体系。

“修身”是八个条目中承上启下的，是关键性的。没有修身，达不到真正的“内圣”；没有修身，也不可能具备“外王”的条件。“自天子以至于庶人，一是皆以修身为本”①，修身是一切活动的根本，天子没有特权置身于修身之外，普通百姓也不能降低对自己的要求，把修身当作无关紧要的事。修身的真正本意，是关注自我、认识自我、审视自我、完善自我、发展自我。现代管理，忽略了“修身”的作用，强调了“胡萝卜加大棒”。尤其是在温饱问题基本解决之后的管理，精神、意识的作用或逐步上升；也就是说，以修身为本，培育人的自觉性，增强个体自强不息的、内在的精神生命力方面，会越来越重要。

（二）道德修养与自我完善之途

《大学》的第二层论述慎独诚意与修身正心之法，从“所谓诚其意者”至“此谓修身在正其心”。引用典故解释“三纲八目”的内涵，突出了《大学》求学者应该有的重要观念：求圣人之道的关键是加强道德修养、增强自我完善的自觉性。

“自明”为道德修养和自我完善的第一要义、第一要求。《大学》分

---

① 曾参：《大学·第一章》，古诗文网《大学》篇。

别引用《尚书》中“康诰”“大甲”“帝典”的话证明，要具备能明辨德性的本心、依照大自然赐予的心性内明、能明辨最高的道德，“皆自明也”。“自明”即“自觉明悟”，就是说“明明德”是自我的觉悟、发展自身的必要，也是内心意识达到完善的要求。显然，管理也好治理也罢，要想办好事，必须先排除物欲杂念，具备澄明本性、彰明心性的“辨知”能力。若非如此，被食色物欲所蔽，将迷失人的辨识能力，失去做人道德，导致昏昧不明、是非不清，黑白颠倒、胡作非为，如此社会、国家皆难和谐。所以，“皆自明也”很重要，不是将一种外在的行为规范强加给一个人，而是要依靠自己，“克明峻德”，实现澄明自己的心性的目的，提高自己的“辨知”和“明辨”道德是非的能力。如此，人固有的善性，才可以发扬和发展。

“日新”为道德修养和自我完善的第二要义、第二要求。这种道德修养是不断自我更新的过程。“新民”就是教化人民更新其品质，《大学》经书中用商汤刻在浴盆之上用以自警的铭文“苟日新，日日新，又日新”① 来阐明《大学》“新民”的意义，就是自我的更新，自我的发展的意思，强调任何时候都不要停滞不前，安于现状，而应该而且必须经常进行自我的更新、创造和发展，永远追求新目标和新成就，不断展现新气象和新面貌。正是这种更新和发展是没有止境的，是一个无限的过程，所以“君子无所不用其极”②，要求人们将追求至善的自觉性发挥到最大的程度。从这里可以证明一点，儒学并不是墨守成规，不是不要积极进取，更不是不要创新发展，而是要用一种积极的人生观进入社会，努力鼓励发展、鼓励创新，并以发展创新为哲学，为自我创造开辟出新的空间。

“自修”为道德修养和自我完善的第三要义、第三要求。这种自修重在不断地切磋、专注地琢磨，即“如切如磋者，道学也；如琢如磨者，自修也”③ 自修须努力学习知识，增进学问，提高认识，须冥思以求顿悟，并通过艰苦的磨炼，在实践中不断地增长才干，养成各种优良的品质。如此才能达到“道盛德至善”④ 的完善境界。而达到这样的高境界，必须时时调节自己的心理状态，防止愤恨、恐惧、癖好、忧伤等各种情绪损害心灵的纯正和完善自我的自觉性。心灵一旦失去平衡，自修就失败，就会丧失正确判断是非善恶的能力。

“自谦”而“毋自欺”，为道德修养和自我完善的第四要义、第四要求。“自欺”者，自我欺骗也，而自己都要欺骗，就意味着要“欺人”；

①②③④ 曾参：《大学·第四章》，古诗文网《大学》篇。

“自欺”者一定动机不纯，有邪念，却以装作勉强的样子、伪装的善行、漂亮的言辞来掩饰自己心灵上的污秽，便是因自欺而欺人了。“毋自欺”，表明行善不是为了某种功利的目的，也不是做给别人看，而是自己心灵的需要，是以善本身为目的，是求得精神本身的满足，是主观意识要始终保持纯正的状态。即自我完善之自觉性，表现在一个人为善动机是纯正的，这才是“诚意”的真正意义。所以，“所谓诚其意者，毋自欺也。如恶恶臭，如好好色，此之谓自谦。故君子必慎其独也。”① 只有心灵的自谦，才能排除做给别人看的矫饰、虚伪的自欺行为，达到“诚意”的目的，从而从根本上保证有一种自我完善的自觉性。只有“慎独”，才能考验一个人能否做到诚意，才能考验是否真正具有自我完善的自觉性。

（三）齐家治国得道管理伦理

《大学》的第三层谈有诸己而后求诸人的道理，从“所谓齐其家在修其身者”至“以义为利也”。这与孔子的忠恕观、推己及人理论是一致的，所建立起来的絜矩之道应该是：“己欲立而立人，己欲达而达人，己所不欲，勿施于人”（《论语·卫灵公》）。

其一，身不修，不可以齐其家。“君子有诸己而后求诸人，无诸己而后非诸人。”② “诸”，“之于”也。有德有修养的人，是自己能做得到才会去要求别人去做，不该做的自己先不去做而后要求别人不要去做。此谓之正意诚心，以此意、此心修身者，才有可能达到齐家、治国。管理家庭、治理国家，与对待他人的准则是一致的，即如孔子所说的“其身正，不令而行；其身不正，虽令不从。”（《论语·子路篇》），自己做不到的也就不要强加给别人。

其二，“治国在齐其家”。一屋不扫，何以扫天下；家人都管理不好，何以治理好国家。事实也如此，一位官员在家里、对家人都不能有仁义讲道德，那么这样家庭出来的人又如何会讲仁义道德；他在国家政治生活中又如何会讲仁义道德，这样的人带出来的下属、管理的对象，如何可能是仁义的、道德的。“故君子不出家而成教于国。”③ 这就是“修身”的价值所在，不出家门就得到了治理国家的教育，是因为他是君子，君子会修身而使自己有深厚的仁义道德。一个德行高尚的人，在家能够孝敬父母、慈爱晚辈、尊重邻里、积德行善，他的榜样的作用自会感化周围的人、教育家里的晚辈。

国家国家，有国才有家，许许多多的“家”构成了“国”。家家户户

---

①②③ 曾参：《大学·第十章》，古诗文网《大学》篇。

都“齐其家”了，也就是每家每户都和谐稳定、幸福安详，“国”也就治理好了，所谓“一家仁，一国兴仁；一家让，一国兴让；一人贪戾，一国作乱”①。小家与大国的关系便是这样，这也是“治大国如烹小鲜”的原理之一。如孝顺父母般侍奉君主（国家代言人）；如恭敬兄长般侍奉官长（服从管理）；如慈爱子女般对待民众（泽被天下），治国者把家庭道德运用、推广到国家治理中，用对家人的情感对待全社会的人，结果就是人人心中认定：国者家也，国家治理，与君子管理小家一样有秩序、显和谐，国家治理目标就实现了。这也是“民之所好好之，民之所恶恶之，此之谓民之父母”② 的意义了。统治者对待老百姓若真能如对“赤子”一样的怜爱、疼爱，治国者真能“为民父母”，那么这个“父母官”便是好家长。

其三，“道得众则得国，失众则失国”。这里论述了治国者应有的思想品格和道德品质，其中最重要的是忠恕之道：“所谓平天下在治其国者，上老老而民兴孝，上长长而民兴悌，上恤孤而民不倍，是以君子有絜矩之道也。”③ 絜者，测度也；矩者，规矩与标准。絜矩之道就是根据人同此心的道理，以将心比心的方法，处理各种人际关系。这种絜矩之道强调必须公正无私，要提防种种妨碍公正无私的情感、心理因素：对亲近和喜欢的人不能有偏爱，对所厌恶的人不能有偏见，对所畏惧和敬重的人不能有盲目性，对所同情、怜悯的人不能有偏私。由此得出结论：对于他人偏爱，就会看不到其缺点；而对他人有了偏见，就会看不到其优点。《大学》还提出政治家要有宽广的胸怀，别人有才能和本领，就像自己有一样；别人道德高尚，自己要从心里喜欢。不要像小人，别人有才干，就妒忌他；别人有美德，就处心积虑地压制他。要举贤荐能，罢黜不善之人。所谓“仁者以财发人，不仁者以身发财”④。所谓以财发人，“生之众，食之者寡；为之者疾，用之者舒。”⑤ 生财有此大道，可以财造福百姓，不能任用“聚敛之臣”与民争利。国家则“不以利为利，以义为利也”。

总而言之，《大学》表达了儒家重治国之本的观念，着力阐述三大纲领、八个条目，对中国古代的政治实践和政治教育起到了巨大作用，在今天仍具有较高的借鉴价值。心和管理学认为，《大学》所提的“三纲八目”可以作为中国管理伦理学的基础内涵之一。

---

① 曾参：《大学·第十章》，古诗文网《大学》篇。

②③④⑤ 曾参：《大学·第十一章》，古诗文网《大学》篇。

三、心和管理三纲八目新论

（一）国学管理道德修养基础

国学管理理论体系所涉及的伦理内涵，从这三大纲领、八个条目开始，当然，在对其传承的基础上还需要对其内涵进行必要地、与时俱进地修正、完善、创新、提高。任何传承的思想、理论都不是原样照搬，如同任何引进的思想、理论也都不应该原样照搬一样，在古为今用、洋为中用的同时，去粗取精、去伪存真、由表及里、创新提高。

《大学》所强调的道德修养，管理者要关心民众疾苦、改善民生条件、维护社会安定等，不管什么时候都是有价值的。走向成功的道路可以千万条，治国平天下的岗位也有亿万个，亘古不变的一点就是诚意正心中有伦理，修身齐家中有道德。正心、修养的内涵应该与时俱进，但有一些基本的内容却是什么时候都需要的。

例如，古代童学学习“洒扫应对进退，礼乐射御书数”，而今不要说中小学，连大学里也没有这些生活常识、待客之法、处世之道的学习。故，企业文化建设与少年儿童教育中有了这些内容，具体内容是否是“洒扫”，可以探讨、可以根据时代特点有所变化，但是“应对”“进退”之道、之法却很有必要。企业、中小学学习《弟子规》，是对在今天仍然具有生命力的国学的回归和提升，《弟子规》类内容在古代属启蒙之学，现在成人学是在补课。同理，大学学习“应对”“进退”之道、之法也是补课，而且这类课很有必要补。

（二）大学书经三大纲领要义

“明明德、亲民、止于至善”，这是大学求学或者说君子学习的三大纲领，今天来说，也是家庭和家族管理、组织和社会管理的重要纲领。在心和管理学中，将其视为管理伦理道德的核心思想——略做些微调，如明德之德中，把“忠君之德”的意义更新为“忠于国家”“忠于民族”之德，把孝悌之德用于对待君主和长上，更新为“感恩组织”“孝爱前辈”“关爱同事”，而不改变其“明”，以道德光辉照耀人间。

后面还会专门对新时代的道德内涵进行论述，这里提出的是更新“德”的思想观念，强调“德”要有新时代的“明”。现代大学的教育，需要而且非常有必要加强“明明德”教育。毕竟，几十年追求 GDP、追求商业利益的过程，让大学也过于急功近利了。

亲民，无论是亲近民众还是培育新民，在今天仍然有着重要的价值。如果古代把人民当成赤子，把官员自己看作“父母官”，表现了官员有一种高高在上、俯视民众的优越感和对百姓的轻视，那么在今天，以“鱼水”关系来说明官员与民众、上司与员工的关系，应该更为贴切。而且，“亲民”理论中竭力主张治国者应当像对家人那样，对人民有一种纯真、诚挚、深厚的爱，并以这种情感来治国，按照人民的愿望和意志来处理政务，努力使社会变得像美满的家庭那样和睦，充满温馨，仍然是非常美好的政治理想，在今天要做的就是如何使其落实，而不是“纸上谈兵”。当然，鱼水关系，须清楚官员为鱼、百姓为水。有百姓，官员才有存在的理由、存在的价值。

止于至善，无论是大学求学者还是官员或组织的管理者、领导者，无论在思想上还是在行为上，都应该是努力去达到的。

所以，现代社会需要德明、民新、人善，这是中国现代管理伦理学的三大纲领。

（三）八个条目构建全息系统

实现这三大纲领，须按《大学》八目进行，即求学者、管理者须从格物开始，而达致知，然后诚意、正心，修身、齐家，逐步进修、递进至能够“治国、平天下”，这是人们学习、进修、进步的八个阶梯。心和管理学在此基础上，进一步提出要赋予“八目”以新内涵，新时代所需要的内涵。也就是在传承儒学“八个条目”的基础上，换一个视角，换一个维度来深化“八目”的内涵——即结合周易八卦哲学理论，将“八目”组成新的全息系统。系统的全息性是新科学融入的一方面，另一方面是心和管理新思想的融入。

递进关系是有前面程序才有后面发挥，有前面思想才有后面拓展，有前面过程才有后面结果，环环相扣、步步随行。那么，从今天的眼光来看，齐家后、治国时、平了天下，还要不要再“格物、致知”、再“诚意、正心”，还要不要继续“修身”？国学讲的“九九归一”不是回到原起点，而是上了一个层面之后的新起点。直白一点的说法，就是上了九个台阶到了一个新平台，就是九九归一到这个新平台，并且在这个新平台上再起步继续往上走。从“八目”角度看，从学习探究到掌握一定知识技能，通过诚意正心的修身，而后齐家、治国、平天下，就是指人生从学习知识到学有所成到贡献社会，这是一个过程。然后九九归一，继续学习、继续努力，到事业有成回报社会，这是新平台上的一个过程。如此进步、发展、节节攀升，最后达到人生的顶峰。这样去探索，那么“八目”之间，既是一个阶段内的递进关系，同时，放在整体的、全局的平台上来看，每个阶段中的每一个条目，又可以是独立的，每个条目与其他条目之间，可以是有关联的独立体，这些相互关联的独立条目，在一个阶段内是递进的，但在全局层面上，是并列的。

也就是说，在宏观的、全局的、整体的层面上，八目转化为人生修炼成长的八个互相关联又彼此独立的要素，要素与要素之间，归根结蒂是人的内心的升华，反映在组织中、社会上，是彼此之间的协和，是要素与要素之间的协和，是人与人之间、心与心之间的协和。

当把八个条目彼此独立起来看待时，就不再是单一的递进关系了，而是表现为学习、修炼是一个永无止境的系统了，每个条目之间也可以是并列关系了。如此，便与周易八卦就有关联。心和管理学为此把《大学》中的八个条目之间的逻辑关系重新梳理为如图 12－1 所示的八卦全息关系。八卦与八目之间的关系，分为三个层次解读。

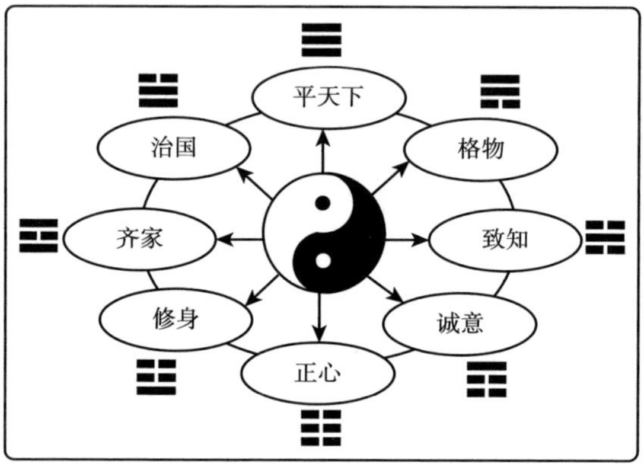

图 12－1　心和管理八目互动模型

首先，按八卦的阴阳原理，将八目分为阴阳两组，其中，隐世心修为阴，包括格物、致知、诚意、正心；入世立身为阳，包括修身、齐家、治国、平天下——这里的修身，既是前面说的学习修养过程中的修炼身心，也是后面所说社会实践中的修养，即所谓红尘中修炼身心。总的来说，“心修”就是不断地学习探索，达到掌握知识，同时为人要诚心实意，要做到正道人心。这样就可以“立身”，即个人自身品格修炼好了，家庭（族）已管理得规范整齐了，治国的能力、平天下的能力也都达到了。修炼大成者，都是内外兼修、阴阳协和的。

其次，按八卦的两两对应原理，组成四组互为相应、互为因果的关系：其一，巽震二卦，因为申命行事勤格物，所以警惕自省修好身；其二，坎离二卦，因为作事谋始掌学问，所以类族辨物兴家族；其三，艮兑二卦，因为稳定如山显诚意，所以辨民安志可治国；其四，乾坤二卦，因为厚德载物正人心，所以自强不息平天下。心修时“独善其身”，立身时“兼济天下”。

最后，按太极图顺时针方向运动，从巽卦开始到乾卦一周天，依然是格物、致知、诚意、正心、修身、齐家、治国、平天下的顺序。八卦相荡，八目共张。心修以厚积，淡泊以明志；立身天地间，为民创伟业。人心管理就是通过心修达到立身，“举而错之以天下之民”。

心和管理八目全息系统，互为关联、互为因果、互为对应、互为影响，对于管理者自身素质的提升、内心的修炼、报效社会的贡献都有着重大的指导意义。同时，这八目与心和管理理论中的八个目标（八心）密切相关：通过格物致知的教育理顺人心、获得人心，通过诚意正心的思想稳定人心、正道人心，通过修身齐家的行为振奋人心、温暖人心，通过治国平天下的奉献喜悦人心、凝聚人心。八心共辉，事业必成。

第三节　中华文明之四维八德

如果说道学是道的传承内容，那么道统就是道的传承谱系。道统的初始本意是儒家关于先王之道传承系统的理论。孔子列出道的传承次第是尧、舜、禹、汤、文、武、周公，唐朝韩愈在上述基础上加上了“周公传之孔子，孔子传之孟轲”（《原道》）。宋朝朱熹正式明确了道统概念，“盖自上古圣神继天立极，而道统之传有自来矣”（《四书集注·中庸章句序》）。事实上，传承一直未曾断绝，只是要被各方认同，可以与尧、舜、禹、汤并列的大家，后世越来越少，越接近现代，传承与发展的流派也越多，影响力也相对因流派的增多而分散。两汉后，儒家一直认为自己是正统的（事实亦如此，但不是唯一），从哲学上将道统总结为认同意识、正统意识、弘道意识三个方面。儒、道、释一起构成了国学主干，而传承五千年的中华伦理道统，则以国之四维“礼义廉耻”为起始，然后在“孝悌忠信、仁爱和平”8个字中取舍，定其中4字与四维合一，构成中国伦理道德“八德”。

一、管仲国之四维伦理道德

（一）管仲提出国之四维伦理

国之四维，是由管仲提出并予以确立的。在“心法”一章中已阐述了

《管子》的心术之法，这里重点论述管仲提出的“国之四维”。“维”，古文字义是“凡相系者曰维”，一般直接解释为纲纪、纲要、法度。春秋时期，应该还没有数学或物理上的“维度”概念，但在哲学意义上，仍然可以理解为“物体在时间线上的转移”。这样，“四维”的原意就是维系国家稳定的四条系线（抽象意义的线）；如果从“维度”理解，那就是国家在时间线上可以“转移”多久（长），也就是国家安全稳定发展时间可以有多久。

所谓“国之四维”，《管子·牧民》明确定义为“礼、义、廉、耻”四方面伦理道德的内容，强调其为维系社会稳定、建立社会秩序的道德标准和行为规范：“国有四维，一维绝则倾，二维绝则危，三维绝则覆，四维绝则灭。倾可正也，危可安也，覆可起也，灭不可复错也。何谓四维？一曰礼，二曰义，三曰廉，四曰耻。礼不逾节，义不自进，廉不蔽恶，耻不从枉。故不逾节，则上位安；不自进，则民无巧诈；不蔽恶 ，则行自全；不从枉，则邪事不生。”① 礼义廉耻，是支撑国家稳定安全的四条系线（或者说四根柱子），缺一国倾但弥补了还可正回去，缺二国危但弥补了还能重新安，缺三国覆但弥补了就能再崛起，若四维全断绝了，那就灭亡了再也无法恢复了。这就是国学核心内容之一，可以说，不知不懂这四维，就称不上是真正的中国人。所以《管子·国颂》进一步说明：“四维张，则君令行。……四维不张，国乃灭亡。”② 管仲把“四维”放到关系到国家生死存亡的高度来看待！

自管仲提出“四维”理论后，“四维”成为历代以来文人墨客、官场政府的道德标准；后世提出的“四德”“五德”“八德”等，都是参照“四维”标准（三从四德的“四德”不在此列，那是专门让古代妇女遵守的，“三从”指未嫁从父、出嫁从夫、夫死从子；“四德”指妇德、妇言、妇容、妇功）而言的。这充分说明国学、中国文人和历代中国政权对“四维”的重视，可以说这是中国本土伦理道德的滥觞和渊薮。

礼义二维，是一个国度、一个民族的文明程度，也是一个国度、一个民族的思想倾向。礼从心出，文有内涵；义从心出，人类高尚——礼义是实现心和管理的基础。而廉耻二维，既是国家与民族组织健康的保障、国格文化的体现，也是单位和个人身心健康、人格文化的体现，都是人性修炼、人格培育、心灵升华的国学特色。中华管理伦理，必然从心入手，洗

---

① 管仲：《管子·牧民·四维》，古诗文网《管子》篇。

② 管仲：《管子·牧民·国颂》，古诗文网《管子》篇。

心为本、梳理为要，既有礼与义的伦理二维，也有廉与耻的伦理二维。

礼义廉耻，国之四维，四维不张，国乃灭亡。

（二）国之四维礼义伦理道德

“四维”之首为“礼”。礼是中华文明的标志，是人与人之间最美的距离。中国人坚定地认为：人而无礼，类同禽兽。华夏之“华”，原指中华服饰之华美，所以有“华服”之说，故中国有“衣冠上国”“锦绣中华”之誉；华夏之“夏”，原指礼仪之大，所以华夏有“礼仪之邦”美称，与没有开化、不懂礼仪的外族胡人相对。《礼记》云：“人有礼则安，无礼则危。”① 再结合儒家“礼教”制度的建设，可以发现国学对“礼”注重，甚至提出“以礼治国”的政治主张。礼的形式虽因时因地而有差异，但卑己尊人的精神不能变。从这一点上说，中国称礼仪之邦绝非虚妄，中国礼仪、礼式、礼节、礼数之多、之广、之规范、之庄严，举世无双，因此才会有“繁文缛节”一说，来批评过分繁琐的仪式或礼节。“礼之用，和为贵”，中华之礼，展现了中华国度的雍容大气，可以这么说，道德仁义，无礼不成；世态风俗，无礼不化；人际交往，无礼不和。在今天，中国社交、外交之礼，严谨庄重，体现了中国尊重人心、追求心和的文化诉求。礼有外在表现，但其核心是内在本质。为了礼而施礼是虚伪，也许内心更肮脏；只有真心诚意而出的礼，才是文明之礼，国本之礼。

有礼而有义，礼进一步升华。义者，宜也；义的引申意义是做事合情、合理、合法。文化意义上就更丰富了，从孔子提出“义”到孟子阐析“义”，基本包含了公正合宜的道德、道理或行为的意思，由此衍生出许多词语，如正义、节义、道义、侠义、情义、仁义等，许多成语亦如此，如义不容辞、义无反顾、义正词严、义薄云天、义愤填膺等；凡正义的或公益的行为，都会有“义”字在里面，如起义、仗义、义师、义勇、义演、义卖、义学、义工等。合义的道理叫作“义理”，合义的气节叫作“义气”，国家之义、民族之义谓之“大义”。与“义”对应的是“利”，儒家强调的是“见利思义”，而不能“见利忘义”。人与人的交往，是以义交，还是以利交，这是君子和小人的分野。“君子喻于义，小人喻于利”（《论语·里仁》）。社会道德方面，中国道统认为义中自有利，无需义外求；商业行为中，国学提倡“重义轻利”，反对“重利轻义”；行政管理中，“君子”行政的“大节”应该是“礼以行义，义以生利，利以平民”（《左传·成公二年》）。孔子说：“君子有勇而无义为乱，小人有勇而无义为盗”

① 孔子等：《礼记·曲礼上》（戴圣编），古诗文网《礼记》篇。

（《论语·阳货》），所以中国社会鼓励见义勇为。传播甚广的是孟子的“义利”观：“生，亦我所欲也；义，亦我所欲也；二者不可得兼，舍生而取义者也”（《孟子·告子上》）。董仲舒的“义利”观：“天之生人也，使人生义与利。利以养其体，义以养其心。心不得义不能乐，体不得利不能安”（《春秋繁露·身之养莫重于义》）。

义利观不是不要利，而是不伤害到“义”而取得合理、合法的利。《吕氏春秋》记载了一个著名的“子贡赎人”事件，很能说明这一点：“鲁国之法，鲁人为人臣妾於诸侯，有能赎之者，取其金於府。子贡赎鲁人於诸侯，来而让，不取其金。孔子曰：‘赐失之矣。自今以往，鲁人不赎人矣。’取其金，则无损於行；不取其金，则不复赎人矣。子路拯溺者，其人拜之以牛，子路受之。孔子曰：‘鲁人必拯溺者矣。’孔子见之以细，观化远也。”① 翻译出来，大体意思是鲁国有规定，凡是到国外旅行去，看到有鲁国人在外国被卖为奴隶的，可以花钱把他赎出来，回到鲁国后，到国库去报账，国库照付。孔子学生端木赐（子贡），在其他诸侯国里看到有鲁国人被卖为奴隶了，就把他赎出来。赎出来以后，他没到国库去报账。孔子知道后，认为看问题不能这样看，他对子贡说，你做错了！你回来后没有去报账，将来别人看见做奴隶的鲁国人，本想赎他出来，去报账的话，别人就要议论品格不如你。这样，这个人就可能装作没看见，不去赎人了。所以，这个做法就妨碍了更多的鲁国奴隶被人家赎买出来，是有害的。因此，另一件事“子路受牛”发生时，孔子是高兴的：子路救起一名溺水者，那人感谢他送了一头牛，子路收下了。孔子说：“鲁国人从此一定会勇于救落水者了。”这也许是子贡能够留下“君子爱财，取之有道”之“端木遗风”的起源吧。

（三）国之四之廉耻伦理道德

有礼义而知廉耻，国之四维，皆以人为本，从心而来。所谓有人而有国，有人心而有天下。知廉耻得天下，守天下更须知廉耻。管理以廉耻为伦理道德，可保国之巨大变化坚强。

“廉”本意是“堂隅”，比喻有棱角，锋利，引申为方正、高洁、清白、俭约、公平、不苟、明察等。“廉”字含义丰富，与“廉”组合的词语很多，说明国学对“廉”的重视。《周礼》说：“以听官府之六计，弊群吏之治。一曰廉善，二曰廉能，三曰廉敬，四曰廉正，五曰廉法，六曰

---

① 吕不韦：《吕氏春秋·览·先识览·察微》，古诗文网《吕氏春秋》篇。

廉辨。”① 意思是用理治（听）官员和政府的“六廉”（六计），来判断和考察（弊）官吏们的政治情况和治理情况。“六廉”分别是：“廉善”即善于行事，能获得公众的好评；“廉能”即能行政令，较好地贯彻各项法令；“廉敬”即不懈于位，尽职守责；“廉正”即不倾斜，品行方正；“廉法”即守法不失，权法不移；“廉辨”即临事分明，头脑清醒，不疑惑。今人理解“廉”，可能有些表层，这是不够的。

“六廉”所包含的内涵极其丰富，把现代常用的一系列词语都涵盖在里面，如廉洁、廉直、廉政、养廉、清廉、谦廉、忠廉等。“廉”还与另一维“义”组合成“廉义”一词。其中，从伦理品德角度说，最重要的是“廉洁”一词，这一词最早出于人屈原的《楚辞·招魂》：“朕幼清以廉洁兮，身服义尔未沬。”② 而解释最权威是东汉王逸在《楚辞·章句》中的注释：“不受曰廉，不污曰洁”，廉洁就是不接受他人的馈赠的钱财礼物，不让自己清白的人品受到玷污。清白纯洁、光明磊落，公正，不贪污不损公肥私便是廉洁。从政府官员的品行角度说，最重要的词是“清廉”，即清白廉洁，成为君子、官员必须坚持的操守。于是有“清正廉洁”，指为官、为人清楚明白而品行端正，正直无私而纯洁光明。与贪得无厌、贪赃枉法相对。清廉之风需要制度的约束，这是外在的、刚性的，但更重要的是心廉，清廉的品格有赖于明德开慧，有赖于慎独和圣贤的教育。智者不惑，仁者无敌。廉者，智慧开启，奉公守法；贪者，利令智昏，贪赃枉法。所以，从政务角度说，最重要的词是“廉政”，还形成了中国特色的廉政文化，成为中华优秀传统文化的重要组成部分。

廉者知耻。耻，本义作“辱”解，乃羞愧之称，羞愧乃心有所惭而生，凡人心生惭愧，不觉会面红耳赤，故“耻”从耳声。所以，耻是知耻辱，生惭愧。羞耻之心是人的道德底线，耻心一旦丧失，任何坏事都能做出来。王阳明心学的重要内容就是“致良知”，这就是知耻。有个典故③：有一次，半夜偷东西的一个小偷被人捉到后见王阳明，苦主问他：“他偷我的东西，这样的人也有良知吗?”王先生没有急于解释，只是叫小偷脱掉外衣，然后又令小偷脱掉里面的衣服，最后，他又叫小偷把内裤也脱掉，“这不好吧!”小偷憋红了脸说。王阳明说：“羞耻之心每个人都有，他的良知就在于此!”人有羞耻之心，才会有所顾忌而不至于破罐子破摔。

① 周公旦：《周礼·天官冢宰·小宰》，古诗文网《周礼》篇。
② 屈原：《楚辞·招魂》，古诗文网《楚辞》篇。
③ 秦泉：《王阳明全集》，蓝天出版社 2015 年版，第 83 页。

从这个角度说，中国社会脸面文化养成，是有其文化底蕴的；要面子、讲脸面，是知耻的一种表现。管理者要做的是引导脸面文化健康发展。

孔子曰："好学近乎知，力行近乎仁，知耻近乎勇。知斯三者，则知所以修身；知所以修身，则知所以治人；知所以治人，则知所以治天下国家矣。"① 保耻心不失，须常常内省，知耻后勇，常怀惭愧，知错能改，自能勇猛精进，成就君子品格。同时常常修身，但见己过，不见人过。人非圣贤，孰能无过？过而能改，善莫大焉。知耻者有望，无耻者无救。

二、四维拓展八德管理伦理

（一）心法传承国之四维发展

中华道统重视"国之四维"，中华伦理体系以国之四维为重要内容，自然，心和管理学的管理伦理体系建设，也必然不可能绕开"礼义廉耻"国之四维。

从道统上讲，尧舜禹汤王位更替，秘传的"中华心法"，无论从统治角度还是从管理视角，或是宣传教育需要，都说明中国文化对"心"的认知和关注。中华祖先对"心"的本真的认识，是"人心惟危，道心惟微"。管理者，如何管理人心，如何修炼道心关键在于"惟精惟一，允执厥中"。精者，谨慎求精，将事业做到精细精深精妙处；一者，抱元守一、天人合一、知行合一。所以管仲治国，将"礼义廉耻"列为"国之四维"，此为谨精，为守一。"一"又为何？"中"是也。既然允诺"惟精"，既然坚持"守一"，那么就憋住气用尽全身劲道发力于"中"，即所谓"人间正道"就是守礼合义清廉明耻便是。从这个角度看，也能说明"中庸"不是简单地居中，而是不偏不倚、不歪不邪、不摇不摆，这才人间正道是也。

原是国家治理的"十六字心法"不再在皇权更替中传承后，转换成了文化内涵流传。帝王治国自然也就不受"十六字心法"制约，而是在国学体系中选用他们能接受、所喜欢的文化内涵，融入统治者的思想需要、体制需要而成新治国观念。从这个角度说，儒家不能不崇拜、不能不感谢董仲舒，不仅仅在于他提出了"天人感应""大一统"学说，也不仅仅在于他把神权、君权、父权、夫权贯穿在一起，形成帝制神学体系，更重要的是他让西汉王朝罢黜百家、独尊儒术，使儒学成为中国社会正统思想长达两千多年。当然这两千多年时间里几乎没有一个朝代的人会想到，两千多

① 曾参、子思：《大学中庸》（赵春辉编著），内蒙古人民出版社 2009 年版，第 240 页。

年后，董仲舒会成为“封建礼教”的罪魁祸首，“三纲五常”更是成为愚忠、愚孝的代名词而受到无底线批判。虽然，很多振振有词的批判者，在社会等级体系里沾沾自喜着“我的地位比你高”，拼尽一切也要爬到可以颐指气使的位置，以便俯视他人。不过，由此也证明，朝代更替、国家兴衰，不在于文化本身，而在于国家统治者、皇权管理者，会选用什么样的文化内涵，加入什么样的管理观念、统治思想，形成治理体系。文化是文明的积累，也是文明的表现。心法治国，没有在皇权更替中传承下来，“国之四维”的治国观念也没能在国家治理中传承和应用，而是在国学的传承中保留下来了。这样，中华心法、国之四维，已经深种在国学基因里面。不管后世的政治、经济、文化如何发展，这个文化基因无可替代地流淌在中国人血液里。

到了西汉时期，除了“国之四维”外，另一个重要伦理概念被重视起来，这就是“孝”。当然，追溯历史，国学中的“孝”，在尧舜时代就非常重视，《二十四孝故事》中，第一个故事就是“虞舜孝感动天”；周代将孝道作为人的基本品德，提出“三德”［至德（道）、敏德（行）、孝德］“三行”（学孝行，以亲父母；学友行，以尊贤良；学顺行，以事师长）；孔子创私学把孝放在教学首位，作为道德的根本。强调“君子务本，本立而道生，孝悌也者，其为仁之本与”（《论语·学而》），也提出过“仁孝治国”的思想，只是未被当时君王采纳。孟子直接就说：“不孝有三，无后为大”（《孟子·离娄上》）。真正把“孝”列为国策的是汉文帝刘恒，此后逐渐形成国学中的一个重要内容：孝道文化。而“孝”，又与“感恩”关联，孝与感恩成为以孝敬父母为本的孝道文化的基本元素。孝，感恩，狭义是感激父母，广义是感恩自然、感恩社会、感恩祖国、感恩所有帮过自己的人。孝是人内在的品质，感恩是孝的体现，人外在的品行。孝是核心，孝是人性，孝是根本，孝是至德。

（二）以孝治国忠信孝悌发展

汉始，“以孝治国”成国策，后来唐宋明等各个朝代都非常注重“孝”。百善孝为先，孝道是伦理道德的根基；无孝不成教，孝道是教书育人的重点。而“以孝治国”国策自汉开始，也是有其历史原因的。秦汉开始，中国成了一个多民族的内陆性大国，治理这样的大国，一要保证对广土众民的大国高度集权的有效统治，二是要使农耕条件下散居的农民安居乐业（此业主要是从事农业生产）。于是大国治理面临的一个主要矛盾就是高度集中的政权与极端分散的农民之间的矛盾（通俗地说就是“国”与“家”的矛盾），只有解决了这个矛盾，达到了彼此协和，治国才是成功的，天下才是太平的。农耕社会下最基本的社会细胞就是家庭，一家兴孝，家业兴旺；举国兴孝，国泰民安。狭义之孝是善事父母；广义之孝是如孔子所说的“始于事亲，中于事君，终于立身”①。小孝在于修身齐家，中孝在于事业兴旺，大孝在于万古流芳。所以，中国人的孝道，非常有效地解决了集权统治与农民散居的矛盾；中国人的孝道，讲究上对得起列祖列宗、下对得起子孙万代。

仔细思量，“孝”其实是“礼”的另一种表现方法。孝，最初来自对祖先的崇敬，即对列祖列宗的孝心，所以《礼》中大量内容是丧礼、祭礼，“此孝子之志也，人情之实也，礼义之经也，非从天降也，非从地出也，人情而已矣”②；而后发展为善事父母（人伦道德），即子对亲之爱、子对亲之敬——这是东西文化在亲子关系差异上的一方面，西方亲子之间讲的是平等意义的亲与爱，东方亲子之间讲的是尊卑有序的亲与爱。对中国而言，这个尊卑关系，是大国治理的必须。所以国礼与家孝，有机地结合在了一起，强调亲与敬。二者是孝里礼表的关系。这样理解，则孝为德之本，为天经地义之事，为万事万物之纲纪，而礼是指导行孝的具体实践原则和实践规范。

依此推论，则“义”与“悌”、“廉”与“忠”、“耻”与“信”，应该都有着内在联系。

如果说“孝”是针对长辈、是下对上的敬爱、孝顺，那么“悌”是针对平辈、是兄弟之间的敬爱、怜惜。所以，国学常常把这两者合在一起而称“孝悌”，儒家将“孝悌”看作是实行“仁”的根本条件。“悌”，从心，从弟，作“善兄弟”解。后常用“兄友弟恭”一说与“悌”相类，一方面是兄长怜爱弟弟，另一方面是弟弟敬爱兄长，兄弟间彼此诚心友爱之意。后因统治、管理上的需要，专指敬爱兄长，着重强调平辈也要有尊上卑下（这在日韩两国比较明显，早半年一载进入单位的，后进者就要尊称其为“前辈”）。社会上，平辈之间讲的是“义”，所以，家庭需要“孝悌”，国家需要“忠义”。教育、管理，强调人类的道是从孝道开端，经由悌道扩展达到圆满。邻里、乡党、同学、同事以及一切相识不相识的人，都应当相亲相爱，包括人类与自然万物都要和谐相处。

总结起来，随着中国农业社会的发展，以家庭为本位的农业经济日益稳定与发展，“齐家”的观念深入普通百姓。在“多子多福”的思想下，

---

① 《孝经·开宗明义》（李隆基注版），古诗文网《孝经》篇。

② 孔子等：《礼记·问丧．西汉》（戴圣编），古诗文网《礼记》篇。

中国多子女家庭多起来了，除代际之间的“孝”非常重要外，同辈之间的“悌”也越来越迫切。纵向有“父慈子孝”的伦理观，横向有“兄友弟恭”的伦理观。在这种文化背景下，“家和万事兴”成为人伦、道德的重要方面。汉字中对“国家”两字的理解就更深透了，“国”是由国内的无数“家”组成的（繁体字“國”，“囗”为疆域，“或”指邦国），“家”稳定而健康，繁荣而充满生机，那么“家固而国宁”，“国”也就祥和稳定、繁荣发展了。

正是在这样的认识下，“孝悌”列入“忠信”之前，有家才有国。对国要“忠”，在社会上要讲“信”。其中，“廉”是“忠”表现，“忠”是“廉”的内里。忠者，尽心竭力，中正无私也。所以，“忠”是人类内心里对国家、对民族、对组织的一种观念，也是自身品德的一种体现，因为善恶之分，在于存心，私心为恶，公心为善。从古到今，都强调大公无私，公而忘私，这样的公心即为忠心。“忠”字字义就是心守中道，毫无偏私。

同理，“耻”是“信”的内里，“信”是知“耻”后的表现。“信”，从人，从言。人的言论应当是诚实的，其本义为“真心诚意”。是诚实，不欺骗，不怀疑，认为可靠的意思。子曰：“自古皆有死，民无信不立”（《论语·颜渊》）。人不诚信，无法立足社会，官不诚信，无法成就大业。所以，做人须是磊落之人，言必信，行必果。

这些伦理道德，成为国学重要内容。到宋代大儒朱熹时，终于形成了中国伦理“八德”，即孝、悌、忠、信、礼、义、廉、耻，这就是广传后世的“朱子八德”。这“八德”一直影响到明清，甚至影响到朝鲜、韩国等东亚各国，形成东方式伦理道德体系。

从“朱子八德”可以看出，国学伦理道德非常注重家国关系，有国才有家，有家才成国，家国天下，才是真正意义上的“国家”。“八德”都是针对个人修养的，也是对管理者、统治者（在今天是指领导者）的要求，既要应用在家庭家族管理中，更要应用在国事政务管理中。我们没有考证过英语“countries”的原始本意，但换一个词“The motherland”，应该与汉语的“祖国”有异曲同工之妙，英语“mother land”是指母亲的土地，汉语“祖国”是指祖先开辟的生存之地。若用“homeland”，有家有地，就更能体现出“国家”的概念了。从这一点上看，西语的“国家”或“祖国”一词，也是一样把“大家的国”与“个人的家”结合在一起的。家国天下，家和、国和缺一不可。无论是东方还是西方，无论是爱国教育还是管理要义，从“人心”切入，从“家和”开始，都不会错。

（三）近代革命伦理文化定位

清末民初，革命者孙中山、蔡元培等提出了“忠、孝、仁、爱、信、义、和、平”的“八德”观念，这是在传承中国传统的同时，学习西方、吸收其优秀文化内涵的一个结果，我们姑且称其为“民国八德”。“民国八德”保留了“孝”“忠”，但调整了位置；重提了“仁”，增加了“和”。文化内涵“和”“爱”“平”，中西道德精华相融，形成“中体西用”的模式和“国家至上”的价值观。新增的“爱”“和”“平”三字连起来是中国人乃至全世界爱好和平人士的共同追求，分开来每一个字都代表着中国深厚的文化内涵，“爱”的定义、“和”的文化、“平”的思想，都从心起，心中爱和平，人间有爱有和平。

仁，从人从二。从人，表示一个站立的人。从二，有三方面意义：其一，二为复数，多人在一起，人与人和谐，心与心相通，将心比心关爱每一个人，所谓“夫仁者，己欲立而立人，己欲达而达人”（《论语·雍也》），所谓“老吾老以及人之老、幼吾幼以及人之幼”。其二，左“人”右“二”，“二”的上一横代表天，下一横代表地，“仁”就是天地人，天道阴阳，地道柔刚、人道仁义，仁义存在于天道那样的广博、宽爱、包容，地道那样的厚德、善良、美好之中，所以仁者无敌。其三，作“⊥”字用，为上，代表崇尚、提升、升华。由此，“仁”成为中国文化中的道德范畴，道德准则、道德境界。前面所说的“孝悌”是“仁”的基础，而能够为国为民者，则被称为“仁人志士”，仁人志士是可以为了伟大的理想而牺牲生命的，谓之“不成功，便成仁”。如果不能成功，牺牲自己也要成全仁德。故《论语·卫灵公》说“志士仁人，无求生以害人，有杀身以成仁。”

爱，是人类主动给予的或自觉期待的满足感和幸福感。所以，爱是用心感受的，是一种让对方也让自己感受得到的心理感觉；同时也是一种情感表现，是一种无私的信任、关心、帮助的付出。作为一种文化内涵、道德范畴，爱是仁德的表现。有仁德，爱的胸怀是博大的，爱的感觉是温暖的。不顾仁德的爱财、爱色、爱名、爱利，都是贪爱，与德性相悖。所以，爱应该是正向发展的，展示的是正能量。对个体而言，亲情之爱、友情之爱、爱情之爱都是这种正能量；对社会而言，爱的正能量范围需要扩大，爱他人、爱社会、爱民族、爱国家、爱人类、爱自然都是，这是仁德的升华。只要人人都献出一点爱，世界将变成美好的人间。

和，是心和管理理论的重要内容，本书表达已十分丰富，这里不再赘述。

平，作为伦理道德内涵的“平”，表现的重点在平等、平安、平和。

平等，不是平均、对等，在一个组织里面，不是所有人做同样的事、享受同样的待遇是平等，因为分工不同，各擅所长，职务有高低、能力有大小、智能有强弱，但是每一个人在这个组织里的人格应该是平等的。同理，组织与组织之间、国家与国家之间都应该是平等的。人与人平等，没有纷争；国与国平等，没有战争。长幼有序是礼节，男女有别是人性，敬老爱幼是道义，仍然是平等的。平安，是人身财产的平安、是国泰民安。平和，是人们心态的平和、是彼此关系的平和，心平方能气和，气和方能公正。公平正义，方能和睦共荣。

三、新时代之红色管理伦理

（一）红色管理之时代八德伦理

传统的治家之道、兴业之道和治国之道，都在中华伦理道德的内涵上体现。红色管理百年历程的21世纪初时，结合新时代的要求提出了“忠、孝、诚、信、礼、义、廉、耻”为新时代的“八德”①，为区别于“近代八德”，这里称“时代八德”。除管仲提的礼义廉耻四维外，还包括“忠”，对国家、对民族的忠心；“孝”，含“悌”的意义；增加了“诚”，强调了“信”，这两项是商业社会兴起和公民道德教育所必需的内容。

心和管理学之红色伦理理论，从人民军队最早提出“三大纪律六项注意”（发展到八项注意）就开始创建了，从各个不同时期融入丰富的内涵，毛泽东思想、邓小平理论中包含着深厚的中国特色的政治伦理、红色伦理。新时代提出的“不忘初心、牢记使命”也是一种政治伦理、红色伦理，其内涵包括“以人民为中心”的伦理认同、中国共产党是中华民族先锋队的伦理空间、为中国人民谋幸福和为中华民族谋复兴的伦理使命，同时也包括党的理论学习有收获、思想政治受洗礼、干事创业敢担当、为民服务解难题、清正廉洁作表率的伦理责任等。红色伦理认同“时代八德”，因为这“时代八德”浸染着中华正气、人间正道、民族精神，体现出强国崛起的治国观念、真心为民的为政观念、坚守底线的为人观念。

具体说，“忠”的意义，主要体现在“尽忠报国”，这是一种责任；“孝”的意义，则着眼在“孝长爱幼”，这是一种情感；“诚”的意义，重在表现出“求真务实”，这是一种品质；“信”的意义，在于展示“守信

---

① 20世纪末21世纪初，北京市哲学社会科学、国家教育科学规划，连续十年开展了“大中小学中华传统美德教育实验课题”研究。课题组在1999年用了一年的时间，组织8位文科博士编写、并由红旗出版社于2000年初，出版了《大众道德》丛书，“八德”每德一部书。只是其影响力主要在学校教育领域。

可靠”，这是一种品格；“礼”的意义，重在展示“文明礼貌”，这是一种修养；“义”的意义，重在体现出“正道大义”，这是一种境界；“廉”的意义，重在表示出“清正廉明”，这是一种德性；“耻”的意义，重在体现“知耻警醒”，这是一种人格。为此结合心和管理学理论，构成心和管理红色八德管理模型，如图 12－2 所示。从图中可以看出，尽忠报国、正道大义是新时代伦理道德的乾坤；而求真务实、守信可靠是新时代伦理道德的离坎；孝长爱幼、清正廉明是新时代伦理道德的艮兑；文明礼貌、知耻警醒是新时代伦理道德的巽震。解读这时代八德，也是两两对应。

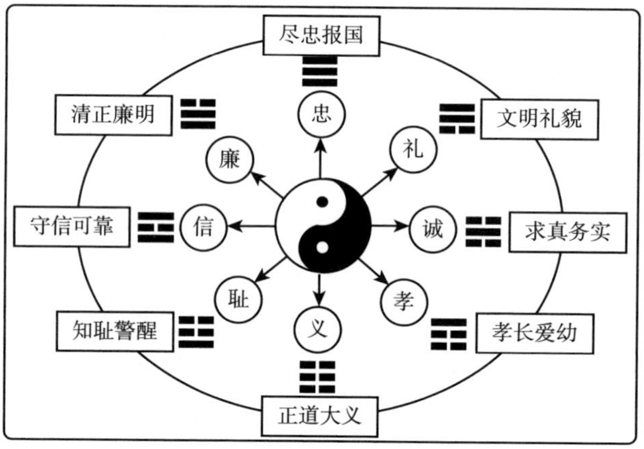

图 12－2　心和管理红色伦理模型图

（二）忠义诚信天地水火伦理

“八德”之忠与义，相当于周易八卦中的乾坤二卦（天地）。忠为天，义为地，是为天地大道。国学在这里传递的伦理道德内涵是：人生在世，家国天下，忠诚于国家、忠诚于民族，是为大忠；在忠孝难两全时，先尽忠报国，这是天道。中国人最高的伦理标准是：走正道、存大义（非江湖义气）。做到了这一点，即使没有法规制度约束之，其义也能存于浩然正气之中。天道要落实到地上，是为地道：为官有正气，为人有正义，为友有道义，大公无私。显然，“忠”的内涵就越来越丰富了，首先是忠诚、忠心、忠贞这些为世人所欣赏、所赞颂品质，具体表现为其性情称忠厚、其行为称忠勇、其牺牲称忠烈等的高洁道德；其次是道义、仁义、正义这些为社会所认定的品质，具体表现为免费治疗为义诊、高尚行为为义举、正道之军为义师等的高尚行为。在国学史上，在中华民族史上，忠勇高义者为世世代代传颂，忠肝义胆者为世世代代榜样；凡存天道正义、地道正德，既有天之浩然正气，能自强不息，亦有地之博大胸怀，能厚德载物者，便是人们心中的英雄豪杰，便是说书写戏中的堂堂国之精英，便是国之栋梁、民族之希望，也是组织管理魂灵所在。

“八德”之诚与信，相当于周易八卦中的坎离二卦（水火）。国学在这里传递的伦理道德内涵是：立身天地间，立诚人心中；诚而又有信，世道方太平。“诚”的内涵，表现出真实不欺的品质，是深藏于内心的一种至静至灵至真的状态，恰如水之形，透明而真实；水之流，朴实而质感；水之性，恳切而恭敬；水之情，深挚而悠长。所以，“诚”的意义表现在为人诚朴，真诚朴素；待人诚信，坦诚有信；处事诚笃、言语诚恳、态度诚挚，世事世情诚然而行走社会中，交错水火间。“信”的意义，是真实可靠，是依附于人身上的一种令人信服信任的特性；恰如火之形，光明而实在；火之焰，温暖而向上；火之性，可靠而无妄；火之情，随性而自在。在国学史上，在中华民族史上，最为讲究为人讲信用，办事须守信，对人要信任，意志讲信念。进一步分析，诚是内心，如水势自然，坦荡洁净；信是外形，似火苗升腾，光明温暖。水是易理五行中适应性最强的，与木合，水木造就湿地绿林；与金合，金水合成各种器皿；与土合，水土融合陶瓷艺术；而金水合的前提是火，水土合的关键是火烧。水与火，是生命之本，万物之能；诚与信，则是存世之道，处世之本。

（三）礼耻孝廉山泽风雷伦理

“八德”之孝与廉，相当于周易八卦中的艮兑（山泽）二卦。国学在这里传递的伦理道德内涵是：百善孝为先，百业廉为本。“孝文化”是国学体系里一个极为重要的内容，“君君臣臣、父父子子、夫夫妻妻”的“三纲”里面，有忠君，有孝父，也有尊夫。《孝经·开宗明义》篇中讲：“夫孝，德之本也。”① 又说，“夫孝，天之经也，地之义也，人之行也”②，也就是说是天经地义的。丈夫应不应该尊敬、要不要服从，其实大家心中有个答案，不然就不会一遇事就把男人推上前去“你是男人哎!”若是换成一声“你是男人吗?”有多少失望在里面。那么，重孝、有担当，能为家人挡风遮雨这样的“夫”，妻岂可不尊之爱之服从之。解读“孝”字的意义，要体现出以下几方面：第一层意义是“孝道”——以孝为道。孝为“老”字省去右下角加“子”，意为“善事父母”。曾子将忠君的忠列为孝的一部分，不忠君就是不孝，所以才有忠孝合用，难两全时，先忠后孝。“孝”的第二层意义是“孝顺”，孝而顺之，不得忤逆；今人皆知

---

① 何顺：《孝经精编》，广州出版社 2009 年版，第 2 页。

② 何顺：《孝经精编》，广州出版社 2009 年版，第 18 页。

“孝”，往往失却“顺”，“孝”而不“顺”是通病所在。当然，与任何事物一样，“顺”也有度，不顾事实，盲目顺从，陷父母于不义，是另一种意义上的不孝。“孝”的第三层意义是“孝悌”，既孝敬父母，又尊重长辈、友爱兄弟及关爱幼者，体现中国传统文化中的感恩、回报和礼敬之意。如果说在家里中国人讲孝行如山、不可撼动，孝德如山、宽厚坚毅，那么走上社会就要讲“廉”。百业廉为本，《周礼·天官冢宰·小宰》有云：“一曰廉善，二曰廉能，三曰廉敬，四曰廉正，五曰廉法，六曰廉辨。”廉，正直、清廉，品行方正是也。屈原也在《楚辞·招魂》中吟道：“朕幼清以廉洁兮，身服义尔未沬。”东汉王逸在《楚辞·章句》中注释说：“不受曰廉，不污曰洁”，不接受他人的馈赠的钱财礼物，不让自己清白的人品受到玷污，就是廉洁。如艮卦，山中雨露滋润万物；如兑卦，泽潭泉水，涤清万物。

“八德”之礼与耻，相当于周易八卦中的巽震二卦（风雷）。国学在这里传递的伦理道德内涵是：中华之国为礼仪之邦，中国社会讲礼节仪式，中国家庭讲礼仪传世，中国人争做礼仪之士。中国人把“礼”放到一个极高的地位，传统礼仪设为“五礼”：祭祀之事为吉礼，冠婚之事为喜礼，宾客之事为宾礼，军旅之事为军礼，丧葬之事为凶礼。正是通过这些礼仪，表现出中国社会、中国人对所敬之天、之地、之神、之人、之事、之物的尊崇、敬意。礼，是一种形式，却是通过礼节性仪式表现出内心的一种虔诚、一种庄重、一种规格。所以，在国学里面，“礼”是一种仪式，一种文雅，更是一种尊重、一种修养。在社会交往、办事往来中，有礼者，如沐春风；有礼者，和风细雨；有礼者，风情万种。做不到懂礼、有礼就是耻，“耻”是与礼相对的。耻者，羞愧之意也。羞愧，因心有所惭而生，因闻过而耳赤面热，这叫知耻。能知耻，并是良知未灭。但知耻而肯改，却是极难。所以孔子曰：“好学近乎知，力行近乎仁，知耻近乎勇。知斯三者，则知所以修身；知所以修身，则知所以治人；知所以治人，则知所以治天下国家矣。”① 知耻者，如雷贯耳，恐惧修身；知耻者，奋起而改，改而为勇。做了羞事而无愧，其心其行依然无节操、无德性、无底线，则便可耻了。可耻者为社会所弃、为世人所唾，是为不知礼、不知节、不懂仪。真正立身于天地之间，知礼亦知耻，礼而敬人，耻而后勇，才是为人之道。

---

① 曾参、子思等：《大学中庸·问政》（赵春辉编著），内蒙古人民出版社 2009 年版，第 240 页。

八德入心，如八卦相荡，风雷动，万物行；同时顺天意，警世人。中国本土的伦理，一定是中国文化土壤上的伦理。伦理是一种人伦常“理”，道德是一种明道之“德”，两者有共通之处，也有一定区别。国学可以说伦理，亦会讲道德。人伦遵循的是理，守道表现的是德。中国传统文化中说“人伦八德”，指就是遵循了“八德”就是守住了伦理。这里所说的“八德”，是指“朱子八德”：孝、悌、忠、信、礼、义、廉、耻。

建设中国本土管理伦理学科，既要继承历史，也要结合时代；既有传统伦理，也需红色伦理。所谓思想政治工作，其实应该就是红色伦理的内涵与做法。

第四节　尚书传承之洪范九畴

《尚书》是中国最古老的皇室文集，保存了西周（尤其西周初期）一些重要史料。作为国内第一部上古历史文件和部分追述古代事迹著作的汇编，其历史变迁（《尚书》所遭劫难颇多）、真伪之辩十分复杂。需要说明的是，这里所谓“伪”不是所记内容是伪造的，而是托名《尚书》而已。《十三经注疏》本《尚书》，是《今文尚书》和伪《古文尚书》都收录在内的合编本。前面提到的“中华心法”十六字真传，就记载在《尚书·虞书·大禹谟》中。这里学习“洪范九畴”，需对《尚书》作整体了解，把握住其内容心学之始祖、治理之大政、管理之要义的特点。

一、古籍传承尚书管理伦理

（一）上古经典传承中的特性

中华古代典籍，越是远古越是变化严重。没有文字时依赖口口相传，能传下来而保持不变的极少；有了文字，又因记录、保存的困难（龟甲、竹简、绸布），在传续过程中会有一些变动；加上统治者喜好原因、战乱原因等，古籍常常失佚，而后又在某个时候某种方式冒出来，甚至有依赖读书人背诵口述出来（幸好古代读书，背诵是基本功）。《尚书》这部古籍因是“上古之书”，这种变化特征更加典型。也因为这种典型性，《尚书》所表现出的典籍性、散文性、变动性三个特点，成为国学诸多书籍的共同特性。

其一，典籍性。现今不论哪一门学科，都能在中国典籍中找到理论依据，不是因为哪本古籍有此记载而设立该学科，而是对该学科在研究过程中，发现这门学科所阐述的思想、观念或理论与中国古代某本或某几本典籍中的内容相吻合。现代学科研究与发展中，除极个别新兴领域，几乎都具有这样的特性，充分说明这些古籍所展现出来的典范性。以本学科研究来说，心和管理学研究的重头内容是“人心”，《尚书》涉及的大量内容，恰恰就是人心管理理论的重要依据。不仅《尚书》如此，《周易》也是如此，《管子》等古籍也都如此。

其二，散文性。中国学科分流派不分学科，故《尚书》与春秋战国百家争鸣的文章一样，后世归入散文系列，统称为“先秦散文”。这给人一种误解，似乎中华古籍的贡献主要在散文领域。中国六朝以来，为区别韵文与骈文，把凡不押韵、不重排偶的散体文章（包括经传史书）都称“散文”（后散文又泛指诗歌以外的所有文学体裁）。现今的学科领域里，除文学领域以外的其他领域，虽然会引用典籍资料，但不会将被引用的书籍归入政治学、管理学、心理学、教育学等。自然高校教育中这些专业不会安排学习这些古籍，只有史学文学语言学领域的相关专业会学习和研究这些书籍、文章；若从训诂、古文言研究角度看，则主要在“汉语言文学”专业会设置相关课程。所以，今天的管理学没有人专门研究《尚书》等古代典籍，引用到的文章随大流称散文。事实上《尚书》是中国传承下来的最古老的皇室文集，说其为政论集、公文集、管理文集或者文史文集等，都是成立的。

其三，变动性。这是指任何一部简帛古籍，在古老书籍的产生和传流过程中都可能发生内容的变化。很多考古发现的原装古书（简称“古本”），与代代相传保留下来的传本（简称“传本”）相对比，也证明了这种变动。这是因为，古老典籍都刻印在龟甲或简帛上，不易保存，年代久远后古本佚失无存了；然后不知过了多久，某家族或某人又敬献出来了或流传出来了，由此作为传本保留下来，无法考证其真伪。还有的名义上古本没了，实际上却有一些保存在民间或皇室里，后人将其比较而定知真伪，古本得流传。一些考古所发现的古老典籍，经考证却只是传本的一部分（漫长历史长河中也可能存在这种情况），有时就无法肯定那是古本还是传本了；另有篇章单行的情况，《大学》《中庸》就是《礼记》中选出成单行本的，只是很多也佚失了。古籍难懂，后人增广之、修改之、加注加疏，还有皇家、官家、富家出资重编之、合编之，更有学者研究中感觉某些文字而改换文字变动之，或者是因改或编者不同而出现了异本并存情况。所有这些情况都证明，除非某个时期的皇家、官家定本（简称“官本”），否则古籍一般都会在历史长河中经历较大的变动而后定型。而事实上，官本也可能根据编者的编写主旨和主者要求，对原本进行了修订后出版。《四库全书》就属于这种情况。

（二）尚书今古文版本的考证

《尚书》是中国最古老的典籍，今天见到的，古本、传本、官本都有。《尚书》原名《书》，孔子整理六部先秦古籍时称《书》，汉时始称《尚书》（也有说“尚”字是孔子加上去的）。“尚”一般公认是“上古”的意思，“尚书”就是“上古之书”。另还有两种解释，一是“尚”为“崇尚”“尊崇”，“尚书”即“令人尊崇之书”；二是“尚”为“君上”意思，“尚书”即“君臣言论之书”。这就是古本没有解释书名，后人可以多角度理解的原因。

作为中国第一部上古历史文件和部分追述古代事迹著作的汇编，《尚书》保存了商周特别是西周初期的一些重要史料，但两千多年来《尚书》命运多舛，这些史料因古本、传本的变动，文史学术界一直对传本《尚书》存在真伪之争。汉人传说先秦时《书》有100篇，其中《虞夏书》20篇，《商书》《周书》各40篇，每篇有序，题孔子所编。秦代的焚书给《尚书》带来毁灭性打击，原有的《尚书》抄本（印刷术未发明之前，古籍皆靠手抄）几乎全部被焚毁。汉代由秦博士伏生口授、用汉代通行文字隶书写的《尚书》，共28篇（另说29篇），称其为《今文尚书》（即传本）。又相传西汉鲁恭王在拆除孔子故宅一段墙壁时，发现了另一部《尚书》，却是用先秦六国时的字体书写的，为区别于当时的“今文”，就称其为《古文尚书》（古本）。故自西汉始此，有今文、古文两种不同的版本（后世看来皆为传本）。

《古文尚书》经过孔子后人孔安国（鲁国人，孔丘十世孙，汉武帝时曾任谏大夫）的整理，篇目比《今文尚书》多16篇。如果此后据此流传下去，也就没有多大争议（对孔安国是否献过书有过争议，最终据史料认定献书属实）。然而，到了西晋永嘉年间，战乱中今、古文两种《尚书》全都佚失。东晋初年，豫章内史梅赜给朝廷献上了一部《尚书》，包括《今文尚书》33篇（梅赜伏生的28篇中析出5篇）、《古文尚书》25篇，共计58篇流传后世。历史走到南宋初年，吴棫、朱熹等学者认为从文字看《古文尚书》不像周秦时的文词，于是怀疑梅赜这部古本为伪作。经元·赵孟頫考证，以及明·梅鷟作的《尚书考异》、清·阎若璩作的《尚书古文疏证》、清·惠栋作的《古文尚书考》考证，认定梅赜的《古文尚书》为伪书。清人孙星衍作《尚书今古文注疏》，广泛汲取前人考订成果，将篇目重新厘定为29卷，大抵恢复了汉代《尚书》传本的面貌，而真古本已然佚失。

（三）尚书体例政事管理伦理

据百科词条解析，《尚书》所录，为虞、夏、商、周各代文献，真正上古时代流传下来的文献资料。虽然其中虞、夏及商代的部分文献仍未有史实所证，认为据传闻写成而不尽可靠，但其参考价值仍然极其巨大，而且商代大部分、西周时期已得到实证。

由于是上古之作，这部古代典籍的写作和编辑年代、作者等，都已很难确定，唯一可以肯定的是汉代以前就已有了定本，只是变动太复杂，现在能看到的应该是汉代修葺后的版本。一般认为原始版本最少有典、训诰、誓、命四种体裁，而最多认为有十种体裁：典、谟、训、诰、誓、命、征、贡、歌、范（孔颖达监修的尚书正义）。

后人根据孔安国所撰“古文尚书序”的说法，一般确定《尚书》的体裁为典、谟、训、诰、誓、命六种。其中“典”是重要史实或专题史实的记载；“谟”是记君臣谋略的；“训”是臣开导君主的话；“诰”是勉励的文告；“誓”是君主训诫士众的誓词；“命”是君主的命令。《尚书》内容十分丰富，有以人名标题的，如《盘庚》《微子》；有以事为标题的，如《高宗肜日》《西伯戡黎》；有以内容为标题的，如《洪范》《无逸》，后人将其列入记言散文。也有叙事较多的，如《顾命》《尧典》。其中的《禹贡》，托言夏禹治水的记录，实为古地理志，与全书体例不一，当为后人的著述。古代没有散文、论文、杂文之说。

儒家所传四书五经之五经中，《尚书》残缺最多，因而问题也最多；当今流行的应该是汉代修葺完善的，通行版本则是清代阮元主持校刻的《十三经注疏》中的《尚书》。所记载的历史，包括从尧虞舜时代一直到东周（春秋中期）的历史，前后大约 1500 年。也就是说从《尚书》记载看，尧、虞、舜是真实存在的历史，只因西方世界不予认可，一直以来，这段历史还是被加上一个定语“传说中的”。但《尚书》的基本内容是古代帝王的文告和君臣谈话记录，不要说先秦时期，即使在科技发达的今天，也不会去虚构这样的内容，最大的可能是当时史官所作的记录。这是极有说服力的，只是话语权不足。

《尚书》是中国最早的政事史料汇编，帝王文告及有关记录反映了那时的天文、地理、哲学思想、教育、刑法和典章制度等，整个封建社会都将其看作是政治哲学经典、帝王教科书，更是皇室和王公贵族有士大夫必修的“大经大法”。

二、尚书治理大法九畴伦理

（一）尚书天道统民治国大法

《尚书》虽然是公文汇编，但其基本主旨是一致的，主要体现在两方面，一是阐明仁君治民之道。东周时代，虽然天子还在，但已无法真正控制各路诸侯，战乱迭起，出现了春秋、战国两个诸侯争霸时期，人民受困，备受痛苦。如此危世中，史官根据史料作《书》，希望君王能得尧、舜、禹、汤以及周文王、周武王的治国理民之道，让百姓得以享明君之治。二是阐明贤臣事君之道。周室东迁之后，不仅君不如尧、舜、禹、汤、文、武，臣子事君也远不如往古，甚至于乱臣弑君之事也屡见不鲜。史官在《书》中专门作《周书》，记录古贤臣事君之道，为的是让后世之臣效法。《尚书》在阐明仁君治民之道、贤臣事君之道时，揭示的一个重点是治国理政之本在治理民心，从心入手，遵循天道，国之安也。

《尚书·周书》中有一篇讲的是“洪范九畴”，是治理国家必须遵循的九条大法，由箕子传之。箕子原是纣王之臣，进谏被降为奴隶又被囚禁。武王败纣王而进朝歌，箕子被释隐居，武王亲访求教，箕子说了这“洪范九畴”。“洪”是“洪大”，“范”是“规范”，引申为法规。古时候做青铜器，先要按器的样子制作一个泥“模”，再根据这个“模”的形状制作一个泥的容器，这个容器叫作“范”，熔化的铜水倒进“范”里，冷却凝结后就制成了一个与“模”一样的青铜器（“模范”一词由此而来）。如果说古之仁君贤臣是“模”，那么他们治国理政之道就是“范”。“洪范”就是洪大的法规，就是“大法”。箕子说了九条大法，故称“洪范九畴”。箕子说，“洪范九畴”原本是传给鲧的，但他不遵循自然规律，一味胡塞乱堵，将水火木金土五行的排列扰乱了，天帝怒而不传。“鲧则殛死，禹乃嗣兴。天乃锡禹洪范九畴，彝伦攸叙”（《尚书·洪范》）。鲧在流放中死去，禹承父业成功治水，上天就把九种大法赐给了禹，治国安邦的常理因此确立起来。这就《尚书》中记录的箕子向周武王陈述的九条“天地之大法”。“畴”本义指已经耕过并整治好的田地，引申指田界，又引申指种类、同类。

《尚书·洪范》记录的“九畴”是指：“初一曰五行，次二曰敬用五事，次三曰农用八政，次四曰协用五纪，次五曰建用皇极，次六曰乂用三德，次七曰明用稽疑，次八曰念用庶征，次九曰飨用五福，威用六极。”以顺序排列或以九宫格排列，都是五居其中，第五畴“皇极”是君主统治准则，全部统治大法的中心。“皇极”的核心意义是，倡导一种基于上帝意志的神权政治论，强调按照神的旨意建立最高统治准则，并以此保障“天子作民父母，以为天下王”。而前四畴、后四畴分别是实施“皇极”的具体统治手段与方法。

（二）洪范九畴五法管理伦理

天地大法之第一法：遵五行。意思是君王要把握水火木金土五行的内在本质：水向下润湿，产生咸味；火向上燃烧，产生苦味；木可以弯曲、伸直，产生酸味；金属可以顺从人意改变形状，产生辣味；土壤可以种植百谷，产生甜味。此五行各有特点，不可“汩陈”（乱了排列顺序）。作为君王，应该如水那样润泽百姓，如火那样给百姓温暖与光明，如木那样可以曲而求全也可以直而向上，如金那样可以为民做主为民制作各种器皿，如土那样让百姓得五谷果蔬提供食物，五行相生相克而得万物生长；五行而生咸苦酸辣甜五味，这就是人间至味，百姓美好，社会谐和。这一畴要求君主循天道、懂内理，规律办事造福百姓。

天地大法之第二法：做五事。君王应“貌曰恭，言曰乂，视曰明，听曰聪，思曰睿”（《尚书·洪范》），意思是君王的样貌要威仪而严肃、言辞应正当而治理、眼能观六路而明辨、耳可听八方而聪慧、思维则通达而圣明。很显然，作为君王，应该有君王的言行举止，有君王的耳聪目明，有君王的聪慧睿智，这样方能具备治理好国家、安抚好人民的基础。貌猥琐无以正气，言无理无以治天下，眼不明无以高瞻远瞩，耳不聪无以辨明真伪，心中所思不睿智就不可能做一个圣明君王。这一畴，是强调君王的修身养性和应有的才华气质。

天地大法之第三法：君王处理好八项政务，即“农用八政”：一是管理民食，二是管理财货，三是管理祭祀，四是管理居民，五是管理教育，六是治理盗贼，七是管理朝觐，八是管理军事。这部分内容直接与管理相关，下一问题详论。

天地大法之第四法：“五纪”大法。即作为国家治理的君王，要懂得年、月、日、星辰（的出现情况）、历数（日月运行所经历的周天度数）五种记时方法，这其实是指要掌握（当时的）天文历法，并按这“五纪”安排国事、治理天下。在21世纪，人们会觉得奇怪于“五纪”也能成为治国大法，但细想一下，在连文字都还没有的上古，不会记时、不清楚历数时辰，就不能计划性安排各种事务，也无法遵循时令变化而确立各种治国规则、理政条令。比如第三畴的“八政”，就都需要与“五纪”相关，作为一个农耕国家，一切农业生产也都与季节日月有关，“五纪”就显得非常重要。

天地大法之第五法："建用皇极"大法。这是指树立皇极的威信，并建立遴选官员和赏罚的标准。君王处政要掌握"五福"以赏赐臣民，带头不结党营私；征用有操守有智慧的人，成全不合法但没有陷入罪恶的人，赏赐有美德的人，法则就会在臣民心中养成；不欺穷不媚贵、有才能有作为的臣子就让他们贡献才华，如此国家就会强盛；有俸禄的官员君王若不能让他们对国家有好处，德行不好的人君王却给他们好处，会使君王受伤害。所以，好的君王要让百官臣民们遵守王令、遵行正道，要让王道坦荡、王道正直，团结守法之臣、执法之君。天子作臣民的父母，因此才做天下的君王。这才是真正的"皇极"，要广泛宣扬。

（三）洪范九畴四法管理伦理

天地大法之第六法：君王守"三德"。"三德"指"正直""刚克""柔克"，人品正直是此法第一德性；第二德性可以从两个角度理解：一是以刚克敌，二是自身要克制过刚过悍；第三德性也是这个道理：一是以柔取胜，二是自身要控制避免过柔过弱。三德合一，即为公正刚直，且能刚柔相济，天下无敌。并且强调"平康，正直；强弗友，刚克；燮友，柔克。沈潜，刚克；高明，柔克。惟辟作福，惟辟作威，惟辟玉食。臣无有作福、作威、玉食。臣之有作福、作威、玉食，其害于而家，凶于而国"（《尚书·洪范》）。要太平安康就得做正直的人；对不是朋友的人须强势、以刚克之；对协和的好友则以柔和待之；潜沉于下（即基层、民间）的人要用强硬的手段（法规约束），处高位而明法之人要怀柔之。只有君王才能作福，只有君王才能作威，只有君王才能享用美物。臣子不许有作福作威、享用美食情况。假若臣子作威作福、享用美食，会害及君主的家，乱及君主的国。在"家天下"的古代，君王贵为天子，故有可以作威作福之权利，这是认识上的时代局限性；但提出所有臣子官员不得在百姓面前作福作威、不得大吃大喝，还是有一定价值的。而且其提出在管理上，对人品好坏要区别对待，对敌友要区别对待，对君臣要区别对待，对官员的授权要区别对待。

天地大法之第七法："明用稽疑"大法。稽疑，就是解决疑难问题的办法。具体采用两类方法：第一，建立卜筮制度（通过龟卜和占筮以探询上天的旨意），处理常规事项；三个卜筮人占卜，采用两个人的意见。第二，"汝则有大疑，谋及乃心，谋及卿士，谋及庶人，谋及卜筮。汝则从，龟人，筮人，卿士人，庶民人，是之谓大同"（《尚书·洪范》）。意思是君王遇到大疑难问题，就要考虑四方面意见，君王自己的内心想法、官员的意见、庶民百姓的需要、卜筮人的占卜结果。四方都赞同的，就是达到大同了。因为龟卜和占筮是从两个角度体察上天意思，分为两方，加上君王、官员、百姓就是五方，大体上此五方中有三方面意见赞同的就是“吉”，就可以施行。但上天旨意的比重相对较重，如果各方人都同意，但龟卜和占筮不同意，那就只能“静”不能“动”，所谓天意不可违；当然相比于官员与百姓，君权还是重些的，因为如果只有君王与占卜两方面同意，其他三方面都不赞同，内部事务可以施行，对外事务不得施行。另外，这里国事也要征求百姓意见，是一个了不起的决策。

天地大法之第八法：“念用庶徵”大法。这是通过雨、阳（晴）、奥（暖）、寒、风等的气候变化以判断年景和收成，以引起“休征”而避免“咎征”。显然，这里是自然气候变化与年景收成的关系问题，农耕社会粮食收成必须是国之大事，故其实也是政治问题、国家治理问题。并且从中体现出中国文化中的“天人合一”“天人感应”的思想。

天地大法之第九法：“五福”大法。国之治理，是要让天下人获得五种福祉，即“寿、富、康宁、好德、善终”，长寿为先，次为富贵，然后才涉及身体、心理和死得其所问题。汉语成语“五福临门”即源于此。与此对应的就是“六极”，为“夭折、多病、忧愁、贫穷、丑恶、懦弱”等。显然，都从人心劝诫人——“五福”劝人向善，“六极”阻止从恶。

总而言之，“洪范九畴”，在古代是君王治国理政安民大法。在今天，从管理学理论传承角度说，要考虑这样几点：一是削弱其神权内容而强化出遵从自然规律（上天之意）；二是削弱其封建帝王意识而突出以德治国、以法用政方略；三是总结其民本思想古为今用；四是吸收其明智的人生哲理、积极的生活态度而注重劝人向善、警戒向恶。

三、洪范九畴农用八政伦理

（一）竭尽全力落实八项政务

在“洪范九畴”中，归根结蒂是建立“皇极”的大法，其中第三畴之“八政”，原意是指八种管理政务的官员，这里可以理解为是政府官员管理工作所从事的八大政务。

“八政”全称是“农用八政”。这里的“农”，繁体为“農”，通“醲”，“浓厚”之意，现代汉语就是“努力”的意思，非常非常努力。所以，“农用八政”是指“非常努力地实施落实八项政务”，也就是说，在政务管理工作中，重中之重是努力做好“一曰食，二曰货，三曰祭，四曰司空，五曰司徒，六曰司寇，七曰宾，八曰师”（《尚书·洪范》）八项政务管理的工作。食指政府与老百姓的粮食（民食），货指政府与老百姓的财产货物，祭指祭祀所及的各项事务（古代祭祀是政府行为，极为严肃的行政事务），司空是专司营建百姓居所事务，司徒是专司民政教育事务，司寇是专司盗贼治安事务，宾为内联外交的礼宾事务，师为军队事务。

心和管理学，在理论研究过程中，将“农用八政”解读为管理者必须从事并要做好的任期管理工作：一是管理粮食，二是管理财货，三是管理祭祀，四是管理民居，五是管理教育，六是管理治安，七是接待宾客，八是管理军事。只是现代是唯物主义，第三条之祭祀问题已经不是管理内容，但分析古代祭祀的作用，一是向天问策，二是天道决策，三是礼制展示，那么今天就把这方面的政务管理工作，转换为科学预测、科学决策、规范礼仪，则“八政”仍是管理所必须的重要内容，学习、借鉴、继承之，并在此过程中创新发展。

这八项政务管理的内容，或者说八个事务管理方面的管理岗位（官员），也可构建成一个互为关联、互为影响又两两对应的系统。这个系统与八卦模型融合，组合而成心和管理理论中的“人心管理八政易理模型”。这样，这个模型也就呈现出“四维八政”状态，分别是乾坤两卦一维，即包含食为天、居为地两政的天地维；坎离两卦一维，即包含教育为水、祭祀为火两政的水火维；艮兑两卦一维，即包含军队为山、财货为泽两政的山泽维；巽震两卦一维，即包含宾客为风、治安为雷两政的风雷维，如图12－3所示。解读之，八项政事要务分别是解决吃住根本问题、解决意识形态问题，解决国家力量问题、解决国家稳定问题。前四维解决生存与思想问题，后四维解决国力与国稳问题。

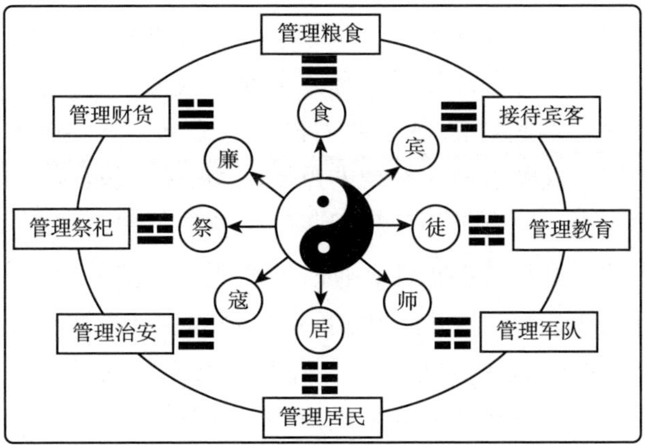

图12－3　心和管理八政易理模型图

（二）物质与精神层管理伦理

物质层次是做好吃和住管理，是乾坤之维、天地之道。国家管理，首要解决的是国民的吃住问题，即管理食与居，也就是管理粮食、管理居屋，就现代管理而言，就是管理民生。企业管理，同样也是工资收入（解决家庭口粮）和房屋居住问题，其理自古至今不变。古代，民以食为天，管理好全国“食”的问题，是最重要的国家政务。在今天，国库充盈与否仍然是衡量国力强弱的重要标志；即使发生战争，也是“兵马未动，粮草先行”。在现代政务活动中，管理民者有其食、有其居问题，相当于“管理经济”的问题，在企业管理中相当于“管理效益”的问题。所以，有吃还得有住，管理居住问题，同样是社会稳定、国力强盛和百姓安康的重要方面。中国百姓梦寐以求的就是“耕者有其田，居者有其屋”，有吃有住，生活便和谐美满。所以，吃住问题大如“天”，重如“地”，是个大问题。现代社会的民生问题，吃住仍是重中之重，“脱贫”工作、安居工程等，仍是治国安邦理家的重要内容。这一原理应用在管理学，就是管理好员工的薪酬问题、待遇问题、福利问题，这一切均会归结到员工的吃饭住宿问题。

精神层次是教与祭管理，是坎离之维、水火之道。要解决的思想精神层面的问题、意识形态领域的问题，即管理教育、管理祭祀。教育问题，既是民生问题，也是人才培育问题，还是思想引领问题。中国古代教育所涉及的蒙学、童学，大学、太学前已有述，这里不重复。另外还有一代一代师传徒的“传帮带”，这在古代恰似生生不息的江水，在各个领域培养出一批又一批百工人才，所以才有“长江后浪推前浪”之说。用今天的语言表达就是通过教育培养人才，这是管理必须解决的大问题，人才资源的开发与管理，像水一样源远流长、源源不断。祭祀，以明火（长明灯、祭祀蜡烛、烧纸等）与牺牲品（各种牲畜及点心水果）为表征。明火的功能还有光照四周、温暖人心。祭祀的重要功能是敬天敬地、求天求地，敬神敬祖、求神求祖，也有献祭各种图腾的，整个过程极其重视仪式，体现出礼节的庄重性、祭祀的诉求性、企盼的期望性。整个中国古代史、文明史，都离不开祭祀。而“主持宗庙事务”是“主政”的代名词，掌握着祭祀权就意味掌握着政治权力；“主持家族祭祀”者是“主家”的代名词，掌握着祭祀权就意味掌握着家族权力。所以“社稷”指代国家政权，“宗庙”指代家族权限，这样的文化意蕴应该在全世界都有共通性。意识形态领域，在国家治理中无论是东方还是西方，都是极为重要的，人才培育、社会教育问题，仍是千秋大业。引用在管理学上，就是管理好思想、管理好人才，既做文化礼制管理，又做好人才预测分析管理。

（三）国力与国稳层管理伦理

国力层次是师与货管理，是艮兑之维、山泽之道。国之重器往往体现出国家力量，而国家力量最重要地体现在两个方面，一是保家卫国的军事力量，二是国家机器的行政力量。“八政”里就是管理师与货，即管理军队（在今天应该是整体的军事力量）、管理财货（在今天包括理财之金融力量、蓄财之财政力量、经济之储运力量、实体之生产力量等等）。军事力量与经济力量，是国之重器最重要的两个方面，都是镇国之宝。延伸到管理领域，“军队”自然指员工队伍，包括行政队伍、技术队伍、运行队伍等，“军事力量”则还包括科学技术、质量管理体系、销售体系、服务体系、后勤体系等的综合力量；管理财货的力量简单说是指管理财务、管理物流的力量，成品、半成品的生产能力、技术水平也与之相关。两者相合，就是一个单位、一家企业的人、财、物的管理，具体就是要保证人、财、物如山一样强大而稳定，而且令行禁止，能行则行，当止则止；又如泽潭一样储量丰盛，可以细水长流、永不枯竭。任何时候，带好队伍、管好财务，都是管理永恒不变的主题。

国稳层次是宾与寇管理，是巽震之维、风雷之道。着眼于国家形象，内联各方、外交各国，以及国家稳定、社会安定层面。“八政”中就是管理宾与寇，即接待宾客（礼宾、待客）、管理治安（司法、公安）。中国是礼仪之邦，待客热情、真切、坦诚、无私，即使不速之客，亦是“有朋自远方来”，竭尽力量接待招呼。再贫穷的家里也会整出自己都舍不得吃和用的来招待客人。这是西方文化十分不解的地方，自己都不得温饱，何以情愿勒紧裤带也要招待别人，自己都被褥缺乏，却要扫榻以待客人。这便是中国“人情文化”的另一种表现，把这种人情温暖一股脑儿切除，也就不是农耕文明的基因了。今天批评“大吃大喝”现象，本身没错——因为批评的是公款吃喝、吃喝无度，或浪费食物等现象。无权力寻租或无利益相谋的私人好客，是中国人社交、外交中常有现象，而且是传统文化的继承，无须大惊小怪。中国人好客，恰如和风微熏、春风拂面，让客人感觉到真诚与关怀。在东风送暖、和风送爽接待宾客的同时，中国人还讲究路不拾遗、夜不闭户的乡风，渴望“天下无贼”的境况，这就是治安良好。中国人世世代代追求和平幸福，这就要管理好治安。今天，中国绝对是一个治安较好的国度，作为世界第一的人口大国，能做到这一点，殊为不易。而这不能不说如沐春风的待客之道、和谐安宁的治理水平，是其中重要原因之一。

综上所述，“管理八政”，在今天，仍然具有强大的生命力。我们所需要的是，一方面在某些方面旧义新解，另一方面在传承基础上要根据时代要求有所创新。如此，“上古之书”可以带给我们无穷的能量之源，古老典籍可以焕发出无限光彩。

图书在版编目（CIP）数据

基于“四个自信”的中国管理理论：人心双和管理：全四卷 / 徐井岗著. -- 北京：中国财政经济出版社，2025. 5

ISBN 978 -7 -5223 -2834 -8

Ⅰ. ①基… Ⅱ. ①徐… Ⅲ. ①管理学－研究－中国 Ⅳ. ①C93

中国国家版本馆 CIP 数据核字（2024）第 047539 号

责任编辑：彭　波　　　　责任校对：胡永立
封面设计：王　颖　　　　责任印制：史大鹏

基于“四个自信”的中国管理理论
——人心双和管理（全四卷）
JIYU“SIGE ZIXIN” DE ZHONGGUO GUANLI LILUN
——RENXIN SHUANGHE GUANLI（QUANSIJUAN）

中国财政经济出版社 出版

URL：http：//www. cfeph. cn
E－mail：cfeph@ cfeph. cn

社址：北京市海淀区阜成路甲 28 号　邮政编码：100142
营销中心电话：010－88191522
天猫网店：中国财政经济出版社旗舰店
网址：https：//zgczjjcbs. tmall. com
涿州汇美亿浓印刷有限公司印刷　各地新华书店经销
成品尺寸：165mm×238mm　16 开　91 印张　1 488 000 字
2025 年 5 月第 1 版　2025 年 5 月河北第 1 次印刷
定价：276. 00 元（全四卷）
ISBN 978－7－5223－2834－8
（图书出现印装问题，本社负责调换，电话：010－88190548）
本社图书质量投诉电话：010－88190744

国家社会科学基金后期资助项目（21FGLB015）

基于“四个自信”的中国管理理论

——人心双和管理

第三卷　心和管理学技法篇

中国财经出版传媒集团
中国财经经济出版社
·北京·

出版说明

后期资助项目是国家社科基金设立的一类重要项目，旨在鼓励广大社科研究者潜心治学，支持基础研究多出优秀成果。它是经过严格评审，从接近完成的科研成果中遴选立项的。为扩大后期资助项目的影响，更好地推动学术发展，促进成果转化，全国哲学社会科学工作办公室按照“统一设计、统一标识、统一版式、形成系列”的总体要求，组织出版国家社科基金后期资助项目成果。

全国哲学社会科学工作办公室

技法篇·前言

浩瀚如宇宙星空，狭小似井底之蛙，久远自洪荒时代，短暂在须臾之间，遥远到天涯海角，近处是方寸之地——大小长久远近只是相对，世事大抵如此，客观规律也。同理，真理是客观的，历史是公正的，法律不会永远缺席……这些我们都相信。然而，有一个古怪精灵的出现，似乎这种信任打破了，这个精灵就叫作“话语权人”。在话语权人面前，自然规律、人间正道，似乎都显得苍白无力，因为“真理”是话语权人总结发现的，“历史”是话语权人认定公布的，“法律”是话语权人制定执行的（制定是公正的，执行有弹性），依此类推，话语权人说是白的，就怎么也黑不了；话语权人说是对的，就怎么也错不了……这是唯心还是唯物，这是主观还是客观，这是谬论还是真理，也只能由话语权人认定。

然而，偏偏有不信这个邪的。无数让世界震惊的中国伟人中，有两个人物挑战过世界话语权人。一个人表示：我纵横世界，我就是话语权人；另一个人则认为：人民才是真正的话语权人。前一人叫成吉思汗，后一人叫毛泽东。他们都不信西方的邪，勇于改天换地、敢于翻天覆地，而且他们都成功了。成吉思汗让世界颤栗，毛泽东让世界尊敬。概括起来，毛泽东似乎只做了一件事：让人民当家作主。他坦然把话语权交给人民，说“人民，只有人民，才是创造世界历史的动力。”（毛泽东《论联合政府》），所以他在开国大典上振臂高呼：“人民万岁!”70年后的国庆典礼上，新时代的中国领袖同样高呼：“伟大的中国人民万岁!”

人民领袖的宏才大略、高瞻远瞩，让我们明白一个道理：用强权获取的话语权，既不客观也不民主，既不公正也非真理。只有人民、或者代表人民的意愿发出的话语，才是真正的客观真理、才是无私的人间正道。西方从工业革命和世界殖民中获得了话语权后，不遗余力所做的事件是“贬华”，主要手段是文化贬低，通过话语权掌控所制订的所谓标准，尽可能的贬低中华文明、贬低中国贡献。而且营造了这样一种思想观念：国学只有空洞而残忍的封建礼教、皇家意识、腐朽气息，没有科学的创造、先进的技术、有效的方法，并且培养了大批代言人，连篇累牍、不厌其烦地强化和加深这种观念。中国要做的，是对自己民族的历史、文化充满自信，对自己在走的道路、制度充满自信。对一切不怀好意的的进攻，武攻武打，文攻文卫，同时还要在理论建设上突出自己的特色和自信。中国，不可辱！

在道与器、理与气的问题上，古代官方、主流社会存在过“重道轻器”现象、存在过“理气争辩”事实。冷静反思，“重道”没错，“明理”同样没错，重道明理才是真正意义上的文明进步，任何时候都应该有“道”（天地大道、人间正道）作指导、“理”（客观规律、事物准则）作规范，只是无须轻视“器”，“气”也可以是本，这就是中国道理！

“轻器”只是制器者社会地位相对不高，不等于没有制器之技、之术、之法；理气之辩也不等于否定了培气、补气、强气之技、之术、之法，更非杜绝了中国元气学说。心与性问题上，心中有所思，行中有所动，行动所折射出来的人性、是心的思考、是行的结果。不懂“心性”而一口否定中国心和管理技术与方法，不仅仅是无稽之谈，还是无知之论。人的性情、性格，是在心指导下所表现出来的处事之道、行事之法——知其性格，即孟子所说的“尽心知性”。国学之器、气、性中，蕴育着中国哲学的道理，包含着中国人民的智慧，深藏着中国特色的技法。而且，思想本身就是一种文明化的技法。

技法篇，探索中国的制器、培气、养性之技术与方法。更准确地说，这里的“中国技法”，并不局限于制造之技之法，更不会拘泥于数字工具的“规范”，而是包括培育精、气、神在内的正气、骨气、豪气——这是中国人为什么注重精气、表现神气的缘由所在。国学积淀的精华，多与修身养性相关，而一切修身养性之法，都是为了提升人之修养、气质、悟性，在人的个性、秉性中融入朝气、韧性、气节、血性等向上的、对人类社会有积极作用的能量元素。作为个人修养，是本性中培育定性；作为政党修养，是知性中铸就党性……因此，本篇所提“技法”之内涵，指常规的技术与方法，也指心法和心性修炼、心德修养之技法。涵盖且远高于工具性、设备性等物性技法，更重要的是体现在心法培育、气量宏大、明心见性等的深层次、高境界心修技法。这种技法从古至今、从传统到创新，梯次展开：从中华人文先圣们的创世技法，到流传千年而被神化了的财神原型之致富技法，再到中华文明发展史中创设的修炼技法；从中国共产党红色管理的革命技法，到改革开放时转型技法及物本、人本、心本管理变革而出现的创新技法，到有批判地学习吸收西方文化中的管理技法。

“中华龙”伏羲、“炎黄帝”神农、轩辕等先圣，谋略始祖鬼谷子、商界奇才计然等奠定了中国管理技法、韬略智慧；战国工商豪杰猗顿、吕不韦、卓氏等，老百姓心中的财神群体，聚财技法出神入化。再挖掘“心文化”四个历史沉淀：炼心、洗心、养心、和心。国学讲先闻道后悟道，明道后守道。文明的起源在于人心思维，大道的明悟在于彼此心顺协和。

红色管理，是中国共产党人在血与火的红色革命洗礼中创造出来，在改革开放的红色经济崛起中充实着，在新时代红色强国利国惠民中完善起来。红色革命的核心是得民心、谋共和，让中国人民、中华民族站起来。于是有了唤醒民众之技法、摸索道路之技法，有了冠绝古今、光芒四射的一系列红色活动：“三大起义”开创武装革命，“三湾改编”建立新型军队，“赣南三整”振奋军事技能；“三次会议”（八七会议、古田会议、遵义会议）拨正中国航船；“三大原则”（决策上民主集中制原则、工作上实事求是原则、对敌时人民战争原则）镕铸红色管理，其理论就是毛泽东思想。而对内改革、对外开放的伟大探索，创新了中国特色的经济，构建了邓小平理论。终于进入中华民族伟大复兴的红色强国新时代，反腐倡廉，让中国国体健康；精准脱贫，让中国人民共同富强；一带一路，让中国在世界面前渐渐强大。

本篇重在探索中国治理、管理实践之技法构成及内容来源，并非工具化的数学模型、数字表格、管理工程设计，不重数学语言解析。中国管理，有教无类；中国技法，心法为上。

目　录

第三卷　心和管理学·技法篇

| 第三卷 |

心和管理学·技法篇

中华文明五千年延续，睥睨世界；中华国学五千年发展，傲视古今；中国管理五千年沉淀，厚积薄发。人文始祖实践中创立国学管理体系，诸子百家总结创新出多门治国强军理政学问，并在诸侯争霸中各显神通、各展丰采，其中的管理应用创造了无数管理技法；几千年国家发展史，中国管理体现出各时代的文明性、先进性与有效性。到热武器取代冷兵器的近代，世界格局才发生改变，所谓的“西方文明”在枪炮开路下避开长城从海上攻入中国，殖民世界的枪炮打破了农耕文明的秩序，堂而皇之用武力传播强权政治、用残暴实施资源掠夺、用鸦片开启黑暗贸易、用西学入侵本国文化、用西医掀翻济世中医，取之有道的德化商业被唯利是图的海盗法则冲散……马背民族又没能承担起续写中华辉煌的重任，中华国运跌入低谷，出现弱国无外交窘境；民国军阀与独裁者也未能实现中华民族复兴。直到中国共产党，百年红色管理展示出巨大能量，中国人民一步步站起来、富起来、强起来。

改革开放中国仅用几十年就走过了西方百年工业化和经济发展之路，但因近代以来的曾经弱国，国学遭遇无底线冲击，一个似是而非的观点几乎登上了权威之巅：国学有思想无方法。制“器”之术的暂时落后，将曾经领先世界屡创奇迹的中华大道、中华技法都被抹杀了。改革开放“中国制造”、强国振兴“基建狂魔”再次向世界证明了中华不仅有广博宏大入人心的思想，同样也有冠绝天下的技术与方法。管理领域不仅有中国特色的管理理论，也有中国本土的管理技法，道器惊艳；不仅有工具性、制造性技艺，更有洗心式、智造性技法。中国祖先伟大，中国人民也不会躺在祖先功劳簿上自得其乐、自我观天、自我标榜，而是有自信实现民族复兴、国家崛起，重现灿烂与辉煌。中国会加倍珍惜祖先留下的宝贵思想、精神、技术和方法，去粗取精、去伪存真发展中国文化、中国理论、中国学术、中国技法。中华复兴，“复”乃传承与发展，“兴”是崛起与创新，独立自主、自力更生的同时洋为中用，实现文化复兴、理论复兴、制度复兴、学术复兴、技法复兴，走出新时代中国特色社会主义道路。

管理学，同样需中国特色、中国话语权，需回归炼心洗心之修养管理，复兴大道德行之心灵管理，“和而不同”中实现世界大同、天下协和。这就需要把五千年中华国学管理精髓、近百年中国红色管理内涵提炼、综合、创新，构建本土管理体系。本篇主要阐述中国管理学之人心管理、双和管理技法。心和管理技法，中华修心与协和管理技术与方法之谓也。

第十三章　先圣创建国学管理技法

中华文明不止五千年，只因史料保存（西周末年战乱，秦时焚书坑儒，历代官府修史或编纂的倾向性，佚失很多史料）、考古认定五千年，按西标是4200多年（若从青铜器论只有3000多年）。文明认定标准话语权在西方，能拿出史证的西方不认可。西方提出城堡的出现、青铜器制作、神庙和祭坛的标准，都对中国不利。中国农耕文明，人民散居于大山、平原、丘陵等内陆，适宜于农耕生活和长期居住，居所用石头、泥瓦等为材的房子，用木头、毛竹等为材的阁楼，向地下、向高坡挖穴而居的洞穴等，千百年风化早已不存在这种古建筑。西方商业立国，为抵御海洋性气候及海盗或宿敌入侵，用坚固的石料为材建筑，城堡保存性好。用“城堡的出现”生生阻隔了中华文明数千年。“青铜器制作”也是限制中国的——中国的石器、陶器、玉器制作及其他许多文明象征远早于现今认定的青铜器制作时间。“神庙和祭坛”更利于宗教立国的西方，中国非宗教立国，最初的祭祀对象是天地和祖先，后人将先贤神化后才有神庙和祭坛。所以“红山文化”考古证明中华文明至少可以追溯到8000多年前，但西方不认可。目前，三皇五帝、尧舜禹汤，“龙的传人”“炎黄子孙”等，都被强加为“传说”；中国文字早于西方文字（十五章第二节专门论证），但西方“文字的出现”标准下同样不被认可。

只是，中国远古文化、文明的诞生是任何标准也抹杀不了的。其实文明源于人类思维的诞生，思维生思想，而有脱离蛮荒的思路与行为，人类从动物本能的茹毛饮血生活方式、弱肉强食族群进化到文明。从远古文明到古代文明、近代文明、现代文明……漫长过程中，世界原创四大文明古国有三个陨落了，只有中华文明相传至今。西方霸权者不顾事实强推霸王“双标准”。这里，不唯西标，研究、探索心和管理技法，从考古发现、文化现象（民间传说、文学艺术也是国学重要组成部分）中探索中华圣贤的管理技法。心和管理，国学为基。

第一节　国学管理溯源三圣技法

目前考证中华民族祖先、华夏文明开创者是燧明国（今河南商丘）燧人氏（前？－前4354年），因发明钻木取火后世奉为“火祖”“火神”，尊称“燧皇”①。燧皇有子叫伏羲、有女叫女娲，三人同为中国神话传说中的创世神，中国神话都是以真人为原型，他们三人应是中华民族人文始祖。比较而言，女娲更接近神话人物②（其母华胥氏亦如此），而燧皇与伏羲的文献记载更现实一些，不同文献中，三人皆列过“三皇五帝”中的“三皇”。心和管理学把“上古三圣”伏羲、神农、轩辕明确为“三皇”（详见原理篇第二章第一节），“龙的传人”之说来自伏羲氏；“炎黄子孙”始于神农氏（黄帝）、轩辕氏（炎帝），燧人氏与他的儿女、炎黄二帝开创了氏族部落管理、开化人文管理技法，成为国学管理理论与技法的源头，且直奔人心——区别于蛮荒未开化的第一要义是人有了思想，一开始就直奔协和——中国农耕文明的本质内涵是天、地、人和谐。国学管理技法，始于三位圣皇。

一、中华图腾神龙伏羲氏

1. 伏羲龙神话与现实融合

西周的宫乱、秦朝焚书坑儒等，让“三皇五帝”时代缺了官方历史纪录（非官方版本只能是传说），但两个亘古不变的名词在正史野史、官方民间流传着：“龙的传人”“炎黄子孙”。从神话角度看，伏羲的原型是宇宙本原和起始的意象、观念，据此想象出一个创世神，再把这个创世神想象为自己的祖先，即一个将神话传说哲学化、观念化，又将这一传说和观

---

① 钻木取火是“燧人氏”部落经历了漫长而艰苦探索过程后的发明。钻木取火大多使用燧木，人们便把发明人工取火技术之人尊之为“燧”，称为“燧人氏”。远古人相信燧、跟随燧，形成以燧为首的远古人类氏族部落，后世形象地称其为“燧明国”。燧人氏被奉为燧皇，传说是伏羲、女娲之父。

② 关于女娲的记载多以神话形象出现，从最初的女娲化神、到女娲化生万物，再到女娲造人、女娲补天，到最后将自身化成了万物与神族，成为万物创造者、中华民族母亲，其人文贡献主要是“抟土造人”、“炼石补天”、“制笙簧（乐器）”和“置婚姻，合夫妇”等，故又是人类得以延续的婚姻之神。在不同文献中，有因女娲化生万物而被列于“三皇”之上，也有因女娲既是伏羲之妹又是伏羲之妻而列入“三皇”，还有因其所处时代是从母系氏族转向父系氏族时期，后世男性为尊情况下，将其列为“三皇”之下。

念历史化的过程；而从历史角度看，伏羲的原型是中国古籍中记载的最早的王，中国医药鼻祖之一。作为中国远古真实的人，伏羲风姓，又名宓羲、庖牺、包牺、伏戏，亦称牺皇、皇羲、史记中称伏牺。在后世，神化了的伏羲与太昊、青帝等诸神之称合并，官方称其为“太昊伏羲氏”，或“青帝太昊伏羲（即东方上帝）”，民间传说为创始神。可以说，燧人氏作为远古族王，是火种的发明者；伏羲也是族王，是记载和传说中中华民族最早的人文始祖。

学界则一般认定黄帝为中华人文始祖，因为相对来说，伏羲的传说性强，黄帝更具史证性（有史料可证）。传说，往往会被一代代相传的人加以修饰、美化过。

所以，学界一方面承认伏羲存在于故事传说、神话传说中，同时也不否定他团结统一了华夏各个部落，是世世代代国人心目中一个有着神圣之德的人。神话中的伏羲，神化为一个有着蟒蛇的身、鳄鱼的头、雄鹿的角、猛虎的眼、红鲤的鳞、巨蜥的腿、苍鹰的爪、白鲨的尾、长须鲸的须的形象，这就是中华民族的图腾“龙”的形象。由此中国民间也包括某些时期的官方，尊伏羲为华夏民族的人文先始，有了“龙的传人”一说。

综合各种文献记载、口口相传的记录，从文化角度将伏羲看作一个实实在在的部落首领，没人知道那时候是不是称“王”，可以肯定一点的是后人尊其为“皇”——光芒万丈的王。在人类发展史，伏羲有着很多贡献，是事实还是传说，或是他人的贡献而假借他的名字，因为历史原因，也无法给出权威定论。但毋庸置疑，伏羲龙在中国是实实在在的，远古就流传着的目前可知的最早的文化内涵。所有关于传统、记载的伏羲人文贡献，有伏羲的，也有先贤先圣集体智慧的结晶，是中华文明的开发、起源，是国学管理技法的远古渊源。

2. 伏羲贡献部族管理技法

伏羲技法一，创立了认识世界、探索宇宙以及读懂人生哲学的基本方法：阴阳八卦法。远古时候，人对大自然的变化，如天气变化、日月运转、生老病死等现象一无所知。于是伏羲上观天象，下察地理，中知人事，不断揣摩日月经天、斗转星移、大地寒暑、花开花落的变化情况，探寻其运行与变动规律，发现了天地、日月、昼夜、寒暑、男女、上下等的两仪现象和二气运动规律，归纳出“阴阳”概念，并选用天地、水火、山泽、风雷八种既体现阴阳特性又相对独立的自然物象，创立了先天八卦。当时尚无文字而用符号表示，开启了中国文化之源——伏羲用八卦组成了一个互为关联、互相制约又内涵丰富、变化无穷的全息模型，开启了“元气论”之中国的宇宙物质观、世界能动性认识论，其中蕴含了“天人谐和”的整体性、直观性的思维方式和辩证法思想，成为中华文化的原点，明晰了中国文化认识世界描述世界包括管理的基本技法：宏观视角、全局考量、关联对应、阴阳互动等。

伏羲技法二，创立了中国氏族管理中的“民本”思想基础和各尽所能、各安其位的管理方法。伏羲从远古人结绳计事的绳结中得到启发，模仿自然界中的蜘蛛网，发明了渔网，教导先民作网用于渔猎，于是原始社会的狩猎分化出了捕猎与渔猎，同时教导先民驯养野兽，逐渐发展出“家畜”业。由此人类开始了简单的社会化分工，生产能力也有所提高；以民为本的管理思想，由此发展；氏族部落的管理实现必要分工，人安其位、各尽所能。

伏羲技法三，创立以家庭为单位社会基层管理方法。伏羲与女娲时代，正是母系氏族社会向父系氏族社会转变的过程，当时的人们，子女知其母不知其父，为原始群婚状态。伏羲与女娲是兄妹，按后世伦理不能成夫妻，否则为乱伦。但一方面是母系社会的遗留，另一方面那时洪水泛滥，传说洪水后人类只剩下他们俩（亦可能东方只剩他俩），“昔宇宙初开之时，只有女娲兄妹二人，在昆仑山，而天下未有人民。议以为夫妇，又自羞耻。兄即与妹上昆仑山，咒曰：‘天若遣我兄妹二人为夫妇，而烟悉合，若不，使烟散。’于烟即合，二人即结为夫妇”（唐·李冗《独异志》卷下）。由是，人类得以顺延，并变革了婚姻习俗，制定了男女对偶制，血缘婚改为族外婚，嫁娶以鹿皮为聘礼，家庭模式确立。伏羲又以所养动物、植物、居所、官职为姓，以姓明族群，防止乱婚和近亲结婚，姓氏文化起源。这些为行政管理、社会管理提供了极佳的便利。有婚姻的家庭成为社会最基本的单位，稳定居住后出现户、村（寨），宗祠氏族制度逐渐产生；有姓有名有族，管理基础具备。

伏羲技法四，创立了“从蛮荒走向文明”的基本方法：始造文字，开创礼乐。中国文字的起源，尚无一个权威定论，一般有五种说法，即结绳说、八卦说、河图洛书说、仓颉造字说和图画说。其实这五种说法中的前四种，都与伏羲八卦有着解不开的关联：八卦符号属性可用于记事，取代了结绳记事；八卦源于河图洛书；传说仓颉是黄帝的史官，仰观奎星环曲走势，俯瞰龟背纹理、鸟兽爪痕、山川形貌和手掌指纹，受启迪中创造了象形文字，与八卦产生异曲同工。图画说，也因为一些出土文物上刻划的图形，猜想可能与文字有渊源，这些图形自然也包括八卦图符。所以，汉字的起源是从“堆石记事”“结绳记事”发展到“符号文字”，八卦在其中所起的作用不可或缺。而文字，是蛮荒转向文明的重要标志。

另外，伏羲还发明了乐器，创作乐曲歌谣，将音乐带入人们的生活。帮助人们“修身理性，反其天真”。中国祖先认为，有教化与没教化的重要区别是否有礼乐，中国最早的“六经”包括《礼经》与《乐经》。诞生音乐、明晰礼法，是社会文明的标志。

伏羲技法五，确立了政权雏形和政权管理的基本方法。伏羲将其统治地域分而治之，而且任命官员进行社会管理，为后代治理社会提供借鉴。这应该是迄今为止中国最早的国家治理、行政管理、区域管理的形态，方法就是分而治之，统一管理。

3. 伏羲创历法等管理技法

伏羲作为人文始祖，创制了古代历法。伏羲历也称“上元历”“太初历”“甲历”。“上元”指的是“上古纪元”，也是华夏民族的初始纪元，以伏羲治世时期的一次特异的天文现象为起点。甲子为天干地支的起点；夜半为 1 天的起点（子时）；朔旦为 1 月的起点；冬至为二十四节气的起点。即太初历的上元是选在甲子日夜半子时，又正是冬至、朔日；而且日月五星（七曜）皆会聚于斗（十二星宿之一）与牵牛之间的分度处，夜尽时日月如合璧，五星如连珠。伏羲历法根据太阳运行规律设置，一年十个月（天干）。但使用一段时期后，会产生一定的误差，一年少了 5 天。女娲在此基础上进行了修正，通过观察月亮运行规律，制定了更加精准的太阴历，采用地支纪年，一年定为十二个月，弥补了旧的太阳历法产生的 5 天误差，重测四时、定四极，立五根石柱，代表东西南北中方位，用五色土作标记，易于观察辨识。“女娲补天”的故事就是源于太阴历法。所以，中国民间有阳历、阴历说法，天干、地支亦由此而来。后来引进西历之后，就有了公历（西历）和农历（阴阳历）之说。

现今中国印制的月历、台历，大多公历、农历两种历法共存，一个“农历”昭示了中国农耕社会的特征。农业生产根据时令、节气安排，中国先民发明了二十四节气以管理农事：立春、雨水、惊蛰、春分、清明、谷雨、立夏、小满、芒种、夏至、小暑、大暑、立秋、处暑、白露、秋分、寒露、霜降、立冬、小雪、大雪、冬至、小寒、大寒。其中的一些重要节气以及由节气引申出来的重要日子，成为中国人民的重要节日，如立春、春节、清明、中秋、冬至、重阳等。农历，彰显了中华农耕文化的特色。

作为龙的传人，伏羲氏留下无数宝贵的精神与文化遗产，传承、复兴、提升中可融于现代元素，而后创新发展。中国人自古以龙的传人自居，逢年过节都有舞龙灯、祭龙王、赛龙舟等等与龙有关的喜庆活动，祈盼的是风调雨顺、国泰民安、丰衣足食——全都与人心协和思想有关，与之相应的管理是谋求人心协和的管理。

洋节日，与国学、与文化传承毫无关联，若身在国外，若在留学生中间，若在外企或外国人成堆的单位里，庆祝洋节无可厚非。而且从入乡随俗、热情好客角度说，加以鼓励亦不为过。但将其作为中国节日庆祝，就没有必要了；非如此便有崇洋媚外之嫌。如今，政府导向中华传统节日列入“国假”序列，如春节、清明、端午、中秋等，民间也特别注重民族节日，如“七巧节（情人节）”“中华母亲节”以及元宵节、重阳节、腊八节等，继续保留并发展少数民族节日，如傣族的泼水节、蒙古族的那达慕大会、彝族的火把节、瑶族的达努节、白族的三月街、壮族的歌圩、藏族的藏历年和望果节、苗族的跳花节，等等。

从管理学角度看，探索人文始祖伏羲的创世管理技法，并非照搬套用。古为今用，是从古人的成功经验中悟出与现代相融并能为中华民族完全认可而无违和感的管理理论与技法。所以，了解历史，就是了解中国本原的管理，创建适合的理论与技法。

二、华夏先祖炎帝神农氏

1. 神州之圣中医之祖神农

文字产生之前历史记载是断裂的，口口相传的内容演义化、神话化，中华民族能流传下来的始祖先人，虽有具体的名字和人物形象，但都有可能存在着两种情况：其一，某个先人的名字，实际上代表的可能不止一个人，而是多个人甚至是几代人的综合；其二，基于敬天敬地敬祖宗的文化习惯，在祭祀中进行祝祷、讲述祖先的传说、训导告诫后人时，崇拜中将凡人神化，渐幻成创世神或救世神。燧人氏、女娲、伏羲等是如此，炎帝、黄帝亦如此，三皇五帝中的其他人物及各路大神，也都可能存在这样的情况。在千百年的传承中，这些人物或名字，渐渐“人文化成”为一种文化符号、文化标签、文化形象。

心和管理学，不考证这些人物、人名、作品的历史真伪，而是在传承基础上，引用其中的文化、哲学思想内涵，是作为人文基础、专业基座而使用到相关的人、名及其作品（或后人整理的作品、假借其名流传的作品等）。再说，一个伟大的人物形象，就算是在传承中有一定的演义，旁人假借其人其名而使作品流传并保存下来，也仍然是国学的内容。更何况更大可能是的确存在的。正因为如此，炎帝距伏羲有多少代，炎帝的出生时间、去世时间这些谜团，这里不考证。从管理学建设看，重点是历史上的确有炎帝、黄帝及其事迹存在过。

目前的说法之一，炎帝是中华文明始祖，与黄帝同时代人（年龄相差数十岁）；但从黄帝生卒时间大体在公元前2700～2500年推断，炎帝应该出生在4800～4600年前。另有观点认为，炎黄两人不是同一时代的，炎帝先于黄帝，大概生活在距今6000年至5500年左右的时段里。另有一说法应该比较可信：炎帝传承九代，第一代炎帝才是神农，后面各代是其后人接班。第九代炎帝年长于黄帝，与黄帝为同时代人。古老的传说中，炎帝统辖的土地称赤县，黄帝统辖的土地称神州，由此，“赤县神州”就是炎黄子孙所在的中华大地（后世州、县区域之说的由来）。

神农氏，姜姓，又号魁隗氏、连山氏、列山氏，别号朱襄（有争议）。传说姜姓部落的首领由于懂得用火而得到王位，称为炎帝；炎帝传九代，传位530年。

传说炎帝神农出生时，人类已经生育繁多，自然界的现成食物不足以满足那么多人生存需求，于是炎帝教人播种五谷、利用太阳发出的光热（故被称为太阳神）使五谷孕育生长，人类衣食不愁。那时候人类共同劳作，互相帮助，没有奴隶，没有主人，大家用劳力来换取生活的资源，收获的果实大家均分，感情像兄弟姐妹一样亲。人们感念他开发农事的功德，便称他为“神农”。对于人类的生病问题，当时没有什么好的办法，神农亲自上山采药，亲口尝过各种各样的草药；为了辨别药性，神农曾经在一天内中毒70次，其中有一次，神农氏采药尝百草时中毒，生命垂危，他顺手从身旁的灌木丛中扯下几片树叶嚼烂吞下去，用以解饥疗渴。奇迹出现了，这几片树叶救了神农氏的命。神农氏将这种苦中有甜、先苦后甜的树叶命名为“荼”（原称“荼”，唐始有“茶”字），并倡导植茶、喝茶——中华茶文化起始。“神农尝百草”的故事也作为美丽动人的佳话，千百年流传。今天的湖北省神农架地区民间关于神农氏的传说故事仍然丰富多彩，说炎帝神农氏在这一带搭架采药、惩恶扬善、为民谋利，其事迹家喻户晓。显然，中医、中国茶，起源于神农等先人的生活实践。神农尝百草，是用生命在探索病理和医药。据传，神农也的确是在一次亲自尝试草药（据说是尝试断肠草）时不幸中毒身亡。中华祖先、人文始祖神农氏，用生命开创了中医文化。

2. 炎帝开创中华工农商业

炎帝创建中华文化，为民而亲尝百草，为代代华人津津乐道。事实上炎帝还创造了一个“大同社会”的雏形，让春秋时期的思想家非常向往，据此勾画出“大同世界”的最早模板。这应该是华夏农耕模式最初的公共管理或社会管理思想和方法：我为人人，人人为我。可以说，人文先始炎帝，对中华民族的生存繁衍和发展的管理技法作出了重要贡献。

炎帝创造了农耕中国的文化基因之源种——农耕为根本，时令为基础。炎帝之前，人们的生活技能极其薄弱，是炎帝带领着人们培育粮种、下田种地，并且发明了让农民极其方便的农耕用具，制耒耜，创刀耕，种五谷，用火种，教民垦荒种植粮食作物，解决了民以食为天的大事，促进了农业生产的发展，为人类由原始游牧向农耕定居转化创造了条件。如果说伏羲时期让狩猎分工为捕猎与渔猎，神农时期则是进行了狩猎与农业的分工。神农氏族成为中华民族第一个由狩猎转入农耕的氏族部落，开启了先民定居模式。为了管理定居与游牧结合的部落，促使人们有规律生活、按季节栽培农作物，炎帝神农确立了历日，立星辰，分昼夜，定日月，月为三十日，十一月为冬至，开创了时季管理。

炎帝通过发展农业推进了手工业创始——智慧展华夏，管人理心和。农耕条件下加强了对火的使用，发明了刀耕、使用了麻布、改进了陶器、应用了炊具等。其中，削木为弓，以威天下。神农始创了弓箭，有效地防止了野兽的袭击，有力地打击了外来部落的侵犯，保卫了人们的生命安全和劳动成果。还有，加强陶器制作，改善先民生活。陶器发明前，先民加工处理食物，只能用火烧烤。有了陶器，对食物可以进行蒸煮加工；陶器还可以存贮、酿酒、消毒、饮食，对人类的饮食卫生和医药发展产生了深远的影响。在炎帝带领下，这种有足够的火种就可以制造的手工业，工艺不断加强，文明不断进步。

炎帝通过发展农业促进了商贸行业兴起——贸易有规矩，商业讲德义。《周易·系辞下》载，神农“日中为市，致天下之民，聚天下之货，交易而退，各得其所”①。炎帝神农发明的以日中为市，立市廛（店铺集中的市区），辟市场，以物易物，这种市场是中国货币、商业发展的起源和基石。炎帝所表现出来的管理部落、治理天下的重要方法，可解释为道德立法：不望其报，不贪天下之财，而天下共富之。这不仅仅智贵于人，让天下共尊之，还确立了中国商业须“不贪”的规矩，创立了农耕社会条件下的商贸管理基本方法，形成了那个时代的德义观：以德以义，不赏而

---

① 伏羲等：《周易》（宋学海主编，王辉编著），云南人民出版社2017年版，第429页。

民勤，不罚而邪正，不忿争而财足，无制令而民从，威厉而不杀，法省而不烦，人民无不敬戴。这些可以说是中国管理理论的起源。

3. 神农开启伦理开化民智

炎帝不仅创造了中华物质文化，也创造了中华精神文化，其主要内容体现在以下几方面。

炎帝建立了伦理道德体系以促进文明化——人心明羞耻，管理入和道。炎帝神农开创了让民着衣裳的风尚。原始人本无衣裳，以树叶、兽皮遮身，神农教导先民用麻桑制作成布帛，有衣裳而结束了赤身裸体、树叶兽皮遮身的蒙昧时代。而因为着衣之举，除保暖遮肤之外人类开始有了最基础的伦理观念、道德思想，这是由蒙昧社会向文明社会迈出的重大一步。炎帝神农还发明了乐器，他削桐为琴，结丝为弦，这就是神农琴。据《世本·下篇》载，神农琴“长三尺六寸六分，上有五弦：曰、宫、商、角、徵、羽”，显然琴为五弦琴；据传这种琴发出的声音，能道天地之德，能表神农之和，能使人们娱乐。炎帝，让音乐入庙堂、下民间，代表着上古的民族管理，在娱乐功能的同时，注重了德和。

炎帝开启了中国思想教育民智开化先河——教育得民心，开化启民智。那时没有教育的概念，也没有现代人可认知的教育形式，记载或传说也没有说明教育的具体方式方法，只说明炎帝教民使用工具，教民播种五谷，教民医药，教民制陶、绘画，教民弓箭、猎兽、健身，教民制琴、音乐、舞蹈，还教民智德。从这些内容看，炎帝时期的文明水平已经相当高，可以说在文明领域里开天辟地，除了原有的狩猎业、农耕业外还开创了最早的手工业（制作工具、弓箭、琴器以及制陶）、医药业等，开创了教育领域、音乐美术领域，达到了德、智、体、美、劳全面的重视和发展。所有这一切，都在说明炎帝不只是“神农”，而且几乎创建了后世永恒追求的“大同世界”的雏形。

总而言之，中华文化的先祖炎帝创造了炎帝文化，如农耕文化、火烧文化、市场文化、手工业文化、中医文化、音乐文化、着装文化等，每一项内容都是为人类做出的巨大的贡献，是传承几千年的中华民族文化之源。而且这样的源起皆与人心彼此协和关联，其心，凝聚全世界炎黄子孙的民族之魂，激励华夏儿女不屈不挠、顽强拼搏、创新奉献；其和，闪耀着中国人民追求和睦、和平的精神之光。分析炎帝年代所创造、展现的一切运作，可以理解为是管理技法的创始，是谋求人心双和。文明起始时，管理便显现。

三、中国之始黄帝轩辕氏

1. 首创华夏联盟轩辕黄帝

最早记载炎帝、黄帝诞生地的史料，是在《国语·晋语》里：“昔少典娶于有蟜氏，生黄帝、炎帝。黄帝以姬水（陕西武功漆水河）成，炎帝以姜水（陕西宝鸡清姜河）成。成而异德，故黄帝为姬，炎帝为姜。二帝用师以相济也，异德之故也。”① 少典，也称有蟜氏，《帝系谱》《元和姓纂》亦载着伏羲氏娶少典有蟜氏，其嫡子为炎帝神农氏和黄帝轩辕氏。从考证情况来看，无论炎黄二帝是不是兄弟，都应该是炎帝（或指第九代炎帝）要比黄帝大好多年（大20~40年），当黄帝成为部落联盟首领时，炎帝（也是部落联盟首领）应该老了。他们俩几乎统一了当时许多小部落，只剩下另一个十分强大的部落——九黎部落，酋长叫蚩尤。

蚩尤部落先与炎帝部落发生战乱，初期势均力敌，但由于地理位置的关系，炎帝部落渐处下风，于是炎帝向同处中原的黄帝部落求助。炎黄二帝合作，与蚩尤在涿鹿展开激战（据说蚩尤有81个兄弟，可能是81个小部落的联盟；另有一说是72个。在中国神话中蚩尤是武战神），蚩尤战败。然后，炎帝与黄帝的较量中，黄帝胜出，于泰山进行了封禅仪式，告祭天地，自号“黄地”（黄土地上繁衍生息之意），后人以谐音尊其为“黄帝”。黄帝即位于公元前2697年（道家把这一年作为道历元年）。自炎黄之后，君主可称“王”却不敢称“帝”。直到秦王嬴政统一七国之后，认为自己功盖三皇五帝，于是称己为始皇帝，但仍不敢用“黄帝”之谓，于是改用音近之字“皇”，王者头上火焰闪光亮。

可见，中国历史上第一位一统各部落的，是黄帝，他把原炎帝、黄帝、蚩尤部落以及山东境内的部分东夷部落，共同组成了更庞大的部落联盟——华夏联盟——国家萌芽（目前官方认定黄帝为中华人文始祖，但历史上一般炎帝黄帝为共祖，称“炎黄”）。炎黄时代中国已经实行“联邦制”。后来的尧、舜皆是黄帝的直系后裔，大禹是黄帝嫡系，后续的皋陶、伯益、汤等也是黄帝后裔。

黄帝在位时间很久，国势强盛，政治安定，文化进步，有许多发明和制作，如文字、音乐、历数、宫室、舟车、衣裳和指南车等。而在心和管理学研究者看来，作为中华文明的奠基者、先驱者之一，黄帝还有一个极为重要的发明创造或者伟大贡献，就是在承继先人包括燧人氏、伏羲氏、

---

① 左丘明：《国语·晋语·重耳婚媾怀嬴．战国》，古诗文网。

神农氏等的创造发明的基础上，创立了中华管理技法，并应用在各个领域中。最主要的就是通过修德振兵而奠定中华，惜物爱民而肇造文明，创建了中华古国管理体制、中华古国三大产业体系的基本形式和管理的方式方法，成就光照万世的伟业。

2. *启蒙国家管理创产业链*

中华古国管理体制，至少可从以下四个方面展示出来。

第一，伏羲、炎黄二帝从部落制发展到了部落联盟制，黄帝则从部落联盟制发展到了国家制，建立了国家管理体系。《原理篇》第二章有介绍，黄帝统一天下后，划野分疆，形成井、邻、朋、里、邑、都、师、州的国家体制，分九州，设官位、官衔，定官制、官德以管理国家。将炎帝黄帝包括蚩尤和其他归顺的军队融合在了一起，进行军队改革，掌握奇经（周易），制定出风后八阵兵法图（风后衍握奇图），中国古战场自此有了阵法；黄帝发明了轩辕车战法，增加了军队战斗力。所以，从中华文明角度看，中国在黄帝时代就已有国家制度，而不是一般认为的夏朝开始国家制。黄帝时期国制、军制已确立，使得原始部落体制转向了国家管理体制。这是中华管理机制、管理体系的源头。

中国管理，源头就纯中华，是争地以为疆，得人心以为民，谋协和以为治的管理。这是中华文明之始构建的文化基因、管理基因。轩辕车战法，使黄帝又有了一个新姓氏传于后世，即复姓“轩辕”（另有一说黄帝曾居于轩辕之丘而得。也有说黄帝作轩冕之服，教民做衣服而谓轩辕），这起源于黄帝发明的一种战法：打仗时将士站在战车上；息战时战士围成圈、指挥员立在中间，只留一个空当做出入的门，以保护指挥员。那时把有布幕的战车叫作“轩”，两车中间空当称为“辕”。

第二，作为农耕国家建立了富有中国特色的农业管理模式，这是中国形成第一产业的初始。黄帝时代的“田亩制”是中国最早的土地管理法：以步丈亩，以防争端，将土地重新划分，划“井”字，中间一块为“公亩”，收获缴政府；周围八块为“私田”，收获归私有（种粮、打井或别的用途，由所有者自由支配）。“公亩”应是国家管理中最早的“税收”了，“私田”则是国家明确的最早的“田地私有化”。“井”字型土地划分法，是西周“井田制”的基础。黄帝还在农业生产上有创造发明，如穿土凿井，既解决了生活用水问题，也解决了田地耕种用水问题；农田耕作制，按历法及时播种百谷，农业季节管理由此起；又如发明杵臼，开辟园、圃，种植果木蔬菜，种桑养蚕，饲养兽禽，进行放牧等。

正是中华人文始祖的努力，他们充分考虑了观天象察地理测人情的结论，在各种解决人口增多的“食”问题的基础上，确立了以农桑为根本，以狩猎、渔猎等为副业模式。各代皇朝皆如此，即使元朝、清朝，都无法改变这一点。元世祖“即位之初，首诏天下，国以民为本，民以衣食为本，衣食以农桑为本。于是颁《农桑辑要》之书于民，俾民崇本抑末。”①足见元朝对农业的重视。而清朝康熙帝不仅自己亲赴先农坛行“亲耕礼”，在他在位的61年，曾先后55次遣官到先农坛祭祀先农，并命画师重绘《耕织图》46幅，康熙作序并为每一幅画题诗。此后清皇帝皆效仿之。清代文人蒲松龄还编著《农桑经》，列入四库子部。这一切都源自黄帝时期所形成的“农耕文化”。这一文化基因，不因社会发展、生活方式而变易，经数千年传承，已根植在中华民族的血液、骨髓、细胞里。对一切外来文化，可以吸收、也会借鉴，但根本不变；对所有新时代内涵，可以增加、允许革新，但基因不变。哪怕如今所说的工业化时代、知识经济时代、互联网时代，基因仍不变。

第三，随着中华文明的创立而建立起中国古代工业管理模式（第二产业初始状态）。工业的起源，都是生活、生产需要的手工业，经时代变迁、社会发展而不断改进、发展。黄帝时代在工业领域已经有冶炼、建筑、交通、兵械、制陶、缝织等领域。

黄帝时代的冶炼有比较成熟的炼铜，铸造铜鼎、刀、钱币、钲、铫、铜镜、钟、铳的技术，尤其是铸鼎技艺十分成熟。有一个传说很美：黄帝在荆山铸鼎，当第一个鼎被铸造出来时，天上突然飞下来一条透着万道金光的龙，眼睛十分威武，还有着长长的、闪着银光的龙须。那龙慢慢靠近黄帝，眼神变得十分温和，开口对黄帝说：“天帝非常高兴看到你促使中华文明向前迈进了一步，特地派遣我来带你去觐见天帝。”黄帝一听，点了点头，就跨上龙背。于是金龙载着黄帝快速升空，一下子消失在云雾中（有研究者认为这是因黄帝被龙卷风卷走而引起的神话传说）。此后，禹秉黄制，始铸九鼎，将全国划为九州，实行九州一统的区域管理模式，后来承延到周、秦、汉、唐四朝。每朝都以无与伦比的辉煌，为中华文明史写上了光辉的一页。

不仅如此，黄帝时代各个领域都得到创始和发展：建筑领域，黄帝时代已走出穴居、树居、简易棚居形态，发明了房屋建造技术，并且一步步发展到能够建造宫室、銮殿、庭、明堂、观、阁、城堡、楼、门、阶、蚕室、祠庙、玉房宫等。中华建筑艺术冠绝天下，同理，其建筑工业管理水

① 宋濂：《元史·卷九十三·志第四十六·食货一》，古诗文网《元史》篇。

平亦独占鳌头。交通领域，从黄帝称为轩辕帝，那时的交通技术就可见一斑，马车、牛车既用于生活运输所需和代步，也用于战争需要。从考古上看，黄帝时期的制造舟楫战车能力已经独树一帜。兵械领域，因为战争的需要，冷兵器时代的许多兵器机械，黄帝时期都已能制造。如刀、长矛、弓矢、弩、六纛、旗帜、五方旗、号角、鼙、兵符、云梯、楼橹、剑、射御等。制陶领域，技艺也是十分先进，给那时的先民生活带来巨大帮助，如制造碗、碟、釜、甑、盘、盂、灶等。而且这些产品、技术，延续到今天，虽然在材料和技术上已发生翻天覆地的变化，但其基本原理、应用方法一直不变。缝织领域，因为原始服饰业的发明，许多缝织领域的发明相继出现，如制造机杼，用于纺织和制作衣裳、鞋帽、帐幄、毡、衮衣、裘、华盖、盔甲、旗、胄等。

第四，初步建立了中华古国的文化与服务业管理模式（第三产业初始状态，前面其实都有论及，此略）。

3. 鼎立中华文明定型汉字

历法领域是黄帝历法的推行而按历法纪年。黄帝派遣大挠（亦作“大桡”，传说为黄帝史官）作甲子，完善了十天干与十二地支法，加上帝王世系表推算而成黄帝纪年，比西元纪年早了整整2697年。西元后，黄帝纪年仍以农历（自甲子、乙丑以至癸亥，六十年为一周期）形式、道教历法形式沿用（道教称之为六十元辰），未断裂或消亡。

知识领域，大量史书典籍记载了黄帝时期发明创造了文字，传说有“仓颉始制文字”。世界考古界只认可中华文明从盘庚迁殷（距今3300多年）算起，因为此前的文字尚未被认可，考古找到盘庚以前的文字却没人认得（文字考古极难出成果，故少有人考证）。事实上出土陶片上刻的很多符号，年代应在仓颉造字之前，也不在夏代。中国文字在黄帝时代应该已经存在，只是还没得到史证证明，所以黄帝及仓颉造字是神话传说。

如果说黄帝时还没文字，那么“仓颉书”是伪书，“夏禹书”“禹王碑”也是伪书伪碑，这显然也不成立。中国北宋著名汇刻丛帖的宋拓本《淳化秘阁法帖》中，卷五首篇为“仓颉书”文字28个，历朝历代官方所传都说是黄帝文字，只是古文字专家没人能认识。不认识就否定，似乎是一些所谓的“学者”从西方“学”来的最简单也是最无知的做法了。“夏禹书”12个字无人认识，“禹王碑”77个字无人能识，郭沫若花三年时间仅识得三字。但这些文字已证明，中国在夏朝之前、黄帝时事实上已有文字，得不到承认不等于不存在。

数学、音乐等领域得到开启。数学知识，笔者没找到黄帝发明了哪些数学知识的资料，但新石器时期的陶器大多为圆形或其他规则形状，陶器上有各种几何图案，通常还有三个着地点，证明那时已有几何知识萌芽。先秦典籍中有“隶首作数”“结绳记事”“刻木记事”的记载，说明先民从辨别事物的多寡中认识了数，创造了记数的符号，确定了度量衡。音乐领域，黄帝时代制乐器，伶伦取谷之竹以作箫管，定五音十二律。服饰领域，元妃嫘祖始养蚕以丝制衣。医药领域，与岐伯讨论病理而有《黄帝内经》。日常生活，有熟食、粥、饭、酒、肉、称尺、斗、规矩、墨砚、几案、毡、旃、印、珠、火灯、床、席、蹴踘等。

可见，黄帝时中华文明已形成，中华管理已初具模式，黄帝的管理方式，是中国管理真正意义的源头。黄帝时代的本原性管理，是中华先祖的最早组织形式、最美组织管理，还有最令后世向往的礼乐文化，这就是中国心和管理的早期形态。伏羲、炎帝、黄帝等几位人文始祖的本原文化，是镌刻在华夏民族中的原始文化基因。

第二节　商圣计然治世经商技法

伏羲氏、神农氏、轩辕氏三位圣祖，奠定了中华文明、中国文化、中国管理的基座而称华夏人文始祖。大禹禅让未成（禹原定传位皋陶，皋陶早逝），定益为继承人，益却让位给禹的儿子启，禅让制结束，“家天下”开始。夏朝的文献记载很多，但信史较少，河南省二里头文化，符合夏朝的文化特征，因没有相关的文字记载出土，国际上不予承认。夏之后的商、周王朝，信史多起来，商族创商业而强盛、灭夏建商；周朝自称“夏”“诸夏”，文明进步，已用“礼”以区别四方部落（夷蛮戎狄）。懂道守礼的周朝着华服、显示圣洁高尚的礼仪“——华（華）”字之由来。春秋古籍开始将“华”与“夏”连用，合称“华夏”。由此，中华民族形成的一条线索明朗化了：原始先民→龙的传人→炎黄子孙→华夏民族→汉人（汉代）→唐人（唐代）→华人，组成中华民族。春秋战国是华夏文化极其灿烂的时期。

众所周知的诸子百家之外，春秋出了另一个重要人物叫计然，是创立中国经济管理、商贸管理的始祖。成语“计然之策”（“计然之术”），被泛指为生财致富之道。“计然”，词意为精通计算，本人姓辛氏名文子，别称计然、计倪、计研（古语然、倪、砚声相近），号称渔父，生卒年不详。春秋宋国葵丘濮上（今河南商丘民权县）人，谋士、经济学家。曾师承老子，收范蠡为徒，博学多才，天文地理无所不通，尤善计算，才冠当世。

一、范子计然的管理技法①

1. 经天纬地大师之计然书

计然有经天纬地之才，却大智若愚，不愿出仕，故不为天下知。范蠡用计然之策助越王勾践成功灭吴复国，退隐后又以计然之策成就经商大业，由此名声大起且被广泛流传，于后世名扬天下。计然与鬼谷子都属于“名徒出高师”，因学生出色其名盛大。计然生财致富之术，也因范蠡之能逐渐成为商人从事商业贸易之法，计然之策（术）也因范蠡之用成为商人经商的一种代称，故历代中国商人尊范蠡为“商圣”。

计然著有《文子》，道家称《通玄真经》奉为“四子”真经之一。1973 年河北省定县八角廊村 40 号汉墓出土的大批竹简中有《文子》一书。因历史原因，计然的许多商贸技法及思想，在各种典籍、传说中流传着，即使是“文子名言”（经典经商思想），也并不源自《文子》。本节重点在计然技法，故主要从三本古籍的记载中探索之。

《范子计然》（也称《计然书》），据传为春秋时代范蠡所著。《唐书·艺文志》录有范子《计然》卷十五卷，唐·马总编撰的《意林》有《范子》十二卷；《越绝书》《吴越春秋》《齐民要术》《艺文类聚》《初学记》《太平御览》《昭明文选》《史记》等，都有记载范蠡和计然的言行。《四库全书》编纂时将《范子计然》列入子部，杂类，杂纂百家之说者。所以，真正全文记载《范子计然》的是唐代马总。基于此，有学者认为《范子计然》出自马总之手，作者并非范蠡。但“唐代马总所撰的《意林》一书，《新唐志》以来的史志书目均列入杂纂之属。它是南朝梁庾仲容所撰《子钞》的基础上有所增损而成的，所以实际上不能算是马总的独立创作。此书的内容完全是对晋以前诸子书的摘录，因而实质上只是一部诸子著述的辑录著作。”② 这样也就有第三种可能，如果《范子计然》不是范蠡所作，那么就是有人假借范蠡之名而传世。既然书名就有“范子”，这里姑且仍称“范蠡著”。

关于范蠡其人，后面讲民间传颂的财神群体时会专门提到，这里以范蠡述计然。《范子计然》也主要分析计然的经济管理思想与技法。需要说明的是，《范子计然》在古代既不是一部经济管理著作，也不是一部商务

---

① 本部分除另注的引文，皆引自“诗词名句网”范蠡的《范子计然》。

② 王天海、王韧：《马总〈意林〉的文献价值》，《中国训诂学报》，2013 年第 8 期。

管理著作，而是一部兵法大典。这是因为范蠡所处的时代所决定的，春秋列强称霸，范蠡与计然参与的都是安邦定国（为当时“越国三杰”：谋士文种，军事范蠡，经济计然）的大事。战争，打的是经济实力，所以计然之术是军事领域的后勤储备、供给，是通过经济发展、商务运作达到国力强盛而保证战争的胜利，由此可以说该书是军事思想和斗争策略的一部书，称其为兵书并不奇怪。只是因其是保障军事实力而所作的经济决策，故今天解读，完全可以从经济管理、商务管理视角来理解。

《范子计然》全书包括《计然传》《内经》《阴谋》《富国》《杂录》等内容。

《计然传》主要介绍计然的基本情况，说他“不肯自显诸侯，尝南游越，范蠡请见越王，计然曰：‘越王为人鸟喙，不可与同利也。’”后范蠡助越王勾践打败吴王夫差，功成名就之时听老师计然之言，悄然退隐，终成一代大商。范蠡走后，自齐送给文种书信说：“蜚鸟尽，良弓藏；狡兔死，走狗烹。越王为人长颈鸟喙，可与共患难，不可与共乐。子何不去?”① 可惜文种不听，仍留下为越相，后被勾践赐死。由此可见，计然的战略眼光和识人水平。

《内经》记载的是饱经耻辱的越王勾践返回越国，越王就越国的地理环境、交通困境、敌我态势、国力储备，以及越国复仇困难重重等情况作了分析，就如何振兴越国而“问其道”于计然。计然的回答道出了国家治理、经济管理的真谛及其具体技法，给出的妙计皆与经济发展、军队管理、国家治理有关，是为“计然管理内经”。

2. 范子计然三大经济宏策

计然经济宏策一，“先忧积蓄，以备妖祥。”即先考虑积蓄储备，以预防天灾人祸。《内经》云：“兴师者必先蓄积食、钱、布帛，不先蓄积，士卒数饥，饥则易伤。”军事行动，必须先积蓄储备钱、粮、布帛等物资，不先作好积蓄储备，则士卒就会遭受饥饿，遭受饥饿身体就容易损伤。那么如何积蓄物资呢? 其一，“省赋敛，劝农桑，饥馑在问。或水或塘，因熟积储，以备四方。”即要减少赋税微敛，奖励农耕蚕桑，时时注意饥饿与荒歉。办好水利事业，这样就可以保证丰收，有所积蓄，以防备四方发生战事。其二是“息货”，即通过发展商业获取利息，“时断则循，知断则备，知此二者，形於体，万物之情，短长逆顺，可观而已。”就是依据时机作出决断来顺应时变，依据智慧作出决断得万事齐备，了解这两点，

① 司马迁：《史记·三十世家·越王勾践世家》，古诗文网《史记》篇。

并能身体力行，那么世间万事万物的是非得失、合理与否，都可看得十分清楚。

计然经济宏策二，“并有五方，以为纲纪。”意谓东、南、西、北、中五方并立，以此作为治理国家的大纲要领。即要了解、把握、利用好自然界的规律，严格治国纲纪。计然用炎黄二帝“上事天、下治地”，分别派人主管五行、掌控五方的事实来说明这一道理，阐述如何避免天灾人祸。同时，“守法度，任贤使能”，对有功人员加以奖励；“万民有明父母，亦如邦有明主；父母利源流，明其法术，以任贤子，徼成其事而已，则家富而不衰矣。”就是说，百姓有贤明的父母，就如同邦国有英明的君主一般，父母通晓事物的本末，了解经商的方法，将工作交给贤明子弟去做，以求事业的成功，这样才能使家境富庶而不衰落。在用人方面也要有纲纪，“有道者进，无道者退。愚者日以退，圣者日以长。人主无私，赏者有功。”有能力的便提拔，没能力的便降职，使无能的臣子一天天减少，聪明干练的臣子一天天显著增加。君王用人一定不能有所偏私，奖赏的目标一定得是有功之人。

计然经济宏策三，“反其刑，顺其衡，收聚而不散。”这说的是经商聚财，其原理是反面推求，顺应财货的丰盈，居间加以买卖操控，从而聚集天下的财富，而不致有所散亡了。具体的方式方法，计然说：“籴石二十则伤农，九十则病末。农伤则草木不辟，末病则货不出。故籴高不过八十，下不过三十。农末俱利矣。故古之治邦者，本之货物，官市开而至。”即或以每石二十钱的价格购进粮食，则伤害农人的利益；以每石九十钱的价格买到粮食，则又伤害商贾利益。伤害农人的利益，荒地便得不到开垦，农业不得发展；伤害商贾的利益，货物就卖不出去，商品无法流通。可见粮食价格高不能超过八十钱，低不能少于三十钱。这样，农民、商贾都能获利，因此，古来能安邦治国之人，他们所需要的货物，是由兴办市场从各地汇集而来的，并非样样要自己生产。这既是社会分工，各有所用的思想，也是古代中国的市场经济：物品价格的确定须据市场需求定杠杆。

如果说策一是从国家治理角度探索积蓄储备之道，那么策二则是从立法规、用人才角度指出一手硬（纲纪）一手软（激励）的管理真经了。而策三直接就是商务管理、经济管理了。可见宏观调控、价格弹性原理等，中国在计然所处的春秋时代就提出并应用了。

3. 计然识才用才发展经济

如何使用人才问题，计然在《阴谋》篇中更有独到见解和技法。越王勾践在吴国三年后被释放回越，耿耿于怀于自己在吴国时的受辱，召集群臣指天盟誓要复仇，群臣默然。越王仰天长叹“大夫何易见而难使也?”这是在指责群臣是言语的巨人（易见）行动的矮子（难使）了，说他们只会夸夸其谈没有具体方案。这时候年轻而官级较低的计然越众而出，谏曰：“非大夫易见而难使，君王之不能使也。”这是直接批评越王不善于使用人才了。

计然进言：“今王易财之所轻，而责士之所重，何其殆哉！”意思是现在大王想以对于财物的轻视态度，换取大夫们对自己身家性命的重视，这是多么无理呀！确实够大胆，不过这大胆是有真才实学为支撑的，能够提出具体解决方法为后劲的，才敢如此：“开门固根，莫如正身。正身之道，谨左右。左右者，君之所以盛衰者也。愿王明选左右，得贤而已。”意谓敞开大门、巩固根本之道，莫过于端正自身。端正自身之道，必须慎选左右近习之人。国君的左右，关系着君权的盛衰。因此希望大王能明智地挑选左右之人，而能得到贤士的辅佐。那么应该如何“使贤任能，各殊其事”呢，计然对策是“远使以难，以效其诚；内告以匿，以知其信；与之论事，以观其智；饮之以酒，以视其乱；指之以使，以察其能；示之以色，以别其态。五色以设，士尽其实，人竭其智。知其智，尽实，则君臣何忧?”也就是或者交给他出使远方困难任务，以验证他的忠诚；或者把内部一些秘密的事告诉他，以了解他是否可信；或者和他一起议论政事，以观察他的智慧；或者让他饮酒，以察看他是否会酒后误事；或者指示他专门负责某件事，以察看他的能力；或者给他看各种脸色，以区别他的态度——利用各种的考察，使得士大夫将其智慧、才学和实际的忠诚度彻底展露无遗，则君王又何必去忧虑臣子不肯贡献一己之力呢？这是中国识人术在治国中的应用。

总而言之，《范子计然》的论述基本上显示出了计然的经商思想、经济发展之路和农桑、商业、军事等的管理之技。论及的管理技法已经具有中国商贸管理、经济管理乃至国家管理、军队管理的深刻见解和基本原理。积聚物资，就是创业期积累资本积累产业；发展息货，就是通过市场获取资本（资产）升值；掌控五方，就是把握天时地利遵循规律；确立纲纪，就是制定规则明晰法度；任贤使能，就是识别人才、激励人才、用好人才……这些都是当今经济学、管理学等领域的重要内容。中国，早就有这些理论和技法存在。

《范子计然》中还有《富国》《杂录》等文，这里不再引用分析。后面另有涉猎。

二、货殖列传的计然技法[①]

1. 史记货殖列传道器并重

学生时代读《货殖列传序》，曾有一些疑惑。疑惑一，在那个重农轻商、耕读传家的年代，何以正史里也能够堂而皇之论“货殖”，而在“政治挂帅”时期何以还能列入教材？疑惑二，这明明是一篇经商谋利的文章，何以成文学名篇、古代散文，连《史记》的作者司马迁在“史学家”的名头后面还要加一个“文学家”。后来渐渐明白，中国古代主流社会重农轻商，士农工商的序列认知，形成耕读为本商为末的思想，但生活还是得通过经商交换一些必需品；古时候选拔人才主要看政论能力，也就是视其治国安邦能力而轻视经商。但古人是把发展经济、开源蓄财、经商筹物等经营管理看作治国之道、治军之法，所以中国社会有许许多多商业思想、经济理论、管理技法，融合在政论、治国治军之道之中。司马迁在《史记》中单列一传说“货殖”，一代代后人似乎不约而同给予足够的尊重。国学体系中，非申论、政论或技术，非诗词歌赋，统称散文（归为文学作品）。散文，自然可以选入教材。

从今天的眼光来看，《货殖列传序》应该是一篇高水平的经济管理论文，司马迁在《货殖列传》里表达的经济思想、记载的管理技法，自汉以来，几乎无出其右，他的经济自由的思想，“重富”“重商”的思想，早已闪现出中国市场经济的曙光。司马迁在《史记》中涉及的那些经济与管理方面的论断，不是凭空而来，尤其《货殖列传序》，是根据《货殖列传》所记载的内容得到启示，有感而发。其中就有计然思想和方法的重要影响。

所以，司马迁在西汉那个年代就知道，社会发展，财富与享乐随之而来，则是必然现象，“终不能化”，因此对策为“善者因之，其次利道之，其次教诲之，其次整齐之，最下者与之争。”所以倡导“人各任其能，竭其力，以得所欲。故物贱之征贵，贵之征贱，各劝其业，乐其事，若水之趋下，日夜无休时，不召而自来，不求而民出之。”人们各按其能力干自己的工作。尽自己的力量，来满足自己的欲望。因此，东西贱是贵的征兆，东西贵是贱的征兆。这就刺激各行各业的人努力从事自己的职业，以自己的工作为乐趣，就如同水往低处流一样，昼夜不停。用不着召唤，他们自己会送来；东西用不着寻求，人们自己会生产。这其实就是市场经济

---

① 本部分除另注的引文，皆引自“古诗文网”司马迁的《史记·七十列传·货殖列传》。

的规则了，或者说是西方经济学里提到的那只“看不见的手”在起作用。司马迁一针见血地指出“天下熙熙，皆为利来；天下攘攘，皆为利往。”这就是说，中国人求“道”，也求“器”。讲究人心修养、道德培育不等于不要物质利益，只是不要不义之财、不要嗟来之食；要的是按照市场经济法则、遵循经商贸易规律而获“利”。

2. 计然论货生利之三技法

《史记》是中国历史上第一部纪传体通史，被列为“二十四史”之首，与后来的《汉书》《后汉书》《三国志》合称“前四史”。《史记》记载了上至上古传说中的黄帝时代，下至汉武帝太初四年间共3000多年的历史。其首创的纪传体编史方法为后来历代“正史”所传承，对后世史学和文学的发展都产生了深远影响。《史记》共十二本纪、三十世家、七十列传、十表、八书，计一百三十篇。其中的《货殖列传》是专门记叙从事“货殖”活动的杰出人物的类传，为史记卷一百二十九（列传第六十九）。“货殖”之“货”为货物（作动词用为买卖货物）、现代意义就是商品；“殖”自然是指滋生、繁衍，新增出来的那部分财利。所以“货殖”即“滋生资货财利”，是利用货物的生产，从中生财求利，用今天的话来说，就是经商营利以致富。司马迁所指的货殖，还包括各种手工业，以及农、牧、渔、矿山、冶炼等行业的经营，简单说是利用货物的生产与交换，进行商业活动，从中生财求利。

当年越王勾践被困在会稽之上，问策于计然，计然所答，就道出了货殖生利之法。

其一，有预测，作预防；循规律，知时用。“知斗则修备，时用则知物，二者形则万货之情可得而观已。”知道要打仗，就要做好战备；了解货物何时为人需求购用，才算懂得商品货物。善于将“时”与“用”二者相对照，那么各种货物的供需行情就能看得很清楚。这就是管理行为中的计划、组织，是商业活动中的市场预测、行情判断。这里计然非常强调预见性，提出经营活动必须认识市场规律，预测市场需求的变化，提前做好货物的购销工作。自然环境，天时变化是有规律的，掌握规律，提前做好准备，将经营的眼光放到未来需求最迫切的市场上，适当变化做出正确判断是经营成功的关键，能够获得更多的利润。

其二，求平衡，得双和；抑物价，谋双赢。针对“需求弹性”现象，计然让“农末俱利”（农民和商人都能得利，即双和双赢），强调官府的调控作用，“平粜齐物，关市不乏”（粮食平价出售，并平抑调整其他物价，关卡税收和市场供应都不缺乏）；提出“论其有馀不足，则知贵贱。

贵上极则反贱，贱下极则反贵。贵出如粪土，贱取如珠玉。”精辟揭示了商品价格与市场需求之间的平衡要义：供求平衡。供小于求，商品价格自然上涨，生产者就会将资源集中过去，供给增加；增加程度超过平衡点，出现供大于求，价格则会狂跌。这就是“一贵一贱，极而复反”，计然据此定经营技法“贵出如粪土”，即进行经营活动中，不能苛求高额利润，可以薄利多销，只要价格适当就果断抛售；而在价格跌落时大胆地买进，这就是“贱取如珠玉”。总结而言，商业经营不能从众，事物的量变在积累的过程中达到一定程度就会有质的飞跃，经营者要从供求关系角度，把握时机，准确确定自己的经营品种——经商领域的创新。这种原理和做法，即使在当今也不过时。

其三，货物勤，流转快；薄利出，风险少。“财币欲其行如流水”，计然时代就懂得研究商品过剩或短缺的情况，懂得物价涨跌的道理及其应用，懂得货物钱币的流通周转要如同流水那样——现代经济学原理、管理学原理，计然已是独成体系，应用起来亦已炉火纯青。财物也好、资金也罢，最重要的是周转起来，而不能积存过久。所以，不要囤积居奇，抬高物价，要特别注意保持资金流转的通畅，不能把过多的资金积聚在自己的手中，即“无敢居贵”，因为高额利润不可能时时存在，有薄利便可售出；货物流转快就意味着资金加速运转，如流水般周转不息，实际上就已经达到了增加利润的效果，这就是通过薄利多销将风险转化为利润的最佳方法。“流水不腐，户枢不蠹”，物理如此，商理如此，人理亦如此。

3. 审时度势预而行经济技法

《范子计然·富国》篇根据自然规律，提出“四死四生”。“四死”是“夫天时有生而不敷种，是一死也。夏长无苗，二死也。秋成无聚，三死也。冬藏无畜，四死也。”春天是庄稼生长发芽时机，若不及时播种，是第一要灭亡的；夏天是庄稼长成时机，却没有长出禾苗，是第二要灭亡的；秋天庄稼成熟了却没有收起来，是第三要灭亡的；冬天要收藏庄稼，却没有储藏起来，是第四要灭亡的。“四生”是“夫天时有生，劝者老，作者少，反气应数，不知厥理，一生也。留意省察，谨除苗秽，秽除苗盛，二生也。前时设备，物至则收，国无逋税，民无失穗，三生也。仓已封涂，除陈入新，君乐臣欢，男女及信，四生也。”天命给人以生存的时机，由经验老到之人劝勉少壮之人进行耕作，符合祥瑞之兆数，不违反自然规律，此为生存的第一条件；凡事留心观察，小心剔除禾苗中的杂草，禾苗自然茂盛，此为生存的第二条件；收获前便已作好准备，庄稼一熟即行收藏，国家没有逃漏的税捐，人民没有收获短缺的现象，这是生存的第三个条件；仓库已封闭妥当，取出陈粮换为新粮的工作也已完成，君乐臣欢，男女老少都能信任政府，这是生存的第四个条件。

这“四死四生”，既是计然经济思想的体现，也是计然管理技法的运用。该种不种，该长没长，该成难成，该藏未藏，即不能审时度势、把握天时、没有预测、缺乏行动，有死无生。总的来说，计然在《富国》篇里展现的经济思想、管理原理与《内经》篇里所要表述的，角度和侧重点有不同，基本观点却是一致的，归根结蒂，强调的是循规律而有预测、清君侧而言有信、准备足而得平衡、勤流转而有公信力，如此方能生机无限。

三、东周列国志计然技法①

1. 经济管理计然七策探寻

《史记·货殖列传》有言：“范蠡既雪会稽之耻，乃喟然而叹曰：‘计然之策七，越用其五而得意。既已施于国，吾欲用之家。’乃乘扁舟浮于江湖，变名易姓，适齐为鸱夷子皮，之陶为朱公。”② 范蠡使用计然之策中的五条，在十年之中将越国建设得国富民强，一举荡灭吴国，成就卧薪尝胆、以弱胜强的历史案例。计然七策用于国，则国胜；用于家，则家富。“十九年之中三致千金”而屡屡家富。由是，计然之策令人神往。

“计然七策”有两个版本。

版本一将《计然书》《史记·货殖列传》等书内容综合归纳出七策：“策一，需求与经济周期论：知斗则修备，时用则知物；旱则资舟，水则资车。策二，价格调控论（粮价平抑论）：农末俱利，平粜齐物。策三，实物价值论（商品质量论）：务完物，无息币。策四，贸易时机论（商品定价论）：腐败而食之货勿留，无敢居贵。策五，价值判断论（商品价值论）：论其有馀不足，则知贵贱。策六，物极必反论（价格波动论）：贵上极则反贱，贱下极则反贵。策七，资金周转论（低买高卖论）：贵出如粪土，贱取如珠玉”（新太史令，《何谓经商之道？计然给我们传下了七策，可富国富家》）。这个版本，七策名称努力与现代经济、管理学靠拢，“需求”“价值”等用语显然不可能是春秋战国时的，应是现代人的归纳。

版本二是根据明代冯梦龙的《东周列国志》的记载，利用文种之口说出破吴的“计然七策”：“一曰捐货币，以悦其君臣；二曰贵籴粟槁，以虚其积聚；三曰遗美女，以惑其心志；四曰遗之巧工良材，使作宫室，以

① 本部分除另注的引文，皆引自“古诗文网”冯梦龙的《东周列国志·第八十一回》。

② 司马迁：《史记·七十列传·货殖列传》，古诗文网《篇》篇。

罄其财；五曰遗之谀臣，以乱其谋；六曰强其谏臣使自杀，以弱其辅；七曰积财练兵，以承其弊。”① 这一版本，符合吴越两国之争的史实，也与计然为范蠡之师和计然协助越王勾践发展经济的说法吻合。故这里采用版本二。

作为学术研究，《东周列国志》似乎有一点缺憾：这不是纯粹的史学著作，而是古代一部历史演义小说。全书将分散的历史故事和人物传记按照时间顺序穿插编排，冶为一炉，成为一部结构完整的历史故事书。秦汉以前的史学著作，一般对事件和人物的述评隐而不言，或藏于记述之中难以发现，而《东周列国志》却明明白白地评，坦坦荡荡地述，是非善恶，忠奸智愚，直接展现，让“学术严谨”者觉得不够客观；还有，历史人物及故事栩栩如生，情节完整，对话生动，人物鲜明，颇显小说风范。以此为学术依据会遭遇某些诟病。

然而，不争的事实是，《东周列国志》所写西周末年（公元前789年）、春秋战国至秦统一六国（公元前221年）500多年间的历史故事，其史实取材于《战国策》《左传》《国语》《史记》四部史书，某些细节虽有故事性特点，但所涉事件皆有据可查、有史可依。所以，这“计然七策”应是可信的。对现代管理的启示，是竞争中合理合法手段的运用，是国外管理技法的中国化、古典管理技法的有效化后的引用，当用则用，该止则止。

2. 经济国力强己弱敌四策

计然策之“捐货币，以悦其君臣”。这里用了“捐”一字，目的是“悦”君臣，可见这一策在于搞好双方关系，以利办事；今天理解，个人需经营好人际关系，组织应管理好公共关系。“捐货币”是送礼、送赞助，“悦”是让主事之“君”、办事之“臣”开心。春秋吴越是敌对国，越国臣服吴国而韬光养晦，以“捐货币”之策获得喘息之机和发展可能。对于吴“君”投其所好献神木、使工匠，还献上“前王所藏精甲二十领，屈卢之矛、步光之剑以贺军吏。”并且“选士三千人，以从下吏，勾践愿披坚执锐，亲受矢石，死无所惧。”使夫差大悦，也因此解了越国私自练兵招致夫差欲讨伐之危。而对吴王夫差的重臣伯嚭的“捐货币”就直接贿赂了，“勾践即命文种以重币贿伯嚭使引见吴王，吴王召见于姑苏台之宫。”然后使吴王借粮救越民，“文种领谷万石，归越”。而后“以熟谷还吴，如其斗斛之数。”吴国以熟谷为种，结果颗粒无收，“吴民大饥”。这种贿

① 冯梦龙：《东周列国志·第八十回》，古诗文网《东周列国志》篇。

赂其实是一种斗争策略，而且就吴越两个诸侯国而言，是敌对的、战争性的，不是内部的、竞争性的。

从管理技法角度说，此策给了对方以合理的收益、合理的奖励、合理的待遇；如果有必要，给予额外的收益或奖励，特殊情况下让目标人物成为重赏之下的“勇夫”或高利诱惑之下的“棋子”，也未尝不可。目的就是让主事者心甘情愿地主事，让做事者全力以赴地做事，让管理的主客双方达到彼此心灵协和，需注意的就是“激励”与“贿赂”之间的区别。

计然策之“贵籴粟槁（一说囊），以虚其积聚”。这一策本意是指用高价从吴国买入粮食，让吴国在欣喜于高收益的同时，贮存的粮食却空虚了。一旦发生战争，将出现三军无粮草困境。吴越之斗中没有直接应用这一策，但前一策提到贿赂伯嚭向吴王借粮，还粮时用“熟谷”，使吴国种粮不发芽而绝收，间接达到了这一策的效果（“槁”是使吴国之粮枯竭，“囊”是使吴国之粮入我囊中，其结果大体一致，这里简单提过，不作重点分析）。

这一策的关窍在于表面上给对方以好处，而且是主动给的，实际上灭顶之灾的阴谋藏匿于其中。作为管理技法，自然不是敌对关系中使用，敌对者只有你死我活的对抗；而管理者则是彼此谋和、共同服务于组织、最终实现组织目标管理之法的运用。所以，竞争中若有阳谋而使竞争对手“虚其积蓄”，亦可用之；但员工管理、人才管理中，则重在“贵籴粟”。当然，现代意义上“粟”不可能是“敌国”之粮食，而是管理主客双方中“客方”的才华能力。管理者用“高价”买下“客方”的才华能力，使其亦成为“主方”。现代企业里所谓的高工资、高待遇，所谓的股份奖励甚至是直接的股权分配等，采用的就是这一策。按照中国式的“贵籴粟”，可以有很多新方式方法创建出来，应用者可各显神通。

计然策之“遗之巧工良材，使作宫室，以罄其财”。据《东周列国志》，吴王夫差欲建姑苏之台，于是如策一所述，越王向吴王献神木、使工匠，大兴土木，“三年聚材，五年方成，高三百丈，广八十四丈，登台望彻二百里，旧有九曲径以登山，至是更广之。百姓昼夜并作，死于疲劳者，不可胜数。”① 一个姑苏台，虽不能让吴国真的“罄其财”，却的确使其大伤元气，为后来越国灭吴奠定了重要的“经济空虚”基础。

这一策，与美人计异曲同工，都让对方骄奢淫逸，习惯了吃喝玩乐。上当的吴王也不负越王之望，不仅“建馆娃宫于灵岩之上，铜沟玉槛，饰

① 冯梦龙：《东周列国志·第八十回》，古诗文网《东周列国志》篇。

以珠玉，为美人游息之所，建‘响屧廊’。何为响屧，屧乃鞋名，凿空廊下之地，将大瓮铺平，覆以厚板，令西施与宫人步屧绕之，铮铮有声，故名响屧”，另外还有玩花池、玩月池玩乐，凿吴王井、西施洞小憩，设抚琴台，又开采莲泾、锦帆泾，设游猎所、消夏弯，“以姑苏台为家，四时随意出游，弦管相逐，流连忘返”。两策合用，既“惑其心志”，又尽“罄其财”，强敌虎视眈眈之际，王者心志被迷惑、财力被削弱，吴国焉有不败！

从现代管理技法角度看，反其道而思之、行之，则以史为鉴，可如震卦“夕惕若”，有益于修身养性。从正其道而思之、行之，美人计可变化于关爱员工、谋求双和；赠与之策又何尝不可以用于将优秀人才和忠诚的员工牢牢捆绑于组织之大船上，一荣俱荣，一损俱损。

计然策之“积财练兵，以承其弊”。积财练兵，等待敌人露出破绽，乘机进攻。故越王勾践听闻“南林有处女，精于剑戟，又有楚人陈音，善于弓矢”，当即“越王分遣二使，持重币往聘处女及陈音”。先是“勇士百人，攒戟以刺处女，处女连接其戟而投之，越王乃服。使教习军士，军士受其教者三千人”。而后“越王亦遣士三千，使音教习于北郊之外。音授以连弩之法，三矢连续而去，人不能防。三月尽其巧。”越国练兵增战斗力，然后并创造机会，待吴国弊露便发起总攻，最后终得灭吴，越国盛。

这其实是经营管理的内涵，自己“积财练兵”，让对手露“其弊”。不在争战中胜出，就在争战中灭亡。获得交往各方的协和与支持，就能抓住对手的“弊”一举胜出。

3. 治国理政惑敌离间三策

计然策之“遗美女，以惑其心志”。美人计，自古有之，中西方皆有使用，而且屡用不爽。“越王勾践欲访求境内美女，献于吴王”，终觅得西施、郑旦两名大美人，“勾践命范蠡各以百金聘之，服以绮罗之衣，乘以重帷之车……使老乐师教之歌舞，学习容步，俟其艺成，然后敢进吴邦。”经过这样专业训练的美人，“夫差望见，以为神仙之下降也，魂魄俱醉。”结果就是“夫差自得西施，以姑苏台为家，四时随意出游，弦管相逐，流连忘返，惟太宰嚭、王孙雄常侍左右，子胥求见，往往辞之。”真正迷惑了吴王心志。此策大成。

此策在现实官场、商场中，屡用不爽。严格来说不是管理技法，而是谍战之谋。作为学科，从教育角度说，不可能明目张胆地教导在现代管理中堂而皇之使用此策，因为管理终究是以内部为重点，不鼓励作为管理技法直接运用于组织管理中。但中国自古有“和亲”之策，组织与组织中“联姻”也并非不得见。更重要的是现代社会、企业中的各类集体相亲活动，其实已经变相地应用了此策；对于重要管理骨干、技术骨干、经营骨干，帮助他们解决个人问题，完成婚姻大事，使这些组织中不可多得的重要人物从心底里靠近组织、依赖组织、融入组织，也是一种正向管理技法的运用。

这里值得深思的是，西施与郑旦，两人“临江而居，每日相与浣纱于江，红颜花貌，交相映发，不啻如并蒂之芙蓉也。”送给吴王时，“二女皆绝色，夫差并宠爱之”。然而西施却能“独夺歌舞之魁，居姑苏之台，擅专房之宠，出入仪制，拟于妃后”，而郑旦“妒西施之宠，郁郁不得志，经年而死。”既为同等级美人，为何二人境遇结果大不同，而且西施还成为中国四大美人之首传世万代，其间道理值得管理者深思。若是把“美人”看成组织所需要的重要人才，若不会展示自己、不能引起组织或他人关注、重视，也会是“锁在深山无人识”的。古语“酒香不怕巷子深”早已被现代人否定，改为“酒香也须会吆喝”了，更何况“美人”并无酒香那样可远飘，诱人闻香而来；人才若没有展现出真才实学让人见识其过人才华，则天下何人能识君！同时，如何用得好、用得妙，也是一门艺术，不然就可能是“东施效颦”。

计然策之“遗之谀臣，以乱其谋”。这一策，越王没有正面采用，因为不需要越国这边派能言善辩的人去给夫差拍马屁，用花言巧语扰乱他们的谋划决策，这个结果就达成了。而其中的关键人物就是吴王的重臣伯嚭。计然贡献七策，范蠡通过他自己和文种进献给越王勾践五策就将吴国灭了，而有两策是伯嚭在其中起着作用，即计策二的“贵籴粟”和计策六“弱其辅”。还有本策，没直接应用，是因为伯嚭已在其中起着谀臣的作用，不必再“遗之”了。

这一策让现代管理技法多了三个内涵：其一，建立怎样的组织（企业）文化。一个组织的文化环境决定这个组织内的整体素质，吴国的骄奢淫逸文化与越国的卧薪尝胆文化决定了彼此的最终胜负。其二，明晰怎样的伦理关系。何以现实中老板、王者都喜欢小人、奸佞，因为他们可以让“主上”舒服、痛快、满足一切生理心理需求，而君子、忠臣不但无法做到这一些，反而让人扫兴、无趣甚至愤怒；虽然其实他们心里都明白宠信小人、谀臣，小则危及自身性命，大则国破家亡、事业不成，但仍无法抗拒——这就需要建立新型的中国道德观的伦理体系。其三，不同生命周期须有不同管理。创业期大多数人都可以共患难，但进入成长期尤其在进入成熟期，很少可以真正同享福的；所以，范蠡功成身退，而文种用生命才感悟到“狡兔死，走狗烹”的结论。所以，范蠡才会对文种说“越王为人长颈鸟喙，可与共患难，不可与共乐。子何不去?”

计然策之“强其谏臣使自杀，以弱其辅”。贪官贪得无厌但懂得让“上面”人逍遥开心，清官两袖清风却常让“上面”人下不来台；忠臣忠心护主但不懂得变通让“上面”人满意自在，奸臣奸佞无道却知道要谋让“上面”人同流合污。谏臣若强，上者不爽。所以此策就是要让对方的重臣总喜欢上谏，惹得“上面”人生恨而杀之。这才有伍子胥被迫自尽的事：伍子胥屡屡上谏，反对放回越王勾践，反对容纳西施郑旦，反对拨粮救越民，不断要求吴王灭越，“导致夫差怒曰：‘孤发兵有期，老贼故出不祥之语，阻挠大计，当得何罪?’意欲杀之，伯嚭密奏曰：‘此前王之老臣，不可加诛，王不若遣之往齐约战，假手齐人。’”结果未成，齐简王没有杀伍子胥。伯嚭谗言：“臣闻子胥使齐，以其子托于齐臣鲍氏，有叛吴之心，王其察之。”① 于是夫差赐子胥以“属镂”之剑，使其自尽。

这一策之妙，妙在让对方杀自己的重臣，心甘情愿削弱自己的左膀右臂。作为间谍战自是好的，作为管理技法似乎不妥，故此技法之侧重与奥妙在于培育自己的“谏臣”，让身边有人愿意全心全意为组织的发展殚精竭虑，为上司的清醒时刻提醒着。如此，也可以“弱”他人之“辅”而“强”自己之“臣”。无间道，要看应该不应该使用。

第三节　谋略始祖鬼谷智慧技法

战国还有一个奇人，极具神秘色彩——传说中的老子之徒、计然之师鬼谷子，后人尊为“万圣先师”，只是“鬼谷子”名声更响亮。这应该不仅仅是居于鬼谷而自称“鬼谷”，更重要的是其学说、其策谋鬼神莫测。胸襟开阔叫虚怀若谷，鬼谷子则是学识深广溢满鬼斧神工的山谷，颠覆了道貌岸然，回归了谋略自然，展现了心和文化。

一、鬼斧神工的鬼谷技法

1. 政谋兵谋始祖鬼谷绝学

中国历史两千多年来，尊称孔子为“圣人”，除了儒学至圣外，还因

① 冯梦龙：《东周列国志·第八十二回》，古诗文网《东周列国志》篇。

为孔子开创了私人讲学，开启了教育被尊称为“至圣先师”，读书人开家学、入私塾、上学堂，挂的拜的都是孔子画像。但也有人认为，孔子的教育水平、培养人才的成就远不如鬼谷子。因为孔子“弟子三千，贤者七十二”，真正得孔子衣钵、得以“受业身通”的仅“孔门十哲”。倒是身怀旷世绝学，其识、其智、其能深不可测的鬼谷子，几乎培养出了500年春秋战国史上最有智慧、最有谋略的政谋、兵谋大家，如孙膑、庞涓、苏秦、张仪、商鞅、吕不韦、白起、李牧、王翦、毛遂、徐福、范蠡、甘茂、乐毅、魏昂、茅蒙、要离、范雎、猗顿、田穰苴、蔡泽、邹忌、郦食其、司马错、蒯通、黄石、公孙衍、魏僚、曹刿、荀跞、魏章、西门豹、魏成、王龁、文种、田骈、白圭、计然、吕耕、任座、李冰、赵奢、田单、李悝、匡章、陈轸、许行、石申、甘德、剧辛、邹衍、郭纵等500多位各界精英，这些人物进谷之前个个籍籍无名，一旦出道人人光芒万丈，军政两界名声赫赫，流传千古。似乎东周诸子百家皆受其影响，诸侯列国争战之著名谋士皆为其学生。《史记》写到苏秦和张仪，谓“此二人真乃倾危之士也！”是那种一笑天下兴，一怒诸侯惧的翻云覆雨者；还有庞涓遇羊而荣，孙膑逢战不输，苏秦佩六国相印，张仪两次做秦国宰相；商鞅为孝公改革变法，李斯助始皇一统山河！徐福东渡日本，成日本“神武天皇”……每一个人都可以开山立派、成就大业。

历史人物没有必要这样作比较，孔子有孔子的伟大，所创之学说成为几千年正统主流、开创之私学成为几千年教育主体，在官方或民间都有孔圣人美誉，其对国家、对社会、对人类所贡献甚巨。鬼谷也能称“子”，其学其教以及其育之人，亦成就了一番伟业并传于后世，各有各的丰采。他的伟大贡献，不仅在于培养了当时的人才，还对后世的2600多年产生影响，并对未来继续产生巨大影响。历史认同度有不同，社会评价有高低。

鬼谷子是战国纵横家创始人，避世入谷教授而毁誉参半。他名震古今，其学齐肩诸子，其说通天彻地，其教旷古绝今，为什么历来学者对鬼谷子其人推崇者较少，而讥诋者反而甚多？这有多方面原因。其一，秦汉尊道，汉始“独尊儒术”，儒道为国学正统；而纵横家所崇尚的权谋策略、言谈辩论之技巧，与儒家所推崇之仁义道德相左，定性为奇技淫巧而难登大雅之堂（顺带说明：墨家制器之术、机关之巧、数理科技冠绝天下，也被归入奇技淫巧）。其二，国学讲正大光明，鬼谷谋术被认定是诈术、小术，“蛇鼠之智”，“学士大夫宜唾去不道”（宋濂《鬼谷子辨》）。今当然明白，无论是冷兵器、热兵器还是核武器，本身无罪，就看掌握在什么人手中、怎样使用。谋略、方法亦如此，它是国学的组成部分，就看什么人用怎样用之。所以说它“璧有瑕”是客观的。也正因为如此，鬼谷子的“雕虫小技”得以代代下来，其“智用于众人之所不能知，用于众人之所不能见”① 的总结，为后人所推崇。鬼谷子的思想精髓，一般都总结为“潜谋于无形，常胜于不争不费”。其实更准确一点说，应该是“潜谋于无形，常胜于攻心”，与道家的“不争而争”思想、兵家的“知己知彼”思想吻合。计谋产生于人所不知不形处，胜利出现在心所有欲无争间（对方有欲而己不争）。鬼谷子通过弟子在争霸中展现出来的智慧，让他成为当之无愧的谋略始祖、中华智圣。

2. 取胜智慧之谋光明留心中

鬼谷子，姓王名诩，又名王禅（后人尊称“王禅老祖”），道号玄微子。战国诸子之一，纵横家鼻祖，超过2000多年声名却越来越响亮的著名谋略家，世人尊称其为“谋圣”；纵横家因其雄辩之术、合纵连横之能独成一家。鬼谷子思想内涵，源于道家（代表人物），其思想、其谋略以顺应天道、不违天和为底线，为兵法集大成者，战法谋略的核心原则是以最少的牺牲获得最大的战果。作为一个谋略家，鬼谷子精通百家学问，通天彻地，智慧卓绝。

当然，因历史原因，鬼谷子的生平，与计然一样也传说为多，这里不作介绍，把重点放在表现其学说思想与具体技法的鬼谷子著作上，如《鬼谷子》《本经阴符七术》《关令尹喜内传》等。其中，《本经阴符七术》《关令尹喜内传》集中于养神蓄锐之道，用以修心修身；《鬼谷子》侧重于权谋策略及言谈辩论技巧，原有14章，但其中第13、第14两章已失传，此书一般认为是后世学者根据鬼谷子言论整理而成的，内容十分丰富，涉及政治、军事、外交等领域，主要讲的是攻守谋略论，是一种讲求行动的实践哲学，其方法论是顺应时势，知权善变。心和管理学去其糟粕、选其精华探索鬼谷子的学说与技法充实“中国管理学”技法体系。

对《鬼谷子》，可以从纵横家视角理解，也可以从兵家视角来解读，还可以从治国平天下视角，或统治方略、治理术数、管理技法等角度探索鬼谷子的奇技奇策、其智慧谋略，这里，以鬼谷子纵横术为点，多角度多方面探索鬼谷管理技法。鬼谷子之所以成鬼谷子，之所以几千年来褒贬不一，就在于鬼谷子所论、所教、所用的观念理论、方法体系，以及那些惊世骇俗的奇思妙想。一方面，被所谓“正派人士”批评为是不入流的“奇技淫巧”；另一方面，鬼谷子的智慧谋略，被很多“正道人士”认为

① 《鬼谷子·谋篇》，古诗文网《鬼谷子》篇。

不够“光明正大”，只在乎目的不在乎手段。但也有认为这种看法是“只许州官放火，不许百姓点灯”。对此，这里不作评论，需要说明的是，学界习惯把“谋”也分阴阳，阴谋对小人（敌人），阳谋对君子（好人）；若是用阴谋对君子，是为邪门歪道；若用阳谋对小人，那就是“天真无邪”了，说得透彻一点，就是与虎谋皮、就是“东郭先生”重生（西方也有相似的故事：《伊索寓言》中《农夫与蛇》）。当然，阴谋阳谋之说是否成立也有争议，因为谋略本身没有阴阳对错，怎么用、用在什么人身上才分正邪。

探究鬼谷子学问、出谷弟子的丰功伟绩，可以大体明晰，鬼谷子从不鼓励无底线谋略，也没有提倡“人民内部矛盾”可以无所不用其极。他所处的是金铁马戈的战国争雄的时代，所谋之事皆为开疆辟土、建国强军，是胜者为王败者寇的生死之搏。原西周后期，分封诸侯国500多个，春秋初年尚有170多个，主要的也有27个，诸侯拼杀中逐渐出现了最强的“春秋五霸”；到战国鬼谷子生活时仍有大大小小140多个诸侯国，东周天子虽名存实亡（毕竟还“名存”），逐渐形成著名的“战国七雄”。鬼谷子所培养的人才，到各诸侯国去参与争霸称雄，所用谋略基本应用于你死我活争战，敌我征战中双方之间的用计用谋，要求所用谋略思想和方法“光明正大”，有些天方夜谭，敌我之争、列国之战之谋略，达成目的最重要，取胜是硬道理，哪个王者得天下所用谋略都光明正大？战争双方，只有开战正义与非正义之分，没有用谋光明与不光明之别。

能够在官场、生意场混得风生水起的，都是谋略师，有“阴谋家”潜质，戴面具、演戏烂熟于心。不善谋者，连在官场、职场“存活”都有困难，哪说得上达成目标、实现目的。人们可以接受“酒肉穿肠过，佛祖心中留”，也应该认可“谋略职场过，光明心中留”。当然，心和管理学追求心和，必须强调“光明心中留”。重点强调的是，鬼谷子谋略是中国的技法之一，学习或运用鬼谷子谋略的关键，在于所谋之事是正道的，利于社会进步的。

3. 由内而外生理心理养生

还要为鬼谷子正名的是，他是主张修身养性的，他的《本经阴符七术》（道教经籍的总集《道藏》中，将七术编为《鬼谷子》下卷），就是其养神蓄锐、加强精神修养的著作。本是根本；阴符，从谋略角度理解是对变幻莫测之谋要有隐蔽性，从修养精气神角度理解则是从内到外的修炼。“七术”就是七种具体技法，包括盛神法、养志法、实意法、分威法、散势法、转圆法、损兑法。前三法是内在修养之法，侧重如何充实意志、涵养精神；后四法是外在应用之法，侧重于将内在精神运用于外。与道家的相同点，是其养生思想的核心为内在修炼，调神养气中修道养德。所不同的或者说是更突出的在于两点：一是提出了仿生观念，进行动静相宜的养生；二是修而致用，讲究如何以内在的心神去处理外在的事物。

仿生修养方面，主要是仿生导引，动静结合。盛神仿五龙、养志仿灵龟、实意仿螣蛇、散势仿鸷鸟、转圆仿猛兽、损兑仿灵蓍。这里的“五龙”其实是指五行，五行对应人体五脏。所以“盛神”就五脏合五行相生相克，以达身体康健养生法。“灵龟”，长寿而有灵性，养志效法“龟息”，即调匀呼吸，稳重缓行，凝神守一养生法。“螣蛇”，灵蛇是龙的一种，能屈能伸；效法螣蛇，让意念自由游走，达意志坚定养生法。“伏熊”，趴着隐藏起来准备伏击的熊，深藏不露，时机一到猛然扑击，威势凶猛；效法伏熊就是养精蓄锐，以便必要时一击即中养生法。“鸷鸟”，既凶猛又出击迅速的凶猛之鸟，利用有利形势而行动；效法鸷鸟就是修炼真气，需要时可以外发养生法。“猛兽”是兽类统称，锻炼身体以增内在才智，精力充沛；效法其才智与精气在体内转寰往复之养生法。“灵蓍”为占卜用的蓍草，灵蓍占卜时须去除杂念欲望，心神专一；效法其顺应自然之道以养生。

修而致用方面，鬼谷子认为修道养德、调神养心，既是身体的养生，也是心理的养生，而且是由内而外，养生之本在于既要身体康健，也要心灵聪慧。其中神、志、意是内修重点，威与势、圆与兑则是由内而外的应用。旺盛的精神是“以德养五气”而来的，而“气之门户，心之总摄也”，所以要心有其术，“静和者养气，养气得其和。”① 静养，可以使心有气、气得和，心和而心神旺。养志是为了固心气、实志意，从而“思理达矣”，概括起来就是说“养志则心通矣，知人则识分明矣。将欲用之于人，必先知其养气志。”② 而实意，是让“精神魂魄固守不动”，所以修炼之法是“内视”，心静而虑深远，而志实意定，“故寄谋之虑，务在实意；实意必从心术始。”③ 如此，神盛乃能养志，养志则能实意，修养到了这样的程度，就能达到“以观天地开辟，知万物所造化，见阴阳之终始，原人事之政理。不出户而知天下，不窥牖而见天道”境界。于是，有了旺盛的精神笼罩，威力得以充分发挥，可以抓住时机散发威势、采取行动；这

---

① 《鬼谷子·本经阴符七术·盛神法五龙》，古诗文网《鬼谷子》篇。
② 《鬼谷子·本经阴符七术·养志法灵龟》，古诗文网《鬼谷子》篇。
③ 《鬼谷子·本经阴符七术·实意法腾蛇》，古诗文网《鬼谷子》篇。

时候运用计谋，就如圆珠那样可以运转自如，也可心神专一地判断事物发展的征兆，把握住解决事物的关键点，适应事物的客观情况，取得最后的胜利。

显然，鬼谷子的修道养生理论也是十分有见地的。至于权谋策略及言谈辩论技巧部分的内容，是《鬼谷子》上中卷的内容，现存 12 篇内容，下面详述。

二、彰显韬略的鬼谷策谋①

兵家把《鬼谷子》十二篇当作兵法，认为与后世所传的《孙子兵法》十三篇，是一文一武互为表里、相辅相成；《鬼谷子》所传为文兵法，而孙武所传为武兵法。鬼谷子主张以圆略（国策）致强兵，孙子则主张以方略（攻守）而致全胜。两部兵法都主张不战而屈人之兵。政治家认为鬼谷子十二篇是政治谋略，是诸侯争霸事业中如何攻守、如何布局、如何达到己方最大利益的政治管理、行政管理之法。纵横家自然认为这鬼谷子十二篇是与人辩论沟通之法宝。仁者见仁，智者见智，进一步说明鬼谷子鬼斧神工的奥妙。

1. 纵横捭阖多求证思妙策

《鬼谷子》第一篇为《捭阖》，“捭”为开口、“阖”为闭口，这是从纵横家角度解释的。《鬼谷子》的“捭阖”也符合阴阳原理，所谓“观阴阳之开阖以命物……或阴或阳，或柔或刚，或开或闭，或弛或张”。“捭阖者，道之大化，说之变也；必豫审其变化，吉凶大命系焉。”开放和封闭是万物运行规律的一种体现，是说话形态的一种变化。人们须预先慎重地考察这其中的变化，事物的吉凶、人们的命运都系于此。这其实就是阴阳变化，只是从谈判、辩论角度来说，“口者，心之门户也；心者，神之主也。志意、喜欲、思虑、智谋，此皆由门户出入”即嘴巴只是人内心的门面和窗户，内心思想是精神的主宰。意志、情欲、思想和智谋都要由这个门窗出入。

由此可见，在鬼谷子看来，捭阖之策也就是人心管理的具体方式方法，这种访求与阴阳之道相关，关键在阴阳协调，“关之以捭阖，制之以出入。捭之者，开也、言也、阳也；阖之者，闭也，默也，阴也。阴阳其和，终始其义。故言长生、安乐、富贵、尊荣、显名、爱好、财利、得意、喜欲为阳，曰‘始’。故言死亡，忧患、贫贱、苦辱、弃损、亡利、

① 本部分引文皆出自《鬼谷子·捭阖》，古诗文网《鬼谷子》篇。

失意、有害、刑戮、诛罚为阴，曰‘终’。”用开放和封闭来把守这个关口，以控制出入。“捭”就是开放、发言、公开；“阖”就是封闭、缄默、隐匿。阴阳两方相协调，开放与封闭才以有节度，才能善始善终。所以说长生、安乐、富贵、尊荣、显名、嗜好、财货、得意、情欲等，属于“阳”的一类事物，叫作“开始”。而死亡、忧患、贫贱、羞辱、毁弃、损伤、失意、灾害、刑戮、诛罚等，属于“阴”的一类事物，叫作“终止”。

从兵家角度说，纵横捭阖乃万物之先，是方略、圆略、出入的门户。治世安民，一统天下，兵非良策。拥力而避战，交言而弭兵，不战而屈人，以战而止战才为上策。从纵横家辩论角度，“即欲捭之贵周，即欲阖之贵密。周密之贵微，而与道相追。捭之者，料其情也；阖之者，结其诚也。皆见其权衡轻重，乃为之度数，圣人因而为之虑。其不中权衡度数，圣人因而自为之虑。”捭阖之道，若用开放之法，贵在将方方面面思虑周到（放手一搏贵周全）；若用封闭之法，贵在时时事事考虑缜密（封闭隐藏贵保密）。这周到缜密之道，贵在细节微妙之处，这与天地大道之理是一样的。促使对方开放，是为了察知其真实情况；促使对方闭合，是为了与其诚心结交。如此，就可以发现对方所权衡的轻重缓急，知晓对方图谋的程度和数量，圣人就是这样而心中有所思量的。假如不能探测出对方图谋的程度和数量，圣人就会因此而考虑自己一方的后续作为（即退路）。可见，捭阖之道，亦符合天地之道。

《鬼谷子》第二篇为《反应》。所谓反应，“人言者，动也；己默者，静也。因其言，听其辞。言有不合者，反而求之，其应必出。”意思是人家开口说话，是动态行为；自己闭口缄默，是静止状态。要根据所说的话，听出他内在包含的辞意。如果其言辞有不合理、不吻合之处，就要反反复复地去求证这件事（理），那么事情的应对之策（之法）就必定会出现。所以，与人辩论，要运用反复的手法。反过去可以知其过去，复回来可知其现今。这样反反复复地试探，没有摸不清的底细。

以此类推，有时可以运用反辞来试探对手，要想听到声音就先沉默；要想张开，就先关闭；要想升高，就先下降；要想夺取，就先给予。所谓“欲闻其声反默，欲张反敛，欲高反下，欲取反与。”所以“欲开情者，象而比之，以牧其辞，同声相呼，实理同归。”即，要想了解对方的内情，就要善于运用模仿和类比的方法，以便把握对方的言辞。同类的声音可以彼此响应，合乎实际的道理会有共同的结果。

应用中国的阴阳原理、方圆之道、进退之理，则“如阴与阳，如阳与阴；如圆与方，如方与圆。未见形圆以道之，既见形方以事之。进退左右，以是司之。”像阴变阳，又像阳转阴、像圆变方，又像方转圆一样自如。情况未明朗前就用圆略来诱惑对手，情况明朗以后就要用方略来战胜对方。无论是向前，还是向后，无论是向左，还是向右，都可用这个方法来对待。从兵法上看，指兵机大事在知己知彼，要有致胜之谋，必须审其情，定其基。掌握敌情要快、全，暴露给敌人的要少、慢，阴谋与阳谋、阳谋与阴谋，方略与圆略、圆略与方略，交替运用，不可固守一端。兵无定策，策无定形，使人无可乘之机，这就是“鬼才”。

《鬼谷子》第三篇为《内楗》。所谓内楗，“内者，进说辞也；楗者，楗所谋也。欲说者务稳度，计事者务循顺。”意思是，“内”，纳也，即听得进别人的言辞，意谓能够采纳他人的意见建议；“楗”，门上关插的木条，横的叫“关”，竖的叫“楗”，这里指能拿掉楗打开门，送得进所谋划的计策，意谓能把计策献进去。

想要说服他人，务必有稳妥的揣度；策划事情，务必循沿顺畅的途径。所以掌握好“内楗”之技，就是要把握火候，既要能采纳意见，也要能进献计策。并且必须明白，“外内者，必明道数，揣策来事，见疑决之。策无失计，立功建德，治名入产业，曰楗而内合。上暗不治，下乱不寤，楗而反之。内自得而外不留，说而飞之，若命自来，己迎而御之。若欲去之，因危与之。环转因化，莫知所为，退为大仪。”

这就是说，内外大事的处理，必须明确理论和方法，要预测未来可能发生的事情，善于在各种疑难面前临机决断。运用的任何一项策略都不会失算（算无遗策），从而建立大功勋、积累大功德。管理百姓使他们从事生产事业，这叫作“巩固内部团结”。如果上层昏庸不理国事政务，下层纷乱不明为臣事理，各执己见，事事抵触，还自鸣得意；不接受外面的新思想，还自吹自擂。这种情况下，朝廷若诏命自己，礼上要迎接，却要懂得拒绝。拒绝诏命，不可太直白，须设法给对方一种错觉，就像圆环旋转往复一样，使旁人看不出想要干什么。而最好的办法，这时候要急流勇退。就是说，君臣之事，有亲有疏，有远有近，君臣之间听其声明其意，那是因为道相同而共谋大计，由君上来决策大事。如此，上能重用人才、人才愿出仕建功立业。不被任用意味着道不同，也就不相为，这时候解甲归田才是上上策。

2. 无间道飞箝术谋取双和

《鬼谷子》第四篇为《抵戏》。关于“抵戏”，《鬼谷子》曰：“戏者，罅也。”“抵”是“抵阻”，“罅者，涧也。涧者，成大隙也。”罅就是山涧水沟（缝隙，裂缝），山涧水沟（缝隙，裂缝）会越聚越多而成大江大河（大裂缝）。所以，“抵戏”就是当出现裂缝时要想办法抵阻住。如何抵制、阻遏住裂缝扩大，最终使其没有裂缝，“戏始有朕，可抵而塞，可抵而却，可抵而息，可抵而匿，可抵而得，此谓抵戏之理也。”在裂缝刚刚出现时，可以通过“抵”的方法使其闭塞，可以通过“抵”使其停止，可以通过“抵”使其变小，可以通过“抵”使其消失，可以通过“抵”而夺取器物——这就是“抵”的原理。

凡事都不可能是铁板一块，都是有裂痕，由裂痕而成裂缝。所以处事、辩论，要利用别人的裂痕，同时要防止自己一方出裂痕。裂痕有可能成大缝，一缕小涧亦会汇聚成江河。所以，裂痕小时就要想尽一切办法弥补，若已经有些大了，就要当机立断切断裂缝，当大到不可收拾时就干脆打破，裂痕也就消灭了。所谓“世无可抵，则深隐而待时；时有可抵，则为之谋；可以上合，可以检下。”当世道不需要你去“抵”时，就深深地隐居起来，以等待时机；当世道有可以让你发挥“抵”的能力的机会到来时，对上层可以合作，对下属可以督查。所以“抵戏”是一种弥补裂缝、漏洞的技能，虽是亡羊补牢，却是必不可少的。

《鬼谷子》第五篇为《飞箝》。飞箝的“飞”是飞扬之术，“箝”同钳制的“钳”，为钩钳之术。“飞箝”是考察人的方法。管理中即“引钩钳之辞，飞而钳之。钩钳之语，其说辞也，乍同乍异。”用引诱对方说出来的言辞，通过夸张的恭维（飞扬）来钳制对手。

“钩钳”这个说法，其实是一种交流或辩论时的说辞，其特点是一会儿与对方所说的相同、一会儿又与对方所说的不同（用以迷惑对方）。对于那些以钩钳之术仍没法控制的对手，怎么办？“或先征之，而后重累；或先重以累，而后毁之”或者先对他们威胁利诱，然后再对他们进行反复试探；或者先对他们进行反复试探，然后再对他们发动攻击加以摧毁。

“将欲用之于天下，必度权量能”，要把“飞钳”之术向天下推广，就须考核人的权谋能力高下，不同情况要不同对待，“诸侯之交孰亲孰疏，孰爱孰憎，心意之虑怀，审其意，知其所好恶，乃就说其所重，以飞钳之辞钩其所好，以钳求之。”也就是在诸侯之间的交往方面，必须考察彼此之间的亲疏关系，究竟谁与谁疏远，谁与谁友好，谁与谁相恶。要详细考察对方的愿望和想法，要了解他们的好恶，然后针对对方所重视的问题进行游说，再用“飞”的方法诱出对方的爱好所在，最后再用“钳”的方法把对方控制住。

所以，在治国平天下时，凡要决定远近征伐，就要权衡力量优劣。要考虑敌我双方的财力、外交、环境、上下关系，那些有隐患的就可征服。征服的上策，是靠实力去威慑。“飞钳”之术若用之于人，有两策：其一，“量智能、权材力、料气势，为之枢机以迎之随之，以钳和之，以意宜之”，即揣摩对方的智慧和能，度量对方的实力，估计对方的势气，然后以此为突破口与对方周旋，进而争取以“飞钳”之术达成议和，以友善的态度建立邦交。其二，“则空往而实来，缀而不失，以究其辞。”意为用好听的空话去套出对方的实情，通过这样连续行动，来考察游说的辞令。纵横家与人雄辩、兵家与人斗智斗勇，就要设法钩出对方的意图，用飞扬之法套出对方的真话，再用钳子钳住，使其不得缩回，只好被牵着走。这样就可纵可横、可南可北、可东可西、可反可复，说白了，留得住人才，用得好其才。

《鬼谷子》第六篇为《忤合》。“忤合”之忤是忤逆，即违背、反对；“忤合”之合，是符合、合乎。“合于彼而离于此，计谋不两忠，必有反忤；反于是，忤于彼；忤于此，反于彼。”这是说符合那一方的利益就得背叛这一方的利益，任何计谋都不可能同时忠于彼此两个对立方面，必定会有违背这一方满足那一方或忤逆那一方满足这一方。符合了这一方，就要违背那一方；违背那一方，才符合这一方。这就是“忤合”之术，也就在矛盾对立的彼此双方所谋求的利益或意愿中，找到一种好的解决办法。

这种技法，“用之于天下，必量天下而与之；用之于国，必量国而与之；用之于家，必量家而与之；用之于身，必量身材气势而与之；大小进退，其用一也。必先谋虑计定，而后行之以飞箝之术。”把这种“忤合”之术运用到天下，必然要把全天下都放在忤合之中；如果把这种“忤合”之术用到某个诸侯国，就必然要把整个诸侯国放在忤合之中；如果把这种“忤合”之术运用到某个家庭，就必然要把整个家庭都放在忤合之中；如果把这种“忤合”之术用到某一个人，就必然要把这个人的才能气势都放在忤合之中。总之，无论把这种“忤合”之术用在大的范围，还是用在小的范围，其功用原理是相同的。

因此，无论在何时何地都要进行谋划、分析，计算准确了以后再实行“忤合”之术。所以鬼谷子认为，“非至圣达奥，不能御世；非劳心苦思，不能原事；不悉心见情，不能成名；材质不惠，不能用兵；忠实无实，不能知人；故忤合之道，己必自度材能知睿，量长短远近孰不知，乃可以进，乃可以退，乃可以纵，乃可以横。”无论是政治家还是纵横家，也无论是管理者还是领导，如果修养没有修至拥有圣德，也达不到以超人智慧通晓事理深层规律，就不可能管理好天下；如果没有用心动脑苦苦思考，就不可能揭示事物的本来面目；如果不会全心全意考察事物的实际情况，就不可能功成名就；如果才华能力不足，就不能统兵作战；如果只是愚忠呆实而无真知灼见，就不可能有知人识人之明。

所以，“忤合”的规律是：必须对自己的才华能力进行自我估量而知道自己的睿智程度，度量自己的优劣长短、远近比较而把握自己所不知道的他人之长，才能可以前进、可以后退（进退自如），可以合纵、可以连横（纵横自在），忤合之术运用自如。

3. 揣摩权谋兼听决胜千里

《鬼谷子》第七篇为《揣篇》。“揣”即揣度、揣测。“古之善用天下者，必量天下之权，而揣诸侯之情”，那么，何为量权？“度于大小，谋于众寡。称货财有无，料人民多少、饶乏，有余不足几何？辨地形之险易孰利、孰害？谋虑孰长、孰短？群臣之亲疏，孰贤、孰不肖？与宾客之知睿孰少、孰多？观天时之祸福，孰吉、孰凶？诸侯之亲孰用、孰不用？百姓之心去就变化，孰安、孰危？孰好、孰憎？反侧孰便、孰知？如此者，是谓量权。”

这就是说，能够预测出事情的大小，谋划出货财的多寡；考量货物财帛有没有，判断区域人口有多少、人民是丰饶富足还是穷困贫乏，若是富足有余则余多少、贫穷紧缺双缺多少；辨别事情发生地的地形是危险还是平坦、什么是有利的什么是有害的，谋划哪一个较长、哪一个较短，思虑各路诸侯谁亲近谁疏远、谁可用谁不可用，百姓之民心的远去或靠近有什么变化，怎么做是安全的、怎么做是危险的，怎么样是让人喜欢的、怎么样是让人憎恨的。反反复复不断衡量、比较，探寻出哪些情况是便于行事处事的、哪些情况是便于知晓底细的。能够这样做的，叫作量权。

所谓揣情，“揣情者，必以其甚喜之时，往而极其欲也，其有欲也，不能隐其情；必以其甚惧之时，往而极其恶也，具有恶也，不能隐其情：情欲必知其变。感动而不知其变者，乃且错其人勿与语，而更问所亲，知其所安。夫情变于内者，形见于外；故常必以其见者，而知其隐者；此所谓测深揣情。”这是说，必须在对方内心特别欢喜时，去加大他们的欲望；有了欲望，就不能隐藏得住他们真实的心情；必须在对方特别恐惧时，去加重他们内心的恐惧，有惧怕心理，就不能隐瞒住他们的心情；想要知道他内心的欲望，必须了解他们内心的真实变化。对那些心中有所感行为有所动，却不知道其心理变化的人，暂且与其错开而不要直接面对，而是反复询问他们愿意亲近的人，了解他们能令其安心的地方。那些真实情感在内部发生变化的人，必然会通过外在形态显现出来。所以，我们常常要通过显露出来的表面现象，来了解那些隐藏在内部的真情。这就是所说的深度探测、揣度其情。

这段话所要表达的意思，要策划国家大事，就必须揣测他国的想法，如果不会揣测，虽有先王之道、圣智之谋，也是没用的。若是纵横家要游说天下人君，必然要揣测诸侯真情，当人极度兴奋时，就无法隐瞒真情，当人极度恐惧时也无法隐瞒真情，在这时才能有效地说服人。揣度、揣测，是用谋之根本。

《鬼谷子》第八篇为《摩篇》。“摩”即“摩意”，是《揣篇》中的“揣之术也”，揣而摩之，关键在摩测其内心、观察其外在，所谓“微摩之以其索欲，测而探之，内符必应；其索应也，必有为之。”即细细揣摩以求能探索到内心的欲求，如此摩测探索其内理，必然能对应内在所要表现的标记，这样所要探索寻求的就相应了，也就必然会有对应的行为。

说明白点，就是摩其内符，得其外符，“摩之在此，符之在彼，从而用之，事无不可。”摩测其意在这儿，对应表现（符记）在那儿；跟随这种规律并利用它，就没有办不成的事情。所以，“善摩者，如操钩而临深渊，饵而投之，必得鱼焉。”即于摩意的人就像钓鱼一样，虽面临深渊而不动声色，投之饵而让鱼自动上钩，如此一定可以钓到鱼（即达成目标）。由此看来，“摩”的目的是揣摩对方、刺激对方，使其不知不觉上钩而把事情办成功。

所以，“主事日成，而人不知；主兵日胜，而人不畏也。圣人谋之于阴，故曰神；成之于阳，故曰明”。主持政事者日趋成功，却没有被人们察知；带兵之人让部队打胜仗了，而士兵没有战场畏惧感。圣人往往是私下隐秘谋事，所以说“神乎其技”；但在行为上却是坦坦荡荡的，所以叫“光明正大”。这就是说，真正的“神明”暗中积德行善，然后做事日渐成功。能达到并做到这一点，事先要细加揣摩、制定对应谋略，谋定而动。这其中，谋而周密、广纳意见非常重要，所谓“谋莫难于周密，说莫难于悉听，事莫难于必成”。

《鬼谷子》第九篇为《权篇》。这里的“权”，可从三个方面理解：一是权力，要量天下之权，比较各方的力量，比较各诸侯国的人口、财富、地形、谋略、团结、外交、财货、宾客、天时、安危、人才、民心等，然后才能做出重大决策（或去游说）。二是权衡，“故口者机关也，所以关闭情意也。耳目者，心之佐助也，所以窥间见奸邪。”“口”借指机巧之关键（如同政府的“机关”），用它来控制心情、意愿；耳目，则是人心的辅助器官，用它来侦察人的思想行为是否奸邪。一个有道德有才华的人

(政治家、纵横家、兵家等)，口、耳、目三者有分工有呼应，口能“关闭情意”，所见所闻走心，用人心来“窥间见奸邪”。这就是权衡，“故无目者，不可示以五色，无耳者，不可告以五音。故不可以往者，无所开之也；不可以来者，无所受之也。物有不通者，故不事也。古人有言曰：‘口可以食，不可以言。’言有讳忌也。众口烁金，言有曲故也。”没有慧眼的人，没必要拿五色给他们看；不懂倾听的人，没必要让他们听五音；所以不可以让他们进入的岗位（领域），不必让他们去；不可以容纳进来的人，也没有必要接受他们。不与自己心意相通的人、不符合自己情况的环境，就不要安排去办事。古人有言，说：“嘴可以（乱）吃，不可以（乱）说。”说话是有禁忌的。众口烁金，人言可畏，那是因为所说的言语把事实给歪曲了。三是权变，“与智者言，依于博；与拙者言，依于辩；与辩者言，依于要；与贵者言，依于势；与富者言，依于高；与贫者言，依于利；与贱者言，依于谦；与勇者言，依于敢；与过者言，依于锐，此其术也。”这里的权变，是指与智者谈话，所依赖的是见闻渊博；与拙者交流，所凭借的是雄辩宏论；与善辩的人辩论，所抓住的是事理要点；与高贵的人沟通，所依靠的是气度情势；与富人交谈，所考量的是高瞻远瞩；与穷人说话，所掌握的是利害关系；跟卑贱者说话，以谦恭为原则；同勇敢的人说话，以果敢为原则；和上进者谈话，则以锐意进取为原则，这些都是与人言谈之权变技法。

《鬼谷子》第十篇为《谋篇》。“谋”是谋划出好计策。要做大事，就要有一个方向，做事（游说、用兵）的方向是定谋略，先谋划好策略，再按策略做事。“夫度材、量能、揣情者，亦事之司南也。”度量人的才干高下、估量人的能力大小、揣测人的情感愿望，相当于事时使用指南针一样。如此，谋划就有了明晰的方向。有了方向就要把握事物规律，“变生事，事生谋”，事情的突变都由于事物自身的渐变引起的，这是规律，而事物变化规律又可生出谋划行为；“谋生计，计生议”，谋划行为再生出计策，计策出来后生出商议讨论；“议生说，说生进，进生退，退生制”，商议定了生发计策说辞，这一说辞可新生进取之心，进取之心衍生退却之意，懂得退便诞生制衡之道，“因以制于事。故万事一道，而百度一数也。”由此事物得以有效控制。可见各种事物的道理是一致的，反反复复度量皆有一定之规。所以在谋划中，要根据对方的疑问所在来改变自己游说的内容；要根据对方的表现来判断游说是否得法；要根据对方的言辞来归纳出游说的要点；要根据情势的变化适时征服对方；要根据对方可能造成的危害来权衡利弊；要根据对方可能造成的祸患来设法防范。

所谓“因其疑以变之，因其见以然之，因其说以要之，因其势以成之，因其恶以权之，因其患以斥之。”这就是鬼谷子的“谋”，即“摩而恐之，高而动之，微而证之，符而应之，拥而塞之，乱而惑之，是谓计谋。”思量揣摩后用计让对方惶恐不安（让对手恐惧才会产生机会），有意抬高对方而后开展行动（挟天子以令诸侯），细小之处让对方验证了自己计策的正确性（麻痹对方，获取认同），在献给对方计策的关窍处思谋好对应谋略（获取信任的同时埋下伏笔），对方信息量拥堵时强化其阻塞（扰乱局势使其更乱），扰乱对方心绪后诱惑引导使其更迷惑。这些做法叫作“计谋”。“计谋之用，公不如私，私不如结，结而无隙者也。正不如奇，奇流而不止者也。故说人主者，必与之言奇；说人臣者，必与之言私。”就是说在运用计谋时，将计谋公开不如保密到只有私下必须之人知道，而保守秘密不如团结各方人士形成统一战线，结成的统一战线是没有间隙的；正策不如奇谋，奇谋奇策实行起来可以无往不胜。所以向君主谈判时，必定要与他阐述“奇”的方面。与大臣交流时，必然要与他谈论私人情感。显然，“圣人之道阴，愚人之道阳；智者事易，而不智者事难。”这里的“阴”是隐而不露，“阳”是大肆张扬；能用好计谋者谓之“智”。

《鬼谷子》第十一篇为“决篇”。决者，决断、决策也。“凡决物，必托于疑者”。大凡要做出决断的，都是因为有所疑惑，在一般情况下是可以通过分析来决断的。作为谋士帮助别人决断时，“有利焉，去其利，则不受也；奇之所托。若有利于善者，隐托于恶，则不受矣，致疏远。”只有一方有利，不利一方不会接受；若是所作的决策非为善，而有恶藏于其中，就不能提供决策帮助。所以，决断者要先解疑，解疑的好办法是让对方道出实情。决断之法有五：“有以阳德之者，有以阴贼之者，有以信诚之者，有以蔽匿之者，有以平素之者。”即阳德（光明之德）、阴贼（阴其贼寇）、信诚（诚信教化）、蔽匿（全力庇护）、平素（以洁净化）。总之，“决情定疑，万事之基”。有谋固然好，能果断决策，才是最佳。

《鬼谷子》第十二篇为《符言》。简单地说，“符言”就是兼听则明，说到做到。“目贵明，耳贵聪，心贵智。”即眼睛贵在明而善看，耳朵贵在聪而善听，人心贵在智而善谋。“以天下之目视者，则无不见；以天下之耳听者，则无不闻；以天下之心思虑者，则无不知；辐辏并进，则明不可塞。”重点在于不是一己之目、一人之耳、一人之心，而是以天下之目、之耳、之心看之、听之、思之，就不会有看不到、听不见、思不全的了。显然，“符言”是耳聪目明心有智，既能善守其位、多方咨询，做到遵规循理；又可遍通事理、洞察奸邪，达到名实相符。处事也好、用兵也罢，关键是赏罚严明，公正赏罚才能无往不胜。

《鬼谷子》之策略技法与智慧，是中国管理技法的理论阐述与实践思考，从学术层面非常值得总结提炼、挖掘分析、借鉴创新。

三、鬼谷技法之修道养德

鬼谷子学说虽为纵横家之根本，但各个领域读之可以从不同角度领悟，得出不同的结论。总体来说，至少包含着谋天下、成大事、证大道、得人心等方面的意义。无论从哪个角度探索，有一点是公共的：深入人心。而用心管理，是心和管理的本原之一。

1. 掌天下势赢取江山之道

鬼谷子纵横论天下，兵法谋天下，道法治天下，其学说着重于如何谋得天下的道理，包括揣摩天下时势、观测天下均势、探究天下情势，从而把握天下大势。

鬼谷子认为，天下时势，扑朔迷离，神鬼莫测，瞬息万变。这就需要认清什么是时、什么是势。例如，在浩瀚的大海上，风向是时，因风而动的潮流是势。能够把握时势者，就是弄潮儿。同理，作为谋求国家政权（天下），其统治管理者就需明了，所谓天下之时，就是天下大势的运动趋向；所谓天下之势，就是推动天下变动趋势的各种力道。所以让天下大势如何运动、推动哪些力道，就在于一个人是想做圣人还是做奸贼。圣人，谋天下是为国富、为民强；奸贼，谋天下是为私欲、为己糜。故圣人知时识势，因时用势，因而治世；而奸贼则逆时生势，因而乱世。所以，时为方向对错，势为力量强弱；力弱不必多说，若力强则全在时（方向）的对错：时正力强则国富民强，时逆力强则祸国殃民。所以，鬼谷子强调，一个人要把握好自己的命运，须做到“审时度势”，审天下之时，度天下之势。

纵横家强调的是合纵连横以抵御强敌，然后谋求后动。就当时（战国时期）而言，秦国若软弱无力，三晋也就无所谓合纵。只因秦国张势蓄力，保持强大，三晋才有危机感，才乐意合纵；同理，三晋只有合纵，秦国才会产生惧怕，才会努力使自己更强。于是形成了一种势均力敌的状态，秦人越强，三晋越合；三晋越合，秦人越强。这就是力量均衡。所以，观测天下，需要各方保持均势，天下方能制衡。而这种观测，其内容要透视国情，观其货财之有无，人民之多少，地形之险易，军力之强弱，君臣之贤愚，天时之福祸，民心之向背，然后推知其国运是盛是衰，是兴是亡。其方法则如观远山，不能单靠眼睛，要用直觉，要用心，而不是上远山、下深谷。因为真的上了远山就反而不见远山，入了深谷反而看不清深谷了。就好比钻进林中，但见树木不见林莽。所谓“不见庐山真面目，只缘身在此山中”了。

天下大势，从长远的眼光看本就分分合合，有的是名分实合，有的是名合实分。春秋战国这样的纷乱战局，是因为平王东迁之后（东周开始），情势有所变化，周平王有弑父之嫌，东迁以后，管辖范围大减，形同一个小国，诸侯争相称霸，面对诸侯之间互相攻伐和兼并，边境的外族又乘机入侵，天子不能担负共主的责任（据《左传》记载，春秋时共有140多诸侯国）。周室式微，诸侯坐大，天下大势走向名合实分。而此前的武王分封是名分实合。西周天子威服四方，且周公制礼，诸侯皆受王命，礼乐有序，西周400年因而大治。所以鬼谷子指出，天下分合在于国家管理者能否探究清楚天下情势，懂得民情、国情，把握情势、国势，从而掌控天下大势而达到名分实合，或者干脆达到名实相符天下和合。

2. 谋定后动成就大事之韬略

鬼谷子的理论中，强调成大事者须谋定而后动。这就如同弈棋，一百八十个棋子，放在盒中永远都是死棋，只有置于局中，棋子才有价值，弈者思想起谋，棋子才动、也才生动起来；弈棋了，才出现我中有你、你中有我情况，任何落子，须谋定而后动，否则一子落错，满盘皆输。这就需要懂得捭阖之术、掌握决断之能。

从纵横家角度说，捭即开，即言；阖即闭，即不言。所谓捭阖之术，就是张口闭口之术，所谓口舌之学，懂得何时张口、怎样张口，何时闭口、怎样闭口。知捭知阖，最是难得。难于何处？难于处世时既能揣摩对方心意，又能在该开口时善于言说，由是可明了福从口入、祸从口出之精髓。揣摩心意，既是了解需求、知己知彼，亦是投其所好、诱其心情。对方若廉洁，就言之以刚正，人必喜；对方若贪婪，当结以财物，人也必喜；对方若好色，则诱以美色，人自然亦喜。心中一喜，必泄其情。

所以，真正善于揣摩之人，就如临渊钓鱼，只要用饵得当，鱼必上钩。如此，把握住了口舌之学；而应该开口言语者，言则口若悬河，旁征博引，可使人想所不欲想，行所不欲行；此所谓字字珠玑，出言令人如沐春风。不言则神定如山，势若引弓之矢，可使人心神不安，如坠五里云雾中；此所谓不言即言，无声胜有声。

纵横辨析，须有捭阖之术。其实治理、管理莫不如此，待人、处世、管理程序，既要能大开也要能大合，既要能小开也要能小合；应该开多大，能够合多少，何时开、何时合，如何开、怎么合，等等，都须在调查研究后，在实事求是的基础上谋定而后动。谋而为动，动时补谋。所以捭阖之术不只是口舌之能，也是管理、治理之能，治国平天下之能。

谋大事者，决断力很重要。鬼谷子指出了一个很重要的原理：天下诸事，皆因选择，亦皆由选择。人生之妙，正在于此。其妙义就在于四字："懂得放弃"。很多人不明白，选择即意味着放弃，如常说的，选择了一棵树，放弃了整片森林；万事万物皆此理，当作出某种选择时，就等于放弃了其他可能。涉及决断的，要么易决之事，要么是不易决之事。

易决之事，往往是当下可断之事，天下诸事，大多属此。鬼谷子把易决之事分为五种：一是值得做之事；二是崇高、美好之事；三是不费力即可成功之事；四是虽费力却不得不为之事；五是趋吉避凶之事。易决而能不能决，已经不是能力问题，而是性格问题。

心和管理学认为，并非人人都适合去做决断之事的，性格偏软或弱，易瞻前顾后、优柔寡断，强行要其决断，对这样的人而言是痛苦、是煎熬，不会有意气风发。对于不易决之事，是考验谋事之人的真正水平，但鬼谷子有个总原则：两害相权取其轻，两利相权取其重。不易决，更需要果断的决策能力，优柔寡断永远不能成大事。

3. 证大道治而得人心之术

鬼谷子与他同时代的诸子百家一样，都注重证道、悟道，将悟道总结为四重境界：初为闻道，次为知道，再为见道，终为得道。

闻道是被动，是接收思想；知道是主动，懂得大道。所以，即使如孔仲尼这样的圣人，闻道而不知其所以然时，也会不辞劳苦赶赴洛阳，问道于先圣老聃，论道三日后仲尼知道了，从而大悟人世之理，由是而立儒家之言，成就中国文化之核心。可见"知道"二字，甚是了不起，欲纵横天下者必须知道，知天道，天道为自然之道，也即宇宙万物的生克变化之理；知圣道，圣道为人世之道，也即安邦定国、天下大同之理；知人道，人道为人生之道，也即安居乐业、为人立世之理。凡是远天道，则圣道困；凡是远圣道，则人道难。

知道而后可见道，见道不在于外象之所见或仅仅是文字所见，而是悟到"道"的最高境界，中国文化一直强调最高境界为"和"。所以弈棋之道的最高境界为"和棋"，争战之道的最高境界是"和局"。这就涉及了另一个概念："术"。术高者才可能与人和棋、与对手和局。就兵学而言，用兵之术在于战胜，用兵之道在于息争。故善用兵者，并不好战，用兵之道，在于不战而屈人之兵，在于化干戈为玉帛，以四两拨千斤。这些，是中国的竞争之道、战争之道，是中国的道与术关系的正确理解。见道，而后得道；得道多助，失道寡助。

同理，捭阖有道，则捭阖之术才可用到恰到好处。捭阖道术，皆有循依。如果揣摩已成，利弊已权，便是心中已见道、明道，那么自当决定如何出言，也懂得何时不言。鬼谷子的学说，认为与智者言，依博；与博者言，依辨；与辨者言，依要；与贵者言，依势；与富者言，依高；与贫者言，依利；与贱者言，依谦；与勇者言，依敢；与过者言，依锐。

世间万物万理皆有道，每一行每一领域皆可闻道而后知道，所以才有中国式的茶道、剑道，文道、武道……譬如剑道，鬼谷子就认为天下只有三剑：圣剑、贤剑、俗剑。圣剑又名天道之剑，以道为背，以德为锋，以阴阳为气，以五行为柄，上可断天光，下可绝地维。贤剑又叫天子之剑，以万民为背，以贤臣为锋，上应天道，下顺地理，中和民意。俗剑又叫人剑，以精钢为锋，以合金为背，以冷森为气，上可斩头颅，下可剁双足，中可破腑脏。得道者便知道该不该落剑、何处时何式落剑。明此理便事事可证大道，此谓悟道、明道、得道者。

前面所说的得天下之道、谋大事之略、证大道之说，都有一个重要前提：上心、用心、专心、全心……归根结蒂：谋人心，得人心。一般说到此话题，都是讲真心、诚心。只有鬼谷子，才敢提“揣情”，即度量他人之心。说白了，揣摩人就要揣摩其心，察其言，观其色，闻其声，视其行，皆为推知其心之所趋。鬼谷子就认为，所谓天下之治就是人心之治，人心得治便等于天下得治，天下不治就在于人心不治。如果将这个问题也与道和术联系，鬼谷子则提出了一个让儒家学说难以接受的观念：道心与机心。中国儒家文化对“机心”的解释是指机巧之心、巧诈之心，是一种机巧功利之心。所以，鬼谷子认为机心是术，目的在于上道，所以要有道心来统御。若无道心，则术越高，行越偏，到头来不仅难成大器，只怕想保自身，也是难能。所以，机心本无错，错在无道心，世上很多人沉溺于此，祸及自身，殃及他人，皆因为人心不治，反而欲念横溢。鬼谷子为此提出：欲治天下，首治人心；欲治人心，首治乱象；治乱为手段，治心才是务本正道，治得人心方能得人心。

同样，有机心不等于无情，有道心也要有情心。道存在于万物之中，也存在于世俗之情中。天地有阴阳，世人有男女，此乃道之常理。从这个角度说，情心即道心，生情与修道，两者并无相碍。有碍的是不能悟得情心，因而便难通道理。缘到情到，缘止情止；情到心到，情止心止。有碍的还在于有心障，表现出来的如目中无人、自吹自擂、不求甚解、好高骛远、争风吃醋、自作聪明等。对于治国平天下之人而言，若心障生，是为治乱而乱治，只以强力而谋统一天下，恃强凌弱，纵使成功，天下非但不治，只会更乱。

鬼谷子还有一种观点，人有妄念本无罪，世上只有两种人无妄念，一是死人，二是神人。两者都不是的凡人，有妄念何必要控制它呢？人无完人，有妄念不可怕，可怕的是没有野心。但妄念也好，野心也罢，必须得有个“度”，过了就是自负。所以人的心障还在于自负，在于行为孤僻，极少说话，与人不合群，这种表现的心障在于没有自信。他障易除，心障却是难除。修道之本，就是要去除心障，这需要自觉，自觉到极处，就需觉他。人无自信，他人无法使其自信，所以要悟道，悟道就得修心。自觉不易，觉他也就更难了。山不在高，在仙；水不在深，在龙；读书不在多，在精，在领悟；故修心悟道，鬼谷子认为是必须的。

第四节　战国传奇工商三杰技法

中国商业管理技法的先圣先贤，传颂千古。另有一批实践商业管理技法的历史人物，被民间神化为财神，下章论述。本节承前启后，挖掘战国时期富有传奇管理色彩的“工商三杰”：工商合一猗顿、政商合一吕不韦、冶铁传家卓氏家族创立的经营管理技法。

一、工商业猗顿管理技法

1. *以农为本牲畜养殖起家*

史书所记载的，是能彪炳史册的人物、事件和贡献，大多数平民难有资格载入史册。尤其春秋战国时代，没有文化的普及，没有网络的便利，更没有自媒体的平台，平民英雄难以流传后世。然而猗顿，平民出身而致富可敌国，许多典籍中都有记载，如贾谊《过秦论·上篇》提及：“才能不及中人，非有仲尼、墨翟之贤，陶朱、猗顿之富”。《韩非子·解老》也说：“夫齐道理而妄举动者，虽上有天子诸侯之势尊，而下有猗顿、陶朱、卜祝之富，犹失其民人，而亡其财资也。”这里猗顿已排在范蠡之前，说明韩非子认为猗顿之富超过陶朱公，可与王势并提。其他如《淮南子·氾论训》《尸子·治天下篇》等都有关于猗顿的介绍。

猗顿生于春秋末年、致富于战国初年（故有说春秋人、有说战国人），是当时鲁国人（今山西运城临猗县人，故也称晋商之祖），猗顿为其号，他的姓名与生卒年月，无处可考。仅有的生平介绍在《史记集解》中有所提及，引的乃是《孔丛子》[①] 中的记述。而《孔丛子》作者、书的真伪，自宋以降一直有争论。能肯定的是，《孔丛子》于目录书中的著录，始见于《隋书·经籍志》，宋代的《太平御览》曾引《孔丛子》一百余条（说明那时并无此书与作者的真伪问题）。大体明确他原姓王，因在猗地停顿起家而号猗顿。

猗顿以范蠡为师，从畜牧起家，大成于盐业，积富于珠宝，形成了具有开创性的猗顿管理技法。他首创家禽畜牧养殖业，开发养殖技术新方法。猗顿第一次创业时，就创造了一系列“第一”：中国历史上有记载的第一个文化人“下海”，第一个白手起家给平民百姓以励志的人，第一个把畜牧业做成规模并集团化经营的人，第一个为发展农业、牧业而开创中国手工业服务的人（可以说是中国手工业奠基人），第一个开创了中国家禽业、放牧业的人……

《孔丛子》记载，猗顿是普通平民，“猗顿，鲁之穷士也”。作为鲁国的穷书生，他肩不能挑、手不能提，想做农民却不会耕田种粮，想从事蚕桑却不会养蚕种桑，吃不饱、穿不暖，生活困顿，“耕则常饥，桑则常寒。”穷困潦倒之际，“闻陶朱公富，往而问术焉。朱公告之，曰：‘子欲速富，当畜五牸（zì）。’于是乃适西河，大畜牛羊於猗氏之南。”[②]“牸”是指雌性畜类或者说是母兽，“五牸”就是牛、马、猪、羊、驴的母牲畜。

对于猗顿这样的“穷士”，这是成本低、见效快的最佳创业项目，雌性畜兽，关键在于畜生畜、兽生兽，相当于鸡生蛋、蛋生鸡原理，可以源源不断繁育。而师傅领进门，修行在个人，虽有名师指点，但能不能举一反三、触类旁通，创新发展，全在个人的思路、能力和闯劲了。而猗顿无疑是有创新精神的人。他十分善于总结经验，摸索出“牛者顿足，马者夜饱，羊行自饱”的规律，“盐水饮畜”就是他的发明，这加快了畜类的生长周期；同时创造出“斗米养千鸡”的饲养方法，大大降低了成本；他首创本地和外地品种杂交配种之法，改良畜类品种，并且为雄畜去睾丸，有效对畜类进行计划生育并促进雄畜加膘长肉，提高了肉类品质……俗语云：“母羊生母羊，三年挤到养圈墙”“母牛生母牛，三年五头牛”，生育循环，鸡猪满地、牛马成群，猗顿率领他的三个儿子（王景、王寮、王鉴），较短时间内就鸡猪满圈、骡马成群，成了养殖大王。

---

① 《孔丛子·三卷》，二十一篇，旧题孔鲋撰。主要记叙孔子及子思、子上、子高、子顺、子鱼（即孔鲋）等人的言行，书末又附缀孔臧所著之赋和书上下两篇，别名为《连丛》。宋仁宗嘉祐时，宋咸曾为该书作注。

② 孔鲋：《孔丛子·陈士义第十四》，中国古典文学网。

家禽畜牧养殖成功只是第一步，解决了温饱；进一步须实现勤劳致富，需将活禽活畜卖出去，这是猗顿商贸业起步的缘由。因为商业运作，“十年之间，其滋息不可计，赀（zī）拟王公，驰名天下”（《孔丛子·陈士义第十四》）。可见，畜牧起家，经商成功，才能达到富比王公，名声在外。换句话说，有产品还得能销售得出去，“滋息”才能达到高水平。

2. 农贸转商史上第一盐商

猗顿从牲畜贸易入手开创了商业贸易之法；获得成功后，又把贸易领域拓展到其他领域，因他出色的经商技法、贸易管理以及扩大规模后的经营管理，猗顿做什么成什么，富名更加远播，商名更为盛大，甚至“以兴富於猗氏，故曰猗顿。”真名却在漫长的历史长河中湮没了，猗顿之名因此而名垂史册、流传千古。其原因不仅仅在于他发达了、富了，还在于他突破了小富即安的小农民心态，以敏锐的眼光发掘新的商业领域，以永不知足的进取心和一个中国早期商人的优秀秉性，开创商贸新天地。可见，师傅领进门，修行在个人。得到陶朱公的指点，是遇到贵人了，但若没有自己的辛勤付出与创新经营，也不能做得那么成功。畜牧业成功了就止步不前，那么也就是一个畜牧财主而已，重要的是，为了脱贫，猗顿一不小心成了中国畜牧业创始人之一，也成了商贸业的创始人之一。

因为勇于创新，敢于尝试，猗顿在商业领域的经营管理能力，得到了充分挖掘，形成了中国原始管理技法体系，这些技法即使在今天，仍有一定的启示和学习价值。不仅如此，猗顿在走南闯北的商业贸易活动时，发现河东一带（今山西运城一带，居黄河以东）盛产池盐，而盐是百姓必需的生活日用品。于是在贩卖了原有物品后，猗顿顺便用牲畜驮运池盐，在后续的商业活动中一并卖掉。从原本只是顺道而行，到专门开发出新途径销售，逐渐发展出了专门贩卖池盐新领域。这是他在贩卖牲畜时意识到的一个新领域。进盐卖盐，待资本积累到足够后，猗顿便着意于开发河东池盐，从事池盐生产和贸易，工商合营模式从猗顿时开创了，他自己也完成了从一个纯粹的畜牧商人到手工业者兼商人的身份转变。

春秋战国时期，诸侯称霸的重要条件是人口增加，因此都努力促进经济发展，导致各诸侯对食盐的需求量空前增大，管仲就提及：“十口之家十人食盐，百口之家百人食盐。终月，大男食盐五升少半，大女食盐三升少半，吾子食盐二升少半，此其大历也”（《管子·海王》）。而那时候，食盐靠的是天然结晶、自然生成，这显然不能满足人口增加后对食盐的需求。于是，人们开始探寻人工晒盐的方法。这时候，猗顿的商业天赋和创新能量再次显现。考古证明，萌芽于春秋战国时期的垦畦晒盐法，在秦汉时期成熟，这个技术大大缩短了出盐时间。河东池盐就是猗顿垦畦晒盐法的萌芽地、实践地，晒盐工艺大放异彩，同时池盐规模大增。作为刚性需求的产品，盐业在猗顿得以大发展，他自己也获得了极其可观的收益。

不仅如此，猗顿似乎懂得“要想富先修路”这一后世普遍的道理，与别的池盐开发商相比，他就在勇于领先一步，花大力气专门修了一条运盐专线，叫“盐坂道”，这是陆路池盐贩运的巨大变革，扩大贩运速度和贩运量的同时，古老的运输也同时得到大发展；更重要的是，他以超越当时人们的思维局限，在生产力不发达的那个年代，以超前的眼光瞄准了水运业——在山西开凿了中国历史上第一条人工运河。这一伟大创举，终于让猗顿发展出了一个产业链完整的行业：盐业。他真正做到了从池盐生产到商业流通全方位的行业开发，并且使该行业效率大大提高。后人为此再为猗顿冠上一个“第一”：中国第一盐商。

3. 运输捎货捎出珠宝大王

人越炼越强，路越走越宽。猗顿在牲畜贩运、池盐贩运领域越做越大，走出了齐国，走向了当时的各诸侯国，远的还销往西域等地。为节约成本提高效益，猗顿根据贩运不走空的原则，又从远方外地带回各种物产，一路销回。这样来回都可以获利丰厚，尤以西域换回的一批批珍珠玛瑙、珠宝玉器等产品特别好销，而且利润极其丰厚。在这样的基础上，猗顿又开发出了一个新兴行业：珠宝业。这一行业其实是奢侈性消费，消费对象的购买层次高、购买力强，远程珠宝又是独家经营，利润极为丰厚。于是猗顿将其他领域交给手下人去做，自己专注于珠宝行业的开发经营，这一领域逐渐成为猗顿商业王国里最重要的利润增长点。

随之猗顿把这一领域做到了极高水平，用现在话来说就是树立起“猗顿珠宝”的大品牌，其品牌影响力，《淮南子·汜论训》评论说：“故剑工惑剑之似莫邪者，唯欧冶能名其种；玉工眩玉之似碧卢者，唯猗顿不失其情”①，把猗顿的珠宝玉器，与名扬天下的莫邪剑、碧卢玉相提并论，一同喻为人中君子。这无疑是极高的评价了，以至于《抱朴子·擢才》也说：“夫结绿玄黎，非陶猗不能市也”②。意思是说，美玉若不是陶猗之玉，在市场上就卖不出去，可见那时“猗顿珠宝”大名之盛、“猗顿珠宝”的受欢迎程度之高、“猗顿珠宝”的销售能力之强。现代的许多营销观念，猗顿那时就用得炉火纯青，不富都不行。

---

① 刘安及门客撰：《淮南子·汜论训》，古诗文网《淮南子》篇。

② 葛洪撰：《抱朴子·外篇·擢才》，古诗文网《抱朴子》篇。

总结起来，长袖善舞、多财善贾的猗顿，是集养殖大王、盐业大王、运输大王、珠宝大王等于一身。汉恒宽《盐铁论》记载了其富裕之盛：“宇栋之内，燕雀不知天高地厚，坎井之蛙，不知江海之大，穷夫否妇，不知国家之虑，负荷之商，不知猗顿之富。”① 盛赞猗顿天高地厚的经商志向，海辽江阔的宏大视野，富可敌国的壮阔景象。太史公也将其写入《史记》，曰“猗顿用盬（gǔ）盐起。而邯郸郭纵以铁冶成业，与王者埒富。”② 称其与铁冶起家的“邯郸郭纵”一样，都是富比王者。猗顿终以其卓绝的工商管理技法，成就一代伟业，以平民出身开创系列“第一”，终得载入史册，流芳万世。

二、吕不韦政商管理技法

1. 经商致富策划投资王子③

吕不韦（公元前 292 年至公元前 235 年），姜姓，吕氏，名不韦，战国末年卫国濮阳（今河南省安阳市滑县）人。因为 2001 年有一部电视连续剧《吕不韦传奇》④ 热播，而让今天民众通晓了这个名字，知道了这是个著名商人、经商致富后从政且官至秦国丞相的著名政治家。

这是一个典型的政商结合的历史人物，与后世所称的“红顶商人”不同，他不是官商结合而发财致富，而是经商成功后再去投资政界人物，投资目的不是商业回报，而是政治回报。吕不韦以一个商人身份进入仕途，官至丞相，助秦统一六国，封文信侯，食邑河南洛阳十万户，门下食客 3000 人，家僮达万人。他投资扶植的秦庄襄王去世后，年幼的太子政（即秦王嬴政）立为王，吕不韦号称“仲父”，权倾天下。

《史记·吕不韦列传》开篇说：“吕不韦者，阳翟大贾人也。往来贩贱卖贵，家累千金。”吕不韦做生意起家，是阳翟（今河南禹州）大商人。至于他起家做生意获得第一桶金的具体过程，这里没有记述，别的典籍中也少有发现。人们知道的关于吕不韦的丰功伟绩，是从一个成语“奇货可居”故事开始的——中国历史上非常重要的商业管理技法，用现代语言解释就是人才营销管理（同样也是饥饿营销法、囤积居奇法等营销管理法在世界上最早的实践应用）。吕不韦运用“奇货可居”这一经营管理技法，从投资“奇货”——郁郁不得志、不被重用的王子异人，开始了他波

---

① 桓宽：《盐铁论·复古第六》，国学网《盐铁论》篇。
② 司马迁：《史记·七十列传·货殖列传》，古诗文网《史记》篇。
③ 本部分除另注的引文，皆引自“古诗文网”司马迁的《史记·七十列传·吕不韦列传》。
④ 原名《乱世英雄吕不韦》，2001 年周晓文导演，浙江联合影视、西金花影视拍摄，29 集。

澜壮阔的政商人生。

这个异人（后更名子楚），人们可能不大熟悉，但他的儿子谁都知道——秦始皇。据《史记》记载，子楚是秦昭王之子安国君的一个儿子，“兄弟二十馀人，子又居中，不甚见幸，久质诸侯。”所以在 20 多个王子中显不出他来，且无母族势力可依（“子楚母曰夏姬，毋爱”），后被送去赵国当作人质，而“赵不甚礼子楚。”导致“车乘进用不饶，居处困，不得意。吕不韦贾邯郸，见而怜之，曰‘此奇货可居’”。赵不礼之，吕不韦却当“奇货”，以他著名商人、政治家、思想家的眼光，开始了极为重要的政商合一的人生大投资。

问题是作为一名成功商人，为什么会认为异人就是“奇货”，而且不遗余力去投资这个不得宠的甚至是边缘化的王子呢？其实，投资政治人物的这个决心，是吕不韦的父亲帮助他下的，他在奇货可居后，“归而谓父曰：‘耕田之利几倍？’曰：‘十倍。’‘珠玉之赢几倍？’曰：‘百倍。’‘立国家之主赢几倍？’曰：‘无数。’”作为投资者，他懂得选择回报最大的项目，因此曰：“今力田疾作，不得暖衣余食；今建国立君，泽可以遗世。愿往事之。”① 决心一下，选择异人的原因明晰了，富于卓越才华的战略策划及其行动，逐渐铺展开来。这个未来秦王的策划、这项人才投资的行动，深得中华商业智谋和政治智慧的精髓。

吕不韦从家中回到邯郸，“乃往见子楚，说：‘吾能大子之门。’子楚笑曰：‘且自大君之门，而乃大吾门！’吕不韦曰：‘子不知也，吾门待子门而大。’子楚心知所谓，乃引与坐，深语。”作为一名王子，子楚（即异人）当然要弄清楚吕不韦为什么会资助他、帮助他。吕不韦前去见子楚，直截了当地说我能光大你的门楣。子楚笑了，说你先光大自己的门楣，再来光大我的门楣吧！吕不韦也不矫情，说只有光大了您的门庭，才能光大我的门庭。两人明白了彼此心中所需，于是坐而深谈。吕不韦分析了子楚的境况后，献计说：“子贫，客於此，非有以奉献於亲及结宾客也。不韦虽贫，请以千金为子西游，事安国君及华阳夫人，立子为適嗣。”其意是说，你又穷又客居，我愿意用千金资助你结交贵人、游说秦国，让你父亲及他的宠姬华阳夫人立你为太子的適嗣。这就是提升子楚价值的重大策划。

2. 奇货可居编撰吕氏春秋②

吕不韦拿出千金，五百金给异人用于官场结交，再用五百金购得珍奇

---

① 刘向：《战国策·秦五·濮阳人吕不韦贾于邯郸》，古诗文网。

② 本部分除另注的引文，皆引自“古诗文网”司马迁的《史记·七十列传·吕不韦列传》。

玩物亲自帮异人去游说秦国。至秦后，吕不韦先找到华阳夫人的弟弟阳泉君，经阳泉君引见见到了华阳夫人，凭借三寸不烂之舌，吕不韦用“以色侍人者，色衰而爱弛”的道理说服华阳夫人愿立异人为太子適嗣（华阳夫人无子嗣，也需要有適嗣巩固自己的地位，两人各取所需）。华阳夫人与安国君“刻玉符，约以为適嗣”，异人由此成安国君適嗣，并且“请吕不韦傅之”（请吕不韦担任了异人的老师教导他）。而异人克服千难万险回归秦国后，华阳夫人召见时，见异人着楚服来晋见，欣喜之余（华阳夫人为楚国人）将异人认作儿子，并更名为“楚”。秦昭王五十六年（前 251 年），秦昭王去世，太子安国君继位为王，华阳夫人为王后，子楚为太子。一年后秦王安国君去世，子楚继位，号庄襄王。当年（前 249 年）任命吕不韦为丞相，“封为文信侯，食河南雒阳十万户。”吕不韦“奇货可居”，成功经营了“异人为子楚”，用管理学来解释，是战略营销法的准确运用。吕不韦终于获得极为丰厚的回报。

吕不韦成秦国丞相后，组织撰写了一部“中国古代管理学著作”——《吕氏春秋》，这是吕不韦和属下门客们集体编撰的百科全书似的传世巨著。吕不韦是投资者，又是主编，编撰者们自然坚定不移地贯彻了吕不韦的思想观念、文化观念及政治主张。成书目的是综合各家学说之长，指导秦国兼并六国，建立王朝，实现长治久安。显然，吕不韦的管理思想和技法都在此书中，此书是以儒家学说为主干，以道家理论为基础，兼采名、法、墨、农、兵、阴阳家思想学说的一部黄老道家名著，集先秦道家之大成的代表作。吕不韦的本意是想以此书中的思想为“大一统”后的意识形态，只是秦始皇统一中国后却选择了法家思想。

《吕氏春秋》成书在秦统一六国前夕，虽以道家为宗，却又取各家所长，可见《吕氏春秋》是集腋成裘的作品，是中国历史上第一部将诸子百家中的诸家思想融于一体、而又弃其短的著作，故能成一家之言，体现了黄老道家的优点与包容性；且在文化事业、资料留存和吕不韦管理思想、管理技法的阐述方面，大有成就。“在管理思想史上，这部书有着特殊的价值。它是中国历史上第一部有组织按计划编写的文集。从学术角度观察，它具有浓厚的自然主义色彩；从管理角度观察，它充满了功利主义色彩。《吕氏春秋》通过对先秦诸子的修正，形成了自己的特色，在管理思想的全局性、整体性和深刻性上，都有自己的建树。从阴阳五行的理论架构，到经验主义的具体论证；从养生和贵己的‘内圣’，到君臣之道和善治天下的‘外王’；从个人和国家、社会和政权之间的关系调适，到自然之道支配下的生理、物理、事理和心理的互相配套，形成了一个完整的体系。《吕氏春秋》总括先秦诸子，开启秦汉先声，在管理思想史上具有重要地位。”① 从这个角度说，这是一部古代管理学著作。

百度百科载：《吕氏春秋》集各家之精华，成一家之思想，十二纪每纪五篇共六十篇，八览每览八篇（《有始览》少一篇）共六十三篇，六论每论六篇共三十六篇，另有《序意》一篇，合计一百六十篇。其中，“纪”按月令编写，属于应和天时的人世安排，体现了道家天道自然与社会治理的吻合；“览”以人为中心，基本上属于察览人情之作，围绕人的价值观念、人际关系、个人修养展开；“论”以人的行为以及事理为主题，包含人的行为尺度、处事准则、情境条件以及地利等方面。这就是说，《吕氏春秋》按照天、地、人三个层次的互相呼应确定主题、展开论述的，其内涵体现出了道法自然的意义。

3. 取百家精华论管理之技②

吕不韦试图通过《吕氏春秋》一书，归纳出治乱存亡的历史经验，并把寿夭吉凶原因找出来形成深层认识，从而解释并验证天地人之间的一切现象，把是与非、可与不可的道理呈现于公众。正如《吕氏春秋·序意》所说：“凡十二纪者，所以纪治乱存亡也，所以知寿夭吉凶也。上揆之天，下验之地，中审之人，若此则是非、可不可无所遁矣。”对于十二纪的内容，文信侯吕不韦在《吕氏春秋·序意》中提出了治理国家、管理民众的法则：“尝得学黄帝之所以诲颛顼矣，爰有大圜在上，大矩在下，汝能法之，为民父母。”

基于此，吕不韦在《吕氏春秋·贵公》中强调：“天下，非一人之天下也，天下之天下也。阴阳之和，不长一类；甘露时雨，不私一物；万民之主，不阿（偏私）一人。”在《吕氏春秋·去私》中进一步说明：“天无私覆也，地无私载也，日月无私烛也，四时无私行也。行其德而万物得遂长焉。”这是说中国文化敬天地的根基，说明上天并不是为一己之私去覆盖世间万物，大地也并非为一己之私去承载世间万物，太阳和月亮并不是为一己之私而去照耀世间万物的，春夏秋冬四季也并不是为一己之私而运行不息，它们都只是按照自己的准则去进行，因此天下万物才可以不断地繁衍生息。这就道出了吕不韦思想的根本：其一，天地立矩，为民父母；其二，万民之主，不阿一人；其三，天地日月，四时无私。这与“天下为公”思想、“民本”思想、天人合一思想异曲同工。

---

① 刘文瑞：《吕氏春秋管理思想综览·管理学家》，2013 年第 1 期，转自万方。

② 本部分除另注的引文，皆引自“古诗文网”吕不韦及门客撰的《吕氏春秋》。

对于先秦诸子百家，既汲取精华，又图超越门户之见，所以，《吕氏春秋·用众》篇说："天下无粹白之狐，而有粹白之裘，取之众白也。……故以众勇无畏乎孟贲矣，以众力无畏乎乌获矣，以众视无畏乎离娄矣，以众知无畏乎尧舜矣。夫以众者，此君人之大宝也。"天下没有纯白的狐狸，但有纯白的狐裘，是取了众狐狸的白毛做成……所以依靠众人的勇敢就不用惧怕以骁勇出名的孟贲，依靠众人的力量就不用惧怕以力大出名的乌获，依靠众人的眼力就不用惧怕以眼力好出名的离娄，依靠众人的智慧就不用惧怕赶不上以贤德出名的尧、舜了。依靠众人的力量，这是君主治国的法宝。这应该是中国古代民主思想的体现。

《吕氏春秋·不二》还展示出兼容并包的胸怀，能取精用宏，融汇百家，以道贯之。所谓"老耽贵柔，孔子贵仁，墨翟贵廉，关尹贵清，列子贵虚，陈骈贵齐，阳生责己，孙膑贵势，王廖贵先，儿良贵后，此十人者，皆天下之豪士也。"意即老子主张以柔克刚，孔子主张仁爱，墨子主张兼爱，关尹主张清廉简俭，列子主张静虚无欲，陈骈主张看淡生死，阳生主张以己为先，孙膑主张用兵要策划阵势，王廖主张用兵贵在事先制定策略，儿良重视后发制人。这十个人都是天下的豪杰之士。于是"一则治，异则乱；一则安，异则危。"基本意思是统一就能整治好国家，不统一国家就陷于混乱；统一就能使国家安定，不统一则国家危殆。如此才能"齐万不同，愚智工拙，皆尽力竭能，如出一穴。"即能使众多不同的事物齐一，庸俗、聪明、工巧、笨拙的人都竭尽全力，发挥自己的才能，如同出自一个起点。这就是道家齐万物思想的吸收，通过《吕氏春秋》又以独特的面目出现。

《吕氏春秋》吸收各方适宜的思想主张，如吸收孔子主张维护周王朝的一统天下，但并不强调专制；赞同墨子的"节葬"观念，批评当时的厚葬风气，强烈反对战争等。在许多观念上，《吕氏春秋》也是博采众长：针对物质起源问题，吸收宋尹学派的"精气"说并加以发展，把物质的运动看作是一个循环反复的过程；在社会历史观上，《吕氏春秋》继承了黄老道家的进步历史观，认为历史是不断发展的，用"刻舟求剑"的寓言故事讽刺那种泥古不知变的人；同时，继承老庄无为思想，主张巩固政权在于清静无为，这是不扰民、让民休养生息观念的体现；在音乐美学思想方面，将音乐的产生与宇宙万物联系起来，强调要音"适"和心"适"，才能获得美的感受。而"适"，恰恰是中庸精髓。

这就是《吕氏春秋》的历史观，也是吕不韦管理思想和管理体系的呈现。

三、卓氏族冶铁管理技法①

1. 工商致富又兴冶铁铸造业

《史记》在中国历史上地位和影响，在史学领域的贡献和价值，众所周知。《货殖列传》记载的自春秋至汉武帝初的一批重要商人（说明那时的商人是可以载入史册的），前已提到了范蠡、计然、猗顿等，涉及了商业贸易、军备筹措、畜牧业和池盐手工业等。唐代司马贞撰《史记索隐》② 时，针对《史记·货殖列传》如是说："货殖之利，工商是营。废居善积，倚市邪赢。"后人极少对这四句作出正面解释，一般只是原句引用，笼统说之。作者认为，这里断句的标点符号，第一个为冒号，第二个、第三个为逗号，即"货殖之利：工商是营，废居善积，倚市邪赢。"这里的"工"，即长于、善于之意，如"工诗善画"；这里的"废"是出卖即卖出或出售的意思，"居"是囤积。全句的意思是说，利用货物的生产与交换生财得利的方式有三种：一是善于经商在现实中寻得商机而获得营利，二是擅长囤积货物并适时出售而积富，三是倚傍市场欺诈手段而牟利（另一解释，倚门卖笑经营妓院赢取利益）。通过商业活动致富的，还有"白圭富国，计然强兵。倮参朝请，女筑怀清。素封千户，卓郑齐名。"这些人物，分别运用他们各自的经商技法、管理技法获得巨额财富。

这至少说明，从孔子支持弟子子贡（端木赐）经商，到西汉司马迁写《史记·货殖列传》的时间段内，是不排斥商业的，管仲提"士农工商"，是四业并列，不是行业先后排序。所以，虽然崇尚"学而优则仕"，却并不"重农轻商"，所谓"夫用贫求富，农不如工，工不如商，刺绣文不如倚市门，此言末业，贫者之资也。"意思是要从贫穷达到富有，务农不如做工，做工不如经商，刺绣织锦不如开店买卖（另一说为倚指门卖笑开妓院），这里所说的"末业"，是穷人致富凭借的经商手段（经商为末业，而非指最低级的行业）。这里需要说明一点，"倚门卖笑"在那个战鼓震天、刀戟翻飞的时代，真是一种重要职业，《货殖列传》记载："赵女郑姬，设形容，揳鸣琴，揄长袂，蹑利屣，目挑心招，出不远千里，不择老少者，奔富厚也。游闲公子，饰冠剑，连车骑，亦为富贵容也。"意思是

---

① 本部分除另注的引文，皆引自"古诗文网"司马迁的《史记·七十列传·货殖列传》。

② 《史记索隐》：索隐，即索引，对古籍的注释考证，由唐代司马贞撰写，共三十卷。运用大量的文献作校勘材料，保存了丰富的历史文献，使一些书目得以流传下来，便于后人辑佚，有功于目录学。另外，《索隐》在文献考证上也取得丰硕成果，考证《史记》中的人名、史实、司马迁生平等。

说赵国、郑国的美女，打扮得漂漂亮亮，弹着琴瑟，舞动长袖，踩着轻便舞鞋，用眼挑逗，用心勾引，出外不远千里，不择年老年少，招徕男人，是在为积聚财富而奔忙。还有那些游手好闲的贵族公子，锦帽宝剑装饰讲究，外出时车辆马匹成排结队，大摆富贵的架子。

总之“夫纤啬筋力，治生之正道也，而富者必用奇胜。”精打细算、勤劳节俭是发财致富的正路，想要致富的人必须出奇招以制胜。但不管怎样出奇制胜，古代中国商业最关键的一点就是“诚壹之所致”，也就是心诚志专、一心一意则能致富。

前面提到的致富人群，《货殖列传》中皆有介绍，“卓郑齐名”，提出了那个年代的一个重要行业：铁冶铸造业。《货殖列传》至少有四处描述与这个行业相关的人物及其他们的致富：其一，“邯郸郭纵以铁冶成业，与王者埒富。”其二，“蜀卓氏之先，赵人也，用铁冶富。”其三，“程郑，山东迁虏也，亦冶铸，贾椎髻之民，富埒卓氏，俱居临邛。”其四，“鲁人俗俭啬，而曹邴氏尤甚，以铁冶起，富至巨万。”等。

2. 卓氏铁山鼓铸发展铁冶

巴蜀卓氏（卓氏家族），是冶铁致富的世家。卓氏创业之始，“隙陇蜀之货物而多贾。献公徙栎邑，栎邑北卻戎翟，东通三晋，亦多大贾。”卓氏之业处在陇、蜀货物交流的要道、商人特别多的地方。秦献公迁徙到栎邑居住，栎邑这个地方，北可抵御戎狄，东则通往三晋大地，这个地方也有许多大商人。“四方辐凑并至而会，地小人众，故其民益玩巧而事末也”，四面八方的人与物辐凑集中于此，虽然地方很小，人口却很多，所以当地百姓越来越会玩弄奇巧，因此而从事商业活动。

蜀地卓氏的祖先是赵国人，凭借冶铁致富，“秦破赵，迁卓氏。卓氏见虏略，独夫妻推辇，行诣迁处。诸迁虏少有馀财，争与吏，求近处，处葭萌。”秦国打败赵国，卓氏被迫迁徙，途中被掳掠，只有他们夫妻二人推着车子到达了迁徙地方。其他同时被强制迁徙的人，凡有多余钱财，便争着送给主事官吏，央求能迁徙到近一点的地方——葭萌县。大家都不愿意去的地方，卓氏夫妻一门心思要去，因葭萌这个地方狭小、土地瘠薄（此地狭薄）。而“吾闻汶山之下，沃野，下有蹲鸱，至死不饥。民工於市，易贾。”听说汶山下面是肥沃的田野，地里长着大芋头，形状像蹲伏的鸱鸟，（有这个基础）人到死也不会挨饿。更重要的是，（听说）那里的百姓善于以买卖交易，这有利于卓氏从事商业活动。所以他夫妻俩“乃求远迁”，结果就是，在赵国的富豪之中只有卓氏夫妇推车步行到了临邛地区。

有资料说，“临邛地区在当时以产铁矿著名，据《华阳国志·蜀志》

和唐《元和郡县图志》卷三十中载：‘临邛有石矿，大如蒜子，火烧合之，成流支铁’。是说在临邛有大如蒜状卵石般的铁矿石，用火加高温熔化，铁水像小溪支流状从炉子里流出成型为铸铁。”① 如此丰富的自然资源，作为冶铁专家的卓氏自然不会放过，卓氏“致之临邛，大喜，即铁山鼓铸，运筹策”，说的是卓氏抵达临邛后，大喜之余就地取材，开始了大规模开采、熔铸、制造生铁，用心筹划计算经营之道，根据需要加大投资力度，兴建了许多冶炼工厂。

这里“铁山鼓铸”的“鼓”，是指升温铸铁时需要的鼓风，证明卓氏已经会很好地将鼓风技术和设备应用在冶铁领域。据清嘉庆《邛州志》卷四中载：“汉书有鞴（bèi）法，此法惟蜀中铁冶用之，火略似盐井取水筒。”这里的“鞴”就是鼓风吹火器。靠着先进的冶铁技术和高超的经营管理办法，卓氏迅速成为巴蜀地区的冶铁业巨头，逐渐达到“倾滇蜀之民”，开山冶铁。如此规模，足见其眼光独到、经营有方，而且抓住技术开发，引领冶铁潮流，成为钢铁大王、富甲一方，也不是什么奇怪的事。

有关遗迹也证明当时四川冶铁技术已达较高水平。“在现在的邛崃市，仍留存有当时的四处冶铁遗址：一处在邛崃市临邛镇天庆街铁花村，又名‘铁屎坝’的地方。其余三处即‘古石山’‘铜官山’‘孤石山’，就在今天蜿蜒于邛崃境内的南河、宝林、新安、战斗等乡的五绵山一带，至今这里还能随手拣到炼铁遗留下来的铁渣块。四处冶铁遗址每块的面积都有几十亩大，其中以铁花村遗址最为典型，且更具代表性。其面积有500平方米之大，不但铁渣遍地可见，1984年和1986年，有建筑队在这里开挖地基时，发现离地面40厘米深处竟有约30厘米厚的铁渣层。从现已发现的四处冶铁遗址来看，其分布广，范围大，遗物多，足以证明当时的冶炼工场规模是很庞大的，由此亦可见卓氏投资的大手笔。”②

卓氏的成功，一是冶炼技术高超，在当时来说无出其右。二是经营模式、管理方法、用人机制等具有独特之处；更重要的是卓氏的智慧、眼光。当时中原一带冶铁业发达，冶炼工厂很多，用今天的语言表述是竞争相当激烈。赵国被秦国吞并后，秦为统治和管理需要，让原赵国之民迁徙，本在赵国从事冶铁业的卓氏，不留中原，也没有如其他有钱人那样买通当权者只迁徙到近处（葭萌），看中了蜀地丰富，人工便宜，而冶铁技术、生产工具、管理方式都十分落后，于是趁机转移阵地，坦然赴巴蜀，抵达临邛投资冶铁业；同时将中原先进的铁制工具生产出来，远销云贵、

---

①② 刘丰：《冶铁巨头卓氏家族》，《中国中小企业》，2017年12期。

东南亚，得以迅速占领市场，“富至僮千人。田池射猎之乐，拟於人君。”即富有到单单奴仆就多达 1000 人，可以想见其“冶铁企业”里聘请了多少工人，甚至于他可以在自家的田园水池尽享射猎游玩之乐，可见其家园之大，比得上一国之君。

3. 卓文君司马相如传佳话

卓氏一直以“冶铁世家”传世，西汉时出了个有名有姓的“卓氏富商”叫卓王孙。而卓王孙能名流史册，却是沾了其女儿卓文君（公元前 175 年至公元前 121 年）的光。卓文君不因冶铁世家而扬名，而是因其“才女”而出名，且与汉代著名文人司马相如的一段爱情佳话名动古今，被誉为中国古代四大才女之一。司马相如字长卿，蜀郡成都人，因仰慕战国时的名相蔺相如而名，《史记》《汉书》都有记载。

据《史记·司马相如列传》①，相如家贫，“素与临邛令王吉相善”，而“卓王孙家僮八百人，程郑亦数百人”两人都是当世富豪，一同邀县令王吉，并由王吉邀请司马相如在卓王孙家中饮宴。“是时卓王孙有女文君新寡，好音，故相如缪与令相重，而以琴心挑之。”意思是相如佯装与县令相互敬重，而用琴声暗自诱发新寡而又喜欢音乐的卓文君对自己产生爱慕之情。“相如之临邛，从车骑，雍容间雅甚都；及饮卓氏，弄琴，文君窃从户窥之，心悦而好之，恐不得当也。”动情了的卓文君心中喜欢却担心自己比不上相如。

一幕“文君听琴”的戏码后，本就有意的相如，“既罢，相如乃使人重赐文君侍者通殷勤。文君夜亡奔相如，相如乃与驰归成都。家居徒四壁立。”相如重金买通侍者向文君转达情意，已经动心的文君，待饮宴一结束就连夜去赴相如之约，于是相如带上文君私奔了。这就是“文君夜奔”的典故。

司马相如带着卓文君回到成都，文君才知司马家徒四壁、一贫如洗，但文君爱情不变。而卓王孙闻知此事，大怒，说：“女至不材，我不忍杀，不分一钱也。”司马相如，文人之名响亮，有人劝导王孙就此遂了年轻人的心意吧，王孙听不进去，就不给女儿一分钱。

在文君的鼓励下，相如携妻回到临邛，然后卖掉行程所用的车骑，用获得的钱买了一间酒舍做卖酒生意，卓文君“当垆卖酒”，名扬临邛。“卓王孙闻而耻之，为杜门不出”。终究经不住昆弟等诸公的劝慰，卓王孙最后还是接受了事实，“分予文君僮百人，钱百万，及其嫁时衣被财物。

---

① 司马迁：《史记·七十列传·司马相如列传》，古诗文网《史记》篇。

文君乃与相如归成都，买田宅，为富人。”

最后司马相如与卓文君“归隐田园”，有情人终成眷属。这就是司马相如与卓文君的爱情故事。从一个侧面描述出富商的生活情态。这是古代中国文商结合的一个经典故事，也是少有的爱情美满结局的美好故事；既有卓氏“冶铁世家”世家大户的生产经营，也有卓文君“当垆卖酒”的排档小商，还有百姓喜闻乐见的听琴、夜奔的故事，成就了这一出流传千古的戏码。就像读唐诗宋词，风花雪月中可解读出商业兴盛、经营出色、管理高效的内涵。

第十四章　探析财神群体管理技法

夏、商到西周、东周，思想家灿若繁星，大商家、大经济家、大管理家也层出不穷；庙堂文化、民间文化、宗教文化在春秋战国得以集大成。后世传承，基于对先祖先贤的尊敬，相关领域开创性、经典性人物，在道教体系、民间传说及皇家推波助澜中渐被“神化”，归纳出“四面八方一个中”的财神群体：中斌财神王亥，四面正方位有两位文财神即东财神比干、南财神范蠡，两位武财神即西财神关公、北财神赵公明；侧方位（对角方位）四财神：西南财神端木赐、东北财神李诡祖、东南财神管仲、西北财神白圭；如图 14－1 所示。

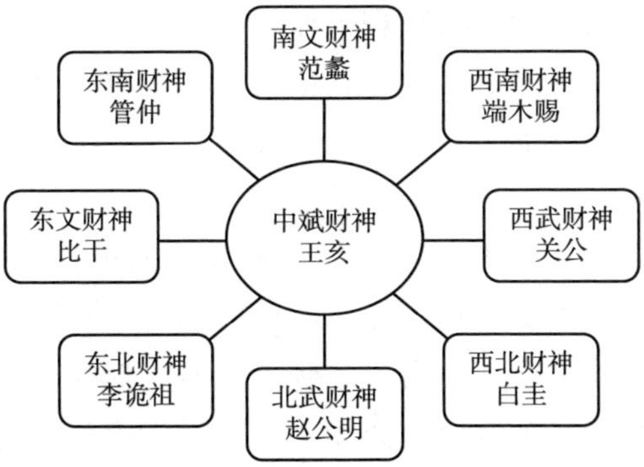

图 14－1　四面八方一个中财神群体

中国财神（由人而神）阵容大，版本不同，人选有出入，另有一些地方性财神，当地民众敬仰中被神化。还原为真实的人，他们都是中国最早运用心和管理技法的大师，理论成就巨大、实践经验丰富，是各领域开天辟地的代表人物。这里探索九大财神这个群体，只是初步总结这些商界不世奇才、巨贾富商从政经商的管理技法，为心和管理理论提供中国特色的经商管理技法。

第一节　华商始祖中斌财神技法

中国商业从王亥开始（民间也许早已存在邻里、乡人之间的以物易物，但未从农业分离出来），商文化也从王亥开始。王亥接任商族首领，带领商族人经商，成中国商业开创者，商族由此强盛；七世后商汤创建商朝。商朝、商业皆因王亥而崛起，后世尊其为华商始祖，并神化为中斌财神（文武兼备而称“斌”），尊列为财神族群之“中”位。

一、王亥驯马农牧管理技法

1. 千古商才成就商族基业

王亥，出生在夏朝；原子姓，河南商丘人，王亥的第十世祖是黄帝。王家家族传到王亥的第六世祖契（与虞、舜、禹为同时代人）时，夏帝尧封契于商（今河南商丘），主管火正，部族也因此称“商族”，故后世尊称契为“商祖”，同时也给了他一个“火神”称号，契也就成为商族始祖。商族族长之位传到王亥的父亲冥时，冥在朝为官，夏君派冥去治理黄河，王亥跟随协办而开始参与管理工作。夏杼十三年，冥在治理黄河时不幸身亡，王亥继任商族第七任族长，成为部落首领（部落王），于是在他名字前加了个“王”字称“王亥”，“王”姓由此出现，王亥因此成了王姓始祖。

商族由契兴到汤立，历十四世（王亥为第七世），到商汤时取代夏朝建立了商朝。这其中王亥居功甚伟，商业发达而至富可敌国，商族自王亥起在夏朝崛起，开疆辟土逐渐强大。到商汤时，抓住机遇推翻了夏朝，创建了中国历史上的第二个朝代：商朝。由是后人评说：商朝是卖商品卖出来的朝代。

如果不是商汤建立商朝，商族也许与那时的其他族群一样在漫漫史河里湮灭；同样，如果没有王亥等一代代祖先积累的财富、打下的根基，商汤也很难建立商朝。商汤为君王，史官记载其家业、族业、国业史，文献留下王亥其人其事的史料。政治才华、军事才能卓越的王亥，又有商业创举，把商族带向了辉煌，夏商时代威望极高，如神一般被崇拜。另外，王亥重视畜牧业，改善了人类生活条件，故为中国畜牧业、商贸业的创始人。

先秦时期（亦有说汉代）史官修撰过一部史书《世本》，记载了从黄帝到春秋的“帝王”“诸侯”“卿大夫”世系和氏姓，也记载了帝王的都邑、制度、谥法等。其中有“相土作乘马”“亥作服牛”的记载。

商族兴起的时代以农业狩猎为主，生活水平低下。始祖是作为黄帝后裔的商族部落，其族内传位顺序是契→昭明→相土，商族三世，相土将原本群放散养的牧马之法改为槽喂、圈养之法，驯服马拉车驮物。而后商族传位：相土→昌若→曹圉→冥→振，振就是王亥，商族第七世；王亥之后又传了七世，即王亥→微→报丁→报乙→报丙→主壬→主癸→天乙，天乙就是成汤，成汤打败了夏桀而建立商朝。成汤曾5次派人去聘迎一个叫阿衡的人，阿衡也曾去过夏桀那里，见其无道才返回德行彰显的成汤，助商汤管理国政。这个阿衡就是中华厨祖、以厨师成为丞相的伊尹。其人其事后文另述（第十五章第三节）。

2. 服牛驯马人民智慧聚王亥

商族部落历经十四世、迁都八次，终成正果。据王国维《殷卜辞中所见先公先王考》：《世本》《楚辞·天问》《吕氏春秋》《史记·殷本纪》《三代世表》及《汉书·古今人表》所记载的胲、核、该、王冰、振和垓，“实系一人”，即王亥。所以，“相土作乘马”传说之外又有“王亥驯马”之说，版本也有不同。其中一个版本把王亥的生活年代提前了好几代，直接放在了黄帝时代，其目的自然是彰显王亥的不凡。时间可以在传说中有所变换，但商族驯马的事实却是存在的。与后面提到的“王亥服牛”一样，也许驯马服牛的另有其人，但传说故事不可能把小人物流传下来，但一定在商族发展过程中真实发生过，或是王亥本人，或是王亥先辈，或是手下人，或是大家共同参与亦未可知。现代一位领导人提出的某种思想、创立的某个提法、设计的某项活动、开展的某类变革……有他本人的创意在，但一般情况是智囊团、秘书们（写作班子）、部下整理成形的，甚至有可能是研究、试验而总结出来被当权者慧眼识中，当权者有平台、有能力或有权力提出来、推广出去。自然这位当权者就成了这项成果的提出者，史书记载，民间流传也就是这位当权者的功绩。

鉴于此，对于“王亥驯马”到底是不是真的王亥驯的马，没必要纠结。作为中国管理理论研究者，不是历史学家，不是考古专家，不在探史考古，而在引用史料、古籍，包括传说、故事（国学内涵）来说明问题。更何况，商业源自商族经营生意，驯马服牛由商族为经商和发展生产、运输业而诞生，这些应该是史实。商部饲养牛马，发展畜牧业，既提高了族人的水平，又推动了社会进步。驯养家畜过程中，驯养了两种比人本身的身体还要庞大得多的动物：马和牛。在现代人看来，似乎司空见惯，没什么了不起，可在当时的工具水平、生产能力和思想意识下，对不可知的庞然大物进行驯服，是一项突破世人思维极限的创举。

另外，它所带来的生产力的解放也是空前的：养猪养鸡还只是有肉有蛋吃，而有马有牛，则是在原农业和畜牧业的基础上，直接开发了一系列新兴行业：商业、运输业、驯兽业等，引申拓展了狩猎业、军事业、农耕业，以及后世渐次崛起的马车业、奶牛业……这就是那个时代的创新创业能力。古代史料保存和流传都极不容易，几千年后要准确认定谁的作为的确很难；把一些功绩归到王亥身上，充分说明劳动人民对王亥的尊敬与爱戴。

本书用到的所有资料都是对已有成果的选择性引用。所谓“选择性”是选择本书作者认同的、与本书主旨吻合的；选择的标准自然是相关领域已经定型的结论，对有争议的则提出或直接选用作者自己认同的成果（或解释），或在综合各家观点、结论前提下提出自己的认识、观点。特别说明的是，对于网络资源，一般选择官网或权威网站。也会选用专业网站的一些电子书籍资料（故注释中，同一本古籍既有可能注纸质专著，亦有可能注网站电子资源）。王亥驯马服牛的传说，许多古籍资料都有提到，这里为了读者阅读方便，直接用白话文版本阐述。同样，其故事仍然按一般说法归到王亥所在的年代，而非黄帝时代。

3. 王亥驯马推动社会发展

“王亥驯马”有一个前提，那时没人知道马是可以驯服的。马纯野生，原叫“火畜”，上古人们过着迁徙不定的游牧生活。有一次，部下捕获了一匹野马，但当人们接近它时，它就前蹄腾空，昂头嘶鸣，或把后腿绷起踢人，人不敢接近。但它并不伤害人，也不伤害其他动物，只以草为食。王亥观察很长时间，也未能认出是什么动物，只让大家不要杀掉，用木栏先把它圈起来。过了一段时间，王亥发现栏杆外边又来了几匹这种棕色野马，它们对着栏杆内的那匹野马嘶鸣不停，不肯离开。过了一天，王亥把木栏门打开，不料外边的那几匹野马一下子都冲进木栏，和圈在栏内的野马互相嘶叫依摩，亲热了一阵后又都卧了下来。王亥把栏杆门关住，用割来的草喂它们。过了不长时间，其中一匹马突然生下了一只小马驹。王亥高兴极了。消息传开，人们也都纷纷前来观看。这些野马和人接触的时间一长，好像发现人类并不想伤害它们，也就不再惊慌，变得十分温顺。特别是小马驹，很喜欢和人在一起玩耍。这样一段时间后，王亥牵出一匹性格温顺的马，突然纵身跳上马背。马一受惊，猛地四蹄腾空飞奔起来，把毫无精神准备的王亥一下子抛下来跌了个仰面朝天。等王亥从地上爬起来，马已跑得很远了。王亥站起来望着越跑越远的马，以为它再也不会回来了。无奈往回走的时候，跑得很远的马又扭头跑回来了。王亥高兴极了，忙把马引进栏杆内圈好。后来他想出了一个办法，用桑树皮拧成一条绳子，把马头绑好，慢慢牵出来。然后又跳上马背。马仍像头一次一样，四蹄腾空，飞奔起来。这回王亥吸取了上次教训，一只手紧紧抓住绑在马头上的绳子，另一只手紧紧抓住马鬃，任凭马怎么飞跑，王亥总是不松手。这样跑了很长一阵后，马的速度减慢下来，直到马不再跑时，王亥这才勒过马头，缓缓地骑着回去。

王亥骑马成功后，轰动了许多人，有军中将军协助王亥驯马，练习骑马。一天清早，王亥等人起来练马，忘记把栏杆门关上，一只老虎趁无人时闯进圈里，把可爱的小马驹咬死，张口要吃时被人们发现，老虎受惊跳出栏杆逃走了。王亥和将军等人一见小马驹被老虎咬死，气得快要发疯，立刻带上弓箭，骑上马向老虎逃去的方向追去。他们一口气奔跑了几十座山，终于找到了这只老虎。王亥他们看准目标，连发几箭，把老虎射死在山谷中。在返回路上，王亥等又骑在马上顺便射死了几只鹿。这一追虎射鹿的行动，引起了众人的注意，王亥等马上想到既然骑在马上能追老虎，能射杀野兽，那么打仗时能不能也骑在马上，追杀敌人？于是下令：部落所有打猎的人，今后出外打猎，一律不许射杀野马。凡能捉回野马者，给予奖励。然后，对圈回来的200多匹野马精心饲养，专门训练，同时挑选了200多名精干小伙子，每天从早到晚，既驯马又练人。经过两年多的训练，中华民族最早的一支骑兵诞生了，其在后来的战争中起到了重大作用，也为社会进步作出了巨大贡献。

随着王亥驯马成功并应用在狩猎、骑兵上，马的民用功能也逐渐开发出来，最主要的就是套上马车搞运输。这种交通工具的发明和运输方法的改革比当时的人背扛肩挑，节省了相当大的人力、物力和财力。有了运输，货物就可以南来北往，货物贸易自然发生。于是王亥所在商部落经济率先发展起来，人们的食物、服饰、用具等也都开始较其他部落先进，由此商部落强盛壮大，渐渐向北发展，势力扩展到黄河以北。

作为农耕社会的中国，从单纯捕捉野兽狩猎为生转向农业种植，是文明的一大飞跃；因农业发展需要发展了畜牧业，手工业、商业、矿业、制造业等的崛起，都是基于种植业、养殖业的需要和农耕条件下生活水平的提高而发生的。这与西方商业、航海业而诞生其他各行业的顺序、起因不同，历史发展、文化基因、生存方式皆不相同情况下，形成各不相同的国家管理、部落管理、行业管理、社会管理、家族家庭管理，也就有了管理思想、管理技法的差异。而人类管理的共同点，最重要的是“人心向背”，只是西方更喜欢用武力征服、利益交换获得人心支持，中国更愿意彼此协和、情感认同获得人心支持。西方商业以谋利为核心，交往在于利益计算；中国农业以自足为核心，交往在于人情面子。

二、王亥服牛行商管理技法

1. 发展运输催化坐商行商

王亥驯服了马，提升了生产力，也发展了骑兵，随着马的应用越来越广泛，一个新的矛盾产生了：马的供应跟不上马的需求速度和需求量。那时的马是从遥远的西北贩运来的，马匹不能适应中原的生活环境，以当时的饲养条件和医疗水平，加上人们赋予马的劳役很重，渐渐地马匹越来越少；而现实中拉车、运货、作战处处都要用到马。马匹不够用，王亥十分犯愁，朝思暮想着如何解决这一问题。

全世界任何地方的商业起始，都源于以物易物。只是中国的以物易物，与西方商业起源时的以物易物不一样。中国是农耕社会，基本可以满足生活需求，将积余物品拿出去以物易物的，即以有余换不足。因此不是刚性的，不是生活所必须的、迫切的，这种状况下计利自由度比较大，人情因素会在其中起作用，甚至可以随心随性。而西方是海洋性国家，海上讨生活的产品相对单一，需要以物易物换取其他生活必需品，所以西方的以物易物一开始就是商业性交换，是生活必须的刚性需求引起的物物交换。这种情况下，彼此之间不考虑人情因素，只考虑是否合理划算，具有计利的无情性特点。

王亥之前，先民们以物易物，最多也就是小打小闹，只就日常生活的一种补充，有就换，没有就算，就近就方便的一种交易，形不成一种气候，更形不成一个行业。这是中国农耕社会的形态所决定的。直到王亥出现，才有商业，也正因为流动商业贸易方式出现，促进了农村、乡镇集市模式的出现。于是“坐商（集市贸易）”“行商（异地贸易）”这样的中国式基础商业业态确立，早期采用的是完全自由化的商业模式，而后才有官府管理的介入。

从这个角度说，改革开放之初的中国，商业经济复苏、市场经济创建，也是从家门口的铺位、街边摊的坐商，到鸡毛换糖以及遍布全国的“倒爷”满世界“飞”的行商；然后又从遍布全国各地的义乌式小商品市场，到武汉汉正街、各地大卖场、各地商场以及把生意做到世界每一个角落的坐商、行商中，一步步发展成商业大潮的。只不过王亥及其后人用了几百年甚至上千年的时间，把商业模式成熟化、固定化并且不断创新发展的。20世纪末中国改革开放只用了二三十年，就把这个过程回放一遍的同时，又有更大更深更广的创造发挥。现代中国人终于重现中国在世界上的辉煌，并且正在不断继续向强国迈进中。

显然，中国的商业业态一开始就与西方的商业业态有相同也有差异。改革开放快速发展，只关注相同点把西方的商业业态、管理模式一股脑儿照搬进来，忽略了差异性完全抹杀了中国本土的传统特色与环境氛围，这是需要我们总结经验教训的一个重要方面。中国元素的心和管理体系，就是遵循该借鉴的借鉴、该继承的继承、该创新的创新原则，在自身根基不变、本质内涵不变前提下的中国特色的管理理论建设，包括工商经营管理。

2. 王亥服牛开创农商技法

王亥创立的行商模式，与中国农耕社会的畜牧业发展有关。《周易·系辞下》云："服牛乘马，引重致远，以利天下。"① 所谓"引重致远"，即是指王亥等商族先祖赶着牛车、马车，远到外部落进行以物易物的经商贸易活动。《管子·轻重戊》也说："殷人之王，立皂牢，服牛马，以为民利，而天下化之。"这里的"皂"是喂牛马的槽，"牢"是养牛羊用的圈，"服"则指驯服；而"殷人之王"的"殷"，是因为商朝建立之后，国都频繁迁移，至后裔盘庚迁殷（今河南安阳），国都才稳定下来（殷建都273年），因此商朝又被后世称为"殷"或"殷商"。这段话的意思是殷商的君主立牛（马）槽、建牛（马）圈，驯服牛马，用它们为臣民提供运输和贸易便利，天下也因此得以开化而有了文明。

牛车、马车的发明，在当时是具有革命性、开创性的。历史迈过四五千年，牛还是很倔，"牛脾气"仍然是易暴、倔强的代名词，可见当初王亥们驯服野牛多不容易。牛是农民最喜爱的帮手，还是中国恬静、安详、美好、温暖生活不可或缺的"道具"。只要一提到"田园生活"，中国人脑海里出现的画面，一定有牛在田间自在吃草或辛勤耕地的景象。

所以，在王亥的商业贸易传奇中，少不了"王亥服牛"的故事。前面提到过，马的速度快，但在中原不好养，而且数量少，王亥努力筹谋解决这个问题，逐渐想到了牛：牛和马的身坯差不多，牛的速度比不上马，但蛮力、耐力比马好得多。能不能把牛的这一身不亚于马的蛮力用起来，让它替马拉车？中原地区牛很多，这个念头一旦冒出来，就再也遏止不住，

---

① 姬昌等：《全本周易·系辞下传》，北京出版社2006年版，第354页。

毕竟这是一个大胆的设想，更是一个伟大的创举。尚未驯服的牛，能代替马拉车吗？

一天，王亥带领人们做起了试验。他让人把车准备好，然后命人捉一头牛来，看是否能够如愿。没想到这牛野性实在太大，靠着一身蛮力和头上的两只角，要起横来不亚于一头猛虎。几个人竟然降伏不住，还好当时人多势众，终于被大家用绳索将它套住，挣脱不得。人们把它死拉硬拽到车前，把马拉车的一套用具朝牛身上套去，强令它拉车。然而，出人意料的是，那牛居然大吼一声，腾空跃起，一下挣脱了马车套及众人的缚拴，瞪圆一双牛眼，威风八面地猛地朝人身上乱撞，并用它那两只牛角四处乱顶。一时间，有的人被撞倒了，有的人被顶伤了，场面一片混乱，而那牛的威风却丝毫不减。王亥见此情状，只好命人像打猎一样用棍棒和石块向它投掷，不一会儿那牛也被打了个半死，趴在地上站不起来了，再想让它拉车也就完全不可能的事。这次驯牛以失败告终。

又一天，王亥在民间巡访，忽然发现一头牛冲到人群中要起了威风，仗着力大和头上的两只角横冲直撞，连伤了好几个人。这当儿，有一个勇敢的人毫不畏惧，拿着一根长长的尖利的东西向那牛刺去，正好刺穿了牛鼻子，鲜血直流。那牛疼得浑身发抖，巨大的蛮力立刻化为乌有，挣了几下，疯态竟然缓和下来了，再挣脱了几下也没能挣脱束缚，居然不再发狂疯癫，反而老实起来。王亥在整个过程中一直全神贯注地观察着，细细思索着，这时候脑子里灵光一闪，恍然大悟：牛的罩门在它的鼻子！只要想法牵制住牛鼻子，就等于把它给驯服了。于是，内心欣喜若狂却依然外表冷静的他，命人拿来一根绳子，穿过刚才被刺穿的牛鼻子，牵着走动起来，果然牛顺顺当当地听人使唤，不再耍蛮了。从此，王亥率人驯牛都是先把牛翻倒，再把牛鼻子中间弄穿，拴上绳索。由此，牛驯服了。

3. 牛车应用催熟远古商业

牛一旦被驯服，再套上车让它拉就没有困难了——牛车诞生，替代马拉车、驮物。牛走路的速度不及马快，但牛的饲养、使用却比马容易。更重要的是，从中原到江南一带，马缺少，牛却处处都有，哪怕外地转卖过来，也很容易成活，四处放养，春夏一块草地，入冬一把秸秆，饲养成本低，劳动能量大，可以驾车负重远行。

驯马服牛，是中国先民的第一次生产力大解放，是人类的一次大发明。《尚书·周书·酒诰》就说：殷人“肇牵车牛，远服贾用。孝养厥父母。”是说当时的殷人就发生了用牛车载着货物，长途运输到远方进行贸易，用赚来的钱孝顺和赡养自己的父母家人。牛车成为当时人们养家糊口、发家致富的法宝。《周易·大有》也明确说："大车以载，有攸往，无咎。"① 意为用马车、牛车载重贩运，来来往往可以产生巨大的利益，这样做没有灾难。从前述文献资料，大体可见识到当时牛马带来的经济效应。那时，一个部落的人到另一部落做生意是破天荒的事，只有商部落的人开发了马车、牛车才做到了这一点，其他部落还都不会，这等于垄断了那个时代的交通。外部落的人们一见带着物资来进行交换的人，便知道是"商部落人"，称他们为"商人"，说"商人来了！商人来了！"这应该是"商人"一词的最早由来。商族的人们也就是最早的商人赶着牛车各处游历，运载物品到各部落交易。

外部落的人们见商人这样干能获取很多利，也慢慢向他们学习，像商人那样干起了这种营生，但由于人们的老观念已经形成，外部落从事这门职业的，统称为"商人"，慢慢地，"商人"成了做生意人的统称。后来，从以物易物到货币出现，凡是做买卖的人便被称为"商人"，把经商行业统称为"商业"，卖东西的店铺就叫作"商店"，一直延续下来。

牛车带来的滚滚财富，成为商人的专利，一部分人先富起来，商部落房屋成片、人口众多，《诗经·商颂·玄鸟》如此饱含深情地描述："天命玄鸟，降而生商，宅殷土茫茫。"天命玄鸟降落人间，简狄生契诞生了商族祖先，住在殷商之地的宅子宽广而敞亮。由此可见，牛车的发明给人们带来了极大的方便，当时商人因牛马运输发家致富后的富裕程度。

商业在夏代商族部落中首先出现，王亥服牛几乎成为商族强盛的一种战略。后来商汤取代夏朝立国，就以"商"为国号，定都商丘（当时称亳）。后数次迁都，盘庚迁殷稳定下来。而马和牛，几千年来都是农民最重要的财产，这是中国农耕社会的特性。

20 世纪初，考古界发现了殷墟，1928 年殷墟正式发掘，出土了大量都城建筑遗址和以甲骨文、青铜器为代表的丰富的文化遗存（殷墟遗址被评为 20 世纪中国"100 项重大考古发现"之首）。也正因为殷墟古城的发现，国际上认可的中华文明就从商朝开始，因为殷墟有都城（殷墟王陵遗址、殷墟宫殿宗庙遗址、洹北商城遗址等）、有文字（甲骨文，先后出土有字甲骨约 15 万片）、有青铜器，符合西方对古文明的认定标准。但事实上，谁都知道一个基本道理，任何人类文明都不可能是突如其来的，一定有一个产生与发展的过程。换句话说，中国文明远比殷商时期要早得多，只是西方话语权人不认可而已。

---

① 姬昌等：《全本周易·大有第十四·九二爻》，北京出版社 2006 年版，第 98 页。

三、商族华商经贸管理技法

1. 春秋重商士农工商四业

运输，是大规模经商必不可少的。即使在今天，交通运输也还是经商甚至文明发展、社会进步的关键点。驯马服牛，使得长途运输进行大批量货物的异地交易成为可能。那时候，带着大批量货物贸易，走得越远，利润越高。在别的部落还不会驯牛时，商部落已有牛马拉车的大发明，几乎是交通技术垄断，克服了地域的限制，生意自然是越做越红火，别的部落只能看着肥水外流。从这个角度说，王亥是靠创新起的家，商族是靠经商起的家，商朝是靠财力起的家。正因为如此，王亥也成了名副其实的华商始祖，从商族部落的始祖，到成为所有经商人的始祖、中华商业文明的始祖。显然，农耕文明不排斥商业文明。

仅仅作为部落首领、农业专家和发明家，王亥成不了华商始祖。是他开创了商业领域，形成了一个新兴行业，把商族从一个部落发展为一个国家、创造了一个时代，且创始了“商”的流通贸易含义，开创了“商”的文化意义，丰富了以“商”为内核的汉语天地。

后世把将“仕农工商”的行业归类，断章取义为社会地位的顺序排列，并认定“在春秋战国时期，商人是最没有地位的”结论不切实际。《管子》曰：“士农工商四民者，国之石民也，不可使杂处，杂处则其言哤，其事乱。是故圣王之处仕必于闲燕，处农必就田野，处工必就官府，处商必就市井”（《管子·匡君小匡》）。这里不是对各行业的重要程度作出排序，而是说明士农工商四类民众，是国家的柱石之民，不可让他们混杂在一起居住，不同的人群交杂处在一起，则说的话会杂乱、做的事也会混淆。因此，崇高的君王总是将入仕之人安排在闲静之地（以利思考），将耕种的农人安排在靠近田野之处（以利农耕），将做工的匠人靠近官府之所安置（以便管理），将做生意的商人安排在靠近市场的地方（以便买卖）。

显然，管仲提出“仕农工商”的本意是让不同的人群各居其位、各司其职，并非政治地位或社会地位的顺序排列。让商人们居住在一起的原因在于“今夫商群萃而州处，观凶饥，审国变，察其四时而监其乡之货，以知其市之贾。负任担荷，服牛辂马，以周四方；料多少，计贵贱，以其所有，易其所无，买贱鬻贵”（《管子·匡君小匡》）。即，要让商人集中居住在城市人口众多、水陆交通便利之处，便于他们随时观察年景吉凶、生活好坏的情况，了解国内经济变动的情况；及时审察不同季节本乡的货物盈缺情况，并据此而预知市场物价的变动情况。掌握这些市场行情了他们就会有针对性地肩挑手提、赶牛驾马而游历四方；从而准确掌握（料定）货物之余缺、多寡，计算各种商品的价格高低，用自己所拥有的货物，来交换自己所没有的货物，在行商过程中低价买进、高价卖出。

显然，春秋齐相管仲划分四业是便于各业发展和管理，商者聚居之由亦如此，本身没有商人地位低于另三业的意义。更直接的证明是，《管子·乘马》篇有专门的“仕农工商”一节，分析这四个行业作总结性结论时，是“商贾”排在最前面的：“是故非诚贾不得食于贾，非诚工不得食于工，非诚农不得食于农，非信士不得立于朝。”其意为：因此，不是真正的商人不得经商；不是真正的工匠不得为工；不是真正的农夫不得务农；不是名符其实的仕人不许在朝中做官。这里也不是商贾地位排第一的意思，只是要求商、工、农、士四业不能滥竽充数，他们都是国之柱石，须是诚贾、诚工、诚农、诚士，没有重视或轻贱商人意思。

2. 专业市场创造双赢商业模式

文化是由劳动人民在人类发展过程中创建起来的，统治者、掌权人、话语权人会选用有利于他们统治的那一部分文化内涵，用于管理。今天，愿意用西方文化、西方经济管理理论，还是愿意用中国文化、中国经济管理理论，不是文化或理论自身可决定的。创建心和管理学，只是要说明中国有自己的优秀文化传承，有自己的经济理论、管理理论，重要的是话语权人的倾向。当年董仲舒提出“罢黜百家，独尊儒术”，并从儒学“礼”的内容中引申总结出“三纲五常”推行之，如果汉武帝不采纳，只不过是曾经有人提出过，不可能成为官方正统文化传世，不关儒学自身的文化内涵（包括礼学内容）的事。还要说明，董仲舒倡导和强调的治国之法，不是儒学全部，他也提出“以德治国”。

汉武帝是因为董仲舒的“天人感应”“大一统”“独尊儒术”的三大主张，与他想要削藩实行中央集权的思想吻合而采纳之，对董仲舒本人却没有重用，让他到诸侯王（先是江都易王刘非，后是胶西王刘端）那里当了个国相。“天人感应”有“君权神授”的意思，这对汉武帝实行“大一统”非常有利；但“神权”有约束“君权”的意思，汉武帝就很不高兴了；何况董仲舒的本意是实行儒家倡导的“仁政”，否则帝王就会受到“上苍的惩罚”；而这“上苍”，在“独尊儒术”情况下只能是大儒的评说。“人非圣贤，孰能无过”意味着只有“圣贤”不会有过，所以圣贤大儒可以制约帝王。这哪能行，汉武帝自然就不能接受：主张对我削藩有用，有利于我“大一统”，用之；想要控制皇帝我，没门！

对于汉武帝曲解自己的主张和断章取义用儒学，董仲舒也心灰意冷，在胶西王刘端那里干了 4 年，不干了，辞官回家捣鼓学问去了，不问政治。董仲舒活了 75 岁，其思想却历经 2000 多年不变，显然不是董仲舒的问题，而是后世掌权人的选择。有人说，自董仲舒始孔子被误读，之后儒学面目全非。此说法有待商榷，仁者见仁、智者见智，但可以肯定的是，即使这一说法有一定的真实性，也不是董仲舒的事，而是使用者曲解或选择的问题。

由此可证明一点，历史上很多思想内涵，要么是当权者更改了，要么是后世曲解了，要么是引用者故意将错就错。先贤先圣的本意或者经典，就被后人“念经”一样念歪了。例如，前面提到管子的“仕农工商”，董仲舒的“独尊儒术”等；再如“人不为己，天诛地灭”，把“修为”的“为”曲解成“为了”，把“量小非君子，无度（气度气量的意思）不丈夫”变成“无毒不丈夫”……对王亥也是如此，王亥以及后来的许多君王（部落族长），并没有歧视或轻贱商业；后世“重农轻商”淹没了王亥创立商业的伟大贡献。

王亥的贡献不是建商朝，商朝是他后人建立的。他作为商族族长，搞好了水利、农业和畜牧业，粮食、牲畜、农具越来越多，有了积余，才可动贸易念头，实施中创建了中国商业，成为光耀千秋的“华商始祖”。推动文明进步才是王亥最伟大的贡献。

事实上，即使从今天看来，作为商业领域的开创者，王亥的经商技法水平相当高。他发展农畜，使人民的生活水平提高，有了积余，这是商业起步的前提；驯马服牛，创新性地解决了贸易中最关键的交通运输问题，这是贸易实施的必备条件。

3. 重营销情义取利有商道

商业贸易的具体实行，还要一个基本要件：市场，即货物交换的处所与愿意去交换的人。王亥之前还没有过商业活动，这个市场该如何开拓？还有，那时还没有货币，货物交换的方式只有以货易货。这就显出了王亥高超的经商技能了，现代人所说的“广而告之”“市场定位”“薄利多销”“等价交换”等经营模式、管理法则，以及对中华文化道与术、取与予、方与圆、利与害、常与变等关系的理解和践行、市场均衡理论的应用（先予后取，获得平衡），双赢双和思想应用等，王亥初创立商业时，就已炉火纯青。

总结王亥的经营管理技法：其一，以余补缺。把本部落有积余的物品集中起来，作为与别的部族进行物物交换的货品，以己之有余补他人之匮乏。其二，以长补短。别的部族无力长途运输，就自己用驯服的马牛拉车把货品运到对方的地方。其三，无偿赠送。到了别的部落，把运过去的货品放到他们部族人的家门口，无偿赠送；但那个时候的先民纯朴有德，第二天商族人去看时，发现物品的确已被取走，因为那是人家紧缺的，但人家没有白拿，也把他们本地的一些物品留下给商人。

这些方法起到了“广告效应”，以至于后来商族的牛车一到人家的地头，人们就奔走相告“商人来了”。同时作了准确市场定位，以有余补不足，找到对方紧缺的“营销点”，一炮而红。情义为主、利益为副，体现了中国人做商业，是乡里乡亲的人情为首要标准，斤斤计较的利益在后，践行了“君子爱财，取之有道”的观念，货品交换双方，皆以道德为先。中国技法，是在情义取利商道指导下形成的。

随着“市场”打开，“业务量”大幅增加，王亥他们的“经营范围”扩大，赶着马车、牛车到更远的地方去交换。后世人们津津乐道的是王亥在经商中以道为先，很讲诚信，见哪个部族日子过得苦，就会把物品无偿送出去；遇到有人要给他更高价值的物品交换，便委婉拒绝，坚持“等价交换”。这是中国商道在商业行为一开始就种下的基因，王亥赢得各部落的尊敬，物物贸易更加繁荣和活跃，给商部落带来滚滚财源，王亥也很快成为当时的首富。王亥以云游方式经商，实际上开创了行商的先例，逐渐形成为一种传统，几千年流传到今天，资讯、交通、运输都相当发达，甚至可以脚不出门通过电子商务便可购物的情况下，行商方式依然存在。显然，王亥践行了《墨子·贵义》中所说的“商人之四方，市贾倍徙，虽有关梁之难，盗贼之危，必为之”①。商人奔赴四方去做贸易，市场上货品的价钱相差是以倍数计（即利润极高之意），即使有通关过卡的艰难、路遇盗贼劫掠的危险，也必定要去做的。有利可图便会去做，与其坐而论道，不如作而行之。

王亥的后人大多喜欢经商，不喜欢当农民。商族强盛从王亥开始，日新月异的商业交易使商族愈加富足，国力也日渐增强。商朝时为便于买卖，发明出贝币，如海贝、石贝、骨贝、蚌贝、绿松贝等，这是中国货币的起源；商晚期，铜货币出现。

一代代发展，经商传统一代代流传下来，而且不断充实，经商理论也逐渐丰富起来。王亥，把技术发明与跨境贸易完美结合在一起，成了规模化商业活动拓荒者，开辟了一个时代的气度和气象。从商丘出发的牛马车

---

① 墨子弟子及后学编：《墨子·47 章贵义》，古诗文网《墨子》篇。

队，在悠远的牛哞声和马蹄的得得声中，开启了一条中华商业文明的大道。人们尊称华商始祖王亥为“中斌财神”，是他开创了商业，不仅是自己富了，商族富了，天下子民也富了，后世许许多多商人也富了。

《诗经·商颂·殷武》赞歌商朝商贸繁华与国家昌盛：“商邑翼翼，四方之极。赫赫厥声，濯濯厥灵。”前两句说商贸发达使殷商都城富丽堂皇，成为天下四方榜样；后两句说殷高宗武丁有着让殷商中兴的赫赫声名，在位59年，其神灵一般的威望辉煌灿烂。

第二节　正四方财神之经管技法

“中斌财神”坐镇中央，东西南北正方位环绕着四方财神。比干（gān）与赵公明是一对文武财神，民间认为，比干（文）无心故无私，对谁都不偏不向；赵朗（武）无眼故无见，对谁都有求必应。范蠡（文）与关公（武）也是一对文武财神，范蠡财富三聚三散，聚散皆为百姓谋福；关公行事忠义诚信，信义皆成行业准则。这五人既是王侯将相，又是古代经济学家、商业始祖和政治军事领域的管理大家，被民间、道教推崇为“五大财神”。

中国的神话、仙人故事，集中在著名的《山海经》以及《搜神记》《太平广记》《列仙全传》《三教源流搜神大全》等古籍中，《封神演义》也对国学体系之神仙群体的诞生、传世功不可没。他们大多有生活原型，民间、宗教流传、演绎中逐渐神格化，如八仙过海、封神演义、财神体系等。神仙故事自然有幻想的非生活真实的成分，传说也自会有变异，所谓的“神”迹也许不是“财神”本尊的，甚至可能是传说者演义出来的。但这些神人在中国民间、宗教文化中流传，是中国古代传承下来的精神财富，哪怕是流传过程中修补充实的，也是先人假托神仙之名展现的。而其中的治理、管理、经营技法，是中国谋略中国智慧的写照。

一、比干与赵公明致富神技

1. 百姓心中公正无私财神

财神比干，在神话传说中，是被纣王剖心致死的，因此成为财神群体中公正的代表——百姓认为比干无心，所以无偏无私；财神赵公明，是被射眼而亡，没有眼睛就不会以貌取人，更不会势利，而对所有人一视同仁，老百姓相信这样的财神是有求必应的。基于这样朴素的愿望，几千年来民众心甘情愿信奉这两位财神。

事实上，比干先后辅佐殷商的两代帝王，是富国强兵的“亘古忠臣”；而赵公明则是经商奇才，木材起家，资军参军且武艺高强。一居庙堂一在民间，皆是人间栋梁。比较遗憾的是，这两位被中国百姓崇敬的财神，史料上对他们的治国、经商事迹记载极少。涉及比干的也不是他的经世治国之才华，而是作为忠臣谏士；赵公明，非王侯将相，无缘史册，曾以经商巨资资助军方而从军，《封神演义》中成了武将、封为赵公元帅而留在民间传说中。从财神角度看，前者文财神经济致国富，后者武财神仁义致家富，民间敬崇，流传百世千秋。

相较于比干，赵朗（公明）得庆幸自己没有生在帝王家，不必有比干那样的坎坷、比干那样的被剜心。虽然他也被射瞎双眼，但那是战场上的英雄壮举，不是酷刑下的冤屈难伸。在《封神演义》中，赵朗被封为“金龙如意正一龙虎玄坛真君”，是中国第一个财神爷，他却不用自己干活，因为手下有招财、纳珍、招宝、利市四大财神真者；作为天帝亲封的“正一玄坛赵元帅”，这位财神爷头戴铁冠手执铁鞭，黑面浓须，胯下一黑虎，手下有八员猛将，六毒大神，还有五方雷神、五方猖兵、二十八将等，能驱雷役电，唤雨呼风，除瘟剪疟，保病禳灾……同是财神，何以比干在民间却没有赵公这样影响广泛？道理很简单，比干是王室宗亲、国之丞相，史册有记载，无法过多地给予幻想、联想；而且比干的“亘古忠臣”形象深入人心，帝王十分重视这样的“忠臣”，民间也好、道教也罢，也就不能过多渲染。

所以，比干的神化不完全是民间流传的结果，周武王封比干为国神，封神榜上封为北斗星官之一的文曲星；之所以成为财神，是因为比干是为国家赚钱、为国尽忠的，人们对他更多的是敬重。但对赵公明，则更多的是喜爱、是信赖。因为他本身就来自民间，没有史册束缚、没有官家限制，人们愿意怎么幻想就怎么幻想，愿意怎么期盼就怎么期盼。原本赵公明在传说中是五瘟神之首，后隋帝立祠封其为将军捉瘟神，代代流传的故事中，人们不断地把大家追求而不得、渴盼而不能的愿望寄托在这位“活”在老百姓中间的“神”上。再加上他位列仙班时双眼已盲，也就不会看菜下碟、看人布施，符合人们心目中“有求必应”的心理需求。所以，他是早在道教创立之前就在民间“呼风唤雨”，早在《封神演义》出书之前就因能镇邪祈福而名扬天下。道教本是中国本土的，本就亟须民间认同而名声响亮的人化“神”成“仙”入神坛仙班，以便于快速布道传道，让道家教义家喻户晓；在民间影响力极为巨大的赵公明，自然是最佳人选。所以道家也顺势推波助澜，赵公元帅由此成为武财神广为传颂，千家万户逢年过节顶礼膜拜，由此衍生出贴财神（镇邪祈福的门神）、接财神等系列民间活动。

2. 东方文财神治国致富技

比干姓子，因是王室宗亲（商纣王叔父）而封国于比。20岁时以太师之位辅佐哥哥商王帝乙，后又受托孤以少师（丞相）身份重辅侄儿帝辛（即殷纣王），先后辅佐殷商两代帝王，为王室重臣，从政40多年，忠君爱国，为民请命。对于他的治国方略和管理技法，一般只提及四句：主张减轻赋税徭役，鼓励发展农牧业生产，提倡冶炼铸造，富国强兵。但就这四句，内涵十分丰富，后世对比干丰功伟绩的解读，都是从比干的以死谏君与纣王的倒行逆施作对比，从而产生对比干忠君爱国、贤能治国的崇敬。

其一，减轻赋税和徭役。这是让百姓在连年战乱之后得以休养生息的重要举措，也是让国力得以强盛的基本国策。但商纣王重视领土扩张，穷兵黩武、重刑厚敛；而且杀俘烙臣，酒池肉林、荒淫奢侈。所以比干的减轻赋税徭役主张，显然不能符合纣王的需求。比干劝谏纣王不成（当时还有箕子、微子劝谏，箕子装疯为奴、微子逃离他乡才免过一死），选择了以死相谏而被剜心。所以，后人称比干为“天下第一仁”。针对“微子去之，箕子为之奴，比干谏而死。孔子曰：“殷有三仁焉””（《论语·微子篇·第十八》）。把因谏而遭迫害的三位王室宗亲称为三位仁人。孔子路过牧野时，亲自为比干墓书写“殷比干莫”① 几个字，成为孔子留在世上的唯一真迹。周武王封此墓为国神，又有圣人手笔，故被称“天下第一墓”。

其二，发展农牧业生产。这是商朝兴国的根本，从王亥时期就是商族兴旺发达的根本举措。正因为有农牧业的生产发展，才有余力（有积余货物）赶着牛车车队远赴各地贸易而强国富民。商纣王丢掉了国之根本，穷兵黩武去扩张，荒芜了农业生产、衰弱了畜牧业发展，显然是动摇了国本。比干死谏不得，商纣终究灭亡。后世敬仰比干，除圣人手书墓碑外，北魏拓孝文皇帝跋宏在比干墓侧修建了比干庙（比孔子庙早500年。由此成了中国第一座墓庙合一的建筑），拓跋宏亲书“吊比干文”，刻成碑文；加上自唐以降历代皇帝封谥、维修，文人雅士歌诗赋词，高度评价比干这位“亘古忠臣”，立碑纪念，几千年下来，比干庙里面碑碣林立，后世称

---

① “墓”为上“莫”下“土”，寓意在黄昏时分下葬，即死者下葬与太阳一起隐没。故墓葬不垒坟头。《礼记·檀弓》注：“墓谓兆域，今之封茔也。”也因为如此，古代“莫”“墓”通假。

其庙为“天下第一庙”，称其碑为“天下第一碑”。

其三，发展冶炼铸造业。这是商周时期对中华文明最重要的贡献，正是有了商周时期的冶炼铸造的大发展，才有了举世瞩目的殷商青铜器，如商代成组的青铜礼器、青铜兵器、青铜乐器、青铜车马器、青铜工具，重达80公斤的方鼎（郑州出土），最大的商代青铜四羊方尊（湖南宁乡出土）、青铜大立人像（三星堆出土）等。比干的大力推动和发展，使商代后期青铜冶铸，广泛使用分铸法以获得高度复杂的形制，纹饰华丽精美、自然和谐，有饕餮纹、龙纹、凤纹等多种动物纹，另外还有模特纹、人物装饰纹、几何装饰纹等；器物种类繁多，有礼器（鼎、鬲、尊）、乐器（饶、钟、鼓）、兵器（戈、矛、剑）、车马器、生活用具（食器、酒器、水器）和生产工具（铲、锄、犁、镰）等。其高度的历史价值、艺术价值和精湛的铸作技术著称于世，在冶金史上具有重要意义。

其四，实施富国强兵策。这是比干作为一名少师的本职工作，他是称职的，可惜未遇明君，导致“出师未捷身先死”，长使后辈泪满襟，历代帝王将相、文人墨客常为此唏嘘不已。如北魏孝文帝，就在比干庙的太和碑上留下感慨：“夫天地之长远兮，嗟人生短多殃。往者子弗及兮，来者子不厥当。……脱非武发，封墓谁因？鸣呼介士，胡不我臣！”① 其意思是说，天地悠悠时空是如此长远，可叹生命却又是如此短暂而多灾之难。古往今来多少正直而有学问的人做臣子都不如比干、都没有比干那样合适。……若非是周武王姬发，又有谁有资格为比干封墓②？啊呀！如果有这样耿介正直的人，何不让我做他的臣子！

一位帝王对一个能够富国强兵的人才的重视程度，到情愿他为君王我为臣，这应该是多高的评价。所以，才有神话故事里说比干有一颗“七窍玲珑心”，以彰显比干的聪明才智。

3. 北方武财神创业报国技

赵公明，秦代人，姓赵名朗（亦称玄朗）字公明，出生在终南山中一个叫赵大村（赵公大元帅之简称）的乡村里。他的成长史，在现代也是一部极好的励志故事。

其一，吃得苦中苦，方为人上人。出身于山间乡村的赵公明，家境清寒贫困，既无祖上庇荫，亦无固定收入，如果不劳动就连一日三餐都没法

① 霍德柱：《〈吊比干墓文〉考释》，浙江师范大学《信息咨询》，2009年9月23日。

② 在古代，坟和墓都是埋葬死人的，但墓是“墓而不坟”，一般是平的（不高于地面）；坟则在墓上堆起一个小土包，以示标记。《礼记·檀弓》注：“土之高者谓之坟。”故坟是对墓封土；坟是坟头、墓是墓地。

解决。而贫困，本就是人生最好的试金石，贫困中默默无闻、勉强度日者为大多数；小部分人则在对贫困的抱怨中过早跌下人生舞台；更少的一部分人，是在贫困绝境中奋起。同理，出身官宦富豪之家的子弟，若从未经历过贫困与磨难，成为纨绔的概率大大上升；贵族者，首先须有平民意识，否则永远成不了真正意义上的贵族。“伪贵族”指的就是那些欺男霸女的二世祖、世袭罔替的寄生虫或者是穷得只剩下钱的暴发户。对赵朗而言，正是少时的苦难，让他有了发愤图强的动力、心怀天下的雄心。居于深山老林，自不可能有大眼界，他脱离“脸朝黄土背朝天”生涯的重要转机，是山外来的木材商带来的。为节省人力成本，进山伐木、运木、贩木的木材商就地招工，赵公明因此成了一名伐木工人，完成了由务农转向做工的一个转变。

其二，职场信为本，交往义为先。作为山林里长大的人，赵公明有的是力气，更为难能可贵的是，他从不惜力偷懒，背运木材时表现出力大无穷，得到管工的欣赏，除运木外还安排他参与伐木、参与贩木。他年轻好学，工作中全身心投入，眼观六路耳听八方的同时，虚心求教、不懂就问，很快在各个领域里都成为业务尖子，而且各项技术精湛。逐渐得到了木材商的高度赞赏，多次给予他奖励。这恰恰是很多现代基层（或者说民间）奋力拼搏者无法悟透的——偷懒，只能偷得“懒惰”；待遇，总是表现出价值后才会有提高；吃亏，的确是福。赵公明在工作还有一项重要特质：为人信义。他诚信为本、乐于助人，待人诚恳、义气为先，在工友们中间仗义疏财，遇事不慌，敢于勇为，由此赢得了工友们的信任与爱戴。由此可见，职场打工者，肯做能做是规矩，有信有义是基础，守矩筑基方能成才。

其三，创业有风险，经商谋心和。随着运木贩木，赵朗，也就是赵公明打开了眼界，渐渐地有了自己的理想，有了自己的主攻目标。他利用打工和受奖励攒下钱财为本，又借贷了一部分工友的钱款，在征得木材商人认可和支持情况下，凭着勇气胆识，自己开设林场经营木材。赵公明又完成了从工人到商人的转变。他胸怀开阔、理想高远，成为木材商人后，对工人真心实意，决无“拖欠工资”更无“克扣工资”行为，谁有个头痛脑热、家中有事，都是仗义疏财，深得工人拥护；对客户，则是诚信经营，真正做到了“想客户所想、急客户所急”，为人又豪爽，客户中信誉极高，大家争着和赵公明做生意。有一个故事很能说明这一点：有个朋友，借了赵公明百金去做生意，谁料“天有不测风云，人有旦夕祸福”，生意过程中遭遇天灾，不要说赚钱，连本也亏了，一时无力偿还债务。朋友正在犯难时，赵公明找来了，无奈之下，朋友只有出面见他，向他陈述事情经过和面临困境。赵公明打断朋友的话头，呵呵一笑，拿起朋友家里的一双筷子，说这是吃饭家伙，既然你还不了债，而我也要吃饭，就用他抵债吧。一双筷子抵消百金债账的事情一传出去，人们无不竖起大拇指称赞赵公仁义。正是这仁义，让赵公得到了方方面面的认可，获得了人心的拥护和支持，和谐了与各方的关系，生意越做越大，财富越积越巨。

其四，修行而学道，处事讲和美。赵公明在经商时，渐渐意识到知识的重要，悟道、明道的重要，于是在经商之余到终南山楼观拜访高道，精研道理修炼正道。这完成了从一个商人到学人的转变。因此，在他有财有势之后，更讲究与相关关联方的协和。当听说山林中的一只黑色老虎下山骚扰平原百姓时，他义无反顾前去捕捉，出人意料地驯服了这只黑虎并养了起来（未查到如何驯服的资料）。据说后来参军时带了这只黑虎，成了赵公明的坐骑。这也是神化后的赵公元帅跨骑黑虎形象的原始来源。

其五，为富须行仁，义利得双收。富起来之后的赵公明，没有陷入为富不仁的怪圈，他没有忘记自己是从贫困中走过来的，更没有忘记自己贫困时人们对他的帮助。所以富起来后仍然学道、懂道、明道，让自己成为一名有道富人；赵公明尽其所能周济贫困，而且出手大方，进一步赢得了方圆百里百姓的人心，一传十、十传百，赵公明生意公道，为人大气，义利结合之名越传越广，影响力也越来越大。这时候的赵公明又做了一件让人们惊掉大牙的大事：他出支资助国家的军事行动，并亲自入伍成为一名战士，完成了从商人、学人到军人的转变。赵公明以赀军资为前提参军，不是要做广告、不是要做真人秀，更不是去镀金，而是真正地成为一名职业军人，打仗十分勇敢，战绩辉煌，深得将官们的信任，渐成军中名将。

赵公明一生经历了农、工、商、学、兵多个行业，行行成“状元”；他讲信用、扶贫助困，他善隐讳、低调做事，他平和，从不仗势欺人；作为一位经商奇才，以信用为本，以聪颖勤劳而聚财有方；以经营得当，管理严密而理财有道；以慈善爱民、仗义济困和疏财爱国而用财有义；作为一名军人是军中名将。这样一位集众多美德于一身的人，人们在感悟他的经商之道、感受他的财富文化时，渐渐将他神化，最终敬为财神。这样一位财神的赐财功能，体现在他“买卖求财，公能使之宜利和合。但有公平之事，可以对神祷，无不如意”（三教搜神大全）。义利和合，处事公平者，方能求得财神保佑。这正是中国经商、管理的本质。

二、商圣范蠡政商双赢神技

1. 乐善好施中华美德传承

2010 年 9 月 29 日，比尔·盖茨与巴菲特在中国北京设下慈善晚宴，与中国企业家和富豪们谈他们的美国式“裸捐”体会，引起轰动。这里不去争辩这是不是一场“商演”、有没有政治背景或文化背景，因为，慈善总是一件美丽的事情，总是一项美好的事业。这里要谈及的问题有两点：其一，两国背景不同，财富拥有方式、慈善行为方式、遗产税收政策等都不尽相同，可以启发、借鉴，但不可能一模一样。其二，“千金散尽还复来”的捐赠，不是西方特有的，而是中国传统文化的精髓之一。约 2400 年前的范蠡，就已经用实际行动撰写过财富三聚三散的篇章。所以，巴比的“裸捐”和分别在美、中慈善晚宴的主题，只不过是人类历史的重演，商业伦理、精神和理性的回归。

中国向来崇尚乐善好施，无论哪一派宗教、哪一种学术或思想流派，都提倡、鼓励或支持这一慈善观念，平时修桥铺路、战时赠物捐钱、灾时收容施粥，开善堂、奉义学，提倡存善心、行善举、致良知，传递大爱心，自古尔然，从无断绝。

《新民晚报》一篇文章，提到了部分古代慈善家①。

西汉黄霸“养视鳏寡，赡助贫穷”，治下“田者让畔，道不拾遗”；西汉名臣召信臣，大兴水利，“躬劝耕农”，大行善事，百姓尊为“召父”。

东汉光武帝的外祖父樊重，将借贷给贫困人家的百万债务文契一举销毁，家中的“池鱼牧畜”有求必应，分文不取；在他的影响下，重臣宣秉，自己“服布衣”“蔬食玉器”，把历年薪俸尽数赠与贫苦亲族和孤寡之家，辞世时“自无担石之储”；大臣王丹，把“家累千金”全部周济贫困百姓而得“好施周急”美名。

北魏良吏路邕任魏太守时，每天从家中自出粟谷赈济百姓，另一良吏闫庆胤任东泰州敷城太守，遇荒年而把自家千余石粟米“赈恤贫穷”。

隋朝循吏公孙景茂，以薪俸为病兵求医煮粥熬药救活 1000 多人，任道州刺史时，又动用薪俸和家产购买大量鸡猪牛犊，“散惠孤弱不自存者”；另一循吏辛公义，出任四川岷州刺史时，在暑月疫情严重时，将境内所有疾病患者抬到自家来，自己亲设一榻与病人住在一起，全部薪俸买

① 亦必威：《历史上那些慈善面孔》，《新民晚报》2012 年 2 月 6 日 B 版。

药病治病，亲自照顾病人从此改变了地方“一人有疾，即合家避之”陋习。

北宋大峰和尚，自己募捐筹资修桥为民造福，其中潮阳的和平桥，含辛茹苦历经十二年，后人受其影响兴办汕头存心善堂，为南方声望最著名的慈善机构，其善举思想流传海外。

明末清初，各地慈善组织实施有效救济，遇寒者给衣，饥者给食，病者施药，死者施棺，还筹集经费，给贫困儿童办学。以著名的东林学派主将高攀龙、钱一本、陈幼学、叶茂才等组织的同善会为最著名民间慈善团体，从河南虞城扩展至武进、无锡、嘉善等地，向社会宣扬良好的道德风俗，收养生活无着的贫困孝子、节妇和贫老病者。受其影响，仅苏州一地，即有各种名目的社会慈善团体120多个，上海地区也有80多个慈善组织，建起育婴堂（专收弃婴）、仁济堂、同仁堂（穷人免费）。

清朝两江总督陶澍，因主持“丰备义仓”（“以丰岁之有余，备荒年之不足”）而名，历尽艰难终成；林则徐呼应之，在苏州城里修筑了10间大小民办公助的救灾仓库为“长元吴丰备义仓”，即使后被流放新疆，仍在边区伊犁捐款兴修龙口渠。

清朝晚年，义仓由各地士绅管理，灾荒赈济粮食，筹建“协济粥厂”，兼管失业机户救济、创办专收贫困家庭孤苦儿童的“儒孤学堂”、扩建解决流亡人口和贫民子弟就业的“贫民习艺所”，长元吴丰备义仓逐渐发展成为一所综合性慈善机构。

在财神群体中，论乐善好施就不能不提春秋名臣、中国商圣范蠡。他曾献计卧薪尝胆、韬光养晦，成为中国历史上著名的政治家、军事家、经济学家、谋略家和道家学者。为了免功高震主之祸而在越国大业成功后辞官归隐，后又为“君要臣死臣不得不死”的纲常所不容；归隐后经商以一己之力挣得万贯家财，又为“重农抑商”社会主流思想所不容，其经营管理之技能亦不受重视，就是在当今评选中国历史上作出巨大贡献的人物时，没被列入历史名人之列，因为他的经商才华没有“货与帝王家”。

然而，在中国民间、在老百姓心目中，范蠡其人是光耀千秋、名传万世的文财神，而且历经2000多年崇敬不变甚至更盛。在民间百姓看来，范蠡治国平天下已经鞠躬尽瘁，值得人们敬仰；辞官归隐，是人生大智慧，百姓心中喜欢；经商成富，推动社会进步，黎民衷心尊崇；致富后，三散其财，人民用心爱戴。主流观点、官方认定与人民呼声相左时，历史会给出正确答案。西汉司马迁，虽受宫刑而不移其志，以史学家的严谨耿直公正，在主流见解、官方倾向的夹缝中，无法为范蠡这位春秋伟人单独立传，便换了一种相对隐晦的方式记述：《货殖列传》的货殖名家系列人物中，描绘最多的就是范蠡事迹；而在《越王勾践世家》中，着眼于范蠡的笔墨似乎并不亚于越王勾践，若非勾践为越王，这“世家”换成“范蠡列传”也无不可。司马迁毫不讳言“范蠡三迁皆有荣名，名垂后世”①，这两人都功在千秋。

2. 南财神范蠡创商界奇迹②

《史记》提到的“范蠡三迁”，指的是范蠡一生中三次成巨富，又三次散尽财帛迁往他地的事迹，所谓“十九年之中三致千金，再分散与贫交疏昆弟。此所谓富好行其德者也”③。第一次，“范蠡事越王勾践，既苦身戮力，与勾践深谋二十馀年，竟灭吴”之后，范蠡放弃上将军之尊荣，只“装其轻宝珠玉，自与其私徒属乘舟浮海以行，终不反。”此谓一迁一聚一散。第二次，范蠡“浮海出齐，变姓名，自谓鸱夷子皮，耕于海畔，苦身戮力，父子治产。居无几何，致产数十万。”本是归隐，却又成巨富，被所在地齐国知道了，“齐人闻其贤，以为相”，范蠡感叹道：“居家则至千金，居官则至卿相，此布衣之极也。久受尊名，不祥。”“乃归相印，尽散其财，以分与知友乡邻”，仅带重宝而去。此谓二迁二聚二散。第三次，“间行以去，止于陶，以为此天下之中，交易有无之路通，为生可以致富矣。”在陶地一家人再次艰苦创业，“居无何，则致赀累巨万。天下称陶朱公。”在这期间，陶朱公在当地搞经营、做慈善，留下了一个个历史故事和美丽传说，此谓三迁三聚三散。“后年衰老而听子孙，子孙修业而息之，遂至巨万。”范蠡的三迁，自浙江吴越经江苏太湖至山东定陶，三地都留下许多与范蠡有关的古迹与故事。其中与经营管理有关的，央视“走遍中国”栏目拍摄的《财神范蠡》（2011 年 4 月 28 日播出）专门作了介绍。这里介绍两则制器故事。

其一，制缸先师范蠡。中国的制陶从河北阳原泥河湾地区发现的旧石器时代晚期的陶片证明，距今已有 11700 多年的悠久历史。但作为土与火的结晶，存在着一个问题，就是把陶器做大了后就不容易成形、也不容易烧制。传说范蠡很好地解决了这一技术问题，用粘土与火做成了大而阔口的可露天放也可入室摆放的容器，范蠡命名为“缸”，由此被尊称为“造缸先师”。因为有了缸，大大改善了黎民百姓的盛水、贮物、腌制等日常

---

① 司马迁：《史记·三十世家·越王勾践世家》，古诗文网《史记》篇。

② 本部分除另注的引文，皆引自“古诗文网”司马迁的《史记·三十世家·越王勾践世家》。

③ 司马迁：《史记·七十列传·货殖列传》，古诗文网《史记》篇。

生活水平，故有传说范蠡还是酱的发明者。关于范蠡的“造缸先师”之称，有两地的人都认为起源于他们那里。一是位于江苏南部、太湖西岸的宜兴，中国著名陶都，他们还认为范蠡是宜兴陶业的祖师爷、“紫砂壶”的鼻祖；二是山东定陶，定陶古称陶、陶丘，因舜在这里制陶器而成名。两地都有街道、店铺、景点以范蠡或有关的内涵命名，且都有证据证明。

对此这里不作考证，只是把两地都有范蠡遗迹的可能作个说明：范蠡离开浙江时，无论是“乘舟浮海”海路达山东，还是“泛舟五湖”经太湖水陆抵山东，都能证明当时来往浙江山东两地的交通工具少不了船。范蠡的经商活动，也常常在浙鲁两地来往（后文“范蠡鬻马”也能证明这一点）。途经太湖时，在沿岸顺便做生意当属自然；更何况越灭吴后，宜兴一带归属越国，范蠡以宜兴为重要中转站、进而发展到在宜兴设立分支机构甚至设立别馆也说得过去。即宜兴有范蠡的经商遗迹，并非空穴来风。毕竟范蠡离开浙江当时的越国之地是不公开的，他本人不回越地而让手下人回去，自己留吴地宜兴经商亦未可知。哪怕这些范蠡之事迹无从考证，但故事传说也是国学的一部分，是劳动人民的思想结晶和技能汇总，这一点错不了，他人的行为或思想即使是假借范蠡之名传世又何妨，总是中国人的行与思。

其二，造秤先贤范蠡。范蠡经商中发现，人们买卖东西都是把一堆一堆物品放在一起毛估，没有衡器计量，很难做到公平交易。一天，范蠡回家途中，见一农夫从井里汲水，方法极巧妙：井边竖一高木桩，顶端绑一块横木，横木一头吊着水桶、另一头系一块石头，汲水时此上彼下、轻便省力，顿受启发，回家据此原理做了一杆秤。秤杆一头钻孔缚绳可掂起来，另一头拴吊篮可盛物，再在秤杆中间垂挂一鹅卵石以平衡吊篮中的货物，货重货轻，一秤衡定。货重是可以平衡了，却无法计量。范蠡边实践边思考，一天夜间出门小解，抬头见满天星星，忽生奇想，在秤杆上刻下十三颗等距离星号，分别代表南斗六星和北斗七星，每一星为一两，十三颗为一斤，中国第一杆计量衡器诞生了。

试用后，范蠡发现，会有心术不正之人缺斤少两坑害人。伦理道德问题，理论上不是秤杆能解决的，但可以在斤两标示中让人得到提示而有所警醒。于是他重新设计，将原白木刻黑星改为红木嵌金星（或黄色），寓意做生意人心要正（红色在中国文化中为正色），要光明正大（金或黄为皇家正道）；原十三星中的南斗六星，表示做买卖时要找准位置、不可偏斜、不可缺斤少两，而北斗七星，是告诫人们用秤的时候要心中有方向，不能贪恋钱物，要在买卖之中做到中正公平。另再增加三颗星，分别代表福、禄、寿星，意谓少一两就是减福，少二两则少禄，亏了三两便是折寿。但如果秤高高的，就有了增福添禄加寿的意思。

秤杆上的十六颗星星，第一颗为定盘星，其余皆为准星，十六颗星仍然每星为一两，十六两为一斤。这就是中国原十六进制的由来。原悬挂秤杆上的鹅卵石也由铁制而定型，叫作秤锤（又叫秤砣）。《论语·尧曰》提到"谨权量，审法度，修废官，四方之政行焉。""集解"解释这里的"权，称也。"《礼记·经解》则说"犹衡之于轻重也，绳墨之于曲直也，规矩之于方圜也。"其注曰"衡，称也。"可见，秤锤为"权"，秤杆为"衡"，"权衡"一词由此而来，寓意人们做事之前要权衡、评估事物得失轻重，用秤做买卖心里边要干净，不能为了钱而昧了良心。所以《礼记·深衣》进一步解释说："规矩取其无私，绳取其直，权衡取其平。"古人视秤杆为公平、公正的象征。

3. 下商海小本生意经商技

范蠡商海经商的故事很多，这里择其两则说明之。

其一，范蠡鬻马。这是古代小成本大利润的经典案例，范蠡刚开始做生意时本小利薄小经营，所以一直在寻找商机。他经历过吴越之战，对吴越合并后的越国情况相当熟悉，想到吴越一带本身不产马，而国力、经济的发展对交通等的要求越来越高，急需好马。他在陶地，处于南北之冲，去北方收购马匹简单，到吴越卖掉马匹也不难，从中的巨大利润是可以预见的。但范蠡面临一个大难题：如何把马匹运到吴越。两地千里迢迢，正值兵荒马乱，沿途盗匪很多，加上人马旅途费用，成本大，安全系数低。

找不到办法就问市场，范蠡安排人四处了解市场信息，终于让他了解到有一个叫姜子盾的商人，很有势力，经常水路贩运麻布到吴越。沿途地方官府皆已打好招呼、沿途强人则用金银买通，自齐至吴越可以畅通无阻。范蠡计上心来，他没有直接去找姜子盾，而是让人写了一张榜文公开张贴，内容是：我们新组建了一支一百五十四马的商队（即运输队），专门来往于齐国和吴越之间。开业之际免费酬宾，凡有向吴越运送货物的都可以来联系。自然，姜子盾巴巴地找上门来，非常开心地争取到了这次"免费运输"机会。这样，两人一路同行，陆路以范蠡的马队驮运货物，水路则由姜子盾的商船运马运货，顺利抵达吴越之地。

姜子盾长途运输布匹降低了成本，是赢家；范蠡接近零成本完成了马匹的长途贩运，江南人见到北方的高头大马，相当于今天具备了的高铁、高速公路的运输能力，争相抢购，也是大赢。双方双和双赢。

其二，范蠡养鱼。范蠡在越国时曾有养鱼富国之策，懂得修池养鱼的获利之道。北魏贾思勰的《齐民要术》有记述："威王聘朱公，问之曰：'闻公在湖为渔父，在齐为鸱夷之皮，在西戎为赤精子，在越为范蠡，有之乎？'曰：'有之。'曰：'公任足千万，家累亿金，何术乎？'朱公曰：'夫治生之法有五，水畜第一。水畜，所谓鱼池也。"① 这里记载范蠡的《养鱼经》，全文不足500字，却记述着养殖鲤鱼的一整套经验。其中的养殖对象、鱼池构造、新鱼放养规格和季节、雌雄比例等，以及密养、轮捕、留种等方法，皆作详细解说。

范蠡的《养鱼经》，是人类历史上第一部科学养鱼的专著，所总结的养鲤经验及其科学价值，对中国后世乃至世界养鲤业起到了重大推动作用，被译成英、法、日、俄、西班牙文，成为人类鱼类养殖史中的宝贵文献遗产。据定陶史料，范蠡曾在自家院子的池中养殖鲤鱼，可捕后送至市场出售，若有人来家，也会赠送之，并授其养鱼经。

范蠡是浙江人，浙商始祖；范蠡又在山东、江苏太湖一带经商，名声也很响亮。范蠡是浙江的，也是江苏的、山东的，范蠡是中国的商圣。将前述的经济思想（计然思想与范蠡思想有时候很难分清是谁的思想）、这里所提到的商业智慧结合起来，那就是一座文化宝库，在经商管理领域，留给今人"陶朱遗风"重要内涵，非常值得挖掘。

三、关公忠信公道商业精神

1. 关公忠义诚信商业精神

关公并不是因富可敌国或亲身经商而被奉为财神的，而是唯一一个不需要介绍人们也能知道他是平民出身、后成为一代名将的财神。"三国"故事，表现关羽形象的艺术形式古往今来不知凡几，关公形象早已家喻户晓、深入人心，而且同受儒释道三教供奉：隋朝佛教以其忠义足可护法尊其为"伽蓝神"，道教奉关公为"伏魔大帝"和"武财神"（明神宗朱翊钧干脆直接封帝，全称为"三界伏魔大帝神威远镇天尊关圣帝君"，取其后四字简称"关帝"），儒家也尊其为"武圣"，与"文圣"孔夫子同受敬拜。财神群体中，关公是西财神。

剔除故事中的演义部分，回归历史的真实；剔除神化过程中的虚幻成分，探索生活的真实，我们可以发现关公之所以能被艺术化为西财神，并非空穴来风。

其一，关羽的忠义精神。关公精神总体体现"在忠、义、信、智、

---

① 贾思勰：《齐民要术·卷第六养鱼》，诗词名句网《齐民要术》篇。

仁、勇”几个方面，其中忠诚、仁义几乎盖过了关羽的智与勇，尽管关羽恰恰是因为智勇双全而在三国名闻遐迩。关公的青龙偃月刀也成为人们追捧的内涵之一，所有的关公像，都不会少了这把刀。其中，刀尖朝上谓之“镇宅辟邪、守护财运”，刀尖朝下谓之“化煞解灾，招财进宝”。关公的忠义形象、忠义精神，与人们追求惩恶扬善、忠勇护卫，以及仁义有德、义气为先相吻合，各行各业，尤其是一些危险行业（如保镖、警察），甚至江湖帮派，都恭敬地奉其为祖师爷。关公早年曾流落江湖，身上有很重的江湖侠客气质，他爱憎分明，快意恩仇。对于商人来说，很喜欢好兆头。青龙偃月刀锋利无比，此“利”借用到彼“利”，商人都在保全前提下努力求财求利；再说借关公之威名，可预防不测，避免灾祸，确保公司、家人顺风顺水、生意红红火火。所以，中国的各大公司、商号、店铺均敬奉有关公的神像，认为关羽财神为能够“招财进宝、庇护商贾”的财神。不仅仅如此，全世界有华人的地方，就有关帝像；华人集中之处，就有关帝庙。关公以其忠义精神为人们膜拜、敬仰着。

显然，这符合国学做事先做人，做人先修心的传统道德观。德不配位何以为神！

其二，关羽的诚信精神。关于关公故事流传甚广的斩颜良、封金挂印、弃曹奔刘、单刀赴会、刮骨疗毒、水淹七军、大意失荆州等，是典故，为《三国志·关羽传》中真实的历史记载。而桃园结义、温酒斩华雄、诛文丑、过五关斩六将、华容道义释曹操等，是桥段，为《三国演义》等作品中的文学描写。无论是历史史实还是文学编撰，在中国人的心目中，关公最重义气，同时也最讲究信用的，体现出中华民族典型的诚信精神。

这种诚信精神，在关公身上最重要的体现在两个方面：一是诚实有信，关公“身在曹营心在汉”，人被曹操所获，坦坦然公开提出降汉不降曹，一旦得知刘备消息，不管千里万里，都要去追寻。后来果然过五关斩六将追随刘备而去。对于中国商场人而言，诚信方能致财；尤其是经商者，谈生意做买卖，讲的都是重义守信。二是不贪钱财。关公在刘备军营是管财的，来往账目清清楚楚，真正做到了管财却从不贪财。而在曹操得关公后，为拉拢他，封侯赐爵，三日一小宴，五日一大宴，上马一提金，下马一提银，得曹操赏赐数不胜数。但关公离开时，将曹操所赐所有金银财宝全部封置在库，不仅不带走一片云彩，还不带走一钱一物，展现了关公不为钱财所动的高节。这种信义精神，恰恰是民众心中的财神所应具备的禀赋。所以，生意人供奉关公，也有展示自己是一个诚实守信、光明磊落、值得信赖的人的意思在里面。做人做事要讲诚信，经商做生意要讲诚信。这是中国商业文化之魂。

2. 关公庙晋商帮经商有道

关羽有商道精神这一点可能会有一些不同见解，武将如何体现商道？然而，恰恰这一点才是财神之所以为“财神”的本质意义。首先，关羽是商界、更广泛地说是走向社会与人有交往的人共同的精神寄托，或者说精神领袖；凡是经商领域包括一些社会团体，都会请关帝财神爷像保佑着自家。其次，除了民间和宗教对关公崇拜外，官方也认可关公神，不但是隋炀帝封“伽蓝神”，宋太祖赵匡胤开宝三年（970 年）下诏选出包括关羽在内的古今忠臣义士 32 人加以表彰并专人祭祀；宋哲宗亲自题写“显烈”二字作为关公显烈庙的匾额，成为护佑宋朝军队的“军神”；宋徽宗还亲为玉泉寺显烈庙题写“神勇”匾额；后宋徽宗封其为“忠惠公”始，大观二年（1108 年）封“武安王”，宣和五年（1123 年）再封“义勇武安王”。明代重视关帝信仰，清代同样也重视……官家急需忠义之士，求“忠”若渴；同时关公的忠勇、仁义符合皇权统治的需要——稳定秩序与归顺民心。最后，关公是河东解良人（今山西运城解州人），他的老乡“晋商”们到处建关帝庙、请关帝像，不遗余力地供奉并传播关公的商道精神、挖掘关公的商道精神，也是关公代表商道精神的重要原因。

关羽作为一代名将，人们关注于他的万夫不当之勇、天下无敌方面；作为忠义化身，人们关注于他对刘备的忠、对曹操的义、对天下百姓的护佑上。道教为关羽封帝封神时的“颁奖词”就说他“英烈威灵，在生忠勇，死后为神，忠贯日月，德全乾坤”（百科词条“关岳庙”）。商人们供奉关公像也主要着眼在生意大发、财运大旺上，不太可能去关注他曾经的细枝末节，很少有人知道关羽擅长算数记账。而这些未被关注的恰恰是商道的重要内涵，这一点确实要感谢晋商的努力，在他们不遗余力下这些传说、故事作为一种文化流传下来。

在中国古代商帮中，无论是五大商帮之谓还是十大商帮之说，都是商业旺盛后人们对商人群体的地域性概括，其中最为著名的是晋商、徽商、潮商。山西人会做生意自古而然，宋时便已有“山西帮”之称，到了明清两代达到顶峰，晋商之名水涨船高。相同的是，宋时关公的财神之名也相当响亮，全国各地皆有供奉，甚至在一些连县衙都没有的偏远小县，却一定有文庙（孔庙）、武庙（关帝庙）。身在异乡为异客的晋商，往往以关帝庙为据点，聚集同乡、接待客户、开展商贸。有了关公这个老乡的庇佑，晋商生意在各地十分兴隆。关帝庙逐渐成为商人活动的重要场所，以至于后来凡有关帝庙就有集市，有的发展了集镇，不仅仅晋商，凡生意人都来了。当其中的一些人的生意发展到海外后，将这种风气也带到了海外。所以世界各地的唐人街，主街往往命名“中华街”，显要之处往往有一座关帝庙，关帝庙往往是华商联络、举办活动的场所，附近一定是商业最旺之所。关帝庙又是财神庙，关帝为财神。于是关公的商道精神逐渐形成：若要贸易兴，为商要诚信，若想财运好，生意要公道。

3. 关帝精神晋商以义制利

因关公，晋商设立商会时，干脆就放在关帝庙，名称叫“会馆”，即使另择地建造了会馆，也一定会在会馆内供奉关帝像，供人膜拜。所以很多地方的关帝庙与山西会馆（又称“晋商会馆”），是二合一或者一分二的，连晋商自己也很难说清是“庙”还是“馆”。有了会馆，晋商就有了组织，于是商帮的管理模式与文化研究也开展起来，背后的根柢是关帝信仰。

会馆管理，就是通过会馆对晋商的管理，严格意义上讲这是商帮内的管理。晋商管理以关帝信仰为根，思想上大力鼓吹关帝的“忠诚信义”以引导商人们遵循“以义制利”；情感上，在强化关帝崇拜基础上倡导“义薄云天”的关帝精神，强化了商人间的兄弟信义与忠诚；操作上，则采用“东伙制”“股俸制”“号规制”等形式进行道德管理、运行管理。

所谓“东伙制”，就是用人是东家选择伙计来经营，选人原则“避亲举乡”，意思是用老乡不用家人；出任经理和伙计的同乡，允许人力入股以致激励并约束。

所谓“股俸制”，股为银股、俸为身股。银股是财东投资商号的合约资本，对商号的盈亏负无限责任；身股是财东允许经理等重要伙计以人力而非资本来顶股份，可以参与分红但不对商号的亏赔负责。

所谓“号规制”，就是商号订立严格的号规约束财东和伙计，以制度或默契（即西方所谓的“心理契约”）保证执行力。例如，设置因个人原因造成商号损失的赔偿和处罚制度；招聘人员必须是山西人，而且要有殷实的亲友或商铺作保；异地经商不得带家眷等。这样，在思想观念和具体行为两个层面，贯彻落实了忠义、诚信的关帝商道精神。

显然，股份制、合伙制，股权激励以及执行力、心理契约、管理制度甚至经理人制度等，古代晋商早在应用。

山西会馆在晋商文化的研究上突出了关帝信仰与商道精神的关系。因为晋商不像别的商帮那样是宗族、家族制经营，而是地缘化汇聚、同乡人共存的模式，介于家族化企业与现代市场化企业之间的一种模式。这就很有必要选择一个精神信仰制约经商行为，老乡“关公”自是最佳也是必然的选择。在这种情况下，关公与经商的关系也要有说得过去的缘由，而不仅仅只是忠、信、义、智、勇的品德加持。

关公在与刘备、张飞成为兄弟之前，是个推车卖枣的小商人，虽与商道之说搭不上边，但毕竟有个经商基础，会算算小账目也正常。而关羽真正在经营管理领域崭露头角的是在他与刘备、张飞一起打天下的过程中体现出来的。其一，关公镇守荆州时，上马管军，下马管民。军中粮饷，民之生计，皆须操持。虽有专门官员，毕竟一州之主，战争时期自需懂财务、能管经济，否则何以安排粮草、划拨运输。其二，小商人出身的关羽还是个读书人，在当时刘备军营中，不仅仅是一员威风凛凛的大将，还是一位负责军营财务工作的“财务总监”，精于理财之道，擅长算数记账，并发明了簿记法，所记账目分成“原、收、出、存”四项：原，即原有的物款数目；收，即进账的物款数目；出，即支出的物款数目；存，即结余的物款数目，清清楚楚、明明白白。

后来，关羽在曹营中，对曹操的赏赐分文未动，并立账册，按此方法记账。离开曹营时，一库金银、一本账册留下，显示了关公的坦荡信义。会计学上认为宋朝的四柱清算法是我国最早的核算法，四柱为“旧管、新收、开除、见在”，细细体味，与关公的“原、收、出、存”逐一对应。此说未被会计学界认可，因是民间流传而非史册记载，不然中国会计核算的历史可以提前到三国时期。学界不置可否，民间却认定关公是会计行业的祖师爷。

第三节　侧四方财神之经管技法

每逢过春节，不仅仅是公司、商家和大户“请财神”，平时没有请财神雕像的普通百姓、升斗黎民，也家家户户悬挂或张贴纸印的财神像，希冀财神保佑大吉大利。也许并不完全相信、人人相信，却仍然愿意求个好兆头。这就是习俗、这就是民俗文化——请神求财的活动（敬祀财神的系列民俗活动）反映了老百姓求财纳福的心理与追求，寄托着人们对发财的祈望，祈愿能够大发大富，既平安（吉）又有财（利），这是“和文化”的社会基础之一。迎神祭祀时，人们燃放鞭炮、肃然虔诚，燃亮香烛、敬足牺牲，然后带领一家老少顶礼膜拜，以一种祖传的、规范的礼式，寄托祛邪、避灾、祈福的美好愿望。

中国地大人多，百姓敬仰的财神也多，用一个体系来表述——方位体系，就把财神群体构建出了四面八方“方位财神”。第二节阐述东南西北正四方财神，本节则论西北白圭、西南端木赐、东北李诡祖、东南管仲，这里称侧四方财神及他们经管聚财之基本技法。

一、儒商始祖子贡经营技法

1. 西南财神子贡经商学儒

旧时中国商人常常在店堂铺面显目位置高悬“陶朱事业，端木生涯”八个大字。这里的陶朱即范蠡，端木为端木赐。范蠡为官而官至极品，辅佐越王成就霸业；为商而商至巨富，财帛聚散商海逍遥；正所谓一身才智献事业，一生事业皆荣耀。从财神角度看，因其能根据时节、气候、民情、风俗等，人弃我取、人取我予，顺其自然、待机而动，其“知斗则修备，时用则知物”之策、抓住“现时得时无怠”之术、在价格上“上不过八十，下不减三十，则农末俱利”之法，“积着之理，务完物，无息币。以物相贸易，腐败而食之货勿留，无敢居贵”（《史记·货殖列传》）之要，加上坚持薄利多销而很快成巨富（前已有述，此简单带过）。

《史记·仲尼弟子列传》说：“端木赐，卫人，字子贡。少孔子三十一岁。子贡利口巧辞，孔子常黜其辩。”子贡为孔门十哲之一，孔子“受业身通”弟子之一。在孔子所有弟子中，他的政治才能最为顶尖，做官做到鲁国、卫国之相；沟通能力顶尖，口才极好，是一个善于雄辩、办事通达的人；他尊师重教孝道也是众弟子中最顶尖的，孔子年老多病时都是子贡在旁照顾，孔子去世，按理守孝三年已是执子侄之礼了，子贡却在大家都走后一个人又在孔子墓旁守孝三年（一共守墓六年）。子贡被百姓尊为文财神，其经商能力、政治管理能力极高，曾周旋于列国尤其是曹、鲁两国之间，游刃有余而富致千金；以子贡“利口巧辞”“孔子常黜其辩”的敏捷思维、沟通才能，助他在生意方面节节胜利；尤其是子贡的学问和对老师的崇敬与孝道，让各诸侯国的君主都对他礼贤有加，其交往“结驷连骑，束帛之币以聘享诸侯”，其礼节则“所至，国君无不分庭与之抗礼”（《史记·货殖列传》）。“分庭”就是把庭院分成两半，“抗礼”就是施之以平等之礼。“分庭抗礼”成语来源于此。

子贡商业能力顶尖，为孔子弟子中唯一一个读书人做生意至巨富者（孔子弟子首富），随孔子学儒的商人，后世尊为“儒商始祖”。孔子周游列国时，曾被诸侯争霸的军队围困，子贡用钱铺出一条逃生道，奔赴鲁国搬来救兵救孔子团队于危难之中；子贡还是孔子和他的团队在列国宣讲生涯中唯一的无偿“赞助商”。综合上述种种，读书人认为子贡的读书生涯中完成了商人生涯，学而致用，其学其能其孝其情其富皆为顶峰，乃是诚信为人的“端木生涯”。经商中又能“好废举，与时转货赀……家累千金”（《史记·仲尼弟子列传》），说明他善于分析预测市场行情涨落，并根据当时行情运行货物、运用资金而累积成巨富。子曰“君子爱财，取之有道”的观念、子贡诚信经商的风气，是“端木遗风”的主要内涵。

“子赣（即贡）既学於仲尼，退而仕於卫，废著鬻财於曹、鲁之间，七十子之徒，赐最为饶益”（《史记·货殖列传》）随孔子学习而达格物、致知，清贫入学富裕中仍诚意、正心，废著鬻财而修身、齐家，入仕则治国、平天下。显然，这是一条不同于“学而优则仕”的道路，而是学而优则商、商而优则仕的道路。这在商人地位极低的古代，需要极大的勇气。

各种资料都没有直接提子贡到底是做哪行生意而发达的，但从“废著鬻财於曹、鲁之间”一语中，可以看出子贡从对什么人都“废著”（意同废居，贱买贵卖。著，买进，囤积）到专门与诸侯国及皇亲国戚做生意“鬻财”（做买卖聚财）的，应该是根据市场需要，缺什么就做什么生意。前面提到的“与时转货赀”也说明了这一点。再从“子贡曰：‘有美玉于斯，韫椟而藏诸？求善贾而沽诸?’子曰：‘沽之哉！我待贾者也!”’（《论语·子罕篇》）等的蛛丝马迹中，应该做过玉器珠宝生意。孔子在一次与子贡对话时，孔子说：“回也其庶乎，屡空。赐不受命，而货殖焉，亿则屡中”（《论语·先进篇》）。这是说他的弟子颜回的学问道德差不多接近于完善，只是他屡屡贫困交加（“空”为贫困、匮乏）。端木赐没有听从命运的安排，而去经商做买卖，对市场行情的预测（“亿”同“臆”），常常一语中的。从中可以看出两点，一是针对颜回总是贫困的窘况，流露出一份深深的遗憾（虽然肯定他的道德学问高），说明孔子本不排斥正当谋利，不仅仅是对子贡经商行为认可与赞扬，在《论语·里仁》孔子也提过：“富与贵，是人之所欲也，不以其道得之，不处也；贫与贱是人之所恶也，不以其道得之，不去也。”孔子并非只要仁、义，不要欲、利，只不过“君子喻于义，小人喻于利”而已。这就是后来启蒙书《增广贤文》编辑“君子爱财，取之有道”时的原始出处。二是针对子贡的货殖，孔子还是很欣赏的，欣赏他赢得能力、欣赏他的市场预测水平高。从中也应该可以看出来子贡所经营的内容是根据市场行情而适时变化，应该不是单一的茶商、布商或珠宝商什么的。

显然，所谓儒家轻贱经商，不是孔子之意，而是后世歪续、误读或曲解。

2. 子贡尊师重道捍卫儒学

子贡为儒商始祖，是至圣的亲传弟子。所以他时时处处维护孔子、传播儒学，是名副其实的“儒”；不像现今一些暴发户装修豪华考究的办公室里摆放一摞摞书（或系列名著模型）、放几张买来的“文凭”、挂几张与名人的合照，便称儒商了。子贡儒商是名副其实的，他可以把政治谋略、国家大事也用经商方式处之：为了恩师而帮助救鲁国，凭借聪慧的大脑、舌灿莲花的口才，以一己之力，辗转于正在春秋争霸的鲁、齐、吴、越、晋几国之间，硬生生让历史走向发生了转变——既是政治谋略，也是营销智慧，更是儒商做成“大生意”的典型案例。其中有两件大事值得一叙，这里先说其一“子贡颂师”。

其一，“子贡颂师”。颜回（渊）是孔子最得意的弟子，传承孔子衣钵也是最好的一个，所以后世称他为“复圣”。但是颜回在维护、传播孔子学说方面却没有什么建树，就连他自己也没有什么书籍留下。真正能够维护孔子、宣扬孔子、发挥孔子学说的，是子贡。

司马迁就直截了当地说：“夫使孔子名布扬于天下者，子贡先后之也。”（《史记·货殖列传》）这里的“先后”是指孔子的生前身后，也就是孔子在世时，子贡坚定不移地维护老师、支持老师、宣传老师；孔子过世后子贡仍然坚定不移地称颂老师、赞美老师、传播和维护老师的人格和尊严、思想智慧和儒家学说。《论语·子张篇》对此有记录。当时确实有人走茶凉现象，孔子去世后，各国贵族以及一些孔子的学生，对孔子及其学说加以否定，但对皇家贵客子贡却竭尽奉承。鲁国大夫叔孙武叔就在庙堂上公开说“子贡贤于仲尼”，子贡听说后，道：“譬之宫墙，赐之墙也及肩，窥见室家之好；夫子之墙数仞，不得其门而入，不见宗庙之美、百官之富。得其门者或寡矣。”子贡用围墙作比喻，自家的围墙差不多齐肩高，人们可以在外面就看到里面房屋的美好。而老师的围墙有好几仞高，找不到可以入内的大门，也就看不见里面宗庙的绚美、房屋的富丽。真正能找到门径的人并不太多。

针对别人对老师仲尼的诽谤，子贡坚定地说：“仲尼不可毁也”，非常骄傲地称赞老师：“他人之贤者，丘陵也，犹可逾也；仲尼，日月也，无得而逾焉。人虽欲自绝，其何伤于日月乎？多见其不知量也。”所以，对于“子为恭，仲尼岂贤于子乎？”的马屁之言，子贡毫不客气地说：“夫子之不可及也，犹天之不可阶而升也”（《论语·子张篇》）。在他看来，老师是那样的高不可及，就像天是不能够拾阶而上一样。

现代有人说孔子学说只有思想没有应用之技，那是不懂孔子，不懂真正的儒学。宋时学者学《论语》时，有赵普注："《论语》二十篇，吾以一半佐太祖定天下"。后又有罗大经再批"今欲以其半辅陛下致太平"；元代戏曲作家高文秀在其所著《好酒遇上皇》的杂剧曲文第三折中写道："每决大事，启文观书，乃《论语》也，此时称小官以半部《论语》治天下。"于是，"半部论语治天下"之说传扬，既是对《论语》的正面评价，也是元代儒生的自我安慰（元时"九儒十丐"，故称"老九"）。无论哪种情况，至少可以说明，儒家《论语》可治天下，关键是学儒者能不能悟到，没有领悟却矢口否定，不是科学精神。

子贡认为自己取得的任何一方面成功都是对儒学精神追求的结果，是将孔子学问及内含在事功上真正用出来的。所以他在经商、做官、外交等领域都以领悟孔子学说为要，都是孔子学说的具体运用，都体现了孔子学说既有思想、也有技法的真精神。

3. 儒家智慧游说列国见真章①

第二件值得一叙的是子贡"游说列国"献儒谋。撇开政治谋略不说，单讲营销策略角度，"游说列国"这件事可以编成推销"主意"的经典案例。

田常，原名田恒，齐国田氏家族第八任首领，齐国左相。为避汉文帝刘恒名讳，后世称"田常"。公元前481年发动政变，田常杀死右相和皇帝（齐简公），立新君（齐平公），挟天子以令诸侯。在他发动政变谋反之前，把对他有妨碍又手握兵权的几位将领"移其兵欲以伐鲁"。孔子听说后急了，"夫鲁，坟墓所处，父母之国，国危如此，二三子何为莫出?"在子路、子张、子石请出时，"孔子弗许。子贡请行，孔子许之"。可见，在众多弟子中，孔子认可子贡，相信子贡能解决此事。子贡是如何不负师望让田常不伐鲁的呢?

子贡心中有乾坤，他先是至齐去见田常。子贡将田常的脉搏摸得准准的，这人不在于齐国军队打胜打败，只在于能否削弱齐国王公大臣们的力量以方便自己谋反。于是见了田常就说："君之伐鲁过矣。……君不如伐吴。"理由是"忧在内者攻彊，忧在外者攻弱。今君忧在内。"然后分析"忧在内"在于你打败了鲁国，"上骄则恣，臣骄则争"齐君就不用顾忌你了，大臣们就要跟你争权夺利了，那"君之立於齐危矣"。田常被说动了，"善。虽然，吾兵业已加鲁矣，去而之吴，大臣疑我，奈何?"子贡说"君按兵无伐，臣请往使吴王，令之救鲁而伐齐，君因以兵迎之。"田常思

① 本部分引文除另注外，皆引自"古诗文网"司马迁的《史记·仲尼弟子列传》。

虑之后，觉得可行，答应了。

于是，子贡去吴国见吴王夫差。吴王夫差的需求点是什么，子贡早已心中明了，他有称霸天下的野心。于是对吴王说：“且夫救鲁，显名也；伐齐，大利也。”如果你是要利，那么“诛暴齐以服彊晋，利莫大焉”。吴王觉得确有道理，但还是担心越国虽已臣服却不安分，“有报我心”。子贡在分析了各国强弱情况和仁者应有之义后说：“今存越示诸侯以仁，救鲁伐齐，威加晋国，诸侯必相率而朝吴，霸业成矣。”然后子贡“请东见越王，令出兵以从。吴王大说，乃使子贡之越。”准确抓住需求点，是这次出使之关键。

子贡又去见越王勾践。越王倒是恭敬，他本就在卧薪尝胆，直言自己的愿望是“欲与吴王接踵而死”。这就好办了，子贡说“今王诚发士卒佐之徼其志，重宝以说其心，卑辞以尊其礼，其伐齐必也。彼战不胜，王之福矣。战胜，必以兵临晋，臣请北见晋君，令共攻之，弱吴必矣。”越王大悦。子贡回报吴王说，成了；五天后越王也派文种带兵向吴王报到。吴王也大悦，听从了子贡劝说，没有让越王跟随，自起“九郡兵伐齐”。

最后抵晋国见晋王。子贡以越使身份到达晋国，吓唬说，齐吴将开战，吴国“战而不胜，越乱之必矣；与齐战而胜，必以其兵临晋。”并出主意“修兵休卒以待之。”晋国君主答应了。事情的结果是，吴王“大破齐师”，兵临晋国；晋听了子贡的话以逸待劳，“大败吴师”。越王趁机“涉江袭吴”，吴王慌忙回救，却被越军攻破王宫，越国称霸东部。“故子贡一出，存鲁，乱齐，破吴，彊晋而霸越。子贡一使，使势相破，十年之中，五国各有变。”一介文人让历史发生变化，通过乱齐、破吴、彊晋、霸越，达到了存鲁目的，完成了师命，而子贡付出的成本就是一路行一嘴言，目标定位准确，为对方所必须、必要；最终一言定四国，轻松救鲁国。起因既不是政治谋略，也不是国家战略，只是因为自己的恩师孔子不愿意母国被伐，子贡越众而出慨然领命。一项私人“出使”的行为演变成几个诸侯国的命运改变。归根结蒂这次出使行为，成了国家治理谋略、政治机变谋略、经营管理谋略。

子贡不愧是春秋大儒、儒商始祖、西南财神。

二、管仲与诡祖的经管技法

管仲与李诡祖两位，一个丞相一个县令，地位悬殊；一个东周（春秋齐国丞相）、一个北魏（孝文帝时曲梁县令），相距千年。同列财神是因为他俩都被道教封神。事实上，与其说管仲是财神，不如说是一位春秋时期甚至是整个古代最为著名又最有经济思想的经济学家、管理大师；他在人们的心目中更多的是一位真实的历史人物。而李诡祖在百姓心目中倒是名副其实的财神，虽然在财神群体里他是离我们最近的一位历史人物，却是踏踏实实经历了民间造神、道教纳神、帝皇封神的过程，更典型地体现出神格化特征。

1. 管仲古代宏观经济管理

管仲是颍上人（今安徽颍上），故为徽商始祖、徽商财神。《理论篇》第八章第二节，已就“管仲心法”专门论述，重点是《管子》中的“心术”“白心”等内容。这里则着重从被列为东南财神视角，探究这位经济学家、管理大师的经济与管理思想。

如果说英国经济学家凯恩斯是西方“宏观经济学之父”，那么，管仲是当之无愧的中国“宏观经济学祖师爷”“宏观经营管理学祖师爷”。管仲生活在公元前723年至公元前645年，早于凯恩斯（1883～1946年）约2600年。管仲从国家管理（诸侯国）视角提出经济理论和管理思想，凯恩斯从市场调节的角度提出经济理论，这是他们各自所处的位置、政治体制和时代背景所决定的，但归根结蒂凯恩斯的经济理论和政策主张，是放弃经济自由主义，实行国家干预。这与管仲的方针政策何其相似。例如，凯恩斯提出的国家干预做法是实现赤字财政政策，增加政府支出，以公共投资的增量来弥补私人投资的不足；增加公共投资和公共消费支出，实现扩张性的财政政策。这些做法在春秋争霸时期，各诸侯国早就发明并应用了，管仲在齐国按土地分等征税，禁止贵族掠夺私产，反对向“树木”“六畜”和人口抽税，而主张“唯官山海为可也”，“山海”就是铁和盐（《管子·海王》），把国家投资主要放在富国强兵；管仲提出国家经济政策是“遂滋民，与无财”（《国语·齐语》），采用办法乃是“轻重鱼盐之利，以赡贫穷”（《史记·齐太公世家》），或言“通轻重之权，徼山海之业”（《史记·平准书》），以至于“通货积财，富国强兵”（《史记·管晏列传》）。

顺便说一句，范蠡用计然之策在越国首开“债筹”（一种国家向民间的告贷方式）融资法，这应该是世界上最早的“国债”、最早的赤字财政了。

管仲在大力发展盐铁业的同时，统一铸造、管理货币①，增加货币供

① 管仲修齐太公“九府圜法”，在齐国设立了专管货币的机构——“轻重九府呻”。齐国由政府统一铸造货币，这种规范的货币呈刀形，名为“齐法化”或“节墨法化”，俗称“齐刀”。

应量以调剂物价，这在今天来说就是运用了扩张性财政政策，刺激社会投资需求的增加、刺激国民经济活动，以增加国民收入，实现充分就业。为此，管仲把富民放在首位“凡治国之道，必先富民。民富则易治也，民贫则难治也……是以善为国者，必先富民，然后治之”（《管子·治国》）。作为国家管理者，管仲不仅提出理论和主张，还在国家管理中具体体现出来，通过国家定制稳定体制。他在全国划分政区：“叁其国而伍其鄙”①；组织军事编制，“作内政而寄军令”②；建立人才选拔制度，“此三本者，治乱之原也；故国有德义未明于朝者，则不可加以尊位；功力未见于国者，则不可授与重禄；临事不信于民者，则不可使任大官”（《管子·立政》）。凡“慈孝”“聪慧”“拳勇”出众者，由乡长推荐试用，称职的委任为吏，任用称职的又可以晋升，三审三选后可为“上卿之赞”（助理）；人口制度改革为“国家干预”奠定了基础，而土地改革上提出“相地而衰征”，即按照土质好坏、产量高低来确定赋税征收额（与马克思级差地租同）；在此基础上管仲采用了粮食“准平”政策：“民有余则轻之”“民不足则重之”（《汉书·食货志》下），“轻”就是国家“敛之以轻”，“重”指国家“散之以重”，这样“大贾富家不得豪夺吾民矣”，这是新型的国家集权干预。不仅如此，为了有效利用本国林木、渔业资源，管仲制定了史上最早的自然环境保护法，规定“山泽各致其时”禁止并预防“竭泽而渔”的经济开发。即伐木和捕猎只准在适当的季节进行，不得滥伐滥捕。

凯恩斯主义的理论体系是以解决就业问题为中心，而就业理论的逻辑起点是有效需求原理。有效需求由消费需求和投资需求构成，其大小主要取决于消费倾向、资本边际效率、流动偏好三大基本因素以及货币数量。由此，结合第二次世界大战之后的大萧条现实，凯恩斯提出了边际消费倾向递减规律、“节约悖论”等理论，目的是找到增加就业和有效需求的方法。

管仲所处的时期是春秋争霸时期，管仲为相的齐国正处在“休养生

---

① “叁其国”，就是将国划分为21乡，士居15乡，工居3乡，商居3乡，分设3官管理。“伍其鄙”，就是将鄙野（国都之外的广大地区）分为5属，设立5大夫、5正官分管。属下有县、乡、卒、邑4级，分别设立县帅、乡帅、卒帅、司官管理。目的是“定民之居”，使士、农、工、商各就其业。

② 意谓依据行政管理进行民为兵式的管理。在“叁其国”中，工商之乡不从事作战，士乡15须参与作战。五乡为一帅，有11000人。由齐君率为中军，两个上卿各率五乡为左右军，是为三军（参其国）。一乡有十连，一连有四里，一里有十轨，一轨有五家，五家为一轨（伍其鄙）。轨五家“守则同固，战则同强”。

息”状态，以备在争霸事业中获胜。为了增强国力，达到国富民强兵源、战备充足，管仲提出了“奢侈消费”主张和“俭则伤事”观点，以促进消费、发展生产。凯恩斯所提出的理论与主张虽然与2600来年前的管仲理论与主张在名称上有所不同，其内涵却有惊人的相似性。连孔子都禁不住感叹：“桓公九合诸侯，不以兵车，管仲之力也。如其仁，如其仁。”并且不遗余力称赞他：“管仲相桓公，霸诸侯，一匡天下，民到于今受其赐”（《论语·宪问篇》）。

管仲管理也涉及社会就业、有效需求问题、储蓄与消费、边际消费倾向递减规律等问题，只是那时候没有这些名词。那时候的就业就是民有地种、能产粮食；那时候的有效需求，就是能满足民之用度；那时候的储蓄与消费，就是存粮和用粮（货币只是交易手段，还没有成为储蓄手段）；那时候的所谓“边际消费倾向递减规律”，就是随着百姓实力的增加，生活消费水平（用度的数量和质量）也在增加，但在增加的收益中，用于消费部分的增加并不是与可支配收入的增加一直保持相同的比例，而是用于生活消费的部分所占比重越来越少（家中存量会越来越多，奢侈消费也会有所增加）。《管子·国蓄》说：“五谷食米，民之司命也；黄金刀币，民之通施也。故善者执其通施以御其司命，故民力可得而尽也。”五谷食粮，掌握着民众的生命线；黄金刀币（货币），是民众之间货物的交易手段。所以善于治理国家的人，用这样的流通手段来驾驭民众的生存命运（粮食），如此就可以最大限度地使用民力了。“凡将为国，不通于轻重，不可为笼以守民；不能调通民利，不可以语制为大治。是故万乘之国有万金之贾，千乘之国有千金之贾，然者何也？国多失利，则臣不尽其忠，士不尽其死矣。岁有凶穰，故谷有贵贱；令有缓急，故物有轻重。”大凡治国的将才，不懂得轻重之术，就不能组织经济之“笼”来管理好百姓；不能够调剂老百姓的利轻利重，就不能说用经济制度来实现国之大治。所以，一个万乘大国如果出现了万金的大商贾，一个千乘小国如果出现了千金的大商贾，说明什么呢？这说明国家流失大量财利，那么臣子就不肯尽忠，士兵也不肯效死了。年景有丰有歉，故粮价有贵有贱；号令有缓有急，故物价有高有低。

管仲明确提出财富不能过度集中到少数人手中，而要让普通民众也参与消费。

2. 管仲奢侈消费经济实践

微观经济管理方面管仲提出“俭则伤事”观点：“黄金者，用之量也。辨于黄金之理，则知侈俭。知侈俭，则百用节矣，故俭则伤事，侈则伤货。……货尽而后知不足，是不知量也，事已，而后知货之有余，是不知节也，不知量，不知节不可，为之有道”（《管子·乘马》）。这就是说，黄金刀币（货币）用于百姓交易的衡量工具。能辨别清楚黄金刀币的作用原理，那就是懂得什么是奢侈、什么是节俭。明白了奢侈与节俭，则各项用度都能得到适度的满足。所以生活用度（消费）节俭（多储存粮食）了，就会损坏经济事业（使经济衰退）；而（消费）过于奢侈了，又会损害货物资源。……等到货物商品消耗光，才知道不足，这是不懂得适量的缘故；等到事业完成后，才发觉商品过剩，是不懂得合度的缘故。不懂得适量，不知道适度都不行；经济事业有规律可循。故管仲鼓励适度消费。管仲的意思是“甚富不可使，甚贫不知耻”（《管子·侈靡》）。国民太富了，不好使用，太穷则不知羞耻。平衡刚好。

针对“兴时化若何?”（如何根据时代不同而改变政策呢?）的问题，管仲认为“莫善于侈靡”——最好的办法是侈靡消费。他说：“富者靡之，贫者为之，此百姓之怠生百振而食非，独自为也，为之畜化”。让富人奢侈消费，让穷人劳动就业。这样，百姓将安居乐业，百业兴奋而有粮可吃。这不是百姓可以单独做到的，需要政府替他们蓄积财货。于是，他倡议“积者立余日而侈，美车马而驰，多酒醴而靡，千岁毋出食，此谓本事”（《管子·侈靡》）。意思是说，财富有积余者（储蓄多者）应拿出富余部分大大消费，购置美车宝马开心驰乐，多置酒醴尽情享用，历经千年也无须出门要饭。这就是本来应该做的事（即促进农业生产）。用现代语言表示，就是民众有钱，就可以鼓励奢侈性消费、尽兴消费。

20世纪凯恩斯推广的“节约悖论”①，类似公元前七世纪管仲提出的侈靡消费国策。在管仲的系列奢侈消费举措中，有一项举措在今天看来是惊世骇俗的，那就是“女闾”制。女闾是指官办妓馆（非准营，而是官办），管仲是中国历史上第一个开官妓的官员，所以妓界称其为始祖。《战国策》记载：“齐桓公宫中七市，女闾七百，国人非之。”② 褚人获《坚瓠续集卷一》解释说：“管子治齐，设女闾七百，征其夜合之赀，以充国用……管仲相恒公，匡天下，而立女闾之法。”大概意思是，齐桓公宫中招来了700姑娘（其身份是敌方俘虏，为女奴），为官员提供性服务，收

① 根据凯恩斯主义的国民收入决定理论，消费的变动会引起国民收入同方向变动，储蓄的变动会引起国民收入反方向变动。但根据储蓄变动引起国民收入反方向变动的理论，增加储蓄会减少国民收入，使经济衰退，是恶的；而减少储蓄会增加国民收入，使经济繁荣，是好的，这种矛盾被称为“节约悖论”。

② 刘向：《战国策·东周·周文君免士工师藉》，古诗文网《战国策》篇。

资抽税入齐国国库，当时主要用于军资（比“官妓”晚一些的是春秋越王勾践的随军妓女“乐营之妓”，即“营妓”）。“官妓”举措，除刺激消费、增加国家收入外，还带来其他效果：一是满足青年男子的要求；二是保护良家妇女不受骚扰；三是借助美女来招引大量人才；四是送妓与敌，兵不血刃破敌。各诸侯国竞相效仿，一时官妓大兴。春秋战国与古希腊文明大体在同一时期，虽然一是农耕文明，一是海洋文明，但在性观念上有着相对的一致性，即都认为：性，是人类的本能需求。所以，那时的中国人也不是“灭人欲”的。

从经济管理角度看，《蜜蜂的寓言》中道出的“曼德维尔悖论”，与“俭则伤事”异曲同工。寓言说：从前有一群蜜蜂，在一个蜂王的领导下，过着挥霍、奢侈的生活，整个蜂群兴旺发达，百业昌盛。后来老蜂王去世了，新蜂王改变了原有的生活习惯，崇尚节俭朴素，结果社会凋敝，经济衰落，最终被敌手打败而逃散。曼德维尔提出“私人恶德即公共利益”观点，认为私欲的“恶之花”结出的是公共利益的善果。奢侈挥霍是恶的，勤俭节约是好的。但从经济上看，奢侈挥霍增加了消费，推动了生产，刺激了有效需求，是好的；勤俭节约缩减了消费，减少了生产，制约了有效需求，是恶的。这就出现了悖论。凯恩斯受此启示创建了国民收入决定理论，引发了凯恩斯革命，确立了宏观经济学。从亚当·斯密那只著名的“看不见的手”中，也能看到“蜜蜂的寓言”的痕迹。所以，无论是从道德层面还是经济层面，管仲创办“女闾”都是加强管理与发展经济的需要。何况那个时代，是思想大解放、人性大解放的时期，被选入“女闾”的主要是“奚”，象形文字的意义是“手持绳圈套女人”——“女奴”。把奴隶利用起来增加国家收入，为官府网罗人才，那时是一个创举。

总而言之，管仲在中国政治、经济、商业历史上，是一位开创性的先哲先贤，不仅辅佐齐桓公成就春秋霸业，更重要的是在农耕立国的中国史上，有了“工商立国”的先例。其表现出来的“重商主义”思想，比西方重商主义学说的代表托马斯·孟（英）、德·蒙克莱田（法）要早2300年；“富国强兵”之策，比亚当·斯密的《国富论》要早2400年。

3. 百姓喜爱的财神李诡祖

需要说明的是，虽然道家将管仲列为九大财神之东南财神，但官方弘扬管仲的名声主要不在财神爷，而在千古第一相，也就是从他的治国平天下、成就齐桓公春秋第一霸主的功绩来看待他的经世济国、治理国政、管理军队的能力。反倒是平民出身、官位只是小小县令的李诡祖，在普通老百姓心目中“财神”的名声特别响亮。毕竟，财神是以民间供奉为主的，而皇帝的封号则是政治需要的加持，道家只是传教布道中的顺势为之。

既然是民间主导，由平民而至县令的李诡祖自然更贴近百姓。李诡祖，南北朝北魏淄川人，孝文帝时任曲梁（今河北曲周）县令。1920 年出版的《三续淄川县志》中的仕宦部分，有关于增福财神李诡祖的记载："北魏李诡祖，孝文帝时，任曲周令。当南北纷争，民苦兵戈，独能抚楫流亡，敦行教化，与民休息，卒于官。民怀其德，立庙尸祝之，至今享祀不衰，明晋祀名宦祠。"李诡祖自己生活俭朴，为官清廉爱民，却把俸禄都拿出来周济贫苦百姓，为官而政绩斐然：疏通河道，修筑水渠，解决水患，治理盐碱等，让曲梁百姓过上了美满富足的生活，所以在他去世后安葬在曲周，百姓们主动地为李诡祖起冢立祠，年年祭祀，岁岁不绝，表达对他的思念。后人修县志时，把他列为曲周的名宦第一，以便世世代代祭祀怀念。

在世代传颂过程中，渐渐地将李诡祖神化了。经过民间造神，道教顺势将李诡祖封为财神，《三教源流搜神大全》把李诡祖列为中国神灵信仰中的文财神，主要管理"隋朝三品以上官人衣饭禄料，及在世居民每岁分定合有衣食之禄"，主管官员和百姓官运和财路。这期间和之后，皇家给了四次官方封神：唐高祖敕封"都天致富财帛星君"，唐明宗敕封"神君增福相公"、第二年加封"增福灵德侯"，元世祖敕封"福善平施真君"。"财帛星君"自是财神，"增福相公"则让"相公庙"十分红火。

管仲既是中国宏观经济与国家管理融为一体的鼻祖，也是中国经济管理的理论提出者和实践者。而李诡祖则是皇家敕封民间尊崇的以民为本的象征。从经济管理角度和史学角度看，以民为本，让民信赖便是最好的经济管理技法。

三、经商鼻祖白圭商经商道

中国历史上，凡经商而有大成就的，后人会敬其伟业而给予"商祖"（或"鼻祖"）"商圣"等名号。"祖"侧重在开创性，或是商业领域或是经商方法或是商业理论等首开先河；"圣"侧重在崇高性，其商业思想、商业技法、商业行为具有极高成就达到神圣地步。所以前面提到的上古经商人物中，王亥称"商祖"，范蠡称"商圣"，子贡称"儒商鼻祖"。

1. 白圭弃高官从商开新路

战国时期有一位洛阳人叫白圭，名丹，《史记》《汉书》都称其为"天下言治生祖"（《史记·货殖列传》），意谓创立中国治生（经营家业；谋生计）学说的鼻祖、经营贸易创建工商理论的鼻祖。史料凡提及中国的"商圣"，白圭必在其列。也就是说，白圭既被认为是商界之祖，也被尊为商界之圣。因为王亥是首创商业行业，范蠡是首创商业理论，而白圭既创商业新领域，又创商业新理论。他们三人都在经商领域实践着，创立中华古典商业管理技法。

白圭，西北财神。他先为官后从商，但不是官商；先求学后经商，却不算儒商。为官时白圭主张减轻田税，为商时白圭提出贸易致富理论；为官官至相国，为商富可敌国。中国老百姓在传说其治国经商时，对他为商的丰采、谋富的智慧特别喜欢、特别崇拜，崇拜到把“白圭”二字等同于“财富”、敬他为“财神”。而这种发自内心的尊重与爱戴，是因为身为贵族的白圭有过平民经历，具有几乎天然的平民意识，即使为官为鲁国之相、经商为巨富大商时，依然生活俭朴，依然摒弃嗜欲，依然与奴仆们同甘共苦；而不是如很多官宦之家富豪之室，高高在上欺压良善，为官不正为富不仁。

师从鬼谷子者，都是学习权谋之道、纵横之术的，而白圭对兵法权谋辩术不感兴趣，只学习经商之道。鬼谷子因人施教，教授白圭“将欲取之必先予之”“世无可抵则深隐以待时”——鬼谷子孤本《金书》的核心观点。白圭弃政从商，四处游历，寻求商道，然后边实践边立言，成就了中国商道；边立言边传播，创立了世间第一家商学院。

白圭在他老师子夏（子夏是字，名卜商，孔子得意弟子）推荐下走上仕途。白圭由此学而优则仕，入魏国任中卿。期间白圭提议将魏都由少梁（今陕西韩城）迁至大梁（今河南开封），既免秦军袭扰，又可往南直抵江淮，向北则通燕赵，并可俯视魏国全境。这是白圭纵观列国大势、天时地利所作出的一大贡献；第二大贡献就是不遗余力荐人才，向魏文侯推荐吴起为大将，吴起先是大破虎视眈眈的秦国，连拔五城收复失地；后是就任西河郡守，改革魏国兵制，创立武卒制，魏国边境得以安宁。白圭还向魏文侯进献“战时为兵，平时为民”的戍边良策。魏国渐渐强大之后，魏文侯野心膨胀欲称霸，任命白圭为相国，统帅三军，乐羊为大将，北伐中山国。乐羊狠辣杀人无数，白圭见此，心中不悦。又见生灵涂炭，于心中抱负不吻合，于是下令撤兵回朝。此后，身居高位的白圭越来越感觉到魏国政治的腐败，而且越来越腐败，思量再三，向魏文侯请辞。魏文侯为挽留白圭，赠白圭价值连城的夜光玉璧，但白圭去意已决，仍毅然辞官。辞官后外出四处游历，拟寻求新的机会。

游历到中山国和齐国时，两国国君都想请他留下帮助治国，但他认为这两国皆无信用、无仁爱、无财力，不注重声誉、不会用人，无可救药了，因此不受诱惑，决然离去；抵达强国秦，商鞅正在实现变法，推行“重农抑商”，这与他商道兴国（经商富以安国）的思想格格不入。加深了白圭对当时局势失望，终而下定决心弃政从商，承继父志。

白圭善于学习，但又不拘泥于一家一学，表现出他无论作为学者还是官员的“另类”特点，这是需要相当勇气和智慧的。他崇拜夏末商初的伊尹，一个原本是厨师，而且是有莘氏陪嫁给商汤的奴隶性质的人，因精通烹饪技艺，与彭祖、吕尚、易牙共为“中国四大厨神”，被称为“中华厨祖”。他用他高超的厨艺牢牢抓住了成汤的胃，得以将他的烹调理论上升到治国思想，用“汤鼎火候论”“五味调和论”和“天下至味论”（详情后文介绍）说服成汤谋取天下，这就是老子所归纳的“治大国若烹小鲜”的由来。伊尹不曾从商，却一手策划了“以丝换粟”的贸易战争，虚敌实己，促使彼此国力强弱发生巨变，为灭夏兴商打下坚实的基础；商立后，又采用货币发行和价格调节宏观调控，发展了生产、活跃了市场、促进了流通。后来的管仲就是运用伊尹的“轻重之术”而使齐国崛起的。白圭从伊尹为官之道、治国思想中得到启发，研究和学习管仲发展工商业、治理国家增强国力之技法中吸收和创新性发展。可见，善于学习，是任何成功者的重要基础。而“商道治国”是白圭的一大贡献。

值得思考的是，白圭官至相国，转而经商，可见那时候的人把做官只是当作一种职业，不合意就换一个职业；至少那时的白圭没有“官本位”思想。正因为如此，白圭为官时从未通过官权获利，更没有官商结合垄断生意、通过权力寻租，走的是一条完全靠自己经贸思想、卓越眼光和聪明绝顶的经商技能而既发展经济、又服务大众、更是促进社会进步的经商之路。为官而未成官商，有权而不用特权，应是中国商道的重要内涵。

2. 学儒经商创立千年商经

白圭年少时拜师学儒，目的在于学而致用（子贡做生意时仍然是孔子弟子），没有如孔门十哲、七十二贤那样一辈子治学。学成后即经老师推荐而入仕，他的老师子夏是一位具有独创性且颇具有奇思妙想的思想家，敢于偏离儒家正统，对易理、易的象数、卦气等颇有研究（有人认为《易传》的“十翼”、《论语》的一半源于子夏的传述）；孔子去世后的六七十年里，子夏的办学成就与儒学影响在众弟子中是最大的。

白圭有子夏这样一位大儒为师，完全可以借此包装自己，但他却没有。他牢记老师的话：“百工居其肆以成其言，君子学以致其道”——即使是各行各业的工匠在工坊里完成自己的工作，君子也可以通过学习他们而明道、悟道。这种观念很有些反正统的，但白圭信，信世事洞明皆学问，也信老师说的“仕而优则学，学而优则仕”，所以在经商过程中，努力“博学而笃志，切问而近思，仁在其中矣”（《论语·子张篇》），后人歪解，变成了“万般皆下品，唯有读书高”，而且过于注重“学而优则仕”，有些忽略“仕而优则学”，并且为官成商有权有势后，不再深入地学习以坚定志向，也不再殷切地叩问多思考，也就失了“仁”。这应该是经济发展过程中过于注重物质而导致道心失落、底线不存、不讲仁德的原因所在。

事实上，文化，是民族精神的积淀与表现；教育，是文化基因的提炼与传承；学术，是正道成果的研发与解放，这才是需要顶层设计加强管理的。后人没有把握好这一点，出现文化用利益衡量、教育用钱财交换、医疗变成买卖场、学术跌入弄虚作假或成了名利场……

白圭，用他所学的儒学思想、广博的知识体系、亲历的人生经验创建了中国商道。他是儒家学说的践行者，相信并实践着老师的思想。老师子夏比孔子年轻44岁，年龄上属于孔子孙子辈。白圭跟孟子（孔子弟子的弟子）有交集，既是孔子的第三代真传，又是“亚圣”的友人，以儒自居应该无人会有非议。但白圭不认为商人低贱，只是认为商人中有“良商”（“诚贾”和“廉商”）和“奸贾”（“贪贾”和“佞商”）之分，所以，他认为自己是商人，是有良心的商人，并用良商的内涵和标准创立《商经》、传播商道。

商经基本上是后人对著名人物的经商思想、法则进行总结的成果，所以，凡能出思想的商业先辈，往往后人能总结出他们的商经，如计然商经、范蠡商经、白圭商经等。就范蠡和白圭而言，如果说范蠡商经是指导经商实践，那么白圭商经是创立经商之道。白圭有“晚年著《商经》八十卷刊行于世，天下商人皆效法”之说，但我们未查阅到《商经》文本。网上《商经》一书，内容涉及财理篇、财事篇、财计篇、仁义篇、择地篇、天时篇、观人篇、辨物篇、奇财篇、国运篇、人为篇、易篇、伤景篇十三篇。书名与白圭《商经》相同，但内容不对。从语言特点看，这无疑是一部古籍，只是不知其起源（有兴趣者可自行搜索之）。现在能看到的白圭“商经”，来自司马迁《史记·货殖列传》中所记载的。也正因为《史记》，白圭商经以及工商经营管理思想、贸易理论和实践成果才得以千年传承。

“当魏文侯时，李克务尽地力，而白圭乐观时变，故人弃我取，人取我与。”① 白圭在魏文侯时为官，子夏另一弟子中山国之相李克②致力于最

① 司马迁：《史记·七十列传·货殖列传》，古诗文网《史记》篇。

② 世人包括一些史书记载，多以为李悝与李克是同一个人，经考证有误。李悝曾任魏文侯相，而李克曾任魏武侯（魏文侯之子，与乐羊一起攻占中山国后被父封为中山君）之相。另，卜子夏也曾为魏文侯之师。

大限度地利用土地的潜力，白圭则长于观察时势变化，从中把握合适的时机开展经贸活动、加强经营管理，因而他采用的是：别人放弃（或抛售）的我来从事（或自己购入），别人都去投入（或大肆购入）的我让给他们做（或出售给他们）。显然，这种“乐观时变”就是审时度势，密切把握时节、时机的变化而变化，而这种因时、因地制宜，相应作出决策之原理、之法则、之技术，无论是在政治、经济，还是在军事领域，都是最重要的贸易预测、行情分析、经营管理之谋略智慧、中国技法的体现。

所以，白圭才会“夫岁孰取穀，予之丝漆；茧出取帛絮，予之食。”①是说，收成好的年份，在谷物成熟之际收购粮食（储存起来），向市场则出售丝、漆等物；蚕茧结成时就收购绢帛棉絮，而向市场出售粮食。以此实践着他的“人弃我取，人取我与”思想。后世西方经济学的“供求弹性”理论与之异曲同工。不过，白圭是公元前战国（前 475 年至前 221 年）前期的人，亚当·斯密是公元 18 世纪（1723 ~ 1790 年）的人，前后相差两千多年。

白圭与范蠡一样认同经济循环理论，他总结出货物周转周期规律：“太阴在卯，穰；明岁衰恶。至午，旱；明岁美。至酉，穰；明岁衰恶。至子，大旱；明岁美，有水。至卯，积著率岁倍。”② 这里是用中国古代的“太岁纪年法”③ 来解说这个周期规律的。木星（或称太岁，下同）在卯宫方位，当年收成丰盛；转年会衰落困恶（即收成不好）。木星在午宫方位，出现干旱状况（收成也不好）；转年年景便会十分美好了。木星转到酉宫方位，年景又丰茂了；但第二年收成会很坏。木星到达子宫方位，大旱灾情出现；过了一年收成转好，雨水丰盛。木星再回到卯宫方位时，一轮（十二年）时，平均每年囤积的货物的财富增长（即丰年储存、歉年出售）可以一年增一倍。其实在今天，许多农作物有大小年之分，根据时令变化作出供求变动，是“乐观时变”观念的实践，“人弃我取，人取我与”方法的具体应用。

基于这样的观念和方法，白圭“欲长钱，取下穀；长石斗，取上

---

①② 司马迁：《史记·七十列传·货殖列传》，古诗文网《史记》篇。

③ 太岁（又称太阴、岁阴）是中国古代天文和占星中虚拟的一颗与岁星（木星）相对并相反运行的星。尔后，演变成一种神祇信仰。十二太岁，为通书、农民历常使用的神煞。根据唐李淳风的四利三元，一太岁、二太阳、三丧门、四太阴、五官符、六死符、七岁破、八龙德、九白虎、十福德、十一吊客、十二病符，太阳、太阴、龙德、福德为吉，馀方为凶。太岁司一年祸福，太岁信仰源于古代中国民间的天体崇拜，太岁就是天上的木星，木星每十二个月运行一次，所以古人称木星为岁星或太岁。

种。”① 他想要增加钱财收入，就（内部挖潜，自己吃的）购买等级较低（价格低廉）的谷物；想要增加粮之石斗②数量（出售给民众），就要购买上等的谷物种类（既以民为本，也提高利润）。而且“能薄饮食，忍嗜欲，节衣服，与用事僮仆同苦乐，趋时若猛兽挚鸟之发。”③他对饮食要求不高，控制得住嗜好欲望，穿戴节俭，与雇员仆役同甘共苦，却独独在捕捉生意时机方面，犹如凶猛的飞鸟走兽攫取目标一样迅疾猛扑。所以，白圭毫不客气地评价自己：“吾治生产，犹伊尹、吕尚之谋，孙吴用兵，商鞅行法是也。是故其智不足与权变，勇不足以决断，仁不能以取予，彊不能有所守，虽欲学吾术，终不告之矣。”④意思是，真正的大商从事商业经营，犹如伊尹、姜子牙之于治国那样筹划谋略，孙子、吴起之于上战场那样用兵如神，商鞅之于变法那样从事改革。因而如果一个人的智慧达不到权宜变化，勇敢够不上对事决断，仁德做不到正确取舍，强毅也不能有所坚守，即使想要学我这套技法，终究是不会明白这其中学问之精深，道法之玄奥，意气之宏远，境界之高明。这一见解大大提升了中国商业的品级品位。

3. *总结商道建中华商学院*

白圭是中国历史上第一位将经济理论、管理思想、经营技法和治国观念结合在一起，并将中国原始商业从诞生到形成管理韬略、经商谋略、治生智慧的集大成者的商学奠基人。他海纳百川、相融百家，学问广博、智计超群，向伊尹学习以人心向背来指导战争布局，并亲自前往夏任官以侦察民情（“用间”之计、“间谍”之行的最早记载），展现出实干派作风；他学习鬼谷子的致富之道“捭阖之策”，形成独特的“中国符号的商道”；他学习管仲的士农工商“四民分业”制，根据这一中国最早的职业划分体系，形成职教体制，设堂收徒教授商业，这应该是中国历史上也许是世界历史上最早的商学院；他学习鲍叔牙的用人雅量，从鲍叔牙和管仲合伙做生意（这应该是世界上最早的合伙制企业，也是股份制公司的最初形式在中国的萌芽）中学习人力资本投入和经营管理方法，从而认定经营管理的核心是让民得益、让民有利；他也苦心研究过陶朱公商经，学会通观全局，大处着眼，予人实惠。

基于此，白圭在晚年著《商道》一书刊行。白圭是中国历史上第一个

---

①③④ 司马迁：《史记·七十列传·货殖列传》，古诗文网《史记》篇。

② 中国古代容量单位十升为一斗，十斗为一石（dàn，等同于西制 50 千克）。这里“长石斗”即增加粮储。

把经商当成一门大学问的人，研究成果形成自成体系的中国商道。他对“商学院”招生十分严格，既懂道明理，有仁爱之心，还要悟性高够聪明有毅力；他不认为商业地位低下，要求商人应该具有很高的文化程度和高尚的道德品质。他对学生传授的商道，内容丰富。总结之，白圭创立的世界上第一家商学院，用现代学科分类综合概括之，学院至少有这样几大类课程：《商道之本》《经商韬略》《商情预测》《经济循环》《人才培育》等，宏观、中观、微观经济，贸易、营运、管理、技法全在，既是强国之策、富民之法，更是经商之道、赢利之术。

《商道之本》。白圭经商贸易的根本，是掌握取予之道——“人弃我取，人取我与”。这里的“与”同“予”意义一样，是“给予”，有两层含义，其一，人家不做的生意“我来做”，人家都来做的生意我让给“他们做”。其二，想要“取”先要“予”，予人实惠，先予后取，取与予之间始达到平衡。当某些商品积压滞销时，奸商会坐待价格贬得更低再大量购进，而白圭却用比别家高的价格来收购；等市场粮食匮乏时，奸商们又囤积居奇，白圭却以比别家低廉的价格及时销售，满足人民的需求。这就是取与予的核心要点：彼此有利，双赢双和。此外，白圭的商道还包括深刻领会权与变、奇与正、供与求、大与小等辩证关系，即通权变，权衡利弊，把握时机；用奇正，以正合、以奇胜，勇敢果断；有仁心，以足补缺、以丰补歉，供求合理；量家国，大处着眼、为国理财，小处不嫌、利于人民。

《经商韬略》。主要指“乐观时变”韬略。商人扎堆利润高的珠宝业时，白圭另辟蹊径在农副产品的贸易；观天时地利，储粮救灾救荒，辅民安邦；为黎民着想，急百姓所急、售百姓所需。自己用的就进下等粮，出售黎民则进上等粮；丰年存、歉年售，囤积不居奇，目光很长远；决不哄抬物价，决不在民生民计方面牟取暴利，凭一己之力平衡货物价格；百姓有需求，薄利也要做；多销会有利，经营在己手。这些经商韬略，既保证自己取得经营的主动权，获得丰厚的利润，又在客观上调节了商品的供求和价格，在一定程度上保护了农民、个体手工业者以及一般消费者的利益。正因为白圭的投资、贸易、管理都遵循了阴盛阳衰、阳盛阴衰的原理，而且白圭研究过周易，无论哪方面投资都有益，被后人称为投资界的阴阳师。

《商情预测》。白圭对市场信息极为重视，在了解市场行情基础上对未来市场变动、供求行情作出准确预测，并且有耐心、有信心等待最佳时机；一旦机会来临，反应极快，就像凶猛的鹰隼、虎豹扑向猎物一样果断，毫不拖泥带水。所以他的决策都能成功。显然，白圭的成功不是偶然的，而是市场调查、商情预测准确到位，而后决策果敢、行动坚毅的结果。除直接了解市场，把握货物周期规律外，他还利用“太岁纪年法”来预测丰年或歉年，据此决定贸易计划；另外，他还精通气象学，能预报天气，未雨绸缪做好货物准备。

《经济循环》。离开高利润领域的珠宝业，投资农副产品领域，是因为选择的经商对象是广大清贫的平民百姓，经营的是百姓的生活必需品而不是权贵富豪的奢侈品。因此白圭不哄抬物价，而是通过薄利多销，加快商品流通、扩大销售获取利润。他利用前述预测法把握年景丰歉变化的规律，以便准确预知农副产品的收成情况，从而因时因地把握时机，遵循自然规律开展经济贸易活动，从丰年和歉年的价格差中获得高于一般人的利润。这事实上形成了农业经济循环，而且力求加速农产品周转次数，使得同量资本或货物得到更多利润。

《人才培育》。对人才培育问题，白圭就四个字“诚信为本”，具体落实在“智”“勇”“仁”“强”四个方面。要求智能权变，勇足决断，仁善取舍，强可守业；既要有姜子牙的谋略，又要有孙子用兵的韬略，更要有商鞅那一套严厉的团队管理制度；作为管理者，要能克勤克俭，身体力行，与雇工同甘共苦，有较强自制力，不会因为赚了钱就去挥霍奢侈。难能可贵的是白圭认识到，被管理者的工作成果同他们的人品、情绪、心理有重大关系。因此，在用人时不主张强压、利诱，而是以“同甘共苦”引发员工内心的“激发动机”。

第四节　历史著名政商经管技法

先秦商家，不说夏商西周的王亥、伊尹、姜太公等大名家，单单春秋战国时期载入史册的商业思想大家、经商技法名家至少有 12 人：鲍叔牙、管仲、宁戚、百里奚、弦高、计然、范蠡、子贡、白圭、猗顿、郭纵、吕不韦，他们在经营与管理领域有过巨大贡献。春秋战国不仅仅是诸侯争霸和思想大解放时期，也是商业崛起和重商主义盛行时期。因此，诸子百家中应该有一家叫“商家”或“货殖家”。可能与秦尊法家、焚书坑儒有关，也可能与西汉“独尊儒术”有关，后世盛行“重农抑商”，诸子百家的传承中不见有商家（货殖家）。有人把《管子》四民士农工商的“商”列为商家，也有人根据《管子》“轻重篇”而称轻重家；还有，“计然家”

应该是今天所说的经济学家；“纵横家”有商家成分，但更主要的是辩术。

重农抑商，耕读传家，汉后载入史册的经商大家寥寥，且只有官府管理，缺工商管理流传。虽然民间工商业不可抑制发展，但毕竟大多未能入史册。皇家、官府需求是定点生产、定点采购，只要好的东西，不管生产的事。由是，民间自生自长的工商管理思想、技法以及人物、事迹流传下来的相对较少。直到宋、明，依然还是以零、散、小的民间工商为主，乡镇集市倒是越来越热闹。“盛世危图”《清明上河图》，展示了热闹的汴京街道、繁荣的集市贸易的盛世景象，反映出北宋时期民间工商业发展的繁荣景象。洋枪洋炮打开了闭关自守的大清朝国门后，资本主义思想进入，实业救国思想萌发，工商群体在清朝再次出现。

一、秦汉政商巨头经营技法①

1. 西汉大贾名录与乌氏倮

司马迁是西汉人，所以在《货殖列传》中关于商人的记载上溯春秋战国而只能到西汉结束，记入的商人共计三十多位。其中春秋三位：计然、范蠡、子贡（本书皆有涉及）；战国三位：白圭、猗顿、郭纵（前两位已涉及）；战国末年至秦五位：乌氏倮、巴寡妇清、蜀卓氏、程郑、宛孔氏；西汉十位，包括曹邴氏、刀间、师史、宣曲任氏、桥姚、无盐氏、田啬、田兰、韦家栗氏、安陵和杜县的杜氏。西汉的后四位因是“富商大贾”而记入，他们和《史记》记载的各位富商一样，全是“尽椎埋去就，与时俯仰，获其赢利，以末致财”（推测事理，进退取舍，随机应变，获得赢利）。至于“至力农畜，工虞商贾，为权利以成富，大者倾郡，中者倾县，下者倾乡里者，不可胜数。”除此之外司马迁还记载了一些小人物：秦杨种田务农成一州首富，田叔盗墓起家成大户，桓发通过赌博而致富，雍乐是行走叫卖发财，雍伯贩卖油脂挣到千金，张氏卖水浆赚了一千万钱，郅氏的磨刀手艺让他富到列鼎而食，浊氏卖羊肚儿富至车马成行，张里给马治病富到击钟佐食……可见司马迁思想的平民化。

战国商鞅变法开始的“重农抑商”政策，秦始皇时更强化。但凡事皆有例外，有两位商人，非常奇特地得到秦始皇的支持，他们是乌氏倮和寡妇巴清。这里先说乌氏倮，他是中国丝绸之路上有史可查的第一个大商人，也是一个发展畜牧经济的大牧主。

秦统一前，甘肃河西走廊一带生活的主要是游牧状态的月氏人，生活

① 本部分引文除另注外皆出自司马迁，《史记·七十列传·货殖列传》古诗文网《史记》篇。

总在移动中，反而得以用彼地的货物来换得此地的货物——交易的自然出现。但真正将中原内地的农桑经济产品与西北内陆的游牧经济产品进行交换的，是乌氏倮。

《史记·货殖列传》记载：“乌氏倮畜牧，及众，斥卖，求奇缯物，间献遗戎王。戎王什倍其偿，与之畜，畜至用谷量马牛。秦始皇帝令倮比封君，以时与列臣朝请。”显然，乌氏倮作为一个畜牧经营者，抓住了戎族戎王的需求心理，将从中原一带获得的各种各样奇异之物、丝织品等，从戎王那里换得价达十倍的牲畜（十倍的利润，可见那时丝绸等物品在西北地区利润之惊人），经养育繁殖，他的马牛多到“谷量”（以山谷为马牛计量单位，形容多得数不胜数）。如此庞大的牲畜规模既发展了战后的秦国经济，同时因富可助国，能为秦军秦国提供大批军马、耕牛以及运输的牛马。秦始皇给乌氏倮比照“封君”的地位，即可以与朝臣一起入朝议事的待遇——以商入仕。乌氏倮因此走进上层社会而列史册。

2. 巴寡妇清采炼丹砂巨富

巴寡妇清，应该是中国历史上有记载的第一位女企业家。名为清，因丈夫早故而称寡妇清；其姓已不可考，史家遂以其所在地巴郡的“巴”为姓，称其为巴寡妇清。《史记·货殖列传》记载：“巴寡妇清，其先得丹穴，而擅其利数世，家亦不訾。清，寡妇也，能守其业，用财自卫，不见侵犯。秦皇帝以为贞妇而客之，为筑女怀清台。”显然，巴清夫家的先人获得了“丹穴”，采炼丹砂成为“数世”相传的家业，获得极其丰厚，家大业大。到巴清时，由一介寡妇接手庞大的家业，可见两点，一是家中大概已无男丁可接手、能接手；二是巴清之才之能得到了家族认可。同时又恰恰是因为寡妇经营，而且能让丹砂盘子越做越大，自然极为难得，故得到秦始皇极高礼遇。

巴清“能守其业，用财自卫”，这八字道出巴氏当时其业之大之牛，牛到可以拥有自卫力量。巴家基业到底有多大，据《长寿县志》记载，巴清家财之多约合白银八亿万两、赤金五百八十万两。巴清家族的仆人上千、徒附和私人保镖上万，而当时巴清家族的所在地枳县全县也就 5 万人。再考量一下，秦朝统一天下后，史学家计算其全国总人口是在 2500 万至 3000 万人之间，巴清家族仅私人武装上万人，已经是一个地方军阀的规模了！

秦始皇居然能容忍这样一支力量存在，其原因有三：其一，巴清是名副其实的丹砂女王，而丹在那时候的价值太大了，既可炼水银（防腐、炼丹，秦始皇陵中百吨水银，除巴清外应该找不出其他可以供应如此量大的人了），还是极珍贵中药材，且是丹青染料。其二，巴寡妇清在那个时代坚守妇德，没有改嫁，把夫家的丹砂事业做大做强；有钱有势后，亦没有传出任何绯闻，令从小见多了皇宫淫乱的秦始皇十分敬重，彰其为“贞妇”，并为她修筑“怀清台”，荣宠之极。其三，巴寡妇清深知与权贵搞好关系的重要性，所以对秦始皇的统一天下大业十分支持，据传，万里长城的建设，巴寡妇清家族就是最大的赞助商，还有军备供应等，所以巴寡妇清还是中国历史上有记载的第一位女军阀、第一位大女慈善家、第一位军火供应商。另外，刚刚统一的秦朝，发展经济稳定政权也需要笼络地方豪强，而乌氏倮在西北边境、寡妇清在东南边境，当时朝廷的管理难以强力抵达，这种情况下不如安抚。

秦始皇统一六国后收缴全国一切铁制兵器，独独默认巴寡妇清家的私人武装，允许他们私人武装保一方平安，足见秦始皇对她家的认可。当然，客观上也保障了边境安全。

乌氏倮与寡妇清，一牧一工皆经商，前者行业粗鄙却有畜牧之长处，后者虽处穷乡僻壤且是一寡妇，却能“礼抗万乘，名显天下”。这两位受到被后世称为暴君的秦始皇特别礼遇，足见其敏锐的商业头脑和善于捉住机遇的果敢，以及在经营管理之技之法上的独到之处。

3. 史记载入的众货殖大家

入《史记》的还有蜀卓氏、程郑、曹邴氏等，他们都是投资铁矿冶炼发家致富的（也涉及其他领域），这些也能证明西汉时期铁器的市场需求量之大和工商业的发展盛况。

蜀卓氏已在战国的“工商三杰”中专门提到，是专门以“铁冶为业”。

程郑，是宛孔氏先祖，从山东迁过去成梁人，“用铁冶为业。秦伐魏，迁孔氏南阳。大鼓铸，规陂池……家致富数千金”，说程郑以冶铁为业。秦国攻伐魏国，把孔氏迁到南阳，大规模经营冶铸业，并规划开辟鱼塘养鱼……家中财富多达数千金。

鲁国人曹邴氏，“以铁冶起，富至巨万。然家自父兄子孙约，俯有拾，仰有取，贳贷行贾遍郡国”，即冶铁起家，财富多达几万钱。然而，他家父兄子孙都遵守这样的家规：低头抬头都要有所得，一举一动都要不忘利。他家租赁、放债、做买卖遍及各地。

刀间是西汉一奇人，他是齐地人，“齐俗贱奴虏，而刀间独爱贵之”别人都怕这些被俘虏后成奴役的兵痞，只有刀间敢收留他们并信任他们，“使之逐渔盐商贾之利”，即让他们在渔业盐业等商业领域从事贸易，以追逐利益。这些人投桃报李，刀间“终得其力，起富数千万”。当时的人们说“宁爵毋刀”，即，与其出外求取官爵，不如在刀家为奴。显然，刀间是那个时代在用人方面独辟路径的人，是一个识人、用人、留人的高手。

师史也是一个用人高手，只不过他用的不是那些让一般人害怕的“奴虏”，也不是通过这些人致富后的回报。而是用那些“贫人学事富家，相矜以久贾，数过邑不入门”的人。因为这些贫穷人到富家去学习做生意会非常用功，可以有在人前因长时间做生意而得入其门的夸耀之本，说明经验丰富。而且能为生意多次过家门而不入，说明有责任、肯付出。由于洛阳道处齐、秦、楚、赵等国的中心，这样的人比较多，师史用这些人得以迅速致富，“致七千万”。所以，会用人、用对人，是经商、管理必不可少的能力。

宣曲任氏的祖先是督道仓的守吏。任氏用了三招“为闾里率，故富而主上重之”（为乡里表率，所以他富有而国主也尊重他）。第一招，放弃金玉，存储粮食。秦朝败亡时，“豪杰皆争取金玉，而任氏独窖仓粟”。结果因战争农民无法种地，导致“米石至万，而豪杰金玉尽归任氏，任氏以此起富”。第二招，富人奢侈，任氏节俭。在别的富人把钱财争相用于奢侈豪华生活时，任氏却崇尚节俭，将钱投资于农业和畜牧业，通过发展实业保持自家“公司”稳步发展。第三招，当别人争着低价买进田地、牲畜时，任氏又反其道而行之，“独取贵善”，专门买进贵而好的，好田地、优牲畜才有好收成。这三招真正实现了人弃我进、人无我有、人有我优。“然任公家约，非田畜所出弗衣食，公事不毕则身不得饮酒食肉”，这样的家规，现在的富人家也很难做到。任氏做到了，所以他们家族“富者数世”。

桥姚，到边疆地区去开拓，取得马千匹，牛二千头，羊一万只，粟以万钟计的财富。

无盐氏，放高利贷。然而，借贷者还很感谢他肯放高利贷。吴楚七个诸侯国起兵反叛，长安城中的列侯封君要从军出征，需借贷有息之钱，其他所有放贷的都不敢放贷给他们，害怕战争风险太大。无盐氏却大胆“出捐千金贷，其息什之”（放贷千金十倍利息），“一岁之中，则无盐氏之息什倍”。无盐氏由此富致与关中富豪相匹敌。富贵险中求。

各行各业皆可货殖，有本事就可致富，是古时候比较原始的市场经济。

二、王莽改制法与万三外贸①

1. 乱世王莽与江南活财神

王莽是西汉末人，政治家、军事家、改革家；沈万三是元末人，大商

① 本部分引文除另注外皆出自班固的《汉书·王莽传中》，古诗文网《汉书》篇。

人、大富豪、江南财神。两人应该没有任何交集，他们一政一商，共同点也许就是都生活在时代发生大变革的乱世，并在乱世中创下一份大大的基业。王莽流传后世的名声是篡夺皇位遗臭万年，沈万三流传后世的名声是富可敌国活财神，他们给后世留下许多传说故事与经营管理的思考。

沈万三，都说他是明朝人，其实应该是元朝末年的人，他生活的时间和发家致富也主要在元末，可能活到了明朝开国年间，即处于元末明初乱世之时。明朝那些沈万三的故事传说，大约与他的后人有关。沈万三以农起家，以德发家，以外贸成就巨富之荣耀。

王莽是西汉转到东汉的直接原因，他篡位建立了一个“新朝”，灭亡了西汉，做了15年新朝皇帝（公元8年至公元23年），又被汉家刘姓人把天下抢了回去而创东汉。王莽推行新法，是经营管理的重要开拓者，所以许多穿越迷认为王莽是现代穿越回去的。王莽是当时权倾朝野的外戚王氏家族中人，官至辅佐幼皇的“四辅”之首的太傅，借机立长女王嬿为汉平帝刘衎（kàn）的皇后，巩固皇室地位。年仅14岁的汉平帝因病去世后，王莽立只有两岁的汉宣帝玄孙刘婴（即孺子婴）为皇太子，王莽代理天子朝政，臣民称王莽为摄皇帝，王莽自称“予”，在朝中的势力如日中天，几近皇帝。公元8年，54岁的王莽干脆通过孺子婴禅让方式，自己称帝建立“新”国（和平政变），上台后即推行新政。他从儒家思想出发，认为要实现政通人和，国家治理就要改变“礼崩乐坏”的现实，回到西周时代的礼治制度，治国安天下，史称“王莽改制”。从今天的眼光来看，王莽的新政是缓和社会矛盾的政策，推出的是系列惠民举措，其涉及经济领域的内容是实行王田制、私属制、五均法、赊贷法、六筦法和币制改革，这些改革措施，在1800年后的今天也不显落后。

这两人应该是自司马迁《史记》之后自汉至明朝政界管理和商界管理的代表人物，其他曾经留名于后世的相侯、巨富，谋略有之，主要在政治、战争领域，助主上成就大业；豪富有之，常表现在炫富、斗富上面，通过权力获得。管理技法方面记录不多。

这里先论述王莽超前的改革内容，后再述沈万三的诚信外贸。

2. 王莽超前改制政治经济

王莽改革的重要内容，一是王田制，二是私属制。王田制是一种土地改革方式，而且是中国历史上的一次土地国有制改革，模仿了西周的“井田制”而把所有土地统称为“王田”，规定由国家统一调配，私人无权买卖。王田制的田地分配方式是：一家中男子（劳动力）8人以内，所留田地不超过一井，多余部分应分配给本族或乡邻田地数量不足的人家；原本没有田地的人家，男子每人可授田百亩。私属制是把当时贵族、官家、地主阶层原有的奴婢，进行身份大解放，规定不再当作奴隶，而作为自家的“私属”，不得当作货品进行买卖。

这既废除了奴隶制，又是一场妇女大解放运动。与现代社会主义土地分配体系和妇女地位提升，有相当高的相似度。这便是《汉书》所记载的“今更名天下田曰‘王田’，奴婢曰‘私属’，皆不得买卖。其男口不盈八，而田过一井者，分余田予九族邻里乡党。故无田，今当受田者，如制度。”这些做法，在那个年代太过超前，是一次阶级大翻身，与现代的社会主义制度有一定相似度，这就是穿越之说的由来。

王田制和私属制，对穷苦阶层有利；但对当权派、既得利益者则有损害，导致权贵阶层的强烈不满，引起极大反弹。鉴于这样的现实，王莽虽认为自己是正确的，也不敢与天下权贵、富人阶层对立，所以在称帝初期实施冻结经济、稳固政权的新政后，在巨大的现实压力面前不得不收回成命。这样，王莽改制的关键部分意味着失败了。

三是五均法、六筦法，即实行官府管理市场、征收税款，进行物价调节、向民众贷款等。管理这些事务的官府机构分三级，中央一级的称“市令”，设在都城长安的东市、西市；大城市一级的设在洛阳、邯郸、临淄、宛、成都五大城市，名“五均司市师”；各郡县叫“司市”。六筦的“筦”是“管”的意思，为政府控制和管理的六项经济事业，包括官卖盐、酒、铁、官府统一铸钱、统一收取山泽产物的生产税、“五均赊贷”等大宗商业。这就是“初设六管之令。命县官酤酒，卖盐铁器，铸钱，诸采取名山大泽众物者税之。又令市官收贱卖贵，赊贷予民，收息百月三”。

“五均”“六筦”法是根据《周礼》等旧典损益而成的，表面上运用政府权力，控制市场活动，平稳物价，限制过分盘剥，事实上是与富商大贾争利，结果遭遇商贾强烈反对；“税山泽”之举，又使在虫蝗旱灾之中指望山泽求生的百姓，没了活路，穷苦老百姓也不买账。结果不论是富人还是穷人，对王莽一致反对。改制没了社会基础，实际效果就达不成。

四是币制改革，强势推行，“百姓不从，但行小大钱二品而已。盗铸钱者不可禁，乃重其法，一家铸钱，五家坐之，没入为奴婢。吏民出入，持布钱以副符传，不持者，厨传勿舍，关津苛留。公卿皆持以入宫殿门，欲以重而行之。”如此高压实易激起民变。

王莽的三次币制改革，第一次是“五月，更造货：错刀，一直五千；契刀，一直五百；大钱，一直五十，与五铢钱并行。”即铸造错刀、契刀、大钱三种新币，与原来的汉五铢钱并行。第二次则废除错刀、契刀，下令收禁五铢钱，另铸一种小钱，与保留的大钱一起行用："乃更作小钱，径六分，重一铢，文曰'小钱直一'，与前'大钱五十'者为二品，并行。欲防民盗铸，乃禁不得挟铜炭。"第三次，"莽复申下金、银、龟、贝之货，颇增减其贾直，而罢大、小钱，改作货布、货泉二品并行。又以大钱行久，罢之恐民挟不止，乃令民且独行大钱；尽六年，毋得复挟大钱矣。每壹易钱，民用破业而大陷刑。"① 这次，王莽发行金银、龟、贝、钱、布等共六类二十八品，种类杂乱，换算繁琐，比值也是相当的不合理。

三次货币变换，都是以劣顶优，币面值不变实际价值大减。王莽及其当权者借此掠取大量财富，引起物价飞涨，币值狂跌，破产民众甚巨。而由于匆忙换币，币质粗恶，仿造较易，民间盗铸群起。"民犯铸钱，伍人相坐，没入为官奴婢。其男子槛车，儿女子步，以铁锁琅当其颈，传诣钟官，以十万数。"被罚作官奴婢的达十万人以上，"民破业而大陷刑"。

王莽改制，最终导致"于农商失业，食货俱废，民人至涕泣于市道。及坐卖买田宅、奴婢，铸钱，自诸侯、卿、大夫至于庶民，抵罪者不可胜数"。又为转移国人注意力，王莽将"匈奴"改称为"降奴"，"单于"改称为"服于"，封王降为封侯，有意侮慢匈奴与单于及追随者以挑起战争，转移社会矛盾，结果"战斗死亡，缘边四夷所系虏，陷罪，饥疫，人相食，及莽未诛，而天下户口减半矣"，给人民带来极大灾难。

原汉室刘氏宗族及贵族官僚相继起兵，官逼民反，"四方皆以饥寒穷愁起为盗贼，稍稍群聚。"后来逐渐形成两支大军，一是赤眉军，二是绿林军。地皇四年（公元 23 年），绿林军攻入，"商人杜吴杀莽，取其绶。校尉东海公宾……斩莽首。军人分裂莽身，支节肌骨脔分，争相杀者数十人。"王莽改制梦想破灭。公元 25 年，东汉开始。

从古代"正统"思维来说，王莽的篡权夺位是大逆不道，新政改制是倒行逆施（回归周礼），所以史书记载、民间流传，王莽都是反派。但我们今天来分析他的施政举措，的确会让"穿越迷"们有"现代人穿越到古代"的猜想。他的土地国有化、废奴化、能源资源性、"国企"（盐、酒、铁、钱币、税收）垄断化，对富人、无业者强迫劳动（自食其力）、对穷人低息贷款，还有税收政策、币制改革等的经济政策，重视科学（据传王莽曾解剖人体、鼓励制作滑翔机、研制卡尺等）的行为，无不展现出其独到治国观念和管理新术。

王莽所处的是大变革时代，西汉式微、群雄四起。王莽新朝未稳、社

① 司马光：《资治通鉴·汉纪二十九》，古诗文网《资治通鉴》篇。

会矛盾又激烈冲撞，一将成名万骨枯的残暴、四面树敌的策略不当等，致使新政在历史长河中昙花一现。王莽因篡位留史，《汉书》没有列入“本纪”而放在“列传”，是不把他当一代帝王看，只是汉朝一个有影响的人物，虽然事实上他建立过一个新朝，做过十五六年皇帝，却是名不正。

3. 沈万三诚信内外贸巨富①

沈万三是元明时代的商人身份，难入史书，沈万三有过经商或发生过故事的《地方志》中有一些记载。在民间，沈万三的传说、故事是十分丰富的。这个富可敌国的人也就被江南人以及他足迹到过的地方，在世世代代传说中升华成了民间“活财神”。

沈万三，本名沈富，字仲荣，俗称万三；万三者，万户之中（第）三秀，故有“万三秀”之称作为巨富别号。沈万三富裕程度，折合成当时的白银是20亿两，折合成现代人民币约1万亿元。按那时的国家财富值和人数，富可敌国已经不是形容词而是实指。学者研究，沈万三聚集起如此巨大的财富，来自三个方面：农商起家、诚信得资、外贸巨富。

所谓农商起家，是因为从根本上说，沈万三以田地垦殖起家，各种资料都有记载。作为典型的农耕江南，躬耕起家也不是什么稀奇事。苏杭地区素来就是鱼米之乡，有“苏湖熟、天下足”之说，“湖”指浙江湖州，沈万三的祖籍为湖州南浔；“苏”为江苏苏州，沈万三所建庄院是苏州周庄。而中国人有了钱之后都喜欢广辟田宅，沈万三也不例外，自然要置办田产。还有重要的一点，江浙产粮大户大多有自己销售粮食的渠道和市场，“沈万三出生前父辈拥有一定的田产，并经营有米店、酒庄等作坊”，于是通过四通八达的水运陆运开始了米粮商贸，成了售粮大户。这就是沈万三的重要策略：购置田地扩大种粮，购置庄院建立经商根据地，沈庄、周庄、苏州、南京……乃至出事后远走云南，亦如此。

所谓“诚信得资”，自然是说沈万三经商讲究诚信，加上他的聪明才智，赢得了好名声，得到元代苏州富室陆德源的欣赏。“在徽州经商的时候，沈万三结识了同为商人的陆德原。陆德源做的是木材生意，要卖的是徽州不出产的木材，即所谓的‘良材’——如花梨木、紫檀木、格木之属，这些木材大多用来做一些体面高档的家具。”富甲江左的陆德源年老时看破红尘，将全部财产赠送给了他所欣赏并信任的沈万三，让他有资本扩大生意做大事业。这在《周庄镇志》卷六的杂记中有记载：“沈万三秀之富得之于吴贾人陆氏，陆富甲江左…尽与秀。”杨循吉《苏谈》中也

① 本段沈万三资料皆引自，宁海：《明朝首富沈万三的商海》，《商道》2010年第4期。

说："元时富人陆德源，皆甲天下……暮年对其治财者二人，以资产付之"，"其一即沈万三秀也"得陆资助的沈万三，扩大经商规模的资本得以充裕。

所谓"外贸巨富"，是指通过对外贸易而成超级巨富。汇总各种资料，可以发现沈万三有一支商船队，经运河通往全国各地，逐渐发展到能够出海贸易。元朝政府当时也是鼓励中国商人往日本、南洋、中亚、非洲等世界各地经商。《吴江县志》记载，"沈万三有宅在吴江二十九都周庄，富甲天下，相传由通番而得"。沈万三由此把江浙一带的瓷器、丝绸、茶叶、粮食和手工艺品等运往海外，又从海外运回了珍贵的珠宝、象牙、犀角、香料，还有药材销售。通过通番外贸，做成他人无法做成的生意，终成一代首富。

由此总结，沈万三经商眼光长远，懂得建立商业根据地，充分利用现有资源做大做强；同时不仅仅靠灵活的头脑、敏锐的观察力，更重要的是踏实、诚信，而且用本地物产换取海外物产，两头生意不落空。这是他获得巨额财富的秘诀。至于"聚宝盆"的故事、与明朝开国皇帝朱元璋及大脚皇后恩恩怨怨的故事，就作为传说继续传说吧。

三、清朝诸商经营管理技法

1. 宋明清经济发达口岸开放

宋元明清，工商业相当发达。宋时经济、文化、教育等都是中国古代最繁荣的时代，很富裕。手工业作坊的规模和内部分工的细密程度，生产技术和产品的种类、数量、质量达到历史新高；瓷器、造纸、印刷、制茶以及火器制造等，享誉海内外；矿冶业、造船业、丝织业等技术先进。北宋四川已出现世界上最早的纸币交子、钱引和小钞，计量单位为"缗"（穿铜钱用的绳子）、贯。现代商业一条街、连锁店、24 小时营业店等业态，宋代已十分活跃，而且开辟了"海上陶瓷之路"，对外贸易极盛，印刷、火药、指南针等发明带到了欧洲，成为大航海时代的重要基础，南宋海商超过北宋。两宋时期，全国人口近亿。

明朝礼学治国，明初治理仍然奉行"重本抑末"（农本商末）政策，给后人不重视工商业的感觉，事实上明朝工商业空前大繁荣，大航海出现世界性贸易，美洲、日本大量白银不断流向中国，中国的丝绸、酒肉、蔬果、烟草、农作物、瓷器等产品则源源不绝流向西方，让列强发现中国物华地宝，于是对中国经济封锁，经济入侵、军事入侵……西方大量物品进入中国市场。此外，明朝城镇经济崛起、江南地区繁荣、商帮兴盛，留都南京，以及苏州、松江、常州、嘉兴、湖州、杭州七府最为发达，明朝人口已逼近两亿。

由于清末受欧美列强欺压的历史，给现代中国人的印象太深刻了，以至于很多人（包括西方人）把晚清落后推广到整个清朝，甚至是中华历史。其实，清朝并非一开始就闭关锁国，而且这个提法也不是中国人自己提出来的，是西方人因为不能向中国肆意销售过剩产品、销售掠夺世界的物品而产生的一种说法。康乾时不限制商业，对外贸易很开放。

那时“海禁”不是禁止贸易，而是为巩固边境海防的举措（明朝海禁也是稳定政权需要）；清满族是马背民族，不了解海洋，再加上西方大航海的冲击过于突然、过于快速，曾经的限制外贸主要是贸易保护。清朝康乾盛世、中兴时，城镇兴旺、经济发达，尤其江南、东南沿海的丝织业、棉织业，景德镇制瓷业，台湾、福建、广东以及四川的制糖业，云贵、广东、山东、山西、河南的矿冶业等，都规模化了。

商帮也已形成，并实现了规模化和合理分工：金融业以晋商、徽商为首，海外贸易以闽商、潮商为主，山西商人掌控全国银号；而最阔气的商人是广州的行商与扬州的盐商。涌现出一串商贾巨富名单：刘汉鼎、伍秉鉴、乔致庸、胡雪岩、王炽、刘镛、张謇、叶澄衷、陈芳等，他们在中国商业版图上挥洒自如、各成富豪（只是其中很多人结局并不美妙）。

清朝后期，民间私下贸易、外商走私、一些特许领域的外贸就一直没有停止。广州从唐代开始就是国内最重要的商港，鸦片战争使得欧美列强不满足于广州一家口岸，海禁又把广州都禁了。所以第一次鸦片战争结束后，清明与英国签订了屈辱的《南京条约》，英国人要求设立广州、厦门、福州、宁波、上海五个对外通商口岸，强行打开中国“闭”着的“关卡”、“锁”着的“国门”。清朝人口已达三亿，经济内循环没有问题，故对外开放是被迫的。

1757 年，乾隆皇帝颁布只留粤海关一口对外通商的上谕，17 世纪后期至 19 世纪中叶出现了新型外贸组织——珠江边上垄断性的中外交易场所，别称“洋行”。南方把原城乡市场中买卖双方的中间说合人称作牙商（又称“牙人”），“洋行”也有这种牙商，是中外贸易的中间经纪人（江南或北方叫“买办”）。牙商组成了一个专门行当，称“牙行”。

2. 十三行伍秉鉴与王炽技

一系列不平等条约，使中晚清被迫开放了一批通商口岸，于是牙行盛行，其中“广州十三行”名声大噪。“十三行”是一个统称，很多时候不是刚好十三家商行（多时数十家，最少只有 4 家），但这个名称响亮了，就一直叫着了，涌现出一批著名牙行商人：潘有度、卢观恒、伍秉鉴、叶上林、潘振承等。

“十三行”之一的怡和行，是伍秉鉴的牙行。伍秉鉴祖上种茶叶，迁徙到广州后仍以卖茶叶为主，伍秉鉴的父亲伍国莹参与了对外贸易活动；1783 年，伍国宗成立怡和行（商名“浩官”）。1801 年，32 岁的伍秉鉴接手怡和行业务，崭露头角，逐渐成为广州行商领头人——总商。伍秉鉴诚信经营、心和管理，总结其经营之技，这里概括为四点。

其一，“白银结算”——首个意识到结算货币必须是国银的商人（与现在对外贸易要求人民币结算的道理差不多），无论是生意还是出借，回款必须是白银。

其二，“彼此互利”——他的商行不仅仅做牙商生意，还投资房产、地产、茶园、店铺等，更重要的是以超前观念大胆投资世界各地各领域，如美国铁路、英国东印度公司、保险行业、证券交易等，与所有重要客户建立起长久的良好关系。

其三，“追求质量”——以茶叶为例，欧洲对茶叶质量把关相当严格，但只要茶叶包装上有“怡和行”的标志，就是最好茶叶的标签，“怡和行”茶叶最贵，欧美人却都优先抢购。

其四，“正道诚信”——伍秉鉴不仅与西洋人交易，也会出资投资到西洋，但经商观念仍然是中华传统的，最重要的是做人做事要走正道，他的所有生意都是正道生意。后来因禁烟案受牵连，也不是他的怡和行做鸦片生意，而是欧洲商人在货物中夹带鸦片。

为人正道，生意诚信，让伍秉鉴得到了世界上许多著名人物的认可和友谊，如曾经的美国首富阿斯特、美国铁路大王约翰·福布斯等。阿斯特是做茶叶生意的，有一次钱不够，只够买到半船货，于是愿以自己为人质向伍秉鉴求助，伍秉鉴毫不犹豫将 7 万多两白银的货物赊给了阿斯特。祸不单行的是，阿斯特的货船在回美国的路上沉了，他只好跟伍秉鉴说愿意给他打工抵债。伍秉鉴却拿出那张借据，轻轻撕了。这事情一传开，伍秉鉴在美国商界有了极好的名声。而阿斯特回美国后从皮草生意做起，积累起数千万美元，成了美国首富。福布斯也是到中国做茶叶生意的人，不过他只是一个小学徒，伍秉鉴把他介绍到美国人的洋行做工，后来还收了他做干儿子。所以福布斯想要投资铁路时，伍秉鉴给他 50 万两白银为启动资金，而福布斯也没让伍秉鉴失望，终成铁路大王。伍家自然也从中得以大赚。

外贸发达，晚清金融银业也长足发展，涌现出“钱王”王炽（1836～

1903年)。王炽，云南弥勒县虹溪人，拿着母亲变卖首饰和衣物凑得的20两银子，从家乡收购土布到外地卖，再从外地收购红糖回家乡卖，一来一去，有了第一桶金，组建了马帮，闯出了一点名气。不料，因祸事不得不投奔提督马如龙，从军入川，又逃往重庆，在重庆开设了“天顺祥”跑马帮。后回昆明又开了“同庆丰”商号经营汇兑存放款生意，几年间成巨富。投资面广了，王炽改组各地的项目、商号，以“同庆丰”为总号，“天顺祥”为分号、各地开票号。光绪中后期，全国22个省份中有15个省的大中城市中开设了分号。王炽完成了从一文不名的穷小子到拥有金融帝国的“钱王”的华丽转身。

光绪六年（1880年)，官员唐炯督办川省盐务，为改善生产设备，急需白银10万两。布政司无银可拔，遂向商界筹措。商贾们感觉这事风险太大，不敢借。王炽一思量，大胆接手，仅用8天时间，独家将10万两白银筹足。然后以“天顺祥”名号敲锣打鼓绕城数圈送至官府（传播有钱名声)，这让他一举两得，既身价百倍，又与官府建立了良好关系。

后来的一系列操作，不仅做生意赚钱，还体现了强烈的爱国情怀：他花巨资从法国人手里买回了滇越铁路路权；为保护地方工业冒险夺标，先后垫支白银10万两，开办东川铜矿、个旧锡矿；捐银兴建弥勒境内两座盘江铁索桥，重修广西直隶州（今泸西县）城孔庙；他为国家垫付军费60万两，为国办工业垫付10万两，为赈济陕西、山西旱灾，捐赠2万两……王炽富而不忘报国、不忘乡里。其经商之道，可以总结为以德为根，以质为本；以信为先，以义聚财；以诚立世，以善闻名；以财聚才，以才取财。他经营钱庄、商号，既善用智谋，又胆略非凡，还用财有方。如果说“红顶商人”的品级，伍秉鉴是三品，胡雪岩是二品，而王炽则做到了一品大员，他是中国历史上唯一的一品“红顶商人”。

3. 胡雪岩叶澄衷乔致庸技

胡雪岩是二品“红顶商人”，但胡雪岩名号极响亮，以至于人们将其与范蠡、白圭合称商界“三圣”。只是胡雪岩成也“红顶”，败也“红顶”，其故事流传甚广。

胡雪岩幼年贫困，12岁父逝，13岁在杭州杂粮行、金华火腿商行当小伙计，后又到杭州“信和钱庄”当学徒，19岁在杭州阜康钱庄于掌柜手下做学徒（于掌柜弥留之际，将其约值5000两的钱庄托付给胡雪岩)。苦难的生活，多行业的经商，让他具备了极高的经商技能技法。胡雪岩的商道概括起来三句话：“戒欺”“真不二价”“为富且仁”。他一生的巨大贡献，都在这三句话里。谁能做到，任何时候经商或职场打拼，也能成功。

“五金大王”叶澄衷，清末资本家，浙江宁波人。少时家贫辍学，到油坊做学徒，在杂货店当店员，在黄浦江面驾舢板供应外轮物品（略通英语结识一些外国人）。后在上海开了老顺记商号，经营五金；成功后在长江中下游各商埠开设分号。而后，开钱庄、设票号（后投资创办中国第一家银行：中国通商银行），投资火柴业、缫丝业、地皮业、航运业等实业，商号则经营五金业、火油业、军需工业、钢铁与煤炭业等。由此成大商巨富。致富后叶澄衷举办教育，如上海的澄衷蒙学堂（现上海澄衷中学，蔡元培曾任校长）、庄市的中兴学堂（现镇海中兴中学）等。前者培养了李四光、胡适、竺可桢、李达三、钱君陶等著名人士；后者培养了邵逸夫、包玉书、包玉刚、赵安中、包玉星、楼志章等巨商。他还投身慈善事业，分别在上海设立“怀德堂”“崇义会”“广益堂”，在家乡设立树德堂、忠孝堂、叶氏义庄、牛痘局、救火会等，为各种公益慈善事业作出了巨大贡献。

叶澄衷的诚信、儒商风格和开放意识形成了属于他自己的商道。

“亮财主”乔致庸。因一部《乔家大院》电视剧而为现代人熟知。他的经商技法是“人弃我取，薄利广销，维护信誉，不弄虚伪”；他的经商观念是一信、二义、三利；他的用人之道是不拘一格用人才；他的治家之道是：一不准吸毒，二不准纳妾，三不准虐仆，四不准赌博，五不准冶游，六不准酗酒。他素性恬淡，酷嗜读书；知人善任，待下宽厚；豁达大度，慎始慎终。故人都乐为其用。他的故事不细说，《乔家大院》虽是影视作品，却也是历史剧。

细细探寻、挖掘，中国这些工商界大商名贾以及一些重视管理的政治家、经济大家都有着宝贵的中国原创的管理观念和管理技法。他们大多有涉外生意，牙行实际上是直接为外国商人服务的，但他们有一点永远不变：以中国修养文化修养内心，以道德之心做成每一桩生意，所有做法都可以找到中国文化的一个共同点：让人心服口服，让人和谐和美。

清朝商业，虽然“西学东渐”“师以长技”，但归总起来，本质是“心和管理”。

第十五章　文明史之国学管理技法

心和管理的人心修养之技、彼此协和之法，是先祖们在实践过程中创立的，经过一代一代的打磨、增损、修正、吸收，从实践上升为理论，又以理论指导实践的过程中逐步完善起来。这里总结自三皇五帝、夏商西周，到春秋战国、秦汉宋明；自伏羲炎黄、鬼谷计然，到九大财神、大清商群之政商两线的管理。一是修道炼心做德商，二是和衷共济得双和。心中有道，为中华大道，包括道、儒、佛，容纳万象而“大而无外，小而无内”；道入人心便有道心，修道得道心、净人心，既古刹道观修炼，也红尘修炼。双和的是人心，人的内心与己和、与人和、与物和、与世间一切和，“和衷”是内心相和，是和睦同心，人心双和而彼此融成、凝成、铸成一条心；济为渡，“共济”是彼此同心协力共渡一切艰难险阻而达彼岸。修道炼心达和衷共济成就事业。五千年文明的人心修养，有多种心法传承。

本章重在明晰中华文明薪火传承的富有东方神韵的人文易学、文明变易、大道不易、宗教易理等文化基础上的人心管理、双和管理，是中国哲学指导的心和管理技法。

第一节　修心文明国学管理技法

国学的源头活水，现可考证到的是《周易》，故中华人文的核心就在易理中，中国人的文化基因也在易理中。《周易》云：“刚柔交错，天文也；文明以止，人文也。观乎天文，以察时变。观乎人文，以化成天下。”① 这便是中国文化伟大品格铸造的起源，也是心和管理学理论涉及的心和文化与心和技法的起源。

---

① 姬昌等，《全本周易·贲卦第二十二·彖》，北京出版社 2006 年版，第 13 页。

一、中华人文本原心和技法

1. 国学人文蕴藏心和技法

人文，先是“人”再是“文”；没有人，无所谓“文”，“文”的内涵是人从内心里提升、提炼出来的一种文化现象、文明结晶。汉语“文”至少有四层意义，每一层意义包含民族特点、文化意蕴与国学思想，也包含国学思想指导下的心和管理技法。

中华人文所蕴藏的第一层心和技法意义：以文化成是用美丽事物装饰自己。技法核心：“文饰”。“文”的甲骨文字是“”，其形如站立的人，胸部突出有花纹，故有“文身”“文饰”之意。这是“文化”的原始意义，包含人从原始状态变成文明人的内涵。从这个角度讲，没必要去指责那些家富起来、权大起来后用“文化”来装点自己和办公室的人，哪怕只是附庸风雅。文明人本来就是从“文饰”开始的，也许初始他们只是作假，装饰一下而已，其中有些人真的慢慢变成讲文明的文化人，没有什么不好；即使不能通过装饰让自己成为有文化的文明人又何妨，至少说明他们内心里希望有文化、他们哪怕做不到也想将自己装饰成有文化、有内涵的文明人。这也是一种趋美向善的表现，是一种尊重文化、文化人的表现，是想让自己成为“儒商”“儒将”“儒官”的表现，这个过程恰恰就是从蛮荒到文明的过程。所以对于这样的附庸风雅，鼓励为好。钱多了权大了，心里仍向往文化，真不是坏事。

中华人文所蕴藏的第二层心和技法意义：去恶扬善是人有文化的重要表征。技法核心：“修身养性”。甲骨文“文”的胸前花纹，可看作是一颗心，故有“文”为“心中所见”“心中所思”的理解。从这个角度解读，似乎更贴近“文”的现实意义。人为万物之灵，就在于有思维，就在于有自己独特的精神内涵。人心中的所见所闻、所思所想及其这些见闻、思想对自己影响，应该就是“文”的本真意义了。观察天地万物，无非阴阳柔刚，这就是“天文”，即天道阴阳、地道柔刚；而“人道”乃“仁义”，人受思想见闻影响心里就明白了、心头就敞亮了，产生求仁得义之念，懂得止于礼敏于行，这就是“人文”。人之初性本善也好、人之初性本恶也罢，“文化”的重要功能，在于去恶扬善，其基本方法就是对所见所闻有所思、有所想、有所认识而趋善去恶。中国人的祖先认识了宇宙之气，探索了阴阳原理，思考了天地人的变易和不易规律，以及人在世间的“善”在于讲“仁义”，这就是中国文化。每个时代的中国人都可以有新的见闻、新思想结晶，凝和而成中华文明。

中华人文所蕴藏的第三层心和技法意义：心有道义是人类走向文明的标志。技法核心：“求仁得义”。《周易》中提出了天文、人文的概念，观察掌握了天文，就能知道四时节气的变化；体察了解了人文，就能够将其观念思想融化于天下所有人、教化于天下所有人。《易传·彖》中提出并明晰了一系列与“文”有关的概念：天文、人文、文化、文明等。就“文化”而言，作为动词，就是以文化成的行为，作为名词就是文以化成的成果。“人文”是人类对世间万事万物的观察与理解，从而产生出来的“大道”，这道是人对事物的主观感受，即使对象一样，感受也不一样，而且不同时期、不同地域、不同环境会产生不同的思想见解。所以，古代与现代不一样，外国与中国不一样。中国自古至今的“道”有不同体系也有不同的理解，但“求仁得义”这一直不变。天道阴阳、人道仁义是《易传》里面提出来的，儒家思想以此为核心。诸子百家各有各的道义核心，有一点却是共同的：中国之道的核心精髓是“心和”。以礼治国、以法治国、以仁治国、以孝治国……归根到底，谋得“人心协和”。如此，可证明人类的内心深处，会因有了文化而明了道与义，有道义者，心和也。

中华人文所蕴藏的第四层心和技法意义：人文祖脉是永恒不变的本土人格。技法核心：“基因种植”。不可否认，董仲舒所在的西汉及之后，中国社会的大多数朝代皆以儒家学说为正统思想。好在国学是有容乃大，正统虽只是一家，但其他仍可以共存，因此，道家、法家、兵家等都传承下来了。国学之道不仅限于某一家学说，而是回归《周易》本原而论中华大道。毕竟《周易》是文化经典中的经典，文化源头中的源头，深刻影响着中国文化的各个方面。无论是各个时期新文化运动对旧文化的否定，或者是对原有文化的“革命”，或者是引进外来文化挤占了中国传统文化的生存空间，使得中国传统文化部分失落或暂时割裂，在历史长河中，这些现象仍然只是一瞬间，无法真正意义上割断国学的脐带，无法真正意义上改变国学的基因。正是这一脐带的血液输送，正是这一基因的代代传承，构成了无法替代无法更换的中国人文思想、人文精神。管理，是基于特定人文环境的，没有一种管理思想、管理法则可以脱离这种母血父因，也因此，任何思想法则的形成具有人文环境下的区域性。

可以互相学习、彼此借鉴，互相影响、彼此充实，但自己的根不变、魂不散。这就像喝茶，可以试试外国的泡茶方式、可以品品外国的咖啡、可以尝尝不同的饮料，但那是增加体验，不改变本土特质。你的咖啡适合你，他的饮料适合他，我的茶水适应我。没有谁好谁孬，彼此无须改变对方，可以喝茶，可以喝咖啡，但茶还是茶，咖啡还是咖啡。

人文需要修炼，人文修炼中蕴藏了心和技法内涵：人格不可降，祖脉不可变。

2. 易理大道展示文明本色

中国人文秉承周易思想，自古就以人为本，“人文”“人道”“人伦”“人性”，这些概念在春秋战国之时已经盛行。而“天人合一”“天人相通”的提法，充分说明，中国文化在表达人文精神的概念、范畴，在崇尚文明教化、高扬人的价值以及倡导主体道德、追求理想人格中，已经展现出一个重要内涵：人心。人心才是一切文明的根源，自然与人文、天道与人道贯通一体，全在一个“心”字。人的存在感、人的幸福感、人的成就感，说白了就是人内心的感受获得。同理，人的失落感、人的失败感、人的痛苦感，也是真正意义上的内心受挫感。从这个角度说，面对花开花落、面对雪雨风霜，重要的不是自然本身，而是人心的感觉、感触、感受、感悟，这才是人文思想产生的原因所在。

管理，关键是把人心引向组织、社会、民族、国家所指向的方面，所以中国管理讲修心、炼心。从这个角度说，谈管理技法，不只是直接的技巧或方法。心不到，就没有技术创新、方法更新；心不修炼，再好的技术与方法也可能偏离正道。更何况，技术与方法往往就在思想中，所以才有“半部论语治天下”的警世名言，也才有“治大国如烹小鲜”的方法陈述。中国学问讲究“悟”，中国管理的技术与方法，核心就是“悟”，在浸淫中国文化的过程中，悟出其道、悟出其法。

领悟管理技法从《周易》开始。《周易》既是中国最早的哲学著作，也是第一部具有明确社会政治意识的著作，还是中国最早论述治国之法的著作；这部著作本就是为了解决人心引导的途径与方法问题、管理落实及认识宇宙的思路与技法问题，以便促进社会行为的统一与和谐。所以国学思想突出“天人合一”的主体意识，站在宇宙高度提乾道自强不息的刚健品格，坤道厚德载物的博大情怀；探索否泰里中正适度的哲理思考、八卦内相错相荡的忧患意识；理解卦爻中坚定不移的革新精神，易理中庄重的历史使命感与社会责任感。在《周易》这部上古奇书里，没有消极趋恶的内容，而是充满了积极向善的人文精神；据天道以明事理，推人事以合天道。天道明理，奠定了中华民族人文精神的主体构架。

《周易》说的是心中有什么样的思想，行动就有什么样的结果。民间有“龙生龙、凤生凤，老鼠的儿子会打洞”一说，是基于一个人生在什么环境、长在什么环境，就会成长成什么样的人物。其所在的人文内涵是龙就培育出龙，是凤就培育出凤，老鼠堆里打滚出来的还是老鼠。并不是简单地理解成富人就生出富人，穷人就生出穷人。官家富豪的环境的确与贫民穷人家的环境不一样，让两个同时出生的孩子对调一下养大，结果如何大家可以预想得到。

现今对《周易》的理解，有一些人仍停留在周易风水、周易占卜、八卦算命、奇门遁甲、手相面相这些有一定迷信色彩的技法上。《周易》的确有占筮功能，是古人对“天人”之说的解释。但若仅仅是这样理解《周易》，显然平淡了它的内涵、弱化了它的价值、降低了它的地位，甚至是扭曲了它的功能、摒弃了它的深刻、污染了它的本真。因为《周易》作为一部经书流传，是任何书籍、任何学说无可替代的思想经典、文化经典，其中蕴藏着修炼人心的巨大价值，它既是中国人文的本原，也是中国人文的基础，还是中国文化的大道之源和技法之本。没有人心修炼，无所谓文化、无所谓人文、无所谓文明，只有原始状态的天老大、地老二，然后便是水火、山泽、风雷的肆意与蛮荒，自然也就没有改天换地的技术与方法，人与所有动物一样，在大自然中弱肉强食，不知死活。

正是因为有了人心思维，有了人心修炼，才诞生了人类文明。《周易》强调人的行为要合乎天地规律，人与自然要和谐相处，把人与天地万物视为血脉相连的生命整体，渐渐形成了中华人文内涵。《易》诞生于还没有文字的时代，只是几个直线条画成的卦图，这是伏羲的功劳；而后经文王演易、孔子传述，于是有了六十四卦三百八十四爻以及卦辞、爻辞和“十翼”；秦汉以后有了“简易、变易、不易”的“三易说”，唐宋以后又有了“理、象、数”的“新三易说”。这一个过程，都是中国先人在修炼自心、应用技法过程中的觉悟，通过《周易》这样一部经典性著作，在传承的基础上不断修正、完善、提高。

3. 周易文化包含中华精神

易学传承过程，出现一系列谜一样的“无头案”，这是人心在自我修炼过程中的新认知和因历史原因使某些精品失佚后猜想的结果，这些内容包括《周易》与《连山易》《归藏易》到底是什么关系，为何都以“易”为名；说《连山易》从艮卦开始、《归藏易》从坤卦开始，“三易”是排列不同、卦相同吗；为什么有人说《连山易》诞生在伏羲时期、《归藏易》出现在黄帝时期、《周易》出现在文王时期，持这一观点的是不是说“易”同一个，不过是从“连山”到“归藏”再到《周易》发展过来的，如果这个观点成立，又何来《连山易》《归藏易》已失传之说；如果“易”的意义是“日月之谓易”，为什么有人会相信日本人提出的“‘易’是蜥蜴的简化”观点，这到底有没有辱华倾向？第二次世界大战前，日本人为了抹黑中国，把中国人崇敬的先祖进行丑化，说“尧”是香炉、“舜”是蜡烛台、“禹”是爬虫，这种明显含有轻薄的恶意诬蔑，居然有人信之不疑，原因何在；八卦演化为六十四卦，这演化人除了文王外，还有观点认为是伏羲排列的、神农排演的、夏禹复演的，结论应该是什么；《十翼》成传，到底是孔子所作，周公所作，还是孔门弟子所作（现一般认定：文王作卦辞，周公作爻辞，孔子及弟子作十翼，但《象辞》为周公作）……专业人士两三千年考证下来也没有定论，心和管理学重点不在考证这些千古之谜；只是说明，《易》的演变过程也是历史发展过程，其中的思想与技法，是在这个过程中完善起来的。这个过程就是思维的过程，思而得悟便是修心，修而有得便是悟道，“得”包括技法之得。

20 世纪到 21 世纪的交替之际，各有关阶层对《周易》重视起来了，但有人认为这是封建余毒沉渣泛起，应否定其为群经之首的地位。对于放弃祖先学问而求取西方之经的人们来说，这是大好事，因为他们已在“西化”过程中获取了既得利益，国学“沉渣泛起”，动了他们的“奶酪”。事实上，无论是政权更替还是政治侧重，《周易》从文明起始到如今一直都存在着。不知道，是因为没有接触；不懂，是因为没有学习；反对，是因为要紧拽住自己的利益。这本来应该不是文化人干的事，更不应该是学术人干的事，只是当一切都以利益衡量时，炼心修心的成果也会利益化。只不过他们没有意识到，只要是在中国的土地上，只要是用汉语说话写文章，就不知不觉传承着国学的基因，就不知不觉践行着《周易》人文精神，就不知不觉应用着《周易》易理思想和易学技法。易理是哲学性的，象数是科学性的，易法是系统性的；社会学科的易理、自然学科的象数、科学技术的技术都是教人学会“易”：知变、适变；知变是易理（理智）的思想结晶，适变是象数（数理）的思想结晶。正因为如此，《周易》是“百姓日用而不知”的学问；既然“日用”，岂会没有技术与方法。只是作为专业研究者、思想应用者、理论或学术探索者，炼心修心中而得悟，也应该达到“日用而可知”的境界。这是人文的需要、教育的功能、文化的必须。让百姓在“日用”中不知不觉也在炼心修心。太极、阴阳、五行、八卦，哪一项内容不再影响着中国人的认知。《道德经》《论语》《尚书》《孙子兵法》……哪一领域的研究、哪一流派的思想没有受到易理影响。所以，儒家的炼心修心术是“教化”、道家用道法、佛家用佛法……这也是纯正的中国技法。

《周易》是中国历史上最古老的经典性典籍，也许有过其他书籍，但一方面是文字产生的时间不太可能比《周易》更早出现典籍，另一方面是历史长河的大浪淘沙让同时期即使有其他典籍也没能保存下来。所以，至今为止，《周易》就是硕果仅存的中华人文之源之本、中华大道之源之本、中华国学之源之本。

孔子的“仁者不忧，知者不惑，勇者不惧”（《论语·子罕篇第九》）、孟子的“富贵不能淫，贫贱不能移，威武不能屈”和“吾善养吾浩然之气”（《孟子·滕文公章句下·第二节》）、曾子的“吾日三省吾身”（孟子·滕文公下），以及“见利思义”“舍生取义”“见危授命”“至大至刚”等等，其中有思想内涵也有技术方法，都与《周易》有着千丝万缕的联系，正是人们在“修身为本”的国学主张下，唤醒了隐藏在人们内心深处的道德良心，把人类社会中的仁爱精神和仁爱要求，化为每个人在技术应用、方法实践中的内在自觉。同时，把困难、挫折、痛苦作为人生的财富，把坚贞不屈、不畏艰险、不惧挫折、奋斗不息作为精神追求中华国学所强调的人生态度，在国家和民族的危难面前，大批仁人志士挺身而出，赴汤蹈火，表现出大义凛然的高尚气节和情操，这些构成了中华民族的凝聚力、中国人民的人文精神，也包含了中国人民用智慧结晶的技术与方法。

二、炼心实践过程心和技法

1. 觉悟明理炼心而致良知

儒者仁心、道者静心、佛者清心……应用于现实，医者要有仁心、学者须能静心、为官则要清心等。这一切，其实质就是人在炼心，炼心应该是人类永恒的主题。为什么佛教到中国，很容易就被吸收，因为与中国的周易文化有一定吻合度。佛家讲知生灭便是觉悟，《周易》说离苦得乐、“原始反终，故知死生之说”① 都是指能明白生死问题便是开悟、就是得乐。佛家为此提倡炼心，易理传后世，诸子百家都讲炼心。中国的人文思想有容乃大，对外来文化，适合的可以直接相融，必要的可中国化后相融，还可以从中找出本真、本源的内涵与本土进行嫁接，以此充实国学。人心，只要有人存在的地方就会有磨炼、就会有修行。因为人心支配着人的外在行为，外在行为映射着人的心动，心动的过程便是在炼心。

炼心达真善美，外在行为便展示出真善美；炼心趋假恶丑，外在行为便表现为假恶丑。所以中国人非常讲究环境影响，自古就有“昔孟母，择

---

① 姬昌等，《全本周易·系辞上》北京出版社2006年版，第339页。

邻处；子不学，断机杼”①（《三字经》）之说，炼心有他炼、也有自炼。家庭教育、学校教育、社会影响都是他炼；自炼就是慎独、就是内视，就是诚意、就是正心。人生所经历到的一切痛苦和磨难，都是在炼心，无非就是主动炼心还是被动炼心的区别。自制力不强的青少年重在他炼，而成熟者，重在自炼。

炼心之论、炼心之术古今中外皆有之。世界上几乎所有的宗教都会论及炼心之说，也许提法不同、切入点不同、体系也不同，但炼心之本不变；在中国古代，几乎所有的学术流派，都有炼心说，儒道佛尤其典型。前面提到，儒学传承至宋明时，炼心之学问出现了朱熹理学、阳明心学。朱熹理学更多的是从政治文化角度进行的“精神格物”，阳明心学更多的是从心灵文化角度进行的“良知格心”。王阳明说：“心即道，道即天，知心则知道、知天。”② 阳明心学就是要人摊开来检视自己，认识生命，因为“心即理”。用今天的语言来解释，所谓天理，就是人心对事物的看法，若人心有良知，那么看待万事万物皆会有天理；若人心无良知，那么看待万事万物皆会无天理。说到底，“良知之在人心”，所以对人心认识越深，就越能获得主动权，从而把握世界；也因此，阳明心学肯定人的主观能动性，追求独立人格，强调“知善知恶是良知，为善去恶是格物”，人有良知便能分辨善恶，大家都有良知，便有天理存在。人有良知在，社会有天理存，管理的目标便可以实现了。

知须良、天有理，皆因心动。“致良知”中“致”的过程就是炼心的过程，“致吾心之良知于事事物物”，“去恶为善”的过程，“存天理、灭人欲”的过程（灭人欲不是将人变为没有感情的草木，更不是泯灭人性，而是要控制人的私心杂念，泯灭兽性，使得人心善良、事事合乎天理）。懂得“致良知”的观念与道理，谓之“知”；现实中实践，即当私心杂念萌动时，“当下即去消磨”，此谓之“行”。故“致良知”的本质是心中明亮与行动达成，即知行合一。

如何炼心而达“致良知”，十六字而已矣：循师导引，自身体悟；知行合一，去除私欲。人处名利场中，相当于处身在一个充满瘴气的黑暗深谷中，若不修心炼心，想光明也不得、想清新也不得、想洁身自好亦不

---

① “昔孟母，择邻处”是指“孟母三迁”。“子不学，断机杼”，是指少年孟子有次逃学，回家时孟母正在织布，生气地剪掉刚织成的布，教育儿子说：“你读书就像我织布一样，要脚踏实地才能做得好，如今你随意逃学，就像我剪断这块布一样，前功尽弃了。”从此，孟子便发奋读书，果然成为中国的大学问家。

② 秦泉：《王阳明全集·第三篇传习录·陆澄录》，蓝天出版社2015年版，第267页。

能，呼吸的是瘴气、随身而动的是瘴气，走不脱、离不开、甩不掉；若是心已染毒，“破罐子破摔”，积久难返，属于重症。只有脱身名利场方有可能治愈；若心存善念，良知还在，虽被瘴气蒙蔽，还是可炼心之人；周边皆瘴，前路不明时，唯有听人导引一途，脱离瘴气之谷，呼吸谷外清新之气，再见心中明道之光。故舍得离开名利场，才会有新感触、新体念、新觉悟；如是，把寻觅回来的“良知”“天理”、心中悟得的道义、道理、道路以及人道、商道、孝道、正道等，应用于实践之中，知行合一，除私欲而“致良知”。所以，脱离魔道是炼心第一要义，然后才有可能学习和掌握具体的修炼之术，只是，最为艰难的恰恰是修心炼人心让人悟道明理的技术与方法。

2. 静心见本心初心得始终

炼心技法之一：静心不动，方得见本心。静心不动，何其难也。即使是婴儿，在他好奇地感受这个世界的一切时，便凭借想不通产生亲疏、好恶。王阳明说：“你未看此花时，此花与汝同归于寂。你来看此花时，则此花颜色一时明白起来。便知此花不在你的心外。”① 心随花动，不见花便不知有花，彼此无关联；见到花，花容明媚便入人心。王阳明的意思是花不在人心外，而在人心内，见花而意动。这是本性。要做到不心动，超然于物外，便需炼心。故少儿在年少时就要受教育，不仅仅是文化教育，还有心灵教育（现代称思想教育），他们自控力弱，需要教育和社会环境的作用。成年人应该比少儿更有自控能力，但人性是阴盛阳衰或阳盛阴衰。心能随花而动，自然也会随其他诱惑而动，被诱惑了本心便开始失落，最严重时是找不到本心了。而让心宁静，静中观心，观而明悟，乃炼心技法也。

所以，管理的重要功能便是引人炼心、教人炼心、鼓励人炼心、督导人炼心。这个时候炼心的关键在于一个字：“静”，不动心才不动情，不动心才无烦恼，不动心才气定神闲。虽然世间引诱太多，人心容易凌乱，只要自己内心坚定，按心不动，便可止水从容。凡修炼者，都是静室、静坐、静思，国学中的慎独、内视，其实都是让人静心，只有让心水波不动，才能真正看得清自己的内心，才能真正读懂自己的内心，才能针对自己内心中的一切表现进行审视、反思、检讨和归纳，才能明了思维产生背后的深层次因由，才能弄清思想形成背后的最真实动机，才能为自己找回初心、培育仁心、去除私欲的炼心提供正确的道路和方法。这也就是为什么古刹道观都在深山大川里的重要原因。没有静心，难以炼心。

---

① 秦泉：《王阳明全集·传习录·钱德洪录十四》，蓝天出版社 2015 年版，第 342 页。

正因为如此，炼心，非大智慧不能、非大定力不行；无此智慧与定力，也就无力定心，炼心也就成了一句空话。所以，须有人提醒、有人引导，只是关键在于人自己，其“心”是否愿意放入万物之惑的“烈火”之中锤炼，而且能承受得住无数次的烈火烧灼炙烤。

炼心技法之二：初心回归，方可得始终。不能静心，只缘身在名利场；静不下心，便找不回初心。找不回初心，心就会继续凌乱，难得始终。所以，先要静心，然后努力回归初心。人的初心是什么？就人生而言，是赤条条来，赤条条去，了无牵挂；就过程而言，是云淡风轻，悠闲自然，了无痕迹；就追求而言，是跃龙在渊，敢跃敢飞，了无惧怕；就社会而言，是不伤害人，不伤害己，了无恶行……清水芙蓉、泰然自处，敦本尚实、纯然本真。活的是本来的自己，过的是本原的生活，行的是本色的朴实。初心方见本真，本真才有美好。

滚滚红尘中，滔滔名利场，那些自我感觉芸芸众生皆在起跑线上时他们已在终点享受的“上等人”，很难回归初心，因为他们已不知道初心在哪、初心是什么，更不知道为什么要回归初心，干吗要找见本真。他们认为那是庸人、俗人的事，高高在上的他们不需要、没必要，他们情愿纸醉金迷，因为旁人想得而得不到，所以轻蔑认定那都是些说葡萄酸的狐狸。那些置身于名利场永无休止追逐中的人，也不太容易回归初心，也很难见到自己原有的本真，因为他们会觉得在踩踏他人过程中有着无穷乐趣，他们在追逐名利时有着无限满足，他们觉得自己快够着了，别人没这个资格、没这个机会、没这个能力够得着。所以，所谓持纯粹心做至诚人，是忽悠；炼心修心辛苦于心学，是空谈。哪怕坑蒙拐骗、哪怕伤天害理，他们也可以用“政治生态”“竞争状态”等光明堂皇的理由给自己找到一个心安理得的借口。本真对他们而言，不仅仅是渐行渐远，而且淹没在无耻无羞的（政治）阴谋、（思想）强奸、（权钱）掠夺或直接的（成果）抢劫之中。所以，在他们看来，回归初心只是针对别人的尤其是穷人、底层人、普通老百姓的一种欺骗。他们不需要，他们只需要获取，无论方法是什么。他们只需要把别人踩在脚底下，无论是否合道、合理、合法。俗话说“哀莫大于心死”，其实炼心亦如此，一个人自己都放弃了，“初心”都没了，“真心”都死了，还有什么？拿什么来炼？炼心，是针对人心还在者；初心，是针对本真未失落者。

心和管理不是在灵魂救赎，而是在让人自己触摸到本心，回归到本真。人生一世，草木一秋，想在人世间留下什么，肉体是要腐烂的或成灰的，归根结蒂是“化作污泥”，至于是“更护花”还是“更毒花”，全在于一个人在世间时的所作、所为、所决定，在世间时留下的精神物产来决定——宗教所构筑的便是这样的灵魂回归之路、回归之所，所谓“一念天堂，一念地狱”。找不到初心、见不着本真的人，永远无法明了这些道理，甚至还笑话别人“庸人自扰”，依然我行我素，自然也不在乎自己在世间留下的是善还是恶。

3. 仁心走尘世白心洁私欲

炼心技法之三：仁心宽厚，看得破繁华。社会在发展，时代在前进，世间繁华越来越盛。放下执念、让心宁静，回归初心、找见本真，不是要人人做苦行僧，更不是让人回到原始社会饮毛茹血，当然也不是简单地回归物产不丰富、商品奇缺年代的那种生活。移动互联网时代如果通信还要靠“吼”，那不是静心、真心、本心，那是倒退。合理合情、合规合法地享受现代社会的物质财富，不是沉溺于繁华，而是与时代一起进步。关键在于身处繁华世界时，是否存有一颗仁心；仁心在，人间的美丽就在。炼心技法，重在心动。

有一则真实的故事：一位老板，赚了很多很多钱，但他仍然习惯性地会拖欠民工工资；一位民工，被拖欠了八个月的工资，他在偏僻山村的家里，有一位年迈有病的母亲、一个因感情问题而有精神病的妹妹，和两个正在上学的小孩，一位孱弱的妻子依靠丈夫寄回的微弱收入支撑着这个徒有四壁的破破烂烂的家，他们八个月没收到救命钱了……

可是民工一次次去找老板要工钱，却一次次被拒绝、被谩骂、被侮辱，被保安推着、拖着甚至打着扔出办公楼……退无可退、忍无可忍，民工一怒之下绑架了老板六岁的儿子，打电话让老板拿工钱来换儿子。老板儿子原本就与民工熟悉，以为叔叔在带他玩，玩累了就在民工怀里睡着了。当民工抱着熟睡的老板儿子东躲西藏时，突然想到了自己家里的孩子，他后悔了，不应该让孩子搅和到这里面来。

他原本可以自己跑掉，但他担心孩子害怕，就抱着熟睡的小孩坐在公园的长凳上，静静地等候警察的到来。他对赶来抓他的警察用手势嘘着让警察安静，然后轻轻把孩子交给警察，这才伸出双手让警察戴上手铐。法庭上，他对绑架事实供认不讳，最终判了五年有期徒刑。

旁听席上一阵唏嘘，民工坐牢后，他那个风雨飘摇的家该怎么办啊！就在法官“退庭”的声音将要响起时，一个苍老的声音响起：“等等”，人们循声望去，有认识的人知道，这就是那个被绑架的六岁男孩的奶奶、老板的母亲，她满头白发，颤巍巍地起身走下旁听席，一步一步地向民工走来。人们有些纳闷，也在替民工担忧。当老奶奶听说唯一的孙子被绑架时，当即晕倒被送进了医院抢救……现在她还会提出什么要求？民工还能拿什么赔偿老奶奶的进一步要求？就在大家胡乱猜想时，老奶奶走到民工面前。

谁都没有想到是，她嘴唇轻微抖动着，慢慢挺直身子，恭恭敬敬地向民工鞠了三躬。全场愕然，连法官也不知道所谓，没有阻止老奶奶的行为。老奶奶站直身子后，真诚地对着民工说："我这三个躬，第一个是代我那不成器的儿子向你鞠的，是他先做错了事，是他对不起你，对不起你们家。我代他向你说一声对不起。该受审判的不仅仅是你，应该还有我的儿子。"民工嘴唇嚅动着，说不出话来。而他那个刚刚还得意于法庭裁决让民工坐牢的儿子，这时候却低下了头。"我这第二躬，是代我孙子向你鞠的。是你的善良、是你的良知让他在这次事件中没有受到惊吓，没有留下心理阴影，我要谢谢你！你比我的儿子要强上100倍！"全场动容，安静至极。"这第三躬，是向你的母亲、你的家人致歉的。你为了他们，不惜以身犯险，他们有你这样的儿子、丈夫、哥哥、父亲，是他们的荣幸！而我的儿子不仅对不起你，也对不起你们一家。作为母亲，我教子无方，心中有愧呀！"

深明大义的一段话，让法官和听众心灵受到巨大撞击，民工则痛哭不已……事情的结局是，民工去坐牢了，老板不仅支付了民工全部的工资，还把他的母亲、妹妹接到城里来治病。老奶奶的三鞠躬鼓励了民工、唤醒了儿子、救赎了一个困难家庭，也救赎了他的儿子。正是她的仁心宽厚，让儿子看清了繁华背后的道义，让他的儿子、民工都能迷途知返。

炼心技法之四：白心圣洁，去得掉私欲。一位年迈的、头发花白的老奶奶，也许不懂"致良知"，没有刻意去炼心，却用她的人生阅历、善良心性、睿智言行，深刻而全面地解读了宁静致远、白心去私、仁心宽厚，践行了知行合一，让当老板的儿子去除了私心杂念，救赎了自己的灵魂、救赎了苦难的民工家庭。真正意义上诠释了"家有一老，如有一宝"之中国民间谚语的深刻意义。这里至少说明两点：其一，无论曾经多少繁华，老来之时都能明白，物欲若无节制，便会贪得无厌，其实是一条没有希望的不归路——问题是为什么只有老了才能觉悟呢？其二，身在名利场的人，只要本真未丢、仁心仍在，即使一时迷失，也是可以回归善性初心的——拖欠民工工资的老板灵魂因而得以救赎。

正如阳明心学所推崇的：人需要在事上磨，方立得住，方能"动亦定，静亦定"。"动""静"过程中能克己、去除私欲，才能"心定"。如何克己、去除私欲？阳明先生说："克己须要扫除清廓，一毫不存方是；有一毫在，则众恶相引而来。"① 这就是去恶务尽，不能让自己的私心杂念有一丝一毫的生存之地。因为"殊不知私欲日生，如地上尘，一日不扫，便又有一层，着实用功，便见道无终穷，愈探愈深，必使精白无一毫不彻方可。"② 私欲如尘，一天不扫便增一层，所以需要"吾日三省吾身"，一有私欲发现，即刻扫除，不留丝毫。这就像一身白衣，只有时时留意才能不沾尘埃，一旦发现有沾染，即刻清除，才能保持白衣的干净纯洁。暂时发现不了的，也不必心焦，炼心是为了自己，不是做给别人看的。只要目标正确，心意至诚，便可得道。人类，常常会在自己的地位变化、财富变化、环境变化后而悄悄地发生着心态变化、思想变化、情态变化。这种变化也许是漫长的，就像人的身体有病，有一个长长的潜伏期，人不能自觉。量变到质变，突然有一天，病就突发了，有的人能抢救回来，有的人便连后悔的机会都没有就彻底走完了人生路。谁都会有贪得便宜的窃喜、谁都会有踩踏对手的快感，谁都会享受高高在上的感觉、谁都会享受颐指气使的快意，谁都想要睚眦必报、谁都渴望扬眉吐气……只有真正炼心的人才有可能分得清什么是私欲过重、什么是合理合情，懂得什么是该做该说的，什么是不该做不该说的。去掉私欲，那是比酷刑还痛苦、比戒毒还艰难（私欲越盛相当于毒瘾越大）的。心灵的鞭笞是"自找的"，难度系数就更高。所以，最佳的是不沾染"私欲之毒"，而做到这一点，关键在有一颗纯白圣洁之心。

社会上痛恨"官某代""富某代""星某代"，是因为一些嚣张跋扈的官、富、星某某代们，他们不是官、他们不是星，他们即使富也不是他们自己的原因，却可以在老百姓面前作威作福。而官、富、星之某某代们自己，若天生觉得自己高人一等甚至十等、百等，根本就没有意识到需要炼心、应该炼心，这样的人既不"知"，自然无"行"，也就说不上知行合一。而那些明道炼心的官、富、星后代，人们已不再当他们是"某某代"，因为他们自己就是成功人士，不需要贴上父辈的标签才能彰显自己。炼心法正，不炼心，富不过三代。

三、修心思维养成心和技法

1. 不修心私欲重人心不古

中国传统文化，原本强调的是人各安其位、各守其分、各尽其责；早

---

① 秦泉：《王阳明全集·传习录·陆澄录四十三》，蓝天出版社 2015 年版，第 265 页。

② 秦泉：《王阳明全集·传习录·陆澄录四十七》，蓝天出版社 2015 年版，第 266 页。

期的国家管理、社会管理强调的是按“士农工商”四业划分工作圈、社交圈。是封建王朝为了强化统治，强调“君权神授”，“江山社稷”是“上天”给的（所以叫“天下”），皇帝自然是“天子”，高高在上，天子以降，自然也分等级。董仲舒的理论本来就是为了巩固政权提出来的，每一朝代当权者自然愿意接受之，于是社会有了三六九等，而且等级观念一代比一代强盛。到了清朝达到极致：只有皇家是“主子”，其他全是“奴才”。很自然的，那么庞大的“奴才”群体也分出了三六九等。物极必反，关外入主紫禁城的大清皇室也许没重视这个千古不变的规律，他们没有想到，推翻大清帝国并连同整个封建体系都被推倒了的，恰恰是因为非皇族皆奴才的结果，是把自己孤立在“奴才”之外。而最终让中国重新站起来的，又恰恰是其政治观念是“全心全意为人民服务”的一个政党。一边是奴才，一边是人民当家作主，高下立判。

两千多年的皇朝历史，虽然知道“水能载舟亦能覆舟”的道理，只因为处在相对高位等级者已获既得利益不想放弃，这种等级观念不断加强，不仅仅发生在官场、职场、生意场，还渗透进宗教文化、平民文化和社会的各个层面里面去。修炼，似乎忽略了这一点。

进入现代，西式商业文化无所顾忌，人心修炼被雪藏，一切皆为利来利往。同时，一边愤愤不平在批判等级制，一边在投机钻营寻找高等级存在感。

平头百姓也有的比，各式各样的比较，就会有人自觉“在云端”，晕晕乎乎似乎已成仙；也会有人“心失衡”，咬牙切齿高喊不公平。在云端的人未成仙私欲却更强，心失落的正道未成便寻歪路。更重要的是一些私欲盛、贪婪重者，还找到了理论根据，振振有词：自私贪婪是人类进步、文明发展的基础条件，没有自私和贪婪也就没有人类文明。于是，自私也好，贪婪也罢，皆可心安理得。他们没有深想，不是所有的文明都是科技发明，不是所有的发明都是自私贪婪的结果；更重要的是，不违背道义的自私才是人的本性，不损害公理的贪婪才是进步的动力。

这正如炼心与修心问题，炼也好，修也罢，终究是目标的真善美。如果目标是假恶丑，那就不是炼心、修心，而是黑心、恶心。

2. 修养心灵保持心居中正

炼心是修心的基础，没有炼，无从修。也许现实中没有必要也不太可能分出炼和修，而事实上须有炼心的意愿和成果，才有修心的可能或必然。孔子曰：“夫子德配天地，而犹假至言以修心。古之君子，孰能脱焉！”老聃曰：“不然。夫水之于汋也，无为而才自然矣；至人之于德也，不修而物不能离焉。若天之自高，地之自厚，日月之自明，夫何修焉!”孔子出，以告颜回曰：“丘之于道也，其犹醯鸡与！微夫子之发吾覆也，吾不知天地之大全也。”① 孔子对老子说，先生你的品德能与天地匹配，还会借助至道之言用来修养心性。如此说来上古的君子谁又能免于修养呢！孔子的认识人人都需要修心养德。可谁知老子却说，水能够这样的澄澈，是水本性无为，是水质自然如此；至于人本应该有的德行，不需要修养就在了，任何事物都不会也不能让它离开。这就像天，它自己就那么高，地也是本身就那么厚，日月本来就那么明亮，何必还要修养啊！孔子出来后，将这些对话告诉颜回后说：“我对于道的认识，就如同醋瓮中的飞虫那样的渺小！没有先生揭开覆盖在我心头的蒙蔽，我就没有真正了解天地之间全部的道理啊！两位圣人两种境界，孔子是人在尘世，心就需要修炼；老子是人若本然，心又何须修炼。我等凡间芸芸众生，岂可不炼心、不修心。

其实，修身养性，最重要的前提是修心养心。修养好了心灵，人的思维便不再狭隘，人心的拖累便不再沉重，人在名利场中心便不再杂乱。这时候，管理就是水到渠成。所以，中国管理的基础工作就是修养好人心，思维不偏离方向，管理便按预设轨道自然生成。修养心灵，既是一种管理技法，也是一种养生之道。因为养生过程也在养心，技法就在神气清静、心理平衡、乐观豁达、善良知足等方面。这些恰恰是涉及人的管理的要素。

凡人有凡心，凡心会失衡，故须养成水无常势之变易之能、修炼凡心至保持正中之本。

3. 炼清正气培育宽广心境

修心技法之一：清气静神。养心的第一要义是神气清静。心中若无雾霾，自有清气满乾坤；心中若能静谧，必是神气通阴阳。中国是元气论文化，西方人提“品牌”时，中国人早千年前就有“名气”一说，西方人谈“收益”时，中国人早千年前就谈到了“财气”。

早在《黄帝内经》的“素问”中就有论断：“人有五脏化五气，以生喜怒悲忧恐。故喜怒伤气，寒暑伤形。暴怒伤阴，暴喜伤阳。”阴阳五行，是中医的基本构架，“阴阳者，血气之男女也；左右者，阴阳之道路也；水火者，阴阳之征兆也；阴阳者，万物之能始也。”② 显然，情绪会让人

---

① 庄子及门徒：《庄子·外篇·田子方》，古诗文网《庄子》篇。

② 林甫：《黄帝内经·素问·阴阳应象大论篇第五》，远方出版社 2010 年版，第 21 页。

生气，生出的气是向阴发展还是向阳发展，在于一个合理的度，过度了便是情绪的“暴”，会导致心理变异，身体有疾。因此黄帝总结了“怒伤肝、喜伤心、忧伤肺、思伤脾、恐伤肾”① 就是在提醒人们控制好自己的情绪，达到宁神静气、神清气朗。

修心技法之二：善良知足。关于善良，其实是谁都明白的品德。与人为善者，一定是光明磊落者。偶尔为善非真善，表演善德非真德。只有出自内心，成为日常生活中的本能行为、呈现一种自然状态的善行，才是真善真德。所以，“君子谋道不谋食……君子忧道不忧贫。”② 修心便是修道，有道便可心存善良。而“不谋食”“不忧贫”，既是恬淡寡欲，不追求名利，也是境界高远，追求精神富有。只有“暴发户”才会出现“穷得只剩下钱”的困窘与难堪。所以，清末张之洞的养生名联说：“无求便是安心法”；作家冰心认为“人到无求品自高”。淡泊名利，人人会说，世间有几人能实现；知足常乐，谁都明白，凡尘有几人能做到。淡泊与知足，实质上是一种崇高的大境界，有了淡泊与知足心态，就不会在世俗中随波逐流，就不会对身外之物而大喜大悲，就不会对人情世事满腹牢骚，就不会在工作生活中攀比嫉恨。

修心技法之三：心理平衡。人的心理要获得平衡，就要了解心理失衡的主要原因。有一个试验很能说明问题：让两只猴子（僧帽猴）搬石块，每搬一块石头给一根小黄瓜，连续 25 次，两只猴子都完成了，没有发生什么事。第二次，每搬一块石头，甲猴依然给一根小黄瓜，而乙猴则改成奖励葡萄（猴子更喜欢葡萄），甲猴看到不乐意了，扔掉小黄瓜，拍打桌子，发泄不满。第三次，依然是甲猴给小黄瓜，乙猴给葡萄，甲猴不干了，狠狠把石块扔到对面墙上。不同待遇的比较，打破了原本的平衡，这是管理者需要明白的道理。而作为管理行为，既要在管理行为中尽可能避免这种心理失衡情况的出现，更要加强修心养心，即使遇到不平等待遇，也须学会控制自己的心理，达到不失衡。这就需要高于常人的思想认识和心理控制能力。其方法为：一是让心清空，心空才能有容，有容方可纳物；二是让心平和，具备基本生活条件后，所面临的生活压力其实是比较后产生的不愤不平，焦虑的只是人家有我没有；三是让心寡欲，寡欲不是禁绝欲望，而是不要变成物质或享乐之奴；四是让心简单，心思重是因为负累多，放下大多数，留下基本的，正如大家都明白的道理：再大的别墅

---

① 林甫：《黄帝内经·素问·阴阳应象大论篇第五》，远方出版社 2010 年版，第 22 页。

② 孔子等：《论语·卫灵公篇》（宋海峰编著），内蒙古人民出版社 2009 年版，第 222 页。

豪宅也就用睡床一张，再多的资产钱财也就吃一日三餐。

很多人将自身置身于辽阔无垠的环境时，心境豁然开朗；很多人在经历真正生死之后，恍然觉悟人生，道理也就在此。重要的在于能否自己调适精神，保持心胸开阔，心情舒畅。人生不如意之事十之八九，是心胸开阔、泰然处之，还是生气动怒、僵化关系，全在人的一念间。有人说这也是鲁迅先生所说的国民劣根性之“阿 Q 精神”，此乃极大的误解。阿 Q 精神是自欺欺人，平衡心理是修养心灵。这是完全不同的两个层级。

修心技法之四：乐观豁达。乐观豁达是一种性格，也是一种心态，更是一种境界。很多人认为中国人喜欢看宫斗剧，就是因为追求有心机。这应该是一种错误理解，看剧是一种休闲，也是一种探险。休闲，自然需要故事性强的情节才吸引人，才可在宫斗心机中增强故事的复杂性和观众的预期性。而探险，就是在看剧过程中替代剧中人物，去尝试一种未曾经历过的人生经历。现实生活中，大多数人喜欢简单些，喜欢与开朗活泼的人一起玩。少一些心机，省很多麻烦和伤痛，这是常识。乐观的人给人带来开心快乐，豁达的人给人带来轻松自在。

所以，修心要修出宽容、气度、乐观，这可以激发人的活力和潜力，有效解决矛盾、困难。乐观与否，是外在表现，相处一起就能感觉。豁达与否，往往藏在心中，自己却是明白的。同事做出巨大业绩，你是真心替他高兴吗？好友获得事业成功，你能真心祝福他吗？与你一起工作的同学高升了，你会由衷为他庆祝吗？别人比你好，你从内心里问问自己，是妒嫉还是不妒嫉就行。心狭为祸之根，心旷为福之门。

显然，中国的修心技法，并不是制造具体产品的技法，而是提升人的品质、品格、品德、品性、品味、品行，而后获得心之修炼。这是更高层次的管理技法。

第二节　文明传承心和管理技法

文明认定标准的话语权在西方，国力羸弱的近代中国，只有接受。心和管理学却认为，文明诞生的标志，应该而且必须是人类有了思想（思维成果）；文化成熟的标准，应该而且必须是人类有了智慧（创新成果）——简言之：人类有了“人心”。一切文明的产物都是人的思想成果，一切文化的现象都是人类智慧的结晶。包括文字、包括城市、包括青铜器、包括祭祀仪式。有思想、有智慧的行为或实物成果才应该是文明的认定标准。

人类能够进步，是因为文明的进步；人类能够发展，是因为文化的发展。但经历无数战争的灾难，流掉无数人类的鲜血，人类终于无奈地发现，任何灾难都大不过人类贪欲带来的灾难大。于是在中国文明发展的脉络里，产生了一种最重要的文化：和文化。天地人协和，才是人类最佳的存在和相处方式。正如棋局的最高境界是和棋，阴阳变动的最高境界是和气。

一、文明的标志是人心思维

1. 世界文明本原在心思维

也许有人会说，人类文明的认定已经有国际通用标准，提出这个观点毫无道理。这里不是要推翻国际标准，而是要说明文明诞生的标志、文化成熟的标准，最本源的是“人心”这个道理；至于会不会被认可和接受，就是话语权人的事了。研究海洋文明的人认为人类文明最早起源于海洋文明，山地文明研究者认为人类文明最早起源于山地文明，游牧民族可以提出一切源于游牧迁徙而形成的交流与冲撞后的成果，大河文明更有大河文明的理由，本就是各提各的观点、各有各的理。提出“人心”是文明诞生的标志也是一种观点。

世界文明的诞生地，一般认可的是古巴比伦文明、古埃及文明、古印度文明和中华文明。西方往往会加上希腊文明而称五大文明，因为这是西方文明起源。然而，无论从时间节点还是原创内涵上看，希腊文明都不可能与前述四大文明相提并论。希腊文明大约发生在公元前 800 年至公元前 146 年之间，大体与中国的东周时期，也就是春秋战国（公元前 770 年至公元前 221 年）年代相当，中国和欧洲的先圣思想家，也大致在这个阶段内出现。严格说来，希腊文明是古巴比伦文明和古埃及文明在地中海上的遇合而成，虽有许多创造性文明出现，但毕竟不是原创性发源地。因此，尽管欧洲文明源自希腊文明，并在大航海后在近代对全世界产生了影响，但无论如何也不能说希腊文明是世界古文明的发源地。

那么，在四大文明古国中，为什么前三个一般都会加上一个“古”字，而中华文明不加“古”字呢？原因很简单，古巴比伦、古埃及、古印度这三大古代文明，没有一脉相承地传承到今天，所以只能是“古”而无“今”；而中华文明从古到今，未曾失落，文明根基、文化基因一直未变，自古至今一脉相承。

古巴比伦（今伊拉克一带）文明与古埃及文明的一些内涵，通过遇合、革新、创新以后，借助希腊文明得以某种程度的传承，真正原始的古巴比伦文明，没有任何存档，在千年战场上消失殆尽。

古埃及文明的法老种族、法老文化没有流传下来（连宗教信仰也转向伊斯兰教了），金字塔时代的后裔已无迹可寻。现在埃及是白种人以及埃及人与白人、黑人、中东人混血的后代为主，不仅仅文化，连古埃及的血脉都没有了（大航海开始欧洲对埃及的侵略所致）。

古印度文明，人种还在、佛教也还在，但由于古印度没有文字历史，无数次的佛教内部分裂导致无数次宗教战争，原始佛教没能保存下来，历史演变也没有记载下来，13 世纪时古印度文明绝迹。现在的佛教是中国等多个国家倒传回去的，中国的玄奘法师在印度无人不知无人不晓，正是他口述所编的《大唐西域记》让印度从中世纪的黑暗中走出来，那时候的印度人不知道佛教发源于本国，也不知道自己国土里掩埋着那么多辉煌的过去。

不过古印度文明与古巴比伦文明在波斯国（今伊朗一带）遇合后产生的波斯文明（曾建立地跨欧亚非三大洲的大帝国），在一定程度上传承了古巴比伦与古印度文明的某些内涵，但在拜占庭王朝（Byzantine）以及来自东方军团的先后打击下，约在公元 628 年后的若干年内，波斯帝国灭亡，波斯文明随之衰弱。

如今的伊朗认为是波斯文明的传承者。事实上，中东地区因环境险恶，大多数古代中东帝国，在历次战争中逐一消亡。只有伊朗通过后天的学习与进步，形成古今融合的伊朗文明。

所以，四大文明古国只有中华文明真正传承下来。如果说燧人氏仰观斗枢，以定天极四方之位，伏羲氏仰观俯察、远求近证而画先天八卦（后天八卦、六十四卦也有说是伏羲画出来的，周文王加以完善的。本书采用伏羲画先天八卦、文王画后天八卦并演化六十四卦之说）的说法成立，那么中华文明应该在 6500 年前就展现曙光，因为中华民族可以考证的第一位祖先燧人氏（教民钻木取火）距今 6482 ~ 6372 年前。而相传为燧人氏儿子的伏羲则画出了先天八卦，意味着中华文字萌芽、中华思想诞生。也就是说，至少在燧人氏、伏羲氏父子的时代，中华文明已经诞生了。若按文明的诞生有一个漫长的演变过程，那么中华文明的起源可能更早。只因为话语权的问题，西方对中国已经发现的许多考古证明不愿意承认；按照他们的标准对已经发现的考古证据，也不予认可，甚至于用“双标”来否定。

2. 汉文字形意在符号有灵

西式“双标”许多领域皆如此。文字，世界上最古老的文字，目前公认的是古巴比伦的楔形文字（距今5000多年）、古印度的印章文字（距今4000多年）、古埃及的纸草文字（距今5100多年。纸草是生长在尼罗河两岸的一种植物，稍微加工可以当成纸写文字，也可以制造服饰，目前已濒临灭绝）、中国的甲骨文文字（距今3600多年）。甲骨文是公认的成熟度相当高的中华古汉字，具有一定体系并有比较严密的规律，与现代汉字接近，甚至于可以创作“甲骨文书法”①，以艺术形式呈现。如此有系统、有规律的汉字，按常理推论，也至少经历漫长的萌芽、演变与发展的阶段，换句话说，这种文字的产生应该远远早于现今发现的3600年前。而且许多考古证明（信史）也证明了这一点，但国际上不予认可。

20世纪60年代初，河南省舞阳县北舞渡镇西南1.5公里的贾湖村发现新石器时代前期重要遗址（距今约9000~7500年），中国文化有了划时代意义的新发现，不仅有世界上最早的酿酒坊，世界上年代最早、保存最完整的乐器——骨笛，有蚕丝蛋白残留物（证实了中国是首个发明蚕丝和利用蚕丝的国家）等多项巨大成果外，在文字方面，发现了刻在龟甲、骨器、石器、陶器上的契刻符号——中国原始文字性质的符号，或者说是迄今为止人类所知最早的文字雏形。比前述的纸草文字、楔形文字还要早4000多年。

将“贾湖刻符”与甲骨文对比，发现甲骨文的一些文字是简化了贾湖刻符，由此可证这是中国早期的甲骨文（包括刻在石器、陶器上的石陶文）。但是西方学者的双重标准说：“贾湖刻符”没有破译出来，不能算是文字。而西方又把据说距今4300年前的来自“阿卡德帝国”的“楔形文字”（学术名叫“线性文字A”，属“苏美尔文明”）定义为“世界最早的文字字典”，如图15-1所示。西方号称“线性文字A”已成功破译，当问及上面记载了什么时，回答很妙：“它们没有叙事性，只是货物清单。”显然，话语权人用这样的双标准来定性严肃的历史结论，结果是很可怕的。如果这也能算文字，那么中国万年前的符号刻写也应该是文字，结绳记事形成的符号也是文字，如此文字起源要往前推一万年。

---

① 甲骨文是中国最早的可识文字，笔意充盈，百体杂陈，或骨骼开张，有放逸之趣；或细密绢秀，具簪花之格，字里行间，多有书法之美。清末明初学者罗振玉最早开始了甲骨文书法创作，创立甲骨文书法。

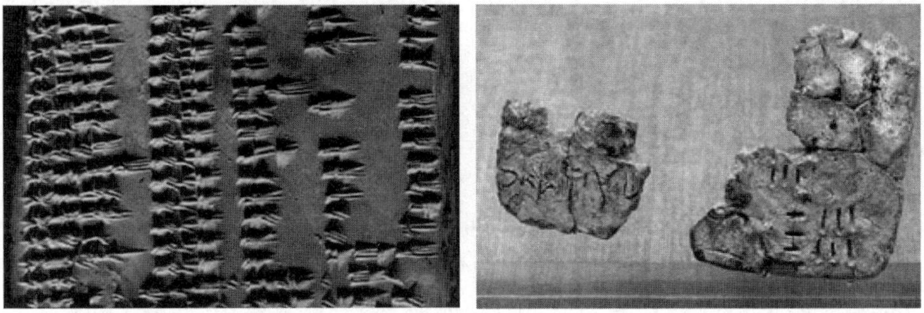

图 15－1　西方认定的世界最早的文字“字典”：线性文字 A

看看“贾湖刻符”与“大地湾遗址”发现的文化刻符，比较“线性文字 A”，哪种刻符更符合文字的特点。如图 15－2 左图所示，河南贾湖遗址中出土的龟甲上契刻的符号，约 17 个，也有认为是 21 个（差别在图左下角那一组符号）。这些符号很明显具有汉字象形特点，如眼形、门户形、太阳形等，笔画也是横、点、竖、撇、捺、竖勾、横折等与汉字书写一样，而且刻在坚硬甲骨等物体上，与商代甲骨文一致，具备了文字的基本功能，所以很多专家认为贾湖刻符是汉字的原始文字。更重要的是，不论从哪个角度看，也比“线性文字 A”更具有文字特性。

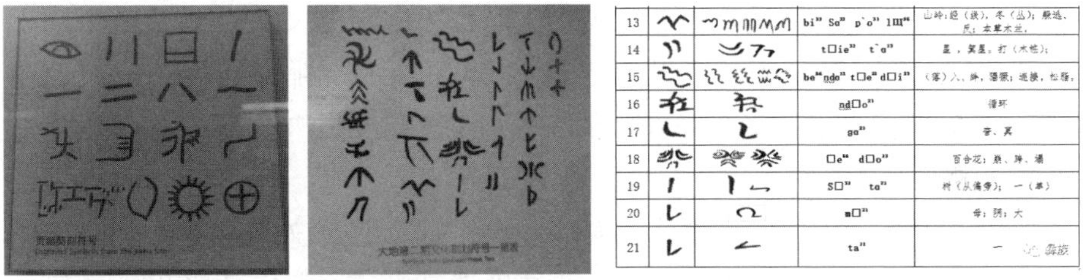

图 15－2　中国的“贾湖刻符”（左）、“大地湾刻符”（中、右）

再看“大地湾遗址”的刻符，如图 15－2 中、右图所示。大地湾遗址是一处距今 8000 ~4800 年的史前遗址，2006 年考古成果显示，在这个遗址中发现了 8000 年至 6 万年前人类活动的遗迹。这意味着“大地湾刻符”有可能远早于“贾湖刻符”的距今 9000 年，最少也距今五千年左右，能证明中国文字的起源一定比 3600 年前要早得多。更重要的是“大地湾刻符”已经可以破译，彝文能释读这些刻划符号，如图 15－2 的右图所示。而彝文属于蝌蚪文，先秦官方通用蝌蚪文，秦始皇时统一文字，强制推进小篆，而对西南地区的彝文鞭长莫及，幸免于焚书坑儒。用彝文释读大地湾刻划符号也就容易得多。专家考证认为，这些刻符很有可能就是古籍文献记载的伏羲造的“书契”，所以这里的刻符和甲骨文与汉字同根同脉。而西方的楔形文字早在公元1世纪就完全消亡；用纸草作书写材料虽然延续到12世纪，但古埃及的纸草文字随着法老文化的消亡而消亡了。世界上其他文字先后消亡，只有汉字一直延续到今天。这绝不是“线性文字A”可比的。

西方的双重标准远不止于此，如中国的《山海经》，西方人说那是神话，不是信史，三皇五帝是神话、是传说，不可信，不能成为中华民族的文明标志。可是对于《圣经》，他们却一口咬定那是信史，完全不顾《圣经》也是神话故事的事实。还有关于青铜器，中国的“二里头遗址”发现了大量工艺成熟的青铜器（还有大量石器、陶器、玉器、铜器、骨角器及蚌器等），但因为没有发现大型青铜工场，西方认为二里头文化不是青铜文化时代。对于他们认为的文化源头“克里特岛文明”与“迈锡尼文明”中发现的大量青铜器与金币，虽然也没有在周边发现青铜矿产地、青铜加工场所，却宣布西方由此进入了青铜器时代。

3. 圣人开化思维文明进步

中国自信，表现在中国需要得到世界认同，但没有必要得到“双重标准”对中国文化、中华文明的认可。按照现有的考古证据，中国人完全可以自信而自豪地认定，三皇五帝到尧舜禹汤、甚至于更早到“贾湖遗址”时期，中华文明已经诞生并走向成熟。而且，中国的文字一开始就不同于西方的表音文字（公元前7世纪至公元前6世纪由希腊字母间接发展而成的拉丁字母为基础），而从象形开始，逐渐发展出指事、形声、会意等造字法，属于表意文字。

也就是说，汉字一开始就把人的思想、智慧赋予文字本身，文字里就体现了人心思维、人心好恶的倾向。这也就是为什么汉字比世界上任何一种文字更能表现出诗词歌赋的意境和美感的原因所在。有人心思维便有了文明。从三皇五帝到尧舜禹汤，中国经历了部落制到部落联盟制（联邦式）再到国家体制形成的过程。《原理篇》第二章第一节“心和管理的文化渊源”，第十三章第一节“管理技法溯源三圣”专门探索了三皇五帝作为人文始祖的伟大贡献，以及心和思想的萌芽。伏羲、炎黄“三圣”之后，黄河流域又先后出现了三位德才兼备的部落联盟首领：唐尧、虞舜、夏禹。事实上，中华文化常常把这三位与后来的商汤一起合称“尧舜禹汤”，被认为是中国古代华夏民族最英明的四位帝王（“四王”），中华文明的圣贤人物，也是中国历史上从部落联盟向国家体制转变的关键性的首脑人物。

后人治国平天下，皆以尧舜禹汤为榜样。春秋战国时期的思想家怀念先人的丰采和治国管理天下的技法，以他们的作为为依据，经口口相传继承下来。例如“六经”中的《礼》《乐》，又如那时候提出的“大同世界”的理想等，应该都是那时候的人们对“三圣”“四王”的部落联盟管理或国家管理的观念、技术与方法的崇尚、敬仰与学习。更重要的是，“三圣”“四王”的管理，一开始就是直奔人心，揭示出人类文明是从有思维开始的真理。

《史记·十二本纪·五帝本纪》称赞尧帝“其仁如天，其知如神，就之如日，望之如云。”尧帝开创了帝王禅让之先河，禅位给舜。舜重用大禹、皋陶、契、伯夷等人才，设立各管理机构管理全国，成就辉煌，深受百姓爱戴。年老又禅位于大禹。《史记·十二本纪·夏本纪》说“禹为人敏给克勤；其德不违，其仁可亲，其言可信”。他尽心治理水患，凿山通泽，治服洪水，留下“三过家门不入”的美谈，人民安居乐业，“四海之内咸戴大禹之功”，“天下明德皆自大禹始”，呈现前所未有的清平局面。

最重要的是，大禹结束了部落联盟制，建立夏朝，开始了国家体制；中国的“家天下”也从大禹开始，他把帝位传给了自己的儿子启，而后代代相传，最后到“帝桀之时，自孔甲以来而诸侯多畔夏，桀不务德而武伤百姓，百姓弗堪……汤修德，诸侯皆归汤，汤遂率兵以伐夏桀”（《史记·十二本纪·夏本纪》）。夏朝经历近500年后，汤建立商朝。汤对内减轻征敛，鼓励生产，安抚民心，扩展了统治区域。经历汤武革命、都城变迁、武丁中兴，又是500多年后，到商王帝辛（纣）时，周武王起兵攻商，灭商建周，追尊其父姬昌为文王。

中华文明史，在三皇五帝之前就存在着；中国人与天斗、与地斗、与人斗的技术与方法，中国人为美好生活而改进生产力与生活方式的努力，早在三皇五帝之前就已经相当成熟，根本没有必要等西方认可才有自信。西方所骄傲的希腊文明时期，是中国的东周时期——春秋战国的诸侯争霸时代。这个时代，是世界文明的一个跨越时代，注意是“跨越”而不是“诞生”，换句话说，在西方希腊文明诞生的时代，中华文明已经跨越了。这个时期，似乎全人类最重要的思想家、哲学家都诞生了：老子比释迦牟尼大6岁、比孔子大20岁，苏格拉底在孔子去世10年后出生；孔子去世时墨子诞生了，柏拉图出生时墨子即将告别这个世界；亚里士多德比孟子大12岁，比庄子大15岁；阿基米德和韩非子只差了7岁……古希腊的哲学家在希腊海边思量人和物的关系，印度的哲学家在恒河岸边静想人和神的关系，中国的哲学家在黄土地上考虑人和人的关系。由此，人类不约而同地出现了思想和技术大爆发，人心展现出前所未有的智能水平，构成了世界文明的基本体系。

二、文明的核心是人类协和

1. 中华强盛密码在于协和

人类思想自中国的百家争鸣与西方的希腊文明大爆发后，逐步形成了东方思想的内求、喜静特色，西方哲学的外放、喜动特色的两大思想体系。

中国思想体系是内求心静而悟道，注重心灵修炼、提升人的修养的思想体系；而西方哲学体系，是向外扩张、注重利益获得的侵略性思想体系。同时期，还有古印度佛学思想体系，同为东方哲学，所以也讲究内求，但其内容重在佛性有觉，追求神灵保佑，神佛化倾向明显。很显然，西方文化遵从自然法则（丛林法则），中国文化遵从人心法则（心和法则），印度文化遵从觉悟法则（神灵法则）。有观点认为西方文化是向前的、积极的，印度文化是向后的、消极的，中国文化介于这两者之间，是持中的、调和的。心和管理学认为这个理解多少有些流于表层，表述不太准确，至少有美化西方文化倾向。还不如说是西方文化计利、中国文化修心、印度文化安神更妥当。计利的文化本身没错，若是超越了合适合理的度而成侵略、掠夺就错了。从这个角度说，西方文化缺的就是修心安神。内求心和，方是王道。

商业立国背景下形成的西方文化，追求科技的真正目的在于获得更多的利益；农耕立国基础上产生的中国文化，修身养性的真正目的在于创建更美的和谐。历史发展进程中，西方文化越来越注重人的自然本性，建立了以谋利益为特征的社会运行体系，一切为了利益的最大化；中国文化越来越注重人的修养德性，建立了以谋协和为特征的社会运行体系，一切为了人心的最优化。这样，西方文化直接开放了人的贪婪本性，并美其名曰“尊重个性”；中国文化则压制了人的贪婪本性，强调集体利益和彼此协和。于是，中西方在探寻符合自己文化内涵的政治体制中，走出了不同的发展道路。显然，中国走的是协和天下、世界大同之路。

公元前5世纪前后，经历了此起彼伏的王国争战、诸侯争霸，最后，西半球出现罗马帝国，东半球诞生秦汉帝国。征战称帝的过程，是政治家们的舞台。但很奇怪的是，文明似乎不因战争而消亡，某些方面反而是在战争中崛起的。任何帝国建立之初，都会允许社会的休养生息，政权稳固后则注重国家实力的强盛，文明因此得以传承和发展。大汉帝国，冶铁业、纺织业、商业获得长足发展；文化上尊儒尚法，诞生了《史记》《汉书》《乐府诗集》《九章算术》《伤寒杂病论》等一系列影响当世和后世的巨著，科技方面发明了造纸术、地动仪、罗盘等；工艺技术相当成熟，汉服千古流传；外交上高句丽称臣、倭国隶属汉朝，张骞出使西域。同时，培养了卫青、霍去病等大将，将北方蛮族匈奴打得落花流水，匈奴一路往西逃窜到了欧洲，与当地蛮族结合，经过几代人的死拼，后来居然把罗马帝国给瓦解了。欧洲从此进入黑暗的千年中世纪，那是西方人自己也无法回避的政教冲突民不聊生的千年。

2. 唐宋元的经济冠绝天下

大汉帝国（西汉，公元前 202 ~ 8 年；东汉，公元 23 ~ 220 年）到最后，"三分天下"，魏晋南北朝再统一却进入政权更迭频繁的历史时期。政权不稳，文化被冲，魏晋兴玄学、入佛教、兴道教，波斯文化、希腊文化掺杂混入。经历约 400 年的此起彼伏，中国历史终于进入了一个伟大的朝代：大唐帝国（618 ~ 907 年），一个公认的当时世界上最强盛的帝国，首都长安，成为公认的第一个世界文化中心。这证明凡强盛的时代一定是协和的时代。

第二个世界文化中心的出现，是 1200 年之后即 19 世纪的巴黎；第三个世界文化中心，则是 20 世纪的纽约。而且相比较于后世的巴黎、纽约，7 世纪的长安更具浓郁的诗意。唐诗，成为一种世界现象级文化，以后中国的任何一个朝代，都离不开唐诗，而今蒙童的文化启蒙往往是背诵"唐诗三百首"。大唐文化协和繁荣的基础是经济发达。

罗马帝国灭亡以后，罗马城的人口不到 5 万。当时的欧洲，拥有 1 万人口就已经是像模像样的城市了。大唐的首都长安，城墙内就有 100 万人口，绝对是世界级的巨无霸。帝国声名远扬海外，与亚欧国家均有往来；当时大唐的城内住着 70 多个外交使团，3 万多名外国留学生；世界各国的宗教都设有道场，物价非常便宜，城里面吃的是阿拉伯面食，看病是罗马医术，通用着拜占庭的金币和波斯王朝的银币；胡姬来到大唐开酒坊，文人墨客在里面吟诗作画。

不仅仅是长安城，洛阳、扬州、武汉、成都等各地城市都十分繁华，"洛阳三月花如锦，多少功夫织得成"（唐 · 刘克庄），"当春天地争奢华，洛阳园苑尤纷拏"（唐 · 韩愈）；"春风十里扬州路，卷上珠帘总不如"（唐 · 杜牧），"故人西辞黄鹤楼，烟花三月下扬州"（唐 · 李白），"九天开出一成都，万户千门入画图"（唐 · 李白），"锦城丝管日纷纷，半入江风半入云"（唐 · 杜甫）等诗句，写的就是这些城市当时的繁华盛景。唐朝的疆域最大时达到 1251.9 万平方公里。唐朝建造的大明宫，面积相当于 3 个凡尔赛宫、4 个紫禁城、12 个克里姆林宫、13 个卢浮宫、15 个白金汉宫。唐朝以后直到今天，海外仍称中国人为“唐人”，中国人聚居地则称“唐人街”。这时候的中华文明光照世界，协和天下。

唐朝享国祚 289 年（618～907 年）。原唐宣武节度使朱全忠（原名朱温），背叛农民起义军，于公元 907 年灭唐建后梁，进入了长达半个多世纪的“五代十国”时期，出现了唐末藩镇割据局面。由于政坛大乱，越南（当时叫交趾）在这个时期脱离了中国独立。公元 960 年，赵匡胤陈桥兵变建立宋朝，是为北宋。公元 1127 年，金国攻陷北宋都城开封（东京），徽宗钦宗二帝被劫持（靖康之难）。北宋亡后，康王赵构于应天府继位，重建宋王朝，是为南宋。公元 1276 年崖山海战后，南宋亡，元朝建。宋朝享国祚 319 年，元朝 98 年（1271～1368 年）。

从文化角度看，唐诗、宋词、元曲、明清小说，宋元是文化繁华的时代；从政治经济角度看，宋朝的 GDP 是唐朝的 2 倍，元朝的疆土扩展到新疆、西藏等，广西、贵州、云南等地也开始了中央政府的有效管理。从社会生态来看，宋朝藏富于民，“清明上河图”展现出汴梁的繁荣商业景象，同时，印刷业、造纸业、丝织业、制瓷业、航海业、造船业也十分繁荣。欧洲文艺复兴，有着宋朝印刷、造纸等的科技推动作用。

中国真正的流行音乐，应该是开始于宋朝，那时候不仅仅文人墨客写歌赋词，民间达到了“有井水处，皆能歌柳词”（宋·叶梦得《避暑录话》。柳词，指北宋最负盛名的词作者柳永所写的词）。学术上，宋代理学是国学的一个高峰，四书五经也在这个时代确立。所以，宋朝虽然外敌环伺，但却是中国历史上唯独没有亡于内乱的王朝。而且民间的富庶与社会经济的繁荣程度超过盛唐，是一个商品经济、文化教育、科学创新高度繁荣的时代。唐宋，是中华文明辉煌的时代、中国人心相当谐和的时代。

元朝疆域最为辽阔，东起日本海、南抵南海、西至天山、北包贝加尔湖，元史称“东尽辽左西极流沙，北逾阴山南越海表，汉唐极盛之时不及也”。在思想上兼收并用，开创了中国戏剧，散曲杂剧，风光无限。

3. 明清由强而弱仍和天下

明朝（1368～1644 年）回归了大一统的汉王朝。明朝是大航海时代的先驱，但与西方大航海的本质不同在于，明朝郑和七下西洋，是传扬华夏之文化，而不是如葡萄牙、西班牙以及后来的英法等国那样建立殖民地，掠夺全世界。明朝是世界进入热兵器时代的先驱，朱棣时期创立的神机营，装备了大量的火铳、火炮，还有连发式的火箭；明朝还发明了水雷、地雷，这是当时世界上任何军队都没有的军事装备。明朝手工业和商品经济十分繁荣，商业集镇星罗棋布，资本主义开始萌芽；在人口数量、白银储量、船舶吨位、矿产产量、国土面积等在当时都是世界第一。明朝是继汉唐之后的黄金时期，综合国力极其强盛，军事力量睥睨全球。明朝从未闭关锁国，反而是主动打开国门，贸易世界、万国来朝，葡萄牙在全世界各殖民地搜刮来的金银财宝，大多通过贸易流入中国，可见当时中国的强盛。

明朝的衰亡，不是来自大清入侵，而是来自“内耗”。明朝是中国历史上内耗最严重的朝代，锦衣卫、东厂、西厂这些组织主要对付的对象是自己的官员，而不是外敌。政治和谐被打破，但人心和谐的文化基因仍然在。明朝盛时国土面积达到 1370 万平方公里，而清朝（1636～1912 年）极盛时也达到 1316 万平方公里，到晚清割地赔款国土缩水至 1135 万平方公里。康乾盛世期间，中国社会的各个方面在原有的体系框架下达到极致，改革最多，国力最强，社会稳定，经济快速发展，人口增长迅速，疆域辽阔。但清朝的封建专制也抵达最高峰，在地理大发现的大背景下，最终落后于西方。

总结起来，欧洲继罗马帝国之后在千年中世纪的漫漫长夜中煎熬时，中国继秦汉帝国之后，相继出现了唐宋元明等强大帝国。所以，在清朝中期之前，中国一直是世界大国、强国，无论是疆土、人口还是经济水平。欧洲走出中世纪，借鉴中国的四大发明，因造纸术与印刷术而使文艺复兴运动有了便利；因火药启蒙而有了火枪火炮，因罗盘针原理而有了指南针，在思想上获得大解放的同时对外扩张本性也不再隐藏和克制；加上有郑和七下西洋的先例，西方迈入大航海时代，冒险业兴起跨洋寻找新大陆（西方称地理大发现）。

工业革命让生产力大提升，殖民掠夺的能源与原材料进一步发展了生产就需要向殖民地倾销，然后再掠夺殖民地的人员和财富。故在中国的明清时期经济自我发展的同时，相继出现了葡萄牙、西班牙、荷兰、英国、法国、德国、俄罗斯、美国、日本等经济大国。明朝清朝有过海禁，但未能挡住侵略者从海上入侵中国，清朝的锁国政策最终还是让中国陷入半殖民地的社会。这也是当时“革命”者此起彼伏的重要原因。值得庆幸的是，清朝到最后仍维持着多民族国家统一的观念，留下的还是一个完整的多民族国家。

也就是说，16 世纪开始到 20 世纪的 500 年中，东西方出现了综合实力的大换班：清末民初时，中国国势曲线、综合国力跌入低谷，引起了当时世界上以九大经济强国为代表的列强的觊觎，也是第二次世界大战时期日本一个弹丸小国也敢侵略中国的原因所在。幸好，历史选择了中国共产党，一个开始时仅几十人的政党，逆势飞扬，领导中国人民赶走了侵略者，统一了全中国，并开始了领导中国重新起步、重现辉煌的光辉历程。百年风云激荡，中国在世界面前重又傲然挺立，而且中华民族伟大复兴，正再次回归世界舞台中央。

经历过国力孱弱，经历过战争磨难，中国人民更珍惜和平的来之不易，人心修养、协和文明的文化基因也不会因为曾经的磨难而有所改变。中国依然谋求创建人类命运共同体。

三、多民族融合的心和文明

1. 中华各民族皆协和为本

中国，自古是一个民族大融合的国家。融合本身就是中国管理技术与方法的运用，融合的过程便是应用这个本土管理技法的过程。分离出去的少数民族是合久必分，融合回来的则是分久必合。追根溯源，分离出去的各少数民族仍属华夏民族这个大家庭的分支，因为国家统一而又融合成一家。分分合合，如同阴阳互动，最终依然是人心相和、民族相协。

总体来说，在历史演变过程中，华夏民族的一些部族、离散或逃难的人群，组合成了一个族群，或在特定区域内游牧，或在人迹稀少处定居，特殊的地域文化和部族在流亡、成形过程中确立这些族群特有的规矩、仪式、习俗等，形成了这个族群独特的文化，于是中国某个少数民族形成。例如，藏族最早起源于雅鲁藏布江流域中部地区的一个农业部落，是两汉时西羌人的分支。羌族，原本就是华夏族的重要组成部分。再如维吾尔族，其先祖与匈奴有着血缘关系；而“匈奴，其先祖夏后氏之苗裔也，曰淳维。”① 夏后氏，就是夏朝君主的氏称，可见匈奴族与华夏族同源，只因自然环境和生活方式而形成匈奴文化。又如苗族，祖先是蚩尤，蚩尤被黄帝打败后带着剩余部属南迁到贵州一带，形成生活在大山里的族群。显然，中国的许多少数民族，要么是从华夏民族分离出去，因生存方式和社会形态差异而形成独特的民族风情、民族文化；要么是历史变迁过程中裂变而独立出去，或与他族融合而成新族；要么是自古生存在中国某一地而形成独特风貌的民族，都属于中华民族。

前面提过，春秋战国时期的许多诸侯国，在今天看来就是少数民族，

---

① 司马迁：《史记·七十列传·匈奴列传》，古诗文网。

秦汉统一而统称汉族。而周边地区在历史变迁中，一些族群因其实力和对中原影响力大小，不同历史时期出现不同的民族称谓，对不同朝代形成了不同的影响，如汉时匈奴、唐时突厥、宋时契丹等。也正是这样，才使得中华文明呈现多样化特征，国泰民安时仍回归祥和融洽。

大汉帝国时期，最主要的少数民族是匈奴（起始于公元前 3 世纪），是古代蒙古大漠和草原上的游牧民族集团（类似部落联盟），生活在戈壁大漠。当时住在匈奴东边的一个部落叫作东胡，在匈奴与汉朝对抗时，也常常与匈奴发生摩擦。秦汉时，东胡被匈奴冒顿单于打败，一分为二，落脚乌桓山的叫乌桓族，迁徙鲜卑山的就叫鲜卑族，当时都受匈奴奴役。

匈奴被大汉打败，大军分两支：南匈奴进入中原最终依附东汉，三国时期消亡；北匈奴西迁河西走廊，后远走中亚，部分入东欧。原故土上约五六十万匈奴族人，因鲜卑族在北方渐渐强大，并占领了匈奴故地，“皆自号鲜卑”了。其余留在蒙古高原的匈奴不能再以匈奴族自居，有的渐渐汉化，有的与其他部族相融，也有的换了族名。中国北方，匈奴衰落，后裔契丹族曾强势崛起，宋时在北方建立过辽国。鲜卑人进入蒙古高原，双方混血通婚的后代称为铁弗，也曾建立过夏国。公元 431 年，铁弗一族被鲜卑人拓跋氏北魏所灭；鲜卑人建立的北魏，从思想到形式实现了与汉族的大融合。另有一部匈奴是卢水胡（即融入匈奴人中的月氏人），曾建北凉，公元 460 年被北魏所灭。剩余匈奴再无力崛起而灭。

匈奴活跃于西北、蒙古族活跃于正北，东北地区另有一支“肃慎族系”。这个族群先秦时名肃慎，汉魏叫挹娄，北朝称勿吉，隋唐为靺鞨，其后女真和满族皆出于此，一脉相承，绵延不绝。肃慎族在中国历史上建立过两个王朝：宋时金国和明后大清国。北方各民族，因为地域辽阔，草原戈壁连绵，以游牧为主，所以又称马背民族，各民族的兴起与演变，以土著和外来融合为主，都是中华民族的一分子。

南方少数民族主要集中在西南，中部与东部也有小部分（完全汉化或部分汉化）。西南大山里一般是先民迁移与土著融合，经历分化、再融合，因天时地利形成独特的民族特色，又大山阻隔，形成比较多的少数民族族群。但万变不离其宗，都是华夏民族的一部分。

2. 北方民族发展中大融合

各少数民族都对中国王朝在政治、经济、文化等领域产生过巨大影响。最早融入华夏文明的游牧文明就是匈奴族，无论是战争的结果还是同化的过程，总有游牧民族的文化融合进农耕文化。匈奴之后，在蒙古高原崛起的游牧民族就是鲜卑族，公元初年渐渐崛起，先受匈奴奴役，随着匈奴分裂势衰，摆脱其控制，占据蒙古草原。

十六国时期，鲜卑各部落建立过慕容氏诸燕、西秦、南凉、代国等小国。公元385年，拓跋部建立北魏，439年统一北方，493年，北魏孝文帝拓跋宏迁都洛阳，为南北朝时期北朝的第一个王朝，也是鲜卑族最辉煌的时期。孝文帝拓跋宏及其祖母冯太后，对北魏汉化作出了巨大贡献。主要是废除了鲜卑语，让官员全都学汉语，而且不穿鲜卑服必须穿汉服；迁都洛阳，实际上是全面接受农耕文明，鲜卑贵族努力与汉族通婚。显然，北魏是完全主动地全面汉化，保证了华夏的农耕文明同时，也融进了游牧民族的阳刚与豪放、野性与强悍。

孝文帝对波斯文明、希腊文明也十分有兴趣，在一定程度上把古老的四大世界文明中适宜的部分都融合进来了，唯有华夏文明为根本这点依然不变。鲜卑族经历了魏晋南北朝，到公元534年，北魏分裂为东魏和西魏；公元557年，北周取代西魏。细数一下，鲜卑族在中国历史上先后曾建立过10个政权国（还有一个吐谷浑政权，是由鲜卑慕容部分化出来的青海、甘肃一带的政权，663年被吐蕃吞并）。北魏在中国历史上最伟大的特色，在于它不像后来的蒙古族和满族（女真）那样攻占中原政权建立元朝、清朝，而是全面汉化，把自己完全融于华夏文明之中，所以，当中国又一个伟大的时代——隋唐时代到来的时候，鲜卑族已不再是一个独立的北方民族，而是部落主动解体，人民转向定居和农业生产，完全融合于汉族等各民族之中了。北魏充实汉文化的同时，把自己完全融于汉族，国学有发展而无质变。

北方蒙古高原崛起后渐渐壮大起来一直延续至今的是蒙古族，他们“逐水草而居”，以畜牧为业，过着游牧生活。蒙古源于东胡的一个部落，发祥地为呼伦贝尔草原的额尔古纳河。公元4世纪中叶，以兴安岭为界，出现了鲜卑人的两个分支，“南者为契丹，在北者号为室韦”（《北史》卷94《室韦传》）。潢水和老哈河流域一带的鲜卑人为“契丹”，呼伦贝尔地区的鲜卑人为“室韦”。公元8世纪，蒙古已有70个分支，统称“迭儿勒勤蒙古”。后来蒙古各部落的总称叫作“达怛”（即鞑靼），突厥部落也以此称之。随着蒙古部落渐渐强大，“达怛”一名又为“蒙古”所取代，成为室韦诸部的总称。12世纪时，乞颜、札答兰、泰赤乌、弘吉剌、兀良合等蒙古民族和部落组成部落集团；另有游牧在今贝加尔湖周围的塔塔儿部，住在贝加尔湖东岸色楞格河流域的蔑儿乞部，活动在贝加尔湖西部地区和叶尼塞河上源的斡亦剌部；以及三个突厥部落即克烈部、乃蛮部和汪古部。

这种分散局面一直持续到1206年，蒙古贵族们在斡难河（今鄂嫩河）源头举办忽里勒台（大聚会），建立了蒙古大国，孛儿只斤·铁木真（1162年5月31日至1227年8月25日）被推举为蒙古大汗，号成吉思汗。从此蒙古族稳定下来，且越来越强大。1219～1260年，成吉思汗带领蒙古族三次西征，先后建立横跨欧亚的窝阔台汗国、察合台汗国、钦察汗国、伊儿汗国四大汗国。蒙古军又挥师南下，一直到成吉思汗孙子忽必烈争得王位，前后历经70余年征战，统一了全国，建立了大一统的元朝（1271～1368年）。

成吉思汗一生共进行60多次战争，除十三翼之战因实力悬殊主动撤退外，无一失败。忽必烈建元朝，疆域北至今俄罗斯的西伯利亚，南至中国南海，东北至今黑龙江下游、跨外兴安岭、乌苏里江以东，接鄂霍次克海和日本海，西南包括云南、今缅甸北部、中部、东部。元朝还在泰国北部、老挝、越南西北部有行省建置。欧洲出版的《马可波罗游记》所记的，就是元朝。元朝中期，也就是皇庆元年（1312年）的元仁宗时，无奈地发现，武力可以征服政权，但不能征服文化，于是元仁宗开始了汉化运动，杀蒙相、重汉臣，推行“以儒治国”，将汉书译成蒙文，令蒙古人与色目人（元代时对来自中西亚的各民族的统称。色目人与蒙古人、畏兀儿与汉人混血形成后来的回族）诵习。元朝不到百年就灭亡，是源于内部。

元朝在对待汉人问题上接近于回到奴隶社会，把国人分为四等人：蒙古人（蒙古大国的子民及其后代，包括未汉化的契丹人、女真人等）、色目人（即“诸色目人”，意为各种类的人，共有31种，大多是白种人或是黄白混血儿）、汉人、南人。汉人为北方汉人（金的遗民、汉胡混血儿），南人为南宋遗民（所以有观点认为北方汉人不是纯粹的汉人，南方人才是正宗汉人）。全国占80%以上的汉人、南人，大量沦为“驱口”（类奴隶）。元朝法律规定“驱口与钱物同”，主人可以随意买卖或送人；杀一个“驱口”与私宰牛马的刑罚几乎相等。元朝政权因为特权太大，腐败达到极致。这是导致元末农民起义的主要原因。

需要说明的是，元朝虽然短命，却完善了中国治理。昭君出塞，给汉朝和匈奴带来了60多年的和平，把新疆、蒙古高原等北方地区列入中华版图。唐朝文成公主远嫁松赞干布，实现了唐蕃友好，诞生了举世闻名的布达拉宫，然而，中央政府对西藏实行有效统治则是从元代开始。另外，对西南地区的广西、贵州、云南的有效统治也是从元代开始。

在文化艺术方面，元代诞生了一种独特的艺术形式：戏剧。从表演角度说，歌舞、杂要等艺术形式是在人类劳动过程中产生的，可以说有人类的劳动就有表演形式萌芽。但是中国文化发展到极高阶段时，居然没有戏剧这一形式。与中国春秋战国同时代的希腊悲剧很繁荣，印度梵剧很繁荣，老子、孔子、墨子们的诸子百家中居然没有戏剧家。从今天来看似乎很奇怪，但在中国古代一点儿不奇怪，因为马戏、杂耍、吹手等表演行业，古代中国是列入与娼妓同等的“下九流”，后来有了戏剧，从事戏剧的人被称为“戏子”，也是下九流，社会地位很低，怎么也不可能与“诸子”相提并论。

蒙古人治国，取消了科考制度，原本科举考生们断了前途之路，一无是用是书生，谋生计也困难，一些人流落到杂技班、百戏班子等让人取乐的表演行当里，四处流浪中写些散曲给艺人唱、写些杂剧给艺人演。散曲是诗歌的延续，杂剧是戏剧的创新；创作中出现了写《窦娥冤》《拜月亭》的关汉卿、写《汉宫秋》的马致远、写《西厢记的》王实甫、写《梧桐雨》的白朴、写《倩女离魂》的郑光祖、写《赵氏孤儿》的纪君祥等大名家，戏剧也因为这些成就而呈现大繁荣景象。

以中国十大传世名画①之一黄公望《富春山居图》为代表的元代绘画艺术，也呈现出大繁荣，另外，还有元代青花瓷也达到艺术顶峰。显然，元代文化仍是中华风格，没有异化。

3. 古民族变迁大中华依然

肃慎族系发展到契丹建立辽朝（907～1125 年，宋朝年间）时，称女真，为辽朝臣属。1114 年，金太祖完颜旻统一女真诸部后起兵反辽，第二年在上京会宁府（今哈尔滨市）建大金国，1125 年灭辽朝，1127 年又灭北宋。约一个世纪后的 1234 年，金朝在南宋和蒙古南北夹击下覆亡，女真各部互相残杀陷入混乱。直到约 400 年后努尔哈赤出现，于 1613 年统一建州女真和海西女真三部，并在对东海女真征战中节节胜利，北方相对稳定。努尔哈赤在建立八旗制度的基础上，于 1616 年建立新的大金国（史称后金），1626 年皇太极继位（女真族改为满族，主要指皇太极所在建州女真。八旗蒙古和八旗汉军也在此时组建完毕），1636 年皇太极改国号“大清”为清太宗（追努尔哈赤为清太祖），1644 年，清军入关，顺治登基，迁都北京，满族人开创的清朝开始了对中国 276 年的统治（1636～1912 年）。

---

① 指洛神赋图、清明上河图、富春山居图、汉宫春晓图、百骏图、步辇图、唐宫仕女图、五牛图、韩熙载夜宴图、千里江山图等作品。这是中国美术史的丰碑，华夏文明的巨著。

满族清朝是北方民族，对游牧文明和入关后的农耕文明都比较熟悉，但对漫长海岸线涉及的海洋文化比较生疏，承继明末做法实施海禁。当西方大航海航到全世界、殖民到全世界时，清朝还在自己的天地里洋洋自得，沉醉在康乾盛世的荣耀里。清朝后期，进入闭关锁国，当时把卫国目光仍放在长城，英、法、俄、美、日等国却从海上打过来了。两次鸦片战争，西方列强进入中国烧杀抢掠强取豪夺，签订了《南京条约》《虎门条约》《天津条约》《北京条约》和《中俄瑷珲条约》等一系列不平等条约；甲午战争后与日本签订了《马关条约》，割地赔款 4 亿 5 千万两白银（中国有 4 亿 5 千万人，计算依据是一人赔 1 两白银），中国陷入半殖民地。匈奴是被打散了，分化成多支，有的向西亚、中亚、欧洲迁徙；匈奴后裔契丹曾建辽，后分别为金国、蒙古所灭，族人散落到其他各民族中；突厥族在战争消耗了，部分融入回鹘族（维吾尔族祖先，由回纥改名而来）；鲜卑是自己汉化了。

这就是这些古老民族名称不在今天 56 个民族中的原因。共同一点的是，他们留在华夏大地上的族人血缘都融合进中华民族了。回顾历史，中华文明创立了多民族文明。春秋战国时与世界一起思考，帝国时代中国领先世界，西方千年中世纪黑暗时，中国延续帝国的丰采，相继出现大唐帝国、大宋帝国、大元帝国、大明帝国。到了大明后期、大清帝国时，西方在文艺复兴旗帜下觉醒了，中国在帝国世界里沉睡了，一涨一落。但中华文明并未失落，经历了百年耻辱后，中国在 20 世纪后期再次崛起，在 21 世纪走进了中华文明的新时代。

新时代，中国需要回归一个东方大国应有的话语权，在管理学领域，则是既要传承中国管理文化精粹，也要创新时代本土管理理论和技法。文明，既有精神有思想（人心思维为本），也一定包含有许多技术与方法，不然也就创造不出新的文明。所以，中国式的管理技法，不仅是制造“器”的技术与方法，更重要的是明悟“道”的技术与方法。

第三节　易理大道心和管理技法

中国文化的“大道”，是中国古典哲学的最高境界，也是中国古代政治的最高理想。道“先天地生。寂兮寥兮，独立而不改，周行而不殆，可以为天下母”，因为不知其名，就为其命名“大”、取字“道”，“大曰逝，逝曰远，远曰反”（《道德经·二十五章·混成》）。这是说其道广大无边到“大而无外，小而无内”，触及一切方面并周流不息；存在界域内永不停息地流动着，可以伸展到道之极远处；道无论伸展到怎样遥远的点上，都会返回到本源。所以《礼记·礼运》说：“大道之行也，天下为公。选贤与（jǔ）能，讲信修睦，故人不独亲其亲，不独子其子，使老有所终，壮有所用，幼有所长，矜寡孤独废疾者，皆有所养。男有分，女有归。货恶其弃于地也，不必藏于己；力恶其不出于身也，不必为己。是故谋闭而不兴，盗窃乱贼而不作，故外户而不闭，是谓大同。”从管理学角度说，天下为公的大同理想就是管理之大道。天下为公，便能人人心和；世界大同，便可事事心和。明大道，方能正技法，也才有好技法。

一、大道管理的心和技法运用

1. 运用人心协和大道思想

天下一家的前提是人人“天下为公”，世界大同的前提是个个“人心协和”。这是极难的一件事，人心最难捉摸，也最难控制；因为难，管理就要朝着这个方向努力，直奔人心。只要有人明道而“为公”而“协和”，便是管理的成效；有一半人明道便是管理有大成效，大多数人达到就功德无量了。中国管理的所有技法，归根结蒂是为“人心协和”服务的。人心与人心、与世间万事万物之间彼此相协相和，便是心和管理之“道”——既是大道之道，也是方法途径之道。心和管理者，心要仁，仁则和；法在协，协则赢。

春秋战国时，各诸侯国的政治家、野心家、投机家都在算计着、努力着打倒别人壮大自己称王称霸。悠悠500多年，你方唱罢我登场，造就了春秋五霸、战国七雄，荣耀一时，风光无限，最终成史册一页。春秋战国的思想家，明白了一个深刻的道理：打来打去、拼来拼去，一将成名万骨枯，王侯将相皆浮云，只有大道思想才能永恒。所以，就在战场上刀剑交错、血肉横飞、你死我活时，诸子对“道”展开了争鸣，从不同视角阐述了“心”与“和”的人文观念，提出了有效统治和管理天下的大道思想、治理目的以及管理的方式方法。关于“人心”，老子提道德心、孔子讲仁爱心、孟子说忠义心、荀子强调以礼治心、李斯坚持以法治心、而孙子思考用兵知心……心的内涵渗透到人在社会领域的方方面面应遵循的“道”。各个方面修养好人心，是中国文化的思想核心、中国大道的内涵精髓。

“和”，是中国“道”的精髓之一。《管子·兵法》说“畜之以道，则民和”，《道德经·五十五章·含德》中老子讲“知和曰‘常’，知常曰‘明’”（认识到协和的道理叫作“常”，掌握了事物运行规律叫作

"明"），孔子提出"礼之用，和为贵"，孟子则强调"天时不如地利，地利不如人和"，荀子欣然言"知和者天下之大道也"……这些大思想家各有各的学术流派，却都对"和"有着共同的认知。正如《管子·兵法》所说"和合故能谐，谐故能辑，谐辑以悉，莫之能伤。"和谐之义便是来源于此。诸侯争霸也好，称雄也罢，最终还是要走向"和谐"，"战"的最高境界为"和"。

《管子》把和谐生万物的道之哲学推演到管理哲学中去，提出了和谐国家的理论。《管子·形势解》说"故有道则民归之，无道则民去之。"那么道是什么、道在哪儿，"道者，所以变化身而之正理者也，故道在身则言自顺，行自正，事君自忠，事父自孝，遇人自理。故曰：'道之所设，身之化也。'"有道才有和，"君臣亲，上下和，万民辑"，若"上下不和，令乃不行。"和谐，才能国家安定，政令畅通，社会长治久安。所以《管子·四称》说："外内均和，诸侯臣伏，国家安宁，不用兵革。"不然，"君臣不亲，上下不和，万民不辑，故令则不行，禁则不止。"，"臣不亲其主，百姓不信其吏，上下离而不和，故虽自安，必且危之。故曰：'上下不和，虽安必危。'"（《管子·形势解》）。"和"，是管子大道思想的精髓。

2. 协和文化包含正义血性

相对而言，对于中国的炼心、修心之"心文化"，诟病较少；但对中国的"和文化"，持反对意见就比较多。其理由是"和文化"泯灭血性、培养奴性。这是对"和文化"的极大误解，甚至是极大诬蔑。首先，中国人讲的"和"是终极目标，为了实现"和"，从不否定必要的保卫之战、正义之战。其次，中国人讲的"和"，是自己内部的上下左右的协和，是愿意与中国人民协和的一切朋友之间的"和"，对于敌人、对于破坏中国人民的美好生活者，须先诛之而后谋和。再次，中国人讲的"和"，不会寄希望天上掉下来，而是要奋力拼搏努力争取的。所以，"和文化"不排斥血性，但排斥戾气、暴力和恶意挑衅；"和文化"绝不是奴性，而是大中华的礼仪、尊重与心灵认同。严格地说，中华"和文化"，是以礼治国观念与礼仪文化内涵的延展。懂礼讲礼重礼，自然是为了谋求彼此和谐，并非因为一切皆有"礼"了，人就没有血性只有奴性了，这是概念的偷换、内涵的转移。所以，说"孔孟之道"是害人的，是因为曲解了"孔孟之道"，混淆了"礼敬之和"与"奴颜之顺"的界线。

说中国人没有血性只有奴性，最典型的是举清朝与抗日战争中的"故事"为例。而在说清朝培育奴性时，是不会提康乾盛世时对"三藩之乱"

及大小和卓（天山南路维吾尔族封建主玛罕木特的两个儿子波罗尼都和霍集占）分裂活动的平息，对沙俄支持下准噶尔的平叛及抗击沙俄的武装侵略；也不会提巩固西藏、蒙古及西北、西南地区治理时的赫赫威名；即使在清朝末年受尽列强欺侮时，也不提郑成功、陈连升、陈化成、林则徐、关天培、葛云飞、郑国鸿、邓世昌、刘永福、刘铭传、左宗棠、冯子材等民族英雄，而只提身处社会最底层的平民是如何充满奴性。这些评论又往往是外国人写文著书说出来的。

谁都知道，清朝的奴性是统治者高压出来的，清王朝怕入关后镇不住汉人，把“家天下”扭曲到极致，除了皇室是“主子”之外，其他所有人都是“奴才”，礼节也从“拱手礼”“抱拳礼”改为卑躬屈膝礼，称呼一律改为对皇族称“主子”，而非皇族则自称“奴才”“卑职”，蓄长辫、着满服。结果却是官僚阶层腐败、贵族子弟瘫痪，“奴才们”没有“国”与“家”主人翁意识，渐渐疏离了“国”的归属性而走向麻木。不麻木不行，会被杀头，读书人一不小心入“文字狱”；底层百姓被层层欺压，“衙门八字朝南开，有理无钱莫进来”“三年清知府，十万雪花银”。国不知有民，民不知有国的社会现实，不是人民的错，是统治者的问题。可以这么说，清朝奴性是统治者逼迫出来的，不是“和文化”鼓捣出来的。

辛亥革命，清朝灭亡，民国年间很快恢复汉服、男子短发，清朝的痕迹迅速消亡（只剩下“旗袍”一词似乎与旗女有关，但谁都知道民国流行的旗袍其实是汉化后的成果）就可见一斑。原有的铁骑悍军“八旗军”，在“主子”的光环中糜烂，最后只留下一个等同于“纨绔”的“八旗子弟”贬义词流传下来。中华文化没有因蒙元、满清而断层或改变。

至于流传甚广的第二次世界大战时“五个日本兵押送两千中国人去屠杀，无一人反抗”，“几个日本兵押送上千战俘，无人反抗”的消息，我们对其真实性存疑，至少认为是断章取义、有意漏掉其他相关信息或改变押送人数。而以此来证明中国人有奴性，总有种感觉是进行这样证明的人骨子里充满奴性，作这样证明的目的何在啊！当整个区域都是敌方占领区时，押送的人只是维持秩序的功能，被押人的“逃”或“反抗”意义何在？像这样的情况，第二次世界大战时期又不是中国独有，世界各国屡见不鲜，以苏德交战为例，原本一个德国士兵可以押送一群苏联士兵，苏联反败为胜后，则是一个苏联士兵押送一群德国士兵，谁都觉得正常。你能说苏军或德军士兵都有奴性？日本战败后有没有出现过这种情况？美国大兵在越南战场上有没有出现过这样的情况？抗美援朝时被俘的成千上万美国大兵、联合国战俘①，也是只有一小队或者只有几个中国人民志愿军战士押送，这些战俘也没有反抗或逃跑。

奴性的确不可以这样界定。20 世纪世界上最为重大的事件莫过于苏联的崛起与解体，1917 年“十月革命”的一声炮响，奠定了苏维埃社会主义共和国联盟（1922 年）成立的基础，斯大林时期苏联成为世界级超级大国，经历 69 年的历史后，1991 年年底，这个超级大国轰然倒塌，分裂为 15 个国家。一年后，苏联卢布贬值一万多倍，人均寿命从 70 多岁下降到 50 多岁（黑手党肆虐）。遗憾的是，当这个超级大国垮台时，竟无一个男儿站出来捍卫自己国家，因此能说苏联分裂后的这 15 个国家充满奴性？

3. 国学心洁世和大道修养

人性具有多样性，深藏在人意识深处，并非追求和谐的温情者无狂性，也并非弱肉强食的嗜血者无奴性。关键是社会环境与个人际遇促使其暴发出来还是没有暴发出来，若是暴发出来又是暴发出哪种人性中的哪些特征。文化，是把人类文明“化”成人的思维方式和行动本能，最重要的是让人性中恶的一面克制住，克制到成为人的一种习惯性本能，而把人的善良与美好的一面彰显出来，让思维本性和行为特性都习惯于以善美为特征，这就是文明；当然因际遇、因心理、因环境也可能反向发展（非文明）；这也决定着“人文化成”的强度和持久度。文化不能左右统治者的统治观念和方式的选择，也不能让特殊背景下形成的乖戾个性不出现。人性是人自身的人格走向、人心中选定的本性方向。

所以，中国强调“心文化”，让人心往善美高洁方向修炼；中国选择“和文化”，让人们往世界大同方向协和。这是中国人民的一种美好愿望和努力追求，它追求的是彼此心和，不可能也不会去培养或激发出人的奴性。

中国人用“和文化”构建和谐社会，就是向世界表明了中国文化的本质、中国自己的观点、自己的立场：中国希望彼此协和，中国追求世界和平，中国希望社会和谐。谁要破坏这种和谐，谁要阻碍这种和谐社会的出现，那么还是那句话“犯我中华者必诛之”。中国的“诛”，中国的“战”，都是为了“和”。中国追求世界大同，“天下为公”“讲信修睦”；中国追求天下一家，“选贤与能”“兼容并蓄”；中国追求心和管理，“民贵君轻”“德主刑辅”；中国追求道德教化，“推己及人”“以德化人”；中

---

① 抗美援朝战争中，美军与南朝鲜军被俘 5 万人，其中美军 9000 多人。

国追求社会公平，“以义统利”“协和万邦”；中国追求自我升华，“修身正己”“仁者爱人”；学习自然，不是学习弱肉强食的丛林法则，而是学习天人合一、刚柔相济的文明法则，谋求互为相谐、彼此协和。

事实上，无论政治上是不是盟友，经济上是不是竞争关系，军事上有没有对立，教育上有没有合作，都不妨碍自古受中国文化熏陶和影响的一些亚洲国家重视对中国传统文化资源的开发、改造和利用，韩国、日本、新加坡等国皆如此。中国的“心文化”“和文化”都是中国大道思想的体现，几乎所有的中国古典思想和理论，都体现出人心协和的内涵、彼此双和的愿望，国家统一、民族团结、经济发展、社会安定、人才造就、文明风尚的养成、政德政风的淳化，无不体现出中华特有的“心和”人文精神和自强不息、积极进取等价值取向。那么，在我们探寻中国心和管理的技法时，既不能不考量“心”的修炼之法，也不能不考量“和”的协调之法。修心至崇高，协和至双赢，既是思想观念，也是技术方法。

理解国学之大道，需要“修心”“炼心”，这修炼便是技法，是一种需要细水长流的技法运用，修炼到心中和顺、和睦、和煦、和美，与人交往时心中就有和，所表现出来的温文尔雅、彬彬有礼、不卑不亢、洒脱自如，就是一种修养，一种心中有爱的修养。

二、大道易理的心和技法特色

1. 文明进步与概数确数论

崇尚自然法则的本意应该是遵循自然规律，而不是迷信丛林法则。丛林法则是弱肉强食，谁强谁拥有、谁强谁说话，本质上是兽性法则，是强者对弱者的残暴、欺凌甚至是吸血、撕肉、啃骨。虽然可以冠上一个“物竞天择、优胜劣汰”的标签，但也改变不了弱肉强食的本质、是一种野性的恶的原始本能，不能称之为人类文明的进步。或者更直白一点说，这是人兽不分；就算勉强称之为人，也只能是人类中的败类：恶魔盗寇。盗寇行为不能称为文明进步。如果崇尚“术”即“科学技术”，不是原始野蛮的丛林法则之“术”，而是谋求人类共存共享之“术”，才是文明的进步标志，才可以称之为真正意义上的“科学技术”。

随着西方文艺复兴后的思想觉醒、大航海冒险需要的科技意识觉醒，制“器”之“术”领先了。中国学习西方之“术”没有错，且很有必要；只是不能“术”在前，“道”在后，更不能只要“术”没有“道”。心和管理学认为，社会上出现的人心迷失、道心失落，不求双和、只要己利的情况，就是引进利益至上文化导致有“术”无“道”引起的。

文明的进步，在于脱离了人类原始野蛮的劣根性，把人类从弱肉强食的兽性本能中教化出来，走向天下协和，人类平等。太古之初，中国夏朝以前出现的部落联盟，已经是中国文化曙光的闪烁、中华先民思维的基本形态、华夏民族文化特性的构筑。三皇五帝甚至更早的部落首领或部落智者，对世界万物和人类本身开始了整体的、原创的、根源性的思考，是中国文化和中国思维的源头活水；而伏羲氏始创八卦，彰显圣德，肇启了华夏民族的文明，将华夏民族源起于易象的特殊思维方式与中国传统文化的基本特征紧密地联系在了一起。

人类把思维成果表现出来的方式，都是借助符号完成的。西方借助的符号，自身没有任何意义，只是一种有读音的符号——字母、数字；中国借助的符号，符号自身就有着内涵和要义在里面——卦象、易理。所以，西方文字只表音，中国汉语既表音也表意。在模型创建上就明显不一样，西方用数字用字母（仍然是符号）代表某种要素而习惯数学模型，汉语直接用语言文字（跳出符号本身）表示某些意义而多用逻辑模型。现在我们也都用西式数学模型，是放弃汉语的表意优势而去迁就西语。很多时候汉语寥寥几句就能解释清楚，偏用数学模型表述，是更准确，还是为显示“学术高深”，只有“数学模型控”们清楚。

关于“确数”与“约数”问题，必须明白一点，约数使用，是中华文明极其重要的一部分。这至少可以从两个角度说明，一是度量衡的选择；二是中国“和文化”的作用。中国自古就有精准的度量衡方式，天干地支在远古时代就出现了，无论是时辰还是日子、年月，都能精确表述；春秋时墨家科技，一切建筑技术皆需极为准确的尺量；春秋时范蠡发明秤具，所有物件都可秤出重量。但是中国人在表述数值时，仍然喜欢用约数，如“一支香工夫”“半袋烟光景”“一盏茶时间”“三四米深”“七八里路”“过两天”，还有大量的弹性词语，如“努力”“认真”“很好”“不错”“相当有味道”之类的，这是人情社会、脸面社会中，许多事情大家都觉得不必太较真，大致趋向是真善美的便好。这种文化意象，充分体现中国的“和文化”内涵。汉语本就起源于易象，意象思维，是中国思维的精髓，语言文字所构筑的象的意境，充满意象的丰富灵动，同时展现出中国协和天下的美好意愿。所以，中国文化不是不要精确，不是不要数据表现，只是要看什么情况，无须较真的时候，“差不多”就行了。而不会如商业社会那样将利益计算得清清楚楚、分毫不差。

2. 人类共同理想世界大同

从周易的卦象洗心，到道家的道象静心、儒家的儒象修心等，都在说明中国深入人心的管理本质，从伏羲心法的时候就开始确定了：中华大道源于易道，易道始于卦象，卦象诞生易理，易理形成中国式易象管理思维。关键一点是，易道的核心在于洗心，卦象的解读归于协和。所以，中国文化的意象在于人心协和，中国管理的本质在于人心协和。

合久必分，分久必合；天下本来是一家的，世界本来是大同的。东方伏羲女娲传宗祠，西方亚当夏娃育后代，也许天下一家的时候他们其实是同一对璧人，地壳运动分开了东方西方，后人在神话传说中，东方就传说成了伏羲女娲，是华胥氏生的；西方就传说成了亚当夏娃，是上帝创造的。人类就是由这一对璧人生育发展起来的。

只是东方文化更关注人的社会性，难以接受伏羲女娲是一对兄妹，所以就有了女娲抟土造人的故事衍生；西方文化更关注人的自然性，认为亚当夏娃是一体的（上帝用亚当的一根肋骨创造了夏娃），所以就有了性爱与爱情的故事演化。

相同一点的是，人类遇到了天敌：洪水。几乎世界上所有的古老文明，西方《圣经》、东方《山海经》、苏美尔神话、玛雅文明、印度文明、希腊文明、中华文明的神话传说都记载了这场灭世性质的史前大洪水（所以有猜想那是前一个文明发展到极致后的毁灭）。中国上古，自“女娲补天”开始，到尧舜禹汤，他们的伟大贡献都有治理水患的记载，尤其是大禹治水的故事，数千年传承。

这场巨大的毁灭性的洪水，是地震引起、是火山暴发、是雪山崩塌、是天体运动还是地壳运动，还是综合因素，或者其他什么原因，已无从考证，可以肯定一点的是人类几乎面临绝灭，原本的天下分崩离析，仅存的硕果分别留在了东方、中东、西方。中东与西方世界留下了诺亚方舟的传说，保存了世上每一种至少一对的生物，他们对创始祖的认知是亚当夏娃；中国人留下了与天斗、与地斗、治理洪水的故事，从女娲补天开始，一代代人都在不断努力地治水，到大禹（经历了整整 13 年的治水）终于成功。于是，大禹的儿子启建立了大洪水后的第一个朝代夏朝，百姓开始安居乐业。由是，华夏儿女对创始祖的认知是伏羲女娲。

按此猜想，伏羲女娲与亚当夏娃实为同一对璧人，是史前大洪水后人类共同的始祖。由于诺亚方舟的漂流加上地壳运动的演变，西方世界生活在欧洲大陆，以亚当夏娃为祖先，膜拜并继承了诺亚方舟的传统，出现了希腊文明，进行了海洋文化的开发与发展。而黄河、长江、恒河的幸存者构成了东方世界，生活在亚洲大陆；中国以伏羲女娲为祖先（古印度无文字，也就缺乏历史记载），膜拜祖先以及山神河神等。亚当夏娃延续了诺亚方舟文化，走进了海洋文化；伏羲女娲开创治水先河，创造了大河文明，开始了农耕文化的开发与发展。

按此猜想，人类一开始是世界大同的，东西方是一家的。天灾人祸、时光演变让地球分成了七大洲，形成了不同的人文特点、意识差异。几千年来，人类不断发生战争，战争是政治的延续，政治是利益集团的意识形态，出发点不外乎两点：一是人性的贪婪，二是人类的自卫。文明程度也是随着贪婪和自卫程度的提高而提高，世界越来越难以管理了，国家以及各个组织，甚至小到小单位、小家庭，也都越来越难以管理了，一个问题也就自然而然出现在人类面前：管理的终极目标是什么？怎样才能回归天下一家、世界大同？

3. 一画开天道启鸿蒙元气浓

人们在研究上述问题时，可能忽略一个重要点：人类文明的初始状态是怎样的？或者说，伏羲（亚当）们的初心是什么？为什么春秋时期的孔子那么热衷于“克己复礼”？如果他们要复的“礼”是周礼，那么周礼从何而来？是从尧舜禹汤来，从伏羲那儿来。那么伏羲之礼是怎样的？伏羲的初心是什么？追溯之，答案应该在一画开天、周易八卦里面。同理，亚当的初心在《圣经》里。所谓东方有易经，西方有圣经，皆是人类初始文明。

易经中的易理、易道，与中华民族最为契合，这就是中国管理为什么要从易道出发、洗心开始的原因所在。伏羲风姓，风的繁体字是“風”，“几”为天穹“虫”为龙。风源天，天道成易元亨利贞；风从龙，龙翔天穹自强不息。顺风而和，和者永恒，伏羲心法传承，“圣人久于易道，而化成天下。观其所恒，而天地万物之情可见矣”①。故所有龙的传人皆须以伏羲易道洗心，领会始祖圣德有所觉悟。龙，是传说，却也是对祖先、对天道的尊崇。

显然，中华大道，源于伏羲“一画开天，道启鸿蒙”。伏羲观天察地，将浩瀚宇宙、山河大地之易与不易内揽入心，于微妙幽明中，洞察天人合一奥秘，纷繁复杂的宇宙规律、大地法则、人类智慧，凝结于一个最简单的符号“一”，轻轻一画，容纳了大地之玄奥、易道之妙不可言。阿拉伯数字“1”，只是一个数字符号，而伏羲画的“一”归拢了天地间所有。

老子将其命名为“道”，一阴一阳的道。“**—**”爻为阳，“**- -**”爻为阴，这是中华民族原始的智慧密码，由一而生阴阳两仪，天地大道、宇宙

① 姬昌等，《全本周易 · 恒卦第三十二》，北京出版社2006年版，第184页。

真理皆从这“⚊”开始。另外，卦象“⚊”为第一爻，上面再加一爻为“⚌”，谓之一生二（太极生两仪），而后二生三（天、地、人三才），三爻一卦，有天有地有人而能“生万物”。所以这里的“⚊”不仅仅是数字意义，还是天地万物合为一体的高度概括、高度浓缩。有此“一画”，“观物取象”，在虚静中开悟大智慧，即所谓的“修心开智”。这便是洗心修炼，“内视”而“光明自现”。

如此，不仅仅体悟了“上苍之天”，也开启了“心灵之天”，从而驱散心灵蒙昧，开启智慧曙光，所谓道启鸿蒙，文明始创。鸿蒙，是盘古开天辟地之前的那一团混沌元气，元气运行演化而生阴阳。元气论是中国文化之根，中国人生活离不开对“气”的认知：大自然变化便是天气，与自然所表现的意象结合，其词都与“气”相组，如与天气有关的专业语、口语：气象、气候、大气、暖气、冷气；与人体、心理有关而又看不见、摸不着的：骨气、傲气、争气、神气、心气、脾气，还有精气、血气、底气、赌气、文气、意气或者气质、气魄、气度、气节、气概、气场等；社会生活方方面面也都是“气”：景气、人气、霸气、杀气、毒气、喜气、解气等。气分阴阳，有鼓气就有泄气，有养气就有撒气，有粗气就有细气，有锐气就有钝气，有才气就有傻气……中国人，元气不可泄，中华民族，元气不能泄。

中国文化重大道智慧，西方文化重器术智慧。斗转星移，人类进入了核武器国防化与全球网络化时代，分久必合，伏羲女娲与亚当夏娃是应该回归到一起的时候。文明的最高境界是人类的心灵同悟、共得协和；管理的终极目标就是回归初心，如伏羲女娲、亚当夏娃一样彼此心和。心和大道，天下一家；心和管理，世界大同。人类命运是共同的。

三、伊尹心和之道的管理实践

1. 厨神治国创心和管理法

这里将中华大道的本质内涵总结为“心和”两字，即提出“心和大道”的概念。前已阐述过心和大道的形成以及易理中蕴含的心和内涵。而从中华人文起源角度看，践行心和大道的上古人物中，不能不提伊尹的那些传说。传说能在千年万年而依然存在，且越来越受关注，就一定有其缘由所在、意义所在、技法所在。国学的很多方面，都绕不开伊尹。比如饮食文化，比如厨艺文化，比如“从奴隶到将军”，比如“治大国如烹小鲜”……

作为上古人物，关于伊尹的记载，不同书籍有不同的描述，有些不同无伤大雅，只是一些细枝末节的差异；有的却大相径庭，甚至完全相反。一般正史如《孟子》《史记》《左传》等文献中，伊尹是一位道德高尚的圣人；在《吕氏春秋》《韩非子》等书中则将伊尹描述为一位善用谋略的智者，其行为不是因他的德性使然，而是用他的才智策划的；最为离奇的是，西晋时期一部编年体通史出土，经历了历史变迁后，今天能看到的《竹书纪年》，完全颠覆了人们对先秦历史的认知，不仅把伊尹说成了篡位夺权的叛逆之徒，还把舜也写成了囚禁尧父子篡位夺权的人，美好的禅让制根本不存在。为此，这里对这部古书略作简析。

《竹书纪年》原本是由春秋时期晋国史官和战国时期魏国史官所作的史书，以编年体形式记载了从黄帝到战国魏襄王（一说是魏安釐王）中间89位帝王，1847年的历史。秦始皇焚书坑儒，把除秦国以外的所有史书都付之一炬，造成了中国历史断代，要不是商代大量文物出土，世界能认可的中国历史就只能从秦朝开始。西晋咸宁五年（279年），一个叫不准（Pí Biāo）的盗墓贼发现了500年前战国魏襄王（或魏安釐王）的墓葬，一堆躲过秦始皇焚书坑儒的竹简出土了。因竹简上的蝌蚪文（比小篆还古老的一种文字）根本不认识，皇帝组织士大夫翻译，这本唯一传世的先秦史书得以重见天日。非常可惜的是，《竹书纪年》原竹简以及西晋翻译过两次的竹简版本都丢失了。直到大宋朝才有学者搜集到民间流传的残本，编纂成今本《竹书纪年》，一般疑为伪作。以一本疑为伪作的、间隔几个朝代的民间残本来否定正史，事实上也说不通。

伊尹生活在公元前1649年至前1549年间，孟子生活在公元前371年至前289年间，两人相距1200多年，没有交集；而以孟子的学问、德性，应该没有必要为了印证“性善论”而把一个窃国大盗塑造成圣德楷模，也应该没有动机去无原则美化伊尹。如果说孟子之前的历史有可能掩盖了关于伊尹的一些真相，那么这些被掩盖的真相为什么不可以是伊尹的敌人有意通过《竹书纪年》丑化伊尹呢，孟子去世后约30来年，《竹书纪年》的这些竹简就出现了，而今人看到的仅仅是宋代文人把一些民间资料编辑而成的《竹书纪年》，不是西晋出土的竹简原本。鉴于此，我们这里仍按正史的内容结合一些考证来描述伊尹其人其事。认为伊尹是中国历史上第一位把“心和”观念应用到统治管理中去的丞相。

伊尹（公元前1649年至公元前1549年），伊姓，名挚。“尹”为其官名，即后来所说的丞相。如果说中斌财神王亥，带领商族经商致富为商朝建立奠定了经济基础；那么伊尹，一个奴隶，一名厨师，却以他的才智、以他对“心和”原理的应用，辅佐商汤灭夏建商，而且在他为相的50余年间，辅佐了成汤、外丙、仲壬、太甲、沃丁五代商朝君主，使商朝初年经济繁荣，政治清明。所以，他不仅仅是商朝初年著名政治家、思想家、经济大家、军事战略家，还是中国已知最早的道家人物之一，四大中华厨神之首（厨祖），除了厨圣之名外还有谍圣、药圣、师圣之圣名。青年时代的毛泽东称赞伊尹“道德、学问、经济、事功俱全，可法。伊尹生专制之代，其心实大公也。尹识力大，气势雄，故能抉破五六百年君臣之义，首倡革命。”① 由是，被称为中国历史上第一个革命家，同时也是“心和”观念治国第一相。这样一位曾是奴隶出身、厨子为业的人，官至丞相、代理君王，这显然与他的勤恳努力、超绝厨艺、卓越管理能力分不开；他实践了中华直透心灵的协和哲学，开展了心和管理。

2. *伊尹治大国如烹小鲜法*

伊尹治理天下的理论源于他“以鼎调羹”“调和五味”的厨子体会，老子就说他是“治大国若烹小鲜”。据《吕氏春秋》记载：“有侁氏女子采桑，得婴儿于空桑之中，献之其君。其君令烰人养之，察其所以然……长而贤。汤闻伊尹，使人请之有侁氏，有侁氏不可。伊尹亦欲归汤，汤於是请取妇为婚。有侁氏喜，以伊尹媵女。”② 这里的“有侁氏”是指“有莘氏”，采桑女（女奴）其实应该就是婴儿之母，烰人就是庖丁、厨师。伊尹是厨师带大的，但在成长过程中通晓尧舜之道，贤名远播，而他的贤名又与他精通烹饪有关。各种书籍都有这方面记载，如“伊尹煎熬”（枚乘《七发》），“伊公调和”（梁昭明太子《七契》），“伊尹负鼎”（《史记》），“伊尹善割烹”（《汉书》）等，“伊尹酒保”（《鹖冠子·世兵篇》）等。《吕氏春秋·本味》详细记录了他的厨师之道，包括“汤以至味”之法，提出“凡味之本，水最为始。五味三材，九沸九变”，对于美味的论述颇为精粹更见其功力：“肉之美者”“鱼之美者”“菜之美者”“和之美者”“饭之美者”“水之美者”“果之美者”等。更重要的是，将厨艺之论应用到治国之道。“调和之事，必以甘酸苦辛咸。先后多少，其齐甚微，皆有自起。鼎中之变，精妙微纤，口弗能言，志弗能喻。若射御之微，阴阳之化，四时之数。久而不弊，熟而不烂，甘而不哝，酸而不酷，咸而不

---

① 《毛泽东讲堂录》收入《毛泽东早期文稿》，即毛泽东 1912 年 6 月至 1920 年 11 月的全部文稿。由中共中央文献研究室和中共湖南省委《毛泽东早期文稿》编辑组合编，湖南出版社 1990 年 7 月出版，内部发行。收录的文稿包括“文章、书信、诗词、读书批注、日志、纪事录、谈话、广告、报告、通告、启事、文电、章程、课堂笔记等共 151 篇”。

② 吕不韦等，《吕氏春秋·览·孝行览·本味》，古诗文网《吕氏春秋》篇。

减，辛而不烈，淡而不薄，肥而不腻。”① 这里的“调和之事”“鼎中之变”，说出了厨艺与治国同样的道理，一是要会调和，能“调”到“和”的境界才是高手中的高手；二是要讲火候，必须恰到好处，该大火便大火，该小火便小火，既要用心体会其中微妙，还要对其中的变化悉心领悟，从而达到恰到好处的高水平。

伊尹“负鼎俎，以滋味说汤，致于王道”② 形成了他独特的以“用心调和”与“专心火候”之高超厨艺来论王事、论治国之道。商汤想要请伊尹来帮助自己管理商族、征战天下。但伊尹是有莘氏奴仆身份，人家不放，商汤就用联姻方式让伊尹从有莘氏那里陪嫁到商汤这边。《孟子》说：“汤之于伊尹，学焉而后臣之，故不劳而王。”③ 他既教汤尧舜之道，又筹划救民伐夏方略，并亲身参与行动，终于助商汤成就大业，建立商朝。由此彰显了他的军事指挥才能，而后又相继辅佐四位君王，充分展现了他的治国能力。可见这是一位在政治管理、国家管理、军事管理、行政管理、人才管理等方面有着卓越才华的丞相、中国上古管理大师。他的一切管理活动，可以总结为“谋人心向背，得天下共和”。

成汤征伐诸侯，与伊尹商量，“汤曰：‘予有言：人视水见形，视民知治不。’伊尹曰：‘明哉！言能听，道乃进。君国子民，为善者皆在王官。勉哉，勉哉！’”④ 这应该是中国最早提出人心向背决定治国成败的论断。伊尹严格遵照“视民知治不”作为管理国家、征伐诸侯的基本方针。人在看清澈的水面时可以见到自己的形态（以水为镜），同样的道理，看见黎民百姓拥护与否就能知道国家治理得好坏（以民为镜）。管理国家、治理子民，就在于能不能听得见老百姓的话，能听见，“道乃进”；能不能明道为善，全在各级官员（管理者）做不做得到。为争取民心，“伊尹去汤适夏”，侦察夏王朝的政情民情，联络夏臣和失宠王妃，运用间谍战，进一步促使“夏桀为虐政淫荒”。为了测试九夷之师对夏桀王的态度，伊尹请商汤停止对夏贡纳，夏桀“起九夷之师”攻汤，伊尹见夏桀人心尚未尽失，便献计商汤暂时恢复对夏贡纳。约公元前 1601 年，再次停止贡纳，夏桀王再次起兵，但“九夷之师不起”，说明夏桀人心已失，而“汤德至矣”。民心向背已定，伊尹当即协助商汤下令伐夏且成。

---

① 吕不韦等，《吕氏春秋·览·孝行览·本味》，古诗文网《吕氏春秋》篇。

② 司马迁：《史记·十二本纪·殷本纪》，古诗文网《史记》篇。

③ 孟子及弟子：《孟子·公孙丑章句下·第二节》，古诗文网《孟子》篇。

④ 司马迁：《史记·十二本纪·殷本纪》，古诗文网《史记》篇。

3. 反间为正道与征战为和

说伊尹会提到一个人，妺喜（“妺”音末mó，非“妹妹”之“妹”），有施氏，名妺，姓嬉。有施氏是夏桀时一个小国，夏桀率军攻打时，愿称臣纳贡，但夏桀不允。于是投其所好，选了美女妺喜进献请降。“有施妺喜，眉目清兮。妆霓彩衣，袅娜飞兮。晶莹雨露，人之怜兮。”夏桀见妺喜如此貌美，遂罢兵，带妺喜回到王都斟鄩，成了夏朝第十七位君主履癸的王妃。桀王为了讨好妺喜，大兴土木造倾宫，用玉石建造华贵的琼室外瑶台为离宫，终日饮宴淫乐。后夏桀在讨伐岷山时，得琬与琰两大美女，移情别恋，冷落了妺喜。

被冷落的妺喜，愿意帮助伊尹收集夏廷情报，施放烟幕弹用反间计。伊尹五次出使夏都，不辱使命，妺喜功不可没。由此妺喜被后世描绘成了“千古第一狐狸精”“中国有历史记载以来的第一个亡国的王后”“中国第一位女间谍”“第一个献物”“第一个淫妇”“第一个无辜”等。妺喜也因此在历史上与妲己、褒姒、骊姬并称中国古代四大妖姬。

有人恰是因妺喜为间一事而说伊尹并非孟子笔下的道德楷模，只是一个权谋智者。其实用智为正义，仍是德性。更何况，中国最早的三个朝代，说夏桀亡于妺喜、商汤亡于妲己、周幽亡于褒姒，可能吗？“冲冠一怒为红颜”，后世的吴三桂先叛大明崇祯皇帝降清，再叛李自成而冲冠一怒，真的是为陈圆圆吗？伊尹利用妺喜，也利用夏朝臣子掌握夏朝内部情况和民心；没有妺喜，也还会有其他人成为间谍；没有妺喜，夏朝也还是要灭亡的。

伊尹的治国管理，是辅佐商汤王制定了各种典章制度，并加以落实。商汤在位13年后去世，外丙继位，3年后过世；外丙之弟仲壬继位，仲壬在位4年后驾崩。右相伊尹以开国元老身份扶商汤的孙子、太丁（外丙长兄，早死）的儿子太甲继位。太甲执政到第三年，忘乎所以了，不遵祖训、不听伊尹，任意欺压百姓、强征暴敛。伊尹及诸侯百官劝之、诫之而太甲依然故我。于是，伊尹及诸侯百官商议，将太甲放逐到商汤陵墓旁的“桐宫”管理陵园、接受教育、修身养性，伊尹代行国君、代理国务。整整三年，太甲幡然醒悟。

伊尹带领文武大臣将悔过自新的太甲迎回亳都，交还政权。太甲接受教训，小心谨慎把国家治理得井井有条，商王朝逐渐繁荣强大起来。太甲崩后，其子沃丁继位。沃丁八年，100岁的伊尹卒，沃丁以天子之礼葬之，既是尊重，也是对曾代理国君行政的伊尹的认可。

伊尹是中国历史上第一位名臣（辅佐五帝），第一位以民心向背、人心协和作为政治、军事行为准则的丞相，也是第一位从奴隶到统帅、从厨师到丞相的治国名相、管理大师。

第四节　宗教信仰心和管理技法

古今中外，文化与宗教都密不可分。人类对一切未知的事物都有一种莫名的恐惧，因恐惧而产生崇拜，因崇拜而形成宗教文化。宗教信仰远早于文字产生，它是一种复杂的社会历史现象，也是一种普遍而持久的文化现象。宗教信仰一定与民族文化息息相关，信仰源自本民族的思想意识和精神追求，经过千万年的崇拜而固化为一种经典仪式。

宗教会神化出一个信仰世界，涉及神、仙、鬼、佛这样一个超越现实的体系，用以传播神的旨意。人类勾画的神界与人间相似，至高神（皇帝）统治一切，分类神（官员）分管。宗教组织通过教众传播教义，基本点：相信我，可成神；行善事，神人和。据此勾勒出的宗教世界是一个心灵通神、神人协和的超自然的精神世界，成为世俗的一种信仰，进而形成独特的民族文化。任何宗教教义，基本上都有劝导人心协和的技法。

一、世界宗教共性的心和追求

1. 宗教文化影响社会能量

宗教一词，汉语是指尊崇宗庙（祖庙）并将这种对祖先尊崇的源流与内涵教化给宗室全体人以无条件遵从之。小到宗祠、中到宗族、大到国之宗庙，都有其内涵要义（教义之源）教化于人们。当形成一种有组织、有信仰的群体社会行为，形成组织并有指导思想（宗教信仰）、组织结构（宗教组织，如教会，宗侣）、行为规范（宗教组织内的活动，如祭祀，礼仪）、文化内容（宗教建筑，宗教绘画，宗教音乐）等之后，就成为宗教。

远古时候，人类对宇宙、对生命、对自然界的未知探索，对需要、对欲望、对思想的不懈的追求中，感觉冥冥之中有一种超越自然的神秘力量，让人不自觉地产生膜拜心理，其中的智者、长者、权者用他们的理解、他们的联想、他们的某些需求为出发点，来解释这些未知现象、心灵追求和神秘力量，渐渐形成了一套带有神话色彩的“理论体系”，渐渐变成人们共同的精神寄托甚至是终极关怀，进而演化成一种信仰认知，然后体系化、仪式化、制度化，开宗立派了，这就是宗门。有了宗门，需要扩大门派力量，于是要传道，让更多的人得到这种精神寄托、接受这种“理论体系”，教说、教导、教育中形成了一套又一套教义，就有了教门。中国在佛学进来后出现“宗教”一词，西语则由拉丁语 religio 演变成 religion。

个人体验和感悟、共同的虔诚与崇拜，有着共同信仰的人聚在了一起，参与一些共同的活动，由此成了宗教团体。这样的形成过程，全世界是共同的，如此就有了五彩缤纷的宗教领域。也便慢慢有了宗教文化、宗教艺术、宗教政治、宗教哲学等。

作为一种文化现象，宗教深刻地影响着社会形态、人的精神世界、思想意识和生活习俗。尤其是在宗教为国教的国家，这种影响尤其巨大，节日、生活乃至工作都与宗教有关，人们的聚会与宗教有关，思维方式、处世方式、表现方式等也与宗教有关。而且，宗教的一些礼仪、礼节、礼数都会带到社会活动和日常生活中来。

世界发展史、国家发展史，也不可能脱离宗教，它就是一种社会文化、精神文化、礼仪文化，确定着人的社会意识、人的自我意识。显然，所有宗教的文化思想，无论是多神教还是一神教，或是泛神论教，都集中地表现在人该怎样活着，或赎罪、或消孽，或慈悲、或行善；而且对这个问题的回答体现在感恩忏悔、因果报应、泛爱众人、修行证道等具体的行动上，最终都汇总到一个点上，即宗教思想的共性追求：心灵祥和。

旅游者，西方必去教堂，东方必去庙观，以寻求心和：阿拉伯的耶路撒冷、麦加，欧洲的梵蒂冈、圣地亚哥，中国的布达拉宫、武当山等。到欧洲，没有去过教堂（如梵蒂冈圣彼得大教堂、意大利米兰大教堂、西班牙塞维利亚大教堂、意大利佛罗伦萨大教堂、英国圣保罗大教堂、法国巴黎圣母院等）就不算去过西方；来中国，没有到过寺庙（西藏大昭寺、青海塔尔寺、甘肃拉卜楞寺、嵩山少林寺、山西悬空寺、河南白马寺等）也不算领略过中华文化。中国道教有洞天福地一说，有十大洞天、三十六小洞天、七十二福地，为旅游名胜。无论是教众还是普通游客，都会受到宗教圣地、洞天福地的潜移默化而心生祥和美好。

此外，宗教礼仪也是宗教文化的重要组成部分。宗教礼仪的仪式感都是十分强烈的，庄严肃穆、虔诚祝祷，表达出只可意会不可言传的宗教信仰感受，从而使人严肃，使人敬畏，使人心旷神怡。宗教信仰的能量大多通过这样的宗教仪式和礼节传递、加持，并且把其中的一些礼仪简化后应用在人的日常生活中，维持信仰形态的永续性。

2. 宗教深入人心管理技法

宗教的文化特性体现出不同宗教的艺术思想。文学作品，或是歌舞、绘画、雕塑、音乐等艺术形式，都与宗教关联。宗教是艺术起源的摇篮，艺术形式，源于巫术、宗教活动。宗教信源于崇拜，相应产生文化图腾、艺术形式。考古发掘的洞穴壁画，其绘画艺术、舞蹈形象、动物形象等，就是人类早先的文化艺术形态（敬神、娱神的图腾崇拜活动都伴有歌舞）。人类最早的雕刻艺术，与原始人的生殖崇拜相关；神话的产生，是原始人依据宗教信仰创造出来的。人们把人类的感情通过艺术形式保存下来。如果说原始宗教的自然崇拜、精灵崇拜、图腾崇拜、祖先崇拜、神灵崇拜等诞生文化艺术，那么人类对超自然、超人间的神秘境界和力量的敬畏、恐怖和崇拜以及驱魔、护灵等巫术或宗教活动，是文化艺术发展的重要动力。欧洲漫长而黑暗的长达千年的中世纪，因文艺复兴之光亮冲破，寄予宗教信仰的诗歌、美术、音乐、雕塑等，成为文艺复兴的重要内涵。宗教正道的文艺思想，体现在匡正世道人心、确立伦理道德上，体现在善恶意志的反省与社会风潮的行为上，目标仍然是“心和”。

宗教和审美所表达的情感也是一样的，所以宗教催生艺术、也制约艺术。虽然宗教产生的本意并非发展艺术，但宗教行为本身如祭祀、宗教礼仪时的歌舞、宗教活动场所（教堂庙观）的建筑等，都为艺术的发生、发展提供了基础。又因为教义需要在某些方面又阻碍了艺术的发展，因为艺术可以无拘无束、天马行空，而宗教则规矩繁多、限制极严。宗教、艺术，都是源于生活而高于生活的。宗教情感与艺术情感追求的都不是物欲的满足，而是心灵的愉悦。总结起来，宗教的神话故事是最早的文学形式，壁画是最早的绘画艺术，石刻是最早的雕刻艺术，祭祀仪式中的跳跃是最早的舞蹈、吼叫与呼喊是最早的歌曲形式。

宗教传播把各地的文化与艺术融合一起而传播四方。例如，佛教原是古印度文明的起源，传入中国后在民间化了、与中国文化艺术融合过程中同化了，后又将原始部分及少量中国化过的佛教倒传回印度（印度原教无文字记录，13 世纪从中国等地倒传）。同时，中国化后的佛教，又因为古代中国的巨大影响力而连同中国文化一起传入朝鲜、日本等地。

宗教如果不是走向极端，教义中都会有劝人行善、导人平和的内容，即有着“心和管理”的内涵。宗教与政治的融合，在于两者皆是思想运动，宗教构成宗教信仰，政治构成政治信念。中国与西方比较，西方的国家政治教育与宗教宣扬具有一致性，而中国，统治者信仰的宗教，其地位就高，有时可高到相当于国教的地位，但任何时候皇权都大于教权。所以在中国会出现宗教并存现象。也正因为此，中国从来没有宗教治国（以德、以法、以孝治国都有），而是儒、道、佛三教并行（以儒为尊）。换句话说，在欧洲、在中东可以政教合一，国家元首和宗教领袖同一人担任，政权和教权同一人执掌；国家法律以宗教教义为依据，民间事务以宗教教义为处理准则。中世纪时，意大利一直不统一，由罗马教皇建立的教皇国治理国家，采用非常严厉的教会统治，控制西欧的文化教育（服务于神学），与教义不合的一切学说都属于异端，与圣经不合的一切思想都属于邪说，人们不知有天文历法、数学、哲学、人文，只知道有基督教神学，人性被无情地泯灭，学术界死水一潭。哥白尼、布鲁诺、伽利略等一批科学家遭到教会的残酷迫害。所以称其为“中世纪黑暗时代”。

今天的世界，政教合一的国家还有一个，即伊朗伊斯兰共和国（1979年成立的政教合一的国家，简称伊朗），中东地区的大国，国土面积超过164万平方公里，人口超过8000万人，是公元550年曾建立过横跨欧亚非的波斯帝国、波斯文明的承继者。世界上唯一一个直接把宗教名（伊斯兰）写入国名的国家，有总统，但真正的当权者是宗教领袖；伊朗宪法规定政教统一，宗教领袖为武装部队总司令，可以罢免处置总统，可以管理国内一切事务；伊朗没有法律，以古兰经和穆罕默德圣训为指导管控国家。内部团结、稳定，世界实力排名曾是第十八位，并没有像西方媒体宣传的那样穷困潦倒、社会动荡、教徒极端。从1979年建国至今40余年，依然坚强挺立在中东。可见政治与宗教、与文化并非对立，关键是政治家怎样运用宗教、怎样选择文化。宗教在引导、劝导、凝聚人心方面，确实有独到之处。其技其法值得总结。人心认同，内部协和便是最好的管理。另外，还有一个中国不承认的梵蒂冈国，在罗马城内、面积0.44平方公里、人口800多人，大教堂式“城中国”，有教皇、宗教官员和教士，没有百姓；世界天主教中心，世界六分之一人口（10亿教众）的信仰中心。

宗教产生的哲学理论、伦理思想、建筑意识等，其内涵全世界是共同的，那就是心灵相通、彼此协和，追求兄弟姐妹式的关系相处；任何教外人看来不合理的一切，教内人都是为了宗教目标和利益而产生的思想与行为，合教义的都认为是合理合情的。至于外人看来的过火了、过头了、走极端了，应该是对立者的行为激发出来的自我捍卫的“扩大化”。

3. 正确对待宗教而不迷失

可以这么说，任何一个民族、任何一个国家，离开了宗教，其文化就是不完整的；甚至对一些国家和地区来说，没有宗教文化，也就没有那个地区或民族的文化特色和文明内涵。中东及阿拉伯文化，皆以伊斯兰教为中心、为渊源；欧美西方文化，一定与基督教文化相关联；中国文化，是以儒道释三教为主的思想体系；佛教国家以佛教文化为主。

有一个很奇怪的情况，有的人对中国人信中国传统的鬼怪仙道，或参与一些相关的活动就斥之为迷信，而信基督教、天主教并参与相关的活动，那叫信教。这是不是另一种“双标”？因为本质上，宗教都是让人对其迷信，理解了信，不理解了也信，人不能的事，神都能，所以要祷告，要把神的福音传递，心中要坚信，我们不行，但神行（主行），只要不断向神（主）祷告。这不同样是让人盲目相信吗？事实上，人类对任何事物都可能存在着迷信，痴迷和无条件相信，科学领域不也有“科学迷信”一说，科学与迷信不是对立的，无非相信科学者，会想法去求证。当迷信一词前面加上一个定语时，意义就发生变化了，如“封建迷信”。我们这里的重点不是探讨该不该信教、如何信教，宗教已是客观存在着的历史传承下来的一种社会现象、文化现象，而从管理角度探索，宗教有怎样的技法，能让人无条件相信，其中有没有一些可以让现代管理借鉴的。

宗教的一切做法都在让人相信它，这种信任一旦产生，就相当坚固，因为宗教组织者会通过许多活动使人从内心深处产生这种信任——宗教是最典型的“从心入手”的技法运用。大的活动一般有献祭、祈祷、参拜、禁忌、忏悔。献祭的目的是让人无条件迷信，其本质是通过牺牲自己的一些或全部利益来对神表达忠诚、感激、忏悔和信赖等感情。归根结蒂是让人相信：你割舍的东西越多，神越能保佑你或满足你（也能证明你的信心越大）；对于不用付出任何东西就能得到的思想、教育，人们很少会珍惜。祈祷是向天地、神佛祷告以祈福免灾，祈祷含有对神的赞美、感谢，向神的告白、请求等意，有了这种仪式就不断强化着人对宗教提供的神的信赖。参拜、禁忌也是起这种作用的活动，让人更虔诚而无条件服从；拜本身就是服，所以拜服；禁忌实质也是崇拜神的那种神秘异己的力量，表现出来就是行为上的限制和禁戒规定。忏悔，本质上是悔罪祈福，目的是让人认识到错误、罪过而有悔改之心、之行动，原是佛教语，念经、告解都是忏悔方式。这些活动，有一个最根本的技术方法，就是让人从心里信（宗教给定的）神，让心境平和，从而走出过错、罪恶。

可以这么说，全世界宗教文化相同的思想核心是心和，相同的技法运用是让人心和。

二、外国宗教信仰的心和技法

1. 国外宗教溯源及其变迁

世界宗教按地理位置，大体形成了三大系列，即西方宗教系列、中东宗教系列、东方宗教系列。西方以基督教为代表，包括天主教、新教、东正教；中东以伊斯兰教为代表，包括逊尼派、什叶派；东方相对比较杂，有印度教、犹太教、佛教、道教、神道教等，其中从人数上看，以佛教最多。基督教、伊斯兰教、佛教被称为世界三大宗教。

犹太教很多人误以为是西方的宗教，其实它是公元前 2000 年左右在西亚地区的游牧民族希伯来人中产生的，他们一般不主动对外族传教。诞生在亚洲，却是古巴比伦文明与古埃及文明的遇合。罗马帝国时代，犹太人散落世界各地，宗教对西方和中东影响比较大，追根溯源，基督教与伊斯兰教都起源于犹太教，如图 15－3 所示。

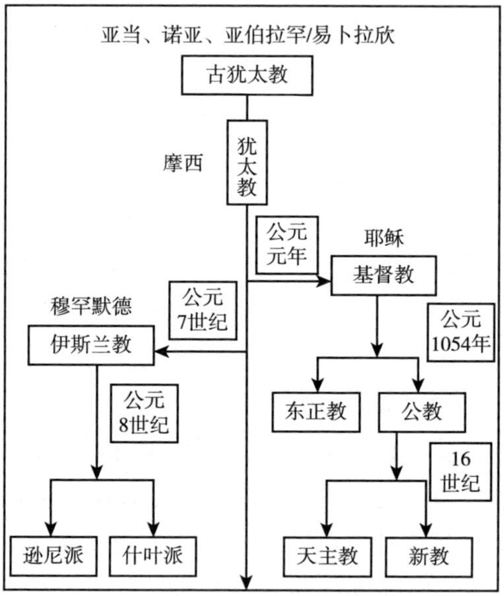

图 15－3　西方与中东宗教产生示意

基督教和犹太教信奉的是同一个上帝，但犹太教以希伯来圣经即犹太教原始教义为根本，基督教却把耶稣创教后编写的教义作为根本。后来基督教发展成为世界大教，就把希伯来圣经称为《旧约圣经》（或称《旧约全书》），而把耶稣的教义也加入了圣经，这就是《新约圣经》（或称《新约全书》）。只是基督教和犹太教彼此不认同，犹太教认为圣经永远不会

“旧”，不承认“旧约”“新约”之说，只认可希伯来圣经；在犹太教看来，出身犹太教的耶稣叛离犹太教，自创基督教，自然不认同其教义，也应该制裁这个叛徒，于是买通了基督教的一个门徒将耶稣害死了（这就是“最后的晚餐”的故事）。这事可就闹大了，教主都被害了，基督教仇视犹太教的缘由也在于此。这也是《圣经》分为旧约和新约两大部分的原因所在，也是新旧约以耶稣出生为界限的由来。旧约是希伯来语，新约则是希腊语。人们看到的今本是翻译成英语后的版本，然后由英语版本再翻译成世界上各种文字。

宗教分成为各教派，也就会出现合作或者斗争。犹太教与基督教则是完全分离了，且互相排斥。基督教宣扬上帝面前人人平等的观点，很容易让人接受，所以基督教的发展比较快，从人数上看是世界第一大教，教派众多，2013 年统计时有超过一万个教派，但最主要的是天主教、基督新教和东正教。

2. 不同宗教皆含心和技法

天主教的天主是圣父、圣子、圣神“三位一体”的神，化为天地，创造人类，具有至高无上、主宰世间一切的力量；尊玛利亚为圣母，耶稣基督为圣子，天主将耶稣降生人间，创立基督教会，救赎人类，也有赦罪权。对于教众而言，信奉天主教是因为：人的肉身将于世界末日复活并接受基督的审判，善人得享永福，恶人要受永苦等。所以人须向善。

基督新教，又称“更正教”“抗罗宗”“耶稣教”，对天主教持抗议态度，不承认罗马教皇的地位，绝对推崇《圣经》的权威性。一项重要内容是宣讲圣经；一项重要宗教仪式是入教仪式：洗礼（注水洗礼和浸礼），可赦免入教者的“原罪”和“本罪”；一项重要圣礼是圣餐（主的晚餐），主要材料是葡萄汁（主的血液）和无酵饼（主的身体）。使徒信经中有重要的三句话：我信圣徒相通，我信罪得赦免，我信身体复活。也就是人的心灵相通、罪可赦免、可得永生——“心和”内涵的西式表达。中国人说的基督教一般指基督教新教。

东正教的国际通称是“正教会”，即正统天主教会。加上一个“东”字是因为 11 世纪时东西教会大分裂，形成了东罗马正教会。入东正教者，不仅要相信神的存在，还要相信神的慈爱，接受神的召唤；教会是至一、至圣、至公的教会，洗礼是至一的洗礼，基督宣讲是唯一叫人复活的福音。东正教认为道德来源于上帝，在社会和个人生活中，人们的行为准则，调节其行为的道德，都由神来规定。基督徒必须遵守的义务是“要爱一切人和尊敬一切人”，尊敬和爱他人表现为公正和仁慈。从宗教上看，西方也不支持弱肉强食的丛林法则。

伊斯兰（Islam）教晚于基督教约600年，也就是公元7世纪在阿拉伯半岛的麦加诞生。那时东罗马帝国与波斯帝国，在幼发拉底河一带争夺资源，冲突不断，亚欧商路因此被中断。于是人们选择从阿拉伯半岛经过，麦加由此得到了促进与发展。穆罕默德创立的伊斯兰教主张对待世人善良慈爱，教徒地位皆平等，反对富人的压迫，要救济穷苦百姓等，赢得了下层人民的拥护。但损害了信仰多神教贵族的利益和地位，公元622年，穆罕默德被逼无奈带领信徒迁去麦地那，结果却在麦地那传教成功，到公元630年，伊斯兰教占领麦加并占据了经济以及宗教上的主导地位，穆罕默德成为最高领袖。

伊斯兰教认为穆罕默德是至圣先知、真主的封印使者，“伊斯兰”就是一个顺从安拉、崇尚和平、祈求安宁的宗教。基本信仰是信安拉（安拉是大仁大慈、全能全知独一无二，永恒不灭的主宰），信天命（绝对忠诚顺从安拉），信经典（《古兰经》），信圣人（先知穆罕默德，是为穆圣），信后世（行善者死后复活可上天堂），信前定（一切皆是安拉事前所定，个人需为自己行为负责）。伊斯兰教特有的绿色就代表着和平之意。

伊斯兰教鼓励人们通过真科学对宇宙、世界进行认识和思考，从而使信仰更加坚固。伊斯兰教主张和平，主张对人应有慈爱之心。安拉说：“你当以善待人，像安拉以善待你一样；你不要在地方上搬弄是非，安拉确是不爱搬弄是非者”（古兰经28章77节，马坚译本）。按教法规定，每一位有能力的穆斯林都应该向穷苦人伸出援助之手。

新疆文字记载佛教传承了1000年，在西域形成了一些佛教小国。10世纪时，伊斯兰教经喀什噶尔传入新疆，然后中亚的伊斯兰国家和西域的佛教国家大战了几十年；13世纪蒙古帝国崛起，征战几十年，原本繁华富裕的西域变成一团废墟，且由佛教僧侣占据大量社会财富。伊斯兰教教义简单，且灵活务实，只要精神上信仰坚定，教义在某些情况下可以变通，如病重和旅途中可以不封斋，无水净身时可用土替代。14世纪起伊斯兰教快速传播，到了16世纪末，伊斯兰教经遍及天山南北，占据统治地位。西域众多佛国渐渐消亡。

东方宗教主要包含在儒道佛三教，后面“中国宗教思想”里再涉及。这里只说明一点：佛教重视人类心灵和道德的进步和觉悟，显然是佛教式的“心和”管理内涵。而这里所涉及的技法，关键在“觉”和“悟”。纵观世界宗教，虽然宗教教派众多，但都提倡和平共处，可以相互交流。更重要的是所有宗教都包含慈悲、博爱、和平的宗教真谛和共同目标。对教众的劝导，重在一点：行善。无论他们崇敬的神是谁，信奉的教义是什么，但其一致的是探索宇宙的起源，都是人们对于美好世界的向往和对于未来的希冀，最终要说的还是让信徒们行善，即多做好事，行善才能积德，积德才有好结果。具体所运用的技法，是在前述宗教五大活动的基础上，进一步开展深层次的精神活动，让人产生体验感，并通过明确的宗教规则与制度，使人没有时间与空间去做、去想别的事。

3. 让人无条件信仰是技法

参与宗教活动产生的体验感，主要包括敬畏感、神秘感、神圣感、罪恶感、获救感、依赖感等。而且这些体验是互相关联的，层层深入，深深烙印在信徒的灵魂里（从内心深处接受，这就是宗教的力量，也是“心”的力量的展示），牢牢锁定。人遇到不顺、不如意却无可奈何，人不满足现状自身又无力改变，或者遇到无法解释、力不从心的事时，会感到世间有一种神秘的力量，当有人告诉说那是神的力量，对天地神的敬畏感油然而生；当宗教活动中这种体验感越来越强烈时，神圣感就产生，这就进入迷信宗教的预设轨道。然后就是心理活动的常规做法，让你认识到“我有罪”“我有难”，罪恶感之后体验的获救感就简单了，你不行，我不行，但是神（佛、主）行，神能救赎你的灵魂、解救你的危难，那么，除了信赖神、依赖神外，不会有第二选择。精神上、心灵上对宗教的崇敬与信仰也就培育成功了。

了解宗教的本质内涵和体验技法后，就可以明白人为什么会信教。宗教归根结蒂是一种信仰。信仰是信任和敬仰。信任是人心灵里的主观愿望、思想情绪，信任的是人心中的那一种精神、那一种认定；敬仰是人们对某个人某种物的敬重仰慕、尊重爱戴，敬仰的是人骨子里的那一种依赖、那一种崇拜。一般地说，人类无法完全认知宇宙，但可以完全肯定自己是从先祖哪儿来的，生活在天地之间，自然而然，就会信仰天地、信仰祖先。宗教就据此而来。信仰当然不仅仅是宗教，也可以信仰政党——信仰宗教的教义，信仰政党的主义。当然也可以信仰其他，包括信仰享乐、信仰财物，或者信仰理想、信仰奉献。

任何信仰都指向未来，未来有着人类的内在需求、对崇高美好的期盼，或是对生命的期盼，或是对爱的期盼，或是对正义的期盼，或是对和平、和谐、同情以及真、善、美的期盼。即宗教信仰满足了人对神圣性的渴望。有了信仰，心灵就有了慰藉。所以说，信仰是心灵的产物，信仰是精神的寄托，信仰是观念的坚持。宗教信仰意味着信仰者对于世界和人生是怎么理解的一种选择，是对其价值标准的一种选择、一种生活态度或生活方式的选择。

无论是上帝，还是真神，或是上天，宗教信仰提供了一个人格化的具有无限力量的形象，正是这个形象令人畏惧、敬畏的强大神秘的力量，激起人心灵上的感激、恐怖、膜拜等复杂的情感。这就是信仰的作用、信仰的力量。中国人说的“替天行道”“人在做，天在看”“举头三尺有神明”等，甚至于“光宗耀祖”或“让祖宗蒙羞”等，都在说明“神”这一看不见、摸不着的神秘力量，在人的内心里起着巨大的鼓励或制约作用。

针对宗教认知，需说明两点：其一，西方经常骄傲地说《圣经》是全世界翻译语种最多、出版数量最大的书籍，基督教（含天主教、新教、东正教，下同）是全世界信仰人数最多的宗教。这里对“最”是否属实不予置评，但有一个事实必须说清楚，那就是非洲、美洲甚至澳洲的基督教信徒开始时是殖民者强加的。如果说在亚洲有传教士的一定作用（很大一部分传教士也是随着侵略者的步伐而来的，更不用说近代对亚洲的殖民、半殖民时期带来的基督教的扩展），那么非、美、澳三大洲则基本上是殖民背景下文化侵略所产生的宗教扩展。

其二，宗教思想方面有许多简单化、直接化、标签化的思维陷阱。在国内，首先是“道德等同于信仰”陷阱，典型的谬论是“中国道德滑落，是因为缺乏信仰”；言外之意是中国人没有信仰了，所以道德滑落了。而事实上是西式商业文化带来的崇拜物欲，才是导致物质追求流行的因由。其次是“信仰等同于宗教”陷阱，这是紧跟着上一个陷阱的有意诱导，得出的结论就是“道德滑落是因为没有信仰基督教”，言外之意是，只要中国人信西方的宗教，道德就能回来的——这是典型的信仰歪曲化。最后是“无神论等同于没有信仰”陷阱，其实“相信世间没有神鬼”本身就是一种信仰，人类寻找精神寄托的方式不可能只有信仰已有宗教一种方式。宗教信仰自由，应该是“选择信仰什么是自由的”，没有要求只能信仰宗教；宗教自由，应该是“信仰宗教者选择信什么教是自由的”。没有任何理由说无神论者就是没有信仰的人。中国应该是无神论者人数最多的国家，这种陷阱的指向性也太明显了。

所以，对于宗教，对于宗教中展现出来的文化，正面的部分其实都是心灵协和的技法应用，包括思想性技法与操作性技法。作为宗教，宗教创立者与宗教掌权者的意志总会或多或少地融合在里面，心和管理学强调的是取其精华，剔其糟粕。国外宗教引进来以后也是如此。

三、中国宗教文化的心和技法

1. 中国宗教的社会协和性

很多“西化”行为与宗教一样，都是在文化交流中彼此影响的。比如过生日不再是一碗长寿面卧俩鸡蛋的中国式庆祝，而是蛋糕蜡烛西式生日歌；结婚典礼穿上白色婚纱、燕尾服办教堂礼仪，而不是中国式唐装或汉服三拜后入洞房等。不涉及国格或政治目的，文化交流是正常的，但别有用心，就另当别论了。事实上，很多国人过生日既吃蛋糕也吃长寿面加鸡蛋，婚庆既穿婚纱也穿汉民族服饰。对蛋糕，不能忽视嘴馋缘由；对婚纱，不能忽视女人对美的执着。两者都与信仰无关，但能证明一点，无论是自定还是受影响，心中乐意是关键。

宗教是信仰。资料显示，中国 14 亿人口基数下，信教人数大约 3 亿人，约占总人数的 21.4%（总量大，比值不大），分散在道教、佛教、伊斯兰教、基督新教、天主教以及其他各地方性宗教里。其实，中国的宗教信仰人数不太好统计，除西藏、新疆等地相对比较集中而且宗教信仰度比较高以外，其他地区的宗教信徒是相当分散的，即使内蒙古，理论上好像应该是萨满教为主，但因为这个自治州有 49 个民族，总人数中汉人占了 80%，其实与其他汉人为主的省份中一样，宗教信仰比较分散，信仰程度深浅不一。

目前相对比较准确的，对外公布的人数，是宗教组织认定和发布的。如中国有佛教寺院 1.3 万余座，出家僧尼约 20 万人，其中藏语系佛教的喇嘛、尼姑约 12 万人，活佛 1700 余人，寺院 3000 余座；巴利语系佛教的比丘、长老近万人，寺院 1600 余座；中国道教宫观 1500 余座，乾道、坤道 2.5 万余人；中国伊斯兰教清真寺 3 万余座，伊玛目、阿訇 4 万余人；信仰伊斯兰教的少数民族是回族、维吾尔族等 10 个少数民族，这些民族的总人口约 1800 万人。基督新教、天主教虽然在古代就传入中国，但真正规模较大传入是在 19 世纪鸦片战争后，信仰者相对比较好统计：中国基督徒约 1000 万人，教牧传道人员 1.8 万余人，教堂 1.2 万余座，简易活动场所（聚会点）2.5 万余处；中国天主教徒约 400 万人，教职人员约 4000 人，教堂、会所 4600 余座。这些入册的宗教信徒是可以由各地宗教协会统计的。

宗教活动、宗教体验，都是通过满足信徒的某种精神需求，在信徒心中种下一个牢固的心理认定程序：我有罪→大家都有罪→怎么办→去找到神→大家一起祈祷祝愿。让人有“我有罪”或者“我有难”或者“我有解不开的结（困惑）”的心理认知，是使其成为该教信徒最重要的一步。听过宣教，或者获得引导性感悟，相信凡是世人都有罪、有难、有心结，就自然而然产生“应该怎么办”的疑问。

中国传统节日过大年时，庙宇道观十分红火，大批平时不信教的民众会赶去，争得新旧交替的第一柱香、第一批上香的机会。他们不是教众，但偶尔会宗教仪式一下，寻找心理寄托，期盼消除罪孽，新年里万事顺遂。其实这与除夕守岁的意图是一样的，重点不是去做信徒，而是讨一个吉利。对于这些情况，有各种各样的评述评论。对此，我们的意见，对于善意的立足于改进的批评，应该欢迎；但对一些蔑视性的否定甚至于辱骂式的指责，我们不予认同。中国人对于宗教的态度，在一定程度上体现出有容乃大、中庸之和的文化内涵。

2. 中国宗教的文化包容性

中国文化对宗教海纳百川。中国宗教与中国文化一样，可以容纳一切，相融过程中中国文化的巨大功能就发挥了作用，会自动地去粗取精、去伪存真。这个过程对当事者而言可能并不短暂，但在历史长河中也不过是一瞬间。佛教进入中国最早是秦汉，中国主要是儒家文化与道学（非道教）传承，而且儒道已经有合一化趋势，虽有各种祖先崇拜祭祀敬礼活动，但还没有真正意义上的宗教，所以佛教与中国文化的冲突比较激烈，出现反反复复地建庙、毁庙、又建庙的循环，经历了从抗拒到适应的过程，教义内涵逐渐与中国道家老庄哲学结合，形成了以辩证思维为特征的禅宗，且与中国儒家文化彼此协和。汉时排异现象明显，唐时辩论中共存，宋时佛教完全中国化了，成为中国文化的一部分。这个过程，大约历经千年。

基督教（新教，下同）、天主教进入中国，也有一个漫长的过程。第一次大约是在唐代，那时候中国长安是世界中心，西方传教士来到大唐传教，当时叫“景教”，不过在公元 845 年，唐武宗下令灭佛，景教受到牵连，也同时被禁。佛教因为在民间已有相当深厚的根基，所以没有灭绝；而基督教没这么荣幸，除西北边远的少数民族零星存在外，在内地完全消失。元代时，大约是东正教、天主教再次来到中国，但随元朝灭亡而灭亡。

明清时期，基督教、天主教第三次进入中国，起起落落中，鸦片战争后迎来了发展高潮。比较尴尬的是，中国民间往往把教堂教士与寺庙和尚等同、修女与尼姑等同；比较肯定的是，教会在教育、卫生以及人道主义求助方面给中国老百姓以良好印象；比较矛盾的是，传教士中良莠不齐，除人性和人品因素外，还有一点是政治倾向。

传教本不应该与政治关联，尤其是他国意识形态的入侵。清末民初西方唱衰中华的生力军有两支，一是政界，包括外交官、军官等；二是传教士。所谓中国人的劣根性、中国人的奴性等，大多是那个时期的西方人在东西方人性比较中丑化中国人的。加上当时的革命者为了推翻封建王朝、打破旧秩序，需要理论依据，在批判现实时需以彼证此，就引用了这些结论。从那时开始一直到今天，这种唱衰中华的论调就不绝于耳。一些接受了西化教育的人士群起而哄之，确实曾经迷惑了一些人，中医就是这种情况下渐衰的。

然而，尊崇祖先是世界主题，世界文化是由各国优秀文化组合起来的，不可能基督文化取代儒道文化，中华的文化土壤长出的是中国文化的硕果。如果全世界的文化也由经济、军事强国一统天下，那已经不是文化本身了，而是强权意义上的文化独裁。中国有容乃大，欢迎世界上一切优秀文化的融合，是吸收养分，是增加水润，但不改变中国文化的实质。

宗教的集体仪式与中国的传统香火仪式，各有千秋。教堂是神职人员（教徒）的集体仪式处，仪式中最重要的内容是宣扬教义。中国的庙堂、道观，是宗教内部人员集体仪式处，善男信女一般不参与规范而具体的宗教仪式，只是在大殿里提供香火礼敬，是按照民间固化的香火仪式进行的。共同点是都需要仪式、都需要虔诚、都需要心和；不同点是教堂仪式重在神父引领与圣经宣讲，且是固定礼拜；庙观仪式重在僧道念经与信众敬香，且是僧道专业化、信众自愿化。中国的庙宇道观里没有教义宣讲，信与不信，来与不来，敬香与不敬香，全在你自己。有观点认为这就说明“中国文化一直缺乏信仰、缺乏宗教精神。”进一步的理由是中国的庙里的香火鼎盛，商店里都供着佛像，但这种信佛，是求平安，求健康，求生儿子（送子观音的香火特旺），求发财，求升官，求子孙鸿运高照，是去跟神讨价还价，去讨好处，而且还得先得好处后还账——典型的功利态度，实用精神，每一声祈祷，都包藏着个人的私欲。这样的结论得出来，让人很奇怪，教堂式的宣讲是有信仰，庙观式的敬香火是缺乏宗教精神，什么时候信仰等于宗教了，甚至等于宗教精神了。求神拜佛是功利，那么教堂礼拜算什么；求财求子求安康是实用主义，那么告解室祷告忏悔算什么。评判者为什么要双标准？中国人在烧香礼佛之前，早就有香火敬祖宗的传统；中国人在求神拜佛之前早就有祭祀祖宗时求祖宗庇荫子孙后代的传统。佛教进来，同样礼敬而已。事实上基督教、犹太教、伊斯兰教，哪一个宗教不是求神保佑世俗世界的欲望满足。

中国人对中国文化的反思，一直都存在着，正是在不断的反思过程中，中国文化才走向成熟。其中近现代的反思是从鸦片战争时开始的，那时因为没有坚船利舰，没有洋枪大炮，中国被欺负了，于是反思中国儒教文化，哪哪都不好了；因为没有“科学”，于是，搞起了“洋务运动”。甲午战争让北洋海军全军覆没，“洋务运动”失败了，发现否定中国文化、单纯引进西方科学技术也没用。这时候就进行再反思，即制度反思，于是，有了辛亥革命，推翻了帝制，建立了共和；制度改了，却又出现争权夺利军阀混战，这显然也不行。经过反思出现了五四运动，呼唤“科学”与“民主”。可是“三民主义”变质了，民主依然敌不过王权思想，民生依然苦不堪言，民族仍被欺负。独裁加外敌入侵，民国历史几乎就是一段又一段硝烟弥漫的战争史。

中华人民共和国成立后，也进行过两次文化反思，第一次是“文化大革命”，也许是反思的本意被扭曲或利用了，中国传统文化在五四运动后再次被“革”了“命”；第二次是改革开放期间的文化反思，在某种程度上被“精英”阶层“全盘西化”带偏了这种反思；直到20世纪90年代后，进入价值层面的文化反思，终于发现一个事实，政权更迭不是文化的问题，人的修身养性才是文化的问题，管理的基础是人文，管理的核心价值在于文化。所以，进入21世纪其实就是面临着进入一个新时代，新时代需要中国文化复兴与创新发展。文化复兴是民族复兴的重要方面，中国文化有容，可容所有，也会自纠，剔除一切不适宜。

3. 集先贤大成创教显教义

中国文化核心要义是中庸文化。人们对任何新鲜的事物都会有一段时间的好奇、模仿，中国人也不例外。前面提到，当西洋式婚礼、生日蛋糕方式传过来时，大家都模仿之，虽然不一定在教堂里举行，虽然白色（婚纱）在中国传统观念中是白喜事时候使用的（红喜事自然喜欢用红色）。中国社会不抗拒也不否定这样的西式典礼，但是寻常百姓的婚礼（千万别用“大明星”或者“大富豪”或者“大官僚”的欧洲名教堂婚礼、大城堡婚礼、大公园婚礼来比照，那不代表中国社会或中国文化），城市里的大多在酒店里举办中西合璧婚礼，西装婚纱、“类教堂”程序中夹杂了婚庆公司创意的、新人要求的内容，有的还会再来一次中式婚礼，三拜后高喊“送入洞房”。可以肯定的是大多不在教堂、不请神父，而是传统方式中的喜宴现场、司仪主持。婚典过程重在秀幸福、给祝愿，礼成后是传统的喜宴，新郎新娘换中式服饰入席。农村的，或进入酒店，或在村里举办婚礼。这就是传统婚礼与西式婚礼的中和，因为中华文化的根柢依然在，所以既不会完全“西化”，也不只是传统，两者中庸。

更重要的是，中国道教的产生也是和合的结果，当然不是中西方中庸和合，而是中国已有宗教与中国传统祭祀的中庸和合，是道家思想与儒佛学说的中庸和合。佛祖是菩提树下觉悟成佛；耶稣不用悟，12 岁时就说上帝是他的父，故是天生的圣子。中国古代的学者，大凡成名成家的，都有过顿悟，道教就是集先辈领悟之大成创立的，发展过程中有创新、有吸收，这个过程自然是中庸和合的过程，道教所创的神人鬼各界，就是传统为基、吸收为辅的。

公元初年，佛教传进中国。一些学习周易学、学习黄老学的学者意识到，中国有自己的传统文化，也把儒家学说尊为相当于国教的地位，但毕竟不是真正的宗教，于是萌生了创教念头。佛教进入中国 140 多年后，东汉张道陵（据传为西汉张良之后）创立了道教。但这里要郑重说明：道的思想起源于《周易》，道学起源于轩辕黄帝，诸子百家中的道家创始人是老子；显然道学、道家、道教有关联，但不是相同的概念。道教是真正意义上的中国本土宗教，是以道学为主中庸和合各学说而成的。建教者曾想要以儒家学说为宗，但以孔子为代表的儒家是“子不语怪力乱神”，道教则需要一个神仙世界，才转而求道。

这样就可以明白，道家的教义传承于《周易》原理、黄老道学，但作为宗教形式，重点不在传承与传播周易哲学、黄帝思想、老庄道学，而是勾勒出一个与人类关联的神鬼体系（佛教有神佛体系，基督教有神灵体系）：天、地、人、鬼各界，并以此展开道教教义。

天，是天道（天道阴阳，天上神仙超越了阴阳限制），也是现实宇宙与神仙居所的结合。神仙居所谓之天界，天界有天堂，天堂有天门，门内三十六天，神仙（魂魄飞升谓之神，肉身得道谓之仙）居于琼楼玉宇，如天尊、天帝，天兵、天将等，天神仙女皆奉行天道。

地，是地道体现，是现实大地万物与鬼魂受难所的结合。鬼魂受难所叫作冥界（地狱），其运行受制于地道（地狱规则，柔刚两极）。

人，指天地之间的人类及人本身，人类生活之所称为人间（阳间，天地之间），人之一言一行当奉行人道（仁义）、人德（善美）。鬼，在道教里是人的最后归所（阴间）。做人时能修善德，死后便可阴间超脱，脱离苦海，姓氏不录于鬼关，成为鬼中之仙（鬼仙）。这个包括天神、地祇和人鬼的复杂的神鬼系统里，虽然人最弱小，但人是核心，人可修炼到鹤发童颜甚至长生不老，长生不老、肉身不腐便是得道成仙；即使肉身不存亦可飞升成神。成不了神、升不了仙也不用怕，人死后到阴间，阴间有阎王管理，只要在人世时未作恶便可再投胎，优秀的还能成鬼仙。所以，人在世间的善恶程度决定了死后会受到什么样的待遇。

归根结蒂这是一个劝人向善、行善、积善的宗教，创设的神鬼世界是公道的，沿袭了中国古代对于日月、星辰、河海、山岳以及祖先亡灵都奉敬的信仰习惯。道教为了创造这个神鬼世界，又能让黎民百姓接受，把民间传说的玉皇大帝、王母娘娘结合进来管理天庭，把不同朝代的历史人物与传说人物融会在一起，演绎出“八仙”飞升的故事。

道教教义有道学内涵，但道教不能代表道家或道学。否定中国道教、道学者，常常故意混淆这个区别，以道教中的迷信内容或一些不合理成分，作为批判由头，这是不科学也是不负责任的。不熟悉中国文化，不懂中国哲学思想，不理解中国人的思想感情，没有对国学包括宗教文化的理解与感悟，是无法真正读懂中国道教的产生原因、宗教教义和道教中的神鬼体系的。中国是农耕文明形成的社会系统，说中国农民是实用主义，没错，中国文化中有着实用主义内容，这没必要否认，也不必觉得有什么不好。何况，哪个宗教没有实用主义思想体现？基督教还是伊斯兰教？没有实用的成分在里面，宗教也就无法成其为宗教。

西方说上帝创造了世界，中国说盘古开天辟地；西方说上帝创造了人类，中国说女娲造人；西方说神盗火送给了人类，中国说燧人氏钻木取火；西方说是神派普罗米修斯教会人类调制药剂治病，中国说是神农氏尝百草创造中医治病。面对天灾西方说按上帝指引造方舟救人类，中国说大禹治水愚公移山……西方工业革命之前的文化比中华国学要虚妄得多的多，而中国这样的实用主义，谁能说不好！西方要是一开始就是那么“科学”，哪还会有哥白尼们的伤痛？正是大航海后他们懂得了实用主义的好、实用主义的妙，才会结束千年中世纪的黑暗而开始发展科学，才有近几个世纪的西方商业文明。

一个事实是，西方的“民主”不能真正让“民”做“主”，西方的一切举措，包括所谓的规则、律法，也包括西方的文化，都为富人服务；所谓的总统，其实就是豪富世家、利益集团的代言人，无非就是哪个利益集团大选获胜。中国社会现实中出现的求好处、求发达、求富贵的宗教愿望，急功近利于暴富，崇拜豪宅、汽车、发大财，这是中国道教思想形成还是西方商业趋利思想造成，明眼人一看就明白。至于说《圣经》的原则是公正、公义，那么为什么手捧《圣经》者只把所谓的公正公义对准他们自己，而不对准亚洲、非洲、拉丁美洲。总是批评中国人追求平均，而平均是中国在没有其他更好办法下的一种暂时性选择，中国真正追求的或者说长远追求的不是绝对平均，也不是西方的均衡，而是平衡。

西方还有一个可以居高临下看待世界的理由是他们的宗教说“上帝面前人人平等”，且不说这平等是不是真正的平等，只要问问，谁可以代表上帝，能代表上帝发表旨意的那些大人物，对所有人平等吗？所谓“上帝是民主的源头，上帝是科学的源头，上帝是一切的源头”的说法，是强制性的宗教教义；如果只是让信上帝的进行改革接受也还罢了，还要让非基督信徒们尊崇，那就是强盗逻辑了。把上帝挂在口中而行使上帝权力的那些大人物，是否真的从内心里敬畏过上帝（从不怀疑普通基督民众对上帝的敬意），只有自己知道。

中国文化，有容，容天下一切美好；中庸，融世间彼此心和。

第十六章　革命战争红色管理技法

中国共产党百年红色管理，萌芽于1919年的五四运动，开始于1921的中国共产党成立，成熟于28年红色革命历程；成为执政党后，执政的前30年，把中国从西方强势高压下的国际环境中带上了独立自主和拥有“两弹一星”的国家——红色建设时期；执政的第二个30年把中国从一穷二白的经济形态带到相对富裕的东方大国的阵营里——红色经济阶段。当中国共产党走向百年辉煌时，世界瞩目了，恐慌者想再次唱衰中国，中国却在新的西方高压下傲然挺立，且开始了中华民族伟大复兴的征程，走上了红色强国之路，概括说这是获取人心、谋求共和之路。本章主要探索红色革命时代人心达和的管理技法。

第一节　红色管理发动民众唤心和

有文化开始，中国就非常注重人心修养；有国家管理开始，中国就极为注重民心所向。代代传承、世事变迁，重民心这点从没变异或更换，所以才有“得人心者得天下”这样的警世恒言。中国人敬天地君亲师，这“师”代表的是老师教导的文化知识、思想观念。中国没有过宗教治国，却容许各宗教存在，既是海纳百川的大国胸怀，也是先师教导的修心协和文化的表现。西方人崇尚的耶稣是圣神、圣父、圣子，既作为神，也是上帝在天上，还作为圣子在人间，圣权神授，通过神的旨意让教众心服口服，得教众人心（说明西方也注重人心）。中国人强调君权天授，皇帝叫“真命天子”——上苍的、老天爷的真命，老天的儿子授天命来做皇帝，君权天授，是为“天子”，以此让民众心服口服，得大众民心。西方有漫长的宗教治国史，尤其中世纪的教权独裁。但两者又有一个极其重要的区别，圣权神授以教义引导人心，君权天授以天道引导人心。无论古代统治者如何“家天下”，天道人心依然是基座。在民众开智相对愚昧的时代，起来造反的平民都知道，要得人心就得让老百姓相信造反之事是老天让他做的，别人才会拥戴①。宗教、政教的统治、治理、管理，都重得人心。

中国共产党成立，是苏联十月革命的警醒，是马克思主义的传播，也是中国形势发展的必然。非神授、非皇权，而是为推翻帝国主义、封建主义、官僚资本主义三座大山的压迫，让人民当家作主（这才是“民主”真意），是真正开化民智后的得人心。为此，启发人民、觉悟人民、让人民起来革命，正如《国歌》所唱的，“起来！不愿做奴隶的人们！把我们的血肉筑成我们新的长城！中华民族到了最危急的时候！每个人被迫着发出最后的吼声！”

一、历史选择了为工农的政党

1. 世纪变局世界重心转移

18 世纪到 19 世纪后叶，世界重心出现了大转移，中华国运滑入低谷，而大航海和工业革命之后的西方殖民掠夺和过剩产品倾销崛起了以英法为代表的一批经济强国，实现了对全世界的殖民布局。中国国内形势也发生了巨大变化，清朝软弱无能，列强虎视眈眈。

只是英法在北美的殖民布局最终未能按预想的实现，而是出现了美国和加拿大两个新国家。18 世纪中叶，英国与法兰西、西班牙在贸易与殖民地上相互竞争；普鲁士日益崛起成强国，与奥地利同在神圣罗马帝国的体系内外争夺霸权；而后德意志小邦、葡萄牙、瑞典、西班牙、俄罗斯也参与进来。历经七年战争（1754～1763 年），英国成为最大赢家，法国被迫将加拿大（当时未组成联邦，更未独立）割让给英国，并从印度撤出（只保留 5 个市镇），英国成为海外殖民霸主。英国为转嫁七年战争的耗资，包括英法在北美殖民争夺战中的消耗，就在刚刚获得殖民权的北美加大税收、高压剥削，这加剧了殖民主与殖民地人民之间的矛盾，最终引发 1775 年北美独立战争——大英帝国与英属北美 13 个殖民地之间的战争。1776 年，《独立宣言》宣布美利坚合众国正式成立（原 13 个殖民地各为一州）；战争持续到 1781 年基本结束，英军（红衫军）失败。1783 年，英国不得不承认 13 个殖民地独立，1787 年联邦制的美利坚合众国成立。1861 年林肯当选美国总统，不久，美国南部 6 个蓄奴州脱离联邦成立南方

---

① 秦末陈胜、吴广起兵造反，针对当时人们行大事都向鬼神问吉凶心理，用朱砂在白绸子上写上“陈胜王”塞进鱼肚，戍卒吃到买回来的鱼肚中的字，大为惊讶；然后再在夜里让人在古庙里燃起篝火，模仿狐狸大叫：“大楚兴，陈胜王”，如此一来，戍卒们相信陈胜是受天命来带领他们造反的。

的美利坚联盟国（后得克萨斯州加入，共7个州），由此引发了美国内战（史称“南北战争”）。1865年战争结束，美利坚合众国（即联邦制）获胜，美国恢复统一。两年后的1867年，英国政府在北美的安大略省、魁北克省、新斯科舍省和新不伦瑞克省共同组成加拿大联邦，允其自治，由英裔和法裔殖民者共同统治。作为大英帝国殖民地制度下的加拿大，事实上是一个“自治领”，直到1982年加拿大才真正独立。

北美，尤其是初建的美国，嫁接了欧洲工业革命成果发展经济。1803～1959年通过购买和战争手段，领土不断扩张（从最初的13个州扩大到后来的50个州）。第一次世界大战（1914年7月28日至1918年11月11日），美国以中立国身份大发战争财，美国的工业总产值1914年才249亿美元，1919年增长到639亿美元，5年增幅156%；全世界40%的黄金储备落在美国手中，协约国还欠下美国100亿美元的战争债务。战争结束的1918年，美国诞生了21000名百万富翁；杜邦公司为协约国生产弹药，股票价格从初始的20美元飙升到1000美元；美国对拉美的出口值战前仅8亿美元，1920年达到34亿美元。美国还趁机控制了玻利维亚的锡矿，巴西的咖啡，墨西哥的石油、橡胶等产业。而27个第一次世界大战参战国，各自经历了一场浩劫，英法等国都出现了巨额的贸易赤字。美国越来越强，交战国越来越弱。

第一次世界大战后，美国继续牟取巨额利益，终成世界超级霸主。与此同时，另一个超级霸主也强势出现。1917年11月7日（俄历10月25日），俄罗斯苏维埃联邦社会主义共和国（世界上第一个社会主义国家政权）在十月革命炮声中成立。1922年12月30日，俄罗斯联邦、南高加索联邦、乌克兰、白俄罗斯成立苏维埃社会主义共和国联盟（后扩至15个加盟共和国）。世界逐渐形成苏美两个超级大国对峙、西方列强奴役全世界的局面。

2. 近代革命志士寻救国路

就在世界发生翻天覆地变化的19世纪末到20世纪初的时候，处于清朝末年的中国，封建帝制的权力渐渐交到慈禧手中。第一次鸦片战争时（1840～1842年），她是年仅5～7岁的小女孩，第二次鸦片战争时（1856～1860年）她成了咸丰皇帝的懿贵妃，中法战争（1883年年底至1885年4月）、中日战争（1894～1895年）以及八国联军入侵（1900年）时，她从妃子走到太后位置，垂帘听政成为清朝实际上的最高统治者。在外强入侵压力下，慈禧也领导过两次改革，一是洋务运动，一场维护皇权前提下的改良运动，也是近代中国第一次大规模的模仿、学习西方工业化的运动；遗憾的是，中日甲午战争北洋舰队全军覆没，宣告着洋务运动惨淡落幕；另一次是清末新政，对兵、商、学、官、法多领域进行改革，却因慈禧去世而夭折。这两件事，废科举、办学堂、派留学、禁鸦片，甚至重用汉臣、举办女学，但仍挽留不住颓倾的大清王朝。

甲午战争爆发的 1894 年（光绪 20 年），孙中山在檀香山创建了兴中会，提出推翻清王朝、创立合众政府的主张。1898 年康有为、梁启超等资产阶级改良派发动维新变法，结果失败了。而后一批公开或秘密反清的革命小团体出现，如湖南华兴会（黄兴）、江浙光复会（蔡元培）、湖北科学补习所、四川公强会、安徽岳王会、广东群智社等。1905 年，兴中会联合华兴会、光复会等重要革命团体，仿照西方资产阶级政党于日本东京组成同盟会。孙中山提出“驱逐鞑虏，恢复中华，创立民国，平均地权”的纲领，后进一步阐发为民族、民权、民生的“三民主义”。从 1906 年萍浏醴起义至 1911 年 4 月黄花岗起义，革命党人前仆后继，发动了十余次武装起义。1911 年 10 月 10 日，同盟会领导了武昌起义，终于推翻了清王朝，建立了南京临时政府。1912 年 1 月 1 日，中华民国宣告成立。同年 8 月 25 日成立国民党，因宋教仁被暗杀、孙中山二次革命失败而被袁世凯解散。1914 年 7 月，孙中山等人于东京另组中华革命党，1919 年 10 月 10 日，孙中山在上海法租界将其改组为中国国民党。

辛亥革命前，中国没有真正意义上的政党，同盟会只是俗称“革命党”。中国第一个以“党”命名的政治团体是中国社会党，由江亢虎于 1911 年 11 月建立（抗战时江亢虎成汉奸）。另一个是 1912 年 2 月 3 日在上海成立的“自由党”（6 月迁北京）。社团组织发展倒是比较快，主要是当时各地青年知识分子和工人成立的少年中国学会、工学会、新民学会、新潮社、平民教育讲演团、工读互助团等。1919 年 5 月初，以巴黎和会拒绝中国要求的消息为导火线，暴发了著名的五四运动，社会各界都参与了进去，而国民党以无力参加为由拒绝参与，让五四运动的新领袖们对国民党失望了，认为它不能领导革命了。

这样，建立新的能领导革命的政党，成为非国民党阵营的各方人士的共同愿望。当时人们把目光投向社会主义理论，引成了一种思想潮流。比较典型的，有无政府主义——黄凌霜、区声白等人从极端个人主义出发，鼓吹个人的绝对自由，反对一切权威、一切国家，反对任何组织纪律，主张绝对平均主义等；有张东荪、梁启超（1920 年底）等的资产阶级改良主义——声称“真的劳农革命决不会发生”，中国的主要问题是穷，解决办法是依靠“绅商阶级”来振兴实业，发展资本主义。共产党早期组织的成员同这两种思想都进行了论战，并且指出，“中国劳动者联合起来，组织革命团体”，强调资本主义道路在中国走不通，中国的出路只能是实行社会主义，旗帜鲜明地提出中国必须建立工人阶级政党来领导中国人民革命。这是对清末民初一系列“革命”思想和行动成败之后的选择，也是对马克思主义思想、社会主义理论、“德先生”与“赛先生”的引进和对修正主义、改良主义、无政府主义等的批判之后的选择。尽管那时候还没有明确提出反帝反封建的民主革命，也没有意识到中国革命的关键是在共产党领导下的人民解放战争。这也说明，任何真理都是在摸索中探求出来的。

3. 风雷激中国共产党诞生

中国古代的农民起义，推翻了旧王朝后，新建的仍然是封建王朝，并没有从根本上解决人民当家作主的问题。孙中山领导的民族民主主义革命，推翻了帝制、创建了民国和中国国民党，成为中国革命的导师。但国民党代表的是资产阶级，孙中山去世后夺取权位的接班者亦未能真正承继他的“联俄、联共、扶助农工”三大政策。这就需要真正能够代表以劳苦大众为基础的人民利益的政党出现。中国共产党，就是在这样的背景下诞生的。

作为代表工农大众的政党，全国各地早期的共产主义小组的组织者、参与者，其实多数并不是工人、农民，即使家庭是工人或者农民，但本人已是知识分子。真正的工人农民正在为生计而奔波，很少有可能接触到新思想，他们还需要别人去启发、去教育、去唤醒。

1921 年，在“南陈北李”（陈独秀、李大钊）的筹备和推动下，上海、武汉、长沙、济南、北京、广州和旅日的共产主义小组（旅法小组未能参加）于 7 月召开了中国共产党第一次全国代表大会，大会确立的党纲中明确提出：“我们党承认苏维埃管理制度，要把工人、农民和士兵组织起来，并以社会革命为自己政策的主要目的。中国共产党彻底断绝与资产阶级的黄色知识分子及与其类似的其他党派的任何联系”（中共一大党纲第三条)。这表明：

其一，“承认苏维埃管理制度”，在当时历史条件下，刚刚成立的中国共产党对如何管理好一个政党还没有经验，共产国际派了马林（荷兰人）、赤色职工国际代表尼克尔斯基（俄国人）出席了中共一大，学习苏维埃管理制度是一种必然。

其二，党要组织的是工农兵，这是中国历史上第一个把普通的劳苦大众工农兵作为主要对象的政党，这一点非常重要，以后的革命斗争中都是以组织工农兵为己任，以获得工农兵的真心拥护为重心，是马列主义与中国工人运动、农民运动、士兵运动相结合的实践。

其三，革命：是主要目的（中共二大把中国革命性质确定为民主主义革命），虽然革命的方式尚不明晰，但在中共二大、中共三大逐渐明确了建立革命统一战线（真正提出正确的革命方式要在1927年的大革命失败以后）。

其四，断绝与其他学派的一切联系，保证了中国共产党的纯洁性。

世界动荡，殖民主义者与新崛起者包括邻居都把贪婪的目光投向中国；国内风云变幻，封建帝制不行，资产阶级革命没能坚持。在中国，历史义无反顾地选择了中国共产党。中国共产党成立之初，就承担起唤醒工农干革命的重任：心向党，图救亡，谋共和。

一个政党、一种主义在最需要、最合适的时候出现，这是历史的选择，中国共产党的成功也证明这一选择的正确性。给管理的启示就是，一个管理组织、一项管理政策、一套改革举措，应该审时度势，在最需要、最适宜时出现、推出，才是最佳的。

二、红色管理唤醒工人干革命

1. 救国救民是最高层管理

中国共产党创建时，全国仅50多位（有53名、57名、50多名等多种说法）党员，中共中央党史研究室编辑的《中国共产党的九十年》一书（中共党史出版社、党建读物出版社2016年6月出版），正式明确为58个党员，并列出了他们的具体姓名和所在的共产主义小组（旅法小组的党员正式列入）。这部党史著作指出，这58个早期党员的家境都不错。他们选择马克思主义信仰，投身中国革命，参与创建中国共产党，主要不是迫于生计，也不是谋求升迁；而是因为面对列强侵略瓜分、中国积贫积弱、人民饥寒交加的状况，一种救亡图存的历史责任感，驱使他们寻求解救中国的道路和方法，这就是初心——马克思主义的信仰之心、信念之心，共产主义的奋斗之心、为民之心，归根结蒂是敢挑救国重担之心。

中国共产党就是在这样的世界形势和国内局势下诞生的。国外欧洲列强对中国不断侵吞，灭亡中华之心不死；国内，以太平天国（1851~1864年）为代表的单纯的农民起义，失败了；以洋务运动（19世纪60~90年代）为代表的“师夷长技以制夷”西化运动，流产了；以戊戌变法（1898年6月11日至1898年9月21日）为代表维新革新改良运动，斩杀了。孙中山领导的辛亥革命，推翻了帝制，建立了民国，也就是说资产阶级领导的民族民主革命，本应该是成功的，但共和民主并没有得到真正实施，所以孙中山先生在遗嘱中谆谆告诫：革命尚未成功，同志仍须努力。革命事业，由中国共产党带领中国人民取得了成功。

幼年的中国共产党在国际形势风起云涌、国内革命前仆后继的启示中探索道路、寻找方向。中共一大规定了党的纲领是“以无产阶级革命军队推翻资产阶级，由劳动阶级重建国家，直至消灭阶级差别；采用无产阶级专政，以达到阶级斗争的目的——消灭阶级；废除资本私有制，没收一切生产资料，如机器、土地、厂房、半成品等，归社会所有；联合第三国际”。中共二大开始制订党章，而且此后每届党的代表大会根据当时实际情况进行部分修正。

1925 年，中共四大党章把基层组织组改为党支部，并且首次提出无产阶级要掌握民主革命运动的领导权，也第一次提出了工农联盟问题；中共五大明确规定“党部的指导原则为民主集中制”；中共七大确定了毛泽东思想为全党的指导思想等。

中共一大党纲中提及：“以无产阶级革命军队推翻资产阶级，由劳动阶级重建国家”，这才是开天辟地的创举，说明这个政党代表着“无产阶级”“劳动阶级”，中国无产的、劳动的阶级，是由工人、农民、士兵为主体组成的，他们代表着最广大的中国人民。红色管理之本，在于敢挑重担、一往无前，全心全意为人民服务。

2. 组织工运展红色管理力

中国共产党以救国救民为目标，开始了唤起工农同心干革命的伟大历程。需要说明的是，欧洲从工业革命开始，产生了大批产业工人，并且成为城市的重要群体。相对而言，欧洲的人口密度远低于亚洲，欧洲工业大发展导致城市不断扩大工人群体，社会问题也就主要存在于城市（农村人口基数小，居住分散）。继 1864 年马克思等人组织的无产阶级政党联盟“第一国际”（1876 年解散）后，1889 年工人运动的世界组织“第二国际”在巴黎成立。工人运动由此风起云涌，最具代表性的是法国里昂丝织工人两次起义、英国宪章运动、德国西里西亚纺织工人起义，这三大工人运动，标志着无产阶级作为独立的政治力量登上了世界历史的舞台。工人运动之火从巴黎公社点燃，蔓延到英国、德国，同时在俄国熊熊燃烧，列宁领导的工人解放运动，孕育了苏维埃政权的建立。革命从欧洲开始燃烧，说明资本主义的劣根性让工人阶级难以承受，劳苦大众要反抗以“资本”结党的西式社会模式。

在这样的历史背景下，刚刚成立的中国共产党，党员人数虽少，清一色的知识分子、青年师生，他们却真诚地相信自己是中国工人阶级、中国人民和中华民族的代表者。正是这种坚定的信念，让早期的共产党人具有一种强烈的正义感、责任感和使命感，他们不畏艰险、前仆后继。充分说明人心认同比他们的出身更重要，他们从内心里把自己划入无产阶级的阵营里（所以那时家境好的党员都把家产贡献出来，或义无反顾脱离原来阶级阵营），确立了中国共产党的阶级属性。因此，中国共产党领导的工人运动，采取了其他任何政党都没有采取过的办法，即深入社会底层，在与工人相结合中唤醒、组织、发动工人。

1921 年 8 月，中共一大后的共产党人在上海成立了领导职工运动的总机关——中国劳动组合书记部，领导组织了粤汉铁路武昌、长沙段工人、上海英美烟厂工人、陇海铁路机务工人、汉口人力车工人等一系列罢工运动。在此基础上，随后的一年多（1922 年 1 月 ~ 1923 年 2 月）时间里，全国第一次工人运动高潮掀起，全国罢工斗争达 100 多次，参加人数近 30 万人，包括香港海员大罢工、长江船员罢工、上海邮政工人罢工和上海日华纱厂工人罢工、长辛店铁路工人罢工、粤汉铁路武长段工人罢工、京奉铁路山海关工人罢工、开滦煤矿、启新洋灰公司、秦皇岛的工人等的罢工，还有安源路矿罢工、京汉大罢工。

工人运动涌现出一批领袖如邓中夏、毛泽东、刘少奇、李立三、苏兆征、汪寿华以及工运先烈如黄爱、庞人铨、林祥谦、施洋等。为将工运活动进一步深入，在中国劳动组合书记部的领导下，全国各地纷纷成立总工会。1923 年 2 月，为争取成立京汉铁路总工会和工人阶级的政治权利，举行了京汉铁路大罢工，结果遭遇直系军阀吴佩孚血腥镇压，爆发震惊中外的“二七惨案”。而后无数工会领袖及骨干被杀害、逮捕、通缉。工会组织被摧残、解散，工运暂时陷入低潮。直到 1924 年 2 月 7 日，中国铁路总工会在北京秘密成立，国共第一次合作形成，工人运动复兴，但 1925 年又遭遇“五卅惨案”（日本纱厂及租界英国巡捕血腥镇压上海的反帝爱国运动）和省港大罢工“沙基惨案”，工人运动再陷低潮；1926 年 10 月，工人运动又迅猛发展，却在 1927 年遭镇压，国民党清党，中国革命陷入白色恐怖。

3. 攻心技红色口号显威力

从中共成立到 1927 年白色恐怖历史中可以看到，其一，当时的外国殖民者及日本资方，在中国何其猖狂，当时的政府，何其软弱；帝国主义、买办资产阶级相勾结，而民族资产阶级在威胁利诱下动摇，中国还可以指望谁！其二，参与工人运动是有杀头危险的，而共产党人和共产党的组织仍能迅速动员起一个又一个、一批又一批、一地又一地的工人起来，前仆后继地参与工人运动（谁说那时候的中国人奴性化、没有血性！看看共产党人）。

中国共产党的伟大之处、英明之处，早期“红色管理”的重要技法这时显现出特殊威力：先是发动，后是组织，紧跟着的是宣传；三招齐出，直接攻心——谋取广大工人们的人心认可、人心支持。生活在社会底层的产业工人，基本要求就是生活有保障（即基本目标是工作稳定、收入保障），达到家和、厂和、国家共和。但面对帝国主义的武力镇压，当时中国军方却不能保境安民，共产党敏锐意识到“此时统治中国的是封建军阀，不是资产阶级”①，因此充分、深入、广泛地发动工人投入民族独立和民族解放的伟大斗争是当务之急。为此组织工人自己的工会，即使不能组织工会的地方，也会组织互助会、俱乐部、合作社、劳动技术学校、识字班等以开展斗争。考虑到工人的文化有限，眼界有限，中国共产党在宣传中充分考虑到工人们易懂的、能传播而且直奔核心的内容，用通俗易懂的口号发动工农。

第一句口号“打倒军阀！打倒列强”。中共二大提出“消除内乱，打倒军阀，建设国内和平”和“推翻国际帝国主义的压迫，达到中华民族完全独立”为首要任务。如何使这个首要任务让工人们明白，大会发表的宣言提出了一些口号，最典型的就是“打倒军阀！”“打倒国际帝国主义！”北伐时又提出了“打倒军阀！打倒帝国主义！”浅显易懂，且好读好记，北伐军正是一路喊着这样的口号，举着“打倒军阀！除列强”的标语，唱着“打倒军阀！打倒列强”的战歌从珠江之滨打到长江流域的。每一个参与其中的人都会从内心里感到一种自豪、一种骄傲，一种自己也能参与国家大事、穷人就要翻身得解放的心灵快感。

第二句口号“从前是牛马，现在要做人”。这是1922年9月安源路矿大罢工时喊出来的。毛泽东第二次来安源与李立三、刘少奇等人研究罢工事宜时，指出斗争中要有勇有谋，口号要提得“哀而动人”。于是“从前是牛马，现在要做人”的口号应运而生，既让工人们明白为什么要参与工人活动，又赢得了社会各界的同情与支持。而且，这简单的一句口号，说出了工人们一直想说而说不出来的话，满足了工人们豁出命来干革命的内心需求与热切呼喊。这也是中国共产党领导的工人运动中影响最大的口号之一，安源路矿工人大罢工“未伤一人、未败一事而完全胜利，这实在是

① 谢鸿平：《党在大革命时期对工人运动的指导》，《江西社会科学》，1989年专辑，第81页。

幼稚的中国劳动运动中绝无而仅有的事。”①

这就可以理解红色管理之心和技法及其价值所在。管理的核心、管理的本质内涵，真没必要复杂化。让人心里认同，心灵满足，一切便成为心里的本然，一切便成了自觉的行为。管理提升了人的素质，就懂了什么该干什么不该干，什么该说什么不该说，什么时候干什么时候说。中国共产党在早期活动中，就是抓住工农兵加以引导、启发、组织，展开活动，这是早期红色管理的任务，也是早期红色管理提供给中国管理的思想内核和基本技法。

只要是做事业，就看能不能得人心；得人心的革命就能成功，得人心的管理是优秀的。政治有色彩，中国共产党领导的革命是红色革命；同理，革命过程的管理是红色管理；红色管理走过的路、红色足迹，形成红色基因，成为中华民族最鲜艳的色彩和最进步的象征。

三、红色管理争取农民干革命

1. 农运先驱走出不同道路

在发动组织工运的同时，共产党人也意识到，在中国这样的一个农业大国中，农民运动同样重要。从国际上传播进来的革命主要是依靠工人阶级，而在中国这样一个农业大国，却不能不考虑农民问题。1921 年 4 月，《共产党》月刊发表了《告中国的农民》一文，号召农民组织起来，依靠自己的力量，争取翻身解放。所以，农民运动也是革命高潮和大革命时期的重要方面。中国共产党早期诞生了五位著名农民运动领袖：沈玄庐、彭湃、韦拔群、夏明翰、毛泽东。其中，沈玄庐因后来投入国民党阵营参与清党而不被提起；夏明翰在农运方面是毛泽东的学生，且人们更关注他的《就义诗》而淡化了他农运领袖的角色。所以一般讲“中共早期农运三大领袖”。这五位农运领袖，毛泽东是富农出身，另四位都是大地主出身。

沈玄庐（1892～1928 年），浙江萧山的一个官宦子弟，家里是大地主，让他收租却常常收不回来，因为“他们是真苦，怎么忍心收租。”他还曾是清末的一个小知县，没有“十万雪花银”不说，反而常常贴钱当官，且因帮助同盟会事发而被迫赴日。辛亥革命时，他组织了浙江学生军并任总司令；寓居上海时接受了马克思主义传播，1919～1920 年与戴季陶等创办《星期评论》并渐成中心人物。陈独秀组建上海共产主义小组时，

① 刘少奇、朱少连：《安源路矿工人俱乐部略史》，1923 年 8 月合著。转引自《安源路矿工人大罢工始末》。

沈玄庐是发起人之一。青少年的沈玄庐是同情农民的，有他善良的一面。他能有效开展农民运动，是因为他作为地主却帮助农民讨债，市场哄抬米价时他鼓励农民们联合起来和米行对抗，帮助农民谈判争取到在当地西小江里养鱼的权利……最重要的是，他还主动带头“革自己的命”，获得农民对他从内心里的信服，所以开展农运活动得心应手。

1921 年 9 月 27 日，沈玄庐在浙江省萧山县衙前村领导农民建立了中国共产党第一个农民协会。两三个月间，农民协会发展到萧山、绍兴两县的八十多个村庄，农协领导农民进行抗税减租斗争，取得很大胜利。萧山农民运动是党领导的最早的农民运动之一，为后来大规模农运提供了经验。他对陈独秀的大家长作风强烈不满，更因共产党员以个人身份加入国民党时，他成为国民党中央候补执委、浙江省党部负责人，迷恋上权力，中共三大时已心生离意，四大时居然要共产党全面服从国民党，而后公开发表反共言论被开除党籍，最终成了叛徒。

1927 年国民党清党时，沈玄庐以国民党中央农民运动委员会委员长顶戴、国民党中央党部浙江特派员身份回到浙江，担任省清党委员会主任委员，期间浙江省 1800 多位革命者被捕，932 位共产党员被杀害。叛变者自身也没有好下场，1928 年 8 月 28 日，因国民党内部派系斗争，沈玄庐被蒋介石派人暗杀于家乡。

2. *农运领袖心有道主义真*

彭湃（1896～1929 年），出身于一个工商地主家庭，据他自己说家里佃户超过 1500 人。1922 年，彭湃与另外 5 位农民组成六人农会，仅 5 个月，农会会员达 2 万余户。1923 年 1 月 1 日，成立海丰县总农会，5 月即改组为惠阳农民联合会，彭湃都是会长；7 月，又改组为“广东省农会”，彭湃为执行委员长。1924 年 6 月 30 日，开办农民运动讲习所，彭湃为第一届农讲所主任，1925 年彭湃成立中共海陆丰特别支部，1926 年海丰县农会会员达 25 万之众，1927 年，彭湃建立中国第一个红色政权：海陆丰苏维埃政府；1928 年，彭湃任中共中央政治局委员、农委书记、军委委员（兼任江苏省军委书记）。1929 年，因叛徒出卖被捕牺牲。

彭湃能够迅速把农民组织起来开展轰轰烈烈的农民运动，是因为他能为农民争取权益，为农民办教育；他还办了一所农民医药房，农民凭农会会员证看病，不收诊费，药费折半，大受农民的欢迎；彭湃把自己分得的田契亲自送给佃户，佃户不敢要，彭湃就把他们召到自己家门口，将田契全部当众烧毁。正是这样的自我革命，才让农民们从心眼里钦佩彭湃，接受他的思想。

瞿秋白称“彭湃是中国农民运动的第一个战士。”周恩来说“谁不知广东省彭湃，谁不知彭湃是中国农民运动的领袖！”毛泽东盛赞海丰农民协会，称彭湃是“农民运动大王”。

韦拔群（1894～1932 年），广西壮族人。他与毛泽东、彭湃共称为中国早期农民运动三大领袖。毛泽东在湖南、彭湃在广东、韦拔群在广西。1920 年韦拔群离开黔军到广州加入“改造广西同志会”，次年回东兰从事农民运动，先后组织“改造东兰同志会”（称农民自治会）和“国民自卫军”（后称农民自卫军）。1925 年初入广州农民运动讲习所学习，后回东兰主办农讲所，培养骨干，发展农会和农民武装，把农运推向右江地区。1926 年领导成立东兰县革命委员会，任主任，同年冬加入中国共产党。1929 年 12 月参与领导百色起义，建立右江革命根据地，任红军第七军第 3 纵队司令员、第 21 师师长。1930 年 11 月，红 7 军主力奉命北上，他带领百余人留在右江根据地，发动群众，重建部队，坚持游击战争。

他一家 10 多位亲人（包括儿子）惨遭敌人杀害，他自己也在 1932 年 1 月被叛徒杀害。韦拔群家是当地首富，村村有他家粮仓，处处有他家牛羊，革自家的命在广西创办农讲所，变卖家产为农民自卫军购买物资和武器，深受各族农民的敬爱，被称为“拔哥”，威望极高。

夏明翰（1900～1928 年），湖南省衡阳县人。大多数人对他的认识源于那首大义凛然、气壮山河的《就义诗》：“砍头不要紧，只要主义真，杀了夏明翰，还有后来人。”这首诗曾经鼓舞了无数志士青年投身革命。一个 28 岁青年在刑场上写出这样一首诗，内心有多么强大！

夏明翰出身豪绅家族，家族世代为官，在当地颇有声望。他的革命经历，是从夏府少爷转变为学运领袖开始的，他违背祖父意愿考入新式学校省立第三甲种工业学校机械科，读书时给当时军阀吴佩孚写过一首入木三分的讽刺画配诗：“眼大善观风察色，嘴阔会拍马吹牛，手长能多捞名利，身矮好屈膝叩头。”他全身心投入五四运动，后成为湘南学生联合会第三届总干事，并带领湘南学联骨干积极配合毛泽东领导的驱逐军阀张敬尧的运动。

1920 年秋，经何淑衡介绍认识了毛泽东，成为毛泽东创办的湖南自修大学第一批学员，并由毛、何介绍于 1921 年冬加入中国共产党，从此，夏明翰和湘南学生开始在湘南地区传播马克思主义，建立党团组织，开展了轰轰烈烈的工农运动。1924 年，夏明翰任中共湖南省委委员（负责农委），后兼任组织部长、农民部长和长沙地委书记。他大力培养农运干部，积极输送革命青年到广州的全国农民运动讲习所学习。

1926 年，经毛泽东做媒夏明翰与郑家钧结合，婚后与毛泽东、杨开慧同住长沙望麓园 1 号院子，仍负责农委、开展农运；1927 年年初，他应邀到毛泽东在武汉举办的中央农民运动讲习所，担任全国农民协会秘书长，兼任毛泽东和农讲所的秘书，同年秋参加组织秋收起义。

1928 年，因叛徒出卖被捕，他遗书母亲“亲爱的妈妈，别难过，别呜咽，别让子规啼血蒙了眼，别用泪水送儿别人间。儿女不见妈妈两鬓白，但相信你会看到我们举过的红旗飘扬在祖国的蓝天！”遗书妻子“我一生无愁无泪无私念，你切莫悲悲凄凄泪涟涟。张望眼，这人世，几家夫妻偕老有百年？抛头颅，洒热血，明翰早已视等闲。”嘱咐妻子让他们的唯一女儿“坚持革命继吾志，誓将真理传人寰！”

3. 毛泽东开创中国特色路

毛泽东（1893～1976 年），湖南湘潭人。严格说来，毛泽东是五四时代的人，作为五四青年忧心国家，盼望变革。当时社会思潮是开展工农运动，而传播进来的马列主义是以城市工人运动为主，所以毛泽东他们这一批人在寻找中国革命力量的时候，1924 年之前关注更多的是工人阶级。直到 1925 年，作为农家出身的毛泽东将目光聚焦于农民，撰写《中国社会各阶级的分析》一文，认识到了中国农村所蕴藏的革命力量。

1926 年 1 月，毛泽东又发表《中国农民中各阶级的分析及其对于革命的态度》一文，将中国农村阶级和阶层以及他们的革命态度进行具体分析，提出将自耕农、半自耕农、半益农、贫农、雇农及乡村手工业工人组织起来，成为中国革命力量。并在第六届农讲所讲课时，阐明了农民在国民革命中的地位，得出“中国国民革命是农民革命”的结论。

至此，毛泽东认定农民是中国革命的主力，为农村包围城市道路的选择提供了支撑。1927 年，毛泽东针对农民运动“糟得很”，农会的举动“太过分”、有一点“乱来”，农民运动是“痞子运动”“惰农运动”等说法，在湖南的五个县进行了为时 32 天的调查研究，撰写了著名的《湖南农民运动考察报告》，认为农民运动“好得很”；农会的所谓“过分”举动具有“革命的意义”；农民是“革命先锋”。他将农民分为富农、中农、贫农三种，认为富农的态度是消极的，中农的态度是“游移”的，贫农是农民协会的“中坚”，是打倒封建势力的“先锋”，“乡村中一向苦战奋斗的主要力量是贫农”①。

1931 年，确立的土地改革路线依照了这个分析结论：依靠贫农、雇

---

① 毛泽东：《毛泽东选集》第 1 卷，人民出版社 1991 年版，第 19 页、20 页。

农，联合中农，限制富农，保护中小工商业者，消灭地主阶级，变封建的土地所有制为农民的土地所有制。

中国共产党早期领导的革命高潮，主要体现在发动和组织工人农民开展运动上。这批出身知识分子和青年学生的共产党人，把自己归入无产的劳动阶级，家境好而无傲气，知识高而亲近农民，不惜倾家荡产直至献出年轻的生命真心为农民做事，这是他们获得农民内心认可和支持的重要基础。

1923 年 8 月，在安平县台城村，李大钊亲自介绍加入中国共产党的弓仲韬，带领两名刚刚入党的农民党员，成立中共台城村特别支部——中共历史上的第一个农村支部。从此党的组织深入农民中间，并且在每个历史时期，中国共产党都着力于解决农民最重要最迫切的土地问题，提出的口号更是清楚明白地让农民们知道自己在做什么，应该做什么。

早期革命高潮时喊出“一切权力归农会!”让农民懂得自己可以掌握自己的命运，参加农会就是解放自己，主宰自己；1927～1937 年时期的土地革命喊出“打土豪，分田地”，解决农民自己拥有土地、不再受剥削的大问题。抗日战争时期土地改革口号是“地主减租减息，农民交租交息。”这是为了建立民族统一战线，实现全面抗日的需要。而在解放战争时期的口号是“参军保田”，仍然用解决农民切身利益的方式号召农民起来为自己的权益，为保卫人民的胜利果实，为让父老乡亲过上好日子来动员大家参加人民的子弟兵。

这些直接深入人心的举措，都是红色管理体现出来的心和管理技法的重要内涵。

第二节　红色管理暴力革命为心和

党的一大提出的奋斗目标要推翻资产阶级政权，中心任务却是组织工会和教育工人，想以“文”的做法达到“武”才能达到的目的。资产阶级不可能自己交出政权，组织工会、提供教育有必要，但只是如此不可能推翻资产阶级政权，中共早期斗争实践和教训已证明了这一点。从古至今，任何统治阶级，都不会把政权拱手让给另一个阶级，自夏商周到东周的诸侯列国、到秦始皇以下各个朝代，都是通过武装斗争推翻前朝获得政权的。战争是政治的延续，当战争成了征服中掠夺、欺压人民的工具时，就是不得人心的战争，是非“和”的、非正义的战争。正义的战争，最终都为谋取国和、家和、人和。所以，武装力量掌握在谁手中，建立一支怎样的军队，开展什么样的战争，是战之关键、战之目的、战之意义所在。

一、暴力革命工农扛枪为心和

1. 红色革命得民心有力量

孙中山时期的国民党，与共产党的关系很好。1924 年 1 月，国民党在广州举行第一次全国代表大会，接受中国共产党提出的反帝、反封建主张，确立“联俄、联共、扶助农工”的三大政策，实现了国共第一次合作。

孙中山于 1925 年 3 月 12 日去世后，国民党同年 7 月 1 日在广州成立国民政府，汪精卫为主席，部队统一为国民革命军；1926～1928 年，国民党中央党部和政府迁往武汉，成立临时联席会议，徐谦为主席，汪精卫等 5 人为常务委员。

经过 1926 年“中山舰事件”和“整理党务案”、1927 年“四·一二事件”和“七·一五事件”等，以国民革命军总司令蒋介石为首的国民党直接撕裂国共合作，在南京另立“国民政府”。1928 年武汉国民政府迁往南京（宁汉合流），蒋介石任国民政府主席兼陆海空军总司令。北伐成功后，南京国民政府正式获得国际承认为中华民国政府。

在南征北伐的轰隆枪炮声和残酷血腥的清党镇压中，国民政府在形式上统一了全国。

当时的历史条件下，国民党有枪杆子，共产党能得民心。

当然，一切真理都是在实践中探索出来的。初期的共产党没有掌握枪杆子，走的是类似改良主义倾向的道路，虽然宣传革命热热闹闹、工农运动轰轰烈烈，却没有组建自己武装力量推翻当时政权的意识，最多不过是在工人运动中组建“工人纠察队”。

党内领导层最早提出应该有自己的革命军，否则打不倒军阀主张的是周恩来。1924 年，旅欧的周恩来回国，到广州参加了临时军事指挥部工作，后任中共广东区委常委兼军事部部长，又出任黄埔军校政治部主任，军队开展政治工作始于周恩来。他还筹建了一支特种革命队伍（大元帅府铁甲车队），实际上是中国共产党直接领导下的第一支革命军队。这支队伍扩建成国民革命军第四军独立团后，成为北伐军先锋。由此始，在中共中央周恩来一直负责或兼任军事最高领导人。长征时任红军总政委，遵义会议组成了张闻天、周恩来、毛泽东“新三人团”，周恩来负军事总责。抗战时在国统区工作，1946 年后，任中共中央军委副主席兼代总参谋长。

2. 红色政权从枪杆子获得

袁世凯称帝不久便去世，手下的北洋军阀一分为三：奉系、直系、皖系三大北方军阀。在南方有桂系、滇系两大军阀。蒋介石凭借黄埔学生军在北伐时的优异表现，奠定了军中地位、夺得了国民革命实权。1927 年，蒋汪合流，分别在上海、武汉开始了政变，并在全国开展了血腥清除共产党的活动。力量弱小没能真正掌握武装力量的中国共产党遭遇重创。没有自己的“枪杆子”就不可能建立自己的政权，这应该是大革命失败给共产党人的重要教训之一。

在“四·一二”事件后半个月就召开的中共五大仍没能解决这个问题。在紧急召开的“八七会议”上毛泽东强调：“秋收暴动非军事不可”，正式提出了“须知政权是由枪杆子中取得的”观点。随后，中共早期著名的“三大起义”：南昌起义、秋收起义和广州起义陆续暴发。

由于双方力量悬殊，起义终究失败了。不过秋收起义后锻造了中国工农革命军第一军第一师；南昌起义后，原第 24 师余部组建工农革命军第二师参与了海陆丰起义（广州起义前奏），负责断后的朱德部及湘南起义保留下来的部队组成工农革命军第一师，后上井冈山与毛泽东会师，组建了工农革命军第四军（湘南地区的起义军分别组成工农革命军第三、第四、第七师）；广州起义后撤到花县改编为中国工农革命军第四师（另有部分人员转移到广西参与了百色起义，还有约 200 人汇入朱德部上了井冈山）。由此，中国共产党自己的队伍，在三大起义失败的大浪淘沙后组建起来了。1928 年 5 月工农革命军改称工农红军。

这个时期的工农革命军是中国共产党领导的军队的初创时期，最是艰难（另一个艰难时期是红军长征）。在那样艰苦卓绝的情况下，人民军队为什么能够创建并成长起来、壮大起来，这里体现了中国共产党领导的红色管理的巨大威力。

3. 红色军队定位红色管理

红色，是流动在中华民族血脉里、遗传在中华民族基因中的颜色，传承中华文明，离不开对中国特有的红色文化的认知、理解和传承。

中国共产党诞生后，中华红色文化赋予了新的“红色”意义。马列主义进入中国，具有象征意义的颜色也是红色，与中国红色文化完全吻合。中国共产党党旗是红色，军旗是红色，因为那是“烈士的鲜血染红了它”；中国共产党第一支军队叫红军，所走的路叫“红色道路”，开展的革命叫“红色革命”，体现的精神叫“红色精神”，建立的政权叫“红色政权”；后人纪念中国共产党成立而把嘉兴南湖船称为“红船”，唱革命歌曲是

"红歌"，走革命先辈走过的路、瞻仰革命纪念地都叫"红色旅游"……这一切构成了中国的"红色文化""红色中国"。因此，中国共产党领导下的各种管理思想、管理行为，通称为"红色管理"也是名副其实。红色管理的重要内涵是发动工农、组织工农、依靠工农，红色管理的核心是唤起工农干革命，争取民心打天下。而这发动、组织的方法就是红色管理方法。

红色革命之管理，是人民军队、革命先辈们用鲜血铸造出来的。红色，既是一种实指意义，也是一种象征意义。红色管理的所有方式方法，核心也体现在"红色"二字上；而这种显明的特色标示，本身也是一种管理技法，一种认清标识、凝聚人心、油然产生自豪感、责任感、坚定意志，并明显区别于其他组织、其他革命行为（或者说管理行为）的技法。

大革命失败后的系列起义，红色革命建立了红色武装，开始了新的红色征程。

二、南昌起义组建军队为心和

1. 红色起义萌芽红色铁军

1927 年，为了反抗国民党对共产党和革命群众的屠杀政策，唤醒民众跟着共产党闹革命，更为了建立自己的革命武装，占领城市推翻剥削阶级，共产党联合愿意革命的国民党左派，目的是以南昌为据点挥师南下广东，建立革命根据地，实行二次北伐。

南昌起义最早由周恩来提出。但因为要联合国民党左派，起义名义上的领导人是中国国民党中央执行委员会委员长谭平山（在共产党方面也有很高威望），起义领导机构是革命委员会，成员包括：贺龙、经亨颐、何香凝、朱晖日、黄琪翔、张曙时、徐特立、宋庆龄、于右任、郭沫若、陈友仁、张发奎、邓演达、谭平山、恽代英、林祖涵、吴玉章、彭泽民、张国焘、李立三、周恩来、叶挺、澎湃、江浩、苏兆征 25 人。为了团结国民党左派，起义部队的番号是沿用国民革命军第二方面军，名义上的总指挥是张发奎。中共方面成立了周恩来、李立三、恽代英、彭湃等人的前敌委员会；具体负责联络、指挥起义部队的是参谋团，由周恩来、贺龙、叶挺、刘伯承、蔡廷锴（后改为邓演达）组成。从中可以看出，周恩来是南昌起义中共方面的最高领导人和军事方面最高领导人，同时也是实际指挥者。

起义部队（第二方面军）辖三个军，贺龙代总指挥兼第 20 军军长，叶挺代前敌总指挥兼代第 11 军军长，朱德为第 9 军副军长（无军长）；刘伯承任参谋团参谋长、11 军党代表聂荣臻奉周恩来之命将 25 师拉到南昌成为起义部队主力，林彪当时是 25 师一个连长；张发奎第二方面军第 4 军参谋长叶剑英，在南昌起义中发挥了重要作用；陈毅在武汉听说南昌起义，星夜兼程，一路南下追赶，在抚州追上起义部队，周恩来请他担任 73 团指导员，后与朱德一同上了井冈山。不包括文职，南昌起义走出新中国七位元帅、三名大将、四名上将。元帅是：贺龙、朱德、刘伯承、聂荣臻、林彪、陈毅、叶剑英；大将是陈赓（当时营长）、许光达（当时连长）、粟裕（当时是参谋团警卫战士）；上将是杨至成（当时连指导员）、萧克（当时代连长）、周士第（当时是聂荣臻拉出来的 25 师的师长）、赵尔陆（当时 20 师学兵队战士）。从中也可以看出红色管理的“用人观”，即全心革命意志坚，不拘一格重用之；加上“统一战线”团结一切可以团结的力量，充分说明红色管理的伟大：只要心红，便是同志。

1927 年 7 月 25 日凌晨，周恩来在九江会议上宣布南昌起义时间为 7 月 28 日。参加起义的部队，是国民革命军叶挺的第 11 军第 24 师、贺龙的第 20 军、蔡廷锴的第 11 军第 10 师、朱德的第 3 军军官教育团（第 9 军并无战斗人员）等，共计 2 万余兵力。因准备工作来不及，前敌委员会第一次会议决定将起义推迟到 7 月 30 日；不料张国焘带着共产国际复电，要求等他到了南昌再定，到了后又竭力反对起义（理由是要等张发奎同意）。召开了两次前敌委员会后，前委决定 8 月 1 日凌晨 4 点举行起义，不料叛徒告密，起义不得不提前。凌晨 2 点，三声起义信号枪响起，到下午，起义目标实现，第二天数万人集会庆祝起义成功。但汪精卫急令张发奎、朱培德等部进攻南昌，8 月 4 日张发奎明确打出了与共产党分手的旗子。幸好 8 月 3 日起，中共前委按照原定计划，已经指挥起义军分批撤出南昌，沿抚河南下，计划攻占东江地区，尔后再攻取广州。谁知，部队刚离开南昌，打先锋的蔡廷锴就一下子带走了 6000 人。一路上又遭遇敌人围追堵截，南下起义军被打散打败，到普宁县流沙镇时，仅剩 1000 余人。国民党调集各部，围攻剩余的南昌起义部队。

2. 挫折中大浪淘沙显本色

敌强我弱情况下，南昌起义前敌委员会在流沙镇召开紧急会议研究对策和下步走向，当时的周恩来生着病，由人抬着担架参会。会议决定了起义人员向海陆丰撤退，非武装人员可留可分散或分赴香港或上海的决定。叶挺、聂荣臻等人把周恩来护送到香港治疗后，再辗转抵达广东省委，参加广州起义。彭湃等人到海丰，找到了原来的农军部队，就留在那里开展斗争，派人送刘伯承、贺龙、林伯渠（及怀孕的夫人许玉庆）到香港。刘伯承等三人再辗转赴上海找中共中央，中央安排三人先后到苏联学习。

贺龙，南昌起义代总指挥，在起义军撤出南昌南下途中、即在共产党建军初期最困难的时候加入了共产党的，应该也是中共历史上第一位“火线入党”的军中元老。中央原也安排他去苏联学习，但一如在流沙会议上的表态，贺龙不甘心，要求回湘西老家再拉一支队伍。中央并派周逸群等与他一起回湘西老家，他们很快拉起一支几千人的队伍，打出了“工农革命军第四军”的旗号，随后，在艰难困苦中更坚定革命意志，开辟了湘鄂西革命根据地，为红军积蓄了力量，为革命作出了贡献。一切事业，人以及人的意志是成功的决定因素。

显然，这是一批心中有着巨大信念的共产党人，心中认定了就义无反顾。这是红色管理关于人的思想管理方面的重要特点，才会有后来的队伍扩大、事业壮大，最终夺取政权。

流沙会议后，起义部队领导人失散的失散，转移的转移。陷入绝境最无助的是那支断后的部队，也恰恰是这支孤立无援的部队，留下了南昌起义的最后火种。

行军途中朱德辗转得知主力已打散，领导人分散隐蔽或撤离，其所带的这支队伍因此与上级联系完全中断，加上损兵折将严重，士兵们对刚来领导他们的朱德也不太信服，思想上组织上十分混乱，人心涣散，士无斗志，有的不辞而别当了逃兵，有的牢骚满腹嚷着说散伙。旧军队的劣根性在困境时暴露无遗。

3. *危难时共产党力挽狂澜*

危难时刻方显英雄本色，革命遭遇巨大挫折，前景不明、前途未卜，大家都犹疑不决时，朱德显示出他异乎寻常的坚定执着和坚强的领导力，他主持召开了20余名排以上干部会议，说：“‘八一’起义这面旗帜不能丢”“我们要保留南昌起义的革命种子，要把实力保存下来”。朱德先为部队指明方向，提出隐蔽北上，穿山西进，去湘南，为茫然四顾的起义官兵打了一针强心剂，为困境中的队伍指明了出路。风雨过后才有可能见到彩虹。

部队到天心圩时，召开了军人大会，朱德发表了激情洋溢的讲话，句句铿锵有力，很多人说朱德的威信就是在这条行军路上一点点积聚起来的，后来成人民军队总司令，威望极高，基础也在天心圩的振臂一呼。陈毅也上去讲：“一个真正的革命者，不仅经得住胜利的考验，也要经得住失败的考验，能做失败时的英雄。”王尔琢则蓄起了胡子，他向大家发誓：“革命不成功，坚决不剃须！”红色管理的启示：领导人的意志力在关键时候特别重要！

随后，起义军利用新军阀之间的矛盾，获得了一次修整和整编的时机，将部队编为一个纵队，朱德任司令员，陈毅任纵队政治指导员，王尔琢为参谋长，部队一共800人，这就是南昌起义留下来的火种。经过这次赣南整编（事实上有三次整编，后文详述），部队焕发了生机，整装出发，走上了新征程。后经努力，终于寻机上了井冈山，与毛泽东秋收起义部队会合，开始书写“朱毛”枪杆子夺取政权的历史。

南昌起义虽然失败了，但可以看作是中国共产党建立自己的人民军队的一次预演，也是人民军队红色武装革命的起点，从此，中国有了自己的人民军队。

这给红色管理以重要启示，一切经验都是在血与火的洗礼中摸索出来的，把干事业的希望寄托在别人身上甚至于寄托在敌对者身上，永远没有可能获得成功；既要掌握干事业的领导权、主动权，也要培养一支真正意志坚定、赤胆忠心的“革命”（管理）队伍，这支队伍必须是召之即来、来之能战、战之必胜的；天时、地利不可或缺，人和，更是重中之重，是管理的首要任务。

三、秋收起义创根据地为心和

1. 秋收起义打出红色工农旗

如果说南昌起义是城市起义，那么秋收起义是农村起义；如果说南昌起义是以工人、士兵为主的起义，那么秋收起义就是以农民、士兵为主的起义。秋收起义开始了农村武装革命的中国模式，开启了人民军队建设的新路，更重要的是尝试出一条以农村包围城市的革命道路。

秋收起义，是当时党中央确定的军事行动。1927年7月12日共产国际指示中共中央召开紧急会议，结束了陈独秀的右倾投降主义路线。随后召开“八七会议”，确定进行中国共产党领导的武装革命。会后，当时党的负责人瞿秋白询问毛泽东是否留在上海中央机关工作，毛泽东表示更愿意到农村去，要“上山结交绿林好汉”。

毛泽东这样的选择已不是第一次，早在1919年3月，新民学会赴法诸友在上海登船出洋之际，积极参与组织留法勤工俭学、辛苦经营近一年，筹措经费两万余大洋的毛泽东，却突然宣布不去法国，要留在国内研究国情“寻找出路”。这是因为毛泽东明白了：中国的出路要在中国找，国外的经验可以学习借鉴得到启示，但真正的道路一定在中国。同理，大革命失败的惨痛教训中悟出了“枪杆子里面出政权”，在当时的历史条件下，中国的武装力量不太可能在大城市得到发展，而应该是在农村，在大山里去发展。这才有了中共中央安排毛泽东回湖南领导秋收起义的决策，也是毛泽东探索中国革命道路的一次十分重要的实践。

毛泽东以中央特派员身份（故时称毛委员）回湘，与起义军总指挥卢德铭领导了秋收起义。当时起义力量主要来自两方面：一是以卢德铭为团长的原国民革命军第四集团军第二方面军总指挥部警卫团（未赶上南昌起义而奉命转道参加秋收起义）2000余人；二是湖南平江和浏阳的农军、鄂南崇阳和通城的部分农民武装、安源煤矿的工人等组成的农工武装。领导机关亦分两个：一是以毛泽东为书记的前敌委员会，负责领导起义；二是以易礼容为书记的党的行动委员会，负责地方工作。秋收起义部队，另有一个不同于南昌起义的重要特点，就是不再沿用国民革命军的番号，而正式打出了“工农革命军第一军第一师”的番号，起义部队总指挥卢德铭，下辖三个团共4000余人。

毛泽东在秋收起义之前就开始考虑番号问题，虽然没能在当时明确结论，却坚决主张“我们应该高高打出共产党的旗子”。南昌起义名义上是国共合作的起义，用的部队番号是国民革命军第二方面军，打出的旗子是国民革命军的旗子。而秋收起义正式打出了共产党领导的鲜明旗帜，设计出了第一面共产党领导的工农革命军军旗。旗面为红色，五角星代表共产党，斧头镰刀象征工农大众的结合，上书“工农革命军第一军第一师”。这是真正意义上第一面人民军队的军旗。

秋收起义也培育了一大批中国共产党的革命家、军事家，著名的就有毛泽东、彭公达、罗荣桓、谭政、何长工、谭震林、宋任穷、杨立三、钟期光、郭鹏、刘先胜、杨梅生、张令彬、谭希林、滕代远、赖毅等，早年牺牲或病逝的有张子清、曾士峨、陈毅安、蔡钟、潘心源等。秋收起义将星熠熠，烈士可歌。

2. 井冈游击创思政工作法

1927年9月9日秋收起义爆发，当天开始破坏粤汉和株萍铁路，11日各县起义，16日长沙起义。但在强大的敌人面前起义还是失败了。十天后，起义的三路剩余部队撤退出来，1500余人在文家市汇合。接连的失败让部队上下弥漫着悲观的情绪。年轻的毛委员面临着一系列需要解决的问题：部队的发展方向是什么、如何让军心回归聚拢、如何克服官兵的旧军队习气、部队去哪里安家等。另外，还有如此孱弱的部队面对强敌应该有什么样的战略战术，仗后出现的俘虏、缴获的物品以及行军驻扎的扰民问题等都在考验着这支年轻的军队。

在文家市召开了前敌委员会会议，毛泽东力排众议，旗帜鲜明地提出放弃进攻长沙，转向敌人统治力量薄弱的农村、山区，寻求落脚点，以保存实力，再图发展。这是毛泽东“农村包围城市”战略提出的起始。十天后（9 月 29 日）到三湾，部队进行了改编，解决了一系列重要问题，创造性地把党的支部建在连上，成为“党指挥枪”观点提出的起始，而且确立了“三项纪律六项注意”（后改为八项注意）。“三湾改编”约半个月后，秋收起义部队第一次新党员入党仪式上，首次在入党誓词中加入了“永不叛党”的内容。中国共产党最重要的思想政治工作从此以后展现出巨大威力——红色管理最重要技法：思想政治工作自此诞生。

1927 年 10 月 27 日，毛泽东率领秋收起义部队约 800 人全部进入井冈山，点燃了“工农武装割据”的星星之火。1928 年 4 月 28 日，朱德率部抵达井冈山与毛会师。客观地说，毛泽东先带秋收起义部队 800 多人，一路收容了部分安源煤矿工人；上井冈山时收编了两支地方武装，在井冈山建立了 1927 年大革命失败后中国共产党在农村的第一个革命根据地，组织了根据地各县的工农暴动队、赤卫队武装等。毛泽东对这支组合起来的部队确立了党指挥枪、党支部建在连上的原则，完成了新型人民军队的整编。

1928 年 5 月 4 日“朱毛会师”时，除南昌起义部队外，行军途中还收拢了广州起义失败后整编的起义军余部，上山时共约 2000 人，这支军队虽然如秋收起义军上山时一样的穷困潦倒、衣衫褴褛，却真真切切是以职业军人为班底，有一批军事素质高的干部，为部队军事化管理提供了重要力量。两支中国共产党领导的部队在井冈山会师后不久，组建了工农革命军第四军；一个月后的 6 月 4 日，加上湘南起义的“湘南农军 8000 余人”，共计一万余人合编，正式改名为“工农红军第四军”，军长朱德，党代表毛泽东，政治部主任陈毅。

这支军队后来成为红军主力、中央红军。朱毛井冈山会师，标志着“枪杆子里面出政权”之路开局良好，在农村建立根据地道路开始。枪杆子掌握在真正让人民心里认同的红军手中，才有可能创建和谐美好的人民翻身做主人的和平国家。

3. 革命道理入人心建红军

1928 年 12 月 10 日，彭德怀、滕代远率领的红五军（平江起义部队）1000 余人在宁冈的新城与红四军会师，成为井冈山会师的一部，这一部在完成保卫井冈山后方任务后，转战赣南，回师茅坪，直奔鄂东南……1930 年 6 月，湘鄂赣红五军发展到 9000 多人，湘鄂赣红八军也发展到

8000 多人。中央指示将这两部合并组成红三军团，彭德怀任总指挥，滕代远任政治委员，邓萍任参谋长，袁国平（袁裕）任政治部主任。8 月 23 日经再次扩编后的红三军团与林彪为军团长、聂荣臻为政委、罗荣桓为政治部主任的红一军团，在浏阳县永和市会师，这两支中央红军主力组成了中国工农红军第一方面军。那时的共产党人，心中的信念极其坚定，不在乎职务大小，受到委屈也不改初衷。心坚，革命意志坚。

正是南昌、秋收、广州这“三大起义”（包括这期间相关的一系列其他起义活动，如海陆丰起义、湘南起义、平江起义等）的部队，构成了井冈山人民军队的基本框架，形成了大革命失败后共产党武装力量的星星之火。起义部队有工人武装、农民武装、学生武装、地方武装等，同时有一支重要的武装力量：旧军队；他们共同组成了不同于旧式军队也不同于国民革命军的“工农革命军”，打出了“工农武装”力量的旗号。

这支很快就改名为“红军”的部队，建立红色革命的第一块根据地“井冈山革命根据地”，确立了以农村包围城市、最后夺取政权的武装革命道路，这是符合中国国情的独立的发展之路，这是实事求是的革命道路探寻。与当今的经济发展与国力强盛的道路一样，适合中国的才是适宜的、有理的，适合中国的才是正确的、优秀的。

一切西方的优秀，可以学习、借鉴、得到启示，但真正的道路一定是适合中国本土的——西方商业立国与中国农耕立国在道路上不可能是完全一样的。中国特色的新民主主义道路、农村包围城市的革命道路，以及今天新时代社会主义特色的道路，是符合国情、符合中国人文的道路，中国共产党事业的成功，让我们完全有这样的道路自信。

人民军队创建初期就明晰了党指挥枪、定位为工农武装（人民子弟兵）这一点在当时具有极其重要的开创性意义。人民军队在中国共产党领导下，懂得了自己是工农子弟兵，是为老百姓服务的、为穷人打天下的道理。心灵的认同、思想的提高，才有全心全意干革命、全心全意为人民、全心全意建设一个没有剥削没有压迫的新中国的意愿。

朴素的道理最让人能懂，也最让人能接受，革命是让老百姓、让穷人翻身做主人。中国共产党发明创造的“思政工作”方法，起到了巨大的成效，锻造了一支极为高效的、有着高度思想觉悟和铁的纪律的队伍。红色管理的重要启示：让人明事理、懂道理，才有思想上的心甘情愿、行为上的心甘情愿，这就是最好的管理技法；这也是“组织”“发动”“觉悟”“思政工作”等一系列红色管理技法诞生的重要原因。心甘情愿，能焕发无穷能量。

第三节　红色管理创建军队凝心和

新型人民军队的创建过程，从新民主主义革命角度说，经历了红军初创、八路军（新四军）扩展、人民解放军强大三个阶段；如果从扭转乾坤的角度说，经历了八七会议、古田会议、遵义会议三次会议，为创建红色人民军队，在思想上、组织上、军事上厘清了方向，奠定了基础；如果从旧式军队改造成新型军队来说，则是三大起义、三湾改编、赣南三整的三次大变革。南昌起义是1927年8月1日打响的，秋收起义是同年9月9日打响的，先后时间相差不大。起义后两支部队都遭遇相似的困境，不约而同进行了部队整编。毛泽东领导的“三湾改编”在9月底10月初进行，朱德、陈毅领导的“赣南三整”在10月中旬到11月初进行，前后时间相差也不大。南昌起义在秋收起义之前，被称为打响武装革命第一枪；而“三湾改编”在“赣南三整”之前，“三湾改编”被誉为铸造了人民军队的军魂。

一、“三湾改编”工农红军凝心和

1. 山沟里找到红色中国路

秋收起义撤出来的部队，原计划往湘南转移，但毛泽东在1927年9月14日浏阳东乡上坪召开的紧急会议上决定改变攻打长沙计划，让各路部队集结到浏阳文家市；19日晚召开前敌委员会会议，再决定进入江西沿罗霄山脉南移，理由是“保存革命力量”，会上虽遭遇强烈反对但终成行。25日，何长工了解到永新县有个山沟叫三湾，四面环山，便于部队隐蔽整修。汇报给毛泽东后，部队来到三湾，准备解决部队中亟待解决的“三乱”问题：建制零乱、组织混乱、纪律散乱。部队人数锐减后，原编制名存实亡，而且人员成分复杂，革命动机不纯；作为共产党的军队却在部队里没有富有战斗力的基层党组织；军官旧习气严重，对士兵打骂成家常便饭，官兵严重不平等，士兵缺乏基本权利，人心涣散。

问题清楚了，就需要对症下药。9月29日至10月3日，部队在三湾开展了大刀阔斧的改编，总结起来主要解决了三件事，一是缩小编制以解决建制问题，二是建设基层党组织以解决思想问题，三是实行官兵平等以解决纪律问题。

伟人之所以伟大，就是在这样濒临绝境时还能让人心聚拢、能让人心正道、能让人心温暖、能让人心坚强。领袖的作用在于无路中找出路，不可能中实现可能。

所以，“三湾改编”远远不止三大举措那么简单，对未来的影响力，怎么描述都不过分；尽管没有心和管理技法这样的提法，但掩藏在事件背后的实质，就是人心修养，就是协和做法。后来发展起来其他的军队管理法、行政管理法、人才管理技法，都有这次改编中创造出来的方法的印痕。人性弱点里解决人心问题，谋求协和中激发战斗力，红色管理的创新。

2. 新旧革新探红色组织法

“三湾改编”解决了新建人民军队的组织问题。

其一，缩编后的人才使用问题。秋收起义部队改编之后，职位少了，如何使用人才是摆在领导人身上的重要问题。在这一问题上有两个人比较典型，卢德铭和余洒度。

卢德铭是一位北伐战将，在叶挺独立团因战功从连长升营长再升团参谋长，1927 年 6 月，受共产党委派担任国民革命军第二方面军总指挥部（武昌）警卫团团长。然后将共产党员宛希先、何挺颖、何长工等安排进去。南昌起义时率全团 2000 名官兵前往，途中得知起义部队已撤离南下，奉命辗转参加了秋收起义，任总指挥。另一人余洒度，北伐时是卢德铭部下，秋收起义任工农革命军第一师师长。两人有了两种截然不同的态度和道路选择：在文家市前委会议上，以余洒度为代表的一派坚持“取浏阳直攻长沙”，就当时的情况而言是坚持了共产国际攻打大城市的主张，却是极不切合中国实际，会把这支部队带入万劫不复。卢德铭认为毛泽东选择的是正确的道路，坚决支持毛泽东主张，部队得以往井冈山方向前进。但让人痛心疾首、让历史十分遗憾的是，在 9 月 23 日芦溪战斗中，卢德铭壮烈牺牲。毛泽东痛惜不已，高呼：“还我卢德铭！给我三个师也不换。”

走什么样的路是个人可以选择的，用什么样的人却是人才管理中一个极其重要的问题，选对了人，用对了人，事业才有保障。不仅如此，优秀管理者还要会识才、育才和留才。

其二，缩编后军官安置的问题。部队人数大幅缩水，编制自然大幅缩小，富裕出来一批干部无法安排具体职务。这对刚刚从旧军队过来的军官而言，无疑很难接受。前委会议上当毛泽东说完改编军队的想法后，余洒度当即提出反对。毛泽东认为：凡是没有安排职务的军官，全部编为一个军官队，以后扩大队伍用得上。一个棘手的现实问题，轻轻松松就解决了。

这一招，后来成为重要的红色管理经验，广泛应用于各自领域。比如干部团、干部教导团，作为校军的教导队、教导团等，改革开放初期的顾问委员会等，行政管理中的主任科员、副主任科员的和处级（含）以上的调研员，都是对富余或后备人员的一种安置方式。

从理论上说，人才应是能上能下；从人性上说，人能上不愿意下。在当时没有办法一下子提高思想觉悟的情况下，不失为一项有效举措。给我们的启示是，维护好人的自尊心，是管理不可或缺的内容，这是走心的管理。

3. 创建红色新军思想到位

“三湾改编”解决了新建人民军队的思想问题。

其一，组织上的党指挥枪问题。“三湾改编”确立了同级党组织的书记由党代表担任，拥有与军事长官同等的权力，负责党务，开展思想政治工作和群众工作。这是红色管理中实施心和管理的起始，主要创立了思政工作方法，党指挥枪、党指挥部队原则。部队虽然缩编了，但战斗力和革命火种的价值大大提升了，各级军事单位里建立党的组织和党代表制度，班、排设党小组，连建党支部，连以上设党代表。

这种制度一直延续下来，后来形成军事主官管军事，同级党代表管思想生活，即连设指导员、营设教导员、团以上各级设政治委员的党领导军队的干部体制。从此以后，中国共产党牢牢掌握住了人民军队。

这是与国民党及其国民党军的重要区别。蒋介石虽然历任黄埔军校校长、国民革命军总司令、国民政府主席、国民党总裁，国民政府军事委员会委员长等职，可是他从来没有把总裁与总司令或委员长结合起来，也就是从来没有把国民党建立在“国军”中，党是党、军是军分得很清楚（不然也不会有中统、军统之分，而且斗得水火不相容）；蒋介石掌权的年代都处于战争时期，更关注军队，“蒋校长”称呼远比“蒋总裁”重要，更不要说“委员长”了。所以，他在思想上并不能牢牢控制军队，尤其是各地地方部队，他主要靠“黄埔系”和“老乡系”掌控军队，甚至掌控政权；自己掌握的中央军是嫡系部队，各地方部队是杂牌军，在各地军阀中都是相当不得人心的，给共产党的统一战线提供了便利。他不擅长于人心管理，更擅长于“帝王管理”。

其二，思想上的人心支持问题。共产党的思想政治工作，是中国共产党最为重要的创造性发明之一。三湾村的枫树坪下，毛泽东态度和蔼，含笑扫视全场，把一种乐观向上的情绪传染给大家。他说：“同志们，敌人只是在我们后面放冷枪，这有什么了不起……大家都是娘生的，敌人他两只脚，我们也有两只脚。贺龙同志两把菜刀起家，现在当军长，带了一军人，我们现在不止两把菜刀，我们有两营人，还怕干不起来吗?”所以，当战士们听到毛泽东说“没有挫折和失败，就不会有成功”的道理时就能接受。并且在当时情况下，毛泽东以同理心说“参加革命，完全是自愿。现在，愿留者留，不愿留者，根据路途远近，发3至5元路费……”毛泽东让人搬来一张桌子，桌子上放着一堆大洋。选择离队几十人真的领到了回家的路费。

这一做法后来成为重要的俘虏政策，导致无论是井冈山时期还是后来的各个时期包括解放战争时期，人民军队的重要兵源就是俘虏。红色管理的重要方法就是争取人心、获得人心。

让自己的人成为中坚力量，让动摇转变为意志坚定者，让敌阵营的人转变为自己人，军队里的政委制、管理上的思政工作功不可没。这是红色管理技法中最有价值的部分。

其三，创设民主管理制度问题。最主要是建立士兵委员会（士委），主要任务：一是参加军队管理；二是维持红军纪律；三是监督军队经济；四是作群众运动；五是作士兵政治教育工作。军、团、营、连均设士兵委员会，各级组成执行委员会（简称执委。连级由全体士兵大会选举、营以上派代表选举产生），各级推举主席一人，所有工作人员义务兼职。为防止极端民主，士委对政治、军事机关可提建议甚至质问，但不能直接干涉；士委开会须有党代表参加。由于士兵委员会参与军队管理，代表士兵利益，在军中享有一定的权力，深受士兵的拥戴。在当时不少军队干部来自旧军队，有打人骂人的军阀作风，“士委会”挺身而出与之斗争，维护士兵们的权益，尤其是对于投诚的国民党部队和俘虏兵，影响更大。

民主，不是某些势力挂在嘴上的政治口号，而应是实实在在的落实。中国的民主，从来都不是自由主义的代名词，也不是个人主义膨胀的借口，而是让大家共同来做主。红色管理需要清晰的是中国特色、中国本土、中国国情，打破旧的，创造新的——基层人员大多数愿意接受、普遍认可的，才是真正的民主——多数“民”共同做主。

二、“赣南三整”国民革命凝心和

1.“赣南三整”军队焕然一新

朱德率领的南昌起义部队与毛泽东率领的秋收起义部队遇到的困难和问题大体差不多，一方面是孤立无援、四面受敌，还粮食短缺、疾病流行；另一方面是前途未卜、情绪低落、人心涣散，官兵们悲观失望、思想动摇。针对部队无粮无衣无弹药的窘境，以及由此引起的军心涣散、革命意志动摇、逃兵增多的现实，针对士兵们浑浑噩噩、无精打采、萧条低沉的精神面貌，以及由此引起组织松散、纪律松懈、战斗力下降的情况，整顿势在必行。

正是最艰难时期，朱德、陈毅在江西南部山区，进行了三次整顿：天心圩整顿——重在思想整顿、大庾整编——重在组织整编、上堡整训——重在纪律整训和军事整训。通过“赣南三整”，部队人心凝聚，内部加强了团结，思想和军事素质得到提高，信心和战斗力恢复了，为湘南起义、也为井冈山会师奠定了政治基础、组织基础和思想基础。

2. 解开心结战士意志如钢

（1）天心圩整顿。1927 年 10 月 21 日，在江西安远县天心圩，失去与组织联系的起义军思想混乱、组织性弱、纪律性差。朱德命令部队不要进圩，而在河滩上宿营，严令部队不得扰民，动员官兵为群众做好事，安抚好当地群众。然后召开军人大会，在总结经验教训的同时朱德说：“大家知道，大革命是失败了，我们的起义军也失败了！但是我们还要革命的。同志们，要革命的跟我走；不革命的可以回家！不勉强！”并且用苏俄革命成功前也遭遇过失败和事实强调革命一定会成功，说“我是共产党员，我有责任把‘八一’南昌起义的革命种子保留下来，有决心担起革命重担，有信心把这支革命队伍带出敌人的包围圈，和同志们团结一起，一直把革命干到底!”① 通过思想教育，尽管有一些意志不坚定的人在这次整顿中离队了，“一共走了三百多名军官和士兵”，但整体上稳定了部队情绪，鼓舞了革命斗志，坚定了胜利信心；更重要的是，留下来的，都是革命军队里的精华，其中许多人以后成了人民军队著名的高级将领。这次整顿，是起义军千里转战途中的一个转折点。

这充分说明，心结不解，前路难行；思想不通，事业难成。任何一个集体，首脑（首长、领袖）的作用不可忽视。什么样的领导，带出什么样的队伍。

（2）大庾整编。这是三次整编最为重要的一次整编，在组织上加强了党的领导，缩小编制加强战斗力的同时，充分发挥了党员、团员的骨干作用。1927 年 10 月，朱德率部抵达赣粤边境的这支部队当时只是在上层领导机关和军官中有少数中共党员，基层连队多数没有党的组织机构。所以一路上士兵破坏群众纪律，甚至敲诈勒索、抢劫财物的事件就时有发生，为此，陈毅当机立断，在信丰全体军人大会上第一次与全体人员见面，进行了严肃纪律的教育（即前面说的“信丰整纪”）。然后抵达江西省西南

① 解海南：《赣南三整：朱德力挽狂澜于既倒》，《学习时报》2018 年 5 月 16 日，转载于中国共产党新闻网。

的大庚（现为大余县）时进行了大整顿。主要是组织整编，包括党团组织和部队编制的整编，朱德领导，陈毅主持。党团整编主要是重新登记党员、团员。据粟裕（整顿后分在步兵连五连任指导员）回忆，整顿中重新建立了党支部，重新登记的共产党员还有五六十人（不到总人数的十分之一）；当时还不知道应当把支部建在连上，而是建在团级以上机关里，但把党团员分配到各个连队中去加强基层组织管理，选派党员到基层任指导员。这仍然是加强部队基层党组织建设的重大举措。因为当时国民党军、地主民团都在围追堵截这去革命武装，为缩小目标，便于荫蔽，便取用“国民革命军第五纵队”的番号，朱德（化名王楷）为司令，陈毅为指导员，王尔琢为参谋长。

这次整编，加强了党的领导，部队精神面貌焕然一新。这次整编意识到了党对军队的领导问题，只是没能如“三湾改编”那样，明确在连队建立基层党组织，实现党对军队的绝对掌控。但显然给红色管理积累了一个重要经验：要想管理到位，组织问题、纪律问题必须解决；而模范的引领作用，共产党员、共青团员的带头作用，能在管理中发挥巨大价值。

（3）上堡整训。1927 年 11 月 3 日，朱德、陈毅率部到达江西省崇义县西南上堡山区。崇义位于湘、粤、赣三省交界处，大革命时期的农运让此地的群众基础比较好；另外，这里四周大山连绵，有利于部队隐蔽活动；再加上当地十六军的范石生既是朱德同学，又与蒋介石有矛盾，为部队赢得了足够时间进行整训和改动群众，开展游击战争，所以这次整训时间长达 20 天左右。纪律整训由朱德新编教材，主要是明确规定募款和缴获的物资全部归公，设立没收委员会，专管没收和处理缴获财物，并对部队普遍地进行了自觉遵守纪律的教育，从而赢得了当场群众的信任。军事整训主要涉及战术问题，因为这支部队多数是原叶挺独立团的，有许多黄埔军校生，学的和实践的是正规战。但城市武装起义失败，现在来到了农村和山区，与敌面对面正规战无异于自杀，于是开始探索如何在农村打小仗的问题。朱德在总结经验教训的基础上，根据自己多年与北洋军阀打仗、与土匪周旋的经验，总结出积小胜为大胜的一套游击战术，部队通过天天操练和实战演练，掌握了农村、山区游击战的精髓。这是中国人民军队学习和实践游击战的起始。这次整训中还有发动群众的任务，期间部队除了出操上课，进行政治和军事训练外，还召开军民大会、找群众座谈，宣讲共产党是为穷人谋利益、为穷人打天下的革命道理。当地群众的觉悟大大提升，纷纷报名参加革命队伍。

无可争议的是，朱德、陈毅率领的这支南昌起义残部，是真正由专业军人组成的队伍。然而起义失败之后，弱小的力量不可能与敌开展正规战，及时转变打法、学习农村和山区游击战就十分必要。总结出来的红色管理技法，必须摒弃教条主义、经验主义，而应回归中华国学的内核：因时制宜、因地制宜、因人制宜，实事求是地开展新作为。

3. “三湾改编”与“赣南三整”比较

“赣南三整”，是南昌起义军在转战途中，针对当时的形势、暴露出来的问题，利用行军、作战的间隙进行的，前后历时将近两个月。整编非常巧妙地把思想教育、组织整顿、军事训练三者结合起来，在起义军处境十分困难的情况下，起到了团结同志，巩固部队的作用，纯洁队伍的同时大大提高了部队的政治素质和军事素质；同时为下一步发动“湘南暴动”奠定了思想基础、组织基础和军事力量，也为党和军队的整党、整军积累了最早的、宝贵的经验，即一支部队经过激烈的战斗，特别是出现失利后，一定要有针对性地整顿，以利再战。

“赣南三整”与“三湾改编”一样，在人民军队创建史上有着极为重要的意义，尤其是在革命危难关头，朱德、毛泽东他们不约而同地看到了人民军队初创时期的问题，不约而同地对部队开展了整顿整编，不约而同地以自身坚定的革命信念支撑起部队的信念，不约而同地加强基层管理实现党的领导，又不约而同地对旧规陋习进行开火并实施民主管理。这些不约而同，恰恰实现了管理上对内凝聚人心、振奋军心，对外鼓舞信心、争取民心的作用。中国共产党领导的队伍最终能取得政权，与这些领袖的开创性管理创举分不开。

两相比较，“三湾改编”与“赣南三整”仍存在着细微差别。“三湾改编”更注重思想性，把支部建在连上，在保证党对军队的绝对掌控方面做得更彻底；成立“士兵委员会”让士兵参与管理、让官兵自己管理自己，实行官兵平等，提高了士兵觉悟和参与度外，也开创了新型军队获得人心支持的民主管理方法。“赣南三整”则更注重军事性一些，在突出部队战斗力的同时，设立各级指导员、让党团员进连队鼓励士气；加强战时纪律，成立“没收委员会”，强化一切缴获要归公；开展战术研究，确立游击战术取代原来的正规战术。两者都加强了思想政治工作并取得大大提升部队战斗力的成效，只是毛泽东在思想层面成就更明显，朱德在军事方面成就更明显。还有一点不同，南昌起义是以“国民革命”的名义进行的，部队称“国民革命军”，秋收起义的部队则直接称“工农革命军”。正是两次整编中的不约而同与细微差异，才使井冈山会师后两军能迅速相融，又能互补而使红军更加大。

三、三次会议人民军队凝心和

中国共产党早期党史上，有三次重要会议与人民军队的创建密切相关，分别是指1927年年中召开的“八七会议”、1929年年底召开的古田会议和1935年年初召开的遵义会议。管理需要务实，也需要一定的务虚。而修心双和管理，重要会议起着方向性、决定性作用。

1. “八七会议”提出握紧枪杆子

对“八七会议”，有三个历史背景需要了解。其一，1927年是蒋介石汪精卫联合一起（史称宁汉合流）清除共产党的一年，连续残酷而血腥镇压，标志着大革命的失败。其二，“八七会议”前三个月，中共刚刚开完第五次全国代表大会（4月27日至5月9日），但未解决开展武装斗争问题。其三，共产国际发来“六一指示”，鲍罗廷、罗易等被召回苏联，派来新的全权代表罗米纳兹。大革命的失败已经让共产党人意识到没有自己武装力量的无奈与悲怆，而中共五大时，陈独秀、鲍罗廷、罗易们依然幻想着与汪精卫合作，认为两湖工农运动过火。但共产国际执委会第八次会议却在激烈的争议中通过了《关于中国问题的决议》，1927年5月30日会议结束，6月1日即发来“指示”，其重要精神是以革命的武力对抗反革命的武力，共产党人必须走上军事上独立，用武力严厉镇压反动势力，完成共产革命的使命。正配合鲍罗廷执行共产国际原本联合国民党路线的陈独秀懵了，这个180度转弯也转得太快太急了。

1927年7月8日共产国际又一个来电指示，4天后中共中央改组，停止了陈独秀的工作。由于汪精卫“七一五政变”与共产党决裂，罗米纳兹、瞿秋白等原定7月28日召开中央紧急会议显然来不及了，在8月3日中央常委召开扩大会议，探讨时局和对策，商量中央改组与接受共产国际指示后，于8月7日召开正式会议，因形势危急，各地中央委员无法赶到，实际到会人数不过半数，所以称“中央紧急会议”。“八七会议”会期只有一天，就住在附近的陈独秀被罗米纳兹排除在会议之外，虽然不点名批判了陈独秀机会主义路线错误，却回避了共产国际和苏联顾问在指导上的严重失误①。

---

① 中共早期是共产国际的一个支部，“大革命”的四年中，苏共政治局就为中国革命问题专门开过122次会议，作出过738个决定。连1928年的中共六大都是在莫斯科召开的，中共六大党章明确规定：中国共产党的各级组织对共产国际的决议“应无条件的执行”；中共党员必须承认共产国际的党纲和党章，并“服从国际”的一切决议案；不执行共产国际的决议应“予以纪律上的处分”。

会议在李维汉主持下，完成了四项议程。第一，共产国际代表罗米纳兹作《党的过去错误及新的路线》的报告和结论；第二，瞿秋白代表中央常委会作工作报告；第三，通过《中国共产党中央执行委员会告全党党员书》和关于农民斗争、职工运动、党的组织问题的三个议决案；第四，选举中共中央临时政治局。第一项议题后，讨论了土地革命、武装斗争等问题。毛泽东在这次会上与邓中夏、周恩来、张太雷等 7 人被选为政治局候补委员。

针对当时只注重城市斗争而忽略发动农民群众武装斗争的“左”倾错误，毛泽东强力倡导革命的武装斗争，他在会议期间对当时负责中央的瞿秋白等人说：“秋收暴动非军事不可，此次会议应重视此问题，新政治局的常委要更加坚强起来注意此问题。湖南这次失败，可说完全由于书生主观的错误，以后要非常注意军事，须知政权是由枪杆子中取得的。”① 这无疑与共产国际强调城市斗争的大方向不相符，也与当时党的中心工作放在民众运动上不相符。所以，当时并未得到党内一些主要领导人的赞同，甚至于因这一观点撤掉了毛泽东的政治局候补委员。但这个观点还是有一定影响力的，在派张太雷往广东任省委书记并领导广州起义（城市起义）的同时，也派毛泽东去湖南领导秋收起义（农村起义），更重要的是毛泽东没有照搬俄国革命经验，没有把马列停留在理论分析上，而是把马列与历史经验、与中国现实需要相结合，提出农村武装革命、“枪杆子里面出政权”，后来的事实证明，这是对中国革命理论和斗争方式的巨大突破，为创建人民军队确立了方向、吹响了号角。

2. 古田会议明晰党指挥枪

古田会议的全称是红军第四军第九次党代表大会，是经过红四军七大、八大争论之后的一次拨乱反正，在人民军队甚至是中国共产党发展历程上有着举足轻重的作用。这次会议让“枪杆子里面出政权”得以落到实处，解决了建立一支什么性质的军队、如何领导好这支武装的问题，确立了党指挥枪、为人民打江山、建立一个人民政权的目标。短时间内红四军连续召开会议的缘由，与共产国际对中国革命的傲慢与偏见有关。

8 月，陈毅秘赴上海向党中央汇报。9 月召开了红四军八大，毛泽东因病未参加。会议开了三天，问题仍未解决。罗荣桓、张恨秋等支持毛泽东，提出敦请毛回来领导红四军。主持会议的朱德也联合其他同志写信请毛回来开会。生病的毛泽东坐担架赶到会场时，会议已结束。而

---

① 《“八七会议”上的毛泽东和邓小平》，人民网 – 中国共产党新闻网 。

8月底赶到上海的陈毅，向中央汇报了情况后，中央讨论后认为最熟悉情况的还是陈毅，决定由陈毅起草中央指示信，9月28日该信由周恩来代表中央签发。

陈毅携这封支持毛泽东观点的“九月来信”，于10月22日经香港回到前委机关（广东梅县松源）。11月26日，毛泽东和朱德、陈毅在长汀红四军军部重逢，冰释前嫌。朱德说“朱不离毛，毛不离朱。朱离开毛过不了冬。”这天，毛泽东重新担任红四军前委书记，两天后召开前委扩大会议，落实“九月来信”精神：强调“先有农村红军，后有城市政权”，规定红军任务是实行土地革命、开展游击战争，批评将红军分兵和一年夺取江西政权的急躁情绪是错误的，指出“党的一切权力集中于前委指导机关，这是正确的，绝不能动摇”；同时也批评了朱毛方法上的一些错误。1929年12月3日，毛泽东、朱德、陈毅在新泉领导红四军进行了为期十天的正规的军政整训（新泉整训）。红四军全军4个纵队4000多人参加了集训，毛泽东、陈毅负责政治整顿，朱德负责军事训练。军训主要是培训基层和地方的军事干部，加强了军事制度建设，朱德讲授《新游击战术》；政训则主要加强了党的领导，强化了“三大纪律六项注意”。

在上述一系列举措基础上，中国共产党红军第四军第九次代表大会，于12月28日在福建省上杭县古田廖氏宗祠隆重召开。大会一致通过了毛泽东代表前委起草的《关于纠正党内的错误思想》等8个决议案（约3万字），即“古田会议决议”。决议论述了红军政治工作的作风和方法，解决了“党指挥枪”等军队建设的一系列基本问题。古田会议明确规定：“每连建设一个支部，每班建设一个小组，这是红军中党的组织的重要原则之一。”

3. 遵义会议挽救红色事业

在红四军明晰了“农村包围城市”“党指挥枪”等问题时，遗憾的是共产国际依然对中国革命“瞎指挥”。先是“立三路线”，后是王明“左”倾冒险主义统治全党全军达4年之久，而且在反“围剿”斗争的关键时候，把毛泽东排挤在军队领导权之外。

红军在第五次反围剿中败北，不得不开始了二万五千里长征。“长征”是后来认定的一个名词，当时红军称为“战略转移”。

1935年1月15日至17日的遵义会议，取消了博古、李德的最高军事指挥权，由周恩来、朱德指挥军事。会后分工，张闻天（洛甫）代替博古负总责，周恩来、毛泽东负责军事。行军途中又成立了由周恩来、王稼祥、毛泽东组成的新“三人组”，负责军事指挥。毛泽东由此开始的一系列卓越的指挥，利用游击战、运动战，摆脱敌人的围追堵截，使红军脱离灭顶之灾。尤其是著名的四渡赤水河、强渡大渡河中，犹如神助般取得了内取桐梓、夺取娄山关、重占遵义城、占领安顺场、飞夺泸定桥等战役的胜利，毛泽东的军事领导艺术得到了充分发挥，挽救了党、挽救了红军，毛泽东在军中的威望再次恢复且不断提高。

“八七会议”选择了武装斗争之路，奠定了人民军队诞生的基础；古田会议落实了党对军队的领导问题，铸造了人民军队的军魂；遵义会议结束了王明“左”倾冒险主义路线，选择了毛泽东，标志着中国共产党从幼年的党走上成熟的党。从中揭示出来的红色管理思想和实践，对今天的指导意义仍然是非常重要的。所以，相距85年后的2014年10月30日，全军政治工作会议也放在福建省上杭县古田镇召开，强调坚持党对军队的绝对领导，旗帜鲜明地反对军队国家化。中共中央总书记、国家主席、中央军委主席习近平在这次“新古田会议”上提出：“把理想信念在全军牢固立起来，把党性原则在全军牢固立起来，把战斗力标准在全军牢固立起来，把政治工作威信在全军牢固立起来”①。

不忘初心，方能本色前行。这三次会议的成功，再次证明党的实事求是原则的重要性，也再次证明，领导权落在什么人手中，直接决定了事业的成败。盲目听从不了解中国国情的李德瞎指挥，让红军、让党的事业遭遇巨大损失，充分说明一点，经验可以学习借鉴，不能照搬套用，实事求是走中国自己的路最重要。更何况，博大精深的中国，不仅有新时代社会主义道路自信、理论自信、制度自信，也有数千年传承的文化自信；在新时代社会主义经济理论、管理理论上，同样有中国自信。红色管理，提供了中国管理自信、技法自信。

第四节　红色管理三大原则得心和

红色革命时期创设了红色管理新法，总结出红色管理理论，重点是“毛泽东思想”，与国学关联的内容，就是“得人心，谋共和”。长期革命斗争的血与火锤炼中总结出来的红色管理三大原则：决策上民主集中制原则、工作上实事求是原则、对敌时开展人民战争的原则，既是红色管理原则，也是红色管理方法，都是深入人心，都在协和各方。

---

① 《习近平亲自提议召开“新古田会议”：不忘初心 方能本色前行》，转引自中国共产党新闻。

一、红色技法民主集中得心和

1. 要民主也要集中的管理

“民主集中制”原则的提出者是列宁。19 ~ 20 世纪交替时，俄国处于沙皇专制统治之下，没有政治自由，只能是秘密斗争；列宁领导俄国社会民主工党时，认为政治高压和残酷环境下应该强调集中制，但后来通过与德国社会民主工党左派卢森堡交流，接受了他的意见，也就是为了避免“极端集中主义”、扼杀党内民主而形成“官僚集中制”与少数人独裁，提出了“民主集中制”原则，并在俄国社会民主工党四大时写入党章。

中共一大时提出“我党采取苏维埃形式”，1927 年 6 月中国共产党章程第三次修正案，则明确规定“党部的指导原则为民主集中制”，并强调“按照民主集中制的原则在一定区域内建立这一区域内党的最高机关，管理这一区域内党的部分组织。”① 所以，民主集中制原则一开始就确定为党的组织原则。但同时，无论是在苏俄还是在中国，民主集中制从提出的那一天起就认为这既是一种党的组织原则，也是一种政体管理的制度。对于“民主”这个概念，列宁说“民主只是政治方面的一个范畴。”② 毛泽东认为：“马克思主义告诉我们，民主属于上层建筑，属于政治这个范畴。”③ 就党和国家来说，既要民主也要集中是实现民主政体的组织原则，与“政体”有关（也只适用于“政体”），并不适用于国体（甚至无关）。

“民主”从字面意义上理解，是“让民作主”；从组织原则上理解，就是让大家充分表达自己的意见，即群众也有参与管理、参与决策、发表意见的权利。“集中”，从字面意义上理解，是“聚拢归总”；从组织原则上理解，就是在充分考量民主意见的基础上由负责人作最后决断。民主与集中，是一个统一体的两个矛盾着的侧面，“在人民内部，不可以没有自由，也不可以没有纪律；不可以没有民主，也不可以没有集中。这种民主和集中的统一，自由和纪律的统一，就是我们的民主集中制。”④ 这两者的统一，是辩证的统一，是另一种形式的中庸，并不是简单的民主一半、集中一半，然后加在一起。而是从实际出发，根据当时形势和组织或政治环境的必要性有所侧重。这种侧重又不能一边倒，“度”的把握既凶险也极为重要。有时候可以“将在外，君令有所不受”，有时候又必须充分尊

---

① 《中国共产党第三次修正章程决案》，转引自中国共产党新闻网。

② 列宁：《列宁全集》第 40 卷，人民出版社 1992 年版第 206 页。

③ 毛泽东：《毛泽东选集》第 5 卷，人民出版社出版 1977 年版，第 368 页。

④ 毛泽东：《毛泽东著作选读》下册，人民出版社出版 1986 年版，第 762 页。

重大家的意见，大家不了解，就要做大量细致而又耐心的说服解释工作。

同理，一定条件下需要高度集中时却又瞻前顾后，把“民主”作为借口逃避担责，或者本应充分考虑正确意见却偏偏独断专行地“集中”了，都不是正确地理解“民主集中制”。好的制度也要有正确的执行，从文化层面来理解，就是将民主与集中进行必要的中庸，不是和稀泥，而是有机结合，在两者之间寻找到最佳最妥当的位置，这便是合理的、科学的中庸，而不是怕担责的和稀泥或无原则的一团和气。

“民主集中制”，非常明确地说明中国管理不是“没有任何借口”的强制管理，而是要充分听取各方意见后的集中，便于大家认同和接受。战争状态下的“将在外君命有所不受”，和平年代突发情况下的紧急处置，并非常规管理内涵。常规状态下，获得人心认同为要。

2. 红色历程上曾经的曲折

早期中国共产党的工农运动，和大革命失败后建设工农武装的时期，很多时候是没有时间“充分民主”的；幼年的共产党又是共产国际的一个支部，所以当时的中共中央一方面接受共产国际的“集中管理”，另一方面在组织内部实现适当民主基础上的“集中管理”。这种情况下，共产国际派来的代表就成了“钦差大臣”。而共产国际代表即使有经验也是在欧洲的革命经验，不了解中国国情和社会形态。所以，共产国际启蒙了中国共产党的革命道路，但不切实际的遥控指挥且无民主，给中国共产党领导的革命带来巨大的损失和惨痛的教训。

从这个角度理解，无论是这里说的民主集中，还是后面提到的实事求是，既是红色原则，也是红色方法，方法用错，原则也就被破坏。根据党史，1929 年 10 月 26 日共产国际来信，要求中国共产党“去实行革命的推翻地主资产阶级联盟的政权，而建立苏维埃形式的工农独裁”，这其实是一种瞎指挥，根据苏俄经验工农力量可与敌人抗衡，所以也同样要求中国共产党领导工农武装去攻克敌人占领的大城市。1930 年年中，趁周恩来赴共产国际汇报工作之际，主持中央工作的李立三在政治局会议上提出《新的革命高潮与一省或几省首先胜利》的决议案，要通过一省数省的发动，尤其是通过城市暴动，夺取全国政权……短短三个月，暴动暴露了革命力量，全国 11 个省委机关被破坏，大量党组织包括武汉、南京的党组织被瓦解；红军也在强行攻打大城市的攻坚战中遭遇巨大损失。这就是党史上所说的“立三路线”，被定义为“左”倾冒险主义。而这种冒险，是因为李立三全力执行洋钦差旨意而出现的。

也就在这时候，蒋介石与阎系、冯系军阀混战中获胜，得以腾出手围剿红军，掀起了从1930年冬开始的五次围剿苏区红军的战争。这一年，26岁的王明以“反对立三路线的”名义，在共产国际支持下从苏联回国。这里有个背景：共产国际代表换成王明在苏联的导师米夫。1925年，莫斯科中山大学成立时，24岁的米夫被任命为副校长，两年后升任校长，1928年3月担任共产国际东方部副部长（仍兼校长）。中共“六大”召开时，有关行政事务由米夫负责，会前不断散布对中共负责人轻视和不信任的言论，还说毛泽东在井冈山病逝拟开追悼会。副校长时为能拱翻当时的中山大学校长拉狄克，拉拢学生、培植亲信，与王明等一拍即合。于是米夫扶植王明一步步控制了中山大学中共支部局，取代了瞿秋白控制的常驻共产国际的中国代表团，共产国际不再派驻华代表，而是由这个常驻代表团指导中国革命。

1930年12月，米夫以共产国际代表的身份再次来华，在1931年1月上海召开的六届四中全会上，米夫操纵会议撤销了瞿秋白、李立三的政治局委员，原来连中央委员都不是的王明扶摇直上，直接进入政治局，名义上向忠发任总书记，实际上王明独揽大权控制了中央。同年4月王明指派任弼时、王稼祥、顾作霖（也称“三人团”）到达中央苏区根据地。6月随着向忠发被捕变节被杀，经斯大林指示，米夫以共产国际名义指定王明为代理书记。但王明不愿去苏区农村受苦，于9月转去莫斯科任中共驻共产国际代表，指派比王明还小3岁的、苏联归国的、连中央委员都不是的秦邦宪（博古）担任临时中央总负责人。这样，一条比“立三路线”更左的冒险主义路线，通过“博古—王明—米夫—共产国际”而在中共党内形成。

王明赴苏之前之后，连续给苏区中央局发信、发电批判毛泽东。1931年11月1~5日，代表王明路线的“三人团”在瑞金召开苏区党的第一次代表大会（赣南会议），给毛泽东扣上三顶帽子：狭隘的经验论、富农路线、极严重的一贯右倾机会主义，撤销了毛泽东中共苏区中央局代理书记职务，取消其红一方面军总政委、总前委书记的职务。这时候红军在毛泽东等的领导下已经获得了三次反“围剿”的胜利。1932年5月20日，王明遥控的中共临时中央指示电称毛泽东在三次反“围剿”中所采取的战略是完全错误的，盲目指挥红军进攻中心城市，以“先发制人”与敌人硬碰硬对垒。1932年8月上旬，苏区中央在兴国召开会议，因反“围剿”战争的需要，周恩来据理力争，恢复了毛泽东红一方面军总政委一职；1933年2月，取得了第四次反“围剿”的胜利，红1方面军主力和地方红军扩大到8万余人。

这样，中共苏区中央局与前方指挥作战的周恩来、毛泽东、朱德、王稼祥等领导人在作战意见上的分歧公开化，达到十分尖锐的地步。1932年10月召开“宁都会议”，不顾周、朱、王的意见，剥夺了毛泽东军事指挥权。不久临时中央把毛泽东调任苏维埃中央政府工作，剥夺了他的军事指挥权，红军总政委一职由周恩来接任。

共产国际盲目指挥，全然不顾领导中国革命并在一线指挥作战的红军将领们的意见，只有“集中”，没有“民主”，埋下了第五次反“围剿”失败的隐患。

3. 斗争中完善着民主集中

以苏俄的方式照搬到中国，还不让有任何形式的民主，强制推行“洋路线”，正中了国民党蒋介石的心怀——他们一直想与红军正面对决，以强大之势消灭共产党的力量。1933 年 9 月，蒋介石调集 50 万兵力围攻中共中央革命根据地，还沉浸在刚刚取得反“围剿”胜利的红军，被迫仓促应战，并且在王明“左”倾冒险主义的错误领导下，红军与敌正面苦战，历经一年第五次反“围剿”还是失败了，红一方面军主力部队不得不撤出根据地。

1934 年 10 月，中央组成了博古（负责政治）、李德（负责军事）、周恩来（督导）“最高三人团”，领导红军进行战略大转移。特工出身的李德是给人送款来到中国，在原共产国际军事代表（顾问）未到任情况下，于 1933 年 9 月获准共产国际军事顾问一职。博古对军事一窍不通，把军事领导权完全交给了不懂中国国情只带过一个骑兵旅的“洋钦差”“太上皇”李德，在一次次不切实际的瞎指挥下，红军连连受挫，最终第五次反“围剿”失败，红军被迫战略大转移。转移时仍然不讲民主、不顾前敌将领和一线指战员意见，一意孤行瞎指挥，钻入敌布好的口袋，“湘江战役”（1934 年 11 月 27 日 ~12 月 1 日）惨败，使原 8.6 万人的红军锐减至 3 万人，引起红军指战员的强烈不满。

显然，当时的共产国际对中国共产党只有所谓的“集中”领导，甚至是专制独裁，博古是王明的代言人，王明是米夫的代言人，博古作为中央负责人只能听王明的，王明要把持中共中央，必须听米夫的。为此使红军一线指挥的前敌委员会，以及毛泽东、朱德等领导人没有了发言权（把毛泽东边缘化）。瞎指挥导致第五次反“围剿”失败而“仓惶出逃”（国民党语），撤退路上听不进正确意见，反而指挥失误连连败仗，主力损失过半却一意孤行，导致革命事业受创、几万红军战士的鲜血流尽、苏区陷入白色恐怖，红军渺茫的前途。于是有了后来的“遵义会议”，终结了王明、李德、博古的最高军事指挥权，“三人团”解散。

行军路上的后续会议，组成了周恩来、王稼祥、毛泽东的新军事指挥“三人团”。然后开始长征路上的“四渡赤水出奇兵”“兵临贵阳逼昆明”“强渡大渡河”“爬雪山过草地”等一系列壮举，确立了“北上抗日”战略并完成了二万五千里长征，建立了红色抗战指挥中心、红色新都“延安”，然后和平解决“西安事变”努力促成国共第二次合作……

同样是“三人团”，效果完全不一样。关键在于旧“三人团”只按王明左倾冒险主义路线走，是没有民主的机械式集中管理，没有民主也没有根据实际情况灵活变动。新“三人团”是在充分考虑当时现实环境和形势起身，广泛吸纳各方情报，既尊重各方意见建议，又当机立断集中决策，集中是民主基础上的集中，民主是在集中原则下的民主。“民主集中制”，必须与实事求是相结合。不切实际的民主与不切实际的集中，都不可取。

“民主集中制”是红色管理原则，“民主集中”是红色管理方法的应用。对原则的领悟、对方法的完善，是在血与火的洗礼中实现的。中国管理，须是民主集中相结合的管理。

二、红色技法实事求是得心和

1. 实事求是的红色管理法

有人可能仅仅把“实事求是”理解为是政治术语，其实它原是一种哲学思想，是中华文化的重要内涵，共产党吸收之成为红色管理的重要原则，更是一种极其重要的管理方法。实事求是是针对客观存在着的世间万事万物（实事），人们全心全意地探索研究（求），从中寻找出这些客观事物之间的内部联系（是）。从国学的视角看，实事求是涉及三个层面，首先是“格物致志”，然后达到“诚意正心”，由此找到和解决问题的路径和方法，在“修身齐家”基础上“治国平天下”。在三个层面的任何一个层面，都须做到“知之为知之，不知为不知”（《论语·为政》），在“知之”条件下制订政策，才是真正的实事求是。学“马列”不是机械搬用，而是一切从真实情况出发，遵循客观规律；实际出发就是要具体事物具体分析，没有调查就没有发言权；一切工作都要从人民群众的实际需要和利益出发，根据人民意愿让人民觉悟起来；同时客观地、全面地、本质地看待问题和解决问题，把个人放在集体之中。

从今天的眼光来看，西汉末年的王莽实行的王田、私属制、五均、赊贷、六筦（管）和币制改革等举措，都是进步的。但“王莽改制”不合当时实情（应该说太超前了），时代背景不允许这些被后人认为正确的政策实施下去。结果是百姓未蒙其利，先受其害，导致各种社会矛盾进一步激化，贵族不满，平民也不满，加上天灾人祸，王莽新朝很快灭亡。这就是不讲实事求是的后果。再如朱元璋发行纸币，货币发展到纸币形式是一种必然，但朱元璋却没有考虑当时历史条件下纸币背后的经济规律，直接强买强卖，把国家武力作为纸币的货币储备（金银）。这样的结果，自然无法获得成功。

但古代也有民主与集中相结合处世方式的。汉昭帝时有过一场“盐铁会议”，这次会议是为了搞清楚一个争议孰是孰非：是霍光提出对国家垄断的工商业不要管得太死稍微放松的政策正确，还是桑弘羊主张继续严管的政策正确，组织了由丞相田千秋为中人，御史大夫桑弘羊为一方、民间知名人士为另一方，开展了历时5个多月的大辩论，最后采纳了“与民休息”措施，推行了系列政策，并将公田给予贫民耕种，官府贷给农民种子、口粮，免除部分赋税、徭役，降低盐价的政策。这是封建社会的一次民主大辩论，也是一场实事求是的会议。

红色革命时代，实事求是成为毛泽东思想的精髓。这一思想精髓，是在党早期惨痛的血的教训中体会出来、成熟起来的，任何不切实际的拍脑袋决策都在损害革命事业。党内的几次路线错误，都与脱离中国革命实际、与不顾中国社会现实有关。

现代一些革命战争年代的年代剧，红军（或八路军、新四军）战士、游击队员穿着崭新的（即使打个补丁也是整整齐齐、干干净净）军装、梳着一尘不染、油光闪亮的发型，即使睡觉也依然戴睫毛、涂口红，遇到战友牺牲几十人朝天开枪祭奠与送别……这是脱离当时现实的，是剧组人员不了解或有意忽略（偶像剧需要）了。以红军长征为例，几十万敌军围追堵截，红军将士连续作战，没有后勤补给，到后来战士们衣衫褴褛、骨瘦如柴，哪里可能有崭新整洁的军装、精致美丽的妆容！战友牺牲哪里可能枪弹对空齐放，不仅仅枪弹宝贵，还涉及会暴露的问题。在经历雪山草地的自然困境，红一方面军与红四方面军在四川懋功会师时，红一方面军已是疲惫之师，人数不足3万人，还是在湘江战役后一路战斗减员又一路扩红招兵而保留下来的革命火种。而当时的红四方面军却有兵强马壮的8万人，这是导致张国焘心态失衡、心理膨胀的原因之一，他对毛泽东、对党中央的领导路线采取怀疑和不信任的态度，逐渐狂妄到表示党中央不可能担负起领导全国红军的重任。

严格说来，张国焘已经不顾或者看不到这样几个事实：一是蒋介石国民党对红军的五次围剿，是集中力量对付中央红军的，相对而言减轻了其他各苏区的压力，尤其是第五次围剿及长征路上的战斗。二是红军长途征战的大量减员，特别是湘江之战三分之二的损失，是当时的路线错误造成的，不是遵义会议后的党中央领导的错误。三是遵义会议后新“三人团”接手的红军，本身已不足3万人，这幸存下来的不足3万人是经历过血与火洗礼的革命火种，在极其艰难困苦中冲出来的一支虽然物质贫乏、却是精神最为富裕的红色铁军。四是井冈山时期的毛泽东和遵义会议后的毛泽东，已经在红军中树立起极高的威望，围绕在毛泽东周围的一批重要领导人坚决支持中共中央，如朱德、刘伯承、贺龙、聂荣臻、叶剑英、彭德怀、徐向前等高级将领，他们机智地与张国焘周旋，使其分裂阴谋不能得逞。最后一点也是最重要的一点，张国焘没有充分估计到毛泽东、党中央的智慧和力量，既有一路征战穿越敌人围追堵截的智慧，也有与张国焘周旋巧妙北上的智慧，更有组织红军影响全国抗日的智慧。

不能实事求是看待问题，是张国焘的悲哀。历史不能假设，但从张国焘带着右路军南下，8 万多人很快损耗到只有 4 万多人的事实就可证明，若让张国焘带 8 万人枪也走一遍中央红军所走过的路，经历过的战斗，可能不需要王明路线影响就消耗殆尽了。

权欲膨胀、利欲熏心的张国焘，仗着枪多人多资历老，置党的利益于不顾，争权夺势搞内耗，私心不得逞，另立中央搞分裂，更是不能成功。不能诚意正心，不懂“知之为知之，不知为不知”，张国焘做不到实事求是，德不配位，即使处在了红军总政委的位置上也没有为党的事业、红军的壮大发挥作用，即使另立第二中央还是没用，最后沦落为叛徒。

没有实事求是的意识，看待问题与作出决策就会脱离实际；不能实事求是地做事，就会对组织、对事业、对民族、对党和国家带来损害。

2. 统一战线须讲实事求是

实事求是的红色管理，在具体应用中，不仅仅是对未来的预判、道路的选择、治党治军的方略等方面，还包含在建立“统一战线”、形成星火燎原思想、形成军民鱼水关系，以及人心向背的掌控等方面，是贯穿于红色革命每一个领域的原则和思想路线。

“统一战线”的概念最早是由恩格斯于 1840 年提出的：“在同宗教的黑暗势力进行斗争的任何情况下，我们都应该结成统一战线。”① 十月革命胜利之后，列宁发展了这一概念，首次提出“工人阶级统一战线”概念，并把马克思、恩格斯提出的“全世界无产者，联合起来”的口号，发展为“全世界无产者和被压迫民族联合起来”的口号。

中国共产党将这统一战线进行了符合中国国情的解读，并在红色革命的不同时期赋予了不同的内涵：大革命时期是建立国共统一战线——由广

---

① 恩格斯：《唯物论和虔诚主义》，原载《知识界晨报》第 249 号，后以《不来梅通讯》篇名收入《马克思恩格斯全集》第 41 卷。

大工人、农民、城市小资产阶级参加的反帝反封建的民族统一战线；土地革命时期是建立工农民主统一战线，包括工、农、知识分子和其他劳动者的联盟，与工、农、知识分子和非劳动者两个联盟；抗日战争时期是建立抗日民族统一战线（国共第二次合作），包括工人阶级、农民阶级、小资产阶级和民族资产阶级，蒋介石为首的国民党亲英美派；解放战争时期是建立人民民主统一战线，包括各民族、各民主阶级、各民主党派、各人民团体、广大华侨、各界民主人士及其他爱国分子和国民党统治集团中的一部分地方实力派。显然，统一战线是根据不同的历史时期不断充实与发展的，而这个充实发展不是随心所欲，而是实事求是地根据历史阶段的不同、时代背景的差异和革命目标的确立，进行必要的调整。所以，统一战线，是实事求是原则的现实应用。

毛泽东也一直认为统一战线是中国革命和建设的一大法宝，从土地革命时期、抗日战争时期到新中国成立时期，都提出了新要求：必须坚持党对统一战线的领导权，坚持原则性和灵活性相结合，要实行又联合又斗争的基本策略原则，和中国共产党领导的多党合作和政治协商制度。周恩来等实践了统一战线，无论是两次国共合作，还是在三年人民解放战争中，周恩来的重要工作内容之一就是“统战”，团结社会各界和各民主党派，充分利用北伐、黄埔和国共合作时建立起来的友谊与人脉渠道，团结一切可以团结的力量，成立统战部门专门从事和领导统一战线工作。战争时期共产党地下工作的一项重要任务也是“统战”，蒋介石国民党对于共产党的“统战”水平以及相应地发动鼓动能力、宣传教化能力，既无可奈何又十分痛恨。

大革命时的广州、抗战时的延安，让多少青年人抛家舍业，追求红色革命。这就是“一颗红心向着共产党”的真实写照。不仅仅如此，统一战线还争取到了民心，正是因为“赤化”的力量，在获得民心支持的基础上，共产党的力量得以休养生息并不断发展，得以“野火烧不尽，春风吹又生”。统一战线团结了可团结的，强大了革命阵营，争取了各方力量。

3. 党的管理拨迷雾定方向

毛泽东在1927年《湖南农民运动考察报告》时期，用调查到的事实推翻了农民运动“糟得很”的观点，扭转了当时社会各界一些不正确的评论和党内的动摇思想。党的领导、党的管理往往在关键时候为人们拨除迷雾、厘定思想、明晰方向。

井冈山时期，从1927年到1929年，朱毛红军建立了井冈山革命根据地，红军越来越壮大。当王明路线把持了党的领导权后，出现了一些思想上的混乱。尤其是1930年刘安恭带来的“二月来信”，对形势进行了错误估计，十分消极地指示红四军分散成小部队到乡村进行土地革命，让朱、毛两位离开部队到中央去工作。若果真如此，红四军就实际上被解散了。

虽然毛泽东给中央复信陈述了自己的意见，但“二月来信”中的消极思想已在广大红四军官兵中传开了。时任红四军第一纵队长的林彪受这种悲观失望情绪的影响，向毛泽东写信，提出“红旗到底能打多久”的疑问。毛泽东感觉事态严重，当即写了一封回信，严厉批评林彪悲观失望思想，提出“星星之火，可以燎原”的著名论断。同时，他把这封回信加了一个题目《时局估量和红军行动问题》，油印后发给红四军各支部学习。当时信头信尾都有针对林彪所提问题的回答，1948年，林彪致电中共中央宣传部，要求在排印《毛泽东选集》时在这封中不要公开他的名字。毛泽东同意，指示（东北书店版和晋察冀版）暂不选入这封信。1950年，中共中央统一编辑《毛泽东选集》时，题目改为《星星之火，可以燎原》，点名批评林彪的地方作了删改。事实上，红军也的确成为共产党人和中国革命的火种，即使后来被迫大转移进行长征，在艰难困苦的条件下，依然一路播下革命火焰，并最终燎原全国。艰苦危难时期，方显党的伟大、毛泽东的伟大、红色管理的伟大。

关于林彪，公开的材料认为从北伐到井冈山时期是“军强政弱”。林彪黄埔四期，1925年入党，北伐时是见习排长，南昌起义时是连长。起义部队转战潮汕时，血战中命令全连撤退，是当时的营长陈赓逼着他往前冲。起义部队被打散，林彪随朱德军转战湖南，曾经离队（开小差），因突不出去又返回部队。到井冈山时问出“红旗到底能打多久”，和后来遵义会议时没有支持毛泽东，与张国焘走得比较近，没有如其他七位元帅那样坚决反对张国焘等，都在证明林彪“政弱”。如果从人性角度分析，应该是那个时间段，他还没有从内心里坚定信仰，也对毛泽东指挥军事心有疑虑，仍然是人心的问题。上井冈山时的他才21岁左右，年轻而又在部队基层，逆境下有过犹豫动摇，但那时毕竟不是叛党叛军。“二月来信”后，作为纵队长向前敌委员会写信提出疑问，也符合党的组织原则。林彪是军事高才，红军时期军事才能不断展露，成为红军和后来的八路军、解放军的重要将领。解放战争的几大重要战役中，林彪作为东北野战军司令员，军事指挥艺术更是达到巅峰，说他指挥了相关的几个大战役也没有错。只是从全局战略角度看，是毛泽东和当时的五大书记共同指挥，中央是全局的韬略指挥，林彪等将领是具体战役的韬略和谋术应用。

人民军队诞生之后，始终以“人民子弟兵”为定位，任何时候都是根扎在老百姓之中，形成了军民鱼水关系，这才有抗战时期敌占区的“堡垒户”，也有解放战争时期轰轰烈烈的拥军支前运动，还有和平时期的救灾救难，这是实事求是的定位，也体现了人心向背。党的组织、党的领袖，总会在必要的时候，从实事求是出发亮起思想的明灯。

三、红色技法人民战争得心和①

1. 人民领袖高喊人民万岁

红色的人民战争，是中国特色的战争形式，更是中国风格的管理模式。

抗日战争胜利后，美国的五星上将马歇尔参观延安，他感慨地说：“在延安，听到的最多的一个词，就是‘人民’……中国人民如何，世界人民如何。‘到人民中去’，‘向人民学习’，这些都是口号，但又包含着比口号更深的意义，代表着一种极深的感情、一种最终的信念。”1949 年 10 月 1 日，在宣告中华人民共和国成立庆典之后的晚上 9 点 20 分钟左右，毛泽东主席向停留在广场中的群众和值勤的工作人员说：“同志们辛苦了！”广场后部的群众和 14000 多名学生举着红旗、鲜花、灯笼，潮水般欢呼着涌过五座白玉石桥，向着主席台欢呼“毛主席万岁！万万岁！”声音一浪高过一浪。毛泽东探身栏杆外向群众致意，又是一波波“万岁”的高潮涌起，毛泽东主席情不自禁，高呼“人民万岁！”

2017 年，纪念毛泽东主席诞辰 124 周年时，有一首《人民万岁》的诗朗诵声响彻中华大地：“你从韶山水田的黄色的阡陌上走来/你从安源煤矿的黑色的巷道里走来/你从湘乡的那棵垂挂过许多苦难的老槲树下走来/你从长沙的那口映照着许多血泪的清水塘畔走来/你走来，径直走上天安门城楼/向着创造历史的人民/用深沉的湖南口音高呼——人民万岁！”

“人民万岁！”在中国，在世界，毛泽东第一次喊出这句铿锵有力的口号；人民战争，在中国，在世界，毛泽东首次创造了这一战争理论。为此，西方研究者把毛泽东说成是第四代战争理论的创始人②，并且认为毛泽东充分运用了后世才有的网络模式：组织网络——把党支部建在连

---

① 七部分引文除另注外皆引自井延坡的《左手信仰、右手梦想，你是否读懂人民的力量》，原载中国军网·军网网评。

② 美国海军陆战队上校托马斯·海默斯，于 2004 年出版《弹弓与石子——论 21 世纪的战争》一书（专门列有“毛泽东与第四代战争的诞生”一章），提出现代战争的第一代战争是法国大革命背景下向主要作战地点集中兵力（即大规模军队，滑铁卢战役这标志）；第二代战争国是一战时的阵地战和消耗战；第三代战争是“二战”时始于德国闪击战，机动战为特征，后于 1991 年的海湾战争运用最典型。

上，形成了一个思想教育的红色管理网络阵地。研究者还认为，毛泽东是把政治力量设想为反侵略战争关键要素的第一人。这样的理解比较接近“人民战争”的本意。另外，马克斯·布特（美国外交关系委员会研究员、军事历史专家）在其2015年所著的《隐形军队：游击战的历史》一书中指出：“毛泽东在20世纪堪称卓越的游击战争实践者和理论大师，他有着深刻的洞察力，明白要动员人们进行大规模的革命战争，就必须得到农民在政治上的支持。毛泽东的许多战争理论，比如说‘人民群众是水，而军队是鱼’至今仍被广为引用，而他的相关著作，如《论持久战》如今也为人们所广泛追捧……”从另一个角度理解了“人民战争”的意义。这就是说，毛泽东创立的“人民战争”绝对不是“人海战争”，毛泽东在《论持久战》中指出的“兵民是胜利之本”，并非让“民”也与“兵”一样成为专业军人才能获得胜利，而是强调出人民群众是战争胜负的决定力量。

保证“人民战争”顺利的重要因素在于是否真正地发动起人民群众，战争的伟力之最深厚的根源存在于民众之中。发动和组织人民群众为反侵略战争提供后勤服务、情报资源，关键在于是否真正代表人民，让人民从心眼里认同人民军队、人民政府，只有这样的军队和政府才真正懂得依靠人民，动员和组织起人民群众，并将胜利果实归于人民群众。所以，人民战争的要义是让普通劳动人民觉悟，动员起全国的老百姓。有了人民群众的认可和支持，人民军队才能获得取之不尽用之不竭的力量源泉，才能造就陷敌于灭顶之灾的汪洋大海，造成克服一切战争困难的前提。所以，开展人民战争的基础是通过红色管理让人民觉悟起来，从而自觉自愿地参与到为战争提供服务和保障的轨道上来，这也是一种有效的“赤化”。

2. 红色管理人民战争理论

毛泽东的“人民战争”观念，始于上井冈山途中，“三湾改编”时明晰了弱小的革命队伍只有获得人民群众的广泛支持才能生存，只有生存下来才说得上发展的道理；上井冈山后收编地方武装、开展土地革命、动员和组织农会及后来发展成“武装割据”理论，是人民战争思想建立的思考和实践过程。当“红旗到底能打多久”疑问出现时，才有“星星之火，可以燎原”的结论，这里的“燎原”就是在人民群众中点燃革命火种并让种子发扬壮大，可以说是人民战争理论的真正萌芽。抗日战争初期，针对亡国论和速胜论论调，毛泽东提出了著名的“持久战”理论，逐步形成毛泽东游击战理论，明确了战争最终的胜败取决于与民众的关系和人心向背的观念。所以，一般认为人民战争理论是在毛泽东写《论持久战》时确立的。进入解放战争时，全国各地抗日根据地能连成片的都连成片，这就是解放区的由来，也是人民战争的成果。显然，人民战争红色管理理论体现在争取人心、形成新型军民关系上。从武装割据到建立根据地再到形成解放区，是人民战争的实践。一切理论，都离不开实践检验。

从红军到八路军（新四军）再到人民解放军，人民军队从无到有，八路军成立之初 4.5 万人，新四军成立之初 1.03 万人。抗战结束时，八路军发展到 90 余万人，新四军发展到 31 万人，共计 121 万余正规部队，新中国成立时人民解放军达到 550 万人（1950 年精简到 400 万人，抗美援朝时总兵力达 627 万人）；此外，建立了地方军区、军分区，各地独立团、武工队、县大队、区小队，还有民兵武装等，加上农协、妇救会、儿童团和支前民工，敌势力强势覆盖地区还暗中建立堡垒户，真正动员起人民群众的广泛力量。这样的红色管理体系，是在战火的洗礼、流血的教训中总结出来的。20 世纪 80 年代出版的英文版《毛泽东论游击战》一书中，美国海军陆战队准将塞缪尔·B. 格里菲斯比较准确地描述了毛泽东的人民战争军事思想：毛泽东的人民战争是实现政治目的手段；人民战争的基本因素是人；毛泽东的游击队竭力保证士兵们有政治修养；毛泽东恰如其分地把人民比作水，把游击队比作水中的鱼。

中国自古是“当兵吃粮，天经地义”的，但毛泽东、共产党领导的人民战争改变了这一“天经地义”，将官士兵没有饷银，却愿在极艰苦条件下开展游击战争，是因为共产党让他们觉悟了，他们是在为人民而战，为自己的父老乡亲而战，思想通了才能经受住恶劣条件和艰苦战争的考验。为此格里菲斯感慨地说，“在美国，我们做出了相当大的努力使士兵不过问政治，而毛泽东的游击队却恰恰相反，他们竭力保证士兵们有政治修养，在危险情况下也能认清问题。一名经过训练、有纪律的游击队员就会有很强的战斗力。游击队领导在组织、教育、鼓动、宣传工作上花的时间要比他们在作战上花的时间多得多，因为他们最重要的工作是争取人民。”战争年代的人民军队，深深扎根于人民群众之中，军与民是鱼水关系。

所以，共产党领导的军队是“人民子弟兵”，部队驻扎，不仅不会扰民，还会帮助老百姓做家务、干农活，“不拿群众一针一线”“损坏东西要赔偿”，形成“军民团结如一人”的红色管理，毛泽东因此信心满怀：“试看天下谁能敌!”在这种鱼水关系下，共产党领导的抗日部队就有了生存的土壤，就有了源源不断的生存、成长、壮大的营养。日本研究战略理论的学者伊藤宪一在 1985 年出版的《国家与战略》一书中，把毛泽东的持久战思想归结为：“以动员人民的战略和游击持久的战略，来实现弱者对付强者的战略。”日本的山崎重三郎1965年撰文说，“世界上虽然有各种各样的游击战争，但只有毛泽东率领的中国共产党军队，在抗日战争中进行的游击战，堪称历史上规模最大、质量最高的游击战，他的游击战和运动战相结合，在中国打败了日本人。”毛泽东的人民战争理论代表了中国人民的民族精神，而持久战是弱国战胜强国的指导方略。这些充分印证了人心顺一切顺，得人心者得天下的道理。

1947年10月18日，毛泽东给中共佳县县委题词表明了红色管理的立场：“站在最大多数劳动人民一面。”原国民党第一兵团司令、吉林省政府主席的郑洞国，参加新中国建设时毛泽东请他吃饭，其盛赞毛泽东的理论水平，毛泽东回答：“拜人民为师，这就灵了。”这两句话充分说明“人民”在毛泽东心中的份量，所以才会喊出“人民万岁”；而提出人民战争思想，既不是人海战争，也不是全民战争，而是站在劳动人民一边，代表人民的利益，为人民服务。所以，人民战争的核心要义是具有正义性、群众性，虽不是全民战争，但努力争取全民觉悟。这也是毛泽东、共产党区别于历史上自认为代表农民或底层百姓的政治力量、起义队伍的一个关键点：不是愚民，而是让民觉悟。既然是让民觉悟，那就经得起人民的检验；中国共产党觉悟了人民，人民群众的意志、智慧和力量，即民心所向、民智所施、民力所为，都指向中国共产党。获得人心、取得和平，红色管理的价值所在，就是实现人民心和。

3. *人民军队之红色技法论*

分析两者的差异，国民党军队军无法也没能运用人民战争，所以虽然拥有更广阔土地和军队，其成效还不如从极弱状态中发展起来的共产党军队。事实上国民党正规部队从1937年时的170余万人，到抗战结束时也扩展到了440万人（另有一说是抗战后内战爆发时“国民党军总兵力约430万人，人民解放军的总兵力约127万人。”①）从这样的兵力对比来看，双方不在一个等量级上，但最后的结果是，看上去弱势一方的人民解放军胜了。中共获胜的原因已有相当多的分析研究，这里我们强调一点：有没有运用“人民战争”是关键，前面说了，国民党军队无法开展人民战争，而共产党军队开展了人民战争。

首先是人民军队中士兵的觉悟。人民战争的第一要义就是解放军让全体士兵明白他们是在为人民而战，也就是为父老乡亲而战。所以解放军士

---

① 王彦有：《解放战争时期国共力量消长及中共取胜原因》，原载王文原《中国近代史》（高等教育出版社，2001），转载于中国论文网。

气振奋、作战勇敢；共产党组织扎根在部队基层，共产党员冲锋在前，忆苦思甜所起的精神力量的作用几乎可以用无与伦比来形容。而国民党军队没有这样的觉悟，部队中只要登记一下就是国民党员，政党的思想没能武装士兵的头脑，没能激发士兵的潜能。所以，在战斗力上，双方不可同日而语。

其次是各地组织民兵、自卫队，参与维护地方、后勤保障、配合正规军作战的工作。资料显示，三年解放战争，民兵参加大小战斗 11.47 万次，歼敌 20.47 万人，参战人数 228 万人；此外，各地还有自卫队、妇救会、儿童团等组织，负责放哨、维持秩序，生产军用物资如做军服被鞋，为军队洗衣服烧饭等。

再次是后勤补给的全民化。中国共产党的地方政府工作人员和部队自身，在解放区内动员起所有的力量支持前线作战。各地农民不仅将粮食、被服等送上前线，而且组成运输队、担架队、破路队等，担负战地勤务。据统计，解放战争的三大战役共动员支前民工 880 余万人次，人民群众出动支前的大小车辆 141 万辆，担架 36 万余副，牲畜 260 余万头，粮食 4.25 亿公斤。千里运输线上，奔流着一支亘古罕见的支前大军。

从次是共产党获得人心支持。除了解放区外，还在国民党统治区域广泛争取各界人士的支持，涉及各民主党派、知识分子、青年学生，甚至争取到国民党高层一些人士的支持。在彼此的情报战、间谍战中，国民党特工往往陷入人民战争的汪洋大海，而共产党的特工可以渗透到国军许多高级将领的身边甚至家里去。人心向背决定了战争成败。

最后是解放军的俘虏政策好。共产党从“三湾改编”时期就确立了俘虏政策：缴枪不杀，不虐待俘虏；愿留的留下，愿走的给路费。一直延续下来，在国军中人人都知道。解放战争开始后，有两大原因造成国共力量对比发生逆转变化，一是国军的起义和投诚，出现成建制转入解放军阵营；二是俘虏充实进解放军部队中，这些战士统称为“解放战士”，当时解放军将领都抢着要，因为这些兵整体素质高、文化水平高；进入解放军阵营后，都是由老兵带着，一方面给予生活上、行军时极大关怀，另一方面通过忆苦思甜的阶级教育转变思想。于是情感管理、品性管理等红色管理之后“解放战士”成为坚强的解放军战士。

蒋介石国民党军也想学这一招，但不灵。孟良崮战役，王牌 74 师张灵甫曾俘虏 300 多名解放军战士，按蒋指示欲“化敌为友”，让这些战士当辎重队，结果等解放军大部队把 74 师包围后，方才还在为张灵甫拉大炮的解放军战士突然哗变，里应外合、里外夹攻，协助主攻部队消灭了 74

师。而此战所说的歼敌3.2万人，实际消灭的不到1万人，其余人全部成了俘虏分配到解放军各大野战军中去了。后来的辽沈、淮海、平津三大战役中，这些“解放战士”发挥出重要作用，并且如法炮制把战役中俘虏转入解放军。1950年7月公布的《解放战争四年综合战绩》显示，从1946年7月到1950年6月，国军向解放军投诚者633510人，起义者846950人，接受改编者293030人。177万余人成了解放军重要的兵员补充来源。

这就是人民战争的巨大威力，其核心力量来源于人民群众的人心觉悟、来源于劳苦大众的精神振奋。心觉而达心明，心明而生心力，心力而致心和。

第十七章　改革开放红色管理技法

红色革命，中国共产党取得成功，1949 年中华人民共和国成立，随后的 30 年，从稳固红色政权着手开展红色建设。1979 年新的 30 年开始，中国进入红色经济发展的历史阶段。改革开放之初涌现出新工商族群（古已有之），他们是市场经济的实践者，既有“傻子瓜子”那样的工商个体户，也有“华西村”“万向集团”那样的农村企业、乡镇企业，同样也有“娃哈哈”那样的城市平民创建的企业，还有“联想”那样的知识分子创办的企业……无论这些企业是采用“土法”上马、是摸索中规范还是学习西方管理，或者寻求中国元素的管理，他们开始了本土中国管理的实践。时代变革就会有起伏，改革探索就会有成败，红色管理的巨大自纠能力，使其在“全盘西化”风起时，辨析、探寻、比较中，涌现本土管理实践，而管理理论依然“西化”，出现两股道上跑的现象。

改革开放突飞猛进、风卷残云，变化极快，无序管理、粗放管理、物本管理等各有技法，但管理技术与方法，不是最先进就是最好的，而是这个阶段、这个位置、这个环境中最适宜最有效的才是最好的，所谓因时、因地、因情制宜。探索心和管理技法，不是跟着西方理论走，而是跟着管理实践走，有效才是硬道理。拙作《中国民营企业改革与发展实践》《中国企业管理史论》两书中均有所展示。

“你在桥上看风景，看风景人在楼上看你；明月装饰了你的窗子，你装饰了别人的梦”（卞之琳《断章》）。中国改革开放中涌现的新工商族群，无论是失败还是成功，无论是小到一两个人的个体户还是大到托拉斯式的大企业，都成为彼此的风景彼此的梦。中国工商管理实践证明：有用的有效的管理就是好管理，关联各方彼此认可认同、互为协和共赢的管理就是好管理。归根结蒂，适应中国的好管理是正道人心、凝聚人心并让人心协和的管理。

第一节　变革转型聚人心管理技法

中国的社会主义道路是在摸索中明晰的。先是学习苏联模式，1952～1956年完成社会主义改造，到1966年公私合营全部结束而进入全民所有制，实现计划经济管理。1976年，私有经济重新萌芽，随后到20世纪70年代末有了“贫穷不是社会主义”的观念，接着整个八九十年代，中国从计划经济（经商品经济过渡）转向社会主义市场经济，从行政化管理转向市场化管理。但市场管理理论、管理法规、管理政策等却无法跟上，大家都在摸索中前行，寻找发家致富之路。社会变革转型时，什么可能都存在，什么方法都会应用。

要奋斗就会有牺牲，有人在开放中迷失，有人在改革中倒下，有人跌倒了爬起来再干，有人悲壮地前仆后继，也有人获得了成功。经济发展太快，法律法规相对滞后，往往是事情发生了、破坏已经形成后的惩罚，难以事先掌控。而人心，也在眼花缭乱的变革中，来不及适应，刚有点感觉世界又已经巨变了。这种情况下人们随潮流而动，承自心而行。凡在管理中找到合适道路的，让企业活下来了，发展起来了，壮大起来了，不然，就成了大变革大转型中光荣的“牺牲品”。管理领域，理论界在国外典籍中翻找，实务界在大潮起伏中探寻。

一、无序管理走钢丝艰难探路

从远古制造、原始企业开始，中国制造业跌宕起伏了几千年。古代企业管理是官府与民间二元方式，生产管理、人才管理大体是家长制、师徒制二元方式；清末民初是传统继承与西式引进二元方式。新中国成立后学习苏联模式，实现计划经济，是计划经营、行政管理二元方式；改革开放逐渐放开指令性计划管理，逐步转入计划管理与商品经济管理双轨形式，然后经半商品经济半市场化管理的过渡，进入中国特色社会主义市场经济，即社会主义、市场经济合一的中国特色。只是改革开放刚开始时的无序特性，也是绕不开的一个阶段。

1. 放开束缚的思想大解放

改革开放初，政治动荡刚结束，此前（20世纪50～70年代）国家在战争结束一穷二白的基础上，铺设了全方位的工业基础、国民经济布局以及包括“两弹一星”那样的科技、国防布局，所以“红色经济”刚开始时虽无力大规模经济投资，但有两条路可走：一是对内改革，农村政策松绑，城市商业放宽，开启工业化、城市化之路；二是对外开放，打开国门引进外资、外企、外国管理，投资建设、发展经济。1979～2008年，“中国企业经历了重生、发展、壮大的波澜壮阔的伟大历程，中国工业经济走过了西方工业经济百年（有的领域达两三百年）历程。从私营民营企业绝迹到个私企业全国遍地开花，从手工作坊起步到现代化厂区林立、设备科技高端化，这30年成为中国几千年历史上最精彩的华章，世界经济史上最伟大的事件之一。一群又一群的普通老百姓，把中国变成了一个巨大的经济试验场、巨大的企业实验场：从个体户的全面开花，到亦公亦私的‘红帽子’企业灿烂；从轰轰烈烈的乡镇企业成长，到异军突起的私营企业发展；从国企民营的变革到民营企业的辉煌，从外资公司叩开国门到‘三资企业’蓬勃发展；从来料加工的粗放经营到民族品牌的艰难翻身，从满地廉价的中国制造到兼并外国名企的中国创造之华丽转身，中国企业用30年创造了让世界惊讶的奇迹，成就了让世人注目的丰功伟绩!”① 但个私经济重生，社会出现大变革，不可避免地会出现无序管理状态，而后有了粗放管理，才真正进入组织管理阶段。

改革开放最初的几年是中国新生企业最为艰难的时期，中国民营企业开始重新萌芽，私有制尚未被原有政策所允许，公有制企业依然实施着计划管理，人们的思想也还没有真正意义上的解放，新政策难以出台；更重要的是，当时政府无力大规模基础建设投资，一切都在试验中、摸索中……这种情况下，城市无业者、知青回城者、乡村剩余劳动力等生活在底层的普通人，因为体制内入职难，别的领域也不太可能自谋职业，于是开始了商业领域的破冰行动；在默许人民群众探索改革之路的同时，国家也划出了“经济特区”探索改革开放发展经济的新路子，一批胆大的改革先锋们，探索与尝试中催化了中国个私经济的复苏。渐渐地，“管理”这个词成为经济运行和改革开放中出现频率越来越高的词。可是因没有经历过商品经济（从计划经济到市场经济过渡时期的经济模式），没有对应的管理理论指导，也没有听说过什么营销观念……大家都不知道这条路到底该怎么走，都在寻找着。

南风吹，开放的国门进来了西方管理书籍、工商管理理念，西方管理思想、理念和体系，无情地冲突着当时从计划经济走过来的现实，一些人倒在打击“投机倒把”的活动中。而后，那些勇于改革关卡而突破政策限

① 徐井岗：《中国企业管理史论——物本、人本、心本管理的演变与中国管理理论的建立》，中国财政经济出版社2017年版，第35页。

制的个体户、私营企业（合称个私企业），实践中摸索出挂靠体制内的单位如国营单位或政府机关的办法；当时为解决办公经费不足等经济困境，也就允许个私企业在缴纳管理费（也有以承包费名义上缴）后，成为半体制内企业（市场化运作），媒体称其为“红帽子企业”……这些开始改革开放后最早带有民营性质的个私企业，实行“三自机制”：自筹资金、自由组合、自负盈亏。显然，必然出现一些旧政策不允许、新政策不明朗的事务，这时候，个私老板中那些胆大的就敢在经营上打旧政策的擦边球、更胆大的则直接突破旧政策边缘。这种情况如同在钢丝上行走，稍不留神就可能在严打“投机倒把”中中枪；只因管理机制上这时候老板有着绝对权力，经营管理可以随心所欲，因而还是会有人敢冒大风险而显神通，说白了就是不顾规则、无序管理。

2. *改革开放早期企业技法*

中国新型企业族群中的很多企业是在农村里一步步成长起来的，于是有了“农民企业管理模式”，也有很多企业是工业起步而后扩展向商业企业的，于是有了“工业企业管理模式”，还有很多企业是商业起步而后扩展向工业领域的，于是有了“商业企业管理模式”。例如，农村村级政权及其集体企业代表吴仁宝领导的“天下第一村”华西村，个人工厂式自主创业型企业代表鲁冠球和他的“万向集团”（这两人是乡镇企业崛起后最为耀眼的“双子星座”），城市职工集体经营后转型股份制获得成功的典型、商业企业管理的代表是宗庆后和他的“娃哈哈”。还有，华为科技创新默默耕耘，没有西方理论支持，靠自力更生名扬世界；海尔砸冰箱没有西学理论指导，而是质量求胜年代的无奈之举，最终发展海尔管理模式；阿里巴巴的电商网络、App领域，是中国式网络变革的创举，阿里管理模式独树一帜……这些企业及其发展之路，折射出诸多中国元素的管理模式，是改革开放后中国企业的缩影。

江苏华西村的吴仁宝是号称“中国第一村”的领路人，“这是一个典型的具有农民式聪慧、狡黠的农村干部、农民企业家。‘我只是个村官，我们上面的领导最多，谁都能管。’吴仁宝介绍经验时曾这样说，‘每个领导的要求不一样，明着顶领导不高兴，只有暗顶，如果领导说的不符合华西实际，就回答谢谢关心，领导一高兴就不会盯住不放了。’所以，吴仁宝的管理是‘面上让上面满意，底下做自己的’。”① 这种应对上级领导检

① 徐井岗：《中国企业管理史论——物本、人本、心本管理的演变与中国管理理论的建立》，中国财政经济出版社2017年版，第26－27页。

查的方法，被发现了就是阳奉阴违，但在村民们眼中却是聪明智慧，因为这些做法为“华西”筑起了一道安全屏障。“当年，为了保密，小五金厂建在最不起眼的河边角落里，前面用铁匠铺作掩护，三面被树木环绕，遇到领导视察，大门一关，打铁的打铁，下地的下地；领导一走，工人立刻回厂加班干活。最为极端的例子，20世纪60年代，管水利的干部要求沟渠里什么都不能种，管农业的干部要求沟渠里种粮食，管副业的干部要求全面发展经济作物，吴仁宝的对策是把一条沟一分为三，1/3什么都不种，1/3种粮食，1/3种水葫芦，分别应对不同的领导视察。他一方面‘用形式主义对付官僚主义’，另一方面低调而谦逊，对来华西的方方面面人物都接待。吴仁宝以他一个农民的政治智慧，左右逢源，在各种政治环境下都能如鱼得水，‘文化大革命’时期也敢‘顶雷’秘密开办村级工厂，用工厂赚取的利润宽裕村经济。”① 正是这样懂得把握人心，华西村创富重点概括为20世纪70年代“造田”、80年代“造厂”、90年代“造城”、21世纪“育人”，成了中国“社会主义新农村建设”的典范。

著名的“万向集团”创始人鲁冠球，1969年7月，带领6名农民身份的工人，集资4000元，承包了浙江萧山宁围公社农机修配厂，开始了他工业发展之路。“当时农机厂生产的万向节产品大量积压，没有销路，半年不能按时发工资了。鲁冠球组织30多名业务骨干，天南海北为产品找销路。那是真正的历尽千辛万苦、走遍千山万水、想尽千方百计、说尽千言万语。他得知全国汽车零部件订货会在山东胶南县召开，当即租了两辆汽车满载‘钱潮牌’万向节产品，带上销售科长，直奔胶南。结果主办方不让他们进场，只好在场外摆地摊，然而一连三天无人问津。场内价格‘咬’着不让步，场外有货无人问。鲁冠球一测算成本，一跺脚，降价20%，一下就吸引了210万元订货单。从那以后，他一直坚持薄利多销，即使在原材料涨价时也如此，从而创出了‘万向节奇效’。1983年3月，鲁冠球以自家自留地里价值2万多元的苗木作抵押，承包工厂，第一年就超额完成154万元，以后年年超额。鲁冠球的聪明之处在于他只要经营自主权，不拿奖金。”② 这样，鲁冠球用“营销人心”之招，获得了客户的认可、员工的支持，他用他的小心谨慎、社会智慧避过了一个个陷阱、一次次形势变化，把企业带向国家120家试点企业集团和520户重点企业之

---

① 徐井岗：《中国企业管理史论——物本、人本、心本管理的演变与中国管理理论的建立》，中国财政经济出版社2017年版，第27页。

② 徐井岗：《中国企业管理史论——物本、人本、心本管理的演变与中国管理理论的建立》，中国财政经济出版社2017年版，第28页。

一。他被媒体誉为企业界常青树。

创业起始就着眼于创管理品牌的，是张瑞敏和他的海尔公司。“1984年，35岁的张瑞敏被派到一家濒临倒闭的‘青岛日用电器厂’当厂长，这是一个资不抵债亏空147万元的烂摊子。在张瑞敏之前，一年之内已经换了3个厂长。张瑞敏不愿意还在这条老路子上继续走下去。于是他开始有章程的管理，这一管理举措，在今天看来可能会让人想发笑，但在当时，却是张瑞敏不得不解决的问题，他在上任伊始制定的13条规章制度：不准在车间随地大小便、不准迟到早退、不准在工作时间喝酒、车间内不准吸烟和不准哄抢工厂物资等。从中可以看出当时的公司管理的起点有多么低，公司管理的内容有多原始，公司管理的方式有多粗糙。张瑞敏将工厂牌子更换为‘青岛电冰箱总厂’，退出洗衣机市场转而引进利勃海尔的技术生产电冰箱，并定名为‘海尔’。”在张瑞敏的海尔管理创新成果中，有一个故事一直被人们津津乐道，因为这需要大勇气、大智慧，也因为这是中国改革开放后质量管理的一个里程碑式的故事：事件发生在1985年，有人来海东厂里买冰箱，挑了很多台都有毛病，这让张瑞敏警觉，于是让人把库房里的冰箱检查了一遍，发现400多台冰箱中居然有76台有质量问题。张瑞敏召集大家开会，有人说便宜点处理给职工。张瑞敏不同意，他说：“我要是允许把这76台冰箱卖了，就等于允许你们明天再生产760台这样的冰箱。”他召集全体员工到操场上，抡起大锤砸了一台冰箱，然后让员工来把所有有毛病的装箱砸掉，谁干的谁来砸！这极大地震撼了职工的心灵，很多职工流着眼泪砸向冰箱。质量意识深深刻在了海尔员工的心坎里，并且成为后来教育新进员工以及海尔培训产业之必备内容。

3. 破禁制创本土管理制度

当年鲁冠球曾把40多万元的次品当废品卖掉；几年后，张瑞敏砸烂了76台冰箱。这些改革开放中的第一代创业者，几乎清一色是从底层最艰苦中干起来的，他们懂得珍惜这来之不易的大好机会，也是最先理解管理意义的企业家，所以在当时极其艰难条件下，他们这种比“挥泪斩马谡”还要惊世骇俗的行为，意味着民企管理意识的觉醒、质量管理的起步。

中国管理特别是企业管理，是在改革开放中起步的，个体户这个群体必须提及，因为他们是最为广泛、最为辛苦、生活在最基层的普通百姓，改革开放把他们也裹进了个私经济的大潮中。他们自谋职业，小心翼翼甚至心惊胆颤中艰难前行。最早领取个体工商户证的是在1979年，“年仅19岁的章华妹在浙江省温州市区解放北路的家门口悄悄地开了一家店，经营小百货生意：一张小桌子放在自家门口，几毛钱的日用品、纽扣、纪念章、表带摆在上面。其实在此之前，在温州解放北路开店摆摊做小生意的人也已很多。每到白天，家家户户都会搬出一张小桌子摆在家门口，卖各种商品。‘那时候，干个体户是被人看不起的，还要担心被抓。因此，摊子不敢铺得很大，是为了一旦打击投机倒把办公室的人一来，好立即收摊关门。’偷着做生意的章华妹后来如是说，那时候她和那些摆摊的人们整天都要提心吊胆。1980 年，工商局的人来通知，让她们去领个证，并说以后可以正大光明地做生意了。个体户们将信将疑，领还是不领？领了，被登记在册，以后割资本主义尾巴，那一纸证书岂不成了证据？当时个体户们都很犹豫。章华妹也犹豫过，是在父亲支持下才跑到工商局填了表格，交了照片。过了一段时间后，工商局的人把执照送过来了——工商证字第 10101 号”①。

武汉汉正街是改革开放后最早的小商品市场之一。市场上有个叫郑举选的人，5 岁时因患天花，双眼视力严重受损。正是这样一个“半残人”，“60 年代起‘看’准了农村尤其是山区的市场，经营地下小百货，时间长了，便拥有了一个横贯数省的地下营销网（参与者大多是盲人，因而称‘看不见的战线’）。当时，武汉市有一个‘打击经济犯罪办公室’（人称‘打办’）。几乎每天都会过来清理摆小摊的，抓住就没收货物加罚款。1966～1978 年，郑举选不记得货物被没收多少次。他只记得自己一见穿制服的人，第一反应就往厕所里躲。但仍没能躲过 1978 年那一场牢狱之灾：1978 年 1 月 18 日，郑举选的家和亲戚家同时被抄出库存几万元的货物，郑举选被送进监狱。拷问的人逼迫他交代‘同伙’，如果供出买货或者供货人，就可以放出去。郑举选闭口不答。坐牢 18 个月，右眼彻底失明。改革开放后的 1979 年 6 月，郑举选释放出狱，甘愿自己坐牢也不愿意牵连他人的举动为他赢得了‘盲侠’称号，也为这位命运多舛的盲人带来希望。他用借来的 15 元闯滩汉正街，从扣子生意做起，以敏锐的市场眼光抓住了一次次机会。”② 这意味着能人式经营管理开始露头角。

如果前面说的是个私创业者的艰难起步，那么蛇口工业区，则是中国最早的经济开发区，也是深圳速度的创造者。当时有一个故事在全国沸沸扬扬盛传：袁庚用 4 分钱奖金买效率。“那是 1979 年 8 月，蛇口工业区

---

① 徐井岗：《中国企业管理史论——物本、人本、心本管理的演变与中国管理理论的建立》，中国财政经济出版社，2017 年版，第 39 页。

② 徐井岗：《中国企业管理史论——物本、人本、心本管理的演变与中国管理理论的建立》，中国财政经济出版社，2017 年版，第 45 页。

600 米长的顺岸码头工程动工。当时采取内地惯用的平均主义奖励办法，这种‘大锅饭’管理让工人积极性不高，每人每天只运泥 20～30 车，工程进展缓慢。10 月，承建商开始引进奖励制度，推出完成定额者每车奖励 2 分钱，超过定额者每车奖励 4 分钱的激励机制。这样一来，工人生产情绪高涨，劳动效率明显提高，每人日平均运泥 80～90 车，最多的每天运泥达 130 多车，提前一个月完成了任务，为国家多创造的价值达 130 万元，而工人们拿的奖金还不及产值的 2%。对企业而言，这无疑是很好的管理方式。但是，这一既受工人拥护又使国家获益的奖励制度，却因‘滥发奖金’的理由，被上级有关部门勒令停止。工人的积极性顿时受挫，工程进度明显缓慢下来。袁庚也知道，从当时的政治气候来说，这样的理由也成立，但毕竟这是享受特区政策的‘特事’，于是一份《关于蛇口码头延误工程》的内参送到了中央领导同志的案头。当时的中央领导胡耀邦看了之后，批示说发奖金的办法可行。至此，蛇口又恢复了定额超产奖励，并在此后的华益铝厂、华美钢厂、南海石油基地等项目实行，使这些工程都比原计划提前竣工，‘蛇口效率’成为外商来此投资的一个先决条件。”① 这就是企业经营管理激励机制的萌芽，而其中起起落落的过程，正好说明突破旧意识、旧政策的艰难，也说明管理改革的前提是解放思想、更新观念。

这也从另一个角度说明改革开放的必要性、必然性和可行性，这些最早的“破冰者”“试水者”对中国工商管理的摸索，让中国管理促进了引进西方管理理论的进程、开始了本土管理的思考。实事求是地说，尽管当时有许多人成了西方经济与管理理论的“搬运工”，但那些成功的个私经营者，其管理都是中国人自己的经验累积、智慧创新，与“洋货”没什么直接关系。逼出来的本土管理，创新性强，技法上更有独特性，与西方搬运来的理论，是两个岔道。

二、粗放管理拓宽改革开放路

个私经济是从个体工商户开启的。“个体户”这个当时不被人重视甚至有一定贬义的词，从业者以待业青年、无业游民为主（城市），还有一些为生活所逼或头脑活络的人（农村），他们做的只不过是些小营生，如家里开个小工场，门口支个小摊儿。直到体制内的人拿着几十元、百把元

---

① 徐井岗：《中国企业管理史论——物本、人本、心本管理的演变与中国管理理论的建立》，中国财政经济出版社 2017 年版，第 51 页。

死工资时，个体户中出现了万元户，人们才开始由鄙夷变为羡慕。

1. 个体户试水却步步艰辛

原幼儿园的一个勤杂工刘桂仙，在北京东城区翠花胡同开了一家仅有四张桌子的悦宾餐馆，于1980年9月30日领到了首都第一张个体餐馆执照。美国记者尤步乐在报道中写道："在共产党中国的心脏，美味的食品和私人工商业正在狭窄的小胡同里恢复元气。"然而，刘桂仙这个第一做得很艰难，首先是供应短缺，那是凭本凭票购货的票证年代，"急得直撞墙"的刘桂仙，只好起五更远走河北三河、高碑店等集市购货。"那时候粮油、豆腐都是计划供应，开店要找到食材所需的票证很难。最后是东城区工商部门动员了方方面面的力量帮她开了下去：'悦宾'餐馆的名字是工商局帮刘桂仙取的；当时的'悦宾'饭馆只是一间自家的住房，简单安了上下水道，找来个大汽油桶盘了个灶，又从旧货市场买来几张破旧的小桌子，回家维修后铺上新的塑料布；餐桌有了，还得有个冰箱啊！可东拼西凑的一点本钱都用光了，刘桂仙拿着户口簿到信用社想贷点款。信用社说，你自己不行，要贷得找个担保人。正当刘桂仙手足无措时，又是一位工商局干部站出来，替她担了保，贷来500块钱，买了台处理的'雪花'牌电冰箱。'悦宾'餐馆开张后生意一直不错，可刘桂仙心里总是不踏实，就怕万一将来政策有个什么变化，自己这个做了'第一'的出头鸟还要被一枪打死，所以一直心有戚戚。直到1980年大年三十（公历1981年初），当时国务院副总理陈慕华和姚依林来给她拜年，这一行动支持，宣告了个体户的合法性。"①

刘桂仙不仅人缘好，运气也好，遇到了真正替老百姓解决问题的工商管理人员，也遇到了国家领导人用拜年方式支持改革开放的举措。这也意味着，个体户正式走上了红色经济的舞台。他们或练摊，或走街串巷倒腾小百货。在政府引导下，全国各地出现了"个体户一条街"，成为中国最早个私经济的象征、民营企业家的摇篮。比较出名的有广州高第街、武汉汉正街、北京秀水街、温州五马街、福建石狮服装城、中国义乌小商品城、永康中国五金城等。

其中，武汉汉正街，有中国私营经济的摇篮之称，被尊为"新中国第一所私营学校"。汉正街市场经历了不断的改革历程："由允许存在到适当发展，到敞开大门；由个体经营到允许雇工，再到从业人员迅速增加；由

---

① 徐井岗：《中国企业管理史论——物本、人本、心本管理的演变与中国管理理论的建立》，中国财政经济出版社2017年版，第41-42页。

单一型小商品经营到多种日用工业品经营再到出现专业市场；由经贸型到贸工型再到出现贸工大户。相对于偏远地级市温州专业市场、县级城区义乌小商品市场，武汉市因为是大城市个体户发展的代表，名声更响。”① 个体户们，用他们的智慧、经营模式、管理行为让中国民营企业的形式或业态呈现多样化：简单的是经营部、前店后厂方式，工厂既可独立开设，也可以公司下设；贸易公司、运输公司、物流公司等应运而生。所以后来有评论说，汉正街在中国个私经济发展历程中具有里程碑意义。

那时政府对工商户的管理没有先例可循，东南沿海各地改革的步子要大一些，胆子就大一些，只要个体户做好了，就支持你、鼓励你。那时还没有真正意义上的公司化现代管理，一半是粗放管理，一半是能人管理。“因为中国改革开放的第一代第二代创业者，其实是没有任何成型的经济理论、管理理论为指导，只是一种谋生手段的应用，其经营管理可以说是人的本能、个性特征与社会经验结合下的一种自然反映，在个体户和市场并没有完全放开的情况下，这种初级管理模式，反而起到了任何成熟理论都无法起到的作用。”② 在当时的现实情况下，传统的人文环境、外来管理理论，均指导不了变革期的个私企业成长。

2. 开拓者领路人锐意进取

任何理论，需从实践中来；若是引进，要与本土现实相结合。“1979年，邓小平访美，与美方达成了一项协议——中美两国共建一所管理培训中心，引进美国管理理论、技术和教学方法，由美国选派人员给中国企业的厂长经理们讲述现代管理理论和实践。这就是‘大连培训中心’（放在大连工学院，即后来的大连理工大学）。1984 年，时任上海市市长的汪道涵在美国发现了菲利普·科特勒的《营销管理》一书，并决定要将其引入中国。在当时，像这样比较系统的营销书籍在国内还没有见过，其中的一些学术概念对于那个时代的人来说，都是前所未闻。正是邓小平等领导人的不懈努力，才开始了西方理论的引进。”③ 显然，改革首先是意识的改革，开放首先是思想的开放，红色经济，海纳百川。引进外企、外资，也引进了西方管理理论、管理观念、方式和方法。刚开始时离不开高层引

---

① 徐井岗：《中国企业管理史论——物本、人本、心本管理的演变与中国管理理论的建立》，中国财政经济出版社 2017 年版，第 44 页。

② 徐井岗：《中国企业管理史论——物本、人本、心本管理的演变与中国管理理论的建立》，中国财政经济出版社 2017 年版，第 46 页。

③ 徐井岗：《中国企业管理史论——物本、人本、心本管理的演变与中国管理理论的建立》，中国财政经济出版社 2017 年版，第 56 页。

路、上级支持。

66岁的任仲夷，于1980年被派到改革开放前沿阵地广东主政，当时一些人被激发出求富欲望，并且从突破政策限制中尝到了甜头，出现利令智昏而不顾党纪国法铤而走险的行为，最明显的是走私贩私。如何处理成为摆在广东省委面前的一个新课题，违法乱纪必须制止，但“一刀切”又会葬送经济发展的局面。任仲夷书记调查研究后，认为“要自觉地排污，不要盲目地排外。”这就旗帜鲜明地强调不要把来自西方的东西都看成有害的，好的可以借鉴。于是，有选择地实施了该打击就打击、该支持就支持、该放开就放开的政策。在任仲夷任职广东的五年间，“创造了一系列广东骄傲：最早一批‘香港游’（首开境外游先河）；率先物价闯关（按照先农副产品后工业产品，先消费品后生产资料的顺序，在全国率先进行物价闯关）；最早利用外资建五星级酒店（广州白天鹅宾馆）；最早放手发展个体私营经济（1980年，广东省工商局出台了全国第一个鼓励支持个体经济发展的具体措施）；最早‘借鸡生蛋’发展基础设施建设（‘贷款修路、收费偿还’）；最早突破传统企业建制模式（广深铁路公司突破了传统企业建制模式）。”① 这不仅把广东改革开放引向良性发展，而且为民营企业发展奠定了基础，为全国改革开放树立了榜样。此后的广东成为中国红色经济腾飞的“桥头堡”。

同是1980年，项南当选为福建省委书记，“他被写入民营企业史，有两件大事不可不提，一是努力争取到把厦门列为第一批对外开放的沿海城市；二是大力推动‘乡镇企业’的大发展，为福建争取到了‘三个要干’政策：对外商和我们双方有利的，我们要干；对外商有利，我方无利也无害的，我们要干；对外商有利，我方吃点小亏但能解决我们的就业等问题的，我们也要干。”② 这就为福建改革开放奠定了调子，在他任职期间，他既为国有企业“松绑放权”，也积极倡导和扶植乡镇企业，大胆提出让“乡镇企业打头阵”；其中有许多政绩是实实在在的，如修建厦门国际机场、水口水电站，另外，在全国最早引进了全自动程控电话，这显然极大改善了福建投资环境。他还是最早提出山海经济一体化做法的，在强调智力开发、以智取胜的同时，大力推进山区和沿海两条线建设。作为一个华侨省份，项南书记十分重视落实华侨政策，一方面大力激发华侨爱国爱乡热情；另一方面多举措加强与港澳台同胞、海外侨胞的联系、合作。其中

---

①② 徐井岗：《中国企业管理史论——物本、人本、心本管理的演变与中国管理理论的建立》，中国财政经济出版社，2017年版，第57页。

有一件事比较典型，那是 1981 年针对福建日立电视机有限公司、一家最早中外合资之一的公司的开工，有人将其定性为“殖民地性质的厂子”。争论反馈到项南书记这儿，他只说了四个字“该上就上”。当时社队企业也是很难定性的，项南的静态仍然是这四个字：“该上就上”。他有一句话让人们津津乐道：“要把乡镇企业看得比亲儿子还要亲!”所以，媒体认为项南任职期间，是福建省发展最好的时期之一。

作为主政一方的大员，任仲夷、项南们勇于锐意进取、不断革新，在今天看来是符合了历史发展的潮流，可在当时，却是要承担极高的政治风险。然而他们毫不犹豫地做了，他们让民营企业在中国改革开放的土壤里生根、开花、结果。使粤、闽成为改革开放的“桥头堡”，并以此为阵地连通了东西方交流，华南经济得以复苏，对外开放有了窗口，出现了“南风吹”这一响彻中华大地的关键词。红色经济下的改革开放，“政策—实践—政策改进”的循环，并逐步发展着，实践中被证明不适宜的政策，就用新政策取代之。

3. 创业者先感知春江水暖

民营企业是从个体私营和乡镇企业开始的，后来有了改制的股份企业，也有了国有民营企业。“三资企业”的管理以西方理论为主，中国本土企业则是在综合了行政管理、经验管理、家庭管理后，也模仿和吸收了部分西方管理。然而，任何改革都是有代价的，当时形势和政策有一定的不确定性，1982 年出现改革开放后政策不确定性带来的第一波冲击，原因是国有企业日子越来越难过，中央财政赤字趋于严重化。于是有了打击投机倒把的宏观调控，本应更新中的政策更没了延续性，管理的连续性也被破坏，一批个私企业试水者，倒在了“试验区”里，揭开了体制形式、管理模式等现实问题的思考与争论。

典型的有浙江温州“八大王事件”。那是 1982 年年初，中央下发了在全国范围内打击严重经济犯罪活动的紧急通知。省“打击投机倒把工作组”进驻温州市乐清县柳市镇。“在这场全国性的斗争中，浙江省将温州作为重点，温州将乐清作为重点，乐清将柳市作为重点，柳市的一些冒尖户被当作重点中的重点。省委派出工作组进驻柳市，时称‘八大王’的八个冒尖户，有的被关押，有的逃往他乡。1982 年，柳市镇工业产值比 1981 年下降了 53.8%。”① 由于版本稍有出入，列入“八大王”的大概有十来个人，他们分别是：“螺丝大王”刘大源、“目录大王”叶建华、“线

① 汤一钧主编：《柳市镇志》，黄山书社 1998 年版，第 116 页。

圈大王”郑祥青、“五金大王”胡金林、“矿灯大王”程步青、“翻砂大王”吴师濂、“胶木大王”陈银松、“旧货大王”王迈仟、“电器大王”郑元忠、“合同大王”李方平。以刘大源为例，他开的“柳市五金螺丝商店”里的螺丝有4万多种（那时上海最大的五金店里也只有2万多种螺丝），一家商店的年营业额达到460万元左右，先富起来的刘大源原本一直被乐清县树为先进榜样，不料1982年4月中旬柳市镇来了第二个省打击经济犯罪工作组。“八大王”多数被抓，刘大源出逃未被关起来，为他们据理力争的乐清县县委书记、县长也被免职。这场打击投机倒把活动，席卷全国，3万多人因此获刑。

这次调控，虽然对打击经济犯罪起到了一些效果，但也挫伤了各地改革的积极性。全国各地的“八大王”们（民营者）在这场高调讨伐中噤若寒蝉，再也不敢公然与“笼子里的鸟”抢原料了。直到1984年，温州“八大王”事件被捕的9人得到平反，当地如同欢迎英雄一样把他们接回家，各大媒体也不乏褒奖，称他们是“信息专业户”　“农村经营能人”……才重新掀起了个私经济的高潮。只是，这场飞来横祸，折断了“八大王”的翅膀，浇灭了他们的雄心，他们吸取教训，低调做人，再也不敢当“出头鸟”了。

变革时期政策的滞后性，使得类似的事在各地不断上演着。武汉国营181厂的韩庆生，1981年与另外3位工程师为武汉乡镇企业九峰农机厂“设计了两套生产污水净化器图纸，编写了2万多字产品技术说明，这家濒临倒闭的农机厂起死回生了，当年就实现利润5万元。农机厂年底发给4个工程师每人600元。”① 被判“技术投机倒把罪”，一审判决入狱300天。引起关注后武汉市武昌区法院宣判韩庆生无罪。“星期日工程师”之说由此产生。

广东汪庆是中国改革开放后涌现的第一批推销员，1980～1981年为当时广东茂名市电白县下洞、马踏两个人民公社聘请的临时供销员，因推销7290公斤陈香（总价50多万元），获得含差旅费等在内的总报酬1.98万元，结果被起诉说汪庆不择手段，大量贩卖贵重药品，从中牟利，严重违反了国家政策。其被判10年徒刑，没收全部收入。汪庆在狱中不断上诉，刑满释放后仍坚持申诉，直到1998年才得到解决，撤销原判，宣告汪庆无罪。

---

① 徐井岗：《中国企业管理史论——物本、人本、心本管理的演变与中国管理理论的建立》，中国财政经济出版社2017年版，第62页。

中国民营企业发展，企业管理的篇章，就是在一批批试验者的前仆后继中成长着、书写着的。“政治挂帅”下的行政管理，对于体制内的管理仍有一定价值，对于放开束缚走向市场的企业经营就不大适合了。虽然后来得以纠正，但那些被“管理”掉的人，会有很多感叹。他们一次次触碰禁区的震动和变化，推动了改革开放的深入。这是一个冰雪初融而冰山依旧的年代，守旧与革新交错中，一批批小人物尝试着冲破藩篱，一批批有识官员默许着让他们闯入禁地。经济特区的探索，终于找到红色经济发展的新路。

“竹外桃花三两枝，春江水暖鸭先知”，个私经济一旦回暖，先“鸭”们感知到了水中的丝丝春暖，成就了一代拓荒者的伟业（虽有淹死的或中途狼狈上岸的）；最初的“三资企业”进来了，用中国广阔的市场和低劳动力成本，换得了发达国家的投资项目及其项目带来的技术和管理。“从这个角度来看，中国管理一开始就不是纯粹的中国式，也不是单一的西方式，恰如南方人喜欢吃的‘三和菜’一样是混搭的”①：中国国学管理（含国企管理）、民间能人管理（含经验管理）、西方现代管理，构成三个方面或单一或合成的本土特色管理。混搭的结果，就是企业政府管着，内部本能管着，本质上还是粗放式管理。

这个过程中，国学管理逐渐恢复，西方管理也在引进，只是那时的个私企业的管理是“家长式”“直线形”“师徒制”和“拍脑袋”决策的，简单粗暴，却也成就了一批企业家。任何地方、任何时候、任何革新，都有一个过程，也都会有一些“牺牲”。探索亲历者的成功和教训、成功的技法和不适应的技法，应该比搬用外国的有效，外来技法，是借鉴。

三、有管无理思想突变浪潮起

1. 变革冲击管理有管无理

中国民营企业在 1983 ~ 1989 年出现了喷发式大崛起。“从 1983 年改革先锋步鑫生出现、‘温州模式’崛起，到 1984 年一批企业领袖如王石、张瑞敏、柳传志、李经纬、潘宁等创业，再到 1985 年、1986 年乡镇企业崛起，红帽子企业遍地开花，全国各地各显神通，‘顺德模式’‘温州模式’‘苏南模式’‘义乌模式’……相继兴起。同时，IT 业风生水起、家电业攻城略地、饮料保健品业各领风骚、服务业东风劲吹。”② 此起彼伏

① 徐井岗：《中国企业管理史论——物本、人本、心本管理的演变与中国管理理论的建立》，中国财政经济出版社 2017 年版，第 68 页。

② 徐井岗：《中国企业管理史论——物本、人本、心本管理的演变与中国管理理论的建立》，中国财政经济出版社 2017 年版，第 69 页。

中，中国经济形势一日千里发展迅猛，而同时，本来管理理论应该前置于管理实践，但眼花缭乱的变局中，政府政策更新没有那么快、人们的思想意识觉醒也跟不上，而宏观调控能力则需要在实践中不断提升，结果就是管理跟不上如脱缰野马般奔驰的经济增长速度，只能摸索中前行。

改革在曲折中深入，市场放开竞争导致原习惯于计划经济的中小国有企业度日维艰，而民营化企业因为金融限制融资困难艰难求生；新融资渠道应运而生，然而民间借贷因政策、因利率而风波迭起，股市证券的复生让股民小心翼翼、起落中风云变幻。唯有因开放需要而享受超国民待遇的“三资企业”春风得意马蹄疾。也正因为如此，官员、学界都把目光放在西方，官员为了政绩、学者为了成果，西方各种学术观点、理论流派成建制引入国内；留学生规模加大（含自费留学），学成归国人员、华侨归国、访问官员、访学学者，构成了“海归”群体，形成西方理论一家独大局面。社会对人才的关注点放在有国外教育背景的人，晋职、晋级硬性规定了西学条件，本土文化重视度大大削弱，管理领域传统的“治理”“统治”“管控”技法无人问津，原有的修心、协和文化都被“改革”，“开放”进西方商业社会土壤上建立起来的商业法则、管理体系，重点用西式工具“管”，而淹没了本土特色的“理”。

现实是改革开放中涌入工商业领域的，多数来自草根。他们生活在社会基层，因四处叫卖的货郎担而成了“行商”，如义乌“鸡毛换糖”；就近在路旁街边摆摊而有了“坐商”，如包括义乌小商品城在内的全国各地商业一条街、商业城的经营者们；还有拎着大包、背着麻袋（内装样品）到一家家公司、一个个小区、一条条街道上门推销的“推销商”，如后来壮大起来的浙商等。新一代商人在改革开放中跌跌撞撞摸索着，他们从“马路市场”发展到“店铺市场”，从四处推销到组建公司，有了销售网后，一些人在自家，或通过家人、亲戚、朋友进行了产品加工，从家庭作坊做起，一点点发展到专业工厂、扩大为现代化厂区。这批人也许文凭不高，但把生意做到全国各地，做到了世界各地，他们在实践中摸索着一切能赚钱的管理方式方法，对于专家学者海归推广的西式理论，在新奇感过后，依然袭用“有效才是真理论，发展才是硬道理”的，吸收西方理论中可以融合的、有效的部分，底子还是自己的积累、市场的感悟、人心的理解所采取的经营管理技法，显然，真正起决定性作用的是流淌在血液里的文化基因。除有外资背景的企业外，多数成功了的中小企业走自己的成长之路。

企业界“国退民进”，南方改革开放的示范作用体现出来，各地基层经商创业的人们掀起了一波波创业浪潮，并进入良性循环：个体户、小商品经营者集中的地方崛起了日用品制造业，市场辐射扩大后又发展物流业，衍生服务业，催化新创业……创业潮风起云涌。

变革大潮中，旧的未完全脱离，新的未完善建立，个体户谁都可以管一管。创业者在各种“管”的夹缝中艰难求生、求发展，成功的企业都经历过“九死一生”。从管理上看，“管”的多了，“理”就少了。人性让人都喜欢管，不喜欢被管；都喜欢被理，不喜欢理。真正的管理者，要多做这里所说的“不喜欢”，即服从被管、努力理心；国学强调修养培育、心理梳理、思想清理、行为修理。西方管理是商业文化下的管理，利益为本，重管不重理，以各种各样法律条文限制约束，其法律体系极细，故在西方国家处理事务必须有专业律师，而且行业性极强（同是律师也隔行如隔山），否则寸步难行。

每一种社会文化都有其历史成因、都有其本土人文性。这里不评价西方社会环境及其这种“管”的特性，但在中国，就应该把握中国人文特性，理物时不疏于理事、理人时勤疏于理心，否则将寸步难行。遗憾的是，利益欲望被无限制激发出来后，暴发户心态下更不喜欢被管，又如何静得下心来“理”。管理者也忙于管、疏于理，有“管”无“理”成为一种常态，而且不是偶然、不是个别，是一种现象……利益蒙蔽了心智，欲望冲击了心和。

2. 价格双轨制倒爷显神通

20 世纪 80 年代末到 90 年代初，改革背景下商品出现价格“双轨制”，即国家统配价和市场自由定价同时进行，这给那些嗅觉灵敏的人、拥有关系网的人带来了机会：利用价差牟利，于是出现了一个新生意人群体：“倒爷”。刚开始时，一些人从彼地收来鸡蛋、水果一类的农家自产物品，去城里与人换点粮票、钞票，到后来出现从沿海地方倒来走私电子手表一类的电子产品，裹在军大衣里，小心翼翼地在街巷、店铺边兜售。再后来，哪里缺什么倒爷就去别地倒腾什么来，只有你想不到的，没有倒爷倒不到的。

本来，倒爷让商品实现了合理流动，也满足了消费者需求，在一定程度上推动了社会经济发展，是好事。那时候，倒爷的必备用品是麻包袋、三轮车，然后是火车硬座。以义乌为例，南北来往的列车，有经验的乘客，往往在接近义乌时关上车窗、整理并管好自己的行李。因为一到义乌车站，车还没停稳，凡是开着窗户的车厢，不见人影只见一袋袋、一箱箱物品肆无忌惮地硬塞进来……那是倒爷们的杰作，那时交通紧张，按部就班上车时间上来不及，东西也可能放不下，就采用这种近乎野蛮的方式把人与物挤进车厢里。“与俄罗斯接壤的黑龙江等地，中俄边境贸易在20世纪80年代相当兴盛，许多村庄几乎都有人在俄罗斯做倒爷，回来又走，走了又回。当地人至今念念不忘当年‘一车西瓜换一辆坦克’的‘盛景’。也是在这个时候，在北京有‘国际倒爷后仓库’之称的秀水街，逐渐成为中国与东欧相互了解的重要通道。那个年代，北京人曾目睹过俄罗斯商人席卷秀水街的采购狂潮，于是，胆大和聪明的一些人便试着自己携货奔向俄罗斯。”① 经营或管理技法，在这个时候不顶用，只有专心干、不辞辛苦努力才是根本。这时候谈管理、说理论建设是多余的。引进管理也只是理论界的事，与倒爷没多大关系，倒爷行为充其量是胆量管理、能量管理。

大潮涌动，泥沙混杂，胆量、能量又不及“关系”，那些有能力获得紧俏商品批条的，用不上小倒爷那样辛苦，有靠山、背景硬，走个后门、批个条子倒买倒卖紧俏商品并可获取巨额暴利。他们凭借的是官权力，或者官员身份而称“官倒”，一张条子的商品量，绝不是那些肩扛手提的“苦哈哈”可以望其项背的；拿着这样的条子，让别人用汽车、轮船、火车去按条子运货，自己轻松获得高额利润。这是大变革时期法律跟不上、管理脱节出现的一种现象，属于“关系管理”范畴。“官倒”利用权力关系，但真正倒腾商品的商人则需要在全国各地建立起了销售的关系网络，这个网的大小决定着商人的生意规模大小。于是，西方理论中的关系学、人脉学套上件“马甲”，就在理论界大行其道，唬得倒爷们一愣一愣。成功的企业家，很多曾做过倒爷；往返于国际的华商，很多人也是在边境做倒爷做出来的，不法商贩为牟取暴利，假产品、冒品牌、产品伪劣现象也层出不穷。

3. 改革中新时期红色管理

从地方层面看，“浙江省的经济模式是中国经济崛起的重要模式之一：先有专业市场，商品网络辐射中小城镇与乡村；网络销售带动产品生产，周边冒出一大批家族工厂，形成‘前店后厂’‘双轮驱动’的初级产业格局。义乌中国小商品市场是如此，永康中国五金城是如此，绍兴中国轻纺城是如此，后来名扬全国的‘温州模式’亦是如此。全国各地四面开花的专业市场，都可以看到义乌人的身影、温州商贩的身影。温州市场以数量取胜，义

---

① 徐井岗：《中国企业管理史论——物本、人本、心本管理的演变与中国管理理论的建立》，中国财政经济出版社2017年版，第73页。

乌市场以规模取胜。南方的民营企业，很多是走市场开始的……”① 如果说义乌更多的是展现出小商品特色，全国、全世界各地都有“义乌小商品市场”，那么温州更多的是展现出传统服务业特色，全国乃至全世界都有“温州发廊”“温州餐馆”；如果说义乌更多的是“坐商”在专业市场里做生意，那么说温州人更多的是“行商”走全国推销小物件（如钥匙扣、纪念章等）。两者共同的是，都有全国知名的市场群，都有工厂、作坊、公司群。电视连续剧《鸡毛飞上天》《温州一家人》，说的就是义乌商人、温州商人从推销起步跨进商海，到外地开店、设铺、做市场，他们“在内竞争、出外抱团”，本地亲情化办企业，出外老乡化做行业。这种模式与明清时晋商的“抱团”有相似之处，却与西方经营理论无多大关系，即使生意做到全世界，在融入所在国的同时，仍然保持着浙商、中国商人的风格与特色。

从国家层面看，作为改革试点的特区，也处在了风口浪尖上。“特区之路可行吗？私有化商业之路能走吗？”的疑问又冒了出来，让特区、让在各行各业经商办厂的人们心中不稳定。坚持实事求是原则，坚信“实践是检验真理的唯一标准”的当时领导人邓小平，自 1978 ~ 1993 年，约有 18 次赴全国各地视察调研，“邓小平理论”的很多核心内容是在调研中明确提出来的。事实上，1977 年邓小平重新恢复工作，11 月，就南下广东、福建视察调研，明确支持两省实行“特殊政策、灵活措施”，此后国家创办了深圳、珠海、汕头和厦门四个经济特区。广东，成了改革开放的前沿阵地，如果算上这一次邓小平有过三次南方视察，只因第一次是在 1978 年党的十一届三中全会之前，媒体、社会没有重点关注，而对后面两次南方视察关注度特别高，分别掀起了两次改革开放大潮：第一次是为了解特区这块“试验田”的成效，于 1984 年 1 月 22 日南下途经上海，抵达深圳、珠海、厦门等经济特区考察，随之发表了邓小平的题词和谈话，尤其是在深圳题写“深圳的发展和经验证明，我们建立经济特区的政策是正确的”，在厦门题写“把经济特区办得更快更好些”，为改革开放之特区发展和经济建设定了调子，一下子如春风瞬间吹遍全国，对内改革、对外开放的热潮迅速在全国掀起；不久，党中央、国务院作出进一步开放 14 个沿海港口城市的决定，全国性的公司创办热兴起，这年有人称其为中国公司元年。中国第一家中外合作电信运营企业深大电话有限公司在深圳挂牌

---

① 徐井岗：《中国企业管理史论——物本、人本、心本管理的演变与中国管理理论的建立》，中国财政经济出版社 2017 年版，第 71 页。

成立；四川刘家四兄弟变卖手表、自行车等筹集了1000元开始创业之路，后来创办了“希望集团”；“万科”“海尔”“健力宝”“太阳神”“娃哈哈”“李宁牌服饰”“三九胃泰”等，都在这一年和20世纪80年代的后面几年里诞生。义乌一个县的个体户1983年已达8667户，第二年高达14259户，小商品城规模显现……（第二次南方视察是在1992年，容后述。）

乡镇企业也在这时开始发展，沿海一些地方出现“村村点火，户户冒烟”现象。1989年，全国乡镇企业数达1888.16万个，从业人数达9545.46万人。

1983～1989年，中国企业管理从迷茫的“本能管理”“感觉管理”向“制度管理”转变。改革开放初期的阵痛后诞生的公司，想要摆脱传统“经验管理”。1989年，国家第三次宏观调控，大批企业的资金链出问题，国有企业“三角债”爆发出来，显示缺乏良好企业管理。“但不管怎样，这是一个创业热情高涨的时代，同时也是一个经营上头脑容易发热的时代；这是一个企业数量暴涨的时代，同时也是一个企业管理懵懂的时代；这是一个改天换地做前人没做过的事的时代，同时也是一个盲人摸象认知看眼前的时代，是革新与守旧、东方与西方、传统与创新、循规与违法共存了的时代，没有人知道下一步会是怎样，却都知道这是不管三七二十一往前冲的时代。正是这种无畏的大步向前，才少了许多的羁绊，而这一点恰恰就是企业管理现实与企业管理研究渐行渐远的原因所在。”① 这一段历史，是中国人民探索致富之路的历史，是经商的、做企业的探索红色经济之路的历史。在探索中趋向成功彼岸的人和企业，都是应用着本土文化基因下的管理，管理经验与西方管理融合得好的管理。

归根结蒂，一切成功的企业，都是稳稳扎根于本土，然后才有余力走向世界。探索的过程有痛苦、有收获，构成了红色经济独特的风景线，伟大的成就都会有必要的牺牲。

第二节　以物为本振人心管理技法

20世纪80年代，中国改革开放风云激荡。90年代，中国发家致富争

---

① 徐井岗：《中国企业管理史论——物本、人本、心本管理的演变与中国管理理论的建立》，中国财政经济出版社2017年版，第104页。

雄市场："中原商战爆发、各地架桥铺路，彩电业反攻外国品牌、江浙沪抢滩私企领域，互联网春来又冬至、国企业有喜亦有忧，国退民进此起彼伏、中国入世名企成长，沈阳'飞龙'起飞、河南'三株'开花，中国逐渐成为世界制造工厂……也在这个时期：禹作敏落马、沈太福被捕，秦池标王中起落、巨人广告中沉浮，三株花谢、飞龙折翅，潘宁悄离科龙、仰融出走华晨，技术难敌销售、倪光南出局联想，权力强于资本、李经纬驱离健力宝，乡镇企业此强彼弱、苏南模式走向终结……"① 起起落落中物本管理显示效力，毕竟无序、粗放管理只是变革突起时的应激反应。很快人性管理露出端倪，红色管理展示出鲜艳与美丽。"凡在市场快速增长前企业管理到位、增长后头脑没有发热而是居安思危的企业，挺过来成就了一番大业；凡在市场极速增长前投机取巧、增长时患上企业'软骨病'的，就在竞争中一一倒下。"② 80 年代，政策新旧交错，对经济危机意识尚不敏感；90 年代，工商界感受到了经济危机的残酷与无情，教训中明悟要规范企业，中国特色的物本管理时期到了，开始向管理要效益。

一、重器轻道企业界狂扩张

1. 全力追效率改革在深化

市场是座名利场，你方唱罢我登场，各领风骚三五年，致富路上奔波忙。倒在闯市场路上的"先烈"们，土法上马的管理技法在商海中扑腾的那几下，为后来人交了学费，提供了教训。西方的管理理论也开始大规模传播。物本管理的春天在经济迅猛发展中到来了。

从无序管理转向有序管理，是中国改革开放时期本土管理的一个大转变，中小企业获得生存的机会，这与西方古典管理理论之物本管理的主要特征大体一致，奋斗目标就是让企业获得最大的利益，所以我们也将这个时期的管理称作物本管理，效率是物本管理至高无上的管理目标。泰勒的科学管理、法约尔的一般管理、韦伯的官僚制理论，其共同点都是把权力依职能和职位进行分工、分层，以规则为管理主体的组织体系和管理方式，管理落脚点都在"事"与"物"上，也就是说，西方物本管理考虑的是如何最大限度地提升效率、实现管理目标。中国改革开放时期企业管理走进牺牲管理的主要特征也在于此。

从"割资本主义尾巴"不能有自由交易的年代走过来，压抑着的生产

---

①② 徐井岗：《中国企业管理史论——物本、人本、心本管理的演变与中国管理理论的建立》，中国财政经济出版社 2017 年版，第 105 页。

力获得解放，人们可以物质上明明白白地追“利”逐“器”了；受外侮百年、刚经历贫穷的中国民众，可以光明正大地追求财富，创富的巨大能量被激发出来，但因为受西式物本管理的影响，原本传统的重“道”轻“器”，出现不应该有的逆转，出现重“器”轻“道”现象。人性修养、道义培育不再受重视，全部的热情与精力都放在了“器”的制造、“术”的提升上，带有显明物本管理特点的口号如“时间就是金钱”“效率就是生命”成为当时的思想主题。在创富欲望的刺激下，一切为了抢时间、得效率，产品质量、人的精神（道）等都可以忽略不计；管理重在工具使用，而不在理明人心，甚至于人也是工具、是资源、是机器设备。中国有管理理论，是以“道”为基、以“德”为本的管理，没有以“物”为本的管理理论，于是西方物本管理理论堂而皇之成为指导理论，这种理论是西方商业人文土壤里生长出来的，直奔人自私和贪婪的本性，西方用细到极致（不讲人情）的法律（所谓规则）来保障。而农耕文明基因的重点是文明进步在于扬弃人性之恶、修养人性之善，所谓惩恶扬善、悟道明德，文化的一切目标是克制恶、弘扬善。

社会大变革初期，一方面律法没有那么快完善，而且依法治国的内涵与西方没有任何人情的律法体系不一样；另一方面中国的依法治国，是与道德相辅相成的，所以中国也讲以德治国。然而完全西化的物本管理，诱导着人们关注真金白银的“器”，而放弃了“道”，结果就是出现“弃道求器”，物质欲望无限制暴发，“一切向钱看”了。

这时期，深化改革开放导致经济形势发生巨变。1991 年，国营企业命运问题展开了大讨论，1992 年，国营企业实施破除“铁饭碗”“铁工资”“铁交椅”行动，成千上万下岗工人引发出社会问题。中小型国有企业退出、民营企业鼓励进入市场成为定局。显然，这直接导致“物本管理”受冲击，不是理论上有意识的冲击，而是实践上不知不觉的冲击。另外，一种新企业形态悄然生长、壮大，早在 1990 年，全国乡村集体企业利润已超过国营企业，1991 年时全国乡镇企业总产值突破万亿元大关；到 1992 年，全国乡镇企业员工超过亿人。显然，如果说 20 世纪 80 年代的个体户是红帽子“民营企业”的第一个摇篮，那么 90 年代崛起的乡镇企业就是第二个摇篮；第三个摇篮则是改制后的股份制企业。

邓小平南方视察重要的有三次，1977 年那次是改革“破冰”之行，1984 年那次掀起改革开放后第一个创业高峰。1992 年 88 岁高龄的邓小平先后视察武昌、深圳、珠海、上海等地，边走边讲，发表了一系列关于改革开放的重要谈话，主题是坚持改革开放不动摇，强调“基本路线要管一百年，动摇不得”，明确提出改革开放胆子要大一些，敢于试验；并且说明计划多一点还是市场多一点，不是社会主义与资本主义的本质区别。社会主义的本质是解放生产力，发展生产力，消灭剥削，消除两极分化，最终达到共同富裕。谈话内容，解决了一系列中国特色社会主义重大的理论和实践问题，标志着“邓小平理论”的形成，也标志着改革开放第二次浪潮。一般地说，提“南方谈话”，指的是引起第二次浪潮的谈话发表；提“南方视察”则指 1984 年、1992 年的两次视察；提广东、福建考察则包括 1977 年改革开放的“破冰”行动。

2. 国企动刀民企摘桃利弊

第二次浪潮除掀起全国性改革开放浪潮外，一个最显明的特点是知识分子“下海”，政府人员、科研人员、教师、媒体人等或辞去公职、或留职停薪掀起了改革开放后的第二波创业潮，充实发展了私营企业、乡镇企业、三资企业，这些民营性质的企业成为一股不可阻挡的洪流。而这时期国有企业却因体制僵化，国家不再包销，度日艰难，出现集体溃退现象，成为不少地方财政无力支撑的沉重包袱。“国退民进”“抓大放小”（指着力培育实力雄厚、竞争力强的大型企业和企业集团，放开搞活国有中小企业）趋势必然，中国经济形势发生巨变，企业急剧转型引起许多问题纠缠一起，造成“一团乱码”和“解不开的结”。结合国际经济形势再次开展宏观调控，全国银根缩紧导致经济衰退，国企体制僵化、经营不善、干部腐败搞垮企业等问题暴露出来，一大批国有企业成为“休克鱼”。为此中小型国有企业进行了产权改造——改制为私营或民营，各地政府纷纷推出老企业改组、嫁接的新政策。

这一背景下，一批已经拥有一定资本或一定规模的民企，抓住机会毫不犹豫出手摘桃。三九股份集团公司是其中代表之一。“‘三九集团’原是一家国有企业，但从一开始就具有国营民营的特点。1985 年，赵新先携带‘三九胃泰’等科研成果和 500 万元借款南下深圳，在笔架山下的荒地上创办了军办药厂‘南方制药厂’。1987 年，南方制药厂正式投产时，产值达到了 18 亿元，到 1992 年，注册资本 1.6 亿元的‘三九集团’在南方制药厂的基础上成立。1998 年年底，‘三九’改制，与军队脱钩。1999 年 4 月 21 日，由三九集团、三九药业股份有限公司等 5 家公司发起设立股份制公司，2000 年 3 月，三九医药 A 股成功上市发行，募集资金近 17 亿元。这期间赵新先一人担任党委书记、总裁、董事长、监事会主席 4 个职位，‘一言堂’的管理模式一直保持到他退出三九舞台。所以当国退民进机会来临时，赵新先对部下说‘社会上有这么多资产闲置，是三九下山摘桃子的大好机会，千万不能错过，过了这个村就没这个店。’三九拟订了大规模收购兼并的战略。”① 正是这种明目张胆的摘桃子，“三九”集团进入近乎疯狂的大扩张时期。“四川雅安制药厂是国内生产中药针剂最早的厂家之一，1995年年底，年产值只有1000多万元，利润仅2万元。赵新先在一次出差中发现了这家企业，当即拍板投资1700万元予以收购，并委派最得力的干将入川经营。雅安厂的针剂贴上三九的品牌，通过三九的营销网走向全国市场，一年后产值就达到了1亿元，实现利税2000多万元。”② 这一成功经验，极大地刺激了赵新先的“雄心壮志”。他要以“三九”的机制和品牌，作为大兼并的法宝，痛痛快快地面向全国“摘桃子”。1996年年底，其成立三九投资管理公司，派人在全国各地专事收购兼并工作。

“赵新先并购企业主要有三种方式。第一种是‘承债式’，三九把企业的资产和债务全部打包吃下来；第二种是‘控股式’，三九出一部分资金成为企业的控股方；第三种是‘托管式’，三九只管经营，不担债务，从增长的效益中分成。总体而言，三九的并购成本非常之低。他倡导的并购观念是‘输出机制不投钱’：当地政府把企业送给三九来管理，再搭上一大部分的股份，三九付出的是‘三件宝’，即机制、品牌和渠道。湖南的郴州药厂是妇科中药生产基地，多年来获得的药品批号有50多个，可是自主经营后搞得一塌糊涂，年年亏损，资产负债率高达99%。赵新先兼并该厂后做的第一件事情就是给每个职工分送一本他主编的《论三九机制》。班组学习讨论两个星期，然后在企业内推行‘干部能上能下、职工能进能出、工资能高能低’的市场化管理。药厂的产品也贴上三九的商标，进入三九的销售渠道。1年后，药厂实现产值2200万元，创造利税300多万元。”③

通过这样的并购扩张，三九的产品从冲剂向针剂衍生，从消化类中药扩充到抗癌类、妇科类等多个门类，可以说“见龙在田”了，可惜未能“夕惕若厉”。“1999年9月，踌躇满志的赵新先在《财富》全球论坛上海年会发表演讲，提出将用5年时间建成世界上最先进、最大的植物药生产企业，用10年时间把三九建成亚洲最大、最强的综合性制药企业，用15年时间使三九进入世界500强的行列。与会的杰克·韦尔奇在回到美国后

---

①② 徐井岗：《中国企业管理史论——物本、人本、心本管理的演变与中国管理理论的建立》，中国财政经济出版社2017年版，第107页。

③ 徐井岗：《中国企业管理史论——物本、人本、心本管理的演变与中国管理理论的建立》，中国财政经济出版社2017年版，第107－108页。

评论见到过的中国企业家时说：‘他们好像是在演戏。’从1996～2001年，三九出手并购了140多家地方企业，平均每个月并购2家。其中，承债式占45%，控股式占35%，托管式占20%。就在这种跑马圈地式的疯狂并购中，三九迅速扩张成全国最大的中医药企业，总资产猛增到186亿元，所属企业遍及全国，形成了医药、汽车、食品、制酒、旅游饭店、商业、农业和房地产八大行业，旗下甚至包括一家华南地区最大的夜总会。”①

看上去似乎建立起一个三九帝国，但事实上这种疯狂并购，根本就来不及磨合管理、融合企业文化，唯一的方法就是运用严厉的高压制度，用权力控制员工，用金钱刺激员工。除此之外，三九几乎没有在人的问题上下过大工夫。这种权力演变和热血膨胀下形成的三九式物本管理，扩张有作用，却不是长效机制，会失去人心。只是当时头脑发热的三九高层看不到这一点，或者即使有人能看出来了，谁又敢对正自信心暴棚在指挥千军万马进行企业扩张的赵新先提出来。赵新先在扩张的快感中陷入近乎痴迷的世界500强情结，导致扩张后出现“虚胖”，最终难以为继而轰然倒塌，赵新先也因为滥用职权被判刑，未能“飞龙在天”。

3. 道器思考物本管理迷失

从技法上说，三九的兼并方式具有那个时代的创新性，输入机制、品牌和渠道的方法也很有价值。只是细化的管理没有跟上，预见性测算并不到位，膨胀的领导没有人可以制约，过度并购的成果没有消化好，导致明星陨落。那个时候，类似的疯狂扩张并不在少数，但不止一家并购的失败，让人们震惊之余开始思考是关注数量的效率重要还是关注质量的效益重要，人的主观能动性是不是生产力等的问题；展开了鸡蛋放在一个篮子里好还是放在几个篮子里好、企业是先做大再做强还是先做强再做大的讨论。

西方的物本管理，是指管理工作中把员工当成机器人，即会行动、会执行的仪器、设备和工具，但因为人有思想，所以就通过苛刻的管理制度，严格控制与约束人的思想与行为来达成管理目标。它只关注工作效率而不关心人的感受，认为人的行为是为了追求本身的最大利益，工作是为了取得经济报酬。这种理论进入中国则把原来的“重道轻器”，演变为“重器轻道”，强调管理者要制定严厉的管理制度、规章和严格的工作规

---

① 徐井岗：《中国企业管理史论——物本、人本、心本管理的演变与中国管理理论的建立》，中国财政经济出版社2017年版，第108页。

范，来加强对员工的法规管理，用权力和控制手段来保护组织的利益和引导员工为其工作，用金钱刺激员工的工作积极性，对消极怠工者采取严厉的惩罚措施。因为人也是“物”，一切皆为“物”的质和量，所以是以物为本的管理。这一管理理论有一定的基础性价值，现在在一些领域还在使用，如“计件制”（但国内的计件制在管理上不再高压，也不会过分严厉），而且计算任务目标时，也是先以物本方式计算出基础数据，然后再以现代管理方法修正后确定。

本来若以“道”为战略、为方向而求“器”求“术”，增长速度也许略有下降，但企业仍可以健康发展。比较可惜的是，因为片面追求“器”而忽略甚至放弃了“道”，才出现企业因管理不善的“倒闭潮”，也才会出现“信仰失落”“道德无底线”等情况，这无疑为中国管理上了生动一课。人不修道炼心，人性本能中恶的一面就会如野草一样疯长，而且如风滚草那样，越滚越大、越滚越远、越滚越广。在商业机会来临时，利益会让人心扭曲；然而物本管理本身不是罪，人心变异才是错。选用其合理成分，应用到心本管理方为正道。

二、物本追求商业圈掀风浪

1. 量化管理保健业风云起

“南方谈话”发表后，改革开放的胆子要大一些成为共识，各地敢于试验，看准了就大胆地闯，掀起“九二下海潮”，其中最明显的是一批批官员、文人进入商海创业（简称“下海”）。那时《中华工商时报》有过一个统计，1992 年度全国有不少于 10 万党政干部下海经商。这个时期，保健品行业掀起席卷全国的商业大战，一时间硝烟弥漫。刚刚经历物品稀缺时代，在人参鸡鸭进补年代走过来的人们，忽然发现市场上五花八门的保健补品争先恐后出现，还没等人们熟知每一种保健品的效用与价值，各种保健产品广告已经铺天盖地，逢年过节走亲访友者的手上不知不觉都拎着电视、报纸上广告连篇累牍宣传的那些保健液、保健丸……不遗余力地宣传、千家万户的尝试，为保健品业提供了巨大的市场空间，也提供了利益驱动的营销模式。先是南北大战，进而推动中原逐鹿，广告“轰炸”出来的品牌响彻中华大地。广东的“太阳神口服液”，沈阳的“飞龙药业”，西南的“宏达口服液”，中原的“三株口服液”……全国出现保健品“商业大战”的局面。

1987 年，“太阳神”出世，“创立了企业、商标、产品三位一体的太阳神标志，是‘中国 CI 第一案’。‘当太阳升起的时候，我们的爱天长地久’的广告，让‘太阳神’口服液成了当时家喻户晓的‘太阳’。与太阳神同步的还有正大青春宝、505 神功元气袋等其他一些保健品。这些企业的市场操作手法可以用一个三步曲的套路来描述。第一步，找经销商；第二步，投放广告；第三步，收钱。那个时候，“点子”正热，“炒作”盛行，一拳可以打倒一大片，一招可以搞定消费者，一招一式的广告策划让他们尝尽了甜头。”① 可以这么说，保健品带动了广告业，富裕了电视、报纸这些传统媒体，而媒体、广告又成就了保健品，简单梳理一下，“中国保健行业经历的历史事件：1987 年，以杭州保灵为代表的蜂王浆产品拉开了中国保健品市场的帷幕。1988 年，太阳神以‘生物键口服液’、娃哈哈以‘娃哈哈儿童营养液’掀起国内保健品市场第一轮消费热潮，太阳神创出 13 亿元的销售纪录，成为中国保健品行业的第一代霸主。1989 年，振华 851 在福州、昂立一号在上海问世。振华 851 的畅销给中国保健品市场的消费热潮又加活力，其庞大的代理商中有不少人成为后来保健品市场的弄潮儿。1990 年，沈阳飞龙以‘飞燕减肥茶’和‘延生护宝液’起家，并在保健品市场上崭露头角。1991 年，保健品市场突破 100 亿元。1992 年，深圳太太集团成立，推出‘太太口服液’迅速红遍中国。1993 年，马家军为‘中华鳖精’作形象代言人，带动保健品市场上升。巨人集团涉足保健品行业，‘脑黄金’问世。1994 年，武汉红桃 K 集团成立，‘三株口服液’在济南问世。保健品生产厂家由最初不到 100 家增加至 3000 多家。产品品种多达三万种。年产值由 16 多亿元增至 300 多亿元。”② 只是可惜，被广告、媒体之强劲之风吹起来的保健品行业，仅仅是抓住了民众对保健养生有需求，却对这个行业、这类产品一无所知，而人们对官方媒体无限信任的时机，赚得盆满钵满，并非这个行业多么成熟。

总结起来，这时期仍是有些本土化的物本管理，企业追求的仍是产量、销量。只有一批意识先行者开始关注品牌。虽然，那时生产经营者对品牌的认知不成熟，但在片面追求效率和无限制扩大市场销售的物本管理状态下，商业领域出现品牌大战，短时间广告轰炸可以叫响一个品牌，但过不了多久或摔跤，或陨落数十年后还能在市场上存在的，只有少数几个品牌，大多数成了“品牌先烈”，华夏大地民营企业翻江倒海，腾跃飞翔，起落共存。

---

① 徐井岗：《中国企业管理史论——物本、人本、心本管理的演变与中国管理理论的建立》，中国财政经济出版社 2017 年版，第 121 页。

② 徐井岗：《中国企业管理史论——物本、人本、心本管理的演变与中国管理理论的建立》，中国财政经济出版社 2017 年版，第 122 页。

2. 商战神话破灭了一夜梦

物本管理追求“量”的突破，是商品稀缺时代必然会经过的阶段，没有一定“量”的准备，也就没有可能发生“质”的飞跃。工业领域发展比较典型的轿车工业，这里暂时不谈；商业领域比较有代表性的是从摊贩式市场到商店式零售的突变，典型的应该就是由亚细亚商场引发的中原商战，即河南郑州“二七广场”上亚细亚商场以一敌五、以民营商场迎战国有商场所带来的商业冲击波，带来了商业企业管理的思想遽变。

“1989 年 5 月 6 日，郑州亚细亚商城开业，转业军人王遂舟担任总经理。营业面积 1.2 万平方米的商场开业第一天便迎来了 10 万人次的消费者。商场安装电梯，人工瀑布引入营业大厅，设置迎宾小姐和歌舞表演，大厅中央每隔半小时就有乐手登台演出——与当时国有商场的管理僵硬、服务冷漠、观念守旧相比，亚细亚这些举措是破天荒的。管理方面，王遂舟推行‘半军事化’管理，每年至少进行两次四五百人规模的军事训练，要求员工绝对听从命令，养成服从指挥的行为习惯，这在当时也是很少见的。”如同它的 LOGO（一轮喷薄而出的太阳）一般，亚细亚创立当年商场营业额 1.86 亿元，名列全国大型商场第 35 位。此后 3 年，亚细亚营业额以 30% 的速度增长。亚细亚着力品牌宣传，创立之初便投入几十万元的广告费，相当于郑州其他商场当年广告费总和。而在央视轮番播出的广告，‘中原之行哪里去——郑州亚细亚’，更让亚细亚品牌走向全国。”① 那时候的公关、广告策划，都可以归结为猛轰滥炸、高密度宣传。当时郑州国营商界，零售业代表如华联商厦、郑州百货大楼等一起成立了“郑州市大型国营商业零售业总经理联谊会”，在供货业务、商品底价以及人才、促销等方面，联合起来对抗“二七广场”，硝烟弥漫。亚细亚跑到郑州周边地区开辟新进货渠道，用现金采购一招逐渐取得了源头（包括南方一批民营性质的工厂）采购或直接由河南省总经销商采购资格。国有商场傲慢、守旧的弊病使得上游渠道愿意倾向于亚细亚，亚细亚商场取得了与国营商业同样的进货价格，加上商品和服务方面采取“人无我有、人有我新”策略，效果明显。然后市场扩展，1993 ~ 1997 年，平均每 4 个月 1 家，亚细亚开出了 15 家大型连锁百货分店，省内 6 家以“亚细亚”命名，省外 9 家名“仟村百货”。

“然而，当‘与众不同’被固化成一种标签之后，它便成了亚细亚沉

① 徐井岗：《中国企业管理史论——物本、人本、心本管理的演变与中国管理理论的建立》，中国财政经济出版社 2017 年版，第 119 页。

重的枷锁。例如，广州‘仟村百货’装修费达3000万元之巨；郑州亚细亚五彩购物广场的装修费更是突破1亿元。再加上大肆做广告，然后低价促销——过高的运营成本导致亚细亚接二连三的亏损。1996年11月，天津亚细亚商厦倒闭，商品被供应商一抢而空。闻讯而来的各地供应商到郑州找王遂舟要钱。1997年，王遂舟在他40岁生日那天辞去了亚细亚集团总经理的职务。”① 中原商战，集体对国有、民营对国营，还亚细亚取胜，引起业界广泛关注，也开始国有商业体制改革的思考。民营商场首开中央电视台做广告先河，形象宣传国内首创。然而前盛后衰，人心膨胀，企业膨胀后的幼稚病、软骨病接踵而来，“见龙在田”的一时荣耀后，终究未能“终日乾乾，夕惕若”，风光了8年的亚细亚倒下了，这是那个时代的一种现象。

那时候，有商品或服务，甚至没有商品只要有概念，都可以炒作，然后变现。这种情况下，资金流成为业界关注的香饽饽，一方面是经济发展企业急需资金；另一方面企业通过正规渠道比如说银行借贷诸多限制，难又难，这直接促使民间借贷兴盛。改革，摆脱了旧体制铁链的捆绑；开放，打破了旧体制禁忌束缚。激情的另一个方向是冲动，冲动之后的结果是迷茫。民营企业起来了，却也迷惘了，在创办企业奋不顾身求致富路上，引进了美国文化中张扬个性、追名逐利的部分，却忽略甚至放弃了国学中“求道”的内涵。

3. 中庸回归蕴含人本曙光

当国人总在抱怨国人没有底线、道德失落时，有没有想过这也许与放弃国学根基、盲目追捧西式文化有关？国学传承的是重“道”而轻“器”，几千年“变通”都未能改之；西方“器”盛后，压迫堂堂中华300来年，终于在20世纪末，在一个叫作“改革开放”政策的推动下，中国突然爆发了翻天覆地的“革命”：重“器”甚于重“道”了，并逐渐偏过了界，成了“弃道求器”的现实。历来讲究“中庸之道”的社会，出现了在“道”“器”问题上无法达成“中庸”的情况，“让一部分人先富起来”的那部分人，未能为“天下之民”举措，而是追逐“金钱”，丢了“事业”，只把“天下之民”当作实现他们的财富梦的“物”管理之。这一“举措”带来的后遗症，是诚信失落、底线失守，是节操掉地、环境污染……，所幸，这样的偏差没有成为惯性和最后的主流，21世纪的第

① 徐井岗：《中国企业管理史论——物本、人本、心本管理的演变与中国管理理论的建立》，中国财政经济出版社2017年版，第120页。

二个年代，政治纠错、文化纠错、思想纠错、行为纠错模式启动。由此，物本管理转入人本管理，而中国特色的人本管理，一定暗藏着“心本管理”的部分内涵。

物本追求，工商业大发展，形势也发生了变化，中国加入世贸组织成功、申奥成功，“三资”企业渐趋高峰，宏观调控连续出现，电脑和互联网时代起步，香港回归，金融中心港转沪……。临近世纪末，中国企业界重新洗牌，并且逐步走向世界。“道”不正则路难走，以建立公共关系而言，正道便是以产品、以服务、以企业文化的内涵在社会各方中建立起良好的关系，使企业及其企业产品的品牌享誉市场而使企业成功，而不是只靠“攻关”使企业成功。企业可以攻关，但不是走歪门邪道攻关，而是走正道建立优秀的公共关系。

当历史走到 1995 年时，市场形势发生剧变，益生堂“三蛇胆胶囊”被指控混淆了食品与药品的广告用语而被罚款 6 万元。1996 年，巨人集团发生财务危机崩溃。飞龙集团总裁姜伟发表《总裁的 20 大错误》。太阳神销售额急剧下滑。“三株口服液”在农村市场大获成功，年销售额达 80 亿元，创造销售神话。1997 年深圳太太控股“丽珠集团”成为综合性医药企业集团。1998 年，“八瓶三株喝死一条老汉”的常德事件发生，“三株口服液”一蹶不振。1999 年 4 月，“太阳神”突然推出“风景减肥胶囊”，以图东山再起。姜伟重出江湖，推出“伟哥开泰胶囊”，但不久被国家有关部门以假药查处，再遭滑铁卢。7 月，无锡健特药业的“脑白金”问世，以独特营销模式热销市场，并再次掀起保健品市场热潮。这一波波变动，令人眼花缭乱。① 市场的放开，带给经济活力的同时，需要相应的管理跟上。只是中国改革开放速度太快，变化太快，令人眼花缭乱，目不暇接，管理理论与管理制度都出现滞后情况。所以理论界不断引进西方新理念，却与中国大多数中小民营企业的契合度不高，于是各类“大师”粉墨登场，管理大师、营销大师、公关大师、战略大师、培训大师……甚至于气功大师、神算大师都来对企业的前途、运行指手画脚。西化理论与本土实践发生冲突，管理理论界与实践界越走越远，此起彼伏的市场大战、企业大戏之中，企业管理有些走偏了。

物本管理，有其合理的部分，也有其局限性。局限性在效率无底线追求，不断放大着。

---

① 徐井岗：《中国企业管理史论——物本、人本、心本管理的演变与中国管理理论的建立》，中国财政经济出版社 2017 年版，第 122 页。

三、物本管理大品牌起沉浮

1. 物本管理有辉煌有教训

物本管理有其价值，最大的局限是把人不当人，要么把人当作赚钱机器，要么把人当作工具处置，要么把人当作傻蛋糊弄；做企业的自己也不把自己当作人，要么把自己当作“救世祖”君临天下，要么把自己当作“金手指”无所不能，要么把自己当作“土皇帝”颐指气使；当然，也有一批企业管理者不把自己当作人，是把自己当作牛，在辛勤耕耘、劳作。所以那个时代，倒闭的企业接二连三，新进的企业前仆后继，还有一批企业，悄悄特色化经营中让自己“活着”，活到有一天“不鸣则已，一鸣惊人”。

中国本土企业的品牌，在这样跌跌撞撞、起起落落中艰难走出一条中国特色之路。以物为本管理也渐渐退隐去主角身份而成为辅助性的部分，人本管理则慢慢登上中国经济的舞台。事实上，在“科学是第一生产力”大旗下，“科学春天”到来了，人才得到重视，以人为本管理已经显现，只是初升的太阳，一会儿光芒四射、一会儿又乌云遮蔽。比较典型的是联想集团的“柳倪之争”。“联想”于 1984 年成立，创始人柳传志邀请科学家倪光南参与，前者管经营、后者管技术。柳传志在公司宣称，“只要老倪说的都对，老倪是有效数字 1，别的科技人员都是 0，这些 0 只有跟着倪总干才能出成绩。”只是 8 年后，即 1992 年春节，因为倪光南要求上一批科研项目，而柳传志从经营角度考虑强烈反对，虽然柳传志妥协了，但裂痕已成，科研思维与商业思维产生明显对碰。从 1993 年、1994 年两年里，因倪光南提出寻求芯片技术突破时，柳传志却要上马电脑组装生产线，科技与产权之争的结果是，联想微机事业部 1994 年 3 月成立，1995 年 6 月 30 日，倪光南被免去总工程师的职务，1999 年 9 月 2 日，联想解聘了倪光南，联想芯片之梦与倪光南一起黯然落幕。

这就提出了一个重要问题：资本说话的市场，是关注眼前可视可得的效率、效益，还是关注长远的人才与科技投入。路总是走着走着，才渐渐明朗起来的，当时认为正确的历史也许会给相反的结论；当时失利的，未来却给了一个迟到的认可。探索成功的技法经验是一个方面，学习、借鉴、参考、启示都行；总结失败的技法教训似乎是更重要的另一方面，既可以史为鉴，也可以从中看明白许多观念、理论和技法问题。

红色经济建设与发展过程中的红色管理，同样是在一步步摸索中结合历史传承与时代创新而形成的。这里重点探索那些倒下的企业、品牌和企业管理者。一切优秀都从不优秀开始。

先说说保健品的商品营销，在药健字号取消之前，最经典的手法是广告。广告本身没错，但用广告忽悠，路就走不远。变革时期，广告对刚刚复苏的市场打了一针强心剂，尤其是保健品市场和保健品企业，只是迅速成长的保健品行业，有些虚胖，因为企业管理滞后。其他领域也出现同样的问题，这是时代的局限性，也是发展路上的曲折。

2. 效率营销业绩速升速落

1995 年，据上海市技术监督局对 92 种营养液的抽查显示，合格率仅为 9. 78%。这意味着保健品走红市场的背后，是管理的混乱。其中具有代表性的是“飞龙”“三株”与“脑黄金”。

“飞龙集团”发家经历三个阶段，即以“飞燕”减肥茶起家，“延生护宝液”走红，“人海”营销战术达到顶峰。1990 年注册“飞龙”时，注册资金仅 75 万元，而后一年一大步，1991 年利润 400 万元（数百万元），1992 年利润 6000 万元（数千万元），1993 年利润超 2 亿元（数亿元）。公司得以迅速扩张，创始人姜伟的招数一是市场细分（补肾），二是人海营销（“广告—市场—效益”三部曲聚敛财富）。1994 年广告预算 1. 2 亿元，这在当时国内同行中屈指可数。然而致命的是，飞龙集团对广告策略的认识非常粗浅，各分公司经理随心所欲，动不动就展开地毯式的轰炸，只要面铺得广、钱花得多，所有的媒体都要上。因此“飞龙”打出了知名度，却未能稳固地建立起美誉度。同时期的“红桃 K”“太太口服液”等都凭借美誉度支撑起各自的一片天空。加上“飞龙在财务管理上浪费严重，营销中心对广告的管理既统计不清数据，也说不清效果，无效广告泛滥成灾，总部也不知道广告费用的支出进度，而且无从监控，1994 年广告预算 1. 25 亿元，而实际上却支出 1. 7 亿元。广告人员吃回扣、虚报广告价格和次数等现象层出不穷。财务审计只管账目不管实际也致使财务漏洞百出，一个业务员手头缺钱，两天报了 100 多件产品破损便轻松得手；哈尔滨有 7 个客户承认欠款 400 万元，而分公司账目反映却只有几十万元。”① 7 个客户的拖欠款相当于 1991 年的年利润，1994 年 1. 7 亿元广告支出时，那年的年利润也就 2 亿元光景……管理严重缺失，“飞龙”跌落成必然。

当时媒体比较单一，信息基本来源于电视、报纸，传播力量巨大。刚刚从计划经济过来的人们，对广告的理解大体等同于官方宣传，那些扩大

---

① 徐井岗：《中国企业管理史论——物本、人本、心本管理的演变与中国管理理论的建立》，中国财政经济出版社 2017 年版，第 123 – 124 页。

化、诱惑式、虚假式的广告，其欺骗性、鼓动性和号召力也巨大。广告带来销量让企业顾及不到管理，也不理解管理。

“三株口服液”，是1994年8月一个叫吴炳新的人和他儿子在山东济南创立的保健品。1989开办“淮南大陆拓销有限公司”时进入营销领域，在推广上海交大“昂立1号”时显露头角，1992年有了15家子公司，在南京更名为“南京克立科工贸有限公司”，专门从事“昂立1号”及医疗设备销售。1994年创建三株公司，当年销售额1.25亿元，1995年猛增到23.5亿元，创建四级销售体系挺进农村市场，1996年达80亿元，子公司600多家、办事处2000多个，销售队伍15万人。1996年9月，发生“常德老汉之死”事件，媒体高密度报道，1998年3月常德中院判决“三株”败诉，三株公司陷入困境。1999年改判，虽然证明了老汉之死与“三株”无关，但已回天乏力。兴，两年；败，亦两年。

后来吴炳新父子虽曾想重塑辉煌，但“保健品暴利”时代已过去，转向是唯一出路。吴炳新曾写过《十六大失误》，着重分析了管理方面的问题。事实上，定位县、乡、村，主打农村市场，应该是比较正确的；当时采用病例宣传（现已禁用这种方式）、投递传单、义诊促销和电视专题的营销举措，对农村市场来说对应性也强，人海战术营销是当时市场状态下的有效选择。至少促销组合不是导致“三株口服液”失利的主要原因。那时年销售额就可达80亿元的大企业，大是大了，却像是一个成年人只有小孩的骨骼，本身难撑重量，外力轻轻一碰就倒下了，管理上看是缺乏有效的管理，企业基础不扎实。这是那一代创业人的通病，能把握市场（或技术），营销组合拳（或技术开发）十分娴熟，喜欢在擅长的领域享受无限风光，却忽略了管理，组织构架（骨骼）不坚固、管理流程（血脉）不流畅、人员队伍（细胞）靠利益支撑，决策层面（大脑）时不时发个高烧——典型的企业“软骨病”。而在营销上，理解比较肤浅，只信广告，只要销量，有“销”无“营”，轰炸性广告后就是大卖。

“巨人脑黄金”也是如此。史玉柱是计算机专业出身，起步于汉卡软件和“M-6401桌面排版印刷系统”。1989年7月到深圳，承包某科贸公司电脑部，孤注一掷用延期半个月付款方式买来一台电脑，又以这台电脑作抵押在《计算机世界》打广告推销产品，在最后期限即将到来时峰回路转有了3张订单，2个月后卖出10万元，用这笔钱再做广告，4个月后M-6401一个产品就回款100万元，半年后达到400万元。广告中尝到甜头的史玉柱，1991年4月成立珠海巨人新技术公司，用订购10块巨人汉卡就可为报销路费一招，锁定了全国200多家软件经销商，获纯利1000

多万元。1992 年，开发出中文手写电脑、巨人防病毒软件等产品后，公司资本超亿元。

1994 年，国外软件进军中国，史玉柱迅速转战保健品。推出的第一个保健品是“脑黄金”。在中国传统进补的秋冬时节，投入 200 万元（比竞争对手多灵多鱼脑精多投入 100 万元）为脑黄金做广告，策略上在中央电视台以形象宣传为主，区域媒体以功能诉求为主，加上地方日报、晚报，科普文章以及海报、挂旗全方位进行广告宣传。以华东地区为例，每天的投放 10 万元广告费（投入产出比达 1∶8）。史玉柱坐镇公司指挥全国，把全国市场分为七大区，各省设分公司，设营销部。成为“十大改革风云人物”后，大公司大形象思路下，决定在珠海盖巨人大厦，原设计 38 层，在各种荣誉、各路捧高者、各方“支持”簇拥和推动下，多少有些心态迷失的史玉柱将大厦设计一路膨胀到 70 层。曾固执地不用银行贷款，主要以集资和卖楼花的方式筹资的巨人大厦建设资金于 1996 年年底资金链坍塌，负债 2 亿元，宣告破产。1998 年，史玉柱注册了上海健特（音译“Giant”）公司，3 年后卖掉脑白金经营权，于 2002 年初推出“黄金搭档”；再 1 年后又将“黄金搭档”出售给段永基的四通电子。2004 年 11 月，转型成立征途公司进入网络产业。

3. 工商品牌机会风险共存

除保健品业外，20 世纪 90 年代各领域品牌起落比较多，逐渐体现出西式物本管理的不适应性。这里简单分析白酒行业的“秦池”酒、制造业的“容声”冰箱、饮料业的“健力宝”。

“秦池”酒。山东省临朐县秦池酒厂，1990 年以前是亏损大户。姬长孔任厂长后逐渐走出困境。而昙花绽放是以 6666 万元成为中央电视台广告“标王”后的 1996 年，销售额 9.8 亿元，迅速成为全国白酒市场的新贵品牌。于是年底广告竞标会上，姬厂长豪迈地说：“1995 年，我们每天向中央电视台开进一辆桑塔纳，开出的是一辆豪华奥迪。今年，我们每天开进一辆豪华奥迪，争取开出一辆加长林肯。”这次，他以 3.212118 亿元二夺标王。1997 年年初，有 4 位北京记者暗访秦池酒。他们到四川邛崃县的“春泉白酒厂”，发现“1995 年，春泉给秦池提供了 4000 吨散酒，秦池夺标时曾向春泉拆借资金；1996 年，春泉又供给秦池散酒 7000 多吨。”而春泉自身也生产不了这么大的量，于是收购当地一些小酒厂的散酒供给秦池。原来，“秦池每年的原酒生产能力只有 3000 吨左右，他们从四川收购大量的散酒，再加上本厂的原酒、酒精，勾兑成低度酒，然后以‘秦池古酒’‘秦池特曲’等品牌销往全国市场……《经济参考报》于 1997 年 1

月中上旬刊出……迅雷般传播到全国各地”，“标王”秦池酒厂遭遇猝不及防的一击。“当年度，秦池销售额只完成15亿元计划中的6.5亿元，而后1年，再下滑到3亿元，从此一蹶不振。”① 竞争态势下只把销售、广告看作重点，销量、销售额成为根本，典型的物本管理。企业开发商品品牌没有真正意义上的经营，管理跟不上。

中国第一台双门电冰箱，是一个叫潘宁的广东顺德人，用极简易的工具和手工操作于1984年打造出来的。这年10月他向镇政府申请了9万元试制费，开始了珠江冰箱厂（乡镇集体企业）“容声”冰箱的征程。那些年，“容声容声，质量的保证”广告语几乎人人耳熟能详，连续8年获得全国“冰箱产销量第一”，与“海尔”双雄争霸。于是，红眼的人就多起来了，镇属生产小家电的其他企业也使用“容声”品牌。产权镇属，镇里不愿意给潘宁股份，潘宁另辟蹊径，于1994年将企业变身为科龙集团，“1996年，科龙电器在香港联交所上市，融资12亿元。1997年，科龙实现营业收入34亿元，利润6.6亿元，俨然是中国制冷业乃至家电业的希望之星。”② 然而，这种试图通过“科龙”品牌归企业所有而摆脱镇里控制的做法，大概触动了某些人的既得利益，1998年12月，科龙集团突然公告说潘宁辞去公司总裁职务，4个月后再卸任董事长。毫无思想准备的潘宁不发一语，远走加拿大。

而有类似遭遇的另一位企业家李经纬，就没能这么“洒脱”转身。他于1984年创建“健力宝”品牌，1997年时，达到鼎盛，销售额冲破50亿元，总部迁广州。“4月，健力宝成第一批‘中国驰名商标’，8月，中国饮料协会公布，健力宝在产量、总产值、销售收入和税利四项均排名第一，被媒体评为‘90年代中国公众心目中的十大知名品牌’之一。但因当耗资8亿元、38层高的广州健力宝大厦落成时，公司资金‘断奶’……风雨飘摇中挺到2001年，健力宝销量直线下滑，员工工资发不出，银行上门催债，健力宝内忧外患。”“有一天，李经纬被通知去参加一个晚宴，就在宴席上，市长把一个新加坡商人介绍给了他，说政府已选中魏先生的公司来购买健力宝。李经纬当时的感觉如惊雷轰顶。11月20日，新加坡第一食品公司与三水市政府草签协议，政府作价3.8亿元，将健力宝100%的股份全数出售，在这个协议和日后所有协议中，显赫无比的健

---

① 徐井岗：《中国企业管理史论——物本、人本、心本管理的演变与中国管理理论的建立》，中国财政经济出版社2017年版，第126－127页。

② 徐井岗：《中国企业管理史论——物本、人本、心本管理的演变与中国管理理论的建立》，中国财政经济出版社2017年版，第137页。

力宝品牌的评估价格均为零。"① 李经纬不愿意坐以待毙，发动力量推动媒体，营造起"健力宝被无情贱卖""中国第一民族品牌旗帜被砍"等舆论，这无疑触发了"东家"三水县（后改市）政府的"怒火"，尤其是新加坡方案流产，三水市政府与健力宝双方势同水火。市政府属意杭州娃哈哈宗庆后，宗庆后也不方便插手两方之争，退出了。后突然与"浙江国投"（国营浙江国际投资信托公司）合作，三水市政府以3.38亿元转让健力宝75%的股份，3年后的2004年，健力宝濒临停产。

第三节　以人为本稳人心管理技法

改革开放进入21世纪时，经历20多年的经济高速发展，国际国内形势都发生了变化。中国加入了世界贸易组织（WTO），与世界的关系越来越近，国际层面的各种挑战也越来越激烈，文化冲撞、观念质疑、思想叩问也随之而来。红色经济螺旋式上升，民营企业曲折中发展，生机盎然的同时国内行业布局有了大变动，卖方市场不再，市场竞争加剧，一夜暴富的神话和机会成明日黄花。正在物本管理中品尝味着赚钱快感的企业发现，世纪交替原本的流程不太通畅了，原本的员工不太听话了，原本的小矛盾演变成大冲突了……这意味着关注"事"忽略人性的管理跟不上需要了，人性管理忽然间成为频频出现的词语。

西方反思古典管理理论时也发觉，物本管理虽然在一定程度上促进了生产力的发展，但这一管理理论并不能解决人的问题，而人是最重要的生产力，西方古典管理理论研究极少涉及，行为理论时才出现。中国改革开放也经历这个过程，但管理理论界在思想对冲后逐渐清醒，以"人"为中心的管理得到重视，专制型管理转向民主型管理，物本管理转向人本管理。

一、思想对冲引起管理思考

1. 中西思想冲突中冷思考

管理思想的冲突，主要体现在三个方面：一是管理观念的中外对冲；二是管理的理论与实践对冲；三是管理形态的新旧对冲。在这几个对冲

---

① 徐井岗：《中国企业管理史论——物本、人本、心本管理的演变与中国管理理论的建立》，中国财政经济出版社2017年版，第137页。

中，中国管理践行着人本思想。

无节制的“逐器”，原本就不是国学所倡导的。但当钱财不再是“身外之物”，而是眼中、心里唯一的目标时，大道文化被排挤，利益至上蒙蔽了人的心智。个人想致富、企业求发达、政府要 GDP 本身没错，强调经济发展的同时提出加强精神文明建设也是正道。但当“一白遮百丑”，经济考量成唯一时，道器便颠倒了。美式经济管理、企业管理成为主流，超强话语权下鼓动了急功近利，而中国“道”文化超强失落又让底线被突破。理论界如火如荼“引进”和“传播”西方理论，类似中国都“WTO”了，应“全盘西化”的谬论再起。

一味追求效率的物本管理不断暴露出新问题，所以在“全盘西化”风劲吹时，有很多有识之士从国学中探索本土管理，萌芽了中国本土管理理论丛林；也有人提出了视野可以国际化、市场可以国际化，文化却必须本国化，管理哲学、管理思想更应本国化的观点，管理实践界在谋求改变。只是，怎样才是本土化，如何改变未有定论。而且令人遗憾的是，所谓本土化只在国学中找到一个点论之，最终仍然是吸收西方技法，仍然回归与西方接轨。

“20 世纪 20 年代，尽管泰勒的科学理论管理为企业解决了一些问题，但是劳资纠纷此起彼伏，促使资产阶级管理者们去研究是什么决定了工人的效率。”通过著名的霍桑试验认为职工是社会人，金钱不是刺激人们积极性的唯一动力。由此产生行为科学理论，并“出现了分别对人的个体和群体的研究。人作为社会中最小的单位，研究个体人的行为，是研究组织的基础。个体行为研究中包括：马斯洛需要层次论、奥尔德弗的生存发展理论、赫茨伯格的双因素理论、麦克利兰的成就需要理论、弗鲁姆的期望理论、麦格雷戈的 X 理论和 Y 理论、波特和劳勒的综合激励模型、沙因的复杂人理论等对群体行为的研究同样成为行为科学研究的重要部分”①，群体理论中有较大影响力的是美国心理学家、实验社会心理学的创始人之一 F. H. 奥尔波特提出的事象结构论，德国心理学家、拓扑心理学创始人 K. 勒温提出的团体动力学等；群体行为理论研究非正式组织以及人与人之间的关系问题，以德国心理学家卢因的“群体动力学理论”和美国心理学家布雷德福的“敏感训练”理论为代表。

这些研究，有着典型的西方文化特征，对中国管理理论有启示作用。

---

① 徐井岗：《中国企业管理史论——物本、人本、心本管理的演变与中国管理理论的建立》，中国财政经济出版社 2017 年版，第 171－172 页。

只是需要特别说明的是，对人的问题研究在中国管理文化体系里、在浩瀚的中国典籍中比比皆是。在这方面，中国才是祖师爷。但一边倒的“西化”倾向使得与国学一脉相承的管理思想被束之高阁，而把引进的西方管理思想奉为圭臬，甚至在管理学界、理论学界隐隐有成为西方文化代言人的趋势，从普通的硕博研究生到学术权威，从评价体系到用人标准，清一色的“海外背景”“国际视野”，失去了中国根基、东方特色。于是管理理论与现实出现了大冲突。

美国文化下的管理思想、观念和方式方法，一个重要特点就是依赖利益驱动。这种以商业利益为前置的思想体系，与国学以修道养德为前置的思想体系，在主次、先后问题上明显相反、互不兼容。所以，现实以“西化”理论为本时，急功近利观念和行为甚嚣尘上，猛烈冲击着中庸文化下国人的创业思想、经营思想、企业发展战略思想。理论界出现了学术商业化、官场化形象，实践界出现了思维混乱化、趋利化态势。利益，让象牙塔不再清纯、单一。

2. 道器倒置悟人本化管理

一度一穷二白的中国人，改革开放中富起来了，狂热追求暴利的思想火花被点燃，并且迅速燎原一片，风助火热、油加能量，以摧枯拉朽的强度与速度席卷官场、商场、学术场，于是官员经商、官员读博，学人经商、学者求官，商人买官、商人教授的不和谐现象一窝蜂出现，官员成学界大咖，硕士博士轻松搞定，硕导博导岗位官员来做，博士教授求官去，专家教授从云端来、往云端去，一连串不切实际的奇谈怪论出台，让世人震惊的同时，也让网络热闹不已，讽刺“砖家”等段子层出不穷；而巨贾小贩也追逐官阶、满足职称……三路人马身份互通、利益均沾，官员占据了学术话语权，学术人官员化，生意人商而优则仕、商而优则学。中国历史上，官者治理地方、学者传播思想、商人活跃流通，基本上各行其是，虽有学而优则仕，毕竟“万般皆下品，唯有读书高”，与官学混杂互通非一回事。

一些管理者、研究者在一定程度上失去了自我、迷失了方向，最严重的是蜕变成“文化汉奸”，典型表现，凡是说国学的，一律打压；凡是谈中国管理的，全部边缘；阴阳五行八卦，统斥为迷信；中医、国学、道家，全归类为伪学。只有一点，却是传承极牢固：顺我者昌，逆我者亡。进入世纪交替，很多人还念念不忘改革开放初期“胆量出机会”“胆量出暴利”的风光，不管国际国内形势都发生什么变化，依然梦想一夜暴富。然而，物品稀缺条件下的商业机会可遇不可求，惊天暴利、一夜成名的奇迹极难出现。引进西学没错，没有中国化就囫囵吞枣就成东施效颦。中国修人心、讲协和的文化有人情味，求“器”同时须修道。提出“让一部分人先富起来”，是让先富带动后富，最后达到人民共同富裕。

物品匮乏时政策让人们能够富起来，但追名逐利过程中若处理不好“道与器”“道与术”的关系，就会出现信仰失落、私欲膨胀，毒食品肆虐、黄赌毒复生。而现实恰恰出现了“先器后道”“先术后道”的本末倒置情况，导致社会问题层出不穷，某些方面愈演愈烈；投机心态下，炒房团让房产不是用来住的、股市却是用来赌的；还有一个问题也越来越严重，那就是高污染下雾霾成为许多地方的常态，蓝天白云、青山绿水成为人们一种渴盼，“除了钱啥都没有”的现实真的出现时，引起了冷思考，出现了大反思，民间率先呼唤国学复苏、人性回归。中西思想冲突先是在内心里存疑，然后有人身体力行传播国学，有人视线转回本土的经济思维、管理理论研究，虽然西方文化代言者依然在喋喋不休。

更为显明的情况是，“新世纪初的行业变动大局中，旧的商业业态依然在发挥作用，但其作用在渐渐减弱；新兴商业业态在悄然崛起，隐隐与旧业态分庭抗礼。其中比较典型的是，IT 业与互联网业在几起几落后，再次整合资源，强势入市，逐渐蔚成大观，导致后来的传统商业大崩盘、新型产业大崛起。新旧世纪交接前后的传统商贸业类似一种回光返照，这个时候以阿里巴巴为代表的电子商务、网购渐成气候，但仍没能传统商贸业觉醒，因为当时的店面房价突飞猛进，人们的习惯还是商场购物，只有年轻人悄悄抬高了网购平台。当最早网购的这批人进入青壮年或中年，后续而来的年轻人不断替补，传统购物偏好者走进老年行列时，电子商务也从起步走向成熟，网购大潮形成了。终于在 21 世纪的头 10 年之后，商业业态发生巨变，传统店铺遭遇滑铁卢，淘宝、京东等一批网络商业企业崛起。同时，国际反倾销危机也不期降临，国际政治、经济形势也发生巨大变化，中国制造达到巅峰状态，中国成为世界加工场、成了世界超市。是经济规律还是有心操纵已不是重点，结果是制造业寒冬来临，中国行业、企业重新大洗牌。人们终于意识到，只追求经济增长带来的一系列、一整套治理问题，任重道远；一味西化的结果偏离了中国传承数千年的‘道’。”① 很显然，社会环境、社会形态以及人们的生活方式，因为互联网、因为商业业态悄然在发生着变化。

---

① 徐井岗：《中国企业管理史论——物本、人本、心本管理的演变与中国管理理论的建立》，中国财政经济出版社 2017 年版，第 151 页。

3. 国学根柢本土人文回归

重视人才已经成为共识，关键是管理要从物本走向人本。这个时期有一个词热度很高："创业创新"（两创），个体户转小微企业，零注册可办公司，创业热潮再起；全民创新虽然会出现一些应景现象，但形成了整个社会的创新风气。管理理论方面也有本土创新的研究，"人心管理""双和管理"理论先后提出，中国修心文化与协和文化下的人心双和管理理论应运而生。管理学领域本土化的最大难点，在于掌握这一领域话语权体系的，都是从西方管理理论研究中获得既得利益者，都有过国外留学、访学经历。他们所接受的教育决定了他们对中国传统文化的生疏、对西方文化的熟悉，所以，中国管理理论本土化研究一直是小众行为，而创建本土管理基础理论的研究更是凤毛麟角，很难入当时学术主流的法眼。但至少开始了本土管理理论的原创性研究，开始了中国管理理论的建设，开始了本土管理的传播。

新型业态的出现，改变了商业模式、也改变人们的生活模式，所带来的连锁效应是巨大的。传统产业在升级改造，知识型、科技型产业在不断壮大，产业链在完善之中，智化战略、品牌战略风起云涌。从粗放管理到物本管理，再到人本管理，人在企业运行、组织发展中的地位越来越显现。西方在"以人为本"的管理理论中，着重强调了人性化管理，这一点成为这一阶段企业一个重要转变。所以，员工激励、和谐人际关系等成为重要内容，开发人力资源、管理人力资源，培育和发挥团队精神成为企业管理的重头内容。只是实践者、理论研究者，极少关注到一个问题，西式激励机制，很难脱离物本管理的藩篱，激励重在物质利益，精神层面虽然也在提，但事实上细加考察，归根结蒂还是以"物"为核心。与中国几千年传承发展的修身养性、提升思想境界的管理文化，不可同日而语。

"中国企业管理理论界在20世纪末兴起了许多本土管理理论研究的流派，隐隐有成为中国管理理论丛林的态势。这与西方管理理论第三个阶段现代管理理论阶段异曲同工。西方在第二次世界大战后逐渐形成经验主义管理学派，人际关系学派、组织行为学派、社会系统学派、管理科学学派、权变理论学派、决策理论学派、系统管理理论学派、经验主义学派、经理角色学派、经营管理学派等流派。中国在新旧世纪交替时也出现了和谐管理（2001）、东方管理（2003）、道本管理（2007）、和合管理（2007）、中道管理（M理论，2007）、周易管理哲学（C理论，1995）、人心双和管理（2006）等本土管理理论丛林。”① 研究中，渐渐明白，西化管理思想追求迅速回笼资金攫取资本的投资思路，误导着中国企业的管理重在市场的攻城略地，结果是投机取巧者实业不实，虽风光一时，却一朝陨落。从长远看，理性投资方能得益，实业投资方显威力，大浪淘沙才留下大企、名企。中华人文环境下的管理，应与中华文化相适应，应与中国职场相适应达到人心回归、人心宁稳、人心重聚。显然，任何一种管理思想，都与本土的人文环境密切相关。此地成功因为是此地的天时、地利、人和；迁移至他地，其天、地、人因素已发生变化，难以能再得天时、再得地利、再得人和。

只是，企业的管理培训内容多数还停在三个方面：一是政策背后的秘闻传说；二是西方管理的理论宣讲；三是国学与管理的融合创新。而第三方面的培训是非管理领域（文史界）人士在努力，管理理论界仍然以西方管理理论以及研究的数学模型与管理工程化倾向成为学界“阳春白雪”，“国学与管理”被斥为下里巴人。在这样的形势下，对于国学与管理，管理理论界、学术界是很不以为然甚至嗤之以鼻的，他们依然高举美国管理理论，并且越演越烈，到连研究范式也必须与美国管理研究范式相一致的地步，完全忽略了内陆文化与海洋文化的差异、数千年悠久历史积淀与美国历史短暂的差异，单一地走向泛美化。一批学界“牛人”成了美国文化、美国管理的代言人，罔顾中西文化差异带来的中西管理思想观念和处事风格的不同，直接导致管理理论界与管理实践领域各走各的道，且相距越来越远。而企业家不要学院派的西式理论，更不要学究们的西方管理模式与体系的翻炒；他们崇尚实践派的本土管理，需要的是能切实解决中国人文环境下企业管理现实问题的理论，有效才是硬道理。

二、市场竞争展现人本价值

1. 彩电业本土品牌保卫战

世纪交替之初，保健品大战大体落下帷幕，饮料战渐渐进入正常竞争；然而市场一旦放开就不会寂寞，家电业接过商战接力棒，掀起本土品牌与洋品牌大战。改革开放后，家电成为寻常百姓家基本配置，洋品牌占据主要市场或中高端市场，即使本土家电的技术含量、科技水平上升到与国际持平或领先，但固有品牌认知很难打破。土洋家电商战以彩电业为先锋，以价格为

① 徐井岗：《中国企业管理史论——物本、人本、心本管理的演变与中国管理理论的建立》，中国财政经济出版社 2017 年版，第 172 页。

武器，由后来被称为“价格屠夫”的倪润峰领导“长虹”彩电开启。

山东人倪润峰，1944 年出生，毕业于大连工学院，1967 年任职四川省绵阳市长虹电视机厂，18 年后担任了长虹电视机厂厂长。1986 年，赶上了彩电生产线进口末班车，引入松下 CRT 彩电生产线；1988 年 6 月，企业改制为四川长虹电器股份有限公司，倪润峰任董事长兼总经理。当时商品凭票供应，长虹彩电走俏，黑市溢价超一倍。同年年底，为了撕开价格双轨制和渠道谋利两大口子，长虹以低于黑市价数百元、高于国家牌价数百元的价格直接向消费者零售。1989 年 8 月，国家征收彩电特别消费税，各大彩电品牌羊毛出在羊身上，将税款加到彩电售价中，价格提升导致彩电市场一时销不动。眼光长远而独到，才能在纷繁复杂的商业态势中占据主动，长虹再次反向行之，每台彩电降价 300 元重新温热市场。长虹进口彩电生产线后产能大大提高，死抱价格不放会造成滞销，不如降价清库来盘活资产，还能在消费者心目树立好形象。这个时候的价格战对倪润峰来说，还只是牛刀小试。

21 世纪 90 年代初，国内彩电产品基本在 25 吋以下。倪润峰的视线已盯在大屏幕彩电上，进行大力开发。1996 年，彩电进口关税由 35% 下调至 23%，这对彩电洋品牌是巨大商机，而对本土彩电品牌却是极大挑战，也意味着彩电竞争国际化已成趋势。当家电业内还在争论不休时，倪润峰与长虹公司敏锐意识到：急症必须用急药来治，用本土价格优势去拼掉洋品牌优势。于是长虹开始了“价格屠夫”的“凶悍”之旅，向全国发布了这场价格战的第一次宣言，降低彩电价格 8% ~18%。当时国内彩电知名品牌康佳，然后是 TCL、长城、熊猫、创维迅速跟进，这是中国彩电史上史无前例的、规模空前的价格战，并且一战定乾坤，不仅仅让本土彩电品牌在与国际彩电品牌竞争中获得了生存空间，还在国内市场、在稍后的国际市场上获得平等竞争的资格，且优势渐渐加大。

到 21 世纪初，中国加入世贸组织（WTO）下，“彩电价格也一降再降：6 月，康佳、TCL、创维、海信、熊猫等国内 9 家彩电企业发起首届中国彩电峰会，制定彩电最低零售限价。7 月，厦华、熊猫纷纷突破最低限价，彩电联盟不攻自破。8 月，政府有关部门表示，彩电联盟的限价行为与《价格法》相抵触。然而康佳随后就宣布在全国范围内大幅降价，彩电价格战愈演愈烈。6 月，中国 9 家彩电企业决定联手应诉欧盟反倾销。”① 彩

---

① 徐井岗：《中国企业管理史论——物本、人本、心本管理的演变与中国管理理论的建立》，中国财政经济出版社 2017 年版，第 160 页。

电行业，仍然由倪润峰挂帅，再掀价格战。倪润峰本已退隐 8 个月后，2001 年 2 月，又临危受命，以 CEO 身份重掌长虹集团大权，为长虹的“大企业病”开出药方的同时，也为彩电业提供了方案，一方面开启彩电大范围降价模式，另一方面推出精显王背投彩电探寻新的利润增长点。在长虹继续打造自己的背投帝国时，2002 年，本土彩电品牌将经营重心转向高端的平板电视市场；TCL、创维将 PDP 电视价格大幅下调，洋品牌如 LG、三星也跟进。在土洋品牌价格战如火如荼时，液晶电视持续突破尺寸和价格之限，上广电还宣布制造出 40 英寸的液晶电视，家电行业内的重组和整合已成为现实，中国彩电业亮相世界，中国企业家亮相世界。

2. 家电业商战民族品牌强

彩电价格战中，客观上做到了以中国老百姓消费能力和消费需求为本，也捍卫了民族品牌。中国经济的崛起，不仅仅是制造能力的崛起，更重要的是体现出以人为本的特色，是本土品牌崛起、中国科技和实力崛起；从这个角度看，这价格场战的意义巨大。

此后，中国彩电业、家电业得以在世界平台上稳步发展。全球性数字化浪潮掀起，中国参与进去了。1998 年年初全数字彩电投放市场，自主开发设计的超大屏幕背投彩色电视机生产线投产。1999 年 9 月，在南京召开了中国家用制冷工业 CFC/HCFC 替代及节能技术国际研讨会，中国冰箱、冷柜、冰箱压缩机行业的替代工作即将收官。2000 年，海尔、美菱、美的、春兰、TCL、乐华、科龙、小天鹅、长虹等介入互联网，开展电子商务。

有彩电价格战作参考，且事实证明中国家电质量水平与发达国家持平，21 世纪初家电业价格战条件成熟了。起初先有一场价格战预热：“2000 年 3 月，海信空调首先降价引发大战，但海尔、格力、科龙、美的等 6 家空调企业却组建了反价格战联盟，然而这个联盟组建没几天，5 月初，科龙就宣布大幅下调空调价格，联盟宣告瓦解，空调陷入价格大战。……这年，有 23 家家电企业的产品销售收入突破 10 亿元。”① 这场国内品牌价格战，稳固了家电市场，实际上也是对家电洋品牌直接宣战。所以，2001 年洋品牌家电就实施了反扑。

首先是松下、日立、东芝制定重心转移中国的战略，在中国设立研发中心；然后是 LG、三星、A. O. 史密斯等跨国家电企业，与前面说的 3 家

---

① 徐井岗：《中国企业管理史论——物本、人本、心本管理的演变与中国管理理论的建立》，中国财政经济出版社 2017 年版，第 160 页。

做了两件事，一是洋品牌家电全都大幅降价；二是加大对华投资力度或转移生产线。全世界都将家电数字化作为新品研发重点，从数字电视、数码相机、家庭数码，到网络冰箱、蓝色家电以及宽带、一键上网，甚至小到MP3、蓝牙技术等，数字化家电、随身电子产品，形成了一个高峰，开启了一种新生活方式。

为了抵挡住商战冲击，市场上投资资本、投资倾向在增强；国内明显的变化是，国有资本比例减少，民营资本扩张加剧。价格战是一把“双刃剑”，当时形势大好的 TCL，意识到平板电视无利可图，就进军手机业务，一款“宝石手机”帮 TCL 赚取了 15 亿多元利润。可好景不长，2004 年手机销量、利润以 50% 的速度下滑，把原本赚来的钱全都赔了进去。另外，2001 年的彩电大战中，当时的康佳董事长陈伟荣落败而辞职；2004 年倪润峰第二次“退休”而淡出彩电业；2005 年创维主席黄宏生被香港廉政公署拘捕。

“国美”老板黄光裕也在 2008 年被警方调查、后入狱。这是给当时以国美、苏宁、三联为代表的“家电渠道大鳄”四处跑马圈地、抢占地盘的一记“大闷棍”。黄光裕，汕头人，1987 年年初在北京开出“国美电器店”，成功后展开“国美电器商城”连锁业务；1995 年开了 10 家，1999 年在国家布局跳跃式发展，2004 年分公司 30 多家、连锁店遍布中国内地、中国香港及东南亚主要城市，与苏宁电器同时在中国香港和深圳上市；2006 年豪迈宣布能够控制家电业零售价。只是 2 年后的 2008 年 11 月 23 日，黄光裕因经济问题被北京市公安局带走调查。

黄光裕入狱，陈晓出任国美电器董事局主席兼总裁。陈晓引入“贝恩”（美国公司）资本 32.36 亿港元，稀释黄光裕的股权。黄光裕的母亲、妻子和兄弟姐妹代表黄光裕，在国美 2010 年 5 月的股东周年大会上，将双方矛盾通过媒体报道而向社会公开。“媒体认为：在国美之争日益进入高潮时，媒体还是指责董事局主席陈晓违背大股东黄光裕所信托，窃取这间具有家族企业色彩的上市公司控制权，意图私利。此种言论多属传统的道德审判，而忽视了这一可称之为经典公司治理与股权争夺的商业属性。事实上对于黄光裕来说，国美从上市那天起就已经不姓黄了。而两人的公司控制权之争虽惨烈但仍循香港公司法及公司章程未越雷池一步，在当代中国商战中实为罕见。”① 这也提出了“所有权与经营权如何合理共存”

① 徐井岗：《中国企业管理史论——物本、人本、心本管理的演变与中国管理理论的建立》，中国财政经济出版社 2017 年版，第 163 页。

问题，“经理人制度”该往何处发展的问题；也提出了面对许多洋品牌在中国红火情况下，本土的人本管理、中国的民族品牌，企业如何把握新机遇等问题。

3. 冲突显危局危中有机遇

中国经历二三十年国门的一点点开放，到加入 WTO 的大幅开放，没有多少适应时间、也没有多少壮大的时间就直接面对世界上老牌的商业大鳄，无疑是面临“危机挑战”。汉语之美，也在“危机”二字中体现出来，危中有机，危局面前，中国人不是害怕，而是从中发现机遇，这是汉文化的母语精神的体现。“语文教育是母语教育，汉母语是汉文化的核心和生命，汉文化是具有人文主义特性的，人文主义有它的制约性，也有它的推进性。其起积极推进作用的是汉文化、汉母语中的一种精神内核——蕴藏在语言中的一种人文精神——母语精神。……汉母语是世界上仅存的象意文字，有着数千年民族文化素养、精神素养的积淀，优秀的民族思想、民族文化、民族精神的圣殿就在汉母语中。母语教育的本质属性是‘人文性’，不是‘工具性’……21 世纪的语文教育要以灵性的母语教育，塑造中华民族新一代学子的灵魂。”① 中国人，有没有读过书不重要，重要的都一定受汉语思维、汉语精神熏陶。西学引入，是学习、参考，没有必要全盘照搬，两种文化有兼容的也一定有不兼容的。为我所用吸收其营养才是对外来文化、学问的正确态度；没有了自己，何以谈文化谈管理。

所以，针对危局，中国母语精神让中国危机面前不退缩，而是找寻机会谋发展，没有机会创造机会加油干。中国的改革开放是“摸着石头过河”，一边探索、一边学习、一边深入，所以，必要的宏观调控起着重要的调节作用，经济规律也决定着经济发展过程会有危机出现。

对企业而言、对市场而言，这就是经济寒流。有时候突如其来，让人猝不及防；有时候经济过热，需要当头棒喝。芸芸众生，往往埋头苦干、忙于赚钱，当经济寒流突然冲击时，会承受痛楚、晕眩和损失，会出现哭号、跳脚、趴下。头脑冷静、能干事业者，懂得抬头看路、善于比较分析，危险中找机遇，从发展战略、经营管理、人心凝聚、人才开发与管理等方面全盘考量。可以吸收外来理论，但不照搬，而且即使吸收的部分也有一个重要步骤：中国化。所以，即使在经济寒冬里，依然有许多企业享受到春暖花开。

① 徐井岗：《语文教育呼唤母语精神回归——语文本质属性的再梳理》，万方数据，硕士学位论文。

企业运行发展、经营管理实践领域，如大量本土的中小企业，是不敢盲目全盘照搬外来文化、外来理论的，因为企业的任何投入，都要考虑产出，明知赔本肯定不会去做，即使不知结果也不会贸然去涉险。但学术领域、理论领域没有这样的顾虑，尤其是那些人在国外或者已经在国外获得某些利益并继续享受利益的人或者干脆已经移民的“学者”，无论是他们所受的教育背景，还是利益所决定的屁股坐向，媚外成为常态。还有许许多多在“国际化”口号下占据有利位置的“海归”们，自然成为媚外者最重要的拥趸，他们不知不觉成为美国文化的代言人，排斥一切非美国化的管理思想和理论。“那么中国管理的出路在哪儿，危险中的机遇在哪儿，其实很简单，只是美式管理的代言人不愿意承认也不愿意改变：理论从中国文化和中国管理实践中来，可以而且应该吸收世界上一切先进文化和先进理论为营养，但须建立中国自己的管理理论及其体系，而不是照搬西方文化下的理论。”① 在中国实现以人为本的管理，这“人”是中国人，不是西方人。

而更重要的是，以人为本的核心，是让人从心坎里认可、从心理上认定、从心灵里洁净。人的行为受人的内心支配，人心才是根本，人心戾行为戾，人心和行为和，人心顺待人顺。心中有和，万事皆和。与其说以人为本，不如直接说以心为本。

三、本土特色基础上的人本管理

1978 年年底召开的党的十一届三中全会，标志着改革开放的开始。1981 年就发生了第一波经济寒流。此后每隔三五年就出现一波经济寒流，从企业角度说，媒体把这种现象叫作“过冬”，事实上就是经济出现动荡，而后政策上进行调控，一般采用紧缩财政、金融政策；故也有称“经济危机”的。西方出现经济危机，就意味着经济明显衰退、失业明显加剧，大量企业倒闭。中国的经济寒潮，也会出现个私企业倒闭，但国家经济仍能保持一个合理的增长、失业问题也会通过政府调控得到比较好的解决，不需要如西方那样转嫁危机，更不会置民众生活于不顾。如 1984 年，宏观调控后却掀起了一波创业高潮，以至于被看作是改革开放后的公司元年；1989 年那次寒流，不完全是经济问题，也未影响普通民众基本生活；1993 年则是国企改革问题。1998 年和 2004 年两波经济寒流比较典型，但总未

① 徐井岗：《中国企业管理史论——物本、人本、心本管理的演变与中国管理理论的建立》，中国财政经济出版社 2017 年版，第 165 页。

影响国内经济发展。这就是中国特色的社会主义市场经济，经济寒冬来临时，各级政府不是放任不管，而是上下内外共努力助企业“过冬”。1998年是中国改革开放20周年，2004年是公司元年创办的企业20周年，这两波经济寒流，提出一个严峻问题：停留在产业链低端的制造业，还能春暖花开多久？中国如何处理制造与创造、与智造的关系？中国在处理经济寒流时充分顾及人民群众利益，所以进入红色强国后实施了“腾笼换鸟”，开展产业链的延链、补链、强链。

1. 工商业寒流独文化产业兴

1998年，制造业主流仍然是“来料加工”，但出口增幅下降了，意味着国外订单增幅下跌，企业扩张受限；而物价上涨，意味着生产材料成本增加；固定资产投资规模过大，表示提供给企业发展的资金量受制约，这些都是给企业套上“紧箍咒”。雪上加霜的是银行对民企依然放不开，企业流动资金紧张，中国制造业若不升级改造难解困境。只有互联网作为一股暗流悄然运行。银根紧缩、市场萎缩，“生意不好做”。工商业遭遇寒流，民航业、旅游业、文化产业等，却是另一番风景。文化，不再是给经济唱戏搭个台子，而是直接唱大戏了。

20世纪90年代的文化产业，日韩游戏软件、动漫画风靡中国，好莱坞文化占领了电影市场半壁江山，1998年一部《坦泰尼克号》，狂卷中国票房3.2亿元（那年全国总票房14.4亿元）。“功夫”“熊猫”这些纯粹中国元素的东西被好莱坞梦工厂包装成《功夫熊猫》风靡全球拿走6.3亿美元票房。韩星来中国扫市场后再大骂中国，影视文化却被美日韩霸屏。

浙江省东阳市有一个原本比较偏僻的乡镇，叫横店，不通火车，没有飞机场，仅有一条县乡公路通过该镇。一个地地道道的连小学都没毕业的农民徐文荣，带领横店人居然打造了一个名震全球的影视文化城。机遇来自中国名导演谢晋（1923～2008年），1995年要拍一部《鸦片战争》电影，却苦于找不到合适的拍摄基地而迟迟不能开机。经人介绍来到横店找徐文荣，两人彼此都不知道对方是谁，却不妨碍一个农民与一个导演的大手相握，谢晋选中了一块多个小山坡的地儿，问能不能在3个月内建起“南粤广州街”：一座塔、一条珠江、120栋房子的一条街。徐文荣接下了，120支工程队同时进场，日夜赶工、雨雪不停，如期建起了这条清末广州街，谢晋《鸦片战争》顺利拍摄完成。后来扩建了香港街，形成“广州香港街”，成为横店影视城首个景区，后陆陆续续再建成横店影视城、梦幻谷景区、秦王宫景区、明清宫苑、清明上河图景区六大经典景区，以及其他一些景区如大智禅寺、明清苑宫、岩屏洞府、明清民居博览城（桃花源、秦淮河），以及红色旅游之红军长征系列、中国共产党代表大会会址系列、延安革命纪念系列、革命战争博览城和国防科技园，以及新圆明园、新长春园、新绮春园、新畅春园等景点群。

横店为影视拍摄提供了各种现成的基地，不能不佩服徐文荣的是，他力排众议向全国发出邀请：任何剧组到横店拍戏一律免场地费！当人们还在为他的这个决定瞠目结舌时，某某电影在横店拍摄、某某电视剧在横店拍摄的消息不胫而走，好奇心让人们都想看看这个明星们拍戏的地方。于是，每一部横店拍摄的影视剧成为最好的活广告；于是，旅游热起来了；于是，与影视拍摄相关的行业兴起来了：专业做影视道具的、专业提供影视服装的、专业组织群演的、专业提供影视拍摄动物的……一不而足；四里八乡的农民很多成了群演，漂在横店的演员常年几千人，形成“北有北漂，南有横漂”的局面，横店的影视公司如雨后春笋，旅游业、服务业兴旺发达。横店影视文化业崛起，带动了许多行业的发展。

文化是有区域性，中国文化应该也只能走中国特色的道路。横店做到了这一点，它不是依赖西方理论创建的，里面的建筑内容主要也体现在两个方面：中国文化传承，红色文化复兴。横店成为中国首批镇级城市之一，规模宏大是一方面，完全的中国元素也是一方面。“正是像徐文荣这样的许多纯粹的中国人，在改革开放的东风下开创了一项又一项具有中国文化元素、中国文化特征的事业，娱乐文化产业只是其中的一项。据统计，到2010年年底，中国文化部主管的产业文化单位达20多万个，娱乐行业、音像行业、文化艺术行业等年上缴税20多亿元，创值100多亿元，若再加上媒体、出版、培训，文化旅游等产业1000多亿元的市场规模。”① 相信未来会有更多中国元素的优秀影视走向世界。

2. 实体业受阻而电商业兴

2004年，“八四潮”创建起来的企业20周年了，这个生日却让很多企业害怕。年初，系列企业事件导致“原罪”讨论，涉及的内容，似乎揭开了企业发家过程中那些不为外人道的肮脏，甚至那些血淋淋的事儿。年末评出“十大企业危机”事件：“默克制药回收万络事件、海南航空飞机延误旅客下跪事件、方正科技PC骨干‘集体叛逃’事件、阜阳劣质奶粉事件、龙口毒粉丝事件、杜邦特富龙不粘锅事件、北京新兴医院虚假广告事件、河南‘豫花’‘毒面粉’蒙冤事件、杨森息斯敏不良反应事件、巨

① 徐井岗：《中国企业管理史论——物本、人本、心本管理的演变与中国管理理论的建立》，中国财政经济出版社2017年版，第170页。

能钙含有双氧水事件”。这让人们不得不去想，那些没有评上危机事件的事件呢、那些没有被查出来的案件呢、那些有“保护伞”而动不了的问题企业呢、那些不适宜公开但性质更恶劣危害更严重的事件呢……企业自身不纯洁、民众信心下滑，企业频频崩盘，股市连续雪塌，经济寒流裹挟着商业风暴席卷而来。

这年的经济寒冬，特别冷，被国家列为冲刺“500强”6名“国家级种子选手”① 之一的“海尔”，成为国际奥委会全球合作伙伴第一家中国企业的“联想”，也被寒流冲击。“海尔”在两件事上救市，一是明晰产权，二是走向国际。开出13家国外海尔，让国际化成为“海尔”的一张重要标签，2002年营业额达10亿美元。然而“海尔”的海外产品价格、实际生产与经营情况，频频遭媒体质疑，顺带着连“海尔”的产权改革问题也被翻出来批判，“海尔”日子不好过。“联想”早已解决产权问题，问题出在战略转型上，新任联想总裁杨元庆决定“全面转型为一家互联网公司”，结果纳斯达克指数狂跌，国内席卷商业寒流，股市雪崩、网络泡沫破裂，战略大转移出师未捷身先死，内外交困：投资互联网的几亿元被寒流刮走，花3亿元买的“赢时通”股值只剩10%，公司员工在裁员风波中惶惶。很显然，互联网的“春风”不入“联想”门，开发芯片走科技之路在“倪柳之争”时已堵死，唯一可走的是回归老路：生产电脑、销售电脑，也就是一半制造、一半营销，专注PC业务。

“海尔”也好、“联想”也罢，虽然遭遇困难、虽然受到损失，终究是大企业，寒流中挺过来了，“复星”也以牺牲控股权为代价挺过来了；也有名气很大却挺不过来的，如“铁本事件”中戴国芳锒铛入狱，唐万新在“德隆系股票崩盘”中倒下……2005年，跨国公司频频出事，被称跨国公司“问题年”。一方面是海外对中国出口商品搞了一波反倾销，一批出口企业中枪；另一方面是海外在华公司冒出系列性丑闻，陷入公关危机，如宝洁、索尼、雀巢、戴尔、东芝、富士等。这让企业界、理论界都深入思考管理问题、实效问题。

社会发展、经济运行、行业变迁，应该都有其规律。在一波波经济寒流中，20世纪末、21世纪初兴起了互联网，并很快进入商务化，两者结合，新兴了一个商业领域：电子商务。互联网似乎是一个会自行选择从业

---

① 1997年，国家经贸委宣布，未来几年重点扶植宝钢、海尔、江南造船、华北制药、北大方正、长虹等6家公司，每年向每个公司投入不少于2000万元人民币，力争使它们在2010年进入世界500强。

者的行业，有的人进去一下子就淹没在虚拟世界里，连泡沫都不起一下；有的人进去了感觉不对赶紧抽腿，却已受伤；有的人进去却是天高任鸟飞，海阔凭鱼跃，只是飞跃过程中考验不断，只有经受住考验的才在里面捞取一桶桶真金白银。“先是盛大游戏的陈天桥以进军新浪董事会终结了由新浪、网易和搜狐把握互联网‘门户时代’；再是中国最大户外视频广告运营商分众传媒创始人江南春，将分众传媒在纳斯达克上市；后是李天宏的百度也在纳斯达克上市，以破天荒的高达354%的涨幅创造了美国股市213年以来外国公司首日涨幅的最高纪录（股价120美元）。”① 但不管涌入的会有什么结局，这个领域却一直是阳光灿烂、春风送暖。其中电子商务也一步一步走出了康庄大道，出现了B2B、B2C、C2C等商务模式：“（1）B2B——Business to Business，指企业对企业的电子商务。内地主要有的B2B电子商务企业有阿里巴巴等。（2）B2C——Business to Customer，指商家对消费者的电子商务。目前主要的B2C电子商务企业有卓越、当当等。（3）C2C——Customer to Customer，指消费者对消费者的电子商务，简单地说就是消费者本身提供服务或产品给消费者，最常见的形态就是个人工作者提供服务给消费者。”②

互联网带来的“互联网+”，几乎让任何一个领域、任何一个行业都发生了经营思维、管理思维的巨大变化，以及这些领域、这些行业的内部构成和生存方式的巨大改变。只是从管理角度说，电商行业管理、电商企业管理几乎无人说起，基本上由平台提供者自我制订、自我执行、自我监督。从长远来说，其实是一种失控的管理，隐藏在里面的“危机”在那时几乎没有人意识到、关注到，更不要说充实、补充、完善之。换一个角度，只能理解是一个新兴行业兴起所必须付出的代价。因为只有依赖于这个领域平台提供者的自我修养，而修养人心的中国优秀文化未曾复兴，西式商业文化还在大行其道。幸好，几年后就进入“红色强国”时代，新时代中国特色社会主义的一个重要内容是“四个自信”，其中更基础、更广泛、更深厚的自信是“文化自信”。可以相信，中国五千年文明核心之一的悟道明德修养人心的文化之光、天下一家的协和文化之光，一定会照进互联网、照进电子商务。

另外，“电子商务的本质是整个社会生产、经营和管理生态链和价值链的改变，也是利用信息技术实现业务模式和管理模式的变革与创新……

①② 徐井岗：《中国企业管理史论——物本、人本、心本管理的演变与中国管理理论的建立》，中国财政经济出版社2017年版，第167页。

作为一种商务过程，电子商务将带来一场史无前例的革命，更为重要的是它对社会各方面的影响会远远超过商务的本身。”① 非常遗憾的是，因互联网而兴起的虚拟经济、互联网经济，改变了人们生活模式的同时也改变了实体企业的生存环境。当时很多人意识不到，或者说即使意识到也不会重视，抑或是互联网人有意遮掩了这样一个事实：没有实体经济为依托，互联网经济只是虚拟的；而且，当互联网巨头形成后，会出现互联网经济的垄断，这不适合中国特色的社会主义市场经济，尤其在金融、税收、信息安全等领域危及社会稳定、国家治理，所谓的“巨头”们头脑发热、心态膨胀，挑战国家权力、国家安全的时候，这一领域的清理、整顿也就不可避免了。

3. 改革强国谋归本土管理

经济发展形势直接影响着企业发展，企业发展强弱直接影响着经济形势。这里面所涉及的管理技法，避不开育人、用人的人才资源管理技法，核心是解放人的思想，实现人本管理。中国人本管理，无论是宏观管理还是中观管理或是微观管理，都首先考虑人的因素，充分发挥了人的能动性，才能创造令世人惊讶的奇迹。过去 30 多年对中国民营企业来说是刻骨铭心的，大胆的企业家兼梦想家们，一次次地用自己的“野心”挑战监管部门旧的监管底线——改革和开放需求必然会与旧的政策体系发生冲突，民营企业在优势占尽的国企与享受超国民待遇的外企中想要求得“夹缝生存”，也需要去打破旧的制度管理；所以民营企业的这种“野心”，违背了当时的政策法规，但处于变革时期的政府管理者，用无声的支持在可能的范围内允许着这种“野心”的存在，于是新旧博弈转化为改革经久不息的动力，一步一步走出中国经济发展的道路。这说明一个技法，改革是改掉旧的不合理，革掉落伍的无用者；开放是打开国门学习先进的，放开束缚吸收适用的。改革开放不是一味照搬人家，而是学习人家创造自己独立自主的内涵，企业创品牌是如此，管理理论建设亦如此。

中国人也没有辜负这个时代的赐予，经济大潮中出现了一批有担当的杰出人才，在商海里万舸齐发、竞相远航，不仅培养了更大一批杰出的企业管理者，还形成了一大批叫响中国的品牌。细数改革开放中树立起来的知名品牌，无不具有中国文化的根本、吸收世界优秀文化的营养而成大牌的，如荣获中国驰名商标称号的 500 强企业华为、京东、阿里巴巴、腾

---

① 徐井岗：《中国企业管理史论——物本、人本、心本管理的演变与中国管理理论的建立》，中国财政经济出版社 2017 年版，第 168 页。

讯、海尔等著名企业（产品）品牌（不含国有企业。有台湾的鸿海，即大陆人熟悉的富士康母公司，全球排名24）；在2017年中国世界品牌排行榜中，民营企业已占据了很大份额，除前面提到的世界500强都入选外，还有微信、百度、茅台、周大富、伊利、洋河、苏宁、吉利、联想（以上不含国企、房地产、民营银行领域的企业）等，还有一大批中华老字号，推陈出新焕发巨大的魅力，如同仁堂、吴裕泰、老凤祥、张小泉、瑞蚨祥、恒源祥、荣宝斋、狗不理、老天祥、胡庆余堂、雪舫蒋、西泠印社、青岛啤酒、茅台、五粮液、云南白药、五芳斋、果仁张等。民营民营，是中国民间力量的崛起，是中国特色的管理思想的崛起，是民族文化在经济领域的崛起，凡是民族的就一定是世界的，凡是世界的也一定是民族的。

也就是说，只有符合中国土壤的管理技法才是中国企业的福音，也是对世界管理的贡献。显然，以中国元素为主体的管理，才是真正的中国管理。中国人关注的是心理认同，中国人接受的是心灵相通，中国人相信的是“人心顺，一切顺”“人心齐，泰山移”“得人心者得天下”。同理，要在中国人的市场中成为知名品牌，得能打动中国人的心。

总结起来，中国改革开放的30年间，一年一个样，十年大变样，核心技法是充分调动起中国人民的积极性。10年复苏，10年转型，10年人本，成就制造大国。

1978~1987年，是中国制造业复苏的十年，并且逐渐从只有制造工业产品到消费品制造业的崛起，而且在订单企业发展的同时，民族企业、自主品牌也在产生过程中，电视、汽车、收录机、冷饮机、洗衣机进入百姓家，中国人穿着也开始五颜六色，食品和各类消费产品的品种逐渐丰富，计划经济时代出现的“凭票供应”成为历史。

1988~1997年，是改革开放第二个十年。民营制造业崛起，外资制造业进入中国，“苏南模式”和“温州模式”成为两种体制改革的模式。一些制造“假冒伪劣”起家的企业走出局限，开始创品牌。经济特区建设、海南发展、股市建立、商品房出现，标志着中国基本完成了计划经济向市场经济的转型，市场也逐渐由供不应求转向供大于求。广东成为中国经济的龙头，江浙民营经济崛起。各类工业园区，吸引了大批国外制造企业进入中国，中国发展了外资、合资和合作企业，中国的低成本后发优势逐渐显露，国际贸易开始节节攀升。

1998~2007年，是改革开放第三个十年，“中国制造”蔚成大观，闻名全球，赢得了大量的OEM订单，成为国际制造业的生产外包基地。而支撑这些企业实现低成本优势的，是来自中国农村的大量低成本劳动力和沿海地区逐渐形成的专业化产业集群，尤其是在 IT 产品、玩具、服装、制鞋等产业领域。同时，民族企业、自主品牌获得大发展。更重要的是，互联网进入高速发展时期，电子商务蓬勃，迅速改变了人类的生活方式。从整体布局看，基础建设投入飞速增长，高速公路网络全面建设，铁路一次又一次地大提速，航空载客量和货运量增长神速；中国电信，尤其是无线通信发展突飞猛进。中国城市化进程，呈现出蓬勃发展趋势，城市成为最大的工地，建筑业发展带动了对制造业产品的需求。农民工像潮水一般，涌向沿海地区，支撑了民营制造企业，尤其是外向型企业的发展。汽车，迅速进入中国家庭。中国的船舶、机床、汽车、工程机械、电子与通讯等产业发展迅速，进而又带动了对重型机械、模具以及对钢铁等原材料需求的海量增长，从而带动了整个制造业产业链的发展。顺德的家电产业、温州的电器产业、福建晋江的制鞋业、昆山的电子产业等风光旖旎。华为、海尔、联想等走向世界，机床、汽车等大型制造企业也已经进行了国际并购。

经过 30 年发展，中国制造业占中国 GDP 的 40% 以上，增速已经连续 20 年居全球之首。中国成为仅次于美国的全球第二制造大国。于是需要适当的经济减速和必要的人文管理。只有当经济增长与人文素养相匹配时，才是真正意义上走向发达国家的时候。这需要中国式的管理智慧和中国式的人文背景，背离了这一点，不仅仅是背弃祖宗那么简单，更重要的是失去中国五千年的文化支撑，失去中国的独立自主。人本，也就无法真正以人为本了。

与红色革命一样，中国之路在实践中一点点摸索出来；红色经济发展之路也如此，不是国外列强给了中国发展机会，而是改革之路让中国有了发展内劲、开放之路让中国能够吸纳世界，中国依然是社会主义，是中国特色的富民之路、强国之路。

第四节　以心为本得人心管理技法

黄河是中华民族的母亲河，在古代由于河道多沙善淤，发一次大水就可能在某一段改一次道，变迁无常，原本黄河东岸的村庄因有可能变成在黄河西岸。“三十年河东三十年河西”谚语千古流传。“三十年”并非确数，只是用来说明随着时间推移世事会发生变化。

恰巧的是，中国共产党红色管理的百年历史，暗合了这个说法：从1919年五四运动（2年启蒙、28年奋斗）到1949年新中国成立，30年红色革命，诞生了毛泽东思想，中国人民站起来了。1949~1978年，是战后满目疮痍、稳定国际国内形势的30年，是集国家之力实现国防、工业、水利等战略布局的30年，是在一穷二白的基础上奋斗、获得国际社会支持，消灭私有制建立国有企业体系的30年，也是红色革命过渡到红色经济的30年。1979~2008年，是红色经济建设的30年，是中国改革开放经济腾飞、打破行政计划管理体制、建立市场经济体制和管理，中国私营、民营企业逐渐成长为中国经济重要组成部分的30年，总结出邓小平理论，中国人民富起来了。2009年开始过渡到新时代，这是中国企业脱胎换骨的新时代，是中华民族伟大复兴的新时代，是以习近平新时代中国特色社会主义思想为指导走向红色强国的时代。强国时代，中国管理具备了从“人本”走向“心本”的条件；“以心为本”管理观念与中国优秀的“心文化”“和为贵”有着高度的契合性，“心和管理”，成为新时代管理内涵。任何一个世界强国从来都不可能照抄照搬别国理论，强国梦，落实到企业与管理上，要有本土的文化根柢、理论内核、内容体系以及对应的技术与方法。

一、心本管理技法的形成基础

1. 回归修心协和管理文化

中华民族复兴的强国基础，使中国人民站起来、富起来了。然而富起来的过程中，仍有一些问题留存，强起来过程中绕不开去；其中，创新是强起来的重要内涵。改革开放，民营力量推动红色经济发展，企业管理保留了必要的行政管理，国学管理的文化基因在起作用，两者结合创新中构建中国特色的社会主义本土管理。这个过程中，难的不是学术问题，而是思想问题、人心问题。西化论者有一种表面化的认知：西方能发达一定是文化、理论优秀；中国经济、实力不如人家就证明文化、理论不如人家，就没必要创建本土理论。这种看似“很科学”的天真而盲目的结论，很有欺骗性，给西方文化入侵提供了舆论支持。

发达国家不是自古就发达，文化也不是自古就优秀；发达国家发达不是经济理论、管理理论多高明而发达，欧洲工业化的基础是地理大发现殖民时代劫掠世界财富而确立的，美国更是殖民起家、依靠两次世界大战发战争财、抢夺世界资源崛起的。这样背景下产生的理论，且不说时代的适应性、伦理的适应性，就单单水土适应性问题，证明这种“全盘西化”行不通，因为中国不奉行强盗文化，而是奉行修心文化、奉行协和文化。

向国外开放，发达国家的投资、技术、管理，连空气里面都紧裹着一个“利”字，人家无利不起早。而一个穷汉与一个富豪谈判，穷汉没有话语权，给什么就是什么，定什么条款就是什么条款——反正你想要，反正你得要——“城下之盟”的合约里，多少屈辱、多少无奈、多少不甘，都得咬碎钢牙咽下去。承受着耻辱的居高临下和怜悯蔑视的“施舍”，交出巨额“学费”引进的所谓先进技术与管理方法，很可能是人家将要或已经淘汰的或者只是皮毛的东西。就这，人家还要跟你讲“知识产权”，这种产权，本质是以“权”谋利。

经济与管理领域，通过类似“高价”换取“国外先进理论”。留学、访学者在国外的书籍、论文或人家有意提供的“内部资料”中，随便弄一点翻译后就是“创新”的学术论文。早先普通人无权出国，有权先接触到这些资料的人员成为最先的得益者，成西方理论搬运工，得名得利得位置，回国便是“布道者”“救世主”“学术权威”，话语权直线上升，无暇也不愿考虑理论与中国现实是否接轨，“发达国家的东西就是好东西”成为理论界共识；也全然不觉，引进的这些理论、理念、观点、技术、方法等，也把西方商业文化模式、谋利思想裹挟进来，客观上否定了中国修心协和文化、取之有道商业思想，把中国管理带偏了轨道。

“西化”既得利益者沾沾自喜中颐指气使，用外国祖宗的东西否定中国祖先的精粹，理论研究、学术探索、高校教学全都想“西化”，缺乏中国特色，没有中国元素，堂而皇之从西方“拿来主义”，有了后来“蓬蓬勃勃”的“学术造假”；教育界堂而皇之地“国际化”，有了后来“外国的月亮比中国圆”，西式理念挤占中华传承。原本的文教卫体事业，在“产业化”大旗下，不做事业而成生意谋利了；国际化歪曲成了一切向外国靠拢，而不是视野的国际化、胸怀的国际化，更不是中国理论传播的国际化、本土立场的国际化。

即使进入了21世纪的新时代，即使国家立场、政治口径回归到本真的中国特色、中国文化、中国管理，强烈呼吁回归中国自信，但在学界包括理论、学术、高等教育等领域，也只是在表皮上稍稍变换了一点颜色，其主体内容、核心思想，依然“西化”而岿然不动，谁能、谁敢动了既得利益者的“奶酪”（本埠民间俗语：断人财路犹如杀人父母）。所谓改革的深水区、所谓改革的攻坚战，其本质都是因为无法撼动既得利益者，所以渡不过深水区、攻不下堡垒群。吃惯了西式奶酪早已不待见中国的馒头，喝惯了西方咖啡，早已喝不来中国茶汤，用惯了西式模型早已不喜欢中式觉悟，习惯了随手拈来西方的洋文早已不愿意潜心钻研本土传承。战争年代是现实放不下一张书桌，西风劲吹年代是利益容不下一张书桌。进入新时代，提出要有中国的社会主义道路自信、理论自信、制度自信、文化自信，管理学界却“西化”依旧。因为管理学界话语权人掌握的不是国学传承、不是本土理论，让这些人主动放弃既得利益、放弃已有特权几乎没有可能，文史界讲座、电视节目再如火如荼也没用。

但强大起来的中国，有国学传承，有自己理论体系，包括管理理论、技能与方法，中国化不可阻挡。中华文明宝库中，管理文化、技法汗牛充栋，虽没单独整理、没形成独立的技法系统、没构建学科体系，其内涵却始终存在着。西方有西方历史传承与现代结合形成的管理技法，中国有中国历史传承与现代结合形成的管理技法。心和管理学研究，在理论与技法上既是抛砖引玉，也是开创性探索，其完善性也许有待商榷，其合理性、适应性、实践性却是无可置疑的。管理学与本土人文内涵不能接轨，管理研究就是无根之木、无源之水，人文环境是管理理论建立的土之壤、水之源，是管理实践的树之根、光之源。

中华大国之人文，有着五千年甚至更长远的文明积淀、文化传承，这是世界上任何其他文明都无法比拟的。中华以农耕文明为根、为主体，融合进游牧文明、商业文明，形成了东方独具特色的大陆文明（或说大河文明）。古巴比伦文明与古埃及文明在地中海遇合形成希腊文明，是欧式商业文化模式；与古印度文明在陆地上遇合，形成的波斯文明，曾建立过地跨欧亚非三大洲的大帝国，但连年征战，被来自东方的穆斯林军团灭亡。相比较而言，只有中华原创文明至少 5000 年未曾断裂，希腊文明也就 2500 年左右，中间还断裂了中世纪的千年，文艺复兴（14 ~ 16 世纪）才复兴。历史差异、文明差异，而有人文环境差异，管理理论差异。西学是与西方文明接轨并适合西方传承和现实需要的学问，那么中国学问就应该是与中华文明接轨并适合中国国情和发展需要的学问。心和管理学，中国管理之学。

2. 开启中国特色心和管理

中西方人文差异，决定着西方管理理论及技法体系有其西方的先进性、应用性价值，但与中国文化吻合度不高，与中国社会人文环境无法无缝对接。中国原本“求道”为先的经世观念，变换成“求器”为先的指导思想，思想堤坝失控，导致人心蒙尘、人心变异、人心迷失、人心堕落，无限制谋利中没了规矩约束、没了道德指引、没了仁义武装，人的心路受阻、心态失衡、心欲膨胀，人心病了。心病自须心药医，中国企业管理的“心药”从中国文化的道中来，从周易文化的智慧中来，从理顺人心谋取双和的治理文化、和谐文化中来，从中国百年红色管理成果中来。历史沉淀，时代创新，取其精华而成中国特色的心和管理。

首先，中国管理形态是在农业立国社会中发展起来的，西方管理形态是在商品经济社会中发展起来的。中国自古以农业生产为基础，农业社会由大量分散、小型、雷同、以自然经济为主体的村落和城镇组成，生活所需用品基本可以自给自足，自然而然形成了力求稳定、少走极端和反对冒险的“中庸”思想，从不依据那些不切实际的幻想，也不重视通过严格的逻辑判断来进行决策；管理体制上专制与异本互相依存，管理方法上经验与理性互为补充……这些代代相传成为经典、渗透在中国人的血液中、深刻在中国人的骨子里，以和为贵。西方国家国土狭小，濒临海洋，腾挪有限、无法自给自足，自然谋求与外界交换而形成工商业，寻求外来补充而热衷扩张；管理体制上追求利润、注重物本（很长时间段内都是物本管理），管理方法上讲逻辑、善思辨、精准计算，形成商品经济特色：以利为本。

其次，中国管理向内、求同、重人，西方管理向外、求异、重功利。中国管理思想讲宏观集中，并有强烈的民族意识和眷恋乡土之情，管理是维系在思想感情和强大向心力的基础之上的。全世界只有中国人，有着那么强烈的“叶落归根”“故土难离”“光宗耀祖”的诉求。大陆民族生活安定，血缘宗法关系非常紧密，管理活动中心是“人”，是以伦理关系为基础，以道德和教育为轴心。大陆地理环境使中国与“隔离”，使中国的管理思想趋于强调统一、协同、和谐。而西方海上交通的发达、人员交流的频繁造就了一种外向型民族心理。商业的发达和人员的频繁往来，使西方管理一开始就较少关心血统的亲缘关系，而重利益，讲功效，追求现实的成功，因而提出用统一的标准化进行管理的思想。

再次，中国管理是在人情社会里，以宗法血缘关系为纽带；西方管理是在利益社会里，以利益计算为纽带。漫长历史长河里，宗法血缘关系渗透到中国社会生活的各个方面和各个层次，积淀成为一种极为强固的文化结构、心理力量和组织形式。从而形成管理组织是家族型特征，管理机制是伦理型风格，管理方式是心理型感召。基层管理的最强组织往往不是官方的，而是民间的“宗祠管理”，即使经历了民国“新文化运动”、新中国成立后“文化大革命”的“破四旧”运动和改革开放的西化引进，民间宗祠文化受到毁灭性打击，但仍然存在着家族体系和以家族为核心的社会派系——虽非正式组织，却仍然起着一种家族管理的作用。西方从罗马帝国时代就推崇军权瓜分，一切都以财富、利益为目的，撕开了人与人之间温情的面纱，以明确的权力和利益关系作为管理组织的纽带，以经济效益作为管理动力。法律条文重于道德教化，实际利益重于心理情感，职责分解重于整体效应。两种纽带下的管理选择，各有各的功效，关键在于合适与否。破旧立新，不是否定一切原有的，而是破除不适合的旧体制；不是放弃优秀文化传承，而继承基础上的吸收、融合与创新。人情文化是和文化的基座。

最后，中国是以变通为特征的多点曲线管理思维，西方是以直行为特征的两点直线思维。中国广阔的内陆为舞台，山峦、丘陵、河道，形成了曲里拐弯的条条路径、曲径通幽的文化风格，谁变通性强谁就可能更快走上捷径；西方以浩瀚的海洋为舞台，寻求的是直线抵达，形成了直奔目标的航道、本能释放的文化风格，谁执行力强谁就能更早到达彼岸。所以，中国思维以曲线为主，追求含蓄、内敛；西方思维以直线为主，喜欢直接、外放。在管理上，中国讲规矩，守规矩前提下以人心认可为要义；西方讲规则，守规则前提下以人性关怀为要义。人心双和管理理论，就是以这种文化内涵差异和思维方式的差异为前提，提出针对国人的管理应以心为本，重在梳理心态尊重面子；不像西方人性为本，讲究激发个性尊重自由。说的更直白一些，中国管理以人心梳理为主、人性关怀为辅；西方管理以人性关怀为主、人心梳理为辅。没有必要纠结于谁对谁错、谁强谁弱，适合才是核心。

3. 规矩规则差异管理风格

西方理论引入国内，一些专有名词翻译成汉语时，这些汉语在许多人看来就是西方的，却忘记那本是汉语。这里提两对词，其一是“规矩”与“规则”，其二是“人心”与“人性”，都是一字之差，意义也有相通之处，但管理侧重却明显不一样。

“规矩”与“规则”，在英语中没有多大差异，都是“The rules”。当然，由于中国文化中这两个词的差别，翻译时还是可以有些许差异的，如regulation，就更接近规则，没有情感因素，只有数字式、法制式的规则意义，是“给你的规则，你必须遵从”；而用 well - behaved，well - disciplined，就表示行为端正的，有节制的，显然有自我主动意义在里面，是“这是大家共有的约束，我必须遵从”之意，也有汉语规矩的内涵。所以讲规则时，更多地体现在制度、章程这样的“冷物”上，这是显规则（可以与时俱进的修正），同时还有潜规则——见不得光的约定俗成，元规则——强者暴力决定的规则。而规矩，是合乎标准和常理的，还可以是一种好的习惯，一种优秀品德——行为上的端正老实，符合和为贵管理。而好习惯、好品德是不容于规则的，同样潜规则、元规则是不合规矩的。两者之间的规范、差异差异显而易见，中华文明的社会适合规矩管理。

“人心”与“人性”，在英语中是有差异的，只是“人心”不能单词直译，大体是 popular feeling（思潮、深刻感觉）、the will of the people（民意、人民的意志）等词组意义的集合。人性则可译成词组 The human nature，也有译成 human nature 的。很显然，“人心”体现的是人们内心的一种感觉、感情、愿望等，或者是一种品性，如心地善良；而“人性”主要表示人的自然属性、人的本质，与内心思维关联度不高。人心管理求的是彼此和谐、内心里认可的认同，有情感因素；人性管理求的是理性的，从人的本性角度入手，外加的关怀，人性关怀可能产生感动，也可能没有情感产生。人心管理包含了人性管理，人性管理缺少了人心修炼和疏通。相应的管理哲学、理论建构、思想观念、方式方法也会有所差异。

中国文化传承、中国历史积淀、中国思维定式，构成了区别于西方人文环境的中国人文环境。西方宗教治国自古就有，而中国虽有宗教，但从来就没有过真正意义上的宗教立国，也没有依靠宗教治国。佛教由古印度传入（古印度佛教在 13 世纪时消亡），在传播中发展，形成了具有中国特色的佛教，并分别形成汉地佛教（汉语系）、藏传佛教（藏语系）和云南地区的上座部佛教（巴利语系），这是中国古代的第一大教，尽管不同时期统治者支持和利用佛教教义的程度各有不同，但毕竟没有依赖佛教治国。道教是中国本土宗教，其教义取自春秋时的道家学说，而后有所发展把道德哲学神化而成一个多神教，追求修炼后长生不老、得道成仙、济世救人，严格意义上说是一种文化传承，而非治国原理。

儒学，成为治国的重要原理，但儒学虽为“三教”之一，其实是被奉为宗教一样高（甚至超越佛教、道教）的地位，归根结蒂，是传承下来的国学的核心内涵。自古以来，偌大一个中国，多教并立、多神并敬，海纳百川、包容万物。不论学术界认可与否，中国有自己独特的文化内涵、哲学根柢、思维方式，并不因为现当代信息网络化、世界大同化后就丧失了中国固有的本质和深刻的人文背景，更不因为“西化”倾向就能把这些根深蒂固的中华人文内涵给挤没了，一方水土养育一方人，华夏民族依然是东方龙。

西方管理冷静理智到一切都可以物化，即使人也可以量化为物的数值，然后公式化、标准化管理。而且西方理论一直是细化分类，越分越细，于是多少有些背离了“人是一切管理的根本”这一命题。中国的心本管理哲学中，体现的应该是浓浓的中国元素。因为管理的对象归根结蒂是人，所谓财、物、信息、流程等管理，其实都是人在起作用，人是一切管理的核心。任何人都是生活在特定人文环境中的，自然，对人的管理就要以人所在社会人文环境为背景。中国的儒道佛三教，一个共同的特点就是对人心向善的劝导，都是直透心灵的教诲。中国文化、中国哲学自古以来就是重视心理的疏导、心灵的梳理、心态的反省、心绪的调节。而从文化传承的角度来说，儒，宗教式的文化经典；道，本土化的文化发明；佛，中国化的文化引进，三教都具有典型的中国元素，都可以说是从国学源头、群经之道、百家之宗——周易中生发出来的文化存在。上古伏羲氏作无字天书“易”之八卦图（三爻卦），中古周文王（及其子周武王）推演八卦而成六十四卦（六爻卦），并作卦辞爻辞，下古孔子及其弟子作《十翼》而成《易传》，终成全本周易流传下来。有周易相传，才有心灵问答方式之不同的三教：有问必答的儒家，重在教化众生，各安其位，突出道德心；答非所问的道家，重在自参自悟，修身养性，强调自然心；问即是答的佛家，醍醐灌顶，自觉顿悟，追求觉悟心。中国哲学，自古讲究人心修行；中国管理，自古追求感悟领悟。

二、心和管理技法的原理内涵

1. 心和管理学立规管的技法

心和管理学之“管”的技法，体现在三对阴阳对立又互为关联的方法上：刚与柔、定与变、战与和，即刚性的强制约束与柔性的人心梳理相结合的管理方法，衡定的规范红线与变通的灵活处置相结合的管理方法，过程的战斗不息与目标的彼此协和相结合的管理方法。这便是中国管理的矛盾统一体，这便是心和文化的阴阳相协和。

“管”，在汉语里内涵十分丰富，既有管辖、管制、管控、管束、管治之“管”，也有照管、看管、保管、托管、监管之“管”；既有统管、总管、掌管之“管”，也有征管、接管、协管之“管”。可以管经天纬地的大事，也可以管鸡毛蒜皮的小事。管的权力，是身份赋予的，是职位带来的，是自信或自负生成的；管的权利也丰富多彩，只有想不到的，没有管不到的。有位皇帝叫宋真宗，名赵恒，写有一首《励学篇》诗，说明了“权”可以带来的“利”，即读书考功名做官，然后“富家不用买良田，书中自有千钟粟。安居不用架高堂，书中自有黄金屋。出门莫恨无人随，书中车马多如簇。娶妻莫恨无良媒，书中自有颜如玉。男儿欲遂平生志，五经勤向窗前读。”读好书、做上官，就可以管天管地、管人管事了。古代说的“官”比较单一，就是皇帝以下各级官府的官员。到了现代，社会组织相当丰富了，除了行政官员外，其他能做官的地儿也很多，企业、事业单位、社会团体等。很多单位就是一个小政府，“衙门”多、官员多，掌管着无数人升职、晋级的“生死大权”。就连“象牙塔”高校，也不再单纯地读书做学问了，而是官路漫漫，争夺无限。

但残酷的现实是，官位不多，想当官的人不少；愿意被人管的不多，想管别人的却不少。西方管理学把“管”的成分加大，所创设的管理技法基本从“管”的层面落实。中国是把人性道义化，把人情德性化，把彼此认同看作“阴阳协和”，所以中国从小培养谦让诚信之精神，二十四孝、了凡四训、孔融让梨、“狼来了”……凡从情感、孝道层面入手便容易让人心悦诚服，从明理、守德层面入手就容易让人认同接受；而一切颐指气使的、盛气凌人的、居高临下的高压或强制，是无法让人真心信服与认同的；更重要的是制度面前不能人人平等时，利益面前不能大家共享时，规则、制度就起不到相应作用。

不是中国人不愿意遵守规则，而可能规则是公平（也可能不公平）的，但规则面前却不是平等的——有人破坏规则可以不受规则制约，有人没触犯规则却被诬陷为破坏规则——中国人不认同的是强权、特权。中国管理学是减少“管”的成分，加大“理”的部分，三分管七分理，而西方管理却倒过来，是七分管三分理。西方把人性、人情都契约化了，把员工与企业之间的隐性契约叫作“心理契约”；而在中国自古就有“默契”一词，表示心理上不约而同的同时，更重要的是体现出一种“彼此认同”。换句话说，所谓心理契约的技法，中国自古就有。为实现彼此认同，心和管理学强调中国管理需要刚柔相济，这符合易理所说的天道阴阳、地道柔刚、人道仁义的三才学说。刚柔相济的管理方法，体现在以下几方面。

一方面是刚性的强制约束，法律、规章不可逾越；另一方面是柔性的人心梳理，理解、认同心灵畅通。前者是严父，后者是慈母，严慈相宜，阴阳协和；前者是山岳，后者是清泉，雄健与柔韧，伟岸与和美，相得益彰。刚是刚而不固执，柔是柔而有韧劲。刚可以让人疼痛而警觉，柔却使人愉悦而接受。所以管理技法中需要掌握：“刚”是一把高高举起的剑，一把子弹上膛的枪，剑不一定落下、枪不一定射出，起的是震慑、警示作用；剑落枪响，意味着对其的管理已经失败，只有惩处了，标志着管理终结。但从丛林法则中学到的管理，恰恰只是挥剑狂舞、举枪射杀，以体验手握大权的心理快感和颐指气使的畅快淋漓。“柔”是一道美丽的风景线，是一种能克“刚”的力量，谁能舍得下那一缕情意的温暖，谁能抵得住那一抹低头的温柔；柔顺不是软弱，温柔是最美的接纳。柔，才能直透心灵，因为柔是一种胸怀，是一种善良，是一种感恩，是一种顺应，是一种聆听，是一种鼓励。柔可以让心意畅通、心灵臣服。中国人不愿意过刚，最喜欢雅柔，但谁都承认刚是必须的，这就是刚柔相济。

一方面是衡定的规范红线，是让人不敢越的“雷池”，是固化的上下限；另一方面是变通的灵活处置，是红线以内的自由度，是雷池以里的安全区，是界限之中的协和圈。前者如同国境线不得偷越，后者则是本国领地路路相通。目前的管理，设置了“国境线”但在“领土”内很多路不让走或走不通，却又偏偏有人在那些禁路上可以随意走。“敢于”突破禁区的，最典型的是破禁而不用受罚者，然后才是不小心“闯红灯”者，最后才是“逼上梁山”者。懂得心和管理者，须能在区分这些情况的同时，予以不同的处置方法。这些方法，现实中处处皆是——永远要相信“高手在民间”，千万别迷信“专家有妙法”。

一方面是过程的战斗不息，是奋斗、是拼搏、是竞争，是彼此阵营之间的算计，是优胜劣汰之中的胜出；另一方面是目标的双向协和，是彼此的双赢双和。战是为了不战，战的最高境界是“和”。中国人的心灵深处，都有着“和文化”情结，皆以和为贵、以和为善、以和为本，儒家的思想体系中，无论是讲人类社会，还是讲客观世界，都是建构在“中”“和”基础之上的，所以“致中和”方为高境界。无论是修身、齐家，还是治国、邦交，中国人都奉行“和”的价值观——和蔼可亲，和颜悦色，和气致祥，和睦相处，和衷共济，和平共处，家和万事兴。其他所有的“和”都是表象，心和才是本质。然而，最难的便是心和，因为难，所以更需要强调，更需要文化纳入，达到人与自己、人与人之间，人与社会各方之间，人与自然之间的心灵之和。这时候的管理是心灵的升华，而不再是制度的约束。

2. 心和管理学情理心技法

心和管理学之“理”的技法，反映在谋利与明道、崇德与尚情、包容与认同的无缝对接上。一切管理都为了效率与利益，一切效益都须在明道、得道、守道的前提下获得；任何管理的必要条件是崇尚德性，崇德一定是在守住道德底线的同时闪现人性的情感光辉；人心的包容几乎是无限的，包容什么决定了人心会认同什么。有包容就有体谅，有认同才有和谐。“理”的重点是理心，心要能梳理通透，重在明道守德。

“理”，在汉语里有多方面意义。心和管理学中的“理”，是整理、清理、梳理的“理”，大到总理、治理，中到经理、襄理（助理、协理），小到理财、理物，都是“理”。但归根结蒂是通过对人心的疏通，处理好一切关系和事务，理出心思的顺畅通达、理出心意的主动能动、理出心绪的清灵明朗、理出心灵的快乐高尚。

“管”的能力似乎是与生俱来的，只要条件许可，人人都会。但若要确定目标如何通过“管”达到高效率、获取大利益，就显出水平高低了。因为任何“管”都离不开“理”，而“理”的能力似乎是后天培养的居多。人随天性进行的“管”，严格意义上说不是管理学所要定义的“管”，而是人性中满足高人一等的心理快感在职场的表现，或者说是权力带给人们的那种魔力使然。人们喜欢当“官”，除了权力和利益带来外，还有重要的一方面就是“出人头地”“傲视群雄”“光宗耀祖”以及地位超然的精神收益。经历过官场众星捧月、一言九鼎的人，一旦失去，其失落感要比常人强烈得多的原因就在于此；同理，那些富豪一旦破产，承受不住压力走极端的概率也要比常人高得多的原因也在于此。所以，对“管理”最低级的理解，就是理解成“管制”“统管”。管理虽然的确有这些成分，但却是最初级也是在管理中所占比重最少的；而且这种“管制”重点一般不在人为去实现，而是制定合理的规章制度并保障落实就可以。其中订制度不难，难就难在如何让人心甘情愿接受并落实，这就需要“理”。所以，“管”的过程本身，若没有“理”，最多只是达到前面说的初级管理。而且，无论东方管理还是西方管理都承认，管理中大量的工作，或者说七成以上的工作是“理”。

“理”，理事、理物、理财，核心是理心。内心理顺了、心灵理通了，做事就顺畅了。中国古代的官府、军事领域，人才管理以及具体到各个领域“和”方向的管理都在于理心。儒家的“仁政”“王道”“以德服人”，道家的因循天性、顺势而为、宽刑简政、休养生息，墨家的政治上主张尚贤、尚同和非攻等，都是中国理“心文化”精华；更何况中国古代在经济上主张的“强本节用”等，既是一种政策主张，更有从战略管理、策略管理和心本观念与方式，以及人才管理与开发的梳理方式方法蕴藏在里面。

另外，纵横家的权谋策略及言谈辩论之技巧是现代管理学中管理沟通、管理咨询等学科的重要内容，鬼谷子学说是实战派管理和战略咨询的鼻祖，他的管理预测应用日星象纬，占卜八卦，预算世故，十分精确；用兵之学，六韬三略，变化无穷，布阵行军，鬼神莫测——是中国营销管理的开山之作。其弟子苏秦、张仪丰富了管理沟通学，孙膑、庞涓壮大了战略管理、管理咨询等学科。中国的梳理技能和理心方法，在古代实战与典籍传承中比比皆是。

如果说物本管理重在制度管理，目标是效率最大化，强调效益管理；人本管理重在人性管理，目标是满意最大化，强调激励管理；那么，心本管理则是重在人心梳理，目标是幸福最大化，所以强调协和管理。由此，中国管理的管理哲学思想、管理人文内涵、管理理论等，都围绕着以“理”为主进行；鉴于此，作为中国管理理论的探索者，我们认为其基础是“心和管理理论”。心和管理的管理技能、技巧、方式、方法，是以国学为基础、中国社会为特征、中国职场为环境、中国和谐为目标，建立起来的中国心和管理学及其技法体系。

3. 心和管理学心和管理技法

心和管理是通过对人言行的管制约束、心灵的沟通梳理，达到人与自己、人与世间万物之间双向协和的一种管理思想和管理行为的总和。而英语“management”与汉语“管理”可以直译，但因语言特点不同，实际内涵有差异，尤其在使用上，汉语可以一字一义，独立成字、独立成词，双音词拆分为两个字词后，字义词义与原词是关联的——汉语本就是表意文字。英语单词虽然也可以拆分，但拆分后的词义与原意风马牛不相及——英语单词不表意只表音。management 拆分出来，是动词 manage 与表示状态的后缀 ment，只是语法有变。当然，也可以拆分成 man 和 agemen（男人，管理部），或 man、age 和 ment（男人、年龄和后缀词），其中的意义与原词本意风马牛不相及。而汉语，“管理”一词拆分为“管”与“理”，管理的意义反而明晰起来：“管”是管人的言与行不逾矩，“理”是理顺人心守规矩。

财与物的存在形态、行为方式，事与理的处置决策、变动方式，都是通过人的推动来实现的；而人推动的意愿、力度、成效和方式方法的选择与应用等，其中的弹性区间相当大，这一弹性大小的决定因素，是人心，是人心认同。中国管理，“管”人的外在表现——说的话办的事（言行），“理”人的内心思维——思的欲想的念（欲念）；管理就是努力“管好言行”“理顺人心”，这里的“努力”还是一个弹性词，从这个角度说，中国本土的心和管理只有更好，没有最好。管理的成果，是管理方与被管理方彼此双向协和，是促进被管理方的所有关联者之间彼此协和。所以，“和”是指文化认同，双向协和；“心和”是动态发展中的一种趋势，每一个阶段都会出现上下波动。管理的内涵和一切过程，是弹性的、变动的。

西方管理学提供的、管理的方式方法，是在假定“不考虑其他因素”基础上的静止状态下的处置模式，所以是强制的、衡定的、数据化的、没有任何理由不执行的（不太关注人情因素）；不能执行或执行不好就是素质不高、能力不够。也许这种方式方法适合西方社会环境和文化基因，但显然不适应中国国情。事态是变动的，人心是弹性的，中国管理的技法需要适应这样的变动规律和弹性模式。心和管理技术与方法的原理内涵，便是基于此而创设的。

心和管理学之管理技法，核心是心和管理八卦体系，涉及乾坤管理——欣赏管理与品性管理；坎离管理——感动管理与满意管理；巽震管理——理解管理与精神管理；艮兑管理——情绪管理与心态管理。有诗证云：天地逍遥雄心志，水火容纳人间事；风雷交错定江山，山泽互转和万里。这就是心和管理技法的八大法则，具体内涵已在前面各章节中陆续分析，这里不再重复。需要强调的是，这八个法则具体又有若干内容的技法，既在历史中保存着，也需要在现实中更新、融合和发展着。这是结合国学根基创造性提出的心和管理技法。此外，还有大量历史上存在着的管理技法，因本册“技法篇”就是这方面内容，这里只简单提及，不再重复详述。从我们的研究和实践结果看，心和管理技法具有本土化、实效性特点，不仅能给人耳目一新的感觉，更提供了适宜的方式方法。

结合国学传承、改革开放实践，可以作这样归纳：从本然的粗放管理，到制度的物本管理，是中国管理的起步阶段；从国情化物本管理到引进式人本管理，是中国管理的学习阶段。21 世纪开始，中国进入探索中国自身管理内涵的重要时期，心本管理就是在这样背景下出现的。从人本到心本，从对人的关怀进入对心的疏通梳理，这绝非以扩张为特性的海洋文化所擅长，而是以“中庸”为特征的大陆文化所擅长。《中庸》曰：“喜怒哀乐之未发，谓之中；发而皆中节，谓之和。”“致中和，天地位焉，万物育焉。”人的道德修养修到不走极端，而十分和谐，这就是“致中和”。现代社会，不可能不与世界接轨，仅仅“己和”是不够的，需要达到彼此“双和”。而“道”的修养也罢、“德”的修养也罢，修的都是内心，心和，才是一切之和的根本。所以，中国管理，追求的是管人理心、人心双和。

这就决定了国学所指的“管理”，是具有中国特色的管理：管人理心，管的是人的言行、理的是心的思维；管理就是让人的言行合规，让心的思维合理。两者之间，心是内在的、人是外在的，心动才能行动、心到才能行到，故有心和才能有人和。所以，人的言行由制度法规立之，心的思维用文化精神通之，理是中国管理的重点和核心。

有了这样的管理观念，就需要一个逻辑严密、内涵丰富的系统将其

"化"之为一个体系。国学之源《周易》所建立起来的"阴阳系统""五行系统""八卦系统"就很好地解决了这个问题。西方文化熏陶出来的人，一听阴阳、五行、八卦就直觉太土、就本能拒绝，甚至斥其为"伪科学"或"迷信"，这是不懂国学造成的。西方理论都需要假设，实证后建立模型，中国理论为什么不可以。阴阳、五行、八卦等系统，经过千百年无数智者的修正、打磨、应用，锤炼成万古不灭的完整体系，岂是一句"迷信"就可以轻易否决的！

中国管理，走到了今天，抖落风尘回本原；中国管理，走到了今天，守得云开见月明；中国管理，走到了今天，终将真面目亮相世人。

三、心和管理技法的本土模型

心和管理理论体系的建设，已在《理论篇》有详细阐述。这里重点从技法体系的形成视角作说明，阴阳、五行、八卦是国学精髓，对应有三个心和管理技法模式。

1. 阴阳五行八卦管理模型

（1）心和管理阴阳协调技法体系。国学是"生"的文化，太极生阴阳，即太极一体生两面，阴阳彼此互藏，相感替换，不能执一而定象；虽无定象，但可随道而变，形而上为道，形而下为器。所以，中国人崇尚的这"一"之"道"，存在于人世处处，道用无穷，用而定阴阳，又因时、因地、因势而有所变化。阴力阳力两股力量都是维持力，可转化，可变化，并且是永不停歇的运动。运动的结果，形成阴阳一体、阴阳对立、阴阳互根、阴阳消长和阴阳转化五个方面。阴盛则阳衰，阳盛则阴衰，求得阴阳双和，才是中庸之本。这就是中国阴阳哲学核心。可见，阴阳之"体"都是太极，之所以表现出阴阳不同的性质和特征，是因为其"用"不同而已。"用"到心和管理理论中，阳性个性的人，较为主动、积极，行动先于思考，作事明快，行为大胆，易以自我为中心，较有领导欲望，宁可当"真小人"。阴性个性的人，较为静态、消极，思考快于行动，容易自我满足，较无权力野心，害怕承担责任，喜欢深入研究，容易成"伪君子"。万事万物万理，当然不会只有纯阴纯阳（老阴老阳），于是，两仪而三才、而四象、而五行、而六合、而七星、而八卦……

（2）心和管理五行合一技法体系。木、火、土、金、水"五行"，是物质世界相生相克的五种本源属性及其衍生变化而构成的全息系统。五行学说依据观测到的天文地理现象，选择自然界相生相克的、运动变化着的五个自然界的基本要素，假定宇宙万物都由这五种基本要素的运行和循环变化所构成。这是中国古代先知对宇宙间万事万物的变化规律作出解释的一种理论模型，与八卦全息系统有着异曲同工之妙。这一理论模型中的五个要素分别代表着五类物质，代表了五种本源属性，展示出五种行为特性，表现为五种文化属性。

火，热能类，火曰炎上，展示出“热情洋溢”特性，表现为“礼”的文化属性；

土，土地类，土曰稼穑，展示出“诚信笃实”特性，表现为“信”的文化属性；

金，金属类，金曰从革，展示出“率性刚正”特性，表现为“义”的文化属性；

水，液体类，水曰润下，展示出“亲和柔动”特性，表现为“智”的文化属性；

木，植物类，木曰曲直，展示出“仁爱条理”特性，表现为“仁”的文化属性。

由这五种属性衍生出对应的中华道德之“五常”等文化内涵的同时，依此类推可衍生出诸多有着内在变化和外在表现的全息性五行理论模型，如中医五行、性格五行、方位五行、季节五行、时间五行、阵法五行、心志五行、声音五行、天干五行、地支五行以及道家神鬼五行体系等。每一个模型又是一个独立的全息系统，构成中国文化的一个重要分支。这些系统性模型，本身就是一种理论工具，即一种技法运用。心和管理理论根据五行原理，设计出“人才五行”（识别人才、培育人才、选拔人才、使用人才、留住人才五方面）、“性格五行”（五种性格各有阴性阳性趋向）和“心和管理五行模型”等。五行本就各分阴阳，相生相克又阴阳变化，再与八卦结合，奥妙无穷，便有综合性的“心和管理五行八卦模型”。

（3）心和管理八卦全息技法体系。心和管理八卦全息系统，是心和管理理论的核心内容，当然也包含管理技法。中华易理文化、儒道文化深刻影响着国人的文化底蕴和行为方式，东方思维模式定型国人的哲学内涵与管理观念；也奠定了国情化心和管理八卦系统的构成，涵盖了人心管理的八大法则：欣赏管理、品性管理、满意管理、感动管理、理解管理、精神管理、情结管理、心态管理。这八个管理法则与易之八卦及易理内涵相对应，确立了心和管理的管理机制、管理目标——包括人心管理三级目标和协和管理总目标。中国管理理论建设，必然以中国哲学、中华文化为根基，以中国人思维方式、中国人职场特性为背景，以自我管理、理顺人心为要义，以世界上一切优秀文化、先进管理理论为借鉴。对易理、八卦是从哲学角度、全息管理系统角度加以应用，从天下和平角度融合人心管理、八卦内涵角度强化双和本质。至于算命、卜卦、风水等，不在此列。用周易八卦分析人，也主要是对人格、人性、人心的分析探索，侧重于对人的管理视角、对人心梳理和疏导视角的分析，不作命理、命运、方面的预测分析。乾、坎、艮、震、巽、离、坤、兑八卦，实际是指天、水、山、雷、风、火、地、泽八样自然物象所蕴含的本然特性，这些特性与阴阳五行关联，且对应人心管理八大法则。由此确立阴阳五行八卦管理体系，并浓缩成“心和管理易理模型”。

2. 心和管理学心管理特色

心和管理学运用中国文化内涵所建立的阴阳演化模型、五行生克模型、八卦全息模型，是心和管理的三个基础模型，也是心和管理学的三大管理技法体系。阴阳学说、五行思想、八卦体系，诞生于几千年前，历经无数代哲人名士补正完善，直到今天其生命力仍然是旺盛的。鉴于各个时代都会有与时俱进的思维来解读周易、把握易理，心和管理学研究中为避免误读、误解，直奔国学源头之周易理论，在探索中比较分析不同的解读内涵，结合现实需求完善《心和管理学》。因为对阴阳、五行、八卦，没有了解，而且是几千年之前的“老古董”，可能有人会认为陈旧腐朽。但我们要说明，有丰厚的、一脉相承的历史积淀的民族，与缺乏或断裂了这种积淀的民族，底蕴不一样，思维也不一样。何况经济的崛起，让中国在世界的话语权一点点上升，那么理论界，应该有中国的声音；任何一个世界强国，都不可能没有自己的管理体系，更不可能把自己祖先优秀的修心文化给泯灭了。

需要说明的是，从中国本土传统模型角度说，除阴阳、五行、八卦三大基础模型外，至少还有三才模型、四象模型、六合模型、七星模型、九宫模型等，心和管理学皆有涉及。以这些基础模型为本，与时俱进创新，结合专业特性与现实需求，而有新时代中国特色社会主义管理的专业模型。国学管理离不开这些模型，红色管理传承的同时创新发展着。

继承传统，是为了站得更高，因为有无数先辈垒起的思想、文化、精神的巨大基座；改革开放，是为了走得更远，因为有无数友人开辟的观念、道路、经验的宽阔视野。两者融合，能够让中国之路走得更为坚定，让中国企业、中国经济、中国综合实力更为强大。有底蕴，才是真正的世界贵族；无底蕴，再发达也是暴发户。底蕴的本色，是内心的自信与强大。

中华民族有着最深沉的精神追求，这是最显明的中国特色：“宣传阐释中国特色，要讲清楚每个国家和民族的历史传统、文化积淀、基本国情不同，其发展道路必然有着自己的特色；讲清楚中华文化积淀着中华民族最深沉的精神追求，是中华民族生生不息、发展壮大的丰厚滋养；讲清楚中华优秀传统文化是中华民族的突出优势，是我们最深厚的文化软实力；讲清楚中国特色社会主义植根于中华文化沃土、反映中国人民意愿、适应中国和时代发展进步要求，有着深厚历史渊源和广泛现实基础。中华民族创造了源远流长的中华文化，中华民族也一定能够创造出中华文化新的辉煌。独特的文化传统，独特的历史命运，独特的基本国情，注定了我们必然要走适合自己特点的发展道路。对中国传统文化，对国外的东西，要坚持古为今用、洋为中用，去粗取精、去伪存真，经过科学的扬弃后使之为我所用。”① 中国企业要走适合自己特点的发展道路，管理理论方面必须走适合中国特色的发展道路，可以学习、参考、互鉴，但不是照搬掌握着话语权者推销的西式管理技法。

中国管理，有与中国文化、民族基因、社会环境相融合的人心管理技法。

3. 心和管理学和管理特色

和平、和谐在中国文化中有着深厚根基。双和之本意，是以己为立足点，同与己有关联的任何一方——无论是具象的人与物还是抽象的灵与情，双方达到彼此和的境界。“和”是中国文化的核心、普遍原理、根本价值观，也是中国管理理论与基本技法的体现。作为普遍原理，它是事物生成与发展的本体原则；作为核心，它是事物存在与发展的内在动力；作为价值观，它是中华民族最为永恒和深沉的精神追求；作为技法，它是中国人民最为优秀和宏大的智慧结晶。中国人、中国企业、中国管理，须把这一原理、这一核心、这一精神和这一技法，镌刻在心里，让每个人自己的内心与外在表现相和，让每个人个体的一切与国家、民族相和，让每个人自己与他人相和、组织与他组织相和、民族与他民族相和、国家与他国家相和，这就是中国文化的深刻内涵，这就是中国人心双和管理的真正意义。

人和的本质在于心和，心和才有万事和。《周易·乾卦·彖传》把“和”上升到了“天道”的高度：“乾道变化，各正性命，保合太和，乃利贞。”乾道即是天道，“保合太和”使“和”具有了本体意义，“太和”

---

① 习近平：《胸怀大局把握大势着眼大事，努力把宣传思想工作做得更好》，《人民日报》，2013 年 08 月 21 日 01 版。

也是宇宙万物、人类社会的普遍原则，是一种普遍和谐的思想。太至于极，“大到无外，小至无内”，太极之内谋和，须阴阳谐和，“一阴一阳之谓道”，道成则两仪和；阳为天、阴为地、中为人，天地人三才共和便是天道、地道、人道皆和；两仪生四象，四象对四方，故阴阳和在于四方和，四方之中为土，与四方相应的金木水火亦相和，即五行相和，所以中国人须有“中”的概念，“增之一分太肥，减之一分太瘦”，不左不右谓之“中”，适宜恰当谓之“和”，“致中和”最佳；天地四方而为六合，六合便是六和，是上下东西南北六方相和，和文化的核心；六合再加居中处，七星排阵、首尾相顾、天下无敌；四象生八卦，八卦和则世界大和。所以，中国文化告诉我们：阴阳和则世界和。中国管理自然追求这样的阴阳相谐，彼此双和。改革开放40多年来中国企业发展的历史证明，可以学习他人的长处，但中国依然是中国，不可能也不应该变成别的，中国人民是在国学沐浴下的龙的传人。中华底色就是协和天下。

中国的经济总量已然举世瞩目；加上人口规模、人口密度、消费能力、国土面积等巨大的体量，以及一天比一天强大起来的国防力量、政治力量和国家实力，让一直来掌握着世界话语权的霸权国家惊惧、疑虑，于是如同黑老大带领众小弟那样，召集起一批所谓的“盟友”、仰其鼻息的“小弟”，对中国进行政治、经济、军事等多方位的围堵和遏制，处心积虑地企图仗着自己的强大对还不够强大中国戴上枷锁，抛出所谓的“亚太再平衡战略”、在中国南海频频挑起的事端。这种做法不仅是“冷战”思维的产物，也是欧洲近代列国争强史阴影作祟的结果。这样的国际形势下，中国更有必要向世界展示天下一家世界大同的文化传统，正如习近平指出的：“中国人民崇尚‘己所不欲，勿施于人’。中国不认同‘国强必霸论’，中国人的血脉中没有称王称霸、穷兵黩武的基因。中国将坚定不移沿着和平发展道路走下去，这对中国有利，对亚洲有利，对世界也有利，任何力量都不能动摇中国和平发展的信念。……中华民族的血液中没有侵略他人、称霸世界的基因，中国人民不接受‘国强必霸’的逻辑，愿意同世界各国人民和睦相处、和谐发展，共谋和平、共护和平、共享和平。”① 这些讲话，代表着中华民族的声音，向世界传达中国文化内核、中国追求和平愿望、中国外交智慧和中国人民对待世界的和平友好态度，以及愿意建立人类命运共同体的呼唤。

中国，从富起来一步步走向强起来，中华民族的伟大复兴之路，复兴

---

① 《习近平：中国人的血脉中没有称王称霸、穷兵黩武的基因》，新华网。

的是中华民族的强大、强盛。富强进来的中国，因为有强大的国学支撑，依然是修心、依然是协和，所以目的不是称霸世界，而是福泽中国人民，与世界人民一道建设人类自身的、人类与自然的命运共同体。世界大同是中国的期盼，天下一家是中国的追求，这就是红色管理的信念。

第十八章　洋为中用发展心和管理

文明，互鉴中发展；中国文化是和合共生的，重心灵相通。心和管理学，是基于国学土壤的，种子是中国的，土壤是中国的，阳光雨露是中国的，颜色是红的。同时，也吸收国外优秀文化以作养分，学习发达国家适合中国国情的、具有创新价值的、能与中国管理相融合的那部分管理技法，既古为今用，也洋为中用。将西方崇尚的思辨技法应用在哲学领域，可使管理哲学更有逻辑性；数理分析技法应用在管理实践中，可增加技法的多样性（不能也不会唯思辨、唯数理论）；发散思维应用在教育领域，让教育作为管理技法应用更广泛；西方智慧融合进中国智慧之后产生新的智慧火花，为创新创造技法提供新可能。

心和管理学认为，管理从来都不是就管理谈管理，中国式高瞻远瞩、整体把控是基础，总体中有局部，分述中有综合。本章据此阐述哲学思维法、教育引导法、智慧融合法。

第一节　中西哲学融通心和管理

西方哲学的思考重心从本体论开始，后转移到认识论。转移中，哲人本应是寻求人生智慧的，但古希腊以来的 2000 多年，却一直徘徊在知识的密林里而见智慧之光。这是尼采（1844 ~ 1900 年）说的，所以他认为，哲学早已迷途了。他希望哲学能迷途知返，回到质问和回答人生的意义这一根本上来，他身后的 100 多年里，存在主义哲学创始人和主要代表、德国哲学家海德格尔，以及更晚一些的法国无神论存在主义主要代表、西方社会主义最积极的倡导者萨特，回应了尼采的呼喊，提出哲学确定的任务就是揭示个人存在的结构和意义，他们的全部哲学活动都是为了促使个人聚精会神于体验自己存在的意义。

形而上的“道”是中国哲学，应用于社会的“理”也是中国哲学；

中国哲学从元气论视角探索人类对宇宙万事万物的“道理”，重视经验，关注体验，表达的是人脑的思维、心灵的觉醒。《原理篇》第四章中对中国本土哲学思想已有论述。本节重点放在中西方哲学内涵融合的技法应用：全世界顶尖思想家所思考的，都是人类的真正意义在于和合共生（共性）、心灵相通（个性），无论途径是什么、方式方法是什么，哲学的根本没变。那么管理最终目标为心和，也可以说是人类共同的追求。实现人心协和，是一切文化、一切管理的任务。中西哲学融通，从原子论角度分类细究，从元气论角度综合提升。

一、整体与分化思维之心和技法

1. 整体分化融通的探索法

说哲学是技法，很多人会不认同。但哲学是一切技法之根，一切创新之本。因为把 philosophy 译成哲学后，很多人认为哲学是西方的。哲学不是西方特产，只是从学科建设视角看，是西方的贡献。中国哲学的悠久历史和伟大之处，到今天也还在不断地挖掘中。

西方，最初由古希腊哲学家泰勒斯（约公元前 624 年至公元前 546 年）以世界的始基是水的命题开始了哲学探讨，那时候的哲学家思考的关注点在“世界的本质是什么”。西方文艺复兴时英国培根把解决认识“工具”作为中心任务后，开始了重心向认识论转移；康德把认识能力本身当作哲学研究对象，确定哲学的命题是看清楚理性的本性。费尔巴哈提出哲学人学思想，马克思继承了哲学人学思想，创建了历史唯物主义哲学，开辟了宏观社会学方向；而开辟微观心理学方向的是尼采，他认为任何一种哲学与从事哲学思考的人的个性不可分离。他原本称赞叔本华的哲学，认为叔本华的伟大之处，就在叔本华站在人生之画面前，将整幅画的完整意义（共性的、整体的）解释给人们听。可是后来又否定了叔本华哲学，试图从美学视角探索人的个性（个性的、分化的），《悲剧的诞生》正是他试图摆脱叔本华的影响、创立自己的哲学的一个开始。这位思想矛盾的哲学家，最不能容忍的是苏格拉底把人生问题归结为道德问题，他觉得 2000 年来欧洲哲学偏离了人生根柢，罪魁祸首就是苏格拉底。所以他否定苏格拉底哲学，否定叔本华哲学，断言哲学早已迷途，提出哲学应回归探索人生本意。

中国哲学一开始就是探索宇宙之源、探寻人生之本，既要研究人类共性意义，如共建人类命运共同体，也要探索人的个性价值，如心灵纯洁、道德修养。然而，西方支持尼采哲学的，不愿意认同中国哲学，因为中国哲学以“道德”为经，追求仁义礼智信；支持苏格拉底的，也不认同中国哲学，他们认为苏格拉底的道德研究与老子的道德研究不是一回事，与儒家学说更不是一回事。没有文化自信的人，会唯西方哲学，这就等于抛弃了中国哲学。最熟悉中国哲学的，一定是中国人民；所以，立足本土，扬我之长；吸收彼长，完善自身，回归中国哲学的本原与本质，如整体与分化、实践与知性、求善与求真等。

西方哲学重视个性甚于共性，重视分化甚至整体，这与西方原子论物质观有关。中国元气论物质观，更注重整体掌控与把握。西画注重细节的真实，国画注重整体的意境，就是分化与整体思维的差异。西方哲学的主导思维是因果思维，是一种向上纵向超越的思维，关注“第一因”；中国哲学的主导思维是比推思维（自我与世界万物的比类相推，也追求经验的纵向传承），是建立一种纵横的关联之网，专注于现实世界和自我与他者（包括先人）的关联性。这个就可以明白为什么中国哲学更注重内心修炼和情感向善，注重自“我”对于他者责任的承担，追求的不是自我的超越，而是对自我的超越。

2. 均衡平衡蕴藏的思维法

任何人任何事皆有因有果，而人与人、事与事、人与事之间又都是关系套关系，事情套事情，有着关联性。那么追溯因果与建立关联应该可以“中庸”而互为融通。追溯因果自然需要分清事物本质与内涵类别，所以西方文化强调分化（与原子裂分相应），“分”成为西方哲学体系里极为重要的技法。中国哲学重在把握自我与他者之间的关系，是总体把握、全局比推，而后生成经验与观点。因而中华国学强调整体（与元气合成对应），再“生”成为中国哲学体系里的技法，故中国学问几千年来不分学科，只讲“道理”。事实上，西方原本也不分学科，16 世纪产生学科需求，18 世纪基本成型，19 世纪成熟。

春秋百家争鸣时，儒道墨法兵农纵横各家，不是学科，也不是由谁分化出来的，而是流派，是思想家在先人智慧上结合当时现实“生”出来、因思想观点的差异而形成的不同的学术流派。隋唐以降的科举制度是“指挥棒”，考试内容各个朝代虽略有不同，但基本都离不开四书五经六艺，这些也不是学科，而是必读的儒家经典著作（武举不在此列）。清代，西学东进，1888 年增设了自然科学，1898 年再增经济特科。科举考试科目在唐朝是墨义（释经的问答题）、口试、贴经（某段经书空白处贴上正确内容，现代填空与默写题源于此）、策问（类“策论”，就经义或政事论述见解、对策）、诗赋等。宋朝主要是经义（对经书义理的议论）、策问、诗赋等。明代只有经义一门了。可见科举考试只是把内容集中到儒学经典，是整体的治国理世方略，是学问的综合运用，不分学科。清末，则把中国学问合称为“国学”（或与“西学”对应的“中学”），大体与“中国文化”内涵相当——中国文化整体性的典型表征。春秋是中国哲学真正形成的时期，百家争鸣则是中国文化也是中国哲学思想的百家争鸣。那个时代，中国的聪明人或者说有智慧的人都冒出来了；无独有偶的是，西方的聪明人或者说有智慧的人也差不多在这个时期冒出来——春秋战国的百家学派与西方的希腊文明都在约 2500 年前出现。同样是智慧者的学问，西方人将其归纳为哲学，中国人一直称其为思想或学术百家。而且这些智慧者都想把创立的学问用于治国平天下。

中国从儒道哲学到玄学再到理学和心学，都在讲述着“道”和“理”，形成中国哲学自己的道理。这个道理，在创造“哲”字时就体现出来了。哲，从折从口；古同喆。喆，两吉对立。吉，象形，上是兵器，下是盛放兵器的器具。也就是说，哲是两相对立，相互验证而相衡；喆是相对、平衡。哲的本意，是在双方具备的实力中找到平衡。平衡了就是“和”，找到平衡之“和”的方法，是聪明人的智慧。可见中国哲学从一开始就是面向现实的，是解决实际问题的方法论思维——谋和，而不是如西方哲学那样超越现实，追求的是人神均衡。

均衡与平衡是近义词（同义词），可以互为通用。Equilibrium 与 balance，意义也差不多，前者汉语译为均衡，有平静之意，更着眼在保持衡定的能力；后者汉语译为平衡，有结算之意，重在保持抵销与相称。不知道最初的翻译者是如何界定这两个词的内涵要义的，事实上汉语均衡更关注数据的均等所保持的平衡（非各专业领域从外语中译过来时所确定的意义），是继往开来基础上再谋求变化；平衡更着眼在各个力作用于同一物上的力量互抵，是一种对称的表现，重在变化中求统一。这里不是拘泥于文字游戏，而是想要说明中西方在哲学思想方面的一个重要差别，即西方重在统一中求变化，中国重在变化中求统一。逻辑上讲，西方更注重演绎，中国更注重归纳；西方在总体下细分化，中国在不同现象与变化中归总。所以，西方精于计算，以谋利益；中国精于中庸，以达平衡。

国学认可中庸，有容乃大。在保持自己的整体哲学基础上，中国在近现代接受了西方细分思想。只是在这个中庸过程中，由于近代中国国力跌落，导致一部分人自信失落，另一部分人崇洋媚外膨胀，媚外者眼中、心中只有西方哲学，没有中国哲学；或者勉强承认有中国哲学，也认为那不过是卑微者在老祖宗那里寻找到的一点心理安慰。哲学如此，与哲学相关的所有学科如伦理学、宗教学、美学、逻辑学、心理学和科学技术等，包括市场经济起步时红极一时的经济学、管理学皆如此。这是对中国文化不自信的根源及其表现之一。

3. 团队集体内含的哲理法

西方在希腊文明时期用古原子论界定哲学是研究宇宙的性质、宇宙内万事万物演化的总规律、人在宇宙中的位置等问题。中国在春秋时期，用元气论的世界观、宇宙观，探寻万事万物运动变化的原理与规律。东西方差不多在同时期进行了哲学的深入研究，各自的切入点不同，方法也不同，目标却一致。

《理论篇》第七章第四节中的“图腾之心和逻辑内涵”里提及中国太极图与西方十字架两个东西方著名的文化（准确地说是宗教文化）图腾所揭示的不同意义，这是从人类探索哲学的源头来考察中西文化差异。中国用阴阳、五行、八卦等建成中式模型解释宇宙万物关系、世界万事中体现出来的万理和彼此关系，以及人与自然、与社会、与不可预知世界之间的关联，现代科学已经证明其路径的正确与方法的实效。太极生两仪而生万事万物、现万本万理，事物之间的这种关联性认识，决定了中国文化追求圆润亨通，也明晰了事物之间的运动皆是整体范围内的阴阳变动，这就是整体哲学思维的本源。中国学问之思维模式是总体掌控、全局谋划、整体思量下的具体研究，如同看一个城市，在走遍全城大街小巷基础上归纳出全城概况，从鸟瞰视角把握全城，然后才具体到某一个点，做到心中有数，进而发现从这个点到其他任何点之间的关联情况（路线与沿线周边情况），避免了没有了解整体时就被扔进整体的某个角落而分不清东西南北。中国文化一直相信有整体才有生生不息，这种强调整体的学问模式，应用在管理技能上，自然会与其他学问模式下的管理技能有差异，关注人的整体感觉比关注人的物化功能更投入、更全面；当然，也可能存在精准性相对模糊的情况；只是这属于仁者见仁、智者见智的问题，中国文化很多时候需要“难得糊涂”，这是非中国文化难以深透理解的。

这就可以理解，汉语愿意用“集体”一词，“团队”与“集体”，根本不是一个层面的，表达的意义更是天差地别；西方追求个体个性的人文环境，一个“团队”已然顶天，根本不可能到达“集体”的境界，而中国文化的“集体”，已然不是非中国文化环境的人可以理解，更何况红色管理所指的“集体”，大集体、中集体、小集体，“大”由若干“中”组成，“中”由若干“小”组成，都是“集体”。其中的意思只有中国人和深入了解中国文化的人能体味。

十字架直线划分，各据一块，从点到面，从静态到动态，靠规则把控，不强调情感；每一个点，每一个区域，每一项内容，精细到极致，相信原子分裂那样认为一切皆可分。所以强调分化，在细分后的领域内深入，一丝一毫无偏差，相信数字说话，追求数学解析。这种强调分化的学问模式（加上西语的本然特点），在管理技法上，剥离了情感因素而客观界定人的能量与贡献值，防止了“人治”而使管理效用实现计量化。在数字化、精确化管理背景下，再怎么提倡“人本”“人性化”管理，都脱离不了“物本”的本质特征。

中国文化不反对人的能量与贡献值可以物本化、可以客观计核；但不能唯数字化。关于学科问题，也可以细分出具体学科，但若过分细化，容易出现只见一斑不见全豹、只见一叶不见森林的情况，导致崇尚西化方法而忽略内涵之真实性、有效性的漩涡。

人的天性里有情感因子，虽然看不见摸不着，却人人都能感受得到。西方哲学指导下的西式管理，剥离了这种“含情脉脉”，也就隔绝了人的情份。中国哲学思想指导下的心和管理，充分理出心之情感因素、追求和之融洽关系，含情而底线不变，心动而规矩不改。

强调整体还是强调分化，是中西对待事物的态度差异；这种差异在于哲学理论、管理思想的根源上存在差异。而这样的差异无所谓对还是错，只在于适宜还是不适宜，有用还是没用；从管理学角度说，在于由此形成的管理思想指导下的管理技法，是适合还是不适合、有效还是无效。心和管理学因此认为，只强调整体不关注分化，与只强调分化不考虑整体，都有失偏颇。最佳的是，在保持中国哲学独立性的前提下，吸收西方哲学中适合中国文化的技法和内涵，建设中国管理学；同理，在中国管理技法主导情况下吸收西方管理技法，两者有效融会，创建中国心和管理技法体系。只是需要说明的是，中国的整体思维，本就是从个别中归纳出总结论，然后在此指导下分解目标任务，融化为具体的行动，即整体中包含了分化。

二、实践与知性思维之心和技法

1. 融知性与知行的实践法

中国哲学相信实践出真知，而西方哲学相信实验出真知，一字之差，体现出实践思维与知性思维的差别。中国研究学问的方式是夜观天象、日察地理，面水思考、洞察人心，是在黄河边上探索天文地理、思考宇宙人生而形成最早的思想体系，传承下来，基本方法便是亲身实践，最终形成今天所说的“实践是检验真理的唯一标准”。而古希腊哲学是在质询与辩论中面世的，最典型的莫过于苏格拉底“诘问”方法运用，在诘问和辩论中，趋向理智，感悟事物本性。“知性”一词是德国古典哲学常用的术语，但准确点说，原德文 Verstand 是德国古典哲学常用的术语。康德认为 Verstand 是介于感性和理性之间的一种认知能力，中国的孟子认为：“尽其心者，知其性也。知其性，则知天矣。”（《四书五经·孟子·尽心上》）也就是中国文化对知性的认识不是从感性理性角度理解的，而是从人心的善恶角度理解的，所以清代学者焦循在《孟子正义》中总结前人的释义对“知性”作这样的解释：“知其性，谓知其性之善也。”从内心里真正懂得人性的善恶谓之“知性”，并非简单的理智；心善，是知性之本，是悟性正解。

这样，中国的实践思维融入“有悟性、明善恶”的知性思维，无任何违和感。只是古希腊哲学的知性思维表现出对于纯知识的追求（所以“知性”就常常只理解为是“有知识”），而且对于抽象逻辑充满热情，也就特别钟爱数学思维。中国人讲知性的时候不会这么绝对，而是有知识而悟性高、有理性而明善恶的统称，在抽象逻辑思维中暗藏形象逻辑思维（希腊文明产生的艺术作品，同样也暗藏形象逻辑，所以事实上西方的思维也不是纯粹的理性）。

西方管理学术界极为注重数理模型，特别敏感于数据，对实践思维产生的研究方法归入“经验学派”而不予重视。西方管理学导师的导师、大师的大师、现代管理学之父彼得·德鲁克，虽然著作多产，但在学术界并没有多少奖项。他的书和文章在当时的学术界并不怎么轰动，反而在企业界，尤其是一线经理层面，却奉之为圭臬，人们称他为“美国公司总裁的导师”。德鲁克相信管理学应该是一门综合的人文学科，而不是一些细分学科的组合。他的一贯看法是：“管理是一种实践，其本质不在于知而在于行，其验证不在于逻辑而在于成果（Management is practice. Its essence is not knowing but doing. Its test is not logic but results）”。德鲁克以咨询为实验室，认为通过咨询等企业实践而写作管理学著作的工作是他的职业，认定管理学是一门“行”的人文学科，而且“验证不在于逻辑而在于成果（结果）”与“实践是检验真理的标准”在内涵上何其相似。他用他一生的行动和辉煌的成果，在证明着实践思维的价值。然而，西方理论与学术界依然只重视管理数学的研究，中国的“西化”学者却变本加厉，唯数据、唯模型，关注“知”而不注重“行”，固执地认定西方的研究方法远比中国的管理实践重要，数理模型远比经验归纳重要。

如果对中国古代重文轻理、重知轻行现象加以批评，那么管理学领域的“西化”者走向重理轻文，只要数理无须实践的现象，肯定也是不合适不合理的。中国从古至今都是提倡“知行合一”，知要心知，行要心明眼亮且行有方向、行有方法，心明为知晓，心通则行畅。知而通晓，行而通畅，说明既要实践思维，也要知性思维，所以才有认识过程的两次飞跃一说：实践的基础上由感性认识上升到理性认识，为第一次飞跃；理性认识到实践是认识过程，是第二次飞跃。而这两个飞跃中最重要的内涵，在于理论来源于实践又指导实践；检验理论的关键不是模型，而是实践，任何理性认识都需要实践才能获得检验。

作为形而上的哲学，研究者可以驻足常人熟视无睹的地方思考，提出和解决问题的内涵，可以只为了满足求知的本性而不为直接的实用性目的。但是，当哲学应用在管理学上时，它就不再仅仅是“满足某种渴求理解的愿望，而不属于实用范围”，也不再是为智慧而求智慧的纯思辨活动。管理哲学所要指导的是管理的实践行为，管理学理论需要从实践中来，而不是随手胡编乱造的数据中来（数据不准确，任何数理计算、模型展示都是空话，没有任何价值或意义），管理学的研究者需要如德鲁克那样，从实践中来，到实践中去；管理学理论也只能是从感性认识上升到理性认识，再将理性认识应用到实践中去。这个过程中，管理实践是基础，也是根本。目前中国管理界，理论与实践各走各的道，各敲各的鼓，外国理论、中国实践互不对接，数理模型、管理行为互不搭边；管理学不为管理实践服务，管理科学工程化成热点，管理思想媚外化成常态，这是目前管理学领域亟待解决的问题。

一般认为，实践思维在于现实性与目的性二者合一，知性思维在于超现实与求理性结合。从管理学视角理解，这种说法有失偏颇。管理实践思维的出发点以现实需要为指向，目的是为管理成效，这没错；但认识的第一次飞跃，需要透过现象看本质，这需要真实可观的感性材料，也需要超越现实的理性思维才能实现，是实践思维与知性思维共同作用的结果。同理，管理求知思维以超越感性认知为指向，目的指向理性结论，这也没错；但认识的第二次飞跃，归根结蒂是要回到实践中去的，一方面认识管理是为了完善管理，用正确的理论指导才能实现管理高效的目的；另一方面管理理论只有得到管理实践的检验，才能成为“真理”。如果说知性思维是认识管理的思维，那么实践思维是在实践基础上改造和完善管理的思维。

2. 集分科与综合的科学法

中国哲学讲天人合一。天道阴阳，地道柔刚，最终是要落实在人道仁义上的。天地大道归结到人之大道，则天地是人之依归，人是天地之表征。所以《论语·公冶长》中子贡曰：“夫子之文章，可得而闻也，夫子之言性与天道，不可得而闻也。”孔子的礼、乐、诗、书的知识，耳闻便能学到，但孔子所说的天性与天道，耳闻就不够了，是需要悟性的。所以，孔子的学说里一般不言天道，不言乱力怪神，只言人道，只谈人事（人道存在人事之中）。孔子要解决的是国家和人民的现实问题，这也是为什么历代统治者愿意用他的学说的重要原因。荀子就认为孔子的思想是最好的治国观念，《荀子·儒效》说：“不闻不若闻之，闻之不若见之，见之不若知之，知之不若行之。学至于行之而止矣。行之，明也；明之为圣人。”荀子明确将行动上的实践作为认识世界的直接目的，实践才能认识世界，真正认识了世界就是圣人。荀子进一步强调：“闻之而不见，虽博必谬；见之而不知，虽识必妄；知之而不行，虽敦必困”。闻而见，见而知，知而行，才能不谬、不妄、不困。心和管理学由此认为，管理需要实践思维，也需要知性思维，既要实践深入，也要理性思考。

中西哲学，西方学问研究是超越现实的，故认为是西方诞生了科学；中国学问研究是面向现实的，故认为只有技术没有科学。这个说法很武断。

首先，西方科学（特指自然科学，如果文学艺术出现也称科学，中国不会比世界上任何一个国家或地区落后）是文艺复兴出现的，从希腊文明到文艺复兴的 2000 来年时间，科学何在？被后人称为“意大利科学家”的阿斯科里、哥白尼、维萨里、布鲁诺、伽利略……他们的悲惨遭遇与结局，说明古代西方不信科学。而中国古代虽无科学之称却有科学之实是毋庸置疑的。中国只是对自然科学重视度不高，既没有宗教迫害科学家，也没有统治者残杀科学家。西方因为大航海导致地理大发现，地理大发现出现能源、资源、原材料大掠夺，大掠夺催化工业大革命，促进工业发展的“科学”就有了迫切需要，于是研究自然科学的科学家的春天到来了。而后产能过剩，直接将过剩产品倾销世界各地的殖民地。显然，因为西方哲学特点所以诞生科学的说法不成立，中国哲学下只能诞生技术之说自然也不成立。

其次，“科学”本意是分科而学，而所分之学科，慢慢就变成将各种自然知识细化分类，形成数学、物理、化学、生物学、地质学等学科，每一学科渐渐养成一个相对独立的知识体系。可见，“科学”是西方学科“分化”而成的某一领域的变化规律与知识体系的总称，到了近现代才把这个名词确定为“一个建立在可检验的解释和对客观事物的形式、组织等进行预测的有序的知识的系统”。这个界定，也与西方研究学问的方法相关，但归根结蒂，科学是关于发现、发明、创造实践的学问，是为实践服务的。此外，“自然科学”一词是由 17 世纪“自然哲学”一词演变而来，成为哲学分支的；19 世纪，“科学”一词远离学科之意，变得与科学方法相关联，到今天，对科学的理解，西方已经只注重方法的科学性而不关注内容的科学性，立足点是方法对了结论就一定对。这也是“西化”学者教导弟子重方法、而无所谓数据来源及数字有效性的原因所在，也是不重视实践只要有数学解释的原因所在。

科学本身应该是既注重知性思维也注重实践思维，既超越现实进行超前研究也关注实践体验、实践指导的。中国学问首先是整体学问，宏观考察基础上全局谋划，而后才可以分解。综合性知识体系本身也诞生科学，事实上中国古代也的确存在这样的科学，只是统治者不重视、社会不关注，很多科研成果淹没在历史长河中。但与数学相关的会计学、天文学、地理学和以炼丹为主要表征的化学、以桥梁建筑为代表的力学，以六大古城为代表的建筑学等中华文明的成果，是技术创造，但每一领域都形成了综合的学问，更是科学。

从“分科而学”角度说中国古代没有科学可以理解，从现代科学内涵上说中国古代没有科学，完全不成立。就像演员，古代称其为“戏子”“伶人（优伶）”，供有钱人娱乐的下九流行业。而如今是明星、艺术家，总不能说古代伶人受轻视就不存在表演艺术家吧。

3. 合人道与天道的修养法

中国哲学讲知行合一。这是中国哲学的显著特征，也是知性思维与实践思维有机融合的表现。虽然孔子不直接言天道，但事实上孔子学说里视天命为人间的一种无形的主宰力，要借“亲亲之情”论“仁德”；他的追随者力图使“仁德”“心性”“天命”得以贯通。后人总结为普通百姓可以理解的俗语：“人在做，天在看!”“举头三尺有神明，善恶到头终有报!”“就算人善人欺，但天不欺”等。也许有人会说这是唯心的自欺欺人，但西方宗教教义也这样，西方苏格拉底同样高喊“德性就是知识”，号召哲学家关心人事。此后柏拉图的“哲学王”、亚里士多德的“政治学”、斯斯多亚派的“世界公民”等，无不以改善公众事务为己任。不能在科学领域还要双标准吧？当然，比较遗憾的是，对待人事的方式上，西方哲学家无法避免他们固有的思维，用“对待自然的一套来研究人事，采取逻辑分析的态度，作纯粹理智的思辨”。人、人心，岂是数字量化得清楚的、模型计算得准确的？

这也是今天的西方管理学无法指导中国的管理实践的原因所在。中国的道家，是非常深刻地论述天道、天命、天性的，《道德经》的哲学贡献在今天仍然是世界级的宝贵财富。不仅如此，就儒学而言，自孔子后的继承者，也是言及天道的。荀子就以孔子的继承人自居，但又总结和吸收诸子百家的理论主张。他一方面提出与孟子相反的“性恶论”，继承了孔子“外王学”（“内圣外王”是庄子提出的具有圣人才德的王道）；另一方面又形成了他富有特色的“明于天人之分”的自然观，认为天道自然，天行有常，可以“制天命而用之”，强调与其迷信天的权威，去思慕它，歌颂他，等待“天”的恩赐，不如利用自然规律以为人服务；而且天道不能干预人道，天归天，人归人，“天人相分”，治乱吉凶，在人而不在天。

所以，中国哲学言人道必言天道，言天道意在人道；知天道，行人道，是国学包括中国哲学思想的重要内容。只不过，中国哲学中强调的“知”，更倾向于天理与良知，而非自然科学，知为行之先导，行为知之依归。中国有“三不朽”之说：“大上有立德，其次有立功，其次有立言，虽久不废，此之谓不朽。”王阳明成为历史上唯一没有争议的三不朽圣人，就在于他立言“阳明心学”，并践行之而成不朽之功，以“心外无理”之心本论、“知行合一”之认识论、“致良知”的伦理思想与修养学说而立德；又以朝廷重臣带兵平叛而立功。

显然，中国哲学本来就是知性思维与实践思维合一，这也是为什么西方哲学的知性思维传入中国很快就能被容纳、被融入的原因所在。因而心和管理学认为，在以中国管理思想构成的中国管理理论和以中国管理实践为主体的管理技法为根本的基础上，借鉴和学习西方理论、西方技法，本是中国管理学创建之题中的应有之义。中国之“中”，东西方文化中庸融通之“中”也，既知性，亦践行，理论与实践相结合。

三、求善与求真思想之心和技法

1. 真善美哲学意境的追求

西方哲学是追溯因果必然性的，着眼在“真实”，所以西方哲学思想下的西洋画力求逼真；而中国画力求“写意”，因为中国哲学专注于现实世界和人类的情感需求。拍照，本是摄下真实世界的技术，胶片时代世界上有两大品牌，一是传承欧洲文化的美国柯达胶卷，给消费者的感觉影像更真实；二是深受国学影响的日本富士胶卷，给消费者的感觉是影像更艺术。事实上两者技术上差不多，最大的区别是包装，前者黄色主调，后者绿色主调，但在市场上给人的心理暗示却不一样。这其中最重要的是思维文化的影响。如果用油画与国画作比较，这种思维文化上的差异更明显，油画在细节上追求逼真，国画在整体上追求意境。

真实、善良和美丽，是人类永恒的期盼与追求；世界需要真善美，生活需要真善美，学问研究、管理行为也都需要真善美，这应该是没有争议的。然而，问题恰恰就在这看上去没有争议的地方出现。举例说，历史领域，理论上应该是求真的，但历史是人写的，是成功者写就的，这些成功人士主导的历史记载，有歌功颂德的本意，有激励人的善意，那就很难不牺牲某些史料的真实性；再比如艺术，完全复制生活真实就缺乏美感，有时候也需要粉饰生活——将假恶丑摒弃在艺术之“镜外”或邪不压正——粉饰出人性的善与世界的美，似乎是艺术的目的、艺术的任务。回归到管理问题，管理需不需要粉饰真实、管理需不需要人心向善、管理会不会有善意的谎言……真善美，许多时候无法在同一个平台同时达成。

从管理哲学角度来探究这个问题，也很难说清这个问题。是药三分毒，但医生为了治病的需要，有时会隐瞒这“三分毒”（副作用）；教育是如此、宣传是如此、公司政治更是如此，为了目的，牺牲真实——中国有这种情况，西方亦有，在某些方面有过之而无不及。隐瞒或粉饰真实，若是善意的，社会能理解和接受，人们也会理解与接受；可是，人性总是会脱离藩篱，当善意的谎言可以时，那么谎言就会逾越“善意”的藩篱，而悄然中变成“恶意”，甚至于出现为了目的不择手段的情况。那么，人究竟该怎么做，事究竟应该怎么办，管理到底该怎样去管、如何去理……对此，哲学也无法回答。毕竟哲学只是一种思维方式、一种指导思想、一种行为准则，是方法的总原则而不是具化的操盘方法。

文明社会、人类进步，最重要的是脱离了兽性而有了人性。人性的生存法则行善为最真；兽性的生存法则是弱肉强食。人性与兽性，人道与商道，是管理哲学需要解决的重要问题。而人性的道，有天道、有地道、有人道，工商管理视角还有商道。商道与人道结合，才有国学所说的大商之道、义商之本。“画”的最高境界是“意”，“真”的最高境界是“善”。

2. 求真求善中西方法差异

思想家、哲学家们是聪明的，对善与真的问题提出了两种解决方法：一是在内涵上分列给不同的哲学范畴，二是在适用性上将分属给西方（欧美）与东方（专指中国）。

第一种方法，是在内涵上把这个问题作这样的分列：天道求真，人道求善，艺道求美。也就是把真善美的“真”落实给天道，天道自然，大自然是真实的，大自然体现的“道”也是真实的、诚意的——这也就是后面提到西方是求真思想的原因所在，因为西方哲学是追求自然的；把“善”

落实给人道，人在社会上、在组织里，需要与人为善、需要把善心善意传递给他人，人生的处世之道就在于善良与美好——这也就是后面提到的中国是求善思想的原因所在，因为中国哲学中所说的人道在于仁义、在于德行；把“美”落实给艺术，因为艺术就是创造美的。事实上人道里也包含了“美”的因子，因此，后面我们把善美合一，以“求善思想”统论之，对应于“求真思想”。心和管理学的重要观点是“和”，是在“我是我”的基础上，接受一切美好的事物，吸收一切优秀的文化，中庸融和而不变自身之根本，管理求真、求善，也求美。

西方哲学的天道是上帝观，而中国哲学的天道是太极观。上帝是主宰人世的，也是撒播仁爱的，主宰人世的真——真实世界都在上帝手中，人不可能欺瞒上帝，而要对上帝虔诚忠实；撒播仁爱的善——上帝把宽仁慈爱给人世间、他的子民就应效法之，同样去爱别人，这就是顺神，是把从神那儿来的仁爱传递于别人。中国的太极生阴阳，是既对立又统一的两仪，对立中有真亦有善，统一里有真也有善，真假善恶存在于人世间，阴盛阳衰，反之亦然。显然，西方的真与善在观念上也许可以划分开来，但在实践中则无法清晰区分；中国的真与善无论在观念上还是在实践中，都是紧密相融。超越现实的哲学思想里也罢，真实的现实世界里也好，真与善都不太可能进行单一追索，真中有善，善中有真，但在一定条件下，真中有不善，善中也有不真。所以，《红楼梦》云：假作真时真亦假，真作假时假亦真。把真实的东西当作虚幻的东西来看时，那虚假的东西它甚至比真实的东西显得更真实；反之亦如此。把不存在的东西说成是存在的东西时，那捏造的事实甚至比存在的事实更显得真实，反之同样是如此。同理，善恶也在一念间，一念成佛成仙，一念成鬼成魔，全在对世间万象的看法。“象”有真乎？自然有真，但人的眼界却有空幻、人的心念却有虚妄。

天道之上帝观、太极观，终究都是哲学元素的“道”。剔除虚幻，回归本真，那么就不会浅表性地分出哲学内涵上的真与善，毕竟天道求真也求善，人道求善也求真，天道人道都讲一个道，万象归真、万理归善，万事万物皆谋心诚人善，皆需真实良知。没有真的善，是伪善；没有善的真，是危害。真与善，就是人们心灵里的晴天，就是管理中的美好。管理学术也好，管理实践也罢，归根结蒂是通过有效的“管”与合适的“理”求到真理真性、求出善意善行，简而言之就是心灵里的真理展现、心灵里的真情流露，就是现实世界中的真善与真美思想的表现与认可，就是滚滚红尘中的修身养性与境界升华，最终求得让人心洁净、让人心真实、让人心美好，让人的善性彰显、善意待人、善良处事。人类向世界传递善美时，无论天道还是人道，都在求真，都在求善，真善共在。

第二个方法，是从适用性角度强调，而这种强调特意加了一个标签：西方哲学体现的是求真思想，中国哲学显示的是求善思想。试图以此来区分中西哲学内涵，同时以此来批判中国哲学不够求真，只有虚伪的所谓情感上的感受，没有求真的科学精神；从而证明，西方追求自然，自然是真实的，西方讲究科学，科学是求真的；中国追求人情，人情讲究感觉，中国讲究人道，人道是求善的。于是，真与善，就这样被割裂成东西方两种思想观念。是不是因此可以得出西方是求真而不求善，中国是求善而不求真的结论，好像没人敢说。可事实上，解读这个观点，明里暗里就是这么个意思。这是一种文化蔑视还是一种文化强暴？

心和管理学认为，西方哲学、东方哲学，都在追索宇宙真理、人间真情，在途径与方式方法上，也许“殊途”，但结果是“同归”；西方哲学求真求善，中国哲学也求真求善。仔细想想一些司空见惯的、日常生活的问题就可以明白：基督教的教义，主要目的是求真还是求善，西方刑法上的“无罪推定”“疑罪从无”，出发点是求真还是求善？欧美列强各国的博物馆里堂而皇之地保存着许多第三世界国家的国宝，是出于求善还是求真目的？求善是不是一定要牺牲求真、求真是不是就不能求善，或者说求真与求善可以分权重？还有，替天行道，求真还是求善；艺术的真善美谁来判定，判定依据是什么；世道不公时是该信天命还是指责老天爷……心和管理学的观点，这些问题不需要谁来回答，大家心中皆有数。国学的中庸之道也早就对这种问题及其处理方法有答案；求真不是西方哲学或科学的独有，求善也不是中国文化的专享；求真与求善并不矛盾，更不对立，关键是求真与求善的终极目标是什么。没有求善的本心进行科学研究，求不到真理；只推崇西方的研究方法，不注重数据的真实、目的的善意，科学研究只是一种自欺欺人的游戏。“求真思想”的核心在于关注真实、探究真理；“求善思想”的核心在于寻找善良、忠诚善美。

3. 中西殊途同归心和技法

真，人类所欲也；善，亦是人类所欲也，二者若可兼得，便是人间晴好。但恰如天有阴晴、月有圆缺，此事古难全。真实的，往往是赤裸裸的；善美的，有时是粉饰过的。需要展示赤裸裸时，就无须掩饰；应该体现美好的不必摒弃艺术。文化，是因为人类的思想觉醒和行为进步而诞生、发展、壮大的。对现实世界的一切“以文化成”，意在剔除公众不认可的、社会不接受的，而把真善美的事物展现在人们面前，这是人类的情感需求、心灵需求所致，所以需要把真实到赤裸裸的事物进行“以文化成”为文明美好的事物，展示人间、流传后世。要不然，一张风景画的画外就有可能是乱坟岗，一首诗篇所不吟处就有可能是邪恶地。只有以文成华章，才显文化真善美。如果这叫虚伪，要么是“虚伪”一词词义不明朗，要么是有人曲解了这词的本然性。天然去雕饰是一种自然美，天然加雕饰则是一种完善美。文化，就是文明化的过程，就是文明化的结果，就是把天道、地道、人道融合在一起，让人类走向文明进步。那么，又何必要说求善不是求美、求真，求真不是求美、求善。

西方哲学撕裂了人与人之间含情脉脉的人情面纱，赤裸裸地把人性中的一切展示出来。一些“公知人士”对此赞不绝口，认为这才是文明，因为用规则可以制约。不知道天真的“西化斗士”们有没有想过，如果撕裂人与人之间的情感纽带就叫作西方文明，估计西方人也不会认同，若果真这样，他们也不可能认为他们的制度就是最好的了。西方只是在社会关系上，以商业社会或者市场经济的规则，来尊重人的个性自由，而不是不要情感不要人际关系。更何况，有西方学习背景的人，真的能无条件接受和认可西方社会的所有规则？西方到底有没有人种歧视，究竟有没有掠夺别国资源、干涉别国内政，在处理双边贸易上真的是按规则来吗？对此，其实那些具有所谓“国际化视野”的“精英”们不会一无所知、一无所感。西方自己也有“潘多拉魔盒”的神话故事，相信魔盒释放出人世间的所有邪恶——贪婪、虚伪、诽谤、嫉妒、痛苦以及疾病、害虫、恐惧、祸害、灾难和瘟疫等等，人类都具有这些劣根性，人世都会有这些天灾，这是真实的，那么，就让这一切劣根性肆意妄为，就让这些天灾欲取欲索吗？指导人类前行的哲学思想，不应该是引导人们摒弃这些灾难的渊薮，而去求真、求善、求美吗？有容乃大的中国文化、中国哲学、中国思想体系，决不会单一化到只有求善而没有求真；也相信西方哲学的本意只是求真而不求善，中西方应该是这两种思想都并存的。

其实，人们都明白，中国人基本上没有可能真正融入西方主流社会。一方面是人家不接受；另一方面是中国人那些几十年坚守的东西，在西方社会里没有土壤了，社会规则完全不一样了，中国的人情观、面子观，还有与人为善的本性都不起作用了，在西方社会里无所适从了。哲学根基不一样，文化基因不一样，社会环境不一样，思维方式不一样，自然不可能融入西方主流社会。这带来更重要的一个思考是，到达人家的地盘上都融入不进去，那还有必要将那一套东西拿到中国来，用于思想渗透，用于管理行为吗？如果进一步思考，在人家的国度里都没法兼容，却拿回国内来像宝贝一样奉为圭臬，目的何在？

中国哲学，是以人的社会交往、人与人的相处为基础的，农耕社会形成的散落千山万水之中的中国人，农业社会形态传承下来的国人情感基因，根深蒂固。所以，中国人是远亲不如近邻，中国人认定的许多美德，都在中国哲学思想里体现，几千年基因传承，骨髓里都已深种。工业化后，城市化后，人们最朴素而典型的情感需求却不变，农闲时刻三五亲朋好友的聚餐模式不变，变的只是开放引进西式文化后，洪流与泥沙俱进，在“道”被边缘化后酒桌成了名利场，情感转换频道成圈子化。依此类推，中国原本美好而优秀的许多传统其实都没变，变的只是人心是否选择，也就是社会变迁使人们选择“西化”还是选择中式。

西方人按规则行事，挺好；但只有规则没有情愫，中国自然难以理解，也难以接受。举个例子来说，AA 制的美好，是建立在人与人是利益关系而不是情感关系上的。

管理技法，是在管理哲学基础上的选择和开发，心和管理学的管理技法，选择的是以己为本，接受并吸收一切有帮助的、美好的、优秀的、善意的非中国传统技法，修正之、融通之、完善之，最终助推中国管理技法的创新创造，目标：人心高洁，彼此双和——心和。

第二节　中西管理交汇心和管理

心和管理，离不开心理学管理技法。心理学学科是西方建立的，心理现象则是世界共通的，运用心理疗法、心智开法，无论古今中外皆是古已有之。心和管理借鉴西学某些心理管理技法也属正常。改革开放涌现的企业，也有把中西管理技术与方法交汇到一起的。这里结合企业官网、学术文章、案例资料分析 3 个案例：从军队化管理韬光养晦而后把世界浓缩在产品与管理中的华为管理——高科技开发企业，从原始粗放管理走向成功进而把企业做向国际的海尔管理——制造业顶尖企业，从传统的三板斧到政委制的阿里管理——互联网电商企业，3 个企业共同点是吸纳世界管理为己用，中西管理交汇而成心和管理技法。

一、华为心和管理技法的世界性

1. 华为人才管理勇扛重担

华为是一家知识密集型科技开发企业，设计、生产和销售通信设备的企业，低调中研发，厚积后薄发的企业。做成了独具特色的管理品牌：华为管理——红色管理模式之一。

华为自 1987 年成立，蛰伏 16 年，创始人任正非才有第一个大奖项——网民评选的“2003 年中国 IT 十大上升人物”（注意是“上升”）。一个不接受媒体采访、不上电视的企业家，在 20 世纪 90 年代以炒作为荣的时代里，一声不吭，“静水潜流”（表面水面平静，水下潜流暗涌）。21 世纪初不鸣则已，一鸣惊人；不飞则已，一飞冲天。华为和任正非逐渐出现在世人视野中，以一家之力量，以中国企业身份叫板美国科技界。2016 年底华为有 17 万多名员工，营业额 5200 亿元人民币，产品和解决方案应用于全球 170 多个国家，服务全球运营商 50 强中的 45 家及全球 1/3 的人口。华为通过怎样的管理实现飞跃？任正非给出的答案是人才管理战略：东北乱炖，不拘一格。这是指不管哪里人才，能用就好；不管哪路人才，高效就行。任正非的人才观是“人才不是华为的核心竞争力，对人才进行管理的能力才是企业的核心竞争力。”所以“人力资本增值目标优先于财务资本增值目标”。要让华为的人才，从“一棵大树”到“一片森林”（资料来源：《为什么不要向华为学管理》）。这就是华为创新的管理方式。

其一，不讲派系、不论国别，能为我所用，便是人才。不拘一格用之。这在公司政治（办公室政治）活跃的年代里，无论是东方还是西方的大企业里，都很难做到，在世界性的大企业里，且不说人种歧视、国别歧视问题，派系林立、近亲繁殖几乎就是“大企业病”无法回避的问题，“圈子文化”是世界性的，不是“自己人”不入“自家门”。华为用“东北乱炖”法，让没有背景、不入圈子的知识分子得到重用，这是中国式的海纳百川、有容乃大。

其二，华为不走寻常路，认为企业的核心竞争力不是人才，而是“对人才进行管理的能力”，这一点与心和管理理论中的具体管理法则完全对应。人才，可以为我所用，也可以为他人所用；可以把才能用于正道，也可以把才能用于歪道；可以用才华为我贡献，也可以用才华阻我发展。所以，人才本身并不能构成核心竞争力，只有通过欣赏管理、品性管理、满意管理、感动管理、理解管理、精神管理、情绪管理、心态管理等的管理，才有可能让人才成为企业（或组织）的自己人，而不是某派系的自己人，这种管理能力的高下决定人才为我所用的程度，也就决定了企业是否真正拥有人才，这才是核心竞争力。

其三，自从“人力资本”概念引进中国后，人才就作为一种特殊商品可以用“资本”衡量了。而“人力”这一资本的“增值”，是人才自身的努力结果，也就是人才自己把“人力”这一商品增值化，企业只是根据其

“值”用之。华为打破这一束缚，通过组织使其增值，便把这一增值的目标，确立为优先于“财务资本增值目标”，即提升人的能量值、贡献值要比增加企业利润更重要，这是冲破西式管理观念束缚的又一创举，是中国式的人才管理思想，或者说是中国式的人才战略，进而可以说是中国式的管理战略、企业战略。

2. “土八路”倒三角管理奇效

有媒体认为：华为的管理，一直立于中国企业之翘楚。华为人，曾被称为青纱帐里走出来的“土八路”，不太习惯于西式的表格化、数字化管理，但是他们善于学习，把西式人力资源管理的方法引进后，进行了华为化，采取了5%的淘汰率制度。他们学习了西式管理的直线职能制管理模式，根据自身企业特点，创造性地反其道而行之，组成了与“正三角”相反的“倒三角”组织模型，据2013年统计，华为的人才结构如图18－1所示。这叫作是学习，学习人家好的、适合的为我所用，而不是照搬别人；只有把人家的知识结合到自己的知识体系中来，才能有真正意义上的创新，才不至于食古不化、食洋不化。所以说华为浓缩了世界，形成独特的华为体系。

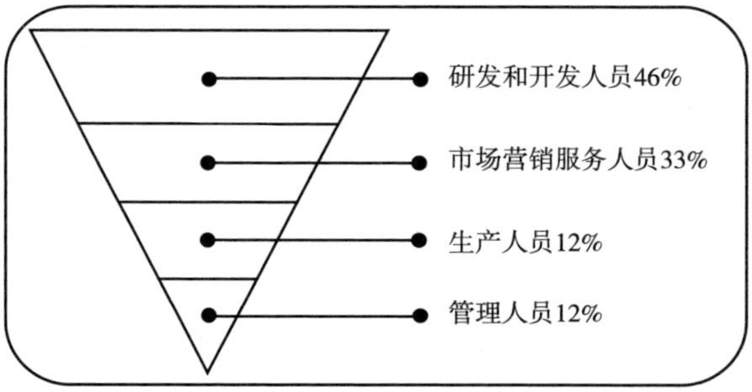

图18－1　华为“倒三角”组织结构图（官网介绍）

当然，华为的严厉、华为超强的节奏、华为有些残酷的竞争，以及华为的加班文化，让一些人望而生畏，员工离职率高达10%。华为内部、外部对此的争议也是相当大的。但资料《华为管理体系探秘：我们到底能跟华为学些什么》显示，华为86%的员工拥有公司98.99%的股票（任正非只占华为股权的1.01%），数以千计的中层人员，年收入百万元以上（大部分收入来自长期的股权激励），而这股权激励方式，是学习来的，有一段时间似乎全国的企业都在学习这种激励方式，但似乎大多数没能达到预期效用，华为却凭借这一激励方式稳定了企业核心力量，在企业内部形成了一个全员利益共同体。其中最重要的原因，是“主人翁”意识在公司核心层的激发，所以尽管基层员工流动性比较大，打破派系后的稳定性受到挑战，各方对华为管理的争议也颇大，但华为还是成就了核心层对“华为”的认同和归属心，做成了大多数企业做不到的业绩。

华为，在科技上浓缩了世界精华，在管理上浓缩了世界文化，华为仍是中国的华为、中国的根基、中华的基因。从军人任正非，到学毛选管理企业，到为中国科技扬眉吐气、为中国强国梦贡献力量，到为中国在政治、经济、文化上增强在世界上的影响力，都在证明华为的中国属性，华为的中国力量。华为，是独具一格的华为。没有解放思想，没有更新观念，没有对应的价值观，没有相应的经营态度和管理目标，别人学不到华为管理的真经。

3. 华为管理推动飞龙在天

一家企业做大后，不可能避开公众的关注，所以，华为的资料也就多起来。其中《任正非遭华为高管集体批判：管理思想已落伍》提到，华为内部有批评与自我批评会、是让高管的“流汗会”。在华为人力资源 2.0 总纲第二期研讨班上，“华为高层对创始人任正非做出了 10 条批判，可以说是毫无留情面”。包括任总的人力资源哲学思想是世界级创新，但有时候指导过深过细过急，HR 体系执行过于机械化、僵硬化、运动化，专业力量没有得到发挥；要求任总不要过早否定新的事物，对新事物要抱着开放的心态，让子弹先飞一会儿；提出工资、补贴、奖金、长期激励机制等价值分配机制需要系统梳理和思考；并且不能把中庸之道用到极致，灰度灰度再灰度，妥协妥协再妥协等。这样的批评毫不留情，至少说明华为的沟通机制是畅通的，言论环境是宽松的。

华为，一方面被说管理过于严厉，另一方面又展示出如此民主化，这中间度的把握是管理高手技法的最佳运用，衡量的标准是支持者多还是少。骂华为管理过于苛刻的人有，但认同华为管理的人更多。最有发言权的自然是华为人。而华为人的成就感、自豪感和主人翁意识，各方面材料显示，都是比较强的。说任正非军事化管理很多，说任正非独裁的声音很少。事实上，华为核心人物是任正非，但任正非没有担任过董事长，他只是副董事长（后辞去）、总裁。董事长是一个叫孙亚芳的女士（非创业元老，本书写作时她已退休）。她刚柔相济，对外协调时或者任正非不在时能挑起大梁，雷厉风行而有魄力；但在外界露面时，她只充当任正非的绿叶。任正非霸道而脾气暴，孙亚芳就柔和而高情商。这是华为顶层典型的阴阳协和原理的应用。无论是作为个人，还是作为“左非右芳”组合，既有乾卦的自强不息，也有坤卦的厚德载物；既有乾阳的刚毅坚强，也有坤阴的柔和温馨，两厢协和，其利断金。

十几万知识分子，济济一堂，资金固然重要，技术固然重要，然而，更重要的是人才管理，是人才生存的文化环境。只要是资源，就有可能枯竭，包括把“人力”当作“资源”，这“资源”也会枯竭。只有激发起的人心，只有创造出来的文化，只有意志坚定的精神，其能量才能生生不息、代代传承，永不衰竭。华为在任何时候，都没有刻意高调，反而是尽可能避开媒体追踪。他们埋头做的就是带好队伍，开发好科技。面对世界态势，长时间做一条“潜龙”，情势所迫偶尔“见龙”露一下峥嵘，也能够很好地做“惕龙”应该做的事，“夕惕若”。直到“5G 战争”爆发，美国咄咄逼人，前有深渊、后有围堵，忍无可忍、退无可退时才毅然决然腾空而起成“跃龙”，并默默做好“飞龙在天”的准备，不骄、不躁。

这就是华为，把世界浓缩在华为鸿蒙系统里、浓缩在华为麒麟芯片中。

二、海尔心和管理技法国际性

1. 本土化管理成行业标杆

海尔是一家劳动密集型企业，一家生产和销售家电的企业，在其创业、成长、发展的历程中，是以管理著称的；在走向海外、面向世界后，又让国际上的管理研究者认定海尔管理模式具有极大的开放性。所以，海尔又是改革开放后创业成功企业中最早掌握企业管理包装、并把管理模式包装得最成功的企业，让海尔成了行业标杆、企业标杆。全国凡是培训、咨询类稍有规模的公司，凡有企业培训项目的高校，几乎都会组织企业家团、经理团等去海尔参加培训，海尔的对外培训由此做成了一个产业，形成“实地参观 + 互动交流 + 体验式考察”的培训模式，如图 18 – 2 所示的某培训机构招生广告。

图 18 – 2 海尔管理模式培训招生示例（官网广告）

资料来源：《青岛标杆企业考察》。

海尔的培训课程十分丰富，海尔 OEC 管理、海尔商业模式、海尔市场营销、海尔班组管理、海尔人力资源管理、海尔采购管理、海尔物流管理、海尔研发管理、海尔企业文化，以及海尔创客模式、创客组织转型、红领定制模式、按单聚散模式、单人酬模式、大数据营销、开放式创新……只要是企业、商界有需要，海尔就能提供给相应课程。

《中国经营报》于 2018 年回顾 20 年前、也就是 1998 年用“与老板对话”的报道形式，重现与张瑞敏的对话，其中有这样一段话：“14 年来，张瑞敏一直在探索一种‘中国式’的管理模式，这种管理模式近日被他总结为‘企业内部模拟市场’。‘企业内部模拟市场’的含义就是‘工厂下道工序是上道工序的用户，上道工序则是下道工序的市场’。”这种“中国式”管理模式，张瑞敏最初是基于一种朴素的认识：“我当时对管理根本就没什么认识，现在回想起来，那时体验最深的就是上下级之间最大的问题就是没有一种信任”，因此成为管理者之后，他认为最重要的就是“被管理者最需要管理者对他的信任，反过来说，管理者其实也非常需要被管理者对他的信任”（《反思 20 年——访海尔集团总裁张瑞敏》）。这样我们就可以理解张瑞敏最反感“一级糊弄一级”的认定，也理解他为什么一接手海尔先不管其他规章制度，而是提出“不准在车间大小便；不准偷紧俏物资……”等十三条新规，因为不能言出必行，就不能建立互信。以前工厂的制度何其多，却搞得一团糟，是因为制度高挂，上下没有信任。

2. 海尔以人为核管理模式

张瑞敏领导海尔在管理上把企业做成内部模拟市场，也就是企业内部如市场一样对用户（上家）负责；如不对用户负责，“下家”或者说“用户”可以不买你的账、不要你的“货”，这样就实现了企业内部的精细管理。而建立这种“企业内部模拟市场”的关键，是要建立管理者与被管理者之间彼此的互信。这事实上已经在建立一种中国式的“人心管理”：对用户负责，就是达到用户心中认可；建立管理者与被管理者的互信，就是彼此内心认同。从这样的视角分析，海尔企业所要实现的中国式管理，其内涵与心和管理是一致的。

掌舵人张瑞敏没有留过洋，他的海尔管理模式从一开始建立就没有“西化”内涵。所以在他创立的一些管理新概念中，有“相马不如赛马”这样对中国传统文化典故翻新，也有“斜坡球体定律”看上去有些洋气实际上完全中国化的原理，还有中国最基层的员工也能一听就懂的“定额淘汰制”“沉浮升迁制”等，他走的是中国化管理道路。从最初的“十三条规定”，到“砸冰箱事件”，再到“真诚到永远”的观念，从“企业内部模拟市场”到“国际星级服务”，再到“情感激励的真爱无限”，创建海尔管理模式的过程，都是中国式的、走心的，都是以“人”为基础，以“心”为根本，着眼点在人才的情义感受、真心接受。凡是关注人才，懂得掌握人心的企业，才有做大做强的基础，靠销售只能飞翔两三年，靠技术迟早被技术淘汰，靠扩张则被陷入泥淖，只有懂人心靠人才的企业，才能真正做得长久。

得人心这一点其实人们都知道，但新形势下不知道如何做才是最佳的。海尔的“人单合一模式”为此开辟了一种思路，伦敦商学院教授加里·哈默等国际一流学术专家，就力挺海尔的这一管理模式，他在一次演讲中认为“海尔的管理模式特征就是一个通用平台，能够让海尔去获得某种程度的规模经济的效益，挑战的是如何在不集中化的情况下获得效益”（《加里·哈默：从海尔管理模式中学什么》）。这里说的“不集中化”应该就是海尔规避“大企业病”的良方。因为“大企业病”的重要特征就是决策者管理者脱离了市场、脱离了顾客，滋生了官僚。而海尔的做法是“把一个大公司变得像一群小公司那样充满活力”，而这群小公司在海尔这个“通用平台”上，依然可以接触到基层员工、了解到市场情况、顾客需求。这些“通用平台”上的“不集中化”的小公司，犹如初创企业，“初创企业的优势在于，它组织上面有非常大的活力——他们愿意面对面沟通，非常灵活；他们没有什么害怕的事情，愿意接受一些大的挑战；他们的员工很灵活，角色灵活，责任灵活；他们非常开放，愿意接受并且利用外界的资源；他们也非常乐观，每一个人都对公司非常负责、非常有热情和诚意”（《加里·哈默：从海尔管理模式中学什么》）。这里所说的恰恰是一些大公司没能做到的，高高在上的公司决策层做不到这样灵活、开放、热情和有诚意。大公司避不开办公室政治，冷冰冰的制度代替人情的温暖、人性的光辉。这也是“大公司软骨病”的中国解决之道。

为此，海尔管理模式的建立过程是管理观念、方法、手段不断创新的过程，是质量、用户步步到位，生产、营销事事落实，流程、物流不断创新的过程，而这一切都是海尔人在其中起作用，人是第一要素，人心是第一要素中的核心要素。在海尔培训中，他们把这些总结为“海尔员工关系特点”：双向认识管理、自助激励管理、情感管理、竞争比较管理和文化管理。把海尔管理行为上总结为“以采用人为核心的现代管理”观念，主要表现在人的主体性、权利平等性、成果分享性、情感沟通性、手段多样性等管理特性上。此外，他们还总结出“海尔员工自主管理”的内涵，并加以实践探索，包括共同目标管理、参与管理、人才开发管理、构建命运共同体。最终得出人才管理观念是“人人是人才，赛马不相马”。

3. *海尔管理学院企业理论*

《海尔培训》引言中有这样一段话：“创立于1984年的海尔集团，经过20余年持续稳定的发展，白色家电位居世界第一，并已成为在海内外享有较高声誉的大型国际化企业集团。原国家经贸委在全国范围内推广‘海尔经验’以来，海尔已经成为国内各类企业的教科书。每年有约几十万人到海尔集团参观，海尔企业文化、业务流程再造、OEC管理法、即时激励、生产管理、质量管理、企业文化建设等，成为众多国内企业商务考察的理想地点。‘海尔培训课程’对于当下企业发展具有普遍借鉴意义”（《走进海尔，学习海尔管理模式》）。海尔管理和海尔培训模式兴起，后来进入哈佛大学、洛桑国际管理学院、欧洲工商管理学院、日本神户大学等著名高等学府的案例库，成为全球商学院的通用教材。这是中国管理实践和理论总结对世界的贡献。这说明，越是中国的，才越是世界的；同理，想要成为世界的，首先必须是中国的。海尔的成功，无疑做到了一点：我只做我自己，向你学习不是变成你，只是用你的营养充实我自己。

海尔中国式管理模式的创建，他们自己总结，是与海尔发展历程相应的，经历了四个时期：无序管理、有序管理、形成体系、周围引申——红色管理模式之二。

一是从无序管理到有序管理。这一阶段主要是推出“十三条”规定之时，张瑞敏适时推出震动全国的砸冰箱事件，按照张瑞敏的说法是砸出了新观念，这就是“零缺陷，精细化”的质量观念，由此建立了一条长期的名牌战略发展之路。

二是从有序到形成体系。这一阶段主要是全面引入质量认证体系，特别是美国UL质量体系，为海尔管理全面落实、海尔走向国际打下了基础。

三是从体系上升到高度。这种高度表现为以产品为中心的管理转变为以人为中心的管理，这里面就体现在海尔创立的现代管理的OEC管理法，其“日事日毕，日清日高”的观念有效地提高了人的素质，为海尔管理上台阶提供了扎实的基础。

四是从高度向周围引申。这阶段海尔管理全面提速，全面系统地完成了海尔的多方位管理哲学，其中包括生存哲学、用人哲学、运营哲学、服务哲学等，至此，海尔管理的金字塔日渐完美。在此基础上，海尔一步一个脚印走向世界。

关于这些方面的内容，这里不再逐一述说，研究海尔管理的书籍、论文已经相当多，《海尔管理模式全集》也在2006年由武汉大学出版社出版，归纳了九大管理模式，此不赘述。

三、阿里心和管理技法的全球性

1. 创电商兴新业阿里管理

华为做软件科技开发，海尔做传统制造业，阿里巴巴从事互联网事业，是新媒体的主人之一、常客之一。因此阿里高调且面向全球，马云的演讲精彩且走向世界，“阿里管理”或者是“马云管理”，从走进公众视野开始就没有销声匿迹过，其管理思想、管理心得、管理方法、管理反思等，在传统媒体、在新媒体上都是海量信息，如《马云：我的管理心得》《马云管理日志》《马云谈管理》《马云管理思想大全集》《三板斧：阿里巴巴管理之道》等一系列书籍，让阿里管理风靡社会各界——历史是成功者书写的，模式和经验是成功者总结的，成功者的感悟脱口一说，便是业界或者管理界甚至是全社会的金科玉律。

阿里光芒万丈的时候，少有人说阿里的管理有什么不好；马云作为草根创业成功典范时光环无限，无论在什么场合说了什么话都成为“经典”，网络上就一直流传着《马云经典名言名句》，成为最美鸡汤普济众生。有人说马云能说是因为教师出身、口才好，其实很多一辈子当教师的也没这么能说，这是性格与见识所决定的。

无论是褒是贬，以阿里为代表的那一批互联网“牛人”创造了电商世界、丰富了网络经济，这是贡献。“马云说”许多内容也很有见地，通俗而有哲理，如“我们必须学会尊重和理解别人，很多时候我们发现我们缺的不是钙，而是爱”“永远要相信你边上的人比自己聪明”“最优秀的模式往往是最简单的东西”“可能一个人说你不服气，两个人说你不服气，很多人在说的时候，你要反省，一定是自己出了问题”等，像是在为心和管理理论作背书。只是“狂”几乎是所有成功者的标签，表现形式和传播广度不一样而已。当说出“银行不改变，我们就改变银行”的时候，其已狂到无可奈何了。这里对此不作评述，这里的重点是管理探索。回过头再听听这样的话“如果一个方案有90%的人说‘好’，我一定把它扔到桶里去。”当时不敢有人诟病的，很多人还认为是真理，理由是大众都认可的就不够有创意。其实，方案就是要大多数人认可才好操作，技术开发、经营创新、点子创意需要保密的才不需要大多数人同意，连知道都没必要。还有“刚来公司不到一年的人，千万别给我写战略报告，千万别瞎提阿里发展大计”，这太打击年轻人了，你没时间看新员工的报告，他不还有顶头上司、你的下属吗？这时怎么不教导“人还是要有梦想的，万一实现了呢?”

无论阿里的股票发生了什么变化，也无论马云的走向如何，阿里成功了，管理上的创新有目共睹。这里把视线放在阿里巴巴管理三板斧（《阿里十年陈：全面解读阿里巴巴管理三板斧》）与“前阿里巴巴政委”两个点上。三板斧培养了阿里巴巴坚挺的腰肢——中层管理者；政委制应用了心和管理技法。十六章对中国军队创建过程简单阐述时，提到连队建立支部的红色管理。作为人民军队的独创，军队里设置思想政治工作岗位，把过去“当兵吃粮”的天经地义进行了彻底的颠覆，通过“忆苦思甜”等方式让士兵懂得了为国扛枪，为父老乡亲打仗。这一军队管理机制的创新，源于打倒军阀时期中国共产党人在北伐部队中设置的党代表制，“三湾改编”的伟大之处在于把中国共产党基层党组织建立在部队里面，成为部队里与军事编制相配套的组织结构。国民党“清党”后，有一段时间也学习这种方法在部队中设立国民党党代表制，但因两个原因最终失败了：一是部队里没有建立国民党党组织，二是军统的特务功能逐渐取代国民党党组织功能。阿里的政委制度，也没有把与“政治委员”相关联的组织建在企业里，但阿里没有“特务”制，而是把这个制度与人力资源管理制度相结合，这应该是与时俱进的学习与借鉴，在企业的各个层面，有专人在关注着“士兵状态是否好”“上下沟通是否畅”，在遇到新情况或出现新问题时，有专业部门在考量对这些情况或问题的“定性判断是否正”，这是阿里管理的价值所在，阿里管理的创新所在。企业如此关注员工的动态、员工的思想，这是中国土壤上才能长出的“硕果”，是具有显明中国元素的企业管理技法。

2. 三板斧强组织心和管理

从“三板斧”一词可以看出这一内容的中国风。程咬金三板斧的故事家喻户晓，中国善于“三”的文化也是十分丰满：中国哲学三生万物，中国三才天地人，中国三光日月星，中国三纲君臣父，中国三教儒道佛……阿里管理三板斧，分别三个层面：腿部三板斧——招聘和解雇、建团队、拿结果；腰部三板斧——懂战略、搭班子、做导演；头部三板斧——定战略、造土壤、断事用人。关于三板斧的具体内容，网络可以搜索、查阅到，这里不作阐述。

阿里管理三板斧，是建立在 OD 也就是组织能力基础上的，阿里自己总结出组织能力的“三板斧”，形成阿里企业运营的铁三角。如图 18－3 所示，包括企业文化、企业战略和组织能力，而组织能力，则如图 18－3（右图）所示，体现在 3 个方面：员工愿不愿意干、有没有能力干和组织允不允许干。很显然，这三条组织能力都是涉及人的主观能动性的问题，都是人心问题，三个问题若都是肯定答案，便是“和”的高境界。一家企业，在创建和发展过程，逐渐形成了自己的组织环境和文化氛围，构成了阿里“心和管理”法的实践体系。

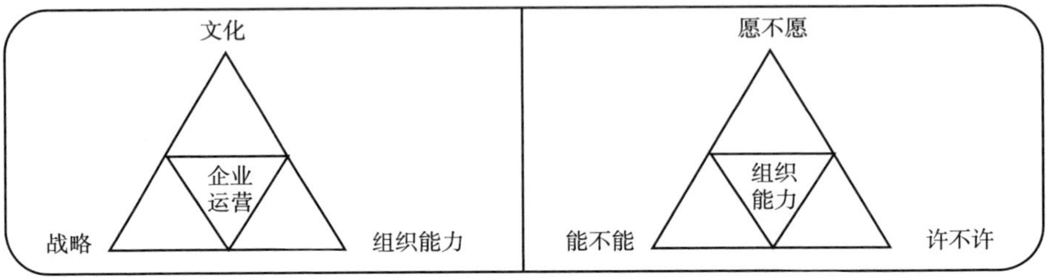

图 18－3　阿里企业运营与组织能力铁三角示意图

阿里培养中层管理者，说的就是前面提到的腰部三板斧，腰好，头脑才会清晰，腿脚才会有力，作为承上启下的管理者，这是一个非常重要的层面，这个层面的主要任务是懂战略、搭班子、做导演。对这三板斧，阿里有个通俗的说法：“揪头发”“照镜子”“闻味道”。“揪头发”就是揪住头发往上拉，向上思考，把自己放到更高的平台上看问题，开阔眼界，理解“头部”制定的战略，在全局层面、系统视角上掌握本部门的战略分支，这是阿里式的中国管理，培养的是中层管理者的眼界。“照镜子”，既照自己以正己，也照别人，即观察上下级、观察本团队，从而观照自己，开阔胸襟，联系相关部门，搭建一个好班子，这是中国式的理解管理，需要沟通上下左右内外，达到天地四方六合，是一种胸怀的体现。“闻味道”用的是望闻问切的中医法，眼观六路、耳听八方，仔细观察员工的情绪、氛围，从中找到正面负面的信息，恰如导演一般，剧本、演员、场地、道具等所有一切，了然与胸，随时观察到每个角度、每个人员、每种可能出现的情况，这是一种心力的提升。在这三板斧中，政委在其中起着重要作用，培养了自己也培养了员工的“眼界”“胸怀”“心力”三大能力。

3. 政委制得认同本土管理

“政委”是红色管理的创造，阿里巴巴援用这一名词，不是摆个噱头，而是一种管理模式的继承与创新，用阿里人来解说，“阿里巴巴‘政委’的任务是负责观察业务之外的情况，看‘士兵’的状态是否好，以及‘司令’对‘团长’‘连长’的沟通是否到位。我们是希望通过这样一个体系，来保证判断是公平客观的”（《阿里 HR 拼什么牛——一文读懂阿里巴巴政委体系及落地方式》)。这个解说中，值得注意三点，其一是“士兵状态是否好”，其二是“上下沟通是否畅”，其三是“定性判断是否正”。

军队政委制，有坚强的党组织支撑，与同级军事主管平起平坐，“军事主管管理军事，政治委员管生活”。军队里从上到下有各级党组织，而不是“党代表”时期是一个人代表党组织；企业政委虽有人力资源部门作为主管，但并未在各级企业组织里设立其组织机构，也就不具备行政管理、业务管理者的指挥权限，其管理力度和效力程度不可与军队政委同日而语。军队政委的“管生活”，不仅仅是简单的日常生活，而是包括组织生活、思想生活、管理生活和业务生活在内的综合性“生活”，在组织生活会上，可以对军事主管提出批评，必要时可以否决军事主管的意见，甚至可以暂时停止军事主管的指挥权；企业政委并不具备这样的功能和权限。所以企业政委的重点在于观察，发现问题、提出解决方案，由企业行政管理或业务管理者去具体落实。在阿里，“政委”始终是文化传承、人才发展的角色。

军队政委制，团级单位以上设党委，营设专员、连设指导员，班排设党小组。换句话说，军队政委须是团级（相当于地方行政的县处级）以上才具备，政委对应同级党委、教导员对应营党总支、指导员对应连党支部。企业政委是在设立人力资源部（总公司和子公司）的一级机构里的，更多的是引导和监督，而不大会具体参与企业行政体系或业务体系里的管理，更不可能与军队政委那样，与军事主管同级，两人共同商量着处理事务。在阿里，政委的一项功能是否定或反对业务主管的决定，所以，对政委的综合素质能力要求甚高；阿里的集团总部、大区管理层、区域管理层分别设立了大、中、小三级政委，与同级经理可对应参与监督与管理，但没有“党委”“总支”“支部”和“党小组”这样的组织支撑。

军队政委制，政委一旦下达命令，与军事主官有着一样的权威，下级同样“以服从命令为天职”，上下级之间的沟通比较单一（尤其是在军事行动时期），下达命令、接受命令、执行命令，没有讨价还价的余地，不服从命令可以执行“战场纪律”，直接枪毙；思想工作的具体落实是在非军事行动时候。而在企业里，可以喊出“军队化管理”的口号，但不能真正按军队机制执行，更不可能真正做到“没有任何借口”，不要说企业政委，行政或业务主管也不能，不然，人心尽失，消极怠工——高压下或许暂时服从，但心中不顺，主观能动性一定不高。企业管理须允许一线员工陈述意见——没有无条件服从命令之说。服从的前提是人心认同。盲目而简单的军事化管理，是许多企业凝聚力下降、归属感失落的罪魁祸首。培养政委、监督政委、提升政委，同样也是需要相应机制的。这是企业政委制的一大难点。

马云说：“对于准备学阿里政委体系的企业，尤要慎重对待现有各种解读”（《10 年老兵自曝：江湖盛传“阿里政委体系”，其实这才是全部真相》）。因为很多解读都不是阿里的解读，是“理论专家”“培训专家”们的解读。而且阿里自己也不是原样照搬军队政委制，而是在阿里内部结构、企业文化情态下借鉴后的创新。但总而言之，阿里企业政委制是中国原创。作为政治委员，其任务重在做通人的思想。简明一点说，在于争取人心，获得人心。阿里巴巴建立的政委体系，说一千道一万，还是为解决内部人心问题。

第三节　中西教育中庸心和管理

与管理学最接近，功能最相近的学科，应该就是教育学，两者都涉及心理学，于是就有了教育心理学、管理心理学；两者都需要沟通，沟通到位了，教育者的教育目标实现了、管理者的管理目标也实现了。仔细去分析，这些学科之间有着相当多的重合、关联和一致性。所以，这里提中西教育，仍然是为管理作注解。

中国古代有着严密的教育体系，“天地君亲师”的牌位，也把“师”放到了很重要的位置，入学时拜孔子拜师长，有着严格的仪式感、神圣感；四书五经六艺的教学内容，师徒式（入室弟子“一日为师终身为父）师生关系，班级制与个别式教育方式的结合，朗诵背诵与讨论争议式结合的教学模式，有着浓烈的中国风格。清末民初引入西式教育体制，20 世纪 50 年代起引入苏联教育体制，世纪末的改革开放，使得教育观念和模式有欧美化倾向，却因水土问题，最终出现“四不象”。所以，管理中国化，教育也须中国化。教育针对学生时代，管理针对职业时期；学生教育需要管理，职场管理需要教育，教育与管理不可分割，教育的过程是管理，管理的过程是教育。同理，教育要回归文化自信、突出红色教育，在此基础上适当吸收西式教育中优秀的部分，充实中国教育，为中国管理作注。

一、中国教育的心和内涵与演变

1. 教育源远流长中西互通

说中国教育优于西方教育，估计会有“西化”论者的“板砖”拍下来；但硬要说西方教育优于中国教育，也很难让人接受。优劣不能这样简单比较，适合才是最好的。教育有学校教育和生活教育两大部分，针对前者，英国的斯宾塞说：“教育为未来生活之准备。”中国教育学家钟启泉说：教育是奠定“学生发展”与“人格成长”的基础。针对后者，美国的杜威说：“教育即生活。”中国教育学家陶行知先生说：“生活即教育”。本质具有共通性。

在西方，教育的起源受到宗教组织的影响巨大，可以说西方的教育体系是由教会的神父们建立起来的，尤其是天主教教会学校，殖民时代开到了全世界。亚洲各国的教育多多少少受到教会学校的影响。在东方，印度的教育在殖民地之前是佛教教育，殖民地之后是西方教育；在日本，教育起源就完全与佛教僧侣密切相关了。只有中国，教育的起源与宗教没有关系，如果不考虑原始起源（生活必须的教育，比如取火，比如用工具等），也不谈原始社会的“成均”与“庠”①，那么中国真正的教育是源于学习经典著作，如孔子总结周朝教育所编“诗、书、礼、乐、易、春秋”六经，这是孔子教育学生的教材，此后私学盛行，从师带徒到私塾、从家学到聘师；后人在此基础上结合春秋百家经典构成的“四书五经”等，作为科举考试主要内容，凡教育皆学之，官学本在皇家、贵族盛行，由此更发达。

汉语“教育”一词，与拉丁文 educare 的意义不太一样，拉丁文前缀“e”有“出”的意思，意为“引出”或“导出”。所要表达的意思，是通过一定手段把某种本来潜在于身体和心灵内部的东西引发出来。所以西方教育原本优势重在内发，顺其自然中把人所固有的或潜在的素质引发出来，由内而外成为发展基础。而在中国，许慎在《说文解字》中解释，“教，上所施，下所效也”；“育，养子使作善也”。显然，“教”与“育”首先是分开的，“教”是言传身教，是让学习者效仿的；而“育”是培育学生走正道，做善人行善事。掌握知识、开发智能、养成人格为教育。中

---

① 《成均，传说中五帝时代的学校》。成均，是指经过人工平整的宽敞平坦的场地，是社会教化的起始；庠，传说中虞舜时代的学校，兼作养老、储存谷物之处。《孟子·滕文公上》：“夏曰校，殷曰序，周曰庠。”

国的教育，教的是知识与技能，育的是人品与道德。汉唐宋明各朝代，世界各国都派员到中国来留学，向中国学习教育、学习管理、学习各种知识技能。

从起源上看，中西教育有一点是共同的，西方教育重在由内而发，中国教育重智重技更重在育品德，中西方教育皆从心而入、由心而出。简言之：教由心生，育在心导。所不同的是，西方教育的目标是发散思维而求异谋新，尊重每个人的独特想法；中国教育的目标是集中思维而求同谋和，尊重集体利益和公共道德。《孟子·尽心上》："君子有三乐，而王天下不与存焉。父母俱存，兄弟无故，一乐也；仰不愧于天，俯不怍于人，二乐也；得天下英才而教育之，三乐也。"这"三乐"，说白了就是"家和万事兴"之乐、"修身养性得心和"之乐，以及"得天下英才而教育之"之乐。君子教育，本应该是一项乐事。

2. 教育内涵及近代的变迁

中国古代的学校教育官学与私学并行。官学源于古代皇室与王公贵族子弟的教育，"指中央朝廷以按地方行政区划的地方官府所直接创办和管辖的旨在培养各种统治人才的历代学校教育体系。前者称中央官学教育，后者称地方官学教育"。中央官学以太学和国子监为最高学府。"'太学'一词西周时已经有了，《大戴记》中说：'帝入太学，承师问道。'西周太学又名大学，天子和诸侯均设之，'大学在郊，天子曰辟雍，诸侯曰泮宫'"。雍、泮宫也是各种重要聚会或开会之所。真正作为高等学府出现太学则在汉代，汉代以前只有私学，是汉武帝采纳董仲舒"天人三策"，"愿陛下兴太学，置明师，以养天下之士"的建议设立的中国古代的国立最高学府。隋朝改称国子学、国子监，内仍设太学。

此外，自东汉末年创立的鸿都门学（汉代学习、研究文学艺术的高等专科学校）始，历朝历代都有专门学科的教育机构，如"南朝的史学、儒学、玄学，唐宋明三代分别创办的书学、算学、律学、医学、画学、武学等"，以及专供贵族子弟学习的贵族学校等；还有古代的培训体系，亦已出现，如宋代的外学（辟雍）、广文馆、四门学等，是君王或执政大臣主持的短期学校，与现在培训性质相近。自西汉景帝时文翁在蜀郡设学宫开始，只是不同的朝代重视程度不同，教育效果也不同。中国古代私学一直兴盛不衰，主要在于地方势力若要进官场，只有读书一道，所以稍有资产的家庭、家族都会开设私学。教授的内容大抵不出孔年的"六经"，如果勉强与现代学科挂上钩，那么，诗为文学与创作课，书为政治学与经济学课，易为哲学与数理课，礼为社会学、道德学、伦理学（包括外交学、公共关系学、人际关系学）课，乐为音乐艺术美学课，春秋为历史学与政论课，两门以上综合则可以“生”出更多学科，如管理学就是这“六经”综合出来的学科。

唐朝以后，一方面是书院式教育出现，书院原本是士大夫个人读书治学的场所，逐渐发展成重要的私学教育机构，这是中国私学教育的一大特色。另一方面是蒙学教育盛行，“蒙学教育主要是私人设立的学塾、村学和蒙学，启蒙教材宋代有《百家姓》《三字经》，以及以后编的《千家诗》《杂字》等。到明清，学塾有坐馆（或教馆）、家塾（或私塾）义学（或义塾）等三种形式”。书院、私塾，已具学校、班级教育和管理功能。

古代学校教育中的官学还设军事课、技击课、体育课等，家族内部教育中则有琴棋书画等艺术课、女红等技能课。古代朝廷的工部（或类似机构），在管理土木水利工程以及屯田、官府手工业的同时，也开展这些领域的职业技术教育；制造业、建筑业等的“百工”培育，涉及数学、物理、化学等学科，也涉及雕刻艺术、机巧艺术、制图艺术、设计艺术等，自然也包括现代经济学、管理学、实用数学所指向的许多方面内容；至于每个领域都会包含的税赋学、财务会计学等就更不用说了。可以这么说，除狩猎与农耕事务外的人间所有物件（包括狩猎与农耕所使用的设备与工具）的制作、流通所涉及科学技术、商学应用领域的教育，在古代都很发达，更不要说包括炸石、炼丹、各领域工艺配方以及医药配方等所代表的以化学为主要特征的综合性自然科学，还有气象学等的人才培育。

近现代，中国教育发生了巨变，缘由主要在两方面：一是清朝晚期腐败。私学不兴，而官学有名无实，沦为科举附庸，更严重的是科举考试本身腐化舞弊，思想高度控制下的教育，已经脱离教育之本质。二是外强入侵，西方教育冲击。刀矛弓箭难敌火枪火炮，才发现需要学习外国而选派留学生；其次是外国教会学校带来的社会影响，战争和贸易带来的西方思想、教育等。

现代很多人在传播一些教会学校对中国教育的“伟大”贡献、清华大学是庚子赔款返还建设起来等内容，具有极强的欺骗性和诱导性。我们不否认教会组织中有好人、教士中有好人，他们做过一些好事，但是从整体来说，教会学校的本质是文化入侵、思想洗脑；唱衰中国的浪潮里，教会和教士是其中的主力军，更重要的是，西学东渐而引起的“西化”倾向，西医否定中医的主力军等，都少不了教会和教士。至于庚子赔款，本就是侵略者侵略行为的结果，而庚子赔款 4.5 亿两白银，按照当时的货币值，这意味着多大的体量，什么样的损失需要如此巨额的赔偿（年息 4 厘，分

39 年还清，本息合计 982238150 两，若再加地方赔款，总额超过 10 亿两)？何况庚子赔款返还是强盗们主动的、自愿的吗？强盗抢劫了中国的巨大财产，中国政府争取回来一小部分（时势变动造成的赔款减免、停付部分，及美国将所摊浮溢部分本利退回，充作留美学习基金），还要对强盗感恩戴德，这是什么逻辑？更莫名其妙的是，返还回来的，怎么用要由他们来决定，而且是每年只汇给“民国清华”。

3. 崇西中走向本土化教育

近代中国教育巨变的内容，是“废科举，兴学校”，模仿西方资本主义国家刚刚建立起来的近代教育系统，也就是将教育逐渐演变成实体，一般理解就是教育制度化的学校教育系统，或者说是“正规教育”。也许是对于国力羸弱的不自信，也许是期盼变革的紧迫性，也许是其他原因，反正当时翻译“education”一词时，不知是有意还是无意，忽略了“educare”的拉丁语源词中的“引出、导出”之意与中国教育之“教为上施下效，育为养子使善”之间的细微区别，直到今日，所有人都认为“education”与“教育”完全同义。正是这一不小心的“忽略”，在一定程度上误导了中国百年教育。因为西方的学校教育系统之“系统”、制度化之“制度”、正规教育之“正规”，在汉语体系里，就解读成了这样一句话：“在不可变的系统内形成不得更改的准则进行正式规范的施教”，形成了相当于“圣旨”或者“祖训”的制式。这就忽略了西方教育“顺其自然”“由内向外”的引出，而这一点，中国道家的教育主张早已经提出来。道家强调回归自然、“复归”人的自然本性，认为一切顺其自然，便是最好的教育。只是儒学一统天下时，科考制度本就不太注重思想的自然发生和由内而外，近代又受西学冲击，解读“education”出现偏差，所以，西式发散性思维不受重视，教育简单化为集中性思维。同时西式学科分类法完全照搬，而且越分越细，到了现当代，加上边缘学科的无限增加，最终形成中国教育的僵硬、死板问题一直得不到改善的情况，学习成了死背“知识点”、完成“题海作业”、经历“死亡考场”，学校教育成了繁重任务和名利场。

当然，中国教育的问题不能完全责怪于西方教育。但至少可以说，所谓的“全盘西化”教育，既偏离了 education 的本意，也违背了“教育”的本意，只是看上去像 education 而已。

当然，从清末到民初，从洋务运动，从北洋大学到京师大学堂、到全国各地开办的新式学堂，中国教育发生了翻天覆地的巨变，是一个进步。但也确实深植了后来所有教育问题存在的根源。在非学校教育领域，当时的“革命者”倒是在学习西方教育的同时，提出了一个非常重要而切合中国实际的观念：“开民智”。因为，经历清朝高压式奴化管理，当时的“草民”“贱民”们，已越来越没有国家的概念、没有“匹夫有责”的思想，读书是官家、富人之事，与他们无关，文盲一片，民智愚钝。故有识之士一致认为“开民智”极为重要。

中国最早的现代大学，与一个叫盛宣怀的人有关，他是清末官员，秀才出身成官办商人和买办，1895 年 10 月 2 日，由光绪皇帝御批，盛宣怀出任学堂首任督办的北洋大学（1951 年 9 月 22 日，北洋大学与河北工学院合并，定名为天津大学）成立，曾用名包括北洋西学学堂，北洋大学堂等；第二年（光绪 22 年）盛宣怀又在上海创建“南洋公学”（1956 年国务院决定，“南洋公学”的交通大学主体内迁西安，期间很多教授返沪。1959 年 7 月 31 日，教育部批准分别成立西安交通大学和上海交通大学）。这里的南洋、北洋，与“西洋”一词无关。清末民初时，江苏、浙江、福建、广东等沿海各省称为“南洋”，江苏以北沿海各省则称为“北洋”。1901 年，盛宣怀请来了一位良师，当时是罪臣之身的张元济，张元济又请来了鼎鼎大名的蔡元培任经济特科班总教习，一时间南洋公学人才济济，学风蔚然，走出了蔡锷、邵力子、黄炎培等一批在当时政治舞台上举足轻重的人物。然而遗憾的是，意在学习西方创建中国大学的张元济，与美国学监“全盘西化”的教育观念不合，屡次提出辞呈。而在张元济辞职后不久，即暴发了全体学生包括蔡元培老师集体退学（辞职）走出学校的学潮。这次事件的起因是不允许学生宣讲西方的自由平等。

显然，中国的高等教育，“全盘西化”不行，完全恢复封建教育亦不行，南洋公学时代，就已经给出了这样的答案。只是这一沉渣，又被所谓的“公知”们给泛起来了。

二、中西教育心和内涵差异分析

中西教育差异分析文章很多，各层次各角度各立足点分析都有。这里不炒冷饭，而从一篇文章《熊掌和鱼：略带偏见的中西方教育比较》视角略作阐述。这篇文章说有位国内保送北大、毕业后留学美国获得两硕士一博士学位的跨文化亲历者，在 2014 年一次国内的公益讲座时用到了 36 张 PPT，对中西方教育差异作了对比。这个对比在学术界没什么影响，但 PPT 组图在社会上影响力很大，网上转发极多，尤其是留学市场讨论似乎更烈。

对这篇文章作评述前特意网查了一下，发现作者已于 2015 年就任某国际化中式学堂总校长，这所国际学校以“根深中国，盛开国际”为办学观念，其母体某书院也是以中华传统文化为底蕴的。另预告说《熊掌和鱼》系列讲的第二讲题目是《古典中式教育与西方教育的不谋而合及殊途同归》。这些似乎证明作者有较强的国学情结，盛赞西方教育，也不贬低中国教育，重在分析差异性与共通性。这里对其“西方教育的优势内涵与风格特色”结论不苟同而评述之。作者标题直言“略带偏见”，应该也有抵挡网上“拍砖”本意吧。

材料上看作者“亲历”之地是美国，36 张 PPT 不涉及“英式精英教育”，也不提“德式职业教育”，当然也不说西方公立教育与私立教育的差异，不说中美文化差异、福利（包括教育福利、社会福利）差异等给教育带来的影响，只是“中美教育”一元化比较。类似于西方那句著名的“假定其他条件不变……”的定律解说，虽然事实上“其他条件总是在变”。

鉴于书稿特性，36 张 PPT 无法展示，也不便对每张 PPT 都分析评述（有兴趣的可自行网搜）。这里就作者中美教育差异对比所得出的几个观点进行总结并分析。

1. 体制差异教育各有优势

关于教育的本质，PPT 表述：美国教育是实现孩子的梦想，培养兴趣爱好，促进学生成长，引导学生关注未来、明天和无限远，从而获得生活本领的“扬长式教育”；而中国教育是实现父母的期待，引导改变命运，鼓动学生成功，引导学生关注脚下、眼前和每一天，从而获得谋生手段的“补短式教育”。由此暗示美国教育好，中国教育差。

中西方社会形态不同，人文风格不同，望子成龙、望女成凤是中国社会以“家”为中心以“和”为目标的表现，期待孩子通过好好读书成龙成凤，是中国社会的一种历史积淀，一种文化观念，也是一种社会需求，更是中国家庭的一种常态，而不是教育自身的问题。所以“父母的期待”和“孩子的梦想”，不是教育的本质问题，更不是对立到非此即彼的问题。美国家长也对孩子有期待，中国家庭也允许孩子放飞梦想。但若对现实条件加以比较，许多中国孩子的首要任务是改变命运，而不是满足什么兴趣爱好，让在温饱线上挣扎的家庭鼓励孩子去满足学钢琴的兴趣，真的好吗？对他们来说，稳扎稳打走好脚下每一步路，通过好的教育解决谋生之道，是现实所决定的，教育的目的是让人成长，然后走向成功，成功之路必须脚踏实地，而不是未来无限远的童话世界。要改变现实，须先适应现实。

美国教育是不是与前面总结完全吻合暂且不论，但说他们是“扬长式教育”，中国是“补短式教育”，显然是片面的。西方的小班制教育，能让老师更多关注到每一位学生，这是显而易见的，但问题是目前中国的教育资源是否能够满足小班化教育，估计作这个结论的时候是没有考虑到的。何况，中国也不是简单地“补短”，只是考试“指挥棒”下“总分”效应的一种无奈选择而已。各有各的起因，各有各的无奈。美国教育并非想象得那么美好。

关于教学的特点，PPT 表述：美国教育的内容是终身受益的能力，教材为资源，训练的是信息处理能力，以学生为本，老师的作用是组织者、促进者，其根本是为学生点燃一把火，所以可以向老师质疑、挑战、引领；而中国教育的内容是不一定有用的知识，教材为纲领，训练的是记忆能力，以老师为本、老师的作用是传道授业解惑，其根本是灌满一桶水，所以必须对老师服从、听从、跟从。所以暗示美国教育好，中国教育差。

这不但涉及两国教育体制的差异问题，也涉及学习西方遗留的历史问题。清末民初到整个民国时期，中国传统的教育体制被弃（但“师者，传道授业解惑也”的教育观念不变），西学成为主流，西式学校制、分科制盛行。中华人民共和国的前 30 年（1949～1978 年），全盘引进苏式教育，而苏联教育本质上是西方的，但融入了布尔什维克的红色内容。改革开放后教育工作者、研究者接触西方（美国为主）教育理论，学的、用的全是美式教育，师范院校的教育学类教材，除了其中一章或一节提提中国教育史以外，其他内容全部“西化。”这种情况下武断认为中国教育的失败是片面的，借鉴学习西方教育，借来了，却没有消化（也不可能完全消化），没有考虑到西半球教育“移植”到东半球后水土服不服的问题，更没有考虑到彼的历史因由、文化基因、社会认同和学术营养等因素，到了此后是用本土思维方式、眼界境界并参照本土社会现实解读并学之的，所以教育引起的很多问题是美式教育带来的。

更重要的是还存在中美人种性格、地域性格的差异。美国人个性独立而张扬，喜欢先发制人；中国人个性则隐忍而含蓄，讲究后发制人。中国教育原本是“师徒制”，入室者有着父子式的亲情，所以就有彼此的信任和交流，沟通无障碍。西方教育的班级制，课堂上距离式教育让中国学生接收不到亲情感，而老师为了完成教学大纲规定的教学任务并满足考试需要，也不可能在课堂上天马行空，脱离教材满足孩子的快乐需求。在多种因素的综合作用下，就形成了课堂上的灌输式教育。另外，前面提到美国教育的那些优势，也不涉及西方公立教育与私立教育的差异。归根结蒂，西方教育有西方的美，中国教育有中国教育的优。

2. 公私差异出现教育不公

关于教育的测评，PPT 表述：美国教育布置给学生的作业是团队项目，测评的目的是形成性（反馈、修正、补充），测评题目的答案多元、开放、包容，给学生一个启发，测评结果是学生个人的、隐私的；而中国教育布置给学生的作业是重复做题，测评的目的是总结性（淘汰、升学、惩罚），测评题目的答案唯一、二元、标准，给学生一个总结，测评结果要排名而且公告。所以暗示美国教育好，中国教育差。

这应该是一种有意无意的误导。这里所说的，包括其他涉及西方教育让学生轻松愉快地“玩”中学习的宣传，都是误导，是没有分清公立和私立学校的结果造成的。西方国家是私有化的，私立学校是市场化的，收取高额学费，培养社会精英；而公立学校是面向社会的，是为了让所有适龄人接受常规的基础的教育，国家出钱，学生免费。

说明白一点，私立学校是给出得起高昂学费的家庭准备的，公立学校是为普通人、穷人准备的。社会也基本由此分出阶层，公立学校的学生基本上面向社会输送劳动密集型、服务型的基层人才，私立学校则向社会高层输送高级人才。其本质，就是用金钱培养出来少数精英，来统治普通民众。以英国教育为例，私立学校，每年学费至少 2 万英镑（18 万元人民币），这还不算寄宿费（一年学费相当于一个普通家庭一年的收入）。据《西方教育社会分层严重，并非理想的天堂》一文统计，“英国的伊顿公学等 5 所私立学校学生考上牛津、剑桥两所大学的人数，相当于 1800 所公立学校考入这两所学校的学生总数。”“英国社会 80% 的要职由私立学校的毕业生担任，1/3 的国会众议院议员、半数的高级医生、2/3 以上的高等法院法官，来自仅仅容纳英国 7% 人口的私立学校。”私立学校的教育之“严酷”，与中国目前的教育大体相当，甚至有过之而无不及。当然，私立学校的测评，也就不可能比中国教育的测评温和。至于公立学校，它的社会任务决定了并不要求孩子们掌握多少高深的知识，而只要快乐成长，然后成为社会劳动力即可以。通俗点说，精英们在私立学校牺牲了他们童年的快乐努力学习，但在长大成人后就成为人上人而快乐地统治、管理别人；平民的孩子在公立学校享受他们快乐的童年，但在长大后就要成为供精英们驱使的劳动者。所以，所谓西方教育的轻松愉快，其实就是公立学校为了保证将来服从精英的绝对领导、从而保持整个社会各阶层的稳定而操控平民教育的一种手段。

中国是公有制国家，公立学校是主体，面向全体民众；私立学校分两头，一头是贵族学校（收费高），一头是平民学校（为外来民工、底层百姓服务或者为学校成绩不理想者提供机会）。与西方教育相同的是，都是公立学校的学校数、人数占大头；不同的是西方私立学校培养精英，中国公立学校培养精英也培养普通劳动者，关键在个人努力和社会机遇。

关于教育的课程，PPT 表述：美国教育的音乐课是欣赏、熏陶，体育课是运动健康科学，语言艺术课是文学，数学课是数字的艺术，德育课是情感教育；而中国教育的音乐课是表演、成果，体育课是体能达标，语言艺术课是语文（题库），数学课是算数，德育课是思想品德课。由此仍是暗示美国教育好，中国教育差。

文化差异，造成了理解差异。课程内涵，是由教育目标所规定的；美国的不见得都好、都适应中国，中国的也不见得都不好。现今一些私立学校在进行教育改革尝试，有的完全“西化”（又分精英教育与蓝领教育等）、有的完全军事化、有的完全中国古典化，当然也有综合两种及两种以上的。事实上全世界还没有一种无缺点的教育，《西方教育骗局，终于明白精英和普通人的残酷差别》一文中，一位小学留学生的妈妈曾晒出一张英国小学四年级课表。从 9：00 到 10：15“指定阅读”与“英语”，应该是语文课内容，10：45 到 11：45 则是学习数学。换句话说，所有的上午只开语文、数学两门课。而下午的课，每天都有的“语音”与“故事时间”，按中国学科分类，仍然属于语文范畴；1：00 到 3：00 是杂学，科学、宗教、史地、体美、交际、信息技术等。3：15 就放学了，比较人性化的是有一个小时时间给孩子玩，相当于中国学校放学后的“托管”，给家长接孩子的时间。很显然，这是公立学校的课表，私立的精英教育不可能这么松垮。根据这张课表来对照 PPT 描述中西教育课程的差异，其结论就有些牵强附会，应该得不出 PPT 的结论。

3. 水土不服教育偏离轨道

关于教育的侧重，PPT 表述：美国教育通过关心、援助、馈赠获得想要的，好学生的标志是别人的小帮手，课外活动是寓探索于娱乐，玩是一种人权，假期是外出打工、旅行、体验，对待青春期的爱情是进行家庭规划，安全让学生在冒险中体会，竞争重在团队胜利，家长会由学生主导；而中国教育通过接受、索取、哭闹获得想要的，好学生的标志是当上班干部，课外活动唯功利为目的，玩是一种特权，假期是外出补课、补课、补课，青春期的爱情则视为早恋之魔，能免责便是最好的安全，竞争重在个人输赢，家长会是批斗会、羞辱会。

其实大家都明白，很多问题其实都不是单方面的教育问题，而是社会问题、体制问题，高考“指挥棒”的问题。西方的体验式教育，与中国目前的知识点教育，其实原本都是西方教育的内容，中国学习西方教育，分科分知识点之“分”的技能学到不少，而纯粹的体验式教育，几乎与升学考试背道而驰，自然是不能通融的。

另外，无论是西方还是中国，都有类似“龙生龙，凤生凤，老鼠的儿子会打洞”这样的谚语流传。但这种情况造成，不是因为血缘基因，而是因为社会环境；不是因为教育需要，而是因为社会需要。大多数人出生时就定格了自己一生所处的社会阶层。除非社会发生大变革，否则很难出现大面积的阶层人员更换。

在教育领域，也是学界成政界，政学关系、商学关系不正常，硕博士们的“编”，是有讲究的，有流派的，是导师们的言传身教和硕博士们的组帮结派后形成的，很有些“威力”，论文可以量发，研究可以“瞎编”。现在很多“学者”不抄了，而是“编”了。“抄”是教给学生们去做了，而且要抄国外名不见经传的那些论文，翻译成中文，谁也查不出来。高级职称们在“编”的同时还要会“骗”，这才更见功力，更显水平。

而这一切，其实都与“西化”有着千丝万缕的联系。总体来说，进来的，应该有中国化的过程，以适应中国气候中国土壤。出去的，应该是纯正的中国成果，这才是对世界的贡献。

三、中西教育的心和技法及中庸

1. 清末留学沟通中西教育

真正全盘接受西方教育、留学西方的第一批中国留学生，是清末的黄胜、黄宽、容闳三人，他们在入读澳门教会学校马礼逊学堂（后迁校香港）时，于 1847 年被送到美国马萨诸塞州的孟松学校（MonsonAcademy，预科学校）就读。黄胜因病次年回国，后成香港报人。黄宽于 1850 年考入英国爱丁堡大学，首年攻读文学系，1851 年开始改修医科，1857 年作为中国第一位医学博士回国。在中国留学史上留下重彩浓墨的是容闳，1850 年考入美国耶鲁学院，1854 年获得文学学士后即回国，参与了洋务运动，促成了两件大事，一是参与创建上海江南机器制造总局，二是组织第一批官费赴美留学幼童。

容闳作为中国第一批留学西方、美国耶鲁大学第一个中国留学生，因组织赴美留学幼童活动而被誉为“中国留学生之父”。在容闳的奔走，曾国藩、李鸿章的支持下，晚清政府从 1872 年到 1875 年选派均龄 12 岁的幼童 120 名到美国留学，分四批送到美国，预计从小学读到大学共 15 年。

但9年后就中断了这一活动。

清政府因洋务需要，原本派遣留学幼童的目的是“师以长技以制夷”，当时也派遣专门的清朝官员到美国管理这些学生。但没想到的是，中西文化的冲突在这群10多岁的孩子们身上碰撞了，白天西学晚上中学的模式难以为继了，青春期遭遇美国女孩、礼教思想遭遇基督教……1881年9月6日，留美幼童撤回国内。

120人中，除早退、早亡、留美不归26人外，94人归国。其实这些人中，到1880年时已经有50多人考入美国的大学，“其中22名进入耶鲁大学，8名进入麻省理工学院，3名进入哥伦比亚大学，1名进入哈佛大学”。而撤回时，没有几人完成学业，如耶鲁大学的22位留学幼童中只有詹天佑和欧阳庚2人顺利完成学业（另有2人拒回而完成学业，2人归国后再出国完成学业）。但这批人毕竟在国外完成中小学，多数在大学就读过，他们归国后，“从事工矿、铁路、电报者30人，其中工矿负责人9人，工程师6人，铁路局长3人；从事教育事业者5人，其中清华大学校长1人、北洋大学校长1人；从事外交行政者24人，其中领事、代办以上者12人，外交部部长1人、副部长1人，驻外大使1人，国务院总理1人；从事商业者7人；进入海军者20人，其中14人为海军将领。”

2. 清末国弱催化西学东渐

虽然赴美留学幼童没有全部完成学业，但中国留学活动由此开展起来，促进了西学东进。这里不能不提到当时的驻美公使梁诚，也不能不提到晚清一系列不平等条约中涉及的赔款。最著名的是1840年，第一次鸦片战争，导致中国割地赔款，丧权辱国；1894（甲午年），甲午战争，原本一直不怎么瞧得上眼的小日本，竟然在甲午战争中让北洋水师全军覆没、辱签《马关条约》，再次割地赔款，中国陷入半殖民地、半封建社会；1900年（庚子年），义和团运动，导致清朝与八国联军开战，结果在第二年（辛丑年）辱签《辛丑条约》，赔款4.5亿两白银。这就是前面提到过的庚子赔款，西方人称为“拳乱赔款”（针对义和拳对教会、教堂、洋人的损害的赔款）。以八国为首的外国列强作了如下分配：俄28.97%，德20.02%，法15.75%，英11.25%，日7.73%，美7.32%，意5.91%，比1.89%，其余都不足1%。1904年底，梁诚就赔款用黄金还是用白银一事与美国国务卿海约翰洽商，期间上下奔走交涉退还庚子赔款中的那些虚报冒报的部分。1908年7月11日，美国同意将所得“庚子赔款”的半数退还给中国，条件是退款用于资助留美学生之用，双方商定在北京建立一所留美训练学校，1909年，晚清皇室赐园清华园拨出，1911年初，利用庚款专门为培养赴美留学生的清华留美预备学校正式成立，后国民政府于1928年8月17日发展为清华大学。国民党赴台湾后经梅贻琦等的努力，1956年在新竹建立新清华大学，每年庚子赔款支票打到新竹清华。

各国偿还所谓的赔款时，银价跌落，但各国仍坚持按“应还日期之市价易金付给”，加大了赔款压力。以英国为例，到1905年镑亏积欠120万英镑（合银800万两），迫使清政府向汇丰银行借款100万英镑以支付这项差额，年息5厘，20年还清，本息合计1525000镑。清末赔款，给中华民族、中国人民带来了深重的灾难，巨量资金，穷了中国，富了列强。“据当时各国调查，中国全年财政收入为白银1亿两，而支出则需1.1亿两，这使得中国不得不将外部的压力转化为内部的压力：每年赔款均分摊入省，各省又分摊入州县，州县复分摊于各色人等。最后的结果是丁粮加派和旧税愈重、新税愈多，中国社会的每一个人都承受了庚子赔款之苦”（百度百科：庚子赔款）。这也是晚清百姓与朝廷离心离德的重要原因之一。以美国为代表的各列强国，通过退还部分赔款时的附加条件，把钱又流回本国去外，还把西方思想、西方教育、西方文化强行侵入中国。所以，最初的西学东进，不是中国自己的选择。

清末革命者为推翻清朝封建统治，需借助西学力量，于是出现了完全否定中国文化、中国教育，全盘引入西方教育、西方文化的现象。被动接受的中国，没有拒绝的权力。而完全不同的文化进来，最初自然是具有新鲜感的。兼收并蓄，本就是国学特点，吸收西方观念、思想、技法、体系，无可厚非，是社会进步的标志。关键的是学习不是“搬砖”，晚清腐朽不等于泱泱中华文明的腐朽；西方不是救世祖，输入中国的不会只有善意和友谊。加上历史走到了19～20世纪交替之际，对清朝失望透顶的文化人、教育者和各方有识之士，正在寻求中国之路而迷茫无助时，西方工业革命、政治革命、教育革命连番传播进来，“革命党”应运而生，前仆后继、流血牺牲，大清王朝崩塌。民国建立时，西风便是如此背景下劲吹而来的。

3. 中西教育融通新式教育

无独有偶，20～21世纪交替之时，再次西风吹动，而且力道也猛。只是历史不会重演，百年前的西风吹起于中国积弱之时，百年后的西风吹化在中国崛起之时；百年前的西风湮没在战火的风烟里，百年后的西风相融于浩瀚的国学间。中国走的依然是中国之路，只是愿意把彼此的心和技法交流融会，形成中国心和技法为本、他国心和技法为辅的经过中国文化、中国教育中庸过的新心和技法。以铜为镜，可以正衣冠；以史为镜，可以知兴替；以人为镜，可以明得失。百年前西风吹可以给我们一些重要启示，这又涉及一个中国近代史上最具争议的人物、只要涉及近代史就怎么也绕不开的人物：袁世凯。

1882 年，清朝属国朝鲜发生“壬午军乱”，清廷应朝鲜王妃之请出兵平乱，袁世凯随军参战获得战功，23 岁时得以帮办朝鲜军务身份驻藩属国朝鲜，协助朝鲜训练新军，结交多名朝鲜士大夫；26 岁时得李鸿章重用，“驻扎朝鲜总理交涉通商事宜大臣”（位同三品道员）。由是袁世凯左右着朝鲜政局。甲午战争后，维新变法时，李鸿章等三名封疆大吏联名上奏保荐袁世凯，觐见光绪帝时袁世凯提交了一个完整的改革纲领，其中重要的内容之一是效法西方训练新军。1895 年 12 月 8 日，袁世凯正式入主练兵营地“天津小站”，用西法编练中国首支新式陆军：鲁、苏、皖、豫等地招募 2250 名步兵，300 名骑兵，加上 4750 名定武军，称“新建陆军”。袁世凯以德军为蓝本，实施新法训练新军，后来发展成为北洋六镇（北洋新军），为清末陆军主力；另从天津武备学堂挑选百余名学生任各级军官，并引用和培植了徐世昌、段祺瑞、冯国璋、王士珍、曹锟、张勋等一批私人亲信。袁世凯在慈禧后党与光绪帝维新派之间左右逢源，40 岁（1899 年）时成封疆大吏：山东巡抚，他的新建陆军也从天津小站调往山东境内布防，恰巧躲过了八国联军，彼消此长，实力大盛。1901 年 11 月李鸿章离世，袁世凯得以成为直隶总督兼北洋大臣。1901 年，袁创山东大学堂（今山东大学）；1902 年在保定编练北洋常备军（简称北洋军）；1903 年袁兼任清练兵处会办大臣，创办武备学堂，1905 年编军“北洋六镇”，每镇 12500 余人，重要将领几乎都是小站练兵时期的嫡系军官；同时，袁还兼任督办电政大臣、督办铁路大臣及会议商约大臣，在天津成立中国第一支警察队伍，修建了第一条中国自主铁路“京张铁路”。袁世凯襄赞新政，形成了一个以他为首的庞大的北洋军事政治集团。由是，引起皇室忌惮，袁在溥仪（宣统）即位后去职隐居，但北洋实权仍在他手中。1911 年辛亥革命暴发，清廷重新起用袁世凯为内阁总理大臣，但在 1912 年 1 月 1 日民国成立后，袁世凯于 1 月 25 日通电支持共和，2 月 12 日，袁世凯逼清帝逊位，隆裕太后接受优待条件后下诏由袁世凯组建中华民国，2 月 15 日，南京参议院正式选举袁世凯为临时大总统，而袁世凯于 3 月 10 日在北京就职中华民国大总统。

显然，袁世凯起家、壮大、成就大业，与他与时俱进，襄赞新法训练新军有关，他的班底基本上是天津小站训练新兵时组成的。袁世凯去世后，北洋政权瓦解，此后“城头变幻大王旗”的军阀，很多出自北洋系。

后来国民革命军北伐，伐的也主要是北洋军阀，可见北洋政权的实力，也可见自袁世凯后无人能镇得住军界政界，引起军阀混战、民不聊生。从这个角度说，袁世凯当年学习西方、训练新军、组建北洋的历史十分值得研究，从中可以探索中西融通的教育与管理技法，也可以其成功与失败中探索经验与教训。

目前，对袁世凯的评价已从一味谩骂转为相对客观，说他有识人之明（手下有 5 人先后担任民国总统或总理）、任事之才（组建北洋政权、工农业并重、工业化功臣）、治军之能（组建中国第一支新式军队）；教育方面，“袁世凯兴学重教，主张废除科举，兴办新式学校，积极倡导学子留洋。在他的努力下，中国沿袭一千多年的科举制度被废除，在财政捉襟见肘的情况下，袁世凯宁可压缩军队，也要推广全部免费的新式学校，即四年制初级小学。……袁世凯任直隶总督期间，颁行了一系列教育法规，创建学校司、提学使司、劝学所等近代新式教育管理机构，形成河北近代教育行政管理体制。另外，他多方筹措经费，培养师资，编辑新教材，创建新式小学、中学、大学和各种军事学堂、实业学堂等新教育设施，建立河北近代新教育体系，从而使河北教育摆脱了旧教育的羁绊，步入近代化的发展轨道。”

还有，袁世凯在国家管理、行政体制、捍卫领土以及禁毒禁赌等方面都有不可磨灭的贡献。当然，他是一个“治世能臣，乱世奸雄”，逃脱不了一些历史罪孽。

第四节　中西智慧契合心和管理

西方哲学是“爱智慧”，故认定哲学是聪明人的学问。中国自古就有哲理、哲思，但未独立学科。了解西方哲学思想、内容和体系后发现，这样的学问中国自古就有，所以翻译由古希腊语 Φιλοσοφία 演变而来的 Philosophia 时，就用了国学中用来表示智慧卓越或有卓越智慧的人的这个词“哲”，来涵盖这门学科。在西方，爱智慧与哲学是一个意思，在中国两者有关联也有区分：哲学是学问层面的，智慧是实践层面的；哲学是明晰思维方式的，智慧是解决现实问题的；哲学是一切学科的基础理论，智慧是一切问题的基础工具。本节涉及的是中国智慧创造的谋心之术、西方智慧融入的谋心之术合一的管理哲学。

一、中西智慧比较中明心和技法

1. 驳贬华论弘扬中华智慧

针对“智慧”，中国人与西方人的理解有差异，这种差异很多时候是只可意会、不可言传。但一些“公知们”却是很喜欢说出来：东方的智慧标准是计谋权术，西方的智慧标准是发明创造——其代表性观点在一篇名为《东方智慧与西方智慧的比较》的论文（知网中未搜索到，却能在网络里流传，有些不可思议）之中。最为典型的结论在文章结尾处：

“西方人把思想家当作民族智慧的骄傲，东方人则把计谋家当作民族智慧的结晶。西方人看来陈景润比诸葛亮更智慧，因为陈景润和爱因斯坦是同一类人；而东方人看来基辛格比爱因斯坦更聪明，因为基辛格和诸葛亮是同一类人，东方智慧和西方智慧是没有交点的两条平行线。西方智慧重视‘与自然斗’，所以诞生了一个又一个思想家发明家；东方智慧重视‘与人斗’，所以出现了一个又一个整人高手。一个计谋家生在西方是一个悲剧，一个发明家生在东方也是一个悲剧。”

这个结论与表述，侮辱了汉语“智慧”二字，更侮辱了“民族智慧”这个词。即使不从情感和政治上来说，如果“智慧”一词的意义正如这篇文章所表示的，那么，这种智慧只是相当于“wisdom”，或者说是“intelligence”，即一种有一定谋略能力的智力体现，既非西方所指的“哲学”，也非汉语表示的“智慧”。在国学体系或者哲学体系里，“智慧”是生命里所具有的全部思维能力、创造能力的总和，是一个综合性的“形而上”的、如中国人所说的“道”的系统。“智力”是一种谋略能力，是中国文化里所指的“形而下”的“器”而已。

2. 析中西智慧展心和技法

中西方智慧的关联与差异，可能在一个网络段子中可见一斑：

儿子写日记：“夜深了，妈妈在打麻将，爸爸在上网……”

爸爸检查时，很不满意地说：“日记源于生活，但要高于生活！”

孩子马上修改为：“夜深了，妈妈在赌钱，爸爸在网恋……”

爸爸更不满了，说：“要提倡正能量，以正面宣传为主！”

孩子再修改为：“夜深了，妈妈在研究经济，爸爸在研究互联网 + 生活……”

爸爸看后说，这还差不多，但深度不够，有待进一步提高！以后你长大了成了硕士研究生，你就知道应该这么写了：“妈妈在研究信息不对称状态下的动态博弈，爸爸在研究人工智能与情感侧供给的新兴组合。”

爸爸接着说，要是你打算成为博士，得这样写：“妈妈在研究复杂群体中多因素干扰及信息不对称状态下的新型“囚徒困境”博弈；爸爸研究的是：大数据视角下的六度空间理论在情感侧供给匹配中的创新与实践。

这个网络段子，能不能表示出某些人理解的中西智慧的差异，无法肯定。但若是把这样的研究模式当作是有思想深度的话，中国智慧一定不会认同。中国智慧是包括谋略在内的一个思维方式和思想成果的系统，不是“谋略等于智慧”，智慧是要能出思想的。

我们认同这样的一个研究结论：中国哲学与西方哲学是各有长处的。任何厚此薄彼、扬此抑彼的说法，都是不公正的；全世界任何时候，都无法否定中国春秋时期的百家争鸣和西方希腊文明的文化圣殿对世界哲学的贡献，都无法否定老子、孔子、孟子们和苏格拉底、柏拉图、亚里斯多德们的哲学智慧。中国智慧的整体观、全局性视野，愿意融通中西，而不会居高临下、傲慢独尊。崇洋媚外者、“全盘西化”者及中华敌对者的一边倒否定中国智慧、丑化和贬低中国智慧，绝不是他们嘴里所高喊的“科学精神”“自由精神”。

事实上，中国智慧与西方智慧各有所长、各有特色、各有侧重，自然也就各有短板、各有弱势、各有缺陷；彼此中庸，互为补缺，才是真正的科学精神，如表 18－1 所示。

表 18－1　　　　中国智慧与西方智慧的比较

中西比较	基本观点	基本态度	基本方法	智慧体现	智慧溯源	智慧认定	智慧体现	智慧结果
中国智慧	天人合一	顺应天道	元气论 整体思考	直觉思维 感性物象	多神论 多元性	综合考察	中庸融通	实用性 认同化
西方智慧	自然因果	征服世界	原子论 裂变分析	逻辑思维 理性抽象	一神论 唯一性	情商测试	严谨数析	精确性 标准化

不同的天时地利、不同的人文环境，孕育了不同的哲学思想、智慧内涵，引导着中西方繁衍发展。只是西方的古罗马帝国最终没能一统欧洲大陆，反而让整个欧洲陷入千年中世纪，直到 14～16 世纪的“文艺复兴”运动，才复兴了希腊文明、罗马文明。千年中世纪并没有把西方智慧科学化、数量化，自然也不可能诞生多少发明家、理论家，在科学之路上艰难前行的“哥白尼”们没能遇到一个好时代。而中国，虽然朝代更替，文化却一脉相承、充实发展，中国智慧因政治的需要，逐渐在传承与发展中转向“治国平天下”方向，用今天的学科分类来说，就是社会科学领域得以长足发展，自然科学领域有些自生自灭意味，未能彰显。

3. 文化比较之计谋与智慧辨

表 18 – 2 的比较，不是证明哪一种智慧比另一种智慧更高明、更伟大，因为两者都是世界文明的重要内涵、世界文化的组成部分。只有站在不同的政治或国家立场，才会有倾向性。“生生不息”的智慧观与“类别细分”的智慧观，各有各的好、各有各的妙。西方智慧体现理性分析、逻辑推理，精确化、标准化的同时，未免失于人格化；西方的 IQ 测试是否能真正测出中国人的情商系数（人缘水平的高下），数字化的冷冰冰严谨对感性的中国人有效与否，真的很难说。中国智慧的高屋建瓴、综合分析和关注心灵的同时，未免失于数理性；汉语中内涵富有弹性的那些词语，能不能让西方人精确把握，情感因素影响理性判断是不是最佳，也真的很难说。也许，彼此中庸、互为融通，才有合理合适的结果。

很多时候，进行东西方比较时，有些观点或内容往往不是放在同一个平台上的，我跟你说鸡，你同我谈鸭；我跟你说鸭，你同我论猪；我跟你说猪，你同我讲狗……这种方式很具有欺骗性——因为阅读或听者不会去考虑平台的一致性问题。例如，“西方创造了完整的哲学、自然科学的理论体系，东方创造了诗、歌、曲、文的精神财富”（《中西传统文化中关于“智慧”观念的比较》）。这给人的印象是：西方很科学，东方很幼稚；西方很实用，东方很滥情。事实上，同一平台的比较，西方是哲学，东方是思想体系；西方是自然科学理论，东方是发明创造成果；同理，东方是文学艺术，那么西方是音乐美术……这才是合理合适的同平台比较，结论也会客观公正得多。

以文学艺术为例，中国的文学艺术繁荣了中国古代精神世界，文人墨客创作的作品既有宫庭的也有民间的，既在高雅之堂表现也在市井乡间传播；但这些并不等同于科举考试的内容，科考虽然讲究文采，那是文化水平的体现，重点还是在论述治国平天下的水平高下。西方的文学艺术繁荣西方古代精神世界，他们也创作作品，如音乐、油画、诗歌、雕塑……西方最为著名的三位音乐家，巴赫是宫庭乐长、莫扎特一生漂泊也做过大主教宫庭首席乐师、贝多芬的父亲是宫庭歌手而他自己不被宫庭信任才收学生教音乐的。谈中国的诗歌曲文，就应该是李白、杜甫、白居易与巴赫、莫扎特、贝多芬放在一起比较，得出东西方各有各的艺术特色的结论，这才是同一平台上的比较，是相对客观的比较。

不能只是简单地说西方学者创造了哲学，东方文人只有媚上和无病呻吟的文学。事实上中国有诸子百家，中国有理学、心学的发展，这些都是哲学思想；而西方音乐是在宫庭音乐基础上诞生并发展的，宫廷乐手巴赫们是媚上的吗？无病呻吟的吗？

中国智慧里有发明创造，西方智慧里也有谋略计策。武断认定中国智慧只是用计施谋，西方智慧才是发明创造，应该是偏见，是不讲实事求是，是“说你有就有、说你没有就没有”的逻辑。这不符合心和原理、心和精神；也不符合西方的求真思维、规则逻辑。

二、中国智慧文化中显心和技法

1.“四个自信”基础的中国智慧

中国共产党十九大报告，是一份政治性文件和治国纲领，却多次提到“智慧”一词，包括“集体智慧”“智慧社会”和“中国智慧”等概念。其中“中国智慧”一词有三处提到①，一是中国特色社会主义进入新时代，“意味着中国特色社会主义道路、理论、制度、文化不断发展，拓展了发展中国家走向现代化的途径，给世界上那些既希望加快发展又希望保持自身独立性的国家和民族提供了全新选择，为解决人类问题贡献了中国智慧和中国方案。”二是“中国特色社会主义政治制度是中国共产党和中国人民的伟大创造。我们完全有信心、有能力把我国社会主义民主政治的优势和特点充分发挥出来，为人类政治文明进步作出充满中国智慧的贡献!”三是在国际事务中，“中国将继续发挥负责任大国作用，积极参与全球治理体系改革和建设，不断贡献中国智慧和力量。”中国，敞敞亮亮地向全世界展示中国智慧。

中国智慧，包含着中国数千年历史和文明的“历史智慧”“文明智慧”，体现着中国丰厚积淀和全新创造的“知识智慧”“智能智慧”，代表着中国无数智者观念、理政实践积累的“治国智慧”和“管理智慧”。正是这些集中体现了中华民族崇高的道德理想、明智的发展韬略、高超的治理策略的智慧结晶，和中国特色社会主义新时代的智慧创新，当代中国才能“为解决人类问题贡献了中国智慧和中国方案”“为人类政治文明进步作出充满中国智慧的贡献”。数千年来，中华民族通过对天地自然之道、历史治乱之道、为政治理之道的深刻认识和有效运用，形成了一系列中国智慧之道，将在全球治理体系改革和建设中，“不断贡献中国智慧和力量”。在这个博大精深的“中国智慧”体系里，智慧内涵极为丰富。

中国智慧是一种弘道智慧，是以和为本、弘扬天地大道的智慧。中国

---

① 习近平：《习近平在中国共产党第十九次全国代表大会上的报告》，人民网—中国共产党新闻网。

人，把智慧的精髓形成内涵体系融合到中华心法的传承上，而把中华民族的心法，命名为“道”。天有天道，谓之自然之规则：阴阳；地有地道，谓之万物之规律：柔刚；人有人道，谓之心灵之规范：仁义。这样的智慧内涵、文化品位，全世界唯有中华文化、中国智慧。

中国人用一个圆加一条曲线的太极图，就把生生不息的阴阳学说、变动规律、生存之法表达得淋漓尽致。任何人都可以从中悟道，然后懂得刚柔相济，懂得仁心无敌、道义无疆。中国人领悟大道，到了“朝闻道，夕死可矣”的程度，不能闻道、悟道、明道、得道，便是浑浑噩噩、便是行尸走肉，恰如臧克家诗中所说：“有的人活着，他已经死了；有的人死了，他还活着。”所以，世世代代的中国人，努力在传承弘扬着“道”。

这个“道”的核心，是人人心中有和。“和”是中华文明的浓缩，“和”中华传统的“魂”，“和”是中华民族的“根”。“和”的境界在于，“‘和’是和谐，文明因多彩才有交流互鉴的价值；‘和’是平等，傲慢和偏见是文明交流互鉴的最大障碍；‘和’是包容，一切文明成果都值得尊重。对待不同文明，我们需要比天空更宽阔的胸怀。”① 这是中国智慧的主题，这是中国智慧对世界文明的贡献，和而不同，美美与共。

2. 创造智慧与理政智慧论

中国智慧是一种创造智慧，是以心为本、展开发明创造的智慧。认为中华文明只有思想没有技法，只是中国古代统治阶级“重文轻理”给人的一种假象，或者有人特意地抹黑。“轻理”不等于没有，统治者不重视不等于中国社会就没有物质创造，更重要的是，统治阶级只是没有给予发明创造的“理工文明”以应有的重视和礼遇，而不是不要、不许或没有。要不然，商周的青铜器、春秋的丝织业、秦汉的万里长城、隋唐的大运河和冠绝世界的“海上霸王”海船，以及贡献世界的造纸、印刷、火药、指南针“四大发明”的名声就没有这么大；还有陶器，玉器、铜镜，酿酒、煮盐、雨伞、纸扇，制药、制茶，酿蜜、调香，以及建筑百工包括石器、木器、竹器等领域的成就，也就不可能为世界惊奇、拍案叫绝。元明清三代，中国官场中传统的作揖礼被跪拜礼替代，“民本”思想遭遇践踏，但仍然有郑和七下西洋的壮举，彰显大中华的上国文明、展示大中华的创造成就；十八般兵器越加成熟的同时，也发明了火雷、火器、火枪；百工之匠在各领域达到炉火纯青的地步，石刻、木雕、竹编以及石拱桥等的技

① 《习近平在联合国科教文组织总部的演讲》“学习强国”：短视频《2 分钟，读懂“和”和境界》。

艺，即使在今天，也是世界级的艺术水准，其创新能力达到了世界高峰。尽管在西方大航海之后中国陷入半殖民半封建社会，并且到了近现代还经历了百年战火，但触底反弹，20 世纪末的改革开放，让中国重回经济大国的地位，无论是航天航海还是电信 IT，无论是高铁飞机还是跨海大桥，无论是尖端科技还是日常百货，中国的创造智慧依然是顶天立地。无非就是看中国的眼睛，是发现美的眼睛，还是发现丑的眼睛。智慧高下，不在“口水仗”中，而在人心中的那杆秤。中国智慧，以心为本，发明创造，金石为开。

中国智慧是一种理政智慧，是以民为本、实施心和治理的智慧。从尧舜禹汤到秦皇汉武，从开国皇帝到治国名相，中国历史长河里，闪耀着一长串光辉的名字：秦始皇嬴政，汉高祖刘邦，汉文帝刘恒，汉景帝刘启，汉武帝刘彻，光武帝刘秀，隋文帝杨侑，唐太宗李世民，女皇帝武则天，唐玄宗李隆基，宋太祖赵匡胤，明太祖朱元璋，明成祖朱棣，明神宗朱翊钧，清太祖爱新觉罗努尔哈赤，清圣祖爱新觉罗玄烨……还有千古第一相管仲，制度创建大家李斯，汉代开国名相萧何、陈平，大唐名相房玄龄、魏征、狄仁杰，抗辽名相寇准，变法大家王安石，改革大家张居正，中兴名臣曾国藩……他们的名字之所以光照千秋，就在于他们治国理政之能、之才、之法、之效，为中华民族、为中华文明、为中华家国的建立、传承、发展做出了丰功伟绩。例如，始皇帝嬴政统一大业、构建帝国传世，汉太祖刘邦争霸天下、“汉人”名扬世界，唐太宗李世民文韬武略、成就盛世大唐……本书则从三皇五帝的理政之道开始论起，分享了名相治国、财神理财的中国独创的管理大才。结论就是，凡是以民为本，让民休养生息的治国理政，则所治之国、之政就政通人和、百姓安居乐业。三纲八目、四维八德、洪范九畴，都是心和治理的中国智慧体现。中国智慧既让各家各派的治世观念阐述，如道家的道法自然、无为而治思想，儒家的三纲五常、以德治国思想，墨家的兼爱非攻、尚同尚贤思想，法家的富国强兵、依法治国思想，阴阳家的“五德转移，治各有宜”思想等等，同时又有综合中和各家之长的治国理政实践，这才造就了泱泱中华文明。改朝换代是历史发展的必然，中国智慧却在其中越来越炉火纯青。

3. 发展智慧与韬略智慧论

中国智慧是一种发展智慧，是中庸为本、和合共赢的发展智慧。对于国学中的中庸之道，一直以来常常受到批判。前面已提到主要是对孔子提出的“中庸”有曲解、误解，甚至可能是故意的反解。《原理篇》第三章第四节“儒学与致中和思想”中对此已有辨析和解答，并旗帜鲜明地认为

“孔子提出中庸，是反对走极端，反对为人处世过头了或达不到要求，合适、合理、恰当、适度才是最佳，这才是德之至高境界。”所以，中庸是中和到最佳状态，这不是一般的聪明，而是大智慧。过之，容易，只要冲动激进即可；不及，也容易，只要懒惰不作为即可。难的是既不过也非不及，是恰到好处，进取为致中和，退让也是为致中和，这才是中庸，故适宜为中庸，恰当为中庸。如此才有和合共赢。和合，是墨家的观念，“和”是把各种材料汇聚在一起，中和出新事物；“合”是把各种元素包容在一起，创新出新事物。所以，“和合”不是简单的调和、综合，重点在于创造、创建、创新，正因为如此的“和合之创”，才有融合、才有协和、才有崭新的发展。这也是国学“生生不息”的易理体现，既然可以生生不息，那又何必零和竞争！中国智慧，是超越丛林法则、海盗法则的弱肉强食，饮毛茹血的野蛮生存法则的智慧。中国智慧的核心是追求人类命运共同体的一体繁荣发展，是展示人类进步的真正文明。所以，中国才会向世界提出和平发展、合作共赢、共商共建、共享共赢的主张，才会向世界发出这样的发展观念：创新、协调、绿色、开放、共享。

中国智慧是一种韬略智慧，是实效为本、圆润变通的韬略智慧。中国人讲求实事求是，认为实践是检验真理的唯一标准，所以中国智慧是在实践证明了其务实高效的特性。不能真正了解中国文化、中国智慧的人，无法真正理解中国人所推崇的“圆润变通”是一种高境界的智慧。太极图非常典型地说明，圆，才有始有终；圆，才有否极泰来，才有事物变动发展的每一阶段之始终，才是一个轮回比前一个轮回更进一步、更高一层。圆而不滞是为通，圆而不滑是为润。所以，中国文化不提倡圆滑，而强调圆润。把中国人的“圆”智慧理解成狡猾、阴谋、阴险等，是他自己心理阴暗，把不懂当作骄傲，把曲解当作理所当然。《周易》也已说明，易者，变也；变而能通达，易之智慧也。变是为了能通，通需要一定的变，正如中医所说的“痛则不通，通则不痛”，问题不能得到解决是因为不通，解决问题的方法就是通。所以，变化变动变迁变易，不是为变而变，而是为通而变，通而能达，才是变通之本意。总而言之，圆润不是狡猾，变通不是回避，圆润在于获得认同支持，变通在于谋求创新顺应，在本质上既是一种生存智慧，更是一种行事韬略。说圆润是滑头者，是不懂圆润之真谛，所以趋向圆滑；说变通是畏难者，是不解变通之真法，所以滑向逃避。中国人的韬略，不亚于西方管理学中提到战略策略，在一些角度和领域，可以说更具智慧性。中国韬略，更多地用在治国平天下时的纵横捭阖，而不是一般的雕虫小技或奇技淫巧。换句话说，中国智慧主要用在治国为民，而不是制器求富上。

中国智慧，在古代体现在老子、孔子、墨子、庄子们的思想体系里，在现代体现在以毛泽东为代表的领袖们的思想体系里，体现在攻克世界难题为人类作出贡献的科学家们身上，体现在各领域创造精神财富、物质财富造福人民的佼佼者们身上，也体现在普通百姓的日常生活里、亿万民众的行事处世哲学上。中国，是一个智慧大国。

三、西方智慧思维中展心和技法

1. 正确比较彼此取长补短

在西方哲学就是智慧，两者高度一致。而中西方比较时往往容易陷入一个误区，即把西方哲学与中国计谋放在一个平台，如有人故意将诸葛亮与苏格拉底、柏拉图、亚里士多德等古希腊哲学家放在一起比较，来影射中国智慧是崇尚耍计谋、搞诈术，别有用心，其心可诛。诸葛亮是《三国演义》演义出来的故事人物，是文学作品中的人物虚构（真实的诸葛亮及其他三国人物与历史事件在《三国志》中），包括“空城计”“草船借箭”“三所周瑜”等在内的一些谋略运用，都是虚构情节。诸葛亮不是哲学家，而是谋略家、军事、政务处理高手。老百姓喜欢他，是因为他代表着可以凭聪明才智建功立业，战胜邪恶。

若是同一平台比较，西方哲学与中国哲学作比较，西方战略策略与中国文韬武略作比较。而西方智慧与东方智慧作比较，就不是苏格拉底与诸葛亮作比较，而应该是古希腊哲学家与中国诸子百家比较；与诸葛亮比较，可以选择《奥德赛》中足智多谋的奥德修斯（事实上这样的比较仍然不是同一平台，奥德修斯是10年特洛伊战争结束后回家路上的千难万险中计谋和能力展示。诸葛亮是建国安邦军事和理政计谋与能力的展示；所以奥德修斯更适合与孙悟空放在一起比较，两者都有神话色彩）。如果从政治、军事谋略角度，那也应该是“军师鼻祖”姜子牙、“智士能臣”范蠡、“谋取天下如烹小鲜”张良、“神机妙算天地间”刘基等中国古代人物，与西方古代的政治军事大家作比较。比如说，西方的恺撒大帝与中国的刘邦皇帝作比较，亚历山大大帝与成吉思汗圣武皇帝作比较等。文化比较、国情比较，不应该是为了贬低哪一边、更不应该是互相厮杀，而应该是互为借鉴学习、取长补短。

至于有人说中国社会是“有背景的颐指气使，无靠山的拍马钻营；会做事的累死累活，搞阴谋的平步青云。”应该是一种故意的指向。理由很简单，如果这只是社会生活中的之一，而不是主流，那么为什么单单说中国；如果这种现象是一种现实，那么也就不会只是中国社会存在，美国存在，英法存在，日本存在，印度存在，为什么单单只提中国。总体来说，现在有一种不正常情况，与反华势力的“唱衰中国”行为异曲同工或殊途同归，那就是进行中西比较时，用偷换概念、转移视线、无中生有、胡乱嫁接等诡术，贬谪中国，从古代到现代、从思想到行为、从学术到理论、从榜样到偶像，全方位、各方面皆如此，企图让中国人失去中国特色社会主义的道路自信、理论自信、制度自信、文化自信。没有了自信的中国，再来一次“苏联解体”式的政治事件，也就不太难了。

2. 智慧比较中西互学互鉴

中国智慧与西方智慧的比较中，也存在这样的情况。即使看上去相对比较学术的研究，也明里暗里持这样的观点。相对比较客观的结论是：其一，西方人崇尚理智，东方人崇尚精神；其二，西方人以分析为主，东方人以综合为主。事实上，这里特别要说明的是，西方人崇尚理智，不等于不要情感、不要精神；东方人崇尚精神，不等于不要逻辑，不要理智。同理，西方人以分析为主，不等于不要整体，不要综合；东方人以综合为主，不等于不要局部、不要分析。只是相对的一种倾向性而已，既不能绝对，也不能固化。变通，才是共性。

相对来说，西方人的智慧更多的是体现在对外在现象的分析，通过细察和计量、进行定量分析，从中发现相对静态时的规律，然后寻找解决问题的途径和方法。中国的智慧则更多地体现在经验总结和整体掌控的认知上，这样的认知不求量的精准而着落在意义的立体性与包容性（或称为弹性或模糊性），表现出正邪、善恶的道义性、情感性。从中国人的角度看，西方人理性到冷酷；从西方人的视线看，中国人感性到没原则。而事实上，都存在把对方的特性扩大化的情况。奥德修斯经历了 13 次大难，从中智计百出；诸葛亮助刘备建立蜀国，也是智计百出。而这种计谋的运用，中西方是一样的，那就是对一切现象和信息进行理性观察，不断获取有关情报。这个时候若是感性、情绪化，岂非在拿大业开玩笑。所以，刘备可以重“桃园结义”之情，诸葛亮却要理智看待张飞、关羽的个性、特长，取其长而用之。西方人没那么理智，只是社会环境和生活方式决定了他们的思维模式和行为方式；中国人也没那么感性，只是历史积淀和人文特性决定了他们的思想动态和行为抉择。

西方人的智慧更多地外化为定理定律、模式模型，中国人的智慧更多地内化为心性心智、德性精神。所以，西方人重数据重推理胜于重人情重关系，重局部重分类胜于重整体重综合；中国人重亲情重德性胜于重利益重私欲，重集体重全局胜于重个人重分支。中国人永远不可能放弃血脉、思想、精神的根，而西方人紧握住的是守则、规则、法则的脉。但在智慧的应用上，东西方人同样是理智的，只不过选择的标准是规则为先还是道德为先。说中国人含而不露，说中国人善于隐忍，其实西方人又何尝不是如此，当奥德修斯乔装成路过的乞丐来到自己的奴隶牧人住处，听牧人向他讲起那些求婚者在他的宫殿里面肆无忌惮地挥霍他的财产，欺负他的奴隶时，他强力压制住自己内心的怒火，“不停地大吃大喝，一句话也没有说”；当他来到城里乞讨，那些求婚者欺辱他时也不予反抗；当他的儿子忒勒玛科斯与求婚人发生冲突时，他极力告诫儿子要忍耐，时机还未到。这不就是中国人审时度势、理智冷静而不盲目冲动的隐忍特性吗？所以，西方追求真实，不等于不要真诚；中国人追求真诚，也同样不等于不要真实。中国人与西方人，都既追索人与自然的关系，也追求人与人的关系。至于说中国人的地址是从大到小、从国家到省到地市到县区至乡镇或街道到门牌号的写法，而西方人是倒过来从小到大的写法，与智慧没有什么关系，只是语言特性和书写习惯的差异。若非要联系，为什么不说中国人以国家为先，西方人以个人为先。

还有一点，西方人的智慧体现出对外在世界的征服，而中国人的智慧则建立在对自我的超越之上。这一点，到底是智慧差异还是文化特性，还在两说中。欧洲人本来只是在欧洲大陆内进行征服的，大航海出现地理大发现，使他们有了征服世界的可能，于是这种对外征服意识就越来越强化了，导致了500年欧洲征服世界之战。中国人有句名言：人心不足蛇吞象，征战欧洲，都不能把欧洲版图归入一家，却人心不足，要征战世界。这固然有欧洲大陆已盛不下众多野心家想把一切据为己有的野心之原因，更重要的是，西方智慧是外放的，是在对外掠夺、镇压、抢劫中展示出来的特色也就明显了，所以他们崇尚丛林法则。中国文化是内敛的，重在内在修养，是在修身养性上超越自我，从不喜欢征战。中国的春秋争霸、战国争雄，到后来的三国鼎立、五代十国都是在三皇五帝们创立的天地间争夺；中国的改朝换代，从历史的长远性来说，是与世间万物一样，从前一个生命周期变化到后一个生命周期；是阴阳原理的证明，阳极而阴，盛极而衰，然后换一个朝代由阴而阳，由衰而盛。从这个角度说，西方智慧是如何把别人家的东西抢过来己用，谁强谁是老大，大家都强就一起商量出一个瓜分方法；中国的智慧是自家兄弟间争来夺去，谁强谁统治和管理这个家。

3. 民族特色展现中华肌肉

中国学问常用天地人分析法，即从天时、地利、人和的情况来分析事物、事理形成原因且有浅析和深析差异。例如，人们分析中国的北方和南方，结论是北方出帝王，南方出才子，原因是中国古代在北方建国，无论是政治制度还是宗法观念都是源远流长，加上北方人多的是枭雄，多的是能骁勇善战的部落，所以容易出政权、出皇帝；南方远离政治，其国家制度与宗法观念的影响比较弱，所以南方人的思想不会受到太多的约束，反而是天马行空自由发展，加上南方人相对柔弱、文雅，所以容易出诗人、出画家、出才子。这种分析就叫作浅层分析，因为没有深入分析为什么北方人更关注政治、权力，南方人更喜欢文化、艺术，也没有深入分析为什么北方人骁勇善战，南方人温文尔雅。也就是分析出了“仁者乐山，智者乐水”，却没有分析出为什么喜欢政治权力的“仁者”会“乐山”，为什么擅长舞文弄墨的“智者”会“乐水”。可能有人会说，不就是北方多山，南方多水吗？这样的理解依然只是表层的，茫茫大草原并不多山，沙漠戈壁也不是多山。中国疆域广阔，高原、中原、平原，沙漠、戈壁、丘陵，雪域、草原、江河、湖海，一方水土，一方不同的人。同是高原，青藏高原与云贵高原养育出不同特性不同风格的人种，同是青藏高原，雪域高原与黄土高原上的人也表现出不同的个性与豪放。同是南方，江南文化与岭南文化和西南文化迥异，人文特点也就迥异。都是中华古都，河洛文化与京都文化也各有特色；同是山水文化，白山黑水与巴楚山水就是不一样。更关键的是即使有了这样的分析，深度依然未达底。

深层次的分析可以是多层次、多角度、多方面的。在此选一个视角就可作简单分析：饮食习惯。北方马背民族是以肉食为主，江南鱼米之乡是以谷类为主。原野上奔跑的野生动物之肉，与田地里生长的谷蔬之食，养育出来的人种，在生理、心理方面都会有明显差异。即使江南的江湖人士也说大块吃肉大碗喝酒，其肉是家禽肉，其酒是粮食酿。同是“和”文化，北方是战争之后获得“和”，江南是竞争之后获得“和”，一字之别，内涵迥异。所以，北方游牧民族才会产生铁木真、忽必烈和努尔哈赤、皇太极这样的马背强者，蒙古族的骏马铁蹄横扫欧洲、亚洲；而中原也好、江南也罢，历史上出现过许多文人伟人，但从未四处征战，剑指英吉利海峡、马饮黑海。

西方肉食民族、肉食国家的人，粗犷成为一种特性，全身多毛成为一种常态，也就顺理成章了。这也就可以理解为什么在很多中国人看来，吃三成熟牛肉的民族是茹毛饮血者了，也就可以理解肉食族眼中的“文明”

与谷食族眼中的“文明”、中国人认可的智慧与西方人认可的智慧有着那么巨大的差异了。但人类进化方向，自始至终就是文明。

世界智慧，需要西方智慧，更需要中国智慧。

世界文化，需要西方文化，更需要中国文化。

世界和平，需要中国心和，更需要西方心和。

中国文化、中国智慧中人的思想、道德、精神的自我超越，才让偌大的中国版图千年传承。

心和，才是一切管理原理之根。

心和，才是一切管理理论之本。

心和，才是一切管理技法之源。

图书在版编目（CIP）数据

基于“四个自信”的中国管理理论：人心双和管理：全四卷 / 徐井岗著．-- 北京：中国财政经济出版社，2025.5

ISBN 978－7－5223－2834－8

Ⅰ．①基…　Ⅱ．①徐…　Ⅲ．①管理学－研究－中国　Ⅳ．①C93

中国国家版本馆 CIP 数据核字（2024）第 047539 号

责任编辑：彭　波　　　　　责任校对：胡永立
封面设计：王　颖　　　　　责任印制：史大鹏

基于“四个自信”的中国管理理论
——人心双和管理（全四卷）
JIYU“SIGE ZIXIN”DE ZHONGGUO GUANLI LILUN
——RENXIN SHUANGHE GUANLI（QUANSIJUAN）

中国财政经济出版社出版

URL：http：//www. cfeph. cn
E－mail：cfeph@ cfeph. cn

社址：北京市海淀区阜成路甲 28 号　邮政编码：100142
营销中心电话：010－88191522
天猫网店：中国财政经济出版社旗舰店
网址：https：//zgczjjcbs. tmall. com
涿州汇美亿浓印刷有限公司印刷　各地新华书店经销
成品尺寸：165mm×238mm　16 开　91 印张　1 488 000 字
2025 年 5 月第 1 版　2025 年 5 月河北第 1 次印刷
定价：276.00 元（全四卷）
ISBN 978－7－5223－2834－8
（图书出现印装问题，本社负责调换，电话：010－88190548）
本社图书质量投诉电话：010－88190744
打击盗版举报热线：010－88191661　QQ：2242791300

国家社会科学基金后期资助项目（21FGLB015）

基于“四个自信”的中国管理理论

——人心双和管理

第四卷　心和管理学学科篇

中国财经出版传媒集团
中国财政经济出版社
·北京·

出版说明

后期资助项目是国家社科基金设立的一类重要项目，旨在鼓励广大社科研究者潜心治学，支持基础研究多出优秀成果。它是经过严格评审，从接近完成的科研成果中遴选立项的。为扩大后期资助项目的影响，更好地推动学术发展，促进成果转化，全国哲学社会科学工作办公室按照“统一设计、统一标识、统一版式、形成系列”的总体要求，组织出版国家社科基金后期资助项目成果。

全国哲学社会科学工作办公室

学科篇·前言

学科，是按学问内容、性质所划分的科别。中国古代学问以流派分，教育中有学科之分，但比较大类和笼统，细分学科是近代教育设立的。中国近现代大学，初建时只有文、理、法三学科，后增设医、工、农学科。1952年引进苏联模式，进行了大规模院系调整，综合性大学专业削弱、学科门类缩减，专业性高校雨后春笋般冒出：师范学院、工学院、商学院、林学院、医学院等。20世纪末，高校回归综合性大学建设方向，掀起高校合并潮，高校扩招，高校、高职的学科门类、专业类别不断增加，轰轰烈烈中出现学科相对膨胀。

国家教育管理部门对此作了规范，比较综合后确立了哲学、经济学、法学、教育学、文学、历史学、理学、工学、农学、医学、管理学、艺术学12个学科大类（若加上“军事学”是13大类，但非军事院校不能开设）。只是已经膨胀的学科，各专业、各课程无法砍了，“学科门类”再分一级学科（学科大类）、二级学科（专业学科）的学科体系。“管理学”学科门类下设管理科学与工程类、工商管理类、农林经济管理类、公共管理类、图书馆类、情报与档案管理类、物流管理与工程类、电子商务类、旅游管理类9个学科大类，46种专业。

现实却突破学科门类限制，在专业内再设专业方向，以边缘课程名义不断把别的学科、专业课程纳入本学科、本专业、本课程，导致学科的专业内涵越来越扩大、课程越来越多。“工商管理类”学科体系不再纯粹、越来越臃肿，课程之间内容交叉、重叠，课程学习时间被严重稀释，大多蜻蜓点水浅尝辄止，其内容也是引进西式为主。

现实已如此，改革有阵痛，倒不如建设中国管理学，形成中国心和特色的原理、理论、技法之管理学科，在简约、实效基础上，建设韬略管理类学科（含谋略智慧管理原理）、人才管理类学科（含员工心理与行为管理）、生产流通类学科（含科技革新与流通管理）、经贸商营类学科（含公关广告与情报管理）、信息财税类学科（含网络商务与财税管理）、文化伦理类学科（含心和伦理与道德管理）。本书就是基于这一设想，从学科角度进行管理原理论证、理论修正和技法提炼。

建设心和管理学学科，有两点根基：其一，中国管理重心是人的管理。心和管理学之“心”是人心、“和”是人和。韬略、生产、经营、经济、文化的管理，都以人为核心，这是天道；天道阴阳、天地协和、天人合一。管理，从实际出发能落地，是为地道；地道柔刚、刚柔相济、人心协和。识人、育人、选人、用人、留人，是为人道；人道仁义，经营管理、文化伦理。心和管理是国学管理、红色管理基础上的仁义管理；仁是管理的道德观念，核心是爱人、待人友善；义是管理的公道正义，对象是公众，公众利益。其二，管理学科重心是思想建设。国学管理的道与术是道在先，红色管理又红又专是红在前。思想建设为重，不等于不要“器”不要“术”，只是把道（思想建设）强调出来。这是中国管理学科的本色。

新时代新概念，新学科新理论，国学角度，天与人和，自强不息——人才人心管理；地与人合，厚德载物——韬略智谋管理，东方，春来草木生，蒸蒸日上生产管理；西方，秋收金光灿，硕果累累经营管理；南方，盛夏热火旺，红红火火经济管理；北方，寒冬冰水流，滋润流淌文化管理。天地（上与下）和，四方（东南西北）合，春生夏长，秋收冬藏——“心和管理学科六合模型”。

红色角度，党与政和、党与民和、政与民和——党政双和管理、民心管理、政务管理；党政军合，军民鱼水，为民服务——组织人才管理、经贸管理、生产管理；心灵觉悟，思想政治，主题教育——发展情报管理、公共管理、文化管理。革命战争、国力建设、经济开发、强国富民的红色管理，构建出“人心双和红色管理体系”。

本书重点不在学科类别设计，而在心和管理学科内容挖掘与提炼。易理之无极太极思想、阴阳原理、五行八卦模型等，各成系统又互为关联，但不是指冯·贝塔良菲提出的一般系统论、维纳提出的控制论、申农提出的信息论、普里高津提出的耗散结构理论、哈肯提出的协同理论，而是中国智慧的结晶、中国模式的体现、中国方案的贡献。国学中与管理关联的内涵包括周易原理、诸子百家、后世对儒道名墨法兵各家学问的发展及创新的理学、心学等；近现代马克思主义、现当代红色管理的理论和实践创新等；还有向世界上优秀文化学习、吸收、借鉴的部分内容，都融入心和管理的这个六合模型里面。

心和管理学的原理篇、理论篇、技法篇都是管理学科的基础理论研究。学科篇是学科视角对心和管理的再探索、再论证、再综合——管理学一般理论。涉及专业性内容时，以比较普遍的工商（企业）管理、经济管理为例。划分学科是手段，管理学的本土化是重点。

本土化不是否定一切，而是强调“四个自信”基础上的中国特色管理学建设。

目　录

第四卷　心和管理学·学科篇

| 第四卷 |

心和管理学·学科篇

中国管理学的学科体系，以心和管理学为理论，设计为决策韬略管理、本土人才管理、生产流通管理、企业运营管理、营销沟通管理、信息财税治理以及文化伦理管理六大类学科体系。这一内容，拙作《心和管理论》中有表述①，这里作进一步调整，如表所示。

表　心和管理学学科内涵与课程框架

主干课	专业课程举例	管理内涵	易理内涵
心和管理学	韬略管理学、易道管理学、决策技法学	文韬武略谋奇正双和	太极阴阳大道无疆
人才管理学	人才开发学、人才配置学、性格分析学	把握人心谋人心双和	三才五行道心觉悟
生产运营学	生产运行学、流通经营学、网商运营学	协调人心谋主客双和	四象皆稳顺畅通达
商贸经营学	经营智慧学、市场方略学、职场沟通学	疏通人心谋彼此双和	六弥相合天地四方
经济治理学	财会治理学、税务治理学、信息治理学	警醒人心谋天人双和	七星九宫运筹帷幄
文化伦理学	中国文化学、中华伦理学、职场谋略学	人文化成谋道器双和	八卦相协文明万世

这一学科体系构建，本身就是一种韬略设计。本篇不设总论，本章第一节总论中国管理学科创建，为学科总韬略，另三节专论韬略管理学；后面各章依次展开如表所列学科内容及论证、阐理。天地四方为宇，古往今来为宙，宇宙之道与理，古今融通，六方和合。心和管理，宏大如宇，纵深似宙；管理韬略，立足宇宙，心藏天地。

① 徐井岗：《心和管理论》，浙江大学出版社2022年版，第226页。

第十九章　学科总论与宏观管理韬略

韬略，既是管理学学科门类之一，也是心和管理学学科建设的整体筹谋。西学东渐至今的百多年间，人们习惯了宏观、微观的概念，也知道把英语单词“macroscopic”（本意“大得用肉眼就能够观察”）翻译成“宏观”，而把“micro”（原意是“小”）翻译成“微观”。管理学上也把大的、整体的、全局的管理叫作“宏观管理”，把小的、具体的、局部的管理叫作“微观管理”。相应地，介于两者之间的，就叫作“中观管理”。

现在，把宏观的，即全局的、全面的、总体的战局谋划称战略，把微观的，即方案的、行动的、方法的谋划叫作战术（也有称“策略”）。于是，军事领域、管理领域等，人们习惯了战略、战术与战略管理、战术管理的概念。翻译英文“Strategic”“Strategy”两个词语时，前者意义比较明晰，专指战略；后者一般指策略，但也可以作为名词的战略，所包含的意义，没有像汉语那样区分得清清楚楚。不同语种之间互为翻译总会出现一些细微差异，对“韬略”一词，外文则翻译不出其准确的汉语意义。鉴于“战略”“策略”人们已默认为是西方引进的，故心和管理学采用“韬略”“谋略”表述之，韬略谋全局，谋略谋具体。

第一节　中国管理学科韬略总论

这里的学科建设，是基于“四个自信”的中国心和管理理论为指导，大框架依据国家教育管理部门规定的12大门类之管理学（含9个学科大类）。作为中国特色管理基础理论建设，以工商管理为例，也涉及经济管理、公共管理、物流管理、电商管理、旅游管理等。专业教育不排斥西学，可设置《西方管理学》类别，有选择开出诸如《西方战略管理学》《西方人力资源管理学》《西方组织行为学》《西方营销管理学》《西方企业生产管理》《西方会计学》《西方管理伦理学》等课程。本书除中外比较需要外，一般不涉及西方管理学学科。

一、中国管理学学科建设总略

1. 国学管理学科建设本源

心和管理学总结了“三易六学”等国学传承、“三纲八目”等心修方法，“四维八德”等伦理道德，“农用八政”等本土管理内涵；创建“人心管理”理论及八大管理法则、“双和管理”理论及其和润天下管理体系；挖掘百年红色管理（包括红色革命、红色经济、红色强国管理）精华，探索了古今人才管理、生产管理、商营管理、信息管理、管理伦理等优秀成果。本土管理学科，须将这国学管理与红色管理、人心管理与双和管理这理论与技法有机融合。

“有机”，就是事物构成的各部分互相关联，具有不可分的统一性；这种关联性、统一性，是学科建设最为重要的特性，形成一个“各课程互相关联、不可分割”的体系。这个体系代表着一个学历层面中某个专业领域应该而且必须掌握的知识体系、技能体系和研究能力，简单说就是一个使其通过学习能够获得相应层次和专业水平的智能系统。所以须科学设计、严格论证，而不是任意更换或随兴增减课程、内容和学习时长。

中国文化以易道易理为源，而后有传承，中国管理亦如此。故本土管理学科建设，不可少了学科内涵要义的本源：“三易六学”。“三易”为宇宙万物万事变化之理，从简易到变易到不易，在“数字易理”中侧重于阴阳、五行、八卦，并据此探索中华管理模型之源，此为《易道管理学》等基础性课程。若以“三易”为体，则“六学”为用，是阴阳易理的应用，即一事物、一原理、一问题的两个方面，管理哲学上表现为“道与术、取与予、常与变、利与害、方与圆、破与立”，由此构成道术管理学、取予管理学、常变管理学、利害管理学、方圆管理学、破立管理学“六学”，既可设计《韬略阴阳管理学》，也可将原理应用于本土管理的理论与技法之中。“六学”可“生”出无限可能，包括四象六合、五行八卦等。

五行模型中的水火木金土五个要素，是一个有机整体。五行模型之水“润下”，其滋润柔顺、流动趋下的特性，具有助物生长、助人成功之意。火炎上，其温暖、兴奋和向上向外发越之性，具有热情、热烈、外向、高昂向上的性情。木曲直，其升发、生长、伸展及柔和、屈曲之性，具有能屈能伸，不畏艰险，蓬勃发展之意。金从革，顺意革除的变革力量，具有顺应天道而改革，披荆斩棘而换新之意。土稼穑，其育庄稼、养万物特性，具有“土为万物之母”能量。其他模型的原理大体如此，都具有系统性、无息性特点，牵一发而动全身，现一斑而见全豹。这种系统性特点、学科性原理相互结合，构成华夏血脉和中华文化基因的传承性、融通性、相合性，建设管理学科更具有对应性、合理性和价值性。

2. 国学管理学科内涵提炼

由易而百家，而凝聚于儒道之学及汉化之佛学，构成中国文化特色的国学管理。管理学科建设融合之，其重点包括《尚书》之九畴八政、儒学大成之“三纲八目”，道家思想之“四维八德”等，既有本土管理思想，也有本土管理体系，更有本土管理技法应用。

其中，“农用八政”不仅涉及政体管理，也涉及区域管理、社会管理、军政管理，就现代而言，还包含生产经营管理、物流仓储管理、政策应用管理、信息情报管理、商业运营管理、网络经营管理等领域。“理论篇”就第十二章第四节中对《尚书》“洪范九畴”（治国理政的九种大法）有详细论述，涉及五行、敬用五事、农用八政、协用五纪、建用皇极、乂用三德、明用稽疑、念用庶征、飨用五福、威用六极。这九法如同九宫格，以“建用皇极”（树立皇极威信、建立官员遴选和赏罚标准）居中，其他八法环绕。今天的组织管理，亦须建立领导核心权威（心中真服）和明确用人标准，都是一切管理的中心、重心。

剔除“皇极”管理的封建性和时代的局限性，其统辖治理手段与方法仍是古为今用的重要管理方法。五行的循天道，五事（外貌、言语、眼神、耳力和思维）的“腹有诗书气自华”，八政的政务处理、五纪记时历数的时间管理方法，三德（正直、刚正与柔美）的正直为人、以刚制敌、以柔取胜三原则，明用稽疑的窥测上天旨意、征求各方意见，念用庶徵的气候年收基础上的征战判断，五福（寿、富、康宁、好德、善终）六极（夭折、多病、忧愁、贫穷、丑恶、懦弱）的向善、止恶等，都是中国管理明心见性、按客观规律办事的内容。“农用八政”则对国家与区域或经济组织的经济运行、商业流通、政策渠道、房地产业、教育事业、组织安定、公共关系和保障队伍规划了管理。国稳以民生为要，民安以人心为本。

中华国学管理以人心修炼为要，“三纲八目”及心法体系构建了中国修炼心境、修养心德的“心文化”。“三纲八目”在《理论篇》第十二章第二节中有论述，指“明明德、亲民、止于至善”三大纲要，“格物、致知、诚意、正心、修身、齐家、治国、平天下”八个条目。中国管理的技法，重在元气论物质观基础上的全局思考、总体考量，侧重于高屋建瓴的形而上技法，特别注重心的锻炼与修养，特别强调“和”的思维与结局。

学科之心和管理技法，一是以“心和文化”为内核的格物、诚意、正心、修身的养心管理技法，二是以齐家、治国、平天下为内核的治理、管理技法。从管理家庭、家族延伸到管理行业、组织、团体，从治国平天下发展到企业的开疆辟土、治企理政，或其他组织、团体的生存、发展、壮大之技法。“明德”“至善”是修身养性、炼心修心的前置、目标，而“亲民”是得人心的必要保障。

除技法课外，还有本土的《管理经济学》《商业流通管理》《生产经营管理》《人才管理学》《市场经济管理学》《公共关系学》《中华礼仪学》《情报管理学》《网络与电商管理》等课程也必然涉及“三纲八目”内涵的开发。核心要旨，得人心、谋协和。

中华国学管理内涵开发，须注意三点：一是文言文阅读能力——涉及经典书籍是《周易》《尚书》《道德经》《管子》《论语》《孟子》《大学》《中庸》等古书，对文言文要求很高；二是对中华文明、世界文明发展史有宏观眼光、通盘考量，能作客观的中西方比较、管理比较；三是须有较强的领悟能力，感悟、顿悟、觉悟的能力。这里的学科建设是针对大学本科、研究生层面的，包括初级层面（本科、学士层级）、中级层面（研究生、硕士层级）、高级层面（研究生、博士层级）的学科体系，是基础理论，也是整体总述。举例涉及的课程名非确定的课程，只是根据高校课程提出，每分支学科、分专业下设具体课程，须专门论证。

管仲的“国之四维”理论，基于老黄道学与孔孟儒学为内容流传的“君子八德”，构建了国学之“四维八德”。历史演变、文化发展、管理创新，但礼、义、廉、耻四维不变，“君子八德”发展到朱熹的“朱子八德”，发展到孙中山、蔡元培的“民国八德”，其核心也不变，仍然是中国管理的重要内涵，也是本土管理的伦理内容。传承基础上的与时俱进，改革开放的革新与创新，构建了新时代的“时代八德”。

3. 红色管理学科内涵提炼

红色革命 30 年，是始于五四运动马克思主义传播与随后两年的寻路，再加上 28 年中国共产党革命征程，贡献了极为丰富和宝贵的红色管理理论、红色管理技法。

第一次大革命时期，工农运动、建立统一战线、唤醒民众、参与北伐；红军时代党指挥枪、枪杆子里面出政权而建立红色人民军队、建立红色根据地，寻找中国特色的农村包围城市之路的实践，以及星星之火，可以燎原等的革命理论；抗日战争，新统一战线建立，持久战、游击战等战争理论应用，华北主战场、敌后战场的出色表现，军民一家、战士觉悟、军民动员、人心凝聚的管理能量；解放战争的大兵团运动战、人民战争的大战役对抗，争取各方力量的政治协商，实践中提炼出来的实事求是、理论联系实际等内容，构成了毛泽东思想指导下的红色管理理论、红色管理体系和技法。这些不仅仅是党史，更是实践成果。

中华人民共和国初时30年，各方反华势力让新生的中国内外交困，以毛泽东、周恩来为代表的那一代领导人长袖广舞，外交内建双线开局，稳固了红色政权、布局了国民经济、开创了国防新纪元——红色建设时期，是红色革命向红色经济过渡的重要时期。改革开放是红色经济大发展时期，以农村承包责任制开局、小商品逐步放开为进程，通过对内改革、对外开放，探索中摸索寻路发展中国特色社会主义经济，人民富起来了、国家富起来了，以邓小平理论为指导的红色经济，丰富和发展了红色管理理论。

改革开放，西风劲吹，因来不及“安装”隔离纱窗，西方潘多拉魔盒中的那些“礼物”也一同飘飞进来。已经站起来、富起来的中国，在进行强起来的民族伟大复兴之时，需要清理“内部卫生”、净化“本土空气”，全力反腐的同时，强调了中国特色，明晰了“四个意识”，提出了“四个自信”，以习近平新时代中国特色社会主义思想为指导，开启了红色强国之路，必要的隐忍之后的中国，走上世界舞台，提出共建“人类命运共同体”“人类与自然命运共同体”的号召，这是新时代的世界大同理想、新时代的天下协和愿景。为此，中国集合了红色革命、红色建设、红色经济、红色强国思想，向世界贡献中国方案、负起中国责任，成为世界最出色的基建大国、最优秀的智造大国、最坚强的金融力量、最和平的大国担当。

中国管理学科建设，融合国学管理、红色管理内涵，结合新时代中华民族伟大复兴之力量，创建心和管理学为基础理论，开发“八大法则”管理体系，结合八卦、八目、八德、八政等内容，以红色中华为范畴、红色文化为内核、红色管理为技法，构建出基于“四个自信”的管理体系，包括欣赏管理乾天聚人心、品性管理坤地正人心、满意管理坎水得人心、感动管理离火暖人心、理解管理巽风顺人心、精神管理震雷振人心、情绪管理艮山稳人心、心态管理兑泽悦人心。归根结蒂，得人心者得天下——江山社稷的天下，事业成功的天下。

总而言之，本书探索的是在中国本土心和管理学的原理、理论和技法基础上，设计管理学高等教育的学科，重在体现中国特色、中国风格、中国方案和中国理论。

二、中国管理学学科框架创设

1. 人才管理决策韬略学科

心和管理学学科类别之一是“决策管理韬略”。基础理论涉及《心和管理学基础》和《管理韬略论基础》两个类别。学科的基本设计如图 19－1 所示。

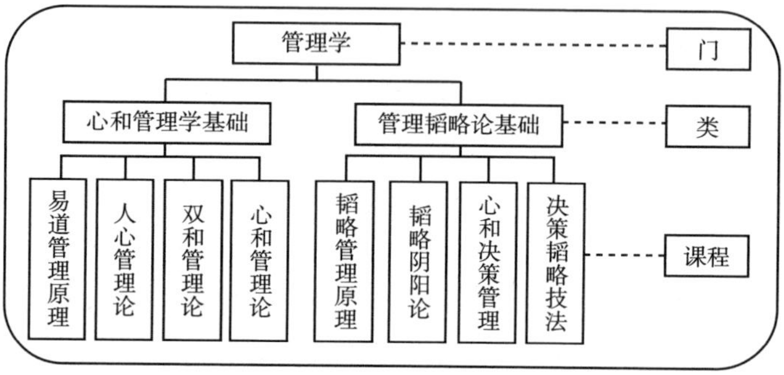

图 19－1　决策管理韬略学科门类设计

心和管理学理论的模型设计和管理哲学的易道易理单设课程；心和管理是“人心管理”与“双和管理”的综合，既需要独立设计课程，也需要两者融合的《心和管理论》，融合中创新。管理韬略论基础，综述韬略管理原理，同时开设本土特色的《韬略阴阳论》，把对立统一思想落实在管理学中；韬略是一种决策，决策是一种韬略，两者相辅相成，应分别从管理和技法角度开设课程。

“决策管理韬略”之管理内涵，一方面是心和管理学的基础原理、基础理论、基础技法；另一方面是对应韬略的内容，即文韬武略谋奇正双和。中华易道易理，涉及宏观管理——治国、治军、治企韬略，涉及高层决策——阴阳变动、对立转化的刚柔、奇正、攻防、彼己、虚实、主客等决策性管理思想与技法。这一部分内容在下一节“韬略阴阳论”中详述。中国五千年灿烂文明积累的文韬武略，可以促使现代企业的市场中既出奇不意又追求正道，真正实现组织与国家的双和、组织与社会的双和、组织与自然的双和。

心和管理学学科类别之二是“人才开发使用”。这一类别的内容涉及两个方面，一是人才使用管理，二是人才开发管理。前者管中理，后者理中管。学科设计如图 19－2 所示。

西方管理学开设有《人力资源管理学》，关于“人力资源”一词的分

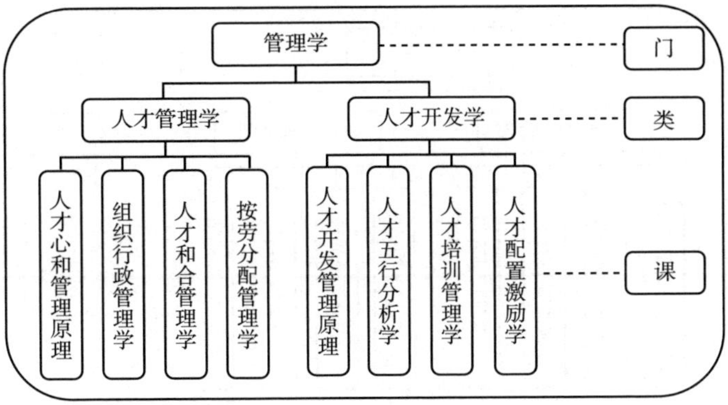

图 19－2 人才开发使用学科门类设计

析前已有述。汉语有“人材”“人才”之分，“人材”人人都是，把“人材”培育成“人才”是整个社会方方面面共同努力的结果，而管理好“人才”则是组织管理中的重中之重。心和管理学体系的重中之重，也是关于人才的管理，心和管理八大法则主要是针对人才管理而言的。

这一学科类别是以把握人心而谋求天人双和的学科方向，是根据易道易理体系的三才学等为基础的人才管理学科的建设。关于西方管理学所涉及的“薪酬管理”“绩效管理”，心和管理学将对应内容归入《按劳分配管理学》，但其按劳分配是中国式的解读、中国特色的辛劳、苦劳、功劳的分配原则和方式。当然，《人才培训管理学》，开发的是中国式的管理培训模式，开发的是中国职场所需的人才。培训课程的开发、培训实践的训练、培训方式的拓展、培训效果的掌控，都是这门课程着力研究的。心和管理，重在人心协和，故这一学科为重点。

2. 生产管理沟通智慧学科

心和管理学学科类别之三是“生产流通运营”。这里，“组织”是包括机关、企业、事业单位和团体的统称。组织运营则主要指需要运营的机构，鉴于“工商（企业）管理”特点，这里设计的是针对市场运营的工商企业和相关机构。学科类别涉及两个方面，一是生产运营管理，包括有形产品和无形产品（服务）的生产运营管理；二是产品进入流通领域成为商品之后的运营管理。前者出产品，后者出商品。具体如图 19－3 所示。

“生产流通运营”学科系列课程中，既可以是具体课程的开发，也可以是生产运营管理或商业流通管理的具体篇章，也就是说，在实践中逐渐把握，是每项内容独立设计课程，还是可以合并开发课程。后一种情况可以把学习时长增加。其他各领域都属于这样的情况，要求是不要分得过细，

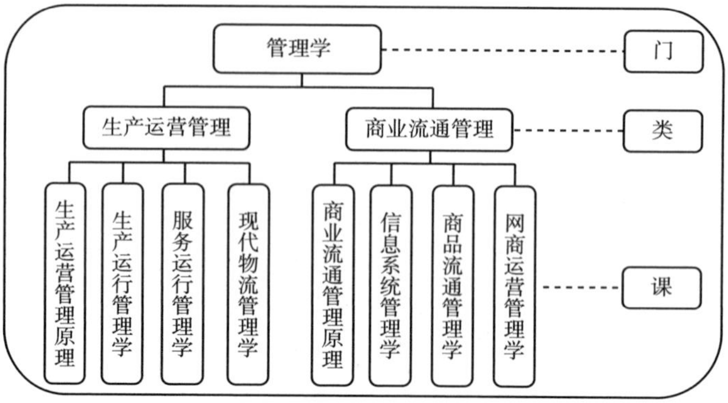

图 19－3　生产流通运营学科门类设计

课程之间不要有重复。生产与流通，都会涉及企业与客户的关系问题，所以管理的重要内涵就是“协调人心谋主客双和”，即企业运行中的主方与客方的双向和谐。在内，“主”是管理方、“客”是被管理方；在外，“主”是本企业，“客”是与本企业相关联的各关系方（单位和个人）。

企业的人流、物流、信息流的管理，生产、流通、电商的管理，归根结蒂涉及主客双方的人，彼此人和，则事和、业务和。而人和的真正标志是人心彼此协和，人心和企业和，人心稳企业稳，人心顺企业顺。

心和管理学学科类别之四是“沟通经营智慧”，其内容一是组织（企业）发展管理，二是组织（企业）经营管理。前者强肌体，后者通人心，详见图 19－4。

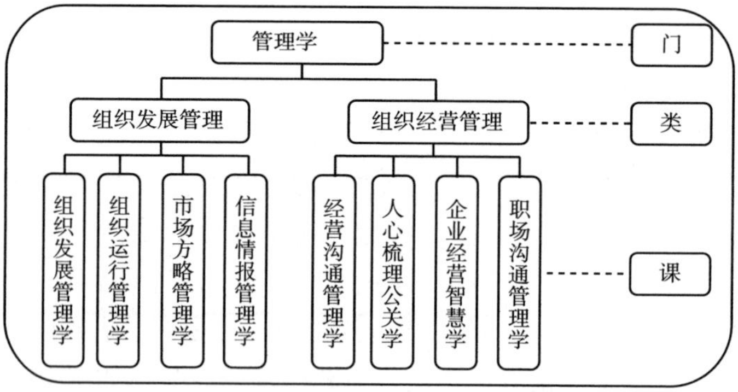

图 19－4　沟通经营智慧学科门类设计

管理也好，经营也罢，归根结蒂是与人沟通，从而获得一家组织的长远发展。机关需要经营、事业单位需要经营、社会团体需要经营，自然企业更需要经营，经营成功才有组织的发展。管理的本质内涵，就是“疏通人心谋彼此双和”。这里的彼此，就是主动者与上司、与下属、与同事、与关联人之间的彼与此，彼此间要达到双和，唯有梳理人心疏通人心。这一点上，与人才学殊途同归，需要达到与己关联的各方都能彼此双和，最终实现天（上）地（下）四方（东西南北）皆弥合，易学六合理论的具体应用。

一个组织、一个员工，都需要将上级、下属，左邻、右舍，前后、内外关系处理好。作为人际关系，关键是上下要处理好，即取得上司支持，获得团队拥戴，在此基础上处理周边关系。作为组织关系，关键是处理好业务关系，即取得业务方认可，获得业绩量提升，还需要上面支持下面拥戴。所以我们说，一家组织要获得发展，须达“六弥相合天地四方”境界。

3. 财税管理信息治理学科

心和管理学学科类别之五是“信息财税治理”，涉及内容一为企业的财税信息管理，二为信息综合治理。前者以财驭企，后者以间治企，详见图 19－5。

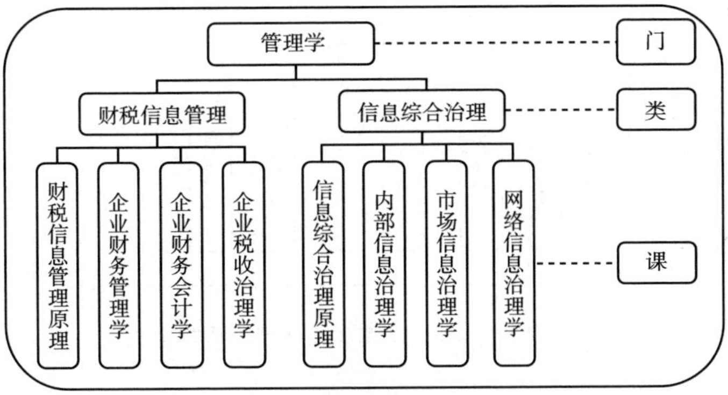

图 19－5　信息财税治理学科门类设计

“财”者，财政、财务、财税、财产之“财”也。企业管理，离不开理财，企业理财不是私人理财，是涉及管理企业财政、核算企业财务、筹划企业财税、善用企业财产的理财。其管理内涵为“警醒人心谋天人双和”，易理内涵为“七星九宫运筹帷幄”。

财务会计、税务筹划、财务治理等，直接影响企业各方对企业的认同度、直接决定企业业绩和成效高下，不仅仅是财务数据的鞭策、计划目标的预计，还涉及成本控制、风险控制、税务筹划等问题。所以，任何一个企业都需知己知彼，居安思危，方能百战不殆。首先是掌握本组织内部的一切资料信息，包括人财物的一切信息，同时也须掌握企业面临的市场上的所有信息，包括网络信息，通过信息整合，以财务、税务视角切入进行企业治理。“间”，就是缝隙。军事上一般用间，是指以人以事以物甚至以消息等一切可以使人不和的内容挑拨，这就是离间，让敌方内部有嫌隙、生隔阂、漏机密。其实，“间”还有一项作用，找出己方可能的所有空隙，或弥补之，或利用之，甚至有意扩大之，或隔开之，一切依据现实需要，这便是以间治企。根据易理原理与规律，寻求企业治理之路径与方法；根据中国术数、中华会计、税赋理论，结合新时代要求设立如图 19－5 所示的学科与课程。

心和管理学学科类别之六是“文化伦理正道”，一方面是泱泱大中华五千年甚至上万年的文化积淀对管理的价值，另一方面是中华文明传承的伦理道德与新时代的融合。前者文化管理，后者伦理管理。学科及课程设计如图 19－6 所示。

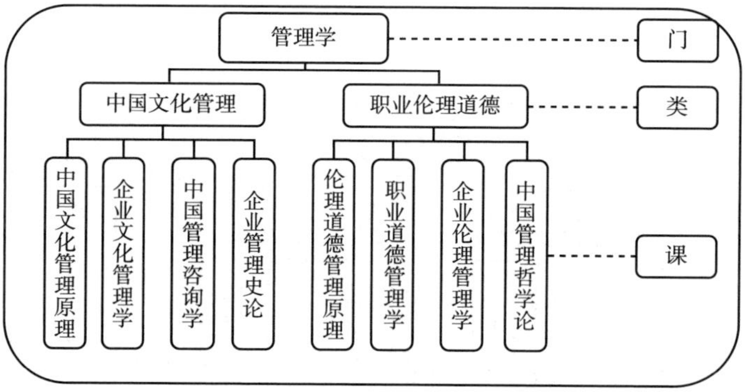

图 19－6　文化伦理正道学科门类设计

文化，就是将人类文明融化而成人的骨髓、血液、细胞，自然地融入人的思维与行为之中，即“人文化成”。回归本源、回归初心，目前仍保持上古文明、文化起始本意的，只有中华国学。社会可以进步、科技可以发展、认识世界改造世界的工具可以不断更新，但人心的本原清纯、文明的初始化成、精神的高洁本意，却不应该被忘却、被污染、被更换。这不是复古而是不忘初心。将人文内涵化成人的道德修养，是文化，是伦理，懂道明道而修道器双和才是正道。伦理，是人伦道德之理，指人与人相处的各种道德准则。无论是社会伦理、企业伦理、家庭伦理，其本原就是涉及道德、人性、观念问题，是哲学思想的范畴之一。

三、中国管理学学科理论基础

国学体系流派纷呈、思想灿烂。但万变不离其宗，上古之学易道易理为源，国家治理孔孟儒学为重，人文修炼黄老道学为优——互融贯穿于国学体系里，其他各家，有的非以理论见长，而以行动为尊，如法家积极入世、兵家战争指南等；有的则从上述三家分离出去，如墨家从道家分离、法家从儒学分离；有的不是重在思想建设，如名家以名正言顺之辩扬名等。心和管理学以国学为基础，这里论及三句亘古名言：其一“易与天地准”，其二“半部论语治天下”，其三“治大国若烹小鲜”，分别体现易、儒、道三家治国管理之道。

1. 遵循大道规律与天地准

《周易·系辞上传》曰：“易与天地准，故能弥纶天地之道……范围天地之化而不过，曲成万物而不遗，通乎昼夜之道而知，故神无方而易无体。”《周易》里面所说的道理，与天地变化之准则是一样的；所以能将天地之间的道理全部包含在里面。显然易道易理，说的就是天地大道，易道的范围包括天地万物的一切变化而不会有偏颇过错，多方设法成就万物而不会有遗忘漏缺，通晓日夜变更阴阳变化的道理而尽知其中奥妙。所以说，《周易》的神奇奥妙无所不在，而其中的变化之道又不会固定僵化。可见，《周易》涵盖的易道易理十分广大，说它的道理之远，可以拓展穷尽而无止境；说它的道理之近，则安静如在身侧而显示正道，将其放在天地之间论之，则一切道理皆具备。所谓“夫易，广矣大矣，以言乎远则不御，以言乎迩则静而正，以言乎天地之间则备矣。”（《周易·系辞上传》）这样，我们就可以理解易道易理何以历经数千年而历久弥坚了。而这便是中国心和管理的哲学之源、文化之本。

显然，《周易》所呈现的哲学思想、为人处世和治国平天下的技术方法，是中国本土管理学理论和学科体系创建的重要理论依据。本章主要论述韬略管理的理论依据，是在总体阐述心和管理学学科建设理论依据的情况下略谈韬略管理问题，其他方面的理论依据，在后面各章中进一步呈现。“决策管理韬略”这一学科门类的易理内涵，体现出“太极阴阳大道无疆”，所以韬略阴阳为其重中之重，目的是阴阳协调，大道盛行。心和管理学认为，从中国文化、中国哲学视角看，韬略比战略更文明，竞赛比竞争得心和。

西方管理学引进中国，基本上确定了“战略为宏观谋略，战术为微观谋略”，于是构成战略和战术（有时统称策略）概念。事实上，晋朝司马彪写了一部名叫《战略》的著作，内容为分析战略战例、揭示战争规律，强调运筹帷幄的指挥能力，只是有观点认为这是一部以三国为背景的小说体著作。虽然没有《三国演义》名气大，但“战略”一词名气出来了，在史书《三国志》中应用频率就比较高。在这里，战略就是韬略，韬略就是战略。为了区别于西方管理学，心和管理学中选用“韬略”。战之略，强调“战”，是为“战”所进行的策划筹谋；韬之略，突出兵器入套，是非战（或战而谋和）的策划筹谋。从这个意义上说，“韬略”更符合中庸之和，更符合中国文化“不战而屈人之兵”的人文诉求。

总而言之，易经哲学、诸子哲学思想以及后来发展、演化的中国哲学，充分研究和确立了人应该有的世界观、价值观、人生观，及道德的准则、关系、修养和教育等问题。可以批判中传承，也可以传承中吸收，更可以传承和吸收中创新，但其中华伦理之核心、管理哲学之本质，永远不变。中国高校管理类学科建设，应充分把握这一点。

2. 治大国若烹小鲜得民心

伊尹从奴隶厨师到位极人臣之宰相管理实践，老子总结为“治大国若烹小鲜”。如何领悟这句旷世名言，仁者见仁，智者见智。《技法篇》第十五章第三节对伊尹“用心调和”与“专心火候”烹饪之道与治国之法有阐述，这里不重述，而从学科视角探讨其理论价值。

治国与烹饪一样需要用心、专心，需要协调、和顺，需要把握住恰当的“火候”。治国之事为“大”，烹饪之事是“小”，以小喻大，乃是中国文化的本然。所以，在伊尹烹饪之道治国实践基础上，《道德经·第六十章·大国》中老子说：“治大国，若烹小鲜。以道莅天下，其鬼不神。非其鬼不神，其神不伤人。非其神不伤人，圣人亦不伤人。夫两不相伤，故德交归焉。”这里，“大国”“小鲜”是一个对比，对比其大与小；也是一个类比，用烹小鲜类比治大国。再大的国、再大的组织之治理（管理），都是如小厨房烹调小菜肴，味之本始于水，甘酸苦辛咸五味调和之事，关键在“用心”，在于时时关注“鼎中之变”，且何时大火、何时文火，都需恰到好处。而更重要的是“其鬼不神”（鬼怪没有骇人之神通）、“神不伤人”（鬼怪之神通不会伤人），不仅仅鬼的神通不伤人，圣人的治国之法亦“不伤人”。鬼神不伤人、圣治不伤人，人民便可得到圣德之恩泽了。很明显，烹小鲜须以恰当的火候调和五味，治大国则以圣德之恩泽不伤人。“不伤人”才是大国治理、组织管理之根本。治理也好，管理也罢，皆须以民心向背为准，以人心协和为本，这应该是“治大国若烹小鲜”的真正意义所在，也是中国式管理学科建设的根基。

道家学说，远早于儒学出现，内容也最为丰富，最著名的分支是黄老之学与老庄之学，老子是创始人无可怀疑，但道学思想发轫于黄帝。黄老之学，即黄帝之学和老子之学的合称，中华道学之渊薮，由黄石公流派（传说黄石公将韬略之《三略》，又称《太公兵法》传于张良）发扬光大；老庄之学（又称玄学、新道家，是对《老子》《庄子》和《周易》的研究和解说，产生于魏晋时期）在庄子、管仲（《管子》）等手中发扬光大。显然道学是治国安邦之学，但秦始皇以法家治国，东汉后又独尊儒学以儒学治国；很显然，用道学还是儒学或者其他学派的文化治国，这是统治者的选择，不是文化本身的问题。

3. 半部论语治天下悟创新

儒家学说汗牛充栋，心和管理学体系里也有大量提及。“半部论语治天下”一语，崇拜儒学者奉若圣经，反对儒学者嗤之以鼻。事实上这是一个典故，源于北宋开国功臣、曾三次拜相的赵普。赵普出身小吏，宋太祖劝他多读点书，于是赵普就备了一只箱子，每日下朝即从箱中取书读之，上朝前亦如此，于是每每处事皆能敏捷。有人就此事问之，赵普答以半部论语辅佐皇帝治国平天下；他去世后，在整理遗物打开那只箱子，里面果然唯有一本《论语》。这个典故之后，真正把这个意思浓缩为“半部论语治天下”的，则是元代戏剧家高文秀《遇上皇》杂剧中的一句台词。元代儒生地位极低，学而优则仕之路断绝，出现“十儒九丐”情况，许多诗书人为生计，进入娱乐界为歌女、表演者写歌写戏本（这就是元代戏曲发达的原因之一）。杂剧中这一台词让那些被冷落的儒生们得到了慰藉，故有儒生借此自慰、自我吹嘘心态的评论。这种说法也许有一定现实基础，但不全面。

《论语》可以治天下的原始典故并非在于元代落魄书生，落魄书生以此语鼓励自己读书学习也没有什么错，更何况元代后期风向大转而回归儒学。还有这句话能一直流传下来并为人们所称道，应该承认与中国学问研学之法相关联：悟！

《论语》构建了中国极为重要的知识体系、价值体系和文化体系，能不能从中悟到治国平天下之道，悟到为人处世、入世修心之法，全在于每个人自己的悟性。从知识体系角度说，《论语》五百则，不仅仅有一百多个成语成为中国人日常生活的指南，更重要的是细读每一则《论语》，不同心境、不同文化背景、不同心理感受、不同社会地位的人，都可以从中悟出为人处世、治国管理、韬略奇谋智慧，需要信仰的可以建立信仰，需要理想的可以树立理想，需要品级的可以提升人品，需要思想的可以解读思想，需要方法的可以解读方法，只要静心细读，就可从中得到领悟者想要的答案，关键在于每个人的悟性及领悟毅力，能否坚持悟之、能否从中悟出些什么。这就是《论语》的知识体系提供给人们的价值，其中的道理不是针对个人，是针对每一个人、每一个组织甚至于是每一个阶段的国家治理代表者。正因为有这样的知识体系和价值体系，《论语》成了中国一种独有的文化现象，一种独有的文化内涵，并在中国人心中建立起一种独有的文化丰碑。

之所以“半部《论语》”，不能从数量上去理解，而是要从悟性上理解，是因为从《论语》中悟出的思想、道理、技能、方法等，可以应用于各个领域，作为某一专业的领域，比如说“平天下”之思想和技法，从《论语》中悟出一部分即可，多悟多用，并不限于一个定数。简而言之，《论语》中可以悟出政治、经济、文化、学问研究方方面面、社会生活方方面面、国家治理与组织管理方方面面的道理，用于“治天下”的道理只是其中的一部分，至多也就占其中的一半而已。这才是现代意义上真正理解“半部论语治天下”之意，千万不能望文生义，切割论语中的一半内容，或者认为只要有数量上的半部《论语》，就能治天下。

所以，心和管理学学科建设，悟易理、悟论语，都是题中应有之义。能否从中领悟到韬略管理的理论依据及韬略内涵，全在学习者应用者的悟性。

学科建设的目的，是供人学习的课程体系构建。既然是供人学习，那必定是前人经验、前人成果的提炼、综合，而不是任何一个人或一群人的观点、观念、方式方法的“创新”。所以教材是编的，学术书稿才是著的。用著作作教材，那是在该领域无教材或有教材却已落伍不适用，或是研究性新课程开设时使用的。孔子教书，编撰了六大学科六门教材《诗》《书》《礼》《易》《乐》《春秋》，也是编著性质；朱熹改进，创设了“四书五经”为教材。各个领域尤其是宗教领域，经书越来越多，但在国学传承过程中，除了近现代外，漫长的古代历史基本上没有人怀疑过国学之源、百经之首、百经之父的著作是《周易》。近现代才出现极少的怀疑之论，是西学东进后用西方“科学”定义、理论、立法衡量之，却解释不出中国这部古老而历久弥新的《周易》认识世界、改变世界的技术与方法，如同西医解剖找不到人体中的经络、元气、穴道一样，而西式逻辑是“科学”解释不了的，就是“伪科学”。

不懂、不知、无法解释，最简单粗暴的做法就是否定、一棍子打死，中医就是这样被西医掀翻的。当然，也有接受过西方教育的一批国内“精英”以西方文化为依据，认定中国传统文化限制了中国社会进步，便以否定旧文化成为“进步”“革命”的象征。

殊不知，历经千百年历史变迁而依然闪耀光芒的前人学问成果、文化内容，恰恰是后人可站得更高的基石。虽然历史的潮流，可能泥沙混杂裹挟而前，然而剔除糟粕后的中国文化，仍是现代理论建设的基础。心和管理学学科建设自然不例外，学习《周易》，学习《论语》，学习《道德经》，也学习其他学问内容，在把握学问之道，着力懂道明理中获得领悟、醒悟、觉悟。国学极为丰富，远不止易、儒、道（常以此为代表）。

第二节　中国韬略理论及其应用

中国韬略理论博大精深，中国有文化就有韬略学说。中华龙始祖伏羲、炎黄子民始祖神农和轩辕——民族先祖三皇、文明创始三圣治国平天下的韬略及易道易理，是中国韬略学说之源头。而后尧舜禹汤，黄帝一族绵延到禹传位于子启。终结禅让制，开始世袭制，夏朝建立；再到王亥兴盛商族、开创商业，到成汤建商朝；周族西伯昌奉行德治、礼下贤者，文王姬昌、武王姬发西周朝，发展了国家建设和治理的文韬武略。

西周后期王权削弱，各地诸侯风起云涌；东周分为春秋、战国两个时代，诸侯王室朝堂论韬略、诸子百家胸中有沟壑，成为中国韬略学说、韬略理论成熟的第一个辉煌时期；第二个辉煌时期是三国年代。而后每一个朝代的创建和中兴，都有经典的韬略案例和韬略名家。但真正能称得上韬略辉煌的第三个时期，应该是共产党人参与的北伐、国内革命战争、抗日战争、解放战争到建立中华人民共和国的红色战争时期，其间最重要的韬略理论，是毛泽东军事思想理论成果。本节主要从中国管理文化视角探索中国韬略理论的内涵和要义。

一、本土韬略理论演变发展

1. 韬略本义与韬略延伸义

韬略，因古代兵书《六韬》《三略》而得名，本意是指用兵之谋略，筹划之方案。战争韬略，其原理、方法都可应用于各个领域。管理，同样需要筹谋，既需要宏观筹谋，也需要微观筹谋。为了区分宏观之战略性管理与微观之战术性（具体策略）管理，心和管理学把前者称作韬略管理——宏韬伟略，把后者叫作谋略管理——具体方案。本章着眼韬略管理。

韬，本意是盛放弓或剑的袋子（皮套子），有两层汉语意义直接来源于此。一是包容所有，延伸为容纳一切情报信息和战争武器的使用，所以有韬世（比喻度量大到足以容世）、韬钤（用兵之谋略）、韬略（军事之谋略）等词语运用。二是敛藏锋芒，延伸为隐藏才能、隐蔽踪迹、收敛光彩之意，所以有韬日（隐藏日光）、韬光（收敛光彩，喻人怀才不露）；韬沉（隐逸、）韬光养晦（隐藏才能不使外露），韬光讳彩（收敛锋芒，隐藏踪迹）等语运用。前一层意思以运谋为主，后一层意思以用谋为主。据此可以理解韬略之韬，既有运筹谋划之意、又有使计用策之意，两者结合，便是筹谋事关全局的、总体的计策、规划、方案并推动其落实和应用，以寻觅解决问题的正确之道，谋取整体之利益、全局之胜利。

略，从田、从各，“田”指可耕地，“各”为十字交叉，故“略”造字本意是在可耕种土地上画出十字格，表示规划土地，延伸出“经营管理土地”之意。“土地”也有两层意义，一指国土，二指耕地，前者为国家的象征，后者为国民生存的必须，所以定城郭、制诸侯、掠土地等国家管理事项，统称经略，而国土之疆域，古词即用“略”表示；结合“大道至简”的道理，经略土地、攻城略地（古汉语有掠地，也有略地，其他还有略取、略人、略卖、略通、略有、略野、略城等用法）要使用最简单、最便利的方式，就需要筹谋、规划、设计。这样，“略”就有简洁、简明、简约的意思在里面，是举其要而用其精、用功少者皆曰略。故“略”也是用计用谋，为经略。《左传·昭公七年》：“天子经略，诸侯正封，古之制也。”① 杜预注：“经营天下，略有四海，故曰经略。”② 省略多余的一切而能尽早达成目标，便是最佳谋略。而一个才华横溢、智慧超群、能谋善断之人，形容为宏才大略。

把“韬”与“略”结合在一起，韬略便是以天地万物为信息、以自然规律为本原，以精要操作为方式，就世间一切人与事进行布局，展现大智大勇、布下天罗地网，表现出一位韬略者的文武双全，所以又有文韬武略之说。从这个角度说，韬略管理学不仅包含现代战略学，还包括现代运筹学、策划学，一门韬略，融通多科。胸中有韬略，为腹隐机谋，有雄才

① 左丘明著：《春秋左传》，中国戏剧出版社 2007 年版，第 287 页。

② 《春秋左传注疏》，左丘明撰，晋·杜预注，唐·孔颖达疏（29 卷），上海古籍出版社 2017 年 4 月 1 日。

大略，或称胸藏锦绣，腹隐珠玑，是有着经天纬地之才、济世安民之术之人。

中国韬略思想、韬略理论，上古萌芽，春秋战国大兴，秦汉广泛运用，三国时发展成熟，可谓源远流长，博大精深，是中华传统文化之瑰宝、中国历史遗产之精华。但在有些人看来，“韬略”像是一种“古记”，是属于古人的文化内涵，不似“战略”那样有现代感。事实上韬略、战略都是中国古代的概念，古代韬略比战略用得普遍，现代战略比韬略用得广泛。心和管理研究者认为，中华自古而今的文明史及文明成果，是中华民族瑰宝，也是世界的文明瑰宝，不能因“创新”而否定传统、不能因“国际化”而否定中国风。如果战略一词已经让很多人误认为是译自 strategic，那么用韬略以示区别就有必要。

2. 国学底蕴育韬略管理学

没有中国这样悠久文明史的国家中的人，是感受不出超越他们历史的文化宝藏、文明宝库的价值的。中国“心文化”“和文化”及其学问，可以从几千年前甚至上万年前的历史和先人中探寻到其根、追溯到其源，仅仅把中国特色的韬略理论当作一项遗产供奉着、当作一种传统敬仰着，是远远不够的。文化、思想、哲理，以及方案、方式、方法，在有先人经验和教训的基础上，更有价值、更有作为。历史，不仅仅是用来记载的，更重要的是“以史为鉴”，更重要的是作为文化遗产的内容是需要充实、更新和发展的。神化，是民间崇拜行为的反映；学问，才是尊重基础上的研究。心和文化为根基的心和管理，从来就不认为只有战略是科学，而韬略已作古，因为韬略正闪耀着新时代的光芒。

谁都知道文化遗产是动态发展着的，社会传统是在历史变迁中形成的，但让人遗憾和无奈的是，管理学界似乎认同了传统是过去式、遗产是定型化的认知。就经济、管理领域而言，只在乎话语权人的认定，不在意历史对现实的贡献。现实中凡是说战略论、宏观学那叫有学问，是时尚、是新潮；要是谈韬略、说易理，就成了古董、不能与时俱进，就成了落后、不懂与国际接轨。这似乎忘记了一个事实，现代文明的任何成就，都是在先人经验基础上的发展；任何创新，也一定有着历史的渊源，不可能凭空冒出一项创新项目、一项研究成果，尤其作为一种思想成果、一项文化成就。何况，所谓创新，并非用一个新名词、换一种新表述就是创新，也不会换一种工具或换一途径，其文化成果、思想成就与历史无关。韬略，本是完全中国特色的专业术语、学科名词，在中国存在了几千年，时时充实着，代代发展着，不因为“宏观”一词的普遍流行就过时，也不因为“战略”一词的广泛使用就失去了存在的价值。如同《孙子兵法》，世界早已不是冷兵器时代，兵法原理依然指导着现代战争。

谋全局的管理就是韬略管理；韬略管理有自身固有的内涵、有历史演变的进化、有与时俱进的丰采，是传承基础上的创新，是回归过程中振兴，也是中国管理、文化自信的源泉之一。所以，心和管理学理直气壮地用“韬略管理”来开发布全局、谋整体的，事关事业成败、组织兴衰、民之福祉的宏大范围内的管理学学科。

历史上韬略人物层出不穷，韬略范例丰富多彩，给中国，也给世界留下了极为宝贵的思想财富、文化财富、管理财富，历史长河中中国韬略的伟大人物，如夏日夜空中的繁星，数不胜数，其璀璨程度，岂是什么世界级的影视颁奖大会可以比拟的。流星，只是夜空中瞬间的过客，只有内涵厚重的明亮之星，才能千秋万代高挂苍穹、光照后人。远古先人中的“龙”之祖先伏羲，炎黄子孙的缔造者神农、轩辕，以他们经天纬地的韬略之才，创始了中华人文；夏、商、周各族历经几代或几十代传承，开创了国家治理先河，萌发了世界上最早的农、工、商、学、兵等各大领域，人类文明尤其是农耕文明从此发轫并发展壮大，无论是尧舜禹汤还是财神群体，无论是帝王将相还是士农工商，其杰出者皆为东周时期的百家争鸣提供了从实践升华到理论的素材，百家学说又为后世千秋万代提供了各领域学问的思想基础、理论基座。

3. 历史演进展出韬略风采

从韬略角度说，春秋战国的群雄逐鹿，使百家流派中出现了一派惊天地、泣鬼神的纵横家，以合纵连横、兴邦治国为宗旨开创韬略理论、韬略学问，成为中国韬略之祖。诸子百家其他各家虽非直接说韬略，却也基本上是以安邦、定国、富民为学问之本，各家各派几乎都涉及布国家全局、谋兴国治理的整体韬略，以仁治国、以道兴国、以法镇国、以民富国……中华韬略，渗透在一切领域的管理、治理之中，融合在中华国学各学问流派里面。

此后，秦皇汉帝、汉初三杰，《史记·货殖列传》之秦汉人物、抗匈名将英雄谱、史家使臣大名录，一长串名字星光熠熠，无不以韬略雄才书写出光辉灿烂的中华发展史；三国争天下，魏晋定江山，南北朝迭起，各诸侯待续；虽历经五胡乱华、十六国分裂，却依然传承和发展了中国文化，这个过程中，玄学兴起、佛教输入、道教勃兴，波斯文化、希腊文化在丝绸之路、北方动乱中也逐步羼入……强盗入侵时各方英豪揭竿而起，国家动乱时文臣武将脊梁坚挺，各路人等英才辈出，运筹帷幄、各显神通，风情万种、风华绝代。中华韬略一直是花中珍品、人间极至，美不胜收，中国文化、中华管理的魅力一直不减丝毫，反而越挫越强、越战越勇，如杜康、似沉香，历久弥香——悠久历史，功勋卓著。

唐朝展示其伟大之时，瓦岗寨聚群雄，玄武门定乾坤，贞观之治强国，武周称帝开元……成为中国历史上极为重要的一个朝代，史料常与汉朝合称“汉唐盛世”，是中国韬略理论和实践极重要的时期。豪门人杰赵公长孙无忌，宗室军神河间王李孝恭，智勇双全李勣（徐懋功）和卫国公李靖，智谋大臣梁公房玄龄、郑公魏征、莱公杜如晦，以及武周名臣狄仁杰等，都是大师级别的韬略大家。唐朝还是国学“唐诗宋词元曲明清小说”文化历史的开创时期，不要说学界名流、文化大咖，就连文臣武将也留下了无数脍炙人口的诗篇，既开创了田园诗风，也创造了边塞诗情；既有浪漫主义情怀，也有现实主义风格，中华韬略在唐朝的治国理政平定天下、经济建设文化发展中都发挥出巨大作用。而且在外交上也开创了新时代，一块“唐故杨府君神道之碑”①，记载了唐朝大臣杨良瑶于公元785年4月泛舟西洋、出使黑衣大食（今伊拉克），在南海登舟，过南海经马六甲海峡到印度洋，一直到底格里斯河、幼发拉底河两河流域，登陆抵达当时黑衣大食的巴格达的史实。这应该是有史以来，中华文明与巴比伦文明有直接交集的最早记录，更是中国唐代海上丝路的新发现。比我们熟知的郑和下西洋还早了620年，更不要说15世纪末到16世纪初才有的西方大航海。

而后，赵匡胤陈桥兵变黄袍加身开启宋朝，重施假途灭虢计南伐；吕端大事不糊涂，故有宋真宗咸平之治。王安石变法，则开创了熙宁新法；而且有了世界上第一个试图以金融管制操纵国事案例，此案虽遭遇失败，然新旧党争后，变法事业因此得到了持续，成就了对职官制度改革的“元丰改制”。大宋朝韬略，也让社会经济得以长足发展。

元朝从成吉思汗到忽必烈，武力征战为主，基本上是战争韬略，却也因此国土大增。明朝，开国之臣刘基（伯温）韬略谋统一，智计定天下；另有一人名朱升，给朱元璋“九字国策定江山”（毛泽东语）：高筑墙，广积粮，缓称王。1972年底，毛泽东根据当时国际国内形势也曾提出“深挖洞，广积粮，不称霸”韬略（《毛泽东军事文集》第6卷）。

---

① 1984年，陕西泾阳出土了“唐故杨府君神道之碑”的石碑，言“以贞元元年四月，赐绯鱼代，充聘国使于黑衣大食，备判官、内傔，受国信、诏书。奉命遂行，不畏于远。”消息见《唐代海上丝路的新发现》，国务院新闻办公室网。

大清朝，国力虽从强盛到贫弱，却也出现过一批治国名家、中兴大臣、爱国将领，还有一大批实业救国的大商人，其韬略应用，并非因清朝走向没落而受影响。即使到清朝末年，仍有四大名臣治国，袁世凯晚年虽倒行逆施复辟帝制，但他创立的北洋政府却做到了乱世中面对西方列强寸土不让；他离世后，北洋政府分崩离析，手下各部无人可统御，成了大大小小军阀，即北洋军阀；南方军阀也自立为王，一时军阀混战。北伐伐的就是各路军阀。

中国共产党领导的人民军队，经历国内革命战争、抗日战争的洗礼，更是培养了一大批军政人才，韬略谋略人才无数，开国后十大元帅、十位大将、首批 55 名上将、175 名中将、798 名少将，都是身经百战在战火中锤炼出来的韬略名家，红色管理红色韬略。

韬略文化是中国文化；韬略之学是中国学问；韬略史志是中国历史。建立韬略管理学，中国文化自信之为，中国学科研究之为，历史传承与时代创新之为。

二、中华文韬武略管理内涵

1. 韬略学科凝结文韬武略

韬略，不单单是所谓的宏观计谋，更重要的，韬略是整体层面的、全局意义上的管理思想和管理行为的集合。中国历史上韬略人物之众、韬略胜案之多、韬略理论之独特精辟，在整个世界历史上都是罕见的。所以，建立韬略管理学科的本土材料极其丰富。

当某些“公知”把西方的哲学智慧与中国的韬略理论放在一起比较，然后得出西方智慧高尚、中国韬略鄙陋结论的时候，已经暴露了这类人思想的狭隘、学识的无知，以及不懂中华国学的博大精深。中国有中国的哲学智慧，也有中国的韬略智慧，把中国的诸葛亮与西方的柏拉图放在一起比较，不是一个频道、不在一个平台，哲学家要与哲学家比较，苏格拉底、柏拉图、亚里士多德的比较对象是老子、孔子、荀子。而诸葛亮，严格意义上说是一个历史加演义的人物，包括桃园结义、空城计、借东风、草船借箭在内的许许多多的计谋是虚构出来的，一部《三国演义》（非《三国志》）让诸葛孔明在民间家喻户晓，这与“尊刘贬曹”的皇家正统思想有关。当然，三国历史风起云涌，的确是中国韬略智慧运用的重要时期，但为了证明汉室正统，曹操被定义为逆贼、奸雄，演义是带有作者“三观”的，不是史实。

需要说明的是，第一，诸葛亮是作者倾注了最多情感的人物，在书中以“智”的化身出现，是中华民族智慧的人格化体现，所以，在民间没有必要去否定这一形象的光辉。第二，无论是史实还是演义，诸葛亮、曹操、周瑜，以及庞统、徐庶、司马懿、荀彧、鲁肃、陆逊等智慧型的人物的计谋，都是中国智慧的代言，其韬略智慧，不必强行归类到哲学智慧中去。

心和管理学研究的韬略，是管理韬略；策略，是管理计谋的运用。硬说策略是科学，计谋是耍奸，说白了是“双标”翻版。本书用韬略的同时，有时会用谋略一词（韬略与战略，谋略与策略，两组词义相当）。谋略有广义与狭义之说，广义谋略包括所有用计之谋，如韬略、点子，无论整体还是局部、宏观还是微观、抽象还是具体；狭义的谋略只是具体的策划方案、执行方略。这里重点探索的是韬略，探索、研究历史上的文韬武略，不仅是增长知识、才干的一种方式，也是启迪思想、智慧的方法，当今时代，政治、经济、军事、外交、管理等领域，处处涉及管理韬略。这就非常有必要弄清楚韬略的管理特性、管理本质。

2. 韬略学科包含六韬三略

韬略之韬，源于《六韬》一书，传说为西周吕望所著。吕望即吕尚、姜子牙，后世尊称姜太公，故该书又称《太公六韬》《太公兵法》（实际成书应在战国中后期）。全书以太公与文王、武王对话的方式编成，其内容以黄老道家思想为主，主张柔弱胜刚强、韬晦不露和安静玄默等，提倡无为而治，要求君主清心寡欲，勤勉治国（民众却未必如此），强调治国的关键在于因势利导，顺应民心。全书共六卷六篇，约两万字，在先秦著作中极为难得。

《六韬》指文韬、武韬、龙韬、虎韬、豹韬、犬韬六篇。《文韬》12篇，以“文”名之，就是“文治武功”中的“文治”，也就是战争之前的筹备，一是国家管理，即在充实国力上下功夫，国之治理要达到支撑得起战争所需，所以全国上下要在物质和精神上做好准备；二是民富管理，即国要强而民要富，民富战争才有后续力，所以要对人民开展教育和训练，以达万众一心；三是情报管理，知己知彼、掌握敌方情报的同时，要注意保密，以利己方获胜。简而言之，通过文韬，争取人心，人心向背决定战争成败。

《武韬》5篇，这是“文治武功”中的“武功”，在主张政治攻心，瓦解敌人的基础上，注重筹谋取得政权及对敌斗争的计策方略，强调文武并重的同时，提出谋略为先，必须知敌情况、料敌先机，在敌我双方的比较中，找到用己之所长克敌之所短的制胜韬略，这里强调攻心为上。《龙韬》13篇、《虎韬》12篇、《豹韬》8篇、《犬韬》10篇，是说战争中需要将士们如龙虎似豹犬，英勇威猛。龙为将帅，犬为士卒；明晰将帅的军事指挥和兵力部署艺术，战争中学会调动敌人，同时严明纪律，畅通军令，注意天时地利、武器装备和物资供应等；对士卒则要教练并编选各种兵种配合协同作战，提出如何充分发挥军队效能的方式方法。虎豹则利用场地、应用韬略展开实战，一是从虎的视角说明需要有打仗腾跃的宽阔地区和相应的作战之法则，二是从豹的视角论述各种特殊地形条件下的作战能力和相应法则。

总结起来，《六韬》内涵仍不离心和管理本质：争取人心的战争观，政治攻心的谋略观；谋略为先、以瓦解敌方人心为要，一切战争手段都是为了获得和平。

韬略之略，源于《三略》，相传为汉初道家隐士黄石公所作。司马迁《史记》记载，张良（子房）刺杀秦始皇未遂后被迫隐匿于下邳（今江苏邳县），遇见一自称“谷城山下黄石即我”的老者，授其一部《太公兵法》。但据考证，该书成书时间不会早于西汉中期，是后人吸收了先秦军事思想和秦时汉初政治统治与治军用兵的经验，假托前人名义编纂而成的，应非太公所著，于是一般称此书为《黄石公三略》。可惜黄石公此后便不再见于史载。书中有许多见解十分独到，相当有价值，为兵家必读之书。

《三略》3800 多个字，分为上略、中略、下略，上、中、下不是策略等级之分，而是类似上篇、中篇、下篇的序号。上略是重点，共 2100 余字，与《六韬》一样的是强调收揽人心、注重民心，把“民本”思想具体落实在“兵本”观念中，“治国安家，得人也；亡国破家，失人也。”与其说是战略，不如说是政略，因为是从国家全局的高度指出人心向背与治国安邦的关系和意义，提出“务揽英雄之心，赏禄有功，通志于众”。英雄，就是指能够成为文臣武将的人才，而“众”指民众，强调国家管理要上下同心。

总结起来，“‘上略’设礼赏，别奸雄，著成败；‘中略’差德行，审权变；‘下略’陈道德，察安危，明贼贤之咎。故人主深晓‘上略’，则能任贤擒敌；深晓‘中略’，则能御将统众；深晓‘下略’，则能明盛衰之源，审治国之纪。人臣深晓‘中略’，则能全功保身。”① 其意思是：《上略》提出通过以礼待人、重赏贤能来招纳贤士；通过是否能以民为本来辨别谁奸谁雄。《中略》是在以人为本前提下，强化以德服人，并审时

① 黄石公：《三略・中略》，古诗文网《三略》篇。

度势而掌握权变之道（必要时用“谲奇”、设“阴谋”也是可以的）。《下略》依旧强调德的重要性，指出为政者治理国家要遵于道，道与德相辅相成，即可预知国之安危；道与德行于天下，就能明贼人之奸、贤士之雄。作为管理者，掌握“上略”，便有足够多的贤士归入麾下任其使用、有足够多的将士战场拼杀擒住敌寇；掌握“中略”，便能驾驭将帅、统领兵众，治理好国家、驭使好军民；掌握“下略”，便能明白盛衰之渊源，审明治国之纲纪，建功立业保安全。

归根结蒂，《三略》核心是重视收揽英雄之心，获得民众之心，强调富国先富民；治国治军都要柔、弱、刚、强四者兼施，遵循克敌制胜的军事战略原则。《三略》还有一个重要贡献，即对不同人等进行分类，提出总原则是消灭怀有敌意的人，争取一切可以利用的人。这一思想，却在近现代的红色管理中，得到充分应用，并发扬光大。

《六韬》《三略》是两部兵书、两部著名的中国古代军事著作，但同时，也是两部政略之书、两部著名的中国古代管理著作。更重要的是，六韬三略的智慧，最直接、最典型地指向了中国文化的核心：争取人心，指向了中国韬略的根本：攻心为上，指向了中国管理的宗旨：以民为本，战而谋和。而恰恰是这一点，从本质上区别于西式理论中的战略。

3. 韬略学容纳了古今精华

希腊语 strategos，原是一个军事术语，本意是“将军指挥军队的艺术”。演变成英语 Strategy，中文翻译为“战略”。战略一词本是汉语词汇，因为 Strategy 而成为西方管理理论的专用名词，为战略管理（Strategy Management）之战略。韬略，也是一个军事术语，指将帅率领士卒打胜仗的谋略智慧。从这一点说，战略与韬略异曲同工，表达的意义差不多。

西方把 Strategy 应用于企业的时间并不长，俄罗斯移民美国的伊戈尔·安索夫（H. igor Ansoff，1918～2002）于 1965 年出版《公司战略》，1972 年发表论文《战略管理思想》中正式提出“战略管理”概念，1976 年出版《从战略计划到战略管理》开始探索战略管理理论体系，1979 年出版的《战略管理论》基本构建了战略管理学。以上三部著作可以说是安索夫战略管理三部曲，也是西方战略管理理论的开山之作。此后，西方关于战略管理的理论研究学派众多，设计学派、计划学派、定位学派、创意学派、认知学派、学习学派、权力学派、文化学派、环境学派、结构学派、资源学派、竞争学派、核心能力学派、动态能力学派……不一而足。而《六韬》比安索夫要早 2000 多年就提出了韬略理论，并用 2000 多年的实践，不断充实、提升、发展着韬略理论，中心不变。如何应用则看各自悟性。

西方定位学派、行业结构学派的代表人物迈克尔·波特，着重研究竞争战略，创建了一个“五种竞争力量分析模型”（又称为“波特五力模型”），是一种理论思考工具，非实战工具。而《六韬》所论，既包含波特所说的五种力量的作用力，也避免了波特模型只有竞争关系没有合作关系及行业规模固定（静态分析）等的缺陷。《六韬·文师》提出“予之为取”，意谓欲将取之，必先与之。这里说战争，也说行政，现代还可理解为商战，体现了“予”（供应商）之力、“取”（购买者）之力两种力量的制衡。《六韬·三疑》说“攻强必先养强”，显然是针对同行业竞争者的竞争力量的（强敌进入），其基本方法就是“离亲以亲，散众以众”，不战而胜。《六韬·文伐》，说的是不需要武攻之谋，仅用文伐十二条，就可让“新进入者的威胁”“替代品的威胁”消于无形，如投其所好，使敌骄傲，如“亲其所爱，以分其威”，如离间敌方、削其力量等。迷信西方模型，轻视国学，只是因为没有去读或没有读懂中国经典。中华韬略智慧，千百年来一直傲视世界群雄。仔细分析研读，就会发现现代提出的许多理论、模型，严格意义上说大多不能算创新，因为真正的创新是中国几千年前的先人，名词不一样，表述方式有差异，内涵却早有定论。例如SWOT分析法，优势、弱势，机会、威胁的比较分析，春秋战国时百家争鸣中多家都有提及，兵家之论，更是直接论述，无论是《孙子兵法》还是《六韬》《三略》。此不赘述。

毛泽东等中国共产党第一代领袖群体，领导人民军队在解放战争、抗美援朝中智计百出，打出一个又一个漂亮的大战役，都是“运筹帷幄之中，决胜千里之外”，既没有用数学模型，也没有用系统工程，更不需要领袖们冲杀在战场上，这才是真韬略运用：红色韬略。

三、国学管理韬略经典案例

1. 古典名著中的韬略案例

管理韬略，民间常常以演义故事方式广为流传，加上历史记载，留下了许多管理韬略的古代案例。史书记载无须多言，而演义，是一种历史小说，依傍史传成文，具有很强的历史性。如《封神演义》，比较真实地反映了上古时期商周斗争特别是纣王失败周代商兴的历史面貌，只是在形式上运用丰富的想象力，将人物故事神话或鬼怪化。《东周列国志》现实主义一些，取材于《战国策》《左传》《国语》《史记》四部史书，严谨的学术研究也采纳其中材料；当然作为历史演义，免不了有作者的主观印象和态度。

《三国演义》记载了从东汉末年到西晋初年之间近百年的历史风云，因为以描写战争为主，兵法韬略写得十分出色，为三国韬略的辉煌贡献甚巨。

《隋唐演义》中，重大事件基本是历史真实，一些人物艺术化了，如最厉害的几条好汉是虚构的，排名第一的李元霸其实是李渊第三子，早死、无后。排名第二的宇文成都，历史原型只有宇文化及，所生二子（宇文承基、宇文承趾）与其父一样无用，被窦建德所杀。罗艺及其子罗成（排名第七），事实上是太子建成一党，玄武门一案被灭。隋唐十八条好汉，除秦琼、单雄信、尉迟恭外均为虚构人物。

《残唐五代史演义》《水浒传》《洪秀全演义》《西游记》《红楼梦》《三言》《二拍》《儒林外史》等都是历史演义，有的接近历史真实多一些、有的表达作者思想观念多一些。

分析中国历史演义小说，其中不乏真实历史流传的、文人墨客演义的各种治国理政、军事战略以及各领域的管理韬略，这些都是国学传承下来的解决大是大非问题的中国方案。历史演义一般是事件真实，非主要人物、事件细节有演绎，是指根据史传、融合野史经艺术加工敷演而成的一种通俗的长篇小说，是中国古代文化的内容之一。

在这些方案中，四大名著贡献甚多。但是，文学大评论家金圣叹却说："少不看水浒，老不看三国"；老百姓聪慧，很快加上"男不看西游，女不看红楼"。何以如此？且看民间评论家们的趣评：三国：学的是韬略，水浒：学的是造反，红楼：学的是叛逆，西游：学的是皈依。三国写了一次变革，水浒写了一次冲动，红楼写了一场恋爱，西游写了一次旅游；三国写了一个大时代，水浒写了一帮大英雄，红楼写了一个大家族，西游写了一伙大妖怪。三国玩的是心计，水浒玩的是义气，红楼玩的是感情，西游玩的是神奇。中国文学，往往微言大义，四部历史演义，三国侧重在国：治国，兴国，安国，丧国；水浒侧重在气：勇气，义气，豪气，霸气；红楼侧重在情：亲情，爱情，官情，民情；西游侧重在趣：情趣，游趣，野趣，妖趣。寥寥数语，不是系统工程，不是数学测算，却往往点中某个要义。

在这些历史上发生过或加入一定演义的故事中，很多演变为脍炙人口的成语，每个成语都是一段韬略故事，如背水一战、望梅止渴、纸上谈兵、卧薪尝胆、四面楚歌等，以及草船借箭、破釜沉舟、如火如荼、势如破竹、坚壁清野、四面楚歌、退避三舍、朝秦暮楚、化干戈为玉帛、直捣黄龙等，几乎就是中国古代贡献给世界的一个个中国实案。这里举例两个成语说明之，一是大家耳熟能详的“田忌赛马”，二是相对生僻的“丁渭复宫”。

2. 田忌赛马之韬略谋术辨

田忌赛马，出自《史记·孙子吴起列传》：“齐使者如梁，孙膑以刑徒阴见，说齐使。齐使以为奇，窃载与之齐。齐将田忌善而客待之。忌数与齐诸公子驰逐重射。孙子见其马足不甚相远，马有上、中、下辈。於是孙子谓田忌曰：‘君弟重射，臣能令君胜。’田忌信然之，与王及诸公子逐射千金。及临质，孙子曰：‘今以君之下驷与彼上驷，取君上驷与彼中驷，取君中驷与彼下驷。’既驰三辈毕，而田忌一不胜而再胜，卒得王千金。於是忌进孙子於威王。威王问兵法，遂以为师。”① 这是以弱胜强的对策应用，赛马的双方是战国时期齐桓公之子齐威王和齐国著名战将田忌，孙膑给田忌出谋划策，赛马中三局两胜胜了齐威王。

这是中国文化中一个谋略运用的案例，既是韬略，也是谋术。后人运用这一方法时有微观应用、中观应用，也有宏观应用，所以也可以作为韬略案例分析。这里田忌与“王及诸公子”赛马，主角其实是孙膑，他意在通过帮助田忌赛马获胜而在齐威王面前“亮相”，故在细细观察中发现双方的马都分为上驷、中驷、下驷，而且双方比赛往往是上马对上马、中马对中马、下马对下马，这是一种思维习惯，并非比赛规则，田忌的马略逊于“王及诸公子”的马，“不甚相远”，所以才有第一局用下驷对上对方的上驷而败北，第二局、第三局却用己方的上驷与对方的中驷比、用己方的中驷与对方的下驷比而两局都获胜。很显然，这是孙膑根据双方马的实力、赛马的常规套路而想出的三局两胜之法，既是排兵布阵之法，也是全局考量的韬略，用一场必输换来两场必赢，用巧计以弱胜强。

这本是正大光明的韬略运用，也可以说是谋略战术之阳谋应用。然而，有不和谐音故意曲解、歪解“田忌赛马”这一经典案例，这是需要引起警惕的。强调文化自信，是中华强国的必须，中国有这样的文化底蕴。而反对者则在想方设法唱衰中国文化，歪解“田忌赛马”就是其中一个点，多点启动，以点带面，若任其发展，危害也是相当严重的。

对“田忌赛马”，混淆视听之人无中生有，在网络上撰文②说“田忌（孙膑）就是胜在作假、破坏规则和契约上”，证据是“比赛的时候，要

① 司马迁：《史记·七十列传·孙子吴起列传》，古诗文网《史记》篇。

② 网文：《不可不察：田忌赛马对后世的毒害有多深》，2019－05－14。

上马对上马，中马对中马，下马对下马。由于齐威王每个等级的马都比田忌的马强得多，所以比赛了几次，田忌都失败了。……其中所述的非常明确——约定了上马对上马、中马对中马、下马对下马进行比赛的规则，因此，田忌（孙膑）违规、违约是显而易见的。”这样的论据与论证，全部是杜撰、虚构的。前面已证“上马对上马，中马对中马，下马对下马”不是比赛规则，只是习惯思维中比赛双方会把最优的马放在第一局，然后是其次的、再后是相比较而言的“下驷”；至于说“齐威王每个等级的马都比田忌的马强得多”则纯粹是凭空捏造，明明是“不甚相远”！若是破坏比赛规则，孙膑敢献这样的计？齐威王肯付“千金”认输？这篇网文通过这样的虚假论证、强词夺理上纲上线，否定中国文化——“要是反思我们的文化，就不难发现，我们不但不聪明，而且常常表现得很弱智和无耻”，否定我们的民族——“这说明人们普遍缺乏规则和契约意识以及对作假行为的认同，也说明我们这个民族整体是不知善恶和无耻的。”

作为文化典故，“田忌赛马”是一种韬略设计、也是一种谋略战术；而认清这一典故的深意，不被混淆视听者带偏带歪，坚定信念，对中国文化充满自信，既是管理层面的一种宏观韬略，也是新时代管理双方的必须。

3. 丁渭复宫之韬略谋略辨

成语“丁渭复宫”，又叫丁渭造宫、丁渭挖沟、丁渭造渠。这个成语典故，是一个真实案例，各个领域皆推崇之。国学说是一个运筹帷幄的典型，运筹学说是一个统筹计算的典型，建筑学说是一个工程设计的典型，系统学说是一个系统优化的典型……实际上这就是一个中国智慧在古代的韬略管理实践。

丁谓（公元966～1037年），苏州人，祖籍河北，官至北宋宰相。此人机敏智谋，多才多艺，为官勤勉，擅长应急处理。边境造反，丁谓不动兵刃安抚好边民（公元990～994年）；宋辽战争，丁谓巧渡黄河、机智退敌；升任升州（今南京）知州，退田还湖、治理水利，一举多得；作为宋朝经济专家，丁谓为官期间减免赋税、整顿经济秩序。但随着官越做越大，丁谓变得邪佞狡诈，被人斥为“奸邪之臣”，最后被罢官抄家。虽如此，但不能否认他曾经做出过的贡献，也不能因此抹杀他经天纬地之才。

北宋真宗时期，皇城（今河南开封）失火，烧毁皇宫，皇帝令丁渭以最快速度重建皇宫。按当时的条件，重建这样一座规模宏大、规制宏丽的皇宫，没有15～20年是做不到的，一个玉清昭应宫的工程，其建筑就需要2610个区，共计3600余楹。清理烧毁的皇宫，赶制搜集并运输庞大的砖石木料等建筑材料，再把皇宫一间间、一座座建设起来，还要皇家花园、配套设施，其工程之浩、难度之大，世所公认。宋代槽运虽然比较发达，但汴河在郊外，建筑材料进不来、建筑垃圾出不去，单单运输就是个大难题。

这似乎不可能完成的超难任务，丁渭轻松解决了。他征集数万工匠，几个场景同时动工，沿烧毁皇宫的大衢挖出巨大的沟渠，并规划好线路，在最少扰民前提下向郊外延伸，沟渠中挖出来的泥土分别用于烧砖和建设用土，解决了建筑土料。清理烧毁之场地、挖掘出城之沟渠、准备砖石等建材同时进行；沟渠挖成后，引汴河水入沟渠而形成了临时运河，需要运输进来的各种建筑材料如木料石材，得以源源不断以槽运方式运进来。这些就绪后，临时运河没用了，就切断汴河水，建造皇宫产生的建筑垃圾也不用再运出去，直接倒进沟渠里填埋，皇宫造好了，沟渠也填平了。不仅工地秩序井然，城内交通和生活秩序影响较小，大大节约了建设时间、建筑成本。原本预计 15 年以上的工程，只 7 年（公元 1009 ~ 1015 年）就保质保量完成了，其中皇家住宿、办公的宫殿一年内完成。这就是历史上的丁渭复宫案例。

历史走到现当代，中国韬略越来越成熟。红色革命时代毛泽东把马列主义与中国革命具体实践相结合的方案，包括建立根据地、统一战线，实现党的领导、调查研究，开展游击战、持久战、集中优势兵力各个击破等都是中华国学、中国特色下的中国方案；改革开放年代邓小平理论、经济发展思想，是中国特色社会主义经济建设的中国方案；习近平新时代中国特色社会主义思想的内容体系（“八个明确”与“十四个坚持”），是理论层面的高度概括和凝练，治国理政重大方针、原则的新概括，成为有力撑起实现中国梦的“四梁八柱”。

第三节　韬略管理学科构架论证

心和管理学学科设计，是中国化方向的一种努力，其本质是学科内涵的中国化。学科门类已有国家规定，学科再分及课程内容应是基于“四个自信”的中国特色。心和管理六大学科类别的内容表述及课程的粗略设计，无法同时涵盖 9 大学科，故选择工商管理等为代表，以心和管理学为基础理论进行学科设计。

六大类别的学科，课程不宜过细，课程之间应避免内容重复。其基本原则：其一，传承、吸收、创新三合一，创新是核心；其二，史料、本土、外埠并重，本土是关键。一个学科门类是有机的一个系统，是专业所必须的智能体系的集合。本节为韬略学科设计论证。

一、心和韬略管理框架论证

1. 韬略学科的基调皆为和

文韬武略，并非文谋为韬、武功为略，而是文武韬略，既有文韬略，也有武韬略。这是汉语言特点，就如龙争虎斗，就是龙虎争斗；千军万马，就是千万军马；惊天动地，就是天地惊动；其他如道听途说、狂风暴雨、南腔北调、同甘共苦等皆如此。同理，六韬三略，文韬、武韬、龙韬、虎韬、豹韬、犬韬都是韬略，上略、中略、下略也都是韬略。龙、虎、豹、犬之韬，上、中、下之略，既有文韬也有武略，文和武的韬略皆在里面。如果说原管理学学科体系里有战略管理、策略管理、人力资源管理等，那么新建的中国本土管理学学科体系里，则有韬略管理、谋略管理、人才管理等。这里的学科方向是“韬略管理学”学科。

心和管理学学科，将“文韬略”定义为心和韬略之管理理论，重在“文”——以文化成之得人心、谋双和的筹谋策划，学科重点是如图19－1所示之“心和管理学基础”部分；“武韬略”定义为心和韬略之决策管理，重在“武”——龙争虎斗、龙腾虎跃的交战之谋及犬忠豹胆、犬勇豹猛的谋划决策，学科重点是如图19－1所示之“韬略管理论基础”部分。

前已有证，文化的“文”原是文饰，有“符”的意思。伏羲氏画八卦、造书契，以代结绳（爻）之政，这便是“文籍”的产生之源。所以，凡实写或象征色彩美丽的，都以“文”名之，如文锦、文艺、文苑、文采、文治武功、文教礼仪等，其最重要的自然是文章、文化——文明的发生、留存、延续等，都是“文”。文化的“化”，是会意文字，甲骨文中，其形如二人相合向背之形，一正一反，以示变化。《黄帝内经·素问·天元纪大论》中关于“生、化、极、变”的事物发生发展规律是“物生谓之化，物极谓之变”，《黄帝内经·素问·六微旨大论》又说：“夫物之生从于化，物之极由乎变”。可见，“变”与“化”是区别的，变，是事物从发生开始一直发展到极致，是一个量变的过程；化，是原本没有的事物“生”成了，这是量变到极致后的质变。坐化、腐化、融化、化生、转化、气化等都属质变的范畴。这就是说，“文”是人类文明从量变到质变的过程，“化”是将“文”根植在人内心的文明修养、文德修养、文道修养的行为。国学是一切组织文化、企业文化、社会文化的根基，任何行业、领域的文化建设，都需要以中国文化理论和知识为基础。文韬略便是如此。

武，是会意字，由“戈”和“止”构成，戈为兵器，止为脚。扛着兵器走路，表示为行军、征伐的意义，有展示威武、引为勇敢之意。这是文字的本意，后来的“止戈为武”不是文字意义，而是追加的文化意义。许慎《说文解字》中注释“武”字时，曾经说到一段典故：“楚庄王曰：‘夫武，定功戢（读作 jí，收敛、停止的意思）兵，故止戈为武。’”这里所表达的意思，是楚庄王认为打仗的目的不是耀武扬威，而是为了停止兵戈。所以，首先要明白，用武是征战，是以英勇之威武在战争中获胜。国学从不简单否定武力，没有武力护卫无以国泰民安，没有勇于作战之武人风格无以挺立于世界；但同时，中国文化也强调止戈为武，战是为了和，用武是为了止戈。所以，历代兵书皆以获得战争之胜利为前提，所有的文化流派反对战争，但不反对正义之战。这便是武韬略之本质内涵。

从另一个角度说，韬略管理与战略管理对应。但前面已有说明，战略重在“战”，战略学本身就是研究战争的，是战之略，应用在企业（组织）战略管理中，是市场上的整体战谋，一切谋划皆为“战”。韬略管理不排斥“战”，但重点不在“战”，在将兵器之锋利套住而谋“和”，所有的决策韬略皆为实现“和”之目的，最高境界是人心之和、中庸协和；即使无法避免“战”，韬略所谋的最终仍是“和”。这是战略管理与韬略管理本质的区别。从这个角度说，战略侧重“战”之略，韬略则侧重战而得“和”之远谋、大谋。

2. 心和韬略管理课程设计

从文化源头来论，韬略与易道易理密切相关；易之道理，很多时候说的是同一个内容，不分“道”与“理”，常常是易道即易理，易理即易道。但仔细考量，易道更注重“易”的哲学思想，易理更关注“易”的理性法则。心和韬略管理理论，梳理的是韬略谋划之本，即“易”的韬略形成之依据、法则、方式和内容。

中国韬略、韬略管理源头在于周易之易道卦理。中华人文三位始祖伏羲氏、神农氏、轩辕氏都留有一部《易》，只是伏羲之《周易》得以保存并流传下来。也有认为《易》分别是由伏羲、神农、夏禹、文王等不同的人创立的，甚至有认为是殷商卜者所作。本书采用通用说法：伏羲创先天八卦，文王创后天八卦（据传包括周公旦、周武王一同参与），演化六十四卦，孔子等写《易传》。这成为中国独具特色的一种文化现象。

心和管理学赞同《易》是国学源头、经之首经的观点。周易六十四卦，是文王将伏羲先天八卦之三爻卦，两两组合而成六爻卦所构成的。安阳四盘磨、岐山凤雏村、陕西周原等出土的甲骨上，发现刻有六个数目字一组的符号，证实六十四卦上古已有之。心和管理学认为先天八卦重在哲理，后天八卦重在预测。六十四卦每一卦都是按先天八卦之三爻卦两两重叠生成六爻卦（原八卦为重卦，即两个相同的三爻卦重叠）组合出来的。

易卦“显道神德行，是故可与酬酢，可与佑神矣。子曰：‘知变化之道者，其知神之所为乎。’《易》有圣人之道四焉：以言者尚其辞，以动者尚其变，以制器者尚其象，以卜筮者尚其占”（《周易·系辞下传》）。易理可以将幽暗、不明显的事物道理显现出来，能让人们看得明明白白；可以将最简单、最易行的事理神圣起来，成为人类最伟大的思想和行为。所以，运用易理相当于在与神灵交流沟通，帮助我们理解神灵（哲学角度理解就是德行）所传达的旨意。

由此可以明了《周易》中包含的四种圣人运用的方法：言论者崇尚其文辞精义，行动者崇尚其中的变化规律，制器者崇尚其卦爻象征，卜筮者崇尚其占筮方法。据此心和韬略管理设计：“言论者”之《谈判交流韬略管理》，“行动者”之《市场纵横韬略管理》，“制器者”之《生产技术韬略管理》，“卜筮者”之《经济预测韬略管理》。

3. 心和韬略管理学科设计

总结起来，将心和韬略管理学总体系设计为如图 19 –7 所示。文韬武略部分在后面内容中作细化设计，而《工商管理韬略基础》可以不必再细分。图示可以看出，这里涉及韬略管理的另一个管理特性：运筹。现有管理学中也有一个重要分支叫作运筹学。韬略是需要运营、筹谋、策划的，而这个过程就叫作运筹，专门研究决策运筹的管理学学科。

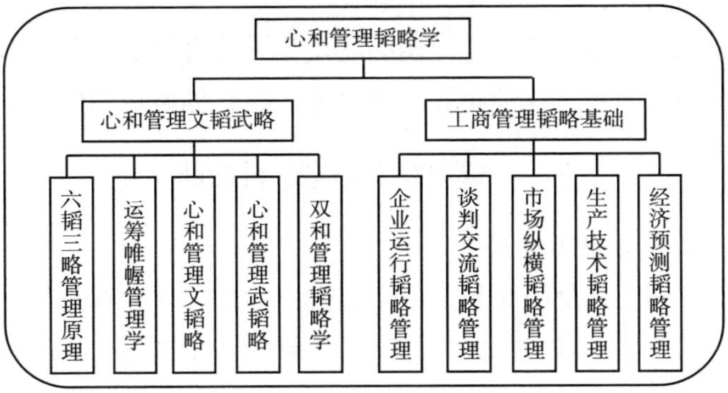

图 19 –7　心和管理韬略学学科总设计

1955年翻译 Operations research（简称 OR）时，取“运筹帷幄”成语之意而定名“运筹学”。这一成语来源于《史记·高祖本纪》：“夫运筹策帷帐之中，决胜于千里之外，吾不如子房。镇国家，抚百姓，给馈饷，不绝粮道，吾不如萧何。连百万之军，战必胜，攻必取，吾不如韩信。此三者，皆人杰也，吾能用之，此吾所以取天下也。”①

比较遗憾的是，把“运筹学”名称给“OR”作翻译使用后，运筹管理的本意大大削弱，西方喜用的理论工具反而成为学科主角，如统计工具、数学工具（概率统计、数理分析、线性代数等）等，更多地与应用数学、工业工程、计算机科学等专业相关，原本具象化的运筹决策渐渐变为抽象化模型，原本动态过程的韬略决策渐渐变为静态数理的系统工程，内容涉及规划论（线性规划、非线性规划、整数规划、组合规划）、图论、网络流、排队论、可靠性数学理论、库存论、博弈论、搜索论以及模拟等。严格意义上已背离了“运筹帷幄”的本意。按照西学学科分类，汉语意义上已不能叫作“运筹学”，而用“系统工程学”似乎更妥帖，勉强要与管理挂上钩，也应该叫作“管理系统学”（决策系统学）或“管理工程学”（决策工程学），或合二为一为“管理系统工程学”（决策系统工程学）。

心和管理学学科体系中的运筹学，回归其本来面目，强调其运谋筹划功能、突出其实战决策特色。如果说刘邦称赞张良“运筹策帷帐之中，决胜于千里之外”的韬略之能，那么刘邦自己能用好张良等大臣，又何尝不是高超的用人韬略呢！怎么用人，本身就是一种韬略应用。谓之韬略，就不是简单地通过招聘进人然后安排个职位而已，而是站在全局的高度，选拔和使用各个领域的韬略人才，恰如汉高祖，运筹帷帐、韬略计谋用张良，镇国安民、饷粮稳军用萧何，带兵打仗、战之能胜用韩信。这才是用人韬略的高手，真正的领袖，本来就不用事事去亲力亲为，关键是有一群死心塌地的追随者，是用对人、用好人。

当然，用人韬略，除了会使用高层次人才或者叫高级人才外，还需要全局人才的调适配置，这种布局谋篇之能，也是韬略运筹的重要方面。

二、管理学文韬略学科论证

1. 立心立命万世太平风骨

文与武，其实就是阴和阳，国学在国家治理、社会管理上，国讲文治武功、文攻武卫，人讲文臣武将、文道武德。文是文化、文是人文，文能

① 司马迁：《史记·十二本纪·高祖本纪》，古诗文网《史记》篇。

附众、文能得心。文韬略，便是文化韬略，便是得民心之韬略，便是非战之韬略，便是得协和韬略。在文武两道上，国学更注重文道，所以处事之道也是先礼后兵、先文后武。

当然，原始部落时期，大家都要争夺资源、壮大部落、护卫家园，国家出现后保家卫国、强盛国家、战争不断。分封制成就了西周，却也因此造成东周五百多年诸侯征战；秦汉一直到唐宋，边境战火也不断。但是国学有王道与霸道之分、正义之战与非正义之战区分，治国讲王道，战争讲正义，都是文化，而不是如丛林法则文化指导下的只有霸道、只有攫取。这就形成中国管理以文为主、讲究王道的特点，中国武力也是以谋为主、用于正义。尤其到宋朝宋太宗，特别注重文化人才，修建图书馆，一改以前武将军功特别荣耀的情况，文官受到极高重视。太宗如此做是因为在中国征战历史进程中，他领悟到文治才能长久，文治才是百姓福音。自宋以降，文人文官得到极大重视，宋太宗在很短的时间里就举行了八次科举考试，招收了七千人才，相当于把朝廷内部进行了大换血。正因为宋朝对文化比较放纵，所以才有理学、心学蓬勃发展，才有科举考试挖掘人才所展现出来的特别风采。

现今有人批判中国自宋开始没了血性，这是不了解历史，不懂得当时治国之需的胡言乱语，前已有辨，不再赘述。这里重点说明的是宋朝出了个叫张载的人，他是北宋大儒、著名哲学家，也是理学创始人之一（理学支脉“关学”创始人），写过一本《横渠语录》，其中有四句旷世名言为后世代代流传：“为天地立心，为生民立命，为往圣继绝学，为万世开太平。”这四句，基本上成了中国人的文化信仰，也是“文韬略”进行韬略谋划的核心宗旨。文化人皆以此为本而努力之，文天祥“人生自古谁无死，留取丹心照汗青”，林则徐“苟以国家生死以，岂因祸福避趋之”，以诗明志的同时，也对中国文人风骨进行了最好的诠释。

当文人的风骨被名利蒙蔽，当管理的本质染成官迷时，文韬略也就不成其为韬略，最多也就是阴谋诡计了。当社会只允许圆滑阴谋者当道，当组织只容得下派系生存的时候，管理一定出问题了，而且是出大问题了，不要说立心立命，连继绝学也成了一种奢望，更不可能出现丹心照汗青、国家生死以的铮铮铁骨了。此种情况虽见古人，后不见来者，更令人“念天地之悠悠，独怆然而涕下！”

2. 文韬略管理学科之设计

心和管理学文韬略学科建设，如图 19 -8 所示。作为心和管理学的基础性学科，主要分三门课程：《易道管理原理》《人心管理理论》《双和管理思想》，如果是专业方向，还可以在这三门课程中具体化为更多（初设

10门）课程；若是非专业方向，这10门课程的内容，则可以简约为上述三门课程的单元内容。

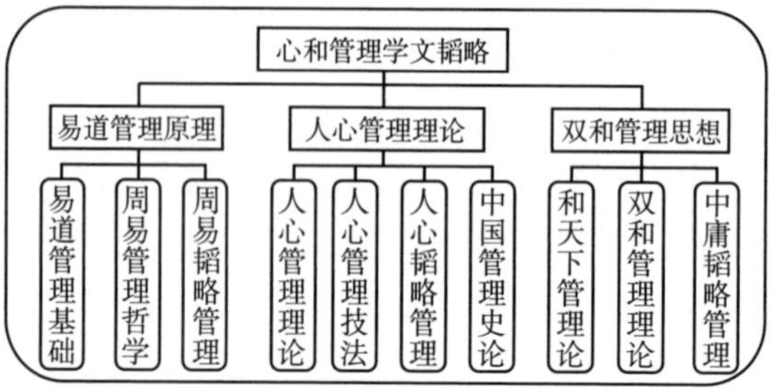

图19－8　心和管理学文韬略学科设计

3. 文韬略管理课程之解析

心和管理学文韬略的第一部分内容是《易道管理原理》。其中的三块内容，主要阐述周易管理思想及其易道韬略管理的基础理论。

《易道管理基础》主要阐述中国元气论物质观的起源及对中国文化、中国管理的影响；介绍中国易学产生的缘由、过程和基本内容及对中国人文思想的植入、国学基因的形成；说明中国治理、管理思想和技术与方法形成的易学道理，及对历史上各学术流派的巨大指导、引导和影响作用；同时论述易道与管理结合的意义与价值。

《周易管理哲学》主要阐述中国哲学思想的起源、发展，中国特色的管理哲学的形成、变迁与创新，从0～9的易理数字探索无极、太极、阴阳、三才、四象、五行、六合、七星、八卦、九宫格的管理哲学内涵，以及这些内容对国学根柢的确立和在中国历史上的作用与影响，尤其是阴阳、五行、八卦思想对后世的中国学问的影响。这是中国人思维方式确立、行为模式形成、价值体系建构的重要方面。

《周易韬略管理》主要阐述运用周易原理在政治、军事、经济、文化等方面的决策韬略。中国几千年朝代更替、历史演进中，留下无数极其宝贵的易理韬略案例，总结分析，可以对中国韬略管理提供重要的经验和教训借鉴。事实上，许多韬略，人们不知不觉中在使用易理筹划与设计。无论是主动还是非主动，都是中华易理文化在韬略管理中的应用。

心和管理学文韬略的第二部分内容是《人心管理理论》，也是文韬略的重点部分。其中内容可参阅拙作《人心管理论——基于国学与东方思维的中国管理理论》（经济科学出版社2013.12）一书，以及本系列书稿前三部的原理篇、理论篇和技法篇有关论述与案例。

《人心管理理论》主要阐述“人心管理”概念的产生、理论内涵的建构，人心管理理论的易理依据、国学基础、东方思维特征；论述人心管理理论的文化传承、西学借鉴和基本模型构成，提出人心管理一般理论及与协和思想的关系，从而论证阳光心理的培育、人心管理基本法则及与周易理论的融合，探索人心管理的价值所在。

《人心管理技法》主要涉及人心管理五行开发模式与人心管理八大法则，以《心和管理学·技法篇》中的历史典故、国人创新和与时俱进的成就为案例。重点内容是“人心管理法则八卦模型”涉及欣赏管理乾天聚人心、品性管理坤地正人心、满意管理坎水得人心、感动管理离火暖人心、理解管理巽风顺人心、精神管理震雷振人心、情绪管理艮山稳人心、心态管理兑泽悦人心。阴阳八卦相融相荡，其内涵海纳百川。

《人心韬略管理》这里的韬略就是人才开发与管理的整体规划，就是人才开发与管理的筹谋与策划，重点包括“五行人才开发模型”中涉及的人才识别（本土人格分析法）、人才选拔（中国职场特性）、人才培育（炼心法的传承与创新）、人才使用（不拘一格用人）、人才留住（中国式以情动人）几个方面。

《中国管理史论》可参阅拙作《中国企业管理史论——物本、人本、心本管理的演变与中国管理理论的建立》（中国财经出版社 2017.05）一书。3000 年的中国制造、30 年的改革开放，中国企业管理从物本走向人本，从人本走向心本，“以心为本”的管理，是中国“心文化”的传承与创新，是中国得人心管理时代的体现。

心和管理学文韬略的第三部分内容是《双和管理思想》，是人心管理所要达到的目的：趋和、得和，是管理者与被管理者的双向协和，是事物两个方面的中庸之和，是体现中国道路自信、理论自信、制度自信、文化自信的中国之和。

《和天下管理论》主要阐述中国“和文化”的由来、内涵与特性，以及这种“和文化”与中国“协和天下”“燮和天下”治国观念与管理思想的融合；政体追求共和，中外历史上共和体制与其他体制的比较；共和来源于管理的双和，当所有与己方相关联的各方都达到了彼此协和，则共和也就实现了。所以管理，不可能离开国体治理而独立存在。中国心和管理中所及的“双和管理”，其实是“和天下”管理在组织和个体思想与行为中的具体落实。

《双和管理理论》是从中国文化特性视角探索非政体治理而是组织管理的一种管理思想；组织管理，追求组织与组织、与机关、与企事业单位、与社会团体的双向协和，追求组织中的人与人、人与组织之间的双向协和；总而言之，是探索与己相关联各方的彼此协和。显然，双和的本质特性、双和的协和内涵、双和的文化意义与管理价值，都在这其中——展现。于是，战略还是韬略、战争还是和平、竞争还是竞赛，其意自明。

《中庸韬略管理》，首先要正确理解“中庸”的文化本意，与时俱进的现代意义，真正理解“喜怒哀乐之未发，谓之中；发而皆中节，谓之和。”从而正确把握“致中和”的管理意义。中庸之和，是国学中至高境界的和，是一切博弈的最高境界。真正的中国本土管理，就是朝着这个方向努力，所以称其为人心双和管理，即心和管理。

三、管理学武韬略学科论证

1. 保家国武韬略学科设计

武，相对于文而言，武者能打能杀，形容词是威武、神武；但武者往往容易惹事，耀武扬威。而武将，若与文结合，那就是儒将，显然是能文能武、文武兼备。在中国，一切武力之争，分为正义之战与非正义之战，非正义之武力是被禁止的。国家若总是用武力解决问题，会被冠以穷兵黩武，是损害本国利益和百姓福祉的。所以，武的重要价值在两方面，一是震慑觊觎者，表明“我”有武力，不惧怕一切来犯之敌，谁惹挑衅，定将你消灭；二是保家卫国，几千年来，中国保家卫国之战众多，国家危难之时，一定有武力崛起。

当然，文武韬略中的武韬略，也一定与“武战”有关。心和管理学之武韬略，也是需要在经营与管理的竞技中获胜，是心和管理原理或理论在实践中的应用。这一部分主要涉及两大领域，一是专业韬略领域，二是行业韬略领域。如图 19 –9 所示，专业韬略领域可分为《阴阳韬略管理》《决策韬略管理》《运筹韬略管理》《经营韬略管理》等；行业韬略领域可分为《工商（企业）韬略管理》《行政韬略管理》《农林韬略管理》《系统韬略管理》等。

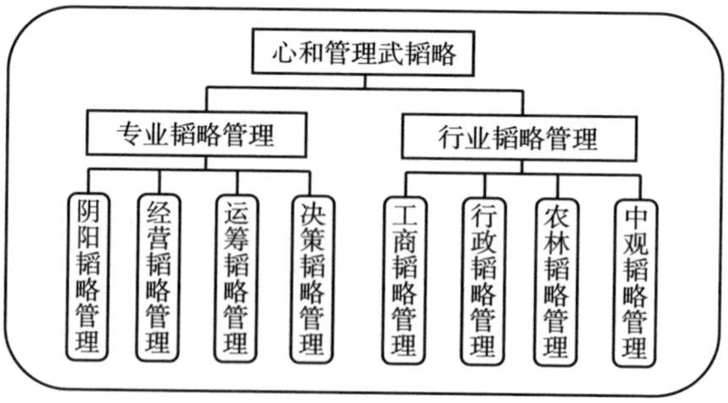

图 19 –9　心和管理韬略学学科设计之一

西方管理理论体系中，战略管理体系特别注重《管理科学与工程》，其决策管理，涉及《指挥决策学》《领导决策学》《战略决策学》《行政决策学》《认知决策学》《行为决策学》《财务决策学》《企业经营决策学》，甚至还有行业里的诸如《公安决策学》《军事决策学》等，分得特别细，交叉重复现象明显。而韬略管理体系只涉及两个方向：《运筹韬略管理》与《决策韬略管理》。在行业领域，西方管理体系分得更细，这里不再举例。心和韬略管理学确立为机关公务方面的《行政韬略管理》（同时应用于企事业单位及社会团体中的行政管理）、企业经营管理的《工商韬略管理》（含二三产业）、农林牧渔业（第一产业）领域的《农林韬略管理》，其他中观层面的所有行业韬略管理，开设一门公共管理性课程《中观韬略管理》。专业韬略管理重在专业方向的韬略，行业韬略管理重在不同领域的韬略。

2. 武韬略专业管理学设计

“专业韬略管理”，是从韬略方法运用的专业性角度说的，阴阳韬略、经营韬略、运筹韬略、决策韬略，都是其中专业方法的应用。

《阴阳韬略管理》是一门基础性课程，相当于下一节设计的《阴阳韬略管理学》的原理部分。为避免重复，这里只是作为类别提出，具体内容见本章第四节。

《经营韬略管理》主要阐述企业经营、市场拓展、关系建立、销售策略的整体策划与全局设计。在理论阐述的基础上，用具有中国特色的经典韬略案例，包括古典的、红色的、改革开放创新的案例进行分析与解说。事实上，“不谋万世者，不足谋一时；不谋全局者，不足谋一域”（清·陈澹然《寤言二·迁都建藩议》）。不能谋全局韬略，无以谋经营细节。改革开放进程中，在市场上崛起而又倒下的企业，究其根本原因，不是没有谋长远（万世），就是没有谋好全局。“大企业软骨病”就是这种现象的最好写照。这门课程（或这项内容）的重点是中国本土经营韬略的提炼，治国大道、兵法韬略、市场规划、企业运行等，都将成为企业在市场上的运营韬略而进行策划筹谋。以中国韬略为主，并不排斥西方文化，只要是优秀的、能为“我”所用的，皆可吸收而充实之，不变的是，其根柢、其本质是中国的。而中国管理深植着国学基因，人心顺一切顺，人心齐泰山移，得人心者得经营。

《运筹韬略管理》。特别说明，前面“文韬略”中提到的《运筹帷幄管理学》是涉及筹划计谋的基础性学科，属于专业平台的内容。这里的《运筹韬略管理》是如西方管理体系中所说的“战略管理”意义上的韬略策划设计，属于专业方向的内容。运筹，需要计算，但并非唯有计算，而应回归运筹韬略管理的本来面目：制定整体策略、开展全局谋划，为决策提供依据，基本准则就是“知己知彼、百战不殆”。从这个意义上说，这门课程更多的应该是与情报学、信息学关联，数学分析是其中的工具之一（不是唯一）。数学求解，是可以不需要因时、因地、因事、因情、因人而发生变化的，运筹韬略管理却十分需要，对方指挥官和队伍整体的个性、情感、所处政治、经济、文化和家庭环境等，都是重要的考量因素。所以，无论是建模分析，还是系统求解，用纯数学的方法，只能是一种辅助与参考，而不能作为唯一依据解决最优方法的选择安排。运筹，只为决策服务，不是决定决策。运筹的终极目标，必然是人心认同，彼此协和，而不是数学求解出来的一个数值。

《决策韬略管理》在阐述中国本土决策技法的基础上，适当吸收西方决策技巧与方法，两者结合，中庸相融。中西方在决策方法上的最大差异，体现在是以定性方法为主还是以定量方法为主。中国是一个注重前人经验、注重圣贤之言的国度，同时讲究以调查研究为基本方法，在实地、实情、实物考察基础上，综合各方因素作出判断后的决策，相比较而言，量化决策只是一种辅助性决策。西方是一个注重数字证明、注重量化结论的社会，同时讲究以建模分析为基本方法，在解剖、实验、统计预测基础上，以数值为依据作出最终决策，当然，著名人物的论断或言语也是一种辅助性内容。总体来说，中国决策法更注重整体的、方向性的决策，西方决策法更注重局部的、具体的决策。其弱点，中国决策少了一些数据解析的成果，西方决策多了一些数值人为的可能。所以，中庸之，保持中国决策法基础上，吸收西方决策法，既不唯主观论，也不唯数值论，此方是创新的中国决策韬略管理。毕竟，人心是无法用数值来决定的，协和是不能用建模来达成的。

3. 武韬略行业管理学设计

“行业韬略管理”，是从产业规划、行业方向角度的韬略管理，不同领域，其韬略管理自然也有不同。这里从“全国一盘棋”角度，第一产业开设《农林韬略管理》。第一产业开设《工商韬略管理》，政府机关、社会团体，包括大企业的机关行政管理，在韬略层面专门开设《行政韬略管理》。除这三大领域外，其他方向的、中观层面的韬略管理集中在《中观韬略管理》。

《工商韬略管理》涉及三个层面，一是国家层面整体的工商布局（针对现有全国性布局的介绍，而不是评述，也不是对未来的设计）；二是工业领域与商业领域各自的产业布局和规划管理（以介绍为主、分析与设计为辅）；三是企业层面的韬略设计与全局规划，这一部分是重点，主要阐述如何确立新时代社会主义特色的企业使命，在此基础上根据企业面临的社会环境和自身的经营要素怎样筹划企业目标，并运用中国特色的韬略设计，以保证企业目标的正确落实，使企业使命最终得以实现。对这一动态过程进行的管理，叫做工商韬略管理。其中，企业使命要在保证市场经营中获得利益的同时，保证企业的社会价值；企业目标要在明晰经营上的利润目标的同时，须有社会组织的必要担当。

《行政韬略管理》也涉及三个层面，一是政府层面（公务员）的行政事务管理工作，以稳定发展得民心为本；二是社会公共部门的行政事务管理工作，以真诚服务聚人心为本；三是社会组织特别是企业内部的行政事务管理工作，以创新进取谋协和为本。作为工商管理或企业管理方向，第三层面是重点，主要是企业的行政总裁（或行政经理，下同）的行政管理事务。工商管理会考虑社会性，但较少考虑政治性，行政管理则必须考虑政治性，这在任何一种政体下的管理都是一样的，企业不可能成为政治的真空地带，品性管理正人心，从全局角度说，就是行政总裁的重要责任之一，而品性的最高境界是国格，是政治思想（或者叫“三观”），正心的最重要方法是炼心修心，从而保证企业及员工不逾矩越规（遵守法律政策）、不各行其是（行政指令的通行）、不损害企业和社会的经济利益。完成这些所需要的流程顺序、步骤环节，在简便、完整、合法的基础上，固化为规范的行为过程，使其具有稳定性。

《农林韬略管理》涉及农、林、牧、渔及农副业等领域（这里简称“农林”，下同）。作为第一产业，也包括三个层面，全国性的农林布局、行业性的农林布局、组织层面的农林规划，前两项重在介绍，后一项重在韬略运用，既需要传承，也需要创新。组织层面的农林规划，内部也有三个层面，一是农林经济管理（区域性农林经济规划），二是农林项目管理（诸如“新农村建设”“特色小镇”“特色生态农（林）业”），三是农林组织管理（包括“村庄经济规划”“山林经营组织”“植物工厂”“农林业企业”等）。让农民富起来、让农村美起来、让农业强起来，这就是本门课程所要研究、探索的主体内容。

《中观韬略管理》中的“中观”二字，是为避免太过细化分类，而对中观层面各行各业各自的韬略管理系统的一个统称。简单举例有保险业、采矿能源、餐饮宾馆、电讯业、房地产业、公益组织、航空航天、健康保健、教育培训、计算机网络、金属冶炼、警察消防、媒体出版、司法律师、体育运动、学术研究、演艺艺术、银行金融、邮政快递、运输业等，此外还有区域性的中观领域等。每个领域开一门韬略管理学，显然会有大量交叉重复，事实上也没有必要。故凡涉及行业性、区域性的中观布局、整体规划，都归入本门学科研究，探索出其中共同的规律性作为重点，对一些常见的、重要的中观领域的韬略管理进行论述，其他领域则简单带过。毕竟使用课程内容时，执教者还需要根据行业特点进行再创造。

第四节　对立统一的韬略阴阳学

阴阳二气，时静时动，相荡中冲和而协。韬略亦有阴阳，指筹谋规划大事时形成的该事项相对、相错或相应、相类的两方面问题，互为影响、互为作用而产生新的韬略方案。这就是对立统一的两个方面，既是矛盾体又是统一体，演变出无穷变化和可能，这是中华创立、发展的闳博绝学：韬略阴阳学。纵横家的合纵连横，道家的动静虚实，儒家的仁义礼智，法家的赏罚刑信，深入探究，都有阴阳韬略的思想内涵和方式方法的运用在里面。

一、韬略本原的阴阳双和特性①

1. 文武韬略之阴阳管理论

韬略，说是人类思想的应用成果，是为了达到某个目标、完成某项任务的思谋、筹划。善策能谋大局、机变能处大事者，往往会被人理解为胸怀韬略或满腹韬略（腹引机谋）者。一切处事、斗争中的整体、全局筹谋，因为都是人的思想行为，都是大局的整体策划，必然涉及韬略或正反，或明暗，或顺逆的两个方面，即韬略学中有着本原的阴阳特性，无论是为了大势所趋、组织存亡，还是为了变换速度、寻找捷径，无论是为了营造优势、融解困境，还是为了审时度势、趋利避害，无论是为了攻防进退、流水无形，还是为了顺潮逆流、制敌获胜，成败祸福皆在韬略阴阳变动之中。韬略，从兵家思维中来，应用到治理、管理中去。

文韬武略，“韬”为包容、“略”是精要，文武双全便是阴阳皆通，阴阳互融。《六韬·文韬·盈虚》中文王问太公曰：“天下熙熙，一盈一虚，一治一乱，所以然者，何也？其君贤不肖不等乎？其天时变化自然

① 本部分引文皆引自古诗文网《六韬》篇。

乎？”太公回答：“君不肖，则国危而民乱，君贤圣则国安而民治，祸福在君不在天时。”文王又问：“古之贤君可得闻乎？”太公答曰：“昔者帝尧之王天下，上世所谓贤君也。”当文王再问帝尧怎么治理国家时，太公回答帝尧治国时艰苦朴素，并且“削心约志，从事乎无为。吏忠正奉法者，尊其位；廉洁爱人者，厚其禄。民有孝慈者，爱敬之；尽力农桑者，慰勉之。”盈虚、治乱皆是对立统一的两个方面（即阴阳）。文王问到纷纷扰扰、熙熙攘攘的天下，有强盛时也有衰弱时，有安定时也有动乱时，是君主贤明与不肖引起的，还是天命或自然所致的问题时，太公直截了当回答“祸福在君不在天时”。所以要学习帝尧吃得苦中苦，与民同在，不因征发劳役而耽误民众耕织，要约束自己的欲望、抑制自己的贪念，用清静无为治理国家。官吏中“忠正奉法者”就升迁其职位，“廉洁爱人者”就增加其俸禄；民众中孝敬长辈、慈爱晚辈的应爱戴敬重他，全力农桑之事的人要慰问勉励他。文韬的本质，就是在奢俭、贪廉、长幼、勤懒等阴阳对立中获得统一，如此天下之安乱、民众之祸福尽在掌握中。所以，文韬的本原就是阴阳协和。

《六韬·武韬·文启》中文王问太公，圣人管理国家应该坚守什么样的原则，太公回答无为而治的基本原则后，进一步说：“上劳则刑繁，刑繁则民忧，民忧则流亡。上下不安其生，累世不休，命之曰大失。天下之人如流水，障之则止，启之则行，静之则清。”这里是说，社会的稳定与动乱，民众的平和与忧惧，天下的归顺与背离，人心的躁动与安静，这一些对立矛盾体最终是否能够统一，全在君主的治理之道、管理之法。君主政烦令多必然导致刑罚繁苛，刑罚繁苛一定导致民众忧惧，民众忧惧就引起他们的流散逃亡。上上下下都不能安稳地从事他们谋生之业，整个社会就会陷入长期的动乱不休，这种情况就是大失水准的管理，会导致人心的大失大落。全天下之人心，如同流水，受阻塞水就会停止，得开放水就能流动，让水宁静下来就清澈了。最佳的管理是阴阳协和，“太上因之，其次化之，夫民化而从政。是以天无为而成事，民无与而自富，此圣人之德也。”君主首先要顺应民心来管理国家，其次通过教化使民众开化，民众开化明理了就会服从政令。天道无为而顺应自然，反而能使万物生长；民众没有接受君主给予，却能自然富足。这是圣人仁德治理的结果啊！武韬的本原内涵中也有着非常重要的阴阳相荡、双向协和的特性。

2. 龙虎韬略之阴阳管理论

《六韬·龙韬·选将》中武王问太公如何挑选带兵的将领，太公曰：“夫士外貌不与中情相应者十五：有严而不肖者，有温良而为盗者，有貌恭敬而心慢者，有外廉谨而内无至诚者，有精精（精而又精，意为精明强干）而无情者，有湛湛（为人敦厚的样子）而无诚者，有好谋而无决者，有果敢而不能者，有悾悾（形容诚恳真挚）而不信者，有恍恍惚惚（神志不清，精神恍惚。此处可理解为犹豫动摇）而反忠实者，有诡激（奇异的辩论）而有功效者，有外勇而内怯者，有肃肃（严正的样子）而反易人者，有嗃嗃（hāo，严厉，冷酷）而反静悫（què，沉静谨慎者），有势虚形劣而外出无所不至无所不遂者。天下所贱，圣人所贵，凡人莫知，非有大明，不见其际，此士之外貌不与中情相应者也。”太公所说的这十五种将士的外貌和内情不相符就是指内外阴阳对立。说白了就是依照外貌、长相来选拔将帅是靠不住的，人们并不总是表里如一。那么如何认清人、选好将呢？太公曰：“知之有八征：一曰问之以言以观其辞，二曰穷之以辞，以观其变，三曰与之间谋以观其诚，四曰明白显问以观其德，五曰使之以财以观其廉，六曰试之以色以观其贞，七曰告之以难以观其勇，八曰醉之以酒以观其态。八征皆备，则贤，不肖别矣。”即用言、辞、间谍、显问、财、色、难、酒“八征”来考察一个人的辞、变、诚、德、廉、贞、勇、态等八种行道德。武韬的本原内涵中，同样有着韬略阴阳在里面。这对人才选拔有着重要的启示意义。

《六韬·虎韬·动静》中，其“动静”，便是阴阳。太公在回答武王问的两军相当情况下如何使敌恐惧心伤而败走之法时说：“如此者，发我兵去寇十里而伏其两旁，车骑百里而越前后，多其旌旗，益其金鼓。战合，鼓噪而俱起，敌将必恐，其军惊骇，众寡不相救，贵贱不相待，敌人必败。”这就是“动”，动者，以气势摄敌胆，所谓两军相遇勇者胜。武王又问，若地势不可以伏其两傍，而我方恐惧心伤时，该怎么办？太公的回答是：“如此者，先战五日，发我远候（斥候，即侦察兵），往视其动静，审候其来，设伏而待之，必于死地，与敌相避。远我旌旗，疏我行陈，必奔其前，与敌相当。战合而走，南击金无止，三里而还，伏兵乃起，或陷其两旁，或击其前后，三军疾战，敌人必走。”设伏是“静”，静者，惑敌入伏。而派侦察兵，就是要掌握敌之动静，以决定己之动静，动静相宜；孙子兵法也有“静如处子，动如脱兔”之说。动与静，也是韬略阴阳的一种类型。现代管理，不是制定了规章制度就万事大吉，而是要随时掌握人的动静，适时调整管理方略。

3. *豹犬韬略之阴阳管理论*

战场上的战与守、内与外、众与寡、强与弱、明与暗、前方与后方等阴阳对立的问题，《六韬·豹韬·敌强》中都有说明。武王问太公说我想打胜仗、让防御坚固该怎么办，太公曰：“利以出战，不可以守。选吾材士强弩，车骑为之左右，疾击其前，急攻其后，或击其表，或击其里，其卒必乱，其将必骇。”太公明确说，想要取胜就应该出战，而不是防守。要突出一个“快”字，挑选出勇士强弩，以战车、骑兵为左右翼，迅疾攻击正面之敌，同时急速袭击后边之敌，有的敌阵外攻击，有的冲入阵内强攻，敌阵中士卒必乱，将帅惊慌失措。如此可达到攻敌而胜、防守而固。这里强调的战策是兵贵神速、内外夹攻。武王又问，若前有阻敌、后有追兵，内外失联、军心涣散，应该怎么办时，太公曰：“当明号审令，出我勇锐冒将之士，人操炬火，二人同鼓，必知敌人所在，或击其表里，微号相知，令之灭火，鼓音皆止，中外相应，期约皆当，三军疾战，敌必败云。”意思是说，在这种情况下，应该审慎并明晰号令，派出我部勇猛精锐的将士，人人手中携持火炬，二人同击一鼓，奋勇向前。这个前提是必须探知敌人的准确位置，让进攻的军队，有的攻击敌人外部，有的冲入敌人内部；这时候将士们凭借暗号互相识别，并令熄灭火炬、停息鼓音，内外策应，各部皆按预约信号准确攻敌，全军快速战斗，敌人必定被打败。这里的关键是明里大造声势、暗地突袭敌军，内外呼应，攻敌之不备。显然，这里是说战场上的战斗指挥艺术，必须遵循韬略阴阳规律。这对现代管理者的管理艺术、指挥能力也是具有极高指导价值的。

《六韬·犬韬·战骑》中，太公说到了骑兵的“十胜”“九败”，也按韬略阴阳来阐述。例如，提到骑兵十大胜利法则时，太公曰：“敌人始至，行陈未定，前后不属，陷其前骑，击其左右，敌人必走；敌人行陈整齐坚固，士卒欲斗，吾骑翼而勿去，或驰而往，或驰而来，其疾如风，其暴如雷，白昼如昏，数更旌旗，变易衣服，其军可克；敌人行陈不固，士卒不斗，薄其前后，猎其左右，翼而击之，敌人必惧……”这里的前后、左右皆是韬略阴阳的运用，意思是趁敌初到、行军之阵未稳定下来、前后不相联系之时，我骑兵应立即击破其先头骑兵部队，夹击其两翼；但若敌人阵势整齐坚固，士卒战斗情绪很高，我骑兵部队则应运用韬略阴阳之术迷惑敌方，具体做法就是让骑兵缠住敌人两翼不放（左右），时而迅驰过去，时而急驰回来（来回），快如风、猛如雷，战场上尘土飞扬起来，把白昼弥漫成如同黄昏（黑白），而且不断更换旗帜、改变服装（真假）。如此，敌人会疑虑重重，被打败也是必然的了。而在敌人行军之阵不稳固、士卒没了斗志之时，毫不犹豫迫近敌人前后，从左右两翼夹击它，敌人必会震惊害怕……韬略阴阳，神幻莫测。现代管理，也须随机应变。

这里仅仅举《六韬》的几个侧面，已能说明中国韬略阴阳的思想理论和运用价值。事实上，《三略》亦如此。《三略》的重要意义可以归纳为闪闪发光的八个字：为国之道，恃贤与民。贤，就是重用人才；民，则是争取民心；即依靠贤能获得民心的支持。为了实现“恃贤与民”，《三略·上略》① 开篇引用了古代兵书《军谶》② 之说的柔与刚、强与弱、贼与德的韬略阴阳思想：“‘柔能制刚，弱能制强。’柔者，德也；刚者，贼也。弱者人之所助，强者怨之所攻。柔有所设，刚有所施；弱有所用，强用所加；兼此四者，而制其宜。”这里说的就是柔能克刚、弱能制强的道理。柔是一种美德，刚有时候却是一种祸害；因为弱小容易得到人们的同情和帮助，强大则易于受到人们的怨恨和攻击。治军也好、管理也罢，有时候要用柔，有时候要用刚，有时候要示弱，有时候要用强。把这四者结合起来，就能根据实际情况而相宜，即可以因人、因事、因情、因环境而制宜。所以，从国家管理角度《军谶》作了这样的总结：“能柔能刚，其国弥光；能弱能强，其国弥彰；纯柔纯弱，其国必削；纯刚纯强，其国必亡。”这就是阴阳协调的原理，韬略阴阳的实践应用原理。中略提到的“权变”，下略提到的“道德”，都有这一原理、这一实践应用的成果在里面。

二、韬略实践之阴阳双和原理

1. 韬略阴阳古典管理原理

韬略阴阳理论从实践中来，又指导着实践。中国自古至今一直在实践着韬略阴阳理论，尤其是在诸侯争霸、列国争雄，或在政乱、战乱时期谋夺天下的行为中，韬略应用特别广泛，其中最重要也是最常见的韬略，就是矛盾对立着的两个方面相互转化获得统一的韬略应用，即阴阳协和的韬略应用，从而形成了内涵丰富的韬略阴阳理论，如奇正论、缓疾论、虚实论、曲直论、主客论、分合论、进退论、利害论、深浅论、攻守论、劳逸论、常变论、彼己论、顺逆论、明暗论、先后论、情理论、强弱论、真伪论、心力论、谋决论、勇怯论、刚柔论、内外论、动静论、有无论等。这些内容又成为历代兵书中的重要内容。

奇正之论，源于《孙子兵法·兵势篇》：“凡战者，以正合，以奇胜。故善出奇者，无穷如天地，不竭如江海。……战势不过奇正，奇正之变，

---

① 黄石公：古诗文网《三略》篇。

② 《三略》大量引用了古代兵书《军谶》《军势》中的内容来表达自己的思想，共引用了700余字，占全书的1/6强。因而为后人保留了这两部已佚兵书的部分精华。

不可胜穷也。奇正相生，如循环之无端，孰能穷之哉!”① 这里所说的“正”，是按常规出兵正面交战的意思；“奇”则是出奇兵出奇制胜的意思。所以奇正之道，常变之理也。善于运用奇兵的人，是懂得变化的，其战法的变化就像天地运行一样无穷无尽，像江海一样永不枯竭。而常规出兵，关键要把握战势、兵势，懂得阴阳转化之势，将敌之优势转化为劣势，将己之劣势转化为优势，具体谋略上就要“顺势而为”，必要时还要蓄势、造势……虽说战争中军事实力的运用也就是“奇”“正”两种兵法，但事实上“奇”“正”组合起来的变化，无穷无尽永无止境。这就是奇正相生、相互转化，如圆环旋绕、无始无终那样不能穷尽的道理。

三国故事中，“火烧博望坡”就是以奇制胜的经典案例：曹操派大将夏侯惇、于禁领兵 10 万攻来，而刘备只有 3000 兵马回旋于新野弹丸之地，两者兵力悬殊。诸葛亮却如此调度：博望左边有座山，叫豫山；右边有树林，叫安林。可以埋伏兵马。关羽可领 1000 人在豫山埋伏，敌军来就放过，他们的粮草辎重一定在后面，只等南面火起，就可驱兵出击，烧毁粮草。张飞可带 1000 人去安林背后埋伏。看南面火起，便可出击。关平带 500 人，预备引火之物，到博望坡后两边等候，到初更天敌人到来，便可放火。樊城赵云速回，让他作先锋；交战时只要败，不要胜。主公自带一支军队作赵云后援。这里，只有赵云是正面出兵，却是“只要败，不要胜”，这便是韬略之计；其他各人皆是设伏出奇。当晚曹兵追赶，到博望坡突然背后喊杀声起，粮草被烧，三军大乱；赵云回杀，张飞截杀，一直杀到天明，杀得曹军尸横遍野，血流成河，刘备才胜利收兵。以奇制胜之韬略，应用得炉火纯青。

在三国时期著名的三大战役之“官渡之战”中，曹军与袁军相持了三个多月无结果，直到袁绍谋士许攸投奔曹操，许攸献计轻兵奇袭乌巢，烧其辎重。曹操留曹洪、荀攸守营垒，亲自率领步骑五千，冒用袁军旗号，人衔枚马缚口，各带柴草一束，利用夜暗走小路偷袭乌巢。奇袭成功，曹操由此击溃袁绍，获得官渡之战的胜利，为曹操统一北方奠定了坚实的基础。显然，正面交战难分伯仲时，出奇则能制胜。

空城计、草船借箭、借东风等三国奇计，虽然不一定是生活真实，但却是本土文学的创造，而且来源于心理战、气象战在实战中的演化，自然是国学的一部分，所用之计皆体现了虚实论的韬略阴阳学说。另外，诸葛孔明与司马懿在祁山作战，孔明率蜀军消灭了魏军大将郭淮、孙礼，占领

① 孙武：古诗文网《孙子兵法》篇。

了武都、阳平。张郃、戴陵等率军前去救援，也被孔明打败，双方进入对峙，半个来月，司马懿一直不出战，于是孔明用撤军的缓兵之计，诱使司马懿驱兵追赶，而后蜀军迅疾围住魏军，司马懿大败。这就是缓疾论的应用。

美人计，不是简单地送上一个美人就可以达到目的，而需要与其他计相辅相成，充分运用韬略阴阳才能成功的。汉献帝九岁登基，董卓朝廷专权，董卓有一义子吕布，骁勇异常。司徒王允府中有一歌女貂蝉，不但色艺俱佳，而且深明大义。王允将貂蝉以女儿的名义“一女嫁二夫”，先是在私人宴会上主动将貂蝉许配给吕布，后（第二天）又请董卓来赴家宴，让貂蝉献舞，表示愿把这个美艳歌女送给太师。下一步就是用离间计，花言巧语哄骗吕布说太师之命不敢违，貂蝉已被董卓带回府要给吕布成亲，信以为真的吕布一日待董卓上朝时，没有跟从，引起董卓疑虑，赶回府中恰好撞见吕布与貂蝉相拥，义父义子反目。王允继续挑拨离间，激起吕布杀心，在王允安排下，吕布终于一戟穿喉杀了董卓。这里虚虚实实、曲曲直直，主客变换，利害互动，一计又一计的连环计，其中多少韬略阴阳思维在里面。

三国“三大战役”中确立三足鼎立基础的赤壁之战，是韬略阴阳的著名实战。曹军与孙刘联军的这一场江河之战，本是一场水战，水为阴；结果演变成火攻之战，火为阳，阴阳变化以弱胜强。曹军以北方将士为主，不擅水战，于是用庞统连环计将战船相连，形成相对的水上陆地，水战变陆战，阴阳对换。孙刘联军若正面强攻、常规作战根本不可能攻破。这时“周瑜打黄盖，一个愿打一个愿挨”的高级间谍黄盖，找到曹军“连环船”弱点，提出火攻得采纳，诈降曹操，一招火烧赤壁大败曹军。其中又有多少韬略阴阳的实践运用。

2. 红色管理正反韬略战例

现代解放战争的辽沈、淮海、平津三大战役，对弈双方中，统帅：中共是在西柏坡的中央军委主席毛泽东（制定总体战役韬略），副主席兼总司令朱德（参与韬略筹谋并指挥军队），副主席兼总参谋长周恩来（参与韬略筹谋并指挥情报战、统一战线）。国军是在南京（多次到前线指挥）的国民党总裁、军事委员长蒋介石，国防部部长何应钦，参谋本部总长顾祝同。参战的重要将领，中共方面有东北野战军林彪、罗荣桓（辽沈战役），华东野战军陈毅、粟裕，中原野战军刘伯承、邓小平（淮海战役），华北野战军聂荣臻（平津战役，此役还有东北野战军）。国军方面的将领主要是东北剿总总司令卫立煌、徐州剿总总司令刘峙、华北剿总总司令傅作义，还有前敌总指挥杜聿明（东北国军的撤退和徐州战场的现场指挥）等。国共双方的兵力对比已经由1946年时的3.14∶1，变为三大战役开战之前的1.3∶1。但说明一点：中共重视建立根据地，已经拥有地方军区，当时东北军区、华东军区、中原军区、华北军区提供了战争必须的地方武装和后勤支援，这是不可或缺的一股力量。三大战役中打得最为辛苦的是历时52天的辽沈战役；牺牲最多、政治影响最大的是淮海战役；平津战役中，攻打天津是实打实，攻打北平是实打虚，最后争取到了北平和平解放。

解放战争三大战役中充分运用了韬略阴阳，如主客论，1948年8月，人民解放军东北野战军已控制了东北97%的土地和86%的人口，而东北野战军又是当时解放军四大野战军的战斗力最强的一支，当时在东北也是全国唯一一个解放军军力超过国民党军的地区，可以说在东北，解放军是主，国民党是客；蒋介石的一招臭棋也在此体现：居然愿意在东北与中共决战。主客易势情况下，解放军颇有点以逸待劳之态——劳逸论（锦州会战中蒋介石要空运49军增援，才运两个团，机场即被解放军炮火封锁）。另外，韬略阴阳的分合论、进退论也运用巧妙，人民解放军采用分割包围敌人、集中优势兵力各个击破的韬略。辽沈战役中，国军主力主要分布在锦州、沈阳、长春，中共将帅之间在磨合中确立了先打锦州、后攻长春、最后解放沈阳的分割法，啃下了最重要的锦州会战后，加上政治攻势，长春、沈阳就不在话下了。淮海战场上，先歼黄百韬兵团，同时“截断宿蚌路”并“向李弥兵团攻击”，吃掉试图北援的黄维兵团，孤立徐州。平津战役也是切除羽翼、孤立北平。分分合合、进进退退间歼敌得胜。攻城与打援、牵制相结合的攻守论、真伪论，正面战场与情报战的明暗论、内外论，军事打击为主政治攻势为辅的情理论、刚柔论等，都用得相当精妙。

此外，解放战争三大战役中放眼全局、注重战役间的协调配合的顺逆论、心力论，针对不同情况制定不同的韬略方针常变论、谋决论，以攻打重点目标统率战役全局深浅论、强弱论，以暗战获取情报或用间、以心理战促使阵前倒戈的有无论、勇怯论，战争态势和人物分析达到知己知彼、用解放战士充实兵源的彼己论、动静论等韬略，都运用得炉火纯青，从而达到了阴阳相协的结果，因而才能获得最终胜利。

战役开始后，什么时间在什么地点将哪个敌兵团围困住，什么时间完成分割包围，都有严密计算。分割包围后，哪个兵团直接歼灭之，哪个兵团延后消灭，什么时间在什么地点切断敌人逃跑路线等等，都是从全局出发、各战场协调配合之结果。正向思维、逆向思考，正面迎敌、迂回围敌，思谋比较、实力对抗，全武行出击。

针对辽沈战场敌人兵力部署在锦州、沈阳、长春三点一线的态势和撤退东北的企图，制定的对战韬略是“关门打狗”（夺取锦州切断北宁线）；针对淮海战场敌布局的徐州为中心点的“一点两线（陇海线、津浦线）”，人民解放军根据毛泽东提出的“截断宿蚌路，歼敌于淮河长江以北”韬略，实行“中间突破、各个歼灭”韬略；针对平津战场上以平津为中心、东起唐山西至张家口（铁路线）“一字长蛇阵”毛泽东统帅部制定了先切断敌人东西两头退路然后逐个歼灭敌人的韬略。这就是不拘泥于常规，而是根据不同情况制定不同韬略的常与变阴阳思维、谋划与决断相统一的阴阳韬略实践。

三大战役中，最为惨烈的是锦州会战，这是“关门打狗”韬略中最重要的门户之战，拿下这一战，长春守敌突围无望、固守必被歼，逼迫其起义或投诚。淮海战场“一点两线”的十字架格局中，关键在于能否完成中间突破，所以歼灭黄百韬兵团成为战役重心，重心拿下，一切顺理成章。而平津战场敌所设的一字长蛇阵，要实现就地歼灭意图，关键在于长蛇不长、逃敌无遁，必须“先打两头”，再绝天津，使北平之敌陷于孤立无援绝境，只有接受和平改编一途。这便是深浅有度、而强弱之变全在我手之韬略阴阳的运用。

还有战争中明暗两线，暗线征战在于谍战、在于情报的及时和准确，中共在国民党高层到基层都埋有暗棋，关键时候起到极为重要的作用，即使没有暗棋也会创造条件发展地下工作者；经过统一战线的努力、所布暗棋的努力，和得人心的举措，促使国民党军成建制起义、投诚，并且一切就绪后安排阵前倒戈或紧要节点起义，通过心理战促使敌军怯战、畏战，造成“兵败如山倒”态势，有无论、勇怯论之韬略阴阳用得极好。

间谍战中已知敌军力量、分布、武器装备、战斗力及将领情况，做到了知己知彼。同时，又对起义、投诚部队迅速进行改编，并且通过深入人心的俘虏政策，使大批俘虏自愿留下来成为解放军战士，人民解放军战斗部队中因此有了战场经验丰富的大量兵员补充——解放战士。彼消己长情况下，敌我双方力量发生了巨大改变。彼与己、动与静之阴阳韬略，被运用得令人叹为观止。独具特色的红色管理获得了重大的创新与发展。

3. *红色将帅指挥艺术高超*

三大战役中几位军事主官如林彪、粟裕、刘伯承各有各的特点。

解放战争三大战役中领袖们的大格局韬略，基本上是靠林彪等高级将领去落实，而林彪率领的东北野战军参与了辽沈、平津两大战役。作为战争年代的将领，林彪是出色的，但同时出色的将领是一个群体，各有各的特色，指挥打仗上分别有各自的辉煌时期。

陈毅、粟裕率领的华东野战军，也是三大战役中的一支劲旅。他们俩的共同特点是爱图（地图）如命，都喜欢到战场实地考察。粟裕长期远离中央、孤军奋战，必须危难之中求生存，所以更敢于冒险，有险中求胜特点；打运动战也喜欢分割包围各个歼灭，所以有人称粟裕的运动战是“运动阵地战”。

刘伯承是中国军队历史上著名的军事家，被中外称之为“当世孙武”；他判断敌情准确，计划战斗周密，善于出奇制胜，以神机妙算、足智多谋著称。连对手蒋介石都说：“论战术之奇，刘伯承数中国军界一绝。”“智计过人，不愧是军事家。”白崇禧说他是“共军第一号悍匪”，顾祝同则说“与国军将领相比，不啻为鹤立鸡群”。徐向前元帅在刘伯承辞世后写的《悼刘伯承元帅》一诗中有两句：“渊渊韬略成国粹，昭昭青史记殊荣。”红军时期的四渡赤水、抗战时期的“持久战”思想、“敌进我进”思想等都有刘伯承的贡献。千里跃进大别山历史功绩甚伟，而淮海战役，粟裕率华野、刘伯承率中野创造了伟大奇迹。

这个时期，彭德怀率领原西北野战军改编的第一野战军，刘伯承、邓小平率领的原中原野战军改编的第二野战军，陈毅、粟裕率领的原华东野战军改编的第三野战军，林彪、罗荣桓率领的原东北野战军改编的第四野战军，以及四大野战军麾下各大将领，皆是运用中华哲学精粹实施韬略高手中的高手。红色管理，韬略大师辈出。

而企业管理的韬略运用，则是在改革开放大潮中风起云涌。其案例已在拙作《中国企业管理史论——物本、人本、人本管理的演变与中国管理理论的建立》（中国财政经济出版社2017年版）中有大量呈现。这里不再赘述。

三、韬略阴阳管理的学科建构

1. 韬略阴阳管理学科设计

《心和管理学·原理篇》第六章第三节“对立统一的人文观念”中阐述了道与器、破与立、利与害、取与予、方与圆、常与变，这已经涉及韬略管理中的阴阳两方面，学科建设不可能没有这部分内容。其中的“道与器”，中国文化讨论比较多的是制器之术，即“道与术”的问题，而“破与立”，则与“生与死”异曲同工。所以，就这部分内容，可以构建以《韬略阴阳管理学》为平台主学科的管理哲学体系。当然，这里的一个争议点，是人们是否能坦然接受“阴阳”一词作为管理学学科名。考虑到认知的渐进性规律，可以分三步走，第一步先叫《矛盾韬略管理学》，第二步改名《易理韬略管理学》，第三步才叫《阴阳韬略管理学》。矛盾，就是矛与盾的对立统一，是哲学名词，人们可以接受，其本质还是阴阳；易理，其本原是“易有太极，太极生两仪”，五行八卦都讲阴阳，因此虽然易理内容十分广泛，但其核心或本质内涵还是阴阳。这样逐步递进，让人们真正理解“阴阳”其实就是中国本土哲理的核心，从思想上、观念上真正接受了“阴阳学说”后，再作为管理学学科名，应该能接受了。如果一步到位，也没有什么不可以，关键在话语权人的魄力和胆识。

《阴阳韬略管理学》既可以是《韬略管理论基础》这一平台性课程下的专业性课程、方向性课程，也可以两者是并列的《管理学》门类，因为其管理哲学内涵是阴阳——对立统一的矛盾规律的具体表现。设计的课程至少但并不仅限于图 19－10 的课程内容。

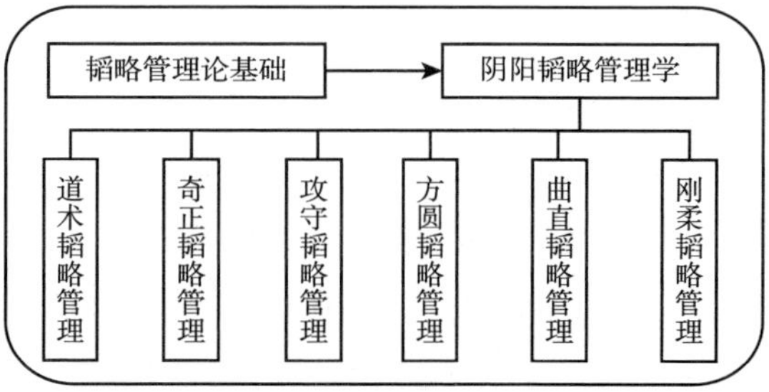

图 19－10　韬略阴阳管理学课程设计

2. 韬略阴阳管理基础原理

（1）《道术韬略管理》。道、器、术的原理与其之间的关系，前面已有阐述。只是把“道”与“术”作为一种韬略管理建设为一门学科，那么其重点主要在两方面：一是本课程所讲的韬略，是全局的、总体的韬略；二是道与术的矛盾对立，不是表现在道与术在意义上的直接对立，而是体现在先后上的冲突，即在韬略运用中是把道放在术的前面，还是把术放在道的前面的问题。所以，中国文化所崇尚的韬略，是“道”为前提、为基础、为重点；无道者，再高的韬略之术亦不可用。

韬略阴阳学鼻祖，应该是战国英杰鬼谷子。但一般对鬼谷子（王诩）韬略的评论，基本上是“璧有瑕”，而其瑕疵，主要是认为鬼谷子的韬略之谋是为达目的不择手段，已落入“无道”，将其视为异端邪说。心和管理学认为这种观点是有瑕疵的，因为纵横家的韬略，严格意义上说重点不在计谋，而在妙到毫巅的心理把握和审时度势的语言能力。合纵连横之策的价值所在，在当时，几乎所有的政治家、军事家、谋略家们都能看到，故重点不在能想到这一策，而在如何让这一策变成现实。苏秦、张仪的贡献，就在他们的游说能力，别人游说不成功，他们成功了。而他们成功的关键是准确把握天下大势前提下的洞穿人心的能力，每句话都直戳人心窝子，让人不得不重视、不得不继续听下去，展示出极强的语言水平。

《鬼谷子》中所论及的韬略之术，其计其策也许的确有“歹毒”成分在里面，但那是对敌人。正义的目的才是道之根本所在，为了这样的道，对敌狠辣有何不可！在对敌斗争中，紧紧抓住人性的弱点设套诱敌，如何说是无道！古代对鬼谷子韬略一直有微词，应该与统治者的心态有关，要是老百姓都能审时度势、懂得权谋套路，皇家岂非危险。所以鼓励大家学儒学，不能学鬼谷子韬略，学儒学也只让读书人关注服从、顺从、遵行三纲五常的内容，不会关注仁治、德政、民为贵等，即使关注了也只是沽名钓誉，以利统治。历代儒家，自然也是愿意批判鬼谷子之韬略学，弘扬儒家学说的。

《道术韬略管理》的主旨规划：以道为先，道术结合，形成道与术有机统一；以心为本，管理心理，形成得道多助之韬略学。道术和合，结合红色管理“统一战线”（得道多助之成功案例）法宝论述，形成进退有据、无中生有之神奇阴阳韬略理论与韬略实践。

（2）《奇正韬略管理》。以正合，以奇胜。中国奇正军事思想已经由千年战事证明其杰出性，更重要的是，奇正韬略思想已经逐渐应用在除军事领域之外的其他所有涉及管理、竞技、战斗的领域。对管理而言，无疑是重要的韬略管理法宝，并且使“奇”与“正”成为中国哲学中一对重要的辩证关系，恰如阴中有阳、阳中有阴、阴阳互根、阴阳互动，奇中有正，正中有奇，奇正互变、奇正相生，从而奇中转正、正中出奇，变化万端、奥妙无穷。作为一门管理阴阳韬略建设，内容丰富，案例众多，指导意义和研究价值俱高。

历代韬略大家、谋略大师、军事名家、管理泰斗们，对奇正韬略理论深入研究和不断实践过程中，逐渐形成对奇正之道的统一认知：凡是正面迎“敌”——战场之敌、管理之问题，用一般的、常规的、具有普遍性的韬略、谋略的为正；凡出奇不意非正常的，而是特殊的、变化的，具有创新性的韬略、谋略为奇。所以，常为正、变为奇，明为正、暗为奇，实为正、虚为奇，静为正、动为奇，顺为正、逆为奇；进为正、退为奇，合为正、分为奇，先为正、后为奇……简而言之，按常理出牌为正、不按常理出牌为奇，阳为正，阴为奇。

正因为有这些认知，所以有人会说中华韬略理论中奇正思想，奇为阴，是阴谋之阴、阴损之阴。这是不了解中国文化才有的误解或恶意揣摩甚至故意误导。奇正韬略虽是《孙子兵法》中提出并强化，但奇正观念，早在老子的《道德经·五十七章·治国》里就明确：“以正治国，以奇用兵，以无事取天下”即以正道治国、以奇谲用兵，以不扰民而得以治理天下。用兵是对敌、治国是对民。对敌以胜为要，自然可用奇巧诡谲之法；对民则需以正道管理。管理上的奇正韬略亦如此，管理内部外部，需以正道为先，在此前提下，可以临机决断、随机应变，可以出其不意、掩其不备。“谋”本身可阴可阳，阴阳交互、变化无穷中效法自然，营造优势或借助大势，突破固化思维而达化境，所谓灵活有变、不拘常规常法而出奇制胜。

显然，本学科要包含奇正韬略思想、原理和奇正韬略应用。管理者，须学会如何利用阴阳特性筹谋韬略，以正道为基础，以奇计蹚平前进道路上的一切障碍，既勇于正面迎战，也擅长奇袭获胜，正中有奇，奇中有正，正如《孙子兵法·兵势篇》所说，“奇正之变，不可胜穷也。奇正相生，如循环之无端，孰能穷之哉!”

（3）《攻守韬略管理》。攻守之道，既要攻其所不守，也要攻其所必守；既要守其所必攻，也要守其所不入。善攻者，敌不知其所攻，亦使敌不知己所守；善守者，敌不知其所守，亦使敌不知其攻。说到底，也是需要出其不意，也是需要奇正之道。但这方面内容主要放在《奇正韬略管理》，这里重点放在攻守的虚实、进退、缓疾、劳逸、彼己等之道上。

攻者须知虚实之道的运用、守者亦须知虚实之道的运用。所谓“夫兵形象水，水之形，避高而趋下，兵之形，避实而击虚。水因地而制流，兵因敌而制胜。故兵无常势，水无常形，能因敌变化而取胜者，谓之神”（《孙子兵法·虚实篇》）。攻者若非绝对优势，就要将有限的资源集中攻其弱处，佯攻主攻配合，一击成功，撕裂守者防卫网络而后扩大战果。守者无法做到全守，就要迷惑对手，使其判断失误不攻弱处而攻己方重点防守之处，同时能够临机应变，在与对手博弈中灵活调动己方力量、也调动彼方力量，虚虚实实，奥妙神奇。即《孙子兵法·虚实篇》中所说的“攻而必取者，攻其所不守也；守而必固者，守其所不攻也。故善攻者，敌不知其所守；善守者，敌不知其所攻。”

攻守之道，便是矛与盾，矛是攻，盾是守。现实不会出现以子之矛攻子之盾的情况，问出“以子之矛，陷子之盾，何如”的人，其实是对

“楚人”王婆卖瓜自吹自擂式销售法的攻，只是这个“鬻盾与矛者”不知防守、不会防守而“弗能应也”。现实中，无论是战场还是职场或是商场，不会用自己的“矛”攻自己的“盾”，所以攻方必然想方设法用“吾矛之利，于物无不陷也。”而守方则殚精竭虑要做到“吾盾之坚，物莫能陷也”。就看谁能达到预期了。

本学科要研究的攻守之道，不是敌我双方具体一场“仗”该怎么打，那是谋略（战术）所要研究的，而是要不要发起“战争”，如何打好这场战争的问题，发起者、主动者自然是进攻方。保家卫国之战从战争起源来说不是进攻战，而是防守战，战争开局后才会有攻有守，只是保家卫国的最大弱点在于战火烧在自家国土、受苦受难的是本国百姓。

所以，预判非常重要（这涉及用间，另一学科内涵），预判敌方将要发动战争，最佳的防守便是进攻，让战火在对方领域内燃烧。问题是，说商场如战场、职场即战场，但经营管理毕竟不同于敌对双方你死我活的战争。用间用谋可以，处事不乱、稳扎稳打、游刃有余，知己知彼、能进能退、可攻可守等都是与真正的战争的要求相同，但在攻守韬略管理上，更多用于市场开拓；当然人才管理、生产管理亦需要竞赛甚至竞争，只是竞技，国学强调最终的目标是“和”。《墨子·非攻》提出“非攻”，就是提出侵略他国的战争都是非正义的，一如庄子提过的“窃钩者诛，窃国者为诸侯。”而窃国之战带来人民的灾难，“非攻”方可得和，这就是墨家的和平主义光芒。“非攻”不是“非战”，得民心、为百姓的战争，不是进攻战、是防守战，是一种后发制人之战，所谓“墨守”是也。墨守成规，关键在这“成规”是正义的还是非正义的，正义的，墨守又何妨，此其一；“墨守”是墨子们提倡的一种韬略，因为墨子提倡守，擅长守。《墨子·公输》篇就讲述了一个成功的“墨守”典范。

中国攻守韬略管理，攻必有道，守则有攻，攻守之间，谋求彼此双和。

3. 韬略阴阳管理哲学原理

（1）《方圆韬略管理》。方圆之道，是中国人特别追求的为人处世之道，也是极为重要的管理之道。方者，规矩、框架是也，守规矩、在框架内行事是做人之本；圆者，圆融、老练是也，圆润融通、办事讲究协和是处世之道。在社会上为人处世，在管理中管事理人，当方则方，该圆就圆；方外有圆，圆中须方；人事的升迁黜退，左贬右升，皆须方圆。这就是说，管理中的方圆之道，是做人做事的一种大智慧，是中国智慧。本门课程便是阐述这种智慧的韬略管理，及其这种韬略在管理各方面的实践运用。

中国古代的“天圆地方”说，源自对中国在宇宙中位置的认识：天为圆形，地有四方，中国在四方之中（中国之“中”由来）。《周髀算经》中就有论述：“方属地，圆属天，天圆地方。”天圆地方，世间万事万物皆在天地之间，故方圆之道，便是天地之道。天地之道便是守规矩，欲成圆者须有规，欲成方者须合矩，也就是说，循规为圆，依矩成方。不懂方圆之道便是不知规矩、不依天道地德。方为内心，心中有道；圆为外在，处事协和，外圆内方。孔子追求的理想人格是外圆内方的“君子人格”，孟子追求的理想人格是外圆内方的“大丈夫人格”，老子追求的理想人格是外圆内方的“贵柔守弱人格”。老子认为：“天下之至柔，驰骋天下之至坚”（《道德经·第四十三章·至柔》）。所以，才有“上善若水”的著名论断。

如今，经济发展，社会风气却出现浮躁现象，重利轻义思想渗透到，只知其“圆”，心中无“方”，于是信奉做人要灵活，做事要圆滑，忘记了“圆”是建立在“方”之上的。“圆”是手段，重在促使事情办成，“方”是原则，是为人处事绝不可放弃的本质。只知“圆”而没有“方”，本末倒置了。只有“方”而不懂“圆”，虽然增加了办事成功的障碍，但至少其人品是正的。执方圆，才能行天下。管理中出现只见其“圆”不见其“方”者，仕途、职路通畅；而只见其“方”不见其“圆”者，却处处碰壁。显然是误解、误用了方圆之道。

如何用好方圆之道，是管理需要解决的问题。这一问题解决了，那么内外通达、心力合宜、深浅有道、真伪立辨。中国之方圆之论，天圆地方，变化无穷，天人合一，大道至简。应用得法，万事可成，诚如《鬼谷子·反应》所说：“其与人也微，其见情也疾。如阴与阳，如阳与阴；如圆与方，如方与圆。未见形圆以道之，既见形方以事之。进退左右，以是司之。已不先定，牧人不正，事用不巧，是谓‘忘情失道’；己审先定以牧入，策而无形容，莫见其门，是谓‘天神’。”这里所要表达的意思是，（双方对局），把自己暴露给对方的可能十分微小，了解把握对方的情状则须极为迅疾，如同阴阳互动、方圆转圜那样，韬略应用自如。未充分把握情况之前以“圆”的韬略诱导对方入己之道，若已经将一切都了然于胸时则以“方”的韬略来处理事情无论前进还是后退，是升迁还是平调，都要以方圆之道管理。自己没有预先确定好处置韬略，统帅他人做不到以正合、以奇胜，这个叫作“忘情失道”（遗漏情报、失却道义）；自己先详细掌握处世用人之法则，再去管理人才，施用韬略而不露形迹、不现门户。这样的人可以称为“天神”。这就是中国方圆韬略之学问。

（2）《曲直韬略管理》。所谓方圆之道，其实就是曲直之理。两点之间最近的距离是直线，直即方；但有时候需要曲折迂回，曲即圆。从这个意义上说，曲直韬略管理没有必要单独开一门管理课程，其意并入《方圆韬略管理》就可以。但曲直之理除有方圆之道的意义外，还有能屈能伸、曲而求全以及美学中的以曲为美等意义，还有以曲谋划、以直决断的谋决论，以明正对、以暗用奇的明暗论，以情动人、以理明事的情理论等，都是曲直之理的表现。显然，这是一门直养无害、曲能有成的中国韬略之学。

五行学说之“木”行，“木曰曲直”，源自《尚书·洪范》。曲，是弯曲、卷缩；直，是伸展、伸直。五行学说认为，凡具有生长升发、伸展舒展、能曲能直等特征和作用趋势的事物和现象，属于木，在人事之中是指有木德。荀子提到“巨用之者，先义而后利，安不恤亲疏，不恤贵贱，唯诚能之求，夫是之谓巨用之。小用之者，先利而后义，安不恤是非，不治曲直，唯便僻亲比己者之用，夫是之谓小用之。”① 讲的是治理国家之法，国家大治，先义后利，不顾亲疏、不分贵贱；只求真正有才能之人；国家小治（意为管理国家得过且过）便会先利后义，不顾是非、不分曲直，只是任用那些关于阿谀奉承的身边宠臣、关系亲近的人。显然这里强调的是管理必须分清是非曲直。

曲直的意义还涉及美学意义。龚自珍在《病梅馆记》中提道：“梅以曲为美，直则无姿；以欹为美，正则无景；以疏为美，密则无态。”② 梅，因梅树弯曲而美，若笔直就失了风姿；因枝杆倾斜而美，若端正便了无景致；因枝叶稀疏而美，若茂密就没了情态。这里，奇正，疏密皆是曲直。《礼记·乐记》这样描写歌之曲折：“使其曲直、繁瘠、廉肉、节奏，足以感动人之善心而已矣。”孔颖达解释“曲谓声音迴曲，直谓声音放直”，有曲有直，才是美乐。曲直之学，亦是中国韬略之重要内涵。

（3）《刚柔韬略管理》。管理之道，刚者易折，这个道理影响了中国人文几千年。勇怯、强弱、动静、利害等阴阳关系，皆在刚柔之中，刚柔相济，方可纵横天下。

---

① 荀况：《荀子·王霸》，古诗文网《荀子》篇。

② 龚自珍：古诗文网《病梅馆记》篇。

第二十章　五行心和之人才学科管理

从可造之材到成为有知识、有技能、有本事的人才，是一个培训与教育、激励与开发的过程，即人才的开发与管理的过程。这是教育的事，也是管理的事，人才的教育应该是以管理为基础的教育，人才的管理应该是以教育为本源的管理，教育中有管理，管理中有教育，两者相辅相成、不可分割。没有管理的教育会失控，人才成歪才；没有教育的管理会偏向，人材变废材。教育、管理须以心为导向，以和为目的，因为人的德品高洁度、才智兼具性、才华横溢力的提升与管理，归根结蒂是人心的事，也是协和的事。心和管理，离不开心和教育，教育是极其重要的人才开发与管理手段。没有好的管理，教育难以实现目标。

人才资源是人的才气、才略、才具中体现出来的技能之才干才力、智慧之才华才情，这“能”和“力”走向社会、进入组织，成为一种可提升、可使用、可交换的商品资源，人们会把凝结在人自身中的这一部分资源在社会上、在组织中换取报酬，这就是“人才资源”。显然，人才资源首先是人自身在社会上的价值体现，这种价值使人才可以在人才市场上流通，然后成为组织的资源、社会的资源、国家的资源。人才资源，是组织发展、社会进步、国家强盛的重要资源。这就非常有必要对人材的培育开发、人才的识别、选择、使用以及在留住人才等方面进行管理——“人才管理”，并构建成管理学科门类。中国本土管理，重在得人心、优在得双和，也就是说，中国管理的关键点、核心处就是人才管理，得人心者得天下，得双和者稳天下。人才开发人才管理的思想观念、方法工具、内容重心，构建为“人才五行管理模型”，本章探索这一理论模型内涵，论证人才资源的价值，构建人才管理学科门类。

第一节　人才五行心和管理理论

“人才开发使用”学科，其方向是把握人心、谋求天人双和，以此为核建设《人才管理学》学科体系。这一学科应用到易理中的阴阳理论、三才理论、五行理论以及六合理论，也涉及人的管理与教育理论，还包括吸收西方管理理论中适合的部分，但重中之重，一是国学管理（中国“心和文化”管理基因、周易管理哲学），二是红色管理（红色革命、红色经济、红色强国的管理）。在传承与创新的基础上明晰人才管理的核心点是让人悟道而心有觉悟，即对人心进行必要约束与合适梳理、引导与激发。悟性高下、觉悟水平决定了人才层次。

一、人才心和管理学科综述

1. 锤炼人材成才学科论述

中国学问以悟为要，中国文化以思想见长。人才识别与培养，也看人的悟性；人才选拔与使用，更看人的境界。人心不到，管理永远无法到位；思维不开，开发永远不能落实。同理，人心乖戾，才情无以展现；本性暴虐，思想无法平和；若乖戾暴虐，才高八斗又如何，能力过人又如何。真正文明的进步，就在于脱离了动物本能而进入人的心灵祥和。所以，人才管理不仅是一个人能够表现出来的能量资源的管理，更重要的是人心管理、思维管理。一切技能技巧，没有思想的指导和约束，就无法真正成为文明的成果；一切方法和工具，只是为了实现思想所使用的方法、工具，而不是思想本身。

对人才资源的开发与管理，重在思想、观念、心理、灵魂的开发与管理，是从根本上即心灵上实现人才管理。心和管理理论，有中国几千年大浪淘沙后闪现金子般光芒的各种各样的人才管理的技术与方法，有无数经得起时间考验的成功案例供借鉴，也有无数失败的案例供吸取教训。但是最重要也是最根本的，不是这些技法，而是思想。没有思想形成，无以文明进步；没有思想凝结，无以文化沉淀；没有思想引领，无以技法创新；没有思想精粹，无以制器万千。人能思想，才能成为万物之主；人有心灵，才有人品高洁与否。

人材，是可以成才之人，是可塑、可造之材，属于可教育、可培养之人；人才，是已经展示才能之人，即有才华、有本事之人，属于智能之才、干练之才。前者是良材、后者是良才。理论上讲，正常之人皆是人材。但对人材的德性、品格，才情、本领开发出来并且能应用起来，方为人才。特别说明，国学管理人才的概念，须是有良好德性、优秀品格的，其才是用于正道的；不满足这两个条件，再有才华，也不能冠以“人才”。

人才，一般是指具有专业知识或专门技能进行创造性劳动，并对社会作出贡献的人；还有的人拥有特定的天赋（天分），包括卓绝的创造力、想象力和天然的资质的人，这被称为天才。另有一些人，按正常评价系统，属于一般，却在某方面或某些时候给人以惊喜、惊讶或者惊吓。比如奇才，有出奇之意，也有奇怪之义，因为他们有未被大众认可的奇特才能，独一无二，别人无法复制；比如怪才，相对于普通人来说他们思想新异、行为古怪、处事方式异于常人，从人们意想不到之处发现真理或解决之道；比如鬼才，平时表现很平常，却在特定领域能够爆发极大创造能力，找到非常理的解决方法且效果特好。

显然，人才有天才、地才，正才、奇才，怪才、鬼才之分。人才管理学科，要从积材、识才入手，建立人材识别并分类积蓄、针对性培养，使之成为各领域需要的人才。

2. 洁心厚德育才学科简述

另有三种人，也用“才”表述。一是有德无才之人，叫庸才（庸材）；二是无德无才之人，叫蠢材；三是有才无德之人，叫歪才，人有才，路走歪，才也歪了。有德有才有天赋是天才，有德有才有努力是人才。然而，有一悖论：品德好而有才华者往往一事无成，功成名就的却是那些无德而有才的人；历史是成功者书写的，成功者掩盖了他们的无德。对此悖论说，这里暂不评论其是否一杆子打翻一船人，只是想要说明，如果这种现象的确存在，那就是社会的价值体系发生了变易，教育的方向发生了偏移，管理的要义出现了误读。试想，官员失了德性、文人没了风骨、商人只剩利益、民众钻入钱眼，组织唯有尔虞我诈，“德”哪来生存之处，“道”何来觉悟之说，“心”怎能保持干净，“和”岂非成为笑谈。只要社会正面的价值体系依然在起作用，教育管理的任务就少不了拂垢洁心，心洁德自高，高洁之人才的开发与管理，是人间正道。人间正道尽管沧桑无限，德才兼备之人依然元亨利贞。

还有一个现象也值得关注：同样的教育、同样的管理，带出来的人的才华能力参差不齐，有的甚至天差地别。所以随着人在社会、在组织中的发展，有的成了一般人才，有的成了稀缺人才，有的只是初级人才，有的却成高级人才。这种差异，与教育、管理对人的适应性有关，更与人自身的心性、个性、所处环境等有关。

所有这一切，给教育性管理、管理性教育带来新思考：教育开发培养人才，以何为根本？管理选拔使用人才，以何为核心？是知识体系、智能水平，还是应对之技、处事之法？似乎都重要，但这些不是根本，不是核心，而是一般要求。人心乱了，知识技能无以成就；人心脏了，为人处世无法洁净；人心失和，面临的世界不可能协和。当校园成为缩小版的社会、莘莘学子痴迷于名利，书桌、书本定然不干净、不稳定了；当组织缺失了社会责任和道德准则、人心散乱迷茫而无所顾忌，生存的环境必然是污浊了、无底线了。

所以，教育与管理的根本是“不忘初心”，教育与管理的核心是“牢记使命”。这里的“初心”是“人之初，性本善”，是宽敞干净有道德的初始本心；这里的“使命”是天下一家、世界大同，是建设人类命运共同体的使命。前者重“心”，后者重“和”，这便是心和文化，这便是心和管理。知识、智能、技术、方法，皆是在这根本上的必然成果，皆是在这核心上的自然反应。人才资源的开发、人才资源的管理，不可偏离这个根本、这个核心。

建设《人才管理学》学科体系，不可偏离这个根本、这个核心。

3. 双赢双和育才学科简述

中国本土人才开发与管理，须以心和管理理论为基础。以西方管理为内容设立的《人力资源管理学》，人们似乎已经接受并习惯了，“人力资源”或者 HR 这个概念取代了“人事管理”，但毕竟“人力”是有限的，作为一种“资源”使用和管理，是在西方文化背景和职场环境下的，无论是人力资源的战略规划、组织设计、培训开发，还是绩效管理、薪酬管理、劳动关系管理，一切以“利”为核心、为根本，其理论、工具并不适合中国文化下人的思想接受、中国职场环境下管理的基本要求。所以，这里摒弃“人力资源”而用“人才资源”，这不是一字之差的文字游戏，而是教育观念、管理思想的根本不同。

人才的人心是无限的，可以超常发挥，当然也需要管理——只是此管理非彼管理，管为必要的约束，理才是明心、暖心、顺心的疏导、梳理。人的力量是通过人心的作用才可以发挥无尽的力量。所以，人才的确是一种资源，优秀的、高级的人才更是一种稀缺资源，构建人才开发与管理学科体系，就是为了更好地挖掘人才、培育人才，就是为了有更多的人才可以选用、可以留住。而“人才”的关键点，不是如“人力”那样只是通过教育与管理加持这种外在的“力”，而是从“心”开始、从“心”出发，开发出人的内在的动力源，并且通过管理使这种动力源生生不息、源源不绝，激荡出无限的能量。这才是“人才资源”与“人力资源”最大的区别点。所以，外在的“力”需要加持，内在的“能”更需要激发。

基于这样的认识，人才开发与管理，以五行开发内涵为基础，以人心管理八大法则为手段，以国学中的格物、致知、诚意、正心、修身、齐家、治国、平天下“八目”，忠、孝、诚、信、礼、义、廉、耻“八德”等为要求，通过阴阳互根、对立统一的运动，使组织上下左右内外各方达到道、术、器的致中和、三才六合的共认同、德顺政协和天下。

这里的开发，是教育培训、是引导激励，是促使内在能量的爆发。这里的管理与“心和管理”的内涵一致，至少包含这样几层意思：其一，管事管物中先管心灵，理道理术时先理心和。“管”是心和管理的基础工作，“理”是心和管理的核心内容。管理的真正意义在于让人心达到协和。人心和则万事和。其二，运行变动中自强不息，刚柔相济下厚德载物。不易是暂时的，易是永恒的；心和管理，既要温暖人心、理解人心，也要警醒人心、正道人心。其三，彼此认同中谋得人心，天人合一里获取双和。心，追求平衡；和，也追求平衡，双赢双和才能彼此人心认同，天地人三道合才是和合境界，阴阳相协、乾坤和合。

二、人才心和管理理论创新

1. 传承创新红色管理闪耀

传承基础上创新是心和管理研究所追求的。传承的是中国几千来产生并发展的哲学文化、儒道思想、“心和文化”内涵，是中国国家治理的精粹、社会管理的技术与方法，重点是关于人的管理、心的修养、行为的文明之观念、技术与方法。传承，不是简单的复制，而是精华的提炼、批判的吸收、结合新时代的选择；文化自信的前提，是对文化有足够的了解，传承是必须的，传承基础上要有振兴——文化振兴，振兴需要与时俱进，优秀的继承、合理的充实、糟粕的剔除，同时要结合时代要求进行创新、谋求发展。总而言之，传承中创新，振兴中发展。这便是心和管理理论的宗旨，也是心和管理理论的创新。从这个意义说，要实现真正的文化自信，须得有文化复兴——复者，传承也，发展式振兴；兴者，振兴也，创新式发展。人才管理理论和学科建设，正是遵循了这一原则进行的。

今天，整个世界共同生活在一个地球村中，地球成“村”，意味着

“村头喊话村尾听”，东家串门西家行，距离不再是阻隔；意味着“村”里公共场地、公共设施大家可以平等享受，你是“村民”，他是“村民”，我也是“村民”。“村民”应该是睦邻友好，共同发展，“村子”里各家各户皆以“村”为命运共同体，所有的“远亲”都成了“近邻”，大家共同爱护、共同维护、共同拥护，彼此协和成为共同的诉求，东邻西舍互通有无。

学习、借鉴是必须的。“五四”前后的进步青年为巴黎公社欢呼、为苏联十月革命激动，传播了马克思主义。而毛泽东思想，则是把马克思主义理论与中国革命实践相结合的产物。毛泽东等深入研究中国实际，提出了把马克思主义理论与中国革命实践相结合的著名论断，带领工农红军，从当时实际出发，建立了井冈山革命根据地，探索出一条以农村包围城市的革命道路，走的是中国特色的社会主义革命道路。

今天我们研究和探索中国特色的管理学，应该向革命前辈学习，从中国国情出发，既要古为今用传承中国管理，也要洋为中用学习世界上一切优秀文化，同时与时俱进创新发展具有中国特色的管理理论。

2. 尊重知识科技文化发展

20 世纪七八十年代，中国的改革开放之路，也是中国特色的社会主义经济建设、发展之路。高校招生制度改革，发展了教育；农村承包责任制，拓展了商品经济。中国改革之路的探索，是“摸着石头过河”，一步步走向成功。当年的“广交会”曾经红极一时，是经济开放的做法之一。特区，是从一个叫深圳的小渔村开始，探索者是一个叫蛇口的地方，走的是中国特色改革开放。三十年改革开放、八千里路云和月，风云激荡。

鉴于当时情况，提出了“科技是第一生产力”，生产力三要素包括劳动者、劳动工具和劳动对象，科学技术成为生产力，是从劳动者视角说的，劳动者掌握科学技术，将其物化为劳动工具、劳动对象，所以科学技术既是劳动的生产力，也是物质的生产力。从这个角度说，人的思想可以物化为生产力，即人心是生产力；人文化成也可以物化为生产力，即文化是生产力；管人理事可以物化为生产力，即管理是生产力……一句话，凡能提升人的才气、才华、才力的一切方面，皆是生产力，如此，人才同样是生产力。科技、思想、文化、管理是通过人才（有真才的劳动者）物化为劳动工具和劳动对象（包括自然物经劳动加工后的原材料），如果要排序，人才，才是第一生产力。所以，当科技是第一生产力的说法出现后，陆续出现了思想是第一生产力、人心是第一生产力、文化是第一生产力及人才是第一生产力等观念、观点或提法出来。但是谁也不会，也无法否定

“科技是第一生产力”的说法。

“科技是第一生产力”的提法，重在强调出科技的重要性，而且就当时国情而言，突出科技是必须的。20世纪80年代的中国，科技落后、经济匮乏、资源短缺，其中最重要的障碍是工业化进程中科学技术的落后。开放国门除了引进资金外，还寄希望于引进优秀的科技、引进先进的管理。然而，事与愿违，一切资本的进入，都是为了攫取利润；所谓科技的引进，要么是核心部分被外方控制，要么虽然对当时的国内生产还有一定价值但在西方已经是面临淘汰的技术，加上一些陷阱、骗术，当时国人为此交了巨额“学费”；而引进的所谓“先进管理”，却是西方文化的浸入，“先进管理”的内涵都与利益相连，导致一切向“钱”看的后果产生。在这种情况下，中国自己的科学技术研发成为迫不及待的重要问题，1988年9月召开的全国科学大会上提出“科技是第一生产力”的口号，就是恰如其分、恰到好处。

科技能力是通过科学家、知识分子们体现，这与当时全国知识人才、科技人才严重缺乏相关，也与恢复高考制度培养自己人才密切相关，在“全国一盘棋”的态势下，重视知识、重视科技、重视人才成为全国性的共识、全国性的共同努力。正是在这种情况下，此后改革开放的10多年时间，成了中国重视人才的一个新的黄金时代，大批人员自费、公费出国留学，大批研究人员、高校教师出国访学；国内高校也不断扩大招生，函授、自考等多种成人高等教育形式蓬勃发展，特殊情况下的人才速成形式如两年制专科、两年制高中中专，以及半脱产本科、研究生教育如火如荼。当然，也有问题存在，如“唯学历论”逐渐抬头、买卖文凭、镀金文凭甚至虚假文凭出现。但一个不争的事实是，人才得到极大的重视。

就像商品经济到市场经济、卖方市场到买方市场的转变一样，学历文凭的快速膨胀，起到了重视教育、重视管理的作用，但人才市场却出现了悖论：用人单位招不到合意合适的中高级人才，人才市场求职的却人满为患；从中专生、专科生是稀缺资源各地各单位抢着要，到后来的本科生、研究生找工作难，人才市场也从卖方市场完全转到买方市场。

3. 不拘一格用德才兼备人

进入中国特色社会主义新时代，人才悖论问题越加突出。这就需要确立新的、符合时代需要的人才战略。事实上以习近平同志为核心的党中央，开创了新时代的征程，大到“一带一路”，小到光盘策略，具体到精准扶贫等等，都是丰功伟业，都需要各方英才。所以，新时代在重才、养才、育才、识才、爱才、敬才、用才、留才的思想和实践上不遗余力。从党的十八大“广开进贤之路，广纳天下英才”到十九大发展“人才强国战略”，以习近平同志为核心的党中央持续释放加强人才工作的信号。强调“以识才的慧眼、爱才的诚意、用才的胆识、容才的雅量、聚才的良方，把党内和党外、国内和国外各方面优秀人才集聚到党和人民的伟大奋斗中来。”① 这里的“各方面优秀人才”包括怪才、奇才。2016 年 4 月 19 日，习近平在网络安全和信息化工作座谈会上说：“互联网领域的人才，不少是怪才、奇才，他们往往不走一般套路，有很多奇思妙想。对待特殊人才要有特殊政策，不要求全责备，不要论资排辈，不要都用一把尺子衡量。”② 习近平还旗帜鲜明地提出：“发展是第一要务，人才是第一资源，创新是第一动力。”③ 这与“科技是第一生产力”及“人才是第一生产力”有着异曲同工之妙，千秋基业，人才为本。新时代人才观的核心是：聚天下英才而用之！

而天下英才，需符合一个基本条件：研读国学，对国学充满自信。强调传承，要求不忘历史，吸收精神养料；强调创新，要求与时俱进，丰富精神世界；强调自信，要求充满勇气，开拓精神力量。要“以古人之规矩，开自己之生面”，并且“文运同国运相牵，文脉同国脉相连”④。这是自清末以来近两个世纪里，首次把文化提到这个高度上，是几千年来首次把中国文化与中国国运、国脉相关连，首次将中华优秀传统文化提升为“中华民族的基因”“民族文化血脉”和“中华民族的精神命脉”⑤。

而在对人才的定义上，习近平于 2018 年 5 月 2 日五四前夕，到北大与师生座谈时引用了《资治通鉴·周纪·周纪一》里的一句话：“才者，德之资也；德者，才之帅也。”⑥ 人才须重德，这是中国文化的核心，也是中国心学所要倡导的核心。人心要修炼、得修养，入道而明德；明德而中庸，中庸本质为和。故心有德，和为本，这便是心和文化，也是人才管理的心和理论。人才管理学科的构建，必须以上述内容为本，创新人才心和管理理论。

---

①② 程祥：《识才聚才用才，习近平开创人才工作新风》，中国青年网新闻，2018 年 7 月 17 日。

③ 霍小光：《习近平：发展是第一要务，人才是第一资源，创新是第一动力》，中华人民共和国中央人民政府网，转引自新华网 2018 年 3 月 7 日。

④ 程瑶、王子晖：《十八大以来，习近平这样强调文化自信》，新华网—学习进行时—习近平报道专集 2017 年 10 月 13 日。

⑤ 薛庆超：《习近平与中华优秀传统文化》，中国共产党新闻网，2017 年 12 月 21 日。

⑥ 司马光：古诗文网《资治通鉴》篇。

人才需要德才兼备，德以道指引，在这里为阴；才以能展示，在这里为阳，阴阳和谐，德能相配。

三、阴阳五行人才心和管理

1. 阴阳学说的古今管理义

当理解“阴阳”“五行”不是迷信的代名词，而是中国古典哲学思想的表述，并且在新时代仍然有着哲学意义、管理价值时，就会理解无极、太极、两仪、三才原理。事实上，四象、五行、六合、七星、八卦中，都有阴阳两仪、天地人三才贯穿其中，所以才会有“阴阳五行”“阴阳八卦”之说。中国文化认为，世间万事万物皆有阴阳，人才管理亦如此，无论是从“德”的角度还是从“才”的角度，都会体现两个方面，即正向发展（阳）、反向发展（阴）。人才管理的首要任务，是解决其德、其才的发展方向。换句话说，中国“人才管理”学科与西方“人力资源管理”学科的首要区别点，就是管理的重点是以守道为主、明德为先，还是以工具为主、方法为先。守道明德并非不要工具与方法，而是以解决心德为前提的学习制器之法，或者说，学制器必须以讲心德为基础。而西方人力资源管理，唯有工具、唯有方法，其知识是工具使用知识，其理论是方法应用理论，不提及守道明德问题。这就导致学习西方管理理论后，阴阳失调，德性失落，只顾了效率，失落了人心、迷茫了和谐。

阴阳理论，不仅仅在上述领域应用，还体现在奇正的关系上。前面提到过的人才、天才走的是正统路线，为正；而鬼才、怪才、奇才则另辟蹊径，为奇。常规问题，用之以正，此为阳，阳光大道；疑难杂症，用之以奇，此为阴，出其不意。奇正之道也是阴阳之道。再说，正负概念，其实就是阴阳概念；直流电的正负两极，其实就是阴阳两极；氖灯的亮和熄，开关的开和关，电压的高和低、正和负，纸带上的有孔和无孔，电路、网络中的有信号和无信号，磁性材料的南极和北极等等，都是阴阳形态的表现。

计算机的二进位制，就是利用阴与阳截然不同的状态来代表 0 和 1 两个数码，它们之间量和质上的区别，提高了机器的抗干扰能力；二进位制的四则运算规则是目前为止计算最简单（运算器线路简单）的进位制。现今广泛使用的二维条码识别系统，也是在代码编制上巧妙地利用构成计算机内部逻辑基础的 0 和 1 比特（b）流的概念，使用若干个与二进制相对应的几何形体来表示文字数值信息，通过图像输入设备或光电扫描设备自动识读以实现信息自动处理的一个系统。而其图像是用某种特定的几何图形按一定规律在平面（二维方向上）分布的、黑白相间的、记录数据符号信息的图形，处处都有阴阳意义在里面。

从哲学角度说，阴阳就是矛盾，矛盾就是对立统一，所以阴阳原理就是对立统一规律。事实上量变与质变、否定之否定规律也是阴阳原理的反应形式。那么，黑格尔的《逻辑学》中提出、恩格斯总结提炼升华的辩证法规律，是不是中国在夏朝时就已经萌芽，阴阳学说形成后就已经诞生呢？称呼不同，提法有异，其原理却脱离不了阴阳五行学说。

2. 五行理论的古今管理义

阴阳五行学说是中国古典哲学，随着科学的突飞猛进，这一古典哲学没有淡化、没有被清理出学问范畴，不仅仅不是朴素认识论，反而在现代科学论证下，解读了许多阴阳五行中人们原先不理解的深奥哲理和知识内涵，证实了它不仅仅是现代思维哲学的集大成，也是许多现代科学原理的集大成。“阴阳五行”的五行，选取了天地之间五类最基本的物像，即木、火、土、金、水作为构成世界不可缺少的属性。既然不可缺少，而且相互资生、相互制约，处于不断的运动变化之中，用今天的语言来表述，就是用五行组成了一个系统，而且是全息的系统。那么，五行是一个假设，是在一个逻辑关联的系统内假设各要素（即五行）不断的相生相克运动中维持着动态的平衡，于是构成了这世界的万事万物。

前已说明，“五行”不是简单地说五种物质，而是木、火、土、金、水五类物质的运动。“五类”，是指每类是一个类别，如“金”不是指黄金，而是指一切金属类别的物质。“运动”，因其在运动着，所以叫“行”，五行就是五类物质的运动变化。“木曰曲直”，“曲直”是动词，是植物在生长、升发、条达舒畅过程中曲曲直直的运动状态（属于木类）；“火曰炎上”，“炎上”是运动向上的，具有温热、升腾作用的事物（属于火类）；“土爰稼穑”，“稼穑”本意是在土地上种植与收割，指那些具有生化、承载、受纳作用着的事物（属于土类）；“金曰从革”，“从革”的本意就是变革，那些具有清洁、肃降、收敛等作用着的事物（属于金类）；“水曰润下”，“润下”是向下运动的，那些具有寒凉、滋润、能够下行的事物（属于水类）。因为是运动着的，五行之间就存在生、克、乘、侮的关系。凡是运动中生出新事物的为“阳”，运动中克制了新事物的为“阴”；五行中每一类别正向发展的为“阳”，负向发展的为“阴”，这样相生相克、阴阳变动，世间万事万物之间渐渐趋向平衡；而后力量对比发生变化，平衡被打破（相乘相侮），对立冲突出现；于是从平衡到失衡。失衡后，五行运动推进着，又会出现趋向新一轮平衡运行的情况，如此循环往复，世间事物运动变化发展着。这个过程也是阴阳失调到阴阳协调、再阴阳失调再到阴阳协调的过程。

在阴阳五行理论中，阴阳是内容，五行是形式；阴阳是理论基础，五行是实践应用。无论是阴还是阳，其中都具备着木火土金水五种物象表达的那种生克利害的基本关系。天文地理、气血经络，堪舆占卜皆有阴阳。木代表生长、火代表破灭、土代表融合、金代表敛聚、水代表浸润，运动而生为阳，运动而克为阴，生克之间，阴阳互动，一切美或丑，都在其间。选美的事物还是选丑的事物皆在人之一念间。这“一念”便是心之所动，心，引导着阴阳运动中的发展方向。所以，中国文化十分注重心之所念，一切修养皆为此。

3. 生理五行与心理五行论

人才之雄心与条理、热情与急切、稳重与融合、刚毅与内敛、适应与亲和，皆在阴阳五行理论体系之中。人才之阴阳五行，既有才华之阴阳五行，也有人性之阴阳五行。人才“才华之阴阳五行”，是指一个人的才情、才气、才能、才力等所形成的才华能量的作用力方向。其能量方向是侧重于体现理性、长于计算、处事有条不紊；还是侧重于体现感性、鼓动激情、奔放有感染力；还是侧重于体现沉稳、长于耐性、讲究后发制人；还是侧重于体现力量、长于决断、勇于开疆辟土；或是侧重于体现柔美、长于隐忍，待人如沐春风。每一种能量方向，都是五行中的一类特性展现。而且这种特性也有可能出现反方向走势，关键在于心之所动、心之所念、心之所向。例如，其能量方向趋向偏执、斤斤计较、过于繁细；或者趋向冲动、情绪起伏、过于脆弱；或者趋向笨拙、反应迟滞、过于无能；或者趋向武断、利令智昏、过于霸道；或者趋向孱弱、犹豫不决、过于谄媚，如表 20－1 所示。

表 20－1　　　　人才管理之才华阴阳五行关系

五行	基本才华	阳性能量	阴性能量
木	雄心与条理	理性、长于计算、处事有条不紊	偏执、斤斤计较、过于繁细
火	热情与急切	感性、鼓动激情、奔放有感染力	冲动、情绪起伏、过于脆弱
土	稳重与融合	沉稳、长于耐性、讲究后发制人	笨拙、反应迟滞、过于无能
金	刚毅与内敛	力量、长于决断、勇于开疆辟土	武断、利令智昏、过于霸道
水	适应与亲和	柔美、长于隐忍，待人如沐春风	孱弱、犹豫不决、过于谄媚

人才“人性之阴阳五行”，是指一个人的人格、心理、性情、个性等所形成的性格特征之轨迹性行为。也就是从阴阳五行角度对人的人格分

析、性情分析、行为方式分析，总而言之就是人的性格分析，从而探知其思维与行为的方式倾向，预测其为人处世的一般轨迹，进而得出其性格特征之表现、心理变动之趋势、职场行为之方式、工作能力之侧重、社会交往之擅长等，以利本人扬长避短，以利合作者取长补短；以利本人修炼修养，以利组织（或领导）量才使用。学科建设亦不能缺乏这部分内容，具体在后续详述。

至于人体五行，属于中医学理论，这里暂不涉及。

第二节　心和原理人才五行系统

心和管理理论中，人才开发与管理有一个“人才五行八卦系统”，包括“人才五行管理模型”和“人才八卦管理模型”，两者合一，谓之“人才五行八卦管理模型”。

一、心和原理人才五行模型

1. 选人才五行谐和用对人

五行，是一个全息性的系统，相互依存。每一“行”都以另一“行”作为自己存在的前提，木、火、土、金、水互为相生相克，彼此依存，如图 20－1 所示。

图 20－1　五行相生相克

人才五行管理，对应人才开发与管理的五个方面，即使用人才、留住人才、识别人才、选拔人才和培育人才，构建为木行用才、火行留才、土行识才、金行选才、水行育才的一个全息系统，如图 20－2（左图）所示。取其木材所用、火暖人心、土实本性、金选质优、水德为善之意，与五行内涵自然谐和。

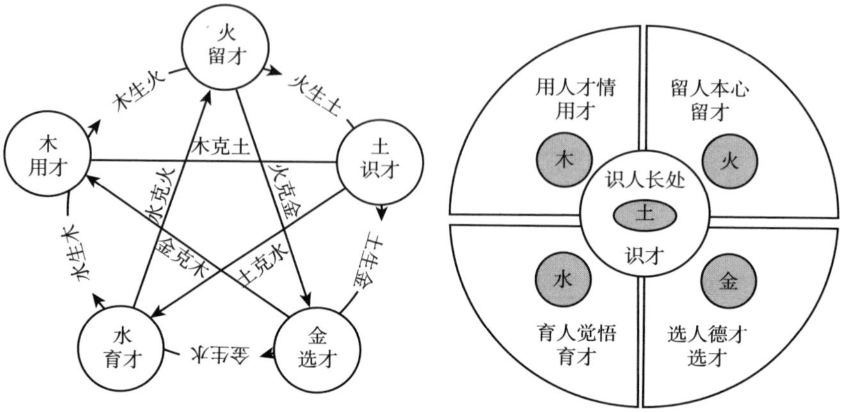

图20－2　人才管理五行模型

什么木材用于什么用途，十分讲究的。硬木、红木、软木各有合适的用途。比如说钢琴、提琴等乐器所用木材，云杉适合，水曲柳也适合；黑胡桃就不适合，黑胡桃适合做橱柜、实木门、地板。依此类推，不同的木材各有各的用途。人才使用亦如此，人才须是如木一样有生长发展的空间，同时不同的人才有不同的用途；用对了人，也就是把合适的人放在合适的位置上，他就是人才，否则，人才就被糟蹋了。

2. 留用人相生相克育高才

人才用得好的前提是选拔出了优秀人才，选都没选好，也就不能说用了，所以选才“克”着用才。用好用对了的人才，就要能其将留下，故用才与留才是相生的。留人才自然需要火一样的热情、火一样的温暖、火一样的感染力。自己的心火都灭了，如何能让人才感受到对人才的尊重、对人才的认可、对人才的重用。若留不住人，口碑就差了，口碑差了，也就没有真才实学之人愿意投效，那么选拔人才就成了一句空话：无人可选。从这个角度说，留人“克”着选人，是否能给人才以光明的前途，是否给人才以真心，是留才之本。

人才能留住，是人才识别的前提，有人，才有识别其才华的可能和必要，故留才与识才是相生的。土，是大地，坚实、平和、生长万物也承载万物，其物是草本还是木本、所长是穗还是果、是树上挂果还是地下长果等等，都需要识别。识别出来，才可以对应培育之、相应选用之。这个道理与人才识别是一样的，识才与选才是相生的，识才对育才是相克的，人才识别不准确，培育就难以到位。同理，使用人才“克”着识别人才。

金属有有色金属、黑色金属、稀有金属等，一般包括金、银、铜、铁、锰、锌等等六七十种，是在现代工业中非常重要和应用最多的一类物质。不同的金属作用不同、价值不同、用途也不同，这就需要选择，与人才选择的道理是一样的。金属可以合成，提升金属的价值和用途；人才可以培育，提升人才的价值和用途。所以选才与育才是相生的，而选才又“克”着用才，因为选不对选不好人才，直接影响到人才的使用。

人才的培育有两个层面，一是入职前的教育提升，二是入职后更新提升。培育人才，中国有句谚语：“十年树木，百年树人”（语出《管子·权修第三》），培育人才可以说是终生的，活到老学到老，入职前的学校教育、岗前培训、社会实践等是育人；入职后的继续教育、知识更新的培训也是育人。这也是选才“生”育才，育才“生”用才的道理所在。更重要的是，在生产管理过程中，时时、处处也在培育着人才。可以这么说，培养教育人才也是管理者的重要责任。自己培育的人才留得住，培育好的优秀人才留得住，从这个角度说，育才“克”着留才。管理中育人，育人时管理，教育与管理是无法截然分开的，教育与管理的过程，就是在开发人才资源，就是在管理人才资源。

3. *彼此融五行合一得心和*

五行，若按方位言，木为东、金为西、火为南、北为水，中为土，分别对应四象之少阳、少阴、太阳、太阴，而由中土和之，如图 20－3 所示。人居住在大地（土）上，随着春、夏、秋、冬四季节变换，早、中、晚、夜四时更替，人类以己之才华中和了万物、中庸了万事、中坚了万理。中国之“中”的观念，是国学基因。

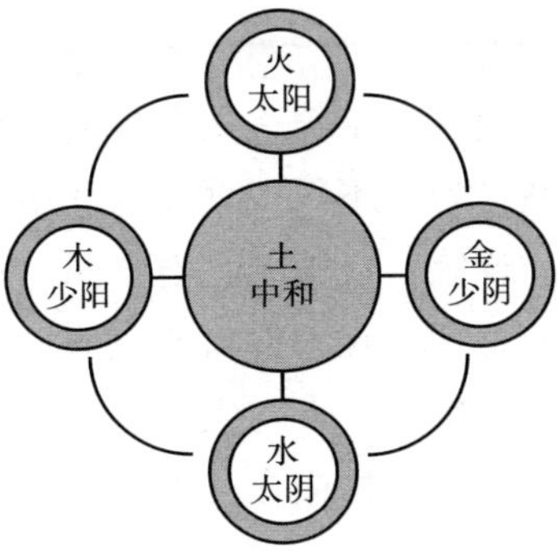

图 20－3　五行方位及与四象关系

将图 20－3 方位略加调整，就构成了图 20－2（右图）中间之五行模型，这个阴阳五行模型与人才五行模型对应。以土之中和识别人才，在人才管理中是着重的、可以公开的，应是人才优势、长处、闪光点，在选拔使用中，亦以用其所长、避其所短为要。性格弱点、才华短板等只适合私下沟通，或私密性文本提供。对于人才，在选择、使用中扬长避短。

在这个模型里，土行识才居中，是木火金水的基础，无论用才、留才、选才还是育才，前提条件是要能识别人才，而且要扎实、稳当如土德，容人才百花齐放，识人才万紫千红。

木行用才，既要用其才气、才华，也要用其人缘、人情。所以这里用了“才情”一词，用人用其才情。好人缘有人情就是高情商，高智商者还要是高情商，有本事者还须好人缘。

火行留才，不仅仅留住人，更重要的是留住心，心在人便在；人在心不在，留下也没用。留人的关键是留住人心。火之光明照亮前程，火之温暖感动人心。人心亮堂温暖就留得住人。

金行选才，选用的人才不仅才华横溢，而且要德品高尚，要选“又红又专”的人才、“德才兼备”的人才。既要自强不息，又须厚德载物，选其德才。

水行育才，上善若水，育人育其水德，育人育其有觉能悟。觉者，觉醒、觉察、觉得也；悟者，领悟、感悟、参悟也。培育人才，须是那种能自我体会、悟性高的人，觉智悟道。

如此五行合一，五才兼备，人才管理内涵丰富。真正的人才，勇于“下定决心，不怕牺牲，排除万难，去争取胜利”（毛泽东《中共七大闭幕词》，1945 年 6 月 11 日）。

二、心和原理人才测评系统

1. 职能匹配人才测评学科

人才管理的核心，是挖掘和培育人之所能所优处，发挥其才华显露之长处，放在最适宜出成绩之处，不仅成就了人才所服务的组织，也成就了人才自身，让人才获得愉悦感、成就感、尊严感、满足感。这也是留得住人才的根本。所以，人才管理重在把握人心谋人心双和——人才外在表现与内在心理的双和谐，人与事业、人与组织、人与社会的双向协和。

中国文化告诉我们，任何事物应在其位、应根据其位谋其事。天地之间有大道，大道之下有其位，在其位谋其职，谋不好其职便是失职、便是不称职。五行位分五方，木居东、金居西、水居北、火居南、土居中，各安其位，各负其责，互相之意又有生克关联。从现代管理视角看这就是组织架构的合理性、适应性；而相生相克关系并非一成不变，这就需要有效沟通，木曲直而分条理、金从革而行创新、水润下而滋万物、火炎上而亮四方、土稼穑而有种收，各司其职、各有相通，进生门而成就大业，入克门则万事成空。

在其位谋其职，关键是其人之才情才华才气才力适合于其职。这就需要了解和把握人才的个性、性情、心理思维模式和行为处理方式。西方将这一领域称为《人才测评学》。人才测评是指通过一系列手段和方法对人的基本素质及其绩效进行测量和评定的活动，并将其应用在组织发展与人才管理等企业管理领域。这里的“手段和方法”，主要包括履历分析、知识考试、能力考核、心理测验、面试评价、模拟应用、评价中心技术等。心理测验中的人格测试、性格分析其实与中国传统的“算命”“看相”异曲同工，都是根据人的行为习惯和本能反应投射出内心倾向，然后作出合理推演、预测和分析。只是这些方法可以提供记性与参考，而不是主体内容。西方，自从荣格创立了人格分析心理学，人性、人格、性格分析就从星座、宗教等领域里跨入了心理学行列，成为学界认同的科学理论。国学领域自有中国人才测评的古典内涵，古为今用，创新融合，便可成具有科学价值的本土管理新学科分支。

2. 类型化阴阳性格分析法

无论是西方还是东方，对人自身的认知一直是人类孜孜不倦的追求，解读的角度、方法五花八门，既有哲学层面的探索，也有神秘行业的门道，东方人认为是窥测天意，西方人认为是得到神旨，不约而同的是都会玄奥化为建立人与天（神）沟通的通道，获得天神或先祖的旨意。让人产生迷信的本意，是促使众生无条件相信这种天意、这种神旨。而探究起来，无非是根据一些表象推演、依赖某些征兆预测。荣格的人格分析心理理论，是剔除了其中玄奥迷信成分，对人的性格特征进行心理分析。而这一心理分析法最重要的一点就是把人类性格中的共性划分成若干种类型，每一个人相对而言会更接近其中的一类，或以一类为主综合其他类别的合成，当然，后天环境会让人格发生一些变化，但其本性（基本性格型态）是不会改变的。这种分析，某个人不可能完全符合某一型，在现实中其成长环境、社会风情、文化水平，以及所受生活和心理压力的强弱、内涵各有不同，所以即使归类为同一类型的人，这些人之间会有一些差异。分析出来的结果有七八成正确就是相当不错了。

所以，西方最常见的是人格类型四分法，如根据气质类型划分为多血质、胆汁质、粘液质和抑郁质四种类型；DISC个性测试，将人分为Dominance（支配性）、Influence（影响性）、Steadiness（稳定性）、Compliance（服从性）；还有根据感性、理性、反应快和慢四个维度形成的力量型、活泼型、完美型和和平型。其实，这些四分法，与中国传统的“太极生两仪，两仪生四象”异曲同工，无非就是将人分成内向、外向，或理性、感性两个方面，即阴阳两个方面，然后分成很外向、比较外向、比较内向、很外向，或很理性、比较理性、比较感性、很感性四种情况，即太阴、少阴、少阳、太阳四象。

太阳型性格，相当于气质类型中的多血质型、DISC中的D型。完全外向、强势、活泼好动，爱冒险、有竞争力，大胆、好交际、健谈、善组织、工作有效率，直接、果断、勇于创新、富有朝气，有毅力、机敏、能解决问题、能自我激励。若事不顺遂情绪起伏较大，容易热情锐减、武断而轻率，霸道倾向明显。这是力量型的外向特征。

少阳型性格，相当于气质类型中的胆汁质型、DISC中的I型。中性偏外向、反应敏捷，自信、乐观、有魅力、有说服力，热情而率真、感情热烈而鼓舞人心、语言敏锐表达能力强、果敢坚持而能埋头苦干，精力充沛而力强，所以令人信服。但也易怒而难以自制，容易烦躁而冲动、莽撞，不经意得罪人却不自知。这是感性型的外向特征。

少阴型性格，相当于气质类型中的粘液质型、DISC中的S型。中性偏内向、友善、亲切、语言动作略显迟缓，沉静、谨慎、稳重、好的倾听者却不易暴露自己内心活动，有耐心的有韧性、平和的性情、办事认真，稳定、忍让、有条理、善解人意。容易执拗、不灵活，迟钝、被动、冷淡、适应力弱，惰性、保守。这是半理性型内向特征。

太阴性性格，相当于气质类型中的抑郁质型、DISC中的C型。完全内向，柔弱、敏感、腼腆，看事准确、有分析力，谨慎、谦恭、不善言谈与交际而内心圆滑，严肃、严谨、多思、善于发现事实，有耐心、情绪发生慢而体验强烈。易脆弱、畏缩、多愁善感，易胆小、顺从，忧心忡忡；冷漠、多疑、犹豫不决。这是理性型的内向特征。

从西方传入，网络和年轻人特别喜欢的星座性格类型法，大家熟知的是12型，事实上它首先是四分法，根据人出生的阳历生日分为火、风、水、土四大类别。其中火向星座易怒，风向星座乐观，水向星座冷静，土向星座忧郁。然后再按12星座，每一类别对应三个星座。火向星座的基本特征是果敢，会毫不犹豫地采取行动，含白羊、狮子和射手三个星座。风向星座的基本特征是热心、有活力且外向，含水瓶、双子和天秤三个星座。水向星座的基本特征是缺乏行动力、有耐心且沉着，含双鱼、巨蟹和天蝎三个星座。土向星座的基本特征是严肃、忧虑且安静，含摩羯、金牛和处女三个星座。这种方法如果说是科学，则这词需要重新定义了。

3. 中西性格分析之一般概述

MBTI 性格测试，是直接从荣格人格心理分析中脱胎出来的，将人格分为 16 个类型。但其基础是四个维度：注意力方向（即精力来源是外倾的还是内倾的）、认知方式（即搜集信息是实感的还是直觉的）、判断方式（即做决定是思维的还是情感的）、生活方式（即应对外部是判断的还是知觉的），由此四个维度而产生外倾型、内倾型，感觉型、直觉型，思维型、情感型，判断型、知觉型八个端点，再对其组合而成 16 型性格类型，如表 20 – 2 所示。

表 20 – 2　　　　MBTI16 型性格测试类型

类型名称	英文字母简称	类型名称	英文字母简称
内倾感觉思维判断	（ISTJ）	内倾感觉情感判断	（ISFJ）
内倾直觉情感判断	（INFJ）	内倾直觉思维判断	（INTJ）
内倾感觉思维知觉	（ISTP）	内倾感觉情感知觉	（ISFP）
内倾直觉情感知觉	（INFP）	内倾直觉思维知觉	（INTP）
外倾感觉思维判断	（ESTJ）	外倾感觉情感判断	（ESFJ）
外倾直觉情感判断	（ENFJ）	外倾直觉思维判断	（ENTJ）
外倾感觉思维知觉	（ESTP）	外倾感觉情感知觉	（ESFP）
外倾直觉情感知觉	（ENFP）	外倾直觉思维知觉	（ENTP）

另外还有九型人格分析，源于古老的苏菲教，大体将人们划分为完美型、助人型、成就型、自我型、理智型、忠诚型、活跃型、领袖型、和平型。

中国笔迹学研究者范志方先生，将笔迹研究与 MBTI 性格测试、九型人格分析法结合起来，形成笔迹 16 类型测评系统，这是中西方测评方法相结合的一个典型。此外，他还将笔迹分析与“小字迷”汉字书写融为一体，推陈出新发展了汉字书写艺术。

心和原理人才五行管理的内涵，在人才开发与管理领域，是识才、选才、用才、育才、留才五个方面，而在人才测评系统中，则创立“阴阳五行性格分析法”。在易道原理中，四象生五行。但五行性格分析并非简单的四象加土行即可。因为五行的物质类别本身就是复杂多样的，金的杀伐果断气势、木的枝叉分明长势、水的婉转渗透态势、火的热情奔放情势、土的敦厚稳实趋势，都非常典型地体现了人才的五种显明的性格特点，但也仅仅是展现了一个方面的特点。五行彼此的相生相克、不同组合又可生出更多细化的性格特征，这才是人类社会丰富多彩、万花竞秀的原因所在。所以，五行性格分析是一个比较复杂的体系。详细内容参考《心和管理学·理论篇》第九章“心和管理学人才识别”。

三、心和原理五行八卦系统

1. 心和管理之五行八卦学

“五行八卦”，在国学体系里是一个专有名词，它包含“阴阳五行”理论与“阴阳八卦”理论，然后才是两者的合一。可以说，中国学问的各个领域，都需要研究五行八卦。所以，虽然看上去似乎是道家理论，事实上以儒家为代表中国各流派，都会研究、也都需要研究五行八卦，古时候的理论大家，一定是精通五行八卦的。

关于阴阳五行的阴阳，一般认为起源于夏朝，依据是“三易”之《连山易》《归藏易》《周易》皆已出现阴阳之阴爻、阳爻图示。这应该是证明现在能查到的最早关于阴阳的记载，而不一定是起源，阴阳观念诞生可能比夏朝更早。五行学说的产生学术界有争议，易学界认为与阴阳学说同步产生，所以“阴阳五行”合用；哲学界认为《尚书·洪范》就有“五行”说，而且五行通行的解释也源于这部书，这部书虽然现在只能考证为大约战国时代所作，但语言文字有明显西周初年的特征。故一般认为五行说出现在西周（只能说“出现”，尚不能确定是起源）；史学界则认为创始于孟子、邹衍扩大发展之，这也是因为史证而言。

木、火、土、金、水五行运动而产生动能，动能则因各属性特点而分五类“生”之动能、“克”之动能。其生，是因为木性温暖、火隐其内，钻木生火，故木生火；是因为火灼焚木、木烧成灰，灰烬为土，故火生土；是因为金藏于石、石依附山，聚土成山，故土生金；是因为金气润泽、金凭水生，锻金成水，故金生水；是因为水润活土、以养树根，水滋木长，故水生木。其克，是因为以众胜寡，水聚灭火，故水克火；是因为以精胜坚，火旺镕金，故火克金；是因为以刚胜柔，金属斩木，故金克木；是因为以专胜散，树林凝土，故木克土；是因为以实胜虚，土实阻水，故土克水。

由是，人才管理充分运用五行生克动能而育人、而选人、而用人，如图20－2所示。金行人才，金气最旺，得火锻金，火铸器皿而成大器；同时，金可生水、又能克木、且赖土生，故队友配置宜水行、土行人才，木为下属。火行人才，火气最旺，引得水来，水火相济而得平衡；同时，火能生土、又能克金、且赖木生，故队友配置宜土行、木行人才，金为下属。水行人才，水旺成池，渗土成沼，水土得服而成大才；同时，水能生木、又能克火、且赖金生，故队友配置宜木行、金行人才，火为下属。土行人才，土旺木长，有木稳土，木土成林，土木兴业而成大事；同时，土可生金、又能克水、且赖火生，故队友配置宜火行、金行人才，水为下属。木行人才，木旺引金，金斫成材，木撑建筑而成栋梁；同时，木可生金，又能克土，且赖水生，故队友配置宜火行、水行人才，土为下属。如此，则金挫其锋，火止其焰，水泄其势、土制其壅、木化其顽，人才成长皆顺达，此为相生；而从另一个角度说，金多则土变、火多则木焚、水多则金沉、土多则火晦、木多则水缩，人才不至于内心膨胀而有所限制，此为相克。五行之生与克，皆为人才成长。

2. 五行与八卦对应藏学理

“五行八卦”之八卦为乾、坤、震、巽、坎、离、艮、兑八个卦象，代表着自然界的天、地、雷、风、水、火、山、泽八种自然现象。由乾到震，阳气逐渐减弱；由巽到坤，阴气逐渐增大。表示着事物的形成、发展、变化的因果关系以及方向。所以在先天八卦图中，中间太极图的阴阳两鱼，应该是白鱼（阳）在左，黑鱼（阴）在右，如图 20－4 所示。现在网上一些图刚好与此相反，其图示意义出现错误。

图 20－4　先天八卦

先天八卦，展现更多的是中国人的哲学思想，包括哲学观、社会观、生活观，《周易·说卦传》对此有专门论述（风水、占卜更多地体现在后天八卦）。对宇宙的认知，是乾天，坤地，震雷，巽风，坎水，离火，艮山，兑泽。对八卦在宇宙间的运动情况的认知，则是乾健也，坤顺也，震动也，巽入也，坎陷也，离丽也，艮止也，兑说也。而在人与动物的认知上，人是天地精灵，独存于世间，乾为首，坤为腹，震为足，巽为股，坎为耳，离为目，艮为手，兑为口；而动物，则不以身体部位定八卦，而是代表与人类生活息息相关的八种动物：乾为马，坤为牛，震为龙，巽为鸡，坎为豕（猪），离为雉（鸟），艮为狗，兑为羊。有人，就有社会，血亲形成家庭，于是权力观上，乾为君，坤为众；家庭观上，乾父也，坤母也，震长男，巽长女，坎中男，离中女，艮少男，兑少女。从这些认知结果看，国学自创始以来就注重人在天地间的协和、人与大自然的协和。

谈五行八卦的对应，是与后天八卦相对应的，这里简单说明先天八卦与后天八卦的位置（方位）排列，先天八卦如图 20－4 所示。乾南，坤北，离东，坎西，兑东南，震东北，巽西南，艮西北。后天八卦移位而成震东，兑西，离南，坎北，乾西北，坤西南，艮东北，巽东南。后天八卦与五行对应，乾、兑为金，震、巽为木，坤、艮为土，离为火，坎为水。于是结合图 20－2 左图，八卦的生克关系就形成了，相生则为乾、兑（金）生坎（水），坎（水）生震、巽（木），震、巽（木）生离（火），离（火）生坤、艮（土），坤、艮（土）生乾、兑（金）。相克则为乾、兑（金）克震、巽（木），震、巽（木）克坤、艮（土），坤、艮（土）克坎（水），坎（水）克离（火），离（火）克乾、兑（金）。

3. 易理模型相融心和管理

心和管理学，依照先天八卦建设管理模型。《周易·说卦传》对先天八卦确立为“天地定位，山泽通气，雷风相薄，水火不相射。”心和管理学之五行八卦将以此为依据设计模型。

首先，将心和管理五行模型分为大小两个模型，大模型为“人才管理五行模型”，小模型为大模型之中“识别人才”之“五行性格测评系统”（“阴阳五行性格分析法”为具体测评方法）。大小两个模型合二为一，即为第二篇图 10－1（2）中的中间棱形部分。

其次，将人心管理八大法则，列为人才管理的重要方法内涵，即乾坤、震巽、坎离、艮兑四对八法，形成乾坤两卦之“天地定位”：欣赏管理乾天聚人心，品性管理坤地正人心；艮兑两卦之“山泽通气”：情绪管理艮山稳人心，心态管理兑泽悦人心；巽震两卦之“雷风相薄”：精神管理震雷振人心，理解管理巽风顺人心；坎离两卦之“水火不相射”：满意管理坎水得人心，感动管理离火暖人心，如第二篇图 10－1（2）之外圈。

最后，内外两模型相合，组成如第二篇图 10－1（2）所示。方位之中为五行之土，了解测评原理之基础上，运用人才测评系统进行人才识别。而后，方位之西为五行之金，以欣赏管理、品性管理选拔人才，选定的人才，人心聚、人心正，天地可定位；以情绪管理、心态管理使用人才，可用的人才，人心稳、人心悦，山泽皆通气；以精神管理、理解管理培育人才，训练的人才，人心振、人心顺，雷风互相薄；以满意管理、感动管理留下人才，留住的人才，人心得、人心暖，水火不相射。以此开发人才管理五行八卦体系。

第三节　人才心和管理融创论证

自从20世纪80年代西方管理理论随中国开放的步伐进入，原有的人事管理体系便被批得体无完肤。关于传统人事管理与现代人力资源管理的区别的分析如火如荼，人力资源管理也引用了西方HRM（Human Resource Management），HR成为行业标签和从业人员公共的“洋称”。1992年，原高校、职业院校的“劳动人事管理”专业更名为“人力资源管理”专业，当时有些“双轨制”形式，即有的院校仍以“劳动经济学”专业名义招收“人力资源管理”专业学生，直到1998年才真正进入“人力资源管理”专业独立发展的时期。政府人事管理部门也在这样的潮流下发生变化，1988年劳动人事分离成立了人事部、劳动部，1998年改为劳动和社会保障部，2008年大部制下成立人力资源和社会保障部。由此，“人力资源管理”完全官方化，取代了中国原本的人事管理、劳动管理。

在这样的社会潮流和历史态势下，经历无序管理、粗放管理、物本管理、人本管理后，以人为本管理兴起，《人力资源管理》成为管理领域的重要学科。人力资源管理提升到战略层面，单位劳动人事部门改为“人力资源管理部”，投入增加、职能增加、人员增加、部门扩大。久而久之形成一种思维定势，凡是人的管理问题都是人力资源管理的事，尽管理论上还是会说人力资源管理是所有管理者共同的事。从学科建设角度说，人的管理观念、方式、方法应该到反思的时候了。心和管理理论的提出，就是反思中建设新理论、建设新学科的尝试。本章重在反思中论证人才管理学科建设的必要性。

一、西方人力资源管理简述

1. 西方人力资源管理模块

人力资源管理所说的“人力”，指人的劳动能力，包括智力劳动和体力劳动能力的总和。西方出现“人力资源”一词，目前能查到的，最早出现在1919年和1921年约翰·R. 康芒斯的两本著作《产业信誉》《产业政府》中，但只是一个词，与现今意义不同。直到1954年彼德·德鲁克《管理的实践》才得以明确界定，而实施人力资源管理，在西方也是在20世纪70年代末才开始。这时，中国的改革开放已拉开序幕，到80年代后期、90年代初，一批西方经济理论、管理理论往中国输送的“搬运工”们，见到在西方也是新鲜出炉“人力资源管理”，远比泰勒（科学管理理论）、法约尔（管理过程理论）、韦伯（行政组织理论）们的古典管理理论和马斯洛（需求层次理论）、弗鲁姆（期望值理论）、麦克利兰（成就需要理论）们的行为科学理论来得新鲜，于是，又不遗余力地“搬运”着西方人力资源管理理论。

人力资源管理的内容分为六大（八大）模块，如图20－5所示，其中，若把“招聘与配置”“培训与开发”两大块内容拆分成四块，就成了八大模块。

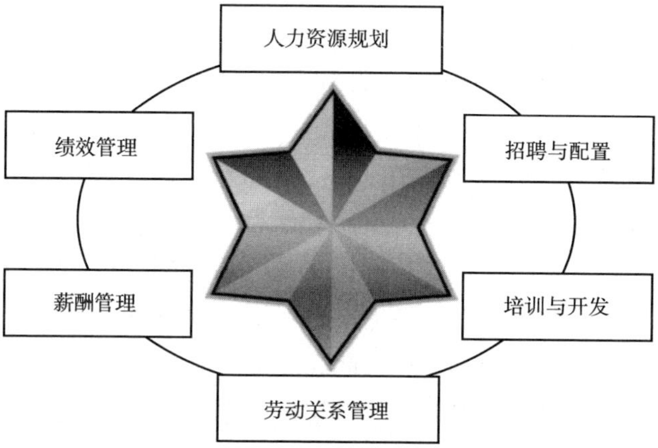

图20－5　人力资源管理六大模块

显然，从这六大模块上看，人力资源管理侧重于技术、工具、方法层面，所谓的人本管理，并没有在人力资源管理中体现出来，也就是重在把人当作一种资源，与材料资源、市场资源、技术资源、工具设备资源一样的资源管理，达不到真正意义上的以人为本。其中虽然也涉及需求满足、关系调和、人性激励、培训提升、领导管理等内容，但把人（员工）作为重要的资源进行物化管理，这一点没有改变。归根结蒂，管理核心是把人（员工）作为实现效率的活的工具、活的设备。相对于机械意义上的工具设备，人是“活”的，所以增加了沟通这一项内容，但绩效、薪酬、培育、用人等依然以“利益”为首要目标、核心目标。

人力资源规划，应该是六大模块中核心的、关键的模块，是人力资源管理成为战略层面的根本性所在，因为企业总体的绩效目标、薪酬总额、人力资源获取（招聘）、配置（使用）、培训（开发）等，都以人力资源规划为前提、为基础、为核心、为重点。虽然标榜规划的目的是保证事得其人、人尽其才，实现人力资源与其他资源的合理配置，最终实现员工、企业、客户、社会利益一致基础上的企业经济和社会效益最大化。但是，在中国几十年的实践证明，这个目标只能是水中月、镜中花。

2. 人资战略招聘培训管理

人力资源战略发展规划模块。这只是针对成熟的大型企业。对创业期、成长期的中小企业而言，这种规划本身就是海市蜃楼，因为企业未定型、市场未把握、人员不稳定，市场变化、企业变化、人心变化无法规划得出来。企业都还在市场上风雨飘摇、艰难前行，怎么可能预设好一年、三年、五年或更长时间的组织机构，以及组织内部的标准流程和每一个流程上的劳动力数量、质量，设计好组织架构中的每一个岗位，并对所有岗位作出深层次分析、虚位以待相应人才。市场风云瞬息万变，改革开放三十年内的中国企业平均寿命三年不到，这种人力资源战略发展规划，只能是自欺欺人。

关于招聘与配置模块。本意是把合适的人才招聘进来配置到合适岗位上。这两项工作，无论有没有人力资源规划，任何单位都会做。然而，西方人力资源管理学提供给我们的招聘面试、情景模拟、心理测试、劳动技能测试等方式方法，都不能实现“合适”，因为最大最重要也是最核心的“合适”是心适，最大最重要也是最核心的“心适”是心和。最重要的人才，都不是情景模拟来的，也不是心理测试出来的，人才与岗位、与工作的匹配度，也非一纸职务说明书能了的（绩效管理中的考核，与职务说明书却是没有关联的）。人心不到位，无论是招聘、轮换、试用，还是竞争上岗、末位淘汰、双向选择，都无法建立起良好的人岗关系；无论是晋升、降职和调动（移动配置），还是安置、调整和辞退（流动配置），也不能建立起良好的配置关系。企业按需招聘、因缺配置，不在用什么工具方法选择招聘形式、用什么数学模型计算配置结果，而在于是否德能配位、德岗协和。人才招聘、人才配置，都须牢记一点：得道为先。

第三模块培训与开发。《人力资源管理》认为培训就是在开发人力资源，所以一般没有独立的开发章节。培训有开发人的劳动力资源的功能，但不仅是开发，培训还有思想教育功能、品德管理功能、悟道引导功能等，简而言之就是“人心管理”功能。这些不是直接的劳动力资源开发，却是更深层次的人的潜能和主观能动性诱导。如果说这种诱导也是一种开发，那么《人力资源管理》涉及的培训缺乏这方面的深层次开发。更重要的是，开发人才资源，不只是培训一种方式，它几乎融合在管理行为和职场活动的一切方面，是每一位具有管理权限的人共同任务，其思想观念、言行举止直接影响着这种开发的效果。

中国改革开放，使机关、企事业单位、社会团体的培训需求大幅增加，也懂得了凝结在人身上的能量资源需要开发、多形式、多角度、多层次地开发。但现实是培训等于开发，培训市场化让培训与受训双方直奔谋“利”，无利不起早，起早必图利。在市场化旗帜下，培训提供受训方所“欢迎”的培训产品，即由买方市场决定产品内涵和质量。精神产品、文化产品、思想产品、知识产品等是非实体产品，都按买方意愿问题就来了。学习西方人力资源管理培训的一个重要内容，是“培训评估”，受训学员填写培训满意度。

受训方在市场化旗帜下，对培训出现了一个极端倾向，只有一个要求：能让员工玩命干为我创造效益就是好培训，于是“老板培训”“总裁培训”层出不穷。事实上很多企业认为素质培训是虚的，情愿为职工提供一些诸如插花培训、瑜伽培训，也不要他自己也说不清的素质培训、管理培训。还有一种错误认识，管理培训是对领导层的管理能力的培训，却永远不明白最好的管理是让员工管理好自己，并影响他人管理好自己，这才是最好的素质，也是最优的人才资源的开发。

3. 绩效薪酬劳动关系管理

首先是绩效管理模块。这是与工作（岗位）分析密切相关的，然而，所谓的 KPI，所谓的按 KPI 结果授职授权给钱，所谓的通过绩效管理实现员工激励，所谓的准确核算员工付出与价值，都在“认认真真走形式”。在企业里，生产数据、销售数据可以明晰，但生产成本、生产经营中的消耗、销售中的价格与回款等问题，仍然制约着数据化表格考核，更何况大量工作内容并不是数据能体现的；而 KPI 的确立、绩效观测点的确立以及非数据直接显示的工作内容，转换成数值时，具有极为明显的主观性，尤其是绩效考核中的 KPI 及分值比例，完全的人为给予，其间的不公平可想而知。而最为严重的问题，绩效管理从绩效计划制订到绩效辅导、再到绩效考核和绩效反馈的全套过程，注重了工具性、流程性、数据性，恰恰忽略了最重要的一个内涵：人心——人的内心需求、人的心理反应、人的主观能动性，人在绩效管理体系里的价值，反而更多地体现出“物本”而不是“人本”更不是“心本”管理了。所以管理者（或者 HR）们感叹，绩效管理是一个魔咒，绩效管理是一把“双刃剑”；有的甚至干脆说，绩效管理是死亡陷阱、绩效管理的最大功效就是搞垮人心。

其次是薪酬管理模块。薪酬和福利待遇，一方面是物质收益（含薪金），另一方面是精神收益（成就感、地位感、优越感，凝聚力、归属感等）。薪酬管理中的工资、福利、奖金、奖品、津贴等薪酬是固定的，但福利、津贴的公平性会引起质疑，奖金、荣誉也没能起到“奖”的作用（奖金同化为工资的一部分，没人认为是一种奖励），有利无福感、有奖无激励成为一种常态。人们说起工资的时候，往往不包括福利、奖金、津贴，更不要说非薪金的部分如假期、工作环境等，至于社会地位感、优越感等，则是满意了小众、挫伤了大众。普通员工往往感受到歧视、体会到低人一等。薪酬制度是有了，人心却散了。

最后是劳动关系管理模块。说白了就是劳资双方的关系、员工与企业的关系、员工与员工的关系，员工与服务对象（顾客）的关系，当然也包括企业与客户、与供应方、与社会各界的关系，但企业行为也是通过员工来实现的，归根结蒂是劳动者在单位里与各关联方的关系处理，无论是法律关系还是社会关系，或是组织关系、人际关系。劳动关系管理最重要的途径或者说工具，是管理沟通。关键的问题也在这里，西式沟通是否适应于中国职场的管理沟通。其中劳动法律关系管理落实在人事档案管理中，但员工关系管理，则需要落实在管理沟通中，无论是书面沟通还是言语沟通、网络沟通还是面对面沟通。当沟通成为一种官方行为后就失去了平等，当沟通成为一种数据统计后就失去了情感。西方管理重理性不重情感，但管理沟通恰恰是无法避开情感的。从这个角度说，国学下的管理沟通更适合。

“人力资源管理”六大模块，可以给心和管理学学科建设一定的启示和借鉴作用，但不会照搬套用，更重要的是，心和管理重人才管理，是才能、才情、才华的开发与管理。

二、本土人才心和管理阐析

1. 中国人才需要展现悟性

客观地说，西方引进的《人力资源管理》有其价值与合理性所在，而存在的最大问题是把人的劳动能力作为一种资源进行管理时，会侧重于其资源性，而忽略其人文性。心和管理学理论提出人才管理、双和管理，不否定人才的资源价值，但更在意管理的人文特性，更注重在适宜的人文环境下，人的内在主动性、人的思想价值，人心的力量。

才华的产生除了遗传、环境影响外，更重要的是其内发性、能动性的部分对才华、才思、才情的加持；这种由内而发的主观能动性，展示出人心的力量，心不到，才就难以到。这样的人心力量，既彰显出文明的发展、文化的进步，同时，也让人的内心世界阳光灿烂了、清洁干净了，如此，才有贡献、才有奉献，才有超越一般劳动力价值的可能。

在同样的管理、同样的教师（或领导）、同样的教材（或内容）、同样的环境下，人才的差别天赋部分微乎其微，人的认知程度、开悟程度、能力程度，往往取决于心理力量的加持，即人的自信、人的毅力、人的意志力和人生梦想追求之力的加持。悟性也好、能力也罢，其实在于敢不敢、愿不愿、能不能义无反顾地去学去思去做，学了、思了、做了就大大增加了开悟的可能，大大提高了能力水平。否则，便成无悟之学识、无悟之动因、无悟之思维——开悟，往往是一瞬间的顿悟；同理，也就出现无行动之主动、无行为之思路、无行事之能力——能力，总是在做的过程中表现出来、提升上去的。肯悟、敢做，是人才之所以成为人才的前提。相较于人力资源管理，心和管理学之人才管理，重在主动去悟、主动去做。

所以，在中国文化中，人才必须是悟性高的，领悟、醒悟、觉悟，悟而心门开，悟而才华现。所以，人才应该能运用自己的才华造福自己、更能造福于大家；若能造福于所在组织，那便是员工楷模；若能造福于区域百姓，那便是民间英雄；若能造福于国家民族，那便是国士无双；若能造福于人类，那便是世间圣人。心和管理学，研究的是让人心洁净、协和天下的学问，其中的《人才开发与管理学》学科门类，是开发人心、管理人心，促使人心协和，从而培养出能够造福组织、社会、民族、国家、人类之优秀人才的学问。这与传承几千年的中国文化内核相吻合，与中国现代职场人文环境相吻合。

2. 中华人才观重天道人德

关于人才学说，中国早在孔圣人时代就有了，孔子也成了中国教育培养人才的开创者、奠基人，十大哲人、七十二贤士成为中国历史有记载的最早培养出来的杰出人才。易之卦象中，每个三爻卦都包含天、地、人三才，（两个三爻卦相叠）所以就有了六爻卦——这就是“天才”“地才”“人才”三个词的由来。显然，国学中说到的天才、地才，是指要符合天道地道，即，既要认识和掌握大自然的规律、理解和把控大自然的规则，并且要符合大自然的规律法则去做人做事者，才能称为天才、地才——懂天道地道、合天道地道谓之天才、地才；人才，国学认为应知人道、合人道，简而言之须顺德合义，即以德为先而知天地大道，一如《周易·说卦》说的“观变于阴阳而立卦，发挥于刚柔而生爻，和顺于道德而理于义”。即，既能观天象的阴阳变化而确立卦象，察地理的刚柔相济而产生出爻，也能和合并顺应这天道地德，适合事物发生发展的道理。中国文化，无论天才还是人才，道德为根，认识世界改造世界的能力为树干、树枝、树叶，两者须兼有。无非天才知天道地理、人才明阴阳刚柔。

卦爻中有哲理，也有方法，还有测吉凶、看未来之功能。中国古代发明的占卜之法，其实是按天地规律与法则、人性道德与事物道理进行的，并不是杜撰、更不是神鬼迷信之说。其“三才学说”，《周易·说卦》说“昔者圣人之作《易》也，将以顺性命之理。是以立天之道，曰阴与阳。立地之道，曰柔与刚。立人之道，曰仁与义。”而这天道地道最终都落实在人道也就是天道、地道，皆与人道相合，天人合一、天人双和思想便是由此而生，再优秀的天才，一定是落实在具体的人才身上方能为世界、为人类、为社会提供价值。所以培养人才要遵循自然规律、遵守人道准则。此为三才思想，人才落实；道心觉悟，人才基础。心中无道，行为无道，再有知识、再有能力，也是不可以称为人才的，最多算是歪才、坏才。一个生化学工作者，其研究不是造福人类，而是用于战争，甚至是针对平民，那么他还能被称为生化学家、称为优秀人才吗！凡能成名成家、独成一家的各领域科学家，首先应该是道德高尚的，否则就玷污了“科学家”称号，自然也不能被归入“人才”行列。这就是中国文化所倡导的人才观，这就是中国管理培养人才所要注重的。

中国古代的“三才思想”“五行学说”“八卦原理”都讲究道心觉悟。人无道心，人心便滑边了，心无觉悟，道德便失落了。中国人才观，心德是第一位的。

3. 心和管理人才管理八法

关于五行人才原理，前已有述；这里重点谈谈图 20－5 中涉及的人才八卦管理方法，可以设计为“人才管理”的一门课程《人才管理法则》，当然也可以作为专题分别论述。

《欣赏管理原理与技法》，作为有益于国家、民族、社会的人才，需要有乾卦的刚强意志、自强不息的龙行天下之志、不屈不挠的奋斗拼搏精神。有这样品质的人值得任用，所以在组织内建立起龙腾虎跃的平台、欣赏认同的用人机制。通过这样的管理机制，让组织成员首先是心服口服，这是欣赏管理的基础；然后是心悦诚服，就是让大家愉快地服从组织意志、组织安排，这是中级目标；最后是心甘情愿冲刺，因为千金难买乐意，只有员工真正从内心里甘愿、诚意、用心，才能有效实现凝聚人心的欣赏管理目标。这就需要韬略方术的灵活运用而开疆辟土，最终达到飞龙在天的境界。

《品性管理原理与技法》，是指要有坤卦那样宽广的胸怀、温柔的情怀、厚实的德性，厚德载物容得下世间一切。德性高品质好的人值得拥有，也就是在组织内建立起宽厚包容、职业道德高尚的选才机制。一切计划的制订、一切规划的掌控，其唯一不变的前提就是德品高、人性好，出于公心、出于道德心做事。通过选才机制的有效运转，让组织成员首先达到心地善良，这是职场能成为人才的基本要求；然后是心口如一；最后形成信任、虚怀、德厚的组织氛围，进而达到心安理得的境界，只有心底无私才能天地宽广，实现正道人心的品性管理目标。中国修身养性炼心技法，可以结合在这一课程里。

《满意管理原理与技法》，对应坎卦，暗指前进道路上坎窞重重、险难多多，只有正大光明、坚守正道、不畏艰险、坚毅刚强，才能解除一部分困厄危难，以求小得。所以，要在组织内建立起合理合适的经营机制，克服困难解决好生产、品质、流通、服务等领域的问题。永远不可能有永恒的满意，而是努力实现合理满意、适度满足。在人的问题上首先要让大家心明眼亮，分得清美丑、善恶；然后要心胸开阔，而不至于好高骛远，在一定阶段一定程度上心满意足（知足常乐）境界，最终实现获得人心、组织发展的满意管理目标。

《感动管理原理与技法》，对应离卦，既拥有火的光明，也拥有火的温暖，以光明照亮前进的道路，以温暖感动组织的成员和服务的对象，由此建立起感染心灵、感恩世界、感动彼此的企业文化，由此实施物质激励、精神激励。首先就要让所有人心平气和，只有平和的心才能感受真诚的关怀、无私的情感；其次在此基础上上升到心花怒放，无论是团队合作还是营销推广，能让人从内心里开放出幸福的花儿来，这是成功的前提，由此才可能达到心旷神怡的境界，让每个人的感悟得到升华，最终实现温暖人心、留住人才的感动管理目标。

《理解管理原理与技法》，是指要像巽卦那样和风送祥、春风送暖、风顺人畅，彼此理解、互为关照、谦和顺畅，擅长于人际、组织与组织之间的协调管理、沟通管理、信息管理，从而在人际之间、上下之间、内外之间建立起畅通无阻的沟通机制。道德是让人对工作内容、对德性要求、对个人成长与组织成长等宏观微观的事和理都心中有数，避免或消除各种可能的误会，多一些体谅，从而进入心领神会阶段，即彼此心有灵犀、协调默契，最后达到心照不宣的高境界，无须“一点”就能“通”的协和，实现顺畅人心的理解管理目标。

《精神管理原理与技法》，是指要像震卦那样居安思危，时时警惕、刻刻自省，不该伸手的绝不乱伸手，不该胡说的绝不胡说，警钟长鸣，如雷震惊，而后震撼修省、慎独自醒。尤其在会计事务、财务管理、伦理关系、道德行为中守得住底线、耐得住寂寞、顶得住诱惑。建立育才机制就是要从这样的视角深入，才能育出有精神内涵、有精神志气的优秀人才，让他们心有所属，皈依正道，“半夜敲门心不惊”；无欲则刚、无私则强，心无所累，才能心底坦荡、处事公道，最后达到心存高尚的境界。高尚不是做出来的、不是捧出来的、不是宣传出来的，而是内心清澈、一言一行自然振奋人心的本然力量，最终实现精神管理目标。

《情绪管理原理与技法》，恰如艮卦稳而不呆板，有容而不杂乱。这就是领导艺术的体现，也是组织机构稳重流畅简洁的要求，用西方管理学语言是培育高情商，用中国传统表述是建立好人缘。所以，优秀的领导者、优秀的员工懂得建立良好的疏导机制，自觉有效清理垃圾情绪，树立正面积极美好情绪。这就要求首先心有所驰，即，既有所奔驰的目标方向，也有奔驰的动力行为，直上高峰；其次则要心无杂绪，坦坦荡荡，稳如山岳，如此才能登上峰顶，沐浴朝阳，让心灵充满阳光，实现稳定人心的情绪管理目标。

《心态管理原理与技法》，恰如兑卦丽泽相依、两水相连、朋友讲习，如山泉润泽，沁人心脾，亲和柔顺，愉悦相处。这就是留人机制的建立。只有当人才真正感觉到在这个组织里是有价值的、是快乐的、是能实现人生目标的、是可以为社会贡献力量的，他才愿意全身心投入组织里来，与组织共进退、共荣辱、共存亡。这就是说要通过良好的收入体系让人们心态平正，而这收入体系的重点是劳资双方都觉“物有所值”，员工由此不会出现这山望那好山高、心思波动不息的情况；通过建立良好的人事关系让人们心情舒畅，而不至于为一些琐事烦心忧虑而影响事业，达到心灵满足的境界，实现喜悦人心的心态管理目标。

三、本土人才管理融合创新

1. 人才管理学悟道明德论

中国人才管理，以中华国学为根基、以中国管理思想为指导、以几千年中国管理实践和红色管理为基本内容，同时融合世界上一切优秀文化、优秀管理观念和优秀管理方法，根据时代要求进行创新。当然，也需要避免一些已经出现过或正在出现或将有可能出现的偏离正道的人才观、人才培养行为。本土人才管理，是古今中外融合基础上的创新。

本土人才，需要德才兼备，而不是只要求识我时务。德才兼备，即又红又专，这点中外都如此，只是提法上有所不同。关键的问题是对“德”的内涵认定和对“才”的标准要求。

关于“德”，从中国传统四德，到朱子八德，到民国八德，到时代八德（见《心和管理学·理论篇》十二章第三节“中华道统之四维八德”），国学中的“德”之内涵十分丰富。若融合世界文化、结合时代要求，那么在个人品德为基础的同时，还需要讲家庭美德、职业道德、社会公德之“三德”。这些德之要求，不分国度、不分人种，也不分时间、不分地点，对全人类而言是共同的。只是在德之内涵问题上，要注意这样一个事实：组织也好、社会也罢，民族也好、国家也罢，都是由具体的人即具体的管理机构和管理者来代表。

一家组织内的领导、一个社会中的名流、一个国家里的统治者，组织、社会或国家的“管理机器”也是由这些代表公权力的人来控制的。因为是人在管理，就难免会有人的主观意动，会有人在脑补后的失偏。所以必须注意这一种现象：以“我”之标准要求别人，以“我”之理解确定德性。“双标管理”就是这样出现，社会公理、法理和人伦道德被公然践踏，于是出现游戏规则制订者不仅仅参与游戏，还担任戏裁判和规则最终解释权人的荒诞现象。自然，对德之内涵的解释亦如此。

中国文化，道是思想，德既是理论更是行动。德不是制约，而是引导，是潜移默化，是根植在心灵上的真善美基因，所以说德是心理、思想层面的；德是心理上的一种共同认同，用西方语言解释大概是“心理契约”（其实就是中国人说的内心认同）；德本身也是一种行为，所谓“德行”便是指道德行为。也就是说，德既是思想层面也是行为层面的。规则，是根据德之要求而确立的规定原则。而敢于破坏规则的大多是有特权的人，是可以不把规则放在眼里的人；而这恰恰就是道德问题，无道失德者才会去破坏规则。普通平民若触犯规则，无非三种情况，一是不经意间，二是无知者无畏，三是逼上梁山。人才培养，重德，“识时务”识的是国家民族的大时务，不是为少数人甚至是个人服务的小时务。

关于“才”的标准和要求，因不同领域不同层次而不同，公共的要求：小才，能胜任一个以上岗位的工作；中才，能给组织或能给某区域创造价值；大才，能给社会、民族创造巨大价值；超级大才，能给国家、人类创造极其巨大的价值。人才管理需要避免的是结成“死党”，培养“家臣”、训练“奴才”。执政党最大的危险是脱离群众，依此类推，贵族最大的危险是脱离平民，上层最大的危险是脱离基层，管理最大的危险是脱离员工。

无德无才是垃圾，无德有才是危害，有德无才是好人，有德有才是人才。

2. 人才管理学一专多能论

中国人才管理，须是百花齐放，而不是只允许一种模式。一花独放不是春，百花齐放春满园，任何领域皆如此。学术，若只能有一种观点、一条思路、一个思想、一种方法、一套理论，那就意味着学术走进“死胡同”了。培养人才同样如此，人本身是多样性的，见识、学识、个性、思维方式、表达方式等，各人有各人的特点特色；人才展现才华的方式、内涵、倾向等也是多样性的；社会各界、各领域对人才的需求也不是单一的而是多样性的。因此，需要人才培育也百花齐放，而不是只能允许一种模式、一种类型存在。

而对人才的专业多样性，人们可以接受，因为社会需要不同专业的人才；但对管理人才，似乎缺乏了这种包容性，一般只允许两种人才存在，一是有背景的或被有背景的接受，二是能隐忍的或被能隐忍的影响。隐忍，是中国文化的重要内涵、中国人格的主要标签，但逐渐演变为一种人才认定的标准，等同于沉着冷静，其实就是能控制情绪、只在背地里使“坏”（有可能是蔫坏、有可能是趣坏，更有可能是使阴耍奸的真坏）的所谓“优秀”管理人才，若一直如此就会成阴谋家的天堂，坦荡率真者无容身之所，性急而不会隐忍者，人品再好、才华再高，也无用武之地。

人的个性是多样性的，不同的人有不同的个性，同一个人不同的时段不同的环境下也会有差异，自然真正的人才也是各有各的特性。但是，现实对人才的标准固化了，有背景的可以不考虑性格，横冲直撞无人敢拦，青云直上春风得意；能隐忍的被理解为成熟有定力，仕途亨通一路高升，睥睨群雄马蹄声疾。当仕途只允许内敛型人才一种情况时，人才机制一定出问题了。比如在五行性格中，会觉得金行性格太冲、火行性格太闹，水行性格太柔、木行性格太计较，只有土行性格是正统，这样的人才选拔是有失公允的，其结果是高层次管理人才不搞阴谋都不正常，因为需要冷静中反制、隐忍中使坏、内敛中出谋。其实管理很多时候需要有冲劲、需要有激情、需要绕指柔、需要重执着，但这些性格的人只能是隐忍者的手下，不能是独挡一面的人才，形成了人才花园里一花独放的态势，即使有背景的圈里也是如此。

人才管理学必须实现人才的百花齐放，而且一专多能，而非专而不博。专业人才在某一领域里专而深是对的，但若专到除了本领域外，其他领域相当于白痴就不正常了；而本领域若只专在自己研究方向，则更不可取。再说，文科人才也应懂数理化，理科人才也该知文史地。所以有的哲学家、文学家空余时间酷爱研究力学范畴的事物，制作一些难度颇高的器具、模型；有的律师喜欢天文学、有的秘书喜欢化学实验、有的文科老师迷恋九宫格数独；有的数学家会训诂、有的物理学家能写古诗、有的化学家痴迷考古、有的文人喜欢探索武器装备、有的军人喜欢吟诗作画，就是在专业领域里，为了能更专业、更深入，有的人才把与本专业有关、无关的知识研个透彻。人才，既有特别专的一面，也有多才多艺的一面。

人才管理必须避免只要专而不管博。中国学位体系里，学士在中国传统文化里是有学之士，在今天是学习做研究的士人（士人，古时指读书人，亦是中国古代文人知识分子的统称。下同），所以获得学士学位者为学术的初级研究者；硕士在中国传统文化里是品德高尚、学问很大的人，在今天是有大学问能开展研究的士人，所以获得硕士学位者为学术的中级研究者；博士在中国传统文化里，原指掌管书籍文典、通晓史事的官职（秦汉），后指学术上专通一经或精通一艺、从事教授生徒的官职（明代），在今天是指知识渊博、学问深厚进行大项目研究的士人，所以获得博士学位者为学术的高级研究者。显然，博士是“专通一经或精通一艺”，且“知识渊博、学问深厚”的高级人才。

只是现在很多博士，只剩专而无博，把书读死了。古时候还把死读书、教条主义，或者书生气很浓、不谙世故的人称为“书呆子”。今天的人才，更不能只会一点不及其他，也不能只读书而不会用书上的知识变通。高分不等于高能、学历不等于能力、文凭不等于本领，不能只在嘴上说说，而要体现在对人才的认同与重用上。一招鲜，走遍天。但只有一招，危险如影随形，因为“强中自有强中手，一山更比一山高”。

3. 人才管理学静心反思论

中国人才管理，须是甘于寂寞，而不是总谋求名利得失。在国学中，甘于寂寞是君子精神的重要内涵，读书是清苦的、做学问也是清苦的。书中不一定有真有“黄金屋”“颜如玉”，做学问也不一定最后能成功谋得名与利，如此还能耐得寂寞、还能感受到“布衣暖菜根香诗书滋味长”，是真读书人、真学问人。然而，西方引进了“快餐文化”，出现诗书、做学问都快餐化。各类人才皆以能够“出成果”为要义，一个模型变幻出多篇论文、一个月甚至一周能出炉好几篇论文，尽管这些论文被人全文看下来的达不到十位数，但有名有利有职提升，文人不再有梅花傲骨、兰花高洁、竹子清雅、菊花恬然，而醉心于扬名立万、争权夺利。这应该是值得警惕的事。毕竟，人才是一切发展的基础和重要生产力。

改革开放，发展 GDP，是从物资匮乏中走出来的重要途径。但经济腾飞不能以牺牲文明为代价，也不能以放弃君子品格为前提。物质丰富的同时也须有德化。而道德教化、思想教育的一个重要前提，是人心能够静得下来。心不静，无以修行，心不静，无以德化。只有心静下来，才能在全心谋利路上刹车反思。能反思，是一个人成熟的标志；能反思，是一个民族越来越健康的标志。管理，极其重要的一点是引导人们反思，在反思中升华。

只是快餐化社会，人们总静不下心来，忙忙碌碌，利来利往。疫情期间特别是全民隔离时期，没有聚会、没有活动，终于让全国安静下来了。这个时候，有条件慎独、有条件内视、有条件涤心。思想的积累、内在的沉淀、人心的比重，只有在审视己心中获得。芸芸众生，无须想得太复杂，简简单单地审视一下自己走过的路，审视一下自己的生活方式，审视一下自己的执念追逐，审视一下自己的良知保存，审视一下自己对工作、生活、别人、万物的态度，也许便有了瞬间的顿悟、也许就有了些许开悟。人生的契机，就可能在开悟中现出曙光。

就高校教师这些大学里的知识分子而言，会更在意研究是否真实有效，还是会更在意成果是否有利于自己的成名获利。就高校的管理者而言，会更在意能为高等教育事业贡献，还是会更在意利用职务攫取科研成果（或其他利益）；会更在意自己的教学科研水平提高，还是会更在意自己的行政级别提升。当高校的学生都把任何一个带“长”字职务的行政长官看得比一位白发苍苍硕果累累的老教师还重要时，当学生们都极其在意自己在学生组织中的级别时，高校教育是否出问题了？对学生、对教师，只有一个要求：听话，不必有独立之思想；晋升没有独创没问题，只要满足一个条件就可以：合“我”意。如此，庸才也可以吹成天才。

高校，是培养人才的地方；社会，是锤炼人才的地方。本土人才不可能从天上掉下来，中国式现代化领跑人、中国化管理施行者、中国特色社会主义建设投入者，都需要有世界视野、更脚踏实地的中国本土人才，不应该被快餐文化、西化倾向、利益至上等同化。到了今天，人才应该是高尚的，人才应该奉献精神，人才应该是社会进步的代表。借助这因疫情出现的自我隔离，主动思想净化，从纯粹的名利得失中走出来，培育一份高洁的情操、培养一种积极的精神。

第四节　人才心和管理学科内涵

《人才管理学》学科包括人才开发与管理。图 19－2 规划了《人才开发学》与《人才管理学》各四门课程。本节所要阐述的是以这些课程为基础的深层次讨论，包括人才管理原理、人才管理技法、人才管理实践三大类。这些课程可以单独设立，也可以作为专题或专业方向性的具体内容。这里，以“人才管理”专业设计课程，其他方向可以参考之。

一、人才心和管理原理课程

1. 人才管理主课程的设计

原理性课程是《人才开发管理原理》《人才心和管理原理》。“开发”与“管理”既是独立的，也是关联的。说独立是因为侧重开发还是侧重管理，《人力资源管理》理论中开发是依附在管理中的，而在《人才管理学》理论中，开发是独立的，事实上，开发人才资源应该有独立的地位和独立的体系；说关联是因为开发中需要管理，管理中必有开发，两者不能截然断裂。只是，侧重开发的原理中会少谈管理，侧重管理的原理中会少论开发。

解释人才心和的原理，首先从人类进化的角度进行说明。众所周知，人类是从灵长类动物森林古猿开始进化的，经历了猿人类、原始人类、智人类、现代人类四个阶段。这是说，猿人类时是与其他动物一样，只是大千世界中的动物中的一类而已，到原始人类，能够直立行走，能够使用简单工具，并逐渐懂得用火。这个时候还没有文明产生（考古学和生物学已经否定了史前文明的存在），最多只是一些零散的文化状态有萌芽的先兆。直到“智人类”（早期智人约 3 万到 25 万年前，晚期智人约 1 万到 5 万年前）出现，才逐渐脱离动物的本能开始有了人类的“心智”，尤其到晚期智人时期，如山顶洞人、河套人等，文化已经出现。但本质上，一直到智人类，也还是按照原始的、动物本能的“弱肉强食”为生存规则，西方称之为“丛林法则”，只是到了智人类，人类有了智力、有了简单思维、能运用工具、能设计陷阱，于是在动物界脱颖而出，进入高级动物行列，文化开始发生，文明逐渐萌芽。

显然，文明诞生的重要标志，一定是是否有“心智”，有人心而有思维、有精神，有智力而能认识世界、改造世界。这就是说，人之所以为人的首要标志，就是脱离了动物界弱肉强食，懂得和平共处中彼此谐和，人类互相团结向大自然获取生存资源。所以，无论当今西方定的文明标志是什么，都不可能否认这样的事实：文明的第一阶梯是人类有了心智，这是区别于一般动物的根本性标志；文明的第二阶梯是人类有了文字，这是思维可以记录和交流的根本性标志；而文明的第三个阶梯是人类懂得了协和，这是脱离弱肉强食动物本能的根本性标志。人类的进化，是从动物状态进化到人的状态，进化标志外在的是大写的“人”，即能直立行走；内在的是有了思维能力和表达能力，即人有了心智。能直立行走，意味着可以空出两只前爪为手，人有了手，劳动能力无限增长；拥有了心智，意味着可以思想并把思想成果表述出来，人有了思想，认识和改造世界的能力无限增长。

无论是《人才心和管理原理》，还是《人才开发管理原理》，基本点就是人类文明的进化、人类社会的进步、人类思想的发展。如此方有人心双和，人才管理才走上了正道。

2. 人才管理学科原理解析

原始人类处在动物性本能的弱肉强食向有智慧的弱肉强食过渡的阶段，智人类则是从有智慧的弱肉强食向有文化的弱肉强食过渡的阶段。如果说原始人类基本靠猎取、争夺自然的物质资源生存，那么智人类在争抢自然资源的同时已经具备了开发创造初级生存物质资料的能力，并且逐渐学会种植、养殖和简单工具的制造，向现代人类过渡，成为这个星球的霸主。原始部落时期，人类就已经把弱肉强食的争夺上升为战争，通过战争消灭那些实力不如自己的部落而壮大自己。当全世界都认为这样理所当然时，一代又一代、一批又一批先贤先哲们，开始思考人类自身，开始探索人类文明的发展方向。距今约 3000 年前，新文明曙光闪耀全球，逐渐形成了东西方两个文明阵营。人类文明的第三个阶梯，是东西方两个文明阵营重大区别的形成阶段；东方阵营是中国春秋战国时期（公元前 770 年至公元前 221 年）承续文明出现的百家争鸣，公元前 6 世纪释迦牟尼佛学文化也开始了（此略），西方文明则略迟一些，诞生于巴尔干半岛南端的希腊文明。

关于希腊文明，其成果长期被遗忘，到欧洲中世纪才再次面世，所以有理由怀疑很多成果是希腊文明再次被发现以后，特别是文艺复兴时期（14 世纪至 16 世纪）加上去的，而不是原来真正的希腊文明。这也是“希腊文明是杜撰出来的”观点产生的原因所在。还有，古希腊文明有观点认为是比较落后的文明，因为希腊文明时期还没有建立国家，只有一堆的城邦（西方认定文明标志之一是有城邦遗迹）。而古希腊由于压缩在一个半岛内，急于向大陆扩张，事实上没有大陆性地理环境的完整性，也不宜农耕，但适合果木种植，尤其是葡萄、橄榄、无花果等，另外也依赖近海打鱼；这不能满足生活的基本要求，无法如大陆农耕那样在生活基本条件方面自给自足，只能不断地向四方外出换取其他生活资料。战争的延伸也让这种外向型经济进一步发展，商业发达，当时希腊东南部的比雷埃夫斯港成为地中海国际商港，可以在这里买到很多外国商品。即使如此，包括比雷埃夫斯港在内的任何一个城邦、港口城市，都不能成为具有代表性的文明中心，所以各干各的，彼此互相争夺。此外，已经证明传说中古希腊文明的前身克里特岛文明、迈锡尼文明是不存在的；古希腊曾经击退了波斯帝国的镇压以及以马其顿为根基统一古希腊各城邦，但后来又被波斯帝国给打得奄奄一息，最终被罗马帝国毫无压力地给碾压吞并了。

中国的春秋战国，是从三皇五帝一路传承下来，经历夏商西周后出现的，整个春秋战国也处在历史上的东周时期，那时候出现的一大批哲学家、思想家、历史学家、文化大家和发明家等，都归入在诸子百家之中，其中的主流学派如儒、道、墨等，虽然治国方略、哲学观点各不相同，但有两点文化内涵却完全相同，那就是“心文化”与“和文化”，洗心炼心与协和天下的文化内涵、文明诉求，世界上各大文明中，只有中华文明旗帜鲜明地提出来，也只有中华文明自古至今一脉相传地传承下来。所以，心和文化是中国标签，心和管理是中国原创。这也是心和管理基本原理的重要起源、管理原理的重要内涵。

人才资源的心和管理原理，就在于管理是由人进行的，是由人接受管理而提升效率、效益的，所以心和管理的根本点其实是人才的心和、人才的心和管理。既对人才进行“心管理”，也对人才进行“和管理”——“心和管理”。其中，对人才的“心管理”，就是对人才进行思想开悟、道德醒悟、知识觉悟、技能明悟，简而言之，一是悟道明德心灵净，二是知行合一才华兴。对人才的“和管理”，就是让人才明白，输赢的最高境界是和棋，胜败的最高境界是和局，彼此双和共赢才是真正的胜利者。这些内容前面“原理篇”“理论篇”中都有涉及，这里不重复，但有一点必须明晰：零和竞争应进化到双和竞技。

3. 人才开发心和管理学科

人才资源的开发，与人类进化的进程是一致的。一是解放双手，让人的劳动能力借助现代科技无限提升；二是开发心智，让人的心灵系统与智能体系无限升级，达到心和境界。

关于劳动能力的开发。劳动能力就是西方管理理论中所提的“人力资源”，即人们在工作、生活中所进行的生产活动的能力，一方面是劳动所需的人的体力资源，另一方面是促使体力开展有效劳动的脑力资源。人才资源之劳动能力开发，一是基础劳动能力开发，即普通岗位所需的一般性、常规性工作能力，不需要高学历、高经验，正常人都能适应的工作能力，这部分能力的开发主要是心态、工作态度的培育，提供基础教育和一般素质教育。二是业务工作能力开发，即业务岗位所需的，须经过专门训练、具备专门知识才能胜任的劳动技能开发，这需要一定的文化层次、一定的工作经验，需要达到一定的专业层次、迈过一定的岗位门槛。就现代组织的员工而言，主要是通过继续教育、在职培训、在岗训练或交流学习等形式进行开发。三是专业技术能力开发，主要是指专业性很强、需要较深的理论水平和较高的专业技能的开发，如企业家的管理技能开发、总经济师的宏观规划与微观策划、总会计师的财务核算与金融运作等，需要高层次的教育和高素质培养。人才这部分的开发，重在更新、提升、深化人们认识世界、改造世界的能力，是职业、岗位所需的能力。

关于心灵系统的开发。这是“人力资源管理”与“人才管理”最重要的区别内容，人力资源管理主要在于开发“劳动能力”，而不太在意“心灵系统”的开发；而人才管理强调首先是心灵系统的开发，然后才是劳动能力的开发。既有专门的心灵系统开发的培训教育，也有专门的心灵系统的自我开发与管理开发；既有融合在劳动能力开发的体系和过程之中，也有心灵系统开发中融入的劳动能力开发。心灵系统的自我开发除了人们自己的自觉心、责任心和负责任的态度外，组织的文化建设、人文关怀等也要朝着有助于员工自我的心灵开发。心灵系统的管理开发包括所有规章制度、业绩管理、报酬体系以及高、中、基层管理人员的管理行为，都要融合进心灵开发的内容，不能带出优秀队伍的管理者不是好的管理者。可以说，心灵系统开发是贯穿于单位工作的方方面面、员工生活的方方面面。

人的心灵系统，是一个有生命的系统，既可能成长，也可能堕落，所包含的内容都与人心有关，如政治倾向、思想意愿、道德良知、善恶情感等。心灵系统的开发，就是让人心向着代表大众利益的政治集团靠拢、沿着符合人民意愿的方向思想；就是让人心悟道、明道、守道，让人心有品、有德、有良知，趋向真善美。既然人在一家单位、一个组织、一个民族、一个国家之中，就必须与管理者或执政者保持政治认识、政治态度和政治行为上的一致性，所思所想符合公理、公道、公心，其个人意愿与组织意愿、与民族和国家意愿相一致，所谓的人心所向、大势所趋，说的就是这个道理。人如果心地善良都不能做到，也就已经泯灭了良知，所以人才开发必不可少的内容就是让人懂道明德，让道心善良、让德心美好，如此，人的劳动能力才能发挥出正能量的作用。一切的善恶都是因人的内心是否清净、纯洁而起的，所以开发人心之真善美是前提、是基础。这是人才管理的特色所在。这里需要说明的是，心和管理学在任何一个内容中都特别强调道心德行，并非道德问题是管理问题的全部内容，而是为了扭转只注重利益、不关注道德的管理偏向。心和管理，首先是人心谋求双和，彼此协和是一切管理的最终目的，人才管理针对的是人的管理，自然更为重要。在这一点的基础上，才是效率、效益、利润、利益，才是物流、商流、信息流、程序流。

关于智能体系的开发。智为人心、智力，能为才能、体能，是人才资源的综合性开发。既然是综合的，自然有人心倾向、思想方向，智慧能力、心智模式，才华能量、体力能量等单项的开发，也有多项或全能开发，归根结蒂是人的能量场的增大、增强。

人才开发的最终目的，是提升并增强人才的劳动能量，并且是正能量。

二、人才心和管理技法课程

1. 组织管理协调谐和课程

作为心和管理学的一个分支，人才开发与管理的技术、方法，自然也是以心为本、以和为目的的。人才，之所以为人才，就在于他能积极主动地发挥出自己的劳动能量，为组织、为社会、也为自己创造出有价值的贡献。这个“有价值”，可以是政治思想方面、道德情操方面正能量的引导力、影响力，可以是科学层面、技术层面改革创新的创造力、行动力，可以是先进生产领域、市场推广领域的策划力、执行力，可以是行政管理角度、后勤支持角度的领导力、管理力等。一句话，有利于单位的进步和发展、自己的成长与成就。

在人才管理领域，主要涉及《组织行政管理学》和《按劳分配管理学》。其中，《组织行政管理学》可划分为《组织管理学》《行政管理学》两大部分（两门专业课或一门课中的两编）。前者侧重于协和、流畅、高效的组织架构构建，后者侧重按组织架构运行的人员在流程中各个节点、各个阶段的事务管理。两者都以人为核心，以协和为目的；以有效、高效为要求，以提升收益（社会利益、经济利益）创造价值为目标。

《组织管理学》严格意义上说是“心和组织管理学”，《行政管理学》严格意义上说是“心和行政管理学”。所以在中国，组织管理、行政管理首先考虑的不是组织构架、行政手段，而是人，是人心能否凝聚、能否振奋、能否协和。即中国特色的，或者说以心和为内核的组织行政管理，是以人心为根本、以协和为目的的组织管理和行政管理。

“和为贵”体现在以组织关系为核心的各种关系，如组织以及组织成员之与人、与事、与物、与自然之间的关系，都极为重视平衡、和谐、统一和有序；行政手段也是社会组织（包括团体）对本组织的相关事务的治理、管理和执行的社会活动，以及国家行政机关对社会公共事务的管理，达到组织或者整个社会人心协和的手段。换句话说，组织机构和行政手段的设立不是为了设立而设立，而是为了实现“和”的目的去设立。

中国文化认为“和”是符合天地万物规律的，人类关系的根本点在于人在自然界中发现和确立整体的及各自的秩序与和谐，故《易传·乾·象》说：“乾道变化，各正性命，保合太和，乃利贞。”性命之本在保持太和元气，万物规律在各安其位，如此方能祥和有益，“万国咸宁”。而且元亨利贞之“利者，义之和也”，这“和”便是“万物负阴而抱阳，中气以为和”的“和”。乾卦九五爻“飞龙在天，利见大人”，《周易·乾·文言》进一步解释“同声相应，同气相求……本乎天者亲上，本乎地者亲下，则各从其类也。”这是说同类声音能够产生共鸣而谐和，同样气息彼此吸引而投合……以天为本的生物向上伸展，以地为本的生物向下扎根，这就是一切事物各依其类别互相聚合的道理。什么样的人可以称为“大人”，“夫‘大人’者，与天地合其德、与日月合其明，与四时合其序，与鬼神合其吉凶”（《全本周易·乾·文言》）。这就是心和管理学之组织管理和行政管理的指导思想，家国天下，每个人各有其位，须统一有序，以和为贵。

所以，人才管理学建设的要义，是否具备协和组织、协和成员的技法、能力。

2. 传承创新人才心和课程

古代为相者，乃国之行政首脑（国家政府机关），春秋时代的诸侯之相，可掌管军权，是军队组织与政府组织的实权掌控者，只对王上负责。组织行政管理有几个点可以从国学中明晰，一是由齐相管仲提出的礼、义、廉、耻“国之四维”，二是“礼之用，和为贵”的内涵，三是“义”之用，奉公、守规、行善，而行“义”的具体方式和手段，仍回归到“礼”，即互助、平等、谦和。这些内涵，与西方所崇尚的文化内涵、道德观念的侧重不太一致，弱肉强食的本质就是“利”为核心，无关乎“礼”，不在于“和”。

显然，在组织机构设置、组织人员设计以及行政行为即行使国家权力或组织权力上，中西方同样具有差异性。简单套用西式组织架构和行政方式，与中国心灵深处的观念不吻合。中国人讲礼义信，讲顺应民意，注重天时、地利、人和，而人和是组织管理可以控制的。得人和的前提是德、功、能皆服众。《管子·立政》说：“君之所审者三：一曰德不当其位；二曰功不当其禄；三曰能不当其官；此三本者，治乱之原也；故国有德义未明于朝者，则不可加以尊位；功力未见于国者，则不可授与重禄；临事不信于民者，则不可使任大官；故德厚而位卑者谓之过；德薄而位尊者谓之失……君之所慎者四：一曰大德不至仁，不可以授国柄。二曰见贤不能让，不可与尊位。三曰罚避亲贵，不可使主兵。四曰不好本事，不务地利，而轻赋敛，不可与都邑。此四务者，安危之本也”。这里提出的“三本”“四固”，是国家管理的核心，自然是组织管理建设的核心。古代能流传下来的往往是治国大事，至于冶炼、丝绸、建筑、陶瓷等古代企业的组织建设，较难留下当时的组织形式。但这些指导思想，也可以说明组织建设重在人、不重在形，有人，便可以形成中国特色的组织形式。

在传承的基础上，红色革命、红色建设中的组织管理和权力行使，改革开放以来的组织管理和权力行使，创新了富有中国特色的组织建设模式、行政管理模式。例如，党组织将支部建在连上，后来发展到所有单位都在基层建党支部（上级建党委），意味着军队、行政、企事业单位和社会团体各领域的各个层级都实行了管理双轨制，即在业务管理线外并列着一条党务管理线，有专门部门和专职人员负责思想政治工作。这是中国红色管理的创造。军队的政委制（包括营连的教导员、指导员）、地方的党委制（包括党总支、党支部），保障着政治上的坚定、思想上的纯洁、品行上的正道——人心管理的党务模式。现代企业中，国有企业也是党政两条线，很多民营企业也在企业组织架构上增设了党务管理，有的设立“政委制”等，其功能和价值高于所谓的人力资源专员，因为人力资源管理部门不负责修身养性，培训主要是企业技能培训，不大涉及炼心、洗心，对“人心管理”不重视。

红色管理之民族统一战线上的“三三制”（在政权机构和民意机关的人员名额分配上，代表工人阶级和贫农的共产党员、代表和联系广大小资产阶级的非党左派进步分子和代表中等资产阶级、开明绅士的中间分子各占三分之一），也提供了机构组建的一种模板，在今天仍值得参考（成员组成须作调整）。而步兵的“三三制”战术原则（以班为单位分成三个战斗小组，每个战斗小组三人，为便于相互接应，一般排成三个梯队），在生产车间、服务行业的流程安排、人员梯队上，也具有极高的参考价值。红色管理的创造性内涵，改革开放的融合性、适应性创新内涵等，还需要在创建《人才管理学》学科时进一步整理挖掘。

3. 悟与聚心管理技法课程

行使行政管理权限的主体称为行政组织，行政事务的管理和组织意图的落实，具有很高的规定性、强制性，所以行政职能过分强调服务性，会削弱组织力量和行政权力。应该承认，组织和行政管理，具有一定的服务性，需要给社会或组织成员提供帮助和便利，但这有个前提，是提供行政事务落实和组织意图执行的帮助和便利，而非放纵在组织内自由行为。组织管理也好、行政管理也罢，思想上应该有服务意识、行为上应该有协和结果，但重要的是不能因此而削弱或动摇行政权力，导致组织内部事务和社会公共事务受损。事实上，无论是组织行为还是政府行为，都是在行使权力为主、服务为辅，只是权力之内也需要有服务。

从中国人文内涵角度看，人才管理的核心点是让人悟道而心有觉悟，即对人心的必要约束与合适梳理、引导与激发，这就是《人才心和管理原理》的要义之一；而《组织行政管理学》则确立了人才开发的基本规则（遵循自然）、关键途径（求仁得义）及重要方法（刚柔相济）；木金水火土五行理论，明晰了人才开发管理的识人、选人、用人、育人、留人的五行运行体系。此外，人才配置既要考量人才之间因性格、学识、成长环境等内外因素形成的相生相克原理，也要考量最大限度的心愿激发、心界开拓、心境沉淀；考察工作的特性与人才的匹配，人才的工作能力与产生效益、效率、效果的匹配，心和管理称其为“能效匹配度”。这就又涉及能力与人品人德的问题，品德高而能力强，效益就高，反之就低。

在人才开发领域，主要涉及《人才五行分析学》和《人才配置激励学》。其中，《人才五行分析学》具体又可划分为“五行性格分析学”和“人才性格管理学”两大部分（两门专业课或一门课中的两编）。前者主要对职工进行性格分析，确定职工性格属性及其工作表现和日常特性；后者重在针对人的性格特征，包括共性特征与职工个性特征开展管理工作。根据职工的个性以及合作需要的互补性安排岗位、搭档，把职工擅长的发挥出来。这是人才管理的要义。古语有云：女为悦己者容，士为知己者死。管理的重要方面便是培育这样的“容女”“死士”，为单位养成具有强烈归属感、成就感并为单位和个人创造价值的人才。

《五行性格分析学》的内容参见《心和管理学·理论篇》“心和管理学人才识别”一章。

《人才性格管理学》的内容参见本篇第二十章“人才学科之五行心和管理”。

三、人才心和管理实践课程

1. 中国特色按劳分配管理

人才资源的实践性课程，包括收益分配和人才成长等内容，涉及《按劳分配管理学》《人才配置激励学》等内容。其中，《按劳分配管理学》又划分为“按劳分配工资体系”“按劳分配效能体系”两大部分（两门专业课或一门课中的两编）。前者在功能上取代《薪酬管理》，侧重收入按劳分配管理；后者在功能上取代《绩效管理》，侧重劳动效能考核管理。

按劳分配是社会主义分配原则，与西式薪酬、绩效管理有着本质区别。按劳分配是在对社会总收益、社会总产品进行必要的社会公有化扣除后的那部分收益、产品，对投资风险承担者（投资方或投资人）、组织法人（如企业）以及所有劳动参与者的再分配。其中，社会公共分配由国家行政机构，如国家方针政策以及不同阶段的政策倾斜，政府财政、税务部门以及这些部门根据全民需要确立的分配比例等；而投资者、组织法人、劳动者的按劳分配总额，则在符合国家政策基础上由市场供求关系调整和落实分配比例；劳动者个人由劳动者所在单位根据国家政策、单位可分配总额进行合理分配，所要解决的问题是，国家政策与同城职工收益均值与本单位的分配关系、本单位按劳分配之“劳”的内涵认定、不同职务和工种收入差距比确定、同工是否同酬、职工效能如何认定、职工效能与薪金比值等，以及这些问题的解决是否真正达到了国家、社会、单位、个人的协调和谐。

收入分配问题的不协和，是导致组织和社会不安定的重要因素，这是课程建设需要引起重视的，这也是劳资关系处理的基础，而劳资关系，也必须是协和的。“按劳分配工资体系”学科建设的重要作用就是解决职工收益的按劳分配问题。

职工收益，一般指经济收益和精神收益两大块。经济收益包括工资、福利、奖励等可以量化的收益，精神收益包括职工感受、学习成长、工作环境等只能半量化或不能量化的收益。所有这些，是与职工对组织（单位）、对社会甚至对民族国家的贡献相挂钩，即职工付出的“劳动”与职工创造的“效能”挂钩，根据对本单位的贡献值而明晰的劳动报酬，是常规收益，对社会、民族、国家的贡献所获得的报酬是额外奖励。常规收益中的工资，是劳动能力和劳动贡献的基本保障，以薪金形式按月发放；福利有两方面，一是国家规定如“五险一金”，二是企业福利如交通补贴、误餐补贴、办公条件等；奖励则是额外工作、超额贡献、特殊价值的奖励，可以奖励现金、可以奖励物品，也可以奖励法定假期外的带薪假期、单位提供的旅游聚餐，或奖励更高职位等。所有上述内容，都将量化的收益表示出来，让获得的职工明明白白。福利部分、能量化的也量化，不能量化的折算成收益数值，在职工收益中表现出来，让员工清楚自己获得了哪些福利、价值几何；如办公条件，应该把单位提供的办公设备单独列出来，标明价值。奖励部分，则要明确两点：一是奖励价值要体现出来，要让获得者有荣誉感，真正体现发奖能激励员工；二是奖励不能工资化，也不能固化，而应是动态的，可以是个人奖励、部门奖励、项目奖励，给管理者和决策权人充分的激励能量棒，用在适合的时候、适合的工作上，以帮助领导人带领大家优质完成任务。

“按劳分配效能体系”是按劳分配工资体系通过什么途径、方式和方法落实的问题，即认定“劳动”的程度和强度的核算，把握“效能”的程度和强度，即劳动交通管理。

这里的按劳分配第一步是“劳”与“能”的匹配度，也就是是否把自己的劳动能力体现在工作岗位上，即职工工作主动性、责任性和归属感等方面的考察；第二步是“能”与“岗”的匹配度，也就是职工劳动能力与工作岗位的契合性、适应性；第三步是能岗匹配度结果与“效”的匹配度，也就是岗位职责完成结果是否展现了“能”的水平、是否达到了“岗”的要求；第四步才是确定按劳分配的分配方案，包括工资级别——基础级别与晋升级别，岗位待遇——职务待遇或项目待遇，奖励内容——基础奖励及特殊奖励。有了这样一个“按劳分配效能体系”，便有利于人才培养和招聘，也有利于按照这个体系建立起对应的效能考核体系。

这个考核体系中，需关注两点：一是设立合适有效的观测点与观测数据标准值，以便记录下来作为考核依据；二是“水平”“要求”等有具体的层次级别，以便作为基础工资、岗位待遇和奖励依据——这个过程其实就是开展考核的过程，所以设计效能计划，开展效能观测是在工作过程中就开始了，由职工本人申报和管理人员填报两部分。最后由人事专员根据分配方案计算核查，将结果在规定范围内公布，确立月收益、年收益。

新进人员则由人事专员根据招聘条件与能岗要求，确定初步工资档级和待遇，试用期后正式进入按劳分配效能体系。

2. 人才心和配置激励管理

《人才配置激励学》具体又可划分为“人才配置管理学”“人才激励管理学”（两门专业课或一门课中的两编）。前者是把人才放在适合他的位置，配备适合的合作者，发挥人才的最佳效果；后者是针对配置好的人才体系有针对性地展开激励。

“人才配置管理学”是针对本单位的最佳发展目标，合理地安排人才在合适的岗位上工作。这里先明确，心和管理的主要对象是人，这些人进入组织就是人才，也就是每个人都是人才的基本认定不能动摇。人才没能发挥出作用，只有两个原因，一是人自己内心尚未愿意贡献才华，二是没能给予人才合适合理的最佳配置。第一个原因是多方面的，需要综合考虑，但在本课程内，必须考虑人的道德所带来的主观能动性是否发挥出来，必须考虑是否存在没有找到合适的能够发挥其才华的工作岗位和工作内容。第二个内容需要进一步科学测评、进一步有效沟通。在此基础上可以进行必要的素养培训、必要的人生反思，管理者与职工双方再行“量才”，再论证人才的适用性。有三个原则必须把握：一是岗位职责的明晰；二是人才所长的充分发挥；三是人才智能体系的不断充电。

“人才激励管理学”涉及物质激励与精神激励，其中物质激励可以在《按劳分配管理学》的工资体系、效能体系解决。这里着重半物质半精神激励部分和精神激励部分。

半物质半精神激励一方面与奖励有关，如职位奖励、带薪假期（或旅游项目）奖励、追加任务奖励等；另一方面与个人成长有关，如安排最优导师、安排交流实习、提供培训机会、获得学历学习机会等。精神激励主要在以下几方面努力：一是思政教育，学习红色管理的思想政治工作；二是传统教育，学习中华传统优秀美德并参与无偿公益活动；三是荣誉激励，包括在家族、社区、母校提供表彰、讲座，对有特殊贡献者还可以组织其成果研读会，由宣传部门写报告文学等，甚至可以在公司组织的活动中根据真人真事安排表演，以提升职工的荣誉感、成就感、归属感，不由自主产生为组织、为社会或为民族、为国家多做贡献的愿望。也就是说，最优的激励，是让人积极向上、全心努力，做业绩做贡献心甘情愿。

不否认物质决定意识，只是在具体管理中一定要关注到意识对物质的反作用并充分利用好这种反作用。并且，奖励就要起到奖励作用，激励就要体现激励价值。

3. 队伍和合培训开发管理

人才管理的实践性、应用性学科内容，主要在《人才和合管理学》与

《人才培训管理学》课程中。前者侧重于人才的协和与合作能力、和合水平的提升，后者侧重于人才的知识与技能的更新、智能体系的完善；两者致力于人才的培训与开发。

《人才和合管理学》，这里所说的和合管理，在西方可能比较接近团队建设的方向。在汉语中，有两个词与“团队”意义相近，一个是“集体”，一个是“队伍”。但只是相近，内涵外延还是有很大区别。一般“集体”是一个大概念，如果勉强与“团队”对应，还应加上一个“小”字，叫作小集体；“队伍”则可大可小，小队伍也勉强可以与“团队”对应。但是，团队精神与集体主义精神意义大不相同，团队建设与队伍建设也有一定差别。心和管理恢复队伍建设概念，强调集体主义精神培育，而非小宗派式的所谓团队建设。

“和合”是中国传统文化，其中“和文化”已经有过很多说明，而“合”是合拢，用现代语言就是“无缝对接”；“合”还是合作、配合等意思；和合连用，则是“和睦同心”的意思，是心和文化内涵的另一种说法。和合，“和”更侧重是协和、调和，“合”更侧重于兼容、包容；和合管理，就是一个组织内所有成员，要在自己所在的集体里和合一切人与事，要于自己所在的队伍中既发挥作用、体现价值，又能与队伍内其他成员共同合作、互相包容，形成一个坚强的集体、有极强战斗力的队伍，彼此间能取长补短，共同成长，共同创造辉煌。所以，和合管理在于建设起一支强有力的队伍，为组织这个集体作出贡献。

《人才培训管理学》关于人才培训的问题，站在组织用人的角度所进行的培训，与站在咨询培训机构角度所进行的培训，从形式、内容到时间安排都是有差别的。

道理上说，应该是咨询培训机构更专业，提供的培训更有针对性、系统性和实效性。但现实中，一方面，咨询培训机构良莠不齐，真正能提供机关、企事业单位所急需的培训课程体系比较难；另一方面，单位所组织的培训往往无法按年初订立的计划执行，也不能真正经过深入调查研究后制订培训需求，从而找到合适的培训机构承担任务。

现实中培训任务以邀约式为主。中国的培训还有相当大的提升空间。无论是培训供应方还是需求方，可以组织的培训形式有学员制、研讨式、师徒式、小组竞赛模式、角色情景模拟式等，也可以综合运用两种或两种以上形式进行。培训方式有讲座式培训，目的是拓宽眼界、提升素养；有训练式培训，目的是更新或掌握新知识新技能；有拓展式训练，目的是集游戏与培训于一体；有带研究生模式，目的是开展个别化针对性培训；也有交流式培训，目的是从别家业务中体会和升华。当然同样也可以综合上述两种及两种方式以上的培训方式。在时间上，脱产或不脱产都可以有短期培训（脱产一两天，或不脱产5次以内）、中期培训（脱产5~15天，不脱产10次以上）和长期培训（脱产一个月或不脱产30次以上）。

培训组织上，可以是同类人员培训班，如高级经理班、班组长培训班等；可以是专业培训班，如金融会计班、销售技巧班、某某工种培训班等；可以是全员培训班，全单位人人参与；也可以是几家单位联合办班等。需要明确的是，培训，既是员工智能体系开发的一种模式，也是员工激励的一种有效方式。合适的培训容量与合理的培训方式，在一定程度上决定着人才开发的数量与质量。当然，思想开悟、德性开发、能动性扩张是开发不可或缺的。

第二十一章　易道心和之生产流通管理

历史上，古代中国的手工业、冶炼业、陶瓷业、丝绸业，以及茶业、盐业、造纸业、印刷业、建筑业等行业，就当时历史条件来说，相当发达，其生产方式、流通模式也很有时代特征。研究和探索中国古代工商业管理与发展，对今天重建中国模式的生产管理、流通管理，很有价值。而且仔细探索后可见，由于国学基因的传承，无论从业者是否了解国学的根柢与发展脉络，都会不知不觉暗合了中华传统的阴阳八卦原理。因此，国学管理视角的生产与流通管理，既要传承中华传统行业的生产流通内核、又要创设时代特色的生产流通内涵，形成既有中华文明底蕴、又有现代科技创新的生产管理和流通管理。

需要说明的是，从大量考古成果和传承下来的技艺上看，中国古代的制造业十分发达。但目前能查到的大多是产品和技术本身，对于组织架构、生产流程等的记载相对较少。所以，这里生产管理的内容主要涉及技术管理（含工艺流程）、质量管理等。

第一节　生产流通管理发展简史

一、古代手工制造业发展史

1. 文明制造大国源起远古

高校生产管理学科的内容以西式为主，基本上从泰勒那一代人开始传承、演变并发展起来，所以全称往往加上“现代”二字，谓之《现代生产管理学》。建设中国本土生产管理学学科，则从中国古代论起，16 世纪、17 世纪之前，全世界最发达的工业、最先进的生产工艺、最好的制造业产品，都在中国。换句话说，中国古代就是制造大国，当代复兴了这一声誉。

中国工业的起源从手工业说起，手工业是从制造生产生活工具开始，相当重要的一方面是制陶和纺织。陶器从简单手制发展到轮制、从篝火加温到炉灶加温、从纯土坯到彩绘，经历了漫长的历史阶段。陶器的炼制，是新石器时代最具特色的手工业。大概在仰韶文化时期（距今约 5000 年至 7000 年），氏族人民已发用纺轮捻线，用自制织机织麻布、用骨针缝制衣服；在龙山文化遗址（距今 4000 年前）中发现了陶纺轮，也发现了骨梭，证明当时已经广泛采用陶制纺轮。从那时文明进步速度推测，纺织术应远远早于仰韶文化就已出现。

最早开始使用铁器的年代，目前尚无定论，一般认为在春秋时期，目前发现的凹形锄（臿）刃，梯形锛刃、削、刮刀、剑、鼎等，基本上是固态还原的块炼铁（不含炭的铁）。但众所周知的是，夏、商、周三代被称为中国的“青铜时代”。尤其商代、周代是青铜繁盛时代，生产规模大、作坊集中在王都，产品趋向生活化，主要供王室和贵族使用。这个时期玉器、刺绣、陶瓷、制漆等行业也出现，其形式以家族作坊为主。

需要注意的是，那时工业与手工业无法截然分开，车船制造、制陶、漆器、织锦、木器、制盐、冶铁、酿酒等从今天来看很多是工业制造，但那时基本以手工为主。不可不说的一点是，中国的铁匠业、铜匠业、银匠业等一切与冶铸业相关的工匠，以及与炉、火有关的行业，都奉太上老君为祖师爷。“太上老君”为道教尊奉，其实就是春秋时期的老子。就是说真正让冶炼铸造业走上一个新台阶的，毫无疑问的是道教的炼丹业（也是中国化学的起源）。

春秋战国时铸铁柔化处理技术的发明，比欧洲早至少 2000 年，是世界冶铁史上的重要成就；而青铜铸造工艺是世界巅峰水平，尤其是金银错技术和雕铸艺术；还包括漆工艺的夹纻技术，纺织精制麻布制造技术，制盐业的池盐、海盐、井盐技术，酿酒业的用曲造酒技术等。战国时著的《考工记》① 是中国目前所见年代最早关于手工业技术的文献，不但保留了先秦大量的手工业生产技术、工艺美术资料，还记载了一系列的生产管理和营建制度。可以这么说，战国时期铁器使用发生了翻天覆地的变化，当时冶铁生产具备了很大的规模。

---

① 《考工记》出于《周礼·东官》，是中国春秋战国时期记述官营手工业各工种规范和制造工艺的文献。全书共 7100 余字，记述了木工、金工、皮革、染色、刮磨、陶瓷等六大类 30 个工种的内容，反映出当时中国所达到的科技及工艺水平。此外还有数学、地理学、力学、声学、建筑学等多方面的知识和经验总结。

2. 中华手工业古代兴盛史

两汉是中国制造业的辉煌时期，许多成就都在那时出现。如丝织业，已能织出锦、绣、罗、纱灯许多品种的丝绸；冶铸业已经用煤为燃料，发明了淬火技术，当时的宛、巩（今河南南阳、巩县）等地是著名的冶铁中心；在冶铜领域，能低温炼钢技术使用并推广；冶铜场和铸铜作坊遍及全国，著名的有广汉、蜀郡等。河南巩县铁生沟冶铁遗址出土的西汉铁撅、渑池出土的汉魏铁斧，已经是球状石墨组织的退火铸铁件，而这种按球墨铸铁技术，国外是 1948 年才出现。西汉铁撅的球化率已达现代标准的一类 A 级，这是世界冶金史上罕见的技术成就。另外，造船业也已相当发达，当时的水军拥有用途不同、类型多样的舰船，其中楼船高达十余丈；发明了橹、舵和布帆，且使用锚。

魏晋南北朝时期除继续发展冶炼行业、纤绳行业、陶瓷行业外，最重要的是造纸业获得长足发展，开始替代简牍，成为最重要的书写材料。东汉蔡伦，创造了造纸新工艺，魏晋南北朝时期不断改进，生产出来的纸张白度增加，表面平滑，质地细薄，且产量大增；洛阳、长安、建业、扬州为著名的造纸业中心。这里需要提一笔的是，瓷器在东汉时出现，魏晋时成为制瓷工业，其产品称作“青瓷”，比原始瓷器、比青釉器有了巨大的进步。青瓷，是中国瓷器成熟的标志，最具特色的是浙江青瓷。

隋唐时期，丝麻纺织遍布全国，陶瓷制造世界著名，产品通过丝绸之路销往世界各地。最有艺术成就的是“唐三彩”、青瓷的“秘色瓷”。冶铁行业蓬勃发展，已经普遍采用了切削、抛光、焊接等工艺。造船领域能制造出当时世界上最大的海船，造出使用推进器的战舰，其船有“海上霸王”之称；造船规模也相当巨大，仅洪州一地就能造出海船 500 艘。这个时期还有一大成就：雕版印刷业创始，到五代时奠定，宋代盛行。

辽、宋、夏、金、元时期，因为冶炼的需要，最大技术突破是燃料改进，矿业得到大发展，尤以煤的开采最为著名。与宋代同时期的辽、西夏，矿冶业水平很高，铁器制作是那个时代的精品，并且开始应用竖式风箱设备。丝织、棉纺、制瓷等业规模宏大，商业也因此发达起来。唐宋时期，是中国民间手工制造业的又一个兴盛时期。

元代前期，官府手工制造业畸形发展，严重打击了私人手工制造业，有所发展的主要是棉纺织业和丝织业。元明以降，由于官府手工业的衰落和手工业者地位的改变，民间手工业发展较快。明代产铁地区共达 100 多处。在河北遵化、山西阳城、福建龙溪等地出现了较大规模的铜铁冶业。制瓷业中，民窑数目已大大超过官窑，烧制瓷器可与官瓷媲美。宋代制瓷技术已达一个新高峰，经过元代到明代，再上一个高峰，而到清代，瓷器烧造在中国制瓷工业史上达到了顶峰。明代中叶以后，手工业生产中出现了资本主义萌芽，到清代前期又有缓慢的发展，涉及的生产部门有丝织业、棉纺织业、制瓷业、造纸业、制盐业、制糟业、矿冶业、木材采伐加工业等，而主要表现在丝织业和棉纺织业方面。

清朝手工业基本承续明朝，官办的是织造、陶瓷、铸钱、军器火药、造船、御用工艺品等门类比较突出，而民办手工业有了长足发展，出现了大规模民间手工业工场。巨大的投资和对外商埠的开放，产生了富贾大商的同时，也培育了大批专职管理人员。

可以这么说，中国的手工制造业，起源于生产劳动，是生活的需要。在夏商周时代，民间与官方手工业共存，但有规模的基本上由官府控制，其产品大多集中在与战争、祭祀相关的制陶业、纺织业、青铜铸造业、玉器、车马器具等领域，当然，大量的还用于王室贵族的奢侈享受，并作为艺术品用于装饰。

3. 手工业形态及管理要素

秦汉到明清，手工业共有三种形态：家庭手工业、私营手工业、官营手工业。

家庭手工业，以家庭为单位的自主经营和管理，其特点是规模小，没有太多的资金，营利不是主要目的，产品主要在于自用和交纳赋税，有余才会进入商品流通。严格意义上说是以劳动和生活需求为主，不在于赚取利润（有也不多，无非充实家庭收入而已）。

私营手工业面向消费市场，以赚取利润为主要目的，皇家、官家也会向私营者购入产品或作为定点生产基地。私营手工业，属于民间私人经营与管理；规模相对较大，资金相对较雄厚；一般有农民家庭手工业的扩大和城镇家庭小作坊两种形式，产品大部分在市场流通，以营利为目的，少量用于消费。常规的是采用“机户出资、机工出力”“计工受值”式的雇佣劳动关系。其不可避免的是遭遇官营手工业的压迫。

官营手工业，由官府经营。其特点是政府直接经营，大作坊生产，资金雄厚，产品精美；原料由官府提供，不计成本，不进入市场，缺乏竞争。其产品主要是提供给以朝廷为代表的官方（包括皇家、官家）使用或收藏，市场不流通。严格说是政府财政支出模式，而非供应市场赚取利润。官营手工业常常强征工匠无偿服役，且管理残酷，经常引起工匠强烈不满。

从管理角度看，简单地说，中国古代的家庭企业是家长管理（或族长管理）、民办企业是技术管理（商业领域则是掌柜管理）、官营企业是行政管理（或叫官府管理，不仅仅工部有工业，还有皇家内府、户部以及地方官府即有司的管理）。可见，中国混合经济模式自古就有，发展至今。古代家庭企业发展为今天的小微企业（个体户），古代私营企业发展为今天的民营企业，古代官营企业发展为今天的国有企业。经济模式依然保持着国有经济、私有经济和民营经济共存的局面。中国特色的社会主义市场经济，除众所周知的道路特色、理论特色、制度特色和文化特色外，还特在有中国自己的传承与发展上。

在漫长的中国古代历史上，中国工业领域的管理不同时期称谓不同。如周代，据《考工记》记载，有木工、金工、皮工、设色工、刮磨工、抟埴工六大类 30 多种，称百工，其中木工又可分为轮、舆、弓、庐、匠、车、梓等工种，有工官管理生产，工官称谓有“人”：“轮人”“匠人”；“氏”：“冶氏”“梓师”等。“人”“氏”系下级工官（类同职能工长），他们懂技术，直接管理制作器物的工匠。“师”是高级工官，地位在“人”“氏”之上，不仅有监督权，也有处罚权。再上还有“司空”，为最高技术管理职务。

唐代，中国手工制造业进入新高峰期，官营规模巨大，皇家设少府监、将作监、军器监三监管理，另有专门管理机构如内庭、贵妃院、良酿署等以及各地方官府管理的机构等。生产的物品，从军用到民用、宗庙祭祀到宫廷日用、从生活品种到艺术作品，一应俱全。而私营手工业也逐渐发展为小农经济手工业（家庭生产）、利益集团手工业（代表大官僚大地主的庄园手工业、代表祭祀权益的寺庙手工业）、城市手工业（供应城市商业需求的手工业）三大类。宋代手工业，继唐朝以后再上一个新台阶。目前研究宋代经济的文章相当多，各种资料皆已出笼，对创建中国特色的《生产管理学》有着重要的资料基础。

有关制造工业管理的记载也渐渐多起来。如明代中叶以后，矿业领域有了工场手工业的编制成本计划，其步骤如下：（1）收集和整理有关编制成本计划的资料；（2）预测目标成本，提出增产节约的措施；（3）测算增产节约各因素影响成本降低率；（4）正式编制成本计划。而成本计划的编制方法，是与成本管理的级次和核算方法相一致的。一级核算企业的成本计划由财务部门编制，首先是根据各项消耗定额和有关计划资料，编制产品单位成本计划；其次是根据单位成本计划，编制商品产品成本计划；最后是按生产费用要素归类，编制生产费用预算。产品成本的日常管理，有统一领导和归口分级管理。例如，把企业的生产费用分解成若干小指标；划归各职能部门、车间和班组管理；原材料费用支出，划归供应部门管理；而原材料消耗定额，则划归生产技术部门管理，等等。

二、古代商业流通管理历程

1. 币制发展助推古典商业

中国商业的起源，源于“华商始祖中斌财神王亥”，崛起商族创建商朝的同时，也兴盛了商业、出现了商人，并诞生了货币的最初形式：贝。货币的出现是商业划时代的创举，中国货币的发展历程，从一个角度说明了中国古代商业流通的繁华程度和发展脉络。

战国时由“贝”更换为铁铸的钱币。秦国正式使用圆形方孔钱，称半两钱；同时期的齐国使用刀形币，赵国使用铲形币，楚国使用蚁鼻形币等。秦统一后首先做的事就是统一货币。汉代开始用黄金和铜钱为主币（汉武帝铸五铢钱稳定货币形式）。后世战乱，钱币一度出现大小不一情况，隋时仍铸五铢钱，但唐初就改革币制，“废五铢钱，行开元通宝”。新铸“开元通宝”为唐朝通用的货币，以后历代货币皆以此为范式。值得一提的是，中国最早的银行雏形也在唐朝诞生：设柜坊专营货币的存放和借贷。这比欧洲地中海的金融机构要早六七百年。宋元时期，中国最早、也是世界上最早的纸币“交子”，在四川地区出现。纸币的出现意味着商业高度的发展，再携带金属货币已是负担过重。明初，仍以纸币为主，铜钱为辅。直到明朝中后期，白银成为流通的主要货币。货币，是商业流通的重要媒介。

古代中国商业流通，似乎与手工业生产领域并非同步发展。原始社会的物物交换，是因为劳动成果有了积余，而且对自己没有的物品有了需求；当货币充当媒介之后，物品交换就从单一交换转变为多品种交换，物品也演变为商品。而货币出现的前提，是国家政权的出现；同样，商业流通的大规模形成，是国家权力或官府权力的行为。即使是在王亥开展商业活动时期，夏朝，他们代表着商族（一个十分强大的部落式族群，相当于一个诸侯国）。所以，在最早盛行商业和手工业时，这两大领域没有必然联系，都是国家政权或者是官府控制的，手工业产品不进入流通领域，商业不会去经营官办手工业，民间流通规模有限、制约很大，再加上进入市场的商品官府有严格控制，什么东西准许卖、什么东西不准许卖，很多朝代有明确规定，再加上重农抑商的社会现实，可以这么说，中国商业一开始就是由皇家、官府垄断的，官办官营成主导，私人商业活动受到严格限制。

商周时期，开设的市场主要为奴隶主贵族提供服务，供应的商品主要是奴隶主贵族们所需要的奇珍异宝、奢侈品等，以及奴隶买卖。这个时期，各诸侯国实力最重要的是土地与人口（军力也来源此），而农民是这两项数量的绝对保证，所以鼓励农民种粮、生育（休养生息）几乎成为国策，限制商人、奖励农民也就成为必然的选择。

即使在这样的社会环境下，中国的民间商业或者叫私营商业仍然在艰难中崛起。其中最为宽松的时代，是在东周，周朝衰弱、诸侯势大而群起，天子权力大大削弱，思想却得以大解放，齐国甚至任用商人出身的管仲而强盛；孔子的弟子子贡（端木赐）成为儒商始祖，范蠡弃政从商，陶朱公经商之法万世流传，构成了“端木生涯、陶朱事业”传万世；还有战国吕不韦，弃商从政成秦王仲父、秦国宰相，留下《吕氏春秋》，既是政论，也是史论，还是商论且是文论。这个时代，政治上春秋争霸、战国争雄，思想上百花齐放、百家争鸣，商业名家崛起、商路纵横。东周天子是名义上的全国统治者，实际上各路诸侯雄霸；商业亦如此，名义上是天子垄断管理，实际上是各路诸侯自行其是、各路商家各辟蹊径。

2. 丝绸之路繁荣商业金融

秦汉开始，商业仍由官府官营，商人地位低下。汉文帝有所改变，鼓励商业流通，出现了一些商业中心城市，商品更加丰富，市场对象从贵族扩展到平民。于是，以丝绸、陶瓷、茶叶为代表的商品发达起来，很多商人以行商方式开辟新商路，并且越走越远，走出了一条丝绸之路。事实上，私营商人也只有不断地开辟新商路才有新出路，而且真正能成为大商人的，往往有皇家或官家背景，普通平民，只能是小商小贩。魏晋南北朝时，战争破坏严重，商品经济难以获得长足发展，在北方直到北魏商品经济才有所恢复。相对而言，远离政治权力中心的地方，商品经济比较活跃。洛阳当时有周长近八里的大市；建康（南京）有四市、店铺林立，秦淮河两岸商旅云集，交易兴盛。俗称“草市”的农村集市也出现了，所谓“草”，一是实指，为贩马草料之市；二是形指，谓草草构成之市。这就是农村集市的起步。

隋唐与秦汉有一点相同，即上一朝代时间短，实现了国家统一、货币统一，经济还没来得及发展就进入下一个朝代；经济发展在后一个朝代，即秦汉的汉朝、隋唐的唐朝。

众所周知，唐代政治上强盛、经济上繁荣、文化上出色，农产品商品化程度大大提高。当时的首都长安，为世界级百万人口大都市、世界文明的中心，也是世界商业的中心，其中极具中国特色的茶叶，跃升为市场的主流产品，茶叶贸易极为广泛，以至于在唐朝中期，政府开始征收茶税。

除长安外，洛阳、扬州、成都等，也是名扬天下的商业大都市。后人会认为，这个时期商业一定完全放开，是自由贸易的天堂。相对来说，唐朝的确是比较开明的朝代，但官府对商人的抵触情况改变不大，只是因为商业利益的刺激，很多官员也参与其中。朝廷明确规定五品以上官员不得进入市场，管理市场的“市局”（掌管市场一切事务）设署令，为六品官员；“平准局”（负责官员之间的交易）设平准令，为七品官员。虽然官员们对商人不屑一顾，但一方面是生活用品、彰显身份的奢侈品等需要市场中的获得，另一方面官员的利益也需要从商业中获取，所以原本的市场管理规定，逐渐被一一打破。例如，原本规定商业活动只能在商场（市场）内进行，市场日出开门、日落关门。但人流量实在太大，而且越来越大，原有的市场、商铺容不下了，只能开辟新的经营场所和经营模式。此外，市场营业时间也延长了，城市出现了夜市，农村定期潦草市。为商业、商品、商人服务的水陆交通十分发达，交通要道、货运码头上兴盛了私家店肆接待客商、备有驿驴供客商租骑；货币由五铢钱统一为开元通宝；商人成分多样化：大商人、中等商人、小商小贩以及胡商、外商等。中国20世纪末的改革开放，尤其在初期，一些方面显然有着唐朝商品经济发展的痕迹。

邸店、柜坊、飞钱也相继出现。邸店指专供客商存货、交易和居住的地方，南朝时萌芽，唐朝时得以大发展，相当于后世批发兼零售的自由贸易市场，只不过邸店还有旅店的功能。柜坊是专供客商寄存钱财的地方，有的是邸店转型而来，有的是邸店兼营的，不仅代客保管钱财（储蓄），还凭客商信物（抵押），代为支付款项（贷款），是真正意义上的钱庄雏形；柜坊也放高利贷，只要有实物抵押，这就像后世的当铺。这说明柜坊这种金融机构已经具备了后世银行的基本功能，远早于欧洲（至少早600～700年）。飞钱又叫便换，其方法是：商人预先在长安把钱交给将要前往的某道的进奏院（驻京办事处），或交给某军府、某使节、某富家，由当事者付给商人文卷，写明飞钱数额。商人带着文卷，即可轻装离京，到目的地后凭文卷取钱，再购买货物运回长安。同时，诸道院等受理飞钱时，向商人收取一定的“汇费”，与后世的汇票功能、当代的微信支付、支付宝支付功能相近。

3. 宋元明清富裕大江南北

宋朝，一张《清明上河图》透露出当时经济繁华的一角，图中商铺、邸店、质坊、酒楼、食店、瓦肆、勾栏、酒肆、茶楼等店铺林立。经济上出现三个特点：其一，白银和纸币出现。最早出现的纸币是交子，南宋时品种增加，有东南会子、川引、淮交、湖会等。欧洲最早的纸币是瑞典在1661 年发行的，比宋代纸币晚了 600 多年。其二，经济中心南移。从北宋开始到南宋从汴梁迁都临安后完成，从此江浙一带成了中国商业发达地区。其三，海外贸易发达。宋朝开辟出“海上陶瓷之路”，商船的吨位、数量冠绝世界，大海船达 300 吨（几百年后的哥伦布航船才 120 吨），指南针导航穿越印度洋，远达阿拉伯与非洲东岸；同时指南针、印刷、火药等中国发明技术传入欧洲。宋代能有如此巨大的商品经济，得益于商业活动在时间和空间上的限制被打破，“以资买官”政策使商人地位有所提高，商税收入增加了政府财政（政府予以支持），城乡集市得以长足发展，消遣休闲业如瓦肆、宋词极大发展；政府设立“市易务”管理商业和市场，有利于稳定物价与商品交流，也增加了国家的收入。

元代，虽不足百年，但在商业发展史上却不能不提及。因为元代是马上民族（蒙）建立的政权，本来就四处来往进行商品交换，所以元代是鼓励并提倡商业的。元朝定都大都（北京），但中原、江南、岭南的锦绣河山、花花世界，使统治者重农的同时不抑商，商业极为繁华，农产品高度商品化，马可波罗称赞杭州是世界上最繁华、最富裕的城市。大运河起自大都、终于杭州。江南鱼米之乡、丝绸之乡、陶瓷之乡、茶叶之乡，货物丰盛，南来北往的客商以杭州为中心，上海、宁波（庆元）、温州，泉州、广州以及北方的天津，成为对外贸易的重要港口，大量的棉、麻、丝、茶、糖、粮食等产品成为市场中交易主角，其中南粮北调的规模、数量是历史之最。并且元朝是中国历史上第一个完全使用纸币流通的朝代。仍然需要说明的是，元代商业如此发达，仍然是官府主导的，比如说当时的江南首富朱清、张瑄，他们就是负责海运南粮工作的要官，有条件设私仓囤粮食，从而垄断粮食市场价格。

明代承元之后，通商观念更加盛。以南京为京师、开封为陪都，商业经济中心稳定在江南等地。例如，浙江的杭绍湖（杭州、绍兴、湖州，湖州包括嘉兴）、江苏的苏常镇（苏州、常州、镇江），既是粮食产地，也是棉花产地，粮棉产品十分丰盛、粮棉销售十分红火，农副业和家庭手工业产品门类众多，种桑养蚕、丝绸棉织、果蔬水产、茶叶油料、织机染坊等，全部走上市场，工商业合伙制类型出现。另外，仕途官路也开始向商人开放，如“捐纳”政策，为国家捐献粮草可获得官位（变相买官卖官），取消了一直以来商人及其子嗣没有资格参加科举考试的规定，仕商结合、经商致富成为可能。

清代商业繁荣，南京、广州、佛山、厦门、汉口等成为商业城市，佛山虽是一个小镇，但是在乾嘉时期，商业、市集、作坊如林，共有622条大街小巷。而汉口更是四方要道，与云、贵、川、陕、粤、湘相通。舟船往来，昼夜不息。《心和管理学·技法篇》第十四章第四节之三“清朝诸商经营管理技法”中已有详细介绍，这里不赘述。

梳理中国商业发展历程可以发现，商业运行涉及的许多方面，中国自古就有。古代虽重农抑商，重农是针对广大农民而言，粮食是国家实力的保证、民生事业的保证；而抑商，其实抑制是中小私商，官商从来不抑，官家与商家合流也不太会抑，权贵富豪依然能从经商中谋取巨额利益。总结起来，抑商手段主要有三方面：其一，禁榷制度。就是把销售量最大、太久就不高的那些商业领域垄断在政府手中，实行官营，禁止私营。其二，土贡制度。就是皇家、官家将所需的大量奢侈消费品，让各地将土产、珍宝和财物向君主、官员进献，就是上贡。其三，官工制度，即上贡不能满足的那部分物资，由官府设工场、作坊直接生产制造。在如此情况下，中小私营商业严重受挤压。显然，中国的商业流通并没有因重农抑商而默默无声，只是官府重视官商官营、挤压私商私营而已。

中国古代的商业管理，是以官府行政管理为主、市场化管理为辅。

三、改革开放生产流通管理

1. 改革开放生产流通课程

探索中国生产流通的发展历程，是要说明中国的事情中国解决，中国的学科中国建设，中国的学问有着中国自己的历史传承，中国的工业生产与商业流通有着几千年的积淀，当然也有着中国新时代的创新与发展。尊重祖先传承历史，正视现实创新工商。

改革开放之初，当时的生产力、科技水平和管理能力落后于发达国家。私营经济刚刚恢复，几乎从零开始，工商业很难冲破国有垄断模式。在广大的城乡结合部和农村，一拨又一拨农民、城市无业者悄悄摆起了路边摊、地摊，或在自家门前、窗户里支起桌子摆上小商品，在一次次“割资本主义尾巴”、打击“投机倒把”的行政管理中打游击，行政管理则在一次次试验中一步步放开管制，放的力度越大，小商品经济发展得越好；管制得越严，小商品经济发展就越缓慢，于是各地出现了明显差异。因势利导，国家开放了沿海一些城市，规范了一些路边市场、摊位市场。小商品经济越来越红火，逐渐走向全国、走出国门。

其实这样的开放古已有之，包括市场开放与国门开放。唐朝的限制性市场不够用了，就拓展了邸店，并且开设了专门为西域客商服务的“西域邸”；白天经营时间嫌少了，于是开发了夜市；到宋朝时，商路越开辟越多，丝绸之路延伸到世界各地，出现了玛瑙之路、陶瓷之路、茶叶之路、海上商路等；明朝进一步把农副业、农产品市场化……

改革开放，从国有企业一统天下，到乡镇企业崛起、到私营企业四处开花、股份制企业做大做强，民营成分越来越高，经济类型从单一模式向多元化方向转变。但出现的新问题是，如古代一样，私营、民营经济迟迟得不到政府大力支持，在开放政策下，引进的外国企业享受到了超国民待遇，私营企业依然得不到平等待遇。这不仅仅是改革的力度与速度问题，还涉及对国外项目、技术的需求，历史传承下的意识改变等问题。起起伏伏、兜兜转转、螺旋式前行是正常现象，符合探索式前行的节奏，而不会是一味冲杀、不知道停下脚步适当观望、冷静思索与抉择。主动的市场调节、适度的宏观调配，让基层百姓休养生息，发展经济，让综合国力得以逐步提升、强大，这在历史上任何一个重要时期，都是屡试不爽的不二法门。细察每一个经济繁荣的时期，无不如此。中国的改革开放，暗合了这一发展模式。

改革开放是红色经济的重要特色，生产流通从计划经济转向社会主义市场经济。

2. 教育科技为管理储人才

改革开放之初，教育界、科技界发生了几件大事，使得生产流通管理有了突破。

一是教育领域几件大事，恢复高考制度，为红色经济发展准备人才。为解决形势发展对人才的应急需要，开辟了成人高等教育，如自大（自学考试大学）、函大（高校函授大学）、电大（广播电视大学）、夜大（夜校教育大学）、刊大（刊授大学），简称“五大”（到21世纪时逐步改变为自学考试、成人高考、网络教育即远程教育、开放大学即原广播电视大学现代远程开放教育四种形式），三年制大专教育改为两年制、开设两年制高中中专（到21世纪前陆续回归原三年制大专、结束两年制高中专；高中专或转高职，或与大专层面一样，要么升格为本科、要么合并到本科院校升格）。这为各领域包括生产领域解决了人才应急。

二是科技界召开全国科学技术大会，提出“科学技术是第一生产力”。科技与人才被提到了一个极其重要的国策层面。回顾中国古代的科举制度，汉唐时期是传承与发展，宋明两个朝代则是恢复和扩招，通过科考培育、储备人才。尽管科举制度在近现代受到批判，但它的确是中下层入仕的重要途径；现代高考制度，诟病也不少，但目前为止，还没有一项比高考更公平、更有效的高等教育招生制度、人才选拔制度出现。古代科举制度不断修正，虽然“八股文”遭遇后世批判，但不能不承认科举创造了这一种政论体裁，并且仍有一定可取之处；当今高考制度也在不断改革，虽然每一次革新也遭遇诟病，但哪件事物不是以如此方式进步着。如今大学毕业需要自谋职业，若要入仕，还须参加公务员考试。我们这里谈的工商管理人才培养问题，也在不断革新创新中，重视科学、重视人才成为必然。

20 世纪八九十年代培养出来的科技人才、管理人才，成为中国改革开放中工商业生产与流通领域最重要的人才来源。在打破国有经济一统局面后，乡镇企业、私营企业、股份企业、三资企业，甚至于个体户领域，到处都活跃着这些人才，到处都可以看到他们所发挥出来的巨大作用。但是有几种现象不能不引起思考。一是高校扩招后，大学毕业生人数是大幅增加了，但人才培育与人才使用的矛盾却越来越突出了，出现了大学毕业生找工作难，而工商界招不到合适的中高级人才的“两难”局面，制约了生产流通领域的大发展。二是“西化”教育成为主流，当三资企业享受超国民待遇时，水涨船高，海外留学生、海外高校访学者成为整个社会的香饽饽，在西方文化熏陶下、西式教育培育下的人才成为各领域各阶层一言九鼎的话语权人，“西化”倾向越来越明显，并且竭力趋向“全盘西化”。这些现实，在一定程度上影响了中国工商业在生产管理、商品流通管理上的健康发展。

西方一切以利益为核心的思想观念、行为方式，冲击了经历“文化大革命”洗礼的中国人的神经，在传统心修为本、以德为上、以和为贵文化被冲击得七零八落的情况下，问道、修道、懂道、明道、守道的人少了，“一切向钱看”的人多起来了，甚至出现钱财的多寡成为衡量人们成功与否、社会地位高下的唯一标准的情况。结果就是在经济快速发展的同时，各种问题、各种矛盾也逐一显现，只是当时被迅猛发展的 GDP 挡住了视线。在工商管理领域，在生产管理与流通管理领域，也出现了系列问题，管理问题需要加强管理了。

3. 反思中正本清源建学科

管理的问题是多方面的，这里略论一个侧面：“西化”管理给人们带来启示的同时，也带来有形无神、有虚无实、有名无核等问题，主要表现在以下几个方面。

企业资源，有资无源。资是资料，如生产资料、生活资料等；源是来源，如自然来源和社会来源等，以及资料来源生生不息的源泉。资源是一国一地一单位内所拥有的人、财、物的资料以及产生这些资料的来源、本源、源泉的总和。在西方理论体系里，这些资料是物质要素，基本不涉及精神要素，所以企业资源所指的一切都是物质层面的，却忽略了这些资料是由人来实现的，人由自己内在的精神世界掌控，也就是资源的源头、源泉，来自人类认识世界、改造世界、创造世界的本源动力。资源中的自然资源，是大自然的赋予，人类只有虔诚地按自然规律保护和获取，这是自然界资料的本源特征。资源中的社会资源，全部都与人有关，是人本身及人类创造的一切物质财富和精神财富之和。可是，弱肉强食的丛林法则，在人类拥有了高科技之后，在人类对资源的贪婪心无限膨胀之后，就只关注了资料而忽略了来源、本源。企业资源亦如此，造成的结果是有资料无源泉——有资无源。

企业文化，有文无化。文化，中国人的解释是有文化成，重要的是把"文"化成为人的心灵内涵、行为本然。所以，一个文本是静态的，把文本内容融化到人的思想、人的行为中去，这是动态的。当我们学习西方优秀文化时，重要的不是照搬照套，而是要把学来的文化内涵与我们自己的文化内涵相融合，使其为"我"服务，使"我"之文化更完善、更美好、更有价值。然而，改革开放初期的中国工商企业，学习引进西方文化、西方理论、西方管理，是囫囵吞枣，不忌生冷。这导致中国企业里各种文本厚厚的一摞摞，规章制度一套套，大会小会里说着，柜子抽屉里放着，墙上橱窗里挂着，却是只见形似不见神化、只见虚招不见实效、只见其名不闻其声，一句话，只见文显不见化成。企业文化，设计得头头是道、解说得天花乱坠、宣传得神乎其神，就是难以融化在企业灵魂、员工心坎和行动上。

企业战略，有战无略。套用了西方企业战略，无视了中国运筹韬略。几乎所有的培训都给中国的企业投资人、企业管理人传播了战略的伟大意义和巨大价值，把西方的战略大师一个个引进来、布道给中国虔诚的企业经营者，最终，却依然是无可奈何花落去，不见似曾相识的"燕"归来。一个最现实的问题是，战略战略，强调了"战"，忽略了"略"。西学者们是非常不愿意提及中国智慧中的韬略、谋略的，反而特喜欢西学中的竞争之战意、取胜之点子。尤其对于刚刚被"利益"熏陶得晕晕乎乎的商人们，战意滔滔、战火熊熊，于是奋斗不息、战斗不止，一切为了获取高额、超额利润；长远之策、行动之略在产品稀缺时代被产量、销量冲杀得几乎无所遁形。企业战略，只有"战"，没有"略"。

企业管理，有管无理。企业的资源管理、战略管理、营销管理、文化管理、人力资源管理，以及生产管理、商品流通管理等，企业经营着，便在管理着，所以经营管理总是连在一起。只是经营中如何管理却是值得研究的问题。中国企业在改革开放中诞生，在迅雷不及掩耳的大发展潮流中，或者无暇思考，或者不愿思考管理的问题。在许多投身商海的人眼里，搞管理就是请人来或者咨询、或者培训、或者引入什么模式，再弄些什么规章制度，都是在花费人力、财力、物力，不是在创造利润，所以几乎不关注管理。因为在他们心中，管理需要那么复杂吗？管人谁不会、管事谁不会，无非管理财务专业一点。在这种意识下，很多企业特别是中小企业，情愿采用人性之本能管理，颐指气使、脱口就骂，简单粗暴。变革年代在产量、销量的掩盖下，这种只是强制“管”不会人心“理”的所谓管理，大行其道，这也就是“没有任何借口”观念的培训深受这些老板们喜欢的原因所在，绩效管理提供了考核表格，一填就是，薪酬管理连奖金都“规范”化了，一发就是。于是，有管无理，畅行无阻。

企业营销，有销无营。当中国企业原本的销售科变成营销部、人事科变成人力资源部以后，人事考核就把销售人员从员工体系中分离出来独立考核，依据或者标准只有一个：销量（或者销售额）。而且营销概念取代了销售概念后，虽然大家都强调营销不是销售，但事实上就只是销售，无论用的是什么招数，能把产品卖出去就是好营销。所以，出现了卖长城砖、卖海外岛，后来干脆卖深渊之水、卖瓶装空气……尽管轰轰烈烈三五年，你方唱罢我登场，都在某一日凄惨跌下神坛，但“营销”一词彻底红遍了大江南北。然而仔细分析，依然只有“销”，没有“营”。所谓的产品策略、价格策略、广告策略等，都直接在“销”字上。事实上，营销、营销学科，重点应该在“营”；销售，只是在“营”达到一定水平时的自然结果。

企业公关，有攻无关。当西方的公共关系作为一门“科学学科”引进来后，“公关”一词就风靡全国，原有一切与企业发生联系的外部关系，都不再叫关系，也不称为联系，统统叫作“公关”。而在许多老板心里，公关，就是“攻关”，无论用什么方法，攻克一个个横亘在企业面前的有形的无形的关卡，就是公关要做的事。就连在古代最为荣耀的“公主”①

---

① 公主之意，“《公羊传》曰：‘天子嫁女子于诸侯，必使诸侯同姓者主之’，故谓之公主。”起始于西周，那时天子、诸侯王以下分公候伯子男五等爵位。周天子把女儿嫁予诸侯时，由同为王室的姬姓公爵主婚，这就是后来“公主”一词的由来。当时，天子女儿也是姬姓，称为“王姬”。东周战国时始称公主。《春秋指掌碎玉》曰：“天子嫁女，秦汉以来，使三公主之，故呼公主也。”早先天子之女、诸侯之女都可称公主，后来公主大都用于皇帝之女，王爷之女称“郡主”。其中，“汉制天子女为公主，姊妹曰长公主，帝姑为大长公主”（五代冯鉴《续事始》卷十）；“明制：皇姑曰大长公主，皇姊妹曰长公主，皇女曰公主”（《明史·公主传》）。现代一些娱乐场所把包厢服务女称为“公主”，殊无“公主”本意。

一词，也被“攻关小姐”给“攻关”了，再无公主之原意。显然，“公关”已脱离了公共关系之意，其关系也不再是纯洁的关系了，即有“攻”无“关”。

从中可以发现，创建中国自己的生产与流通管理学学科，必须正本清源，回归本色。企业生产管理、商业流通管理，也需要初心不变，牢记使命。

第二节　古代工商管理易道特性

《周易》之易，本指阴阳交替，也就是事物、事理之间阴阳两个方面内在的交换、变更；其中，变易是必然，不易是阶段，最终回归简易。道，是道路，是思路，是轨道（事物运行轨道）。自然界万象变化运动的轨迹（规律）便是易道。管理的功能，就是找到本然，回归初始，找到万事万物内在规律。比如房子，不是用来囤积居奇，不是用来炒卖获利，更不是用来表示身份身价显示所谓的“高贵”，房子的功能就是用来住的。让房子回归初始的作用，就是易道。工商管理，回归本然，工者，做工也，创造高质量、有价值的产品；商者，经商也，将商品卖给有需要的人，让他们获得物有所值的满足。这是工商易道。

让做工者、经商者懂得易道，让工与商遵循易道，成为明理的人或组织（工厂、公司），那么就实现了工商领域的基础管理。管理者努力的是把易道转换为易理，让人懂道中渐渐明理。所以，重点不是解析易道，而是从中国古代管理中明了易理。这也是国学留给本土工商管理的价值所在，中国工商，道为先、德为本，利是悟道守德后的自然成果。

一、古代工商管理易道文化

1. 本土人文生产商流通论

前面说过，中国古代的手工业是官营、私营和家庭作坊三种形态，官营是官府垄断，私营是民间市场主角；大商业也一定有官家背景，街头店铺、小商小贩是民间的乐园。可见，古代工商业管理，不可避免地体现出官府行政性命令式管辖特点，即使是家庭作坊，也是家长式管辖方式。这种管理模式，无所谓好，也无所谓不好。现代管理中提出的许多观点、做法，差不多就是类似这样的管理，无非增加一些数学模型，强化一些数字记录，所以，在绩效管理中，从做绩效计划开始，就是一大堆表格，针对表格中的要素进行观测、填写、统计，最后收齐一大堆考核表，根据汇总数据确定考核结果。简单地说，其实质就是把强制性、命令式管理通过表格落实到数据中去，本质未变，无论换了什么样的新名词。

凡是管理，一定有“管”的行政性权力、强制性行为在里面，这无可厚非。社会文明发展到今天，这一部分内容可以通过法律法规将其内涵固化下来。只要不触犯，一切好说；若触犯了，执行法律法规就是严厉的，法律面前人人平等。前提是整个社会对法律法规有敬畏感、法律法规面前没有真空地带，也就是文明程度达到人人自觉遵守法律法规。而法律面前人人平等，首先是制订和执行法律的人做到，但那些发达国家似乎未曾做到，他们会在需要的时候用特权踩踏法律，用所谓的“人权”否定法律。所以，管理之“管”，无法简单地完全扔给法律法规，更何况，有许多方面的内容，介于守法与违法之间，这些必须管起来，所以各单位都有规章制度、都有公约守则。可是只有管，只能实现表面效果、暂时效果，达到口服（无法认定心不服）；要达到心服口服甚至更进一步达到自觉自愿，则必须有“理”，既是道理之理、真理之理作指导思想，又要心理之理、生理之理达到快感，还要用清理之理、整理之理理出欣欣向荣新气象，用梳理之理、治理之理理出蒸蒸日上人心美。所以，工商领域的经营管理负责人叫“经理”，国家层面的经营管理负责人叫“总理”。中国文化，在管理观念中，突出理的意义、理的做法。

即使古代官府管理，管的过程中依然展现出理的人文内涵，有乾德之自强不息管理，也有坤德之厚德载物管理；有离德之光照四方管理，也有坎德之德行习教管理；有巽德之申命行事式管理，也有震德之恐惧修省管理；有艮德之思在其位管理，也有兑德之朋友讲习管理。这是中国文化的力量，无论是饱读诗书者，还是乡野无知者，都在国学的体系里接受熏陶，可以不懂阴阳、不明五行、不知八卦，但这些学说内涵就如同空气、清水，不知不觉间渗透在中国人的生活和思想中，人生必须，却又润物无声，“生产运营管理”也不例外。即使逃难进入深山，选址建舍，也会不自觉地选择那些面前开阔、溪流经过、背靠山坳之地；并且很快能够知道一天中时间变化（根据阳光、树木等）、一年中时令变化等等。所以，凡是古村落，一定符合方位学（俗称风水）、一定是就地取材建房舍，一定是村口有大树、村内（或村边）有溪流（或河道）、村后有池塘。生产厂房建设亦如此，但尽量不扰民；商号店铺亦如此，但尽量热闹处，符合阴阳五行八卦风水，却是自然而然。

2. 易道与宗教管理内涵论

不了解易经的起源，不懂得五行八卦所揭示的以自然为模板设立模型的真谛，不理解先天八卦中阐析出来的哲学意义，仅以后天八卦的预测功能所演示出来，并在千年传承演变中有些许变异的情况，就妄言易道是迷信落后的、易理是胡言乱语的，从而否定阴阳原理、五行内涵、八卦理论，显然也是没有严谨科学态度和科学精神的。

中国古代的工商业自觉或不自觉地会体现周易文化，遵循八卦原理。阴阳道理，五行八卦，四象之宇宙变动情况，如清晨卯时为少阳，傍晚酉时为少阴；白天午时为老阳；夜间子时为老阴；再如少阳日头东方升起方位为东，少阴日落西山方位为西，老阳日头当空方位为南，老阴不见日头方位为北。进一步对应一年四季，少阳为春，少阴为秋，老阳为夏，老阴为冬；春天草木生、物象为木，秋季万物收、物象为金，夏时炎炎日、物象为火，冬令下雨雪、物象为水。东西南北四方稳则天下定，春夏秋冬四时顺则农桑丰。古代手工业制造，无论产品种类还是生产安排，皆与这“四象”关联；无论是商品储运、还是销售流通，皆按这“四象”运行。四方位东西南北加一个“中”，便是五行方位。东木、西金、南火、北水，加上中土，就可以理解中国风水学之缘由。

以国之大，四方有东西南北，“我”居其中，谓之中国（所以古代中国又可称中土）；以家之小，土建家园居中；门前需阳光普照，故须朝南、门迎朝阳，自然要开阔（不会阻隔阳光），朱雀飞舞聚集财气（前聚）；房后有依靠（挡风又固院），紧邻池塘蓄财、池中玄武镇之可长寿，背后紧靠山峦（后靠）；东边有活水，青龙翻腾活水不断，生生不息，是生活与丰收之源（左活）；右侧有山林，白虎纵跃保安全，草木烧火有文明，条条山路能世界（右通）。由此，演化出了“左青龙、右白虎、南朱雀、北玄武”① 的风水学基础。

显然，风水学就是找到一个青龙腾活源、白虎奔山林、朱雀舞苍穹、玄武定水神的地方，用于建设家园，工商企业选址亦如此，此为中土，也是人们工作居住之所。这是中国古人聪慧才智的反映，说法可能有玄奥之处（既是宗教神秘性需要，也是从业者保命饭碗的需要），内容上符合自

---

① 中国古代神话里的天之四灵，龙与虎在现实中存在着。朱雀与玄鸟、凤凰一样，是古人想象出来的一种神鸟；玄武是古人想象出来的龟蛇，一种由龟和蛇组合成的灵物。

然发展的规律。这是大陆文明才有可能创设的（海洋文明飘摇在船上、岛内），农耕文化才有可能形成的（商业文化着眼在计量、利益）阴阳五行理论。

3. 生产流通易象八卦管理

八卦原理也是从劳动中起源、生活中萌发的。乾（☰）、坤（☷）、坎（☵）、离（☲）、巽（☴）、震（☳）、艮（☶）、兑（☱）八卦，分别代表着自然界的八种现象：天、地、水、火、风、雷、山、泽。人类以及人类共居的部落、村落，就是零零落落散落在天穹下、土地上，所谓头顶蓝天、脚踏大地；无论是劳动还是生活，都需要水源充沛、火源不绝，所谓靠山吃山（山中有火之来源：钻木取火、击石取火之火，柴禾烧火之火）、靠水吃水，所以有山有水便是风水宝地；而山本身是狩猎场、水润泽之地可种植，山泽皆是人类生活必须。另外还有两种自然现象，即风，空气清爽之本，起自天地之气，入水起波浪、遇火助火焰，山中林喧哗，泽里禾翻滚；雷，震醒世人灵魂，天地阴阳摩擦，雷后有雨水、雷起火苗闪，山里惊魂魄，泽间惧万物。八种自然现象，与人类息息相关。

至于卦象，爻与卦是一种代号，不同的组合，构成不同意义。无论是三爻卦的意义，还是六爻卦的内涵，其代号意义，跟西方学说的数学模型里用希腊字母代表某种意义在作用上是一样的。无非西方习惯用“数”表示，中国习惯用“象”表示，所以西方形成数学模型（字母表示）表示方式，中国形成了图象模型（卦爻表示）表示方式。

当然，民间风水师手捧罗盘、脚行八卦定方位、选空间，过程中为了彰显其神奇、促使人掏钱，特意仪式化为一种类似宗教式虔诚、通天式玄奥，让不明其理的民众产生崇拜、敬畏，从而形成迷信。在认识清楚这一点的基础上，剥离玄学外衣，其间真理自显。充分理解周易思想，才能真理理解中国古代的生产管理和商业流通中的易道易理。

企业将建未建时是为太极，建而分两仪，一曰生产、二曰流通。与五行学说关联，那么生产乃水木二行，流通乃火金二行；“行”为运动变化，探索企业运营之运动变化规律（阴阳变动规律），并以水行之顺畅流动、自然渗透原理，木行之条理分明、积极向上之原理、火行之光明照耀、热情温暖原理，金行之果敢创新、雷厉风行之原理设立心和管理学生产与流通学科体系。而“四象”具象化分析方法，西学中有诸多四象限分析法，如波士顿矩阵分析法、SWOT 分析法等。四象的易理内涵十分丰富，而且最终可以实现“四象皆稳顺畅通达”。

随着大数据时代的到来，管理升级，不仅仅是办公无纸化，更重要的是商务活动趋向网络化、数据化，带来了商业模式、商业业态的大变革，各路信息汇总，如同水木火金冲气而结土，电子商务、网络经营成为常态。这就非常有必要建立线上商务活动以及由此带来的网络管理相结合的学科。科技可以进步、方式可以革命，易之道理一直指导着中国人、中国社会，左显鲜活、右可畅通、前能聚财、后有靠山的四象本质，万古不变。只有如此，组织才能稳实、经营才有高效，人生才可通达、事业才会顺畅。生产管理、流程管理、质量管理、安全管理等，流通管理、仓储管理、物流管理、商务管理等，皆如此。

二、古代手工业之易道管理

1. 古代制造手工业本土性

中国古代农耕立国，而农产品、农副产品，农用工具、狩猎武器，生活资料、生产资料，以及提高生活质量的饰品、用品、奢侈品等，依然需要生产、交换。有生产就有工业开发，有交换就有商业运行。显然，中国自古就有工商活动，而且其开始之早、分布之广、生产之先进、经营之灵活，在古代为世界之最，并成为世界性工商业大国、贸易大国。奴隶制开始到明清，中国手工业一直领先世界，17 世纪中国 GDP 还占世界三分之一。那时的制造、管理，没有“西化”倾向，也没有西方理论指导，完全本土化工业、本土化商业、本土化经营管理。其原因就在于中国古代手工业、古代商业的文化基因，与农耕一致，是易道。

中国古代手工业的本土性，首先体现在手工业崛起于中国本土的劳动和生活需要。作为农耕社会，农业生产越发达的地区，手工业发展越早；农副产品越丰富的地方，手工业品种也越丰富。道理很简单，因劳动和生活需要。以产棉为例，棉花生产所需的工具制造是一类手工业，棉花生产出来后的纺织业是另类手工业。随着社会的发展，手工业繁荣形成了一些特色市镇（在今天看来还可以认定为手工业区）：“松江的棉纺织业，苏杭的丝织业，芜湖的浆染业，铅山的造纸业和景德镇的制瓷业。而苏州、松江、杭州、嘉兴、湖州五府，又是江南最繁荣的城市。在这五府地区还有若干丝棉纺织业新城镇的兴起。如苏州的盛泽镇，嘉兴的濮院镇、王江泾镇、菱湖镇，松江的枫泾镇、洙泾镇、朱角家镇和杭州的唐栖镇等。”① 当时产棉地区十分广阔，不仅仅江浙鱼米之乡发达，而

---

① 朱绍侯：《中国古代史》下［M］，福建人民出版社 1982 年版，第 147 页。

且南至海南、西北至新疆、西南至四川、中至中原一带，皆以产棉、纺织闻名于世。

古代手工业的本土性还体现在中国本土的经济特色上，从文献资料上看，目前记载的至少在夏朝就能造车了："薛之皇祖奚仲，居薛以为夏车正"（《左传·定公元年》）。这说明奚仲在夏朝就做了车正，一般也都认为奚仲开辟了造车业，这一记载《荀子》《管子》《世本》等文献中也都有。如《荀子·解蔽》中就提到"奚仲作车，杜作乘马，而造父精于御。"商代最著名的是青铜铸造，周代已有"百工"，这前面已有提及。

此后手工业行当更为丰富，手工业中心也从黄河中下游向中原发展，并从中原向东南沿海地区发展，隋唐五代时期，北方制瓷工业中心在河北邢台，南方制瓷工业中心则在浙江绍兴；但冶铁工业从中原地区扩展到江南，并且规模和技术超过了北方；制糖工业得到进一步发展，广东、四川、福建、台湾等地都成为重要制糖中心；至于纺织业、丝织业，如前所说几乎全国各地开花。相比较而言，南方的造船业、制茶业、制盐业更具优势，而北方的采煤业、制窑业更具规模，北宋时五大名窑：官窑、钧窑、汝窑、定窑、哥窑，前四个都在北方，只有哥窑为南方瓷窑（浙江龙泉）。总而言之，中国古代手工业都是体现中国本土经济特色、根据中国经济发展水平而发展的。

古代手工业的本土性还因为中国的大陆性特征与幅员辽阔而呈现出来。中国面积广大，寒温带、暖温带、亚热带、热带气候皆有，适应不同地理环境的产品。同是燃料，北方开采煤矿，南方却是伐木烧碳；北方政治氛围浓郁、为皇家服务与为军队服务的产品就多，如各类贡品和皇家生活用品、军用产品包括进口装备等，而南方农产品、农副产品等从农业中分离出来的工业就特别发达。自临安（杭州）成为都城后，商业经济从黄河中下游转入长江中下游，并越过岭南发展到珠江中下游，内陆则从黄河中游发展到云贵川。随着手工业经济在区域分布上的显著变化，手工业经济重心逐渐南移，全国经济中心自然也南移。

2. 古代文艺手工业本土性

国学体系里，非常重要的有"诗词歌赋、琴棋书画"八个字。如果说诗词歌赋与娱乐业、出版业包括造纸、印刷业等密切相关，而琴棋书画与工商业关系就更为密切了，不仅每一个字都是具体商品，而且每个字都有着一个巨大的生产流通体系，制琴卖琴、制棋卖棋、书法画作的装裱、销售（书坊、画廊）等，而且由琴棋书画四个字衍生出来的生产行业、商业流通业更是极其庞大。从古代“四大名琴”就可见中国制琴之早、技艺之高：“号钟”，周代名琴，齐桓公所有；“绕梁”，春秋名琴，楚庄王所有；“绿绮”，西汉名琴，司马相如所有；“焦尾”，东汉名琴，蔡邕制作。至于制棋，《左传·襄公二十五年》就有“弈者举棋不定，不胜其藕”的记载，可见春秋战国时期已经“弈棋”盛行，制棋自然更早。至于书画，除装裱、销售外，不可不提文房四宝笔、墨、纸、砚，各地都有生产，但名气最大的归属安徽省（墨、纸、砚三冠）、浙江省（湖笔之冠），即安徽泾县（原属宁国府，产纸以府治宣城为名）的宣纸，歙县（原徽州府治）的徽墨，歙县（原歙州府治）的歙砚；浙江吴兴（原湖州古称，现仍设吴兴区）的湖笔。此外，安徽泾县的宣笔、宣砚，广东高要（原为肇庆府治，古名端州）的端砚、甘肃省（卓尼县）的洮砚、山西绛州的澄泥砚等，也都十分有名。其他文房用具，产品也极为繁多，如笔筒、笔架、墨床、墨盒、臂搁、笔洗、书镇、水丞、水勺、砚滴、砚匣、印泥、印盒、裁刀、图章、卷筒等。

国学有“八雅”说，除琴棋书画四雅外，还有诗酒花茶四雅。诗，自不必说，与酒、与花、与茶常常相连，而且日常生活用品上若题了诗，便成了艺术品，如江南花伞、布伞，檀扇（檀木扇、檀香扇）、折扇（纸扇、丝扇、绸扇）等；均带来这些艺术品和生活用品制造业的大发展。酒，既是文人雅士杯中物，也是粗莽汉子碗中情，豪气干云，促进酿酒业大发展，自古而然；可以说有文字记载开始，就少不了酒，雅俗共饮，酒业兴旺。花，梅花、兰花、菊花、荷花、海棠、梨花、桃花、杜鹃花，百花齐放，带来花业、花市兴旺发达，连带盆景业、花卉业蓬勃发展。至于茶，种茶、制茶、运茶、销茶，其产业早就发展到全世界，中国茶道，为茶道之祖，茶文化，与前面说的酒文化、花文化、诗词歌赋、琴棋书画一样，是中国地地道道的本土文化。国学渗透到工商领域的方方面面，自古而然，以汉服、唐装、旗袍为代表的中国传统服装文化，以算盘为表征的冠绝天下的珠算文化，以及以五行理论为核心的中国医药文化等，可以说产生了极其重要的中国文化下的工商业生产与流通体系，为企业生产管理、商业流通管理等学科提供了丰富的资源。

3. 古代官府管理的本土性

中国古代手工业管理的本土性，从管理角度说，是古代官府管理。前面已经提到过，中国古代占主导的是官府手工业，管理自然也由官府管理，这是一种以行政手段为主、权力强制的管理模式。但我们需要明白，官府手工业垄断的主要是资源型、军备型、奢侈型、短缺型行业和一些规模大、利润高的行业，农业生产工具、日常生活用品、文化传播用具等，仍然由私营和家庭作坊来完成，只是整个社会风气对商人地位不予认可而已。就像演艺行业，再大的演艺大牌，在古代、近代也是戏子，地位很低。如今，商人地位高了，演员地位更高，制造明星成了一个产业链，制造出来的明星地位已远高于普通平民。当然，公民心中认可的称为“人民艺术家”的明星，对明星产业链包装出来的明星，是不置可否的。

由此看来，中国古代的官府管理并非一无是处。今天所讲的宏观调控、区域经济管理，也是政府管理的范畴，因为没有国家行政力量、政府管理权力在，不可能实现宏观调控，也不可能实现区域经济发展。

前面已提及，春秋时期就有官府作坊，设立木器业、金属业、皮革业、制陶业、染色业、玉石业六大管理部门，而且全国各地根据不同特点设立不同的管理部门，如西汉时，官府织造业中有专门的东西织室（设在都城长安），而在四川广汉设有金银作；而到唐宋时代，设煮盐、冶铁、丝织、金银器制造、兵器制造等部门，但生产技术上，在一定程度上依赖民间手工业者来提高。当然，被选中的要感谢皇恩浩荡，却大多是无偿贡献的。官府作坊中的很多技术高手，往往是民间师傅的高徒，那是传家技术，不得外传，官府也不能强要，但可以征用其为官府服务。自元开始，官府的工业很多放开民间生产制造，但官员与商人合谋中饱私囊也大幅增加。到明清，民间手工业已经大大超过官府手工业了。

官府手工业产品管理是分配制，产品主要提供皇家、官府，少量走向市场，以换取利润供皇室成员、官员挥霍（并非扩大投入）。但也因为是供应官场，管理上就更为严格。

官府手工业物料管理方面，物料来源有四种：“第一种是由官府直接经营而获得的，这是最广大的物料资源，盐、金属、竹木、紫炭等等都从这里出来。官府手工业中的两个重要部门——煮盐和矿冶，是依靠这些资源来建立的。所谓‘山林川泽之产，……皆天地自然之私有国者之所必资也’。物料的第二种来源是土贡，或称岁贡、岁课、岁办。即全国各地方的特产，官府手工业中所需要的原料或半制品，皇家及官府所需要的供应，‘任所出州县以时而供送’。物料的第三种来源是采买，或称科买、科市、采办。这种方法，表面上是用钱来买物料，实际上是少给钱或不给钱。如元代‘京师岁所需物，郡邑例买于民，其值旷久不给’；给了钱，也大半入贪吏之手，结果造成‘名为和而实白’。物料的第四种来源是坐派。例如明代的徽州府，除岁办工部军需之供外，还有工部额外坐派之供和工部不时坐派之供（如坐派城砖、木料，坐派织造龙袍等）。以上四种来源是基本的，其他还有工匠自备料等。"① 总结而言，第一种物料来源于“国有”，物料以能源类、稀缺类为主，垄断性质；第二种属地方向中央上贡，会选择各地各业中最优的特产或物料，按规定时间上贡；后面两种是采办、坐派，苦的是底层百姓，但就物料管理而言，质量是有保障的。

官府手工业人员管理，“主要有四种：没入官府的奴埠，罚作的罪犯，征调而来的工匠和人夫，抑配的坑冶户、灶户。另外，还有宋元的‘和雇’、明代的‘召募’，这些在形式上是给以自然物或货币作代‘报酬’，类似工资，但本质上，劳动者的被雇、召募，并不是劳动者的出卖劳动力，而是由于劳动者对皇家之封建的人格的依附。"② 这种情况下，官府手工业对人员是完全的管制模式，是统治型管理，能变的是工人自己的心态。

官府手工业的管理机构，主要是少府监（管理制造业）、将作监（管理工匠及工匠制作）、军器监（管理兵器制造）三监。三监负责安排监管人员，由他们管理生产人员（主要是工匠）、管理物资和管理产品质量。古代工商业管理资料相对比较齐全的，一般是宋朝及以后。宋代官营冶铁业，开始设监（主管官员）、务（矿冶税务）、场（采矿场）、坑（采矿场里的矿坑）、冶（冶炼场），而丝织业，自周朝开始就有专门的管理机构，代代传承，名称各有不同。北宋时设有绫锦院、染院、裁造院、文绣院管理；工匠系募而来，在质量管理上相当严格，绘有详细图谱，分为御用、诸王百官、常课三种，规格不同，要求有异，但都有明确指标。其他各领域管理大体如此。不同朝代都会有自己特点，这是简易或变易，定型的是不易。

建设中国本土生产流通管理学科，需要摒弃奴隶社会、封建社会的不合理内容，但可以借鉴其中合理有效的部分，根据其特性选择性传承并创新发展之。

三、古代工商易道管理特性

1. 技术的发展与工匠精神

任何事情都可以太极生两仪（一生二）。前面提到的官府管理、行政强制，其“家天下”皇权，产生权力真空、特权阶层，有强奸民意、欺压弱小等，近两百年来被批得体无完肤。然而值得思考的是，这种管理模式

①② 祝慈寿：《中国古代官府手工业的经营管理》，中国经济史学，1989 年 9 月，第 61 页。

若真一无是处，何以盛行 2000 多年，创造出无限辉煌的中华古代历史。西化“公知”们鼓吹的“看不见的那只手”，能调节市场价格进而影响市场供需，但在特定区域不可能具有同样的影响力，也不能宏观调控，国家意志无法交给这只“手”。事实上，任何手段、任何方式都有个边界认定，都有个“度”的把握问题。

古代每一个朝代的消亡，都与皇权管理、官府管理的腐败有着必然的联系，但每一个朝代创立之初的崛起，每一个朝代发展过程的中兴，也都有这种行政化的作用在里面。把握好边界、控制好度，从中也是可以发现管理的真谛、管理的价值所在。不懂、不理解就一味否定，不符合“科学态度”。这就需要了解技术创造、技术发明的由来。

一切技术，都是在劳动中产生的，为了提升效率、为了自身安全、为了解放人的手脚，一项项技术就在劳动过程中，通过人们的聪慧才智发现、创造出来。科学是把人类发现、创新出来的这些知识技术通过论证固化成体系，把各个体系组合成一个个完整系统，分门别类地建设成一门门学科。所以，科学的核心是劳动中产生的知识与技术，把科学与技术截然分开，并分出高低，没有任何意义，也不是科学精神的体现。在中国古代漫长的历史中，发现、创造了无数的知识和技术，形成了许许多多的知识体系、技术体系，虽然没有分门别类建设成学科，但任何学科都可以在国学典籍中寻找到思想体系、证明材料。

中国古代手工业超前发展、技术水平的超前发挥，不能不提中国古代手工业技术创新的群体——工匠，正是中国的工匠群体，创造了中国技术的巨大辉煌。一切发明创造，都与工匠有关，只是在古代，工匠的地位极其低下，除极个别卓越者（如鲁班）外，一切发明创造都会融会到一个名人方有可能载入史册，或假借名人流传而传续下来。工匠们的发明创造就一句话：经验结晶。无论是农业生产的工具，还是青铜器、金银铁制品，或是陶艺纺织、印刷造纸，或是炒茶酿酒、榨油制酱等，都是工匠们在无数次重复劳动中，熟能生巧或豁然顿悟出来的成果，奇迹在民间。当然，其中也有“天才”级的人物，痴迷于某一领域，以其超凡的才智发明创造。春秋鲁班（代表作：木工工具、古代兵器等），西汉丁缓（代表作：卧褥香炉，一名被中香炉），东汉马钧（机械发明家，代表作：指南车、水转百戏），隋朝宇文凯（建筑大师，代表作：隋朝新都大兴城、东都洛阳城）、李春（隋代造桥匠师，代表作：赵州桥），唐代雷威（古琴制作家，代表作：雷氏琴）等都是中国能工巧匠的代表。

2. 官府民间传生产管理术

中国的手工业生产与市场上流通，具有一定的封闭性，尤其是技术的封闭性。这种技术、行业管理封闭性的直接恶果是知识、技术得不到交流、推广，形不成公共性学说进行传播教育。然而，这种技术、行业的封闭性管理也有值得肯定的地方，如在技术保护、工匠培育、质量管理、利润分配等方面，都有着值得现代借鉴、思考或学习之处。这是中国工商管理学科建设的一个重要方面。前提是深入掌握、深刻剖析、合理比较，从而得出结论。创建生产管理、流通管理学科，需掌握中国工商管理的历史。工匠社会地位虽然低，毕竟有一技傍身，生活尚有着落。也正因为工匠社会地位低，皇室、官家、贵族就不屑于去关注，他们只要控制住工匠就行了，所以官府管理者也不注重技术技能，有需要征用工匠就是。这样，工匠们的技术就掌握在自己手中，传承的途径如下：一是家族传承制，所谓“传子不传女”就源于此，家传绝学、世代名家，技术不外泄；二是师徒传承制，所谓“传徒不传婿”就源于此，师父师父，拜师以父事之，即一日为师终身为父，古代家训中师父是放在与父母同等地位的。这保障了技术的保密性，这无可厚非，世界上各国都有类似情况。不可能要求一个家庭一个师父去实现技术的学科建设和传播，这种功能只有政府管理可以做到。

事实上，中国皇朝、官府也做过这样的努力，创新学徒制，招收学员进行专门培训，唐代已出现类似“技工学校”的培训机构，官府还会组织考试。但由于技术掌握在师父手中，他们要靠这门技术养家糊口、传宗接代，技术核心、诀窍是不会公开的，提供给学徒的也就是一般制造技术与经商技术，只有真正的入室弟子，以子侄待之，才会传授关键性内容，接受者要负责为师父养老送终。所以，入室弟子称师为师父，但旁人称呼该师则称师傅；师者对弟子可自称师父，对他人自称师傅。有手艺教给徒弟，但不曾入室的也称师傅。

这种传承方式，就是封闭式技术管理，也是被诟病为固步自封的原因所在。诟病者没有想到的是，这种诟病是建立在让工匠们承担起建立专门学科、提炼理论内涵、为社会广泛而公开提供教育基础上的。这显然不现实，可以批判封建统治，不能过分要求生活在社会低层的工匠。何况，现在也提技术壁垒、信息保密的问题，如何要强求技术拥有者无偿公开。

明代宋应星创造了一个奇迹，他收录了农业、手工业，诸如机械、砖瓦、陶瓷、硫磺、烛、纸、兵器、火药、纺织、染色、制盐、采煤、榨油等生产技术，写成三卷十八篇的中国工艺百科全书《天工开物》，这在古代几乎是不可能完成的任务，宋应星做到了。但他自己出身士大夫家族，自小在家庭私塾读书，考中举人，做过县学教谕，从福建汀州府推官（正八品）做起，一直做到南直隶凤阳府亳州（今安徽亳州市）知州（正五品），后虽升任到广州知府，但再无意官场，挂冠归里。可见他本人不是工匠，却写出了旷世奇书。他无法靠工匠收入来完成这一伟大成就，而是依赖家族条件与官场收入接济。此书后来传入日本、朝鲜、欧洲各国，其中的技术也就流向世界，日韩直接应用，欧洲借此推动了农业革命，提升了从 12 世纪就学到的中国造纸术，许多领域、许多名家得到此书如获至宝。

3. 工匠精神与商人行会论

比较而言，当时的中国政府反而没有如国外那么重视，国内也只是引起了学术界和刻书界注意，而大字不识一箩筐的工匠们，更没能去读这本书，从中学到更多技艺。这才是需要引起我们反思的。而工匠们的敬业、精准、专注、创新精神，构成了工匠精神，在新时代重新被提起，并且总结出了匠心——聪慧之创新之心、匠魂——明道之守德之魂、匠情——崇高之职业情怀、匠行——执着之技术行为等工匠精神的维度。重提工匠精神，不是简单地传承古代工匠制，而是在传承工匠认真负责、全心钻研、发明创造能力的同时，提升劳动者的地位、重视劳动者的聪慧、发挥劳动者才智，让中国这个制造大国闪耀出新时代的工匠光芒，回归中国重道也重器的文化根本，以器载道，道技合一。

当产品趋向市场成为商业流通领域的商品后，就会出现新问题，即同行相欺、同行相争。为了避免恶性循环，同行业之间就需要一个平衡、制约、服务大家的组织，于是出现了“行会”，行会内部对本行技术进行严密控制。这也是后世行业协会的前身。只是在古代“行会”的“行”不完全是“行业”之意，而是源于唐代，一条街上开设的基本上是同类的店铺，于是将街巷上这些贩卖摊商统称为“行”，如“织锦行”“金银行”等。同业组织一成立自然称行会。发展到宋代，行会组织更加发展，北宋汴京、南宋临安行会多达数十家，入行者百千人。明清时期，行业更加发展，出现了会馆、公所等行会组织，内部结构更为严密，行规、业规、帮规十分丰富，逐渐形成了一种垄断势力。

这里需要说明的是，古代欧洲也同样存在行会，功能大体与中国行会相当，其垄断性、强制性和严密性，有过之而无不及，是城市商人为集体自卫并垄断一个地方商业而成立的组织。不仅仅技术保护，还控制原材料供应、控制雇佣人数等，控制产品数量和质量、控制销售价格。所以，如果批判中国行会敝帚自珍，请一并批判中世纪的欧洲行会。

管理，必定在一定程度上有着封闭性，技术管理尤其如此。

第三节　生产流通管理学科论证

古代史，以秦朝为分界岭，秦之前谓“先秦”，秦开始到清朝谓封建社会。另有几个史学名词，一是“史前时代”，指有文字记录之前的人类社会历史，一般指200万年前至公元前21世纪，十分漫长。史前文化，也就是指有文字记录之前的人类社会所产生的文化，所以中国的史前社会是指从发现古人类开始到发现甲骨文的殷墟年代（考古学界定），或者是到西周有共和纪年[①]时期（历史学界定）。二是“中国远古文化”，指史前文化时期到夏商西周时期。三是“三皇五帝”，这是新石器晚期，夏朝之前的历史。四是“奴隶社会”，主要指夏、商、周三朝；“青铜时代”也是指这个时期。五是“春秋战国”，也就是东周阶段。

中国手工业从农业中分离，在史前时期就开始了，三皇五帝时基本完成了分离，到青铜时代，手工业已经从单纯的技术发展到技艺了，许多手工业产品已经从祭祀用品、军事用品、生活用品发展为艺术品，百工群体已经形成，手工业自身也进行了技术技艺各类的分化。百工中的工匠、技师们一直都有家承式、师徒式技艺传承，这是手工业教育的萌芽，夏商周的官营手工业开始了学徒制，应该是中国职业教育的真正开始。

一、古代手工业之职教发展

1. 周至秦工种及技艺考核

有些历史遗憾是无法弥补的。西周末年周厉王与民争利、压制言论，公元前841年流亡，出现共和行政；共和十四年，太子静即位成周宣王，一度中兴，但晚年不听劝，军力削弱，诸侯崛起；到周幽王，烽火戏诸侯，最终“申侯怒，与缯、西夷犬戎攻幽王”（《史记·周本纪》）。杀幽王于骊山，犬戎掠走大量财宝，西周灭。这是周王朝皇室财产典籍第一次被劫掠。公元前516年（周敬王四年），周王室发生内乱，王子朝（周景王姬贵庶长子，周悼王、周敬王之兄）攻打周悼王，胁迫周敬王，诸侯晋国强盛，出兵救援。王子朝不敌，逃亡楚国，临走时与旧僚一同洗劫了周

① 中国历法中新纪元分别有黄帝纪元（西元前2697年）、共和纪元（西元前841年）、孔子纪元（西元前551年）三种，其中以共和纪元比较常见。辛亥革命次年即西元1912年，中华民国政府采用西元历法为国历（但章太炎等人提倡用共和纪年），一直延用至今。西元元年是基督诞生年，那年是西汉平帝元始元年。

王室，王室典籍一同被劫，散落不知所踪；当时任守藏室史的老聃，受此牵连辞职归隐，骑一青牛欲出函谷关，被守关官员尹喜留住写下了《道德经》这一千古名篇。约300年后秦始皇焚书坑儒（秦始皇三十四年，即公元213年），先秦文献典籍大量遗失，中国信史被定格在殷墟之后，西方不承认中国《山海经》、三皇五帝成传说。这三次文化浩劫，让后人失去了无数宝贵的信史资料。为此，手工业史也暂从周朝说起。

西周形成中央集权制，也形成周礼文化，礼制继承商代而有所变革，吉、凶、军、宾、嘉五礼齐备，乐也极受重视，设专门乐官，演化了乐舞。孔子等诸子一直说“礼崩乐坏”，就是指诸侯不守礼制，实际上指的是不守周礼法了，所以造成东周之乱。因此，儒家强调“克己复礼”复西周礼乐。公元前256年，秦王嬴政（公元前259年至公元前210年）才3岁，10年后13岁即王位（公元前247年）；公元前230年到公元前221年间，先后灭韩、赵、魏、楚、燕、齐六国，建立起中央集权的统一的多民族国家——秦朝，实施了郡县制——继西周宗法血缘分封制后出现的以郡统县的两级地方管理行政制度，开始2000多年中国封建史。

东周是中国社会制度转变时期，铁器广泛使用为一大标志。考古证明春秋战国铁器技艺十分成熟，可见手工业技术运用已经相当长久。《周礼》中的《考工记》记载“六齐”，是指创制出的六种铜锡比例不同的合金成分配比，这是中国也是世界上最早的合金配制记载。文中所述手工业分工细密，攻木之工七种，攻金之工六种，攻皮之工五种，设色之工五种，刮摩之工（玉石之工）五种，搏埴之工（陶工）两种。这是中国职业教育最早的教材。

《吕氏春秋·孟冬纪》提及：“天子居玄堂左个，乘玄辂，驾铁骊，载玄旂，衣黑衣，服玄玉，食黍与彘，其器宏以弇……附城郭，戒门闾，修楗闭，慎关籥，固封玺，备边境，完要塞，谨关梁，塞蹊径，饬丧纪，辨衣裳，审棺椁之厚薄，营丘垄之小大、高卑、薄厚之度，贵贱之等级。”① 这里是说周天子住在北向明堂的左侧室，他乘坐的是黑色的车，车前驾着黑色的马，车上插着黑色的绘有龙皱的旗帜，天子穿着黑色的衣服，佩带着黑色的饰玉。吃的食物是黍米和猪肉，使用的器物宏大而敛口。其描述的是天子威仪，涉及的物件充分说明了工业制造的先进性和工艺的高超性。下的令，是加高加固城墙，警戒城门里门，维修门栓门鼻，小心钥匙锁头，加圈印封，守备边境，修葺要塞，谨慎关卡桥梁，堵塞田

① 吕不韦等：《吕氏春秋·孟冬纪第十》，古诗文网《吕氏春秋》篇。

间小路，饬正丧事的规格，分别随葬的衣服，营建坟墓的大小，高低、厚薄的标准，都要按照贵贱的等级。很明显，这些都体现出当时手工业的发达，且强调出管理的等级标准。

《孟冬纪》还提到当时是以月为时间单位考核百工技艺和产品。“是月也，工师效功，陈祭器，按度程，无或作为淫巧，以荡上心，必功致为上。物勒工名，以考其诚；工有不当，必行其罪，以穷其情。”① 考核的内容，其一是将当月百工制作的器物，由工师考核是否符合法度程式。其二是考核工艺是否精密，为免诱惑上位者奢侈之心激荡，器物制作不得过于奇巧。其三是质量考核，成品器物上须刻上工匠的名字。“物勒工名”，“勒”即刻上，既考察工匠是否信诚，也是生产的质量管理。考核不过关会追究责任、给予处罚。可见，当时手工业领域已经有完整的制度规范，有系统的生产管理和质量管理，有严格的考核制度。

2. 周至秦工匠及质量管理

春秋齐相管仲，统一度量衡，突破“父子世以相教”的父子传承法，将工匠集中起来观摩讨论、教授经验技巧，推动工匠培训向艺徒制转变。《管子·匡君小匡》言：“今夫工群萃而州处，相良材，审其四时，辨其功苦，权节其用，论比计制，断器尚完利。相语以事，相示以功，相陈以巧，相高以知事。旦昔从事于此，以教其子弟。少而习焉，其心安焉，不见异物而迁焉。”沿习管仲一贯主张，让士农工商同业人员居住一起，形成行业氛围（用今天的话来说就是“企业文化”的一种表现），大家彼此交流学习——人员集中教育思想的萌芽。本段所引是指工业领域要让工匠居处相聚而集中，让人在潜移默化中学习，察看好的制器之材，审查不同时节工匠可从事的活计，并根据需要分辨出产品质量优劣，从而能对应安排用料工具、人员；并且懂得在评定等级、考量规格、裁断器物时，能够以齐全和精致为标准。这样，大家在一起互相谈论工作上的事，彼此展示各自工艺作品的技艺巧妙之处，进而互相提高水平、加深了解工匠所从事的工作内容。工匠们每天都做着这些事，用这些内容来教导他们的子弟，让他们从小就学习这些知识和技能，习惯工匠思维，（就能培养出一批批新工匠，这些人）思想安定，不会被别的事物诱惑而见异思迁。

管仲之前，相传帝尧时已有“工师”，春秋时齐、鲁等诸侯国已经建立起比较完备的“工师制度”。工师，是掌管工程营建和百业工匠的官员，上受司空领导，下为百工之长。管仲认为，工师除了组织培训外，还负有

① 吕不韦等:《吕氏春秋·孟冬纪第十》，古诗文网《吕氏春秋》篇。

考查工匠手艺、辨别产品质量等职责。他明确提出“工师”的职责：“论百工，审时事，辨功苦，上完利，监壹五乡，以时钧修焉；使刻镂文采，毋敢造于乡，工师之事也”（《管子·立政·省官》）。也就是考核百工工匠，审定各个时节的作业项目，明辨产品质量的优劣，引导产品要齐备和精致；统一管理五乡①，按时作全面安排，使那种刻木、镂金、文采之类的奢侈品工艺，不敢在各乡作业。这些，就是工师所要担当的职责。

湖北曾出土秦代简片，其中《均工律》第一条说：“新工初工事，一岁半红，其後岁赋红与故等。工师善教之，故工一岁而成，新工二岁而成。能先期成学者谒上，上且有以赏之。盈期不成学者，籍书而上内史。”②“红”即“功”，指功绩、业绩。就是说新工人头一年业绩应达到规定产额的一半，第二年全年产品数额应与原有工匠的业绩数额相等。好的工师应该是善于教育培养人的，（对于新技能）老工匠一年学成，新工匠两年学成。能提前学成的，向上级报告，上级有奖赏。学习期满仍不能学成的，则记名上报内史官。

商鞅变法时，秦国兵器需要刻上督造人名字。汉代承袭“物勒工名”秦制，并建立国家级“质量档案”——骨签③。度量衡成质量发展重要支柱、市场公平交易的基础。为了维护度量衡的准确，商鞅借鉴春秋齐国管仲所创的度量衡体系，制成流芳千古的度量衡瑰宝——商鞅铜方升，并亲自督造度量衡标准器具发到全国各地，定期检定。度量衡一经制度化，就具有很强的法制性。技术不可或缺、政权力量和法制管理也相当重要。

3. *汉唐宋职业管理与教育*

手工业时代，产品质量在很大程度上取决于工艺水平，技术培训、职业教育显得分外重要。汉代职教十分发达，农业、畜牧业、医药业、兽医业、天文历法等都有职教，文学艺术方面则开设专门学校教学（东汉，洛

---

① 管仲提出的户籍管理制度是“分国以为五乡，乡为之师；分乡以为五州，州为之长；分州以为十里，里为之尉；分里以为十游，游为之宗。十家为什，五家为伍，什伍皆有长焉。”这里的“分国以为五乡”，是指把国之都城地区分为五个乡，管理五乡也就是管理都城地区。

② 这是《均工律》中的第一条。1975 年 12 月，湖北云梦睡虎地 11 号秦墓出土秦简（云梦秦简）共两百零一枚简、律文一百零八条。其中对于工匠培养的《均工律》有三条（第三条有标题无内容）。

③ 骨签，是把兽骨削制成细薄片状而成，作为档案管理的标签。骨签一般是长 5.8 ~ 7.2 厘米，宽 2.1 ~ 3.2 厘米，厚 0.5 厘米的长条形。目前所见的骨签最早的年号为汉武帝太初元年，记录着各地工官和中央某些属官向中央“供进之器”详细信息，既包括名称、数量、规格，也包括生产日期、生产工官、官名、工名、强度、编号等物勒工名要素，以便质量溯源。

阳，鸿都门学）。手工业职教保持三种模式，即官办学徒制、家传制和私人授徒制。这个时期发明创造十分抢眼，如造纸术、地动仪等；工业领域成就也比较大，尤其冶铁业规模大，“炒钢法”冶铁技术趋向成熟。西汉炒钢法是世界上最早的炒钢法，比国外早1700年（18世纪中叶的英国才出现炒钢法）。其方法是：把生铁用煤炭或焦炭、杠炭、木炭等炭火加热至半液态、液态，并像炒菜一不断搅拌铁水，同时用鼓风炉鼓风，并撒入适量矿粉，使生铁含碳量降低到钢的成份范围（2%以下）。马克思怀着极大的热情给予炒钢法很高的评价，说不管怎样赞许也不会夸大了这一革新的重要意义。

从汉到隋唐，职业教育有了一个巨大的跨越，医学、天文历法开始分科教学，农畜方面有了实践性教学。工业领域有官营的技术学校，学制从40来天到4年不等；手工业艺徒制完全成熟，强调教育对象要选择好，须是“士”或“君子”，而不可以是“小人”。《新唐书》云：“凡推步、卜、相、医、巧，皆技也。能以技自显地一世，亦悟之天，非积习致然。然士君子能之，则不迂，不泥，不矜，不神；小人能之，则迂而入诸拘碍，泥而弗通大方，矜以夸众，神以诬人，故前圣不以为教，盖吝之也。”① “推步”指“推算天象历法”（古人谓日月转运于天，犹如人之行步，可推算而知）。“巧”，指工匠技术精湛、娴熟（巧字从工，“工”有精密、灵巧义。故本义指技艺高明、精巧）。显然，工匠之巧，在唐代是可以与推步、卜、相、医并列的技能，“能以技自显地一世”。

唐代手工业管理体系已经相当严密，管理工匠的“三监”已有非常明晰的制度。《新唐书》对此有记载②，首先是少府监，“监一人，从三品；少监二人，从四品下。掌百工技巧之政。总中尚、左尚、右尚、织染，掌冶五署及诸冶、铸钱、互市等监。”技术官员达到从三品，可见官府重视程度。而且对产品呈送级别及对应的制作材料、工艺及工匠的学习年限，都有明确的规定，如“细镂之工，教以四年；车路乐器之工三年；平漫刀槊之工二年，矢镞竹漆屈柳之工半焉；冠冕弁帻之工九月。”监以下设令丞，从六品下，掌判监事；主簿二人，从七品下；录事二人，从九品上。教育上仍然是“教作者传家技，四季以令丞试之，岁终以监试之，皆物勒工名。”做工之人以技传家，每季度由令丞考试测验，年终则由监考试测验。所有成品都要刻上工匠的名字。而将作监，“监二人，从三品；少监

---

① 欧阳修、宋祁等合撰：《新唐书·列传·卷一百二十九·方技》，古诗文网《新唐书》篇。
② 欧阳修、宋祁等合撰：《新唐书·志·卷三十八·百官三》，古诗文网《新唐书》篇。

二人，从四品下。掌土木工匠之政，总左校、右校、中校、甄官等署，百工等监。”监以下设置与少作监同。另有军器监，负责制造军备用品，“监一人，正四品上；丞一人，正七品上。掌缮甲弩，以时输武库。”少府监、将作监规模都很大。少府监不计管理人员，绫绵坊巧儿（相当于工匠中高级技师）365 人，内作使绫匠（熟练工匠）83 人，掖庭绫匠 150 人，内作巧儿 42 人；另外，配京都诸司诸使的杂匠 125 人，短蕃匠（即打短工的工匠，唐时规定工匠每年要有 20 天服役）5029 人。而将作监的明资匠（相当于工匠中的技师，官府出资雇用的技艺精湛的工匠，比熟练工匠水平要高；明资匠中尤为特殊的才称“巧儿匠”）有 260 人，短蕃匠（也就是短期打工的工匠）高达 12744 人。如此规模的工匠与管理队伍，可见手工业之发达。

宋代是一个比较特殊的朝代，政治“弱宋”、经济“强宋”，强到其经济实力和富裕程度远超唐朝；经济、科技乃至文化，是中国古代史上最繁荣的时代。重要原因是工商业长足发展、外贸业相当发达、民间商业昌盛（后面商业流通问题中专门论述）。王安石变法后，不拘一格选拔人才，集合各地的优秀工匠到京城，交流经验，提高技术，从中发现优秀人才。《皇宋通鉴长编纪事本末卷第七十五》记载了熙宁六年十二月两名工匠因为技术精巧而被赋予重任：“壬辰，军器监言：‘弓匠李文应、箭匠王成技皆精巧。’诏补三司守阙军将，以教工匠。”可见，用先进人物、技艺高手为师培养人才，中国自古有之。

自宋朝到清朝，手工业教育逐渐与商业教育合一，成为职业教育重要内容，后论。

二、商业风格形成及其商帮

1. 集聚教育与古代班级制

前面提到，管仲倡导同业聚居以利工业文化氛围形成，教育培养行业人才。管仲还认为从事商业的人也应这样，“今夫商群萃而州处，观凶饥，审国变，察其四时而监其乡之货，以知其市之贾。负任担荷，服牛辂马，以周四方；料多少，计贵贱，以其所有，易其所无，买贱鬻贵。是以羽旄不求而至，竹箭有余于国；奇怪时来，珍异物聚。旦昔从事于此，以教其子弟。相语以利，相示以时，相陈以知贾。少而习焉，其心安焉，不见异物而迁焉”（《管子·匡君小匡》）。显然，商人集中居处相聚，与工匠们所做的事、所说的话、所比较的内容是不一样的。商人们在一起可以观察年景的吉凶、地方上货物之缺，可以了解国家形势的变动，观察四时的丰歉，并且密切关注自己生意所在地方的商品交易情况，以便把握市场物价的高下。这样商人们就在交流中明晰着自己可以经商的货物，考虑赶着牛车驾着马车带上足够的物品，以周济四方货缺；从而预料筹集物资的多寡，合计商品售价的贵贱，以自己所拥有的，去交换自己所没有的，低价买进、高价卖出。如此，像雉羽、摈尾这类珍品，不用寻找货主就会自己找上门来；而如竹筋一类的建设材料，自己国内就足够且有积余。稀奇古怪的奇珍异品就会自动聚集、经常到来。商人们每天都做着这些事，用这些内容来教育他们的子弟。他们互相谈论赢利，互告买卖时机，彼此陈说物价知识，让子弟们从小就学习这些知识和技能，习惯商人思维，（就能培养出一批批新商人，这些人）思想安定，不会被别的事物诱惑而见异思迁。显然，适宜的环境、好的老师，是培训人才的重要保证。

这种集聚式教育，夏朝已萌芽，但集中于王室贵族，平民百姓很难有这样的机会。作为一种学校的雏形，经历商朝发展，到西周时成熟，发展成后来的班级授课制。百家争鸣时以孔子为代表的中国教育的开创者，开始坐而论道，学生坐于下首听讲，这应该是中国最早有信史的课堂教学模式，也是中国私塾教育的开始。朝廷议事、宗教讲经，则是会议模式讲课学习的起源。现代高校商科中的案例式教学、研读式教学、实践型教学等，中国几千年前已炉火纯青，实践中形成中国特色的商业教育、商业风格和商人集聚模式。

先秦王室贵族办王家官学，西汉创办中央官学。汉唐中央官学繁盛，最高学府是太学和国子监；地方官学也开办了，科举制度下，官府办学积极性越来越高。私塾走向成熟，为蒙馆、经馆两类。蒙馆学生由儿童组成，重识字、诵文，也学洒扫规矩、待客礼仪；经馆学生成年人为主，大多忙于举业。官学会随朝代更替、社会稳定而出现时长时落现象，私学则一直在民间发展着，大家族、宗室基本有自办私塾学校，请先生坐馆；也有考举落第、仕途不得意的读书人回归乡里设馆开班；还有一种模式是地主豪绅捐资办学、设馆教育。

清朝末年，引进西方夸美纽斯、赫尔巴特、凯洛夫等人的理论，官府设西式班级授课制，传统私塾逐渐淡出。百年后中国改革开放，新私塾在传承传统基础上创新重生。

2. 商业风格与中国式商帮

古代教育除科举考试外，职业教育、商业培训盛行。未被主流社会认同的商人，参照官学、私学，结合职业需要出资办学，大儒以儒道文化为本、结合商业特色教授，形成中国特色商科教育。中国的班级授课制自古有之，而不是在西方文艺复兴后的16世纪出现。中国自古就有每个时代的商业风格，有每个时代的商人集聚方式和商人风格。

拙作《民企老板管理突围》第二篇“心态的剖析”中，专门探索了中国老板们的整体性格和集聚风格。在性格分析中，提出了“群性格”概念，把改革开放中涌现出来的老板（商人）们归结为三种群性格：时代群性格、地域群性格、规模群性格①。今天再来分析，中国历史上每一个时代的商人，都有着当时的时代群性格，也有规模群性格（企业规模大小形成交往圈子后的共同性格特征）。而商人的地域群性格，是因为中国国土很大，出门在外经商做生意，往往是熟人带熟人，亲帮亲、乡帮乡，以乡土亲缘关系为纽带，从小范围逐渐扩大、从松散形逐渐紧密化，汉唐时代萌芽、宋元时代形成、明清时代成熟壮大，形成了中国独具风格特征的商帮，从古老的三大商帮发展到五大商帮、十大商帮……

当然，不论是几大商帮，其组成会有多个不同版本，也就是三大商帮时不止三个商帮、十大商帮出现时也远不止十个商帮。“各大商帮商人的经营项目、活动范围、经营风格、观念并不完全一样，比如山西商人以关于理财、独创票号著称；徽州商人亦贾亦儒，儒商结合；广东福建商人以海商为主体，表现出发亦商亦盗的组织形式；山东商人奉行以苦为乐，苦干实干；江西商人小本经营，擅长小本买卖；江苏商人经商稳打稳靠，以粮为主，善于扬长避短……”② 对改革开放时各地商帮进经营风格进行了归纳，指出即使同是浙商，杭州商人、宁波商人、温州商人也是各有各的不同③。中国一个省、一个市就相当于一些中等国家的人口规模、地域规模，同是粤商，广州商人与佛山商人就不一样，何况还有一个名声极大的潮汕商人。相对而言，靠北方一些的同省商人相似度大一些，如晋商、徽商，发展得也早一些。宋明时期经济中心南移，海上贸易兴起，于是粤商、闽商、浙商、苏商等兴起。

作为商业流通管理学科的建设，不仅仅需要了解现代改革开放中恢复和创新的各大商帮的各自风格、各自特色，也需要了解中国古代商帮的形成、群性格和他们的风格特征。从中探索需要继承的、借鉴的、扬弃的部分，以及在传承基础上可以创新的内涵。中国古代商帮，不管哪种版本，晋商、徽商都排在前面。而在改革开放时期，前期让古老商帮焕发出特异

---

① 徐井岗：《民企老板管理突围》，上海三联书店2005年版，第76－81页。

② 徐井岗：《民企老板管理突围》，上海三联书店2005年版，第96页。

③ 徐井岗：《民企老板管理突围》，上海三联书店2005年版，第96－113页。

光彩的是粤商（主要是潮汕帮）、闽商等，随后扬名世界的是浙商、苏商等。改革开放时期台商（台湾商人）在大陆也十分活跃。商帮，是因地域和人文差异自然形成的。从这个角度考量，一省或一个区域的商人亲友带亲友、乡党带乡党而形成的、正式或非正式组织（不是商业运输类的漕帮、马帮），即商业风格相似的商人群体的集聚，是在唐代萌芽、宋代开始的，明清成熟达到商帮高峰，而在民国时期渐渐消亡。当代改革开放时，新商帮崛起。

3. 古代大商帮及风格特色

晋商，本书第十四章第二节第三个问题“关公忠信公道商业精神”中，有过分析。关公是山西人氏，关帝庙与晋商密不可分，关公的忠勇义烈为商人所崇尚。晋商能成大商帮名扬世界，不仅仅在于他们用山西的盐、铁、麦、棉、皮、毛、木材、旱烟等特产换取江南的丝、绸、茶、米等，远销西北、蒙、俄，甚至到达欧洲、东南亚和阿拉伯国家，在世界上与威尼斯商人、犹太商人相提并论；还在于晋商的资本运营，晋商建立起庞大的“北号（票号）南庄（钱庄）”金融运营体系，全国商业运营都离不开晋商，成中国古代银行业之最、理财之尊，其“东家和掌柜”（所有权与经营权分离）模式，是现今董事长与总经理模式的鼻祖，“人身顶股制”则是现今股权激励的鼻祖，“钦差制”是现代管理监督机制的特色，“联号制”即大号管小号的方式，是现今层级管理制的祖宗。而以义制利、义利结合，不仅体现了晋商价值观，更体现出中国商业心理约束的核心：君子爱财，取之有道。

徽商，是安徽商帮。安徽，漫长的古代历史上分属不同诸侯国或不同省份、不同地区，直到清灭南明，废南京设江南省，清康熙六年（公元1667年），将江南省一分为二为江苏（含上海）、安徽两省（黄梅戏故乡之安庆府、徽派文化代表之徽州府合成安徽之名）。从清到民国再到中华人民共和国，古徽州经历史变迁，原所辖六县歙县、黟县、祁门、休宁、绩溪、婺源，婺源划归江西上饶，另有两个与浙江交界的乡镇划归浙江省淳安；而绩溪则从徽州划出，归安徽宣州，其他各县归入新设的黄山市。

自此，曾创造出徽菜、徽商、徽雕、徽画、徽派建筑等徽派文化的发源地徽州府，在行政区划上仅剩黄山市徽州区，安徽之“徽”屈于黄山之下，匿于古村落之中。

古徽商，亦萌芽于唐代，形成于宋朝，繁荣于明清，其商人大多出于原古徽州（古新安郡）所辖之地，唐兴茶、宋兴纸、明兴盐，丝绸之路、茶马古道、文房四宝、徽派建筑……吴头楚尾的古徽州商人足迹遍及全国、走向世界，徽派文化名扬四海，盐、典、茶、木四业兴旺，布匹、丝绸、粮油、陶瓷、漆器、药材、徽菜，以及杂南北货、京片百货等多种多样行业，无业不就。走贩（长途贩运）、团积（囤积居奇，贱买贵卖）、开张（广设店肆，开展竞争）、质剂（经营典当，权子母钱）、回易（以所多易所鲜）多种经营方式灵活运用，且集工商业于一身。清代胡姓徽商如红顶商人胡雪岩，13 岁赴杭州学徒，创胡庆余堂；另有徽墨名家胡开文、茶商胡炳衡、徽商工业创始人胡练九、一代酱王胡兆祥等。

其他姓氏的徽商也很多，如汪恕有滴醋汪懿余、盐业大亨汪应庚、汪廷璋，创办安徽最早电灯公司的吴兴周、南通土布商张静甫、石恒春药店创始人石明谅，建德南北杂货商吴焕章，宣城“裕和隆”洪紝以及大批活跃在苏浙沪一带的绩溪徽厨等；创立了一系列品牌，除前面提到过的外，还有张小泉剪刀、曹素功墨业、谢裕大茶行、张一元茶庄、同庆楼菜馆等。徽商商业资本之巨、从贾人数之众、活动区域之广、经营行业之多、经营能力之强，都是极为强盛的，在中国商界称雄数百年。徽商务实、精明，有着厚重的历史使命感和责任感，重要特征就在一个“儒”字。有南宋大儒朱熹遗风、有近代大家胡适儒风，徽商“贾而好儒”，促使徽州成为文风、商风双昌盛之地。遗憾的是徽商未能在现代承续这样的文风、商风，再显商人经营绝世雄风。

自南宋定都临安，原本经济发达的南方富庶之地，经济发展更加迅速，海外贸易与江河贸易同时兴盛繁荣。广东、福建、浙江、江苏（上海）商业海运、河运发达，形成了粤商、闽商、浙商、苏商等商帮。相比较而言，出海贸易粤商、闽商为主，故侨商（漂洋过海的华侨商人）更为广泛而普遍的是粤商、闽商；通过长江及其各支流、湖泊运输商品贸易更有成就的是浙商、苏商，故陆商（江河湖泊之处的陆地商人）更为广泛的是浙商、苏商。

粤商以广州商人和潮州商人为主，分别称广府商帮、潮汕商帮、客家商帮等，粤商以敢为天下先著称，喜欢“头啖汤”；闽商以闽南（泉州、厦门、漳州等）商人为主，开创海上丝绸之路，闽商崇尚爱拼才会赢，喜“内外勾结”（沿海居民中建立据点）。粤闽两地离乡背井、下南洋谋生。南洋华侨 95% 是粤闽两省之人，他们及其后人经商形成了华侨商人群体，抗日战争时海外支援抗战最重要的就是侨商；改革开放时，回乡投资粤闽最多的也是南洋华侨商人，目前华侨最多的是广东，约 2000 万人；第二是福建，近 1600 万人。

说明两点，其一，华侨是旅居国外的中国人（中国籍），华裔是华人后代人旅居国国籍（外籍华人）。故华侨爱国爱的是中国。其二，从明末、清朝到民国初年出现过四次人口大迁徙潮，著名的走西口、闯关东、下南洋外，还有“填四川”，战乱导致四川人口锐减，清廷官方用系列措施吸引外地人移民入川，其中湖广移民和客家移民分别占当时四川总人口的40%和33%①，清末《成都通览》描述“现今之成都人，原籍皆外省人”。另有“五次迁徙”说，第五次指的是陕西到四川康藏地区茶马古道上的“蹚古道”引起的人流迁徙。

江浙一带，素有“鱼米之乡”“人间天堂”美誉，经商风盛行。相比较而言，浙商崇尚市场的同时懂得利用政府力量；喜欢从事投资、金融、房地产和互联网行业，并愿意走出去复制推广成功的模式；浙商外出经商喜欢抱团。苏商崇尚权力的同时，懂得尊重市场运行；重点从事制造业及“2.5”产业（介于二三产业间的中间产业），既有三产管理中心职能，又兼具第二产业运营职能，更愿意在一个地方呆着做大做强，单打独斗的能力更强。

浙商是一个通称，具体包括湖州商帮、龙游商帮、宁波商帮、萧绍商帮（绍兴商帮）、温州商帮、台州商帮、义乌商帮等著名商帮群体。明清十大商帮中的浙商，主要指龙游商帮，当时“四省通衢汇龙游”，尤其书业、纸业、珠宝业出名，另有竹木茶粮等。随着交通运输业发展，龙游交通枢纽的地位弱化，商业也衰弱。反而是宁波商帮名扬四海，特别是到近代。改革开放时期，甬商依然活跃，温商也强势崛起，与台州商人、义乌商人等成为新军。

苏商，在明清时期名声最大的是洞庭商帮，以洞庭东山和洞庭西山（苏州吴县所辖）商人最具典型性。此外，南京、苏州、无锡、常州、镇江等地商业也发达，改革开放时形成了以这些地方为主的苏商活跃地，通称“苏南”，经商之“苏南模式”红极一时。

中国之大，商帮众多，形成各自的经商风格和商人行为风格。但有一个基本点不变，那就是中国商人的商道文化内涵：以仁义诚信为商道之本，以天地人和为商道之策，以双和双赢为商道之途。中国文化是讲道的文化，文有文道、武有武道，政有政道、军有军道，佛有佛道、儒有儒道，师有师道、医有医道，孝有孝道、茶有茶道……总之，人间有正道，道不同不相为谋，经商之人，不可无道——中国商业流通领域本质内涵和风格呈现。

---

① 资料来源：《客家入川》，2020年《天府广记》第12期。

三、中国特色管理前因后果

1. 企管西化形成特定缘由

改革开放初期，管理实践是各显神通的时代，有借鉴国有企业的管理、能人高人的个性化管理，也有退伍军人的半军事化管理、农民的家长式管理、各色人等的想不通管理等。开放了“三资”企业、引进国外管理观念后，西方理论一统江湖，但古典的、现代的，物本的、人本的管理理论都只有局部或部分起作用（副作用暂时被高速增长的GDP掩盖着）。各种管理掺和一起，掂掂勺煮出一锅百搭式管理套餐。“三不像”，也不管效果，商品奇缺时代一切都为生产、销售让路；这个时候谈企业管理，有可能被企业赶出门。后来很多文章、课题研究、教材著作等描述这一问题的时候，有意无意地忽略了上述特点。这是有原因的。

原因之一，管理理论滞后于管理实践。中国的哲学观点认为理论来源于实践，同时指导实践。对于成熟的已经被实践证明了的理论，可以直接用于指导实践，西方理论就是这样直接被用来指导中国改革开放初中期企业管理的。但这涉及一个非常重要的问题——文化移植排斥反应。西医也认为人体的免疫系统对各种致病因子有着非常完善的防御机制，能够对细菌、病毒、异物、异体组织、人造材料等“异己成分”进行攻击、破坏、清除，所以器官移植后最无可奈何的就是移植排斥反应（transplant rejection）。把西方管理文化和管理理论整体移植进中国企业，出现排斥反应是不可避免的，因为国学历经几千年，也“有着非常完善的防御机制”。整体移植显然不妥当，只能是学习其适应中华国学、中国职场的部分，创建中国自己的理论体系。而改革开放过程中，因商品奇缺带来的“大好形势”，掩盖了文化移植排斥性问题，而符合中国国情的理论又滞后于企业实践，企业自身深陷在“订单火爆”的美感中，百搭管理形式也不影响卖方市场带来的利益快感。所以，那时候的生产管理只有一个要求：产量，产量，产量；销售管理也只有一个要求：销量，销量，销量。

原因之二，向有外资背景的企业看齐。改革开放的前20多年，由于各地招商引资的需要，最受待见的是投资商，政策也是特别优惠，许多领域只许外资不许内资投资，本土企业难望其项背。引进外资、引进项目（期盼项目中带来先进技术、管理）成为迫切要求。导致凡在外资企业就职的就是一种荣耀，出现有外资企业经营管理经历的会被内地企业疯抢的情况。于是海归成金龟，海外经理人制度全盘引进，私营企业以及后来股份制民营企业，全都向外资企业管理看齐。虽然事实上那时企业成功与否，与“外资管理模式”没什么关系，只是卖方市场下供不应求的结果，产品出厂就不愁卖不掉，但被塑造成是“西化”的功劳。

原因之三，向已成功的大型企业看齐。那时生产管理根据引进的生产线安排，营销管理按西方模式运作。品牌的打造几乎与生产无关，完全是“营销策划”出来的；所谓的策划就是事件营销下大力广告轰炸，引起公众轰动。从游戏机到随身听、从录像机到卡拉 OK 机、从白色家电到黑色家电、从净水饮料到保健品、从啤酒到白酒，各种品牌以神一样的速度崛起，机器开足，广告开路，很快成就了一批“成功者”，虽然很多倒在“大企业病”中，但却让那些中小企业趋之若鹜，齐刷刷看齐这些大企业。人心躁了，追求快速创造企业神话，那是广告公司、广告媒体、广告从业人员的春天，媒介被疯抢，包下一条街横幅广告就可让一家小公司赚得盆满钵满。这种情况下，企业没有精力把关注的重点放在生产管理、流通管理。理论研究者也有意无意跳过这段历程，因为这段历程不能证明西方管理放之四海皆准，反而证明中小企业依照本能也好、随波逐流也好，都能创造利润，不是因为西方管理的优秀带来了高效益，只是因为商品稀缺时代市场自然出现的一种“繁荣”。

原因之四，工业革命首先在欧美开始。既然当时的企业兴旺、市场繁荣不是西方管理带来的，何以理论界还要全神贯注？须承认一点，中国古代有过巨大辉煌，但近代西方“文艺复兴”后，思想革命、文化革命、工业革命、农业革命带来新变革。工业革命让动能发生巨变，尤其电能让工业生产方式、人类生活方式发生巨变，16 世纪到 20 世纪的 500 年间，西方发展起来了。中国国运曲线却滑入低谷，一升一降间，“贫穷落后”的标签贴了几百年，穷则受欺，自信心跌落。改革开放触底反弹，国运曲线上升，只是很多人眼花缭乱中迷失了自我，“雾里看花水中望月”，无法“分辨这变幻莫测的世界”，没有一双慧眼“把这纷扰看得清清楚楚、明明白白、真真切切”，简单的推理就成立了：人家经济如此发达，那不说明了人家的理论是优秀的。于是，中国本土思想、方法扔一边，只留西学满乾坤。

2. 还原国学本色领悟管理

清末开始，各场变法、革命，似乎不约而同都借助否定传统文化来介入，砸碎旧的，创造新的，本是政治上的见解，却成了文化上的“破旧立新”。但似乎也可理解，直接指责当朝政治、否定当朝统治，必然被镇压；曲线迂回，从文化视角着手，或干脆把文化当作祭祀牺牲品，似乎是最好的选择。于是一二百年来，国学何其无辜！

由是，中国传统的东西被无情扫落，导致此后几代人失落了对中国文化的深层把握、深度解读。尤其西方精准化数据模式推动的“科学进步”，导致凡不能用数字解析的就是不科学的思想成为一种根深蒂固的“真理”。各界人士可能对国学国粹一无所知，或仅仅停留在表层，就挥舞着“科学大旗”把国学贬得一无是处，又把西学吹得天花乱坠。幸好，中国文化顽强的生命力使它不会断层，元、清两个朝代都无法让它断层，更何况一场变法、一场运动；而且即使学界主流批判传统文化，它却依然在中国人民心坎里扎根着，总有人愿意坐到书桌前，总有人愿意静心求道，只要一个契机，中国文化的魂就会激活起来，中国文化的美就会展现出来。

进入 21 世纪第二个年代，迎来中华民族伟大复兴新时代，“文化自信”作为一种政治觉悟提出来了，中国文化的传承、中华文明的智慧，结晶在中国特色的社会主义道路上，融合在新时代的政治建设、经济建设、理论建设、制度建设中。

建设中国特色的生产管理、流通管理学科，必须充分反映国学管理文化、现代红色文化。翻开史册，可以发现西方 16～19 世纪中的一些发明创造、科学理论，中国早在千百年前就已经提出来了。当然，学科建设不是要将几千年前制造青铜器的古老作坊与现代化工厂放在一起作比较来证明老作坊比现代化厂区更好，也不是要将千年前的棉织机、锦织机、陶瓷工艺与当今电子化机器设备和生产流水线作比较来证明老机器更先进，当然更不是要将几千年前服牛驯马出来的物流运输设备与汽车轮船、飞机火车作比较来证明中国古代流通能力的强大（这些是否定国学的“公知”们讽刺中国文化时的内容）。而是要说明中国早在几千年前就有生产流通管理，经过历史的洗礼，自有中国管理的优秀与科学性。

改革开放引进机器设备、引进西方项目（虽然最好的机器西方不会让我们引进，核心技术和管理真经也绝不会提供出来）是发展初始时的必需，可以少走弯路，但若数典忘祖、欺师灭祖，走“全盘西化”之路，这就过分了、无道了。历史悠久的中国，有条件在必要的传承基础上结合当代特色、与时俱进创新发展本土管理学，包括生产流通管理学。改革开放几十年，中国走过西方百年、数百年发展历程，有承继中国传统的、有借鉴西方管理的、有参照政府行政的、有学习国企管理的，也有领悟农民特色的、能人管理模式的，或综合多种管理的。新学科建设需要挖掘史料，需要解读传统经典，需要明悟红色管理，悟中融合、创新。

3. 中国管理展示中国特色

改革开放是在做着以前从没有做过的事，摸着石头过河，政策举措是在充分探索实践基础上总结出来的成果。所以是等等看，等各种方式实施后的效果再作决定。这就给了市场充分发挥主观能动性的可能，给了企业大胆尝试、深入研究的机会。从社会基层视角看，大量民营中小企业的生产管理是从纠正行为习惯开始的，流通管理是从争吵打架开始的。

管理学术界往往把视线盯在跨国大企业、海内大企业上，往往忽略一个事实：99%的中小微企业尤其是许多小微企业是从家庭作坊开始的（事实上大多数中等规模的企业也是从小微企业起步的），除了作坊内的设备工具和生产出来的产品比千百年前先进外，现场的脏乱程度、管理的原始程度似乎是历史的回放。对于这些作坊式小工厂，生产管理必须从纠正行为习惯开始，比如说不得在车间内抽烟、随地吐痰、随地小便等，这是由改革起步阶段小工厂工人们的文化素养所决定的（农民在进厂打工前，就是在广阔田野里随时抽烟、随地小便的），这个时候，跟他们谈西方管理，是对牛弹琴牛还要嫌弃琴。实践证明，无序管理是乱中取胜，粗放管理是起步必然，物本管理重在计件，人本管理在于留人，心本管理才是根本。也就是任何阶段，采取任何对应的管理，让人心服口服、心甘情愿才是最重要的。

改革开放之初，无论是物流管理还是销售管理，或是市场营建管理，都经历过脸红耳赤跳脚大吵甚至拳打脚踢棍棒打架，所以有人说运输业是打出来的、销售业绩是拼出来的、新市场是扫荡出来的。这对于那些拿着西方营销理论、物流理论指手画脚的人来说，有些打脸，所以最好的办法是避开（当然也可能因为一直高高在上，低不下身子看社会现实）。西方理论不是好不好的问题，是适应不适应的问题。也许有人会说，总要朝着进步的方向努力吧。对，这话没错，但目标不是指向西方理论，而是中国特色。

管理发展的每一阶段，都不是否定或扫落前一成果再开始新一篇章的，而是把所有阶段去粗取精、去伪存真后的综合性总结。西方理论中的人性假设理论，也不是否定“经济人”假设后用“社会人”假设取代，不是否定“社会人”假设后产生“自我实现人”假设，包括“复杂人”假设在内，各种假设是并立存在的，对应不同时段不同群体的不同侧面。从古至今，一直到改革开放呈现的各种情况，都是客观存在的。不同时候需要对应不同管理内涵。我们要强调的是实事求是的传承创新，与时俱进的中国特色。

第四节　生产流通管理学科内涵

一、企业生产流通管理学科

1. 管理学科建设适宜最佳

改革开放业界出现一个新名词：企业“空降兵”。这指企业高薪外聘到重要管理岗位的人才，一般有海外教育、大公司就职背景。真正的贵族一定有平民意识；没有平民意识称贵族，不是纨绔就是暴发户。真正的“空降兵”，一定有本土意识；没有本土企业意识的“空降兵”，生存不了多久。初时的“空降兵”，大多缺少这一认知，铩羽而归，最长能呆上半年一载，短的个把月就灰溜溜走了。这一现象当时曾引起“经理人制度”的搬运工们好一阵纳闷。

海归“空降兵”，有国外学习工作经历；国内“空降兵”，也大体有留学和大机关或大企业高层工作经历。如果空降到三资企业、大企业机关里，还能踢蹋几下；但若空降到地方企业、中小企业，对国情不了解、对地方更不了解，没有与一线员工打交道经验，又不肯放下身段与一线员工平起平坐，败北就不奇怪了。空降没有问题，但空降者，须先融进去，得到企业的认可，在企业内部培养起必要的信任度，然后制订计划推进革新改变。高高在上，对企业原有一切不作任何调查就一口否决、强行推行自己认为成熟的管理，自然难以成功。

“空降兵”也许会说，老板等不起、我也等不起，我需要业绩来证明自己。这就是沟通问题，是中国式的沟通，不是欧美式的沟通（鉴于篇幅和阐论重点，这里暂不就中国式沟通问题说开去）。向上沟通在入职前要说明自己的诉求，入职后要谋求上司的理解和支持；向下沟通是在入职后先获得员工认同，得到同事们从内心里接受自己这个人，然后再让大家接受改革方案就事半功倍了。但是很多“空降兵”不愿意这样做，而是自己带一批人进来，短平快换掉原有管理人员，生产线上塞进自己带来的生产经理、品质经理、技术经理，这些经理又安排了自己的车间主任、项目主任、班组长；营销线上安排上自己的市场经理、销售经理、公关经理，同样这些经理又带来自己的经营商、关系网和各区域销售负责人。如此大换血，原有的企业文化彻底打乱，新的工作流程无法流畅，只有高压推进，结果可想而知。坐蜡的只有企业老板，继续推进，混乱已生，退掉“空降兵”，一帮人跟着走。原来的管理体系已被拆卸，新管理体系建设不起来，进也不是，退也不是。所以，在当时批判家族制企业、呼吁经理人制度后不久，换来一声声叹息、一句句咒骂，老板们最终回归家族管理、亲友管理。

这也是中国企业管理研究的一个硬伤，只有居高临下，缺少基层视角。另外一个硬伤，则是“能人”办企——坐拥技术、怪才销售、套路奇袭，创业企业短时间内迅速膨胀，规模做大了，管理却跟不上，没能做强，患上了“大企业病”，业界“你方唱罢我登场，城头频换大王旗”。“空降兵”也患上了“大企业病”，习惯于曾呆过的外资企业、行业标兵企业、大型和超大型企业，将其做法直接照搬套用到空降企业，滑铁卢后指责老板不讲信用、企业职工没有素质，而不从自身角度检讨自己，不去想引进的内容是不是适应这家企业、引入方式是不是适应这家企业、引用时机是不是适应这家企业。因为他们深信自己带去的管理机制、管理体系、管理模式是最先进、最优秀的，不成功都是“你们”的责任。

建立中国特色的生产与流通管理学科，必须先研究好适应性问题。就医学角度而言，病人若因阳气过旺，越好的补品就会越会加重病情，但不能说补品不是好东西；即使病人是因虚而得病，马上就大补，很可能也是适得其反，但同样不能说补品不好，只是时机、方式和用量不对。若因为阴虚而用大泻的药，那就是谋害人命了。生产也罢，流通也好，适合的才是最好的。这里也需要重提“中庸之道”。中庸自然不是如一些浅薄的理解为是“二者相加除以二”，而是阴阳相冲以为和，冲而相荡，最终至两者之间最合适处，便是和了。

所以，企业生产与流通管理学科，有两方面内容必须明晰，一是中国生产运营与流通管理发展史，这是传承的基础；二是中国特色的生产与流通之最新理论、最新技术、最新路径与方法，即红色管理的新时代内涵。要设计企业发展不同阶段、企业规模不同大小、企业运营不同型态时不同的对应性有效管理，以中国企业的适应性为主。《谁去给猫挂铃铛》的寓言故事，说明再科学、再优秀的理论，都需要能够执行得下去，否则，一切都是空谈！脱离实际的方法，不管多有道理都是无效的，甚至是有害的。

2. 中国特色特在基层管理

体现中国特色的生产与流通管理，重点是生产一线、在流通一线的工作人员，他们不是知识型人才、不是管理型人才（西方所称蓝领职工），是从事带有一定技术性的体力劳动的那部分职工。他们最重要的任务是生产出产品、把产品迁移到库区或客户那里。浅显直接的表述就是他们需要干技术活、干体力活。生产管理的核心内容之一，是对这些职工的工作内容、工作流程、工作质量以及工作效益的管理，涉及职工的基础需求、心理需求和社会需求。一线职工的基础需求是养家糊口，保证自己和家人的基本生活需要；心理需求是在工作中获得尊重、获得认可、获得赞美；社会需求是在社会生活中产生稳定感、被需求感和一定的成就感。归结起来就是生理需求和心理需求，理论上与马斯洛等人的理论差不多。但区别点是，心理需求的内涵不同。在中国利益是基础，修道明德是提升，情感满足才是实在。

理解“心”的认同、“和”的共建在中国管理中的价值，是建设中国生产管理、流通管理的基础。图 19－3 设计了《生产运营管理》《商业流通管理》两个学科系列。前者针对从事企业生产活动的产业工人和他们所从事的工作内容的管理，后者针对从事商品流动活动的产业工人和他们所从事的工作内容的管理。管理，是要打得开产业工人心结、梳理好产业工人的心态、照顾到产业工人的心情、激发起产业工人的情怀、和美着产业工人的心理，一句话，理顺了产业工人的人心，让他们能发挥出主观能动性，主动、积极、认真、高效地去完成本职工作，心甘情愿地展示出才华和奉献精神。管理好人心就是管理好员工，管理好员工的人心就能通过他们管理好所从事的工作。这就是生产与流通心和管理的重要价值所在。

生产线产业工人，需要的不是太多的理论，他们喜欢“空谈误国，实干兴邦”的话。他们也不喜欢过多的纪律约束，“如果我没干好，你咋都行，否则咋呼什么!”简单而明白、直接而有效的指令是他们能接受，他们信奉“说得多不如干得多，说得好不如干得好。”他们愿意接受他们信赖的人的领导，一名管理者如果得不到他们从内心里的认可，再好的举措，他们也会嗤之以鼻，即使心服也不会口服，口不服的结果就是他们敢于胡言乱语，无心插柳却可能让管理者威信扫地，率性而为导致管理者政令不畅。所以，人心管理八大法则中欣赏管理，把管理分为三个层级，基础层是心服口服，中间层是心悦诚服，最高层是心甘情愿。工作着是快乐的，不仅要落实在员工的心态上，更要落实在管理的行为上，在让人心口皆服的基础上，还要让人从内心感动愉悦、诚心诚意信服、诚心诚意服从。如此逐步进入最高境界：心甘情愿——管理成本最低、管理效益最高，而员工最快乐的境界。

一线工人，凭着劳动力和技术水平干活，尊严是在劳动力的付出与技术价值的体现中获得的。他们心悦诚服了、心甘情愿了，才不会出现偷奸要滑，才会自发钻研技术提升工艺。中国特色的学科建设，需要必要的准确数字和一定的表格填写，但那是事先的计划、事后的归纳。管理过程，最重要的是引导员工心甘情愿，心甘情愿钻研技术、心甘情愿提升质量、心甘情愿提高效率。管理理论研究、教导的重点是找到如何让员工心甘情愿的途径、方式和方法。除此之外的一切设想、设计，都只是治标不治本的探索，意义与价值有限。

一线工人，不仅仅是指车间员工，仓储、运输等物流人员，也包括商品销售、四处奔波的营销人员。不要把仓库保管员、货车驾驶员、货物装卸员想象成那些坐在窗明几净办公室里对着电脑设计物流配送、指挥车辆进出、观察货物流向的技术人员；也不要把拿着样品汗流浃背四处寻找客户、为一单生意不断陪着笑脸还不一定成功、穿行在大街小巷的销售人员，那些邮递、快递、送餐、送花和搬运家具、绿植的工作人员，想象成坐商务舱、拉高级行李箱、着名牌西装革履，谈判桌上指点江山、签约仪式上笑对记者大小“钢炮”的高级经理人。奔波在流通线上 90% 以上的人是前者，即使是大公司、托拉斯内部，前者人数一定比后者人数多得多。生产流通管理的对象，是前者，前者更需要稳定感、安全感、前途感、存在感、归属感；而后者，连成就感都已得到一定程度的满足，理心的重点不是他们。中国特色的生产流通管理学科建设，需要扭转主次颠倒、重心失衡的现象，应关注一线产业工人、基层流通人员及他们的工作。贵族意识，先决条件是有平民意识。只看高处，基础不会牢靠。

3. 员工与客户管理重认同

生产型企业和服务型企业都需要完善的物流，原材料、辅料、半成品、成品的厂内厂外移动，采购、出货、储存、保管等的工作岗位；还有那些物流企业、运输公司、快递公司、搬运公司等，直接从事物流。他们的任务只有一个，保证业务所需货物的畅通流动，让货物到达约定的目的地，各工种名称上可能五花八门，本质上还是产业工人。他们的工作内容、工作方式、工作流程，应该清楚体现在流通管理的学科体系中，设计出最优工作方式、最节约工作流程，应该是这一学科研究的重点，而这一切的基础，是理顺人心。

管理不能愚民，员工对公司现状、前景，整体规划、部门分解，小组任务、个人职责，数量规定、质量要求，上司情况、搭档长处等，应该心中有数，这是理解管理第一层次目标；然后通过磨合、配合的互动，主动积极地增长彼此的默契度，达到理解管理第二层次目标：心领神会，也就是一个手势、一个眼神、一个暗示，就能领悟到、意会到，就能配合默契。然后不断努力，层层推进，达到理解管理最高层次目标：心照不宣，即无须“宣”出来，手势眼神通通不需要就已“心照”，彼此心里都亮堂堂。这在物流一线的工作人员中极其需要，管理人员对员工多一点体谅、多一些沟通，达到多一些理解。

销售层面领域，要理解一切武功招式，在绝对的实力面前毫无招架之力；一切的营销技巧，在心门紧锁者面前毫无作用。打开客户心门、获得人心认同，是营销真正意义上的不二法门——人心营销。对人不认可，就很难认可这人推销的一切，包括知识（老师）、商品（销售者）、作品（演员）等，这也是名师效应、明星效应产生的原因所在。销售人员销售商品，除了商品本身的质量价值外，引起客户关注、喜欢、产生购买行为的关键，是认可了推销者。没有一个客户愿意在完成购买的过程中产生不痛快、不舒服甚至是厌恶感。而企业的销售目标、利润目标是通过“销售入心→客户掏钱→商品转移”来实现的。

所以，流通管理学科的内容设计，不能缺少一个重要内容：情绪管理。管理者对员工要进行情绪管理，员工对客户要进行情绪管理。情绪管理的基础层面是心有所驰，也就是人心的定向性，稳定地直奔目标，这个过程最重要的是排除不良情绪，让自己心怀愉悦、精神饱满地工作着（面向企业）、营销着（面向顾客）；情绪管理的中级层次是心无杂绪，也就是人心的返璞归真，宁静谦和地实施着自己既定目标，控制好自己的情绪，脚踏实地、勤勉认真地工作着；而情绪管理的最高层次是心理阳光，无阴影、无杂质，真诚坦然地按预定计划步步前行、不断进取，绝对不会半途而废，也绝不让工作压力转换成情绪压力，让垃圾情绪影响自己的思想和行为。很多管理理论也提阳光心态，但好像都是一开始就是阳光洒入，一下子照得一切都明亮无比，这不现实。按心和管理学原理设计中国特色的流通管理，要从定向阶段的心有所驰，迈向归真阶段的心无杂绪，最后才进入进取阶段的心理阳光。

二、企业生产管理学科内涵

1. 生产学科本土化管理论

作为学科建设，其中国特色理论、中国特色技法，已是相当丰富。只是管理学界对此不重视，没有什么挖掘，反而是文史界、教育界更为重视。所以，在职业学校的教材中，有着许多中国古代生产、运营管理的内涵；在一些史书甚至文学作品中都有相当有效的记载。

也许有人认为文学作品中的生产管理、运营管理是虚构的，这是片面的。文学源于生活高于生活，“源于生活”就意味着有生活真实，如时代背景、手工业作坊、古人运营模式等；“高于生活”的部分主要体现在人物形象的刻划、故事情节的构想。相比较而言，文学作品搬上银幕荧屏，更需要当时生活的真实，尤其是历史剧中所涉及的，如《闯关东》《走西口》等影视作品中的鲁商、晋商的生产作坊、商品贩运等，需要将当时实际的情况呈现出来；《乔家大院》《一代大商孟洛川》《那年花开月正圆》等则把清朝年间中国商人的商品流通和商业运作淋漓尽致地表现了出来。还有《大染坊》的纺织业、《青花》的陶瓷业、《大清盐商》的盐业、《大清徽商》的茶业、《新安家族》的商号经营、《文房四宝》的笔墨纸砚业以及《大宅门》《胡雪岩》的药业等，一大批年代剧，大量呈现出中国古代手工业的管理与运营场面，这是需要查阅大量历史资料，才能重现的。影视界还在努力挖掘中国古代管理之道，管理学界却对此没有引起足够的重视，非常遗憾。

作为生产运营管理学科建设，涉及基础学科《生产运营管理原理》，专业学科《生产运行管理学》《服务运行管理学》《现代物流管理原理》。其中，原理性学科《生产运营管理原理》，侧重于生产技术管理、流通运营管理的基础知识、基本理论和一般技术与方法。国学为根基的管理思想，中国本土为特征的管理原理，吸收外来的、适合于中国国情的生产性管理、商业性管理。生产性管理原理涉及生产计划安排、生产流程安排、生产质量管理、生产安全管理、生产竞赛与效率管理，以及生产管理创新设计、生产流程改造或再造、生产数控管理与新型生产管理系统建设等。商业性管理其实是对商品流通过程中各个环节和流程的管理，涉及厂家流通和商家流通以及产销合一流通等几个方面。其系统组成，四象、五行、六合、七星模式都可以，主要根据产品性质、企业实际、流通路径情况等客观因素，加上人的主观能动与创造性。在阐明原理之后，应该明晰管理的主次、轻重与缓急。

这就需要明白工具是为人服务的，而不是由工具奴役人的；更重要的是，工具是由人设计出来、由人制造出来、由人在使用的，选择什么样的管理工具、如何使用管理工具、怎样创新管理工具，皆在人，人是核心、是关键。同理，任何先进的设备工具要看掌握在什么样的人手里。所以，我们不排斥物流管理工具、物流管理软件，也不反对 4P－4C 理论、波特竞争理论，不反对 SWOT 分析工具、5W2H 分析工具，只是排斥“唯工具论”“唯模型论”“唯法则论”。因为，人是决定性因素——这才是最基础也是最重要的管理原理。从这个意义上说，武装人的思想、引导人的思维、激发人的斗志，是管理的重要内容。

2. 生产与服务专业管理论

专业学科《生产运行管理学》，是有形产品的生产与运营领域的管理学科，涉及生产性企业的产品设计（自主研发产品）或产品技术分解（订单加工产品）、原材料或半成品或外协件的供应保障、产品的品质解析及工人培训、产品生产计划的安排与产品生产的实施管理、生产过程的监控与产品质量的保障、生产流程的畅通与生产能力的保障，生产中的安全性及设备护理与保障等。这一系列管理，需要关注并重视一点，人的问题，即工人的心态与心理、工人的创造力与成就感、工人的合作性与协调性，归根结蒂就是工人的健康情况，包括心理健康与生理健康。如果生产力各要素可以排序，则人是第一生产力。

运行部分，包括三个方面，产品生产的运行、产品出厂的运行、商品流通的运行。产品生产的运行是指为产品生产服务的材料供应，包括原材料、半成品和外协件等的供应管理；产品出厂的运行，是指从成品入库开始、到出库移交给销售方或客户的厂家物流管理；商品流通运行是指商家从厂家手中接收到商品，商家经营销售直到商品抵达客户或消费者手中的商品流通管理。产品阶段（转移到商家之前），除理顺管理流程、正确使用管理工具之外，重点仍然是厂内相关员工的管理，主要是仓储管理、运输管理及途中消耗管理等。产品进入流通渠道就成为商品，主导权从厂家转移到商家手中，如何进行商业贸易，不是这里关注的（经贸商营学科的重点），这里关注的是商品流通的过程，即商家的仓储管理、运输管理及途中消耗管理等。同样，重点依然是人的管理，商品流通线员工的人心管理。

《服务运行管理学》，是无形商品的服务与运营领域的专业性管理学科。这里所提的“无形商品”主要指没有具象的商品、只是享受了服务或获得了感觉，包括半无形与纯无形两种形态。纯无形商品比较好理解，就是购买了服务项目，却没有可视可拿产品，如看戏、看电影、听音乐、游乐、嗨歌等。半无形商品稍稍复杂一点，比如说软件，说没有具体商品，却提供了软件（软件包或软件光盘），说有具象的商品又说不大通。再比如进商场购物，谁都知道同样的商品，大商场与路边摊价位不一样；同样的餐饮，五星酒店与大排档的价位也不一样；高出的那部分，是高档服务的费用，是有形商品的溢出价，这部分是无形的，提供的是服务。另外，商品的营销费用，是分摊在商品成本里的，这部分是营销服务带来的，也是无形的。奢侈品中的品牌溢价与服务溢价会更高。“无形商品”等同于

"服务商品"。

中国古代工业生产管理领域的内容记载相对较少，而对服务业描述却不少，单单在唐诗中就有许多涉及。如唐代政治家、诗人苏味道（宋苏轼先祖）的《正月十五夜》："火树银花合，星桥铁锁开。暗尘随马去，明月逐人来。"城内明灯错落如火树银花，当城门锁一开，就见马蹄得得尘土飞扬，可见人潮汹涌，人们都来享受元宵夜的繁华。这暗示出服务行业的繁荣。卢照邻也写过《十五夜观灯》，说"锦里开芳宴，兰缸艳早年。缛彩遥分地，繁光远缀天。接汉疑星落，依楼似月悬。别有千金笑，来映九枝前。"这里的餐饮豪华吧，年轻人头顶的灯具、身穿的衣服光鲜亮丽吧，十五的花灯可以与繁星媲美，月华下的高楼、成群的美丽女子无不显示出城市繁华。卢照邻还在《长安古意》中写道："长安大道连狭邪，青牛白马七香车。"交通如此繁忙、车辆如此豪华。再看唐代官员兼诗人贾至，写了一首《早朝大明宫》："银烛朝天紫陌长，禁城春色晓苍苍。千条弱柳垂青琐，百啭流莺绕建章。剑佩声随玉墀步，衣冠身惹御炉香。共沐恩波凤池上，朝朝染翰侍君王。"当时很多名诗人如杜甫、岑参、王维都写过和诗，如王维《和贾至舍人早朝大明宫之作》："绛帻鸡人送晓筹，尚衣方进翠云裘。九天阊阖开宫殿，万国衣冠拜冕旒。日色才临仙掌动，香烟欲傍衮龙浮。朝罢须裁五色诏，佩声归向凤池头。"里面写的不同人等的服饰、玉饰、佩剑、香炉等，都显示了唐代的生产工艺高超和商业繁华程度，引得世界各国万方来朝。

3. 时代特色物流管理专业

从生产到流通，离不开物流，与时俱进需要建设《现代物流管理原理》学科。"现代物流"四字，人们可能会冒出网络化、智能化、自动化的场景，所有信息在电脑、网络上生成与运行，天上飞机、地上高铁、路上厢车、水上巨轮，仓储库存和装卸搬运用大吊车、机器人。这本身没什么错，这是物流工具、设备的进步。只是，所有工具、设备都是由人设计、制造和使用的，管理的核心永远是人。物流管理，无非对物流领域的人和这些人的工作内容与流程的管理，工具、设备的现代化、科技化是必要的，但归根结蒂是为人服务、替人承担劳动，包括智力劳动与体力劳动，本末不能倒置。

现代物流的"现代"，有现代知识、现代科技的意义，但更重要的是，在传承基础上掌握现代知识、现代科技、现代思维的人，以信息处理为核心、以资源整合为内容的现代意识，而现代物流管理就是将这些综合起来的集成式管理。

企业生产所需要的原材料、半成品以及生产出来的成品，都需要通过物流行业的工作运送到各自目的地，其不变的核心内涵，自古至今都包括运输、储存、装卸、搬运、包装、流通加工、配送、信息处理等这些物流的基本功能，变化的只是工具、设备。从人挑肩扛到牛马拉车是第一次物流变革（以王亥驯马服牛为标志），从陆路运输发到水陆联营是第二次物流变革（刳舟剡楫诞生了舟船，黄河淮河起源了水运、开凿大运河标志着古代物流业的成熟），从原始机械动能到动力机械的突破（以热力发动机的发明为标志）是第三次物流变革，而现代集成物流业的兴起是第四次物流变革。古代物流史上，有几个点应该引起重视，一是漕运，二是快递，三是镖行，基本可说明中国古代物流的变易与发展情况。

漕运。古代宫廷消费、百官俸禄、军饷支付和民食调剂所需粮食称漕粮，通过河道、海道和水陆联运方式调运粮食（公粮为主），叫作漕运。漕运始祖，应该是那位一直被“卧薪尝胆”典故作为反派的吴王夫差。诸侯争战，军事运输极为重要，为了北上伐齐，夫差调集民工开凿了一条“邗沟”（淮扬运河），连通长江与淮河运输粮草，漕运由此开始。秦始皇再凿灵渠、西汉刘濞开挖“茱萸沟”运道、汉武帝开凿了与渭河平行的人工运河漕渠，漕运趋向发达；而后唐、宋、元、明、清历代均重视漕运。李白诗云：“朝辞白帝彩云间，千里江陵一日还。两岸猿声啼不住，轻舟已过万重山。”虽然有心境的原因在，也已可见当时江河航运的发达程度。此外，漕运文化衍生了码头文化，码头文化衍生了帮派文化，所以码头江湖是个鱼龙混杂的热闹场所，也是经济繁荣与否的观测点，可以肯定的是，凡是水陆运输聚集地，一定是繁华之地。发达的漕运催化了城市的发展，如“邗沟”就崛起扬州、淮安两座城市。随着交通发展和运输工具变迁，漕运优势渐渐失落，交通重心转向铁路、公路、航运交汇处，交通枢纽城市也就随之发生变化，物流形式呈现多样化特点。

快递。提到“快递”，很多人会想到是现代产物，是邮政业务中分化出来专门为个人服务的行业，将其归纳为一种新兴的服务贸易、一种新型的物流方式。其实不然，唐代诗人杜牧的《过华清宫绝句三首·其一》：“长安回望绣成堆，山顶千门次第开。一骑红尘妃子笑，无人知是荔枝来。”撇开诗中鞭挞唐玄宗与杨贵妃骄奢淫逸的思想本意以及同是骊山发生过的“烽火戏诸侯”典故的暗示意义，从“一骑红尘”“荔枝来”可以看出，唐朝已经存在“快递”行业（是不是使用“快递”名称不重要，重要的是快捷而安全运送货物的方式和工作人员。快递也不是唯一名称，还有速递、快运等称呼）。快递业是从远距离捎带物品开始的，部落、国家出现后，因政务、军事需要情报、物品的快速传递。周时，有记载的快运官职“行夫”出现了，物流方式是“马传”：短距离“单骑”快递，长距离“接力”快递。秦开创了真正意义上的“邮政”——十里一亭，名为“邮亭”，既有慢递、也有快递。

“秦时明月汉时关，万里长征人未还”，汉代完善了官府的邮递制度，设立了驿站，“每三十里置驿”，直接由太尉执掌；魏晋南北朝时期，快递业进一步发展（快马专送），驿站网络进一步完善。隋唐时期空前发展，有诗为证：“一驿过一驿，驿骑如星流；平明发咸阳，暮及陇山头……”（唐·岑参，《初过陇山途中呈宇文判官》）。到宋代，商业相当发达了，出现了“急脚递”职业，除了交通工具不一样外，其形式与现代快递相当接近了，元代的急递铺，差不多就是现在的快递公司。明清时期，快递里程超越唐宋时期差不多一倍，昼夜快马六百里（马匹接力），特别重要的，那就是传说中的“八百里加急”了。

镖行。这一行业，属于江湖事业，正史记载极少。作为官家保镖或私家保镖形式，应该历史悠久了，作为一种科技咨询领域职业形态的出现，一般认为是在宋代开始。宋元明清，从恰克图到武夷山，从张家口到老河口，从迪化到佛山，从蒙自到奉天，在迤逦数千里的商道上，或车马、或舟楫、或驼驮、或肩挑，货物往来，钱财递送，基本上会聘请镖行护送。一般商号开到哪里，镖局也就设到哪里。所以镖局行业，本身不是做物流的，而是保护物流行业的，但无论是大漠朔风里还是岭南暑日中，只要有物流在，就有镖师在。真正从事物流的，另有一类人员，运送着货物奔行在丝绸之路、西行驼道、茶马古道上，那就是马帮、驼帮、挑夫（棒棒）等，他们有时候自己就是保镖，也有的雇专业镖局。现如今的保安公司，与古代镖局有着师承关系，但随着现代运输业的崛起，保安公司不再为物流保驾护航了。

中国物流行业，源远流长。物流管理，应追溯历史、传承精神，与时俱进发展创新。

三、企业流通管理学科内涵

1. 流通企业本土管理学科

流通企业，顾名思义是从事商品流通活动的企业。原指供销企业，即商品从供应到销售的过程，包括零售、批发、大宗交易、货物储运、流转、对外贸易等方式。计划经济时期供销机构是行政化的、统购统销；市场经济流通企业是去行政化的自主经营。其实“供销”意义更直白，只须把行政化的“供销社”转换为市场化的“供销公司”。有供有销才能让商品从厂家到达客户、消费者手中，这就是流通。中国特色的“流通企业管理学科”建设，须把握中国特色。具体说就是深刻把握中国市场、企业经营的区域市场，就是外贸也讲究知己知彼，知己在前，知彼在后，像任何交易的合同书，甲方在前、乙方在后。这里所讲的“前”与“后”，不是时间概念上的先后，而是次序关注上的前后。自己的力量不掌控好、自己的阵地没有守稳、自己的长处不能有效发挥出来，何以贸易商战！学科建设包含《商业流通管理原理》及专业性《信息系统管理学》《商业流通管理学》《网商运营管理学》等。

建设《商业流通管理原理》学科，须搞清流通企业经营管理的核心是什么，是商品（货物）、是流通（物流）、是交易（活动），还是现金、是融资、是财务核算。商品是流通企业经营的对象，交易、流通是流通企业经营的方式，而现金、融资、核算是流通企业经营的财务保障，都不是流通企业的核心。人，才是核心。流通企业是通过商品购销获取差价完成经营活动的，重点是让供应商、仓储和运输方、客户和消费者各方都满意，服务是关键，所以人才培育、人才开发、人才使用基础员工的努力是流通企业经营管理的核心。

“客户第一”之说值得商榷，管理上应该而且必须是人才第一、员工第一。服务顾客是由员工来实现的，员工没有感受到企业的认同和支持也就没有企业归属感，没有“我代表着公司”的观念也就没有对顾客的真心服务，“顾客第一”永远停留在口号上而没有实质性内涵。所以，企业管理坚持员工第一，对外经营才能落实顾客第一。这是本学科的核心点。

有了这一核心点，商业流通管理原理的本质内涵也就清楚了：如何理顺人心，即首先理顺企业员工的人心，然后由员工去理顺流通企业的商品流通到的所有单位（代表人）和所有个人的人心。这两个层面的人心得到有效梳理，那么他们所涉及的财与物的流通管理才能真正落到实处。在这个基础上，进一步探索流通企业的财务管理原理、商品货物管理原理，也就能让财与物的管理落到实处。现代化，首先是人的意识现代化；先进的工具设备，首先是使用工具设备的人有先进的知识体系、先进的技能水平；流畅而高效的工作流程，首先是流程上所有人的心理流畅。知识，只要努力就能学习；人心，却须打开心锁。

人心凝聚、人心正道、人心温暖、人心理解，那么，无论是商业、粮食、物资、供销、外贸领域，还是医药商业、石油商业、烟草商业、图书发行以及从事其他商品流通的企业，才能在商品购进、销售、调拨、储存

（包括运输）等经营业务中，依靠员工实现商品流转。这个时候再来说关键性业务是购进、销出，其他业务都是围绕着商品的一购一销、一进一出进行的，就有道理了。所以，经营活动的主要内容是商品购销，但是依靠员工去完成的；企业资产表面上看重点是商品资产，但本质上是人才资源；而资金活动从货币到商品再到货币的轨迹，都是由人来实现的，资金活动轨迹的背后是人的活动轨迹。

2. 信息管理承继创新学科

流通管理，一个专业内容就是市场信息、经济信息、技术信息等，建设《信息系统管理学》，涉及三个层次，首先是信息管理，其次是信息系统，最后才是信息系统管理。

如果说生产企业重在生产技术与产能，那么流通企业重在耳聪目明。听觉灵敏谓之“聪”，视觉灵敏谓之“明”，即耳聪目明。人的才智，一是天资高——听力视力强且记忆力好，二是智慧高——理解力强且闻见明辨。耳聪目明的人，能听到、看到很多信息，很多别人关注到或关注不到的信息，信息量越大，综合、比较、衍生、延伸的可能性越大，发现问题、找到解决途径和方法的可能性也越大。细数历史上那些才华横溢的人，无不因为他们的信息量比别人多，而且善于归纳整理、思维演绎，擅长触类旁通、举一反三。知识是信息、见识是信息，街谈巷议是信息、专业情报是信息。信息多了、量大了，就需要分类整理。人的大脑是一个信息库，对其中的信息进行系统化，就构成了人脑的信息系统。只是人脑储存有缺陷，电脑强大的储存能力和分析能力弥补了人脑的不足。网络让信息量更广更大，电脑、互联网成为人类信息储存、记录与交流、共享的工具。但建设“信息系统管理学”学科，永远不能绕过人脑的智慧，不能把电脑网络的信息系统独立于人类之外。

信息管理，首先是信息搜集。流通企业贱买贵卖的依据，来源于各地各层次各方面准确的情报信息。古代商人在长期经商活动中，总结出“贵出如粪土，贱出如珠玉。生意做独市，买卖抢先行……百里不贩樵，千里能贩枣。小店买个便，大店买个全。不怕店门破，就怕店无货。货到街头死，人到市中活。南瓜再大本地卖、辣椒再小穿省过”（引自《一代大商孟洛川》台词），这些是古代商业信息的总结应用，适合于区域性、地方性小流通企业以及小店小铺、小商小贩。但若要明商道、成大商，那么靠这些就不够了，信息来源需要更为广阔、信息分析需要更为高远，“夫大商者，胸存纵横四海之志，怀抱吞吐宇宙之气”，其经商之学通于大道。其经商之功接于社稷，“大商之经商，有如伊尹，姜子牙之于治国；孙子，吴起之于用兵；商鞅之于变法。”其学问精深，道法玄奥，意气宏远，境界高明（引自《一代大商孟洛川》台词）。显然，不同层面的经商，搜集信息的视角和高度是不同的。

所有信息需要储存下来，整合分析，加工成企业所需要的信息。这时候，就需要电脑与网络的支持，在完善信息流的同时，将其输入、加工完善，形成可决策的方案，然后输出、应用。前面提到的信息输入、存储、处理、输出和控制，在人脑中可以形成利用信息分析决策的系统，在电脑（包括网络使用）形成信息数据的集成分析系统。概而言之，就是由人运用现代化设备形成以处理信息、产生决策依据为目的的人机一体化系统。这个系统中，人是主导，机是工具，人机合一是由人主导着实现的。所以，在没有电脑和网络的时代，这个系统就存在于人脑之中，只是无法将其固化下来呈现。有了电脑和网络，这个信息系统就现代化了，大系统内套着小系统，比如说企业管理系统就有经理信息系统、营销信息系统、制造信息系统、财务信息系统、人力资源信息系统、信息资源信息系统等子系统。

这里特别要强调的是，中国特色的信息管理系统学科中，仍然以人为核心，而计算机是主要工具。对这个系统进行有效的管理，就是管理信息系统。在流通企业管理学体系中专门提出信息系统管理学学科，是因为流通对信息的依赖和需求更为迫切、更为必要。目前，《信息管理与信息系统》（Information Management and Information System，IMIS）学科是归类到计算机范畴的。在“人机合一”观念中，突出了“机”，强化了“人”。这与《心和管理学》学科总体思想不大吻合。“机”是重要的，但终究是人使用的设备与工具，“人”才是核心，才是关键。所以非常有必要明确人比机器设备重要的观念。

3. 商业实体网商流通管理

《商业流通管理学》，就是商业企业对商品流通运营中的流程即流通过程的线路和线路上所有节点进行管理的学科。主导者是企业员工，员工的工作内容是实现商品的高效、合理地流通转移，归根结蒂是根据社会消费品需求、建立起畅通而实效的目标商业网点，为社会提供商业服务。从古至今，商业流通都有着两个重要作用：一是从政府层面看，拉动消费，促进经济发展；二是从百姓层面看，方便消费，满足消费需求。古今比较，无非商品内涵发生巨大变化，流通系统上的设备工具完全更新，商业业态、商业模式也不再是古老的，但商道原理却是亘古不变，中国先人的商道原则仍然有效。

这是长期实践中总结出来的客观现实，不需要通过什么模型计算或实证分析。现在，大数据、云计算、移动互联网等现代信息技术运用带来了研究的便利，但也产生大量的“垃圾成果”，经过一些对普通人而言高深莫测的诸如微分方程、向量分析、矩阵、傅里叶变换、复变分析、拓扑学、实证研究、控制理论、组合数学、信息论等方法，写出长长的计算过程、数理验证过程，最后得出的结论却是普通平民早就知道的一个粗浅道理。事实上，商业变革、消费升级，显而易见都是为了促进新时代的消费，没有那么多高数应用人们都是明白的。新形势下可以层出不穷地推出更多流通新平台、新业态、新模式，但万变不离其宗：鼓励消费。拉动消费也好，方便消费也罢，一切举措皆为鼓励消费、促进消费。如定制消费、智能消费、信息消费、时尚消费，再如场景化、体验式、互动性、综合型消费场所等，归根结蒂，都是为了满足人们不断增长的消费需求对商业流通领域进行升级转型，目的始终不变。“互联网 + 旧货”“互联网 + 资源循环”，名词很现代化，互联网时代的人们也能认同和接受，因为顾名思义就能让人知道，这是通过网络流通商业信息而节约消费品资源的做法，很绿色、很环保。不屑一顾“旧货”者，只是那些自认为很“上流”的暴发户。

商业的核心是商品流通，流通的核心是人们主动想方设法让商品流动畅通无阻。

《网商运营管理学》，这是新时代新兴的学科。随着互联网崛起，商业模式、商业业态、商人群体在发生着翻天覆地的变化，连带着物流模式和业态也发生了变化。2004 年阿里巴巴提出了网商概念，原先指那些网络服务提供商（接入商、ISP、ICP、应用平台提供商等），如电讯盈科、TOM、新浪，包括阿里巴巴、淘宝等；后来，只要是通过电子商务平台销售商品的，都称网商，无论是企业的电商网站，还是阿里巴巴、淘宝的网店经营者。于是网商的概念发展为利用 Internet 互联网作为企业或个人商业经营平台，进行采购、销售、企业产品展示信息发布等企业日常经营活动，如天猫、京东、拼多多、唯品会、抖音电商、快手电商等。随着微信的普及，网商的一个重要分场出现了，这就是微商。这是基于移动互联网的空间，借助于社交软件为工具，以人为中心、社交为纽带的新商业。

相对而言，网商主要是企业的电子网站和个人网店，前者是企业直销模式在互联网的应用，后者是实体商店转向虚拟商店。而微商，短短几年间就经历了速度为王、产品为王、团队为王、品牌为王等几个阶段，正朝着构建完整微商生态系统、以形成完整的商业闭环的趋势发展。微商逐渐形成了上（供应链→制造业）、中（品牌公司→代运营 TP）、下游（代理商→创业者→消费者）相互协作、推进的模式。

目前，在营销模式上，网商营销主要以软文和关键字的方式，在各大网站、报纸进行有效宣传，借此提高企业的知名度；新型营销方式也在不断创新中。而微商营销模式，主要以微信为主、微博为辅、微博配合微信等工具，在各大平台网站推广吸引粉丝→引入微信公众号→软广告推送→筛选出精准客源添加微信号→微信引导实现成交。本学科在阐述原理的同时，须明确网商（含微商）运营管理还在不断创新发展之中。

这些都是中国特色的网商运营管理内容，学科建设必须坚持中国特色。就当前现实的网商营销而言，建立新型的、中国特色的管理已十分必要，且迫在眉睫。正如改革开放之初营销领域的野蛮无序生长一样，网商营销也同样出现类似情况。网营的可信性、可靠性正面临严重挑战，广告形式、推销方式以及营销用语不断冲破《广告法》，这是需要学科建设所重视的。

中国特色的网营在于获得客户人心、实现买卖双方共赢共和。

第二十二章　智谋心和之经贸商营管理

经贸是经济贸易，商营是商业营运（区别于“营销”概念），经济贸易指商业活动、贸易活动、经销活动、营运活动的综合性称呼；是促进商品销售、活跃市场经济的一切贸易活动组织，也是满足消费需求（用户感觉经济向好）的所有方案选择。

销售与购买，是商品供应与需求的两个方面。买卖双方寻找到一个合理、合适的平衡点，获得彼此物质满足的同时，体会到心灵满足、心理满意，这就是商业角度的人心双和。问题是要获得这样的双向协和并不太容易，因为对商家有优劣比较、契合度等问题，对商品有同质比较、异质替代等问题；买家之间也有购买力、购买倾向、购买偏好的强弱问题，购买时间、购买方式、购买行为的差异问题。这就需要商家有智谋、买家同样有智谋。商家有商家的立场，买家有买家的立场，都根据自己的立场选择喜欢的经贸商营方式；商贸也好、经营也罢，总是双向的。原来的《营销管理学》《消费者行为学》都是站在商家立场建立起的学科。心和管理学的《经贸商营管理学》，既要站在商家、也要站在买家的立场，找到一个彼此都能得益、都能接受的平衡点——双和双赢点，这是经贸商营新学科的核心。

第一节　经贸商营智谋发展史记

改革开放之初，刚从计划经济走过来，人们觉得中国没有商业流通，因为只见过统购统销——行政计划下的产品流通。后来，科特勒营销理论作为西方营销圣经引入，但引进的是 marketing，汉语译“营销”，于是与“营销”有关的似乎都来自西方。

贸易经商之营运销售中国古已有之，直到 1956 年底，国内基本完成对农业、手工业和资本主义工商业的社会主义改造，实行公私合营制度，

"公"居领导地位，国家统一调配生产资料、统一分配销售产品，"私"获得年息五厘定息、不再行使企业职权；10 年后（1966 年）公私合营企业转变为社会主义全民所有制；再10 年后就是 1976 年了，满打满算计划经济也就 20 来年，历史片断而已。此后改革开放迅速唤醒了原有的经贸商营智慧。

一、中国古代经贸商营发展

1. 周至秦朝发展内贸外贸

贸易，既有内贸、也有外贸，中国古代内贸发达，外贸发展可圈可点。内贸史久远，从商族开始经商起就有着中长途贸易，商周时已相当活跃，春秋出现儒商，出现齐国（管仲）等贸易强国；汉代丝绸之路、唐朝茶叶贸易，内贸兴旺、外贸繁荣。唐宋元明清，贸易发展极为发达。可见中国商业贸易之历史之悠久。

因为种种原因，中国远古历史资料佚失严重，但从考古发掘出来的商代古墓葬品中，有大量贝、玉。众所周知，贝壳为海洋产物、古代的玉则为西方之物，而夏商周时，中国主要在中原一带、黄河中上游。显然贝和玉都从遥远的海滨、西方国家来；而墓葬中能放入大量的贝、玉，说明仅仅靠礼物相送或外使进贡应该不太可能，更大的可能是已经有贸易往来。而周代封爵制度中的"内服""外服"，"外服"就是对境外国家的分封，与其贸易时，需凭"玺节"到"司关"验证后方可通行——典型的古代"海关"。虽然，现在的资料证明"丝绸之路"系西汉张骞出使西域形成的，但事实上，更早的时候（公元前 4 至公元前 5 世纪），希腊古籍中的"塞勒斯"一词，意为"丝国"，指就是出产丝绸的国度——中国，可见丝绸贸易早在先秦就已经存在，张骞出使，使这一条商路上升为国家行为，光耀千年。

不仅仅是陆路丝绸之路，海上丝绸之路也在先秦就开创了。前述的"贝"，是海洋或江湖的馈赠，如果说还不能完全证明先秦中国已具备海上贸易条件，那么，秦朝著名方士徐福两次东渡日本（含朝鲜半岛），就能够证明先秦具备海外往来的航海条件。

秦朝于公元前 221 年一统大业。秦始皇在公元前 210 年病逝，这年徐福再次奉皇命出海，东渡到"平原广泽"之地（日本有佐贺、新宫、熊野三个徐福登陆遗址）；徐福的第一次出海是在"数年"（公元前 221 至公元前 210 年这十来年间）之前。两次越海东渡，千难万险，不会赤手空拳去两袖清风回，必然带去大量物品，以物易物。对此中日两国皆有记载，也皆有纪念地、纪念物品和文化传承、故事传说（日本有徐福遗迹50多处）。徐福（连同带去的3000童男童女）给弥生时代的日本带去了先进的文化、科技，推动了日本历史的发展，这成为中日友好者研究的共识，有日本人也认为自己是徐福的后人、也就是秦朝后人①。全世界各地，真正原始不变的土著不多，大多是各地迁移而至的。美洲、澳洲更不必说。

徐福带着皇命出海的任务是寻找仙人、寻找长生不老药，寻找不到不敢回朝，最终留在了日本。这里不探索徐福东渡的历史，只是说明这个事件至少可以证明秦朝已经能出海远航，而这远航技术不可能一朝一夕间具备，绝非短短的秦朝出现，往前追溯，就是春秋战国（东周）。由此可证，中国对外贸易的开创期至少在周朝，海上丝绸之路的开创周朝也已萌芽。现今信史是中国对外贸易、海上丝绸之路的形成期都限在秦汉，这是因为徐福事件西方不认可。

2. 张骞出使走通丝绸之路

秦朝时间短，汉之初实行休养生息政策，“文景之治”，让国力民力趋向强盛。公元前140年16岁的汉武帝刘彻即位，雄才大略的汉武帝于建元三年招募使者出使匈奴以西的大月氏（游牧部族），争取对匈奴形成东西两面夹击态势以解决匈奴问题。在朝任“郎”的侍从官张骞应募出任使者，率100余人出使西域，这就是“张骞出使西域”事件。

原胡人俘虏甘夫，入汉文帝女婿堂邑侯陈午家为奴，赐名堂邑父；他被选为张骞出使西域的向导、翻译兼保镖（《史记》载此人“善射”，身体强壮、武艺高强）。使团从陇西（今甘肃临洮）出发，进入河西走廊月氏人原居住地，当使团要穿过河西走廊寻找大月氏时，被匈奴发现而扣留在匈奴，并强迫张骞在匈奴娶妻生子，软禁达10年之久。

10年中张骞坚持“不辱君命”“持汉节不失”。公元前129年，趁匈奴人放松警惕，终得带领随从继续西进去完成使命（不便带妻儿）。大约已探听到大月氏消息，也为躲避匈奴，于是改道溯塔里木河，过库车、疏勒等地，翻越葱岭，直达大宛（费尔干纳盆地，汉朝后来的天马“汗血宝马”源于此）。这一路上戈壁滩、大雪山，艰难险阻，若无堂邑父射猎充

---

① 日本前首相羽田孜坚持认为自己的祖先是秦人，为跟随徐福来日本的下属，他认为老家代代传承挂着的家族牌匾“秦阳馆”就是明证，羽田孜这个姓，他认为古代读音就是“秦”，他们这一支留在长野县，而另一支徐福及随从的后人在山梨县，仍然姓“秦”。日本古书《宫下富士古文书》记载有徐福东渡事件，说徐福来在日本第七代天皇时到日本列岛，育有七子，以“福”为姓，在日本各地繁衍下来。

饥，很难生还。得大宛国帮助将他们送达康居（今乌兹别克斯坦和塔吉克斯坦境内），再抵大夏，终于到了大月氏国。只是这么多年过去，月氏人从伊犁河流域西迁，征服大夏后已在今阿姆河流域定居，改为农业定居方式，也就无意再回原地与匈奴为敌。

张骞努力了一年多没有结果，于公元前 128 年返程，为免被匈奴阻挡，转道青海羌人地区，但羌人亦已沦为匈奴附庸，遂再次被匈奴抓获，被扣一年多。后趁匈奴内乱而出逃，这次带上了匈奴族妻子，于公元前 126 年（前后共 13 年）逃回长安。

回长安的只有张骞、张妻、堂邑父三人。原定出使西域的军事目的未达成，但所经之道皆是前所未走、所过之处皆是前所未到，这一开创性经历，为后来汉朝统一新疆、设立西域都护（新疆因此正式归属中央统辖）奠定了基础，同时让大汉对于中亚等地的地理、物产、风俗习惯有了比较详细的了解，为开辟通往中亚的交通要道提供了宝贵的资料。所以，汉武帝很满意张骞这次出使西域的成果，升他担任太中大夫；护主有功的堂邑父授为“奉使君”，后得封博望侯。张骞向汉武帝报告的西域情况，成为《汉书·西域传》素材。

汉朝控制了河西走廊后，于公元前 119 年拟对匈奴进行一次最大规模的打击。张骞提出“断匈奴右臂”计划，即招乌孙一族东返敦煌，合力打击匈奴，同时提出与西域各国修好。汉武帝于是派遣张骞二次出使，但未能游说乌孙东返；公元前 115 年乌孙派遣使团与张骞同返长安，张骞所派副使到西域各国，获得预期成果，相当于缔结了友好盟约。

“西域”一词，最早出现于《汉书·西域传》，狭义指今天的新疆地区，广义还包括中亚细亚、西亚、印度、高加索、黑海沿岸等地，包括今阿富汗、伊朗、乌兹别克斯坦至地中海、沿岸，甚至达东欧、南欧。那时候这一片广大地区类似于春秋战国，各方势力各据一地、各霸一方，强者为王、以大欺小，形成了散落各地的许多“国家”，大体在如今的新疆境内（天山南北、塔里木河周围），就有“三十六国”之说。当然，春秋战国的国是诸侯国，至少名义上还是周天朝之下。而西域各国似乎头上无“周”，但所处贫瘠之地（沙漠绿洲、山谷盆地），大多是游牧性质的“行国”，面积不大、人口不多（少的一两千人，最大的龟兹也就 8 万人，一般的两三万人），称“国”有些托大，也就部落族群而已。

张骞出使后，设立了西域都护府，新疆境内各部族正式纳入中国版图。张骞出使西域，也把辖地、生意延伸到边陲之地。张骞第一次出使是纯军事目的、政治意图，顺带连通了西域交通和传播大汉德威，那么第二次出使在军事目的、政治意图的同时，有了明确的修好西域、加强贸易的经济目的，故出使队伍达 300 来人（每人备两匹马），带牛羊万头，金帛货物价值“数千巨万”。停留乌孙期间，使团分派副使抵达中亚、西亚、南亚的大宛、康居、大月氏、大夏（新疆和田一带）、安息（Arsacid，伊朗）、身毒（Sindu，印度）各国，广泛联络。此后的大汉使者，还到过奄蔡（咸海与里海间）、条支（Taoke，安息属国，今吉尔吉斯斯坦和哈萨克斯坦一带）、犁轩（附属大秦的埃及亚历山大城）等国，安息等国的使者也不断来长安访问和贸易。丝绸之路，由此向欧洲、非洲发展，中国连通了世界。此后，汉朝一年内派遣少则五六个、多则十几个使团，从西域到中、西、南亚越来越遥远，出访一次时间也越来越长，从数年到八九年不等。同样，东来的商胡贩客亦“日款于塞下”。

3. 海陆丝绸之路走通古今

东汉借陆上丝绸之路之势，又开辟出经云南西部到缅甸出海和从广东经南海到印度、斯里兰卡的两条海上航道。当时中印贸易需求不大，中国南方经济尚未发展，该航线的贸易作用不明显。魏晋南北朝海、陆丝绸之路继续发展，但唐代之前，还是陆上丝绸之路为主。唐代，阿拉伯人开辟了从西亚到中国南方的航线，东西方海上贸易蓬勃，海陆两线贸易同时进入一个繁盛期，到宋元则进入鼎盛期。今天的“一带一路”是在新时代社会主义思想指导下，不仅仅重现古丝绸之路的辉煌，更是新时代与世界友好国家的再握手。

汉末、三国，一直到两晋南北朝，多数时间处于分裂和战乱之中，但商业往来不曾减弱，只是海上贸易受到严重影响。三国之魏国则与朝鲜、日本有商使往来；吴国，立足江东，主攻海上贸易，“近者三五千里，无者二三万里”。晋朝，除西域如波斯、大秦，南部如林邑（越南境）、扶南（柬埔寨）商往不变外，还开辟了天竺、师子国（斯里兰卡）、耶婆提（印度尼西亚苏门答腊）、占城（越南境）等东南亚各国，南朝进一步发展到如今印度尼西亚、天竺境内的一些小国以及阿拉伯国家。其陆路与航道，仍延续汉代开辟的丝绸之路，并深入之。

唐代长安，是百万人口的大都市，为当时世界经济中心，亚洲、中东、欧洲各国，都与大唐有着重要的商业往来，“唐人”之称流传千古，“唐人街”遍布世界。北方多与波斯（唐时丝绸之路上来华经商谋生之外国人的统称，不仅仅指现今伊朗）、朝鲜、日本等国生意往来；南方，则是与南洋各国、印度、阿拉伯，甚至地中海周边国家都有来往。

海上丝绸之路与阿伯帝国（632 年至 1258 年）建立有关，他们地处东西方文明交融处，成为连通东西方的主要角色。公元10世纪，阿拉伯商人苏莱曼（Suleiman）与航海家伊本·瓦哈比（ibn Wahab）的商船由巴士拉（Basra）与希拉（Siraf）经海路驶进中国广州港。广州成为中国最大海上贸易港口，朝廷在广州设市舶司（相当于今天的海关）主理海外贸易，接待波斯商人和阿拉伯商人等；当时一批重要港口与之呼应，如杭州、明州（宁波）、温州、泉州、松江、海州（连云港）等。宋代，这些港口也设置了市舶司或市舶务。

宋元，海上贸易鼎盛。公元1162年，仅广州、泉州两地的市舶司收入就达到200万缗（缗，古代穿铜钱的绳子，一串为一千文铜钱），相当于宋朝全年财政收入的二十分之一。明代有三个特点：一是“海疆不靖”、倭寇侵扰形势下实施海禁政策；二是“朝贡”贸易体系下“郑和下西洋”；三是白银制货币制度。海禁政策对明初巩固政权起到了一定的作用，但闭关锁国了；明末虽有所松弛，但西方资本主义大发展，中国与西方经济差距出现。“朝贡”贸易是明朝特色，周边许多小国成为向明朝进贡的对象，在政治上或许有些大明德威，但在经济上可能得不偿失，进贡的货物远不如明朝赏赐的物品有价值；朝贡有宗主与附属之分，外交上落实“和平共处”原则。明朝纸币政策没有坚持下去，仍以白银为法定通货，币值比纸币稳定，当时朝贡贸易体系，或偶尔放开的海外贸易，都以白银结算。那个时代还没有金融战一说，但明朝的灭亡，有史家认为与此有着莫大的关系。到清朝，全世界大量白银（约半数）涌入中国。这些历史，是中国经贸商营学科建设的必须。西方的历史可以学习参考，但中国人首先须掌握中国自己的学科发展历史。

二、传统经贸商营理论应用

1. 管仲古典经济平衡理论

诸侯也罢，独立国家也好，一国之大小，衡量标志一是土地、二是人口。就个体而言，有人有地谓之家；就国家而言，有人有地谓之国。小家称家庭；大家叫国家，中国文化合二为一，称家国天下。民以食为天，国家要实现国富民强，粮食是核心中的核心，物价的稳定、国家的安定，皆依赖于粮食。在古代，经济战、贸易战、商战乃至诸侯之战，说来说去，其实都是粮食之战，或者用粮战直接击败对手，或者以粮战保障后勤。

中国古典商业经营理论，既有儒家思想，也有兵家理论，更有纵横家实战探索。其中，儒家提供指导思想，如“仁义礼智信”“君子爱财，取之有道”；兵家、纵横家提供商战韬略、方式途径等商业经营理论。中国古代不用线性、非线性，树状、网状等那么复杂化表述，古汉语简单明白一个字：平。平者，名词是平台之平，动词是平衡之平、平抑之平、公平之平也；归根结蒂，是构建人心平和、社会平稳的经济平台之平。

为符合现代汉语双音词表述需要，可将这一中国古典经济理论称为“平衡理论”（区别于西学的“均衡理论”），包括管仲准平理论、范蠡平粜理论、李悝平籴理论、桑弘羊平准理论、耿寿昌常平仓理论、刘晏常平法理论、王安石市易法理论等。

目前可知最早提出平衡理论的是春秋齐相管仲：“物适贱，则半力而无予，民事不偿其本；物适贵，则什倍而不可得，民失其用。然则岂财物固寡而本委不足也哉？夫民利之时失，而物利之不平也。故善者委施于民之所不足，操事于民之所有余。夫民有余则轻之，故人君敛之以轻；民不足则重之，故人君散之以重。敛积之以轻，散行之以重，故君必有十倍之利，而财之横可得而平也”（《管子·国蓄》）。这里是说，物品（主要指粮食，下同）价格跌落而卖不出去，民众连本钱都收不回；物品价格上涨高价也买不到，民众需求得不到满足。这两种情况都不是物品本来太少或库存不够的原因引起的，而是因为没能抓住调节民众财物的最佳时机，这才造成市场上物品价格“不平”（即波动之意）的情况。解决办法自然是平之，如何“平”？管子提出由国家来宏观调控，民间物品不足时国家把库存供应出来，民间物品有余时，政府将其收购进来。市场供应物品有余价格自然就低，政府可以低价收购；市场供应物品不足价格自然就高，政府可以高价售出。所谓有“看不见的手”，管仲时就发现并应用之：收购积存时价格低（轻）、零售抛出时价格高（重），这一轻重变化之间，政府既可以获得大利，又能平衡物价稳定市场。管仲以物价轻重之平的平衡术来实现宏观调控。

《管子·国蓄》说：“凡轻重之大利，以重射轻，以贱泄平。万物之满虚随财，准平而不变，衡绝则重见。”“轻重”本意是定物价贵贱，这里有平衡、权衡之意。轻重之术的巨大利益，就在于先用较高价格购取廉价商品，然后再用较低价格销出。各种物资的余缺随季节而有不同，物价调节要“准平”而不变，失掉平衡那就价格显贵了。管仲这一平衡理论中，经济贸易平台由政府创建和管理，平台上产品的供应者和购买者，根据市场行情有变化：民间富余、物价偏低，政府是收购者（政府有足够库存）；民间困难、市价上扬，政府是供应者（以贱泄平、平抑物价）。而百姓，亦是有余将余粮供应市场，有缺通过市场弥补。

为了让这一平衡理论应用于治国，前面提到管仲进行了政区、组织和人才选拔制度的改革。人才选拔方面，凡“慈孝”“聪慧”“拳勇”出众者，由乡长推荐试用，称职的委任为吏，任用称职的又可以晋升，如此三审选后可为“上卿之赞”（助理）。管仲又把人口制度、土地政策、税收政策协同起来，提出“相地而衰征”，即按照土质好坏、产量高低来确定赋税征收额，这基本上与马克思提出的“级差地租”相同；在此基础上管仲采用了粮食“准平”政策，即如前所说的“民有余则轻之”“民不足则重之”（《汉书·食货志》下），这样“大贾富家不得豪夺吾民矣”，这其实就是当今所说的宏观调控中的“国家集权干预”。不仅如此，为了有效利用本国林木、渔业资源，管仲制定了史上最早的自然环境保护法，规定“山泽各致其时”，禁止并预防“竭泽而渔”的经济开发，伐木和捕猎只准在适当的季节进行，不得滥伐滥捕。正是平衡理论和一系列举措，管仲助推齐国经济强劲、国力鼎盛。

2. 管仲以粮为本贸易实战①

管仲，政治家、经商理论专家。前面已提其政治智慧、经济理论和管理思想，这里主要论管仲用经营贸易战打击或征服对手的实践。事迹大多记载于《管子·轻重戊》。

春秋争霸激烈，齐桓公感觉鲁国、梁国像卧榻之侧的鼾睡者，急欲解决之。于是问计管仲：“鲁梁之于齐也，千穀也，蜂螫也，齿之有唇也。今吾欲下鲁梁，何行而可？”齐桓公用一连串的比喻说明急欲拿下鲁国、梁国的心情：对于我们齐国来说，鲁梁两国就像种在自家田地边上的庄稼、螫在自己身体上的毒蜂、包在自己牙齿上的嘴唇，询问管仲开展怎样的行动来解决比较好。然后管仲出主意：“鲁梁之民俗为绨。公服绨，令左右服之，民从而眼之。公因令齐勿敢为，必仰于鲁梁，则是鲁梁释其农事而作绨矣。”绨，是古代一种粗厚光滑的丝织品，织绨是鲁国、梁国的民俗。齐桓公带头穿绨料做的衣服，并且让身边的大臣们也这样穿，老百姓就会跟着做（运用的是名人广告）。效果出来后，齐桓公又下令齐国不得织绨，必须仰仗于鲁国、梁国；两国百姓见织绨有利可图，便专心于织绨，无暇顾及农桑事务。依计而行后，管仲加烧一把火，找来鲁梁两国商人说：“子为我致绨千匹，赐子金三百斤；什至而金三千斤。”如此许诺岂能不让商人热血沸腾，毕竟贩来一千匹绨就给三百斤金子、贩来一万匹绨就给三千斤金子啊！如此，即使不向百姓收税，鲁梁两国也能“财用足也”，所以鲁梁国君就心甘情愿地“教其民为绨”。13 个月后，管仲派人

① 本部分引文引自“古诗文网”管仲等的《管子·轻重戊》。

去鲁、梁探听，但见城中道路尘土飞扬，行人摩肩接踵、车辆轮子相碰，骑马的队伍排着长队而行，都在为织绨运绨而疯狂。管仲知道“鲁梁可下矣。”他奏请齐桓公：“公宜服帛，率民去绨。闭关，毋与鲁粱通使。”这下好了，自齐桓公以下，齐国人全部放弃绨服改穿帛服，更狠的是，封闭关口，不再与鲁粱两国有商业往来。10 个月，鲁、梁探两国之民“饿馁相及”，更不要说缴税了，两国国君让百姓停止织绨去务农，已然来不及，种粮非一日可图，且已一年不种粮，进口齐粮通道又关闭。结果每石粮食，齐国只要 10 钱就够，而在鲁粱却要花上千钱。如此持续两年，“鲁梁之民归齐者十分之六。”到第三年，“鲁梁之君请服。”仅靠一场绨粮贸易战，兵不血刃，齐国收服了鲁粱两国。这是谋略之胜、文化之胜，也是商战之胜。

类似商战也发生在莱、莒两国，管子认为“莱、莒之山生柴，君其率白徒之卒铸庄山之金以为币，重莱之柴贾。”以铸造铜币之名，提高莱国的柴薪价格。诱得莱国国君试图用本国特产（柴薪）换尽齐国的钱币，实现吞并齐国目的，于是莱国弃农而专事打柴。而管仲却令本国将领带兵撤回去种地。两年后，齐桓公停止购柴，莱、莒收入无着，粮价却高达每石 370 钱（齐国才每石 10 钱）。莱、莒两国的百姓十分之七投降齐国。28 个月后，莱、莒两国的国君也都请降了。这依然是不战而屈人之兵。

照葫芦画瓢，对盘踞在山东的强国楚国，管仲也对齐桓公说：“公贵买其鹿”，贵到每头鹿八万钱。管仲一方面让人通过民间买卖贮藏了国内十分之六的粮食，另一方面派人到庄山铸币，让中大夫王邑带上二千万钱到楚国收购生鹿。楚王认为“禽兽者群害也，明王之所弃逐也”，于是通告百姓尽快猎取生鹿，换取齐国财宝。楚国百姓弃农去猎鹿。管仲鼓励楚国商人说，贩来生鹿 20 头给黄金百斤，200 头给黄金千斤，使楚国感觉不用向百姓征税了也能“财用充也”。这导致楚国男人为猎鹿而住野外，妇女为运鹿而住途中。等到齐国百姓藏粮增加五倍，楚国卖生鹿存钱增加五倍时，管仲说：“楚可下矣。”于是派人封闭关卡，不再与楚国通使。楚国粮食顿时高达每石 400 钱，楚人投降齐国十之有四。三年楚国降服。

代国特产是“狐白之皮”，管仲请“公其贵买之”，结果“代人果去其本，处山林之中，求狐白之皮。二十四月而不得一。”离枝国乘机侵入代国北部，代国自愿降服齐国。

衡山国盛产兵器，管仲说“公其令人贵买衡山之械器而卖之”，10 个月以后，燕、代两国也来收购兵器，秦国闻讯也派人去买。结果“衡山之民释其本，修械器之巧。”这时齐国又派人到赵国高价购粮，导致其他各国都运粮到齐国来卖。齐国用 17 个月的时间收购兵器，用 5 个月的时间收购粮食，然后就封闭关卡，断绝与衡山国往来。燕、代、秦、赵四国也从衡山召回了使者。最终“衡山械器尽，鲁削衡山之南，齐削衡山之北。内自量无械器以应二敌，即奉国而归齐矣。”兵器卖光了，南北被鲁、齐两国占领了，只剩降齐一途了。

管仲只是用经营贸易之战，“服帛降鲁梁”“买鹿制楚国”“柴薪收莱莒”“狐皮降代国”“购器得衡山”，硬是以粮食为“武器”，生生把齐桓公捧上了春秋霸主宝座。

3. 平籴平准经贸理论发展

管仲之后，计然及其弟子范蠡提出并实践了“平粜”理论，即丰年收购余粮、荒年出售救荒，以平抑粮价、稳定市场的“平粜齐物”理论；而战国李悝（魏）则提出“平籴”理论，内容与计然之策差不多，仍然是“取有余以补不足”，余缺平衡，“使民毋伤而农益劝”，国也因此富强。古汉语把货物购进叫作“籴”，把货物卖出叫作“粜”。从其造字中也可以看出，籴粜就是粮食的购进售出。显然，籴粜理论与轻重平衡理论一样，关键在这个“平”字。

西汉著名理财家桑弘羊将籴粜理论发扬光大，提出了“平准”理论，《史记·八书·平准书》有记载：“置平准于京师，都受天下委输。召工官治车诸器，皆仰给大农。大农之诸官尽笼天下之货物，贵即卖之，贱则买之。如此，富商大贾无所牟大利，则反本，而万物不得腾踊。故抑天下物，名曰‘平准’”。事情起因是当时各地官员们参与做生意，相互竞争激烈、价格涨落很快，而各地缴纳的赋税，有的还不够支付货物黑云的脚力钱。刚刚上任治粟都尉、兼领大农令的桑弘羊，设立大农部丞官数十名，掌管各郡国大农事务，并在主要县设立均输官和盐铁官，政府直接调节物流与物价。其具体做法是：在京城设立平准机构，总受天下输纳来的物品。召集雇工，由官方制造车辆等运输器物，费用全部由大农供给。大农所属各个机构垄断天下全部货物，物价贵了就将货品卖出，贱则买入。这样，富商大贾无法再从中牟取暴利，从而引导着返本为农，市场上所有货物都不会出现价格忽涨忽落的现象。由此，有效平抑了全国的物价，这种平衡物价的方式叫作“平准”，是平衡理论的发展。

桑弘羊是汉武帝时任大司农中丞，而到汉宣帝时任同一职务的耿寿昌，将这一理论称为“常平仓”：“漕事果便，寿昌遂白令边郡皆筑仓，以谷贱时增其贾而籴，以利农，谷贵时减贾而粜，名曰常平仓。民便之”（班固，《汉书·志·食货上》）。耿寿昌是个善于计算和测量的人，他提出加强漕运，果然很方便，于是他经请示后，命令边郡都建筑仓库，谷价低时增价买入，以对农民有利，谷价贵时减价出售，这种利用仓库平衡粮价的做法就是常平仓。这一做法对百姓而言十分方便有利，也是平衡理论的进一步发展。唐朝理财家刘晏推行了“常平法”，对常平仓再作改进，使“天下无甚贵贱而物常平”（欧阳修，宋祁《新唐书·刘晏传》，中华书局1975）。宋代王安石变法中推行“市易法”，以平价收购市场滞销货物，而在市场缺货时再卖出，在促进商品流通的同时，有效保持了一个地区内物价的相对稳定。

“平衡理论”充分显示古代商品营销的理论有效性和实践价值所在。《管子·国蓄》云：“凡五谷者，万物之主也。谷贵则万物必贱，谷贱则万物必贵。两者为敌，则不俱平。故人君御谷物之秩相胜，而操事于其不平之间。”农耕社会，粮食是重中之重，粮价高则其他所有物品必价低。粮价低则其他所有物品必价贵。粮价与物价互为对应，涨落有所不同而已。所以，国之管理，在于驾驭粮价与物价的交替涨落，掌握其价格涨落变化之间的规律。

三、改革开放创新经贸商营

1. 改革开放崛起红色经济

中国改革开放，以1978年12月召开的中国共产党十一届三中全会为起始标志，用30年时间（1979～2008年）让经济总量迅速增加，国内生产总值从0.3645万亿元增长至21.0871万亿元，增长近60倍；教育事业、航天事业、体育事业等蒸蒸日上。如果说中华人民共和国的第一个30年（1949～1978年），实现了中国人民站起来的目标，奠定了工业、农业、商业、国防等的发展基础和全国性经济布局的基础，那么第二个30年（改革开放），则是红色经济发展的30年，是社会主义市场经济体制逐步建立、综合国力日益增强的30年。党的十八大，有了全方位的、开创性的成就和深层次、根本性变革，党的十九大提出“中国特色社会主义进入了新时代”，概括了中华民族崛起，坚定了中国共产党的时代使命。

如前所述，改革开放之初没有市场经济理论和商贸理论指导，都在摸索中前行；国门渐渐松动、打开，许多纯本土企业试着按引进的西方理论运作，但发现不适合，迅速调整，适用的留下充实、回归本土经营管理；而学术界却仍然不断地从西方搬进来种种理论，有直接出论文、出书籍，有稍作改变，加上一些中国本土案例，本质是西方理论；研究一直是西方学术范式。理论界与实践界各敲各的鼓、各走各的道，90%以上的本土企业，要么是实践出真知、要么是经验出模式、要么是智慧出能人、要么是回归中国传统（真正呼唤国学回归的，来自民间、中小企业的现实需求），有交集的只有外商企业和走向世界的中国企业。于是，理论界的“公知”精英们，不遗余力地要求中国企业往“西化”方向“改革”，实践界的芸芸众生们，义无反顾地向中国的先贤先圣们隔着时空“对话”。博弈中，中国走向成熟。

市场中，纺织业改革最早、市场化最快；保健业崛起最快、倒下最多；重工业随国企改革而深化、民企悄然崛起，家电业为冲出西方重围，与洋货宣战走出一条血路；快销品中的服装、饮料、酒业等，起起落落，真正的中国品牌坚挺着。

经贸上内外联动，但习惯上说贸易往往指对外贸易，对内贸易则用销售（或营销）一说。不可否认，外贸最初是来料加工、订单模式，从1979年到1991年是外贸探索、逐步发展阶段，逆差为主。1992年邓小平“南方谈话”后，贸易方式呈现多样化，如许可合同、技术服务和咨询合同、合作生产合同、设备合同等，顺逆差发生变化，1995年贸易顺差突破百亿大关（167亿美元）。2001年中国加入世贸组织（WTO），进出口壁垒大幅降低，中国迅速成长为贸易大国，2006年中国贸易增速超过了其他任何一个发展中国家，并成为继欧盟和美国之后的第三大贸易实体，外贸企业民营占70%（2001年时不足10%）。2008年货物进出口总额25616亿美元，货物进口11331亿美元，进出口差额（出口减进口）2955亿美元。中国终成制造大国。2009年开始，中国努力从制造大国向智造大国进军。

2. 红色经济市场化初起步

改革开放后发展起来的外贸企业，有固定的订单来源，也就无须把重点放在商营、放在品牌，而只要关注内部管理，保证按时保质完成订单任务就行。这类企业起步之初，老板可以一管到底，规模稍大一点，家人、亲戚、朋友进来，形成典型的家族企业。理论界对此开始炮轰，鼓吹西式经理制，强调所有权与经营权分离，私企有些无所适从。各种讲座、培训听得越多越糊涂，“空降经理人”无法让企业达到预期，而老板的家长制与经理人制冲突越来越明显，最后只能哀叹经营权敌不过所有权；企业出现“三不像”形态，既非标准的西式管理，也非纯正的本土管理，更非整合后的创新管理。仔细探究，“空降经理人”的西化管理是细分后面面俱到的管理，员工几乎没有自我发挥的空间，往往是“管”得太多，“理”得太少，甚至没有“理”。谁都没有真正去探索“治大国如烹小鲜”的深奥意义，一条小鱼在锅里烧着，烧鱼人老是将鱼翻来翻去，翻多了，鱼岂能不糊了、烂了。还有的企业、机关渐渐庞大起来，不知不觉染上了“机关病”，成堆的表格、各种的汇报、不间断的活动组织，让真正的生产者、技术设计者、质量管理者、设备维护者，疲于奔命在那些事务之中。

国内企业，销售部门改称营销部。饮料业、酒业、保健品业凭借广告狂轰滥炸一夜之间红遍大江南北的“奇迹”出现后，所谓营运、所谓营销、所谓公关，广告铺路，有销无营、有攻无关，没人去思考，广告一炸销量激升的奇特情况，只有在商品缺乏时代（卖方市场）才会出现，并非西式营销理论有多适合、广告效果有多好。一旦市场上商品相对满足、可选品牌众多，买方市场就形成了。所以，不是西方营销理论传入中国后，中国市场才红火起来，而是改革开放，放开了原有市场禁制，不再打击所谓的投机倒把，市场活了，对商品的需求自然增加；百姓赚钱的门路多了，渐渐有钱了，消费能力上升而物品依然稀缺，广告引来购买力就可理解了；吃穿问题基本满足，人们更高层次的需求被激发，饮料、酒、保健品等提高生活品质的商品遇到了前所未有的大好时机。如此说来，那时营销理论除了广告外其他并未起到什么作用，是改革开放，让最早进入市场者获得政策红利。西方进来的可口可乐、皮尔卡丹的商业行为起到了一定示范和推动作用，比理论更有冲击性。

1979 年，可说是改革开放广告元年。这年，上海电视台春节播出一条广告“参桂养容酒”；这年，外国品牌“瑞士雷达表”首开在中国做广告先河（4 年后该表才进入中国市场）。1981 年，工商出版社出版《实用广告学》，是改革开放后第一本广告类书籍（东拼西凑西方广告、营销原理的入门级实用类书），不是教材、更不是学术著作，而是入行指导书。作者是当时一位新闻记者。改革开放后第一代中国广告人，几乎是读着这本书入行的。1982 年，冬天北京各大商场推出的“可口可乐”，当时是买一瓶可乐送一个气球或一双筷子——这是改革开放后第一次市场促销活动。1984 年，当时上海市市长出访美国西北大学时看到了菲利普·科特勒的《营销管理》，回国后让人翻译了这部被称为“营销圣经”的书籍，主要在学界、理论界使用，高校营销方面的教材，基本上以这部书为理论依据。

从业人员读《实用广告学》，学界人员读《营销管理》，一开始，实践与理论就在两股道上各跑各的。其实，西方营销的真谛就一句话：找到人性中的欲望，把它诱发出来。

3. 商营形态多样化显特色

改革开放初期真正让市场全面铺开来的：一是商品交易会和遍布全国的订货会；二是起源于路边摊的小商品市场和遍布全国的手提肩扛着大包

小包样品四处兜售的推销大军。

中国进出口商品交易会（The China Import and Export Fair），原名“中国出口商品交易会”，2007 年 4 月第 101 届起改此名，创办于 1957 年，每年春秋两季在广州举办，简称“广交会”。这是中国目前历史最长、层次最高、规模最大、商品种类最全、到会采购商最多且分布国别地区最广、成交效果最好的综合性国际贸易盛会。广交会在改革开放时名声大噪，全国及世界客商云集，贸易方式灵活多样，看样成交、网上交易、出口贸易、进口生意，多种形式的经济技术合作与交流等，成为“中国第一展”。

全国各地、各行业的各类交易会也风起云涌，比较大型的有上海华交会、义博会（义乌国际商品博览会）、广西东盟博览会等；另外，还有全国糖酒商品交易会、中国国际高新技术成果交易会、中国国际医疗器械博览会、中国国际装备制造业博览会、中国国际家用纺织品及辅料博览会、家装博览会等，以及北京、成都、上海、广州四大汽车展会等。

义乌小商品批发市场。义乌是全国最大的小商品出口基地，全国最大内陆港，世界拥有商品种类和数量最多的城市。成功后又在全国和世界各地开设“义乌小商品市场”，如淄博小义乌商品城、深圳市义乌小商品批发城等。小商品市场源于走街穿巷的行商（如义乌的“鸡毛换糖”），发展于改革开放后的路边摊、街边摊，成熟于摊位集中（专业市场）、各自经营模式。除义乌小商品市场外，比较著名的还有山东临沂批发市场、武汉汉正街小商品批发市场、昆明螺蛳湾国际商贸城、沈阳五爱小商品批发市场、杭州四季青服装批发市场等。

与小商品市场相应的还有一支推销大军，国营厂、私营厂、家庭厂等，当年都是靠派出一批又一批推销员，随身背着一个帆布袋，从一家单位出来又到下一家单位，从一个店面出来又到下一个店面，数以千万计的推销人员肩扛手提着样品、走南闯北推销着产品。其中，浙江商人总结出来的“四千精神”，很能代表那个时代销售人员、创业人员的艰辛：“走遍千山万水、说尽千言万语、想尽千方百计、尝遍千辛万苦”。各地厂家也开办订货会，以实物吸引客户，一家单办或多家联办，基础还是推销员们联系到的客商、消费者。

总结起来，改革开放时期的商品经营与销售，学术理论界、高校学界基本上以科特勒的《营销管理》为核心翻译着、变动着、中国化着。但变来变去、化来化去，也没有多少真正意义上的创新，归根结蒂脱离不开科特勒营销理论。例如“4P”理论，即 Product、Price、Place、Promotion（产品、价格、渠道、推广），一些学者据此将其扩展为“5P”（增加“权力 power”)、“6P”（再增加“公共关系 Public Relations)，有的甚至发展到“7P”“8P”。但是到最后，发觉最基本的还是“4P”。而企业，根本不管你多少 P，卖得出去是王道，名称可以改成“营销部”，做好销售才是根本。而销售，重点还是人、还是人心。

中国企业做的就是让人心里认可、心里放心、心里踏实。凡是营销高手，一定是心理高手，而不是高等数学的高手。大量营销奇才，看都看不懂模型，但是懂人心、懂人情世故。

第二节　经贸商营得心和的智谋

中国历史上经贸商营实践，从王亥时代开始就存在，但越是古代历史记载的越少。为避免与“技法篇”重叠，这里从繁华大唐开始说起，探索唐宋、明清的心和管理实践。中国古代的商业技法、运营谋略都是谋求人心协和，即从心入手、谋得双赢双和。

一、唐诗宋词心和商营景象

1. 国学经贸营商诗文记载

在所有的人心目中，经济理论、管理理论是干涩的、枯燥的。事实上，中国经济理论与管理理论，与唐诗宋词一样，情感丰富、光彩夺目，关键在于会不会运用……诗词是人们心灵世界的反映，也是协和思想的体现。唐诗宋词，作为国学史上极其耀眼的两颗明珠，既有极高的文学价值，在内容上也表现出了丰富的经贸心和商营实践的成果。

相对而言，唐朝前期，诗还是皇家、官家和文人的风雅之物，不仅文人都会诗（包括科场考出来的官员)，连一些军界大佬或深闺女子也会诗；以诗会友、聚会吟诗成为常态，不会诗的也附庸风雅，久而久之也能吟几句。但总体来说，诗是贵族、高官们的风雅之物，与酒、与花、与茶密不可分；故有风花雪月成语，现代叫作小资情调，免不了一些粉饰太平、无病呻吟之作（能留世的佳作不多)。而在生活线上挣扎的底层百姓，基本上无缘这种情调，写百姓艰辛、叹生活艰难的也是如杜甫这样同情穷人、接触现实的文人、官员。

诗本是以景言情、以物言志的，能流传下来的，必是能触动人心的。唐朝诗风盛行，诗作极丰，山水田园诗是传统，名家众多，形成一个独特的流派。同时其他风格和内容的诗篇，也渐成气候，形成新的诗派，如边塞诗派、浪漫诗派、现实诗派等。诗人不再单纯的是皇室或高官的御用工具或玩物，许多官员后世留名不在官声，而是诗名；当然也有官场、诗名皆响亮的。例如元稹、张九龄、上官仪、韦庄等，这些人也曾官至宰相，当时诗名很盛，后世也传颂他们的作品。还有一大批官员，如白居易曾任刑部尚书，韩愈曾为吏部侍郎，崔护任过岭南节度使，王维任过尚书右丞，李白、杜甫也曾供职官家，刘禹锡、柳宗元、韦应物、杜牧、岑参、刘长卿等都曾担任过刺史（相当于现在的市长）。还有写出过“疾风知劲草，板荡识诚臣”这样名句的唐太宗李世民。只是后人从唐诗中研究更多的是唐代的政治、民情、风俗、文化等，较少涉及经济的、经商的，这与研究者是文史类专家有关，他们关注的重点往往是文学价值、社会意义（又以政治意义、志向心性为主）；而经济、商业类学者不太留意文学性的作品，不大会从唐诗中探索经贸商营实践的成果。

这里阐述的只是唐诗宋词的一角，也只是唐宋两代商业风情的一角。诗词不会成为本学科建设的主体内容，但应该让学习者懂得探索中国各类文献中与专业相关的内容。中国古代不分科，一切知识融合在种种文献中。没必要把经济、管理类学科搞成只有数字的计算，没有风情的优雅，中国自己的学科建设，不应该是“黛蛾长敛，任是春风吹不展”（秦观《减字木兰花·天涯旧恨》），更不应该是“黄鹤一去不复返，白云千载空悠悠”（崔颢《黄鹤楼》）；而应是“赠我江南春色、一枝梅”（舒亶《虞美人·寄公度》），是“九万里风鹏正举……蓬舟吹取三山去”（李清照《渔家傲·天接云涛连晓雾》），是“旧时王谢堂前燕，飞入寻常百姓家”（刘禹锡《乌衣巷》），是“忽如一夜春风来，千树万树梨花开”（岑参《白雪歌送武判官归京》），是“欲穷千里目，更上一层楼”（王之涣《登鹳雀楼》）。

诗篇源于生活，唐诗宋词及其他古代朝代的文学作品中，处处可见古人商营景象。

2. *唐诗里经贸商营繁荣例*

诗词本是心灵的产物、和谐的形式，必然会将现实反映在诗作中。前面在《服务运行管理学》中已提过唐诗与服务业的关系，这里我们再从唐诗中探索唐代的心和营商实践成果。唐代繁华，既是国力强盛，也是经济贸易、商业经营的繁荣，还是文化的昌盛。

今人遥想唐代，是个如诗如画的繁荣强盛的朝代。长安、洛阳、苏州、扬州、成都、广州等的城市规模，因商业繁华在当时已然是一定地域内的商业中心、全国性甚至是世界性的大城市。杜甫《忆昔》中提到

“忆昔开元全盛日，小邑犹藏万家室。稻米流脂粟米白，公私仓廪俱丰实。”一个小城镇就可达到万户规模，而且家家户户仓廪实，包括公家的仓库都是满满的。由此可见屡屡出现在诗人笔下那些大都市，是何等繁华。《忆昔》继续写道：“九州道路无豺虎，远行不劳吉日出。齐纨鲁缟车班班，男耕女桑不相失。”这里不仅显示出天下太平、政治清明、社会安定、秩序井然，也表现出当时手工业和商业的发达，生意兴隆：出门不必选吉日（天天是好日子），路无盗寇、旅途平安，装载着齐地的细绢、鲁地的本色丝绸等贸易物品的商人车辆，来来往往、络绎不绝。显见唐朝商业经营活动之频繁，并从中暗示出唐朝国内交通之发达，在当时世界上是首屈一指的。材料显示：那时陆路以长安为中心，道路遍布全国。水路以大运河为主（洛阳为中心），连通南北；黄河流域、长江流域水运也发达，江南鱼米之乡地位显现。全国驿站 1463 所（陆驿 1297 所，水驿 166 所）。

李白的《黄鹤楼送孟浩然之广陵》云：“故人西辞黄鹤楼，烟花三月下扬州。孤帆远影碧空尽，唯见长江天际流。”从武汉到扬州，江面如此辽阔，而扬州的繁华又岂仅仅指“烟花三月”春景，这里暗藏的经济发达、商业繁荣画面，可以有无限脑补。李白的另一首诗《早发白帝城》说：“朝辞白帝彩云间，千里江陵一日还。两岸猿声啼不住，轻舟已过万重山。”千里江陵一天就可抵达，前乎说的舤船、这首说的轻舟，道出了水上交通发达，不仅是载人，货运亦可“过万重山”，营运繁华可窥一斑。这些诗篇，可以说是极佳广告。

关于商品经营的诀窍，白居易的诗中不经意间道出了真谛。《小岁日喜谈氏外孙女孩满月》中有两句：“物以稀为贵，情因老更慈。”而在《食笋》一诗中也有两句：“物以多为贱，双钱易一束。”前一首是贺人家外孙女满月，重男轻女的时代，白居易从“物以稀为贵”，从物价导出“情因老更慈”，只要有真情在，“怀中有可抱，何必是男儿。”后一首提到两个小钱就可以买来“一束”，什么东西这么便宜？“此州乃竹乡，春笋满山谷。山夫折盈抱，抱来早市鬻。”春笋多了买不起好价钱，所以“物以多为贱”。无论起因是什么，白居易不仅仅是“诗王”，作为做过江州司马、杭州刺史的官员，他是懂经济的，所以以诗抒怀劝慰词都从“物价”起始，加上春笋量多而价贱，总结出物价贵贱的规律：物以稀为贵，价以多为贱。这一结论既是为政为官的基础点，也是经济发展、商业运营的重要基础点。

这与老子“损有余而补不足”（《老子》第七十七章“贵生”）的

"天之道"思想一脉相承，后世皆"损余补缺"，"物稀"之地商人趋之，高价售货；"物多"之处商人亦趋之，低价购物去"物稀"处售出。有人把老子的天道解释为"杀富济贫"，最多只是表达出一个侧面意义，更重要的应该是通过商业活动互为补缺——这才是民心、这才是协和。

3. 宋词中经贸商营繁荣例

到了宋代，诗词文化不再是风雅欣赏之内容，而登上了政治舞台，可以说宋代的皇帝人人爱词、宋代的臣子个个写词，大政治家范仲淹、王安石、司马光、苏轼等都是著名词人。如果说唐代是当官以后以诗展示才华、结交朋友、娱乐消遣（唐代也有大量诗人不是官员），那么宋代词人就直接登上政治舞台，词的内容也更多涉及政治、经济。

先看透露出宋代经济、宋代商业锦绣繁华的词。这一定会让人想到柳永的《望海潮》："东南形胜，三吴都会，钱塘自古繁华，烟柳画桥，风帘翠幕，参差十万人家。云树绕堤沙，怒涛卷霜雪，天堑无涯。市列珠玑，户盈罗绮，竞豪奢。重湖叠巘清嘉。有三秋桂子，十里荷花。羌管弄晴，菱歌泛夜，嬉嬉钓叟莲娃。千骑拥高牙。乘醉听箫鼓，吟赏烟霞。异日图将好景，归去凤池夸。"这里的"烟柳画桥，风帘翠幕""三秋桂子，十里荷花"成为江南美景的经典写照，而这其中，融合着多少经贸商营的内涵在里面。自从苏东坡一句"欲把西湖比西子，淡妆浓抹总相宜"，把唐代白居易等诗人提到过的"西湖"之名传播开来，历代描写西湖的诗词文篇甚多。然而，柳永《望海潮》独具特色，一城（上阕写杭州）一湖（下阕写西湖），既有"形胜"更有"繁华"："市列珠玑，户盈罗绮，竞豪奢"三句，写出了市场上陈列着的那些琳琅满目的珠玉珍宝，以及家家户户存放着的满满的绫罗绸缎，竞相展现出豪奢与繁华。城内街区热闹无比，商品极其丰富，有形商品的销售活动十分活跃。西湖中，"羌管弄晴，菱歌泛夜，嬉嬉钓叟莲娃"，服务娱乐业十分发达，无形商品销售形势一片大好；湖面上羌笛悠扬欢愉，游船悠悠晴空万里，夜色中采菱姑娘泛舟湖上，歌声清亮，无论是钓鱼的老翁、还是采莲的少女，都一脸欢乐、湖上嬉笑。全诗写出了地域之形胜、商业之繁华，在这城市富庶、西湖美丽中，最为动人的是游人之欢乐，玩耍之幸福。一首词，道出宋朝经济贸易的活跃、商业运营的繁华，更重要的是，一切皆是人心之协和美好。

柳永写杭州之风华绝代，还有许多词篇，如《早梅芳·海霞红》"海霞红，山烟翠。故都风景繁华地。谯门画戟，下临万井，金碧楼台相倚。芰荷浦溆，杨柳汀洲，映虹桥倒影，兰舟飞棹，游人聚散，一片湖光里。"如同电影镜头，从天边海霞到远处山烟，再到谯楼城门，渐渐进入城内，高处看，下临辽阔而整饬有序的街市，金黄和碧绿色的楼台一座挨着一座，何等华丽。再看水边荷叶菱角，汀洲杨柳飘絮，水面上倒映着拱桥的身影，小舟飞快地前行，游人聚集在一片湖光山色里。春景如画、游人如织，商营活跃掩映其中。

陆游的《临安春雨初霁》是这样写的："世味年来薄似纱，谁令骑马客京华。小楼一夜听春雨，深巷明朝卖杏花。矮纸斜行闲作草，晴窗细乳戏分茶。素衣莫起风尘叹，犹及清明可到家。"陆游进京就沾染了都市繁华（大都市繁华的重要标志就是鳞次栉比的店铺和声声不断的叫卖），所住小楼在深幽的小巷，第二天一大早就有人叫卖杏花（这叫卖声叫醒了城市的清晨），一幅景美人和商业繁华景象。再看史浩的《永遇乐·桃李繁华》中写道："到处为家，山肴社酒，野老为宾侣。三杯之后，吴歌楚舞，忘却曳金穿履"。"到处为家"也就是世间处处都有"山肴社酒"，走到哪儿都有"吴歌楚舞"，虽是狂放到"忘却曳金穿履"，却是展示出当时民风豪逸、街市热闹、经济繁荣、人们在歌舞升平中生活的景象。

王安石《桂枝香·金陵怀古》词中写道："归帆去棹残阳里，背西风、酒旗斜矗。彩舟云淡，星河鹭起，画图难足。"这里写故都金陵城（南京），秦淮河上那归去的帆棹（代指船）在夕阳的映照下渐渐远去，而猎猎西风中，装饰华美的游船斜插着的酒旗飘扬，远看像在云中前行，惊起河面上一行鹭鸶鸟飞起。这秦淮河的繁华与美景，"画图难足"。

王建的《夜看扬州市》写的是扬州的繁华："夜市千灯照碧云，高楼红袖客纷纷。如今不似时平日，犹自笙歌彻晓闻。"城里夜市，千灯万火亮彻夜空，连天上的碧云也被映照着；而那高楼上，里里外外到处都是红袖添香的美丽女子，寻欢作乐的游客纷至沓来、络绎不绝。即使天下起纷乱，不如盛世繁华，也仍然是笙歌不断、彻夜可闻。

城市繁华、经济繁荣的诗作背后，必然有着商业思想、商业行为的激荡。诗词写景写情写感悟，涉及城乡之景的变迁、感触觉悟的内涵，以及社会人情的百态。商人在盛世有盛世的门道、在乱世有乱世的智慧，所谓"盛世古董，乱世黄金"，说的就是投资和交易内容的变化。诗人词人们挥笔写下的，是当时社会形态的一个缩影、一个侧面、一个节点，或涉及城市繁华，或写出乡野自在，或是战乱凄凉，或是战前战后比较，是社会现实的写照。徐君宝妻《满庭芳·汉上繁华》写在南宋灭亡之际，以蒙古兵未来之时的"汉上繁华"，如"绿窗朱户，十里烂银钩"，来对比"一旦刀兵齐举，旌旗拥、百万貔貅。长驱入，歌台舞榭，风卷落花愁"。战前是如此繁华和美好，战争一爆发，百万蒙古兵长驱直入，"歌台舞榭"里头“风卷落花”“典章人物扫地俱休”，词人为此只剩下满腔“愁”。但曾经的繁华，毕竟出现过，故国不堪回首，“从今後，梦魂千里，夜夜岳阳楼。”写心境，期盼回归和平。

宋代不仅城市繁荣，乡野也景色美如画，引得城里人纷纷出游。辛弃疾《青玉案·元夕》：“宝马雕车香满路。凤箫声动，玉壶光转，一夜鱼龙舞。蛾儿雪柳黄金缕。笑语盈盈暗香去。”仍从商业运营视角来解读，“宝马雕车”，说明出游人的富华程度，“香满路”，是车上美女的香味、还是一路花草的芬芳？箫声明月里，整夜都有鱼灯龙灯在热热闹闹的舞动着，美人头上都戴着亮丽的蛾儿、雪柳、黄金缕等饰物笑语盈盈走过，洒下一路暗香。这里，鱼灯龙灯、头上饰物，都是美人们喜欢购买的物品，无论是家里戴来还是街上现买，都透露出商业运营的活跃。谱曲写词是极好的广告媒体，词意中满满的商景人情。

到乡间，但见“陌上柔桑破嫩芽，东邻蚕种已生些。平冈细草鸣黄犊，斜日寒林点暮鸦。山远近，路横斜，青旗沽酒有人家。城中桃李愁风雨，春在溪头荠菜花”（辛弃疾《鹧鸪天·陌上柔桑破嫩芽》）。如果说田间小路边桑树柔软的新枝上刚刚绽放出嫩芽还不是商品，那么邻居家蚕种已经孵出来的小蚕，是丝织品的主要材料；如果说青山远近、小路纵横是描写风景，那么卖酒人家飘扬着青布酒旗就是典型的店面广告了；如果说城里那些桃花李花经不起一点儿风雨，那么乡间溪边盛开的荠菜花，就是最明媚的春色，也是乡野特产。

二、宋元经贸心和商营智谋

宋朝是在五代十国（907 年至 979 年）之“后周”基础上创建的，五代十国是一段大分裂时期，兵祸连年，受虎视眈眈的契丹威胁。后晋始，势力逐步向江南扩张，人口不断南移，从江淮地区到吴越之地，从建国金陵到建州闽国，从东南到华南、西南等。赵匡胤南征北战统一中原与南方等各方势力，北宋疆域到达黄河以北。北方诸势力也建立各自的政权，靖康二年（1127 年），金兵攻陷东京，北宋亡。宋高宗赵构在南京应天府（今河南商丘）登基重建宋王朝，史称南宋；1138 年定都临安府（实为“行在”）。黄河以北为北方各政权瓜分，主要有辽国（契丹）、西夏（党项）、金国（女真）、元（大蒙古国）等。

1. 宋蜀地货币战发明交子

宋朝时北方有各政权，后世通称这时期为宋辽夏金时期，几百年间政权更替、战争频繁。但宋辽夏金之间，甚至与中亚、西亚之间的贸易往来及丝绸之路上的贸易，依然频繁。宋太宗赵光义（原名赵匡义，因避其兄宋太祖赵匡胤之名讳而改，即位后再改名赵炅）也开经济之战，出现“有心栽花花不发，无心插柳柳成荫”境况。

宋太祖赵匡胤是传奇皇帝，因陈桥兵变而黄袍加身，又以“杯酒释兵权”而巩固皇位，最后却是在50岁时莫名其妙死了。开宝九年（976年）10月19日夜，赵匡胤召赵光义入宫饮酒，当晚共宿宫中，20日清晨，赵匡胤忽然驾崩；21日，晋王赵光义即位。扑朔迷离中给后世留下杜太后临终密诏的“金匮之盟”和赵光义弑兄篡位的“烛影斧声”两个传说。宋太宗登基后急需稳固皇位，可是没钱，于是颁布天下，矛头直指大宋富庶之蜀地：蜀地百姓以后完粮纳税，不再只交实物，而要缴纳部分铜钱抵税。且铜钱的缴纳比例，逐年增高。看上去，交实物和缴税没区别，实际上，蜀地百姓要交铜钱，只能拿辛苦收获的农作物去官府兑换，一兑一换间，百姓被重复盘剥。宋太宗的朝廷却“赚”了大钱，很得意这一“妙策”，雄心勃勃要把这“成功经验”向其他地方推广。但连年盘剥让难以忍受的蜀地百姓造反了，青神县县民王小波、李顺等人揭竿而起，于公元993年爆发了席卷西南的空前大起义。朝廷自然要派兵“平乱”，一打就打了两年，蜀地经济遭受重创，人员、财产损失十分惨重。本想铜钱抵税发大财，结果失败了，这就是“有心栽花花不发”。

“无心插柳柳成荫”事件，是宋太宗派去蜀地出任益州刺史的名臣张咏手上发生的。张咏奉命平叛，亲眼见到当地百业凋敝，逼迫着想法解决。当时成都柜坊（即后世的钱庄）老板私下印制了一种可兑换钱币的纸券，使用范围有限，仅为一种交易的信用凭证（代金券，与唐代飞钱差不多）。存款人把现金（金属货币）交付铺户，铺户把数额填写在用桑树叶做的纸质卷面上给存款人作凭证。存款人凭此提取现金，付铺户利息每贯30文钱（即3%的保管费）。四川土话称“交子”，“交”为交合，意为“合券取钱”，有现代票证、票券之意。

商人们联合成立专营发行和兑换交子的交子铺及各地分铺，为那些携带巨款的商人提供现钱保管业务。在恪守信用、防伪功能等条件下赢得了信誉，交子逐渐具备了信用货币的性质和职能，官府未认可前，称“私交子”，统一了面额和格式流通市场，交子渐有货币功能。张咏发现了这种临时填写存款金额的楮纸券（桑树叶纸），上报宋真宗，交子发行获得政府认可，甄选以王昌懿为首的16户商户特许经营“私交子”。宋仁宗登基后（公元1023年），设置了专门管理机构“益州交子务”，1024年起，交子正式改为官办，发行的交子就是“官交子”。600年后，英国发行英镑，为纪念“纸币之父”张咏，伦敦英格兰银行中央的一个天井里，种着一棵在英国少见的中国桑树（交子原材料）。平叛的张咏，不经意间创造了世界最早的纸币，正是“山重水复疑无路，柳暗花明又一村”。

2. 宋辽夏金商战与榷茶制

蜀地是货币战，西夏则是粮盐贸易战。西夏政治上摇摆不定，但所产青盐，“价贱而味甘”，大量出口宋朝；只是粮食紧缺，需靠宋朝大量进口。看准这一点，大宋出台禁止向西夏进口青盐政策，意欲扼住西夏经济命脉。这种“制裁”理论上行得通，现实却是让关陇一带大宋民众同样买不到青盐，导致盐价暴涨，激化了大宋与本已归顺的少数民族之间的矛盾，边境骚动。宋庭被迫停止贸易战，修正青盐政策：禁止贩卖青盐，但不禁止少数民族部落购买；大宋降低自产盐价，以摧毁青盐价格优势，从而断绝西夏最大的财政来源。同时，关闭粮食、布匹、茶叶等各种生活用品的贸易窗口。西夏因此陷入经济困境，无力兴兵侵犯宋境。结合前面交子发明，两次商战得出一个结论：出台政策必须考虑民心协和，否则必败。

丝绸之路起始时，茶叶就是重要商品，只是尚未上升为“准战备物资”参与商战。东晋到南北朝再到唐朝，茶叶不仅仅是一种商品，还是一种文化内涵（被誉为“茶仙”、尊为“茶圣”、祀为“茶神”的陆羽，不仅写出了闻名于世的《茶经》，还推广了唐代茶道），一种外交媒介（国礼必备、外贸必需），一种军事政治（茶马互贸，“榷茶制”开始）。

世界三大饮料（茶、咖啡、可可）中，茶规模最大。宋代茶风更盛，太祖赵匡胤常以好茶赏赐大臣，宋徽宗赵佶写出了茶学名著《大观茶论》。民谚“开门七件事，柴米油盐酱醋茶”，茶成为人们生活必需品。苏轼《浣溪沙·簌簌衣巾落枣花》写道：“酒困路长惟欲睡，日高人渴漫思茶。敲门试问野人家”，说明在野外普通村民家也可讨到一碗茶。文人喜茶，逐渐形成了一种高雅茶文化，北宋曾贡《尝新茶》说“一杯永日醒双眼，草木英华信有神”，南宋陆游《北岩采新茶用忘怀录中法煎饮欣然忘病之未去》中则有“细啜襟灵爽，微吟齿颊香”，朱熹《武夷精舍杂咏茶灶》也说“仙翁遗石灶，宛在水中央。饮罢方舟去，茶烟袅细香”。而“茶，敬茶，敬香茶”之对联故事更是家喻户晓。茶不仅在宋朝普及，西北、西南地区也普及了，边地人民已认识到茶叶的消食、解乏和弥补蔬菜不足之功效。

对茶叶的需求越来越大，宋朝时形成三大茶区：一是东南茶区，为全国茶叶经济中心（宋代茶叶年产量约5000万斤，东南茶占2000多万斤），是精细茶产区；二是西南茶区，为中国老茶区，采茶较粗但产量更大（年产3000多万斤）；三是新开发的两广茶区。按当时人口数量，人均消费0.5斤/年茶叶，应该有2000万~3000万斤茶叶可外销。

当时宋朝与北方诸势力作战，对手皆有强大骑兵部队，辽国战马100余万匹、金国战马50余万匹、西夏骑兵50余万匹，北宋战马最多时也仅20余万匹。冷兵器时代，骑兵是战斗力最强的军种。外族需要茶，大宋需要马，茶马互换产生了，刚开始时出现多头管理现象，尤其采购马匹，朝廷的市易务以及地方政府、军队等都有权进行，不利于掌握定价权。于是成立茶马司，统一管理马匹采购，并将采购马匹与茶叶出口结合起来，负责出口量与定价、进口量与标准、打击违禁茶叶贸易等事务。管理上沿袭唐制，对茶实行禁榷，设立了专门的“榷场”（官方茶交易）与“和市”（私茶交易）。不过，榷茶制引起当时改革派和保守派的激烈争论。李觏、王安石等改革派认为，国家对经济生活不能放任自流，但也不能干预过多，主张茶宜通商，货畅其流；包括皇帝在内的保守派则坚决主张禁榷，以利茶马互市，确保与辽和西夏战争所急需的军贸和战马来源。两派斗争激烈，茶法因此变更频繁，但对茶禁榷制（榷茶制后面再介绍）不变，且把茶叶和战争捆在一起。宋朝在绍兴七年（1137年）专门颁布法令，规定茶马司官员的具体权责以及州县地方官员协办茶马事务的办法。

宋朝初北方马源充足，100斤茶可换得一匹马；后来要250斤茶才能换得一匹马；南宋马源锐减，贵时要千斤茶叶才换得一匹马。四川茶马古道交易，西北则在甘肃交易。

3. 宋元战事频繁边贸繁华

从经济角度分析，元代可以放在宋辽夏金一起进行，元本是蒙古国，与宋辽夏金并存过。西夏（1038~1227年）在与大宋粮盐商战后国力衰弱，亡于蒙古；五代十国时建立的辽国（916~1125年）则被金灭；金（1115~1234年）最后也亡于蒙古。辽与金，是在与大宋对峙时被宋在经济上削弱（宋在军事上并不太强盛），最后连同南宋，都被蒙古所亡；蒙古族建元朝时间也不长，满打满算不足百年（1271~1368年）。宋亡，亡于军事弱，但经济强，绵延300多年；元亡，亡于经济弱，还将人分四等，这是最大的失策，因为人口数量最多、涉及区域最广的汉人是最末一等，不得人心不协和，红巾军一起，国本即动摇。

总结起来，黄袍加身的赵匡胤获得政权后最怕手下有样学样，所以不但“杯酒释兵权”，还定了个“崇文轻武”的国策。“轻武”的结果是军事显弱；“崇文”结果使大宋文化发达，文官计谋得以展示。

辽国萧太后摄政，1004 年秋领兵侵入宋境，1005 年 1 月逼迫宋订立“澶渊之盟”，重点内容两条：一是辽国和宋国互为兄弟国，两国君主谁年纪大谁为兄长；二是宋朝每年向辽国缴纳 10 万两白银，上供绢布 20 万匹，双方边境互通贸易。后一条成为世人谩骂的重点。后世推测，可能是文人计谋在里面：其一，和约一订，结束宋辽长达 25 年的战争，百姓得以休养生息；其二，当时战争支出每年军费 3000 万两白银，而缴纳的岁币是 10 万两白银、20 万匹绢布，换句话说所缴之费不及军费支出的 1%。更重要的是，盟约中有一句“双方边境互通贸易”，说白了就是宋辽边境可以自由贸易。辽国地处西北，只有畜牧业，可供出口的是马匹；而对宋则粮、盐、铁、茶、布匹等生活用品皆有需求，典型的贸易逆差。还有一点，贸易中结算货币是白银——宋朝的货币，后来辽国干脆不发行货币，发行了也没用，贸易中货币都到宋朝来了，结果还是要换成白银。如此，宋朝在贸易中获得的收益是缴纳给辽国岁币的几十倍、上百倍。当时辽国萧太后意识到以马换粮换盐，是强了对手弱了自己，因而下令不准卖马给宋朝，犯者杀全家。这一政策却导致辽国边民向宋走私，或干脆逃往宋地。后来的大金国，也差不多如此，最终都被宋朝的货币战、商战拖垮。

宋朝与北方诸政权对峙，蒙古国得了便宜，当时蒙古浩浩荡荡向西征战，打过中亚、西亚，打到东欧、西欧，然后裹挟无数战利品回来，把包括宋朝在内的各个政权都灭了而建元朝，元朝自己就产马，遂停止了茶马互贸。到明代再恢复，一直延续到清朝中期。

蒙古族是马背民族，冷兵器时代骁勇善战的民族。北方受战争重创，南方仍以农业为主，元朝整体生产力不如宋朝。政治上，元行省制度对后世影响较大；蒙古族原就对商品交换依赖较大，而且马背民族也没有重农抑商思想，商业倒是相当繁荣，并建立起世界上最早而完备的纸币流通体系，是中国历史上第一个完全以纸币为流通货币的朝代。但毕竟没有货币管理经验，滥发纸币造成通货膨胀，加速了政权的衰亡。元内陆商业繁荣，边境贸易活跃。

三、明清经贸心和商营智谋

1. 宋元明清经贸商营概述

宋元明清四个朝代，似乎有着汉人统治者的一个“痛”。宋朝经济繁荣，政治军事孱弱，北宋两个皇帝被掳，南宋偏安一隅；元朝，是蒙古人统治的朝代；明朝，汉人夺回了江山，最终却又亡于满人。但从一个国家的发展历史说，是各方势力征战的结果。这与第二次世界大战时日本侵华完全不是同一性质。

宋朝在军事上很失败，但在贸易战中却处处主动；蒙古人得了汉家江山，元朝沿袭的是宋朝经济模式；明朝先是行“重本抑末”政策，后张居正提出农商荣枯相因，商业发展；清朝以明朝为师，政务、商业皆沿袭前朝，所以后世共称“明清经济”“明清商业”。

就中国版图而言，宋、明两朝分别被元、清两朝取代，如秦汉隋唐一样，只是朝代的更替，不是中国的灭亡；同理，国学是以汉民族文化为主，包含各少数民族文化的综合性文化，即使是在元、清时期，汉化文化仍是主流文化，屠刀也只能暂时的、表面阻隔一下，改变不了本质。显然，中国历史上一个个朝代灭亡了，却又有一个个新朝代开始，而且往往在大约两个朝代之后会有一次重新洗牌期，比如说商、西周之后的春秋战国，秦汉之后的三国，两晋之后的南北朝，隋唐之后的五代十国，到了宋元时期，干脆就有辽、西夏、金的同时期洗牌，而明清之后的中华民国，纵向历史洗牌同时，还有着横向的世界大洗牌。这种历史演变，被某些人批为宿命论，但事实上，这是中国历史规律性发展的总结。

历史上，西方也曾出现过一系列强大帝国，如罗马帝国、亚历山大帝国、拜占庭帝国、阿拉伯帝国、奥斯曼帝国等。大航海时期开始，发现新大陆并殖民全世界的步伐中，先是葡萄牙、西班牙、荷兰崛起，然后是英国、法国、德国成世界强国，接着就有日本、俄罗斯、美国成为世界大国。然而，老牌帝国在历史长河中如同昙花一现，风光不再；大航海后出现的世界性大国，葡萄牙、西班牙、荷兰很快日薄西山，不复殖民时代的豪华；就连日不落大英帝国，不要说展现殖民世界时的强盛，就连工业革命时期的经济科技强大也不得再现，一直靠吃祖宗从全世界搜刮来的老本勉强维持发达国家的荣耀。

西方有过辉煌的政体却都在灭亡后便彻底死绝，无法还魂；而中国历史上旧朝代灭亡了新朝代崛起，中国靠什么维系着从不消亡？答案很简单：文明，中华文明；文化，中国文化。在中国，文明没有断层，文化没有断裂。一代代中国人所要做的，是中华民族的伟大复兴。改朝换代，只是换了皇家，中国不变、中华民族不变。清末民初军阀混战大洗牌后，国民党暂时得了政权，但最终历史选择的是中国共产党，历经红色革命、红色建设、红色经济后走向中华民族伟大复兴的红色新时代。有历史积淀、有文明存在、有文化传承，才敢说“复兴”。西方文艺复兴是文明断层后的复兴，中华民族复兴是文明一脉相承下的复兴。

明清两朝，经济与商业各有特色。明朝德威四方、外贸内贸共同发展；商品货币经济发展，资本主义因素萌芽，海外贸易发展。郑和七下西洋的壮举（1405～1433年），宣扬了明朝德威，以和平使者的身份“怀远以德”，从而在东南亚建立起友好的华夷政治体系、互通有无的朝贡体系。为了进一步宣示大明的强大实力震慑中亚、西亚，1418年（永乐十六年），明代以陈诚为使出访中亚，相关国家随后回访。1421年（永乐十九年）3月，明朝在让各国使团见识了中国内地城市的富庶繁华之后，通过持续了整整一个月的大规模“狩猎”行动（实际上展示军力，是一种古代实战阅兵形式），使周边各国诚服，中国通往各国的新航路也陆续开通。明武宗正德七年（1512年），“发现新大陆”中获得暴利的葡萄牙，派出一支对华使团前往中国，中国皇帝同意葡萄牙人在澳门开设洋行，修建洋房，允许他们每年来广州“越冬”。可见，明朝虽然也曾闭关，但总体是开放的，番薯、南瓜、蚕豆、土豆、玉米、棉花等美洲高产作物也在明代陆续传到中国。南宋时以种植五谷为主，是“苏常熟，天下足”，晚明时，已经转变为“湖广熟，天下足”。辽阔的中华大地，美丽无限。

而清朝，“武功”体现的是马背民族的强悍，但“文治”则以明朝为师，经济发展与商业运营沿袭明代模式发展，即使在清朝最强盛的时候，也是军事以满族官员为主，治理和经济发展以汉人官员为主。正因为如此，清朝在经济领域包括资本运营、商业运作和全局性的经济谋划，没有什么开拓、没有什么创新，但商帮非常活跃。因清朝对海战经验不足、对海洋经济不懂，海禁成为主要管理方式，后世称其为“闭关锁国”。

2. 明朝榷茶制铁锅贸易战

明朝政治上有“靖康之耻”，但经济上却活跃，民众有向心力，国家意识强。清朝政治上除皇室外全民为“奴”；商业上前期国家管理、适当放开民间商业，而后期受列强制约起落不定，官商结合成为一种常态；底层民众向心力越来越弱，国不重视民，匹夫有责之意识下滑。手工业方面，明代前是官营为主，十分兴盛，后来却不断萎缩；民间手工业大踏步发展，到了明后期，除了盐引制和榷茶制外，其他手工业基本摆脱了朝廷和官府控制。清朝手工业承袭明代，规模上有所发展。

明初的“重本抑末”政策，到明中叶已成一纸空文，商业再崛起，对外贸易兴盛，货币经纪队伍壮大，为张居正改革奠定了金融背景，“一条鞭法”促进了白银在中国的流通。这里，重点谈谈张居正以一场“铁锅战”结束北方百年战乱的商战贡献。

榷茶制是为了“本资易马，以备国用”（朱元璋谕旨）而兴起的，即通过对茶的专营管理，控制茶叶流向，从而实现对茶马贸易统一管理，以茶换取战备马匹，达到“以制夷狄”之目的。“榷”的本义是一种外形似鹤颈的城门吊桥，进出仅此一道，延伸为某种商品只有官营一途的意思。前面已经分析了宋朝榷茶限制了辽、金、西夏这些少数民族政权综合实力的增长。明朝进一步提出了“以茶驭番”的思路，朱元璋认为茶叶作为一项重要的战略物资，其作用还没有完全发挥出来，他认为茶是“物有至薄而用之则重者”（朱元璋谕旨），因此明朝将榷茶制度进一步严格规范，强化了茶叶的垄断地位，严密控制茶叶贸易。显然，茶叶贸易不仅为商业获利、为换取马匹作为战略物资，更为影响周边少数民族政权，达到“禁之而使彼有所畏，酬之而使彼有所慕，所以制番人之死命，壮中国之藩篱，断匈奴之右臂者也”（陈子龙《明经世文编》”）的政治效果而上升为国策。

明中叶万历皇帝的内阁首辅张居正，被称为中国历史上最后一位名相，但也有疑义，因为他既是“救世之相”，却又被认为是私德有亏之人。明朝在严嵩手里千孔百疮走下坡路，到张居正手中经过改革（万历新政）已有中兴之象，可惜万历皇帝不争气，让明朝风雨飘摇；崇祯即位，明朝几乎名存实亡，这时人们醒悟到张居正的价值，可惜迟了。张居正政治上实行考成法，“信赏罚”“持法严”；军事上，用戚继光镇蓟门（今河北迁西县西北），李成梁镇辽东（今辽宁辽阳），又在东起山海关，西至居庸关的长城上加修“敌台”3000 多座，加强北方的防备。商贸上在边疆实行茶马互市，马匹大增，并与政治关联（如封北方蒙古首领俺答为顺义王），稳定边境；经济上清查土地，实现“一条鞭法”。“一条鞭法”是明代嘉靖时期由桂萼在嘉靖十年（1531 年）提出的赋税及徭役制度，当时未能推行，张居正则推广到全国，主要内容是把各州县的田赋、徭役以及其他杂征总为一条，合并征收银两，按亩折算缴纳。这简化了税制，增加了政府财政，减轻了人民负担，缓解了经济危机，缓和了政治危机。商贸实践最著名的一场是与瓦剌部的“铁锅战”。

明中期，北方狼烟四起，边关战乱不停。生活在蒙古高原的瓦剌部（明朝对西部蒙古诸部的总称），原本一直用瓦罐煮食炖肉，汉人铁锅令他们大感惊奇，不仅煮肉香，而且携带中不易碎，故大有需求。可瓦剌部缺铁，也没有成熟的炼铁技术。瓦剌对铁锅极其稀罕，战争中瓦剌兵常把所过之处老百姓的铁锅席卷一空；有时被明军追击，急眼了，抢来的财宝可以扔掉，唯独铁锅死不撒手。1449 年土木之变，明英宗被俘，大臣于谦带领明朝军民保卫了京城，痛打加招降后瓦剌部与明朝议和，放回英宗，瓦剌部成为明朝藩国，双方有了互市贸易。瓦剌部提出的求购物资中“铁锅”赫然在列。

求购自身缺乏的铁锅本是很正常的，明朝若不同意会在道义上失分。但铁锅可以重新熔化之后打造成兵器（一般铁匠就能做到），这是风险。铁锅禁卖还是同意互市，成了一个难题，难题最终交给张居正处理。张居正明白，边境和谈后的和平、互市，其中暗藏着无限凶险，然而也敏锐意识到：“制虏之机，就在于此!”他的对策是：限量供应、以旧换新、限定品类。这其中究竟有什么奥妙，且看确定的三项限制铁锅交易措施。

第一条，限量供应。瓦剌部落的人只能在规定的几个市镇购买铁锅，官方专卖，任何民间商人不得从事此类交易。这是官家垄断不是自由贸易，仅为保证瓦剌百姓生活必需。

第二条，以旧换新。瓦剌人要购买铁锅，必须用旧铁锅来换。如此，保证了生活用锅的同时，而瓦剌部铁锅总量保持在一个常量之内，防备将旧铁锅改制为兵器，增加战备。

第三条，限定品类。即限定输出铁锅的品类。在各类铁锅中，广东一带出产的“广锅”，其铁锅之铁的冶炼技术瓦剌部最不了解，也最不易熔化再铸造，于是张居正将输往瓦剌部的铁锅指定为“广锅”，其他品类的铁锅不得输出。

三策一出，满足了瓦剌部贸易的正常需求，又扼制了明朝国家安全上的隐患，应该是贸易战中双和双赢之举。但当时引起一片骂声，连明朝官员中也有一些人认为是多此一举，更不要说瓦剌部人，尤其是怀有以铁锅熔兵器念头的人。但张居正冲破种种阻力，将此政策强硬推行下去。威胁互市和平的因素，因铁锅专供一扫而空；昔日战乱频繁的长城沿线，此后近百年里互市贸易红红火火，百姓安居乐业，著名的商帮与贸易线路也应运而生。

3. 清代政商经贸盛衰变迁

大清朝，百姓的国家意识淡漠，但商业红火名商辈出。其原因，清初入关时，军事上取胜，但治理大国的信心不足，因为治理农耕民族毫无经验，故其先人谆谆告诫：若关内呆不住就放弃，回到关外便是。这种有退路思想影响着清廷施政，以主子心态治国管民，民众家国天下的情结随之失落；清朝中后期在世界列强面前签订了一系列不平等条约，危机转嫁到百姓身上，民众不满清廷，无国之概念也就没有家之心态。

其实，当时的当政者、后世的评判者，可能都被清朝是满族人（或后金人或女真人反正不是汉人）坐朝廷的心态所覆盖，忽略了一点：清太祖爱新觉罗·努尔哈赤，是辽宁省新宾县人，他那一族的祖先六世祖猛哥帖木儿，在明成祖朱棣时期（明永乐三年，即1405年）就受招抚为明朝官员，从建州卫指挥使一路晋升至右都督。直到努尔哈赤祖父觉昌安、父亲塔克世一直都是明朝官员。在明辽东总兵官李成梁攻打叛明的原明朝建州右卫指挥使王杲（努尔哈赤的外祖父）时，觉昌安、塔克世背叛了亲家，为明军向导。王杲被诛杀，后其子阿台图报父仇而屡掠边境，李成梁再率大军出击，觉昌安、塔克世再次为明军向导，但万万想不到的是战乱中被明兵误杀。于是，努尔哈赤用祖、父所遗的十三副甲胄起兵，在额亦都，以及安布禄、安费扬古父子等人数十人拥戴下，开始了统一建州女真各部的战争。这就是“遗甲起兵”和“征服建州”的历史典故。统一女真之后，于明万历四十四年（1616年）建立“大金”（史称后金）而成大汗。所以，严格意义上说，努尔哈赤一族原是明朝臣子。

努尔哈赤去世后第八子爱新觉罗·皇太极于1636年改国号为大清。1644年，年仅6岁的皇太极第九子福临（顺治）继位一年后迁都北京。如果不考虑皇太极的民族属性，那么清朝政权其实是大明官员的后人建立的。福临死后康熙玄烨即位，经雍正过渡到乾隆，创造了康乾盛世，清廷坐稳了江山。但乾隆末年，清朝败象已显，嘉庆帝时内忧不息，道光帝时外患不止，咸丰帝时内忧外患，同治、光绪时大清帝国风雨飘摇，宣统成了末代帝王。

清朝经商依赖汉人，清朝著名商人基本上是汉人。其值得一提的商战实践，是偏居于东北地区、还属于少数民族政权后金时的努尔哈赤所开展的“人参战”。那时后金经济发展的自然条件先天不足，若与中原开展贸易，没有自己的拳头产品显然不行。蒙古最著名的是人参和毛皮，尤其人参世人追捧。然而，加工人参是通过“以水浸润”来保鲜，这存在人参不易储存的缺点，使金人在与明朝人参贸易中经常吃大亏，不得不将人参低价贱卖。明万历三十三年（1605年），为打击后金经济，明朝突然宣布停止人参贸易，结果后金有10万多斤人参烂掉。努尔哈赤从小就与人参打交道，谙熟人参特性，他首次开始把生参保管法改进为熟参保管法，即让人们把人参煮熟后进行晾晒，晒干后储藏就方便多、可储存时间也长多了。开始时这种方法并不被大家接受，“诸臣不从”。但努尔哈赤“不徇众言”，继续改进人参炮制方法，“遂熏晒徐徐发卖，果得价倍常”。这一“技术创新”，解决了后金在人参贸易中面临的难题，而且卖相更好，价格翻倍。这样一来，原本想通过“人参战”向后金发难的明朝反而吃了亏。两年后，明朝不得不恢复了与后金的相关贸易，后金在“人参战”中最终胜出。这是自唐宋以来北方少数民族难得的一次通过商战战胜中原王朝的贸易活动。

熟晒晾干这种被迫研制和革新出来的人参炮制方法，因便于保存和运输，让本就珍贵的人参可销售到更远更广阔的地区去；而且，人参作为强壮滋补品，其效用被广泛认可，甚至出现效用扩大到包治百病、起死回生的地步，引起社会对人参的需求越来越大、也越来越多。这种情况下价格远高于禁市之前，也在情理之中。很显然，“人参战”获胜的关键点，是抓住了人心，从而谋得了协和；人心协和，民众支持。

建立清朝后，商战实践很多，但都是汉人所为；晚清政府无能，在与列强商战中，政府没能保护民族商业，本土商人在风雨飘摇中艰难前行，但也创造许多佳例。

第三节　经贸商营管理学科论证

经贸商营管理学本土化建设，是以国学为基础，以中国经贸智慧为特征，以中国商营谋略为本色。20 世纪八九十年代的商业经营运行，模仿了西方经营战略、西方营销策略、西方广告方式、西方公关形式。突如其来的新形式下的西式经贸、商营，带给国人以新鲜感、惊奇感，相应而生欣喜感，于是趋之若鹜也在情理之中。

这就像一家新的餐馆、饭店开张，只要广告宣传和服务举措到位，初期总会有顾客上门；但新奇感过去后，是否会有回头客，关键在于菜式、特色是否符合顾客的口味，服务、价格是否切合顾客的心意，甚至于文化内涵是否与本地人文相吻合，也是重要原因；许多餐馆、饭店不到一年就关门，就是这方面不到位。西式经贸、西式商营在中国这样一个大国内的适应性、相宜性与否，当然不可能如一家小小餐馆那样几个月内就能反映出来，也许要几年、也许要几十年才能让人们恍然感觉。这就是为什么改革开放 30 年后，中国在各个方面进行总结和反思的原因所在。在肯定成绩的同时，检讨值得改进的地方，包括管理学领域的反思。为此，才需要提出本土管理学探索与研究，才需要思索文化差异下的心和管理学建设，也就需要从中国文化、中华智谋角度论证中国的《经贸商营管理学》学科。

一、中华智谋经商文化之辨

1. 基辛格论门窗不能总开

曾在“人心管理”公众号推送过一篇《窗户总不能一直开着》，是看到网易《基辛格：疫情下的中美，世界要“变天”了！》一文后的思考。记者与基辛格的对话如下：

问：你对中国翻天覆地的变化有何评价？

答：一进一退。

问：怎么解释？

答：前两个字说物质，后两个字说精神。

问：中国发展有目共睹。

答：道德滑坡应当注意。

问：原因何在？

答：洗澡不经常，大门没关紧。

问：怎么解释？

答：你会背中国的三字经吗？

问：……

答：中国还有多少人能背出来，又有多少人照着做的？

问：你说的是我们的问题？

答：后面也不全是我们的问题。

问：我们是开放的……

答：打开窗户，新鲜空气可以进来，蚊子苍蝇，你们也欢迎吗？

问：您的意思是当初没装纱窗？

答：现在还来得及吗？

问：你的意思是？

答：窗户总不能一直开着。

这是一个外国人、而且是一个站在美国利益立场的老外交官的回答。作为一位打破中美“冷战”局面、97 岁（2020 年）的老人，对中国“翻天覆地的变化”，概括为物质“进”了，精神“退”了，是否有失偏颇另议，作为我们自己的反思，“道德滑坡应当注意”的提醒还是十分必要的，比如一些“食不敢吃”“人不敢信”的社会现象，比如存在着的那些“学不见真”“商不见诚”的职场行为，比如疫情中出现的那些道德滑坡、精神失落的部分现实。

从这段采访对话中，还可以解读到，基辛格这位美国老人也承认“大门没关紧”就会有“蚊子苍蝇”进来，这“蚊子苍蝇”从何而来？内容是什么？天下皆知。

2. 修心文化利益文化冲撞

“洗澡不经常，大门没关紧。”洗澡，洗的是自己的身体，大门没关紧，“开放”进所需要的，某些“脏东西”也跟进来了，弄脏、腐蚀了自己的身体，而又“洗澡不经常”，心灵不洁净了。国学的美被冲进来的外来文化给挤占，不再洗心、炼心、纯净心灵了。这就可以理解商业行为、企业管理、经营贸易中为什么出现“西化”倾向，只逐利、不清心的行为了。中国文化，自古以来是涤心文化、是修身养性文化、是诚意正心文化。

改革，是改掉旧的、革除阻碍社会进步的，而不是把中国传统中优良的文化给改掉、革除；物质进步、发展的同时，精神也要同步发展，而非倒退，需要“经常洗澡”，把粘附在人们身上、心灵里的脏东西清洗掉，始终保持洁净之体、之魂。过去的已成事实，与其抱怨不如行动，重要的是回归中国特色的、丰富的“修心文化”，毕竟“玉不琢，不成器；人不学，不知义。”应回归“人之初，性本善”，“首孝悌”“能让梨”，回归“父子亲，夫妇顺”，“幼而学，壮而行”等中国优良美德。《三字经》是国学的启蒙，中华美德的基础，浩瀚的中国文化，有道德内涵、有商业内涵、有管理内涵、有经营智慧与谋略。

开放，是对外开放。“新鲜空气可以进来”，但绝不应该是“蚊子苍蝇也欢迎”。一个外国人说“后面也不全是我们的问题”，这里的“我们”显然指以美国为代表的西方社会。“后面”，是时间上的“后面”，还是跟随“引进外资”“引进技术”“引进设备”之后进来的“蚊子苍蝇”？西方商业立国形成的以利为核心的思想观念，是在商业社会、商业规则、商业文化的综合体系中的；中国是农耕立国，形成的以和为内核的思想观念，是在农业社会、耕读传家、心和文化的综合体系中的。两者的精神内核、文化基因、道德体系迥然有异。当物质财富成为人们无限制追求的主体内容时，商业社会商业规则护航，协和社会需悟道明德作引领。

现实恰恰是“利”字当头心不净，协和道德体系遭遇丛林法则，于是“蚊子苍蝇”无孔不入。解决或纠正之道，在于明晰商业法则不应该是无限取利、不应该只是弱肉强食，而应有道德内涵、责任体系；有道德的文化、有责任的智谋才是国学与智谋。

3. 文化引进必须安装纱窗

在一切以金钱为衡量标准的西方社会，可以把法律“完善”到把医闹、学闹、房闹、拆闹、摊闹合法化、专业化，还“帮你”打官司。举个例子来说，如果一个人带孩子到朋友家，孩子在朋友家玩闹时滑倒摔伤了，可以告朋友“伤害儿童”，让他赔得倾家荡产；家长自己不告，去医生那里处理一下想完事，也不行，医生会成为原告，律师会很乐意打这样的官司；即使医生不告，孩子到学校，教师发现了摔伤之事，教师也可以是原告，依然可以告得朋友家赔偿几十万、几百万美元。获得的赔偿款，医生（或老师）、律师、受害人三方平分。医生、老师、律师，构成了一个官司利益链。这就可以理解，对中国政府、中国企业、中国人的善心捐助，他们非常乐意打官司，没有人情的原因所在；人权也只是口号，真正有的只是利益。

“当初没安装纱窗”，洞开的窗户没有挡住随同凉风一起进来的文化垃圾（包括留学、访学、访问、访亲、旅游等带进来的“外国特产”）。有这样的情况不可怕，可怕的是意识不到或无动于衷，“窗户总不能一直开着”，是时候关闭一些“窗户”了，有必要的话，甚至可以关闭所有窗户，进行内部清理，扫扫垃圾、搞搞卫生、清洁清洁空气；然后全部安装上“纱窗”，在此基础上有计划、有目的、有选择地打开一些窗户，并定时和不定时地开窗通风、清洁，根据季节、风向和我们自己的需求，确定开闭窗户的时间、期限、数量、方向等。

中国需要崛起、中国应该崛起，中国必须崛起，崛起中的中国在世界平台上，要有自己的话语权。基辛格老人采访结束时说了一句话：“帮我关上窗户，暴风雨要来了，世界要变天了……”意味深长。新时代的中国在世界的作用与影响力，一个外国老人准确感知。

中华民族的风骨，坚如磐石；中华国学的力量，摧枯拉朽；中华智慧的魅力，风华绝代。新时代的中国经贸思想、经贸理论、经贸行为，根柢是中华国学，包括文化传承与时代创新；新时代的中国商营观念、商营系统、商营做法，基础是中华智慧、中华韬略，同样包括传承与创新。中国文化从来都是有容乃大，不只是先人的传承——传承的内容本身就有一代又一代的先贤先祖的修正、更新、补充，还有合理的吸收——不摒弃他人的优秀，而是学习之、更有时代的创新——祖祖辈辈的经验一旦形成，或者通过先圣之言传世的至理，就不能随便打破，这是中国人尊重先祖、注重经验、描述性讲理形成的缘由所在，也是有厚重的历史积淀和文明传承的表现所在。数字，可以表示静态的、阶段性结果，很难准确描述出变动的、发展的，尤其是加上人的心理因素之后的状态。

本土管理体系里，可以学习数据式分析探索方法，但更要保持经验总结、宏观把控的探索分析方法。随着计算机的普及与网络社会的形成，大数据分析，就是两者有机结合的结果。中国经贸商营学科建设，要把握住新时代的这些特点。任何学科，都可以理直气壮地表达中国的文化自信，都可展示出中华智谋的伟大，与农耕背景下的商业的高尚。

二、经贸商营国情管理之思

1. 扭转西化实现国情化管理

《孙子兵法·谋攻》云："知彼知己者，百战不殆"。所谓"知彼"，就是全面深入了解对方情况；所谓"知己"，就是全面深入了解本方情况。然后才能因人制宜、因地制宜、因事制宜、因变制宜。中国要在世界舞台上开展经济贸易、商业运营，自然需要掌握世界大势，把握他国情况，此为"知彼"；同时也要相当娴熟于本国国情、本国贸易与商营环境，本区域、本组织、本企业的优势和机会、劣势与威胁，此为"知己"。在"己"与"彼"的比较分析中，确定自己的方针政策、主攻方向与目标、行动方式与方法。

学科，是教育指南、人才培育的指导思想。高校学科建设是"西化"重灾区：学术范式西化，学科内容"西化"，而且渐渐习惯了，习惯到已经分不清本土的还是外来的，分不清外来的是友好交流还是文化入侵，导致出国留学成为一流学校部分学生的首选。社会上，标志、标识，公司或商品的标志、标识，人们已经司空见惯于称"Logo"，情愿用"Logo"的中文读音，也不愿意用企业徽标来说明；几乎所有印制在人体媒介、活动媒介上的公司名、商品名或标识，都用外文不用中文，就连一些代表职业形象的服装上，也有只印外文的现象。联合国六种官方语言中都已经有中文了，国内的一些组织与个人却仍然热衷于只用外文标识。外事活动、涉外行业、外国人比较多的场合这样做还能让人理解，但外文上方应该有汉语标识（且应是中文在上、外文在下）。中国人自己的地方都不堂而皇之用中文，何谈其他。

国情化管理的第一要义，就是要理直气壮地、充满自信地广泛使用中文标识。在经济贸易、商业运营活动中，凡中国企业，必须首先有中文标识；凡进入中国开展经贸商营活动的一切外国组织与个人，只要涉及标志性宣传性内容的，必须有中文标识。敌对势力可以关闭孔子学院，中国自己则须以中文优先。

现今商贸活动，充分利用节日消费。节日在不知不觉中多了起来，不仅仅将传统节日全部挖掘出来，还因为电子商务的引导出现了许多购物节，天猫双 11 节已经发展成为全民购物节；比较有名的还有京东 618 节、苏宁 818 节等，甚至春节有年货节、妇女节时有闺蜜节，还有 517 吃货节、520 网络情人节什么的，电商购物节越来越多，这是电商促销。作为商业行为，无须赘言。随着改革开放的深入，西方节日渐渐传入内地，成为中国社会的重要节日，是追求时尚（洋节是不是一种时尚）还是休闲方式（过洋节是不是一种休闲方式），是商家促销形成还是西方文化殖民（用年轻人中的问询调查结果来判断是不切实际的），这里暂不作论证。只是想要说明一点，真正的节日庆祝，应该是中国节日如春节、中秋节，以及国际组织确立的节日如五一国际劳动节、“六一”国际儿童节等。一些西方专有节日、一些西方国家确定的节日，没必要成为中国人的节日。外国友人比较集中的地方，组织一些活动当属正常，但主要是外国人庆祝或表示东道主的关怀即可。过洋节，是一种生活方式，也可以说是个人的喜好，但同时是一种思想观念的潜移默化，一种意识形态的诱导，这不能不引起中国的警惕与反思。

西方有些节日，对善良的中国人来讲，具有极强隐蔽性特点，如母亲节、父亲节等，有的误以为是国内定的节日；即使知道是西方节日，中国人也认为这样的节日很好，因为热爱父母、孝顺父母是应该的、必须的。这就是利用中国的孝道文化和人性人心，让人潜移默化地在思维方式、行为方式上被“西化”。热爱父母、孝顺父母是中华传统美德中最基本的孝行、孝德，如果“母亲节”“父亲节”由国际组织认可的，中国可以结合孝文化认同之、纪念之；或者中国自己设立这样的节日、抑或是干脆设立一个“孝节”什么的。但搬用西方节日、追溯西方起源，就已入彀；习惯了洋节、习惯了西方文化，那就是西方文化侵略成功了。

2. 文化产品回归本土商营

好莱坞大片对全球的文化影响力已经众所周知，阿尔福特写的《好莱坞的强权文化》一书披露了好莱坞电影业同美国国防部、中央情报局和大牌军火承包商之间的密切联系，好莱坞电影中的美国文化霸权也渐为人们所熟知。然而，不可否认，喜欢看好莱坞大片的依然大有人在，美国式强权思维、美国式价值观、美国式种族歧视也在潜移默化影响着世界。

好莱坞大片，超炫的视觉震撼里展示的是世界老大美国强悍到在宇宙空间里都没有对手，所宣扬的西方饮食、节日、服饰、传统，是全世界最好的，应该而且必须风靡全球。12 月 25 日，全世界的小孩都要圣诞老人的礼物；2 月 14 日，全世界的情人都要送玫瑰、巧克力及其他贵重礼物；结婚时，全世界新人都要教堂式婚礼和钻石戒指（中国传统是拜天拜地夫妻对拜)；过生日，全世界人都是蛋糕、香槟（中国过生日传统是长寿面加鸡蛋）……这已不是简单的风俗问题了，更可怕的是人们对此习以为常了，而中国真正传统精华，现实中还有多少？不仅仅如此，好莱坞科幻类和军事类大片，对于美国的电子产品、汽车、飞机和军火在全球销售都作了极好的宣传广告。美国式军事霸权极其强大已渗透到人们的骨髓里了，美国式特工用品已应用到日常生活中了，美国的军火商销售额、利润额都不知翻了多少倍了。世界上很多国家和地区，都因美国影视文化的渗透，改变了本土的文化元素，一些非法组织、黑社会模式让年轻人趋之若鹜。这种文化征服是心灵的征服，不能不谨慎对待。

人，为什么会依恋家，因为那是最熟悉、最温暖、最适应自己的港湾；人为什么会在陌生地方陌生人面前有拘谨感，因为那是自己不熟悉、不相宜、不自在的地方，所以让人不知所措。任何新奇感，都有一个保鲜期，这就像人们在家呆久了，需要出去看看世界，在美丽风景处抒怀开怀，但只要过一段时间就想家。开放门户，让人们看到不一样的外部世界，产生新奇感是自然的，但最终，人们都愿意回到熟悉的、温暖的舒适区。文化的适应性亦如此，国情化管理，需要以国情化文化为根基；本土化商贸学科，亦需要国情化。

文化产品也是商贸活动内容，文化本身就有地域性，而商贸同样也有区域性。西方大片也好，日韩影视也罢，单纯从娱乐角度说没有什么可以排斥的，但若在内容中融入一些非娱乐目的，植入一些带有政治色彩的内涵，也就属于别有用心，需要引起重视。文化产品，应该具有本土国情化内容，商业经营与贸易活动中，更需要符合国情。那些如“花样美男”“娘炮直男”等词语能够成为网红，其实是一种伪娘文化；而这样的“伪娘”成为电视综艺主角、影视娱乐偶像，肯定不是中国本土文化。某某大片里有这样的角色，某某动漫文化、某某造星模式里，应该也有这样的主题，但我们自己应该头脑清醒，不加分析和筛选地搬进这些内容，不是国际化；面向世界，更不是人家输出什么我们就要什么。文化需要交流、应该交流，但目的不是把自己变成人家的附庸。文化自信，是切切实实的对本土文化的认同。

3. 文化反思与文化自信论

需要反思的是，为什么一些年轻人会那么容易接受所谓的大片、动漫和造星模式，为什么那么喜欢伪娘表演，为什么对中国传统文化，一些年轻人没法“把爱进行到底”。

有一个高二学生在网络上说了这样一段话："我看到的中华文化，是背不完的文言文、理解不了的儒家思想、陆王心学。我前几天做一个文言实词的整理，随便一个字就有三四种词性、二十几种意思；那天的作业我用了大半个作业本才完成。我常在抱怨：为什么十六七岁的我们不能生活在自己有个性的、充满幻想的生活中，而要被这些已经落后又有些呆板的传统文化塞得满满的？但是看新闻看报纸，又有很多非物质遗产濒临灭绝，又让我们只能忍气吞声，好好学习。而日韩文化在您看来也许是无聊恶俗，但却符合这个年龄段的孩子爱玩、喜欢新奇的心理。您想想，我们从小背唐诗、记成语长大，这些传统文化在我们眼里哪还会新奇、让我们对其充满好奇呢？"这段话是否具有代表性不在这里论证，只是想就这里所表达的意思，问几个为什么，然后作出一个简单的分析。

第一，是什么原因导致学生把"中华文化"理解成"背不完的文言文、理解不了的儒家思想、陆王心学"；什么原因导致学生会产生"被这些已经落后又有些呆板的传统文化塞得满满的"的抱怨。文学也好，中学语文课也好，不是应该让人在想象的天空里自由翱翔的吗？不是应该在与先贤隔时空对话中感受到人生的哲理、情感的美好的吗？不是应该在读着沁人心脾的词句的时候解放个性、充满幻想的吗？怎么变成了"一个字就有三四种词性、二十几种意思"的知识割裂、思想断层的死记硬背，又怎么让他们觉得落后、呆板。正是因为我们在一定程度上放弃了自己的教育特色、文化风情、母语精神而全盘引进"西化"模式衍生三不像，才出现这样不应有的结果。教育需要思考，管理也需要思考，教育与管理密不可分。

第二，为什么会出现"很多非物质遗产濒临灭绝，又让我们只能忍气吞声，好好学习"的无奈，且不论"非遗"与"中华文化"之间是什么关系，单单就"忍气吞声"四个字就应该引起重视。一方面说明青少年是有责任心的；另一方面要思考现代语文教育、学校管理该如何深化改革，至少不应该让中华传统的瑰宝变成一种负担、一种无奈。中国文化，丰富而广博，"非遗"只是其中的一小部分。学习中国文化本是一种享受，怎成"忍气吞声"。

第三，为什么唐诗宋词、成语谚语在一些青少年心目中没有了令人新鲜、让人好奇的感觉呢？肯定一点的绝不是这部分传统文化"落后""呆板"。改革深水区，应该也包含着教育体制问题。对于青少年，不能只有指责，而应该相信他们的觉悟，相信他们有起码的是非观，相信他们在不那么动听的话语中透露出来的责任心，相信他们对祖国对人民的真心爱戴；正是一代代青少年为了国家而发奋努力，为了国家而前仆后继，为了国家而奉献青春，才有祖国的越来越强大。只是，有话语权的人应该深思自己的话语方向和内容。

第四，为什么说中国文化没有了个性、没有了幻想？为什么会让学生把传统文化与“已经落后又有些呆板”划上等号？如果让学生有这样的认知，不是文化的问题，是教育的问题，是学生学习学偏了的问题，是对传统文化理解严重偏差的问题，更是孩子们的欣赏视角、心理建设出现了问题，直接带来的是“三观”出现了问题。这不能不引起重视。

中国文化虽然整体说没有断层，但当代确实存在青少年学习断裂问题，没有在学校接触到足够份量的传统文化内涵，没有文言文功底，就连古代的那些启蒙教材都让他们难以读懂；不懂，也就不了解中国文化所包含的东西有多丰富，涉及的内涵有多伟大，更不知道语文课本里要他们背诵的那些东西有何价值，所以就会产生认知错误。春秋战国的百家诸子，那是怎样的时势风云变幻、文化浪潮激荡、英豪四方群起；唐诗宋词元曲又是怎样的青春飞扬、文字激昂、胸怀激荡。世间美丽无双、情动无双的中国文化，能不能做成让青少年可以个性张扬、感受到其灵魂与美丽的感染力的文化产品，这是教育产品、文化产品提供者（假如教育还需要继续产业化、文化也需要继续产业化）应该常常思考的。让中学生们感到晦涩难懂，教育就出问题了，埋怨或指责不解决问题，文化产品既然是产品，就应该考虑需求性。经贸商营学科建设，也需要以中国文化为根柢，让学习者理解、认同、喜欢。

中华易经原理中有一个“六弥合”之说，弥合，用现在语言表述就是“无缝对接”。六个方面的无缝对接，就是天地四方，即上（天）、下（地），和东西南北四个方向。应用到管理领域，是指管理要处理好上下左右内外六个方面的关系，达到与自己、与上级、与下属、与同事和搭档、与内部各方、与外部各方的无缝对接，获得上下左右内外的认可与支持，是一个人、一个组织能够成功的人文基础、社会基础。一门学科的建设，也是需要得到各方的认可与支持，仅仅“专家”“教授”是不够的。国情化管理，不仅仅是组织管理、社会管理、自我管理，还包括各行业领域的管理，自然也包括经贸管理、商营管理。

三、红色管理经贸商营之慧

1. 红色时代创新红色商贸

红色管理，心和管理学研究中总结了 30 年一大步，每一大步都有重要特色。

红色革命的30年，向法国大革命学习，向苏联十月革命学习，并且初期的中国共产党作为共产国际的一个支部接受领导。事实证明，照搬西方模式不能救中国，只有把马克思主义同中国革命具体实践相结合，走出一条中国革命的道路，才能实现中国革命的胜利。

红色建设的30年，进行社会主义改造和建设，稳固了红色政权、进入了世界社会并取得了广泛认可，开展了国防建设和全国经济布局，奠定了红色经济大发展的科技、能源、交通、水利和重工业基础。由于当时的国际形势特别是“冷战”下国际社会对中国的封锁，且社会主义建设与发展之路是在摸索中前行，中国农民的问题没解决，经济未能发展起来。

红色经济的30年，吹响改革开放号角，对内改革，政策松绑，激发起人民群众发家致富的热情；对外开放，引进外资，撬动起三大产业梯次发展的变革。然而改革开放过程中迅猛发展的商业经济（逐渐发展为市场经济）成果掩盖了诚意正心修身齐家的必要性，向世界开放门窗的同时未能及时安装纱门纱窗导致种种灰尘包括自由化思潮及“全盘西化”倾向随风而入，引进外资无法真正引进西方科技，引进外商不能实现真正的中国管理，事实证明：照搬西方模式不能发展中国，只有走中国特色社会主义道路才能发展中国。

到改革开放发展红色经济的30年的末期，很多人士开始反思；迈入红色强国新时代，反思深入，越来越清晰认识到：当国际形势在“冷战”和封锁中有所松动时，不向世界学习，不充分利用外界力量发展自己，是无知；当产业格局渐趋合理时，国际通道开始畅通，网络世界已然形成，中国开始豪迈跨入中国特色社会主义新时代之际，若还迷恋西方文化与西方管理，是无能。所以，道路自信、理论自信、制度自信、文化自信适时而起。无论是在政治、经济、军事、文化还是其他领域，中国应该有自己的话语权，中国需要向世界发声，所发出的声音能够引起世界的关注与重视，能够得到广泛的认同与支持。管理学，涉及中国的管理道路、管理制度、管理理论和管理文化的选择与把控，必然要建设中国本土的管理理论，学习是为了充实和完善中国管理理论，而不是照搬套用，更不是把自己变成对方。

政治管理、军事管理、经济管理、文化管理等，凡管理都有相通之处。红色革命阶段，国内主要是国共两大政治、军事集团的博弈，将其看作经贸商营的两大“企业集团”，分析其经营特点、管理方式，从中探索双方消长变化的发展规律，同样可以给新时代本土经贸商营提供借鉴与启发。两大“企业集团”的利益构成与战略目标，国民党代表着资产阶级，共产党代表着无产阶级，即国民党是富人的党，共产党是穷人的党。国民党的战略目标是建立资产阶级当权的国家，事实证明走向了独裁，败了。共产党的战略目标是建立无产阶级当权的国家（中华人民共和国），历史证明对了，胜了。

中国两千多年封建历史，改朝换代都有低层百姓起义的成分在里面，却在一个利益集团通过暴力形式夺取另一个利益集团的权益后，社会阶层基本没变，王侯将相似乎真的“有种”。这是因为古代起义人员成分复杂，没有一个统一的纲领（指导思想）把他们（的人心）凝聚起来，结果只是一个皇朝换了另一个皇朝，本质没变。近现代，国民党在孙中山时期，其纲领是民族、民权、民生三大主义，在他去世前修正为联俄、联共、扶助和依靠农工的新三民主义。到蒋介石掌管的国民党，新三民主义被抛弃，形成了蒋家王朝和蒋宋孔陈四大家族体系代表少数资产阶级的政治利益集团。从经营理论上分析，国民党只关注老板本人及与老板关系密切的三个大股东，然后才是小股东利益，员工利益排最后，而客户利益则忽略不计，所以“失道寡助”；而共产党是让股东、让员工一起为客户谋利益，并把客户争取到自己的员工队伍中来，形成员工就是客户、客户就是员工的亲密无间的鱼水关系，并争取一切可以争取的力量，成为自己的同盟甚至是战友，股东包括大股东们的利益放在了最后，结果就是员工（含争取到员工队伍里来的原客户）自然而然为股东创造了效率、利益，真正实现利润来源于员工心甘情愿的反哺、“客户”心甘情愿地奉献，这就是“得道多助”。

2. 国共两大集团组织比较

两大“企业集团”股东凝聚力及企业文化建设上，差异明显。中国共产党“创业董事”13 人，在随后的发展过程中，发生着“董事局主席”几次更换，“董事局成员”一系列变化，直至最终寻找到最合适的“董事局主席”（毛泽东）和“董事局构成”（五大领袖），是在探索中寻求发展机会、是在艰难中找到发展平台，共同创业、共同拼搏，组建的“生产”与“经营”大军，具有极强的凝聚力，目标明晰：打倒压迫者，人民做主人；工人有工做，农民有田种。企业文化中的核心价值观深入人心：为人民服务，让穷苦人翻身做主人。

中国国民党“创业董事”是 5 个集团（老大同盟会及 4 个小弟），“董事局主席”易手后发生了内部争夺战，最终蒋介石手握“市场开拓大军”（军权）胜出，重组的“董事局”成分有些复杂，但蒋家王朝已成；而新增的股东通过“并购”（各省军阀）进来，都有各自的地盘各自的

“员工队伍”，向心力不足，出现嫡系（中央军）和非嫡系（地方军）之分，非嫡系中又有正牌军和杂牌军之分，股东们的发言权、利益权大小不等，各生二心。所以虽是通过并购不断扩张，但整合难（国共之争中，共产党很多时候正是通过利用国民党这种凝聚力不强、各有各的算盘，而度过一次次危机，并且得以发展壮大）。国民党企业文化的核心价值观，一直模糊不清，能感受到就是“一切以我为尊，一切须满足我！”

显然，组建了什么样的企业不重要，遵循了什么样的规则也不重要；重要的是什么样的人在什么样的思想（人心）指导下做什么样的事。以此为前提，再来组建相应的企业、再来制定对应的规则，再来培育适宜的企业文化，方能取得事业成功。“得人心者得天下”这一古今名理，在国共两大“企业集团”的经营发展过程和结果中再次得到证明。

从两大“企业集团”组织架构、组织保障上看，国民党是集团公司模型，“金字塔型”和“围绕型”结构同时存在。“金字塔型”就是产权控制（持股型结构），承认国民党中央的同时，服从中央管理；“围绕型”就是若干个“金字塔型”集团的重组，整体呈现群星环月的形状。企业集团包含核心层、紧密层、半紧密层与协作层四个层次，根据与蒋家这一核心集团的亲疏远近来划分，四大家族为核心层，“听话”的各方势力为紧密层，有斗争有合作的势力为半紧密层，可协作的国内外其他力量为协作层。向心力、凝聚力不强。

共产党则根据不同时期的“市场竞争”及集团内部发展的需要对进行“企业集团”组织架构调整。总的来说中央实现直线职能制，而各职能部门又类似于事业部制，如工运事业部、农运事业部、军事事业部、统一战线事业部等；而到了地方上，在保持直线职能制基础上，同时运用多维制结构和超级事业部制，根据不同的形势灵活运用。总体来说，集团总部派出特派员指导各地分支机构发展业务，既保证经营观念的全国一致性，又给各地以充分的自主权，根据实际情况，因时、因地、因情开展工作。这样，在矩阵制结构（即总部与分部二维平面）基础上，在广阔农村构建根据地中心、在对手力量薄弱之处构建军事力量中心、在对方势力范围构建地下党中心等多维度结构；有时候又“化整为零”，水银泻地般散去，需要时一声令下集中起有生力量。并且可以根据需要，会实行超级事业部制，即将多个领域的事业部或多个区域的事业部相对集中管理，予以统一协调和控制；形势和外部条件发生变化时，则拆分这些事业部，充分发挥拆分后各组织自己的主观能动性，只要目标一致、目的相同，可以灵活发挥，归根结蒂是“利润中心”衡量效率和收益。向心力、凝聚力极强。

在组织保障方面，国共两党治军、行政方面完全不同。“三湾改编”共产党确立了把党组织建立在士兵中，“党指挥枪”成为一条铁律，党组织成为一切业务工作最重要也是最根本的保障。到地方上发动群众，是党组织委派成员，建立的首先是党组织，而后才有行政组织，从苏维埃政权时期到后来的地方组织都是党领导一切。最后形成无论是军还是政，都有党管思想管组织，军政管业务的管理架构，党政分工不分家，党组织民主集中制，也就是大权牢牢掌握在党的手中，在党的领导下开展政务、军事。而国民党党权管不了军权、政权，组织上先天有缺。国民党从中央到地方的党部不管政务，仅是特务组织的协助，中常会、中执会委员若没在政府任职就是个闲差。政府机构中，有军职与无军职不一样，军权大于党权、也大于政权，这也就众所周知的国民党特务组织军统（国民政府军事委员会调查统计局）、中统（中国国民党中央执行委员会调查统计局）之争最后中统败北的一个重要原因。国民党特务组织多，党政军在组织上的保障，往往通过特务组织实现——“特务政治”是国民党一大败笔。国民党集团内部派系林立，有地域性派系，也有势力派系，如 CC 系文职人员派系、黄埔系军官派系和政学系专家派系；三大派系都没有明确组织（黄埔系早期有蓝衣社），共同点是都支持孙中山三民主义、都拥护蒋介石为领袖，但内部斗争十分激烈。

3. 国共两大集团经营比较

两大“企业集团”在力量构成与商业模式、品牌战略与盈利模式上，差异巨大。

一个集团形成，由三方面力量，一是集团背景或靠山的力量，二是集团自身各方的力量组合，三是组成集团后所激发的组织力量。共产党是学习苏联十月革命，加入的是以苏联为核心的共产国际。国民党因蒋介石的夫人路线，寻求的靠山是美国（也向日本努力过，但抗日战争一爆发就不能提了）。美苏代表着当时世界上最大的两个阵营。但中国共产党最后走的是一条马克思主义与中国革命具体实践相结合的道路，没有生搬硬套苏联模式。国民党对美国的态度主要是获得美国的资助，蒋介石是亲英美派，但对英美既有依赖也有抵制。两大集团并没有完全依赖各自的背景（美国和苏联）开展斗争，直至二战后集团自身的力量，民国时期国民党远远大于共产党，但是组成集团后各自所激发出的人心力量，则是共产党远远大于国民党。国民党阵营中各方势力没有那么全心一意、同心协力；共产党虽然较弱，却全都是核心紧密层，国民党不可同日而语。

国民党关注的是各地的政权、军权（大股东）掌握者，不涉及普通老百姓（股市散户），其行为也只是为“大股东”服务，虽说讲“民生”，只是停留在“主义”而不在行动上；而且这些大股东变化着、增多着，各方势力盘根错节在其中。共产党恰好相反，一家大股东带领众多散户，而且散户带散户，新发展的散户与老散户一样完全信任大股东，无数的散户分散在各地各领域，形成了一种类似今天的“互联网”模式，只是在不同的局域网中表现形式不一样而已。比如根据地或解放区的局域网中，既有纵向式关系也有互动式关系；而在“敌占区”局域网中，以纵向单一联系为主，纵向线上不同的节点会有不同的横向关系，严格控制，不可逾越。如此，网越结越广大、越结参与进来的散户越多，不仅各方人士都被争取进了，以至于国民党各个大股东体系内，大量的散户也被争取过去了。

两大“企业集团”在品牌战略与盈利模式上，国民党定位是“国家政权”，共产党定位是“人民翻身”。国家政权是上层设计，扯不上普通人。人民翻身是穷人做主人，“共产主义”的解释直白：人人平等，按需分配，实现方式也不神秘，就是“革命”，其内涵更直接明了：前期是打土豪分田地，中期是抗日救国，后期是解放全中国。无论是使命感、还是成就感，或是获利模式，都非常清晰。

国民党品牌竞争战略只有一种血腥模式：宁可错杀三千，绝不放过一个！主要方式就是围剿、镇压，动枪动炮；与之配套的品牌传播只抓住一点：我是合法政府，你是匪。共产党品牌竞争战略却有三种模式，统一战线，武装斗争，党的建设。与之配套的品牌传播也抓住三点：统一战线——团结一切可以团结的力量，获得了广泛支持；武装斗争——枪杆子里面出政权，建设人民军队；党的建设——党指挥枪、党领导一切，保证了组织的战斗力。于是形成独特的党的教育——炼心、洗心，走向纯洁；培育崇高的党性原则——凝心、定心，走向坚强。不怕不识货，就怕货比货，两厢比较，高下立判。品牌宣传上，国民党是广告宣传，控制媒体、自卖自夸；共产党是活动营销，在城市文人演讲、学生游行，在农村军民共劳动、老少皆动。在那个文盲半文盲占绝大多数的时代里，共产党的做法更得人心。

盈利模式上，国民党违背二八定律，不向占有80%财富的人收取利润，反而支持不足20%的富人向80%的穷人（只占20%财富）收取利益。共产党采用并购（打土豪）、创投（分田地）、用户扩展（耕者有其田），是用户思维，且符合二八定律。国民党的用户是“剥削阶级”，他们“购买习惯”不太好，对“产品”要求很高；并购来的股东队伍人心不齐，整合成本高，很多股东套现走人。共产党的用户是农民和工人，市场巨大，营销成本较低，满意度较高，复购率很强；共产党的队伍都是自己培养的，稳定性很强、执行力也很强，“上市后”套现离开的不多。所以，历史选择了中国共产党，其代表人民群众利益的“经营宗旨”，紧紧依靠党的领导的红色管理，为中国共产党领导的新民主主义革命的胜利奠定了基础。这其中的智慧，值得中国本土管理学包括经贸商营管理学科建设学习并应用。

第四节　经贸商营管理学科内涵

建设本土的经贸商营学科，与现今国际经济贸易学、市场营销学在内容上有相通之处，但更具中国特色；这里所说的对外贸易和经营，是心和管理学领域的商贸管理学科，而非经济学领域的学科范畴。为此，这里一些内容提法，是中国心和管理特色的。

一、经贸商营智谋管理学科

1. 经贸商营学科内涵界定

在原学科体系中，“贸易”与“经销”不大区分得清楚，其实都是“做生意”。说“销售”，无非重点在“卖”（没有买），而“经销”是从厂家买进再转手卖出；说“营销”，也就是把“营”的内容包含进去，营建、营造出有利于本企业销售行为的市场环境开展经营活动。归根结蒂是企业（厂家或商业公司）的业务推广、产品销售，都是市场行为。

当然，贸易和经销是不零售的，而销售或营销既有批发也有直销，还有零售。严格地说，贸易不是一次次批发，而是一笔笔业务，同样是生意，与经销还是有差别的。贸易有内贸和外贸，营销也有国内市场营销和国际市场营销，推销的过程是“营”，目的都为“销”。

原贸易营销学科划分很细，课程很多，有的内容各学科间重叠、交叉，国际经济贸易专业与市场营销专业在学科上互相交叉着，专业课的重叠与交叉就更多。这是教育资源的浪费，也是学术资源的浪费，还是学习者时光的浪费。所以，心和管理学将经济贸易与商业经营合并为一个学科体系，并把学科重点转向商慧与智谋。因为经济贸易与商业经营其实就是买家与卖家之间的沟通，而这种沟通，卖家是单位行为落实在具体的人（销售人员）身上，买家既可能是单位购买也可能是私人购买，但单位购买也落实在具体的人身上（采购人员），通俗点说，还是人与人之间的沟通，是以社交沟通为基础的生意沟通。沟通中能说到人家心坎里，让人乐意接受，就达到双和双赢了。所以，经贸商营学科建设的重点是两方面，一是经贸商营活动双方，包括组织（生产厂家或商业企业）和行为人（代表组织或代表个人）；二是经贸商营活动内容（沟通过程、沟通行为）和方法（沟通智慧、沟通谋略）。

经贸与商营的界定：经济贸易的内贸和外贸，主体都是贸易公司，内容都是具体的一笔笔贸易业务的达成，而非一次次批发业务的完成；货源是自由组织，贸易的对象为国家层面、组织层面。商业运营，也有国内销售和国外销售，主体是生产厂家、批零企业及摊贩，货源来自固定的生产商、经销商、零售商等，销售的对象是市场客户与商品消费者。

经贸商营的技能与方法，主要在于沟通，包括书面沟通与言语（说话）沟通。书面沟通除交易（销售）计划、行动方案、广告宣传、总结材料等是公共的外，外贸未定需要填写各种单证、报验、报送材料，不仅单位需要获得进出口许可证，相关工作人员需要有国际贸易单证员资格证、国际货运代理员证、外销员从业资格证、报送员资格证、报验员资格证、国际商务师报业资格证等，这些也是书面的贸易沟通；国际商营，是在他国国内进行的商业营运活动，需要把握所在国的法律、政策、文化、风俗等宏观商业环境以及本企业产品的市场适应性，故书面沟通的重点不在过关材料，而在如何让所在国民众接受的客户介绍、产品（商品）说明，对应性的商业策划书等。至于内贸和国内市场上商业运营的书面沟通，重点在于展示所销产品（商品）的对客户的价值、说服客户购买本产品（商品）的文字材料等。

言语（说话）沟通方面，内外贸都是更需要体现谈判能力，是谈判智慧与谈判谋略的体现，彼此摆出“车马炮”，你来我往谋求双赢；同理，国内商营、国际商营更需要体现交心能力，是获得对方内心的真正认可，彼此以诚相待，你需我供、你情我愿求得双和。

2. 商贸学科建设心和原理

“心和文化”之心者，既是心灵洁净，也是思想深邃；和者，既是协和天下，又是和而不同。心和，是有思想的纯洁心，彼此协和。应用在商业活动中，赢利要赢得符合道德。

“心文化”，是洗心涤心文化，是心灵修炼文化，追求的是人的心灵纯洁清净、境界崇高尚远；而同时，国学是出思想的文化，而且思想深远高洁。两者合一，有无数的成语来形容中国的这一“心文化”：一清二白、两袖清风、岁寒三友，说的是洁身自好的蕙质兰心；严于律己、冰清玉洁、表里如一，说的是正直无私的刚正不阿；深明大义、正气凛然、大仁大义，说的是坚定不移的忠贞不渝；涓滴归公、克己奉公、大公无私，说的是毅然决然的奉公守法；舍己为人、舍生忘死、舍生取义，说的是鞠躬尽瘁的忠心耿耿；大义灭亲、义薄云天、见义勇为，说的是光明磊落的深明大义；忍辱负重、疾恶如仇、贫贱不移，说的是斩钉截铁的襟怀坦荡；堂堂正正、豁达大度、谦虚谨慎，说的是春风化雨的虚怀若谷；一心一意、全心全意、万众一心，说的是得人心者得天下；齐心合力、勠力同心、同心同德，说的是人心齐，泰山移；明心见性、真心诚意、雄心壮志，说的是诚意正心治国平天下……

“和文化”，是大同协和文化，是天下一家文化，追求的是和平、和谐、和生，是彼此的双和双赢；宏观是协和天下，建立世界命运共同体，微观是协和组织、协和家庭、协和人际，最终创建一个和平的社会、大同的世界、协和的天下。中华文明历来讲究内外部的和谐，凡是组织都面临六方和谐问题。而和谐问题，是一个企业能否实现可持续发展的关键问题，结合经贸商营学科建设，应该明白企业运营、商务发展都需要梳理人心，谋求本组织的时空和谐，也就是组织内部的自身和谐，组织内部与外部各关联方的和谐。

当西方以丛林法则为导引、以弱肉强食为本色的竞争引进来之后，本土“和文化”受到一定冲击，为了“利”可以不顾一切，于是与“人不为己天诛地灭”会合一处，雾霾肆虐、河道淤臭熏天，毒食品泛滥、地沟油淌入饭碗，暴戾之气横冲、人际缺失信任……当西化风劲吹、自信与信仰失落越来越严重时，善于出思想的中国文化，反思中渐渐明白，可以学习别国，但重要的是，学习是为了增加自己的养分、充实自己的力量，而不是变成他国附庸，更不是迷失自己或干脆失掉自我、不是扔掉国学捡起别国文化。竞争不是简单的零和竞争，更不是无道德底限的疯狂竞争。中国文化讲究竞赛与斗争，人民内部是竞赛，竞技比赛中共同提高；敌我关系必须斗争，斗出胜利、争出和谐。显然，经贸与商营活动，有竞赛也有斗争，关键看对手的性质和意图。经贸商营学科，自然也不能照搬西方。经济贸易学科的理论与实践内涵，须以道为先、以德为准，双和共赢，一起壮大，共同发展。

思想深刻而高远，心灵明净而慧美——中国文化讲究红尘中修炼，追求尘埃里纯然。梅兰菊竹被称为“四君子”，因为寒梅傲骨迎霜开，幽兰淡香高洁在，清竹挺拔格调雅，秋菊恬适清新来；荷花象征高洁，历代文人诗词篇章无数，因为荷花不仅暗香浮动、倩影清浅，还“惟有绿荷红菡萏，卷舒开合任天真”（李商隐《赠荷花》），更是洁身自好、出淤泥而不染……如此尊重自然、爱戴美好、崇尚清明心灵的思想，方能让世界协和、人生美妙。

最美的境界是竞赛中得和局，最优的状态是和睦中有风骨。谋和，不是无原则；求和，不是卑躬屈膝。和是人心协和，不是表面和气；和是和而不同，不是同而不和；大方向、大原则具有一致性，表现形式上可以百花齐放，所谓求同存异；不是靠血腥镇压获得和，而是在“礼让为风”中谅而不许、和而不同，真正心灵层面就在于谋求人心双和。国家如此、社会如此、任何组织皆如此。企业是一个社会组织，决策层如何领导企业发展、管理层怎样管理企业运行、操作层怎样操控企业每一个具体环节，便是具体技法层面。

3. 经贸商营学科基本内容

图 19 -4 为经贸商营学科体系的总设计。但作为学科建设的创新，已不再是经济贸易一个类别、商业运营一个类别，而是经贸商营组织层面的心和管理一个类别，经贸商营沟通层面的心和管理一个类别。组织与沟通两者都是通过员工行为来实现企业行为的，但前者更多的是企业管理为商贸服务，后者更多的是员工管理为商贸服务。

作为一个社会组织，企业谋求发展乃天经地义，问题是怎样的管理才能实现企业发展目标。管理者自身安静修心、干净做人、精益求精谋事，敬畏心态谋生、竞合方式经商、警醒意识发展，方能带出具有静、净、精、敬、竞、警境界的员工。如此，任何事物都可以朝着真善美的方向发展。举例说，中国的酒桌文化，或者说请客文化、吃饭文化，常常为人所诟病。这是因为人们看到一些酒桌请客，背离了初心，成了公款吃喝、拉帮结派、利益小圈子的温床，成了无底限劝酒、醉后闹事、谍报交流的战场，成了豪华消费、奢侈显摆、阔绰比拼的舞台，成了铺张浪费、彰显地位、阿谀奉承的社交。事实上，中国的请客文化，源自社会交往的亲友相聚、农闲时节的情感交流、志同道合者商量事情，是中国人情社会的一种表现形式。请客是一种情分，被请是一种尊重，应请是一种认同，归根结蒂是协和文化表现。世界上所有经贸商营都会请客吃饭，人心干净，请客吃饭就干净；人心和谐、饭桌酒桌就和谐。请客的档次高下表现了请客方花钱的铺张程度，但“吃什么不重要，与什么样的人一起吃才重要”；吃饭的背后是话题，话题才是重要的。中国酒桌文化在话题中。

请客吃饭，如果人均一餐饭的价位定在普通单位食堂同等水平，最高不超过食堂基准的一倍，一切费用不得报销或变相报销，也许有可能回归请客吃饭的本意初心。如此，上下级、师生间互请，销售方与采购方互请，就回归正常了。一堆人一餐饭几个小时的闲聊，有人认为在残害生命，有人认为在交流感情，关键在于请客吃饭的意图，不在酒桌佳肴上。学习西方，西方的话题交流方式可以借鉴，吃饭不是目的，与什么人吃聊什么话才是关键。一个社会、一个组织应建立起健康的人际交往规程。

企业发展与员工成长应该是同步的，因为企业发展的一切作为，都是通过员工来实现的，由员工沟通上下左右内外各方关系。也就是说，国学体系中的“六合”理论，需要通过员工的深入理解、员工的努力行为来实现，职场管理的工作重心是沟通，处理上下左右内外六方关系的是员工。故企业管理，首先是员工第一，然后才是商贸活动中员工把客户放在第一位。简单提“客户第一”“顾客是上帝”“顾客永远是正确的”，不能让员工真正把顾客放在第一，职业化的“微笑服务”只能是表面的，规定露几颗牙的量化微笑管理，与汉语“皮笑肉不笑”没有本质区别。只有从内心里真诚笑出来的服务，才能真正打动顾客。

学科中“沟通经营智慧”类课程建设，涉及易道之阴阳和六合理论。生死有阳间与阴间之说，生者有白昼黑夜之别，死者有天堂地狱之分；战争有胜败、竞争有胜负；企业的生产、流程、市场、营销、电商等，有存亡两种可能。二存一可能性下，经营沟通中是真情还是假意，就体现出商营中品德与良心的高下。高品德、有良心的智谋设计、运作、指挥、协调，会朝着成功方向运行，能减少弯路、减少成本，提高效率、提升效益，减少失败的可能，主动而合理的“舍”，方获取可能而必要的“得”。国学的思想体系，典型体现出运营管理的“和”智谋。生产型企业与商业型企业，科技型企业与创意型企业，资金密集型企业与劳动密集型企业等，企业方向与内涵不同，并不影响以道治企、以德兴企、以诚做企、以精壮企的本质；“忠恕观”“仁和观”“义利观”“致中和”“共认同”“和天下”，这些都是企业应用心和管理理论、运用中华谋略智慧而运行企业、经营企业、实现企业目标的内涵。

经贸商营、沟通交流的核心，是人心梳理、是人心温暖、是人心正道，是协和天下、世界大同，是买卖双方双和双赢。这是经贸商营学科及其沟通类课程建设必须考量的。

二、商贸组织发展管理学科

1. 经贸商营组织管理学科

如图 19 –4 所示，“组织发展管理”学科领域，主要涉及组织领域的管理原理、运行原理、市场方略和情报综合等内容。具体说，就是一家组织（机关、企事业单位和社会团体）的发展所面临着四个不可或缺的管理方向：强身健体的自身组织建设管理，内部价值的组织运营行动管理，外部力量之获取市场方略管理，知己知彼之商贸情报信息管理。只要是社会组织，必然面临这四个方面的管理。也许企业更具代表性，政府机关也一样，既为地方服务、为人民服务，又是监督市场、管理社会的执法机关，其市场概念不是买卖，却仍然是本方（代表政府的机关单位）与彼方（社会各界与公民）之间的双向活动、双向行为。

政府机关得到人民群众的认可与拥护，需要执法公正、监督合规、管理科学、服务到位。机关与企业，内容不一样，道理相通。商贸学科建设涉及商贸活动的企业组织，不包含政府机关。虽然学科无须分得太细，但领域不同，不能简单合在一起的。商贸组织管理的内容，一是经贸商营需要有一个自身过硬的组织；二是商贸组织的内部需要有运行流畅高效的流程；三是商贸组织开展商贸活动时的管理或服务需要有双和双赢的做法；四是商贸组织要能及时掌握情报、信息，并能加以综合分析和利用，能为实现组织目标任务提供服务。四方合一，形成一个有逻辑关系的系统，互为关联、互为影响，缺一不可。

建设《组织发展管理学》这一学科，须界定清楚“组织发展”的概念。西方管理理论中，组织发展（Organizational Development）是指将行为科学知识广泛应用在根据计划发展、改进和加强那些促进组织有效性的战略、结构和过程上。很显然，西方管理学中的组织发展是以行为科学为基础的，而众所周知的是，行为科学从 20 世纪 30 年代梅奥的霍桑试验开始，1949 年美国芝加哥讨论会上正式提出这一概念，1953 年在美国福特基金会召开的各大学科学家参加的会议上正式定名的。这里所讲的“行为”是人的行为，并非组织行为，或者说是属于组织对员工个体行为的研究和管理，这一学科称为《组织行为学》，很容易让人误解为是一门关于组织的行为科学，而非员工的行为科学。

霍桑试验之前西方管理研究皆以“事”为中心，对于企业而言，最重要的事自然是企业生产，于是泰勒“科学管理”将高效生产之事作为研究核心，人（员工）在生产链上等同于机器、设备，计算一个人在规定时间（如一个工作日）内应该完成的工作“量”。霍桑试验发现了人的行为对完成工作量有巨大影响，而人的行为受人的心理左右，人的心理又受社会影响。于是，行为科学成为一门应用心理学、社会学、人类学及其他相关成果来研究管理过程中人的行为与人际关系规律的综合学科。引入中国后，原本《管理心理学》名称蛮准确的，却被放弃，而用《组织行为学》取而代之。“组织发展”，就不再是字面意义了。

事实上，中国文化、中国管理，一开始就是直击人本身、直面人心。“一个和尚挑水喝，两个和尚抬水喝，三个和尚没水喝”，所揭示的就是人性、人心的管理问题，而不是一个和尚在一个工作日内挑（或抬）几桶水的“量”的研究。更明确地说，中国管理研究的是“三个”（多个）和尚情况下，每个和尚如何才能自觉自愿、心甘情愿去挑水、去做与挑水同等或劳动强度更大、智慧程度更高、付出时间更长的工作。这涉及两方面：一是关于人心。关于人之心的洗洁、心的营养、心的境界，目前学科中心理学、社会学、人类学等的元素都在其中，只是更注重涤心、炼心、修心、养心；有一颗干净的心，一颗丰富的心，一颗包容的心的人；做人有道德、做事有规矩、处世有胸襟。二是关于协和。关于心的谐和、心的仁和、心的融和，包括中国文化所强调的世界大同、天下一家、命运共同体等的元素，追求双和共赢；有一种清净的亲和，一种韵致的随和，一种顺畅的惠和之人；做人有人缘、做事有大爱、处世大发展。从这个角度说，中国管理中的组织发展，本就以人为核心。

组织要素首先是人，是多人的组合，这些人为了实现一个共同的目标，结合起来组建成一个集体或团体，这个集体或团体形成后，根据管理需要织成一个事务关系网，并向社会招聘更多的人进入这个组织。所以一个组织不管还有多少其他要素，人是最根本的因素也是最重要的因素。所谓组织发展，最重要的也就是这个组织中人（员工）的发展。任何组织里，如果员工看不到他自身发展的希望，他就不可能无限忠于这家组织、不可能把组织的命运与自己的命运联系在一起，形成组织与员工的命运共同体。组织的标志是什么，不仅仅是简单的、外化的商标、建筑以及厂服、厂歌，那是对外宣传时的标志；真正的标志是组织成员共同赋予这家组织的强大实力、整体形象和核心能力，是让社会各界一听组织的名字就肃然起敬、就悠然神往、就心绪大定的形象与内涵的核心。所以，组织发展，是将组织中所有人充分调动起来，由人充分调动起财、物、科技、流程（包括流程上的每一个节点，即内部组织机构）等组织的其他要素，建立起人与组织的命运共同体，谋求共同发展、实现组织目标的动态过程。根据这样的概念界定，《组织发展管理学》的学科内容就明晰了。

首先，学科应明晰一家组织需要什么样的人为员工，依赖什么样的员工创造价值；同时，怎样培育优秀员工、怎样让员工心甘情愿为组织发展拼搏努力，怎样实现员工与组织的共同成长与发展。这一学科首要解决的是人的问题、人心问题、愿与组织同甘共苦的问题。

其次，学科应阐明该给组织所有的员工提供怎样的平台，让这个平台上的员工有归属感、自豪感、成就感，被认同、被肯定和被赞美。然后明晰组织这个大平台上，可以分解成怎样的小平台、怎样的层级和怎样的流程，流程上有哪些节点，每个员工放在哪条流程上哪个节点中是最佳最适宜的，每个节点需要多少岗位、每个岗位需要多少人才资源，由多少人多少岗位构成流程上的一个节点，节点与节点上关系是怎样的、各自的职能是怎样的、流程的内涵与目标是什么等。当这些一点点明晰起来后，就形成组织的系统和整体发展的流程，员工个体在其中发展，找到自己的价值、激发出要获得更大成就的欲望。

2. 经贸商营运行管理学科

《组织运行管理学》之组织运行，是一个动态过程，需要“运营”并“行动”起来。前面《组织发展管理学》中所提的节点（部门和岗位）、人（员工）和管理线、业务线，还只是静态的组织结构，流动起来才是运行。运行，就是让组织内的所有部门、岗位与人员根据业务需要流动运转。能让流程运行起来的不是物，而是人；让流程运行快速高效、畅通无阻的关键，不是设备，也不是人们寄予厚望的科技，还是人，科技是人研究、发明、创造的，仪器、设备、工具是人在使用人类的研究成果，用以创造新的社会财富，研究或发明创造者与使用者不是同一批人，这就像我们在使用电脑、手机，但发明、制造电脑、手机的人不是我们一样，重点是我们在使用，并且在使用中获得各种价值。所以，在组织运行中，如何发挥人的主观能动性、创造积极性，是管理学须重点关注的。

西方管理学，从物本管理发展到人本管理，核心仍然以物为本。所谓以人为本，是在以物为本基础上关注人性需求的一种管理，这与国学有许多不同之处。西方人力资源管理的“绩效管理”“薪酬管理”，本质上仍以物为本，激励的一切基础都是“利”的诱惑，衡量、计算的一切标准，都是“利”为核心。中国社会环境和文化基因是心灵纯净、以和为贵，在生意场也极为讲究“和气生财”，经贸商营活动中谋利谋的是彼此协和后自然产生的“利”，而不是打败对手后血淋淋“战利品”之“利”，所以在讲双赢、共赢同时追求双和、共和。西方文化的赢是把“你”打败打死，中国文化的赢是彼此双和双赢，今后还可继续合作，这就是中国传统竞合文化的意义所在。组织运行的畅通与人的能动性激发，不是依靠那些没完没了的表格填写，不是号称360度无死角的评分，而是人们从内心里生长的自觉自愿，是人们懂得已所做事情意义之后的心甘情愿，是人们从责任心、使命感出发来发挥出聪明才智后的科技发明与知识应用，一句话，是人们在心灵导航基础上的智慧激荡、力量喷发。

从经贸商营角度看，就是激发员工主动参与商贸企业发展韬略、经营策略的制订，探寻经济贸易、商业运营的方向、路径和行为方式；激发员工在自己的岗位上，不打折扣地完成岗位职责，保证整体良好运行的基础上，以自己的聪明才智创新工作方法，勇于经受变革痛苦的同时，获得变革带来的成效。无论是组织变革、流程变革、方法变革，还是思想变革、路径变革、利益变革，都要对组织运营、对组织发展、对国家对社会对自然有利。

任何系统及机制，都是为组织运行服务的，包括生产系统、经营系统、技术创新系统、财务系统等，都要为组织（如商贸企业）服务，使得各个系统在运行过程中每一个环节之间产生相互关联、相互制约。而其中，最重要的是人——劳动力要素，财务、物资、科技、信息等要素，都将通过人的劳动得以实现，效能、效率、效益等，都通过人来实现。

3. 市场方略与情报管理学科

《市场方略管理学》之市场方略，指商贸企业在市场上纵横的方法韬略与经营谋略，与目前《市场营销学》相通。从客观的角度说，西方营销学提出的4P（产品、价格、渠道、促销4个营销组合策略）、4C（消费者、成本、便利、沟通4个营销组合要素）都有一定的理论意义。4P是企业立场的，是将产品投放市场的策略应用；4C是消费者立场的，是商品购买者会考虑的因素。对应起来说，产品是由企业提供给消费者的，价格决定了消费者购买成本的高下，销售渠道影响消费者购物的便利性，促销策略的核心是企业与消费者的沟通。企业站在4C（消费者购买需求）角度进行4P（企业市场需求）营运和销售活动，应该是一个比较合理的市场运营链条。不太考虑消费者心理和购买力，或者不太关注消费者需要与诉求，任凭怎样的营销组合都不大能够达到预期战略目标、预期市场目的。

也就是说，市场方略的切入点是人心；产品（商品）销售的切入点是和悦。如果用“营销”概念，那就是人心营销、协和营销，综合起来叫作“心和营销”；如果用“商营”概念，则是人心商营、协和商营，综合起来叫作“心和商营”（“销”是优秀的商业运营带来的自然成果）。从管理角度说，有一个很重要的逻辑链：企业想获得客户（消费者）人心就须先获得员工人心；因为得到客户（消费者）对企业的高度认可与热情支持，不是公司股东、董事会等决策层去实现的，决策者们只负责企业方向、战略和总目标、总任务的策划设计，具体操作、具体落实依赖的是企业员工。只有员工把客户（消费者）放在心中才能让顾客感受到“宾至如归”，才能让顾客从心产生和悦之感、和谐之美、和正之道，如图 22－1 所示。

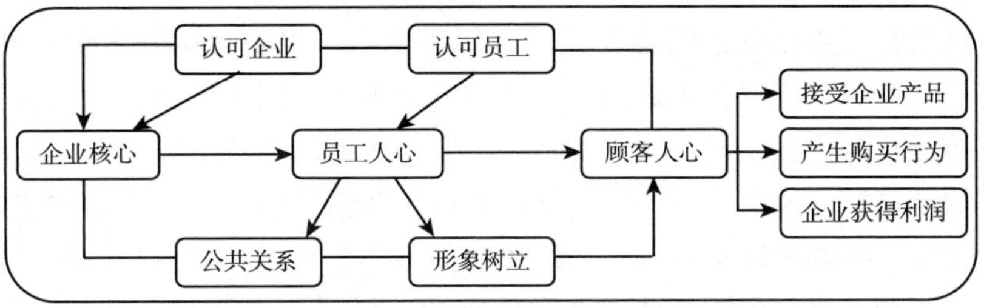

图 22－1　企业、员工、顾客三方共同协和方略

企业运营的中心工作是把生产出来的产品销售出去，即企业核心任务是运用一切要素完成产品生产和销售。这一任务依赖员工而实现。故企业首要的是获得员工人心，员工主动积极、心甘情愿去获得顾客人心，进而得到顾客对本企业产品的认可。应注意两点，一是员工争取顾客人心时，企业必须配套建立好社会各方的公共关系，把企业和产品的良好形象树立起来；二是顾客先是认可接待他们的员工进而认可企业，有了这两个认可，顾客是接受了企业产品而产生购买行为，有顾客购买才有企业利润。这就是逻辑关系。

《信息情报管理学》之信息，简单地说是有信史，或有证据证实的消息，是一切可读、可听或可视的有信度的所有资源、材料，包括情报，也包括知识、文献和消息。而情报，是筛选后整理过的与某一主题相关的有用信息，已经条理化、系统化、知识化；换句话说，情报是在信息中产生的、经加工后可以贮存、传递、交换和利用的资源。聪明才智的重要表现就是充分利用信息情报提高效率达成目标任务的能力，“巧妇难为无米之炊”，若耳目闭塞，得不到任何信息、整理不出任何情报，再牛的智慧强者也惘然。

古人曰：“秀才不出门，便知天下事”，是因为秀才能读书、有知识，所以诸葛亮山中居士，能作《隆中对》，为刘备分析天下大势、提出先取荆州、再取益州而三足鼎立，继而图取中原的创业、起家、发展、壮大的战略构想。人虽在山中却心系天下，能获取天下大势分析的相关信息、情报。世上真正强大的、伟大的能够成就大业的人物、真正成功的组织、机构，都有一个或几个情报网为其服务。当然，也必须明白，即使处在同一时段、同一环境下，在所有信息中每个人关注的点会有不同，得出的情报结论也会有不同，主攻的方向也不同，结果自然也会不同。但不变的是，都需要信息量，都会在浩瀚的信息中确定自己的情报内容，即信息获取力、情报分析力，是探索到正确答案的关键性因素之一。

红色管理也充分证明这一点。五四运动后，很多知识分子包括学者、青年、学生等，探寻救国之路；同样的社会现实、同样的世界大势，不同的人接触到的信息不同，获得的情报不同，所处的位置不同，得出的结论也不同，选择的道路也就不同。即使在红色队伍之中，有的去寻找法国大革命之路、有的去探索俄国革命之路，而毛泽东选择了留在国内探寻中国特色的革命道路。同样是武装斗争，有的选择了重走俄国十月革命之路，以占领中心城市为唯一之路，而毛泽东走上了一条以农村包围城市的革命道路；同样是武装力量，有的人选择了旧军队做法，而毛泽东、朱德等选择了思想武装头脑、党指挥枪的做法；红军长征时期同样是“三人团”，但“旧三人团”让红军遭遇一次次失败，“新三人团”却让红军取得一场又一场胜利；同样是农民运动，有的人看到的是“糟得很”，毛泽东看到的是“好得很”；同样艰难的革命形势，有的人怀疑“红旗到底能打多久”，而毛泽东却认为是“星星之火，可以燎原”；同样的抗战局面，有的人看不到希望，而毛泽东却提出了著名的《论持久战》……众所周知，谍报战本就是你中有我、我中有你，各种信息满天飞，各路情报汇总来，但分析的方法、采取的措施却也是各有各的高招，得出的结论自然显示出各自不同的水平。情报到手，如何抉择，更能考验决策者的宏图大志与韬略能力。

今天，是互联网时代，信息获取、情报分析已经采用了现代化设备，其可以获得的信息量之大，用一个词组来表示相当契合：“信息爆炸”。问题是对很多人来说，这些信息都从眼前飘过、耳边溜过，堆积到看不见的地方，结果是“信息腐烂”，无法成为支撑谋略的情报。所以，信息分析处理的各种现代化设备、现代化技术固然重要，但说到底，人，才是决定因素。信息情报学学科需要有各种现代技术与方法，但永远不能模糊了人的作用这一关键点，即人心的力量与价值。当然也不能或缺国学这个巨大的信息库。

三、商贸沟通经营管理学科

商贸沟通经营管理学科涉及两大领域，一是商贸沟通，包括《经营沟通管理学》《职场沟通管理学》等；二是商贸经营，包括《企业经营智慧学》《人心梳理公关学》等。经营与沟通是不可能截然分开的，经营中需要沟通，沟通就是在经营。经济贸易、商业运营，都是做生意，生意有大小远近和物品之别，但都是沟通出来的，彼此介绍商品，开价还价，你来我往。现代社会传播媒体科学化、传播平台立体化、传播渠道多样化，商品宣渠道多，商品间竞争越来越激烈，顾客选择也越来越多。沟通中怎么说、什么时候说、说些什么内容的要求也越来越高。商贸沟通又分直接沟通，如经营中的顾客沟通、职场管理中的员工沟通等，以及间接沟通如广而告之的广告宣传、公共关系的民心争取等。直接沟通或间接沟通，都须充分把握经营过程中应有的谋略运用。智慧智慧，智在有方式方法、慧在能心动心和。

1. 商贸经营职场沟通课程

《经营沟通管理学》之经营沟通，指员工（代表企业）在经营活动中与顾客（包括组织行为的客户、个体行为的消费者）的业务交流沟通。一般说，经营活动中的商务沟通涉及五个维度：演讲、交流、说服、谈判、辩论。演讲与说服，是己为主导的沟通方式；演讲通过一定媒体或场合向公众发布或告知、介绍或说明、陈情或鼓动，目的在引起共鸣、让对方认同；说服是想尽一切招数、用尽一切方法让对方信服。交流、谈判、辩论则是双向沟通，你来我往，影响、说服或驳倒对方，成就己方。

西方管理学的沟通或谈判要义中，一般把对方称为“对手”，如商务对手、谈判对手、辩论对手；既然是对手，策略上就是无所不用其极地拿下对手、打败对手。面对强势力量型，若能更强势压制那就更强势，否则，采用以柔克刚之法，诱使对手更加暴怒而漏底，从而拿到主动权；面对理智谨慎型对手，就采用谋略取胜，充分利用对手的多疑特性，让其疑惑到无所适从，在放弃与接受中备受煎熬，最终败下阵来。无论哪种性格哪种情态，皆以战场模式、斗争方式应对，打趴对手。这种敌对模式，与中国文化基因不太吻合。

中国人喜欢把弈棋用“切磋”一词来表示。古代中国加工兽骨、象牙、玉、石时，有切、磋、琢、磨等工序，“有匪君子，如切如磋，如琢如磨”（诗·卫风·淇奥），切磋、琢磨词语就从这儿来，常用来比喻道德学问上的互相研讨、砥砺。换句话说，弈棋是道德学问的一种互相研讨，是中国人追求的文化修养之一，是“人生八雅”的内涵之一。而八雅中只有棋是两两对弈、互为交手的；但交手并非厮杀，而叫切磋棋艺，输赢不是重点，以棋会友、提升棋艺、展示文化修养才是重点，所以拼尽全力后获得和局是弈棋最高境界；双方旗鼓相当，弈棋过程酣畅淋漓，和局后揖礼一笑，由此成知己。如此，棋为雅事，而非争斗；弈棋另一方不叫对手，而叫棋友。如此，弈棋双方不是竞争，而是竞赛。如此，便可理解，在中国的经贸活动、商业运营中，生意的另一方及其他参与者，我们原本是不叫竞争对手的，而是叫合作对象，俗称合作伙伴。

可见国学认同的做生意，是坚决反对竭泽而渔把对方干“死”——这是中国商业文化内核。从个案上看，无论东方西方，奸商之奸有无所而不用其极缘分私利的，官商之恶有害人倾家荡产妻离子散的，黑道之黑有抢人财物杀人越货的。但作为学科建设，不可能鼓励奸、恶、黑，必然是倡导忠、善、和。奸恶商业行为为正道所唾弃，所以经贸商营之生意沟通，应强调文化修养、体现清雅美好；沟通对方，是和合理论应用，和而合作。双和，是彼此和谐；双赢，是双方都得益。

《职场沟通管理学》之职场沟通，指员工（包括董事长总经理及以下所有员工）在公司事务活动中与内部人员的沟通，和职场环境下，与企业有关联的各阶层、各领域、各方人士之间的非业务交流中的沟通。很显然，职场沟通要比经营沟通的管理内容广泛得多，包括职场的工作沟通、社交沟通、内部沟通和对外沟通等，与现今的《管理沟通》课程相通，但体系和要义不一样。《管理沟通》是西方文化背景的，专注于技术性，为利益而谋支持；《职场沟通管理学》是国学背景的，重在以情动人以理服人，是人心认同彼此协和。

如果说经营沟通把演讲、交流、说服、谈判、辩论“沟通五维度”改为询问、陈述、说服、磋商、接受，那么职场沟通则改为“寒暄、交流、情分、理解、认同”。并把这五个维度表现为“木、金、水、火、土”五行特征，对应于经营中职场上的上行沟通、下行沟通、平行沟通、交际沟通、倾听沟通，目的都是达成双方互诚互信、双和双赢，这是新管理沟通课程的设计与建设。到什么山唱什么歌，对什么人说什么话，谋略应用于诚实相交、彼此认可、职场成功，而非利用。

走心，是管理沟通的关键。不否认人是自私的，正因为人有自私的一面，所以才需要在知识和技能教育中，在日常管理中突出并强调公德、公理、公心，鼓励大道无私、天下为公，并把这“道”这“理”让天下人都知道、都去遵守，朝着这个方向努力。这是教育和管理的重要任务之一。何况，自私作为人性特征需要一条底线，即是否文明进步。人类仍处于饮毛茹血的野蛮状态，就不是文明进步。人的自私以不损害国家、民族、社会公共利益为界限，这是公德；以不损害别人合理合法利益来获取私利，这是公理；在这样的基础上作出贡献、奉献，这叫公心。所以私心须在社会公德、公理、公心基础上。这是管理沟通良知线。

建设中国文化为背景、中国道德为基础、中国职场为特点的《职场沟通管理学》，应摒弃丛林法则思想、弱肉强食观念，而应考察是否符合中国职场经营管理的需要、是否可以融合，再确定是否学习、借鉴、纳入中国职场沟通学科。具有鲜明的国家性、民族性的文化才是世界文化的一部分，因为文化多样化，所以世界五彩缤纷。

2. 企业经营道德智慧课程

《企业经营智慧学》之智慧，是中国智慧。现今经贸活动、商业运营中一些计谋偏离了智慧之道、违背了智慧之德，同时也背离了智慧规律。所以看上去无懈可击的策谋，在胜利曙光若隐若现时，突然失败了；看上去横扫千军的规划，在一路顺利高歌猛进时，轰然夭折了。中国智慧说"人无近忧必有远虑"（论语·卫灵公），《心和管理学·技法篇》第十七章第二节引言中提到20世纪90年代，"禹作敏落马、沈太福被捕，秦池标王中起落、巨人广告中沉浮，三株花谢、飞龙折翅，潘宁悄离科龙、仰融出走华晨，技术难敌销售倪光南出局联想、权力强于资本李经纬驱离健力宝，乡镇企业此强彼弱、苏南模式走向终结……"这里提到折戟沉沙的人物、企业、事件，有很大一部分不是智慧不够（若真是这样也不可能曾经在市场上叱咤风云），而是不明白什么是直能人心的道德智慧。

有道守德的智慧，一定满足两个条件：一是得道多助，智慧须明道、合道；二是合适最佳，智慧要适当、合宜。这是中国管理平衡理论的应用，道德与智慧平衡、合适与谋略平衡。浙江温州某知名鞋业公司，在一次季度总结报告会上，某经理汇报工作成果"一季度原计划开店70家，最终开店110家，超额完成任务。"心里洋洋自得。然而，总裁没有给予想象中的表扬，反而批评"这叫严重超标，是很不好的工作习惯"，经理想不通，努力工作、超额完成任务还错了！总裁说："你超标那么多，你的管理、物流、人员跟得上吗？如果不能保证质量，不仅不会形成有效的市场规模效益，反而打乱了原有的平衡，捡了芝麻丢了西瓜。盲目开店的结果只会是开一家死一家。"总裁最后说："记住，合适才是最好的！"没有被超额业绩冲昏头脑，合适才是最好的。保证开店质量、保留合理店面数量而不至于产量和服务跟不上出现产品、服务质量受损情况，守住了商家经营的底线，这才是经营智慧。如此智慧，与道、与企业发展，是平衡的。20世纪90年代陨落的企业品牌，很多没能明白这一点。

当绞尽脑汁谋划出来的经营谋略，环环相扣、警醒执行，步步为营、谨慎前行，结果仍然是“一招不慎，满盘皆输”。如果这“一招”是技术性问题，尚情有可原；如果这“一招”是道德失落问题、合适性打破问题，那么这样的计谋就称不上智慧，这样的谋划者，就称不上智者！《企业经营智慧学》，可以运用中国传统智谋奇策、可以引进国外优秀战略策略、可以利用高数模型和现代设备的计算结果，当然也可以综合各种力量创新谋略，但不能跨越道德底线、不能违背合适原则。必须把握一个原则：人是一切智谋的核心。无论是资金问题、成本问题、利润问题、变革问题、发展问题……也无论是什么行业、什么市场、什么产品，更无论采用什么手法、什么艺术，出现什么变数、什么形势，人是智慧的关键点、竞争的核心力。人的管理在于深入人心，心的管理在于协和天下。智慧，为心和服务。

3. 本土人心梳理公关课程

《公共关系学》学科在改革开放中引进，“公共关系”原词是“Public Relations”（英文简称 P. R，也译成“公众关系”，简称公关）。顾名思义，是一家组织创建的与社会公众之间的良好关系，即在社会公众中树立起本组织的良好形象、可信任的关系，便于业务开展。为此所进行的活动叫公关活动。中国已有一个称呼叫“社会关系”，是组织通过努力与社会各界建立起互为认可的良好关系。但是社会关系与公共关系有一点区别：社会关系的本质是互相认同、彼此和谐——情感关系重于利益关系；公共关系的本质是树立形象、促进销售——利益关系重于情感关系。与“人力资源”“营销管理”等名词一样，经过三四十年的演变与发展，人们习惯了“公共关系”，故学科名称上没有必要一定要回归“社会关系”。

但是，西方公共关系理论进来后，曾经走过一段弯路，出现一些内涵的变异，名称可以不回复，内涵必须是中国的，故还须建设《人心梳理公关学》，公关仍从人心着手。20 世纪 80 年代中后期，公共关系理论进入中国，先是在有外资背景的企业里成立了“公关部”，专门处理企业对外关系问题；而后国有企业、乡镇企业也渐次设立这样一个部门，私营企业崛起初期也出现这种情况。公关部从业人员，男士叫“公关先生”，女士叫“公关小姐”。也许是引进这一观念时就有误导，也许是利益所致有意为之，也许还有别的什么原因，反正在很多人看来，所谓“公关”就是“攻下企业前进道路上的一个个堡垒”，不知不觉“公关”变成了“攻关”，企业为了减少成本、扩大销售，要求公关部使出浑身解数解决横亘在企业面前的各种问题，主要方向有三方面：一是各主管部门（当时企业“婆婆”多、能管到的机关、事业单位也多），二是各类客户（主要是上游供应链上、下游销售链上的客户），三是社区关系（企业所在地方方面面的关系）。而公关小姐在这其中所起的作用远远大于公关先生，无论是威逼还是利诱，无论是自愿还是受骗，公关小姐在攻关活动中，并非通过内强企业外树形象达成目标，而是大家各显神通攻下一个个具体的人，“公关小姐”的名称由此变味；后来风月场从业女性也用了这个名词，于是“公关小姐”乃至“小姐”这个词，基本上脱离了原本意义，成了特殊行业从业女性的专有名词。渐渐地，企业开始陆续裁撤了这个部门，一线城市和一些大中企业，如果需要解决公关问题，就外包给专业的公关公司来完成，大多数中小企业，最多在行政部门里设立一个公共关系岗位。

特殊年代特殊情况的出现，无须讳言。企业作为一家社会组织，与社会各界处理好关系、建立起良好形象，让社会公众了解、理解本企业还是相当必要的。尤其当企业出现信任危机、信誉危机等情况时，危机公关就十分必要了。只是我们在建立《人心梳理公关学》时，不必考虑西方是怎么定义的、西方是怎样运作的，而是要建立中国本土的公共关系学科。从心和管理理论角度说，建立公共关系，要适当淡化利益目标，增加情感因素，以对公众进行人心梳理为重要手段，获得公众的谅解和接纳。公共关系不设销售目标，不与销售部门直接关联，而与企业战略规划部门关联，设立的是企业形象树立的目标，重点是采取各种举措，改善和维持企业在社会公众中的知名度、美誉度，达到社会公众认可企业的目的。

而且，建立良好公共关系的核心是“人心梳理”，基本方法也是“人心梳理”。

第二十三章 知行心和之信息财税管理

前面所提《信息情报管理学》，是指经贸商营、市场商战中的信息情报，同样的信息不同的人会分析得出的不同结论（情报分析的差异性）。即使有一样的结论，根据情报制订的对策也会有差异，这是专题性情报分析。这里探索的信息与情报，进行全方位企业在经营、管理（这里重点是财务、税务）层面治理所需的信息与情报分析，信息为企业治理重要资源，贯穿于企业经营与管理的始终。西方注重的是对企业实施管辖与控制方面的信息，目标是能够获利。中国注重企业内部员工与企业外部关联方如顾客、合作方和业务主管部门等的关于“人和”方面的信息，关注他们的心态、心绪，重视他们的心愿、心事，解决他们的心结、心魔，深入他们的心扉、心坎。简单说，把握心理，直透心灵。

四面八方汇聚的信息、精心琢磨整理的情报、数据性财税信息，影响甚至决定着企业的发展方向、发展速度和发展内劲。信息与情报是为行动服务的，财税信息分析中制定韬略、设计谋略，企业运营中追求知行合一。早期人类时已有简单的信息传递，远古符号、壁画等都是远古人类信息应用的表现。本章不探讨情报现象出现、情报理论出现的先后问题，而是立足中国，探索组织管理出现后的中国古代情报信息发展史及其情报应用问题，开辟中国特有的红色情报史，同时也探索信息分析、情报传递的技术发展史及其实践性应用。

第一节 中国情报信息史与实践

现今很多学科说“源于欧美”或“来自西方”，这不符合事实。就“情报学”而言，information science 是西方的，“情报”或“情报学”，信息的产生、流转、利用等中国自古有之。唐太宗李世民就说：“夫以铜为镜，可以正衣冠；以古为镜，可以知兴替；以人为镜，可以明得失。朕常保此三镜，以防己过。今魏征殂逝，遂亡一镜矣！”① 创建中国学问，则以玻璃为镜正礼仪，以历史为镜知传承，以人心为镜明仁义。管理学及其信息情报学亦如此。

一、古代情报信息史及实践

1. 用间情报战理论与实践

动物也有简单的讯息传递，人类自诞生开始就有信息发生和传递；部落形成后部落之间的争斗，有原始的信息，并从信息发展为情报。有情报需要，就会出现侦察与反侦察；最好的侦察自然是深入虎穴，或者叫“孙悟空钻进铁扇公主肚里”，一切堡垒，最容易从内部打破。汉语把混入敌人心脏或收买对方重要人物，称为“用间”。

间者，会意字，从门从月，门有缝隙而月光可入，引申为人与人、组织与组织或国与国之间的嫌隙、隔阂等。用间，就是用计谋派遣（或启用或收买）专人让敌方内部产生嫌隙、隔阂，或收集敌方信息并整理成情报送给己方，从而掌握敌情。古代报告情报，在造纸术发明以前，使用牒（编连在一起的短简），古汉语“牒”同“谍”，于是“谍”就成了“秘密探察军、政及经济等方面消息”专用字。两字合用，“间谍”就成了获取情报的特工人员的专称。其人员有专门训练后派出的专业间谍，更有通过一切手段与方法策反的人员，春秋越国贿赂伯嚭败吴国、三国周瑜打黄盖等、三十六计之美人计，都是用间手段。

《孙子兵法·用间篇》指出：“用间有五：有因间，有内间，有反间，有死间，有生间。”因间指用敌方本乡人，内间指收买敌国官员，反间指策反对方间谍，死间指冒死传递假消息，生间指掌握敌情后活着回来。中国情报学起源，至少可以追溯到炎黄二帝，他们所进行的部落之战一定需要用到各种情报。但是，作为情报理论建立，应该首推孙武的《孙子兵法》。孙武是春秋末年人，那么应用《孙子兵法》理论的应该是战国争雄中开始的，鬼谷子（王诩）教出来的弟子们，是一批较早用间实践者。

孙武理论之前情报活动就已存在。本书技法篇第十五章第三节之三，提到被称为“千古第一狐狸精”“中国第一位女间谍”的有施氏妹喜，是“治大国如烹小鲜”的厨师丞相伊尹为助商族崛起灭夏桀而成功策反的间谍，妹喜获取情报、离间君臣，伊尹也利用5次出使夏都的身份做间谍获取所需情报。妹喜由此得“中国有历史记载以来的第一个亡国的王后”称

---

① 吴兢：《贞观政要·卷二·论任贤》，古诗文网《贞观政要》篇。

号，后世将其列入中国古代四大妖姬（夏之妹喜、商之妲己、周之褒姒、晋之骊姬）。

但据清代学者朱逢甲所著的《间书》中说，“用间始于夏之少康，使女（音‘汝’）艾间浇（音‘傲’）”①。《史记·夏本纪》《左传·哀公元年》中也有提到，夏启的儿子太康继位后不久就被有穷国后羿颠覆，后羿又被手下谋臣寒浞夺走政权。寒浞派儿子浇杀死了太康的儿子相，幸好相的妻子缗氏带孕逃回娘家有仍国，生下少康，少康长大后娶有虞国两个女儿，得到“有田一成（十里为一成），有众一旅（五百人为一旅）”（《左传·哀公元年》），成为复国基业。鉴于当时与寒浞相比力量悬殊，少康决定派遣女艾潜入有穷国，伺机杀死浇，第二次刺杀获得成功；后女艾又刺杀了寒浞的另一个儿子豷（音 yì），并拉拢和收买夏的旧臣，最终夺加政权，并经少康努力，国力提升，这就是“太康失国”之后的“少康中兴”。

少康的女艾行刺是夏朝之初，早于夏末商初伊尹的妹喜行间。商末周初历史记载就多起来了，如吕尚非常重视情报搜集，其所有战争谋划都是建立在足够的情报基础上的。这时另一部情报学著作出现，即《易》（有成书于西周、战国、西汉等多种说法），因为卦爻辞不仅探究了国家兴亡，也是可以用来传递情报的，用今天的语言表述，应该是世界上最早的密码。而且“观卦”被认为是直接阐述对民情、政情的观察的，是“知己知彼”理论的源头；《易传》中也屡屡提到观察社会、了解民风、掌握民心。这些都是中国情报理论的源头。

春秋战国，诸侯国争霸争雄中，用间战、谍报战层出不穷。比较著名的有秦国的收由余、霸西戎以及晋楚争霸中的情报战；吴越之争中，勾践贿赂伯嚭离间伍子胥，范蠡派遣西施卧底夫差；另外，还有郑国烛之武计退秦晋两国、子贡凭一张巧嘴救鲁等都显示出了情报战的威力。到战国时，张仪、苏秦合纵连横依赖的就是充分的情报，至于田单救齐、赵奢反间、苏代救赵、荆轲刺秦等，更是众所周知。这时期，一大批名著如《管子》《鬼谷子》《吕氏春秋》等，都可以称为中国情报学早先的重要著作。

2. 军政情报战理论与实践

秦朝之后，楚汉相争的韩信、陈平、张良，汉与匈奴战中的情报应用、张骞出使、班超定远等历史事件中，都有谍战痕迹。汉时，“烽火戏诸侯”时的信息传递已经发展为“烽燧制度”（烽指晚上点灯笼传递消

---

① 朱逢甲：《间书》，群众出版社 1986 年版，第 1 页。

息，燧指白天点狼烟予以报警），邮驿制度亦已健全。而《淮南子》提出了“知权”思想，说白了就是运用间谍，获知敌情，分析决策。

此后，每个朝代的兴衰更替，情报战都在其中发挥着重要作用，经历两晋南北朝、隋唐五代十国、宋元明清各个帝国，情报战越来越频繁、作用也越来越大，情报学著作蔚为大观，韬略理论也越来越成熟。情报战，一个“战”字似乎与心和管理学理论相悖，事实上则不是。中国自古是一个智慧与礼仪兼容的国度，华夏自古是一个理性与感性并存的民族。讲和谐是因为有文化底蕴，论战斗是因为有正义力量。国与国而言，一切仁慈，是以国家主权为基础的；没有主权的仁慈，那是奴颜。组织与组织而言，一切仁慈，是以实力为基础的；没有实力的仁慈，那是纵容。个人与个人而言，一切仁慈，是以道义为基础的；没有道义的仁慈，那是犯罪。和的文化，不等于不要战，战是为了和，因为和不是靠等待人家发善心获得的；而是建立在神圣不可侵犯基础上的。所以，国家、民族的自豪感绝不可有丝丝或缺；组织、集体的归属感绝不可有点点残遗，公民、个人的荣誉感绝不可有片片失落。和从战中来，战是为了和。如果需要捍卫国家、民族，保护组织、人民而需要战，那就战。以中国的智慧、中国的文化、中国的积淀，任何战，包括情报战，中国不会弱，中国一定赢。

军事上需要信息、情报，农村生产销售，需要信息、需要情报；工厂生产销售，需要信息、需要情报；学校教学研究，需要信息、需要情报……现代社会，各行各业都离不开信息、情报。虽然有时候消息、信息、情报等概念会互用，甚至于傻傻分不清，但总体所要表达的意思，就是任何行业都需要在纷繁复杂的现实情况中、弹性变化的未来预测中以及扑朔迷离的历史长河中，整理、汇总、分析研究、探寻出有价值、有效用的结论。聪明人之所以聪明，就在于耳聪听得多、目明看得多，即有足够的信息量、足强的筛选力。本书所涉及的这些概念，大体作这样界定：情报来源于信息，是对信息分析研究后结论；信息从各种各样的消息中来（消息可分无用消息、可参考消息、有用消息），自然过滤、筛选中关注到的那些消息，谓之信息。所以，消息含义最广，信息次之，情报最小。

3. 经济情报战理论与实践

在中国古代经济、商业领域，关注信息、重视情报，并提出情报理论的，不能不提管仲、计然。管仲生活在公元前 723 年至公元前 645 年，主要功勋是助齐成春秋霸主；计然，生卒年不详，但以游越国时收范蠡（公元前 536 年至公元前 448 年）为徒来看，管仲要比计然早 100 多年。而且可以肯定，管仲与计然都是春秋时期经济大家。

本书二十二章第一节之二的“经贸商营理论及应用”中，详细阐述了管仲用粮战直接击败对手强盛齐国的几个案例，这些案例无一例外是依赖准确的情报实施的。《管子》一书86篇（实存世76篇），仔细体味，几乎无一不论及情报的重要性，或情报的内涵、情报的获取。

《管子·地图》说：“凡兵主者必先审知地图轘辕之险。滥车之水名山通谷经川陵陆丘阜之所在，苴草林木蒲苇之所茂道里之远近，城郭之大小，名邑废邑困殖之地必尽知之。地形之出入相错者尽藏之然后可以行军袭邑，举错知先后，不失地利，此地图之常也。”地图之用，要求军中主帅须掌握道路、地形、城郭及一切可能影响战局的因素，如路之险、水之流，大谷、大川、高原、丘陵之所在，枯草、林木、蒲苇茂密等，要一切心中有数。

《管子·霸形》中，管子对齐桓公说：“君若将欲霸王举大事乎？则必从其本事矣。”桓公变躬迁席，拱手而问曰：“敢问何谓其本？”管子对曰：“齐国百姓，公之本也。人甚忧饥，而税敛重；人甚惧死，而刑政险；人甚伤劳，而上举事不时。公轻其税敛，则人不忧饥；缓其刑政，则人不惧死；举事以时，则人不伤劳。”这里提到的是人即百姓之信息，强调一国之发展，人是关键，国君须了解百姓疾苦，不能以刑法恐吓百姓。用现在话来说，脱离群众就无法治理好国家，想要不脱离群众，就要及时获得百姓真实信息。

《管子·白心》说：“原始计实，本其所生。知其象则索其形，缘其理则知其情，索其端则知其名。”探究事物的本质内涵，需要追索事物的来源，研讨事物的实质，由此来探索事物生成的根据。了解现象就可以探查形体，考究道理就可以掌握实情，找到事物的始末，就知道应该给它什么名称了。这就是分析信息、搜集情报。

《管子·正世》说：“古之欲正世调天下者，必先观国政，料事务，察民俗，本治乱之所生，知得失之所在，然后从事。故法可立而治可行。”要想“法可立”“治可行”，就必须观其国政施行情况、国家事务料理结果，就必须体察百姓习俗、查明治理得失和乱象出现的根源。没有调查就没有发言权，调查获得的信息要分析研究形成可用情报，用于国家治理。

这样的例子在《管子》76篇比比皆是，说《管子》是情报学理论鼻祖也不为过。

计然是老子的学生、范蠡的老师，所以他继承老子“道”的思想体系，又博学各家，形成的思想对墨子影响颇大。计然喜游学但不喜自荐，故虽为饱学之士，却少为人知。著录《文子》（道家将其奉为“四子”真经之一，称《通玄真经》）九篇主要是通过阐述与老子的对话解析易经（故有明显《易传》特色）、阐明自己的思想。后人对他的经世济民之才能，是从他的徒弟范蠡处得知的，因为计然授范蠡七计，范蠡辅佐越王勾践，只用其五就灭吴。关于“计然七策”，技法篇第十三章第三节中有详细解说，这里不重复。重提“计然七策”，是因为第一策中涉及情报问题，信息量大，情报准确，才能实施七策。

到现代，情报学著作十分丰富。历史信息，在档案馆、博物馆、图书馆等都有，尤其现在很多图书馆已改名为“图文信息中心”，这一改名，意味着图书资料的电子化，现代意义上的信息化。平时积累、专门调研，也是一手信息材料的主要来源。

二、信息情报技术史及实践

1. 信息情报技术简史概述

现在一提信息技术，就与应用计算机科学挂钩，就指现代通讯技术的系统及应用软件，很多人还会说传感技术、电脑与智能技术、通讯技术和控制技术。而一谈情报技术，也是指文字、数字、图像、声音等信息的获取、处理、存储及传递技术。显然，这种内涵指向忽略了一个最重要的因素：人。一切信息都是因为“人”的关注、需要而成为信息，一切情报都是因为“人”的分析、整理而成为情报；利用信息、利用情报是为“人”服务的。故信息技术、情报技术不可能脱离人的主观能动性与人的客观现实性而谈技术，设备也好、仪器也罢，都是人类在使用，为人类服务。一切脱离人的因素的技术，只能是伪技术。

远古时期，人类用简单的发声、石刻、树刻记录等表达信息，然后逐渐发展到语言、壁画、图符等方式交换信息。而后发展到钟鼓、烟火，再发展到竹简、纸书等传递信息。夏商周时代、春秋战国时期的烽火狼烟、飞鸽传信、驿马邮递、击鼓鸣号等都是具体的信息、情报传递技术，也是人类社会进步的象征。从简单符号、声音，到手语、旗语，到书信、图案等的获取、处理以及传递技术，主要依赖人的知觉如视觉、听觉、触觉等。这应该是信息情报技术从原始技术状态到文化技术状态，从日影测时到钟表发明、从肉眼观察到望远镜出现、从徒步到自行车到汽车到火车飞机、从喊话传递到电话到无线电到手机、从实物从没碰过车拍照技术到摄像技术复印技术、从显微镜到缩微术到磁盘术、从算盘到计算机到网络技术、从电脑到多媒体到数据中心……信息情报技术发生了翻天覆地的变化。而所有的变化，都是人类思维的变化、人类认识世界能力的变化、人类对材料开发到高水平后的应用。

信息、情报不仅仅限于政治、军事，也不单单是经济、文化、商业等；学术研究、技术发明同样需要各种信息，把不属于自己的成果据为己有，就是窃取；知识学习、技术训练、能力提升，都是信息的输入与输出以及期间处理、存储、应用问题聪明的程度、智慧的高下，核心基础就是信息，就是各方情报的汇拢。当然，这是基础，效用的高下，则取决于利用情报的人，就如同信息的获取、处理、保护、转移一样，人是根本因素。

中国专业从事情报工作的人，有两个词出现比较早：斥候、间谍。斥候，起源时间应不晚于商代，军队中的侦察兵，分骑兵、步兵两类。间谍"间"字甲骨文中已出现；"谍"字在《左传》已使用，《说文解字》解释"谍，军中反间也。"所以，"间"或"谍"本义就是获取情报的方式方法，即"用间"技术与"谍报"技术；《孙子兵法》专门用一章"用间"来讲述其技术应用。两字合用，最早出现"间谍"一词的是《太公六韬》："游士八人，主伺奸候变，开阖人情，观敌之意，以为间谍"①。秦汉时期袭用"斥候"一词，专门管辖间谍的官员就叫"候吏""绣衣"，其官员叫"绣衣御史"。三国时各方情报人员很多，但散落在各军事主管中，朝廷已出现监督臣子行为的特务机构"校事"。隋唐时期没有特务机构，军队中出现新名词：细作。《左传·宣公八年》中有"晋人获秦谍"一语，唐陆德明释文："谍，徒协反，间也，今谓之细作。"政府管理中有一种专门负责侦知、破获案件并专门缉捕犯人的职业叫"不良"，从业者叫"不良人"，管理者叫"不良帅"，功能相近"捕快"。

2. 古之情报特务机构概述

宋元明清，特务机构多起来，获取信息情报的技术也越来越多、越来越高。一个重要原因是宋代战争频繁，辽、金、蒙古虎视眈眈、战事不断，内部也不稳定。宋以后各代内外都不太稳定，所以设立特务机构可以用"繁荣"一词来形容。

宋代最著名的特务机构，起源于五代（后唐），叫武德司，宋太祖建立，到宋太宗即太平兴国六年改名皇城司，南宋改称行在皇城司，归属皇帝领导。其职责一掌宫禁宿卫，二掌刺探监察；其目的一预防军队叛乱，二维护政权统一。太祖知道自己是怎么当上皇帝的，所以加强中央集权，

---

① 吕尚：《六韬·龙韬·王翼》，古诗文网《六韬》篇。

设立武德司，监督文武百官。后因武德司与百官矛盾太深了，就换了个机构叫皇城司，本质没变（后世国民党时，军政人员与军统、中统矛盾深厚，于是戴笠死后军统并掉中统，改称保密局。这是有历史渊源的）。皇城司主要职能是密报国内异常动态，防止和镇压不轨活动，查办民俗异事及谤议朝政者，侦察官吏的不法行为等。皇城卒，俗称“察子”，遍布各行各业，京师中什么人唱什么歌、跳什么舞、说什么话、发生了什么打架事件，皇帝都可以一清二楚。当时的主要技术就是人盯人、人盯场，跟踪、追踪，把所有信息都上报，怎么分析就是皇帝和他的智囊团的事了，当然，皇城卒也有先斩后奏的权力。边疆军队与敌国的情报工作，则由守将组织和安排，其中最著名的是镇守雄州的李允，与辽人斗智斗勇，计谋无双，尤擅长反间计，甚至可以让辽人自己限制自己的间谍。

到了明朝，特务机构进一步发展，名称改叫锦衣卫、厂卫。锦衣卫是明朝专有特务机构，公开职能为“掌直驾侍卫、缉捕、刑狱之事”，直接向皇帝负责；实际职权范围很广，包括管理卤簿仪仗，修理京师街道、疏通城中沟渠、抓捕私自净身的干犯等工作，从事侦察、逮捕、审问等活动。也有参与收集军情、策反敌将的工作，权力很大，可以逮捕任何人，包括皇亲国戚；皇帝特许他们可以随时出动，刺探可能威胁皇权、危害朝廷的行为和言论，并捉捕和审讯嫌疑人，逐渐演变为具有专业军事特务机构的职能。而且，朝廷各司法机关刑部、大理寺、都察院都无权过问。锦衣卫还建立起一个遍布全国的特务网络。明成祖时，又设立了缉捕“叛逆”的特务机关东厂，权力在锦衣卫之上，明宪宗时又增设西厂（汪直为提督），权力又超东厂；后司礼太监刘瑾与具体掌管东厂的“八虎”有矛盾，又另设内行厂，即大内行厂，简称“内厂”，自成系统，权力又居东、西厂之上。狭义的厂卫指东厂、西厂、内厂，广义的厂卫还包括锦衣卫。厂卫最著名的手段是刑法，一个比一个惨烈、残酷。存在时间最长是锦衣卫，自明初至明亡，约 290 年；其次是东厂，自明成祖开始至明亡约 240 年；西厂和内行厂都很短，仅存在 5 年，随着刘瑾的倒台而灭亡。

清朝的特务机构相对简单一些，康熙时期朝廷没有专门特务机构，军事情报由各军事主管负责，朝廷统治只是建立了一个渠道，这就是“密折奏事”，得到康熙密令的亲信臣子都可以直接专折奏闻给皇帝，各地情况、官员情况都上奏。到雍正时期，有了一个专门的特务机构：粘杆处。这个组织原本是在雍正还是皇子时，在皇位争夺战为显示出自己的置身事外的超然和风淡云轻，建立了一个专门粘虫捕蝇的娱乐之处，叫作粘杆处，在娱乐的同时也招揽了一批江湖奇人异士，逐渐培养成为一支精锐的特工队伍——清代小说中“血滴子”的原型，成为专门粘在政敌上的杆子。其成功当上皇帝后，这一机构得以沿用，乾隆时也继续用这一机构来巩固和加强统治。直到嘉庆处决了和珅之后，因牵扯粘杆处，趁机作了清理。此后，专门的特务机构不见公开，直到晚清时，天津巡警局成立了一个“北洋探访队”，侦察革命党。这个探访队的成员都着便衣，于是有了“便衣侦探”称呼。

3. 现代红色情报管理发展

民国军阀混战、国内战争、抗日战争等战火不断，情报组织活跃，后渐成国民党和共产党两大阵营。国民党阵营大体有五大情报机构、三个电讯领域，包括何应钦旗下的军政部无线电总台系统，毛庆祥领导的国民党军委会机要室电讯系统，宋子文、温毓庆的交通部电政司电讯系统，这三大系统不大暴露在公众视野中，世人了解较少；另两个就是世人皆知的国民党中央执行委员会调查统计局（中统），和国民政府军事委员会调查统计局（军统）——磕磕绊绊，争斗不止。大体上抗日战争之前中统强于军统，抗战开始之后军统强于中统，戴笠飞机失事后毛人凤接手军统，改组为国防部保密局，中统改组为党员通讯社，后又改为内政部调查局。共产党阵营的红色情报组织，抗战之前有中央特科、红军中的中革军委二局、三局；抗战之后是“中央社会部”或“中央情报部”（组织不变名称有变）等，著名的“地下党”，就是其下属组织（直管人数很少，基本上是领导下属各地方和军队党组织），遍布各地各领域。除此之外，共产党还有几条战线极其重要，一是“统一战线”，二是“文化战线”，三是“教育战线”，以下称呼充分说明这些战线的特征：民主党派、开明人士（乡绅）、进步人士（乡绅）、左翼作家、进步青年、进步学生等。

建立民主统一战线、开展革命武装斗争、加强党的绝对领导，既是中国革命取得胜利的三大法宝，也是红色情报战线取得胜利的重要法宝。这种情报技术，是其他社会制度下无法学习的，也是传感技术、智能技术、控制技术或是数学模型、工程系统不可比拟的。红色情报技术，人是最重要的要素，各民主党派、无党派人士，各主力部队、地方部队、民兵甚至妇救会、儿童团等都是情报战线上的人，党的领导体现在党对军队、对行政的绝对领导，同样体现在“地下党”这个群体中。这一切，中国共产党用一个词组来表述：人民战争！就是把所有人都动员起来，成为信息、情报的提供者。这不仅在战争年代起到极其重要的作用，而且在和平年代也发挥出巨大的价值。人民，是创造历史的伟大力量。

中华人民共和国成立后，普通群众参与治安治理，并且取得傲人成绩。

情报战线的人民战争，这就是中国式信息、情报领域的重要技法。当然，现代信息处理、储存技术以及大数据也十分重要，但可以包含在计算机相关学科，管理专业规划体系中也有这样的内容，《信息情报技术》只要说明有这样的技术即可，具体学习应该安排计算机相关学科。如此，可以避免学科与学科、课程与课程交叉、重复。

三、财会税赋信息史及实践

1. 创中国税赋学与会计学

经济情报和信息，随着社会发展越来越重要。除工农商各业信息外，还有财务数据、税收数据、金融数据等，数字能说话，从中可读出许多情报（当然还需要解读能力）。财务会计、金融税收领域的学科，其实与信息、情报领域联系特别紧密，从管理学看是应用型、实务型学科。这里，把《财会税收管理学》内容与《信息情报学》内容关联起来，形成新的“信息财税管理学科”。为此，须先了解中国财税信息的发展简史。

财务管理领域，是先有会计还是先有税收？从原始人类生活角度探索，先有会计，因为需要记账，无论是刻木记数还是结绳记数，记数就是记账的起源，而记账是会计的源头。原始状态下人们过各自日子，没有公共财产，无须财产分配，记账记自家账。但当人类的思维越来越发达、智慧越来越丰富后，人与人之间有了合作，合作获得更多资源。于是合作的这个群体与那伙群体就可能产生利益冲突。群体发展成部落，部落与部落之间为了猎物、水源、地域掐起来，出现了专门为部落去战斗的“军人”、专门管理部落的事务的“公务员”，他们不直接解决生活内容，需要部落里专门打猎、种地的人拿出一部分食物提供给这些“军政人员”——赋税由此而起源。部落间争夺着、撕打着，胜的越来越强大，兼并了大片土地，有了大量人员，国家诞生了——无数小家组成国。那些管理国家、保卫国家的人就由国家供养了，国家供养的财物来源于税收——从劳动者那里获取税务收入，成为国家财政，用于国家管理、国家建设、国家安全、国家发展上。这个过程中，记账要有凭证，有凭证可以算账。“零星为之计，总和为之会”，会计出现了。显然，从记账起源看，则是先有会计，后有税赋；从管理视角看，先有税收、后有会计。考古也证明这一点，最早的“会计”出现在西周，而税收则是有国家就有税收（甚至部落时代就可能存在了），夏朝就有税收。

如果都能公开、公正、公平地缴纳税收、做平会计，各自管好自己，社会就不大会动荡，国家（大部落，下同）间也大体相安无事了。但显然，集团间、国家间有利益冲突，阶级矛盾出现了，国际矛盾出现了。那些握有军权、政权及追随者们抢占了利益，又害怕别人把他们从霸权层上拱下来，就形成贵族、特权阶层、强国联盟，既保护强大自己，又压榨掠夺别人。弱国、底层百姓或被盘剥压榨，或遭受战争侵袭，基本生活都没有保障了，被掳掠到强国，或逼到贵族人家为奴为婢，奴隶社会出现了。

贵族有财有权，不愿意缴纳税收，跟国家管理者商量好“纳贡”。这贡品纳多纳少就由贵族们自己决定；而普通平民就必须按规定缴税，奴隶则成为富人的财产。“兴，百姓苦；亡，百姓苦”（张养浩，《山坡羊·潼关怀古》）社会的不公产生，反对者自然产生，积聚到一定程度就会爆发。于是夏变成了商，商又变成了周。商周时期，把一片片土地都划分成井字形状，四周八块地给八户人家种，中间那块地八户人家共种所得交国家，这就是井田制。这种农业赋税是国家主要收入（农业为主），手工业只是为农业服务制作工具设备、军政所用之器及生活用具等，也有为王室、权贵们制作奢侈品。商族经商强盛而建商朝，除农业赋税之外，有商业之“关市之赋”，有对伐木、采矿、狩猎、捕鱼、煮盐等征收“山泽之赋”。

这是税收的萌芽、起源，可以说是中国最早的工商税收。但真正意义上的税收，是井田制中间那块地的收入。新问题出现了，八户人家都不愿把劳动力放在中间那块地上，勉强参加也是出工不出力。于是修正为让大家一起种九块地，收获的九分之一交给国家。理论上很合理，现实又有新问题，那些被贵族、官府、土霸欺负得没法生活下去的人逃到没人处开荒种地，自给自足，虽然辛苦，却不必受压迫也不需把收成拿出一部分上交国家。到东周末，开荒成风，大家各自去谋生了，这可国将不国了。鲁国首先打破这一僵局，鲁宣公进行了历史上首次土地改革，承认土地为私人所有，但须按面积征税，这就是初税亩。土地私有制出现，土地税征收。鲁国推广之，其他各诸侯国效仿之。

初税亩，是税收史上的里程碑，会计事务也相应出现。这挺好，大家过上安稳日子，国家支出有保障。可是问题又来了，春秋争霸、战国争雄，各诸侯国卷入导致军费支出大幅上升，国家财政不够用了。最快捷的就是增加赋税，分摊徭役。争得霸主地位的秦国统一了全国；为捍卫政权，又是修长城、又是打匈奴、又是镇压内乱，穷兵黩武，军备支出剧增。于是，自上而下、自下而上产生了系列的经济活动。经济是会计之母，各行各业需对经济活动进行记录，农业、商业、手工业及其税收，都要记账、算账。西周时期，已经有专门负责会计工作的“司会”（另有专门负责财物保管事务的“小宰”），下设“司书”“职内”“职岁”“职币”四种官职分别执掌财务与出纳。财务收支制度、交互考核制度、地方稽察制度（后来的审计制度）等财务管理制度也配套建立。

令秦始皇意料不到的是，梦想千秋万代的秦朝二世很快就完蛋了。夺得政权的汉初统治者明白竭泽而渔与蓄泽养鱼的道理，实现“轻田租”让平民百姓休养生息。自此以降，历史出现了轮回式的起落，每个朝代创业者夺得天下时很接地气，都有平民意识而鼓励休养生息；百姓税负大大减少，人口与经济不断增长，纳税人多起来，国库也充实了——良性循环。可经过几世传承，生来就含着金钥匙的太子、皇子们，没有平民意识、不懂蓄泽养鱼，反而高高在上，潜意识里觉得平民都是贱民，几代人挥霍，官逼民反，锦绣江山易手了。朝代如此，大家族也如此，历史总结为“富不过三代”，一代创业、二代守成、三代败家。

会计自周始已有官厅财计（古代国家会计）组织，从中央到地方初步构成一个经济管理系统：在“家天下”经济集权背景下，会计体系以“编户制度”（按户主、家庭成员、姓名、年龄及家产写在简牍上，编制成册籍，也称“户籍”）为基础创立，形成以国家财政收支、皇室收支分别为主干的财计制度，“上计制度”（每年自下而上逐级呈递上计报告）出现，构成“入、出”为记账符号，以上入下出为基本特征的单式入、出记账法。周代官厅会计已有收入、支出、结余“三柱结算法”和叙事式会计报告（《周礼》之“日成”“月要”“岁会”等）。遗憾的是，会计方面记载较缺乏，“三柱结算法”基础上发展而来的“四柱结算法”究竟成于何时，现无史料可查，只能肯定两点：一是东汉时会计账目中已分列上期结存、本期收入、本期付出和本期结存四个项目；二是唐朝已经广泛应用“四柱结算法”并且形成了一个体系：按照旧管（上期结存）、新收（本期收入）、开除（本期支出）、实在（期末结存）“四柱”特定的格式，定期结算账目。这一会计体系中包括“四柱平衡公式”（旧管＋新收＝开除＋实在）和“四柱差额平衡公式”（新收－开除＝实在－旧管），以及“四柱清册”（以“四柱”为基本格式，以“四柱结算法”为基本方法所编制的一种会计报告）。

显然，唐宋时期的会计制度已比较完备，唐朝《元和国计簿》、宋朝《元佑会计录》都有记录，且有计账、户籍的分析，国家财政收支的对比分析，财务管理的专题分析。宋朝还有《太平经国之书》和《玉海》等著作，是汇集会计史料的重要著作。

2. 会计财税演变与发展史

中国会计演变，有几点说明：其一，“财政赤字”一说，一般都认为这是西方传过来，现据《会计简史》① 一书的考证，中国在南北朝时就已经使用“朱出墨入记账法”（红色记账出，黑色记账入）。“出”，无论是“只出不进”，还是“出大于进”，都意味着亏本。显然，支出大于收入的赤字记账法，应该是“财政赤字”名词的源头。其二，带有预算性质的会计账目，缘起于北朝北周的记账和户籍之法，唐朝时叫“户籍记账”；而《长行旨条》（唐李林甫创制的简化计账编制的管理方式）的颁布，意味着中国财政预算制度的建立。其三，明末清初山西人傅山（1607 ~ 1684年）创造了龙门账法，账簿分为草流（原始凭证的作用）、流水簿（会计分录的作用）、总清簿（总账作用）。流水簿的账页分上下两方（收方、付方），因此每记录一笔业务都要同时在上下两方记录，而且金额相等，这已是一种复式记账法（西方复式簿记已在 1494 年出现）。总清账时，用公式“进 - 缴 = 存 - 该”验证账面有无问题。如果等式左右两边相等，称为合龙门，否则龙门不合。另有一种中国式复式记账法叫“四脚账”，开始了本土化损益计算表“彩顶结册”、本土化资产负债表“存除结册”。

汉武帝时税收史有了几项新发明：一是盐铁官营，这种稀缺且又必不可少的商品，官方垄断经营得暴利国库丰厚，农民不必交粮明面上未增加负担。二是增设铸币税，原本货币是黄金和铜钱，价值实实在在；汉武帝用白银和锡制作货币，美其名曰“白金”，却远不及黄金和铜值钱，朝廷开心铸“白金”，可以铸之不尽。这两招，都是没有增加税收却国库充盈，但农民买盐买工具已含税了，铸币税则让货币贬值了——虽没直接收税，官府仍从民间融得资金财源滚滚。至此，税收三位一体格局形成：常规收税、垄断收入、金融圈钱。

魏晋南北朝也按上述方法记账、收税。但社会体制让两极分化越来越严重，农民或被抓去当兵打仗，或四处逃难，财富和土地集中到权贵富人手中。隋朝，隋文帝学习北魏孝文帝，实施土地国有化，再按人口划分给农民种地。唐朝将这种均田制发扬光大，税收也作了调整，叫“租庸调制”，“租”是向国家交粮（农产品），“庸”是每人每年免费服劳役 20天，“调”是调整上交国家的税收内容，不一定非得用粮食交，有什么交什么；各类农副产品因此丰富起来。这一税制最大的弊端是按人头交税，不管贫富、不管劳动能力强弱、也不管年纪大小，容易导致社会动荡。

---

① 严行方：《会计简史 · 会计思想》，上海财经大学出版社 2017 年版。

“安史之乱”后改为“两税法”，即按土地和财产的多寡收税。两税法是中国古代税收史又一里程碑，税收从人头简史转向土地财产税。这一直延续到宋朝。

唐朝商业十分发达，税制只针对农民；商人相对比较幸福，只是受限制不让过高发展。宋朝战争频繁，开征商税，发现工商税远比农业税丰厚。于是国家政策鼓励工商业发展也增收工商税。现在很多人认为，按照这样的趋势发展下去中国是世界上最早的资本主义国家。历史无法假设，中国的社会环境、文化基因有其独特性，从背景来说，宋朝重商是为了收税，“一切弛放，任令通商”，土地大兼并出现失地农民，政策鼓励他们从商，工商业是自由发展了，但失了农耕社会的国本，出现国弱民强社会动荡局面。

元末起义领袖朱元璋就特别痛恨商人，打败商人出身的张士诚等势力后建立明朝，很快出台了重农抑商政策，商人地位一落千丈。正道只有读书考功名、种地收粮食两条。明中叶发现只靠农业富不起来，穷人越来越穷了，于是有了“一条鞭法”改革：不管什么税，不管谁交税，只收白银。这是中国税收第三个里程碑：实物税改货币税。到清朝雍正年间，税收变成“摊丁入亩”，就是把劳役税和财产税合二为一，按土地面积征税。

得天下之初，税费改革在于减轻农民负担；几代后当权，失落百姓意识花天酒地骄奢淫逸，钱不够花了就增加税费，直到老百姓忍无可忍、揭竿而起。

古代税赋的改革主要在农业领域，中国农民自古含辛茹苦、处于被盘剥阶层，几千年不变。直到现代红色革命，农民才真正被重视起来，中国共产党组建农工之军、以农村包围城市之路建立了中华人民共和国，2006年，红色管理作出了根本性税收改革：取消农业税。

鸦片战争轰开中国国门，印度—阿拉伯数码引入中国，本土会计改良，引进西方借贷复式簿记。民国时期，大型工商企业采用借贷复式簿记，中小型工商企业则会采用中式收付簿记。会计师潘序伦（1893～1985年）创办立信会计师事务所、立信会计学校和立信图书用品社，广泛传播借贷复式簿记，西方会计与传统中式会计渐渐融合。

3. 红色财税成长与发展史

红色金融财税，起始于“农民运动大王”彭湃，因为农运领袖的名气太响，以至于人们没有关注到他毕业于日本早稻田大学经济系。1928年2月20日，第一家红色银行——广东海陆丰苏维埃政府的劳动银行成立。根据毛泽东要求，这年井冈山建立了红色造币厂，铸造了第一枚“工字银元”。1930 年 10 月 7 日，在福建龙岩成立了闽西工农银行（行长阮山，会计科长曹菊如）。1931 年 11 月中华苏维埃第一次全国代表大会上，毛泽民受命筹建苏维埃国家银行（次年 3 月 1 日成立，全部职员 5 人）。1934 年 10 月长征开始，苏维埃国家银行与财政部合一，开始肩挑背扛长途大搬家，遵义会议时亮明牌子发行红军票。

中央苏区财税起始于中央苏维埃临时政府，林伯渠任人民委员，邓子恢任副职的“财政人民委员部”，设会计处（曹菊如）、审计处（高自立、吴亮平）、总务处、税务局（陈笃卿）、公债管理局（彭子星）、钱币管理局、国产管理局、合作社指导委员会等部门，制定《暂行国库条例》《会计规则》《会计科目表》《预、决算规则》《财务交待规则》以及各种簿记单据等（1933 年 1 月 1 日开始实行）。这个时期，红色财税工作围绕党的中心工作进行，着重发展苏区经济、涵养财源，财政上制定预决算，统一管理。红色财税留给后人的最重要的不是财税、会计、金融方法，而是第一代红色财政税政会计人的苏区精神。

这个时期的红色会计工作，须提及三个人，一是黄埔四期经理科毕业的范树德，二是川滇黔联军军需官出身的杨至成，三是云南法政学校经济专业毕业的赵镕。范树德在叶挺独立团参加北伐、随警卫团参加秋收起义。红军原采用传统中式簿记记账核算，是范树德推广新式簿记。中华苏维埃共和国临时中央政府成立，范树德任中革军委下属的总经理部部长，实施军委总经理部、军团经理处、师军需处三级核算体系。1932 年 9 月，总经理部改称红军总供给部，杨至成任部长，并办红军供给学校，内设供给队和会计队；长征到达陕北后其任军委采办处主任和红一方面军后勤部部长。赵镕随朱德部队上井冈山，1934 年 1 月任一方面军供给部会计处处长时，奉命到瑞金交账时拟安排到九军团工作，杨至成请他去九军团报到前给干部会计训练班讲课、写讲义，于是有了《红军簿记学》讲义提纲。赵镕边备课边写讲义边讲课，从 1 月 17 日开讲，到 3 月 14 日结束。这是最早的红军会计教材。

长征后在陕甘宁边区政府，原国家银行改为陕甘宁边区银行，在遭遇日伪及国民党顽固派全面经济封锁的时候，发挥出极其重要的作用。1939 年 10 月，曾任冀南区首任税务局长、晋冀鲁豫财政经济处处长的高捷成，在山西省黎城县小寨村创办了冀南银行，并任首任行长，为抗战作出了卓越贡献。1943 年 5 月 14 日高捷成与日寇遭遇战中不幸壮烈牺牲。

抗战开始后 10 个月，即 1938 年六七月，毛泽东《论持久战》伟文发表，批驳了“中国必亡论”和“中国速胜论”，他指出：抗日战争是持久战，最后的胜利是中国的，解决了人们的浮躁思想。要“持久”，就得解决军民的生活问题、军队装备问题。当时八路军等人民武装及根据地人民十分艰苦、物资奇缺，善于解决思想问题的毛泽东，连续发表了《抗日战争时期的经济问题和财政问题》《组织起来》等经济类文章，提出了抗日根据地的财税思想、经济工作方向：发展经济，保障供给。他通俗易懂地指出：财政是分配问题，经济是生产问题；决定财政的是经济，“财政政策的好坏，固然足以影响经济，但决定财政的却是经济。未有经济无基础，而可以解决财政困难的；未有经济不发展，而可以使财政富裕的。”① 关于如何发展经济，毛泽东指出要切合实际，“只有实事求是地发展公营经济和民营经济，才能保障财政的供给。”② 而且“全根据地内实行自己动手，克服困难的大规模生产运动。”③ 由此，边区开展了大生产运动，当时的中共领导人带头参与，359 旅进驻南泥湾，成为一面旗帜。大生产运动，自己动手，丰衣足食，让中共中央、边区军民渡过了抗战最困难的时期。

毛泽东在克服财政困难的举措上，进一步提出厉行节约，精兵简政；在财税原则及额度上，提出公私兼顾（既要顾政府与军队，也要顾农民），财政政策上提出因地制宜、因情制宜，实事求是。这些思想在今天仍然具有极其重要的指导意义，在当时也起到了重要作用。例如，陕甘宁边区的财政政策，1937～1940 年为“财政统一、统筹统支”；边区遭遇国民政府的经济封锁与围剿，1942 年转为“统筹统支为主，自给自足为辅”；1943 年修改为“统一领导、分区统筹”；1944～1945 年就成了“加强积蓄、准备反攻”。税收政策也如此，先是废除原国民政府的苛捐杂税，前三年免税或少交税，1940 年实施农业累进税。此外，为打破日军伪钞政策，各根据地建立了红色银行发行自己的货币，如晋察冀的冀南银行、华东的北海银行、陕甘宁的边区银行等，并把法币、伪币从市场上逐步收回，使其在根据地无法流通。

解放战争时，“解放区的天是明朗的天”，精兵简政、减轻民负，发展生产、保障供给，军民兼顾、公私兼顾，集中领导、分散经营等抗战时期总结出来的经济、财税举措进一步加强并发展。否定了打土豪做法，转为土地改革，中共中央 1946 年 5 月 4 日发布《关于土地的指示》，1947 年 9 月 13

---

① 毛泽东：《毛泽东选集》第 3 卷，人民出版社，1991 年第 2 版，第 891 页。
② 毛泽东：《毛泽东选集》第 3 卷，人民出版社，1991 年第 2 版，第 895 页。
③ 毛泽东：《毛泽东选集》第 3 卷，人民出版社，1991 年第 2 版，第 911 页。

日全国土地会议上通过了《中国土地法大纲》，“土地改革”轰轰烈烈开展。方针政策上，依靠贫农，巩固地联合中农，消灭地主阶级和旧式富农的封建和半封建的剥削制度。此后，中共中央开始建设新中国财政税收制度，重点解决公粮要征得好、税收要整顿好两件事。1949 年 9 月 29 日，毛泽东主持制定《中国人民政治协商会议共同纲领》，明确规定了新中国的财税政策。红色财税，源起于战争时期，一开始就以人民为本，红色事业为纲。

第二节　红色情报信息史及其实践

红色管理的情报领域，只论已解密的革命史之红色情报。战争年代，政治、军事、经济、文化，乃至生活方面的信息都可能是重要情报。中国共产党带领全国人民取得革命胜利，最终建立起中华人民共和国，党和人民军队的浴血奋战是其主要原因，但不可否认，没有优秀的情报支撑，就做不到“知己知彼”。红军长征时期、抗击日寇时期、解放战争时期，都充分体现出情报的巨大作用，情报战中的红色管理实践，取得了世界瞩目的成就。把握红色情报信息史，为中国特色情报信息学科奠定基础。

一、红色情报的起源与创建

随着红色档案的逐渐解密、红色文献史料的公开，隐蔽战线的一些人物、事件浮出水面，加上党史的介绍，红色管理史越来越清晰，红色情报史自然明朗化起来。这是以中国特色、中国元素为主导的理论与实践，指导价值极大。就学科建设而言，不仅仅是党史，凡是社科领域的各个学科都应引入红色理论、红色思想、红色方法。中国管理学也不例外，如经济学、管理学等，在今天和未来，红色管理原理和红色情报学方法依然极为有效。

1. 红色管理情报系统起始

红色影视剧透露出周恩来是红色情报的创始人、最高领导者。五四运动前周恩来从日本留学回国，以南开校友身份领导学运、组织觉悟社，序号抽签时抽到了五号（有资料说周在留学法国、加入共产国际时的证件号也是五号），于是就有了化名“伍豪”，成为周恩来最重要、也最为著名的代号。1920 年周恩来又赴欧留学，1924 年回国，26 岁出任黄埔军校第三任政治部主任（戴季陶、邵元冲在职分别仅几月），开始军政生涯。他习过武，由民国七大高手之一的韩慕侠亲授；在共产国际接受过情报专业训练，亲手编制的第一部红色密码，叫“豪密”。

五四运动后，大批青年投身革命，有的加入国民党、有的加入共产党，孙中山领导的国民党一大定“联俄、联共、扶助农工”基调，国共第一次合作，共产党员以个人身份加入国民党，两党一起革命、一起北伐，互有亲密关系，为后来的情报工作埋下了极其重要的伏笔。以周恩来等为代表的共产党人善于广交朋友，各个时期都结交了大批朋友，为统战和情报工作打下了极好基础，同时也埋下了一批暗线，特定时候发挥出极其重要的作用。

国民党情报系统，先是1928年2月中央组织部设立了党务调查科，陈立夫负责，专门对付中共，后更名国民党中央组织部调查统计局，简称“中统”。1932年3月，蒋介石黄埔军校生仿照意大利的棒喝党和德国的褐衫党，秘密组织了“中华民族复兴社”，社员衣着蓝色衣服而称“蓝衣社”，同年4月1日社内设“特务处”，戴笠任处长；1938年将这一组织扩建为国民党中央军事委员会调查统计局，简称“军统”。

中国共产党在国民党左派领袖廖仲恺遇刺身亡后，意识到了中共中央安保工作的重要性，而且在国民党执政情况下危险性更高。因此周恩来、陈延年、谭平山等于1925年底共产国际在广东开办特工训练班时，中共广东支部派傅烈、杨殷参与，并成立情报小组负责情报工作；中央军事部组织机构规定中明确提出“军事部的技术部门分组织和情报两部分。”1926年9月25日，党中央派顾顺章、陈赓和陆留前往苏联学习特工工作，三人各有所长，陈赓为情报专家、顾顺章为行动专家、陆留是爆破专家。1927年，在上述人物基础上在上海成立“中央特科”，其主要任务有三项：保卫中央、镇压叛徒、搜集情报。

1927年“四一·二”事件以前国共合作，但中共尚未建立军队，军事情报只是作为情况了解和参考资料，重新建立广泛的社会关系和培养共产党人，不经意间储备了红色情报人员。

2. 中央特科史与龙潭三杰

1927年是中国现代史大事件年：年初汉口爆发反英怒潮，收回汉口、九江英租界；毛泽东历经32天考察，于3月5日发表了《湖南农民运动考察报告》；上海工人武装起义，2月的第二次起义失败，3月周恩来指挥第三次起义取得胜利。4月政治形势遽变，蒋介石在上海发动“四一·二”政变，大肆清除共产党，国共合作破裂，宁汉分流；5月许克祥长沙马日事变，7月汪精卫武汉“七·一五”政变，国共两个阵营完全对立；共产党8月南昌起义、召开“八七会议”，9月秋收起义，10月建立井冈山根据地，12月广州起义……

中共在国民党的血腥屠杀中醒悟，意识到要有自己“枪杆子”和“刀把子”。“刀把子”是指安保、锄奸、情报工作，“枪杆子”是建立和掌握军队。1927 年 5 月，成立中国共产党中央特别行动科，隶属中央军委。开展中央安保，建设秘密电台，发展地下党并建立地下交通网络，开展情报的收集、整理和分析，并处决叛徒、营救同志。中共中央军委日常工作就是情报搜集，同时组织工人纠察力量、争取国民党军中人士、安排共产党员进入国民党军队中等。中央特科领导人是军委书记周恩来，秘书长王一飞，参谋长聂荣臻等；具体负责人顾顺章，陈赓协助；初设总务（科长洪扬生）、情报（科长陈庚，化名王庸）、行动（又称“红队”，科长顾顺章，化名黎明）三个科，后来增加了交通科（再改为无线电通讯科，科长李强，原名曾培洪）。1928 年 11 月，中央决定由向忠发、周恩来、顾顺章组成特别委员会，领导特科工作，由周恩来实际主持。

1928 年春，周恩来领导下中央特科建立了首个反间谍关系鲍君甫（化名杨登瀛）——国民党中央组织部调查科驻上海特派员。鲍受中共党员陈养山影响为中共提供情报，陈赓受周恩来派遣启用了这条暗线。“龙潭三杰”就是在他帮助下进入国民党特务机关，并与三人共称中共“情报四杰”，国民党警特机构甚至外国租界侦探机构的情报，中共通过鲍君甫得以掌握；他还利用特殊身份惩治叛徒、营救身陷囹圄的中共要员，为党做了大量工作。1928 年夏天，特科设无线电通讯科，设备紧缺，就自发研制无线电发报机，从各地抽调了 10 名青年党员到上海学习收发报技术——第一批红色报务员。1929 年秋，中共在上海首建地下无线电台；年底李强等在香港建立电台，年后两台通讯成功，红色电讯开通。此后中央派专人到各苏区、各地红军建立起通讯联系。任弼时 1929 年先后三次被捕，都被中央特科成功营救，重要原因是任弼时身份没有暴露，中央特科设法通过法律途径将其保释。而 1929 年 8 月，叛徒白鑫出卖导致在中共军委开会的彭湃等四位领导人被捕（周恩来因事未参加会议，躲过一劫），红队处决了叛徒，但营救彭湃等人未成功。

中央安保遭受重大挫折的是 1931 年 4 月顾顺章叛变，这一事件对当时的中共中央带来极其巨大的伤害：中共早期领导人恽代英、蔡和森牺牲，向忠发被捕（后叛变），陈赓被捕（因早年救过蒋介石被特赦）等。顾顺章曾为特科领导人，许多特科工作方法是他教导的，许多地下线、交通线是他建立的，他极其熟悉地下党工作套路……不幸中万幸的是，由周恩来亲自领导并高度赞誉的“龙潭三杰”钱壮飞、李克农、胡底三人，打入国民党情报系统核心部位，发挥了极为重要的作用。钱壮飞第一时间获取顾顺章叛变消息，他排除万难及时将情报传递给党中央，粉碎了要将中共中央机关一网打尽的阴谋。但顾顺章叛变及随后的向忠发被捕，供出周恩来及中央军委其他领导如聂荣臻等身份与住址，无法再留上海，转移到中央苏区（陈赓赴鄂豫皖苏区），中央特科大多撤往苏区。钱壮飞长征途中牺牲在金沙、息烽一带的乌江渡口，胡底在长征中被张国焘扣上“国民党特务”和“反革命”罪名，1935 年 9 月被秘密杀害，李克农参加长征到达陕北，在周恩来领导下创建新情报系统。1955 年，从未领兵上战场的李克农被授予上将军衔，就是因为他在军事情报战线的卓越贡献。

中共是共产国际的一个支部，立足城市、致力工人运动，不愿意也看不起农村工作。顾顺章事件让中共损失巨大的同时，发生了一系列改变：首先，中共中央机关不得不迁往江西苏区（“中央苏区”之说由来），客观上党的工作重心从城市走向农村（虽然一段时间内仍受共产国际影响攻打城市）；其次，共产国际扶持王明为中共领导人，但顾顺章事件让他害怕在上海会被抓，去农村“受苦”又极不愿意，就躲到莫斯科主持共产国际中国事务，遥控指挥博古控制中共领导权，为遵义会议后中共摆脱共产国际控制（彻底摆脱是在 1943 年 5 月 5 日斯大林解散了共产国际）提供了便利；最后，中央紧急决定由周恩来、陈云、康生、潘汉年、邝惠安重组中央特工委；陈云担任中央特科总负责并兼总务长，康生为副手兼行动科长（后由邝惠安接任），潘汉年为情报科长。1933 年，邝惠安因叛徒出卖被捕并牺牲，上海临时中央局命武胡景负责中央特科工作，王世英重组“红队”。上海临时中央局撤离后，由王世英领导红队负责军委系统工作，为红队最后一位队长、中央特科最后一位负责人。

3. 入敌营红色特工沈安娜

1934 年，苏区第五次反“围剿”失利，中央红军战略大转移，隐蔽战线处于白色恐怖。1935 年初，“上海”中央局基本停滞，3 月中旬有所恢复，但 7 月再遭重创而陷入瘫痪，8 月底，王世英带领剩余人员转移至天津，并入北方局军委和华北联络局。中央特科 1935 年 10 月结束工作。留在上海人员由邱吉夫组建“军委留沪联络站”，设政治军事情报、警报关系、通讯联系三个组，并为南方各省情报指挥中心。中共情报系统由此以新面目展现。

深入敌营的红色情报战案例很多，后文另有提及。这里先提一位特殊人物：沈安娜。2001 年，原地下工作者沈安娜到一家单位讲述当年隐蔽战线斗争史，有一听众听到故事中提到了自己父亲姚子健，于是报告结束后与其联系，时隔 67 年后两位老人得以见面。姚子健 1934 年从测量制图班毕业，分配到南京国民政府中央陆地测量总局印制地图部门工作，结识了中共地下党员鲁自成，秘密加入中国共产党，为党组织提供了各种情报，特别是地图和资料，但他一直不知道自己隶属中央特科（1938 年奔赴延安工作），这次百岁老人才知道真相。

沈安娜是被称为钻进蒋介石腹中的“铁扇公主”，中央特科著名的红色特工。1932 年，年仅 17 岁的沈安娜在江苏省泰兴中学读书时认识了华明之和舒日信，地下党员舒日信发展了华明之，参加中央特科的秘密情报工作；沈安娜则考进了只须半年即可毕业的邴勋速记学校。1934 年 11 月，一心想要成为电影明星的沈安娜在华明之等人开导下成了中央特科的一员（隶属王学文线），进入浙江省政府议事科当上速记员，开始了她生活中的“演员”生涯。为了指导和配合沈安娜，华明之利用周末时间从上海到杭州，或沈安娜从杭州到上海，联络、指导和传递情报（情报直达周恩来）；一来二去，两人相恋，1935 年秋经王学文批准结婚。1936 年，朱家骅接任浙江省政府主席，作为机关内唯一的速记员，沈安娜得到朱家骅的信任，为她的间谍生涯开启了一扇大门。1937 年日军侵华，战火烧到杭州、上海，失去组织联络的沈安娜夫妇，决定华明之暂留浙赣铁路局，沈安娜赴武汉找党组织。沈安娜见到周恩来、董必武，一心想去延安的她接受指示，到武汉的国民党中央党部找已升任中央党部秘书长的朱家骅，并随同迁往重庆，经批准同意沈安娜国民党的“特别入党”，成中央党部秘书处机要速记员，成为国民党中央党、政、军、特高层会议不二之选的速记员，也是蒋介石召开会议的“御用速记”。从 1938 年到 1949 年，沈安娜通过速记了解国民党高层会议资料，通过蒋介石副官室、秘书室、印刷股搜集到相关文件，整理成汉字交给丈夫，送出无数珍贵之极的情报。尤其是解放战争期间，常常是蒋介石上午开了会，当晚，在延安窑洞里的毛泽东就能得知内容；沈安娜甚至还把会场气氛、重要人物的情态、语气和蒋介石骂人都记录下来，让日理万机的毛泽东、周恩来等领导阅读情报时乐得开怀大笑。

二、红军队伍情报系统发展

1. 建红色电波与破译三杰

红军时军情传递靠人力，近距离的军校教导带来的旗语，情报传递制约性太大。为此，中共情报线的工作重心转移到两项重要工作：建立新交通线，建立红色电波。

红色交通线是“机要交通”，指地下党输送情报、起运货物、护送重要领导人的线路。这一红色秘密交通机构始建于 1925 年，中央特科成立后有了拓展，后被白色恐怖破坏严重。1930 年 10 月，在周恩来主持下成立中央交通局，由周恩来、向忠发、李立三、余泽洪、吴德峰五人组成委员会，负责全国、全党的机要交通，吴德峰任中央交通局局长。三个月打通了中共中央与中央苏区的交通线，随后又打通到湘鄂西、鄂豫皖等苏区的交通；另打通了一条被称为“中央红色交通线”的上海至香港（经汕头、潮安、大埔、永定到达瑞金一线、水陆配合）全程约 3000 公里的红色交通“大动脉”、革命事业“生命线”，在反“围剿”冲破重重封锁中发挥了极其重要的作用。而建立红色电波则稍晚些，是在 1930 年。

红一军团在文家市战斗中缴获了一部电台，因战士不懂而砸了。龙冈战斗后，好不容易保住了半部电台：发信机砸坏了，只留住收信机；但庆幸的是保住了当时的稀缺人才——王诤、刘寅两位报务员。红军无线通讯及其红色电波情报，就是从这半部电台开始。当时对电信人才的重视，现代人很难想象，不仅最高首长朱德、毛泽东迅速接见并勉励了王诤、刘寅；红军没有工资，只发津贴，朱德和毛泽东每月 5 元，红军战士的伙食费一天才 3 个铜板，却给王诤每月 50 元、刘寅每月 30 元（后王、刘联名写信总部请求免发技术津贴）。1931 年 1 月 3 日，第一次反“围剿”东韶战斗中红军再次缴获一部完整的 15 瓦电台，1 月中旬即成立红军第一个无线电队，由朱德和毛泽东亲自任命王诤为队长。第二次反“围剿”中，王诤等人带 15 瓦电台随朱德和毛泽东上前线，曾三、刘寅等带收信机随叶剑英在后方收听；监听电台时王诤获得重要情报，于是有 5 月中旬的东固战斗，缴获一部 100 瓦大功率电台。6 月 2 日，前线后方这两台电台通联，红军无线电通讯开创了，红色通讯史从此开始了波澜壮阔又默默无闻的历程。

1931 年 11 月 25 日，苏区成立中华苏维埃共和国中央革命军事委员会（中革军委）。王诤任中革军委通信联络局（原简称四局，后改称三局）局长，逐步建立起无线电通信、有线电通信、野战运动通信和简易信号等多种手段的红色通信队伍，王诤成红色通信史开山鼻祖。而破译密电的任务，主要落实在中革军委二局，局长曾希圣、副局长钱壮飞，一科破译科，科长曹祥仁，副科长邹毕兆，这三人都是破译高手，号称“破译三杰”，“能做到‘敌发我收、敌通我通’的惊人水平，主控方向的抄报率经常保持在百分之百，译通率经常达到‘来一个通一个’，在许多关键时刻，创造了不少‘边抄边通’的奇迹。”① 1932 年 8 月 12 日宜黄战斗后，

① 路福贵：《“破译三杰”：毛泽东点名带走的红军英雄》，《湘潮》授权中国共产党新闻网发布，2017 年 6 月 23 日。

曾希圣在两箱敌文稿中发现一份已经译出30多个字的密电，由此探索敌密码而成功；此后连续翻译出一系列敌密电。敌发现密码泄漏后，1933年初江西围剿红军的国民党军全部换成了新“特别本”密码“猛密”。曾希圣和他的战友们废寝忘食，破译成功，四次反“围剿”，二局功勋卓著，达到敌换密码我就破密码的水平。1933年7月9日，中革军委为红军官兵颁发红星奖章（红军时期最高荣誉，1933～1935年分别发过三次，共发166枚），“破译三杰”都获奖，曾希圣获二等红星奖章，曹祥仁、邹毕兆获三等红星奖章。

2. 长征路中央二局神助攻

第四次反“围剿”期间，红军领导层人事发生巨大变动，第五次反“围剿”失败了。同样的情报在不同的人手上发挥的作用不一样，用得好，石能变玉，用得不好，玉也为石。第五次反“围剿”中，二局夜以继日破译了国民党军352本密码，一切听军事顾问李德的博古不懂军事，李德弃之不用，第五次反“围剿”失败，只得突围长征。湖南军阀何键集结两个兵团堵在湘江上游的密电，当天就被二局破译，毛泽东提出不走潇水、不过湘江，但博古、李德一意孤行，按原计划过湘江与红二、四军团会合，带领8万红军硬往敌人口袋里钻。湘江之战红军战损5万人（超过红军总兵力58%），此惨烈之战后虽通过破译密电已经知道湖南军阀何键构筑四道封锁线，15个师张网以待，但博古、李德仍渡过湘江往湘西进发。

幸好受排挤后刚刚有建议权的毛泽东，强烈建议中革军委开会，最终同意了毛泽东主张转道贵州黎平方向，避免了再次自投罗网局面。红军领导层很多人开始意识到博古、李德的错误，即使从共产国际来的一些同志，在现实中也开始怀疑王明路线。毛泽东抓住这一时机，团结大多数领导同志，于1935年初创造出在遵义休整、扩红的机会，遵义会议得以顺利召开。会后，周恩来、毛泽东、王稼祥组成“新三人团”掌握红军指挥权，于是“四渡赤水出奇兵，乌江天险重飞渡，兵临贵阳逼昆明……调虎离山袭金沙，毛主席用兵真如神”。如神助的背后是情报战，这些情报通过毛泽东等领导人的运用，发挥出了奇效。

此后蒋介石调动40万大军围追堵截这支得不到给养的3万红军，却屡屡败北，让红军成功脱离包围圈到达陕北，毛泽东等领导人高超的指挥艺术、随机应变的见缝插针能力、红军战士铁一般的纪律和顽强拼死精神、杰出的机动能力和战斗能力等都是重要因素，但这些都必须建立在一个重要基础上：对敌情了如指掌，而敌对我情一无所知。长征路上军委二局主要贡献于此，当时国民党的密码部门无法破译红军密电，而红军却能破译蒋介石军队的密码，奥妙在于红军方面是以伍豪最早编制的“豪密”为基础，能实现“同字不同码，同码不同字”，国民党将其称为“复译法”，密码可在0000号至9999号一万个号中做任意抽用，在当时属于最先进、最安全的密码体系。于是，国民党军队只能通过飞机空中肉眼侦察，这在云贵川这样的山林层密的地形、春季雨多雾大的气候下，精确度很低；而红军熟悉敌侦察机行动规律和侦察方式后，可以人为制造假象迷惑，导致蒋介石的指挥系统如同瞎子一样。而红军却能攻破国民党军队的各类密码，所以每每能在敌人夹缝中悄然穿插。

更奇妙的是，在被四面包围情况下，红军居然调动敌之主力让开道路。那是中央红军第四次渡过赤水南下时，国民党中央军周浑元、吴奇伟两支纵队追踪而来，导致红军腹背受敌，若无良策就只能以有限兵力硬拼，曾希圣灵机一动，提议利用敌中央军密码及电文格式，以蒋介石名义电令周浑元、吴奇伟改变南下追击路线；红军因此争取了一天南渡乌江时间，把敌主力甩在乌江北岸。二局又在敌电报中发现身在贵阳的蒋介石身边只有4个团，于是有了“兵临贵阳逼昆明”大戏，在敌自顾不暇时，红军主力已挺进云南、北渡金沙江，甩脱国民党军的追剿。有中央领导称赞二局是红军长征的指路明灯。

红军长征后，全国各地的地下党情报人员尤其是鄂豫皖苏区和云川贵以及隐蔽在敌人心脏的情报人员，历尽千难万险获取各种情报，这个过程本身也是惊心动魄，无数的无名英雄因此被俘、牺牲，即使顺利完成任务自己也保全下来的，很多人在他们的有生之年也不能公开其辉煌的业绩。他们无怨无悔用智慧和生命搞情报，只因为他们心中有信仰——心中有，便不惧一切。所以才会有“砍头不要紧，只要主义真，杀了夏明翰，还有后来人”这样惊天地、泣鬼神的英雄诗篇和无畏壮举。

正是无数地下党员、无数红色情报人员的不怕牺牲、排除万难搞情报，才有长征中红军所需的大量情报。

3. 情报三杰密码脑袋之谓

鄂豫皖苏区和红四方面军通讯英杰是宋侃夫、蔡威等人。宋侃夫1926年入党、1930年加入中央特科，大学学过电机而安排学习报务和机务。蔡威1928年入党，1930年学习无线电技术。顾顺章事件后，宋侃夫、蔡威与王子纲、徐以新等人转往鄂豫皖革命根据地，为新组建的红四方面军创建电台。1932年2月，利用缴获敌人的破旧发电机、收发报机的零件组装了第一部电台。宋侃夫同样是红军第一代无线电通讯和技术侦听专家，担任电台负责人兼管译电，与中央及各革命根据地建立了联系。1932年8

月，红四方面军组建第二座电台，同样来自上海电讯“火种”的蔡威任台长，在红军四渡赤水河战斗中屡建奇功。1935 年 10 月蔡威任红军总司令部二局局长，过草地后不幸病逝（1936 年 9 月），年仅 29 岁。王子纲 1929 年入党，与宋侃夫负责电台一台，后接任台长，他报务业务十分精通、手法极好。宋侃夫、蔡威、王子纲并称红四方面军“情报三杰”，都经历了“草地分裂”事件，毛泽东带领中央机关和右路军（红一方面军为主）北上，而左路军（红四方面军为主）南下。所有电报往来，都在“情报三杰”领导下进行而没有出现混乱。

国民党左派领袖廖仲恺的儿子廖承志，是在 1927 年“四·一二”后脱离国民党，同年在日本参加中国共产党东京特支的活动，第二年被日本当局驱逐出境后在上海加入了中国共产党。1933 年秋被党组织营救出狱的廖承志，从上海来到红四方面军任川陕苏区省委常委（后任红四方面军总政治部秘书长），带来了中央指示信和一本敌军密码电报破译法。这一万分宝贵的资料，让红军可以破译密码，掌握敌军兵力部署和行动方案。毛泽东在遵义会议后一系列眼花缭乱的战略部署与战术安排，指挥红军跳出敌军重重包围胜利北上，背后都有着强有力的通讯情报支撑，这本敌军密码破译法在其中发挥了关键作用。

红军在无线电技术侦察中，首先破译了当时的普通密码“通密”，再是破译了杨森、刘存厚、李家钰、罗泽洲、邓锡侯、田颂尧、刘湘等四川各派军阀的密码。1935 年，中革军委二局二科一位参谋掉队被俘，从他身上搜出破译的国民党底稿，云南龙云赶紧报告蒋介石，国民党知道“我军电文被匪窃译”。于是，敌人随时更换密码，出现“烂码”现象，红四方面电讯破译的战士们，做到 2 ~ 3 个小时破译一个新码，使红军在六路敌军围攻下依然占据主动。1935 年，红一、红四方面军四川懋功会师，宋侃夫担任了新成立的红军总司令部三局局长，统一领导中央红军和红四方面军的全部 12 个电台，不久奉命随西路军西征，途中多次破译马家军密码，助部队冲出一次次包围。

红军长征的三大主力中，还有一支红二方面军（红军红 2 军团、红 6 军团及 32 军组成），是长征中唯一没有损失的部队，贺龙、任弼时、周逸群等为主要领导。1933 年 5 月，红 6 军团在棠市战斗中缴获了一台已损坏的 5 瓦电台并俘虏无线电队长王永浚，王永浚参加红军，修复电台，10 月湘赣军区举办第二期无线电技术培训班，王永浚任唯一教员。1933 年 6 月 2 日，中央派来湘赣苏区担任省委书记兼军区政委的任弼时抵达，当即把王永浚调到省委二局任研究员；1934 年 10 月，红二方面军组建，任弼时任政委，安排王永浚为司令部二局研究员，在情报战线上功勋卓著，任弼时誉其为“密码脑袋”。

1935 年 6 月中旬，红一、红四方面军会师，两军二局合并（蔡威任局长）。二局很快就获得国民党胡宗南部、川军各部和甘肃鲁大昌部的密码编制与使用情况，7 月即侦知胡宗南部已到川北松潘及他各部正在向此运动的情报。中央放弃攻打松潘改走草地进入甘南，赢得了北上主动。1936 年底，红二、红四方面军的技侦力量归入军委第二局。

三、抗战及解放战争情报战

1. 抗战时的红色情报战线

红色情报战线的组织与人员，是在工作实践中摸索并壮大起来的，“毛泽东曾讲过，我们要消灭敌人，有两种战争：一种是公开的战争，一种是隐蔽的战争。的确，在中国共产党艰苦漫长的斗争历程中，党的隐蔽战线工作是党和国家革命事业不可分割的重要组成部分，是我们各项事业取得胜利的重要力量。”① 周恩来说：“党不能为情报保卫部门到处宣扬，这是一个长期埋头的艰苦工作……将来革命成功了，党史上要写上去。”②当初中央特科时期，周恩来就规定了“三大任务一不许”，即搞情报、惩处叛徒和执行各种特殊任务，不许在党内相互侦察。到抗日战争时期，红色情报战线逐渐走向成熟。

1939 年 2 月，中共中央社会部在延安枣园后沟成立。1941 年 7 月 7 日，中共中央发出《关于成立调查研究局的通知》，并于 8 月 1 日做出《关于调查研究的决定》，这标志着党的情报工作由获取警报性、保卫性情报为主向以军政战略性情报搜集为主的重大战略转变（1943 年 3 月撤销调查研究局，组成中央研究局）。1941 年 9 月，在此基础上又成立了中共中央和中央军委统一的军政战略情报机关——中央情报部。

这时期红色情报分为四个系统，即中央系统（延安社会部，中央预警系统）；国统区系统（重庆南方局，隐蔽战线）；日占区系统（华南的香港、上海情报系统，日伪内部与日军统治区隐蔽战线）；晋察冀中央局情报系统（包括伪满洲国情报网络）。此外还有周恩来领导的八路军驻重庆办事处，统一战线与隐蔽战线两线协同，既争取国际民主人士、国内民主

---

① 顾元罡：《党的隐蔽战线的源头和发展》，《学习时报》，2021 年 5 月 14 日。

② 薛钰：《周恩来与党的隐蔽战线——试谈民主革命时期周恩来对我党情报保卫工作的贡献》，《中共党史研究》，1998 年第 1 期。

和进步人士支持，又秘密主持中共南方局工作，利用四通八达的中共情报网络开展工作。

红色情报战线一开始就立足于高的起点上，“首先，坚持将情报工作为党的整个路线、战略、策略服务。为了在政治上争取敌占区的人心，多数地下工作者开展工运、农运、学运和秘密的统战工作，发动和引导群众拥护共产党。隐蔽战线的同志通过交朋友、建立据点和充分利用社会关系，搜集掌握了大量很有价值的情报。其次，注重加强内部制度规范。周恩来要求中央社会部必须坚持“隐蔽精干、长期埋伏、积蓄力量、等待时机”的方针，并根据国统区工作特点，创造性地提出了“三勤”（勤学、勤业、勤交友）“三化”（职业化、社会化、合法化）政策，为顺利开展党的隐蔽战线工作提供了基本遵循。再次，着力在实践中不断提高情报能力。周恩来反复强调将周密系统的调查研究工作与情报工作紧密结合，深入到日、伪、蒋的党政、军特机构中，直接了解内幕情况。有计划地派遣来自不同地方党的特工人员到苏联红军军事学院学习，主要学习收集军事情报和爆破技术，回国后都被派往敌占区从事收集日伪军事情报的秘密工作。”①

毛泽东主席还专门为抗战时期的对敌斗争提出了“隐蔽精干、长期埋伏、积蓄力量、等待时机”的方针。周恩来根据国统区工作特点，总结发展了十年内战时他提出的党员职业化原则，又创造性地提出了“三化”（职业化、社会化、合法化）政策，成为党在国统区开展地下工作的基本方针，也成为在日本占领的沦陷区的秘密工作指南。特别强调一点：现代影视剧中俊男靓女加豪奢阵容的所谓“谍战”，是商业炒作出来的，当时的条件和现实情况，不大可能让党的地下工作者光鲜亮丽地活跃在敌营，即使隐蔽在敌营中的高官，也是尽可能不引起别人关注，大多数地下工作者也是努力让人看了一眼也记不住特性的人，他们的工作重点更多时候不是“搞情报”，而是在“政治上争取敌占区的人心，地下工作者多数在搞工运、农运、学运和秘密的统战，发动和组织群众拥护共产党”②。

这时期的红色情报战线布局广泛，组织严密，在血与泪中一步一步走向成熟。

2. 谍报勇士显神通功勋著

《试论抗战时期中共北平情报工作的特点》一文这样总结：“一、北

---

① 顾元罡：《党的隐蔽战线的源头和发展》，《学习时报》，2021 年 5 月 14 日。

② 徐焰：《中共地下“谍战”真相》，人民日报海外网；转引自环球网 2017 年 1 月 3 日。

平为点、系统延伸、分散辐射的力量格局……二、异地领导、分头派遣、单线联系的组织形式……三、打入拉出、统战联络、内线为主的工作方式……四、传递隐蔽、效用及时、形式多样的交通线路……五、服务大局、军事为主、作用独特的情报业绩”①。抗战期间涌现出来的一大批无名英雄中，阎宝航、袁殊是杰出的代表。二战中有三份举世公认最有价值的情报：希特勒德国对苏不宣而战、日本海军偷袭珍珠港、日本天皇御前会议决策南下太平洋。德国进攻苏联的情报是阎宝航获得的，中共提前一天向苏通报；阎宝航还获得过二战中第四条最有价值情报：日本“关东军”在东北沿中苏边界详细兵力布置情况；国民党军统头子戴笠至死都没能搞清他的真实身份。作为战略情报专家、国际情报专家，阎宝航负责的一部电台（2 名工作人员）从 1941 年春季开始，到 1945 年日本投降数年间都安然无事，一直向组织传递着重要情报。

中央特科时期（1931 年）入党的袁殊，奉命以灰色伪装身份开展工作，为中共提供情报、办理事务，带动华南、华东情报网运转。

解放战争（1946 年6 月至1949 年9 月）是红色情报工作发展最高峰。1946 年 10 月，中共中央情报部由李克农负责；1948 年 5 月人事调整，李克农任中央社会部代理部长、中央情报部部长，副部长为谭政文、陈刚、刘少文。并加强了北方（东北、华北）、江南（上海、南京）情报系统建设。北方有王石坚情报系统，上海、南京有潘汉年情报系统和吴克坚情报系统，专于上海活动的刘少文情报系统。这些系统各自独立，不发生横向联系。

从 1941 年至 1947 年，王石坚建立起以西安为中心，连结北平、保定、沈阳、兰州等地的高层次情报网络，主要两条情报关系，一是熊向晖、陈忠经、申健线，二是戴中溶情报线。熊向晖 1937 年被中共地下党派往胡宗南身边，抗战时基本上是“闲棋冷子”，一路升迁至胡宗南机要秘书，为其重要助手。抗战后期国民党实施反共摩擦，熊向晖被启用。1943 年，胡宗南奉蒋介石之命闪击延安，是熊向晖电告中央，毛泽东与中共以“虚张声势”破敌；1947 年，胡宗南再次欲闪击延安，熊向晖送出情报，毛泽东与中共一招“空城计”再次破敌。毛泽东带领党中央在山沟沟里与敌周旋、引敌注意，甚至敢在敌大部队缝隙中穿过，一个重要倚仗就是通过熊向晖他们可以随时获知胡宗南军情。毛泽东因

① 刘文岳：《试论抗战时期中共北平情报工作的特点》，《北京党史》，2015 年 6 月，第 24 ~ 30 页。

此称熊向晖“一个人可顶几个师”，周恩来称熊向晖、陈忠经、申健三人为“龙潭后三杰”。

西安情报处、西安交通站、苏联远东情报局组成西安通讯工作组。西安情报处处长王超北以商人身份从事情报工作，先后设立 8 个电台，向延安呈送情报；副处长李茂堂，是国民党中统陕西调查室主任，延安掌握了中统相关密码，以及陕西党、政、军、警、宪、特联合会议的全部记录。西安交通站系统负责人吴柏畅，有专门的地下交通线和无线电讯渠道直通延安。吴克坚情报系统是 1946 年地下党在南京、上海建立的情报组织，助手有何以端和周竹安等；三大战役、渡江战役和解放上海等关键时刻，获得过国民党大量重要情报，被周恩来赞为情报“迅速、准确”。前述沈安娜就是吴克坚情报系统的成员，“南京军话总站，十几个人，除了泡病号的一把手，剩下的基本都是共谍。来了两个新人，半年不到就宣誓入党去了。因为老是没有一把手，从外面调来两个领导：一个是从大革命时期就开始潜入地下的老资格地下党，另一个觉得这地方不太对劲，呆了一段时间也去泡病号去了”（资料：《谍影重重：话说中共地下党情报史》）。

3. 解放战争地下党广渗透

1947 年 12 月 25 日，毛泽东在中共中央会议上作《目前形势和我们的任务》报告时，提出了中国人民解放军十大军事原则，其中七条都离不开情报支持，敌之分散还是集中，孤立还是强大，有生力量还是非有生力量，都须把握得清清楚楚；还要明明白白掌握集中多少“绝对优势兵力”才能“全歼”敌人，怎样才是有准备、有把握之战，如何“在运动中歼灭敌人”，哪里是敌“守备薄弱”或“中午程度”的据点和城市，怎样才能“不使敌人获得喘息的时间”。毛泽东用兵如神，解放战争进展神速，强大的情报支持功不可没。

分析起来，国民党及国军特务机构林立，军统、中统在规模、设备、人数、专业性以及政治、军事形势上，都比中共情报机构要强，但中共情报成效却远远强于国民党特务，最终连同他们的党国、军队都败了，其原因只有一点：得人心者得天下！

从情报工作角度看，国共双方都有大批情报人员潜伏在对方阵营，但在对方阵营中地位高低、所起的作用却大不一样。国民党特务只能在共产党这边的基层潜伏，所得大多是外围信息，很难进入关键岗位、核心部门，更无法成为高级领导人，掀不起大波澜。反观共产党潜伏人员，在国民党军政高级部门，中将、少将、军长、师长，甚至兵团司令、国防部高官，以及国民党党政系统中厅长、主任都不在少数（若算上国民党高官中的妻儿、亲戚，那就更高层次、更广范围）。比如国民党军委高级参谋、46 军军长、海南岛防卫司令韩练成，国民党军政部军备署署长兼国防研究院副院长、国防部作战厅厅长郭汝瑰，33 集团军参谋长、副总司令、后任第三绥靖区副司令官张克侠，原 77 军军长、后任第三绥靖区副司令官何基沣，连任 11 年国民党军令部参谋次长刘斐，国民党 110 师师长廖运周等。

在解放战争极为重要的三大战役中，都有隐蔽战线的杰出贡献。辽沈战役，刘浩等地下党员在争取国民党 60 军曾泽生部起到重要作用，促成了长春解放（这支部队改编为四野 50 军，在抗美援朝中荣立赫赫战功。1955 年曾泽生授衔中将，荣获一级解放勋章）。淮海战役，地下党员何基沣、张克侠率领国民党第七十七军、第五十九军共 2. 3 万人起义——潜伏敌营 20 载，关键时刻立奇功。平津战役，最重要的是针对国民党华北“剿总”总司令傅作义的攻心战，周恩来指示李克农启用傅作义的秘书、地下党员阎又文，并安排原陕甘宁边区保卫处的王玉为绝密单线联络人。蒋介石集团也不断派人，双方都在争取傅作义。上海吴克坚情报系统和潘汉年情报系统参与动摇傅作义抵抗决心的工作，华北局城工部则派出中共党员傅作义的女儿傅冬菊、老师刘厚同做傅作义的工作（各条线之间的共产党员没有联系）。

1936 年入党的许锡缵，国防部六厅二科中校科长，可接触到核心机密；1937 年入党的吴仲禧，南京军事参议院中将参议，国防部监察局首席监察官，趁调任“徐州剿匪总部”之机获取情报。他们分别把核心军情送达中共中央，为淮海战役、渡江战役立下赫赫战功。

北平铁路局调度室的十几个人中只有一个不是中共系统的；傅作义的秘书阎又文，宋美龄的亲信阎宝航，蒋介石的侍从室段家兄弟（老大侍从室少将，老二上海管港口），还有白崇禧的秘书、卫立煌的秘书、李宗仁的参议，都是共产党员。蒋介石侍从室张默坚，是老蒋宠儿中的宠儿，宋美龄的舞伴，共产党谍报人员，协助程潜、陈明仁起义。另有许多文化名人，都利用他们的身份为党工作，茅盾的党龄从 1921 年算起，还有作家夏衍、学者陈翰笙、话剧皇帝金山、电影皇帝金焰、中国激光元老王天眷等。

形成情报战线国共如此明显而巨大差距的原因当然是多方面的，统一战线、人民战争是两大重要法宝。非常重要的一点，是人，是人心所向。国民党党政军中从事特务工作尤其是从事潜伏工作人员的思想素质、精神面貌和政治信仰，与共产党人完全不在同一水平线上。人的素质、人心所向和政治目标（建立一个没有压迫没有剥削，人人平等的新社会——共和），铸就了共产党人的身体与魂魄，昭示了心和文化的内核。

第三节　中国管理学科建设论证

《信息管理学》《财税管理学》学科建设，其可行性、必要性和价值性与中国管理学门类具有一致性。生活在中国这片土地上的中华民族，千年万年创造了无数的文明，积累了优秀的文化，探索了各式管理，并且一以贯之，不断修正、充实、发展着，这是中华民族的奇迹、人类信息的宝库。本土的信息管理类、财税管理类学科，都是中国内涵的。

一、中华民族知行中创造奇迹

1. 中西史前史与文化猜想

中西方比较的文章，文化比较为多，也有人性比较、思维比较、哲学（智慧）比较、教育比较、价值观比较，甚至军备比较、国力比较、科技比较等。无论什么比较，需要明白为什么比较。中国古代很强大，中国近代很落后，承认落后须知耻而后勇。研究、比较，写文、评论，态度要正、结论客观。东西方、国家间比较，若是双标准、双平台、双思维、双目标，结论就失了偏颇。中西方比较，须是客观公允的，双向协和的。

"史前"概念，中国表述的是从古人类开始到夏朝建立，也就是公元前21世纪之前；西方则是指耶稣诞生日之前，即公元元年之前。今天是21世纪，所以简单概括为：中国认为的"史前"是两个21世纪即4200年之前，西方认为的"史前"是一个21世纪即2100年之前。西方文明源于约2500年前的希腊文明，这是古巴比伦文明与古埃及文明在地中海遇合的成果。而2500年前的中国，是春秋战国，之前的夏、商、西周，再之前的尧舜禹汤，再再之前的三皇五帝……历史的厚薄，对"史前"时间节点之理解就不一样。

"史前大洪水"概念，《山海经》《淮南子》《圣经》《古兰经》等中西方文化古籍中都有记载，都涉及这场大洪水。对"史前大洪水"暴发之前的情况无人能说清楚，任何猜想只能是猜想。西方按西方标准说"史前"，留下诺亚方舟救下了生物种族的神话，比较虚幻；中国留下大禹治水成功拯救了人类的传说，比较现实。为了避免歧义，中国对公元前的21个世纪，会用"远古"而非"史前"表述。但东西方各自创世传说，都是大洪水后留下一男一女繁育人类，中国是伏羲与女娲，西方是亚当与夏娃。这种惊人的一致性，还可产生这样的猜想，这两对男女是同一对人，因不同的宗教和神话而衍生不一样的故事。

可以明白两点：其一，西方思想意识下拯救人类的诺亚方舟，上帝只让诺亚一家（注意：这一家人与中国易经中的一家人的概念有着惊人的类似性，易经里是夫妇俩和他们的三个儿子三个女儿，诺亚方舟里是诺亚夫妇与他们的三个儿子三个媳妇）和他们所带的动植物存活下来，那么众生平等博爱是如何体现的？中国思想意识下，是通过一代代人的拼死努力治理了洪水，让世上所有的生物获得同等的生存机会，体现了只有人民才能拯救世界和天下一家的文化观念。其二，在处理全球性大洪水这件事上，西方的处理方式是消极的，躲进诺亚方舟避开洪水，事后让乌鸦和鸽子去探听消息；中国则是积极处理，斗天（女娲补天）斗地（精卫填海）斗洪水（一代代治水），斗出一个大同世界，人类与自然共和共存。

显然，从上古传说、神话故事、史前遗迹等等的信息中可发现，中华民族一开始就是热爱生命、热爱自然，积极入世、谋求谐和、共创美好生活的。知而行，中国行。

2. 中华大地华夏民族渊源

中华民族，绵延千万年，有着世界上最真实、最丰富的信息资源。“中”，中原之意，中原是相对于四方蛮夷而言（周称东方部落夷、西方部落戎、北方部落狄、南方部落蛮，都未经礼乐教化、文明洗礼），春秋有过“华夏夷狄之辨”，辩论的结果是：中原诸侯国为文明之地，四方夷狄部落为未开化之地。也就是说文明的差异，在于处地是否开化文明，与血统无关。华夏文明的一些先贤，是非中原的，比如舜帝，东夷人；比如周文王，西戎人；比如北魏的孝文帝，北狄人……华夏先祖本就具有多源性，是多民族合一，统称华夏族。

《左传·定公十年》提到“裔不谋夏，夷不乱华，俘不干盟，兵不逼好”是说边远蛮夷不得图谋祸乱中夏（中华），战事兵祸不及联盟协和之中原。“華夏”称呼春秋时出现，礼仪之大邦为夏，服章之华美为华①（古时华与夏同义互用）。《尚书·武成》言：“予小子既获仁人，敢祗承上帝，以遏乱略。华夏蛮貊，罔不率俾。恭天成命，肆予东征，绥厥士女。”这里说武王得仁人志士、承上帝旨意而安天下。华夏各族和蛮貊的人民无不遵从，奉上天之命进行东征，是为了安定那里的男女百姓。显然，中华为大地、华夏为民族。“中华”一词秦始皇时基本定型，晋代桓

---

① 夏为夏朝或夏后氏。华有三种说法：一指华山夏水，二指伏羲和女娲之母华胥氏（中华之母），三指章服之美。这里沿用第三种说法“有章服之美谓之华”。

温、王羲之等文人已信手用之，如《请还都洛阳疏》中说：“自强胡陵暴，中华荡覆，狼狈失据”。汉族立族，是在东汉时期。因为“家天下”（非“家文化”）影响，才有“汉家天下”“汉王朝”之说，然后演变为“汉人天下”“汉人政权”，一代代传承、一朝朝更替，汉家江山排斥非汉人执政，这才有元、清两朝“江山易手”之说。而当时汉朝的外敌是匈奴，匈奴却是夏朝遗民北上演变为游牧民族之后的后人，归根结蒂是华夏族人。其他那些离开中原定居到各地的，有的依然为汉族，有的形成独特的民族风情而成少数民族。中华大地地域宽广，族群众多，但都是华夏民族。

时至今日，56 个民族依然是华夏民族，即使旅居到全世界各地的，仍然有一个共同的称呼：华人。从这个意义上说，中国是华夏民族的代代传承，没有外来民族一说。中华文明的发展，是一代代中国人知行合一中创造出来的奇迹，这奇迹是中国的，也是世界的。

3. 中华民族伟大文明成果

中华大地上的华夏民族，创造了世界上最伟大、最优秀的文明成果。朝代更替，国号改变，是华夏民族内部的政权更替。中华，五千年来屹立在世界东方，从未倒下；民族的所有信息储存在文明脉络里，从未失落。世界上没有一个民族如中华这样五千年传承不断裂，且不断修正、充实、提升着。有的人说“中华民族只有皇室更迭，没有社会进步”，那是歪曲事实；有的人说“中华民族只是皇家私有，没有民族发展”，那是一叶障目；还有的人说“中华民族只见技术发明，没有科学建树”，那是断章取义。任何一个新时代，都是在历史基础上的创新与发展。美国是在欧洲列强屠杀北美土著居民、抢掠新大陆基础上创建起来的，又在两次世界大战中发战争财强大起来，总不能因此得出结论说美国只有屠杀抢掠，没有社会进步；同理，近代之前的欧洲不能说只有罗马帝国的铁蹄和中世纪的黑暗而没有发展！

英文 science 源于拉丁文 Scientia（知识），本意是知识、学问，日本译为“科学”，康有为 1893 年将这译词带回中国。其实 science 更接近另一个汉语词汇：“格致”，即《大学》的“格物致知”。近代西学东进，西式学堂开的一门课程叫《格致》，内容涉及物理、化学等自然科学范畴。“格物致知”，格，至也；物，犹事也；致，推极也；知，犹识也；连起来意思是“考察事物的原理法则并总结为理性知识”。显然，格物致知之学中国古已有之。

西方“科学”一词，本意是“分科而学”，把一类知识系统化和公式化为一门科学的意思。西方建设这样的学科是近代才发生的，自然科学以前叫自然哲学。哲学，中国亦自古存在。所以，无论是从科学、哲学角度，还是从科究、发明角度，中国都自古就有。

中华民族这个词，本身就蕴含着无穷的信息量，更何况中华民族所创造的伟大奇迹，不仅是社会哲学、格物致知，也包括财政、税收，财务、会计。建立起中国本土的信息管理学、财税管理学，不仅十分必要，而且库藏丰富、积淀深厚。

二、中华国学知行中包容万物

1. 中国学问讲格物求真理

中国学问格物而致知，推求世间万“物”之内在组成原理、本质规律，穷究社会观察与实践得“知”（了解，懂得，通晓，明白）而识经验、真理，便是中国科学——格致的行为方式、物知的内涵要义。知物，在心，是领悟、觉悟，从心里明白道理、掌握知识，成为自身的智能体系凝结于人内在之中；格致，在行，是实践、运作，从行为中提炼经验、提升技能，成为自身的能量表现在人外在行动上。所以，中国科学有知有行，追求知行合一。

中国文化从来都是有容乃大、海纳百川，中国是修炼人心、讲究道德，谋求协和、努力和谐的国度；中国文化是修心、悟道、明德的文化体系，追求和平、双赢、共和的文化体系；中国社会有“天下一家”的观念，中华民族有“世界大同”的追求、中国人会努力建设“人类命运共同体”。中国，中国文化，有天地一样宽阔的胸怀，包容性极强。

西式科学否定中国格致，妄言中国传统文化如中医为伪科学；中国格致坚持自己的同时，从不否定西方科学；不接受中国哲学是西方的损失，致力于打压中医是世界的损失；西方列强曾有过瓜分过中国的不光彩历史，不曾见中国侵略过西方国家……历史，证明并告诉世界中华文明的伟大、中国文化的优秀、华夏民族的坚挺，中国学问的包容胸怀。

心和管理学，是以中华国学为管理基础的学科探索，本书系列处处都有国学的内涵，这里不再重复。这里重点探讨的是中国文化能够容纳一切的特性，和这一特性对建立中国本土管理学，尤其是本章探索的“信息财税管理学”学科的价值。

2. 中华心境天地高显德性

中国文化，是修养人心的文化、是领悟人心的文化，也是直奔人心的文化、是穿透人心的文化，从人心出发入心修德到闻道明心，包含人类思维所能关联到的一切信息资源。中国学问，立意高远，是因为心境开阔、人心坦荡，与千万年前的先祖先贤对话，悠远中有虔诚、有顿悟；与宇宙间的日月星辰交流，辽阔中有敬意、有感悟。有了通透的人心，可以创造出一切世间原本没有的物品；有了灵魂的人心，可以幻想出人们期望存在的精神。人心可以连通过去、现在、未来，人心可以穿梭物质、财富、精神，惟有人心，无所不在、无所不能。将人心引导向哪个方向、哪个目标，经历哪些节点、哪些磨难，是文化的事，也是管理的事，是人类追求的事。中国文化，炼心、修心，心中有乾坤、天地讲德性。

在中国，知道、识道者就是有知识的人，悟道、得道者就是有悟得的人，明道、守道者就是明理有德的人。道为知，在心中；德为行，在心外，明道思而有德性，循道为而有德行。中国文化是探索道理的文化，鼓励德性的文化，凡是可以讲道理、有德性的内容，都可以包容进中国文化，故孔子云："志于道，据于德，依于仁，游于艺"（《论语·述而》）。一切知识，都是为了求道，不能得道的就不是知识，就没必要让人们"学而时习之"，人生的智慧在于提高道德觉悟，而不必注意鬼神问题，即"务民之义，敬鬼神而远之，可谓知矣"（《论语·雍也》）。所以"道"是中国文化、中国哲学所倡导的人性修养、人心修养的最高境界，不仅仅是道家所指的道学，也包括儒家、法家、名家、墨家思想等中国文化的内容。孔子晚年说："吾十有五而志于学，三十而立，四十而不惑，五十而知天命，六十而耳顺，七十而从心所欲，不逾矩"（《论语·为政》）。少年立志学习，为学"道"，青年有所收获而悟"道"，壮年不再被迷惑而得"道"，一个开派立宗的先贤先圣学道，还经历漫长岁月，说明这心中之道值得一辈子去领悟，所以"不惑"之后依然需不断学习领会，到五十岁才真正懂得"天道"，方能安心立命；人到老年才修得"耳顺"，听得见、也听得进各种不同的意见；到"古来稀"年龄才"从心所欲"，即对心中的欲望收放自如，随心而动，才真正懂得循规守矩而不逾越道德规范了。

修心明道，可以纯洁心灵、明了人生之理。人与人，有血缘和爱情便组成了家庭，没有血缘和爱情的关系构成了社会；包罗万象的自然界，天地间有八卦、人世间有五行、万事中皆有阴阳。于是，人、家庭、社会、自然界，构成了人生百态、构成了事理缤纷、构成了心中千千结，爱、恨、情、仇、妄、贪、嗔、痴、恶、欲……诸种心念生，仁、义、礼、智、信、戒、定、慧……诸种心修出，静心或是烦恼，全在心之一念间，于是有修身为养性、诚意为正心，于是思想、主义，一念成佛，一念成魔。中国文化，炼心、涤心、养心，红尘中锤炼，锤炼中清洁，清洁中修养；有人的地方就有江湖，笑傲江湖者，非武功卓绝、非才高八斗、非富可敌国，乃心胸辽阔能容乾坤者，乃心怀天下为苍生谋者，侠之大者也。

某些“才高八斗”的“高知”、“富可敌国”的“华人”、“权倾天下”的“贵族”，也许会“义正辞严”地提出责问：既然中国文化是如此追求洁净、如此体现道义、如此壮志凌云的文化，为什么会有三千年的王室皇家史、为什么有无休止的盘剥战争史、为什么还不能像西方列强那样强盛起来……其实，若真这样诘问，就已经暴露了诘问者不懂中国历史、不理解中国文化，且已失落了文人的气节、断裂了精英脊梁、背弃了士人责任，已经陨落了作为中国人的自信、自豪与自强自尊。中国历史上涌现出那么多国之脊梁式文人、士人，却也出现过奸贼、卖国贼。是佛是魔，在于心间。中国文化就在那里，红色之人用之就展现鲜红色泽，黑色之人用之则无疑呈现黑色，不同的人给文化添加了不同的色彩。选用什么文化内容，人心如何洗涤、德性如何锤炼，却不是文化的事，而是人的事、人心的选择问题。出了事、出了问题，不能按照自己心中的欲念达成目标，与文化本身无关，与应用文化的人有关。上述的责问，该回答的恰恰是提出责问的人，并且还可以进一步回答，谁背弃了文化的本原、为什么会背弃，谁放弃人心的洁净、为什么会放弃，谁叛离先贤的教导、为什么叛离，谁人心扭曲了、为什么会扭曲，谁私欲膨胀、为什么膨胀，谁数典忘祖、为什么忘祖。

原其本真、回归洁净、重现气节，是中国文化应有之义。也许会有话语权人不想，既得利益和特权者不愿，心染污秽或心移他族者不肯，不想、不愿、不肯者，是不敢直面真正的中国文化，不敢跨越历史与先祖对话，不敢直视自己的灵魂变异。教育不洁净、传播不真实、交流戴面具，是“双标”者才会做的事。毕竟财帛动人心，他们迷恋“醒掌天下权、醉卧美人膝”，结果是：正道穿耳过，私欲心中留；风雅成外套，文化赖装修。

心在，一切都在；心移，一切都移。同理，心洁，一切都洁；心和，一切都和。

3. 天人合一悟道性和天下

中国文化，元气阴阳双和、彼此协和，到以和为贵，容纳着人类社会所能涌现出的一切管理现象。中国文化，不仅仅是“心”的文化，还是“和”的文化。管理谋双和、治国谋共和。“和”是一种观念、一种文化、一种政治、一种国体。全世界在治国问题上提出并强调和的，只有中国文化；全人类在关系处理上提出并强调和的，只有中国文化。中国“和文化”的内涵，本套书系中有详尽解析，不重复阐述。这里重点放在国学中容纳一切的本质是为了得“和”，着眼点放在“和合文化”“太极文化”的内容点上。

《管子·幼官》《管子·兵法》都提到“畜之以道，则民和；养之以德，则民合。”管仲想要表达的是，和者谐和也，谐同相和便是道；合者团结也，团结合作就是德；和合者，和道合德之道德也，团结协作彼此和谐是也。统治者、管理者、上位者、处事者，须悟道、知道、明道、守道，此谓之“和”；须有德、讲德、行德、守德，此谓之“合”。

关于“和”的文化信息，既是阴阳协调、也是和合相融、更是道德蓄养，悟道不到仁义处、行德不到高洁处，就不是真正意义上的“和”。管仲既管理国家、也指挥军队，既忠于国主、也仁爱百姓，基础就是这和合；有严酷肃杀的一面，却是为了谐和天下。中国文化容纳所有，包括这“和”、这“合”，重点在“道”与“德”。

和者，阴阳协和；合者，天人合一。人类社会最早的崇拜似乎是本能出发的生殖崇拜，人类对宇宙最早的敬畏源自对外界无法解释的天地风雷、人类对自然的最早应用是水火山泽，于是人类明白“万物非万物，与我同一体”（《洗髓经》），这一体便是太极，太极生两仪，两仪即阴阳，所以老子《道德经》说：“万物负阴而抱阳，冲气以为和”，《黄帝内经》说“阴阳者，天地之道也，万物之纲纪，变化之父母，生杀之本始，神明之府也。”① 阴阳调和，是最高境界，这是中国文化的平衡原理，也是中国人民的美好追求。阴阳调和在现实中体现出来便是平衡稳定，平衡了、稳定了，便是协和文化之和，也是天人合一之合。所以海瑞在《治安疏》说：“天地万物为一体……可以赞天地之化育，则可与天地参。”儒家“仁者爱人”是和，中庸之道是和，忠己恕人是和，同理，“内圣外王”是和，修身做人和，家和、国和、天下和。

道家的天道自然，是和；顺其自然，是和；致虚极、守静笃，清静无为，也是和。所以，中国文化讲究和睦相待，“生而不有，为而不恃，长而不宰”（《道德经·第十章·玄德》），“和”是至上境界。

中国文化，和谐天下、和融万物，万理皆协和，可容自然一切、可纳人世所有。

---

① 《全本黄帝内经·素问·阴阳应象大论》（秦泉主编），汕头大学出版社 2014 年版，第 11 页。

三、中国管理知行中双向协和

1. 天下为公管理协和本质

中华历史源远流长，中国文化包容万物，容纳无限信息量，结合新时代各种信息，可以综合、提炼出无数新情报，信息情报学内涵之丰富汗牛充栋，自然也包含财政税收会计类管理学科的内容。中华民族孕育了中国文化，中国文化包含着中国管理，中国管理渗透了民族基因，民族基因决定了管理文化。中国文化追求天下一家，管理追求世界大同，核心要义，是“天下为公”的管理，这是中国管理的本质。

世间一切矛盾冲突源于自私。自私是一种本能，与生俱来。为了生存，人类在原始状态时就争夺有限的资源。最基本的是解决吃的问题，有的吃后就会追求吃得饱，吃饱了就想吃好，原始人类与所有动物一样，为了“吃”拼尽一切。人类是灵长类动物，有智力，能创造工具，也能用智慧设计谋略，于是人类成为动物界的主宰——高级动物。智人，意味着有思想有情感，当发现合作可以创造更多更好价值时，就有彼此间互相合作而形成的团队、集体、集团，逐渐发展到部落、发展到国家。但与生俱来的自私不变，于是人类在聚合中，个人的自私互相发生了碰撞、个人的自私与集体的公益产生了冲突、集团与集团之间同样发生了利害矛盾。如果没有管理，自私诱导下的斗争、战争就会无休无止，人类会凭借自己的智力智能毁灭自然界的一切包括人类自己。人类的智慧足够看清楚这一点，所以产生管理。

显然，管理的产生，源于制约无限膨胀的自私，让一切自私回归到可控的范围内，并让可控的自私成为成就社会进步、促进科技发展、引导人类幸福的动力。这是管理的本原任务，所谓的标准化、规范化、自动化，是管理的工具、管理的手段，而不是管理的本质、更不是管理的全部。自私的反面是公心，而私与公，其内在本质就是人心，人心却无法标准化、规范化、自动化的。私欲膨胀就是私心冲破了公心，管理就是要适当遏止私心、发扬公心。

所以，世界大同的管理要义是“天下为公”。平凡普通人，是私心压制了公心，还是公心压制了私心，影响力相对有限；但一个掌握权柄的人，是私心压制了公心，还是公心压制了私心，对他权柄影响到的那个集体、那个民族、那个国家，举足轻重。一念佛心普照、福泽众生，一念魔心肆虐、生灵涂炭。位置越高、所负责任越大，影响力也就越大。所以，国学强调“有德者居之”，德不配位，必有灾殃；所以，《周易》强调，执掌乾坤，一方面必须自强不息，有能力把握乾纲；另一方面必须厚德载物，其德与其位匹配。而居高位之人的德性德行，首要一条，便是“天下为公”，如此方能引领人们建设大同世界。

2. 有德居之的教育与管理

刚出生的婴儿，对世界没有认知、对财富没有感知。当长辈把一个小物件放到他小手里时，就成他的了，强力掰开他紧握的小拳取走那个本来不是他的小物件时，便哇哇大哭抗议。这不能说人之初，性本恶，因为婴儿脑意识还是一张白纸，成人世界可以给他画上任意生命色彩、生活色彩。婴儿紧握物件只是与生俱来的本能，这种本能，在产生意识后可能放纵也可能制约，家长管理、家人榜样、朋友喜好，环境影响、社会推动、学校教育，到他工作进入一个集体，集体管理的作用等都可形成他的“三观”，大到影响他对自己民族、自己国家的情感，小到影响他对自己和身边人的情感。教育是管理，管理是教育，通过教育、通过管理，自私可以控制在不损害他人、不损害集体、不损害民族和国家的基准线上，这样的自私允许存在；反之，就受到唾弃。这种文化是中华民族几千年来所创造的奇迹之一。

这样的管理，并不是所有民族都能创造的，也不是任何文化都会认可的，却体现出中华民族的伟大，展现出中国文化的高尚。真正的中国人，没有理由不为这样的中华民族而自豪，没有理由不为这样的中国文化而骄傲。所以，爱国者都认同“此生无悔入华夏，来世还做中国人”。有这样的中国管理思想，有这样的中国管理历史，创建中国管理学就是必须的，没必要去搬来西式管理硬套在本土组织和人身上。需要国际化视野、应该开户容纳东南西北风，前提是充实自己而不迷失自己。世界本来就是许许多多国家组建起来的，所有国家的伟大成就都是对这个世界的贡献，让这个世界缤纷灿烂；各国对世界的贡献越大，世界的进步就越大。中国已对世界作出巨大贡献，现在还在继续为世界作出贡献，不必妄自菲薄。

中国管理，双向协和，认同天下一家，促进社会进步，建设人类幸福园。中国管理，彼此认同，追求世界大同，帮助人类文明，建设命运共同体。所有国家的人都是这个地球的居民，没有哪个种族更高贵，也没有哪种肤色更低贱，众生平等，是天下一家的基础。人类的幸福家园，依赖于各国管理者是“有德者”，都有公心、都有公德心，才能抑制住私欲不过分膨胀。这恰恰是中国管理所倡导、所追求、所崇尚并努力实践着的。所以，重点不是引进西方管理，而是向世界输出中国元素的管理。当美联储疯狂印制钞票洒向全世界、利用美元无底线控制地球能源、鼓动甚至赤膊上阵到处掐架拱火制造战争难民的时候，他们不知道国学中的一句名言："祸兮福所倚，福兮祸所伏"。同理，无论是5G还是芯片、科技还是文化、人心还是管理，"天命无常，惟有德者居之"（《封神演义》八五）。

"有德者居之"的"之"，大到一个国家领导岗位，小到平凡一个管理岗位，也就是上上下下，人人有德。但总有一些反对者不愿意提"有德者居之"，甚至诬陷说这是"历史上最大的谎言"，因为自炎帝黄帝以下颛顼帝、帝喾、帝尧、虞舜、夏禹、成汤一直到周朝的始祖（后稷，其线母是帝喾的发妻）、秦朝的祖先（女脩，颛顼的子孙），都是黄帝一脉；秦朝陈胜喊出"王侯将相宁有种乎"才发生了改变，但改朝换代者换汤不换药，依然是封建社会奴役百姓。所以，不是有德者居之，而是贵族者居之。首先，"谎言论"者目的是什么，是要改成"无德者居之"，还是说不管有德无德，强者居之；或者是不管什么人都行，无所谓有无德。其次，群雄逐鹿争夺天下，夺得天下的人有没有"明君"，一个皇朝最后又被别人夺走，原因是他们继续如他们的先辈那样是"明君"，还是因为他们堕落成了"昏君"；是因为他们身边有德智臣环绕，还是无德奸臣围着。最后，如果"谎言论"者成天下之主，会把江山交予谁手中，是自己子孙中的有德者，还是外人中的有德者？既然承认人是自私的，就该了解人性；既然己所不欲，指责或否定人家的意义何在。

更要明白的是，管理导向与教育意图，是面向有德还是无德，面向公心还是私心。

红色管理，提供了一个现成实证，百年大党、70多年国家治理，没有一例父传子，唯"有德者居之"，德不足者，"居"上了也不能长久。古代未能实现"有德者居之"，并非这个观念有错、并非这个提法是谎言，是实施过程出现差错。而且，最为重要的一点，"有德者居之"是中国管理文化的内涵，在观念上、思想上如此倡导是必须的，如果管理文化上都放弃这样的观念，何谈现实中"有德者居之"。不能因为古人提出了这样的文化内涵而事实上没有做到，就不要这样的文化了。更何况，红色管理已经在书写着这样的传奇。

3. 信息管理也需大道之行

文化是社会进步的要素，优秀文化内涵不因为统治者、当权者、上位者没有选用，或名义上选用事实上没有做到就否定。一代代努力着、一代代探索，改变落后、留下进步、创造未来。进一步说，不能因为全世界没有达到"天下一家"就不向这个方向努力了，不能因为国家之内、国与国之间还未能实现"世界大同"，就任由这个世界弱肉强食而不去努力建立世界和谐新秩序了。理想都没了，何谈未来；目标都歪了，哪来成功。

现代意义的世界大同，广义指全球范围，狭义是区域范围（既有国与国的大区域，也有地方与地方的小区域）的政治、经济、科技、文化融合大同，全人类高度互助共荣（而非互撕恃强凌弱）的社会形态，用现代语言表述就是“地球村”。全球之各国如同全村之各家，会有小矛盾、小冲突，但归根结蒂是同村人，主格调是和谐和平，对一切想要欺凌别家别人的人与行为坚决抵制和打压，实现《礼记·礼运》中孔子说：“大道之行也，天下为公，选贤与能，讲信修睦。故人不独亲其亲，不独子其子，使老有所终，壮有所用，幼有所长，矜寡孤独废疾者皆有所养，男有分，女有归。货恶其弃于地也，不必藏于己；力恶其不出于身也，不必为己。是故谋闭而不兴，盗窃乱贼而不作，故外户而不闭。是谓大同。”

中国所提倡的大道得到真正运行的时候，天下真正成为天下人的天下，选拔出来管理世界、管理社会的都是贤而有能之人，人与人之间是有信用的、可信任的，人们从小到大修身养性达到彼此之间和睦、和谐、和平。这样的社会环境里，人类的私心得到有效克制，“不独亲其亲，不独子其子”，老人得以养老送终，成人是社会有用人才，少儿有教养地成长，鳏夫、寡妇、无家可归者以及残疾人等都能得到国家、社会或有关组织的抚养，男子都有正当职业，女人都有良好归属。而且整个社会环境里，对于财物，人们憎恨随地乱弃行为，但也不必藏私；对于劳动，人们厌恶不竭尽全力的人，但也不会为私利出力。

这样，世上无阴谋，人间无盗贼，路不拾遗、夜不闭户。这就是孔子提出、历代仁人志士不断努力，并成为中国文化现象的“大同世界”。孔子也认为，东周时候永无休止的诸侯争霸，已然是“大道既隐，天下为家”（大道衰微不显，天下为一家私有），私家“家天下”是创建大同世界的根本阻碍，而大道不显则是未能创建大同世界的根本原因。所以，孔子大力提倡“礼义以为纪”。现代所要努力的是把“家天下”之“家”成为大家之“家”，这个“家”中建设“家文化”，“家文化”的本质是天下一家、共同协和，所谓“和文化”。

中国社会以礼为纪，输出和吸收的是国学内涵，有仁义礼智信、有悟道明德的信息，那么建立学科、教育后人更应如此，信息学如此，财税学、会计学也如此。

第四节　信息财税管理学科内涵

中国有丰富的信息史、情报史，有世界上最早的财政金融、赋税会计理论与社会实践，有当代百年红色管理理论与实践，思想深邃、内容厚重、技法独特，建设中国元素为本又能与世界接轨的信息情报学、财政税务学、财务会计学等是完全可行而有效的。作为管理学的重要分支，以史为鉴、以红为色、以德为核，大道之行，天下为公，中国管理与中国文化具有极强的一致性，守道合德同时，知其然也知其所以然，行其为重行其应该为，知行合一，形成中国文化体系中的本土情报信息管理学科、财政赋税管理学与财务会计管理学。

学科按现有规定，是适应人们的学习习惯和现有教育方式，内容应体现中国自信。

一、信息财税管理知行学科

1. 教育与学科管理现实分析

情报信息管理学科、财政赋税管理学科、财务会计管理学科，既需要理论知识（知），也需要社会实践（行），是知行合一的学科。脱离实务的理论研究是空谈，无法实践的理论连空谈的价值都没有。财、税、会的信息及相关信息，都需知行合一。

目前高校经济与管理类学科，很难兼容本土内容，无非“案例中国化”。学科西化导致管理系统工程化、管理行为数据化，理论脱离实际成为常态，西方引进 MBA 教育，也演变成以学术型为主。西方 MBA 有过“哈佛模式”（案例法）与“芝加哥模式”（学术型）的探讨，最终采用“案例与理论”结合，辅之以角色扮演（role playing）、管理游戏和模拟（managing games and simulation）等，注重实用性和管理运用技巧，目的是培养“管理精英”甚至是“商界英雄”，因为国际化需要而加上“全球视野”（Global Prospective）的要求。

MBA 诞生于哈佛大学商学院（1908 年），是实用型工商管理人才培养（哈佛式）；约半个世纪后出现重学术重理论模式（芝加哥），这是认为 MBA 学生已经有三年以上工商管理实际工作经验，尤其是 EMBA（芝加哥大学商学院首创）具有更长时间和重要岗位管理工作经验，参加研究生教育需要从学术和理论层面提升。总结起来，“哈佛模式”是基于可以应对工商管理中出现的一切问题，“芝加哥模式”是建立在已经拥有丰富的实践工作经验基础上的管理理论深化。两者共同点：有深厚理论知识、能解决实际问题。

但 MBA 模式引进国内后，一个极重要的问题不得不正视：多数 MBA 教师自身没有工商管理实践经验，导师、导师的导师，学生、学生的学生，都只是纸上谈兵；而且因为大多数教师有西方教育背景，逐渐演变成 MBA 与全日制学术型企业管理研究生，在培养目标和培养方式上无差别状态；又因为 MBA 教育的收费远高于普通研究生，成为高校极为重要的“创收”举措，招生竞争压力下不断给 MBA 研究生提供“便利”，有的在学术要求上大幅下跌，具有不必跟导师做研究、在考勤和考试上有相对灵活些等“优势”，导致国内一些 MBA 毕业生学术能力没有增加多少，工商管理实务能力也未提升多少的尴尬局面。

至于全日制普通研究生、本科教育，既然在教学计划里设置有公共基础课、理论基础课、专业选修课、专业方向课和专业实践课，毕业生也没有多少真正意义上的专业动手能力，学的全部是理论、考的全都是重点划出来的背诵。本、硕、博教育，出现了偏差。高等教育的人才培养是更好了还是更差了，教育产业化是更有利于高校赚钱还是更有利于人才培养，学分制的结果是学生知识体系和能力体系更完善更促进了还是更失效了……自有专业评审机构与社会评价结果，这里不作评论。值得思考的是，教育目的与管理方向决定着学科建设的内容。建设信息学科、财税学科也如此，其基础点应是立足本土、立足现实、面向未来。作为独立学科建设基本的要求是可用的信息才是有价值的，能产生效益的信息才是重点。

信息学科、财税学科建设，既要有与学位、学历对应的理论高度，也要有与学位、学历对应的实践能力，需要知行合一。学生想做学问的会选择学术方向，注重理论性；想就业的既注重理论又注重实践与应用。学科建设应该提供学生学习的灵动性。

财、物、税、会的管理与信息情报的管理，是人在做，人是中心。财务有规定、税收有政策、信息有倾向，财务人员在做会计事务、税收业务、信息事务时，其人心所向、人心所愿、人心所得，是有变数的。工作环境、上司同事、人又会怎样去理解这些事情、个人心思，都存在着巨大的变数。所以，信息人员、财务人员的人心引导、思想教育、精神趋向十分必要也十分重要，毕竟，这些领域更容易一念是佛一念是魔。账能做平，平衡是和；税能完成，平稳是和；信息有效，安全是和。学科建设，人心协和，心和为上。

2. 信息管理学科建设原理

心正者事和，理和者有道。从事信息者，与秘密有关；信息越多、情报越多，涉及越深、密级越高；心不正理不和而失道者，借“密”谋财的可能性加大。从事财税者，与政策有关；业务越广政策面越广；心不正理不和而失道者，财税犯罪的可能性加大。《信息综合治理原理》与《财税信息管理原理》，故作为信息学科和财税学科建设的基础性学科，在基本原理、基础知识中，必须突出“心正事和”原理，因为这是从事信息工作与财税工作的要求。

建立《信息综合治理原理》学科须明晰，计算机科学技术、网络化科学技术等所有现代科学技术，固然是科技发展的成果；但是创造科技、应用科技的是人。目前的《信息学》，严格意义上说应该是《计算机信息处理学》，这里的处理包括获取、存储、传播和使用等的处理过程，是以先进的仪器设备为基础，重点不在人处理信息的能力，如同中医西医的区别，西医治疗方案依赖于仪器设备检测的数据制订纠偏数据、切割病体，中医治疗方案凭借医者对病源病理综合探寻的结果利用自然界相生相克原理提出药方、施行针灸、进行调理。计算机信息处理的优势是大数据分析，弱点是忽略人的因素，再精密的仪器也测不出人心。所以，心和管理学的“信息综合治理”学科在重视技术的同时，须强化人的价值。

有用有效的信息，能满足人类治理所需要的一切。“治”，是自水的初始处、基础、细小处开始，把握水的特征设法的治理：修整、疏通。所以，政界之治为政治、权力之治为统治、社会安定或太平为治安、人体健康或行医为医治、科学探索和学问研究为治学。“理”，清理、梳理、疏通、整理、管理之理。无论是治还是理，都有管理、惩办、医疗、研究等意义，都需要巨大的信息量，都需要准确无误的情报，都需要涉及方方面面，所以是“综合”。

如此就可以理解信息情报学科最重要的是人，人对信息的认知、人对信息的判断、人对信息的搜集、人对信息的态度、人对信息的使用，一句话，人对信息的综合。只注重数据材料而忽略人的感觉、人的思维、人的取舍，得不到准确、有效的情报；现代化设备、高级仪器很重要，但都是人在使用，是人的工具、人把握信息的手段，仪器设备不能取代人，更不可超越人。美国大片里机器人智力高于人类，对人类进行反攻，意图控制人类社会的所谓科幻片，是把脱离人类控制的机器人作为假想敌，把自己当作拯救世界的“英雄”而臆想出来的。如果这种情况真的出现，意味着研制机器人的“科学家”失心疯，“人类终将被自己玩死”；让机器人都能够实现自我进化了，是人的问题还是机器的问题，不言自明。

信息量是必须的，大数据是有价值的；但一味追求量与大，太过依赖仪器与设备，常规情况马马虎虎；若遇特殊、意外事件，或彼此有同样信息量、同样大数据时，分出胜败的就是人的作用。这也是当年中国共产党带领武器装备落后于敌人还能取得胜利红色军队的原因所在，把动不动就拿原子弹吓唬人的“美帝国主义”看作是“纸老虎”的原因所在。

《信息综合治理原理》须表现出人对信息的综合治理原理、人对信息应用的管理原理、人使用仪器设备的心态原理等。对于计算机科学、系统工程、信息论、控制论等，包括离散数学集合论、排列组合、规划线性、概率统计，以及转化拓扑排序、基数排序链式等，可以作为信息工具理论学习，底线是：做知识的主人，不做数学的奴隶。

3. 财税管理学科建设原理

《财税信息管理原理》学科也是人为关键因素，财、税、会是专业方向，信息是财政、税务、会计及相关管理政策，是相关凭证、相关账目，工作内容是与财税数据打交道、与财税管理部门打交道、与组织内部各部门打交道、与关联业务单位打交道。所以，这里的“财税信息管理”，是财务活动的一般信息、会计工作的账目凭证、税收工作的税目税率、税务活动的筹划管理等的信息。人的作用很明显。

而财税原理、财税信息原理、财税信息管理原理，是这一学科的三个层面。专业内容大体有限定，立足本土，面向世界——账目是单位层面的、政策是国家层面的，接轨是世界层面的（开放的中国需要接轨世界）。而管理层面却是具体的，有国别的，更是有文化差异的。在财税领域，西方也是十分重视人才，无论是政府机构的税务专员，还是财务市场的会计师（包括有“注册”等前缀的会计师），都属于精英层面的、中产阶级层面的，但即使同样是对人的重视，但在重视的着眼点上，中西方也有着重大差异。

西方更重视人的信息获取与处理能力的利益性，即能换来多少收益；中国更重视人对信息获取与处理的灵动性，即能体现多少能动性。一如对武术的货币性，以拳术为例，西方更关注拳头的力量，讲究以绝对的力量和速度打倒对手；中国更关注出拳的技术性、灵巧性，讲究四两拨千斤。归根结蒂，中西方拳术的不同，在于力与巧的差异。所以西方拳术高手往往有另一个称呼：大力士，而中国拳家高手与普通人一般无二，拳术打斗时，两边人上场，会给人感觉中方弱不禁风，西方人力大无比的感觉，结果西方人就常常被貌似弱不禁风者打趴在地。因为这里还有一个重要区别，中国人讲究内劲，西方人注重外功。当力大者对弱于他的人而言，可以强横而傲慢，相当于一个成年人打败一个小学生，绝对实力面前，小学生的灵与巧不起作用；但若遇平手或强于他的人，灵与巧的作用就轻而易举展现，“大力士”失败是必然的。

政策是刚性的，但在政策刚性的规则范围内，仍然有弹性存在；法律都不外乎人情，执行政策自然需要平民意识、百姓心态，不能保护自己的公民、不能让自己的公民休养生息，就意味着财税政策需要改革了、执行者需要涤心修养了，管理思想需要提升了。

《财税信息管理原理》学科，是专业的，但任何专业都是人在从事的专业，都离不开人的思维方式、思想倾向与心理好恶、心态正负，专业领域，仍以人为核心、为关键。

二、信息综合治理学科内涵

信息综合治理，不是对信息进行治理，而是利用信息对信息内容所指向的对象进行综合治理，涉及三个方面：其一，利用组织内部的信息对组织机构、组织行为、组织人员作综合治理，内涵与原有《组织行为学》有一定相通，但更注重组织内部各方面信息；其二，企业面向市场时，利用各方信息进行市场开拓、运营策略等的综合治理，这一学科，与原有《市场营销学》有一定相通，营销策略的依据来源于市场信息的准确性、针对性和有效性，并分析出市场所需的情报，能从信息中整理成什么情报、制定出哪些谋略；其三，通过社会与网络获得广泛信息，利用这些信息应用于组织管理、学术研究和知识应用等，这一学科，与《网络信息管理》学科有一定相通。本土建设目的在于展现中国元素，适应中国管理。

1. 传统特色信息治理分析

《内部信息治理学》，从企业角度说，指公司内部的人、财、物信息，流程的线路、方向、节点、运行及相关技术、品质、管理等的信息，产品的形态、功效、产量、质量、创新及相关的客户、市场偏好、售后服务等的信息，公司内部的后勤、安全、保卫等方方面面的信息。一个重要特点是，所有的一切都有一个中心：人——公司成员及服务对象。

原《组织行为学》关注的是员工行为及行为态度，《内部信息治理学》则把员工行为作为组织治理、员工管理的信息，把员工行为态度作为心理、心态、心绪、心欲分析的信息，收集因员工态度与行为给组织内部与客户反应带来的影响，分析后形成管理情报，供决策参考。显然，这一学科建设的重点在于获取并分析信息、融合并确立情报、提出治理思路与方案，目的是通过对组织内部人与部门的治理，实现组织简约高效、流程快捷流畅、产品保质保量、客户满意愉悦。核心是准确把握人心，根本是解决人心问题，这是本学科建设最重要的点，内部治理成果最终会在外部出来。所以，利用一切信息对组织内部进行治理，或者说搜集信息、整理情报、制定决策，都要围绕人心进行，实现组织内部各方各层谐和，并为内外谐和打下坚实基础。这是心和管理理论、心和管理实务所要体现的核心内涵。

《内部信息治理学》是一门综合性学科，综合运用到管理学、心理学、社会学、人类学、生理学、生物学、经济学和政治学等知识，其中管理是本色，心理学与社会学仅仅是也很重。《组织行为学》原本是《工业管理心理学》，民国建立的学科，中华人民共和国建立后的计划经济年代，行政化管理，不大涉猎管理心理学。在红色经济建设发展的改革开放时期，随着商品经济、市场经济兴起，工业心理学、管理心理学恢复并发展。鉴于历史条件的制约，管理学、心理学著作是国外译本，高校编写教材时，以西方《工业与组织管理心理学》为蓝本，逐渐转向《组织行为学》，《管理心理学》似乎退出了历史舞台。

在管理类教材中，一个观点一成不变：组织行为学作为一门独立学科从西方引进。其实整个管理学领域都有这样的观点，所以各管理教材涉及发展史时，无一例外从泰罗“科学管理”说起，到梅奥霍桑实验、麦格雷戈人际关系理论总结出的“行为学派”，再到钱德勒、劳伦斯的“管理科学”，最后是综合性“现代管理”四阶段。没有中国文化什么事，即使提到中国国学管理思想，也说“基本上停留在经验和朴素的认识上”——被无限贬低。

西方学术不关注、不重视经验，而中国学问视经验为至宝，强调“实践是检验真理的唯一标准”。西医靠检测数据判断病情无须经验，重数据及与数据纠偏式治疗方案，用公式、用数学模型解决；中医望闻问切判断病情，需要经验累积，所以人们想象中的中医高手垂垂老矣。其实这与年龄无关，与投入这一领域的迟早及程度有关，古代医家儿童开学、少年学徒、青年行医、中年成名，行医与成名和现代医生在年龄上并无差异。中医经验积累并非“朴素的认识”，而是草药的认知、药理的探索、行医的实践、医案的厚积。一代又一代医家的治疗经验、一代又一代医家的医案总结，造就了中医。现代中医式微，不是中医不行了，是长达一百多年对中医的无情打压导致后继乏人，是对先人经验不重视导致资料佚失。

中国相人术，撇开江湖人士玄幻成分，本质是心理分析，积累多了经验多了，诸子百家、后世名家的经验和著作，相术书籍中的分析，都是中国传统文化中识人、育人、选人、用人、留人的心得之结晶、经典之文献，其心法体察入微、洞悉人心，今天仍有价值。

总之，组织内部信息治理学科，须体现中国本土特色、中国文化内涵、中国管理本质。

2. 市场信息治理学原理说

《市场信息治理学》与原有《市场营销学》在方向上相通。一说“营销”“市场营销”和“营销学”“市场营销学”，人们直接反应就是从美国引进的，或者产生于20世纪初期的美国。但事实上这些概念，英语只有一个词“marketing”表示；汉语的“营销”则是两个单音词的合成（台湾翻译成“行销”）。营，是谋求的意思，也有经营、管理的意思，所谋求的、所经营的是市场，英语应该是“market”；销，本意是熔化金属，有去掉的意思，而去掉货物就是卖出货物，所以有售出、卖出之意，英语应该是“sales”。所以汉语“营销”的意义要比英语“marketing”的意义更广泛。营销首先是营，重点是营，经营出一个市场、经营好一个市场，“销”的问题自然就解决了。所以从理论上说，“营销”词语产生时，营销理论就体现在里面了。但营销学里似乎看不到“营”，因为教授的营销技巧，不在人心梳理。

忽略人而关注物，本就是舍本求末。先看看建设《市场信息治理学》所需信息：一是本公司与市场相关的信息，包括公司在目标市场范围内的知名度、美誉度；所在行业、目标市场比较中本公司的规模、影响力信息等；本公司市场、销售和售后部门及网络设置的情况，市场部门、销售部门人员基本情况和开拓能力、销售特长及销售短板等情况；本公司战略规划及当前所处阶段，当前市场目标及实现可能性可行性等信息。二是本公司产品与市场相关的信息，包括公司产品名称、功效、应用价值及类别，产品优势、劣势及特性特点特征；产品的品牌情况、品牌价值或创品牌的要求；产品定位、定价及宣传、包装等情况。三是同类产品市场信息的三个层面，第一层是市场上与本公司产品完全相同的产品，它们的产品特性与价值、竞争优势和弱点，对本公司产品的影响或威胁；第二层是市场上与本公司产品相类的产品，或是功能相近相类，或是功效相近相类的产品，它们的产品特性与价值、竞争优势和弱点，对本公司产品的影响或威胁；第三层是市场上可替代本公司产品的那些产品情况，以及这些产品的产品特性与价值、竞争优势和弱点，对本公司产品的影响或威胁。四是产品市场客户信息，包括目标市场客户基本情况，潜在客户、显现客户基本情况；客户收入层次、购买能力，客户购买意向激发、购买偏好引导、购买层次和层面拓展等的可能性、关键途径和基本方法及有效性比较等的信息；客户与本公司、本公司产品的亲密度、认可度的相关信息，客户购买同类产品、本公司产品中的比较，客户的心理需求情况等。

另外，还有关联信息以及获取信息需要开展的市场调查研究与市场预测分析。本课程之市场调查，定性与定量并重。需要数据，但不唯数据；需要计算但不唯计算。毕竟纯粹的数据是反映不出人心的，交流、座谈式调研是无法用数据计算清楚的。样本量，其实就是大数据，样本越大可信度越高，样本量抽取技术还是需要人的主观意识的把控的。问卷的结果，不仅仅是数字的统计，更重要的是卷面背后的潜在意义，解读能力的高下直接决定问卷调查成效的高下；对问卷结果的实证分析是分析方法之一，不是唯一，更是标准分析法，其中的信效度不是数据能表现出来、公式（或模型）能计算出来的。对调查成果，直接出结果的可以作出调查报告，不能直接出结果可以用作预测分析。同理，预测要有数据预测，要根据计算结果预测，但不唯数字、唯公式；西式预测法中很多节点或方法，仍然是定性的，如权重确定，预测方法选择以及方法中的主观概率法、专家预测法、思维判断法等，而且预测要考虑世界经济走向、国内宏观经济状况、行业中观经济特点以及企业微观经济特色，总体把握、具体考量，写出预测分析报告。预测水平的高下决定报告的价值高下。

仔细分析，上述五条处处涉及人心——企业员工心态与客户购物心理。而且在《市场信息治理学》中，“治理”是人去治理，对象是人的工作内容。对上述信息及其分析结论的应用，也是员工用于行市场开拓、市场运营、市场策略等的决策以及决策后的落实，这个过程就是综合治理的过程。市场决策决定企业的生存与发展，决策能力除个人因素和集体能量外，非常重要的是信息的全面性和深透性、分析的正确性和对应性，这两方面做到位了，决策方案就呼之欲出了。如果搜集信息、分析情报后还对市场决策一片茫然，那就一定是信息不到位，或者分析不到位，两者都到位，能够提供的方案就水到渠成，而且往往可以从不同角度或不同层面或不同切入点设计出若干个方案供上司决策。

决策，是决策人下决心的过程，要在提供的若干方案中选择一个最佳方案。市场经营的目标和范围选择、路径和方法选择，销售网络的铺设目标与范围、路径和方法，市场开拓策略选择、销售方案选择、宣传方案选择等，决策人要做的就是下定决心。

3. 网络信息治理学原理说

《网络信息治理学》，顾名思义是对互联网上各类信息的整合、传递和使用。相对于前面两门信息治理学科，主要是信息渠道和信息搜集方法的差异，与目前存在的《网络信息管理》相通，区别点依然是着眼于网络技术还是人的因素。网络信息治理，是由人输入信息到网络，是人类思维在网络上的具象化，所以利用网络信息治理组织和组织所从事的业务工作，不能只是简单地"拿来主义"，网络监控水平越来越高，但自媒体时代，任何个人、任何单位都可以通过网络发布信息，这些信息督导和审查难度系数大，没有纸媒的三审制度、没有影视的审批制度。所以，本学科建设，在检索方式优化的基础上，更要关注任何一条信息背后的提供者，并作出合理合适的分析——人的因素不能有丝毫忽略。

要明白任何搜索引擎、任何网站都是人为控制的，都要营利。有这两个特点在，搜索或检索时，要明白热门信息的置顶与信息价值没有多大联系，各家单位所谓的官网信息是为了宣传需要、形象需要、赢利需要，这些信息具有利益链、包装性特点。尤其是一些即时性信息、观点性信息，需甄别，需慎用。网络信息在组织治理之前，首先需要信息自治。相比较而言，党务网站、政府网站、党媒政媒网站的信息，可以直接应用（注明出处）；来源于正规期刊、书籍的学术性、知识性、文献性收费检索网站，可信度较高，来源比较正；各单位网站是为自己的形象宣传或产品销售服务的，需要适当过滤。其次，一些网站采集信息以点击率为准，毕竟不能排除雇用水军，也不能排除网民被利用的情况，故信息质量可能不高，过多的、无用的垃圾信息量相当大。在这个信息爆炸的时代，同样存在着信息腐烂现象。所以，既充分利用现代设备、网络资源，也要合理过滤和选择可信信息、有用信息。同时须遵守《互联网信息服务管理办法》（2000年9月20日中华人民共和国国务院第31次常务会议通过，2000年9月25日公布施行）、《网络信息内容生态治理规定》（国家互联网信息办公室室务会议审议通过，自2020年3月1日起施行）。

中国经济网（id：ourcecn）2020年6月30日报道，《网络信息内容生态治理规定》正式施行后，即要求各网站平台开展自查自纠，腾讯、新浪、百度、优酷、搜狐、网易、快手、阿里巴巴、喜马拉雅累等都认真梳理薄弱环节和漏洞短板，针对网络生态多发频发问题开展专项整治工作，共计清理淫秽色情、低俗炒作、赌博诈骗等各类违法和不良信息3.3亿余条。这从一个侧面说明信息安全的重要性、必要性。学科建设要保障逻辑安全，即信息的完整性、保密性以及可用性问题，而非物理安全（网络系统中的硬软件不受损害）。

三、财会税收管理学科内涵

从财税角度看信息内容和从信息角度看财税内容，可以发现，财税工作的重心就是处理信息，处理有关财务、会计、税务等信息，然后按政策行事。作为学科建设，其内容既非文学、艺术那样需要创作，也非理学、工学那样需要创造；既非文学、艺术那样需要超越现实的修辞，也非理科、工科那样需要在实验室不断实验。而是就信息的原始资料为凭证，按照政策规定、制度约束，理清一笔笔账目、准确一个个数字，不能天花乱坠、不可天马行空，不许想象发挥、不得弄虚作假。只能根据现实数据，根据法规要求进行财务往来、现金支出、缴纳税款，并有原始记录，在真实数据基础上为决策者提出财务运行、税收筹划建议。

特别说明，财税信息学科建设更须关注人心问题、道心问题、德性问题。因为直接钱款往来，直接与经济利益关联，极需要政治思想教育、职业道德训练、本心初心培养。仅靠《职业道德》力度不够，管理学科必须加强再加强。此外，从事本领域专业工作者，跳脱型人才、幻想型人才、奇思妙想的创造型人才都不适合，更需要理性的、讲逻辑的人才，对数字的敏感性强、对数据的解读能力高、对政策的一丝不苟精神性强的人才。

1. 企业财务会计学重视人

《企业财务会计学》，西方一般把财务会计分为财务学和会计学，前者即财务管理学，后者是所有会计类学科的综合。现实情况是，会计类学科划分极其细化。程度上分为初级会计学、中级会计学、高级会计学；初级层面的基础会计学（或会计学基础）、会计学原理等，一般说应该是一样的内容，但因教材主编者不同，内容就有差异；中级会计学，又与财务会计学、成本会计学、管理会计学高度重合，甚至与财务管理学也有大量重叠。高级会计学，方向上与中级会计学具有一致性，但范围更广、内容更深，把经营决策会计学（含债务重组）、审计学（含资产值增减）、货币学（含国际货币）、税收学、租赁会计学等的内容都包含进去。这些不同层次、不同角度的会计学内容都有交叉重合。从营利企业会计又衍生出非营利组织会计，这与政府与事业单位会计、与预算会计重合。

可以营利和非营利，自然就可以一个行业一类会计，于是就出现国际会计、涉外会计学、工业会计学、农业会计学、商业会计学、银行会计学、交通运输会计学……再加上审计、金融领域与会计相关的各学科，会发现会计学已到泛滥的程度：会计制度设计、人力资源会计、社会会计、税务会计、会计专题研究、会计与审计案例、会计职业道德、行业比较会计、会计与审计法律专题、会计史、银行会计、会计与审计实务、公司治理与会计信息、金融衍生工具、会计信息与资本市场等学科。

不管会计领域如何更新变换，人工智能已形成一种潮流。西式会计学，一切都可以数据化、自动化、现代化，于是交易、记账、报表、税务合规等业务已经出现自动化替代人工现象，会计行业将被人工智能的机器人取代，这成了行业最大担忧。但从国学视角看，计算器可以取代算盘，但取代不了心算、取代不了大脑速算思维，更取代不了算筹、算盘、计算器的历史演进过程，取代不了真正热爱算盘的人的那份情感。计算器是人类设计的，代替的是烦琐的运算过程；同样，会计工作中的常规的、带有一定机械性的内容，是可以节省劳动力，通过人工智能来完成。但永远不能忘记，一切仪器设备、哪怕是人工智能的机器人，归根结蒂是机器、仪器，是人类使用的工具，所有的智能是人类设计的，只是代替人完成某些工作量，而不是取代人的作用。人工智能有一条底线：不能反人类。

人类文明的每一个进步，都是为了促进人类社会的文明程度；人类科技的每一点进步，都是为了解放人类的烦琐劳动。能够使用工具，是人类文明的开始，工具的每一次进步，是人类文明的进一步发展、人类劳动方式的一次新解放。人是主角，永远不变。

人工智能可以代替财会一部分工作量，但仍需人的输入、人的控制、人的管理。使用人工智能从事会计工作，不会让这个行业消亡，从业者仍需要掌握会计原理、会计理论、会计技术。因此，创建《企业财务会计学》仍然是必要的，只是这里在传统会计知识的基础上，需要考虑人工智能会计、人的道心德性在会计中的作用等，并且在学科设计上，浆洗或避免重复、重合、重叠、交叉。这里说的财务会计，不是工业会计的一个分支，而是所有财务活动中涉及的会计业务的全部，分为三部分，即会计基础（入门水平，初级能力）、会计实务（账户处理水平，中级能力）、会计研究（综合开发会计功能的水平，高级能力）。

会计基础，是任何行业、任何领域从事会计工作的基础，是会计科目、账户与复式记账的应用原理，是会计凭证、账簿及报表、会计核算及会计工作组织等的会计常用知识，是资产负债及所有权者权益、营业收入费用利润、财务报表分析的基本方法，是会计、税收法规的内容及税收、会计电脑财务软件的内容掌握；能够明了会计循环中各项资金运用和资金来源的基本关系、初步懂得资金核算方法、了解通过会计核算来提高经济效益的途径等。学完这部分内容，应该已经具备会计上岗资格，能够从事会计业务的初级工作。

会计实务，是在任何行业、任何领域可以独立从事会计工作、处理会计事务的实际工作能力，如企业领域的货币资金的核算（企业资金运作、银行存款核算和账务处理、银行转账），工资及福利基金的核算（工资、奖金、津贴结算和发放，工资和福利基金核算），固定资产核算（固定资产分类和计价、折旧和计算，更新改造资金、大修理资金的提取和使用），材料的核算（材料的分类和计价、采购和发放及其核算、清查），产品成本的核算（成本核算、费用分类、生产费用、分配和归集等），产成品、销售和财务成果的核算（产成品入库、发出、结存的管理及核算，产品销售途径和结算，销售收入、销售成本、销售税金、销售利润的结算与账务处理），此外还有资金来源的核算、业会计报表编制等。掌握会计实务，应当可从事各类会计业务工作，涉及不同行业，无非就是增加一项该行业会计培训即可。

会计研究，是会计内涵的深化研究，是高级层面上会计事务、会计工具衍生的研究，是超越一般会计实务的综合财务报表、租赁和非资产交换方面的研究，是破产清算、债务重组、企业年金方面的研究，是新型资产、新型合同、新型行业的会计研究，也是股权和股份收益、金融和金融业务中的会计事务研究。更重要的是，在适当吸收国外财务会计学有益东西的同时，结合中国国情，探索完善本土财务会计学的理论体系和方法体系，探索人及其人心在会计工作中的影响和作用。这是会计行业的高级层面。

需要明晰的是，心和管理学所涉及的会计内容不可能脱离国家规定而另立一套，与原有学科体系唯一的区别是，特别重视人在会计中的作用。

2. 企业财务管理学要重管理

《企业财务管理学》。如果说会计学的内容，中国古已有之，那么财务管理学的内容，只能说在古代有一些碎片涉及。西方也是在工业革命、管理学兴起之后才有的。西式《企业财务管理学》，侧重于企业对资金运动的管理，是提高资金运用效益的一门学科。而在国民经济各部门中的财务管理，则着眼在投融资方面的理财活动。简单说，西式财务管理是用钱赚钱。而用钱赚钱的方式，银行靠借贷、企业靠投资，从这个意义上说，西方财务管理着重培养投融资人才，实体投资为主，不排除股权、期货类投资。

当人们习惯了一种现象之后，思维也形成了一种定式，任何改变都会认为不可思议、大不应该、没有道理。学科建设亦如此，人们习惯了已有学科，就会觉得那样是天经地义的。所以资本结构理论、资产组合理论、期权定价理论、MM 理论、套利定价理论等就是《企业财务管理学》不可替代的理论内容，经济学中的许多方法也应用到财务管理中，如效用理论、线性规划、对策论、概率分布、模拟技术等数量方法。事实上西方也是从筹资开始财务管理的，然后进入法规财务管理、资产财务管理和投资财务管理，并且设计出许多理论模型，如资本资产定价模型、期权定价模型等。当经济全球化、交易网络化到来后，西方财务管理学又进一步向深化发展，形成集财务预测、财务决策、财务计划、财务控制和财务分析于一身，以筹资管理、投资管理、营运资金管理和利润分配管理为主要内容。也就是说，学科是动态前进着、发展的，而非一成不变，尤其是网络时代的悄然到来，新变化不可避免。

建设中国本土《企业财务管理学》，需要明确，不可能也没必要让一个学科、一门课程承担过多的重任，学科与学科之间不应有过多知识交叉、理论重叠。现实高校专业学科建设有两种倾向，一是分科越来越细，细到学科重叠内容多；二是不断给学科加持新内容，《财务管理学》已包含管理学很多内容，显然学科发展之路有走偏嫌疑。

所以，建设本土《企业财务管理学》，概念上界定为“从财务视角管理企业”，它不是管理会计事务，不是财务会计行为，也不从事具体的会计工作，它是一种企业管理行为。为此，学科内容上明确三项内容：一是组织企业财务活动，二是开展企业运营管理，三是加强员工财务意识。其中财务活动包括为企业筹划资金、购置资产、加快资金流转等，即主要着眼于筹资、投资、资金运作，在财务角度保证企业正常运转和创造利润。

企业财务管理主要借助企业财务运营状况所开展的管理行为，包括各阶段、各部门、各项目的财务规划，从财务预算视角提供企业发展方向建议，项目批准、进程和实施管理，从财务成本视角加强企业挖潜改造、流程再造、技术创造等方面的管理。财务意识问题，是针对企业的人才管理而言的，决策层需要有强烈的财务意识，这点毋庸置疑；管理层应该有明晰的财务意识，这一点一般也可以理解，员工层要不要财务意识却是有争议的，因为大多数人认为普通员工关心企业的财务运行，不仅没必要而且越位了。这是一个理解上的误会，员工的财务意识并非让员工如决策层那样考虑企业发展规模、投资规模和战略规划，也不是如管理层那样根据战略规划实施企业管理，根据决策层规定给项目、部门提供的资金量安排企业运行，而是让员工层面懂得投入产出，理解企业财务规划，掌握自己工作范围内的成本控制、费用控制，并能进行返工率、废品率、误工率的财务核算，从而让员工自愿加强管理、提升效益，为企业期内目标实现、长远目标实现贡献自己的力量。

概括说，财务管理，做财务的、搞管理的是人，人的思想意识比专业技能更重要。有思想意识会主动学习专业技能，有专业技能没有思想意识，只能算是仪器、设备或工具。现实中，“军转干”人员只接受了3个月的培训，工作一两年后，其业务能力不在本科、硕士毕业的人之下，甚至有超越，很多成了这一领域专业的业内领导就说明了问题。

3. 企业税务管理学重治理

《企业税收治理学》。学会计的不能不懂税收学，学税务的不能不懂会计学。所以会计专业里一定有几门税务方面的学科，税务专业也一定有几门会计方面的学科。会计，是以组织（单位）为主体，以货币为计量单位做账的，以会计凭证和会计账簿为主要形式；税收，是以政府为主体，以法律、税制为依据向纳税人课征税收，具有强制性、无偿性、依法性特征。征税是依据纳税人的经营内容（税目）经营成效和税法规定（计税依据）确立征收比例（税率），并根据一定的流程（纳税环节）和规定的时限（纳税期限）开展的。

显然，会计工作与税收工作有着极其紧密的联系。办理税款的征收事务就是“税务”。虽然税收、税务两个词经常有交叉互用现象，但严格说起来，“税务”应该是政府税务管理部门的专业用词，税收则具有公共性，纳税人可以使用、收税人也可以使用。从这个角度说，培养政府税务系统工作人员的专业应该是“税务专业”；若是“税收专业”，则可以是培养政府税务工作人员，也可以是培养企业会计部门中专门从事税收业务的工作人员。当然，有一类人员并非公务员，却称“税务师”，即税务师事务所的税务师，因为从事的是涉税鉴证和涉税服务工作，即税收事务性工作，所以称税务师。但并非从业者就称税务师，而是必须通过全国税务师统一考试，取得《税务师职业资格证书》。

这里《企业税收治理学》所指的“税收”，是企业层面而非政府层面的即是缴纳层面的税收，而非收入层面的税收。作为税收学科，其内涵无论是企业层面还是政府层面都是一致的，但视角显然有着不同，记账也就不同，企业是支出的账目、政府是收入的账目。那么，所考量的重点自然也会有所不同，企业是在执行税收政策、符合税收法规的前提下寻找到最佳的纳税模式，所以会计工作往往会依据纳税需要进行合理筹划，保证不会因不懂税务而多缴税；而政府税务部门，同样是执行税收政策、符合税收法规的前提下探索最佳税制，所以税务立法是为了建立一个体系完备、条文完善，包含实体法、程序法和诉讼法在内的综合税收法律体系，保证该收的税款一分不少。两边努力，实现效率与公平。

鉴于此，本学科的建设，着眼在企业角度，首先要了解“税收”来源，明晰“税”的内涵与“收”的原理，这就是税收基础；然后是税收实务，即企业纳税实务和税收筹划实务；最后是税收研究，探索经济理论与税收理论，在权衡效率与公平基础上研究税收公平理论，同时探讨税收与企业的资本结构、生产经营甚至收购兼并的关系和内在机理，从立法视角探索税制改革与税收政策。税收与财政相关，一收一支，取之于民用之于民；税收与会计相关，一收一纳，企业合法回报社会。

企业税收治理所指的“治理”，在西方管理理论中，是单纯地指政府的行为方式，既是管理处理，也是整治整顿，还是统辖统治。事实上，中国古代用到“治理”一词，也是通过某些途径用以调节政府行为的一种机制。但作为汉语，“治”源于治水，所以治的方式是从水的初始处、细小处入手，以水的特征为法，对治理对象进行修整、疏通，并梳理、清理、修理、处理、管理之。企业内部的税收治理，自然也是如水一样润物细无声，在税收筹划基础上，把合理合法的纳税，融入企业运行过程中、会计事务工作中。

同样，仍然需要提出一点，财与税的工作，重点依然是人心，人心纯洁，财税洁净。

第二十四章　大道心和之文化伦理管理

中西方文化伦理有巨大差异，仅对“民主”的认知而言，西方理解是“自己说了算”，因为民是主人、民能做主；中国文化认为，民不是个人，而是整体、是集体、是大家，人的行为在保护自己的同时不能损害别人。再如对“自由”的认知而言，西方认为是“想怎么干就怎么干”，自由旗帜下的自律是管好自己，不管别人；中国文化的“自由”，是不能把自己的自由建立在让别人不自由的基础上。归根结蒂，西方的民主、西方文化中的自由只管个人，不管他人，美其名曰“个性解放”；中国文化则是集体的和谐民主、共同的和美自由。

所以，中国文化有“集体精神”，有“公共意识”，这是中国文化的道所决定的。建立世界命运共同体，要能体现心和大道，让管理从所谓的物本、人本走向心本，不是个人的完全自由，而是人民的共同自由，是全民人心的认同，即人心所向。中国文化本身有伦理内涵，核心点是中华大道，这种伦理性反映在人与人之间，就是彼此相处的道德准则。这样的伦理文化，让中国几千年来无论遭遇什么样的磨难，都能坚定坚强地挺过来。文化是相对于经济、政治而言的人类全部精神活动及其产品，是人类构成的社会现象与人的内在精神的既有、传承、创造、发展的总和，古代皇朝朝代变更，经济水平高下、政治清明与否，文化就在那儿，道也在那儿（人心修炼之道、谋求大同之道、人才修齐治平之道），追求品德，止于至善。因此，文化建设、伦理规范，求大道、得心和，这是管理伦理学建设之本。

第一节　中国本土文化伦理之道

“大道之行也，天下为公”思想，衍生出“先天下之忧而忧，后天下之乐而乐”的中华风骨。世间万物皆有人德大道，如一枝梅花，既有“不要人夸好颜色，只流清气满乾坤”（元，王冕，《墨梅》）的高雅纯洁，也有“零落成泥碾作尘，只有香如故”的坚贞不屈；就是石灰，也能诵出“粉骨碎身浑不怕，要留清白在人间”的崇高节操……琴棋书画、诗酒花茶，云蒸霞蔚、山高水长，无一不是如此。文化如是，千古不变；伦理如是，天下为公。

管理领域的文化伦理学科建设，须融入内涵丰富的中国文化、民族伦理。中国文化本身就是伦理文化，中华民族自古就是文明先驱，所以提出天下一家、世界大同观念，所以追求大公无私、倡导公而忘私，不仅仅壮有所用，而且老、幼、寡、孤、残皆有所养。

一、仁爱是心和文化伦理之根

1. 管理伦理是根本是仁爱

文化通过教育而化成，谓之教化；教育中有管理，管理本身是一种教育方式，谓之管教。文化、教育、管理三者之间，互为关联，有教育管理，也有管理教育；有教育文化，也有文化教育；有文化管理，也有管理文化，并且都有一个共同的内涵：伦理——人伦道德之理。中华文明之根、中华伦理之根，乃以仁治国、以爱及人。管理伦理，自以此为本。

根系强劲、根系发达，管理之树才能茁壮。中国伦理文化的核心是“仁爱”。儒学文化思想核心、孔孟之道核心观点便是“仁”，仁为《论语》一书中心内容，全书有58章论及“仁”，109次出现“仁”；万变不离其宗：仁者爱人。仁爱，重点在于爱他人。所以“里仁为美，择不处仁，焉得知?”与有仁德的人住在一起，才是美好的；如果不是选择与有仁德的人相处，哪里可知是明智的？孔子进一步说明：“唯仁者能好人，能恶人。……苟志于仁矣，无恶也”（《论语·里仁》）。也就是说，真正的仁者，既能够爱人，也能够恨人，只是要明晰什么人应该爱、什么人应该恨，这是仁者正确的爱恨观。所以立志于仁的人，不会去做（该恨的人做出来的那些）坏事，即仁者有爱无恶。孟子把仁爱的意思说得直截了当：“仁者爱人，有礼者敬人。爱人者，人恒爱之；敬人者，人恒敬之。”（《孟子·离娄章句下·第二十八节》）总结起来，就是仁者爱人，仁者人爱；礼者敬人，礼者人敬。这是儒家倡导的理想人格。

仁者爱人的“仁爱”思想，是国学的重要内容，至于历朝历代帝王将相是否实践了这样的文化内涵，是当权者的事，文化本身只提供了文化内涵。仁爱行为的问题，关键不在于中国文化自身，而在于统治者、管理者是如何通过这样的内容“以文教化”的。

建设管理文化学科，“仁爱”为本，这是本土特色管理的重点，即仁爱管理。具体借用子张向老师孔子的“问仁”来说明，孔子这样回答：“能行五者于天下，为仁矣……恭、宽、信、敏、惠。恭则不侮，宽则得众，信则人任焉，敏则有功，惠则足以使人”（《论语·里仁》）。在人的行为中，在管理行为中，能够做好五个方面，那就是“仁”，那就是仁者有爱了。

恭敬、宽厚、诚实、勤敏、慈惠者，仁也。

2. 恭与宽仁爱管理伦理说

“恭”，即庄重、恭敬之意。儒家学说的仁爱，具体还表现在“以礼治国”的观念及其落实上，爱人和人爱，敬人与人敬，既是仁，也是礼，仁为本质、礼为行为，便是恭。

孟子基本道德规范是仁、义、礼、智，其中的“礼”体现出恭敬谋生之意、表现出“辞让之心”。儒家礼治、法家法治，古代重要治国之道，是常态礼治、违法法治。所以，中国自古就是礼仪大邦，也是法治之国。西周时尚有“礼不下庶人，刑不上大夫”之说，春秋战国出现了“王子犯法与庶民同罪”的法治。典故出于商鞅变法时，太子犯了法，该如何处置？商鞅说：“法之不行，自上犯之”（《史记·商君列传》）。意思是法令得不到好的执行，是因为上层高位者违法犯罪，所以他要“将法太子”。韩非子也说：“法不阿贵，绳不挠曲。法之所加，智者弗能辞，勇者弗敢争。刑过不避大臣，赏善不遗匹夫”（韩非子·有度）。作为法治文化，逐渐演变成为“法律面前，人人平等”。当然，现实中很难完全实现，因为有特权存在。即使商鞅要处罚太子，人家是王位继承人，折中一下处罚了太子的师傅（墨刑）。而落实得比较好的是礼治，两千多年来，中国人讲究人与人之间有礼有敬。只是有些等级制太明显的礼，现代不适宜了。

要得到别人的尊敬，自己就要对别人恭敬。在今天，依法治国不可违，但在不违法前提下，人与人之间还是应有礼有节，有恭有敬。从人性角度说，你敬我一尺，我敬你一丈，世人皆有尊严，尊重恭敬是互相的。有恭敬就不会被侮辱，所谓“恭则不侮”。一个数千年来都未能解决的问题，就是高人一等意识、特权在我思想。所以，什么时候都会有器张狂妄之辈出现，所谓官派、所谓纨绔、所谓暴发户，都与此有关。事实上，很多开国皇帝、开国大臣是出身平民，或为市井之徒，即使如李世民这样贵族出身者，能够成功的关键点是平民意识强，能与瓦岗寨一众农民起义军称兄道弟，获得他们的尊敬，也得到他们的拥护。

其实，平民、市井等等词儿，都离不开“土味”，往往被贵族阶层、文雅人士，甚至是住在皇城根儿的人所看不起，包括现代人都嫌弃“泥土味儿”。严格来说，这是忘本，也是失了初心。国学从太极起源到生两仪，一开始就是天地乾坤，这大地就是泥土；五行之“木金水火土”，以土为中心，木、金、水、火哪一样都离不开土。亲近泥土、尊敬泥土、感恩泥土，是中国文化之本。第一代帝王能成就伟业，是因为扎根泥土、以民为尊；后代子孙丢了江山是因为远离了泥土、脱离了平民阶层。“脱离群众”，说白了就是高高在上，远离土味。失去了对黎民百姓的“恭”，失落对大地泥土的“敬”。

民间给孩子取名，有儿时叫小名的习惯，小名越贱越好、越土越好，理由是“好养活”。很多人把这一习俗归结为没有文化、迷信，事实上这也是一种大大的误解。这一做法恰恰是有文化的表现，体现出中国古老的哲学内涵：脚踏实地方是正道，农耕不离泥土、远行不离故土，越是接近大地、越是靠近民生、越是生存之道；猪牛猫狗、泥土花草，土得掉渣，却是生存能力最强的。简单说，先人倡导贱名，就是提醒后人不忘本心、不离乡土。只是因为古代一般平民少读书，要是跟他讲道学（哲学）、讲理学、讲儒家文化，他反而不理解，一句“贱名好养”，通俗易懂，与市井、与泥土无限接近，暗合五行之道。

现代生活，很多人已经远离土味太久太久了，自我感觉高人一等，对大地的“恭”、对泥土的“恭”荡然无存。于是滋生出一大批“富贵病”，包括思想上的富贵病、行为上的富贵病、身体上的富贵病。敬人者，人恒敬之；侮人者，人恒侮之。没有平民意识，官再大也是德不配位；不能居安思危，钱再多也是精神穷人；失去泥土芳香，学再高也无高雅可言。

“宽”，是宽容、厚道之意。厚德载物，前提是厚德。厚德者，虚怀若谷，可容世间万物；厚德者，海纳百川，不弃一缕涓流。宽容之人，心底有乾坤，胸中有丘壑；厚道之辈，忠厚古朴耕读传家，表里如一豁然无隐。仁爱之人心内宽。

中国文化，反对阴谋、反对虚伪，“仰不愧于天，俯不怍于人”；鼓励坦坦荡荡、光明磊落、心底无私。虽然现实中“岂能尽如人意”，人们还是“但求无愧我心”，襟怀坦白，捧出真心。如果一种管理机制、一种用人观念的实践结果，是阴谋者得逞、虚伪者得宠、狭隘者得意，那么这种管理一定是背离了中国文化之仁爱本原的。

不是什么时候都能好人好报、恶人恶报，而且忠厚老实人往往被奸诈狡猾者欺负、心胸宽广者常常让睚眦必报者吊打、兢兢业业者总是被心理阴暗者剽窃、遵纪守法者总是被犯罪分子威胁……但管理必须明确自己的责任，除暴安良、锄强扶弱、除残去秽也是管理的要义。孔子说：“宽能得众”，宽厚仁义能得到大家的拥护，一名优秀的领军人物，一定有一批批志同道合、互为认同的人心甘情愿、死心塌地在跟随、追随，一同实现理想。

心地宽厚的人的世界，一定是辽阔的，可以容得下任何人，只要来人能保持本心。

3. 信敏慧仁爱管理伦理说

“信”，是诚实、守信之意。信，与“诚”关联，诚者有信，信者实诚，实心实意、真诚忠诚，人有言而为信，言合人德而为诚信。这是中华民族的美德规范。

国家治理，民无信而不立；社会生活，诚信是生命线。在今天，我们也许看到了一些不诚信的现实情况：商界不诚信，以假乱真牟暴利；医药不诚信，假药假医骗钱财；学界不诚信，抄袭剽窃成大佬；教育不诚信，虚假言行满天飞……市场上假烟假酒毒食材，让人傻傻分不清；医疗界医院药店瞎忽悠，小病变大病、没病治出病；专业领域首长是权威、领导成专家，无权无势莫进来；学术领域勇出假成果，敢考场作弊……似乎骗子层出不穷、骗术防不胜防，谎言像细菌一样蔓延，伪君子春风得意马蹄疾。

应该细思量的是，这些现象是怎么出现的，是中国诚信文化惹的祸，还是西风劲吹吹出了利益驱使的结果。商业化发展本身没有错，追求效益利益也没有错，但若在追求利益的过程中信奉饮毛茹血时代的弱肉强食，摒弃千金一诺的美德、一言既出驷马难追的实诚，那么，社会诚实守信的体系就会受到巨大冲击，才会出现上述那样的不诚信社会现象。这是摒弃了中华文明、华夏文化和民族精神。发展经济、追求效益利益的同时，重现中国文化的悟道明德、回归中国文化的自信自尊、重建诚实守信的道德规范，是正道。

孔子说：“信则人任焉”，诚实守信者，应该得到信任、得到重用，诚实守信是道德人格的基础。所谓实事求是，既要反对和杜绝说空话、说假话、说大话的恶习，也要优待说老实话、办老实事、做老实人的人，老老实实是社会美德。让老实人吃亏说明路偏歪了，社会应形成“对人以诚信人不欺我、对事以诚信事无不成”的良好风气。孔子还说：“人而无信，不知其可也”（《论语·为政》）。人若不讲信用，他还能做成些什么呢，做啥啥不行。孟子则将其归纳为人的道德规范五大原则之一，即“父子有亲、君臣有义、夫妇有别、长幼有序、朋友有信”（《孟子·滕文公章句上》）。对家人有信，是仁；对朋友有信，是爱；对工作有信，是仁；诚实有信是为仁。

“敏”，是勤勉、机敏之意。敏者，做事动作快捷、灵活，所以有敏捷、敏锐、灵敏、机敏等用词，大多指人勤勉努力、脑子反应快。聪明是指人耳聪目明，侧重于天资高、记忆和理解力强；聪敏，“聪”表示聪明，“敏”表示思维灵敏反应快。

很显然，一个人的成功，头脑反应快是基础条件，勤恳努力加上聪慧机敏，也就是勤敏才是关键因素。孔子所说的“敏”是勤敏，勤于思考、勤于慧悟、勤于行动。所以孔子说“君子欲讷于言而敏于行”（《论语·里仁》）。真正的君子，说话要谨慎，因为“言必行，行必果”（《论语·子路》）；而行动要敏捷，因为“居之无倦，行之以忠。”（居于高位而不懈怠，落实行动而有忠心。《论语·颜渊》）。对行有余力者，孔子认为可以学文了。也就是说，在孔子看来，行（躬身实践）比文（学习文献）重要。这位大教育家是用四种内容教育学生的，“子以四教：文、行、忠、信”（《论语·述而》）。守德行事中领悟文献经典之意、表现尽心竭力之忠、展示诚实有信之本。心和管理学的学科建设，须体现出孔子所说的“行”的意义来，回归“实践是检验真理的唯一标准”。

鉴于此，孔子认为“敏则有功”，勤敏的人能够获得成功。当然，成功的标准可以因所处位置、面临工作或学习内容来衡量，但抓住机遇，对人生有觉察的能力，这是可以建功立业的重要前提。对于敏者建功立业，孔子还有强调：“敏而好学，不耻下问，是以谓之文也”（《论语·公冶长》）。反应敏捷的人，比较容易耍小聪明，常常会寻找捷径而不够脚踏实地。真正的“仁”，就是要体现出处处学问、处处有师的谦逊来，认真向地位比自己低、学问比自己弱的人请教。谦虚好学，是“敏”者应该牢记的，这是“仁”的另一种表现。

“惠”，是仁爱、惠泽之意。惠，本义一般有两种说法：一是仁爱，柔和温顺而心地善良、通情达理，如贤惠；二是予人恩惠、好处，如惠泽，故常用作敬辞，如惠顾。又因惠、慧同音，也就有了聪明之意，如惠敏。“惠”直接指向仁爱。因为仁义有爱，待人接物就会和气柔顺，与人交往就会彼此谐和。因为总是惠爱与恩泽他人，就是予人玫瑰、手有余香，就是予人方便、自己方便，就能很好地获得他人认同和支持。那么，反过来所说的话人们就愿意听，所提的要求人们就愿意满足。这就是孔子说的“惠则足以使人”。

惠者，做人格局就大，自然不计较别人小的过错；因为能容得别人，别人也就支持并尊重。所以，给人舒爽是惠风，送人东西是惠赠，普度众生是惠济，仁爱和顺是惠和，聪明美丽是惠美，优厚待遇是优惠，彼此好处是互惠……

二、道心是中国文化伦理之核

1. 修身养性管理伦理原理

中国伦理文化非常讲究道心。所谓道心，求道之心、向道之心也。道者，方向、途径也，指人在求“大道”的路上；道者，规律、法则也，指人在向“正道”的路上；道者，静心、清心也，指人在“观道”的路上；道者，初心、善心也，指人在“修道”的路上。求道之路一心向道，修道之路一心悟道，道心观照，人心得道，可保事事吉祥亨通。

“管”与“理”有区别也有联系，管理是既要管束、监督，更要梳理、疏通，前者提要求、给压力，重在以法律制度约束；后者抓人心、给愉悦，重在用伦理道德引导。管好人的言行、理顺人的思想谓之管理。细分开来，管好别人的言行、理顺别人的思想是管理，或者说是伦理化管理；而管好自己的言行、理顺自己的思想，则是伦理，或者说是管理性伦理。所以伦理首要的是针对自己，道德既可针对自己也可针对别人。管理伦理学科是让人们明白，管理伦理是让人们修炼自己的内心，懂得人伦道德之理并遵行之；然后去引导他人修炼自己的内心，懂得人伦道德之理并遵行之。而修心炼心管理，在于心中有道，即有道心。

伦理是在人内心里面的，管理外化了伦理。人有一颗求道、向道之心，通过不断的修炼使自己拥有一颗真诚向善的内心——管理伦理的道心，这才是中国特色的伦理文化的管理之道、管理之核。外化的东西可以有伦理，也可以没有伦理，如面上对你鞠躬致歉“那么，失礼了!”却是毫不犹豫狠狠捅上一刀，非常有礼貌的形式下害人，是没有伦理的；再如，人权旗帜下高喊民主、自由，实则顺我者昌、逆我者亡，也没有伦理可言。管理需要形式，但形式为内容服务，能让人心认同才是重点。文化，既是一种社会现象，无论人们认可它还是批判它，它都存在着；文化，又是一种精神现象，无论人们能感觉到还是感觉不到，它就那样融化在人心里。伦理，是融和在人内在的文化，道是内在修养，德是外化表现。

曾参、子思《大学》说：“是故君子先慎乎德。有德此有人，有人此有土，有土此有财，有财此有用。德者本也，财者末也；外本内末，争民施夺。是故财散则民聚，财聚则民散。”这可分几个层面解读，第一，总体把握：君子，指人品高尚之人（也指君主），他们注重德行修养，是时时“慎乎德”的伦理培养，内德伦理为核心、是关键。第二，有德行才有民众的拥戴。民众拥戴才有土地，有土地才有财富，有财富才能提供使用（用于管理开支和民众需要）。这里揭示出民众认可君子的德行君子才会有财富的道理，所谓民心可用；民心是执政者、管理者最大的、也是最可靠、最珍贵的财富。民心的争取则在修德，在伦理道德。第三，人有德行才是根本。财富是德修后自然有的，是末事，本末不可倒置。表面上有德实际上贪财（不注重德行修养，只关注财物拥有），就会不择手段与民争利，巧取豪夺侵占民利。第四，执政者、管理者若专注敛财（其实就是“争民施夺”），人心就散了、民众就离心离德了。若想民心不背离，就要让利于民、就要体恤百姓疾苦，如此人心能凝聚，民众会团结。

显然，无论是执政还是管理，要保障人民、员工的利益，使民可以安居乐业、让员工没有后顾之忧，为管理中最大的、最核心的伦理。以此为基要求民众修德养性，让人们求道、向道，遵守规律和法则，内视于自己的真心以静心、清心，回归自己的初心、善心，这是伦理。“天地君亲师”五伦改一字为“天地国亲师”，敬天敬地，与天地和；忠国爱国，保家卫国；敬父敬母，恭敬孝顺；尊师重教，教而育之，兄弟有悌、朋友有信，人与自然、与国家、与社会、与单位、与人之间，皆守道德、皆循规范——这是伦理管理学建设之根本。

2. 中国特色社会主义伦理

中华人民共和国成立 70 周年之时，某研究机构与媒体梳理并发布了《2019 年中国十大伦理事件》①，其中两项是党和政府的决策，三项是涉及重要文件的颁布或修订。另外，这些重大事件，将对中国人民和中华民族的道德与精神文明产生重要影响。仔细分析，从中可解读出一些社会主义伦理道德建设的导向性信息。这十大伦理事件，提出了管理伦理文化问题，概而括之，管理要有道心，即明道之心，道是万物万事之理，是心中真善美的坚守。

两项党和国家的决策：一是“党中央、国务院隆重表彰英雄模范”，二是“国家科技伦理委员会将组建”。人无德不立，国无德不兴，国家管理需要培育和展现道德力量，标出中国精神高度，树起社会精神标杆。为

---

① 教育部人文社会科学重点研究基地中国人民大学伦理学与道德建设研究中心、融媒体矩阵中国伦理在线整理发布，《2019 年中国十大伦理事件》，党建网，新版党建网 2016 文化大观。

此应隆重表彰国家勋章和国家荣誉获得者、全国道德模范。表彰是引导，建设科技伦理组织则是从国家层面建立并完善科技人才发现、培养、激励机制，健全符合科研规律的科技管理体制和政策体系，改进科技评价体系，健全科技伦理治理体制。2019 年 7 月 24 日，中央全面深化改革委员会第九次会议审议通过了《国家科技伦理委员会组建方案》，目的是“加强统筹规范和指导协调，推动构建覆盖全面、导向明确、规范有序、协调一致的科技伦理治理体系。”同时要求“抓紧完善制度规范，健全治理机制，强化伦理监管，细化相关法律法规和伦理审查规则，规范各类科学研究活动。”在“科技伦理制度化建设，科技伦理规范性治理，科技伦理全球化协同”背景下“实现‘科技之真’与‘道德之善’的同频共振，为科学的探索植入伦理基因，让科技进步更好造福人类。”

颁布或修订的三项重要文件：一是“《新时代爱国主义实施纲要》颁布”，二是“《新时代公民道德建设实施纲要》颁布”，三是“《中国新闻工作者职业道德准则》修订”。前两个文件，是社会主义新时代的最强音，是中华民族精神基因的传承，是中华人民共和国公民的最高伦理。“高扬爱国主义旗帜，着力培养爱国之情、砥砺强国之志、实践报国之行，使爱国主义成为全体中国人民的坚定信念、精神力量和自觉行动。”并弘扬和实践“四个意识”（政治意识、大局意识、核心意识、看齐意识）、“四个自信”（道路自信、理论自信、制度自信、文化自信）。在今天，爱社会主义、爱中国共产党、爱人民，是新时代爱国主义的“道”，修心修道，必须先修爱国主义，“振奋民族精神、凝聚全民族力量，决胜全面建成小康社会，实现中华民族伟大复兴的中国梦。”很显然，把公民道德建设作为国家层面的工程建设，是坚持和完善中国特色社会主义制度，推进国家治理体系和治理能力现代化的需要，是坚持以社会主义核心价值观引领文化建设制度的需要，是坚持依法治国和以德治国相结合的需要。所以“把社会主义核心价值观要求融入法治建设和社会治理，将公民道德建设作为国家治理体系和治理能力现代化的重要组成部分。”中国自古就是“以德治国”，法治是一方面，德治是另一方面，两者结合，更能发挥出国家管理、民族复兴、人民幸福的价值，“道德是国家治理的重要力量，价值观引领是国家治理的软实力、巧实力。”

2019 年 10 月，国家印发实施《新时代公民道德建设实施纲要》，公民道德和精神文明建设取得重要成果，在继承与发展基础上，根据新形势的特殊情况、新时代的根本要求，更有必要推进道德治理制度化。新时代，网络空间、法治保障、生态文明和对外交往等领域，对公民道德建设提出了更高的要求，也就是道心要求更高，也须与时俱进、开拓创新。紧接着 2019 年 11 月 7 日，中华全国新闻工作者协会第九届全国理事会第五次常务理事会对《中国新闻工作者职业道德准则》进行修订。“明确提出新闻工作者要在全心全意为人民服务、坚持正确舆论导向、坚持新闻真实性原则、坚持改进创新等方面下功夫，不断增强脚力、眼力、脑力、笔力，做政治坚定、引领时代、业务精湛、作风优良、党和人民信赖的新闻工作者。”这是为了规制新时代的传媒伦理、新闻道德，因为自媒体大量涌现、智能媒体广泛应用，导致传媒伦理、新闻道德遭遇巨大困难和挑战。“2019 年，从《甘柴劣火》引发‘洗稿’讨论，到‘寒门状元之死’显现煽情主义传播危害；从上海少年跳桥自杀事件的自媒体报道乱象，到南方周末对‘不寒而栗’爱情的报道引发公众对 PUA 的关注，传媒伦理领域热点事件频发”。这些问题严重破坏媒体和新闻工作者的公信力。而“媒体是社会的良心，更是社会的勇气，激浊扬清、惩恶扬善、弘扬正气是社会赋予媒体的神圣责任。”因此，非常有必要加强从业人员的道德修养、道德自律。这是媒体行业的伦理精神所必须的。

3. 违背伦理管理案例探析

2019 年十大伦理事件中有五项行业案例：一是“上海率先实施生活垃圾分类处理”；二是“‘基因编辑婴儿案’公开宣判”；三是“‘民航总医院杀医案’引发社会关注”；四是“‘翟天临学术造假’等学术不端引发关注”；五是“互联网行业‘践行算法善用’观念”。

生活垃圾分类制度，上海第一个“吃螃蟹”，从强制开始，被公众认为“史上最严”的垃圾分类推行。随着人民生活水平提高，垃圾问题成为一种“新公害”，污染环境十分严重，“21 世纪以来垃圾浓度的增长量已经是 20 世纪垃圾浓度增长量的总和了。中国每年产生垃圾 30 亿吨，约有 2 万平方米耕地被迫用于堆置存放垃圾，约有 2/3 的城市陷入垃圾围城的困境。”在“金山银山不如青山绿水”观念下，垃圾分类成为社会文明水平的重要方面，民众环保意识培育的重要途径，人与自然和谐相处的重要一环。

“2018 年 11 月，南方科技大学副教授贺建奎向公众宣布，他利用基因编辑技术修改了一对双胞胎婴儿的一个基因。”这事引发科技伦理、行医伦理质疑。事件调查结论是：“贺建奎为追逐个人名利，自筹资金，蓄意逃避监管，私自组织有关人员，实施国家明令禁止的以生殖为目的的人类胚胎基因编辑活动。”这项以人为实验品的实验，“是以人类命运和人的尊严为代价的。对于这种冒险的尝试所带来的后果，我们一无所知：基因变化可能会传递给未来几代，同时存在着伤害其他基因的风险；经过基因编辑的‘人’是谁；那些依据‘自然人’为基础构建的规则是否还有效。”深圳市南山区人民法院判定贺建奎等3名被告人构成非法行医罪，依法追究刑事责任。这不仅仅是“非法行医罪”，在人类根本无法承担“基因编辑”带来的各种风险时，“是一种危害人类安全的赌徒行径”，可能是“反人类的”。

医患关系是医疗产业化之后又一个伦理问题，暴力事件频繁发生，严重影响整个医疗行业发展和社会和谐稳定。“2019年12月24日，民航总医院急诊科杨文副主任医师遭患者家属恶性伤害，因伤势过重不幸去世的事件，引发全社会的高度关注。”问题是，这已经不是个案现象了，已成社会性的“医闹”现象，“我国每所医院平均每年发生暴力伤医事件高达27次”。显然，“修补医患之间的信任、共同构建和谐医患关系，成为眼下迫切需要应对的课题。”重建“医者仁心”，牢记“后希波克拉底誓言”，建设医疗伦理体系。还须明白，医患关系是双向的，医者要回归仁心、重树医德、以一颗医者父母心行医，这是医道；患者要对医生有足够信任、正视、尊重生命，这是“人道”，彼此建立起信任联盟，共同珍视生命的鲜活、珍惜身体的健康，共同面对“生老病死”，建立健康共同体。

博士不懂学术、不懂研究，学术不端引起了社会关注。2019年2月8日，“知名演员翟××在微博晒出博士后录用通知，引来公众围观，翟××在直播中回答网友提问时竟不知‘中国知网’为何物，其博士学位真实性受到质疑。”后经调查，撤销了该演员的博士学位，其导师的研究生导师资格也被取消。但论文造假等“学术不端现象仍然频频发生，而且从一般的学者，向著名学者、社会公众人物蔓延，社会的关注更高，产生的影响更大也更坏。”学术生态遭遇空前破坏，科研诚信体系面临严重挑战。为此“国家高度重视学术不端治理，从中央到教育部、科技部等部委，从高校科研机构到地方政府，都出台了一系列关于学术不端的文件。”营造良好学术环境，弘扬学术道德，建设科研伦理，净化学术风气是必然的。

“互联网行业践行‘算法善用’观念”，严格说不是案例，而是应对人工智能技术应用产生的伦理问题的一种观念提出。“在各类移动应用程序和大数据面前，个体变得越发透明，个体信息隐私泄漏风险提高，个人信息不当收集、滥用、泄露导致的公民权益受到侵害的事件时有发生，算法在个性化内容推荐、雇佣简历筛选等领域的不当应用引发了信息茧房、算法歧视等新问题。”智能化的信息传播机制可以快速完成用户与信息的精确匹配，对人类伦理道德提出挑战。因为“算法逐渐掌控和接管人们生活、工作的方方面面，形成了巨大的算法权力，能够对人们的隐私、安全、尊严、公正等产生巨大影响。”为此，提出“算法善用”“科技向善”观念，“算法也要有价值观，尊重人的尊严、促进人的自由、维护社会的公平正义，应当成为算法和智能技术研发和应用过程中追求的价值观念。”

三、协和是红色文化伦理之德

红色管理是在实践中提炼出来、战争中总结出来、建设中创新出来的。如毛泽东等中国共产党领导人战争年代所运用的“三大法宝”（统一战线、武装斗争、党的建设）、所坚持的“三大作风”（理论联系实际、密切联系群众、批评和自我批评）、所创设的“三大灵魂”（实事求是、独立自主、原则性与灵活性相结合），是极其重要的毛泽东思想科学理论，也是中国管理伦理的总结、中国管理理论的升华。红色管理理论是中国管理理论的导航。

1. 红色管理思想三大法宝

在《〈共产党人〉发刊词》（1939 年 10 月）中，毛泽东提出统一战线、武装斗争、党的建设“三大法宝”。一个伟大正确的政党，领导着一支人民的武装力量，建立起一条得到最广泛支持的统一战线，领导着中国人民解放、中华民族崛起的伟大征程，并取得了成功。中国共产党的这三大法宝中，蕴含着极其巨大的心和管理原理及其协和伦理原理。

统一战线，是将不同政治阵营的力量统一到一起，形成一个联盟、一条战线，以对付大家共同的敌人。第二次世界大战时期中国共产党专门成立了抗日民族统一战线，设立专门的统战工作机构，1939 年初成立统战部（1944 年 5 月至 1945 年 4 月成立中央城市工作部，抗战胜利后城工部停止工作，1946 年底恢复统战部）。中华人民共和国成立后，专设统战部，一直开展统战工作，可见统战价值之高、作用之大。从管理学角度分析，就是针对主要的工作目标，团结一切可以团结的力量、取得一切能够支持的支持，结成共同阵营以达成目的。这是“和文化”的体现，谋求大阵营内的“协和”壮大自己力量，孤立敌对力量。

武装斗争是中国革命的主要特点和形式。汉语有个成语叫“秀才造反，三年不成”，不仅仅因为秀才的软弱、百无一用是书生，也不仅仅因为秀才琢磨过多、思虑过细反而不敢抗争，更重要的是秀才本身就是官府提供的做官途径，他们的最大梦想是改良，而非暴力革命。可是当国家孱弱、主权被挑战，人民受穷、压迫无限大时，为了国家强盛起来、人民幸福起来，就需要一个阶级推翻另一个阶级的暴力革命，没有自己的武装力量而要谋求和平幸福，等于痴人说梦。所以，中国共产党组建了自己的人民武装力量，开始了艰苦卓绝的武装斗争，最终结束了独裁、赶走了侵略者，强盛了国家主权，人民成为主人。所以被压迫阶级、被压迫民族的武装斗争，是推翻反动统治、抵御外来侵略、争取解放获得和平和谐的主要手段。这其中有一个重要创新：兵民是胜利之本；而兵与民，是鱼与水的关系。

统一战线与武装斗争，相辅相成。统一战线是实行武装斗争的统一战线，只有以武装斗争为主要支柱，统一战线才能存在和发展。武装斗争须以统一战线为基础发展壮大。建成统一战线、开展武装斗争并取得最终胜利，需要一个必要条件：有领导者——党的建设，这是党实现对中国革命领导的根本保证，也是三大法宝的中心环节、核心环节。党的建设，包括中国共产党的政治建设、思想建设、组织建设、作风建设、纪律建设和制度建设等，目的是承担起领导重任，胜任领导责任。管理角度理解，党建是解决领导权问题和领导正确性问题的核心；统一战线和武装斗争则是党所掌握的两大武器。统一战线谋求各方人心协同、内部协和，形成最广泛的阵营；武装斗争落实"枪杆子里面出政权"，有人民政权才有人民幸福，才有国家主权的独立自主。所以，统一战线与武装斗争这两个武器，只有在共产党的领导下，坚定不移地坚持党的基本路线、思想路线，坚持全心全意为人民服务、民主集中制和从严管党治党，才能发挥其巨大作用，国家和平、人民和谐才能得以实现。

2. 红色管理践行三大作风

1945 年 4 月在中国共产党第七次代表大会上，毛泽东总结并提出了理论联系实际、密切联系群众、批评和自我批评的"三大作风"。这三大作风也是中国共产党的三大优良传统，是区别于其他政党的显著标志，协和了党群关系，强盛了党的力量。

理论联系实际，是中国共产党血的教训中领悟出来。理论来源于实践，又接受实践检验，不对具体事物进行调查研究，只是生搬硬套现成原则、概念处理问题，是教条主义。红军时期"左"倾教条主义路线构成了危害，证明只有把马克思主义理论同中国革命具体实践相结合指导中国，才能取得革命胜利。理论同实际相结合，使中国革命走上了正确的道路。20 世纪末的改革开放，再一次证明中国特色社会主义事业能够顺利前进，就在于把马克思主义的普遍真理同现代化建设的实际情况结合起来。过程中出现的"西化"倾向、对西方理论死搬硬套的行为，实质是陷入了新教条主义。"中国特色"之特，就在于"理论联系实际"；中国共产党在思想路线中，将其确立为践行党的思想路线的根本途径和方法。管理上机械照搬西方意识形态与职场环境下形成的管理，不与中国管理具体实践相结合，也是教条主义。

密切联系群众是中国共产党优良传统，“不忘初心”之初心，践行党的群众路线之根本要求，中国共产党最大的政治优势。中国共产党是人民的政党，最重要的基石就是人民群众。战争年代重要工作是发动群众、联系群众、解决群众的问题和困难，从而获得最广泛人民群众的支持。执政之后最大的危险是脱离群众，解决这一危险就是密切联系群众，保证人民群众对党的信任和拥护。这是党群关系和谐、干群关系和谐之本。有人民群众的认同和支持，党员干部才能成为有源之水、有本之木。管理亦如此，上司不是颐指气使的老爷，而是密切联系员工，理顺员人人心，实现管理上“员工第一”，员工才会在经营中努力“顾客第一”。脱离群众的本质是忘本，是背离乡土地气，只有真正将政策制度建立在与体现人民群众（员工）愿望的契合度之上，解决他们的迫切需求，才是真正的密切联系群众。

批评和自我批评是中国共产党不断增强创造力、凝聚力、战斗力，永葆生机和活力的重要举措，是保持党强身、治病、保持肌体健康的重要武器和优良作风。批评和自我批评与“吾日三省吾身”“慎独”“内视”等修身养性文化有着一定的关联性，逐渐形成了“知无不言，言无不尽；言者无罪，闻者足戒；有则改之，无则加勉”的风格。新时代，进一步提出“照镜子、正衣冠、洗洗澡、治治病”的要求。“三大作风”中，批评和自我批评难度系数高。战争年代面对的是生死存亡，稍有不慎就会给革命带来巨大损失、给自己带来巨大灾难，批评和自我批评相对好开展。和平年代就难了，因为不敢批评，批评领导怕秋后算账，批评同志怕影响关系；也不敢自我批评，因为自揭短自亮丑是自己隔断前进之路。管理要协和，不是一团和气之和，而是破旧立新创造之和、挖腐去病健康之和。不自我修养、不自我约束，自我管理就不可能实现；有问题不指出、有错漏不补救，孕育巨大危机。

3. 红色管理伦理活的灵魂

1981 年 6 月 29 日，中共十一届六中全会通过的《关于建国以来党的若干历史问题的决议》，提出了一个科学概念：毛泽东思想的活的灵魂——实事求是、群众路线、独立自主。研究者著述《毛泽东思想的活的灵魂》①一书，解读了“三大灵魂”。后因为“群众路线”与三大作风之“密切联

① 李风悟：《毛泽东思想的活的灵魂》，山东人民出版社 1985 年版。

系群众”作风内涵上有重合性，将其改成“原则性与灵活性相结合”。无论是三大作风还是三大灵魂，其中的伦理性意义相当明晰。

实事求是，毛泽东早在1930年5月写《反对本本主义》时，就提出了“没有调查，就没有发言权”的论断。这与中国文化注重现实、崇尚实干的精神内涵相一致，新时期也有“空谈误国，实干兴邦”之论断。中国农耕文明所传承的重要内容就是务实作风、实干精神，排斥虚妄，拒绝空想，鄙视华而不实。这事实上也是中华民族的民族基因，古籍《国语》中就已出现这样的文化内涵，此后王符的《潜夫论》、王守仁的《传习录》等都有论述。中国共产党处事，中国人办事，这事是“实事”，所“求”的就在于符合客观事物的内部联系，即规律性。在今天，中国特色的社会主义道路，是在实事求是中确定的，所以我们充满自信；中国特色的社会主义理论、制度，同样是在实事求是中确立的，所以我们充满理论自信、制度自信。而中国文化就是实事求是的文化，一样自信着。中国特色的管理道路、管理制度、管理理论和管理文化，自然以实事求是为灵魂。

独立自主，是一个主权国家的基本要求，是一个执政党的核心要素。自己的路自己走，坚定不移地走好自己的路，是独立自主的本意。独立是基础，有独立才能自主；自主是结果，自主了才是真正地独立。抗日民族统一战线建立，实现了中国共产党的独立自主；中华人民共和国成立，实现了国家主权的独立自主；根据中国国情，在经济建设与国家发展的道路上，决定了中国只能独立自主走自己的路，这是中华民族的优良传统，也是中国共产党、中华人民共和国立党立国的重要原则。中国的事情必须由中国人民自己作主、自己处理，中华民族有这份自尊、中国人民有这份自信。

在独立自主原则下，中国虚怀若谷，愿意学习借鉴世界上所有的文明成果，学习是与时俱进，借鉴是强大自己，归根结蒂是中国自己的强身健体，而不是成为他国的附庸。中国同样也尊重一切国家的主权，所以坚持和平共处五项原则，愿与全世界人民协和共处不称霸、不强权、不扩张。中国愿意在独立自主的前提下，与全世界爱好和平的国家合作共赢。

原则性与灵活性相结合，是原则范围内的灵活，是规则、规律、规范要求下方式方法的灵活，是证明某项规则不完善前提下的灵活。坚持群众路线是原则，全心全意为人民服务这一根本宗旨永远不变；紧密联系群众，具体工作中要有灵活性。例如，引导帮助群众脱贫，这是原则，脱贫攻坚决不动摇；但不同时期对“贫困”的认定应该有不同，对“贫困”的性质把握应该有不同（是政策层面引起的、是地域限制引起的，还是人文原因引起的）；地域不一样，经济基础不一样，脱贫的方式方法也应该各有不同；脱贫中如果出现瞎指挥，强行推行不适合的举措，就应该纠正，而不能以政府规定为理由损害人民群众的利益。

中国共产党的最大优势是密切联系群众，中国管理的最大优势是密切联系员工，通过员工深入顾客之中。君子爱财，取之有道，一切财富都是在为社会、为人民群众服务中自然产生的。中国崇尚传统药店门联上“但愿世间人无病，宁可架上药生尘；横批：天下平安”的悬壶济世情怀（可比较现代药店门口“请君进店狂扫货，保你省钱得赠礼”；特注：医保定点的广告促销）。管理谋和，经营求顺，投资者与经营者、企业与顾客、企业与各方合作者、股东与管理层、上司与下属、同事与同事、同行与同行，一句话，上下左右内外六方皆协和，是人心内在协和与外在表现协和的高度统一。协和天下，天下一家。

第二节　文化伦理心和管理实践

解读文化伦理，一是文化，二是伦理，三是文化中的伦理与伦理中的文化。从管理学建设角度说，一是管理文化，如企业文化、商品文化、行业文化等；二是管理伦理，如创业伦理、商业伦理、经营伦理等；三是管理文化中的管理伦理，如中国管理文化中的本土管理伦理、西方管理文化中的外埠伦理、中西文化融合的创新管理伦理等。

经济管理、工商管理等管理领域，侧重的是创造利益、获取利益，比较而言与文化之文雅高洁似乎格格不入。但事实上，金钱利益的俗与文学艺术的雅结合在一起，就把文化的“儒雅”与经营的“商道”结合在一起，形成了中华独特的儒商文化、商道伦理。

一、先齐家后治国的伦理实践

1. 齐家与治国管理伦理说

职场人，需修身齐家，培养齐家伦理。中国管理伦理起点在家庭伦理。一家，夫妻为核心，上父母长辈、中兄弟姐妹、下儿女小辈；夫妻双方各有兄弟姐妹，也有各自家小。古代父母在不分家而组成大家庭；分家后各支聚合而成一个家族。齐家，就是管理好这样一个大家庭或者大家族。夫妻关系稳定，遇事有商有量，彼此谐和团结，那么这个家的管理基础就好；夫妻关系不好，经常吵吵闹闹，管理基础就不好，若到离婚程度，那么这个家也就散了。同样兄弟姐妹关系处理得好，家族之间就稳定；若各自为阵、私欲膨胀，这个家族就不好管理；若兄弟反目、姐妹成仇，这个家族也就散了；堂兄弟姐妹、表兄弟姐妹之间也如此。显然，齐家的要求，就是在有亲情关系的范围内管理好上下左右内外，让大家齐心协力、同心同德。这就是为什么齐家的前面需要修身，自身无修养、无修德，无以齐家。

能齐家者，具备了整治家庭、管理家族之能，可参与治国平天下。《周易·序卦》说："有天地，然后有万物。有万物，然后有男女。有男女，然后有夫妇。有夫妇，然后有父子。有父子，然后有君臣。有君臣，然后有上下。有上下，然后礼仪有所错"。男女成家而夫妇；夫妇生育小孩而父子；孩子多了而兄弟姐妹。家庭由夫妇、父子、兄弟姐妹三列关系并扩大延伸。进入社会则有了君臣——国家与公民关系，在国家行政体系中、在社会组织机构里，就有了上下级关系。这与家庭里有长辈晚辈是一样的道理，彼此要有礼义规范、要有管理举措。家有家规（管理基础规矩）、国有国法（管理最高法则），组织有规章。

治国平天下，现代意义不局限于安邦定国，而是在一项国家、民族、社会认可的事业领域，能够治理、管理好，便是参与了"治国"，能够让这一领域中所有人都认可拥护、大家一起努力完成目标事业，就是参与了"平天下"。依此类推，先有齐家伦理，后有治国伦理。以企业为例，股东与经理相当于"夫妻"，"男"主外"女"主内，股东（或董事会）主外定企业发展方向、企业战略规划，经理主内行企业稳定发展、企业经营管理之事。企业员工相当于企业子女，企业发展后扩大，子公司、分公司，或连锁机构，就是兄弟姐妹。所以，在中国的企业里，进行"家文化"管理，是符合齐家伦理的。主持家政者在家达到已修以德，以德行影响、感化和转化家庭中所有成员，上行下效，修道立德，夫义妇顺、父慈子孝、兄友弟恭，共同建设道德人家、文礼之家。小家美，大家强。

2. 家国合一与孝道管理说

家国天下，众多小家组成国，有国而天下一家，始于小家而归于国家。社会学领域无法找到比夫妇家庭制更好的社会基层管理关系，故《周礼·小司徒》郑玄注云："有夫有妇，然后为家。"《周易·序卦》说："夫妇之道，不可以不久也，故受之以恒，恒者久也。"夫妇之道，是家庭稳定之道，所以可以说是社会稳固基石，这样，夫妇关系是人伦确立的第一大事，必须恒久，所谓天地合而万物兴，夫妇合而万世继。夫妇本是合二家之好、二族之好，将本无血缘、亲情关系的二姓连接成核心联盟，甚至可以合二国之好，如秦晋之好、和亲之策（政治联姻）。齐家伦理中，结婚生子最为关键，迟迟不婚，视为不孝；婚而出轨，视为不伦。高离婚率，在中国传统文化中不被许可，不仅仅是对自己的不负责，也是对家庭、对家族、对社会的不负责，在伦理观念中是不伦的。

夫妇确立，上以嗣宗庙，下以继后世，于是有父子关系。“子不教父之过”“孟母三迁”说的都是子女教养问题。夫妇关系直接影响父子一伦、兄弟一伦、亲戚一伦，间接影响到朋友之伦、同事之伦、社会伦理。从这一点上说，高离婚率问题应该引起足够的重视。

夫妇关系是以亲情关系为纽带的横向发展，父子关系是以血缘关系为纽带的纵向延续；夫妇关系在于夫勤妻贤，父子关系在于父慈子孝。父母慈爱子女，顺应人的自然感情，谓之舐犊之情。家族伦理中，子孝要比父慈难，为此国学特别强调孝道，强调孝为德之本、仁之实，世代告诫百善孝为先。中国的“孝文化”源远流长，神话故事、民间传说中早就有其内涵，《诗经·小雅》已有这样的诗句：“父兮生我，母兮鞠我，拊我，畜我，长我，育我，顾我，复我，出入腹我，欲报之德，昊天罔极。”而这种父母之爱，既给予生命，又给予哺育，几乎与生俱来。显然对父母孝之、顺之、尊之、敬之、亲之、爱之，不仅是人伦人德，还是地道天道。赡养父母、给予父母基本的物质生活条件，其实不能算真正的孝，《论语·为政》中，子游问孝，子曰：“今之孝者，是谓能养。至于犬马，皆能有养；不敬，何以别乎？”只有“养”而不知“敬”，与犬马无二。敬者，自心而起矣，心中有敬为真孝，心中无敬是伪孝，此谓“孝心”也；有孝心者懂得顺父母，是心顺、意顺，顺中有引导、有建议，此谓“孝顺”；赡养父母不忤逆，尊重父母、礼敬父母、亲爱父母，此谓“孝道”。

所以，孝是以孝心对待以父母为代表的长辈，孝敬、孝顺他们，这是家庭伦理之孝道。中国社会一直以来以此实践着，其中孝道理论的代表，是从先秦流传至今的《孝经》，而孝道实践案例的典型代表是《二十四孝》①，后又相继出现《日记故事大全二十四孝》《女二十四孝》《男女二十四孝》等，辑录历史上孝的故事，奉劝世人行孝。

孝行作为国学传统、伦理传统，一直流传至今。媒体“感动中国”年度人物评选，涌现出一大批孝子，2011 年《新二十四孝》应运而生，2012 年全国妇联老龄工作协调办、全国老龄办、全国心系系列活动组委会共同发

---

① 全名《全相二十四孝诗选集》，元代郭居敬编录，一说是其弟郭守正，第三种说法是郭居业撰。

布新版“二十四孝”行动标准：①经常带着爱人、子女回家；②节假日尽量与父母共度；③为父母举办生日宴会；④亲自给父母做饭；⑤每周给父母打个电话；⑥父母的零花钱不能少；⑦为父母建立“关爱卡”；⑧仔细聆听父母的往事；⑨教父母学会上网；⑩经常为父母拍照；⑪对父母的爱要说出口；⑫打开父母的心结；⑬支持父母的业余爱好；⑭支持单身父母再婚；⑮定期带父母做体检；⑯为父母购买合适的保险；⑰常跟父母做交心的沟通；⑱带父母一起出席重要的活动；⑲带父母参观你工作的地方；⑳带父母去旅行或故地重游；㉑和父母一起锻炼身体；㉒适当参与父母的活动；㉓陪父母拜访他们的老朋友；㉔陪父母看一场老电影。似乎只是简简单单的内容，却是实实在在地温暖老人。

3. 国学管理之德孝治理说

随着西式管理逐渐失效，许多企业引入国学管理，但各学各的，各出各的招，有的向学院派“国学大师”学习，有的向修行派“佛道教义”学习，有的向江湖派“人生大师”学习，有一点却是共同的：孝待父母。与此同时，另一做法也不约而同，职工学《弟子规》学《了凡四训》等。这源于“兄友弟恭”的伦理规范，兄弟姐妹血脉相连，本是手足同胞，应互助互爱，和睦融洽。但事实上家中最容易矛盾冲突的人伦关系就是兄弟姐妹，大都因为继承权、利益分配等而兄弟阋墙。家庭伦理如此，组织内同事伦理亦如此。现今同事伦理“高雅”化为“办公室政治”，事实上这与“政治”无关联，无非私欲驱动的伦理关系发生变异，真情实感被戏谑为“傻得够天真”“纯（蠢）得太可爱”。兄弟情分赤裸裸到只有利益没有真意，底线突破到不要伦理只要权势时，伦理道德已被摧残得体无完肤。

《周易·家人卦·象》曰：“家人，女正位乎内，男正位乎外。男女正，天地之大义也。家人有严君焉，父母之谓也。父父子子，兄兄弟弟，夫夫妇妇，而家道正。”这是对家庭伦理的最好注释，家庭分工，父子、兄弟、夫妇关系理顺且皆心正，便是家道正；家道正、家庭和，则诸事顺、万事兴。为此，历来都有针对子孙立身处世、持家治业的家族遗训，代代传承，不得有违——传承家道的家训，以家教方式用散文、诗歌、格言等形式流传下来，成为伦理文化的重要部分，放在宗谱里，或干脆刊印单行本，另称家诫、家规、家诲、家约、遗命等，为家族训诫、家族规矩、家族教诲、家族公约，或者祖先遗命等家族管理教育。

自以德治国、以孝治国的汉初开始，人们注意到了家谱中记录的那些治家教子的片段，也关注到了一些单独成篇的家训，其中许多成为世间传颂的名言警句；而那些推崇忠孝节义、教导礼义廉耻、提倡仁道智信、鼓励勤俭持家的家训内容，为人们所看重，成为人们愿意学习效仿榜样，也成为人们诚意正心、修身齐家的内容。比如周公的《诫伯禽书》、诸葛亮的《诫子书》和《诫外甥书》、欧阳修的《诲学说》等，还有直接家族流传的《颜氏家训》《袁氏世范》《章氏家训》《曾国藩家训》等，成为中国伦理体系的重要部分。其中，诸葛亮的《诫子书》中的“静以修身，俭以养德”“非淡泊无以明志，非宁静无以致远”，以及《诫外甥书》中的“夫志当存高远”，欧阳修《诲学说》的“玉不琢，不成器”，《颜氏家训》的“积财千万，不如薄技在身”，《袁氏世范》的“厚于责己而薄责人”“小人为恶不必谏”等，成为后人修身治家处世的座右铭。五代十国时的章仔钧《太傅仔钧公家训》（即《章氏家训》）中的“两字格言”，为后世传扬：“传家两字，曰耕与读；兴家两字，曰俭与勤；安家两字，曰让与忍；防家两字，曰盗与奸；亡家两字，曰嫖与赌；败家两字，曰暴与凶”（《章氏家训》）。而《曾国藩家训》与《曾国藩家书》一起，为当世很多人顶礼膜拜。

显然，中华传统的齐家之道并非过时，尤其有一段时间“全盘西化”思想盛行，私欲和个人主义膨胀，唯利是图、金钱至上观念腐蚀下，腐朽糜烂的富裕生活背后，物欲横流，年轻人梦想一夜暴富而不愿意艰苦创业，不赡养老人事件时有发生，年轻夫妻不生孩子成为时尚……传统道德受挤压，人际关系冷漠化，社会信任度明显下滑，家族伦理、社会伦理乃至组织伦理都被遗失，导致一批人精神空虚、文化变异、道德陨落。家庭危机已不是个人的事，而是社会的事、民族的事、国家的事，家族管理是社会最基层的非行政化管理，也是社会稳固的重要基础。

中华民族复兴，离不开文化复兴，包括伦理文化的复兴；重开家教、重铸家风、重建家道，刻不容缓，这不仅是治家良方，也是治企、治国良策。家庭伦理与组织伦理、社会伦理息息相关，从治家伦理到治国伦理，是最适宜、也是最直接快捷的国家发展、民族进步、社会和谐之道。中华民族传统美德，是五千年文明的传家宝。

二、农耕文明传世的伦理实践

1. 农耕文明大道伦理实践

建设国学伦理学科，需要明白一点：人类社会已进入工业化时代，商业高度发达，农耕文明还有价值吗？人类四大文明古国，本质上都是农耕文明，商业文明的产生与发展要迟一些，勉强可以说是古希腊文明时——

中国春秋战国时才有。古希腊因扩张、因需要农耕国家（埃及）提供粮食等生活用品而以商业立国，这时农耕文明已十分成熟，是最先进的文明形态，对世界的影响也是最大的。一种文明的价值，不在于其外在的生活器具与生活方式，而在于内在的文明本质。文明本质，不存在过时，在今天、在将来依然价值无限。

商业文明、游牧文明都不能催化工业文明，只有农耕文明才是工业文明的摇篮。因为商业文明与游牧文明无法满足人类生活必须的产品需求，没有富余、没有更细化的社会分工，交换价值就受限。农耕文明在满足人类吃穿住行的基本生存需要之外，可以有积余；农耕文明让劳动生产力大幅提升，节约了劳动力，农事耕作之外有人分工做别的事情，如制造工具、研究设备、利用资源，如专事风雅、追逐风花雪月……还有在繁重劳动中找到不影响效率甚至效率更高的偷懒之法，甚至有天马行空的白日做梦、神经发作的异想天开。于是科技发明、文化发展了，社会分工细化了，行业多起来了，工业以手工业方式出现。

近代西方工业革命，是农耕文明发展到一定程度后，且大航海对世界殖民欲望强烈起来后，对以生产设备、劳动工具为代表的生产力要求更高、对产品数量与质量要求更高，思想上解放、文化上发展、技术上突破的结果。随着现代新资源的利用、新能源的开发、新技术的发明，迎来了工业化时代。科学，是人类文明进步成果总结后形成的学问，以及由这些学问形成的学科。工业现代化让生产力获得空前解放，产品丰富多彩，质量大大发展，进一步促进了流通领域，商业有了更广、更多、更大的用武之地。如此，工与商结合，形成了现代的工商社会，相应的工商文明融合产生并创新发展着。

工商文明发展，工业现代化了、商业市场化了，农耕文明是不是过时了？古代农耕的生产方式、工具设备随着社会进步而更新，生活必需品获得必要的满足之后，对工业产品、精神产品、文化产品的需求却大大增加，对新知识、新科技的需求也大大强化。所以古代农耕做法和工具设备可以被时代淘汰，但文化内涵、文明特色，成为人类思想精神和物质文明形式万世传承。农耕文明是人类开化的第一种文明，历经千万年，发展成为一种开放式、包容性文明，而从无断层的中华文明所蕴含的文化、伦理和哲学思想，成为人类基因的重要组成部分，经过与时俱进的修正、充实、创新而发展着。作为一种哲学文化、一种伦理文明、一种管理观念，是人类创造、历史积淀、社会发展的成果，新时代仍发挥作用。

没有历史才会不尊重历史，没有积淀才会否定经验的价值。没有一个人可以抛弃文化积累与历史积淀，没有一种学科可以拒绝文明积攒的成果，没有一套理论可以切断人类思维发展的轨迹。并非工商业文明的进步与发展，就不需要农耕文明；现代化进程中出现的一系列问题，证明着工商文明自身解决不了，尽管有人对农耕文明是嗤之以鼻的态度，有意无意用顺序法将农耕文明归类到早于工商文明的第一种文明形态而暗示农耕文明已被淘汰。但西方工商社会以利益为本带来而自身解决不了的各种问题，很多人却在中华文明中探寻解决思路、解决办法了。中华农耕文明一脉相承，讲究天道地道人道三和，而这三和，无论历史发展到什么阶段，永远不变。从这个意义上说，中国人讲天道，追求劳动与知识共存，耕读传家的意义仍然有效；中国社会讲地道，追求稳定与发展共存，安身立命的需求仍然是理想；中国文化讲人道，追求劳动与技艺共存，吃苦耐劳养家糊口的本质仍然不变。

2. 农耕文明大道伦理本色

农耕文明之天道，讲究顺天应命。顺天是顺应天道，天道则是日月星辰等天体的运行规律，故顺天就是顺应自然规律。应命，遵从命令；农耕族群，固定于有田地、有水源、有阳光之处居住，顺应时令种植农作物、按季节养殖或狩猎。古人因此总结出 24 节气，古语也云“靠山吃山，靠水吃水”，或者直接说“靠天吃饭”，这就是顺应天命。在今天，对自然规律也只能掌握、利用，而不能任意更改。现在大棚种植，出现反季节蔬果，本质上是在大棚内营造出与该植物自然生长季节相应相似的温度、光源和水分等条件，严格说来是以“欺骗”手段迫使植物反季节生长，所以虽然外形漂亮，但口感、营养价值大不一样。在古代，没有大棚技术，一切都依赖自然条件，农作物播种和收获绝不能乱了节气、误了时令。到目前，反季节农作物不如顺应自然的农作物受欢迎，一切洋货都不如土货受人追捧。

从天道论，人们重在顺应天道企盼风调雨顺丰收，这种生存方式决定了农耕文明无须培养利益精准的商业计算，因为将农民手中的粮食上家进下家出赚取差价的做法，本身不创造物品，粮棉果蔬不增加，在“民以食为天”的时代里属不务正业。中国农人怕旱也怕涝，更怕那些不劳而获的经商行为，故信奉耕读传家。“耕”在于满足生存基本条件，“读”在于改变所处阶层或命运；“耕”是劳动美德体现，“读”是圣贤道理获得。所以，中华家训的重要内容之一是耕读传家，大家和谐相处，把握天时地利基础上努力营造人和的环境。

从地道看，农耕文明需要守望田园。从哲学之“道”上理解，地道是指大地的特征和规律，管仲就曾说："立政出令，用人道；施爵禄，用地道；举大事，用天道"（《管子·霸言》）。易学"三才理论"提出了天地人三道，齐相认为官爵和俸禄，是由"地道"提供的，唐初太常博士尹知章对此作注："地道，平而无私。"意思是大地是公正而没有偏私的。农耕社会，农民的主要生活状态就是守着田地，精耕细作，过程中不时地根据需要浇水（引水灌溉）、除草、除虫害；望着自己辛勤劳作的农作物，一天天长大，一天天成熟，直到收获。这个过程便是循地道、便是最大的幸福。农民一辈子所努力的，正在于谱写出一曲温馨协和的田园牧歌。由此，汉语把"地道"拓展为一种伦理道德的规范，一个人若不公正、私念重，会被指责说"不地道。"同理，一项技艺、一种活儿若像农民侍弄土地那样，达到极致，就会被竖起大拇指称赞："真地道！"地道之伦理，已经渗透进人们的血液、细胞、骨髓里了。

正因为如此，农耕文明不在于培养尔虞我诈的商战技巧，而是形成一种以"家庭"为中心的"过日子"状态，过好日子，便是农民的生活伦理的基本追求。而过好日子的表现形态就是能安身立命，面对波折、苦难和各种危机时，安身立命的使命感会使人有强大的精神支柱。重点在于这个"身"安在哪儿、怎么安，这个"命"立在何处、怎么立。先祖们对此只凭一个字作出了极其温暖的解析：缘。缘有两个核心点，一是血缘，二是地缘。血缘是纵向的，从祖先到本辈再到子孙，形成一个血脉相连的缘份序列，男子在这个血缘序列中有了族世存在感，女子则通过婚嫁进入男性家族序列而有了归属感。中国人因此有了人生之"根"的概念，对上光宗耀祖，对下庇荫子孙；家族宗祠保障着这一"根"的延续，能否入宗祠是对女子和女子所生孩子是否认可的标志，将不肖子孙驱逐出宗祠是最高惩罚，因为被驱逐者成无"根"浮萍了。最好的结果也是大家所期盼的，就是家族宗祠内所有的人彼此共存。地缘是横向的，从邻居到同村到同乡，形成了一个地脉相连的缘份关系，人们在这个地缘关系中找到了家乡（故乡）的感觉，在家是"远亲不如近邻"的守望相助，出门是"他乡遇故知"认同与幸福感。由此形成的伦理道德，就是积攒"人情"，获得"名声"；人情越厚、名声越响，在乡邻中就越有"面子"。"面子"既规范着人的行为，又赋予其奋斗的动力。

3. 农耕文明人性伦理实践

从人道上说，农耕文明强调辛勤劳作。农民既有纯朴、憨厚的一面，也有机敏、狡黠的一面；既有善良、勤劳的一面，也有木讷、迷茫的一面。但总体来说，农民的公共性格是起早摸黑埋头苦干、披星戴月勇挑重担、全力以赴脚踏实地、兢兢业业任劳任怨、小心翼翼辛苦谋食。不辛勤劳作就无法获得农业收成、做不到养家糊口。谁都说农民“土”、农民“俗”，殊不知，现代很多人身体上、思想上的毛病就是脱离“土味”引起的、一心“免俗”造成的，离土人难活。辩证思考，土到极致是为雅，俗到高处即为圣，不土不俗，何以圣雅。

既然一切努力的目的在于养家糊口，那么农耕文明就不会培养侵略和掠夺的劣性。扩张侵略、掠夺抢劫，属于强盗行径，违背耕读传家中“读”之圣贤教导，背弃和平共处之安身立命之本，彼此协和之要义，也背离了辛勤劳动养家糊口之道。真正的农民在农村从事农业，最重要的是掌握争取丰收的农艺和园艺，而非丛林法则之弱肉强食。男耕女织的结果若不能让农人解决养家糊口的基本问题，则意味着社会管理存在着巨大缺陷。

当然，农耕文明也有争斗和战乱，但较之于工商文明和游牧文明，具有质的不同。农耕文明下的农民，作为一种社会组成，是弱势群体；作为一种伦理特征，特别会忍让。弱势，是因为个体状态下的农民，没有权势；忍让，是因为农耕条件下的农民，相信“忍一时风平浪静，退一步海阔天空”，农耕生活状态让农人从心底里追求平和简单，崇尚“家和万事兴”，认为伺候田地才是天经地义。所以，中国农民最优秀的品质是“退让”，最典型的伦理是“隐忍”，导致一些人误以为，中国农民好欺负，中国人没有血性。

事实上，农耕文明养成的人性，确实不会表现出嗜血、残暴特性，而是崇尚勤劳所得，反感不劳而获，更讨厌劫掠财物、仗势欺人、恃强凌弱。但是农民忍让有两条底线：一是没有被逼到忍无可忍，退无可退；二是没有被逼得农民抱成团。当生活没有到无法继续下去时，农民有可能会忍让；但若突破这一底线，“泥人也有三分土性子”，农民也会暴发出匹夫之怒。这样的刑事案例自古至今都不少。而若把农民逼到聚集到一起，迫使大家抱团取暖时，所暴发出来的能量也是地动山摇的。各个王室、皇朝政权，往往是在农民实在无法忍让，大家抱团暴发出惊天动地的大造反所终结的。所谓“水能载舟亦能覆舟”是也。

农耕文明，有着农耕时代的印记，但不仅仅是农耕时代的生活方式、生产水平，作为文明，更重要的是农耕式的田园牧歌带来的心的宁静、心的干净、心的修养，和协和的观念、谐和的生活、平和的行为。文明的重要表征，是结束了动物式的本能冲动，开启了修身养性的智能模式。从古至今，在中国都有一个传统：走向社会谋事业、离开家乡闯天下，功成名就，或功成身退，或辞官归隐，第一选择是回故乡。所谓“少小离家老大回，乡音无改鬓毛衰”，一个世俗轮回，还是回归儿时的记忆、妈妈的味道、宗祠的骄傲。农家的一个小院，便是最美的希望。哪怕是有钱人回乡，追求的不是洋式别墅，而是旧屋翻新，依旧保留那一份田园牧歌的自在。若是超级有钱，就会买块地，建造一个几进几出、古色古香的庄园，是那种江南民居式的，或是徽派建筑式的，或是四合院式的农庄、山庄。重点不在假山小桥流水鱼池，而在有一间花房可以仰望星空，有一处书房可以挥毫涂鸦，有几张石桌瓷座可以休憩品茗，有几畦肥田优地可以种瓜种菜种粮，有一个空间可以自由自在胡思乱想。

农耕文明的美，无论到了什么时代，都可以焕发出璀璨光芒，永远不过时。

三、工商行与到精神伦理实践

1. 东西方帝国变迁史比较

美国的国家历史很短，是大航海时期葡萄牙、西班牙、荷兰、英国、法国等殖民国抢占北美大陆的产物，独立战争使其成为一个国家，两次世界大战中获得战争红利发展起来的，传承的是欧洲文化，不变的是丛林法则，施行的是霸权主义。而欧洲，真正的工业发展、资本主义运行，同样是千年黑暗中世纪后发现新大陆，工业革命解放了生产力，将他们过剩的产品倾泻到殖民地，再把资源抢回国内。这时，中华两千年帝国强盛后运势转衰弱（清朝中后期），西方列强崛起与中国帝制衰亡不经意间撞在了一起。

近现代中西方比较都放在这个时段，结果中国啥都弱、西方啥都强。这几百年，西方工商业发达、资本主义兴盛，冷兵器被热兵器取代，出现一批工业化强国；而清朝政府入关不自信，处于游牧转农耕中，重农抑商不变，闭关自守，比较下国力渐弱，被列强枪炮轰开国门后无所适从。清朝诞生不了资本主义、民国建设不出现代化。落后不仅挨打，话语权也失落，说中国文化不行、伦理思想不行，儒家伦理诞生不出工商精神等。西方冲击下的新文化启蒙运动，为唤醒民众，有了“打倒孔家店”，颇为振聋发聩。五四新文化运动其实并非全盘否定儒学、否定国学，更不是否定农耕文明，只是针对封建礼教，针对第一次世界大战后“巴黎和会”帝国主义压迫想寻找一条救国之路；同时为了推广白话文唤醒普通民众需要。

如果20世纪初这样比较情有可原，到20世纪末、21世纪初还这样比较，还得出同样结论，就是别有用心了。无论是中国式“物极必反”哲学论断，还是西式“抛物线”原理解析，任何事物的发展轨道都不是一成不变的，一切有内在的逻辑在里面。

历史告诉世界，中国有强大的古代、有强大的基因，也会有强大的新时代，中国不欺负他国，也不容许他国欺负。这是5000年文明深刻在中华民族脊梁上、融化在中国人民血脉里的。不说先秦，就从大秦帝国一路到大清帝国，中国不比世界上任何一个国家弱。

建立秦朝的秦族，诞生于公元前750年，三年后，罗马城奠基，罗马城邦出现。秦族用了500多年结束东周割据，建立大秦帝国；罗马用了700多年统一欧洲大陆，建立罗马帝国。秦朝是典型的农耕社会，生活自给自足，土地观念深入人心（养家糊口），故土、家园意识特别强烈（安身立命）。罗马的城邦制做不到自给自足，居民1/3粮食靠外来（每年从埃及就要引进4000万加仑麦子），需要四处征战、不断掠夺，同时开放商业，哪里有资源、可赚钱哪里去，故土理念没那么深。

自大秦后，中国梯次出现大汉、大唐、大宋、大明、大清帝国，一个接一个，除朝代更替的间隙之外，一直保持着统一，炎黄子孙多民族融合的血脉不变，中国文化的传承与发展不变，生活方式与国家形态也大体不变。罗马帝国之后，地中海地区和欧洲西部再也没有实现统一，东罗马成了拜占庭帝国（395～1453年），以希腊文化与东正教为立国基础；后亡于奥斯曼帝国（土耳其，奥斯曼人起源于突厥小部族）。西罗马存世不到百年，被罗马人眼中的“蛮族”日耳曼覆灭，欧洲进入黑暗中世纪，那是“无知和迷信的时代”，“宗教的言论置于个人经验和理性活动之上”、希腊文明断裂的时代。

日耳曼民族中有一个法兰克王国，一位叫查理曼的大帝将西欧统一起来，后一分为三传给三个儿子，即西法兰克（法兰西）、中法兰克（意大利）、东法兰克（德意志）。德意志出现了类似中国春秋战国那样的诸侯争霸。入侵或被入侵，平民总在迁徙中，形成两种常态：抢和被抢，弱肉强食；卖出或买进，商业社会。

自秦汉帝国、罗马帝国那会儿开始，两千多年来，欧洲运势（也就是发展曲线）是东罗马、西罗马两条曲线（西罗马是很不规则的曲线），起起落落，一直居于中国之下。而中国运势，假设大秦帝国时与罗马帝国处于同一个水平线，那么，此后的这条发展曲线一直上扬，高居欧洲之上，遥遥领先，直到近代文艺复兴后出现大航海，通过大航海发现新大陆而大移民（包括欧洲罪犯流放，如澳大利亚），进而殖民世界才发生了变化。

即使如此，明朝、清朝前期时的经济水平，依然领先欧洲。只是工业革命让西方更早进入热兵器时代，依然冷兵器为主的清朝中后期，沉醉在马背民族的铁蹄力量中，没有与世界同步发展热兵器（工业化）。如此，西欧殖民世界、新兴的美国通过世界大战发战争财，西方各国国力曲线上扬；中国清朝运势曲线下滑，到清末民初，政权不稳、内部军阀混战，外部列强环伺，国力运势曲线终跌入低谷。

“公知”们的中西方比较，恰恰选中这两条运势曲线西方上扬到高位、清末下滑到低谷时进行比较。从历史位面上说，这种比较只是一个横断面的静态比较，不是客观的事实比较，更不是发展的动态比较。运势跌低谷，意味着将反弹。事实上，五四启蒙，中国共产党成立，1949 年中华人民共和国成立，用 30 年打基础，再 30 年强势崛起，运势线再度上扬。

2. 本土道心德性工商精神

从工商行为到工商精神，工商发展离不开工商伦理；从工商文化到工商灵魂，工商伦理离不开文明传承。在工业文明没有到来之前，商业立国展现不出优势，反而是农耕文明独占鳌头，这为十五世纪之前的历史证明了的。没有工业支撑，高度重视和发展商业，只会带来两种恶果，一是粮食和农副产品被市场炒得损害农民的利益、苦了百姓生活；二是把奢侈品从上流社会流向中下游，导致玩物丧志并损害农业生产。以此说来古代“重农抑商”并非一无是处，政策能长期存在就有其时代合理性，抑商乃是一种宏观或中观管理。另外，先秦并不重农抑商，不然也不会有孔子弟子子贡这样的儒商鼻祖，不会有管仲经济治国、经商实践而有《管子》这样的理论著作，不会有《史记·货殖列传》中记载的一批商业巨擘。

到清朝，在列强殖民世界大趋势下也无法真正锁国，反是被迫着开放口岸，外贸口子不断加大。国内本就疆土广袤市场庞大，清朝仍然商家辈出，在原古老商帮基础上发展出中国“十大商帮”，中华商业精神仍得以传承，商业文化仍得以弘扬。只是弱国受欺，工业化步伐缓慢；辛亥革命虽结束了封建统治，民国政权却数度易手，最终也没落在人民手中，统治依然没有“民为邦本”；军阀混战、两次世界大战冲击，未能形成新的工商灵魂。

真正工商精神的复苏与充实提升、工商灵魂的凝聚与活力强盛，则是在 20 世纪末中国经过红色革命取得人民政权，又经红色建设布局了国民经济，进入红色经济的改革开放时代，终于重新复苏工商精神，虽因“西化”而出现过曲折，但习近平新时代中国特色社会主义思想，让新工商伦理在传承创新中明晰起来，各路创业大军、经商人马回归中国的道路、制度、理论和文化自信，工商业发展、工商文明崛起。本土管理学科创建，必然红色内涵为本。

文化与工业、文化与商业的关联，以及企业文化学、企业伦理学所涉及的内容等，也就需要厘清。同时要厘清商业文化的精神与内涵究竟体现在哪里，“商”与“文”是融合的，还是对立的；是文化里本来有商业内涵，还是商业中蕴藏着文化内涵；是文化产业需要商业，还是商业领域需要文化；是文化人经商就是儒商，还是商人有文化才叫儒商；是城市文化融入乡野文化，还是乡村文化融入城市文化；是城乡文化中有城乡伦理，还是城乡伦理中有城乡文化；高雅文化何谓高雅，通俗文化何谓通俗；高雅商业俗不俗，通俗文化雅不雅；雅俗是人为认定的，还是客观存在的；工商文化和工商精神与工商伦理和工商灵魂之间，是一种什么样的关系……所有这些问题，都可以列入学科研究、探索、学习。

心中有文明才是文明，若心中是掠夺、残酷、盘剥，表现是书房、茶道、彬彬有礼，是伪文明。

一个商人能写诗作画，一个项目能用传统文化内涵包装，并不能因此就说这个商人是高雅的，是具备商业精神的，也不能因此说商人所运作的某个项目，就具有了工商伦理。只有这个商人有道心、有德性，严守君子爱财取之有道规则；只有赋予这个项目伦理道德之灵魂，坚守天地人三和，这样的商人、商业行为才是有商道精神、伦理灵魂的。文化与商业融合，“形”是外在表现，核心是伦理商道。真正的文明与高雅，是商人们心中是否有商道。

“绿水青山就是金山银山”的观念下和“大健康产业”趋势下，特色小镇、美丽乡村、主题庄园投资项目，以及生态农业、健康养老、养生休闲等医养项目风起云涌。然而，理想很丰满，现实很骨感，无论投资者如何四方钻营、长袖广舞，不管设计者怎样别出心裁、妙手回春，也无论自然条件如何鬼斧神工、卓尔不凡，施工建设怎样匠心独运、巧夺天工，却仍然有一大批项目成为烂尾工程，建成的项目也有一大批处于奄奄一息、苟延残喘中，甚至无人问津、暗淡收场。人们对此作了无数精准的分析，事后诸葛亮式的建议也多如牛毛，然而修正无果、后学无力，该盛的依然盛，该败的依然败。因为这些人没有从商道角度、伦理层面进行剖析，更没有细想“绿水青山就是金山银山”，既是发展观念，更是自然伦理、社会伦理的体现，体现着天与地和、地与人和、人与天和的三和境界。所以，投资项目里只着眼于“投资与产出”的利益计算，至于绿色、特色、健康等等内涵，设计在广告宣传里忽悠，而非落实在项目内涵中，背离了

“回报来源于真心服务与客人乐意之中”的本质，特色庄园、医养项目等等，成了没有商业灵魂的商业项目，自然是走向失败的项目。

3. 商业项目的商道实践析

商业味过浓的各种评选中入选的优秀项目，不一定真的优秀；各种宣传商业与文化融合的“经典”，不一定真能成为经典。所有的商业行为须受市场考验，市场不只是利益交换场所，更重要的是天和、地和、人和的场所。某地推出一项“共享山庄”项目，主持人将一块3000亩荒山地，15年后建成了五星级休闲庄园、4A级旅游景区，部分开放年收入已达数千万元。而且，这一商业实践在其他省份复制，各地来取经学艺的络绎不绝，学习形式是“功夫茶论道”，费用一小时3800元。这是怎样的一个商业模式！

这里从工商伦理视角，就其商业项目中体现出来的商业文化、商道精神作简要陈述与分析（以网络公开资料为基础）。项目自己总结出三个关键词：合作、众筹、共享。“合作”是双向或多方参与，“众筹”是向许多人或单位筹资，“共享”则是大家共同享有。换句话，这个项目是有“你”有“我”有“他”，各方一起投资、发展与享有，彼此协和共赢。

庄园内小木屋项目：根据整体规划，在划定区域内以一亩地为单位对外租赁，租赁者允许在里面建设一栋面积不超过50平方米的小木屋，租期30年，租金30万元，一次性缴清。其亮点是：每年可返还1万元租金，30年内租金全部返还；租赁者每年有两个月居住时间，另外10个月由公司经营打理，利润分成。这是双和共赢的项目。

庄园内湖上游轮项目：项目区域内有一个2000亩的湖，适合游山玩水项目，为体现湖区游览的高品质，决定运营豪华游轮项目。豪华游轮300万元，资金不是重点，客源才是重点：请10家旅行社每家出资30万元，给予10年免费使用权，每年3万元；豪华游轮增加游客乐趣，团费收入远超3万元，稳赚不赔。项目方解决了游轮投资款，又保证了游轮基本客源，凝聚了庄园人气，带动山庄其他消费，一举数得，各方满意，各方协和共赢。

庄园内摩天轮观光项目：项目吸引外来投资50万元（所有权归庄园），5年内收益双方按比例分配，5年后项目归属庄园。投资方愿意继续经营，双方另行商定分配比例。

庄园内有机水稻项目：一次性收费23800元，用户在10年内可以获得规定配送的有机大米，享受景区免费门票。用户利益：保证买到有机大米，每月配送，用户知道庄园内项目是零利润的，都觉划算。但事实上，庄园几乎无须营销成本就锁定稳定客户群，而且这些客户会带来其他产品销售、带来庄园消费。愿意一次性支付10年大米价格的客户，无疑是高净值客户，他们会看中庄园是农产品推广的窗口和重要渠道。很多品牌商愿意在庄园内将产品样品赠送客户，有的甚至愿意支付一定的推广费用。

庄园内“认购一棵树”项目：推出5000张售价为一万元的绿卡，让游客认购树木。认购者，不仅享受该树木的冠名权，且可以继承；而直接的利益，则包括享受终身免门票、获赠超过一万元农庄产品。据庄园透露，该卡一周内销售一空。

庄园内的餐饮、住宿、酿酒、商店、索道等等项目，都是通过类似的途径，让参与者获得利益的同时，把投资和经营问题一并解决。当然，具体项目设计不一样，比如餐厅项目，把众筹份额作为一种福利让优秀员工、餐饮供应商、大流量客户参与进来。有评论说这是有商业伦理的项目，是传承基础上有新商业精神的项目，任何一个项目都固定了一批高粘性客户，他们享受着投资后收获的乐趣。其核心、其灵魂：以商道运行项目。

第三节　文化伦理管理学科论证

个人言行，是个体性格特征和道德品质的外化。两人一起就有主次，三人成众，众人成集体，会有公共约定、也会有共同的外化表现，谓集体文化，现在称组织文化、企业文化。一家组织面世，内有文化核心、外有形象特征，凝聚起整个集体（人心是核）。个性在不影响别人时可尽情展示天性，但组织是集体，成员间既有荣辱与共一面，也有互为竞者一面，天性在社交与集体活动中必然产生磨合，不断磨合形成相对一致的思维方式、行为特色、形象模型和精神支撑，构成符合天道人伦的思想品质、哲学伦理、至诚德性与有德品行，这就是优秀组织（企业）文化，个人要融入组织，服从组织文化。不肯谦让者无法磨合，只能被排除在集体之外。中国文化伦理学科建设，既须充分考虑个性，更要注重集体性。

一、中国传统文化精粹之大道

1. 觉道守道伦理法则之核

道，国学核心，诸子百家，道家说道，儒家说道、墨家说道，家家都论道，连原本从梵竺引进的佛家，也说道。从这个角度说，道就是中国文化，中国文化道为重，但中国文化不只有道。《周易》论道，天道、地道是自然规律，是事物发展变化的法则；天地大道觉应人道，则成为一切精神成果的思想轨迹，为人世万事万物的运行轨道。所以，道，本意为“通道”，既是现实之道，也是思维之道、事物规律之道。此道广大，无所不包，所以大道无垠；此道永恒，无始无终，所以大道无形。理解道意，谓之懂道、知道；明白所用，谓之悟道、明道；参透道法自然，即为得道。中国文化强调的不变之理，是人应守道。

农耕社会的人们效法大地的公正无私，德性深厚而全心全意侍弄土地获得食物，所谓“人法地”；土地种养按规律办事，所谓“地法天”；自然之大道，效仿“自然而然”，天下为公，所谓“天法道”。老子在《道德经》中将天、地、人乃至整个宇宙的生命规律精辟涵括、阐述成道之理。其中，道、儒、佛（汉化后的佛学理论）三家合一，所论体系不同，本质内涵具有一致性。所以儒道不分家，“天道”理论方面，儒道佛都不分家。天，把人间的土地、人类与宇宙间的一切都联系在了一起，所以常常用“天道”表示符合自然规律的思维成果、自然而然的宇宙特性。中国传统文化核心内容是“道”，道法自然，那么，国学的文化属性是囊括了天地间所有事物的属性，而不仅仅是某一属性。说到底，乾坤之间所有事物，均须效法或者遵循自然规律，这就是道的法则——道以己为法则。

“道”所效法的自然，是万事万物在世间存在着的本来面貌、本原意义、自有状态，是一种存在方式，或者说是一种固有状态。循天道，就是守自然，就是从真心，就是得协和。宇宙之间的生态链原本协和，有生就有克，有克必有生，有即无，无生有，此乃自然状态是也。背离本原状态的一切行为，皆为违背自然。

这个“道”的意义，与佛教之“如来”，有明显相通性。如来，其一，“无所从来，亦无所去”的意思（如来佛，是对释迦牟尼佛尊称），来去之间，累积善因，方能成佛；这一层意思“如来”与“道”，都是“先天地而生”，不灭不变。其二，如者真如也，来者成正觉也；即乘真如之道从因来果而成正觉，为如来；成正觉，是乘如实道来成正觉，简单说，如来，是如实而来觉悟正道之意。显然，与“道”一样，真理在人类的参悟、参禅之中。悟不到、禅不明，也就无正觉，世间之真理也就无法如实而来。道、佛，在这点上一致。

2. 本土天道文化属性讨论

中华传统伦理，在中国传统文化之中；传统文化之精粹，在中华天道哲学之中。

2006年出品一部24集电视剧（改编自小说《遥远的救世主》），剧名《天道》，因其涉及天道、文化属性概念以及哲学王式的角色，具有较强话题性，时不时有人提起。《天道》像是道佛对话，又像是神道合一的表述，更像在说明道佛即是神、神即是道佛。评论者认为是把基督、道家、佛教的精义都包含在里面了，经典的台词是："神是道，道法自然，如来。"解释出来就是"神就是道，道就是规律，规律如来，容不得你思议，按规律办事的人就是神。"平心而论，这是一部难得有深度的作品，把东西方宗教放在一个平台上，探讨基督教的神、中国传统文化的道和佛教的如来，其中关联起来的核心是"道"，所以说"还人性一个清白，还人性一个公理，你的灵魂就得救了。"而且，"人的法则是，一颗阴暗的人心永远托不起一张灿烂的笑脸"（引文引自《天道》经典台词，下同）。

一部剧要引起话题不难，但要引起深层次思考，并让这种思考的成果上升为一种入世哲理，这就难了。显然《天道》电视剧做到了这一点。男主角一出场就给人是一种高人的感觉，随着剧情发展，其言语、行为无不异于常人，剧中人这样评说："他跟正常人的思维颠倒了。说鬼话，办鬼事，倒行逆施。但是还有道理，像魔，柏林有个居士说他是极品混混。"而且，"认识这个人就是开了一扇窗户，就能看到不一样的东西，听到不一样的声音，能让你思考、觉悟，这已经够了。其他还有很多，如机会、帮助，我不确定。这个在一般人看来可能不重要，但我知道这个人很重要。"这样一位奇人异士，从商成商界怪才，原就职于德国一家私募公司，以超常思维、诡异手段，将从德国募集的资金投进中国股市，通过对"文化密码"的破解，在中国股市疯狂掠夺钱财。忽然良心发现，退出公司回国，隐居古城清静思考。这时与一位女刑警相识、相恋，为答应给恋人一个"神话"礼物，决定在王庙村书写脱贫致富神话。这个过程中，男主角开始了哲学表现，女主角思考什么是神话、什么是得救、什么是文化属性。其中，话题性最强的是"文化属性"这个据说可以看透人性的密码问题。

从中国文化视角、从天道正本清源视角，这里有必要探讨、分析、厘清其中一些哲学观点、话语人的立场和所要表达的意义。这与这里学科建设指导思想或者说主题有关联。

男主角是作为哲学大师参与现实的，其行为极难被俗世理解和接受。正是弱势文化下的人们不理解他的思维、他的行为，才让他发出这样的感慨："更高的哲人独处着，不是他们享受孤独，而是在他们身边找不到同类"。这一形象，总觉得俨然如"哲学王"，居高临下俯视众生。

剧情引发疑问，是因为一个大智大慧而入世拼杀的人，他必须将深刻的哲学道理与现实结合起来，至少得让大多数人或关键性人物理解他、认可他、支持他。但深通东西方宗教哲理的男主角，其行为却让人无法理解，是哲理太深奥还是其“大智慧”有问题？

再来思考剧中提出来的一个概念：“文化属性”。男主角说：“透视社会依次为三个层面，技术、制度和文化，小到一个人，大到一个国家、一个民族，任何一种命运归根到底都是那种文化属性的产物，强势文化造就强者，弱势文化造就弱者，这是规律，也可以理解为天道，不以人的意志为转移。”这是说文化属性是凝结在一个人、一个团体、一个民族、一个国家上的生产生活习性；对个人而言，则是人在行为表现中折射出来的基本层次。

“智慧者”男主角将这种基本划分为两个层次：强势文化、弱势文化。强势文化造就强者，弱势文化造就弱者，他解释“强势文化就是遵循事物规律的文化，弱势文化就是依赖强者的道德期望破格获取的文化，也是期望救主的文化。”很多人推崇剧中的男主人公就在于他崇尚的这种强势文化。但细想一想，这种强势文化不就是“丛林法则”、不就是强盗文化吗？这似乎是西方文化的核心内容。再联系到男主角女主角的海外背景，接受的西方文化熏陶，他们真所崇尚的恐怕是西方文化，理智至上，而情感只是强势文化哲学观和价值观的“绊脚石”，这就为男主角那些令人无法认同的行为作了很好的注脚，也能让人知道他为什么会说：“如果养儿就是为了防老，那就别说母爱有多伟大了，您养来养去还是为了自己，那是交换。”因为这是典型的西方家庭伦理观念，并用西方的观念直接把中国社会抚养儿女、赡养老人的家庭伦理、道德基石给否决了，很“理性”地把农耕时代形成的“养儿防老”观念，解释为赤裸裸的经济利益“交换”。中国古代缺乏必要的社会保障，养儿防老与家产传承相辅相成，其基本点是建立在血缘亲情关系上的，是家人之间的伦理关系，所以中国家庭欣喜并骄傲于四世同堂、五世同堂，老人最幸福的事莫过于儿孙绕膝、天伦之乐。这种中国传统文化伦理传承到今天，即使社会保障体系基本完善，养老模式基本成形，并不需要所有人依赖养儿防老，但几千年传承下来的血缘亲情、赡养伦理依然具有旺盛的生命力，再冠冕堂皇的理由都不能成为不赡养老人的借口。如果“强势”是否定“母爱”，那一定不是中国文化。

3. 人心协和文化属性讨论

男主角认为西方是强势文化，中国是弱势文化，基点就错了；用西方文化属性来衡量中国文化属性，方法也错了。男主角说：“如果一个民族的文化从骨子里就是弱势文化属性，怎么可能去承载强势文化的政治、经济”，却在家庭伦理问题上又以西方标准为标准，这显然矛盾。男主角毫不掩饰地否定了中国五千年文明，“衡量一种文化属性不是看他的积淀的时间长短而是看他与客观规律的距离。五千年的文化是光辉，是灿烂。这个没有问题。但是，传统和习俗得过过客观规律的筛子。”其意似乎很明显了，是说中国文化属性时间再长也没用，传统和习俗（暗指中国文化）过不了客观规律的筛子。不仅如此，还不由分说地一口咬定：“强势文化就是遵循事物规律的文化。”这样一言认定，还是客观规律吗！再结合前面说的“强势文化造就强者”，显然是想得出西方文化属性是强势、造就的是强者的结论，进而得出西方是强势文化，就是遵循事物规律的文化之结论——立意、立足都已偏歪。

论证过程也有问题，为了证明五千年中国文化是弱势文化，过不了西方客观规律的筛子，用男主角之口说：“中国为什么穷，穷就穷在幼稚的思维，穷在期望救主、期望救恩的文化上，这是一个渗透到民族骨子里的价值判断体系”。回顾他对神（西方文化）、道（中国文化）、佛（佛教文化）的关系判定，其逻辑，一是神就是道，神道是一致的；道就是规律，规律是强势文化，强势文化是西方文化。二是神代表道，西方文化可代表中国文化；规律如来，容不得你思议，按规律办事的人就是神，所以神又代表了如来佛，即西方文化又代表了佛教文化。从而得出推导结论，东方文化应由西方强势文化代表，真正的神只能是“按规律办事”的基督文化。“如果一个民族的文化从骨子里就是弱势文化属性，怎么可能去承载强势文化的政治、经济?”剧情以王庙村的贫穷落后和“不靠自己的双手改变生存状态”为例，说明这就是中国传统文化的影响的结果，是几千年中国弱势文化的写照。先不论王庙村对错好坏，仅以一村之表现便推导中华民族、中国人民之文化属性，不是以小见大，而是以偏概全；至于神道之论完全是偷换概念。这种言论与“唱衰中华”异曲同工。

不否认有好吃懒做的人存在，不仅中国有，全世界任何一个国家、任何一个民族都存在。但从整体来看，中华民族自古就是一个勤劳的民族、中国人民自古就是奋发图强。再说，中国有“隐忍文化”，不是弱势文化，近代中国的贫穷落后也不是文化惹的祸。红色管理中的游击战，不是不战，而是避敌锋芒寻机歼敌；先活下去，保存有生力量，才有可诱敌深入、分割包围、各个击破；所以解放战争强敌围攻延安，党中央主动撤离，留一个空城给敌军，等到条件具备，延安还是回到人民的怀抱。这才是“存地失人，人地皆失；存人失地，人地皆存”的道理所在。不计较一城一池的得失，这是策略，也是中国文化的深层内涵。

王庙村那样的等、要、靠思想，现实的确存在，但这不是文化现象，而是管理现象。且小部分是真懒惰，大部分是因长期的政策、人们的眼光所限。中国的劳苦大众是愿意靠自己的双手、吃大苦耐大劳走出一条致富之路的。走不出的原因有三：一是知识、能力所限，所以需要有领头羊；二是环境、政策所限，所以需要改革；三是技术、资金所限，所以需要开放。不能把这些勤奋踏实、努力变革但靠自己的力量走不出致富之路的人，全都划归到弱势文化形成的民族劣根性，把所有的“王庙村”们一杆子全部打翻，指责他们没能富裕起来是因为他们有奴性、他们在等待救世主。

有一篇关于《天道》影评说：“老祖宗留下的宝贝大部分是孔孟文化，中国老百姓脑里装着‘君臣父子’‘仁义道德’，面朝黄土背朝天几千年。但仁人志士自古有之，鲁迅是现代撞击弱势文化的旗手，孙中山赶跑了皇帝，从此，中国文化属性有变化了，这是东西文化交流的缘故。现在，到西方留学、参观、旅游者，回来后都说外国好，岂不知除了文化差异我们绝不差，这个差异是在哲学、政治、经济领域强弱文化的反映不同。”这首先是把儒家文化、中国文化否定了！“君臣父子”是要求尊卑有道长幼有序，“仁义道德”是要求有仁有义守道有德，大义上没错。无非把“君臣”之义修正一下，“君”代表国家、民族，“臣”则指国民、国人，国人爱国、爱人民（政治上爱党）就是应该而且必须的了；至于晚辈孝顺敬爱长辈，有仁义道德更没有错了，无非清除掉古代礼教中的糟粕，留下精华。

“中国文化属性有变化了，这是东西文化交流的缘故”，这完全抹杀了中国文化固有的优秀文化属性，也抹杀了中华民族几千年引领文明的贡献，更是抹杀了中国人民自身改天换地的伟大功绩。中国文化有容乃大，从不拒绝世界上一切优秀文化，但吸收和借鉴，都是为了自身更强大、文化更丰富，而不是变成别家、全盘接收别人的文化。

“除了文化差异我们绝不差”，这话更是莫名其妙，差异说的是不同，不是优劣好坏，何来“绝不差”之说。更何况这里的言外之意，似乎说在文化上“我们”绝对是差的——这与“文化自信”背道而驰。承认曾经落后，所以努力追赶超越，何况落后的不是文化是经济。文化“我们”是“绝不差”的，正是中国文化，让中华文明绵延悠悠五千年。

中国文化的属性，既不是弱势文化，也不是强势文化，而是“遇强则强、遇弱则弱”的文化。面对强盗，中华傲然挺立，敢打敢拼，可以后发制人，但绝不妥协退让；面对弱势，中国绝不称霸，互相扶持，可以先发助人，但绝不干涉限制。中国追求天地人协和，世界协和。这是中国文化的精粹！这是中国文化的天道！心和，才是真正的中国文化属性：中国文化讲究修心炼心，心聚智胜、心齐力强、心顺事顺，心正而合天道；中国文化注重协和共和，和而生财、和而兴家、和而振国，和合才见天道。一句话：得人心，和为贵。

二、中国国学管理精粹之人伦

1. 管理精粹应是人伦道德

人伦，本意是人与人之间道德关系，最重要的是长幼尊卑之间的关系和应遵守的行为准则。中国古代，背离了这些准则谓之“背人伦”“禽兽行”。董仲舒提倡独尊儒学，儒学中以德治国、以德服人等思想得以传承，一些人伦道德要求也如教义一般让人们遵守，如“三纲五常”及发展出来的“五伦”“人伦八德”等。逐渐的“五伦八德”成为古代社会人与人之间一种规定的礼教，并成为整个封建礼教的核心内容。这也就是为什么“反封建礼教”口号提出来后，凡“革命”之需要，就有反封建、反礼教之说。仔细说来，这是政治的需要，不是文化的必然。不可否认的是，“五伦八德”在古代成为中国国学管理的精粹。

今天是将其定性为“封建礼教”扫进历史的垃圾堆，还是探索研究之，取其精华、去其糟粕，为现代管理伦理提供渊源、内涵和养分，这是个问题。这里先从古代社会规定出来的一切规矩都定义为“封建礼教”作简单分析：从清末民初“革命党”开始，“封建”或“封建礼教”一直饱受鞭挞；现在回过头来看看，封建，是周朝之分封建制之意，而封建制度往往指周末或者秦朝以后的社会制度，被称为封建社会的历史阶段中，采用的不是封建制度，而是中央集权制度。所以因为批判秦代开始的社会制度是“封建”，似乎不准确。而礼教，本义是以礼（包括乐）为教，原指符合社会整体利益的行为准则，以礼教的形式固化下来。统治者为了维持等级制度，将其确立为“三纲五常”为基本内容的各种礼法条规和道德标准，有些规矩制约了人性，并且容易被权贵以及不法分子利用，所以民国时期就将“封建礼教”定性为“吃人的礼教”。现如今值得思考的，“吃人”的到底是礼教还是人（借封建礼教“合法”地吃人）。人伦道德要不要，这不是个问题，因为国家、社会、人与人之间都需要礼，礼仪、礼节、礼貌等具有民族特色和国家意志的习惯与礼俗仍需要“教”之于民。

社会伦理、公共道德是必须的。管理，从人伦出发，以道理之、以德管之。“五伦八德”重视人的主观意识和个人意志的力量，注重文化气节、道德品德，追求自我节制、发奋立志，强化人的社会责任感和历史使命感。这就不难理解孔子这位教育之圣为什么要创立儒家学说，也能理解礼教之本了。中华复兴大业也需要讲伦理有品德，管理也仍然需要传承中国传统的精华，以人伦纲常规范人的思想和行为。中国管理学科创建，是以伦德为内容的。

西方建学科稍早，国内学习之而开设了《商业伦理学》。只是其伦理的社会环境、文化基础、商业方式及价值观等是西方的。学习、借鉴，是学科建设中应有之义，但须建立中国自己的管理伦理、企业伦理、职业道德体系，形成有中国管理伦理学科。

2. “五伦八德”古典伦理内涵

“五伦”，是儒家伦理中所指的君臣、父子、兄弟、夫妇、朋友五种人伦关系，依次体现用忠、孝、悌、忍、善五种伦理德性。孟子将这五伦作了这样的解释：君臣之间有礼义之道，故应忠；父子之间有尊卑之序，故应孝；兄弟手足之间乃骨肉至亲，故应悌；夫妻之间挚爱而又内外有别，故应忍；朋友之间有诚信之德，故应善。这是处理人与人之间伦理关系的道理和行为准则。忠者须有义，孝者讲亲情，悌者应有序，忍者内外别，善者德诚信。于是“五伦”概括为“君臣有义、父子有亲，长幼有序，夫妇有别，朋友有信。”

“五伦”中，三项是家道伦理。一是“兄弟悌”向“长幼序”发展，同辈、同仁、同事、同学遵循这一伦理道德，“家文化”渗透进组织文化之中。现代网络流行语“家人”“亲”之类的称呼，不能不说是这种“家文化”在单位组织中的延伸。换句话说，中国伦理中，能“齐家”者，方能走上社会“治国平天下”。二是父慈子孝，长幼有序是指兄友弟恭，这都好理解，关键是正确理解第三点：夫妇有别（夫妇在家中的责任有区别）。“夫”，会意字，男子长大（上面一横是指）束发插簪，指男子成年已成丈夫（《说文》：“夫，丈夫也。从大，一以象簪也，周制以八寸为尺，十尺为丈，人长八尺，故曰丈夫”）。妇，繁体字为“婦”，服也；从女，持帚洒扫也。从两个字的本意可以看出中国古代对家中夫妇的分工，“夫”要承担家庭重任和社会责任，所以一要扶持家中生计，二要扶持妻子管好家务，三要走出家门参与社会发展；而“婦”，负责家中照顾父母、教养儿女、做好家务，相夫教子是也，以让丈夫没有后顾之忧。男主外，女主内，从总体来说符合人的生理、心理特征，男的在外负责体力劳动养家糊口，参加社会活动，女的在家管理家庭、操持家业，夫妇内外有别。现代社会，女性也参与社会活动和从事工作，但总体上在生理、心理上还会有区别的。

“五伦”中没有血缘非亲情关系的，就是“君臣”和“朋友”关系。朋友有信自不用说，君臣关系前面已说了，“君”为国、为民族，便是爱祖国爱人民，爱自己所信仰的政党，所谓爱党爱组织。如此，现代管理仍然是需要“五伦”的。

其实，被批得体无完肤的“三纲五常”，只是“革命”必须阶级有别、阵营分明而全盘否定之。这一说法源于孔子“君君、臣臣、父父、子子、夫夫、妇妇”，起始于西汉董仲舒《春秋繁露》，形成于东汉马融把社会纲纪与处理这种纲纪的伦理道德联系在一起；千年后的宋朝朱熹将其与“天理”联结起来，构成了一个完整的政治伦理道德体系，成为社会生活秩序的规范——流行千年到清末民初被鞭挞。“三纲”君为臣纲，父为子纲，夫为妻纲，与“五伦”内容有重合，通俗点说，就是“君臣义、父子亲、夫妇顺”（《三字经》）。董仲舒说：“君臣、父子、夫妇之义，皆取诸阴阳之道。”① 也就是说，每个纲纪都涉及阴阳两方面，阴者阳之合，阳者阴之合，阴阳相合，圣人之道，管理之本。其中，君臣问题前面解释了；父子、夫妇，原本的伦理体系被打破，父子不亲、夫妇不顺现象已经相当严重，这与现代社会西方思想涌入相关，家庭冲突矛盾突出，离婚率居高不下。这种纲常混乱，不是福音。

至于说“五常”，是说仁、义、礼、智、信。具体化一点，就是爱之仁、正之义、君之礼、哲思智、情同信五个方面，里面正能量满满。董仲舒在《春秋繁露》中说：“天德施，地德化，人德义。天气上，地气下，人气在其间……天地之精所以生物者，莫贵于人。”② 人是最重要的，应对其有伦理道德要求。董仲舒以五行对应其德性：“东方者木，农之本，司农尚仁……南方者火也，本朝司马尚智……中央者土，君官也，司营尚信……西方者金，大理，司徒也，司徒尚义……北方者水，执法，司寇也，司寇尚礼……”③ 由此诞生了东、南、中、西、北五方，及木、火、土、金、水五行对应的仁、智、信、义、礼五常；并指出与此五常相克的是奸、谗、神、贼、乱。仁是本心，义是道心，礼是形式，智是思想，信是保证。董仲舒认为这五行、五常，相生相克，是管理法宝：“五行者，五官也，比相生而间相胜也，故为治，逆之则乱，顺之则治。”④

---

① 董仲舒：《春秋繁露·卷十二·基义第五十三》，古诗文网《春秋繁露》篇。
② 董仲舒：《春秋繁露·卷十二·四时之副第五十五》，古诗文网《春秋繁露》篇。
③④ 董仲舒：《春秋繁露·卷十二·五行相生第五十八》，古诗文网《春秋繁露》篇。

关于“八德”，在“理论篇”第十二章“中华道统之四维八德”中有详细阐述，指的是孝、悌、忠、信、礼、义、廉、耻八个方面，涉及的人的伦理道德，故又称人伦八德。

3. 古今中外商业伦理起始

中国传统文化中的伦理体系和道德规范，存在了几千年，但有人却振振有词诘问：为什么中国缺乏独立的商业伦理?① “君子爱财取之有道”，古代药店提倡的“贫不计利”，许多百年老店的店训等等，都是中国“独立的商业伦理”。中国古代只是没有建立起独立的商业伦理学科，这是因为中国学部总体论述，不作分科。故可以说没有独立建立起商业伦理学科，但不能说中国缺乏独立的商业伦理。还有，《为什么中国缺乏独立的商业伦理》这个标题，其指向是不是说国学体系没有过本土的商业伦理，言外之意商业伦理都来自西方，没有自己独立的商业伦理？看高校经济与管理类学院、商学院开设的伦理课，其教材内容的确是来自西方，缺乏中国本土的商业伦理。教材中没有不等于国学体系中没有。

提出这一点来说明中国儒家文化催生不出商业伦理，这言外之意就是司马昭之心了。作者在文中提到20世纪80年代之后新儒家崛起，“一些华裔学者——如余英时和杜维明——试图证明儒家的众多伦理概念与现代工商精神有天然的契合点……杜维明甚至认为：只有儒家伦理才能解决当前的资本主义危机。”然后，作者来了一个转折“不过”，提出儒家不可能“现代化”，理由有两点：其一，是经典儒学大师对经济行为的蔑视；其二，则与中国的大一统政体有关。真的如此吗？这里简要分析之。

文章提出第一点的理由，是先秦诸子包括孔孟对工商业阐述很少，“其认识水平非但不及法、墨两家，甚至连农家、杂家都未必能比。”这显然是武断的，商朝不用说了，是经商起家的；周代也鼓励商业发展，东周大多数诸侯国保持这种支持，所以有“孔子十杰”之子贡从事商业。战国后期李悝变法和商鞅变法，有“奖耕战”和“抑商贾”之策，只是魏国、秦国范围内，并非所有诸侯国。秦始皇“焚书坑儒”让秦国历史成了起始，而其他诸侯国的历史以及文化史出现了断层。此后战乱、皇家修史中的取舍，让一些文化、史料未能保存下来。只能说史料中儒家阐述工商业很少，不能说诸子百家时儒家阐述工商业很少。事实上西汉《史记》中就有“货殖列传”记载工商业情况。而更重要的是，诸子百家时的儒学大家

---

① 吴晓波：《为什么中国缺乏独立的商业伦理》，《中外管理》，2010年第10期。

有哪些人对经济行为蔑视了？何况，“儒家为什么不可能‘现代化’”这一命题本身不成立。如果作者需要表述的意思是儒家学说不可能带领社会走进现代化，这个命题更无法成立。

文章提出第二点理由，是说自秦始皇开始历代都是中央集权行政管理模式，与之相伴的是先盛后衰的工商文明，朝代的兴衰更替轮回中，“工商经济一次次地成了牺牲品和殉葬品。在工业革命之前，中国的经济形态都是官商经济的种种变型……在独特的国家治理模式之下，中国从来没有独立的工商运行体制，所以从来就没有独立的商业伦理。”这就费解了，西方帝国时代、千年中世纪也都没有独立的商业伦理，一直到西方工业革命之前；同时期的中国没有独立的商业伦理有什么大惊小怪的，此说想要否定什么、能否定什么？

西方建立商业伦理学科的时间也不长，是管理学发展起来后关注企业伦理、商业活动伦理，从道德层面进行探索而建此学科。直接起因是 20 世纪 80 年代，西方发达国家暴发了的一系列丑闻，如“发展路口”金融丑闻：1986 年，法国爆发了刚卸职的前社会党政府国际合作部长克里斯蒂昂努西用“发展路口”的资金购买了古堡和田产，还为其情妇购置了田宅；在他担任市长的博尔市举行集会，接待外宾，向社会党支付党费，进行竞选活动等，用的都是“发展路口”的钱。美国国防部丑闻：1988 年，连续数年五角大楼军人采购丑闻被揭开，波及 12 个州、涉及国家防御合同近百个、金额数百亿美元，20 多个军火生产公司、100 多名在职或已退职官员、5 名保育院议员、一位四星上将。意大利“金子监狱”丑闻：1978 年，都灵瓦莱特监狱修复，原计划拨款 50 亿里拉，结果追加至 230 亿里拉；原计划 1972 年动工修建的维罗拉监狱，计划造价 20 亿里拉，却推迟了 10 年动工，花去 430 亿里拉，民众称其为金子铸成的监狱……1988 年被揭露，公共工种部局长一人得赃款就高达 20 亿里拉，其他还有议员 8 亿里拉、部长秘书 2.7 亿里拉等等。还有法国贝希纳股票案——跨越大西洋两岸的金融丑闻，希腊政坛贪污案——希腊战后最大经济丑闻，日本利库路特贿赂案——腐败之风震撼东瀛等等。此外，飞机采办行贿受贿，化学工厂有毒气体大爆炸，水域（河流和海洋）污染、食物污染频发，汽车走私、武器走私、内部贸易、证券公司和大额投资者等的非法活动一个接一个暴露出来。这才引起对伦理问题的思考，20 世纪 70 年代美国起始，80 年代欧洲介入，管理伦理成为人们的热门话题，从而发展成为一门学科。

无独有偶，新旧世纪交替之时，中国企业的财务丑闻、行贿丑闻、欺诈丑闻、融资丑闻不断。于是也引起社会广泛关注，商业伦理问题、职业道德问题同样被提出来。那么建立中国独立的商业伦理学（或管理伦理学）也恰逢其时。

显然，从学科角度说，是现实倒逼商业伦理学的建设，中西方皆如此。

三、文化认同管理伦理的思辨

1. 企业文化学缺陷解析

管理文化、管理伦理，一般是指政治社会、经济社会所认可的文化、伦理在组织管理中的展现与应用。显然不同的政治诉求、经济体制会有选择性地融合相应的文化、需要的伦理内容。从这个角度说，经济领域、商业领域的经济文化（伦理）、商业文化（伦理）以及领域内的组织所崇尚并明晰出来的组织文化，首先就具有政治性、经济性。文化（伦理）可以是无国界的，但掌握文化（伦理）、使用文化（伦理）者是有国界、有阶级、有政治倾向和经济目标的，所以，管理也好、管理文化（伦理）也好，作为对文化（伦理）的应用，必然具有国家性、民族性；不同的国家有着不同的历史，传承了本国、本民族的思想论、价值观，有着本土性的文化伦理的积累和沉淀。创建中国独立的管理领域的文化学科、伦理学科，在人类文化与伦理的公共性基础上，避不开国家、民族和时代的独特性。

组织文化的“组织”，是指机关团体、企事业单位为主体的所有组织机构。但现实中，企业组织更关注企业文化建设，已经有独立的《企业文化学》存在，所以目前“组织文化”与“企业文化”两个概念是相通的，也就没有独立的《组织文化学》。而所有单位都是一家独立的组织，组织机构中的管理部门和业务部门，核心是人，是人在运营。所以，管理领域中的文化学科、伦理学科，是针对人——员工及其他相关人员，任何组织都一样。

企业文化，一般指组织中的价值观、信念、仪式、符号等组成的文化形象。价值观、信念是思想层面、心灵层面的——精神层面；仪式、符号、处世方式是行为层面、外观层面的——物质层面；把观念具象为规矩、规则，把行为固化为章程、规范，就是制度层面的。于是，企业文化基本上形成面上可视的物质文化、行为可循的制度文化，内心可感的精神文化。几乎在所有的理论探讨中，都认定精神层面是企业文化的核心、灵魂。但几乎所有的教育或企业文化建设，只是概括出企业愿景、企业精神、企业价值观等方面的几句话，也就是只有观念而缺乏落实。利益驱动下，这样的企业文化建设对“灵魂”没有多大的影响力，除了把浓缩出来、东家抄西家改头换面过的几句口号让员工“吼”外，就没别的方式方法了，而把大量的精力放在做面上文章：厚厚的规章制度，样样具备、事事点到，细化至极、美观至极；外部可视形象如招牌、门面、徽标、广告、商标、服饰等，甚至是厕所、信笺和电脑界面，员工微笑幅度、握手力度、鞠躬弯度等，面面俱到、尺度精准。

可是仔细分析，这一些内容从都不能让灵魂得到清洗洁净，而只是给人一种花团锦簇却无内涵的感觉。因为，归根结蒂，人心未通、协和未成，文化未达灵魂，丑闻依然频频出现，说明经济发展过程中是文化入心、伦理入心、各方协和思想的缺失。

原有企业文化学，侧重组织角度而非员工角度，说是激发员工的使命感、凝聚员工的归属感、加强员工的责任感、赋予员工的荣誉感、实现员工的成就感。仔细分析，这些“感”的解释和企业的实际做法，都是从企业出发表达出员工来公司就应该有使命感、归属感、责任感、荣誉感，你们把企业做大做强了就有成就感。新员工培训、老员工再教育，不可缺的两项内容，一是公司的规章制度必须遵守；二是必须与公司共命运。却恰恰忽略最重要的一点：员工对公司所说的这一切，是否有认同感。没有员工从心里对公司和公司文化的认同，哪来这些“感”。可西式管理偏偏只有对“你”提要求，不在乎“我”是否认同。

这样的文化建设，只有春光灿烂——好看，没有春心荡漾——心动。

2. 本土企业文化强调认同

说到认同，本应该是内部员工对企业内涵的整体认同、外部社会各界对企业形象整体认可。可事实上，企业往往把精力放在门面包装、广告宣传——可立竿见影的形象设计上。所以外在企业形象塑造成重中之重，重点放在人直接可视的内容上，如企业识别系统（CIS，或称 CI 系统）。而 CI 又与企业文化三个层面对应，为观念识别（MI）、行为识别（BI）、视觉识别（VI）。同样，三个识别系统中，着眼点放在建立 VIS。因为好不好看能衡量，行为落实、观念入心需要长时间努力，费时费力费钱还要很久才知效果好差。当“快餐”观念深入人心，急功近利就不可避免，就没有人愿意静下心来，这是企业文化建设的主要瓶颈。

伦理方面，也只注重能看见的、不关注看不见的。观念、精神、德性、道义的内容，都不是自己一喊就成、一画就可，不可能短时间内见效。所以在公司领域，企业文化停留在“老板文化”阶段，管理伦理停留在规章制度层面，文化建设与伦理养成被简化成“职业道德”；而在高校教育领域，商科类、经管类专业虽然开设《管理伦理》或者《商业伦理》课，其内容要么是西方伦理的翻版，要么是职业道德的翻版，缺乏国学的传承，也缺乏新时代学科建设的创新，名义上借鉴学习，实际上照搬硬套，没有本土独立性和文化民族性。

中国传统文化、中国传统伦理，在前面各册中已有多方面阐述。这里归总一下，主要说明学科建设应该传承什么。很显然，中国古代社会的经济政治结构、文化伦理体系，形成了三条主线并立又相互关联的结构：以诸侯政权为核心的国家“君统”，以仁义道德为核心的社会“道统”，以宗族宗法为核心的家庭“宗统”。其中，君统与宗统体现的是“国”与“家”的伦理传承，道统体现的是社会伦理传承，是国与家形成的一个内部体系，代代承继。这种“三位一体”伦理结构下，形成中国特色的伦理体系，即天道、地道、人道统一。

天道规律，日月星辰有序运行，生生不息，为万理之源；地道德性，五行生克容纳一切，厚德载物，为万物之根；人道文明，仁义礼智诚信清明，中庸协和，为万事之本。天道与地道和而大道合一，形成义利、理欲、公私等的价值观；地道与人道和而道德合一，形成尽义务、强修养、创幸福等人生观；人道与天道和而天人合一，形成天理、人德、慧根等的伦理观。中国文化伦理旨在现实的关切、实践途径和人生之终极目的，所以天道贵在知宇宙，地道贵在悟自然，人道贵在修心智。天道酬勤，地道酬实，人道酬德。

作为文化基因传承下来的社会文化，农耕文化为始，商业文化为辅，随着社会发展衍生了工业文化、互联网文化（表现上与商业文化接近）等。农耕文化的“土”味，在工商文化、网络文化下显得“不合时宜”，是因为相对于土生土长的本地人、事、物和行为方式而言，漂洋过海而来的洋人、洋物、洋事及洋派行为方式，就成了与“本土”相对的。“土”与“洋”成了反义词，追赶时髦、展示阔气是“洋”，坚守规矩、本乡特色是“土”。于是一种脱离土味、时尚洋派的社会风气滋生。似乎商业文化赶走了农耕文化，人们离土味越来越远，自然离“地道”也越来越远，只关注天道天才、人道人才。

这是把内涵弄混淆了，农耕文化是农耕社会条件下形成的文化现象、伦理规范；商业文化是商业社会条件下形成的文化现象、伦理规范，并非农耕文化“土”商业文化“洋”。而且这里的“洋”不能简单地直接解读为“海洋文化”，只是近代跨海越洋进入中国的外国人、事、物和行为方式的统称。恰恰是近代，西方后工业革命将商业与工业结合在一起形成工商社会，通过商业（或殖民）方式把工业产品倾往殖民地和半殖民地，自然冲击着还没有进行工业革命的国家和地区，让人们对工业文明成果充满好奇和欣赏，于是，本土的与跨洋的形成了一种对比。这种土洋对比，只是工业产品与农业产品的对比，是新科技成果与古农耕产品的对比，事实上没有对比性，类似铁器取代石头、热兵器取代冷兵器、计算器取代算盘一样，是社会发展的结果，并非“土”与“洋”的较量结果。这种并非放在同一平台上比较的方式，近年来特别流行，其用心自然也不是为了客观真实，只为了证明想证明的。

3. 文化差异辩与商业伦理

中西方商业文化比较，不顾本原上商业立国与农耕立国的背景差异，而只作表象比较，强行把海洋性国家的商业文化作为放之四海皆准的真理，让农耕文化传承的中国社会接受；所谓国际化视野，似乎只有接受这种比较结果才行，这显然是强词夺理，强行推行。

以价值观比较为例，一般先作一个设定，说人们在确定自身身份定位时有两种目标取向，一是归属取向，二是成就取向。然后再对这两种取向定义化：成就取向的人努力工作，希望以此获得尊重和经济上的成功；归属取向的人认为社会地位取决于年龄、阶层、教育等，看重的是什么身份的人而不是做出过什么成就。再然后就简单了，直接下结论：西方人在商业活动中倾向于成就取向，中国人在商业活动中倾向于归属取向。为了让这种结论有说服力，就会来点儿似是而非的论证，如将新教伦理与儒家伦理作区分，新教伦理强调“职业、契约、管理”；而儒家伦理强调“天命、中庸、民本”。新教伦理强调“勤勉”观提倡勤奋进取，儒家伦理看重声誉地位和关系背景。而事实上，儒家伦理是提倡勤奋工作、努力进取、崇尚节俭的，但在比较中却有意无意忽略，把结论引向否定中国文化上来。

不仅如此，这种比较还说，中西方商业文化的价值观，存在个人主义和集体主义的差异。当然还是先作设定：个人主义价值观重视自我需要的满足，鼓励人们通过完成工作来实现个体目标和个人成就，鼓励竞争。而集体主义价值观提倡个体相互依赖，个体从属于集体，强调成员有义务为集体利益做出牺牲，重视团队合作与和谐。于是结论不言而喻，商业活动中，西方国家倾向于个人主义，中国则是倾向于集体主义。由此再进一步证明这种价值观的差异，直接带来决策方式的差异：西方文化因为强调较强的个人主义，商业决策中会充满火药味和对抗性，决策形成于激烈讨论和论证，于是结论抛出来了：因为个人主义西方决策具有相当程度的理性，而集体主义条件下，决策的依据往往是对上负责、对权威负责、对领导负责，而不一定对事情负责，结论就是决策本身往往具有较多的非理性和妥协性。言外之意，集体主义决策责任承担主体一般是集体，无须个人负责。有意无意忽略了中国强调的“民主集中制”原则，也忽略了西方的“团队”理论和做法，更加无视集体是“大集体”、团队是“小团队”之间的差别。偷换概念、混淆平台，如此比较，哪来客观真实！

甚至于在思维模式上，也得出这样的结论：把中国传统的“和合”说成是一种模式思维，说明这种思维是依赖于经验知识的整体性思维；西方人的分析思维是事物归类探索事物的构成的逻辑思维。这一来，商业活动中中国人常讲“以和为贵”“和气生财”是情感性的而不是逻辑性的思维，结论自然是商业文化下不适合中国式思维，而应该崇尚西方思维模式。把中国人追求和谐的文化观念说成是非形式逻辑也非抽象逻辑的思维而加以否定。于是进一步在商业伦理上，信誓旦旦地作出这样的结论：中国商业活动的成功在相当程度上依赖自身背景和关系，西方商业活动的成功则依赖于信用、社会契约（利用关系会被认定为违法）。并且在时间观念上、习俗与行为习惯上都会得出这种具有明显倾向性的比较结论。

农耕文化基因下，进入商业社会，自然会有田地家园式的思想内涵作底，这种“土味”是中国本土特色的意义所在。由此形成的人心修养和协和天下的文化内涵、伦理观念，也自然会带入商业社会的一切商业活动，这是中华美德在商业领域的作用，具有正面作用和伦理导向价值。所以，传承中华文化中优秀的文化伦理是必须的，这个过程中，有容乃大的中国文化不会排除一切有价值的外来文化，通过中西方文化的碰撞，在火花中创新具有时代特色的伦理道德、修养文化、协和思想，这才是“复兴”之真意：复者传承吸收也；兴者、振兴创新也。中国本土的企业文化、管理伦理学科，需要的就是这样的传承与创新。

第四节　文化伦理管理学科内涵

将文明内涵“化”为观念、行为方式融合在人身上，谓“以文化成”。文明进步，由人组成的一切组织就有了文化特性的标识，进而诞生国家文化、民族文化、社会文化、组织文化等。而管理需要管理文化，核心仍是文化伦理，是文明化成果。西方的规范化（规范到用数据测量人的思想）、工具化（都是管的工具，人也是，连员工激励也用表格用数据来体现）、模型化（假设某条件成立下的零和竞争）管理，本质不是文明内涵在社会组织中潜移默化的表现，而是画出来、喊出来的文本、表格；高度浓缩文明进步的成果失落了，并且放弃了将进步文明成果之“文”化成为伦理道德在管理中的应用。结果就是伦理用“利益”衡量、思想用“规范”计算。中国文化，是身心修养文化，是协和各方文化，能够规范的“物”“事”，尺度数量要求非常精确，人之行事方式有严格规范；针对人的思想，则是引导为主，形成一种文化特色、文化氛围。人的行为、行事方式可强制约束，为“管”；思想也管，为是必要的约束，但引导是重点，重养成组织所需的文化、伦理氛围，是“理”之重任。

西学一些“精英”，为西方鼓与呼的是须先有规则约束才能建立良好社会伦理，批判中国用儒家思想不可能建设良好社会和组织秩序，思维上进入非彼即此（即西式非 A 即 B，非 B 即 A）的误区。中国强调文化伦理、思想梳理，不是排斥规矩法则，而是理与法兼顾，即在讲规矩以成方圆的同时晓之以理、动之以情，在梳理、疏通人心的同时确定行为法则、处世规定。这是“中庸文化”的体现，即阴阳和谐之双和文化的体现。

一、中国哲学之文化伦理学科

1. 竞争与竞赛伦理的区别

从主要内涵上讲，企业文化学是管理学与文化学相融合的边缘学科，归属管理学学科范畴；管理伦理学学科是管理学与哲学相融合的边缘学科，若建《管理伦理学》则倾向于管理学，若建《伦理学》或《伦理哲学》，则倾向于哲学范畴；伦理学是思想问题、道德问题，在商业（企业）领域，重点解决的是道德与利益的关系问题。这里探索的是管理视角（或者说商业视角）的伦理学建设，归为管理学学科范畴，重在道心与德心统一问题、“义”与“利”关系问题。

建设中国管理学之本土管理伦理学科，必不以西方理论为基础，而应以中国文化为根柢。一方面是中国文化在管理中的应用与融合，另一方面是中国优秀的传统伦理思想与职业道德在管理中的应用与融合，再根据时代要求、国家治理和民族复兴的需要，创新新时代人伦之理、为人之道。为此，设计文化伦理领域基础性课程《中国文化管理原理》《伦理道德管理原理》时，从本土化视角先理解竞争文化与竞赛文化、竞争伦理与竞赛伦理之间的区别。

中国伦理文化在行为上品德追求协和。棋弈的最高境界是“和局”，战争的最终目的是“和平”。是侵略、镇压后奴役人民情况下的“和”，还是保家卫国、生命抗争后得解放的“和”，是非正义之战与正义之战的区别。一切战争都是政治的延伸，能在政治层面解决掉不和因素，就不需要战争。可见，“和”是管理永恒的主题、永恒的追求。市场也好，职场也罢，过分强调“竞争”并非福音，“竞”就须不断融入“争”，争的等级不断上升，从争辩到争夺到争战、从奋争到斗争到战争、从区域战争到国内战争到国际战争。这不是中国文化本质内涵，也不是中国管理本意；中国文化提倡“竞赛”，不是“我”胜利了“你”就必败，而是虽有名次之分，却都取得了成效、获得了业绩，共同推进了事业进步。所以，是“竞”中有“赛”，赛出风格、赛出水平；而不是争个头破血流、你死我活，争个国破家亡、生灵涂炭。

中国少数民族节日狂欢，来一场跑马、摔跤之类的竞赛，赛后无论谁赢谁输、无论胜多胜少，可以为赢者胜者欢呼，却不会给没有获得第一的人处罚，而是大家一起唱歌跳舞同欢乐，喝酒吃肉共协和。竞赛之后获得的协和，是彼此包容，天下一家的协和。

竞赛是竞技比赛，赛是一种勉励、鼓励，赛后互相协和而非敌对，所以体育竞赛常用，其他领域也用，如劳动竞赛。竞赛是在比较中取得好成绩，用实力获胜；竞争是互相争夺，是一种争抢、争斗，以牺牲他人利益来获取自己利益，所以在市场行为中常用，可以不惜一切手段以求最大限度争得利益。显然，竞赛符合协和要义，竞争则有蛮横意味。

心和管理理论认为，市场行为也应该是竞赛，竞赛双方或多方之间的关系不是敌对关系，不以消灭对方为目的，而是切磋关系、合作者关系，以大家共同提高为目的。竞赛中即使有“争”的意味，也是规则之内的名次之争，是争胜、争艳，不是敌对双方的生死之争。这就是争中有和，和为争的目标。当然这有个界线，即行为双方都是以竞赛之心参与其中。若竞赛遭遇竞争，本方是比赛之心，对方是争夺之意，甚至要上升到战争层面，那么事件的性质就变了，不是赛后协和，而是战后利益瓜分下不平等的“协和”了。

这种情况下，本方内部仍然可以竞赛，比赛谁杀敌多、谁胜仗多，谁在战争中存活的能力、对峙的能力、战胜的能力强；与敌方也可以赛，赛谁的战略强、谁的战术优、谁的灵活性高、谁的变化速度快等，只是这时候“赛”的本意发生了变化，敌对双方不可能协和（除非一方投降），所以更适合用“争”来表示，用“战”来说明。

管理是内部为主，从伦理角度说，内部之间的较量，应该是“赛”而不是“争”。因为管理需要走心、管理应该入心，让心走向协和而非起争端，即使有拼争，也是为了争先、争妍、争光，是只争朝夕、是争奇斗艳、是力争上游，而非争长论短、也非争强斗狠、更非争权夺利。这才是高品格、高品位的管理，具有中国伦理特色的管理。

2. 管理视角的文化学思考

《中国文化管理原理》之学科建设的基本点，不是对文化现象、文化领域的管理（那属于《文化市场管理》或者说《文化产业管理》的范畴），这里的“文化管理”，是将中国传统文化中优秀的、精华的部分提炼出来，结合新时代要求，形成以国学为内核的企业文化（或叫商业文化、组织文化），来提升企业（商业或组织）管理效率、效果、效益。即通过传承文化、创新文化进行文化管理（基础是本土文化）。这不是向那些抹黑中国文化的人宣战（对无稽之谈宣战反而不智），只是从自信中国文化之立场来管理组织、团体和个人，从而突出人的作用、心的价值，强调集体精神、组织意识（包含国家意识、民族精神），强化情感管理，认同合理的人情关系，从人心出发，从万物、万事、万理协和出发。这就需要解决选用什么内涵建设企业文化、以中国文化去管理企业涉及哪些领域这两大问题。

第一个问题，从浩如烟海的国学体系中，选择合适的内涵作为基础原理建设文化管理学科。要求在去粗取精、去伪存真时，重点是把握“精”与“真”，“精”是精确的精华部分，“真”是真实的真理内容。“精”的标准在于是否对国家强盛、民族复兴、人民幸福有利，“真”的标准在于是否对文明进步、人心修养、世界大同有利。独立自主、传承创新是学科创建的基本精神。这就不应该被某些框框所限制，而要从独特的视角、崭新的思路着手，把握住传承的杠、创新的度，体现出中国人文特色、职场特色、管理特色。

文化无处不在，管理时时需要。先秦文化流派、圣人百出；后世贤人无数、学问深广。泱泱大国之国学汗牛充栋。现代企业管理、商业行为中，选用什么样的文化内涵，是一个原则问题。历史上，自西汉尊儒术，儒学流传最盛；但内涵上儒道不分家，现实中儒、道、释三教合一，再加上法、墨、名诸家学说悄然传承与发展，丰富的文化宝库里，内涵取之不尽、用之不绝。这在《心和管理学》之原理、理论、技法等篇中已有阐述。

易学思想体系中文化内容，诸子百家各流派精华及佛学禅理等，以及秦到清各朝各代充实发展和创新的学说，谓国学文化；近现代红色革命横空出世，共和国建立，红色建设、红色经济依次推进，创造了极为珍贵而有效的红色管理。创建《文化管理学》类学科，紧扣国学与红色的“人文”内涵，既体现人类文明，又展示文化自信，先是“人”，再是“文”，然后成“人文”。管理文化，人是管理的核心，也是文化的核心。

人所以为人，头顶天、脚踏地，解放双手可探索周围、利用资源、改造环境，这就是劳动，劳动是文明产生的基础途径；思维是根本，标志着人类可以超越原始本能产生思想、指导行动，升华人格、展现文明，建设和谐社会、和平世界。国学中，思维、思想的文化意义，可用“人心”表示，对人的管理，核心是“人心管理”。人类在提炼升华的思想引导下劳动，形成文化，产生文明，并且随着历史发展让文明不断进步，让文化不断修正强盛、充实壮大，让人类从动物“弱肉强食”本能中走出来，克制了兽性、强化了人性，彼此和谐相处、协调共进。彼此协调和顺（阴阳双和），是人类努力的结果，是文化的胜利、文明的胜利。最终明确，“文”的本质要义是世间万象皆双向协和，万象双和之核心是人与人的心和。

然后再理解“人文”。人类有认识世界意识，方有文明产生，此为“人文”之谓也；人文化成，是用人类进步的文明成果教化天下，从而让天下人皆有文化知识、皆有文明进步。从这个角度说，中国文化的本质内核是人文化成，国家、社会、组织管理的重心是人文化成。利益诱导（或称激励）只能让人恢复原始本能，而非文明进步。

中国文化最重视的是人的心灵洁净、思想升华。阴阳协和，人文角度理解，是人心正反取向的协和，心灵有了底线：一切个人行为以不损害他人、集体、民族和国家利益为前提；思想升华有了标志：有着“毫无自私自利之心的精神……一个人能力有大小，但只要有这点精神，就是一个高尚的人，一个纯粹的人，一个有道德的人，一个脱离了低级趣味的人，一个有益于人民的人。”① 有底线、有升华，阴阳协和、人心双和。为什么世界上的文明古国，只有中华文明一直保全并传承下来，有一点不能不去考虑：中华文明从诞生那一天起，就以努力消除不文明的“丛林法则”为重任，创建天下一家、世界大同的“协和法则”。凡能修养人心、协和天下的内容，就可万世流传，反之就会被淘汰。

第二个问题，运用中国文化可以管理的领域。以文化成的成果用之于组织管理、人的管理，可涉及的领域很广，如组织机构的管理、人才资源的管理、管理中的沟通技巧运用等。所以，有必要建立以中国文化为基础

---

① 毛泽东：《纪念白求恩》，《毛泽东选集》第二卷，人民出版社 2005 年版。

的企业文化管理学学科。除此之外，还有两大领域必须把控，一是“企业医生”领域，二是“史学探索”领域。这两个领域后面《管理咨询学》《企业管理史论》学科建设中加以详述。这里先简略提“企业医生”治企本土化问题。

所谓“企业医生”，是指在企业有困难或发展遇到瓶颈时，聘请外脑或外部机构来诊断问题、分析原因、寻找解决办法，并协助企业实施解决方案的专业人员。把企业咨询问题放在文化管理学科领域，是因为无论是战略问题还是营销问题，或是生产、质量问题，或者别的什么问题的存在，归根结蒂是人的问题，环境变化后解决途径仍在人的身上。事是人在做，人的思维方式、眼界高度、理解程度、接受程度等决定做的结果。人心在，一切企业问题都可以得到解决；人心失，没有问题也会出现问题。

目前的管理咨询，其原理与运作模式，基本上来自西方，应用的工具也基本摒弃了本土的。有一个倾向非常明显：太过依赖工具。咨询工具的使用一般不考虑人心变动因素，只是直奔“利益”而非“协和”。有先进而合适的工具是好事，辅助或特定时候使用工具，是正常的，但把咨询工具计算结论作为唯一依据，显然已失偏颇。出现“唯工具论”的重要原因就是西方管理怎么都绕不开“物本管理”的陷阱——把人当作机器设备精确计量。当大陆式农耕文明遭遇商业化文明冲击时，在利益驱动的盲目和冲动下，出现了计利计算到毫颠的情况，导致本土不是本土、西式不是西式的“夹生饭”出现，这需要警惕。

本土化管理咨询学科建设，应从文化入手，从理顺人心开始到实现协和为要。可以这么说，一切咨询，其实都是文化管理的问题。表现出来的问题是表象，解决根源问题的方法在人文化成。实现了企业文化的以文化成，具体问题的解决之道就在其中了。

3. 伦理视角的文化学思考

《伦理道德管理原理》是企业伦理学、职业道德类学科的基础性课程。事实上，中国本土伦理管理学学科，自古就有，只是叫法不同而已，内容却是一致的。中国古代教育贯穿始终的是“人伦之理”；不论什么样的学说，一以贯之的是“为人之道”。《论语》和《孟子》等著述中，具有传世经典价值的，其内容一定是“人伦之理”和“为人之道”方面的。圣人之所以为圣人，不仅仅在于以德服人，也不仅仅在于创立悟道明德之学，更重要的是在于能够德被天下苍生、福泽黎民百姓。他们把领悟总结出来的伦理道德，具化在“礼”和“乐”中，建立起具有中国特色的礼乐文化，使人们有了走向文明的行为法则，他们“为天地立心，为生民立命，为往圣继绝学，为万世开太平”（北宋张载《横渠语录》），成为一代代文化巨人的同时，丰富了中国文化，提炼了中华文明，形成了中国特有文化特色和伦理风格。

官学在夏商周就业已建立，《孟子·滕文公章句上》曰：“设为庠序学校以教之：庠者，养也；校者，教也；序者，射也。夏曰校，殷曰序，周曰庠，学则三代共之，皆所以明人伦也。”商周学校，有出土文物所证实。《礼记》《周礼》等资料中也说明：西周中央官学设在王城和诸侯国都，分小学与大学两级；小学在城内宫廷中，大学在南郊；王城的大学称为辟雍，诸侯国的大学称为泮宫。汉代皇家、官府设“大学”，官塾、私塾设“小学”体制已相当成熟（如太学、国子监，四姓小侯学等；此外还有专门培养专业人才的学校，如鸿都门学等）；魏晋南北朝以后的书学、算学、律学、医学、画学、武学等都已开设，唐代设馆授学之风盛行（如弘文馆、崇文馆等）。所以宋代朱熹，作为中国古代文化集大成者、文化新开创者说：“古之为教者，有小子之学，有大人之学”（《经筵讲义》）。宋明两代的宗学教育盛行。

其中，“小子之学”学习的是“洒扫、应对、进退之节，礼乐、射御、书数之文”，看上去是礼仪接待、人情往来和一般文武之学，但这些学问中，文有文道、武有武道，礼乐则是直接的伦理道德的外化，即使“洒扫、应对、进退之节”中，也充满着“人伦之理”和“为人之道”。“大人之学”，是“穷理、正心、修己、治人之道”，包含《大学》中格物、致知、诚意、正心、修身、齐家、治国、平天下“八目”，显然这是穷理治世之学，其中的领悟、觉悟、开悟，都是思想方面的，知道、明道、得道，则是道德方面的，合在一起就是“思想品德”教育。显然，从古至今，中国文化、中国教育，都会以“人伦之理”和“为人之道”为其核心。那么，今天的管理文化、管理伦理之学科建设，自然也如此。

作为伦理道德学科建设的基础性课程，可以参考、学习西方的，但只是借鉴和吸收，不是替换。中国不仅在政治上、经济上独立自主，文化上同样独立自主，文化梳理、教育设计、学科建设的基本内容、核心思想、主要框架，都应该是而且必须是中国本土文化伦理、思想道德。这一点决不可以有动摇。文化不灭，一切皆有；伦理还在，文明还在。

二、中国人文化成之管理学科

人类社会的各种文化现象，都是人类在生产劳动中发现或创造出来的。中华人文是中华民族、一代代中国人共同创造的文明成果、文化符号。其中汉语言的文字语言、图画语言（含壁画）、音乐语言、肢体语言等凡中国式的意义表述符号，皆为中国文化符号。而在文化中体现出来的天地之道、人伦之理、德性德行以及理想追求、心灵洗涤、胸襟开拓、境界提升等体现价值观的内容，是文化的核心。将符号的意义、核心的内涵通过国家行为、民族方式、社会伦理，以及组织、家庭中的行为习惯、制度规范等，是文化的主体内容。将这些符号的意义、核心的内涵、主体的内容应用于管理活动，就是人文化成管理学科之本。

1. 远小人重君子文化管理

《企业文化管理学》是文化力在管理中的应用。文化有公共性、管理有通用性，这些本套书里已有论述，不再赘言。这里从人文之“人”及凝结在人身上的“文”的角度，探讨文化加持后不同类别人群的管理特点与管理价值。

物以类别，人以群分。按职业、按文凭都可分群，中国文化最基本的是按德性划分群体，最基础的类别是好人、坏人。比较典型的是自古至今的十类划分：神人，圣人，贤人，君子，好人，小人，傲人，恶人，妖人，魔王。这十类从中心向两边逐次递进正负能量：好人是向好的方向发展的基点，极致是神人；小人是向坏的方向发展的基点，极致是魔王。其他依次相对的各组是圣人与妖人、贤人与恶人、君子与傲人，彼此两两对应。中国文化的思想取向或者说伦理核心，是劝导世人往好人—圣人方向发展，声讨小人—魔王之恶行。

而先圣先贤则另有分法。心学大师王阳明，将人分为六类：末等是小人，往上依次是愚人、庸人、君子、贤人、圣人。其中前三类是负能量方向的，后三类是正能量方向的。王阳明应该是对孔圣人的人之文化分类稍加变化而来。《孔子家语》记载，鲁哀公向孔子问“寡人欲论鲁国之士，与之为治，敢问如何取之”问题时，孔子回答中有一段话说：“人有五仪，有庸人，有士人，有君子，有贤人，有圣人。审此五者，则治道毕矣”（孔子后人著，《孔子家语·五仪解》）。意思是说，人分五种类型，即庸人、士人、君子、贤人、圣人。分清这五类人，治世之道就都具备了。

鲁哀公追问怎么区分这五类人，孔子答之：“所谓庸人者，心不存慎终之规，口不吐训格之言，不择贤以托其身，不力行以自定；见小暗大，不知所务；从物如流，不知其所执，此则庸人也……所谓士人者，心有所定，计有所守，虽不能尽道术之本，必有率也；虽不能备百善之美，必有处也。是故知不务多，必审其所知；言不务多，必审其所谓；行不务多，必审其所由。知既知之，言既道之，行既由之，则若性命之形骸之不可易也；富贵不足以益，贫贱不足以损，此则士人也……所谓君子者，言必忠信，而心不怨；仁义在身，而色无伐；思虑通明，而辞不专；笃行信道，自强不息，油然若将可越，而终不可及者，君子也……所谓贤人者，德不逾闲，行中规绳，言足以法于天下，而不伤于身；道足以化于百姓，而不伤于本；富则天下无宛财，施则天下不病贫，此贤者也……所谓圣者，德合于天地，变通无方，穷万事之终始，协庶品之自然，敷其大道，而遂成情性；明竝日月，化行若神，下民不知其德，覩者不识其邻，此谓圣人也”（《孔子家语·五仪解》）。这是孔子对五类人作的人格设定。

庸人的人格设定：心里没有自警慎重之念，行事没有认真始终之规；嘴上说不出可以奉为行为准则的圣贤教诲之言而胡言乱语，也不会选择贤能之士追随其左右，不会自己心中有定数而身体力行。反而是见小利忘大义，自己总是不知道自己在干什么；迷恋于声色犬马，随波逐流，不知道自己心中应该坚持些什么——总而言之，庸人就是那些胸无大志、目光短浅、缺少教养、随波逐流，无大局观、无主见、无目标亦无行动的人。

士人的人格设定：士人即知识分子，心中有信念，行事有规矩，虽然不能完全通晓大道之根本，但心中是有目标的。即使不能把各种善事做到最好，但也一定有可称道之处。所以，知识道理不在多，只在抓住了一点就要弄明白这一点；言语事理不在多，只要说出来就必定知其所谓；所做之事不在多，只要做了就一定明白为什么要做。懂已经知道的道理，说已经领悟的话语，做已明因由的事情，那么，就像人的生命与人的形体统一在一起不可变更一样。富贵了不会增加物质需求，贫贱了也不减损他的思想品质——总而言之，士人（知识分子）做事有目标，行动有计划，人格和思想完整且独立，不受外在力量左右。

君子，孔子认为是凡人中具有最高人格的人，超越君子者就是圣贤了。所以君子的人格设定是：说话必定诚实守信，而心中却无怨怼；身处世间有仁有义，而神色中无夸耀之意；所思所虑通达明理，而言辞不会专横霸道。他们品行纯厚、坚信大道，知行合一，自强不息。看上去平常坦然，并无出众之处，似乎人人都可以做到，但事实上怎么样都无法赶上他们的境界——总而言之，君子诚实守信、明达事理，谦虚和善、思想高尚，坚守原则、自强不息。

贤人的人格设定：品行高洁而不会逾越法度，行动合规而有准绳，说出来的话足以让天下人效仿（奉为道德准则），又能保护自己不受伤害；悟出来的道理足以教化百姓，又不会损伤事物之根本。他们富则兼济天下，而不至于财物积压；他们施行所悟的大道，则天下不会出现贫病交加——总而言之，贤人品德合乎礼法，行为符合规范，言语天下信服，施政普济百姓。贤人相比较于君子，是他们对天下人巨大的影响力。

圣人的人格设定：圣人之德与天合、与地合，天地人三合，变化无穷、通达八方。探究出天地间所有事情的运行与发展规律，让世间各种物品与自然相协和，将大道铺设于天下万民，其思想的光辉如日月照亮世界，变化发展犹如神助。普通百姓不知道他们的道德到底有多崇高、多伟大，哪怕可以发现一点，也无法参知其德其道之浩瀚——总而言之，圣人的品德可以与天地相比，与万物和谐统一，其大道与日月同辉。

孔子是大教育家，他希望天下人不要做庸人，都能读书成为士人，并修养身心，让自己一步步走上君子之道，其中的佼佼者成了能教化众生的贤人，更高尚的人成为德被天下的圣人。显然，能成圣贤者，是为当世大成者、世人敬仰者，能为后世留精神、思想、学问、德性，成万世之表者。做圣贤不易，于是设计了君子这样一个德才兼备，文质彬彬，有内涵，有所为有所不为，达则兼济天下，穷则独善其身的理想人格。士人，在今天就是知识分子，要努力成为君子，所以士人须有独立人格、独立思想。遗憾的是，现代“学分制”培养出来的士人，深种“学分思维”：只要学分，何须其他。走上社会，思维惯性就是无所谓独立人格、独立思想，能得利得益便好，这便有了“砖家”“大屎”的生成土壤。

王阳明的六分法，是不设士人的，古代老百姓能中读书的人不多。王阳明把士人包含在君子中，提倡的是做君子不做小人、做贤人不做庸人，做圣人不做愚人。这是中国以文化成君子精神的体现、文以化成道德目标的标志。以文化成的管理，或者说建设企业文化（商业文化、组织文化）管理内部成员，必须是中国特色的重君子、轻小人。

建设《企业文化管理学》，需要明确文化建设须远小人、重君子；鼓励做贤人、成圣人。庸人、愚人除天生外，是未曾开化，或教育不够，或挖掘不够，或没放对位置的。

2. 管理咨询学本土化建设

西方管理咨询业，在第二次世界大战后欧美一些军用情报分析机构转民用基础上发展起来，侧重企业战略咨询、管理咨询（包括财务咨询、营销咨询、生产咨询等）。从企业战略咨询拓展出文化战略咨询、人力资源管理战略咨询和人才测评等，随后形成了《管理咨询学》。改革开放后引入，初时与广告业、公关业关联，后独立为专门咨询机构，但咨询体系、理论指导、实战模式土法上马“西化”方式，咨询工具从西方搬进来。几十年过去了，就有必要以中国文化为根柢创建《中国管理咨询学》，毕竟如前所述，古代中国未分学科但有内涵，回归国学本原，从西式以“利”为核心、以精准计算为手段的咨询视角，转向本土以“心”为本色、以协和双赢为手段的管理咨询上来。

从医学视角看，有西医、中医，那就有西医学科、中医学科之别，也有西医院、中医院之别；作为本土咨询学科，有西式“企业医院”“企业医生”，也就有中式“企业医院”“企业医生”（学科上也就有“企业中医学科”）。当然“企业医院”也可以中西医结合，但首先要有“中式企业医院”“中式企业诊治学科”，也就是有本土管理咨询学科，其基本概述、基本原理，须把握住中国国情、本土人文。有本色才有与其他结合的特色与底气。

医，繁体字是“醫”，由“医”“殳”“酉”三部分组成，“医”者，乃盛放弓箭弩矢的容器，把受伤士兵身体上的矢取下放入框中，指治箭伤；“殳”是一种长柄勾头的撞击性兵器，指抵抗击打；“酉”为酒，酒，本就是一味中药，更是古代常见而有效的消毒液。一个“醫”字，说明中国古代医武不分家，也说明中医之伤科治疗源远流长。“醫”另有一个异体字“毉”，这是因为古代巫者兼行医术，所以有“巫医同源”之说；巫者（巫祝、巫臣）的主业是主管奉祀天帝鬼神、为人祈福禳灾，并兼事占卜、星历之术（上一横顶天，下一横立地，中间一竖直通天地，能通天达地的人才配称“巫”），医术只是兼职；另外，巫既然能与鬼神相通，可降神、预言、祈雨、医病等，地位很高，原本只是王者、皇家才有的，而社会各阶层自然也需要，于是逐渐在民间演变出专门以装神弄鬼骗取财物为职业的人，玷污了巫者之名，最终弃“毉”留“醫”。后世将“巫”打入另册也源于此，而否定中医者也会抓住这一点，指责中医是蛊巫之术、骗人之技，是无稽之谈，全无科学道理。

神农尝百草开始而有中国药材学，轩辕论五行而有中华医学岐黄术（《黄帝内经》），而后，扁鹊奠定切脉诊断法、华佗开创中医手术（含麻沸散）、张仲景创立药剂学（《伤寒杂病论》）、皇甫谧成针灸鼻祖（《针灸甲乙经》）、宋慈创法医学（《洗冤集录》），中国首部国家药典《唐新本草》出自孙思邈、药圣经典《本草纲目》出自李时珍……中药药材以草药为主，西药药材同样来自大自然的恩赐；只不过中医以经验归纳出配方、用量，西药则以化学制剂、以化学结构式精确计算，但不能因此说“草药治病无稽之谈”。黄连是一味中药，黄连素则是一种西药（小檗碱），中西医都把它当作药材，岂是无稽之谈；无非中医与其他药材组合而成一个治疗配方，西医则从黄连中提取的一种叫生物碱的物质制成药品的区别。

这里说医字之本原、论中医之渊流，是因为需要把握管理咨询学科所指的“企业医院”“企业医生”之医理，是中国文化下的医理。简单点说，是中医而非西医。西医排斥中医，中却医如海洋，纳天下百川万流；川流何其多，海洋自海洋。吸收西医之成果只为充实中医之宝库。而咨询业，不仅要派“医生”出诊，更要接收病案治疗和研究。

咨询领域所说的“企业医院”（咨询机构）是面向管理出问题的病企，而非身体有问题的病人。也并非西医医院的“门诊＋住院”模式，除特殊情况外，开诊堂、医馆的中医极少收留病人，都是诊治后开药让病人回去调理、休养，有病人来请，背上一个药箱就出诊；游方郎中则完全是上门治疗，腰间挂一葫芦（储药酒或藏药丸），谓之悬壶（华佗背青囊，所以又有青囊代指医道一说）。中国本土的“管理咨询医院”，自然也不是以病企“住院”为主要方式，但是“集中治疗”还是必要的，病案收集、分析研究也是必要的。因此，“企业医院”的模式应该是“出诊＋培训＋研究”模式。派遣“企业医生”组成专案小组出诊，是目前咨询业常规做法，这里简单带过，把重点放在“培训＋研究”上。

培训，是“集中治疗”，咨询机构都这样做。但要强调的是，所谓“集中治疗”，是企业内部发病症状、病理情况相近、相类甚至相同的人放在一起进行诊治的做法，或是虽无明显毛病却需“强身健体”的行为，故培训是治疗手段，也是健身之法；但治疗或健身不是常规意义上的培训师上课、受训者听课一种方式，而是集理论学习、案例分析、现场模拟、实务操作等为一体的综合性治疗或健身方式。

有几个关键点：一是“一群病人”，二是“治疗场所”，三是“治疗方式”。现在企业培训往往是“囫囵吞枣”，有关无关不重要，能参加就行，所以名义上参加了多场培训，实际上针对性不强，治疗效果也就一般般了。所以要放开束缚、打开思路，探寻中国化培训。

“一群病人”是诊断结果有“同病”情况的那一群人，一家企业自身人数达不到“一群”，可由“企业医院”把不同企业相同症状的“病人”放在一起诊治——这是医院功能。

“治疗场所”是指培训地。一些企业为了方便或省钱，把培训设在公司会议室。内训使用无可厚非，若聘请外部力量，该“入院治疗”的就得入院。“入院治疗”的那一批人，往往是有一些权利或能量的人，如果放在公司里培训，这些人会以处理公事为名不断地进出教室甚至理直气壮请假以公干名义外出，若是真忙，说明不是培训（入院）最佳时机。“入院”了，就放下一切，专心受训（治疗）——磨刀不误砍柴工。一心二用甚至三用、四用，啥都做不好。所以“培训场所”的最佳选择，是不方便外出、不能联系外界的地方。

“治疗方式”就是用药、针灸、推拿、手术……单一方式、多种综合，根据实际需要对诊确定；培训上根据素质提升、思想纠偏、技术强化、政策宣讲、精神传达等确定会议式、讲座式、授课式、培育式、训练式等。总之，以针对性“治疗”为要，从下药（培训内容）到医治（培训形式），以病因病理（问题）为导向，以实现疗效（培训成果）为目标。

研究，这是目前中国本土咨询机构最缺乏的。大多数中小型咨询机构类似于中介，咨询专家、培训专家真假难辨，且外聘为主，公司里人才主要是培训产品的推广者，而不是“医师”。所以“企业医院”难以开展“企业医学”研究，咨询工具完全缺乏原创、治疗方案也完全缺乏创新，往往是一套完整的解决方案，可以用在所有企业咨询中，类似西药—药医同类病（追求量化量产）。这是“企业医院”不称其为“医院”的重要原因所在。

“医院”达不到要求，“医生”也就出不了彩。咨询领域所说的“企业医生”，指的就是咨询师。需要提醒的是，不要将现实医院中官职为先、“官大一级压死人”的那一套引到咨询领域。咨询领域的“医院医生”只有一个称呼：“咨询师”（或“咨询专家”），无非就是设一个专家小组的组长（或“首席专家”），除了组织项目运行意义外，更重要的是责任承担。中国古代把医生叫作大夫、郎中，就是社会给予医者的一个尊称，大夫、郎中是官职名，这其实是“官本位”倾向的一种反映（北方习惯称“大夫”，南方习惯称“郎中”）。咨询师是专业领域的，必须对得起“专家”之称，既然是专家，又何须再有官职名称加持。

中国人行医讲医道、重医德。“杏林”之称，就来源于中华医德。据传，三国时江西有个姓董的大夫，医德高尚，他看病不收额外礼金（相当于拒收红包），病家若执意要送，他就来个类似“本人治病不收礼，收礼只收杏树苗”的表示，被董医生治好病又想感谢他的人就在他家房前屋后种上一两棵杏树苗，久而久之，就成了一片……杏树，春天花开时节杏花如红霞披满坡。由是医界也被尊称为“杏林“，“贫不计利”之风盛行。

3. 本土企业管理史的建设

《企业管理史》。管理学史，一直按西方的表述来描述。事实上，中国管理从部落时代就有了，而企业管理则从有国家开始就存在，因为手工业早于国家之前诞生。石器时代结束前出现社会大分工，狩猎业分离出兽猎与渔猎，农业逐渐兴起，家禽家畜业诞生，并从狩猎行业中分离出来，然后长期以农业为主体，渐渐地手工业从农业中分离出来，商业独立出来……这漫长的历史过程中，人类进化而有衣着、饰品等的产生、变革和发展，生活需要而有容器、工具等的产生、变革与发展，部落战争而有兵器、交通工具等的产生、变革与发展，部落时期就有祭祀所用的各种器皿需求，阶级出现就有了代表身份的装饰及奢侈品出现……工匠出现，意味着手工业产生。

有了国家，将社会管理起来，手工业就有了管理（不包含史前原始手工业管理)。“国家出现后，中国制造业形成有三种业态，一是官办：官方组织的为皇家、为统治阶层服务的制造业业态——皇家指令性管理；二是官订民营：即官家定点订购贡品或官府用品但由业主自营的业态——半官方半民营的指令与市场化结合的管理；三是民办：即民间为社会、为百姓提供服务的手工作坊业态——市场调节性管理。”①

中国古代，从青铜、玉器、陶瓷而有了冶炼、铸造、制艺，文明发展而有了造纸、印刷、罗盘、火药，由煮盐而贩盐、由酿酒而沽酒、由制茶而卖茶，依此类推，制伞卖伞、制扇卖扇、制镜卖镜、制酱卖酱、制醋卖醋、制香卖香、制蜜卖蜜、制药卖药……由建房、筑路、架桥需求而有建筑百工，而有石器、木器、竹器制品的制作与销售，中国的商业随着手工业的发展而发展，随着异地物品需求量的增加而壮大。只是从业者社会地位不高。虽然观念上重农抑商（有时政策上也如此，主要是为了战后、灾后的休养生息)，农民的地位却从没有真正意义上高过。“劳心者治人，劳力者治于人”，一般书生难“治人”，当官才可以，而农民世世代代是“劳力者”，被人“治”着。

这就可以理解古代工商业为什么都与皇室、官府有关了，而在管理上也就体现出古代特点：“凡皇家或官家定点，实现的是官方质量管理、企业生产管理的模式，这种官方验收产品的质量管理，为当时企业制造品质量提升起到了极大的推进作用。相应的民用制造业大多会模仿官家管理而谋求质量上乘。在人力资源管理上，是老板一言谈管理和师徒制管理。”②应思考的是，古代中国的质量管理，对现代企业而言没有任何意义吗？“老板一言谈管理”，现代企业没有了吗？“师徒制管理”在今天毫无价值

---

① 徐井岗：《中国企业管理史论——物本、人本、心本管理的演变与中国管理理论的建立》，中国财政经济出版社 2017 年版，第 9 页。

② 徐井岗：《中国企业管理史论——物本、人本、心本管理的演变与中国管理理论的建立》，中国财政经济出版社 2017 年版，第 10 页。

了吗？以史为鉴，以文化成，凡是文化现象，一定有其存在并流传下来的原因所在。

更为重要的是，“漫长几千年的中国准企业管理（相对于现代企业管理），从管理思想、观念、体系到管理方式、方法，完全是中国自己创立，由此产生的工序管理、产品质量管理、存储和运输管理、组织构架、工头制、师徒制、销售韬略、以珠算为代表的财务管理等，不仅仅在世界上领先，而且是纯中国化的管理。”① 这是中华文明、中国文化的一方面。历史的车轮滑入近代，西方走出千年中世纪而进入文艺复兴，有大航海而殖民全世界，然后开始工业革命而进入近代科学管理时代，此后一路高歌。

同时期的中国，正继续享受着历史车轮惯性带来的快感，直到鸦片战争，国门被轰然洞开才恍然察觉，却已无力抵抗世界大势的变化。然而，中国从来就不缺“真正的勇士”，一批工商业拓荒者，在传统力量和西学东进的夹缝中，探索实业救国之路、寻找中国工商业发展之路，如近代工商名家徐润、红顶商人胡雪岩、信义礼巨商乔致庸、一代钱王王炽、五金大王叶澄衷、棉纺大王张謇、著名实业家盛宣怀等等。

从清末民初到中华人民共和国成立，战火不断，“民族工业也涌现了一批批民族企业家，尽管他们付出了超乎寻常的努力，也取得了成绩，但他们的力量毕竟太小，从未形成一个推动历史前进的企业家阶层。”② 如果说 1920 年共产主义小组成立到 1949 年中华人民共和国成立，是争取国家独立、民族解放的 30 年，那么从 1949 年到 1978 年是社会主义改造和国家工业布局为经济发展打基础的 30 年；而 1979 年到 2008 年，则是中国改革开放发展经济的 30 年，2009 年开始，为国家强盛、民族复兴而努力奋斗。改革开放时期，“中国新型企业族群开始形成，很多企业是在农村里一步步成长起来的，于是有了‘农民企业管理模式’，也有很多企业是工业起步而后扩展向商业企业的，于是有了‘工业企业管理模式’，还有很多企业是商业起步而后扩展向工业领域的，于是有了‘商业企业管理模式’。”③

改革开放 30 年，“中国企业经历了重生、发展、壮大的波澜壮阔的伟

---

① 徐井岗：《中国企业管理史论——物本、人本、心本管理的演变与中国管理理论的建立》，中国财政经济出版社 2017 年版，第 13 页。

② 徐井岗：《中国企业管理史论——物本、人本、心本管理的演变与中国管理理论的建立》，中国财政经济出版社 2017 年版，第 19 页。

③ 徐井岗：《中国企业管理史论——物本、人本、心本管理的演变与中国管理理论的建立》，中国财政经济出版社 2017 年版，第 26 页。

大历程……一群又一群的普通老百姓，把中国变成了一个巨大的经济试验场、巨大的企业实验场：从个体户的四面开花，到亦公亦私的红帽子企业灿烂；从轰轰烈烈的乡镇企业成长，到异军突起的私营企业发展；从国企民营的变革到民营企业的辉煌，从外资公司叩开国门到‘三资企业’蓬蓬勃勃；从来料加工的粗放经营到民族品牌的艰难翻身，从满地廉价的中国制造到兼并外国名企的中国创造之华丽转身，中国企业 30 多年，创造了让世界惊讶的奇迹，成就了让世人瞩目的丰功伟绩!”① 管理领域也从最开始的无序管理，走过粗放管理，进入理论上西方管理、实践上国学管理两条线并行的状态。由于开放引进的需要，有外资背景或成分的“三资企业”获得了比本土企业更大的优惠，管理西化是那个时期的现象之一。各种思潮、企业浪潮汹涌而来，西化的本土的管理、传统的创新的管理出现强烈碰撞，有战无略的战略、有销无营的营销、有管无理的管理、有文无化的企业文化、有“攻”无“关”的公共关系，让企业进入以物为本的管理。“这是一个创业热情高涨的时代，但同时也是一个经营上头脑发热的时代；这是一个企业数量暴涨的时代，但同时也是一个企业管理懵懂的时代；这是一个改天换地做前人没做过的事的时代，但同时也是一个盲人摸大象认知看眼前的时代。革新与守旧、东方与西方、传统与创新、循规与违法共存了的时代……”②

经历了 20 世纪 90 年代的风云变幻，“在工商领域尤其是企业主们以及代理人似乎忽然间明白，形而上的‘道’不能当饭吃，形而下者‘器’才是真金白银。于是，在变通思想指导下，整个社会‘变通’到弃‘道’求‘器’模式。”③ 进入 21 世纪初，“中国管理，遭遇中西文化差异的冲击，一方面是美国文化下的管理模式大行其道，另一方面是中国环境下的人文特征被边缘化。结果是，管理理论是管理理论自成体系，管理实践是管理实践土法上马，理论与实践‘两张皮’，各敲各的鼓，各念各的经。”④ 于是人本管理成为当时最关注的话题。

然而，从粗放管理，到物本管理，到人本管理后，发现管理应该从

---

① 徐井岗：《中国企业管理史论——物本、人本、心本管理的演变与中国管理理论的建立》，中国财政经济出版社 2017 年版，第 35 页。

② 徐井岗：《中国企业管理史论——物本、人本、心本管理的演变与中国管理理论的建立》，中国财政经济出版社 2017 年版，第 104 页。

③ 徐井岗：《中国企业管理史论——物本、人本、心本管理的演变与中国管理理论的建立》，中国财政经济出版社 2017 年版，第 147 页。

④ 徐井岗：《中国企业管理史论——物本、人本、心本管理的演变与中国管理理论的建立》，中国财政经济出版社 2017 年版，第 171 页。

“人本”再进一步，走向“心本”管理：以心为本，以修养身心为基础，以协和人心为目标。管理问题，归根结蒂是人心问题，“心病还须心药医。中国企业管理的‘心药’须从中华文化的‘道’中来，从易经的智慧中来，从理顺人心谋取双和的‘治理’文化、‘和谐’文化中来。”①

企业管理史，说白了，是企业管理文化的发展史。

三、中国人伦大道之管理学科

管理是遵循人伦大道，谨守人品德性的管理。管理教育，教的是知识、技能，育的是精神、思想。本土人伦大道管理之文化学科、伦理学科，须明确哪些观念、思想和方法适合引入。一门课程不可能包罗万象，也不可能解决所有问题。在人伦大道管理学科体系里，“职业道德”指哪些内容、解决什么问题，“管理伦理”指哪些内容、解决什么问题，应有分工、有侧重，而不能“一锅烩”，也不能各作各的探索，导致学科内容交叉重复、多而乱。

“伦理”与“道德”不分家，说伦理有道德内涵，说道德有伦理意义；伦理相对侧重理性、科学、公共意志，道德相对侧重品性、德性、人文修养。人伦大道管理学科，核心、主体，是中国文化伦理、中华民族道德。道德，一般有社会公德、职业道德、家庭美德之说，是人的伦理意识、道德修养在不同环境的表现，是伦理学科建设不可或缺的，另须从社会公德对组织（如企业）管理的影响和价值角度，探索社会伦理与个人、与组织的关系。这样，就可以明确：道德侧重于人的修养，职业道德管理学学科侧重于人的道德品质在职场的表现、在职场的管理；伦理侧重于社会公共德的建设，管理伦理学学科侧重于人的社会行为规范的管理，这种行为规范，与人在家庭中的表现、在组织中的表现有极强关联性。

1. 职业道德管理学科建设

《职业道德管理学》，是对职场从业人员在职业活动中的道德品质的管理。原有的《职业道德》课严格说并非管理学学科，而是政治思想品德课程，归类于公共课程。这里建设《职业道德管理学》，是管理专业（无论是企业管理还是行政管理或是行业管理、产业管理）的专业性课程，一方面是“管”——规章制度的管制规范；另一方面是“理”——德性品行的导入梳理。规章制度是职业道德的一种强制约束，德性品行是职业道德

---

① 徐井岗：《中国企业管理史论——物本、人本、心本管理的演变与中国管理理论的建立》，中国财政经济出版社 2017 年版，第 212 页。

的牵引疏通。

职业道德的内容，各种教材、著作、文章表述相当丰富，这里要论述重点，不是拓展更多内容的问题，而是哪些内容属于职业道德管理学科，重点体现出什么特点。

一是职业道德的内容特性。职业道德，表现为一个人在职场上的人品，人品是一个人在职场上表现出来的品质、品格、品行等。这些表现优谓好品德，表现不差即品德败落（或败坏）。品者，众口之说也，也就是大家都说好的，叫有品；大家都说不好的，是低品或无品。所以，在古代“品”字用得最多的是展示品级、划分种类，如“一品大员”“七品县官”等，或者“极品好茶”“下品玉器”等。根据人品，职业道德管理学科的内容，有三个重要特性，即在职场表现为品质德性，在个人表现为品格修养，在行为表现出品行操守。

品质德性。人与物都有品质高低之分。人的品质指一个人在人品上的性质、本质，是在其言行和处事风格中体现出来的思想程度、认识深浅和品性好坏。通俗点说，就是作为“人”的质量，素质高、德性好，就是人品质量高，反之是人品质量低。《职业道德管理学》应该教给学习者这样的知识：人之所以为人，应有道德品性，且在修炼中不断提升品质，不做小人、愚人、庸人，努力做君子、贤人、圣人。中国人讲究“与人方便，与己方便”，提倡不恶语相向、要留口德，要予人玫瑰手留余香等，说的都是这个道理。

品格修养。物品有品格规定，而人品既有质量高下之意，也有格局大小、格调高低和规格限定之意。所以人须有大局观，眼界要宽、格局要大。“三个工人砌墙”的故事，分别给出“我在砌墙”“我们在盖一栋大楼”“我们在建造城市”的回答，说的就是格局问题。同样的内容，格局不同认识就不同，人生的成就也会有不同。同理，有德之人的格调高雅，凡人修行，皆在红尘中修，红尘中依然保持清流本色是真雅，不是风月场中学得所谓的茶艺、官位上写得几个大字、书架上放多套从不打开的高档书籍就称格调。

品行操守。德有品、表现在人之行有品，所谓德操、操行。品行是操守基础，诚信是品行基础，品行端正是具体要求——人心可秤。中国社会须得到大家认可——人人心中有杆秤。这心秤，能秤出大义、小义、不义：事关国家、民族、人民，这是大义；涉及道义、仁义、正义，相对为小义。大义小义都不讲，便是不义。在职场，义与不义的分辨就是看职业操守，因为这是人们在从事职业活动中必须遵从的最低道德底线和行业规范。

二是职业道德的管理特性。前面提过本学科并非侧重政治教育，而落实在组织管理领域。管理，是管理者和员工自己的事。管理，首先是自我管理，然后是引导别人进行自我管理。修身养性提升修养，是自我管理；遵纪守法自我约束，是自我管理；仁义节操浩然气节培育，是自我管理。这是职业道德管理的关键，所谓自身正，不令则行，正而做领导、做管理。若自身不正，虽令不从。所谓干干净净做人，清清白白做事。不仅能慎独，独身自处依然正气凛然，还要能慎微，在细节、小节处谨慎自醒，同时还能做到慎欲，永远保持合理合规合情的欲望，既不好高骛远，更不贪念私欲过强，放纵自己“下不为例”。

职业道德管理要让自身正，身正不怕影子斜，可以抵挡得住一切牛鬼蛇神的侵袭。职业道德管理的重要一环就是保持身正，如著名教育家陶行知所说的“学高为师，身正为范”。领导，关键在于“领”与“导”的能力（下面阐述）。如此，政治教育不言自现。

三是职业道德的引导特性。领导领导，“领”为引领、率领，引领着大家走正确的道路、率领着大家克服一切困难走向胜利彼岸；“导”还是开导、疏导，开导思想让人明白何为正道，进而引导走上正道，即使在迷茫或失落时也能重拾信心、昂扬斗志、大步前进。职业道德具有引导特性，是因为从管理角度说，职业道德是管理学领域“总领导”。作为个人，可以不是领导（官职），但须具有领与导的意识与技能。真正有官职的领导并不多（岗位限制），但自身正、自身强的人应该很多。一个优秀的集体能人多，能在有引导特性、引导能力。

职业道德是需要管理的，职业道德是应该管理的。这是组织的需要，也是组织的责任。管理起来的职业道德，才是真正提升人的教化（教而能化）能力的学科，而不仅仅是说教。

2. 企业伦理管理学科建设

《企业伦理管理学》之伦理，与天道、地道、人道一样，分为天伦、地伦、人伦，又各有五个方面，五天伦指“天地君亲师”，五地伦指“仁义礼智信”（又称“五常”），五人伦指君臣、父子、兄弟、夫妻、朋友五种关系处理。习惯上，中国文化把宇宙之间自然的规则、法则、规律性的现象和原理，统称为“天理”。与“天理”有关的词组、句子，都是伦理表现，如按客观规律做人做事叫“顺应天理”，正确、正常的人和事叫符合“天理良心”“天理人情”等。“天理”与“国法”联系一起，做了不该做的事是“没有天理”“违背天理”，“天理不（难）容”。善有善报、恶有恶报，“天理循环”总有报，一切“天理昭彰”。

《企业伦理管理学》的重点，是企业的管理中引入社会伦理道德，当然须有新时代新解析，总体回归到天、地、人的伦理内涵之中。其中“五常”和“五人伦”乃至“人伦八德”等内容前已有述，这里不再重复，只论述五天伦“天地君亲师”。

中国传统文化认为上天、大地、王上、父母、老师五者为人生最须尊崇、最须服从者。在古代立牌供奉（现今一些农村家庭还保留着这样的习俗），牌子上书“天地君親師位”（繁体字，下同）。先人们既对这六个字的写法进行说明，还对其意义作了解析：“大不頂天、地不離土、君不開口、親不閉目、師不比肩、位不離人”。字要这样写，人要这样做。

天，写法上一横为天，下面的“大”，不能顶过天。寓意为“天”是至高无上的存在，人再大大不过天，即循天道、遵天理。故也有解析“人不顶天”或“天不连二”（意谓天字不是“二”相连再写“人”，而是一画开天，然后是书写“大”字，即天是老大之意），寓意大体相同，“天”最大，主宰世间一切。这与农耕文明的发展有关，农耕受自然变化的影响，季节、时令，晴雨旱涝、风云雷电，都是老天爷的杰作。天，须第一敬。

地，写法上“也”紧连着“土”，地字连笔写完不能分离，谓之“地不离土”。寓意为“地”为万物之母，人类生存所需要的一切皆来自大地之“土”，就像提供乳汁哺育孩童的母亲，故有“大地母亲”之说。易经文化中，乾为天、坤为地，天父地母，敬天，也须敬地。大地不仅提供万物，还是“厚德载物”，承载厚重，所以大德。

君，写法上是上尹下口；“尹代表掌握权力者，“口”代表着发号施令。寓意为君者一言九鼎，金口一开不可更改故不能随便开口，谓“君不开口”。君是君王，在“家天下”的旧时代，敬一国之君，无可厚非，更何况，国学传承的伏羲、女娲、轩辕、神农等君王是华夏人文始祖，自炎黄之后的尧、舜、禹、汤，到周文王周武王、周公等，是指历史上的有道明君，他们把人类从茹毛饮血的蛮荒时代引导到具有文明进步的时代，后世、后人立牌敬重有道明君无可厚非（无道昏君为历史唾弃）。当然，今天不再是“家天下”，天下是人民的天下，但是有两层意义还是需要明晰的：其一，敬爱、尊重国家元首、人民领袖，是中国伦理应有之义；其二，民国时期提出把“君”字改成“国”，形成“天地國親師位”，有一定道理，虽不一定立牌，但重要场合必要的仪式感应该有。“国”代表国家、民族之大义。

親，写法上繁体字右边的“目”不能封严。君应封口親不封，即

“亲不闭目”。寓意对待亲人朋友要真心诚意，不可目中无人，也不能遮遮掩掩，目不视人；即对长辈要孝顺，对同辈要友好，对朋友要宽容，对晚辈要慈爱，夫妻之间要有礼遇。一个“親”字实际上包含人伦之父子、兄弟、夫妻、朋友关系。这自然须敬重，且以父母为要。

師，写法上右边“帀”的上面一横要略低于左边偏旁，谓之“师不并肩”（师不齐肩）；又“帀”的上面一横不能写成撇而变成“币”字，所以又称“师不当撇”；因这一撇如刀，于是又有“师不带刀”之说。师者，以文为业、以文化人，既是传授文化知识的先生，也是引领心灵的精神导师。为人师表教化他人，教业不能有偏，不能失斯文舞刀弄枪。古代较少大班化教学，小班模式或导师带研究生模式较多，甚至是只带一人，师生朝夕相处，求学时间内比父母家人相处时间都长，不论是文化导师，还是人生导师、职场导师，所以有“一朝为师，终身为父”之说，故有“师父”之称，师者为父。而“师傅”指一般技艺传承而非文化教育老师，源于太子之师“太傅”“少傅”“太师”“少师”之称，教授文化知识，也教导帝王之术，是师也是傅。师父、师傅音同，意义区别也不大，常混用。相对来说用“师父”有更进一步的情感在里面。师，无论是帝师还是平民之师，都是可以改变受教者一生的，当全身心敬重之。今天的学校，师生相处方式改变了，但尊师重道本色不变。

位，指“天地君親師位”之牌位，字的写法上，人站立着谓“位不离人”；人站立在侧须端正稳固，即“位要端固”。寓意是面对“天地君親師”，要恭恭敬敬侍奉着，不可离开；做人要端正、做事要坚定，其身在位，做应该做的事，不可越位。

企业管理中然需要强调敬天敬地敬父母，爱国重文尊师长（文是文化、文明、人文）。天道五伦、地道五常、人道五伦皆为中国伦理学、企业伦理管理学学科应有之义。

3. 中国管理哲学学科建设

《中国管理哲学论》中，管理哲学与人伦大道相关联。中国古代哲学的自然观、历史观、人性论、认识论和方法论，关注的重点是思想修炼，或者叫心灵升华，反映在社会管理中就是伦理修行、道德高尚。针对哲学与伦理的关系，西方社会关注人的本原，中国先秦哲学更进一步，在人是本原的基础上百家争鸣着“道德本原”问题，得出的结论都是滚滚红尘入世之思考。逐步从看天意、靠天命的思维，转向天地人三和，理解了人在天地之间的存在价值在于有伦理道德。郑国子产提出德是国家之基（《左传·襄公二十四年》），管仲直接说礼义廉耻是“国之四维”（《管子·牧民》)，晋国大夫伯宗说：“民反德为乱”(《左传·宣公十五年》)；儒家说仁德、道家论道理、墨家强调“天下莫贵于义”，积极入世，匡时救民。

在伦理道德的本源性上，孟子性善论、荀子性恶论，以及“性善恶混”“性三品”“性善情恶”等主张，都是争鸣的思想观点。国家管理角度更多的是看到伦理道德与社会经济的关系，晋韩献子说：“国饶，则民骄佚”(《左传·成公六年》)，楚申叔时认为“民生厚而德正”(《国语·楚语》)，齐管仲则肯定社会经济水平对道德有制约作用。

中国哲学是入世哲学，就须解决义与利关系。儒家强调“见利思义”“重义轻利”，并且认为重义者是君子，重利者是小人；墨家认为行为的道德价值在于“义可以利人”，指出既“利人”、也可以“兴天下之利”。儒学是正统，故中国伦理思想主倾向是重“道义”轻“功利”。重道义是对的，但不考虑功利也不行。经济是基础，子贡提倡“君子爱财，取之有道”，可以爱财、可以功利，但义利统一，“取之有道”。显然，中国管理伦理既要“德治”，也要“法治”，讲“王道”不讲“霸道”，管理、治理须敬德爱民，为政以德。

宋朝，中国哲学发展出了“心学”“理学”，思想探索的重点是“理气”“道器”问题。“道”与“器”的内涵与关系前已有过分析论述，这里重点谈“理”与“气”的问题。

理与气的问题，与道与器一样在《周易·系辞上》中有表述：“易简而天下之理得矣”，“精气为物，游魂为变”。宇宙之间的运动变化之规律谓之“理”，要得到这个理，在于“易简”。“生生之谓易”生生不息的变化叫作易，“乾以易知，坤以简能。易则易知，简则简从”，乾道易、坤道简，平易简约就是乾坤之道，所以这个“理”是乾坤之道的道理，这个道理在于平易简约。管仲认为“理也者，明分以谕义之意也”(《管子·心术上》)。这里的“气”是精气，精华之物凝聚在一起而成一股气流，这精华之物肉眼不可见，凝成一股气流成形为物而让人可以感觉得到。这源于元气论物质观，气为万物之精要、生命之起始而称元气。人的生命，身体之精气离体便消散于空间(为游魂)。故庄子说“人之生，气之聚也。聚则为生，散则为死”(《庄子·外篇·知北游》)。归纳起来，理指自然规律，气是物质存在。先秦理与气，是分开来表述的哲学概念。

宋代，理与气成为从哲学角度探讨世界本原的一对范畴。开始时是两种观点的提出，张载等崇尚气理论，以“气”为最高范畴来建立起他们的思想体系，王安石略有变化，主张以“元气”为体，以“冲气”为用，基本上属于“气”派。程颢、程颐则是“理”派代表，以“理”为最高哲学范畴建立起一个思想体系，他们着重强调的是“天理”，“万物皆只是一个天理”。这两种观点一直沿着各自的观点探索着、争论着，到明清也不曾有停息。朱熹兼采张、程理论，建立起一个庞大的哲学体系。这个体系以理为第一本原、气为第二本原，显然是理为先、理为本原、理为核心，所以称“理学”——程朱理学。

从宋开始到明清，这两派一直在争论中。明代王廷相，明末清初王夫之，都是批判程朱理学、发展张载气本论的。另外，理学发展的同时，大家都在探讨“心”与“性”关系问题，“心”在明道思理，“性”分“天地之性”与“气质（禀）之性”。于是又有了“性即理”与“心即理”的哲学命题，而从陆九渊到王守仁，“心即理”又发展成一学术流派，这就是心学。与道与器、理与气一样，心与性这对哲学范畴也并存流传了下来。

现当代，认为“道”“理”“心”都是唯心主义论，“器”“气”“性”是唯物主义论。今天创建《中国管理哲学论》，应该从“中庸之道”找到解决方法，肯定一方、否定另一方不是中国哲学思考和解决问题的方法，有容乃大的中国文化特性决定了阴阳协和、乾坤协和之道。更何况，唯物主义观点表述的物质与意识的关系是：物质决定意识，意识对物质具有能动作用。尽管强调了物质的决定作用是第一位的，意识的能动作用是第二位的，但毕竟是两者共存的，具有一致性，单方面说物质决定意识，或单方面说意识对物质能动作用都是不适合，而应是结合两者理论客观阐述，并深刻理解经济是基础，精神、意识是上层建筑的原理，特别要关注经济基础得到基本解决后意识的能动作用性。如此，“理与气”（包括“道与器”“心与性”）的问题就会有一个客观结论。

中国管理哲学，应该从探索上述所提的哲学命题的思考，结合新时代特色进行建设。

参考文献

1. 中华国学书籍

［1］商·姬昌等．全本周易［M］．北京：北京出版社，2006.

［2］黄寿祺、张善文译注．周易译注［M］．上海：上海古籍出版社，2007.

［3］李志明主编．中华古书·全本周易（卷一～卷四）［M］．北京：中国言实出版社，2002.

［4］商·姬昌．周易全书［M］．呼和浩特：远方出版社，2010.

［5］吴苏林编著．品周易（上、下）［M］．乌鲁木齐：新疆青少年出版社，2008.

［6］金景芳、吕绍纲著．周易全解［M］．长春：吉林大学出版社，2013.

［7］王辉编著．名著精读·易经［M］．云南人民出版社，2017.

［8］邵伟华．周易六十四卦［M］．郑州：中州古籍出版社，2009.

［9］曾仕强．易经的奥秘［M］．西安：陕西师范大学出版社，2009.

［10］曾仕强．易经的奥秘．百家讲坛 VCD．北京：中国国际电视总公司出版发行，2009.

［11］杨成寅著．太极哲学［M］．上海：学林出版社，2003.

［12］林甫主编．黄帝内经［M］．呼和浩特：远方出版社，2010.

［13］秦泉主编．全本黄帝内经［M］．汕头：汕头大学出版社，2014.

［14］秦泉主编．王阳明全集［M］．北京：蓝天出版社，2015.

［15］老子著，赵春辉编著．国学精粹·道德经［M］．呼和浩特：内蒙古人民出版社，2009.

［16］孔丘著，宋海峰编著．国学精粹·论语［M］．呼和浩特：内蒙古人民出版社，2009.

［17］孟子著、宋·朱熹编，赵春辉编著．国学精粹·四书五经［M］．呼和浩特：内蒙古人民出版社，2009.

［18］曾参、子思等著，赵春辉编著．国学精粹·大学中庸［M］．呼和浩特：内蒙古人民出版社，2009.

［19］孙武等著，宋海峰编著．国学精粹·孙子兵法与三十六计［M］．呼和浩特：内蒙古人民出版社，2000.

［20］司马迁著，宋海峰编著．国学精粹·史记［M］．呼和浩特：内蒙古人民出版社，2009.

［21］司马光著，赵春辉编著．国学精粹·资治通鉴［M］．呼和浩特：内蒙古人民出版社，2009.

［22］吴楚材，吴调侯著，赵春辉编著．国学精粹·古文观止［M］．呼和浩特：内蒙古人民出版社，2009.

［23］庄周著，宋海峰编著．国学精粹·庄子［M］．呼和浩特：内蒙古人民出版社，2009.

［24］洪应明著，赵春辉编著．国学精粹·菜根谭［M］．呼和浩特：内蒙古人民出版社，2009.

［25］左丘明撰（晋杜预注，唐孔颖达疏）．春秋左传正义［M］．北京：北京大学出版社，2000. 25.

［26］左丘明著．春秋左传［M］．北京：中国戏剧出版社，2007. 07.

［27］张钢著．论语的管理精义［M］．北京：机械工业出版社，2015.

［28］冯梦龙著，清·蔡元放改编．东周列国志［M］．北京：中华书局，2009.

［29］丁春生著译．四库全书精编．（卷一～卷四）［M］．北京：线装书局，2002.

［30］裴溥言编著．先民的歌唱·诗经［M］．北京：中国友谊出版公司，2013.

［31］中国佛教文化研究所点校．中阿含经·卷五十六［M］．北京：宗教文化出版社，1999.

［32］何顺主编．孝经/忍经/三十六孝/等．精编［M］．广州：广州出版社，2009.

2. 国学资料网站

［1］古诗文网 http：//www. gushiwen. org/.

［2］管子．在线阅读 http：//www. 360doc. com/content/15/0301/20/7775975_451810307. shtml.

［3］古典文学网 http：//www. gdwxcn. com/xqdj/liji/. 西汉戴圣编．

礼记.

［4］国学大师在线阅读. http：//www. guoxuedashi. com/SiKuQuan-Shu/bk115321x/. 荀悦. 申鉴.

［5］大文学网 http：//www. dawenxue. org/html/426/426020/. 孔颖达. 尚书正义.

［6］国学导航网站. http：//www. guoxue123. com/jinbu/0401/01sszjjz/044. htm 四书章句集注.

［7］国学大师网. 影印古籍. 墨子间诂 http：//www. guoxuedashi. com/guji/58321/.

［8］国语. 原文在线阅读 · 卷十六 · 郑语 http：//www. vipreading. com/novel - view - 55. html.

［9］劝学网. http：//www. quanxue. cn/CT _ DaoJia/GuanYinZiIndex. htm. 关尹子著. 文始真经.

［10］中国最美诗词 http：//www. zuimeici. com/sg/chuci/. 王逸. 楚辞章句.

［11］Ipad 电子书柏拉图. 理想国. http：//bbs. feng. com/forum. php? mod = viewthread&tid = 10413534&page = 1&mobile = 2.

［12］资料大全 http：//www. zzqpc. com/all/show - 154666. html. 先天八卦敕令.

［13］焦竑. 玉堂丛语. https：//yuedu. baidu. com/ebook/b8b552581eb91a37f0115c2e. html.

［14］藏书网 http：//www. 99lib. net/book/537/17216. htm 悟真录之一. 文录四 - 1.

［15］吴兢. 贞观正要 · 公平第十六. http：//www. 360doc. com/content/13/1212/20/1003261_ 336680683. shtml.

［16］学佛网. 佛教问答. http：//www. xuefo. net/nr/article24/243280. html.

［17］刘安等著. 淮南子. 中国古代文学名著 http：//www. sbkk88. com/mingzhu/gudaicn/huainanzi/.

［18］敦煌变文集 · 太子成道经. 第一卷 https：//www. douban. com/group/topic/71031720/.

3. 国学管理文献

［1］杨先举. 孔子管理学［M］. 北京：中国人民大学出版社，2000.

［2］苏东水. 中国管理学术思想史［M］. 北京：经济管理出版社，2014.

[3] 张其成．管理大智慧［M］．北京：当代世界出版社，2009.

[4] 张其成．周易管理之太极、乾坤管理篇．［M］．济南：齐鲁电子音像出版社，2009.

[5] 张其成．五行识人［M］．北京：当代世界出版社，2009.

[6] 刘云柏．中国管理思想史［M］第2卷．上海：上海人民出版社，2014.

[7] 刘云柏．中国管理思想史［M］第1卷．上海：上海人民出版社，2014.

[8] 王忠伟等主编．中国远古管理思想史·传说时期管理思想的萌芽［M］．北京：经济科学出版社，2010.

[9] 王忠伟等主编．中国上古管理思想史·夏商周时期管理思想的产生［M］．北京：经济科学出版社，2010.

[10] 王忠伟等主编．中国近古管理思想史·宋元明清时期管理思想的承接［M］．北京：经济科学出版社，2010.

[11] 朱绪建，闫晨编．中国管理思想史［M］．北京：北京大学出版社，2011.

[12] 林新奇．中国人事管理史［M］．北京：中国社会科学出版社，2004.

[13] 中国企业史编辑委员会编，中国企业史·现代卷（上）［M］．北京：企业管理出版社，2002. 12.

[14] 中国企业史编辑委员会编，中国企业史·现代卷（中）［M］．北京：企业管理出版社，2002. 12.

[15] 中国企业史编辑委员会编，中国企业史·现代卷（下）［M］．北京：企业管理出版社，2002. 12.

[16] 中国企业史编辑委员会编，中国企业史·典型企业卷（上）［M］．北京：企业管理出版社，2002. 12.

[17] 中国企业史编辑委员会编，中国企业史·典型企业卷（中）［M］．北京：企业管理出版社，2002. 12.

[18] 中国企业史编辑委员会编，中国企业史·典型企业卷（下）［M］．北京：企业管理出版社，2002. 12.

[19] 吴晓波著．激荡三十年（上）［M］．北京：中信出版社、杭州：浙江人民出版社，2007. 01.

[20] 吴晓波著．激荡三十年（下）［M］．北京：中信出版社、杭州：浙江人民出版社，2007. 01.

［21］徐井岗．中国企业管理史论——物本、人本、心本管理的演变与中国管理理论的建立［M］．北京：中国财政经济出版社，2017.

［22］徐井岗．中国民营企业改革与发展实践［M］．沈阳：辽宁教育出版社，2016.

［23］徐井岗．人心管理论——基于国学与东方思维的中国管理理论［M］．北京：经济科学出版社，2013.

［24］徐井岗．人心管理：生产力之新崛起［M］．香港：中国教育文化出版社，2006.

［25］徐井岗．老板管理突围［M］．上海：三联书店，2005.

［26］徐井岗．中高层管理突围［M］．哈尔滨：黑龙江人民出版社，2007.

［27］徐井岗．员工管理突围［M］．哈尔滨：黑龙江人民出版社，2008.

［28］徐井岗，毛伟民主编．创业创新的经济学思考［C］．哈尔滨：黑龙江人民出版社，2009.

［29］徐井岗．用智慧点亮企业·老板的管理智慧［CD］（12集）．北京：中国科学文化音像出版社，2012.

［30］徐井岗．用智慧点亮企业·经理人的经营智慧［CD］（12集）．北京：中国科学文化音像出版社，2012.

［31］徐井岗．用智慧点亮企业·员工的工作智慧［CD］（15集）．北京：中国科学文化音像出版社，2012.

［32］苏东水总主编．苏勇第一卷主编．中国管理通鉴·人物卷［M］．杭州：浙江人民出版社，1996. 03.

［33］苏东水总主编．王龙宝第二卷主编．中国管理通鉴·要著卷［M］．杭州：浙江人民出版社，1996. 03.

［34］苏东水总主编．袁闯第三卷主编．中国管理通鉴·名言卷［M］．杭州：浙江人民出版社，1996. 03.

［35］苏东水总主编．黄明杰、陈荣辉第四卷主编．中国管理通鉴·名言卷［M］．杭州：浙江人民出版社，1996. 03.

［36］徐敦楷．民国时期企业经营管理思想史［M］．武汉：武汉大学出版社，2014.

［37］吴照云主编．中国管理思想精粹 中国管理思想史［M］．北京：经济管理出版社，2012.

［38］张与弛．儒家的管理之道［M］．北京：中国商业出版

社，2007.

［39］陈世清．老子的管理智慧（第2版）［M］．北京：中国经济出版社，2011.

［40］徐广权．东方管理金律［M］．青岛：青岛出版社，2004.

［41］李雪峰．中国管理学——融通古今的管理智慧［M］．北京：中国人民大学出版社，2006.

［42］滕宝红主编．和谐与冲突——入学与现代管理［M］．北京：中国标准出版社，2002.

4. 涉外理论书籍

［1］彼得·德鲁克（美）．齐若兰译．管理的实践（珍藏版）［M］．北京：机械工业出版社，2009.

［2］彼得·德鲁克（美）．许是祥译．卓有成效管理者的实践［M］．北京：机械工业出版社，2009.

［3］彼得·德鲁克（美）．德鲁克管理思想精要（珍藏版）［M］．北京：机械工业出版社，2011.

［4］彼得·德鲁克（美）．朱雁斌译．21世纪的管理挑战［M］．北京：机械工业出版社，2009.

［5］马克斯·韦伯（德）．于晓等译．新教伦理与资本主义精神［M］．上海：三联书店，1987.

［6］马克斯·韦伯（德）．林荣远译．经济与社会（上、下卷）［M］．北京：商务印书馆，1998.

［7］马斯洛（美）．林方译．人的潜能与价值［M］．北京：华夏出版社，2010.

［8］马斯洛（美）．成明译．马斯洛人本哲学［M］．北京：九州出版社，2003.

［9］丹尼尔·A. 雷恩（美）．赵睿等译．管理思想的演变［M］．北京：中国社会科学出版社，2000.

［10］弗洛伦斯·妮蒂雅（美）．江雅苓译．性格［M］．北京：经济日报出版社，2001.

［11］查尔斯·霍顿·库利（美）．包凡一、王源译．人类本性与社会秩序［M］．北京：华夏出版社，2003.

［12］罗伯特·伯顿（美）．任小红译．人类思维中最致命的错误［M］．北京：中国人民大学出版社，2010.

［13］泰勒（美）．杨玉龄译．左脑中风右脑开悟［M］．海口：海南

出版社，2011.

［14］安德鲁·纽伯格，马克·瓦德门（美）. 邓伯宸译. 改变大脑的灵性力量［M］. 南京：译林出版社，2012.

［15］春山茂雄（日）赵群译. 脑内革命［M］. 南京：江苏文艺出版社，2011.

［16］奈德·赫曼（美）. 宋伟航译. 全脑优势［M］. 北京：中国人民大学出版社，2006.

［17］派克（美）. 于海生译. 少有人走的路：心智成熟的旅程［M］. 长春：吉林文史出版社，2007.

［18］巴里. 施瓦茨（美）. 梁嘉歆、彭珊怡译. 选择的悖论［M］. 杭州：浙江人民出版社，2013.

［19］戴维·丹尼尔斯（美）. 弗吉尼亚（美）. 九型人格：自我发现与提升手册［M］. 北京：中信出版社，2008.

［20］史蒂芬·阿若优（美）. 胡因梦译. 生命四元素：占星心理学［M］. 昆明：云南人民出版社，2008.

［21］大卫·凯尔西（美）. 王甜甜译. 请理解我［M］. 北京：中国城市出版社，2011.

［22］维尔纳·施万费尔德（德）. 沈锡良译. 孔子管理学［M］. 上海：上海译文出版社，2009.

［23］春山茂雄（日）. 赵群译. 脑内革命［M］. 南京：凤凰出版传媒集团江苏文艺出版社，2011.

［24］罗伯特·伯顿（美）. 人类思维中最致命的错误［M］. 北京：中国人民大学出版社，2010.

［25］吉尔·泰勒著（美）. 杨玉玲译. 左脑中风. 右脑开悟［M］. 三亚：海南出版社，2011.

［26］迪克（美）. 王奕瑶，陈琰璟，包爱民译. 我即我脑［M］. 北京：中国人民大学出版社，2011.

［27］汤姆·斯塔福德，马特·韦布（美）. O' Reilly Taiwan 公司编译. 心理和脑［M］. 科学出版社，2007.

［28］大卫·凯尔西著（美）. 王甜甜译. 请理解我［M］. 北京：中国城市出版社，2011.

［29］奈德·赫曼（美）. 宋伟航译. 全脑优势［M］. 北京：中国人民大学出版社，2006.

［30］克莱尔（美）. 贾晓明等译. 现代精神分析的"圣经"［M］. 北

京：中国轻工业出版社，2002.

［31］约翰·杜威（美）. 傅统先，邱椿译. 人的问题［M］. 上海：上海人民出版社，2006.

［32］埃里希·弗罗姆（德）. 逃避自由［M］. 北京：国际文化出版公司，2002.

［33］弗里德里希·希尔（奥）. 赵复三译. 欧洲思想史［M］. 香港：中文大学出版社，2003.

［34］刘翔平. 寻找生命的意义——弗兰克尔的意义治疗学说［M］. 武汉：湖北教育出版社，1999.

［35］刘彦生. 西方创新思维方式论［M］. 天津：天津大学出版社，2007.

［36］陈定学. 破解大脑之谜——精神分子论［M］. 北京：群言出版社，2005.

［37］吴晓主编. 二十世纪哲学经典文本序卷（二十世纪西方哲学的先驱者）［M］. 上海：复旦大学出版社，1999.

［38］黄颂杰主编. 二十世纪哲学经典文本欧洲大陆哲学卷［M］. 上海：复旦大学出版社，1999.

［39］俞吾金主编. 二十世纪哲学经典文本英美哲学卷［M］. 上海：复旦大学出版社，1999.

［40］陈定学. 感触大脑之迷——精神分子论［M］. 北京：群言出版社，2005.

［41］裴钰. 16 型人格［M］. 北京：北京航空航天大学出版社，2010.

［42］阳亚菲. 性格决定领导力不可不知的 DISC 性格学［M］. 广州：广东经济出版社，2012.

5. 国学管理论文

［1］席西民、肖宏文、王洪涛. 和谐管理理论的提出及其原理的新发展［J］. 管理学报，2005.

［2］王大刚、席酉民. 和谐管理理论研究评述［J］. 生产力研究，2007.

［3］席酉民、刘鹏、孔芳、葛京. 和谐管理理论：起源、启示与前景［J］. 管理工程学报，2013.

［4］赵晓康，杨宇弘，袁慧婷. 新常态下的东方管理理论思维与实践创新——第十九届世界管理论坛暨.

[5] 东方管理论坛观点综述 [J]. 管理世界, 2016 (7).
[6] 刘文瑞. "大同"理想在中国管理思想史中的地位 [J]. 管理学家, 2014 (8).
[7] 张敏. 易经与管理 [J]. 时代经贸, 2010 (23).
[8] 邢彦玲.《易经》管理决策模式分析 [J]. 齐鲁学刊, 2007 (2).
[9] 许尔忠.《周易》的管理哲学智慧 [J]. 兰州大学学报 (社会科学版), 2011 (1).
[10] 方永纲.《周易》与现代管理 [J]. 经济与法律, 2011 (2).
[11] 殷雅辉, 张文郁.《周易》法治思想探析 [J]. 河北职业技术学院学报, 2003 (1).
[12] 周生春, 戴治勇. 老子有限政府思想试探 [J]. 浙江大学学报 (人文社会科学版), 2006 (3).
[13] 张其成.《周易》与现代管理 [J]. 大众商务 (下半月), 2010 (11).
[14] 孔晓燕. 试论《周易》与现代管理 [J]. 中国科技纵横, 2010 (3).
[15] 张刚铭.《周易》注入现代企业管理的"新基因" [J]. 科园月刊, 2010 (9).
[16] 陈力, 董军. 浅析《周易》中的管理哲学 [J]. 石油天然气学报, 2010 (5).
[17] 大众商务编辑部. 外国企业家在用周易管理企业中的理论创新 [J]. 大众商务 (下半月), 2010 (11).
[18] 林忠军. 从《周易》二重性质谈《周易》是古代管理学 [J]. 哲学研究, 2005 (3).
[19] 高原.《周易》管理学综述 [J]. 周易研究, 2008 (4).
[20] 刘大伟. 周易理念与管理之道 [J]. 复印报刊资料 (经济史), 1992 (5).
[21] 戴黍. 现代视域中的《周易》管理思想解析 [J]. 管理学家·学术版, 2010 (3).
[22] 季建. 运用在现代管理中的《周易》思想 [J]. 科园月刊, 2010 (12).
[23] 徐晶. 试论《周易》中的管理哲学 [J]. 理论研究, 2011 (9).
[24] 郝书翠.《周易》与管理: 体与用 [J]. 周易研究, 2011 (1).

[25] 陈婧．试论《周易》美学中的“中”、“和”［J］．文艺生活·文艺理论，2011（4）．

[26] 耿成鹏，胡艳．《周易》经济管理学思想的现代意义诠释［J］．北方经济，2006（11）．

[27] 刘春凤，胡宝民，李子彪．管理学理论形成和发展综述［J］．商业时代，2007（32）．

[28] 刘大伟．周易理念与管理之道复印报刊资料（经济史）［J］．科园月刊，1992（5）．

[29] 盖勇，徐庆文．《周易》视野下的管理伦理问题［J］．周易研究，2003（6）．

[30] 罗移山．《周易》九卦义理与当代管理中的人格陶铸［J］．复印报刊资料（管理科学），1997（6）．

[31] 王国清．《周易》的理想人格与对当代心理学的启示［J］．科教导刊，2011（11）．

[32] 王在华．太极管理原理［J］．管理学家，2010（2）．

[33] 王在华．五行管理原理［J］．商业文化·学术版，2010（3）．

[34] 包广威．《管子》的人心管理思想初探［J］．山西煤炭管理干部学院学报，2008（4）．

[35] 王云．《管子》“人心管理”思想的科学人才观［J］．中外企业家，2007（11）．

[36] 谢剑波，赵欢．现代科学管理结合传统人本思想的五条路径［J］．中国商界，2011（2）．

[37] 段少军．中国人本管理哲学思想的文化传统［J］．求索，2006（8）．

[38] 施祖留．传统人本管理理念的现代建构［J］．生产力研究，2005（4）．

[39] 刘佳．论现代管理中科学管理和人本管理的有机结合［J］．今日南国（理论创新版），2009（2）．

[40] 曹艳．我国传统文化与人本管理理念关系透视［J］．经营管理者，2011（3）．

[41] 王克西，李勤．我国传统文化中的人本管理思想［J］．特区经济，2005（8）．

[42] 陈寰．人本管理理念及在我国企业运用探讨［J］．现代商贸工业，2011（11）．

[43] 曹丽敏. 论中国传统文化中的企业管理思想 [J]. 商场现代化(上旬刊), 2008 (4).

[44] 高先斌. 外籍员工管理的“人本”理念 [J]. 人力资源管理, 2011 (6).

[45] 金涛, 张治法, 金波. 以人本管理理念完善员工培训体系的探讨 [J]. 中国集体经济, 2011 (18).

[46] 王汉华. 国学与管理的阴阳合理 [J]. 东方企业文化, 2010 (4).

[47 罗家德. 中国的人本管理 [J]. 管理学家, 2011 (2).

[48] 张晓东. 当代中国管理伦理中人本法则的革命性变革 [J]. 苏州大学学报 (哲学社会科学版), 2011 (2).

[49] 史璞. 和谐管理与人心演变规律研究 [J]. 经济经纬, 2007 (5).

[50] 徐井岗. 商业业态与专业市场趋同下的新业态探索——以浙中商业业态与义乌专业市场发展为例. 商业经济与管理, 2010 (08).

[51] Xu Jing - gang, Logistic Systems and new market players: The case of Yiwu city [J], Logistics Systems and Management, 2012 (04).

[52] 徐井岗. 婺商企业生命力研究报告 [A]. 浙商崛起与危机应对 [C], 2010. 03.

[53] 胡华南, 卢岚. 中国传统思维方式及其现代化 [J]. 武汉理工大学学报 (社会科学版), 2007 (4).

[54] 徐鼎新. 中国企业史蕴含的经济文化精华 [J]. 国际贸易论坛, 2008 (4).

[55] 刘季云. 珠江三角洲乡镇企业的一个成功模式——“顺德模式”初探 [J]. 中国农村经济, 1991 (2).

[56] 关煜平. 简评中国古代阴阳五行思维模式的双重价值 [J]. 郑州大学学报 (哲学社会科学版), 2001 (4).

[57] 改革开放 30 年中国管理批判性回顾 http: //news. 3158. cn/201108031/n7117120445. html.

[58] 吕力. 直面中国实践的管理伦理与哲学问题 [J]. 管理学报, 2013 (12).

[59] 吕力. 中国管理思想史研究: 对象、原则及存在的问题 [J]. 管理学报, 2010 (7).

[60] 皇甫秋实. “网络”视野中的中国企业史研究述 [J]. 史林,

2010 (1).

[61] 刘树杰，王宇鹏. 中国改革开放三十年经济增长动力分析 [J]. 经济参考研究，2012 (43).

[62] 李刚，于畅，吴子超. 中国改革开放三十年经济发展探析 [J]. 当代经济，2009 (7).

[63] 蒋彧. 历史的巨变：中国改革开放三十年 [J]. 中国外资，2008 (11).

[64] 蔡尚挺. 中国宗族和家族企业文 [D]. 厦门大学，2009.

[65] 中国乡镇企业年鉴编辑委员会，《中国乡镇企业年鉴 1989》，农业出版社，1990 (1) .

[66] 吴飞. 自由中国新礼制：从家庭出发 [J]. 文化纵横，2009 (2) .

[67] 陈炳富. 从《孙子兵法》说到中国管理史 [J]. 瞭望，1984 (35).

[68] 余焕新. 中国管理思想史研究述评 [J]. 华东经济管理，2012 (4).

[69] 殷思佳. 论中国传统权力运行模式：一种行政管理史的理论考察 [D]. 湘潭大学硕士论文，2012.

6. 其他书籍论文

[1] 宋涛主编. 20 世纪中国学术大典·经济学（上、下册）[M]. 福州：福建教育出版社，2005. 04.

[2] 王敬之. 上帝与中国古人 [M]. 香港：中国神学研究所，1999.

[3] 赵庆元. 马克思主义劳动价值论及其当代阐释 [M]. 北京：经济科学出版社，2012. 11.

[4] 笛卡尔. 笛卡尔文集 [M]. 北京：中国戏剧出版社，2008. 12.

[5] 奥格·曼狄诺（美）. 羊皮卷 [M]. 深圳：海天出版社，2001.

[6] 谷园. 人生四书 [M]. 华夏出版社，2014. 01.

[7] 星云大师. 厚道：星云大师的人生成功课 [M]. 南京：江苏文艺出版社，2010. 08.

[8] 索甲仁波切（藏语）. 郑振煌译. 西藏生死书 [M]. 杭州：浙江大学出版社，2011. 04.

[9] 稻盛和夫（日）. 曹岫云译. 活法 [M]. 北京：东方出版社，2012. 05.

[10] 陈冠任. 中国各地商人性格特征调查报告 [M]. 北京：当代中国出版社，2002. 04.

［11］朱建军．我是谁［M］．北京：中国城市出版社，2009.
［12］琳达·S·桑福德，戴夫·泰勒．刘曦译．开放性成长［M］．北京：东方出版社，2008. 01.
［13］金建培，金雪军．西方企业成长研究发展评述［J］．技术经济，2008：40－44.
［14］吴艳华．中西方民族性格之比较研究［J］．考试周刊，2010（42）：38－39.
［15］黄速建等．中国国有企业改革三十年回顾与展望［A］，中国企业改革发展三十年［C］，2008 年．
［16］朱通华、孙彬．苏南模式发展研究［M］．南京大学出版社 1994 年版，第 156 页．
［17］卢素玉．中国式思维［J］．百姓，2006（11）．
［18］唐凯麟．现代视域中的儒家思想［J］．文史哲，2007（5）．
［19］付林刚．“语境化”的设计：国学与中国思维方式［J］．艺术与设计（理论），2010（7）．
［20］李洁非，杨劼．“革命”与中国思维方式的改变［J］．书摘，2011（1）．
［21］李姣．中国思维方式生态化的生动现实［J］．湖湘论坛，2010（3）．
［22］干春松，王中江．近代中国思维方式演变的趋势［J］．哲学门，2010（2）．
［23］丁晓东．现代主体际理论视域中的墨家思想［J］．江西社会科学，2007（7）．
［24］尹海清．试论老子“无为而为”与“不争之争”的人生进取观［J］．哲学史学研究．2011（10）．
［25］孙熙国．《周易》古经与墨家思想［J］．周易研究，2001.
［26］张涛、孙世平．《周易》经传与先秦兵家［J］．理论学刊，2014.
［27］钱继磊．试论易经与先秦法家思想的渊源关系［J］．华中科技大学学报（社会科学版），2012.
［28］马纳，马斗成．《荀子》“礼、法”思想试探［J］．青岛大学师范学院学报，2005（2）．
［29］张文智．试论《周易》中的生命哲学［J］．周易研究，2007（3）．

［30］方用．试论朱谦之《周易哲学》中的“情”［J］．周易研究，2007（3）．

［31］周言．中国式思维津的再审视——评《中国古代思维模式与阴阳五行说探源》［J］．东南文化，1999（1）．

［32］宋玉波，朱丹琼．阴阳五行说的发展演变与中华民族思维方式的基本形成［J］．管子学刊，2011（2）．

［33］仪平策．“中和”范式·“阴阳两仪”·“一两”思维：中国美学精神的思维文化探源［J］．周易研究，2004（1）．

［34］黄海啸．《周易研究》之出土易学文献研究综述［J］．周易研究，2006（4）．

［35］张克宾．《周易》经传解读与研究学术研讨会综述［J］．周易研究，2006（6）．

［36］黎康．略论“阴阳——五行”思维模式的形成及其特征［J］．江西社会科学，1996（6）．

后　记

历经30余年，从管理学角度探索中华文明之源与推进、中国文化之根与发展，明晰源远流长的“心文化”“和文化”基础上的管理脉络，提炼国学管理、红色管理内涵，并将之系统化、理论化，从而创建中国特色心和管理学。“四个自信”理论给予了这项研究巨大的信心——走中国特色的社会主义道路，必然有中国特色的理论、制度和文化自信，落实在管理领域，就须有中国特色的社会主义管理道路、管理理论、管理制度与管理文化，从而在本土管理学领域，践行“要让更多文物和文化遗产活起来，营造传承中华文明的浓厚社会氛围。要积极推进文物保护利用和文化遗产保护传承，挖掘文物和文化遗产的多重价值，传播更多承载中华文化、中国精神的价值符号和文化产品。”①《心和管理学》适时诞生。

这项研究，始于20世纪90年代的摸索、思考；2000年前后明确为以国学为根的管理理论研究，出版了部分阶段性成果后。原计划利用访学（2009.09～2010.06）完成专著《人心管理论——基于国学与东方思维的中国管理理论》，访学结束对书稿不太满意，重要原因，一是“双和管理”提出来六七年了，却一直用“人心管理”涵盖之，虽然避免多概念冲淡“人心管理”的本意在，但毕竟不能表达出本土管理理论研究的另一层目标方向、目的意义——协和天下，也削弱了国学在管理理论建设中的价值所在，更无法很好地将“人心管理”理论与“双和管理”思想有机结合起来，创建国学为基的管理学。二是已经在社会讲座、培训中开讲“红色管理”内容，但这部分内容尚未与“人心双和管理”融合。

反复思量，访学时成型的《人心管理论》框架不再变动，修改后出版（2013年12月经济科学出版社出版，浙江省社科规划后期资助）；将本研究重新规划为中国文化“心和管理理论”（人心管理、双和管理）、中国

① 习近平《习近平主持中共中央政治局第三十九次集体学习并发表重要讲话》，中华人民共和国中央人民政府网（来源：新华社）。

特色“本土管理理论”（国学管理、红色管理），总结本研究，创建区别于现代管理的纯中国元素管理学。思路明晰，2010 年开始规划这套书系，逐渐确立了“原理篇”“理论篇”“技法篇”思路。期间，申请到面向非洲、中东等国介绍《中国三十年》系列中的《中国民营企业发展 30 年》课题，原计划 2014 年出版专著，因种种原因直到 2016 年 12 月才得以出版了《中国民营企业改革与发展实践》（后又陆续出版法语版、英语版）；几年研究中积累的资料、分析以及学术思考，限于篇幅和课题方向没能用进去。于是撰写了《中国企业管理史论——物本、人本、心本管理的演变与中国管理理论的建立》（2017 年 5 月，中国财政经济出版社出版，浙江省社科规划后期资助），从管理史演变角度探索中国管理理论新时代的到来、心本管理新时代、协和天下管理新时代的到来，从而弥补了本研究史学角度论证“心和管理理论”的空白，完善了中国本土管理学理论体系。此后，着力于人心管理与双和管理的融合，写成《心和管理论》（2020 年浙江省社科规划后期资助，2022 年 11 月浙江大学出版社出版）。至此，基本完成中国心和管理学体系的构建。

但这些仍属于阶段性成果，进行中国管理理论研究的目的在于构建本土管理学科，这就是本书《基于“四个自信”的中国管理理论——心和管理学》，原理篇、理论篇、技法篇基础上，有了学科篇。30 多年研究，经历三个时期六个阶段，完成阶段性成果四个三部曲。

第一个时期 1990 ~ 2000 年，十年摸索寻路。

延续上世纪 80 年代积累，续任省财政厅自考责任教师、干部培训主讲教师，兼职两所财经学院的成教教师，同时为机关、企事业单位提供管理培训咨询。在学问研究与教学同时深入接触社会，感悟中开始自选课题的学问探路，分两个阶段：

（1）1990 ~ 1995 年，跳出语言文学探索文化独立性问题。学校教学与社会培训中，反馈、反思中不断修正与完善思想成果，逐渐聚焦到“为什么书籍、教材、名家讲座、甚至指导社会各界实践中的理论都是西方的?”主流答案是，西方发达国家的理论是最优秀的，中国传统文化只有思想没有方法。这对于自幼就喜欢传统文化的本人来说，极难接受。于是按大纲教材讲着西学内容，随思考深入研读着中国典籍；在校内教学研究着，在企业兼职研磨着，学识深入与理论实践中探索本土文化独立性及与管理的关系等问题。

（2）1996 ~ 2000 年，研读深究典籍思考经管本土性问题。这时研究重心从财经文教育转向中华“母语精神”、中国韬略理论与实战之“谋略文化”，同时从私营企业发展探索市场化企业管理；社会培咨询训重点也放在本土化经营管理的理论思考上。发表了一些早期探索性论文，人心管理理论建构时所写书稿的资料，大多来自这时期的积累。

第二个时期2000～2010年，十年建构理论。

探索中更自信，五千年中华文明永不过时，丰富的中国特色管理理论、技术与方法，足够建立中国特色管理理论，西方人文背景下的管理理论，可在比较中择优融合。

（1）2000～2005年，心文化角度探索本土人心管理理论。从中华人文始祖留下“龙的传人”“炎黄子孙”，“中华心法”代代传承到尧舜禹汤周文王，从诸子百家创立各派学问，一直到宋明理学、心学，中国文化不变的核心是诚意正心、修身养性、悟道明德；可以深山名刹里修心，更要求红尘俗事中慎独，这就是中华文明之“心文化”内涵之一；同时中国古代的管理史可以说是聚人心、得人心的历史。为此提出了本土管理第一个重要概念“人心管理”，并归纳出欣赏管理、品性管理、感动管理、满意管理、理解管理、心态管理等人心管理法则。古典国学管理理论之路明晰了。而在培训中，开始融入红色管理的得人心谋共和思想。

（2）2006～2010年，和文化角度探索本土双和管理。从浩如烟海的国学经典中发现，中国国家治理、社会管理的文化本质是“以和为贵”，家和事兴、国和基稳，管理中庸和，外交和天下；国家治理讲“共和”，组织管理谋“双和”。双和，指与己有关的所有关联方彼此谐和，不仅人与人之间双向协和，人与财物事理、与自然之间都须双向协和；归根结蒂，财、物、事、理以及自然，皆落实到人身上，所以核心是人与人双向协和、心与心彼此认同。“和文化”基础上本土管理第二个重要概念“双和管理”诞生，增设了精神管理、情绪管理，构建出人心双和管理八大法则体系。2006年筹建、2007年初成立的“双和经济管理研究所”，直接以“双和”命名，专事“心和管理”研究与推广。同时红色管理的内容逐渐划分出“红色革命”“红色建设”“红色经济”“红色强国”等内容。

第三个时期2010～2020年，十年提炼升华。

理论建构，每一部分内容都会在各级各类培训、论坛及研究生教育中推出，讨论论证、修正完善。以人心管理理论为基础的“人心管理突围三部曲”就是专门面向机关、企事业单位的培训教材。培训咨询中应用，单位实践中反馈，对理论提炼、升华帮助很大。

（1）2010～2015年，归总人心双和管理体系。融合人心管理理论、双和管理思想，形成人心双和管理理论体系。同时大胆尝试在理论探源上与国学源头之《周易》理论对接，形成无极太极管理、三才四象管理、六合七星管理等理论，设计了深植国学土壤的阴阳管理模型、五行管理模型、八卦管理模型，设计出相应的技能管理模型、机制管理模型、人才管理模型、途径管理模型等完全中国元素的管理模型，形成基于国学与东方思维的古典国学管理理论。同时探索红色管理之红色理论与红色实践两方面内容，在本土化人文经济思想基础上，创建中国特色的人文管理学，构建国学管理与红色管理为人文内容的心和管理学。

（2）2016~2020 年，综合本土化管理理论内涵。企业管理史上，中西方都经历过粗放管理、物本管理、人本管理各阶段。以人为本关注了人，但西方“人本管理”脱离不开利益化的人性关怀与物本化的管理工具，少有走心的管理思想和工具。“人心双和管理”，是以心为本、以和为贵的管理。百年红色管理，迎来了中华民族伟大复兴新时代，为此在红色革命站起来、红色经济富起来基础上，有了红色强国强起来的新时代概念，深入研究毛泽东思想、邓小平理论和习近平新时代中国特色社会主义思想，探索心和管理红色内容。

这时期阶段性成果，概括为四个“三部曲”（探索寻路时的编著、论文，理论建构相关论文因时效和针对性问题，此不列入）。

其一，人心管理理论三部曲（理论探索）

①《人心管理：生产力之新崛起》，中国教育文化出版社，2006 年；

②《人心管理理论建构与哲学思考》，中国科学文化出版社，2009 年；

③《人心管理论：基于国学与东方思维的中国管理理论》，经济科学出版社，2013 年。

其二，人心管理突围三部曲（企业培训）

①《民企老板管理突围》，上海三联书店，2005 年；

②《中高层管理突围》，黑龙江人民出版社，2007 年；

③《员工管理突围》，黑龙江人民出版社，2008 年。

其三，心和管理智慧三部曲（音像光盘，“东方名家”播出）

①《老板的管理智慧》，中国科学文化音像出版社，2012 年，12 集；

②《经理人的经营智慧》，中国科学文化音像出版社，2012 年，12 集；

③《员工的工作智慧》，中国科学文化音像出版社，2012 年，15 集。

其四，心和管理理论三部曲（体系完善）

①《中国民营企业改革与发展实践》，辽宁教育出版社，2016 年；

②《中国企业管理史论——物本、人本、心本管理的演变与中国管理理论的建立》，中国财政经济出版社，2017 年；

③《心和管理论》，浙江大学出版社，2022 年。

历史变迁中发展，认识曲折中明晰；前行者，茕茕孑立、踽踽独行，很难。一名普通高校教师试图创建中国管理理论，不自量力且大逆不道；“理想很美好，现实很骨感”，课题难申请、论文难发表，单枪匹马做学问（“东方名家”电视栏目介绍说“人心管理研究第一人”，是缺乏同行者，只有一人），埋头耕耘、不问收获。成立“双和经济管理研究所”是搭建一个研究、并将成果对外传播、提供咨询的平台。

自媒体时代，双和研究所申请了“人心管理”与“双和国学堂”两个公众号，推送研究成果。2016 年开始，2017 年主推专业系列，如三论《论涯山与明亡之后》，三论《管理，适宜茶壶装咖啡吗》，三论《管理，是求“道”还是求“器”》，三论《中国管理，关键是管理中的中国元素》，三论《中国管理史是中国人书写的》，四论《漫说文化自信》等。2017 年 8 月 14 日正式推送心和管理研究的基础理论，2018 年 6 月 20 日开始推送已完成但未修改出版的书稿。研究生陶金鑫承担了网文编辑及推送任务，每周 3 期。陶金鑫做了大量辛苦工作，在上海实习时间也不曾间断，并且常需子夜时分才有时间上线编辑；为弄懂其中国学章节及本土管理原理，他买了许多国学经典书籍，细读细品，自己懂了才编辑出来。直至 2020 年 6 月陶金鑫都是“人心管理”公众号推送的主力（他毕业后推送频率改为每周 2 期），不曾表扬，却记心中。“人心管理”公众号首发，“双和国学堂”公众号重发。

本套书稿写写改改 13 年，2021 年获准国家社科基金后期资助项目立项（编号 21FGLB015）。书稿，没有最满意，只有再提高；本书稿，只是一个成果，不是终结，路还在远方。

后续研究，一是完善心和管理理论体系，将原“心和管理三部曲”拆散，分为“心和管理三部曲”（《人心管理论》《双和管理论》《心和管理论》）；“文化自信三部曲”（《中华国学管理史论》《中国红色管理史论》《中国企业管理史论》）。这就需要续写“双和管理”“国学管理”“红色管理”三部书；二是致力于本土管理学专业课程的设计研究。

初写于 2020 年 08 月 25 日
修改于 2022 年 06 月 02 日
定稿于 2023 年 11 月 28 日

图书在版编目（CIP）数据

基于“四个自信”的中国管理理论：人心双和管理：全四卷 / 徐井岗著. -- 北京：中国财政经济出版社，2025. 5

ISBN 978 - 7 - 5223 - 2834 - 8

Ⅰ. ①基… Ⅱ. ①徐… Ⅲ. ①管理学－研究－中国 Ⅳ. ①C93

中国国家版本馆 CIP 数据核字（2024）第 047539 号

责任编辑：彭　波　　　　责任校对：胡永立
封面设计：王　颖　　　　责任印制：史大鹏

基于“四个自信”的中国管理理论
——人心双和管理（全四卷）
JIYU “SIGE ZIXIN” DE ZHONGGUO GUANLI LILUN
——RENXIN SHUANGHE GUANLI（QUANSIJUAN）

中国财政经济出版社 出版

URL：http：//www. cfeph. cn
E - mail：cfeph@ cfeph. cn

社址：北京市海淀区阜成路甲 28 号　邮政编码：100142
营销中心电话：010 - 88191522
天猫网店：中国财政经济出版社旗舰店
网址：https：//zgczjjcbs. tmall. com
涿州汇美亿浓印刷有限公司印刷　各地新华书店经销
成品尺寸：165mm × 238mm　16 开　91 印张　1 488 000 字
2025 年 5 月第 1 版　2025 年 5 月河北第 1 次印刷
定价：276. 00 元（全四卷）
ISBN 978 - 7 - 5223 - 2834 - 8
（图书出现印装问题，本社负责调换，电话：010 - 88190548）
本社图书质量投诉电话：010 - 88190744
打击盗版举报热线：010 - 88191661　QQ：2242791300